D0933806

DICTIONNAIRE DES
SYNONYMES
ET DES ANTONYMES

DICTIONNAIRE DES
SYNONYMES
ET DES ANTONYMES

HECTOR DUPUIS
ROMAIN LÉGARÉ
MICHEL THERRIEN

FIDES

NOUVELLE ÉDITION REVUE ET ENRICHIE

*Catalogage avant publication de Bibliothèque et Archives nationales du Québec
et Bibliothèque et Archives Canada*

Dupuis, Hector, 1896-1967

Dictionnaire des synonymes et des antonymes

Nouv. éd. rev. et enrichie / par Michel Therrien.

ISBN 978-2-7621-2858-1 [édition imprimée]
ISBN 978-2-7621-3197-0 [édition numérique]

1. Français (Langue) - Synonymes et antonymes - Dictionnaires.
I. Légaré, Romain, 1904-1979. II. Therrien, Michel, 1947- . III. Titre.

PC2591.D8 2010   443'.12   C2010-940166-2

Direction artistique : Gianni Caccia
Mise en pages : Yolande Martel

Dépôt légal : 2ᵉ trimestre 2010
Bibliothèque et Archives nationales du Québec

© Éditions Fides, 2010

Les Éditions Fides reconnaissent l'aide financière du Gouvernement du Canada par
l'entremise du Fonds du livre du Canada pour leurs activités d'édition. Les Éditions Fides
remercient de leur soutien financier le Conseil des Arts du Canada et la Société de
développement des entreprises culturelles du Québec (SODEC). Les Éditions Fides
bénéficient du Programme de crédit d'impôt pour l'édition de livres du Gouvernement
du Québec, géré par la SODEC.

IMPRIMÉ AU CANADA EN AVRIL 2010

Préface

Depuis sa toute première édition, il y a cinquante ans, des centaines de milliers de personnes font confiance au *Dictionnaire des synonymes et des antonymes* des Éditions Fides. Cette confiance indéfectible du public trouve son fondement dans les deux grandes qualités de l'ouvrage : la clarté et la précision. On ne saurait expliquer autrement pourquoi cet ouvrage, parmi tous ceux du genre sur le marché, a toujours su se démarquer et gagner la préférence. Par ailleurs, des mises à jour régulières, dans le contenu et dans la présentation, ont été effectuées afin d'en assurer l'actualité et l'efficacité. C'est dans cette foulée que s'inscrit la présente édition. Et ses quelque cinquante pages additionnelles ne sauraient on ne peut mieux souligner le cinquantenaire de la première publication du *Dictionnaire des synonymes et des antonymes* !

Un dictionnaire plus clair, plus précis et plus riche que jamais

L'objectif principal d'un dictionnaire de synonymes est de donner une vision claire des nuances de sens que comporte un mot. Pour répondre à cet objectif premier, un système de numérotation délimite clairement les séries de synonymes correspondant à chaque mot d'entrée. Ainsi, le lecteur en quête d'un sens précis n'a qu'à jeter un coup d'œil sur les séries proposées pour s'orienter vers celle qui lui convient et faire son choix.

Afin de faciliter la recherche, un mot-clé noté en caractères gras italiques indique le sens général de chaque série proposée.

Le système de numérotation et la notation des mots-clés donnent au *Dictionnaire des synonymes et des antonymes* une clarté de présentation inégalée dans ce genre d'ouvrage.

Pour ajouter à la précision, l'ouvrage a été enrichi de milliers de synonymes et d'antonymes ainsi que de centaines de nouvelles entrées.

La plupart des dictionnaires de synonymes et d'antonymes recourent à un système de renvois qui permet d'orienter la recherche et d'éviter les répétitions inutiles. Utilisant elle aussi ce procédé commode et efficace, la nouvelle édition propose des renvois plus nombreux qui guideront judicieusement le lecteur et lui épargneront de vaines frustrations.

L'ouvrage comporte des précisions (contexte d'emploi, spécialité, catégorie grammaticale, etc.), également plus nombreuses, qui facilitent la compréhension du lecteur. La liste des abréviations fournie au début du livre montre toute l'ampleur et toute la richesse de ces précisions.

Un dictionnaire concis, pertinent et fiable

Même s'il est enrichi d'un nombre considérable de mots, le *Dictionnaire des synonymes et des antonymes* évite les listes fastidieuses qui auraient pour effet d'embrouiller et de désorienter le lecteur plutôt que de le guider dans sa recherche du mot juste. Il bannit les répétitions inutiles (le « copier-coller », si tentant et si facile depuis la venue de l'ordinateur), la verbosité et l'amalgame, trois procédés qui conduisent plus souvent qu'autrement à la confusion.

En outre, la nouvelle édition propose des séries de mots dont les sens sont attestés dans les dictionnaires usuels, évitant ainsi d'induire le lecteur en erreur. Le propre d'un dictionnaire de synonymes étant de diriger le lecteur vers des mots pertinents, celui-ci doit être en mesure de retrouver ces mots dans les dictionnaires usuels, selon les sens qu'on lui a indiqués. Comme il l'a toujours fait auparavant, le *Dictionnaire des synonymes et des antonymes* s'en tient à une nomenclature éclairante et fiable. Sa richesse va de pair avec sa concision, sa pertinence et sa fiabilité.

En ce qui concerne l'usage, la présente édition se fait fort de proposer des listes de mots appartenant à un niveau de langue correct ou soigné. Les termes de sens familier sont notés dans l'ouvrage, mais leur occurrence est limitée. Le lecteur qui veut enrichir son vocabulaire de mots familiers ou argotiques peut évidemment s'en remettre aux ouvrages spécialisés en ce domaine.

Par ailleurs, le dictionnaire contient bon nombre de québécismes. On y trouve, bien sûr, les mots qui décrivent une réalité propre au Québec, mais d'autres aussi qui constituent un apport intéressant à la langue française (*aréna, brunante, cégep, corvée, courriel, guignolée, magasinage, panache, poudrerie, traversier*, etc.).

Un vrai dictionnaire de synonymes et d'antonymes

Le *Dictionnaire des synonymes et des antonymes* donne, lorsqu'il y a lieu, une liste détaillée des antonymes correspondant aux synonymes proposés. Le système de numérotation facilite leur repérage immédiat. Cet apport fait ressortir avec encore plus de clarté les nuances de sens entre les synonymes et les antonymes, et facilite la recherche du mot adéquat. Aussi est-ce à juste titre que ce dictionnaire porte le nom de « Dictionnaire des synonymes et des antonymes ».

Le *Dictionnaire des synonymes et des antonymes* est un ouvrage de référence clair, précis, concis, pertinent, riche et fiable, toutes qualités qui en font un authentique dictionnaire pédagogique. Il vise à aider tous ceux et celles qui, dans leur expression écrite, veulent atteindre à une justesse assurée et convaincante.

MICHEL THERRIEN

Conventions

➤ Le mot d'entrée est noté en lettres majuscules et en caractères gras.

➤ L'abréviation SYN. introduit la ou les séries de synonymes.

➤ Un triangle vide (▷) apporte des précisions, la plupart du temps d'ordre grammatical (nom, adjectif, verbe, adverbe, etc.), qui concernent le mot d'entrée et pour lequel sont proposées des séries de synonymes ; ces précisions sont notées en caractères italiques et le plus souvent abrégées.

➤ Lorsqu'il y a plusieurs séries de synonymes, elles sont numérotées.

➤ Chaque série de synonymes contient un mot-clé noté en caractères gras italiques ; ce mot-clé précise le sens général de la série de synonymes concernée. Aucun mot-clé n'est noté s'il n'y a qu'un seul synonyme.

➤ Au début d'une série de synonymes, des parenthèses apportent sur le mot d'entrée des précisions concernant la grammaire (genre, nombre, etc.), le contexte d'utilisation (personnes, animaux, choses, lieu, etc.), le niveau de langue ou l'emploi (familier, péjoratif), le domaine ou la spécialité (arts, éducation, géographie, militaire, philosophie, religion, sciences, sports, etc.), un usage particulier (acadianisme, belgicisme, québécisme) ou tout autre renseignement utile à la compréhension ; ces précisions sont notées en caractères italiques et souvent abrégées. Lorsque les précisions ne s'appliquent qu'à un seul synonyme, elles sont placées immédiatement après celui-ci.

➤ L'abréviation ANT. suit la dernière série de synonymes et introduit la ou les séries d'antonymes. Chaque série d'antonymes est numérotée suivant le même ordre que la série de synonymes et y correspond. Lorsque des antonymes s'appliquent à deux séries de synonymes, ils sont regroupés (par ex : ANT. 1-2).

➤ Lorsque des précisions (niveau de langue, spécialité, etc.) sont apportées à un antonyme, elles sont notées entre parenthèses immédiatement après l'antonyme concerné.

➤ Le mot vedette d'un renvoi est noté en lettres majuscules et en caractères gras, comme les mots d'entrée.

➤ Au besoin, consulter la liste des abréviations.

IX

mot d'entrée →

catégorie
grammaticale

ENRICHIR ◆ SYN. ▷ *V. tr.* **1.** Agrémenter,

mot-clé
de la série →
embellir, enjoliver, *orner*, parer. **2.** Addi-
tionner, |*ajouter*|, amplifier, augmenter,
étendre, étoffer. |**3.**|Amender, engraisser,

division de sens

fertiliser. **4.** Acquérir, approfondir, cultiver, *développer*. ▷ *V. pr.* **5.** Faire fortune,
prospérer. ◆ ANT. **1.** Déparer, enlaidir.
2. Abréger, diminuer, réduire. **3.** Appauvrir, assécher, épuiser. **4.** Abrutir, crétiniser. **5.** S'appauvrir, se ruiner.

ENRÔLEMENT |◇ v.| **Engagement**

renvoi

vocabulaire
de spécialité →
ENRÔLER ◆ SYN. |*(Milit.)*| Appeler, embri-
gader, engager, enrégimenter, incorporer,
lever, mobiliser, racoler |*(péj.)*|, *recruter*.

sens défavorable

◆ ANT. Démobiliser, réformer, refuser,
renvoyer.

introduction
des synonymes

ENSEIGNANT |◆ SYN.| Chargé de cours,
éducateur, formateur, instituteur *(école
primaire)*, instructeur, maître, maître (maîtresse) d'école *(école primaire)*, moniteur,
pédagogue, précepteur, professeur, tuteur.

introduction
des antonymes →
|◆ ANT.| Disciple, écolier *(école primaire)*, élève,
étudiant.

mot d'entrée →

|**GÉNIE**| ◆ SYN. **1.** Ange, elfe, *esprit*, esprit
follet, farfadet, fée, feu-follet |*(québ.)*|,

usage particulier

niveau de langue →
gnome, korrigan, lutin, sylphe, troll.
2. Bosse |*(fam.)*|, capacité, disposition, don,
faculté, force, inclination, intelligence,
penchant, science, *talent*, valeur. |**3.**| Géant,
grand esprit, grand nom, *maître*, phénomène, prodige, savant, surdoué, surhomme, titan, virtuose. **4.** *(Peuple)* Âme,
cachet, caractère, *originalité*. ◆ ANT. **2.** Igno-
rance, inaptitude, incapacité. |**3.**| Nullité,
zéro. **4.** Banalité, conformisme, médiocrité.

série de synonymes

série d'antonymes
correspondante

Abréviations

abrév.	abréviation	*écol.*	écologie
acad.	acadianisme	*écon.*	économie
adj.	adjectif	*éd.*	édition
admin.	administration	*éduc.*	éducation
adv.	adverbe, adverbiale	*égl.*	église
agric.	agriculture	*Égl.*	Église
alchim.	alchimie	*électr.*	électricité
alpin.	alpinisme	*équit.*	équitation
anat.	anatomie	*fam.*	familier
anglic.	anglicisme	*fém.*	féminin
ant.	antonyme	*fig.*	figuré
anthrop.	anthropologie	*fin.*	finances
Antiq.	Antiquité	*génét.*	génétique
appos.	apposition	*géogr.*	géographie
arbor.	arboriculture	*géol.*	géologie
archit.	architecture	*géom.*	géométrie
arithm.	arithmétique	*gramm.*	grammaire
astron.	astronomie	*grav.*	gravure
autom.	automobile	*gymn.*	gymnastique
auxil.	auxiliaire	*hist.*	histoire
belg.	belgicisme	*hydrogr.*	hydrographie
biol.	biologie	*hyg.*	hygiène
bot.	botanique	*impers.*	impersonnel
cathol.	catholicisme	*impr.*	imprimerie
ch.	chose(s)	*ind.*	indirect
chim.	chimie	*indéf.*	indéfini
cin.	cinéma	*inform.*	informatique
comm.	commerce	*interj.*	interjection
communic.	communications	*intr.*	intransitif
comptab.	comptabilité	*invar.*	invariable
cuis.	cuisine	*iron.*	ironiquement
cult.	culturel	*journal.*	journalisme
didact.	didactique	*jud.*	judaïsme
diplom.	diplomatie	*jur.*	juridique
dir.	direct	*ling.*	linguistique
dr.	droit	*litt.*	littérature, littéraire

liturg.	liturgie	*polit.*	politique
loc.	locution	*pr.*	pronominal
log.	logique	*prép.*	préposition, prépositive
majusc.	majuscule	*psychan.*	psychanalyse
mar.	maritime	*psychol.*	psychologie
masc.	masculin	*québ.*	québécisme
math.	mathématiques	*relig.*	religion
mécan.	mécanique	*rhét.*	rhétorique
méd.	médecine	*sc.*	sciences
métall.	métallurgie	*sc. nat.*	sciences naturelles
météorol.	météorologie	*sculpt.*	sculpture
milit.	militaire	*sing.*	singulier
minéral.	minéralogie	*sociol.*	sociologie
minusc.	minuscule	*syn.*	synonyme
mus.	musique	*techn.*	technique
mythol.	mythologie	*télécomm.*	télécommunications
n.	nom	*télév.*	télévision
navig.	navigation	*théol.*	théologie
parapsychol.	parapsychologie	*tr.*	transitif
peint.	peinture	*typogr.*	typographie
péj.	péjoratif	*var.*	variable
pers.	personne(s)	*versif.*	versification
pharm.	pharmacie	*v.*	verbe
philos.	philosophie	*v. intr.*	verbe intransitif
phonét.	phonétique	*v. pr.*	verbe pronominal
photogr.	photographie	*v. tr.*	verbe transitif
phys.	physique	*v. tr. dir.*	verbe transitif direct
physiol.	physiologie	*v. tr. ind.*	verbe transitif indirect
pl.	pluriel	V.	Voir
plais.	(par) plaisanterie	*zool.*	zoologie

A

ABAISSEMENT ◆ SYN. 1. Affaissement, *baisse*, chute, dépression, descente, effondrement. **2.** Affaiblissement, allégement, amoindrissement, déclin, décroissance, dépréciation, dévaluation, *diminution*, fléchissement, rabais, ralentissement, réduction, régression. **3.** Abâtardissement, abjection, aplatissement, asservissement, *avilissement*, bassesse, décadence, déchéance, décrépitude, dégénérescence, dégradation, déliquescence, détérioration, dévalorisation, humiliation, rabaissement. ◆ **ANT. 1.** Élévation, exhaussement, hausse, rehaussement, relèvement. **2.** Accroissement, ascension, augmentation, croissance, majoration, montée, progression, regain. **3.** Amélioration, avancement, ennoblissement, épanouissement, exaltation, progrès.

ABAISSER ◆ SYN. ▷ V. tr. 1. S'affaisser, *baisser*, descendre, s'effondrer. **2.** Affaiblir, alléger, amoindrir, décliner, décroître, dévaluer, *diminuer*, ralentir, réduire, régresser. **3.** Abattre, asservir, *avilir*, déchoir, dégrader, déprécier, détériorer, dévaloriser, écraser, flétrir, humilier, mortifier, rabaisser, rabattre, rapetisser, ravaler. ▷ *V. pr.* **4.** Baisser, *descendre*, diminuer. **5.** *Condescendre*, daigner. **6.** *S'avilir*, se commettre, se compromettre, déchoir, s'humilier. ◆ **ANT. 1.** Élever, exhausser, hausser, relever. **2.** Accroître, augmenter, croître, majorer, monter, progresser. **3.** Améliorer, avancer, ennoblir, épanouir, exalter, glorifier, louer, rehausser, valoriser. **4.** Se lever, se relever. **5.** Se flatter, se plaire. **6.** Se glorifier, se hisser, se valoriser.

ABANDON ◆ SYN. 1. Abdication, arrêt, capitulation, cessation, *cession*, concession, désistement, dessaisissement (*dr.*), don, rejet, renoncement, renonciation, répudiation, retrait, suspension. **2.** *Délaissement*, déréliction, isolement. **3.** Décrochage (*québ.*), défection, *démission*, départ, désertion, fugue, fuite, lâchage (*fam.*), largage (*fam.*), plaquage (*fam.*), résignation, retraite. **4.** Incurie, insouciance, *laisser-aller*, négligence. **5.** *Confiance*, détachement, détente, naturel, nonchalance. ◆ **ANT. 1.** Acquisition, adoption. **2.** Aide, protection, secours, soutien. **3.** Conservation, continuation, maintien, poursuite, raccrochage (*québ.*). **4.** Attention, prévoyance, soin. **5.** Méfiance, raideur, tension.

ABANDONNÉ ◆ SYN. 1. *Délaissé*, esseulé, négligé, orphelin, renié, répudié, seul. **2.** Dépeuplé, déserté, *inhabité*, négligé, vide. **3.** *Caduc*, désuet, périmé, vétuste. ◆ **ANT. 1.** Accueilli, adopté, aidé, entouré, protégé. **2.** Animé, entretenu, habité, peuplé. **3.** Actuel, nouveau, récent, usuel.

ABANDONNER ◆ SYN. ▷ V. tr. 1. Abdiquer, arrêter, capituler, *céder*, cesser, concéder, confier, délaisser, se démettre, se départir, se désister, se dessaisir (*dr.*), donner, léguer, rejeter, renoncer, répudier, retraiter, suspendre. **2.** Abjurer, décrocher (*québ.*), *démissionner*, déserter, évacuer, fuir, lâcher, laisser choir (*fam.*), laisser en plan, laisser tomber, larguer (*fam.*), partir, plaquer (*fam.*), quitter, résigner, se retirer. ▷ *V. pr.* **3.** Flancher (*fam.*), se laisser aller, se livrer à, *succomber*. **4.** *Se complaire*, se vautrer. **5.** *Se confier*, se donner, s'épancher, se fier. **6.** Se détendre, se prélasser, *se relaxer*. ◆ **ANT. 1.** Accéder, accepter, adopter, occuper. **2.** Conserver, défendre, garder, maintenir, protéger, réintégrer, reprendre, tenir bon, tenir ferme. **3.** Fuir, résister. **4.** Abhorrer, détester. **5.** Se méfier, se refuser, se replier. **6.** Se raidir, se tendre.

ABASOURDI ◇ v. **Stupéfait**

ABASOURDIR ✦ SYN. **1.** Abrutir, accabler, assommer, *assourdir*, étourdir. **2.** Ahurir, ébahir, époustoufler, étonner, hébéter, méduser, renverser, sidérer, *stupéfier*. ✦ ANT. **1.** Calmer, détendre. **2.** Indifférer, laisser froid, rassurer.

ABASOURDISSANT ◇ v. **Stupéfiant**

ABÂTARDIR ✦ SYN. Abaisser, altérer, avilir, corrompre, dégénérer, *dégrader*, dénaturer, diminuer, pervertir, vicier. ✦ ANT. Améliorer, assainir, ennoblir, épurer, régénérer, relever.

ABÂTARDISSEMENT ◇ v. **Dégradation**

ABATTAGE ✦ SYN. **1.** Coupe, *déboisement*, déforestation. **2.** *(Animaux d'élevage)* Boucherie *(québ.)*. **3.** Brio, *entrain*, vivacité. ✦ ANT. **1.** Reboisement, reforestation. **2.** Grâce, pitié. **3.** Apathie, lourdeur, mollesse, retenue.

ABATTEMENT ✦ SYN. **1.** Affaiblissement, alanguissement, *épuisement*, faiblesse, fatigue, langueur, lassitude, prostration, surmenage, torpeur. **2.** Accablement, affaissement, anéantissement, apathie, consternation, *découragement*, démoralisation, dépression, désespoir, écœurement, effondrement, ennui, mélancolie, morosité, pessimisme, ras-le-bol. **3.** *(Fin.)* *Déduction*, diminution, exemption. ✦ ANT. **1.** Dynamisme, énergie, excitation, fébrilité, force, stimulation, vigueur, vitalité. **2.** Allant, courage, enthousiasme, entrain, espoir, euphorie, exaltation, fermeté, joie, optimisme. **3.** Augmentation, obligation, surtaxe.

ABATTIS ✦ SYN. **1.** Barricade *(milit.)*, *coupe*. **2.** *(Québ.)* Brûlis, *déboisement*, défrichement, essart, essartage. ✦ ANT. **1.** Construction, plantation. **2.** Reboisement.

ABATTOIR ◇ v. **Boucherie**

ABATTRE ✦ SYN. ▷ *V. tr.* **1.** Abaisser, abolir, couper, démanteler, *démolir*, détruire,

enlever, faucher, jeter à bas, raser, retrancher, ruiner, saper. **2.** *(Sports)* Culbuter, renverser, terrasser, *vaincre*. **3.** Achever, assassiner, descendre *(fam.)*, éliminer, supprimer, *tuer*. **4.** Affaiblir, *épuiser*, exténuer, fatiguer. **5.** Accabler, anéantir, atterrer, briser, consterner, *décourager*, démonter, démoraliser, déprimer, désespérer, effondrer, terrasser *(fig.)*. **6.** *Accomplir*, exécuter, faire (efficacement). ▷ *V. pr.* **7.** S'affaisser, *s'écrouler*, s'effondrer, tomber. **8.** *(S'abattre sur)* *Fondre*, se jeter, piquer, plonger, tomber. ✦ ANT. **1.** Bâtir, construire, édifier, élever. **2.** Redresser, relever. **3.** Épargner, sauver. **4.** Fortifier, revigorer, stimuler, vivifier. **5.** Encourager, espérer, réconforter, relever, remonter. **6.** Bâcler, négliger, paresser. **7.** Se redresser, se relever. **8.** Échapper à, éviter.

ABATTU ✦ SYN. **1.** *Affaibli*, anémique, épuisé, faible, fatigué. **2.** Accablé, affligé, *découragé*, démoralisé, déprimé, prostré, triste. ✦ ANT. **1.** Fort, frais et dispos, guéri, rétabli, revigoré. **2.** Confiant, détendu, heureux, joyeux, optimiste.

ABBAYE ◇ v. **Monastère**

ABBÉ ◇ v. **Prêtre**

ABBESSE ✦ SYN. Doyenne, générale, mère, prieure, religieuse, *supérieure*.

ABC ✦ SYN. **1.** *Abécédaire*, alphabet. **2.** B.a.-ba, base, premiers éléments, *rudiments*. ✦ ANT. **2.** Approfondissement, enrichissement.

ABCÈS ✦ SYN. **1.** Anthrax, bourbillon, bouton, bubon, chancre, clou *(fam.)*, furoncle, kyste, phlegmon, *pustule*. **2.** *Mal*, problème. ✦ ANT. **2.** Paix, solution.

ABDICATION ◇ v. **Abandon**

ABDIQUER ◇ v. **Abandonner**

ABDOMEN ◇ v. **Ventre**

ABÉCÉDAIRE ◇ v. **Abc**

ABERRANT ✦ SYN. **1.** Anomal, *anormal*, atypique, déviant, inhabituel, irrégulier. **2.** Absurde, *illogique*, incohérent, inconséquent, irrationnel, paradoxal. **3.** Déraisonnable, extravagant, fou, idiot, inepte, *insensé*, stupide. ✦ ANT. **1.** Adéquat, conforme, habituel, normal, régulier, typique. **2.** Cohérent, juste, logique, rationnel. **3.** Intelligent, lucide, raisonnable, sage, sensé.

ABERRATION ♦ SYN. **1.** *Anomalie*, défaut, déviation, écart, irrégularité. **2.** Absurdité, aveuglement, égarement, erreur, fourvoiement, *illogisme*, irrationalité, non-sens, paradoxe, paralogisme. **3.** Démence, déraison, extravagance, *folie*, idiotie, ineptie, stupidité. ♦ ANT. **1.** Adéquation, conformité, normalité, régularité. **2.** Bon sens, jugement, justesse, logique, rationalité, rectitude, vérité. **3.** Intelligence, lucidité, raison, sagesse.

ABÊTIR ◇ V. **Abrutir**

ABÊTISSANT ◇ V. **Abrutissant**

ABÊTISSEMENT ◇ V. **Abrutissement**

ABHORRER ♦ SYN. Abominer, avoir en aversion, avoir en horreur, *détester*, exécrer, haïr, honnir, maudire, mépriser, répugner à, vomir *(fig.)*. ♦ ANT. Admirer, adorer, aduler, aimer, bénir, chérir, désirer, honorer.

ABÎME ♦ SYN. **1.** Abysse, aven, cavité, entrailles *(fig.)*, fosse, *gouffre*, précipice, profondeurs, puits, trou. **2.** Barrière, différence, distance, écart, *fossé*, monde *(fig.)*, séparation. **3.** *Immensité*, infini, vastitude. **4.** Catastrophe, *désastre*, malheur, néant, perte, ruine. ♦ ANT. **1.** Cime, élévation, éminence, faîte, hauteur, pinacle, sommet. **2.** Entente, fusion, harmonie, rapprochement, symbiose. **3.** Étroitesse, finitude, petitesse. **4.** Bonheur, fortune, gloire, succès.

ABÎMER ♦ SYN. ▷ V. tr. **1.** Altérer, avarier, bousiller *(fam.)*, briser, casser, corrompre, dégrader, détériorer, détraquer, ébrécher, *endommager*, gâter, maganer *(québ., fam.)*, massacrer, saccager, salir, tacher. **2.** Amocher *(fam.)*, *blesser*, meurtrir. ▷ V. pr. **3.** Couler, s'enfoncer, *s'engloutir*, sombrer. **4.** Se détériorer, *s'endommager*, se gâter, s'user. **5.** *S'absorber*, se perdre, se plonger. ♦ ANT. **1.** Améliorer, construire, nettoyer, réparer, restaurer, rétablir. **2.** Cajoler, protéger, soigner. **3.** Émerger, surgir. **4.** Se

conserver, rester intact. **5.** Se ressaisir, se retrouver.

ABJECT ♦ SYN. Abominable, bas, crapuleux, dégoûtant, dégradant, dégueulasse *(fam.)*, déshonorant, écœurant, grossier, honteux, horrible, *ignoble*, ignominieux, immonde, indigne, infâme, infect, inqualifiable, méprisable, odieux, répugnant, révoltant, sale, sordide, taré, vil, vilain. ♦ ANT. Admirable, digne, distingué, édifiant, élevé, éminent, glorieux, honorable, noble, respectable, sublime, supérieur, sympathique, vénérable.

ABJECTION ♦ SYN. Abaissement, aplatissement, avilissement, bassesse, boue, chute, déchéance, dépravation, *déshonneur*, fange, ignominie, indignité, infamie, laideur, lie, opprobre, servilité, souillure, turpitude, vilenie. ♦ ANT. Dignité, distinction, élévation, fierté, gloire, grandeur, honneur, noblesse, respectabilité.

ABJURATION ◇ V. **Apostasie**

ABJURER ◇ V. **Apostasier**

ABLATION ♦ SYN. Amputation, arrachage, destruction, énucléation, excision, exérèse, *extraction*, mutilation, résection, retranchement, suppression. ♦ ANT. Ajout, greffe, prothèse, remplacement, transplantation.

ABLUTIONS ◇ V. **Toilette**

ABNÉGATION ♦ SYN. Altruisme, désintéressement, détachement, dévouement, effacement, générosité, humilité, oubli de soi, *renoncement*, sacrifice. ♦ ANT. Arrivisme, avidité, cupidité, égoïsme, intérêt, mesquinerie, parcimonie, rapacité.

ABOIEMENT ♦ SYN. **1.** Aboi, cri, hurlement, *jappement*. **2.** *(Pl.)* Invectives. ♦ ANT. **2.** Éloges.

ABOITEAU ◇ V. **Digue**

ABOLIR ◇ V. **Supprimer**

ABOLITION ♦ SYN. Abrogation, anéantissement, annulation, cassation, destruction, disparition, dissolution, élimination, extinction, invalidation, rescision *(dr.)*, résiliation, révocation, *suppression*. ♦ ANT. Adoption, ajout, confirmation, conservation, consolidation, constitution, création, établissement, fondation, formation, maintien, perpétuation, proclamation, prolongation, promulgation, prorogation, renouvellement, validation.

ABOMINABLE ◆ SYN. 1. Affreux, atroce, barbare, effroyable, épouvantable, *horrible*, inqualifiable, monstrueux, odieux, repoussant. 2. *Détestable*, exécrable, infect, mauvais, pourri, sale. ◆ ANT. 1. Admirable, bon, charmant, humain, louable, noble, sublime. 2. Agréable, attrayant, beau, idéal, merveilleux, ravissant, splendide.

ABOMINATION ◆ SYN. 1. Aversion, dégoût, exécration, haine, *horreur*, répulsion. 2. Atrocité, crime, *infamie*, inhumanité, mal, monstruosité. 3. *Calamité*, catastrophe, désastre, fléau, malheur. ◆ ANT. 1. Amour, attirance, beauté, charme, sympathie. 2. Bien, bonté, dignité, douceur, humanité, noblesse. 3. Bénédiction, bienfait, bonheur, chance.

ABOMINER ◇ V. **Abhorrer**

ABONDAMMENT ◆ SYN. À foison, à profusion, à satiété, à souhait, à volonté, amplement, *beaucoup*, considérablement, copieusement, en abondance, en masse *(fam.)*, énormément, extrêmement, fort, généreusement, grassement, largement, plantureusement, profusément, richement. ◆ ANT. Chichement, insuffisamment, légèrement, maigrement, modestement, parcimonieusement, pauvrement, petitement, peu, rarement.

ABONDANCE ◆ SYN. 1. Affluence, afflux, ampleur, débordement, exubérance, fécondité, fertilité, luxuriance, multiplicité, pléthore, *profusion*, surabondance. 2. *Aisance*, faste, fortune, luxe, opulence, prospérité, richesse, somptuosité. ◆ ANT. 1. Aridité, défaut, disette, insuffisance, manque, parcimonie, pénurie, privation, rareté. 2. Austérité, dèche, dénuement, gêne, famine, indigence, misère, pauvreté, ruine.

ABONDANT ◆ SYN. Ample, *considérable*, copieux, dense, exubérant, fécond,

fertile, foisonnant, fourni, fructueux, gargantuesque, généreux, luxuriant, nombreux, opulent, plantureux, plein, pléthorique, pourvu, prolixe, riche, substantiel, surabondant, volumineux. ◆ ANT. Aride, chiche, dépouillé, frugal, infructueux, insuffisant, limité, maigre, misérable, pauvre, rare, restreint, simple, sobre, stérile.

ABONDER ◆ SYN. 1. Affluer, couler à flots, *foisonner*, fourmiller, grouiller, proliférer, pulluler, regorger, surabonder. 2. *Approuver*, renchérir. ◆ ANT. 1. Manquer, se raréfier, se tarir. 2. Critiquer, désapprouver.

ABORD ◆ SYN. 1. *Accès*, approche, arrivée, entrée. 2. *(Pers.)* Accès, *accueil*, approche, contact, réception. ▷ Pl. 3. *(Pers.)* *Apparence*, dehors, extérieur. 4. Alentours, approches, banlieue, ceinture, couronne, entourage, *environs*, parages, périphérie, proximité, voisinage. ◆ ANT. 1. Départ, éloignement, sortie. 2. Distance, éloignement. 3. Intérieur, intimité. 4. Confins, extrémités, limites.

ABORD (D') ◆ SYN. 1. Au début, au départ, au préalable, avant, avant tout, d'emblée, d'entrée de jeu, dès le début, dès le départ, *en premier lieu*, en priorité, premièrement, primo, sur-le-champ, tout d'abord. 2. À première vue, au premier abord, de prime abord, *sur le coup*, sur le moment. ◆ ANT. 1. Après, ensuite, par la suite, plus tard, postérieurement, puis, secundo, subséquemment, ultérieurement. 2. Après coup.

ABORDABLE ◇ V. **Accessible**

ABORDAGE ◆ SYN. 1. Arraisonnement, *assaut*, attaque, collision. 2. *Accostage*, atterrissage, débarquement. ◆ ANT. 1. Évitement, fuite. 2. Appareillage, départ.

ABORDER ◆ SYN. 1. Accéder, *accoster*, approcher, atteindre, gagner, rallier, rejoindre, toucher. 2. Attaquer, éperonner, *heurter*, rencontrer. 3. Accoster *(fig.)*, aller vers, approcher, draguer *(fam.)*, *interpeller*, parler, venir. 4. *Amorcer*, entamer, entreprendre, évoquer, traiter. ◆ ANT. 1. Appareiller, partir, quitter. **2.** Éviter, fuir. **3.** Chasser, éconduire. **4.** Contourner, différer, éluder.

ABORIGÈNE ◊ v. **Indigène**

ABOUCHER ♦ SYN. ▷ *V. tr.* **1.** Abouter, *joindre*, mettre en rapport, relier, souder. ▷ *V. pr.* **2.** S'accointer, s'acoquiner *(péj.)*, se joindre, *se mettre en rapport*. ♦ ANT. **1.** Délier, dissoudre, séparer. **2.** S'éloigner, s'éviter, rompre, se séparer.

ABOUTIR ♦ SYN. **1.** Aller, arriver, conduire, déboucher, *finir*, se jeter, mener, se terminer. **2.** Accoucher, atteindre, se dénouer, se matérialiser, *parvenir*, réussir, se solder. ♦ ANT. **1.** Commencer, s'éloigner, prendre sa source, provenir, venir de. **2.** Avorter, échouer, entreprendre, s'éterniser, se prolonger, rater.

ABOUTISSEMENT ♦ SYN. **1.** Conclusion, dénouement, *fin*, issue, résultat, terme. **2.** Accomplissement, achèvement, *couronnement*, succès. ♦ ANT. **1.** Amorce, début, ébauche, origine. **2.** Commencement, premiers pas.

ABOYER ♦ SYN. **1.** Japper. **2.** Clabauder, *crier*, gueuler *(fam.)*, hurler, invectiver, pester, tempêter, vociférer. ♦ ANT. **1.** Grogner, se taire. **2.** Chuchoter, se la fermer *(fam.)*, louanger, murmurer, se tenir coi.

ABRACADABRANT ♦ SYN. **1.** Baroque, biscornu, *bizarre*, fantasque, farfelu, excentrique, rocambolesque, saugrenu. **2.** Absurde, incohérent, incroyable, *invraisemblable*. ♦ ANT. **1.** Banal, normal, mesuré, ordinaire, sensé. **2.** Cohérent, croyable, logique, véridique, vraisemblable.

ABRÉGÉ ♦ SYN. **1.** Aperçu, bref historique, compendium, condensé, esquisse, idée, réduction, *résumé*, schéma, sommaire, synopsis, synthèse. **2.** Aide-mémoire, éléments, épitomé, mémento, *précis*. ♦ ANT. **1.** Développement, ensemble, énumération, explication, exposé (détaillé). **2.** Somme, traité.

ABRÉGER ♦ SYN. **1.** *(Durée)* Diminuer, *écourter*, réduire. **2.** Alléger, condenser, élaguer, raccourcir, resserrer, *résumer*,

schématiser, synthétiser, simplifier. **3.** Couper, *retrancher*, supprimer, tronquer. ♦ ANT. **1.** Éterniser, étirer, prolonger. **2.** Allonger, amplifier, augmenter, développer, élaborer, étendre, étoffer. **3.** Ajouter, insérer.

ABREUVER ♦ SYN. ▷ *V. tr.* **1.** *Désaltérer*, faire boire. **2.** Arroser, gorger, *imbiber*, imprégner, inonder, mouiller. **3.** *Accabler*, combler, couvrir. ▷ *V. pr.* **4.** Boire, *se désaltérer*. **5.** Se complaire, se délecter, *se nourrir*, se repaître. ♦ ANT. **1.** Assoiffer. **2.** Assécher, tarir. **3.** Épargner, ménager, priver de. **4.** S'assoiffer. **5.** Détester, se dégoûter, se lasser.

ABREUVOIR ♦ SYN. *Auge*, bassin, récipient.

ABRÉVIATION ♦ SYN. Abrègement, acronyme, aphérèse, apocope, contraction, initiales, *réduction*, retranchement, sigle, syncope. ♦ ANT. Allongement, plénitude, totalité.

ABRI ♦ SYN. **1.** Asile, ermitage, gîte, *refuge*, retraite. **2.** *(Lieu de paix)* Havre, *oasis*, port. **3.** *(Fig.)* Calme, défense, protection, *sécurité*. **4.** *(Animal)* Antre, gîte, niche, nid, *repaire*, tanière, terrier, trou. **5.** Abribus, aubette *(belg.)*, baraquement, *cabane*, case, guérite, hutte, remise, tente. **6.** Cache, *cachette*, nid *(fig.)*, planque *(fam.)*. **7.** Blockhaus, bunker, *casemate*, fortin, tranchée. ♦ ANT. **1.** Exposition, intempérie, péril. **2.** Adversité, agitation. **3.** Insécurité, menace, tumulte. **4.** Piège, traque. **5.** Dehors, extérieur, jour, plein air. **6.** Découverte. **7.** Campagne, champ de bataille.

ABRIER ◊ v. **Couvrir**

ABRITER ♦ SYN. ▷ *V. tr.* **1.** Couvrir, garantir, préserver, *protéger*, recouvrir. **2.** Accueillir, coucher, donner le gîte, *héberger*, loger, recevoir. ▷ *V. pr.* **3.** Se garantir, se prémunir, se préserver, *se protéger*, se réfugier. **4.** Se cacher derrière, *se couvrir*. ♦ ANT. **1.** Exposer à. **2.** Chasser, déloger, expulser. **3.** S'exposer à. **4.** Assumer, endosser.

ABROGATION ◊ v. **Abolition**

ABROGER ◇ v. **Supprimer**

ABRUPT ♦ SYN. **1.** Accore, à pic, *escarpé*, malaisé, pentu, raide, rapide. **2.** Bourru, brusque, *brutal*, cassant, direct, revêche, rude, sec. ♦ ANT. **1.** Aisé, aplani, doux, nivelé, plat, uni. **2.** Affable, courtois, délicat, doux, poli.

ABRUTI ♦ SYN. **1.** Crétin, demeuré, idiot, imbécile, *stupide*. **2.** *(Air)* Ahuri, *hébété*. ♦ ANT. **1.** Brillant, intelligent, perspicace, sensé. **2.** Dégourdi, éveillé.

ABRUTIR ♦ SYN. **1.** *Abêtir*, crétiniser, dégrader. **2.** Abasourdir, *assourdir*, étourdir, hébéter, surmener. ♦ ANT. **1.** Dégourdir, élever, éveiller, stimuler. **2.** Détendre, reposer.

ABRUTISSANT ♦ SYN. **1.** *Abêtissant*, avilissant, dégradant, déshonorant. **2.** Assommant, *assourdissant*, étourdissant, fatigant, harassant. ♦ ANT. **1.** Digne, exaltant, gratifiant, honorable. **2.** Agréable, apaisant, plaisant, reposant.

ABRUTISSEMENT ♦ SYN. **1.** *Abêtissement*, avilissement, crétinisation, dégradation, hébétement, hébétude. **2.** Épuisement, *fatigue*, harassement, surmenage. ♦ ANT. **1.** Croissance, développement, éducation, enrichissement, épanouissement, éveil. **2.** Agrément, apaisement, détente, quiétude.

ABSCONS ◇ v. **Obscur**

ABSENCE ♦ SYN. **1.** Congé, départ, disparition, éclipse, *éloignement*, escapade, fugue, fuite, séparation, sortie. **2.** Carence, défaut, inexistence, lacune, *manque*, omission. **3.** Défaillance, *distraction*, égarement, inattention, oubli. ♦ ANT. **1.** Apparition, irruption, présence. **2.** Abondance, existence, surplus. **3.** Application, attention, concentration.

ABSENT ♦ SYN. **1.** Disparu, *éloigné*, parti. **2.** Défaillant, inexistant, *manquant*. **3.** *Distrait*, inattentif, lunatique *(québ.)*, rêveur, songeur. ♦ ANT. **1.** Présent, revenu. **2.** Abondant, existant, omniprésent. **3.** Appliqué, attentif, réfléchi.

ABSENTER (S') ♦ SYN. S'en aller, disparaître, s'éclipser, s'éloigner, *manquer*, partir, quitter, se retirer, sortir, se tirer *(fam.)*. ♦ ANT. Apparaître, assister, demeurer, s'incruster, participer, se présenter, rester, surgir.

ABSOLU ♦ SYN. ▷ *Adj.* **1.** Complet, entier, intégral, radical, suprême, *total*. **2.** *(Péj.)*. *Aveugle*, inconditionnel, irréfléchi. **3.** Achevé, *idéal*, parfait, pur. **4.** Arbitraire, autocratique, autoritaire, césarien, despotique, *dictatorial*, discrétionnaire, illimité, jupitérien, omnipotent, souverain, totalitaire, tyrannique. **5.** Cassant, *catégorique*, dogmatique, exclusif, impératif, impérieux, intransigeant, péremptoire, tranchant. ▷ *Nom* **6.** Idéal, *infini*, perfection, pureté, transcendance. ♦ ANT. **1.** Incomplet, limité, partiel, relatif. **2.** Avisé, mesuré, réfléchi. **3.** Concret, imparfait, réel, terre-à-terre. **4.** Démocratique, légitime, libre, limité, populaire. **5.** Conciliant, indulgent, libéral, ouvert, souple, tolérant. **6.** Contingence, finitude, immanence, matérialité, réalité, relativité.

ABSOLUMENT ♦ SYN. **1.** À tout prix, impérativement, incontestablement, nécessairement, *obligatoirement*. **2.** Complètement, entièrement, foncièrement, parfaitement, radicalement, *totalement*. ♦ ANT. **1.** Éventuellement, peut-être, possiblement, probablement. **2.** Partiellement, relativement.

ABSOLUTION ◇ v. **Pardon**

ABSOLUTISME ◇ v. **Dictature**

ABSORBANT ♦ SYN. **1.** Hydrophile, pénétrable, *perméable*. **2.** *Accaparant*, captivant, exigeant, prenant. ♦ ANT. **1.** Hydrofuge, étanche, imperméable. **2.** Distrayant, divertissant, reposant.

ABSORBÉ ◇ v. **Méditatif**

ABSORBER ♦ SYN. ▷ *V. tr.* **1.** Assimiler, s'imbiber, *s'imprégner*, pomper. **2.** Avaler, boire, consommer, s'enfiler *(fam.)*, gober, *ingérer*, ingurgiter, manger, prendre. **3.** *Annexer*, assimiler, fusionner. **4.** Accaparer, captiver, *occuper*, retenir. ▷ *V. pr.* **5.** *S'abîmer*, disparaître, se fondre, se perdre, se plonger. ♦ ANT. **1.** S'assécher, dégorger, rejeter. **2.** Régurgiter, rejeter, vomir.

3. Diviser, séparer. **4.** Détendre, divertir, libérer. **5.** Se distraire, s'éparpiller, se libérer.

ABSORPTION ✦ **SYN. 1.** Imbibition, imprégnation, *infiltration*, pénétration. **2.** Assimilation, consommation, digestion, *ingestion*, ingurgitation. **3.** *Annexion*, fusion, intégration. ✦ **ANT. 1.** Assèchement, dessiccation, retrait. **2.** Élimination, excrétion, régurgitation, vomissement. **3.** Division, scission, séparation.

ABSOUDRE ✦ **SYN. 1.** Délier, *pardonner*, remettre. **2.** *(Dr.)* Acquitter, amnistier, blanchir, décharger, *disculper*, excuser, gracier, innocenter, réhabiliter. ✦ **ANT. 1.** Anathématiser, condamner, excommunier. **2.** Accuser, blâmer, incriminer, inculper, poursuivre.

ABSTENIR (S') ✦ **SYN. 1.** Se dispenser, *s'empêcher*, éviter, se garder, s'interdire, se refuser, se retenir. **2.** Ne pas voter. **3.** Se passer, *se priver*, renoncer. ✦ **ANT. 1.** Agir, intervenir, participer, se prononcer. **2.** Voter. **3.** S'accorder, se délecter, se permettre, rechercher.

ABSTENTION ✦ **SYN.** Indifférence, *neutralité*, non-engagement, non-ingérence, non-intervention, refus. ✦ **ANT.** Action, engagement, ingérence, intervention, participation, vote.

ABSTINENCE ✦ **SYN. 1.** Ascèse, ascétisme, austérité, diète, expiation, frugalité, jeûne, pénitence, privation, renoncement, sacrifice, *sobriété*, tempérance. **2.** *Chasteté*, continence, pureté, vertu, virginité. ✦ **ANT. 1.** Abus, alcoolisme, bombance, excès, intempérance, ripaille. **2.** Débauche, impureté, incontinence, libertinage, luxure, plaisir.

ABSTINENT ✦ **SYN. 1.** Abstème, frugal, *sobre*, tempérant. **2.** *Chaste*, continent, vertueux, vierge. ✦ **ANT. 1.** Alcoolique, gourmand, intempérant, ivrogne. **2.** Débauché, incontinent, lubrique, noceur.

ABSTRACTION ✦ **SYN. 1.** Généralisation, isolement, *séparation*. **2.** *Concept*, conception, entité, idée, notion, représentation, schème, théorie. **3.** Chimère, fiction, illusion, *irréalité*, utopie, vue de l'esprit. ✦ **ANT. 1.** Confusion, inclusion, omission. **2.** Concrétisation, matérialisation, matière, objet, réalité. **3.** Fait, réalité (vécue).

ABSTRAIRE ✦ **SYN.** ▷ *V. tr.* **1.** Écarter, éliminer, exclure, *isoler*, négliger, omettre, oublier. ▷ *V. pr.* **2.** Se détacher, s'éloigner, s'exclure, *s'isoler*. ✦ **ANT. 1.** Faire état, inclure, réunir, tenir compte. **2.** Se confondre, s'imprégner, s'inclure.

ABSTRAIT ✦ **SYN. 1.** Conceptuel, désincarné, idéal, immatériel, irréel, spéculatif, *théorique*. **2.** Abscons, abstrus, *confus*, fumeux, obscur, vague. **3.** *(Sc.)* Exact, *pur*. **4.** *(Art)* Non-figuratif. ✦ **ANT. 1.** Concret, incarné, matériel, pratique, réel. **2.** Clair, précis, simple. **3.** Appliqué, expérimental. **4.** Figuratif, naturaliste, réaliste.

ABSTRAITEMENT ✦ **SYN. 1.** Intellectuellement, profondément, subtilement, *théoriquement*. **2.** *Confusément*, obscurément, vaguement. ✦ **ANT. 1.** Concrètement, matériellement, pratiquement. **2.** Clairement, précisément, simplement.

ABSURDE ✦ **SYN. 1.** Aberrant, contradictoire, fantaisiste, *illogique*, incohérent, inconséquent, infondé, irrationnel, paradoxal. **2.** Déraisonnable, inepte, insane, *insensé*, irrationnel, ridicule, saugrenu, stupide. ✦ **ANT. 1.** Cohérent, fondé, judicieux, juste, logique, rationnel, sérieux. **2.** Intelligent, lucide, raisonnable, sage, sensé.

ABSURDITÉ ✦ **SYN. 1.** Aberration, illogisme, irrationalité, *non-sens*, paradoxe. **2.** Bêtise, folie, *ineptie*, sottise, stupidité. ✦ **ANT. 1.** Bien-fondé, logique, sens. **2.** Raison, sagesse, subtilité.

ABUS ✦ **SYN. 1.** Débordement, démesure, exagération, *excès*, faute, intempérance, outrance. **2.** Arbitraire, empiétement, exploitation, illégalité, iniquité, *injustice*, tromperie, usurpation. ✦ **ANT. 1.** Mesure, modération, pondération, retenue, sobriété. **2.** Équité, justice, légalité.

ABUSER ♦ SYN. ▷ *V. tr. dir.* **1.** Berner, charrier *(fam.)*, **duper**, entourlouper *(fam.)*, exploiter, leurrer, mystifier, rouler *(fam.)*, tromper. ▷ *V. tr. ind.* **2.** Exagérer, mésuser, **outrepasser**, surconsommer. **3.** Agresser, violenter, **violer**. ▷ *V. pr.* **4.** S'illusionner, **se méprendre**, se tromper. ♦ ANT. **1.** Aider, détromper, soutenir. **2.** Atténuer, se contenir, se limiter, se restreindre. **3.** Cajoler, choyer, courtiser, protéger. **4.** Désenchanter, se désillusionner, se détromper.

ABUSIF ◇ V. **Excessif**

ACADÉMIE ♦ SYN. **1.** Aréopage, association, cénacle, cercle, club, conservatoire, **école**, institut, société. **2.** *(Beaux-arts)* Nu.

ACADÉMIQUE ◇ V. **Conventionnel**

ACARIÂTRE ♦ SYN. **1.** Acerbe, acrimonieux, aigre, atrabilaire, bilieux, chagrin, déplaisant, désagréable, grincheux, grognon, **hargneux**, insociable, malcommode *(québ., fam.)*, maussade, morose, quinteux, rébarbatif, rêche, revêche, ronchonneur. **2.** *(Femme acariâtre)* Chipie, harpie, **mégère**. ♦ ANT. **1.** Abordable, accueillant, affable, agréable, aimable, amène, avenant, charmant, civil, courtois, doux, gentil, liant, obligeant, plaisant, prévenant, sociable. **2.** Femme affable, douce, sensible.

ACCABLANT ♦ SYN. **1.** Astreignant, contraignant, **écrasant**, épuisant, étouffant, exténuant, insupportable, intolérable, lourd, oppressant, pénible, pesant, suffocant. **2.** *Affligeant*, confondant, déconcertant, déprimant, désarmant, désespérant. **3.** *Accusateur*, concluant, convaincant, incriminant, révélateur. ♦ ANT. **1.** Agréable, doux, frais, léger, reposant, supportable, tolérable. **2.** Encourageant, plaisant, réconfortant, réjouissant, stimulant. **3.** Disculpatoire, discutable, non fondé, trompeur.

ACCABLEMENT ◇ V. **Abattement**

ACCABLER ♦ SYN. **1.** *Affliger*, attrister, frapper, terrasser, toucher. **2.** Abasourdir, abattre, crouler sous, **écraser**, épuiser, étouffer, humilier, oppresser, submerger, surcharger. **3.** Abreuver, bombarder,

combler, excéder, fatiguer, importuner. **4.** *Accuser*, incriminer. ♦ ANT. **1.** Encourager, ravir, réconforter, réjouir. **2.** Adoucir, alléger, décharger, libérer, soulager. **3.** Délaisser, ignorer, négliger. **4.** Disculper, innocenter.

ACCALMIE ♦ SYN. **1.** *(Météorol.)* **Apaisement**, beau fixe, beau temps, bonace, calme, éclaircie, embellie. **2.** Paix, pause, quiétude, relâche, rémission, répit, repos, **tranquillité**, trêve. ♦ ANT. **1.** Intempérie, mauvais temps, tempête, tumulte. **2.** Agitation, crise, reprise, trouble.

ACCAPARANT ♦ SYN. **1.** *(Pers.)* Collant *(fam.)*, **envahissant**, exclusif, jaloux. **2.** *(Travail)* **Absorbant**, contraignant, difficile, exigeant. ♦ ANT. **1.** Bienveillant, désintéressé, discret. **2.** Agréable, distrayant, divertissant, facile.

ACCAPAREMENT ♦ SYN. Accumulation, appropriation, centralisation, concentration, mainmise, **monopolisation**, usurpation. ♦ ANT. Cession, décentralisation, distribution, partage, répartition.

ACCAPARER ♦ SYN. **1.** Amasser, s'approprier, centraliser, concentrer, s'emparer, **monopoliser**, rafler *(fam.)*. **2.** *(Pers.)* Absorber, envahir, **occuper**, prendre, retenir. ♦ ANT. **1.** Décentraliser, délaisser, distribuer, partager. **2.** Abandonner, céder, laisser tranquille, libérer, rendre.

ACCÉDER ♦ SYN. **1.** Aborder, accoster, arriver, **atteindre**, entrer, parvenir. **2.** *Accepter*, acquiescer, agréer, consentir, souscrire. ♦ ANT. **1.** Demeurer, empêcher, interdire, quitter, sortir. **2.** S'opposer, refuser, rejeter, repousser.

ACCÉLÉRATION ♦ SYN. **1.** Accroissement, **augmentation**, sprint *(sports)*. **2.** Activation, avancement, empressement, hâte, **précipitation**. ♦ ANT. **1.** Décélération, diminution, freinage, ralentissement. **2.** Empêchement, retard, retenue.

ACCÉLÉRER ♦ SYN. **1.** Accroître, **augmenter**, sprinter *(sports)*. **2.** Activer, avancer, brusquer, hâter, **précipiter**, presser, stimuler. ♦ ANT. **1.** Décélérer, diminuer, freiner, ralentir. **2.** Empêcher, retarder, retenir.

ACCENT ♦ SYN. **1.** Accentuation, *inflexion*, intensité, intonation, modulation, prononciation, prosodie, ton, tonalité. **2.** Appui, *insistance*. ♦ ANT. **1.** Monotonie. **2.** Omission, retrait.

ACCENTUÉ ◇ v. **Prononcé**

ACCENTUER ♦ SYN. **1.** Accuser *(fig.)*, augmenter, aviver, élever, exalter *(fig.)*, *intensifier*, rehausser, renforcer. **2.** Appuyer, faire ressortir, *insister*, marteler, ponctuer, souligner. ♦ ANT. **1.** Atténuer, cacher, diminuer, masquer, modérer, réduire. **2.** Glisser, passer outre.

ACCEPTABLE ♦ SYN. *Admissible*, concevable, convenable, correct, honnête, passable, potable *(fam.)*, recevable, satisfaisant, valable. ♦ ANT. Inacceptable, inadmissible, inconcevable, insatisfaisant, irrecevable.

ACCEPTATION ♦ SYN. **1.** Accord, acquiescement, adhésion, admission, agrément, *approbation*, assentiment, autorisation, consentement, homologation, oui *(n.)*, permission. **2.** Abnégation, fatalisme, *résignation*, soumission. ♦ ANT. **1.** Désaccord, désapprobation, interdiction, non *(n.)*, refus, rejet. **2.** Lutte, révolte.

ACCEPTER ♦ SYN. ▷ *V. tr.* **1.** Accéder, accueillir, acquiescer, adhérer, admettre, adopter, agréer, *approuver*, consentir, croire, prendre, recevoir. **2.** S'accommoder, digérer *(fam.)*, endurer, *se résigner*, subir, supporter. **3.** *(Souvent péj.)* Condescendre à, *daigner*, se résoudre à, vouloir bien. ▷ *V. pr.* **4.** *S'assumer*, se valoriser. ♦ ANT. **1.** Décliner, dénier, désapprouver, écarter, exclure, récuser, refuser, rejeter, repousser. **2.** S'insurger, se révolter. **3.** Dédaigner, faire fi de. **4.** Se détester, se dévaloriser.

ACCEPTION ◇ v. **Signification**

ACCÈS ♦ SYN. **1.** Abord, approche, chemin, *entrée*, ouverture, seuil, voie. **2.** *(Pers.)* Abord, *accueil*, approche, contact, réception. **3.** *(Poste, situation) Accession*, admission, arrivée, entrée, introduction. **4.** *(Méd.)* Attaque, atteinte, bouffée, *crise*, ictus, poussée, quinte (de toux). **5.** *Élan*, effusion, emportement, flambée, impulsion. ♦ ANT. **1.** Barrière, issue, obstacle, sortie. **2.** Distance, éloignement. **3.** Départ, exclusion, expulsion. **4.** Accalmie, répit, repos. **5.** Apathie, détente, langueur, retenue.

ACCESSIBLE ♦ SYN. **1.** *(Lieu) Abordable*, libre. **2.** *(Prix) Modique*, raisonnable. **3.** Accueillant, approchable, disponible, ouvert, parlable *(québ., fam.)*, perméable, *réceptif*, sensible. **4.** Clair, compréhensible, facile, *intelligible*, pénétrable. ♦ ANT. **1.** Inabordable, inaccessible. **2.** Cher, déraisonnable. **3.** Fermé, insensible, intraitable, occupé, rébarbatif, réfractaire. **4.** Ardu, difficile, hermétique, incompréhensible.

ACCESSION ♦ SYN. **1.** *(Poste, situation)* Accès, *admission*, arrivée, entrée, venue. **2.** *(Trône) Avènement*, élévation, intronisation. ♦ ANT. **1.** Démission, départ, exclusion, expulsion. **2.** Destitution, révocation.

ACCESSOIRE ♦ SYN. ▷ *Adj.* **1.** Anecdotique, annexe, auxiliaire, complémentaire, contingent, incident, insignifiant, marginal, mineur, négligeable, *secondaire*, subsidiaire, supplémentaire. ▷ *Nom* **2.** Appareil, complément, *instrument*, objet, ornement, outil, pièce, ustensile. ♦ ANT. **1.** Capital, essentiel, important, majeur, nécessaire, primordial, principal, significatif. **2.** Ensemble, tout, trousse.

ACCESSOIREMENT ♦ SYN. Auxiliairement, complémentairement, en outre, éventuellement, incidemment, *secondairement*, subsidiairement. ♦ ANT. Forcément, nécessairement, principalement, prioritairement.

ACCIDENT ♦ SYN. **1.** Aventure, épisode, *hasard*, imprévu, péripétie. **2.** Adversité, complication, *contretemps*, coup du sort, ennui, incident (fâcheux), malheur, mésaventure, pépin *(fam.)*, revers, tribulations, tuile *(fam.)*, vicissitude. **3.** Accrochage, carambolage, catastrophe, choc, chute, *collision*, coup, heurt, naufrage, sinistre. **4.** *(Géogr.) Dénivellation*, inégalité. ♦ ANT. **1.** Monotonie, planification, régularité.

2. Bonheur, chance, réussite. **3.** Fluidité, normalité. **4.** Plaine, plat.

ACCIDENTÉ ♦ SYN. **1.** Abîmé, détérioré, *endommagé*. **2.** *Inégal*, montagneux, montueux, mouvementé, raboteux, vallonné, varié. **3.** *Blessé*, estropié, infirme. ♦ ANT. **1.** Intact, neuf, réparé, restauré, retapé *(fam.)*. **2.** Égal, plat, uni, uniforme. **3.** Bien portant, indemne, sain et sauf.

ACCIDENTEL ♦ SYN. Casuel, contingent, exceptionnel, fortuit, *imprévu*, inaccoutumé, inattendu, inhabituel, inopiné, involontaire, occasionnel. ♦ ANT. Assuré, certain, constant, fatal, habituel, intentionnel, naturel, normal, régulier.

ACCIDENTELLEMENT ♦ SYN. D'aventure, *fortuitement*, inopinément, par hasard. ♦ ANT. Constamment, fatalement, habituellement, intentionnellement, normalement.

ACCLAMATION ♦ SYN. **1.** *(Pl. surtout)* Applaudissements, approbation, bis *(théâtre)*, bravos, éloges, hourras, *ovation*, rappel, vivats. **2.** *(Par acclamation)* À *l'unanimité*, sans opposition, sans scrutin. ♦ ANT. **1.** Désapprobation, huées, protestation, sifflets. **2.** Élection, vote.

ACCLAMER ♦ SYN. Applaudir, bisser *(théâtre)*, encenser, louanger, *ovationner*, rappeler, saluer. ♦ ANT. Conspuer, dénigrer, huer, siffler.

ACCLIMATEMENT ♦ SYN. **1.** *(Plantes, animaux)* Acclimatation, apprivoisement, *naturalisation*. **2.** *(Pers.)* Accommodation, accoutumance, *adaptation*, appropriation, habitude, intégration. ♦ ANT. **1.** Transplantation. **2.** Dépaysement, déracinement, désadaptation, exil, inadaptation, isolement, rejet.

ACCLIMATER ♦ SYN. ▷ *V. tr.* **1.** Accoutumer, *adapter*, apprivoiser, enraciner, familiariser, habituer, naturaliser. **2.** Établir, implanter, importer, *introduire*. ▷ *V. pr.* **3.** S'accommoder, s'accoutumer, *s'adapter*, se faire à, se familiariser avec, s'habituer. ♦ ANT. Dépayser, déraciner, désacclimater, désaccoutumer, désadapter, déshabituer, exiler, isoler, rejeter.

2. Exporter, extirper, extraire, transplanter. **3.** S'exclure, s'isoler.

ACCOINTANCES ◇ v. Fréquentation
ACCOLADE ◇ v. Embrassement
ACCOLER ◇ v. Joindre
ACCOMMODANT ◇ v. Conciliant
ACCOMMODATION ♦ SYN. Acclimatation, accoutumance, *adaptation*, ajustement, appropriation, intégration, naturalisation. ♦ ANT. Exclusion, inadaptation, intolérance, opposition.

ACCOMMODEMENT ♦ SYN. Accord, *arrangement*, compromis, compromission *(péj.)*, conciliation, entente, expédient, modus vivendi. ♦ ANT. Conflit, désaccord, éloignement, litige.

ACCOMMODER ♦ SYN. ▷ *V. tr.* **1.** Accorder, *adapter*, agencer, ajuster, aménager, arranger, conformer, installer. **2.** Apprêter, assaisonner, concocter *(fam.)*, cuisiner, *préparer*. ▷ *V. pr.* **3.** S'acclimater, s'adapter, composer avec, se contenter, *s'habituer*, se satisfaire. ♦ ANT. **1.** Entraver, gêner, opposer. **2.** Gâcher, gâter, rater. **3.** Se plaindre, protester, récriminer, refuser.

ACCOMPAGNATEUR ◇ v. Guide
ACCOMPAGNEMENT ♦ SYN. **1.** Convoi, cortège, équipage, *escorte*, garde, suite. **2.** *(Cuis.)* *Garniture*, légumes. **3.** *(Mus.)* Orchestration, *soutien*. **4.** *(Malade)* Aide, réconfort, *soutien* (moral, physique). ♦ ANT. **1.** Désertion, fuite, solitude. **2.** Nudité, vide. **3.** A cappella, solo. **4.** Abandon, délaissement.

ACCOMPAGNER ♦ SYN. **1.** Assister, chaperonner, *conduire*, convoyer, emmener, escorter, flanquer, guider, mener, suivre, venir. **2.** Ajouter, *assortir*, joindre. **3.** *(Mus.)* Soutenir. **4.** *(Malade)* Aider, entourer, prendre soin de, réconforter, *soutenir* (moralement, physiquement), veiller sur. ♦ ANT. **1.** Abandonner, précéder, quitter, succéder. **2.** Enlever, retirer. **3.** Jouer seul. **4.** Abandonner, délaisser.

ACCOMPLI ♦ SYN. **1.** Achevé, complet, consommé, émérite, entier, excellent, expert, fieffé *(péj.)*, idéal, incomparable, modèle, *parfait*, remarquable, suprême. **2.** Définitif, passé, *révolu*, terminé. ♦ ANT.

1. Amateur, imparfait, inaccompli, inachevé, incomplet, mauvais, médiocre, nul, pauvre, pourri *(fam.)*. **2.** Futur, postérieur, prochain, provisoire.

ACCOMPLIR ◆ SYN. ▷ *V. tr.* **1.** Effectuer, exécuter, faire, procéder à, produire, *réaliser*. **2.** *(Crime)* Commettre, *perpétrer*. **3.** S'acquitter, combler, exaucer, obéir, observer, *remplir*, satisfaire. **4.** *Achever*, boucler, finir, parachever, terminer. ▷ *V. pr.* **5.** Arriver, *se concrétiser*, se produire, se réaliser. **6.** Se développer, s'épanouir, s'exprimer, *se réaliser* (pleinement). ◆ ANT. **1.** Bâcler, échouer. **2.** Empêcher, éviter. **3.** Désobéir, faillir, manquer à, négliger de, refuser. **4.** Commencer, différer, ébaucher, esquisser, interrompre, préparer, projeter. **5.** Avorter, échouer. **6.** S'abrutir, déchoir, stagner.

ACCOMPLISSEMENT ◆ SYN. Achèvement, couronnement, exécution, *réalisation*. ◆ ANT. Ébauche, échec, esquisse, préparation, projet.

ACCORD ◆ SYN. **1.** Affinité, collusion *(péj.)*, communion, complicité, concert, connivence, *entente*, fraternité, harmonie, intelligence, paix, sympathie, union. **2.** Accommodement, arrangement, compromis, consensus, contrat, *convention*, engagement, entente, marché, modus vivendi, pacte, protocole, règlement, stipulation, traité, transaction. **3.** Acceptation, appui, *assentiment*, autorisation, aval, consentement, permission. **4.** Adaptation, cohérence, compatibilité, *concordance*, conformité, convenance, correspondance, équilibre, harmonie, symétrie. ◆ ANT. **1.** Antipathie, brouille, conflit, désaccord, désunion, mésentente, mésintelligence. **2.** Hostilité, intransigeance, litige, rupture. **3.** Interdiction, opposition, refus, rejet. **4.** Asymétrie, contraste, déséquilibre, disconvenance, disparité, incompatibilité.

ACCORDER ◆ SYN. ▷ *V. tr.* **1.** Accommoder, adapter, agencer, ajuster, allier, apparier, associer, assortir, concilier, *harmoniser*, lier, unir. **2.** Admettre, *avouer*, confesser, convenir, reconnaître. **3.** Adjuger, allouer,

concéder, consentir, décerner, *donner*, doter, octroyer. **4.** Attacher, *attribuer*, prêter. ▷ *V. pr.* **5.** *Se donner*, s'octroyer, se permettre. **6.** S'accommoder, composer avec, se concerter, *s'entendre*, s'harmoniser. ◆ ANT. **1.** Brouiller, désaccorder, diviser, opposer. **2.** Contester, nier, rejeter, repousser. **3.** Refuser, retirer. **4.** Dénier. **5.** S'interdire, se refuser. **6.** Se disputer, se nuire, s'opposer.

ACCOSTAGE ◇ v. **Abordage**
ACCOSTER ◇ v. **Aborder**
ACCOTEMENT ◇ v. **Bord**
ACCOTER ◇ v. **Appuyer**

ACCOUCHEMENT ◆ SYN. **1.** Contractions, couches, délivrance, douleurs, *enfantement*, maternité, mise bas *(femelle vivipare)*, naissance, parturition, travail. **2.** Achèvement, composition, création, *élaboration*, production. ◆ ANT. **1.** Avortement, fausse-couche. **2.** Dispersion, distraction, échec.

ACCOUCHER ◆ SYN. **1.** Donner le jour (la vie), donner naissance, *enfanter*, engendrer, mettre au monde, mettre bas *(femelle vivipare)*, procréer. **2.** Composer, créer, *élaborer*, produire. **3.** Aboutir, *s'expliquer*, parler. ◆ ANT. **1.** Avorter, faire une fausse-couche. **2.** Échouer, s'éparpiller, se perdre. **3.** Bafouiller, bredouiller, s'éterniser.

ACCOUCHEUR ◇ v. **Obstétricien**

ACCOUPLEMENT ◆ SYN. **1.** Appareillage, assemblage, jonction, jumelage, mariage, raccordement, *réunion*. **2.** *(Mâle, femelle)* Appariement, copulation, croisement, frai, hybridation, métissage, pariade, *reproduction*, saillie. **3.** *(Homme, femme)* Baise *(fam.)*, *coït*, copulation *(fam.)*, coucherie, couchette *(québ.)*, fornication, rapports, relations, union. ◆ ANT. **1.** Disjonction, retrait. **2.** Éloignement, isolement, séparation. **3.** Chasteté, continence.

ACCOUPLER ◆ SYN. ▷ *V. tr.* **1.** Appareiller, assembler, associer, coupler, joindre, jumeler, marier, *réunir*. **2.** *Apparier*, croiser, hybrider, mâtiner, métisser, unir. ▷ *V. pr.* **3.** Chevaucher, côcher, *copuler*, couvrir, frayer, monter, se reproduire, saillir, servir. **4.** *(Fam.)* Baiser, **coïter**, connaître, faire l'amour, forniquer, s'unir (sexuellement). ◆ ANT. **1.** Découpler, dépareiller, séparer. **2.** Déparier, désunir, éloigner, isoler. **3.** S'éloigner, s'isoler. **4.** Être chaste, être continent.

ACCOURIR ◇ v. **Hâter**

ACCOUTREMENT ◆ SYN. *Affublement*, attifement, défroque, déguisement, équipage, fagotage, harnachement, tenue. ◆ ANT. Chic, élégance, raffinement, recherche.

ACCOUTRER ◆ SYN. *Péj.* ▷ V. tr. **1.** *Affubler*, arranger, attifer, attriquer *(québ.)*, déguiser, fagoter, habiller (ridiculement). ▷ V. pr. **2.** *S'affubler*, s'attifer, s'habiller (ridiculement). ◆ ANT. **1.** Parer. **2.** S'endimancher, se parer, se pomponner, se tirer à quatre épingles.

ACCOUTUMANCE ◆ SYN. **1.** Acclimatement, accommodation, adaptation, familiarisation, endurcissement, *habitude*, insensibilité. **2.** *(Méd.)* **Immunisation**, insensibilisation, mithridatisation, tolérance. **3.** Addiction, assuétude, *dépendance*, toxicomanie. ◆ ANT. **1.** Aversion, réaction, sensibilité. **2.** Allergie, anaphylaxie, intolérance. **3.** Désaccoutumance, désintoxication, sevrage.

ACCOUTUMÉ ◇ v. **Coutumier**

ACCOUTUMER ◇ v. **Habituer**

ACCROC ◆ SYN. **1.** Déchirure. **2.** Anicroche, complication, contretemps, *difficulté*, embarras, empêchement, incident, obstacle, os *(fam.)*. **3.** Entorse, *faute*, infraction, tache *(réputation)*. ◆ ANT. **2.** Commodité, facilité. **3.** Mérite, observation, respect.

ACCROCHÉ ◇ v. **Dépendant**

ACCROCHER ◆ SYN. ▷ V. tr. **1.** Appendre, attacher, pendre, *suspendre*. **2.** Agripper, attraper, empoigner, happer, prendre, *saisir*. **3.** Cogner, *heurter*, rencontrer, tamponner. **4.** *(Pers.)* Aborder, arrêter, immobiliser, importuner, *retenir*. **5.** *(Fam.)* Captiver, *intéresser*, passionner, plaire, séduire. ▷ V. intr. **6.** *(Difficulté)* Achopper, se *heurter à*. ▷ V. pr. **7.** *S'agripper*, se cramponner, se maintenir, se retenir, se suspendre.

8. S'acharner, batailler, lutter, *persévérer*, résister. **9.** *(Fam.)* *Se disputer*, se heurter, se quereller. ◆ ANT. **1.** Décrocher, dépendre, détacher. **2.** Lâcher, laisser échapper, perdre. **3.** Contourner, éviter, frôler. **4.** Laisser passer, libérer. **5.** Déplaire, désintéresser, ennuyer, rebuter. **6.** Fonctionner, vaincre. **7.** Se déprendre, se détacher, lâcher prise. **8.** Abandonner, capituler, renoncer. **9.** S'entendre, se réconcilier.

ACCROCHEUR ◆ SYN. *(Péj.)* Aguicheur, facile, grossier, raccrocheur, *racoleur*. ◆ ANT. Avisé, raffiné, subtil.

ACCROISSEMENT ◇ v. **Augmentation**

ACCROÎTRE ◇ v. **Augmenter**

ACCROUPIR (S') ◇ v. **Blottir (se)**

ACCUEIL ◆ SYN. Abord, accès, amabilité, bienvenue, hébergement, *hospitalité*, réception, traitement. ◆ ANT. Bannissement, hostilité, rejet.

ACCUEILLANT ◇ v. **Hospitalier**

ACCUEILLIR ◆ SYN. **1.** Accepter, admettre, adopter, agréer, écouter, héberger, loger, *recevoir*. **2.** Contenir. **3.** *(Péj.)* Assaillir, chahuter, conspuer, désavouer, *huer*. ◆ ANT. **1.** Écarter, éconduire, évincer, rejeter, repousser. **2.** Exclure. **3.** Applaudir, approuver, ovationner.

ACCULER ◇ v. **Contraindre**

ACCUMULATION ◇ v. **Amas**

ACCUMULER ◇ v. **Amasser**

ACCUSATEUR ◆ SYN. **1.** Calomniateur, délateur, *dénonciateur*, indicateur, mouchard *(fam.)*, plaignant, rapporteur, sycophante. **2.** *Accablant*, incriminant, révélateur, significatif. ◆ ANT. **1.** Accusé, incriminé, inculpé, prévenu. **2.** Disculpatoire, non fondé, trompeur.

ACCUSATION ◆ SYN. **1.** Allégation, attaque, *blâme*, charge, critique, délation, dénigrement, dénonciation, diffamation, imputation, insinuation, médisance, reproche, réquisitoire. **2.** Griefs (d'accusation), incrimination, inculpation, plainte, *poursuite*, réquisitoire *(dr.)*. ◆ ANT. **1.** Apologie, éloge, justification. **2.** Acquittement, défense, disculpation, innocence, non-lieu, plaidoirie.

ACCUSÉ ◇ v. **Prévenu**

ACCUSER ✦ SYN. **1.** Attaquer, *blâmer*, charger, critiquer, dénigrer, dénoncer, diffamer, imputer, insinuer, prendre à partie, reprocher, soupçonner, taxer de. **2.** Citer, inculper, porter plainte, *poursuivre*. **3.** *Accabler*, incriminer. **4.** *Admettre*, confesser, encaisser (le coup). **5.** Dénoter, *indiquer*, montrer, révéler, trahir. **6.** *Accentuer*, faire ressortir, marquer, souligner. ✦ ANT. **1.** Exalter, louer, justifier. **2-3.** Acquitter, blanchir, défendre, disculper, innocenter, réhabiliter. **4.** Nier, parer. **5.** Cacher, voiler. **6.** Atténuer, masquer.

ACERBE ◇ v. **Aigre**

ACÉRÉ ◇ v. **Incisif**

ACHALANDAGE ✦ SYN. *Québ.* **1.** Clientèle. **2.** Abondance, *affluence*, animation, foule, fréquentation, présence, visite. ✦ ANT. **2.** Absence, petit nombre, rareté.

ACHALANDÉ ◇ v. **Animé**

ACHARNÉ ✦ SYN. **1.** Coriace, entêté *(péj.)*, inlassable, obstiné, *opiniâtre*, persévérant, tenace. **2.** Ardent, désespéré, enragé, *farouche*, forcené, fougueux, furieux, implacable. ✦ ANT. **1.** Désintéressé, hésitant, inconstant, mou, paresseux. **2.** Faible, indolent, lâche, nonchalant, veule.

ACHARNEMENT ✦ SYN. **1.** Entêtement, obstination, *opiniâtreté*, persévérance, ténacité. **2.** *Ardeur*, élan, énergie, fougue, furie, rage. **3.** Brutalité, *cruauté*, hargne, véhémence, violence. ✦ ANT. **1.** Désintérêt, inconsistance, mollesse. **2.** Faiblesse, indolence, nonchalance, veulerie. **3.** Clémence, compassion, douceur.

ACHARNER (S') ✦ SYN. **1.** S'efforcer, s'entêter, s'escrimer, s'évertuer, lutter, s'obstiner, *persévérer*. **2.** Assaillir, harceler, *persécuter*, poursuivre, tourmenter. ✦ ANT. **1.** Abdiquer, se désintéresser, lâcher. **2.** Aider, préserver, protéger.

ACHAT ✦ SYN. *Acquisition*, commissions, courses, emplettes, marché, provisions. ✦ ANT. Cession, écoulement, liquidation, vente.

ACHEMINEMENT ✦ SYN. **1.** Amenée, convoi, *envoi*, expédition, livraison, transport. **2.** Avance, but, *direction*, évolution, marche, progression. ✦ ANT. **1.** Réception, retour. **2.** Détour, éloignement, retard.

ACHEMINER ✦ SYN. ▷ *V. tr.* **1.** Conduire, convoyer, *diriger*, envoyer, expédier, transporter. ▷ *V. pr.* **2.** Aboutir à, aller vers, avancer, cheminer, *se diriger vers*, marcher vers, se rendre à, tendre vers. ✦ ANT. **1.** Éloigner de, immobiliser. **2.** Arrêter, s'égarer, stopper.

ACHETER ✦ SYN. **1.** *Acquérir*, obtenir, se procurer. **2.** Arroser *(fam.)*, corrompre, graisser la patte *(fam.)*, *soudoyer*, stipendier. ✦ ANT. **1.** Céder, écouler, vendre. **2.** Agir honnêtement.

ACHETEUR ✦ SYN. *Acquéreur*, adjudicataire, cessionnaire, client, consommateur, preneur. ✦ ANT. Adjudicateur, cédant, marchand, négociant, vendeur.

ACHEVÉ ◇ v. **Accompli**

ACHÈVEMENT ✦ SYN. **1.** Aboutissement, accomplissement, conclusion, consommation, dénouement, exécution, *fin*, finition, parachèvement, résultat, terme, terminaison. **2.** Apothéose, *couronnement*, perfection. ✦ ANT. **1.** Commencement, prélude. **2.** Ébauche, esquisse.

ACHEVER ✦ SYN. ▷ *V. tr.* **1.** Accomplir, clore, compléter, conclure, couronner, finaliser, *finir*, parachever, parfaire, terminer. **2.** Abattre, anéantir, donner le coup de grâce, exécuter, perdre, ruiner, *tuer*. **3.** *(Fam.)* Briser, *épuiser*, exténuer, fatiguer, vider *(fam.)*. ▷ *V. pr.* **4.** Aboutir, se conclure, se dénouer, *se terminer*. ✦ ANT. **1.** Aborder, amorcer, commencer, entreprendre, poursuivre. **2.** Épargner, sauver. **3.** Reposer, revigorer. **4.** S'amorcer, se poursuivre.

ACHOPPEMENT ◇ v. **Obstacle**

ACHOPPER ◇ v. **Trébucher**

ACIDE ◇ v. **Aigre**

ACIDITÉ ◇ v. **Aigreur**

ACOLYTE ◇ v. **Compagnon**

ACOMPTE ◇ v. **Provision**

ACOQUINER (S') ◇ v. **Fréquenter**

À-CÔTÉ ◇ v. **Supplément**

À-COUP ◇ v. **Secousse**

ACQUÉREUR ◇ v. **Acheteur**

ACQUÉRIR ◆ **SYN. 1.** Acheter, conquérir, gagner, hériter, **obtenir**, prendre, se procurer. **2.** Attirer, **mériter**, remporter, valoir. ◆ **ANT. 1.** Aliéner, céder, donner, léguer, vendre. **2.** Échouer, perdre, rater, refuser.

ACQUIESCEMENT ◆ **SYN.** **Acceptation**, accord, adhésion, adoption, agrément, approbation, assentiment, autorisation, consentement, oui (n.), permission, ratification. ◆ **ANT.** Désapprobation, non (n.), opposition, refus.

ACQUIESCER ◆ **SYN.** **Accepter**, accorder, adhérer, admettre, approuver, consentir, déférer, dire oui, opiner, ratifier, souscrire. ◆ **ANT.** Désapprouver, dire non, disconvenir, s'opposer, refuser.

ACQUISITION ◇ v. **Achat**

ACQUIT ◇ v. **Quittance**

ACQUITTEMENT ◆ **SYN. 1.** Décharge, paiement, règlement, **remboursement**. **2.** Absolution, amnistie, grâce, libération, non-lieu, **pardon**, relaxe (dr.). ◆ **ANT. 1.** Dette, obligation. **2.** Accusation, arrestation, condamnation, culpabilité, détention, inculpation, peine, sentence.

ACQUITTER ◆ **SYN.** ▷ V. tr. **1.** Faire honneur, honorer, liquider, payer, régler, **rembourser**, solder. **2.** Absoudre, amnistier, disculper, gracier, libérer, **pardonner**, relâcher, relaxer (dr.). ▷ V. pr. **3.** Accomplir, **remplir**, satisfaire à. ◆ **ANT. 1.** Devoir, s'endetter. **2.** Accuser, arrêter, condamner, inculper, punir. **3.** Faillir, faire défaut, manquer à.

ÂCRE ◇ v. **Aigre**

ÂCRETÉ ◇ v. **Aigreur**

ACRIMONIE ◇ v. **Aigreur**

ACRIMONIEUX ◇ v. **Aigre**

ACROBATE ◆ **SYN.** Bateleur, cascadeur, contorsionniste, **équilibriste**, fildeferiste, funambule, gymnaste, jongleur, saltimbanque, trapéziste, voltigeur.

ACROBATIE ◆ **SYN. 1.** Cascade, contorsions, **équilibrisme**, pirouette, saut périlleux, trapèze, voltige. **2.** Astuce, **expédient**, ruse, tour de passe-passe, truc. ◆ **ANT. 2.** Droiture, franchise, rectitude.

ACTE ◆ **SYN. 1.** **Action**, comportement, décision, démarche, fait, geste, intervention, manifestation, réalisation. **2.** (Dr.) Constitution, contrat, décret, **document**, loi, mesure, titre. **3.** Accouplement, **activité sexuelle**, relations sexuelles. **4.** (Pl.) Communications, compte rendu, **mémoires**.

ACTEUR ◇ v. **Comédien**

ACTIF ◆ **SYN.** ▷ Adj. **1.** (Pers.) Affairé, agissant, diligent, dynamique, empressé, **énergique**, entreprenant, expéditif, laborieux, prompt, rapide, remuant, travailleur, vif, zélé. **2.** (Pour une cause) Ardent, batailleur, combatif, **militant**. **3.** **Efficace**, efficient, opérant, puissant, violent. ▷ Nom **4.** Argent, **avoir**, biens, fortune, possessions, richesses, titres, valeurs. **5.** **Réussite**, succès. **6.** **Battant**, gagneur. ◆ **ANT. 1.** Apathique, désœuvré, inactif, indolent, mou, nonchalant, oisif, passif. **2.** Désengagé, indifférent, tiède. **3.** Inefficace, inopérant. **4.** Débit, dette, passif. **5.** Déboires, échec. **6.** Lâcheur, perdant.

ACTION ◆ **SYN. 1.** **Acte**, activité, agissements (péj.), démarche, entreprise, fonctionnement, initiative, intervention, marche, mouvement, œuvre, opération, travail. **2.** Bataille, choc, **combat**, engagement, mêlée, rencontre. **3.** Ascendant, attraction, **influence**, pouvoir. **4.** Conséquence, **effet**, réaction, répercussion, retombées. **5.** Canevas, **intrigue**, nœud, péripétie, scénario, trame. **6.** (Dr.) Demande, plainte, **poursuite**, recours. **7.** (Fin.) Bon, obligation, part, **titre**, valeur.

ACTIONNAIRE ◆ **SYN.** Associé, bailleur de fonds, commanditaire, détenteur de titres, intéressé, partenaire, propriétaire, **sociétaire**.

ACTIONNER ◆ **SYN. 1.** (Dr.) Accuser, assigner, attaquer, citer, ester, intenter, intimer, **poursuivre**, traduire. **2.** (Ch.) Démarrer, enclencher, faire agir, **faire fonctionner**, mettre en marche, mouvoir. ◆ **ANT. 1.** Abandonner, se désister, renoncer. **2.** Arrêter, freiner, immobiliser, stopper.

ACTIVEMENT ◆ **SYN.** Ardemment, diligemment, énergiquement, hardiment, prestement, rapidement, *vivement*. ♦ ANT. Lentement, mollement, nonchalamment.

ACTIVER ♦ SYN. ▷ *V. tr.* 1. *Accélérer*, aviver, exciter, hâter, pousser, presser, rallumer, raviver, stimuler. ▷ *V. pr.* 2. *S'affairer*, s'agiter, travailler fort. ♦ ANT. 1. Éteindre, freiner, ralentir, retarder. 2. Se détendre, se reposer.

ACTIVISTE ◇ V. **Radical**

ACTIVITÉ ♦ SYN. 1. *Animation*, ardeur, célérité, circulation, diligence, dynamisme, efficacité, empressement, énergie, entrain, mouvement, promptitude, vigueur, vitalité, vivacité, zèle. 2. Emploi, fonction, *occupation*, tâche, travail. ♦ ANT. 1. Apathie, inactivité, inertie, lenteur, paresse. 2. Chômage, congé, repos, retraite. .

ACTUALISER ◇ V. **Moderniser**

ACTUALITÉ ♦ SYN. 1. Existence, réalité, (temps) *présent*. 2. Goût du jour, *mode*, nouveauté, pertinence, vogue. 3. Événements, faits, *informations*, infos *(fam.)*, journal, nouvelles. ♦ ANT. 1. Passé, futur. 2. Ancienneté, antiquité, désuétude, oubli. 3. Désinformation, propagande.

ACTUEL ♦ SYN. 1. Contemporain, courant, d'aujourd'hui, en cours, existant, moderne, *présent*. 2. Effectif, *réel*. ♦ ANT. 1. Ancien, antérieur, futur, passé, postérieur. 2. Fictif, potentiel, virtuel.

ACTUELLEMENT ♦ SYN. 1. À présent, aujourd'hui, de nos jours, de notre temps, en ce moment, *maintenant*, pour le moment, présentement *(québ.)*. 2. Effectivement, *réellement*. ♦ ANT. 1. Anciennement, antérieurement, autrefois, bientôt, demain, hier, prochainement. 2. Potentiellement, virtuellement.

ACUITÉ ♦ SYN. 1. *(Sens)* Perception, *sensibilité*. 2. *(Esprit)* Finesse, intelligence, lucidité, pénétration, *perspicacité*, profondeur, sagacité. 3. *(Caractère aigu)* Force, gravité, *intensité*, puissance, virulence. 4. *(Situation)* Crise, instabilité, *précarité*. ♦ ANT. 1. Défaut, insensibilité. 2. Aveuglement, inconscience, ineptie, inintelligence, naïveté, superficialité. 3. Bénignité, faiblesse, légèreté. 4. Paix, stabilité.

ADAGE ◇ V. **Maxime**

ADAPTATION ♦ SYN. 1. Aggiornamento *(Égl.)*, ajustement, application, harmonisation, *intégration*, mise à jour. 2. Acclimatation, acclimatement, *accommodation*, accoutumance, apprivoisement, domestication, mimétisme, transformation. 3. Traduction, *transposition*, version. ♦ ANT. 1. Décalage, déphasage, non-pertinence. 2. Immuabilité, immutabilité, inadaptation, isolement. 3. Déformation, trahison.

ADAPTER ♦ SYN. ▷ *V. tr.* 1. *Accommoder*, accorder, ajuster, apparier, approprier à, arranger, combiner, équilibrer, harmoniser, intégrer, mettre à jour. 2. Traduire, *transposer*. ▷ *V. pr.* 3. S'acclimater, *s'accommoder*, s'accoutumer, se conformer, se familiariser, s'habituer, s'intégrer, se plier à. 4. Changer, *évoluer*, se transformer. ♦ ANT. 1. Décaler, déphaser, détonner, séparer. 2. Déformer, trahir. 3. S'isoler, s'opposer, se rebeller. 4. Se figer, régresser, stagner.

ADDITION ♦ SYN. 1. Accroissement, adjonction, *ajout*, annexe, augmentation, complément, extra, insertion, introduction, rallonge, supplément. 2. Chiffre, montant, *somme*, total. 3. Compte, *facture*, douloureuse *(fam.)*, frais, note, relevé. ♦ ANT. 1. Déduction, diminution, réduction, soustraction.

ADDITIONNEL ◇ V. **Supplémentaire**

ADDITIONNER ♦ SYN. Accroître, adjoindre, *ajouter*, annexer, augmenter, compléter, insérer, intercaler, introduire, joindre, rajouter. ♦ ANT. Diminuer, enlever, réduire, retrancher, soustraire.

ADEPTE ♦ SYN. 1. Adhérent, affilié, allié, défenseur, *disciple*, fidèle, initié, membre, militant, partisan, prosélyte, recrue, sympathisant, tenant. 2. *(Activité, sport)* *Amateur*, fervent. ♦ ANT. 1. Adversaire, antagoniste, opposant, rival. 2. Professionnel.

ADÉQUAT ♦ SYN. *Approprié*, concordant, congru, congruent, convenable, correct, équivalent, idoine, juste, pertinent, propre. ♦ ANT. Contraire, impropre, inadapté, inadéquat, inapproprié, incorrect.

ADÉQUATION ◇ v. **Équivalence**

ADHÉRENCE ✦ SYN. *Cohérence*, cohésion, connexion, jonction, liaison, soudure, union. ✦ ANT. Décollement, désunion, disjonction, séparation.

ADHÉRENT ✦ SYN. ▷ *Adj.* 1. Attaché, *collé*, fixé, joint, lié, soudé. ▷ *Nom* 2. *Adepte*, affilié, associé, cotisant, inscrit, membre, partisan, sociétaire, souscripteur. ✦ ANT. 1. Décollé, détaché, disjoint, séparé. 2. Adversaire, antagoniste, dissident, opposant.

ADHÉRER ✦ SYN. 1. *(Ch.)* Agglutiner, *coller*, congluer, s'incruster, souder, tenir. 2. *(Pers.)* Accepter, acquiescer, adopter, s'affilier, agréger, *approuver*, s'associer, cotiser à, entrer dans, s'inscrire, se joindre à, se rallier à, souscrire à. ✦ ANT. 1. Arracher, décoller, détacher. 2. Blâmer, critiquer, démissionner, désapprouver, se désolidariser, s'opposer, rejeter, se séparer.

ADHÉSIF ◇ v. **Collant**

ADHÉSION ✦ SYN. 1. Acceptation, accord, acquiescement, adoption, agrément, *approbation*, assentiment, consentement, oui *(n.)*. 2. *Admission*, appartenance, entrée, inscription, introduction, ralliement. ✦ ANT. 1. Contestation, désaccord, désapprobation, non *(n.)*, objection, opposition, refus, rejet. 2. Démission, départ, dissidence, opposition.

ADJACENT ◇ v. **Contigu**

ADJECTIF ✦ SYN. Attribut, *épithète*, qualificatif.

ADJOINDRE ✦ SYN. *Ajouter*, associer, attacher, joindre, unir. ✦ ANT. Enlever, retirer, retrancher.

ADJOINT ◇ v. **Aide**

ADJUGER ◇ v. **Attribuer**

ADJURATION ◇ v. **Invocation**

ADJURER ◇ v. **Invoquer**

ADMETTRE ✦ SYN. 1. *Accepter*, accueillir, adopter, agréer, approuver, autoriser, introniser, recevoir. 2. *Avouer*, concéder, confesser, consentir, convenir de, croire, penser, reconnaître, supposer. 3. Excuser, pardonner, permettre, souffrir, supporter, *tolérer*. ✦ ANT. 1. Écarter, éconduire, évin-

cer, refuser, rejeter. 2. Contredire, nier. 3. Accabler, exclure, reprocher.

ADMINISTRATEUR ✦ SYN. 1. *(Biens, patrimoine)* Curateur, *fondé de pouvoir*, gérant, intendant, liquidateur, régisseur, séquestre, syndic, tuteur. 2. *(Entreprise)* Cadre, chef, directeur, dirigeant, *gestionnaire*, responsable. 3. *(État)* *Fonctionnaire*, grand commis.

ADMINISTRATION ✦ SYN. 1. Conduite, direction, gérance, *gestion*, gouvernement, intendance, maniement, personnel cadre, régie, régime. 2. Bureaucratie *(souvent péj.)*, *fonction publique*, services publics.

ADMINISTRER ✦ SYN. 1. Conduire (une affaire), diriger, *gérer*, gouverner, mener, régir. 2. Appliquer (un remède), conférer (un sacrement), *donner*, flanquer (des coups), présenter, produire (une preuve). ✦ ANT. 1. Confier, déléguer. 2. Recevoir, subir.

ADMIRABLE ✦ SYN. Beau, délicieux, éblouissant, étonnant, excellent, exquis, extraordinaire, féerique, formidable, incomparable, magnifique, *merveilleux*, mirifique, mirobolant, prodigieux, ravissant, remarquable, sensationnel, splendide, superbe, terrible *(fam.)*. ✦ ANT. Abject, abominable, détestable, exécrable, horrible, ignoble, laid, mauvais, médiocre, méprisable, ordinaire, vilain.

ADMIRATEUR ✦ SYN. Adepte, adorateur, amoureux, fan, fana *(fam.)*, fanatique, *fervent*, fou de, groupie, inconditionnel, passionné. ✦ ANT. Contempteur, critique, dénigreur.

ADMIRATIF ✦ SYN. 1. Ébloui, *émerveillé*, enchanté, extasié, ravi. 2. *Élogieux*, flatteur, louangeur. ✦ ANT. 1. Dégoûté, désenchanté, méprisant, réprobateur. 2. Dénigreur, satirique.

ADMIRATION ✦ SYN. Éblouissement, *émerveillement*, engouement, enthousiasme, extase, pâmoison, ravissement, vénération. ✦ ANT. Dédain, dégoût, horreur, mépris.

ADMIRER ✦ SYN. ▷ *V. tr.* 1. Aduler, apprécier, contempler, *s'émerveiller*, s'enthousiasmer, s'extasier, goûter, se pâmer, porter aux nues, vénérer. ▷ V. pr. **2. Se contempler**, se mirer, se regarder. ✦ ANT. 1. Dédaigner, déprécier, mépriser. 2. Se dénigrer, se déprécier, se mépriser.

ADMISSIBLE ✦ SYN. 1. *Acceptable*, concevable, croyable, passable, plausible, recevable, supportable, tolérable, valable, valide. 2. *(Épreuve)* **Admis**, reçu. ✦ ANT. 1. Inacceptable, inadmissible, inconcevable, irrecevable. 2. Ajourné, recalé, refusé.

ADMISSION ✦ SYN. 1. Accession, adhésion, affiliation, agrégation, **entrée**, initiation, introduction, intronisation, investiture, réception. 2. Acceptation, adhésion, confirmation, **reconnaissance**. ✦ ANT. 1. Exclusion, expulsion, recalage, refus, renvoi. 2. Contestation, dénégation, négation.

ADMONESTATION ◇ V. Réprimande
ADMONESTER ◇ V. Réprimander

ADOLESCENCE ✦ SYN. Âge bête, âge ingrat, fleur de l'âge, jeunes, jeunes gens, **jeunesse**, printemps de la vie. ✦ ANT. Adultes, âge mur, automne de la vie, personnes âgées, vieillesse.

ADOLESCENT ✦ SYN. 1. Ado *(fam.)*, adonis, éphèbe, **jeune homme**, jouvenceau. 2. *(Adolescente)* Ado *(fam.)*, demoiselle, **jeune fille**, jouvencelle. ✦ ANT. 1-2. Adulte, personne âgée, vieillard, vieille, vieux.

ADONNER (S') ✦ SYN. 1. *S'appliquer*, se consacrer, se donner, se livrer, s'occuper, vaquer, se vouer. 2. *(Québ.)* S'accorder, **s'entendre**, se plaire. ✦ ANT. 1. Abandonner, se détourner, se lasser. 2. Se détester, se disputer.

ADOPTER ✦ SYN. 1. Admettre, **approuver**, choisir, se convertir à, embrasser, épouser, préférer, prendre, ratifier, sanctionner, suivre, voter. 2. *(Enfant)* Légitimer. ✦ ANT. 1. Désapprouver, refuser, rejeter, renvoyer. 2. Abandonner, délaisser.

ADOPTION ✦ SYN. 1. Admission, **approbation**, choix, ratification, sanction, vote. 2. *(Enfant)* Légitimation. ✦ ANT. 1. Désapprobation, exclusion, refus, rejet, renvoi. 2. Abandon, délaissement.

ADORABLE ✦ SYN. Admirable, aimable, **charmant**, délicieux, divin, exquis, gentil, gracieux, parfait, ravissant, sublime. ✦ ANT. Abominable, déplaisant, désagréable, détestable, exécrable, haïssable, hideux, imparfait, insupportable, laid, odieux.

ADORATEUR ✦ SYN. Admirateur, **contemplateur**, dévot, enthousiaste, fervent, fidèle. ✦ ANT. Athée, blasphémateur, contempteur, impie, infidèle.

ADORATION ✦ SYN. Admiration, amour, attachement, **contemplation**, culte, enthousiasme, idolâtrie, passion, vénération. ✦ ANT. Abomination, aversion, exécration, haine, impiété, mépris.

ADORER ✦ SYN. 1. *Aimer*, glorifier, servir (Dieu). 2. Admirer, aduler, aimer (avec passion), apprécier, chérir, honorer, idolâtrer, raffoler, révérer, **vénérer**. ✦ ANT. 1. Blasphémer, maudire. 2. Abhorrer, détester, exécrer, haïr, mépriser.

ADOSSER ✦ SYN. Accoter, **appuyer**, arc-bouter, placer contre, soutenir. ✦ ANT. Affaiblir, ébranler, saper.

ADOUCIR ✦ SYN. ▷ V. tr. 1. Affaiblir, assouplir, **atténuer**, baisser, diminuer, édulcorer, filtrer, modérer, polir, purifier, réduire, sucrer, tamiser, voiler. 2. *Alléger*, amadouer, améliorer, apaiser, apprivoiser, calmer, civiliser, consoler, corriger, humaniser, soulager, tempérer. ▷ V. pr. 3. Se radoucir, **se réchauffer**. ✦ ANT. 1. Accroître, amplifier, élever, empirer, exagérer, ternir. 2. Accentuer, aggraver, envenimer, exacerber, exciter, irriter. 3. S'envenimer, se refroidir.

ADOUCISSANT ✦ SYN. Amollissant, apaisant, balsamique, **calmant**, émollient, lénifiant, lénitif. ✦ ANT. Excitant, irritant, tonique, stimulant.

ADOUCISSEMENT ✦ SYN. 1. Allégement, amélioration, apaisement, assouplissement, **atténuation**, baisse, diminution, réduction, rémission, soulagement. 2. Radoucissement, **réchauffement**. ✦ ANT. 1. Aggravation, détérioration, durcissement, excitation, irritation. 2. Refroidissement.

ADRESSE ♦ SYN. 1. *Destination*, suscription. 2. Communication, *discours*. 3. *Dextérité*, escamotage, habileté, jonglerie, prestidigitation. 4. Art, *diplomatie*, doigté, entregent, finesse, industrie, ingéniosité, intelligence, maestria, maîtrise, savoir-faire, subtilité. ♦ ANT. 3. Balourdise, gaucherie, maladresse. 4. Impéritie, ineptie, inexpérience, inhabileté.

ADRESSER ♦ SYN. ▷ V. tr. 1. Dédier, destiner, *diriger*, donner, envoyer, expédier, offrir, présenter, soumettre. ▷ V. pr. 2. Avoir recours à, consulter, demander à, faire appel à, *recourir à*. 3. Interpeller, *parler à*, se tourner vers. ♦ ANT. 1. Recevoir. 2. Se passer de, se satisfaire de. 3. Se détourner, s'éloigner.

ADROIT ♦ SYN. 1. *(Corps)* Agile, exercé, leste, preste, rompu, souple. 2. *(Esprit)* Astucieux, capable, dégourdi, délié, entendu, expérimenté, expert, fin, *habile*, industrieux, ingénieux, intelligent, rusé, subtil. ♦ ANT. 1. Balourd, gauche, maladroit, malhabile. 2. Inapte, incompétent, inepte, inexpérimenté, inhabile.

ADULATEUR ◊ V. **Flatteur**

ADULATION ◊ V. **Flatterie**

ADULER ♦ SYN. 1. *(Péj.)* Encenser, flagorner, *flatter*. 2. *Admirer*, adorer, choyer, fêter, idolâtrer, porter aux nues. ♦ ANT. 1. Blâmer, critiquer. 2. Honnir, mépriser, rabaisser.

ADULTE ♦ SYN. ▷ Nom 1. Femme (faite), *grande personne*, homme (fait). ▷ Adj. 2. Accompli, développé, formé, grand, majeur, majeur et vacciné *(fam.)*, *mûr*, responsable. ♦ ANT. 1. Adolescent, enfant, jeune fille, jeune homme. 2. Immature, irresponsable, jeune, mineur, puéril.

ADULTÈRE ◊ V. **Infidèle, infidélité**

ADVENIR ♦ SYN. Apparaître, *arriver*, avoir lieu, échoir, se manifester, se passer, se produire, résulter, surgir, survenir.

ADVERSAIRE ♦ SYN. Antagoniste, compétiteur, concurrent, contradicteur, ennemi, *opposant*, rival. ♦ ANT. Aide, allié, ami, auxiliaire, défenseur, partenaire, partisan, protecteur.

ADVERSE ◊ V. **Opposé**

ADVERSITÉ ♦ SYN. Détresse, déveine, difficulté, disgrâce, épreuve, fatalité, guigne *(fam.)*, infortune, malchance, *malheur*, misère, revers, tribulations. ♦ ANT. Bien-être, bonheur, chance, prospérité, réussite, succès, veine.

AÉRER ♦ SYN. ▷ V. tr. 1. Purifier, *ventiler*. 2. Alléger, *clarifier*, éclaircir. ▷ V. pr. 3. Changer d'air, se distraire, *s'oxygéner*, respirer, sortir. ♦ ANT. 1. Empester, vicier. 2. Alourdir, obscurcir. 3. S'ankyloser, s'asphyxier, se renfermer.

AÉRIEN ♦ SYN. 1. *Céleste*, élevé, haut, supérieur. 2. Divin, *éthéré*, immatériel, léger, noble, poétique, pur, sublime, vaporeux. ♦ ANT. 1. Bas, inférieur, souterrain, terrestre. 2. Grossier, matériel, mesquin, réaliste, terre-à-terre.

AÉROSOL ♦ SYN. *Atomiseur*, bombe, nébuliseur, pulvérisateur, vaporisateur.

AFFABILITÉ ◊ V. **Amabilité**

AFFABLE ◊ V. **Aimable**

AFFABULATION ◊ V. **Fabulation**

AFFADIR ◊ V. **Édulcorer**

AFFADISSEMENT ◊ V. **Affaiblissement**

AFFAIBLI ◊ V. **Faible**

AFFAIBLIR ♦ SYN. 1. Abattre, alanguir, amollir, anémier, appauvrir, atrophier, aveulir, baisser, débiliter, décliner, déprirrir, déprimer, *diminuer*, ébranler, épuiser, étioler, exténuer, miner, réduire. 2. *(Art)* Adoucir, *atténuer*, édulcorer, infirmer. ♦ ANT. 1. Accroître, affermir, augmenter, consolider, fortifier, remonter, renforcer, stimuler, vivifier. 2. Exagérer, grossir.

AFFAIBLISSANT ♦ SYN. Amollissant, anémiant, appauvrissant, *débilitant*, déprimant, énervant, épuisant, étiolant, exténuant. ♦ ANT. Fortifiant, réconfortant, stimulant, vivifiant.

AFFAIBLISSEMENT ♦ SYN. Abattement, affadissement, affaissement, alanguissement, amollissement, anémie, appauvrissement, atrophie, baisse, décadence, déclin, dégradation, déperdition, dépérissement, *diminution*, épuisement, étiolement, exténuation, faiblesse, fatigue, langueur, relâchement. ✦ ANT. Accroissement, augmentation, épanouissement, regain, renforcement.

AFFAIRE ✦ SYN. ▷ *Sing.* **1.** Aventure, cas, *difficulté*, énigme, ennui, événement, histoire, incident, problème, question, scandale. **2.** Combat, conflit, débat, *dispute*, procès, querelle. ▷ *Pl.* **3.** Activités, besogne, commerce, entreprise, finance, marché, *occupation*, situation, transaction. **4.** Bagages, *effets* (personnels), garderobe, vêtements.

AFFAIRÉ ✦ SYN. Accablé, accaparé, actif, agissant, *occupé*, pris, surchargé, surmené. ✦ ANT. Désœuvré, inoccupé, oisif.

AFFAIRER (S') ✦ SYN. S'activer, s'agiter, s'animer, s'empresser, *s'occuper à.* ✦ ANT. S'arrêter, se reposer.

AFFAISSEMENT ✦ SYN. **1.** Abaissement, chute, dépression, éboulement, écroulement, *effondrement*, glissement, tassement. **2.** Abattement, accablement, *affaiblissement*, alanguissement, dépression, épuisement, prostration, surmenage. ✦ ANT. **1.** Élévation, exhaussement, relèvement. **2.** Allant, énergie, entrain, force, regain, réveil.

AFFAISSER (S') ✦ SYN. **1.** S'abattre, s'affaler, s'avachir, céder, choir, se courber, crouler, s'ébouler, s'écrouler, *s'effondrer*, fléchir, plier, ployer, rompre, tomber. **2.** *S'affaiblir*, décliner, succomber. ✦ ANT. **1.** S'élever, se lever, se redresser. **2.** Se renforcer, résister, tenir bon.

AFFAMÉ ✦ SYN. **1.** Crève-la-faim, *famélique*, meurt-de-faim, miséreux. **2.** *(Fig.)* Altéré, assoiffé, *avide*, insatiable, passionné. ✦ ANT. **1.** Nourri, repu, rassasié. **2.** Assouvi, comblé, contenté, satisfait.

AFFECTATION ✦ SYN. **1.** Adjonction, application, *assignation*, attribution, destination, emploi, imputation, usage, utilité. **2.** *Désignation*, nomination. **3.** Afféterie, apprêt, bluff, cabotinage, chiqué, comédie, emphase, épate, étalage, exagération, façons, *fausseté*, faux-semblant, frime *(fam.)*, hypocrisie, imitation, mièvre-

rie, mignardise, minauderie, montre, ostentation, pose, préciosité, prétention, recherche, simagrées, simulation, tromperie. ✦ ANT. **1.** Exclusion, retrait. **2.** Congédiement, renvoi. **3.** Candeur, droiture, franchise, humilité, naturel, simplicité, sincérité, vérité.

AFFECTÉ ✦ SYN. Apprêté, cérémonieux, compassé, composé, contourné, contraint, empesé, étudié, exagéré, façonnier, factice, *faux*, feint, forcé, gourmé, guindé, hypocrite, maniéré, mièvre, mignard, minaudier, poseur, précieux, prétentieux, raide, recherché. ✦ ANT. Candide, droit, franc, humble, ingénu, modeste, naturel, sans façon, simple, sincère, vrai.

AFFECTER ✦ SYN. **1.** Appliquer, *assigner*, attribuer, consacrer, désigner, destiner, imputer, nommer. **2.** Afficher, emprunter, étaler, faire semblant, *feindre*, simuler. **3.** *Affliger*, atteindre, attrister, émouvoir, frapper, peiner, toucher. ✦ ANT. **1.** Déplacer, muter. **2.** Agir, réaliser. **3.** Consoler, fortifier, réconforter.

AFFECTIF ◇ v. Émotif

AFFECTION ✦ SYN. **1.** Amitié, amour, *attachement*, attrait, béguin *(fam.)*, dilection, estime, inclination, passion, penchant, sympathie, tendresse. **2.** *(Méd.)* Mal, *maladie*, syndrome, trouble. ✦ ANT. **1.** Antipathie, aversion, désaffection, froideur, hostilité, indifférence, inimitié.

AFFECTIONNER ◇ v. Aimer

AFFECTIVITÉ ◇ v. Émotivité

AFFECTUEUX ◇ v. Aimant

AFFERMIR ✦ SYN. **1.** Ancrer, asseoir, cimenter, consolider, durcir, raffermir, *renforcer*, stabiliser. **2.** Assurer, attester, *confirmer*, conforter, corroborer, encourager, fortifier, raffermir. ✦ ANT. **1.** Affaiblir, amollir, ébranler. **2.** Décourager, infirmer, miner, ruiner, saper.

AFFERMISSEMENT ✦ SYN. Affirmation, ancrage, assurance, consolidation, durcissement, raffermissement, *renforcement*, stabilisation. ✦ ANT. Affaiblissement, amollissement, ébranlement.

AFFÉTERIE ◇ v. Affectation

AFFICHE ◇ V. **Enseigne**
AFFICHER ✦ SYN. ▷ V. tr. 1. *Annoncer*, placarder. 2. Affecter, arborer, déployer, étaler, exhiber, exposer, faire étalage de, faire parade de, *montrer*, révéler. ▷ V. pr. 3. *S'exhiber*, se montrer, parader, se pavaner. ✦ ANT. 2. Cacher, celer, dissimuler, masquer, taire, voiler. 3. Se faire discret.
AFFIDÉ ◇ V. **Complice**
AFFILAGE ◇ V. **Aiguisage**
AFFILER ◇ V. **Aiguiser**
AFFILIATION ✦ SYN. *Adhésion*, adjonction, admission, association, entrée, initiation, inscription, rattachement. ✦ ANT. Démission, expulsion, retrait.
AFFILIÉ ◇ V. **Adhérent**
AFFILIER (S') ◇ V. **Adhérer**
AFFINAGE ✦ SYN. Assainissement, blanchissage, épuration, finissage, nettoyage, *purification*, raffinage.
AFFINER ✦ SYN. ▷ V. tr. 1. Assainir, épurer, nettoyer, *purifier*, raffiner. 2. Amaigrir, *amincir*, amoindrir, dégrossir. 3. *Améliorer*, approfondir, perfectionner. ▷ V. pr. 4. *Se civiliser*, se dégrossir, s'éduquer. ✦ ANT. 1. Alourdir, épaissir. 2. Augmenter, élargir, grossir, épaissir. 3. Abrutir, crétiniser, régresser. 4. S'abrutir.
AFFINITÉ ✦ SYN. 1. *Alliance*, parenté. 2. Analogie, conformité, connexion, convenance, corrélation, correspondance, *liaison*, lien, rapport, ressemblance, similitude. 3. Accord, amitié, atomes crochus, attirance, communauté (de goûts), compatibilité, *complicité*, entente, fraternité, harmonie, partage, symbiose, sympathie. ✦ ANT. 2. Contraste, différence, disconvenance, dissemblance, opposition. 3. Antipathie, aversion, désaccord, dissension, hostilité, incompatibilité, mésentente, rivalité.
AFFIRMATIF ◇ V. **Catégorique**
AFFIRMATION ✦ SYN. 1. Allégation, assertion, assurance, attestation, confirmation, *déclaration*, dires, preuve, proposition, renforcement. 2. (*Affirmation de soi*) *Expression*, extériorisation, manifestation. ✦ ANT. 1. Démenti, dénégation, doute,

négation, question. 2. Intériorisation, refoulement, repli sur soi.
AFFIRMER ✦ SYN. ▷ V. tr. 1. Alléguer, assurer, attester, avancer, certifier, confirmer, *déclarer*, dire, garantir, jurer, maintenir, prétendre, proclamer, protester, prouver, soutenir. 2. *Exprimer*, extérioriser, manifester, montrer. ▷ V. pr. 3. *S'exprimer*, s'extérioriser, se manifester. ✦ ANT. 1. Cacher, contester, contredire, démentir, dénier, désavouer, infirmer, nier, se rétracter. 2. Contenir, intérioriser, refouler. 3. Se renfermer, se replier sur soi.
AFFLEURER ◇ V. **Émerger**
AFFLICTION ✦ SYN. Amertume, chagrin, déchirement, désespoir, désolation, détresse, deuil, douleur, larmes, mal, malheur, *peine*, souffrance, tourment, tribulations, tristesse. ✦ ANT. Allégresse, bonheur, consolation, gaieté, joie, ravissement, réconfort, soulagement.
AFFLIGÉ ◇ V. **Triste**
AFFLIGEANT ✦ SYN. 1. Accablant, attristant, cuisant, désolant, douloureux, éprouvant, funeste, malheureux, navrant, pénible, regrettable, *triste*. 2. Déplorable, désolant, *mauvais*, lamentable, pitoyable. ✦ ANT. 1. Agréable, heureux, joyeux, réconfortant. 2. Bon, excellent, remarquable.
AFFLIGER ✦ SYN. Accabler, affecter, atterrer, *attrister*, chagriner, consterner, contrarier, contrister, désespérer, désoler, fâcher, mécontenter, navrer, peiner, toucher, tourmenter, troubler. ✦ ANT. Consoler, égayer, rasséréner, ravir, réconforter, réjouir, soulager.
AFFLUENCE ✦ SYN. 1. Achalandage (*québ.*), afflux, arrivée, attroupement, cohue, concours, flopée, flot, *foule*, fourmillement, masse, multitude, pullulement, rassemblement, régiment. 2. *Abondance*, débordement, déferlement, embouteillage, exubérance, foisonnement, opulence, pléthore, profusion, surabondance. ✦ ANT. 1. Manque, petit nombre, poignée, rareté. 2. Carence, insuffisance, pénurie.
AFFLUER ✦ SYN. 1. *Arriver*, circuler, couler, monter. 2. Abonder, *accourir*,

déferler, envahir, se hâter, se presser, se ruer. ◆ ANT. 1. S'arrêter, descendre, refluer, revenir. 2. Déserter, fuir.

AFFOLANT ◇ v. **Inquiétant**

AFFOLEMENT ◆ SYN. Agitation, bouleversement, désarroi, effroi, émoi, épouvante, *frayeur*, inquiétude, panique, peur, terreur, trouble. ◆ ANT. Assurance, calme, flegme, impassibilité, placidité, quiétude, sang-froid.

AFFOLER ◆ SYN. ▷ *V. tr.* **1.** Alarmer, apeurer, bouleverser, *effrayer*, épouvanter, inquiéter, paniquer, terrifier, terroriser, troubler. ▷ *V. pr.* **2.** S'agiter, se démonter, *s'effrayer*, s'énerver, paniquer, perdre la tête, perdre le nord, perdre son sang-froid. ◆ ANT. **1.** Calmer, rassurer. **2.** Se calmer, reprendre son sang-froid.

AFFRANCHIR ◆ SYN. ▷ *V. tr.* **1.** Débarrasser, décharger, dégager, dégrever, délivrer, dispenser, émanciper, exempter, exonérer, *libérer*. **2.** Timbrer (une lettre). ▷ *V. pr.* **3.** S'émanciper, *se libérer*, secouer le joug. ◆ ANT. **1.** Asservir, assujettir, astreindre, imposer, soumettre, subjuguer. **3.** Se soumettre, vivre sous le joug.

AFFRANCHISSEMENT ◇ v. **Libération**

AFFRES ◇ v. **Tourment**

AFFREUX ◆ SYN. Abominable, atroce, dégoûtant, dégueulasse *(fam.)*, détestable, difforme, *effrayant*, effroyable, épouvantable, exécrable, hideux, horrible, ignoble, infect, laid, méchant, monstrueux, odieux, repoussant, répugnant, terrible, vilain. ◆ ANT. Agréable, attirant, beau, bon, charmant, gracieux, joli, majestueux, plaisant, splendide, superbe.

AFFRIOLANT ◇ v. **Attirant**

AFFRIOLER ◇ v. **Attirer**

AFFRONT ◆ SYN. Assaut, attaque, avanie, blessure, brimade, camouflet, *humiliation*, ignominie, impertinence, injure, insolence, insulte, offense, opprobre, outrage, rebuffade, vexation. ◆ ANT. Civilités, compliment, éloge, hommage, louange, réparation.

AFFRONTEMENT ◆ SYN. Attaque, bataille, combat, compétition, conflit, *défi*, duel, échange, face-à-face, heurt, lutte, mêlée, opposition, rencontre. ◆ ANT. Abandon, fuite, soumission.

AFFRONTER ◆ SYN. ▷ *V. tr.* **1.** Attaquer, braver, combattre, *défier*, se dresser contre, s'exposer à, faire face à, faire front, résister, risquer. **2.** *(Épreuve sportive)* Disputer un match, *rencontrer*. ▷ *V. pr.* **3.** Se battre, en découdre, se heurter, lutter, se mesurer à, *s'opposer*. ◆ ANT. **1.** Éluder, éviter, fuir. **2.** Gagner, perdre. **3.** S'allier, battre en retraite, pactiser.

AFFUBLER ◇ v. **Accoutrer**

AFFÛT (À L') ◇ v. **Guetter**

AFFÛTAGE ◇ v. **Aiguisage**

AFFÛTER ◇ v. **Aiguiser**

AGAÇANT ◆ SYN. **1.** Contrariant, crispant, désagréable, embêtant, *énervant*, enrageant, exaspérant, horripilant, insupportable, irritant, obsédant. **2.** *Affriolant*, aguichant, excitant, provocant. ◆ ANT. **1.** Agréable, calmant, plaisant. **2.** Dégoûtant, repoussant.

AGACEMENT ◆ SYN. Contrariété, embêtement, *énervement*, exaspération, impatience, irritation. ◆ ANT. Calme, détente, patience, repos.

AGACER ◆ SYN. **1.** Asticoter *(fam.)*, contrarier, crisper, embêter, *énerver*, exaspérer, exciter, impatienter, irriter, taquiner. **2.** *Affrioler*, aguicher, allumer *(fam.)*, attirer, émoustiller, exciter, provoquer. ◆ ANT. **1.** Calmer, distraire, plaire, tranquilliser. **2.** Dégoûter, éconduire, éloigner, repousser.

ÂGE ◆ SYN. Ancienneté, époque, ère, génération, maturité, période, temps, *vie*, vieillesse.

ÂGÉ ◆ SYN. **1.** *(Pers.)* Âge avancé, vieilli, *vieux*. **2.** *(Ch.)* Ancien, antique, démodé, usé. ◆ ANT. **1.** Jeune. **2.** Moderne, neuf, nouveau.

AGENCE ◇ v. **Organisme**

AGENCEMENT ◇ v. **Disposition**

AGENCER ◆ SYN. Ajuster, aménager, arranger, assortir, combiner, composer, décorer, *disposer*, embellir, équilibrer, harmoniser, ordonner, organiser, régler, structurer. ♦ ANT. Défaire, dégarnir, déparer, dérégler, déséquilibrer, désorganiser, embrouiller, enlaidir, mêler.

AGENDA ◇ v. **Calendrier**

AGENOUILLER (S') ♦ SYN. 1. Se mettre à genoux, *se prosterner*. 2. S'abaisser, courber l'échine, *s'humilier*, ramper, se soumettre. ♦ ANT. 1. Se relever. 2. Affronter, se dresser contre, s'élever contre, se révolter, tenir tête.

AGENT ♦ SYN. 1. *Cause*, facteur, instrument, principe. 2. Commis, commissaire, courtier, délégué, émissaire, employé, fonctionnaire, fondé de pouvoir, gérant, inspecteur, intermédiaire, mandataire, négociateur, policier, préposé, *représentant*, substitut, suppléant. ♦ ANT. 1. Conséquence, effet, résultat. 2. Chef, directeur, patron.

AGGLOMÉRAT ◇ v. **Amas**

AGGLOMÉRATION ♦ SYN. Banlieue, bourg, bourgade, capitale, centre, chef-lieu, conurbation, faubourg, *localité*, métropole, paroisse, village, ville.

AGGLOMÉRER ♦ SYN. Accumuler, agglutiner, agréger, amasser, amonceler, assembler, associer, entasser, grouper, joindre, mêler, *réunir*. ♦ ANT. Désagréger, désassembler, désunir, disjoindre, disperser, disséminer, diviser, éparpiller, séparer.

AGGRAVATION ♦ SYN. Accroissement, alourdissement, amplification, augmentation, complications, croissance, développement, exacerbation, exaspération, *intensification*, progression, propagation, rechute, recrudescence, redoublement, renforcement. ♦ ANT. Adoucissement, amélioration, apaisement, atténuation, diminution, réduction, rémission, soulagement.

AGGRAVER ♦ SYN. Accroître, alourdir, amplifier, augmenter, *empirer*, envenimer, étendre, exacerber, exaspérer, redoubler, renforcer. ♦ ANT. Adoucir, allé-

ger, améliorer, apaiser, atténuer, calmer, diminuer, réduire, soulager.

AGILE ♦ SYN. Adroit, alerte, allègre, dispos, habile, ingambe, léger, leste, mobile, preste, prompt, rapide, souple, *vif*, vite. ♦ ANT. Engourdi, gauche, lambin, lent, lourd, nonchalant, paresseux, pesant.

AGILITÉ ♦ SYN. Adresse, aisance, habileté, légèreté, mobilité, promptitude, rapidité, souplesse, vitesse, *vivacité*. ♦ ANT. Gaucherie, inhabileté, lenteur, lourdeur, maladresse, nonchalance, paresse.

AGIOTAGE ◇ v. **Spéculation**

AGIR ♦ SYN. 1. *(Dr.)* Actionner, ester, intenter, *poursuivre*. 2. S'activer, se comporter, s'employer à, entreprendre, *intervenir*, mener, mettre en œuvre, œuvrer, procéder, travailler. 3. Concourir à, contribuer à, *entraîner*, influer, provoquer, stimuler. ♦ ANT. 1. Se désister, renoncer. 2. Atermoyer, différer, éluder, fuir, omettre, traîner. 3. Empêcher, faire obstacle, nuire.

AGISSANT ◇ v. **Actif**

AGISSEMENTS ◇ v. **Machination**

AGITATEUR ♦ SYN. *Agent provocateur*, émeutier, excitateur, factieux, fauteur de troubles, fomentateur, incitateur, initiateur, instigateur, meneur, perturbateur, provocateur, séditieux, trublion. ♦ ANT. Allié, conciliateur, négociateur, pacificateur.

AGITATION ♦ SYN. 1. *Animation*, bouillonnement, effervescence, fermentation, grouillement, houle, mouvement, perturbation, remous, remue-ménage, soulèvement, trouble, turbulence. 2. Bouleversement, convulsion, émotion, *excitation*, fébrilité, frénésie, nervosité. ♦ ANT. 1. Calme, ordre, paix. 2. Assurance, repos, sérénité.

AGITER ♦ SYN. ▷ V. tr. 1. Ballotter, brandir, ébranler, *remuer*, secouer. 2. Bouleverser, émouvoir, enfiévrer, *exciter*, inquiéter, préoccuper, tourmenter, transporter, troubler. 3. *Débattre*, discuter, soulever, soumettre, traiter. ▷ V. pr. 4. S'affairer, s'animer, *se démener*, s'exciter, se tortiller, se trémousser. ♦ ANT. 1. Immobiliser. 2. Apaiser, calmer, rassurer. 3. Céder, omettre. 4. S'apaiser, s'arrêter, se reposer.

AGNOSTICISME ◇ V. **Incroyance**

AGNOSTIQUE ◇ V. **Incroyant**

AGONIE ♦ SYN. 1. Article de la mort, dernière heure, derniers moments, extrémité, *fin*, heure du trépas. 2. Chute, crépuscule, *déclin*. ♦ ANT. 1. Commencement, éclosion, naissance. 2. Aurore, renaissance, résurrection.

AGONISER ◇ V. **Mourir**

AGRAFE ♦ SYN. *Attache*, boucle, broche, clip, épingle, épinglette, fermail, fermoir, fibule.

AGRAFER ♦ SYN. 1. Accrocher, adapter, ajuster, *attacher*, fixer, joindre, maintenir, retenir. 2. *(Fam.) Arrêter*, attraper, prendre. ♦ ANT. 1. Dégrafer, détacher. 2. Libérer, relâcher.

AGRANDIR ◇ V. **Augmenter**

AGRANDISSEMENT ◇ V. **Augmentation**

AGRÉABLE ♦ SYN. 1. *(Ch.)* Attirant, attrayant, délectable, délicat, délicieux, doux, enchanteur, exquis, *plaisant*, savoureux, séduisant, suave, subtil, succulent. 2. *(Pers.) Affable*, aimable, avenant, beau, charmant, commode, convivial, galant, gentil, gracieux, joli, prévenant, sympathique. ♦ ANT. 1. Âcre, aigre, blessant, contrariant, déplaisant, désagréable, détestable, ennuyeux, fâcheux, incommodant, insipide, pénible, repoussant. 2. Antipathique, bourru, désobligeant, détestable, disgracieux, hargneux, impoli, importun, odieux.

AGRÉER ♦ SYN. ▷ V. tr. 1. *Accepter*, accueillir, admettre, approuver, consentir, incorporer, recevoir. ▷ V. intr. 2. Convenir, faire l'affaire, *plaire*. ♦ ANT. 1. Décliner, désapprouver, récuser, refuser, rejeter. 2. Déplaire, embarrasser.

AGRÉGER ♦ SYN. 1. Agglomérer, joindre, *réunir*, unir. 2. Adjoindre, *admettre*, affilier, associer, incorporer. ♦ ANT. 1. Désagréger, désunir. 2. Détacher, dissocier, renvoyer.

AGRÉMENT ♦ SYN. 1. *Acceptation*, accord, acquiescement, adhésion, approbation, autorisation, consentement, oui *(n.)*, ratification. 2. Attrait, charme, grâce, *plaisir*, séduction. 3. *(Pl.)* Amusements, bonheurs, charmes, commodités, distractions, joies, *plaisirs*. ♦ ANT. 1. Désapprobation, non *(n.)*, opposition, refus. 2. Défaut, déplaisir, désagrément, laideur. 3. Contrariétés, désagréments.

AGRÉMENTER ◇ V. **Embellir**

AGRÈS ♦ SYN. Apparaux, appareils *(gymn.)*, équipement, *gréement*.

AGRESSER ♦ SYN. 1. Assaillir, *attaquer*, foncer sur, fondre sur, frapper, se jeter sur, prendre à partie, se ruer sur, sauter sur, tomber sur, violenter. 2. Blesser, *choquer*, déplaire, déranger, importuner, incommoder. ♦ ANT. 1. Aider, défendre, protéger, respecter. 2. Plaire, rassurer.

AGRESSEUR ♦ SYN. Assaillant, *attaquant*, offenseur, oppresseur, persécuteur, provocateur. ♦ ANT. Aide, défenseur, gardien, protecteur.

AGRESSIF ♦ SYN. Bagarreur, batailleur, belliqueux, combatif, menaçant, provocateur, pugnace, querelleur, *violent*. ♦ ANT. Doux, inoffensif, pacifique.

AGRESSION ♦ SYN. Assaut, *attaque*, invasion, offensive, sévices, violence, voie de fait *(dr.)*. ♦ ANT. Défense, défensive, protection, résistance, riposte.

AGRESSIVITÉ ♦ SYN. Animosité, brutalité, colère, combativité, haine, hargne, hostilité, intimidation, malveillance, méchanceté, menace, *violence*. ♦ ANT. Bienveillance, bonté, cordialité, douceur, humanité, modération.

AGRICOLE ◇ V. **Rural**

AGRICULTEUR ♦ SYN. *Cultivateur*, fermier, laboureur, maraîcher, paysan, producteur agricole, terrien. ♦ ANT. Citadin.

AGRIPPER (S') ◇ V. **Accrocher (s')**

AGUERRI ♦ SYN. Accoutumé, affermi, cuirassé, endurci, entraîné, éprouvé, fort, *habitué*, préparé, rompu à. ♦ ANT. Affaibli, amolli, faible, inexpérimenté, nouveau, novice.

AGUICHANT ◇ v. Attirant
AGUICHER ◇ v. Attirer
AHURI ◇ v. Stupéfait
AHURISSANT ◇ v. Stupéfiant
AIDE ✦ SYN. ▷ *Nom fém.* **1.** *Appui*, assistance, collaboration, concours, coopération, coup de main, don, faveur, main-forte, protection, réconfort, renfort, secours, service, soutien, subsides, subvention. ▷ *Nom masc.* **2.** *Adjoint*, adjuvant, apprenti, assesseur, assistant, associé, attaché, auxiliaire, bras droit, collaborateur, coopérateur, second. ✦ ANT. **1.** Abandon, délaissement, empêchement, gêne, nuisance, obstacle. **2.** Chef, directeur, patron.

AIDE-MÉMOIRE ◇ v. Mémento

AIDER ✦ SYN. ▷ *V. tr.* **1.** *Appuyer*, assister, collaborer, concourir à, contribuer à, coopérer, donner un coup de main, encourager, épauler, favoriser, participer à, patronner, protéger, seconder, secourir, servir, soulager, soutenir, subventionner. ▷ *V. intr.* **2.** Contribuer à, *faciliter*, favoriser. ▷ *V. pr.* **3.** Se servir de, *utiliser*. **4.** S'efforcer. **5.** *S'entraider*, s'épauler. ✦ ANT. **1.** Abandonner, contrarier, décourager, délaisser, desservir, gêner, nuire. **2.** Compliquer, empêcher. **3.** S'abstenir, mésuser. **4.** Renoncer. **5.** S'entre-nuire.

AÏEUL ◇ v. Ancêtre

AIGRE ✦ SYN. **1.** *(Goût)* Acide, acidulé, **âcre**, aigrelet, amer, âpre, piquant, rance, tourné, vert. **2.** *(Son)* Aigu, assourdissant, **criard**, déplaisant, grinçant, perçant, sifflant, tonitruant. **3.** *(Froid)* Acéré, coupant, glacial, mordant, **vif. 4.** *(Propos)* **Acerbe**, acrimonieux, agressif, blessant, cassant, caustique, hargneux, incisif, mordant, piquant, rébarbatif, revêche, sarcastique, virulent. ✦ ANT. **1.** Doux, suave, sucré. **2.** Agréable, discret, harmonieux. **3.** Bienfaisant, rafraîchissant. **4.** Aimable, attirant, bienveillant, bon, charmant, compatissant, conciliant, engageant, tendre.

AIGREUR ✦ SYN. **1.** Acidité, **âcreté**, amertume, âpreté, verdeur. **2.** *Acrimonie*, agressivité, animosité, causticité, colère, fiel, hargne, mordant, rancune, ressenti-

ment. ✦ ANT. **1.** Douceur, saveur (agréable), suavité. **2.** Aménité, bienveillance, bonté, paix, sérénité, tendresse.

AIGRI ◇ v. Amer

AIGRIR ✦ SYN. ▷ *V. tr.* **1.** Exaspérer, excéder, indisposer, *irriter*. ▷ *V. intr.* **2.** S'altérer, se gâter, *surir*, tourner. ✦ ANT. **1.** Calmer, consoler, contenter, plaire. **2.** Se bonifier, se conserver.

AIGU ✦ SYN. **1.** *Acéré*, effilé, piquant, pointu, tranchant. **2.** *(Son)* Aigre, **criard**, perçant, strident, suraigu. **3.** *(Douleur)* Cuisant, intolérable, lancinant, mordant, vif, **violent. 4.** *(Esprit)* **Incisif**, pénétrant, subtil. ✦ ANT. **1.** Émoussé. **2.** Étouffé, grave, sourd, voilé. **3.** Passager, tolérable. **4.** Borné, obtus.

AIGUILLE ✦ SYN. Alène, broche, **épingle**, épinglette, passe-lacet, poinçon, pointe.

AIGUILLER ◇ v. Diriger

AIGUILLONNER ✦ SYN. **1.** Piquer. **2.** Animer, attiser, encourager, enhardir, **éperonner**, exciter, exhorter, fouetter *(fig.)*, inciter, inviter à, porter à, pousser à, presser, provoquer, stimuler. ✦ ANT. **2.** Arrêter, calmer, dissuader, empêcher, modérer, refréner, retenir.

AIGUISAGE ✦ SYN. Affilage, **affûtage**, aiguisement, émorfilage, émoulage, repassage. ✦ ANT. Émoussage, épointage.

AIGUISER ✦ SYN. **1.** Affiler, **affûter**, appointer, émoudre, polir, repasser. **2.** Aiguillonner, attiser, aviver, **exciter**, stimuler. ✦ ANT. **1.** Émousser, épointer. **2.** Assouvir, calmer, freiner, modérer, ralentir.

AIGUISEUR ✦ SYN. Affileur, **affûteur**, émouleur, rémouleur, repasseur.

AILE ✦ SYN. **1.** *Aileron*, élytre, empennage, penne. **2.** *(Logis)* Corps de logis, **pavillon. 3.** *(Armée)* **Détachement**, flanc. **4.** *(Véhicule)* **Garde-boue**, pare-boue. **5.** Égide, patronage, **protection**.

AIMABLE ✦ SYN. Abordable, accort, accueillant, **affable**, agréable, amène, attentionné, avenant, bienveillant, complaisant, courtois, engageant, enjoué, galant, gentil, gracieux, obligeant, poli, prévenant, sociable, souriant, sympathique. ♦ ANT. Antipathique, bourru, déplaisant, désagréable, désobligeant, haïssable, hargneux, impoli, insociable, insupportable, malcommode (québ., fam.), malveillant, rebutant.

AIMANT ♦ SYN. *Affectueux*, câlin, caressant, sensible, tendre. ♦ ANT. Dur, froid, insensible.

AIMER ♦ SYN. 1. (Pers.) Adorer, avoir le béguin pour (fam.), **chérir**, s'énamourer, s'engouer, s'éprendre, estimer, idolâtrer, soupirer pour, raffoler, tomber amoureux, vénérer. 2. (Ch.) Affectionner, **apprécier**, goûter, s'intéresser à, se plaire à. ♦ ANT. 1. Abhorrer, se détacher, détester, haïr, mépriser. 2. Décrier, dédaigner, repousser.

AÎNÉ ♦ SYN. 1. Premier-né. 2. *Personne âgée*, vieillard, vieux. ♦ ANT. 1. Benjamin, cadet, dernier-né. 2. Enfant, jeune.

AIR ♦ SYN. 1. Ambiance, *atmosphère*, ciel, climat, espace, éther, vent. 2. *Allure*, apparence, aspect, attitude, contenance, dehors, expression, extérieur, façon, figure, maintien, manière, mine, physionomie, visage. 3. Aria, *chanson*, chant, mélodie, refrain, thème. 4. (Fig., péj.) Chanson, couplet, disque, histoire, musique, refrain, *rengaine*, sérénade, scie.

AIRE ♦ SYN. 1. Dimension, espace, étendue, *superficie*. 2. Champ, domaine, *région*, sphère, zone.

AISANCE ♦ SYN. 1. Adresse, agilité, assurance, *facilité*, grâce, liberté, naturel, souplesse. 2. Abondance, bien-être, confort, opulence, prospérité, *richesse*. ♦ ANT. 1. Difficulté, embarras. 2. Gêne, indigence, misère, pauvreté.

AISE ♦ SYN. ▷ Adj. 1. *Content*, heureux, ravi. ▷ Nom 2. Aisance, bien-être, commodités, *confort*. 3. *Contentement*, euphorie, plaisir, satisfaction. ♦ ANT. 1. Mécontent, morose. 2. Gêne, malaise, pauvreté, privation. 3. Angoisse, chagrin, déplaisir.

AISÉ ♦ SYN. 1. Commode, *facile*, faisable. 2. Coulant, détendu, fluide, *naturel*, simple, souple, spontané. 3. Cossu, fortuné,

nanti, *riche*. ♦ ANT. 1. Difficile, malaisé, pénible. 2. Compliqué, compassé, embarrassé, gêné. 3. Indigent, miséreux, pauvre.

AISÉMENT ♦ SYN. *Facilement*, naturellement, simplement. ♦ ANT. Difficilement, malaisément.

AJOURNEMENT ♦ SYN. 1. Atermoiement, délai, procrastination, prolongation, prorogation, remise, renvoi, *report*, retard, sursis. 2. (Candidat) Échec, *refus*. ♦ ANT. 1. Anticipation, empressement, exécution, poursuite. 2. Admission, réussite.

AJOURNER ♦ SYN. 1. Atermoyer, différer, lanterner, procrastiner, proroger, reculer, remettre, renvoyer, *reporter*, retarder, surseoir, temporiser. 2. (Candidat) Coller à (fam.), recaler, *refuser*. ♦ ANT. 1. Anticiper, s'empresser, exécuter, poursuivre. 2. Admettre, recevoir.

AJOUT ◇ v. **Addition**

AJOUTER ◇ v. **Additionner**

AJUSTÉ ◇ v. **Collant**

AJUSTEMENT ♦ SYN. 1. Adaptation, agencement, alésage, arrangement, assemblage, raccord, *réglage*. 2. *Habillement*, mise, tenue, toilette. ♦ ANT. 1. Dérangement, dérèglement.

AJUSTER ♦ SYN. 1. Adapter, agencer, aléser, conformer, disposer, jumeler, mouler, ordonner, *régler*. 2. Mettre en joue, *viser*. 3. *Accorder*, concilier. ♦ ANT. 1. Déranger, dérégler. 2. Atteindre, rater. 3. Diviser, opposer.

ALAMBIQUÉ ♦ SYN. Affecté, amphigourique, biscornu, compliqué, contourné, maniéré, précieux, quintessencié, recherché, *sophistiqué*, subtil, tarabiscoté. ♦ ANT. Compréhensible, direct, naturel, simple, spontané.

ALARMANT ♦ SYN. Affolant, angoissant, critique, dangereux, effrayant, *inquiétant*, menaçant, terrifiant. ♦ ANT. Lénifiant, rassurant, sécurisant, tranquillisant.

ALARME ♦ SYN. 1. *Alerte*, appel, sirène, sonnerie, tocsin. 2. Crainte, effroi, émoi, *inquiétude*, peur, souci, trouble. ♦ ANT. 2. Paix, sécurité, tranquillité.

ALARMER ✦ SYN. Affoler, agiter, angoisser, apeurer, effrayer, émouvoir, épouvanter, *inquiéter*, mettre en émoi, paniquer, tourmenter. ✦ ANT. Rassurer, sécuriser, tranquilliser.

ALARMISTE ✦ SYN. Catastrophiste, craintif, défaitiste, paniquard, *pessimiste*. ✦ ANT. Assuré, brave, confiant, optimiste.

ALBUM ✦ SYN. 1. *Cahier*, carnet, classeur, coffret, collection, herbier, keepsake, recueil, scrapbook. 2. Coffret, *disque*.

ALCOOL ◇ V. **Boisson**

ALCOOLIQUE ◇ V. **Ivrogne**

ALCOOLISME ◇ V. **Ivresse**

ALÉAS ◇ V. **Incertitude**

ALÉATOIRE ◇ V. **Incertain**

ALENTOUR ✦ SYN. ▷ *Adv.* 1. À proximité, *autour*. ▷ *Nom pl.* 2. Abords, approches, entourage, *environs*, parages, proximité, voisinage. ✦ ANT. 1. Au loin. 2. Confins, limites, lointain.

ALERTE ✦ SYN. ▷ *Adj.* 1. Attentif, *vigilant*. 2. Agile, *éveillé*, fringant, leste, preste, rapide, vif. ▷ *Nom* 3. Alarme. 4. Crainte, *danger*, frayeur, menace, péril. 5. Annonce, *avertissement*, indice, signal, signe, symptôme. ✦ ANT. 1. Distrait, inattentif. 2. Ankylosé, endormi, engourdi, inerte, lent, lourd, pesant. 4. Assurance, confiance, sécurité. 5. Imprévoyance, insouciance, négligence.

ALGARADE ◇ V. **Dispute**

ALIBI ◇ V. **Prétexte**

ALIÉNATION ✦ SYN. 1. *(Dr.)* Abandon, *cession*, perte, transfert, vente. 2. *Asservissement*, assujettissement, dépossession, servitude. 3. Démence, déséquilibre mental, *folie*, névrose, paranoïa, psychose. ✦ ANT. 1. Acquisition, conservation. 2. Affranchissement, émancipation, libération. 3. Équilibre, santé mentale.

ALIÉNÉ ◇ V. **Fou**

ALIÉNER ✦ SYN. ▷ *V. tr.* 1. *(Dr.)* Abandonner, adjuger, *céder*, se défaire de, disposer de, donner, transférer, vendre. ▷ *V. pr.* 2. Éloigner, mécontenter, *perdre*. ✦ ANT. 1. Conserver, garder. 2. S'attirer, gagner, mériter.

ALIMENT ✦ SYN. 1. Comestible, denrée, manger, mets, *nourriture*, pitance *(péj.)*. 2. *(Fam.)* *Bouffe*, boustifaille, mangeaille. 3. Alimentation.

ALIMENTATION ✦ SYN. 1. *Approvisionnement*, épicerie, fourniture (de vivres), marché, provisions, ration, ravitaillement, subsistance, victuailles, vivres. 2. Aliment, cuisine, gastronomie, menu, mets, *nourriture*, ordinaire *(n.)*, pitance *(péj.)*, repas. 3. Diététique, *nutrition*, régime. 4. *(Animaux)* Pâture. ✦ ANT. 1. Famine, pénurie, privation, rationnement.

ALIMENTER ✦ SYN. ▷ *V. tr.* 1. Approvisionner, entretenir, *nourrir*, pourvoir, ravitailler, soutenir, sustenter. ▷ *V. pr.* 2. Manger, *se nourrir*. ✦ ANT. 1. Affamer, couper les vivres, priver, rationner, retrancher, supprimer. 2. Jeûner.

ALLANT ◇ V. **Entrain**

ALLÉCHANT ✦ SYN. 1. *Appétissant*, ragoûtant. 2. Affriolant, aguichant, *attirant*, attrayant, capiteux désirable, engageant, excitant, invitant, plaisant, séduisant, tentant. 2. ✦ ANT. 1. Dégoûtant, écœurant, infect. 2. Déplaisant, rebutant, repoussant.

ALLÉCHER ◇ V. **Attirer**

ALLÉGATION ✦ SYN. 1. *Accusation*, attaque, dénonciation, imputation, incrimination, inculpation, plainte, poursuite, réquisitoire. 2. *Affirmation*, assertion, déclaration, dires. ✦ ANT. 1. Défense, disculpation, innocence, plaidoirie, réhabilitation. 2. Démenti, dénégation, doute, négation.

ALLÉGEANCE ✦ SYN. 1. *(Serment)* *Fidélité*, loyauté, obéissance, soumission. 2. Adhésion, *appartenance*, obédience. ✦ ANT. 1. Désobéissance, infidélité, insoumission. 2. Dissidence, exclusion.

ALLÉGEMENT ✦ SYN. 1. *Déchargement*, délestage. 2. Adoucissement, amélioration, amoindrissement, apaisement, atténuation, dégrèvement, diminution, exemption, réduction, remise, *soulagement*. ✦ ANT. 1. Chargement, lestage. 2. Aggravation, alourdissement, augmentation, imposition, surcharge.

ALLÉGER ✦ SYN. 1. *Décharger*, délester. 2. Adoucir, améliorer, amoindrir, apaiser, atténuer, calmer, débarrasser, dégrever, délivrer, diminuer, *soulager*, tempérer. ✦ ANT. 1. Charger, lester. 2. Accabler, aggraver, alourdir, appesantir, augmenter, empirer, grever, surcharger.

ALLÉGORIE ✦ SYN. Apologue, comparaison, emblème, fable, fiction, figure, image, *métaphore*, parabole, personnification, symbole. ✦ ANT. Réalisme, réalité.

ALLÉGORIQUE ✦ SYN. Emblématique, figuratif, figuré, *métaphorique*, parabolique, symbolique. ✦ ANT. Littéral, réaliste.

ALLÈGRE ✦ SYN. Agile, alerte, dispos, enthousiaste, folâtre, fringant, gai, enjoué, joyeux, léger, leste, plein d'entrain, preste, sémillant, *vif*. ✦ ANT. Apathique, indolent, lent, lourd, mou, nonchalant, triste.

ALLÉGRESSE ✦ SYN. Bonheur, enthousiasme, entrain, félicité, gaieté, *joie*, jubilation, liesse, réjouissance. ✦ ANT. Consternation, tristesse.

ALLÉGUER ◇ V. **Invoquer**

ALLER ✦ SYN. ▷ V. intr. 1. S'acheminer, avancer, cheminer, déambuler, *se diriger*, gagner, marcher, se mouvoir, se porter, se promener, se rendre, se transporter, voyager. 2. Aboutir, *conduire*, mener. 3. Se dérouler, *fonctionner*, marcher. 4. S'accorder, s'adapter, s'appliquer, cadrer, concorder, *convenir*, correspondre, faire l'affaire, seoir. 5. Agréer, arranger, convenir, *plaire*, sourire. ▷ V. pr., s'en aller 6. Déguerpir, disparaître, s'éloigner, *partir*, plier bagage, quitter. 7. Décéder, *mourir*. ✦ ANT. 1. Reculer, revenir. 2. Écarter, éloigner. 3. S'arrêter, faire défaut. 4. Détonner, jurer, trancher. 5. Contrarier, déplaire, embarrasser. 6. Apparaître, arriver, s'approcher, surgir. 7. Naître, venir au monde.

ALLIAGE ◇ V. **Mélange**

ALLIANCE ✦ SYN. 1. Accord, association, coalition, confédération, entente, liaison, ligue, pacte, traité, *union*. 2. Affinité, filiation, *lien*, mariage, parenté. 3. Amalgame, *combinaison*, connexion, mélange, rapprochement, réunion. 4. *Anneau*, bague, jonc. ✦ ANT. 1. Désaccord, désunion, divorce, mésintelligence, rupture, séparation. 2. Mésalliance. 3. Différenciation, dissociation, opposition.

ALLIÉ ✦ SYN. 1. Ami, appui, *associé*, auxiliaire, coalisé, confédéré, fédéré, partenaire, satellite, second. 2. *Parent*, proche. ✦ ANT. 1. Adversaire, concurrent, ennemi, opposant.

ALLIER ✦ SYN. Assembler, *associer*, coaliser, combiner, concilier, confédérer, fédérer, grouper, harmoniser, joindre, liguer, marier, mêler, réunir, unir. ✦ ANT. Brouiller, désolidariser, désunir, diviser, opposer, séparer.

ALLOCATION ✦ SYN. Aide, attribution, distribution, dotation, gratification, indemnité, octroi, prestation, secours, *subsides*, subvention.

ALLOCUTION ✦ SYN. Adresse, causerie, *discours*, entretien, laïus *(fam.)*, propos, speech *(fam.)*, topo, toast.

ALLONGEMENT ✦ SYN. 1. Accroissement, ajout, allonge, appendice, élongation, étirement, extension, *prolongement*, rallonge. 2. Délai, prolongation, *prorogation*, sursis. ✦ ANT. 1. Contraction, diminution, restriction, rétrécissement. 2. Cessation, dissolution, fin, suppression.

ALLONGER ✦ SYN. ▷ V. tr. 1. Ajouter, augmenter, déployer, développer, étendre, étirer, *prolonger*, rallonger. 2. *Proroger*, retarder, surseoir. ▷ V. pr. 3. *(Temps)* Rallonger. 4. *Se coucher*, s'étaler, s'étendre. 5. *(Fam.)* S'affaisser, choir, chuter, s'écrouler, *tomber*. ✦ ANT. 1. Abréger, diminuer, écourter, raccourcir, réduire, restreindre, retirer, rétrécir. 2. Cesser, dissoudre, supprimer. 3. Raccourcir. 4. Se lever. 5. Se relever, se redresser.

ALLOUER ✦ SYN. Accorder, *attribuer*, céder, concéder, consentir, donner, doter, gratifier, impartir, octroyer. ◆ ANT. Priver, refuser, retirer.

ALLUMER ◆ SYN. 1. *Enflammer*, incendier, mettre le feu. 2. *Brancher*, éclairer, illuminer, mettre de la lumière. 3. Attiser, exciter, fomenter, fouetter, provoquer, *susciter*. 4. *(Fam.)* Affrioler, aguicher, attirer, émoustiller, *exciter*, provoquer. ◆ ANT. 1. Éteindre, étouffer. 2. Débrancher, fermer la lumière, tamiser. 3. Calmer, contenir, modérer. 4. Dégoûter, déplaire, éconduire, repousser.

ALLURE ◆ SYN. 1. Cadence, course, démarche, erre, marche, *mouvement*, pas, régime, rythme, train, vitesse. 2. Air, attitude, comportement, conduite, contenance, dégaine *(fam.)*, façon, genre, *maintien*, manière, port, présentation, prestance, style, tenue. 3. *Apparence*, aspect, caractère, configuration, contour, couleur, dehors, extérieur, façade, forme, physionomie, silhouette. 4. Chic, *classe*, distinction, élégance, noblesse, panache, prestance. 5. Cours, *déroulement*, évolution, direction, teinte, tournure.

ALLUSIF ◇ V. **Sous-entendu**

ALLUSION ◆ SYN. 1. Insinuation, *sous-entendu*. 2. *Évocation*, mention, rappel, souvenir. ◆ ANT. 1. Franchise, franc-parler. 2. Omission, oubli.

ALMANACH ◇ V. **Calendrier**

ALORS ◆ SYN. *À ce moment-là*, en ce cas-là, en ce temps-là, lors. ◆ ANT. Actuellement, aujourd'hui, de nos jours, maintenant.

ALOURDIR ◆ SYN. 1. *Appesantir*, charger, écraser, lester, surcharger. 2. *Engraisser*, épaissir, grossir. 3. *Accabler*, aggraver, grever, peser. ◆ ANT. 1. Alléger, décharger, délester, diminuer. 2. S'affiner, maigrir. 3. Dégrever, soulager.

ALOURDISSEMENT ◆ SYN. 1. *Appesantissement*, écrasement, surcharge. 2. *Accablement*, aggravation, engourdissement, indigestion, lourdeur, oppression. ◆ ANT. 1. Allégement, déchargement, délestage. 2. Amélioration, apaisement, soulagement.

ALTÉRATION ◆ SYN. 1. Changement, *modification*, mue, transformation. 2. Corruption, *dégradation*, détérioration, pourriture. 3. Adultération, déformation, dénaturation, *falsification*, fraude, maquillage, mutilation, travestissement, truquage. ◆ ANT. 1. Conservation, permanence. 2. Fraîcheur, salubrité. 3. Authentification, intégrité, restitution.

ALTERCATION ◇ V. **Dispute**

ALTÉRER ◆ SYN. 1. Changer, *modifier*, transformer. 2. Abîmer, attaquer, avarier, corrompre, décomposer, *dégrader*, détériorer, endommager, entamer, gâter, pourrir. 3. Adultérer, défigurer, déformer, dénaturer, détourner, *falsifier*, fausser, frelater, maquiller, mutiler, trafiquer, travestir, tronquer, truquer. 4. Assoiffer. ◆ ANT. 1. Conserver, garder intact. 2. Préserver, protéger. 3. Authentifier, respecter, restituer. 4. Abreuver, désaltérer.

ALTERNANCE ◆ SYN. Aller et retour, changement, flux et reflux, intermittence, périodicité, rotation, *succession*, suite, va-et-vient, variation. ◆ ANT. Continuité, permanence.

ALTERNATIVE ◇ V. **Dilemme**

ALTERNER ◆ SYN. Changer, diversifier, *se relayer*, se remplacer, renouveler, se succéder, varier. ◆ ANT. Conserver, garder, maintenir.

ALTESSE ◇ V. **Prince**

ALTIER ◇ V. **Hautain**

ALTITUDE ◆ SYN. Élévation, *hauteur*. ◆ ANT. Bas, profondeur.

ALTRUISME ◆ SYN. Abnégation, bénévolat, bienveillance, bonté, charité, désintéressement, *dévouement*, don de soi, fraternité, générosité, humanité, oubli de soi, philanthropie, solidarité, sympathie. ◆ ANT. Antipathie, avarice, cupidité, dureté, égoïsme, indifférence, malveillance, misanthropie, rapacité.

AMABILITÉ ◆ SYN. 1. *Affabilité*, aménité, bienveillance, civilité, complaisance, courtoisie, gentillesse, obligeance, politesse, urbanité. 2. *(Pl.) Bontés*, gentillesses, prévenances. ◆ ANT. 1. Brutalité, froideur, grossièreté, indifférence, rudesse. **2.** Méchancetés.

AMADOUER ♦ syn. Apaiser, calmer, enjôler, flagorner, flatter, *gagner* (la faveur), séduire. ♦ ant. Effaroucher, éloigner, perdre (la faveur).

AMAIGRI ◊ v. **Maigre**

AMAIGRIR ◊ v. **Maigrir**

AMAIGRISSEMENT ♦ syn. Amincissement, atrophie, cachexie, consomption, *dépérissement*, dessèchement, émaciation, étiolement, marasme. ♦ ant. Alourdissement, embonpoint, obésité.

AMALGAME ◊ v. **Mélange**

AMALGAMER ◊ v. **Mélanger**

AMANT ♦ syn. **1.** Admirateur, ami (de cœur), ami hors mariage (adultère), *amoureux*, bien-aimé, céladon, chéri, galant, soupirant, tourtereau. **2.** *(Amante)* Admiratrice, amie (de cœur), amie hors mariage (adultère), *amoureuse*, bien-aimée, chérie, dame, dulcinée, maîtresse. **3.** *Amateur*, connaisseur, fervent.

AMARRE ♦ syn. Attache, câble, chaîne, *cordage*, corde.

AMAS ♦ syn. *Accumulation*, agglomérat, agrégat, amoncellement, assemblage, attirail, bloc, collection, empilage, empilement, encombrement, entassement, fatras, gâchis *(péj.)*, masse, monceau, montagne, pile, ramassis *(péj.)*, réunion, superposition, tas. ♦ ant. Dégagement, désagrégation, dissémination, dispersion, éparpillement.

AMASSER ♦ syn. *Accumuler*, agglomérer, amonceler, assembler, capitaliser, collectionner, colliger, compiler, cumuler, économiser, emmagasiner, empiler, entasser, épargner, glaner, masser, ramasser, rassembler, recueillir, réunir, thésauriser. ♦ ant. Dilapider, disperser, dissiper, distribuer, épandre, éparpiller, gaspiller, partager, répandre.

AMATEUR ♦ syn. Adepte, admirateur, amant, ami, amoureux, avide de, collectionneur, connaisseur, curieux, dilettante, féru de, *fervent*, fou de, friand de, mordu de *(fam.)*, passionné. ♦ ant. Professionnel.

AMBASSADE ♦ syn. Chancellerie, charge, consulat, délégation, diplomatie, mandat, *mission*, représentation.

AMBASSADEUR ♦ syn. Agent, chargé d'affaires, chargé de mission, diplomate, *émissaire*, envoyé, légat, messager, plénipotentiaire, représentant.

AMBIANCE ♦ syn. **1.** *Atmosphère*, cadre, climat, décor, entourage, environnement, milieu. **2.** *Entrain*, joie, vie. ♦ ant. **2.** Ennui, monotonie.

AMBIANT ◊ v. **Environnant**

AMBIGU ♦ syn. À double sens, ambivalent, amphibologique, confus, douteux, énigmatique, équivoque, imprécis, *incertain*, indécis, louche, obscur, sibyllin. ♦ ant. Catégorique, certain, clair, évident, explicite, franc, limpide, net, précis, univoque.

AMBIGUÏTÉ ♦ syn. Ambivalence, amphibologie, double sens, énigme, équivoque, *incertitude*, obscurité. ♦ ant. Certitude, clarté, évidence, limpidité, netteté, précision, univocité.

AMBITIEUX ♦ syn. **1.** *(Pers.)* Arriviste, carriériste, égoïste, intrigant, mégalomane, *opportuniste*, présomptueux, prétentieux. **2.** *(Style)* Affecté, pompeux, pompier *(fam.)*, *recherché*. **3.** *(Idée, projet)* *Audacieux*, d'envergure, grandiose, hardi, novateur. ♦ ant. **1.** Désintéressé, humble, modeste. **2.** Naturel, simple. **3.** Banal, conservateur, rétrograde, sans envergure.

AMBITION ♦ syn. **1.** *Appétit*, convoitise, cupidité, désir, mégalomanie, opportunisme, passion, présomption, prétention, recherche. **2.** *Aspiration*, but, dessein, espoir, idéal, quête, rêve, souhait, visées, vœu, vues. ♦ ant. **1.** Désintéressement, humilité, indifférence, modestie, simplicité. **2.** Désabusement, médiocrité, pessimisme.

AMBITIONNER ♦ syn. *Aspirer à*, briguer, brûler de, convoiter, désirer, envier, poursuivre, prétendre à, rechercher, rêver, souhaiter, viser. ♦ ant. Dédaigner, éviter, fuir, mépriser, négliger, renoncer.

AMBIVALENCE ◊ v. **Ambiguïté**
AMBIVALENT ◊ v. **Ambigu**
AMBULANT ◆ SYN. Errant, instable, itinérant, *mobile*, nomade. ◆ ANT. Fixe, immobile, sédentaire, stable.
ÂME ◆ SYN. 1. Cœur, conscience, dedans, *esprit*, fond, force, intelligence, pensée, principe, souffle, vie. 2. Agent, *animateur*, cerveau, chef, cheville ouvrière, dirigeant, entraîneur, moteur, responsable. 3. *(Pl.)* **Habitants**, individus, personnes. ◆ ANT. 1. Corps, matière. 2. Dénigreur, détracteur, suiveur.
AMÉLIORATION ◆ SYN. 1. Amendement *(sol)*, avancement, bonification *(produit)*, changement, correction, embellissement, *perfectionnement*, progrès, redressement, regain, rénovation, révision, transformation. 2. *(Pl.)* Commodités, embellissements, impenses, réparations, *restauration*. ◆ ANT. 1. Aggravation, déclin, dégradation, détérioration, endommagement. 2. Incurie, négligence.
AMÉLIORER ◆ SYN. ▷ *V. tr.* 1. Affiner, amender *(sol)*, bonifier *(produit)*, corriger, embellir, épurer, *perfectionner*, raffiner, redresser, rénover, réparer, restaurer, retoucher, réviser. ▷ *V. pr.* 2. S'amender, s'arranger, *se bonifier*, se corriger, se perfectionner, progresser. ◆ ANT. 1. Aggraver, altérer, avarier, dégrader, détériorer, endommager, enlaidir, gâter, négliger. 2. S'aggraver, s'altérer, dégénérer, se détériorer, empirer, s'envenimer, se gâter.
AMÉNAGEMENT ◊ v. **Disposition**
AMÉNAGER ◊ v. **Agencer**
AMENDE ◊ v. **Contravention**
AMENDEMENT ◆ SYN. 1. *(Agric.)* Amélioration, ameublissement, enrichissement, *fertilisation*. 2. *(Polit.)* Changement, correction, *modification*, rectification, réforme, révision. ◆ ANT. 1. Dessèchement, épuisement. 2. Conservation, maintien, statu quo.
AMENDER ◆ SYN. ▷ *V. tr.* 1. *Améliorer*, changer, corriger. 2. *(Agric.)* Ameublir, *fertiliser*. 3. *(Polit.)* **Modifier**, réformer, réviser. ▷ *V. pr.* 4. S'améliorer, s'assagir, *se corriger*,

se défaire de, se ranger. ◆ ANT. 1. Corrompre, gâter, vicier. 2. Dessécher, épuiser. 3. Conserver, maintenir. 4. Récidiver, retomber dans.
AMENER ◆ SYN. ▷ *V. tr.* 1. Accompagner, *conduire*, guider, mener. 2. *(Ch.)* Acheminer, *apporter*, envoyer. 3. *(Pers.)* Convaincre, engager, entraîner, *inciter*, persuader, prédisposer. 4. *(Ch.)* **Causer**, engendrer, occasionner, produire, provoquer, susciter. ▷ *V. pr.* 5. *(Fam.)* **Arriver**, se pointer *(fam.)*, rappliquer, venir. ◆ ANT. 1. Écarter, éloigner, ramener. 2. Immobiliser, rapporter. 3. Décourager, dissuader. 4. Empêcher, éviter. 5. Déguerpir, partir, quitter.
AMENUISER ◆ SYN. ▷ *V. tr.* 1. Amincir. 2. Abaisser, amoindrir, diminuer, *réduire*. ▷ *V. pr.* 3. S'affaiblir, s'amoindrir, décroître, *s'effriter*, s'estomper. ◆ ANT. 1. Grossir. 2. Accroître, augmenter. 3. S'accroître, se consolider, se renforcer.
AMER ◆ SYN. 1. Âcre, *aigre*, âpre. 2. Affligeant, cruel, désagréable, douloureux, pénible, sombre, *triste*. 3. *(Propos)* **Acerbe**, acrimonieux, blessant, dur, fielleux, mordant, sarcastique. 4. *(Pers.)* **Aigri**, désabusé. ◆ ANT. 1. Doux, exquis, suave, succulent, sucré. 2. Agréable, gai, heureux, réjouissant. 3. Affectueux, aimable, amical, bienveillant. 4. Jovial, serein.
AMERTUME ◆ SYN. 1. Âcreté, *aigreur*, âpreté. 2. Affliction, chagrin, déception, dépit, déplaisir, douleur, morosité, peine, *tristesse*. 3. **Acrimonie**, animosité, fiel, hargne, ironie, méchanceté, rancœur, ressentiment. ◆ ANT. 1. Douceur, saveur (agréable), suavité. 2. Bonheur, joie, plaisir, sérénité. 3. Amabilité, aménité, bienveillance, contentement, satisfaction.
AMEUBLEMENT ◆ SYN. 1. Meuble, *mobilier*. 2. Agencement, *aménagement*, décoration, installation.
AMEUTER ◆ SYN. 1. *(Chiens)* Appeler, attrouper, rameuter, *rassembler*. 2. *(Pers.)* Alarmer, alerter, assembler, déchaîner, exciter, *soulever*. ◆ ANT. 1. Disperser, retenir. 2. Apaiser, calmer, démobiliser, réprimer.

AMI ◆ SYN. ▷ *Nom* 1. Camarade, *compagnon*, connaissance, copain, familier, intime. 2. *(Ami de cœur)* Amant, *amoureux*. 3. Adepte, *allié*, partisan. ▷ *Adj.* 4. *Affectueux*, amical, bienveillant, cordial, dévoué, fidèle, sincère, tendre. ◆ ANT. 1-2. Ennemi, rival. 3. Adversaire, antagoniste, opposant. 4. Antipathique, hostile, inamical, malveillant.

AMICAL ◇ V. **Cordial**

AMINCIR ◆ SYN. ▷ *V. tr.* 1. *(Ch.)* Affiner, allégir, amaigrir, amenuiser, dégraisser, dégrossir, délarder, *réduire*. ▷ *V. intr. et pr.* 2. Fondre *(fam.)*, *maigrir*, mincir, perdre du poids. ◆ ANT. 1. Augmenter, élargir, épaissir, gonfler, grossir. 2. Grossir, prendre du poids.

AMITIÉ ◆ SYN. 1. *Affection*, attachement, camaraderie, inclination, liaison, penchant, sympathie, tendresse. 2. Accord, cordialité, *entente*, (bonne) intelligence. 3. *(Pl.)* *Bons souhaits*, hommages, meilleurs vœux, salutations. ◆ ANT. 1. Animosité, antipathie, aversion, désaffection, haine, hostilité, indifférence, inimitié, répulsion. 2. Désaccord, mésentente, mésintelligence, refroidissement.

AMNÉSIE ◇ V. **Oubli**

AMNISTIE ◇ V. **Pardon**

AMNISTIER ◇ V. **Pardonner**

AMOINDRIR ◆ SYN. ▷ *V. tr.* 1. Abaisser, amenuiser, atténuer, diminuer, dévaloriser, *diminuer*, rabaisser, rapetisser, réduire. ▷ *V. pr.* 2. *S'affaiblir*, s'amenuiser, décliner, décroître. ◆ ANT. 1. Amplifier, augmenter, rehausser, valoriser. 2. S'accroître, se renforcer.

AMOINDRISSEMENT ◆ SYN. 1. Abaissement, affaiblissement, atrophie, baisse, *diminution*, raréfaction, réduction, restriction. 2. *(Territoire)* *Raccourcissement*, rétrécissement. ◆ ANT. 1. Abondance, accroissement, amplification, augmentation. 2. Expansion, extension.

AMOLLIR ◆ SYN. ▷ *V. tr.* 1. Ramollir. 2. *Affaiblir*, alanguir, avachir, aveulir. ▷ *V. pr.* 3. S'adoucir, s'assagir, s'attendrir, faiblir,

fléchir, se laisser amadouer, mollir, plier. ◆ ANT. 1. Affermir, durcir. 2. Fortifier, renforcer, vivifier. 3. S'aguerrir, se durcir, s'endurcir, se raidir, résister.

AMOLLISSEMENT ◇ V. **Affaiblissement**

AMONCELER ◇ V. **Amasser**

AMONCELLEMENT ◇ V. **Amas**

AMORCE ◆ SYN. 1. Appât. 2. *Commencement*, début, ébauche, esquisse, préliminaires, préparatifs. ◆ ANT. 2. Achèvement, conclusion, couronnement, fin.

AMORCER ◆ SYN. ▷ *V. tr.* 1. *Appâter*. 2. Affriander, allécher, *attirer*, charmer, séduire. 3. Aborder, attaquer, *commencer*, ébaucher, engager, entamer, entreprendre, esquisser, mettre en train, ouvrir la voie à. ▷ *V. pr.* 4. Commencer, *débuter*, démarrer, s'engager, s'esquisser. 2. ◆ ANT. 2. Chasser, dégoûter, éloigner, rebuter, repousser. 3. Achever, clore, conclure, finir, mettre fin à, terminer. 4. S'achever, cesser, prendre fin, se terminer.

AMORPHE ◇ V. **Apathique**

AMORTIR ◆ SYN. 1. Affaiblir, assourdir, *atténuer*, calmer, émousser, étouffer, modérer, réduire, tamiser. 2. Acquitter, étaler, profiter, *rembourser*, rentabiliser. ◆ ANT. 1. Accentuer, amplifier, augmenter, exagérer, hausser, renforcer. 2. Devoir, s'endetter, perdre.

AMORTISSEMENT ◇ V. **Remboursement**

AMOUR ◆ SYN. 1. Affection, *attachement*, attirance, inclination, sympathie, tendresse. 2. Admiration, *adoration*, culte, ferveur, vénération. 3. Altruisme, charité, *dévouement*, fraternité, humanisme, philanthropie, solidarité. 4. Ardeur, coup de foudre, flamme, *passion*, sensualité. ◆ ANT. 1. Antipathie, désaffection, détachement, froideur, indifférence, rudesse, tiédeur. 2. Aversion, dédain, dégoût, dérision, horreur, mépris. 3. Égoïsme, individualisme, misanthropie. 4. Désamour, haine, hostilité, mépris, rancune, ressentiment.

AMOURACHER (S') ◇ V. **Enticher (s')**

AMOURETTE ◇ v. **Flirt**

AMOUREUX ✦ SYN. ▷ *Nom* 1. *Amant*, ami de cœur, bien-aimé, chéri, chum *(québ., fam.)*, galant, soupirant. 2. *(Amoureuse)* **Amante**, amie de cœur, bien-aimée, blonde *(québ., fam.)*, dulcinée, soupirante. 3. *(Pl.)* Tourtereaux. 4. Accro *(fam.)*, admirateur, adorateur, *amateur*, enragé, fana *(fam.)*, fanatique, fervent, groupie, mordu de *(fam.)*, partisan. ▷ *Adj.* 5. Affectueux, ardent, enflammé, entiché, épris, langoureux, mordu *(fam.)*, *passionné*, sensuel, tendre. 6. Avide, féru de, fou de, *friand de*. ✦ ANT. 1. Rival. 2. Rivale. 3. Vieux amants. 4. Adversaire, concurrent, dénigreur, ennemi, opposant. 5. Antipathique, froid, hostile, insensible, rude. 6. Apathique, détaché, impassible, indifférent.

AMOUR-PROPRE ✦ SYN. 1. *Égoïsme*, individualisme, narcissisme. 2. Dignité, estime de soi, *fierté*, honneur, respect de soi. 3. *Orgueil*, prétention, susceptibilité, vanité. ✦ ANT. 1. Altruisme, dévouement, humanisme. 2. Déshonneur, honte, humiliation, mortification, vexation. 3. Bienveillance, humilité, modestie, simplicité.

AMOVIBLE ◇ v. **Mobile**

AMPHITHÉÂTRE ✦ SYN. 1. *Arène*, cirque, hémicycle. 2. Salle de conférences, *salle de cours*. 3. *(Théâtre)* **Balcon**, paradis, parterre, poulailler *(fam.)*.

AMPLE ✦ SYN. 1. Développé, étendu, grand, immense, *large*, spacieux, vaste. 2. *(Vêtement)* **Bouffant**, flottant, lâche. 3. *Abondant*, considérable, copieux, nombreux, riche. ✦ ANT. 1. Étroit, exigu, limité, petit, resserré, restreint. 2. Ajusté, cintré, collant, étriqué, moulant, serré. 3. Faible, infime, insuffisant, minuscule, pauvre, ténu.

AMPLEMENT ◇ v. **Abondamment**

AMPLEUR ✦ SYN. 1. Amplitude, *largeur*, volume. 2. *Développement*, extension, intensification, progression. 3. Abondance, dimension, envergure, grandeur, *étendue*, immensité, importance, plénitude, portée, richesse. ✦ ANT. 1. Étroitesse, petitesse.

2. Diminution, recul. 3. Insignifiance, minceur, pauvreté, superficialité.

AMPLIFICATION ✦ SYN. 1. *Accroissement*, agrandissement, augmentation, crescendo, développement, dilatation, élargissement, extension, grossissement, intensification. 2. Disproportion, emphase, *exagération*, outrance, redondance. ✦ ANT. 1. Contraction, decrescendo, décroissance, diminution, resserrement, rétrécissement. 2. Exactitude, pondération, retenue, simplicité.

AMPLIFIER ✦ SYN. 1. *Accroître*, agrandir, augmenter, développer, dilater, élargir, étendre, grossir, intensifier. 2. Embellir, *exagérer*, paraphraser, renchérir. ✦ ANT. 1. Amoindrir, contracter, décroître, diminuer, rapetisser, réduire. 2. Atténuer, condenser, minimiser, tempérer.

AMPLITUDE ◇ v. **Variation**

AMPOULE ✦ SYN. 1. Fiole. 2. Lampe. 3. *(Méd.)* Boursouflure, *cloque*, renflement.

AMPOULÉ ◇ v. **Emphatique**

AMPUTATION ◇ v. **Ablation**

AMPUTER ◇ v. **Couper**

AMULETTE ◇ v. **Porte-bonheur**

AMUSANT ✦ SYN. 1. Agréable, délassant, distrayant, divertissant, gai, *plaisant*, récréatif, réjouissant. 2. Cocasse, comique, *drôle*, humoristique, marrant *(fam.)*, rigolo *(fam.)*, risible, spirituel, tordant *(fam.)*. ✦ ANT. 1. Assommant, banal, déplaisant, désagréable, ennuyant *(québ.)*, ennuyeux, pénible. 2. Désolant, grave, insipide, ridicule, sérieux, sévère, triste.

AMUSE-BOUCHE ✦ SYN. *Amuse-gueule*, hors-d'œuvre.

AMUSEMENT ✦ SYN. Agrément, badinage, batifolage, délassement, distraction, *divertissement*, ébats, jeu, loisir, passetemps, plaisir, récréation, réjouissance, rigolade *(fam.)*. ✦ ANT. Déplaisir, désagrément, difficulté, ennui, peine, sérieux.

AMUSER ✦ SYN. ▷ *V. tr.* 1. Délasser, *divertir*, ébaudir, égayer, récréer, réjouir. ▷ *V. pr.* 2. Se délasser, se distraire, *se divertir*, s'ébattre, s'ébaudir, jouer, rire, rigoler *(fam.)*. **3.** Baguenauder, batifoler, *flâner*, folâtrer, niaiser *(québ., fam.)*. ♦ ANT. **1.** Attrister, chagriner, contrarier, ennuyer, fatiguer, importuner. **2.** S'embêter, s'ennuyer. **3.** Se hâter, s'occuper, travailler.

AMUSEUR ◇ V. **Humoriste**

AN ◇ V. **Année**

ANACHRONIQUE ♦ SYN. **1.** *Erroné*, inexact, parachronique. **2.** *Archaïque*, démodé, désuet, obsolète, périmé, poussiéreux *(fig.)*, préhistorique *(fig.)*, vétuste. ♦ ANT. **1.** Authentique, exact. **2.** Avant-gardiste, frais, jeune, moderne, nouveau.

ANACHRONISME ♦ SYN. **1.** *Erreur*, inexactitude, parachronisme. **2.** *Archaïsme*, désuétude, survivance, vétusté. ♦ ANT. **1.** Authenticité, exactitude, vérité. **2.** Avant-garde, modernisme, nouveauté.

ANALOGIE ♦ SYN. **1.** Accord, affinité, assimilation, association, communauté, comparaison, concordance, conformité, correspondance, homologie, implication, induction, lien, parenté, rapport, rapprochement, recoupement, relation, *ressemblance*, similitude. **2.** *Extension*, extrapolation, généralisation. ♦ ANT. **1.** Contraste, différence, disparité, dissemblance, dissociation, opposition, paradoxe. **2.** Exclusion, limitation, restriction.

ANALOGUE ♦ SYN. Analogique, apparenté, approchant, assimilable, comparable, conforme, connexe, correspondant, équivalent, homologue, homogène, identique, même, pareil, parallèle, parent, proche, ressemblant, *semblable*, similaire, uniforme, voisin. ♦ ANT. Autre, contraire, différent, dissemblable, distinct, hétérogène, opposé.

ANALPHABÈTE ♦ SYN. Ignare, *illettré*, inculte. ♦ ANT. Cultivé, instruit, savant.

ANALYSE ♦ SYN. Approfondissement, décomposition, dissection, *étude*, examen, explication, exploration, observation, précision, traitement. ♦ ANT. Reconstitution, résumé, synthèse.

ANALYSER ♦ SYN. Décomposer, décortiquer, disséquer, *étudier*, examiner, expliquer, explorer, préciser, scruter, traiter. ♦ ANT. Reconstituer, résumer, synthétiser.

ANARCHIE ♦ SYN. **1.** Bordel *(fam.)*, *chaos*, chiard (québ., fam.), confusion, désordre, pagaille *(fam.)*, trouble. **2.** Anarchisme, *individualisme*, liberté (absolue), nihilisme. ♦ ANT. **1.** Concorde, discipline, entente, harmonie, ordre, paix. **2.** Collectivisme, despotisme, dictature, étatisme, libéralisme.

ANARCHIQUE ◇ V. **Confus**

ANARCHISTE ◇ V. **Libertaire**

ANATHÈME ♦ SYN. **1.** Exclusion, *excommunication*. **2.** *Blâme*, condamnation, exécration, interdit, malédiction, réprobation. ♦ ANT. **1.** Inclusion, réintégration. **2.** Admiration, approbation, bénédiction, louange, permission, réhabilitation.

ANCESTRAL ◇ V. **Ancien**

ANCÊTRE ♦ SYN. **1.** *Aïeul*, aîné, ancien, arrière-grands-parents, ascendant, grands-parents, patriarche. **2.** Devancier, précurseur, *prédécesseur*. ♦ ANT. **1.** Descendant, enfant, petits-enfants, postérité. **2.** Contemporain, continuateur, successeur.

ANCIEN ♦ SYN. ▷ *Adj.* **1.** *Âgé*, ancestral, antédiluvien, antique, atavique, d'antan, immémorial, lointain, passé, reculé, révolu, séculaire, vieux. **2.** Archaïque, *démodé*, désuet, obsolète, périmé, poussiéreux *(fig.)*, préhistorique *(fig.)*, primitif, suranné, vétuste, vieillot. ▷ *Nom* **3.** *Ancêtre*, doyen, patriarche, vieillard, vieux. ♦ ANT. **1.** Actuel, contemporain, proche, rapproché, récent. **2.** À la page, avant-gardiste, de son temps, frais, fringant, moderne, neuf, nouveau, vert. **3.** Cadet, jeune, novice.

ANCIENNEMENT ◇ V. **Autrefois**

ANCIENNETÉ ♦ SYN. **1.** *Âge*, annuités *(travail)*, antériorité, antiquité, existence, expérience, grand âge. **2.** Usure, vétusté, *vieillesse*. ♦ ANT. **1.** Actualité, jeunesse, naissance, nouveauté, noviciat, primeur. **2.** Apport, innovation, originalité, rajeunissement, sang neuf.

ANCRAGE ♦ SYN. **1.** Amarrage, arrimage, fixation, *mouillage*. **2.** Consolidation, enracinement, établissement, **implanta-tion**. ♦ ANT. 1. Démarrage, désarrimage. 2. Affaiblissement, déracinement, extirpation, renversement.

ANCRER ♦ SYN. 1. Amarrer, arrimer, attacher, fixer, **mouiller**. 2. Consolider, enraciner, établir, **implanter**, inculquer. ♦ ANT. 1. Démarrer, désarrimer, détacher. 2. Déraciner, extirper.

ÂNE ♦ SYN. 1. Baudet, bourricot, **bourrique**, grison, onagre, roussin d'Arcadie. 2. Balourd, benêt, bête, idiot, ignorant, imbécile, paresseux, **sot**, stupide, têtu. ♦ ANT. 2. Débrouillard, docile, ingénieux, intelligent, savant, travailleur.

ANÉANTIR ♦ SYN. ▷ V. tr. 1. Annihiler, **détruire**, dévaster, disparaître, engloutir, exterminer, pulvériser, raser, ravager, ruiner, supprimer. 2. **Abattre**, accabler, consterner, décourager, désespérer, effondrer, épuiser, excéder, exténuer, terrasser. ▷ V. pr. 3. **Disparaître**, s'écrouler, s'effondrer, mourir, sombrer. ♦ ANT. 1. Conserver, consolider, construire, créer, maintenir, protéger, restaurer, rétablir. 2. Encourager, enthousiasmer, espérer, relever, remonter, revigorer. 3. Renaître, revivre.

ANÉANTISSEMENT ♦ SYN. 1. Annihilation, **destruction**, dévastation, disparition, engloutissement, extermination, fin, mort, néant, perte, ravage, ruine, suppression. 2. **Abattement**, accablement, découragement, désespoir, effondrement, épuisement, exténuation, prostration, stupéfaction. ♦ ANT. 1. Conservation, construction, création, maintien, protection, restauration, rétablissement. 2. Courage, encouragement, enthousiasme, espoir, optimisme, relèvement, vigueur.

ANECDOTE ♦ SYN. Curiosité, détail, écho, épisode, fait, **histoire**, historiette, incident, récit. ♦ ANT. Affaire, aventure, événement, phénomène.

ANECDOTIQUE ♦ SYN. 1. **Accessoire**, épisodique, marginal, mineur, secondaire. 2. **Banal**, insignifiant, négligeable, ordinaire, trivial. ♦ ANT. 1. Capital, important,

majeur, principal. 2. Extraordinaire, intéressant, remarquable.

ANÉMIANT ◇ v. **Déprimant**
ANÉMIE ◇ v. **Faiblesse**
ANÉMIER ◇ v. **Affaiblir**
ANÉMIQUE ◇ v. **Faible**
ÂNERIE ◇ v. **Stupidité**

ANESTHÉSIE ♦ SYN. Analgésie, engourdissement, insensibilisation, **insensibilité**, narcose, sommeil. ♦ ANT. Dégourdissement, éveil, hyperesthésie, sensibilité.

ANESTHÉSIER ◇ v. **Insensibiliser**

ANGE ♦ SYN. 1. Angelot, archange, chérubin, envoyé, **esprit**, messager (de Dieu), séraphin. 2. Exemple, **modèle**. 3. (Fam.) Enfant sage. ♦ ANT. 1. Démon, Diable, Lucifer, Satan. 2. Méchant, vilain. 3. Espiègle, petit démon, petit diable.

ANGÉLIQUE ♦ SYN. 1. **Céleste**, divin, parfait, séraphique, sublime. 2. **Candide**, crédule, innocent, pur, simple. ♦ ANT. 1. Démoniaque, diabolique, infernal, satanique. 2. Cynique, fourbe, vicieux.

ANGLE ♦ SYN. 1. Arête, **coin**, coude, encoignure, intersection, saillant, saillie. 2. Approche, **aspect**, côté, éclairage, face, facette, jour, perspective, point de vue.

ANGOISSANT ◇ v. **Inquiétant**
ANGOISSE ◇ v. **Inquiétude**
ANGOISSÉ ◇ v. **Inquiet**
ANGOISSER ◇ v. **Inquiéter**
ANICROCHE ◇ v. **Accroc**

ANIMAL ♦ SYN. ▷ Nom 1. Bestiole, **bête**, faune, pécore. 2. Bas instincts, **brute**. ▷ Adj. 3. Animalier, **faunique**, zoologique. 4. **Bestial**, brutal, charnel, instinctif, physique, sensuel. ♦ ANT. 1. Être humain, minéral, végétal. 2. Esprit, raison, spiritualité. 3. Humain. 4. Raffiné, raisonnable, réfléchi, spirituel.

ANIMATEUR ♦ SYN. 1. Âme, chef, cheville ouvrière, dirigeant, **organisateur**, promoteur. 2. (Discussion, enseignement, activité) Enseignant, entraîneur, guide, **instructeur**, moniteur. 3. **Annonceur**, lecteur de nouvelles, meneur (de jeu), présentateur.

ANIMATION ♦ SYN. 1. Action, *activité*, affairement, bouillonnement, mouvement, vie. 2. Agitation, ardeur, chaleur, éclat, élan, enthousiasme, entrain, excitation, feu, flamme, fougue, remuement, trémoussement, *vivacité*. 3. Commandement, *conduite*, direction, promotion. ♦ ANT. 1. Apaisement, calme, chômage, détente, repos, retraite. 2. Apathie, froideur, inaction, inertie, passivité, torpeur. 3. Dépendance, obéissance, subordination.

ANIMÉ ♦ SYN. 1. Vivant. 2. Agité, ardent, expressif, mobile, trépidant, *vif*. 3. Achalandé *(québ.)*, fréquenté, *passant*. ♦ ANT. 1. Inanimé. 2. Froid, inerte, inexpressif, morne. 3. Désert, déserté, vide.

ANIMER ♦ SYN. 1. Créer, *insuffler* (la vie). 2. Activer, agir sur, aiguillonner, aviver, encourager, enflammer, enthousiasmer, *éveiller*, exalter, exciter, motiver, promouvoir, stimuler, vivifier. 3. Commander, *conduire*, diriger, guider, présider. ♦ ANT. 1. Détruire, étouffer, tuer. 2. Décourager, endormir, éteindre, paralyser, refréner. 3. Aider, assister, obéir, suivre.

ANIMOSITÉ ♦ SYN. 1. Antipathie, aversion, haine, hostilité, inimitié, *malveillance*, ressentiment. 2. Agressivité, colère, emportement, véhémence, *violence*. ♦ ANT. 1. Amitié, amour, bienveillance, cordialité, sympathie. 2. Douceur, harmonie, modération, paix.

ANKYLOSER ◇ V. **Paralyser**

ANNALES ◇ V. **Mémoire**

ANNEAU ◇ V. **Bague**

ANNÉE ♦ SYN. Âge, *an*, millésime, temps.

ANNEXE ♦ SYN. ▷ Nom 1. Ajout, allonge, complément, rallonge, *supplément*. 2. *(Livre)* Addenda, *appendice*. 3. *(Bâtiment)* **Dépendance**, filiale, rallonge *(québ.)*, succursale. ▷ *Adj.* 4. Accessoire, *complémentaire*, secondaire. ♦ ANT. 1. Réduction, suppression. 2. Avant-propos, pages liminaires. 3. Domaine, maison mère *(communauté religieuse)*, siège social. 4. Essentiel, principal.

ANNEXER ♦ SYN. 1. Adjoindre, ajouter,

joindre. 2. Incorporer, rattacher, réunir. 3. *Coloniser*, envahir, occuper. ♦ ANT. 1. Enlever, retrancher. 2. Détacher, séparer. 3. Décoloniser, libérer.

ANNEXION ♦ SYN. 1. *Incorporation*, rattachement, réunion. 2. *Colonisation*, invasion, occupation. ♦ ANT. 1. Détachement, séparation. 2. Décolonisation, indépendance, libération.

ANNIHILATION ◇ V. **Anéantissement**

ANNIHILER ◇ V. **Anéantir**

ANNIVERSAIRE ◇ V. **Fête**

ANNONCE ♦ SYN. 1. Affiche, avis, bande-annonce, bans *(mariage)*, circulaire, *communication*, communiqué, déclaration, dépêche, message, notification, nouvelle, panneau-réclame, placard, proclamation, prospectus, publication, publicité, réclame, révélation. 2. Augure, auspices, indice, prédiction, préfiguration, prélude, *présage*, prodrome, signe, symptôme.

ANNONCER ♦ SYN. 1. Afficher, apprendre, aviser, *communiquer*, déclarer, dire, divulguer, indiquer, informer, notifier, publier, renseigner, révéler, signaler. 2. Augurer, prédire, préfigurer, préluder, *présager*, promettre. ♦ ANT. 1. Cacher, dissimuler, taire. 2. Démentir.

ANNONCEUR ♦ SYN. 1. Animateur, commentateur, lecteur de nouvelles, *présentateur*. 2. Agent de publicité, *publicitaire*.

ANNONCIATEUR ◇ V. **Précurseur**

ANNOTATION ◇ V. **Note**

ANNOTER ◇ V. **Noter**

ANNUAIRE ♦ SYN. Bottin.

ANNULATION ♦ SYN. Abolition, abrogation, cassation, dissolution, infirmation, invalidation, rescision *(dr.)*, résiliation, retrait, révocation, *suppression*. ♦ ANT. Confirmation, homologation, maintien, ratification, validation.

ANNULER ♦ SYN. ▷ V. tr. 1. Abolir, abroger, casser, contremander, décommander, défaire, dissoudre, infirmer, invalider, rescinder *(dr.)*, résilier, résoudre, retirer, révoquer, *supprimer*. ▷ V. pr. 2. Se compenser, s'équilibrer, s'exclure, *se neutraliser*.

◆ **ANT.** **1.** Confirmer, homologuer, maintenir, ratifier, valider. **2.** Se compléter, s'influencer.

ANODIN ◆ **SYN.** **1.** *Inefficace*, inopérant, palliatif, vain **2.** Bénin, innocent, *inoffensif*. **3.** Banal, falot, *insignifiant*, quelconque, terne. ◆ **ANT.** **1.** Actif, agissant, efficace, salutaire. **2.** Dangereux, nocif, nuisible. **3.** Important, remarquable, significatif.

ANOMALIE ◆ **SYN.** **1.** Anormalité, bizarrerie, caprice, étrangeté, exception, *irrégularité*. **2.** Aberration, *défaut*, déficience, déviation, difformité, dysfonction, malformation, monstruosité, perversion. ◆ **ANT.** **1.** Normalité, règle, régularité. **2.** Adéquation, amélioration, conformité, correction, fonctionnement.

ANONYME ◆ **SYN.** **1.** Caché, incognito, ignoré, *inconnu*, obscur, secret. **2.** *(Style)* Banal, *impersonnel*, neutre, quelconque. ◆ **ANT.** **1.** Célèbre, connu, public, révélé. **2.** Original, personnel, personnalisé.

ANORMAL ◆ **SYN.** **1.** Aberrant, anomal, atypique, biscornu, bizarre, curieux, désordonné, étrange, inhabituel, insolite, *irrégulier*. **2.** *Déficient*, handicapé, inadapté. ◆ **ANT.** **1.** Commun, normal, ordinaire, ordonné, régulier, typique. **2.** Adapté, avantagé, doué.

ANORMALITÉ ◇ **V.** **Anomalie**

ANSE ◆ **SYN.** **1.** *(Ustensile)* Anneau, *poignée*. **2.** *Baie*, calanque, crique. **3.** *(Archit.)* Arc, arcade, arche, *courbure*, voussure.

ANTAGONISME ◆ **SYN.** Affrontement, collision *(fig.)*, compétition, concurrence, conflit, désaccord, différend, discordance, dissension, divergence, heurt, incompatibilité, lutte, *opposition*, rivalité. ◆ **ANT.** Accord, alliance, compatibilité, concordance, coopération, entente, harmonie, synergie.

ANTAGONISTE ◆ **SYN.** ▷ *Adj.* **1.** Adverse, antagonique, contraire, ennemi, *opposé*, rival. ▷ *Nom* **2.** *Adversaire*, compétiteur, concurrent, contradicteur, ennemi, opposant, rival. ◆ **ANT.** **1.** Allié, ami, favorable, sympathique, synergique. **2.** Allié, ami,

associé, coéquipier, défenseur, partenaire, sympathisant.

ANTARCTIQUE ◇ **V.** **Sud**

ANTÉCÉDENT ◆ **SYN.** ▷ *Adj.* **1.** *Antérieur*, passé, précédent. ▷ *Nom pl.* **2.** Faits antérieurs, histoire personnelle, *passé* (vie) ◆ **ANT.** **1.** Consécutif, postérieur, subséquent, ultérieur. **2.** Présent, vie présente.

ANTÉRIEUR ◆ **SYN.** **1.** *Antécédent*, passé, préalable, précédent, préexistant. **2.** *Avant*, devant. ◆ **ANT.** **1.** Postérieur, posthume, suivant, ultérieur. **2.** Arrière, derrière.

ANTÉRIEUREMENT ◇ **V.** **Avant**

ANTHOLOGIE ◆ **SYN.** Analecta (analectes), choix, chrestomathie, collection, *extraits*, florilège, mélanges, morceaux choisis, pages choisies, recueil, sélection, spicilège, textes choisis.

ANTICHAMBRE ◇ **V.** **Hall**

ANTICIPATION ◆ **SYN.** **1.** Devancement. **2.** Conjecture, préfiguration, prescience, *prévision*, projection, prospective, science-fiction. ◆ **ANT.** **1.** Délai, retard. **2.** Réalisme, rétrospection, vérité.

ANTICIPÉ ◆ **SYN.** **1.** Avancé, *devancé*. **2.** *Hâtif*, précoce, prématuré. ◆ **ANT.** **1.** Différé, retardé. **2.** Tardif.

ANTICIPER ◆ **SYN.** **1.** Devancer. **2.** Escompter, prédire, *prévoir*, pronostiquer. **3.** S'emparer, *empiéter sur*, outrepasser, usurper. ◆ **ANT.** **1.** Différer, retarder. **2.** Revenir sur, revoir. **3.** Rendre, respecter, restituer.

ANTICONFORMISTE ◆ **SYN.** Asocial, beatnik, bohème, dissident, excentrique, hétérodoxe, *marginal*, non-conformiste, punk, zonard. ◆ **ANT.** Bien-pensant, conformiste, orthodoxe, traditionaliste.

ANTIDOTE ◆ **SYN.** **1.** Contrepoison, *remède*. **2.** *(Fig.)* Dérivatif, exutoire, remède (moral), panacée, *soulagement*. ◆ **ANT.** **1.** Empoisonnement, intoxication. **2.** Ennui, monotonie, travail, stress.

ANTIENNE ◇ **V.** **Refrain**

ANTINOMIE ◇ **V.** **Contradiction**

ANTINOMIQUE ◇ **V.** **Contraire**

ANTIPATHIE ◆ **SYN.** Animosité, *aversion*, exécration, fiel, froid, haine, horreur, hostilité, incompatibilité, inimitié, malveillance, mésestime, prévention, répugnance, répulsion, ressentiment. ♦ **ANT.** Affinité, amitié, attachement, attirance, bienveillance, compatibilité, cordialité, estime, goût, inclination, sympathie.

ANTIPATHIQUE ♦ **SYN.** *Déplaisant*, désagréable, désobligeant, détestable, haïssable, hostile, inamical, incompatible, malveillant, odieux, répugnant. ♦ **ANT.** Agréable, aimable, amical, bienveillant, compatible, convivial, plaisant, séduisant, sympathique.

ANTIPODE ♦ **SYN. 1.** Antithèse, contraire, extrême, *opposé*. **2.** *(Aux antipodes)* À *l'opposé*, aux extrêmes, incompatible, inconciliable. ♦ **ANT. 1.** Rapprochement, ressemblance, similitude. **2.** Approchant, compatible, conciliable.

ANTIQUAIRE ◇ V. **Brocanteur**

ANTIQUE ◇ V. **Ancien**

ANTIQUITÉ ♦ **SYN. 1.** *Ancienneté*, ancien temps, passé, temps anciens. **2.** *(Pl.)* Objets et meubles anciens, *vieilleries* *(souvent péj.)*. ♦ **ANT. 1.** Actualité, temps modernes. **2.** Inventions, nouveautés.

ANTITHÈSE ♦ **SYN.** Antipode, *contraire*, contrepartie, contrepied, inverse, opposé. ♦ **ANT.** Analogie, ressemblance, similitude, thèse *(philos.)*.

ANTITHÉTIQUE ◇ V. **Contraire**

ANTONYME ♦ **SYN.** *Contraire*, opposé. ♦ **ANT.** Équivalent, synonyme.

ANTRE ♦ **SYN. 1.** *(Bête fauve)* **Caverne**, grotte, repaire. **2.** *(Fig.)* Oasis, *refuge*, retraite. ♦ **ANT. 2.** Adversité, agitation.

ANXIÉTÉ ♦ **SYN.** Agitation, angoisse, appréhension, crainte, énervement, fébrilité, *inquiétude*, peur, souci, tourment, transes. ♦ **ANT.** Assurance, calme, confiance, paix, sérénité, tranquillité.

ANXIEUX ♦ **SYN. 1.** Agité, angoissé, craintif, *inquiet*, nerveux, soucieux, tourmenté. **2.** Avide, désireux, *impatient*. ♦ **ANT. 1.** Calme, confiant, rassuré, serein, tranquille. **2.** Détaché, patient, persévérant.

APAISANT ◇ V. **Calmant**

APAISEMENT ◇ V. **Calme**

APAISER ♦ **SYN.** ▷ V. *tr.* **1.** Adoucir, alléger, amadouer, assoupir, bercer, *calmer*, consoler, endormir, modérer, pacifier, rassurer, soulager, tranquilliser. **2.** *(Besoin physique)* *Assouvir*, étancher, rassasier, satisfaire, soulager. ▷ V. *pr.* **3.** *Se calmer*, se modérer. ♦ **ANT. 1.** Agiter, apeurer, attiser, exacerber, exciter, inquiéter, provoquer, raviver, réveiller, secouer, tourmenter. **2.** Affamer, assoiffer. **3.** S'agiter, se déchaîner, s'enflammer.

APANAGE ♦ **SYN. 1.** Attribut, bien (exclusif), *exclusivité*, monopole, possession, prérogative, privilège, propre *(n.)*. **2.** Destin, lot, *sort*. ♦ **ANT. 1.** Distribution, partage.

APARTÉ ♦ **SYN. 1.** *(Théâtre)* **Monologue**, soliloque. **2.** *Conciliabule*, conversation, entretien (secret), messes basses *(fam.)*.

APATHIE ♦ **SYN.** Atonie, hébétude, impassibilité, inactivité, indifférence, indolence, inertie, insensibilité, langueur, léthargie, mollesse, nonchalance, *passivité*, résignation, torpeur, veulerie. ♦ **ANT.** Activité, ardeur, détermination, dynamisme, énergie, enthousiasme, optimisme, passion, sensibilité, vigueur, vivacité.

APATHIQUE ♦ **SYN.** Aboulique, amorphe, atone, avachi, endormi, flasque, impassible, inactif, indifférent, indolent, inerte, insensible, léthargique, mou, nonchalant, *passif*, résigné, veule. ♦ **ANT.** Actif, ardent, déterminé, dynamique, énergique, enthousiaste, optimiste, passionné, remuant, sensible, vif.

APERCEVOIR ♦ **SYN.** ▷ V. *tr.* **1.** Découvrir, discerner, distinguer, entrevoir, percevoir, remarquer, *repérer*, voir. **2.** *Comprendre*, constater, saisir, sentir. ▷ V. *pr.* **3.** Être conscient, prendre conscience, *se rendre compte*. ♦ **ANT. 1.** Perdre de vue. **2.** Ignorer, méconnaître. **3.** Être inconscient, se méprendre.

APERÇU ♦ **SYN. 1.** *Appréciation*, avant-goût, coup d'œil, échantillon, estimation, idée, préfiguration, vue. **2.** *Compte rendu*, esquisse, exposé sommaire, note, remarque.

APEURER ◇ v. Effrayer

APHORISME ◇ v. Maxime

APITOIEMENT ◇ v. Pitié

APITOYER ◇ v. Émouvoir

APLANIR ♦ SYN. **1.** Aplatir, dégauchir, écraser, *égaliser*, niveler. **2.** *(Difficulté)* **Supprimer**, vaincre. **3.** *Faciliter*, simplifier. ♦ ANT. **1.** Soulever. **2.** Échouer, rater. **3.** Compliquer, nuire.

APLATI ◇ v. Camus

APLATIR ◇ v. Écraser

APLATISSEMENT ♦ SYN. **1.** Compression, *écrasement*. **2.** *Abattement*, épuisement, éreintement, lassitude. **3.** Avilissement, *bassesse*, médiocrité, platitude. ♦ ANT. **1.** Gonflement, relèvement. **2.** Force, redressement, vigueur. **3.** Dignité, élévation, fierté, grandeur.

À-PLAT-VENTRISME ◇ v. Servilité

À-PLAT-VENTRISTE ◇ v. Servile

APLOMB ♦ SYN. **1.** Verticalité **2.** *Équilibre*, stabilité. **3.** *Assurance*, autorité, confiance, cran *(fam.)*, hardiesse, sangfroid, sûreté. **4.** Audace, culot *(fam.)*, *effronterie*, impertinence, impudence, sansgêne, toupet *(fam.)*. ♦ ANT. **1.** Obliquité. **2.** Déséquilibre, instabilité. **3.** Couardise, crainte, hésitation, nervosité, timidité. **4.** Délicatesse, modestie, politesse.

APOCRYPHE ◇ v. Faux

APOGÉE ◇ v. Sommet

APOLOGIE ◇ v. Éloge

APOLOGUE ◇ v. Fable

APOPHTEGME ◇ v. Maxime

APOSTASIE ♦ SYN. *Abandon*, abjuration, désertion, reniement, renonciation. ♦ ANT. Conversion, fidélité, persévérance, persistance.

APOSTASIER ♦ SYN. *Abandonner*, abjurer, déserter, renier, renoncer. ♦ ANT. Se convertir, persévérer, propager, réaffirmer, renouveler.

APOSTOLAT ♦ SYN. Évangélisation, ministère, mission, *prédication*, prosélytisme. ♦ ANT. Apostasie, incrédulité, hérésie.

APOSTROPHE ♦ SYN. Admonestation, algarade, *interpellation*. ♦ ANT. Apologie, félicitations, louanges.

APOSTROPHER ♦ SYN. Admonester, appeler, *interpeller*, semoncer, sermonner. ♦ ANT. Féliciter, louanger, vanter.

APOTHÉOSE ♦ SYN. **1.** Consécration, couronnement, glorification, *triomphe*. **2.** Acmé, *apogée*, pinacle, sommet, zénith. ♦ ANT. **1.** Déshonneur, échec. **2.** Aurore, commencement, début, point de départ.

APÔTRE ♦ SYN. **1.** *Disciple*, envoyé, évangélisateur, missionnaire, prêcheur, prédicateur, zélateur. **2.** Allié, ami, combattant, *défenseur*, propagateur, prosélyte. ♦ ANT. **2.** Adversaire, antagoniste, dénigreur, ennemi, opposant.

APPARAÎTRE ♦ SYN. **1.** Arriver, jaillir, se manifester, se montrer, pointer, se présenter, *surgir*, survenir. **2.** Se découvrir, se dévoiler, se faire jour, *se révéler*. **3.** Avoir l'air, *paraître*, sembler. ♦ ANT. **1.** Disparaître, s'éclipser, s'estomper. **2.** Se cacher, se dissimuler, se voiler. **3.** Être (réellement).

APPARAT ♦ SYN. **1.** Appareil, cérémonial, décor, éclat, grandeur, magnificence, mise en scène, pompe, *solennité*, splendeur. **2.** Étalage, *faste*, montre, ostentation. ♦ ANT. **1.** Simplicité, sobriété. **2.** Humilité, modestie.

APPAREIL ♦ SYN. **1.** Apparat. **2.** Accessoire, attirail, dispositif, engin, instrument, outil, *machine*, ustensile. **3.** *(Gymn.)* *Agrès*, apparaux.

APPAREILLER ♦ SYN. **1.** Accoupler, apparier, assortir, coupler, *joindre*, unir. **2.** Démarrer, *lever l'ancre*. ♦ ANT. **1.** Découpler, dépareiller, désaccoupler, désassembler, disjoindre, écarter. **2.** Amarrer, jeter l'ancre, mouiller.

APPAREMMENT ♦ SYN. À première vue, au premier abord, extérieurement, sans doute, visiblement, *vraisemblablement*. ♦ ANT. À vrai dire, certainement, évidemment.

APPARENCE ♦ SYN. **1.** Abords, air, allure, *aspect*, couleur, dehors, écorce, extérieur, façade, face, facette, figure, forme, mine, physionomie, présentation, surface, teinte, tournure, vernis. **2.** Complexion, *constitution*, état physique, nature, santé, vitalité. **3.** Plausibilité, *probabilité*, vraisemblance. **4.** *(Apparence trompeuse)* Chimère, fantôme, faux-semblant, *illusion*, leurre, masque, mirage, ombre, semblant, simulacre. **♦ ANT. 1.** Essence, fond, for intérieur, intérieur, réalité, substance. **2.** Âme, esprit. **3.** Impossibilité, improbabilité, invraisemblance. **4.** Authenticité, réalité, véracité, vérité.

APPARENT ♦ SYN. 1. Extérieur, *observable*, perceptible, sensible, visible. **2.** Clair, *évident*, flagrant, manifeste, ostensible, visible. **3.** Plausible, prétendu, probable, supposé, *vraisemblable*. **4.** Artificieux, de façade, faux, illusoire, spécieux, *superficiel*, trompeur. **♦ ANT. 1.** Imperceptible, inapparent, inobservable, intérieur, invisible. **2.** Caché, latent, secret. **3.** Effectif, réel, véritable, vrai. **4.** Profond, sérieux.

APPARENTÉ ◇ v. **Voisin**

APPARENTER (S') ◇ v. **Ressembler**

APPARIER ◇ v. **Appareiller**

APPARITION ♦ SYN. 1. Arrivée, éclosion, émergence, entrée, éruption, *manifestation*, naissance, surgissement, venue. **2.** Esprit, *fantôme*, mort, revenant, spectre, vision, vue. **♦ ANT. 1.** Départ, disparition, éclipse. **2.** Vivant.

APPARTEMENT ♦ SYN. Copropriété, duplex, garçonnière, habitation, HLM, loft, *logement*, meublé, penthouse, pied-à-terre, studio, suite *(hôtel)*.

APPARTENANCE ♦ SYN. 1. *(Groupe, collectivité)* Adhésion, affiliation, *allégeance*, inscription, rattachement. **2.** *(Rapport, relation) Dépendance*, inclusion, possession. **♦ ANT. 1-2.** Exclusion.

APPARTENIR ♦ SYN. ▷ *V. tr.* **1.** Concerner, convenir à, dépendre de, échoir, être à, incomber, se rapporter à, relever de, retomber sur, *revenir à*. **2.** Être membre de, *faire partie de*. ▷ *V. pr.* **3.** Être maître de soi. **♦ ANT. 1.** Échapper à, enlever. **2.** Exclure, retrancher. **3.** Être assujetti.

APPÂT ♦ SYN. 1. Amorce, appeau, asticot, attrape, *leurre*. **2.** Embûche, guet-apens, hameçon *(fig.)*, *piège*, ruse, trappe, traquenard, tromperie. **3.** Attrait, convoitise, *désir*, envie, séduction, tentation. **4.** *(Pl.)* Appas, attraits, avantages (physiques), beauté, *charmes*, grâce, sex-appeal. **♦ ANT. 2.** Droiture, franchise. **3.** Indifférence, répulsion. **4.** Défauts, désavantages, laideur.

APPÂTER ◇ v. **Attirer**

APPAUVRIR ♦ SYN. Affaiblir, anémier, détruire, épuiser, ravager, *ruiner*. **♦ ANT.** Enrichir, renforcer, rétablir.

APPAUVRISSEMENT ♦ SYN. Affaiblissement, anémie, dénuement, déperdition, indigence, *misère*, ravage, ruine. **♦ ANT.** Enrichissement, renforcement, rétablissement.

APPEL ♦ SYN. 1. Alarme, cri, *signal*, sonnerie (de téléphone), sonnette. **2.** Apostrophe, convocation, *demande*, interpellation, invitation, sollicitation. **3.** *Choix*, désignation, élection. **4.** *(Dr.) Assignation*, citation à procès, intimation, pourvoi, recours. **5.** *Enrôlement*, incorporation, mobilisation, recrutement. **♦ ANT. 2.** Éviction, refus, rejet. **3.** Congédiement, destitution. **4.** Omission, renvoi. **5.** Démobilisation, désertion.

APPELER ♦ SYN. ▷ *V. tr.* **1.** Baptiser, dénommer, *nommer*, qualifier, surnommer, traiter de *(péj.)*. **2.** Apostropher, convoquer, *demander*, interpeller, inviter, solliciter. **3.** Téléphoner. **4.** *Choisir*, désigner, destiner à, élire. **5.** *(Dr.) Assigner*, citer à procès, intimer, sommer. **6.** Commander, demander, entraîner, *exiger*, nécessiter, requérir, réclamer. **7.** *Enrôler*, incorporer, mobiliser, recruter. ▷ *V. pr.* **8.** *Se nommer*, se prénommer. **♦ ANT. 6.** Dispenser, exempter. **7.** Démobiliser, dispenser, réformer.

APPELLATION ◇ v. **Désignation**

APPENDICE ♦ SYN. 1. Avancée, excroissance, extrémité, *prolongement*, saillie. **2.** *(Livre)* Addenda, *annexe*, supplément. **♦ ANT. 1.** Cavité, creux, renfoncement. **2.** Pages liminaires.

APPENDRE ◇ v. **Suspendre**

APPESANTIR ◇ v. **Alourdir**

APPESANTISSEMENT ◇ v. **Alourdissement**

APPÉTISSANT ◇ v. **Alléchant**

APPÉTIT ♦ SYN. 1. Appétence, besoin, *faim*, fringale. 2. Ambition, aspiration, avidité, désir, envie, *goût*, inclination, instinct, passion, penchant, tendance. ♦ ANT. 1. Anorexie, inappétence. 2. Dégoût, répulsion, retenue.

APPLAUDIR ♦ SYN. 1. *Acclamer*, bisser, claquer des mains, ovationner. 2. Admirer, *approuver*, complimenter, congratuler, féliciter, louanger, louer, se réjouir de. ♦ ANT. 1. Conspuer, huer, siffler. 2. Critiquer, désapprouver, honnir.

APPLAUDISSEMENT ♦ SYN. 1. *(Pl. surtout) Acclamations*, ban, bis, bravos, hurras, ovation, vivats. 2. Admiration, *approbation*, compliments, éloges, encouragements, exaltation, félicitations, louanges, satisfaction. ♦ ANT. 1. Huées, sifflets. 2. Critique, dénigrement, désapprobation, protestation.

APPLICATION ♦ SYN. 1. Applique, collage, placage, *pose*. 2. Affectation, attribution, destination, emploi, *utilisation*. 3. Assiduité, *attention*, concentration, étude, soin, zèle. ♦ ANT. 1. Descellement, séparation. 2. Exclusion, retranchement. 3. Distraction, inapplication, inattention, négligence, paresse.

APPLIQUÉ ◇ v. **Consciencieux**

APPLIQUER ♦ SYN. ▷ *V. tr.* 1. Apposer, coller, étendre, mettre, placer, plaquer, *poser*. 2. Affecter, assigner, attribuer, consacrer, destiner, employer, imputer, *utiliser*. 3. *(Fam.)* Administrer *(fam.)*, asséner, décocher, donner, flanquer *(fam.)*, frapper, *infliger*, porter. 4. *Concentrer* (son esprit), diriger vers, tendre vers. 5. Expérimenter, *mettre en pratique*. ▷ *V. pr.* 6. *Concerner*, intéresser, toucher, viser. 7. *Convenir*, correspondre, se rapporter. 8. S'adonner à, s'attacher à, s'atteler à, *se consacrer à*, s'employer à, se livrer à, vaquer à. 9. S'acharner, *s'efforcer*, s'escrimer, s'éver-

tuer, s'exercer à, prendre soin de, travailler à, se vouer à. ♦ ANT. 1. Décoller, enlever, séparer. 2. Déplacer, muter, retrancher. 3. Esquiver, recevoir, subir. 4. Déconcentrer, détourner, distraire. 5. Apprendre, concevoir. 6. Excepter, exclure. 7. Détonner, s'éloigner. 8. Abandonner, se détourner de, renoncer. 9. Se dégoûter de, se lasser de, négliger de.

APPORT ◇ v. **Contribution**

APPORTER ♦ SYN. 1. *Porter*, transférer, transporter. 2. Amener, *causer*, entraîner, produire, provoquer. 3. Alléguer, citer, donner, *fournir*. ♦ ANT. 1. Écarter, éloigner, emporter, enlever, remporter. 2. Dériver de, provenir de, venir de. 3. Omettre, retenir, taire.

APPOSER ♦ SYN. 1. *Appliquer*, imprimer, marquer, mettre, placer, sceller. 2. Parapher, *signer*. ♦ ANT. 1. Desceller, séparer, supprimer. 2. Effacer, rayer.

APPRÉCIABLE ◇ v. **Important**

APPRÉCIATION ♦ SYN. 1. Estimation, *évaluation*, expertise. 2. Critique, impression, *jugement*, note, observation. ♦ ANT. 1. Déconsidération, dépréciation.

APPRÉCIER ♦ SYN. 1. Estimer, *évaluer*, expertiser, jauger, juger. 2. Aimer, *goûter*, jouir de, prendre plaisir à, priser. ♦ ANT. 1. Déprécier, dévaluer, mésestimer. 2. Dédaigner, détester, ne pas priser.

APPRÉHENDER ♦ SYN. 1. *Arrêter*, attraper, piéger, pincer *(fam.)*, prendre, se saisir de. 2. S'alarmer, avoir peur, *craindre*, redouter, trembler. 3. Comprendre, concevoir, embrasser *(fig.)*, *percevoir*, saisir. ♦ ANT. 1. Lâcher, relâcher. 2. Braver, espérer, rassurer, risquer. 3. Confondre, ignorer, méconnaître.

APPRÉHENSION ◇ v. **Crainte**

APPRENDRE ♦ SYN. 1. *Annoncer*, avertir, aviser, communiquer, déclarer, faire savoir, informer, renseigner, révéler. 2. Approfondir, assimiler, découvrir, *étudier*, s'imprégner, s'informer, s'initier à, s'instruire, mémoriser, retenir, saisir. 3. *Enseigner*, expliquer, former, imprégner, inculquer, instruire, montrer. ♦ ANT.

1. Cacher, dissimuler, taire. 2. S'abrutir, désapprendre, ignorer, oublier. 3. Étudier.

APPRENTI ◇ v. **Novice**

APPRENTISSAGE ◇ v. **Initiation**

APPRÊTÉ ◇ v. **Affecté**

APPRÊTER ✦ SYN. ▷ V. tr. 1. Accommoder, *arranger*, assaisonner, combiner, concocter *(fam.)*, cuisiner, disposer, épicer, façonner, parer, préparer, relever. ▷ V. pr. 2. Se disposer à, être sur le point de, *se préparer à*. 3. Faire sa toilette, *s'habiller*, se parer, se pomponner. ✦ ANT. 1. Défaire, déranger, gâter, négliger. 2. Négliger de, tarder à. 3. Se débrailler, se déshabiller, se négliger.

APPRIVOISER ✦ SYN. ▷ V. tr. 1. Domestiquer, *dompter*, dresser. 2. *Adoucir*, amadouer, civiliser, humaniser. ▷ V. pr. 3. *S'accoutumer*, s'adapter, s'assagir, se familiariser, s'habituer. ✦ ANT. 1. Effaroucher, effrayer. 2. Aigrir, durcir, déshumaniser, éloigner. 3. Se désaccoutumer, se déshabituer, se déplaire, se rebeller.

APPRIVOISEMENT ◇ v. **Adaptation**

APPROBATION ✦ SYN. 1. Acceptation, accord, acquiescement, adhésion, adoption, agrément, assentiment, autorisation, confirmation, *consentement*, endossement, entérinement, homologation, oui *(n.)*, permission, ratification, sanction, suffrage 2. Admiration, *applaudissements*, félicitations, éloges. ✦ ANT. 1. Blâme, condamnation, critique, désapprobation, désaveu, dissentiment, non *(n.)*, opposition, refus, renvoi, répudiation, veto. 2. Dénigrement, huées, sifflets.

APPROCHABLE ◇ v. **Accessible**

APPROCHANT ◇ v. **Comparable**

APPROCHE ✦ SYN. 1. *Arrivée*, imminence, proximité *(temps)*, venue. 2. *(Pl.)* *Abords*, accès, alentours, environs, parages, proximité, voisinage. 3. *(Pers.)* Abord, accès, *accueil*, contact, réception. 4. Angle, démarche, *méthode*, point de vue. ✦ ANT. 1. Départ, éloignement, recul. 2. Confins, distance, écart, extrémités, limites. 3. Distance, éloignement.

APPROCHER ✦ SYN. ▷ V. tr. 1. *Avancer*, mettre près, rapprocher. 2. *Aborder*, avoir accès à, contacter, côtoyer, coudoyer, fréquenter, joindre, voir. 3. Aller vers, s'avancer, se diriger vers, *venir près*. 4. Avoisiner, border, confiner à, friser, *frôler*, longer, se rapprocher de. 5. *Arriver*, être imminent, venir. ▷ V. pr. 6. S'avancer, *venir près*. ✦ ANT. 1. Distancer, espacer, reculer. 2. Chasser, éconduire, repousser. 3. S'éloigner, fuir. 4. Échapper à, éviter. 5. Tarder. 6. S'éloigner, fuir.

APPROFONDI ◇ v. **Poussé**

APPROFONDIR ◇ v. **Explorer**

APPROFONDISSEMENT ◇ v. **Exploration**

APPROPRIATION ✦ SYN. 1. Accord, adaptation, appariement, *concordance*, conformité, convenance. 2. Acquisition, occupation, *prise de possession*, saisie. 3. *Conquête*, pillage, usurpation, vol. ✦ ANT. 1. Discordance, disconvenance, inadaptation. 2. Abandon, aliénation, cession. 3. Libération, restitution.

APPROPRIÉ ◇ v. **Adéquat**

APPROPRIER ✦ SYN. ▷ V. tr. 1. Accorder, adapter, *conformer*. ▷ V. pr. 2. Accaparer, s'adjuger, s'arroger, *s'attribuer*, s'emparer, occuper, s'octroyer, prendre, ravir, se saisir, usurper, voler. ✦ ANT. 1. Différencier, opposer. 2. Se départir, rendre, restituer.

APPROUVER ✦ SYN. 1. Adopter, abonder dans, accepter, accorder, acquiescer, adhérer, admettre, agréer, autoriser, cautionner, concéder, confirmer, *consentir*, endosser, entériner, homologuer, permettre, ratifier, sanctionner. 2. Applaudir à, *apprécier*, encourager, féliciter, louer. ✦ ANT. 1. Blâmer, censurer, condamner, critiquer, désapprouver, désavouer, interdire, refuser, repousser, reprocher, réprouver. 2. Dédaigner, dénigrer, ne pas priser.

APPROVISIONNEMENT ◇ v. **Provision**

APPROVISIONNER ◇ v. **Pourvoir**

APPROXIMATIF ✦ SYN. 1. Approchant, approché, arrondi, imprécis, inexact, *proche*, voisin. **2.** Grossier, *imparfait*, incomplet, partiel, relatif, rudimentaire, sommaire, superficiel, vague. ♦ **ANT. 1.** Exact, précis. **2.** Absolu, approfondi, complet, exhaustif, littéral, parfait, rigoureux, strict.

APPROXIMATION ♦ **SYN.** À-peu-près, calcul, estimation, *imprécision*, inexactitude, supputation. ♦ **ANT.** Exactitude, précision.

APPROXIMATIVEMENT ◇ v. **Environ**

APPUI ♦ **SYN. 1.** Accotoir, adossement, arc-boutant, base, colonne, contrefort, épaulement, étai, pilastre, pilier, pylône, poteau, rampe, soutènement, *support*, tasseau, tuteur. **2.** Aide, *assistance*, caution, concours, coopération, coup de main, encouragement, intervention, main-forte, parrainage, patronage, protection, réconfort, secours, service, soutien. ♦ **ANT. 2.** Abandon, embarras, entrave, hostilité, lâchage *(fam.)*, nuisance, obstacle, opposition.

APPUYÉ ◇ v. **Insistant**

APPUYER ♦ **SYN.** ▷ *V. tr.* **1.** Accoter, adosser, arc-bouter, buter, étançonner, étayer, maintenir, soutenir, *supporter*, tenir. **2.** Aider, approuver, *assister*, cautionner, encourager, épauler, favoriser, patronner, pistonner *(fam.)*, prêter main-forte, protéger, recommander, seconder, secourir. ▷ *V. intr.* **3.** *Peser sur*, presser sur. **4.** *Insister sur*, mettre l'accent sur, souligner. ▷ *V. pr.* **5.** S'accouder, s'adosser, *prendre appui*. **6.** *(Pers.)* Compter sur, se *fier à*, s'en remettre à, se reposer sur. **7.** *(Ch.)* Se baser sur, se *fonder sur*, se référer à, reposer sur, tabler sur. ♦ **ANT. 1.** Affaiblir, ébranler, saper. **2.** Combattre, décourager, désapprouver, nuire, s'opposer, refuser. **3.** Effleurer, glisser sur. **4.** Esquiver, passer outre. **5.** Se dégager, s'éloigner. **6.** Se garder de, se méfier. **7.** Être sans fondement, exclure.

ÂPRE ♦ **SYN. 1.** *(Surface)* Abrupt, accidenté, *inégal*, raboteux, rugueux. **2.** *(Froid, vent)* Cuisant, mordant, rigoureux, *vif*. **3.** *(Goût, voix)* *Âcre*, aigre, amer, râpeux, rauque, rugueux, rocailleux, rude. **4.** *(Comporte-*

ment) Austère, cruel, *dur*, farouche, intransigeant, rigide, sévère. **5.** *Avide*, cupide, parcimonieux. ♦ **ANT. 1.** Égal, lisse, poli. **2.** Clément, doux. **3.** Agréable, délicat, délicieux, doux, suave. **4.** Affable, conciliant, gentil. **5.** Désintéressé, généreux.

APRÈS ♦ **SYN. 1.** *(Espace)* Arrière, ci-après, *derrière*, plus loin. **2.** *(Temps)* Ensuite, plus tard, *postérieurement*, puis, subséquemment, ultérieurement. ♦ **ANT. 1.** Avant, ci-devant, devant. **2.** Antérieurement, auparavant, au préalable, préalablement, précédemment.

ÂPRETÉ ♦ **SYN. 1.** Aspérité, *inégalité*, rugosité. **2.** Âcreté, amertume, austérité, brutalité, cruauté, *dureté*, intransigeance, rigidité, rudesse, sévérité. **3.** *Avidité*, cupidité, parcimonie. ♦ **ANT. 1.** Égalité, poli *(n.)*. **2.** Affabilité, gentillesse, souplesse. **3.** Désintéressement, générosité.

À-PROPOS ◇ v. **Pertinence**

APTE ◇ v. **Capable**

APTITUDE ◇ v. **Capacité**

AQUATIQUE ♦ **SYN. 1.** Aquatile, *aquicole*, fluvial, lacustre. **2.** *(Activité, sport)* Nautique. ♦ **ANT. 1.** Aérien, terrestre.

AQUEUX ♦ **SYN.** Fluide, humide, hydraté, hydrique, *liquide*. ♦ **ANT.** Anhydre, déshydraté, sec, solide.

AQUILIN ◇ v. **Crochu**

ARBITRAGE ◇ v. **Médiation**

ARBITRAIRE ♦ **SYN.** ▷ *Adj.* **1.** Absolu, abusif, *autoritaire*, despotique, discrétionnaire, illégitime, indu, injuste, partial, tyrannique. **2.** Artificiel, bizarre, fantaisiste, *gratuit*, injustifié, immotivé, imprévisible. **3.** *(Sc.)* *Conventionnel*, convenu. ▷ *Nom.* **4.** *Autoritarisme*, despotisme, illégitimité, injustice, partialité, tyrannie. ♦ **ANT. 1.** Juste, légitime, libre, objectif. **2.** Fondé, justifié, prévisible. **3.** Naturel, réel. **4.** Justice, légitimité, liberté, objectivité.

ARBITRE ♦ **SYN. 1.** Conciliateur, *juge*, médiateur, officiel *(sports)*. **2.** Maître absolu.

ARBITRER ♦ **SYN. 1.** Accommoder, accorder, arranger, *concilier*, raccorder, réconcilier. **2.** Décider, *juger*, se prononcer, trancher. ◆ **ANT. 1.** Diviser, opposer. **2.** Atermoyer, hésiter.

ARBRE ◆ **SYN. 1.** Arbrisseau, arbuste, plante, *végétal*. **2.** *Axe*, essieu. **3.** *(Généalogique)* Filiation, *généalogie*, lignée.

ARC ◆ **SYN.** *(Archit.)* Arcade, arcature, arceau, arche, cintre, *courbure*, dôme, voussure, voûte.

ARC-BOUTANT ◆ **SYN. 1.** *(Archit.)* **Appui**, contrefort, étai, pivot, renfort, soutien. **2.** *(Bateau)* **Bossoir**, portemanteau.

ARCHAÏQUE ◆ **SYN. 1.** *Ancien*, antédiluvien, antique, préhistorique, primitif, reculé, vieux. **2.** Démodé, *désuet*, obsolète, périmé, poussiéreux *(fig.)*, révolu, suranné, vieilli, vieillot. ◆ **ANT. 1.** Actuel, contemporain, récent. **2.** Avant-gardiste, dernier cri, frais, inédit, moderne, neuf, nouveau.

ARCHÉTYPE ◇ V. **Modèle**

ARCHITECTE ◇ V. **Constructeur**

ARCHITECTURE ◆ **SYN. 1.** *(Art)* Agencement, *aménagement*, conception, disposition, domisme *(habitation)*, équilibre, forme, harmonie, ordonnance, plan, proportion, régularité, schéma, style, symétrie, urbanisme. **2.** Charpente, construction, *édifice*, structure. ◆ **ANT. 1.** Déséquilibre, discordance, disproportion, dissymétrie, irrégularité, laideur.

ARCHIVES ◆ **SYN. 1.** Annales, chroniques, collections, *documentation*, documents, écrits, histoire, mémoires, recueils, relations. **2.** Bibliothèque, *dépôt*, minutier *(notariat)*. **3.** Monument, *témoignage*.

ARCTIQUE ◇ V. **Nord**

ARDENT ◆ **SYN. 1.** Bouillant, brûlant, chaud, embrasé, *enflammé*, fumant, incandescent, torride. **2.** Bouillonnant, chaleureux, dévoué, enthousiaste, fervent, fougueux, fringant, impétueux, *passionné*, primesautier, véhément, vibrant, vif, violent, vivace. ◆ **ANT. 1.** Éteint, froid, glacial, tiède. **2.** Amorphe, calme, endormi, engourdi, flegmatique, indolent, inerte, morne, nonchalant, terne.

ARDEUR ◆ **SYN. 1.** Chaleur, feu, *flamme*. **2.** Acharnement, activité, cœur, courage,

élan, énergie, enthousiasme, entrain, force, fougue, impétuosité, *passion*, véhémence, vigueur, violence, vivacité. ◆ **ANT. 1.** Froid, glace, tiédeur. **2.** Flegme, froideur, inactivité, indifférence, indolence, inertie, insensibilité, mollesse, nonchalance.

ARDU ◇ V. **Difficile**

ARÉNA ◆ **SYN.** *(Québ.)* Centre sportif, *patinoire* (intérieure).

ARÈNE ◆ **SYN.** Amphithéâtre, *champ de bataille*, espace sablé, lice, piste.

ARGENT ◆ **SYN. 1.** Actif, *avoir*, capital, deniers, économies, écus, espèces, finances, fonds, liquidités, monnaie, numéraire, pécule, recettes, ressources, sous. **2.** Fortune, *richesse*, trésor. **3.** *(Fam.)* Fric, piastre *(québ.)*, pognon. ◆ **ANT. 1.** Dettes, passif. **2.** Indigence, misère, pauvreté.

ARGENTÉ ◇ V. **Riche**

ARGOT ◇ V. **Jargon**

ARGUER ◆ **SYN. 1.** *Argumenter*, conclure, déduire, expliquer, inférer, prouver. **2.** *(Dr.)* Accuser, *inculper*, objecter, prétendre. **3.** Alléguer, *prétexter*, se prévaloir de. ◆ **ANT. 1.** Démentir, infirmer. **2.** Admettre, disculper. **3.** Accepter, consentir.

ARGUMENT ◆ **SYN. 1.** Argumentation, *démonstration*, raisonnement. **2.** *Preuve*, raison, témoignage. **3.** Abrégé, exposé, *résumé*, sommaire, synopsis.

ARGUMENTATION ◇ V. **Raisonnement**

ARGUMENTER ◇ V. **Raisonner**

ARGUTIES ◇ V. **Chicane**

ARIDE ◆ **SYN. 1.** Desséché, *sec*. **2.** Désert, désertique, improductif, inculte, infertile, maigre, pauvre, *stérile*. **3.** *Ardu*, difficile, ingrat, rébarbatif, sévère. ◆ **ANT. 1.** Humide. **2.** Abondant, fécond, fertile, riche. **3.** Agréable, aisé, facile, intéressant, passionnant.

ARIDITÉ ◇ V. **Sécheresse**

ARISTOCRATE ◇ V. **Noble**

ARISTOCRATIE ◆ **SYN. 1.** Caste, *noblesse*, oligarchie. **2.** *Élite*, haute société. ◆ **ANT. 1.** Démocratie, peuple, prolétariat. **2.** Petit peuple, plèbe, populace *(péj.)*, populo *(fam.)*.

ARISTOCRATIQUE ◇ v. **Noble**

ARMATURE ◇ v. **Charpente**

ARME ✦ SYN. 1. *Armement*, armure, arsenal, équipement. 2. Argument, atout, moyen de défense, *ressource*. 3. *(Pl.)* **Armoiries**, blason, écusson, emblème, panoplie, signes héraldiques, trophée. ✦ ANT. 1. Désarmement. 2. Faiblesse, vulnérabilité.

ARMÉE ✦ SYN. 1. Bataillon, brigade, cohorte, colonne, commando, compagnie, corps, détachement, escadron, escouade, forces, formation, guérilla, infanterie, légion, milice, patrouille, peloton, phalange, régiment, section, *troupe*, unité. 2. *(Armée de mer)* Marine. 3. *(Armée de l'air)* Aviation. 4. *(Membres)* Aviateur, combattant, guerrier, marin, militaire, *soldat*. 5. Armada, attroupement, bande, cavalcade, cohorte, cortège, foule, gang *(québ., fam.)*, groupe, horde, légion, *multitude*, quantité, rassemblement, tribu.

ARMER (S') ✦ SYN. Se fortifier, se garantir, se munir, *se prémunir*, se protéger. ✦ ANT. S'affaiblir, s'aventurer, s'exposer, manquer de.

ARMISTICE ◇ v. **Trêve**

ARMOIRE ✦ SYN. 1. Bahut, buffet, cabinet, chiffonnier, commode, *meuble*, vaisselier, vitrine *(bibelots)*. 2. *(Québ.)* Garde-manger, garde-robe, penderie, *placard*.

ARMOIRIES ◇ v. **Arme**

AROMATE ◇ v. **Assaisonnement**

AROMATIQUE ◇ v. **Odorant**

AROMATISER ◇ v. **Parfumer**

ARÔME ◇ v. **Odeur**

ARPENTER ◇ v. **Parcourir**

ARQUÉ ◇ v. **Courbe**

ARRACHAGE ✦ SYN. Ablation, arrachement, avulsion, déracinement, éradication, excision, extirpation, *extraction*. ✦ ANT. Greffe, enracinement, implantation, plantation.

ARRACHEMENT ✦ SYN. 1. Arrachage. 2. Affliction, chagrin, *déchirement*, souffrance. ✦ ANT. 1. Implantation, plantation. 2. Réconfort, consolation.

ARRACHER ✦ SYN. 1. Déplanter, *déraciner*, déterrer, extirper, sarcler. 2. Détacher, enlever, extraire, *ôter*, prendre, retirer, tirer. 3. *Extorquer*, obtenir, ravir, soutirer. 4. Bannir, *chasser*, éloigner, expulser. ✦ ANT. 1. Enraciner, ensemencer, planter. 2. Attacher, fixer, implanter, remettre. 3. Rendre, restituer. 4. Accueillir, convier, recevoir.

ARRANGEMENT ✦ SYN. 1. Agencement, ajustement, aménagement, classement, *disposition*, ordre, organisation, rangement. 2. Accommodement, accord, compromis, compromission *(péj.)*, conciliation, entente, modus vivendi, *règlement*. 3. *(Pl.)* Apprêts, dispositions, mesures, *préparatifs*. ✦ ANT. 1. Dérangement, dérèglement, désordre. 2. Désaccord, dispute, mésentente. 3. Exécution, réalisation.

ARRANGER ✦ SYN. ▷ V. tr. 1. Agencer, ajuster, aménager, classer, *disposer*, ordonner, organiser, rafistoler *(fam.)*, ranger, réparer. 2. Accommoder, concilier, *régler*. 3. Apprêter, *préparer*, prévoir. 4. *(Fam.)* Amocher *(fam.)*, critiquer, dire du mal, malmener, *maltraiter*. ▷ V. pr. 5. *S'accorder*, s'entendre. 6. S'accommoder, *se contenter*, se satisfaire. 7. *Se débrouiller*, prendre les moyens pour. 8. *S'améliorer*, se calmer, se tasser *(fam.)*. ✦ ANT. 1. Briser, défaire, déplacer, déranger, dérégler. 2. Se disputer, être dans une impasse. 3. Exécuter, réaliser. 4. Choyer, gâter, louer. 5. Se brouiller, se disputer. 6. Se plaindre, rechigner. 7. S'empêtrer, négliger de. 8. Empirer, s'envenimer, se gâter.

ARRÉRAGES ◇ v. **Intérêt**

ARRESTATION ◇ v. **Capture**

ARRÊT ✦ SYN. 1. Abandon, cessation, *fin*, frein, holà, suspension. 2. Accalmie, *pause*, relâche, rémission, répit, repos, stase *(méd.)*. 3. Abri, escale, étape, gare, *halte*, séjour, station, stationnement. 4. Feu rouge, *stop*. 5. Interruption, *panne*, rupture. 6. Arrêté, *décision*, décret, jugement. ✦ ANT. 1. Début, départ, mouvement, suite. 2. Continuation, crise, poursuite, reprise.

3. Périple, voyage. **4.** Feu vert, passage. **5.** Rétablissement. **6.** Abrogation, révocation.

ARRÊTÉ ◇ V. **Décision**

ARRÊTER ♦ SYN. ▷ V. tr. **1.** Attacher, bloquer, contenir, empêcher, endiguer, enrayer, entraver, fixer, immobiliser, intercepter, *interrompre*, maintenir, paralyser, suspendre. **2.** Appréhender, *capturer*, embarquer *(fam.)*, épingler *(fam.)*, s'emparer de, empoigner, mettre la main au collet, piéger, se saisir de. **3.** Assujettir, *juguler*, neutraliser, refréner, réprimer. **4.** Décider, déterminer, régler, *résoudre*. ▷ V. pr. **5.** Demeurer, *faire halte*, séjourner, stationner, stopper. **6.** *Cesser*, terminer. **7.** *S'attarder*, insister sur. ♦ ANT. **1.** Actionner, agiter, déplacer, entraîner, mouvoir, remuer, secouer. **2.** Libérer, relâcher. **3.** Encourager, exciter, stimuler. **4.** Hésiter, tergiverser. **5.** Aller, avancer, se hâter, marcher, passer. **6.** Continuer, poursuivre. **7.** Oublier, passer outre.

ARRIÈRE ◇ V. **Derrière**

ARRIÉRÉ ♦ SYN. **1.** Dû, *échu*, impayé. **2.** *Démodé*, désuet, périmé, poussiéreux *(fig.)*, préhistorique *(fig.)*, ringard *(fam.)*, rétrograde, suranné, vieux. **3.** *Attardé*, débile, demeuré, imbécile, retardé, simple d'esprit ♦ ANT. **1.** Acquitté, payé. **2.** Branché, avant-gardiste, évolué, moderne. **3.** Avancé, développé, doué, précoce, prodige, surdoué.

ARRIÈRE-GOÛT ♦ SYN. *(Péj.)* Impression, rappel, réminiscence, sentiment, *souvenir*. ♦ ANT. Annonce, aperçu, avant-goût, oubli.

ARRIÈRE-PENSÉE ♦ SYN. *(Souvent péj.)* Calcul, combinaison, dessein, intention, manigance, réserve, restriction, réticence, secret, *sous-entendu*. ♦ ANT. Franchise, franc-parler, probité, spontanéité.

ARRIÈRE-PLAN ◇ V. **Fond**

ARRIVÉE ♦ SYN. **1.** Arrivage, atterrissage, débarquement, entrée, *venue*. **2.** Apparition, avènement, *commencement*, début, naissance. **3.** *Approche*, imminence, proxi-mité. ♦ ANT. **1.** Départ, sortie. **2.** Disparition, fin. **3.** Distance, éloignement.

ARRIVER ♦ SYN. **1.** Aborder, accéder, accoster, s'amener *(fam.)*, apparaître, approcher, atteindre, atterrir, débarquer, entrer, gagner, *parvenir*, pénétrer, surgir, toucher, venir. **2.** S'accomplir, advenir, avoir lieu, se passer, *se produire*, se réaliser, survenir. **3.** Percer, prospérer, *réussir*. ♦ ANT. **1.** Abandonner, s'en aller, démarrer, s'éloigner, partir. **2.** Cesser, prendre fin. **3.** Échouer, rater.

ARRIVISTE ♦ SYN. Ambitieux, attentiste, *carriériste*, intrigant, jeune loup, opportuniste. ♦ ANT. Désintéressé, dévoué, loyal, modeste.

ARROGANCE ♦ SYN. Audace, condescendance, cynisme, dédain, désinvolture, fatuité, fierté, hauteur, impertinence, impudence, *insolence*, jactance, orgueil, outrecuidance, prétention, suffisance, superbe *(n., péj.)*. ♦ ANT. Affabilité, compassion, déférence, humanité, humilité, modestie, soumission.

ARROGANT ♦ SYN. Altier, cassant, condescendant, cynique, dédaigneux, désinvolte, fat, fier, hautain, impertinent, *insolent*, insultant, méprisant, orgueilleux, outrecuidant, prétentieux, rogue, satisfait (de soi-même), suffisant, superbe *(péj.)*. ♦ ANT. Affable, civil, déférent, familier, humain, humble, modeste, soumis.

ARROGER (S') ◇ V. **Approprier (s')**

ARRONDI ◇ V. **Courbe**

ARRONDIR ◇ V. **Gonfler**

ARROSAGE ♦ SYN. **1.** *Arrosement*, aspersion, bain, douche, irrigation. **2.** *(Fam.)* Bakchich, dessous-de-table, enveloppe, faveur, *gratification*, pot-de-vin. ♦ ANT. **1.** Asséchage, drainage. **2.** Intégrité, probité.

ARROSER ♦ SYN. **1.** Asperger, baigner, bassiner, doucher, imbiber, inonder, irriguer, *mouiller*, tremper. **2.** *(Fam.)* Acheter, corrompre, graisser la patte *(fam.)*, gratifier, payer, soudoyer. **3.** *(Fam.)* Célébrer, *fêter*, trinquer. **4.** *(Milit., fam.)* *Bombarder*, mitrailler. ♦ ANT. **1.** Assécher, dessécher, drainer, égoutter, éponger, essuyer, étancher, sécher, tarir.

ARSENAL ♦ SYN. 1. *(Armes, munitions)* Atelier, chantier, **dépôt**, magasin, manufacture, stock, usine. 2. **Moyens**, procédés, tours, trucs. 3. Assortiment, attirail, *collection*, matériel, panoplie.

ART ♦ SYN. 1. **Façon**, manière, style, technique. 2. Adresse, dextérité, don, génie, habileté, industrie, savoir-faire, **talent**. 3. État, *métier*, profession. 4. **Beau**, beauté, esthétique, idéal. ♦ ANT. 2. Gaucherie, impair, impéritie, inhabileté, maladresse. 4. Laid, vulgaire.

ARTÈRE ♦ SYN. 1. **Vaisseau**, veine. 2. Avenue, boulevard, rue, **voie**.

ARTICLE ♦ SYN. 1. *(Journal)* Billet, chronique, critique, éditorial, entrefilet, faits divers, interview, nouvelle, papier *(fam.)*, reportage, rubrique, **texte**. 2. *(Subdivision)* **Alinéa**, chapitre, paragraphe, point.

ARTICULATION ♦ SYN. 1. *(Anat.)* Attache, charnière, emboîtement, jointure, **jonction**, nœud. 2. Diction, élocution, **prononciation**. ♦ ANT. 1. Désarticulation, désunion, disjonction, dislocation.

ARTICULER ♦ SYN. 1. Assembler, **joindre**, lier, unir. 2. Agencer, harmoniser, **organiser**, structurer. 3. Détacher, dire, émettre, énoncer, marteler, proférer, **prononcer**. ♦ ANT. 1. Désarticuler, désunir, disloquer. 2. Défaire, désorganiser. 3. Bafouiller, bredouiller, mâchonner.

ARTIFICE ♦ SYN. 1. **Astuce**, déguisement, fabrication, feinte, finasserie, finesse, leurre, manège, mensonge, ruse, subterfuge, tromperie, truc *(fam.)*. 2. Fusée, **pièce pyrotechnique**. ♦ ANT. 1. Authenticité, franchise, naturel, réalisme, réalité.

ARTIFICIEL ♦ SYN. 1. Contrefait, fabriqué, factice, faux, imité, postiche, **simulé**. 2. Affecté, conventionnel, déguisé, emprunté, fardé, **feint**, forcé, truqué. 3. Futile, inutile, superfétatoire, **superflu**. 4. **Arbitraire**, gratuit, irrationnel, non fondé. ♦ ANT. 1. Authentique, naturel, réel, véritable. 2. Original, sincère, vrai. 3. Essentiel, nécessaire, utile. 4. Fondé, justifié, rationnel.

ARTIFICIEUX ◇ V. **Trompeur**

ARTISAN ◇ V. **Auteur**

ARTISTE ♦ SYN. 1. Acteur, comédien, étoile, musicien, star, vedette, **virtuose**. 2. Anticonformiste, **bohème**, fantaisiste, marginal. ♦ ANT. 1. Amateur, apprenti, béotien, clerc, débutant, incompétent, novice. 2. Bien-pensant, conformiste.

AS ◇ V. **Champion**

ASCENDANCE ♦ SYN. 1. Extraction, hérédité, lignage, lignée, naissance, **origine**, racines, souche. 2. *(Ensemble des ascendants)* Aïeux, **ancêtres**, parents. ♦ ANT. 1. Descendance, postérité, suite. 2. Descendants, enfants, progéniture.

ASCENDANT ♦ SYN. 1. Autorité, charisme, charme, empire, emprise, fascination, **influence**, pouvoir, séduction. 2. *(Pl.)* Aïeux, **ancêtres**, ascendance, parents. ♦ ANT. 1. Antipathie, éloignement, rejet. 2. Descendance, descendants, enfants.

ASCENSION ♦ SYN. 1. Alpinisme, escalade, **montée**. 2. *(Rang supérieur, idéal)* Accession, élévation, **progrès**, progression. ♦ ANT. 1. Descente. 2. Déchéance, déclin.

ASCÈSE, ASCÉTISME ◇ V. **Austérité**

ASCÈTE ◇ V. **Ermite**

ASCÉTIQUE ◇ V. **Austère**

ASILE ◇ V. **Refuge**

ASOCIAL ◇ V. **Inadapté**

ASPECT ♦ SYN. 1. Angle, aperçu, côté, face, facette, jour, perspective, **point de vue**, rapport, spectacle, vue. 2. Air, allure, **apparence**, dehors, extérieur, figure, forme, image, physionomie, tournure, visage.

ASPERGER ♦ SYN. Abreuver, arroser, doucher, éclabousser, humecter, **mouiller**, tremper. ♦ ANT. Assécher, dessécher, éponger, essuyer, étancher, sécher, tarir.

ASPÉRITÉ ♦ SYN. 1. Arête, bosse, crête, inégalité, pic, protubérance, relief, **rugosité**, saillie, sommet. 2. *(Fig.)* Âpreté, dureté, rigidité, **rudesse**. ♦ ANT. 1. Creux, enfoncement, plat, poli *(n.)*. 2. Affabilité, délicatesse, douceur, souplesse.

ASPHALTE ✦ SYN. 1. *Bitume*, goudron, macadam. 2. *Chaussée*, rue.

ASPHYXIANT ✦ SYN. 1. Étouffant, irrespirable, *suffocant*. 2. *(Gaz)* Délétère, méphitique, toxique. ✦ ANT. 1. Respirable, sain. 2. Atoxique, inoffensif.

ASPHYXIE ✦ SYN. 1. Étouffement, *suffocation*. 2. *(Fig.)* Arrêt, blocage, immobilisme, inertie, oppression, *paralysie*, stagnation. ✦ ANT. 1. Respiration. 2. Déblocage, dynamisme, élan, libération.

ASPHYXIER ✦ SYN. 1. Étouffer, *suffoquer*. 2. *(Fig.)* Arrêter, bloquer, empêcher, entraver, immobiliser, opprimer, *paralyser*, stopper. ✦ ANT. 1. Respirer. 2. Activer, animer, débloquer, faciliter, libérer.

ASPIRANT ◇ V. **Candidat**

ASPIRATION ✦ SYN. 1. Inhalation, *inspiration*, respiration. 2. Ambition, appétit, attrait, but, convoitise, *désir*, élan, idéal, mouvement, prétention, quête, rêve, souhait, velléité, visées, vœu, vues. ✦ ANT. 1. Expiration. 2. Abattement, affaissement, découragement, désespoir, indifférence, nonchalance, renoncement.

ASPIRER ✦ SYN. 1. Absorber, avaler, humer, inhaler, *inspirer*, renifler, respirer. 2. Ambitionner, brûler de, convoiter, *désirer*, prétendre à, rêver de, souhaiter, soupirer après, tendre à (vers), viser, vouloir. ✦ ANT. 1. Exhaler, expirer, souffler. 2. Se décourager, désespérer, se désintéresser, négliger, renoncer.

ASSAGIR ✦ SYN. ▷ V. tr. 1. Adoucir, apaiser, *calmer*, modérer, raisonner, tempérer. ▷ V. pr. 2. S'amender, se calmer, mûrir, *se ranger*. ✦ ANT. 1. Déchaîner, exacerber, exciter. 2. Se dissiper, se dévergonder.

ASSAILLANT ◇ V. **Agresseur**

ASSAILLIR ✦ SYN. 1. *Agresser*, assiéger, charger, fondre sur, se ruer sur, sauter sur, tomber sur. 2. Harceler, *presser de*, se précipiter sur. 3. Hanter, obnubiler, obséder, posséder, préoccuper, tracasser, *tourmenter*. ✦ ANT. 1. Défendre, protéger. 2. Attendre, laisser en paix. 3. Chasser, éloigner, exorciser.

ASSAINIR ◇ V. **Purifier**

ASSAINISSEMENT ✦ SYN. 1. *(Méd.)* Antisepsie, asepsie, désinfection, *stérilisation*. 2. *(Sols)* Assèchement, *drainage*, évacuation. 3. *(Eaux)* Dépollution, nettoyage. 4. *(Mœurs)* Épuration, purification. ✦ ANT. 1. Contamination, empoisonnement, infection. 2. Arrosage, irrigation. 3. Contamination, pollution. 4. Corruption, dévergondage, vice.

ASSAISONNEMENT ✦ SYN. Apprêt, aromate, condiment, épice, piment, piquant, préparation, *saveur*.

ASSAISONNER ✦ SYN. 1. Accommoder, apprêter, aromatiser, épicer, pimenter, poivrer, *relever*, saler, vinaigrer. 2. Agrémenter, *enrichir*, rehausser. ✦ ANT. 1. Affadir, édulcorer. 2. Appauvrir, corrompre, gâter.

ASSASSIN ◇ V. **Meurtrier**

ASSASSINAT ◇ V. **Meurtre**

ASSASSINER ◇ V. **Tuer**

ASSAUT ◇ V. **Attaque**

ASSEMBLAGE ✦ SYN. 1. Agencement, ajustage, armature, arrangement, association, collage, combinaison, emboîtement, fabrication, installation, jonction, mariage, montage, raccord, rapprochement, *réunion*, soudure, union. 2. Amalgame, amas, amoncellement, assortiment, collection, ensemble, fatras, *mélange*, ramassis (péj.), recueil. ✦ ANT. 1. Démontage, désassemblage, disjonction, dislocation, dissociation, division, éloignement, fractionnement, séparation. 2. Sélection, tri.

ASSEMBLÉE ✦ SYN. 1. Carrefour, colloque, concile, conférence, congrès, meeting, rassemblement, *réunion*, séance, séminaire, symposium, synode. 2. *Assistance*, auditoire, délégation, public. 3. *Association*, congrégation, coopération, corporation, corps, ordre, société, syndicat, union. 4. Assemblée nationale (Québec), Chambre des communes (Ottawa), gouvernement, législature, *parlement*.

ASSEMBLER ✦ SYN. ▷ V. tr. 1. Accoler, agencer, ajuster, allier, arranger, assortir, coller, combiner, coudre, emboîter, fabriquer, installer, joindre, monter, raccorder, *relier*, souder. 2. Accumuler, **amasser**, amonceler, colliger, collectionner, ramasser, recueillir. 3. *(Pers.)* Associer, concentrer, convoquer, rallier, rassembler, **regrouper**, réunir, unir. ▷ *V. pr.* 4. S'attrouper, s'entasser, se grouper, se masser, se rassembler, *se regrouper*, se réunir. ♦ ANT. 1. Défaire, délier, démonter, désassembler, disjoindre, disloquer, diviser, fractionner, séparer. 2. Sélectionner, trier. 3. Désunir, disperser, dissocier, dissoudre. 4. Se disperser, s'éloigner, se séparer.

ASSÉNER ◇ V. **Appliquer**

ASSENTIMENT ◇ V. **Consentement**

ASSEOIR ♦ SYN. ▷ *V. tr.* 1. Équilibrer, établir, *fixer*, installer, poser. 2. Affermir, *appuyer*, fonder. ▷ *V. pr.* 3. S'accroupir, prendre place, *se mettre sur son séant*, trôner. ♦ ANT. 1. Déséquilibrer, lever. 2. Déstabiliser, renverser. 3. Se dresser, se lever.

ASSERMENTATION ◇ V. **Serment**

ASSERTION ◇ V. **Affirmation**

ASSERVIR ◇ V. **Assujettir**

ASSERVISSEMENT ◇ V. **Assujettissement**

ASSEZ ♦ SYN. 1. À satiété, passablement, *suffisamment*. 2. *(Fam.)* Marre, par-dessus la tête, plein le dos, ras le bol, sa claque. ♦ ANT. 1-2. Insuffisamment, peu.

ASSIDU ◇ V. **Régulier**

ASSIDUITÉ ♦ SYN. 1. Application, constance, continuité, exactitude, fidélité, persévérance, ponctualité, *régularité*. 2. *(Pl.)* **Fréquentations**, visites. ♦ ANT. 1. Inconstance, infidélité, irrégularité, négligence. 2. Infidélités, oublis.

ASSIDÛMENT ♦ SYN. Constamment, continuellement, exactement, ponctuellement, *régulièrement*. ♦ ANT. Irrégulièrement, occasionnellement, sporadiquement.

ASSIÉGER ♦ SYN. 1. Assaillir, bloquer, cerner, emprisonner, **encercler**, entourer, investir. 2. Accabler, fatiguer, harceler, importuner, inquiéter, obséder, poursuivre, presser, talonner, **tourmenter**, tracasser. ♦ ANT. 1. Abandonner, lever le siège.

2. Délivrer, libérer, rasséréner, tranquilliser.

ASSIETTE ♦ SYN. 1. Écuelle, gamelle, *plat*, plateau, soucoupe. 2. Assise, *base*, fondations, soubassement. 3. Aplomb, *équilibre*, solidité, stabilité. 4. Allotissement, attribution, distribution, partage, péréquation, *répartition*.

ASSIGNATION ♦ SYN. 1. Affectation, *attribution*, destination, imputation. 2. *(Dr.)* Appel, *convocation*, citation, obligation, sommation. ♦ ANT. 1. Exclusion, retrait. 2. Dispense, grâce, libération.

ASSIGNER ♦ SYN. 1. Affecter, *attribuer*, conférer, destiner, déterminer, fixer, indiquer, imputer. 2. *(Dr.)* Appeler, citer, *convoquer*, intimer, obliger, sommer. ♦ ANT. 1. Démettre, destituer, retrancher. 2. Gracier, laver de tout soupçon, libérer.

ASSIMILATION ♦ SYN. 1. Absorption, *digestion*, ingestion, nutrition. 2. Acculturation, amalgame, fusion, incorporation, insertion, *intégration*. 3. Analogie, comparaison, équivalence, identification, parallèle, *rapprochement*, similitude. 4. Apprentissage, approfondissement, *compréhension*. ♦ ANT. 1. Excrétion, indigestion, régurgitation, vomissement. 2. Différenciation, discrimination, isolement, séparation. 3. Contraste, distinction, opposition. 4. Appauvrissement, ignorance.

ASSIMILER ♦ SYN. ▷ *V. tr.* 1. Absorber, avaler, *digérer*, ingérer. 2. Acculturer, amalgamer, fondre, incorporer, insérer, *intégrer*. 3. Comparer, identifier, *rapprocher*. 4. Acquérir, apprendre, approfondir, *comprendre*, s'imprégner, mémoriser. ▷ *V. pr.* 5. *S'adapter*, s'identifier à, s'intégrer. ♦ ANT. 1. Excréter, régurgiter, vomir. 2. Différencier, varier. 3. Distinguer, isoler, séparer. 4. Appauvrir, ignorer, oublier. 5. S'exclure, s'isoler.

ASSISE ♦ SYN. 1. Assiette, *base*, fondements, infrastructure, solage *(québ.)*, soubassement. 2. *Bas*, pied, piédestal, socle. 3. *(Fig., pluriel surtout)* Bases, **fondements**, principes (de base), rudiments. ♦ ANT. 1. Comble, faîte, pinacle, sommet, structure, toit. 2. Haut, tête. 3. Aboutissement, achèvement, approfondissement, développement.

ASSISTANCE ♦ SYN. 1. Assemblée, assistants, *auditoire*, foule, galerie, public, salle, spectateurs. 2. *Aide*, appui, bienfaisance, charité, concours, coup de main, main-forte, protection, secours, service, soutien. ♦ ANT. 2. Abandon, égoïsme, entrave, nuisance, préjudice.

ASSISTANT ◇ v. **Aide**

ASSISTER ♦ SYN. ▷ *V. intr.* 1. Entendre, être présent, être témoin, *participer*, suivre, voir. ▷ *V. tr.* 2. Accompagner, *aider*, appuyer, épauler, protéger, réconforter, seconder, secourir, servir, soigner, soutenir. ♦ ANT. 1. Être absent, manquer. 2. Abandonner, délaisser, desservir, importuner, nuire.

ASSOCIATION ♦ SYN. 1. Assemblage, combinaison, liaison, lien, rapprochement, *réunion*, union. 2. Alliance, coalition, collaboration, coopération, partenariat, *participation*. 3. Amicale, assemblée, club, collège, communauté, compagnie, confédération, confrérie, congrégation, corps, fédération, *groupement*, guilde, ordre, organisation, parti, société, syndicat. ♦ ANT. 1. Désunion, dissociation, division, séparation. 2. Abstention, désistement, opposition, rupture.

ASSOCIÉ ♦ SYN. 1. Acolyte *(péj.)*, adjoint, affidé, allié, bras droit, coéquipier, collaborateur, *collègue*, compagnon, compère *(péj.)*, complice *(péj.)*, confrère, coopérateur, partenaire. 2. *(Dr.)* Actionnaire, adhérent, commanditaire, membre, *sociétaire*. ♦ ANT. 1. Adversaire, ennemi. 2. Compétiteur, concurrent.

ASSOCIER ♦ SYN. ▷ *V. tr.* 1. Adjoindre, affilier, agréger, allier, coaliser, enrôler, fédérer, grouper, incorporer, intégrer, *joindre*, lier, liguer, rapprocher, unir. ▷ *V. pr.* 2. Adhérer, s'allier, se coaliser, se grouper, *se joindre*, se lier, se liguer, s'unir. 3. *S'adjoindre*, prendre pour asso-

cié. 4. S'accorder, *s'assortir*, se combiner, s'harmoniser, se marier. ♦ ANT. 1. Délier, dissocier, diviser, isoler, séparer. 2-3. Se brouiller, se dissocier, rompre, se séparer. 4. Détonner, se différencier, s'opposer.

ASSOIFFÉ ♦ SYN. 1. Altéré, *déshydraté*. 2. Affamé, *avide*, insatiable, passionné. ♦ ANT. 1. Abreuvé, désaltéré. 2. Assouvi, comblé, contenté, satisfait.

ASSOLEMENT ♦ SYN. 1. Alternance, périodicité, *rotation* (des cultures). 2. Friche, guéret, *jachère*. ♦ ANT. 1. Continuité, permanence. 2. Culture, ensemencement.

ASSOMBRIR ♦ SYN. ▷ *V. tr.* 1. Enténébrer, noircir, *obscurcir*. 2. *(Caractère, visage)* Affliger, *attrister*, chagriner. ▷ *V. pr.* 3. Se brouiller, *se couvrir*, s'ennuager, s'obscurcir, se voiler. 4. S'attrister, se chagriner, *se rembrunir*. ♦ ANT. 1. Éclaircir, éclairer, illuminer. 2. Égayer, réjouir. 3. Se découvrir, se dégager, s'éclaircir. 4. S'égayer, se réjouir.

ASSOMMANT ◇ v. **Ennuyeux**

ASSOMMER ♦ SYN. 1. Battre, *étourdir*, frapper, mettre K.-O., sonner *(fam.)*. 2. Accabler, empoisonner *(fam.)*, *ennuyer*, excéder, lasser. ♦ ANT. 1. Ranimer. 2. Délasser, détendre, distraire.

ASSORTIMENT ♦ SYN. 1. Arrangement, *assemblage*, association, disposition, jeu. 2. Choix, *collection*, ensemble, garniture, lot, panoplie, série, variété.

ASSORTIR ♦ SYN. ▷ *V. tr.* 1. Accorder, accoupler, adapter, agrémenter, appareiller, apparier, arranger, associer, convenir, *harmoniser*, réunir, unir. 2. *Accompagner*, ajouter, joindre. ▷ *V. pr.* 3. S'accorder, *s'harmoniser*. ♦ ANT. 1. Dépareiller, désassortir, jurer avec. 2. Enlever, retirer. 3. Contraster, s'opposer.

ASSOUPI ◇ v. **Somnolent**

ASSOUPIR ♦ SYN. ▷ *V. tr.* 1. Endormir. 2. Adoucir, amoindrir, *apaiser*, atténuer, calmer, diminuer, engourdir, éteindre, étouffer, mitiger, modérer. ▷ *V. pr.* 3. S'endormir, se reposer, roupiller *(fam.)*, *somnoler*. 4. *S'apaiser*, s'estomper. ♦ ANT. 1. Éveiller, ranimer, réveiller. **2.** Aggraver, attiser, augmenter, aviver. **3.** Se réveiller. **4.** Augmenter, se raviver.

ASSOUPISSEMENT ◇ v. **Sommeil**

ASSOUPLIR ✦ SYN. **1.** Détendre, *flexibiliser*, relâcher. **2.** *(Caractère)* Corriger, former, plier, *soumettre*. **3.** *(Discipline)* **Adoucir**, amollir, atténuer, relâcher *(fig.)*, tempérer. ✦ ANT. **1.** Bander, durcir, engourdir, raidir, tendre. **2.** Endurcir, exacerber. **3.** Durcir, renforcer.

ASSOUPLISSEMENT ✦ SYN. **1.** *(Gymn.)* **Dégourdissement**, échauffement, exercice. **2.** Adoucissement, *atténuation*, humanisation. ✦ ANT. **1.** Engourdissement, raideur, tension. **2.** Endurcissement, intransigeance, rigidité.

ASSOURDIR ✦ SYN. **1.** Abasourdir, *étourdir*. **2.** Affaiblir, amoindrir, *amortir*, diminuer, étouffer. **3.** Abrutir, assommer, excéder, *fatiguer*. ✦ ANT. **1.** Éveiller, stimuler. **2.** Amplifier, exagérer, grossir. **3.** Calmer, détendre, reposer.

ASSOURDISSANT ✦ SYN. **1.** *Bruyant*, retentissant, tapageur, tonitruant. **2.** *Abrutissant*, assommant, ennuyant, étourdissant, fatigant. ✦ ANT. **1.** Amorti, assourdi, calme, étouffé. **2.** Agréable, paisible, reposant.

ASSOUVIR ✦ SYN. **1.** Apaiser, calmer, étancher, rassasier, *satisfaire*. **2.** *Combler*, contenter, repaître, saturer. ✦ ANT. **1.** Affamer, assoiffer. **2.** Décevoir, exciter, frustrer, mécontenter, priver, raviver.

ASSOUVISSEMENT ◇ v. **Satisfaction**

ASSUJETTIR ✦ SYN. **1.** Arrimer, assurer, attacher, enchaîner, *fixer*, lier, immobiliser. **2.** Asservir, *dominer*, dompter, juguler, opprimer, soumettre, subjuguer. **3.** Astreindre, condamner à, *contraindre*, forcer, obliger, réduire à. ✦ ANT. **1.** Dégager, délier, désenchaîner, détacher, ébranler. **2.** Affranchir, délivrer, émanciper, libérer. **3.** Dispenser, exempter, permettre.

ASSUJETTISSANT ◇ v. **Astreignant**

ASSUJETTISSEMENT ✦ SYN. **1.** Conquête, *domination*. **2.** Aliénation, *asser-*

vissement, dépendance, dépossession, esclavage, ilotisme, joug, oppression, soumission, sujétion, subordination. **3.** *Contrainte*, obligation. ✦ ANT. **1.** Indépendance, souveraineté. **2.** Affranchissement, délivrance, émancipation, libération. **3.** Dispense, exemption.

ASSUMER ◇ v. **Endosser**

ASSURANCE ✦ SYN. **1.** Aisance, *aplomb*, audace, caractère, confiance, cran *(fam.)*, culot *(fam.)*, fermeté, hardiesse, sang-froid, sûreté, toupet *(fam.)*. **2.** *Affirmation*, déclaration, engagement, expression, parole, promesse. **3.** *Certitude*, conviction, espérance, optimisme, persuasion. **4.** Confirmation, gage, *garantie*, preuve. **5.** Contrat, mutuelle, *police*, prime, sécurité sociale. ✦ ANT. **1.** Appréhension, crainte, timidité. **2.** Déception, démenti, méfiance. **3.** Défiance, doute, incertitude, perplexité, pessimisme. **4.** Infirmation, réfutation.

ASSURÉMENT ◇ v. **Certainement**

ASSURER ✦ SYN. ▷ V. tr. **1.** *Affermir*, assujettir, consolider, étayer, fixer, immobiliser, solidifier. **2.** Affirmer, attester, certifier, confirmer, *garantir*, maintenir, promettre, répondre de, soutenir, témoigner de. **3.** Défendre, prémunir, préserver, *protéger*. ▷ V. pr. **4.** Contrôler, *vérifier*, voir. **5.** Se défendre, se garder, se prémunir, *se protéger*. **6.** *Se gagner*, obtenir. ✦ ANT. **1.** Ébranler, risquer. **2.** Contester, contredire, démentir, infirmer, nier. **3.** Exposer, inquiéter, menacer, mettre en péril. **4.** Négliger, omettre. **5.** S'exposer. **6.** Perdre.

ASTIQUER ◇ v. **Frotter**

ASTRAL ◇ v. **Sidéral**

ASTREIGNANT ✦ SYN. Accablant, asservissant, assujettissant, *contraignant*, exigeant, pénible, pesant, rigoureux, strict. ✦ ANT. Agréable, facile, léger, reposant, souple.

ASTREINDRE ◇ v. **Contraindre**

ASTRONAUTE ✦ SYN. *Cosmonaute*, spationaute.

ASTRONOMIQUE ◇ v. **Exorbitant**

ASTUCE ◇ v. **Ruse**

ASTUCIEUX ◇ v. **Rusé**

ATELIER ♦ SYN. *Boutique*, chantier, fabrique, laboratoire, manufacture, ouvroir, studio, usine.

ATERMOIEMENT ♦ SYN. 1. Ajournement, *délai*, remise (à plus tard), retard. 2. *(Pl. surtout)* Attentisme, faux-fuyants, *hésitations*, prétextes, tâtonnements, tergiversations. ♦ ANT. 1. Anticipation, assiduité, cessation, fin. 2. Décision, diligence, empressement, fermeté, franchise.

ATERMOYER ◇ v. **Hésiter**

ATHÉE ◇ v. **Incroyant**

ATHÉISME ◇ v. **Incroyance**

ATHLÈTE ◇ v. **Champion**

ATHLÉTIQUE ◇ v. **Fort**

ATMOSPHÈRE ♦ SYN. 1. Air, ciel, *espace*, éther, fluide, gaz. 2. *Ambiance*, cadre, climat, entourage, environnement, milieu. 3. Attrait, *aura*.

ATOME ♦ SYN. 1. Corpuscule, molécule, *particule*. 2. Brin, grain, miette, once, *parcelle*, un peu. ♦ ANT. 1. Grand tout, immensité, monde, univers. 2. Bloc, ensemble, totalité.

ATOMISEUR ◇ v. **Aérosol**

ATOURS ◇ v. **Ornement**

ATOUT ♦ SYN. 1. *Avantage*, carte (dans son jeu), chance. 2. *Arme*, moyen de défense, recours, ressource. ♦ ANT. 1. Désavantage, malchance. 2. Faiblesse, vulnérabilité.

ATRABILAIRE ◇ v. **Bilieux**

ÂTRE ◇ v. **Foyer**

ATROCE ♦ SYN. 1. Abominable, affreux, barbare, cruel, dénaturé, épouvantable, farouche, *féroce*, hideux, horrible, inhumain, monstrueux, repoussant, sanguinaire. 2. *(Douleur)* Aigu, extrême, insupportable, *intolérable*, lancinant, terrible. ♦ ANT. 1. Agréable, attrayant, bon, civil, doux, humain. 2. Bénin, endurable, supportable, tolérable.

ATROCITÉ ♦ SYN. 1. Barbarie, brutalité, cruauté, *férocité*, inhumanité, monstruosité, sauvagerie. ▷ *Pl.* 2. Abominations, *crimes*, horreurs, monstruosités, torture. 3. *(Propos)* Calomnies, horreurs, *infamies*,

méchancetés. ♦ ANT. 1. Bonté, douceur, humanité. 2. Bienfaits, soins. 3. Compliments, éloges.

ATTACHANT ♦ SYN. 1. *Attirant*, attrayant, captivant, intéressant, passionnant, séduisant, sympathique. 2. *Attendrissant*, émouvant, touchant. ♦ ANT. 1. Antipathique, ennuyeux, exécrable, insupportable, raseur *(fam.)*. 2. Banal, indifférent, insignifiant.

ATTACHE ♦ SYN. 1. Agrafe, chaîne, fermoir, *lien*, nœud. 2. *(Pl.)* Accointances, liens, *relations*.

ATTACHEMENT ♦ SYN. 1. *Affection*, amitié, amour, dévouement, estime, sympathie, tendresse. 2. Constance, *fidélité*. ♦ ANT. 1. Antipathie, aversion, dégoût, détachement, froideur, indifférence. 2. Inconstance, infidélité.

ATTACHÉ ◇ v. **Aide**

ATTACHER ♦ SYN. ▷ *V. tr.* 1. Accrocher, agrafer, amarrer, atteler, boucler, boutonner, fixer, *lier*, ligoter, nouer, river. 2. *Adjoindre*, associer, inclure. 3. Accorder, *attribuer*, donner, reconnaître. ▷ *V. pr.* 4. S'appliquer à, *s'efforcer de*, tâcher de, travailler à. 5. *S'intéresser à*, se préoccuper, se soucier. 6. *Affectionner*, aimer, s'enticher, s'enthousiasmer. ♦ ANT. 1. Délier, détacher. 2. Disjoindre, dissocier, exclure. 3. Enlever, minimiser. 4. Négliger, renoncer. 5-6. Se désintéresser, se détacher, détester, se lasser.

ATTAQUANT ◇ v. **Agresseur**

ATTAQUE ♦ SYN. 1. Abordage, agression, *assaut*, attentat, bombardement, braquage *(fam.)*, charge, combat, envahissement, incursion, invasion, irruption, offensive, poussée, raid, siège, sortie. 2. *Accusation*, critique, dénigrement, diatribe, imputation, injure, provocation, reproche, réquisitoire. 3. Accès, *crise*, ictus. ♦ ANT. 1. Aide, appui, contre-attaque, défense, défensive, protection, réplique, riposte. 2. Apologie, défense, disculpation, éloge, plaidoyer. 3. Guérison, rémission.

ATTAQUER ♦ SYN. 1. Agresser, *assaillir*, assiéger, charger, foncer sur, fondre sur, se ruer sur, tomber sur. 2. Altérer, corroder, *détériorer*, entamer, miner, mordre, ronger, saper, user. 3. *(Méd.)* Atteindre, *blesser*, endommager *(organe, tissu)*, léser, toucher. 4. Aborder, *commencer*, engager, entamer, entreprendre. 5. Accuser, combattre, critiquer, dénigrer, harceler, injurier, *insulter*, provoquer, vilipender. ♦ ANT. 1. Défendre, protéger, résister, riposter. 2. Conserver, protéger. 3. Épargner, éviter, réchapper, sauver. 4. Achever, terminer. 5. Appuyer, collaborer, louer, répliquer.

ATTARDÉ ◇ v. **Arriéré**

ATTARDER (S') ◇ v. **Flâner**

ATTEINDRE ♦ SYN. 1. Accéder à, arriver à, attraper, gagner, joindre, *parvenir à*, rattraper, rejoindre. 2. Attaquer, *blesser*, frapper, heurter, léser, toucher. 3. *Affecter*, bouleverser, ébranler, offenser, troubler. ♦ ANT. 1. Échapper à, échouer, faillir, manquer, rater. 2. Épargner, éviter, réchapper, sauver. 3. Calmer, consoler, ménager, rassurer.

ATTEINTE ♦ SYN. 1. *Portée*, proximité. 2. Attaque, attentat, dommage, *offense*, outrage, préjudice. 3. Blessure, bouleversement, *choc*, commotion, traumatisme. 4. *Accès*, bouffée, crise. ♦ ANT. 1. Distance, éloignement. 2. Compensation, dédommagement, recours, réparation. 3. Calme, consolation, réconfort. 4. Apaisement, soulagement.

ATTELER (S') ◇ v. **Appliquer (s')**

ATTENANT ◇ v. **Contigu**

ATTENDRE ♦ SYN. ▷ *V. tr.* 1. Demeurer, guetter, languir, moisir, se morfondre, *patienter*, poireauter *(fam.)*, rester. 2. *Différer*, reporter, surseoir. 3. *Menacer*, pendre au bout du nez. ▷ *V. pr.* 4. Désirer, escompter, espérer, *s'imaginer*, prévoir. ♦ ANT. 1. Hâter, partir, presser, procéder. 2. Anticiper, précipiter. 3. Épargner, éviter. 4. Appréhender, s'étonner, se méfier, redouter.

ATTENDRIR ♦ SYN. ▷ *V. tr.* 1. Amollir. 2. *Émouvoir*, fléchir, impressionner, remuer, toucher. ▷ *V. pr.* 3. *S'apitoyer*, compatir, s'émouvoir. ♦ ANT. 1. Durcir, raidir. 2. Endurcir, exaspérer, laisser indifférent,

mécontenter, refroidir. 3. S'endurcir, se raidir.

ATTENDRISSANT ◇ v. **Émouvant**

ATTENDRISSEMENT ◇ v. **Pitié**

ATTENDU ♦ SYN. 1. Présumable, *prévisible*. 2. Désiré, espéré, *souhaité*. ♦ ANT. 1. Imprévisible, inattendu. 2. Appréhendé, étonnant, inopiné.

ATTENTAT ♦ SYN. 1. *Agression*, complot, crime, forfait, viol. 2. Atteinte, *offense*, outrage. ♦ ANT. 1. Assistance, bienfait, don, service. 2. Hommage, respect.

ATTENTE ♦ SYN. 1. Faction, *pause*, station. 2. Anticipation, désir, *espoir*, expectative, perspective, prévision, souhait. ♦ ANT. 1. Mouvement, reprise. 2. Crainte, doute.

ATTENTIF ♦ SYN. 1. *Appliqué*, concentré, consciencieux, exact, méticuleux, réfléchi, rigoureux, soigneux. 2. Assidu, délicat, diligent, empressé, obligeant, *prévenant*, zélé. 3. Observateur, prudent, *vigilant*. ♦ ANT. 1. Distrait, étourdi, inappliqué, inattentif, insouciant, irréfléchi, négligent. 2. Désobligeant, égoïste, indifférent, lent, oublieux. 3. Absent, imprudent, présomptueux.

ATTENTION ♦ SYN. 1. Absorption, application, concentration, considération, curiosité, exactitude, méditation, réflexion, soin, souci, tension, *vigilance*. 2. Amabilité, délicatesse, diligence, empressement, obligeance, *prévenance*, sollicitude, zèle. 3. *(Pl.)* *Égards*, gentillesses, ménagements, petits soins. ♦ ANT. 1. Dissipation, distraction, étourderie, inattention, irréflexion. 2. Désobligeance, égoïsme, indifférence, lenteur, oubli. 3. Indélicatesses, grossièretés.

ATTENTIONNÉ ◇ v. **Prévenant**

ATTÉNUATION ◇ v. **Adoucissement**

ATTÉNUER ◇ v. **Adoucir**

ATTERRER ◇ v. **Consterner**

ATTESTATION ◇ v. **Confirmation**

ATTESTER ◇ v. **Confirmer**

ATTIRAIL ◇ v. **Équipement**

ATTIRANCE ♦ SYN. 1. Affinité, attrait, *charme*, conquête *(fig.)*, fascination, influence, magnétisme, séduction, sympathie. **2.** Faible (pour), désir, élan, envie, *goût*, intérêt, penchant, prédilection, propension, tendance. ♦ ANT. **1.** Antipathie, haine, indifférence, mépris, répulsion. **2.** Aversion, dégoût, désintérêt, écœurement, répugnance.

ATTIRANT ♦ SYN. **1.** Affriolant, agréable, aguichant, attachant, attrayant, capiteux, captivant, charmant, *désirable*, engageant, enjôleur, excitant, invitant, plaisant, séduisant, sexy *(fam.)*, tentant. **2.** Alléchant, *appétissant*, ragoûtant. **3.** *(Phys.)* Attractif. ♦ ANT. **1.** Déplaisant, désagréable, laid, rebutant, repoussant. **2.** Dégoûtant, écœurant, infect. **3.** Répulsif.

ATTIRER ♦ SYN. ▷ *V. tr.* **1.** Amener, conduire, *entraîner*, tirer vers soi. **2.** Affrioler, aguicher, allécher, allumer *(fam.)*, appâter, captiver, charmer, fasciner, *séduire*. **3.** Appeler, causer, coûter, exciter, éveiller, occasionner, provoquer, *susciter*, valoir. ▷ *V. pr.* **4.** Encourir, *s'exposer à*. **5.** Gagner, *mériter*, obtenir, procurer. ♦ ANT. **1.** Éloigner, repousser. **2.** Dégoûter, déplaire, éconduire, rebuter. **3.** Empêcher, éviter. **4.** Se prémunir. **5.** Enlever, perdre.

ATTISER ♦ SYN. **1.** *(Feu)* Activer, aviver, *rallumer*, ranimer, tisonner. **2.** Aiguillonner, aiguiser, allumer *(fig.)*, échauffer, embraser *(fig.)*, enflammer *(fig.)*, enthousiasmer, exalter, *exciter*, fouetter, piquer, réveiller, stimuler. **3.** Aggraver, *envenimer*, exacerber, exaspérer, jeter de l'huile sur le feu, pousser à. ♦ ANT. **1.** Éteindre, étouffer. **2.** Apaiser, assouvir, calmer, freiner, modérer, ralentir, refroidir. **3.** Dissuader, pacifier.

ATTITUDE ♦ SYN. **1.** Air, allure, contenance, *maintien*, port, pose, position, station, tenue. **2.** Acte, action, conduite, *comportement*, façons, gestes, manières. **3.** Jugement, opinion, *position* *(fig.)*, point de vue, vues.

ATTOUCHEMENT ◇ v. **Caresse**
ATTRAIT ◇ v. **Charme**
ATTRAPE ♦ SYN. **1.** Embûche, embuscade, guet-apens, *piège*, traquenard. **2.** Bla-

gue, canular, duperie, espièglerie, facétie, farce, fumisterie, leurre, mystification, niche, plaisanterie, poisson d'avril, tour (bon, mauvais), *tromperie*. **3.** Colle *(fam.)*, devinette, énigme, problème, *question difficile*. ♦ ANT. **1.** Prudence, vigilance. **2.** Démystification, franchise, sérieux.

ATTRAPE-NIGAUD ◇ v. **Piège**
ATTRAPER ♦ SYN. **1.** Accrocher, agripper, s'emparer, gripper, happer, prendre, *saisir*. **2.** Arrêter, *capturer*, piéger, pincer *(fam.)*. **3.** Atteindre, gagner, joindre, rejoindre. **4.** *(Maladie)* Contracter. **5.** *(Coup)* *Recevoir*, subir. **6.** Abuser, charrier *(fam.)*, duper, mystifier, surprendre, *tromper*. ♦ ANT. **1.** Glisser, lâcher, laisser échapper, laisser tomber. **2.** S'échapper, fuir, libérer, relâcher. **3.** S'éloigner, manquer, rater. **4.** Épargner. **5.** Asséner, donner, esquiver. **6.** Démystifier, éluder.

ATTRAYANT ◇ v. **Attirant**
ATTRIBUER ♦ SYN. ▷ *V. tr.* **1.** *Accorder*, adjuger, affecter, allouer, assigner, attacher, conférer, décerner, destiner, distribuer, donner, doter, imputer, octroyer, répartir. ▷ *V. pr.* **2.** Accaparer, *s'approprier*, s'arroger, s'emparer, réclamer, revendiquer, usurper. ♦ ANT. **1.** Enlever, extirper, ravir, refuser, retenir, soustraire. **2.** Abandonner, concéder, décliner, rejeter, renoncer.

ATTRIBUT ♦ SYN. **1.** Apanage, *caractère*, droit, marque, particularité, prérogative, propre *(n.)*, propriété, qualité, signe, trait caractéristique. **2.** Blason, écusson, *emblème*, signe, symbole.

ATTRIBUTION ♦ SYN. **1.** Affectation, allocation, assignation, *destination*, distribution, dotation, imputation, lot, octroi, part, partage, remise, répartition. **2.** *(Pl.)* Avantages, compétence, droits, fonctions, *pouvoirs*, prérogatives, privilèges, ressort, rôle. ♦ ANT. **1.** Exclusion, retrait. **2.** Handicap, préjudice.

ATTRISTANT ◇ v. **Affligeant**
ATTRISTER ◇ v. **Affliger**
ATTROUPEMENT ◇ v. **Rassemblement**
ATTROUPER ◇ v. **Rassembler**

AUBAINE ♦ SYN. 1. Avantage, *occasion*, profit inespéré. 2. *(Québ.)* Prix réduit, *solde*. ♦ ANT. 1. Déveine, malchance. 2. Prix courant.

AUBE ♦ SYN. 1. Aurore, *matin*, point du jour. 2. *Commencement*, début, enfance, jeunesse, premiers jours, printemps de la vie. 3. *(À l'aube de) Au début de*, au seuil de. ♦ ANT. 1. Crépuscule, coucher du jour, soir. 2. Automne de la vie, fin, vieillesse. 3. À la fin de.

AUBERGE ◊ V. **Hôtel**

AUDACE ♦ SYN. 1. Assurance, bravoure, courage, cran *(fam.)*, détermination, fermeté, *hardiesse*, intrépidité. 2. *Innovation*, nouveauté, originalité. 3. Aplomb, arrogance, bravade, culot *(fam.)*, *effronterie*, impudence, outrecuidance, présomption, témérité, toupet *(fam.)*. ♦ ANT. 1. Couardise, hésitation, lâcheté, peur, pusillanimité, timidité. 2. Banalité, conservatisme, platitude. 3. Décence, humilité, modestie, réserve, respect.

AUDACIEUX ♦ SYN. 1. Aventureux, brave, courageux, décidé, déterminé, entreprenant, *hardi*, intrépide, résolu, risque-tout. 2. *(Projet, idée)* Ambitieux, avant-gardiste, neuf, nouveau, *novateur*, original. 3. Arrogant, crâneur *(fam.)*, culotté *(fam.)*, *effronté*, éhonté, impudent, outrecuidant, présomptueux, téméraire. ♦ ANT. 1. Couard, frileux, froussard, hésitant, indécis, lâche, peureux, pusillanime, timide. 2. Banal, conservateur, plat, rétrograde, terne. 3. Décent, humble, modeste, réservé, respectueux.

AUDIENCE ♦ SYN. 1. *Entretien*, réception, rendez-vous. 2. *(Tribunal)* Séance. 3. *(Radio, télévision)* Audimat, *cote d'écoute*. 4. Attention, crédit, *intérêt*, faveur, renommée, retentissement. ♦ ANT. 4. Discrédit, défaveur, désintérêt, oubli.

AUDITOIRE ♦ SYN. Assemblée, assistance, assistants, auditeurs, foule, galerie, lecteurs, lectorat, *public*, salle, spectateurs, téléspectateurs.

AUGE ♦ SYN. Abreuvoir, bac, baquet, *bassin*, crèche, mangeoire, trémie.

AUGMENTATION ♦ SYN. 1. Accélération, accentuation, accroissement, accumulation, addition, agrandissement, allongement, amplification, *croissance*, décuplement, développement, élargissement, élévation, enrichissement, essor, extension, flambée, gonflement, gradation, grossissement, hausse, intensification, majoration, multiplication, progrès, progression, redoublement, regain, renchérissement, renforcement. 2. *Aggravation*, complication, exaspération, recrudescence. ♦ ANT. 1. Affaiblissement, amoindrissement, atténuation, baisse, compression, décroissance, déperdition, dépréciation, dévaluation, diminution, limitation, liquidation, perte, rabais, réduction, restriction, rétrécissement. 2. Adoucissement, amélioration, apaisement, atténuation, soulagement.

AUGMENTER ♦ SYN. 1. Accélérer, accentuer, *accroître*, accumuler, agrandir, ajouter, allonger, amplifier, croître, décupler, développer, élargir, élever, enrichir, étendre, gonfler, grossir, hausser, intensifier, majorer, multiplier, progresser, redoubler, renchérir, renforcer. 2. *Aggraver*, empirer, envenimer, exaspérer. ♦ ANT. 1. Affaiblir, amoindrir, baisser, comprimer, décroître, déprécier, dévaluer, diminuer, limiter, liquider, perdre, réduire, restreindre, rétrécir, tomber. 2. Adoucir, améliorer, atténuer, soulager.

AUGURE ◊ V. **Présage**

AUGURER ◊ V. **Présager**

AUGUSTE ♦ SYN. 1. Digne, fier, grand, imposant, *majestueux*, noble, olympien, solennel. 2. Honorable, respectable, sacré, saint, *vénérable*. ♦ ANT. 1. Bas, médiocre, trivial, vulgaire. 2. Déchu, déshonoré, maudit, méprisable, vil.

AUJOURD'HUI ◊ V. **Actuellement**

AUMÔNE ◊ V. **Charité**

AUMÔNIER ◊ V. **Prêtre**

AUPARAVANT ◊ V. **Avant**

AUPRÈS DE ♦ SYN. 1. À côté de, adjacent à, à proximité de, avoisinant, contre, *près de*, proche de, tout près de, voisin. 2. À côté de, *comparativement à*, en comparaison de, relativement à, vis-à-vis de. ◆ ANT. 1. À distance de, éloigné de, loin de. 2. À l'opposé de, contrairement à, différemment de.

AURA ◆ SYN. 1. Éclat, *émanation*, halo, nimbe. 2. Ambiance, *atmosphère*, attrait, charisme, magnétisme.

AURÉOLE ◆ SYN. 1. *(Astr.)* Anneau, *cercle* (lumineux), couronne, halo. 2. *Couronne de gloire*, nimbe. 3. *(Fig.)* Éclat, gloire, *prestige*.

AURÉOLER ◆ SYN. 1. *Ceindre*, couronner, entourer, nimber. 2. *Glorifier*, magnifier, parer de, porter au pinacle. ◆ ANT. 2. Avilir, humilier, rabaisser.

AURORE ◇ V. **Matin**

AUSCULTATION ◇ V. **Examen**

AUSCULTER ◇ V. **Examiner**

AUSPICES ◆ SYN. 1. Augure, *présage*, prévision, signe. 2. *Appui*, direction, égide, parrainage, patronage, protection, recommandation, tutelle. ◆ ANT. 2. Opposition, refus.

AUSSI ◆ SYN. 1. Autant, de même, également, encore, *pareillement*. 2. Ainsi, au surplus, c'est pourquoi, *de plus*, en outre, par ailleurs, partant. ◆ ANT. 1. Autrement, davantage. 2. En moins, excepté, moins.

AUSSITÔT ◆ SYN. À l'instant même, d'abord, d'emblée, dès l'abord, dès lors, illico, *immédiatement*, incontinent, instantanément, séance tenante, soudain, sur-le-champ, tout de suite. ◆ ANT. Après, avant, en conséquence, ensuite, lentement, longtemps après, subséquemment.

AUSTÈRE ◆ SYN. 1. Ascétique, dur, froid, grave, puritain, *rigide*, rigoriste, rude, sec, sérieux, sévère, spartiate, strict, triste. 2. Abstinent, dépouillé, frugal, simple, *sobre*. ◆ ANT. 1. Accueillant, aimable, compréhensif, gai, ouvert, sympathique, tolérant. 2. Bon vivant, épicurien, fastueux, prodigue, sensuel.

AUSTÉRITÉ ◆ SYN. 1. Ascèse, ascétisme, discipline, dureté, froideur, gravité, puritanisme, *rigidité*, rigorisme, sévérité,

tristesse. 2. Abstinence, dépouillement, frugalité, simplicité, *sobriété*. 3. Compressions budgétaires, *contrôle*, économies, rationnement, restrictions, rigueur. 4. *(Pl.)* Mortifications, pénitences, *privations*, restrictions. ◆ ANT. 1. Amabilité, compréhension, gaieté, sympathie, tolérance. 2. Bonne chère, épicurisme, faste, prodigalité, sensualité. 3. Abondance, augmentation, dépenses, laisser-aller. 4. Dévergondage, luxure, péché, vice.

AUSTRAL ◇ V. **Sud**

AUTEUR ◆ SYN. 1. Agent, artisan, cause, centre de, concepteur, *créateur*, fondateur, initiateur, inventeur, père, promoteur, responsable. 2. Compositeur, *écrivain*, homme ou femme de lettres, rédacteur.

AUTHENTICITÉ ◆ SYN. 1. Originalité, qualité, valeur, *validité*. 2. Conformité, exactitude, fidélité, historicité, justesse, objectivité, *réalité*, véracité, vérité. 3. Franchise, *naturel*, sincérité, spontanéité. ◆ ANT. 1. Falsification, imitation, inauthenticité, invalidité, nullité. 2. Anachronisme, fausseté, inexactitude, invraisemblance, irréalité. 3. Affectation, calcul, dissimulation, ruse, tromperie.

AUTHENTIFICATION ◇ V. **Certification**

AUTHENTIFIER ◇ V. **Certifier**

AUTHENTIQUE ◆ SYN. 1. Attesté, *certifié*, conforme, notarié, officiel, original, prouvé, public, solennel. 2. Canonique. 3. Assuré, avéré, *certain*, confirmé, établi, évident, incontestable, indéniable, positif, réel, sûr, véridique, vrai. 4. Franc, *naturel*, simple, sincère, spontané. ◆ ANT. 1. Contrefait, controuvé, falsifié, faux, imité, inauthentique, invalide. 2. Apocryphe. 3. Contestable, douteux, erroné, fictif, incertain, irréel, prétendu, supposé. 4. Affecté, calculateur, dissimulateur, hypocrite, rusé.

AUTOBIOGRAPHIE ◇ V. **Mémoires**

AUTOCHTONE ◇ V. **Indigène**

AUTOCRATE ◇ V. **Dictateur**

AUTOCRATIE ◇ V. **Dictature**

AUTOCRATIQUE ◇ v. Dictatorial

AUTOMATE ✦ SYN. **1.** Androïde, machine, *robot*. **2.** Chose, *esclave*, fantoche, inconscient, jouet, marionnette, pantin. ✦ ANT. **2.** Conscient, libre, responsable.

AUTOMATIQUE ◇ v. Machinal

AUTOMOBILE ◇ v. Voiture

AUTONOME ◇ v. Libre

AUTONOMIE ◇ v. Liberté

AUTORISATION ◇ v. Permission

AUTORISER ◇ v. Permettre

AUTORITAIRE ◇ v. Impérieux

AUTORITARISME ◇ v. Dictature

AUTORITÉ ✦ SYN. **1.** Commandement, direction, domination, empire, force, gouvernement, juridiction, poigne, *pouvoir*, puissance, règne, rênes, souveraineté, tutelle. **2.** Ascendant, assurance, capacité, compétence, crédit, emprise, fermeté, *influence*, poids, prestige. **3.** Célébrité, expert, lumière *(fig.)*, personnalité, *sommité*. **4.** *(Pl.)* Dignitaires, dirigeants, *officiels*, notables. ✦ ANT. **1.** Anarchie, déchéance, dépendance, impuissance, mollesse, subordination. **2.** Faiblesse, incapacité, incompétence, discrédit. **3.** Inconnu, néophyte, profane. **4.** Gens ordinaires, subordonnés.

AUTOUR ◇ v. Alentour

AUTRE ✦ SYN. *Différent*, disparate, dissemblable, distinct, étranger, hétérogène. ✦ ANT. Analogue, comparable, égal, homogène, identique, même, pareil, semblable.

AUTREFOIS ✦ SYN. *Anciennement*, dans l'ancien temps, dans l'antiquité, dans le bon vieux temps, dans le temps, d'antan, il y a longtemps, jadis, l'empremier *(acad.)*. ✦ ANT. Actuellement, aujourd'hui, de nos jours, désormais, maintenant, récemment.

AUTREMENT ✦ SYN. **1.** Alias, contrairement, *différemment*. **2.** *Bien plus*, davantage. **3.** Faute de quoi, sans quoi, *sinon*. ✦ ANT. **1.** Pareillement, véritablement, vraisemblablement. **2.** Bien moins, encore moins. **3.** Cela étant, si oui, si tant est que.

AUTRUI ✦ SYN. Autres, frère, *prochain*, semblable, voisin. ✦ ANT. Soi, soi-même.

AUXILIAIRE ◇ v. Aide

AVACHI ◇ v. Indolent

AVACHIR (S') ◇ v. Affaisser (s')

AVACHISSEMENT ◇ v. Relâchement

AVAL ◇ v. Caution

AVALER ✦ SYN. **1.** *Absorber*, boire, consommer, déglutir, dévorer, s'enfiler *(fam.)*, engloutir, gober, happer, ingérer, ingurgiter, manger. **2.** Accepter, *admettre*, croire, endurer, gober *(fam.)*, subir. ✦ ANT. **1.** Cracher, régurgiter, vomir. **2.** Critiquer, refuser, rejeter.

AVALISER ◇ v. Cautionner

AVANCE ✦ SYN. **1.** *(Temps, espace)* Avancée, cheminement, marche, pas, progrès, *progression*. **2.** *Acompte*, arrhes, à-valoir, dépôt, provision. **3.** Crédit, *prêt*. **4.** *(Pl.)* Approches, démarches, mignardises, minauderies, *premiers pas*. ✦ ANT. **1.** Arrêt, recul, repli, retard, retraite. **2.** Dettes, emprunt, frais. **3.** Remboursement. **4.** Brusquerie, rebuffade, refus.

AVANCÉ ✦ SYN. **1.** Éveillé, *évolué*, précoce, prodige. **2.** Avant-gardiste, *développé*, perfectionné. **3.** *(Âge)* Canonique, *vénérable*. ✦ ANT. **1.** Arriéré, attardé, benêt, retardé. **2.** Archaïque, retardataire, sous-développé. **3.** Moyen.

AVANCÉE ✦ SYN. **1.** Appendice, prolongement, *saillie*. **2.** *(Temps, espace)* Avance, marche, *progression*. **3.** *(Moral, intellectuel)* Avancement, découverte, *percée*, progrès, réussite. ✦ ANT. **1.** Cavité, creux, renfoncement. **2.** Arrêt, recul, retard. **3.** Échec, revers, stagnation.

AVANCEMENT ✦ SYN. **1.** *(Temps)* Avance, marche, *progression*. **2.** *(Moral, intellectuel)* Amélioration, avancée, développement, essor, évolution, percée, *perfectionnement*, progrès, réussite. **3.** Nomination, *promotion*. ✦ ANT. **1.** Recul, retard. **2.** Échec, revers, stagnation. **3.** Renvoi, rétrogradation.

AVANCER ✦ SYN. ▷ *V. tr.* **1.** Affirmer, *alléguer*, invoquer, prétendre, soutenir. **2.** *Approcher*, mettre près, rapprocher, tendre. **3.** Accélérer, devancer, *hâter*, précipiter. ▷ *V. intr.* **4.** Cheminer, se déplacer, *marcher*, se mouvoir. **5.** Gagner du terrain, *progresser*. **6.** Déborder, dépasser, se détacher, se profiler, se prolonger, *saillir*, surplomber. ▷ *V. pr.* **7.** S'approcher, *arriver*, entrer, pénétrer, venir. **8.** *S'aventurer*, s'engager, se hasarder, se risquer. ◆ ANT. **1.** Contester, nier. **2.** Éloigner, reculer, retirer. **3.** Différer, remettre, reporter, retarder. **4.** Arrêter, faire halte. **5.** Piétiner, perdre du terrain, stagner. **6.** Se creuser, s'enfoncer. **7.** S'éloigner, partir, quitter, sortir. **8.** S'abstenir, se défier de, rester sur ses gardes.

AVANT ◆ SYN. **1.** *(Espace)* Ci-devant, *devant*. **2.** *(Temps)* **Antérieurement**, auparavant, au préalable, préalablement, précédemment. ◆ ANT. **1.** Arrière, ci-après, derrière, plus loin. **2.** Après, ensuite, plus tard, postérieurement, puis, subséquemment.

AVANTAGE ◆ SYN. **1.** Atout, bien, bienfait, cadeau (du ciel), dessus, don, faveur, prééminence, prérogative, privilège, *supériorité*. **2.** *Bénéfice*, fruit, gain, intérêt, profit, succès, utilité, victoire. **3.** *(Pl. surtout)* Bonis, *primes*, revenus. **4.** *(Avantages physiques, chez la femme)* Appas (appâts), attraits, *charmes*, rondeurs, sex-appeal. ◆ ANT. **1.** Défaveur, désavantage, détriment, dommage, handicap, inconvénient, infériorité, préjudice. **2.** Échec, inutilité, perte. **3.** Déductions, réductions. **4.** Défauts, désavantages.

AVANTAGER ◆ SYN. **1.** Doter, *favoriser*, gratifier, privilégier. **2.** *(Apparence)* **Embellir**, flatter, parer. ◆ ANT. **1.** Défavoriser, désavantager, desservir, handicaper. **2.** Déparer, enlaidir.

AVANTAGEUX ◆ SYN. **1.** Bénéfique, bienfaisant, fructueux, intéressant, précieux, profitable, rentable, *salutaire*, utile. **2.** Abordable, bon marché, *économique.* **3.** *Élogieux*, favorable, flatteur. ◆ ANT. **1.** Désavantageux, dommageable, fâcheux, nuisible, préjudiciable, ruineux. **2.** Cher, coûteux, excessif. **3.** Défavorable, désobligeant, hostile.

AVANT-COUREUR ◇ v. **Précurseur**
AVANT-GARDISME ◇ v. **Innovation**

AVANT-GARDISTE ◇ v. **Novateur**
AVANT-GOÛT ◆ SYN. Annonce, anticipation, *aperçu*, préfiguration, pressentiment. ◆ ANT. Arrière-goût *(péj.)*, réminiscence, souvenir.

AVANT-MIDI ◇ v. **Matin**
AVANT-PROPOS ◇ v. **Introduction**

AVARE ◆ SYN. **1.** Avaricieux, chiche, *cupide*, fesse-mathieu, grigou *(fam.)*, grippe-sou, harpagon, ladre, lésineur, pingre, radin, rapace, regardant à, requin, séraphin *(québ.)*, thésauriseur, vautour. **2.** *(Avare de)* Économe de, ménager de, mesquin, *parcimonieux*. ◆ ANT. **1.** Dépensier, dilapidateur, dissipateur, gaspilleur, large. **2.** Généreux, libéral, prodigue.

AVARICE ◆ SYN. Avidité, *cupidité*, égoïsme, ladrerie, mesquinerie, parcimonie, pingrerie, usure. ◆ ANT. Désintéressement, dissipation, générosité, largesse, libéralité, prodigalité.

AVARIE ◇ v. **Dommage**
AVARIER ◇ v. **Gâter**
AVENANT ◇ v. **Aimable**
AVÈNEMENT ◆ SYN. **1.** *(Messie)* Apparition, arrivée, *venue*. **2.** *(Règne)* **Commencement**, début, naissance. **3.** *(Trône)* **Accession**, élévation. ◆ ANT. **1.** Départ, retour. **2.** Déclin, fin. **3.** Destitution, révocation.

AVENIR ◆ SYN. **1.** *Futur*, lendemain, postérité. **2.** Carrière, destin, *destinée*, sort. **3.** *(À l'avenir)* Demain, *désormais*, dorénavant, par la suite, plus tard, prochainement. ◆ ANT. **1.** Ancêtres, passé. **2.** Liberté, libre arbitre. **3.** Auparavant, autrefois, hier, jadis.

AVENTURE ◆ SYN. **1.** Accident, aléas, circonstance, conjecture, épisode, événement, fait, *hasard*, imprévu. **2.** Entreprise, équipée, excursion, *expédition*, exploration, odyssée, voyage. **3.** *(Désagréable)* Accident, affaire, histoire, imprudence, incident, *mésaventure*, tribulations. **4.** Amourette, caprice, béguin *(fam.)*, histoire, idylle, intrigue, *liaison*, passade, toquade *(fam.)*, rencontre. **5.** *(Bonne aventure)* *Avenir*, destin, destinée, sort.

AVENTURER (S') ◇ v. **Hasarder**

AVENTUREUX ◇ v. **Téméraire**
AVENTURIER ✦ SYN. 1. Chercheur, conquistador, découvreur, explorateur, navigateur, pionnier, prospecteur, *voyageur* *(expédition)*. 2. Brigand, écumeur, *escroc*, intrigant, pirate, vaurien.
AVENUE ◇ v. **Boulevard**
AVÉRÉ ◇ v. **Vrai**
AVÉRER (S') ◇ v. **Révéler**
AVERSE ◇ v. **Pluie**
AVERSION ◇ v. **Antipathie**
AVERTI ✦ SYN. 1. Compétent, expérimenté, instruit, prévenu, *renseigné*. 2. *Avisé*, fin, habile, prudent, réfléchi, sage. ✦ ANT. 1. Ignorant, incompétent, inexpérimenté. 2. Imprudent, irréfléchi, malavisé, malhabile, naïf.
AVERTIR ✦ SYN. 1. Alerter, annoncer, apprendre, aviser, dire, donner avis, faire savoir, indiquer, informer, instruire, montrer, notifier, prévenir, *renseigner*, signaler. 2. Blâmer, menacer, *réprimander*. 3. Klaxonner, *sonner*. ✦ ANT. 1. Cacher, dissimuler, taire. 2. Complimenter, féliciter.
AVERTISSEMENT ✦ SYN. 1. Avis, communication, conseil, indication, information, *instruction*, recommandation. 2. Alerte, prémonition, *présage*, pressentiment, prévision, signal, signe, symptôme. 3. Admonestation, dissuasion, leçon, *mise en garde*, observation, préavis, remontrance. 4. *Avant-propos*, avis (au lecteur), introduction, préface. ✦ ANT. 1. Silence. 2. Imprévision, surprise. 3. Compliments, félicitations, persuasion. 4. Conclusion, postface.
AVEU ✦ SYN. 1. Approbation, *consentement*. 2. Confession, confidence, déclaration, mea-culpa, *reconnaissance*, révélation. ✦ ANT. 1. Désapprobation, désaveu. 2. Dénégation, rétractation, secret, silence.
AVEUGLE ✦ SYN. ▷ *Nom* 1. Malvoyant, *non-voyant*. ▷ *Adj.* 2. Absolu, *entier*, inconditionnel, irréfléchi, sans réserve, total. ✦ ANT. 1. Voyant. 2. Conditionnel, limité, partiel, réfléchi.

AVEUGLEMENT ✦ SYN. 1. *Éblouissement*, trouble (de la vue). 2. Cécité *(fig.)*, confusion, *égarement*, entêtement, erreur, fascination, folie, illusion, inconscience, obstination, passion. ✦ ANT. 2. Clairvoyance, discernement, flair, flexibilité, lucidité, lumière, pénétration, perspicacité, sagacité, tact.
AVEUGLER ✦ SYN. 1. *Éblouir*, gêner (la vue), voiler. 2. Affoler, *égarer*, enticher, fasciner, hypnotiser, illusionner, séduire, troubler. ✦ ANT. 1. Découvrir, dégager, éclairer. 2. Dessiller les yeux, détromper, guider, instruire, ouvrir les yeux.
AVIDE ✦ SYN. 1. Affamé, assoiffé, glouton, goinfre, goulu, *gourmand*, vorace. 2. Ambitieux, concupiscent, *cupide*, insatiable, rapace. 3. Ardent, *curieux*, désireux, empressé, féru de, fervent, friand, impatient, passionné. ✦ ANT. 1. Assouvi, désaltéré, repu, satisfait, sobre. 2. Charitable, généreux, prodigue. 3. Désabusé, indifférent, lassé, revenu de.
AVIDITÉ ✦ SYN. 1. Appétit, gloutonnerie, goinfrerie, *gourmandise*, voracité. 2. Ambition, concupiscence, convoitise, *cupidité*, rapacité. 3. Ardeur, *curiosité*, désir, empressement, ferveur, impatience, passion. ✦ ANT. 1. Assouvissement, frugalité, satiété, sobriété. 2. Abnégation, générosité, prodigalité. 3. Désabusement, indifférence, lassitude.
AVILIR ◇ v. **Dégrader**
AVILISSANT ◇ v. **Dégradant**
AVILISSEMENT ◇ v. **Dégradation**
AVIRON ◇ v. **Rame**
AVIS ✦ SYN. 1. Appréciation, idée, *jugement*, opinion, pensée, point de vue, sens, sentiment, vues. 2. Affiche, *annonce*, appel, avertissement, bans, communication, communiqué, indication, information, message, note, notice, proclamation. 3. Conseil, *recommandation*, suggestion. 4. *(Avis au lecteur) Avant-propos*, avertissement, introduction, préface.
AVISÉ ◇ v. **Averti**
AVISER ✦ SYN. ▷ *V. tr.* 1. *Apercevoir*, distinguer, remarquer. 2. Apprendre, *avertir*,

conseiller, informer, notifier, prévenir.
▷ *V. pr.* **3.** *S'apercevoir*, découvrir, penser, se rendre compte, réfléchir, songer, trouver. **4.** Essayer, oser, *se permettre*, tenter. ◆ ANT. **1.** Confondre, perdre de vue. **2.** Cacher, taire. **3.** Ignorer, oublier. **4.** S'empêcher, se garder de, se retenir.

AVIVER ◆ SYN. **1.** *(Feu)* Activer, *attiser*, rallumer. **2.** *(Éclat, teint)* Accentuer, *rafraîchir*, rehausser, renforcer. **3.** *(Ardeurs, esprits)* Aiguillonner, animer, attiser *(fig.)*, échauffer, enflammer, exalter, *exciter*, fouetter, raviver, stimuler. **4.** *(Querelle)* **Ranimer**, réveiller. **5.** *(Douleur)* Aggraver, *envenimer*, exacerber, irriter. ◆ ANT. **1.** Éteindre, étouffer. **2.** Affaiblir, pâlir, ternir. **3.** Apaiser, calmer, refroidir. **4.** Effacer, oublier. **5.** Adoucir, guérir, soulager.

AVOCAT ◇ v. **Défenseur**

AVOIR ◆ SYN. ▷ *V. tr.* **1.** Bénéficier de, détenir, jouir de, *posséder*, tenir. **2.** *Acquérir*, obtenir, se procurer, recevoir, remporter. **3.** *Éprouver*, ressentir, sentir. **4.** *(Fam.)* Berner, duper, rouler *(fam.)*, triompher de, *tromper*. ▷ *Nom* **5.** Actif, argent, bien, crédit, fortune, *possession*, propriété,

richesse. ◆ ANT. **1.** Être privé de, manquer. **2.** Perdre, renoncer à, rater. **3.** Insensibiliser. **4.** Aider, détromper. **5.** Débit, dette, manque, passif.

AVOISINANT ◇ v. **Contigu**
AVORTEMENT ◇ v. **Échec**
AVORTER ◇ v. **Échouer**

AVOUER ◆ SYN. **1.** Accorder, admettre, concéder, convenir, déclarer, *reconnaître*. **2.** S'accuser de, *confesser*, se mettre à table *(fam.)*, parler, passer aux aveux, vider son sac *(fam.)*. ◆ ANT. **1.** Contester, désavouer, nier. **2.** Cacher, dissimuler, omettre, taire.

AXE ◆ SYN. **1.** Arbre, essieu, *pivot*, soutien, support. **2.** *Direction*, ligne, orientation, tendance.

AXER ◇ v. **Orienter**

AXIOME ◆ SYN. **1.** Évidence, *postulat*, prémisse, proposition, théorème, vérité (première). **2.** Adage, aphorisme, apophtegme, *maxime*, pensée, réflexion, sentence. ◆ ANT. **1.** Approximation, conclusion, énigme, erreur, fausseté, paralogisme, sophisme.

AZUR ◆ SYN. **1.** Azuré, *bleu clair*. **2.** Air, *ciel*, firmament, infini.

B

BABICHE ◇ v. Courroie

BABIL ◆ SYN. Babillage, babillement, *bavardage*, bruit, caquet, caquetage, gazouillement, gazouillis, jacassement, lallation *(bébés)*, murmure, ramage *(oiseaux)*. ◆ ANT. Discrétion, mutisme, silence.

BABILLARD ◆ SYN. ▷ *Adj.* 1. *Bavard*, jacasseur, jaseur. ▷ *Nom* 2. *(Québ.)* Afficheur, *tableau d'affichage.* ◆ ANT. 1. Discret, muet, silencieux, taciturne.

BABILLER ◆ SYN. 1. *Bavarder*, caqueter, jacasser, jaser, placoter *(québ., fam.)*. 2. *(Oiseaux)* Chanter, crier, *gazouiller*, pépier, piailler. ◆ ANT. 1. Faire silence, se taire.

BABINES ◇ v. Lèvres

BABIOLE ◇ v. Bagatelle

BÂBORD ◇ v. Gauche

BABOUCHE ◇ v. Sandale

BAC ◆ SYN. 1. Barque traversière, ferryboat, *traversier (québ.)*. 2. Auge *(animaux)*, baquet, *bassin*, cuve, cuvette. 3. *(Abrév.)* Baccalauréat.

BÂCLAGE ◇ v. Gâchage

BÂCLER ◇ v. Gâcher

BADAUD ◇ v. Curieux

BADGE ◇ v. Insigne

BADIN ◆ SYN. Amusant, drôle, *enjoué*, espiègle, folâtre, folichon, gai, léger, mutin. ◆ ANT. Austère, grave, posé, sérieux, sévère, solennel.

BADINAGE ◆ SYN. 1. Amusement, badinerie, batifolage, ébats, *enjouement*, folâtrerie, gaieté, jeu, légèreté, plaisanterie. 2. Flirt, galanterie, *marivaudage*. ◆ ANT. 1. Gravité, importance, sérieux, solennité. 2. Impolitesse, muflerie.

BADINER ◆ SYN. 1. S'amuser, batifoler, folâtrer, *jouer*, plaisanter. 2. Conter fleurette, faire la cour, flirter, *marivauder*,

papillonner. ◆ ANT. 1. Méditer, penser, peser, raisonner, réfléchir. 2. Éconduire, repousser.

BAFOUER ◆ SYN. 1. Conspuer, honnir, lapider *(fig.)*, se moquer, persifler, railler, *ridiculiser*, vilipender. 2. Blesser, froisser, humilier, insulter, offenser, *outrager*, vexer. 3. *(Conventions)* Braver, fouler aux pieds, malmener, *mépriser*, piétiner, transgresser. ◆ ANT. 1. Accueillir, agréer, exalter, louer. 2. Défendre, honorer, protéger, respecter. 3. Obéir, se plier, se soumettre, respecter, suivre.

BAFOUILLAGE ◇ v. Balbutiement

BAFOUILLER ◇ v. Balbutier

BAGAGE ◆ SYN. 1. Attirail, *équipement*, fourbi, matériel. 2. *(Pl.)* Ballots, caisses, coffres, colis, malles, paquets, sacs, *valises*. 3. *Connaissances*, culture, expérience, savoir, savoir-faire. ◆ ANT. 3. Ignorance, inexpérience.

BAGARRE ◇ v. Bataille

BAGARRER (SE) ◇ v. Batailler

BAGARREUR ◇ v. Batailleur

BAGATELLE ◆ SYN. 1. *Babiole*, bébelle *(québ., fam.)*, bricole, brimborion, camelote *(fam.)*, colifichet, fanfreluche, fifrelin, jouet, joujou. 2. *(Fam.)* *Plaisirs sexuels*, sensualité, sexe, sexualité. 3. *(Pour une bagatelle)* Bouchée de pain, broutille, poussières, *presque rien*, un rien. 4. *(Pl. surtout)* Balivernes, broutilles, détails, enfantillages, fadaises, foutaises *(fam.)*, frivolités, *futilités*, misères, sottises, vétilles. ◆ ANT. 1. Fortune, joyau, richesse, trésor. 2. Abstinence, désintérêt. 3. Somme importante. 4. Sérieux, valeur.

BAGNARD ◇ v. Prisonnier

BAGNE ◇ v. Prison

BAGOU(T) ◇ V. **Loquacité**

BAGUE ◆ SYN. Alliance, *anneau*, diamant, jonc, vervelle *(oiseaux)*.

BAGUETTE ◇ V. **Bâton**

BAIE ◆ SYN. 1. *Anse*, barachois *(québ.)*, calanque, crique, golfe, havre, rade. 2. Ajour, châssis, croisée, *fenêtre*, jour, lucarne, ouverture. 3. Airelle, *fruit* (sauvage).

BAIGNER ◆ SYN. ▷ V. tr. 1. Donner un bain, *laver*, nettoyer. 2. Arroser, couler dans, inonder, *irriguer*, se jeter dans, mouiller, noyer. ▷ V. intr. 3. Entourer, immerger, *imprégner*, macérer, mariner, nager, tremper. ▷ V. pr. 4. Faire trempette *(fam.)*, *se laver*, nager, se nettoyer, plonger, prendre un bain, se tremper. ◆ ANT. 1. Essuyer, sécher. 2. Assécher, drainer. 3. Éloigner, tarir. 4. S'essuyer, se sécher, sortir de l'eau.

BAIL ◇ V. **Location**

BÂILLONNER ◇ V. **Museler**

BAIN ◆ SYN. 1. Ablutions, *baignade*, immersion, toilette, trempette *(fam.)*. 2. Héliothérapie, *hydrothérapie*. 3. *Baignoire*, baignoire à remous, douche, jacuzzi, piscine, sauna, spa *(québ.)*, thermes.

BAISER ◆ SYN. ▷ Nom 1. Accolade, bec *(québ., fam.)*, bécot *(fam.)*, bise *(fam.)*, bisou *(fam.)*, caresse, embrassade, *embrassement*. ▷ Verbe 2. Bécoter *(fam.)*, biser, donner une bise, *embrasser*. 3. *(Fam.)* S'accoupler, *faire l'amour*. 4. *(Fam.)* Duper, *tromper*.

BAISSE ◆ SYN. 1. Abaissement, affaissement, chute, décrue (des eaux), *descente*, effondrement. 2. Affaiblissement, déclin, décroissance, *diminution*, ralentissement, recul, réduction, régression. ◆ ANT. 1. Crue (des eaux), élévation, exhaussement, hausse, montée, redressement, relèvement. 2. Augmentation, croissance, majoration, raffermissement, regain.

BAISSER ◆ SYN. ▷ V. tr. 1. Abaisser, coucher, *descendre*, incliner, rabattre. 2. Adoucir, amortir, atténuer, *diminuer*, réduire. ▷ V. intr. 3. Reculer, *refluer*, se retirer. 4. S'affaiblir, s'affaisser, chuter, *décliner*, décroître, dégringoler, s'effondrer, tomber. ▷ V. pr. 5. S'abaisser, se courber, s'incli-

ner, *se pencher*. ◆ ANT. 1. Dresser, élever, lever, monter, relever, surélever. 2. Accroître, amplifier, augmenter, hausser, intensifier. 3. Affluer, avancer, remonter. 4. S'accroître, s'affermir, se fortifier, se hausser, se raffermir. 5. Se dresser, se lever, se redresser, se relever.

BAL ◆ SYN. 1. Cérémonie, *danse*, fête, réception, soirée. 2. *(Bal de fin d'études)* Collation des grades *(université)*, *remise des diplômes*.

BALADE ◇ V. **Promenade**

BALADER (SE) ◇ V. **Promener**

BALADIN ◇ V. **Bouffon**

BALAFRE ◆ SYN. 1. Blessure, *coupure*, entaille, estafilade, taillade. 2. Cicatrice.

BALANCE ◆ SYN. 1. *Bascule*, pèse-lettre, peson, romaine, trébuchet. 2. *(Pers.)* Pèse-bébé, *pèse-personne*. 3. Balancement, compensation, contrepoids, égalité, *équilibre*, harmonie, juste mesure, pondération, proportion, symétrie. ◆ ANT. 3. Démesure, déséquilibre, disproportion, dissymétrie, inégalité, inharmonie.

BALANCEMENT ◆ SYN. 1. Agitation, ballottement, bercement, branle, brimbalement, cahotement, dandinement, déhanchement, dodelinement *(tête)*, flottement, *oscillation*, remuement, roulis, secousse, tangage, vacillation, va-et-vient. 2. Ballottement *(fig.)*, flottement *(fig.)*, *hésitation*, incertitude, tiraillement. 3. *Balance*, équilibre. ◆ ANT. 1. Fixité, immobilité, stabilité. 2. Assurance, décision. 3. Déséquilibre.

BALANCER ◆ SYN. ▷ V. tr. 1. Agiter, ballotter, bercer, branler, bringuebaler, cahoter, se dandiner, se déhancher, dodeliner, ébranler, hocher, mouvoir, *osciller*, remuer, rouler, secouer, tanguer. 2. *Comparer*, examiner, opposer, peser le pour et le contre. 3. Compenser, contrebalancer, *équilibrer*, stabiliser. 4. *(Fam.)* Se débarrasser, *jeter*, lancer. 5. *(Fam.)* *Congédier*, renvoyer. 6. *(Fam.)* *Dénoncer*, donner, livrer à. ▷ V. intr. 7. Être tiraillé, *hésiter*, tergiverser. ▷ V. pr. 8. *(S'en balancer, fam.)* Se ficher *(fam.)*, *se moquer*. ◆ ANT. 1. Fixer, immobiliser, stabiliser. 2. Amalgamer, confondre, mêler.

3. Déséquilibrer, déstabiliser. 4. Conserver, garder. 5. Embaucher, engager. 6. Défendre, protéger. 7. Choisir, décider. 8. S'intéresser, prendre au sérieux.

BALANÇOIRE ✦ SYN. Balancelle, bascule, *escarpolette*, tape-cul.

BALAYAGE ◇ v. **Nettoyage**

BALAYER ✦ SYN. 1. Brosser, déblayer, enlever, épousseter, *nettoyer*. 2. *Chasser*, débarrasser, disperser, dissiper, éliminer, rejeter, repousser, supprimer. 3. *(Eau, vent)* Arracher, *charrier*, emporter, entraîner, souffler, traîner. ✦ ANT. 1. Salir, souiller. 2. Accumuler, embarrasser, encombrer, laisser. 3. Contenir, endiguer, retenir.

BALBUTIEMENT ✦ SYN. 1. Ânonnement, babillage, bafouillage, baragouinage, bégaiement, bredouillage, *bredouillement*, cafouillage *(fam.)*, charabia, hésitation, jargon, marmonnement, murmure. 2. *(Pl.)* Bégaiements, débuts, premières armes, *premiers pas*, tâtonnements. ✦ ANT. 1. Articulation, diction, prononciation. 2. Achèvement, couronnement, expérience, maîtrise, progrès.

BALBUTIER ✦ SYN. Ânonner, bafouiller, baragouiner, bégayer, *bredouiller*, hésiter, jargonner, marmonner, murmurer. ✦ ANT. Articuler, exprimer clairement, prononcer distinctement.

BALCON ✦ SYN. 1. Encorbellement, galerie *(québ.)*, *plateforme*, terrasse. 2. *(Salle de spectacle)* Fauteuils, *galerie*, paradis, poulailler *(fam.)*. ✦ ANT. 2. Orchestre, parterre.

BALISE ◇ v. **Repère**

BALISER ◇ v. **Repérer**

BALIVERNES ◇ v. **Sornettes**

BALLE ◇ v. **Projectile**

BALLONNER ◇ v. **Enfler**

BALLOTTEMENT ◇ v. **Balancement**

BALLOTTER ◇ v. **Balancer**

BALOURD ✦ SYN. 1. Empoté, gaffeur, gauche, lourdaud, *maladroit*. 2. Bête, bêta *(fam.)*, fruste, grossier, impoli, ostrogoth, rustaud, rustre, sot, stupide. ✦ ANT. 1. Adroit, dégourdi, souple, vif. 2. Intelligent, poli, raffiné, subtil.

BALOURDISE ✦ SYN. 1. Bévue, gaffe, gaucherie, lourdeur, *maladresse*. 2. Ânerie, *bêtise*, grossièreté, impolitesse, rusticité, sottise, stupidité. ✦ ANT. 1. Adresse, débrouillardise, souplesse, vivacité. 2. Civilité, intelligence, politesse, raffinement, subtilité.

BALUSTRADE ✦ SYN. Barrière, bastingage *(bateau)*, garde-corps, garde-fou, main courante, parapet, rambarde, *rampe*.

BAMBIN ◇ v. **Enfant**

BANAL ✦ SYN. Anecdotique, *commun*, connu, courant, facile, fréquent, insignifiant, insipide, ordinaire, poncif, quelconque, rebattu, réchauffé *(fig.)*, ressassé, simple, stéréotypé, trivial, vulgaire. ✦ ANT. Curieux, extraordinaire, important, inédit, inusité, neuf, nouveau, original, rare, recherché, remarquable.

BANALITÉ ✦ SYN. Cliché, évidence, facilité, insignifiance, lapalissade, *lieu commun*, platitude, poncif, redite, stéréotype, truisme. ✦ ANT. Curiosité, nouveauté, originalité, rareté, relief, subtilité.

BANC ✦ SYN. 1. Banquette, gradin, *siège*. 2. *Bas-fond*, écueil, haut-fond, récif. 3. *(Géol.)* Amas, assise, *couche*, lit, strate. 4. *(Banc de neige, québ.)* Congère. 5. *(Banc de glace)* *Banquise*, iceberg. 6. *(Poissons)* Bande.

BANDAGE ✦ SYN. 1. Attelle, bande, écharpe, gaze, *pansement*. 2. *(Arc)* Extension, *tension*. ✦ ANT. 2. Détente, relâchement.

BANDE ✦ SYN. 1. Bandage, bandeau, *bandelette*, écharpe, lien, ruban, sangle. 2. Barre, lisière, *zone*. 3. Film, *pellicule*. 4. *(Pers.)* Association, clan, clique *(péj.)*, compagnie, coterie *(péj.)*, gang *(québ., fam.)*, *groupe*, parti, troupe. 5. *(Animaux)* Banc *(poissons)*, colonie, harde, meute, troupe, *troupeau*, volée *(oiseaux)*.

BANDEAU ✦ SYN. Diadème, serre-tête, *turban*.

BANDER ✦ SYN. ▷ V. tr. 1. *Panser*, soigner, traiter. 2. *(Yeux)* *Cacher*, couvrir. 3. Contracter, durcir, *raidir*, tendre. ▷ V. pr. 4. *Se raidir*, se tendre. ✦ ANT. 1. Blesser, endolorir.

2. Débander, dégager. 3. Décontracter, détendre, relâcher. 4. Se détendre.

BANDEROLE ◇ v. **Étendard**

BANDIT ✦ **SYN.** Brigand, cambrioleur, canaille, chenapan, coquin, coupe-jarret, crapule, criminel, escroc, filou, forban, fripouille, gangster, hors-la-loi, mafieux, malandrin, *malfaiteur*, malfrat, pillard, pirate, scélérat, truand, vaurien, voyou. ✦ **ANT.** Honnêtes gens.

BANDITISME ◇ v. **Criminalité**

BANLIEUE ✦ **SYN.** Abords, agglomération, alentours, ceinture, couronne, faubourg, *périphérie*. ✦ **ANT.** Centre-ville, ville.

BANNIÈRE ◇ v. **Étendard**

BANNIR ✦ **SYN.** 1. Déporter, exiler, expatrier, *expulser*, proscrire, reléguer. 2. Chasser, écarter, éloigner, *exclure*, excommunier, ostraciser, radier, rejeter, renvoyer, répudier. 3. *(Ch.)* Abolir, éliminer, *interdire*, prohiber, rayer, supprimer. ✦ **ANT.** 1. Rapatrier, rappeler. 2. Accueillir, admettre, adopter, intégrer, réintégrer. 3. Accepter, permettre, tolérer.

BANNISSEMENT ✦ **SYN.** 1. Déportation, exil, expatriation, *expulsion*, proscription, relégation. 2. Éloignement, *exclusion*, ostracisme, radiation, rejet, renvoi, répudiation. 3. *(Ch.)* Abolition, élimination, *interdiction*, prohibition, suppression. ✦ **ANT.** 1. Rapatriement, rappel. 2. Accueil, admission, adoption, intégration, réintégration. 3. Acceptation, permission, tolérance.

BANQUEROUTE ◇ v. **Faillite**

BANQUET ◇ v. **Festin**

BANQUETTE ✦ **SYN.** 1. Banc, *siège*. 2. Plateforme (de tir). 3. *(Course de chevaux)* Obstacle, *talus*. 4. Muret, *parapet*. 5. *Allée*, chemin, trottoir.

BAPTISER ◇ v. **Nommer**

BAR ✦ **SYN.** 1. Bistro, brasserie, buvette, café, *débit de boissons*, estaminet, guinguette, piano-bar, taverne, zinc *(fam.)*. 2. Comptoir.

BARACHOIS ◇ v. **Baie**

BARAGOUINER ◇ v. **Balbutier**

BARAQUE ◇ v. **Cabane**

BARAQUEMENT ◇ v. **Caserne**

BARATIN ◇ v. **Boniment**

BARATINER ✦ **SYN.** ▷ *V. intr.* 1. Avoir du bagou, bavarder, bluffer, *bonimenter*, faire du baratin, fanfaronner, mentir, raconter des salades. ▷ *V. tr.* 2. Complimenter, courtiser, embobiner *(fam.)*, *enjôler*, faire du charme, séduire. ✦ **ANT.** 1. Dire vrai, être discret, se taire. 2. Être franc, sincère.

BARATINEUR ◇ v. **Hâbleur**

BARBARE ✦ **SYN.** 1. *(Goûts, manières)* Béotien, fruste, grossier, ignorant, inculte, ostrogoth, *primitif*, rude, sauvage. 2. *(Langage)* Déplacé, impropre, incorrect, *vulgaire*. 3. Atroce, brutal, cruel, farouche, féroce, impitoyable, *inhumain*, sadique, sanguinaire. ✦ **ANT.** 1. Civilisé, évolué, policé, raffiné. 2. Convenable, correct, poli, recherché. 3. Bon, charitable, doux, humain, secourable.

BARBARIE ✦ **SYN.** 1. Grossièreté, *ignorance*, rudesse, rusticité. 2. Atrocité, brutalité, cruauté, dureté, férocité, *inhumanité*, sadisme, sauvagerie, vandalisme. ✦ **ANT.** 1. Civilisation, raffinement. 2. Bonté, charité, douceur, humanité.

BARBOTER ◇ v. **Patauger**

BARBOUILLAGE ✦ **SYN.** Crayonnage, *gribouillage*, gribouillis, griffonnage. ✦ **ANT.** Calligraphie.

BARBOUILLER ✦ **SYN.** 1. Maculer, *salir*, souiller, tacher. 2. Peinturlurer *(péj.)*. 3. Crayonner, *gribouiller*, griffonner. ✦ **ANT.** 1. Débarbouiller, laver, nettoyer. 2. Bien peindre. 3. Calligraphier.

BARBOUILLEUR ✦ **SYN.** 1. *(Litt.) Écrivailleur*, écrivassier, plumitif. 2. *(Peint.)* Badigeonneur. ✦ **ANT.** 1. Écrivain de talent. 2. Grand peintre.

BARDA ✦ **SYN.** 1. *(Fam.) Attirail*, bazar, équipement, fourbi. 2. *(Québ.)* Bruit, *tapage*, vacarme. 3. *(Québ.) Ménage*, travaux (domestiques).

BARIL ✦ **SYN.** Barrique, fût, futaille, *tonneau*, tonnelet.

BARIOLÉ ✦ **SYN.** 1. Bigarré, chamarré, chiné, diapré, jaspé, *multicolore*, panaché, peinturluré *(péj.)*. **2.** Bigarré *(fig.)*, disparate, hétérogène, *varié*. ♦ **ANT. 1.** Neutre, unicolore. **2.** Homogène, uni, uniforme.

BARMAN ◇ v. **Serveur**

BARON ♦ **SYN. 1.** Noble, *seigneur*. **2.** *(Fin., péj.)* Chef, *magnat*, maître, roi. **3.** *(Fam.)* Complice, *protecteur*.

BAROQUE ♦ **SYN. 1.** *(Style)* Rococo. **2.** Abracadabrant, biscornu, bizarre, étrange, *excentrique*, farfelu, inattendu, irrégulier, rocambolesque. ♦ **ANT. 1.** Classique. **2.** Conventionnel, normal, ordinaire, régulier.

BARQUE ◇ v. **Bateau**

BARRAGE ♦ **SYN. 1.** Arrêt, barricade, barrière, clôture, cordon de sécurité, écran, fermeture, mur, *obstacle*, palissade. **2.** *Digue*, écluse, estacade. **3.** Difficulté, *empêchement*, obstruction, opposition, veto. **4.** *(Psychol.)* Blocage, défense, inhibition, *refoulement*, résistance. ♦ **ANT. 1.** Accès, ouverture, passage. **2.** Écoulement. **3.** Autorisation, liberté, permission. **4.** Déblocage, défoulement, libération.

BARRE ♦ **SYN. 1.** Barreau, *bâton*, croisillon, tige, traverse, tringle. **2.** Bande, *ligne*. **3.** *Rature*, trait. **4.** *(Bateau)* **Gouvernail**, roue, timonerie.

BARREAU ◇ v. **Échelon**

BARRER ♦ **SYN.** ▷ *V. tr.* **1.** Barricader, bloquer, boucher, clore, clôturer, condamner, couper, empêcher, entraver, *fermer*, murer, obstruer. **2.** *(Québ.)* Verrouiller. **3.** Biffer, effacer, raturer, *rayer*. ▷ *V. pr.* **4.** *(Fam.)* **Déguerpir**, s'enfuir, se sauver. ♦ **ANT. 1.** Débarrer, débloquer, déclore, dégager, libérer, ouvrir. **2.** Débarrer *(québ.)*, déverrouiller. **3.** Inscrire, noter. **4.** Arriver, se présenter, rester.

BARRICADE ♦ **SYN. 1.** *(Objets divers)* Amas, *barrage*, barrière, obstacle, palissade. **2.** *(Pl.)* **Émeute**, rébellion, révolte, révolution, soulèvement. ♦ **ANT. 1.** Dégagement, ouverture, passage. **2.** Calme, paix, reddition.

BARRIÈRE ♦ **SYN. 1.** *(Bois)* **Clôture**, haie, palissade. **2.** Contrainte, difficulté, *empêchement*, entrave, obstacle. **3.** Abîme, cas-sure, coupure, distance, écart, *fossé*, mur, séparation. ♦ **ANT. 1.** Accès, ouverture, passage. **2.** Aisance, facilité, moyens, possibilités. **3.** Entente, harmonie, rapprochement.

BAS ♦ **SYN.** ▷ *Adj.* **1.** Abaissé, baissé, *inférieur*. **2.** Court, infime, minuscule, *petit*, trapu. **3.** *(Prix)* Bon marché, modéré, *modique*. **4.** Confus, *honteux*, humilié, penaud. **5.** *Abject*, avilissant, crapuleux, dégradant, ignoble, infâme, lâche, méprisable, mesquin, odieux, vil. **6.** *Grossier*, trivial, vulgaire. **7.** *(Son)* Caverneux, *grave*, profond, sourd. ▷ *Nom* **8.** Assise, *base*, pied, socle. **9.** Abîme, bas-fond, *fond*. ♦ **ANT. 1.** Dressé, haut, levé, relevé, supérieur. **2.** Élancé, grand, long, svelte. **3.** Cher, coûteux, inabordable. **4.** Digne, fier, hautain. **5.** Courageux, magnanime, noble, sublime. **6.** Élégant, raffiné, spirituel. **7.** Aigu, perçant. **8.** Cime, faîte, sommet, tête. **9.** Altitude, élévation, hauteur, surface.

BASANÉ ♦ **SYN. 1.** *(Naturellement)* Bis, bistre, bistré, brun, *foncé*, mat, noir, noiraud, noirâtre. **2.** *(Par le soleil)* Boucané, *bronzé*, brun, bruni, cuivré, doré, grillé *(québ., fam.)*, hâlé, noirci, tanné. ♦ **ANT. 1-2.** Blanc, clair, pâle.

BASCULE ♦ **SYN. 1.** Balance. **2.** *Balançoire*, escarpolette, tape-cul. **3.** Capotage, chavirage, culbute, *renversement*, tonneau.

BASCULER ◇ v. **Culbuter**

BASE ♦ **SYN. 1.** Appui, assiette, assise, dessous, fond, fondations, *fondements*, pied, piédestal, socle, soutien, support. **2.** Commencement, origine, *point de départ*, prémisses, source. **3.** *(Pl.)* ABC, premiers éléments, notions de base, *rudiments*. ♦ **ANT. 1.** Cime, crête, faîte, pic, point culminant, sommet, tête, toit. **2.** Conclusion, conséquence, résultat, terme. **3.** Approfondissement, enrichissement.

BASER ♦ **SYN.** ▷ *V. tr.* **1.** Appuyer, asseoir, établir, faire reposer, *fonder*. **2.** *(Milit.)* Installer, placer, *poster*. ▷ *V. pr.* **3.** S'appuyer sur, *se fonder sur*, reposer sur. ♦ **ANT.**

1. S'écrouler, s'effondrer. 2. Abandonner, quitter. 3. Être sans fondement, exclure.

BASSESSE ◆ SYN. 1. Abaissement, abjection, avilissement, compromission, dégradation, ignominie, *indignité*, infériorité, servilité, vilenie. 2. *(Pl.)* Adulation, courbettes, *flatteries*. ◆ ANT. 1. Dignité, grandeur d'âme, magnanimité, noblesse. 2. Indépendance, fierté, sincérité.

BASSIN ◆ SYN. 1. Auge *(animaux)*, bac, baquet, bassine, *cuve*, cuvette. 2. Aquarium, citerne, pièce d'eau, piscine, *réservoir*, vasque, vivier. 3. *(Port)* Darse, dock, *rade*. 4. *(Géogr.)* Cirque, *cuvette*, doline, entonnoir. 5. *(Anat.)* *Pelvis*, tronc *(partie inférieure)*.

BASTION ◆ SYN. 1. *Fortifications*, place forte. 2. *(Fig.)* Abri, bouclier, défense, protection, refuge, rempart, *sauvegarde*, soutien.

BATAILLE ◆ SYN. 1. Action, affrontement, *combat*, engagement, escarmouche, guerre, hostilités, lutte, mêlée, offensive, opération (militaire). 2. Accrochage, *bagarre*, échauffourée, grabuge, querelle, rixe. ◆ ANT. 1. Armistice, entente, harmonie, paix, trêve. 2. Calme, bonne entente, fraternité.

BATAILLER ◆ SYN. ▷ V. intr. 1. *(Idée, cause)* Se battre pour, combattre, contester, se démener, disputer, s'escrimer, s'évertuer à, *lutter pour*, militer, revendiquer. ▷ V. pr. 2. *(Fam.)* Se bagarrer *(fam.)*, *se battre*, en découdre, en venir aux coups, se taper dessus. ◆ ANT. 1. Abandonner, baisser les bras, renoncer, se résigner. 2. S'entendre, se réconcilier.

BATAILLEUR ◆ SYN. 1. Agressif, *bagarreur*, belliciste, belliqueux, chicanier, guerrier, hargneux, hostile, irascible, martial, offensif, provocateur, pugnace, querelleur. 2. Battant, combatif, courageux, *fonceur*, gagneur, lutteur, militant. ◆ ANT. 1. Conciliant, défensif, médiateur, pacificateur, pacifique, pacifiste, placide, posé, sociable. 2. Lâcheur, perdant, pleutre, poltron, timoré, veule.

BATAILLON ◇ V. **Armée**

BÂTARD ◆ SYN. 1. *Enfant illégitime*, enfant naturel. 2. *(Animaux)* Croisé, *hybride*, mâtiné. 3. *(Solution)* Bancal, *boiteux*, insatisfaisant. ◆ ANT. 1. Légal, légitime. 2. De race pure, pur-sang *(chevaux)*, racé. 3. Approprié, juste, satisfaisant.

BATEAU ◆ SYN. 1. *(Navigation)* Bâtiment, cargo, goélette, *navire*, paquebot, vaisseau, voilier, yacht. 2. Barque, canoë, canot, chaloupe, *embarcation*, esquif, gondole, kayak, pédalo, pirogue, ponton *(québ.)*, rabaska *(québ.)*, radeau. 3. *(Fig.)* Blague, canular, histoire inventée, *mystification*, plaisanterie.

BATELEUR ◇ V. **Saltimbanque**

BATELIER ◆ SYN. Canotier, gondolier, *marinier*, nautonier, passeur, pilote, piroguier, rameur.

BÂTI ◇ V. **Charpente**

BATIFOLAGE ◇ V. **Badinage**

BATIFOLER ◇ V. **Badiner**

BÂTIMENT ◆ SYN. 1. Bâtisse, *construction*, édifice, gratte-ciel, habitation, immeuble, maison, monument, tour d'habitation. 2. *Bateau*, navire, vaisseau.

BÂTIR ◆ SYN. 1. *Construire*, édifier, élever, ériger. 2. *Créer*, échafauder, établir, fonder, instaurer, instituer, inventer. 3. Agencer, architecturer, charpenter, façonner, former, *organiser*, structurer. 4. Coudre (provisoirement), *faufiler*. ◆ ANT. 1. Abattre, démolir, détruire, raser, renverser. 2. Abolir, annihiler, ruiner, saper, supprimer. 3. Défaire, démonter, désorganiser, déstructurer. 4. Débâtir, découdre, défaufiler.

BÂTISSEUR ◆ SYN. 1. Architecte, *constructeur*, promoteur immobilier. 2. Créateur, *fondateur*, initiateur, pionnier.

BÂTON ◆ SYN. Badine, baguette, *barre*, barreau, bâtonnet, béquille, caducée, canne, cravache, crosse, échalas, épieu, férule, gaule, gourdin, houlette, jonc, massue, matraque, perche, pieu, piolet, piquet, sceptre, trique, tuteur, verge.

BATTAGE (PUBLICITAIRE) ◇ V. **Publicité**

BATTANT ◇ V. **Gagneur**

BATTEMENT ♦ SYN. 1. Choc, coup, *frappement*, heurt, martèlement, tambourinement. 2. *(Bruit)* **Bruissement**, frémissement, frottement, froufrou, murmure. 3. *(Yeux)* **Cillement**, clignement, clignotement. 4. *(Cœur)* Palpitation, pouls, *pulsation*, rythme. 5. Délai, *intervalle*, jeu, marge de manœuvre.

BATTRE ♦ SYN. ▷ V. tr. 1. Assommer, brutaliser, cingler, cogner, cravacher, fesser, fouetter, *frapper*, fustiger, gifler, malmener, maltraiter, rosser, rouer de coups, tabasser *(fam.)*, taper sur. 2. Anéantir, défaire, écraser, l'emporter sur, enfoncer *(fig.)*, *gagner*, surpasser, triompher, vaincre. 3. *(Lieu)* Courir, fouiller, parcourir, *rechercher*. ▷ V. intr. 4. Palpiter. ▷ V. pr. 5. Se bagarrer *(fam.)*, se batailler *(fam.)*, combattre, en découdre, guerroyer, *se taper dessus*. 6. *Se disputer*, se quereller. 7. Batailler, combattre, *se démener*, s'escrimer, lutter. ♦ ANT. 1. Choyer, défendre, protéger. 2. Capituler, céder, perdre, se rendre. 3. Perdre la trace, renoncer. 4. Calmer. 5-6. Pactiser, se réconcilier. 7. Concéder, se résigner.

BATTUE ♦ SYN. 1. *(Gibier)* **Chasse**, rabattage, traque. 2. *(Pers.)* Chasse à l'homme, *poursuite*, recherche, traque *(fam.)*.

BAUME ◇ V. Consolation

BAVARD ♦ SYN. 1. Babillard, causant *(fam.)*, causeur, discoureur, *jaseur*, loquace, parleur, phraseur, pie *(fig.)*. 2. Bavasseux *(québ.)*, *cancanier*, commère, indiscret, médisant, perroquet *(fig.)*. 3. Copieux, diffus, prolixe, redondant, *verbeux*, volubile. 4. Baratineur, beau parleur, bonimenteur, *enjôleur*, séducteur. ♦ ANT. 1. Cachottier, laconique, muet, silencieux, taciturne. 2. Circonspect, discret, réservé. 3. Concis, laconique, succinct. 4. Franc, sincère, vrai.

BAVARDAGE ♦ SYN. 1. Babil, babillage, bagou, baratin, caquet, caquetage, causette *(fam.)*, *commérage*, discussion (oiseuse), ergotage, jacasserie, loquacité, palabres, papotage *(fam.)*, parlote *(fam.)*, piaillerie, placotage *(québ., fam.)*, verbiage. 2. *(Pl. surtout)* Cancans, commérages, commentaires (malveillants), *médisances*,

on-dit, potinage *(québ.)*, potins, racontars. ♦ ANT. 1. Cachotterie, mutisme, silence. 2. Circonspection, discrétion, retenue.

BAVARDER ♦ SYN. 1. Babiller, baratiner, caqueter, *causer*, jaboter, jacasser, jaser, jaspiner *(fam.)*, papoter *(fam.)*, placoter *(québ., fam.)*, parler. 2. Bavasser *(fam.)*, cancaner, colporter (des ragots), commérer, déblatérer, divulguer, *médire*, potiner. ♦ ANT. 1. Être silencieux, se taire. 2. Être circonspect, être discret, se retenir.

BAVURE ◇ V. Gaffe

BAZAR ♦ SYN. 1. *Braderie*, foire, magasin, marché aux puces, souk. 2. *(Fam.)* Attirail, *barda*, bataclan, bordel, bric-à-brac, capharnaüm, et tout le reste, foutoir, saint-frusquin. ♦ ANT. 2. Ordre, rangement.

BÉATIFIÉ ◇ V. Bienheureux

BÉATITUDE ♦ SYN. 1. Bien-être, bonheur parfait, contentement, enchantement, euphorie, extase, *félicité*, joie, nirvana, quiétude, ravissement, satisfaction. 2. État de grâce, gloire, *sainteté*, salut éternel. 3. *(Pl., relig.)* Vertus. ♦ ANT. 1. Affliction, angoisse, déception, dépit, douleur, inquiétude, mécontentement, mélancolie, peine, torture, tourment, tristesse. 2. Damnation, péché.

BEAU ♦ SYN. 1. Admirable, agréable, bienséant, charmant, convenable, élevé, enchanteur, exquis, généreux, gracieux, grand, harmonieux, imposant, intéressant, joli, magistral, magnifique, majestueux, merveilleux, noble, précieux, pur, radieux, remarquable, riche, *splendide*, sublime, superbe. 2. Artistique, *esthétique*, poétique. ♦ ANT. 1. Affreux, choquant, dégoûtant, désagréable, disgracieux, hideux, horrible, ignoble, inharmonieux, laid, moche *(fam.)*, répugnant, sale, vilain, vulgaire. 2. Banal, inesthétique, prosaïque, terre-à-terre.

BEAUCOUP ♦ SYN. 1. *(Intensité, quantité)* *Abondamment*, à foison, amplement, à profusion, à satiété, à souhait, à volonté, considérablement, copieusement, en abondance, en masse *(fam.)*, énormément, extrêmement, fort, généreusement, grandement, grassement, immensément, largement, profusément, richement, très. **2.** *(Devant un nom)* Force, moult, nombre de, pas mal de, *plein de*, quantité de. **3.** *(Temps)* Fréquemment, *souvent*. ◆ ANT. **1.** À peine, étroitement, faiblement, légèrement, maigrement, modestement, parcimonieusement, pauvrement, peu, rien. **2.** Aucun, nul, personne, un petit nombre. **3.** Jamais, rarement.

BEAUTÉ ◆ SYN. **1.** Attrait, charme, délicatesse, éclat, élégance, finesse, grâce, gracieuseté, grandeur, harmonie, joliesse, magie, majesté, merveille, perfection, richesse, *splendeur*. **2.** Art, beau, *esthétique*. ◆ ANT. **1.** Abjection, bassesse, dégoût, hideur, horreur, ignominie, indignité, inharmonie, laideur, répugnance, répulsion, vilenie, vulgarité. **2.** Banalité, laid, poncif.

BÉBÉ ◆ SYN. Jeune enfant, nourrisson, nouveau-né, petit, *poupon*, tout-petit. ◆ ANT. Adulte, grand.

BÊCHER ◇ v. Labourer

BEDAINE, BEDON ◇ v. Ventre

BEDONNANT ◇ v. Ventru

BÉGAIEMENT ◇ v. Balbutiement

BÉGAYER ◇ v. Balbutier

BÉGUIN ◆ SYN. Affection, amourette, aventure, caprice, coup de foudre, engouement, entichement, fantaisie, flirt, idylle, passade, *passion* (passagère), toquade *(fam.)*. ◆ ANT. Désenchantement, monotonie, rupture.

BÊLER ◆ SYN. **1.** Bégueter, *chevroter*. **2.** *(Fam.)* Se lamenter, larmoyer, se plaindre, *pleurnicher*. ◆ ANT. **2.** S'esclaffer, rire.

BELLIGÉRANT ◇ v. Combattant

BELLIQUEUX ◇ v. Batailleur

BELVÉDÈRE ◆ SYN. Gloriette, kiosque, mirador, *observatoire*, pavillon, terrasse, tour, tourelle.

BÉNÉDICTION ◆ SYN. **1.** *(Relig.)* Baptême, *consécration*. **2.** Abondance, *bienfait*, bonheur, chance, don, faveur, grâce, prospérité, protection, succès. **3.** Approbation, assentiment, estime, *reconnaissance*, remerciement. ◆ ANT. **1.** Profanation. **2.** Malé-

diction, malheur. **3.** Anathème, réprobation.

BÉNÉFICE ◆ SYN. **1.** *Avantage*, bienfait, faveur, grâce, privilège, récompense, service, utilité. **2.** Boni, excédent, fruit, gain, produit, *profit*, rapport, revenu. ◆ ANT. **1.** Défaveur, désavantage, dommage, inconvénient, préjudice. **2.** Déficit, manque à gagner, perte, ruine.

BÉNÉFICIAIRE ◆ SYN. ▷ Nom **1.** Adjudicataire, ayant droit, cessionnaire, *héritier*, légataire, propriétaire, récipiendaire. **2.** Allocataire, *prestataire*. ▷ Adj. **3.** Fructueux, *profitable*, rentable. ◆ ANT. **3.** Déficitaire.

BÉNÉFIQUE ◇ v. Bienfaisant

BENÊT ◇ v. Niais

BÉNÉVOLAT ◇ v. Altruisme

BÉNÉVOLE ◆ SYN. ▷ Adj. **1.** À titre gracieux, caritatif, charitable, désintéressé, *gratuit*, spontané, volontaire. ▷ Nom **2.** Volontaire. ◆ ANT. **1.** Lucratif, payant, payé, rétribué. **2.** Égocentrique, individualiste.

BÉNIN ◆ SYN. Anodin, *inoffensif*, léger, superficiel. ◆ ANT. Grave, malin, sérieux.

BÉNIR ◆ SYN. **1.** *(Relig.)* Baptiser, *consacrer*, oindre, sacrer. **2.** Exalter, glorifier, louer, *remercier*. ◆ ANT. **1.** Profaner. **2.** Condamner, maudire, réprouver.

BENJAMIN ◇ v. Dernier

BÉQUILLE ◆ SYN. **1.** Bâton, cale, canne, *support*. **2.** Appui, *consolation*, réconfort, soutien.

BERCAIL ◆ SYN. **1.** *Bergerie*, étable. **2.** *Communauté*, domicile, famille, foyer, maison, pays natal, sein (de l'Église).

BERCEAU ◆ SYN. **1.** Ber (québ.), *bercelonnette*, couffin, moïse. **2.** *Lieu de naissance*, origine, place. **3.** *(Berceau de verdure)* Charmille, pergola, *tonnelle*.

BERCEMENT ◆ SYN. **1.** *Balancement*, ballottement, rythme, va-et-vient. **2.** Adoucissement, apaisement, *calme*, charme, consolation, douceur, endormissement, quiétude. ◆ ANT. **1.** Immobilité. **2.** Accablement, bruit, excitation, inquiétude, réveil.

BERCER ◆ SYN. ▷ V. tr. **1.** *Balancer*, ballotter, remuer, rythmer. **2.** Adoucir, apaiser, *calmer*, consoler, endormir. **3.** Abuser, duper, leurrer, *tromper*. ▷ *V. pr.* **4.** *(Québ.)* Se balancer (sur une berceuse). **5.** *(Se bercer d'illusions)* S'abuser, *s'illusionner*, se leurrer. ✦ **ANT. 1.** Immobiliser. **2.** Accabler, exciter, inquiéter, réveiller. **3.** Désabuser, détromper. **4.** S'immobiliser. **5.** Dessiller les yeux, se détromper.

BERCEUSE ✦ **SYN. 1.** *Chaise berçante* *(québ.)*, rocking-chair. **2.** Chanson douce.

BERGE ✦ **SYN. 1.** *(Cours d'eau)* Bord, rivage, *rive*. **2.** *(Mer)* Bord de mer, côte, *littoral*. **3.** *(Chemin)* Talus.

BERGER ✦ **SYN. 1.** Gardien (de moutons), pastoureau, *pâtre*. **2.** *Pasteur*, prêtre. **3.** Chef, conducteur, *guide*, surveillant.

BERNER ◇ v. **Duper**

BESOGNE ✦ **SYN.** Boulot *(fam.)*, corvée, *labeur*, obligation, occupation, ouvrage, peine, tâche, travail. ✦ **ANT.** Détente, distraction, loisir, oisiveté, repos.

BESOGNER ✦ **SYN.** Bûcher *(fam.)*, *peiner*, suer, travailler, trimer. ✦ **ANT.** S'amuser, se détendre, se distraire, se récréer, se reposer.

BESOGNEUX ✦ **SYN. 1.** Gueux, indigent, mendiant, misérable, *miséreux*, nécessiteux, pauvre, pauvre comme Job, quêteux *(québ.)*. **2.** Gratte-papier. ✦ **ANT. 1.** Aisé, cossu, fortuné, prospère, riche, riche comme Crésus.

BESOIN ✦ **SYN. 1.** Appétence, appétit, *désir*, envie, faim, exigence, goût, nécessité, soif. **2.** Dénuement, disette, famine, gêne, indigence, manque, *misère*, pauvreté, pénurie, privation. ✦ **ANT. 1.** Dégoût, satiété. **2.** Abondance, aisance, bien-être, fortune, opulence, prospérité, richesse, surplus.

BESTIAL ✦ **SYN.** Animal, barbare, brutal, brute, charnel, cruel, féroce, grossier, *inhumain*, lubrique, sanguinaire, sauvage. ✦ **ANT.** Angélique, délicat, doux, humain, raffiné.

BESTIALITÉ ◇ v. **Brutalité**

BÉTAIL ✦ **SYN. 1.** Bestiaux, *cheptel*, troupeau. **2.** *(Péj.)* Bas peuple, chair à canon,

matière première, *populace*, populo. ✦ **ANT. 2.** Élite, haute société.

BÊTE ✦ **SYN.** ▷ *Nom* **1.** *Animal*, bestiole, brute, fauve. ▷ *Adj.* **2.** Balourd, benêt, bêta *(fam.)*, buse, butor, crétin, cruche *(fam.)*, déplaisant, épais, ganache, *idiot*, imbécile, incapable, inintelligent, lourdaud, malveillant, niais, nigaud, sot, stupide. ✦ **ANT. 1.** Être humain, minéral, végétal. **2.** Adroit, agréable, bienveillant, bon, charmant, débrouillard, délicat, fin, futé, ingénieux, intelligent, spirituel, subtil.

BÊTISE ✦ **SYN. 1.** Ânerie, *idiotie*, imbécillité, incongruité, ineptie, naïveté, stupidité. **2.** Balourdise, bavure, *bévue*, bourde, connerie *(fam.)*, folie, gaffe, impair, maladresse, perle *(fig.)*. **3.** Bagatelle, broutille, enfantillage, *futilité*, niaiserie, rien, vétille. **4.** *(Pl., québ.)* *Injures*, insultes, invectives. ✦ **ANT. 1.** Bon sens, esprit, intelligence, lucidité. **2.** Adresse, ingéniosité, prudence, subtilité. **3.** Chose importante, sérieux. **4.** Compliments, politesses.

BEUGLER ✦ **SYN. 1.** *(Bovins)* *Meugler*, mugir. **2.** *(Fam.)* *Crier*, gueuler *(fam.)*, hurler, vociférer. ✦ **ANT. 2.** Murmurer, susurrer.

BEUVERIE ◇ v. **Soûlerie**

BÉVUE ◇ v. **Gaffe**

BIAIS ✦ **SYN. 1.** Biseau, diagonale, *oblique*, travers. **2.** Angle, aspect, *côté*, face, facette, point de vue. **3.** Artifice, astuce, *détour*, moyen (détourné), subterfuge. **4.** *(De biais)* De côté, de travers, en diagonale, en travers, *obliquement*. **5.** *(Par le biais de)* Par le détour de. ✦ **ANT. 1.** Ligne droite. **2.** Droiture, franchise, simplicité. **3.** De front, directement, en ligne droite. **4.** Sans ambages, sans détour.

BIAISER ✦ **SYN. 1.** Bifurquer, dévier, *obliquer*. **2.** Éluder, finasser, *louvoyer*, manœuvrer, patiner *(québ., fam.)*, ruser, tergiverser, tourner autour du pot. ✦ **ANT. 1.** Aller droit, orienter, rectifier. **2.** Affronter, aller droit au but, dire franchement (sans détour).

BICOQUE ◇ v. **Cabane**

BIDE ◇ v. **Échec**

BIEN ✦ SYN. ▷ *Nom* **1.** Acquêt, *avoir*, capital, fortune, héritage, patrimoine, possession, propriété, richesse. **2.** Bonheur, charité, devoir, *idéal*, justice, perfection, vertu. **3.** Avantage, *bienfait*, intérêt, profit, service, utilité. ▷ *Adv.* **4.** À merveille, *assurément*, certes, convenablement, correctement, oui, volontiers. **5.** *(Bien des)* **Beaucoup de**, nombre de, quantité de. ▷ *Adj. invar.* **6.** Beau, bon, compétent, consciencieux, convenable, distingué, honnête, *intègre*, sérieux, sympathique. **7.** Acceptable, correct, *satisfaisant.* ✦ ANT. **1.** Indigence, pauvreté. **2.** Égoïsme, injustice, vice. **3.** Dommage, préjudice. **4.** Mal, non, pas du tout. **5.** Aucun, nul, peu de, un petit nombre de. **6.** Antipathique, grossier, incompétent, malhonnête, mauvais. **7.** Décevant, inacceptable, insatisfaisant.

BIEN-AIMÉ ✦ SYN. ▷ *Nom* **1.** Amoureux. ▷ *Adj.* **2.** Adulé, affectionné, cher, *chéri.* ✦ ANT. **2.** Détesté, haï, mal-aimé.

BIEN-ÊTRE ✦ SYN. **1.** Agrément, aise, béatitude, *bonheur*, enchantement, euphorie, félicité, joie, plaisir, quiétude, ravissement, satisfaction, sérénité. **2.** *(Situation)* Aisance, confort, *prospérité.* ✦ ANT. **1.** Angoisse, contrainte, détresse, inquiétude, malaise, peine, souffrance. **2.** Besoin, gêne, incommodité, indigence, mendicité, misère, pauvreté, privation.

BIENFAISANCE ✦ SYN. **1.** Aide, appui, assistance, *secours.* **2.** Bienveillance, bonté, charité, dévouement, *générosité*, humanité, philanthropie. ✦ ANT. **1.** Abandon, délaissement, isolement. **2.** Égoïsme, malfaisance, malice, malignité, malveillance, méchanceté.

BIENFAISANT ✦ SYN. **1.** *(Pers.)* Bon, charitable, *généreux*, humain, serviable. **2.** *(Influence)* **Bénéfique**, faste, favorable, heureux, salutaire. ✦ ANT. **1.** Égoïste, malfaisant. **2.** Maléfique, mauvais, néfaste, pernicieux.

BIENFAIT ✦ SYN. **1.** Aumône, bons offices, cadeau, charité, don, faveur, *générosité*, grâce, largesse, libéralité, obole, présent, secours. **2.** Avantage, *bénéfice*, bien, profit, service, utilité. ✦ ANT. **1.** Méfait, préjudice, tort. **2.** Désavantage, dommage, inconvénient.

BIENFAITEUR ✦ SYN. **1.** Âme charitable, donateur, *mécène*, philanthrope. **2.** Ami (du peuple), défenseur, *libérateur*, messie, protecteur, sauveur. **3.** *Grand inventeur*, père. ✦ ANT. **1.** Déprédateur, malfaiteur. **2.** Ennemi (du peuple), despote, oppresseur, persécuteur.

BIEN-FONDÉ ◇ V. **Légitimité**

BIENHEUREUX ✦ SYN. **1.** Comblé, content, *heureux*, ravi, satisfait. **2.** Béatifié *(2ᵉ degré vers la sainteté).* ✦ ANT. **1.** Affligé, malheureux, miséreux. **2.** Damné.

BIENSÉANCE ◇ V. **Convenance**

BIENSÉANT ◇ V. **Convenable**

BIENTÔT ✦ SYN. *Dans peu de temps*, dans quelque temps, demain, d'ici peu, incessamment, prochainement, rapidement, sans tarder, sous peu, tôt, tout à l'heure, vite. ✦ ANT. Dans longtemps, lentement, plus tard, tardivement.

BIENVEILLANCE ✦ SYN. Affabilité, altruisme, bienfaisance, bonté, complaisance, compréhension, déférence, douceur, égard, faveur, générosité, grâce, hospitalité, humanité, *indulgence*, obligeance, respect. ✦ ANT. Animosité, arrogance, cruauté, hostilité, incompréhension, inhumanité, malveillance, méchanceté, rigidité, sévérité.

BIENVEILLANT ✦ SYN. Accueillant, affable, altruiste, bienfaisant, bon, complaisant, compréhensif, déférent, doux, favorable, généreux, hospitalier, humain, *indulgent*, obligeant, respectueux. ✦ ANT. Désobligeant, hostile, incompréhensif, malveillant, mauvais, méchant, rigide, sévère.

BIENVENU ◇ V. **Opportun**

BIFFURE ◇ V. **Rature**

BIFURCATION ◇ V. **Carrefour**

BIFURQUER ✦ SYN. **1.** Se dédoubler, diverger, *se diviser*, fourcher, se séparer. **2.** Biaiser, dévier, *obliquer.* ✦ ANT. **1.** Se raccorder, se rejoindre, se réunir. **2.** Aller tout droit, remettre sur la voie.

BIGARRÉ ◇ v. **Bariolé**

BIGOT ◇ v. **Dévot**

BIJOU ✦ SYN. 1. Garniture, *joyau*, ornement, parure, trésor. 2. *Chef-d'œuvre*, merveille, prodige. ✦ ANT. 1. Bagatelle, breloque, brimborion, camelote *(fam.)*, colifichet, jouet, pacotille. 2. Horreur, monstruosité.

BILAN ✦ SYN. 1. *(Fin.)* État financier. 2. Compte rendu, état de la situation, *point*, résumé, tableau (récapitulatif). 3. Conséquence, issue, *résultat*, solde, somme.

BILATÉRAL ◇ v. **Réciproque**

BILE ✦ SYN. 1. *(Liquide)* Fiel, *humeur* (noire). 2. Amertume, angoisse, chagrin, colère, emportement, ennui, hypocondrie, inquiétude, *mélancolie*, morosité, pessimisme, souci, spleen, tourment, tristesse. ✦ ANT. 2. Bonheur, calme, douceur, insouciance, jovialité, optimisme, placidité, quiétude, sérénité.

BILIEUX ✦ SYN. 1. Amer, angoissé, atrabilaire, hypocondriaque, inquiet, *mélancolique*, morose, pessimiste, soucieux, tourmenté, triste. 2. *(Teint)* Jaunâtre, jaune-vert. ✦ ANT. 1. Calme, doux, heureux, jovial, optimiste, serein. 2. Rayonnant, vif.

BILLET ✦ SYN. 1. *Lettre*, missive, mot, pli. 2. *Attestation*, bon, carte, certificat, coupon, entrée *(spectacles)*, reçu, ticket. 3. Coupure, devise, *papier-monnaie*.

BILLEVESÉES ◇ v. **Sornettes**

BILLOT ✦ SYN. *Bille*, pitoune *(québ.)*, rondin, tronchet.

BIOGRAPHIE ◇ v. **Vie**

BIS ◇ v. **Acclamation**

BISCORNU ✦ SYN. 1. *(Forme)* Anormal, asymétrique, hétéroclite, inégal, *irrégulier*, tordu. 2. *(Esprit, idée)* Alambiqué, baroque, bizarre, compliqué, *extravagant*, farfelu, loufoque, saugrenu. ✦ ANT. 1. Égal, normal, régulier, symétrique. 2. Compréhensible, raisonnable, sensé, simple.

BISE ✦ SYN. 1. Aquilon, blizzard, borée, nordet, *vent du nord*. 2. *(Littér.)* Froid, froidure, *hiver*. 3. *(Fam.)* Baiser, bec *(québ.)*,

bécot, bisou. ✦ ANT. 1. Brise, suroît, zéphyr. 2. Belle saison, été.

BISSER ◇ v. **Acclamer**

BISTRE, BISTRÉ ◇ v. **Basané**

BISTRO(T) ◇ v. **Bar**

BITUME ◇ v. **Asphalte**

BIZARRE ✦ SYN. 1. *(Ch.)* Abracadabrant, baroque, biscornu, cocasse, curieux, étonnant, *étrange*, extraordinaire, extravagant, farfelu, hurluberlu, inattendu, paradoxal, rocambolesque, saugrenu, singulier. 2. *(Pers.)* Anormal, capricieux, cinglé *(fam.)*, déséquilibré, excentrique, fantasque, fêlé *(fam.)*, incohérent, insensé, lunatique, quinteux. ✦ ANT. 1. Banal, courant, normal, ordinaire, prévisible. 2. Cohérent, équilibré, raisonnable, sage, sensé.

BIZARRERIE ✦ SYN. 1. Chinoiserie, cocasserie, curiosité, *étrangeté*, excentricité, extravagance, fantaisie, singularité. 2. *Anomalie*, caprice, illogisme, irrégularité, paradoxe, invraisemblance. ✦ ANT. 1. Banalité, normalité, simplicité. 2. Clarté, logique, régularité, vraisemblance.

BLACKBOULER ◇ v. **Refuser**

BLAFARD ◇ v. **Pâle**

BLAGUE ◇ v. **Plaisanterie**

BLAGUER ◇ v. **Plaisanter**

BLAGUEUR ◇ v. **Farceur**

BLÂMABLE ◇ v. **Répréhensible**

BLÂME ✦ SYN. 1. Accusation, admonestation, censure, critique, *désapprobation*, désaveu, griefs, improbation, réprimande, réprobation, reproche, semonce, tollé. 2. Anathème, *condamnation*, exclusion, interdit, malédiction. 3. *(Mesure disciplinaire)* Avertissement, *sanction*. ✦ ANT. 1. Approbation, compliment, éloge, louange. 2. Bénédiction, inclusion, permission, réhabilitation, réintégration. 3. Félicitations, récompense.

BLÂMER ✦ SYN. 1. Accuser, anathématiser, censurer, *condamner*, critiquer, dénoncer, désapprouver, désavouer, flageller *(fig.)*, flétrir, fustiger, incriminer, reprendre, réprimander, reprocher, réprouver, semoncer, sermonner, stigmatiser, tancer.

2. *(Dr.)* Punir, réprimander (officiellement), **sanctionner.** ◆ ANT. **1.** Approuver, complimenter, défendre, disculper, excuser, glorifier, justifier, louanger, vanter. **2.** Féliciter, récompenser.

BLANC ◆ SYN. **1.** Blanchâtre, blanchissant, chenu *(cheveux)*, **crème**, incolore, ivoire, laiteux, opalin. **2.** Blafard, blême, livide, **pâle.** **3.** Immaculé, net, propre, **pur**, virginal. **4.** *(Page blanche)* Vierge. ◆ ANT. **1.** Coloré, noir, noirâtre, terne. **2.** Assombri, foncé, sombre. **3.** Impur, maculé, taché. **4.** Page écrite.

BLANC-BEC ◇ V. **Novice**

BLANCHEUR ◆ SYN. **1.** Clarté, éclat, lactescence, netteté, **pâleur**, propreté. **2.** Candeur, innocence, **pureté**, virginité. ◆ ANT. **1.** Noirceur, obscurité, saleté. **2.** Impureté.

BLANCHIMENT ◆ SYN. **1.** Chaulage, **décoloration.** **2.** *(Argent)* Dissimulation, évasion fiscale, **fraude.** ◆ ANT. **1.** Coloration, noircissement. **2.** Acquittement, paiement.

BLANCHIR ◆ SYN. ▷ V. tr. **1.** Chauler, **décolorer**, rendre blanc. **2.** **Laver**, lessiver, nettoyer, purifier, savonner. **3.** Acquitter, décharger, **disculper**, innocenter, justifier, laver *(fig.)*, réhabiliter. **4.** *(Argent)* Dissimuler, **frauder.** ▷ V. intr. **5.** *(Peur, rage)* Blêmir, **pâlir.** **6.** *(Cheveux)* S'argenter, **blanchoyer**, platiner. ◆ ANT. **1.** Colorer, noircir. **2.** Salir, souiller, tacher. **3.** Accuser, charger de, imputer, incriminer, inculper, ternir la réputation. **4.** Acquitter, payer. **5.** Rougir. **6.** Foncer.

BLANCHISSAGE ◇ V. **Lavage**

BLANCHISSERIE, BLANCHISSEUR ◇ V. **Nettoyeur**

BLASÉ ◆ SYN. Dégoûté, désabusé, fatigué, indifférent, **insensible**, lassé, revenu de tout, saturé, sceptique. ◆ ANT. Avide, confiant, enthousiaste, inassouvi, passionné, sensible.

BLASON ◇ V. **Arme**

BLASPHÉMATOIRE ◇ V. **Sacrilège**

BLASPHÈME ◆ SYN. **1.** Impiété, imprécation, outrage, **sacrilège.** **2.** Grossièreté, injure, insulte, jurement, **juron**, sacre *(québ.)*. ◆ ANT. **1.** Bénédiction, piété, respect, vénération. **2.** Hommage, louange, prière.

BLASPHÉMER ◆ SYN. ▷ V. tr. **1.** Injurier, insulter, maudire, outrager. ▷ V. intr. **2.** Jurer, sacrer *(québ.)*. ◆ ANT. **1.** Bénir, vénérer. **2.** Louanger, prier.

BLATTE ◇ V. **Cafard**

BLÊME ◇ V. **Pâle**

BLÊMIR ◇ V. **Pâlir**

BLESSANT ◇ V. **Vexant**

BLESSÉ ◆ SYN. **Accidenté**, estropié, handicapé, infirme, invalide, mutilé, victime. ◆ ANT. Bien portant, indemne, sain et sauf, valide.

BLESSER ◆ SYN. **1.** Abîmer, amocher *(fam.)*, attaquer *(méd.)*, balafrer, contusionner, couper, écloper, égratigner, entailler, estropier, **léser**, luxer, meurtrir, mutiler, toucher. **2.** Choquer, contrarier, déplaire, fâcher, froisser, heurter, irriter, mortifier, offenser, piquer, ulcérer, **vexer.** **3.** *(Vue, oreilles)* **Agresser**, déchirer, écorcher. ◆ ANT. **1.** Épargner, guérir, panser, se rétablir, soigner, traiter. **2.** Apaiser, consoler, plaire, réconforter, respecter. **3.** Enchanter, ravir.

BLESSURE ◆ SYN. **1.** Balafre, bleu, brûlure, commotion, contusion, coup, coupure, ecchymose, écorchure, égratignure, élongation, entaille, entorse, éraflure, fêlure, foulure, fracture, **lésion**, luxation, meurtrissure, morsure, mutilation, piqûre, plaie, trauma, traumatisme, tuméfaction. **2.** Affliction, chagrin, choc, coup, douleur, froissement, irritation, offense, peine, **vexation.** ◆ ANT. **1.** Guérison, pansement, rétablissement, soins, soulagement, traitement. **2.** Apaisement, baume, consolation, plaisir, réconfort, respect.

BLEU ◆ SYN. ▷ Adj. **1.** **Azur**, azuré, bleuâtre, bleuté, céruléen. **2.** Interdit, **stupéfait.** **3.** En colère, **furieux.** ▷ Nom **4.** Contusion, **ecchymose**, hématome, meurtrissure, tache. ◆ ANT. **2.** Impassible, imperturbable. **3.** Apaisé, calme.

BLINDÉ ◇ V. **Endurci**

BLITZ ◇ V. **Combat**

BLIZZARD ♦ SYN. Poudrerie *(québ.)*, *tempête de neige*, vent glacial.

BLOC ♦ SYN. 1. *Masse*, monolithe, pavé, roche, rocher. 2. Agglomérat, amas, assemblage, *ensemble*, paquet, quantité, réunion, tas, totalité, tout. 3. Coalition, front, groupement, rassemblement, *union*. ♦ ANT. 2. Élément, fragment, miette, morceau, parcelle. 3. Rupture, scission.

BLOCAGE ♦ SYN. 1. Arrêt, *barrage*, coincement, congestion, embouteillage, encombrement, engorgement, immobilité, obstacle. 2. Ankylose, asphyxie, *immobilisme*, inertie, paralysie, stagnation. 3. *(Psychol.)* Autocensure, inhibition, *refoulement*. ♦ ANT. 1. Circulation, déblocage, décoinçage, dégagement, ouverture. 2. Dynamisme, élan, évolution, progrès. 3. Défoulement, libération.

BLOCKHAUS ◇ V. Casemate

BLOC-NOTES ◇ V. Cahier

BLOCUS ♦ SYN. 1. Assaut, encerclement, investissement, *siège*. 2. Boycott, *embargo*, interdiction. ♦ ANT. 1. Levée, libération. 2. Autorisation, cessation, permission.

BLOND ♦ SYN. ▷ *Adj.* 1. Châtain, *doré*, lin, platiné. 2. *(Pers.)* *Blondin*, blondinet. ♦ ANT. 1. Brun, foncé, noir. 2. Brunet, noiraud.

BLONDE ◇ V. Amoureux

BLOQUER ♦ SYN. 1. *Assiéger*, cerner, encercler, investir. 2. *Barrer*, boucher, coincer, congestionner, encombrer, empêcher, engorger, entraver, gêner, immobiliser, obstruer, paralyser. ♦ ANT. 1. Lever le siège, libérer. 2. Débarrasser, débloquer, décoincer, dégager.

BLOTTIR (SE) ♦ SYN. 1. S'accroupir, *se pelotonner*, se ramasser, se recroqueviller, se replier, se tasser. 2. Se cacher, s'enfouir, se presser contre, *se réfugier*, se serrer contre, se tapir, se terrer. ♦ ANT. 1. S'étirer, se redresser. 2. Affronter, se découvrir, s'exposer, se montrer.

BLOUSE ♦ SYN. 1. *(Femme)* Chemise, chemisette, *chemisier*, corsage. 2. *(Travail)* Bleu, *sarrau*, tablier, vareuse.

BLOUSON ◇ V. Veste

BLUFF ♦ SYN. 1. Chantage, duperie, épate, esbroufe, *exagération*, frime *(fam.)*, intimidation, mensonge, mystification, tromperie, vantardise. 2. Cinéma, cirque, *comédie*. ♦ ANT. 1. Naturel, simplicité, sincérité, vérité. 2. Franchise, sérieux.

BLUFFER ♦ SYN. Duper, épater, *exagérer*, intimider, leurrer, mentir, mystifier, tromper, se vanter. ♦ ANT. Dire vrai, parler sérieusement.

BLUFFEUR ◇ V. Hâbleur

BOBARD ◇ V. Mensonge

BOHÈME ♦ SYN. Anticonformiste, *artiste*, fantaisiste, marginal. ♦ ANT. Bienpensant, conformiste.

BOHÉMIEN ♦ SYN. *Gitan*, romanichel, tsigane.

BOIRE ♦ SYN. 1. S'abreuver, absorber, avaler, consommer, *se désaltérer*, s'enfiler *(fam.)*, engloutir, étancher sa soif, ingurgiter, lamper, se rafraîchir, sabler (le champagne), siroter, trinquer. 2. *S'enivrer*, se soûler. 3. Absorber, *s'imbiber*, s'imprégner. ♦ ANT. 1. Cracher, expectorer, régurgiter, vomir. 2. S'abstenir, être sobre. 3. S'assécher, imperméabiliser.

BOIS ♦ SYN. 1. *Forêt*, futaie. 2. *(Petit bois)* Bocage, boisé *(québ.)*, boqueteau, *bosquet*, bouquet, massif. 3. Bille, billot, *branche*, brin, brindille, bûche, copeau, éclat, fagot, fascine, rondin, tronc. 4. *(Cervidés)* Panache *(québ.)*, ramage *(québ.)*, *ramure*.

BOISER ♦ SYN. Garnir d'arbres, *planter*, reboiser, transplanter. ♦ ANT. Abattre, bûcher *(québ.)*, couper, déboiser.

BOISSON ♦ SYN. 1. Boire, breuvage *(philtre)*, consommation, liquide, potion, *rafraîchissement*. 2. *Alcool*, apéritif, digestif, eau-de-vie, liqueur, pétrole *(fam.)*, pousse-café, spiritueux, tord-boyaux *(fam.)*. 3. *Alcoolisme*, ivresse. ♦ ANT. 1. Aliment, comestible, manger, solide. 2. Boisson non alcoolisée. 3. Sobriété, tempérance.

BOÎTE ♦ SYN. 1. Caisse, caissette, *coffre*, coffret, écrin, malle. 2. *(Fam.)* Boutique, bureau, cabaret, commerce, *entreprise*, établissement, firme, maison, société.

BOITER ✦ SYN. 1. Boitiller, *claudiquer*, clopiner, traîner la jambe. 2. *Clocher*, faire défaut. ✦ ANT. 1. Marcher droit. 2. Bien aller, bien fonctionner.

BOITEUX ✦ SYN. 1. *(Pers.) Claudicant*, éclopé, estropié. 2. *(Ch.)* Bancal, branlant, inégal, *instable*. 3. *(Idée, projet)* Bancal *(fig.)*, *défectueux*, déficient, fautif, illogique, imparfait, incomplet, incorrect, inexact, insuffisant, maladroit, vicié. ✦ ANT. 1. Alerte, ingambe. 2. D'aplomb, droit, égal, symétrique. 3. Complet, correct, exact, juste, logique, solide, sûr.

BOLÉ ◇ V. **Doué**

BOMBANCE ◇ V. **Festin**

BOMBARDE ◇ V. **Guimbarde**

BOMBARDEMENT ✦ SYN. *Canonnade*, feu, mitraillage, pilonnage, plasticage, tir d'artillerie, torpillage.

BOMBARDER ✦ SYN. 1. Arroser *(fam.)*, canarder *(fam.)*, *canonner*, mitrailler, pilonner, plastiquer, tirer, torpiller. 2. Accabler, cribler, harceler, lancer, *presser de*. 3. *(À un poste, fam.)* Catapulter, *parachuter*, promouvoir, propulser. ✦ ANT. 1. Éviter. 2. Épargner, libérer. 3. Congédier, limoger, rétrograder.

BOMBE ✦ SYN. 1. Boulet, engin, explosif, grenade, obus, plastic, *projectile*, torpille. 2. *Aérosol*, atomiseur. 3. *(Fam.)* Beuverie, bombance, festin, *fête*, gueuleton, libations, noce.

BOMBER ◇ V. **Gonfler**

BON ✦ SYN. ▷ *Adj.* 1. Avantageux, bénéfique, efficace, faste, *favorable*, heureux, profitable, propice, salutaire, utile. 2. Adéquat, avisé, convenable, *correct*, exact, juste, sage, valable. 3. Agréable, *délicieux*, exquis, fameux, savoureux, succulent. 4. *(Pers.)* Accueillant, aimable, bienfaisant, *bienveillant*, charitable, compatissant, dévoué, doux, droit, élevé, généreux, gentil, habile, honnête, humain, indulgent, juste, obligeant, philanthrope, secourable, simple, tendre, vertueux. 5. *(Bon en)* Apte, capable, *doué*, habile. ▷ *Nom* 6. *(Fin.)* *Billet*, certificat, coupon, effet, obligation,

titre. ✦ ANT. 1. Défavorable, fatal, funeste, inefficace, inutile, malsain, néfaste, nuisible, pernicieux. 2. Faux, inadéquat, incorrect, inexact, malavisé. 3. Acerbe, aigre, amer, âpre, désagréable, immangeable, mauvais. 4. Désobligeant, dur, égoïste, implacable, inhumain, injuste, malhonnête, malveillant, méchant, perfide, pervers, rude. 5. Inapte, incapable, malhabile, nul.

BONASSE ◇ V. **Débonnaire**

BONBON ✦ SYN. 1. Amande, bâton fort, berlingot, caramel, chocolat, dragée, fondant, *friandise*, gomme à mâcher, guimauve, jujube, nanane *(québ., fam.)*, nougat, papillote, pastille, praline, sucette, suçon *(québ.)*, sucre d'orge, tire d'érable, tire Sainte-Catherine *(québ.)*, truffes. 2. *(Pl., terme générique)* Chatteries, confiseries, douceurs, *friandises*, gâteries, gourmandises, sucreries.

BOND ✦ SYN. 1. Bondissement, cabriole, cahot, cascade, élan, entrechat, *saut*, sautillement, soubresaut, sursaut. 2. *Rebond*, ricochet. 3. Boom, élan, envolée, essor, *hausse*, impulsion, pas, progrès, regain. ✦ ANT. 1. Chute, descente. 2. Choc, heurt. 3. Baisse, dégringolade, effondrement, ralentissement, récession.

BONDÉ ◇ V. **Plein**

BONDIR ✦ SYN. 1. Cabrioler, cahoter, s'élancer, gambader, *sauter*, sursauter, tressaillir, tressauter. 2. *Rebondir*, ricocher. 3. Accourir, courir, s'élancer, *se précipiter*, se ruer, voler. ✦ ANT. 1. S'arrêter, figer, s'immobiliser. 2. Heurter. 3. S'attarder, traîner.

BONHEUR ✦ SYN. 1. Aubaine, avantage, bénédiction, bonne fortune, *chance*, faveur, heur, heureux hasard, veine. 2. Béatitude, *bien-être*, contentement, délectation, enchantement, félicité, fortune, joie, plaisir, prospérité, ravissement, réussite, satisfaction, succès. 3. *(Pl.) Agréments*, charmes, menus plaisirs. ✦ ANT. 1. Déveine, guigne *(fam.)*, infortune, malchance, mauvaise fortune. 2. Adversité, angoisse, déboires, détresse, échec, malheur, misère, peine. **3.** Contrariétés, désagréments.

BONHOMIE ✦ SYN. **1.** Amabilité, *bonté*, débonnaireté, douceur, familiarité, gentillesse, simplicité. **2.** Candeur, crédulité, *naïveté*. ✦ ANT. **1.** Affectation, dissimulation, étalage, malice, ostentation, suffisance, vantardise. **2.** Duplicité, hypocrisie, rouerie.

BONHOMME ✦ SYN. ▷ *Nom (pl. bonshommes)* **1.** *(Fam.)* Bougre, gaillard, homme, individu, mec *(fam.)*, monsieur, *type*. **2.** *(Fam.)* Paternel, *père*, vieux. **3.** Petit gars. ▷ *Adj. (pl. bonhommes)* **4.** *Bonasse*, bon enfant, débonnaire, naïf.

BONI ✦ SYN. **1.** *Bénéfice*, excédent, gain, plus-value, profit, revenu. **2.** Avantage, bonus, don, *gratification*, prime, récompense. ✦ ANT. **1.** Déficit, diminution, perte. **2.** Punition, sanction.

BONIFICATION ✦ SYN. **1.** *Amélioration*, amendement, mûrissement *(vin, fruit)*. **2.** *Rabais*, remise, ristourne. ✦ ANT. **1.** Détérioration. **2.** Hausse, majoration.

BONIFIER ◇ V. Améliorer

BONIMENT ✦ SYN. *Baratin*, beau discours, bluff, charlatanisme, faconde, fadaises, hâblerie, mensonge, parlote *(fam.)*, salade *(fam.)*. ✦ ANT. Franchise, modestie, simplicité, vérité.

BONIMENTEUR ◇ V. Hâbleur

BONNE ◇ V. Servante

BONNET ◇ V. Coiffure

BONTÉ ✦ SYN. **1.** Altruisme, amabilité, aménité, bienfaisance, *bienveillance*, bonhomie, charité, civilité, clémence, compassion, dévouement, douceur, générosité, gentillesse, humanité, indulgence, magnanimité, mansuétude, miséricorde, philanthropie, pitié, suavité, tendresse. **2.** *(Pl.)* *Amabilités*, prévenances. ✦ ANT. **1.** Cruauté, dureté, haine, implacabilité, incivilité, inhumanité, malfaisance, malice, malignité, malveillance, méchanceté, perfidie, rudesse, sévérité. **2.** Méchancetés.

BONUS ✦ SYN. **1.** Avantage, boni, gratification, *prime*. **2.** *(Police d'assurance)* Rabais,

réduction. ✦ ANT. **1.** Paie (paye) régulière, salaire habituel. **2.** Majoration, malus.

BOOM ✦ SYN. Accroissement, afflux, augmentation, bond, boum, essor, expansion, explosion, flambée, *hausse* (soudaine), progrès, prospérité, sommet (de conjoncture). ✦ ANT. Chute, effondrement, krach, récession.

BORD ✦ SYN. **1.** *(Cours d'eau)* Berge, côte, grève, littoral, plage, *rivage*, rive. **2.** *(Ch.)* Accotement, bas-côté, bordure, contour, *côté*, frange, limite, lisière, marge, orée, paroi *(contenant)*, périphérie, pourtour, rebord. ✦ ANT. **1.** Large. **2.** Centre, cœur, intérieur, milieu.

BORDEL ✦ SYN. **1.** Lupanar, *maison close*. ▷ *Fam.* **2.** Capharnaüm, chaos, chiard *(québ., fam.)*, *désordre*, foutoir *(fam.)*, pagaille *(fam.)*. **3.** Brouhaha, *tapage*, tohu-bohu, vacarme. ✦ ANT. **2.** Ordre, rangement. **3.** Calme, silence.

BORDER ✦ SYN. **1.** Confiner à, côtoyer, *longer*, suivre, toucher à. **2.** *(Ch.)* Cercler, encadrer, *entourer*, franger, garnir, ourler. ✦ ANT. **1.** S'éloigner. **2.** Déborder, dépasser.

BORDEREAU ✦ SYN. État, facture, justificatif, liste, mémoire, note, récapitulation, *relevé*.

BORDURE ✦ SYN. **1.** Bord, ceinture, *contour*, haie, frontière, limite, lisière, marge, orée, périphérie, pourtour, rebord, tour. **2.** Cadre, encadrement, entourage, garniture, liséré, *ornement*, ourlet. ✦ ANT. **1.** Centre, milieu.

BORÉAL ◇ V. Nord

BORNE ✦ SYN. **1.** Bornage *(dr.)*, délimitation, démarcation, division, extrémité, frontière, *limite*, terme. **2.** Balise, piquet, *repère*, taquet. **3.** *(Électr.)* Électrode, *pôle*. **4.** *(Fig.)* Limite (permise), *mesure*. ✦ ANT. **4.** Exagération, démesure.

BORNÉ ◇ V. Obtus

BORNER ✦ SYN. ▷ *V. tr.* **1.** Cadastrer, *délimiter*, déterminer, limiter, marquer, séparer, terminer. **2.** Circonscrire, confiner, modérer, réduire, *restreindre*. ▷ *V. pr.* **3.** Se contenter, se limiter, *se restreindre*, s'en tenir. ✦ ANT. **1.** Accroître, agrandir, augmenter, élargir, étendre. **2.** Amplifier, généraliser, propager. **3.** Ambitionner, exagérer.

BOSQUET ◇ v. **Bois**

BOSSE ✦ SYN. **1.** Aspérité, bosselure, cabosse, éminence, *excroissance*, inégalité, proéminence, protubérance, relief, renflement, saillie. **2.** Bleu, contusion, ecchymose, enflure, grosseur, *meurtrissure*, tumeur. **3.** *(Fam.)* Don, génie, savoir-faire, *talent*. **4.** *(Bosse de ralentissement)* Dos-d'âne, *ralentisseur*. ✦ ANT. **1.** Cavité, creux, enfoncement, trou. **3.** Faiblesse, inaptitude, lacune.

BOTTE ✦ SYN. **1.** Après-ski, bottillon, *bottine*, brodequin, cuissarde *(pêche)*. **2.** Bouquet, *fagot*, faisceau, gerbe, touffe.

BOTTIN ✦ SYN. Annuaire.

BOUCAN ◇ v. **Tapage**

BOUCANE ◇ v. **Fumée**

BOUCANER ◇ v. **Fumer**

BOUCHE ✦ SYN. **1.** *(Animaux)* Bec, *gueule*. **2.** *(Pers., fam.)* Bec, boîte, clapet, *gueule*, margoulette, trappe. **3.** Cavité, embouchure, entrée, goulet, orifice, *ouverture*.

BOUCHÉE ◇ v. **Morceau**

BOUCHER ✦ SYN. **1.** Aveugler, bloquer, calfeutrer, clore, colmater, *combler*, fermer, obturer. **2.** *(Passage)* *Barrer*, barricader, condamner, empêcher, encombrer, entraver, murer, obstruer. **3.** *(Circulation)* Congestionner, *embouteiller*, engorger. ✦ ANT. **1.** Débloquer, déboucher, éclairer. **2.** Débarrasser, dégager, ouvrir. **3.** Décongestionner, désencombrer, désengorger, libérer.

BOUCHERIE ✦ SYN. **1.** Abattage *(québ.)*, *abattoir*, tuerie *(lieu)*. **2.** *Charcuterie*, triperie. **3.** *(Fig.)* Carnage, guerre, *massacre*, tuerie.

BOUCHON ✦ SYN. **1.** Bonde, bondon, capsule, *fermeture*, tampon. **2.** *(Pêche)* *Flotteur*, liège. **3.** *(Circulation)* Congestion, *embouteillage*, encombrement, engorgement. ✦ ANT. **3.** Dégagement, désencombrement, désengorgement.

BOUCHONNER ✦ SYN. **1.** Brosser, étriller, frictionner, *frotter*, nettoyer, panser,

soigner. **2.** *(Fam.)* Bichonner, *cajoler*, caresser. ✦ ANT. **1.** Encrasser, salir. **2.** Rudoyer.

BOUCLE ✦ SYN. **1.** *Agrafe*, anneau, barrette, bijou, broche, fermail, fermoir, fibule, ornement, pendant d'oreille. **2.** Attache, *lien*, nœud. **3.** Boudin, *frisette*, frison. **4.** *Courbe*, méandre, spirale.

BOUCLER ✦ SYN. **1.** Agrafer, *attacher*, fermer, nouer, serrer. **2.** *Friser*, frisotter, moutonner, onduler. **3.** *(Fam.)* Cloîtrer, confiner, emprisonner, *enfermer*, retenir, séquestrer. **4.** Cerner, *encercler*, investir. **5.** Achever, *mener à terme*, parvenir, réussir. ✦ ANT. **1.** Déboucler, dégrafer, détacher. **2.** Défaire, défriser. **3.** Délivrer, libérer, relâcher. **4.** Déjouer, échapper à, semer *(fam.)*. **5.** Abandonner, échouer.

BOUCLIER ✦ SYN. **1.** *(Moyen Âge)* *Cuirasse*, écu, égide, pavois, pelta, targe. **2.** *(Fig.)* Bastion, défense, protection, rempart, *sauvegarde*.

BOUDER ✦ SYN. **1.** Faire la moue, *rechigner*, se renfrogner. **2.** Éviter, *ignorer*, méconnaître, négliger. ✦ ANT. **1.** S'amuser, sourire. **2.** Reconnaître, retrouver, revoir.

BOUDERIE ✦ SYN. Brouille, dépit, désaccord, *fâcherie*, lippe, mauvaise humeur, moue. ✦ ANT. Accord, bonne humeur, entente, réconciliation, sourire.

BOUDEUR ✦ SYN. Bougon, bourru, fâché, grincheux, *grognon*, maussade, morose, renfrogné, rouspéteur. ✦ ANT. Enjoué, gai, sociable, rieur.

BOUDOIR ◇ v. **Salon**

BOUE ✦ SYN. **1.** Bouette *(québ., fam.)*, bourbe, bourbier, cloaque, crotte, fange, gâchis, gadoue, limon, saleté, *vase*. **2.** Abjection, bassesse, corruption, débauche, *infamie*, vice, vilenie. ✦ ANT. **2.** Grandeur, élévation, noblesse, pureté.

BOUEUX ◇ v. **Vaseux**

BOUFFANT ◇ v. **Ample**

BOUFFE ◇ v. **Aliment**

BOUFFÉE ◇ v. **Accès**

BOUFFI ◇ v. **Boursouflé**

BOUFFON ✦ SYN. ▷ *Nom* **1.** Arlequin, auguste, baladin, charlot, *clown*, comique, farceur, fou du roi, guignol, histrion, paillasse, pantin, pitre, polichinelle, saltimbanque, turlupin. ▷ *Adj.* **2.** Bouffe, burlesque, comique, désopilant, divertissant, **drôle**, loufoque, rigolo *(fam.)*, truculent. ♦ **ANT. 1.** Rabat-joie, trouble-fête. **2.** Dramatique, grave, sérieux, triste.

BOUFFONNERIE ♦ **SYN.** Clownerie, comédie, **drôlerie**, facétie, farce, grimace, joyeuseté, pantalonnade, pitrerie, plaisanterie, singerie, tour, turlupinade. ♦ **ANT.** Drame, gravité, sérieux, tristesse.

BOUGE ♦ **SYN. 1.** Bicoque, cambuse, réduit, **taudis. 2.** *(Café, cabaret)* Boui-boui *(fam.)*, **gargote.**

BOUGER ♦ **SYN. 1.** S'agiter, avancer, broncher, se déplacer, marcher, *se mouvoir*, partir, se remuer. **2.** *(Ch.)* Déplacer, lever, **remuer.** ♦ **ANT. 1.** S'arrêter, se fixer, s'immobiliser, rester. **2.** Immobiliser, retenir.

BOUGIE ◇ v. **Chandelle**

BOUGON ◇ v. **Grognon**

BOUGONNEMENT ◇ v. **Grognement**

BOUGONNER ◇ v. **Grogner**

BOUILLANT ♦ **SYN. 1.** *Brûlant*, chaud, ébouillanté. **2.** Ardent, coléreux, *emporté*, impulsif. ♦ **ANT. 1.** Congelé, froid, tiède. **2.** Calme, pondéré, réfléchi.

BOUILLIR ♦ **SYN. 1.** *Bouillonner*, cuire, frémir, mijoter. **2.** Énerver, *exaspérer*, irriter, mettre en colère. ♦ **ANT. 1.** Refroidir, tiédir. **2.** Calmer, plaire, réjouir.

BOUILLON ◇ v. **Potage**

BOUILLONNANT ◇ v. **Effervescent**

BOUILLONNEMENT ◇ v. **Effervescence**

BOULE ♦ **SYN.** *Balle*, ballon, bille, boulet, boulette, globe, sphère.

BOULET ◇ v. **Projectile**

BOULETTE ♦ **SYN. 1.** Croquette. **2.** *(Fam.)* Bêtise, bévue, erreur, *gaffe*, maladresse, sottise. ♦ **ANT. 2.** Adresse, finesse, trait d'esprit.

BOULEVARD ♦ **SYN. 1.** Allée (bordée d'arbres), *avenue*, cours, mail, promenade. **2.** *(Théâtre)* Vaudeville.

BOULEVERSANT ◇ v. **Émouvant**

BOULEVERSEMENT ♦ **SYN. 1.** Altération, branle-bas, chambardement *(fam.)*, changement, *dérangement*, désordre, modification, perturbation, remue-ménage, renversement, révolution, saccage, soulèvement. **2.** Apocalypse, calamité, cataclysme, catastrophe, *désastre*, drame, fléau, infortune, malheur, ruine, sinistre, tragédie. **3.** Agitation, choc, *commotion*, convulsions, remous, secousse, traumatisme, trouble. ♦ **ANT. 1.** Conservation, maintien, ordre, paix, stabilité. **2.** Bénédiction, bienfait, bonheur. **3.** Apaisement, soulagement, tranquillité.

BOULEVERSER ♦ **SYN. 1.** Bousculer, chambarder *(fam.)*, chambouler *(fam.)*, *déranger*, mettre sens dessus dessous, perturber, renverser, saccager. **2.** Changer, *révolutionner*, transformer. **3.** Chavirer, commotionner, consterner, ébranler, *émouvoir*, remuer, retourner, révolutionner *(fig.)*, secouer, traumatiser, troubler. ♦ **ANT. 1.** Conserver, garder, ranger. **2.** Maintenir, stabiliser. **3.** Apaiser, calmer, rasséréner, soulager, tranquilliser.

BOULIMIE ◇ v. **Faim**

BOULOT ◇ v. **Travail**

BOUM ♦ **SYN. 1.** Bruit, explosion, *fracas*. **2.** Bond, boom, élan, essor, expansion, explosion *(fig.)*, flambée, *hausse* (soudaine), regain. **3.** Folie furieuse, malheur *(iron.)*, *succès*, triomphe. **4.** *(Fam.)* Bal, *danse*, fête, surprise-partie. ♦ **ANT. 1.** Silence. **2.** Baisse, chute, dégringolade, récession. **3.** Bide, échec.

BOUQUET ♦ **SYN. 1.** *(Arbres)* Bocage, *bosquet*. **2.** Assemblage, botte, faisceau, *gerbe*, houppe, talle *(québ.)*, touffe. **3.** Arôme, *parfum*. **4.** *(Fam.)* Cerise sur le gâteau *(québ.)*, *comble*, summum.

BOURBE ◇ v. **Boue**

BOURDE ◇ v. **Gaffe**

BOURDONNEMENT ♦ **SYN. 1.** *(Confus)* Bruissement, chuchotement, froufroutement, *murmure*, rumeur *(foule)*. **2.** *(Vibrant)* Grondement, ronflement, ronron, ronronnement, *vrombissement*. **3.** *(Oreilles)* Acouphène, *sifflement*. ◆ ANT. 1. Cri, hurlement, tapage. 2. Silence.

BOURG, BOURGADE ◇ v. Village

BOURGEOIS ◆ SYN. 1. Citadin. 2. Rentier, *riche*. 3. Employeur, *patron*. 4. Bienpensant, *conformiste*, conservateur, conventionnel, rangé, réactionnaire. ◆ ANT. 1. Campagnard, paysan. 2. Noble, roturier. 3. Ouvrier, prolétaire. 4. Anticonformiste, artiste, bohème, libre penseur, marginal, révolutionnaire.

BOURGEON ◇ v. Bouton

BOURGEONNER ◇ v. Fleurir

BOURRASQUE ◇ v. Rafale

BOURREAU ◇ v. Tortionnaire

BOURRER ◆ SYN. ▷ *V. tr.* 1. Charger, combler, *emplir*, garnir, tasser. 2. Empailler, matelasser, *rembourrer*. 3. *Farcir*, truffer. 4. *Gaver*, gorger, rassasier, remplir. 5. *(Fam.)* Faire accroire, mentir, *tromper*. ▷ *V. pr.* 6. *S'empiffrer*, se goinfrer, se gorger. 7. *S'enivrer*, se soûler. ◆ ANT. 1. Décharger, vider. 2. Débourrer. 3. Étriper, vider. 4. Laisser sur sa faim, priver. 5. Dire vrai, instruire. 6. Jeûner, se priver, rester sur sa faim. 7. Dégriser.

BOURRU ◆ SYN. 1. Acariâtre, boudeur, bougon, brusque, brutal, chagrin, désagréable, grognon, grossier, malcommode *(québ., fam.)*, ostrogoth, ours (mal léché), *renfrogné*, revêche. 2. *(Tissu)* Rude. ◆ ANT. 1. Agréable, bienveillant, câlin, humain, serviable, sociable. 2. Soyeux.

BOURSE ◆ SYN. 1. Aumônière, boursicot, escarcelle, portefeuille, *porte-monnaie*. 2. Pension, *subvention*. 3. Agiotage, marché, *spéculation*. 4. *(Pl.)* Scrotum, *testicules*.

BOURSICOTEUR ◇ v. Spéculateur

BOURSOUFLÉ ◆ SYN. 1. Ballonné, bouffi, *enflé*, gonflé, joufflu. 2. *(Style)* Ampoulé, *emphatique*, pompeux, redondant, vide. ◆ ANT. 1. Aplati, creux, efflanqué, émacié. 2. Concis, naturel, profond, simple, sobre.

BOURSOUFLURE ◇ v. Enflure

BOUSCUEIL ◇ v. Débâcle

BOUSCULADE ◆ SYN. 1. Agitation, *cohue*, confusion, désordre, mêlée, remous, tumulte. 2. Cavalcade *(fam.)*, course, hâte, *précipitation*, ruée. ◆ ANT. 1. Calme, ordre, silence. 2. Attente, file, patience, rang.

BOUSCULER ◆ SYN. 1. Bouleverser, *déranger*, mettre en désordre (sens dessus dessous). 2. Changer, modifier, *renverser*. 3. Brusquer, pousser, *heurter*, rudoyer. 4. Brusquer *(fig.)*, hâter, *presser*. ◆ ANT. 1. Classer, ordonner, ranger. 2. Conserver, préserver, rétablir. 3. Ménager, protéger. 4. Attendre, patienter.

BOUSTIFAILLE ◇ v. Aliment

BOUT ◆ SYN. 1. Bribes, fragment, *morceau*, partie, portion, segment. 2. Bord, borne, *extrémité*, fin, frontière, limite, pointe, queue, terme, terminus. 3. *(Québ.)* Coin (de pays), patelin, quartier, *région*, village, ville. ◆ ANT. 1. Totalité, tout. 2. Commencement, début, départ, origine. 3. Ailleurs, étranger, vaste monde.

BOUTADE ◆ SYN. 1. Esprit, fantaisie, mot d'esprit, plaisanterie, répartie, saillie, *trait d'esprit*. 2. Accès, à-coup, bouderie, *caprice*, toquade *(fam.)*. ◆ ANT. 1. Mauvaise blague. 2. Geste réfléchi.

BOUTE-EN-TRAIN ◆ SYN. Amuseur, animateur, comique, farceur, *gai luron* (joyeux luron), joyeux drille, loustic, rieur, taquin. ◆ ANT. Éteignoir, grognon, rabatjoie, trouble-fête.

BOUTEILLE ◆ SYN. Biberon, bonbonne, carafe, carafon, dame-jeanne, fiasque, fiole, *flacon*, flasque *(n.)*, gourde, litre.

BOUTIQUE ◆ SYN. 1. *Commerce*, débit, dépôt, échoppe *(atelier)*, entrepôt, magasin. 2. *(Fam.)* Baraque, *boîte*.

BOUTON ◆ SYN. 1. *Bourgeon*, œil, pousse. 2. Abcès, acné, *boursouflure*, bulbe, chancre, clou *(québ., fam.)*, furoncle, kyste, nævus, orgelet, panaris, papule, pustule, scrofule, verrue, vésicule. 3. Bouton-poussoir, commutateur, disjoncteur, piton *(québ., fam.)*, *poussoir*.

BOUTONNER ◆ SYN. 1. Bourgeonner. 2. Agrafer, *attacher*, fermer, fixer, joindre. ◆ ANT. 1. Se flétrir. 2. Déboutonner, dégager, dégrafer, délier, détacher, ouvrir.

BOUTURE ✦ SYN. Fragment, greffe, greffon, marcotte, plançon, *pousse*, racine, rejeton, surgeon.

BOYAU ✦ SYN. 1. Conduit, tube, *tuyau*. 2. *Passage*, ruelle, tranchée. 3. *(Pl., animal)* Entrailles, *intestins*, tripes *(homme, fam.)*, viscères.

BOYCOTT ◇ V. Interdiction

BOYCOTTER ◇ V. Interdire

BRADER ◇ V. Liquider

BRADERIE ◇ V. Foire

BRAILLARD ✦ SYN. 1. *(Fam.)* Criard, *gueulard*, hurleur. 2. *(Québ.)* Geignard, pleurard, *pleurnicheur*. ✦ ANT. 1. Affable, discret, doux. 2. Enjoué, gai, réjoui.

BRAILLEMENT ◇ V. Cri

BRAILLER ✦ SYN. Fam. 1. Beugler *(fam.)*, braire *(fam.)*, bramer *(fam.)*, *crier*, hurler, vociférer. 2. *(Québ.)* Pleurer, *pleurnicher*, se plaindre. ✦ ANT. 1. Chuchoter, murmurer. 2. S'égayer, se réjouir.

BRAMER ✦ SYN. 1. *(Cervidés)* Crier. 2. *(Fam.)* Brailler *(fam.)*, gémir, *se lamenter*, se plaindre. ✦ ANT. 1. S'esclaffer, rire.

BRANCARD ✦ SYN. 1. *Limon*, limonière, longeron. 2. Bard, chaise, *civière*, palanquin, timon.

BRANCHE ✦ SYN. 1. Baguette, bâton, bouture, branchage, branchette, brindille, broutille, ente, ergot, greffon, plançon, pousse, *rameau*, ramée, ramification, ramille, ramure, rejeton, scion, surgeon. 2. Champ *discipline*, domaine, secteur, spécialité, sphère. 3. *Division*, embranchement, partie, ramification, section, subdivision. 4. Famille, lignage, *lignée*. ✦ ANT. 1. Racine, souche, tronc.

BRANCHÉ ✦ SYN. À la mode, au courant, bon chic bon genre (BCBG), *dans le vent*. ✦ ANT. Croulant, dépassé, ringard *(fam.)*.

BRANCHER ✦ SYN. 1. Allumer, connecter, *joindre*, rattacher. 2. *(Fam.)* Captiver, instruire, *intéresser*, mettre au courant, passionner. 3. Diriger, *orienter*. ✦ ANT. 1. Couper, débrancher, déconnecter, éteindre, isoler. 2. Désintéresser, ennuyer. 3. Laisser aller, suivre.

BRAN DE SCIE ✦ SYN. Farine de bois, *sciure*.

BRANDIR ✦ SYN. 1. *(Arme)* *Dégainer*, diriger, menacer, pointer. 2. Afficher, *agiter*, élever, mettre en avant, montrer, remuer, secouer. ✦ ANT. 1. Rengainer. 2. Cacher, dissimuler.

BRANDON ✦ SYN. 1. *Flambeau*, torche. 2. Escarbille, étincelle, *flammèche*, tison. 3. *(Discorde)* Cause, élément, prétexte.

BRANLANT ◇ V. Chancelant

BRANLE-BAS ✦ SYN. 1. *(Branle-bas de combat)* Dispositions, mesures, *préparatifs*. 2. Affolement, *agitation*, alarme, alerte, bouleversement, confusion, désordre, qui-vive, remue-ménage, tohu-bohu. ✦ ANT. 1. Assaut, combat. 2. Calme, ordre, tranquillité.

BRANLER ✦ SYN. ▷ V. tr. 1. Agiter, balancer, bouger, dodeliner, hocher, remuer, *secouer*. ▷ V. intr. 2. *Chanceler*, osciller, vaciller. 3. *(Québ., fam.)* *Hésiter*, tergiverser. ▷ V. pr. 4. *(Fam.)* Se masturber. ✦ ANT. 1. Attacher, fixer, immobiliser, river. 2. Être d'aplomb, s'immobiliser, se stabiliser. 3. Agir, décider.

BRAQUE ◇ V. Fou

BRAQUER ✦ SYN. ▷ V. tr. 1. *Diriger*, fixer, mirer, pointer, viser. 2. Dresser contre, monter contre, *opposer*. ▷ V. intr. 3. Obliquer, *tourner*, virer. ▷ V. pr. 4. Se buter, *se cabrer*, s'opposer, se raidir. ✦ ANT. 1. Détourner, écarter, éloigner. 2. Aider, encourager. 3. Continuer, poursuivre. 4. Capituler, mollir, renoncer.

BRAS ✦ SYN. 1. Humérus, *membre supérieur*. 2. Agent, *instrument*, moyen, outil. 3. Aide, *appui*, associé, défenseur. 4. Autorité, influence, pouvoir, *puissance*. 5. *(Cours d'eau)* Chenal, *détroit*, lagune, passage. 6. *(Fauteuil)* Accoudoir, *appui*.

BRASIER ✦ SYN. Embrasement, feu, fournaise, foyer, *incendie*.

BRASSAGE ◇ V. Mélange

BRASSER ✦ SYN. 1. Agiter, amalgamer, battre, malaxer, mélanger, mêler, pétrir, *remuer*. 2. *(Intrigues)* Machiner, ourdir, *tra-*

mer. 3. *(Québ.)* Battre (les cartes). **4.** *(Argent)* Manier. ♦ ANT. **1.** Arrêter, démêler, fixer, installer, ranger. **2.** Empêcher, prévenir. **3.** Distribuer, donner.

BRASSERIE ◇ v. **Bar**

BRAVADE ♦ SYN. Crânerie, *défi*, fanfaronnade, gasconnade, hâblerie, incitation, insolence, provocation, rodomontade. ♦ ANT. Appréhension, frayeur, peur, respect, retenue, timidité.

BRAVE ♦ SYN. **1.** Audacieux, *courageux*, crâne *(fig.)*, décidé, hardi, héroïque, intrépide, résolu, vaillant, valeureux. **2.** *Bon*, honnête, serviable, simple. ♦ ANT. **1.** Couard, craintif, effrayé, inquiet, lâche, peureux, pleutre, poltron, timide. **2.** Malhonnête, mauvais, roué.

BRAVER ♦ SYN. **1.** Affronter, *défier*, s'exposer, faire face à, se hasarder, jeter le gant, se mesurer à, s'opposer, risquer. **2.** Crâner *(fam.)*, se moquer, *narguer*, provoquer. **3.** *(Conventions)* Bafouer, fouler aux pieds, malmener, *mépriser*, piétiner, transgresser. ♦ ANT. **1.** Appréhender, battre en retraite, déserter, s'esquiver, éviter, fuir, reculer, se soumettre. **2.** Craindre, respecter. **3.** Obéir, se plier, respecter, se soumettre, suivre.

BRAVO ◇ v. **Applaudissement**

BRAVOURE ♦ SYN. Audace, cœur, *courage*, cran *(fam.)*, hardiesse, héroïsme, intrépidité, panache, résolution, vaillance, valeur. ♦ ANT. Couardise, crainte, effroi, hésitation, lâcheté, peur, pleutrerie, poltronnerie, timidité.

BRÈCHE ♦ SYN. **1.** Col, entrée, fente, *ouverture*, passage, percée, trou, trouée, vide. **2.** Cassure, coupure, échancrure, *entaille*, éraflure, faille, fissure. **3.** Dommage, *perte*, tort ♦ ANT. **1.** Fermeture, lien, soudure. **3.** Avantage, profit.

BREDOUILLAGE, BREDOUILLEMENT ◇ v. **Balbutiement**

BREDOUILLE ♦ SYN. Battu, déconfit, *déçu*, désappointé, mis en échec. ♦ ANT. Content, encouragé, glorieux, satisfait, triomphant, victorieux.

BREDOUILLER ◇ v. **Balbutier**

BREF ♦ SYN. ▷ Adj. **1.** *Court*, éphémère, fugace, fugitif, instantané, momentané, passager, rapide. **2.** *Concis*, condensé, dépouillé, laconique, lapidaire, précis, ramassé, serré, sommaire, succinct, télégraphique. **3.** Autoritaire, brusque, cassant, impérieux, incisif, prompt, sec. ▷ Adv. **4.** *(Bref, en bref)* Brièvement, en définitive, enfin, *en résumé*, en un mot, finalement, pour tout dire. ♦ ANT. **1.** Durable, interminable, long. **2.** Bavard, étiré, prolixe, redondant, touffu, verbeux. **3.** Calme, conciliant, doux, indulgent, poli. **4.** Au long, au préalable, partant, longuement, pour commencer.

BREUVAGE ◇ v. **Boisson**

BREVET ♦ SYN. **1.** *Certificat*, charte, diplôme, droit d'auteur, grade, licence, patente, propriété, titre. **2.** Assurance, *garantie*, preuve.

BRIBES ♦ SYN. **1.** Débris, *fragments*, lambeaux, miettes, parcelles, restes, riens. **2.** Connaissance superficielle, éléments, *rudiments*, vernis *(péj.)*. **3.** Citation, *extrait*, passage. ♦ ANT. **1.** Bloc, ensemble, entité, masse, totalité, tout. **2.** Connaissance (approfondie). **3.** Texte intégral.

BRIC-À-BRAC ◇ v. **Fatras**

BRICOLE ◇ v. **Bagatelle**

BRICOLER ♦ SYN. **1.** Travailler manuellement. **2.** *Arranger*, bidouiller *(fam.)*, installer, rafistoler *(fam.)*, réparer. **3.** Falsifier, *trafiquer*.

BRIDE ♦ SYN. **1.** *Attache*, bande, boutonnière, jugulaire, mentonnière. **2.** Bridon, *guides*, liens, rênes.

BRIDER ♦ SYN. **1.** Assujettir, *attacher*, joindre, lier, serrer, unir. **2.** Contenir, empêcher, freiner, réprimer, *retenir*. ♦ ANT. **1.** Débrider, délier, desserrer, détacher, disjoindre. **2.** Délivrer, libérer.

BRIÈVEMENT ♦ SYN. **1.** Bref, en bref, en résumé, laconiquement, rapidement, sommairement, *succinctement*. **2.** Brusquement, promptement, *sèchement*. ♦ ANT. **1.** Amplement, au long, interminablement, longuement. **2.** Calmement, doucement, poliment.

BRIÈVETÉ ◆ SYN. *Concision*, densité, dépouillement, laconisme, précision. ◆ ANT. Ampleur, longueur, prolixité.

BRIGADE ◆ SYN. Division, équipe, escouade, formation, groupe, peloton, troupe, *unité*.

BRIGAND ◇ V. **Bandit**

BRIGANDAGE ◇ V. **Vol**

BRIGUE ◇ V. **Intrigue**

BRIGUER ◆ SYN. 1. Comploter, *intriguer*, manœuvrer, ourdir, tramer. 2. Ambitionner, aspirer à, *convoiter*, rechercher, solliciter, souhaiter. ◆ ANT. 1. Dénoncer. 2. Décliner, refuser, renoncer.

BRILLANT ◆ SYN. ▷ *Adj.* 1. Chatoyant, éblouissant, *éclatant*, étincelant, flamboyant, luisant, lumineux, lustré, miroitant, radieux, rayonnant, resplendissant, rutilant, scintillant. 2. Beau, distingué, doué, éminent, illustre, intelligent, magnifique, pétillant, *remarquable*, splendide. ▷ *Nom* 3. Beauté, brio, *éclat*, lustre, magnificence, splendeur. ◆ ANT. 1. Assombri, décoloré, éteint, mat, obscur, obscurci, ombreux, pâle, sombre, ténébreux, terne, voilé. 2. Effacé, ennuyeux, médiocre, stupide, superficiel, vulgaire. 3. Clinquant, fadeur, laideur, tape-à-l'œil.

BRILLER ◆ SYN. 1. Chatoyer, éblouir, *éclairer*, éclater, étinceler, flamboyer, irradier, luire, miroiter, papilloter, pétiller, rayonner, reluire, resplendir, rutiler, scintiller. 2. *Se distinguer*, exceller, se faire remarquer, s'illustrer, réussir, se signaler. ◆ ANT. 1. S'assombrir, s'éclipser, s'éteindre, s'obscurcir, pâlir, se ternir. 2. Échouer, s'effacer, rester dans l'ombre.

BRIMADE ◆ SYN. 1. *Épreuve* (vexatoire), initiation, jeu, plaisanterie. 2. *(Pl.)* Affront, avanies, camouflet, offenses, tracas, *vexations*. ◆ ANT. 2. Éloges, louanges.

BRIN ◇ V. **Peu**

BRINDILLE ◇ V. **Branche**

BRIO ◇ V. **Maîtrise**

BRISE ◆ SYN. *(Vent doux)* Air, *souffle*, suroît, zéphyr. ◆ ANT. Aquilon, bise, blizzard, nordet.

BRISER ◆ SYN. ▷ *V. tr.* 1. Annihiler, casser, déchirer, démolir, désunir, *détruire*, disjoindre, disloquer, fracasser, fracturer, morceler, rompre. 2. Éreinter, *fatiguer*, harasser, importuner. 3. Abattre, *accabler*, affaiblir, décourager. ▷ *V. pr.* 4. Se casser. 5. *Déferler*, échouer. ◆ ANT. 1. Ajuster, arranger, consolider, joindre, réparer, souder. 2. Détendre, reposer. 3. Amuser, fortifier, réconforter. 4. Résister. 5. Refluer, se retirer.

BRISURE ◆ SYN. 1. *Cassure*, éclat, faille, fêlure, fente, fissure, fracture. 2. Discontinuité, interruption, *rupture*. 3. *(Pl.)* *Fragments*, miettes, morceaux, parcelles. ◆ ANT. 1. Réparation, soudure. 2. Enchaînement, reprise. 3. Entité, totalité.

BROCANTER ◆ SYN. Acheter, bazarder, chiner, échanger, négocier, *revendre*, troquer. ◆ ANT. Conserver, garder.

BROCANTEUR ◆ SYN. Antiquaire *(objets anciens)*, chineur *(objets d'occasion)*, fripier *(vêtements d'occasion)*, *revendeur*.

BROCHURE ◆ SYN. Fascicule, livret, opuscule, plaquette, *prospectus*, tract.

BRODER ◆ SYN. 1. Décorer, festonner, garnir, *orner*, parer. 2. Amplifier, embellir, enjoliver, *exagérer*, inventer. ◆ ANT. 1. Déparer. 2. Amoindrir, diminuer, enlaidir.

BRODERIE ◆ SYN. 1. Damas, *dentelle*, guipure. 2. Amplification, *exagération*. ◆ ANT. 2. Mesure, proportion.

BRONCHER ◆ SYN. 1. Achopper, buter, faire un faux pas, *trébucher*. 2. Bouger, s'émouvoir, manifester, murmurer, *réagir*, rouspéter *(fam.)*, sourciller, tiquer *(fam.)*. ◆ ANT. 1. Marcher droit, se relever. 2. Rester impassible, se taire.

BRONZÉ ◇ V. **Basané**

BROSSER ◆ SYN. 1. Balayer, épousseter, étriller, frotter, *nettoyer*. 2. Décrire, dépeindre, *ébaucher*, peindre (à grands traits). ◆ ANT. 1. Encrasser, maculer, salir, souiller. 2. Peaufiner.

BROUHAHA ◇ V. **Tapage**

BROUILLARD ◆ SYN. 1. Bruine, brume, crachin, embrun, *nuage*, smog *(pollution)*, vapeur. **2.** *(Esprit)* **Confusion**, flou, incertitude, obscurité. ◆ ANT. **1.** Ciel clair, éclaircie, lueur, lumière. **2.** Clarté, compréhension, lucidité.

BROUILLE ◆ SYN. Bisbille, bouderie, brouillerie, chicane, dépit, désaccord, désunion, différend, discorde, dispute, divorce, fâcherie, froid, **mésentente**, nuage *(fig.)*, querelle, rupture, séparation. ◆ ANT. Accord, attachement, coalition, entente, réconciliation, retrouvailles, union.

BROUILLER ◆ SYN. ▷ *V. tr.* **1.** Bouleverser, confondre, enchevêtrer, mélanger, **mêler**. **2.** Agiter, altérer, déranger, détraquer, **modifier**, troubler (rendre trouble). **3.** *(Esprit)* Compliquer, **embrouiller**. **4. Désunir**, diviser, séparer. ▷ *V. pr.* **5.** S'assombrir, *se couvrir*, s'ennuager, se gâter, s'obscurcir, se voiler. **6.** Se fâcher, *se quereller*, se séparer. ◆ ANT. **1.** Classer, démêler. **2.** Arranger, débrouiller. **3.** Clarifier, éclaircir, simplifier. **4.** Réconcilier, renouer. **5.** Se découvrir, se dégager, s'éclaircir. **6.** Se raccommoder *(fam.)*, se réconcilier, renouer.

BROUILLON ◆ SYN. ▷ *Adj.* **1.** Compliqué, confus, **désordonné**, dissipé, embrouillé, étourdi, filandreux, fumeux, gribouille, instable, tracassier. ▷ *Nom* **2.** Canevas, ébauche, esquisse, gribouillage, griffonnage, plan, **premier jet**. ◆ ANT. **1.** Clair, explicite, limpide, lisible, méthodique, ordonné, posé, réfléchi. **2.** Propre, texte final.

BROUTER ◇ V. **Paître**

BROUTILLE ◇ V. **Vétille**

BROYER ◆ SYN. **1.** Casser, concasser, déchiqueter, **écraser**, égruger, mâcher, mastiquer, moudre, piler, pulvériser, triturer. **2.** *(Broyer du noir)* S'attrister, **se décourager**, se plaindre. ◆ ANT. **1.** Comprimer, condenser, réunir. **2.** Se divertir, s'égayer, espérer.

BRUIRE ◆ SYN. Bourdonner, chuchoter, frémir, frissonner, froufrouter, gazouiller, **murmurer**. ◆ ANT. Faire silence, se taire.

BRUISSEMENT ◆ SYN. Bourdonnement, chuchotement, fredonnement, frémissement, froissement, froufrou, froufroutement, gazouillis, **murmure**. ◆ ANT. Calme, silence.

BRUIT ◆ SYN. **1.** Brouhaha, bruissement, cri, déflagration, éclat, fracas, grondement, ronron, roulement, **son**, tapage, tintamarre, ton, train *(québ., fam.)*, tumulte, vacarme, voix. **2.** Bavardage, écho, esclandre, on-dit, **rumeur**, scandale. ◆ ANT. **1.** Calme, insonorisation, silence. **2.** Discrétion, retenue, secret.

BRÛLANT ◆ SYN. **1.** Bouillant, **chaud**, cuisant, torride. **2.** Animé, **ardent**, enflammé, passionné, vif. **3.** Dangereux, délicat, **épineux**, périlleux. ◆ ANT. **1.** Congelé, froid, gelé, glacé, glacial. **2.** Alourdi, endormi, indifférent, tiède. **3.** Anodin, facile, inoffensif, sûr.

BRÛLER ◆ SYN. ▷ *V. tr.* **1.** Calciner, carboniser, **chauffer**, consumer, ébouillanter, embraser, griller, incendier, incinérer, roussir, torréfier. **2.** Dévorer, **enfiévrer**, enflammer. ▷ *V. intr.* **3. Se consumer**, flamber. **4.** *(Brûler de)* **Aspirer à**, avoir envie de, avoir hâte de, désirer, être impatient de, griller (d'impatience, d'envie), mourir d'envie de. **5.** *(Brûler pour)* S'amouracher, s'enticher de, **s'éprendre**. ◆ ANT. **1.** Éteindre, glacer, refroidir. **2.** Calmer, soulager. **3.** S'atténuer, s'étouffer. **4.** Dédaigner, patienter, renoncer, répugner à. **5.** Détester, indifférer, mépriser.

BRÛLURE ◆ SYN. Aigreur, ampoule, blessure, démangeaison, dessèchement *(végétaux)*, échauffement, érythème, escarre, fièvre, inflammation, insolation, irradiation, **irritation**, lésion, ulcération, urtication.

BRUME ◆ SYN. **1. Brouillard** (léger), brumasse. **2. Confusion**, incertitude, obscurité, voile. ◆ ANT. **1.** Clarté, éclaircie, éclat, lumière, soleil. **2.** Certitude, clarté, limpidité.

BRUMEUX ◇ V. **Nébuleux**

BRUN ◆ SYN. **1.** Auburn, brique, brunâtre, brunet, châtain, chêne, chocolat, kaki, **marron**, mordoré, noyer, puce, sépia, tabac, terreux. **2.** Basané, bis, bistre, bistré, **foncé**, mat, noir, noiraud, noirâtre.

3. Basané, boucané, **bronzé**, bruni, cuivré, doré, grillé *(québ., fam.)*, hâlé, noirci, tanné. ♦ ANT. **1.** Blond. **2-3.** Blanc, clair, pâle.

BRUNANTE ◊ V. **Crépuscule**

BRUSQUE ♦ SYN. **1.** Abrupt *(fig.)*, brutal, impatient, nerveux, **rude**, sec, vif, violent. **2.** Foudroyant, fulgurant, imprévu, inattendu, inopiné, précipité, rapide, **soudain**, subit. **3.** *(Pente)* **Abrupt**, escarpé. ♦ ANT. **1.** Délicat, réfléchi, tendre. **2.** Graduel, lent, long, tardif. **3.** Aplani, plat.

BRUSQUER ♦ SYN. **1.** *(Ch.)* Accélérer, activer, bousculer, hâter, **précipiter**, presser. **2.** *(Pers.)* Maltraiter, rabrouer, **rudoyer**, secouer. **3.** **Bousculer**, changer, modifier. ♦ ANT. **1.** Ajourner, attendre, patienter, ralentir, retarder, surseoir. **2.** Cajoler, ménager, mitonner. **3.** Conserver, préserver, rétablir.

BRUSQUERIE ♦ SYN. **1.** Âpreté, brutalité, impolitesse, **rudesse**, sévérité. **2.** Hâte, impatience, **précipitation**, rapidité, soudaineté. ♦ ANT. **1.** Amabilité, douceur, gentillesse. **2.** Lenteur, modération, patience.

BRUT ♦ SYN. **1.** En friche, **naturel**, originel, primitif, pur, sauvage, vierge. **2.** Écru, élémentaire, grossier, imparfait, non ouvré, **rudimentaire**. ♦ ANT. **1.** Civilisé, développé, urbanisé. **2.** Achevé, affiné, complet, ouvré, transformé.

BRUTAL ♦ SYN. **1.** Agressif, barbare, bourru, cruel, emporté, féroce, furieux, grossier, inhumain, rude, sauvage, **violent**. **2.** Abrupt, cassant, choquant, **cru**, direct, implacable, raide, sans ménagement, sec. **3.** Brusque, **foudroyant**, fulgurant, soudain, subit, terrible. ♦ ANT. **1.** Affable, bon, délicat, doux, galant, humain, poli, tendre. **2.** Attentionné, bienveillant, clément, doucereux, indulgent, mielleux, sensible. **3.** Atténué, bénin, graduel, inoffensif.

BRUTALISER ◊ V. **Maltraiter**

BRUTALITÉ ♦ SYN. **1.** Animalité, barbarie, bassesse, bestialité, **cruauté**, dureté, férocité, inhumanité, rudesse, sauvagerie, violence. **2.** **Grossièreté**, impolitesse, vulgarité. **3.** *(Pl.)* Coups et blessures, mau-

vais traitements, **sévices**. **4.** Brusquerie, **rapidité**, soudaineté. ♦ ANT. **1.** Amabilité, douceur, gentillesse, humanité, indulgence, non-violence. **2.** Délicatesse, finesse, politesse. **3.** Aménités, gentillesses, prévenances. **4.** Lenteur.

BRUTE ♦ SYN. **1.** Animal, bas instincts, **bête**. **2.** Abruti, butor, goujat, malotru, **rustre**. **3.** **Barbare**, sanguinaire, violent. ♦ ANT. **1.** Esprit, être humain. **2.** Civilisé, cultivé, poli, raffiné. **3.** Doux, humain, indulgent.

BRUYANT ♦ SYN. **1.** Assourdissant, éclatant, étourdissant, fracassant, résonnant, retentissant, **sonore**, tonitruant. **2.** Braillard *(fam.)*, criard, gueulard *(fam.)*, **tapageur**, tumultueux. ♦ ANT. **1.** Amorti, faible, feutré, inaudible, insonore, reposant, silencieux, sourd. **2.** Calme, paisible, tranquille.

BUANDERIE ◊ V. **Nettoyeur**

BÛCHER ♦ SYN. **1.** *(Québ.)* Abattre, **couper** (du bois), fendré. **2.** *(Fam.)* Besogner, étudier, peiner, piocher, suer, **travailler**, trimer. ♦ ANT. **1.** Corder *(québ.)*, planter. **2.** S'amuser, se distraire, fainéanter, se reposer.

BUCOLIQUE ◊ V. **Champêtre**

BUFFET ♦ SYN. **1.** Argentier, **armoire**, bahut, comptoir, dressoir, vaisselier. **2.** **Cocktail**, lunch, mets (assortis). **3.** Restaurant.

BUILDING ◊ V. **Immeuble**

BUISSON ♦ SYN. **Arbrisseaux**, bois, broussailles, fourré, hallier, maquis, taillis, touffe.

BULLETIN ♦ SYN. **1.** Annonce, avis, **communiqué**. **2.** *(Résultats scolaires)* Carnet, rapport, **relevé**. **3.** **Attestation**, billet, certificat, feuille, fiche, papier, récépissé, reçu. **4.** Hebdomadaire, journal (périodique), magazine, **périodique**, revue. **5.** Actualités, **informations**, nouvelles, radiojournal, téléjournal.

BUNKER ◊ V. **Casemate**

BUREAU ♦ SYN. **1.** Meuble, pupitre, secrétaire, **table de travail**. **2.** *(Pièce)* **Cabinet**, étude, greffe, guichet, office, studio. **3.** Administration, agence, comité, commission, conseil, direction, office, secrétariat, *service*. 4. Boîte *(fam.)*, entreprise, *établissement*, maison, société.

BUREAUCRATE ◇ v. **Fonctionnaire**

BURINER ◇ v. **Graver**

BURLESQUE ♦ SYN. ▷ *Adj.* 1. *Bouffon*, comique, grand-guignolesque, loufoque. 2. Absurde, caricatural, extravagant, *grotesque*, ridicule, saugrenu, ubuesque. ▷ *Nom* 3. Comédie, farce, *parodie*, satire. ♦ ANT. 1. Dramatique, grave, sérieux, touchant. 2. Logique, raisonnable, sensé. 3. Drame, éloge.

BUSQUÉ ◇ v. **Courbe**

BUSTE ♦ SYN. 1. *(Corps humain)* Poitrine, sternum, thorax, *torse*, tronc. 2. *(Femme)* Gorge, *poitrine*, seins. 3. Sculpture.

BUT ♦ SYN. 1. *Cible*, objectif, point *(sports)*, visée. 2. Aboutissement, achèvement, *conclusion*, résultat, terme. 3. Ambition, *désir*, dessein, destination, fin, idéal, intention, mission, objet, propos, raison, rêve. ♦ ANT. 1. Point de départ. 2. Genèse, prémices. 3. Apathie, désintérêt, indécision, insouciance.

BUTÉ ◇ v. **Têtu**

BUTER ♦ SYN. ▷ *V. intr.* 1. Achopper, broncher, s'enfarger *(québ.)*, *se heurter à*, rencontrer (un obstacle), trébucher. ▷ *V. tr.* 2. Appuyer, arc-bouter, *étayer*, soutenir, supporter. 3. *(Fam.)* Abattre, éliminer, *tuer*. ▷ *V. pr.* 4. Se braquer, s'entêter, *s'obstiner*. ♦ ANT. 1. Contourner, éviter, franchir, surmonter, vaincre. 2. Affaiblir, ébranler, saper. 3. Épargner, sauver la vie. 4. Céder, renoncer.

BUTIN ♦ SYN. 1. *(Victoire)* Capture, conquête, dépouilles, *prise*, proie, trophée. 2. *Rapine*, vol. 3. Découverte, fruit, gain, produit, profit, *récolte*, trouvaille.

BUTINER ◇ v. **Glaner**

BUTOR ◇ v. **Rustre**

BUTTE ♦ SYN. 1. Colline, coteau, dune, élévation, éminence, hauteur, *monticule*, tertre. 2. *(Être en butte à)* Donner prise à, *être exposé à*, être victime de. ♦ ANT. 1. Creux, dépression, plaine. 2. Combattre, se refuser à.

BUVEUR ♦ SYN. 1. Alcoolique, *ivrogne*, picoleur *(fam.)*. 2. Client, *consommateur* *(diverses boissons)*. ♦ ANT. 1. Abstinent, sobre. 2. Mangeur.

C

CABALE ✦ SYN. **1.** Brigue, complot, conjuration, conspiration, intrigues, machination, magouille *(fam.)*, manigance, *manœuvres*, menées. **2.** *(Péj.)* **Clique**, coterie, faction, ligue.

CABANE ✦ SYN. **1.** Abri, baraque, bicoque *(péj.)*, cabanon, cahute, case, *chaumière*, gourbi, hutte, masure, paillote, taudis. **2.** *(Cabane à sucre, québ.)* **Érablière**, sucrerie (d'érable). ✦ ANT. **1.** Castel, château, hôtel, palais.

CABARET ✦ SYN. **1.** Bar, bistro, *boîte de nuit*, café, café-concert, débit (de boissons), discothèque, estaminet, guinguette, music-hall. **2.** *(Péj.)* **Bouge**, boui-boui *(fam.)*, gargote.

CABINET ✦ SYN. **1.** Agence, *bureau*, étude, studio. **2.** Conseil des ministres, *gouvernement*, ministère. **3.** *(Cabinet d'aisances)* Toilettes.

CÂBLE ✦ SYN. **1.** Cordage, corde, *fil*, filin. **2.** Câblodistribution.

CABOCHE ✦ SYN. **1.** *(Fam.)* Cerveau, cervelle, *tête*. **2.** Clou.

CABOSSER ✦ SYN. *Bosseler*, bossuer, déformer. ✦ ANT. Aplanir, aplatir, débosseler, niveler.

CABOTIN ✦ SYN. Acteur, cabot, comédien, 'fat, hâbleur, histrion, hypocrite, m'as-tu-vu, prétentieux, *snob*. ✦ ANT. Naturel, sincère, touchant.

CABOTINAGE ◇ V. **Affectation**

CABRER (SE) ✦ SYN. **1.** Se dresser. **2.** Se braquer, se buter, s'emporter, s'entêter, s'insurger, s'irriter, s'obstiner, s'opiniâtrer, s'opposer, protester, regimber, se raidir, se rebiffer, *se révolter*. ✦ ANT. **1.** S'asseoir. **2.** Céder, s'amollir, se laisser convaincre, obéir, se soumettre.

CABRIOLE ◇ V. **Pirouette**

CACHE ◇ V. **Cachette**

CACHÉ ✦ SYN. **1.** Dérobé, *dissimulé*, feint, furtif, masqué, voilé. **2.** *Clandestin*, défendu, illicite, interlope, prohibé, sournois, souterrain, subreptice. **3.** *Invisible*, larvé, latent. **4.** Énigmatique, ésotérique, impénétrable, *mystérieux*, obscur, occulte, sibyllin. **5.** Confidentiel, inavoué, intime, *secret*. **6.** *Anonyme*, incognito, inconnu. **7.** *Enfoui*, profond. ✦ ANT. **1.** Découvert, démasqué, dévoilé, divulgué. **2.** Autorisé, licite, permis. **3.** Apparent, flagrant, manifeste, visible. **4.** Clair, évident, facile, simple. **5.** Accessible, avoué, ouvert, public. **6.** Connu, notoire, révélé. **7.** Au grand jour, déterré.

CACHER ✦ SYN. ▷ V. tr. **1.** Abriter, camoufler, celer, couvrir, *dissimuler*, enfermer, enfouir, enterrer, envelopper, masquer, planquer *(fam.)*, sceller. **2.** Boucher (la vue), éclipser, intercepter, obscurcir, *obstruer*. **3.** Déguiser, étouffer *(fig.)*, farder, feindre, maquiller, pallier, simuler, *taire*, voiler. ▷ V. pr. **4.** Se blottir, *se dérober*, disparaître, éviter, fuir, se nicher, se pelotonner, se réfugier, se soustraire, se tapir, se terrer. ✦ ANT. **1.** Afficher, arborer, déceler, découvrir, déplier, desceller, étaler, exhiber, exposer, manifester, montrer, produire. **2.** Dégager, éclairer, laisser passer, laisser voir. **3.** Avouer, dévoiler, divulguer, exprimer, extérioriser, révéler. **4.** Apparaître, se montrer, paraître.

CACHET ✦ SYN. **1.** Empreinte, estampille, poinçon, *sceau*, scellé, tampon, timbre. **2.** Caractère, griffe, marque, *originalité*, patte, signe distinctif. **3.** *(Artiste)* **Rétribution**, salaire. **4.** *Capsule*, comprimé, dragée *(pharm.)*, gélule, linguette, pastille, pilule.

CACHETER ✦ SYN. Cirer, coller, estampiller, fermer, plomber, poinçonner, *sceller*, tamponner, timbrer. ✦ ANT. Décacheter, déplier, desceller, ouvrir.

CACHETTE ✦ SYN. 1. Abri, antre, asile, cache *(n.)*, coin, *lieu sûr*, planque *(fam.)*, refuge, repaire, repli, retraite, tanière, terrier. 2. *(Québ.)* Cache-cache. 3. *(En cachette)* À la dérobée, clandestinement, discrètement, furtivement, incognito, *secrètement*, sous cape, subrepticement. ✦ ANT. 1-2. Découverte, exposition. 3. À découvert, au vu et au su, clairement, franchement, ouvertement.

CACHOT ✦ SYN. Bagne, cellule, geôle, pénitencier, *prison*, taule *(fam.)*, violon *(fam.)*.

CACHOTTERIE, CACHOTTIER ◇ V. Secret

CACOPHONIE ✦ SYN. Bruit, charivari, confusion, désaccord, *discordance*, dissonance, tapage, tintamarre. ✦ ANT. Accord, cadence, consonance, harmonie, régularité.

CACOPHONIQUE ◇ V. Discordant
CADAVÉRIQUE ◇ V. Pâle
CADAVRE ◇ V. Mort
CADEAU ✦ SYN. Avantage, *don*, donation, dot, étrennes, faveur, gratification, largesse, libéralité, manne, offrande, pourboire, présent, prix, récompense, souvenir, surprise.

CADENAS ◇ V. Fermeture
CADENASSER ◇ V. Fermer
CADENCE ◇ V. Rythme
CADENCER ◇ V. Rythmer
CADRE ✦ SYN. 1. *Bordure*, chambranle, châssis, encadrement. 2. Ambiance, contexte, décor, *entourage*, environnement, milieu, paysage. 3. *(Pl.)* Bornes, contraintes, *limites*. 4. *(Pers.)* Administrateur, directeur, *dirigeant*, employeur, gestionnaire, patron. ✦ ANT. 4. Employé, subalterne.

CADRER ✦ SYN. S'accorder, s'assortir, coïncider, *concorder*, convenir, corres-

pondre, s'harmoniser. ✦ ANT. Contredire, déparer, détonner, jurer avec, s'opposer.

CADUC ✦ SYN. 1. Abandonné, décrépit, dégradé, *usé*. 2. Démodé, *désuet*, inactuel, périmé, poussiéreux *(fig.)*, suranné, vétuste. 3. *(Dr.)* *Annulé*, nul. 4. *(Pl., feuilles)* Décidues, non persistantes. ✦ ANT. 1. Amélioré, rafraîchi, réparé, restauré. 2. Actuel, à la mode, frais, jeune, moderne, neuf, nouveau, récent, usuel. 3. Valable, valide. 4. Persistantes.

CADUCITÉ ✦ SYN. 1. Décrépitude, *désuétude*, vétusté. 2. *(Dr.)* Invalidité, *nullité*. ✦ ANT. 1. Actualité, nouveauté. 2. Validité.

CAFARD ✦ SYN. 1. *Blatte*, cancrelat, coquerelle *(québ.)*. 2. *(Fam.)* *Délateur*, dénonciateur, espion, mouchard *(fam.)*, rapporteur. 3. Blues *(fam.)*, déprime, mélancolie, spleen, *tristesse*. ✦ ANT. 2. Discret, franc, loyal. 3. Entrain, gaieté, optimisme.

CAFÉ ◇ V. Cabaret
CAFÉTÉRIA ◇ V. Cantine
CAFOUILLAGE, CAFOUILLIS ◇ V. Confusion
CAFOUILLER ◇ V. Embrouiller
CAGE ✦ SYN. 1. Enceinte, épinette, *loge*, mue, niche, nichoir, tournette, volière. 2. Ménagerie. 3. *(Fam.)* Prison.
CAHIER ✦ SYN. Agenda, album, blocnotes, calepin, *carnet*, livret, registre.
CAHOT ◇ V. Secousse
CAHOTER ✦ SYN. ▷ V. tr. 1. Agiter, ballotter, bringuebaler, *secouer*. 2. Éprouver, *malmener*, tourmenter. ▷ V. intr. 3. Tressauter. ✦ ANT. 1. Apaiser, stabiliser, tranquilliser. 2. Choyer, épargner. 3. Immobiliser.
CAHOTEUX ◇ V. Inégal
CAILLER ✦ SYN. Coaguler, condenser, durcir, épaissir, *figer*, grumeler, solidifier. ✦ ANT. Éclaircir, liquéfier, vaporiser.
CAILLOT ✦ SYN. 1. Flocon, *grumeau*. 2. *(Caillot de sang)* Thrombus.
CAILLOU ✦ SYN. 1. Caillasse *(fam.)*, cailloutis, galet, gravier, pierraille, *pierre*, roche *(québ.)*. 2. *(Fam.)* Tête.
CAISSE ✦ SYN. 1. *Boîte*, boîtier, cageot, carrosserie *(autom.)*, coffre, coffret, colis,

emballage, malle. 2. Cagnotte, *coffre-fort*, tirelire. 3. Bureau, comptabilité, *guichet*. 4. *Actif*, encaisse, trésorerie.

CAJOLER ◇ v. Caresser

CAJOLEUR ◇ v. Câlin

CAJOLERIE ◇ v. Caresse

CAL ✦ SYN. Callosité, *cor*, corne, durillon, œil-de-perdrix, oignon.

CALAMITÉ ✦ SYN. 1. Cataclysme, **catastrophe**, désastre, désolation, fatalité, fléau, infortune, malédiction, malheur, revers, sinistre. 2. *(Fam.)* Contrariété, désagrément, **ennui**. ✦ ANT. 1. Bénédiction, bonheur, chance, félicité. 2. Agrément, joie, plaisir.

CALCINER ✦ SYN. *Brûler*, carboniser, dessécher, griller, torréfier. ✦ ANT. Éteindre, geler, glacer, refroidir.

CALCUL ✦ SYN. 1. Appréciation, compte, computation, **estimation**, évaluation, prévision, supputation. 2. Dessein, plan, *projet*, stratégie, tactique. 3. *(Péj.)* **Arrière-pensée**, manigance, menées, préméditation, stratagème. 4. *(Méd.)* Lithiase, **pierre**. ✦ ANT. 1. Dépréciation, exagération, imprévoyance, mésestimation. 2. Improvisation, laisser-faire. 3. Franchise, spontanéité.

CALCULATEUR ◇ v. Intéressé

CALCULER ✦ SYN. 1. Chiffrer, **compter**. 2. Apprécier, déterminer, *estimer*, établir, évaluer, jauger, mesurer, peser, toiser. 3. Arranger, combiner, concerter, préméditer, *prévoir*, réfléchir, supputer. ✦ ANT. 2. Déprécier, exagérer, mésestimer. 3. Improviser, se tromper.

CALEÇON ◇ v. Culotte

CALEMBREDAINES ◇ v. Sornettes

CALENDRIER ✦ SYN. Agenda, almanach, annuaire, *chronologie*, échéancier, emploi du temps, éphéméride, ordo, programme.

CALEPIN ◇ v. Carnet

CALER ✦ SYN. ▷ *V. intr.* 1. *S'arrêter*, s'immobiliser. 2. *(Québ.)* Couler, *s'enfoncer*, s'enliser. 3. *(Québ.)* *Se dégarnir*, perdre ses cheveux. ▷ *V. tr.* 4. Appuyer, assujettir, enfoncer, *fixer*, stabiliser. 5. *(Québ.)* Boire rapidement, *lamper*. ▷ *V. pr.* 6. *(Fauteuil)* S'as-

seoir, se carrer, *s'installer*. ✦ ANT. 1. Démarrer, se mettre en marche, se mouvoir. 2. Émerger, s'extirper, sortir. 3. Pousser. 4. Décaler, dégager, enlever, perdre (son appui), retirer. 5. Boire lentement, siroter. 6. Se dresser, se tenir droit.

CALFEUTRER ✦ SYN. ▷ *V. tr.* 1. *Boucher*, colmater, fermer. ▷ *V. pr.* 2. *S'enfermer*, se murer. ✦ ANT. 1. Aérer, déboucher, dégager, ouvrir. 2. Sortir.

CALIBRE ✦ SYN. 1. Capacité, catégorie, diamètre, *dimension*, format, grandeur, grosseur, taille, volume. 2. Étalon, jauge, *mesure*. 3. *(Fam.)* Acabit *(péj.)*, classe, **envergure**, espèce, genre, importance, qualité.

CALIBRER ✦ SYN. Classer, étalonner, évaluer, graduer, jauger, *mesurer*, régler. ✦ ANT. Déclasser, dérégler, excéder.

CALICE ✦ SYN. 1. *Coupe*, vase. 2. *(Fig.)* Affliction, amertume, douleur, *épreuve*, malheur. 3. *(Fleur)* Sépales. ✦ ANT. 2. Allégresse, béatitude, bonheur, joie.

CÂLIN ✦ SYN. ▷ *Adj.* 1. Affectueux, cajoleur, *caressant*, doux, enjôleur, fin, mignard, tendre. ▷ *Nom* 2. Cajolerie, câlinerie, *caresse*, chatterie, mamours *(fam.)*, mignardise, tendresse. ✦ ANT. 1. Bourru, brutal, détestable, indifférent, rogue, rude. 2. Brutalité, indifférence, rudesse.

CÂLINER ◇ v. Caresser

CALLOSITÉ ◇ v. Cal

CALMANT ✦ SYN. Adoucissant, analgésique, anesthésique, *apaisant*, consolant, lénifiant, lénitif, narcotique, rafraîchissant, rassurant, relaxant, reposant, sédatif, tranquillisant. ✦ ANT. Agaçant, caustique, excitant, irritant, stimulant, tonique.

CALME ✦ SYN. ▷ *Nom* 1. *Accalmie*, bonace, éclaircie, embellie. 2. Apaisement, détente, ordre, paix, quiétude, rémission, repos, silence, *tranquillité*. 3. Assurance, douceur, flegme, impassibilité, maîtrise de soi, mansuétude, modération, patience, placidité, sang-froid, *sérénité*. ▷ *Adj.* 4. Paisible, silencieux, *tranquille*. 5. Détendu, doux, flegmatique, impassible, maître de soi, paisible, placide, pondéré, posé, quiet, rassis, réfléchi, *serein*, zen *(fam.)*. ✦ ANT.

1. Intempérie, ouragan, tempête. 2. Agitation, animation, bruit, crise, désordre, guerre, tumulte. 3. Ardeur, crainte, émoi, impatience, inquiétude, irritabilité, nervosité, surexcitation, trouble. 4. Agité, animé, bruyant, tumultueux. 5. Ardent, ému, exalté, excité, impatient, inquiet, irrité, nerveux, tourmenté, troublé.

CALMER ◆ SYN. ▷ V. tr. 1. Adoucir, alléger, assouvir, *atténuer*, endormir, modérer, tempérer, soulager. 2. Amadouer, apaiser, consoler, désénerver, détendre, dompter, maîtriser, pacifier, radoucir, rasséréner, rassurer, *tranquilliser*. ▷ V. pr. 3. S'adoucir, s'assoupir *(fig.)*, *s'atténuer*, s'estomper, s'éteindre. 4. S'apaiser, s'assagir, *se contenir*, se détendre, reprendre ses esprits, se rasséréner, se ressaisir. ◆ ANT. 1. Accentuer, aggraver, aviver, envenimer, exacerber, intensifier. 2. Affoler, agiter, apeurer, effaroucher, énerver, exaspérer, exciter, irriter, inquiéter, tourmenter, troubler. 3. S'aggraver, s'envenimer, s'intensifier. 4. Se déchaîner, s'emporter, s'énerver, s'inquiéter.

CALOMNIE ◆ SYN. Accusation, attaque, dénigrement, détraction, *diffamation*, insinuation, mensonge, ragots. ◆ ANT. Apologie, défense, éloge, panégyrique, rétractation.

CALOMNIER ◆ SYN. Accuser, attaquer, baver sur *(fam.)*, cracher sur *(fam.)*, déblatérer, décrier, dénigrer, *diffamer*, discréditer, flétrir, insinuer, noircir, salir. ◆ ANT. Défendre, encenser, estimer, glorifier, honorer, innocenter, laver (d'une calomnie), louer, vanter.

CALOMNIEUX ◆ SYN. Diffamant, *diffamatoire*, faux, inique, injurieux, injuste, méchant, venimeux. ◆ ANT. Bienveillant, élogieux, juste, sincère, vrai.

CALOTTE ◆ SYN. 1. *Bonnet* (ecclésiastique), kippa. 2. *Coupole*, dôme, voûte. 3. Hémisphère, *pôle*. 4. *(Calotte glaciaire, polaire)* Couche ou épaisseur de glace.

CALQUE ◆ SYN. 1. Copie, décalque, duplicata, *reproduction*. 2. Démarquage, imitation, pastiche, *plagiat*. 3. *(Ling.)* Emprunt,

traduction (littérale). ◆ ANT. 1. Modèle, original. 2. Création, innovation, invention. 3. Néologisme.

CALQUER ◆ SYN. 1. Copier, décalquer, *reproduire*. 2. Imiter, *s'inspirer de*, se modeler sur. 3. Pasticher, *plagier*, singer. ◆ ANT. 1. Caractériser, particulariser. 2. Se démarquer, se différencier. 3. Créer, innover, inventer.

CALVAIRE ◇ V. **Supplice**

CAMARADE ◆ SYN. 1. Ami, associé, collègue, *compagnon*, condisciple, confrère, connaissance, copain, égal. 2. *(Appellation)* Citoyen, communiste, *révolutionnaire*, socialiste. ◆ ANT. 1. Adversaire, compétiteur, émule, inconnu, rival. 2. Bourgeois, ennemi du peuple.

CAMARADERIE ◆ SYN. *Amitié*, bonne entente, entraide, familiarité, fraternité, partage, solidarité. ◆ ANT. Antipathie, individualisme, inimitié, rivalité.

CAMBRIOLER ◇ V. **Voler**

CAMBRIOLEUR ◇ V. **Voleur**

CAMBUSE ◇ V. **Taudis**

CAMELOT ◇ V. **Porteur**

CAMELOTE ◆ SYN. *Fam.* 1. Cochonnerie *(fam.)*, marchandise, *pacotille*, saleté, saloperie *(fam.)*, toc *(fam.)*. 2. Came *(fam.)*, *drogue*, stupéfiant. ◆ ANT. 1. Bijou, joyau, objet de valeur, trésor.

CAMIONNEUR ◇ V. **Conducteur**

CAMOUFLER ◇ V. **Dissimuler**

CAMOUFLET ◇ V. **Affront**

CAMP ◆ SYN. 1. *(Armée)* Bivouac, campement, *cantonnement*, quartier. 2. *Camping*, plein air, terrain de camping. 3. *(Camp de vacances, québ.)* Centre de vacances, *colonie de vacances*. 4. *(Prisonniers)* *Camp de concentration*, goulag, stalag. 5. Clan, côté, équipe, faction, gang *(québ., fam.)*, *groupe*, parti.

CAMPAGNARD ◇ V. **Paysan**

CAMPAGNE ◆ SYN. 1. Champs, *nature*, villégiature. 2. Combat, *expédition*, guerre, intervention, opération. 3. Battage (publicitaire), croisade, entreprise, *promotion*, propagande, publicité, sollicitation. ◆ ANT. 1. Ville. 2. Cantonnement, repli, retrait.

CAMPEMENT ◇ v. **Camp**

CAMPER ◆ SYN. ▷ *V. intr.* **1.** Bivouaquer, cantonner, *s'établir*, s'installer, pratiquer le camping, séjourner. ▷ *V. tr.* **2.** *(Position)* *Affermir*, asseoir, consolider, établir, fixer, installer, maintenir, placer, poser. **3.** *(Récit)* Croquer, *esquisser*, tracer vivement. **4.** *(Personnage)* *Interpréter*, jouer. ▷ *V. pr.* **5.** *Se dresser*, se planter droit devant. ◆ ANT. **1.** Déménager, lever le camp, partir. **2.** Affaiblir, céder, reculer. **3.** Bâcler, négliger. **4.** Déformer, dénaturer. **5.** S'abaisser, s'enfuir.

CAMUS ◆ SYN. *(Nez)* *Aplati*, court, écrasé, épaté, plat. ◆ ANT. Aquilin, effilé, long, pointu.

CANAILLE ◆ SYN. ▷ *Nom* **1.** Bandit, *crapule*, fripon, fripouille, ordure, salaud, scélérat, vaurien. ▷ *Adj.* **2.** *(Enfant)* Coquin, *espiègle.* ◆ ANT. **1.** Personne honnête. **2.** Candide, sage.

CANAL ◆ SYN. **1.** Aqueduc, bief, caniveau, chéneau, conduit, égout, gargouille, gouttière, rigole, tranchée, *tuyau*. **2.** *(Cours d'eau)* Bras, chenal, détroit, *passage*, passe. **3.** *(Anat.)* *Conduit*, tube, vaisseau. **4.** Circuit, entremise, filière, intermédiaire, truchement, *voie*.

CANALISER ◆ SYN. Centraliser, *concentrer*, diriger, grouper, orienter, réunir. ◆ ANT. Disperser, éparpiller.

CANAPÉ ◆ SYN. **1.** *Causeuse*, méridienne, ottomane, sofa. **2.** Hors-d'œuvre.

CANARDER ◆ SYN. ▷ *V. tr.* **1.** Chasser, *tirer.* ▷ *V. intr.* **2.** Criailler, *fausser*.

CANCANER ◇ v. **Médire**

CANCANS ◇ v. **Racontars**

CANCRE ◆ SYN. *(Élève)* Fainéant, *nul*, paresseux, poche *(québ., fam.)*. ◆ ANT. Bolé *(québ., fam.)*, doué, fort en thème, premier de classe, studieux.

CANDÉLABRE ◇ v. **Chandelier**

CANDEUR ◆ SYN. Crédulité, franchise, ingénuité, *innocence*, naïveté, pureté, simplicité, sincérité. ◆ ANT. Cynisme, dissimulation, fourberie, hypocrisie, ruse, sournoiserie.

CANDIDAT ◆ SYN. **1.** *Aspirant*, compétiteur, concouriste, concurrent, demandeur, impétrant *(dr.)*, postulant, prétendant, quémandeur, solliciteur. **2.** *(Prix, trophée)* Finaliste, *sélectionné.* ◆ ANT. **1.** Assemblée, électeur, élu, jury, votant. **2.** Gagnant, lauréat, vainqueur.

CANDIDE ◆ SYN. Crédule, franc, ingénu, *innocent*, naïf, naturel, pur, simple, sincère. ◆ ANT. Cynique, faux, fourbe, hypocrite, retors, rusé, sournois, vicieux.

CANEVAS ◆ SYN. **1.** *(Broderie)* Toile de fond. **2.** Brouillon, charpente, croquis, *ébauche*, esquisse, essai, maquette, modèle, plan, projet, schéma, squelette, structure, thème. **3.** *(Récit)* Action, intrigue, scénario, *trame*.

CANNE ◆ SYN. **1.** Babine, baguette, *bâton*, crosse, houlette, roseau, stick. **2.** Ligne à pêche. **3.** *Appui*, soutien.

CANNELER ◆ SYN. Graver, rainer, sillonner, *strier*. ◆ ANT. Lisser, niveler, polir, unir.

CANNELURE ◆ SYN. Gorge, moulure, rainure, sillon, *strie*.

CANNIBALE ◆ SYN. **1.** Anthropophage. **2.** *Barbare*, cruel, féroce, ogre, sadique, sanguinaire. ◆ ANT. **2.** Civilisé, doux, humain.

CANON ◆ SYN. **1.** *Artillerie*, batterie, mortier, obusier. **2.** *(Égl.)* Décret, discipline, ligne de conduite, loi, norme, précepte, *règle*. **3.** Archétype, critère, idéal, *modèle*, parangon, standard, type. **4.** *(Fam.)* Boisson, bouteille, coup, lampée, pot, rasade, *verre* (de boisson).

CANONIQUE ◆ SYN. **1.** Conforme, exact, normatif, obligatoire, *réglementaire*, régulier. **2.** Approuvé, *authentique*, reconnu. **3.** *(Âge)* Avancé, vénérable. ◆ ANT. **1.** Discrétionnaire, facultatif. **2.** Apocryphe, inauthentique. **3.** Moyen.

CANONISER ◆ SYN. Béatifier, glorifier, honorer, *sanctifier*. ◆ ANT. Anathématiser, maudire, réprouver.

CANOT ◆ SYN. *Canoë*, canot d'écorce, rabaska *(québ.)*.

CANTATRICE ♦ SYN. *Chanteuse d'opéra*, diva, dugazon, prima donna.

CANTINE ♦ SYN. *Cafétéria*, mess *(officiers)*, réfectoire, restaurant.

CANTIQUE ♦ SYN. Antienne, *chant* (religieux), hymne, psaume.

CANTONNEMENT ◊ V. Camp

CANTONNER (SE) ◊ V. Confiner

CANULAR ◊ V. Mystification

CAP ♦ SYN. 1. Avancée, bec, pointe, *promontoire*. **2.** Borne, *extrémité*, limite, palier. **3.** *Direction*, orientation. **♦ ANT. 1.** Baie, crique, plage.

CAPABLE ♦ SYN. 1. *Apte à*, fichu de *(fam.)*, habile à, propre à, susceptible de. **2.** Adroit, *compétent*, dégourdi, doué, entendu à, expérimenté, expert, fort, industrieux, ingénieux, intelligent, qualifié, savant, talentueux, versé. **♦ ANT. 1.** Handicapé, impuissant à, inapte à, incapable de. **2.** Endormi, ignorant, incompétent, inapte, incapable, inexpérimenté, inhabile, maladroit, non qualifié, novice, nul.

CAPACITÉ ♦ SYN. 1. *Contenance*, cubage, épaisseur, grosseur, mesure, quantité, profondeur, tonnage, volume. **2.** Aptitude, *compétence*, disposition, étoffe, expérience, faculté, force, génie, habilité, inclination, intelligence, mérite, pouvoir, savoir, science, talent, valeur, vertu. **♦ ANT. 2.** Handicap, ignorance, impéritie, impuissance, inaptitude, incapacité, incompétence, inexpérience, inhabilité, insuffisance, lacune, maladresse, manque.

CAPHARNAÜM ◊ V. Désordre

CAPITAL ♦ SYN. ▷ Nom 1. Actif, argent, avoir, *biens*, épargne, fonds, fortune, investissement, patrimoine, placement, richesse, trésor. **▷ Adj. 2.** Cardinal, central, crucial, décisif, déterminant, dominant, essentiel, *fondamental*, important, majeur, primordial, principal, suprême, vital. **3.** *(Lettre)* Majuscule. **♦ ANT. 1.** Dettes, passif, pauvreté. **2.** Accessoire, dérisoire, infime, insignifiant, marginal, mineur, négligeable, secondaire. **3.** Bas de casse *(typogr.)*, minuscule.

CAPITALISME ♦ SYN. Individualisme, *libre entreprise*, libre marché, loi du marché, propriété privée. **♦ ANT.** Collectivisme, communisme, étatisme, socialisme.

CAPITALISTE ♦ SYN. ▷ Nom 1. Bourgeois, exploiteur *(péj.)*, financier, investisseur, patron, possédant, *possesseur* (de capitaux), riche. **▷ Adj. 2.** *(Régime)* Libéral. **♦ ANT. 1.** Démuni, exploité, force de travail, main-d'œuvre, ouvrier, pauvre, prolétaire. **2.** Communiste, socialiste.

CAPITEUX ♦ SYN. 1. *(Vin)* Alcoolisé, enivrant, exaltant, excitant, *grisant*. **2.** *Affriolant*, attirant, troublant. **♦ ANT. 1.** Apaisant, calmant. **2.** Dégoûtant, rebutant.

CAPITULATION ♦ SYN. 1. Défaite, *reddition*, retraite. **2.** *Abandon*, abdication, cession, renonciation. **♦ ANT. 1.** Résistance, triomphe, victoire. **2.** Intransigeance, maintien, obstination, refus.

CAPITULER ◊ V. Céder

CAPRICE ♦ SYN. 1. Accès, bizarrerie, boutade, chimère, coup de tête, extravagance, *fantaisie*, folie, foucade, frasques, fredaine, humeur, incartade, lubie, marotte, singularité. **2.** *Amourette*, aventure, béguin *(fam.)*, engouement, idylle, passade, toquade *(fam.)*. **▷ Pl. 3.** Anomalies, bizarreries, *changements*, imprévisibilité, revirements, variations, virevoltes. **4.** Désirs, exigences, humeurs, *volontés*. **♦ ANT. 1.** Constance, équanimité, persévérance, raison, sagesse, sérieux, ténacité, volonté. **2.** Amour, fidélité. **3.** Invariabilité, permanence, prévisibilité, stabilité. **4.** Permissivité, refus.

CAPRICIEUX ♦ SYN. 1. Bizarre, extravagant, fantaisiste, *fantasque*, inconstant, inégal, irréfléchi, léger, lunatique, quinteux, versatile. **2.** *(Phénomène)* *Changeant*, imprévisible, instable, irrégulier, variable. **♦ ANT. 1.** Constant, persévérant, raisonnable, sage, tenace. **2.** Invariable, permanent, prévisible, régulier, stable.

CAPTER ♦ SYN. 1. *(Attention)* Attirer, captiver, conquérir, gagner, obtenir, *retenir*, saisir. **2.** *(Ondes, message)* Intercepter, *recevoir*, surprendre. **3.** *Puiser*, tirer. ✦ ANT. **1.** Distraire, éloigner, perdre. **2.** Diffuser, émettre, envoyer. **3.** Déverser, verser.

CAPTIEUX ✦ SYN. Artificieux, enjôleur, fallacieux, insidieux, sophistiqué, spécieux, *trompeur*. ✦ ANT. Correct, droit, franc, loyal, ouvert, sincère, vrai.

CAPTIF ✦ SYN. **1.** Détenu, écroué, *emprisonné*, enchaîné, enfermé, incarcéré, prisonnier, reclus, séquestré. **2.** *Asservi*, attaché, contraint, dominé, esclave. ✦ ANT. **1.** Délivré, élargi, gracié, libéré, relâché, sauvage *(animal)*. **2.** Affranchi, autonome, épanoui, indépendant, libre.

CAPTIVANT ✦ SYN. Absorbant, attachant, attirant, charmant, convaincant, enchanteur, enjôleur, ensorceleur, *fascinant*, intéressant, passionnant, prenant, ravissant, séduisant. ✦ ANT. Banal, ennuyeux, inintéressant, monotone, rebutant, terne.

CAPTIVER ✦ SYN. Accrocher *(fam.)*, attacher, capter, charmer, conquérir, convaincre, électriser, enchanter, enjôler, ensorceler, enthousiasmer, entraîner, *fasciner*, gagner, hypnotiser, intéresser, magnétiser, obnubiler, passionner, plaire, ravir, saisir, séduire, soumettre, subjuguer. ✦ ANT. Ennuyer, laisser indifférent, lasser, rebuter.

CAPTIVITÉ ✦ SYN. **1.** Incarcération, *emprisonnement*, réclusion. **2.** Assujettissement, dépendance, domination, esclavage, fers, joug, *servitude*, sujétion. ✦ ANT. **1.** Élargissement, grâce, libération. **2.** Affranchissement, autonomie, émancipation, indépendance, liberté.

CAPTURE ✦ SYN. **1.** *Arrestation*, coup de filet, descente (policière), prise, rafle, saisie. **2.** *Butin*, conquête, dépouilles, proie, trophée. ✦ ANT. **1.** Délivrance, élargissement, grâce, libération. **2.** Perte.

CAPTURER ◇ V. **Arrêter**

CAQUET, CAQUETAGE ◇ V. **Bavardage**

CAQUETER ◇ V. **Bavarder**

CARACTÈRE ✦ SYN. **1.** Chiffre, écriture, empreinte, graphie, inscription, lettre, sigle, *signe*, symbole. **2.** Attribut, caractéristique, essence, *particularité*, propre

(n.), propriété, qualité, spécificité, trait distinctif. **3.** Cachet, expression, génie, griffe, marque, *originalité*, patte, relief, style. **4.** Complexion, comportement, constitution, idiosyncrasie, individualité, nature, naturel, *personnalité*, tempérament, trempe, type. **5.** *(Qualité)* Courage, *détermination*, énergie, fermeté, ténacité, volonté.

CARACTÉRISER ◇ V. **Déterminer**

CARACTÉRISTIQUE ✦ SYN. ▷ *Adj.* **1.** Déterminant, distinctif, essentiel, original, *particulier*, personnel, propre, remarquable, représentatif, spécifique, symptomatique, typique. ▷ *Nom* **2.** Attribut, caractère, indice, marque, *particularité*, propriété, qualité, signe, trait distinctif, valeur. ✦ ANT. **1.** Banal, inférieur, insignifiant, médiocre, négligeable, quelconque.

CARAVANE ✦ SYN. **1.** Défilé, *file*, groupe, succession, suite. **2.** Autocaravane, remorque, *roulotte* (de camping), tente-caravane, tente-roulotte *(québ.)*.

CARBONISER ◇ V. **Brûler**

CARBURANT ◇ V. **Combustible**

CARCAN ◇ V. **Contrainte**

CARDINAL ◇ V. **Principal**

CARÊME ◇ V. **Jeûne**

CARENCE ◇ V. **Insuffisance**

CARESSANT ◇ V. **Aimant**

CARESSE ✦ SYN. Accolade, *attouchement*, baiser, cajolerie, câlinerie, chatterie, contact, effleurement, embrassement, étreinte, frôlement, mamours *(fam.)*, pression, tendresse. ✦ ANT. Brutalité, coup, rudesse, sévices.

CARESSER ✦ SYN. **1.** Bichonner *(fam.)*, bouchonner *(fam.)*, *cajoler*, câliner, chouchouter *(fam.)*, choyer, couver, dorloter, materner, mitonner, pouponner. **2.** Chatouiller, effleurer, embrasser, enlacer, étreindre, flatter, frôler, presser, serrer, *toucher*. **3.** *(Projet)* Se complaire dans, *entretenir*, nourrir, ressasser. ✦ ANT. **1-2.** Battre, brutaliser, frapper, malmener, maltraiter, repousser, rudoyer, secouer. **3.** Exécuter, réaliser.

CARGAISON ◇ V. **Charge**

CARICATURE ◆ SYN. **1.** *Dessin* (humoristique), effigie, fantaisie, peinture. **2.** Charge, déformation, imitation, *parodie*, pastiche, satire, simulacre. ◆ ANT. **1.** Autoportrait, portrait d'artiste. **2.** Idéalisation.

CARICATURER ◆ SYN. Altérer, charger, contrefaire, défigurer, exagérer, *parodier*, railler, ridiculiser. ◆ ANT. Embellir, idéaliser, respecter.

CARILLONNER ◆ SYN. **1.** *Sonner*, teinter. **2.** Annoncer, claironner, *clamer* (haut et fort), proclamer, publier.

CARNAGE ◇ V. **Massacre**

CARNAVAL ◆ SYN. Amusement, célébrations du Mardi gras, défilé, déguisement, *divertissement*, mascarade. ◆ ANT. Austérité, carême, jeûne, pénitence, recueillement.

CARNET ◆ SYN. Agenda, bloc-notes, cahier, *calepin*, chéquier, journal, livret, mémento, mémorandum, notes, registre, répertoire.

CARRÉ ◆ SYN. ▷ Nom **1.** Carreau, case, *quadrilatère*, quadrillage. **2.** (Dans un ensemble) Bout, coin, cube, dé, *morceau*, portion. ▷ Adj. **3.** *Droit*, ferme, franc, loyal, net, sincère, tranché. ◆ ANT. **1.** Cercle, rond. **2.** Totalité. **3.** Circonspect, hésitant, réticent, rusé, trompeur.

CARREAU ◆ SYN. **1.** Croisée, fenêtre, glace, *vitre*, vitrine. **2.** (Pl.) Carrelage, dallage, dalles, pavage, pavés, *revêtement*.

CARREFOUR ◆ SYN. **1.** Bifurcation, bretelle, coin (de rue), croisée des chemins, *croisement*, échangeur, embranchement, étoile, fourche, intersection, jonction, nœud (routier), point de jonction, rond-point. **2.** Colloque, congrès, forum, rencontre, *réunion*, séminaire, symposium.

CARRIÈRE ◆ SYN. **1.** *Mine*, minière. **2.** Cheminement, curriculum vitæ, état, expérience, métier, occupation, *profession*, situation. **3.** *Avenir*, destinée, voie.

CARRIÉRISTE ◇ V. **Arriviste**

CARROSSABLE ◇ V. **Praticable**

CARTEL ◆ SYN. Association, *concen-*

tration, consortium, entente, holding, société, trust.

CARTOUCHE ◇ V. **Projectile**

CAS ◆ SYN. **1.** Circonstance, conjoncture, *événement*, exemple, lieu, matière, moment, occasion, occurrence, possibilité, situation. **2.** (Dr.) Action, affaire, *cause*, crime, délit, fait, procès.

CASANIER ◆ SYN. Pantouflard (fam.), pot-au-feu (fam.), *sédentaire*, solitaire. ◆ ANT. Bohème, globe-trotter, nomade, voyageur.

CASCADE ◆ SYN. **1.** Cascatelle, cataracte, *chute*, fontaine, rapides. **2.** (Événements) Avalanche, déferlement, dégringolade, rebondissement, saccade, série, *succession*, suite. **3.** Acrobatie, culbute, pirouette, *saut périlleux*, voltige.

CASCADEUR ◆ SYN. (Doublure, cinéma) Acrobate, *casse-cou*, risque-tout.

CASE ◆ SYN. **1.** *Cabane*, hutte, paillote. **2.** Casier, cellule, *compartiment*, division, tranche (horaire).

CASEMATE ◆ SYN. Abri, blockhaus, *bunker*, fortin.

CASER ◆ SYN. ▷ V. tr. **1.** Fourrer (fam.), mettre, placer, *ranger*. **2.** (Poste, situation) *Établir*, placer, pourvoir. ▷ V. pr. **3.** Se trouver un poste. **4.** (Fam.) Se marier. ◆ ANT. **1.** Enlever, ôter, retirer. **2.** Perdre, quitter, remplacer. **3.** Chercher un poste. **4.** Rester célibataire.

CASERNE ◆ SYN. *Baraquement*, cantonnement, casernement, garnison, quartier.

CASIER ◆ SYN. **1.** Case, classeur, *compartiment*, fichier, tiroir. **2.** Dossier (fiscal, judiciaire). **3.** (Crustacés) Nasse.

CASQUE ◆ SYN. **1.** (Anciennement) Armet, *armure*, bassinet, bourguignotte, cabasset, heaume, morion, salade. **2.** Calotte, chapeau, *coiffure*, séchoir (à cheveux).

CASQUÉ ◆ SYN. *Coiffé*, couvert. ◆ ANT. Décoiffé, découvert.

CASSANT ◆ SYN. **1.** *Cassable*, fragile. **2.** (Ton) Absolu, *autoritaire*, bourru, brusque, dur, impérieux, inflexible, insolent, intransigeant, péremptoire, rigide, sec, tranchant. ✦ ANT. 1. Flexible, pliant, résistant, solide. 2. Délicat, doux, flatteur, indulgent, melliflu, onctueux, patelin, tendre.

CASSE ◇ V. **Grabuge**

CASSÉ ✦ SYN. 1. *(Os)* **Brisé**, fracturé, rompu. 2. *(Corps)* Courbé, plié, **voûté**. 3. *(Québ.)* Démuni, **fauché**, misérable, pauvre, sans-le-sou. 4. *(Voix)* Éraillé, **rauque**, rocailleux. ✦ ANT. 1. Réduit *(méd.)*, réparé, soudé. 2. Droit. 3. Argenté *(fam.)*, fortuné, riche. 4. Clair, doux.

CASSE-COU ✦ SYN. 1. Audacieux, aventureux, cascadeur, casse-gueule *(fam.)*, hardi, imprudent, kamikaze *(fig.)*, risque-tout, **téméraire**, trompe-la-mort. 2. **Danger**, péril, risque. ✦ ANT. 1. Craintif, prudent, réfléchi, timoré. 2. Sécurité, sûreté.

CASSE-CROÛTE ✦ SYN. 1. **Collation**, encas, goûter, lunch. 2. *(Québ.)* Restaurant, **snack-bar**.

CASSER ✦ SYN. ▷ *V. tr.* 1. Abîmer, **briser**, broyer, concasser, déchirer, détériorer, détruire, disloquer, fêler, fendre, fissurer, fracasser, fracturer, rompre. 2. *(Dr.)* Abolir, **abroger**, annuler, infirmer, rejeter, révoquer. 3. Congédier, démettre, **destituer**, limoger, renvoyer, révoquer. ▷ *V. intr. et pr.* 4. Céder, *se briser*, rompre. ✦ ANT. 1. Arranger, raccommoder, recoller, réduire *(méd.)*, réparer, souder. 2. Confirmer, ratifier, valider. 3. Couronner, nommer, promouvoir, réintégrer. 4. Résister, tenir bon.

CASSURE ✦ SYN. 1. Brèche, **brisure**, crevasse, débris, déchirure, destruction, disjonction, dislocation, faille, fêlure, fente, fissure, fracture, lézarde. 2. *(Fig.)* Coupure, **rupture**, séparation. ✦ ANT. 1. Raccommodage, recollage, réduction *(méd.)*, réparation, restauration, soudure. 2. Rapprochement, réconciliation, union.

CASTE ✦ SYN. 1. Catégorie, classe, condition, **rang**, statut. 2. **Clan**, famille, groupe, milieu.

CASTRER ◇ V. **Émasculer**

CASUEL ✦ SYN. ▷ *Adj.* 1. Accidentel, contingent, **éventuel**, fortuit, incertain, occasionnel. ▷ *Nom* 2. Appoint, avantage,

commission, gain, prime. ✦ ANT. 1. Assuré, certain, invariable, sûr. 2. Fixe *(n.)*, revenu stable, salaire.

CATACLYSME ✦ SYN. 1. **Bouleversement**, calamité, catastrophe, cyclone, déluge, désastre, dévastation, éruption volcanique, fléau, glissement de terrain, inondation, ouragan, raz de marée, séisme, sinistre, tornade, tremblement de terre, tsunami. 2. Apocalypse, **chaos**, convulsions, crise, guerre, perturbation, révolution, troubles. ✦ ANT. 1. Beau fixe, calme, tranquillité. 2. Harmonie, paix, stabilité.

CATALOGUE ✦ SYN. 1. Dénombrement, énumération, état, inventaire, **liste**, mémoire, nomenclature, relevé, répertoire, rôle. 2. Bibliographie, collection, **fichier**, index, table.

CATARACTE ✦ SYN. 1. Cascade, cascatelle, **chute** (d'eau). 2. Averse, déluge, ondée, **pluie** (torrentielle), trombe.

CATASTROPHE ✦ SYN. 1. Accident, bouleversement, calamité, cataclysme, coup du sort, **désastre**, drame, fléau, infortune, malédiction, malheur, ruine, sinistre, tragédie. 2. **Échec**, flop *(fam.)*, insuccès, revers. ✦ ANT. 1. Bénédiction, bienfait, bonheur, chance, fortune, paix. 2. Réussite, succès, triomphe.

CATASTROPHIQUE ◇ V. **Désastreux**

CATÉCHISER ◇ V. **Prêcher**

CATÉCHISME ◇ V. **Dogme**

CATÉGORIE ◇ V. **Genre**

CATÉGORIQUE ✦ SYN. 1. Impératif. 2. Absolu, affirmatif, clair, décidé, explicite, ferme, formel, franc, impérieux, **indiscutable**, net, péremptoire, précis, résolu, tranchant, volontaire. ✦ ANT. 1. Hypothétique. 2. Ambigu, confus, embrouillé, énigmatique, équivoque, évasif, fuyant, hésitant, imprécis, incertain, mystérieux.

CAUCHEMAR ✦ SYN. Angoisse, délire, hallucination, hantise, **mauvais rêve**, obsession, peur, tourment. ✦ ANT. Assurance, calme, confiance, réalité, sérénité.

CAUCHEMARDESQUE (CAUCHEMAR-DEUX) ◇ V. **Effrayant**

CAUCUS ♦ SYN. **1.** *(Polit., québ.)* Concilia-bule, conversation, discussion, entretien, *huis clos*, pourparlers, rencontre, réunion. **2.** *(Football)* Réunion stratégique.

CAUDATAIRE ♦ SYN. **1.** *(Cérémonie)* Porte-queue, *suivant*. **2.** Adulateur, *flatteur*, obséquieux, servile. ♦ ANT. **2.** Franc, indé-pendant, sincère.

CAUSANT ◇ V. **Communicatif**

CAUSE ♦ SYN. **1.** *(Ch.)* Agent, base, explica-tion, facteur, fondement, germe, moteur, moyen, occasion, *origine*, pourquoi, prin-cipe, source. **2.** *(Pers.)* Agent, *auteur*, centre, créateur, inspirateur, instigateur, promo-teur, responsable. **3.** *But*, considération, fin, finalité, intention, mobile, motif, objet, prétexte, raison, sens, sujet. **4.** *(Dr.)* *Affaire*, cas, dossier, litige, poursuite, procès. **5.** *(Parti)* *Idéal*, intérêt supérieur, obligation morale, solidarité. ♦ ANT. **1.** Con-séquence, effet, résultat. **2.** Détracteur, opposant. **3.** Entrave, frein, obstacle. **4.** Non-lieu, règlement à l'amiable. **5.** Égo-ïsme, individualisme.

CAUSER ♦ SYN. ▷ V. tr. **1.** Amener, appor-ter, attirer, déclencher, déterminer, entraî-ner, exciter, faire, fomenter, inspirer, motiver, occasionner, *produire*, provo-quer, soulever, susciter. ▷ V. intr. **2.** Bavarder, conférer avec, *converser*, deviser, discu-ter, s'entretenir, parler. **3.** Cancaner, *jaser*, médire. ♦ ANT. **1.** Dériver, procéder de, tenir de, venir de. **2.** Monologuer, se taire, se tenir coi. **3.** Tenir sa langue.

CAUSERIE ♦ SYN. **1.** Bavardage, causette *(fam.)*, *conversation*, dialogue, entretien. **2.** Allocution, *conférence*, discours.

CAUSETTE ◇ V. **Conversation**

CAUSEUR ♦ SYN. **1.** Bavard, *beau par-leur*, phraseur. **2.** *Causant (fam.)*, loquace, parlant. ♦ ANT. **1.** Discret, réservé. **2.** Con-centré, secret, taciturne.

CAUSEUSE ◇ V. **Canapé**

CAUSTIQUE ♦ SYN. **1.** *(Produit)* Acide, brûlant, corrodant, *corrosif*, cuisant, irri-tant. **2.** Acerbe, aigre, moqueur, *mordant*, narquois, piquant, poignant, sarcasti-que, satirique. ♦ ANT. **1.** Doux, inoffensif.

2. Affable, bienveillant, indulgent, louan-geur.

CAUTELEUX ◇ V. **Hypocrite**

CAUTION ♦ SYN. **1.** Assurance, aval, cautionnement, dépôt, gage, *garantie*, sûreté. **2.** *(Pers.)* Accréditeur, endosseur, garant, otage, *répondant*, témoin. **3.** Appui, aval, parrainage, patronage, protection, *soutien*.

CAUTIONNER ♦ SYN. **1.** Avaliser, *garan-tir*, répondre de. **2.** Approuver, appuyer, endosser, parrainer, patronner, *soutenir*. ♦ ANT. **1.** Dénoncer, désavouer, refuser. **2.** Combattre, condamner, désapprouver.

CAVALCADE ♦ SYN. **1.** *Chevauchée*, dé-filé (de cavaliers), déplacement continuel. **2.** *(Fam.)* Agitation, *bousculade*.

CAVALE ◇ V. **Fuite**

CAVALER ◇ V. **Fuir**

CAVALIER ♦ SYN. ▷ Nom **1.** Amazone *(femme)*, *chevalier*, écuyer, jockey. **2.** *(Soldat à cheval)* Carabinier, cosaque, *dragon*, hus-sard. **3.** *(Québ.)* *Amoureux*, chevalier ser-vant, galant, petit ami. **4.** *Danseur*, parte-naire. ▷ Adj. **5.** Brusque, désinvolte, hardi, hautain, *impertinent*, inconvenant, inso-lent, leste, irrespectueux. ♦ ANT. **1.** Piéton. **2.** Fantassin. **3.** Rival. **5.** Affable, courtois, déférent, poli, respectueux.

CAVE ♦ SYN. **1.** *Caveau*, excavation, sous-sol, souterrain. **2.** *Cellier*, chai, cuvier. **3.** Boîte à chansons *(québ.)*, *cabaret*, café. **4.** *(Cartes)* Enjeu, *mise*. ♦ ANT. **1.** Comble, grenier, toit.

CAVEAU ♦ SYN. **1.** *Cave*, cellier. **2.** Boîte à chansons *(québ.)*, *cabaret*, café. **3.** Colum-barium, crypte, niche funéraire, sépulcre, *tombeau*.

CAVERNE ♦ SYN. **1.** Cavité, *grotte*. **2.** An-tre, cachette, *repaire*, retraite, souterrain, tanière, terrier, trou.

CAVERNEUX ♦ SYN. **1.** *Creux*, troué, vide. **2.** Bas, creux, *grave*, profond, sépul-cral, sourd. ♦ ANT. **1.** Plein, saillant. **2.** Aigu, clair, éclatant, haut, perçant.

CAVITÉ ♦ SYN. Alvéole, anfractuosité, caverne, creux, crevasse, enfoncement, excavation, fosse, gouffre, niche, orbite (*œil*), poche, puits, **trou**, vide. ◆ ANT. Ados, bosse, butte, élévation, éminence, mont, pic, protubérance, saillie, talus, tertre.

CÉCITÉ ◆ SYN. 1. *(Méd.) Amaurose*, amblyopie. 2. *Aveuglement*, inconscience. ◆ ANT. 1. Perception, vision. 2. Clairvoyance, conscience.

CÉDER ◆ SYN. ▷ *V. tr.* 1. Abandonner, concéder, *donner*, laisser, livrer, rétrocéder, transférer, transmettre, vendre. ▷ *V. tr. ind.* 2. Acquiescer, *consentir*, déférer, s'incliner, obéir, se résigner, se soumettre. ▷ *V. intr.* 3. Abdiquer, *capituler*, démissionner, s'écraser *(fam.)*, flancher *(fam.)*, fléchir, lâcher, plier, se rendre, renoncer, succomber. 4. *(Ch.)* S'affaisser, casser, ployer, *rompre*, tomber. ◆ ANT. 1. Conserver, garder, retenir, tenir. 2. Refuser, tenir tête. 3. S'opposer, repousser, résister, se révolter, tenir bon, triompher. 4. Se redresser, résister.

CEINDRE ◆ SYN. 1. *Attacher*, orner, revêtir. 2. Auréoler, clôturer, couronner, encercler, enclore, enfermer, *entourer*, envelopper, environner, palissader, renfermer. ◆ ANT. 1. Dépouiller, détacher, dévêtir. 2. Dégager, libérer, relâcher.

CEINTURE ◆ SYN. 1. *Bande*, bandelette, baudrier, ceinturon, cordelière, écharpe. 2. *Taille*, tour de hanches. 3. *Encadrement*, enceinte, entourage. 4. *Banlieue*, couronne, zone.

CÉLÉBRATION ◇ v. Cérémonie

CÉLÈBRE ◆ SYN. 1. Classique, connu, éminent, fameux, glorieux, historique, illustre, immortel, inoubliable, légendaire, notoire, populaire, prestigieux proverbial, reconnu, *renommé*, réputé. 2. *(Tristement célèbre)* De triste mémoire, malfaisant, *sinistre*. ◆ ANT. 1. Caché, ignoré, inconnu, méconnu, obscur, oublié. 2. Bien-aimé, de glorieuse mémoire, grand.

CÉLÉBRER ◆ SYN. 1. Commémorer, *fêter*, rappeler (le souvenir), solenniser. 2. Chanter, encenser, exalter, *glorifier*, honorer, louer, magnifier, prôner, rendre hommage, sanctifier, vanter. ◆ ANT.

1. Oublier. 2. Abaisser, décrier, déprécier, diffamer, profaner, ravaler, salir.

CÉLÉBRITÉ ◆ SYN. 1. Éclat, faveur, gloire, illustration, notoriété, popularité, renom, *renommée*, réputation, succès. 2. As, étoile, héros, idole, personnage, personnalité, sommité, star, ténor, *vedette*. ◆ ANT. 1. Anonymat, impopularité, obscurité, oubli. 2. Monsieur ou madame Tout-le-Monde, parfait inconnu.

CELER ◆ SYN. Cacher, dissimuler, occulter, *taire*. ◆ ANT. Déceler, découvrir, révéler.

CÉLÉRITÉ ◆ SYN. Activité, agilité, diligence, empressement, hâte, *promptitude*, rapidité, vélocité, vitesse, vivacité. ◆ ANT. Apathie, flânerie, indolence, inertie, lenteur, paresse, traînage *(québ.)*.

CÉLESTE ◆ SYN. 1. *Aérien*, astral, cosmique, sidéral, stellaire. 2. Angélique, *divin*, idyllique, merveilleux, paradisiaque, parfait, pur, sublime, surnaturel. ◆ ANT. 1. Matériel, terrestre. 2. Humain, imparfait, impur, prosaïque, terre-à-terre, trivial.

CÉLIBATAIRE ◆ SYN. Garçon, fille, *libre*, seul. ◆ ANT. Conjoint(e), marié(e).

CELLULE ◆ SYN. 1. *Chambre*, chambrette, loge. 2. Cachot, oubliettes, *prison*. 3. Alvéole, case, cavité, *compartiment*. 4. Assise, base, élément, *fondement*. 5. *(Pers.)* Comité, *groupe*, groupement, noyau, section.

CÉNACLE ◆ SYN. Association, *cercle*, chapelle *(péj.)*, club, coterie *(péj.)*, école, réunion.

CENDRE ◆ SYN. 1. Escarbille, fraisil, lapilli, lave, poussière, *résidu*, scorie. ▷ *Pl.* 2. *(Pers.)* Poussière, reliques, *restes*, souvenir. 3. *(Ch.)* Débris, décombres, *ruines*, traces, vestiges.

CÉNOTAPHE ◇ v. **Tombeau**
CENSÉ ◇ v. **Supposé**
CENSEUR ◇ v. **Critique**
CENSURE ◆ SYN. 1. Blâme, *condamnation*, critique, désapprobation, désaveu, réprobation. 2. Bâillon, contrôle, coupure

(œuvre), **interdiction**, musellement, prohibition, proscription. **3.** *(Relig.)* Excommunication, index, **interdit** (de publier), monition, suspense. ♦ ANT. **1.** Apologie, approbation, appui, éloge, louange. **2.** Liberté, libre expression. **3.** Absolution, imprimatur.

CENSURER ♦ SYN. **1.** Blâmer, *condamner*, critiquer, désapprouver, désavouer, réprouver. **2.** Bâillonner, caviarder, contrôler, *interdire*, mettre à l'index, museler, prohiber, proscrire, supprimer. ♦ ANT. **1.** Approuver, appuyer, encenser, louer. **2.** Permettre, publier, recommander.

CENTRAL ◇ V. **Principal**

CENTRALISATION ◇ V. **Monopole**

CENTRALISER ♦ SYN. Canaliser, *concentrer*, rassembler, réunir. ♦ ANT. Décentraliser, diviser, séparer.

CENTRE ♦ SYN. **1.** *Milieu*, mitan. **2.** *Cœur*, foyer, noyau, sein. **3.** Axe, base, clé de voûte, *fondement*, pierre angulaire, pivot, pôle, principe, siège. **4.** *(Pers.)* Âme, animateur, artisan, cause, cerveau, cheville ouvrière, *fondateur*, initiateur, organisateur, pivot, promoteur, responsable. **5.** Agglomération, *capitale*, métropole, ville. **6.** Agence, bureau, établissement, *organisme*, service. ♦ ANT. **1.** Bord, limite, lisière, pourtour. **2.** Extérieur. **4.** Exécutant. **5.** Banlieue, ceinture, couronne, périphérie.

CENTRER ♦ SYN. Aiguiller, axer, cadrer, canaliser, *concentrer*, diriger, focaliser, orienter. ♦ ANT. Décentrer, déporter, détourner, désaxer, éloigner.

CEPENDANT ♦ SYN. *Mais*, néanmoins, nonobstant, pourtant, toutefois.

CÉRAMIQUE ♦ SYN. Faïence, grès, porcelaine, *poterie*, terre cuite.

CERBÈRE ♦ SYN. **1.** Chien, *chien de garde*, dogue, mâtin, molosse. **2.** *Garde*, gardien de but *(hockey)*, geôlier, portier, sentinelle, surveillant.

CERCEAU ♦ SYN. Anneau, arceau, bague, *cercle*, feuillard *(tonneau)*, frette, virole.

CERCLE ♦ SYN. **1.** Boucle, *courbe*, ovale, rond. **2.** Circonférence, circonvolution, circuit, orbite, périple, révolution, rotation, *tour*. **3.** Anneau, arceau, aréole, auréole, bague, cerceau, cerne, disque, halo, rondelle. **4.** *(Pers.)* Association, *cénacle*, club, groupe. ♦ ANT. **1.** Carré, droite.

CERCLER ♦ SYN. Border, cerner, clore, encadrer, enclore, *entourer*, garnir. ♦ ANT. Déployer, étendre.

CERCUEIL ♦ SYN. *Bière*, sarcophage *(en pierre)*.

CÉRÉALE ♦ SYN. Avoine, blé, *graminée*, maïs, mil, millet, orge, seigle, sorgho.

CÉRÉBRAL ◇ V. **Intellectuel**

CÉRÉMONIAL ◇ V. **Protocole**

CÉRÉMONIE ♦ SYN. **1.** *Célébration*, fête, solennité. **2.** *(Liturgie)* Culte, office, procession, rite. **3.** Anniversaire, bal, collation (des grades), *commémoration*, cortège, défilé, gala, inauguration, procession, réception. **4.** *Apparat*, appareil, éclat, grandeur, luxe, pompe. ▷ Pl. **5.** Civilités, *convenances*, décorum, déférence, formalités, formes, honneurs, manières, politesses, protocole, règles, rites. **6.** *(Péj.)* Affectation, chichis *(fam.)*, façons, flaflas *(fam.)*, obséquiosité, simagrées. ♦ ANT. **4.** Aisance, bonne franquette, humilité, modestie. **5.** Injures, offense, outrage, scandale. **6.** Naturel, simplicité.

CÉRÉMONIEUX ♦ SYN. *Affecté*, apprêté, compassé, façonnier, formaliste, guindé, maniéré, obséquieux, poli, protocolaire, recherché, solennel. ♦ ANT. Familier, humble, libre, naturel, sans-façon, simple.

CERNER ♦ SYN. **1.** Encadrer, *encercler*, entourer, envelopper. **2.** *Assiéger*, bloquer, investir. **3.** Cibler *(clientèle)*, circonscrire, définir, *délimiter*, déterminer. ♦ ANT. **1.** Éloigner, espacer. **2.** Lever le siège, libérer. **3.** Accroître, élargir, étendre.

CERTAIN ♦ SYN. **1.** Absolu, admis, assuré, authentique, avéré, clair, confirmé, décidé, démontré, déterminé, établi, évident, exact, formel, garanti, incontestable, indéniable, indiscutable, indubitable, irréfutable, manifeste, net, officiel, palpable, patent, réel, solide, *sûr*, tangible, vrai. **2.** Fatal, forcé, immanquable, inéluctable, *inévitable*, logique, nécessaire, obligatoire. **3.** *(Pers.)* Affirmatif, *convaincu*, persuadé, sûr. ♦ ANT. **1.** Ambigu, chancelant, confus, contestable, discutable, douteux, embrouillé, erroné, équivoque, faux, hypothétique, incertain, inconnu, indécis, indéterminé, obscur, précaire, problématique, récusable, réfutable, vague, variable. **2.** Accidentel, aléatoire, contingent, éventuel, évitable, fortuit, possible. **3.** Hésitant, irrésolu, oscillant, sceptique.

CERTAINEMENT ♦ SYN. **1.** Absolument, assurément, bien entendu, bien sûr, certes, évidemment, incontestablement, indéniablement, indiscutablement, indubitablement, oui, parfaitement, réellement, *sûrement*, vraiment. **2.** À coup sûr, fatalement, forcément, immanquablement, *inévitablement*, infailliblement, nécessairement, obligatoirement. ♦ ANT. **1.** Aucunement, nullement, pas du tout, peut-être, sans doute. **2.** Éventuellement, probablement, prétendument, vraisemblablement.

CERTIFICAT ♦ SYN. **1.** Agrégation, assurance, authentification, *confirmation*, constatation, déclaration, garantie, preuve, recommandation, témoignage. **2.** *(Écrit)* Acte, *attestation*, billet, bon, brevet, bulletin, diplôme, laissez-passer, passeport, satisfecit, visa. ♦ ANT. **1.** Annulation, démenti, désaveu, mise en garde.

CERTIFICATION ♦ SYN. Assurance, attestation, *authentification*, homologation, légalisation. ♦ ANT. Annulation, contestation, démenti, dénégation, désaveu.

CERTIFIER ♦ SYN. **1.** *Authentifier*, constater, garantir, homologuer, légaliser. **2.** Affirmer, assurer, attester, *confirmer*, jurer, soutenir, témoigner. ♦ ANT. **1.** Annuler, contester. **2.** Démentir, désavouer, infirmer, nier.

CERTITUDE ♦ SYN. **1.** Évidence, sûreté, *vérité*. **2.** Assurance, *conviction*, croyance, dogme, foi. **3.** Autorité, clarté, *fermeté*, infaillibilité, netteté, stabilité. ♦ ANT. **1.** Conjecture, hypothèse, improbabilité. **2.** Incertitude, incroyance, doute, illusion,

scepticisme. **3.** Hésitation, indécision, perplexité, tâtonnement.

CERVEAU ♦ SYN. **1.** Cervelle, ciboulot *(fam.)*, crâne, *encéphale*, matière grise, méninges. **2.** Entendement, esprit, *intelligence*, jugement, raison. **3.** Auteur, découvreur, grand esprit, *intellectuel*, penseur. **4.** Centre de, chef, *organisateur*, tête dirigeante, tête pensante.

CESSATION ♦ SYN. **1.** Abandon, apaisement, *arrêt*, discontinuation, discontinuité, fin, interruption, pause, rémission, répit, suspension. **2.** *Disparition*, élimination, suppression. ♦ ANT. **1.** Continuation, continuité, maintien, persistance, poursuite, prolongement, reprise. **2.** Apparition, recrudescence.

CESSER ♦ SYN. **1.** Abandonner, *arrêter*, discontinuer, finir, interrompre, lâcher, quitter, suspendre. **2.** S'achever, *disparaître*, se dissiper, expirer, s'évanouir, mourir, passer, prendre fin, tomber. ♦ ANT. **1.** Continuer, maintenir, poursuivre, prolonger. **2.** Apparaître, commencer, durer, naître, persister, récidiver.

CESSION ♦ SYN. *(Dr.) Abandon*, aliénation, délaissement, donation, renonciation, transfert, transmission. ♦ ANT. Achat, acquisition, conservation, garde, réserve, restriction.

CÉSURE ♦ SYN. *(Poésie)* Coupe, *coupure*, hémistiche, interruption, pause, repos.

CHAFOUIN ◇ V. Rusé

CHAGRIN ♦ SYN. ▷ *Nom* **1.** Affliction, amertume, cafard, déception, dépit, désagrément, désappointement, désolation, douleur, ennui, larmes, mélancolie, morosité, *peine*, regret, remords, souci, souffrance, tourment, tristesse. ▷ *Adj.* **2.** Maussade, *morose*, taciturne, triste. ♦ ANT. **1.** Agrément, allégresse, charme, consolation, contentement, délice, espoir, gaieté, joie, jubilation, satisfaction, volupté. **2.** Animé, enjoué, exubérant, joyeux.

CHAGRINER ♦ SYN. Affecter, affliger, assombrir, attrister, contrarier, contrister, décevoir, désappointer, désoler, ennuyer, fâcher, fatiguer, lasser, navrer, *peiner*, tourmenter, tracasser. ♦ ANT. Consoler, égayer, rasséréner, réjouir, satisfaire.

CHAHUT ♦ SYN. Bacchanale, bordel *(fam.)*, brouhaha, bruit, charivari, désordre, huées, sabbat, sérénade *(fig.)*, tapage, tintamarre, tohu-bohu, tumulte, *vacarme*. ♦ ANT. Ordre, paix, silence, tranquillité.

CHAHUTER ◇ v. **Huer**

CHAÎNE ♦ SYN. ▷ *Sing.* **1.** *Attache*, chaînette, collier, gourmette, sautoir. **2.** Continuité, enchaînement, séquence, série, succession, *suite*. **3.** *(Montagnes)* **Cordillère**, sierra. **4.** *(Radio, télévision)* Canal, circuit, *poste*, réseau, station. ▷ *Pl.* **5.** *(Prisonnier)* Fers, liens, *menottes*. **6.** Asservissement, captivité, dépendance, esclavage, *servitude*, sujétion. **7.** Affection, *attachement*, liaison, mariage, union. ♦ ANT. **2.** Discontinuité, rupture. **6.** Autonomie, indépendance, liberté. **7.** Détachement, divorce, séparation.

CHAIR ♦ SYN. **1.** Carnation, *corps*, homme, incarnation, nature humaine. **2.** Muscle, *peau*. **3.** *(Fruits charnus)* Pulpe. **4.** *(Mammifères, oiseaux)* Gras, nourriture (carnée), *viande*. **5.** Poisson. **6.** Concupiscence, libido, luxure, *sensualité*, tentation. ♦ ANT. **1.** Âme, esprit, nature divine. **2.** Os, squelette. **3.** Noyau. **4.** Carcasse. **5.** Arête. **6.** Chasteté, continence.

CHAIRE ♦ SYN. **1.** Ambon *(égl.)*, *tribune*. **2.** *Enseignement*, prédication, professorat.

CHÂLE ◇ v. *Fichu*

CHALEUR ♦ SYN. **1.** Canicule, *chaud*, tiédeur. **2.** Affection, animation, *ardeur*, cœur, effervescence, élan, énergie, enthousiasme, exaltation, ferveur, feu, fièvre, flamme, force, fougue, passion, véhémence, vigueur, vivacité. **3.** Amitié, bienveillance, *cordialité*, sympathie. **4.** *(Mammifères femelles)* Rut. ♦ ANT. **1.** Fraîcheur, froid, froidure. **2.** Apathie, calme, dégoût, flegme, froideur, impassibilité, indifférence, insensibilité, langueur. **3.** Animosité, antipathie, aversion, hostilité, malveillance.

CHALEUREUX ♦ SYN. **1.** Affectueux, animé, *ardent*, bouillant, chaud, em-

pressé, enflammé, enthousiaste, exalté, fervent, prompt, véhément, vif, zélé. **2.** Amical, bienveillant, convivial, *cordial*, sympathique. ♦ ANT. **1.** Apathique, flegmatique, froid, glacé, glacial, impassible, indifférent, insensible, lent, sévère, tiède. **2.** Antipathique, hostile, malveillant.

CHALLENGE ♦ SYN. **1.** Championnat, *compétition*, concours, tournoi. **2.** *Défi*, épreuve, obstacle.

CHALLENGER ◇ v. **Compétiteur**

CHALOUPE ◇ v. **Bateau**

CHAMAILLER (SE) ◇ v. **Disputer**

CHAMBARDEMENT ◇ v. **Bouleversement**

CHAMBARDER ◇ v. **Bouleverser**

CHAMP ♦ SYN. **1.** Culture, espace, glèbe, herbage, lopin, pâturage, pré, terrain, *terre*, terroir. **2.** Branche, carrière, cercle, discipline, *domaine*, étendue, matière, métier, profession, secteur, sphère, sujet.

CHAMPÊTRE ♦ SYN. **1.** Agreste, *bucolique*, campagnard, pastoral, paysan, rural, rustique. **2.** *Idyllique*, paisible, simple, tranquille. ♦ ANT. **1.** Citadin, urbain. **2.** Agité, compliqué, infernal, tourmenté.

CHAMPION ♦ SYN. **1.** Gagnant, tenant, *vainqueur*. **2.** *As*, athlète, expert, maître, virtuose. **3.** Apôtre, battant, *défenseur*, militant, partisan. ♦ ANT. **1.** Perdant. **2.** Amateur, débutant, novice. **3.** Adversaire, ennemi, opposant.

CHANCE ♦ SYN. **1.** Aléas, coup de dés, étoile, fortune, *hasard*, heur, risque, sort. **2.** *(Coup de chance)* Aubaine, atout, baraka *(fam.)*, bénédiction, bonheur, bonne étoile, bonne fortune, heureux hasard, réussite, succès, *veine*. **3.** Éventualité, possibilité, *probabilité*. **4.** Occasion, *espoir*. ♦ ANT. **1.** Assurance, certitude. **2.** Déveine, échec, guigne *(fam.)*, infortune, insuccès, malchance, malédiction, mauvais œil, revers. **3.** Impossibilité. **4.** Découragement, désespoir.

CHANCELANT ♦ SYN. **1.** Boiteux, branlant, flageolant, oscillant, titubant, trébuchant, *vacillant*. **2.** Défaillant, *faible*,

fragile, hésitant, incertain, précaire. ✦ ANT.
1. Ferme, fixe, solide. 2. Alerte, assuré,
fort, vigoureux.

CHANCELER ✦ SYN. 1. Basculer, branler,
buter, chavirer, chopper, flageoler, glisser,
osciller, tituber, trébucher, *vaciller*. 2. Défaillir, *faiblir*, hésiter, trembler. ✦ ANT.
1. S'affermir, se dresser, se fixer, solidifier,
tenir bon. 2. S'améliorer, se fortifier, se
revigorer.

CHANCEUX ✦ SYN. Avantagé, *favorisé*,
fortuné, veinard *(fam.)*. ✦ ANT. Désavantagé,
guignon *(fam.)*, malchanceux, perdant.

CHANCRE ◇ V. Ulcère

CHANDAIL ✦ SYN. Débardeur, *gilet*,
pull-over, tricot, t-shirt.

CHANDELIER ✦ SYN. *Applique*, bou-
geoir, candélabre, flambeau, girandole,
lustre, martinet, torchère.

CHANDELLE ✦ SYN. 1. *Bougie*, cierge,
lampion, lumignon. 2. *(Tennis)* Lob.

CHANGE ✦ SYN. 1. *Échange*, permutation, troc. 2. *(Monnaie)* Conversion. 3. *(Bébé)*
Couche, couche-culotte, rechange.

CHANGEANT ✦ SYN. 1. Caméléon, élastique, *fluctuant*, incertain, inconsistant,
inégal, instable, mobile, oscillant, protéiforme, variable. 2. Capricieux, fantasque,
frivole, girouette, *inconstant*, indécis,
infidèle, léger, mouvant, opportuniste,
versatile, volage. 3. *(Étoffe)* Chatoyant, diapré, moiré, *versicolore*. ✦ ANT. 1. Certain,
consistant, égal, fixe, invariable, stable.
2. Constant, fiable, fidèle, persévérant,
résolu, sérieux. 3. Uni, unicolore.

CHANGEMENT ✦ SYN. 1. Amélioration,
amendement, *correction*, modification,
rectification. 2. *Évolution*, gradation, métamorphose, mutation, mue, progression,
transformation, transition. 3. Innovation,
nouveauté, modernisme, progrès, réforme,
renouveau, renouvellement. 4. *Bouleversement*, chambardement *(fam.)*, convulsions, perturbation, renversement,
révolution. 5. Altération, *déformation*,
dénaturation, falsification, perversion,
travestissement. 6. Commutation, conver-

sion, *déplacement*, interversion, permutation, remplacement, substitution. 7. Alternance, fluctuation, oscillation, retournement, revirement, *variation*, volte-face.
8. *(Pers.)* Caprice, inconstance, instabilité,
saute (d'humeur), *versatilité*, virevolte.
9. Différence, *diversité*, nuance, variété.
✦ ANT. 1. Défaillance, erreur, lacune.
2. Fixité, immobilité. 3. Conservatisme,
immobilisme, passéisme, stagnation.
4. Paix, stabilité. 5. Intégrité, respect, restitution. 6. Continuité, maintien, permanence. 7. Invariabilité, régularité.
8. Constance, équanimité, obstination,
persévérance. 9. Banalité, monotonie,
uniformité.

CHANGER ✦ SYN. ▷ V. tr. 1. Abandonner,
céder, donner, quitter, renoncer à. 2. Convertir, échanger, *remplacer*, renouveler,
troquer. 3. *Déplacer*, déranger, intervertir,
inverser, muter, permuter, transférer,
transplanter, transposer. 4. Bouleverser,
chambarder *(fam.)*, chambouler *(fam.)*, innover, métamorphoser, *modifier*, refondre,
réformer, remanier, révolutionner, transformer. 5. *Altérer*, contrefaire, déformer,
déguiser, dénaturer, falsifier, pervertir.
6. *Diversifier*, nuancer, varier. 7. Bouger,
se déplacer, remuer. ▷ V. intr. 8. *Évoluer*, se
modifier, se transformer. ▷ V. pr. 9. Se
convertir en, *faire place à*. 10. Mettre de
nouveaux vêtements. ✦ ANT. 1. Accéder à,
acquérir, obtenir. 2. Conserver, garder,
maintenir. 3. Établir, placer, planter, poser, ranger. 4. Consolider, fixer, stabiliser.
5. Authentifier, perfectionner, purifier,
respecter. 6. Amalgamer, banaliser, uniformiser. 7. Arrêter, immobiliser. 8. Se
stabiliser, stagner. 9. Demeurer, rester.
10. Porter, user.

CHANSON ✦ SYN. 1. Air, ballade, berceuse, chansonnette, *chant*, complainte,
comptine, couplet, lied, mélodie, mélopée,
morceau, pot-pourri, rhapsodie, ritournelle, romance, ronde, rondeau, sérénade,
tyrolienne. 2. Babil, *bruit harmonieux*,
gazouillis, murmure, ramage. 3. *(Fig., péj.)*

Air, couplet, disque, histoire, musique, refrain, *rengaine*, sérénade, scie. **4.** *(Pl.)* Balivernes, fadaises, *sornettes*.

CHANT ♦ SYN. **1.** Articulation, émission, intonation, *modulation*, phrasé, vibrato, vocalise. **2.** *(Mi-voix)* Chantonnement, *fredonnement*. **3.** Chanson. **4.** Bruit harmonieux. **5.** *Récital*, récitatif. **6.** *(Liturgie)* **Antienne**, grégorien, hymne, litanies, plain-chant, psaumes. **7.** *Opéra*, opérette, vaudeville. **8.** Canon, choral, *chœur*, duo, polyphonie, trio.

CHANTAGE ♦ SYN. Duperie, escroquerie, *extorsion*, filouterie, intimidation, menace, prélèvement, pression, rançonnement, taxage *(québ.)*, vol. ♦ ANT. Droiture, franchise, probité, rectitude, sincérité.

CHANTANT ♦ SYN. Doux, gazouillant, harmonieux, *mélodieux*, murmurant, musical, suave. ♦ ANT. Cacophonique, discordant, faux.

CHANTER ♦ SYN. ▷ *V. intr.* **1.** *Chantonner*, entonner, fredonner, moduler, psalmodier, vocaliser. **2.** *(Oiseaux)* **Gazouiller**, jaser, pépier, roucouler, siffler. **3.** *(Fam.)* **Convenir**, dire, faire l'affaire, plaire, sourire. ▷ *V. tr.* **4.** *(Pièce musicale)* Exécuter. **5.** *Célébrer*, exalter, proclamer, vanter. **6.** *(Péj.)* Conter, *rabâcher*, raconter, redire, répéter. ♦ ANT. **3.** Déplaire, déranger, embêter. **5.** Décrier, dénigrer, déprécier. **6.** Inventer, renouveler.

CHANTEUR ♦ SYN. Auteur-compositeur-interprète, barde, cantatrice, chansonnier *(québ.)*, chantre *(égl.)*, choriste, duettiste, *interprète*, ménestrel, rockeur, soliste, troubadour, trouvère, virtuose.

CHAOS ♦ SYN. **1.** Anarchie, bordel *(fam.)*, cafouillage *(fam.)*, cafouillis *(fam.)*, chiard *(québ., fam.)*, cohue, confusion, *désordre*, désorganisation, fouillis, incohérence, marasme, méli-mélo, pagaille *(fam.)*, tohu-bohu. **2.** Apocalypse, *bouleversement*, cataclysme, perturbation, trouble. ♦ ANT. **1.** Clarté, harmonie, ordre, organisation. **2.** Beau fixe, paix, tranquillité.

CHAOTIQUE ♦ SYN. Anarchique, bordélique *(fam.)*, confus, *désordonné*, désorga-

nisé, incohérent, pêle-mêle, sens dessus dessous. ♦ ANT. Clair, cohérent, harmonieux, ordonné, organisé, rangé.

CHAPEAU ◇ V. **Coiffure**
CHAPEAUTER ◇ V. **Coiffer**
CHAPELET ◇ V. **Suite**
CHAPELLE ◇ V. **Clique**
CHAPERONNER ♦ SYN. Accompagner, suivre, *surveiller*, veiller sur. ♦ ANT. Abandonner, délaisser, laisser libre.
CHAPITRER ◇ V. **Réprimander**
CHAR ♦ SYN. **1.** *(Char d'assaut)* Blindé, *tank*. **2.** *(Québ., fam.)* Automobile, *voiture*. **3.** *Chariot*, charrette, guimbarde.
CHARABIA ◇ V. **Jargon**
CHARADE ◇ V. **Énigme**
CHARBON ♦ SYN. Anthracite, briquette, combustible, *houille*, lignite.
CHARGE ♦ SYN. **1.** Cargaison, chargement, faix, *fardeau*, fret, lest, poids, somme. **2.** Corvée, devoir, embarras, gêne, handicap, *obligation*, responsabilité. **3.** Dignité, emploi, *fonction*, ministère, office, poste. **4.** *Caricature*, parodie. **5.** Accusation *(dr.)*, assaut, *attaque*. ♦ ANT. **1.** Allégement, décharge. **2.** Libération, soulagement. **3.** Retraite. **4.** Éloge. **5.** Défense, disculpation.
CHARGER ♦ SYN. ▷ *V. tr.* **1.** Encombrer, lester, *remplir*, surcharger. **2.** Accabler, grever, *imposer*, taxer. **3.** Caricaturer, *exagérer*, grossir, outrer. **4.** *Accuser*, calomnier, imputer, incriminer, noircir, taxer de. **5.** *Attaquer*, foncer sur, se jeter sur. ▷ *V. pr.* **6.** *Assumer*, endosser, s'occuper de. ♦ ANT. **1.** Alléger, décharger, délester. **2.** Dégrever, détaxer, exempter, libérer. **3.** Atténuer, louanger, respecter. **4.** Blanchir, défendre, innocenter, laver, réhabiliter. **5.** Battre en retraite, fuir. **6.** Décliner, refuser.
CHARISME ♦ SYN. **1.** *Don de Dieu*, faveur. **2.** Ascendant, attirance, attrait, aura, autorité, charme, envoûtement, fascination, force, influence, *magnétisme*, magie, prestige, séduction. ♦ ANT. **1.** Malédiction, sort. **2.** Aversion, ennui, indifférence, répulsion.

CHARITABLE ♦ SYN. **1.** Altruiste, bienfaisant, bienveillant, bon, compatissant, doux, *généreux*, indulgent, libéral, philanthrope, secourable, sensible, tendre. **2.** *(Organisme)* Bénévole, *caritatif*. ♦ ANT. **1.** Avare, cruel, dur, égoïste, inhumain, insensible, méchant. **2.** Lucratif.

CHARITÉ ♦ SYN. **1.** Altruisme, amour, bienfaisance, bienveillance, bonté, *générosité*, humanité, indulgence, miséricorde, philanthropie. **2.** *Assistance*, aumône, don, obole, offrande, secours, service. ♦ ANT. **1.** Avarice, cruauté, dureté, égoïsme, inhumanité, insensibilité, méchanceté. **2.** Abandon, refus.

CHARIVARI ◇ V. **Chahut**

CHARLATAN ♦ SYN. **1.** *Guérisseur*, médicastre, rebouteux. **2.** Escroc, hâbleur, *imposteur*, menteur, mystificateur. ♦ ANT. **1.** (Vrai) médecin. **2.** Honnête, probe, sincère.

CHARLATANERIE, CHARLATANISME ◇ V. **Imposture**

CHARMANT ♦ SYN. **1.** (Ch.) Agréable, alléchant, *attirant*, attrayant, beau, captivant, coquet, délicat, délicieux, désirable, enchanteur, ensorcelant, envoûtant, fascinant, gracieux, intéressant, joli, merveilleux, ravissant. **2.** (Pers.) Affable, aimable, *attachant*, avenant, galant, gentil, obligeant, poli, séduisant, souriant, sympathique. ♦ ANT. **1.** Abject, affreux, choquant, dégoûtant, désagréable, ennuyeux, hideux, laid, rebutant, repoussant. **2.** Antipathique, déplaisant, désobligeant, détestable, impoli, ignoble, insupportable.

CHARME ♦ SYN. **1.** Charisme, *enchantement*, ensorcellement, envoûtement, fascination, illusion, influence, magie, pouvoir, prestige, sortilège. **2.** Agrément, *attirance*, attrait, beauté, conquête (fig.), délice, grâce, séduction, tentation. **3.** (Pl., chez la femme) Appas (appâts), *attraits*, avantages (physiques), sex-appeal. ♦ ANT. **1.** Désenchantement, désillusion. **2.** Disgrâce, laideur, répugnance, répulsion. **3.** Défauts, désavantages.

CHARMÉ ♦ SYN. *(Politesse)* Enchanté, heureux, *ravi*.

CHARMER ♦ SYN. **1.** *Enchanter*, ensorceler, envoûter, fasciner, hypnotiser, magnétiser. **2.** Apprivoiser, *attirer*, captiver, complaire, délecter, éblouir, enivrer, enjôler, enthousiasmer, entraîner, griser, obnubiler, ravir, séduire, subjuguer, transporter. ♦ ANT. **1.** Désenchanter, désillusionner. **2.** Décevoir, dégoûter, dégriser, déplaire, ennuyer, mécontenter, offenser, répugner.

CHARMEUR ♦ SYN. ▷ *Nom* **1.** Ensorceleur, *magicien*, psylle (serpents). **2.** Don Juan, enjôleur, *séducteur*, tombeur (fam.). ▷ *Adj.* **3.** Enchanteur, envoûtant, flatteur, *séduisant*. ♦ ANT. **3.** Choquant, déplaisant, repoussant.

CHARNEL ♦ SYN. **1.** Corporel, naturel, *physique*, sexuel. **2.** *Matériel*, sensible, tangible, temporel, terrestre. **3.** Animal, impur, lascif, libidineux, lubrique, luxurieux, paillard, *sensuel*, voluptueux. ♦ ANT. **1.** Spirituel. **2.** Idéal, immatériel, surnaturel. **3.** Platonique, pur.

CHARNIER ◇ V. **Cimetière**

CHARNU ♦ SYN. Corpulent, dodu, *épais*, fourni, gras, lippu (lèvres), plantureux, pulpeux, potelé, rondelet. ♦ ANT. Décharné, émacié, grêle, maigre, mince, osseux, sec.

CHAROGNE ◇ V. **Pourriture**

CHARPENTE ♦ SYN. **1.** *Armature*, assemblage, bâti, châssis. **2.** *Architecture*, carcasse, ossature, plan, squelette, structure. ♦ ANT. **1.** Bâtiment, construction, finition, revêtement. **2.** Corps, œuvre.

CHARRIER ♦ SYN. ▷ *V. tr.* **1.** Charroyer, traîner, *transporter*, véhiculer, voiturer. **2.** Balayer, chasser, emporter, *entraîner*, souffler. **3.** (Pers., fam.) *Abuser*, inciter à, se moquer de, mystifier, pousser à, railler. ▷ *V. intr.* **4.** (Fam.) Amplifier, *exagérer*. ♦ ANT. **1.** Décharger, jeter, laisser. **2.** Contenir, endiguer, retenir. **3.** Convaincre, se gagner la faveur de, respecter. **4.** Atténuer, minimiser, modérer.

CHARTE ♦ SYN. **1.** Certificat, document, statut, *titre*. **2.** Acte, arrêt, code, constitution, convention, droit, loi, précepte, *règle*, règlement.

CHASSE ♦ SYN. **1.** Affût, battue, braconnage *(péj.)*, piégeage, pistage, rabattage, safari, *traque*, vénerie. **2.** *Poursuite*, quête, recherche. ♦ ANT. **1.** Conservation, protection, refuge, réserve. **2.** Abandon, renoncement.

CHASSER ♦ SYN. **1.** Braconner *(péj.)*, débucher, débusquer, déloger, dénicher, dépister, pourchasser, *poursuivre*, rabattre, traquer. **2.** Bannir, bouter, congédier, éconduire, évincer, *expulser*, limoger, mettre à la porte, pousser, refouler, renvoyer, repousser, sabrer *(fig.)*. **3.** Balayer, *dissiper*, faire disparaître, supprimer. ♦ ANT. **1.** Abandonner, renoncer. **2.** Accueillir, admettre, recevoir. **3.** Accumuler, encombrer, endiguer, retenir.

CHASSEUR ♦ SYN. **1.** Braconnier *(péj.)*, colleteur, fauconnier, piégeur, pisteur, rabatteur, *traqueur*, veneur. **2.** Bagagiste, *commissionnaire*, coursier, groom, porteur, portier. **3.** Avion de chasse.

CHÂSSIS ♦ SYN. Armature, bâti, *cadre*, charpente, encadrement, fenêtre *(québ.)*, vitrage.

CHASTE ♦ SYN. **1.** Abstinent, ascétique, *continent*. **2.** Décent, fidèle, immaculé, innocent, modeste, pudique, *pur*, sage, vertueux, vierge, virginal. ♦ ANT. **1.** Incontinent. **2.** Charnel, débauché, immoral, impudique, impur, indécent, infidèle, lascif, libidineux, libre, sensuel, vicieux, voluptueux.

CHASTETÉ ♦ SYN. **1.** Abstinence, ascétisme, *continence*. **2.** Décence, innocence, pudeur, pudicité, *pureté*, vertu, virginité. ♦ ANT. **1.** Incontinence. **2.** Débauche, immoralité, impudicité, impureté, incontinence, infidélité, luxure, sensualité, vice, volupté.

CHAT ♦ SYN. Chaton, *félin*, matou, minet *(fam.)*, minou *(fam.)*, mistigri *(fam.)*.

CHÂTEAU ♦ SYN. **1.** Bastille, château fort, citadelle, *forteresse*. **2.** Castel, demeure, gentilhommière, hôtel, *manoir*,

palace, palais. ♦ ANT. **2.** Cabane, chaumière, mansarde, masure, réduit, taudis.

CHÂTIER ♦ SYN. **1.** Condamner, corriger, frapper, mortifier, *punir*, réprimer, sanctionner. **2.** *(Langage)* Corriger, épurer, perfectionner, polir, *soigner*. ♦ ANT. **1.** Encourager, récompenser. **2.** Négliger.

CHÂTIMENT ◇ v. **Punition**

CHATOIEMENT ◇ v. **Reflet**

CHATOUILLEMENT ◇ v. **Picotement**

CHATOUILLER ♦ SYN. **1.** Caresser, *effleurer*, toucher. **2.** Agacer, démanger, gratter, *picoter*, piquer. **3.** Charmer, émouvoir, exciter, *flatter*, plaire, titiller *(fam.)*. ♦ ANT. **1.** Frapper, rudoyer. **2.** Calmer, soulager. **3.** Déplaire, horripiler.

CHATOUILLEUX ♦ SYN. **1.** Délicat, douillet, *sensible*. **2.** Irascible, irritable, ombrageux, *susceptible*. ♦ ANT. **1.** Dur, insensible. **2.** Calme, débonnaire, flegmatique, froid, paisible, placide.

CHATOYANT ♦ SYN. Brillant, *changeant*, coloré, diapré, miroitant, moiré, rutilant. ♦ ANT. Pâle, terne, uni, unicolore.

CHATOYER ♦ SYN. *Briller*, éblouir, étinceler, flamboyer, illuminer, luire, miroiter, papilloter, rayonner, reluire, resplendir, rutiler, scintiller. ♦ ANT. Amoindrir, assombrir, décatir, délustrer, noircir, ternir.

CHÂTRER ◇ v. **Émasculer**

CHATTERIE ♦ SYN. **1.** Cajolerie, câlinerie, *caresse*, dorlotement, enjôlement, flatterie, minouchage *(québ.)*. **2.** *(Pl.)* Douceurs, *friandises*, gâteries, sucreries. ♦ ANT. **1.** Brutalité, impolitesse, insulte, rudesse.

CHAUD ♦ SYN. **1.** Ardent, bouillant, *brûlant*, cuisant, caniculaire, échauffé, enflammé, fumant, incandescent, torride, tropical. **2.** Animé, chaleureux, empressé, *enthousiaste*, fervent, passionné, véhément, vif, zélé. **3.** *(Combat)* Âpre, coriace, *difficile*, dur, farouche, sanglant, sévère. ♦ ANT. **1.** Frais, froid, gelé, glacé. **2.** Alangui, calme, flegmatique, hésitant, indifférent, mou, traînant. **3.** Aisé, facile, faible.

CHAUFFER ♦ SYN. **1.** Bouillir, braiser, brûler, cuire, échauffer, *élever (température)*, enflammer, griller, réchauffer, rôtir, surchauffer. **2.** Activer, animer, *exciter*, presser. ◆ **ANT. 1.** Attiédir, baisser *(température)*, congeler, éteindre, glacer, rafraîchir, réfrigérer, refroidir, tiédir, transir. **2.** Atténuer, diminuer, ralentir.

CHAUFFEUR ◇ v. Conducteur

CHAUMIÈRE ◆ SYN. **1.** *Cabane*, chalet (rustique), chaumine, maisonnette, mas, masure. **2.** Chez-soi, *demeure*, foyer, logis, nid *(fam.)*, toit. ◆ **ANT. 1.** Château, palace, palais.

CHAUSSÉE ◆ SYN. **1.** *Digue*, levée, remblai, talus. **2.** Passage, route, *rue*, voie. **3.** *Asphalte*, bitume, macadam.

CHAUSSURE ◆ SYN. **1.** Basket, sabot, *soulier*. **2.** Après-ski, botte, bottillon, *bottine*, mocassin, patin. **3.** Babouche, chausson, mule, *pantoufle*, savate. **4.** Babouche *(québ., fam.)*, gougoune *(québ., fam.)*, *sandale*, tong.

CHAUVE ◆ SYN. Clairsemé, *dégarni*, dénudé, déplumé *(fam.)*, pelé, poli, ras, tondu. ◆ **ANT.** Chevelu, touffu.

CHAUVIN ◆ SYN. Borné, étroit (d'esprit), fanatique, intolérant, patriotard, raciste, sectaire, ultranationaliste, *xénophobe*. ◆ **ANT.** Accueillant, ouvert, tolérant, xénophile.

CHAUVINISME ◆ SYN. Étroitesse (d'esprit), fanatisme, intolérance, racisme, sectarisme, ultranationalisme, *xénophobie*. ◆ **ANT.** Largeur (d'esprit), ouverture, tolérance, xénophilie.

CHAVIRER ◆ SYN. ▷ *V. intr.* **1.** S'abîmer, basculer, couler, faire naufrage, *se renverser*, sombrer. **2.** *Chanceler*, défaillir, tanguer, vaciller. **3.** *(Yeux) Se retourner*, se révulser. ▷ *V. tr.* **4.** Bouleverser, *émouvoir*, renverser, secouer, retourner, troubler. ◆ **ANT. 1.** Émerger, flotter. **2.** S'affermir, se remettre d'aplomb, se rétablir. **3.** Se détourner, se fixer. **4.** Apaiser, rasséréner, rassurer.

CHEF ◆ SYN. **1.** Tête. **2.** Autorité, *initiative*, volonté. **3.** Animateur, centre de, cerveau, commandant, conducteur, directeur, *dirigeant*, entraîneur, fondateur,

général, gourou, leader, magnat *(péj.)*, maître, manitou *(fam.)*, meneur, organisateur, parrain *(péj.)*, patron, président *(entreprise)*, responsable, supérieur, tête (dirigeante). **4.** *(Chef d'État)* Chancelier, empereur, *gouvernant*, gouverneur, premier ministre, président, raïs, roi, tsar. ◆ **ANT. 2.** Docilité, veulerie. **3.** Dépendant, employé, fonctionnaire, inférieur, second, serviteur, subalterne, subordonné. **4.** Citoyen, sujet.

CHEF-D'ŒUVRE ◇ v. Merveille

CHEF-LIEU ◆ SYN. Bourg, centre administratif, cité, *préfecture*, village, ville.

CHEMIN ◆ SYN. **1.** Allée, banquette, côte, montée, passage, piste, ravin, route, rue, sente, sentier, *voie*. **2.** Circuit, course, direction, distance, itinéraire, parcours, tracé, trajectoire, *trajet*. **3.** Avance, avancée, cheminement, marche, pas, progrès, *progression*. **4.** Ligne de conduite, manière, marche à suivre, *méthode*, moyen.

CHEMINÉE ◇ v. Foyer

CHEMINEMENT ◆ SYN. **1.** *(Espace, temps)* Avance, avancée, chemin, marche, pas, progrès, *progression*. **2.** *(Intellectuel)* Cours, démarche, déroulement, développement, direction, *évolution*, fil, itinéraire, parcours, trajectoire. **3.** *(Professionnel)* Carrière, curriculum vitæ, expérience de vie, itinéraire, parcours, *vécu*.

CHEMINER ◇ v. Avancer

CHENAL ◇ v. Canal

CHENAPAN ◇ v. Vaurien

CHENU ◆ SYN. **1.** *(Cheveux) Blanc*, blanchissant. **2.** *Dépouillé*, rabougri, ratatiné, vieilli. ◆ **ANT. 2.** Abondant, frais, vigoureux.

CHER ◆ SYN. **1.** Adoré, adulé, *affectionné*, aimé, bien-aimé, chéri. **2.** Estimable, inestimable, *précieux*. **3.** *Coûteux*, dispendieux, exorbitant, hors de prix, inabordable, onéreux, prohibitif, ruineux, salé *(fam.)*. ◆ **ANT. 1.** Détesté, haï, mal-aimé. **2.** Banal, dérisoire, insignifiant. **3.** Abordable, bon marché, économique, modique.

CHERCHER ◆ SYN. **1.** S'enquérir, examiner, explorer, fouiller, fureter, quérir, *rechercher*, scruter, sonder. **2.** *(Chercher à)* S'efforcer de, **essayer de**, s'évertuer à, tâcher de, tenter de, viser. **3.** S'attirer, **encourir**, s'exposer, mériter, prêter le flanc à, risquer de. ◆ ANT. **1.** Trouver. **2.** Abandonner, renoncer. **3.** Se garantir, se prémunir, se préserver, se protéger.

CHERCHEUR ◆ SYN. **1.** Découvreur, érudit, **savant**, scientifique. **2.** Curieux, fouineur, **investigateur**, scrutateur.

CHÉRIR ◆ SYN. Adorer, aduler, **affectionner**, aimer, apprécier, préférer, vénérer. ◆ ANT. Abhorrer, délaisser, détester, haïr, réprouver.

CHÉTIF ◆ SYN. **1.** Débile, **faible**, fluet, frêle, grêle, gringalet *(péj.)*, maigrelet, malingre, mauviette *(péj.)*, menu, mince, rabougri, rachitique, ténu. **2.** Calamiteux, dérisoire, effacé, mesquin, **misérable**, modeste, pauvre, petit, piètre, piteux. ◆ ANT. **1.** Costaud, fort, géant, grand, gros, imposant, large, résistant, robuste, sain, solide, vigoureux. **2.** Abondant, copieux, faste, riche.

CHEVAL ◆ SYN. Canasson *(péj.)*, coureur, coursier, **équidés**, étalon, hongre, jument, palefroi, picouille *(québ., péj.)*, poney, poulain, pouliche, pur-sang, rosse *(péj.)*, trotteur.

CHEVALERESQUE ◆ SYN. Brave, courtois, fier, **généreux**, héroïque, magnanime, noble, romanesque. ◆ ANT. Couard, égoïste, mesquin, prosaïque, rustre, vil.

CHEVALIER ◆ SYN. Cavalier, écuyer, **noble**, paladin, preux, seigneur. ◆ ANT. Bourgeois, manant, roturier.

CHEVAUCHÉE ◆ SYN. **1.** *Cavalcade*, course, galopade, promenade, reconnaissance, tournée, trajet. **2.** *Incursion*, raid.

CHEVAUCHER ◆ SYN. **1.** Caracoler, *galoper*, monter, parader, trotter. **2.** Se croiser, déborder sur, empiéter, mordre sur, se superposer, *se recouvrir*. **3.** Se compléter, *se joindre*.

CHEVELU ◆ SYN. Dense, dru, épais, **fourni**, garni, long, touffu. ◆ ANT. Chauve, court, dégarni, ras, tondu.

CHEVELURE ◆ SYN. **1.** *Cheveux*, chignon *(fam.)*, coiffure, crinière *(fam.)*, tignasse *(fam.)*, toison, toupet. **2.** *(Comète)* Queue.

CHEVET ◆ SYN. Couche, lit, oreiller, **tête** (de lit), traversin.

CHEVREUIL ◆ SYN. *(Québ.)* Cerf de Virginie.

CHEVRONNÉ ◇ V. **Expérimenté**

CHEVROTER ◆ SYN. **1.** *(Chèvre)* Bégueter, **bêler**. **2.** Avoir des trémolos, *trembloter*.

CHIC ◆ SYN. ▷ Nom **1.** Aisance, classe, distinction, **élégance**, grâce, prestance, raffinement. ▷ Adj. **2.** Beau, bon chic bon genre (BCBG), distingué, **élégant**, raffiné, sélect. **3.** *(Pers.)* Aimable, bon, brave, chouette *(fam.)*, généreux, **gentil**, sympathique. ◆ ANT. **1.** Accoutrement, balourdise, inélégance, mauvais goût, vulgarité. **2.** Fagoté, inélégant, moche, rustre. **3.** Antipathique, égoïste, ennuyeux, insupportable.

CHICANE ◆ SYN. **1.** Arguties, artifice, avocasserie, chicanerie, chinoiserie *(fam.)*, chipotage, difficulté, discussion, distinguo, **ergotage**, ergoterie, finasserie, finesse, marchandage, subtilité, tracasserie. **2.** Altercation, bisbille, chamaillerie, conflit, contestation, controverse, critique, démêlé, désaccord, différend, **dispute**, dissidence, empoignade, litige, mésentente, noise, procès, querelle. ◆ ANT. **1.** Accommodement, appui, droiture, franchise, liberté d'action, simplicité, soutien. **2.** Accord, amitié, conciliation, concorde, harmonie, loyauté, paix, sympathie, union.

CHICANER ◇ V. **Disputer**

CHICHE ◆ SYN. **1.** *(Pers.)* Avare, parcimonieux, pingre, radin. **2.** *(Ch.)* Chétif, **insuffisant**, maigre, médiocre, mesuré, modeste, pauvre, petit. ◆ ANT. **1.** Généreux, prodigue. **2.** Abondant, copieux, riche.

CHICHIS ◇ V. **Cérémonie**

CHICOTER ◇ V. **Tracasser**

CHIEN ◆ SYN. ▷ Nom **1.** *Canidés*, cerbère, chiot, dogue, molosse. **2.** *(Fam.)* Cabot, clébard, **clebs**, pitou *(québ.)*, toutou. **3.** *Allure*, classe, chic, distinction. ▷ Adj. **4.** Cruel, dur, impitoyable, méchant, **mesquin**, rigide, sévère. ◆ ANT. **3.** Moche, sans-allure *(québ.)*. **4.** Affable, conciliant, doux, généreux, souple.

CHIFFON ◆ SYN. **1.** *(Tissu)* Chiffe, lambeau, **linge** (usé). **2.** Guenille *(québ.)*, lavette, **torchon**. **3.** *(Vêtements)* Défroque, fringues, fripes, guenilles, **haillons**, hardes, lambeaux, loques, nippes, oripeaux. **4.** *(Vêtements de femme, fam.)* **Parure**, tenue, toilette.

CHIFFONNER ◆ SYN. **1.** Friper, **froisser**, plisser. **2.** *(Fam.)* Attrister, chagriner, chicoter *(québ.)*, contrarier, ennuyer, préoccuper, **tracasser**. ◆ ANT. **1.** Déchiffonner, défroisser, déplisser, presser, repasser. **2.** Adoucir, apaiser, égayer, rasséréner, réjouir.

CHIFFONNIER ◆ SYN. **1.** *(Pers.)* Biffin *(fam.)*, brocanteur, chineur, **fripier**, guenillou *(québ.)*. **2.** *(Meuble)* Armoire, bonnetière, **commode**.

CHIFFRE ◆ SYN. **1.** **Nombre**, numéro, unité. **2.** Addition, **montant**, somme, total. **3.** Estimation, évaluation, indice, taux, **valeur**. **4.** **Code**, combinaison, cryptage. **5.** **Marque**, monogramme.

CHIFFRER ◆ SYN. ▷ *V. tr.* **1.** Calculer, **compter**, estimer, évaluer, numéroter, tabler, totaliser. **2.** **Coder**, crypter. ▷ *V. pr.* **3.** Atteindre, s'élever à, se monter à, **totaliser**. ◆ ANT. **1.** Décompter, retrancher, soustraire. **2.** Déchiffrer, décoder, décrypter. **3.** Réduire.

CHIMÈRE ◆ SYN. Apparence, caprice, erreur, fantaisie, fantasme, fantôme, fiction, folie, hallucination, idée folle, **illusion**, imagination, mirage, rêve, rêverie, songe, utopie, vision. ◆ ANT. Certitude, existence, fait, objectivité, preuve, raison, réalité, réel.

CHIMÉRIQUE ◆ SYN. **1.** Fantastique, fou, **illusoire**, imaginaire, impossible, inventé, invraisemblable, irréalisable, irréel, utopique, vain. **2.** Illuminé, **rêveur**, romanesque, utopiste, visionnaire. ◆ ANT. **1.** Fondé, réel, solide, vrai. **2.** Pratique, réaliste, terre-à-terre.

CHINOISERIE ◆ SYN. **1.** **Bizarrerie**, caprice, étrangeté, extravagance, fantaisie,

formalisme, formalité, singularité, subtilité. **2.** *(Pl.)* **Complications**, difficultés, tracasseries. ◆ ANT. **1.** Banalité, normalité, simplicité. **2.** Aisance, facilités.

CHIPER ◇ v. **Dérober**

CHIPOTAGE ◇ v. **Chicane**

CHIPOTER ◆ SYN. **1.** **Grignoter**, picorer, pignocher. **2.** Économiser, **lésiner**, marchander. **3.** Chicaner, disputailler, **ergoter**. ◆ ANT. **1.** Dévorer, s'empiffrer. **2.** Dépenser, gaspiller. **3.** Admettre, consentir.

CHIQUÉ ◇ v. **Affectation**

CHIQUER ◇ v. **Mâcher**

CHOC ◆ SYN. **1.** Accrochage, à-coup, collision, **coup**, heurt, impact, percussion, rencontre, secousse, tamponnement. **2.** Assaut, attaque, bataille, **combat**, conflit, escarmouche, lutte. **3.** Antagonisme, discorde, dispute, hostilité, **opposition**, rivalité. **4.** Agitation, atteinte, bouleversement, commotion, ébranlement, **émotion**, mouvement, traumatisme. **5.** Étonnement, honte, indignation, opprobre, **scandale**. ◆ ANT. **1.** Apaisement, évitement, frôlement. **2.** Paix, trêve. **3.** Accord, alliance, harmonie, réconciliation. **4.** Quiétude, repos, sérénité. **5.** Approbation, indifférence.

CHŒUR ◆ SYN. Chant, choral, **chorale**, concert, ensemble, manécanterie, orchestre. ◆ ANT. Solo.

CHOIR ◆ SYN. **1.** S'abattre, s'affaisser, s'affaler, culbuter, dégringoler, s'écrouler, s'effondrer, **tomber**. **2.** *(Laisser choir, fam.)* **Abandonner**, laisser tomber, plaquer *(fam.)*, quitter. ◆ ANT. **1.** Élever, se raidir, rehausser, se relever, rétablir, se tenir. **2.** Accueillir, inviter, réintégrer.

CHOISI ◆ SYN. **1.** Élu, préféré, **sélectionné**, trié (sur le volet). **2.** Châtié, chic, correct, de bon ton, **distingué**, élégant, précieux, raffiné, sélect, soigné. ◆ ANT. **1.** Détesté, rejeté. **2.** Banal, commun, grossier, vulgaire.

CHOISIR ◆ SYN. **1.** **Adopter**, décider, désigner, distinguer, élire, embrasser *(carrière, profession)*, jeter son dévolu sur, nommer, opter, préférer, prendre, retenir, sélectionner, trier. **2.** Afficher ses couleurs, se décider, *s'engager*, prendre parti pour, se prononcer, trancher. ✦ **ANT.** **1.** S'abstenir, refuser, rejeter. **2.** Attendre, hésiter, temporiser.

CHOIX ✦ **SYN.** **1.** *Adoption*, désignation, élection, nomination, prédilection, préférence, sélection, tri, triage. **2.** Alternative, dilemme, **option.** **3.** Assortiment, *collection*, ensemble, éventail, gamme, ligne (de produits), réunion. **4.** Anthologie, extraits, florilège, morceaux choisis, *recueil.* ✦ **ANT.** **1.** Abstention, refus, rejet. **2.** Attente, hésitation, obligation. **3.** Échantillon, spécimen. **4.** Intégrale, œuvre complète.

CHÔMAGE ✦ **SYN.** Désœuvrement, grève, inactivité, *manque de travail*, morte-saison, suspension. ✦ **ANT.** Activité, embauche, plein-emploi, travail.

CHÔMEUR ✦ **SYN.** Demandeur d'emploi, *sans-emploi*, sans-travail. ✦ **ANT.** Travailleur.

CHOQUANT ✦ **SYN.** Blessant, brutal, contrariant, cru, cynique, de mauvais goût, déplacé, déplaisant, désagréable, fâchant *(québ.)*, fâcheux, froissant, grossier, inconvenant, malséant, malvenu, obscène, *offensant*, révoltant, scabreux, scandaleux, vexant. ✦ **ANT.** Agréable, attrayant, bienséant, bienvenu, convenable, engageant, plaisant, poli, séduisant.

CHOQUER ✦ **SYN.** ▷ *V. tr.* **1.** Cogner, *heurter*, trinquer. **2.** Blesser, contrarier, déplaire, fâcher, froisser, indigner, irriter, mécontenter, *offenser*, offusquer, outrer, scandaliser, vexer. **3.** Bouleverser, commotionner, ébranler, *secouer*, traumatiser. ▷ *V. pr.* **4.** *(Québ., fam.) Se fâcher*, se mettre en colère. ✦ **ANT.** **1.** Effleurer. **2.** Charmer, flatter, plaire, réjouir, séduire. **3.** Calmer, rassurer, réconforter. **4.** Se calmer, décolérer, se rasséréner.

CHORALE ◇ v. **Chœur**

CHOSE ✦ **SYN.** **1.** *Objet*, réalité. **2.** *(Fam.)* Babiole, bidule, engin, *machin*, patente *(québ.)*, truc. **3.** *(La chose)* Bagatelle *(fam.)*, gaudriole, *sexe*, sensualité, sexualité. **4.** *(Pl. surtout)* Circonstances, conjonctures, faits,

événements, phénomènes, *réalités.* **5.** *(Fig.)* Automate, *esclave*, fantoche, inférieur, jouet, laquais, serf, valet.

CHOUCHOU ◇ v. **Favori**

CHOUETTE ✦ **SYN.** ▷ *Nom* **1.** Chat-huant, chevêche, *effraie*, harfang des neiges, hulotte. ▷ *Adj.* **2.** *(Fam.)* Agréable, beau, *chic*, joli, mignon, sympa *(fam.)*, sympathique. ✦ **ANT.** **2.** Affreux, dégueulasse, moche.

CHOYER ✦ **SYN.** **1.** Bichonner *(fam.)*, cajoler, câliner, caresser, chouchouter *(fam.)*, couver, *dorloter*, gâter, materner, mignoter, mitonner, soigner tendrement. **2.** Cultiver, *entretenir*, prendre soin. ✦ **ANT.** **1.** Brutaliser, maltraiter, rudoyer. **2.** Négliger.

CHRONIQUE ✦ **SYN.** ▷ *Nom* **1.** Article de journal, billet, courrier, nouvelle, propos, *rubrique.* **2.** Bruit, cancan, potin, *rumeur.* **3.** *(Pl.)* Annales, faits, *histoire*, mémoires, récits, relation. ▷ *Adj.* **4.** *(Maladie)* Durable, *incurable.* **5.** *(Ch.)* Ancré, endémique, indéracinable, permanent, *persistant.* ✦ **ANT.** **4.** Curable, guérissable, passager. **5.** Occasionnel, rare, temporaire.

CHRONIQUEUR ✦ **SYN.** **1.** Billettiste, correspondant, courriériste, *journaliste*, nouvelliste, rédacteur, reporter. **2.** Annaliste, écrivain, historien, *mémorialiste.*

CHRONOLOGIE ✦ **SYN.** **1.** *Datation*, situation (dans le temps). **2.** Déroulement, *historique*, succession.

CHUCHOTEMENT ◇ v. **Murmure**

CHUCHOTER ◇ v. **Murmurer**

CHUINTEMENT ◇ v. **Sifflement**

CHUINTER ✦ **SYN.** **1.** *(Chouette)* Huer, *hululer*. **2.** *(Prononciation)* Siffler.

CHUTE ✦ **SYN.** **1.** Affaissement, avalanche, culbute, dégringolade, *descente*, éboulement, éboulis, écroulement, effondrement, glissade, plongeon. **2.** *Baisse*, dépréciation, dévaluation. **3.** Décadence, *déchéance*, défaite, disgrâce, faillite, faute *(relig.)*, insuccès, ruine. **4.** Extrémité, *fin*, limite, tombée. **5.** *Cascade*, cascatelle, cataracte, rapides, saut. **6.** *(Météorol.)* Précipitations. **7.** *(Pl.)* Déchets, résidus, *restes.* ✦ **ANT.** **1.** Ascension, levée, montée. **2.** Hausse, redressement, remontée. **3.** Croissance, prospérité, repentir, succès. **4.** Commencement, début, naissance.

CHUTER ♦ SYN. **1.** Baisser, choir, dégringoler, descendre, *tomber*. **2.** Déchoir, *pécher*. ♦ ANT. **1.** Grimper, se redresser, se relever. **2.** S'amender, se repentir.

CIBLE ♦ SYN. **1.** *But*, objectif, point de mire, visée. **2.** Bouc émissaire, jouet *(fig.)*, plastron, proie, risée, souffre-douleur, tête de Turc, *victime*.

CIBLER ◇ V. **Cerner**

CICATRICE ♦ SYN. **1.** Balafre, blessure, *marque*, stigmate. **2.** Douleur, *souvenir*, trace.

CICATRISER ♦ SYN. **1.** *Fermer*, guérir. **2.** Adoucir, apaiser, *calmer*, consoler. ♦ ANT. **1.** Aviver, ouvrir, rouvrir. **2.** Envenimer, exacerber, irriter.

CIEL ♦ SYN. **1.** Air, atmosphère, azur, empyrée, espace, éther, *firmament*, nuages, nues, voûte céleste. **2.** Au-delà, cieux, Éden, *paradis*. ♦ ANT. **1.** Érèbe, terre. **2.** Enfer, géhenne.

CIERGE ◇ V. **Chandelle**

CILLEMENT ◇ V. **Clignement**

CILLER ◇ V. **Cligner**

CIME ◇ V. **Sommet**

CIMENTER ♦ SYN. **1.** Assembler, bétonner, coller, fixer, immobiliser, jointoyer, lier, *sceller*. **2.** *Affermir*, consolider, raffermir, unir. ♦ ANT. **1.** Désagréger, desceller. **2.** Affaiblir, désunir, ébranler, saper.

CIMETIÈRE ♦ SYN. Catacombes, charnier *(sans sépulture)*, columbarium, crypte, nécropole, *ossuaire*.

CINÉMA ♦ SYN. **1.** Art cinématographique, *septième art*. **2.** Ciné *(fam.)*, ciné-parc, cinoche *(fam.)*, *salle*. **3.** *(Fig., péj.)* Bluff, cirque, *comédie*, simagrées. ♦ ANT. **3.** Franchise, sérieux, vérité.

CINGLANT ♦ SYN. **1.** *(Froid, vent)* Âpre, *mordant*, pénétrant, vif. **2.** *(Propos)* Acerbe, *blessant*, cruel, irritant, méprisant, offensant, sanglant, vexant. ♦ ANT. **1.** Doux, rafraîchissant. **2.** Affable, amène, compréhensif, indulgent.

CINGLÉ ◇ V. **Fou**

CINGLER ♦ SYN. **1.** Faire voile, *naviguer*. **2.** Cravacher, flageller, fouailler, *fouetter*, frapper, fustiger, gifler. **3.** Blesser, froisser, heurter, offenser, offusquer, *vexer*. **4.** Battre le fer, corroyer, *forger*. ♦ ANT. **1.** Jeter l'ancre. **2.** Cajoler, caresser. **3.** Complimenter, louanger.

CINTRE ♦ SYN. **1.** Arc, arceau, *courbure*, voussure, voûte. **2.** Pince-jupe, pince-pantalon, *portemanteau*.

CINTRER ♦ SYN. **1.** Arquer, bomber, *courber*. **2.** *(Vêtement)* *Ajuster*, mouler, serrer. ♦ ANT. **1.** Aplanir, raidir, redresser. **2.** Bouffer, desserrer, flotter.

CIRCONFÉRENCE ♦ SYN. Cerceau, *cercle*, circuit, contour, enceinte, périphérie, pourtour, rond, tour. ♦ ANT. Carré, centre, cube, droite.

CIRCONLOCUTION ◇ V. **Détour**

CIRCONSCRIRE ♦ SYN. **1.** Borner, cerner, enclore, entourer, *limiter*, localiser, renfermer. **2.** Caractériser, définir, délimiter, *déterminer*, fixer. **3.** Arrêter, diminuer, endiguer, freiner, juguler, ralentir, *restreindre*. ♦ ANT. **1.** Accroître, agrandir, allonger, élargir, éloigner, étendre. **2.** Déborder, développer, empiéter, généraliser. **3.** Amplifier, proliférer, propager, raviver, répandre.

CIRCONSPECT ♦ SYN. Attentif, averti, avisé, défiant, discret, mesuré, posé, précautionneux, prévoyant, *prudent*, réfléchi, réservé, retenu, réticent, sage, vigilant. ♦ ANT. Aventureux, étourdi, imprudent, inattentif, inconséquent, irréfléchi, léger, téméraire.

CIRCONSPECTION ♦ SYN. Défiance, diplomatie, discernement, discrétion, méfiance, ménagement, mesure, modération, précaution, prévoyance, *prudence*, réflexion, réserve, retenue, réticence, sagesse, vigilance. ♦ ANT. Étourderie, imprévoyance, imprudence, inconséquence, irréflexion, légèreté, maladresse, témérité.

CIRCONSTANCE ♦ SYN. Cas, coïncidence, condition, conjoncture, contexte, détail, détermination, entrefaite, événement, éventualité, hasard, modalité, moment, occasion, occurrence, opportunité, particularité, *situation*. ✦ ANT. Coutume, habitude, mode, routine, tradition, usage.

CIRCONVOLUTION ✦ SYN. Cercle, contour, enroulement, *rotation*, sinuosité, spirale, tour.

CIRCUIT ✦ SYN. **1.** Contour, enceinte, pourtour, *tour*. **2.** Itinéraire, *parcours*, périple, randonnée, tournée, voyage. **3.** Canal, chaîne, circulation, déplacement, filière, mouvement, *réseau*. **4.** Autodrome, *piste de course* (automobile).

CIRCULAIRE ✦ SYN. ▷ *Adj.* **1.** Giratoire, *rotatif*, rotatoire, tournant. **2.** Orbiculaire, *rond*, sphérique. ▷ *Nom* **3.** Avis, *lettre* (circulaire). **4.** *(Québ.)* Annonce, dépliant, *feuillet publicitaire*, prospectus, publicité. ✦ ANT. **1.** Fixe, immobile. **2.** Anguleux, carré, pointu.

CIRCULATION ✦ SYN. **1.** Circuit, communication, déplacement, écoulement, *mouvement*, passage, roulement, trafic *(véhicules)*, transport, va-et-vient. **2.** *(Idées)* *Diffusion*, lancement, propagation, transmission. ✦ ANT. **1.** Arrêt, halte, interruption, répit. **2.** Censure, contrainte, limitation, restriction.

CIRCULER ✦ SYN. **1.** Aller, courir, défiler, se déplacer, marcher, *se mouvoir*, parcourir, passer, se promener, remuer, rouler, venir. **2.** *(Idée, rumeur)* Courir, se diffuser, s'ébruiter, filtrer, se propager, *se répandre*, transpirer. ✦ ANT. **1.** Arrêter, faire halte, s'immobiliser, interrompre, stationner. **2.** Censurer, contraindre, étouffer, limiter, restreindre.

CIRQUE ✦ SYN. **1.** *Amphithéâtre*, arène, chapiteau, enceinte, hippodrome, piste, représentation, scène, spectacle, stade. **2.** *(Fig., péj.)* Bluff, cinéma, *comédie*. ✦ ANT. **2.** Franchise, sérieux, vérité.

CISELER ✦ SYN. **1.** Sculpter, *tailler*, travailler. **2.** Fignoler *(fam.)*, *parfaire*, peaufiner, polir. ✦ ANT. **2.** Bâcler, esquisser.

CITADELLE ✦ SYN. Bastion, château fort, *forteresse*, fortifications.

CITADIN ◇ v. Urbain

CITATION ✦ SYN. **1.** *(Dr.)* Appel, assignation, convocation, intimation, mise en demeure, *sommation*. **2.** Épigraphe, exemple, exergue, *extrait*, passage, texte. **3.** Adage, aphorisme, idée, maxime, parole, *pensée*, phrase célèbre. **4.** Décoration, *mention*, récompense.

CITÉ ✦ SYN. **1.** *(Polit.)* *État*, nation, patrie, république. **2.** *(Entité morale)* Mégalopole, *ville*. **3.** *Agglomération*, habitations, logements, pavillons, villas.

CITER ✦ SYN. **1.** *(Dr.)* Appeler (en justice), assigner, convoquer, déférer, intimer, *sommer*, traduire. **2.** Alléguer, avancer, consigner, évoquer, indiquer, *mentionner*, nommer, produire, rappeler, rapporter, relater, signaler. ✦ ANT. **1.** Libérer. **2.** Cacher, dissimuler, omettre.

CITERNE ✦ SYN. Bassin, cuve, puits, *réservoir*, tank.

CITOYEN ✦ SYN. *Habitant*, national, naturalisé, résidant. ✦ ANT. Étranger.

CIVIÈRE ✦ SYN. Bard, *brancard*, litière, palanquin.

CIVIL ✦ SYN. **1.** *Civique*, social. **2.** *Laïque*, séculier. **3.** Affable, aimable, *courtois*, empressé, honnête, poli. ✦ ANT. **1.** Individuel, pénal *(code)*. **2.** Militaire, religieux. **3.** Brutal, discourtois, disgracieux, impoli, incivil, malhonnête, rustre.

CIVILISATION ✦ SYN. Avancement, culture, développement, *évolution*, perfectionnement, progrès. ✦ ANT. Barbarie, cruauté, déchéance, dégénérescence, ignorance, inhumanité.

CIVILISÉ ✦ SYN. **1.** Avancé, *développé*, évolué. **2.** Dégrossi, éduqué, *policé*, raffiné. ✦ ANT. **1.** Primitif, sauvage, sous-développé. **2.** Barbare, inculte, rustre.

CIVILISER ✦ SYN. Affiner, améliorer, cultiver, dégrossir, *éduquer*, humaniser, perfectionner, policer, polir, raffiner, réformer. ✦ ANT. Abâtardir, abrutir, crétiniser.

CIVILITÉ ✦ SYN. **1.** Affabilité, amabilité, *courtoisie*, galanterie, gentillesse, honnêteté, politesse, raffinement, savoir-vivre, sociabilité, urbanité. 2. *(Pl.)* Amabilités, amitiés, compliments, convenances, devoirs, *hommages*, politesses, salutations, usages. ✦ ANT. 1. Bêtise, grossièreté, impolitesse, incivilité. 2. Injures, insultes, offense, outrage.

CIVIQUE ✦ SYN. *Civil*, patriotique. ✦ ANT. Antipatriotique, incivique.

CIVISME ✦ SYN. 1. Attachement, dévouement, loyalisme, *patriotisme*. 2. Bienséance, bonnes manières, civilité, courtoisie, éducation, *savoir-vivre*. ✦ ANT. 1. Antipatriotisme, incivisme. 2. Grossièreté, impolitesse, incivilité.

CLABAUDER ✦ SYN. 1. *(Péj.)* Aboyer, clamer, criailler, crier, hurler, *protester*, rouspéter *(fam.)*, vociférer. 2. Cancaner, dénigrer, *médire*. ✦ ANT. 1. Contenter, satisfaire. 2. Exalter, glorifier, louer, vanter.

CLABAUDERIE ✦ SYN. 1. *(Péj.)* Aboiement, clameur, cri, criaillerie, hurlement, *protestation*, vocifération. 2. *(Pl. surtout)* Cancans, *médisances*, potins, ragots, rumeurs. ✦ ANT. 1. Contentement, satisfaction. 2. Acclamation, applaudissements, éloges, louanges.

CLAIR ✦ SYN. 1. Brillant, éclairé, éclatant, ensoleillé, luisant, *lumineux*, serein, vif. 2. Cristallin, limpide, pur, *transparent*. 3. *Fluide*, liquide. 4. *(Son)* Aigu, argentin. 5. Distinct, explicite, *net*, précis. 6. Certain, *évident*, formel, incontestable, indubitable, manifeste, notoire, patent, sûr. 7. *Lucide*, pénétrant, perspicace. ✦ ANT. 1. Brumeux, couvert, foncé, obscurci, sombre. 2. Dépoli, translucide. 3. Compact, dense, épais. 4. Grave, sourd, voilé. 5. Compliqué, confus, difficile, embrouillé, équivoque, imprécis, indistinct, obscur. 6. Contestable, douteux, incertain, louche, secret, ténébreux. 7. Aveugle, inconscient, naïf.

CLAIREMENT ✦ SYN. 1. Distinctement, *nettement*, précisément. 2. Explicitement, *franchement*, intelligemment, simplement. ✦ ANT. 1. Confusément, obscurément, vaguement. 2. Hypocritement, implicitement, secrètement.

CLAIRONNER ◇ V. **Proclamer**

CLAIRSEMÉ ✦ SYN. 1. Éparpillé, *épars*, espacé, rare. 2. *(Cheveux)* Chauve, *dégarni*. ✦ ANT. 1. Compact, dense, nourri, pressé, serré. 2. Chevelu, touffu.

CLAIRVOYANCE ✦ SYN. 1. Acuité, discernement, finesse, flair, intelligence, intuition, jugement, *lucidité*, pénétration, perspicacité, prévoyance, sagacité, tact. 2. Divination, extralucidité, *voyance*. ✦ ANT. 1. Aveuglement, confusion, égarement, imprévoyance, légèreté, maladresse, obscurcissement, trouble.

CLAIRVOYANT ✦ SYN. 1. Averti, avisé, fin, intelligent, *lucide*, pénétrant, perspicace, prévoyant, sagace. 2. Devin, extralucide, *voyant*. ✦ ANT. 1. Aveugle, borné, maladroit, obtus.

CLAMER ✦ SYN. Clabauder *(péj.)*, claironner, *crier*, hurler, proclamer, publier. ✦ ANT. Cacher, taire, se taire, voiler.

CLAMEUR ✦ SYN. 1. Bruit, clabauderie *(péj.)*, *cri*, hurlement, plainte, tollé *(péj.)*, tumulte, vacarme, vocifération. 2. *Acclamation*, applaudissements, ovation. ✦ ANT. 1. Apaisement, calme, paix, silence, tranquillité. 2. Huées.

CLAN ✦ SYN. 1. Peuplade, *tribu*. 2. *Association*, bande, caste, cénacle, chapelle *(péj.)*, classe, coterie *(péj.)*, gang *(québ., fam.)*, groupe, parti, rang. ✦ ANT. 1. Individu. 2. Nation, peuple, société (entière).

CLANDESTIN ✦ SYN. Caché, défendu, dérobé, dissimulé, *illicite*, interlope, mystérieux, occulte, parallèle, pirate, prohibé, secret, sourd, souterrain, subreptice. ✦ ANT. Au grand jour, autorisé, dévoilé, légal, licite, officiel, permis, public.

CLAPOTER ✦ SYN. *Agiter*, bouillonner, bruire, remuer.

CLAQUE ✦ SYN. 1. *Gifle*, mornifle *(fam.)*, soufflet, taloche *(fam.)*, tape. 2. *(Québ.)* *Caoutchouc*, couvre-chaussure. 3. Applaudissements (commandés).

CLAQUER ✦ SYN. ◇ V. intr. 1. *Grelotter*, trembler. 2. Battre au vent. 3. *(Fam.)* Crever *(fam.)*, *épuiser*, éreinter, fatiguer, tuer.

▷ *V. tr.* **4.** Frapper, **gifler**, taper. **5.** Fermer violemment. **6.** *(Fam.)* **Dépenser**, gaspiller.

CLARIFIER ♦ SYN. **1.** *(Liquide)* Décanter, éclaircir, épurer, filtrer, **purifier**. **2.** *(Situation.)* Débrouiller, **démêler**, désembrouiller, éclaircir, élucider, expliquer, faire la lumière sur, préciser, simplifier, tirer au clair ♦ ANT. **1.** Brouiller, épaissir, troubler. **2.** Compliquer, confondre, embrouiller, mêler, obscurcir.

CLARTÉ ♦ SYN. **1.** Éclairage, éclat, embrasement, jour, lueur, **lumière**, luminosité, nitescence, rayons (du soleil). **2.** Limpidité, pureté, **transparence**. **3.** Compréhension, facilité, intelligibilité, lucidité, **netteté**, précision, simplicité. ♦ ANT. **1.** Brouillard, nuit, obscurité, ombre, ténèbres. **2.** Opacité, translucidité, trouble. **3.** Ambiguïté, complexité, confusion, difficulté, imprécision.

CLASSE ♦ SYN. **1.** Caste, clan, famille, gent, **groupe**, milieu, race. **2.** **Catégorie**, division, espèce, genre, nature, ordre, rang, série, sorte, type, variété. **3.** Condition, état, position, **situation**, statut. **4.** Cours, cycle, école, **enseignement**, leçon, salle. **5.** Allure, chic, distinction, élégance, noblesse, panache, prestance, **qualité**, valeur.

CLASSEMENT ♦ SYN. **1.** Arrangement, catégorisation, classification, distribution, division, hiérarchisation, nomenclature, ordre, rangement, **répartition**, tri, triage, typologie. **2.** Palmarès, **place**, position, rang. ♦ ANT. **1.** Confusion, déclassement, désordre. **2.** Changement, déplacement.

CLASSER ♦ SYN. Arranger, assigner, assortir, cataloguer, catégoriser, classifier, différencier, diviser, grouper, hiérarchiser, ordonner, placer, ranger, **répartir**, séparer, sérier, trier. ♦ ANT. Brouiller, déclasser, déplacer, déranger, embrouiller, enchevêtrer, mêler.

CLASSIQUE ♦ SYN. ▷ *Adj.* **1.** Célèbre, **consacré**, établi, immortel, légendaire, mémorable, proverbial. **2.** **Conventionnel**, courant, habituel, traditionnel. **3.** Dépouillé, épuré, **simple**, sobre, strict. ▷ *Nom* **4.** **Chef-d'œuvre**,

incontournable, monument *(fig.)*, œuvre majeure. ♦ ANT. **1.** Anonyme, méconnu, oublié. **2.** Baroque, inhabituel, moderne, original. **3.** Affecté, maniéré, précieux, prétentieux. **4.** Échec, œuvre mineure.

CLAUSE ♦ SYN. Arrangement, article, condition, convention, **disposition**, modalité, paragraphe, stipulation.

CLAUSTRATION ◇ v. **Isolement**

CLAUSTRER ♦ SYN. ▷ *V. tr.* **1.** Claquemurer, cloîtrer, confiner, consigner, emprisonner, **enfermer**, isoler, murer, renfermer, séquestrer, retenir. ▷ *V. pr.* **2.** Se barricader, se calfeutrer, se claquemurer, se cloîtrer, se confiner, s'emmurer, **s'enfermer**, s'isoler, se retirer, se terrer. ♦ ANT. **1.** Délivrer, laisser sortir, libérer, relâcher. **2.** Se montrer, sortir.

CLÉ (CLEF) ♦ SYN. **1.** **Passe-partout**, rossignol. **2.** Conclusion, dénouement, **explication**, fil conducteur, réponse, résultat, secret, sens, signification, solution. ♦ ANT. **2.** Affaire, énigme, mystère, problème.

CLÉMENCE ♦ SYN. **1.** Bienveillance, bonté, compassion, complaisance, débonnaireté, douceur, générosité, humanité, **indulgence**, magnanimité, mansuétude, miséricorde. **2.** Absolution, amnistie, grâce, **pardon**. **3.** *(Temps)* Beau fixe, **douceur**. ♦ ANT. **1.** Barbarie, cruauté, dureté, inclémence, inhumanité, sévérité. **2.** Châtiment, condamnation, punition. **3.** Froidure, rigueur.

CLÉMENT ♦ SYN. **1.** Bienveillant, bon, complaisant, débonnaire, doux, favorable, généreux, humain, **indulgent**, magnanime, miséricordieux, propice. **2.** *(Temps)* Agréable, calme, **doux**, sans nuages. ♦ ANT. **1.** Barbare, cruel, dur, implacable, inclément, inflexible, inhumain, rigide, sévère. **2.** Froid, maussade, nuageux, rigoureux.

CLERC ♦ SYN. **1.** **Ecclésiastique**, prêtre, religieux. **2.** Érudit, **intellectuel**, lettré, savant. **3.** *(Grand clerc)* Compétent, connaisseur, **expert**. ♦ ANT. **1.** Laïc. **2.** Béotien, ignare, inculte. **3.** Apprenti, novice.

CLICHÉ ♦ SYN. **1.** Épreuve, image, instantané, négatif, photo, **photographie**.

2. Banalité, *lieu commun*, poncif, redite, stéréotype, truisme. ◆ ANT. **2.** Nouveauté, originalité, trouvaille.

CLIENT ◆ SYN. **1.** *Acheteur*, acquéreur, consommateur, preneur. **2.** Consultant, malade, *patient*. **3.** Fidèle, *habitué*. ◆ ANT. **1.** Commerçant, fournisseur, marchand, vendeur. **2.** Médecin, personnel soignant.

CLIGNEMENT ◆ SYN. **1.** Battement, *cillement*, clin d'œil, coup d'œil, œillade, regard. **2.** *(Intermittent)* Clignotement, scintillement, *vacillement*. ◆ ANT. **1.** Écarquillement, fermeture, ouverture. **2.** Arrêt, fixation.

CLIGNER ◆ SYN. **1.** Battre, *ciller*, papilloter. **2.** *(Intermittent)* Clignoter, scintiller, *vaciller*. ◆ ANT. **1.** Dessiller, écarquiller, fermer, ouvrir. **2.** Arrêter, se fixer.

CLIMAT ◆ SYN. **1.** Ciel, conditions atmosphériques, température, *temps*. **2.** Air, *ambiance*, atmosphère, environnement, milieu. **3.** *(Pl.)* Cieux, contrées, latitudes, lieux, pays, *régions*.

CLINQUANT ◆ SYN. Camelote *(fam.)*, faux éclat, pacotille, quincaillerie *(fam.)*, simili, *tape-à-l'œil*, toc *(fam.)*, verroterie. ◆ ANT. Beauté, bijou, éclat, splendeur.

CLIQUE ◆ SYN. *(Péj.)* Bande, cabale, chapelle, coterie, gang, mafia.

CLOCHARD ◇ v. **Vagabond**

CLOCHE ◆ SYN. ▷ *Nom* **1.** Bourdon, carillon, clarine, clochette, grelot, sonnaille, sonnette, *timbre*. **2.** Abri *(plantes)*, *couvercle* *(aliments)*. ▷ *Adj.* **3.** *(Fam.)* Balourd, maladroit, *niais*, ridicule. ◆ ANT. **3.** Futé, habile, intelligent.

CLOCHER ◆ SYN. ▷ *Nom* **1.** Beffroi, campanile, clocheton, *tour* (d'église). ▷ *Verbe* **2.** Aller mal, boiter, *être défectueux*, faire défaut, laisser à désirer. ◆ ANT. **2.** Bien fonctionner.

CLOISON ◆ SYN. **1.** Mur, muraille, *paroi*. **2.** Barrière, *division*, séparation.

CLOISONNER ◇ v. **Compartimenter**

CLOÎTRE ◆ SYN. Abbaye, communauté, couvent, *monastère*, prieuré, trappe.

CLOÎTRER ◇ v. **Claustrer**

CLORE ◆ SYN. **1.** Barrer, barricader, boucher, clôturer, enclore, enfermer, entourer, *fermer*, murer. **2.** Achever, arrêter, clôturer *(fig.)*, conclure, *finir*, mettre fin, lever *(séance)*, terminer. ◆ ANT. **1.** Déboucher, déclore, ouvrir. **2.** Commencer, entreprendre, inaugurer.

CLÔTURE ◆ SYN. **1.** Barbelé, *barrière*, chaîne, enceinte, grille, haie, mur, muraille, palissade, treillage. **2.** Conclusion, fermeture, *fin*, levée *(séance)*. ◆ ANT. **1.** Issue, ouverture, sortie. **2.** Commencement, début.

CLOU ◇ v. **Abcès**

CLOUER ◆ SYN. **1.** Ficher, *fixer*, immobiliser, retenir, river. **2.** *(Clouer sur place)* Figer, paralyser, pétrifier. ◆ ANT. **1.** Arracher, déclouer, enlever. **2.** Bouger, se mouvoir, se relaxer.

CLOWN ◇ v. **Bouffon**

CLUB ◆ SYN. **1.** Amicale, *association*, cénacle, cercle, compagnie, école, fraternité, groupe, réunion, société. **2.** Équipe (sportive).

COAGULER ◆ SYN. Cailler, condenser, durcir, épaissir, figer, gélifier, grumeler, *solidifier*. ◆ ANT. Délayer, éclaircir, fondre, liquéfier.

COALISER ◆ SYN. ▷ *V. tr.* **1.** Ameuter, grouper, liguer, *réunir*. ▷ *V. pr.* **2.** *S'allier*, s'associer, se concerter, se joindre, se liguer, s'unir. ◆ ANT. **1.** Brouiller, désunir. **2.** Se diviser, s'isoler, se nuire, s'opposer, se séparer.

COALITION ◆ SYN. **1.** *Alliance*, association, bloc, cartel, confédération, entente, front, groupe (d'intérêts, de pression), ligue, phalange, trust, union. **2.** Cabale, complot, *conjuration*, conspiration. ◆ ANT. Désunion, discorde, isolationnisme, rupture, scission. **2.** Appui, loyauté, soutien.

COCASSE ◆ SYN. Amusant, bizarre, bouffe, burlesque, comique, divertissant, drôle, extraordinaire, *risible*. ◆ ANT. Banal, ennuyeux, ordinaire, sérieux.

COCASSERIE ◇ v. **Comique**

COCHON ◆ SYN. ▷ *Nom* **1.** Goret, *porc*, pourceau *(litt.)*. ▷ *Adj.* **2.** Dégoûtant, *malpro-*

pre, salaud *(québ., fam.)*, sale. **3.** Cru, débauché, dépravé, **grivois**, licencieux, obscène, osé, pornographique, salé, vicieux. **♦ ANT. 2.** Beau, net, propre. **3.** Convenable, décent, édifiant, pudique, pur.

COCHONNERIE ♦ SYN. *Fam.* ▷ *Sing.* **1.** *Camelote*, pacotille, saloperie *(fam.)*. ▷ *Pl. surtout* **2.** Déchets, immondices, impuretés, ordures, *saletés*. **3.** Grivoiseries, grossièretés, horreurs, ordures, *obscénités*, saletés, saloperies *(fam.)* **♦ ANT. 1.** Bijou, objet de valeur. **2.** Propreté. **3.** Civilités, décence, politesses, pudeur.

COERCITIF ◇ v. **Oppressif**

COERCITION ♦ SYN. Assujettissement, astreinte, **contrainte**, dissuasion, force, obligation, pression. **♦ ANT.** Conciliation, indépendance, liberté, persuasion.

CŒUR ♦ SYN. 1. *Âme*, caractère, conscience, esprit. **2.** *Intimité*, for intérieur, jardin secret, tréfonds. **3.** *Centre*, foyer, milieu, noyau. **4.** Ardeur, *énergie*, enthousiasme, entrain, goût, intérêt, zèle. **5.** Affection, amour, attachement, inclination, passion, sensibilité, *sentiment*, tendresse. **6.** *Bonté*, charité, compassion, dévouement, générosité. **7.** Bravoure, *courage*, hardiesse, intrépidité, vaillance, valeur. **♦ ANT. 1.** Bas instincts, bêtise, inconscience. **2.** Apparence, façade. **3.** Extérieur, périphérie. **4.** Apathie, désintérêt. **5.** Animosité, antipathie, froideur, insensibilité. **6.** Bassesse, brutalité, dureté, égoïsme, méchanceté. **7.** Couardise, lâcheté, poltronnerie.

COEXISTANT ◇ v. **Simultané**

COEXISTENCE ◇ v. **Simultanéité**

COFFRE ♦ SYN. 1. Bahut, boîte, *caisse*, cassette, coffre-fort, coffret, huche, malle, pétrin, saloir. **2.** *(Fam.)* **Poitrine**, thorax. **3.** Aplomb, courage, énergie, force, *souffle*. **♦ ANT. 3.** Craintif, faible, haletant, malingre.

COFFRER ◇ v. **Emprisonner**

COGNER ♦ SYN. Battre, *frapper*, heurter, rosser, taper. **♦ ANT.** Éviter, parer.

COHABITATION ♦ SYN. 1. Colocation. **2.** Concubinage, **union de fait**, union libre.

♦ ANT. 1. Copropriété. **2.** Mariage, union maritale.

COHÉRENCE ♦ SYN. 1. *(Concret)* **Adhérence**, agrégation, cohésion, connexion, homogénéité, uniformité. **2.** *(Abstrait)* Adéquation, cohésion, concordance, conformité, harmonie, liaison, *logique*, rapport, suite, union, unité, vraisemblance. **♦ ANT. 1.** Désagrégation, division, hétérogénéité, séparation. **2.** Absurdité, confusion, désordre, discordance, disparité, illogisme, incohérence, invraisemblance.

COHÉRENT ♦ SYN. 1. *Homogène*, uni, uniforme. **2.** Compréhensible, conséquent, consistant, harmonieux, *logique*, ordonné, rationnel, suivi. **♦ ANT. 1.** Hétérogène, divisé, séparé. **2.** Absurde, confus, décousu, désordonné, éparpillé, illogique, incohérent, incompréhensible, inconséquent, inconsistant, paradoxal.

COHÉSION ♦ SYN. 1. *(Concret)* **Adhérence**, agglomération, attraction, cohérence, homogénéité, indivision, uniformité. **2.** *(Idées)* Cohérence, consistance, ensemble, harmonie, *logique*, suite. **3.** *(Pers.)* Esprit de corps, *solidarité*, union, unité. **♦ ANT. 1.** Désagrégation, division, hétérogénéité, répulsion, séparation. **2.** Absurdité, confusion, désordre, éparpillement, illogisme, inconsistance. **3.** Désunion, dissension, égoïsme, individualisme.

COHORTE ◇ v. **Armée**

COHUE ♦ SYN. 1. Affluence, attroupement, *foule*, multitude, populace *(péj.)*. **2.** Bousculade, brouhaha, *confusion*, désordre, mêlée, pagaille *(fam.)*, précipitation, ruée, tumulte, vacarme. **♦ ANT. 1.** Désert, intimité, solitude. **2.** Calme, ordre, patience, silence.

COI ♦ SYN. Abasourdi, *muet*, pantois, sidéré, stupéfait, silencieux, tranquille. **♦ ANT.** Agité, bavard, bruyant.

COÏT ◇ v. **Accouplement**

COIFFER ♦ SYN. 1. Brosser, discipliner, friser, *peigner*. **2.** Couronner, couvrir, *recouvrir*, surmonter. **3.** Chapeauter, contrôler, diriger, *superviser*. **♦ ANT. 1.** Décoiffer, défriser, écheveler. **2.** Découvrir. **3.** Exécuter soi-même, obéir aux ordres.

COIFFEUR ◆ SYN. Artiste (capillaire), barbier, *figaro*, perruquier.

COIFFURE ◆ SYN. **1.** Béret, bonnet, calotte, capuchon, casque, casquette, *chapeau*, coiffe, couvre-chef, képi, serre-tête, toque. **2.** *Arrangement des cheveux*, chevelure, peignure *(québ.)*.

COIN ◆ SYN. **1.** *Angle*, commissure *(lèvre)*, écoinçon, encoignure, recoin, renfoncement. **2.** Carrefour, croisement, *intersection*, tournant. **3.** *Endroit*, lieu, pays, quartier, région, secteur.

COINCER ◆ SYN. **1.** *Bloquer*, fixer, immobiliser, serrer. **2.** *(Pers.)* Acculer, arrêter, piéger, pincer *(fam.)*, prendre, *retenir*, saisir. ◆ ANT. **1.** Débloquer, décoincer, desserrer, écarter. **2.** Aider, dégager, libérer.

COÏNCIDENCE ◆ SYN. Coexistence, concomitance, concordance, concours de circonstances, *correspondance*, hasard, isochronisme, rencontre fortuite, simultanéité, synchronie. ◆ ANT. Déterminisme, diachronie, discordance, succession.

COÏNCIDER ◇ V. **Correspondre**

COL ◆ SYN. **1.** Collerette, *collet*, encolure, faux col. **2.** *(Récipient)* Goulot. **3.** *(Géogr.)* Brèche, canyon, *couloir*, défilé, gorge, goulet, pas, passage, passe, port, porte. ◆ ANT. **1.** Évasement. **3.** Mont, sommet.

COLÈRE ◆ SYN. Agressivité, bile, courroux, crise, déchaînement, dépit, emportement, exaspération, explosion, foudres, frénésie, *fureur*, furie, impatience, indignation, irascibilité, ire, irritation, rage, révolte, rogne, violence. ◆ ANT. Apaisement, calme, douceur, équilibre, mesure, modération, placidité, pondération, retenue, sagesse, sang-froid, sérénité.

COLÉREUX, COLÉRIQUE ◇ V. **Irascible**

COLIFICHET ◇ V. **Bagatelle**

COLIS ◇ V. **Paquet**

COLLABORATEUR ◇ V. **Associé**

COLLABORATION ◆ SYN. Accord, aide, appui, association, concours, contribution, *coopération*, participation, soutien.

◆ ANT. Abstention, empêchement, obstruction, refus.

COLLABORER ◆ SYN. Aider, appuyer, s'associer à, concourir à, contribuer, *coopérer*, participer à, prendre part à, soutenir. ◆ ANT. S'abstenir, contrecarrer, empêcher, s'opposer, refuser.

COLLANT ◆ SYN. ▷ *Adj.* **1.** *Adhésif*, agglutinant, autocollant, gommé, préencollé. **2.** *Gluant*, poisseux, visqueux. **3.** *(Vêtement)* Ajusté, étroit, juste, moulant, *serré*. **4.** *(Fam.)* Casse-pieds, crampon, gêneur, *importun*, indiscret, sangsue. ▷ *Nom* **5.** Bas de femme, *maillot* (sports). ◆ ANT. **1.** Antiadhésif, incollable. **2.** Lisse, sec. **3.** Ample, bouffant, large. **4.** Discret.

COLLATION ◆ SYN. **1.** Casse-croûte, encas, *goûter*, lunch, thé. **2.** *(Grades, titres)* *Attribution*, bal, cérémonie, distribution, remise.

COLLE ◆ SYN. **1.** Empois, *glu*, poix. ▷ *Fam.* **2.** *Attrape*, énigme, problème, question difficile. **3.** Consigne, punition, *retenue*.

COLLECTE ◆ SYN. **1.** Demande, *quête*, sollicitation, souscription. **2.** *(Produits divers)* Collectage, enlèvement, *ramassage*, récolte.

COLLECTION ◆ SYN. **1.** Accumulation, amas, arsenal, assemblage, assortiment, attirail, batterie, échantillonnage, ensemble, éventail, gamme, jeu, ligne, lot, palette, panoplie, ramassis *(péj.)*, *réunion*, série, suite, tas. **2.** Album, anthologie, archives, catalogue, *compilation*, galerie, recueil. ◆ ANT. **1.** Dispersion, éparpillement.

COLLECTIONNER ◇ V. **Amasser**

COLLECTIVITÉ ◇ V. **Société**

COLLÈGE ◆ SYN. **1.** *Cégep* (québ.), lycée. **2.** *Association*, confrérie, corporation, ordre, société.

COLLÉGIEN ◆ SYN. *(Québ.)* Cégépien.

COLLÈGUE ◇ V. **Confrère**

COLLER ◆ SYN. **1.** *Adhérer*, agglutiner. **2.** Appliquer, appuyer, assembler, *fixer*, mettre, plaquer. ▷ *Fam.* **3.** Consigner, *mettre en retenue*, punir. **4.** *(Examen)* Ajourner, recaler, *refuser*. ◆ ANT. **1.** Décoller.

2. Arracher, détacher. 3. Récompenser.
4. Admettre, recevoir, réussir.

COLLIER ♦ SYN. 1. Bijou, chaîne, chaî-nette, *ornement*, pendentif, rang de per-les, rivière de diamants, torque. 2. Carcan, chaînes, corvée, joug, labeur, *servitude*. ♦ ANT. 2. Délivrance, repos.

COLLIGER ♦ SYN. Assembler, collec-tionner, compiler, rassembler, recueillir, *réunir*. ♦ ANT. Diviser, partager, section-ner, séparer.

COLLINE ♦ SYN. Butte, côte, coteau, *élévation*, éminence, hauteur, mamelon, monticule, relief. ♦ ANT. Creux, dépres-sion, plaine, ravin, val, vallée, vallon.

COLLISION ♦ SYN. 1. Accident, accro-chage, choc, heurt, *impact*, télescopage. 2. Antagonisme, *conflit*, opposition. ♦ ANT. 1. Évitage *(mar.)*, évitement. 2. Accord, entente.

COLLOQUE ♦ SYN. Carrefour, confé-rence, conversation, dialogue, *discussion*, entretien, séminaire, symposium, table ronde.

COLLUSION ◇ V. **Complicité**

COLMATER ◇ V. **Boucher**

COLON ♦ SYN. 1. *Colonisateur*, pionnier. 2. *Agriculteur*, cultivateur, fermier, mé-tayer, paysan. ♦ ANT. 1. Aborigène, autoch-tone. 2. Citadin.

COLONIALISME ♦ SYN. Expansionnisme, *impérialisme*. ♦ ANT. Anticolonialisme.

COLONIE ♦ SYN. 1. Ensemble, essaim *(insectes)*, groupe, *population*, réunion. 2. Comptoir, empire, *établissement*, peu-plement, protectorat. ♦ ANT. 1. Individu. 2. Mère patrie, métropole.

COLONISER ♦ SYN. 1. Établir, *peupler*. 2. Conquérir, envahir, *occuper*. ♦ ANT. 1. Chasser, expulser. 2. Décoloniser, libé-rer.

COLONNE ♦ SYN. 1. Pilastre, *pilier*, poteau, pylône. 2. *(Monument)* Aiguille, cippe, obélisque, *stèle*. 3. *(Armée)* *Défilé*, file, troupe. 4. Liste, nomenclature, série, *suite*.

COLORÉ ◇ V. **Pittoresque**

COLORER ♦ SYN. 1. Colorier *(papier)*, enlu-miner, peindre, *teindre*, teinter. 2. Agré-

menter, *embellir*, enjoliver, farder, orner, parer. ♦ ANT. 1. Décolorer, déteindre, ternir. 2. Déparer, enlaidir.

COLORIS ◇ V. **Couleur**

COLOSSAL ◇ V. **Gigantesque**

COLOSSE ♦ SYN. 1. Géant, *hercule*, mas-todonte. 2. Athlète, costaud, force de la nature, *homme fort*. 3. Empire, *grande puissance*. ♦ ANT. 1. Lilliputien, nain. 2. Fai-ble, malingre. 3. Pays satellite.

COLPORTER ♦ SYN. 1. Transporter. 2. *(Péj.)* Commérer, diffuser, divulguer, *ébruiter*, propager, raconter, rapporter, répandre. ♦ ANT. 2. Cacher, se faire discret, se taire, taire.

COMBAT ♦ SYN. 1. Action, affronte-ment, assaut, attaque, bagarre, *bataille*, blitz *(courte durée)*, choc, collision, conflit, duel, échauffourée, engagement, escar-mouche, guerre, hostilités, lutte, mêlée, rencontre, rixe. 2. Antagonisme, concur-rence, contestation, dispute, *opposition*, querelle, rivalité. 3. Compétition, joute *(oratoire)*, *match* *(lutte, boxe)*. 4. Campagne, *croisade*, entreprise, mobilisation. ♦ ANT. 1. Armistice, cessez-le-feu, paix, trêve. 2. Concorde, entente, harmonie, union.

COMBATIF ◇ V. **Batailleur**

COMBATTANT ♦ SYN. 1. Assaillant, *bel-ligérant*, guerrier, soldat. 2. *Adversaire*, antagoniste, compétiteur, rival. ♦ ANT. 1. Allié, partisan. 2. Aide, défenseur, par-tenaire, protecteur.

COMBATTRE ♦ SYN. 1. Affronter, as-saillir, attaquer, *se battre contre*, charger, engager le combat, faire la guerre, guer-royer, livrer bataille, lutter contre. 2. Contredire, contester, *s'opposer*, récu-ser, réfuter. 3. *(Cause, idée)* Batailler, *se battre pour*, lutter pour, militer, revendiquer ♦ ANT. 1. Apaiser, calmer, concilier, paci-fier. 2. Approuver, défendre, soutenir. 3. Abandonner, renoncer, se résigner.

COMBINAISON ♦ SYN. 1. Agencement, alliage, alliance, arrangement, *assemblage*, composition, fusion, mélange, réunion. 2. Association, conjonction, conjugaison, coordination, *mise en commun*. 3. Calcul, combine *(fam.)*, manigance, manœuvres, **plan**, stratagème, système, truc *(fam.)*. **4.** Bleu, **salopette**, survêtement *(aviation, sports)*. **5.** Chiffres, **code**. ♦ ANT. **1.** Analyse, décomposition, séparation. **2.** Dispersion, éparpillement, opposition. **3.** Droiture, simplicité, spontanéité.

COMBINER ♦ SYN. **1.** Agencer, allier, arranger, **assembler**, associer, composer, disposer, mélanger, ordonner, unir. **2.** Associer, conjuguer, coordonner, joindre, **mettre en commun**. **3.** Calculer, concerter, établir, organiser, **préparer**, prévoir. **4.** **Machiner**, manigancer, préméditer. ♦ ANT. **1.** Désunir, isoler, séparer. **2.** Disperser, éparpiller. **3.** Négliger, ne pas prévoir. **4.** Déjouer, jouer franc jeu, renoncer.

COMBLE ♦ SYN. ▷ *Nom* **1.** Excès, supplément, **surcroît**, surplus, trop-plein. **2.** Apogée, faîte, **maximum**, pinacle, sommet, summum, zénith. **3.** **Grenier**, mansarde. ▷ *Adj.* **4.** Bondé, bourré, **complet**, plein, rempli. ♦ ANT. **1.** Insuffisance, manque. **2.** Minimum, nadir. **3.** Bas, cave, fondations. **4.** Désert, vide.

COMBLER ♦ SYN. **1.** Gaver, **saturer**, surcharger. **2.** Boucher, colmater, niveler, obturer, remblayer, **remplir**. **3.** Abreuver de, **accabler de**, charger de, couvrir de, gorger de. **4.** Choyer, contenter, exaucer, gâter, **satisfaire**. **5.** *(Lacune, déficit)* Compenser, corriger, équilibrer, régler. ♦ ANT. **1.** Manquer de. **2.** Creuser, vider. **3.** Priver de. **4.** Déplaire, frustrer, mécontenter. **5.** Accentuer, aggraver.

COMBUSTIBLE ♦ SYN. ▷ *Adj.* **1.** Inflammable. ▷ *Nom* **2.** Bois, **carburant**, charbon, comburant, essence, gaz naturel, huile, mazout, pétrole, propane. ♦ ANT. **1.** Incombustible, ininflammable.

COMBUSTION ♦ SYN. **1.** Brûlage, calcination, carbonisation, feu, **ignition**, incendie, inflammation. **2.** **Oxydation**, rouille. ♦ ANT. **1.** Extinction.

COMÉDIE ♦ SYN. **1.** Pièce de théâtre, spectacle, **théâtre**. **2.** Arlequinade, bouffonnerie, boulevard, burlesque, **farce**, pantalonnade, parodie, saynète, sketch,

sotie, vaudeville. **3.** *(Péj.)* Bluff, cabotinage, cinéma, cirque, déguisement, dissimulation, feinte, hypocrisie, mise en scène, **simulation**, tartufferie, tromperie, turlupinade. ♦ ANT. **2.** Drame, tragédie. **3.** Authenticité, franchise, sérieux, sincérité, vérité.

COMÉDIEN ♦ SYN. ▷ *Nom* **1.** **Acteur**, artiste, interprète, tragédien. **2.** Bouffon, cabotin *(péj.)*, clown, **comique**, farceur, histrion *(péj.)*, mime. ▷ *Adj.* **3.** À double face, artificieux, dissimulé, feint, hâbleur, **hypocrite**, menteur, tartuffe. ♦ ANT. **3.** Authentique, franc, sérieux, sincère.

COMESTIBLE ♦ SYN. ▷ *Adj.* **1.** Consommable, **mangeable**. ▷ *Nom pl.* **2.** Aliments, **denrées alimentaires**. ♦ ANT. **1.** Immangeable, inconsommable, incomestible, toxique, vénéneux. **2.** Produits non comestibles.

COMIQUE ♦ SYN. ▷ *Adj.* **1.** Amusant, bidonnant *(fam.)*, burlesque, cocasse, désopilant, **drôle**, gai, grotesque, hilarant, humoristique, impayable *(fam.)*, inénarrable, loufoque, mourant *(fam.)*, pissant *(fam.)*, plaisant, rigolo *(fam.)*, risible, spirituel, tordant *(fam.)*. ▷ *Nom* **2.** Amuseur, bouffon, clown, comédien, fantaisiste, **humoriste**, mime, pitre. **3.** Boulevard, burlesque, **comédie**, farce, vaudeville. **4.** Amuseur, **boute-en-train**, farceur, gai luron. **5.** *(Situation)* Bizarrerie, cocasserie, **drôlerie**, humour, piquant. ♦ ANT. **1.** Dramatique, grave, pathétique, sérieux, touchant, tragique, triste. **2.** Tragédien. **3.** Drame, tragédie. **4.** Éteignoir, rabat-joie, trouble-fête. **5.** Banalité, ennui, monotonie.

COMITÉ ♦ SYN. **1.** Cellule, **groupe d'étude**, groupe de travail, réunion. **2.** Bureau, conseil, **commission**, délégation, mandat, mission. ♦ ANT. **1.** Assemblée générale. **2.** Ministère, pouvoir décisionnel.

COMMANDANT ♦ SYN. **1.** *(Armée, marine)* Capitaine, **chef**, général, officier. **2.** *(Commandant de bord)* Pilote d'avion. **3.** Patron, **supérieur**. ♦ ANT. **1.** Marin, soldat. **2.** Agent de bord, personnel de bord. **3.** Employé, subalterne.

COMMANDEMENT ♦ SYN. **1.** Arrêt, arrêté, consigne, décret, devoir, diktat *(souvent péj.)*, édit, injonction, instruction, invite, loi, **ordre**, précepte, prescription, règle, rescrit *(dr.)*. **2.** Autorité, conduite, **direction**, pilotage, pouvoir, puissance, responsabilités. **3.** État-major. ◆ **ANT.** **1.** Acceptation, obéissance, soumission. **2.** Dépendance, impuissance, infériorité, subordination. **3.** Bataillon, division.

COMMANDER ◆ **SYN.** **1.** Décider, décréter, dicter, édicter, enjoindre, exiger, **imposer**, intimer, ordonner, prescrire, sommer. **2.** Conduire, **diriger**, gouverner, mener, piloter, régenter *(péj.)*, régir, régner. **3.** *(Sentiments)* Contenir, contrôler, dominer, dompter, **maîtriser**, réprimer, vaincre. **4.** *(Circonstances, situation)* Appeler, demander, exiger, nécessiter, **réclamer**, requérir. **5.** *(Faire une commande)* **Appeler**, demander, téléphoner. **6.** *(Mécanisme)* **Actionner**, enclencher, faire fonctionner. ◆ **ANT.** **1.** Accepter, exécuter, obéir, observer, obtempérer, se plier, se soumettre, suivre. **2.** Dépendre, relever de. **3.** Défouler, libérer, succomber. **4.** Dispenser, exempter. **5.** Annuler, décommander. **6.** Arrêter.

COMMANDITAIRE ◆ **SYN.** Bailleur de fonds, parrain, **parraineur**, sponsor.

COMMANDITER ◇ v. **Financer**

COMMANDO ◆ **SYN.** **1.** Bataillon, brigade, détachement, escadron, escorte, patrouille, **troupe de choc**, unité de choc. **2.** *(Commando suicide)* Kamikaze.

COMMÉMORATION ◆ **SYN.** Anniversaire, **célébration**, cérémonie, fête, mémento *(morts)*, mémoire, rappel, souvenir. ◆ **ANT.** Oubli.

COMMÉMORER ◇ v. **Célébrer**

COMMENCEMENT ◆ **SYN.** Alpha, amorce, apparition, arrivée, aube, aurore, avènement, balbutiements, cause, création, **début**, déclenchement, départ, ébauche, entrée, essai, essor, exode, naissance, orée, origine, ouverture, préambule, préface, préliminaires, prélude, prémices, premiers pas, prémisses *(raisonnement)*, principe, seuil, source. ◆ **ANT.** Achèvement, but, clôture, conclusion, conséquence,

couronnement, dénouement, effet, fin, issue, limite, oméga, résultat, solution, terme, terminaison.

COMMENCER ◆ **SYN.** ▷ *V. tr.* **1.** Amorcer, attaquer, déclencher, démarrer *(fam.)*, ébaucher, engager, entamer, **entreprendre**, fonder, inaugurer, lancer, se mettre à, mettre en branle, ouvrir. ▷ *V. intr.* **2.** S'amorcer, **débuter**, démarrer, naître, partir. ◆ **ANT.** **1.** Accomplir, achever, clore, clôturer, compléter, conclure, continuer, couronner, fermer, finir, poursuivre, terminer. **2.** Aboutir, s'achever, cesser, prendre fin, se terminer.

COMMENSAL ◇ v. **Convive**

COMMENTAIRE ◆ **SYN.** **1.** Annotation, exégèse, **explication**, glose, interprétation, note, paraphrase, remarque. **2.** *(Pl.)* Bavardages, commérages, gloses, **médisances**. ◆ **ANT.** **1.** Mutisme, réticence, silence. **2.** Discrétion, éloges, retenue.

COMMENTATEUR ◆ **SYN.** **1.** *(Théol.)* Annotateur, **exégète**, glossateur, interprète. **2.** *(Radio, télévision)* Animateur, annonceur, **présentateur**.

COMMENTER ◆ **SYN.** Développer, éclaircir, **expliquer**, exposer, gloser, illustrer, interpréter, observer, paraphraser, parler de, présenter, traduire. ◆ **ANT.** Abréger, compliquer, embrouiller, obscurcir, trahir.

COMMÉRAGE ◇ v. **Bavardage**

COMMERÇANT ◆ **SYN.** Boutiquier, détaillant, distributeur, fournisseur, grossiste, **marchand**, négociant, trafiquant *(péj.)*, revendeur, vendeur. ◆ **ANT.** Acheteur, client, consommateur.

COMMERCE ◆ **SYN.** **1.** Affaires, échange, exportation, importation, **négoce**, trafic *(péj.)*, traite, troc, vente. **2.** Boutique, débit, entreprise, établissement, fonds de commerce, **magasin**, maison (de commerce). **3.** *(Pers.)* **Fréquentation**, rapports, relations, sociabilité, société.

COMMERCIALISATION ◇ v. **Marchandisage**

COMMÈRE ◇ v. **Bavard**

COMMÉRER ◇ v. **Bavarder**

COMMETTRE ◆ SYN. ▷ *V. tr.* **1.** *(Délit)* Accomplir, consommer, exécuter, faire, **perpétrer**. **2.** *(Poste)* Affecter, charger de, confier, employer, **nommer**, préposer. ▷ *V. pr.* **3.** *(Avec quelqu'un, péj.)* S'acoquiner, s'afficher, *se compromettre*, s'exposer, fréquenter. ◆ **ANT.** **1.** Empêcher, éviter. **2.** Démettre, retirer. **3.** S'éloigner, fuir.

COMMIS ◆ SYN. 1. Agent, **employé**, préposé, représentant (de commerce), subalterne, vendeur, voyageur (de commerce). **2.** *(Grand commis de l'État)* Haut fonctionnaire. ◆ **ANT. 1.** Bourgeois, marchand, négociant, patron.

COMMISÉRATION ◆ SYN. Apitoiement, attendrissement, compassion, miséricorde, pardon, **pitié**. ◆ **ANT.** Dureté, indifférence, insensibilité, sécheresse.

COMMISSAIRE ◆ SYN. Ambassadeur, chargé de mission, **délégué**, enquêteur, fonctionnaire, fondé de pouvoir, haut fonctionnaire, ministre, officier de police, ordonnateur, parlementaire, représentant de l'État, surveillant *(sports)*.

COMMISSION ◆ SYN. 1. Attribution, bureau, charge, comité, **délégation**, mandat, mission, pouvoir. **2.** Boni, casuel *(n.)*, courtage, **gain**, gratification, pot-de-vin, pourboire, pourcentage, prime, remise, rémunération, rétribution, ristourne, tantième. **3.** Course, message, **service**. **4.** *(Pl.)* Courses, **emplettes**, magasinage *(québ.)*, marché, provisions, shopping.

COMMISSIONNAIRE ◆ SYN. 1. Agent, courtier, **intermédiaire**, mandataire, représentant. **2.** Chasseur, **coursier**, groom, messager, porteur.

COMMODE ◆ SYN. ▷ *Adj.* **1.** Adapté, adéquat, confortable, convenable, fonctionnel, maniable, **pratique**, utile. **2.** Aisé, **facile**, faisable, simple. **3.** *(Pers.)* **Accommodant**, agréable, arrangeant, conciliant, doux, favorable, flexible, indulgent, obligeant, traitable. ▷ *Nom* **4.** **Armoire**, bahut, chiffonnier, coffre, penderie. ◆ **ANT. 1.** Inadapté, inadéquat, incommode, inconfortable, inutile, malcommode, non fonctionnel. **2.** Ardu, compliqué, difficile, gênant, infaisable, malaisé. **3.** Acariâtre, austère, défavorable, désagréable, désobligeant, inflexible, intraitable, malcommode *(québ., fam.)*.

COMMODITÉ ◆ SYN. 1. Agrément, aisance, aise, avantage, confort, **facilité**, praticité, utilité. **2.** *(Commodités d'usage)* Agréments, **confort**, équipement. ◆ **ANT. 1.** Complication, désagrément, désavantage, difficulté, embarras, incommodité, inconfort, inconvénient, malaise. **2.** Désagréments, inconfort, manque.

COMMOTION ◆ SYN. 1. Choc, explosion, heurt, mouvement, **secousse**, séisme, tremblement, vibration. **2.** Bouleversement, choc (nerveux), coup *(fig.)*, **ébranlement**, émoi, énervement, perturbation, saisissement, traumatisme, trouble. ◆ **ANT. 1.** Apaisement, calme. **2.** Assurance, quiétude, repos, rétablissement, sang-froid, sérénité, tranquillité.

COMMUER ◇ **v. Substituer**

COMMUN ◆ SYN. ▷ *Adj.* **1.** **Collectif**, conjoint, général, mutuel, public, unanime, universel. **2.** Accoutumé, banal, courant, fréquent, habituel, **ordinaire**, quelconque, rebattu, répandu, usuel. **3.** Bas, grossier, médiocre, prosaïque, trivial, **vulgaire**. ▷ *Nom* **4.** L'ensemble, **la majorité**, la plupart, le plus grand nombre. ◆ **ANT. 1.** Distinct, individuel, particulier, personnel, singulier, unique. **2.** Différent, étonnant, étrange, extraordinaire, inaccoutumé, inédit, inhabituel, original, rare, recherché, spécial. **3.** Distingué, élégant, noble, supérieur. **4.** L'élite, la minorité, le petit nombre.

COMMUNAUTÉ ◆ SYN. 1. **Collectivité**, corps, État, nation, patrie, population, société. **2.** **Association**, collège, compagnie, confrérie, congrégation, corporation, groupe, groupement, ordre, réunion. **3.** **Affinité**, communion, compatibilité, parité, similitude, unanimité, unité. **4.** **Copropriété**, indivision. ◆ **ANT. 1.** Citoyen, individu. **2.** Adhérent, membre. **3.** Disparité, divergence, incompatibilité, opposition. **4.** Division, propriété.

COMMUNICATEUR ◇ v. **Orateur**
COMMUNICATIF ✦ SYN. 1. *(Idée, rire)* Communicable, *contagieux*. 2. *(Pers.)* Causant *(fam.)*, confiant, démonstratif, expansif, exubérant, loquace, *ouvert*. ✦ ANT. 1. Incommunicable. 2. Concentré, défiant, dissimulé, renfermé, secret, taciturne.

COMMUNICATION ✦ SYN. 1. Contact, correspondance, échange, *liaison*, rapport, relation. 2. Actes (colloque), adresse, allocution, annonce, avis, communiqué, déclaration, dépêche, *diffusion*, exposé, information, message, note, nouvelle, renseignement, transmission. 3. Artère, *circulation*, route, transport.

COMMUNION ✦ SYN. 1. *Accord*, affinité, communauté, compatibilité, concorde, correspondance, entente, fusion, harmonie, symbiose, union, unité. 2. *Confession*, Église, religion, secte. 3. Cène, *eucharistie*, viatique. ✦ ANT. 1. Désaccord, désunion, discorde, dissension, incompatibilité, rivalité.

COMMUNIQUÉ ✦ SYN. Annonce, avertissement, *avis*, bulletin, communication, dépêche, faire-part, message, note, nouvelle, renseignement.

COMMUNIQUER ✦ SYN. ▷ *V. tr.* 1. Adresser, *annoncer*, confier, déclarer, diffuser, dire, divulguer, faire connaître, faire part de, informer, livrer, publier, révéler, signaler, signifier. 2. *(Maladie)* Donner, passer, *transmettre*. ▷ *V. intr.* 3. Correspondre, échanger, *s'exprimer*, s'ouvrir, parler. 4. Donner sur, ouvrir sur, *relier à*. ✦ ANT. 1. Cacher, garder pour soi, taire. 2. Attraper, immuniser. 3. Se renfermer, se taire, se tenir coi.

COMMUTATEUR ◇ v. **Bouton**
COMMUTATION ◇ v. **Substitution**
COMPACT ✦ SYN. 1. Dense, dru, épais, ferme, massif, resserré, *serré*, tassé, touffu. 2. *(Disque)* Audionumérique. ✦ ANT. 1. Clairsemé, desserré, dispersé, épars, espacé, lâche, léger, mou, ténu.

COMPACTER ◇ v. **Comprimer**
COMPAGNE ✦ SYN. 1. Amie, associée, *camarade*, collègue, condisciple, consœur,

copine, partenaire. 2. *Amie de cœur* *(québ.)*, conjointe, épouse, femme.

COMPAGNIE ✦ SYN. 1. Entourage, fréquentation, *présence*, société. 2. Assemblée, *association*, club, collège, communauté, confrérie, congrégation, fraternité, réunion, société, troupe *(armée, théâtre)*. 3. *Entreprise*, établissement, firme, société (commerciale).

COMPAGNON ✦ SYN. 1. Ami, associé, *camarade*, collègue, condisciple, confrère, copain, partenaire. 2. *(Péj.)* Acolyte, comparse, compère, *complice*, congénère. 3. *Ami de cœur* *(québ.)*, conjoint, époux, mari.

COMPARABLE ✦ SYN. Analogue, apparenté, approchant, assimilable, commun, parent, proche, *ressemblant*, voisin. ✦ ANT. Différent, dissemblable, incomparable, opposé.

COMPARAISON ✦ SYN. 1. Analyse, collationnement *(textes)*, *confrontation*, recension. 2. Analogie, assimilation, corrélation, parité, parallèle, rapport, *rapprochement*, relation, ressemblance, similitude 3. Allégorie, allusion, *image*, métaphore, parabole, symbole. ✦ ANT. 2. Contraste, différence, disparité, dissemblance, éloignement. 3. Fait, réalité.

COMPARAÎTRE ◇ v. **Déposer**
COMPARER ✦ SYN. Analyser, assimiler, collationner *(textes)*, conférer, confronter, évaluer, examiner, mesurer, opposer, *rapprocher*. ✦ ANT. Éloigner, excepter, exclure, retrancher.

COMPARSE ✦ SYN. 1. *Figurant*, personnage secondaire, rôle secondaire, utilité *(fig.)*. 2. *(Péj.)* Acolyte, compagnon, compère, *complice*, congénère. ✦ ANT. 1. Premier rôle, protagoniste.

COMPARTIMENT ✦ SYN. Alvéole, caisse, caisson, case, casier, cellule, *division*, loge, partie, pièce, rayon, subdivision, tiroir. ✦ ANT. Ensemble, totalité, tout.

COMPARTIMENTER ✦ SYN. Cloisonner, *diviser*, séparer. ✦ ANT. Assembler, englober, unir.

COMPASSÉ ◇ v. **Étudié**

COMPASSION ◆ SYN. Apitoiement, attendrissement, bienveillance, bonté, charité, commisération, grâce, humanité, mansuétude, miséricorde, pitié, sensibilité, solidarité, *sympathie*. ◆ ANT. Cruauté, dureté, égoïsme, froideur, indifférence, insensibilité, sécheresse de cœur.

COMPATIBILITÉ ◆ SYN. *Accord*, affinité, amitié, communauté (sentiments, idées), complicité, concordance, concorde, convenance, convergence, entente, harmonie, symbiose, sympathie, union, unité. ◆ ANT. Antipathie, désaccord, discordance, discorde, disconvenance, divergence, incompatibilité, inimitié, mésentente, opposition.

COMPATIBLE ◇ v. **Conciliable**

COMPATIR ◆ SYN. S'apitoyer, s'associer à, s'attendrir, consoler, s'émouvoir, se pencher sur, partager, participer à, plaindre, réconforter, soulager, *sympathiser*. ◆ ANT. S'endurcir, se ficher *(fam.)*, laisser indifférent.

COMPATISSANT ◆ SYN. Bienfaisant, bon, charitable, humain, humanitaire, miséricordieux, philanthrope, secourable, *sensible*. ◆ ANT. Dur, froid, indifférent, inhumain, insensible, sans-cœur *(fam.)*.

COMPATRIOTE ◆ SYN. Concitoyen. ◆ ANT. Étranger.

COMPENDIUM ◆ SYN. 1. *Abrégé*, condensé, résumé. 2. *(Exposé détaillé)* Encyclopédie, *somme*, synthèse, traité.

COMPENSATION ◆ SYN. 1. Consolation, contrepartie, correctif, *dédommagement*, échange, indemnisation, indemnité, récompense, réparation, revanche. 2. Balance, contrepoids, égalité, *équilibre*, harmonie, pondération, proportion, neutralisation, symétrie. ◆ ANT. 1. Atteinte, offense, préjudice, tort. 2. Déséquilibre, disproportion, dissymétrie, inégalité, inharmonie.

COMPENSER ◆ SYN. 1. Balancer, combler, contrebalancer, corriger, *équilibrer*, neutraliser, racheter, réparer. 2. *Dédommager*, indemniser, payer, rembourser. ◆ ANT. 1. Accentuer, aggraver, s'ajouter,

déséquilibrer. 2. Devoir, emprunter, imposer.

COMPÈRE ◇ v. **Compagnon**

COMPÉTENCE ◆ SYN. 1. Attributions, *autorité*, domaine, juridiction *(dr.)*, pouvoir, rayon *(fam.)*, ressort. 2. Adresse, aptitude, art, *capacité*, connaissance, dextérité, expérience, expertise, habileté, qualification, qualité, savoir, savoir-faire, science, talent. 3. *(Pers., fam.)* Connaisseur, *expert*. ◆ ANT. 1. Exclusion. 2. Déficience, ignorance, inaptitude, incapacité, incompétence, inexpérience. 3. Apprenti, novice.

COMPÉTENT ◆ SYN. Apte, averti, *capable*, chevronné, connaisseur, expérimenté, expert, grand clerc, habile, maître, qualifié, rompu à, savant, talentueux, versé. ◆ ANT. Déficient, ignorant, inapte, incapable, incompétent, inexpérimenté, malhabile.

COMPÉTITEUR ◆ SYN. Adversaire, aspirant, candidat, challenger, combattant, concouriste, *concurrent*, émule, ennemi, opposant, participant, rival. ◆ ANT. Aide, allié, ami, associé, collaborateur, partenaire, partisan, supporteur.

COMPÉTITION ◆ SYN. 1. Affrontement, bataille, combat, *concurrence*, conflit, émulation, rivalité. 2. *(Sports)* Challenge, championnat, combat, concours, coupe, course, critérium, duel, *épreuve*, joute, lutte, match, partie, qualification, rencontre, tournoi. ◆ ANT. 1. Association, entraide, partenariat.

COMPILATION ◆ SYN. 1. Album, anthologie, collection, grands succès *(disque)*, morceaux choisis, *recueil*, répertoire, sélection. 2. Copie, emprunt, *plagiat*. ◆ ANT. 1. Œuvre complète. 2. Création, invention.

COMPILER ◆ SYN. 1. Assembler, colliger, *recueillir*, répertorier, réunir. 2. Copier, emprunter, *plagier*. ◆ ANT. 1. Disperser, éparpiller. 2. Créer, inventer.

COMPLAINTE ◆ SYN. 1. Cantilène, *chanson triste*, élégie *(poème)*, goualante *(fam.)*, romance. 2. Jérémiade *(péj.)*, lamentation,

plainte. ◆ **ANT. 1.** Chanson joyeuse. **2.** Joie, réjouissance.

COMPLAIRE (SE) ◆ **SYN. 1.** Aimer, chérir, se délecter, *se plaire*, prendre plaisir à. **2.** *(Péj.)* S'abandonner, *se vautrer*. ◆ **ANT. 1.** Détester, haïr, se lasser. **2.** Abhorrer, fuir.

COMPLAISANCE ◆ **SYN. 1.** Affection, amabilité, amitié, attention, *bienveillance*, civilité, condescendance, déférence, diligence, empressement, galanterie, indulgence, obligeance, politesse, prévenance, serviabilité, soin, zèle. **2.** Autosatisfaction, contentement de soi, gloriole, orgueil, *vanité*. **3.** Agenouillement, flatterie, laxisme, mollesse, permissivité, *servilité*, veulerie. ◆ **ANT. 1.** Arrogance, désobligeance, dureté, impolitesse, incivilité, malveillance, sévérité. **2.** Humilité, modestie. **3.** Dignité, fermeté, intransigeance.

COMPLAISANT ◆ **SYN. 1.** Accommodant, aimable, attentionné, *bienveillant*, commode, condescendant, coulant *(fam.)*, déférent, empressé, facile, galant, indulgent, obligeant, poli, prévenant, serviable. **2.** Orgueilleux, satisfait, *vaniteux*. **3.** Laxiste, mou, permissif, *servile*, veule. ◆ **ANT. 1.** Arrogant, désobligeant, dur, malveillant, sévère. **2.** Humble, modeste. **3.** Catégorique, digne, ferme, fier, intransigeant.

COMPLÉMENT ◆ **SYN. 1.** Accessoire, achèvement, à-côté, addenda, *addition*, adjonction, ajout, annexe, appendice, appoint, couronnement, suite, supplément, surcroît. **2.** *(Somme)* Différence, reste, *solde*, surplus. ◆ **ANT. 1.** Amorce, commencement, essentiel, manque, principal. **2.** Acompte, arrhes, dépôt.

COMPLÉMENTAIRE ◆ **SYN.** Accessoire, *additionnel*, annexe, auxiliaire, subsidiaire, supplémentaire, supplétif. ◆ **ANT.** Essentiel, fondamental, initial, principal.

COMPLET ◆ **SYN.** ▷ *Adj.* **1.** *Entier*, global, intégral, plénier, total. **2.** Bondé, bourré, chargé, comble, *plein*, surchargé. **3.** Absolu, accompli, achevé, adéquat, équilibré, exhaustif, *parfait*, universel. ▷ *Nom* **4.** **Cos-**

tume, habit, tenue. ◆ **ANT. 1.** Incomplet, insuffisant, partiel. **2.** Désert, réduit, restreint, vide. **3.** Abrégé, ébauché, esquissé, imparfait, inadéquat, superficiel.

COMPLÈTEMENT ◆ **SYN.** Absolument, à fond, de fond en comble, *entièrement*, in extenso, intégralement, parfaitement, pleinement, royalement *(fam.)*, totalement, tout à fait, vraiment. ◆ **ANT.** Incomplètement, insuffisamment, nullement, partiellement.

COMPLÉTER ◆ **SYN. 1.** Achever, finir, *parachever*, parfaire, terminer. **2.** Accompagner, adjoindre, *ajouter*, assortir, enrichir, suppléer. ◆ **ANT. 1.** Commencer, ébaucher, esquisser. **2.** Appauvrir, retrancher.

COMPLEXE ◆ **SYN.** ▷ *Adj.* **1.** Ardu, *compliqué*, délicat, difficile, laborieux, malaisé, obscur. **2.** Composite, diversifié, multiforme, *varié*. **3.** Élaboré, profond, recherché, savant, sophistiqué, *subtil*. ▷ *Nom* **4.** Alliance, association, cartel, combinat, conglomérat, *consortium*, entreprise, industrie, monopole, trust. **5.** Centre, *établissement*, maison, place, station. **6.** *(Psychol.)* Hantise, *obsession*, remords. ◆ **ANT. 1.** Aisé, clair, facile, simple. **2.** Homogène, uniforme. **3.** Élémentaire, grossier, simpliste, sommaire, superficiel. **6.** Libération, plaisir, sérénité.

COMPLEXÉ ◆ **SYN.** Coincé *(fam.)*, *inhibé*, pogné *(québ., fam.)*, refoulé, timide. ◆ **ANT.** Décomplexé, décontracté, détendu.

COMPLEXION ◆ **SYN.** Apparence, caractère, condition physique, *constitution*, état physique, humeur, mine, nature, santé, tempérament, vitalité.

COMPLICATION ◆ **SYN.** ▷ *Sing.* **1.** *Complexité*, confusion, embrouillamini, imbroglio. **2.** Accident, accroc, anicroche, contretemps, *difficulté*, embarras, ennui, imprévu, obstacle, problème, tracas. ▷ *Pl.* **3.** Cérémonies, chinoiseries, détours, *tracasseries*. **4.** *(Méd.)* Aggravation. ◆ **ANT. 1.** Clarification. **2.** Aisance, bonheur, facilité, réussite. **3.** Simplicité, sobriété. **4.** Amélioration.

COMPLICE ✦ SYN. ▷ *Nom* **1.** *(Péj.)* Acolyte, affidé, aide, *associé*, auxiliaire, compagnon, comparse, compère, congénère, et consorts. ▷ *Adj.* **2.** Convenu, décidé, de connivence, de mèche, *entendu*. ✦ ANT. **1.** Délateur, témoin. **2.** Inavoué, innocent, involontaire.

COMPLICITÉ ✦ SYN. **1.** *(Péj.)* Accointances, accord (tacite), *collusion*, connivence, entente, implication, intelligence, participation. **2.** Accord, *affinité*, amitié, atomes crochus, attirance, bonne entente, communauté (de goûts), compatibilité, fraternité, harmonie, partage, symbiose, sympathie. ✦ ANT. **1.** Bisbille, délation, mésentente. **2.** Antipathie, différence, dissemblance, hostilité, incompatibilité, opposition.

COMPLIMENT ✦ SYN. **1.** Congratulations, éloge, *félicitations*, louange, madrigal, panégyrique. **2.** *(Pl.)* Civilités, *hommages*, respects. **3.** *(Faux compliment)* Complaisance, *flatterie*, flagornerie. ✦ ANT. **1.** Blâme, injure, reproche, sarcasme. **2.** Impolitesse, sans-gêne. **3.** Dignité, sincérité.

COMPLIMENTER ◇ v. **Louer**

COMPLIQUÉ ✦ SYN. Abscons, alambiqué, ardu, biscornu, confus, corsé, délicat, *difficile*, difficultueux, embarrassé, embrouillé, embroussaillé, emmêlé, enchevêtré, entortillé, épineux, fumeux, gênant, indéchiffrable, inextricable, laborieux, malaisé, obscur, pénible, tarabiscoté. ✦ ANT. Abordable, aisé, clair, compréhensible, déchiffrable, facile, net, simple.

COMPLIQUER ✦ SYN. ▷ *V. tr.* **1.** Brouiller, emberlificoter, embrouiller, embroussailler, emmêler, enchevêtrer, *mêler*, obscurcir. ▷ *V. pr.* **2.** S'aggraver, *se complexifier*, s'envenimer. **3.** *(Intrigue)* Captiver, *se corser*, susciter de l'intérêt. ✦ ANT. **1.** Débroussailler, démêler, éclaircir, simplifier. **2.** S'améliorer, s'aplanir, se clarifier. **3.** Ennuyer, s'éterniser, perdre de l'intérêt.

COMPLOT ◇ v. **Conspiration**
COMPLOTER ◇ v. **Conspirer**
COMPLOTEUR ◇ v. **Conspirateur**

COMPORTEMENT ✦ SYN. Acte, action, agissements *(péj.)*, air, allure, *attitude*, conduite, façons, faits et gestes, genre de vie, maintien, manières, mœurs, procédés, réaction *(psychol.)*.

COMPORTER ✦ SYN. ▷ *V. tr.* **1.** Admettre, avoir, se composer de, comprendre, consister en, *contenir*, impliquer, inclure, permettre, renfermer, souffrir, supporter. ▷ *V. pr.* **2.** *(Pers.)* Agir, *se conduire*, être, réagir, se sentir. **3.** *(Ch.)* *Fonctionner*, marcher, répondre. ✦ ANT. **1.** Défendre, exclure, interdire, refuser.

COMPOSANT ✦ SYN. ▷ *Nom* **1.** Composante, constituant, *élément*. ▷ *Adj.* **2.** Constituant, *constitutif*. ✦ ANT. **1.** Composé, mélange. **2.** Entier, total.

COMPOSANTE ✦ SYN. Composant, constituant, *élément* constitutif, fragment, ingrédient, membre, morceau, part, partie, terme, unité. ✦ ANT. Composé, ensemble, mélange, totalité, tout.

COMPOSÉ ✦ SYN. ▷ *Nom* **1.** Alliage, amalgame, combinaison, *mélange*. ▷ *Adj.* **2.** *Affecté*, apprêté, compassé, emprunté, étudié. ✦ ANT. **1.** Composant, élément, unité. **2.** Naturel, spontané.

COMPOSER ✦ SYN. ▷ *V. tr.* **1.** *Agencer*, assembler, combiner, confectionner, constituer, fabriquer, faire, former, organiser, préparer. **2.** *Créer*, écrire, élaborer, inventer, produire, rédiger. **3.** *Affecter*, se donner (un air), étudier. ▷ *V. intr.* **4.** *(Composer avec)* S'accommoder, *s'entendre*, faire des concessions, pactiser, transiger. ▷ *V. pr.* **5.** Comporter, comprendre, consister en, *contenir*. ✦ ANT. **1.** Décomposer, défaire, désorganiser, dissocier, diviser, isoler. **2.** Copier, imiter, reproduire. **3.** Conserver son naturel. **4.** S'opposer, résister. **5.** Excepter, exclure.

COMPOSITE ◇ v. **Divers**

COMPOSITEUR ✦ SYN. Arrangeur, maestro, maître, *musicien*, orchestrateur, virtuose.

COMPOSITION ✦ SYN. **1.** *Agencement*, arrangement, assemblage, combinaison, constitution, contexture, disposition, fabrication, organisation, structure, teneur. **2.** *Création*, élaboration, invention, œuvre, production. **3.** *(École)* Devoir, dissertation, exercice d'écriture, *rédaction*. **4.** Linotypie, photocomposition, *typographie*. ♦ ANT. **1.** Décomposition, désorganisation, dissociation, division, séparation. **2.** Copie, imitation, reproduction.

COMPRÉHENSIBILITÉ ◇ v. **Compréhension**

COMPRÉHENSIBLE ♦ SYN. **1.** Accessible, clair, facile, *intelligible*, simple. **2.** Cohérent, concevable, *défendable*, explicable, justifiable, légitime, motivé, normal. ♦ ANT. **1.** Compliqué, confus, incompréhensible, inintelligible. **2.** Anormal, illégitime, incohérent, inconcevable, indéfendable, inexplicable, injustifiable, non fondé.

COMPRÉHENSIF ◇ v. **Tolérant**

COMPRÉHENSION ♦ SYN. **1.** Conception, entendement, esprit, *intelligence*, logique, jugement, raison. **2.** Clarté, compréhensibilité, facilité, *intelligibilité*, limpidité, lisibilité, luminosité, netteté, pénétration, perspicacité, transparence, vision, vivacité d'esprit. **3.** *(Pers.)* Bienveillance, humanité, indulgence, largeur d'esprit, *tolérance*. ♦ ANT. **1.** Ignorance, illogisme, incompréhension, inintelligence, irrationalité. **2.** Confusion, hermétisme, incompréhensibilité, inintelligibilité, lourdeur d'esprit, nébulosité, obscurité, opacité, superficialité. **3.** Chauvinisme, étroitesse d'esprit, inhumanité, intolérance, obstination.

COMPRENDRE ♦ SYN. ▷ *V. tr.* **1.** Comporter, se composer de, compter, consister en, *contenir*, embrasser, englober, envelopper, impliquer, inclure, incorporer, intégrer, receler, renfermer. **2.** Apercevoir, concevoir, connaître, déchiffrer, décoder, discerner, distinguer, embrasser *(fig.)*, entendre, interpréter, pénétrer, percevoir, piger *(fam.)*, se rendre compte, *saisir*, sentir, voir. ▷ *V. pr.* **3.** Avoir du sens, *s'expliquer*. **4.** S'entendre, *sympathiser*. ♦ ANT. **1.** Excepter, exclure, omettre. **2.** Échap-

per à, ignorer, méconnaître. **3.** Confondre, mystifier. **4.** Se disputer, rivaliser.

COMPRESSION ◇ v. **Réduction**

COMPRIMÉ ◇ v. **Pilule**

COMPRIMER ♦ SYN. **1.** Aplatir, compacter, compresser, damer, écraser, presser, resserrer, *serrer*, tasser. **2.** Circonscrire, diminuer, limiter, *réduire*. **3.** *Refouler*, refréner, réprimer, retenir. ♦ ANT. **1.** Décompresser, décomprimer, desserrer, dilater, étendre. **2.** Accroître, augmenter. **3.** Défouler, exprimer, extérioriser.

COMPRIS ◇ v. **Inclus**

COMPROMETTRE ♦ SYN. ▷ *V. tr.* **1.** Diminuer (ses chances), exposer, hasarder, impliquer, mettre en péril, *nuire à*, risquer. **2.** Déconsidérer, déshonorer, *discréditer*, gâcher, galvauder. ▷ *V. pr.* **3.** S'aventurer, *se commettre*, s'exposer, se mouiller *(fam.)*. ♦ ANT. **1.** Affermir, assurer, garantir. **2.** Considérer, estimer, honorer. **3.** S'éloigner, fuir.

COMPROMIS ♦ SYN. Accommodement, accord, arbitrage, *arrangement*, concessions mutuelles, conciliation, convention, entente, moyen terme, modus vivendi, terrain d'entente, transaction. ♦ ANT. Intransigeance, mésentente, rigidité.

COMPROMISSION ♦ SYN. **1.** À-plat-ventrisme *(québ.)*, bassesse, concession (exagérée), flatterie, ignominie, *indignité*, infamie, lâcheté, servilité, turpitude, vilenie. **2.** *(Délit)* Association, *implication*, participation. ♦ ANT. **1.** Dignité, fermeté, fierté, grandeur d'âme, noblesse, vaillance. **2.** Désapprobation, innocence.

COMPTE ♦ SYN. **1.** *Calcul*, comptage, décompte, dénombrement, énumération, inventaire, montant, recensement, somme, total. **2.** Addition, facture, frais, note, *relevé*. **3.** Balance, *bilan*, état, profits et pertes, résultat. **4.** Avantage, *bénéfice*, gain, intérêt, profit.

COMPTER ♦ SYN. ▷ *V. tr.* **1.** *Calculer*, chiffrer, comptabiliser, dénombrer, énumérer, évaluer, inventorier, nombrer, recenser. **2.** Comporter, se composer de, comprendre, *contenir*. **3.** *(Compter quelque chose pour)*

Considérer, estimer, évaluer, réputer. **4.** S'attendre à, avoir l'intention de, croire, *espérer*, penser, prévoir ▷ *V. intr.* **5.** *(Compter sur)* *S'appuyer sur*, faire confiance à, se fier à, spéculer sur *(ch.)*, tabler sur. **6.** *Importer*, valoir la peine. ✦ ANT. **1.** Négliger, omettre. **2.** Exclure. **3.** Dénier, refuser. **4.** Abandonner, désespérer. **5.** Craindre, se garder de, se méfier. **6.** Indifférer.

COMPTE RENDU ◇ v. **Exposé**

CONCASSER ◇ v. **Broyer**

CONCAVE ✦ SYN. Cave *(adj.)*, creux, *enfoncé*, incurvé, renfoncé, rentrant. ✦ ANT. Bombé, convexe, renflé, saillant.

CONCÉDER ✦ SYN. **1.** *Accorder*, allouer, attribuer, céder, consentir, donner, impartir, octroyer. **2.** Admettre, *avouer*, convenir, reconnaître. ✦ ANT. **1.** Dédaigner, refuser, rejeter. **2.** Contester, nier, rejeter.

CONCENTRATION ✦ SYN. **1.** Accumulation, assemblage, groupement, rassemblement, regroupement, *réunion*. **2.** Cartel, *centralisation*, consortium, monopolisation. **3.** Agglomération, *centre urbain*, ville. **4.** Application, attention, contention, méditation, recueillement, *réflexion*, tension (intérieure). ✦ ANT. **1.** Dispersion, division, éparpillement. **2.** Décentralisation, partage. **3.** Couronne, périphérie. **4.** Détente, distraction, divertissement, inattention.

CONCENTRÉ ✦ SYN. ▷ *Nom* **1.** *(Aliment)* Condensé. ▷ *Adj.* **2.** *Absorbé*, attentif, réfléchi. ✦ ANT. **1.** Dilué. **2.** Déconcentré, distrait, oublieux.

CONCENTRER ✦ SYN. ▷ *V. tr.* **1.** Accumuler, assembler, grouper, masser, rassembler, regrouper, *réunir*. **2.** Accaparer, *centraliser*, monopoliser. **3.** *(Point concret ou abstrait)* Appliquer, axer, canaliser, *centrer*, diriger, fixer, focaliser, orienter, reporter sur. ▷ *V. pr.* **4.** S'appliquer, penser, se recueillir, *réfléchir*. ✦ ANT. **1.** Disperser, disséminer, diviser, éparpiller. **2.** Décentraliser, partager. **3.** Déporter, détourner, distraire, éloigner. **4.** Se déconcentrer, se distraire, se divertir.

CONCEPT ◇ v. **Idée**

CONCEPTEUR ◇ v. **Créateur**

CONCEPTION ✦ SYN. **1.** Fécondation, maternité, *procréation*, reproduction. **2.** *Création*, élaboration, fabrication, formation, genèse, invention, production, réalisation. **3.** Abstraction, concept, doctrine, généralisation, idée, notion, pensée, philosophie, réflexion, représentation, *théorie*, thèse. **4.** Impression, jugement, *opinion*, point de vue, position. **5.** Compréhension, connaissance, *entendement*, intellection, intelligence, raison. ✦ ANT. **1.** Infertilité, stérilité. **2.** Échec, improductivité, inefficacité. **3.** Application, expérimentation, pratique. **4.** Indécision, neutralité. **5.** Incompréhension, inintelligence, irrationalité.

CONCERNER ✦ SYN. S'adresser à, s'appliquer à, atteindre, *intéresser*, porter sur, se rapporter à, regarder, toucher, viser. ✦ ANT. Être étranger à, excepter, exclure.

CONCERT ✦ SYN. **1.** Aubade, audition, chœur, festival, harmonie, orchestre, *récital*, sérénade. **2.** *Accord*, harmonie, intelligence, unanimité, union. **3.** *(De concert)* À l'unisson, conjointement, de connivence, en accord, en harmonie, *ensemble*. ✦ ANT. **1.** Cacophonie, discordance. **2.** Contradiction, désaccord, discorde, opposition. **3.** De sa propre initiative, individuellement, seul.

CONCERTER ✦ SYN. ▷ *V. tr.* **1.** Arranger, calculer, combiner, élaborer, étudier, organiser, planifier, préméditer, *préparer*, projeter. ▷ *V. pr.* **2.** *Se consulter*, s'entendre, s'épauler, s'organiser. ✦ ANT. **1.** Improviser. **2.** Décider seul.

CONCESSION ✦ SYN. **1.** Aliénation, approbation, autorisation, *cession*, don, octroi, permis, vente. **2.** Abandon, compromis, compromission *(péj.)*, désistement, *renoncement*, transaction. ✦ ANT. **1.** Refus, rejet. **2.** Contestation, dispute, intransigeance.

CONCEVABLE ✦ SYN. **1.** *Compréhensible*, intelligible, saisissable. **2.** Croyable, envisageable, *imaginable*, pensable, plausible, possible. **3.** *Acceptable*, admissible, supportable, tolérable. ♦ **ANT. 1.** Incompréhensible, insaisissable, mystérieux. **2.** Impensable, impossible, inconcevable, incroyable, inimaginable. **3.** Inacceptable, inadmissible, insupportable, intolérable.

CONCEVOIR ♦ **SYN. 1.** Enfanter, *engendrer*, féconder. **2.** Comprendre, croire, embrasser *(fig.)*, entendre, *envisager*, penser, percevoir, prévoir, se représenter, saisir, trouver, voir. **3.** *Créer*, élaborer, former, imaginer, inventer, produire, réaliser. ♦ **ANT. 1.** Avorter, être stérile. **2.** Échapper à, être inconscient, ignorer, méconnaître. **3.** Échouer, être improductif.

CONCIERGE ♦ **SYN.** Cerbère *(iron.)*, *gardien*, portier.

CONCILE ♦ **SYN.** Conclave *(élection du pape)*, *consistoire*, synode.

CONCILIABLE ♦ **SYN.** *Compatible*, concordant, convergent, rapproché, voisin. ♦ **ANT.** Divergent, éloigné, incompatible, inconciliable.

CONCILIABULE ♦ **SYN. 1.** *(À huis clos)* Caucus *(québ.)*, conversation, *discussion*, entretien, pourparlers, rencontre, réunion. **2.** *Aparté*, chuchoterie, messes basses *(fam.)*.

CONCILIANT ♦ **SYN. 1.** Accommodant, arrangeant, complaisant, *conciliateur*, coulant *(fam.)*, facile, flexible, indulgent, maniable, souple, tolérant, traitable. **2.** Apaisant, *doux*, lénifiant. ♦ **ANT. 1.** Intolérant, intraitable, intransigeant. **2.** Agressif, dur, irritant.

CONCILIATEUR ◇ v. **Médiateur**

CONCILIATION ♦ **SYN.** Accommodement, accord, arbitrage, arrangement, compromis, concorde, entente, *médiation*, rapprochement, réconciliation, transaction. ♦ **ANT.** Désaccord, intransigeance, opposition, rupture, séparation.

CONCILIER ♦ **SYN.** ▷ *V. tr.* **1.** *Accorder*, adoucir, allier, arbitrer, arranger, harmoniser, raccommoder *(fam.)*, raccorder, réconcilier, réunir. ▷ *V. pr.* **2.** S'assurer, s'attirer, *gagner la faveur*, se procurer. ♦ **ANT.**

1. Brouiller, désunir, diviser, envenimer, heurter, opposer. **2.** Perdre la faveur, se mettre à dos.

CONCIS ♦ **SYN.** Abrégé, bref, compendieux, court, dense, dépouillé, incisif, laconique, lapidaire, nerveux, *précis*, ramassé, serré, sobre, sommaire, succinct, télégraphique. ♦ **ANT.** Diffus, étiré, long, prolixe, redondant, verbeux.

CONCISION ♦ **SYN.** Brièveté, densité, dépouillement, laconisme, nervosité, *précision*, sobriété. ♦ **ANT.** Ampleur, longueur, prolixité, redondance, verbosité.

CONCITOYEN ◇ v. **Compatriote**

CONCLUANT ♦ **SYN.** Convaincant, *décisif*, définitif, indiscutable, irrésistible, probant. ♦ **ANT.** Accessoire, contestable, discutable, incertain, négligeable.

CONCLURE ♦ **SYN. 1.** *(Affaire)* Aboutir, arrêter, décider, fixer, mener à bien, *régler*, résoudre, réussir, signer, trancher. **2.** *(Discours, œuvre)* Achever, clore, finir, mettre fin, *terminer*. **3.** *Déduire*, démontrer, extrapoler, généraliser, induire, inférer, prévoir. ♦ **ANT. 1.** Amorcer, commencer, entreprendre. **2.** Préfacer, présenter. **3.** Poser les prémisses.

CONCLUSION ♦ **SYN. 1.** *(Affaire)* Aboutissement, arrangement, couronnement, décision, entente, fin, issue, *règlement*, réussite, solution, terme, terminaison. **2.** *(Discours, œuvre) Dénouement*, épilogue, morale, moralité, péroraison. **3.** Conséquence, *déduction*, enseignement, preuve. ♦ **ANT. 1.** Amorce, commencement, ébauche. **2.** Avant-propos, exorde, introduction, préambule, préliminaires, présentation, prologue. **3.** Prémisses, principes.

CONCOCTER ♦ **SYN.** *Fam.* **1.** *(Mets)* Apprêter, cuisiner, élaborer, *préparer*. **2.** *(Plan)* Méditer, mijoter, mûrir, organiser, ourdir, *tramer*. ♦ **ANT. 1.** Gâcher, rater. **2.** Dévoiler, prévenir.

CONCOMITANT ◇ v. **Simultané**

CONCORDANCE ♦ **SYN. 1.** Accord, adéquation, analogie, compatibilité, conformité, convenance, convergence, *correspondance*, égalité, harmonie, parité, ressemblance, similitude, unité. **2.** Coïncidence, concomitance, **simultanéité**, synchronie. ◆ **ANT.** **1.** Contradiction, désaccord, discordance, dissemblance, divergence, incompatibilité. **2.** Alternance, asynchronie, discontinuité, succession.

CONCORDANT ◆ **SYN.** **1.** Adéquat, compatible, conciliable, conforme, convergent, **correspondant**, homologue, ressemblant. **2.** Coïncident, concomitant, **simultané**, synchrone. ◆ **ANT.** **1.** Contraire, différent, discordant, dissemblable, divergent, incompatible, inconciliable. **2.** Alternatif, asynchrone, décalé, discontinu, successif.

CONCORDE ◆ **SYN.** Accord, entente, fraternité, **harmonie**, intelligence, paix, union. ◆ **ANT.** Conflit, désaccord, désunion, discorde, dissension, division, mésentente, mésintelligence, zizanie.

CONCORDER ◆ **SYN.** S'accorder, cadrer, coïncider, convenir, converger, correspondre, **s'harmoniser**, synchroniser. ◆ **ANT.** Contraster, être à contretemps, s'exclure, s'opposer, se succéder.

CONCOURIR ◆ **SYN.** **1.** Aider à, aspirer à, coïncider, collaborer à, conspirer à, **contribuer à**, converger, coopérer à, correspondre, participer à, tendre à. **2.** **Disputer**, jouter, lutter, prendre part. ◆ **ANT.** **1.** S'abstenir, contrecarrer, diverger, s'opposer. **2.** Perdre, se retirer.

CONCOURS ◆ **SYN.** **1.** Coïncidence, concomitance, **hasard**, rencontre, réunion. **2.** **Aide**, apport, appui, assistance, collaboration, contribution, coopération, coup de main, main-forte, participation, secours, service, soutien. **3.** (École, sports) Challenge, compétition, **épreuve**, examen, joute, match, qualification, tournoi. **4.** Exhibition, exposition, **foire**. **5.** **Jeu public**, jeu-questionnaire. ◆ **ANT.** **1.** Déterminisme, fatalité. **2.** Entrave, neutralité, opposition. **3.** Entraînement, étude, exercice.

CONCRET ◆ **SYN.** **1.** Corporel, effectif, **matériel**, palpable, physique, réel, sensible, tangible, temporel, terrestre, visible, vrai. **2.** Positif, pragmatique, pratique,

réaliste. ◆ **ANT.** **1.** Abstrait, immatériel, intemporel, invisible, irréel, métaphysique, spirituel, théorique. **2.** Chimérique, idéal, idéaliste, irréaliste, utopique.

CONCRÉTISER ◇ v. **Réaliser**

CONCUBINAGE ◇ v. **Cohabitation**

CONCUPISCENCE ◆ **SYN.** Appétit, ardeur, avidité, convoitise, cupidité, désir, envie, érotisme, lascivité, libido, lubricité, luxure, passion, penchant, **sensualité**. ◆ **ANT.** Chasteté, continence, désintérêt, innocence, pureté.

CONCUPISCENT ◇ v. **Lascif**

CONCURRENCE ◆ **SYN.** Antagonisme, compétition, concours, dispute, émulation, lutte, **rivalité**. ◆ **ANT.** Aide, association, coopération, entente, entraide, harmonie, monopole.

CONCURRENT ◇ v. **Compétiteur**

CONCUSSION ◇ v. **Malversation**

CONDAMNABLE ◇ v. **Répréhensible**

CONDAMNATION ◆ **SYN.** **1.** Châtiment, **peine**, punition, sanction, sentence. **2.** Censure, **interdiction**, interdit, mise à l'index, prohibition, proscription. **3.** Attaque, blâme, critique, désapprobation, désaveu, foudres, **réprobation**. **4.** Anathème, bannissement, damnation, **exclusion**, excommunication, malédiction. **5.** Barrage, **fermeture**, interdiction (de passage). ◆ **ANT.** **1.** Absolution, acquittement, amnistie, grâce, non-lieu, pardon. **2.** Imprimatur, liberté, permission. **3.** Apologie, approbation, éloge. **4.** Bénédiction, rédemption, réintégration. **5.** Accès, ouverture.

CONDAMNÉ ◆ **SYN.** ▷ Nom **1.** Détenu, **prisonnier**, repris de justice. ▷ Adj. **2.** **Incurable**, inguérissable, perdu. **3.** **Contraint**, forcé, obligé. **4.** Clos, **fermé**, interdit. ◆ **ANT.** **1.** Accusé, suspect. **2.** Curable, guérissable, soignable. **3.** Dégagé, libre. **4.** Accessible, ouvert.

CONDAMNER ◆ **SYN.** **1.** Frapper, **punir**, sanctionner. **2.** Censurer, défendre, empêcher, mettre à l'index, **interdire**, prohiber, proscrire. **3.** Attaquer, blâmer, critiquer, désapprouver, désavouer, flétrir, réprimander, **réprouver**, stigmatiser. **4.** Anathémiser, bannir, damner, *exclure*, excommunier, maudire. **5.** Assujettir, astreindre, contraindre, forcer, *obliger*, réduire à. **6.** Barrer, boucher, consigner, *fermer*, interdire (l'accès), murer, obstruer. ♦ **ANT. 1.** Absoudre, acquitter, amnistier, gracier, innocenter, pardonner. **2.** Autoriser, permettre, recommander. **3.** Approuver, disculper, excuser, exalter, louer, vanter. **4.** Bénir, réintégrer, sauver. **5.** Affranchir, exempter, laisser libre de, libérer de. **6.** Dégager, ouvrir.

CONDENSÉ ♦ **SYN.** ▷ *Nom* **1.** *(Aliment)* Concentré. **2.** *Abrégé*, précis, résumé, sommaire. ▷ *Adj.* **3.** Bref, *concis*, court, dense, laconique, ramassé, serré, succinct. ♦ **ANT. 1.** Dilué. **2.** Développement, ensemble. **3.** Détaillé, développé, diffus, prolixe, verbeux.

CONDENSER ♦ **SYN. 1.** Comprimer, concentrer, contracter, *réduire*. **2.** *Abréger*, dépouiller, ramasser, resserrer, résumer. ♦ **ANT. 1.** Dilater, diluer, évaporer. **2.** Amplifier, développer, étendre.

CONDESCENDANCE ♦ **SYN. 1.** Complaisance. **2.** Arrogance, dédain, *hauteur*, mépris, morgue, prétention, snobisme, supériorité. ♦ **ANT. 1.** Dureté. **2.** Admiration, affabilité, déférence, humilité, modestie, simplicité.

CONDESCENDANT ♦ **SYN.** Altier, arrogant, dédaigneux, fier, *hautain*, méprisant, prétentieux, protecteur *(péj.)*, snob, supérieur. ♦ **ANT.** Admiratif, affable, chaleureux, déférent, humble, modeste, simple, soucieux.

CONDESCENDRE ◇ v. **Daigner**
CONDIMENT ◇ v. **Assaisonnement**
CONDISCIPLE ◇ v. **Confrère**

CONDITION ♦ **SYN.** ▷ *Sing.* **1.** *(Être humain)* **Destinée**, sort, vie. **2.** *(Société)* Classe, emploi, position, profession, rang, situation, *statut social*. **3.** *(Corps humain)* Complexion, constitution, *état* (physique), santé, vitalité. ▷ *Pl.* **4.** *(Contrat)* **Clauses**, dispositions, exigences, modalités, obligations, prix, stipulations, tarif. **5.** *(Phénomène)* **Circonstances**, conjoncture, contexte, situation.

6. *(Événement)* Bases, données, éléments, *fondements*.

CONDITIONNEL ◇ v. **Hypothétique**

CONDITIONNEMENT ♦ **SYN. 1.** *(Technique de vente)* Emballage, empaquetage, étalage, exposition, marchandisage, *présentation*, traitement. **2.** *(Psychol.)* **Automatisme**, habitude, réaction, réflexe. **3.** *(Publicité)* Aliénation, désinformation, *intoxication*, manipulation, matraquage. ♦ **ANT. 2.** Déconditionnement. **3.** Déprogrammation, désintoxication, information.

CONDITIONNER ♦ **SYN. 1.** *(Technique de vente)* Emballer, empaqueter, étaler, exposer, *présenter*, traiter. **2.** *(Psychol.)* Commander, décider à, déterminer, *inciter*, influencer, pousser à. **3.** *(Péj.)* Contrôler, influencer, intoxiquer, *manipuler*, manœuvrer, mener à sa guise, suggestionner. ♦ **ANT. 2-3.** Déconditionner, dissuader, libérer.

CONDOLÉANCES ◇ v. **Sympathie**

CONDUCTEUR ♦ **SYN. 1.** *(Véhicule)* Automobiliste, camionneur, chauffard *(péj.)*, *chauffeur*, machiniste ou mécanicien *(locomotive)*, pilote (de course), routier *(poids lourd)*. **2.** *(Animaux)* Berger, *gardien*, pasteur. **3.** *(Personnes)* Chef, *guide*, leader, meneur. **4.** *(Conducteur des travaux)* Chef, *contremaître*, ingénieur, surveillant.

CONDUIRE ♦ **SYN.** ▷ *V. tr.* **1.** *(Véhicule)* **Diriger**, être au volant, manœuvrer, piloter. **2.** *(D'un lieu à un autre)* Accompagner, amener, emmener, guider, *mener*, orienter, transporter. **3.** Administrer, animer, *commander*, gérer, gouverner, régir, surveiller. **4.** *(Chaleur, eau)* Canaliser, drainer, *transmettre*. **5.** *(Chemin)* **Aboutir à**, aller à, déboucher sur, mener à, se terminer à. ▷ *V. pr.* **6.** Agir, *se comporter*. ♦ **ANT. 1.** Céder (le volant). **2.** Arrêter, désorienter, égarer, ramener, revenir, stopper. **3.** Exécuter, obéir, servir. **4.** Évacuer, fuir, perdre. **5.** Commencer à, éloigner de.

CONDUIT ♦ **SYN.** Aqueduc, boyau, *canal*, drain, écoulement, égout, gazoduc, gouttière, oléoduc, pipeline, tranchée, tube, tubulure, tuyau. ♦ **ANT.** Coupe-circuit, fermeture, valve.

CONDUITE ◆ **SYN. 1.** *(Véhicule)* **Direction**, manœuvre, pilotage. **2.** *Accompagnement*, guide, orientation. **3.** Administration, animation, charge, *commandement*, gestion, gouvernement, régie, surveillance. **4.** Action, agissements *(péj.)*, allure, attitude, *comportement*, faits et gestes, façons, manières, procédé, tenue. **5.** *Canalisation*, collecteur, tuyauterie.

CONFECTION ◆ **SYN. 1.** *(Ouvrage complet)* Composition, exécution, *fabrication*, façon, façonnement, préparation *(mets)*, réalisation. **2.** *(Vêtements)* **Prêt-à-porter**, tout fait. ◆ **ANT. 1.** Ébauche, projet. **2.** Sur mesure.

CONFECTIONNER ◆ **SYN.** Composer, élaborer, exécuter, *fabriquer*, façonner, faire, préparer *(mets)*, réaliser. ◆ **ANT.** Ébaucher, faire faire.

CONFÉDÉRATION ◆ **SYN. 1.** Alliance, association, coalition, *groupement*, ligue. **2.** *(Polit.)* Fédération, *union*. ◆ **ANT. 1.** Dissociation, dissolution, division. **2.** Autonomie, indépendance, sécession, séparation.

CONFÉRENCE ◆ **SYN. 1.** Assemblée, causerie, colloque, congrès, conseil, discussion, entretien, forum, pourparlers, *réunion*, séminaire, symposium, table ronde. **2.** Causerie, cours, discours, *exposé*.

CONFÉRENCIER ◇ v. **Orateur**

CONFÉRER ◆ **SYN.** ▷ *V. tr.* **1.** Accorder, adjuger, administrer, attacher, attribuer, décerner, décorer, déférer, *donner*. **2.** *(Textes)* **Collationner**, comparer. ▷ *V. intr.* **3.** Causer, se consulter, *discuter*, s'entretenir, parler, prendre avis. ◆ **ANT. 1.** Refuser, retirer. **2.** Exclure, retrancher. **3.** Décider seul.

CONFESSER ◆ **SYN. 1.** *(Fautes, péchés)* S'accuser de, admettre, *avouer*, confier, convenir de, déclarer, reconnaître. **2.** *(Foi)* Afficher, prêcher, professer, *proclamer*. **3.** *(Fam.)* **Faire parler**, tirer les vers du nez. ◆ **ANT. 1.** Cacher, démentir, dénier, désavouer, nier, omettre. **2.** Abjurer, renier, renoncer à, taire. **3.** Faire taire.

CONFESSEUR ◆ **SYN.** **Confident**, directeur de conscience, directeur spirituel, prêtre. ◆ **ANT.** Pénitent.

CONFESSION ◆ **SYN. 1.** *(Fautes, péchés)* **Aveu**, confesse, déclaration, mea-culpa, pénitence, reconnaissance, repentir. **2.** *Confidence*, révélation, secret. **3.** Communauté, credo, *croyance*, culte, Église, foi, religion. ◆ **ANT. 1.** Démenti, dénégation, désaveu, omission. **2.** Cachotteries, silence. **3.** Athéisme, incroyance, paganisme.

CONFIANCE ◆ **SYN. 1.** *(Face à autrui)* Abandon, créance, crédit, croyance, espérance, fiabilité, *foi*, sécurité. **2.** *(Face à soi-même)* Aplomb, *assurance*, culot *(fam.)*, hardiesse, outrecuidance, présomption, sûreté, toupet *(fam.)*. ◆ **ANT. 1.** Appréhension, défiance, méfiance, suspicion. **2.** Crainte, doute, embarras, inquiétude, peur, timidité.

CONFIANT ◆ **SYN. 1.** Assuré, culotté *(fam.)*, hardi, présomptueux, *sûr de soi*. **2.** Calme, *optimiste*, rassuré, serein. **3.** *Communicatif*, expansif, franc, ouvert. **4.** *(Péj.)* Candide, *crédule*, naïf. ◆ **ANT. 1.** Craintif, inquiet, jaloux, méfiant, timide, timoré. **2.** Anxieux, défaitiste, défiant, pessimiste, tourmenté. **3.** Renfermé, secret, soupçonneux, taciturne. **4.** Clairvoyant, incrédule, perspicace.

CONFIDENCE ◆ **SYN.** Aveu, communication, confession, déclaration, épanchement, révélation, *secret*. ◆ **ANT.** Cachotteries, discrétion, dissimulation, réserve, retenue.

CONFIDENT ◆ **SYN.** Affidé, ami, confesseur, *dépositaire*, gardien (d'un secret). ◆ **ANT.** Délateur, ennemi, mouchard *(fam.)*.

CONFIDENTIEL ◆ **SYN.** Intime, personnel, privé, *secret*, top secret *(fam.)*. ◆ **ANT.** Connu, notoire, public.

CONFIDENTIELLEMENT ◆ **SYN.** En confidence, en secret, entre amis, entre nous, privément, *secrètement*. ◆ **ANT.** Au vu et au su, ouvertement, publiquement.

CONFIER ◆ **SYN.** ▷ *V. tr.* **1.** Abandonner, déléguer, donner, *laisser*, remettre.

2. *(Secret)* Communiquer, divulguer, livrer, **révéler**. ▷ *v. pr.* **3.** S'abandonner, compter sur, s'épancher, se fier à, se livrer, *s'ouvrir*, s'en remettre à. ◆ **ANT. 1.** Ôter, retirer. **2.** Cacher, dissimuler, taire. **3.** Se défier, se méfier, se renfermer, se taire.

CONFIGURATION ◇ v. **Forme**

CONFINER ◆ **SYN.** ▷ *V. tr. ind.* **1.** Approcher, avoisiner, border, *côtoyer*, friser, frôler, longer, toucher à. ▷ *V. tr. dir.* **2.** Enclore, *enfermer*, parquer, reléguer, renfermer, séquestrer. ▷ *V. pr.* **3.** Se cantonner, se claustrer, se cloîtrer, s'enfermer, *s'isoler*. **4.** Se borner, se cantonner, *se limiter*, se restreindre. ◆ **ANT. 1.** S'éloigner. **2.** Délivrer, libérer, ouvrir. **3.** Se montrer, sortir. **4.** Se permettre, se risquer à.

CONFINS ◇ v. **Limite**

CONFIRMATION ◆ **SYN. 1.** Affirmation, assurance, *attestation*, authentification, certificat, certification, certitude, consécration, continuation, entérinement, garantie, homologation, légalisation, maintien, preuve, ratification, sanction, témoignage, validation. **2.** *(Sacrement)* Profession de foi, *renouvellement* (de sa foi). ◆ **ANT. 1.** Abrogation, annulation, démenti, désaveu, infirmation, réfutation, rétractation.

CONFIRMER ◆ **SYN.** ▷ *V. tr.* **1.** Affirmer, assurer, *attester*, authentifier, certifier, consacrer, corroborer, démontrer, entériner, garantir, homologuer, légaliser, prouver, ratifier, sanctionner, témoigner, valider. **2.** Affermir, conforter, encourager, fortifier, raffermir, *renforcer*. ▷ *V. pr.* **3.** S'avérer, *se vérifier*. ◆ **ANT. 1.** Abroger, annuler, contester, démentir, désavouer, infirmer, nier, récuser, réfuter, rétracter. **2.** Affaiblir, décourager, ébranler. **3.** Être faux.

CONFISCATION ◇ v. **Saisie**

CONFISERIES ◇ v. **Bonbon**

CONFISQUER ◆ **SYN. 1.** Enlever, ôter, retirer, *saisir*. **2.** *(Fig.)* Accaparer, *usurper*, voler. ◆ **ANT. 1-2.** Remettre, rendre, restituer.

CONFLAGRATION ◆ **SYN. 1.** Embrasement, explosion, *incendie*. **2.** Bouleversement, conflit (majeur, international), *guerre*, hostilités, incendie *(fig.)*. ◆ **ANT. 2.** Calme, détente, paix, trêve.

CONFLIT ◆ **SYN. 1.** Bataille, combat, conflagration, *guerre*, hostilités, mêlée. **2.** Antagonisme, collision *(fig.)*, contestation, *désaccord*, discorde, dispute, divorce, grève, heurt, lutte, mésentente, opposition, querelle, rivalité, tiraillements, tension. ◆ **ANT. 1.** Armistice, calme, paix, trêve. **2.** Accord, concorde, coopération, détente, entente, harmonie, réconciliation, union.

CONFLUENCE, CONFLUENT ◇ v. **Jonction**

CONFLUER ◆ **SYN.** Affluer, converger, se diriger vers, se jeter dans, *se joindre*, se rejoindre, se rencontrer, se réunir, s'unir. ◆ **ANT.** Dévier, diverger, se diviser, s'écarter, s'éloigner, refluer, se retirer.

CONFONDANT ◆ **SYN. 1.** Consternant, *déconcertant*, déroutant, effarant, étonnant, impressionnant, inattendu, renversant, surprenant, stupéfiant. **2.** *(Ressemblance)* Ahurissant, à s'y méprendre, frappant, hallucinant, mêlant *(québ.)*, saisissant, trompeur, *troublant*. ◆ **ANT. 1.** Banal, commun, prévisible, rassurant. **2.** Appréciable, marqué, notable, sensible, visible.

CONFONDRE ◆ **SYN.** ▷ *V. tr.* **1.** Amalgamer, fondre, fusionner, mélanger, *mêler*, regrouper, réunir. **2.** Brouiller, embrouiller, prendre pour un autre, *se tromper*. **3.** *(Quelqu'un)* Convaincre de, déjouer, *démasquer*, faire avouer. **4.** Ahurir, atterrer, *consterner*, étonner, interdire, stupéfier, troubler. ▷ *V. pr.* **5.** *(Se confondre en)* Multiplier (les excuses, les remerciements). ◆ **ANT. 1.** Démêler, distinguer, séparer. **2.** Discerner, identifier, reconnaître. **3.** Abuser, berner. **4.** Apaiser, rassurer, tranquilliser. **5.** Abréger, restreindre.

CONFORMATION ◆ **SYN.** Configuration, constitution, disposition, façon, *forme*, organisation, structure. ◆ **ANT.** Déformation, difformité, malformation.

CONFORME ♦ **SYN. 1.** Analogue, concordant, correspondant, identique, pareil, *semblable*, similaire. **2.** Bon, *correct*, exact, fidèle, littéral, textuel, vrai. **3.** Adapté, *adéquat*, approprié, convenable, réglementaire. ♦ **ANT. 1.** Contraire, différent, dissemblable. **2.** Altéré, contrefait, déformé, infidèle, mensonger. **3.** Inadapté, inadéquat, inapproprié, interdit.

CONFORMER ♦ **SYN.** ▷ *V. tr.* **1.** Accorder, *adapter*, approprier, calquer sur, copier, imiter. ▷ *V. pr.* **2.** S'aligner sur, s'assujettir, se modeler, obéir, observer, se plier, se régler, respecter, *se soumettre*, suivre. ♦ **ANT. 1.** Démarquer, différencier, opposer. **2.** Contrevenir, s'insurger, se refuser, résister.

CONFORMISME ◇ v. **Orthodoxie**

CONFORMISTE ♦ **SYN.** Académique, bien-pensant, conservateur, *conventionnel*, intégriste, orthodoxe, suiviste, traditionaliste. ♦ **ANT.** Anticonformiste, dissident, hérétique, hétérodoxe, marginal, non-conformiste, original.

CONFORMITÉ ♦ **SYN. 1.** *Accord*, affinité, analogie, concordance, convenance, correspondance, ressemblance, similitude, unité. **2.** Correction, *exactitude*, fidélité, justesse, précision, rectitude, rigueur, véracité, vérité. **3.** Adhésion, obéissance, orthodoxie, *soumission*. ♦ **ANT. 1.** Désaccord, différence, dissemblance, non-conformité, opposition. **2.** Approximation, contresens, défaut, écart, erreur, imprécision, incorrection, inexactitude, infidélité, invraisemblance. **3.** Contestation, dissidence, hérésie, hétérodoxie, refus, résistance.

CONFORT ♦ **SYN. 1.** *(Matériel)* Agréments, aisance, aise, *bien-être*, commodités, luxe, richesse, standing. **2.** *(Douillet)* Cocooning, protection, *sécurité*. **3.** *(Intellectuel)* **Autosatisfaction**, conformisme, conservatisme, embourgeoisement. ♦ **ANT. 1.** Inconfort, indigence, misère, pauvreté, sobriété. **2.** Aventure, insécurité, péril. **3.** Anticonformisme, audace, autocritique, avant-gardisme.

CONFORTABLE ♦ **SYN. 1.** Agréable, *aisé*, bourgeois, douillet. **2.** *(Salaire)* Important. ♦ **ANT. 1.** Désagréable, incommode, inconfortable. **2.** Minime.

CONFORTER ◇ v. **Confirmer**

CONFRÈRE ♦ **SYN.** Associé, camarade, *collègue*, compagnon, condisciple, copain, pair, partenaire. ♦ **ANT.** Étranger, inconnu.

CONFRÉRIE ◇ v. **Communauté**

CONFRONTATION ◇ v. **Comparaison**

CONFRONTER ♦ **SYN. 1.** *(Témoins)* Mettre en présence. **2.** *(Texte)* Accoler, collationner, *comparer*, conférer, rapprocher, vérifier, vidimer. ♦ **ANT. 1.** Isoler, séparer. **2.** Exclure, retrancher.

CONFUS ♦ **SYN. 1.** Anarchique, chaotique, *désordonné*, désorganisé, disparate, indistinct, pêle-mêle. **2.** *Compliqué*, embrouillé, équivoque, filandreux, flou, imprécis, incompréhensible, mêlé, nébuleux, obscur. **3.** *(Pers.)* Confondu, déconcerté, désolé, *embarrassé*, ennuyé, gêné, honteux, interdit, navré, penaud, troublé. ♦ **ANT. 1.** Distinct, harmonieux, ordonné, organisé. **2.** Clair, compréhensible, évident, explicite, net, précis, simple. **3.** Assuré, enhardi, ravi, réconforté, réjoui.

CONFUSION ♦ **SYN. 1.** Anarchie, bafouillage, cafouillage *(fam.)*, cafouillis *(fam.)*, chaos, complication, *désordre*, désorganisation, embrouillamini, enchevêtrement, fouillis, imbroglio, mélange, méli-mélo. **2.** Brouillard *(fig.)*, brume *(fig.)*, embrouillement, flou, *imprécision*, incertitude, nébulosité, obscurité, vague. **3.** Affolement, agitation, bouleversement, bousculade, branle-bas, brouhaha, *cohue*, mêlée, pagaille *(fam.)*, remous, remue-ménage, tumulte. **4.** *Ambiguïté*, équivoque, erreur, malentendu, méprise, quiproquo. **5.** *(Pers.)* Dépit, *embarras*, gêne, honte, trouble. ♦ **ANT. 1.** Classement, méthode, ordre, organisation, simplicité. **2.** Clarté, compréhension, limpidité, netteté, précision. **3.** Calme, harmonie, paix, silence, stabilité, tranquillité. **4.** Discernement, distinction, éclaircissement. **5.** Assurance, joie, réconfort.

CONGÉ ◆ SYN. **1.** Autorisation, *permission*. **2.** Délassement, détente, loisir, relâche, *repos*, sabbatique *(n.)*, vacances. **3.** Congédiement, débauchage, expulsion, licenciement, limogeage, *renvoi*. **4.** *(Jour de congé)* Chômé, *férié*. ◆ ANT. **1.** Obligation. **2.** Activité, labeur, occupation, travail. **3.** Embauchage, engagement, offre d'emploi. **4.** Ouvrable.

CONGÉDIEMENT ◇ v. **Renvoi**

CONGÉDIER ◆ SYN. **1.** Chasser, débarquer *(fam.)*, débaucher, se défaire de, démettre, destituer, expulser, licencier, limoger, mettre à la porte, remercier, *renvoyer*, révoquer, sabrer *(fig.)*, virer *(fam.)*. **2.** Écarter, éconduire, éloigner, envoyer promener *(fam.)*, expédier *(fam.)*, évincer, fermer la porte au nez, *repousser*. ◆ ANT. **1.** Admettre, embaucher, engager, offrir (un emploi), réintégrer. **2.** Accueillir, appeler, approcher, convier, convoquer, inviter, recevoir.

CONGÉLATION ◆ SYN. **1.** Solidification. **2.** *Gel*, réfrigération, refroidissement, surgélation *(congélation rapide)*. ◆ ANT. **1.** Fonte, fusion, liquéfaction. **2.** Décongélation, dégel.

CONGELER ◆ SYN. **1.** Figer, *solidifier*. **2.** Frigorifier, *geler*, glacer, réfrigérer, refroidir, surgeler *(congeler rapidement)*. ◆ ANT. **1.** Fondre, liquéfier. **2.** Décongeler, dégeler.

CONGÉNÈRES ◆ SYN. *(Péj., pl. surtout)* Comparses, complices, et consorts, pairs, pareils, *semblables*.

CONGÉNITAL ◆ SYN. Atavique, génétique, *héréditaire*, inné, natif, naturel, originel. ◆ ANT. Acquis.

CONGESTION ◇ v. **Encombrement**

CONGESTIONNÉ ◇ v. **Rouge**

CONGESTIONNER ◇ v. **Encombrer**

CONGRATULATIONS ◇ v. **Félicitations**

CONGRATULER ◇ v. **Féliciter**

CONGRÉGATION ◆ SYN. *(Relig.)* Communauté, compagnie, confrérie, ordre.

CONGRÈS ◇ v. **Assemblée**

CONGRU ◆ SYN. **1.** *Approprié*, convenable, exact, pertinent. **2.** Suffisant. ◆ ANT. **1.** Incongru. **2.** Insuffisant, pauvre.

CONJECTURE ◆ SYN. Hypothèse, présomption, prévision, probabilité, pronostic, soupçon, *supposition*. ◆ ANT. Affirmation, certitude, confirmation, conviction, évidence, persuasion, preuve.

CONJECTURER ◆ SYN. Augurer, deviner, imaginer, présumer, prévoir, pronostiquer, soupçonner, *supposer*. ◆ ANT. Affirmer, confirmer, prouver.

CONJOINT ◆ SYN. ▷ *Adj.* **1.** Associé, commun, conjugué, joint, lié, *uni*. ▷ *Nom* **2.** Ami de cœur *(québ.)*, *compagnon*, époux, mari. **3.** *(Conjointe)* Amie de cœur *(québ.)*, *compagne*, épouse, femme. ◆ ANT. **1.** Disjoint, divisé, individuel. **2-3.** Célibataire, divorcé(e), séparé(e).

CONJOINTEMENT ◆ SYN. Concurremment, de concert, *ensemble*, simultanément. ◆ ANT. Individuellement, à part, séparément, successivement.

CONJONCTION ◆ SYN. Combinaison, conjugaison, rencontre, réunion, *union*. ◆ ANT. Disjonction, éloignement, opposition, séparation.

CONJONCTURE ◆ SYN. Cas, circonstance, condition, état, occasion, occurrence, *situation*.

CONJUGAISON ◆ SYN. Alliance, association, *combinaison*, conjonction, coordination, mise en commun, réunion, union. ◆ ANT. Dispersion, éparpillement, opposition.

CONJUGAL ◆ SYN. Domestique, marital, *matrimonial*, nuptial. ◆ ANT. Adultère, extraconjugal.

CONJUGUER ◆ SYN. Allier, associer, *combiner*, coordonner, joindre, lier, réunir, unir. ◆ ANT. Disperser, éparpiller, opposer.

CONJURATION ◆ SYN. **1.** Adjuration, charme (magique), *exorcisme*. **2.** Cabale, coalition, complot, *conspiration*. **3.** *(Pl.)* Implorations, prières instantes, *supplications*. ◆ ANT. **1.** Maléfice, possession, sortilège. **2.** Appui, soutien. **3.** Admonestations, reproches.

CONJURÉ ◇ v. **Conspirateur**

CONJURER ♦ **SYN. 1.** Chasser, *exorciser*. **2.** *(Danger)* Détourner, dissiper, *écarter*. **3.** Adjurer, implorer, prier, *supplier*. **4.** Comploter, *conspirer*, tramer. ♦ **ANT. 1.** Envoûter, posséder. **2.** Attirer, provoquer. **3.** Admonester, réprimander, reprocher. **4.** Appuyer, soutenir.

CONNAISSANCE ♦ **SYN. 1.** Apprentissage, cognition, compréhension, conception, *conscience*, discernement, entendement, intelligence, intuition, perception, sentiment. **2.** *(Pl.)* Éléments, idées, *notions*, rudiments. **3.** Acquis, bagage *(fig.)*, compétence, *culture*, éducation, érudition, expérience, instruction, lumières, pratique, sagesse, savoir, science. **4.** Ami, *relation*. ♦ **ANT. 1.** Incompréhension, inconscience, inexpérience. **2.** Méconnaissance. **3.** Ignorance, incompétence, inculture, inexpérience. **4.** Inconnu.

CONNAISSEUR ♦ **SYN.** Amateur de, averti, avisé, compétent, émérite, expérimenté, *expert*, féru de, grand clerc, habile, maître, rompu à, savant, versé. ♦ **ANT.** Apprenti, débutant, ignorant, incompétent, inexpérimenté, novice, profane.

CONNAÎTRE ♦ **SYN. 1.** Apprendre, être au courant de, être informé de, être instruit de, maîtriser, posséder, *savoir*. **2.** Éprouver, expérimenter, percevoir, *ressentir*, se sensibiliser à, vivre. **3.** Avoir, *bénéficier de*, jouir de. **4.** *(Quelqu'un)* Faire la connaissance de, *fréquenter*, rencontrer. **5.** *(Faire connaître)* **Communiquer**, divulguer, exposer, faire part de, informer, instruire, manifester, montrer, présenter, propager, témoigner, vulgariser. ♦ **ANT. 1.** Désapprendre, ignorer, méconnaître, oublier. **2.** Échapper à, être insensible à. **3.** Être privé de. **4.** S'éloigner de, fuir. **5.** Cacher, censurer.

CONNECTER ◇ v. **Brancher**

CONNEXE ♦ **SYN.** Analogue, dépendant, joint, *lié*, semblable, uni, voisin. ♦ **ANT.** Dissemblable, distant, indépendant, séparé.

CONNEXION ♦ **SYN.** Affinité, analogie, association, cohérence, *liaison*, lien, rapport, union. ♦ **ANT.** Indépendance, séparation.

CONNIVENCE ◇ v. **Intelligence**

CONNU ♦ **SYN. 1.** *(Ch.)* Commun, découvert, évident, *notoire*, officiel, proverbial. **2.** *(Pers.)* *Célèbre*, illustre, légendaire, populaire, réputé. ♦ **ANT. 1.** Caché, ignoré, inédit, obscur. **2.** Anonyme, inconnu, méconnu, oublié.

CONQUÉRANT ♦ **SYN. 1.** *(Milit.)* Conquistador, envahisseur, *vainqueur*. **2.** Charmeur, don Juan, enjôleur, *séducteur*, tombeur *(fam.)*. **3.** *Dominateur*, fat, prétentieux, triomphateur. ♦ **ANT. 1.** Conquis, soumis. **2.** Repoussoir. **3.** Docile, modeste, timide.

CONQUÉRIR ♦ **SYN. 1.** Coloniser, s'emparer de, enlever, *envahir*, occuper, pénétrer, prendre possession. **2.** Asservir, assujettir, dominer, soumettre, subjuguer, *vaincre*. **3.** Attirer, capter, captiver, charmer, gagner, plaire, *séduire*. ♦ **ANT. 1.** Abandonner, libérer, quitter, se retirer. **2.** Capituler, céder, perdre. **3.** Déplaire, repousser.

CONQUÊTE ♦ **SYN. 1.** Appropriation, colonisation, enlèvement, *invasion*, occupation, pénétration, prise de possession. **2.** Asservissement, assujettissement, domination, soumission, *victoire*. **3.** *Butin*, capture, prise, trophée. **4.** Attirance, *séduction*. ♦ **ANT. 1.** Abandon, libération, retraite. **2.** Capitulation, défaite. **3.** Perte. **2.** Rejet, répulsion.

CONSACRÉ ♦ **SYN. 1.** *Béni*, oint, saint. **2.** Courant, habituel, rituel, usité, *usuel*. **3.** *(Œuvre)* *Classique*, établi, mémorable. ♦ **ANT. 1.** Maudit, profane. **2.** Archaïque, caduc, désuet, obsolète. **3.** Anonyme, méconnu, oublié.

CONSACRER ♦ **SYN.** ▷ *V. tr.* **1.** *Bénir*, oindre, ordonner, sacrer, sanctifier, vouer. **2.** Accorder, affecter, appliquer, *dédier*, destiner, dévouer, donner, employer,

réserver. **3.** Confirmer, *ratifier*, sanctionner. ▷ *V. pr.* **4.** S'adonner à, se dévouer à,
exercer, s'occuper à, pratiquer, *travailler
à*. ✦ ANT. **1.** Profaner, violer. **2.** Dispenser,
soustraire à. **3.** Abolir, annuler, invalider.
4. Se détendre, prendre congé.

CONSANGUIN ◇ v. **Parent**

CONSANGUINITÉ ◇ v. **Parenté**

CONSCIEMMENT ✦ SYN. Délibérément,
en connaissance de cause, *intentionnellement*, sciemment, volontairement. ✦ ANT.
Inconsciemment, involontairement.

CONSCIENCE ✦ SYN. **1.** *Connaissance*,
discernement, idée, jugement, lucidité,
pensée, psychisme, sensation, sentiment.
2. Âme, cœur, *esprit*, essence, être, for
intérieur, intimité, spiritualité, tréfonds.
3. Application, *minutie*, sérieux, soin,
zèle. **4.** *Honnêteté*, moralité, probité, sens
moral, scrupule. ✦ ANT. **1.** Inconscience,
inconscient, subconscient. **2.** Apparence,
corps, monde matériel. **3.** Désinvolture,
insouciance, négligence, paresse. **4.** Corruption, immoralité, improbité, malhonnêteté.

CONSCIENCIEUX ✦ SYN. **1.** Appliqué,
attentif, exact, méticuleux, *minutieux*,
ponctuel, sérieux, soigneux, travailleur,
zélé. **2.** Délicat, droit, *honnête*, probe, scrupuleux. ✦ ANT. **1.** Désinvolte, insouciant,
irresponsable, négligent, paresseux.
2. Indélicat, malhonnête, vénal.

CONSCIENT ✦ SYN. **1.** Clairvoyant,
lucide, responsable. **2.** Animé, *éveillé*,
vivant. ✦ ANT. **1.** Aveugle, inconscient,
irresponsable. **2.** Comateux, inanimé, sans
connaissance.

CONSCRIPTION ✦ SYN. Appel aux
armes, engagement, enrôlement, levée,
mobilisation, recrutement. ✦ ANT. Défection, démobilisation, désertion.

CONSCRIT ◇ v. **Recrue**

CONSÉCRATION ✦ SYN. **1.** *Bénédiction*,
dédicace, inauguration, onction, sacre.
2. Confirmation, *ratification*, sanction,
validation. **3.** Apothéose, couronnement,
glorification, perfection, *triomphe*, vic-

toire. ✦ ANT. **1.** Profanation, violation.
2. Abolition, annulation. **3.** Déclin, défaite,
déshonneur.

CONSEIL ✦ SYN. **1.** Admonition, avertissement, avis, direction, exhortation,
impulsion, incitation, indication, inspiration, instigation, orientation, proposition,
recommandation, *suggestion*. **2.** *(joint à un
nom de profession) Conseiller*, consultant,
expert, spécialiste. **3.** *Assemblée*, chambre,
comité, commission, compagnie, corps,
juridiction, organisme, tribunal. **4.** *Réunion*, séance, session.

CONSEILLER ✦ SYN. ▷ *V. tr.* **1.** Engager,
entraîner, exhorter, inciter, influencer,
inspirer, pousser à, préconiser, presser,
prôner, proposer, recommander, souffler,
suggérer. **2.** Avertir, aviser, conduire,
diriger, encadrer, *guider*, orienter. ▷ *Nom*
3. Conseil, consultant, *guide*, inspirateur,
mentor. **4.** *(Municipalité)* Échevin *(québ.)*, édile,
élu. ✦ ANT. **1.** Déconseiller, défendre,
détourner, dissuader, interdire. **2.** Berner,
égarer, tromper.

CONSENSUS ✦ SYN. Accord, assentiment, conformité (de vues), consentement,
entente, *unanimité*. ✦ ANT. Désaccord,
dissentiment, faction, mésentente, minorité, polémique.

CONSENTEMENT ✦ SYN. **1.** Accord,
assentiment, *consensus*, entente, unanimité. **2.** Acceptation, acquiescement, adhésion, agrément, *approbation*, autorisation, oui *(n.)*, permission, ratification.
✦ ANT. **1.** Désaccord, dissentiment, division, mésentente. **2.** Défense, désapprobation, interdiction, non *(n.)*, opposition,
prohibition, refus, rejet.

CONSENTIR ✦ SYN. ▷ *V. intr.* **1.** Accéder
à, accepter, acquiescer à, adhérer à,
approuver, autoriser, céder à, daigner
(souvent péj.), permettre, se prêter à, se résigner à, se résoudre à, souscrire à, vouloir.
▷ *V. tr.* **2.** *Accorder*, allouer, octroyer. ✦ ANT.
1. Défendre, désapprouver, empêcher,
interdire, s'opposer à, refuser. **2.** Priver
de, retirer.

CONSÉQUENCE ◆ SYN. 1. Contrecoup, effet, fruit, portée, prolongement, réaction, répercussion, **résultat**, retentissement, retombées, ricochet, séquelles, suites. 2. *(Log.)* **Conclusion**, corollaire, déduction. ◆ **ANT.** 1. Agent, cause, condition, facteur, origine, principe, source. 2. Prémisses.

CONSÉQUENT ◆ SYN. Cohérent, conforme, consistant, **logique**, méthodique, ordonné, raisonnable. ◆ **ANT.** Absurde, déraisonnable, illogique, incohérent, inconséquent, inconsistant, paradoxal.

CONSERVATEUR ◆ SYN. 1. Dépositaire, **gardien**, protecteur, surveillant. 2. Conformiste, conventionnel, orthodoxe, passéiste, réactionnaire, **traditionaliste**. ◆ **ANT.** 1. Destructeur, pourfendeur. 2. Anticonformiste, avant-gardiste, hétérodoxe, moderniste, novateur, original, progressiste, réformiste, révolutionnaire.

CONSERVATION ◆ SYN. Entretien, garde, **maintien**, préservation, protection, sauvegarde. ◆ **ANT.** Altération, abandon, destruction, détérioration, gaspillage, perte.

CONSERVATISME ◆ SYN. Conformisme, immobilisme, intégrisme, orthodoxie, passéisme, réaction, **traditionalisme**. ◆ **ANT.** Anticonformisme, avant-gardisme, modernisme, progressisme.

CONSERVATOIRE ◇ v. **École**

CONSERVER ◆ SYN. ▷ *V. tr.* 1. Entretenir, garantir, garder, **maintenir**, ménager, mettre de côté, perpétuer, préserver, prolonger, protéger, réserver, sauvegarder, sauver. ▷ *V. pr.* 2. Durer, rester, **subsister**. ◆ **ANT.** 1. Abandonner, aliéner, céder, démolir, dépenser, détruire, dilapider, dissiper, perdre. 2. S'altérer, se détériorer, disparaître, périr.

CONSIDÉRABLE ◆ SYN. 1. Éminent, notable, **remarquable**. 2. Abondant, ample, colossal, copieux, coquet *(fig.)*, démesuré, élevé, énorme, étendu, faramineux, géant, gigantesque, grand, gros, haut, illimité, **immense**, important, imposant, incalculable, infini, large, long, massif,

spacieux, supérieur, vaste. ◆ **ANT.** 1. Banal, insignifiant, médiocre. 2. Étroit, exigu, faible, imperceptible, inférieur, infime, limité, menu, mince, minime, minuscule, petit, ténu.

CONSIDÉRABLEMENT ◆ SYN. Abondamment, amplement, beaucoup, copieusement, démesurément, énormément, formidablement, grandement, hautement, **immensément**, infiniment, largement, massivement, notablement, passablement, prodigieusement. ◆ **ANT.** Banalement, faiblement, humblement, parcimonieusement, petitement, peu.

CONSIDÉRATION ◆ SYN. ▷ *Sing.* 1. Attention, étude, **examen**, observation, regard. 2. Crédit, déférence, égard, estime, faveur, gloire, hommage, honneur, ménagement, renommée, réputation, **respect**, révérence, vénération. ▷ *Pl.* 3. Buts, finalités, motifs, prétextes, **raisons**. 4. Notes, **observations**, pensées, réflexions, remarques. ◆ **ANT.** 1. Concrétisation, réalisation. 2. Déconsidération, dédain, irrespect, mépris, mésestime.

CONSIDÉRER ◆ SYN. 1. Contempler, fixer, observer, **regarder**, scruter, toiser *(péj.)*. 2. Apprécier, approfondir, avoir égard à, balancer, envisager, étudier, **examiner**, faire cas de, peser le pour et le contre, prendre garde à, se préoccuper de, remarquer, tenir compte de. 3. Estimer, **respecter**, révérer, vénérer. 4. *(Considérer comme)* Croire, juger, penser, réputer, **tenir pour**, trouver. ◆ **ANT.** 1. Éviter, fuir (du regard). 2. Se désintéresser de, faire peu de cas de, négliger. 3. Déconsidérer, dédaigner, mépriser. 4. Se méprendre.

CONSIGNATION ◇ v. **Dépôt**

CONSIGNE ◆ SYN. 1. Code, commandement, directive, instructions, injonction, mot d'ordre, ordre, prescription, recommandation, **règlement**. 2. Colle *(fam.)*, punition, **retenue**.

CONSIGNER ◆ SYN. 1. Confier, **déposer**, laisser, remettre. 2. Citer, constater, écrire, enregistrer, **inscrire**, mentionner, noter, observer, rapporter, relater, relever, transcrire. **3.** Condamner, *interdire* (l'accès), prohiber, proscrire. **4.** Chambrer, claustrer, cloîtrer, empêcher (de sortir), *enfermer*, retenir. **5.** Coller *(fam.)*, *mettre en retenue*, punir. ◆ ANT. **1.** Conserver, garder, reprendre. **2.** Annuler, biffer, oublier, rayer, supprimer. **3.** Laisser passer, ouvrir. **4.** Laisser sortir. **5.** Récompenser.

CONSISTANCE ◆ SYN. **1.** Adhérence, cohérence, compacité, corps, densité, dureté, épaisseur, *fermeté*, solidité. **2.** *(Idées)* Cohérence, cohésion, fondement, harmonie, justesse, *logique*, suite. **3.** *(Caractère)* Constance, détermination, force, résolution, *stabilité*. ◆ ANT. **1.** Flaccidité, fluidité, inconsistance, mollesse. **2.** Confusion, contradiction, illogisme, incohérence, inconséquence. **3.** Faiblesse, inconstance, instabilité, irrésolution, mollesse, versatilité.

CONSISTANT ◆ SYN. **1.** Cohérent, compact, dense, dur, épais, *ferme*, pâteux, solide. ˙ **2.** *(Idées)* Cohérent, conséquent, fondé, harmonieux, juste, *logique*. **3.** *(Aliment, repas)* Copieux, nourrissant, nutritif, *substantiel*. ◆ ANT. **1.** Fluide, inconsistant, mou. **2.** Confus, illogique, incohérent, inconséquent. **3.** Frugal, léger, maigre, pauvre.

CONSISTER ◆ SYN. Comporter, se composer de, *comprendre*, résider en. ◆ ANT. Excepter, exclure.

CONSOLANT, CONSOLATEUR ◇ V. **Réconfortant**

CONSOLATION ◆ SYN. **1.** Adoucissement, allégement, apaisement, baume, *soulagement*. **2.** Compensation, encouragement, joie, plaisir, *réconfort*, satisfaction, sympathie. ◆ ANT. **1.** Accentuation, aggravation, irritation. **2.** Accablement, découragement, désolation, insatisfaction, malheur, oppression, peine, tourment.

CONSOLER ◆ SYN. **1.** Adoucir, apaiser, calmer, *soulager*, tranquilliser. **2.** Compenser, conforter, distraire, égayer, encourager, raffermir, ragaillardir, rasséréner, *réconforter*, réjouir, remonter (le moral).

◆ ANT. **1.** Accentuer, aggraver, irriter. **2.** Accabler, décourager, désoler, navrer, oppresser, tourmenter.

CONSOLIDATION ◆ SYN. **1.** Affermissement, *renforcement*, renfort, réparation, stabilisation. **2.** *(Dette)* Réaménagement, rééchelonnement, répartition, report. ◆ ANT. **1.** Affaiblissement, démolition, ébranlement. **2.** Acquittement, règlement.

CONSOLIDER ◆ SYN. **1.** Affermir, arc-bouter, assurer, cimenter, étayer, fortifier, raffermir, *renforcer*, soutenir, stabiliser. **2.** *(Alliance)* Cimenter, *confirmer*, enraciner, implanter, sceller. ◆ ANT. **1.** Affaiblir, démolir, ébranler, miner, renverser, ruiner, saper. **2.** Annuler, défaire, desceller, renier, rompre.

CONSOMMABLE ◇ V. **Mangeable**

CONSOMMATEUR ◆ SYN. **1.** Acheteur, *client*, usager *(services)*. **2.** Buveur, *mangeur*. ◆ ANT. **1.** Marchand, prestataire, vendeur.

CONSOMMATION ◆ SYN. **1.** Aboutissement, accomplissement, *achèvement*, couronnement, dénouement, fin, parachèvement, terminaison. **2.** Usage, *utilisation*. **3.** Boisson, *rafraîchissement*. ◆ ANT. **1.** Commencement, début. **2.** Prestation, production.

CONSOMMÉ ◆ SYN. ▷ *Adj.* **1.** *Accompli*, achevé, complet, fieffé *(péj.)*, parfait. ▷ *Nom* **2.** Bouillon. ◆ ANT. **1.** Imparfait, inachevé, médiocre.

CONSOMMER ◆ SYN. **1.** Accomplir, *achever*, couronner, parfaire, terminer. **2.** *(Délit)* Commettre, exécuter, perpétrer. **3.** User de, *utiliser*. **4.** Absorber, boire, *manger*, se nourrir. **5.** *(Combustible, énergie)* Brûler, *consumer*, dépenser, employer. ◆ ANT. **1.** Commencer, esquisser. **2.** Empêcher, éviter. **3.** Créer, produire. **4.** Jeûner, se priver. **5.** Économiser.

CONSONANCE ◆ SYN. **1.** Assonance, homonymie, homophonie, *ressemblance*, rime. **2.** Concordance, *harmonie*, unisson. ◆ ANT. **1.** Dissonance. **2.** Cacophonie, discordance.

CONSORTIUM ◇ V. **Cartel**

CONSPIRATEUR ✦ SYN. *Comploteur*, conjuré, factieux, rebelle, séditieux. ✦ ANT. Allié, fidèle, partisan.

CONSPIRATION ✦ SYN. Brigue, cabale, coalition, *complot*, conjuration, coup monté, faction, fomentation, intrigues, machination, manigance, manœuvres, menées. ✦ ANT. Fidélité, loyauté.

CONSPIRER ✦ SYN. ▷ *V. tr.* **1.** Briguer, cabaler, *comploter*, conjurer, fomenter, intriguer, se liguer, machiner, manigancer, ourdir, tramer. ▷ *V. intr.* **2.** *Concourir à*, contribuer à, tendre à. ✦ ANT. **1.** Défendre, protéger, rester fidèle, soutenir. **2.** Contrecarrer, déjouer, dénoncer, empêcher, éventer, mettre en plein jour, révéler.

CONSPUER ✦ SYN. **1.** Chahuter, *huer*, siffler. **2.** Bafouer, *honnir*, lapider *(fig.)*, vilipender. ✦ ANT. **1.** Acclamer, applaudir, ovationner. **2.** Exalter, louanger, vanter.

CONSTAMMENT ✦ SYN. Assidûment, à tout instant, *continuellement*, en permanence, incessamment, inlassablement, invariablement, perpétuellement, régulièrement, sans arrêt, sans cesse, sans relâche, sans répit, toujours, tout le temps. ✦ ANT. Accidentellement, fortuitement, jamais, occasionnellement, parfois, quelquefois, rarement, sporadiquement.

CONSTANCE ✦ SYN. **1.** Courage, détermination, énergie, *fermeté*, force, résolution, volonté. **2.** Acharnement, assiduité, attachement, *fidélité*, loyauté, obstination, opiniâtreté, persévérance, ténacité. **3.** *(Ch.)* *Continuité*, durabilité, invariabilité, permanence, persistance, régularité, stabilité. ✦ ANT. **1.** Couardise, indécision, irrésolution, lâcheté, mollesse. **2.** Changement, inconstance, infidélité, légèreté. **3.** Fragilité, instabilité, irrégularité, variabilité.

CONSTANT ✦ SYN. **1.** Courageux, déterminé, *ferme*, inébranlable, inflexible, résolu. **2.** Acharné, assidu, attaché à, *fidèle*, loyal, obstiné, opiniâtre, persévérant, tenace. **3.** *(Ch.)* Continu, *continuel*, durable, fixe, immuable, invariable, permanent, perpétuel, persistant, quotidien, régulier, soutenu, stable. **4.** Assuré, avéré,

certain. ✦ ANT. **1.** Indécis, irrésolu, lâche, mou. **2.** Changeant, inconstant, infidèle, instable, léger, lunatique, versatile, volage. **3.** Éphémère, fragile, momentané, muable, passager, périssable, précaire, provisoire, superficiel, temporaire, variable. **4.** Douteux, incertain.

CONSTAT ✦ SYN. **1.** Acte, *attestation*, compte rendu, preuve, procès-verbal, rapport. **2.** *Bilan*, conclusion, résultat.

CONSTATATION ✦ SYN. **1.** Note, *observation*, réflexion, remarque. **2.** *(Pl., enquête)* *Faits*, observations, preuves, témoignages.

CONSTATER ✦ SYN. Apercevoir, authentifier, consigner, découvrir, enregistrer, éprouver, établir, noter, *observer*, reconnaître, remarquer, sentir, vérifier, voir. ✦ ANT. Ignorer, négliger, nier, omettre, oublier.

CONSTELLÉ ✦ SYN. **1.** Étoilé. **2.** *(Objets brillants)* Agrémenté, émaillé, *orné*, parsemé, semé.

CONSTERNANT ◇ v. Navrant

CONSTERNATION ✦ SYN. *Abattement*, accablement, chagrin, désespoir, désolation, douleur, épouvante, mélancolie, tristesse, stupéfaction, stupeur. ✦ ANT. Calme, consolation, joie, sérénité, soulagement.

CONSTERNER ✦ SYN. Abasourdir, *abattre*, accabler, affliger, anéantir, atterrer, attrister, bouleverser, chagriner, désespérer, désoler, effondrer, épouvanter, navrer, stupéfier, terrasser. ✦ ANT. Calmer, consoler, égayer, encourager, rassurer, réjouir, soulager.

CONSTIPÉ ✦ SYN. *Fig., fam.* **1.** Anxieux, coincé *(fam.)*, *contraint*, crispé, embarrassé, triste. **2.** Compassé, froid, gourmé, *guindé*, pincé. ✦ ANT. **1.** Décontracté, joyeux. **2.** Chaleureux, naturel, simple, spontané.

CONSTITUANT ◇ v. Composant

CONSTITUER ✦ SYN. ▷ *V. tr.* **1.** Arranger, composer, créer, édifier, élaborer, établir, faire, fonder, *former*, instaurer, instituer, mettre sur pied, organiser. **2.** Consister en, être, *représenter*. ▷ *V. pr.* **3.** *(Pers.)* Se livrer, *se* *rendre.* ✦ ANT. 1. Abolir, défaire, destituer, détruire, disperser, dissoudre. 2. Cacher, dissimuler. 3. S'évader, résister.

CONSTITUTION ✦ SYN. 1. Arrangement, *composition*, forme, organisation, structure, texture. 2. Apparence, caractère, complexion, condition physique, conformation, état physique, *nature*, personnalité, santé, tempérament, vitalité. 3. Création, édification, élaboration, établissement, fondation, *formation*, instauration, institution. 4. Charte, *loi*, règlement.

CONSTRUCTEUR ✦ SYN. Architecte, *bâtisseur*, entrepreneur, ingénieur, maître d'œuvre, promoteur immobilier, urbaniste.

CONSTRUCTION ◇ v. **Bâtiment**

CONSTRUIRE ✦ SYN. 1. *Bâtir*, édifier, élever, ériger, fonder. 2. Agencer, arranger, assembler, composer, créer, échafauder, élaborer, établir, forger, *former*, imaginer, tracer. ✦ ANT. 1. Abattre, démolir, détruire. 2. Défaire, disperser, miner, renverser, ruiner, saper.

CONSULAT ◇ v. **Ambassade**

CONSULTANT ✦ SYN. 1. Conseil, *conseiller*, expert, spécialiste. 2. Client, malade, *patient*. ✦ ANT. 2. Médecin, personnel soignant.

CONSULTATION ✦ SYN. 1. *Avis*, conférence, conseil, délibération, direction, étude, information, renseignement, suggestion. 2. (*Méd.*) *Examen*, visite. 3. Enquête, plébiscite, référendum, *sondage*, vote.

CONSULTER ✦ SYN. ▷ V. tr. 1. Demander conseil, s'enquérir, interroger, *prendre avis*, questionner, solliciter, sonder. 2. (*Ouvrage, documentation*) Compulser, dépouiller, étudier, *examiner*, lire, parcourir, se référer à. 3. (*Conscience*) Écouter, se laisser guider, *suivre*. ▷ V. intr. 4. Donner des consultations, *recevoir* (patients) ▷ V. pr. 5. Conférer, se concerter, *délibérer*, tenir conseil. ✦ ANT. 1. Conseiller, décider, renseigner, répondre. 2. Découvrir, résoudre, trouver. 3. Désobéir. 4. Être absent. 5. Agir seul, décider seul.

CONSUMER ✦ SYN. 1. *Brûler*, calciner, dévorer, embraser, incendier. 2. Absorber, *consommer*, dissiper, engloutir. 3. Abattre, dépérir, détruire, *épuiser*, fatiguer, miner, ronger, ruiner, user. ✦ ANT. 1. Éteindre. 2. Conserver, entretenir. 3. Affermir, fortifier, ragaillardir.

CONTACT ✦ SYN. 1. Adhérence, attouchement, contiguïté, effleurement, jonction, *liaison*, tact, toucher. 2. (*Pers.*) Abord, communication, compagnie, lien, présence, rapport, rapprochement, *relation*, rencontre, voisinage. ✦ ANT. 1. Distance, écart, séparation. 2. Éloignement, solitude.

CONTACTER ◇ v. **Joindre**

CONTAGIEUX ✦ SYN. 1. (*Maladie*) Épidémique, *infectieux*, transmissible. 2. Communicable, *communicatif*, expansif. ✦ ANT. 1. Inoffensif, intransmissible, isolé, sporadique. 2. Incommunicable, secret.

CONTAGION ✦ SYN. 1. (*Maladie*) Contamination, épidémie, *infection*, transmission. 2. (*Idée, phénomène*) Communication, diffusion, expansion, extension, *propagation*. ✦ ANT. 1. Assainissement, immunisation, isolement, prévention, prophylaxie, quarantaine, vaccination. 2. Confinement, concentration, contrôle.

CONTAMINER ✦ SYN. 1. Contagionner, gagner, *infecter*, polluer, souiller, transmettre. 2. (*Fig.*) *Corrompre*, envahir, influencer, pervertir, salir. ✦ ANT. 1. Aseptiser, assainir, décontaminer, dépolluer, désinfecter, guérir, immuniser, isoler, vacciner. 2. Donner l'exemple, édifier, épurer.

CONTE ◇ v. **Récit**

CONTEMPLATIF ✦ SYN. 1. *Contemplateur*, méditatif. 2. Absorbé, *pensif*, recueilli, rêveur, songeur. ✦ ANT. 1. Actif. 2. Étourdi, frivole.

CONTEMPLATION ✦ SYN. 1. Admiration, adoration, *émerveillement*, exaltation, ravissement. 2. Attention, concentration, contention, *méditation*, recueillement, réflexion. 3. (*Relig.*) Communion (à Dieu), élévation (de l'âme), extase, *mysticisme*, prière. ◆ ANT. 1. Dégoût, horreur. 2. Dissipation, distraction, étourderie. 3. Abandon, damnation, déréliction, péché.

CONTEMPLER ◆ SYN. ▷ V. tr. 1. *Admirer*, considérer, s'émerveiller, examiner, s'extasier, fixer, observer, regarder. ▷ V. pr. 2. S'admirer, *se mirer*, se regarder. ◆ ANT. 1. Dédaigner, détester, ignorer, mépriser. 2. Se détester, se mépriser.

CONTEMPORAIN ◇ V. **Actuel**

CONTENANCE ◆ SYN. 1. *Capacité*, contenu, mesure, quantité, tonnage *(navire)*, volume. 2. *(Pers.)* Air, allure, aplomb, assurance, attitude, démarche, *maintien*, mine, port, posture, prestance, tenue.

CONTENANT ◇ V. **Récipient**

CONTENIR ◆ SYN. ▷ V. tr. 1. Accueillir, comporter, comprendre, compter, embrasser, enfermer, englober, impliquer, inclure, mesurer, receler, recevoir, *renfermer*, tenir. 2. Arrêter, assujettir, circonscrire, contrôler, empêcher, endiguer, juguler, maintenir, *maîtriser*, refouler, refréner, réprimer, retenir. ▷ V. pr. 3. Se dominer, *se maîtriser*, se retenir. ◆ ANT. 1. Exclure, refuser. 2. Abandonner, céder, lâcher, obéir, se soumettre. 3. Se défouler, s'emporter, se laisser aller, se libérer.

CONTENT ◆ SYN. Béat, charmé, comblé, enchanté, fier de, gai, *heureux*, joyeux, radieux, ravi, réjoui, satisfait. ◆ ANT. Attristé, déçu, ennuyé, fâché, insatisfait, malheureux, mécontent, triste.

CONTENTEMENT ◆ SYN. 1. Aise, assouvissement, béatitude, *bonheur*, délectation, félicité, joie, plaisir, ravissement, satisfaction. 2. Estime de soi, *fierté*, gratification. 3. Autosatisfaction, complaisance *(péj.)*, fatuité, orgueil, suffisance, *vanité*. ◆ ANT. 1. Colère, contrariété, déception, déplaisir, frustration, inassouvissement, insatisfaction, mécontentement, tristesse. 2. Dépit, honte, mépris (de soi). 3. Autodérision, humilité, modestie.

CONTENTER ◆ SYN. ▷ V. tr. 1. Apaiser, assouvir, calmer, combler, exaucer, plaire à, rassasier, *satisfaire*, suffire à. ▷ V. pr. 2. S'accommoder, s'arranger, *se satisfaire*.

3. Se borner à, *se limiter à*, s'en tenir à. ◆ ANT. 1. Attrister, contrarier, décevoir, déplaire, frustrer, mécontenter. 2. Se plaindre, récriminer. 3. Ambitionner, exagérer.

CONTENTIEUX ◇ V. **Litige, litigieux**

CONTENU ◆ SYN. Composante, composition, contenance, corps, élément, ingrédient *(aliment)*, *matière*, substance, teneur *(texte)*. ◆ ANT. Contenant, forme, réceptacle, récipient.

CONTER ◆ SYN. 1. Écrire, dire, exposer, narrer, peindre, *raconter*, rapporter, relater, retracer. 2. *(Péj.)* Chanter *(fig.)*, *rabâcher*. ◆ ANT. 1. Cacher. 2. Inventer, renouveler.

CONTESTABLE ◇ V. **Discutable**

CONTESTATAIRE ◆ SYN. Activiste, altermondialiste, dissident, frondeur, insoumis, manifestant, *opposant*, protestataire, rebelle, révolté. ◆ ANT. Bien-pensant, conformiste, conservateur, docile, soumis.

CONTESTATION ◆ SYN. 1. Altercation, chicane, conflit, contradiction, controverse, débat, démêlé, dénégation, désaveu, différend, discussion, *dispute*, litige, objection, procès, querelle. 2. Dissidence, manifestation, *opposition*, protestation, rébellion, remise en cause, révolte. ◆ ANT. 1. Acceptation, accord, acquiescement, admission, approbation, assentiment, entente, paix, règlement. 2. Conformisme, conservatisme, docilité, mutisme, soumission.

CONTESTER ◆ SYN. 1. Chicaner, contredire, controverser, débattre, dénier, discuter, *disputer*, mettre en doute, nier, récuser, refuser. 2. S'attaquer à, critiquer, s'élever contre, *s'opposer*, protester, se rebeller, remettre en cause, se révolter. ◆ ANT. 1. Acquiescer, adhérer, admettre, agréer, approuver, attester, concéder, reconnaître, régler. 2. Courber l'échine, se ranger, se soumettre, se taire.

CONTEUR ◆ SYN. 1. Écrivain. 2. Diseur, narrateur, *raconteur*.

CONTEXTE ◆ SYN. Cadre, circonstances, climat, conditions, conjoncture, décor, environnement, état de fait, paysage, *situation*.

CONTEXTURE ♦ SYN. **1.** *Agencement*, arrangement, composition, constitution, organisation, structure. **2.** Enchevêtrement, *entrecroisement*, tissu, tissure, trame.

CONTIGU ♦ SYN. **1.** Accolé, adjacent, adossé, attenant, avoisinant, connexe, environnant, jouxtant, limitrophe, mitoyen, *proche*, voisin. **2.** Analogue, approchant, *ressemblant*. ♦ ANT. **1.** Distant, éloigné, lointain, reculé, séparé. **2.** Différent, divergent, opposé.

CONTIGUÏTÉ ◇ V. **Proximité**
CONTINENCE ◇ V. **Abstinence**
CONTINENT ◇ V. **Abstinent**
CONTINGENCE ◇ V. **Éventualité**
CONTINGENT ♦ SYN. ▷ *Adj.* **1.** Accidentel, casuel, conditionnel, éventuel, *fortuit*, hypothétique, incertain, occasionnel. **2.** *Accessoire*, adventice, anecdotique, secondaire, subsidiaire. ▷ *Nom.* **3.** *Contribution*, écot, lot, part, quote-part. **4.** Limite, *quota*. ♦ ANT. **1.** Assuré, catégorique, certain, inconditionnel, invariable, nécessaire, sûr. **2.** Capital, essentiel, important.

CONTINGENTEMENT ◇ V. **Limitation**
CONTINGENTER ◇ V. **Limiter**
CONTINU ♦ SYN. Assidu, constant, continuel, *incessant*, ininterrompu, opiniâtre, permanent, perpétuel, persistant, soutenu, suivi. ♦ ANT. Coupé, discontinu, divisé, entrecoupé, intermittent, interrompu, sporadique, suspendu.

CONTINUATION ♦ SYN. Continuité, *poursuite*, prolongation, prolongement, reprise, suite. ♦ ANT. Arrêt, cessation, discontinuation, interruption, suspension.

CONTINUEL ♦ SYN. *Constant*, continu, durable, éternel, fixe, fréquent, immortel, incessant, perpétuel, sempiternel *(péj.)*. ♦ ANT. Bref, discontinu, entrecoupé, épisodique, intermittent, momentané, passager, rare, sporadique, temporaire.

CONTINUELLEMENT ♦ SYN. À tout bout de champ, à tout moment, *constamment*, continûment, éternellement, perpétuellement, sans arrêt, sans cesse, sans fin, sans relâche, sans répit, sans trêve,

sempiternellement *(péj.)*, toujours, tout le temps. ♦ ANT. De temps en temps, jamais, momentanément, provisoirement, sporadiquement, temporairement.

CONTINUER ♦ SYN. ▷ *V. tr.* **1.** *(Espace)* Étendre, pousser plus loin, *prolonger*. **2.** *(Temps)* Éterniser, maintenir, s'obstiner à, perpétuer, persévérer à (dans), persister à, *poursuivre*, reprendre. ▷ *V. intr.* **3.** *(Espace)* S'étendre, *se prolonger*. **4.** *(Temps)* Durer, perdurer, persister, *se poursuivre*. ♦ ANT. **1.** Confiner, limiter, restreindre. **2.** Arrêter, cesser, discontinuer, interrompre, mettre fin à, suspendre. **3.** Se borner, se limiter. **4.** S'arrêter, s'interrompre, prendre fin.

CONTINUITÉ ♦ SYN. Constance, continuation, durabilité, durée, enchaînement, maintien, pérennité, *permanence*, perpétuation, persistance, régularité, stabilité. ♦ ANT. Alternance, arrêt, changement, coupure, discontinuité, fugacité, intermittence, interruption, pause, rupture, suspension.

CONTORSION ♦ SYN. ▷ *Sing.* **1.** Contraction, convulsion, *torsion*. **2.** *Grimace*, rictus. ▷ *Pl. surtout* **3.** Affectation, grimaces, manières, mimiques, *simagrées*. **4.** Acrobaties.

CONTOUR ♦ SYN. **1.** Bord, bordure, cercle, circonférence, circuit, délinéament, limite, périmètre, périphérie, *pourtour*, tour. **2.** *(Corps, visage)* Courbe, *forme*, galbe, ligne, profil, silhouette. **3.** *(Géogr.)* Coude, détour, lacet, méandre, *sinuosité*. ♦ ANT. **1.** Centre, intérieur, milieu, sein. **2.** Ensemble, physique. **3.** Ligne droite.

CONTOURNÉ ◇ V. **Tarabiscoté**
CONTOURNER ♦ SYN. **1.** *Faire le tour*, passer autour, tourner autour. **2.** *(Fig.)* Éluder, escamoter, esquiver, *éviter*, se soustraire à. ♦ ANT. **1.** Aller droit sur. **2.** Affronter, faire face à.

CONTRACEPTIF ♦ SYN. ▷ *Nom* **1.** *(Femme)* Contragestif, diaphragme, *pilule*, stérilet. **2.** *(Homme)* *Condom*, préservatif. ▷ *Adj.* **3.** Anticonceptionnel.

CONTRACEPTION ♦ SYN. *Contrôle des naissances*, limitation des naissances, planning familial, régulation des naissances. ♦ ANT. Augmentation (des naissances), fécondation, procréation, reproduction.

CONTRACTÉ ◇ V. **Tendu**

CONTRACTER ♦ SYN. 1. *(Contrat) S'engager*, se lier, souscrire à. 2. *(Dettes)* Emprunter, *s'endetter*. 3. *(Maladie)* Attraper. 4. *(Mauvaise habitude) Acquérir*, adopter, développer, prendre. 5. Bander, crisper, raccourcir, raidir, réduire, resserrer, serrer, tasser, *tendre*. ♦ ANT. 1. Annuler, résilier, rompre. 2. Payer, régler, rembourser. 3. Être épargné, guérir. 4. Abandonner, se départir. 5. Décontracter, détendre, dilater.

CONTRACTION ♦ SYN. 1. Constriction, contracture *(méd.)*, convulsion, crampe, crispation, raidissement, resserrement, rictus, spasme, *tension*. 2. *(Pl.) Accouchement*, douleurs, enfantement, travail. ♦ ANT. 1. Décontraction, détente, dilatation, extension, relâchement.

CONTRADICTION ♦ SYN. 1. Contestation, démenti, dénégation, désaccord, objection, *opposition*, réfutation. 2. Absurdité, antinomie, contraire, contraste, empêchement, *illogisme*, impossibilité, incohérence, incompatibilité, inconséquence, obstacle, paradoxe. ♦ ANT. 1. Accord, approbation, entente, unanimité. 2. Analogie, cohérence, compatibilité, concordance, fondement, harmonie, identité, logique, possibilité.

CONTRADICTOIRE ◇ V. **Contraire**

CONTRAIGNANT ♦ SYN. 1. Accablant, assujettissant, astreignant, désagréable, ennuyeux, impérieux, oppressif, *pénible*, pressant. 2. Étroit, *limitatif*, restrictif, strict. ♦ ANT. 1. Agréable, divertissant, intéressant, plaisant, reposant. 2. Étendu, flexible, large, libre.

CONTRAINDRE ♦ SYN. 1. *(Sentiments)* Comprimer, contenir, empêcher, entraver, gêner, refouler, refréner, réprimer, *retenir*. 2. *(Pers.)* Acculer, assujettir, astreindre, condamner à, entraîner, *forcer*, obliger, pousser à, presser, réduire à, soumettre à. ♦ ANT. 1. Se défouler, donner libre cours à.

2. Autoriser, laisser libre de, permettre, tolérer.

CONTRAINT ♦ SYN. 1. Forcé, *obligé*. 2. Coincé *(fam.)*, constipé *(fam.)*, *embarrassé*, emprunté, gauche, gêné, mal à l'aise. ♦ ANT. 1. Facultatif, libre. 2. À l'aise, décontracté, naturel, simple, spontané.

CONTRAINTE ♦ SYN. 1. Chantage, coercition, extorsion, force, intimidation, menace, pression, *violence*. 2. Astreinte, *discipline*, loi, obligation. 3. *(Pl.)* Devoirs, difficultés, *exigences*, impératifs, obligations, tracas. 4. Embarras, gêne, réserve, *retenue*. 5. Assujettissement, carcan, chaînes, collier, dépendance, *esclavage*, fers, joug, oppression, sujétion. ♦ ANT. 1. Douceur, liberté, libre arbitre, persuasion. 2. Anarchie, indiscipline, laisser-aller. 3. Agréments, joies, plaisirs. 4. Aisance, assurance, audace, naturel. 5. Affranchissement, indépendance, libération.

CONTRAIRE ♦ SYN. ▷ *Nom* 1. Antipode, antithèse, *antonyme*, contraste, contrepartie, contrepied, inverse, opposé. ▷ *Adj.* 2. Antinomique, antithétique, *contradictoire*, discordant, divergent, incompatible, inconciliable, paradoxal. 3. Adverse, antagoniste, contre-indiqué, dangereux, *défavorable*, désavantageux, hostile, nuisible, préjudiciable. ▷ *Adv.* 4. *(Au contraire)* À l'inverse, à l'opposé, autrement, en revanche, loin de là, *par contre*. ♦ ANT. 1. Synonyme. 2. Analogue, concordant, identique, même, pareil, ressemblant, semblable. 3. Conforme, favorable, indiqué, propice. 4. Ainsi, de même, pareillement, semblablement.

CONTRAIREMENT À ♦ SYN. 1. À la différence de, *à l'inverse de*, à l'opposé de, au contraire de. 2. À l'encontre de, *contre*, en contradiction avec, en désaccord avec, en opposition avec. ♦ ANT. 1. À l'exemple de, à l'instar de, comme, pareil à. 2. Conformément à, en accord avec, selon, suivant.

CONTRARIER ♦ SYN. 1. Aller contre, combattre, contrecarrer, contredire, contrer, déranger, empêcher, entraver, faire obstacle, gêner, heurter, nuire à, *s'opposer à*, résister à, saboter *(péj.)*. **2.** Agacer, blesser, chagriner, désoler, embêter, ennuyer, fâcher, irriter, *mécontenter*, offusquer. ♦ ANT. **1.** Aider, appuyer, avantager, favoriser. **2.** Amuser, contenter, plaire, réjouir, satisfaire.

CONTRARIÉTÉ ♦ SYN. Agacement, calamité *(fam.)*, contretemps, déboires, déception, dépit, *déplaisir*, désagrément, ennui, irritation, mécontentement, souci, tuile *(fam.)*. ♦ ANT. Agrément, contentement, joie, plaisir, réussite, satisfaction.

CONTRASTE ♦ SYN. Antithèse, conflit, contradiction, désaccord, différence, disparité, dissemblance, diversité, heurt *(fig.)*, *opposition*, relief, variété. ♦ ANT. Accord, affinité, analogie, conformité, corrélation, identité, ressemblance, similitude, uniformité.

CONTRASTER ◇ v. **Trancher**

CONTRAT ◇ v. **Convention**

CONTRAVENTION ♦ SYN. **1.** Entorse, *infraction*, violation. **2.** *Amende*, astreinte, peine, pénalité, sanction. ♦ ANT. **1.** Observation, respect. **2.** Acquittement, indemnité, paiement, récompense.

CONTRE ♦ SYN. **1.** À côté de, à proximité de, auprès de, *près de*. **2.** À l'encontre de, en contradiction avec, en désaccord avec, *en opposition avec*. **3.** En dépit de, *malgré*, nonobstant. **4.** *En échange de*, moyennant, pour. **5.** *(Par contre)* À l'inverse, à l'opposé, *au contraire*, en revanche. ♦ ANT. **1.** Loin de. **2.** Conformément à, en accord avec, selon, suivant. **3.** Avec, pour. **4.** À l'exclusion de, sans. **5.** Ainsi, de même, pareillement.

CONTREBALANCER ◇ v. **Équilibrer**

CONTREBANDE ◇ v. **Trafic**

CONTREBANDIER ◇ v. **Trafiquant**

CONTRECARRER ◇ v. **Contrarier**

CONTRECŒUR (À) ♦ SYN. *À regret*, à son corps défendant, contre son gré, malgré soi. ♦ ANT. De bon cœur, de bon gré, de bonne grâce, volontiers.

CONTRECOUP ♦ SYN. **1.** Choc en retour, *contrechoc*, ricochet. **2.** *Conséquence*, effet, impact, réaction, répercussion, retentissement, suites.

CONTREDIRE ♦ SYN. ▷ *V. tr.* **1.** Aller à l'encontre de, contester, critiquer, dédire, *démentir*, désavouer, infirmer, nier, objecter, opposer, réfuter. **2.** *Contrarier*, contrecarrer, s'opposer à. ▷ *V. pr.* **3.** *Se disputer*, se quereller. **4.** *Se dédire*, être en contradiction. ♦ ANT. **1.** Accepter, approuver, appuyer, confirmer, corroborer. **2.** Contenter, réjouir. **3.** S'accorder, s'entendre. **4.** Être conséquent, tenir parole.

CONTRÉE ♦ SYN. Coin de pays, endroit, étendue de pays, lieu, parages, pays, *région*, territoire, zone.

CONTREFAÇON ♦ SYN. Contrefaction *(dr.)*, copie, *falsification*, faux, fraude, frelatage, imitation, pastiche, plagiat, reproduction. ♦ ANT. Création, modèle, original.

CONTREFACTEUR ◇ v. **Faussaire**

CONTREFAIRE ♦ SYN. **1.** Calquer, caricaturer, copier, *imiter*, mimer, parodier, pasticher, reproduire, singer. **2.** Altérer, décomposer, défigurer, déformer, déguiser, dénaturer, *falsifier*, simuler, trahir. ♦ ANT. **1.** Créer, inventer, respecter, restituer. **2.** Améliorer, corriger, embellir, parfaire, traduire.

CONTREFAIT ◇ v. **Difforme**

CONTREMAÎTRE ◇ v. **Conducteur**

CONTREPARTIE ◇ v. **Contraire**

CONTREPARTIE (EN) ◇ v. **Échange**

CONTREPIED ◇ v. **Contraire**

CONTREPOIDS ♦ SYN. Compensation, contrepartie, *équilibre*, frein. ♦ ANT. Déséquilibre, inégalité.

CONTREPOISON ◇ v. **Antidote**

CONTRER ◇ v. **Contrarier**

CONTRESENS ♦ SYN. Aberration, absurdité, *erreur*, illogisme, incorrection, inexactitude, non-sens. ♦ ANT. Correction, exactitude, fidélité, logique.

CONTRETEMPS ♦ SYN. Accident, accroc, anicroche, complication, contrariété, difficulté, *empêchement*, ennui, imprévu, obstacle, tuile *(fam.)*. ♦ ANT. Arrangement, facilité, réussite.

CONTREVENANT ◇ v. **Coupable**

CONTREVENIR ◇ v. **Désobéir**

CONTRIBUER ✦ SYN. **1.** *(Œuvre commune)* Aider, s'associer à, collaborer, concourir à, coopérer, s'engager, *participer à*, prendre part à. **2.** *(Résultat)* Conspirer à, faciliter, favoriser, *permettre*, servir à, tendre à. **3.** *Cotiser*, payer, souscrire ✦ ANT. **1-2.** Contrarier, empêcher, entraver, faire obstacle, nuire. **3.** S'abstenir, refuser.

CONTRIBUTION ✦ SYN. **1.** Appoint, apport, contingent, cote, *cotisation*, dîme, dû, écot, impôt, obole, offrande, quotepart, souscription, taxe, tribut. **2.** Aide, concours, coopération, *participation*. ✦ ANT. **1.** Abstention, exemption, refus. **2.** Entrave, obstacle.

CONTRISTER ✦ SYN. Abattre, accabler, affliger, attrister, *chagriner*, consterner, désoler, fâcher, mortifier, navrer, peiner. ✦ ANT. Amuser, consoler, dérider, distraire, divertir, égayer, plaire, rasséréner, ravir, réconforter, réjouir.

CONTRIT ✦ SYN. **1.** Pénitent, *repentant*. **2.** Chagrin, confus, dépité, désolé, honteux, marri, mortifié, navré, *peiné*, penaud. ✦ ANT. **1.** Impénitent. **2.** Amusé, consolé, content, diverti, égayé, épanoui, fier, réjoui.

CONTRITION ✦ SYN. Affliction, attrition, componction, douleur, ferme propos, regret, remords, *repentir*, résipiscence. ✦ ANT. Endurcissement, impénitence, récidive.

CONTRÔLE ✦ SYN. **1.** Épreuve, examen, inspection, pointage, supervision, surveillance, *vérification*. **2.** *Censure*, interdiction. **3.** *(Sur autrui)* Assujettissement, domination, emprise, hégémonie, *maîtrise*, soumission. **4.** *(De soi)* Calme, domination (de soi), *maîtrise* (de soi), retenue, sang-froid. **5.** *Limitation*, régulation, restriction. ✦ ANT. **1.** Négligence, relâchement. **2.** Liberté d'expression, respect. **3.** Affranchissement, émancipation, libération. **4.** Abandon de soi, défoulement, emportement, laisser-aller. **5.** Abondance, déséquilibre, prolifération.

CONTRÔLER ✦ SYN. ▷ *V. tr.* **1.** Examiner, inspecter, pointer, superviser, *vérifier*. **2.** *Censurer*, interdire, surveiller. **3.** *(Sentiments, émotions)* Contenir, dominer, *maîtriser*. **4.** Asservir, assujettir, avoir la haute main sur, conditionner, *exercer son emprise sur*, manipuler, soumettre, subjuguer. ▷ *V. pr.* **5.** Se contenir, se contraindre, *se maîtriser*, rester maître de soi. ✦ ANT. **1.** Négliger, relâcher. **2.** Avoir confiance, laisser libre de, respecter. **3.** Donner libre cours à, exprimer. **4.** Affranchir, déconditionner, libérer. **5.** S'abandonner, se défouler, s'emporter, se laisser aller, succomber.

CONTROUVÉ ◇ v. **Faux**

CONTROVERSE ✦ SYN. Conflit, contestation, débat, discussion, dispute, *polémique*, querelle. ✦ ANT. Acceptation, accord, approbation, consensus, entente, ratification.

CONTROVERSÉ ✦ SYN. **1.** Contesté, *discuté*. **2.** *Attaquable*, contestable, discutable, litigieux. ✦ ANT. **1.** Acquis, admis. **2.** Inattaquable, indiscutable.

CONTUSION ✦ SYN. Blessure, bleu, bosse, ecchymose, hématome, *lésion*, meurtrissure.

CONVAINCANT ✦ SYN. **1.** *Concluant*, décisif, incriminant, probant. **2.** Éloquent, *persuasif*, séduisant. ✦ ANT. **1.** Disculpatoire, discutable, douteux, incertain. **2.** Dissuasif, insignifiant, terne.

CONVAINCRE ✦ SYN. **1.** Démontrer, entraîner, établir, montrer, *persuader*, prouver. **2.** *Confondre*, déjouer, démasquer. ✦ ANT. **1.** Déconseiller, dissuader. **2.** Abuser, berner.

CONVALESCENCE ◇ v. **Rétablissement**

CONVENABLE ✦ SYN. **1.** Adapté, *approprié*, conforme, favorable, idoine, opportun, pertinent, propice. **2.** *Acceptable*, bon, passable, potable *(fam.)*, raisonnable, suffisant. **3.** Beau, bien, *bienséant*, correct, décent, digne, honnête, honorable, poli, présentable, séant, sortable. ✦ ANT. **1.** Impropre, inadapté, inapproprié, inopportun. **2.** Déraisonnable, inacceptable, insuffisant. 3. Choquant, déplacé, impoli, inconvenant, incorrect, indécent, malséant, rustre.

CONVENANCE ✦ SYN. 1. Accord, affinité, compatibilité, concordance, *conformité*, correspondance, harmonie, rapport. 2. À-propos, appropriation, justesse, opportunité, *pertinence*, propriété. 3. Choix, commodité, *goût*, gré. 4. *(Pl.)* **Bienséance**, bonnes manières, civisme, conventions, correction, courtoisie, décence, éducation, étiquette, protocole, savoir-vivre, usages. ✦ ANT. 1. Disconvenance, divergence, impropriété, incompatibilité. 2. Inopportunité, non-pertinence. 3. Déplaisir, désagrément, incommodité. 4. Grossièreté, impertinence, impolitesse, incivilité, inconvenance, indécence, insolence, rusticité, sans-gêne.

CONVENIR ✦ SYN. 1. Aller, cadrer, concorder, correspondre, *faire l'affaire*, seoir. 2. Agréer, aller, arranger, chanter *(fam.)*, *plaire*, sourire. 3. Admettre, avouer, concéder, confesser, *reconnaître*. 4. S'accorder, s'arranger, arrêter, décider, *s'entendre*, régler. ✦ ANT. 1. Contraster, diverger, jurer. 2. Déplaire, déranger, embêter. 3. Disconvenir, nier. 4. Se disputer, s'opposer.

CONVENTION ✦ SYN. 1. *Accord*, alliance, arrangement, contrat, engagement, entente, marché, pacte, traité. 2. *(Pl.)* Bienséance, code, convenances, étiquette, habitudes, moyens habituels, normes, procédés, protocole, *règles*, traditions, usages, us et coutumes.

CONVENTIONNEL ✦ SYN. 1. Arbitraire, *convenu*, officiel. 2. Académique, *banal*, compassé, conformiste, livresque, rituel, scolaire, traditionnel. ✦ ANT. 1. Naturel, réel. 2. Authentique, nouveau, original, spontané, vrai.

CONVENU ✦ SYN. 1. Arrêté, décidé, déterminé, *entendu*, établi, fixé, réglé. 2. Artificiel, *conventionnel*. ✦ ANT. 1. Différent, imprécis, vague. 2. Naturel, original.

CONVERGENCE ◇ v. **Jonction**
CONVERGENT ◇ v. **Conciliable**

CONVERGER ✦ SYN. Aboutir, aller, se concentrer, concourir, confluer, se diriger, *se rejoindre*, se rencontrer, tendre vers. ✦ ANT. Détourner, diverger, s'éloigner.

CONVERSATION ✦ SYN. 1. Aparté, caucus *(québ.)*, causerie, colloque, conciliabule, communication, conférence, *dialogue*, discussion, échange de vues, entretien, interview, pourparlers, propos, tête-à-tête. 2. *(Péj.)* **Bavardage**, causette *(fam.)*, jasette *(québ., fam.)*, palabres, parlote *(fam.)*, verbiage. ✦ ANT. 1. Monologue, mutisme, silence, soliloque. 2. Discrétion, retenue.

CONVERSER ◇ v. **Causer**

CONVERSION ✦ SYN. 1. *(Croyance, idéologie)* Adhésion (nouvelle), *changement*, revirement, volte-face. 2. *(Ch.)* Métamorphose, mutation, *transformation*, transmutation. ✦ ANT. 1-2. Conservation, maintien.

CONVERTI ◇ v. **Néophyte**

CONVERTIR ✦ SYN. 1. *(Croyance, idéologie)* **Adhérer à**, changer, gagner, rallier. 2. *(Ch.)* **Transformer**, transmuer. ✦ ANT. 1. Détourner, dissuader, perdre. 2. Conserver, maintenir, rester le même.

CONVEXE ✦ SYN. Arrondi, *bombé*, courbe, rebondi, renflé, saillant. ✦ ANT. Cave *(adj.)*, concave, creux, enfoncé, renfoncé, rentrant, plat.

CONVICTION ✦ SYN. 1. Adhésion, *assurance*, certitude, confiance, croyance, évidence, foi, persuasion. 2. *(Pl.)* Idées, opinions, *principes*, valeurs. ✦ ANT. 1. Doute, incertitude, indécision, scepticisme. 2. Indifférence, neutralité.

CONVIER ✦ SYN. 1. Appeler, *inviter*, mander, prier, réunir. 2. Attirer, engager, *inciter*, induire, solliciter. ✦ ANT. 1. Chasser, évincer, expulser. 2. Décourager, empêcher, faire obstacle.

CONVIVE ✦ SYN. Commensal, convié, hôte, *invité*, pique-assiette *(fam.)*. ✦ ANT. Amphitryon, hôte (hôtesse), maître (maîtresse) de maison.

CONVIVIAL ✦ SYN. 1. Accueillant, agréable, amical, chaleureux, *cordial*, familier, fraternel, hospitalier, plaisant, sociable, sympathique. **2.** *(Inform.)* Ergonomique, **facile,** simple. ✦ ANT. **1.** Antipathique, déplaisant, désagréable, froid, inhospitalier. **2.** Compliqué, difficile.

CONVOCATION ✦ SYN. **1.** *Appel,* fairepart, invitation. **2.** *(Dr.)* **Assignation,** citation, sommation. ✦ ANT. **1.** Congé, éviction, renvoi. **2.** Grâce, libération.

CONVOI ✦ SYN. **1.** *(Marchandises)* Caravane, charroi, **train. 2.** *(Pers.)* Cortège (funèbre), défilé, **file,** suite. **3.** *(Milit.)* Détachement, escadre (navires), *escorte.*

CONVOITER ✦ SYN. Ambitionner, aspirer à, briguer, désirer, *envier,* guigner *(fam.),* lorgner, rechercher, reluquer *(fam.),* souhaiter, soupirer après, viser, vouloir. ✦ ANT. Dédaigner, mépriser, refuser, repousser.

CONVOITISE ✦ SYN. Appât, appétence, appétit, avidité, concupiscence, cupidité, désir, *envie,* rapacité, tentation. ✦ ANT. Indifférence, répulsion.

CONVOQUER ✦ SYN. **1.** *Appeler,* assembler, demander, faire venir, mander, réunir. **2.** *(Dr.)* **Assigner,** citer, intimer, sommer. ✦ ANT. **1.** Chasser, évincer, renvoyer. **2.** Gracier, libérer.

CONVULSIF ◇ V. **Spasmodique**

CONVULSION ✦ SYN. **1.** Contorsion, contraction, crispation, *spasme.* **2.** *(Pl. surtout)* Agitation, bouleversement, crise, émoi, *secousses,* soubresauts, troubles. ✦ ANT. **1.** Décontraction, détente, relâchement. **2.** Calme, paix, sérénité.

COOPÉRATION ◇ V. **Collaboration**

COOPÉRER ◇ V. **Collaborer**

COORDINATION ◇ V. **Organisation**

COORDONNATEUR ◇ V. **Organisateur**

COORDONNER ✦ SYN. **1.** Agencer, arranger, combiner, ordonner, *organiser.* **2.** *(Mouvements)* **Harmoniser,** synchroniser. **3.** *(Gramm.)* **Lier,** réunir. ✦ ANT. **1.** Déranger, désorganiser, désunir. **2.** Désaccorder, désynchroniser. **3.** Isoler, séparer.

COPAIN ◇ V. **Camarade**

COPIE ✦ SYN. **1.** Calque, double, duplicata, exemplaire, fac-similé, maquette, photocopie, prototype, réplique, *repro-*

duction, télécopie, transcription. **2.** Compilation *(péj.),* contrefaçon, faux, *imitation,* pastiche, piratage, plagiat. **3.** Devoir, *manuscrit.* ✦ ANT. **1-2.** Modèle, original.

COPIER ✦ SYN. **1.** Calquer, enregistrer, noter, recopier, *reproduire,* transcrire. **2.** *(Œuvre)* Compiler *(péj.),* démarquer, pasticher, pirater, **plagier. 3.** *(Devoir, examen)* Tricher. **4.** *(Manières)* Contrefaire, *imiter,* mimer, singer. ✦ ANT. **1.** Composer, rédiger. **2.** Créer, inventer. **3.** Être honnête, faire soi-même. **4.** Être soi-même.

COPIEUR ✦ SYN. **1.** *(Devoir, examen)* Tricheur. **2.** *Imitateur,* pasticheur, plagiaire. **3.** Photocopieur. ✦ ANT. **1.** Honnête. **2.** Créateur, inventeur.

COPIEUSEMENT ✦ SYN. *Abondamment,* amplement, beaucoup, considérablement, énormément, généreusement, grandement, largement, pleinement, richement. ✦ ANT. Avaricieusement, chichement, faiblement, maigrement, mesquinement, parcimonieusement, pauvrement, petitement.

COPIEUX ✦ SYN. **1.** *Abondant,* ample, considérable, consistant, gargantuesque, généreux, important, large, pantagruélique, riche, substantiel. **2.** Bavard, exubérant, **prolixe,** verbeux. ✦ ANT. **1.** Chiche, frugal, maigre, pauvre, sobre. **2.** Concis, laconique, taciturne.

COPULATION ◇ V. **Accouplement**

COPULER ◇ V. **Accoupler**

COQUERELLE ◇ V. **Cafard**

COQUET ✦ SYN. ▷ *Adj.* **1.** Chic, *élégant,* gracieux, pimpant, soigné. **2.** Beau, charmant, **joli,** mignon, plaisant, ravissant. **3.** *(Somme d'argent, fam.)* Appréciable, considérable, gentil, *important,* intéressant, joli, rondelet, substantiel. ▷ *Nom* **4.** Brummell, **dandy. 5.** *(Femme)* Aguicheuse, allumeuse *(fam.),* **séductrice.** ✦ ANT. **1.** Grossier, inélégant, négligé. **2.** Banal, commun, déplaisant, laid, ordinaire. **3.** Mince, négligeable, ridicule. **4.** Repoussoir. **5.** Laideron.

COQUETTERIE ✦ SYN. Affectation, agrément, atours, attrait, charme, chic *(fam.),* élégance, flirt, *galanterie,* grâce, mignar-

dise, prétention, provocation, séduction.
♦ ANT. Candeur, indifférence, ingénuité,
laisser-aller, naturel, négligence, simplicité, sincérité.

COQUIN ♦ SYN. ▷ *Nom* **1.** *Bandit*, canaille,
faquin, filou, fripon, garnement, maraud,
pendard, ·vaurien. ▷ *Adj.* **2.** *(Enfant)* Astucieux, *espiègle*, malicieux, malin, polisson. **3.** *(Conte, histoire)* Épicé, *grivois*, leste,
libertin, licencieux, osé, paillard. ♦ ANT.
1. Homme droit, probe, vertueux. **2.** Candide, niais, timide. **3.** Prude, pudibond.

CORDAGE ♦ SYN. Amarre, *câble*, cordes
(grosses), filin, grelin, manœuvres, orin.

CORDE ♦ SYN. **1.** Cordelette, cordon,
ficelle, lacet, lasso, *lien*. **2.** Gibet, *pendaison*, potence.

CORDIAL ♦ SYN. ▷ *Adj.* **1.** Accueillant,
amical, bienveillant, *chaleureux*, convivial, familier, franc, sincère, spontané,
sympathique. ▷ *Nom* **2.** *(Alcool)* Remontant,
stimulant, tonique. ♦ ANT. **1.** Antipathique, froid, hostile, hypocrite, inamical,
indifférent, insensible. **2.** Affaiblissant,
débilitant.

CORDIALITÉ ♦ SYN. Amitié, bienveillance, *chaleur*, convivialité, familiarité,
franchise, sincérité, spontanéité, sympathie. ♦ ANT. Antipathie, froideur, hypocrisie, indifférence, inimitié, insensibilité.

CORIACE ♦ SYN. **1.** Dur, ferme, *résistant*. **2.** Acharné, opiniâtre, persévérant,
tenace. ♦ ANT. **1.** Flasque, mou, souple,
tendre. **2.** Capricieux, faible, inconstant.

CORNE ♦ SYN. **1.** *(Cervidés)* Andouiller,
bois, panache *(québ.)*, perche, ramure. **2.** Callosité. **3.** *Avertisseur*, cor, cornet, trompe.
4. Pointe, *saillie*.

COROLLAIRE ◇ v. **Conséquence**

CORPORATION ♦ SYN. Association, collège, compagnie, confrérie, communauté,
corps, métier, *ordre*.

CORPOREL ♦ SYN. Charnel, concret,
matériel, naturel, *physique*, physiologique, terrestre. ♦ ANT. Abstrait, immatériel,
incorporel, mental, spirituel, surnaturel.

CORPS ♦ SYN. **1.** Matière, *substance*.

2. *(Anatomie)* Carcasse *(fam.)*, chair, *organisme*, physique. **3.** *Cadavre*, dépouille.
4. *Consistance*, épaisseur, force, solidité.
5. Élément essentiel, *partie principale*.
6. Assemblée, association, communauté,
corporation, *ensemble*, organe, société.
7. *(Milit.)* Bataillon, régiment, *troupe*, unité.
8. *(Textes)* Corpus, *recueil*.

CORPULENCE ◇ v. **Grosseur**

CORPULENT ◇ v. **Gros**

CORRECT ♦ SYN. **1.** Bon, conforme, *exact*,
juste, précis, vrai. **2.** Acceptable, *adéquat*,
convenable, moyen, normal, passable,
satisfaisant. **3.** Bienséant, courtois, décent,
franc, *impeccable*, soigné. **4.** *Honnête*,
loyal, régulier. ♦ ANT. **1.** Fautif, faux, incorrect, inexact, mauvais. **2.** Anormal, inadéquat, insatisfaisant. **3.** Déplacé, indécent,
malséant, ridicule. **4.** Déloyal, hypocrite,
malhonnête.

CORRECTION ♦ SYN. **1.** Ajout, amendement, amélioration, correctif, modification, remaniement, rature, *rectification*,
réforme, révision. **2.** Châtiment, *punition*,
raclée, volée *(fam.)*. **3.** Conformité, *exactitude*, fidélité, justesse, propriété. **4.** *Bienséance*, civisme, convenance, politesse,
rectitude, savoir-vivre. ♦ ANT. **1.** Erreur,
lacune. **2.** Prix, récompense. **3.** Barbarisme,
impropriété, incorrection. **4.** Impolitesse,
inconvenance, sans-gêne.

CORRÉLATION ♦ SYN. Correspondance,
interaction, interdépendance, interrelation, lien (causal), rapport, *réciprocité*,
relation. ♦ ANT. Autonomie, indépendance,
univocité.

CORRESPONDANCE ♦ SYN. **1.** Accord,
affinité, *analogie*, concordance, conformité, corrélation, équilibre, harmonie,
proportion, rapport, ressemblance, symétrie. **2.** Coexistence, coïncidence, rencontre, *simultanéité*, synchronie. **3.** Billet,
courriel *(québ.)*, courrier, dépêche, *lettre*,
missive, télécopie, téléenseignement,
texto. ♦ ANT. **1.** Désaccord, discordance,
dissemblance, opposition. **2.** Diachronie,
succession.

CORRESPONDANT ✦ SYN. ▷ *Adj.* **1.** *Analogue*, concordant, conforme, égal, équivalent, homologue, pareil, semblable. ▷ *Nom* **2.** Délégué, mandataire, porte-parole, *représentant*. **3.** Envoyé (spécial), journaliste, *reporter*. ✦ ANT. **1.** Antagoniste, dissemblable, distinct, inégal, opposé.

CORRESPONDRE ✦ SYN. **1.** S'accorder, coïncider, concorder, convenir, égaler, équivaloir, s'harmoniser, se rapporter à, répondre à, revenir à, *ressembler*, rimer. **2.** Communiquer, *s'écrire*. ✦ ANT. **1.** Contraster, différer, jurer, s'opposer, trancher.

CORRIDOR ◇ v. **Couloir**

CORRIGER ✦ SYN. ▷ *V. tr.* **1.** Améliorer, amender, bonifier, épurer, modifier, *rectifier*, redresser, réformer, relever, remanier, reprendre, retoucher, réviser, revoir. **2.** (Excès) Adoucir, atténuer, *compenser*, équilibrer, neutraliser, pallier, réparer, tempérer. **3.** Battre, châtier, frapper, *punir*, réprimander. ▷ *V. pr.* **4.** S'améliorer, s'amender, *se défaire de*, se guérir de, se reprendre. ✦ ANT. **1.** Altérer, détériorer, endommager, gâter, pervertir. **2.** Accentuer, aggraver, envenimer, exacerber. **3.** Féliciter, récompenser. **4.** S'avilir, récidiver, retomber dans.

CORROBORER ✦ SYN. Appuyer, attester, *confirmer*, fortifier, garantir, prouver, renforcer. ✦ ANT. Contredire, démentir, infirmer, nier, réfuter.

CORRODER ✦ SYN. Attaquer, consumer, désagréger, entamer, manger, miner, mordre, *ronger*, user. ✦ ANT. Améliorer, conserver, réparer, restaurer.

CORROMPRE ✦ SYN. **1.** Abîmer, altérer, avarier, contaminer, décomposer, empoisonner, frelater, gâter, gangrener, infecter, polluer, *pourrir*, putréfier, souiller, vicier. **2.** Avilir, *débaucher*, dénaturer, dépraver, perdre, pervertir, séduire. **3.** Acheter, graisser la patte (fam.), payer, *soudoyer*, stipendier, suborner. ✦ ANT. **1.** Assainir, épurer, purifier. **2.** Améliorer, corriger, perfectionner. **3.** Donner l'exemple, édifier.

CORROMPU ✦ SYN. **1.** Altéré, avarié, frelaté, gâté, gangrené, *pourri*, vicié. **2.** (Goût, jugement) *Déformé*, faux, mauvais. **3.** Bas, crapuleux, *débauché*, dépravé, déréglé, dévergondé, dissolu, immoral, pervers, perverti, vicieux. **4.** Avili, croche (québ., fam.), *malhonnête*, pourri (fig.), ripou (fam.), taré, vénal, vendu, véreux. ✦ ANT. **1.** Assaini, frais, imputrescible, intact, pur, purifié, sain. **2.** Fiable, sûr. **3.** Édifiant, moral, vertueux. **4.** Droit, franc, intègre, honnête, incorruptible, loyal, moral, probe.

CORROSIF ◇ v. **Mordant**

CORROSION ◇ v. **Usure**

CORRUPTION ✦ SYN. **1.** Altération, décomposition, *pourriture*, putréfaction. **2.** (Mœurs) Abjection, avilissement, bassesse, *débauche*, déchéance, dégradation, dépravation, dérèglement, dissolution, immoralité, perversion, prostitution, souillure, vice. **3.** Concussion, déprédation, détournement, exaction, extorsion, *fraude*, intimidation, malversation, pot-de-vin, prévarication, subornation (dr.), trafic d'influence. ✦ ANT. **1.** Assainissement, épuration, purification. **2.** Correction, édification, moralisation, perfectionnement, pureté, vertu. **3.** Droiture, équité, honnêteté, intégrité, moralité.

CORSÉ ✦ SYN. **1.** Assaisonné, épicé, piquant, *relevé*. **2.** (Problème) *Compliqué*, dur, difficile, épineux. **3.** (Récit) *Grivois*, licencieux, *osé*, salé (fig.), scabreux. ✦ ANT. **1.** Fade, insipide. **2.** Facile, simple. **3.** Décent, pudique.

CORSER (SE) ✦ SYN. (Intrigue) Captiver, *se compliquer*, susciter de l'intérêt. ✦ ANT. Ennuyer, s'éterniser, perdre de l'intérêt.

CORTÈGE ◇ v. **Suite**

CORVÉE ✦ SYN. **1.** Besogne, collier (fig.), devoir, fardeau, *labeur*, peine, service, tâche, travail. **2.** (Québ.) Bénévolat, *travail collectif*.

COSMIQUE ◇ v. **Spatial**

COSMONAUTE ◇ v. **Astronaute**

COSMOPOLITE ✦ SYN. (Population) *Diversifié*, multiculturel, multiethnique, varié. ✦ ANT. Homogène, uniforme.

COSMOS ◇ v. **Univers**

COSSE ♦ SYN. Écale, écalure, *enveloppe*, gaine, glume, gousse, tégument.

COSSU ♦ SYN. 1. Aisé, fortuné, huppé, nanti, opulent, *riche*. 2. Fastueux, *luxueux*, somptueux. ♦ ANT. 1. Indigent, miséreux, pauvre. 2. Humble, modeste, rustique.

COSTAUD ◇ v. **Robuste**

COSTUME ♦ SYN. 1. Accoutrement *(péj.)*, affublement *(péj.)*, complet, complet-veston, effets, habillement, habit, mise, tenue, toilette, uniforme, *vêtement*. 2. *Déguisement*, travestissement.

COTE ♦ SYN. 1. *Contribution*, cotisation, impôt, taxe. 2. Cotation, cours, prix, *valeur*. 3. *(Devoir, examen) Note*, résultat. 4. Faveur (populaire), *popularité*, renommée, vogue.

CÔTE ♦ SYN. 1. Berge, bord (de mer), bordure, falaise, grève, littoral, plage, *rivage*. 2. Colline, coteau, côté, déclivité, descente, montée, *pente*, raidillon, rampe, talus, versant. 3. *(Viande de l'os)* Carré, *côtelette*, entrecôte.

CÔTÉ ♦ SYN. 1. Côte, flanc, pente, *versant*. 2. *Bord*, bordure, face, ligne, pan, paroi, profil, tranche, travers. 3. *Direction*, endroit, partie, point, sens. 4. Camp, part, *parti*. 5. Angle, *aspect*, éclairage, face, facette, jour, perspective, point de vue. 6. *(À côté, à côté de)* À proximité (de), auprès de, contre, non loin de, *près* (de), proche (de).

COTEAU ♦ SYN. 1. Petite colline. 2. Côte, *pente*, versant.

COTERIE ♦ SYN. *(Péj.)* Association, bande, cabale, camarilla, caste, cénacle, cercle, chapelle, *clan*, clique, gang, mafia, secte, tribu.

COTISATION ♦ SYN. *Contribution*, écot, quote-part.

COTISER ◇ v. **Souscrire**

COTONNEUX ♦ SYN. 1. *Duveté*, tomenteux. 2. Arrondi, molletonneux, moutonné, *ouaté*. 3. *Assourdi*, étouffé, feutré, sourd, voilé. ♦ ANT. 1. Rude, rugueux. 2. Âpre, effiloché, épars, étiré. 3. Aigu, assourdissant, éclatant, net.

CÔTOYER ♦ SYN. 1. Border, *longer*, suivre. 2. Être en contact, *fréquenter*, rencontrer, voir. 3. *Approcher*, confiner à, coudoyer, friser, frôler, voisiner. ♦ ANT. 1. Gagner le large. 2. Perdre de vue, se séparer. 3. S'écarter, s'éloigner.

COU ♦ SYN. 1. *Col*, encolure, gorge *(devant)*, nuque *(arrière)*. 2. *(Bouteille)* Goulot.

COUARD ◇ v. **Lâche**

COUARDISE ◇ v. **Lâcheté**

COUCHANT ♦ SYN. 1. Coucher du soleil, *crépuscule*, déclin, ponant. 2. Occident, *ouest*. ♦ ANT. 1. Lever du soleil, levant. 2. Est.

COUCHE ♦ SYN. 1. Croûte, *enduit*, film, glacis, glaçure, pellicule, revêtement. 2. *(Géogr.)* Alluvion, formation, nappe, sédiment, *strate*. 3. Catégorie, *classe* (sociale), groupe. 4. Couchette, *lit*. 5. *Change*, couche-culotte, rechange. 6. *(Pl.) Accouchement*, enfantement, travail.

COUCHER ♦ SYN. ▷ *V. tr.* 1. Aliter, allonger, étendre, *mettre au lit*. 2. Baisser, courber, *incliner*, pencher, renverser. 3. *Consigner*, inscrire, mettre, porter. ▷ *V. intr.* 4. Dormir, gîter, loger, *passer la nuit*. 5. *(Avec quelqu'un)* Baiser, *faire l'amour*. ▷ *V. pr.* 6. S'aliter, s'allonger, dormir, s'étendre, *se mettre au lit*. 7. *(Devant quelqu'un)* S'abaisser, s'aplatir, faire des courbettes, *ramper*. ▷ *Nom* 8. *Couchage*, dodo *(fam.)*. 9. *Couchant*, crépuscule, tombée (du jour). 10. *Gîte*, hébergement. ♦ ANT. 1. Lever, réveiller. 2. Dresser, élever, redresser. 3. Déconsigner, omettre. 4. Rentrer chez soi, revenir. 5. Éconduire, refuser les avances. 6. Se lever, se réveiller. 7. Braver, se dresser contre, résister. 8. Lever, réveil, saut du lit. 9. Aube, aurore, levant, matin.

COUCHE-TARD ♦ SYN. 1. *Noctambule*, nuitard, oiseau de nuit. 2. *Fêtard*, jouisseur, noceur. ♦ ANT. 1. Couche-tôt, lève-tôt, matinal. 2. Ascète, puritain.

COUCHE-TÔT ♦ SYN. *Lève-tôt*, matinal. ♦ ANT. Couche-tard, noctambule.

COUDE ♦ SYN. 1. *Angle*, saillie. 2. *(Chemin)* Courbe, détour, lacet, méandre, tournant, *virage*.

COUDOYER ♦ SYN. 1. Heurter. 2. *Approcher*, croiser, frôler, passer près de. 3. Côtoyer, être en contact, *fréquenter*, rencontrer, voir. ♦ ANT. 1. Éviter. 2. S'écarter, s'éloigner. 3. Perdre de vue, se séparer.

COUDRE ♦ SYN. Assembler, *attacher*, faufiler, joindre, lier, ourler, piquer, raccommoder, relier *(livre)*, suturer *(plaie)*. ♦ ANT. Découdre, défaire, défaufiler, détacher, séparer.

COULANT ♦ SYN. 1. Coulissant, *fluide*, inconsistant, liquide. 2. Agréable, aisé, *facile*, fluide *(fig.)*, naturel. 3. *(Fam.)* Accommodant, *indulgent*, large. ♦ ANT. 1. Compact, consistant, épais, ferme, solide. 2. Affecté, compliqué, recherché. 3. Dur, implacable, malcommode *(québ., fam.)*, sévère.

COULER ♦ SYN. ▷ *V. intr.* 1. Circuler, dégouliner, dégoutter, se déverser, s'échapper, *s'écouler*, s'épandre, fuir, gicler, jaillir, se répandre, ruisseler, suer, suinter. 2. S'abîmer, caler *(québ.)*, chavirer, s'enfoncer, s'engloutir, faire naufrage, se noyer *(pers.)*, se perdre, *sombrer*. 3. *(Temps)* S'enfuir, filer, *passer*. ▷ *V. tr.* 4. *Filtrer*, passer, pénétrer, traverser. 5. Clicher, fondre, *mouler*. 6. Engloutir, faire sombrer, *saborder*. 7. *Discréditer*, perdre, ruiner. ▷ *V. pr.* 8. Se faufiler, *se glisser*, s'introduire, pénétrer. ♦ ANT. 1. Coaguler, figer, geler, stagner. 2. Émerger, faire surface, flotter. 3. S'arrêter, s'éterniser. 4. Déborder, engorger. 5. Démouler. 6. Renflouer. 7. Accréditer, vanter. 8. Déguerpir, s'enfuir.

COULEUR ♦ SYN. 1. Coloration, coloris, nuance, pigment, *teinte*, ton, tonalité. 2. *(Peau, visage)* Brillant, carnation, éclat, relief, *teint*, vivacité. 3. *Apparence*, prétexte, subterfuge. ▷ *Pl.* 4. *Intentions*, opinions. 5. *Drapeau*, étendard, pavillon *(mar.)*.

COULISSE ♦ SYN. 1. *Glissière*, rainure. 2. *(Québ.) Coulure*, traînée. ▷ *Pl.* 3. *Arrière-scène*, cantonade, loges *(artistes)*. 4. Arcanes, dessous, mystères, *secrets*.

COULOIR ♦ SYN. 1. Allée, corridor, dégagement, galerie, issue, *passage*. 2. *(Géogr.)* Col, défilé, *gorge*, goulet, passe. 3. *(Sécuri-*

taire) Canal *(navigation)*, corridor, voie, **zone** (de passage).

COUP ♦ SYN. 1. *Choc*, collision, ébranlement heurt, impact, secousse, tamponnement. 2. Bourrade, dégelée *(fam.)*, gifle, horions, sévices, tape, *violence*, voie de fait *(dr.)*, volée *(fam.)*. 3. Bruit, décharge, *détonation*, éclat, son. 4. Attaque, atteinte, blessure, choc, *commotion*, traumatisme. 5. *(Fam.)* Boisson, canon, lampée, pot, rasade, *verre* (de boisson).

COUPABLE ♦ SYN. 1. *(Pers.)* Contrevenant, criminel, délinquant, *fautif*, pécheur, responsable. 2. *(Ch.)* Blâmable, *condamnable*, délictueux *(dr.)*, honteux, illégal, illicite, inavouable, indigne, infâme, pendable, punissable, répréhensible. ♦ ANT. 1. Acquitté, disculpé, innocent, suspect. 2. Digne, légal, licite, irréprochable, louable.

COUPANT ◇ V. Tranchant

COUP D'ÉTAT ♦ SYN. *Coup de force*, pronunciamiento, putsch, révolution (de palais).

COUPE ♦ SYN. 1. Calice, ciboire, gobelet, vase, *verre*. 2. Coupelle, jatte, *récipient*. 3. Taillage, *taille*, tonte. 4. Abattage, abattis *(québ.)*, *déboisement*, émondage. 5. *Compétition*, épreuve, tournoi. 6. *Profil*, section, tranche, vue. 7. Biopsie, *prélèvement*. 8. *(Poésie) Césure*, coupure, hémistiche. 9. *(Sous la coupe de)* Autorité, *dépendance*, férule, mainmise, soumission.

COUPER ♦ SYN. 1. Abattre *(arbre)*, amputer, bûcher *(québ.)*, découper, détacher, diviser, écourter, entailler, entamer, exciser, fendre, faucher, hacher, inciser, ouvrir, raccourcir, retrancher, rogner, *sectionner*, séparer, taillader, tailler, trancher, tronçonner. 2. Interrompre, ôter, *retirer*, supprimer. ♦ ANT. 1. Ajouter, allonger, augmenter, greffer, joindre, lier, planter, rapprocher, rassembler, réunir, unir. 2. Continuer, établir, prolonger, rétablir.

COUPLE ♦ SYN. 1. Duo, *paire*, tandem. 2. Amants, amoureux, conjoints, époux, *ménage*. ♦ ANT. 1. Individu, unité. 2. Célibataire, seul.

COUPLET ♦ SYN. 1. Stance, *strophe*.
2. Air, *chanson*, chant, mélodie, refrain.
3. *(Fig., péj.)* Rengaine.

COUPOLE ◇ V. **Voûte**

COUPON ◇ V. **Billet**

COUPURE ♦ SYN. 1. Balafre, blessure, boutonnière, entaille, estafilade, *incision*, sectionnement, taillade. 2. *(Électricité, gaz)* Arrêt, *interruption*, panne. 3. Brisure, cassure, fossé, hiatus, *rupture*, séparation. 4. Argent liquide, *billet de banque*, papier-monnaie. 5. *(Œuvre)* Censure, mutilation, retranchement, *suppression*. 6. *(Poésie)* Césure, hémistiche. ♦ ANT. 1. Couture, guérison, réparation, suture. 2. Rétablissement. 3. Continuité, rapprochement, union. 5. Conservation, maintien, respect (de l'œuvre).

COUR ◇ V. **Tribunal**

COURAGE ♦ SYN. Ardeur, audace, *bravoure*, cœur, cran *(fam.)*, énergie, fermeté, hardiesse, héroïsme, intrépidité, résolution, stoïcisme, vaillance, valeur, zèle. ♦ ANT. Couardise, crainte, faiblesse, frousse *(fam.)*, lâcheté, peur, poltronnerie, pusillanimité, timidité.

COURAGEUX ♦ SYN. Ardent, audacieux, bouillant, *brave*, casse-cou, crâne *(fig.)*, décidé, déterminé, énergique, ferme, fort, hardi, héroïque, indomptable, intrépide, résolu, stoïque, téméraire, vaillant, valeureux, viril. ♦ ANT. Couard, craintif, faible, frileux, froussard, hésitant, lâche, peureux, poltron, pusillanime, timide, timoré.

COURANT ♦ SYN. ▷ Nom 1. *Cours*, direction, fil (de l'eau), flot. 2. Évolution, mode, *mouvement*, tendance. ▷ Adj. 3. Banal, commun, fréquent, *habituel*, normal, ordinaire, répandu, usuel. 4. *Actuel*, en cours, présent. ▷ Loc. 5. *(Au courant)* Au fait de, au parfum de, averti, branché *(fam.)*, *informé*, renseigné. ♦ ANT. 1. Contre-courant. 2. Arrêt, retour, tradition. 3. Exceptionnel, extraordinaire, inhabituel, inusité, rare, spécial. 4. Passé, prochain. 5. Dépassé, ignorant.

COURBE ♦ SYN. ▷ Nom 1. Arabesque, *arc*, boucle, cambrure, cercle, cintrage, cir-

conférence, courbure, ellipse, méandre, ondulation, ovale, serpentin, sinuosité, spirale, volute. 2. Détour, tournant, *virage*. 3. *Diagramme*, graphique, ligne, tendance. ▷ Adj. 4. Aquilin, arqué, *arrondi*, bombé, busqué, cambré, cintré, circulaire, concave, convexe, courbé, curviligne, galbé, incurvé, ondulé, rebondi, recourbé, renflé, sinueux, voûté. ♦ ANT. 1-2. Droite, ligne droite. 4. Aplati, droit, plan, plat, raide, rectiligne.

COURBER ♦ SYN. 1. Arquer, *arrondir*, bomber, cambrer, cintrer, fausser, fléchir, incurver, infléchir, pencher, plier, ployer, recourber, replier, tordre, voûter. 2. Baisser, *incliner*, se soumettre. ♦ ANT. 1. Aplanir, défausser, redresser, raidir, redresser, relever. 2. Défier, se relever, résister.

COURBETTE ♦ SYN. Péj. 1. Inclination, prosternation, révérence, *salut*, salutation. 2. *(Pl.)* À-plat-ventrisme, *bassesses*, flatteries, obséquiosité, ronds de jambe, salamalecs, servilité. ♦ ANT. 1. Impolitesse. 2. Dignité, fierté, indépendance, réserve.

COUREUR ♦ SYN. 1. *Joggeur*, marathonien, pistard *(cycliste)*. 2. *(Coureur de jupons)* Charmeur, conquérant, débauché, dévergondé, don Juan, dragueur *(fam.)*, libertin, lovelace, play-boy, *séducteur*, tombeur *(fam.)*, trousseur de jupons.

COURIR ♦ SYN. ▷ V. intr. 1. Accourir, bondir, cavaler, décamper, se dépêcher, détaler, s'élancer, s'empresser, filer, galoper, *se hâter*, se précipiter, se ruer, voler. 2. Circuler, se communiquer, s'étendre, se propager, *se répandre*. 3. *(Après quelqu'un)* Importuner, poursuivre. ▷ V. tr. 4. *Parcourir*, se promener, sillonner, traverser, voyager. 5. Chercher, poursuivre, *rechercher*. 6. *Fréquenter*, hanter. 7. *(Le jupon, les filles)* Courtiser, draguer *(fam.)*, flirter. ♦ ANT. 1. Arrêter, faire halte, s'immobiliser, marcher, piétiner, reprendre haleine, traîner. 2. Se dissiper. 3. Laisser aller, laisser en paix. 4. Rentrer, revenir. 5. Délaisser, renoncer. 6. Abandonner, quitter. 7. Éconduire.

COURONNE ♦ SYN. 1. Bandeau (royal), *diadème*, tiare *(pape)*. 2. *Monarchie*, royaume, royauté, souveraineté. **3.** Anneau, auréole, *cercle*, guirlande, halo, laurier. **4.** *Banlieue*, ceinture, périphérie, zone.

COURONNEMENT ✦ SYN. **1.** *Intronisation*, sacre. **2.** Faîte, *sommet*. **3.** Aboutissement, accomplissement, achèvement, apothéose, consommation, consécration, fin, parachèvement, *perfection*, récompense, triomphe. ✦ ANT. **1.** Abdication, déposition. **2.** Base, pied. **3.** Commencement, début, ébauche, inauguration, ouverture.

COURONNER ✦ SYN. **1.** Auréoler, ceindre, consacrer, *introniser*, sacrer. **2.** Honorer, primer, *récompenser*. **3.** Accomplir, achever, conclure, finir, *parachever*, parfaire. **4.** *(Ch.)* Coiffer, dominer, *surmonter*, surplomber. ✦ ANT. **1.** Découronner, destituer, détrôner, renverser. **2.** Dépouiller, déshonorer. **3.** Commencer, ébaucher. **4.** S'aligner, longer, soutenir, supporter.

COURRIER ✦ SYN. **1.** Correspondance, lettre, *message*, poste, service postal, télécopie. **2.** *(Courrier électronique)* **Courriel** *(québ.)*, e-mail, mail. **3.** Commissionnaire, coursier, estafette, facteur, *messager*, postier.

COURROIE ✦ SYN. *Attache*, babiche *(québ.)*, bande, bandelette, bandoulière, harnais, lanière, sangle.

COURROUCER ◇ v. **Irriter**

COURS ✦ SYN. **1.** *Courant*, fil de l'eau, flot. **2.** Déroulement, développement, durée, enchaînement, évolution, fil, marche, *mouvement*, progression, succession, suite, tournure, train. **3.** Cote, parité, *prix*, taux, valeur. **4.** Classe, conférence, école, *enseignement*, exposé, leçon, séminaire. **5.** *Manuel*, ouvrage (didactique), traité. **6.** Allée, avenue, boulevard, galerie, jardin, mail, *promenade*. ✦ ANT. **1.** Contre-courant. **2.** Arrêt, interruption, retour, stagnation. **3.** Dépréciation, dévaluation.

COURSE ✦ SYN. **1.** Balade, excursion, marche, parcours, *promenade*, randonnée, trajet, virée *(fam.)*, voyage. **2.** *(Sports)* *Compétition*, corrida, épreuve, hippisme, marathon, rallye, régates, rush, sprint,

turf. **3.** Agitation, bousculade, cavalcade *(fam.)*, *précipitation*, ruée. **4.** Déplacement, *mouvement*, parcours, trajectoire, trajet. **5.** Commission, message, *service*. **6.** *(Pl.)* *Achats*, commissions, emplettes, magasinage *(québ.)*, marché, provisions, shopping. ✦ ANT. **1.** Arrêt, escale, étape, halte, pause, repos. **2.** Entraînement, exercice. **3.** Calme, ordre, patience. **4.** Immobilité.

COURSIER ◇ v. **Commissionnaire**

COURT ✦ SYN. **1.** Courtaud, minuscule, nain, *petit*, rabougri, raccourci, ras. **2.** *Bref*, éphémère, fugace, fugitif, momentané, passager, prompt, rapide, temporaire, transitoire. **3.** *Insuffisant*, juste, limité, sommaire. **4.** Abrégé, *concis*, condensé, elliptique, laconique, ramassé, succinct, télégraphique. ✦ ANT. **1.** Allongé, démesuré, énorme, étiré, géant, grand, long. **2.** Durable, éternel, interminable, lent, prolongé, stable. **3.** Abondant, détaillé, suffisant. **4.** Diffus, prolixe, redondant, verbeux.

COURTIER ✦ SYN. *Agent*, commissaire, coulissier, intermédiaire, placier, représentant.

COURTISAN ✦ SYN. **1.** *Favori*, menin. **2.** Adulateur, complimenteur, flagorneur, *flatteur*, louangeur, thuriféraire. **3.** *(Courtisane)* Demi-mondaine, *prostituée*.

COURTISER ✦ SYN. **1.** Aduler, complimenter, flagorner, *flatter*, louanger. **2.** *Conter fleurette*, draguer *(fam.)*, faire la cour, flirter. ✦ ANT. **1.** Blâmer, critiquer. **2.** Éconduire, évincer, repousser les avances.

COURTOIS ✦ SYN. Affable, aimable, amène, avenant, charmant, chevaleresque, civil, complaisant, correct, élégant, galant, gracieux, plaisant, *poli*, serviable, sociable. ✦ ANT. Discourtois, grossier, impoli, incivil, inconvenant, insolent, insultant, maladroit, malotru.

COURTOISIE ◇ v. **Civilité**

COÛT ◇ v. **Prix**

COUTEAU ✦ SYN. **1.** Bistouri, *canif*, couperet, scalpel. **2.** *(Arme blanche)* **Coutelas**, poignard.

COÛTER ◆ SYN. ▷ *V. intr.* 1. S'élever à, monter à, revenir à, *valoir*. ▷ *V. tr.* 2. *Causer*, engendrer, occasionner, provoquer, susciter. 3. Faire perdre, *ôter*, ravir. ▷ *V. tr. ind.* 4. Fatiguer, *peser*. ◆ ANT. 1. Être gratuit. 2. Économiser, épargner, éviter. 3. Gagner, obtenir. 4. Faire plaisir, soulager.

COÛTEUX ◆ SYN. 1. *Cher*, dispendieux, élevé, hors de prix, inabordable, onéreux, ruineux. 2. *(Conséquence)* Dangereux, *fâcheux*, grave. ◆ ANT. 1. Abordable, bon marché, économique, gratuit. 2. Inconséquent, inoffensif.

COUTUME ◆ SYN. *Habitude*, mode (de vie), mœurs, pratique, règle, rite, tradition, us (et coutumes), usage. ◆ ANT. Anomalie, exception, innovation, nouveauté, singularité.

COUTUMIER ◆ SYN. Accoutumé, classique, familier, fréquent, *habituel*, ordinaire, quotidien, rituel, traditionnel, usuel. ◆ ANT. Anormal, exceptionnel, extraordinaire, inaccoutumé, inattendu, occasionnel, particulier, singulier.

COUTURIER ◆ SYN. 1. Maître tailleur, *tailleur*. 2. Modéliste.

COUVENT ◆ SYN. 1. Abbaye, chartreuse, *cloître*, monastère, prieuré, trappe. 2. *Communauté*, frères, moines, religieux, sœurs. 3. *(Jeunes filles)* Internat, *pensionnat*.

COUVER ◆ SYN. 1. Incuber. 2. Entretenir, nourrir, préparer, *tramer*. 3. *Choyer*, dorloter, entourer de soins. 4. Dominer, gâter, materner, *surprotéger*. ◆ ANT. 1. Éclore. 2. Abandonner, contrecarrer. 3. Maltraiter, rudoyer. 4. Émanciper, laisser libre.

COUVERT ◆ SYN. ▷ *Nom* 1. *Abri*, gîte, logement. 2. *Ombrage*, ombre. 3. Place à table, *table dressée*. ▷ *Adj.* 4. Habillé, revêtu, *vêtu*. 5. Chargé de, *plein de*. 6. Abrité, assuré, *protégé*. 7. *Caché*, dissimulé, secret, voilé. 8. Bouché, chargé, gris, nébuleux, *nuageux*, sombre. ◆ ANT. 4. Dénudé, nu. 5. Exempt de. 6. Sans garantie, sans protection. 7. À découvert, dévoilé. 8. Clair, découvert, dégagé, ensoleillé.

COUVERTURE ◆ SYN. 1. *Toit*, toiture. 2. Couette, courtepointe, couverte *(québ.)*,

couvre-lit, duvet, édredon, plaid. 3. *Couvre-livre*, jaquette, liseuse, protège-cahier. 4. Échappatoire, parapluie, paravent, *prétexte*, protection. 5. Caution, gage, *garantie*, provision.

COUVRIR ◆ SYN. ▷ *V. tr.* 1. Abrier *(québ.)*, coiffer, *habiller*, revêtir, vêtir, voiler. 2. Abriter, enduire, *envelopper*, garnir, recouvrir. 3. Éparpiller, étendre, joncher, parsemer, *répandre*. 4. Embrasser, englober, s'étendre sur, occuper, *remplir*. 5. *(Voix)* Dominer, *étouffer*. 6. *Garantir*, justifier, protéger. 7. *Cacher*, celer, déguiser, masquer. 8. Abreuver, accabler, *combler*, inonder. ▷ *V. pr.* 9. *S'habiller*, se vêtir. 10. S'abriter, se cacher derrière, ouvrir le parapluie, *se protéger*. 11. *S'assombrir*, se brouiller, s'ennuager, se gâter, noircir, s'obscurcir, se voiler. ◆ ANT. 1. Décoiffer, découvrir, dénuder, déshabiller, dévêtir, montrer. 2. Dégarnir, enlever, exposer à, retirer. 3. Ramasser. 4. Confiner, réduire à. 5. Élever, hausser. 6. Se désister, laisser sans défense. 7. Déceler, démasquer, révéler. 8. S'abstenir, priver de. 9. Se déshabiller, se dévêtir. 10. Assumer, endosser. 11. Se dégager, s'éclaircir.

CRACHER ◆ SYN. 1. Crachoter, *expectorer*, graillonner *(fam.)*, postillonner. 2. Émettre, lancer, *projeter*, rejeter, vomir *(fig.)*. ▷ *Fam.* 3. *(Injures)* Crier, jeter à la tête, *proférer*, vomir *(fig.)*. 4. *(Argent)* *Débourser*, payer, verser. 5. *(Cracher sur quelque chose)* Détester, exécrer, *mépriser*. 6. *(Cracher sur quelqu'un)* Calomnier, injurier, *insulter*, outrager. ◆ ANT. 1. Absorber, avaler, gober, happer. 2. Contenir, renfermer, retenir. 3. Applaudir, féliciter. 4. Économiser. 5. Aimer, apprécier, respecter. 6. Aduler, louer, vanter.

CRAINDRE ◆ SYN. 1. S'alarmer, *appréhender*, avoir peur, se défier, être effrayé, être épouvanté, frémir, frissonner, se méfier, redouter, trembler, tressaillir. 2. *Respecter*, révérer, vénérer. ◆ ANT. 1. Affronter, attaquer, braver, se hasarder, oser, se risquer. 2. Blasphémer, mépriser.

CRAINTE ♦ SYN. **1.** Alarme, angoisse, anxiété, *appréhension*, défiance, effarement, effroi, épouvante, frayeur, frousse *(fam.)*, hésitation, inquiétude, méfiance, peur, phobie, pressentiment, terreur, timidité, trac. **2.** *Respect*, révérence, vénération. ♦ ANT. **1.** Assurance, audace, bravoure, certitude, confiance, courage, hardiesse, intrépidité, témérité. **2.** Irrévérence, mépris.

CRAINTIF ♦ SYN. Angoissé, anxieux, appréhensif, défiant, effarouché, effrayé, épouvanté, frileux, inquiet, méfiant, *peureux*, pusillanime, sauvage, terrifié, timide, timoré, tremblant. ♦ ANT. Audacieux, brave, courageux, décidé, hardi, intrépide, résolu, téméraire.

CRAMPE ◇ V. **Contraction**

CRAMPONNER (SE) ◇ V. **Accrocher**

CRAN ♦ SYN. **1.** Coche, degré, encoche, *entaille*. **2.** *(Fam.)* Assurance, audace, bravoure, *courage*, culot *(fam.)*, détermination, endurance, énergie, fermeté. ♦ ANT. **2.** Couardise, crainte, épouvante, inquiétude, lâcheté, nonchalance, peur.

CRÂNE ♦ SYN. ▷ *Nom* **1.** Cerveau, front, *tête*. ▷ *Adj.* **2.** *Brave*, courageux, décidé, intrépide. ♦ ANT. **2.** Indécis, peureux, poltron.

CRÂNERIE ◇ V. **Fanfaronnade**

CRÂNEUR ◇ V. **Fanfaron**

CRAPULE ♦ SYN. Bandit, *canaille*, escroc, truand, voleur, voyou. ♦ ANT. Gentleman, personne honnête.

CRAPULEUX ♦ SYN. **1.** *(Pers.)* Corrompu, *débauché*, dépravé, pervers, vicieux. **2.** Abject, abominable, atroce, bas, ignoble, immonde, infâme, *odieux*, sordide. ♦ ANT. **1.** Honnête, intègre, loyal. **2.** Digne, honorable, respectable.

CRAQUELER (SE) ◇ V. **Fendre**

CRAQUER ♦ SYN. **1.** *Craqueter*, crépiter, crisser, grésiller, péter *(fam.)*, pétiller. **2.** *Céder*, se déchirer, se découdre, se défaire, fendre, lâcher. **3.** S'écrouler, *s'effondrer*, perdre contenance. **4.** *(Fam.)* S'attendrir, avoir le béguin pour *(fam.)*, s'émerveiller, succomber. ♦ ANT. **2.** Recoudre, réparer. **3.** Se contenir, garder son sang-froid. **4.** Abhorrer, détester.

CRASSE ♦ SYN. ▷ *Nom* **1.** Malpropreté, ordure, *saleté*. **2.** Bassesse, coup bas, indélicatesse, *méchanceté*, vacherie *(fam.)*. ▷ *Adj., fam.* **3.** *(Avarice, ignorance, paresse)* Extrême, *grossier*, insupportable, lourd, profond. ♦ ANT. **1.** Propreté. **2.** Délicatesse, gentillesse. **3.** Faible, léger, minime.

CRASSEUX ♦ SYN. Dégoûtant, malpropre, misérable, *sale*, sordide. ♦ ANT. Impeccable, net, propre.

CRÉANCIER ◇ V. **Prêteur**

CRÉATEUR ♦ SYN. ▷ *Nom* **1.** *Dieu*, Éternel, Être suprême, Tout-Puissant. **2.** Auteur, centre de, bâtisseur, concepteur, *fondateur*, initiateur, innovateur, inventeur, père, pionnier, producteur, promoteur. ▷ *Adj.* **3.** Créatif, fécond, fertile, imaginatif, *inventif*, novateur, prolifique. ♦ ANT. **1.** Créature. **2.** Démolisseur, destructeur. **3.** Conventionnel, infécond, léthargique, ressassé, stérile.

CRÉATION ♦ SYN. **1.** Genèse, monde, nature, *Univers*. **2.** Apparition, *commencement*, début, naissance, origine. **3.** Constitution, construction, édification, établissement, *fondation*, formation, instauration, institution. **4.** Accouchement *(fig.)*, composition, conception, élaboration, imagination, innovation, *invention*, production, réalisation. **5.** *Œuvre*, ouvrage, produit. ♦ ANT. **1.** Apocalypse, chaos, néant. **2.** Anéantissement, fin, mort. **3.** Abolition, démolition, destruction, disparition, dissolution, ruine. **4.** Échec, improductivité, léthargie, manque (d'inspiration). **5.** Copie, imitation.

CRÉATIVITÉ ◇ V. **Invention**

CRÉDIBILITÉ ♦ SYN. **1.** Confiance, créance, crédit, *fiabilité*. **2.** Probabilité, *vraisemblance*. ♦ ANT. **1.** Défiance, méfiance. **2.** Improbabilité, invraisemblance.

CRÉDIBLE ♦ SYN. **1.** Digne de confiance, *fiable*, sûr. **2.** Croyable, plausible, probable, *vraisemblable*. ♦ ANT. **1.** Douteux, incertain, trompeur. **2.** Improbable, incroyable, invraisemblable.

CRÉDIT ✦ SYN. **1.** Actif, *avoir*, bénéfice. **2.** Avance, *prêt*. **3.** Ascendant, autorité, *confiance*, considération, crédibilité, faveur, fiabilité, force, importance, influence, poids, pouvoir, prestige, réputation. ✦ ANT. **1.** Débit, passif, perte. **2.** Remboursement. **3.** Défaveur, défiance, discrédit, méfiance.

CREDO ◇ V. **Foi**

CRÉDULE ✦ SYN. Candide, confiant, gobeur *(fam.)*, ingénu, *naïf*, simple. ✦ ANT. Clairvoyant, défiant, incrédule, méfiant, sceptique, soupçonneux.

CRÉDULITÉ ✦ SYN. Bonhomie, candeur, confiance aveugle, *naïveté*, superstition. ✦ ANT. Défiance, doute, incrédulité, méfiance, scepticisme, soupçon.

CRÉER ✦ SYN. **1.** Donner l'être (l'existence, la vie), enfanter, *engendrer*, procréer. **2.** Bâtir, constituer, construire, fabriquer, façonner, faire, *fonder*, former, instaurer, instituer, organiser. **3.** Composer, concevoir, élaborer, imaginer, *inventer*, produire, réaliser. **4.** *Causer*, occasionner, provoquer, susciter. ✦ ANT. **1.** Anéantir, annihiler, tuer. **2.** Abolir, défaire, démolir, détruire, dissoudre, supprimer. **3.** Contrefaire, imiter, plagier. **4.** Épargner, éviter.

CRÉMATION ◇ V. **Incinération**

CRÈME ✦ SYN. ▷ Nom **1.** *(Aliment)* Entremets, flan, *mousse*. **2.** *Potage* (onctueux), velouté. **3.** Balsamique, baume, cérat, embrocation, liniment, *onguent*, pâte, pommade. **4.** *(Fam.)* Aristocratie, *élite*, gotha, gratin, le meilleur. ▷ Adj. **5.** *Blanc*, laiteux, opalin. ✦ ANT. **4.** Le pire, lie (du peuple), plèbe, populace. **5.** Noir, sombre, terne.

CRÉMEUX ✦ SYN. **1.** *(Lait)* *Gras*, homogénéisé. **2.** *(Texture)* *Moelleux*, onctueux, velouté. ✦ ANT. **1.** Écrémé. **2.** Âpre, rude, rugueux.

CRÉPITER ◇ V. **Pétiller**

CRÉPU ✦ SYN. Bouclé, crêpé, *frisé*, ondulé. ✦ ANT. Lisse, plat, raide, uni.

CRÉPUSCULE ✦ SYN. **1.** Brunante *(québ.)*, couchant, *coucher du soleil*, entre chien et loup, nuit tombante, soir, tombée du jour. **2.** *Déclin*, fin, vieillesse. ✦ ANT. **1.** Aube, aurore, barre du jour *(québ.)*, jour, levant, lever du soleil. **2.** Commencement, enfance, jeunesse.

CRÊTE ◇ V. **Sommet**

CRÉTIN ✦ SYN. Abruti, bête, débile, demeuré, hébété, *idiot*, ignorant, imbécile, inepte, inintelligent, niais, sot, stupide. ✦ ANT. Brillant, dégourdi, éveillé, futé, intelligent, lucide, perspicace, sensé, subtil.

CREUSER ✦ SYN. **1.** Affouiller, cambrer, défoncer, échancrer, *évider*, excaver, forer, fouiller, fouir, miner, percer, perforer, piocher, raviner, saper, trouer. **2.** *Approfondir*, pénétrer, scruter, sonder. ✦ ANT. **1.** Bomber, combler, emplir, gonfler, remblayer, remplir, renfler. **2.** Effleurer, suggérer, survoler.

CREUX ✦ SYN. ▷ Nom **1.** Cavité, concavité, dépression, *enfoncement*, excavation, niche, renfoncement, trou. **2.** *Faim*, fringale. ▷ Adj. **3.** Cave, concave, *enfoncé*, évidé, profond, renfoncé, rentrant, rentré, vide. **4.** *(Son)* Caverneux, grave, *sourd*. **5.** Amaigri, émacié, *maigre*. **6.** Chimérique, *futile*, insignifiant, oiseux, pauvre, ronflant, vain. ✦ ANT. **1.** Bosse, convexité, élévation, proéminence, saillie. **2.** Assouvissement, satiété. **3.** Bombé, convexe, plein, proéminent, rempli, renflé, saillant. **4.** Aigu, éclatant. **5.** Boursouflé, rebondi, rond. **6.** Important, riche, sensé, sérieux, substantiel.

CREVASSE ✦ SYN. **1.** Anfractuosité, cassure, craquelure, déchirure, faille, fente, *fissure*, lézarde, ouverture. **2.** *(Pl.)* Engelures, *gerçures*.

CREVER ✦ SYN. ▷ V. tr. **1.** Déchirer, *percer*, rompre. **2.** *(Fam.)* Claquer *(fam.)*, épuiser, éreinter, *fatiguer*, tuer. **3.** Fendre (le cœur). ▷ V. intr. **4.** *Éclater*, exploser. **5.** *(Fam.)* Mourir. ✦ ANT. **1.** Boucher, réparer. **2.** Détendre, ragaillardir, reposer. **3.** Réjouir. **4.** Se contenir, résister. **5.** Naître, vivre.

CRI ◆ SYN. 1. *Bruit*, chant *(oiseaux)*, son.
2. Appel, clameur, criaillement, *éclat* (de voix), exclamation, gémissement, grognement, gueulement, huées, hurlement, ovation, plainte, vagissement, vocifération. **◆ ANT. 1-2.** Chuchotement, murmure, silence.

CRIANT ◆ SYN. 1. Choquant, *révoltant*.
2. *Évident*, flagrant, frappant, manifeste, patent. **◆ ANT. 1.** Acceptable, convenable.
2. Douteux, incertain.

CRIARD ◆ SYN. 1. *(Son)* Aigu, braillard *(fam.)*, *bruyant*, glapissant, gueulard *(fam.)*, perçant, tapageur. **2.** *(Vue)* Choquant, discordant, tape-à-l'œil, *voyant*. **◆ ANT.
1.** Agréable, doux, silencieux. **2.** Discret, harmonieux, sobre.

CRIBLE ◆ SYN. Blutoir, claie, passoire, sas, *tamis*.

CRIBLER ◆ SYN. 1. Bluter, sasser, *tamiser*, trier. **2.** Mitrailler, *percer*, transpercer.
3. *(Marques, taches)* Couvrir, moucheter, *parsemer*, piquer, piqueter.

CRIER ◆ SYN. ▷ *V. intr.* **1.** Beugler *(fam.)*, brailler *(fam.)*, clabauder *(fam.)*, *clamer*, s'égosiller, s'époumoner, fulminer, gémir, gueuler *(fam.)*, hurler, piailler, rugir, tempêter, tonitruer, tonner, vociférer. **▷** *V. tr.*
2. Claironner, ébruiter, proclamer, publier, *répandre*. **◆ ANT. 1.** Chuchoter, murmurer, se taire. **2.** Cacher, taire.

CRIME ◆ SYN. 1. Attentat, brigandage, *délit*, faute, forfait, infraction, sacrilège, scélératesse, violation, vol. **2.** Assassinat, atrocités, homicide, *meurtre*. **3.** *(Contre l'humanité)* Déportation, épuration (ethnique), extermination, *génocide*, holocauste, pogrom. **◆ ANT. 1.** Obéissance, observation, respect. **2.** Bienfait, exploit, innocence.
3. Fraternité, paix, tolérance.

CRIMINALITÉ ◆ SYN. 1. Banditisme, brigandage, crimes, *délits*, gangstérisme.
2. *(Petite criminalité)* Délinquance.

CRIMINEL ◆ SYN. ▷ *Nom* **1.** Coupable, délinquant, *malfaiteur*, récidiviste, violeur, voleur. **2.** Assassin, *meurtrier*, tueur.
▷ *Adj.* **3.** *Illégal*, illégitime, illicite, injuste.

4. *(Code, droit)* Pénal. **◆ ANT. 1-2.** Innocent.
3. Juste, légal, légitime, permis. **4.** Civil.

CRIQUE ◇ v. **Baie**

CRISE ◆ SYN. 1. *(Méd.)* Accès, *attaque*, atteinte, bouffée, ictus, poussée. **2.** Conflit, danger, détresse, difficulté, impasse, malaise, misère, péril, tension, *trouble*.
3. *(Fin.)* Débâcle, dépression, effondrement, krach, marasme, *récession*, ruine. **◆ ANT.
1.** Accalmie, latence, rémission. **2.** Calme, détente, fin, issue, paix, trêve. **3.** Abondance, développement, essor, progrès, prospérité.

CRISPATION ◇ v. **Contraction**

CRISPER ◇ v. **Énerver**

CRISTALLIN ◇ v. **Clair**

CRITÈRE ◆ SYN. 1. Base, *fondement*, motif, preuve, raison, signe. **2.** Archétype, canon, *modèle*, règle, standard.

CRITIQUABLE ◇ v. **Discutable**

CRITIQUE ◆ SYN. ▷ *Adj.* **1.** *(Phase)* *Crucial*, dangereux, délicat, difficile, grave. **2.** Attentif, curieux, *interrogateur*, libre, observateur. **3.** Agressif, destructeur, intransigeant, *négatif*, réprobateur, soupçonneux.
▷ *Nom fém.* **4.** Analyse, appréciation, avis, examen, idée, jugement, observation, *opinion*, remarque, sens, sentiment. **5.** Attaque, blâme, censure, *condamnation*, dénigrement, diatribe, éreintement, pamphlet, réquisitoire, satire, vitupération. **▷** *Nom masc.* **6.** Censeur, commentateur, exégète, *juge*. **7.** Accusateur, *détracteur*, pamphlétaire, satiriste. **◆ ANT. 1.** Heureux, normal, paisible. **2.** Crédule, inattentif, subjectif, superficiel. **3.** Juste, mesuré, objectif, ouvert, positif. **4-5.** Apologie, approbation, éloge, justification, louange, plaidoyer.
6-7. Admirateur, apologiste, encenseur, panégyriste, partisan, thuriféraire.

CRITIQUER ◆ SYN. 1. Analyser, discuter, étudier, examiner, *juger*. **2.** Attaquer, blâmer, calomnier, censurer, *condamner*, contester, contredire, démolir, dénigrer, désapprouver, éreinter, maltraiter *(fig.)* reprocher, réprimander, réprouver, stigmatiser, vitupérer. **◆ ANT. 1-2.** Admirer, aduler, apprécier, approuver, encenser, féliciter, flatter, louer, préconiser, vanter.

CROCHU ♦ SYN. 1. Aquilin, arqué, busqué, cintré, *courbé*, recourbé. 2. Avide, *cupide*, rapace. ♦ ANT. 1. Droit, rectiligne. 2. Désintéressé, indifférent.

CROIRE ♦ SYN. 1. Accepter, admettre, adopter, ajouter foi à, avoir confiance, *se fier à*. 2. *Espérer*, souhaiter. 3. *(Péj., fam.)* Avaler, *gober*. 4. Considérer, estimer, se figurer, s'imaginer, juger, penser, présumer, *supposer*, tenir pour. ♦ ANT. 1. Se défier, se méfier, nier, récuser. 2. Craindre, appréhender. 3. Critiquer, douter, soupçonner. 4. Errer, méjuger, se tromper.

CROISADE ♦ SYN. 1. *Expédition*, guerre sainte. 2. *Campagne*, combat, entreprise, lutte, mobilisation.

CROISEMENT ♦ SYN. 1. *Entrelacement*, mélange. 2. *Carrefour*, coin (de rue), confluent, croisée des chemins, intersection, nœud (routier), rencontre. 3. Accouplement, hybridation, *métissage*. 4. Greffe.

CROISER ♦ SYN. 1. Couper, franchir, *traverser*. 2. Coudoyer, passer près de, *rencontrer*. 3. Hybrider, mâtiner, *métisser*.

CROISSANCE ♦ SYN. 1. *(Organisme) Pousse*, poussée. 2. *(Ch.)* Accroissement, agrandissement, *augmentation*, développement, expansion, progrès, progression. ♦ ANT. 1. Dépérissement, vieillissement. 2. Baisse, déclin, décroissance, diminution, recul, réduction.

CROÎTRE ♦ SYN. 1. *(Organisme) Se développer*, grandir, grossir, pousser, profiter *(fam.)*, progresser. 2. S'accroître, s'agrandir, *augmenter*, s'étendre, gagner, s'intensifier. ♦ ANT. 1. Décliner, vieillir. 2. Affaiblir, baisser, décroître, dépérir, diminuer, réduire.

CROQUER ♦ SYN. 1. Broyer, dévorer, *manger* (à belles dents). 2. Dilapider, dissiper, engloutir, *gaspiller*. 3. *(Peint.)* Brosser, camper, caricaturer, dessiner, ébaucher, *esquisser*. ♦ ANT. 2. Économiser. 3. Fignoler *(fam.)*, lécher.

CROQUIS ♦ SYN. Crayon, dessin, ébauche, épure, *esquisse*, pochade.

CROULER ♦ SYN. 1. S'abattre, *s'affaisser*, s'écrouler, s'effondrer, succomber, tomber en ruine. 2. *(Fardeau) Accabler*, cribler, écraser. ♦ ANT. 1. Dresser, redresser, relever, résister, tenir. 2. Débarrasser, dégager, soulager.

CROUPIR ♦ SYN. 1. *(Eau)* Se corrompre, dormir, *stagner*. 2. *(Pers.) S'encroûter*, moisir, perdre son temps, pourrir, végéter. ♦ ANT. 1. Couler, courir. 2. S'amender, se corriger, revivre.

CROUSTILLANT ♦ SYN. 1. Croquant. 2. Amusant, grivois, léger, *piquant*. ♦ ANT. 1. Mou. 2. Ennuyant, fade, terne.

CROÛTE ♦ SYN. 1. Croûton. 2. *Dépôt*, écorce, escarre *(peau)*. 3. *Couche*, surface, vernis. 4. *(Fam.) Barbouillage*, mauvais tableau. ♦ ANT. 1. Mie.

CROYABLE ♦ SYN. Admissible, concevable, *crédible*, imaginable, pensable, possible, vraisemblable. ♦ ANT. Douteux, impensable, impossible, incertain, inconcevable, incroyable, invraisemblable.

CROYANCE ♦ SYN. 1. Confession (religieuse), conviction, *foi*, mysticisme, mystique, religion. 2. *Certitude*, confiance, credo, dogme, opinion, pensée, valeur. 3. Crédulité, *superstition*. ♦ ANT. 1. Agnosticisme, athéisme, hérésie, incroyance. 2. Défiance, doute, indifférence, scepticisme. 3. Incrédulité, réalisme.

CROYANT ♦ SYN. 1. Adepte, convaincu, dévot, fervent, mystique, pieux, pratiquant, *religieux*. 2. *Fidèle*, ouailles, paroissien. 3. Crédule, *superstitieux*. ♦ ANT. 1. Agnostique, athée, hérétique, incroyant, sceptique, tiède. 2. Infidèle, mécréant, païen. 3. Incrédule, réaliste.

CRU ♦ SYN. 1. *Brut*, naturel, vierge. 2. Criard, fort, tranchant, *vif*, violent. 3. *Direct*, franc, réaliste, sans concession, vrai. 4. *Brutal*, choquant, désobligeant, osé. 5. *(Québ., temps)* Froid et humide. ♦ ANT. 1. Fabriqué, préparé. 2. Atténué, tamisé, voilé. 3. Dissimulé, faux, hypocrite, retors.

4. Affable, poli, réservé. **5.** Clément, doux.

CRUAUTÉ ♦ SYN. **1.** Acharnement, atrocité, barbarie, brutalité, férocité, inclémence, inhumanité, *méchanceté*, sadisme, sauvagerie. **2.** *(Destin)* Dureté, *hostilité*, rigueur, rudesse. ♦ ANT. **1.** Bienveillance, bonté, charité, clémence, compassion, douceur, humanité, indulgence, mansuétude, miséricorde, tendresse. **2.** Bienfait, chance, faveur, fortune.

CRUCIAL ◊ V. **Décisif**

CRUCIVERBISTE ♦ SYN. *Mots-croisiste (amateur)*, verbicruciste *(auteur)*.

CRUDITÉ ◊ V. **Verdeur**

CRUEL ♦ SYN. **1.** *(Pers.)* Barbare, brutal, dénaturé, dur, farouche, féroce, impitoyable, implacable, inhumain, malfaisant, mauvais, *méchant*, sadique, sanguinaire, sauvage, terrible. **2.** *(Ch.)* Affligeant, affreux, *douloureux*, fâcheux, pénible, rigoureux, rude. ♦ ANT. **1.** Bienfaisant, bienveillant, bon, clément, délicat, doux, humain, indulgent. **2.** Agréable, bienfaisant, réconfortant, réjouissant.

CRYPTE ♦ SYN. **1.** Caveau, hypogée, *sépulcre*. **2.** Chapelle (souterraine).

CUEILLETTE ♦ SYN. **1.** Cueillaison, moisson, *récolte*, vendange. **2.** *(Végétaux comestibles)* Ramassage. ♦ ANT. **1.** Ensemencement, semailles, semence.

CUEILLIR ♦ SYN. **1.** Moissonner, prendre, ramasser, *récolter*, recueillir, vendanger. **2.** *(Fam.)* **Arrêter**, pincer. ♦ ANT. **1.** Ensemencer, semer. **2.** Libérer.

CUIRE ♦ SYN. ▷ *V. tr.* **1.** Bouillir, braiser, *chauffer*, fricasser, fricoter *(fam.)*, frire, gratiner, griller, mijoter, mitonner, poêler, rissoler, rôtir, sauter. ▷ *V. intr.* **2.** *(Sensation)* **Brûler**, échauffer, picoter, piquer, rôtir, torréfier. ♦ ANT. **1.** Congeler, geler, refroidir, tiédir. **2.** Calmer, rafraîchir, soulager.

CUISANT ♦ SYN. **1.** *(Froid, vent)* Âpre, *brûlant*, cinglant, mordant, pénétrant, piquant, vif. **2.** *(Douleur)* Aigu, atroce, déchirant, *douloureux*, insupportable, lancinant. **3.** *(Échec, défaite)* Amer, blessant, cruel, désagréable, *pénible*. ♦ ANT. **1.** Doux, frais,

rafraîchissant. **2.** Bénin, léger, supportable. **3.** Agréable, heureux, réjouissant.

CUISINE ♦ SYN. **1.** Aliments, gastronomie *(art)*, menu, nourriture, *préparation*, repas. **2.** *(Fam.)* Bouffe, boustifaille, *popote*.

CUISINER ♦ SYN. **1.** Accommoder, apprêter, concocter *(fam.)*, fricoter *(fam.)*, mijoter, mitonner, *préparer*. **2.** *(Suspect, fam.)* **Interroger**, questionner.

CUISINIER ♦ SYN. *Chef*, chef cuisinier, coq *(navire)*, cordon-bleu, cuistot *(fam.)*, maître queux, marmiton *(aide-cuisinier)*, rôtisseur, saucier, traiteur.

CUISTRE ◊ V. **Pédant**

CULBUTE ♦ SYN. **1.** *Cabriole*, galipette, roulé-boulé, saut, voltige. **2.** Chute, *dégringolade*. **3.** Écroulement, *faillite*, renversement, ruine. ♦ ANT. **1.** Équilibre. **2.** Montée, redressement. **3.** Enrichissement, prospérité.

CULBUTER ♦ SYN. ▷ *V. intr.* **1.** Basculer, capoter, chavirer, choir, dégringoler, *se renverser*, tomber, verser. ▷ *V. tr.* **2.** Bouleverser, bousculer, démolir, faire tomber, *renverser*. **3.** *(Ennemi)* Défaire, enfoncer, *repousser*, vaincre. ♦ ANT. **1.** Se redresser, se relever. **2.** Redresser, relever. **3.** Battre en retraite, perdre.

CUL-DE-SAC ◊ V. **Impasse**

CULMINANT ◊ V. **Dominant**

CULOT ◊ V. **Hardiesse**

CULOTTE ♦ SYN. **1.** *(Sous-vêtement)* Cache-sexe, *caleçon*, collant, petite culotte, slip. **2.** *(Courte)* Bermuda, *short*. **3.** *(Longue)* Pantalon.

CULOTTÉ ◊ V. **Hardi**

CULPABILITÉ ◊ V. **Responsabilité**

CULTE ♦ SYN. **1.** Adoration, confession, croyance, *dévotion*, foi, piété, religion, rite. **2.** Amour, attachement, dévouement, respect, *vénération*. ♦ ANT. **1.** Incroyance, indifférence. **2.** Haine, mépris.

CULTIVATEUR ◊ V. **Agriculteur**

CULTIVÉ ◊ V. **Instruit**

CULTIVER ♦ SYN. ▷ *V. tr.* **1.** Bêcher, défricher, *entretenir*, exploiter, fertiliser, labourer, nourrir, planter, semer, soigner.

2. Développer, *éduquer*, élever, former, perfectionner. 3. S'adonner à, *s'intéresser à*, se plaire à, travailler à. ▷ *V. pr.* 4. Apprendre, s'enrichir, *s'instruire*. ◆ ANT. 1. Abandonner, arracher, détruire, laisser en friche. 2. Abêtir, abrutir, crétiniser. 3. Se désintéresser, se lasser. 4. S'abêtir, s'abrutir.

CULTURE ◆ SYN. 1. *Agriculture*, labour, labourage, production agricole. 2. Élevage. 3. Bagage *(fig.)*, connaissance, éducation, érudition, formation, instruction, *savoir*, science. ◆ ANT. 3. Ignorance, inculture.

CUPIDE ◆ SYN. 1. Âpre au gain, avare, *avide*, insatiable, intéressé, mercantile, rapace, vénal. 2. Ambitieux, concupiscent, *envieux*. ◆ ANT. 1. Généreux, intègre. 2. Désintéressé, indifférent.

CUPIDITÉ ◆ SYN. 1. Âpreté, avarice, *avidité*, mercantilisme, rapacité. 2. Ambition, concupiscence, convoitise, *envie*. ◆ ANT. 1. Générosité. 2. Abnégation, désintéressement, détachement, indifférence.

CURE ◆ SYN. 1. Régime, *soins*, traitement. 2. Presbytère.

CURÉ ◇ v. **Prêtre**

CURER ◇ v. **Nettoyer**

CURIEUSEMENT ◆ SYN. *Bizarrement*, drôlement, étrangement. ◆ ANT. Indifféremment, naturellement, ordinairement.

CURIEUX ◆ SYN. ▷ *Nom* 1. *Amateur*, collectionneur. 2. *Badaud*, flâneur, passant. ▷ *Adj.* 3. Assoiffé, avide, désireux, *intéressé*. 4. Fouineur, fureteur, *indiscret*. 5. Amu-

sant, attachant, *bizarre*, drôle, étonnant, étrange, original, singulier, surprenant. ◆ ANT. 3. Blasé, désintéressé, indifférent. 4. Discret, réservé. 5. Banal, commun, ordinaire, prévisible, quelconque.

CURIOSITÉ ◆ SYN. 1. Appétit, *intérêt*, recherche, soif de connaître. 2. *Indiscrétion*, ingérence, intrusion. 3. *Bizarrerie*, étrangeté. 4. Nouveauté, *rareté*. ◆ ANT. 1. Incuriosité, indifférence. 2. Discrétion, réserve. 3. Banalité. 4. Vieillerie.

CUVER ◆ SYN. 1. Fermenter. 2. *(Fam.)* Digérer.

CYCLE ◇ v. **Période**

CYCLIQUE ◇ v. **Périodique**

CYCLONE ◆ SYN. Bourrasque, ouragan, tempête, tornade, *tourbillon*, trombe, typhon.

CYNIQUE ◆ SYN. 1. *Effronté*, éhonté, immoral, impudent. 2. Acerbe, caustique, méchant, moqueur, railleur, *sarcastique*. ◆ ANT. 1. Conformiste, poli, réservé, scrupuleux, timide. 2. Aimable, amusant, bienveillant, humoristique, indulgent.

CYNISME ◆ SYN. 1. *Effronterie*, impertinence, impolitesse, impudence, incivilité, inconvenance, insolence, licence, outrecuidance, sans-gêne. 2. Causticité, méchanceté, moquerie, raillerie, *sarcasme*. ◆ ANT. 1. Civilité, conformisme, modestie, politesse, retenue, scrupule, timidité. 2. Amabilité, bienveillance, indulgence, respect.

D

DADA ◆ SYN. *(Fam.)* Idée fixe, *manie*, marotte, tic.

DADAIS ◆ SYN. *(Fam.)* Benêt, bête, cruche *(fam.)*, maladroit, *niais*, nigaud, sot. ◆ ANT. Fin, habile, intelligent, spirituel.

DAGUE ◇ v. **Épée**

DAIGNER ◆ SYN. *(Souvent péj.)* S'abaisser à, acquiescer, agréer, condescendre, *consentir*, vouloir bien. ◆ ANT. Décliner, dédaigner, refuser, repousser.

DAIS ◆ SYN. 1. Baldaquin, ciel de lit, *tenture*. 2. *(Statue)* **Abri**, voûte.

DALLAGE ◆ SYN. Assemblage, carrelage, mosaïque, *pavage*, pavés, revêtement.

DALLE ◆ SYN. 1. Carreau, pavé, *pierre*. 2. *(Fam.)* Gosier. 3. *(Québ.)* Gouttière.

DAME ◇ v. **Femme**

DAMER ◇ v. **Comprimer**

DAMNATION ◆ SYN. *(Relig.)* *Châtiment*, dam, feu éternel, enfer, peines (de l'enfer, éternelles), supplice. ◆ ANT. Bénédiction, conversion, délivrance, paradis, salut.

DAMNÉ ◇ v. **Maudit**

DAMNER ◆ SYN. 1. *Châtier*, maudire, supplicier. 2. *(Faire damner, fam.)* Faire enrager, *impatienter*, tourmenter. ◆ ANT. 1. Bénir, convertir, délivrer, sauver. 2. Calmer, rassurer.

DANDINER (SE) ◆ SYN. S'agiter, se balancer, *se déhancher*, se tortiller, se trémousser. ◆ ANT. Se redresser, se tenir droit.

DANDY ◇ v. **Élégant**

DANGER ◆ SYN. Alarme, aléas, alerte, casse-cou, casse-gueule *(fam.)*, détresse, difficulté, écueil, hasard, inconvénient, insécurité, menace, *péril*, piège, risque. ◆ ANT. Assurance, calme, protection, sécurité, sûreté, tranquillité.

DANGEREUX ◆ SYN. 1. Angoissant, aventureux, critique, grave, hasardeux, menaçant, nuisible, *périlleux*, pernicieux, risqué, sérieux, téméraire. 2. *(Produit)* *Nocif*, toxique. 3. *(Personne, animal)* Agressif, *méchant*, redoutable. ◆ ANT. 1. Rassurant, sûr. 2. Sain, salubre. 3. Bon, doux, inoffensif.

DANS ◆ SYN. 1. *(Lieu)* *À l'intérieur de*, au milieu de, au sein de, chez, dedans, en dedans, parmi. 2. *(Temps)* Au cours de, durant, *pendant*. ◆ ANT. 1. Ailleurs, à l'extérieur, au-dehors, hors de. 2. Après, avant.

DANSANT ◇ v. **Entraînant**

DANSE ◆ SYN. 1. Ballet, *chorégraphie*. 2. Bal, boum *(fam.)*, contredanse, entrechat, évolution, farandole, gigue, rigodon, ronde, sarabande, sauterie, surboum *(fam.)*, *surprise-partie*, valse.

DANSER ◆ SYN. 1. *S'agiter*, folâtrer, gambader, gambiller *(fam.)*, gigoter *(fam.)*, sauter, sautiller, se trémousser, valser. 2. *(Ch.)* Bouger, *se mouvoir*. ◆ ANT. 2. S'arrêter, se fixer.

DANSEUR ◆ SYN. Acrobate, almée, ballerine, cavalier, chorégraphe, coryphée, *partenaire*, rat *(opéra)*, valseur, vis-à-vis.

DANTESQUE ◇ v. **Effrayant**

DARD ◆ SYN. 1. *Lance*, pique. 2. *(Insecte)* Aiguillon. 3. Trait acéré.

DARDER ◆ SYN. Décocher, jeter, *lancer*, percer, piquer.

DATE ◆ SYN. 1. An, année, époque, jour, millésime, *moment*, période, quantième, temps. 2. Délai, *échéance*, terme. ◆ ANT. 2. Début, entrée en vigueur.

DATER ◆ SYN. 1. *Remonter à*, venir de. 2. Avoir de l'importance, faire date, faire époque, *marquer*. 3. Être démodé. ◆ ANT.

1. Annoncer, se diriger vers. 2. Oublier, passer inaperçu. 3. Arriver, être récent.

DAUPHIN ◇ v. **Successeur**

DAVANTAGE ◇ v. **Plus**

DÉAMBULATION ◇ v. **Marche**

DÉAMBULER ◇ v. **Marcher**

DÉBÂCLE ✦ SYN. 1. Bouscueil *(acad.)*, dégel, *rupture* (des glaces). 2. Catastrophe, chute, culbute, débandade, déconfiture, défaite, démolition, déroute, désastre, *échec*, écroulement, effondrement, faillite, fin, naufrage, revers, ruine. ✦ ANT. 1. Embâcle. 2. Gain, redressement, réussite, succès, victoire.

DÉBALLER ✦ SYN. 1. Défaire, dépaqueter, développer, étaler, *ouvrir*, vider. 2. *(Fam.)* Confesser, se confier, *dévoiler*, s'épancher, s'ouvrir, raconter, vider son sac. ✦ ANT. 1. Emballer, empaqueter, envelopper, refermer, remballer. 2. Cacher, garder secret, taire, voiler.

DÉBANDADE ✦ SYN. Débâcle, défaite, *déroute*, dispersion, fuite, retraite, ruée (vers l'arrière), sauve-qui-peut. ✦ ANT. Discipline, ordre, ralliement, rassemblement, victoire.

DÉBANDER ✦ SYN. ▷ *V. tr.* 1. *Disperser*, mettre en fuite. ▷ *V. pr.* 2. *Se disperser*, s'enfuir, rompre les rangs. 3. *Se détendre*, se relâcher. ✦ ANT. 1. Rallier, rassembler. 2. Se rallier, se rassembler. 3. Bander, se tendre.

DÉBARBOUILLER ✦ SYN. ▷ *V. tr.* 1. Décrasser, *laver*, nettoyer. ▷ *V. pr.* 2. *(Fam.)* *Se dépêtrer*, se tirer d'embarras. ✦ ANT. 1. Barbouiller, salir, tacher. 2. S'empêtrer, s'enliser.

DÉBARBOUILLETTE ✦ SYN. *(Québ.)* *Gant de toilette*, main de toilette.

DÉBARCADÈRE ✦ SYN. Appontement, arrivée, débarquement, embarcadère, port, *quai*.

DÉBARQUEMENT ✦ SYN. 1. *(Marchandises)* *Déchargement*, mise à quai. 2. *(Pers.)* Arrivée. 3. *(Troupes)* *Descente*, incursion, irruption, raid. ✦ ANT. 1. Chargement, embarquement. 2. Départ. 3. Déroute, repli.

DÉBARQUER ✦ SYN. ▷ *V. tr.* 1. Débarder, *décharger*. 2. *(Fam.)* Congédier, destituer,

écarter, limoger, virer *(fam.)*. ▷ *V. intr.* 3. *(Avion, bateau, train)* Descendre. 4. *(Fam.)* Arriver à l'improviste, *surgir*. ✦ ANT. 1. Charger, embarquer. 2. Engager, réintégrer. 3. Monter (à bord). 4. Déguerpir, fuir.

DÉBARRAS ✦ SYN. 1. Délivrance. 2. Abri, cabanon, *remise*. ✦ ANT. 1. Embarras.

DÉBARRASSER ✦ SYN. ▷ *V. tr.* 1. Déblayer, dégager, dépêtrer, désencombrer, désobstruer, desservir *(couvert)*, *nettoyer*, vider. 2. Alléger, décharger, défaire, délester, délivrer, *libérer*, soulager. ▷ *V. pr.* 3. Abandonner, *se défaire de*, jeter, liquider, vendre. 4. *(Vêtement)* *Enlever*, ôter, quitter, retirer. 5. *(Indésirable)* Éliminer, *éloigner*, expulser, liquider *(fam.)*, tuer. ✦ ANT. 1. Embarrasser, empêtrer, encombrer, entraver, gêner, obstruer, remplir. 2. Accabler, charger, peser, surcharger. 3. Acheter, acquérir, conserver. 4. Enfiler, garder, mettre. 5. Accueillir, appeler.

DÉBAT ✦ SYN. 1. Contestation, *discussion*, explication, face-à-face, joute (oratoire), polémique. 2. *(À l'intérieur de soi)* Combat, déchirement, *dilemme*. 3. *(Pl.)* *Délibérations*, procès *(dr.)*, séance. ✦ ANT. 1. Accord, entente. 2. Assurance, fermeté, sérénité.

DÉBATTRE ✦ SYN. ▷ *V. tr.* 1. Agiter, délibérer, *discuter*, examiner, marchander, négocier, parlementer, traiter. ▷ *V. pr.* 2. S'agiter, batailler, *se démener*. ✦ ANT. 1. S'accorder, admettre, convenir, s'entendre. 2. Capituler, se résigner, succomber.

DÉBAUCHE ✦ SYN. 1. Abus, corruption, débordements, déportements, *dépravation*, dérèglement, dévergondage, dissolution, excès, grivoiserie, immoralité, impudicité, inconduite, incontinence, indécence, intempérance, libertinage, licence, luxure, orgie, paillardise, perversion, stupre, vice. 2. Étalage, luxe, *profusion*, surabondance. ✦ ANT. 1. Austérité, chasteté, continence, décence, dignité, édification, honnêteté, moralité, sagesse, vertu. 2. Économie, insuffisance, mesure, pénurie.

DÉBAUCHÉ ✦ SYN. Bambocheur, concupiscent, corrompu, coureur, crapuleux, *dépravé*, déréglé, dévergondé, dissipé, dissolu, immoral, impudique, libertin, libidineux, licencieux, luxurieux, noceur, pervers, perverti, vicieux. ♦ ANT. Ascète, austère, chaste, digne, rangé, sage, vertueux.

DÉBAUCHER ♦ SYN. 1. Corrompre, *dépraver*, dévergonder, perdre, pervertir, séduire. 2. *Congédier*, licencier, renvoyer. ♦ ANT. 1. Convertir, édifier, ramener dans le bon chemin. 2. Embaucher, réintégrer, reprendre.

DÉBILE ♦ SYN. 1. Affaibli, cacochyme, chancelant, chétif, délicat, égrotant, étiolé, *faible*, fluet, fragile, frêle, grêle, informe, maladif, malingre, souffreteux. 2. *Arriéré mental*, attardé, retardé, simple d'esprit. 3. Bête, crétin, demeuré, idiot, *imbécile*, inintelligent, nul, taré *(fam.)*. ♦ ANT. 1. Fort, puissant, résistant, robuste, sain, solide, valide, vigoureux. 2. Doué, lucide, sain d'esprit. 3. Dégourdi, éveillé, futé, intelligent, perspicace.

DÉBILITANT ◇ V. Déprimant

DÉBIT ♦ SYN. 1. Bar, bistro, café, *commerce*, comptoir. 2. Diction, *élocution*. 3. *Cadence*, capacité, circulation, écoulement. 4. *Dette*, dû, passif. ♦ ANT. 4. Actif, avoir, créance, crédit.

DÉBITER ♦ SYN. 1. Couper, *découper*, dépecer, diviser, morceler, partager. 2. Détailler, écouler, liquider, *vendre*. 3. *(Souvent péj.)* Ânonner, déclamer, dégoiser *(fam.)*, dire, énumérer, prononcer, psalmodier, *réciter*. ♦ ANT. 1. Réunir. 2. Acheter, acquérir, stocker. 3. Captiver *(auditoire)*, peser ses mots.

DÉBITEUR ♦ SYN. *Emprunteur*, obligé. ♦ ANT. Créancier, prêteur.

DÉBLAI ♦ SYN. 1. Déblaiement, *dégagement*, enlèvement, nettoyage, nivellement, terrassement. 2. *(Pl.)* Décombres, démolitions, gravats, plâtras, ruines. ♦ ANT. 1. Remblai, remblayage.

DÉBLATÉRER ♦ SYN. Calomnier, *déclamer contre*, dénigrer, diffamer, invectiver, médire de, vilipender, vitupérer. ♦ ANT.

Complimenter, féliciter, louanger, louer, vanter.

DÉBLAYER ♦ SYN. 1. Débarrasser, *dégager*, enlever, nettoyer, retirer. 2. *(Fig.)* Aplanir, balayer, débrouiller, défricher, *faciliter* (la tâche), préparer, simplifier. ♦ ANT. 1. Embarrasser, encombrer, entraver, obstruer, remblayer. 2. Compliquer (la tâche), embrouiller, mêler.

DÉBLOCAGE ◇ V. Défoulement

DÉBLOQUER ◇ V. Dégager

DÉBOIRES ♦ SYN. Contrariétés, *déceptions*, déconvenues, désagréments, désappointements, désillusions, échecs, ennuis, épreuves, infortunes, malheurs, revers. ♦ ANT. Fortune, réussites, satisfactions, succès.

DÉBOISEMENT ♦ SYN. Abattage, coupe, *déforestation*, défrichage, défrichement, essartage. ♦ ANT. Reboisement, reforestation.

DÉBOISER ◇ V. Défricher

DÉBOÎTEMENT ◇ V. Entorse

DÉBOÎTER ♦ SYN. 1. Démonter, désassembler, désunir, *disjoindre*, séparer. 2. *(Méd.)* Démancher, démettre, désarticuler, *disloquer*, fouler, luxer, rompre. ♦ ANT. 1. Ajuster, assembler, emboîter, joindre, unir. 2. Remboîter, remettre.

DÉBONNAIRE ♦ SYN. 1. Accommodant, bon, *clément*, complaisant, conciliant, doux, indulgent, pacifique, paternel, patient. 2. *Bonasse*, bon enfant, bonhomme, faible, inoffensif. ♦ ANT. 1. Agressif, bourru, cruel, dur, emporté, inclément, insociable, malfaisant, méchant. 2. Ferme, intransigeant, redoutable, sévère.

DÉBONNAIRETÉ ♦ SYN. Bénignité, bonhomie, bonté, *clémence*, complaisance, douceur, indulgence, mansuétude, patience. ♦ ANT. Dureté, emportement, inclémence, intransigeance, méchanceté, sévérité.

DÉBORDANT ♦ SYN. 1. Animé, enthousiaste, expansif, exubérant, fourmillant, pétulant, regorgeant de, rempli de, *vif*, vivant. 2. *(Imagination)* Fécond, fertile, iné-

puisable, intarissable, productif, prolifique. ✦ ANT. 1. Amorphe, défiant, froid,
renfermé, réservé. 2. Improductif, infécond, infertile, stérile, tari.

DÉBORDEMENT ✦ SYN. 1. Crue, déferlement, déluge, expansion, *inondation*,
invasion, irruption, montée. 2. *Abondance*, afflux, flot, exubérance, profusion,
surabondance, torrent. 3. *(Sentiments)* *Effusion*, élan, emportement, épanchement,
explosion. 4. *(Pl.)* Abus, débauche, déportements, *excès*. ✦ ANT. 1. Assèchement,
décrue, descente, drainage, refoulement.
2. Insuffisance, manque. 3. Calme, retenue, sang-froid, tiédeur. 4. Abstinence,
mesure, modération.

DÉBORDER ✦ SYN. ▷ *V. intr.* 1. Couler,
déferler, se déverser, s'échapper, envahir,
inonder, noyer, se répandre, submerger.
2. Fourmiller, *regorger*, surabonder. 3. Se
déchaîner, éclater, *s'emporter*, exploser.
▷ *V. tr.* 4. Avancer, chevaucher, *dépasser*,
empiéter, franchir, outrepasser. ✦ ANT.
1. Contenir, refouler. 2. Être privé de,
manquer de, se raréfier. 3. Se calmer, se
contrôler, se maîtriser. 4. Border, borner,
limiter, rester en deçà.

DÉBOUCHÉ ✦ SYN. 1. Déversoir, extrémité, issue, ouverture, *sortie*. 2. *(Produit)*
Écoulement, *marché*, vente. 3. *(Pl. surtout)*
Accès (à un emploi), avenir, espoir, *perspectives* (d'emploi), possibilités. ✦ ANT.
1. Barrière, cul-de-sac, entrave, impasse.
2. Blocus, boycott, embargo. 3. Chômage,
manque, pénurie.

DÉBOUCHER ✦ SYN. ▷ *V. tr.* 1. Déblayer,
dégager, désengorger, désobstruer, libérer. 2. Décapsuler, *ouvrir*. ▷ *V. intr.* 3. Surgir.
4. *Arriver à*, donner sur, se jeter dans,
sortir, tomber dans. 5. *(Résultats)* Aboutir à,
conduire à, mener à, ouvrir sur. ✦ ANT.
1. Boucher, engorger, obstruer, reboucher.
2. Fermer. 3. Disparaître. 4. S'écarter, s'éloigner. 5. Entraver, gêner.

DÉBOULER ◇ V. **Dégringoler**

DÉBOURRER ✦ SYN. Débarrasser, dépi-
ler, ébourrer, *vider*. ✦ ANT. Bourrer, rembourrer.

DÉBOURSER ✦ SYN. Cracher *(fam.)*,
dépenser, *payer*, verser. ✦ ANT. Épargner,
ménager.

DÉBOUSSOLER ◇ V. **Désorienter**

DEBOUT ✦ SYN. À la verticale, dressé,
droit, *levé*, planté *(fig.)*, sur pied. ✦ ANT.
Accroupi, agenouillé, à l'horizontale, allongé, à plat ventre, assis, couché, courbé,
penché.

DÉBRAILLÉ ◇ V. **Négligé**

DÉBRANCHER ✦ SYN. *Couper* (le courant), déconnecter. ✦ ANT. Brancher, connecter.

DÉBRAYAGE ◇ V. **Grève**

DÉBRIDÉ ◇ V. **Effréné**

DÉBRIS ✦ SYN. 1. Copeaux *(bois)*, éclats,
fragments, lambeaux, miettes, *morceaux*,
tesson *(bouteille)*. 2. *Déchets*, détritus, gâchis,
reliefs *(repas)*, résidus. 3. Carcasse, décombres, démolitions, éboulis, épave, gravats,
plâtras, restes, *ruines*, vestiges. 4. *(Vieux débris,
fam.)* *Croulant*, ringard, vieux chnoque.

DÉBROUILLARD ◇ V. **Dégourdi**

DÉBROUILLARDISE ◇ V. **Habileté**

DÉBROUILLER ✦ SYN. ▷ *V. tr.* 1. Clarifier,
débroussailler, démêler, *éclaircir*, élucider, tirer au clair. 2. *(Pers.)* Dégourdir,
dégrossir, déniaiser, dessaler *(fam.)*, *initier*. ▷ *V. pr.* 3. S'arranger, se démerder *(fam.)*,
se dépêtrer, s'en sortir, se tirer d'affaire.
✦ ANT. 1. Brouiller, confondre, embrouiller,
emmêler, mêler. 2. Abêtir, abrutir, crétiniser, laisser dans l'ignorance. 3. S'embourber, s'empêtrer, s'enliser, patauger.

DÉBUSQUER ◇ V. **Chasser**

DÉBUT ✦ SYN. 1. *Commencement*, départ,
ouverture. 2. *(Pl.)* Apprentissage, balbutiements, cléricature, entrée, essai, premières
armes, *premiers pas*. ✦ ANT. 1. Conclusion,
dénouement, fin. 2. Expérience, maîtrise,
métier.

DÉBUTANT ◇ V. **Novice**

DÉBUTER ◇ V. **Commencer**

DÉCACHETER ✦ SYN. Déchirer, déplier,
desceller, *ouvrir*. ✦ ANT. Cacheter, fermer,
plomber, sceller.

DÉCADENCE ✦ SYN. Abaissement, affaiblissement, affaissement, avilissement,

chute, crépuscule, *déchéance*, déclin, décrépitude, dégénérescence, dégradation, déliquescence, dépérissement, destruction, écroulement, effondrement, perte, renversement, ruine. ◆ ANT. Croissance, élévation, épanouissement, essor, grandeur, importance, montée, progrès, puissance, renaissance.

DÉCALAGE ◆ SYN. 1. Distance, *écart*. 2. Déphasage, *désaccord*, discordance, rupture. ◆ ANT. 1. Proximité, synchronie. 2. Accord, adaptation, concordance, conformité.

DÉCALER ◆ SYN. 1. Changer (de position), *déplacer*, désynchroniser *(cinéma)*. 2. Différer, remettre, *reporter*, retarder. ◆ ANT. 1. Caler, synchroniser. 2. Anticiper, avancer, devancer, hâter.

DÉCAMPER ◆ SYN. Battre en retraite, déguerpir, détaler, s'enfuir, s'esquiver, ficher le camp *(fam.)*, filer, *fuir*, partir, se sauver. ◆ ANT. Arriver, camper, demeurer, s'établir, s'installer, se poster, séjourner.

DÉCAPITER ◆ SYN. 1. *Couper la tête*, exécuter, guillotiner, tuer. 2. *(Arbre)* Découronner, *écimer*, étêter. ◆ ANT. 1. Épargner. 2. Émonder, tailler.

DÉCÉDÉ ◇ V. Défunt

DÉCÉDER ◆ SYN. Expirer, *mourir*, passer, trépasser. ◆ ANT. Être, exister, naître, ressusciter, revivre, subsister.

DÉCELER ◆ SYN. 1. *(Pers.)* *Découvrir*, détecter, deviner, percevoir, remarquer, repérer, trouver. 2. *(Ch.)* Annoncer, démontrer, dénoncer, dénoter, dévoiler, *indiquer*, manifester, montrer, prouver, révéler, signaler, trahir. ◆ ANT. 1. Chercher, ignorer. 2. Cacher, celer, dissimuler, voiler.

DÉCEMMENT ◆ SYN. 1. *Convenablement*, correctement, dignement, modestement. 2. Franchement, honnêtement, logiquement, *raisonnablement*. ◆ ANT. 1. Impudemment, impudiquement, incorrectement, indécemment. 2. Déraisonnablement, hypocritement, malhonnêtement.

DÉCENCE ◆ SYN. Bienséance, chasteté, *convenances*, correction, dignité, discrétion, gravité, honnêteté, modestie, pudeur,

pudicité, réserve, retenue, tact, tenue. ◆ ANT. Cynisme, effronterie, grivoiserie, grossièreté, immodestie, inconvenance, indécence, indiscrétion, licence, pornographie.

DÉCENT ◆ SYN. Bienséant, chaste, *convenable*, correct, digne, discret, honnête, modeste, pudique, réservé, séant, sortable *(fam.)*. ◆ ANT. Déplacé, déshonnête, grivois, grossier, immodeste, impudique, inconvenant, incorrect, indécent, indigne, licencieux, malhonnête, pornographique.

DÉCEPTION ◆ SYN. Chagrin, déboires, décompte, déconvenue, dégrisement, dépit, désabusement, *désappointement*, désenchantement, désillusion, douche *(fam.)*, échec, frustration, insuccès, mécompte. ◆ ANT. Contentement, enchantement, enthousiasme, espoir, joie, ravissement, satisfaction, succès, triomphe.

DÉCERNER ◆ SYN. *Accorder*, adjuger, attribuer, conférer, donner, remettre. ◆ ANT. Refuser, retirer.

DÉCÈS ◆ SYN. Départ, disparition, fin, *mort*, perte, trépas. ◆ ANT. Existence, naissance, vie.

DÉCEVANT ◇ V. Insatisfaisant

DÉCEVOIR ◆ SYN. Dépiter, désabuser, *désappointer*, désenchanter, désillusionner, frustrer, mécontenter, trahir, tromper. ◆ ANT. Combler, contenter, enchanter, répondre à l'attente, satisfaire.

DÉCHAÎNEMENT ◆ SYN. *(Nature, sentiments)* Débordement, déferlement, *emportement*, fureur, tempête, violence. ◆ ANT. Accalmie, apaisement, domination, maîtrise, retenue, tranquillité.

DÉCHAÎNER ◆ SYN. ▷ V. tr. 1. Délier, *détacher*, libérer. 2. Agiter, ameuter, causer, déborder, déclencher, entraîner, exciter, occasionner, *provoquer*, soulever. ▷ V. pr. 3. S'emporter, se fâcher, fulminer, *se mettre en colère*. 4. *(Ch.)* Se déclencher, *éclater*, exploser. ◆ ANT. 1. Attacher, enchaîner, lier. 2. Apaiser, calmer, contenir, maîtriser. 3. S'apaiser, se maîtriser, prendre sur soi, se ressaisir. 4. Se calmer, diminuer (d'intensité).

DÉCHANTER ◇ v. **Modérer**
DÉCHARGE ♦ SYN. **1.** Déchargeoir.
2. Dépotoir. **3.** Bordée *(canons)*, coups de
feu, détonation, *fusillade*, rafale, salve,
volée. **4.** *(Dr.)* Acquit, *quittance*, récépissé,
reçu. ♦ ANT. **1.** Chargement. **4.** Charge,
imposition, obligation.
DÉCHARGEMENT ◇ v. **Débarquement**
DÉCHARGER ♦ SYN. ▷ V. tr. **1.** Alléger,
débarder, débarquer, *débarrasser* (de
sa charge), délester, diminuer, enlever,
ôter, soulager. **2.** Dégrever, *dispenser*,
exempter, exonérer, libérer. **3.** Blanchir,
disculper, innocenter, justifier. ▷ V. pr.
4. *(Responsabilités)* Confier à, *se libérer*. ♦ ANT.
1. Alourdir, charger, surcharger. **2.** Accabler, augmenter, grever, imposer, taxer.
3. Accuser, blâmer, condamner. **4.** Assumer, conserver, remplir.
DÉCHARNÉ ♦ SYN. **1.** *Amaigri*, efflanqué, émacié, étique, maigre, squelettique.
2. *Aride*, désertique, pauvre, sec. ♦ ANT.
1. Adipeux, charnu, corpulent, dodu, gras.
2. Fertile, luxuriant, riche.
DÉCHAUSSER ♦ SYN. **1.** Débotter. **2.** Dégarnir, dégravoyer, *dénuder*, dépouiller,
déraciner, saper. ♦ ANT. **1.** Chausser. **2.** Consolider, enraciner, renforcer.
DÉCHÉANCE ♦ SYN. **1.** Abaissement,
abjection, avilissement, chute, *décadence*,
déclassement, déclin, dégradation, déposition, destitution, disgrâce, indignité,
ruine. **2.** *(Physique)* Décrépitude, dégénérescence, dépérissement, *vieillissement*.
♦ ANT. **1.** Ascension, élévation, essor, montée, progrès, redressement. **2.** Épanouissement, jeunesse, naissance.
DÉCHET ♦ SYN. **1.** Déperdition, *perte*.
2. *(Pl.)* Chutes *(film, tissu)*, copeaux, débris,
détritus, épluchures, immondices, ordu-
res, raclures, rebuts, reliefs *(repas)*, résidus,
restes, rognures, scories. **3.** *(Pers.)* Écume,
épave, lie, *loque*, rebut. ♦ ANT. **1.** Conservation, recyclage. **3.** Crème *(fam.)*, élite, héros,
idole, modèle.
DÉCHIFFRER ♦ SYN. **1.** *Décoder*, décrypter, interpréter, lire, traduire. **2.** Comprendre, déceler, découvrir, démêler, deviner,

discerner, *éclaircir*, expliquer, pénétrer,
percer, résoudre, saisir. ♦ ANT. **1.** Chiffrer,
coder. **2.** Compliquer, confondre, embrouiller, enchevêtrer, mélanger, mêler,
obscurcir.
DÉCHIQUETER ♦ SYN. Déchirer, dilacérer, hacher, lacérer, *mettre en pièces*,
taillader. ♦ ANT. Conserver, refaire, réunir.
DÉCHIRANT ◇ v. **Douloureux**
DÉCHIREMENT ♦ SYN. **1.** Déchirure,
lacération, rupture. **2.** Affliction, arrachement, chagrin, *douleur*, souffrance. **3.** *(Pl.
surtout)* **Désunion**, discorde, dissension,
division, querelle, zizanie. ♦ ANT. **1.** Guérison, réparation, suture. **2.** Consolation,
réconfort. **3.** Accord, bonne entente, harmonie, réconciliation, union.
DÉCHIRER ♦ SYN. ▷ V. tr. **1.** Accrocher,
déchiqueter, défaire, dilacérer, écorcher,
égratigner, érafler, *lacérer*, mettre en
charpie, rompre. **2.** *(Son)* Fendre, *percer*,
rompre (le silence), traverser. **3.** Affliger,
arracher (le cœur), fendre (le cœur), *meurtrir*, torturer, tourmenter. **4.** *Désunir*,
diviser, scinder. **5.** *Calomnier*, diffamer,
médire, outrager. ▷ V. pr. **6.** Crever, *se fendre*,
se rompre, s'ouvrir. **7.** S'entre-déchirer,
s'entre-détruire, *se faire du mal*. ♦ ANT.
1. Assembler, attacher, coudre, lier, raccommoder, rapiécer, rattacher, recoudre,
réparer. **2.** Assourdir, étouffer. **3.** Consoler, réconforter, réjouir. **4.** Pacifier,
réconcilier, réunir. **5.** Féliciter, louanger.
6. Résister. **7.** S'entraider, fraterniser, se
réconcilier.
DÉCHIRURE ♦ SYN. **1.** Accroc, déchirement, échancrure, éraillure, *fente*, ouverture, rupture. **2.** *Blessure*, coupure, éraflure, plaie, rupture, taillade. **3.** *Douleur*,
peine, souffrance. ♦ ANT. **1.** Couture, fermeture, réparation. **2.** Guérison, suture.
3. Consolation, réconfort.
DÉCHOIR ♦ SYN. **1.** S'abaisser, s'avilir,
se déclasser, dégénérer, *se dégrader*,
déroger, descendre, rétrograder, tomber.
2. S'affaiblir, s'amoindrir, baisser, *décliner*, décroître, dépérir, vieillir. ♦ ANT.

1. Augmenter, s'élever, ennoblir, monter, progresser, se relever. **2.** Croître, s'épanouir, grandir.

DÉCIDÉ ♦ SYN. **1.** *(Pers.)* Assuré, audacieux, courageux, crâne *(fig.)*, délibéré, *déterminé*, ferme, hardi, résolu, volontaire. **2.** *(Ch.)* Arrêté, *certain*, fixé, net, réglé. ♦ ANT. **1.** Chancelant, flottant, frileux, hésitant, indécis, irrésolu, perplexe, versatile. **2.** Douteux, incertain, nébuleux.

DÉCIDER ♦ SYN. ▷ *V. tr.* **1.** Arbitrer, arrêter, convenir de, décréter, définir, déterminer, disposer, édicter, fixer, juger, ordonner, *régler*, résoudre, statuer, trancher, vouloir. **2.** Convaincre, entraîner, *persuader*, pousser, provoquer. ▷ *V. pr.* **3.** Se déterminer à, *se résoudre à*. **4.** *Choisir*, opter, se prononcer. ♦ ANT. **1.** Atermoyer, balancer, différer, douter, flotter, hésiter, lanterner, tâtonner, tergiverser. **2.** Dissuader, freiner, retenir. **3.** Abandonner, renoncer. **4.** S'abstenir, se rétracter, se tromper.

DÉCISIF ♦ SYN. **1.** Capital, critique, crucial, *déterminant*, essentiel, fondamental, important, prépondérant. **2.** Concluant, convaincant, *définitif*, dernier, dogmatique, formel, incontestable, indiscutable, irrévocable, péremptoire, probant, tranchant ♦ ANT. **1.** Accessoire, dérisoire, négligeable, secondaire. **2.** Discutable, douteux, incertain, négociable, provisoire.

DÉCISION ♦ SYN. **1.** *(Acte)* **Arrêt**, arrêté, canon *(Égl.)*, conclusion, décret, délibération, diktat *(souvent péj.)*, édit, jugement, ordonnance, règlement, sentence, verdict. **2.** *Choix*, dessein, intention, option, parti. **3.** *(Faculté)* Assurance, audace, caractère, courage, détermination, fermeté, hardiesse, initiative, résolution, ténacité, *volonté*. ♦ ANT. **1.** Abrogation, désaveu, rétractation, révocation. **2.** Contrainte, devoir, nécessité, obligation. **3.** Atermoiement, couardise, faiblesse, hésitation, indécision, irrésolution, mollesse, perplexité, tâtonnement, tergiversation.

DÉCLAMATION ♦ SYN. **1.** Art de bien dire, art oratoire, diction, *éloquence*, maîtrise, rhétorique. **2.** *(Péj.)* Abondance, *emphase*, enflure, exagération, faconde, grandiloquence, loquacité, pathos, pompe, solennité. ♦ ANT. **1.** Bafouillage, inélégance, maladresse, platitude. **2.** Concision, naturel, retenue, simplicité.

DÉCLAMER ♦ SYN. ▷ *V. tr.* **1.** Débiter, dire, prononcer, *réciter*, scander. ▷ *V. intr.* **2.** *Déblatérer*, invectiver, vitupérer. ♦ ANT. **1.** Bafouiller, bredouiller, marmonner. **2.** Complimenter, encenser.

DÉCLARATION ♦ SYN. *Affirmation*, annonce, attestation, aveu, bans, communication, communiqué, confession, confidence, déposition, dires, discours, édit, énonciation, énumération *(dr.)*, manifeste, notification, parole, proclamation, propos, publication, révélation, témoignage. ♦ ANT. Censure, démenti, désaveu, dissimulation, interdiction, négation, omission, oubli, rétractation, secret.

DÉCLARER ♦ SYN. ▷ *V. tr.* **1.** *Affirmer*, annoncer, apprendre, attester, avouer, communiquer, confesser, confier, découvrir, dénoncer, dévoiler, dire, divulguer, énoncer, expliquer, exprimer, informer, manifester, notifier, proclamer, publier, révéler, signaler, signifier, témoigner. ▷ *V. pr.* **2.** Donner son avis, s'expliquer, *se prononcer*. **3.** Apparaître, se déclencher, *se manifester*. ♦ ANT. **1.** Cacher, censurer, démentir, désavouer, dissimuler, garder pour soi, garder secret, interdire, nier, omettre, oublier, taire. **2.** Éluder, se rétracter. **3.** Disparaître, s'estomper, s'éteindre.

DÉCLASSEMENT ♦ SYN. Avilissement, déchéance, dévalorisation, *rétrogradation*. ♦ ANT. Élévation, promotion, valorisation.

DÉCLENCHEMENT ◇ V. **Commencement**

DÉCLENCHER ♦ SYN. ▷ *V. tr.* **1.** *Manœuvrer*, mouvoir. **2.** Causer, *commencer*, déterminer, entraîner, faciliter, inaugurer, lancer, mettre en branle, occasionner, ouvrir, provoquer. ▷ *V. pr.* **3.** Se déclarer,

éclater, *se manifester*, se produire. ♦ ANT.
1. Enclencher. 2. Arrêter, clore, embarrasser, empêcher, paralyser, retarder.

DÉCLIN ♦ SYN. 1. *(Soleil)* **Couchant**, crépuscule. 2. *(Lune)* Décours, *décroissement*, décroît. 3. Agonie, caducité, déchéance (physique), décrépitude, dégénérescence, dépérissement, fin, sénilité, *vieillesse*. 4. Avilissement, *décadence*, destruction, ruine. 5. Baisse, *diminution*, décroissance, ralentissement, récession, réduction, régression. ♦ ANT. 1. Aurore. 2. Premier croissant. 3. Commencement, épanouissement, jeunesse, naissance. 4. Essor, évolution, progrès, renaissance. 5. Augmentation, croissance, regain, relance, reprise.

DÉCLINER ♦ SYN. ▷ V. tr. 1. Écarter, *refuser*, rejeter, repousser. 2. Dire, énoncer, *énumérer*. ▷ V. intr. 3. S'affaiblir, baisser, déchoir, décroître, *dépérir*, diminuer, empirer, péricliter, tomber. ♦ ANT. 1. Accepter, approuver. 2. Bafouiller, se tromper. 3. Croître, s'épanouir, naître, progresser, renaître.

DÉCLIVITÉ ♦ SYN. Côte, descente, inclinaison, obliquité, penchant, *pente*, raidillon, rampe, talus, versant. ♦ ANT. Contre-pente, palier, plateau.

DÉCOCHER ♦ SYN. 1. Darder, émettre, envoyer, jeter, *lancer*, tirer. 2. *(Coup)* Asséner, flanquer *(fam.)*, *infliger*, porter. ♦ ANT. 1. Recevoir. 2. Empêcher, retenir, subir.

DÉCODER ◇ V. **Déchiffrer**

DÉCOIFFER ♦ SYN. 1. *Dépeigner*, ébouriffer, écheveler. 2. *(Fig.)* Couper le souffle, épater, méduser, *surprendre*. ♦ ANT. 1. Recoiffer. 2. Laisser indifférent.

DÉCOLLER ◇ V. **Envoler (s')**

DÉCOLORÉ ◇ V. **Terne**

DÉCOMBRES ♦ SYN. Amas, cendres, déblais, débris, démolitions, éboulement, éboulis, gravats, plâtras, restes, *ruines*, vestiges.

DÉCOMPOSER ♦ SYN. 1. Analyser, désagréger, désintégrer, disséquer, dissocier, *diviser*, réduire, résoudre, scinder, séparer. 2. Corrompre, désorganiser, détruire,

dissoudre, gâter, *pourrir*, putréfier. 3. *(Visage)* Altérer, se convulser, *troubler*. ♦ ANT. 1. Assembler, combiner, composer, conserver, joindre, rassembler, réunir, synthétiser. 2. Conserver, maintenir. 3. Apaiser, épanouir, rayonner.

DÉCOMPOSITION ♦ SYN. 1. Analyse, désagrégation, désintégration, dissociation, *division*, fission, séparation. 2. Corruption, désorganisation, dissolution, gangrène, *pourriture*, putréfaction, putridité. 3. Agonie, décadence, *mort*. 4. Altération, convulsion, *trouble*. ♦ ANT. 1. Combinaison, composition, synthèse. 2. Conservation, fraîcheur. 3. Essor, vie. 4. Apaisement, épanouissement, rayonnement.

DÉCOMPRESSER, DÉCOMPRIMER ◇ V. **Détendre**

DÉCOMPTE ♦ SYN. 1. *Déduction*, rabattement, réduction, retranchement. 2. Compte, *dénombrement*, énumération. 3. Contrariété, *déception*, désillusion, mécompte, revers. ♦ ANT. 1. Ajout, majoration. 3. Espoir, réussite, satisfaction, succès.

DÉCOMPTER ♦ SYN. **Déduire**, défalquer, enlever, ôter, prélever, rabattre, retenir, retrancher, rogner, soustraire. ♦ ANT. Accroître, ajouter, majorer, multiplier, redoubler, surajouter.

DÉCONCERTANT ♦ SYN. Bizarre, curieux, démoralisant, *déroutant*, désarmant, embarrassant, étonnant, imprévu, inattendu, incompréhensible, surprenant, troublant. ♦ ANT. Banal, prévisible, rassurant.

DÉCONCERTER ♦ SYN. Ahurir, confondre, déboussoler, décontenancer, démonter, *dérouter*, désarçonner, désemparer, désorienter, effarer, embarrasser, interdire, interloquer, stupéfier, surprendre, troubler. ♦ ANT. Apaiser, calmer, encourager, enhardir, orienter, rassurer.

DÉCONFIT ◇ V. **Penaud**

DÉCONFITURE ♦ SYN. 1. *(Morale)* Défaite, déroute, *échec*, insuccès, revers. 2. Banqueroute *(péj.)*, *faillite*, insolvabilité, krach, ruine. ♦ ANT. 1. Réussite, succès, triomphe. 2. Bénéfices, fortune, richesse, solvabilité.

DÉCONGESTION ◇ v. **Dégagement**

DÉCONGESTIONNER ◇ v. **Dégager**

DÉCONNECTER ✦ SYN. 1. Couper (le courant), *débrancher*. 2. *(Fig.)* Dissocier, écarter, éloigner, *isoler*, séparer. ✦ ANT. 1. Brancher, connecter. 2. Joindre, rapprocher, unir.

DÉCONSEILLER ◇ v. **Dissuader**

DÉCONSIDÉRATION, DÉCONSIDÉRER ◇ v. **Discrédit, discréditer**

DÉCONTAMINER ◇ v. **Dépolluer**

DÉCONTENANCER ✦ SYN. *Déconcerter*, démonter, désarmer, désarçonner, embarrasser, interloquer, saisir, troubler. ✦ ANT. Calmer, encourager, rassurer.

DÉCONTRACTÉ ◇ V. **Détendu**

DÉCONVENUE ✦ SYN. Contrariété, déboires, déception, dépit, déplaisir, *désappointement*, désillusion, échec, humiliation, insuccès, mésaventure. ✦ ANT. Chance, contentement, encouragement, gloire, réussite, satisfaction, succès, triomphe.

DÉCOR ✦ SYN. 1. Aménagement, *décoration*, disposition. 2. Ambiance, atmosphère, *cadre*, entourage, environnement, milieu, paysage. 3. *(Théâtre)* Mise en scène, *scène*, scénographie, toile de fond

DÉCORATIF ✦ SYN. 1. Beau, esthétique, harmonieux, joli, *ornemental*. 2. Accessoire, gratuit, insignifiant, mineur, *négligeable*, secondaire. 3. *(Arts décoratifs)* Arts appliqués. ✦ ANT. 1. Inesthétique, laid, moche. 2. Essentiel, important, majeur, nécessaire, pratique, principal, utile.

DÉCORATION ✦ SYN. 1. Amélioration, aménagement, ameublement, décor, embellissement, enjolivure, ornement, *ornementation*. 2. Couronne, croix, distinction (honorifique), emblème, *honneur*, insigne, lauriers, marque d'honneur, médaille, palme, parure, symbole. ✦ ANT. 1. Dénuement, dépouillement, enlaidissement. 2. Dégradation, déshonneur, disgrâce.

DÉCORER ✦ SYN. 1. Agrémenter, améliorer, aménager, embellir, enguirlander, enjoliver, festonner, garnir, meubler, *orner*, parer, revêtir de. 2. Décerner, *hono-*

rer, médailler. ✦ ANT. 1. Déparer, enlaidir, gâter, salir. 2. Dégrader, déshonorer.

DÉCOULER ✦ SYN. Se déduire, dépendre, dériver, émaner, s'ensuivre, procéder de, *provenir*, ressortir, résulter, venir. ✦ ANT. Causer, entraîner, provoquer.

DÉCOUPER ✦ SYN. 1. Couper, débiter, démembrer, dépecer, *sectionner*, tailler, trancher. 2. Chantourner, dessiner, détacher, *profiler*, suivre le contour. ✦ ANT. 1. Accoler, assembler, assimiler, confondre, lier, réunir. 2. Déformer, dévier.

DÉCOURAGEANT ✦ SYN. Accablant, décevant, démobilisant, démobilisateur, *démoralisant*, démotivant, déprimant, désespérant. ✦ ANT. Encourageant, mobilisateur, réconfortant, stimulant.

DÉCOURAGEMENT ✦ SYN. 1. Abattement, accablement, affaissement, anéantissement, cafard *(fig.)*, *démoralisation*, déprime, désenchantement, désespérance, désespoir, écœurement, lassitude, prostration, ras-le-bol. 2. Avertissement, *dissuasion*, prévention. ✦ ANT. 1. Abattement, confiance, contentement, courage, encouragement, énergie, espérance, faveur, satisfaction, stimulation. 2. Incitation, persuasion.

DÉCOURAGER ✦ SYN. ▷ V. tr. 1. Abattre, accabler, dégoûter, démonter, *démoraliser*, déprimer, désenchanter, écœurer, lasser, rebuter. 2. Déconseiller, détourner, *dissuader*. 3. Arrêter, démobiliser, *démotiver*, diminuer, refroidir. 4. *Empêcher*, prévenir. ▷ V. pr. 5. Abandonner, broyer du noir, céder, *désespérer*, perdre espoir, renoncer. ✦ ANT. 1. Encourager, réconforter, remonter. 2. Convaincre, exhorter, inciter, persuader. 3. Enhardir, exciter, galvaniser, motiver, stimuler. 4. Faciliter, favoriser. 5. Espérer, persévérer, poursuivre.

DÉCOUSU ◇ v. **Incohérent**

DÉCOUVERTE ✦ SYN. 1. *Exploration*, mise au jour, recherche, reconnaissance, révélation. 2. Création, illumination, innovation, *invention*, trait de génie, trait de lumière, trouvaille.

DÉCOUVREUR ◆ SYN. 1. Auteur, chercheur, concepteur, créateur, innovateur, *inventeur*, savant. 2. Aventurier, *explorateur*, navigateur, prospecteur *(géol.)*, voyageur *(expédition)*.

DÉCOUVRIR ◆ SYN. ▷ *V. tr.* 1. Dégarnir, *dénuder*, dépouiller, déshabiller, dévêtir, dévoiler, exhiber, laisser voir, montrer. 2. *Divulguer*, exposer, publier, révéler. 3. *Inventer*, trouver. 4. Dégoter *(fam.)*, *dénicher*. 5. Déceler, démasquer, dépister, détecter, *deviner*, éventer, mettre au jour, pénétrer, percer, repérer. 6. S'apercevoir, apprendre, *comprendre*, connaître, constater, se rendre compte, saisir, voir. ▷ *V. pr.* 7. *Se dénuder*, se dépouiller (de ses vêtements), se déshabiller, se dévêtir. 8. *Se dégager*, s'éclaircir. ◆ ANT. 1. Cacher, couvrir, garnir, recouvrir, revêtir, vêtir, voiler. 2. Étouffer, garder secret, taire. 3. Chercher, explorer. 4. Égarer, perdre. 5. Celer, masquer, occulter. 6. Se méprendre, se tromper. 7. Se couvrir, s'habiller, se vêtir. 8. S'assombrir, se couvrir (de nuages), s'ennuager.

DÉCRASSER ◆ SYN. 1. Brosser, débarbouiller, décrotter, *laver*, nettoyer. 2. *(Fam.)* Affiner, civiliser, décrotter *(fam.)*, *dégrossir*, éduquer, former, humaniser, instruire, policer, polir *(fig.)*. ◆ ANT. 1. Barbouiller, crotter, encrasser, maculer, salir, souiller, tacher. 2. Abêtir, abrutir, crétiniser, déshumaniser.

DÉCRÉPIT ◆ SYN. 1. Caduc, dégradé, détérioré, *usé*. 2. *(Péj.)* Affaibli, âgé, *sénile*, vieux. ◆ ANT. 1. Neuf, récent. 2. Jeune, régénéré, robuste, sain.

DÉCRÉPITUDE ◆ SYN. 1. Caducité, déchéance (physique), déclin, faiblesse, *sénilité*, vieillesse. 2. Chute, *décadence*. ◆ ANT. 1. Jeunesse, vigueur. 2. Essor, progrès.

DÉCRET ◆ SYN. 1. *(Égl.)* Bulle. 2. Arrêt, arrêté, commandement, décision, diktat *(souvent péj.)*, édit, injonction, loi, ordonnance, proclamation, *ordre*, règlement, verdict.

DÉCRÉTER ◆ SYN. Commander, décider, dicter, édicter, imposer, *ordonner*,

prescrire, promulguer, prononcer, régler. ◆ ANT. Obéir, se plier, se soumettre.

DÉCRIER ◆ SYN. Calomnier, contester, critiquer, dénigrer, déprécier, diffamer, discréditer, *rabaisser*. ◆ ANT. Célébrer, exalter, louer, prôner, vanter.

DÉCRIRE ◆ SYN. Brosser, dépeindre, détailler, expliquer, exposer, narrer, peindre, raconter, relater, *représenter*, retracer, tracer. ◆ ANT. Déformer, embrouiller, enchevêtrer, omettre, oublier.

DÉCROCHER ◆ SYN. ▷ *V. tr.* 1. Déclouer, délier, dépendre, détacher, *enlever*. 2. Gagner, *obtenir*, remporter. ▷ *V. intr.* 3. *(Activité)* *Abandonner*, s'arrêter, cesser, se lasser. 4. *(Québ.)* Interrompre ses études, *quitter l'école*. ◆ ANT. 1. Accrocher, attacher, clouer, fixer, pendre. 2. Perdre. 3. Persévérer, poursuivre, tenir bon. 4. Raccrocher *(québ.)*, reprendre ses études, retourner à l'école.

DÉCROISSANCE ◆ SYN. Baisse, *diminution*, déclin, ralentissement, récession, réduction, régression. ◆ ANT. Accroissement, augmentation, croissance, essor, progrès, regain, relance, reprise.

DÉCROÎTRE ◆ SYN. S'affaiblir, s'amoindrir, baisser, décliner, *diminuer*, s'estomper, s'éteindre, faiblir, tomber. ◆ ANT. S'accroître, augmenter, croître, s'élever, grandir, grossir, monter, s'intensifier, progresser.

DÉCROTTER ◇ V. **Décrasser**

DÉCRUE ◇ V. **Baisse**

DÉDAIGNER ◆ SYN. 1. Délaisser, se désintéresser, faire fi de, faire peu de cas de, ignorer, *mépriser*, négliger. 2. Décliner, refuser, rejeter, *repousser*, tourner le dos à. ◆ ANT. 1. Apprécier, considérer, estimer, faire cas de, respecter. 2. Accepter, convoiter, daigner, désirer, vouloir.

DÉDAIGNEUX ◆ SYN. 1. Altier, arrogant, condescendant, distant, fier, haut, hautain, impérieux, indépendant, insolent, irrévérencieux, *méprisant*, orgueilleux, rogue, supérieur. 2. Indifférent, *insoucieux*, négligent. ◆ ANT. 1. Admiratif, attentif, débonnaire, déférent, humble, poli, respectueux, révérencieux. 2. Attentif, soigneux, soucieux.

DÉDAIN ✦ SYN. Arrogance, condescendance, dérision, fierté, hauteur, insolence, irrévérence, *mépris*, mésestime, moquerie, morgue, orgueil, superbe *(n., péj.)*. ✦ ANT. Admiration, bienveillance, considération, déférence, désir, estime, humilité, politesse, respect, souci.

DÉDALE ✦ SYN. 1. Labyrinthe. 2. Complication, confusion, embrouillamini, *enchevêtrement*, fouillis. ✦ ANT. 1. Issue, porte de sortie. 2. Clarté, ordre, précision, simplicité.

DEDANS ✦ SYN. ▷ *Nom* 1. Âme, céans, centre, cœur, contenu, *intérieur*. ▷ *Adv.* 2. À *l'intérieur*, au-dedans, dans, intérieurement, parmi. ✦ ANT. 1. Dehors, extérieur, façade. 2. À côté, alentour, à l'extérieur, dehors.

DÉDICACE ✦ SYN. 1. *(Lieu de culte, monument)* Consécration. 2. *(De l'auteur)* Autographe, don, envoi, *hommage*, offrande, présent.

DÉDIER ✦ SYN. 1. *(Saint)* Consacrer, *dévouer*, offrir, vouer. 2. *(Livre, œuvre)* Adresser, *dédicacer*, faire hommage.

DÉDIRE (SE) ✦ SYN. Se contredire, se démentir, se désavouer, disconvenir, se raviser, renier, *se rétracter*, revenir sur sa parole, révoquer. ✦ ANT. Attester, confirmer, corroborer, maintenir, ratifier, soutenir, tenir sa parole.

DÉDOMMAGEMENT ✦ SYN. 1. *Compensation*, dommages-intérêts, indemnité, remboursement, réparation. 2. *Consolation*, contrepartie, échange, revanche. ✦ ANT. 1. Atteinte, dommage, préjudice, tort. 2. Déséquilibre, injustice, mécontentement, insatisfaction.

DÉDOMMAGER ◇ v. **Compenser**

DÉDOUBLER ✦ SYN. Diviser, *partager*, séparer. ✦ ANT. Doubler, répéter.

DÉDUCTION ✦ SYN. 1. Abattement (fiscal), décompte, défalcation, réduction, retranchement, *soustraction*. 2. *Conclusion*, démonstration, extrapolation, raisonnement. ✦ ANT. 1. Addition, ajout, majoration. 2. Induction, intuition.

DÉDUIRE ✦ SYN. 1. Décompter, défalquer, enlever, extraire, ôter, rabattre, retenir, retirer, retrancher, *soustraire*. 2. *Conclure*, démontrer, extrapoler, généraliser, induire, inférer. ✦ ANT. 1. Additionner, ajouter, augmenter, majorer. 2. Poser les prémisses.

DÉFAILLANCE ✦ SYN. 1. Étourdissement, évanouissement, *faiblesse*, incapacité, malaise, pâmoison, syncope. 2. Absence, *défaut*, déficience, erreur, manque. ✦ ANT. 1. Constance, énergie, force, vigueur. 2. Maintien, présence, stabilité.

DÉFAILLANT ◇ v. **Chancelant**

DÉFAILLIR ✦ SYN. 1. *(Pers.)* S'évanouir, *faiblir*, se pâmer, se trouver mal. 2. *(Ch.)* S'affaiblir, chanceler, *décliner*, diminuer, flancher *(fam.)*, fléchir, mollir, vaciller. ✦ ANT. 1. Se maintenir, se remonter, se rétablir. 2. S'affermir, augmenter, redoubler, revigorer.

DÉFAIRE ✦ SYN. ▷ *V. tr.* 1. Abattre, anéantir, démantibuler, démolir, démonter, déranger, *détruire*, supprimer. 2. Déballer, dénouer, *détacher*. 3. Battre, gagner, l'emporter sur, *vaincre*. ▷ *V. pr.* 4. *(Ch.)* *Abandonner*, se débarrasser, se départir, se dessaisir, vendre. 5. *(Mauvaise habitude)* Corriger, perdre. 6. *(Pers.)* *Congédier*, licencier, renvoyer. ✦ ANT. 1. Arranger, assembler, construire, établir, fabriquer, faire, produire. 2. Attacher, emballer, nouer. 3. Perdre. 4. Acheter, acquérir. 5. Conserver, reprendre, retomber dans. 6. Embaucher, garder.

DÉFAITE ✦ SYN. 1. Capitulation, débâcle, débandade, déconfiture, déroute, désarroi, désastre, *échec*, fuite, insuccès, revers. 2. Échappatoire, *excuse*, faux-fuyant, prétexte. ✦ ANT. 1. Lauriers, réussite, succès, triomphe, victoire. 2. Motif véritable, raison valable.

DÉFAITISTE ◇ v. **Pessimiste**

DÉFAUT ✦ SYN. 1. Absence, carence, déficience, faute, insuffisance, lacune, *manque*, pénurie, privation, rareté. 2. Anomalie, défaillance, *défectuosité*, déséquilibre, difformité, discordance, disproportion, faille, inconvénient, incorrection, irrégularité, maladresse, tare. **3.** Faiblesse, *imperfection*, mal, manquement, négligence, péché, ridicule, travers, vice. ✦ ANT. **1.** Abondance, excès. **2.** Correction, équilibre, intégrité, précision, proportion, régularité, symétrie. **3.** Attribut, mérite, perfection, qualité, talent, vertu.

DÉFAVEUR ✦ SYN. Déconsidération, décote, dévalorisation, *discrédit*, disgrâce, éclipse, impopularité, mésestime. ✦ ANT. Considération, cote, crédit, estime, faveur, gloire, popularité, vogue.

DÉFAVORABLE ✦ SYN. **1.** Adverse, contraire, *désavantageux*, dommageable, ennemi, hostile, inopportun, mauvais, néfaste, nuisible, opposé, préjudiciable, ruineux. **2.** Péjoratif. ✦ ANT. **1.** Avantageux, avenant, bienveillant, faste, favorable, obligeant, profitable, propice, prospère. **2.** Mélioratif.

DÉFAVORISÉ ✦ SYN. **1.** Démuni, déshérité, indigent, *pauvre*. **2.** *(Pays, région)* Sous-développé. ✦ ANT. **1.** Nanti, privilégié, riche. **2.** Développé.

DÉFAVORISER ◇ V. **Désavantager**

DÉFECTION ✦ SYN. Abandon, absence, débandade, délaissement, déroute, *désertion*, fuite, lâchage *(fam.)*, trahison. ✦ ANT. Attachement, fidélité, ralliement.

DÉFECTUEUX ✦ SYN. Bancal, boiteux, déficient, fautif, *imparfait*, incorrect, insuffisant, manqué, mauvais, vicieux. ✦ ANT. Correct, exact, irréprochable, parfait, solide.

DÉFECTUOSITÉ ✦ SYN. Anomalie, défaut, difformité, faiblesse, grossièreté, *imperfection*, insuffisance, irrégularité, lacune, malfaçon, manque, vice. ✦ ANT. Conformité, correction, exactitude, perfection, qualité, régularité, solidité.

DÉFENDABLE ◇ V. **Justifiable**

DÉFENDRE ✦ SYN. ▷ *V. tr.* **1.** Appuyer, assurer, couvrir, garantir, garder, maintenir, *protéger*, sauvegarder, sauver, secourir, soutenir, tenir. **2.** Plaider. **3.** Censurer, condamner, empêcher, *interdire*, prohiber, proscrire. ▷ *V. pr.* **4.** Se battre, lutter,

résister, riposter. **5.** Se disculper, s'excuser, s'expliquer, *se justifier*, réfuter, répondre. **6.** S'abstenir, *s'empêcher*, se garder, se refuser. ✦ ANT. **1.** Assaillir, attaquer. **2.** Accuser, inculper. **3.** Autoriser, concéder, ordonner, permettre, tolérer. **4.** Capituler, se rendre. **5.** Blâmer, critiquer, incriminer. **6.** S'autoriser, se permettre.

DÉFENDU ✦ SYN. **1.** Abrité, fortifié, gardé, mis à couvert, *protégé*. **2.** Illégal, illégitime, illicite, incorrect, *interdit*, mauvais, prohibé, tabou. ✦ ANT. **1.** Abandonné. **2.** Accepté, autorisé, consenti, légal, légitime, licite, permis.

DÉFENSE ✦ SYN. **1.** Aide, garde, *protection*, rescousse, résistance, riposte, sauvegarde, secours, soutien. **2.** Abri, fortification, *rempart*, retranchement. **3.** Apologie, disculpation, excuse, *justification*, plaidoirie, plaidoyer. **4.** Censure, condamnation, *interdiction*, prohibition, proscription. ✦ ANT. **1.** Agression, attaque, offensive. **2.** Exposition, insécurité, menace, péril. **3.** Accusation, inculpation, réquisitoire. **4.** Autorisation, permission, tolérance.

DÉFENSEUR ✦ SYN. **1.** Champion, chevalier, gardien, *protecteur*, redresseur de torts, soutien. **2.** *Apôtre*, appui, partisan, serviteur, tenant. **3.** *(Dr.)* *Avocat*, conseiller juridique, juriste. ✦ ANT. **1.** Agresseur, assaillant, ennemi. **2.** Adversaire, dénigreur, opposant.

DÉFÉRENCE ✦ SYN. Complaisance, considération, égards, estime, politesse, *respect*, révérence, vénération. ✦ ANT. Arrogance, dédain, impolitesse, incivilité, insolence, irrespect, morgue.

DÉFÉRENT ◇ V. **Respectueux**

DÉFÉRER ✦ SYN. ▷ *V. tr.* **1.** *(Dr.)* Actionner, assigner, *citer*, traduire en justice. ▷ *V. tr. ind.* **2.** Acquiescer, céder, s'en remettre à, s'en reporter à, *obéir*, obtempérer, se soumettre à. ✦ ANT. **1.** Abandonner, renoncer à. **2.** Désobéir, refuser.

DÉFERLEMENT ◇ V. **Débordement**

DÉFERLER ✦ SYN. **1.** *(Voiles)* *Déployer*, larguer. **2.** *(Vagues)* Se briser. **3.** Affluer,

déborder, envahir, inonder, se répandre.
♦ ANT. 1. Plier, ployer, rouler. 2. Refluer.
3. Contenir, maîtriser, refouler.

DÉFI ♦ SYN. 1. Affrontement, challenge, combat, *épreuve*, lutte, obstacle. 2. Bravade, insulte, menace, *provocation*. ♦ ANT. 1. Ennui, routine, triomphe, victoire. 2. Obéissance, respect, soumission.

DÉFIANCE ♦ SYN. Appréhension, circonspection, crainte, doute, incrédulité, inquiétude, jalousie, *méfiance*, peur, prévention, réserve, scepticisme, soupçon, suspicion. ♦ ANT. Assurance, confiance, crédulité, foi, sécurité, sérénité.

DÉFIANT ◊ v. **Méfiant**

DÉFICIENCE ♦ SYN. 1. Absence, carence, défaillance, défaut, faiblesse, imperfection, indigence, insuffisance, limite, *manque*, pauvreté, pénurie, rareté. 2. *(Intellectuelle, physique)* Anomalie, déficit, *handicap*, tare. ♦ ANT. 1. Abondance, excédent, présence. 2. Normalité.

DÉFICIENT ♦ SYN. 1. Anémique, chétif, défaillant, diminué, *faible*, limité, rachitique, souffreteux. 2. *(Intellectuel, physique)* Anormal, *handicapé*. 3. *(Raisonnement)* Bancal, boiteux, chancelant, *défectueux*, imparfait, incorrect, insuffisant, médiocre, pauvre, vicieux. ♦ ANT. 1. Fort, résistant, vigoureux. 2. Normal. 3. Correct, exact, irréprochable, parfait, solide.

DÉFICIT ♦ SYN. 1. Dette, *perte*. 2. Insuffisance, *manque*, pénurie. 3. Anomalie, *déficience*, handicap, tare. ♦ ANT. 1. Actif, bénéfice, profit. 2. Abondance, excédent, présence. 3. Normalité.

DÉFIER ♦ SYN. ▷ *V. tr.* 1. Affronter, *braver*, se frotter à, inciter à, narguer, provoquer, toiser. ▷ *V. pr.* 2. Craindre, douter de, se garder de, *se méfier*, soupçonner, suspecter. ♦ ANT. 1. Fuir, respecter. 2. Compter sur, se fier à, s'en remettre à.

DÉFIGURER ♦ SYN. 1. Abîmer, *altérer*, changer, enlaidir, gâter. 2. *(Fait, pensée)* Caricaturer, déformer, dénaturer, *fausser*, transformer, travestir. ♦ ANT. 1. Arranger, embellir. 2. Respecter, restituer, rétablir.

DÉFILÉ ♦ SYN. 1. *(Géogr.)* Col, *couloir*, gorge, passage, passe, portes. 2. Caravane, colonne, convoi, cortège, *file*, parade (militaire), procession, revue, succession, suite, théorie.

DÉFILER ♦ SYN. ▷ *V. tr.* 1. Défaufiler, effiler, *effilocher*. ▷ *V. intr.* 2. Aller, circuler, évoluer, manœuvrer, marcher, *passer*. 3. Se dérouler, s'enchaîner, *se succéder*, se suivre. ▷ *V. pr.* 4. *(Milit.)* Se cacher, *se mettre à l'abri*, reculer, se réfugier. 5. *(Fam.)* Se dérober, disparaître, s'éclipser, fuir, *s'esquiver*, se récuser. ♦ ANT. 1. Enfiler. 2. Arrêter, faire halte, se reposer. 3. Cesser, s'interrompre, prendre fin. 4. Affronter, attaquer, défier, s'exposer à. 5. Accepter, s'engager, participer.

DÉFINIR ♦ SYN. Délimiter, *déterminer*, expliquer, fixer, indiquer, préciser, spécifier. ♦ ANT. Compliquer, confondre, embrouiller, mêler.

DÉFINITIF ♦ SYN. Décisif, déterminé, ferme, *final*, fixe, immuable, irrémédiable, irrévocable. ♦ ANT. Annulable, momentané, provisoire, temporaire.

DÉFLAGRATION ◊ v. **Explosion**

DÉFONCER ♦ SYN. ▷ *V. tr.* 1. Abîmer, briser, casser, détruire, effondrer, emboutir, *enfoncer*, éventrer. 2. *C*reuser, excaver, labourer. ▷ *V. pr.* 3. Se droguer. 4. S'amuser, *s'éclater*, prendre son pied. 5. *Se démener*, se dépenser, se donner du mal. ♦ ANT. 1. Consolider, renforcer, réparer. 2. Remblayer, remplir. 3. Se désintoxiquer. 5. Se délasser, se détendre, se ménager.

DÉFORMATION ♦ SYN. 1. *Altération*, changement, déviation, difformité, distorsion, gauchissement, infirmité, malformation, modification, plissement, transformation. 2. Corruption, défiguration, dépravation, *falsification*, travestissement. ♦ ANT. 1. Correction, redressement. 2. Respect, restitution, rétablissement.

DÉFORMER ♦ SYN. 1. *Altérer*, changer, courber, fausser, modifier, plier, plisser, tordre, transformer. 2. Contrefaire, corrompre, défigurer, dénaturer, dépraver,

falsifier, gâter, trahir, travestir. ✦ ANT.
1. Corriger, défausser, former, parfaire,
redresser. 2. Respecter, restituer, rétablir.

DÉFOULEMENT✦SYN. 1. *(Psychan.)* Abréaction, catharsis, déblocage, extériorisation,
libération. 2. Dérivatif, déversoir, *exutoire*, soupape. ✦ ANT. 1. Blocage, inhibition, refoulement. 2. Oppression, stress,
tension.

DÉFOULER ✦ SYN. ▷ *V. tr.* 1. Débloquer,
extérioriser, *libérer*. ▷ *V. pr.* 2. Décompen-
ser, décompresser, se détendre, s'éclater
(fam.), *se libérer*, se relaxer. ✦ ANT. 1. Bloquer, inhiber, refouler. 2. Se contenir, se
contraindre.

DÉFRAYER ✦ SYN. 1. Indemniser, payer,
rembourser. 2. *(Manchettes)* **Accaparer**, captiver, monopoliser, occuper, retenir (l'attention). ✦ ANT. 1. Dépenser, engager une
dépense. 2. Se désintéresser, oublier.

DÉFRICHER ✦SYN. 1. Déboiser, débroussailler, dégager, *éclaircir*, essarter, nettoyer. 2. *(Fig.)* Déblayer, débrouiller, dégrossir, *démêler*, faciliter (la tâche), préparer.
✦ ANT. 1. Boiser, laisser en friche, planter.
2. Compliquer (la tâche), embrouiller,
emmêler, enchevêtrer.

DÉFRICHEUR ◇ V. **Pionnier**

DÉFUNT ✦ SYN. ▷ *Nom* 1. Disparu, *mort*,
trépassé. ▷ *Adj.* 2. *Décédé*, feu, feue *(fém.)*.
3. Passé, périmé, *révolu*. ✦ ANT. 1-2. Vivant.
3. Actuel, présent, vif.

DÉGAGEMENT ✦ SYN. 1. *Déblaiement*,
décongestion, désencombrement, désengorgement, enlèvement. 2. Communication, corridor, couloir, issue, *passage*,
sortie. 3. Diffusion, échappement, *émanation*, exhalaison, production *(chimie)*. 4. Affranchissement, dégrèvement, délivrance,
émancipation, indépendance, *libération*,
retrait. ✦ ANT. 1. Congestion, embouteillage, encombrement, engorgement, obstacle, remblai. 2. Cul-de-sac, impasse. 3. Absorption. 4. Assujettissement, contrainte,
dépendance, engagement, obligation.

DÉGAGER ✦ SYN. ▷ *V. tr.* 1. Débarrasser,
déblayer, débloquer, décongestionner,
dépêtrer, désencombrer, désengorger,

libérer. 2. Délivrer, enlever, ôter, *retirer*.
3. Diffuser, émettre, exhaler, produire,
répandre. 4. Abstraire, distinguer, extraire,
isoler, séparer. 5. Affranchir, décharger,
dégrever, dispenser, exempter, exonérer,
libérer, relever, soustraire. ▷ *V. pr.* 6. Se délivrer, se dépêtrer, s'extirper, *s'extraire*,
se tirer de. 7. Se découvrir, *s'éclaircir*.
8. Émerger, se faire jour, *se manifester*.
9. Ressortir, *résulter*. ✦ ANT. 1. Bloquer,
congestionner, empêtrer, encombrer,
engorger, entraver. 2. Engager, introduire,
mettre. 3. Absorber, capter, inhaler.
4. Amalgamer, confondre, mêler. 5. Assujettir, grever, imposer, surcharger. 6. Coincer, s'empêtrer, s'enliser. 7. S'assombrir,
se couvrir. 8. Cacher, celer, dissimuler.
9. Causer, susciter.

DÉGARNIR ✦ SYN. ▷ *V. tr.* 1. Découvrir,
démeubler, dénuder, déparer, *dépouiller*,
enlever, retirer, supprimer, vider. ▷ *V. pr.*
2. Caler *(québ.)*, se déplumer *(fam.)*, *perdre
ses cheveux*. ✦ ANT. 1. Décorer, garnir, meubler, munir, orner, pourvoir. 2. Pousser.

DÉGÂT ✦ SYN. Avarie, dégradation,
déprédation, destruction, détérioration,
dévastation, *dommage*, endommagement,
grabuge, méfait, perte, pillage, ravage,
ruine, saccage, sinistre. ✦ ANT. Réparation,
restauration, rétablissement.

DÉGEL ✦ SYN. 1. Débâcle, *fonte* (des neiges, des glaces), radoucissement, redoux.
2. Adoucissement, apaisement, déblocage,
décrispation, *détente*, libéralisation.
3. Regain, *reprise* (des activités). ✦ ANT.
1. Gel, refroidissement. 2. Blocage, durcissement, tension. 3. Lenteur, stagnation.

DÉGELER ✦ SYN. 1. Décongeler, *fondre*,
liquéfier. 2. *(Pers.)* Amuser, décrisper, dérider, *détendre*, faire rire. 3. *(Crédits)* *Débloquer*, remettre en circulation. ✦ ANT. 1. Congeler, geler, refroidir, solidifier. 2. Crisper,
embarrasser, gêner. 3. Bloquer, conserver,
retenir.

DÉGÉNÉRÉ ◇ V. **Taré**

DÉGÉNÉRER ✦ SYN. 1. *(Race)* S'abâtardir.
2. S'avilir, déchoir, *se dégrader*, se dévaloriser, se pervertir. 3. *(Situation)* S'aggraver,

empirer, se gâter. ♦ ANT. 1. Régénérer.
2. Édifier, faire honneur, se réhabiliter.
3. S'améliorer, progresser.

DÉGÉNÉRESCENCE ♦ SYN. 1. *(Race)* Abâtardissement. 2. Avilissement, *déchéance*, déclin, décrépitude, dégradation, ruine. 3. Déchéance (physique), *dépérissement*, sénilité, vieillissement. ♦ ANT. 1. Régénération. 2. Amélioration, essor, progrès. 3. Épanouissement, jeunesse, vigueur.

DÉGONFLÉ ◇ v. **Peureux**

DÉGOULINER ◇ v. **Couler**

DÉGOURDI ♦ SYN. Astucieux, avisé, *débrouillard*, déluré, éveillé, futé, habile, malin. ♦ ANT. Empoté, endormi, engourdi, gauche, gourd, maladroit, niais.

DÉGOURDIR ♦ SYN. ▷ *V. tr.* 1. *Dérouiller*, désengourdir, réveiller. 2. Débrouiller, dégrossir, délurer, *déniaiser*, dessaler *(fam.)*, initier. ▷ *V. pr.* 3. *Bouger*, se dérouiller. ♦ ANT. 1. Engourdir, rouiller. 2. Abêtir, abrutir, crétiniser, laisser dans l'ignorance. 3. S'ankyloser.

DÉGOÛT ♦ SYN. 1. Écœurement, haut-le-cœur, inappétence, nausée, *répugnance*, répulsion. 2. Antipathie, *aversion*, exécration, haine, horreur, mépris, rejet. ♦ ANT. 1. Appétit, attrait, désir, envie, goût. 2. Agrément, attirance, charme, contentement, plaisir, satisfaction, sympathie.

DÉGOÛTANT ♦ SYN. 1. Écœurant, fétide, immonde, infect, innommable, malpropre, nauséabond, puant, rebutant, repoussant, *répugnant*, sale. 2. *Abject*, bas, cochon *(fam.)*, grossier, honteux, ignoble, infâme, innommable, inqualifiable, obscène, odieux, révoltant, sordide. ♦ ANT. 1. Appétissant, attirant, délectable, propre, ragoûtant. 2. Agréable, attrayant, charmant, décent, digne, louable, honorable, noble, pur, sublime.

DÉGOÛTER ♦ SYN. 1. Donner envie de vomir, écœurer, déplaire, rebuter, *répugner*, révulser, révolter, scandaliser, soulever le cœur. 2. Abattre, blaser, *décourager*, démoraliser, ennuyer, fatiguer, lasser. ♦ ANT. 1. Attirer, charmer, délecter, plaire,

ravir, séduire. 2. Captiver, distraire, divertir, encourager, intéresser, remonter.

DÉGOUTTER ◇ v. **Couler**

DÉGRADANT ♦ SYN. 1. Abaissant, abject, *avilissant*, déshonorant, honteux, humiliant, ignoble, infamant, rabaissant. 2. Abaissant, abêtissant, *abrutissant*, déshumanisant, dévalorisant. ♦ ANT. 1. Digne, édifiant, estimable, honorable, louable, noble, sublime. 2. Gratifiant, valorisant.

DÉGRADATION ♦ SYN. 1. Altération, dégât, délabrement, *détérioration*, dommage, mutilation. 2. Abaissement, abâtardissement, abjection, *avilissement*, décadence, déchéance, déshonneur, discrédit, ignominie, opprobre, profanation. ♦ ANT. 1. Amélioration, assainissement, réfection, réparation. 2. Élévation, ennoblissement, dignité, honneur, réhabilitation, respect, vénération.

DÉGRADER ♦ SYN. ▷ *V. tr.* 1. Abîmer, altérer, *détériorer*, endommager, gâter, mutiler. 2. Abaisser, abâtardir, abrutir, *avilir*, casser, déchoir, déconsidérer, déshonorer, destituer, dévaluer, disqualifier, galvauder, humilier, rabaisser. ▷ *V. pr.* 3. *Se détériorer*, empirer. 4. S'abaisser, *s'avilir*, déchoir, s'humilier. ♦ ANT. 1. Améliorer, assainir, réparer. 2. Élever, ennoblir, honorer, réhabiliter, réinstaller, respecter, rétablir, valoriser. 3. S'améliorer. 4. S'élever, se glorifier, se valoriser.

DÉGRAFER ♦ SYN. Déboutonner, défaire, désagrafer, *détacher*, ôter, ouvrir. ♦ ANT. Agrafer, attacher, boutonner, fermer, joindre.

DÉGRAISSER ♦ SYN. 1. Amincir, *dégrossir*, délarder, démaigrir. 2. *(Fam.)* Alléger, diminuer, *économiser*, réduire. 3. Détacher, laver, *nettoyer*. ♦ ANT. 1. Épaissir, graisser. 2. Alourdir, augmenter, dépenser. 3. Salir, tacher.

DEGRÉ ♦ SYN. 1. Escalier, gradin, marche, *palier*. 2. Gradation, *nuance*. 3. Graduation, échelle, *mesure*, poids, titre. 4. Classe, division, échelon, étape, grade, niveau, palier, pas, phase, point, *position*, rang, rangée, stade, transition.

DÉGRÈVEMENT ♦ SYN. Abattement, allégement, décharge, détaxe, diminution, *exemption*, exonération, immunité, libération, réduction, remise. ♦ ANT. Imposition, impôt, surcharge, taxe.

DÉGREVER ♦ SYN. Décharger, dispenser, *exempter*, exonérer, libérer, soulager. ♦ ANT. Alourdir, grever, hypothéquer, imposer, taxer.

DÉGRINGOLADE ♦ SYN. 1. *Chute*, culbute, descente, éboulement, écroulement, effondrement, glissade. 2. Décadence, déchéance, déclin, dépression, faillite, récession, *ruine*. ♦ ANT. 1. Montée, remontée. 2. Amélioration, boom, enrichissement, hausse, progrès, prospérité, réussite.

DÉGRINGOLER ♦ SYN. 1. Culbuter, débouler *(fam.)*, descendre, dévaler, glisser, rouler, *tomber*. 2. *Déchoir*, décliner, péricliter. ♦ ANT. 1. Grimper, monter, remonter. 2. S'enrichir, progresser, prospérer, réussir.

DÉGRISER ♦ SYN. 1. Désenivrer, *dessoûler*. 2. Décevoir, désappointer, désenchanter, *désillusionner*. ♦ ANT. 1. Enivrer, griser, soûler. 2. Combler, enchanter, satisfaire.

DÉGROSSIR ♦ SYN. 1. *Dégraisser*, délarder, démaigrir. 2. *Ébaucher*, épanneler, tailler. 3. Déblayer, défricher, débrouiller, *démêler*, faciliter (la tâche), préparer. 4. Affiner, *civiliser*, cultiver, décrasser *(fam.)*, décrotter *(fam.)*, éduquer, former, humaniser, instruire, policer, polir *(fig.)*. 5. Débrouiller *(fig.)*, dégourdir, délurer, *déniaiser*, dessaler *(fam.)*, initier. ♦ ANT. 1. Épaissir, graisser. 2. Accomplir, achever, terminer. 3. Compliquer (la tâche), embrouiller, enchevêtrer, mêler. 4-5. Abâtardir, abêtir, abrutir, crétiniser, déshumaniser, tenir dans l'ignorance.

DÉGUERPIR ♦ SYN. Décamper, disparaître, s'échapper, s'éclipser, s'enfuir, s'envoler *(fam.)*, s'esquiver, filer, *fuir*, partir, se sauver. ♦ ANT. Affronter, approcher, arriver, demeurer, s'installer, rester, surgir.

DÉGUISEMENT ♦ SYN. 1. Accoutrement, affublement, *costume*, mascarade, mas-

que, travesti, travestissement. 2. *Artifice*, camouflage, dissimulation, fard, feinte. ♦ ANT. 2. Franchise, naturel, simplicité.

DÉGUISER ♦ SYN. 1. Accoutrer, affubler, *costumer*, masquer, travestir. 2. Altérer, *cacher*, camoufler, changer, colorer, contrefaire, couvrir, décorer de, dénaturer, dissimuler, envelopper, falsifier, farder, feindre, maquiller, pallier, simuler, tromper, voiler. ♦ ANT. 1. Afficher, montrer. 2. Découvrir, dévoiler, dire, divulguer, publier, révéler.

DÉGUSTER ◇ V. Savourer

DÉHANCHER (SE) ◇ V. Dandiner (se)

DEHORS ♦ SYN. 1. *Extérieur*, façade, face. 2. Abords, air, allure, *apparence*, aspect. ♦ ANT. 1. Centre, cœur, dedans, fond, intérieur. 2. Âme, intimité, tréfonds.

DÉJOUER ♦ SYN. 1. Confondre, contrecarrer, éventer *(complot)*, *faire échec*, faire échouer. 2. *Échapper à*, mettre en défaut, tromper (la vigilance). ♦ ANT. 1. Appuyer, participer, soutenir. 2. Attraper, piéger, se soumettre.

DÉLABRER ♦ SYN. 1. Abîmer, déchirer, dégrader, démolir, *détériorer*, endommager. 2. *(Santé)* Gâter, ravager, *ruiner*. ♦ ANT. 1. Entretenir, reconstruire, restaurer. 2. Améliorer, prendre soin, rétablir.

DÉLAI ♦ SYN. 1. Ajournement, atermoiement, prolongation, prorogation, remise, *répit*, sursis, temps de grâce. 2. Date, *échéance*, terme. ♦ ANT. 1. Cessation, fin. 2. Début, entrée en vigueur.

DÉLAISSEMENT ♦ SYN. 1. *Abandon*, déréliction, isolement. 2. *(Dr.)* Cession, *renonciation*. 3. Défection, *désertion*, fuite. ♦ ANT. 1. Aide, appui, secours, soutien. 2. Acquisition, appropriation. 3. Embrigadement, enrôlement, recrutement.

DÉLAISSER ♦ SYN. 1. *Abandonner*, déserter, se désintéresser, lâcher, laisser, laisser choir *(fam.)*, laisser tomber, négliger, planter là, plaquer *(fam.)*, quitter. 2. *(Dr.)* Céder, *renoncer*. ♦ ANT. 1. Aider, assister, conserver, entourer, fréquenter, garder, secourir, visiter. 2. Acquérir, s'approprier.

DÉLASSANT ◆ SYN. Apaisant, calmant, distrayant, divertissant, récréatif, relaxant, *reposant*. ◆ ANT. Épuisant, fatigant, stressant.

DÉLASSEMENT ◆ SYN. 1. Détente, loisirs, récréation, relaxation, *repos*. 2. *Amusement*, distraction, divertissement. ◆ ANT. 1. Épuisement, fatigue. 2. Corvée, travail.

DÉLASSER ◆ SYN. ▷ V. tr. 1. Amuser, changer les idées, défatiguer, *détendre*, relaxer, reposer. ▷ V. pr. 2. *Se détendre*, se distraire, se divertir, s'évader, se relaxer, se reposer. ◆ ANT. 1. Épuiser, éreinter, fatiguer, lasser, tourmenter. 2. S'agiter, s'épuiser, se surmener, se tourmenter, trimer.

DÉLATEUR ◆ SYN. Accusateur, cafard *(fam.)*, *dénonciateur*, espion, indicateur, mouchard *(fam.)*, rapporteur, sycophante, traître. ◆ ANT. Allié, ami, avocat, défenseur, médiateur, protecteur.

DÉLATION ◇ V. **Dénonciation**

DÉLAYER ◆ SYN. 1. Amalgamer, combiner, confondre, détremper, *diluer*, dissoudre, étendre, fondre, gâcher *(mortier)*, liquéfier. 2. *(Fig.)* Amplifier, noyer, *paraphraser*. ◆ ANT. 1. Comprimer, concentrer, condenser, épaissir, retremper, solidifier. 2. Limiter, restreindre.

DÉLECTABLE ◆ SYN. Agréable, appétissant, bon, délicat, délicieux, doux, excellent, *exquis*, friand, ragoûtant, savoureux, succulent. ◆ ANT. Amer, dégoûtant, désagréable, détestable, immangeable, insipide, insupportable, mauvais, sur.

DÉLECTATION ◆ SYN. Bonheur, complaisance, contentement, délice, jouissance, plaisir, ravissement, *régal*, volupté. ◆ ANT. Aversion, dégoût, répugnance.

DÉLECTER (SE) ◇ V. **Régaler**

DÉLÉGATION ◇ V. **Mandat**

DÉLÉGUÉ ◆ SYN. Agent, ambassadeur, chargé d'affaires, chargé de mission, commissaire, député, émissaire, envoyé, fondé de pouvoir, légat, mandataire, nonce, porte-parole, *représentant*. ◆ ANT. Commettant, électeur.

DÉLÉGUER ◆ SYN. 1. *(Pers.)* Députer, envoyer, *mandater*. 2. *(Responsabilité)* Céder,

confier, se départir, transmettre. ◆ ANT. 1. Destituer, rappeler. 2. Accomplir, exécuter, remplir.

DÉLESTER ◆ SYN. 1. Alléger, *décharger*, soulager. 2. Dépouiller, détrousser, *voler*. ◆ ANT. 1. Alourdir, charger, lester. 2. Rendre, restituer.

DÉLÉTÈRE ◆ SYN. 1. Asphyxiant, corrompu, dangereux, empoisonnant, insalubre, irrespirable, malsain, méphitique, *nocif*, pollué, toxique. 2. *(Fig.)* Corrupteur, malfaisant, *néfaste*, nuisible. ◆ ANT. 1. Atoxique, inoffensif, sain, salubre. 2. Bénéfique, bienfaisant, salutaire, utile.

DÉLIBÉRATION ◆ SYN. 1. Conseil, débat, décision, délibéré, *discussion*, examen, réflexion, résolution. 2. *(Pl.)* Assemblée, *réunion*, séance, session. ◆ ANT. 1. Irréflexion, négligence. 2. Ajournement, suspension.

DÉLIBÉRÉ ◆ SYN. 1. À dessein, conscient, exprès, intentionnel, prémédité, réfléchi, *volontaire*, voulu. 2. Arrêté, assuré, *décidé*, déterminé, ferme, résolu. ◆ ANT. 1. Contraint, forcé, gauche, involontaire, irréfléchi. 2. Hésitant, indécis, irrésolu, réticent.

DÉLIBÉRER ◆ SYN. ▷ V. intr. 1. Consulter, débattre, *discuter*, examiner, tenir conseil. 2. *Hésiter*, s'interroger, réfléchir longuement, tergiverser. ▷ V. tr. ind. 3. *Décider*, résoudre. ◆ ANT. 1. Bâillonner. 2. Agir, décider. 3. S'abstenir, se tromper.

DÉLICAT ◆ SYN. 1. Délié, fin, fluet, *fragile*, frêle, gracile, grêle, léger, menu, mince, ténu. 2. Agréable, bon, délectable, délicieux, exquis, *raffiné*, recherché, savoureux. 3. *Élégant*, gracieux, joli, mignon. 4. Complexe, compliqué, corsé, dangereux, *difficile*, embarrassant, épineux, malaisé, périlleux, scabreux. 5. *Courtois*, doux, gentil, obligeant, poli, prévenant. 6. Exigeant, pénétrant, sensible, *subtil*. 7. *Probe*, prude, réservé, scrupuleux. ◆ ANT. 1. Fort, gros, membru, robuste, solide, vigoureux. 2. Amer, déplaisant, insipide, mauvais. 3. Grotesque, laid, lourd. 4. Abordable, facile, simple. 5. Brutal, grossier, indélicat,

vulgaire. **6.** Balourd, borné, superficiel.
7. Large, laxiste.

DÉLICATESSE ✦ **SYN. 1.** Débilité, faiblesse, *fragilité*, gracilité, ténuité. **2.** Agrément, douceur, finesse, *raffinement*,
recherche. **3.** Adresse, distinction, *élégance*, grâce, joliesse. **4.** Complexité, *difficulté*, embarras. **5.** Amabilité, *courtoisie*,
discrétion, gentillesse, ménagements,
obligeance, politesse, prévenance, tact.
6. Pénétration, sagacité, sensibilité, *subtilité*. **7.** *Probité*, réserve, scrupule. ✦ **ANT.**
1. Robustesse, vigueur. **2.** Désagrément,
fadeur. **3.** Grossièreté, laideur, lourdeur.
4. Facilité, simplicité. **5.** Brutalité, indélicatesse, maladresse, vulgarité. **6.** Aveuglement, balourdise, étroitesse d'esprit,
insensibilité. **7.** Largeur d'esprit, laxisme.

DÉLICE ✦ **SYN. 1.** Festin, *régal*. **2.** Blan-
dice, charme, délectation, enchantement,
félicité, joie, jouissance, plaisir (des sens),
ravissement, satisfaction, volupté. ✦ **ANT.**
1. Mets infect. **2.** Dégoût, désagrément,
désenchantement, ennui, insatisfaction,
mélancolie, répulsion, tourment.

DÉLICIEUX ✦ **SYN.** Agréable, charmant,
délectable, délicat, divin, enchanteur,
exquis, merveilleux, ravissant, savoureux,
suave. ✦ **ANT.** Affreux, amer, déplaisant,
désagréable, fade, horrible, insipide,
mauvais, repoussant.

DÉLIÉ ✦ **SYN. 1.** Délicat, élancé, fin,
grêle, menu, *mince*, souple, svelte, ténu.
2. Pénétrant, *subtil*. **3.** *Agile*, débrouillard,
dégourdi, éveillé, habile, preste. ✦ **ANT.**
1. Épais, gros, lourd. **2.** Obtus, superficiel.
3. Empoté, engourdi, gauche, maladroit.

DÉLIER ✦ **SYN. 1.** Défaire, délacer,
dénouer, désenchaîner, desserrer, *détacher*, relâcher. **2.** Absoudre, affranchir,
dégager, délivrer, exempter, *libérer*,
relever. ✦ **ANT. 1.** Attacher, enchaîner, ficé-
ler, lier, nouer. **2.** Condamner, détenir,
engager.

DÉLIMITATION ◇ v. **Borne**

DÉLIMITER ✦ **SYN. 1.** *Borner*, limiter,
marquer. **2.** Caractériser, cerner, circonscrire, définir, déterminer, *fixer*, restrein-

dre. ✦ **ANT. 1.** Élargir. **2.** Déborder, développer, empiéter, étendre.

DÉLINQUANCE ◇ v. **Criminalité**

DÉLINQUANT ✦ **SYN. 1.** Contrevenant,
coupable, récidiviste *(plusieurs délits)*. **2.** *(Jeune)*
Malfaiteur, *voyou*. ✦ **ANT. 1.** Délinquant
primaire *(premier délit)*, innocent.

DÉLIRANT ✦ **SYN. 1.** Ardent, débordant,
déréglé, désordonné, enivrant, étourdissant, excessif, extravagant, *exubérant*,
frénétique, passionnant. **2.** Dément, démentiel, dingue *(fam.)*, *fou*, hystérique,
insensé. ✦ **ANT. 1.** Calme, ordonné, raisonné, réfléchi. **2.** Équilibré, sain d'esprit,
sensé.

DÉLIRE ✦ **SYN. 1.** Désordre (mental),
divagation, égarement, folie, hallucinations, hystérie, paranoïa. **2.** Agitation,
enthousiasme, exaltation, excitation,
exubérance, exultation, frémissement,
frénésie, fureur, ivresse *(fig.)*, liesse,
surexcitation, transport. ✦ **ANT. 1.** Équilibre, lucidité. **2.** Bon sens, calme, retenue,
sang-froid.

DÉLIRER ◇ v. **Divaguer**

DÉLIT ✦ **SYN.** Contravention, crime,
dérogation, *faute*, forfait, infraction, manquement, transgression, violation. ✦ **ANT.**
Bienfait, bonne action, observation, respect.

DÉLIVRANCE ✦ **SYN. 1.** Affranchissement, élargissement, *libération*, mise en
liberté. **2.** Allégement, débarras, *soulagement*. **3.** *Accouchement*, enfantement.
4. *Livraison*, remise. ✦ **ANT. 1.** Captivité,
détention, emprisonnement. **2.** Accablement, affliction, embarras. **3.** Avortement,
fausse-couche. **4.** Conservation, réception.

DÉLIVRER ✦ **SYN. 1.** Affranchir, *libérer*,
relâcher, relaxer, sauver. **2.** Débarrasser,
décharger, dégager, délier, dépêtrer,
guérir de, *soulager*. **3.** *Livrer*, remettre.
✦ **ANT. 1.** Arrêter, détenir, emprisonner.
2. Charger, empêcher, empêtrer, gêner,
souffrir. **3.** Garder, recevoir.

DÉLOGER ✦ **SYN. 1.** Chasser, débusquer,
expulser, faire sortir, renvoyer, vider

(fam.). **2.** Dégager, enlever, *extraire*. ✦ ANT.
1. Abriter, loger. **2.** Bloquer, boucher, encombrer.

DÉLOYAL ✦ SYN. Faux, filou, fourbe,
hypocrite, *infidèle*, lâche, malhonnête,
perfide, renégat, traître, trompeur, vendu,
véreux. ✦ ANT. Droit, fidèle, franc, honnête, loyal, ouvert, sincère.

DÉLOYAUTÉ ◇ V. **Infidélité**

DÉLUGE ✦ SYN. **1.** Averse, cataracte, débordement, flot, *inondation*, irruption,
pluie, torrent, trombe. **2.** *Abondance*,
afflux, avalanche, déferlement, flux. ✦ ANT.
1. Aridité, sécheresse. **2.** Manque, parcimonie, rareté.

DÉLURÉ ✦ SYN. **1.** *Débrouillard*, dégagé,
dégourdi, éveillé, fringant, futé, malin,
vif. **2.** *(Péj.)* **Effronté**, fripon, hardi, impudent, osé, provocant. ✦ ANT. **1.** Balourd,
empoté, endormi, engourdi, niais.
2. Réservé, sage, timide.

DÉMANCHER ◇ V. **Déboîter**

DEMANDE ✦ SYN. **1.** Appel, démarche,
desiderata, désir, écrit, imploration,
instance, pétition, placet, prière, quête,
réclamation, requête, revendication, sollicitation, souhait, supplication, supplique, vœu. **2.** Commandement, exigence,
injonction, *ordre*. **3.** Interrogation, *question*. ✦ ANT. **1.** Acceptation, offre, refus.
2. Obéissance, soumission. **3.** Réponse.

DEMANDER ✦ SYN. **1.** Appeler, désirer,
implorer, mendier, prier, quémander,
quêter, *réclamer*, revendiquer, solliciter,
souhaiter, vouloir. **2.** Commander, enjoindre, *ordonner*, prescrire, sommer. **3.** S'enquérir, s'informer, interroger, *questionner*, se renseigner. **4.** *(Ch.)* Appeler, *exiger*,
nécessiter, requérir. ✦ ANT. **1.** Accepter,
acquiescer à, obtenir, prendre, recevoir.
2. Obéir, observer, suivre. **3.** Répondre.
4. Dispenser, exempter.

DEMANDEUR ✦ SYN. **1.** Aspirant, *candidat*, postulant, quémandeur, requérant,
solliciteur. **2.** *(Demandeur d'emploi)* **Chômeur**,
sans-emploi, sans-travail. **3.** *(Demandeur d'asile)*
Réfugié. **4.** *(Dr., fém. demanderesse)* Appelant,
plaignant. ✦ ANT. **1.** Élu, lauréat. **2.** Travailleur. **3.** Citoyen (reçu). **4.** Défendeur,
intimé.

DÉMANGEAISON ◇ V. **Picotement**

DÉMANGER ◇ V. **Piquer**

DÉMANTÈLEMENT ◇ V. **Destruction**

DÉMANTELER ✦ SYN. **1.** Abattre, démolir, *détruire*, raser, ruiner. **2.** *(Réseau)* Anéantir, *désorganiser*. ✦ ANT. **1.** Construire,
fortifier. **2.** Former, organiser.

DÉMANTIBULER ◇ V. **Disloquer**

DÉMARCATION ◇ V. **Limite**

DÉMARCHE ✦ SYN. ▷ *Sing.* **1.** Air, allure,
maintien, marche, pas, port. **2.** Attitude,
comportement, *conduite*. **3.** Avance, chemin, *cheminement*, progression. **4.** Approche, formalités, marche à suivre, *méthode*,
stratégie. ▷ *Pl.* **5.** *Demande*, intervention,
requête, sollicitation. **6.** *(Péj.)* Agissements,
intrigues, *tractations*.

DÉMARQUER ✦ SYN. ▷ *V. tr.* **1.** Calquer,
copier, *imiter*, plagier, pasticher, piller.
▷ *V. pr.* **2.** Se différencier, *se distinguer*,
émerger, s'illustrer, prendre ses distances, se signaler, se singulariser. ✦ ANT.
1. Créer, inventer. **2.** Ressembler, rester
dans l'ombre.

DÉMARRAGE ◇ V. **Départ**

DÉMARRER ✦ SYN. ▷ *V. tr.* **1.** *Actionner*,
enclencher, mettre en marche, mettre en
mouvement. **2.** *(Fam.)* Commencer, *entreprendre*, lancer, mettre en branle. ▷ *V. intr.*
3. *Appareiller*, lever l'ancre, quitter (le
port), rompre (les amarres). **4.** S'en aller,
s'ébranler, se mettre en route, *partir*.
5. Décoller, *fonctionner*, réussir. ✦ ANT.
1. Arrêter, immobiliser, stopper. **2.** Achever, terminer. **3.** Amarrer, jeter l'ancre,
mouiller. **4.** S'arrêter, faire halte. **5.** Échouer,
piétiner, rater.

DÉMASQUER ◇ V. **Découvrir**

DÉMÊLÉ ✦ SYN. **1.** Conflit, contestation,
différend, dispute, opposition, querelle.
2. *(Pl.)* **Difficultés**, ennuis, tracas, tracasseries. ✦ ANT. **1.** Accord, entente, règlement.
2. Accommodement, arrangement, quiétude.

DÉMÊLER ✦ SYN. **1.** Dénouer, désentortiller, peigner, *séparer*, trier. **2.** Clarifier, débrouiller, défricher, dégrossir, désembrouiller, discerner, distinguer, *éclaircir*, résoudre. **3.** Débattre, *discuter*. ♦ ANT. **1.** Écheveler, emmêler, enchevêtrer, entortiller, mêler. **2.** Brouiller, compliquer, confondre, embrouiller, obscurcir. **3.** S'esquiver.

DÉMEMBREMENT ◇ v. Division

DÉMEMBRER ♦ SYN. **1.** Arracher, briser, *découper*, dépecer, désunir, détacher, disloquer, disséquer, écarteler, mutiler, tailler. **2.** Désunir, *diviser*, fragmenter, morceler, partager, séparer. ♦ ANT. **1.** Attacher, rassembler, remembrer. **2.** Fusionner, regrouper, réunir, unifier.

DÉMÉNAGER ♦ SYN. ▷ *V. tr.* **1.** Charrier, charroyer, déplacer, emporter, enlever, *transporter*, vider (les lieux). ▷ *V. intr.* **2.** S'en aller, changer de logement, *partir*, prendre ses cliques et ses claques *(fam.)*. **3.** *(Fam.)* *Déraisonner*, divaguer. ♦ ANT. **1.** Demeurer, fixer, placer, rester. **2.** Arriver, emménager, s'établir, s'installer. **3.** Raisonner, réfléchir.

DÉMENCE ♦ SYN. **1.** Aliénation, *folie*. **2.** Aberration, aveuglement, délire, *déraison*, divagation, égarement, extravagance, inconscience, insanité. ♦ ANT. **1.** Équilibre, santé (mentale). **2.** Bon sens, jugement, lucidité, modération, raison, sagesse.

DÉMENER (SE) ♦ SYN. **1.** *S'agiter*, se débattre, se mouvoir, se remuer. **2.** Batailler, combattre, *se dépenser*, se donner du mal, s'escrimer, s'évertuer, lutter, se mettre en quatre, se tuer à. ♦ ANT. **1.** Se calmer, rester tranquille. **2.** Se ménager, se prélasser, se reposer.

DÉMENT ◇ v. Fou

DÉMENTI ♦ SYN. Contestation, contradiction, *dénégation*, déni, désaveu, infirmation, opposition, récusation, réfutation. ♦ ANT. Attestation, aveu, confirmation, corroboration, ratification.

DÉMENTIEL ◇ v. Démesuré

DÉMENTIR ♦ SYN. ▷ *V. tr.* **1.** Contester, contredire, dédire, désavouer, infirmer, *nier*, opposer, réfuter, rejeter. **2.** *(Ch.)* *Déce-*

voir, tromper. ▷ *V. pr.* **3.** *(Ne pas se démentir)* S'avérer, se confirmer, se manifester (encore), persister, *se poursuivre*, se vérifier. ♦ ANT. **1.** Affirmer, appuyer, assurer, attester, certifier, confirmer, corroborer, garantir, ratifier, soutenir. **2.** Combler, satisfaire. **3.** Cesser, diminuer, s'estomper.

DÉMESURE ◇ v. Excès

DÉMESURÉ ♦ SYN. **1.** Colossal, *énorme*, famineux, gigantesque, herculéen, immense, monstrueux, surhumain, titanesque. **2.** Abusif, démentiel, déraisonnable, disproportionné, exagéré, *excessif*, exorbitant, extraordinaire, extrême, immodéré, infini, outré. ♦ ANT. **1.** Faible, infime, moyen, petit. **2.** Commun, limité, mesuré, modéré, ordinaire, simple.

DÉMETTRE ♦ SYN. ▷ *V. tr.* **1.** Déboîter, désarticuler, *disloquer*, fouler, luxer. **2.** Casser, *chasser*, congédier, débouter, déplacer, destituer, licencier, relever de, remercier, renvoyer, révoquer. ▷ *V. pr.* **3.** *Abandonner*, abdiquer, démissionner, partir, quitter, renoncer. ♦ ANT. **1.** Remettre, replacer. **2.** Admettre, convier, embaucher, engager, réintégrer, reprendre. **3.** Conserver, défendre, protéger, tenir bon.

DEMEURE ♦ SYN. Bercail, chez-soi, couvert, domicile, feu *(fig.)*, foyer, gîte, *habitation*, home, logement, logis, maison, nid *(fam.)*, pied-à-terre, résidence, séjour, toit.

DEMEURÉ ♦ SYN. **1.** Arriéré, attardé, débile, innocent, retardé, *simple d'esprit*. **2.** Abruti, bête, crétin, idiot, *imbécile*, inintelligent, niais, sot, stupide, taré *(fam.)*. ♦ ANT. **1.** Doué, évolué, lucide, sensé, sain d'esprit. **2.** Brillant, dégourdi, éveillé, fin, futé, intelligent, perspicace, subtil.

DEMEURER ♦ SYN. **1.** Gîter, *habiter*, loger, nicher *(fam.)*, percher *(fam.)*, résider, rester *(québ.)*, séjourner, vivre. **2.** S'arrêter, *s'attarder*, s'éterniser, rester, tarder. **3.** Être, *se tenir*, se trouver. **4.** *(Ch.)* Continuer, *durer*, se maintenir, persister, subsister. ♦ ANT. **1.** Déménager, partir, quitter, vider les lieux. **2.** Décamper, déguerpir, filer, prendre la poudre d'escampette. **3.** Bouger, changer. **4.** Cesser, disparaître, s'estomper, périr.

DÉMISSION ◆ SYN. *Abandon*, abdication, départ, désistement, renonciation, résignation. ◆ ANT. Conservation, maintien, poursuite, rappel, réintégration.

DÉMISSIONNER ◆ SYN. **1.** *Abandonner*, abdiquer, se démettre, se désister, partir, quitter, renoncer, résigner. **2.** *Capituler*, céder. ◆ ANT. **1.** Adhérer, conserver, réintégrer. **2.** Résister, tenir bon.

DÉMOBILISATEUR ◇ V. Décourageant

DÉMOBILISER ◆ SYN. **1.** *Libérer*, renvoyer. **2.** *Décourager*, démoraliser, démotiver, refroidir. ◆ ANT. **1.** Appeler, mobiliser. **2.** Encourager, exciter, galvaniser, motiver, stimuler.

DÉMOCRATISER ◇ V. Populariser

DÉMODÉ ◆ SYN. Ancien, archaïque, caduc, dépassé, *désuet*, obsolète, passé de mode, périmé, poussiéreux *(fig.)*, préhistorique *(fig.)*, ringard *(fam.)*, suranné, vétuste, vieillot, vieux. ◆ ANT. À la mode, d'avant-garde, jeune, moderne, neuf, nouveau, récent.

DEMOISELLE ◇ V. Adolescent

DÉMOLIR ◆ SYN. **1.** *(Ch.)* Abattre, abîmer, anéantir, briser, casser, culbuter, défaire, déglinguer *(fam.)*, démanteler, démantibuler, démonter, détraquer, *détruire*, raser, renverser, supprimer. **2.** *(Pers.)* Éreinter, exténuer, *fatiguer*, mettre à plat. **3.** *Critiquer*, dénigrer, descendre en flammes, houspiller, maltraiter, tirer à boulets rouges, vilipender. **4.** *(Réputation)* Perdre, *ruiner*, ternir. ◆ ANT. **1.** Bâtir, construire, créer, édifier, élaborer, élever, ériger, établir, fonder, reconstruire, relever, rénover, réparer, restaurer. **2.** Ragaillardir, remonter, revigorer. **3.** Encenser, défendre, louer, protéger, vanter. **4.** Honorer, réhabiliter, rétablir.

DÉMOLITION ◆ SYN. **1.** Abolition, anéantissement, déconstruction, démantèlement, *destruction*, écrasement, suppression. **2.** *(Pl.)* Déblais, *débris*, décombres, gravats, plâtras, ruines. ◆ ANT.

1. Construction, reconstruction, rénovation, réparation, restauration.

DÉMON ◆ SYN. **1.** Diable, Lucifer, Malin, Satan. **2.** Esprit, force, génie, *inspiration*, motivation. **3.** *Méchant*, monstre, vil personnage, vipère. **4.** *(Enfant)* Coquin, *espiègle*, petit diable, petit monstre, petite peste. ◆ ANT. **1.** Ange, archange, Dieu. **2.** Abattement, démotivation. **3.** Bon, saint homme, sainte femme. **4.** Candide, sage, tranquille.

DÉMONIAQUE ◇ V. Diabolique

DÉMONSTRATIF ◆ SYN. **1.** Apodictique, *convaincant*, éloquent, évident, probant. **2.** *(Pers.)* *Communicatif*, expansif, expressif, exubérant, ouvert. ◆ ANT. **1.** Confus, dissuasif, douteux, incertain. **2.** Fermé, froid, renfermé, réservé, taciturne.

DÉMONSTRATION ◆ SYN. **1.** Argument, déduction, expérience, explication, justification, *preuve*. **2.** *(Souvent pl.)* Affectation, étalage *(péj.)*, *manifestations*, marques, protestations, témoignage. ◆ ANT. **1.** Contestation, réfutation. **2.** Discrétion, réserve, retenue.

DÉMONTÉ ◆ SYN. **1.** Ahuri, déconcerté, *décontenancé*, désarmé, désemparé, renversé. **2.** *(Mer)* Agité, déchaîné, *houleux*, tumultueux. ◆ ANT. **1.** Confiant, enhardi, rassuré. **2.** Calme, immobile, paisible, tranquille.

DÉMONTER ◆ SYN. ▷ *V. tr.* **1.** Désarçonner. **2.** *Défaire*, dérégler, désassembler, désunir, détraquer. **3.** Ahurir, déconcerter, *décontenancer*, désemparer, interloquer, renverser, troubler. ▷ *V. pr.* **4.** S'affoler, se *décontenancer*, se troubler. ◆ ANT. **1.** Se mettre en selle. **2.** Assembler, monter, remonter, unir. **3.** Encourager, rassurer, relever, stimuler. **4.** Se calmer, prendre sur soi.

DÉMONTRER ◆ SYN. Attester, établir, expliquer, indiquer, justifier, montrer, *prouver*, révéler, témoigner de, vérifier. ◆ ANT. Contester, démentir, désavouer, infirmer, réfuter.

DÉMORALISANT ◇ V. Décourageant

DÉMORALISATION ◇ V. Découragement

DÉMORALISER ◇ v. Décourager
DÉMORDRE (EN) ◇ v. Renoncer
DÉMOTIVANT ◇ v. Décourageant
DÉMOTIVER ◇ v. Décourager
DÉMUNI ♦ SYN. **1.** Dénué, dépouillé, *dépourvu*, privé. **2.** Défavorisé, désargenté *(fam.)*, fauché *(fam.)*, indigent, *misérable*, nécessiteux, pauvre. ♦ ANT. **1.** Doté, muni, pourvu. **2.** Nanti, prospère, riche.
DÉMUNIR ♦ SYN. ▷ V. tr. **1.** Dégarnir, *déposséder*, dépouiller, dessaisir, spolier. ▷ V. pr. **2.** Se déposséder, *se dessaisir*. ♦ ANT. **1.** Approvisionner, enrichir, équiper, munir. **2.** Conserver, garder.
DÉMYSTIFIER ◇ v. Détromper
DÉNATURÉ ♦ SYN. *(Pers.)* Cruel, dépravé, indigne, ingrat, inhumain, monstrueux, *pervers*. ♦ ANT. Bon, digne, doux, humain, reconnaissant, tendre, vertueux.
DÉNATURER ♦ SYN. **1.** *Altérer*, vicier. **2.** Contrefaire, défigurer, *déformer*, falsifier, fausser, frelater, trahir, transformer, travestir, tronquer, truquer. ♦ ANT. **1.** Conserver, purifier. **2.** Respecter, restituer.
DÉNÉGATION ♦ SYN. Contestation, démenti, déni, *désaveu*, négation, refus. ♦ ANT. Acceptation, attestation, aveu, reconnaissance.
DÉNIAISER ◇ v. Dégourdir
DÉNICHER ♦ SYN. ▷ V. tr. **1.** *Chasser*, débusquer, déterrer, faire sortir. **2.** *Découvrir*, dégoter *(fam.)*, repérer, tomber sur, trouver. ♦ ANT. **1.** Cacher, enfouir. **2.** Chercher.
DÉNIER ♦ SYN. **1.** Contester, démentir, désavouer, *nier*. **2.** Enlever, interdire, *refuser*, rejeter. ♦ ANT. **1.** Approuver, avouer, confirmer, reconnaître. **2.** Accorder, donner, permettre.
DÉNIGREMENT ◇ v. Calomnie
DÉNIGRER ♦ SYN. Accuser, attaquer, *calomnier*, critiquer, déblatérer, décrier, démolir, déprécier, déshonorer, diffamer, discréditer, médire, mépriser, noircir, rabaisser, rapetisser, salir. ♦ ANT. Apprécier, approuver, défendre, estimer, exalter, louer, vanter.
DÉNIGREUR ◇ v. Détracteur

DÉNIVELLATION ◇ v. Inégalité
DÉNOMBREMENT ◇ v. Énumération
DÉNOMBRER ◇ v. Énumérer
DÉNOMINATION ◇ v. Désignation
DÉNOMMER ♦ SYN. **1.** Appeler, baptiser, *nommer*, qualifier. **2.** *(Ch.)* Désigner, référer à, *renvoyer à*.
DÉNONCER ♦ SYN. **1.** *Accuser*, balancer *(fam.)*, cafarder *(fam.)*, déférer, donner, incriminer, livrer, moucharder *(fam.)*, rapporter, trahir, vendre. **2.** *(Comportement)* *Blâmer*, condamner, fustiger, stigmatiser. **3.** Annoncer, dénoter, indiquer, *montrer*, révéler, signaler. ♦ ANT. **1.** Défendre, justifier, seconder, servir. **2.** Approuver, louer, recommander. **3.** Cacher, masquer, taire.
DÉNONCIATEUR ♦ SYN. **1.** Accusateur, cafard *(fam.)*, *délateur*, diffamateur, espion, indicateur, mouchard *(fam.)*, porte-panier *(québ., fam.)*, rapporteur, sycophante. **2.** Critique, *détracteur*, ennemi, pourfendeur. ♦ ANT. **1.** Aide, avocat, défenseur, médiateur, protecteur. **2.** Allié, ami, partisan.
DÉNONCIATION ♦ SYN. **1.** *(Traité)* *Annulation*, révocation, rupture. **2.** Accusation, cafardage *(fam.)*, *délation*, trahison. ♦ ANT. **1.** Entente, signature. **2.** Aide, alliance, défense, loyauté, soutien.
DÉNOTER ◇ v. Indiquer
DÉNOUEMENT ♦ SYN. Aboutissement, achèvement, *conclusion*, épilogue, fin, issue, résultat, solution, terme. ♦ ANT. Commencement, début, exposition, introduction, préambule, préparation, prologue.
DÉNOUER ♦ SYN. **1.** Défaire, dégager, délacer, délier, desserrer, *détacher*. **2.** Débrouiller, *démêler*, éclaircir, résoudre. ♦ ANT. **1.** Attacher, entrelacer, lier, nouer, renouer. **2.** Embrouiller, mêler.
DENRÉE ♦ SYN. **1.** *(Pl. surtout)* *Aliments*, comestibles, provisions, subsistance, vivres. **2.** *(Denrée rare)* Exception, phénomène, *rareté*. ♦ ANT. **1.** Produit (non comestible). **2.** Banalité, monnaie courante.
DENSE ♦ SYN. **1.** Abondant, *compact*, dru, épais, feuillu, impénétrable, lourd *(phys.)*, nourri, opaque, plein, serré, touffu. **2.** *(Style)* *Concis*, condensé, ramassé. ♦ ANT.

1. Clair, clairsemé, dilaté, éclairci, léger *(phys.)*, rare, raréfié. **2.** Prolixe, redondant, verbeux.

DENSITÉ ♦ SYN. **1.** Compacité, consistance, *épaisseur*, masse volumique. **2.** *(Population)* Concentration. **3.** Lourdeur, masse, pesanteur, *poids*. **4.** Brièveté, concision. ♦ ANT. **1.** Fluidité, inconsistance. **2.** Dispersion. **3.** Légèreté. **4.** Longueur, prolixité.

DÉNUDÉ ◇ V. **Dépouillé**

DÉNUDER ♦ SYN. Découvrir, dégarnir, *dépouiller*, déshabiller, dévêtir, dévoiler, exhiber, montrer. ♦ ANT. Cacher, couvrir, garnir, habiller, vêtir, voiler.

DÉNUÉ DE ♦ SYN. Démuni, dépouillé, *dépourvu*, exempt, pauvre en, privé de. ♦ ANT. Doté, muni, nanti, pourvu, riche en.

DÉNUEMENT ♦ SYN. Besoin, disette, gêne, indigence, misère, *pauvreté*. ♦ ANT. Abondance, aisance, prospérité, richesse.

DÉPART ♦ SYN. **1.** *Commencement*, début, origine, seuil. **2.** Appareillage, décollage, *démarrage*, embarquement, envoi, envol, partance. **3.** *Démission*, licenciement, renvoi. **4.** Émigration, exil, *exode*, fuite, migration, sortie. **5.** *Décès*, deuil, disparition. ♦ ANT. **1.** Aboutissement, fin, terme. **2.** Arrivée, atterrissage, débarquement, retour. **3.** Embauche, maintien, rappel, réintégration. **4.** Entrée, immigration, venue. **5.** Existence, naissance, vie.

DÉPARTEMENT ♦ SYN. **1.** *Administration*, ministère. **2.** *(Division administrative)* Bureau, domaine, secteur, *service*, spécialité. **3.** *(Division territoriale)* Arrondissement, canton, circonscription, commune, comté, district, province, région, *zone*.

DÉPARTIR ♦ SYN. ▷ *V. tr.* **1.** Accorder, attribuer, dispenser, distribuer, donner, impartir, *partager*, répartir. ▷ *V. pr.* **2.** Abandonner, *se défaire de*, renoncer à, se séparer de. ♦ ANT. **1.** Accaparer, s'attribuer, rafler *(fam.)*. **2.** Conserver, garder.

DÉPASSÉ ◇ V. **Démodé**

DÉPASSEMENT ♦ SYN. **1.** Abus, débordement, démesure, empiétement, *excès*, saturation, surabondance, trop-plein.

2. Accomplissement (de soi), *surpassement*. ♦ ANT. **1.** Déficit, diminution, manque. **2.** Faiblesse, incapacité.

DÉPASSER ♦ SYN. **1.** *Devancer*, distancer, doubler, passer. **2.** Avancer, mordre sur, *saillir*, sortir de, surplomber. **3.** Abuser, déborder, empiéter, exagérer, excéder, franchir les limites, *outrepasser*, passer les bornes. **4.** Battre, l'emporter sur, surclasser, *surpasser*, transcender. **5.** *Dérouter*, étonner. ♦ ANT. **1.** Suivre, talonner. **2.** Enfoncer, rentrer, rester en deçà. **3.** Borner, contenir, limiter. **4.** Atteindre, égaler, être inférieur à. **5.** Rassurer.

DÉPAYSÉ ♦ SYN. **1.** *Désorienté*, égaré, perdu. **2.** Déconcerté, décontenancé, *dérouté*, embarrassé, gêné. ♦ ANT. **1.** Orienté, rassuré. **2.** Enhardi, sûr.

DÉPECER ♦ SYN. Couper, débiter, *découper*, démembrer, disséquer, diviser, morceler. ♦ ANT. Joindre, rassembler, réunir.

DÉPÊCHE ♦ SYN. Annonce, avis, billet, communiqué, courriel *(québ.)*, lettre, *message*, missive, pli, télécopie.

DÉPÊCHER ♦ SYN. ▷ *V. tr.* **1.** Déléguer, députer, détacher, *envoyer*, expédier, mandater. ▷ *V. pr.* **2.** Accélérer l'allure, courir, *s'empresser*, se grouiller *(fam.)*, se hâter, se manier *(fam.)*, presser le pas, se précipiter, se presser, se remuer. ♦ ANT. **1.** Accueillir, rappeler, recevoir. **2.** Flâner, lambiner, tarder, traîner.

DÉPEIGNER ◇ V. **Décoiffer**

DÉPEINDRE ♦ SYN. Brosser, *décrire*, exposer, évoquer, peindre, raconter, représenter.

DÉPENAILLÉ ♦ SYN. **1.** *Débraillé*, déguenillé, en haillons, loqueteux, négligé. **2.** *Déchiqueté*, en lambeaux, en morceaux. ♦ ANT. **1.** Bien mis, correct. **2.** Neuf, raccommodé, rapiécé, réparé.

DÉPENDANCE ♦ SYN. **1.** *Annexe*, appartenances, communs, filiale, succursale. **2.** *Asservissement*, assujettissement, contrainte, emprise, esclavage, gêne, joug, obédience, servitude, soumission, subordination, sujétion, vassalité. **3.** Analogie, appartenance, corrélation, enchaînement, filiation, interdépendance, *liaison*, rapport, solidarité. 4. *(Drogues, médicaments)* **Accoutumance**, addiction, toxicomanie. ✦ ANT. 1. Domaine, siège social. 2. Affranchissement, autonomie, délivrance, émancipation, indépendance, liberté. 3. Discontinuité, dissociation, divergence, opposition, séparation. 4. Désintoxication, sevrage.

DÉPENDANT ✦ SYN. 1. Soumis, subordonné, *tributaire*. 2. *(Drogue)* Accro *(fam.)*, accroché, esclave, *intoxiqué*. ✦ ANT. 1. Autonome, indépendant, libre. 2. Désintoxiqué, libéré, sevré.

DÉPENDRE ✦ SYN. 1. *Découler de*, procéder de, provenir de, résulter de. 2. Appartenir à, être du ressort de, *relever de*, reposer sur, ressortir à. 3. Être attaché à, être lié à, *se soumettre à*. 4. *Décrocher*, détacher, retirer. ✦ ANT. 1. Causer, entraîner, provoquer. 2. Exclure. 3. S'affranchir, se libérer. 4. Accrocher, attacher, pendre.

DÉPENS ✦ SYN. ▷ *Loc.* 1. *(Aux dépens de)* *À la charge de*, au détriment de, au prix de, aux crochets de, aux frais de. ▷ *Nom* 2. Frais judiciaires. ✦ ANT. 1. À l'avantage de, au profit de, grâce à.

DÉPENSE ✦ SYN. 1. Charge, débit, débours, *déboursé*, décaissement, déficit, frais, perte, sortie. 2. *Dilapidation*, dissipation, gabegie, gaspillage, prodigalité. 3. Consommation, *emploi*, usage. 4. *Étalage*, exhibition, montre. ✦ ANT. 1. Crédit, gain, recette, rentrée, revenu. 2. Économie, épargne, parcimonie. 3. Conservation, préservation, réserves. 4. Pudeur, retenue.

DÉPENSER ✦ SYN. ▷ *V. tr.* 1. *Débourser*, payer. 2. Claquer *(fam.)*, dilapider, dissiper, flamber, *gaspiller*. 3. *(Efforts, temps)* Consacrer, déployer, *employer*, prodiguer. 4. *(Énergie)* **Consommer**, utiliser. ▷ *V. pr.* 5. *Se démener*, se dévouer, se donner du mal, s'évertuer, se fatiguer, se mettre en quatre, se tuer à. ✦ ANT. 1. Amasser, encaisser, gagner *(revenu)*. 2. Économiser, épargner, ménager. 3. Manquer de. 4. Conserver. 5. Se ménager, se prélasser, se reposer.

DÉPENSIER ✦ SYN. Dilapidateur, dissipateur, *gaspilleur*, gouffre, panier percé, prodigue. ✦ ANT. Avare, économe, ladre, mesquin, parcimonieux, pingre, regardant à.

DÉPERDITION ✦ SYN. Affaiblissement, dépérissement, diminution, épuisement, *perte*. ✦ ANT. Augmentation, force, recrudescence, regain, vigueur.

DÉPÉRIR ✦ SYN. 1. *S'affaiblir*, s'altérer, s'anémier, s'atrophier, se consumer, se délabrer, s'étioler, se faner, languir. 2. Baisser, *décliner*, décroître, se dégrader, se détériorer, diminuer, mourir, péricliter. ✦ ANT. 1. Se développer, s'épanouir, se renforcer. 2. S'améliorer, renaître, reprendre vie.

DÉPÉRISSEMENT ✦ SYN. 1. *Affaiblissement*, amaigrissement, anémie, atrophie, épuisement, étiolement, langueur. 2. Baisse, décadence, *déclin*, diminution, ruine. ✦ ANT. 1. Accroissement, développement, épanouissement. 2. Essor, floraison, renaissance.

DÉPÊTRER ✦ SYN. ▷ *V. tr.* 1. Débarrasser, *dégager*, extirper, sortir de, tirer de. ▷ *V. pr.* 2. *Se dégager*, se délivrer, se déprendre, se sortir de, se tirer d'embarras. 3. *Se débrouiller*, s'en sortir, se tirer d'affaire. ✦ ANT. 1. Coincer, embarrasser, empêtrer. 2-3. S'embourber, s'empêtrer, s'encombrer, s'enliser.

DÉPEUPLER ✦ SYN. ▷ *V. tr.* 1. Décimer, *dégarnir* (de sa population). 2. *Déboiser*, éclaircir. ▷ *V. pr.* 3. *Se désertifier*, se vider. ✦ ANT. 1. Augmenter, peupler, repeupler. 2. Boiser, planter, reboiser. 3. Se peupler.

DÉPIT ✦ SYN. Aigreur, amertume, colère, contrariété, déception, désappointement, emportement, fureur, irritation, jalousie, *mécontentement*, rage, rancœur, ressentiment, vexation. ✦ ANT. Calme, consolation, contentement, douceur, joie, pardon, sang-froid, satisfaction.

DÉPITÉ ✦ SYN. *(Air)* Contrarié, contrit, déconfit, déçu, désappointé, insatisfait, *mécontent*, mortifié, penaud. ✦ ANT. Content, fier, heureux, satisfait, triomphant.

DÉPITER ♦ SYN. Chagriner, contrarier, décevoir, désappointer, fâcher, froisser, *mécontenter*, mortifier, vexer. ♦ ANT. Calmer, combler, consoler, contenter, pardonner, satisfaire.

DÉPLACÉ ♦ SYN. Choquant, de mauvais goût, grossier, impertinent, incongru, indécent, *inconvenant*, incorrect, inélégant, inopportun, insolent, malencontreux, malséant, malsonnant, malvenu, scabreux. ♦ ANT. Bienséant, bienvenu, convenable, décent, opportun, poli.

DÉPLACEMENT ♦ SYN. 1. *Mouvement*, poussée, traction. 2. *Locomotion*, transport. 3. Changement, *délocalisation*, détachement, mutation *(poste)*, transfert. 4. Allées et venues, mission, pérégrinations, périple, *voyage*. 5. Exode, *migration*, transplantation. 6. *(Méd.)* *Déboîtement*, descente, dislocation, rétroversion. ♦ ANT. 1. Immobilité, maintien. 2. Arrêt, halte. 3. Permanence, stabilité. 4. Établissement, installation. 5. Arrivée, retour. 6. Antéversion, emboîtement, remboîtement, remise en place.

DÉPLACER ♦ SYN. ▷ V. tr. 1. *Bouger*, changer, délocaliser, déménager, déranger, intervertir, inverser, muter *(poste)*, permuter, transférer, transplanter, transposer. ▷ V. pr. 2. Aller, avancer, circuler, se déranger, marcher, *se mouvoir*, se rendre chez, voyager. ♦ ANT. 1. Laisser, maintenir, remettre, replacer, rétablir. 2. S'arrêter, figer, rester (à sa place).

DÉPLAIRE ♦ SYN. 1. *Dégoûter*, ennuyer, rebuter, répugner. 2. Blesser, chagriner, choquer, contrarier, *fâcher*, gêner, importuner, indisposer, irriter, mécontenter, offenser, offusquer, peiner, vexer. ♦ ANT. 1. Charmer, plaire, séduire. 2. Calmer, contenter, ravir, réconforter, réjouir.

DÉPLAISANT ♦ SYN. Agaçant, antipathique, blessant, choquant, contrariant, *désagréable*, désobligeant, disgracieux, ennuyeux, fâcheux, gênant, importun, incommodant *(ch.)*, inopportun, irritant, pénible, rebutant. ♦ ANT. Agréable, aimable, amène, attrayant, charmant, enga-

geant, plaisant, ravissant, réjouissant, séduisant.

DÉPLAISIR ♦ SYN. Amertume, contrariété, déconvenue, désagrément, insatisfaction, ennui, malaise, *mécontentement*, regret. ♦ ANT. Agrément, bien-être, contentement, délice, joie, plaisir, satisfaction.

DÉPLIANT ◇ V. **Prospectus**

DÉPLIER ♦ SYN. Défaire, déficeler, dépaqueter, déployer, dérouler, développer, étaler, *étendre*, ouvrir. ♦ ANT. Emballer, empaqueter, enrouler, entortiller, plier, ranger, replier.

DÉPLOIEMENT ♦ SYN. 1. Déferlage *(voiles)*, dépliage, déroulement, *extension*, ouverture. 2. *(Qualité)* Démonstration, dépense, emploi, *manifestation*. 3. *(Péj.)* *Étalage*, exhibition, montre, ostentation. 4. *(Troupes)* Déplacement, manœuvres, *mouvement*. ♦ ANT. 1. Contraction, enroulement, fermeture, pliage, rétrécissement. 2. Manque. 3. Dépouillement, modestie, simplicité. 4. Campement, repli.

DÉPLORABLE ♦ SYN. 1. Affligeant, attristant, désastreux, désolant, malheureux, navrant, pénible, *regrettable*, triste. 2. *Blâmable*, détestable, exécrable, fâcheux, horrible, répréhensible, scandaleux. 3. Décevant, insatisfaisant, lamentable, *mauvais*, médiocre, minable, nul, piètre, piteux, pitoyable. ♦ ANT. 1. Béni, heureux, réjouissant, souhaitable. 2. Édifiant, enviable, louable, recommandable. 3. Encourageant, excellent, inespéré, remarquable, satisfaisant.

DÉPLORER ♦ SYN. Avoir pitié, compatir à, plaindre, pleurer, *regretter*. ♦ ANT. Apprécier, se féliciter, se réjouir.

DÉPLOYER ♦ SYN. 1. Déferler *(voiles)*, déplier, dérouler, développer, *étendre*, ouvrir, tendre. 2. *(Qualité)* Employer, exercer, *manifester*, montrer, prodiguer, user de. 3. *(Péj.)* Arborer, *étaler*, exhiber, exposer, faire étalage (montre, parade) de, se pavaner. 4. *(Troupes)* Déplacer, envoyer, *mettre en mouvement*. ♦ ANT. 1. Envelopper, plier, ployer, replier, rouler. 2. Manquer de. 3. Couvrir, voiler. 4. Camper, se replier.

DÉPOLLUER ♦ SYN. Assainir, *décontaminer*, épurer, nettoyer. ♦ ANT. Contaminer, polluer, salir.

DÉPORTATION ♦ SYN. Bannissement, éloignement, *exil*, expatriation, internement *(camp)*, ostracisme, proscription, relégation, transportation. ♦ ANT. Libération, rapatriement, retour.

DÉPORTEMENT ♦ SYN. 1. *(Pl.)* Débauche, débordements, dérèglements, dévergondage, *écarts de conduite*, excès, inconduite, licence. 2. *(Véhicule)* Écart, *embardée*. ♦ ANT. 1. Modération, moralité, réserve, retenue. 2. Rapprochement, redressement.

DÉPORTER ♦ SYN. 1. Bannir, chasser, éloigner, *exiler*, expatrier, expulser, interner *(camp)*, proscrire, refouler, reléguer. 2. *(Véhicule)* Déplacer, détourner, *dévier*, écarter. ♦ ANT. 1. Gracier, libérer, ramener, rapatrier. 2. Rapprocher, redresser.

DÉPOSER ♦ SYN. ▷ V. tr. 1. Démettre, *destituer*, détrôner. 2. *(Sur une surface)* Laisser, *mettre*, placer, poser. 3. *(En un lieu)* Confier, consigner, emmagasiner, entreposer, laisser, remettre, verser. ▷ V. intr. 4. *(Dr.)* Comparaître, *témoigner*. 5. *(Liquide)* Se *décanter*, précipiter. ♦ ANT. 1. Couronner, introniser, investir, nommer, réintégrer. 2. Prendre, reprendre. 3. Retirer, sortir. 4. Désavouer, nier. 5. Se mélanger.

DÉPOSITION ♦ SYN. 1. *(Souverain)* Déchéance, *destitution*, disgrâce. 2. *(Dr.)* Déclaration, *témoignage*. ♦ ANT. 1. Accession, couronnement, intronisation, investiture, nomination. 2. Dénégation, désaveu.

DÉPOSSÉDER ♦ SYN. Confisquer, dépouiller, déshériter, dessaisir, *enlever*, évincer, exproprier, frustrer, ôter, priver, spolier, supplanter. ♦ ANT. Attribuer, donner, enrichir, posséder, réintégrer, remettre, rendre.

DÉPÔT ♦ SYN. 1. Acompte, arrhes, paiement, *versement*. 2. *Caution*, cautionnement, consignation, couverture, gage, garantie, provision, séquestre. 3. Entrepôt, magasin, *réserve*, stock. 4. Dépotoir. 5. Incrustation, *lie*, précipité, tartre.

6. Alluvion, boue, *limon*, sédiments, vase. ♦ ANT. 1. Débit, dette, retrait.

DÉPOUILLE ♦ SYN. 1. *(Animal)* Exuvie, mue, *peau*. 2. *(Être humain)* Cadavre, corps, mort, restes. 3. *(Pl.)* Butin, capture, prise, proie, trophée.

DÉPOUILLÉ ♦ SYN. 1. Dégarni, dénudé, dévêtu, *nu*. 2. Dénué de, *dépourvu de*, privé de. 3. *(Style)* Austère, classique, concis, laconique, *sobre*. ♦ ANT. 1. Garni, vêtu. 2. Doté de, pourvu de. 3. Affecté, bavard, emphatique, orné, prolixe.

DÉPOUILLEMENT ♦ SYN. 1. Dénuement, *dépossession*, pauvreté, privation, spoliation. 2. *Austérité*, détachement, sévérité, sobriété. 3. *(Style)* Brièveté, *concision*, laconisme, simplicité. 4. *(Textes, courrier)* Analyse, étude, *examen*, lecture. 5. *(Votes)* Compte, *dénombrement*, relevé. ♦ ANT. 1. Possession, richesse. 2. Abondance, exubérance. 3. Redondance, verbosité.

DÉPOUILLER ♦ SYN. ▷ V. tr. 1. *(Peau d'animal)* Dépiauter, *écorcher*, ôter. 2. Dégager, *dégarnir*, dénuder, déshabiller, dévêtir. 3. Démunir, *déposséder*, déshériter, dessaisir, détrousser, dévaliser, gruger, piller, plumer *(fam.)*, priver, spolier, tondre *(fam.)*, voler. 4. Arracher, *enlever*, quitter, perdre, retirer. 5. *(Texte, courrier)* Analyser, étudier, *examiner*, lire. 6. *(Votes)* Compter, *dénombrer*, faire le relevé. ▷ V. pr. 7. Se défaire, se départir, *renoncer*. ♦ ANT. 1. Couvrir. 2. Garnir, habiller, mettre, revêtir, vêtir. 3. Attribuer, donner, remettre, rendre, restituer. 4. Garder. 7. Acquérir, conserver, se procurer.

DÉPOURVU ◇ v. Dénué

DÉPRAVATION ◇ v. Débauche

DÉPRAVÉ ♦ SYN. 1. *(Goût)* Perverti. 2. Corrompu, crapuleux, *débauché*, dénaturé, pervers, vicieux. ♦ ANT. 1. Naturel. 2. Normal, sain, vertueux.

DÉPRAVER ◇ v. Débaucher

DÉPRÉCIATION ♦ SYN. 1. *(Monnaie, prix, valeur)* Avilissement, baisse, décote, dévalorisation, *dévaluation*, diminution. 2. *Déconsidération*, défaveur, dénigrement, discrédit, mésestime. ♦ ANT. 1. Hausse, réévaluation, revalorisation. 2. Appréciation, considération, estime, faveur, louange, respect.

DÉPRÉCIER ♦ SYN. ▷ V. tr. 1. *(Monnaie, prix, valeur)* Avilir, *dévaloriser*, dévaluer. 2. Abaisser, attaquer, critiquer, déconsidérer, décrier, dénigrer, dépriser, *discréditer*, méconnaître, méjuger, mépriser, mésestimer, minimiser (l'importance), rabaisser, rapetisser, ravaler, salir, sous-estimer, ternir. ▷ V. pr. 3. Baisser, *diminuer*, se dévaluer. 4. Se dévaloriser, *se rabaisser*, se sous-estimer. ♦ ANT. 1. Hausser, réévaluer, rehausser. 2. Apprécier, estimer, exalter, glorifier, louer, magnifier, surestimer, vanter. 3. Augmenter. 4. Se surestimer, se vanter.

DÉPRÉDATION ♦ SYN. 1. Brigandage, dégât, dégradation, destruction, détérioration, dévastation, dommage, *pillage*, rapine, vandalisme, vol. 2. Concussion, *détournement*, dilapidation, exaction, malversation, prévarication. ♦ ANT. 1. Conservation, don, protection, restitution, sauvegarde. 2. Droiture, équité, honnêteté.

DÉPRENDRE (SE) ♦ SYN. Se défaire, se dégager, *se détacher*, se libérer. ♦ ANT. S'attacher, s'éprendre.

DÉPRESSIF ♦ SYN. Abattu, cafardeux, découragé, *déprimé*, mélancolique, neurasthénique, pessimiste, suicidaire, triste. ♦ ANT. Enthousiaste, euphorique, exalté, heureux, joyeux, optimiste, serein.

DÉPRESSION ♦ SYN. 1. Affaissement, concavité, creux, *enfoncement*. 2. Abattement, asthénie, *découragement*, déprime, mélancolie, neurasthénie. 3. *Crise*, disette, marasme, pénurie, récession. ♦ ANT. 1. Élévation, éminence, sommet, soulèvement. 2. Euphorie, exaltation, excitation, vitalité. 3. Abondance, expansion, hausse, progrès, prospérité.

DÉPRIMANT ♦ SYN. 1. *(Phys.)* *Affaiblissant*, anémiant, débilitant. 2. *(Moral)* *Décourageant*, démobilisant, démoralisant, démotivant. 3. *(Ambiance)* Maussade, monotone, morne, *triste*. ♦ ANT. 1. Remontant, tonifiant, vivifiant. 2. Encourageant, mobilisateur, motivant, réconfortant. 3. Amusant, enjoué, gai.

DÉPRIMER ♦ SYN. 1. Affaisser, *enfoncer*. 2. Abattre, accabler, *décourager*, démoraliser, démotiver. ♦ ANT. 1. Bomber. 2. Exalter, réjouir, remonter, revigorer.

DÉPUTÉ ♦ SYN. 1. Agent, ambassadeur, commissionnaire, délégué, légat, mandataire, *représentant*. 2. Élu du peuple, *parlementaire*.

DÉRACINER ♦ SYN. 1. Abattre, *arracher*, déplanter, déterrer, enlever, essoucher, extraire. 2. *Détruire*, éliminer, éradiquer, extirper, supprimer. 3. Déporter, *exiler*, expatrier. ♦ ANT. 1. Enfoncer, enraciner, planter. 2. Conserver, maintenir. 3. Rapatrier.

DÉRAILLER ◇ v. Divaguer

DÉRAISON ◇ v. Folie

DÉRAISONNABLE ♦ SYN. Absurde, bête, démentiel, excessif, extravagant, farfelu, fou, *insensé*, irrationnel, irréfléchi. ♦ ANT. Acceptable, convenable, légitime, modéré, normal, raisonnable, sensé.

DÉRAISONNER ◇ v. Divaguer

DÉRANGEMENT ♦ SYN. 1. *Bouleversement*, branle-bas, chambardement *(fam.)*, changement, déplacement, dérèglement, déséquilibre, désordre, désorganisation, détraquement, remue-ménage. 2. Contrariété, embarras, *gêne*, interruption, perturbation, trouble. 3. *(Acad., Grand Dérangement)* Déportation. ♦ ANT. 1. Arrangement, équilibre, ordre, organisation, rangement, règlement. 2. Liberté, stabilité, tranquillité. 3. Rapatriement, retour.

DÉRANGER ♦ SYN. ▷ V. tr. 1. Altérer, *bouleverser*, chambarder *(fam.)*, changer, défaire, déglinguer *(fam.)*, déplacer, dérégler, déséquilibrer, désorganiser, détraquer, disloquer. 2. Contrarier, contrecarrer, distraire, embarrasser, ennuyer, *gêner*, importuner, interrompre, perturber, troubler. ▷ V. pr. 3. *Se déplacer*, modifier son activité. ♦ ANT. 1. Arranger, classer, disposer, équilibrer, ordonner, organiser, placer, ranger, régler.

2. Aider, laisser tranquille, libérer. **3.** Poursuivre son activité.

DÉRAPAGE ◇ v. **Glissement**

DÉRAPER ◇ v. **Glisser**

DÉRÉGLÉ ♦ SYN. **1.** *Dérangé*, désaxé, désorganisé, détraqué, irrégulier, troublé. **2.** Démesuré, déséquilibré, *désordonné*, excessif, malsain. **3.** *Débauché*, dévergondé, dissolu, libertin. ♦ ANT. **1.** Organisé, réglé, régulier. **2.** Équilibré, mesuré, ordonné, rangé, sain. **3.** Raisonnable, sage, vertueux.

DÉRÈGLEMENT ♦ SYN. **1.** Bouleversement, *dérangement*, détraquement, dysfonctionnement, irrégularité, perturbation, trouble. **2.** Corruption, débauche, déséquilibre, désordre, dissipation, *excès*, intempérance, libertinage, licence, perversion, vice. ♦ ANT. **1.** Fonctionnement, marche, normalité, régularité. **2.** Équilibre, mesure, modération, tempérance.

DÉRIDER ♦ SYN. Amuser, désopiler, détendre, distraire, *égayer*, réjouir. ♦ ANT. Attrister, chagriner, contrister, déplaire.

DÉRISION ♦ SYN. **1.** Dédain, ironie, mépris, *moquerie*, persiflage, raillerie, risée, sarcasme. **2.** *(Ch.)* *Insignifiance*, modicité. ♦ ANT. **1.** Bienveillance, charité, considération, déférence, estime, respect. **2.** Qualité, valeur.

DÉRISOIRE ♦ SYN. Faible, infime, insignifiant, insuffisant, minable, minime, négligeable, nul, petit, piètre, pitoyable, *ridicule*. ♦ ANT. Important, imposant, respectueux, sérieux.

DÉRIVATIF ♦ SYN. Antidote, défoulement, *distraction*, diversion, exutoire, passe-temps, remède (moral), soulagement. ♦ ANT. Ennui, monotonie, refoulement, routine, stress, travail.

DÉRIVE ♦ SYN. **1.** *(Avion, navire)* Dérivation, *déviation*. **2.** *(Situation)* *Dérapage*, égarement, erreur, excès. **3.** *(À la dérive)* *À l'abandon*, à l'aveuglette, à vau-l'eau. ♦ ANT. **1.** Ligne droite. **2.** Contrôle, maîtrise. **3.** Dirigé, guidé, orienté.

DÉRIVER ♦ SYN. ▷ *V. intr.* **1.** Détourner, *dévier*, perdre sa route. ▷ *V. tr. ind.* **2.** *Décou-*

ler, émaner, s'ensuivre, procéder, provenir, résulter, venir. ♦ ANT. **1.** Remettre dans la voie, tenir son cap. **2.** Causer, provoquer, susciter.

DERNIER ♦ SYN. ▷ *Adj.* **1.** Extrême, *final*, suprême, terminal, ultime. **2.** Antérieur, passé, *précédent*. **3.** Frais, moderne, neuf, nouveau, *récent*. ▷ *Nom* **4.** Benjamin, *cadet*, dernier-né, puîné. ♦ ANT. **1.** Initial, premier. **2.** Futur, prochain, subséquent. **3.** Ancien, désuet, démodé. **4.** Aîné, premier-né.

DÉROBADE ◇ v. **Échappatoire**

DÉROBER ♦ SYN. ▷ *V. tr.* **1.** Chaparder, chiper *(fam.)* dépouiller, détrousser, dévaliser, s'emparer, escamoter, escroquer, extorquer, faucher *(fam.)*, piquer *(fam.)*, prendre, soutirer, subtiliser, usurper, *voler*. **2.** *Cacher*, dissimuler, masquer, voiler. **3.** Éloigner, enlever, ôter, retirer, *soustraire*. ▷ *V. pr.* **4.** *(Regard, surveillance)* *Se cacher*, se dissimuler, disparaître, se sauver. **5.** *(Moment critique)* S'abstenir, se défiler *(fam.)*, s'éclipser, *s'esquiver*, fuir, reculer, se récuser. **6.** *(Devoir, responsabilité)* Échapper à, éluder, esquiver, éviter, manquer à, *se soustraire à.* ♦ ANT. **1.** Donner, rembourser, remettre, rendre, restituer. **2.** Dévoiler, montrer. **3.** Livrer au regard. **4.** S'exposer à, se montrer. **5.** Accepter, affronter, s'engager, participer. **6.** Assumer, remplir.

DÉROGATION ♦ SYN. **1.** *Infraction*, manquement, violation. **2.** Anomalie, entorse, *exception*, exclusion, réserve, restriction. **3.** Dispense, *exemption*. ♦ ANT. **1.** Conformité, obéissance, observance, observation. **2.** Normalité, régularité. **3.** Assujettissement, obligation.

DÉROGER ♦ SYN. **1.** Contrevenir à, désobéir à, *enfreindre*, pécher contre, transgresser, violer. **2.** *(Rang social)* *S'abaisser*, condescendre, déchoir, manquer à. ♦ ANT. **1.** Obéir, observer, respecter. **2.** Dédaigner, garder (tenir) son rang.

DÉROULEMENT ♦ SYN. **1.** Défilement, dépliage, déploiement, *développement*. **2.** Allure, chronologie, *cours*, écoulement, enchaînement, évolution, fil, film *(fig.)*, marche, progression, succession, suite, train. ✦ ANT. 1. Enroulement, enveloppement, pliage. 2. Arrêt, fin, interruption, pause, suspension.

DÉROULER ✦ SYN. ▷ *V. tr.* 1. Débobiner, déplier, *déployer*, développer, dévider, étaler, étendre, montrer. ▷ *V. pr.* 2. Avoir lieu, défiler, s'écouler, s'enchaîner, *se passer*, se produire, se succéder. ✦ ANT. 1. Enrouler, envelopper, rembobiner, replier, rouler. 2. S'arrêter, se terminer.

DÉROUTANT ◇ v. **Déconcertant**

DÉROUTE ✦ SYN. 1. Confusion, débâcle, *débandade*, défaite, désarroi, désordre, dispersion, fuite, panique, ruée (vers l'arrière), sauve-qui-peut. 2. Déconfiture, désastre, dissolution, *échec*, faillite, insuccès, revers, ruine. ✦ ANT. 1. Ordre, résistance, victoire. 2. Réussite, succès, triomphe.

DÉROUTER ✦ SYN. 1. *(Avion, navire) Détourner*, dévier. 2. Confondre, déboussoler, *déconcerter*, décontenancer, désorienter, troubler. ✦ ANT. 1. Remettre dans la voie, tenir son cap. 2. Apaiser, encourager, rassurer.

DERRIÈRE ✦ SYN. ▷ *Nom* 1. *Arrière*, dos, envers, revers, verso. 2. Arrière-train *(fam.)*, croupe *(fam.)*, cul *(fam.)*, *fesses*, fessier *(fam.)*, popotin *(fam.)*, postérieur *(fam.)*, séant, siège. ▷ *Prép.* 3. À la queue leu leu, à la suite, après, au dos, *en arrière*, en queue. ✦ ANT. 1. Avant, avers, devant, façade, face, front, recto. 3. Devant, en avant, en face de, en premier, face à.

DÉSABUSEMENT ◇ v. **Désenchantement**

DÉSABUSER ◇ v. **Désenchanter**

DÉSACCORD ✦ SYN. 1. *(Pers.)* Brouille, désunion, différend, discorde, dissension, dissentiment, division, divorce, fâcherie, heurt, malentendu, *mésentente*, mésintelligence, scission, tension. 2. *(Ch.) Contraste*, décalage, différence, discordance, divergence, incompatibilité, opposition. ✦ ANT. 1. Accord, alliance, complicité, entente, harmonie, pacte, paix, traité. 2. Analogie, compatibilité, concordance, identité.

DÉSAFFECTION ◇ v. **Détachement**

DÉSAGRÉABLE ✦ SYN. 1. *(Ch.)* Acide, âcre, aigre, blessant, *déplaisant*, douloureux, ennuyeux, fâcheux, gênant, incommodant, intolérable, mauvais, pénible. 2. *(Pers.)* Acariâtre, antipathique, atrabilaire, *désobligeant*, détestable, grossier, haïssable, impoli, importun, insupportable, odieux. ✦ ANT. 1. Agréable, beau, délicat, délicieux, enchanteur, encourageant, gracieux, plaisant. 2. Affable, aimable, charmant, gentil, obligeant, poli, sympathique.

DÉSAGRÉGER ✦ SYN. *Décomposer*, désintégrer, détruire, disloquer, dissoudre, effriter, émietter, éroder, morceler, pulvériser, user ✦ ANT. Agglomérer, agréger, fusionner, joindre.

DÉSAGRÉMENT ✦ SYN. Calamité *(fam.)*, contrariété, contretemps, déplaisir, désenchantement, difficulté, embarras, *ennui*, gêne, incommodité, inconvénient, mécontentement, peine, souci, tracas, tuile *(fam.)*. ✦ ANT. Agrément, charme, enchantement, plaisir.

DÉSALTÉRER ✦ SYN. ▷ *V. tr.* 1. Abreuver, apaiser (étancher) la soif, *faire boire*, rafraîchir. 2. *Combler*, satisfaire, soulager. ▷ *V. pr.* 3. Apaiser (étancher) sa soif, *boire*, se rafraîchir. ✦ ANT. 1. Altérer, assoiffer. 2. Frustrer, mécontenter. 3. Avoir soif, se déshydrater.

DÉSAPPOINTEMENT ✦ SYN. Chagrin, *déception*, déconvenue, dépit, désenchantement, désolation, douche *(fam.)*. ✦ ANT. Consolation, contentement, enchantement, satisfaction.

DÉSAPPOINTER ✦ SYN. Chagriner, *décevoir*, dépiter, désenchanter, désoler, navrer, vexer. ✦ ANT. Consoler, contenter, enchanter, satisfaire.

DÉSAPPRENDRE ✦ SYN. *Oublier*, perdre (le souvenir). ✦ ANT. Apprendre, se rappeler.

DÉSAPPROBATION ✦ SYN. Admonestation, *blâme*, censure, condamnation, critique, désaveu, improbation, opposition, réprimande, reproche, réprobation. ✦ ANT. Acquiescement, adhésion, agrément, approbation, consentement, éloge.

DÉSAPPROUVER ♦ SYN. *Blâmer*, censurer, condamner, critiquer, désavouer, huer, improuver, protester, rejeter, reprocher, réprouver, siffler, vitupérer. ♦ ANT. Applaudir à, apprécier, approuver, consentir, féliciter, louer, ratifier, soutenir.

DÉSARÇONNER ♦ SYN. 1. *Démonter*, jeter à bas de la selle, vider (les étriers). 2. Confondre, *déconcerter*, décontenancer, dérouter, déstabiliser, ébranler, interloquer, troubler. ♦ ANT. 1. Se mettre en selle, monter. 2. Appuyer, mettre à l'aise, rassurer.

DÉSARMANT ♦ SYN. Attendrissant, *déconcertant*, émouvant, poignant, touchant. ♦ ANT. Banal, prévisible.

DÉSARMER ♦ SYN. ▷ *V. tr.* 1. *Démilitariser*, dépouiller. 2. *(Arme, mine)* Désamorcer. 3. Adoucir, apaiser, *attendrir*, décontenancer, toucher. ▷ *V. intr.* 4. *(Sentiment hostile)* *Céder*, cesser, renoncer. ♦ ANT. 1. Armer. 2. Amorcer. 3. Endurcir, enhardir, entêter. 4. Conserver, entretenir, nourrir.

DÉSARROI ♦ SYN. Angoisse, confusion, désordre, détresse, égarement, embarras, perturbation, *trouble*. ♦ ANT. Assurance, calme, certitude, fermeté, harmonie, ordre, paix.

DÉSASTRE ♦ SYN. 1. Bouleversement, calamité, cataclysme, *catastrophe*, fléau, malheur, sinistre. 2. Abîme, banqueroute *(péj.)*, déconfiture, *faillite*, ruine. 3. Défaite, déroute, *échec*, insuccès. ♦ ANT. 1. Bonheur, fortune, salut. 2. Prospérité, richesse. 3. Réussite, succès, victoire.

DÉSASTREUX ♦ SYN. 1. Atroce, *catastrophique*, effroyable, épouvantable, fatal, funeste, malheureux, mauvais, néfaste, ruineux, terrible, tragique. 2. Affligeant, *déplorable*, désolant, lamentable, navrant. ♦ ANT. 1. Avantageux, favorable, heureux, propice, salutaire. 2. Enviable, excellent, remarquable.

DÉSAVANTAGE ♦ SYN. Désagrément, détriment, handicap, *inconvénient*, infériorité, préjudice, tare. ♦ ANT. Agrément, avantage, bénéfice, gain, prééminence, préférence, privilège, profit, supériorité.

DÉSAVANTAGER ♦ SYN. *Défavoriser*, déshériter *(fig.)*, desservir, frustrer, handicaper, léser, nuire, pénaliser, priver. ♦ ANT. Avantager, combler, doter, douer, favoriser, privilégier.

DÉSAVANTAGEUX ◇ V. **Défavorable**

DÉSAVEU ♦ SYN. 1. Démenti, *dénégation*, déni, négation, palinodies, reniement, réticence, rétractation. 2. *(Pers.)* Blâme, *condamnation*, désapprobation, réprobation. ♦ ANT. 1. Aveu, confirmation, ratification, reconnaissance. 2. Approbation, appui, soutien.

DÉSAVOUER ♦ SYN. 1. Démentir, *dénier*, nier, renier, se rétracter. 2. *(Pers., conduite)* Blâmer, *condamner*, critiquer, désapprouver, se désolidariser, se dissocier, réprouver. ♦ ANT. 1. Avouer, confirmer, ratifier, reconnaître. 2. Approuver, louer, recommander, se solidariser.

DÉSAXÉ ◇ V. **Fou**

DESCENDANCE ♦ SYN. 1. Génération, *lignée*, postérité, suite. 2. *(Ensemble des descendants)* Enfants, petits-enfants, *progéniture*, rejetons *(fam.)*. ♦ ANT. 1. Ascendance, extraction, origine, souche. 2. Aïeux, ancêtres, ascendants, grands-parents, parents.

DESCENDRE ♦ SYN. ▷ *V. intr.* 1. Dégringoler, dévaler, rouler, *tomber*. 2. Aborder, *débarquer*. 3. *(Chez quelqu'un)* S'arrêter, loger, *séjourner*. 4. *S'abaisser*, déchoir, se ravaler. 5. *(Lignée)* *Provenir de*, venir de. 6. *(Cours d'eau)* *Couler*, filer, glisser. 7. *Baisser*, décroître, diminuer, se retirer. 8. *Incliner*, pencher. ▷ *V. tr.* 9. *Parcourir*, suivre. 10. *(Pers.)* Conduire, *déposer*. 11. Mettre plus bas, *transporter*. 12. *(Fam.)* Abattre, *tuer*. ♦ ANT. 1. Gravir, grimper. 2. Embarquer. 3. Quitter, revenir. 4. S'élever, se rehausser. 5. Mener à. 6. Refluer. 7. Augmenter, envahir, monter, relever. 8. Aplanir, dresser. 9. Remonter, revenir. 10. Aller chercher. 11. Lever, soulever. 12. Épargner.

DESCENTE ♦ SYN. 1. Abaissement, *chute*, dégringolade. 2. Inclinaison, *pente*. 3. *(Troupes)* Attaque, débarquement, incursion, irruption, *raid*. 4. *(Dr.)* *Perquisition*, rafle, recherche. 5. *(Sports)* Glisse. ♦ ANT.

1. Ascension, élévation, hausse, montée, remontée. **2.** Plateau. **3.** Déroute, repli.

DESCRIPTION ◆ SYN. **1.** *(Linéaire)* Croquis, dessin, ébauche, esquisse, *image*, peinture, plan, portrait. **2.** *(Littéraire)* Analyse, aperçu, explication, exposé, histoire, narration, *récit*, scène. **3.** *(Documentaire)* Détail, état, fiche signalétique, *inventaire*, monographie, tableau, topographie. **4.** Identification, portrait-robot, profil, *signalement*.

DÉSEMPARÉ ◇ v. Démonté

DÉSENCHANTEMENT ◆ SYN. Amertume, déception, dégoût, désabusement, désappointement, *désillusion*, lassitude. ◆ ANT. Charme, émerveillement, enchantement, enthousiasme, illusion, joie, ravissement.

DÉSENCHANTER ◆ SYN. Blaser, décevoir, dégoûter, désabuser, désappointer, *désillusionner*, lasser. ◆ ANT. Charmer, émerveiller, enchanter, enthousiasmer, illusionner, ravir.

DÉSÉQUILIBRE ◆ SYN. **1.** Instabilité. **2.** Bouleversement, *dérangement*, détraquement, dysfonction, dysfonctionnement, perturbation, trouble. **3.** Asymétrie, disharmonie, disproportion, disparité, *inégalité*. **4.** *(Déséquilibre mental)* Aliénation, *folie*, névrose, psychose. ◆ ANT. **1.** Aplomb, équilibre, stabilité. **2.** Fonctionnement, normalité. **3.** Égalité, harmonie, proportion, symétrie. **4.** Équilibre mental, santé mentale.

DÉSÉQUILIBRÉ ◇ v. Fou

DÉSERT ◆ SYN. ▷ *Nom* **1.** Pampa, Sahara, steppe, toundra, *zone aride*. **2.** *Néant*, rien, solitude, vide. ▷ *Adj.* **3.** *Aride*, désertique, désolé. **4.** Abandonné, dépeuplé, déserté, *inhabité*, isolé, sauvage. ◆ ANT. **1.** Forêt, végétation. **2.** Foule, monde, plénitude. **3.** Abondant, fertile. **4.** Bondé, habité, peuplé, plein.

DÉSERTER ◆ SYN. **1.** *Abandonner*, délaisser, fuir, quitter. **2.** Lâcher, *renier*, trahir. ◆ ANT. **1.** Rester, revenir. **2.** Se joindre, rallier.

DÉSERTEUR ◆ SYN. **1.** Évadé, *fugitif*, fuyard. **2.** *(Armée)* *Insoumis*, objecteur de conscience, pacifiste. **3.** *(Cause, parti)* Apostat, lâcheur, *renégat*, traître, transfuge. ◆ ANT. **2.** Combattant, conscrit, guerrier. **3.** Fidèle, partisan.

DÉSERTION ◆ SYN. **1.** Défection, délaissement, *fuite*. **2.** *(Armée)* Insoumission. **3.** *(Cause, parti)* Abandon, lâchage *(fam.)*, *reniement*, trahison. ◆ ANT. **1.** Alliance, amitié, défense, ralliement. **2.** Conscription, enrôlement. **3.** Dévouement, fidélité, loyauté.

DÉSESPÉRANT ◆ SYN. **1.** Accablant, affligeant, *attristant*, désolant, navrant. **2.** *Décourageant*, démoralisant, déprimant. **3.** *(Temps)* Désagréable, *maussade*, mauvais. ◆ ANT. **1.** Joyeux, rayonnant, réconfortant, réjouissant. **2.** Encourageant, motivant, stimulant. **3.** Agréable, beau, ensoleillé.

DÉSESPÉRÉ ◆ SYN. **1.** Abattu, affligé, anéanti, attristé, désolé, *éploré*, inconsolable, malheureux, navré, peiné, triste. **2.** Alarmant, extrême, *grave*, inquiétant, sérieux. ◆ ANT. **1.** Allègre, enjoué, joyeux, radieux, rieur. **2.** Anodin, bénin, rassurant.

DÉSESPÉRER ◇ v. Décourager

DÉSESPOIR ◆ SYN. **1.** Abattement, accablement, affaissement, affliction, affolement, chagrin, consternation, *découragement*, démoralisation, désespérance, désolation, détresse, prostration. **2.** Dépression, ennui, *mélancolie*, neurasthénie, spleen, tristesse. ◆ ANT. **1.** Confiance, consolation, courage, encouragement, espérance, espoir, foi. **2.** Allégresse, bonheur, joie, optimisme.

DÉSHABILLER ◆ SYN. ▷ *V. tr.* **1.** Dénuder, dépouiller, *dévêtir*, enlever. **2.** Découvrir, démasquer, dévoiler, *montrer*. ▷ *V. pr.* **3.** Se dénuder, *se dévêtir*. **4.** *(Vêtements portés dehors)* Se débarrasser, se découvrir, *se défaire*. ◆ ANT. **1.** Habiller, rhabiller, vêtir. **2.** Cacher, dissimuler, voiler. **3.** S'habiller, se rhabiller, se vêtir. **4.** Se couvrir, enfiler, mettre, porter.

DÉSHÉRITER ◆ SYN. **1.** *Dépouiller*, enlever, exhéréder, frustrer, ôter. **2.** *(Avantages* *naturels) Désavantager*, handicaper, priver. ♦ ANT. 1. Hériter. 2. Avantager, combler, doter, douer, privilégier.

DÉSHONNEUR ♦ SYN. Abjection, flétrissure, *honte*, ignominie, indignité, infamie, opprobre, turpitude. ♦ ANT. Dignité, gloire, honneur, intégrité, loyauté, probité.

DÉSHONORANT ♦ SYN. Abject, avilissant, dégradant, flétrissant, *honteux*, ignominieux, indigne, infamant, scandaleux. ♦ ANT. Digne, édifiant, estimable, glorieux, honorable, insigne, méritant, respectable.

DÉSHONORER ♦ SYN. 1. Avilir, déconsidérer, décrier, dénigrer, déprécier, diffamer, *discréditer*, entacher, flétrir, galvauder, salir, souiller, ternir. 2. Abîmer, défigurer, dégrader, *déparer*, détruire l'harmonie, gâter. ♦ ANT. 1. Apprécier, considérer, exalter, glorifier, honorer, louer, vanter. 2. Améliorer, embellir, rehausser.

DÉSIGNATION ♦ SYN. 1. *Appellation*, dénomination, nom, qualification, titre, vocable. 2. Affectation, choix, élection, *nomination*. ♦ ANT. 1. Impropriété, incorrection. 2. Destitution, révocation.

DÉSIGNER ♦ SYN. 1. Citer, *indiquer*, marquer, montrer, pointer, signaler. 2. Appeler, dénommer, *nommer*, qualifier. 3. *(Poste, fonction) Affecter*, assigner, choisir, commettre, déléguer, élire, nommer. 4. *(Ling.)* Représenter, *signifier*, symboliser.

DÉSILLUSION ◇ V. Désenchantement

DÉSILLUSIONNER ◇ V. Désenchanter

DÉSINFECTER ♦ SYN. Aseptiser, assainir, décontaminer, nettoyer, *purifier*, stériliser. ♦ ANT. Contaminer, empester, empoisonner, infecter.

DÉSINTÉGRATION ◇ V. Décomposition

DÉSINTÉGRER ◇ V. Décomposer

DÉSINTÉRESSÉ ♦ SYN. 1. Altruiste, bénévole, détaché, *dévoué*, généreux, gratuit. 2. Impartial, *objectif*. ♦ ANT. 1. Avare, calculateur, cupide, égoïste, intéressé. 2. Partial, subjectif.

DÉSINTÉRESSEMENT ♦ SYN. 1. Abnégation, altruisme, détachement, *dévouement*,

générosité. 2. Compensation, *dédommagement*, indemnisation, remboursement, réparation. ♦ ANT. 1. Avarice, avidité, cupidité, égoïsme, intérêt. 2. Créance, prêt.

DÉSINTÉRESSER ♦ SYN. ▷ V. tr. 1. *Dédommager*, indemniser, payer, rembourser. ▷ V. pr. 2. Délaisser, se détacher, se détourner de, ignorer, se moquer de, *négliger*, oublier. ♦ ANT. 1. Prêter. 2. S'attacher, s'intéresser, se passionner, se préoccuper.

DÉSINTÉRÊT ◇ V. Indifférence

DÉSINVOLTE ♦ SYN. 1. *Aisé*, décontracté, dégagé, libre, naturel. 2. Frivole, insouciant, *léger*. 3. Cavalier, effronté, familier, impertinent, *insolent*, sans-gêne. ♦ ANT. 1. Compassé, maladroit. 2. Réfléchi, sérieux. 3. Déférent, poli, réservé.

DÉSINVOLTURE ♦ SYN. 1. *Aisance*, facilité, liberté, naturel. 2. Frivolité, insouciance, laisser-aller, *légèreté*, négligence. 3. Effronterie, familiarité, impertinence, *insolence*, sans-gêne. ♦ ANT. 1. Affectation, maladresse. 2. Conscience, profondeur, sérieux. 3. Déférence, politesse, retenue.

DÉSIR ♦ SYN. ▷ *Sing. ou pl.* 1. Appât, appétence, appétit, besoin, convoitise, cupidité, *envie*, fantasme, inclination, penchant, tendance, tentation. 2. Ambition, aspiration, attente, espérance, espoir, quête, rêve, *souhait*, visées, vœu. 3. Concupiscence, libido, *passion*. ▷ *Pl. surtout* 4. Conditions, *demandes*, desiderata, exigences, revendications. 5. *Caprices*, exigences, fantaisies, volontés. ♦ ANT. 1. Dédain, dégoût, répulsion. 2. Appréhension, crainte, déception, désespérance, peur, regret. 3. Flegme, refoulement, retenue. 4. Rebuffade, refus, rejet. 5. Laisser-aller, permissivité.

DÉSIRABLE ♦ SYN. 1. Appétissant, attirant, attrayant, *enviable*, intéressant, séduisant, souhaitable, tentant. 2. *(Désir sexuel)* Affriolant, aguichant, *excitant*, sexy *(fam.)*. ♦ ANT. 1. Dégoûtant, indésirable, rebutant. 2. Laid, repoussant.

DÉSIRER ♦ SYN. 1. Convoiter, *envier*, languir pour, lorgner, reluquer *(fam.)*, soupirer pour. 2. Ambitionner, aspirer à, attendre, briguer, espérer, prétendre à, rechercher, rêver, **souhaiter**, soupirer après, tendre vers, tenir à, viser, vouloir. ♦ ANT. 1. Dédaigner, éconduire, mépriser, repousser. 2. Appréhender, craindre, désespérer de, refouler, regretter, renoncer.

DÉSIREUX DE ♦ SYN. Anxieux, assoiffé, **avide**, curieux, empressé, envieux *(péj.)*, impatient, soucieux. ♦ ANT. Désintéressé, indifférent, insoucieux, lassé.

DÉSISTEMENT ◇ v. **Renonciation**

DÉSISTER (SE) ♦ SYN. Abandonner, se départir, **renoncer**, retirer (sa candidature). ♦ ANT. Maintenir, se présenter.

DÉSOBÉIR ♦ SYN. 1. S'opposer, se rebeller, refuser, **résister**, se révolter. 2. **Contrevenir à**, déroger à, enfreindre, pécher contre, transgresser, violer. ♦ ANT. 1. Accepter, écouter, exécuter, obéir, obtempérer, se plier à, servir. 2. Se conformer à, observer, respecter, suivre.

DÉSOBÉISSANCE ♦ SYN. 1. Indiscipline, indocilité, insoumission, insubordination, rébellion, **résistance**, révolte. 2. Contravention, **infraction**, transgression, violation. ♦ ANT. 1. Discipline, docilité, obéissance, soumission, subordination. 2. Observance, observation, respect.

DÉSOBÉISSANT ◇ v. **Indiscipliné**

DÉSOBLIGEANT ◇ v. **Vexant**

DÉSOBLIGER ♦ SYN. Blesser, choquer, contrarier, déplaire, froisser, indisposer, mécontenter, peiner, **vexer**. ♦ ANT. Aider, contenter, obliger, plaire, secourir, servir.

DÉSŒUVRÉ ♦ SYN. Apathique, **inactif**, inoccupé, oisif. ♦ ANT. Actif, affairé, diligent, enthousiaste, occupé.

DÉSŒUVREMENT ♦ SYN. Apathie, inaction, **inactivité**, inertie, inoccupation, oisiveté. ♦ ANT. Activité, diligence, emploi, enthousiasme, entrain, occupation.

DÉSOLANT ◇ v. **Navrant**

DÉSOLATION ♦ SYN. 1. Aridité, dégât, destruction, **dévastation**, dommage, ravage, ruine, vide. 2. **Affliction**, consternation, détresse, douleur, peine, tourment.

♦ ANT. 1. Abondance, développement, fertilité, prospérité. 2. Apaisement, consolation, contentement, joie, réconfort.

DÉSOLER ♦ SYN. 1. **Dévaster**, ravager, ruiner. 2. **Affliger**, attrister, consterner, contrarier, fâcher, importuner, navrer, peiner. ♦ ANT. 1. Épargner. 2. Consoler, ravir, réconforter, réjouir.

DÉSOLIDARISER (SE) ◇ v. **Dissocier**

DÉSOPILANT ◇ v. **Drôle**

DÉSORDONNÉ ♦ SYN. 1. Anarchique, bordélique *(fam.)*, chaotique, **confus**, désorganisé, disparate, indistinct, pêle-mêle, sens dessus dessous. 2. Insouciant, **négligent**, sans soin. 3. *(Mœurs)* Agité, dépravé, **déréglé**, dévergondé, dissolu. 4. Débridé, effréné, **excessif**. ♦ ANT. 1. Distinct, harmonieux, ordonné, organisé, rangé. 2. Appliqué, soigneux. 3. Austère, chaste, sage, tranquille, vertueux. 4. Contenu, modéré, réfléchi.

DÉSORDRE ♦ SYN. 1. Bordel *(fam.)*, bric-à-brac, capharnaüm, chaos, confusion, dérangement, **désorganisation**, dispersion, éparpillement, fatras, fouillis, foutoir *(fam.)*, gabegie, méli-mélo, pagaille *(fam.)*, pêle-mêle, tohu-bohu. 2. Altération, désarroi, perturbation, **trouble**. 3. Agitation, anarchie, bagarre, chahut, cohue, émeute, grabuge, indiscipline, laisser-aller, manifestation, querelle, **tumulte**. 4. Débauche, **dérèglement**, dissipation, licence. ♦ ANT. 1. Cohérence, méthode, ordre, organisation, rangement. 2. Bien-être, équanimité, sérénité. 3. Harmonie, paix. 4. Mesure, modération, pudeur.

DÉSORGANISATION ♦ SYN. Anarchie, confusion, dérangement, désagrégation, **désordre**, imbroglio, perturbation, trouble. ♦ ANT. Aménagement, arrangement, disposition, distribution, organisation.

DÉSORIENTER ♦ SYN. 1. **Égarer**, perdre. 2. Déboussoler, déconcerter, décontenancer, démonter, **dérouter**, désarmer, désemparer, embarrasser, troubler. ♦ ANT. 1. Diriger, orienter. 2. Encourager, rassurer.

DESPOTE ◇ v. **Dictateur**

DESPOTIQUE ◇ v. **Dictatorial**

DESPOTISME ◇ v. **Dictature**

DESSAISIR ✦ SYN. ▷ *V. tr.* **1.** Démunir, *déposséder*, enlever, ôter, retirer, spolier. ▷ *V. pr.* **2.** Abandonner, se débarrasser, se défaire, se démunir, se départir, se déposséder, *renoncer à*. ✦ ANT. **1.** Acquérir, posséder. **2.** Conserver, garder.

DESSALER ✦ SYN. **1.** Adoucir. **2.** *(Fam.)* Dégourdir, dégrossir, *déniaiser*. ▷ *V. pr.* **3.** *Chavirer*, se renverser. ✦ ANT. **1.** Saler. **2.** Abêtir, crétiniser. **3.** Flotter, glisser.

DESSÉCHER ✦ SYN. ▷ *V. tr.* **1.** Assécher, éponger, *sécher*, tarir, vider. **2.** Brûler, déshydrater, faner, *flétrir*. **3.** Endurcir, *insensibiliser*, racornir. ▷ *V. pr.* **4.** *Se décharner*, maigrir, se rabougrir, se ratatiner. ✦ ANT. **1.** Humidifier, mouiller. **2.** Arroser, hydrater, reverdir. **3.** Amollir, attendrir, émouvoir. **4.** Engraisser, se ragaillardir.

DESSEIN ✦ SYN. ▷ *Nom* **1.** But, conception, décision, détermination, entreprise, idée, *intention*, objet, parti, plan, projet, propos, résolution, visées, volonté, vues. ▷ *Loc. adv.* **2.** *(À dessein)* Exprès, délibérément, *intentionnellement*, volontairement. ✦ ANT. **1.** Hésitation, incertitude, indécision, mollesse. **2.** Involontairement, malgré soi.

DESSERRER ✦ SYN. Défaire, dégrafer, délacer, délier, dénouer, détacher, dévisser, *relâcher*. ✦ ANT. Comprimer, étreindre, lacer, nouer, presser, resserrer, sangler, serrer, visser.

DESSERVIR ✦ SYN. **1.** *(Table)* *Débarrasser*, enlever, nettoyer, ôter. **2.** *Contrecarrer*, faire obstacle, nuire. **3.** *(Transport)* *Conduire à*, mener à, passer par. ✦ ANT. **1.** Mettre (la table), servir. **2.** Aider, faciliter, favoriser. **3.** S'éloigner, passer outre.

DESSIN ✦ SYN. **1.** Calque, canevas, caricature, carton, coupe, crayon, croquis, ébauche, épure, esquisse, étude, figure, fusain, image, lavis, motif, nature morte, nu, patron, paysage, portrait, relevé (de plan), représentation graphique, schéma, silhouette, *tracé*, vignette. **2.** Conception, *plan*, projet, structure.

DESSINATEUR ◇ v. **Illustrateur**

DESSINER ✦ SYN. ▷ *V. tr.* **1.** Crayonner, croquer, ébaucher, esquisser, figurer, former, gribouiller *(péj.)*, griffonner *(péj.)*, illustrer, représenter, reproduire, *tracer*. **2.** Accuser, épouser (la forme), *faire ressortir*, indiquer, montrer, souligner. **3.** Dépeindre, *peindre*. ▷ *V. pr.* **4.** Se détacher, *se préciser*, se profiler, ressortir. ✦ ANT. **1.** Effacer, estomper, voiler. **2.** Cacher, déformer, masquer. **4.** Disparaître, s'estomper, se fondre.

DESSOUS ✦ SYN. ▷ *Sing.* **1.** *Bas*, envers, inférieur. **2.** *Désavantage*, infériorité. ▷ *Pl.* **3.** Face cachée, coulisses, *secrets*. **4.** *(Féminins)* Linge, lingerie, *sous-vêtements*. ✦ ANT. **1.** Dessus, endroit. **2.** Avantage, supériorité. **3.** Révélation, vérité. **4.** Habits, vêtements.

DESSUS ✦ SYN. **1.** Endroit, *haut*, supérieur. **2.** *Avantage*, meilleur, prééminence, supériorité. ✦ ANT. **1.** Dessous, envers, inférieur. **2.** Désavantage, infériorité.

DÉSTABILISER ◇ v. **Ébranler**

DESTIN ✦ SYN. Aléas, avenir, bonne aventure, chance, *destinée*, étoile, existence, fatalité, fatum, fortune, hasard, lot, providence, sort, vie.

DESTINATION ✦ SYN. **1.** But, fin, finalité, *intention*, motif, raison. **2.** *(Ch.)* Affectation, emploi, usage, *utilisation*. **3.** *(Pers.)* Destinée, *mission*, vocation. **4.** *(Lieu)* Adresse, *direction*, orientation, sens.

DESTINÉE ✦ SYN. **1.** Avenir, *destin*, fatalité, sort, vie. **2.** *Destination*, mission, vocation.

DESTINER ✦ SYN. ▷ *V. tr.* **1.** Prédestiner, *promettre*, vouer. **2.** Adresser, *affecter*, appliquer, assigner, attribuer, consacrer, garder, préparer, réserver. ▷ *V. pr.* **3.** *(Carrière, profession)* Choisir, se diriger vers, embrasser *(fig.)*, *s'orienter*. ✦ ANT. **1.** Condamner à, interdire, refuser. **2.** Enlever, ravir, retirer, soustraire. **3.** Abandonner, s'abstenir, se détourner, exclure.

DESTITUER ✦ SYN. Casser, congédier, déchoir, démettre, déposer *(souverain)*, détrôner *(souverain)*, disgracier, licencier, *limoger*, radier, relever de, remercier, renvoyer, révoquer. ♦ ANT. Couronner, garder, honorer, introniser, promouvoir, nommer, réhabiliter, réintégrer.

DESTITUTION ♦ SYN. Congédiement, déchéance, dégradation, déposition *(souverain)*, disgrâce, licenciement, *limogeage*, radiation, renvoi, révocation. ♦ ANT. Couronnement, intronisation, nomination, promotion, réintégration.

DESTRUCTEUR ♦ SYN. ▷ *Nom* 1. *Démolisseur*, déprédateur, iconoclaste, pillard, ravageur, saccageur, vandale. ▷ *Adj.* 2. Destructif, *dévastateur*, exterminateur, meurtrier, nuisible, subversif. ♦ ANT. 1. Bâtisseur, constructeur, créateur. 2. Créatif, innocent, inoffensif, sans danger, sûr, utile.

DESTRUCTIBLE ♦ SYN. *Altérable*, biodégradable, corruptible, éphémère, fragile, putrescible. ♦ ANT. Imputrescible, inaltérable, incorruptible, inusable, perpétuel.

DESTRUCTION ♦ SYN. 1. Dégât, dévastation, désolation, *dommage*, ravage, ruine. 2. Abolition, *anéantissement*, démantèlement, démolition, désagrégation, désintégration, écrasement, élimination, extermination, perte, renversement, ruine, suppression. 3. *(Pers.)* *Génocide*, holocauste, massacre. 4. *(Empire)* *Déclin*, dégradation, disparition, écroulement, effondrement. ♦ ANT. 1. Conservation, construction, établissement, fondation, maintien, réparation, restauration. 2. Construction, création, édification. 3. Peuplement. 4. Apogée, essor.

DÉSUET ◇ V. **Démodé**

DÉSUNION ♦ SYN. *Désaccord*, déchirements, discorde, dissentiment, division, divorce, mésentente, mésintelligence, rupture, séparation. ♦ ANT. Concorde, entente, harmonie, mariage, union.

DÉSUNIR ♦ SYN. 1. Désassembler, détacher, disjoindre, disloquer, isoler, *séparer*. 2. *Brouiller*, désolidariser, diviser, rompre. ♦ ANT. 1. Assembler, joindre, marier, rapprocher, souder, unir. 2. Coaliser, réconcilier, se solidariser.

DÉTACHEMENT ♦ SYN. 1. *(Milit.)* Commando, escorte, *patrouille*. 2. Abnégation, désintéressement, dévouement, oubli (de soi), *renoncement*, sacrifice. 3. Désaffection, désintérêt, froideur, *indifférence*, insensibilité, insouciance. 4. Calme, flegme, *impassibilité*, philosophie, résignation, stoïcisme. ♦ ANT. 1. Armée, gros de la troupe. 2. Avidité, égoïsme. 3. Affection, amour, attachement, intérêt, sensibilité, souci. 4. Agitation, angoisse, révolte, tourment.

DÉTACHER ♦ SYN. ▷ *V. tr.* 1. Déboutonner, décoller, décrocher, défaire, dégager, dégrafer, délacer, *délier*, dénouer, désenchaîner, libérer, séparer. 2. Extraire, *isoler*. 3. *Déléguer*, dépêcher, envoyer. 4. Accentuer, appuyer, articuler, marteler, *souligner*. 5. Arracher, désaffectionner, détourner, distraire, *éloigner*. 6. Dégraisser, *nettoyer*. ▷ *V. pr.* 7. *Se désintéresser*, se détourner, renoncer. 8. Se découper, *ressortir*, saillir, trancher. ♦ ANT. 1. Assembler, attacher, ficeler, fixer, joindre, lier, nouer, unir. 2. Adjoindre, réunir. 3. Ramener, rappeler. 4. Escamoter, oublier. 5. Affectionner, rapprocher. 6. Salir, souiller, tacher. 7. S'attacher, s'intéresser. 8. Disparaître, s'effacer, s'enfoncer.

DÉTAIL ♦ SYN. 1. Développement, *énumération*, précision. 2. *Accessoire*, circonstance, élément, particularité. 3. Bagatelle, baliverne, bêtise, bricole, broutille, rien, *vétille*. ♦ ANT. 1. Flou, généralités, vague. 2. Ensemble, important, principal. 3. Choses importantes, sujets sérieux.

DÉTAILLÉ ♦ SYN. 1. Circonstancié, complet, exhaustif, *minutieux*, particularisé, précis, rigoureux. 2. *Approfondi*, fouillé, poussé. ♦ ANT. 1. Bâclé, général, imprécis, incomplet, vague. 2. Futile, sommaire, superficiel.

DÉTAILLER ♦ SYN. 1. Débiter, *vendre* (au détail). 2. Compter, dénombrer, *énumérer*, inventorier, lister. 3. Décrire, *développer*, éclaircir, expliciter, expliquer, exposer, traiter. ♦ ANT. 1. Acheter, stocker. **2.** Arrondir, simplifier. **3.** Abréger, raccourcir, résumer.

DÉTECTER ◇ v. **Déceler**

DÉTECTIVE ◇ v. **Enquêteur**

DÉTEINDRE ♦ SYN. ▷ V. tr. **1.** Décolorer. ▷ V. intr. **2.** Se décolorer. **3.** Influencer, influer, marquer. ♦ ANT. **1.** Colorer, peindre, teindre. **2.** Se colorer. **3.** Se démarquer, se distinguer, se libérer.

DÉTENDRE ♦ SYN. ▷ V. tr. **1.** Débander, décompresser, décomprimer, décontracter, décrisper, desserrer, lâcher, relâcher. **2.** Apaiser, calmer, rasséréner. ▷ V. pr. **3.** S'abandonner, se décontracter, se délasser, se distraire, se prélasser, récupérer, se relaxer, se reposer. ♦ ANT. **1.** Bander, contracter, tendre. **2.** Alourdir, envenimer, exciter. **3.** S'agiter, s'épuiser, se tourmenter, travailler.

DÉTENDU ♦ SYN. **1.** Lâche, mou, relâché. **2.** Calme, décontracté, dégagé, reposé, serein, zen (fam.). ♦ ANT. **1.** Raide, tendu. **2.** Agressif, contracté, crispé, énervé, stressé, survolté.

DÉTENIR ♦ SYN. **1.** Avoir, conserver, garder, posséder. **2.** Emprisonner, retenir en captivité, séquestrer. ♦ ANT. **1.** Donner, laisser, perdre. **2.** Délivrer, libérer, relâcher, relaxer.

DÉTENTE ♦ SYN. **1.** Abandon, aise, calme, décompression, décontraction, délassement, distraction, évasion, exutoire, loisirs, pause, récréation, relâchement, relaxation, répit, repos, soulagement, vacances. **2.** Amélioration, apaisement, cessez-le-feu, coexistence (pacifique), éclaircie, embellie, trêve. ♦ ANT. **1.** Crispation, fatigue, surmenage, stress, tension. **2.** Conflit, guerre, reprise (des hostilités).

DÉTENTION ◇ v. **Prison**

DÉTENU ◇ v. **Prisonnier**

DÉTERGENT, DÉTERSIF ◇ v. **Nettoyant**

DÉTÉRIORATION ♦ SYN. **1.** Avarie, dégât, dégradation, délabrement, dommage, endommagement, pourrissement, ruine, sabotage. **2.** Baisse, décadence, déclin. ♦ ANT. **1.** Entretien, rénovation, réparation. **2.** Amélioration, progrès, relèvement.

DÉTÉRIORER ♦ SYN. ▷ V. tr. **1.** Abîmer, altérer, amocher (fam.), attaquer, dégrader, délabrer, détraquer, ébrécher, endommager, gâter, mutiler, ravager, saboter. **2.** (Santé) Détruire, ruiner. **3.** Corrompre, dépraver, pervertir. ▷ V. pr. **4.** Empirer, se gâter, pourrir. ♦ ANT. **1.** Entretenir, rénover, réparer. **2.** Prendre soin, rétablir. **3.** Assainir, corriger, édifier. **4.** S'améliorer.

DÉTERMINANT ♦ SYN. Capital, crucial, décisif, essentiel, important, incontestable, prépondérant. ♦ ANT. Accessoire, dérisoire, négligeable, secondaire.

DÉTERMINATION ♦ SYN. **1.** Calcul, caractérisation, définition, délimitation, estimation, fixation, limitation, mesure. **2.** Décision, délibération, dessein, fermeté, intention, parti, résolution, ténacité, volonté. ♦ ANT. **1.** Imprécision, indétermination, vague. **2.** Hésitation, indécision, irrésolution.

DÉTERMINÉ ♦ SYN. **1.** Arrêté, certain, défini, établi, fixé, net, précis. **2.** Audacieux, courageux, décidé, énergique, ferme, obstiné, résolu, tenace, volontaire. ♦ ANT. **1.** Douteux, imprécis, incertain, indéterminé, vague. **2.** Amorphe, craintif, indécis, irrésolu, mou, perplexe, versatile.

DÉTERMINER ♦ SYN. ▷ V. tr. **1.** Arrêter, borner, calculer, caractériser, circonscrire, définir, délimiter, estimer, établir, évaluer, fixer, marquer, mesurer, préciser, régler, spécifier. **2.** Amener, décider, engager, entraîner, inciter, persuader, porter à, pousser à. **3.** (Ch.) Causer, déclencher, engendrer, nécessiter, occasionner, produire, provoquer, susciter. ▷ V. pr. **4.** Se décider à, se résoudre à, vouloir. ♦ ANT. **1.** Confondre, embrouiller, mésestimer. **2.** Déconseiller, décourager, détourner. **3.** Empêcher, éviter, faire obstacle. **4.** Atermoyer, hésiter.

DÉTERRER ♦ SYN. **1.** Arracher. **2.** Exhumer. **3.** Déceler, découvrir, dénicher, dévoiler, exhumer (fig.), ressortir, ressusciter, tirer de l'oubli. ♦ ANT. **1.** Enfouir, ensevelir, enterrer. **2.** Inhumer. **3.** Cacher, oublier.

DÉTESTABLE ✦ SYN. Abominable, affreux, déplorable, désagréable, exécrable, **haïssable**, horrible, imbuvable *(fam.)*, mauvais, méprisable, odieux, vilain. ✦ ANT. Admirable, adorable, agréable, bon, excellent, exquis.

DÉTESTER ✦ SYN. Abhorrer, abominer, avoir en horreur, cracher sur *(fam.)*, exécrer, **haïr**, maudire, réprouver, répugner à, vomir *(fig.)*. ✦ ANT. Admirer, adorer, aimer, désirer, souhaiter.

DÉTONATION ✦ SYN. Bruit, coup, décharge, déflagration, éclatement, **explosion**, fracas.

DÉTONNER ◊ V. **Trancher**

DÉTOUR ✦ SYN. 1. Angle, coude, courbe, lacet, méandre, repli, sinuosité, tournant, **virage**. 2. *(Trajet)* **Crochet**, déviation, incursion. 3. Biais, circonlocution, diversion, faux-fuyant, périphrase, ruse, **subterfuge**. ✦ ANT. 1. Ligne droite. 2. Raccourci. 3. Droiture, franchise, simplicité.

DÉTOURNÉ ◊ V. **Indirect**

DÉTOURNEMENT ✦ SYN. 1. Dérivation, dérive, déroutement *(avion)*, **déviation**. 2. *(Biens, fonds)* Abus de confiance, concussion, **déprédation**, exaction, malversation, vol. 3. *(Personne mineure)* **Enlèvement**, rapt, séduction.

DÉTOURNER ✦ SYN. ▷ V. tr. 1. Dériver, dérouter, **dévier**, obliquer. 2. Écarter, éloigner, **éviter**. 3. Arracher à, déranger, **dissuader**, distraire. 4. *(Biens, fonds)* Soustraire, **voler**. ▷ V. pr. 5. **S'égarer**, se fourvoyer, perdre son chemin. 6. Dédaigner, délaisser, **se désintéresser de**, se détacher de, ignorer, se lasser. ✦ ANT. 1. Orienter, redresser, remettre dans la voie. 2. Aborder, faire face à. 3. Encourager, inciter, pousser à. 4. Rendre, restituer. 5. S'orienter, retrouver son chemin. 6. Se consacrer à, s'occuper de, s'intéresser à, se préoccuper de, se soucier.

DÉTRACTEUR ✦ SYN. Accusateur, adversaire, contempteur, critique, **dénigreur**, dépréciateur, ennemi. ✦ ANT. Admirateur, ami, partisan.

DÉTRAQUÉ ◊ V. **Fou**

DÉTRAQUER ✦ SYN. 1. Abîmer, déglinguer *(fam.)*, déranger, **dérégler**, détériorer. 2. Bouleverser, brouiller, **troubler**. ✦ ANT. 1. Ajuster, arranger, régler, réparer. 2. Calmer, guérir, rétablir.

DÉTRESSE ✦ SYN. 1. Adversité, affliction, angoisse, danger, dénuement, désolation, désarroi, désespoir, disette, indigence, infortune, **malheur**, misère. 2. *(Mar.)* **Perdition**, S.O.S. ✦ ANT. 1. Bien-être, paix, prospérité, quiétude, sécurité, tranquillité. 2. Salut.

DÉTRITUS ◊ V. **Déchet**

DÉTROIT ✦ SYN. **Bras de mer**, canal, manche, pas, passage, pertuis.

DÉTROMPER ✦ SYN. Démystifier, désabuser, **désillusionner**, dessiller les yeux, éclairer, ouvrir les yeux, tirer d'erreur. ✦ ANT. Abuser, duper, endormir, leurrer, mystifier, tromper.

DÉTRÔNER ✦ SYN. 1. *(Souverain)* Déposer, **destituer**, renverser. 2. Éclipser, effacer, **évincer**, remplacer, se substituer à, supplanter. ✦ ANT. 1. Couronner, introniser, sacrer. 2. Conserver (la faveur), favoriser.

DÉTRUIRE ✦ SYN. 1. Abattre, abolir, **anéantir**, annihiler, briser, brûler, casser, consumer, défaire, démolir, dévaster, engloutir, miner, piller, pulvériser, raser, ravager, renverser, ruiner, saccager, saper, supprimer. 2. Décimer, éliminer, **exterminer**, massacrer, tuer. ✦ ANT. 1. Bâtir, conserver, construire, créer, édifier, établir, fonder. 2. Épargner, sauver.

DETTE ✦ SYN. 1. Débit, déficit, devoir, **dû**, emprunt, passif, solde. 2. **Engagement**, obligation. ✦ ANT. 1. Actif, avoir, créance, crédit. 2. Désengagement, liberté.

DEUIL ✦ SYN. 1. Affliction, chagrin, **douleur**, larmes, malheur, peine, souffrance, tristesse. 2. Décès, départ, disparition, mort, **perte**, séparation. ✦ ANT. 1. Bonheur, joie. 2. Existence, naissance, renaissance, résurrection, réunion, vie.

DEUXIÈME ◊ V. **Second**

DÉVALER ✦ SYN. Débouler *(fam.)*, dégringoler, **descendre**, glisser, se précipiter, rouler, tomber. ♦ ANT. Escalader, gravir, grimper, monter.

DÉVALISER ♦ SYN. Cambrioler, dépouiller, détrousser, piller, ravir, *voler*. ♦ ANT. Remettre, rendre, restituer.

DÉVALORISATION, DÉVALUATION ◇ V. Dépréciation

DÉVALORISER, DÉVALUER ◇ V. Déprécier

DEVANCER ♦ SYN. 1. *Dépasser*, distancer, doubler, gagner de vitesse, semer. 2. L'emporter sur, primer sur, surclasser, *surpasser*. 3. Être en avance, *précéder*, prendre de l'avance. 4. Aller au-devant de, *prévenir*. 5. *Anticiper*, prévoir. ♦ ANT. 1. Succéder, suivre, talonner, traîner. 2. Atteindre, égaler, équivaloir à. 3. Être en retard, tarder. 4. Attendre, laisser venir. 5. Différer, reporter.

DEVANCIER ♦ SYN. 1. *(Charge, fonction)* Personne précédente, *prédécesseur*. 2. *(Œuvre)* Initiateur, inspirateur, maître, *précurseur*. 3. *(Pl. surtout)* Aïeux, aînés, *ancêtres*, anciens, prédécesseurs. ♦ ANT. 1. Successeur, suivant. 2. Continuateur, disciple, héritier, épigone. 3. Contemporains, successeurs.

DEVANT ♦ SYN. ▷ *Nom* 1. Antérieur, *avant*, devanture, façade, front, tête. ▷ *Adv.* 2. *En avant*, en premier, en tête. ▷ *Prép.* 3. *En avant de*, en face de, face à, vis-à-vis de. 4. *À l'égard de*, aux yeux de, en comparaison de, en présence de, par rapport à. ▷ *Loc. prép.* 5. *(Au-devant de)* À la rencontre de. ♦ ANT. 1. Arrière, derrière, dos, fond. 2. À la queue, à la suite, après, en arrière, en dernier. 3. Au dos de, en arrière de. 4. À l'exclusion de, en l'absence de. 5. À l'encontre de, à l'opposé de.

DEVANTURE ♦ SYN. Devant, étalage, *façade*, montre, vitrine. ♦ ANT. Arrière-boutique, fond.

DÉVASTATEUR ◇ V. Destructeur

DÉVASTATION ◇ V. Destruction

DÉVASTER ♦ SYN. Décimer, désoler, *détruire*, piller, raser, ravager, ruiner, saccager. ♦ ANT. Reconstruire, réparer, repeupler, restaurer, rétablir.

DÉVELOPPÉ ◇ V. Civilisé

DÉVELOPPEMENT ♦ SYN. 1. Déballage, dépliage, *déploiement*, déroulement, extension. 2. Croissance, épanouissement, *évolution*, marche, processus, progression, suite. 3. Accroissement, ampleur, augmentation, *essor*, expansion, progrès, prospérité. 4. Amplification, éclaircissement, explication, *exposé*, narration, récit. ♦ ANT. 1. Enroulement, enveloppement, repliement. 2. Déclin, régression. 3. Diminution, recul, ruine. 4. Abrégé, condensé, résumé, synthèse.

DÉVELOPPER ♦ SYN. ▷ *V. tr.* 1. Déballer, déplier, *déployer*, dérouler, désenvelopper, étaler, étendre. 2. *Accroître*, agrandir, augmenter, cultiver, éduquer, exercer, former, perfectionner. 3. Amplifier, détailler, éclaircir, enrichir, expliciter, expliquer, *exposer*, présenter, traiter. ▷ *V. pr.* 4. Croître, se former, *grandir*, pousser *(végétaux)*. 5. S'accomplir, avancer, s'épanouir, fructifier, *progresser*, prospérer, se réaliser (pleinement). 6. S'agrandir, s'étendre, *s'intensifier*, se propager. ♦ ANT. 1. Emballer, enrouler, envelopper, plier, replier. 2. Atrophier, réduire, restreindre, stagner. 3. Abréger, condenser, raccourcir, résumer. 4. Dépérir, s'étioler. 5. Décliner, dépérir, péricliter, régresser, végéter. 6. Diminuer, se confiner, se limiter.

DEVENIR ◇ V. Évoluer

DÉVERGONDAGE ◇ V. Débauche

DÉVERGONDÉ ◇ V. Débauché

DÉVERSER ♦ SYN. 1. Renverser, *verser*. 2. Amener, débarquer, *décharger*. 3. Épancher, épandre, *répandre*. ♦ ANT. 1. Capter, garder, recevoir, retenir. 2. Charger, embarquer. 3. Arrêter, contenir, maîtriser, refouler.

DÉVÊTIR ♦ SYN. ▷ *V. tr.* 1. Découvrir, dénuder, dépouiller, *déshabiller*, enlever, ôter, retirer. ▷ *V. pr.* 2. Se dénuder, *se déshabiller*. 3. *(Partie des vêtements)* *Se découvrir*, se défaire. ♦ ANT. 1. Couvrir, habiller, vêtir. 2. S'habiller, se rhabiller, se vêtir. 3. Se couvrir, enfiler, mettre, porter.

DÉVÊTU ◇ V. Nu

DÉVIATION ♦ SYN. 1. *Dérivation*, dérive, détournement, inflexion. 2. *(Route)* Détour. 3. *(Rayons lumineux)* Déflexion, diffraction, *réfraction*. 4. Aberration, déviationnisme, *écart*, erreur, hérésie, schisme. 5. *(Méd.)* *Déformation*, malformation. ♦ ANT. 1. Ligne droite. 2. Raccourci. 3. Focalisation, réflexion. 4. Conformisme, dogmatisme, ligne (du parti), orthodoxie. 5. Correction, redressement.

DÉVIER ♦ SYN. ▷ *V. tr.* 1. *Détourner*, écarter, infléchir. 2. *(Rayons lumineux)* Défléchir, diffracter, *réfracter*. ▷ *V. tr. ind.* 3. Biaiser, *bifurquer*, s'écarter de, obliquer. 4. *(Principes)* Changer, s'égarer, *s'éloigner*, errer, s'infléchir. ▷ *V. intr.* 5. Déporter, *dériver*, dérouter. ♦ ANT. 1. Remettre dans la voie. 2. Focaliser, réfléchir. 3. Orienter, rectifier. 4. Respecter, suivre. 5. Redresser.

DEVIN ♦ SYN. Astrologue, augure, cartomancien, clairvoyant, diseur de bonne aventure, mage, magicien, oracle, prophète, pythie, pythonisse, sibylle, sorcier, vaticinateur, visionnaire, *voyant*.

DEVINER ♦ SYN. 1. Annoncer, augurer, dévoiler, *prédire*, présager, prévoir, pronostiquer, prophétiser, vaticiner. 2. Conjecturer, déceler, déchiffrer, *découvrir*, démasquer, détecter, se douter de, entrevoir, flairer, imaginer, lire (dans les pensées), pénétrer, pressentir, savoir, soupçonner, subodorer, trouver, voir. ♦ ANT. 1. Errer, se tromper. 2. Ignorer, se perdre en conjectures.

DEVINETTE ◇ V. Énigme

DEVIS ◇ V. Évaluation

DÉVISAGER ♦ SYN. Arrêter son regard sur, attacher son regard sur, dévorer des yeux, examiner, *fixer*, lorgner, observer, regarder, reluquer *(fam.)*, scruter, toiser *(péj.)*, zieuter *(fam.)*. ♦ ANT. Détourner (les yeux), éviter, se soustraire.

DEVISE ♦ SYN. 1. *Emblème*, figure, symbole. 2. Formule, maxime, *mot d'ordre*, sentence, slogan. 3. *(Fin.)* *Change*, monnaie étrangère.

DEVISER ◇ V. Causer

DÉVOILER ♦ SYN. 1. Découvrir. 2. Déballer *(fam.)*, déceler, démasquer, divulguer, lever le voile sur *(mystère)*, manifester, mettre à nu, prédire, publier, *révéler*, soulever un coin du voile. ♦ ANT. 1. Couvrir, voiler. 2. Cacher, celer, déguiser, dissimuler, jeter le voile sur, taire.

DEVOIR ♦ SYN. 1. Charge, corvée, dette, fonction, nécessité, *obligation*, office, responsabilité, tâche, travail. 2. Composition, copie, épreuve, *exercice*. 3. *(Pl.)* Civilités, *hommages*, respects. ♦ ANT. 1. Choix, droit, faculté, liberté. 2. Congé. 3. Insultes, reproches.

DÉVOLU ♦ SYN. 1. *Acquis*, attribué, cédé, échu, réservé, transféré. 2. *(Jeter son dévolu)* *Choisir*, fixer son choix, opter pour, prétendre à. ♦ ANT. 1. Dérobé, refusé, retiré. 2. Dédaigner, empêcher, refuser.

DÉVORER ♦ SYN. 1. Avaler, bouffer *(fam.)*, engloutir, engouffrer, ingurgiter, *manger* (avidement). 2. Accaparer, *consommer*, détruire, dilapider, dissiper, gaspiller, piller, ruiner. 3. Absorber, consumer, ronger, tenailler, *tourmenter*. 4. *(Dévorer des yeux)* Convoiter, désirer, *dévisager*, lorgner, reluquer *(fam.)*. ♦ ANT. 1. Grignoter, picorer. 2. Conserver, protéger, sauvegarder, sauver. 3. Apaiser, rasséréner, soulager. 4. Dédaigner, détourner les yeux, éviter.

DÉVOT ♦ SYN. 1. Croyant, fervent, fidèle, *pieux*, pratiquant, religieux. 2. *(Péj.)* *Bigot*, pharisien, tartufe. ♦ ANT. 1. Impie, incroyant, infidèle. 2. Sincère.

DÉVOTION ♦ SYN. 1. Adoration, culte, exercice (spirituel), ferveur, mysticisme, onction, *piété*, prière. 2. Attachement, *dévouement*, respect, vénération. 3. *(Péj.)* *Bigoterie*, bondieuserie, pharisaïsme, tartuferie. ♦ ANT. 1. Impiété. 2. Indifférence. 3. Sincérité.

DÉVOUÉ ♦ SYN. Assidu, constant, empressé, *fidèle*, loyal, serviable, sûr, zélé. ♦ ANT. Déloyal, égoïste, inconstant, indifférent, infidèle, perfide, traître.

DÉVOUEMENT ♦ SYN. 1. Abnégation, don de soi, héroïsme, oubli de soi, *sacri-*

fice. 2. Affection, amour, attachement, bienveillance, *bonté*, cœur, serviabilité, soin, zèle. 3. Constance, empressement, *fidélité*, loyalisme, loyauté, zèle. ♦ ANT. 1. Apathie, égoïsme, indifférence. 2. Dureté, inhumanité, malveillance. 3. Déloyauté, désertion, infidélité, trahison.

DÉVOUER ♦ SYN. ▷ *V. tr.* 1. Consacrer, dédier, *offrir*, vouer. ▷ *V. pr.* 2. S'appliquer à, *se consacrer à*, se livrer à, se sacrifier, se vouer à. ♦ ANT. 1. Refuser. 2. Abandonner, délaisser, déserter.

DEXTÉRITÉ ♦ SYN. *Adresse*, agilité, art, doigté, habileté, prestesse, savoir-faire, tour de main, virtuosité, vivacité. ♦ ANT. Gaucherie, lenteur, maladresse.

DIABLE ◇ V. **Démon**

DIABLE (À LA) ♦ SYN. À la hâte, bâclé, en désordre, hâtivement, négligemment, sans conscience, sans méthode, *sans soin*. ♦ ANT. Méthodiquement, méticuleusement, soigneusement.

DIABOLIQUE ♦ SYN. 1. Démoniaque. 2. Infernal, machiavélique, malfaisant, *méchant*, méphistophélique, pernicieux, pervers, sarcastique, sardonique *(rire)*, satanique. ♦ ANT. 1. Angélique, divin, idéal. 2. Aimable, bienfaisant, bon, droit, franc, innocent, sincère, vertueux.

DIAGNOSTIC ♦ SYN. Constatation, découverte, observation, *reconnaissance*. ♦ ANT. Examen, prévision, pronostic.

DIAGNOSTIQUER ♦ SYN. Constater, déceler, découvrir, discerner, observer, *reconnaître*. ♦ ANT. Annoncer, prévoir, pronostiquer.

DIALECTE ◇ V. **Patois**

DIALOGUE ♦ SYN. 1. Aparté, causerie, colloque, *conversation*, discussion, échange de vues, entretien, propos, tête-à-tête. 2. Compromis, concertation, médiation, *négociation*, pourparlers, tractations. ♦ ANT. 1. Monologue, mutisme, silence, soliloque. 2. Discorde, mésentente, rupture.

DIAPHANE ◇ V. **Translucide**

DIAPRÉ ♦ SYN. Bariolé, *chatoyant*, constellé, émaillé, moiré. ♦ ANT. Uni, uniforme, sombre, terne.

DIATRIBE ◇ V. **Pamphlet**

DICTATEUR ♦ SYN. Autocrate, *despote*, dominateur, oppresseur, persécuteur, potentat, tyran. ♦ ANT. Bienfaiteur, démocrate, libérateur.

DICTATORIAL ♦ SYN. 1. Absolu, arbitraire, autocratique, césarien, *despotique*, discrétionnaire, dominateur, omnipotent, oppressif, souverain, totalitaire, tyrannique. 2. *(Ton)* Autoritaire, *impérieux*, péremptoire, tranchant. ♦ ANT. 1. Démocratique, libéral. 2. Faible, hésitant, humble, obéissant, soumis.

DICTATURE ♦ SYN. Absolutisme, arbitraire, autocratie, autoritarisme, caporalisme, césarisme, *despotisme*, domination, omnipotence, oppression, totalitarisme, tyrannie. ♦ ANT. Démocratie, libéralisme, liberté.

DICTER ♦ SYN. 1. Conseiller, *inspirer*, souffler, suggérer. 2. Commander, décider, édicter, enjoindre, *imposer*, ordonner, prescrire, régler (sans appel), stipuler. ♦ ANT. 1. Déconseiller, dissuader. 2. Exécuter, obéir, se soumettre.

DICTION ♦ SYN. Articulation, débit, *élocution*, prononciation.

DICTIONNAIRE ♦ SYN. 1. Code, encyclopédie, glossaire, lexique, nomenclature, répertoire, thésaurus, *vocabulaire*. 2. *(Fam.)* *Érudit*, savant.

DICTON ◇ V. **Sentence**

DIDACTIQUE ♦ SYN. ▷ *Nom* 1. Enseignement, *pédagogie*. ▷ *Adj.* 2. Éducatif, formateur, instructif, *pédagogique*, scientifique, scolaire, technique.

DIÈTE ♦ SYN. 1. *Cure*, régime (prescrit), restrictions, traitement. 2. Abstinence, *jeûne*. ♦ ANT. 1. Bonne chère, gastronomie. 2. Gourmandise, intempérance.

DIÉTÉTICIEN ♦ SYN. Diététiste *(québ.)*, *nutritionniste*.

DIEU ♦ SYN. ▷ *Majusc.* 1. Allah, bon Dieu, Christ, Créateur, Esprit saint, Éternel, *Être suprême*, Grand Manitou, Jéhovah, Jésus, Jésus-Christ, Messie, Notre-Seigneur, Père éternel, Providence, Roi des rois, Saint-Esprit, Sauveur, Tout-Puissant,

Très-Haut, Yahvé. ▷ *Minusc.* 2. *(Dieu, déesse)* Déité, *divinité* (mythologique), esprit, génie. 3. *(Demi-dieu)* **Démiurge**, héros. 4. *Idole*, vedette. 5. *(Pl., dieux du foyer)* Lares, *mânes*, pénates. ◆ ANT. 1. Être humain, humanité, mortels.

DIFFAMATION ◇ v. Calomnie

DIFFAMATOIRE, DIFFAMANT ◇ v. Calomnieux

DIFFAMER ◇ v. Calomnier

DIFFÉRENCE ◆ SYN. 1. Disconvenance, disparité, disproportion, *dissemblance*, dissimilitude, distance, distinction, écart, inégalité, nuance, particularité. 2. Antinomie, antithèse, contraste, désaccord, différend, *discordance*, dissidence, divergence, division, incohérence, incompatibilité, opposition. 3. *(Philos.)* **Altérité**, diversité, pluralisme, variété. 4. Excédent, *reste*, solde. ◆ ANT. 1. Analogie, conformité, égalité, parité, rapport, rapprochement, ressemblance, similitude. 2. Accord, compatibilité, concordance, convergence. 3. Identité, monisme, uniformité. 4. Déficit, insuffisance.

DIFFÉRENCIATION ◇ v. Distinction

DIFFÉRENCIER ◇ v. Distinguer

DIFFÉREND ◆ SYN. Conflit, contestation, débat, démêlé, *désaccord*, discussion, dispute, dissension, litige, mésentente, querelle. ◆ ANT. Accommodement, accord, concorde, entente, harmonie, paix, rapprochement, réconciliation.

DIFFÉRENT ◆ SYN. ▷ *Adj.* 1. Autre, contraire, disparate, *dissemblable*, distinct, divergent, divers, éloigné, hétéroclite, hétérogène, inégal, varié. 2. Changé, *méconnaissable*, modifié, nouveau, transformé. ▷ *Adj. indéf.* 3. *(Pl., devant le nom)* **Divers**, maints, multiples, plusieurs. ◆ ANT. 1. Analogue, égal, équivalent, homogène, identique, même, pareil, ressemblant, semblable. 2. Conforme, reconnaissable, traditionnel, uniforme. 3. Un, unique, seul.

DIFFÉRER ◆ SYN. ▷ *V. intr.* 1. Se différencier, *se distinguer*, s'opposer. ▷ *V. tr.* 2. Ajourner, atermoyer, attendre, éloigner, procrastiner, reculer, remettre,

renvoyer, reporter, repousser, *retarder*, surseoir, temporiser. ◆ ANT. 1. Se confondre, se ressembler. 2. Avancer, devancer, hâter, précipiter.

DIFFICILE ◆ SYN. 1. Ardu, dur, incommode, laborieux, malaisé, *pénible*, rude. 2. Abscons, *compliqué*, confus, corsé, embrouillé, impénétrable, incompréhensible, inextricable, inintelligible, obscur. 3. *(Accès, passage)* Abrupt, *dangereux*, escarpé, impraticable, inabordable, inaccessible, malaisé *(fig.)*, périlleux. 4. Délicat, *embarrassant*, épineux. 5. *(Pers.)* Acariâtre, *capricieux*, exigeant, intraitable, irascible, malcommode *(québ., fam.)*, ombrageux. ◆ ANT. 1. Agréable, aisé, commode, facile. 2. Clair, compréhensible, intelligible, simple. 3. Abordable, accessible, praticable, sûr. 4. Anodin, inoffensif. 5. Accommodant, aimable, conciliant, coulant *(fam.)*.

DIFFICULTÉ ◆ SYN. 1. Accroc, achoppement, affaire, anicroche, complication, contretemps, démêlé, désagrément, embarras, *empêchement*, ennui, entrave, gêne, incident, inconvénient, mal, obstacle, os *(fam.)*, panne, peine, pépin *(fam.)*, tourment, tracas. 2. *Complexité*, confusion, hermétisme, obscurité, subtilité. 3. *Danger*, détresse, menace, péril. 4. Bourbier, crise, cul-de-sac, *impasse*, pétrin *(fam.)*. 5. *(Pl.)* Chicane, contestation, objection, *opposition*. ◆ ANT. 1. Agrément, aisance, commodité, facilité. 2. Clarté, simplicité. 3. Assurance, paix, sécurité, sûreté. 4. Issue, règlement, porte de sortie. 5. Accord, approbation, appui, paix.

DIFFORME ◆ SYN. Contrefait, *déformé*, déjeté, disgracié, disproportionné, infirme, laid, monstrueux, tordu, tors. ◆ ANT. Beau, gracieux, harmonieux, normal, parfait, proportionné, régulier.

DIFFORMITÉ ◆ SYN. Anomalie, défaut, *déformation*, handicap, infirmité, laideur, malformation, monstruosité, tare. ◆ ANT. Beauté, harmonie, normalité, perfection, régularité.

DIFFUS ◆ SYN. 1. Répandu. 2. Abondant, bavard, délayé, prolixe, redondant, *ver-*

beux. ♦ ANT. **1.** Concentré. **2.** Bref, concis, court, laconique, précis, succinct, télégraphique.

DIFFUSER ♦ SYN. **1.** Disperser, distribuer, médiatiser, propager, **répandre**, véhiculer. **2.** *(Ondes)* Émettre, **transmettre**. **3.** *(Lumière)* Irradier, **rayonner**. ♦ ANT. **1.** Censurer, concentrer, limiter, restreindre. **2.** Capter, recevoir. **3.** S'éteindre, pâlir.

DIFFUSION ♦ SYN. **1.** Circulation, dissémination, distribution, expansion, invasion, médiatisation, **propagation**, publicité, vulgarisation *(connaissances)*. **2.** Communication, émission, radiodiffusion, télédiffusion, **transmission**. **3.** *(Lumière)* Irradiation, **rayonnement**. ♦ ANT. **1.** Censure, concentration. **2.** Réception. **3.** Extinction, obscurcissement.

DIGÉRER ♦ SYN. **1.** Absorber, **assimiler**. **2.** *(Fam.)* Accepter, avaler, endurer, souffrir, subir, **supporter**, tolérer. ♦ ANT. **1.** Excréter, régurgiter, vomir. **2.** S'opposer, regimber, se révolter.

DIGESTION ◇ V. **Assimilation**

DIGNE ♦ SYN. **1.** Estimable, honnête, **honorable**, méritant. **2.** Auguste, fier, grave, imposant, majestueux, **noble**, respectable, solennel. **3.** À la hauteur de, approprié, bienséant, conforme, **convenable**, correct, décent, séant. ♦ ANT. **1.** Avilissant, déshonorant, immérité, indigne. **2.** Familier, insignifiant, méprisable, vil, vulgaire. **3.** Inapproprié, inconvenant, indécent, malséant.

DIGNEMENT ♦ SYN. **1.** Fièrement, gravement, **honorablement**, majestueusement, noblement, solennellement. **2.** Bien, **convenablement**, correctement, décemment, honnêtement, respectablement. ♦ ANT. **1.** Bassement, honteusement, indignement, vilement. **2.** Incorrectement, indécemment, irrespectueusement.

DIGNITÉ ♦ SYN. **1.** Distinction, **honneur**, investiture, prérogative, promotion. **2.** Convenance, décence, grandeur, gravité, majesté, **noblesse**, réserve, respectabilité, retenue, solennité. **3.** Amour-propre, **fierté**. ♦ ANT. **1.** Avilissement, déshonneur.

2. Bassesse, familiarité, inconvenance, indécence, indignité, laisser-aller, vilenie, vulgarité. **3.** Humiliation, mépris de soi.

DIGRESSION ♦ SYN. À-côté, aparté, divagation, **écart**, épisode, excursion, excursus, parenthèse. ♦ ANT. Abrégé, condensé, suppression.

DIGUE ♦ SYN. **1.** Aboiteau *(acad.)*, **barrage**, brise-lames, chaussée, écluse, estacade, jetée, levée, môle. **2.** *(Fig.)* Barrière, entrave, frein, **obstacle**, rempart. ♦ ANT. **1.** Ouverture, passage. **2.** Aide, appui, liberté, rempart.

DIKTAT ♦ SYN. *(Le plus souvent péj.)* Commandement, **décision arbitraire**, décret, édit, injonction, ordre impérieux, oukase.

DILAPIDATION ◇ V. **Gaspillage**

DILAPIDER ♦ SYN. Claquer *(fam.)*, croquer *(fam.)*, dépenser, dissiper, flamber, **gaspiller**, manger, prodiguer. ♦ ANT. Accumuler, amasser, conserver, épargner, ménager, se priver, thésauriser.

DILATATION ♦ SYN. Accroissement, **agrandissement**, allongement, augmentation, distension, enflure, étirement, expansion, extension, gonflement, grossissement. ♦ ANT. Compression, contraction, diminution, resserrement, rétrécissement.

DILATER ♦ SYN. **1.** **Agrandir**, allonger, ballonner, boursoufler, enfler, étendre, étirer, gonfler, grossir, ouvrir. **2.** *(Cœur, rate)* **Épanouir**, réjouir. ♦ ANT. **1.** Comprimer, condenser, contracter, diminuer, resserrer, rétrécir. **2.** Ennuyer, irriter.

DILEMME ♦ SYN. **1.** **Alternative**, opposition. **2.** *(Intérieur)* Combat, débat, déchirement, **tiraillement**. ♦ ANT. **1.** Choix multiples, liberté. **2.** Assurance, fermeté, sérénité.

DILETTANTE ♦ SYN. **Amateur**, fantaisiste, sauteur, touche-à-tout. ♦ ANT. Professionnel, spécialiste.

DILIGENCE ♦ SYN. **1.** Célérité, **empressement**, précipitation, promptitude, rapidité, vivacité. **2.** Assiduité, attention, obligeance, prévenance, sollicitude, soin, **zèle**. **3.** **Coche**, omnibus, patache. ♦ ANT.

1. Apathie, lenteur, nonchalance, retard.
2. Froideur, désobligeance, indifférence, inconstance, négligence, oubli.

DILIGENT ✦ SYN. Actif, appliqué, assidu, attentif, *empressé*, expéditif, prompt, rapide, zélé. ✦ ANT. Apathique, lent, négligent, nonchalant, paresseux.

DILUER ✦ SYN. 1. Baptiser *(fig. et fam.)*, couper, *délayer*, détremper, dissoudre, étendre, fondre, mouiller, noyer, tremper. 2. Affaiblir, amoindrir, *atténuer*. ✦ ANT. 1. Condenser, décanter, dessécher. 2. Accentuer, renforcer.

DÎME ✦ SYN. Capitation, *contribution*, droit, impôt, prestation, redevance.

DIMENSION ✦ SYN. 1. Calibre, épaisseur, étendue, format, gabarit, grandeur, grosseur, hauteur, largeur, longueur, mensuration, *mesure*, pointure, profondeur, proportion, taille, volume. 2. *Importance*, portée, valeur.

DIMINUER ✦ SYN. ▷ *V. tr.* 1. *(Dimension)* Abaisser, amenuiser, amincir, circonscrire, comprimer, concentrer, condenser, rapetisser, *réduire*, resserrer, restreindre, rétrécir. 2. *(Qualité)* **Affaiblir**, appauvrir, atrophier, atténuer, détériorer. 3. *(Texte)* **Abréger**, amputer, condenser, écourter, édulcorer, tronquer. 4. *(Prix, valeur)* Alléger, amoindrir, amortir, déprécier, dévaloriser, *dévaluer*, rabattre, solder. 5. *(Valeur morale)* Avilir, désavantager, *discréditer*, rabaisser, rapetisser, ravaler. 6. *(Force morale ou physique)* Abattre, épuiser, freiner, miner, *modérer*, ralentir, tempérer. ▷ *V. intr.* 7. S'amenuiser, baisser, décliner, *décroître*, s'estomper, faiblir, pâlir, raccourcir. ✦ ANT. 1. Agrandir, allonger, augmenter, étendre, grossir. 2. Accroître, améliorer, développer. 3. Ajouter, amplifier. 4. Hausser, monter, remonter. 5. Apprécier, estimer, valoriser. 6. Aviver, exciter, fortifier, intensifier. 7. S'accentuer, s'accroître, s'allonger, croître, se fortifier.

DIMINUTION ✦ SYN. 1. Abrègement, allégement, amoindrissement, baisse, compression, décroissance, dégrèvement, dépréciation, dévolution, raccourcisse-ment, ralentissement, récession, *réduction*, régression, restriction, retranchement. 2. *(Forces)* Affaiblissement, amenuisement, *déclin*, dégradation, déperdition. 3. *(Douleur)* Apaisement, atténuation, *soulagement*. 4. Rabais, *remise*, ristourne, solde. ✦ ANT. 1. Accroissement, agrandissement, allongement, amplification, augmentation, croissance, dilatation, essor, hausse, majoration, progrès, progression, recrudescence, surcroît, surplus. 2. Épanouissement, regain, rétablissement. 3. Aggravation, complication. 4. Retenue, surplus, taxe.

DIPLOMATE ✦ SYN. ▷ *Nom* 1. *Ambassadeur*, consul, émissaire, envoyé, légat, négociateur, représentant. ▷ *Adj.* 2. Adroit, avisé, circonspect, conciliant, fin, *habile*, rusé, souple, subtil. ✦ ANT. 2. Autoritaire, fruste, imprudent, intransigeant, maladroit, téméraire.

DIPLOMATIE ✦ SYN. 1. *Ambassade*, chancellerie, consulat, légation, mission. 2. Adresse, circonspection, doigté, entregent, finesse, *habileté*, politique, souplesse, tact. ✦ ANT. 2. Autoritarisme, intransigeance, maladresse, témérité.

DIPLÔME ✦ SYN. Attestation, baccalauréat, brevet, *certificat*, doctorat, licence, maîtrise, parchemin, patente, titre.

DIRE ✦ SYN. ▷ *Verbe* 1. Articuler, débiter, déclamer, déclarer, émettre, *parler*, proférer, prononcer, réciter. 2. *Affirmer*, assurer, communiquer, confier, dévoiler, énoncer, expliquer, exprimer, prétendre, publier, répéter. 3. Croire, juger, *penser*. 4. *Conter*, narrer, raconter, rapporter, relater. 5. Annoncer, dénoter, désigner, donner, faire savoir, *indiquer*, manifester, montrer. ▷ *Nom* 6. *(Pl. surtout)* Affirmation, allégation, assertion, avis, *déclaration*, parole, propos. ✦ ANT. 1. Écouter, entendre, être à l'écoute. 2. Se dédire, nier, rester coi, se rétracter, se taire. 3. Contester, contredire, récuser. 4. Censurer, interdire, omettre. 5. Cacher, déguiser, taire.

DIRECT ✦ SYN. 1. *Droit*, rectiligne. 2. *Immédiat*, instantané, sans intermédiaire. 3. *Franc*, naturel, rigoureux, sans ambages, sans détour. **4.** *Brutal*, cru, raide, sans ménagement, sec. ✦ ANT. **1.** Indirect, oblique. **2.** Avec intermédiaire, différé, médiat. **3.** Détourné, dévié, sinueux. **4.** Délicat, doucereux, mielleux, réservé.

DIRECTEUR ✦ SYN. **1.** Administrateur, cadre, chef, *dirigeant*, doyen *(université)*, gérant, gestionnaire, maître, patron, président, principal *(école)*, responsable, supérieur, tête (dirigeante). **2.** *(Directeur de conscience, directeur spirituel)* **Confesseur**, conseiller, guide. ✦ ANT. **1.** Écolier, employé, étudiant, subalterne.

DIRECTION ✦ SYN. **1.** Administration, animation, *autorité*, commandement, directorat, employeur, état-major, gestion, gouvernement, organisation, patronat, personnel cadre, présidence, régie, service, surveillance, tête. **2.** *Conduite*, gouverne, pilotage, timonerie, volant. **3.** Chemin, côté, destination, route, *sens*, voie. **4.** Axe, but, évolution, mouvement, *orientation*. ✦ ANT. **1.** Citoyens, consommateurs, écoliers, employés, étudiants, population.

DIRECTIVE ◇ v. **Instruction**

DIRIGEABLE ✦ SYN. *Aérostat*, ballon, montgolfière, zeppelin.

DIRIGEANT ✦ SYN. **1.** Décideur, *directeur*, employeur, patron. **2.** Animateur, *chef*, leader, meneur, organisateur, responsable, tête (dirigeante). ✦ ANT. **1.** Employé, subalterne. **2.** Adhérent, affilié, exécutant, subordonné.

DIRIGER ✦ SYN. ▷ *V. tr.* **1.** Administrer, *commander*, encadrer, gérer, gouverner, mener, organiser, présider, régenter *(péj.)*, régir, régner. **2.** Aiguiller, *conduire*, guider, manœuvrer, orienter, piloter. **3.** Axer, braquer, centrer, concentrer, fixer, pointer, *porter vers*, tourner vers. **4.** Acheminer, adresser, envoyer, *expédier*. **5.** Conseiller, entraîner, *inspirer*, orienter. ▷ *V. pr.* **6.** *Aller*, s'acheminer, s'avancer, marcher, se rendre, voguer. ✦ ANT. **1.** Obéir, suivre (les ordres). **2.** Dériver, dérouter, égarer. **3.** Détourner, éloigner. **4.** Rapporter, recevoir. **5.** Déconseiller, induire en erreur, tromper. **6.** Abandonner, quitter, revenir.

DISCERNEMENT ✦ SYN. **1.** Discrimination, distinction, identification, *perception*, reconnaissance. **2.** Acuité, bon sens, circonspection, finesse, flair, jugement, lucidité, pénétration, *perspicacité*, prudence, réflexion, tact. ✦ ANT. **1.** Confusion, erreur, méprise. **2.** Aveuglement, étourderie, imprévoyance, irréflexion, légèreté.

DISCERNER ✦ SYN. **1.** Apercevoir, distinguer, entendre, *percevoir*, reconnaître, remarquer. **2.** Apprécier, *comprendre*, démêler, deviner, différencier, discriminer, identifier, isoler, saisir, séparer. ✦ ANT. **1.** Confondre, mêler. **2.** Ignorer, méconnaître, se méprendre, se tromper.

DISCIPLE ✦ SYN. **1.** *(Enseignement)* Écolier, *élève*, étudiant. **2.** *Adepte*, apôtre, fidèle, partisan, tenant, zélateur. **3.** Continuateur, dauphin, fils (spirituel), *héritier*, successeur. **4.** Épigone, imitateur, *suiveur*. ✦ ANT. **1.** Maître, mentor, professeur. **2-3.** Chef, gourou, guide, inspirateur, leader, maître (spirituel), modèle, prédécesseur. **4.** Adversaire, dissident, opposant.

DISCIPLINE ✦ SYN. **1.** Art, branche, domaine, *étude*, matière, science, spécialité. **2.** Loi, obéissance, ordre, règle, *règlement*, soumission. ✦ ANT. **2.** Anarchie, désobéissance, désordre, indiscipline.

DISCIPLINER ✦ SYN. **1.** Assujettir, dompter, dresser, éduquer, *élever*, former, maîtriser, mater, plier, soumettre. **2.** *(Cheveux)* *Coiffer*, peigner. ✦ ANT. **1.** Déchaîner, libérer, révolter. **2.** Décoiffer, dépeigner, écheveler.

DISCONTINU ✦ SYN. *Intermittent*, irrégulier, momentané, sporadique, temporaire. ✦ ANT. Continu, ininterrompu, permanent, régulier.

DISCONTINUATION ✦ SYN. Arrêt, cessation, intermittence, *interruption*, suspension. ✦ ANT. Continuation, permanence, poursuite, reprise.

DISCONTINUER ✦ SYN. Arrêter, cesser, *interrompre*, stopper, suspendre. ✦ ANT. Continuer, persister.

DISCONTINUITÉ ◆ SYN. Discordance, *irrégularité*, rupture. ◆ ANT. Concordance, continuité, régularité.

DISCONVENANCE ◆ SYN. *Désaccord*, différence, disproportion, incompatibilité. ◆ ANT. Accord, convenance.

DISCONVENIR ◆ SYN. Contester, démentir, désavouer, *nier*. ◆ ANT. Avouer, convenir de, reconnaître.

DISCORDANCE ◆ SYN. 1. Cacophonie, disharmonie, *dissonance*, fausse note, inharmonie. 2. *Désaccord*, incompatibilité, mésentente, mésintelligence, opposition. 3. *Discontinuité*, irrégularité. 4. Différence, *disparité*, dissemblance. ◆ ANT. 1. Consonance, harmonie. 2. Accord, compatibilité, complicité, concordance, entente, intelligence. 3. Continuité, régularité. 4. Conformité, parité, ressemblance, uniformité.

DISCORDANT ◆ SYN. 1. Cacophonique, confus, criard, *dissonant*, faux. 2. Contraire, défavorable, *incompatible*, opposé. 3. *Discontinu*, irrégulier. 4. *Disparate*, dissemblable, hétéroclite, hétérogène. ◆ ANT. 1. Harmonieux, mélodieux, musical. 2. Compatible, concordant, favorable. 3. Continu, régulier. 4. Assorti, conforme, homogène, semblable, uniforme.

DISCORDE ◆ SYN. Brouille, conflit, déchirements, désaccord, désunion, dissension, division, faille (*fig.*), fissure (*fig.*), *mésentente*, mésintelligence, tension, zizanie. ◆ ANT. Accord, alliance, concorde, détente, entente, harmonie, médiation, pacte, réconciliation, union.

DISCOURIR ◆ SYN. Bavarder, *disserter*, épiloguer, s'étendre sur, gloser, haranguer, palabrer, parler (longuement), pérorer, pontifier. ◆ ANT. Abréger, couper court à.

DISCOURS ◆ SYN. 1. Adresse, *allocution*, causerie, conférence, harangue, improvisation, laïus (*fam.*), propos, speech (*fam.*), toast, topo. 2. (*Dr.*) *Plaidoirie*, réquisitoire. 3. (*Relig.*) Homélie, oraison, prêche, prédication, prône, *sermon*. 4. (*Didact.*) *Exposé*, leçon, traité. 5. (*Péj.*) Babil, *bavardage*, parlote (*fam.*), prêchi-prêcha.

DISCOURTOIS ◆ SYN. Effronté, grossier, *impoli*, incivil, incorrect, inélégant, malappris, rustre. ◆ ANT. Affable, civil, correct, courtois, galant, poli.

DISCRÉDIT ◆ SYN. Avilissement, *déconsidération*, défaveur, dépréciation, disgrâce, mésestime, oubli. ◆ ANT. Considération, crédit, estime, faveur, louange, renommée, respect.

DISCRÉDITER ◆ SYN. Calomnier, compromettre, *déconsidérer*, décrier, dénigrer, déprécier, disqualifier, nuire, perdre. ◆ ANT. Accréditer, louanger, réhabiliter, vanter.

DISCRET ◆ SYN. 1. Circonspect, délicat, distingué, effacé, feutré, mesuré, modéré, modeste, poli, pondéré, *réservé*, retenu, sobre. 2. (*Endroit*) Isolé, *retiré*, secret. 3. (*Geste*) Dissimulé, fugace, *furtif*, rapide. ◆ ANT. 1. Bavard, criard, encombrant, impudent, indélicat, indiscret, intrus. 2. Connu, public, visible. 3. Franc, ostensible.

DISCRÉTION ◆ SYN. 1. Circonspection, confidentialité, décence, délicatesse, effacement, mesure, modération, pondération, prudence, *réserve*, retenue, silence, sobriété, tact. 2. Compétence, *discernement*, jugement, réflexion, sagesse, volonté. ◆ ANT. 1. Bavardage, impudence, indécence, indélicatesse, indiscrétion, sans-gêne. 2. Incompétence, irréflexion.

DISCRÉTIONNAIRE ◇ v. Absolu

DISCRIMINATION ◆ SYN. 1. Différenciation, *distinction*, séparation, tri. 2. Apartheid, exclusion, intolérance, ostracisme, *préjugés*, racisme, rejet, ségrégation, sexisme. ◆ ANT. 1. Confusion, mélange. 2. Acceptation, égalité, fraternité, intégration, ouverture, partage, tolérance.

DISCRIMINER ◇ v. **Distinguer**

DISCULPER ◆ SYN. Absoudre, acquitter, blanchir, décharger, excuser, innocenter, *justifier*, pardonner. ◆ ANT. Accuser, blâmer, condamner, imputer, incriminer, inculper.

DISCUSSION ◆ SYN. 1. Étude, *examen*. 2. Caucus (*québ.*), conciliabule, conversation, *débat*, délibération, dialogue, échange de vues, face-à-face, négociation, pourparlers, tractations. **3.** *(Longue, oiseuse)* Arguties, **bavardage**, ergotage, logomachie, palabres. **4.** *Altercation*, chicane, conflit, contestation, controverse, démêlé, désaccord, différend, dispute, explication, litige, mise au point, polémique, querelle. ✦ ANT. **2.** Entêtement, monologue, mutisme, obstination. **3.** À-propos, pertinence, sérieux. **4.** Accord, entente, harmonie, unanimité.

DISCUTABLE ✦ SYN. Attaquable, *contestable*, controversable, critiquable, douteux, incertain. ✦ ANT. Certain, inattaquable, incontestable, indiscutable, indubitable, prouvé, sûr.

DISCUTER ✦ SYN. ▷ *V. tr.* **1.** Agiter (une question), analyser, argumenter, considérer, controverser, critiquer, *débattre*, examiner. **2.** Contester, *douter de*. ▷ *V. intr.* **3.** Bavarder, conférer, *converser*, discutailler *(péj.)*, disputer, épiloguer, ergoter *(péj.)*, gloser, palabrer, tenir conseil. **4.** *Négocier*, parlementer, traiter. ✦ ANT. **1.** S'entêter, monologuer. **2.** Admettre, croire. **3.** Rester coi, se taire. **4.** Échouer, s'entendre.

DISERT ✦ SYN. Brillant, convaincant, *éloquent*, persuasif, spirituel. ✦ ANT. Banal, bredouilleur, ordinaire, plat, terne.

DISETTE ✦ SYN. **1.** Faim, *famine*, inanition. **2.** Besoin, dèche, dénuement, détresse, indigence, insuffisance, *manque*, misère, nécessité, pauvreté, pénurie, rareté. ✦ ANT. **1.** Approvisionnement, réplétion. **2.** Abondance, aisance, opulence, profusion, richesse.

DISGRÂCE ✦ SYN. **1.** Difformité, inharmonie, *laideur*. **2.** Défaveur, *discrédit*, mésestime. **3.** Chute, *déchéance*, destitution. **4.** Adversité, détresse, *infortune*, malheur, misère. ✦ ANT. **1.** Beauté, grâce, harmonie. **2.** Bonnes grâces, crédit, estime, faveur. **3.** Gloire, honneur, réhabilitation. **4.** Appui, avantage, bienfait, bonheur, fortune.

DISGRACIEUX ✦ SYN. **1.** Difforme, ingrat, inharmonieux, *laid*, malgracieux. **2.** *Déplaisant*, désagréable, détestable,

discourtois, ennuyeux, fâcheux. ✦ ANT. **1.** Beau, délicat, gracieux, harmonieux. **2.** Agréable, aimable, plaisant.

DISJOINDRE ✦ SYN. **1.** Déboîter, démonter, désagréger, désarticuler, désassembler, désunir, détacher, disloquer, dissocier, diviser, écarter, scinder, sectionner, *séparer*. **2.** *(Idées)* Démêler, *isoler*. ✦ ANT. **1.** Assembler, combiner, grouper, joindre, rapprocher, rejoindre, relier, unir, réunir. **2.** Confondre, mêler.

DISJONCTION ✦ SYN. Désunion, écartement, *séparation*. ✦ ANT. Conjonction, jonction.

DISLOCATION ◇ v. Entorse

DISLOQUER ✦ SYN. **1.** Déboîter, démancher, démantibuler *(fam.)*, démettre, *désarticuler*, disjoindre, fouler, fracturer, luxer, rompre. **2.** Briser, casser, démolir, déranger, désunir, *détraquer*, disperser, diviser, fausser, séparer. **3.** *(Empire)* Démembrer, désagréger, *dissoudre*. ✦ ANT. **1.** Assembler, emboîter, joindre, monter, remboîter, remettre. **2.** Fabriquer, réparer. **3.** Étendre, unifier.

DISPARAÎTRE ✦ SYN. **1.** S'en aller, se cacher, se dissimuler, *se dissiper*, s'éclipser, s'effacer, s'envoler, s'estomper, s'évanouir, s'évaporer, se volatiliser. **2.** Décamper, s'éloigner, s'envoler *(fam.)*, s'esquiver, filer, fuir, *partir*, se retirer, se sauver, sortir. **3.** Décéder, s'éteindre, finir, *mourir*, périr, sombrer, succomber. ✦ ANT. **1.** Apparaître, se montrer, paraître, poindre, reparaître, surgir. **2.** Arriver, demeurer, rester, revenir. **3.** Commencer, éclore, naître.

DISPARATE ✦ SYN. Bigarré, composite, différent, *discordant*, dissemblable, divers, hétéroclite, hétérogène, mêlé, varié. ✦ ANT. Assorti, harmonieux, homogène, pareil, semblable, similaire.

DISPARITÉ ✦ SYN. Contraste, différence, *discordance*, disproportion, dissemblance, dissonance, diversité, hétérogénéité, inégalité, variété. ✦ ANT. Accord, conformité, égalité, harmonie, homogénéité, parité, proportion, rapport, unité.

DISPARITION ◆ SYN. **1.** *Absence*, départ, dissipation, éclipse, effacement, éloignement, évanouissement, évasion, fugue, fuite, occultation, retrait, volatilisation. **2.** Anéantissement, décadence, déclin, effondrement, extinction, *fin*, ruine. **3.** Décès, *mort*, perte. ◆ ANT. **1.** Apparition, arrivée, émergence, manifestation, retour, réunion, surgissement, venue. **2.** Début, éclosion, épanouissement, essor, progrès. **3.** Naissance, survie.

DISPARU ◇ v. **Défunt**

DISPENDIEUX ◇ v. **Cher**

DISPENSE ◆ SYN. **1.** Autorisation, dérogation, exemption, *permission*. **2.** *Exonération*, franchise, immunité, libération. **3.** (Milit.) *Réforme*, refus d'enrôler. ◆ ANT. **1-2.** Assujettissement, imposition, obligation. **3.** Appel, conscription, enrôlement, mobilisation.

DISPENSER ◆ SYN. **1.** Accorder, départir, *distribuer*, donner, prodiguer, répandre, répartir. **2.** Affranchir, décharger, dégager, dégrever, délier, épargner, *exempter*, exonérer, libérer, permettre, relever, soustraire. **3.** (Milit.) *Réformer*, refuser d'enrôler. ◆ ANT. **1.** Accaparer, garder. **2.** Accuser, assujettir, astreindre, charger, contraindre, exiger, forcer, obliger. **3.** Appeler, enrôler, mobiliser.

DISPERSÉ ◇ v. **Épars**

DISPERSER ◆ SYN. ▷ V. tr. **1.** Disséminer, dissiper, éparpiller, parsemer, *répandre*, saupoudrer, semer. **2.** Distribuer, diviser, émietter, *répartir*, séparer. **3.** Balayer, chasser, débander, mettre en fuite, *repousser*. ▷ V. pr. **4.** Se débander, *s'enfuir*, essaimer, rompre les rangs. **5.** S'égailler, *s'éparpiller*, papillonner. ◆ ANT. **1.** Accumuler, amasser, garder, retenir. **2.** Agglomérer, assembler, centraliser, concentrer. **3.** Grouper, masser, rameuter, rassembler, réunir. **4.** Se grouper, joindre les rangs, se masser. **5.** Se concentrer, s'en tenir à.

DISPERSION ◆ SYN. **1.** Dissémination, dissipation, division, émiettement, *éparpillement*, séparation. **2.** (Lumière) Décomposition, diffraction, diffusion, *réfraction*.

3. (Foule) *Débandade*, déroute, fuite, repli, retraite, ruée (vers l'arrière), sauve-qui-peut. **4.** (Peuple) Diaspora. ◆ ANT. **1.** Agglomération, centralisation, concentration, réunion. **2.** Convergence, focalisation. **3.** Ralliement, rassemblement. **4.** Mère patrie.

DISPONIBLE ◆ SYN. **1.** Inoccupé, *libre*, vacant, vide. **2.** *Disposé à*, prêt à. **3.** Abordable, *accessible*, approchable. ◆ ANT. **1.** Indisponible, occupé. **2.** Engagé, occupé à, pris. **3.** Distant, inabordable, inaccessible.

DISPOS ◆ SYN. Agile, alerte, allègre, en forme, éveillé, frais, gaillard, ingambe, léger, leste, preste, *reposé*, sain, souple, vif. ◆ ANT. Abattu, fatigué, indisposé, las, lourd, malade.

DISPOSER ◆ SYN. ▷ V. tr. **1.** (Ch.) Accommoder, adapter, agencer, aligner, aménager, apprêter, approprier, *arranger*, caser, distribuer, établir, installer, mettre, organiser, placer, ranger, répartir. **2.** (Quelqu'un à) Décider, déterminer, engager, inciter, pousser à, *préparer*. ▷ V. tr. ind. **3.** Avoir, employer, être maître de, jouir de, posséder, prendre, *se servir de*, user de, utiliser. ▷ V. pr. **4.** S'apprêter à, être sur le point de, se mettre en état de, *se préparer à*. ▷ V. intr. **5.** Décider, décréter, dicter, *ordonner*, prescrire, régir, régler. ◆ ANT. **1.** Bouleverser, culbuter, déclasser, déplacer, déranger, désorganiser, renverser. **2.** Contrarier, déconseiller, empêcher, indisposer, nuire. **3.** Déposséder, dépouiller, se passer de, se priver de. **4.** S'abstenir de, s'empêcher de, négliger de. **5.** Obéir, se plier à, se soumettre.

DISPOSITIF ◆ SYN. **1.** Appareil, engin, machine, *mécanisme*. **2.** Agencement, méthode, *procédé*, truc (fam.). **3.** Organisation, *plan*, préparatifs.

DISPOSITION ◆ SYN. **1.** Agencement, aménagement, cadre, classement, composition, coordination, distribution, économie, groupement, harmonie, méthode, ordonnance, *ordre*, organisation, plan, structure, symétrie. **2.** *Disponibilité*, service, usage. **3.** Condition, dessein, état (d'esprit), **humeur**, sentiment. **4.** *(Dr.)* **Clause**, prescription, stipulation. **5.** *(Pl.)* Arrangements, décisions, **mesures**, précautions, préparatifs, résolutions. **6.** *(Pl. surtout)* **Aptitudes**, dons, facilité, faculté, goût, inclinations, penchants, prédispositions, propensions, qualités, tendances, vocation. ✦ **ANT. 1.** Désordre, désorganisation. **2.** Manque, privation. **3.** Indisposition, malaise. **4-5.** Absence, négligence, omission. **6.** Aversion, inaptitude, incompétence, maladresse.

DISPROPORTION ✦ **SYN. 1.** Asymétrie, défaut, désaccord, déséquilibre, différence, disconvenance, disparité, dissymétrie, **inégalité**, inharmonie. **2.** Amplification, **démesure**, exagération, excès, outrance. ✦ **ANT. 1.** Accord, convenance, égalité, équilibre, harmonie, identité, parité, proportion, symétrie. **2.** Limite, mesure, modération.

DISPROPORTIONNÉ ✦ **SYN. 1.** Déséquilibré, différent, disparate, **inégal**. **2.** **Démesuré**, exagéré, excessif. ✦ **ANT. 1.** Égal, équilibré, identique, proportionné. **2.** Limité, mesuré, modéré.

DISPUTE ✦ **SYN. 1.** **Controverse**, débat, discussion, polémique. **2.** Accroc, accrochage, affaire, algarade, altercation, bisbille, brouille, chamaillerie, chicane, conflit, contestation, démêlé, empoignade, engueulade, escarmouche, explication, fâcherie, grabuge, heurt, lutte, mésentente, prise de bec, **querelle**, rupture, scène, sérénade *(fig.)*, sortie, zizanie. ✦ **ANT. 1.** Conciliation, dialogue. **2.** Accord, concorde, entente, paix, réconciliation.

DISPUTER ✦ **SYN.** ▷ *V. tr. ind.* **1.** Chicaner sur, débattre de, **discuter de**, ergoter *(péj.)*. **2.** Lutter de, **rivaliser de**. ▷ *V. tr.* **3.** **Défendre**, lutter pour, protéger. **4.** Briguer, **concurrencer**, contester, se mesurer avec. **5.** Chicaner *(québ.)*, gronder, **réprimander**. ▷ *V. pr.* **6.** Se chamailler *(fam.)*, se chicaner *(fam.)*, s'engueuler *(fam.)*, **se quereller**. ✦ **ANT. 1.** Admettre, convenir de. **2.** Atteindre, égaler. **3.** Céder, renoncer à. **4.** Se défiler

(fam.), se désister. **5.** Féliciter, récompenser. **6.** S'accorder, s'entendre, se réconcilier.

DISQUALIFIER ✦ **SYN. 1.** **Exclure**, rejeter. **2.** Déconsidérer, démettre, déshonorer, **discréditer**. ✦ **ANT. 1.** Admettre, appeler, se qualifier. **2.** Considérer, honorer, réhabiliter.

DISQUE ✦ **SYN. 1.** **Cercle**, palet, rondelle *(hockey, québ.)*. **2.** Album, disque compact ou disque laser (CD), disque vidéo ou vidéodisque (DVD), **enregistrement**, microsillon. **3.** *(Fig., péj.)* Air, chanson, couplet, histoire, musique, refrain, **rengaine**, sérénade, scie.

DISSEMBLABLE ◊ V. **Disparate**
DISSEMBLANCE ◊ V. **Disparité**
DISSÉMINER ◊ V. **Disperser**

DISSENSION ✦ **SYN.** Chicane, conflit, déchirements, désaccord, discorde, dissentiment, **division**, mésintelligence, opposition, querelle. ✦ **ANT.** Accord, concorde, entente, front commun, harmonie, unité.

DISSIDENCE ✦ **SYN. 1.** *(Idéologie)* Contestation, déviationnisme, division, hérésie, hétérodoxie, insoumission, non-conformisme, **opposition**, rébellion, révolte, schisme, scission. **2.** *(Territoire)* **Autonomie**, autonomisme, indépendance, sécession, séparation. **3.** *(Opinion)* Désaccord, dissentiment, **divergence**, mésentente, mésintelligence. ✦ **ANT. 1.** Allégeance, conformisme, obédience, orthodoxie, soumission. **2.** Fédéralisme, union, unionisme. **3.** Accord, appui, assentiment, convergence, entente.

DISSIDENT ✦ **SYN. 1.** *(Idéologie)* Contestataire, déviationniste, hérétique, hétérodoxe, insoumis, non-conformiste, **opposant**, rebelle, schismatique, scissionniste. **2.** *(Territoire)* **Autonomiste**, indépendantiste, sécessionniste, séparatiste. ✦ **ANT. 1.** Conformiste, conservateur, orthodoxe, soumis. **2.** Fédéraliste, unioniste.

DISSIMULATION ✦ **SYN. 1.** Duplicité, fausseté, feinte, **hypocrisie**, mensonge, sournoiserie, tromperie. **2.** *(Argent)* Absence, cachotterie, manque, **omission**. ✦ **ANT. 1.** Franchise, honnêteté, sincérité. **2.** Mention, vérité.

DISSIMULER ◆ SYN. Atténuer, *cacher*, camoufler, celer, couvrir, déguiser, dérober (à la vue), enfouir, envelopper, feindre, masquer, refouler, retenir, taire, voiler. ◆ ANT. Avouer, confesser, déceler, découvrir, démasquer, dévoiler, exhiber, montrer.

DISSIPÉ ◆ SYN. 1. Désobéissant, inappliqué, inattentif, *indiscipliné*, indocile, turbulent. 2. *Débauché*, dépravé, dissolu. ◆ ANT. 1. Appliqué, attentif, discipliné, docile, sage. 2. Chaste, rangé, vertueux.

DISSIPER ◆ SYN. ▷ *V. tr.* 1. Chasser, *disperser*, écarter, éliminer, éloigner, repousser. 2. Anéantir, consumer, dépenser, dévorer, dilapider, *gaspiller*, prodiguer. 3. *Gâcher*, perdre, ruiner. 4. *Distraire*, déconcentrer, déranger (de la réflexion), détourner. ▷ *V. pr.* 5. *Disparaître*, s'effacer, s'estomper, s'évaporer, se volatiliser. ◆ ANT. 1. Couvrir, envahir, étendre, répandre. 2. Accumuler, économiser, thésauriser. 3. Assagir, profiter pleinement, utiliser à bon escient. 4. Aider, laisser terminer. 5. Apparaître, se montrer, poindre.

DISSOCIER ◆ SYN. ▷ *V. tr.* 1. Désagréger, désintégrer, *désunir*, isoler, séparer. 2. *Disjoindre*, distinguer. ▷ *V. pr.* 3. Désavouer, se désolidariser, *se désunir*, se séparer. ◆ ANT. 1. Associer, combiner, intégrer, rapprocher, réunir, unir. 2. Joindre, mêler. 3. Adhérer, s'associer, se liguer, se solidariser, s'unir.

DISSOLUTION ◆ SYN. 1. Anéantissement, décomposition, désagrégation, *destruction*, dilution, dislocation, disparition, écroulement, ruine. 2. *(Dr.)* Abolition, *annulation*, cassation, invalidation, résiliation, révocation. 3. Corruption, *débauche*, libertinage. ◆ ANT. 1. Constitution, construction, édification, formation, fusion, union. 2. Confirmation, consécration, maintien, ratification, validation. 3. Chasteté, moralité, vertu.

DISSONANCE ◇ v. Discordance

DISSONANT ◇ v. Discordant

DISSOUDRE ◆ SYN. 1. Décomposer,

délayer, désagréger, détruire, diluer, *dissocier*, fondre, liquéfier, résoudre. 2. *(Dr.)* Abroger, *annuler*, résilier, rompre. ◆ ANT. 1. Constituer, cristalliser, précipiter, souder. 2. Conclure, ratifier, valider.

DISSUADER ◆ SYN. Déconseiller, *décourager*, dégoûter, détourner, écarter, éloigner. ◆ ANT. Conseiller, convaincre, convertir, décider, encourager, inviter, persuader.

DISSUASION ◆ SYN. Avertissement, coercition, découragement, intimidation, mise en garde, *prévention*. ◆ ANT. Encouragement, exhortation, persuasion.

DISTANCE ◆ SYN. 1. Chemin, écartement, éloignement, *espace*, étendue, intervalle, longueur, parcours, portée, trajet. 2. Décalage, différence, *écart*, inégalité, marge. 3. *(Fig.)* Abîme, barrière, *fossé*, gouffre, mur, obstacle, séparation. ◆ ANT. 1. Approches, contiguïté, proximité, voisinage. 2. Égalité, coïncidence, similitude. 3. Harmonie, rapprochement, symbiose.

DISTANCER ◆ SYN. 1. Dépasser, *devancer*, semer, surpasser. 2. *Éloigner*, espacer. ◆ ANT. 1. Approcher, atteindre, rejoindre, suivre (de près), talonner. 2. Rapprocher.

DISTANT ◆ SYN. 1. Écarté, *éloigné*, espacé, lointain. 2. Ancien, *reculé*. 3. *(Pers.)* Froid, hautain, *réservé*. ◆ ANT. 1. Adjacent, attenant, contigu, proche, voisin. 2. Récent. 3. Accueillant, chaleureux, exubérant.

DISTENDRE ◆ SYN. ▷ *V. tr.* 1. Allonger, dilater, étendre, *étirer*, tendre, tirer. ▷ *V. pr.* 2. S'étendre, *s'étirer*. 3. *(Liens)* Se relâcher. ◆ ANT. 1. Contracter, serrer. 2. Se contracter, se serrer. 3. S'affermir, se resserrer.

DISTILLER ◆ SYN. 1. Cohober, dégoutter, épurer, extraire, raffiner *(pétrole)*, rectifier *(alcool)*, *sécréter*, sublimer. 2. Épancher, propager, *répandre*. ◆ ANT. 1. Arrêter, assécher, tarir. 2. Contenir, retenir.

DISTINCT ◆ SYN. 1. Autre, *différent*, indépendant, individuel, particulier, propre, séparé, spécial. 2. *Clair*, net, perceptible, précis, tranché, visible. ◆ ANT.

1. Analogue, commun, identique, général, semblable. 2. Confus, équivoque, imperceptible, indistinct.

DISTINCTION ♦ SYN. 1. Démarcation, *différenciation*, discrimination, division, séparation. 2. Classe, délicatesse, dignité, *élégance*, grandeur, noblesse, panache, raffinement. 3. *Décoration*, égards, faveur, honneur, médaille, mention, nomination, récompense. ♦ ANT. 1. Assimilation, confusion, identification, mélange, réunion. 2. Bassesse, grossièreté, médiocrité, vulgarité. 3. Déshonneur, disgrâce, honte.

DISTINGUÉ ♦ SYN. 1. Brillant, célèbre, connu, *éminent*, illustre, remarquable, supérieur. 2. Bien élevé, courtois, délicat, digne, *élégant*, raffiné. 3. *(Langage)* **Châtié**, choisi, correct, soigné. ♦ ANT. 1. Inférieur, médiocre, ordinaire. 2. Commun, fruste, grossier, mal élevé, trivial. 3. Banal, incorrect, vulgaire.

DISTINGUER ♦ SYN. ▷ *V. tr.* 1. Caractériser, démêler, *différencier*, discriminer, isoler, particulariser, singulariser, séparer. 2. Apercevoir, découvrir, discerner, percevoir, *reconnaître*, remarquer, voir. ▷ *V. pr.* 3. Différer, *se différencier*, se particulariser, se singulariser. 4. Briller, se démarquer, émerger, s'illustrer, *se signaler*. 5. Apparaître, se montrer, *se remarquer*, se voir. ♦ ANT. 1. Confondre, englober, généraliser, mêler. 2. Se méprendre. 3. S'apparenter, se ressembler. 4. S'effacer, rester dans l'ombre, vivre dans l'ombre de. 5. Disparaître, se dissiper, s'estomper.

DISTRACTION ♦ SYN. 1. Absence, bévue, détournement, dissipation, erreur, étourderie, gaffe, inadvertance, inapplication, *inattention*, irréflexion, maladresse, mégarde, oubli. 2. Amusement, délassement, dérivatif, détente, diversion, *divertissement*, évasion, exutoire, passe-temps, plaisir, récréation. ♦ ANT. 1. Absorption, application, attention, concentration, réflexion, vigilance. 2. Ennui, monotonie, routine, stress, travail.

DISTRAIRE ♦ SYN. 1. Détacher, *détourner*, enlever, retrancher, soustraire.

2. Déranger, *dissiper*. 3. Amuser, délasser, désennuyer, *divertir*, égayer, récréer, réjouir. ♦ ANT. 1. Ajouter, assembler, unir. 2. Aider, laisser terminer. 3. Accabler, ennuyer, fatiguer, importuner, lasser, tourmenter.

DISTRAIT ♦ SYN. Absent, errant, étourdi, flottant, inappliqué, *inattentif*, lunatique *(québ.)*, oublieux, rêveur, vague. ♦ ANT. Appliqué, attentif, concentré, présent, réfléchi, sérieux.

DISTRAYANT ◇ v. Divertissant

DISTRIBUER ♦ SYN. 1. Assigner, attribuer, dispenser, donner, gratifier, *partager*, prodiguer, répandre, répartir. 2. *(À un endroit)* **Acheminer**, amener, conduire, fournir. 3. Diffuser, mettre sur le marché, *vendre*. 4. Agencer, arranger, *classer*, coordonner, disposer, diviser, ordonner, organiser. ♦ ANT. 1. Accaparer, conserver, garder, récolter, retenir. 2. Interrompre, priver de. 3. Acheter, produire. 4. Déranger, désorganiser.

DISTRIBUTION ♦ SYN. 1. Attribution, diffusion, don, *partage*, remise, répartition. 2. *Acheminement*, service, transport. 3. Diffusion, mise en marché, *vente*. 4. Agencement, arrangement, *classement*, classification, disposition, ordonnance, ordre. 5. *(Cinéma, théâtre)* **Acteurs**, comédiens. ♦ ANT. 1. Ramassage, rassemblement, récupération. 2. Interruption, panne, privation. 3. Achat, production. 4. Désordre, désorganisation.

DITHYRAMBE ◇ v. Éloge

DITHYRAMBIQUE ◇ V. Louangeur

DIVAGATION ♦ SYN. 1. Digression, *rêverie*, vagabondage. 2. Bizarrerie, déraison, *élucubrations*, errement, extravagance, radotage. 3. *Délire*, égarement, folie, hallucinations, hystérie, paranoïa. ♦ ANT. 1. Raisonnement, réflexion, retenue. 2. Bon sens, logique, sérieux. 3. Équilibre, lucidité.

DIVAGUER ♦ SYN. Délirer, dérailler, *déraisonner*, s'égarer, extravaguer, radoter, rêver. ♦ ANT. S'amender, se contenir, penser, raisonner, réfléchir.

DIVERGENCE ✦ SYN. 1. Dispersion, *écartement*. 2. Désaccord, différence, dissentiment, dissidence, *opposition*. ✦ ANT. 1. Convergence. 2. Accord, conciliation, concordance.

DIVERGENT ◇ V. **Opposé**

DIVERS ✦ SYN. ▷ *Adj.* 1. Changeant, composite, disparate, diversifié, hétéroclite, hétérogène, inégal, mêlé, multiforme, multiple, *varié*. 2. *(Pl.)* Autres, *différents*, dissemblables, distincts, variés. ▷ *Adj. indéf.* 3. *(Pl., devant le nom)* Différents, maints, multiples, *plusieurs*. ✦ ANT. 1. Égal, homogène, identique, même, uniforme. 2. Analogues, pareils, semblables. 3. Un, unique, seul.

DIVERSIFIER ◇ V. **Varier**

DIVERSION ✦ SYN. 1. *Détour*, faux-fuyant, subterfuge. 2. Antidote, *dérivatif*, distraction, divertissement, exutoire. ✦ ANT. 1. Droiture, franchise. 2. Ennui, labeur, routine, stress.

DIVERSITÉ ◇ V. **Variété**

DIVERTIR ✦ SYN. 1. *(Péj.)* Détourner, distraire, *soustraire* (à son profit). 2. *Amuser*, délasser, dérider, égayer, récréer, réjouir. ✦ ANT. 1. Donner. 2. Accabler, attrister, ennuyer, importuner.

DIVERTISSANT ✦ SYN. Amusant, délassant, distractif, *distrayant*, ludique, plaisant, récréatif, réjouissant. ✦ ANT. Assommant, ennuyeux, fastidieux, monotone, pénible, sérieux.

DIVERTISSEMENT ✦ SYN. 1. Agrément, amusement, attraction, carnaval, délassement, *distraction*, diversion, ébats, jeu, passe-temps, plaisir, récréation, réjouissance, rigolade *(fam.)*. 2. *(Opéra)* Intermède. ✦ ANT. 1. Affaires, devoir, ennui, sérieux, tracas, travail.

DIVIDENDE ✦ SYN. Annuité, *bénéfice*, gain, intérêt, profit, rendement, rente, revenu, ristourne.

DIVIN ✦ SYN. 1. *Céleste*, surnaturel. 2. Angélique, élevé, enchanteur, féerique, idyllique, merveilleux, paradisiaque, parfait, pur, *sublime*, suprême, transcendant. 3. Agréable, charmant, délicieux, exquis, suave, *superbe*. ✦ ANT. 1. Humain, terres-

tre. 2. Bas, diabolique, inférieur, infernal, laid, méprisable, vil. 3. Affreux, dégoûtant, désagréable, infect, mauvais.

DIVINATION ✦ SYN. 1. Astrologie, augure, *clairvoyance*, extralucidité, magie, oracle, prophétie, spiritisme, télépathie, vaticination, voyance. 2. Attente, conjecture, *intuition*, présage, prescience, pressentiment, prévision, pronostic.

DIVINISER ✦ SYN. 1. *Déifier*, sacraliser, sanctifier. 2. Exalter, *glorifier*, idéaliser, idolâtrer, immortaliser, magnifier. ✦ ANT. 1. Humaniser. 2. Avilir, humilier, oublier, rabaisser.

DIVINITÉ ✦ SYN. 1. Dieu, Être suprême. 2. *(Mythol.)* Déesse, déité, dieu, esprit, *être divin*, génie ✦ ANT. 1-2. Commun des mortels, être humain, humanité.

DIVISER ✦ SYN. 1. Couper, décomposer, démembrer, disjoindre, dissocier, fractionner, fragmenter, morceler, partager, scinder, sectionner, *séparer*, subdiviser, tronquer. 2. Analyser, *classer*, distribuer, répartir. 3. Brouiller, *désunir*, opposer. ✦ ANT. 1. Associer, combiner, fusionner, grouper, multiplier, réunir, unifier, unir. 2. Amalgamer, mêler. 3. Rapprocher, réconcilier.

DIVISION ✦ SYN. 1. Coupure, démembrement, fission, fraction, fractionnement, fragmentation, morcellement, parcelle, partage, partie, pièce, sectionnement, segmentation, *séparation*, subdivision, tranche. 2. Analyse, *classement*, classification, distribution, répartition. 3. *Catégorie*, classe, espèce, famille, genre, groupe, ordre, règle, type, variété. 4. Branche, discipline, *domaine*, secteur d'activité. 5. Arrondissement, canton, circonscription, commune, département, district, province, région, *zone*. 6. Alvéole, case, casier, cellule, *compartiment*, rayon, section. 7. Désaccord, *désunion*, discorde, dissension, mésintelligence, opposition, rupture, schisme, scission. ✦ ANT. 1. Groupement, indivision, multiplication, rassemblement, réunion, union. 2. Amalgame, mélange, melting-pot. 3. Collectivité, ensemble, totalité, tout. **4.** Industrie, marché. **5.** État, pays. **6.** Organisme, structure. **7.** Accord, rapprochement, réconciliation.

DIVORCE ♦ SYN. **1.** Dissolution, rupture, *séparation*. **2.** Conflit, désaccord, *désunion*, dissension, divergence, division, opposition. ♦ ANT. **1.** Mariage, union. **2.** Accord, entente, réconciliation.

DIVORCER ♦ SYN. **1.** Rompre, *se séparer*. **2.** Renoncer à. ♦ ANT. **1.** Se marier, s'unir. **2.** Conserver.

DIVULGUER ♦ SYN. Colporter *(péj.)*, dévoiler, ébruiter, éventer (secret), moucharder *(fam., péj.)*, proclamer, propager, publier, rapporter, répandre, répéter, *révéler*, trahir *(secret)*. ♦ ANT. Cacher, déguiser, dissimuler, feindre, garder (secret), taire, voiler.

DOCILE ♦ SYN. **1.** Discipliné, doux, facile, flexible, influençable, malléable, maniable, maté, *obéissant*, sage, soumis, souple. **2.** *(Animal)* Dompté, dressé. ♦ ANT. **1.** Désobéissant, difficile, entêté, frondeur, indiscipliné, indocile, insoumis, rebelle, récalcitrant, réfractaire, rétif, têtu. **2.** Farouche, indompté, sauvage.

DOCILITÉ ♦ SYN. Discipline, douceur, flexibilité, malléabilité, *obéissance*, sagesse, soumission. ♦ ANT. Désobéissance, indiscipline, indocilité, insubordination, rébellion, révolte.

DOCTE ♦ SYN. **1.** Calé *(fam.)*, compétent, cultivé, éclairé, érudit, ferré, instruit, lettré, *savant*. **2.** Doctoral, *pédant*. ♦ ANT. **1.** Ignare, ignorant, illettré. **2.** Humble, simple.

DOCTRINE ♦ SYN. Dogme, enseignement, idéologie, opinions, principes, savoir, science, système, *théorie*, thèse. ♦ ANT. Application, conduite, expérience, expérimentation, pratique.

DOCUMENTS ♦ SYN. Actes, annales, archives, documentation, *dossier*, matériaux, papier, pièce, renseignements, titres.

DODU ♦ SYN. Charnu, corpulent, gras, *grassouillet*, gros, obèse, pansu, plein,

potelé, rebondi, replet, rond, rondelet, rondouillard. ♦ ANT. Chétif, étique, étiré, fluet, frêle, maigre, malingre, mince.

DOGMATIQUE ♦ SYN. **1.** Absolu, affirmatif, autoritaire, *catégorique*, doctrinaire, impérieux, péremptoire, systématique. **2.** Doctoral, *intransigeant*, pédant, prétentieux, sectaire, sentencieux, tranchant. ♦ ANT. **1.** Erroné, faux, hésitant, indécis. **2.** Humble, modeste, souple, tolérant.

DOGME ♦ SYN. **1.** *(Relig.)* Article de foi, catéchisme, commandement (de Dieu), credo, *croyance*, doctrine, foi, loi, maxime, précepte, règle, religion, vérité infaillible. **2.** *(Parti)* **Certitude**, croyance aveugle, idéologie, vérité établie, vérité indiscutable. ♦ ANT. **1.** Déviation, doute, erreur, incroyance. **2.** Contestation, critique, réformisme, révisionnisme.

DOIGT ◊ v. **Peu**

DOIGTÉ ♦ SYN. **1.** Adresse, *dextérité*, habileté, maîtrise, précision, sûreté, virtuosité. **2.** *Diplomatie*, finesse, savoir-faire, souplesse, tact. ♦ ANT. **1.** Gaucherie, imprécision, inhabileté, maladresse. **2.** Bévue, intransigeance, rigidité.

DOLÉANCES ♦ SYN. Demandes, griefs, jérémiades *(péj.)*, lamentations *(péj.)*, plaintes, *réclamations*, récriminations, représentations, revendications. ♦ ANT. Agrément, approbation, satisfaction.

DOMAINE ♦ SYN. **1.** Bien, chez-soi, clos, enclos, exploitation, ferme, fief, patrimoine, *propriété*, terre. **2.** Attributions, branche, champ, compétence, matière, milieu, rayon *(fam.)*, région, *ressort*, spécialité, sphère, univers, zone.

DOMESTICATION ◊ v. **Dressage**

DOMESTIQUE ♦ SYN. ▷ *Nom* **1.** Bonne, garçon, laquais, larbin *(péj.)*, servante, *serviteur*, valet. ▷ *Adj.* **2.** *Familial*, intime, ménager, personnel, privé. **3.** *(Animal)* De compagnie, *familier*. ♦ ANT. **1.** Chef, maître, patron. **2.** Étranger, public. **3.** Sauvage.

DOMESTIQUER ◊ v. **Dompter**

DOMICILE ♦ SYN. Appartement, chez-soi, *demeure*, foyer, habitation, home, intérieur, logement, logis, maison, nid *(fam.)*, pénates, résidence, siège *(société)*, toit.

DOMINANT ◆ SYN. **1.** Capital, déterminant, essentiel, prédominant, premier, prépondérant, primordial, ***principal***. **2.** Commun, en vogue, ***général***, majoritaire, populaire, régnant, répandu. **3.** Culminant, élevé, éminent, haut, ***supérieur***. ◆ ANT. **1.** Accessoire, anodin, dépendant, secondaire, subordonné. **2.** Exceptionnel, minoritaire, rare. **3.** Bas, inférieur.

DOMINATEUR ◆ SYN. ▷ *Nom* **1.** Autocrate, conquérant, despote, dictateur, ***maître***, oppresseur, tyran. ▷ *Adj.* **2.** Autoritaire, ***despotique***, dictatorial, impérieux, omnipotent, oppressif, tyrannique. ◆ ANT. **1.** Démocrate, libérateur. **2.** Faible, opprimé, soumis.

DOMINATION ◆ SYN. **1.** ***Autorité***, empire, hégémonie, maîtrise, omnipotence, pouvoir, prédominance, prééminence, prépondérance, règne, souveraineté, supériorité, suprématie. **2.** *(Péj.)* Assujettissement, autoritarisme, despotisme, dictature, férule, joug, mainmise, ***oppression***, tyrannie. **3.** Ascendant, charisme, emprise, ***influence***, poids, pression, prestige, puissance. **4.** Contrôle, ***maîtrise***, possession, sang-froid. ◆ ANT. **1.** Faiblesse, infériorité, subordination. **2.** Affranchissement, libération, liberté, rébellion. **3.** Infériorité, obéissance, sujétion. **4.** Déchaînement, défoulement, emportement.

DOMINER ◆ SYN. ▷ *V. tr.* **1.** ***Diriger***, exercer son autorité, gouverner, régner, tenir sous sa suprématie. **2.** ***Asservir***, assujettir, régenter, soumettre, subjuguer. **3.** Avoir l'avantage sur, devancer, éclipser, l'emporter sur, supplanter, surclasser, ***surpasser***. **4.** Avoir préséance, ***prévaloir***, primer. **5.** Contenir, contrôler, discipliner, dompter, ***maîtriser***, surmonter, triompher, vaincre. **6.** Culminer, dépasser, ***surplomber***. ▷ *V. intr.* **7.** Commander, ***régner***. **8.** Être le plus nombreux, être majoritaire, ***prédominer***. ▷ *V. pr.* **9.** Se contenir, ***se maîtriser***, se posséder. ◆ ANT. **1.** Obéir, servir, subir. **2.** S'affranchir,

se libérer, se rebeller. **3.** Atteindre, égaler, suivre, talonner. **4.** Équivaloir à, s'incliner, passer après. **5.** Céder, faiblir, fléchir, se laisser emporter par, plier, succomber. **6.** S'aligner, border, longer. **7.** Détrôner, renverser. **8.** Être le moins nombreux, être minoritaire. **9.** S'emporter, se laisser aller, perdre contenance.

DOMMAGE ◆ SYN. **1.** Atteinte, dam, détriment, mal, outrage, ***préjudice***, tort. **2.** Avarie, dégât, destruction, ***détérioration***, endommagement, grabuge, lésion, perte, ravage, sinistre. ◆ ANT. **1.** Compensation, dédommagement, indemnité, recours. **2.** Amélioration, avantage, gain, guérison, réparation.

DOMMAGEABLE ◇ v. **Nuisible**

DOMPTAGE ◇ v. **Dressage**

DOMPTER ◆ SYN. **1.** *(Animal)* Apprivoiser, domestiquer, ***dresser***. **2.** Asservir, assujettir, ***dominer***, mater, réduire, soumettre, subjuguer, terrasser, vaincre. **3.** Briser, discipliner, juguler, ***maîtriser***, surmonter. ◆ ANT. **1.** Effaroucher, effrayer. **2.** Affranchir, émanciper, libérer. **3.** Déchaîner, exciter, révolter, soulever.

DON ◆ SYN. **1.** Aumône, cadeau, donation, gratification, largesse, libéralité, oblation, obole, ***offrande***, pourboire, présent, souvenir. **2.** Avantage, bénédiction, ***bienfait***, faveur, grâce. **3.** Aptitude, art, bosse *(fam.)*, capacité, disposition, facilité, faculté, génie, ***habileté***, qualité, talent. ◆ ANT. **1.** Réclamation, revendication. **2.** Défaveur, disgrâce, malheur, méfait, tort. **3.** Défaut, inaptitude, incapacité, inhabileté, lacune, manque.

DONATEUR ◇ v. **Bienfaiteur**

DONATION ◆ SYN. *(Dr.)* Aliénation, ***cession***, disposition, don, legs, libéralité, transmission. ◆ ANT. Accaparement, reprise, vol.

DONNER ◆ SYN. ▷ *V. tr.* **1.** Accorder, administrer, allouer, apporter, attribuer, céder, concéder, conférer, confier, décerner, dispenser, distribuer, doter, fournir, impartir, léguer, livrer, octroyer, ***offrir***, présenter, procurer, prodiguer, remettre.

2. Communiquer, dire, exposer, exprimer, *indiquer*, montrer, transmettre. 3. *(Identité, nom) Assigner*, baptiser, fixer, imposer, prescrire. ▷ *V. intr.* 4. *Fructifier*, produire, rapporter, rendre. ▷ *V. pr.* 5. S'adonner à, *se consacrer*, se dévouer, s'oublier, se sacrifier. 6. S'accorder, s'offrir, s'octroyer, *se permettre.* ♦ ANT. 1. Accaparer, arracher, conserver, demander, dépouiller, encaisser, enlever, extirper, frustrer, prendre, prêter, priver, ravir, recevoir, retirer, soustraire, spolier, toucher, voler. 2. Garder, taire. 3. Emprunter, falsifier. 4. Dépérir, perdre, ruiner. 5. Abandonner, délaisser, penser à soi. 6. S'interdire, se refuser.

DORLOTER ◇ V. **Choyer**

DORMIR ♦ SYN. 1. S'assoupir, s'endormir, reposer, roupiller *(fam.)*, *sommeiller*, somnoler. 2. Coucher, gîter, loger, *passer la nuit.* ♦ ANT. 1. S'éveiller, se réveiller, veiller. 2. Rentrer chez soi, revenir.

DOS ♦ SYN. 1. Colonne vertébrale, *échine*, reins. 2. *Arrière*, derrière, envers, revers, verso. 3. Dossier. ♦ ANT. 1. Poitrine, ventre. 2. Avant, avers, devant, façade, face, front, recto, tranche *(livre)*. 3. Siège.

DOS-D'ÂNE ◇ V. **Ralentisseur**

DOSE ♦ SYN. Mesure, partie, portion, posologie *(méd.)*, proportion, *quantité*, ration.

DOTER ♦ SYN. ▷ *V. tr.* 1. *(Revenu) Accorder*, allouer, assigner, attribuer, donner, octroyer. 2. *(Autorité, pouvoir)* Conférer, *investir de.* 3. *(Matériel)* Équiper, fournir, garnir, *munir*, nantir, pourvoir, procurer. 4. *Avantager*, douer, favoriser, gratifier. ▷ *V. pr.* 5. S'équiper, *se munir*, se pourvoir. ♦ ANT. 1. Refuser, retirer. 2. Destituer, relever de. 3. Dégarnir, démunir, priver de, spolier. 4. Défavoriser, désavantager, desservir, léser. 5. Manquer de, se priver.

DOUBLE ♦ SYN. 1. Ampliation, clone *(inform.)*, contrepartie, copie, duplicata, expédition *(dr.)*, fac-similé, répétition, réplique, *reproduction.* 2. Alter ego, jumeau *(fig.)*, *sosie.* ♦ ANT. 1. Modèle, original. 2. Contraire, opposé, rival.

DOUBLER ♦ SYN. 1. Accroître, agrandir, ajouter, *augmenter*, redoubler. 2. Accélérer, *dépasser*, franchir. 3. *(Comédien) Remplacer*, substituer. ♦ ANT. 1. Dédoubler, diminuer, diviser. 2. Retarder, traîner. 3. Jouer soi-même.

DOUCEMENT ♦ SYN. 1. Calmement, délicatement, *faiblement*, légèrement, mollo *(fam.)*, silencieusement. 2. Graduellement, imperceptiblement, insensiblement, *lentement*, peu à peu, progressivement. 3. Assez mal, couci-couça, *médiocrement.* ♦ ANT. 1. Brusquement, bruyamment, fort, rudement, violemment. 2. Brutalement, rapidement, rondement, vite. 3. Bien, rudement bien.

DOUCEREUX ♦ SYN. Affecté, apprêté, cauteleux, composé, douceâtre, fade, insinuant, maniéré, *mielleux*, mièvre, onctueux, papelard, patelin, paterne, sucré. ♦ ANT. Agressif, aigre, cassant, provocant.

DOUCEUR ♦ SYN. 1. *(Toucher)* Finesse, *moelleux*, onctuosité, souplesse. 2. *(Goût)* Saveur, *suavité*, velouté. 3. *(Pl.) Friandises*, gâteries, sucreries. 4. *(Temps) Clémence*, modération, tiédeur. 5. Agrément, *bien-être*, bonheur, joie, jouissance, satisfaction, tranquillité. 6. Délicatesse, *grâce*, légèreté, lenteur. 7. *(Pers.)* Affabilité, *amabilité*, aménité, bienveillance, bonté, gentillesse, humanité, mansuétude, onction, patience, pondération, sérénité. ♦ ANT. 1. Âpreté, aspérité, dureté, rugosité. 2. Acidité, âcreté, aigreur. 3. Privation. 4. Inclémence, rigueur. 5. Amertume, frustration, malheur, peine. 6. Brutalité, lourdeur, maladresse. 7. Brusquerie, cruauté, impétuosité, indifférence, méchanceté, rudesse, violence.

DOUÉ ♦ SYN. 1. Doté, gratifié, *pourvu.* 2. Bolé *(québ., fam.)*, bon, brillant, calé *(fam.)*, *capable*, compétent, fort, habile, intelligent, talentueux, versé. ♦ ANT. 1. Dépourvu, exempt, privé de. 2. Cancre, ignorant, incapable, inintelligent, maladroit, nul, poche *(québ., fam.)*.

DOUILLET ♦ SYN. 1. *(Ch.)* Agréable, *confortable*, doux, mollet, ouaté. 2. *(Pers.)* Chatouilleux, délicat, fragile, poule mouillée *(fam.)*, **sensible**. ✦ ANT. 1. Dur, inconfortable, rude. 2. Courageux, endurci, insensible, stoïque.

DOULEUR ✦ SYN. 1. *(Physique)* Crise, élancement, indisposition, mal, malaise, **souffrance**, supplice, torture. 2. *(Morale)* Affliction, chagrin, deuil, déchirement, déchirure, désolation, détresse, épreuve, larmes, malheur, **peine**, tourment, tristesse. ✦ ANT. 1. Bien-être, euphorie, soulagement. 2. Allégresse, béatitude, bonheur, joie, plaisir, réconfort, sympathie.

DOULOUREUX ✦ SYN. 1. Endolori, lancinant, **sensible**. 2. Affligeant, atroce, cruel, cuisant, déchirant, désolant, navrant, **pénible**. ✦ ANT. 1. Agréable, indolore, insensible. 2. Gai, heureux, joyeux, réjouissant.

DOUTE ✦ SYN. 1. Hésitation, *incertitude*, incrédulité, incroyance, indécision, indétermination, irrésolution, perplexité, scepticisme. 2. Appréhension, crainte, défiance, *méfiance*, soupçon, suspicion. ✦ ANT. 1. Certitude, clarté, conviction, croyance, décision, détermination, évidence, foi, persuasion, résolution. 2. Assurance, confiance, sécurité.

DOUTER ✦ SYN. ▷ *V. intr.* 1. *Contester*, désespérer, être incrédule, ne pas savoir, objecter. 2. Se défier, *se méfier*. ▷ *V. pr.* 3. S'attendre à, conjecturer, croire, deviner, flairer, imaginer, penser, pressentir, *soupçonner*, supposer. ✦ ANT. 1. Admettre, croire, espérer, savoir. 2. Se fier, s'en remettre à. 3. Avoir la certitude, ignorer, prétendre, soutenir.

DOUTEUX ✦ SYN. 1. Aléatoire, hypothétique, improbable, *incertain*, problématique. 2. *Ambigu*, amphibologique, équivoque, obscur. 3. Faible, contestable, *discutable*, litigieux, récusable, sujet à caution. 4. Inquiétant, interlope, *louche*, suspect, trouble, véreux. ✦ ANT. 1. Assuré, authentique, avéré, certain, probable, réel. 2. Catégorique, clair, évident, manifeste, univoque. 3. Incontestable, indubitable, irrécusable, sûr. 4. Fiable, franc, honnête, ouvert, rassurant.

DOUX ✦ SYN. 1. *(Toucher)* Fin, lisse, **moelleux**, onctueux, satiné, souple. 2. *(Goût)* Agréable, exquis, **suave**. 3. *(Son, voix)* Caressant, harmonieux, **mélodieux**. 4. *(Temps)* **Clément**, tempéré, tiède. 5. *(Lumière, teint)* Pâle, pastel, **tamisé**. 6. *(Pente)* **Faible**, modéré. 7. *(Châtiment)* Anodin, **bénin**, inoffensif. 8. *(Pers.)* Affable, **aimable**, amène, attirant, conciliant, coulant *(fam.)*, débonnaire, gentil, humain, indulgent, obligeant, paisible, patient, serein, tolérant. ✦ ANT. 1. Âpre, dur, rêche, rugueux. 2. Acide, aigre, amer. 3. Criard, désagréable, dissonant. 4. Froid, inclément, rigoureux. 5. Aveuglant, cru, éblouissant. 6. Abrupt, escarpé. 7. Dur, impitoyable, sévère. 8. Acerbe, bourru, brusque, brutal, coléreux, cruel, emporté, indélicat, méchant, rigide, violent.

DOYEN ✦ SYN. **Aîné**, ancien, vétéran. ✦ ANT. Commençant, dernier, nouveau.

DRACONIEN ◇ V. **Sévère**

DRAGÉE ✦ SYN. 1. Amande, bonbon, **friandise**, gâterie, praline, sucrerie. 2. Comprimé, gélule, **pilule**. 3. Cendrée, **plomb de chasse**, projectile.

DRAGUER ✦ SYN. 1. Curer, déminer, nettoyer, pêcher *(coquillages)*, **racler**. 2. *(Fam.)* Courtiser, flirter, **racoler**. ✦ ANT. 1. Accumuler, couvrir, encombrer, salir. 2. Éconduire, repousser.

DRAGUEUR ◇ V. **Coureur**

DRAMATIQUE ✦ SYN. 1. Théâtral. 2. *Émouvant*, intéressant, passionnant, pathétique, poignant, saisissant. 3. Alarmant, angoissant, critique, dangereux, difficile, grave, sérieux, sombre, terrible, *tragique*. ✦ ANT. 1. Épique, lyrique. 2. Amusant, badin, léger, plaisant. 3. Comique, heureux, idyllique, paisible, rassurant.

DRAMATISER ◇ V. **Exagérer**

DRAME ◇ V. **Tragédie**

DRAPEAU ✦ SYN. Banderole, bannière, couleurs, enseigne, **étendard**, fanion, flamme, guidon, oriflamme, pavillon *(mar.)*.

DRESSAGE ✦ SYN. 1. Assemblage, *installation*, montage. 2. *Apprivoisement*, domes-

tication, domptage. ✦ ANT. 1. Démontage.
2. Inadaptation, indocilité, insoumission.

DRESSER ✦ SYN. ▷ *V. tr.* 1. Arborer, édifier, *élever*, ériger, lever, monter, planter,
redresser. 2. Apprêter, disposer, installer,
mettre, *préparer*. 3. *(Travail soigneux)* Calculer,
établir, étudier, exécuter, faire, rédiger.
4. *(Animal)* Apprivoiser, domestiquer, *dompter*, mater. 5. *Éduquer*, façonner, former,
instruire, styler. 6. Braquer, exciter, mettre en opposition, monter, *opposer*. ▷ *V. pr.*
7. Se cabrer, se hausser, se lever, *se tenir
droit*. 8. *S'insurger*, s'opposer, résister, se
révolter. ✦ ANT. 1. Abaisser, abattre, baisser,
coucher, courber, démolir, démonter, descendre, détruire, miner, plier. 2. Desservir,
enlever, ôter. 3. Bâcler, expédier. 4. Effaroucher, effrayer, éloigner. 5. Corrompre,
déformer, gâter. 6. Associer, mettre d'accord. 7. S'asseoir, se pencher. 8. S'aplatir,
s'humilier, ramper, se soumettre.

DROGUE ✦ SYN. 1. *Médicament*, potion,
remède. 2. Barbiturique, camelote *(fam.)*,
narcotique, *stupéfiant*.

DROGUÉ ◇ V. Toxicomane

DROIT ✦ SYN. ▷ *Adj.* 1. Debout, *direct*,
dressé, raide, rectiligne, rigide, vertical.
2. Dextre, *tribord*. 3. Équitable, franc,
honnête, impartial, juste, *loyal*, probe,
sincère. 4. Exact, judicieux, raisonnable,
sain, *sensé*, strict. ▷ *Nom* 5. Autorisation,
faculté, habilité, *liberté*, permission, possibilité, pouvoir, prérogative, privilège,
qualité, titre. 6. Concession, contribution,
imposition, *impôt*, redevance, rétribution, salaire, taxe. 7. Jurisprudence,
justice, légalité, législation, légitimité,
loi, règles. ✦ ANT. 1. Arqué, brisé, cambré,
courbe, courbé, fourchu, gauchi, horizontal, incliné, indirect, oblique, penché,
recourbé, tordu, voûté. 2. Bâbord, gauche, senestre. 3. Déloyal, dissimulé, faux,
fourbe, hypocrite, injuste, malhonnête,
partial, retors, trompeur. 4. Anormal,
bizarre, déraisonnable, erroné, illogique,
stupide. 5. Devoir, obligation, responsabilité. 6. Dégrèvement, exemption, exonération. 7. Dérogation, exception.

DROITE (DE) ◇ V. Réactionnaire

DROITURE ✦ SYN. Équité, franchise,
honnêteté, honneur, impartialité, intégrité, *loyauté*, probité, rectitude, sincérité. ✦ ANT. Déloyauté, fourberie, hypocrisie, improbité, iniquité, malhonnêteté,
partialité.

DRÔLE ✦ SYN. 1. Amusant, cocasse, *comique*, désopilant, gai, hilarant, humoristique, impayable *(fam.)*, ineffable, inénarrable, marrant *(fam.)*, mourant *(fam.)*, plaisant,
rigolo *(fam.)*, risible, spirituel, tordant *(fam.)*.
2. *Bizarre*, curieux, étonnant, étrange,
original, singulier, surprenant. ✦ ANT.
1. Austère, ennuyeux, falot, grave, insipide, sérieux, sévère, solennel, triste.
2. Normal, ordinaire, simple.

DRU ✦ SYN. Abondant, compact, dense,
épais, fourni, luxuriant, *serré*, touffu.
✦ ANT. Clairsemé, dispersé, rare.

DUEL ✦ SYN. 1. Affaire d'honneur, *combat singulier*, rencontre, réparation.
2. *(Éloquence, esprit)* Concours, débat, *joute*,
tournoi. 3. Affrontement, assaut, bagarre,
combat, *compétition*, lutte, rivalité.

DUNE ✦ SYN. *Butte*, colline, erg, monticule.

DUPE ✦ SYN. ▷ *Nom* 1. Dindon, gogo,
pigeon, poire, *victime*. ▷ *Adj.* 2. Crédule,
gobeur, *naïf*. ✦ ANT. 1. Farceur, plaisantin,
trompeur. 2. Malin, perspicace, rusé.

DUPER ✦ SYN. Abuser, attraper, berner,
embobiner *(fam.)*, endormir, enjôler, entortiller, escroquer, flouer, gruger, jouer,
leurrer, mystifier, prendre, rouler *(fam.)*,
tromper. ✦ ANT. Démystifier, désabuser,
dessiller les yeux, détromper, éclairer,
ouvrir les yeux.

DUPERIE ✦ SYN. Abus de confiance, escroquerie, leurre, mystification, supercherie, *tromperie*. ✦ ANT. Franchise, loyauté.

DUPLICITÉ ◇ V. Hypocrisie

DUR ✦ SYN. ▷ *Ch.* 1. *Consistant*, coriace,
empesé, ferme, résistant, rigide, solide.
2. Âpre, ardu, difficile, laborieux, *pénible*,
rigoureux, rude. ▷ *Pers.* 3. Impitoyable,
implacable, inclément, inhumain, *insensible*, intransigeant, sans-cœur *(fam.)*, sévère,

strict. **4.** Aguerri, courageux, endurant, **endurci**, stoïque. **5.** *(Ton)* Acerbe, bourru, brusque, **cassant**, glacial, rogue, sec. ♦ ANT. **1.** Doux, malléable, moelleux, mou, souple. **2.** Agréable, aisé, facile, plaisant. **3.** Bienveillant, clément, indulgent, sensible, tendre. **4.** Faible, lâche, nonchalant, susceptible. **5.** Câlin, chaleureux, charmant, obligeant.

DURABILITÉ ◇ v. **Permanence**

DURABLE ♦ SYN. Constant, continu, éternel, ferme, immortel, immuable, impérissable, indélébile, indestructible, **permanent**, perpétuel, persistant, résistant, solide, stable, tenace, viable, vivace. ♦ ANT. Bref, court, éphémère, fugitif, momentané, passager, périssable, précaire, provisoire, temporaire, transitoire.

DURCIR ♦ SYN. ▷ *V. tr.* **1.** *Affermir*, concréter, congeler, endurcir, fortifier, raffermir, raidir, solidifier, tremper *(acier)*. **2.** *(Opinion, position)* Radicaliser. ▷ *V. intr.* **3.** *(Aliment)* Rassir, *sécher*. **4.** Épaissir, se figer, prendre, *se solidifier*. ♦ ANT. **1.** Adoucir, amollir, attendrir, mollir, ramollir. **2.** Modérer. **3.** Conserver (sa fraîcheur). **4.** Se liquéfier.

DURÉE ♦ SYN. **1.** Âge, cours, espace, existence, instant, laps (de temps), longueur, moment, période, règne, *temps*, vie. **2.** Continuité, durabilité, longévité, pérennité, permanence, perpétuité, *persistance*, résistance. **3.** Valeur *(mus.)*. ♦ ANT. **2.** Brièveté, fin, fugacité, passage.

DURER ♦ SYN. Se conserver, continuer, demeurer, s'éterniser, se maintenir, se perpétuer, persévérer, **persister**, se poursuivre, se prolonger, résister, rester, subsister, survivre, tenir, traîner, vivre encore. ♦ ANT. S'arrêter, cesser, disparaître, s'évanouir, mourir, passer, prendre fin, se terminer.

DURETÉ ♦ SYN. **1.** *(Ch.)* *Consistance*, fermeté, résistance, rigidité, solidité. **2.** *(Pers.)* Brutalité, inclémence, *insensibilité*, méchanceté, rigueur, rudesse, sécheresse, sévérité. ♦ ANT. **1.** Douceur, flaccidité, flexibilité, mollesse, souplesse. **2.** Aménité, bonté, clémence, gentillesse, indulgence, sensibilité, tendresse.

DUVET ◇ v. **Couverture**

DYNAMIQUE ♦ SYN. Actif, affairé, agissant, ardent, diligent, *énergique*, entreprenant, fonceur, hardi, remuant, travailleur, vaillant, vif. ♦ ANT. Apathique, indolent, inerte, lent, morose, nonchalant, paresseux, passif, timide.

DYNAMISME ♦ SYN. Activité, allant, ardeur, diligence, *énergie*, entrain, hardiesse, pep *(fam.)*, tonus, vigueur, vitalité. ♦ ANT. Apathie, indolence, inertie, lenteur, morosité, nonchalance, paresse, passivité, timidité.

DYNASTIE ♦ SYN. *(Souverains, personnages célèbres)* Famille, lignée, *succession*.

DYSFONCTION (DYSFONCTIONNEMENT) ♦ SYN. Anomalie, défaillance, défaut, déficit, dérangement, *dérèglement*, déséquilibre, désordre, détraquement, insuffisance, irrégularité, perturbation, tare, trouble. ♦ ANT. Équilibre, fonctionnement, normalité, régularité, santé.

E

EAU ✦ SYN. **1.** Cours (d'eau), flots, flotte *(fam.)*, mer, nappe (d'eau), ***onde***. **2.** *Pluie*, précipitations liquides. **3.** Larme, salive, *sécrétion liquide*, sérosité, sueur, transpiration. **4.** Solution aqueuse. **5.** *(Pierres précieuses)* Pureté, ***transparence***. **6.** *(Pl.)* Liquide amniotique.

EAU-DE-VIE ◇ v. **Boisson**

ÉBAHI ✦ SYN. Abasourdi, ahuri, baba *(fam.)*, bouche bée, ébaubi, éberlué, émerveillé, estomaqué, étonné, interdit, sidéré, ***stupéfait***. ✦ ANT. Flegmatique, froid, impassible, indifférent, insensible, insouciant, neutre.

ÉBAHIR, ÉBAHISSEMENT ◇ v. **Étonner, étonnement**

ÉBATS ✦ SYN. **1.** Amusement, batifolage, délassement, distraction, divertissement, ***jeux***, mouvements, plaisirs, récréation, sport. **2.** *(Ébats amoureux)* Caresses, embrassements, étreintes, jeux de l'amour, ***relations sexuelles***, sensualité.

ÉBATTRE (S') ✦ SYN. S'amuser, batifoler, cabrioler, se divertir, folâtrer, gambader, ***jouer***. ✦ ANT. S'embêter, s'ennuyer, se lasser.

ÉBAUBI ◇ v. **Ébahi**

ÉBAUCHE ✦ SYN. **1.** Brouillon, canevas, croquis, ***esquisse***, essai, étude, maquette, modèle, plan, premier jet, projet, schéma, silhouette. **2.** *Amorce*, commencement, début, embryon. ✦ ANT. **1.** Accomplissement, achèvement, finissage, finition, peaufinage, révision. **2.** Fin, œuvre accomplie, version finale.

ÉBAUCHER ✦ SYN. **1.** Dégrossir, épanneler, ***tailler***. **2.** Brosser (à grands traits), crayonner, croquer, dessiner, ***esquisser***. **3.** Amorcer, ***commencer***, préparer. ✦ ANT.

1-3. Accomplir, achever, fignoler *(fam.)*, finir, peaufiner, terminer.

ÉBERLUÉ ◇ v. **Stupéfait**

ÉBLOUIR ✦ SYN. **1.** *Aveugler*, troubler (la vue). **2.** *Émerveiller*, épater, étonner, fasciner, impressionner, séduire. ✦ ANT. **1.** Dessiller les yeux, obscurcir. **2.** Affliger, décourager, déplaire, désenchanter, désillusionner.

ÉBLOUISSANT ✦ SYN. **1.** *Aveuglant*, brillant, éclatant, étincelant, fulgurant, resplendissant. **2.** Admirable, épatant, étonnant, extraordinaire, fabuleux, fascinant, formidable, grandiose, magnifique, ***merveilleux***, prestigieux, prodigieux, remarquable, sensationnel, splendide. ✦ ANT. **1.** Éteint, mat, obscur, pâle, sombre, tamisé, terne. **2.** Banal, commun, décevant, laid, médiocre, ordinaire.

ÉBLOUISSEMENT ✦ SYN. **1.** *Aveuglement*, trouble (de la vue). **2.** Admiration, *émerveillement*, enchantement, étonnement, fascination, ravissement, séduction, surprise. ✦ ANT. **2.** Déception, déplaisir, désenchantement, répulsion.

ÉBOULEMENT ✦ SYN. **1.** Affaissement, avalanche, chute, dégringolade, écroulement, ***effondrement***. **2.** *Amas* *(terre, roches)*, décombres, éboulis. ✦ ANT. **1.** Consolidation, raffermissement, redressement.

ÉBOULER (S') ✦ SYN. S'affaisser, crouler, s'écrouler, ***s'effondrer***. ✦ ANT. Consolider, fortifier, redresser.

ÉBOURIFFÉ ◇ v. **Échevelé**

ÉBRANCHER ✦ SYN. Couper, écimer, élaguer, ***émonder***, étêter, tailler. ✦ ANT. Ajouter, enter, greffer.

ÉBRANLEMENT ✦ SYN. **1.** Choc, commotion, effondrement, mouvement, oscillation, *secousse*, séisme, tremblement de terre, vibration. **2.** *Affaiblissement*, déséquilibre, déstabilisation. **3.** Agitation, *bouleversement*, choc nerveux, commotion, émoi, émotion, panique, traumatisme, trouble. ✦ **ANT. 1.** Arrêt, immobilité, solidité, stabilité. **2.** Appui, consolidation, équilibre, raffermissement, stabilisation. **3.** Assurance, calme, équilibre, sang-froid, sécurité.

ÉBRANLER ✦ **SYN.** ▷ *V. tr.* **1.** Agiter, faire vibrer, remuer, *secouer*. **2.** *Affaiblir*, compromettre (l'équilibre), déséquilibrer, déstabiliser, entamer, saper. **3.** Affecter, atteindre, *bouleverser*, chavirer, commotionner, consterner, émouvoir, fléchir, perturber, toucher, troubler. ▷ *V. pr.* **4.** Démarrer, se mettre en marche, *se mettre en mouvement*, partir. ✦ **ANT. 1.** Assujettir, fixer, solidifier. **2.** Confirmer, consolider, équilibrer, fixer, raffermir, stabiliser. **3.** Calmer, consoler, maîtriser, rassurer. **4.** S'arrêter, s'établir, s'installer.

ÉBRÉCHER ✦ **SYN. 1.** Abîmer, détériorer, échancrer, *endommager*. **2.** Amoindrir, *diminuer*, écorner, entamer. ✦ **ANT. 1.** Aiguiser, polir, réparer. **2.** Augmenter, conserver, garantir, préserver, protéger.

ÉBRUITER ◇ v. **Divulguer**

ÉBULLITION ✦ **SYN. 1.** Bouillonnement. **2.** Agitation, *effervescence*, excitation, fermentation, révolution. ✦ **ANT. 1.** Liquéfaction, réfrigération, refroidissement. **2.** Paix, quiétude, sérénité.

ÉCARLATE ✦ **SYN. 1.** Carmin, carminé, coquelicot, cramoisi, incarnat, ponceau, *rouge* (vif), rutilant, vermillon. **2.** *(Teint, visage)* Coloré, congestionné, cramoisi, empourpré, *enflammé*, rougeâtre, sanguin. ✦ **ANT. 2.** Blafard, blême, cadavérique, décoloré, exsangue, livide, pâle.

ÉCART ✦ **SYN. 1.** *Distance*, écartement, éloignement, intervalle. **2.** Amplitude, décalage, *différence*, différentiel, marge, variation. **3.** Déportement, dérapage, *embardée*. **4.** *(Pl. surtout)* Dévergondage, échappée, équipée, errements, erreurs, escapade, excès, fautes, frasques, fredai-

nes, incartade, *inconduite*, irrégularité, manquement, relâchement. **5.** *(À l'écart)* À distance, à l'abri, éloigné, *loin*. ✦ **ANT. 1.** Proximité, rapprochement. **2.** Coïncidence, concordance, conformité, exactitude, stabilité. **3.** Rectification, redressement. **4.** Bonne conduite, contenance, modération, réserve, retenue. **5.** À proximité, près.

ÉCARTER ✦ **SYN.** ▷ *V. tr.* **1.** Disjoindre, *éloigner*, ouvrir (*rideaux*), séparer. **2.** *(Direction)* Détourner, dévier. **3.** *(Pers., ch.)* Chasser, éliminer, évincer, exclure, *rejeter*, repousser. ▷ *V. pr.* **4.** Se détourner, se disperser, *s'éloigner*. **5.** *Céder le passage*, s'enlever (fam.), s'ôter (fam.), se pousser (fam.), se ranger, reculer, se retirer, se tasser (québ., fam.). **6.** *(Québ., fam.)* *S'égarer*, se perdre. ✦ **ANT. 1.** Fermer (*rideaux*), joindre, rapprocher, réunir. **2.** Rectifier, redresser, retrouver **3.** Accueillir, choisir, conserver, garder, rapprocher. **4.** Se rapprocher, se réunir. **5.** Bloquer le passage, encombrer, gêner. **6.** S'orienter, retrouver son chemin.

ECCHYMOSE ◇ v. **Contusion**

ECCLÉSIASTIQUE ◇ v. **Prêtre**

ÉCERVELÉ ✦ **SYN.** Braque, *étourdi*, évaporé, fou, hurluberlu, imprudent, inconsidéré, inconséquent, irréfléchi, léger, malavisé, tête de linotte. ✦ **ANT.** Avisé, circonspect, fin, intelligent, mesuré, pondéré, prudent, réfléchi, sage, sérieux.

ÉCHAFAUDAGE ✦ **SYN. 1.** Armature, *assemblage*, construction (temporaire). **2.** *Accumulation*, agencement, arrangement, empilement, montagne, pile, pyramide, tas. **3.** *(Système, théorie)* Argumentation, construction, édification, *élaboration*, imagination, projection, raisonnement. ✦ **ANT. 1.** Démolition, destruction. **2.** Écroulement, effondrement. **3.** Critique, réfutation, sape.

ÉCHAFAUDER ✦ **SYN. 1.** *Assembler*, dresser (un échafaudage). **2.** *(Système, théorie)* Bâtir, combiner, concevoir, construire, édifier, *élaborer*, former, imaginer, préparer, projeter. ✦ **ANT. 1.** Démolir, détruire. **2.** Critiquer, miner, réfuter, ruiner, saper.

ÉCHANCRER ◆ SYN. Ajourer, chantourner, couper, décolleter, découper, évider, *tailler*. ◆ ANT. Fermer, joindre, unir.

ÉCHANCRURE ◆ SYN. 1. Coupure, décolleté, découpure, dentelure, encoche, *entaille*. 2. *Brèche*, trouée. 3. Baie, *golfe*. ◆ ANT. 1. Saillie. 2. Fermeture. 3. Cap.

ÉCHANGE ◆ SYN. 1. Change, *commerce*, compensation, transaction, troc. 2. Communication, conversation, correspondance, *dialogue*, discussion, entretien, envois, pourparlers. 3. *(En échange)* En contrepartie, *en remplacement*, en retour, en revanche, par contre, pour compenser. ◆ ANT. 1. Conservation, restriction. 2. Interruption, mutisme, refus. 3. Sans compensation, sans contrepartie.

ÉCHANGER ◆ SYN. 1. Changer, *troquer*. 2. Communiquer, correspondre, *dialoguer*, discuter. ◆ ANT. 1. Conserver, garder. 2. Interrompre, monologuer, se taire.

ÉCHANTILLON ◆ SYN. 1. Espèce, *exemplaire*, individu, modèle, prototype, quota *(sondages)*, représentant, spécimen, type. 2. *Aperçu*, avant-goût, exemple, idée, image.

ÉCHANTILLONNAGE ◇ v. **Éventail**

ÉCHAPPATOIRE ◆ SYN. 1. Atermoiements, défaite, dérobade, détours, esquive, *excuse*, faux-fuyant, fuite, porte de sortie, prétexte, reculade, subterfuge, tergiversations. 2. Abri, *couverture*, parapluie, paravent, protection. ◆ ANT. Bonne foi, courage, droiture, fermeté, franchise, sincérité. 2. Imputation, responsabilisation, vérité.

ÉCHAPPÉE ◆ SYN. 1. Équipée, *escapade*, fugue, fuite, sortie. 2. Horizon, panorama, point de vue, *vue*. 3. *Dégagement*, entrée, espace, ouverture, passage, voie. 4. Instant, *intervalle*, moment.

ÉCHAPPER ◆ SYN. ▷ *V. intr.* 1. Contourner, se dérober à, esquiver, se détacher de, *éviter*, fuir, se soustraire à. 2. Se préserver, *réchapper*, sortir indemne, survivre. ▷ *V. tr. ind.* 3. Glisser, *tomber*. ▷ *V. tr.* 4. *(Laisser échapper)* Lâcher, *laisser tomber*. 5. *Donner libre cours à*, épancher, exprimer. ▷ *V. pr.* 6. S'en-

fuir, s'évader, filer, se sauver. 7. S'éclipser, *s'esquiver*, filer à l'anglaise, partir en douce, sortir discrètement. 8. Déborder, émaner, s'exhaler, jaillir, *se répandre*, sortir de, surgir. 9. *S'emporter*, s'oublier. ◆ ANT. 1. Obéir, se soumettre. 2. Endurer, subir, succomber, supporter. 3. Garder, tenir. 4. Attraper, saisir. 5. Se contenir, s'empêcher de. 6. Demeurer, rester. 7. Affronter, faire face à, tenir tête. 8. S'infiltrer, s'introduire, pénétrer. 9. Se calmer, garder son sang-froid.

ÉCHARPE ◆ SYN. 1. Cache-col, cachenez, châle, *foulard*, voile. 2. *(En écharpe)* En bandoulière, *en travers*, obliquement, par le flanc, sur le côté.

ÉCHARPER ◆ SYN. 1. *(Instrument tranchant)* Balafrer, *blesser* (gravement), couper, déchiqueter, mutiler. 2. Battre, lapider, lyncher, maltraiter, *massacrer*, molester, tuer. 3. *(Fig.)* Critiquer, *démolir*, descendre en flammes, éreinter, houspiller, vilipender.

ÉCHAUDER ◆ SYN. 1. Brûler, *ébouillanter*. 2. Abuser, décevoir, duper, éprouver, expérimenter, subir, *tromper*. ◆ ANT. 1. Geler, refroidir. 2. Détromper, épargner, éviter.

ÉCHAUFFER ◆ SYN. ▷ *V. tr.* 1. Chauffer. 2. Aviver, électriser, enfiévrer, *enflammer*, exalter, exciter (les esprits, les passions). ▷ *V. pr.* 3. S'animer, *s'enflammer*, se passionner. 4. *S'entraîner*, faire des exercices. ◆ ANT. 1. Refroidir. 2. Apaiser, calmer, détendre. 3. S'apaiser, se calmer, se désintéresser. 4. Se détendre, se relaxer.

ÉCHAUFFOURÉE ◆ SYN. Accrochage, *bagarre*, bataille, engagement, escarmouche, mêlée, rencontre, rixe. ◆ ANT. Calme, paix, tranquillité.

ÉCHÉANCE ◆ SYN. Date, date butoir, date de péremption *(aliment, médicament)*, date limite, expiration, fin de délai, heure de tombée *(journal)*, *terme*. ◆ ANT. Début, engagement, entrée en vigueur, période de consommation, période d'utilisation, publication.

ÉCHEC ◆ SYN. Avortement *(fig.)*, bide *(fam.)*, catastrophe, débâcle, déboires, déconfiture, déconvenue, défaite, déroute, désastre, faillite, fiasco, flop *(fam.)*, four, *insuccès*, malheur, ratage, revers, veste *(fam.)*. ◆ ANT. Réussite, succès, triomphe.

ÉCHELLE ◆ SYN. 1. Échalier, échelette, *escabeau*, marchepied. 2. Gamme, *graduation*, mesure, rapport. 3. Classification, échelon, filière, *hiérarchie*, rang, série, succession, suite.

ÉCHELON ◆ SYN. 1. *Barreau*, marche. 2. Degré, échelle, étape, grade, *niveau*, palier, phase, point, position, rang, stade.

ÉCHELONNER ◆ SYN. Distribuer, espacer, étager, étaler, graduer, jalonner, *répartir*, sérier. ◆ ANT. Concentrer, grouper, masser, rapprocher, regrouper, réunir, unifier.

ÉCHEVEAU ◇ v. Enchevêtrement

ÉCHEVELÉ ◆ SYN. 1. Décoiffé, *dépeigné*, ébouriffé, hérissé, hirsute. 2. Affolant, désordonné, *effréné*, fou, frénétique, insensé. ◆ ANT. 1. Coiffé, peigné. 2. Calme, équilibré, ordonné, posé, réfléchi, sage.

ÉCHINE ◆ SYN. *Colonne vertébrale*, dos, épine dorsale, rachis.

ÉCHINER (S') ◆ SYN. Se crever *(fam.)*, s'épuiser, *s'éreinter*, s'esquinter *(fam.)*, s'évertuer, se fatiguer, peiner, se tuer à. ◆ ANT. Se délasser, fainéanter, paresser, se reposer.

ÉCHIQUIER ◆ SYN. 1. *Damier*, quadrillage. 2. *(Échiquier politique)* Lieu, scène, situation, *terrain*, théâtre.

ÉCHO ◆ SYN. 1. *Répétition*, renvoi, répercussion, résonance, réverbération. 2. Bruit, information, nouvelle, on-dit, *rumeur*. 3. *(Échos d'un journal)* Événements *locaux*, nouvelles mondaines. 4. Imitation, *reflet*, reproduction. 5. Adhésion, *approbation*, réponse favorable, sympathie.

ÉCHOIR ◆ SYN. 1. Advenir, être dévolu, incomber, *revenir à*. 2. *Arriver à échéance*, expirer, venir à terme. ◆ ANT. 1. Dégager, libérer de. 2. Commencer, entrer en vigueur.

ÉCHOPPE ◇ v. **Boutique**

ÉCHOUER ◆ SYN. 1. S'engraver, s'ensabler, s'envaser, *toucher le fond*. 2. Achopper, avorter *(fig.)*, se casser le nez, se casser les dents, essuyer un échec, être recalé, faire long feu, foirer *(fam.)*, louper *(fam.)*, manquer, *rater*, subir un échec, tomber à l'eau. 3. *Aboutir* (par hasard), s'arrêter, parvenir. ◆ ANT. 1. Déséchouer, remettre à flot, renflouer. 2. Gagner, réussir, triompher, vaincre. 3. Se diriger, mettre le cap.

ÉCLABOUSSER ◆ SYN. 1. *Arroser*, asperger, gicler, maculer, salir, souiller, tacher. 2. Avilir, compromettre, entacher, flétrir, *ternir* (la réputation). 3. Écraser, *humilier*. ◆ ANT. 1. Laver, préserver, protéger. 2. Blanchir, honorer, innocenter, louanger. 3. Rehausser, valoriser.

ÉCLAIR ◆ SYN. 1. Feu, *foudre*, fulguration, tonnerre. 2. Étincelle, flamme, flash, *lueur*, lumière. 3. Illumination, pensée, *trait* (de génie). ◆ ANT. 2. Demi-jour, obscurité. 3. Banalité, platitude.

ÉCLAIRAGE ◆ SYN. 1. Clarté, éclairement, illumination, *lumière*, luminosité. 2. Angle, aspect, côté, jour, optique, perspective, *point de vue*. ◆ ANT. 1. Obscurité.

ÉCLAIRCIE ◆ SYN. 1. Accalmie, bonace, *embellie*, trouée *(nuages)*. 2. Amélioration, *détente*, répit, trêve. 3. Clairière. ◆ ANT. 1. Assombrissement, intempérie, mauvais temps. 2. Continuation, détérioration, reprise (des hostilités). 3. Forêt (dense).

ÉCLAIRCIR ◆ SYN. 1. *Éclairer*, illuminer. 2. Allonger, désépaissir, *diluer*, étendre. 3. *Nettoyer*, polir. 4. Déblayer, *dégager*, élaguer, tailler. 5. Clarifier, débrouiller, démêler, démontrer, développer, *élucider*, expliquer, faire la lumière, tirer au clair. ◆ ANT. 1. Assombrir, noircir, ternir. 2. Épaissir, figer, lier. 3. Encrasser, salir. 4. Encombrer. 5. Embrouiller, emmêler, enchevêtrer, obscurcir.

ÉCLAIRCISSEMENT ◆ SYN. 1. *Explication*, note explicative, remarque, renseignement. 2. Clarification, *élucidation*, lumière. 3. Argument, *justification*, preuve.

◆ ANT. 1. Confusion, embrouillement.
2. Doute, mystère, suspicion. 3. Contradiction, faux témoignage, incohérence.

ÉCLAIRÉ ◆ SYN. 1. Averti, cultivé, initié, *instruit*, lettré, savant. 2. Habile, judicieux, *lucide*, sage, sensé. ◆ ANT. 1. Béotien, ignorant, illettré, profane. 2. Aveugle, débridé, écervelé, effréné, outré.

ÉCLAIRER ◆ SYN. ▷ V. tr. 1. Allumer, *illuminer*. 2. Clarifier, dessiller les yeux, éclaircir, *élucider*, expliquer, ouvrir les yeux. 3. Éduquer, former, *informer*, instruire, renseigner. ▷ V. intr. 4. Briller, étinceler, flamboyer, *luire*, reluire. ◆ ANT. 1. Assombrir, enténébrer, éteindre, obscurcir. 2. Compliquer, embrouiller, emmêler. 3. Égarer, leurrer, tromper. 4. S'assombrir, s'estomper, pâlir.

ÉCLAT ◆ SYN. 1. Brisure, copeau, débris, éclisse, écornure, esquille, *fragment*, morceau, recoupe. 2. *Bruit*, coup, cri, fracas. 3. *Brillant*, clarté, feu, luminosité, lustre, miroitement, reflet, scintillement, splendeur. 4. Apparat, faste, *luxe*, magnificence, richesse. 5. Beauté, *fraîcheur*, vivacité. 6. Algarade, boucan *(fam.)*, esclandre, querelle, *scandale*, scène, sortie, tapage. ◆ ANT. 1. Ensemble, tout, unité. 2. Chuchotement, murmure, silence. 3. Matité, pâleur. 4. Dépouillement, sobriété. 5. Fadeur, flétrissement, pâleur. 6. Discrétion, effacement, modestie, retenue.

ÉCLATANT ◆ SYN. 1. *Brillant*, éblouissant, étincelant, flamboyant, fulgurant, lumineux, pétillant, radieux, rayonnant, resplendissant, rutilant, vif, voyant. 2. Bruyant, criard, fracassant, perçant, *retentissant*, sonore, strident, tonitruant, vibrant. 3. Aveuglant, *évident*, flagrant, indéniable, irrécusable, manifeste. 4. *Admirable*, *remarquable*, spectaculaire, triomphal. ◆ ANT. 1. Blafard, blême, décoloré, dépoli, déteint, fade, flétri, foncé, mat, obscur, pâle, sombre, terne. 2. Assourdi, doux, feutré, sourd, voilé. 3. Caché, douteux, équivoque. 4. Discret, mitigé, modeste.

ÉCLATEMENT ◆ SYN. 1. Crevaison *(pneu)*, explosion, *rupture*. 2. Dissociation, division, fragmentation, schisme, *scission*. ◆ ANT. 1. Compression, résistance, solidité. 2. Association, coalition, rassemblement, réunion.

ÉCLATER ◆ SYN. ▷ V. intr. 1. *Se briser*, se casser, crever, détoner, exploser, se fendre, s'ouvrir, péter *(fam.)*, sauter, voler en éclats. 2. Crépiter, fuser, jaillir, *retentir*, tonner. 3. *S'esclaffer*, pouffer, rire aux éclats. 4. Apparaître, commencer, se déchaîner, se déclarer, se déclencher, *se manifester*. 5. Briller, flamboyer, jaillir, luire, rayonner, *resplendir*. 6. *S'emporter*, fulminer, se répandre en. ▷ V. pr. 7. *(Fam.)* S'amuser, se défoncer, se défouler, se divertir, *jouir*, prendre son pied, se réjouir. ◆ ANT. 1. Comprimer, contenir, se refermer, retenir. 2. Étouffer, taire. 3. S'attrister, pleurer, sangloter. 4. Couver, se préparer, se tramer. 5. S'estomper, s'éteindre, pâlir, ternir. 6. Se calmer, se dominer, se maîtriser. 7. S'emmerder *(fam.)*, s'ennuyer, pâtir.

ÉCLIPSE ◆ SYN. 1. Absence, *disparition*, effacement, interposition, obscurcissement, occultation. 2. Affaissement, décadence, déchéance, défaillance, *fléchissement*. ◆ ANT. 1. Apparition, présence, réapparition. 2. Faveur, gloire, honneur, renommée, succès.

ÉCLIPSER ◆ SYN. ▷ V. tr. 1. *(Astre, lumière)* Cacher, intercepter, obscurcir, occulter, *voiler*. 2. Damer le pion, dépasser, détrôner, distancer, dominer, faire pâlir, supplanter, surclasser, *surpasser*. ▷ V. pr. 3. Se défiler *(fam.)*, s'échapper, s'enfuir, *s'esquiver*, filer à l'anglaise, se retirer. 4. *Disparaître*, s'estomper, s'évanouir. ◆ ANT. 1. Dégager, éclairer. 2. Atteindre, égaler. 3. Affronter, défier, faire face à, se montrer. 4. Apparaître, surgir.

ÉCLORE ◆ SYN. 1. Sortir de l'œuf. 2. *S'épanouir*, fleurir, s'ouvrir. 3. Apparaître, commencer, débuter, s'éveiller, se former, germer, se manifester, *naître*, paraître, percer, poindre, surgir, voir le jour. ◆ ANT. 1. Se former. 2. Dépérir, s'étioler, se faner, se flétrir, se refermer. 3. Disparaître, s'estomper, mourir.

ÉCLOSION ◆ SYN. 1. Sortie de l'œuf. 2. Effloraison, *épanouissement*, floraison. 3. Apparition, commencement, début, manifestation, *naissance*, production. ◆ ANT. 1. Formation. 2. Dépérissement, étiolement, flétrissement. 3. Disparition, fin, mort.

ÉCLUSE ◆ SYN. Bajoyer, *barrage*, digue, radier, vanne.

ÉCLUSER ◆ SYN. Arrêter, *barrer*, clore, enclaver, fermer, murer, retenir. ◆ ANT. Circuler, faire écouler, ouvrir, passer.

ÉCŒURANT ◆ SYN. 1. Abominable, *dégoûtant*, fétide, immonde, infect, nauséabond, puant, rebutant, repoussant, répugnant, sale. 2. Abject, choquant, dégueulasse *(fam.)*, ignoble, odieux, *révoltant*, salaud *(québ., fam.)*, sordide. ◆ ANT. 1. Alléchant, aromatique, délectable, exquis, propre, ragoûtant, suave. 2. Admirable, digne, juste, noble, remarquable.

ÉCŒUREMENT ◆ SYN. 1. *Haut-le-cœur*, inappétence, nausée. 2. Aversion, *dégoût*, répugnance, répulsion. 3. Abattement, *découragement*, lassitude, ras-le-bol. ◆ ANT. 1. Appétit, faim. 2. Attrait, envie, goût. 3. Encouragement, enthousiasme, exaltation.

ÉCŒURER ◆ SYN. 1. *Dégoûter*, donner la nausée, donner mal au cœur, lever le cœur, répugner, soulever le cœur. 2. Choquer, fâcher, horrifier, indigner, *révolter*, scandaliser. 3. Abattre, *décourager*, démoraliser, lasser, rebuter. 4. *(Québ., fam.)* Agacer, *harceler*, importuner. ◆ ANT. 1. Allécher, attirer. 2. Charmer, plaire, réjouir, satisfaire. 3. Captiver, encourager, enthousiasmer, exalter, fasciner, tenter. 4. Laisser en paix, protéger.

ÉCOLE ◆ SYN. 1. Académie, cégep *(québ.)*, collège, conservatoire *(arts et métiers)*, *établissement scolaire*, institution, lycée, maison d'éducation, polyvalente *(québ.)*. 2. *Classe*, cours, enseignement, exercice,

leçon. 3. Chapelle, courant, doctrine, idéologie, *mouvement*, parti, secte.

ÉCOLIER ◇ v. **Élève**

ÉCOLOGIE ◆ SYN. Défense de l'environnement, écologisme, *protection de l'environnement*. ◆ ANT. Destruction de l'environnement, pollution.

ÉCOLOGIQUE ◆ SYN. 1. Environnemental. 2. *(Produit)* Biodégradable, propre, *récupérable*, recyclable. ◆ ANT. 2. Irrécupérable, polluant.

ÉCOLOGISTE ◆ SYN. Défenseur de l'environnement, environnementaliste, *protecteur de l'environnement*, vert *(polit.)*. ◆ ANT. Pollueur.

ÉCONDUIRE ◆ SYN. *Chasser*, congédier, se débarrasser de, éloigner, envoyer paître, envoyer promener, expulser, renvoyer, repousser. ◆ ANT. Accueillir, admettre, attirer, convier, courtiser, inviter, prier, recevoir.

ÉCONOME ◇ v. **Parcimonieux**

ÉCONOMIE ◆ SYN. 1. *Administration*, gestion. 2. Austérité, *épargne*, parcimonie, sobriété, thésaurisation. 3. *(Pl.)* Bas de laine *(fam.)*, *épargnes*, pécule, réserve. 4. Ordre, *organisation*, planification, structure. ◆ ANT. 1. Incurie, insouciance. 2-3. Déficit, dépense, endettement, excès, gaspillage, perte, prodigalité. 4. Désordre, désorganisation.

ÉCONOMIQUE ◆ SYN. Abordable, *avantageux*, bon marché, intéressant. ◆ ANT. Cher, désavantageux, excessif, inabordable, onéreux, ruineux.

ÉCONOMISER ◆ SYN. 1. Amasser, conserver, entasser, *épargner*, garder, mettre de côté, réserver, thésauriser. 2. Gratter *(fam.)*, lésiner, *ménager*, regarder à, rogner sur. ◆ ANT. 1. Consommer, dépenser. 2. Dilapider, gaspiller, prodiguer.

ÉCOPER ◇ v. **Recevoir**

ÉCORCHER ◆ SYN. 1. Dépiauter, *dépouiller*, ôter. 2. Blesser, déchirer, égratigner, *érafler*, excorier, griffer, labourer. 3. *Déformer*, estropier (un nom), prononcer de travers. 4. Estamper *(fam.)*, exploiter, faire payer trop cher, **rançonner**, saigner, voler. ◆ ANT. **1.** Couvrir, mettre, revêtir. **2.** Épargner, protéger. **3.** Articuler, bien prononcer. **4.** Payer le juste prix.

ÉCORNIFLEUR ◇ v. **Parasite**

ÉCOT ◆ SYN. **1.** Contingent, **contribution**, cotisation, lot, part, quote-part, quotité. **2.** Souche, **tronc d'arbre**.

ÉCOULEMENT ◆ SYN. **1.** Dégorgement, **déversement**, épanchement, éruption, évacuation, ruissellement, suintement, vidange. **2. Courant**, cours, débit, fil (de l'eau), flot, flux. **3.** *(Physiol.)* Excrétion, exsudation, **sécrétion**. **4.** Affluence, afflux, **circulation**, mouvement, passage, sortie. **5.** Débouché, marché, **vente**. ◆ ANT. **1.** Obstruction, stagnation. **2.** Contre-courant, reflux. **3.** Rétention. **4.** Bousculade, cohue, foule. **5.** Achat, blocus, conservation, stockage.

ÉCOULER ◆ SYN. ▷ V. tr. **1.** Débiter, mettre en circulation, placer, **vendre**. ▷ V. pr. **2.** Couler, **se déverser**, s'échapper, s'épancher, s'évacuer, fluer, se répandre, ruisseler, suinter. **3.** *(Temps)* Disparaître, s'enfuir, s'évanouir, filer, **passer**. ◆ ANT. **1.** Acheter, conserver, stocker. **2.** Barrer, bloquer, contenir, refluer, retenir, stagner. **3.** S'arrêter, durer, persister.

ÉCOURTER ◆ SYN. **1.** *(Longueur)* Couper, diminuer, **raccourcir**, rapetisser, réduire, rogner. **2.** *(Durée)* Abréger. **3.** *(Pensée)* **Simplifier**, tronquer. ◆ ANT. **1.** Ajouter, allonger, augmenter, étendre. **2.** Prolonger. **3.** Détailler, développer.

ÉCOUTER ◆ SYN. **1.** Entendre, être tout oreilles, être tout ouïe, ouïr, **prêter l'oreille**, tendre l'oreille. **2.** Accueillir, se conformer, obéir, observer, respecter, **suivre**. ◆ ANT. **1.** Se boucher les oreilles, être sourd à, faire la sourde oreille. **2.** Désobéir, s'opposer, refuser.

ÉCRAN ◆ SYN. **1.** Abri, cloison, filtre, panneau, paravent, pare-étincelles, pare-feu, rideau, **séparation**, store, tenture. **2.** *(Petit écran)* Télévision. **3.** *(Grand écran)* Cinéma. **4.** *(Écran de visualisation, ordinateur)* Console, **moniteur**, terminal, visu, visuel.

ÉCRASANT ◆ SYN. **1.** *(Surcharge)* Assujettissant, astreignant, contraignant, **lourd**, pénible, pesant. **2.** *(Chaleur)* **Accablant**, caniculaire, étouffant, oppressant, suffocant, torride, tropical. ◆ ANT. **1.** Facile, léger. **2.** Frais, supportable, tempéré, tolérable.

ÉCRASÉ (NEZ) ◇ v. **Camus**

ÉCRASEMENT ◆ SYN. **1.** *(Ennemi)* Anéantissement, défaite, déroute, destruction, élimination, suppression. **2.** *(Avion)* Chute, **crash**. ◆ ANT. **1.** Renfort, résistance, victoire. **2.** Vol.

ÉCRASER ◆ SYN. ▷ V. tr. **1.** Aplatir, **briser**, broyer, comprimer, concasser, écrabouiller, fouler, moudre, piler, presser, pulvériser, triturer. **2.** *(Piéton)* Heurter, meurtrir, **renverser**. **3. Dominer**, humilier, opprimer, tyranniser. **4.** Abattre, accabler, anéantir, crouler sous, **détruire**, ruiner, surcharger. **5.** Défaire, mater, surclasser, **vaincre**. ▷ V. pr. **6.** *(Avion)* Tomber. **7.** *(Fam.)* Abandonner, s'aplatir, **capituler**, céder, démissionner, s'incliner, plier, se taire. ◆ ANT. **1.** Arranger, consolider, joindre. **2.** Éviter, ranimer, relever. **3.** Affranchir, émanciper, libérer. **4.** Décharger, délester, ménager. **5.** Résister, tenir bon. **6.** Planer, voler. **7.** Combattre, lutter, s'opposer, protester, tenir tête.

ÉCRIER (S') ◇ v. **Exclamer (s')**

ÉCRIRE ◆ SYN. **1.** Calligraphier, copier, crayonner, dactylographier, dessiner, former, gribouiller *(péj.)*, griffonner *(péj.)*, noircir *(fam.)*, orthographier, taper à la machine, tracer, **transcrire**. **2.** Consigner, fixer, inscrire, marquer, **noter**. **3.** Correspondre avec. **4.** Composer, écrivailler *(péj.)*, pondre *(fam.)*, produire, publier, **rédiger**. ◆ ANT. **1.** Biffer, effacer, raturer, rayer. **2.** Laisser en blanc. **3.** Répondre à. **4.** Conserver dans ses tiroirs, garder secret.

ÉCRIT ◆ SYN. **1.** Acte, copie, document, imprimé, manuscrit, original, procès-verbal, **texte**, titre. **2.** Article, journal, **livre**, œuvre, ouvrage, papier, pamphlet, production, publication, travail, volume. **3.** *(Exercice d'écriture)* Composition, devoir, **rédaction**. ◆ ANT. **1-3.** Oral, parlé, parole.

ÉCRITEAU ◆ **SYN.** *Affiche*, annonce, avis, enseigne, inscription, pancarte, panneau-réclame, panonceau, placard.

ÉCRIVAIN ◆ **SYN.** 1. *Auteur*, dramaturge, essayiste, homme ou femme de lettres, littérateur, nouvelliste, pamphlétaire, poète, prosateur, romancier, styliste, versificateur. 2. *(Péj.)* Bas-bleu, *écrivailleur*, écrivassier, nègre, pisse-copie, plumitif. 3. *(Pl.)* Gens de lettres.

ÉCROULEMENT ◆ **SYN.** 1. *Affaissement*, éboulement, effondrement. 2. Anéantissement, chute, culbute, débâcle, déconfiture, dégringolade, désagrégation, destruction, renversement, *ruine*. ◆ **ANT.** 1. Construction, édification, élévation. 2. Établissement, relèvement, renforcement.

ÉCROULER (S') ◆ **SYN.** 1. S'abattre, *s'affaisser*, s'affaler, choir, crouler, culbuter, s'ébouler, s'effondrer. 2. S'anéantir, déchoir, dégringoler, périr, *sombrer*, tomber. ◆ **ANT.** 1. Construire, édifier, ériger. 2. S'élever, se ranimer, se redresser, se relever, se remonter, se rétablir, se sauver.

ÉCUEIL ◆ **SYN.** 1. Brisant, chaussée, étoc, *récif*, roc, rocher. 2. Achoppement, *danger*, difficulté, embûche, hic *(fam.)*, inconvénient, obstacle, péril, piège, risque, traquenard.

ÉCULÉ ◇ v. Usé

ÉCUME ◆ **SYN.** 1. Mousse. 2. *Bave*, salive. 3. *Sueur*, transpiration. 4. Lie, plèbe, populace, ramassis, *rebut* (de la société). ◆ **ANT.** 4. Crème *(fam.)*, élite, gratin *(fam.)*.

ÉCUMER ◆ **SYN.** ▷ V. *intr.* 1. *Mousser*, moutonner. 2. Baver. 3. Bouillir de colère, fumer *(fam.)*, pester, *rager*, râler *(fam.)*. ▷ V. *tr.* 4. *Débarrasser*, purifier. 5. *Piller*, rafler *(fam.)*, voler.

ÉCUMEUR ◆ **SYN.** 1. Aventurier, boucanier, corsaire, flibustier, pillard, *pirate*. 2. Plagiaire.

ÉCUSSON ◆ **SYN.** Écu, emblème, enseigne, étoffe, *insigne*, marque, panonceau, pennon *(serrure)*, plaque.

ÉDEN ◇ v. **Paradis**

ÉDICTER ◆ **SYN.** 1. *(Loi, règlement)* Décréter, prescrire, *promulguer*. 2. *(Volonté)* Commander, *dicter*, imposer, ordonner. ◆ **ANT.** 1. Abolir, abroger, supprimer. 2. Obéir, se plier, se soumettre.

ÉDIFIANT ◆ **SYN.** 1. *Exemplaire*, moral, moralisateur, parfait, pieux, pur, vertueux. 2. *(Iron.)* Éloquent, formateur, *instructif*, révélateur, significatif. ◆ **ANT.** 1. Choquant, immoral, imparfait, indigne, révoltant, scandaleux. 2. Banal, insignifiant, inutile, vain.

ÉDIFICATION ◆ **SYN.** 1. *Construction*, élévation, érection. 2. Constitution, *création*, établissement, fondation, organisation, réalisation. 3. *(Système, théorie)* Composition, *échafaudage*, élaboration. 4. Apprentissage, enseignement, formation, initiation, *instruction*. 5. *(Piété, vertu)* *Incitation*, moralisation, prêche. ◆ **ANT.** 1. Démolition, destruction, écroulement. 2. Anéantissement, ruine. 3. Critique, sape. 4. Abêtissement, abrutissement, crétinisation. 5. Corruption, scandale.

ÉDIFICE ◆ **SYN.** 1. *Bâtiment*, bâtisse, construction, habitation, immeuble, maison, monument. 2. Arrangement, architecture, assemblage, combinaison, *ensemble*, entreprise, œuvre, organisation.

ÉDIFIER ◆ **SYN.** 1. *Bâtir*, construire, élever, ériger. 2. Arranger, combiner, constituer, *créer*, établir, fonder, organiser. 3. *(Système, théorie)* Composer, *échafauder*, élaborer. 4. Éclairer, enseigner, former, initier, *instruire*. 5. *(Piété, vertu)* *Inciter à*, porter à. ◆ **ANT.** 1. Abattre, démolir, détruire, raser. 2. Anéantir, défaire, ruiner. 3. Miner, renverser, saper. 4. Abêtir, abrutir, crétiniser. 5. Choquer, corrompre, offenser, scandaliser.

ÉDIT ◆ **SYN.** *(Gouvernement, roi)* Acte, constitution, décret, *loi*, ordonnance, règlement.

ÉDITER ◆ **SYN.** Diffuser, faire paraître, imprimer, lancer, *publier*, reproduire, sortir, tirer (à tant d'exemplaires). ◆ **ANT.** Détruire, pilonner (mettre au pilon), refuser.

ÉDITION ◆ SYN. **1.** Diffusion, impression, parution, *publication*, reproduction, tirage. **2.** Exemplaire, *livre*.

ÉDREDON ◇ V. **Couverture**

ÉDUCATEUR ◆ SYN. ▷ *Nom* **1.** Cicérone, enseignant, instituteur, instructeur, maître, mentor, *pédagogue*, professeur. ▷ *Adj.* **2.** Éducatif, formateur, instructif, *pédagogique*. ◆ ANT. **1.** Disciple, élève, étudiant. **2.** Abêtissant, crétinisant, déformateur, destructeur.

ÉDUCATION ◆ SYN. **1.** Apprentissage, connaissances, dressage *(péj.)*, école, enseignement, *formation*, initiation, instruction, pédagogie. **2.** *(Animaux)* Apprivoisement, domestication, *dressage*, élevage. **3.** Bienséance, civisme, civilité, distinction, politesse, *savoir-vivre*. ◆ ANT. **1.** Abêtissement, déformation, désinformation, ignorance. **2.** État sauvage, liberté. **3.** Grossièreté, impolitesse, incivilité, rusticité.

ÉDULCORER ◆ SYN. **1.** Adoucir, *sucrer*. **2.** *(Fig.)* Affadir, *affaiblir*, atténuer, envelopper, mitiger, tempérer. ◆ ANT. **1.** Aciduler, épicer, pimenter, relever. **2.** Corser, dramatiser, renforcer.

ÉDUQUER ◆ SYN. Civiliser, cultiver, dégrossir, développer, discipliner, dresser, élever, façonner, *former*, guider, initier, instruire, policer, polir *(fig.)*. ◆ ANT. Abêtir, abrutir, crétiniser, déformer, désinformer, laisser dans l'ignorance.

EFFACÉ ◆ SYN. **1.** Décoloré, estompé, *flou*, pâle, terne. **2.** Anonyme, discret, falot, humble, insignifiant, *modeste*, obscur, ordinaire, quelconque, réservé, terne *(fig.)*. ◆ ANT. **1.** Accentué, coloré, marqué, prononcé. **2.** Brillant, éminent, fier, illustre, poseur, renommé, truculent, vaniteux.

EFFACEMENT ◆ SYN. **1.** Biffure, destruction, élimination, *rature*, suppression. **2.** Absence, *disparition*, éclipse, éloignement, retrait. **3.** Discrétion, humilité, *modestie*, réserve, retenue, timidité. ◆ ANT. **1.** Ajout, inscription, note. **2.** Apparition, popularité, présence, réapparition,

retour. **3.** Audace, effusion, étalage, fatuité, impudence, ostentation, vanité.

EFFACER ◆ SYN. ▷ *V. tr.* **1.** Barrer, biffer, enlever, gommer, gratter, ôter, radier, raturer, *rayer*, supprimer. **2.** *Détruire*, oblitérer. **3.** Abolir, absoudre, annuler, *oublier*, pardonner, passer l'éponge, repartir de zéro. ▷ *V. pr.* **4.** Céder la place, se dérober, s'éclipser, *se retirer*. **5.** Cesser, *disparaître*, s'estomper, s'évanouir, s'obscurcir, pâlir, partir. ◆ ANT. **1.** Ajouter, écrire, inscrire, marquer. **2.** Accentuer, faire ressortir. **3.** Garder rancune, rappeler, remémorer. **4.** Aller au-devant, demeurer, rester. **5.** Apparaître, se manifester, se montrer, naître, paraître, surgir, voir le jour.

EFFARANT ◆ SYN. **1.** *Affolant*, ahurissant, effrayant, effroyable, épouvantable, inquiétant, terrifiant. **2.** Énorme, extraordinaire, fantastique, faramineux, *incroyable*, inouï, phénoménal, prodigieux, stupéfiant. ◆ ANT. **1.** Apaisant, rassurant, réconfortant. **2.** Banal, commun, minime, ordinaire.

EFFARÉ ◆ SYN. *Affolé*, ahuri, effarouché, effrayé, égaré, épouvanté, hagard, inquiet, interdit, stupéfait, troublé. ◆ ANT. Calme, confiant, hardi, rassuré, serein.

EFFAROUCHER ◆ SYN. **1.** Apeurer, *effrayer*, éloigner, épouvanter, faire fuir. **2.** Affoler, alarmer, blesser, choquer, inquiéter, intimider, *offusquer*, rebuter, troubler. ◆ ANT. **1.** Apprivoiser, charmer, séduire. **2.** Calmer, enhardir, rasséréner, rassurer, tranquilliser.

EFFECTIF ◆ SYN. ▷ *Adj.* **1.** Certain, concret, efficace, existant, matériel, palpable, positif, *réel*, tangible, véritable. ▷ *Nom* **2.** *(Sing.)* Employés, main-d'œuvre, *personnel*, salariés. **3.** *(Pl.)* Armée, *troupes*. ◆ ANT. **1.** Abstrait, apparent, chimérique, fictif, illusoire, irréel, possible, virtuel. **2.** Direction, employeur, patron. **3.** Recrues, renforts.

EFFECTUER ◆ SYN. *Accomplir*, exécuter, faire, opérer, pratiquer, procéder à,

réaliser, remplir. ✦ ANT. Échouer, manquer,
négliger, rater.

EFFÉMINÉ ✦ SYN. Amolli, délicat,
douillet, émasculé, *féminin*, mou. ✦ ANT.
Énergique, mâle, viril.

EFFERVESCENCE ✦ SYN. 1. Bouillonnement, *ébullition*, fermentation. 2. Agitation, ardeur, embrasement, émoi, emportement, exaltation, *excitation*, fébrilité,
fièvre, fougue, frénésie, incandescence,
mouvement, nervosité, remous, tumulte.
✦ ANT. 1. Défervescence. 2. Calme, impassibilité, sang-froid, sérénité, tiédeur,
torpeur, tranquillité.

EFFERVESCENT ✦ SYN. Agité, ardent,
bouillonnant, déchaîné, enflammé, exalté,
excité, fiévreux, fougueux, frénétique,
incandescent, trépidant, tumultueux.
✦ ANT. Calme, impassible, serein, tiède,
tranquille.

EFFET ✦ SYN. ▷ *Sing.* 1. *Conséquence*,
contrecoup, corollaire, dépendance, filiation, fruit, impact, incidence, portée,
produit, rapport, réaction, rendement,
résultat, retentissement, suites. 2. *Impression*, sensation. 3. Action, domination,
empreinte, *emprise*, influence, règne.
4. *(Effet de commerce)* Billet, bon, chèque, lettre
de change, mandat, titre, *traite*, warrant.
▷ *Pl.* 5. *Affaires*, bagages, linge, vêtements.
6. Affectation, étalage, mise en valeur,
ostentation. ✦ ANT. 1. Base, cause, fondement, germe, motif, origine, principe,
raison. 2. Indifférence, insensibilité.
3. Affranchissement, libération. 6. Discrétion, effacement.

EFFICACE ✦ SYN. 1. Actif, *agissant*, bon
pour, certain, effectif, infaillible, puissant, radical, souverain, sûr. 2. Efficient,
productif, profitable, rentable. 3. *(Pers.)*
Capable, *compétent*, dynamique, énergique. ✦ ANT. 1. Anodin, impuissant, inefficace, inopérant, inutile, palliatif, stérile,
vain. 2. Déficitaire, improductif. 3. Incapable, incompétent, mou, passif.

EFFICACITÉ ✦ SYN. 1. *Action*, effet,
force, pouvoir, puissance, vertu. 2. Effi-

cience, *productivité*, profit, rendement,
rentabilité. 3. *Compétence*, dynamisme,
énergie. ✦ ANT. 1. Impuissance, inanité,
inefficacité. 2. Déficit, diminution, perte.
3. Impéritie, incompétence, mollesse,
passivité.

EFFIGIE ✦ SYN. 1. *Figure*, forme, image,
portrait, représentation. 2. Empreinte,
marque, reproduction, sceau.

EFFILÉ ✦ SYN. 1. *(Tissu)* **Effiloché**, effrangé.
2. Allongé, délié, *élancé*, étroit, long, mince,
svelte. 3. Aigu, *pointu*. ✦ ANT. 2. Élargi,
épais, gros, large, trapu. 3. Arrondi, écrasé,
plat.

EFFLANQUÉ ◇ V. **Maigre**

EFFLEURER ✦ SYN. 1. *Égratigner*, érafler. 2. Caresser, chatouiller, friser, *frôler*,
lécher *(fig.)*, raser, toucher (légèrement).
3. *(Sujet)* Aborder, évoquer, glisser sur, *survoler*. ✦ ANT. 2. Appuyer, esquiver, éviter,
presser. 3. Approfondir, s'arrêter, étudier,
pénétrer.

EFFONDREMENT ✦ SYN. 1. Affaissement, chute, éboulement, écrasement,
écroulement. 2. *(Empire)* Décadence, *destruction*, disparition, ruine. 3. *(Fin.)* Crise,
débâcle, dégringolade, *dépression*, faillite,
krach. 4. Abattement, accablement, *découragement*, déprime. ✦ ANT. 1. Élévation,
exhaussement, relèvement. 2. Édification,
essor, naissance. 3. Boum, hausse, progrès, prospérité, redressement. 4. Allant,
espoir, regain, ténacité, vigueur.

EFFONDRER ✦ SYN. ▷ *V. tr.* 1. Labourer,
remuer (la terre). 2. Briser, *défoncer*, détruire, rompre. ▷ *V. pr.* 3. S'abattre, s'abîmer,
s'affaisser, s'ébouler, crouler, culbuter,
dégringoler, se disloquer, *s'écrouler*, tomber. 4. *(Pers.)* S'abandonner, céder, craquer,
se décourager, déprimer, flancher *(fam.)*, se
laisser abattre. ✦ ANT. 1. Cultiver, laisser
en friche. 2. Reconstruire, relever. 3. Se
dresser, se relever. 4. Résister, tenir bon.

EFFORCER (S') ✦ SYN. 1. S'appliquer
à, s'attacher à, *chercher à*, s'escrimer,
essayer, s'évertuer, s'ingénier à, lutter
pour, tâcher de, tenter de, travailler à,

viser. **2.** *Se contraindre*, se forcer, s'obliger. ♦ ANT. **1.** Abandonner, désespérer, se laisser aller, renoncer. **2.** Se dispenser, s'épargner.

EFFORT ♦ SYN. **1.** Acharnement, application, ardeur, attention, concentration, *énergie*, lutte, mal, peine, poussée, tension, travail, volonté. **2.** Démarche, *essai*, tentative. ♦ ANT. **1.** Détente, laisser-aller, paresse, repos. **2.** Réussite.

EFFRAYANT ♦ SYN. **1.** Affreux, apocalyptique, atroce, cauchemardesque, dantesque, *effroyable*, épouvantable, hallucinant, horrible, laid, monstrueux, redoutable, sinistre, terrible, terrifiant. **2.** Effarant, *extraordinaire*, extrême, formidable, immense. ♦ ANT. **1.** Attirant, rassurant, réconfortant, sécurisant. **2.** Banal, infime, ridicule.

EFFRAYER ♦ SYN. Affoler, alarmer, angoisser, *apeurer*, effarer, effaroucher, épouvanter, paniquer, terrifier, terroriser, tourmenter, traumatiser. ♦ ANT. Apaiser, enhardir, rassurer, sécuriser.

EFFRÉNÉ ♦ SYN. **1.** Débridé, déchaîné, démesuré, exagéré, excessif, extrême, fou, *immodéré*, outré, sans entrave, sans peur, sans retenue. **2.** *(Rythme)* Endiablé, éperdu, frénétique, infernal. ♦ ANT. **1.** Contenu, mesuré, modéré, retenu, sage, tempéré. **2.** Lent, ralenti, traînant.

EFFRITER ♦ SYN. ▷ *V. tr.* **1.** *Désagréger*, émietter, pulvériser. ▷ *V. pr.* **2.** S'affaiblir, s'amenuiser, *diminuer*, s'émousser. ♦ ANT. **1.** Agréger, fusionner, joindre. **2.** S'accroître, se consolider, s'intensifier.

EFFROI ♦ SYN. Affolement, affres, alarme, angoisse, anxiété, appréhension, crainte, effarement, épouvante, *frayeur*, frisson, panique, peur, terreur, transes, trouble, trouille *(fam.)* ♦ ANT. Assurance, calme, courage, garantie, quiétude, sécurité, sérénité, sûreté, tranquillité.

EFFRONTÉ ♦ SYN. Audacieux, cavalier, culotté *(fam.)*, cynique, déluré, éhonté, frondeur, grossier, hardi, impertinent, impudent, *insolent*, malappris, osé, outrecuidant, sans-gêne. ♦ ANT. Discret, effacé,

modeste, poli, réservé, respectueux, retenu, sage, tempéré, timide.

EFFRONTERIE ♦ SYN. Aplomb, audace, culot *(fam.)*, cynisme, front, hardiesse, impertinence, impolitesse, impudence, *insolence*, outrecuidance, sans-gêne, toupet *(fam.)*. ♦ ANT. Délicatesse, gêne, hésitation, modestie, politesse, respect, réserve, timidité.

EFFROYABLE ♦ SYN. **1.** Abominable, *affreux*, atroce, catastrophique, effrayant, épouvantable, horrible, terrible. **2.** Effarant, énorme, excessif, *incroyable*, inimaginable. ♦ ANT. **1.** Admirable, apaisant, attirant, rassurant, ravissant, superbe. **2.** Banal, commun, minime, ordinaire.

EFFUSION ♦ SYN. **1.** Abandon, confiance, débordement, élan, *épanchement*, ferveur, transport. **2.** *(Effusion de sang)* Écoulement (de sang), violence. ♦ ANT. **1.** Antipathie, éloignement, froideur, indifférence, recul, retenue, tiédeur. **2.** Non-violence, paix.

ÉGAL ♦ SYN. **1.** Lisse, plan, plat, *uni*. **2.** Conforme, *équivalent*, identique, même, pareil, semblable, similaire. **3.** Constant, invariable, *régulier*, uniforme. **4.** *Indifférent*, sans importance. ♦ ANT. **1.** Inégal, raboteux, rugueux. **2.** Autre, contraire, différent, dissemblable, inférieur, supérieur. **3.** Capricieux, changeant, inconstant, irrégulier, variable. **4.** Important, sérieux.

ÉGALER ♦ SYN. Atteindre, correspondre, *équivaloir*, représenter, valoir. ♦ ANT. Dépasser, différer, s'éloigner de, surclasser, surpasser, transcender.

ÉGALISER ♦ SYN. **1.** Aplanir, *niveler*, unir. **2.** Ajuster, balancer, contrebalancer, corriger, *équilibrer*. ♦ ANT. **1.** Bosseler, creuser. **2.** Déséquilibrer, différencier.

ÉGALITÉ ♦ SYN. **1.** Concordance, conformité, équation, équilibre, *équivalence*, identité, parité, similitude. **2.** Constance, *régularité*, uniformité. **3.** Calme, équanimité, placidité, sérénité, *tranquillité*. **4.** *(Des chances, des droits)* Équité, *justice*. ♦ ANT. **1.** Déséquilibre, différence, disparité, inégalité, instabilité. **2.** Changement,

inconstance, irrégularité. 3. Agitation,
émoi, trouble. 4. Iniquité, injustice.
   ÉGARD ✦ SYN. 1. Considération, déférence, estime, *respect*, révérence. 2. *(Pl.)*
Attentions, délicatesses, gentillesses,
ménagements, *politesses*, prévenances,
soins. ✦ ANT. 1. Insolence, irrespect, irrévérence, mépris. 2. Dureté, grossièretés,
impolitesses, indélicatesses, insultes.
   ÉGARÉ ✦ SYN. 1. Dérouté, désorienté,
perdu. 2. Effaré, fou, *hagard*, halluciné,
troublé. ✦ ANT. 1. Dirigé, guidé, orienté.
2. Calmé, lucide, réfléchi, serein, tranquille.
   ÉGAREMENT ✦ SYN. 1. Aberration, affolement, aliénation, aveuglement, délire,
démence, dérèglement, désordre, divagation, errements, *erreur*, folie. 2. *(Pl.)*
Débauche, dévergondage, immoralité,
inconduite, libertinage, luxure, mauvaise
conduite, vice. ✦ ANT. 1. Clairvoyance,
équilibre, jugement, logique, raison,
sagesse. 2. Bonne conduite, décence,
moralité, vertu.
   ÉGARER ✦ SYN. ▷ *V. tr.* 1. Dérouter, désorienter, dévier, fourvoyer, mettre hors de
la voie, *perdre*. 2. Abuser, aveugler, *cor-*
rompre, détourner, dévoyer, pervertir,
tromper. ▷ *V. pr.* 3. S'écarter *(québ., fam.)*, faire
fausse route, se fourvoyer, *se perdre*,
perdre son chemin. 4. Se disperser, divaguer, *errer*, sortir du sujet. ✦ ANT. 1. Diriger, guider, orienter, retrouver le bon
chemin (la bonne voie). 2. Édifier, remettre sur le droit chemin. 3. Se diriger,
s'orienter, se retrouver. 4. Aller droit au
but, se concentrer, rectifier, redresser
(une erreur).
   ÉGAYER ✦ SYN. ▷ *V. tr.* 1. *Amuser*, délasser, dérider, distraire, divertir, récréer,
réjouir. 2. Agrémenter, décorer, *embellir*,
enjoliver, orner, parer. ▷ *V. pr.* 3. *S'amuser*,
s'ébattre, se réjouir, rire. 4. *Se moquer*,
railler. ✦ ANT. 1. Assombrir, attrister, chagriner, ennuyer, lasser, peiner. 2. Déparer,
enlaidir, gâter. 3. S'attrister, s'ennuyer,
pleurer. 4. Louanger, vanter les mérites.

   ÉGIDE ✦ SYN. *(Sous l'égide de)* Avec l'appui
de, avec le secours de, avec le soutien de,
sous les auspices de, sous le patronage de,
sous la protection de.
   ÉGLISE ✦ SYN. 1. Basilique, cathédrale,
chapelle, oratoire, paroisse, sanctuaire,
temple. 2. *(Majuscule initiale)* Assemblée des
fidèles, clergé, communauté, commu-
nion, confession, croyance, culte, *religion*,
secte.
   EGO ✦ SYN. Entité, essence, être, individu, individualité, je, *moi*, personnalité,
personne, sujet. ✦ ANT. Autre, autrui, chose,
objet.
   ÉGOÏSME ✦ SYN. Amour de soi, amour-
propre, autosatisfaction, culte du moi,
égocentrisme, égotisme, indifférence,
individualisme, narcissisme, vanité. ✦ ANT.
Altruisme, compassion, désintéressement,
dévouement, générosité, humanitarisme,
magnanimité, philanthropie.
   ÉGOÏSTE ✦ SYN. Dur, égocentrique,
égocentriste, égotiste, indifférent, *indi-*
vidualiste, narcissique. ✦ ANT. Altruiste,
compatissant, désintéressé, dévoué, humanitaire, magnanime, philanthrope.
   ÉGORGER ✦ SYN. 1. *(Animal)* Couper la
gorge, *saigner*. 2. *(Pers.)* Assassiner, étrangler, massacrer, trancher la gorge, *tuer*.
3. *(Fig.)* Dépouiller, exploiter, pressurer,
ruiner, saigner *(fig.)*. ✦ ANT. 1-2. Épargner,
sauver. 3. Aider, enrichir, soutenir.
   ÉGRATIGNER ✦ SYN. 1. Déchirer, écorcher, effleurer, *érafler*, excorier, griffer.
2. Dégrader, *endommager*, érailler, rayer.
3. Attaquer, *blesser* (moralement), critiquer, piquer au vif, railler. ✦ ANT. 1. Soigner. 2. Polir, réparer. 3. Féliciter, lancer
des fleurs, louanger.
   ÉHONTÉ ✦ SYN. Audacieux, culotté
(fam.), cynique, effronté, *impudent*, impudique, leste, osé, sans-gêne, sans vergogne, scandaleux. ✦ ANT. Confus, penaud,
pudique, repentant, respectueux, réservé,
timide.
   ÉLABORATION ✦ SYN. Accouchement,
composition, conception, construction,

constitution, *création*, échafaudage, édification, fabrication, formation, genèse, invention, organisation, préparation, production, réalisation. ◆ ANT. Amorce, ébauche, esquisse, improvisation.

ÉLABORÉ ◆ SYN. Approfondi, complexe, étudié, raffiné, *recherché*, soigné, sophistiqué, subtil. ◆ ANT. Bâclé, banal, commun, naturel, simple, superficiel.

ÉLABORER ◆ SYN. Combiner, composer, concerter, concevoir, concocter *(fam.)*, confectionner, construire, créer, échafauder, fabriquer, façonner, faire, former, mettre au point, mettre sur pied, mûrir, orchestrer, organiser, *préparer*, produire. ◆ ANT. Aborder, amorcer, effleurer, entamer, esquisser, improviser.

ÉLAGUER ◆ SYN. 1. Couper, diminuer, ébrancher, éclaircir, émonder, étêter, ravaler, *tailler*, tronquer. 2. *Retrancher*, supprimer. ◆ ANT. 1. Greffer, planter. 2. Ajouter, amplifier.

ÉLAN ◆ SYN. 1. Bond, envol, erre, essor, lancée, *mouvement*, vitesse. 2. Accès, ardeur, chaleur, effusion, emportement, *enthousiasme*, envolée, fougue, impulsion, poussée, transport, vivacité. ◆ ANT. 1. Arrêt, inertie, pause, repos. 2. Accablement, apathie, détente, langueur, prostration, torpeur.

ÉLANCÉ ◆ SYN. Délicat, *effilé*, efflanqué, fin, fluet, fuselé, gracile, grêle, haut, mince, svelte. ◆ ANT. Alourdi, boulot, court, épais, gras, gros, ramassé, trapu.

ÉLANCER (S') ◆ SYN. 1. Bondir, foncer, se jeter, se lancer, *se précipiter*, se ruer, sauter, voler vers. 2. Se dresser, s'élever, *jaillir*, saillir, sortir, surgir. ◆ ANT. 1. Fuir, ralentir, reculer. 2. S'enfoncer, pénétrer.

ÉLARGIR ◆ SYN. 1. *Dilater*, distendre, évaser. 2. *Agrandir*, grossir. 3. Accroître, amplifier, augmenter, développer, *étendre*, ouvrir. 4. *Libérer*, relâcher, relaxer. ◆ ANT. 1. Contracter, resserrer, rétrécir. 2. Amincir, diminuer. 3. Borner, circonscrire, comprimer, limiter. 4. Arrêter, écrouer, emprisonner, incarcérer.

ÉLASTICITÉ ◆ SYN. 1. Compressibilité, détente, expansion, extensibilité, *flexibilité*. 2. *(Esprit)* Adaptabilité, malléabilité, *souplesse*, tolérance. 3. *(Morale)* Laisser-aller, *laxisme*, permissivité. ◆ ANT. 1. Raideur, rigidité. 2. Étroitesse d'esprit, inflexibilité, intolérance, rigueur. 3. Autoritarisme, intransigeance, rigorisme.

ÉLASTIQUE ◆ SYN. ▷ *Adj.* 1. Compressible, extensible, *flexible*. 2. *(Horaire, règlement)* Adaptable, changeable, irrégulier, *variable*. 3. *(Démarche)* Agile, aisé, alerte, leste, preste, prompt, *souple*, vif. 4. *(Morale)* *Laxiste*, permissif, relâché. ▷ *Nom* 5. Caoutchouc, catogan *(cheveux)*, *ruban*. 6. *(Tissu)* *Lycra*, stretch. 7. Attache, câble, pieuvre, sandow, *tendeur*. 8. *(Saut à l'élastique)* Benji. ◆ ANT. 1. Inflexible, raide, rigide. 2. Fixe, immuable, invariable, régulier. 3. Engourdi, lent, lourd, pesant. 4. Intransigeant, rigoureux, strict.

ÉLECTEUR ◆ SYN. *Votant*, suffragant *(assemblée, jury)*. ◆ ANT. Abstentionniste, candidat, élu.

ÉLECTION ◆ SYN. 1. Adoption, *choix*, préférence. 2. *(Poste)* Cooptation, désignation, *nomination*. 3. *(Gouvernement)* Consultation, plébiscite, référendum, scrutin, suffrage, urnes, *vote*. ◆ ANT. 1. Obligation, rejet. 2. Opposition, veto. 3. Abstention, invalidation.

ÉLECTRICITÉ ◆ SYN. 1. *Courant*, lumière. 2. *Éclair*, foudre, orage. 3. *Excitation*, nervosité, tension. ◆ ANT. 3. Calme, détente, tranquillité.

ÉLECTRISER ◆ SYN. 1. Échauffer, enflammer, enthousiasmer, exalter, *exciter*, galvaniser, survolter, transporter. 2. Captiver, fasciner, *magnétiser*. ◆ ANT. 1. Calmer, endormir, ennuyer, lasser. 2. Dégoûter, éloigner, repousser.

ÉLÉGANCE ◆ SYN. 1. Agrément, beauté, bon goût, bonnes manières, charme, chic, classe, dandysme, délicatesse, distinction, *grâce*, harmonie, prestance, raffinement, savoir-vivre. 2. Adresse, agilité, aisance, finesse, gracilité, légèreté, souplesse, *sveltesse*. **3.** Brio, chaleur, *éloquence*, facilité (d'expression), maîtrise, verve, virtuosité. ◆ ANT. **1.** Balourdise, grossièreté, inélégance, laideur, laisser-aller, mauvaises manières, mauvais goût, sans-gêne, vulgarité. **2.** Gaucherie, lourdeur, maladresse, raideur. **3.** Aridité, bafouillage, froideur, médiocrité, platitude.

ÉLÉGANT ◆ SYN. ▷ *Adj.* **1.** Agréable, beau, coquet, délicat, distingué, fin, fringant, *gracieux*, joli, pimpant, raffiné, sélect, soigné. **2.** *(Vêtements)* Bien mis, *chic*, endimanché, paré, tiré à quatre épingles. ▷ *Nom* **3.** Brummell, dandy, *galant*, gandin, muguet, muscadin. ◆ ANT. **1.** Balourd, déplacé, disgracieux, grossier, inélégant, laid, lourd, quelconque, vulgaire. **2.** Accoutré, attifé, attriqué *(québ.)*, dépenaillé, fagoté, négligé. **3.** Goujat, malotru, mufle, rustre.

ÉLÉMENT ◆ SYN. ▷ *Sing. ou pl.* **1.** Atome, composant, composante, ingrédient, morceau, *partie*. **2.** Condition, *donnée*, facteur, paramètre. **3.** Air, atmosphère, entourage, *milieu*, sphère. **4.** *(Pers.)* Recrue, *sujet*. ▷ *Pl. seulement* **5.** Forces de la nature. **6.** Généralités, *notions* (de base), principes, rudiments. ◆ ANT. **1.** Ensemble, réunion, synthèse, tout. **6.** Approfondissement, enrichissement.

ÉLÉMENTAIRE ◆ SYN. **1.** Basal, basique, essentiel, *fondamental*, principal, primordial. **2.** Aisé, enfantin, facile, *simple*. **3.** Brut, fruste, grossier, imparfait, primaire, primitif, *rudimentaire*, sommaire. ◆ ANT. **1.** Accessoire, secondaire, subsidiaire. **2.** Compliqué, difficile, subtil. **3.** Achevé, avancé, complet, développé, évolué, perfectionné, supérieur.

ÉLÉVATION ◆ SYN. **1.** Altitude, éminence, *hauteur*. **2.** *Construction*, édification, érection. **3.** Accélération, accroissement, augmentation, *hausse*, montée. **4.** *(Rang supérieur) Accession*, ascension, avènement. **5.** Grandeur, *noblesse*, sublimité, supériorité. **6.** *(Élévation de l'âme)* Anagogie, contemplation, extase, *mysticisme*, oraison, prière. ◆ ANT. **1.** Abaissement, baisse, bas *(n.)*. **2.** Démolition, destruction, écroulement. **3.** Chute, diminution. **4.** Abdica-

tion, déchéance, déclin, destitution. **5.** Bassesse, ignominie, infamie. **6.** Abandon, déréliction.

ÉLÈVE ◆ SYN. **1.** *Disciple*, épigone *(souvent péj.)*. **2.** Cégépien *(québ.)*, collégien, écolier *(école primaire)*, *étudiant*, lycéen. **3.** *(Mauvais élève) Cancre*, nul, potache. **4.** Apprenti, aspirant, commençant, débutant, *novice*. ◆ ANT. **1.** Maître, mentor. **2.** Décrocheur *(québ.)*, éducateur, enseignant, instituteur, pédagogue, professeur, tuteur. **3.** Bolé *(québ., fam.)*, doué. **4.** Expert, lauréat.

ÉLEVÉ ◆ SYN. **1.** Dressé, érigé, exhaussé, *haut*. **2.** Accru, *augmenté*. **3.** Éduqué, éminent, *formé*, instruit, noble, relevé, sublime, supérieur, transcendant. **4.** *Cher*, coûteux, inabordable, inaccessible, exagéré, onéreux, prohibitif. ◆ ANT. **1.** Abaissé, bas. **2.** Diminué, réduit. **3.** Grossier, ignorant, inférieur, médiocre, vulgaire. **4.** Abordable, accessible, dérisoire, insignifiant, négligeable.

ÉLEVER ◆ SYN. ▷ *V. tr.* **1.** Hisser, *lever*, soulever, surélever. **2.** Bâtir, *construire*, dresser, édifier, ériger. **3.** *(Rang supérieur) Hausser*, relever. **4.** *Augmenter*, majorer. **5.** *Entretenir*, nourrir, soigner. **6.** Cultiver, éduquer, *former*, instruire. **7.** *Ennoblir*, grandir. ▷ *V. pr.* **8.** Décoller, *s'envoler*, monter. **9.** *(Rang supérieur)* Arriver, se hausser, se hisser, *parvenir*, progresser, réussir. **10.** S'élancer, fuser, *jaillir*, naître, se manifester, surgir, survenir. **11.** Atteindre, se chiffrer à, se monter à, *totaliser*. **12.** *(S'élever contre)* Dénoncer, se dresser, *s'opposer*, prendre parti, protester. ◆ ANT. **1.** Abaisser, baisser, descendre. **2.** Abattre, démolir, détruire. **3.** Destituer, rabaisser, rabattre. **4.** Diminuer, réduire. **5.** Abandonner, délaisser. **6.** Abêtir, abrutir, déformer. **7.** Avilir, corrompre. **8.** Atterrir, se poser. **9.** Déchoir, régresser, renverser, sombrer. **10.** Disparaître, s'estomper. **11.** Retrancher, soustraire. **12.** Accepter, défendre, justifier.

ÉLIMINER ◆ SYN. **1.** Évacuer, *excréter*, expulser. **2.** Abolir, bannir, chasser, écarter, évincer, excepter, *exclure*, extirper, proscrire, radier, rayer, rejeter, renvoyer, repousser, retirer, retrancher, supprimer. **3.** *(Compétition, examen)* Blackbouler *(fam.)*, coller à *(fam.)*, **disqualifier**, recaler, refuser. **4.** *(Adversaire)* Battre, l'emporter sur, **vaincre**. **5.** Abattre, assassiner, exécuter, liquider *(fam.)*, **tuer**. ◆ **ANT. 1.** Absorber, ingérer. **2.** Accepter, accueillir, admettre, conserver, garder, inclure, incorporer, intégrer, maintenir. **3.** Désigner, élire, nommer, se qualifier. **4.** Perdre, subir la défaite. **5.** Épargner, sauver.

ÉLIRE ◆ **SYN.** Adopter, **choisir**, coopter, désigner, nommer, opter, plébisciter, préférer. ◆ **ANT.** Éliminer, refuser, rejeter.

ÉLITE ◆ **SYN.** Aristocratie, crème *(fam.)*, dessus du panier, fine fleur, gotha, gratin *(fam.)*, haute société, **meilleur** *(n.)*. ◆ **ANT.** Déchet, écume, lie, masse, plèbe, populace, ramassis, rebut.

ÉLIXIR ◆ **SYN. 1.** **Boisson médicamenteuse**, breuvage, sirop. **2.** **Philtre**, potion magique. **3.** *(Pharm.)* **Préparation médicamenteuse**, teinture.

ELLIPTIQUE ◆ **SYN. 1.** Bref, court, concis, laconique, ramassé, succinct, **télégraphique**. **2.** Allusif, détourné, indirect, implicite, **sous-entendu**. ◆ **ANT. 1.** Redondant, prolixe, verbeux. **2.** Direct, explicite, franc, sans détour.

ÉLOCUTION ◆ **SYN.** Articulation, débit, **diction**, énonciation, parole, prononciation.

ÉLOGE ◆ **SYN.** Apologie, célébration, compliments, congratulations, dithyrambe *(souvent péj.)*, encensement, exaltation, félicitations, glorification, hagiographie, **louanges**, oraison (funèbre), panégyrique, plaidoirie, plaidoyer. ◆ **ANT.** Blâme, condamnation, critique, dénigrement, diatribe, moquerie, pamphlet, raillerie, reproche, réquisitoire, satire.

ÉLOGIEUX ◇ v. **Louangeur**

ÉLOIGNÉ ◆ **SYN. 1.** Distant, espacé, **loin**, lointain. **2.** Écarté, **isolé**, perdu, profond, reculé, retiré. **3.** **Ancien**, antique, lointain, passé, reculé, révolu. **4.** Futur, postérieur, **ultérieur**. **5.** **Différent**, distinct, divergent.

◆ **ANT. 1.** Adjacent, proche, rapproché, voisin. **2.** À côté, alentour, central, près. **3.** Actuel, contemporain, moderne, présent, récent. **4.** Antécédent, antérieur, passé. **5.** Concordant, ressemblant, semblable.

ÉLOIGNEMENT ◆ **SYN. 1.** *(Ch.)* **Distance**, espace, intervalle, lointain. **2.** *(Pers.)* **Absence**, départ, disparition, exil, fuite, retrait, séparation. **3.** *(Temps)* Distanciation, **recul**. **4.** **Différence**, écart, opposition. ◆ **ANT. 1.** Entourage, proximité, rapprochement, voisinage. **2.** Contact, présence, rapatriement, rappel, retour, retrouvailles. **3.** Immédiat, présent. **4.** Concordance, ressemblance, similitude.

ÉLOIGNER ◆ **SYN.** ▷ V. tr. **1.** *(Ch.)* Déplacer, **distancer**, écarter, espacer, reculer, repousser. **2.** *(Pers.)* Bannir, **chasser**, éconduire, éliminer, évincer, exiler, rejeter, séparer. **3.** *(Temps)* Ajourner, différer, renvoyer, **reporter**, retarder. **4.** *(D'un sujet)* **Détourner**, dévier. ▷ V. pr. **5.** S'absenter, s'en aller, s'écarter, éviter, fuir, partir, **quitter**. **6.** Disparaître, s'effacer, **s'estomper**. **7.** **Se détacher**, se détourner, devenir indifférent. **8.** **Différencier**, se distinguer, diverger, s'opposer. ◆ **ANT. 1.** Approcher, côtoyer, juxtaposer, rapprocher, réunir. **2.** Accueillir, mettre en présence, rapatrier, rappeler, rentrer chez soi, retourner. **3.** Avancer, brusquer, hâter, précipiter. **4.** Orienter, rappeler à l'ordre. **5.** S'approcher, avancer, se rapprocher, revenir. **6.** Apparaître, surgir. **7.** S'attacher, se lier d'amitié, se sentir près. **8.** Concorder, se répondre, ressembler.

ÉLOQUENCE ◆ **SYN. 1.** Art de bien dire, art oratoire, brio, chaleur, charme, conviction, don de la parole, élégance, facilité (d'expression), maîtrise, persuasion, rhétorique, **verve**. **2.** *(Appuyée, péj.)* Abondance, bagou, emphase, faconde, grandiloquence, loquacité, pathos, verbosité, **volubilité**. ◆ **ANT. 1.** Aridité, bafouillage, froideur, inélégance, maladresse, platitude. **2.** Concision, mutisme, retenue, réticence.

ÉLOQUENT ◆ **SYN. 1.** Brillant, **convaincant**, disert, élégant, émouvant, entraînant, en verve, pathétique, persuasif, puissant. **2.** Démonstratif, expressif, parlant, probant, *révélateur*, significatif, symptomatique. ◆ **ANT. 1.** Dissuasif, endormant, ennuyeux, morne, plat, silencieux, taciturne, terne. **2.** Anodin, douteux, incertain, inexpressif.

ÉLU ◆ **SYN. 1.** *(Relig.)* Bienheureux, glorieux, *saint*, vénérable. **2.** *Député*, parlementaire, représentant. ◆ **ANT. 1.** Damné, déchu, maudit. **2.** Candidat, électeur, votant.

ÉLUCIDER ◇ v. **Éclaircir**

ÉLUCUBRATION ◆ **SYN.** *(Pl. surtout)* Chimères, délire, *divagations*, extravagances, idées folles, illusions, rêveries, théories (fumeuses). ◆ **ANT.** Bon sens, logique, pragmatisme, raison, réalisme.

ÉLUDER ◆ **SYN.** Contourner *(fig.)*, se dérober, escamoter, esquiver, *éviter*, finasser, fuir, louvoyer, tergiverser, tourner autour du pot. ◆ **ANT.** Affronter, aller droit au but, assumer, faire face à, parler franc.

ÉMAILLER ◆ **SYN.** Agrémenter, consteller, diaprer, enrichir, fleurir, *orner*, parer, parsemer, semer. ◆ **ANT.** Déparer, dépouiller, enlaidir.

ÉMANATION ◆ **SYN. 1.** Arôme, bouffée, effluves, exhalaison, fumet, *odeur*, parfum, senteur, souffle. **2.** Fumée, fumerolle *(volcan)*, *gaz*, vapeur. **3.** *(Quelqu'un, quelque chose)* Alter ego, aura, créature, disciple, épigone *(souvent péj.)*, expression, *manifestation*, produit.

ÉMANCIPATEUR ◇ v. **Libérateur**
ÉMANCIPATION ◇ v. **Libération**
ÉMANCIPER ◇ v. **Libérer**

ÉMANER ◆ **SYN. 1.** *Se dégager*, s'échapper, s'exhaler, laisser échapper, sortir de. **2.** Découler, dépendre, dériver, descendre de, procéder de, *provenir*, résulter, venir de.

ÉMASCULER ◆ **SYN. 1.** Castrer, *châtrer*, stériliser. **2.** Abâtardir, affaiblir, *déviriliser*, mutiler. ◆ **ANT. 2.** Fortifier, régénérer, renforcer, viriliser.

EMBALLER ◆ **SYN.** ▷ *V. tr.* **1.** Conditionner, empaqueter, *envelopper*. **2.** *(Fam.)* Enchanter, *enthousiasmer*, plaire, ravir, trans-

porter. ▷ *V. pr.* **3.** *(Cheval)* S'emporter, *prendre le mors aux dents*. **4.** *(Fam.)* S'engouer, *s'enthousiasmer*, s'enticher, s'éprendre *(pers.)*, s'exalter, s'exciter, se passionner, se toquer *(fam., pers.)*. ◆ **ANT. 1.** Déballer, déplier, ouvrir. **2.** Déplaire, désenchanter, tomber de haut. **3.** Brider, maîtriser. **4.** Se dégoûter, se désintéresser, se lasser.

EMBARCATION ◇ v. **Bateau**
EMBARDÉE ◇ v. **Écart**

EMBARGO ◆ **SYN. 1.** *(Navires)* Arrêt, défense de sortir, *interdiction*, interdit, stoppage. **2.** *(Exportation)* *Blocus*, boycott, confiscation, saisie. ◆ **ANT. 1-2.** Autorisation, cessation, levée, mainlevée, passage, permis, permission.

EMBARQUER ◆ **SYN.** ▷ *V. tr.* **1.** *(Ch.)* Charger. **2.** *(Pers.)* Faire monter (à bord). **3.** *(Affaire)* Engager, *entraîner*, pousser. **4.** *(Fam.)* *Arrêter*, interpeller, mettre en état d'arrestation, ramasser *(fam.)*. ▷ *V. pr.* **5.** *(Pers.)* *Monter* (à bord), partir, prendre place (à bord). **6.** *S'aventurer*, s'engager, se lancer, prendre le risque. ◆ **ANT. 1.** Décharger, débarquer. **2.** Faire sortir. **3.** Dégager, sortir de, tirer (d'affaire). **4.** Libérer, relâcher, relaxer. **5.** Débarquer *(avion, train, bateau)*, descendre. **6.** Se défier, se désengager, se désister, se retirer.

EMBARRAS ◆ **SYN. 1.** Anicroche, bourbier, complication, contrainte, *difficulté*, embêtement, embûche, empêchement, encombre, ennui, entrave, impasse, incommodité, inconvénient, obstacle, pétrin *(fam.)*. **2.** Confusion, dilemme, *gêne*, indécision, malaise, perplexité, souci, tracas, trouble. ◆ **ANT. 1.** Aisance, commodité, facilité. **2.** Assurance, confiance, décision, liberté, sérénité.

EMBARRASSANT ◆ **SYN. 1.** *Encombrant*, incommode. **2.** Déconcertant, déroutant, *gênant*, préoccupant, troublant. **3.** Délicat, *difficile*, épineux, malaisé. ◆ **ANT. 1.** Dégagé, libre. **2.** Encourageant, rassurant. **3.** Abordable, aisé, facile, simple.

EMBARRASSÉ ◆ **SYN. 1.** Hésitant, indécis, *perplexe*. **2.** Déconcerté, décontenancé, désorienté, *gêné*, mal à l'aise, troublé.

3. Confus, *embrouillé*, mêlé, obscur.
4. Déconfit, *honteux*, penaud. **5.** *Affecté*, coincé *(fam.)*, compassé, constipé *(fam.)*, contraint, emprunté. ✦ **ANT. 1.** Catégorique, hardi, résolu. **2.** À l'aise, décontracté, rassuré. **3.** Clair, limpide, précis. **4.** Fier, ravi. **5.** Naturel, spontané.

EMBARRASSER ✦ **SYN.** ▷ *V. tr.* **1.** *(Ch.)* Arrêter, bloquer, boucher, congestionner, embouteiller, *encombrer*, engorger, entraver, obstruer. **2.** *(Pers.)* Contrarier, *déranger*, embêter, ennuyer, importuner, incommoder. **3.** Déconcerter, décontenancer, désorienter, *gêner*, troubler. ▷ *V. pr.* **4.** S'encombrer. **5.** S'inquiéter, *se préoccuper*, se soucier, se tracasser. **6.** Bafouiller, *s'embrouiller*, s'emmêler, s'empêtrer, se mêler *(québ., fam.)*. ✦ **ANT. 1.** Débarrasser, décongestionner, dégager, désencombrer, libérer. **2.** Aider, faciliter, seconder. **3.** Apaiser, mettre à l'aise, rassurer. **4.** Se débarrasser de. **5.** Avoir l'esprit en paix, se libérer, se rassurer. **6.** Se dégager, se dépêtrer.

EMBAUCHE ✦ **SYN.** Embauchage *(dr.)*, *engagement*, recrutement. ✦ **ANT.** Congédiement, débauchage, licenciement, renvoi.

EMBAUCHER ✦ **SYN.** Employer, *engager*, recruter. ✦ **ANT.** Congédier, débaucher, licencier, renvoyer.

EMBAUMER ✦ **SYN. 1.** Conserver, *momifier*. **2.** Aromatiser, exhaler,. fleurer, *parfumer*, sentir bon. ✦ **ANT. 1.** Décomposer. **2.** Empester, empuantir, puer.

EMBELLIE ◇ v. **Éclaircie**

EMBELLIR ✦ **SYN. 1.** Agrémenter, décorer, égayer, émailler, *enjoliver*, enrichir, orner, parer, rehausser. **2.** *(Pers.)* *Avantager*, flatter. **3.** Amplifier, broder *(récit)*, exagérer, *idéaliser*, magnifier, poétiser. ✦ **ANT. 1.** Déparer, enlaidir, gâter. **2.** Désavantager. **3.** Amoindrir, avilir, déprécier, rabaisser.

EMBÊTANT ◇ v. **Ennuyeux**
EMBÊTEMENT ◇ v. **Ennui**
EMBÊTER ◇ v. **Ennuyer**
EMBLÈME ✦ **SYN.** Armes, armoiries, attribut, bannière, blason, bouclier, chiffre, cocarde, *devise*, drapeau, écu, écusson, étendard, figure (emblématique), icône, image, insigne, logo, marque, panonceau, pennon *(serrure)*, plaque, sceau, signe, symbole.

EMBOÎTER ✦ **SYN. 1.** *Ajuster*, assembler, encastrer, enchâsser, joindre, rapprocher, unir. **2.** *(Emboîter le pas)* Imiter, *suivre*. ✦ **ANT. 1.** Déboîter, disjoindre, séparer. **2.** Agir seul, se démarquer.

EMBONPOINT ◇ v. **Obésité**

EMBOURBER ✦ **SYN.** ▷ *V. tr.* **1.** Enfoncer, *enliser*, envaser. ▷ *V. pr.* **2.** *(Fig.)* S'embarrasser, *s'empêtrer*, s'enfoncer, s'enferrer, s'enliser. ✦ **ANT. 1.** Débourber, désembourber, désenvaser. **2.** Se dépêtrer, se tirer d'embarras, se sortir de.

EMBOUTEILLAGE, EMBOUTEILLER ◇ v. **Bouchon, boucher**

EMBOUTIR ◇ v. **Tamponner**
EMBRANCHEMENT ◇ v. **Carrefour**
EMBRASER ✦ **SYN. 1.** Brûler, calciner, consumer, *enflammer*, incendier, mettre en feu. **2.** *Chauffer*, surchauffer. **3.** Allumer, éclairer, *illuminer*. **4.** Attiser, enfiévrer, *exalter*, exciter, transporter. ✦ **ANT. 1.** Éteindre, étouffer. **2.** Refroidir. **3.** Assombrir, obscurcir. **4.** Apaiser, modérer, refroidir (l'ardeur).

EMBRASSEMENT ✦ **SYN.** Accolade, *baiser*, embrassade, enlacement, étreinte. ✦ **ANT.** Éloignement, rebuffade, séparation.

EMBRASSER ✦ **SYN.** ▷ *V. tr.* **1.** Accoler, *baiser*, donner l'accolade, enlacer, étreindre, presser, serrer. **2.** Adopter, *choisir*, épouser, suivre. **3.** Appréhender, *concevoir*, pénétrer, percevoir, saisir, voir. **4.** Comporter, comprendre, contenir, *englober*, s'étendre sur, occuper, remplir. ▷ *V. pr.* **5.** Se bécoter *(fam.)*, *se donner des baisers*, se faire la bise *(fam.)*. ✦ **ANT. 1.** Desserrer, éloigner. **2.** Délaisser, se détourner, rejeter, repousser. **3.** Échapper à, ignorer, méconnaître. **4.** Confiner à, exclure. **5.** Se disputer.

EMBRIGADER ◇ v. **Enrôler**

EMBROUILLÉ ◇ v. **Confus**

EMBROUILLEMENT ✦ SYN. Complication, *confusion*, désordre, embrouillage, embrouillamini, emmêlement, enchevêtrement, fouillis, imbroglio. ✦ ANT. Clarification, débrouillement, disposition, netteté, ordre, soin.

EMBROUILLER ✦ SYN. ▷ V. tr. 1. Brouiller, compliquer, confondre, emmêler, enchevêtrer, entortiller, *mêler*, obscurcir. ▷ V. pr. 2. Cafouiller (fam.), s'embarrasser, s'emmêler, *s'empêtrer*, s'enferrer, s'enliser, se perdre, se tromper. ✦ ANT. 1. Clarifier, débrouiller, démêler, éclaircir. 2. Se dégager, se dépêtrer, se tirer d'embarras.

EMBRYON ✦ SYN. 1. *Fœtus*, œuf. 2. Amorce, *commencement*, début, ébauche, esquisse, germe. ✦ ANT. 1. Nouveau-né. 2. Éclosion, épanouissement, manifestation, œuvre, réalisation.

EMBÛCHE ✦ SYN. 1. *Embuscade*, guet-apens. 2. (Pl. surtout) Chausse-trappes, dangers, difficultés, écueils, obstacles, *pièges*, traquenards. ✦ ANT. 1. Attention, vigilance. 2. Aise, découverte, facilité, joie, maîtrise, plaisir.

EMBUSCADE ◇ v. **Guet-apens**

ÉMERGENCE ◇ v. **Apparition**

ÉMERGER ✦ SYN. 1. Faire surface, *sortir* (de l'eau). 2. Affleurer, s'élever, *jaillir*, surgir. 3. *Apparaître*, se dévoiler, se faire jour, se manifester, se montrer, poindre, pointer. 4. *Se démarquer*, se distinguer, s'illustrer, se signaler, se singulariser. ✦ ANT. 1. Immerger, noyer, plonger. 2. S'enfoncer, sombrer. 3. Disparaître, s'effacer, s'estomper. 4. Se conformer, imiter, se modeler, ressembler.

ÉMÉRITE ✦ SYN. Accompli, chevronné, connaisseur, distingué, éminent, *expérimenté*, habile, remarquable, supérieur. ✦ ANT. Apprenti, inférieur, novice.

ÉMERVEILLEMENT ✦ SYN. Admiration, contemplation, ébahissement, éblouissement, enchantement, engouement, enthousiasme, étonnement, *extase*, fascination, pâmoison, ravissement. ✦ ANT.

Déception, dégoût, désenchantement, horreur, mépris, répulsion.

ÉMERVEILLER ✦ SYN. ▷ V. tr. 1. *Éblouir*, enchanter, épater, étonner, fasciner, frapper, impressionner, ravir, saisir. ▷ V. pr. 2. Admirer, craquer (fam.), s'enthousiasmer, *s'extasier*, se pâmer. ✦ ANT. 1. Décevoir, désenchanter. 2. Décrier, déprécier.

ÉMETTRE ✦ SYN. 1. (Son) Jeter, lâcher, lancer, *pousser*, proférer. 2. (Mot, opinion) Dire, *exprimer*, formuler, manifester, prononcer. 3. (Onde, odeur, vapeur) *Dégager*, diffuser, exhaler, produire, répandre, transmettre. ✦ ANT. 1. Entendre. 2. Accepter, écouter. 3. Absorber, capter, inhaler, recevoir.

ÉMEUTE ✦ SYN. Agitation, désordre, insurrection, jacquerie, manifestation, mutinerie, rébellion, remous, révolte, sédition, *soulèvement*, troubles. ✦ ANT. Apaisement, concorde, entente, pacification, paix.

ÉMEUTIER ◇ v. **Mutin**

ÉMIGRATION ✦ SYN. Départ, déracinement, exil, exode, *expatriation*, fuite, migration. ✦ ANT. Arrivée, enracinement, établissement, immigration, rapatriement, retour, venue.

ÉMIGRÉ ✦ SYN. Émigrant, exilé, *expatrié*, immigrant, immigré, migrant, réfugié. ✦ ANT. Rapatrié.

ÉMIGRER ✦ SYN. S'exiler, *s'expatrier*, partir, se réfugier. ✦ ANT. Arriver, s'enraciner, s'établir.

ÉMINENCE ✦ SYN. 1. Butte, colline, colline, coteau, *élévation* (isolée), hauteur, mamelon, mont, monticule, tertre. 2. Apophyse, bosse, protubérance, *saillie*, tubercule, tubérosité. 3. (Cardinal, monseigneur) *Excellence*, Grandeur. 4. (Éminence grise) *Conseiller intime*, penseur (influent). ✦ ANT. 1. Fossé, plaine, ravin, vallée. 2. Cavité, creux, dépression.

ÉMINENT ✦ SYN. Considérable, distingué, élevé, excellent, exceptionnel, fameux, grand, haut, illustre, *important*, insigne, noble, prestigieux, remarquable, sublime, supérieur. ♦ ANT. Avili, inférieur, médiocre, nul, obscur, quelconque.

ÉMISSAIRE ♦ SYN. *(Mission souvent secrète)* Agent, ambassadeur, délégué, *envoyé*, mandataire, messager, négociateur, représentant.

ÉMISSION ♦ SYN. 1. Écoulement, éjaculation, *excrétion*, miction. 2. Émanation. 3. *(Fin.) Mise en circulation*, mise en vente. 4. Communication, *diffusion*, production, radiodiffusion, télédiffusion, transmission. 5. *(Pl.)* Programme (de télévision). ♦ ANT. 1. Absorption. 2. Infiltration. 3. Achat, souscription. 4. Réception.

EMMAGASINER ♦ SYN. 1. *Entreposer*, stocker. 2. *Accumuler*, amasser, conserver, engranger, entasser, mettre en réserve. 3. Garder en mémoire, *mémoriser*. ♦ ANT. 1. Débiter, écouler. 2. Se débarrasser, dilapider. 3. Oublier, perdre le souvenir.

EMMAILLOTER ♦ SYN. 1. Entourer, *envelopper*, langer. 2. Lier, *ligoter*. ♦ ANT. 1. Démailloter, dérouler, développer. 2. Délier, délivrer.

EMMÊLER ◇ V. **Embrouiller**

EMMÉNAGER ♦ SYN. S'établir, *s'installer*, se loger, meubler, occuper. ♦ ANT. Déménager.

EMMENER ♦ SYN. *(Pers.)* Accompagner, amener, *conduire*, entraîner, mener vers, transporter (dans un véhicule). ♦ ANT. Déposer, laisser.

ÉMOI ♦ SYN. *Agitation*, alarme, appréhension, effervescence, émotion, excitation, inquiétude, saisissement, trouble. ♦ ANT. Assurance, calme, froideur, impassibilité, indifférence, sérénité.

ÉMOLUMENTS ♦ SYN. Appointements, gain, *honoraires*, rémunération, rétribution, salaire, traitement.

ÉMONDER ◇ V. **Élaguer**

ÉMOTIF ♦ SYN. 1. *(Psychol.) Affectif*, émotionnel, psychoaffectif, sensible, sensitif. 2. Hypersensible, *impressionnable*, instable, nerveux, sentimental, tourmenté, vulnérable. ♦ ANT. 1. Cognitif, intellectuel, rationnel, spirituel. 2. Apathique, carté-

sien, cérébral, dur, froid, impassible, indifférent, insensible, raisonnable, réfléchi.

ÉMOTION ♦ SYN. 1. Impression, perception, sensation, sensibilité, *sentiment*. 2. Affolement, agitation, attendrissement, bouleversement, choc, commotion, désarroi, ébranlement, effervescence, *émoi*, enthousiasme, frisson, mouvement, passion, saisissement, transe, trouble. 3. Étonnement, honte, indignation, opprobre, *scandale*. ♦ ANT. 1. Esprit, intellect, raison. 2. Apathie, calme, froideur, insensibilité, paix, rationalité, sang-froid, sérénité. 3. Approbation, indifférence,

ÉMOTIVITÉ ♦ SYN. 1. *Affectivité*, cœur, émotion, sensibilité, sentiment 2. Attendrissement, compassion, *impressionnabilité*, passion, pitié, sensiblerie, sentimentalité, sympathie, tendresse, vulnérabilité. ♦ ANT. 1. Action, esprit, raison. 2. Antipathie, froideur, indifférence, insensibilité, rationalité, réalisme.

ÉMOUSSER ♦ SYN. ▷ V. tr. 1. *(Lame)* Ébrécher, *épointer*, user. 2. Affaiblir, amortir, *atténuer*, diminuer, endormir. ▷ V. pr. 3. S'affaiblir, *s'amenuiser*, s'effriter, s'estomper. ♦ ANT. 1. Affûter, aiguiser. 2. Accentuer, aviver, stimuler. 3. S'accentuer, s'intensifier.

ÉMOUSTILLANT, ÉMOUSTILLER ◇ V. **Excitant, exciter**

ÉMOUVANT ♦ SYN. Attendrissant, bouleversant, consternant, déchirant, désarmant, dramatique, frappant, impressionnant, palpitant, passionnant, pathétique, poignant, prenant, saisissant, *touchant*, tragique, vibrant. ♦ ANT. Banal, choquant, comique, froid, grotesque, irritant.

ÉMOUVOIR ♦ SYN. ▷ V. tr. 1. Affecter, agiter, apitoyer, attendrir, attrister, bouleverser, chavirer, commotionner, déchirer, ébranler, émotionner, empoigner, exciter, fendre le cœur, frapper, impressionner, piquer au vif, remuer, retourner, révolutionner *(fig.)*, saisir, secouer, *toucher*, troubler. ▷ V. pr. 2. S'apitoyer, s'attendrir, *compatir*, plaindre, sympathiser. 3. S'alarmer, *s'inquiéter*, sourciller, se troubler. 4. Frémir, frissonner, palpiter, *tressaillir*, vibrer. ◆ ANT. 1. Apaiser, calmer, laisser froid, rasséréner, rassurer. 2. Se ficher *(fam.)*, se moquer. 3. Rester de glace. 4. Laisser indifférent.

EMPAILLAGE ◇ v. Taxidermie
EMPAILLEUR ◇ v. Taxidermiste
EMPARER (S') ◆ SYN. 1. *Conquérir*, enlever, occuper, prendre possession de, se rendre maître de. 2. *Accaparer*, s'approprier, s'arroger, s'attribuer, monopoliser, s'octroyer, ôter, rafler *(fam.)*, ravir, usurper, voler. 3. Attraper, empoigner, prendre, *saisir*, se saisir de. 4. Appréhender, arrêter, *capturer*, épingler *(fam.)*, mettre la main au collet. 5. Gagner, dominer, *envahir*, subjuguer. ◆ ANT. 1. Libérer, perdre. 2. Abandonner, céder, rendre, renoncer, restituer. 3. Laisser échapper, remettre. 4. Libérer, relâcher. 5. Chasser, combattre, dissiper.

EMPÊCHEMENT ◆ SYN. 1. Accroc, achoppement, barrière, contrariété, contretemps, difficulté, embarras, entrave, muraille, *obstacle*, opposition. 2. Bâillon, censure, condamnation, défense, embargo, *interdiction*, prohibition, refus, tabou, veto. ◆ ANT. 1. Aise, commodité, facilité. 2. Autorisation, consentement, droit, liberté, licence, permission, tolérance.

EMPÊCHER ◆ SYN. ▷ V. tr. 1. Arrêter, barrer (la route), *entraver*, obstruer, paralyser, retenir, stopper. 2. Bâillonner, censurer, défendre, exclure, *interdire*, mettre le holà, mettre son veto, s'opposer, prohiber, restreindre. 3. Écarter, *éviter*, prévenir. ▷ V. pr. 4. S'abstenir de, se défendre de, *se garder de*, se retenir de. ◆ ANT. 1. Dégager, laisser aller, laisser passer. 2. Autoriser, consentir, permettre, propager. 3. Encourager, favoriser, susciter. 4. S'efforcer de, tâcher de, tenter de.

EMPEREUR ◆ SYN. César, kaiser, mikado, monarque, *souverain*, sultan, tsar. ◆ ANT. Dépendant, sujet.

EMPESTER ◆ SYN. 1. Empuantir, *puer*, sentir (mauvais). 2. Corrompre, *empoisonner*, infecter, polluer, vicier. ◆ ANT. 1. Embaumer, parfumer. 2. Assainir, filtrer, purifier.

EMPÊTRER (S') ◆ SYN. 1. Cafouiller *(fam.)*, *s'embarrasser*, s'emberlificoter *(fam.)*, s'embourber, s'embrouiller, s'enferrer, s'enliser, patauger, vasouiller *(fam.)*. 2. S'embarrasser de, *s'encombrer*. 2. ◆ ANT. 1. Se dégager, se dépêtrer, se libérer, se tirer d'embarras. 2. Se débarrasser, se passer de, se priver de.

EMPHASE ◆ SYN. Affectation, amplification, boursouflure, déclamation, enflure, *exagération*, grandiloquence, hyperbole, pathos, pompe, solennité. ◆ ANT. Discrétion, modération, naturel, simplicité.

EMPHATIQUE ◆ SYN. 1. Affecté, ampoulé, boursouflé, cérémonieux, déclamatoire, enflé, *exagéré*, grandiloquent, guindé, hyperbolique, pompeux, pontifiant, redondant, ronflant, solennel, théâtral. 2. Digne de mention, expressif, *important*. ◆ ANT. 1. Discret, modeste, naturel, simple, sobre, retenu. 2. Banal, commun, courant.

EMPIÉTER ◆ SYN. 1. *Gagner* (du terrain), grignoter. 2. Chevaucher, déborder, dépasser, *enjamber*, marcher sur les plates-bandes. 3. Accaparer, s'arroger, outrepasser, prendre, *usurper*. ◆ ANT. 1. Abandonner, céder, concéder. 2. Border, rester en deçà. 3. Se départir, rendre, respecter.

EMPILEMENT ◇ v. Entassement
EMPILER ◆ SYN. 1. Accumuler, amasser, amonceler, corder *(québ.)*, échafauder, *entasser*, superposer. 2. *(Pers.)* Compresser, confiner, masser, parquer, serrer, *tasser*. ◆ ANT. 1. Disséminer, éparpiller, répandre. 2. Disperser, éloigner.

EMPIRE ◆ SYN. 1. Commandement, *domination*, souveraineté. 2. État, pouvoir, *puissance*, règne, royaume. 3. Ascendant, autorité, contrôle, crédit, *emprise*, impulsion, influence, maîtrise, prestige. ◆ ANT. 1. Assujettissement, dépendance, servitude, soumission. **2.** Colonie, dépendants, sujets. **3.** Autonomie, indépendance, liberté.

EMPIRER ◆ SYN. ▷ *V. tr.* **1.** *Aggraver*, augmenter, intensifier. ▷ *V. intr.* **2.** *S'aggraver*, aller de mal en pis, décliner, se détériorer, diminuer, se gâter, s'envenimer, péricliter, rétrograder. ◆ ANT. **1.** Améliorer, atténuer, corriger. **2.** S'améliorer, s'arranger, progresser, se redresser, se rétablir.

EMPIRIQUE ◇ V. **Pratique**

EMPLACEMENT ◆ SYN. Aire, *endroit*, espace, lieu, place, position, site, situation, terrain.

EMPLETTES ◆ SYN. **1.** *Achat*, acquisition. **2.** *(Faire des emplettes)* Faire des courses, faire des provisions, faire du shopping, *magasiner (québ.)*.

EMPLIR ◆ SYN. **1.** Bourrer, charger, *combler*, encombrer, garnir, gaver, gorger, remplir. **2.** *(Pers.) Envahir*, occuper. ◆ ANT. **1.** Assécher, débarrasser, dégorger, épuiser, tarir, vider. **2.** Partir, vider les lieux.

EMPLOI ◆ SYN. **1.** Application, destination, exercice, maniement, manipulation, manœuvre, recours, usage, *utilisation*. **2.** Boulot *(fam.)*, charge, *fonction*, gagne-pain, job *(fam.)*, métier, occupation, place, poste, profession, rôle, service, situation, travail. ◆ ANT. **1.** Inutilité, non-usage. **2.** Chômage, congé, inactivité, renvoi, retraite, vacances.

EMPLOYÉ ◆ SYN. Agent, bureaucrate, cheminot, commis, domestique, fonctionnaire, ouvrier, personnel *(collectif)*, préposé, *salarié*, travailleur, vendeur. ◆ ANT. Employeur, maître, patron.

EMPLOYER ◆ SYN. ▷ *V. tr.* **1.** Avoir recours à, faire usage de, se servir de, user de, *utiliser*. **2.** Appliquer, *consacrer*, déployer, exercer, occuper, passer son temps à. **3.** Confier la tâche, *embaucher*, engager, occuper à, recruter. **4.** *(Énergie) Consommer*, dépenser. ▷ *V. pr.* **5.** S'appliquer à, *se consacrer à*, se dépenser à, se prodiguer. ◆ ANT. **1.** Négliger, se passer de. **2.** Faire une pause, flâner. **3.** Chômer, congédier.

4. Économiser, produire. **5.** Se détendre, se reposer.

EMPLOYEUR ◇ V. **Patron**

EMPOCHER ◇ V. **Encaisser**

EMPOIGNER ◆ SYN. ▷ *V. tr.* **1.** Agripper, attraper, s'emparer, *saisir*, serrer. **2.** *Émouvoir*, intéresser, passionner. ▷ *V. pr.* **3.** Se colleter, en venir aux coups, *se quereller*. ◆ ANT. **1.** Lâcher, relâcher. **2.** Ennuyer, laisser froid. **3.** (Bien) s'entendre, faire la paix.

EMPOISONNER ◆ SYN. **1.** Contaminer, infecter, *intoxiquer*. **2.** *Empester*, empuantir, incommoder, polluer, puer, vicier. **3.** Altérer, envenimer, *gâcher*, gâter. **4.** *Embêter*, emmerder *(fam.)*, ennuyer, fatiguer, importuner. ◆ ANT. **1.** Décontaminer, désinfecter, désintoxiquer, mithridatiser. **2.** Aérer, assainir, filtrer, purifier. **3.** Améliorer, apaiser, soulager. **4.** Aider, amuser, mettre à l'aise, réjouir.

EMPORTEMENT ◆ SYN. **1.** Ardeur, élan, emballement, *fougue*, frénésie, impétuosité, passion, transport, vivacité. **2.** Agressivité, animosité, colère, déchaînement, *fureur*, irritation, rage, violence. ◆ ANT. **1.** Bon sens, placidité, raison, retenue, sagesse. **2.** Calme, douceur, maîtrise de soi, modération.

EMPORTER ◆ SYN. ▷ *V. tr.* **1.** Emmener, porter, prendre, *transporter*. **2.** Ravir, soustraire, *voler*. **3.** *Conquérir*, s'emparer de, enlever. **4.** *Arracher*, balayer, charrier, chasser, détruire, entraîner, souffler. **5.** *Gagner*, obtenir, triompher, vaincre. **6.** *Exciter*, pousser. **7.** Causer la mort de, entraîner la mort de, *tuer*. ▷ *V. pr.* **8.** Se cabrer, se déchaîner, éclater, exploser, *se fâcher*, fulminer, se mettre en colère, monter sur ses grands chevaux, prendre le mors aux dents *(fig.)*, voir rouge. **9.** *(Cheval) S'emballer*, prendre le mors aux dents. ◆ ANT. **1.** Apporter, donner, laisser, rapporter. **2.** Remettre, rendre, restituer. **3.** Capituler, céder. **4.** Contenir, endiguer, retenir. **5.** Essuyer la défaite, perdre. **6.** Déconseiller, décourager. **7.** Épargner, sauver.

8. Se calmer, se contenir, se posséder.
9. Brider, maîtriser.

EMPREINDRE ◇ v. **Imprimer**

EMPREINTE ✦ SYN. **1.** Effigie, estampille, figure, frappe, gravure, impression, *marque*, piste, trace, vestige. **2.** *(Fig.)* Cachet, caractère, griffe, influence, sceau, *signe*, stigmate.

EMPRESSÉ ✦ SYN. **1.** Affable, assidu, attentionné, chaleureux, complaisant, dévoué, galant, prévenant, serviable, *zélé*. **2.** Avide, désireux, impatient de, *prompt à*. ✦ ANT. **1.** Apathique, égoïste, flegmatique, froid, indifférent, négligent. **2.** Lassé de, lent à.

EMPRESSEMENT ✦ SYN. **1.** Ardeur, attention, célérité, complaisance, diligence, enthousiasme, hâte, impatience, prévenance, promptitude, soin, vivacité, *zèle*. **2.** Assiduité, courtoisie, *galanterie*. ✦ ANT. **1.** Apathie, égoïsme, flegme, froideur, indifférence, lenteur, négligence. **2.** Incivilité, muflerie.

EMPRESSER (S') ✦ SYN. S'affairer, courir, se démener, se dépêcher, faire du zèle, *se hâter*, se précipiter, se presser. ✦ ANT. Lambiner, négliger, tarder, traîner.

EMPRISE ✦ SYN. Ascendant, autorité, contrôle, dépendance, domination, empire, *influence*, mainmise, pouvoir, puissance, règne. ✦ ANT. Autonomie, émancipation, indépendance, liberté.

EMPRISONNEMENT ◇ v. **Prison**

EMPRISONNER ✦ SYN. **1.** Boucler *(fam.)*, coffrer *(fam.)*, détenir, écrouer, *incarcérer*, interner, mettre sous les verrous. **2.** Claustrer, cloîtrer, confiner, emmurer, *enfermer*, retenir, séquestrer. **3.** Comprimer, enserrer, resserrer, *serrer*. ✦ ANT. **1.** Libérer, relâcher. **2.** Délivrer, sortir. **3.** Délier, desserrer, détacher.

EMPRUNT ✦ SYN. **1.** Avance, dépannage, dette, *prêt*. **2.** *Calque*, compilation *(péj.)*, copie, imitation, pastiche, plagiat. **3.** *(Nom d'emprunt)* *Faux nom*, pseudonyme. ✦ ANT. **1.** Acquittement, remboursement. **2.** Création, invention, originalité. **3.** Vrai nom.

EMPRUNTÉ ✦ SYN. **1.** *Affecté*, artificiel, compassé, composé, étudié, factice, faux, trompeur. **2.** Contraint, *embarrassé*, empêtré, forcé, gauche, gêné. ✦ ANT. **1.** Naturel, simple, spontané. **2.** À l'aise, décontracté.

EMPRUNTEUR ◇ v. **Débiteur**

ÉMULATION ✦ SYN. Ambition, *compétition*, concurrence, rivalité, zèle. ✦ ANT. Apathie, indifférence, laisser-aller.

ÉMULE ✦ SYN. **1.** *Compétiteur*, concurrent, rival. **2.** *Égal*, équivalent, semblable. ✦ ANT. **1.** Allié, partenaire. **2.** Inférieur, supérieur.

ENCADRER ✦ SYN. **1.** Border, ceindre, contenir, enchâsser, *entourer*, environner, flanquer, insérer (dans un cadre). **2.** Conseiller, *diriger*, guider, organiser, superviser. ✦ ANT. **1.** Désencadrer. **2.** Obéir, suivre (les conseils).

ENCAISSER ✦ SYN. **1.** *Emballer*, enfermer. **2.** Accepter, empocher, gagner, palper *(fam.)*, percevoir, *recevoir*, toucher (de l'argent). **3.** *(Coups)* Attraper, écoper, essuyer, *subir*. ✦ ANT. **1.** Déballer, décaisser. **2.** Débourser, donner, payer, solder. **3.** Donner, rendre.

ENCAN ✦ SYN. Adjudication, criée, *enchère*, licitation, vente aux enchères, vente publique.

EN-CAS (ENCAS) ◇ v. **Collation**

ENCEINTE ✦ SYN. **1.** Clos, clôture, *enclos*. **2.** *Ceinture*, circuit, contour, haie, mur, muraille, périmètre, pourtour, rempart, tour. **3.** *(Bétail)* Corral, parc, pâtis, *pâturage*. **4.** Arène, cirque, espace, *place*, salle, stade.

ENCENSER ✦ SYN. Aduler, complimenter, exalter, flagorner *(péj.)*, flatter *(péj.)*, glorifier, louanger, *louer*, vanter. ✦ ANT. Avilir, critiquer, dénigrer, déprécier, honnir, mépriser.

ENCERCLER ✦ SYN. Assiéger, boucler, *cerner*, entourer, envelopper, investir, serrer de toutes parts. ✦ ANT. Déjouer, échapper à, fuir, semer *(fam.)*.

ENCHAÎNEMENT ✦ SYN. **1.** Chaîne, chapelet, défilé, déroulement, enfilade, énumération, file, gamme, kyrielle, ligne, liste, séquence, série, *succession*, suite.

2. Agencement, association, liaison, lien, *ordre*, organisation, trame. ◆ ANT. **1.** Interruption, rupture. **2.** Désordre, embrouillamini, incohérence.

ENCHAÎNER ◆ SYN. ▷ *V. tr.* **1.** *Attacher*, immobiliser, lier, retenir, tenir. **2.** Asservir, bâillonner, museler, opprimer, *soumettre*, subjuguer. **3.** Assembler, coordonner, joindre, *unir*. ▷ *V. pr.* **4.** Défiler, se dérouler, *se succéder*, se suivre. ◆ ANT. **1.** Délier, désenchaîner, détacher. **2.** Libérer, relâcher. **3.** Désunir, dissocier, séparer. **4.** S'arrêter, prendre fin.

ENCHANTEMENT ◆ SYN. **1.** Charme, ensorcellement, *envoûtement*, incantation, magie, maléfice, sort, sortilège. **2.** Délice, éblouissement, *émerveillement*, fascination, féerie, ivresse, merveille, ravissement. ◆ ANT. **1.** Conjuration, exorcisme. **2.** Déception, désenchantement, désillusion.

ENCHANTER ◆ SYN. **1.** Charmer, ensorceler, *envoûter*, jeter un sort, subjuguer. **2.** Attirer, captiver, délecter, éblouir, emballer *(fam.)*, *émerveiller*, enthousiasmer, fasciner, plaire, ravir, séduire. ◆ ANT. **1.** Conjurer, désensorceler, désenvoûter, exorciser. **2.** Décevoir, désappointer, désenchanter.

ENCHANTEUR ◆ SYN. ▷ *Nom* **1.** Ensorceleur, magicien, *sorcier*. ▷ *Adj.* **2.** Charmant, délicieux, divin, ensorcelant, envoûtant, féerique, idyllique, magique, *merveilleux*, paradisiaque. ◆ ANT. **1.** Exorciste. **2.** Désagréable, détestable, horrible, infernal, insupportable, répugnant.

ENCHÈRE ◇ V. Encan

ENCHÉRIR ◆ SYN. **1.** *Augmenter*, élever, hausser, majorer. **2.** *Ajouter*, aller plus loin, dépasser, pousser les enchères, renchérir. **3.** Abonder dans le sens de, *approuver*. ◆ ANT. **1.** Baisser, diminuer, rabattre. **2.** Céder, renoncer. **3.** Désapprouver, objecter.

ENCHEVÊTREMENT ◆ SYN. **1.** Dédale, écheveau, embrouillement, embrouillamini, *emmêlement*, entortillement, entrecroisement, entrelacement, fouillis,

labyrinthe. **2.** *(Intrigue, situation)* Complication, *confusion*, désordre, imbroglio, mélimélo. ◆ ANT. **1.** Clarification, débrouillement, démêlement. **2.** Clarté, logique, netteté, ordre, simplicité, suite.

ENCHEVÊTRER ◆ SYN. ▷ *V. tr.* **1.** Embrouiller, *emmêler*, entrecroiser, entrelacer, entremêler, mélanger, mêler. ▷ *V. pr.* **2.** Se confondre, s'embarrasser, *s'emmêler*, s'empêtrer, s'entrelacer, s'imbriquer. ◆ ANT. **1.** Clarifier, débrouiller, démêler. **2.** Se dégager, se démêler, se dépêtrer.

ENCLIN À ◆ SYN. D'humeur à, disposé, porté, *prédisposé*, sujet à. ◆ ANT. Hostile, rebelle, réfractaire.

ENCLORE ◆ SYN. Barricader, ceindre, *clôturer*, encercler, enclaver, enfermer, entourer, environner, palissader. ◆ ANT. Déclore, dégager, ouvrir.

ENCLOS ◆ SYN. **1.** Clos, *clôture*. **2.** *Enceinte*, haie, muraille, palissade, rempart. **3.** Parc, *pâturage*.

ENCOCHE ◆ SYN. Coche, cran, *entaille*, rainure.

ENCOIGNURE ◆ SYN. **1.** Angle, *coin*, coude, renforcement. **2.** Armoire, étagère, *meuble* (de coin).

ENCOLURE ◇ V. Col

ENCOMBRANT ◆ SYN. **1.** *Embarrassant*, incommode. **2.** Volumineux. **3.** *(Pers.)* Compromettant, embêtant, gênant, *importun*, pesant. ◆ ANT. **1.** Dégagé, libre. **2.** Petit, ténu. **3.** Agréable, discret, loyal, plaisant, sympathique.

ENCOMBREMENT ◆ SYN. **1.** Bouchon, congestion, embâcle, embouteillage, engorgement, *obstruction*. **2.** Affluence, *amas*, amoncellement, empilement, entassement, surabondance. **3.** Saturation, *surcharge*. ◆ ANT. **1.** Débâcle, dégagement, désencombrement. **2.** Dispersion, éparpillement. **3.** Allégement, déchargement.

ENCOMBRER ◆ SYN. ▷ *V. tr.* **1.** Congestionner, embarrasser, embouteiller, engorger, gêner, *obstruer*. **2.** Excéder, remplir, saturer, *surcharger*. ▷ *V. pr.* **3.** *S'embarrasser*, s'empêtrer. ◆ ANT. **1.** Débarrasser, dégager, désencombrer, libérer. **2.** Alléger,

décharger, diminuer. 3. Se débarrasser de,
se libérer de, se passer de.

ENCONTRE (À L') ◆ SYN. À l'opposé de,
contrairement à, contre. ◆ ANT. En accord
avec, en conformité avec.

ENCORE ◆ SYN. 1. *Aussi*, bis, de même,
de nouveau, de plus, derechef, également,
en outre, en plus, si seulement. 2. *Davantage*, plus. ◆ ANT. 1. Au préalable, d'abord,
déjà, une première fois. 2. Assez, peu,
trop.

ENCOURAGEANT ◆ SYN. 1. Incitatif,
mobilisateur, motivant, *stimulant*. 2. De
bon augure, engageant, invitant, *prometteur*, réconfortant. ◆ ANT. 1. Décourageant,
démobilisateur, démoralisant, déprimant.
2. Décevant, de mauvais augure, impossible, inquiétant, sans espoir, trompeur.

ENCOURAGEMENT ◆ SYN. 1. Exhortation, *incitation*, instigation, invitation,
stimulation. 2. Aide, applaudissements,
approbation, appui, compliments, conseils, éloge, prime, récompense, réconfort,
soutien. ◆ ANT. 1. Découragement, désapprobation, dissuasion, réprobation.
2. Empêchement, entrave, obstacle, opposition, punition.

ENCOURAGER ◆ SYN. 1. Déterminer,
engager, entraîner, exhorter, *inciter*,
incliner, pousser à. 2. Aiguillonner, animer, *enhardir*, exciter, stimuler. 3. Aider,
appuyer, favoriser, parrainer, patronner,
promouvoir, recommander, *soutenir*,
subventionner. ◆ ANT. 1. Décourager,
désapprouver, dissuader, réprouver.
2. Abattre, démoraliser, déprimer, désespérer, effrayer, inquiéter. 3. Empêcher,
faire obstacle, nuire, s'opposer.

ENCOURIR ◇ v. Mériter

ENDÉMIQUE ◆ SYN. 1. *Épidémique*,
pandémique. 2. Ancré, chronique, durable, indéracinable, permanent, *persistant*,
répandu. ◆ ANT. 1. (Cas) isolé. 2. Éphémère,
momentané, occasionnel, rare, sporadique, temporaire.

ENDIABLÉ ◆ SYN. 1. (Enfant) Insupportable, *turbulent*. 2. Ardent, débridé,

déchaîné, fébrile, *fougueux*, impétueux,
pétulant, vif. 3. (Rythme) *Effréné*, éperdu,
fou, frénétique, infernal. ◆ ANT. 1. Discipliné, tranquille. 2. Calme, contenu,
indolent, placide. 3. Lent, modéré, ralenti,
traînant.

ENDIGUER ◆ SYN. Arrêter, barrer le
passage, bloquer, canaliser, circonscrire,
contenir, empêcher, enrayer, freiner, juguler, neutraliser, refréner, réprimer, retenir. ◆ ANT. Céder, lâcher, laisser, libérer.

ENDIMANCHÉ ◇ v. Élégant

ENDIMANCHER (S') ◇ v. Pomponner
(se)

ENDOCTRINEMENT ◆ SYN. Bourrage
de crâne, catéchisation, conditionnement,
embrigadement, *intoxication*, lavage de
cerveau, persuasion, prosélytisme. ◆ ANT.
Déprogrammation, dissuasion, information.

ENDOCTRINER ◆ SYN. Bourrer le crâne,
catéchiser, circonvenir, conditionner, embrigader, enrégimenter, fanatiser, gagner
à sa cause, influencer, influer sur, *intoxiquer*, laver le cerveau, persuader, peser
sur, prêcher, sermonner. ◆ ANT. Déconditionner, déprogrammer, dissuader,
informer.

ENDOMMAGER ◇ v. Détériorer

ENDORMANT ◇ v. Ennuyeux

ENDORMIR ◆ SYN. ▷ V. tr. 1. *Assoupir*,
faire dormir, plonger dans le sommeil.
2. (Sommeil artificiel) *Anesthésier*, chloroformer, éthériser, hypnotiser, insensibiliser.
3. Adoucir, apaiser, *atténuer*, bercer,
calmer, diminuer, engourdir, soulager.
4. Assommer, *ennuyer*, fatiguer, lasser.
5. Détourner, distraire, enjôler, leurrer,
tromper. ▷ V. pr. 6. *S'assoupir*, cogner des
clous (québ.), tomber de sommeil. 7. S'apaiser, *s'atténuer*, s'engourdir. 8. *Mourir*,
rendre l'âme, trépasser. ◆ ANT. 1-2. Éveiller,
réveiller. 3. Exciter, stimuler. 4. Captiver,
intéresser, passionner. 5. Dessiller les
yeux, détromper, prévenir. 6. S'éveiller,
se réveiller. 7. Avoir un regain de vie,
s'enhardir. 8. Naître, vivre.

ENDOSSER ♦ SYN. **1.** Enfiler, mettre, passer, *revêtir*. **2.** Accepter, *assumer*, cautionner, se charger de, couvrir, garantir. ♦ ANT. **1.** Enlever, ôter, quitter, retirer. **2.** Se décharger, se dissocier, récuser, refuser, rejeter.

ENDROIT ♦ SYN. **1.** Bled *(fam.)*, coin, emplacement, *lieu*, localité, pays, place, quartier, région, secteur, trou *(fam.)*. **2.** Point, *position*. **3.** Scène, *site*, théâtre. **4.** *(Récit)* Moment, *passage*. **5.** *Dessus*, face, recto. ♦ ANT. **5.** Envers, verso.

ENDURANCE ◇ V. **Résistance**

ENDURANT ◇ V. **Résistant**

ENDURCI ♦ SYN. **1.** Aguerri, *endurant*, fortifié, infatigable, résistant, rompu à. **2.** Blindé *(fam.)*, cuirassé, dur, impitoyable, implacable, indifférent, inflexible, *insensible*, sans-cœur *(fam.)*, vacciné *(fam.)*. **3.** Impénitent, incorrigible, *invétéré*, irrécupérable, perdu. ♦ ANT. **1.** Affaibli, anémié, apathique, épuisé, fatigué. **2.** Attendri, empathique, flexible, impressionnable, sensible, tendre, vulnérable. **3.** Corrigible, pénitent, réhabilitable.

ENDURCIR ♦ SYN. **1.** Accoutumer, affermir, aguerrir, entraîner, exercer, *fortifier*, habituer, styler, tremper. **2.** Armer, blinder *(fam.)*, cuirasser, dessécher, durcir, *insensibiliser*, racornir, vacciner *(fig.)*. ♦ ANT. **1.** Affaiblir, amollir, atrophier, débiliter. **2.** Attendrir, émouvoir, fléchir, toucher.

ENDURER ♦ SYN. Accepter, digérer *(fam.)*, encaisser, éprouver, pâtir, permettre, résister, ressentir, souffrir, subir, *supporter*, tolérer. ♦ ANT. Défendre, empêcher, fléchir, succomber.

ÉNERGIE ♦ SYN. **1.** Erg, *puissance*, travail. **2.** Action, *dynamisme*, efficacité, entrain, force, pep *(fam.)*, vigueur, vitalité. **3.** Ardeur, audace, bravoure, cœur, constance, courage, cran *(fam.)*, *détermination*, fermeté, hardiesse, persévérance, poigne, résolution, ressort, vaillance, volonté. **4.** *(Force occulte)* Courant, *fluide*. ♦ ANT. **1.** Inertie. **2.** Apathie, faiblesse, inaction, indolence, paresse. **3.** Hésitation, irrésolution, mollesse.

ÉNERGIQUE ♦ SYN. **1.** Actif, agissant, battant, *dynamique*, efficace, puissant, vif, vigoureux. **2.** Fort, *musclé*, nerveux, robuste, solide, viril. **3.** Audacieux, courageux, décidé, *déterminé*, ferme, fonceur, hardi, résolu, trempé, vaillant. ♦ ANT. **1.** Amorphe, apathique, engourdi, inactif, indolent, paresseux. **2.** Chétif, faible, fluet, fragile, timide. **3.** Hésitant, indécis, irrésolu, mou.

ÉNERGUMÈNE ♦ SYN. **1.** Agité, emporté, exalté, excité, fanatique, *forcené*, fou, furieux, possédé, violent. **2.** *(Drôle d'énergumène)* Citoyen *(fam.)*, coco *(fam.)*, *individu*, lascar *(fam.)*, loustic *(fam.)*, moineau *(fam.)*, numéro *(fam.)*, olibrius *(fam.)*, personnage, phénomène, pistolet *(fam.)*, spécimen *(fam.)*, type, zèbre *(fam.)*, zig *(fam.)*, zigoto *(fam.)*, zouave *(fam.)*. ♦ ANT. **1.** Calme, doux, paisible, raisonné, réfléchi, sain d'esprit, sensé. **2.** Personne banale (ordinaire).

ÉNERVANT ♦ SYN. *Agaçant*, casse-pieds *(fam.)*, crispant, exaspérant, excédant, fatigant, horripilant, importun, insupportable, irritant, rageant, râlant *(fam.)*, tuant *(fam.)*. ♦ ANT. Amusant, apaisant, charmant, plaisant, reposant, séduisant.

ÉNERVÉ ♦ SYN. Agacé, agité, excité, *nerveux*. ♦ ANT. Calme, détendu, serein, zen *(fam.)*.

ÉNERVEMENT ♦ SYN. **1.** *Agacement*, exaspération, impatience, irritation. **2.** Agitation, excitation, *nervosité*. ♦ ANT. **1.** Calme, détente, patience, repos. **2.** Apaisement, assurance, sérénité.

ÉNERVER ♦ SYN. ▷ V. tr. **1.** *Agacer*, casser les pieds, crisper, exaspérer, excéder, horripiler, impatienter, irriter, taper sur les nerfs. ▷ V. pr. **2.** S'affoler, s'agiter, s'alarmer, *s'exciter*, s'impatienter, paniquer, se tourmenter. ♦ ANT. **1.** Amuser, apaiser, calmer, charmer, plaire, reposer, séduire. **2.** Se calmer, garder patience, garder son sang-froid, se rassurer.

ENFANCE ♦ SYN. **1.** Bas âge, croissance, *jeunesse*. **2.** Aube, *commencement*, début, origine, seuil. ♦ ANT. **1.** Âge adulte, âge mûr, vieillesse. **2.** Crépuscule, déclin, fin.

ENFANT ◆ **SYN.** **1.** Bambin, bébé, fille, fillette, gamin, garçon, gars *(fam.)*, jeune, mineur, nourrisson, nouveau-né, *petit*, tout-petit. **2.** *(Fam.)* Gosse, marmaille, *marmot*, mioche, môme, petit ange, petit diable, petiot. **3.** *Descendant*, fille, fils, héritier, postérité, progéniture, rejeton *(fam.)*, successeur. **4.** *(Animaux)* Couvée, nichée, *petits*, portée, ventrée. ◆ **ANT.** **1.** Adulte, grand, majeur, vieillard. **2.** Croulant, vieux. **3.** Mère, parents, père.

ENFANTEMENT ◇ v. **Accouchement**
ENFANTER ◇ v. **Accoucher**

ENFANTILLAGE ◆ **SYN.** Baliverne, espièglerie, frivolité, gaminerie, infantilisme, légèreté, niaiserie, *puérilité*, sottise. ◆ **ANT.** Gravité, maturité, sérieux.

ENFANTIN ◆ **SYN.** **1.** Infantile, *puéril*. **2.** Élémentaire, *simple*. ◆ **ANT.** **1.** Adulte, sénile. **2.** Compliqué, difficile.

ENFER ◆ **SYN.** **1.** Empire des morts, feu éternel, *géhenne*, peines éternelles, royaume des morts, (rives du) Styx. **2.** Affliction, affres, calvaire, croix, martyre, *souffrance*, supplice, torture, tourment. ◆ **ANT.** **1.** Ciel, Éden, paradis. **2.** Consolation, délice, repos.

ENFERMER ◆ **SYN.** ▷ *V. tr.* **1.** Boucler *(fam.)*, claustrer, cloîtrer, coffrer *(fam.)*, confiner, consigner, *emprisonner*, incarcérer, interner, renfermer, séquestrer. **2.** Mettre sous clé, *ranger*, renfermer, serrer, verrouiller. **3.** Ceindre, clore, environner, *limiter*. **4.** Comporter, comprendre, *contenir*. ▷ *V. pr.* **5.** Se barricader, se calfeutrer, se claquemurer, se claustrer, se cloîtrer, se confiner, s'emmurer, *s'isoler*, se retirer. ◆ **ANT.** **1.** Délivrer, libérer, relâcher. **2.** Étaler, exhiber. **3.** Dégager, ouvrir. **4.** Exclure, extraire. **5.** Se montrer, sortir.

ENFERRER (S') ◆ **SYN.** S'embarrasser, s'embrouiller, *s'empêtrer*, s'enfoncer, s'enliser, se fourvoyer, se nuire, se prendre (à son propre piège). ◆ **ANT.** S'aider, se débrouiller, se dépêtrer, se sortir de, se tirer d'embarras, trouver une échappatoire.

ENFIÉVRER ◆ **SYN.** Agiter, échauffer, électriser, enflammer, *exalter*, exciter, passionner, surexciter, survolter. ◆ **ANT.** Apaiser, calmer, rasséréner, tranquilliser.

ENFILER ◆ **SYN.** ▷ *V. tr.* **1.** Engager, faire pénétrer, *traverser* (par un fil). **2.** Embrocher, percer, *transpercer*. **3.** *(Voie)* *S'engager*, prendre. **4.** Chausser, endosser, mettre, passer, *revêtir*. ▷ *V. pr.* **5.** Absorber, avaler, boire, *engloutir*, s'envoyer *(fam.)*, se farcir *(fam.)*, ingurgiter, se taper *(fam.)*. ◆ **ANT.** **1.** Désenfiler. **2.** Débrocher. **3.** Quitter, sortir. **4.** Déchausser, enlever, ôter, retirer. **5.** S'abstenir, se priver.

ENFIN ◆ **SYN.** À la fin, après tout, au bout du compte, bref, en définitive, en dernier lieu, en un mot, en somme, *finalement*, pour conclure, pour finir, pour tout dire, somme toute, tout compte fait. ◆ **ANT.** D'abord, déjà, d'emblée, pour commencer, premièrement, primo.

ENFLAMMÉ ◆ **SYN.** **1.** Brûlant, incandescent, en feu, *en flamme*, lumineux. **2.** *(Joues, visage)* Empourpré, *rouge*, sanguin, vineux. **3.** Congestionné, fiévreux, *irrité*. **4.** Animé, ardent, effervescent, enfiévré, enthousiaste, fébrile, fougueux, *passionné*, surexcité. ◆ **ANT.** **1.** Éteint, étouffé. **2.** Blême, exsangue, pâle. **3.** Apaisé, sain, soulagé. **4.** Calme, flegmatique, froid, indolent, pondéré, terne.

ENFLAMMER ◆ **SYN.** ▷ *V. tr.* **1.** *Allumer*, attiser, brûler, embraser, incendier, mettre le feu. **2.** Colorer, éclairer, *illuminer*. **3.** *(Plaie)* Envenimer, infecter, *irriter*. **4.** Animer, attiser *(fig.)*, aviver, échauffer, électriser, enfiévrer, exalter, *exciter*, fanatiser *(péj.)*, galvaniser, pousser à, provoquer, stimuler. ▷ *V. pr.* **5.** Prendre feu. **6.** S'animer, s'échauffer, s'enthousiasmer, *s'exalter*, s'exciter. ◆ **ANT.** **1.** Éteindre, étouffer. **2.** Assombrir, obscurcir. **3.** Désinfecter, guérir, soulager. **4.** Apaiser, attiédir, calmer, refréner, refroidir. **5.** S'éteindre. **6.** Se calmer, garder son sang-froid.

ENFLER ◆ **SYN.** **1.** Augmenter, ballonner, bouffir, boursoufler, croître, dilater,

distendre, **gonfler**, grossir, se tuméfier.
2. Agrandir, amplifier, enorgueillir, **exagérer**, exalter, majorer, surfaire. ✦ ANT.
1. Aplatir, dégonfler, désenfler. 2. Amoindrir, diminuer, minimiser, rabaisser, sous-estimer.

ENFLURE ✦ SYN. 1. Ampoule, ballonnement, bosse, **boursouflure**, congestion, dilatation, gonflement, grosseur, œdème, tuméfaction, tumescence, tumeur. 2. Emphase, **exagération**, grandiloquence. ✦ ANT. 1. Contraction, guérison, réduction. 2. Mesure, naturel, simplicité.

ENFONCEMENT ◇ v. **Creux**

ENFONCER ✦ SYN. ▷ V. tr. 1. Enfouir, engager, enterrer, entrer, ficher, fourrer **(fam.)**, **introduire**, mettre, piquer, planter, plonger, rentrer. 2. Abattre, **briser**, défoncer, emboutir, forcer, renverser, rompre. 3. Battre, surpasser, **vaincre**. ▷ V. intr. 4. Caler, **céder** (sous la pression). ▷ V. pr. 5. Couler, s'embourber, **s'enliser**, s'envaser, sombrer. 6. S'avancer dans, disparaître, s'enfouir, s'engager dans, entrer, **pénétrer**. 7. S'abandonner, **s'absorber**, se plonger. 8. **(Fig.)** Déchoir, s'enferrer, se noyer, péricliter, **se ruiner**. ✦ ANT. 1. Arracher, enlever, extirper, retirer, tirer. 2. Remettre, réparer, replacer. 3. Égaler, perdre. 4. Résister, tenir. 5. Émerger, remonter, sortir de. 6. Apparaître, se dégager, s'extirper, sortir, surgir. 7. Revenir (à la réalité). 8. S'enrichir, prospérer, se sortir de.

ENFOUIR ✦ SYN. ▷ V. tr. 1. Ensevelir, **enterrer**. 2. **Enfoncer**, mettre dans, plonger. 3. **Cacher**, dissimuler. ▷ V. pr. 4. **Se blottir**, se réfugier, se serrer. ✦ ANT. 1. Déterrer. 2. Arracher, enlever, sortir de. 3. Découvrir, montrer. 4. S'éloigner.

ENFREINDRE ✦ SYN. Contrevenir à, déroger à, **désobéir à**, manquer à, passer outre, transgresser, violer. ✦ ANT. Exécuter, obéir, observer, respecter, suivre.

ENFUIR (S') ✦ SYN. 1. S'en aller, décamper, déguerpir, déloger, détaler, disparaître, s'échapper, s'éclipser, s'envoler **(fam.)**, s'esquiver, s'évader, filer, **fuir**, partir, se

précipiter, se sauver, sortir. 2. **(Temps)** S'écouler, **s'envoler**, s'évanouir, passer. ✦ ANT. 1. Accourir, apparaître, demeurer, se montrer, paraître, rester. 2. Durer, s'éterniser.

ENGAGEMENT ✦ SYN. 1. Alliance, contrat, entente, pacte, protocole, signature, **traité**. 2. Parole, **promesse**, serment, vœu. 3. Assurance, caution, **gage**, garantie. 4. Appel, embauche, enrôlement, mobilisation, **recrutement**. 5. **(Action, négociations)** Commencement, **début**, inauguration, ouverture. 6. **(Courte durée)** Affrontement, assaut, bataille, **combat**, échauffourée, escarmouche. 7. **(Sports)** Coup d'envoi, **mise en jeu**. 8. **(Cause sociale, politique, etc.)** Aide, appui, collaboration, concours, contribution, intervention, **participation**, prise de position. ✦ ANT. 1. Annulation, désengagement, résiliation, révocation. 2. Dégagement, désaveu, parjure, reniement. 3. Insécurité, risque. 4. Congédiement, démobilisation, renvoi. 5. Cessation, clôture, rupture, suspension. 6. Fin (des hostilités), paix, trêve. 7. Résultat final. 8. Abstention, neutralité, non-engagement, non-intervention.

ENGAGER ✦ SYN. ▷ V. tr. 1. **Gager**, mettre en gage. 2. Embaucher, employer, enrôler, mobiliser, racoler **(péj.)**, **recruter**. 3. Enfoncer, glisser, insérer, **introduire**, mettre dans. 4. Investir. 5. Amorcer, **commencer**, entamer, entreprendre. 6. Conseiller, convier, exhorter, **inciter**, inviter, porter à, pousser à. 7. Embarquer **(fam.)**, entraîner, impliquer, lier, **obliger**. ▷ V. pr. 8. Donner sa parole, prêter serment, **promettre**. 9. Entrer, **s'introduire**, pénétrer. 10. Appuyer, s'associer à, collaborer, contribuer, intervenir, **participer**, prendre parti, prendre position, prêter son concours. 11. S'aventurer, se hasarder, **se lancer**, se risquer. ✦ ANT. 1. Reprendre. 2. Congédier, réformer **(milit.)**, refuser, renvoyer. 3. Extraire, retirer. 4. Épargner. 5. Achever, mettre fin, terminer. 6. Déconseiller, dissuader. 7. Dégager, dispenser, libérer. 8. Se parjurer, renier. 9. Quitter, sortir. **10.** S'abstenir, se désengager, rester neutre. **11.** Se désister.

ENGENDRER ♦ SYN. **1.** Accoucher, créer, donner le jour (la vie), donner naissance, enfanter, *procréer*. **2.** Amener, apporter, causer, créer, déterminer, entraîner, générer, occasionner, *produire*, provoquer, soulever, susciter. ♦ ANT. **1.** Avorter. **2.** Dériver, provenir de, résulter.

ENGIN ♦ SYN. **1.** *Appareil*, arme, instrument, machine, matériel, moyen, outil. **2.** *(Fam.)* Chose, machin *(fam.)*, *objet*. **3.** *(Engin spatial)* *Fusée*, navette, satellite.

ENGLOBER ♦ SYN. **1.** Amalgamer, annexer, intégrer, joindre, rattacher, *réunir*. **2.** Comporter, comprendre, compter, *contenir*, embrasser, envelopper, inclure, receler, renfermer. ♦ ANT. **1.** Détacher, disjoindre, dissocier, séparer. **2.** Excepter, exclure, omettre, retrancher, soustraire.

ENGLOUTIR ♦ SYN. ▷ *V. tr.* **1.** Absorber, avaler, *dévorer*, s'empiffrer, s'enfiler *(fam.)*, engouffrer, se gaver, ingurgiter. **2.** Consumer, dilapider, dissiper, épuiser, gaspiller, *perdre*. **3.** Envahir, *inonder*, noyer, submerger. **4.** *Ensevelir*, enterrer, faire disparaître. ▷ *V. pr.* **5.** S'abîmer, couler, disparaître, *sombrer*. ♦ ANT. **1.** Grignoter, picorer. **2.** Conserver, économiser, préserver. **3.** Émerger, flotter, nager. **4.** Dégager, libérer, sortir de. **5.** Renflouer.

ENGORGEMENT ◇ V. **Encombrement**
ENGORGER ◇ V. **Encombrer**

ENGOUEMENT ♦ SYN. **1.** Admiration, béguin *(fam.)*, emballement, *enthousiasme*, entichement, exaltation, passion, toquade *(fam.)*, transport. **2.** Faveur, fureur, goût du jour, mode, *vogue*. ♦ ANT. **1.** Dégoût, désenchantement, lassitude. **2.** Désuétude, oubli.

ENGOUER (S') ◇ V. **Enticher (s')**

ENGOUFFRER ♦ SYN. ▷ *V. tr.* **1.** Avaler, *dévorer*, s'empiffrer, s'enfiler *(fam.)*, engloutir. **2.** Dépenser, dilapider, gaspiller, *perdre*. ▷ *V. pr.* **3.** *(Gouffre)* *Disparaître*, s'enfoncer, glisser dans. **4.** *(Ouverture, passage)* *Entrer*, se jeter dans, pénétrer, se précipiter dans. ♦ ANT. **1.** Grignoter, picorer. **2.** Conserver,

économiser, préserver. **3.** Remonter, sortir. **4.** S'échapper, émaner de, venir de.

ENGOURDI ♦ SYN. **1.** Ankylosé, gourd, insensible, *paralysé*, raide, rigide. **2.** Empoté, endormi, hébété, lambin, *lent*, léthargique, nonchalant. ♦ ANT. **1.** Dégourdi, sensible, souple. **2.** Actif, alerte, énergique, leste, preste, vif.

ENGOURDIR ♦ SYN. **1.** Ankyloser, geler *(québ., fam.)*, insensibiliser, *paralyser*. **2.** *Geler*, glacer, pénétrer, saisir, transir. **3.** Alourdir, appesantir, assoupir, endormir, *ralentir*, rouiller. ♦ ANT. **1.** Dégourdir, remuer, sensibiliser, sentir. **2.** Couvrir, dégeler, réchauffer. **3.** Dérouiller, éveiller, ranimer, raviver, vivifier.

ENGOURDISSEMENT ♦ SYN. **1.** Ankylose, insensibilité, *paralysie*, raideur, torpeur. **2.** Alourdissement, apathie, appesantissement, assoupissement, hébétude, inaction, lenteur, léthargie, *ralentissement*, sommeil, torpeur. **3.** *(Animaux)* Estivation, hibernation, *sommeil prolongé*. ♦ ANT. **1.** Dégourdissement, sensibilité, souplesse. **2.** Activité, animation, ardeur, énergie, éveil, vivacité. **3.** Réveil.

ENGRAISSER ♦ SYN. ▷ *V. tr.* **1.** Appâter, empâter, *gaver*, gorger. **2.** *(Sol)* Améliorer, amender, enrichir, *fertiliser*. ▷ *V. intr.* **3.** *(Pers.)* *S'enrichir*, prospérer. **4.** Épaissir, forcir, *grossir*, prendre du poids. ♦ ANT. **1.** Dégraisser. **2.** Amaigrir, assécher, épuiser. **3.** S'appauvrir. **4.** Fondre *(fam.)*, maigrir, perdre du poids.

ENGRANGER ◇ V. **Emmagasiner**
ENHARDIR ◇ V. **Encourager**

ÉNIGMATIQUE ♦ SYN. **1.** Abscons, ambigu, caché, difficile, équivoque, fermé, *hermétique*, impénétrable, inaccessible, incompréhensible, indéchiffrable, obscur, sibyllin, ténébreux, voilé. **2.** Cabalistique, ésotérique, étrange, inconnu, inexplicable, insaisissable, insondable, *mystérieux*, occulte, secret. ♦ ANT. **1.** Accessible, clair, compréhensible, direct, facile, évident, explicite, formel, franc, lumineux, net, ouvert. **2.** Connu, explicable, expliqué, révélé.

ÉNIGME ♦ SYN. **1.** Charade, colle *(fam.)*, bouts-rimés, **devinette**, logogriphe, rébus. **2.** Affaire, ambiguïté, cas, **mystère**, problème, secret. ♦ ANT. **1.** Réponse. **2.** Clé, explication, lumière, solution.

ENIVRANT ♦ SYN. **1.** *(Vin, parfum)* Capiteux, entêtant, étourdissant, fort, **grisant**, stimulant. **2.** Captivant, exaltant, **excitant**, passionnant, piquant, réjouissant, tentant, troublant. ♦ ANT. **1.** Affreux, dégoûtant, fade, faible, insipide, soporifique. **2.** Décevant, déprimant, ennuyeux, laid, rebutant, repoussant, terne.

ENIVREMENT ◇ v. Ivresse

ENIVRER ♦ SYN. ▷ *V. tr.* **1.** Entêter, étourdir, **griser**, monter à la tête, soûler. **2.** Exalter, **exciter**, transporter, troubler. ▷ *V. pr.* **3.** Se griser, se **soûler**. **4.** *Se délecter*, se réjouir, se repaître. ♦ ANT. **1.** Dégoûter, dégriser, désenivrer, dessoûler. **2.** Apaiser, attiédir, refroidir. **3.** Se dessoûler. **4.** S'attrister, se dégoûter.

ENJAMBÉE ◇ v. Pas

ENJAMBER ◇ v. Franchir

ENJEU ◇ v. Mise

ENJOINDRE ◇ v. Ordonner

ENJÔLER ◇ v. Séduire

ENJÔLEUR ◇ v. Séducteur

ENJOLIVER ◇ v. Embellir

ENJOUÉ ♦ SYN. Aimable, allègre, animé, badin, folâtre, **gai**, gaillard, guilleret, joueur, jovial, joyeux, plein d'entrain, riant, ricaneur *(québ.)*, rieur, souriant, vif. ♦ ANT. Apathique, austère, bourru, chagrin, maussade, morose, renfrogné, sérieux, sévère, triste.

ENJOUEMENT ♦ SYN. Alacrité, animation, badinage, bonne humeur, entrain, **gaieté**, joie, jovialité, vivacité. ♦ ANT. Apathie, austérité, mauvaise humeur, morosité, sérieux, sévérité, tristesse.

ENLACEMENT ◇ v. Étreinte

ENLACER ◇ v. Étreindre

ENLÈVEMENT ♦ SYN. **1.** *(Pers.)* Détournement (de mineur), kidnapping, prise d'otage, **rapt**. **2.** *(Milit.)* **Conquête**, invasion, prise de possession. **3.** *(Ch.)* **Collecte**, déblaiement, dégagement, ramassage. **4.** *(Dr.)* Vol (de pièces officielles). ♦ ANT. **1.** Libération. **2.** Abandon, retrait. **3.** Accumulation, amoncellement, encombrement. **4.** Restitution.

ENLEVER ♦ SYN. ▷ *V. tr.* **1.** Élever, hisser, **lever**, soulever. **2.** Arracher, débarrasser, dégager, détacher, effacer, éliminer, extraire, **ôter**, retirer, retrancher, supprimer. **3.** Emporter. **4.** **Conquérir**, s'emparer de, prendre possession. **5.** Détourner, kidnapper, **ravir**, voler. ▷ *V. pr.* **6.** *(Fam.)* **S'écarter**, s'ôter *(fam.)*, se ranger, se retirer. ♦ ANT. **1.** Poser. **2.** Déposer, laisser, remettre. **3.** Rapporter. **4.** Capituler, céder. **5.** Libérer, rendre, restituer. **6.** Bloquer le passage, encombrer, gêner.

ENLISER ♦ SYN. ▷ *V. tr.* **1.** Embourber, ensabler, **envaser**. ▷ *V. pr.* **2.** *(Fig.)* Croupir, s'embourber, s'empêtrer, **s'enfoncer**, patauger, stagner, sombrer. ♦ ANT. **1.** Débourber, désembourber, désensabler, désenvaser. **2.** Se dépêtrer, progresser, se sortir de, se tirer d'embarras.

ENNEMI ♦ SYN. ▷ *Nom* **1.** **Adversaire**, antagoniste, belligérant, concurrent, détracteur, opposant, rival. **2.** *(De qqch.)* Antipode, **contraire**, contrepied. ▷ *Adj.* **3.** **Adverse**, hostile, opposé, rival. ♦ ANT. **1.** Allié, ami, associé, compagnon, partenaire, partisan. **2.** Semblable, synonyme. **3.** Amical, défenseur, protecteur.

ENNOBLIR ♦ SYN. Élever, **grandir**, idéaliser, magnifier, rehausser. ♦ ANT. Avilir, déprécier, humilier, mortifier, rabaisser.

ENNUAGER (S') ◇ v. Couvrir

ENNUI ♦ SYN. **1.** Agacement, anicroche, calamité *(fam.)*, catastrophe *(fam.)*, complication, contrariété, déplaisir, **désagrément**, difficulté, embarras, embêtement, inconvénient, préoccupation, pépin *(fam.)*, problème, souci, tourment, tracas, tuile *(fam.)*. **2.** Abattement, affliction, cafard, dégoût (de la vie), idées noires, inquiétude, langueur, lassitude, morosité, nostalgie, spleen, **tristesse**. ♦ ANT. **1.** Agrément, amusement, distraction, plaisir. **2.** Bonheur, joie (de vivre), quiétude, ravissement, repos, satisfaction.

ENNUYER ♦ SYN. ▷ *V. tr.* **1.** Agacer, *contrarier*, déranger, embêter, emmerder *(fam.)*, enquiquiner *(fam.)*, excéder, gêner, importuner, incommoder, indisposer, peser, raser *(fam.)*. **2.** Assommer, endormir, fatiguer, *lasser*, rebuter, tanner *(fam.)*. **3.** Inquiéter, préoccuper, *tracasser*, tourmenter. ▷ *V. pr.* **4.** S'embêter, se languir, *se morfondre*, tourner en rond. **5.** Avoir la nostalgie de, *regretter*. ♦ ANT. **1.** Amuser, charmer, distraire, divertir, égayer, mettre à l'aise, réjouir. **2.** Captiver, enthousiasmer, intéresser, passionner, plaire. **3.** Rassurer, réconforter. **4.** S'amuser, se détendre, se divertir, s'occuper. **5.** Se contenter, se satisfaire de.

ENNUYEUX ♦ SYN. **1.** Agaçant, chiant *(fam.)*, *contrariant*, désagréable, embarrassant, embêtant, emmerdant *(fam.)*, fâcheux, gênant, importun, inopportun, malencontreux, malvenu, navrant. **2.** Assommant, endormant, ennuyant *(québ.)*, fade, fastidieux, fatigant, insipide, insupportable, *lassant*, monotone, mortel, pénible, rasant *(fam.)*, raseur *(fam.)*, soporifique, terne. ♦ ANT. **1.** Agréable, amusant, divertissant, gai, opportun, propice. **2.** Attirant, captivant, intéressant, palpitant, passionnant, plaisant, stimulant.

ÉNONCÉ ◊ V. **Formule**

ÉNONCER ♦ SYN. **1.** Affirmer, alléguer, avancer, déclarer, dire, écrire, émettre, exposer, exprimer, *formuler*, mentionner, proposer, stipuler. **2.** *Articuler*, détacher, marteler, prononcer. ♦ ANT. **1.** Cacher, contredire, démentir, dissimuler, négliger, omettre, taire. **2.** Bafouiller, bredouiller.

ÉNONCIATION ♦ SYN. **1.** Affirmation, communication, déclaration, donnée, énoncé, exposé, expression, *formulation*, mention, proposition, stipulation. **2.** *Élocution*, prononciation. ♦ ANT. **1.** Démenti, négligence, omission.

ENORGUEILLIR (S') ◊ V. **Prévaloir**

ÉNORME ♦ SYN. **1.** Anormal, colossal, considérable, démesuré, éléphantesque, excessif, faramineux, gigantesque, herculéen, grand, *immense*, monstrueux, monu-

mental, surhumain, titanesque, volumineux. **2.** Épais, gras, *gros*, obèse. **3.** Effarant, *extraordinaire*, formidable, incroyable, prodigieux, remarquable. **4.** Exagéré, *invraisemblable*. ♦ ANT. **1.** Infime, menu, microscopique, minime, minuscule, normal, petit. **2.** Maigre, menu, mince. **3.** Insignifiant, ordinaire, quelconque. **4.** Probable, vraisemblable.

ÉNORMÉMENT ◊ V. **Beaucoup**

ÉNORMITÉ ♦ SYN. **1.** Excès, gigantisme, *grandeur*, immensité, importance. **2.** *(Pl.)* Âneries, bévues, erreurs, extravagances, incongruités, *invraisemblances*, sottises. ♦ ANT. **1.** Insignifiance, petitesse. **2.** Finesses, traits de génie, vérités.

ENQUÉRIR (S') ♦ SYN. Demander, étudier, examiner, *s'informer*, interroger, rechercher, se renseigner. ♦ ANT. Délaisser, se désintéresser, ignorer, savoir, trouver.

ENQUÊTE ♦ SYN. **1.** *(Dr.)* Examen, instruction, *investigation*. **2.** Analyse, consultation, étude, étude de marché, *recherche*, sondage.

ENQUÊTEUR ♦ SYN. **1.** *(Fém. enquêteuse)* Commissaire, détective, inspecteur, investigateur, limier, *policier*. **2.** *(Fém. enquêtrice)* Sondeur.

ENRACINER ♦ SYN. ▷ *V. tr.* **1.** *Planter*, transplanter. **2.** *(Cœur, esprit)* Ancrer, fixer, graver, *implanter*, incruster. ▷ *V. pr.* **3.** Prendre racine. **4.** *(Pers.)* S'acclimater, *s'établir*, s'implanter, s'incruster, s'installer. ♦ ANT. **1.** Arracher, déplanter, déraciner. **2.** Enlever, extirper, perdre, oublier. **3.** Déraciner, sécher. **4.** Déménager, émigrer, s'exiler.

ENRAGÉ ♦ SYN. **1.** Bleu *(fig.)*, déchaîné, forcené, fou, furibond, *furieux*. **2.** *Fanatique*, fou de, mordu de *(fam.)*, passionné de. **3.** *(Polit.)* Contestataire, *extrémiste*. ♦ ANT. **1.** Doux, paisible, raisonné. **2.** Dilettante, tiède. **3.** Conservateur, modéré.

ENRAGER ♦ SYN. Bouillir de colère, écumer, fulminer, fumer *(fam.)*, s'irriter, *rager*. ♦ ANT. Adoucir, apaiser, calmer.

ENRAYER ♦ SYN. **1.** *Bloquer*, empêcher, entraver, freiner, immobiliser, paralyser.

2. *Arrêter*, briser, contenir, endiguer, étouffer, juguler, neutraliser, réprimer. ✦ ANT. **1.** Débloquer, désenrayer. **2.** Contribuer à, diffuser, favoriser, permettre, propager, répandre.

ENRÉGIMENTER ◇ v. **Enrôler**

ENREGISTREMENT ✦ SYN. **1.** Archivage, homologation, immatriculation, *inscription*, mention, stockage *(inform.)*, transcription. **2.** Bande, cassette, disque, film, microsillon, numérisation, repiquage, *reproduction*.

ENREGISTRER ✦ SYN. **1.** Consigner, copier, écrire, homologuer, *inscrire*, mentionner, noter, observer, recueillir, relever, répertorier, reproduire, transcrire. **2.** *(Disque)* Graver. **3.** *(Images)* *Filmer*, magnétoscoper, tourner. **4.** *(Ordinateur, données)* Entrer, introduire, mémoriser, numériser, *saisir*, sauvegarder, stocker. **5.** *(Fig.)* Apprendre, assimiler, *mémoriser*, retenir. ✦ ANT. **1-4.** Effacer, supprimer. **5.** Oublier.

ENRICHIR ✦ SYN. ▷ *V. tr.* **1.** Agrémenter, embellir, enjoliver, *orner*, parer. **2.** Additionner, *ajouter*, amplifier, augmenter, étendre, étoffer. **3.** Amender, engraisser, *fertiliser*. **4.** Acquérir, approfondir, cultiver, *développer*. ▷ *V. pr.* **5.** Faire fortune, *prospérer*. ✦ ANT. **1.** Déparer, enlaidir. **2.** Abréger, diminuer, réduire. **3.** Appauvrir, assécher, épuiser. **4.** Abrutir, crétiniser. **5.** S'appauvrir, se ruiner.

ENRÔLEMENT ◇ v. **Engagement**

ENRÔLER ✦ SYN. *(Milit.)* Appeler, embrigader, engager, enrégimenter, incorporer, lever, mobiliser, racoler *(péj.)*, *recruter*. ✦ ANT. Démobiliser, réformer, refuser, renvoyer.

ENSEIGNANT ✦ SYN. Chargé de cours, éducateur, formateur, instituteur *(école primaire)*, instructeur, maître, maître (maîtresse) d'école *(école primaire)*, moniteur, *pédagogue*, précepteur, professeur, tuteur. ✦ ANT. Disciple, écolier *(école primaire)*, élève, étudiant.

ENSEIGNE ✦ SYN. **1.** Affiche, annonce, écriteau, inscription, pancarte, *panneau*,

panneau-réclame, panonceau, placard, raison sociale. **2.** Bannière, *drapeau*, étendard.

ENSEIGNEMENT ✦ SYN. **1.** Doctrine, *leçon*, morale, moralité, précepte, règle. **2.** Diffusion, discipline, éducation, formation, *instruction*, matière, pédagogie, vulgarisation. **3.** Chaire, *professorat*, tutorat.

ENSEIGNER ✦ SYN. **1.** Apprendre, cultiver, dégrossir, démontrer, développer, diffuser, éclairer, édifier, éduquer, élever, expliquer, former, imprégner, inculquer, initier, inspirer, *instruire*, montrer, professer, prouver, révéler, vulgariser. **2.** *(Relig.)* Catéchiser, convertir, évangéliser, *prêcher*, prôner, propager. **3.** *Entraîner*, inciter, inviter, orienter, pousser à. ✦ ANT. **1.** Étudier, s'instruire. **2.** Adhérer, se convertir. **3.** Déconseiller, détourner.

ENSEMBLE ✦ SYN. ▷ *Nom* **1.** Amas, assemblage, assortiment, bloc, collection, foule, groupe, masse, rassemblement, recueil, *réunion*, série. **2.** Généralité, globalité, intégralité, plénitude, somme, total, *totalité*, unanimité. **3.** Cohésion, composition, concordance, *harmonie*, union, unité. **4.** *Chœur*, orchestre. ▷ *Adv.* **5.** À l'unisson, *collectivement*, conjointement, de compagnie, de concert, de conserve, d'un commun accord, en accord, en chœur, en commun, simultanément. ✦ ANT. **1-2.** Détail, élément, fraction, partie. **3.** Cacophonie, confusion, discordance. **4.** Solo. **5.** Individuellement, isolément, séparément, seul, un à un.

ENSERRER ◇ v. **Emprisonner**

ENSEVELIR ✦ SYN. **1.** *Enterrer*, inhumer. **2.** *(Amoncellement, décombres)* Emprisonner, engloutir, enterrer sous, *faire disparaître*. **3.** Cacher, dissimuler, *enfouir*. ✦ ANT. **1.** Déterrer, exhumer. **2.** Dégager, libérer, sortir de. **3.** Découvrir, montrer.

ENSOLEILLER ✦ SYN. **1.** *Éclairer*, illuminer, rayonner. **2.** Égayer, embellir, *réjouir*. ✦ ANT. **1.** Assombrir, couvrir, ombrager. **2.** Attrister, chagriner, déprimer.

ENSORCELANT ◇ v. **Envoûtant**

ENSORCELER ◇ v. **Envoûter**

ENSORCELEUR ◇ v. **Séducteur**

ENSORCELLEMENT ◇ v. **Envoûtement**

ENSUITE ✦ SYN. Après, après coup, après quoi, en second lieu, par la suite, plus tard, postérieurement, *puis*, subséquemment, ultérieurement. ✦ ANT. Antérieurement, auparavant, avant, d'abord, en premier lieu, précédemment, premièrement.

ENSUIVRE (S') ◇ v. **Résulter**

ENTACHER ✦ SYN. Compromettre, gâter, noircir, profaner, *salir*, souiller, ternir. ✦ ANT. Blanchir, défendre, laver (d'une calomnie), réhabiliter.

ENTAILLE ✦ SYN. **1.** Brèche, coupure, cran, échancrure, encoche, fente, hachure, *incision*, raie, rainure, rayure, sillon. **2.** Balafre, *blessure*, estafilade, lacération, taillade.

ENTAILLER ✦ SYN. **1.** Couper, entamer, *inciser*, mortaiser, ouvrir. **2.** Balafrer, *blesser*, lacérer, taillader.

ENTAMER ✦ SYN. **1.** Blesser, couper, effleurer, égratigner, entailler, *inciser*, ouvrir. **2.** *(Matière)* Altérer, attaquer, corroder, manger, mordre, *ronger*. **3.** *(Nourriture)* Consommer une partie. **4.** *(Capital)* Diminuer, ébrécher, écorner, *grignoter (fig.)*, gruger *(québ.)*. **5.** Aborder, amorcer, attaquer, *commencer*, engager, entreprendre. **6.** *(Milit.)* Détruire, *ébranler*, enfoncer, percer (la muraille). ✦ ANT. **1.** Colmater, coudre, suturer. **2.** Conserver, protéger. **3.** Consommer entièrement. **4.** Augmenter, conserver, épargner. **5.** Achever, terminer. **5.** Consolider, fortifier, résister.

ENTASSEMENT ✦ SYN. **1.** Accumulation, amas, amoncellement, emmagasinage, empilage, *empilement*, monceau, montagne, pile, superposition, tas. **2.** *(Pers.)* *Affluence*, foule. ✦ ANT. **1.** Dispersion, éparpillement. **2.** Petit nombre, poignée.

ENTASSER ✦ SYN. **1.** Accumuler, *amasser*, amonceler, collectionner, emmagasiner, empiler, stocker, superposer. **2.** *(Pers.)* Compresser, confiner, masser, parquer, serrer, *tasser*. **3.** *Économiser*, épargner,

thésauriser. ✦ ANT. **1.** Disperser, disséminer, éparpiller, répandre, semer. **2.** Disperser, éloigner. **3.** Dépenser, prodiguer.

ENTENDEMENT ✦ SYN. Bon sens, cerveau, *compréhension*, conception, esprit, intellect, intellection, intelligence, jugement, logique, pensée, raison. ✦ ANT. Déraison, illogisme, incompréhension, inintelligence.

ENTENDRE ✦ SYN. ▷ V. tr. **1.** Auditionner, discerner, distinguer, *écouter*, ouïr, percevoir, prêter l'oreille. **2.** *Comprendre*, concevoir, saisir. **3.** Désirer, exiger, préférer, projeter, signifier, *vouloir*. ▷ V. pr. **4.** S'arranger, composer avec, *convenir*, se mettre d'accord. **5.** *S'accorder*, agir de concert, se comprendre, faire bon ménage, fraterniser, sympathiser. ✦ ANT. **1.** Être (rester) sourd. **2.** Ignorer, méconnaître. **3.** Cacher, sous-entendre. **4.** Disconvenir. **5.** Se détester, se disputer, se haïr.

ENTENDU ✦ SYN. **1.** *Convenu*, décidé, réglé. **2.** *(Air, sourire)* *Complice*, de connivence, malin. **3.** *(Entendu à)* Adroit, calé *(fam.)*, *capable*, compétent, expert, ferré, fort, habile, industrieux, ingénieux, inventif, savant. ✦ ANT. **1.** Incompris, inouï. **2.** Crédule, naïf. **3.** Apprenti, ignorant, inapte, incapable, incompétent, maladroit.

ENTENTE ✦ SYN. **1.** Accommodement, *accord*, alliance, armistice, association, coalition, convention, pacte, traité. **2.** Amitié, *concorde*, harmonie, union, unité. **3.** Accointances *(péj.)*, accord (tacite), collusion *(péj.)*, *complicité*, connivence, intelligence. ✦ ANT. **1.** Conflit, désaccord, guerre, hostilités, mésentente. **2.** Animosité, discorde, dispute, haine. **3.** Crédulité, incompréhension, naïveté.

ENTÉRINER ◇ v. **Confirmer**

ENTERREMENT ✦ SYN. **1.** *Ensevelissement*, inhumation. **2.** Convoi funèbre, *funérailles*, obsèques, sépulture. **3.** *(Projet)* *Abandon*, fin, mort, rejet. ✦ ANT. **1.** Déterrement, exhumation. **3.** Continuation, poursuite, réalisation.

ENTERRER ✦ SYN. ▷ V. tr. **1.** *Ensevelir*, inhumer. **2.** Cacher, *enfouir*. **3.** Emprison-

ner, *engloutir*, ensevelir, faire disparaître.
4. *Abandonner*, classer, étouffer, jeter
(mettre) aux oubliettes, oublier, rayer de
ses tablettes. ▷ *V. pr.* **5.** Se cacher, s'enfermer,
s'isoler, se retirer. ♦ ANT. **1.** Déterrer, exhumer. **2.** Découvrir, montrer. **3.** Dégager,
libérer, sortir de. **4.** Continuer, poursuivre,
réaliser. **5.** Se montrer, se présenter.

ENTÊTÉ ♦ SYN. *(Péj.)* Acharné, buté,
entier, indocile, inflexible, insoumis,
intraitable, obstiné, récalcitrant, rétif,
têtu, volontaire. ♦ ANT. Changeant, docile,
flexible, influençable, malléable, souple,
traitable.

ENTÊTEMENT ◇ V. **Obstination**

ENTÊTER ♦ SYN. ▷ *V. tr.* **1.** Enivrer, étourdir, *griser*, monter à la tête, soûler. ▷ *V. pr.*
2. S'acharner, se buter, insister, ne pas
démordre de, *s'obstiner*, persister. ♦ ANT.
1. Dégoûter, dégriser, désenivrer. **2.** Céder,
concéder, renoncer.

ENTHOUSIASME ♦ SYN. **1.** Admiration,
ardeur, emballement, émerveillement,
engouement, entrain, *exaltation*, ferveur,
feu, flamme, frénésie, ivresse, pâmoison,
passion, ravissement, transport, zèle.
2. *Allégresse*, joie, jubilation, liesse. ♦ ANT.
1. Apathie, dégoût, détachement, flegme,
froideur, indifférence, scepticisme. **2.** Consternation, tristesse.

ENTHOUSIASMER ♦ SYN. ▷ *V. tr.* **1.** Captiver, charmer, électriser, emballer *(fam.)*,
embraser, enflammer, *exalter*, exciter,
galvaniser, passionner, transporter. ▷ *V. pr.*
2. Admirer, s'emballer *(fam.)*, s'émerveiller,
s'enflammer, s'engouer, *s'exalter*, s'extasier, se pâmer, se passionner. ♦ ANT.
1. Assommer, dégoûter, désenchanter,
écœurer, ennuyer, refroidir. **2.** Se désintéresser, se lasser, rester de glace.

ENTHOUSIASTE ♦ SYN. Admiratif,
ardent, brûlant, chaleureux, emballé,
emporté, enflammé, *exalté*, fanatique,
fervent, lyrique, passionné, ravi, transporté, zélateur. ♦ ANT. Apathique, blasé,
dénigreur, désabusé, désenchanté, flegmatique, froid, sceptique.

ENTICHER (S') ♦ SYN. S'amouracher,
s'attacher, brûler pour, s'engouer, s'enthousiasmer, s'éprendre, *se passionner*,
se toquer *(fam.)*. ♦ ANT. Se dégoûter, se
détacher, se lasser.

ENTIER ♦ SYN. ▷ *Nom* **1.** Ensemble, globalité, intégralité, *totalité*, tout. ▷ *Adj.*
2. Complet, exhaustif, global, intégral, parfait, plein, *total*. **3.** Inentamé, *intact*, pur.
4. *Absolu*, inconditionnel, sans réserve.
5. *(Pers.)* *Catégorique*, entêté *(péj.)*, intraitable, obstiné, rigoureux, sans compromis,
tout d'une pièce. ♦ ANT. **1.** Fragment,
morceau, partie. **2.** Divisé, fractionnaire,
incomplet, partiel, tronqué. **3.** Altéré,
entamé. **4.** Conditionnel, limité, relatif.
5. Compréhensif, conciliant, souple.

ENTITÉ ♦ SYN. **1.** Caractère, *essence*,
nature. **2.** Abstraction, concept, concep-
tualisation, *idée*, notion. ♦ ANT. **1.** Chose,
existence, matière, objet. **2.** Matérialité,
réalité.

ENTORSE ♦ SYN. **1.** Déboîtement, désarticulation, dislocation, foulure, *lésion*,
lumbago, luxation. **2.** Atteinte, dérogation, entrave, infraction, *manquement*,
transgression, violation. ♦ ANT. **1.** Remboîtement, rétablissement. **2.** Obéissance,
observation, respect.

ENTORTILLER ♦ SYN. **1.** Entourer, *envelopper*. **2.** Circonvenir, emberlificoter
(fam.), embobiner *(fam.)*, *enjôler*, prendre,
séduire, tromper. **3.** *Compliquer*, embarrasser, embrouiller. ♦ ANT. **1.** Défaire, dégager, désentortiller. **2.** Éconduire, éloigner.
3. Démêler, simplifier.

ENTOURAGE ♦ SYN. **1.** *(Pers.)* Cercle, compagnie, milieu, présence, proches, société,
voisinage. **2.** Abords, alentours, environnement, *environs*, parages, quartier,
voisinage. **3.** *(Ornement)* *Bordure*, cadre,
ceinture.

ENTOURER ♦ SYN. **1.** Border, *ceindre*,
ceinturer, cercler, clore, clôturer, couronner, encadrer, enceindre, encercler, enclore, enfermer, environner. **2.** Assiéger,
attaquer, *cerner*, envelopper. **3.** Accabler,

aduler, **combler**, s'occuper de. ▷ *V. pr.* **4.** *(Objets)* Orner, parer, **placer** (près de soi). **5.** *(Pers.)* S'environner, fréquenter, **réunir**, tenir compagnie, vivre avec. ◆ ANT. **1.** Dégager, ouvrir. **2.** Délivrer, lever le siège. **3.** Abandonner, délaisser, négliger. **4.** Se dépouiller, se priver. **5.** Éviter la compagnie, s'isoler.

ENTRACTE ◆ SYN. Arrêt, interlude, intermède, **intervalle**, pause, repos, suspension.

ENTRAILLES ◆ SYN. **1.** Boyaux *(animal)*, **intestins**, tripes *(animal)*, ventre, viscères. **2.** **Sein**, utérus. **3.** Âme, cœur, **sensibilité**, tréfonds. **4.** *(Ch.)* Abîme, gouffre, **profondeurs**.

ENTRAIN ◆ SYN. Activité, allant, animation, **ardeur**, bonne humeur, chaleur, cœur, élan, empressement, enthousiasme, feu, fougue, gaieté, jovialité, pep *(fam.)*, pétulance, vie, vivacité, zèle. ◆ ANT. Apathie, calme, dépression, indolence, inertie, froideur, lenteur, morosité, nonchalance, tiédeur, tristesse.

ENTRAÎNANT ◆ SYN. **1.** *(Discours)* Captivant, convaincant, **éloquent**, émouvant, persuasif. **2.** *(Rythme)* Dansant, **invitant**, vif. ◆ ANT. **1.** Ennuyeux, terne. **2.** Monotone, traînant, triste.

ENTRAÎNEMENT ◆ SYN. **1.** *(Mécan.)* Engrenage, mouvement, **transmission. 2.** Courant, élan, force, impulsion, inclination, influence, **penchant**, pente. **3.** Application, **exercice**, habitude, pratique (assidue), training, travail. ◆ ANT. **2.** Liberté, résistance, volonté. **3.** Engourdissement, inactivité, laisser-aller, nonchalance.

ENTRAÎNER ◆ SYN. ▷ *V. tr.* **1.** Charrier, **emporter**, rouler, transporter. **2.** *(Pers.)* Conduire, emmener, guider, **mener**, tirer, traîner. **3.** *(Sports)* Aguerrir, dresser, endurcir, **exercer**, former, préparer. **4.** Attirer, charmer, convaincre, décider, déterminer, engager, inciter, **persuader**, pousser à. **5.** *(Ch.)* Amener, apporter, causer, comporter, déclencher, engendrer, impliquer, nécessiter, **occasionner**, produire, pro-

voquer. ▷ *V. pr.* **6.** *S'exercer*, se familiariser, s'habituer, se préparer. ◆ ANT. **1.** Arrêter, contenir, endiguer, retenir. **2.** Éloigner, repousser. **3.** Amollir, laisser aller, négliger. **4.** Déconseiller, décourager. **5.** Empêcher, entraver. **6.** Se désaccoutumer, se déshabituer, s'engourdir.

ENTRAÎNEUR ◆ SYN. **1.** Coach, **instructeur**, manager, moniteur. **2.** Chef de file, conducteur, gourou, instigateur, leader, **meneur**, pasionaria. ◆ ANT. **1.** Équipier, joueur. **2.** Disciple, épigone, mouton, suiveur.

ENTRAVE ◆ SYN. **1.** Billot *(animal)*, chaînes, fers, **liens**, menottes. **2.** Embarras, **empêchement**, frein, gêne, obstacle. **3.** **Assujettissement**, contrainte, joug. ◆ ANT. **2.** Aise, facilité, liberté. **3.** Émancipation, libération.

ENTRAVER ◆ SYN. **1.** **Attacher**, brider, empêtrer, enchaîner, lier. **2.** Arrêter, bloquer, embarrasser, enrayer, freiner, gêner, **obstruer**, paralyser, ralentir. **3.** *(Décision, projet)* Contrarier, contrecarrer, **empêcher**, faire obstacle à, mettre des bâtons dans les roues, nuire, s'opposer, saboter *(péj.)*. ◆ ANT. **1.** Débrider, délier, dépêtrer, désentraver, détacher. **2.** Accélérer, dégager, libérer. **3.** Appuyer, faciliter, favoriser, permettre, soutenir.

ENTREBÂILLER ◆ SYN. *(Porte, fenêtre)* Entrouvrir. ◆ ANT. Fermer, ouvrir grand.

ENTRECHAT ◆ SYN. **1.** Danse. **2.** Bond, cabriole, gambade, **saut**.

ENTRÉE ◆ SYN. **1.** Abord, **accès**, hall, porte, seuil, vestibule. **2.** Orifice, **ouverture**. **3.** Apparition, **arrivée**, irruption. **4.** Adhésion, **admission**, affiliation. **5.** **Billet**, carte, place. **6.** **Commencement**, début, exorde, introduction, prologue. ◆ ANT. **1.** Issue, sortie. **2.** Fermeture, obstacle. **3.** Départ, disparition. **4.** Démission, dissidence, refus. **6.** Conclusion, épilogue, fin, péroraison.

ENTREGENT ◆ SYN. Adresse, aisance, amabilité, art, civilité, diplomatie, doigté, habileté, politique, savoir-faire, **sociabi-**

lité, souplesse, tact. ✦ **ANT.** Gaucherie, incivilité, inhabileté, insociabilité, lourdeur, maladresse, misanthropie, rigidité.

ENTRELACER ✦ **SYN.** ▷ *V. tr.* **1.** Croiser, enchevêtrer, entrecroiser, lier, natter, nouer, tisser, *tresser*. ▷ *V. pr.* **2.** S'enchevêtrer, s'entrecroiser, *s'entremêler*, se nouer. ✦ **ANT.** **1.** Défaire, délacer, délier, démêler, dénouer, desserrer. **2.** Se démêler, se dénouer.

ENTREMÊLER ✦ **SYN. 1.** Emmêler, enchevêtrer, entrecroiser, entrelacer, *mélanger*, mêler. **2.** Ajouter, *entrecouper*, entrelarder, insérer, larder, parsemer. ✦ **ANT. 1.** Distinguer, séparer. **2.** Concentrer, grouper.

ENTREMISE ✦ **SYN.** Arbitrage, bons offices, canal, concours, intercession, intermédiaire, interposition, *intervention*, médiation, ministère, moyen, soins, truchement, voie. ✦ **ANT.** Abstention, neutralité, non-intervention.

ENTREPOSER ✦ **SYN. 1.** Emmagasiner, *stocker*. **2.** Confier, consigner, *déposer*, laisser en garde. ✦ **ANT. 1.** Débiter, écouler. **2.** Reprendre, retirer, sortir.

ENTREPÔT ✦ **SYN.** Arsenal (militaire), *dépôt*, dock, hangar, magasin, manutention, réserve.

ENTREPRENANT ✦ **SYN. 1.** Actif, agissant, *audacieux*, aventureux, déterminé, dynamique, fonceur, hardi, osé, téméraire. **2.** Courtois, empressé, *galant*. ✦ **ANT. 1.** Craintif, frileux, hésitant, inactif, paresseux, pusillanime, timide, timoré. **2.** Discourtois, grossier, mufle.

ENTREPRENDRE ✦ **SYN.** ▷ *V. tr.* **1.** *(Ch.)* Aborder, amorcer, attaquer, *commencer*, démarrer, se disposer à, engager, entamer, essayer, hasarder, tenter. **2.** *(Pers.)* *Courtiser*, draguer *(fam.)*, harceler, poursuivre, taquiner, tourmenter. ▷ *V. intr.* **3.** *(Entreprendre sur)* Attenter à, brimer, empiéter, *porter atteinte à*. ✦ **ANT. 1.** Accomplir, achever, parvenir à, réussir à, terminer. **2.** Éconduire, laisser tranquille. **3.** Respecter.

ENTREPRENEUR ✦ **SYN. 1.** Architecte, bâtisseur, *constructeur*, ingénieur. **2.** Agriculteur, artisan, commerçant, *dirigeant*

(d'entreprise), industriel, patron, producteur agricole.

ENTREPRISE ✦ **SYN. 1.** Action, aventure, but, dessein, essai, exécution, œuvre, opération, ouvrage, plan, *projet*, travail. **2.** Affaire, cartel, commerce, établissement, *exploitation*, firme, industrie, maison, négoce, trust. **3.** *(Pl.)* Assiduités, cour, *tentatives* (de séduction).

ENTRER ✦ **SYN. 1.** Accéder à, s'engager, s'engouffrer, s'introduire, *pénétrer*. **2.** Enfoncer, engager, glisser, *insérer*, introduire, mettre. **3.** *S'infiltrer*, s'insinuer. **4.** *Adhérer*, s'affilier à, s'allier à. **5.** *(Entrer dans la tête)* *Comprendre*, partager, saisir. **6.** *(Inform., données)* Enregistrer, introduire, *saisir*. ✦ **ANT. 1.** Partir, sortir. **2.** Extraire, retirer. **3.** Évacuer. **4.** Démissionner, se dissocier. **5.** Ignorer, méconnaître. **6.** Effacer, supprimer.

ENTRETENIR ✦ **SYN.** ▷ *V. tr.* **1.** Alimenter, caresser *(fig.)*, conserver, cultiver, garder, *maintenir*, prolonger. **2.** *Se charger*, élever, nourrir, soigner, subvenir (aux besoins). ▷ *V. pr.* **3.** Causer, *converser*, deviser, discuter, parler. ✦ **ANT. 1.** Abandonner, détériorer, détruire, interrompre. **2.** Délaisser, négliger, priver de. **3.** Monologuer, se taire, se tenir coi.

ENTRETIEN ✦ **SYN. 1.** *Conservation*, maintenance. **2.** Dépenses nécessaires, *réparations*, soins. **3.** Abouchement, aparté, audience, caucus *(québ.)*, causerie, colloque, conciliabule, *conversation*, dialogue, discussion, échange de vues, entrevue, tête-à-tête. ✦ **ANT. 1.** Abandon, destruction, détérioration. **2.** Négligence. **3.** Monologue, mutisme, silence.

ENTREVOIR ✦ **SYN. 1.** *Apercevoir*, entrapercevoir. **2.** *Deviner*, flairer, présager, pressentir, prévoir, soupçonner, subodorer. **3.** Comprendre, *découvrir*, lever le voile. ✦ **ANT. 1.** Perdre de vue. **2.** Ignorer, se méprendre. **3.** Cacher, couvrir, jeter le voile.

ENTREVUE ✦ **SYN.** Entretien, interview, rencontre, rendez-vous, *tête-à-tête*, visite.

ÉNUMÉRATION♦SYN. Catalogue, comptage, compte, *dénombrement*, état, évaluation, inventaire, liste, nomenclature, recensement, recension, registre, répertoire, revue, rôle, statistiques, tableau.

ÉNUMÉRER ♦ SYN. Citer, compter, débiter, *dénombrer*, détailler, inventorier, nombrer, recenser. ♦ **ANT.** Arrondir, simplifier.

ENVAHIR ♦ SYN. 1. Coloniser, *conquérir*, s'emparer de, entrer dans, occuper, pénétrer, prendre. **2.** Déborder sur, *empiéter*, s'étendre dans, se répandre, usurper. **3.** *(Pers.)* Couvrir, *remplir*. **4.** *(Ch.)* Infester, *proliférer*, pulluler. **5.** *(Sentiments)* Gagner, inonder, submerger. ♦ **ANT. 1.** Abandonner, capituler, céder, décoloniser, libérer. **2.** Se retirer. **3.** Quitter, vider les lieux. **4.** Diminuer, éliminer. **5.** Épancher, jaillir, sortir.

ENVAHISSANT♦SYN. 1. *(Sentiment)* Débordant, expansif, *exubérant*, incontrôlé. **2.** *(Pers.)* Accaparant, *importun*, indésirable, indiscret, intrus. ♦ **ANT. 1.** Contenu, contrôlé, maîtrisé, réprimé. **2.** Agréable, attendu, discret, invité, poli.

ENVAHISSEUR ♦ SYN. Colonisateur, *conquérant*, expansionniste, impérialiste, occupant. ♦ **ANT.** Colonisé, conquis, défenseur, libérateur, sauveur.

ENVELOPPÉ ◊ v. **Gras**

ENVELOPPER♦SYN. 1. *Couvrir*, emballer, emmailloter, emmitoufler, empaqueter, enrober, entortiller, entourer, recouvrir, rouler dans. **2.** *(Milit.)* *Cerner*, encercler, investir. **3.** *Cacher*, camoufler, déguiser, dissimuler, farder, masquer, voiler. ♦ **ANT. 1.** Déballer, dépaqueter, déployer, dérouler, développer, étendre. **2.** Se replier, se retirer. **3.** Dévoiler, étaler, manifester, montrer.

ENVENIMER ♦ SYN. ▷ *V. tr.* **1.** Empoisonner, enflammer, *infecter*, irriter. **2.** *Aggraver*, attiser, aviver, exacerber, exaspérer, jeter de l'huile sur le feu. ▷ *V. pr.* **3.** *S'aggraver*, se compliquer, dégénérer, se dégrader, se détériorer, empirer, se gâter, pourrir, tourner au vinaigre *(fam.)*. ♦ **ANT. 1.** Désinfecter, soigner, soulager.

2. Adoucir, apaiser, calmer, dissuader. **3.** S'améliorer, s'arranger, se calmer, se corriger, se rétablir, se tasser *(fam.)*.

ENVERGURE ♦ SYN. 1. *Ampleur*, déploiement, étendue, expansion, extension, grandeur, largeur, ouverture. **2.** *(Pers.)* Acabit *(péj.)*, calibre, carrure, classe, étoffe, gabarit, *importance*, stature. **3.** Développement, *essor*, progrès. ♦ **ANT. 1.** Contraction, diminution, étroitesse, petitesse, rétrécissement. **2.** Insignifiance, médiocrité. **3.** Déclin, décroissance.

ENVERS ♦ SYN. ▷ *Nom* **1.** *Derrière*, dessous, dos, pile, revers, verso. **2.** Contraire, contrepartie, contrepied, *inverse*, opposé. ▷ *Prép.* **3.** *À l'égard de*, à l'endroit de, avec, par rapport à, vis-à-vis de. ♦ **ANT. 1.** Avers, dessus, devant, endroit, face, recto. **2.** Analogie, identité, similitude.

ENVIABLE ◊ v. **Souhaitable**

ENVIE ♦ SYN. 1. Appétence, appétit, besoin, démangeaison *(fam.)*, *désir*, faim, goût, inclination, soif, souhait, tentation. **2.** *(Péj.)* *Avidité*, concupiscence, convoitise, cupidité. **3.** *Jalousie*, rivalité. **4.** *(Envie passagère)* Caprice, foucade, *fringale*, lubie, toquade *(fam.)*. ♦ **ANT. 1.** Aversion, inappétence, satiété. **2.** Abstinence, dégoût, indifférence, répulsion. **3.** Amour, désintéressement. **4.** Jeûne, privation, sacrifice.

ENVIER ♦ SYN. 1. Convoiter, *désirer*, souhaiter. **2.** Haïr, *jalouser*. ♦ **ANT. 1.** Mépriser, rejeter. **2.** Aimer, vanter.

ENVIEUX ♦ SYN. Avide, cupide, *jaloux*. ♦ **ANT.** Bienveillant, désintéressé, indifférent.

ENVIRON ♦ SYN. ▷ *Adv.* **1.** À peu près, approchant, *approximativement*, à première vue, autour de, à vue de nez, dans les, grosso modo, presque, quelque. ▷ *Nom pl.* **2.** Abords, *alentours*, parages, proximité, voisinage. ♦ **ANT. 1.** Exactement, net, précisément. **2.** Au loin, limites, lointain.

ENVIRONNANT♦SYN. 1. Adjacent, attenant, avoisinant, circonvoisin, *proche*, voisin. **2.** *(Milieu)* Ambiant. ♦ **ANT. 1.** Distant, éloigné, lointain, reculé. **2.** Extérieur.

ENVIRONNEMENT ♦ SYN. 1. Ambiance,

atmosphère, cadre, contexte, entourage, *milieu*. **2.** *(Écol.)* Biotope, écosystème, *habitat*, niche écologique.

ENVIRONNER ◇ v. **Entourer**

ENVISAGER ✦ SYN. **1.** Considérer, contempler, examiner, fixer, *regarder*, voir. **2.** Penser, prévoir, *projeter*, songer à.

ENVOI ✦ SYN. **1.** Acheminement, *expédition*. **2.** Colis, *courrier*, lettre, message, paquet. **3.** *(D'un auteur)* Dédicace, gracieuseté, *hommage*.

ENVOL ✦ SYN. **1.** *(Oiseau)* **Envolée**, essor, vol, volée. **2.** *(Avion)* **Décollage**, départ. ✦ ANT. **1.** Descente. **2.** Arrivée, atterrissage.

ENVOLÉE ✦ SYN. **1.** *(Oiseau)* Envol. **2.** *(Discours)* **Élan**, lyrisme. **3.** *(Fin.)* Bond, essor, *hausse* (soudaine). ✦ ANT. **1.** Descente. **2.** Prosaïsme. **3.** Baisse, chute, dégringolade.

ENVOLER (S') ✦ SYN. **1.** *(Avion)* **Décoller**, s'élever, partir. **2.** *(Oiseau)* Prendre son essor, *prendre son vol* (son envol, sa volée). **3.** S'en aller, *disparaître*, se dissiper, s'éclipser, s'écouler, s'effacer, s'enfuir, s'évanouir, s'évaporer, passer, se volatiliser. **4.** *(Fam.)* Déguerpir, détaler, s'échapper, s'esquiver, fuir, *se sauver*. ✦ ANT. **1.** Arriver, atterrir. **2.** Descendre, se poser. **3.** Apparaître, demeurer, durer, s'éterniser, rester. **4.** Affronter, se montrer, se présenter.

ENVOÛTANT ✦ SYN. Attirant, captivant, enchanteur, ensorcelant, *fascinant*, grisant, hypnotique, magique, magnétique, séduisant. ✦ ANT. Décevant, ennuyeux, lassant, répugnant, terne.

ENVOÛTEMENT ✦ SYN. **1.** *Ensorcellement*, incantation, magie, maléfice, sorcellerie, sortilège. **2.** Attirance, charisme, charme, enchantement, *fascination*, magnétisme, prestige, séduction. ✦ ANT. **1.** Conjuration, exorcisme. **2.** Déception, désenchantement, ennui.

ENVOÛTER ✦ SYN. **1.** *Ensorceler*, jeter un sort. **2.** Attirer, captiver, charmer, enchanter, *fasciner*, hypnotiser, magnétiser, obnubiler, séduire. ✦ ANT. **1.** Conjurer, désensorceler, désenvoûter, exorciser. **2.** Décevoir, désenchanter, ennuyer.

ENVOYÉ ✦ SYN. **1.** Agent, ambassadeur, attaché, chargé d'affaires, chargé de mission, courrier, *délégué*, député, diplomate, émissaire, estafette, mandataire, messager, missionnaire, parlementaire, représentant. **2.** *(Envoyé spécial)* **Correspondant**, reporter. ✦ ANT. **1.** Commettant, mandant.

ENVOYER ✦ SYN. ▷ V. tr. **1.** *Dépêcher*, déplacer, détacher. **2.** *Déléguer*, députer, élire, mandater, nommer. **3.** *(Fam.)* Rembarrer, *renvoyer*. **4.** Adresser, *expédier*, procurer, transmettre. **5.** Jeter, *lancer*, projeter, propulser. ▷ V. pr. **6.** *(Fam.)* S'enfiler, se farcir, *se taper*. ✦ ANT. **1.** Accueillir, recevoir. **2.** Destituer. **3.** Rappeler. **4.** Apporter, rapporter. **5.** Attraper, revenir, saisir. **6.** S'abstenir, se priver.

ÉPAIS ✦ SYN. **1.** Abondant, énorme, fort, *gros*, imposant, volumineux. **2.** Charnu, corpulent, empâté, gras, gros, *massif*, ramassé, trapu. **3.** Compact, dense, dru, dur, fourni, opaque, *serré*, touffu. **4.** *(Liquide)* **Consistant**, pâteux, poisseux, sirupeux, visqueux. **5.** *(Esprit)* Grossier, *lourd*, obtus, pesant. ✦ ANT. **1.** Mince, négligeable, plat. **2.** Délié, élancé, fin, fluet, maigre, menu, svelte. **3.** Clair, clairsemé, léger, transparent. **4.** Coulant, fluide, inconsistant, limpide. **5.** Délicat, fin, raffiné, subtil, vif.

ÉPAISSEUR ✦ SYN. **1.** Abondance, *consistance*, étendue, grosseur, largeur, profondeur. **2.** Compacité, *densité*, lourdeur, viscosité. ✦ ANT. **1.** Finesse, maigreur, minceur. **2.** Fluidité, légèreté, transparence.

ÉPAISSIR ✦ SYN. ▷ V. tr. **1.** Lier. ▷ V. intr. **2.** S'alourdir, s'arrondir, s'empâter, engraisser, forcir, *grossir*, prendre du poids. **3.** Durcir, *figer*, prendre, se solidifier. ▷ V. pr. **4.** Augmenter, *se densifier*, se renforcer. ✦ ANT. **1.** Diluer, délayer. **2.** S'affiner, amincir, maigrir, perdre du poids. **3.** Amollir, éclaircir, fluidifier, liquéfier. **4.** Diminuer, se clarifier, s'éclaircir.

ÉPANCHEMENT ✦ SYN. **1.** Dégorgement, *déversement*, écoulement. **2.** Abandon, aveu, confidence, *effusion*, élan, expansion. ✦ ANT. **1.** Refoulement. **2.** Froideur, recul, réserve, retenue, silence.

ÉPANCHER (S') ◆ SYN. 1. Couler, *se déverser*, se répandre. 2. S'abandonner, *se confier*, se livrer, s'ouvrir, parler, se soulager. ◆ ANT. 1. Contenir, refouler. 2. Garder pour soi, se renfermer, se replier, se taire.

ÉPANDRE ◆ SYN. 1. Épancher, étaler, *étendre*, répandre, verser. 2. Distribuer, donner (à profusion), *prodiguer*. ◆ ANT. 1. Conserver, contenir, retenir. 2. Garder, refuser.

ÉPANOUIR ◆ SYN. ▷ V. tr. 1. Déployer, développer, étaler, étendre, *ouvrir*. 2. Dérider, détendre, dilater, *égayer*, réjouir. ▷ V. pr. 3. Éclore, *fleurir*, s'ouvrir. 4. S'accomplir, croître, *se développer*, s'émanciper, grandir, se réaliser. ◆ ANT. 1. Faner, fermer, flétrir, recroqueviller, refermer. 2. Assombrir, s'étioler, se rembrunir. 3. Se fermer, se flétrir. 4. Déchoir, décliner, dépérir, régresser, stagner.

ÉPANOUISSEMENT ◆ SYN. 1. Éclosion, effloraison, efflorescence, *floraison*. 2. Accomplissement, ampleur, développement (entier), éclat, maturité, *plénitude*, réalisation (de soi). ◆ ANT. 1. Défloraison, dessèchement, étiolement, flétrissement. 2. Déchéance, déclin, déperdition, dépérissement, vide.

ÉPARGNE ◆ SYN. *Économie*, frugalité, modération, parcimonie, réserve, thésaurisation. ◆ ANT. Consommation, dépense, dilapidation, gaspillage, prodigalité.

ÉPARGNER ◆ SYN. 1. Accumuler, *économiser*, lésiner, ménager, thésauriser. 2. (Pers.) Respecter. 3. (Désagrément, peine) *Éviter*, exempter. 4. Gracier, *sauver*. ◆ ANT. 1. Consommer, dépenser, gaspiller. 2. Accabler. 3. Subir. 4. Supprimer, tuer.

ÉPARPILLER ◆ SYN. ▷ V. tr. 1. *Disperser*, disséminer, étendre, parsemer, répandre, semer. 2. (Énergie, efforts) Dissiper, émietter, *gaspiller*. ▷ V. pr. 3. *Se disperser*, s'égailler, papillonner. ◆ ANT. 1. Grouper, rassembler, recueillir. 2. Concentrer, conjuguer, ménager. 3. Se concentrer, s'en tenir à.

ÉPARS ◆ SYN. Clairsemé, *dispersé*, disséminé, dissocié, divisé, éparpillé, flottant, répandu, séparé, sporadique. ◆ ANT. Compact, concentré, condensé, massif, rassemblé, réuni.

ÉPATANT ◆ SYN. Admirable, chouette (fam.), éblouissant, époustouflant, excellent, extraordinaire, fabuleux, fantastique, formidable, génial, impressionnant, *merveilleux*, mirifique, mirobolant, remarquable, sensationnel, stupéfiant, super (fam.), terrible (fam.). ◆ ANT. Banal, exécrable, lamentable, minable, misérable, miteux, ordinaire.

ÉPATER ◆ SYN. Ébahir, éblouir, *émerveiller*, en mettre plein la vue, étonner, impressionner, renverser, sidérer, stupéfier, surprendre. ◆ ANT. Décevoir, ennuyer, indifférer.

ÉPAULER ◆ SYN. 1. *Aider*, appuyer, assister, cautionner, patronner, pistonner (fam.), protéger, recommander, seconder, soutenir. 2. (Fusil) Coucher, *mettre en joue*. ◆ ANT. 1. Contrarier, gêner, incommoder, nuire. 2. Poser.

ÉPAVE ◆ SYN. 1. Carcasse, *débris*, ruines, vestiges. 2. (Pers.) Déchet (de la société), lie, *loque humaine*, misérable, paumé (fam.), rebut (de la société). ◆ ANT. 2. Aristocratie, crème (de la société), gratin (fam.).

ÉPÉE ◆ SYN. Arme blanche, braquemart, briquet, cimeterre, coupe-choux (fam.), dague, espadon, estoc, estramaçon, flamberge, fleuret, *glaive*, rapière, sabre, yatagan.

ÉPERDU ◆ SYN. 1. Affolé, *agité*, égaré, ému, troublé. 2. Extrême, *passionné*, vif, violent. 3. (Rythme) Effréné, *endiablé*, fou. ◆ ANT. 1. Calme, impassible, serein. 2. Doux, flegmatique, réservé, sage. 3. Lent, modéré, traînant.

ÉPERONNER ◆ SYN. *Aiguillonner*, animer, encourager, exciter, fouetter, stimuler. ◆ ANT. Adoucir, apaiser, calmer, tranquilliser.

ÉPHÉMÈRE ◆ SYN. Bref, court, fragile, fugace, fugitif, momentané, *passager*, périssable, précaire, provisoire, temporaire, temporel, transitoire. ◆ ANT.

Durable, éternel, immortel, impérissable, permanent, stable.

ÉPICE ◇ v. **Assaisonnement**

ÉPICÉ ✦ SYN. 1. Assaisonné, corsé, fort, pimenté, piquant, poivré, *relevé*. 2. Coquin, cru, gaillard, *grivois*, leste, licencieux, osé, poivré, salace, salé, vert. ✦ ANT. 1. Doux, fade, insipide. 2. Chaste, convenable, décent, réservé, pudique.

ÉPICER ◇ v. **Relever**

ÉPICURIEN ✦ SYN. Bon vivant, hédoniste, *jouisseur*, sensuel, voluptueux. ✦ ANT. Ascète, janséniste, puritain, stoïcien.

ÉPIDÉMIE ✦ SYN. 1. *Contagion*, endémie, épizootie *(animaux)*, fléau, infection, pandémie, propagation, transmission. 2. Engouement, *mode*, tendance, vogue.

ÉPIER ✦ SYN. Cafarder *(fam.)*, espionner, être à l'affût, être aux aguets, filer, guetter, moucharder *(fam.)*, observer, pister, scruter, suivre, *surveiller*. ✦ ANT. Échapper (à la vue, à la surveillance), fermer les yeux.

ÉPIGRAPHE ✦ SYN. 1. Épitaphe, *inscription (édifice)*. 2. Citation, écriteau, exergue *(livre)*, maxime, *pensée*.

ÉPILOGUE ✦ SYN. *Conclusion*, dénouement, fin, issue, morale, péroraison, résumé, terme. ✦ ANT. Début, exorde, introduction, prologue.

ÉPILOGUER ✦ SYN. Chicaner, *discourir*, discuter (longuement), ergoter, gloser, palabrer. ✦ ANT. Abréger, consentir, couper court à.

ÉPINE ✦ SYN. 1. Aiguille, aiguillon, écharde, *piquant*. 2. *(Épine au pied)* Contrariété, difficulté, *embarras*, ennui, inconvénient, peine, souci, tracas. ✦ ANT. 2. Aise, joie, soulagement.

ÉPINEUX ✦ SYN. 1. Hérissé, *piquant*, pointu. 2. Ardu, brûlant, compliqué, délicat, difficile, *embarrassant*, malaisé, pénible, périlleux, scabreux. ✦ ANT. 1. Inerme. 2. Abordable, aisé, anodin, facile, simple.

ÉPINGLE ◇ v. **Agrafe**

ÉPIQUE ✦ SYN. 1. Dramatique, *héroïque*, noble. 2. *Extraordinaire*, homérique,

inimaginable, mémorable, rare. ✦ ANT. 1. Banal, trivial. 2. Prosaïque.

ÉPISODE ✦ SYN. 1. Aventure, circonstance, *événement*, fait, incident, moment, péripétie. 2. *(Œuvre, feuilleton) Partie*, tranche. 3. *(Méd.)* Phase, stade, *trouble* (passager).

ÉPISODIQUE ✦ SYN. 1. Intermittent, irrégulier, passager, *sporadique*. 2. *(Rôle)* Accessoire, d'arrière-plan, de second plan, marginal, mineur, négligeable, *secondaire*. ✦ ANT. 1. Assidu, continu, fréquent, régulier. 2. De premier plan, essentiel, important, principal.

ÉPITHÈTE ✦ SYN. Adjectif, appellation, invective, louange, *qualificatif*, qualification.

ÉPÎTRE ✦ SYN. *Lettre*, message, missive.

ÉPLORÉ ✦ SYN. Affligé, désolé, *inconsolable*, larmoyant, peiné, triste. ✦ ANT. Consolable, joyeux, réjoui, riant.

ÉPLUCHER ✦ SYN. 1. Décortiquer, nettoyer, *peler*. 2. Critiquer, dépecer, disséquer, *examiner*, passer au crible.

ÉPONGER ✦ SYN. 1. Absorber, assécher, essuyer, *étancher*, nettoyer, sécher, tamponner. 2. *(Déficit, dettes)* Absorber *(fig.)*, éliminer, *payer*, réduire, résorber. ✦ ANT. 1. Arroser, baigner, humecter, mouiller, tremper. 2. Accroître, augmenter, grever.

ÉPOPÉE ✦ SYN. Aventure, chanson de geste, légende, *récit héroïque*, récit légendaire, roman épique, saga.

ÉPOQUE ✦ SYN. Âge, cycle, date, ère, jours, moment, *période*, régime, règne, saison, siècle, temps.

ÉPOUSER ✦ SYN. 1. S'allier, convoler, *se marier*, s'unir. 2. *(Cause, idée)* S'attacher à, embrasser, *partager*, prendre parti, soutenir. 3. *(Forme)* S'adapter, *se mouler* (le contour). ✦ ANT. 1. Divorcer, répudier, se séparer. 2. Combattre, rejeter. 3. Contraster, déformer, s'éloigner de.

ÉPOUVANTABLE ✦ SYN. 1. *(Vision, cri)* Abominable, affreux, apocalyptique, cauchemardesque, *effrayant*, effroyable, horrible, terrible, terrifiant. 2. *(Action, crime)* Atroce, cruel, ignoble, inhumain, *monstrueux*, odieux, répugnant, révoltant, scandaleux, violent. **3.** *(Situation)* Catastrophique, **désastreux**, funeste, sinistre, tragique. **4.** *(Atmosphère, comportement)* Détestable, exécrable, **infernal**, insupportable, intenable, invivable, pénible. **5.** *(Temps)* Affreux, maussade, **mauvais**. ◆ ANT. **1.** Agréable, charmant, enchanteur, idyllique, paisible, rassurant. **2.** Admirable, doux, édifiant, humain, noble. **3.** Avantageux, favorable, heureux, salutaire. **4.** Calme, reposant, supportable, tolérable, vivable. **5.** Beau, radieux, splendide.

ÉPOUVANTAIL ◆ SYN. **1.** *(Épouvantail à moineaux)* Mannequin. **2.** *Horreur*, laideron *(femme)*, sorcier, sorcière. **3.** Croquemitaine, (fausse) menace, **spectre**.

ÉPOUVANTE ◆ SYN. Affolement, angoisse, appréhension, crainte, effroi, **frayeur**, frousse *(fam.)*, horreur, panique, peur, terreur. ◆ ANT. Assurance, calme, courage, hardiesse, sérénité.

ÉPOUVANTER ◆ SYN. Affoler, ahurir, angoisser, effarer, **effrayer**, horrifier, inquiéter, paniquer, stupéfier, terrifier, terroriser. ◆ ANT. Calmer, enhardir, rassurer, réconforter, sécuriser.

ÉPOUX ◆ SYN. **1.** Compagnon, conjoint, **mari**, marié. **2.** *(Épouse)* Compagne, conjointe, épousée, **femme**, mariée, moitié *(fam.)*. **3.** *(Pl.)* Conjoints, **couple**, mariés, ménage. ◆ ANT. **1.** Célibataire, fiancé, veuf. **2.** Célibataire, fiancée, veuve. **3.** Famille monoparentale.

ÉPRENDRE (S') ◆ SYN. Aimer, s'amouracher, s'attacher, avoir le béguin pour *(fam.)*, avoir le coup de foudre, brûler pour, s'emballer *(fam.)*, s'embraser, s'enamourer, s'engouer, s'enthousiasmer, s'enticher, se passionner, **tomber amoureux**, se toquer *(fam.)*. ◆ ANT. Se détacher, détester, haïr, indifférer, prendre en grippe.

ÉPREUVE ◆ SYN. **1.** Adversité, affliction, aventure, chagrin, danger, douleur, **malheur**, peine, souffrance, tribulations. **2.** *Critère*, pierre de touche. **3.** *Essai*, expérience, expérimentation, test, vérification. **4.** *(Nouveau venu)* Bizutage, brimade, **initia-**

tion. **5.** Composition, contrôle, devoir, évaluation, **examen**. **6.** *(Sports)* Challenge, championnat, **compétition**, concours, course, critérium, finale, match, qualification, rencontre, sélection. **7.** *(Typogr.)* Correction, morasse, **placard**. **8.** *(Photogr.)* **Cliché**, négatif. **9.** *(Cinéma)* Rush. ◆ ANT. **1.** Bonheur, contentement, joie, jouissance, plaisir, réussite, satisfaction.

ÉPROUVER ◆ SYN. **1.** *Essayer*, expérimenter, hasarder, risquer, tâter de, tester, vérifier, voir. **2.** Soumettre à la tentation, **tenter**. **3.** Connaître, constater, se heurter à, **rencontrer**, souffrir, subir. **4.** *(Sentiment)* Avoir, percevoir, **ressentir**, sentir. **5.** *(Malheur)* Affliger, atteindre, **marquer**, toucher.

ÉPUISANT ◇ v. **Éreintant**

ÉPUISÉ ◇ v. **Fatigué**

ÉPUISEMENT ◆ SYN. **1.** *Assèchement*, tarissement. **2.** *Appauvrissement*, pénurie, raréfaction. **3.** Abattement, accablement, affaiblissement, anéantissement, anémie, faiblesse, **fatigue**, inanition, langueur, lassitude, prostration, surmenage. ◆ ANT. **1.** Remplissage. **2.** Abondance, enrichissement, richesse. **3.** Énergie, épanouissement, force, repos, rétablissement, vigueur.

ÉPUISER ◆ SYN. ▷ *V. tr.* **1.** *(Sol)* Amaigrir, appauvrir, assécher, **tarir**, vider. **2.** *(Stock, réserves)* Absorber, consommer, dépenser, **écouler**, liquider, vendre. **3.** Abattre, accabler, achever *(fam.)*, affaiblir, anéantir, anémier, briser, claquer *(fam.)*, consumer, crever *(fam.)*, démolir, éreinter, excéder, exténuer, **fatiguer**, harasser, lasser, lessiver *(fam.)*, mettre à plat, miner, pomper *(fam.)*, surmener, tuer, user, vider *(fam.)*. ▷ *V. pr.* **4.** S'échiner, s'éreinter, s'esquinter *(fam.)*, s'évertuer, s'exténuer, **se fatiguer**, peiner, se surmener, se tuer à, s'user. ◆ ANT. **1.** Amender, engraisser, enrichir, fertiliser, irriguer. **2.** Approvisionner, pourvoir. **3.** Fortifier, ragaillardir, revigorer. **4.** Se délasser, se distraire, s'évader, paresser, se reposer.

ÉPURATION ◆ SYN. 1. *Assainissement*, clarification, dépollution, filtration, nettoyage, purification, raffinage. 2. *(Pers.)* Chasse aux sorcières, élimination, *exclusion*, expulsion, massacre, nettoyage (ethnique), purge, suppression. ◆ ANT. 1. Contamination, corruption, pollution. 2. Accueil, intégration, recrutement.

ÉPURER ◆ SYN. 1. *Assainir*, clarifier, décanter, dépolluer, distiller, filtrer, laver, nettoyer, purger, purifier, raffiner. 2. Affiner, améliorer, châtier, *perfectionner*, polir, rectifier. 3. Chasser, éliminer, *exclure*, expulser, supprimer. ◆ ANT. 1. Avarier, contaminer, infecter, mélanger, polluer, salir, souiller, vicier. 2. Corrompre, pervertir. 3. Accueillir, intégrer, recruter.

ÉQUATORIAL ◇ V. **Tropical**

ÉQUILIBRE ◆ SYN. 1. Aplomb, assiette, assise, solidité, *stabilité*. 2. Accord, balance, compensation, contrepoids, *égalité*, harmonie, juste mesure, neutralisation, pondération, proportion, symétrie. 3. *(Méd.)* Eurythmie. 4. Calme, *raison*, santé (mentale). ◆ ANT. 1. Déséquilibre, instabilité. 2. Démesure, disproportion, dissymétrie, inégalité, inharmonie. 3. Arythmie. 4. Déraison, folie, trouble (mental).

ÉQUILIBRÉ ◆ SYN. 1. Balancé, d'aplomb, solide, *stable*. 2. *Égal*, harmonieux, harmonisé, mesuré, pondéré, proportionné, symétrique. 3. *(Pers.)* Calme, posé, pondéré, raisonnable, rassis, réfléchi, sage, sain (d'esprit), *sensé*. ◆ ANT. 1. Boiteux, déséquilibré, instable. 2. Démesuré, disproportionné, dissymétrique, inégal. 3. Dérangé, détraqué, fou, insensé, troublé.

ÉQUILIBRER ◆ SYN. ▷ *V. tr.* 1. Balancer, compenser, contrebalancer, neutraliser, pondérer, *stabiliser*. 2. Corriger, *égaliser*, harmoniser, répartir. ▷ *V. pr.* 3. S'annuler, se compenser, s'exclure, *se neutraliser*. ◆ ANT. 1. Déséquilibrer, déstabiliser. 2. Contraster, opposer, regrouper. 3. Se compléter, s'influencer.

ÉQUILIBRISME ◇ V. **Acrobatie**
ÉQUILIBRISTE ◇ V. **Acrobate**

ÉQUIPAGE ◆ SYN. 1. *(Avion, navire)* Navigant, *personnel* (navigant). 2. Attirail, bagages, *matériel*. 3. *Accompagnement*, cortège, escorte, suite.

ÉQUIPÉE ◆ SYN. 1. Aventure, expédition, promenade, *sortie*. 2. Échappée, *escapade*, frasques, fredaines, fugue, fuite.

ÉQUIPEMENT ◆ SYN. 1. *(Navire) Armement*, avitaillement, équipage, gréement. 2. *(Armée)* Armes et bagages, *attirail*, barda *(fam.)*, bazar *(fam.)*, fourbi, fourniment, provisions, vivres. 3. *(Local)* Aménagement, appareillage, appareils, installation, *matériel*, outillage. 4. *(Activité)* Accessoires, *affaires*, bagages, instruments, nécessaire, objets, outils, vêtements.

ÉQUIPER ◆ SYN. 1. *(Navire) Armer*, fréter, gréer. 2. Aménager, approvisionner, développer, doter, fournir, garnir, industrialiser, installer, meubler, *munir*, nantir, outiller, pourvoir. ◆ ANT. 1. Dés, neutralité armer, déséquiper. 2. Appauvrir, dégarnir, démunir, dépouiller, désapprovisionner, manquer de, rationner.

ÉQUIPIER ◇ V. **Joueur**

ÉQUITABLE ◆ SYN. 1. Droit, impartial, intègre, *juste*, neutre, objectif. 2. Fondé, justifié, *légitime*, mérité, motivé. ◆ ANT. 1. Arbitraire, inéquitable, inique, injuste, partial, subjectif. 2. Illégitime, immérité, immotivé, indu, injustifié, non fondé.

ÉQUITÉ ◆ SYN. 1. Droiture, égalité, impartialité, intégrité, *justice*, neutralité, objectivité. 2. Bien-fondé, *légitimité*. ◆ ANT. 1. Inégalité, iniquité, injustice, partialité, parti pris, subjectivité. 2. Illégitimité, non-fondement.

ÉQUIVALENCE ◆ SYN. 1. Adéquation, égalité, équation, *identité*, parité. 2. Analogie, assimilation, comparaison, conformité, correspondance, homologie, ressemblance, similarité, *similitude*, synonymie. ◆ ANT. 1. Différence, disparité, inadéquation, inégalité, opposition. 2. Antonymie, contraire, contraste, dissemblance, dissimilitude, divergence, non-conformité.

ÉQUIVALENT ♦ SYN. **1.** Adéquat, égal, *identique*, même, pareil. **2.** Analogue, assimilable, comparable, conforme, correspondant, homologue, ressemblant, semblable, *similaire*, synonyme. ♦ ANT. **1.** Différent, inadéquat, inégal, opposé. **2.** Antonyme, contraire, dissemblable, divergent, non conforme.

ÉQUIVALOIR ♦ SYN. Correspondre, *égaler*, représenter, revenir à. ♦ ANT. Dépasser, différer, primer sur, surpasser.

ÉQUIVOQUE ♦ SYN. ▷ *Adj.* **1.** À double sens, *ambigu*, amphibologique, énigmatique, imprécis, incertain, obscur, secret, sibyllin. **2.** Douteux, inquiétant, interlope, louche, *suspect*. **3.** Inconvenant, *licencieux*, salé *(fam.)*. ▷ *Nom* **4.** *Ambiguïté*, amphibologie, double sens, doute, incertitude, malentendu, méprise, quiproquo. ♦ ANT. **1.** Catégorique, certain, clair, explicite, évident, net, précis, univoque. **2.** Fiable, franc, honnête, ouvert, rassurant. **3.** Convenable, décent. **4.** Certitude, clarté, précision, univocité.

ÉRABLIÈRE ♦ SYN. **1.** Plantation d'érables. **2.** *Cabane à sucre (québ.)*, sucrerie (d'érable).

ÉRAFLER ◇ v. Égratigner

ÉRAILLÉ ♦ SYN. **1.** Déchiré, écorché, *égratigné*, éraflé, rayé. **2.** *(Voix)* Cassé, *rauque*, rocailleux. ♦ ANT. **1.** Indemne, intact. **2.** Clair, doux.

ÉRECTION ♦ SYN. **1.** *Construction*, édification, élévation. **2.** *(Physiol.)* *Dilatation*, tumescence, turgescence. ♦ ANT. **1.** Démolition, destruction, écroulement. **2.** Contraction, dégonflement, détumescence.

ÉREINTANT ♦ SYN. Crevant *(fam.)*, *épuisant*, exténuant, fatigant, harassant, pénible, tuant *(fam.)*, usant. ♦ ANT. Agréable, aisé, délassant, reposant.

ÉREINTÉ ♦ SYN. **1.** À bout de forces, anéanti, à plat, brisé, cassé, claqué *(fam.)*, crevé *(fam.)*, échiné, *épuisé*, exténué, fatigué, flapi *(fam.)*, fourbu, harassé, las, lessivé *(fam.)*, moulu, perclus, recru, rendu, rompu, surmené, usé, vidé *(fam.)*. **2.** *Critiqué*, démoli, maltraité. ♦ ANT. **1.** Délassé,

fort, frais et dispos, reposé, vigoureux. **2.** Adulé, loué, vanté.

ÉREINTER ◇ v. Épuiser

ERGOTAGE, ERGOTERIE ◇ v. Chicane

ERGOTER ♦ SYN. Argumenter, chicaner, chipoter, contester, controverser, couper les cheveux en quatre, discourir, discutailler, discuter (longuement), disputer, *épiloguer*, gloser, pérorer, ratiociner, tergiverser. ♦ ANT. Abréger, admettre, approuver, consentir, couper court.

ÉRIGER ♦ SYN. ▷ *V. tr.* **1.** Bâtir, *construire*, dresser, élever. **2.** Créer, établir, *fonder*, instituer. **3.** *(Statut plus élevé)* Changer en, faire passer pour, *transformer en*. ▷ *V. pr.* **4.** Se poser en, *se présenter comme*, se prétendre. ♦ ANT. **1.** Abattre, anéantir, coucher, démolir, détruire. **2.** Abolir, supprimer. **3.** Maintenir, rabaisser, rabattre. **4.** Nier, renoncer.

ERMITE ♦ SYN. **1.** *(Religieux)* Anachorète, *ascète*, reclus, starets. **2.** *(En ermite)* Isolé, misanthrope, ours *(fig.)*, retiré, sauvage, seul, *solitaire*. ♦ ANT. **1.** Cénobite. **2.** Mondain, sociable.

ÉRODER ♦ SYN. ▷ *V. tr.* **1.** Affouiller *(cours d'eau)*, corroder, dégrader, désagréger, détériorer, effriter, miner, ronger, saper, *user*. ▷ *V. pr.* **2.** Diminuer, s'effriter, *s'user*. ♦ ANT. **1.** Reconstituer, réparer, restaurer. **2.** Se conserver, rester intact.

ÉROSION ♦ SYN. Affouillement *(cours d'eau)*, corrosion, dégradation, délabrement, désagrégation, détérioration, effritement, *usure*, vétusté. ♦ ANT. Reconstitution, remise à neuf, réparation, restauration.

ÉROTIQUE ♦ SYN. **1.** Charnel, lascif, physique, sensuel, *sexuel*, voluptueux. **2.** Amoureux, *galant*, grivois, libertin, licencieux. **3.** Affriolant, aguichant, aphrodisiaque, émoustillant, *excitant*, provocant, sexy *(fam.)*, suggestif, troublant. **4.** Cochon *(fam.)*, immoral, impudique, obscène, *pornographique*. ♦ ANT. **1-2.** Chaste, éthéré, pur, platonique, virginal. **3.** Prude, pudibond, scrupuleux. **4.** Décent, pudique, moral.

ÉROTISME ♦ SYN. **1.** Amour physique, lasciveté, plaisir sexuel, sensualité, sexe, *sexualité*, volupté. **2.** Immoralité, obscénité, *pornographie*. ◆ ANT. **1.** Amour platonique, chasteté, pureté, virginité. **2.** Décence, moralité.

ERRANT ◆ SYN. **1.** Ambulant, instable, itinérant, mobile, nomade, *vagabond*. **2.** Abandonné, *égaré*, perdu. **3.** *(Regard, sourire)* **Flottant**, fugitif, furtif, vague. ◆ ANT. **1.** Casanier, fixe, sédentaire, stable. **2.** Orienté, retrouvé **3.** Insistant, ostensible, soutenu.

ERREMENTS ◆ SYN. Abus, bévues, écarts (de conduite), égarements, *erreurs*, fautes, inconduite, mauvaises habitudes, ornières, routine. ◆ ANT. Bonne conduite, droit chemin.

ERRER ◆ SYN. **1.** Aller au hasard, se balader, déambuler, s'égarer, flâner, marcher (sans but), se perdre, se promener, rôder, traînasser, traîner, vadrouiller *(fam.)*, *vagabonder*, vaguer. **2.** Divaguer, faire erreur, *se tromper*. **3.** *(Regard, sourire)* Flotter, *passer*. ◆ ANT. **1.** S'arrêter, se diriger, se fixer, mettre le cap, se poser. **2.** S'amender, avoir raison, se corriger. **3.** Contenir, figer, soutenir (du regard).

ERREUR ◆ SYN. **1.** Absurdité, ânerie, aveuglement, bêtise, *bévue*, confusion, étourderie, gaffe, impair, inadvertance, inattention, lapsus, maladresse, malentendu, manquement, mégarde, méprise, quiproquo. **2.** *(Pl.)* Dérèglements, *écarts* (de conduite), égarements, errements, extravagances. **3.** Aberration, anachronisme, contresens, déviation, *fausseté*, hérésie, illogisme, illusion, leurre, mensonge, mirage, non-sens, préjugé, sophisme. **4.** Coquille, errata, *faute*, incorrection, inexactitude, mécompte. ◆ ANT. **1.** Clarté, justesse, lucidité, perspicacité. **2.** Bonne conduite, droit chemin. **3.** Certitude, logique, réalité, vérité. **4.** Correction, exactitude, rectification.

ERRONÉ ◆ SYN. Anachronique, fautif, *faux*, incorrect, inexact, mal fondé, mauvais. ◆ ANT. Exact, fondé, incontestable, indubitable, juste, réel, vrai.

ÉRUDIT ◆ SYN. Calé *(fam.)*, cultivé, dictionnaire *(fam.)*, docte, ferré, instruit, lettré, *savant*, versé. ◆ ANT. Béotien, ignare, ignorant, illettré, inculte.

ÉRUDITION ◆ SYN. Connaissances, culture, instruction, lettres, lumières, *savoir*, science. ◆ ANT. Béotisme, ignorance, insuffisance, lacunes, rudiments, trous, vernis.

ÉRUPTION ◆ SYN. **1.** *(Lésions cutanées)* Confluence, dermatite, efflorescence, *poussée*, rash. **2.** *(Volcan)* Activité, *ébullition*, explosion, jaillissement, réveil. **3.** *(Sentiment)* Débordement, *éclatement*, effusion, exubérance. ◆ ANT. **2.** Extinction, inactivité, sommeil. **3.** Calme, maîtrise, refoulement, retenue.

ESCADRE ◇ v. **Flotte**

ESCADRON ◇ v. **Troupe**

ESCALADE ◆ SYN. **1.** Alpinisme, ascension, grimpe, grimpée, *montée*, varappe. **2.** *(Conflit)* Aggravation, *intensification*, surenchère. **3.** *(Prix)* Augmentation, *flambée*, hausse (rapide). ◆ ANT. **1.** Descente. **2.** Amélioration, négociation, désescalade. **3.** Baisse, chute, dégringolade.

ESCALADER ◆ SYN. **1.** *(Mur, obstacle)* Enjamber, *franchir*, passer, sauter par-dessus. **2.** *(Montagne, pente)* Ascensionner, gravir, grimper, se hisser, *monter*. ◆ ANT. **1.** Achopper, buter, tomber. **2.** Dégringoler, descendre, dévaler, glisser.

ESCALE ◆ SYN. **1.** *(Navig.)* Port, *port de relâche*, relâche. **2.** Arrêt, étape, *halte*, relais, station. ◆ ANT. **2.** Continuation, poursuite, voyage.

ESCAMOTER ◆ SYN. **1.** Chiper *(fam.)*, *dérober*, piquer *(fam.)*, subtiliser. **2.** *Cacher*, effacer, voiler. **3.** Contourner, éluder, esquiver, *éviter*, fuir, tourner. **4.** *Aller trop vite*, avaler (un mot), sauter (une étape). ◆ ANT. **1.** Remettre, rendre. **2.** Dévoiler, mettre en évidence, montrer. **3.** Affronter, régler. **4.** Exécuter correctement, réaliser.

ESCAPADE ◆ SYN. Bordée, écart de conduite, échappée, équipée, frasques, fredaine, *fugue*, fuite, sortie.

ESCARPÉ ♦ SYN. *Abrupt*, accore, à pic, ardu, difficile, malaisé, montant, raide. ♦ ANT. Accessible, aplani, doux, facile.

ESCLANDRE ◊ V. **Scène**

ESCLAVAGE ♦ SYN. Asservissement, assujettissement, captivité, carcan, chaînes, collier, contrainte, dépendance, domination, fers, gêne, ilotisme, joug, liens, oppression, servitude, *soumission*, subordination, sujétion, tyrannie. ♦ ANT. Affranchissement, autonomie, émancipation, indépendance, libération, liberté.

ESCLAVE ♦ SYN. 1. Asservi, assujetti, captif, dépendant, dominé, ilote, opprimé, prisonnier, serf, *soumis*. 2. Automate, chien fidèle, chose, fantoche, *inférieur*, jouet, laquais, marionnette, pantin, valet. ♦ ANT. 1. Affranchi, autonome, délivré, émancipé, indépendant, libre. 2. Égal, maître, pair, supérieur.

ESCOMPTER ♦ SYN. Anticiper, *s'attendre à*, compter sur, espérer, prévoir, tabler sur. ♦ ANT. Appréhender, craindre, redouter.

ESCORTE ♦ SYN. 1. *(Milit.)* Convoi, détachement, escadre *(navires)*, **garde**, protection. 2. *(Cérémonie)* **Accompagnement**, cortège, suite.

ESCORTER ♦ SYN. 1. Conduire, convoyer, *garder*, guider, mener, protéger. 2. *Accompagner*, suivre.

ESCOUADE ◊ V. **Brigade**

ESCRIMER (S') ♦ SYN. S'acharner, s'appliquer, s'efforcer, *s'évertuer*. ♦ ANT. Abandonner, renoncer.

ESCROC ♦ SYN. Aigrefin, arnaqueur, bandit, charlatan, chevalier d'industrie, coquin, filou, *fraudeur*, fripon, larron, tripoteur, voleur.

ESCROQUER ♦ SYN. S'approprier, arnaquer, attraper, déposséder, dépouiller, dérober, détrousser, duper, s'emparer, enlever, estamper *(fam.)*, extorquer, filouter, *frauder*, frustrer, gruger, prendre, rouler *(fam.)*, soustraire, soutirer, tromper, voler.

ESCROQUERIE ♦ SYN. 1. Arnaque, filouterie, friponnerie, grivèlerie, *vol*. 2. Abus de confiance, exaction, extorsion, *fraude*, imposture, manœuvres frauduleuses, tromperie.

ESPACE ♦ SYN. 1. Air, atmosphère, azur, ciel, éther, immensité, infini, *univers*. 2. Champ, *étendue*, lieu, place, région, sphère, superficie, surface, zone. 3. Chemin, *distance*, écart, écartement, échappée, intervalle, parcours, route, trajectoire, trajet. 4. *Intervalle*, laps (de temps). 5. Interstice, lacune, *ouverture*, vide. 6. *(Fém.)* *Blanc*, interligne.

ESPACER ♦ SYN. 1. *Distancer*, écarter, éloigner, isoler, séparer. 2. *Échelonner*, étaler, répartir. ♦ ANT. 1. Joindre, juxtaposer, rapprocher, relier, serrer, tasser, unir. 2. Concentrer, regrouper, réunir.

ESPÈCE ♦ SYN. 1. Acabit *(péj.)*, catégorie, classe, famille, farine *(péj.)*, gabarit, *genre*, groupe, ordre, qualité, race, sorte, type, variété. 2. *(Pl.)* Billet, liquidités, *monnaie*, numéraire.

ESPÉRANCE ♦ SYN. 1. Assurance, certitude, confiance, conviction, croyance, *espoir*. 2. Aspiration, attente, *désir*, expectative, illusion, leurre, perspective, prévision, projet, promesse. ♦ ANT. 1. Découragement, désespérance, désespoir. 2. Appréhension, crainte, déception, inquiétude, peur.

ESPÉRER ♦ SYN. 1. Attendre, compter sur, *désirer*, entrevoir, escompter, se figurer, se flatter, se promettre, rêver de, souhaiter, tabler sur. 2. Avoir confiance, *croire*. ♦ ANT. 1. Appréhender, craindre, désespérer. 2. Douter, se méfier.

ESPIÈGLE ♦ SYN. Astucieux, *coquin*, démon, diablotin, éveillé, folâtre, fripon, futé, gamin, haïssable *(québ., fam.)*, lutin, malicieux, malin, moqueur, narquois, polisson, roué, taquin, tannant *(québ., fam.)*, turbulent, vif. ♦ ANT. Indolent, niais, posé, rassis, sage, tranquille.

ESPION ♦ SYN. 1. Délateur, dénonciateur, *indicateur*, mouchard *(fam.)*, rapporteur, traître. 2. Agent de renseignements, *agent secret*, antenne, barbouze, contact, taupe.

ESPIONNAGE ◆ SYN. **1.** Contrôle, filature, filtrage, garde, guet, patrouille, *surveillance*, veille. **2.** Contre-espionnage, infiltration, noyautage, *renseignement*, services de renseignement, services secrets.

ESPIONNER ◆ SYN. Épier, filer, guetter, moucharder *(fam.)*, observer, pister, suivre, *surveiller*.

ESPLANADE ◆ SYN. **1.** Parvis, *place*. **2.** Belvédère, *terrasse*.

ESPRIT ◆ SYN. **1.** Âme, cœur, conscience, inspiration, moi, souffle (vital), soupir, vie. **2.** Ange, démon, Dieu, *être immatériel*, génie, mânes, mort, mort-vivant, ombre, revenant, spectre, zombie. **3.** Compréhension, entendement, intellect, *intelligence*, jugement, pensée, raison. **4.** Causticité, *finesse*, humour, ingéniosité, ironie, malice, sel, verve. **5.** Aspect, but, dessein, idée, *intention*, point de vue, sens, signification, volonté. ◆ ANT. **1.** Chair, corps, instinct, matière. **2.** Être matériel, mortel, vivant. **3.** Émotion, sensibilité. **4.** Lourdeur, pesanteur, platitude. **5.** Forme, lettre.

ESQUISSE ◆ SYN. **1.** *(Archit., dessin)* Crayon, croquis, *ébauche*, essai, étude, maquette, modèle, pochade, premier jet, schéma, silhouette. **2.** *(Œuvre, travail)* Aperçu, canevas, idée, linéaments, *plan*, projet, synopsis. **3.** *(Mouvement)* Amorce, *commencement*, début, indication. ◆ ANT. **1.** Accomplissement, achèvement, couronnement. **2.** Œuvre finale, production, réalisation. **3.** Exécution, fin.

ESQUISSER ◆ SYN. **1.** Brosser (à grands traits), crayonner, croquer, dessiner, *ébaucher*, pocher, tracer. **2.** *(Mouvement, sourire)* Amorcer, *commencer*, indiquer. ◆ ANT. **1.** Accomplir, achever, fignoler *(fam.)*, peaufiner. **2.** Afficher, exécuter, réaliser.

ESQUIVER ◆ SYN. ▷ *V. tr.* **1.** Contourner, se dérober, échapper à, éluder, escamoter, *éviter*, fuir, parer, se soustraire à, tourner. ▷ *V. pr.* **2.** Se défiler *(fam.)*, disparaître, s'échapper, s'éclipser, *s'enfuir*, s'évader, filer à

l'anglaise, se retirer, sortir. ◆ ANT. **1.** Accepter, affronter, assumer, recevoir, subir. **2.** Apparaître, se montrer, rester, surgir.

ESSAI ◆ SYN. **1.** Analyse, épreuve, examen, expérience, *expérimentation*, test, vérification. **2.** *Ébauche*, esquisse. **3.** Effort, tâtonnement, *tentative*. **4.** *(Ouvrage en prose)* *Étude*, exposé, monographie, thèse, traité. ◆ ANT. **1.** Négligence, omission. **2.** Œuvre, réalisation. **3.** Résultat, réussite. **4.** Poésie, roman, théâtre.

ESSAIM ◆ SYN. **1.** *(Abeilles)* Ruche. **2.** *(Insectes)* Bande, *colonie*. **3.** Foule, grand nombre, *multitude*, nuée, quantité, troupe, troupeau.

ESSAIMER ◆ SYN. Se disperser, émigrer, quitter, *se répandre*. ◆ ANT. Demeurer, habiter, s'établir, résider, séjourner.

ESSAYER ◆ SYN. ▷ *V. tr.* **1.** Contrôler, éprouver, examiner, *expérimenter*, goûter, tester, vérifier. **2.** *(Essayer de)* Chercher à, s'efforcer de, hasarder, oser, risquer, tâcher de, *tenter de*. ▷ *V. pr.* **3.** *S'exercer à*, hasarder, se risquer. ◆ ANT. **1.** Confirmer, infirmer, négliger, oublier. **2-3.** Abandonner, se désister, échouer, renoncer, réussir.

ESSENCE ◆ SYN. **1.** *(Philos.)* Caractère, entité, *être*, nature, qualité, quiddité, quintessence, substance, substantifique moelle, suc *(fig.)*. **2.** Arôme, concentré, *extrait*, parfum. **3.** *Carburant*, pétrole. **4.** Espèce végétale. ◆ ANT. **1.** Accident, apparence, existence.

ESSENTIEL ◆ SYN. **1.** *(Philos.)* *Absolu*, caractéristique, constitutif, intrinsèque. **2.** *Indispensable*, nécessaire, obligatoire, vital. **3.** Capital, dominant, élémentaire, *fondamental*, important, premier, primordial, principal. ◆ ANT. **1.** Accidentel, adventice, contingent, éventuel, extrinsèque, occasionnel. **2.** Inutile, superflu. **3.** Accessoire, négligeable, secondaire, subsidiaire.

ESSOR ◆ SYN. **1.** *(Oiseau)* Départ, *envol*, envolée, vol, volée. **2.** Activité, avancement, bond, croissance, développement, élan, expansion, impulsion, **progrès**, prospérité. ◆ ANT. 1. Arrivée, descente. 2. Baisse, déclin, décroissance, ruine, stagnation.

ESSOUFFLEMENT ◇ v. **Halètement**

ESSOUFFLER (S') ◆ SYN. 1. S'époumoner, **haleter**, panteler, perdre haleine, souffler, suffoquer. 2. *(Fig.)* Manquer d'inspiration, perdre son talent, ralentir, **régresser**. ◆ ANT. 1. Reprendre son souffle. 2. Retrouver l'inspiration, progresser.

ESSUYER ◆ SYN. 1. Débarbouiller, dépoussiérer, éponger, épousseter, frotter, **nettoyer**, polir, sécher. 2. Encaisser, endurer, **éprouver**, recevoir, souffrir, subir, supporter. ◆ ANT. 1. Empoussiérer, mouiller, salir, souiller, tremper. 2. Causer, infliger, provoquer.

EST ◆ SYN. 1. Levant, **orient**. 2. *(En appos.)* Oriental. ◆ ANT. 1. Couchant, occident, ouest, ponant. 2. Occidental.

ESTAMPE ◆ SYN. Eau-forte, figure, **gravure**, image, lithographie, planche, vignette *(livre)*.

ESTAMPER ◆ SYN. 1. Emboutir, étamper *(fer à cheval)*, frapper, **graver**, imprimer, marquer, matricer. 2. *(Fam.)* Écorcher, escroquer, étriller, **exploiter**, faire payer trop cher, rouler *(fam.)*, soutirer, tromper, voler.

ESTAMPILLE ◆ SYN. Cachet, coin, empreinte, étiquette, flamme *(poste)*, griffe, label, **marque** (de fabrique), oblitération, poinçon, sceau, signe, tampon, timbre.

ESTAMPILLER ◆ SYN. Cacheter, cautionner, **marquer** (d'une estampille), poinçonner, tamponner, timbrer.

ESTHÉTIQUE ◆ SYN. ▷ Nom 1. Art, beau, **beauté**, goût, harmonie. 2. *(Soins de beauté)* Cosmétique. ▷ Adj. 3. Artistique, **beau**, décoratif, harmonieux, joli, plastique *(forme)*. ◆ ANT. 1. Inharmonie, laideur. 3. Inesthétique, laid.

ESTIMABLE ◆ SYN. 1. Appréciable. 2. Aimable, bon, honorable, louable, précieux, recommandable, **respectable**. ◆ ANT. 1. Inestimable. 2. Indigne, méprisable, vil.

ESTIMATION ◆ SYN. 1. Appréciation, **évaluation**, expertise, prisée. 2. Aperçu, approximation, calcul, détermination,

devis, **prévision**, supputation. ◆ ANT. 1. Dépréciation, dévaluation. 2. Erreur, inexactitude.

ESTIME ◆ SYN. 1. Amitié, **considération**, déférence, égards, respect. 2. **Amour-propre**, dignité, fierté, noblesse. 3. Faveur, honneur, **popularité**, vogue. ◆ ANT. 1. Déconsidération, dédain, inimitié, mépris, mésestime. 2. Avilissement, dépit, honte, vanité. 3. Défaveur, déshonneur, impopularité.

ESTIMER ◆ SYN. 1. Apprécier, calculer, coter, déterminer, **évaluer**, expertiser, jauger, mesurer, priser. 2. Aimer, **considérer**, goûter, honorer, préférer, respecter, vénérer. 3. Croire, être d'avis que, juger, **penser**, présumer, regarder comme, tenir pour, trouver. ◆ ANT. 1. Déprécier, dévaluer. 2. Déconsidérer, dédaigner, mépriser, mésestimer. 3. Errer, ignorer.

ESTOMAQUER ◇ v. **Stupéfier**

ESTOMPER ◆ SYN. ▷ V. tr. 1. Adoucir, atténuer, cacher, tempérer, **voiler**. ▷ V. pr. 2. Disparaître, **s'effacer**, s'éloigner, s'évanouir. ◆ ANT. 1. Accuser, dessiner, détacher, préciser. 2. Apparaître, se manifester, surgir.

ESTRADE ◆ SYN. Chaire, échafaud *(potence)*, **plateforme**, podium, ring, scène, tréteaux, tribune.

ESTROPIER ◆ SYN. 1. *(Membre)* **Blesser**, mutiler. 2. *(Texte)* Altérer, défigurer, **déformer**, dénaturer, écorcher, tronquer. ◆ ANT. 1. Guérir, panser, réparer, soigner. 2. Conserver, préserver, respecter.

ÉTABLIR ◆ SYN. ▷ V. tr. 1. Asseoir, bâtir, **construire**, édifier, élever, ériger, fixer, installer, placer, poser. 2. Constituer, créer, fonder, former, implanter, **instaurer**, instituer, introduire, mettre en place, organiser. 3. *(Fonction, poste)* Attribuer, caser, doter, **nommer**, pourvoir. 4. Appuyer, baser, **démontrer**, étayer, montrer, préciser, prouver. 5. *(Comptes)* Arrêter, calculer, **dresser**. ▷ V. pr. 6. Coloniser, se fixer, habiter, **s'implanter**, s'installer. 7. **S'instaurer**, prendre naissance. ◆ ANT. 1. Abattre, anéantir, démolir, déplacer, détruire, renverser. 2. Abolir,

supprimer. **3.** Abroger, destituer, remplacer. **4.** Errer, insinuer, négliger, réfuter.
5. Bâcler, expédier. **6.** Décoloniser, partir,
quitter. **7.** Prendre fin, se terminer.

ÉTABLISSEMENT ♦ SYN. **1.** Constitution, *création*, édification, installation,
instauration, institution, mise en place,
organisation. **2.** Colonisation, fondation,
implantation. **3.** Attribution, intronisation, *nomination*. **4.** Commerce, complexe, comptoir, entreprise, exploitation,
firme, *institution*, maison, société, usine.
5. *Démonstration*, exposé, preuve. ♦ ANT.
1. Démolition, destruction, renversement.
2. Décolonisation, départ. **3.** Abrogation,
destitution, remplacement. **4.** Domicile,
foyer, résidence. **5.** Erreur, insinuation,
négligence, réfutation.

ÉTAI ♦ SYN. **1.** *Appui*, arc-boutant,
béquille, cale, chevalement, contrefiche,
contrefort, épaulement, étançon, renfort, soutènement. **2.** *Aide*, protection,
soutien.

ÉTALAGE ♦ SYN. **1.** *Devanture*, en montre, étal, éventaire, vitrine. **2.** Affectation,
dépense, déploiement, esbroufe, *exhibition*, flaflas *(fam.)*, faste, ostentation,
parade, profusion. ♦ ANT. **2.** Discrétion,
modestie, simplicité, sobriété.

ÉTALER ♦ SYN. ▷ *V. tr.* **1.** Déballer, déplier,
déployer, dérouler, développer, disposer,
étendre, exposer. **2.** Abattre *(cartes)*, afficher, arborer, dévoiler, exhiber, faire
parade de, *montrer*. **3.** *Échelonner*, répartir. ▷ *V. pr.* **4.** *S'affaler*, s'avachir, choir, se
laisser tomber, se vautrer. ♦ ANT. **1.** Emballer, empiler, entasser, envelopper, plier,
ranger, remballer, rouler. **2.** Cacher, dissimuler, voiler. **3.** Concentrer, réunir. **4.** Se
dresser, se redresser, se tenir droit.

ÉTALON ♦ SYN. **1.** *(Cheval)* Géniteur, *reproducteur*. **2.** Calibre, jauge, mesure, *modèle*,
référence. **3.** *(Fig.)* Archétype, exemple,
type. ♦ ANT. **1.** Châtré, hongre.

ÉTAMPER ♦ SYN. *(Fer à cheval)* *Estamper*,
percer, perforer.

ÉTANCHE ♦ SYN. **1.** *(Liquide)* Hydrofuge,
imperméable, sec. **2.** *(Récipient)* Calfaté, clos,

fermé, *hermétique*, impénétrable, isolé.
3. *(Idées)* Borné, *insensible*, opposé, réfractaire, sourd. ♦ ANT. **1.** Hydrophile, perméable. **2.** Béant, ouvert, pénétrable. **3.** Réceptif,
sensible.

ÉTANCHER ♦ SYN. **1.** *Assécher*, aveugler,
boucher, calfater, éponger, sécher, tamponner. **2.** *(Étancher la soif)* *Apaiser*, assouvir,
calmer, désaltérer, satisfaire, soulager.
♦ ANT. **1.** Arroser, déverser, épandre,
humecter, imbiber, mouiller, tremper.
2. Altérer, assoiffer, donner soif.

ÉTANG ◇ V. **Mare**

ÉTAPE ♦ SYN. **1.** Arrêt, escale, gîte, *halte*,
relâche. **2.** Distance, *route*. **3.** Degré, échelon, époque, jalon, palier, pas, période,
phase, point, stade, temps.

ÉTAT ♦ SYN. ▷ *Minusc.* **1.** *Caractère*, disposition, humeur, manière d'être, mentalité, nature, qualité. **2.** *Circonstance*,
conjoncture. **3.** Contrôle, inventaire, *liste*,
mémoire, tableau. **4.** Classe, condition,
destin, position, *situation*, sort. **5.** Carrière,
emploi, gagne-pain, métier, profession.
▷ *Majusc.* **6.** Administration, *gouvernement*,
pouvoir central, régime. **7.** Empire, nation,
pays, province, puissance, royaume.

ÉTATISER ◇ V. **Nationaliser**

ÉTAYER ♦ SYN. **1.** *Appuyer*, arc-bouter,
buter, consolider, étançonner, renforcer,
soutenir, supporter. **2.** *(Thèse)* Affermir, confirmer, corroborer, prouver, *soutenir*.
♦ ANT. **1.** Affaiblir, ébranler, miner, ruiner,
saper. **2.** Contredire, démentir, infirmer.

ÉTEINDRE ♦ SYN. ▷ *V. tr.* **1.** *(Flamme)* Écraser *(cigarette)*, *étouffer*, souffler. **2.** *(Lumière,
appareil électrique)* Fermer. **3.** Abolir, affaiblir,
anéantir, annihiler, annuler, arrêter, *cal-
mer*, détruire, effacer. ▷ *V. pr.* **4.** *(Lumière, sons)*
S'affaiblir, baisser, cesser, diminuer, disparaître, s'effacer, passer. **5.** *(Pers.)* *Agoniser*, expirer, mourir. ♦ ANT. **1.** Allumer,
attiser, brûler, éclairer, griller *(cigarette)*.
2. Mettre en marche, ouvrir. **3.** Animer,
entretenir, exciter, insuffler, provoquer,
ranimer. **4.** Augmenter, hausser, se répandre. **5.** Naître, se rétablir, revivre.

ÉTENDARD ◆ SYN. Banderole, bannière, calicot, *drapeau*, enseigne, gonfalon, oriflamme, pavillon *(mar.)*.

ÉTENDRE ◆ SYN. ▷ *V. tr.* **1.** Allonger, appliquer, déplier, *déployer*, dérouler, détendre, développer, éparpiller, éployer, étaler, étirer, recouvrir. **2.** Abattre, *coucher*, renverser. **3.** Accroître, agrandir, *amplifier*, augmenter, élargir, grossir, progresser. ▷ *V. pr.* **4.** S'allonger, *se coucher*. **5.** Couvrir, envahir, gagner, se propager, *se répandre*. **6.** Durer, s'éterniser, *se prolonger*. **7.** S'arrêter, *s'attarder*, insister. ◆ ANT. **1.** Abréger, borner, circonscrire, écourter, limiter, modérer. **2.** Lever, relever. **3.** Diminuer, raccourcir, restreindre. **4.** Se dresser, se lever. **5.** Se confiner, s'éteindre, s'étouffer. **6.** S'interrompre, prendre fin, se terminer. **7.** Couper court à, se dépêcher.

ÉTENDU ◆ SYN. **1.** *Ample*, déployé, extensif, grand, gros, immense, large, long, spacieux, vaste. **2.** *Allongé*, couché, gisant. ◆ ANT. **1.** Borné, bref, court, petit, réduit, restreint. **2.** Debout, dressé, levé, sur pied.

ÉTENDUE ◆ SYN. **1.** *Dimension*, espace, extension, grandeur, largeur, longueur, superficie, surface, volume. **2.** Abondance, *ampleur*, développement, durée, envergure, immensité, importance, portée, proportion. **3.** *(Voix)* Diapason, *registre*.

ÉTERNEL ◆ SYN. ▷ *Nom* **1.** *(L'Éternel)* Le Créateur, *Dieu*, le Tout-Puissant. ▷ *Adj.* **2.** Continuel, durable, *immortel*, immuable, impérissable, inaltérable, indestructible, infini, intemporel, permanent, perpétuel. **3.** *(Péj.)* Ennuyeux, fatigant, incessant, *interminable*, lassant, long. **4.** *(Avec un possessif, devant le nom)* Habituel, indissociable, inévitable, *inséparable*, rituel, sempiternel, traditionnel. ◆ ANT. **1.** Le commun des mortels, les humains, les mortels. **2.** Altérable, destructible, éphémère, fragile, fugitif, momentané, mortel, passager, périssable, précaire, provisoire, temporaire, temporel. **3.** Agréable, bref, court, distrayant, reposant. **4.** Dissociable, évitable, inhabituel, occasionnel, rare, séparable.

ÉTERNISER ◆ SYN. ▷ *V. tr.* **1.** *(Mémoire)* Conserver, glorifier, *immortaliser*, pérenniser, perpétuer, rappeler. **2.** Allonger, continuer, faire durer, *prolonger* (indéfiniment). ▷ *V. pr.* **3.** *S'attarder*, se prolonger, traîner en longueur. ◆ ANT. **1.** Flétrir, oublier, tomber dans l'oubli. **2.** Abréger, écourter, résumer. **3.** Clore, couper court à, se dépêcher, s'en tenir à.

ÉTERNITÉ ◇ v. **Immortalité**

ÉTHER ◆ SYN. *Air* (pur), atmosphère, azur, ciel, espaces célestes, firmament, infini.

ÉTHÉRÉ ◆ SYN. **1.** *Aérien*, céleste, délicat, irréel, léger, surnaturel, vaporeux. **2.** *(Sentiment)* Élevé, haut, noble, platonique, *pur*, serein, sublime. ◆ ANT. **1.** Matériel, réaliste, terre-à-terre, terrestre. **2.** Bas, grossier, impur, mesquin, vil.

ÉTHIQUE ◇ v. **Morale**

ÉTINCELANT ◆ SYN. Brasillant, *brillant*, chatoyant, éblouissant, éclatant, flamboyant, fulgurant, incandescent, luisant, lumineux, miroitant, pétillant, phosphorescent, radieux, rayonnant, reluisant, resplendissant, rutilant, scintillant, vif. ◆ ANT. Blafard, éteint, livide, mat, obscur, pâle, sombre, terne, vitreux.

ÉTINCELER ◆ SYN. Brasiller, *briller*, chatoyer, éblouir, flamboyer, irradier, luire, miroiter, rayonner, reluire, resplendir, rutiler, scintiller. ◆ ANT. S'éteindre, s'obscurcir, pâlir, se ternir.

ÉTINCELLE ◆ SYN. **1.** Éclat, feu, *flammèche*. **2.** Éclair, *lueur*. **3.** *Événement déclencheur*, incident, occasion, prétexte, raison.

ÉTIOLEMENT ◆ SYN. **1.** *(Fleur)* Blanchiment, chlorose, *dépérissement*, rabougrissement. **2.** *Affaiblissement*, anémie, appauvrissement, débilité, déclin, délabrement, épuisement, langueur. ◆ ANT. **1.** Épanouissement, floraison. **2.** Force, robustesse, santé, vigueur.

ÉTIOLER (S') ◇ v. **Dépérir**

ÉTIQUE ◆ SYN. Anémié, atrophié, décharné, desséché, émacié, *maigre*, sec, squelettique. ◆ ANT. Corpulent, gras, obèse, trapu, ventru.

ÉTIQUETER ◆ SYN. 1. Dénombrer, indiquer, **marquer**, noter. 2. *(Pers.)* Cataloguer, **classer**, identifier à, ranger.

ÉTIQUETTE ◆ SYN. 1. Désignation, écriteau, indication, inscription, label, **marque**. 2. Bienséance, cérémonial, conventions, décorum, mondanités, **protocole**, règles, savoir-vivre, usage, us et coutumes.

ÉTIRER ◆ SYN. ▷ *V. tr.* 1. Allonger, distendre, élonger, **étendre**, tirer. ▷ *V. pr.* 2. *(Vêtement)* **S'agrandir**, donner, s'étendre, prêter. 3. Durer, passer lentement, **se prolonger**. ◆ ANT. 1. Comprimer, contracter, resserrer, rétrécir. 2. Mouler, résister, serrer. 3. Filer, se précipiter.

ÉTOFFE ◆ SYN. 1. Coton, lainage, laine, soie, soierie, textile, **tissu**. 2. Aptitudes, capacités, envergure, force, grandeur, qualités, trempe, **valeur**. ◆ ANT. 2. Faiblesse, médiocrité, nullité, petitesse.

ÉTOFFÉ ◆ SYN. *(Style)* Abondant, ample, consistant, ferme, **riche**, substantiel. ◆ ANT. Aride, inconsistant, insignifiant, laconique, médiocre, pauvre, superficiel.

ÉTOFFER ◆ SYN. Ajouter, approfondir, développer, **enrichir**, nourrir. ◆ ANT. Abréger, appauvrir, diminuer, réduire.

ÉTOILE ◆ SYN. 1. **Astre**, planète. 2. Chance, **destin**, destinée, fortune, sort. 3. As, célébrité, star, **vedette**. 4. **Carrefour**, croisée des chemins, croisement, échangeur, rond-point. 5. *(Symbole)* **Astérisque** *(typogr.)*, pentacle.

ÉTOILÉ ◇ v. **Constellé**

ÉTONNANT ◆ SYN. Ahurissant, bizarre, curieux, déconcertant, épatant, époustouflant, étrange, extraordinaire, fantastique, faramineux, formidable, inattendu, incroyable, inouï, insolite, merveilleux, phénoménal, prestigieux, remarquable, renversant, **stupéfiant**, surprenant. ◆ ANT. Banal, commun, courant, habituel, insignifiant, normal, ordinaire, simple, usuel.

ÉTONNÉ ◇ v. **Stupéfait**

ÉTONNEMENT ◆ SYN. 1. Ahurissement, ébahissement, éblouissement, effarement, émerveillement, saisissement, **stupéfaction**, stupeur, surprise. 2. Choc, émotion, honte, indignation, opprobre, **scandale**. ◆ ANT. 1-2. Apathie, flegme, indifférence, sang-froid.

ÉTONNER ◆ SYN. Abasourdir, ahurir, bouleverser, confondre, ébahir, éblouir, effarer, émerveiller, épater, époustoufler, estomaquer, étourdir, fasciner, frapper, impressionner, interloquer, renverser, saisir, scier *(fam.)*, **stupéfier**, surprendre. ◆ ANT. Apaiser, calmer, modérer, pacifier, rasséréner, rassurer, tranquilliser.

ÉTOUFFANT ◇ V. **Suffocant**

ÉTOUFFEMENT ◆ SYN. 1. Asphyxie, dyspnée, étranglement, halètement, oppression, **suffocation**. 2. *(Atmosphère)* **Moiteur**, touffeur. 3. Bâillon, camouflage, **dissimulation**, omerta, répression, secret, voile. ◆ ANT. 1. Libération, respiration, ventilation (pulmonaire). 2. Aération, fraîcheur. 3. Aveu, dévoilement, divulgation, liberté, mise au jour, révélation.

ÉTOUFFER ◆ SYN. 1. Accabler (de chaleur), asphyxier, égorger, étrangler, noyer, oppresser, peser, **suffoquer**, tuer. 2. **Amortir**, assourdir, couvrir, éteindre *(feu)*, feutrer. 3. *(Cri, larmes)* Contenir, réprimer, **retenir**. 4. *(Opinions, sentiments)* Arrêter, bâillonner, briser, détruire, **empêcher**, endiguer, enrayer, juguler, mater, museler, refouler, supprimer. 5. *(Scandale)* Cacher, camoufler, **dissimuler**, taire. ◆ ANT. 1. Aspirer, ranimer, respirer, sauver. 2. Accentuer, allumer, amplifier, attiser, intensifier. 3. Céder, s'épancher, laisser s'exprimer. 4. Déchaîner, se défouler, encourager, exalter, exciter, libérer. 5. Dénoncer, lever le voile, révéler.

ÉTOURDERIE ◆ SYN. Bévue, dissipation, distraction, erreur, imprévoyance, imprudence, inadvertance, inapplication, **inattention**, inconséquence, insouciance, irréflexion, légèreté, négligence, oubli. ◆ ANT. Application, attention, circonspection, gravité, pondération, prévoyance, prudence, réflexion, sagesse, sérieux, vigilance.

ÉTOURDI ♦ SYN. Distrait, écervelé, étourneau, évaporé, hurluberlu, imprudent, inappliqué, *inattentif*, inconséquent, inconsidéré, irréfléchi, léger, malavisé, négligent. ♦ ANT. Appliqué, attentif, avisé, circonspect, intelligent, pondéré, posé, prévoyant, prudent, réfléchi, sage.

ÉTOURDIR ♦ SYN. ▷ *V. tr.* **1.** *Abasourdir*, abrutir, assommer, sonner *(fam.)*. **2.** Chavirer, enivrer, *griser*, monter à la tête, tourner la tête. **3.** Casser (les oreilles, la tête), fatiguer, *incommoder*. **4.** Ébranler, *étonner*, hébéter. ▷ *V. pr.* **5.** *Se distraire*, s'enivrer, se griser. ♦ ANT. **1.** Éveiller, réveiller, stimuler. **2.** Attiédir, décevoir, dégriser, refroidir. **3.** Laisser en paix, tranquilliser. **4.** Calmer, rassurer. **5.** Se contenir, rester sage.

ÉTOURDISSANT ♦ SYN. **1.** *(Bruit)* Abrutissant, *assourdissant*, fatigant. **2.** Éblouissant, étonnant, extraordinaire, formidable, merveilleux, *prodigieux*, sensationnel, terrible *(fam.)*. **3.** *(Vin, parfum)* Capiteux, *enivrant*, entêtant, grisant, stimulant. ♦ ANT. **1.** Calme, reposant. **2.** Banal, décevant, ordinaire. **3.** Affreux, dégoûtant, insipide.

ÉTOURDISSEMENT ♦ SYN. **1.** Défaillance, éblouissement, évanouissement, *faiblesse*, malaise, syncope, trouble, vertige. **2.** Enivrement, euphorie, exaltation, griserie, *ivresse*, vertige *(fig.)*. ♦ ANT. **1.** Éveil, réveil, vigueur. **2.** Apathie, désabusement, torpeur.

ÉTRANGE ♦ SYN. **1.** Bizarre, curieux, drôle, ébouriffant, étonnant, exceptionnel, extraordinaire, incompréhensible, inexplicable, insolite, mystérieux, paradoxal, singulier, *surprenant*. **2.** Anormal, inaccoutumé, inquiétant, louche, *suspect*. ♦ ANT. **1.** Banal, commun, compréhensible, courant, fréquent, habituel, ordinaire, quelconque, simple, usuel. **2.** Normal, rassurant, sûr.

ÉTRANGER ♦ SYN. ▷ *Adj.* **1.** Allogène, exotique, *extérieur*, externe. **2.** *(Élément, fait)*

Distinct, extrinsèque, indépendant. **3.** Différent, *inconnu*, nouveau. **4.** *Exclu*, isolé, rejeté. **5.** Indifférent, *insensible*, réfractaire, sourd à. **6.** *Ignorant*, profane. ▷ *Nom* **7.** *Allochtone*, immigrant, immigré, métèque *(péj.)*, réfugié, résident (à l'extérieur), ressortissant. **8.** *Inconnu*, intrus, tiers. **9.** *(À l'étranger)* Ailleurs, *à l'extérieur*. ♦ ANT. **1.** Aborigène, autochtone, indigène, national. **2.** Intrinsèque, lié, propre. **3.** Connu, familier, semblable. **4.** Accepté, intégré. **5.** Ouvert à, sensible, tolérant. **6.** Averti, informé. **7.** Aborigène, autochtone, citoyen, compatriote, indigène, résidant. **8.** Collègue, compagnon, confrère. **9.** Chez soi.

ÉTRANGETÉ ◇ V. **Bizarrerie**

ÉTRANGLEMENT ♦ SYN. Constriction, égorgement, *étouffement*, oppression, resserrement, rétrécissement, strangulation, suffocation. ♦ ANT. Dilatation, distension, élargissement, évasement, libération.

ÉTRANGLER ♦ SYN. **1.** Asphyxier, *étouffer*, oppresser, resserrer, serrer (la gorge), suffoquer. **2.** *Tordre le cou*, tuer. **3.** Égorger, étriller, *exploiter*, ruiner, voler. **4.** *(Émotion)* Étreindre, oppresser *(fig.)*, saisir. ▷ *V. pr.* **5.** *S'étouffer*, rester enfermé *(son, voix)*. ♦ ANT. **1.** Desserrer, évaser, libérer, respirer. **2.** Sauver. **3.** Aider, appuyer, enrichir. **4.** Détendre, relâcher, relaxer. **5.** Dégager, s'exprimer.

ÊTRE ♦ SYN. ▷ *Nom* **1.** *Existence*, jour, naissance, nature, vie. **2.** Créature, femme, homme, *individu*, type. **3.** Âme, conscience, essence, *identité*, moi, personnalité, personne. ▷ *Verbe* **4.** *Exister*, subsister, vivre. **5.** Appartenir, consister en, *constituer*, faire partie. **6.** *Demeurer*, rester, se sentir, se trouver. **7.** *Habiter*, loger, se tenir (à un endroit). ♦ ANT. **1.** Inexistence, néant, non-être. **2.** Chose, matière, objet. **3.** Altérité. **4.** S'anéantir, disparaître, mourir. **5.** Diverger, exclure. **6.** Changer, vieillir. **7.** Déménager, partir, quitter.

ÉTREINDRE ♦ SYN. **1.** Embrasser, empoigner, enlacer, entourer, prendre, presser, retenir, saisir, *serrer*, tenir. **2.** *(Sentiment)*

Étouffer, étrangler, *oppresser*, tenailler.
♦ ANT. 1. Desserrer, écarter, éloigner, éviter, lâcher. 2. Détendre, relâcher, relaxer.

ÉTREINTE ♦ SYN. Accolade, embrassement, enlacement, *serrement*. ♦ ANT. Libération, relaxation.

ÉTROIT ♦ SYN. 1. *(Vêtement)* Collant, court, étriqué, juste, rétréci, *serré*. 2. *(Espace)* Confiné, exigu, *petit*, réduit. 3. *(Sens)* Précis, restreint, rigoureux, *strict*. 4. *(Esprit)* Borné, incompréhensif, *intolérant*, limité, mesquin, obtus, sectaire. 5. *(Liens)* **Assidu**, familier, intime, profond, total. ♦ ANT. 1. Ample, déployé, flottant. 2. Grand, spacieux, vaste. 3. Étendu, imprécis, large. 4. Compréhensif, éclairé, généreux, humain, ouvert, prodigue, tolérant. 5. Lâche, occasionnel, relâché, superficiel.

ÉTROITESSE ♦ SYN. 1. *Exiguïté*, modicité, petitesse. 2. *(Esprit)* Fermeture, *incompréhension*, intolérance, médiocrité, mesquinerie, petitesse *(fig.)*, sectarisme. ♦ ANT. 1. Ampleur, envergure, grandeur, largeur. 2. Compréhension, générosité, largesse, largeur d'esprit (de vues), libéralité, noblesse, ouverture d'esprit.

ÉTUDE ♦ SYN. 1. *École*, enseignement, scolarité. 2. *(Phénomène)* **Analyse**, explication, observation, science. 3. *(Problème, sujet)* Enquête, **examen**, fouille, prospection, recherche, sondage, travail. 4. *(Écrit)* Article, essai, ouvrage, *rapport*, traité. 5. *(Arts)* Composition *(mus.)*, croquis, esquisse, *exercice*, plan.

ÉTUDIANT ♦ SYN. ▷ Nom 1. *(Secondaire, collégial)* Cégépien *(québ.)*, *collégien*, élève, lycéen. 2. *(Université)* Carabin *(fam.)*, *universitaire (québ.)*. ▷ Adj. 3. Estudiantin. ♦ ANT. 1-2. Enseignant, maître, professeur. 3. Enseignant, professoral.

ÉTUDIÉ ♦ SYN. 1. Appliqué, *approfondi*, calculé, fini, médité, mûri, pesé, préparé, scruté, travaillé. 2. *(Péj.)* **Affecté**, apprêté, compassé, composé, contraint, empesé, feint, forcé, gourmé, guindé, maniéré, pincé, précieux, recherché, théâtral. ♦ ANT. 1. Affleuré, ignoré, improvisé, irréfléchi,

négligé. 2. Étourdi, naturel, simple, sincère, spontané.

ÉTUDIER ♦ SYN. ▷ V. intr. 1. *Apprendre*, bûcher *(fam.)*, s'exercer, s'imprégner, s'instruire, piocher *(fam.)*, travailler. ▷ V. tr. 2. *Analyser*, approfondir, chercher, considérer, examiner, fouiller, méditer, observer, rechercher, traiter. ▷ V. pr. 3. S'écouter, *s'observer*, se surveiller. ♦ ANT. 1. Faire l'école buissonnière, paresser. 2. Ignorer, improviser, négliger. 3. Se laisser aller, s'ouvrir.

ÉTYMOLOGIE ♦ SYN. Dérivation, évolution, filiation, *origine*, racine, source.

EUPHORIE ♦ SYN. 1. *(Méd.)* **Détente**, soulagement. 2. Aise, allégresse, béatitude, *bien-être*, bonheur, contentement, extase, félicité, ivresse *(fig.)*, joie, jubilation, liesse, optimisme, satisfaction. ♦ ANT. 1. Asthénie, dysphorie. 2. Angoisse, chagrin, dépression, douleur, pessimisme, tristesse.

ÉVACUATION ♦ SYN. 1. *(Organisme)* Crachement, défécation, déjection, élimination, excrétion, *expulsion*, vomissement. 2. *(Eaux)* Débordement, dégorgement, déversement, *écoulement*. 3. Abandon, départ, exode, *retrait*, retraite, sortie. ♦ ANT. 1. Absorption, ingestion. 2. Entrée, infiltration. 3. Intrusion, invasion, occupation.

ÉVACUER ♦ SYN. 1. Cracher, déféquer, éliminer, excréter, *expulser*, uriner, vomir. 2. Dégorger, déverser, *écouler*, vidanger, vider. 3. Abandonner, quitter, *se retirer*, sortir. ♦ ANT. 1. Absorber, assimiler, garder, ingérer. 2. Entrer, s'infiltrer, remplir. 3. Demeurer, envahir, occuper.

ÉVADER (S') ♦ SYN. 1. *S'échapper*, s'enfuir, fuir, se sauver. 2. Disparaître, s'éclipser, *s'esquiver*, filer à l'anglaise, partir en douce, sortir. 3. *(Réalité)* Échapper à, *se libérer*, se soustraire à. 4. Se délasser, se détendre, se distraire, *se divertir*, rêver. ♦ ANT. 1. Croupir, demeurer, rester. 2. Affronter, apparaître. 3. Endurer, supporter. 4. S'épuiser, se lasser, se surmener, trimer.

ÉVALUATION ♦ SYN. 1. Aperçu, *appréciation*, approximation, calcul, détermination, devis, estimation, expertise, inventaire, prévision, prisée, supputation. 2. Mesure, prix, *valeur*. 3. *(Connaissances)* Épreuve, *examen*, test.

ÉVALUER ♦ SYN. *Apprécier*, calculer, chiffrer, coter, déterminer, estimer, expertiser, jauger, juger, mesurer, noter, peser, priser, quantifier, supputer, toiser, ventiler.

ÉVANOUIR (S') ♦ SYN. 1. *Défaillir*, se pâmer, perdre connaissance, tomber dans les pommes *(fam.)*, tomber en pâmoison, se trouver mal. 2. *Disparaître*, se dissiper, s'effacer, s'enfuir, s'envoler, s'évaporer, finir, passer, se terminer. ♦ ANT. 1. Revenir à soi. 2. Apparaître, arriver, durer, se manifester.

ÉVANOUISSEMENT ♦ SYN. 1. Coma, *défaillance*, étourdissement, faiblesse, malaise, pâmoison, perte de connaissance, syncope. 2. Anéantissement, *disparition*, effacement, fin. ♦ ANT. 1. Réveil. 2. Apparition, commencement, durée.

ÉVAPORÉ ♦ SYN. Dissipé, écervelé, étourdi, farfelu, folâtre, *frivole*, léger, tête en l'air. ♦ ANT. Équilibré, grave, posé, sérieux.

ÉVAPORER (S') ♦ SYN. 1. Se vaporiser. 2. *(Pers., ch.) Disparaître*, s'éclipser, s'effacer, s'enfuir, s'envoler, s'évanouir, se volatiliser. ♦ ANT. 1. Se liquéfier. 2. Apparaître, se manifester, surgir.

ÉVASER ♦ SYN. Agrandir, amplifier, dilater, *élargir*. ♦ ANT. Contracter, étrangler, resserrer, rétrécir.

ÉVASIF ♦ SYN. Ambigu, détourné, élusif, équivoque, fumeux, fuyant, *imprécis*, indirect, vague. ♦ ANT. Absolu, catégorique, clair, direct, impérieux, précis.

ÉVASION ♦ SYN. 1. Cavale *(fam.)*, disparition, *fuite*, volatilisation. 2. Changement, détente, *distraction*, divertissement, exutoire. 3. *Imagination*, rêve, rêverie. ♦ ANT. 1. Capture, emprisonnement. 2. Ennui, monotonie, routine, travail. 3. Pragmatisme, réalisme, réalité.

ÉVEIL ♦ SYN. 1. Alarme, alerte, *avertissement*, signal. 2. Attention, observation, surveillance, *vigilance*. 3. *(État) Réveil*, veille. 4. *Découverte*, manifestation, révélation. ♦ ANT. 1. Imprudence, insouciance. 2. Inattention, négligence. 3. Insomnie, sommeil, torpeur. 4. Latence, mystère, secret.

ÉVEILLÉ ♦ SYN. 1. Conscient. 2. Actif, alerte, animé, avancé, dégourdi, déluré, espiègle, frétillant, fringant, fripon, futé, gai, intelligent, malin, ouvert, précoce, *vif*. ♦ ANT. 1. Inconscient. 2. Abruti, apathique, benêt, endormi, engourdi, hébété, indolent, lourdaud, renfermé, triste.

ÉVEILLER ♦ SYN. ▷ *V. tr.* 1. Réveiller. 2. Animer, aviver, déclencher, évoquer, exciter, piquer, provoquer, révéler, soulever, *stimuler*, susciter. 3. Initier, instruire, *sensibiliser*. ▷ *V. pr.* 4. Apprendre, s'initier à, naître à, se sensibiliser à, *s'ouvrir à*. ♦ ANT. 1. Endormir, engourdir. 2. Apaiser, paralyser, ralentir. 3. Abrutir, désintéresser. 4. S'abrutir, se borner à, se fermer à.

ÉVÉNEMENT ♦ SYN. Accident, affaire, aventure, cas, circonstance, conjoncture, épisode, époque, ère, éventualité, *fait*, incident, péripétie, situation.

ÉVENTAIL ♦ SYN. Assortiment, batterie, *choix*, collection, échantillonnage, échelle *(prix, salaires)*, gamme, ligne, palette, panoplie, sélection, série, tri, variété.

ÉVENTÉ ♦ SYN. 1. *Aéré*, exposé au vent. 2. *Altéré*, corrompu, gâté. 3. *Connu*, découvert, divulgué. ♦ ANT. 1. Abrité. 2. Authentique, délicieux, pur. 3. Caché, dissimulé.

ÉVENTUALITÉ ♦ SYN. Cas, contingence, événement, hasard, hypothèse, incertitude, occasion, perspective, *possibilité*. ♦ ANT. Certitude, évidence, nécessité, réalité.

ÉVENTUEL ♦ SYN. Casuel, contingent, hypothétique, incertain, *possible*. ♦ ANT. Assuré, certain, évident, nécessaire, prévu, réel.

ÉVENTUELLEMENT ◇ V. **Possiblement**

ÉVÊQUE ♦ SYN. Dignitaire, monseigneur, pontife, **prélat**, primat.

ÉVERTUER (S') ♦ SYN. S'appliquer, chercher à, s'échiner, **s'efforcer**, s'escrimer, s'esquinter *(fam.)*, essayer, s'ingénier à, peiner, tâcher, tenter, se tuer à. ♦ ANT. Abandonner, désespérer, renoncer.

ÉVIDENCE ♦ SYN. 1: Axiome, **certitude**, clarté, flagrance, preuve, réalité, vérité. **2.** Banalité, **lapalissade**, tautologie, truisme, vérité de La Palice. ♦ ANT. 1. Ambiguïté, doute, improbabilité, incertitude, obscurité, vague. 2. Bon sens, logique.

ÉVIDENT ♦ SYN. 1. Apparent, assuré, authentique, aveuglant, **certain**, clair, criant, éclatant, flagrant, formel, frappant, incontestable, indéniable, indiscutable, indubitable, limpide, manifeste, notoire, palpable, patent, sûr, visible, vrai. 2. **Banal**, trivial. ♦ ANT. 1. Ambigu, contestable, discutable, douteux, erroné, hypothétique, improbable, incertain, obscur, problématique, vague. 2. Exceptionnel, rare.

ÉVINCER ♦ SYN. 1. Blackbouler *(fam.)*, **chasser**, congédier, déposséder, dépouiller, écarter, éconduire, éliminer, éloigner, exclure, repousser. 2. Détrôner, éclipser, effacer, remplacer, se substituer à, **supplanter**. ♦ ANT. 1. Admettre, appeler, attribuer, convoquer, inviter. 2. Conserver (la faveur), favoriser.

ÉVITER ♦ SYN. 1. Contourner, détourner, écarter, échapper à, escamoter, **esquiver**, fuir, obvier à, parer à. 2. Conjurer, éluder, **empêcher**, prévenir, se soustraire à, supprimer. 3. **S'abstenir**, se dispenser, se garder, s'interdire, se préserver de, résister. 4. Décharger, délivrer, dispenser, **épargner**, exempter. ♦ ANT. 1. Affronter, approcher, braver, chercher, courir après, poursuivre, rechercher. 2. Heurter, rencontrer. 3. Faillir, succomber. 4. Accabler, assujettir, imposer, punir.

ÉVOCATEUR ◊ v. **Suggestif**

ÉVOCATION ◊ v. **Allusion**

ÉVOLUÉ ♦ SYN. 1. Avancé, civilisé, **développé**, perfectionné. **2.** *(Pers.)* Cultivé, éclairé, indépendant, instruit, **large d'es-**prit, ouvert, tolérant. ♦ ANT. 1. Primitif, sous-développé. 2. Arriéré, borné, ignorant, inculte, influençable, intolérant, rétrograde.

ÉVOLUER ♦ SYN. 1. Se dérouler, manœuvrer, marcher, **se mouvoir**, vivre. 2. S'adapter, changer, se développer, devenir, se modifier, **progresser**, se transformer. ♦ ANT. 1. S'arrêter, cesser. 2. Se figer, piétiner, régresser, stagner.

ÉVOLUTION ♦ SYN. 1. *(Pl., milit.)* Exercices, **manœuvres**. 2. Changement, cheminement, cours, devenir, histoire, marche, mouvement, processus, **progression**, tournure, transformation. 3. Amélioration, avancement, civilisation, croissance, développement, essor, marche en avant, perfectionnement, **progrès**. ♦ ANT. 1. Immobilité, repos. 2. Fixité, immobilisme, stagnation. 3. Barbarie, décadence, décroissance, dégradation, régression, retard.

ÉVOQUER ♦ SYN. 1. Invoquer. 2. Appeler, éveiller, **rappeler**, remémorer, repasser, réveiller, susciter. 3. Associer, citer, décrire, effleurer, esquisser, imaginer, mentionner, montrer, **représenter**, suggérer. ♦ ANT. 1. Chasser, conjurer. 2. Écarter, effacer, éloigner, oublier, repousser. 3. Cacher, celer.

EXACERBER ◊ v. **Exaspérer**

EXACT ♦ SYN. 1. *(Pers.)* Assidu, consciencieux, minutieux, ponctuel, régulier, rigoureux, scrupuleux, **soigneux**, strict. 2. *(Ch.)* Absolu, authentique, certain, complet, conforme, correct, fidèle, **juste**, littéral, mathématique, net, précis, solide, textuel, véridique, vrai. ♦ ANT. 1. Inappliqué, irrégulier, négligent, oublieux. 2. Altéré, apocryphe, approchant, approximatif, contrefait, défectueux, équivoque, erroné, fautif, faux, imaginaire, imprécis, incorrect, inexact, infidèle, mensonger, vague.

EXACTION ♦ SYN. 1. *(Agent public)* Concussion, corruption, déprédation, détournement de fonds, extorsion, forfaiture *(dr.)*, **fraude**, malversation, péculat, prévarication, rançonnement, vol. 2. *(Pl. surtout)*

Mauvais traitements, sévices, *violence*.
♦ **ANT. 1.** Droiture, honnêteté, loyauté,
probité. **2.** Bienfaits, sollicitude.

EXACTITUDE ♦ **SYN. 1.** *(Pers.)* Application, assiduité, attention, conscience,
minutie, ponctualité, régularité, *soin*,
scrupule. **2.** *(Ch.)* Conformité, correction,
fidélité, *justesse*, objectivité, précision,
rectitude, rigueur, véracité, véridicité,
vérité. ♦ **ANT. 1.** Inadvertance, irrégularité,
manquement, négligence. **2.** Approximation, contresens, défectuosité, erreur,
faute, imprécision, inexactitude, infidélité, invraisemblance.

EXAGÉRATION ♦ **SYN. 1.** *Amplification*,
broderie, déformation, emphase, enflure,
fanfaronnade, galéjade, grossissement,
hyperbole. **2.** Abus, démesure, disproportion, *excès*, outrance, pléthore, prodigalité, superfluité. ♦ **ANT. 1.** Adoucissement,
atténuation, convenance, diminution,
équilibre, harmonie. **2.** Insuffisance, mesure, modération, proportion.

EXAGÉRÉ ◇ V. **Excessif**

EXAGÉRER ♦ **SYN.** ▷ *V. tr.* **1.** Agrandir,
ajouter, *amplifier*, bluffer, broder, charger, charrier *(fam.)*, développer, dramatiser,
enfler, forcer, grossir, outrer, surestimer,
surfaire. ▷ *V intr.* **2.** *Abuser*, aller trop loin,
charrier *(fam.)*, dépasser les bornes. ♦ **ANT.**
1. Affaiblir, amoindrir, atténuer, équilibrer, mesurer, minimiser, mitiger,
modérer, proportionner. **2.** Se contenir, se
limiter, se modérer.

EXALTANT ♦ **SYN.** Captivant, embal-
lant, enivrant, enthousiasmant, excitant,
grisant, intéressant, palpitant, passionnant, *stimulant*, vivifiant. ♦ **ANT.** Abrutissant, démoralisant, déprimant, ennuyeux,
insipide, lassant.

EXALTATION ♦ **SYN. 1.** Apologie, glorification, *louange*. **2.** Agitation, animation,
ardeur, déchaînement, délire, échauffement, effervescence, emballement, enivrement, *enthousiasme*, étourdissement
(fig.), excitation, exultation, feu, fièvre,
frénésie, fureur, griserie *(fig.)*, ivresse

(fig.), passion, ravissement, surexcitation,
transport, véhémence, vertige *(fig.)*. ♦ **ANT.**
1. Abaissement, avilissement, blâme.
2. Abattement, apathie, calme, dépression, désabusement, flegme, froideur,
impassibilité, indifférence, torpeur.

EXALTÉ ♦ **SYN.** ▷ *Adj.* **1.** Ardent, débridé,
délirant, effervescent, enflammé, *enthousiaste*, fébrile, fiévreux, fougueux, frénétique, passionné, surexcité, survolté.
▷ *Nom* **2.** *Fanatique*, fou, illuminé, intolérant. ♦ **ANT. 1.** Calme, désabusé, flegmatique, froid, impassible, modéré, paisible.
2. Libéral, tolérant.

EXALTER ♦ **SYN.** ▷ *V. tr.* **1.** Admirer, bénir,
célébrer, chanter, encenser, *glorifier*,
louer, magnifier, porter aux nues, vanter.
2. Animer, échauffer, électriser, enfiévrer,
enflammer, *enthousiasmer*, enivrer, exciter, galvaniser, griser, passionner, soulever, transporter. **3.** *Accentuer*, augmenter,
intensifier, rehausser, renforcer. ▷ *V. pr.*
4. S'emballer *(fam.)*, s'enflammer, *s'enthousiasmer*. ♦ **ANT. 1.** Abaisser, avilir, blâmer,
dénigrer, diffamer, mépriser. **2.** Adoucir,
attiédir, calmer, éteindre, modérer, pacifier, refroidir. **3.** Adoucir, affaiblir, atténuer, diminuer. **4.** Se désintéresser, se
lasser, rester de glace.

EXAMEN ♦ **SYN. 1.** Appréciation, considération, constatation, débat, délibération, discussion, enquête, estimation,
étude, évaluation, expertise, exploration,
information, inspection, investigation,
observation, recherche, reconnaissance,
revue, traitement, vérification. **2.** *(Méd., sc.)*
Analyse, auscultation, autopsie, essai,
expérience. **3.** Audition, composition, concours, épreuve, interrogation, *test*.

EXAMINER ♦ **SYN. 1.** Apprécier, approfondir, compulser, considérer, contrôler,
débattre, délibérer, dépouiller, discuter,
disséquer, éplucher *(fam.)*, éprouver,
étudier, évaluer, expérimenter, explorer,
inspecter, observer, peser, prospecter,
rechercher, traiter, vérifier. **2.** *(Méd., sc.)*
Analyser, ausculter, scruter, sonder. **3.** Con-

templer, dévisager, *regarder*, toiser *(péj.)*.
4. Interroger, *tester*.

EXASPÉRER ♦ SYN. **1.** *(Douleur)* Accroître, *aggraver*, empirer, envenimer, exacerber, intensifier. **2.** *(Désir, sentiment)* Aiguillonner, aiguiser, aviver, exacerber *(fig.)*, enflammer, *exciter*, surexciter. **3.** *(Pers.)* Agacer, aigrir, crisper, énerver, excéder, fâcher, faire sortir de ses gonds, hérisser, horripiler, impatienter, *irriter*, mettre hors de soi, pousser à bout. ♦ ANT. **1.** Adoucir, atténuer, diminuer, soulager. **2.** Contenir, étouffer, modérer, retenir. **3.** Apaiser, calmer, plaire, rasséréner, réjouir.

EXAUCER ♦ SYN. Accomplir, accorder, accueillir, combler, contenter, écouter, entendre, réaliser, *satisfaire*. ♦ ANT. Dédaigner, ignorer, mépriser, refuser, rejeter, repousser.

EXCÉDENT ♦ SYN. **1.** Excès, résidu, reste, solde, superflu, supplément, surcharge, surcroît, surnombre, *surplus*. **2.** *Bénéfice*, boni, gain. ♦ ANT. **1.** Insuffisance, manque, passif, pénurie. **2.** Déficit, diminution, perte.

EXCÉDER ♦ SYN. **1.** *(Ch.)* *Dépasser*, franchir, outrepasser, passer. **2.** *(Pers.)* Accabler, agacer, assommer, épuiser, exaspérer, ennuyer, exténuer, *fatiguer*, harasser, hérisser, horripiler, impatienter, importuner, irriter, lasser. ♦ ANT. **1.** Circonscrire, limiter. **2.** Calmer, ragaillardir, réconforter, reposer.

EXCELLENCE ♦ SYN. **1.** Absolu, achèvement, couronnement, grandeur, majesté, *perfection*, supériorité. **2.** *(Titre, majusc.)* Ambassadeur, archevêque, évêque, *ministre*. ♦ ANT. **1.** Imperfection, infériorité, médiocrité, nullité.

EXCELLENT ♦ SYN. **1.** Accompli, achevé, admirable, consommé, extra, impeccable, incomparable, magistral, merveilleux, *parfait*, remarquable, super *(fam.)*, supérieur. **2.** *(Mets)* Bon, délectable, délicieux, exquis, fameux, savoureux, *succulent*. **3.** *(Pers.)* Compétent, doué, génial, *talentueux*. ♦ ANT. **1.** Imparfait, inférieur, mau-

vais, pitoyable. **2.** Affreux, fade, immangeable, insipide. **3.** Incapable, incompétent, médiocre, nul.

EXCELLER ♦ SYN. *Briller*, se distinguer, s'illustrer, se signaler, surpasser, triompher. ♦ ANT. Rater, rester dans l'ombre.

EXCENTRIQUE ♦ SYN. ▷ *Adj.* **1.** Excentré, *périphérique*. **2.** Baroque, bizarre, étrange, extravagant, fantasque, farfelu, fou, insolite, rocambolesque, saugrenu, singulier, *spécial*. ▷ *Nom* **3.** Anticonformiste, marginal, *original*, phénomène *(fig.)*. ♦ ANT. **1.** Central, concentrique. **2.** Banal, commun, mesuré, naturel, normal, ordinaire. **3.** Conformiste, conservateur, rangé, traditionaliste.

EXCEPTÉ ♦ SYN. Abstraction faite de, à l'exception de, *à l'exclusion de*, à part, en dehors de, en excluant, exception faite de, hormis, hors, mis à part, non compris, sauf, sinon. ♦ ANT. Compris, en incluant, inclus.

EXCEPTER ♦ SYN. Écarter, éliminer, enlever, *exclure*, négliger, ôter, retirer, retrancher. ♦ ANT. Comprendre, englober, inclure.

EXCEPTION ♦ SYN. **1.** *Dérogation*, restriction. **2.** Anomalie, irrégularité, *particularité*, singularité. **3.** *(À l'exception de)* À l'exclusion de, *excepté*, sauf. ♦ ANT. **1.** Généralité, principe, règle. **2.** Banalité, normalité, pluralité, régularité. **3.** Compris, inclus.

EXCEPTIONNEL ♦ SYN. **1.** Occasionnel, *rare*. **2.** *(Ch. heureuse)* Éminent, étonnant, extraordinaire, inattendu, *remarquable*, sensationnel, singulier, supérieur. ♦ ANT. **1.** Habituel, régulier. **2.** Banal, commun, normal, ordinaire, quelconque.

EXCÈS ♦ SYN. **1.** *Dépassement*, excédent, reste, surplus. **2.** Démesure, disproportion, exagération, luxe, outrance, pléthore, profusion, *surabondance*, superfluité, trop-plein. **3.** *Abus*, débauche, débordements, dérèglements, écarts, extravagances, folies, immodération, intempérance, licence. ♦ ANT. **1.** Déficit, manque.

2. Carence, disette, insuffisance, pénurie. **3.** Abstinence, mesure, modération, tempérance.

EXCESSIF ✦ SYN. 1. Abusif, délirant, démentiel, *démesuré*, déraisonnable, déréglé, désordonné, effréné, énorme, exagéré, exorbitant, extravagant, extrême, fou, immodéré, insensé, intempérant, outrancier, outré, pléthorique, surabondant. **2.** Colossal, effroyable, *énorme*, extraordinaire, gigantesque, immense, intense, monstrueux, surhumain, titanesque. **3.** Anormal, *maladif*, maniaque, malsain, obsessif. **✦ ANT. 1.** Insuffisant, mesuré, modéré, modique, moyen, normal, pondéré, raisonnable, sensé. **2.** Faible, minime, minuscule, ordinaire, petit. **3.** Contenu, maîtrisé, normal, sain.

EXCITANT ✦ SYN. ▷ *Adj.* **1.** Alléchant, captivant, émouvant, enivrant, enthousiasmant, exaltant, grisant, motivant, palpitant, *passionnant*, piquant, tentant, troublant. **2.** Affriolant, aguichant, aphrodisiaque, appétissant, attirant, capiteux, désirable, émoustillant, provocant, *séduisant*, sexy *(fam.)*, suggestif, voluptueux. ▷ *Nom* **3.** Aiguillon, réconfortant, remontant, *stimulant*, tonique. **✦ ANT. 1.** Adoucissant, apaisant, ennuyeux, fade, insipide, terne. **2.** Laid, rebutant, repoussant. **3.** Anesthésique, calmant, sédatif.

EXCITATION ✦ SYN. 1. Appel, encouragement, exhortation, entraînement, *incitation*, invitation, provocation, stimulation, stimulus. **2.** Agitation, animation, ardeur, effervescence, électricité *(fig.)*, énervement, enthousiasme, *exaltation*, fièvre, ivresse *(fig.)*, surexcitation, trouble. **3.** *(Sexualité)* Besoin, désir, *émoi*. **✦ ANT. 1.** Découragement, désapprobation, dissuasion. **2.** Adoucissement, apaisement, calme, dépression, flegme, impassibilité, sérénité, tranquillité. **3.** Inhibition, refoulement, répulsion.

EXCITER ✦ SYN. 1. Ameuter, appeler, causer, déclencher, encourager, entraîner, exhorter, fomenter, *inciter*, inviter, pousser à, provoquer, soulever, stimuler, susci-

ter. **2.** *(Esprits, sentiments)* Agiter, aiguillonner, allumer, animer, attiser, aviver, déchaîner, échauffer, électriser, embraser, émouvoir, enfiévrer, enflammer, enivrer, enthousiasmer, *exalter*, fanatiser *(péj.)*, fouetter, griser, insuffler, passionner, piquer, ranimer, raviver, relever, remuer, réveiller. **3.** *(Sexualité)* Affrioler, agacer, aguicher, allumer *(fam.)*, attirer, *émoustiller*, provoquer. **4.** Braquer contre, dresser contre, énerver, irriter, *monter* (la tête), taquiner. **5.** *Aggraver*, envenimer, exacerber, exaspérer, intensifier. **✦ ANT. 1.** Décourager, dissuader, empêcher. **2.** Contenir, dégriser, endormir, étouffer, modérer, retenir. **3.** Inhiber, refouler. **4.** Apaiser, calmer, pacifier. **5.** Adoucir, atténuer, diminuer, soulager.

EXCLAMER (S') ✦ SYN. *S'écrier*, se récrier. **✦ ANT.** Chuchoter, murmurer.

EXCLURE ✦ SYN. ▷ *V. tr.* **1.** Bannir, *chasser*, destituer, éloigner, évincer, excommunier, expulser, mettre en quarantaine, ostraciser, radier, rejeter, renvoyer. **2.** Écarter, *éliminer*, excepter, faire abstraction, négliger, ôter, retirer, retrancher, supprimer. **3.** Empêcher, être incompatible avec, *interdire*, proscrire, s'opposer à, refuser. ▷ *V. pr.* **4.** *S'annuler*, se compenser, s'équilibrer, se neutraliser. **✦ ANT. 1.** Accueillir, admettre, agréer, inviter, recevoir, réintégrer. **2.** Comporter, englober, inclure, intégrer. **3.** Autoriser, impliquer, permettre, tolérer. **4.** Se compléter, s'influencer, s'insérer.

EXCLUSIF ✦ SYN. 1. Individuel, *particulier*, personnel, privé, propre, spécial, spécifique. **2.** *Absolu*, captatif, entier, intolérant, jaloux, possessif, sectaire, unique. **✦ ANT. 1.** Collectif, commun, public. **2.** Désintéressé, éclectique, large, oblatif, ouvert, tolérant.

EXCLUSION ✦ SYN. 1. Bannissement, destitution, élimination, épuration, éviction, excommunication, *expulsion*, purge, radiation, rejet, renvoi, révocation. **2.** *Interdiction*, intolérance, marginalisation, ostracisme, ségrégation, séparation. **3.** *(À* *l'exclusion de)* À l'exception de, *excepté.* ◆ ANT. 1. Accueil, admission, invitation, réintégration. 2. Inclusion, intégration, tolérance. 3. Compris, inclus.

EXCLUSIVITÉ ◆ SYN. 1. Apanage, droit (exclusif), monopole, prérogative, *privilège*, propriété (exclusive). 2. *Primeur*, scoop. ◆ ANT. 1. Concurrence, partage. 2. Secret de Polichinelle.

EXCROISSANCE ◆ SYN. Appendice, bosse, prolongement, proéminence, protubérance, renflement, *saillie*, tubercule, tumeur. ◆ ANT. Cavité, creux.

EXCURSION ◆ SYN. 1. Aventure, balade, course, croisière, équipée, expédition, promenade, randonnée, sortie, tour, tournée, virée *(fam.)*, *voyage*. 2. Aparté, *digression*, écart, excursus, parenthèse.

EXCUSABLE ◇ V. **Justifiable**

EXCUSE ◆ SYN. 1. Défense, disculpation, explication, *justification*, motif, raison. 2. Amende honorable, *pardon*, regret. 3. Alibi, défaite, dérobade, échappatoire, faux-fuyant, moyen, *prétexte*. ◆ ANT. 1. Accusation, blâme, condamnation, inculpation. 2. Rancune, représailles, reproche. 3. Franchise, vérité.

EXCUSER ◆ SYN. ▷ *V. tr.* 1. Blanchir, défendre, disculper, *justifier*. 2. Absoudre, admettre, décharger, exempter, *pardonner*, passer, tolérer. ▷ *V. pr.* 3. Se défendre, se disculper, s'expliquer, *se justifier*. 4. *Demander pardon*, regretter. ◆ ANT. 1. Accuser, blâmer, condamner, inculper. 2. Punir, refuser, reprocher, réprouver, venger. 3. S'accuser, s'avouer coupable, se confesser. 4. Récidiver, recommencer.

EXÉCRABLE ◆ SYN. 1. Abject, abominable, affreux, antipathique, déplorable, *détestable*, épouvantable, haïssable, horrible, imbuvable *(fam.)*, infernal, insupportable, maudit, méprisable, monstrueux, odieux, repoussant, répugnant. 2. *(Nourriture)* Dégoûtant, immangeable, imbuvable, *infect*, mauvais. ◆ ANT. 1. Adorable, agréable, aimable, attirant, charmant, merveilleux, parfait, sympathique. 2. Dé-

lectable, délicieux, excellent, exquis, succulent.

EXÉCRATION ◆ SYN. 1. Anathème, condamnation, imprécation, *malédiction*, réprobation. 2. Abomination, antipathie, aversion, dégoût, détestation, *haine*, horreur, nausée *(fig.)*, phobie, répugnance, répulsion. ◆ ANT. 1. Bénédiction, faveur, grâce, louange. 2. Admiration, adoration, affection, amour, attirance, fascination, sympathie.

EXÉCRER ◆ SYN. Abhorrer, abominer, cracher sur *(fam.)*, *détester*, haïr, maudire, rejeter, repousser, vomir *(fig.)*. ◆ ANT. Adorer, aimer, apprécier, bénir, chérir, rechercher.

EXÉCUTER ◆ SYN. 1. *(Tâche)* Accomplir, confectionner, effectuer, faire, opérer, *réaliser*, remplir. 2. *(Ordre)* **Obéir**, observer, respecter. 3. *(Œuvre musicale)* **Interpréter**, jouer. 4. *(Condamné)* Décapiter, électrocuter, fusiller, guillotiner, *mettre à mort*, pendre, supplicier, tuer. 5. *(Sans procédure légale)* Abattre, *assassiner*, éliminer, liquider, lyncher, supprimer, tuer. 6. *(Fig.)* Condamner, déconsidérer, démolir, descendre, *discréditer*, éreinter. ◆ ANT. 1. Ébaucher, concevoir, projeter. 2. Désobéir, transgresser. 3. S'exercer, se préparer. 4. Gracier, pardonner. 5. Épargner, sauver, secourir. 6. Admirer, encenser, louanger, vanter.

EXÉCUTION ◆ SYN. 1. *(Tâche)* Accomplissement, application, conduite, mise en pratique, opération, *réalisation*. 2. *(Ordre)* **Obéissance**, respect. 3. *(Œuvre)* **Composition**, interprétation, rédaction. 4. *(Condamné)* Décapitation, électrocution, fusillade, *mise à mort*, peine de mort, pendaison, supplice. 5. *(Sans procédure légale)* **Assassinat**, crime, élimination, homicide, liquidation, lynchage, meurtre, suppression. ◆ ANT. 1. Conception, dessein, inexécution, projet. 2. Désobéissance, transgression. 3. Ébauche, préparation. 4. Clémence, grâce, pardon. 5. Respect, secours.

EXEMPLAIRE ◆ SYN. ▷ *Adj.* 1. Bon, *édifiant*, idéal, irréprochable, modèle, moral, parfait, proverbial, remarquable, typique.

2. *(Châtiment)* Dissuasif. ▷ *Nom* **3.** Copie (conforme), échantillon, épreuve, prototype, reproduction, *spécimen*. ♦ ANT. **1.** Immoral, imparfait, mauvais, médiocre, répréhensible, scandaleux. **2.** Persuasif. **3.** Manuscrit, original.

EXEMPLE ♦ SYN. **1.** Archétype, canon, idéal, leçon, *modèle*, parangon *(pers.)*, règle, type. **2.** Aperçu, citation, échantillon, explication, *illustration*, image, paradigme *(gramm.)*, spécimen. **3.** *Cas*, cas type, précédent.

EXEMPT ♦ SYN. **1.** *(Charge, service)* Affranchi, déchargé, dégagé, *dispensé*, exonéré, immunisé, indemne, libéré, quitte, préservé. **2.** *(Défaut)* Dénué, *dépourvu*, privé de, sans. ♦ ANT. **1.** Assujetti, astreint, chargé, contraint, forcé, obligé, tenu. **2.** Imbu, pétri, plein de.

EXEMPTER ♦ SYN. **1.** *(Charge, service)* Affranchir, décharger, dégager, dégrever, *dispenser*, épargner, éviter, excuser, exonérer, gracier *(peine)*, libérer, soustraire à. **2.** *(Défaut)* Garantir, prémunir, *préserver*. ♦ ANT. **1.** Assujettir, astreindre, contraindre, obliger, punir, soumettre. **2.** Succomber.

EXEMPTION ♦ SYN. **1.** Décharge, dégrèvement, dérogation, *dispense*, exonération, franchise, liberté, privilège. **2.** *Grâce*, immunité. ♦ ANT. **1.** Assujettissement, charge, contrainte, engagement, nécessité, obligation. **2.** Peine, punition.

EXERCER ♦ SYN. ▷ *V. tr.* **1.** *(Pers.)* Aguerrir, apprendre, cultiver, développer, dresser, éduquer, endurcir, *entraîner*, façonner, former, habituer, plier, rompre à. **2.** *(Moyen d'action)* *Employer*, mettre en action, mettre en pratique, recourir à, user de, utiliser. **3.** *(Aptitude, talent)* *Déployer*, éprouver, faire montre de, faire valoir, mettre à l'épreuve. **4.** *(Métier, fonction, rôle)* S'acquitter de, exécuter, occuper, *pratiquer*, professer, remplir, tenir. ▷ *V. pr.* **5.** S'appliquer à, apprendre, se consacrer à, *s'entraîner*, s'essayer, se livrer à, travailler à. **6.** *(S'exercer contre, sur)* S'appliquer, se déployer, s'exprimer, *se manifester*, se produire.

EXERCICE ♦ SYN. **1.** Activité physique, application, apprentissage, devoir, *entraînement*, étude, gymnastique, manœuvre (militaire), mouvement, préparation, répétition, sport, vocalise *(mus.)*. **2.** *(Moyen d'action)* *Emploi*, recours, usage, utilisation. **3.** *(Métier)* Activité, *pratique*. **4.** *(En exercice)* *En activité*, en fonction, en service. ♦ ANT. **1.** Congé, inactivité, loisir, pause, repos.

EXHALAISON ♦ SYN. **1.** Arôme, bouffée, effluves, *émanation*, fumet, odeur, parfum, souffle, senteur. **2.** Fumée, fumerolle *(volcan)*, *gaz*, vapeur.

EXHALER ♦ SYN. **1.** *(Odeur, vapeur)* *Dégager*, émettre, laisser échapper, répandre, sentir. **2.** *(Souffle, soupir)* Expirer, *pousser*, produire, rendre. **3.** *(Odeur agréable)* *Embaumer*, fleurer, parfumer, sentir bon. **4.** *(Odeur désagréable)* Empester, *puer*, sentir mauvais. **5.** *(Impression agréable)* Exprimer, *manifester*, montrer. **6.** *(Impression désagréable)* Dégager, *respirer*, suer, suinter, transpirer. ▷ *V. pr.* **7.** *Se dégager*, émaner, laisser échapper, sortir. ♦ ANT. **1-3.** Absorber, aspirer, étouffer, inhaler, inspirer. **4.** Assainir, purifier. **5.** Cacher, réprimer, taire. **6.** Chasser, dissiper.

EXHAUSSER ♦ SYN. Augmenter, *élever*, hausser, lever, monter, rehausser, relever, remonter, surélever, surhausser. ♦ ANT. Abaisser, baisser, descendre, diminuer, rabaisser.

EXHAUSTIF ♦ SYN. Achevé, *complet*, détaillé, entier, total. ♦ ANT. Incomplet, partiel, rudimentaire, superficiel.

EXHIBER ♦ SYN. ▷ *V. tr.* **1.** *(Document)* Faire voir, *montrer*, présenter, produire. **2.** *(Partie du corps)* *Découvrir*, dénuder, dévoiler, laisser voir, révéler. **3.** *(Péj.)* Afficher, arborer, déployer, *étaler*, exposer, faire étalage de, faire montre de, faire parade de. ▷ *V. pr.* **4.** *(Souvent péj.)* S'afficher, *se montrer* (en public), parader, se pavaner, se produire. ♦ ANT. **1.** Conserver, garder, ranger. **2.** Cacher, dissimuler, vêtir, voiler. **3-4.** Se cacher, se faire discret.

EXHIBITION ♦ SYN. **1.** *(Dr.)* *Présentation*, production. **2.** *(Au public)* Exposition, *mon-*

tre, spectacle. **3.** *(Péj.)* Déploiement, *étalage*, parade.

EXHORTATION ✦ syn. **1.** Appel, conseil, encouragement, excitation, *incitation*, instigation, invitation, invite, recommandation, stimulation. **2.** Admonestation, harangue, prédication, *sermon*. ✦ ant. **1-2.** Découragement, dissuasion.

EXHORTER ✦ syn. Appeler, conseiller, encourager, engager, exciter, *inciter*, inviter, persuader, pousser, presser, recommander, stimuler. ✦ ant. Déconseiller, décourager, dissuader.

EXHUMER ✦ syn. **1.** Déterrer. **2.** Déterrer *(fig.)*, ranimer, rappeler, *ressortir*, ressusciter, réveiller, tirer de l'oubli. ✦ ant. **1.** Enterrer, inhumer. **2.** Cacher, enfouir, oublier, perdre.

EXIGEANT ✦ syn. **1.** *(Caractère)* Délicat, *difficile*, dur, insatiable, intraitable, maniaque, perfectionniste, pointilleux, sévère, strict. **2.** *(Travail)* Absorbant, *accaparant*, prenant. ✦ ant. **1.** Accommodant, arrangeant, coulant *(fam.)*, facile, laxiste, traitable. **2.** Agréable, distrayant, reposant.

EXIGENCE ✦ syn. **1.** Appétit, aspiration, *besoin*, désir. **2.** Caprice *(péj.)*, condition, demande, desiderata, prétention, *réclamation*, revendication, volonté. **3.** *(Morale)* Droiture, fermeté, inflexibilité, *rigueur*, sévérité. **4.** Contrainte, devoir, discipline, impératif *(n.)*, loi, nécessité, *obligation*, ordre, prescription, règle. ✦ ant. **1.** Réplétion, satiété, satisfaction. **2.** Abandon, offre, renonciation. **3.** Flexibilité, laxisme, mollesse, permissivité. **4.** Désobéissance, désordre, dissipation, indiscipline, laisser-aller, relâchement.

EXIGER ✦ syn. **1.** Demander (impérativement), prétendre à, *réclamer*, revendiquer. **2.** Appeler, commander, imposer, nécessiter, *obliger*, ordonner, prescrire, requérir, sommer, vouloir. ✦ ant. **1.** Abandonner, donner, offrir, renoncer. **2.** Dispenser, exempter, permettre, tolérer.

EXIGU ✦ syn. **1.** *(Espace)* Étriqué, *étroit*, minuscule, petit, réduit, restreint. **2.** *(Quan-*

tité) **Insuffisant**, modique. ✦ ant. **1.** Ample, étendu, grand, immense, vaste. **2.** Abondant, suffisant.

EXIGUÏTÉ ◇ v. **Étroitesse**

EXIL ✦ syn. **1.** Bannissement, déportation, expatriation (forcée), *expulsion*, interdiction de séjour, ostracisme, proscription, relégation, transportation. **2.** Déracinement, *émigration*, exode, expatriation, fuite. **3.** *Éloignement*, isolement, séparation, solitude. ✦ ant. **1.** Amnistie, grâce, rapatriement, rappel, retour. **2.** Enracinement, établissement, implantation. **3.** Présence, rapprochement.

EXILÉ ✦ syn. Banni, déplacé, déporté, expatrié, *expulsé*, réfugié. ✦ ant. Rapatrié.

EXILER ✦ syn. ▷ *V. tr.* **1.** Bannir, chasser, déporter, éloigner, expatrier, *expulser*, interdire de séjour, proscrire, reléguer. ▷ *V. pr.* **2.** Émigrer, *s'expatrier*, fuir. **3.** S'éloigner, s'isoler, se réfugier, *se retirer*. ✦ ant. **1.** Amnistier, gracier, rapatrier, rappeler. **2.** S'établir, s'installer, revenir. **3.** Apparaître, se montrer.

EXISTANT ✦ syn. **1.** Concret, effectif, matériel, palpable, physique, *réel*, tangible, visible. **2.** *Actuel*, contemporain, en vigueur, présent. ✦ ant. **1.** Absent, apparent, imaginaire, impalpable, inexistant, intangible, invisible, irréel, virtuel. **2.** Ancien, futur, passé.

EXISTENCE ✦ syn. **1.** *Être*, présence. **2.** Matérialité, objectivité, *réalité*, vérité. **3.** Destin, durée, jour, *vie*. ✦ ant. **1.** Absence, néant, non-être. **2.** Immatérialité, inexistence, irréalité. **3.** Fin, mort.

EXISTER ✦ syn. **1.** Continuer, demeurer, durer, *être*, naître, persister, rester, subsister, vivre. **2.** Se rencontrer, résider, se situer, *se trouver*. **3.** *Compter*, importer, valoir. ✦ ant. **1.** S'anéantir, disparaître, s'éteindre, finir, mourir. **2.** Être absent, manquer. **3.** Déprécier.

EXODE ✦ syn. **1.** *Émigration* (massive), exil, expatriation, fuite. **2.** Abandon, *départ*, dépeuplement, désertion, migration. **3.** *(Capitaux)* Évasion, *fuite*. ✦ ant.

1. Immigration, venue. 2. Arrivée, colonisation, peuplement, retour. 3. Investissement, stabilité (économique).

EXONÉRATION ◇ V. **Exemption**

EXONÉRER ♦ SYN. 1. *(Devoir)* Affranchir, décharger, dégager, délier, dispenser, *libérer.* 2. *(Fin.)* Dégrever, détaxer, *exempter.* ♦ ANT. 1. Alourdir, assujettir, imposer, obliger, surcharger. 2. Grever, majorer, surtaxer, taxer.

EXORBITANT ♦ SYN. Abusif, astronomique, cher, démesuré, exagéré, *excessif*, extraordinaire, extravagant, fou, inabordable, incroyable, irraisonnable, monstrueux, prohibitif, ruineux. ♦ ANT. Abordable, équitable, juste, modéré, modique, raisonnable.

EXORCISER ♦ SYN. Adjurer, chasser, *conjurer*, désensorceler, prier, purifier, supplier. ♦ ANT. Ensorceler, posséder.

EXORCISME ♦ SYN. Adjuration, *conjuration*, délivrance, dépossession, obsécration, prière, purification, supplication. ♦ ANT. Ensorcellement, possession.

EXORDE ♦ SYN. Commencement, début, *introduction*, préambule, prologue. ♦ ANT. Conclusion, épilogue, fin, péroraison, suite.

EXOTIQUE ♦ SYN. 1. *(Mœurs, coutumes)* *Étranger*, inconnu, insolite. 2. *(Pays, région)* Chaud, *tropical.* ♦ ANT. 1. Coutumier, familier. 2. Froid, tempéré.

EXPANSIF ♦ SYN. *Communicatif*, confiant, débordant, démonstratif, exubérant, franc, ouvert, prolixe. ♦ ANT. Cachottier, concentré, défiant, discret, froid, renfermé, réservé, sournois, taciturne, timide.

EXPANSION ♦ SYN. 1. *(Phys.)* Décompression, dilatation, *extension.* 2. *(Idées)* Circulation, diffusion, *propagation.* 3. *(Phénomène)* Accroissement, augmentation, bond, boom, *croissance*, développement, essor, explosion, hausse, progrès, progression. 4. *(Territoire)* Colonialisme, *impérialisme*, invasion. 5. *(Sentiments)* Débordement, effusion, *épanchement.* ♦ ANT. 1. Compression, contraction, tension. 2. Censure, confine-

ment. 3. Déclin, décroissance, dégringolade, dépression, diminution, récession, stagnation. 4. Décolonisation, libération, retrait. 5. Défiance, froideur, réserve.

EXPATRIÉ ◇ V. **Exilé**

EXPATRIER ◇ V. **Exiler**

EXPÉDIENT ♦ SYN. ▷ *Nom* 1. Accommodement, combine, échappatoire, gadget *(péj.)*, *moyen*, procédé, ressource, ruse, stratagème, truc *(fam.)*. 2. Mesure (temporaire), *palliatif*, remède (temporaire), soulagement. ▷ *Adj.* 3. *Commode*, convenable, indiqué, opportun, utile. ♦ ANT. 1. Impuissance, manque. 2. Aggravation, exacerbation. 3. Incommode, inopportun, inutile.

EXPÉDIER ♦ SYN. 1. Adresser, dépêcher, diriger, *envoyer.* 2. *(Ch.)* *Bâcler*, gâcher, saboter, torcher *(fam.)*, torchonner *(fam.)*. 3. *(Pers.)* Congédier, *se débarrasser.* 4. *(Dans l'autre monde)* Envoyer ad patres, *tuer.* ♦ ANT. 1. Arriver, recevoir. 2. Fignoler *(fam.)*, soigner. 3. Accueillir, inviter. 4. Épargner, sauver.

EXPÉDITEUR ♦ SYN. *Envoyeur*, exportateur. ♦ ANT. Destinataire, importateur.

EXPÉDITIF ♦ SYN. 1. Actif, diligent, prompt, *rapide*, vif. 2. Court, hâtif, précipité, *sommaire.* ♦ ANT. 1. Indécis, lent, long, traînard. 2. Minutieux, posé, réfléchi.

EXPÉDITION ♦ SYN. 1. Acheminement, chargement, courrier, *envoi*, exportation, livraison, transport. 2. *(Milit.)* Campagne, coup de main, croisade *(relig.)*, incursion, opération, *raid.* 3. Aventure, entreprise, équipée, excursion, exploration, mission (scientifique), odyssée, randonnée, safari, *voyage.* 4. *(Dr.)* Ampliation, copie, *double*, grosse *(n.)*. ♦ ANT. 1. Arrivage, arrivée, réception. 2. Repli, retraite. 3. Retour.

EXPÉRIENCE ♦ SYN. 1. Commerce, familiarité, fréquentation, *habitude*, pratique, routine, usage. 2. Acquis, aptitudes, bagage *(fig.)*, carrière, cheminement, compétences, connaissances, culture, curriculum vitae (cv), érudition, *savoir*, science. 3. Analyse, constatation, épreuve, *essai*, étude, expérimentation, manipulation, observation, recherche, tentative, test, vérification. ♦ ANT. 1. Inexpérience. 2. Ignorance, incompétence. 3. Abstraction, hypothèse, théorie.

EXPÉRIMENTÉ ♦ SYN. Adroit, averti, chevronné, connaisseur, émérite, éprouvé, exercé, *expert*, habile, rompu, versé. ♦ ANT. Apprenti, commençant, débutant, ignorant, inexpérimenté, novice.

EXPÉRIMENTER ♦ SYN. 1. Constater, *essayer*, mettre à l'épreuve, observer, tâter de, tenter, tester, vérifier. 2. Connaître, éprouver, ressentir, *vivre*.

EXPERT ♦ SYN. ▷ *Adj.* 1. Adroit, averti, bon, capable, *compétent*, exercé, expérimenté, grand clerc, habile, instruit, renseigné, savant, versé. ▷ *Nom* 2. Autorité, compétence *(fam.)*, connaisseur, consultant, institution *(fam.)*, sommité, *spécialiste*, virtuose *(arts)*. ♦ ANT. 1. Incapable, incompétent, inexpérimenté, maladroit, malhabile. 2. Amateur, apprenti, ignorant, novice.

EXPIATION ♦ SYN. *(Relig.)* Pénitence, rachat, *réparation*, repentir, sacrifice. ♦ ANT. Indulgence, récompense.

EXPIER ♦ SYN. Compenser, laver, payer, racheter, *réparer*. ♦ ANT. Jouir, profiter, récompenser.

EXPIRER ♦ SYN. ▷ *V. tr.* 1. Exhaler, *souffler*. ▷ *V. intr.* 2. Agoniser, s'en aller, s'éteindre, *mourir*, rendre le dernier soupir. 3. Cesser (d'être), *disparaître*, se dissiper, s'effacer, s'estomper, s'évanouir. 4. Achever, arriver à son terme, échoir, *finir*, se terminer. ♦ ANT. 1. Aspirer, inhaler, inspirer. 2. Naître, revivre. 3. Apparaître, éclore, se manifester. 4. Commencer, débuter, entrer en vigueur.

EXPLICABLE ◇ V. **Compréhensible**

EXPLICATION ♦ SYN. 1. Annotation, *commentaire*, exégèse, illustration, interprétation, remarque, renseignement. 2. Cause, excuse, *motif*, justification, origine, raison. 3. Clé, *éclaircissement*, élucidation, réponse, solution. 4. Altercation,

débat, *discussion*, dispute, mise au point. ♦ ANT. 1. Confusion, embrouillement. 2. Conséquence, effet. 3. Énigme, malentendu, mystère, problème. 4. Mutisme, silence.

EXPLICITE ♦ SYN. 1. *(Dr.)* Exprès, *formel*, formulé. 2. *Clair*, évident, net, positif, précis. ♦ ANT. 1. Implicite. 2. Allusif, confus, elliptique, énigmatique, équivoque, évasif, sous-entendu.

EXPLIQUER ♦ SYN. ▷ *V. tr.* 1. Apprendre, développer, *enseigner*, exposer, exprimer, manifester, montrer, prouver. 2. Clarifier, commenter, débrouiller, définir, démêler, *éclaircir*, éclairer, élucider, expliciter, illustrer, interpréter, traduire. 3. *Justifier*, motiver. ▷ *V. pr.* 4. Faire connaître, parler, *préciser*. 5. Se déclarer, se défendre, *se justifier*, se prononcer. 6. Se battre, *se disputer*. ♦ ANT. 1. Errer, se tromper. 2. Compliquer, embrouiller, obscurcir, trahir. 3. Contredire, démentir. 4. S'embrouiller, s'empêtrer. 5. S'incriminer. 6. Se comprendre, s'entendre.

EXPLOIT ♦ SYN. 1. Action d'éclat, fait d'armes, geste, haut fait, performance, prodige, *prouesse*, record, réussite, succès, victoire. ♦ ANT. Contre-performance, défaite, échec, revers.

EXPLOITER ♦ SYN. 1. *Faire valoir*, mettre en valeur, tirer parti, tirer profit. 2. *(Péj.)* *Abuser*, égorger, escroquer, estamper *(fam.)*, étrangler, étriller, plumer *(fam.)*, pressurer, profiter, rançonner, rouler *(fam.)*, saigner, spolier, voler. 3. *(Employé)* Sous-payer. ♦ ANT. 1. Laisser en friche. 2. Respecter. 3. Bien payer.

EXPLOITEUR ♦ SYN. Affameur, cupide, mercantile, *profiteur*, requin (de la finance), sangsue, vampire. ♦ ANT. Exploité, victime.

EXPLORATEUR ♦ SYN. Aventurier, chercheur, découvreur, navigateur, pionnier, prospecteur *(géol.)*, *voyageur* *(expédition)*.

EXPLORATION ♦ SYN. 1. Découverte, *expédition*, mission (scientifique), prospection *(géol.)*, reconnaissance, visite, voyage.

2. *Approfondissement*, étude, introspection. **3.** Auscultation, *examen*, inspection, palpation.

EXPLORER ♦ SYN. **1.** Battre, *chercher*, observer, parcourir, prospecter *(géol.)*. **2.** *Approfondir*, creuser, étudier (à fond), examiner, fouiller, inspecter, scruter, sonder. ♦ ANT. **1.** Découvrir, trouver. **2.** Effleurer, glisser sur, survoler.

EXPLOSER ♦ SYN. **1.** Détoner, *éclater*, péter *(fam.)*, sauter. **2.** Déborder, se déchaîner, éclater *(fig.)*, *s'emporter*, se fâcher, s'irriter, fulminer. ♦ ANT. **1.** S'éteindre, imploser. **2.** Se calmer, se réjouir.

EXPLOSION ♦ SYN. **1.** Commotion, déflagration, détonation, *éclatement*, fulmination, pétarade. **2.** *(Sentiments)* Bouffée, débordement, *déchaînement*, flambée, jaillissement, tempête. **3.** *(Maladie)* *Apparition*, manifestation. **4.** *(Phénomène)* Bond, boom, *expansion*, hausse (soudaine). ♦ ANT. **1.** Extinction, implosion. **2.** Accalmie, retenue. **3.** Disparition, guérison. **4.** Baisse, chute, déclin, dégringolade.

EXPORTATION ♦ SYN. Commerce, dumping, échange, *expédition*, transport, vente (à l'étranger). ♦ ANT. Arrivage, entrée, importation.

EXPOSÉ ♦ SYN. **1.** Analyse, compte rendu, démonstration, description, développement, énoncé, exposition, historique, narration, rapport, *récit*, relation. **2.** *(Didact.)* *Communication*, conférence, cours, discours, essai, laïus *(fam.)*, leçon, mémoire, topo, thèse, traité. **3.** *(Court)* Abrégé, aperçu, argument, *résumé*, sommaire.

EXPOSER ♦ SYN. ▷ V. tr. **1.** Afficher, étaler, exhiber, montrer, placarder, *présenter*. **2.** Décrire, énoncer, expliquer, *raconter*, relater, rendre compte, retracer. **3.** Disposer, *orienter*, placer, situer, tourner vers. **4.** Aventurer, compromettre, engager, hasarder, jouer, mettre en péril, *risquer*. ▷ V. pr. **5.** *Affronter*, braver, faire face à. **6.** S'attirer, chercher, *encourir*, mériter, prêter le flanc à, risquer de. ♦ ANT. **1.** Abriter, cacher, dissimuler, taire. **2.** Embrouiller, mêler, omettre, oublier.

3. Déplacer, opposer. **4.** Garantir, mettre en garde, prémunir, prévenir. **5.** Contourner, éviter, fuir. **6.** Se garantir, se prémunir, se préserver, se protéger.

EXPOSITION ♦ SYN. **1.** Étalage, exhibition, montre, *présentation*. **2.** Foire, galerie d'art, *manifestation*, salon, vernissage. **3.** *Orientation*, place, position, situation. **4.** Explication, *exposé*, narration, récit.

EXPRÈS ♦ SYN. ▷ Adj. **1.** Absolu, *explicite*, formel, net, précis. ▷ Adv. **2.** À dessein, délibérément, intentionnellement, *volontairement*. ♦ ANT. **1.** Confus, équivoque, imprécis, vague. **2.** Involontairement, malgré soi.

EXPRESSIF ♦ SYN. **1.** Démonstratif, éloquent, manifeste, parlant, *significatif*, symptomatique. **2.** Animé, coloré, énergique, mobile, *vif*, vivant. ♦ ANT. **1.** Inexpressif, insignifiant. **2.** Figé, morne, terne.

EXPRESSION ♦ SYN. **1.** Énoncé, formule, idiome, *locution*, mot, parole, terme, tour, tournure, vocable. **2.** Air, attitude, caractère, émanation, extériorisation, figure, incarnation, manière, *manifestation*, personnification, physionomie, style, ton, vie. **3.** *(Art)* Brio, *chaleur*, conviction, émotion, maîtrise, vivacité. ♦ ANT. **3.** Banalité, froideur, impassibilité, médiocrité.

EXPRIMER ♦ SYN. ▷ V. tr. **1.** Dire, émettre, énoncer, exposer, extérioriser, formuler, *manifester*, montrer, objectiver, verbaliser. **2.** Rendre, *signifier*, traduire. **3.** *(Art)* Peindre, *représenter*. ▷ V. pr. **4.** *Communiquer*, parler. **5.** *S'affirmer*, s'extérioriser, se manifester. ♦ ANT. **1.** Cacher, celer, dissimuler, intérioriser, refouler, taire. **2.** Fausser, trahir, tromper. **3.** Déformer, dénaturer. **4.** Garder pour soi, se taire. **5.** Se renfermer, se replier sur soi.

EXPULSER ♦ SYN. **1.** *(Pays)* Bannir, déporter, exiler, *expatrier*, extrader *(criminel)*, proscrire, refouler, reléguer. **2.** *(Lieu)* Chasser, *déloger*, évacuer, évincer, vider *(fam.)*. **3.** *(Groupe)* Exclure, excommunier, rejeter, *renvoyer*, repousser. **4.** *(Méd.)* Éliminer, *évacuer*, excréter, expectorer. ♦ ANT. **1.** Rapatrier, rappeler. **2.** Admettre, recevoir. **3.** Accueillir, intégrer. **4.** Absorber, ingérer.

EXQUIS ◆ **SYN. 1.** Délectable, *délicieux*, excellent, fin, friand, savoureux, suave, succulent. **2.** Adorable, *charmant*, doux, enchanteur, merveilleux. **3.** Délicat, parfait, *raffiné*, subtil. **4.** *(Pers.)* Affable, aimable, amène, attentionné, avenant, cordial, gentil, *prévenant*, sympathique. ◆ **ANT. 1.** Amer, dégoûtant, détestable, fade, insipide, mauvais. **2.** Abominable, affreux, horrible, odieux. **3.** Fruste, grossier, vulgaire. **4.** Acariâtre, désagréable, insupportable, revêche.

EXSANGUE ◆ **SYN. 1.** Anémique, *blême*, cadavérique, hâve, livide, pâle, terreux. **2.** *(Art)* Faible, nul, *vide*. ◆ **ANT. 1.** Coloré, pléthorique, rubicond, sanguin. **2.** Riche, vigoureux.

EXTASE ◆ **SYN. 1.** Contemplation, élévation (de l'âme), mysticisme, transe, *transport*, vision. **2.** Admiration, adoration, béatitude, émerveillement, enivrement, euphorie, *exaltation*, félicité, griserie *(fig.)*, ivresse *(fig.)*, pâmoison, ravissement. ◆ **ANT. 1.** Abattement, déréliction, tristesse. **2.** Apathie, dégoût, désabusement, désenchantement, désillusion, impassibilité, infélicité, torpeur.

EXTASIER (S') ◇ V. **Émerveiller**

EXTENSIBLE ◆ **SYN.** Ductile *(métaux)*, élastique, *malléable*, souple. ◆ **ANT.** Cassant, inextensible, résistant, rigide.

EXTENSION ◆ **SYN. 1.** Accroissement, agrandissement, allongement, *augmentation*, croissance, déploiement, dilatation, élargissement, étirement. **2.** Développement, essor, *expansion*, prolongement, propagation. **3.** *(Concept)* Étendue, *généralisation*. **4.** *(Conflit)* Généralisation, *mondialisation*. ◆ **ANT. 1.** Contraction, diminution, rétrécissement. **2.** Confinement, réduction. **3.** Spécialisation. **4.** Confinement, localisation.

EXTÉNUANT ◇ V. **Éreintant**

EXTÉNUER ◆ **SYN.** Abattre, affaiblir, anéantir, briser, *épuiser*, éreinter, fatiguer, vider *(fam.)*. ◆ **ANT.** Détendre, reposer, revigorer, vivifier.

EXTÉRIEUR ◆ **SYN.** ▷ *Adj.* **1.** Étranger, *externe*, extrinsèque. **2.** *Apparent*, manifeste, observable, superficiel, visible. ▷ *Nom* **3.** Dehors. **4.** *(Pays)* *Étranger*, outre frontière. **5.** Abords, air, allure, *apparence*, aspect, attitude, façade, figure, maintien, mine, physionomie, présentation. ◆ **ANT. 1.** Intérieur, interne, intrinsèque. **2.** Caché, enfoui, invisible, profond. **3.** Dedans, intérieur. **4.** Au pays, chez soi. **5.** Fond, identité, intimité, personne, tréfonds.

EXTÉRIORISATION ◆ **SYN. 1.** Affirmation, *expression*, manifestation, objectivation, verbalisation. **2.** Catharsis, déblocage, *défoulement*, libération. ◆ **ANT. 1.** Intériorisation. **2.** Inhibition, refoulement, repli sur soi.

EXTÉRIORISER ◆ **SYN.** ▷ *V. tr.* **1.** Affirmer, *exprimer*, manifester, montrer, objectiver, verbaliser. ▷ *V. pr.* **2.** S'affirmer, se défouler, *s'exprimer*, se libérer. ◆ **ANT. 1.** Cacher, intérioriser. **2.** Inhiber, refouler, se renfermer, se replier sur soi.

EXTERMINATION ◆ **SYN.** Anéantissement, boucherie *(fig.)*, carnage, décimation, destruction, épuration ethnique, génocide, holocauste, immolation, massacre, pogrom, *tuerie*. ◆ **ANT.** Défense, peuplement, protection, secours.

EXTERMINER ◆ **SYN.** Anéantir, décimer, détruire, immoler, massacrer, supprimer, *tuer*. ◆ **ANT.** Défendre, épargner, peupler, protéger, secourir.

EXTINCTION ◆ **SYN. 1.** Achèvement, anéantissement, arrêt, cessation, destruction, *disparition*, épuisement, expiration, fin, mort. **2.** *(Droit, obligation)* *Abolition*, abrogation, annulation, suppression. ◆ **ANT. 1.** Accroissement, développement, propagation, reproduction. **2.** Conservation, maintien.

EXTIRPER ◆ **SYN.** ▷ *V. tr.* **1.** *Arracher*, déraciner, enlever, extraire, ôter, retirer. **2.** Faire sortir, *tirer*. **3.** *(Mal, vice)* *Détruire*, éradiquer, supprimer. ▷ *V. pr.* **4.** Se dégager, *s'extraire*, se sortir de. ♦ ANT. 1. Enfoncer, enraciner, fixer, planter. 2. S'installer, prendre place. 3. Propager, répandre. 4. Enfermer, retenir.

EXTORQUER ♦ SYN. Arracher, carotter *(fam.)*, escroquer, rançonner, **soutirer**, taxer *(fig.)*, tirer, voler.

EXTORSION ♦ SYN. *Chantage*, contrainte, escroquerie, exaction, fraude, rançonnement, taxage *(québ.)*.

EXTRACTION ♦ SYN. 1. Ablation, arrachage *(dent)*, **arrachement**, énucléation, exérèse, extirpation. 2. Ascendance, condition, lignage, lignée, naissance, *origine*, racines, souche. ♦ ANT. 1. Enfoncement, implantation, insertion, introduction. 2. Descendance, postérité.

EXTRAIRE ♦ SYN. ▷ *V. tr.* 1. *Arracher*, déraciner, extirper, retirer, sarcler. 2. *Dégager*, enlever, ôter. 3. Compiler, *résumer*. ▷ *V. pr.* 4. Se dégager, *s'extirper*, se sortir de. ♦ ANT. 1. Enfouir, enraciner, ensemencer. 2. Contenir. 3. Ajouter, développer. 4. Enfermer, retenir.

EXTRAIT ♦ SYN. 1. *Concentré*, essence, parfum. 2. Anthologie, bribes, citation, fragment, morceau, *passage*. 3. *Abrégé*, aperçu, précis, résumé, sommaire. 4. Copie conforme. ♦ ANT. 2-3. Œuvre, ouvrage, somme, tout. 4. Original.

EXTRAORDINAIRE ♦ SYN. 1. Anormal, bizarre, curieux, étrange, excentrique, *exceptionnel*, extravagant imprévu, inespéré, inhabituel, inouï, insolite, inusité, original, particulier, rare, singulier, spécial, unique. 2. Admirable, brillant, épatant, époustouflant, étonnant, fabuleux, fantastique, formidable, génial, incroyable, merveilleux, miraculeux, mirifique, phénoménal, prodigieux, remarquable, renversant, *sensationnel*, stupéfiant, sublime, terrible *(fam.)*. 3. Colossal, *énorme*, excessif, exorbitant, extrême, faramineux, gigantesque, immense, intense, titanesque. ♦ ANT. 1. Attendu, banal, commun, courant, fréquent, habituel, naturel, normal, ordinaire, quelconque. 2. Abominable, insignifiant, laid, mauvais, médio-

cre, nul, terne, trivial, vulgaire. 3. Faible, infime, minime, minuscule, moyen.

EXTRAVAGANCE ♦ SYN. 1. Bizarrerie, étrangeté, *excentricité*, originalité, singularité. 2. Aberration, aveuglement, *déraison*, folie, inconscience, ineptie, insanité, stupidité. 3. *Caprice*, coup de tête, écart (de conduite), exagération, excès, fantaisie, frasques, lubie, versatilité. 4. *(Paroles, propos)* Chimères, contresens, *divagations*, élucubrations, énormités, idées folles, illusions, invraisemblances. ♦ ANT. 1. Banalité, normalité, simplicité. 2. Bon sens, lucidité, raison, sagesse. 3. Mesure, modération, régularité. 4. Logique, pragmatisme, réalisme.

EXTRAVAGANT ♦ SYN. 1. Abracadabrant, absurde, biscornu, bizarre, capricieux, déraisonnable, étrange, *excentrique*, fantasque, farfelu, fou, grotesque, insensé, ridicule, rocambolesque, saugrenu. 2. Abusif, dément, démesuré, exagéré, *excessif*, exorbitant. ♦ ANT. 1. Équilibré, juste, logique, normal, raisonnable, sage, sensé. 2. Faible, mesuré, modéré, modique.

EXTRÊME ♦ SYN. ▷ *Adj.* 1. Dernier, final, suprême, terminal, *ultime*. 2. Exceptionnel, extraordinaire, grand, inouï, *intense*, profond, suprême. 3. Brutal, excessif, immodéré, outré, *radical*, violent. ▷ *Nom* 4. *Antipode*, contraire, limite, opposé. ♦ ANT. 1. Initial, premier. 2. Faible, ordinaire, petit. 3. Modéré, moyen. 4. Entredeux, intermédiaire, milieu.

EXTRÉMISTE ◇ v. **Radical**

EXTRÉMITÉ ♦ SYN. 1. Bord, borne, bout, confins, extrême, frontière, *limite*, lisière, pointe, queue, terminaison, tête. 2. Agonie, article de la mort, *fin*. 3. *(Pl.)* Abus, démesure, emportement, *excès*, outrance. ♦ ANT. 1. Centre, milieu, moyen terme. 2. Début, naissance. 3. Équilibre, mesure, modération, retenue.

EXTRINSÈQUE ♦ SYN. 1. Étranger, *extérieur*, externe. 2. *Conventionnel*, fictif, nominal. ♦ ANT. 1. Intérieur, interne, intrinsèque. 2. Effectif, réel.

EXUBÉRANCE ◆ SYN. 1. *Abondance*, débordement, foison, luxuriance, profusion, surabondance. 2. *Exagération*, faconde, prolixité, volubilité. 3. *(Sentiments)* Effusion, *épanchement*, expansivité, fougue, impétuosité, pétulance, vivacité. ◆ ANT. 1. Aridité, indigence, pauvreté, pénurie. 2. Concision, laconisme, simplicité. 3. Froideur, modération, réserve, retenue.

EXUBÉRANT ◆ SYN. 1. *Abondant*, débordant, foisonnant, luxuriant, opulent, surabondant. 2. Communicatif, délirant, démonstratif, envahissant, *expansif*, fougueux, impétueux, pétulant, prolixe.

◆ ANT. 1. Aride, dépouillé, insuffisant, maigre, pauvre, rare. 2. Calme, contenu, discret, froid, réservé, taciturne.

EXULTATION ◆ SYN. Allégresse, bonheur, délire, exaltation, gaieté, joie, *jubilation*, liesse. ◆ ANT. Accablement, douleur, mélancolie, tristesse.

EXULTER ◇ v. Jubiler

EXUTOIRE ◆ SYN. Antidote, défoulement, *dérivatif*, déversoir, diversion, expédient, issue, palliatif, panacée, remède (moral), solution, soulagement, soupape. ◆ ANT. Oppression, refoulement, stress, tension.

F

FABLE ♦ SYN. 1. Allégorie, apologue, *conte*, fabliau, fiction, leçon, légende, moralité, mythe, parabole, récit. 2. Boniments, fabulation, fantaisie, histoire (inventée), imagination, invention, *mensonge*. 3. *(Pers.)* **Risée**, sujet de moquerie, victime des quolibets. ♦ ANT. 2. Vérité. 3. Gloire, héros, sujet de fierté.

FABRICANT ♦ SYN. Artisan, confectionneur, constructeur, entrepreneur, faiseur, industriel, manufacturier, *producteur*, usinier.

FABRICATEUR ♦ SYN. *Péj.* 1. Contrefacteur, falsificateur, *faussaire*, faux-monnayeur, imitateur. 2. *(Fausses nouvelles)* **Forgeur**, inventeur.

FABRICATION ♦ SYN. 1. Confection, construction, création, élaboration, exécution, façon, façonnage, montage, *production*. 2. *(Péj.)* **Artifice**, ficelle, formule, métier, procédé, recette, truc *(fam.)*. 3. Fabulation, histoire (inventée), invention, *mensonge*, mythomanie. ♦ ANT. 1. Anéantissement, démolition, destruction. 2. Créativité, inspiration. 3. Réalité, vérité.

FABRIQUE ♦ SYN. 1. *Manufacture*, usine. 2. Conseil paroissial.

FABRIQUER ♦ SYN. 1. Confectionner, construire, créer, élaborer, façonner, faire, manufacturer, *produire*, usiner. 2. *(Péj.)* **Forger**, imaginer, inventer. ♦ ANT. 1. Défaire, détruire. 2. Dire vrai.

FABULATEUR ◊ v. Menteur

FABULATION ♦ SYN. 1. Affabulation, créativité, *imagination*, inventivité. 2. Chimère, fable, fabrication, histoire (inventée), invention, *mensonge*, mythomanie. ♦ ANT. 1. Raison. 2. Réalité, vérité.

FABULEUX ♦ SYN. 1. *Légendaire*, mythique, mythologique. 2. Chimérique, fictif, *imaginaire*, irréel. 3. Étonnant, exceptionnel, extraordinaire, *fantastique*, féerique, formidable, incroyable, inouï, mirifique, prodigieux. 4. Astronomique, colossal, *énorme*, exorbitant, faramineux. ♦ ANT. 1. Historique. 2. Certain, exact, fondé, réel, vrai. 3. Commun, croyable, naturel, ordinaire. 4. Minime, modique, petit, raisonnable.

FAÇADE ♦ SYN. 1. *(Archit.)* Avant-corps, devant, *devanture*, face, front, frontispice, fronton. 2. *Apparence*, dehors, extérieur, semblant, simulacre, trompe-l'œil, vernis. ♦ ANT. 1. Arrière-corps, derrière, dos. 2. Dedans, fond, intérieur, réalité.

FACE ♦ SYN. 1. *Figure*, gueule *(fam.)*, tête, visage. 2. *(Médaille, pièce)* Avers. 3. Apparence, *faciès*, mine, physionomie. 4. Angle, aspect, biais, côté, extérieur, *facette*, perspective, point de vue. ♦ ANT. 1. Derrière, dos. 2. Envers, pile, revers. 3. Dedans, intérieur, opposé, rebours.

FACE-À-FACE ♦ SYN. Affrontement, conversation, *débat*, discussion, échange de vues, entrevue, polémique, rencontre, vis-à-vis. ♦ ANT. Accord, entente.

FACÉTIE ♦ SYN. *Baliverne*, blague, bouffonnerie, farce, mystification, niche, pitrerie, plaisanterie, rigolade *(fam.)*, tour, tromperie. ♦ ANT. Gravité, sérieux.

FACÉTIEUX ♦ SYN. 1. *Blagueur*, cocasse, comique, drôle, farceur, gouailleur, moqueur, pince-sans-rire, plaisant, plaisantin, réjouissant, rigolo *(fam.)*, spirituel, taquin. 2. *(Péj.)* Farceur, guignol, loustic, *mauvais plaisant*, plaisantin, petit comique, petit rigolo, pitre. ♦ ANT. 1. Austère, digne, grave, sérieux, sévère. 2. Vraiment drôle.

FACETTE ◇ V. **Face**

FÂCHÉ ♦ SYN. 1. *Désolé*, navré, peiné. 2. Agacé, contrarié, froissé, *irrité*, mécontent, vexé. 3. *Brouillé*, en froid, en mauvais termes. ♦ ANT. 1. Heureux, ravi, réjoui. 2. Comblé, content, satisfait. 3. En bons termes, réconcilié, réuni.

FÂCHER ♦ SYN. ▷ V. tr. 1. *Désoler*, navrer, peiner. 2. Agacer, contrarier, déplaire, froisser, frustrer, indigner, indisposer, *irriter*, mécontenter, offusquer, vexer. ▷ V. pr. 3. Se choquer *(québ., fam.)*, s'emporter, se hérisser, s'impatienter, *se mettre en colère*, se monter contre. 4. *Se formaliser*, se froisser, s'indigner, s'offenser, s'offusquer, se révolter, se scandaliser, se vexer. 5. *Se brouiller*, se désunir, rompre avec, se séparer. ♦ ANT. 1. Ravir, réjouir. 2. Calmer, combler, contenter, égayer, plaire, rasséréner, satisfaire. 3. Se calmer, décolérer, patienter, rire. 4. Accepter, admettre, pardonner, tolérer. 5. S'allier, se réconcilier, renouer, s'unir.

FÂCHERIE ♦ SYN. *(Entre deux personnes)* Bouderie, *brouille*, chicane, désaccord, dispute, froid, mésentente, mésintelligence, nuage *(fig.)*, rupture. ♦ ANT. Accord, entente, harmonie, réconciliation.

FÂCHEUX ♦ SYN. ▷ Adj. 1. Affligeant, *contrariant*, cruel, défavorable, déplacé, déplaisant, déplorable, embarrassant, embêtant, ennuyeux, gênant, inopportun, intempestif, malencontreux, malheureux, malvenu, mauvais, navrant, regrettable, vexatoire. ▷ Nom 2. Casse-pieds *(fam.)*, gêneur, *importun*, indésirable, indiscret, raseur *(fam.)*. ♦ ANT. 1. Agréable, bienvenu, favorable, heureux, opportun, propice. 2. Discret, hôte, invité.

FACIÈS ♦ SYN. 1. *(Anthrop.)* Visage. 2. Apparence, aspect, *face*, physionomie.

FACILE ♦ SYN. 1. Abordable, accessible, aisé, commode, compréhensible, élémentaire, exécutable, faisable, possible, réalisable, *simple*. 2. *(Style)* Coulant, fluide, *naturel*. 3. *(Pers.)* *Accommodant*, arran-

geant, conciliant, coulant *(fam.)*, doux, tolérant, traitable. 4. *Docile*, obéissant. ♦ ANT. 1. Âpre, ardu, compliqué, corsé, délicat, difficile, dur, épineux, inaccessible, incommode, inexécutable, malaisé, pénible, rude. 2. Emprunté, recherché. 3. Acariâtre, inabordable, malcommode *(québ., fam.)*. 4. Désobéissant, indocile.

FACILITÉ ♦ SYN. 1. Adresse, aisance, *aptitude*, disposition, don, faculté, faconde, grâce, habileté, intelligence, naturel *(n.)*, talent. 2. *(Ch.)* Agrément, aisance, convivialité *(inform.)*, praticité, *simplicité*. 3. *Clarté*, compréhension, intelligibilité, limpidité. 4. *Banalité*, platitude, trivialité. 5. Complaisance, faiblesse, laisser-aller, laxisme, mollesse, *paresse*, relâchement. 6. *(Pl.)* Avantages, commodités, latitude, liberté, marge, moyens, occasions, *possibilités*, secours. ♦ ANT. 1. Inaptitude, inhabileté, lourdeur, maladresse. 2. Complication, difficulté. 3. Complexité, confusion, embrouillamini, hermétisme, inintelligibilité, obscurité, opacité. 4. Créativité, imagination, originalité. 5. Effort, étude, rigueur. 6. Complications, difficultés, embarras, empêchement, gêne, impossibilité, incommodité, obstacles.

FACILITER ♦ SYN. ▷ V. tr. 1. Aider, aplanir, arranger, concourir à, contribuer à, *favoriser*, permettre, préparer. ▷ V. pr. 2. *Simplifier*. ♦ ANT. 1. Empêcher, entraver, nuire. 2. Se compliquer.

FAÇON ♦ SYN. 1. *Confection*, création, exécution, fabrication, invention. 2. Allure, coupe, facture, *forme*, griffe, manière de, style, travail. 3. Art, formule, manière (de procéder), marche (à suivre), méthode, mode (d'action, d'emploi), moyen, *procédé*, recette, système, technique, tour, truc *(fam.)*, voie. 4. *(Souvent pl.)* Agissements *(péj.)*, attitude, *comportement*, conduite, coutume, genre (de vie), habitudes, manière (d'être, d'agir), mode (de vie), procédés. 5. *(Pl.)* Affectation, cérémonies, chichis *(fam.)*, courbettes, flaflas *(fam.)*, *manières*, minauderies, mines, politesses, révérences, salamalecs, simagrées.

FACONDE ✦ SYN. *(Souvent péj.)* Bagou, *éloquence*, exubérance, facilité (d'expression), loquacité, prolixité, rhétorique, verbosité, verve, volubilité. ✦ ANT. Concision, froideur, modération, retenue, réticence, silence.

FAÇONNER ✦ SYN. **1.** Confectionner, élaborer, exécuter, *fabriquer*, faire, forger, former, modeler, mouler, ouvrer, préparer, sculpter, tailler, travailler, usiner. **2.** Dresser, *éduquer*, modifier, transformer. **3.** Accoutumer, *habituer*, plier. ✦ ANT. **1.** Bâcler, défaire, détruire. **2.** Abrutir, déformer. **3.** Déshabituer.

FAC-SIMILÉ ✦ SYN. Copie, double, duplicata, imitation, *reproduction*, télécopie, transcription. ✦ ANT. Original.

FACTEUR ✦ SYN. **1.** Postier. **2.** *(Orgues, pianos)* Fabricant. **3.** Composant, donnée, *élément*, paramètre. **4.** Agent, *cause*, origine. **5.** Coefficient, indice, pourcentage, quotient, *rapport*, ratio, taux. ✦ ANT. **4.** Conséquence, effet, produit, résultat.

FACTICE ✦ SYN. **1.** *Faux*, imité, postiche. **2.** Académique, *affecté*, apprêté, artificiel, contraint, conventionnel, de commande, d'emprunt, emprunté, fabriqué, feint, forcé, insincère, livresque, simulé. ✦ ANT. **1.** Authentique. **2.** Naturel, réel, sincère, spontané, vrai.

FACTIEUX ◇ v. **Révolté**

FACTION ✦ SYN. **1.** Cabale *(péj.)*, clan, *groupe*, groupuscule, ligue, parti. **2.** *(Pl.)* Agitation, brigue, complot, *conspiration*, intrigue. **3.** *Garde*, guet, sentinelle, surveillance.

FACTURE ✦ SYN. **1.** Art, caractère, exécution, fabrication, façon, manière, *style*, technique, ton, touche, travail. **2.** Addition, bordereau, *compte*, état, mémoire, note, relevé.

FACULTATIF ✦ SYN. Ad libitum, au choix, *libre*, optionnel, volontaire. ✦ ANT. Forcé, obligatoire.

FACULTÉ ✦ SYN. **1.** Autorisation, droit, habilité, latitude, liberté, moyen, *possibilité*, pouvoir, privilège, puissance. **2.** *Aptitude*, capacité, disposition, don, fonction,

force, génie, intelligence, propriété, ressource, talent, vertu. **3.** Enseignement (supérieur), *université*. ✦ ANT. **1.** Impossibilité, impuissance. **2.** Défaut, inaptitude, incapacité, manque.

FADAISES ✦ SYN. *(Pl. surtout)* Bagatelles, balivernes, billevesées, boniment, calembredaines, frivolités, futilités, inepties, insignifiances, niaiseries, *platitudes*, sornettes. ✦ ANT. Délicatesse, finesse, sagacité, subtilité.

FADE ✦ SYN. **1.** Désagréable, douceâtre, fadasse, *insipide*. **2.** Délavé, *pâle*, terne. **3.** Banal, conventionnel, *ennuyeux*, faible, fastidieux, inintéressant, insignifiant, monotone, morne, plat. ✦ ANT. **1.** Assaisonné, délectable, épicé, fort, piquant, relevé. **2.** Brillant, vif. **3.** Captivant, excitant, intéressant, palpitant, prenant, vivant.

FADEUR ✦ SYN. **1.** Insipidité. **2.** Banalité, faiblesse, inconsistance, *insignifiance*, insipidité *(fig.)*, médiocrité, monotonie, pâleur *(fig.)*, pauvreté, platitude. ✦ ANT. **1.** Piquant, saveur. **2.** Brio, esprit, finesse, mordant, originalité, profondeur, richesse.

FAIBLE ✦ SYN. ▷ *Adj.* **1.** Affaibli, anémique, cacochyme, chétif, débile, défaillant, délicat, fluet, *frêle*, impotent, infirme, maladif, malingre. **2.** Chancelant, *déficient*, désarmé, handicapé, impuissant, sans défense. **3.** Aboulique, apathique, bonasse, débonnaire, indécis, influençable, léger, mauviette *(fam.)*, *mou*, pusillanime, velléitaire, veule. **4.** *(Lumière)* Blême, grêle, *pâle*. **5.** *(Ch.)* Branlant, *fragile*, inconsistant, instable, précaire. **6.** *(Quantité)* **Bas**, mince, modéré, modique, petit. **7.** *(Travail)* **Insuffisant**, mauvais, médiocre. **8.** *(Son)* Étouffé, imperceptible, *léger*. ▷ *Nom* **9.** *(Collectif)* **Démuni**, opprimé, pauvre, pauvre type, petit. **10.** Goût, *penchant*, prédilection, préférence. ✦ ANT. **1.** Énergique, robuste, valide, vigoureux. **2.** Capable, doué, intelligent, puissant, talentueux. **3.** Courageux, ferme, volontaire. **4.** Brillant, éclatant, vif. **5.** Durable, incassable, indestructible, résistant, solide, stable. **6.** Élevé, énorme, exagéré, grand, haut, intense. **7.** Bon, passable, suffisant. **8.** Aigu, fort, grave, tonitruant. **9.** Grand, nanti, puissant, riche. **10.** Aversion, dégoût, mépris.

FAIBLESSE ♦ SYN. **1.** Affaiblissement, anémie, débilité, déficience, délicatesse, épuisement, fatigue, *fragilité*, impuissance, infirmité. **2.** *Défaillance*, étourdissement, évanouissement, malaise, pâmoison, syncope. **3.** *Défaut*, faille, imperfection, infériorité, insuffisance, lacune, manque, péché mignon, point faible, talon d'Achille, tare, travers. **4.** Banalité, fadeur, inconsistance, *médiocrité*, platitude. **5.** Apathie, indécision, irrésolution, lâcheté, *mollesse*, veulerie. **6.** Chute, égarement, entraînement, erreur, *faute*. **7.** *(Quantité)* Indigence, insignifiance, maigreur, minceur, modicité, *petitesse*. ♦ ANT. **1.** Énergie, robustesse, vigueur. **2.** Réveil. **3.** Aptitude, efficacité, force, habileté, maîtrise, puissance, qualité, richesse, supériorité, valeur. **4.** Brio, génie, intérêt, originalité, talent, verve. **5.** Caractère, fermeté, volonté. **6.** Maîtrise (de soi), vertu. **7.** Abondance, ampleur, étendue, grandeur, importance.

FAIBLIR ♦ SYN. **1.** S'affaiblir, s'atténuer, baisser, décliner, défaillir, *diminuer*, s'épuiser. **2.** *Fléchir*, plier, ployer, vaciller. **3.** *S'amollir*, chanceler, fléchir *(fig.)*, mollir, se relâcher. ♦ ANT. **1.** Accroître, activer, se fortifier, récupérer, se renforcer. **2.** Se redresser, se relever, résister, supporter. **3.** S'affermir, se durcir, ragaillardir, tenir bon.

FAILLE ♦ SYN. **1.** Brèche, brisure, cassure, crevasse, décrochement, fêlure, fente, fissure, *fracture*, ouverture, trou. **2.** *Défaut*, faiblesse, insuffisance, lacune, point faible. **3.** Désaccord, *discorde*, fissure *(fig.)*, pomme de discorde, rupture. ♦ ANT. **1.** Fermeture, réunion. **2.** Correction, équilibre, force, point fort. **3.** Accord, concorde, réconciliation.

FAILLIR ♦ SYN. **1.** *(Devoir)* Se dérober, s'esquiver, *manquer à*, négliger. **2.** S'abuser, fauter, pécher, *succomber*, tomber

(dans l'erreur), se tromper. **3.** Être sur le point de, *manquer de*. ♦ ANT. **1.** Accomplir, remplir. **2.** S'amender, se corriger, se relever, se repentir, se reprendre, se ressaisir. **3.** Faire, réussir.

FAILLITE ♦ SYN. **1.** Banqueroute *(péj.)*, débâcle, déconfiture, désastre, effondrement, fiasco, insolvabilité, krach, liquidation, naufrage, *ruine*. **2.** *(Projet)* Avortement, déboires, *échec*, insuccès, revers. ♦ ANT. **1.** Prospérité, richesse. **2.** Réussite, succès, triomphe.

FAIM ♦ SYN. **1.** *Appétit*, boulimie, creux (à l'estomac), fringale. **2.** Besoin, *désir*, envie, soif. **3.** Disette, *famine*, inanition, malnutrition, sous-alimentation. ♦ ANT. **1.** Anorexie, inappétence, satiété. **2.** Contentement, satisfaction. **3.** Abondance, alimentation, nutrition, réplétion, vivres.

FAINÉANT ♦ SYN. ▷ *Nom* **1.** Désœuvré, feignant, flâneur, oisif, *paresseux*, propre à rien, sans-cœur *(québ., fam.)*, tire-au-flanc *(fam.)*. ▷ *Adj.* **2.** Apathique, inactif, indolent, insouciant, lent, musard, *nonchalant*. ♦ ANT. **1.** Travailleur. **2.** Actif, affairé, diligent, entreprenant, laborieux, occupé, zélé.

FAINÉANTER ◇ V. **Paresser**

FAINÉANTISE ♦ SYN. Apathie, désœuvrement, flemme *(fam.)*, inaction, indolence, inertie, nonchalance, oisiveté, *paresse*. ♦ ANT. Action, activité, ardeur, diligence, empressement, énergie, enthousiasme, mouvement, zèle.

FAIRE ♦ SYN. ▷ *V. tr.* **1.** Bâtir, composer, confectionner, construire, *créer*, élever, engendrer, ériger, fabriquer, façonner. **2.** Accomplir, s'acquitter de, agir, constituer, effectuer, établir, exécuter, exercer, former, instaurer, instituer, opérer, pratiquer, produire, *réaliser*. **3.** Commettre, *décider*, entreprendre, perpétrer *(péj.)*. **4.** Acquérir, amasser, gagner, *obtenir*, procurer. **5.** *Causer*, déterminer, occasionner, provoquer. **6.** *Dire*, répliquer, répondre, rétorquer. **7.** Contrefaire, feindre, *imiter*, incarner, interpréter, jouer, paraître, représenter, simuler. **8.** *Arranger*, combiner, disposer, nettoyer, ranger. ▷ *v. pr.* **9.** S'accommoder à, *s'accoutumer à*, se conformer à, s'habituer à, se plier à, se résigner à. **10.** Convenir. **11.** *(S'en faire)* Se faire de la bile, se faire du mauvais sang, *s'inquiéter*, se soucier, se tourmenter, se tracasser. ♦ **ANT. 1.** Abattre, abolir, anéantir, annuler, débarrasser, défaire, dégager, démolir, déranger, détruire, supprimer. **2.** Bâcler, négliger, omettre. **3.** Refuser, reporter. **4.** Céder, perdre. **5.** Dériver, venir de. **6.** Écouter. **7.** Déformer, dénaturer. **8.** Déranger, désorganiser, salir. **9.** Abandonner, se désaccoutumer, se déshabituer, rompre. **10.** Être inapproprié. **11.** Se distraire, se rassurer, se réjouir.

FAIT ♦ **SYN. 1.** Acte, *action*, geste, mouvement, réalisation. **2.** Affaire, anecdote, aventure, cas, chose, épisode, *événement*, histoire, incident. **3.** *Phénomène*, réalité, réel, vérité. ♦ **ANT. 1.** Abstraction, idée, projet, théorie. **2.** On-dit, rumeur. **3.** Fiction, hypothèse, illusion, lubie, rêve, vision.

FAÎTE ♦ **SYN. 1.** Cime, crête, haut, pic, pointe, *sommet*. **2.** Acmé, apogée, apothéose, comble, pinacle, point culminant, *summum*, zénith. ♦ **ANT. 1.** Base, fond, fondations, pied, piédestal, socle, support. **2.** Bas-fond, minimum, nadir.

FALLACIEUX ♦ **SYN. 1.** Captieux, faux, fourbe, *hypocrite*, mensonger, perfide, spécieux, trompeur. **2.** *(Ch.)* Chimérique, *illusoire*, vain. ♦ **ANT. 1.** Droit, franc, honnête, loyal, sincère. **2.** Fondé, réel.

FALOT ◇ v. **Insignifiant**

FALSIFICATEUR ◇ v. **Faussaire**

FALSIFICATION ◇ v. **Truquage**

FALSIFIER ♦ **SYN. 1.** *Altérer*, contrefaire, frelater, maquiller, trafiquer, truquer. **2.** Défigurer, dénaturer, farder, fausser, *imiter*, travestir, tronquer. ♦ **ANT. 1.** Améliorer, authentifier, corriger, embellir, épurer, perfectionner, purifier, raffiner. **2.** Respecter, restituer, rétablir.

FAMÉLIQUE ♦ **SYN.** *Affamé*, besogneux, crève-la-faim, étique, indigent, maigre,

meurt-de-faim, miséreux, pauvre. ♦ **ANT.** Comblé, gavé, rassasié, repu, riche.

FAMEUX ♦ **SYN. 1.** *Célèbre*, connu, renommé, réputé. **2.** Admirable, brillant, éminent, excellent, extraordinaire, fier, glorieux, grand, *illustre*, insigne, mémorable, remarquable. **3.** Épatant, excellent, extra *(fam.)*, **formidable**, super *(fam.)*. **4.** *Délicieux*, exquis, savoureux. **5.** *(Intensité)* Bon, *grand*, maudit *(fam.)*, sacré *(fam.)*. ♦ **ANT. 1.** Inconnu, obscur, oublié. **2.** Banal, commun, ignoré, imparfait, insignifiant, ordinaire, quelconque, raté. **3.** Mauvais, médiocre, minable, nul. **4.** Affreux, insipide. **5.** Minime, minuscule, petit.

FAMILIAL ◇ v. **Domestique**

FAMILIARISER ♦ **SYN.** ▷ *V. tr.* **1.** *(Pers.)* Acclimater, accoutumer, apprivoiser, dresser, entraîner, former, *habituer*, rompre à. ▷ *V. pr.* **2.** *(Pers.)* *S'apprivoiser*, s'approcher. **3.** *(Avec quelque chose)* S'acclimater, s'accommoder à, s'accoutumer, s'adapter, se faire à, *s'habituer*, se plier à. ♦ **ANT. 1.** Désacclimater, désaccoutumer, dépayser, déshabituer, effaroucher. **2.** S'effaroucher, s'éloigner. **3.** Se désaccoutumer, se déplaire, s'isoler, s'opposer à.

FAMILIARITÉ ♦ **SYN. 1.** Abandon, bonhomie, camaraderie, convivialité, *cordialité*, intimité, liberté, naturel, simplicité. **2.** *Désinvolture*, effronterie, impertinence, sans-façon, sans-gêne. **3.** *(Pl.)* Grossièretés, *privautés*. **4.** *(Ch.)* Connaissance, *expérience*, fréquentation, habitude, pratique, usage. ♦ **ANT. 1.** Antipathie, distance, froideur, éloignement. **2.** Discrétion, politesse, réserve, retenue. **3.** Bienséance, convenance. **4.** Inexpérience, méconnaissance.

FAMILIER ♦ **SYN.** ▷ *Nom* **1.** Ami, fidèle, habitué, *intime*. ▷ *Adj.* **2.** Aisé, *coutumier*, facile, habituel, usuel. **3.** *(Pers.)* Accessible, amical, convivial, *cordial*, liant, libre, naturel, simple. **4.** Cavalier, *désinvolte*, grossier, libre, sans-façon, sans-gêne. **5.** *(Animal)* Apprivoisé, de compagnie, *domestique*. ♦ **ANT. 1.** Étranger, nouveau venu, visiteur. **2.** Difficile, inhabituel, rare.

3. Arrogant, distant, froid, hautain, indifférent. 4. Discret, poli, réservé, respectueux. 5. Farouche, sauvage.

FAMILLE ♦ SYN. 1. Bercail, feu, foyer, giron, *maison*, maisonnée, sein, toit. 2. Enfants, *ménage*, parenté, parents. 3. *(Fam.)* Couvée, marmaille, marmots, nichée, petite famille, progéniture, smala, *tribu*. 4. Ascendance, branche, descendance, dynastie, extraction, filiation, génération, *hérédité*, lignée, origine, postérité, race, racines, sang, siens, souche. 5. *(Idées)* Chapelle, clan, *école*. 6. *Classe*, espèce, genre, groupe, ordre.

FAMINE ♦ SYN. 1. Disette, *faim*, inanition, malnutrition, sous-alimentation. 2. *Besoin*, dénuement, détresse, indigence, misère, nécessité. ♦ ANT. 1. Alimentation, réplétion, satiété, vivres. 2. Abondance, aisance, fortune, opulence, profusion, richesse.

FANATIQUE ♦ SYN. 1. Chauvin, dogmatique, exalté, extrémiste, illuminé, *intolérant*, partisan, sectaire. 2. *(Relig.)* Fondamentaliste, *intégriste*. 3. Accro *(fam.)*, amoureux, ardent, aveugle, bouillant, enragé, enthousiaste, exclusif, fan *(fam.)*, fana *(fam.)*, *fervent*, forcené, fou, fougueux, mordu *(fam.)*, obsédé, passionné, zélé. ♦ ANT. 1. Large d'esprit, ouvert, tolérant. 2. Progressiste. 3. Calme, froid, impartial, indifférent, mûri, pondéré, posé, sceptique, tiède.

FANATISER ♦ SYN. 1. Échauffer, électriser, *enflammer*, exciter, galvaniser. 2. Bourrer le crâne, *endoctriner*, intoxiquer, persuader. ♦ ANT. 1. Apaiser, refréner, refroidir. 2. Déprogrammer, dissuader.

FANER ♦ SYN. ▷ V. tr. 1. *Flétrir*, sécher. 2. *(Tissu)* Décolorer, *défraîchir*, ternir. ▷ V. pr. 3. Dépérir, s'effeuiller, s'étioler, *se flétrir*. ♦ ANT. 1. Éclore, s'épanouir, fleurir, verdir. 2. Colorer, rafraîchir, teindre. 3. Raviver, renaître.

FANFARON ♦ SYN. Bravache, crâneur *(fam.)*, faraud, fendant *(québ.)*, hâbleur, m'as-tu-vu, matamore, prétentieux, tranche-montagne, vaniteux, *vantard*. ♦ ANT.

Craintif, humble, modeste, réservé, timide.

FANFARONNADE ♦ SYN. Bravade, crânerie, exagération, forfanterie, frime *(fam.)*, hâblerie, jactance, prétention, rodomontade, vanité, *vantardise*. ♦ ANT. Crainte, humilité, modestie, réserve, timidité.

FANFARONNER ◇ V. Vanter

FANGE ◇ V. Boue

FANION ◇ V. Drapeau

FANTAISIE ♦ SYN. 1. Bizarrerie, *caprice*, coup de tête, envie, excentricité, extravagance, folie, foucade, fringale, lubie, toquade *(fam.)*. 2. *Amourette*, aventure, béguin, flirt, passade. 3. *Chimère*, fable, fiction, illusion, imaginaire, imagination, invention. 4. Goût, gré, *humeur*, volonté. 5. Exotisme, imprévu, nouveauté, *originalité*. ♦ ANT. 1. Monotonie, régularité. 2. Désenchantement, rupture. 3. Réalité. 4. Raison, sagesse. 5. Banalité, platitude, routine.

FANTAISISTE ♦ SYN. ▷ Nom 1. Amateur, bohème, *dilettante*, faux artiste, fumiste, plaisantin, sauteur, touche-à-tout. 2. *Comique*, humoriste. ▷ Adj. 3. *(Caractère, imagination)* Bohème, excentrique, *fantasque*, original. 4. Absurde, arbitraire, farfelu, faux, gratuit, infondé, *inventé*. ♦ ANT. 1. Artiste (véritable), créateur. 2. Tragédien. 3. Banal, conformiste. 4. Fondé, réel, sérieux, vrai.

FANTASME ♦ SYN. 1. Chimère, hallucination, illusion, *imagination*, rêve, spectre, vision. 2. Caprice, désir, envie, hantise, *idée fixe*, lubie, obsession. ♦ ANT. 1. Raison, réalité, vérité. 2. Équilibre, libération, maîtrise, volonté.

FANTASQUE ♦ SYN. Bizarre, capricieux, changeant, *excentrique*, extravagant, fantaisiste, farfelu, imprévisible, lunatique, original, variable. ♦ ANT. Banal, commun, égal, posé, raisonnable.

FANTASTIQUE ♦ SYN. 1. Fabuleux, fantasmagorique, féerique, *imaginaire*, irréel, surnaturel. 2. Éblouissant, énorme, étonnant, extraordinaire, extravagant,

faramineux, incroyable, *inouï*, invraisemblable, merveilleux, mirifique, prodigieux. **3.** *Épatant*, excellent, formidable,
génial, remarquable, sensationnel, super
(fam.), terrible *(fam.)*. ✦ ANT. **1.** Réel, vrai.
2. Banal, croyable, normal, ordinaire,
vraisemblable. **3.** Désolant, lamentable,
minable.

FANTOCHE ✦ SYN. **1.** Guignol, *marionnette*, pantin, polichinelle. **2.** *(Pers.)* Dominé,
esclave, jouet *(fig.)*, laquais, serf, valet.
✦ ANT. **2.** Affranchi, autonome, libre, maître.

FANTÔME ✦ SYN. **1.** Apparition, épouvantail, esprit, larve, lémure, mort, mort-
vivant, ombre, revenant, *spectre*, vampire,
vision, zombie. **2.** Apparence, *chimère*,
fantasme, illusion, simulacre. **3.** *(En appos.)*
Inexistant, invisible, irréel. ✦ ANT. **1.** Vivant.
2. Réalité, vérité. **3.** Existant, réel, visible.

FARAMINEUX ✦ SYN. *(Importance, quantité)*
Astronomique, colossal, considérable,
démesuré, effarant, énorme, étonnant,
extraordinaire, fabuleux, fantastique,
formidable, gigantesque, incroyable, inimaginable, monumental, monstrueux,
phénoménal, prodigieux, stupéfiant. ✦ ANT.
Mince, minime, normal, ordinaire.

FARCE ✦ SYN. **1.** Hachis. **2.** Comédie.
3. Attrape, *blague*, bouffonnerie, canular,
drôlerie, facétie, malice, moquerie, mystification, niche, plaisanterie, rigolade
(fam.), taquinerie, tour, tromperie. ✦ ANT.
2. Drame, tragédie. **3.** Gravité, sérieux,
sincérité, vérité.

FARCEUR ✦ SYN. **1.** *Blagueur*, cocasse,
comique, drôle, facétieux, gouailleur,
moqueur, pince-sans-rire, plaisant, plaisantin, réjouissant, rigolo *(fam.)*, spirituel,
taquin. **2.** *(Péj.)* Farceur, facétieux, loustic, *mauvais plaisant*, plaisantin, petit
comique, petit rigolo, pitre. **3.** Fantaisiste,
fumiste, mystificateur. ✦ ANT. **1.** Austère,
digne, grave, sérieux, sévère. **2.** Vraiment
drôle. **3.** Sincère, vrai.

FARCIR ✦ SYN. ▷ *V. tr.* **1.** Garnir, *remplir*.
2. *(Notions, idées)* *Bourrer*, encombrer, entre-

larder, surcharger, truffer. ▷ *V. pr.* **3.** *(Fam.)*
Prendre, s'enfiler, s'envoyer, se payer, *se
taper*. ✦ ANT. **1.** Dégarnir, vider. **2.** Dégager, éclaircir, expliquer. **3.** S'abstenir, se
priver.

FARD ✦ SYN. **1.** Cosmétique, fond de
teint, *maquillage*, ombre (à paupières),
poudre, rimmel, rouge (à lèvres). **2.** *Artifice*, déguisement, dissimulation, feinte,
masque, trompe-l'œil. ✦ ANT. **2.** Droiture,
franchise, naturel, simplicité, vérité.

FARDEAU ✦ SYN. **1.** *Charge*, faix, joug,
poids, surcharge. **2.** Corvée, devoir, embarras, poids (moral), *obligation*. ✦ ANT. **1.** Allégement, décharge, diminution. **2.** Débarras, délivrance, libération, soulagement.

FARDER ✦ SYN. ▷ *V. tr.* **1.** Grimer, *maquiller*, poudrer. **2.** Déguiser, dissimuler,
embellir, envelopper, *masquer*, travestir,
voiler. ▷ *V. pr.* **3.** Se faire une beauté, *se
maquiller*. ✦ ANT. **1.** Démaquiller. **2.** Dévoiler, montrer, révéler. **3.** Se démaquiller.

FARFADET ◇ v. **Lutin**

FARFELU ✦ SYN. Abracadabrant, baroque, biscornu, burlesque, déraisonnable,
excentrique, extravagant, fantaisiste,
fantasque, fou, hurluberlu, insensé, *loufoque*, rocambolesque, saugrenu, ubuesque. ✦ ANT. Logique, raisonnable, sensé,
sérieux.

FARFOUILLER ✦ SYN. *(Fam.)* Chercher,
fouiller, fourgonner, fureter, trifouiller.
✦ ANT. Arranger, classer, disposer, ranger.

FAROUCHE ✦ SYN. **1.** *(Animal)* Indompté,
sauvage. **2.** Insociable, *méfiant*, misanthrope, ombrageux, ours *(fig.)*, timide.
3. *Acharné*, âpre, implacable, opiniâtre,
tenace, véhément. **4.** Barbare, cruel,
dur, *violent*. ✦ ANT. **1.** Apprivoisé, docile,
dompté. **2.** Accueillant, affable, obligeant,
sociable. **3.** Inconstant, lâche, mou, soumis, veule. **4.** Doux, paisible, tolérant.

FASCINANT ◇ v. **Envoûtant**

FASCINATION ✦ SYN. **1.** Hypnotisme,
magnétisme. **2.** Ascendant, attrait, charme,
éblouissement, émerveillement, enchantement, ensorcellement, *envoûtement*,

séduction. ✦ ANT. 1. Éloignement. 2. Aversion, dégoût, ennui, fuite, rejet, répugnance.

FASCINER ✦ SYN. 1. Hypnotiser, *magnétiser*. 2. Attirer, captiver, charmer, éblouir, électriser, émerveiller, s'emparer, enivrer, ensorceler, *envoûter*, obnubiler, posséder, séduire, subjuguer, troubler. ✦ ANT. 1. Détourner les yeux, éveiller. 2. Calmer, chasser, dégoûter, déplaire, ennuyer, repousser.

FASCISME ◇ v. **Totalitarisme**

FASTE ✦ SYN. ▷ *Nom* 1. Apparat, appareil, éclat, étalage, grandeur, *luxe*, magnificence, opulence, ostentation, pompe, richesse, somptuosité, splendeur. 2. *(Pl.)* **Annales**, calendrier, chronique, histoire. ▷ *Adj.* 3. Bénéfique, bienfaisant, bon, *favorable*, heureux, propice, prospère. ✦ ANT. 1. Austérité, humilité, indigence, naturel, pauvreté, simplicité. 3. Défavorable, désavantageux, malheureux, mauvais, néfaste.

FASTIDIEUX ✦ SYN. Agaçant, assommant, déplaisant, désagréable, énervant, *ennuyeux*, fatigant, importun, insipide, insupportable, lassant, monotone, rasant *(fam.)*. ✦ ANT. Agréable, amusant, charmant, divertissant, intéressant, plaisant, récréatif, reposant.

FASTUEUX ✦ SYN. Beau, cossu, éclatant, *luxueux*, magnifique, princier, riche, royal, somptueux, splendide. ✦ ANT. Austère, humble, modeste, pauvre, rustique, simple.

FAT ✦ SYN. Arrogant, dédaigneux, fanfaron, fier *(péj.)*, imbu (de soi-même), immodeste, impertinent, infatué, orgueilleux, outrecuidant, plein (de soi-même), poseur, prétentieux, satisfait (de soi-même) suffisant, *vaniteux*. ✦ ANT. Humble, modeste, réservé, retenu, simple.

FATAL ✦ SYN. 1. Désastreux, *funeste*, malheureux, meurtrier, mortel, néfaste. 2. Certain, fatidique, forcé, immanquable, implacable, inéluctable, *inévitable*, inexorable, irrémédiable, logique, nécessaire, obligatoire, sûr. ✦ ANT. 1. Bénin, favorable, heureux, propice, salutaire, utile. 2. Acci-

dentel, aléatoire, évitable, incertain, problématique.

FATALISME ◇ v. **Résignation**

FATALISTE ◇ v. **Résigné**

FATALITÉ ✦ SYN. 1. Chance, *destin*, destinée, étoile, fatum, hasard, fortune, lot, nécessité, sort. 2. Adversité, calamité, déveine, guigne *(fam.)*, infortune, hasard malheureux, malchance, mauvais œil, *malédiction*, malheur. ✦ ANT. 1. Libre arbitre, volonté. 2. Bienfait, bonheur, bonne étoile, coup de chance, heureux hasard, réussite, veine.

FATIGANT ✦ SYN. 1. *(Travail)* Accablant, assommant, ennuyeux, *épuisant*, éreintant, exténuant, fastidieux, harassant, lassant, pénible, rude, tuant *(fam.)*. 2. *(Pers.)* Achalant *(québ.)*, déplaisant, énervant, *importun*, insupportable, malcommode *(québ., fam.)*, tannant *(québ., fam.)*. ✦ ANT. 1. Agréable, aisé, amusant, délassant, distrayant, reposant. 2. Discret, poli, prévenant.

FATIGUE ✦ SYN. Abattement, accablement, affaiblissement, dépression, *épuisement*, éreintement, exténuation, faiblesse, harassement, labeur, lassitude, peine, surmenage. ✦ ANT. Calme, délassement, détente, force, pause, repos, résistance.

FATIGUÉ ✦ SYN. 1. À bout, au bout de son rouleau, brisé, claqué *(fam.)*, courbatu, crevé *(fam.)*, *épuisé*, éreinté, esquinté *(fam.)*, exténué, fourbu, harassé, K.-O. *(fig.)*, las, lessivé *(fam.)*, recru, rompu, surmené, vidé *(fam.)*. 2. *(Moral)* Abattu, accablé, blasé, *déprimé*, excédé, lassé, saturé. 3. *(Ch.)* Abîmé, déformé, défraîchi, *usé*, vieux. ✦ ANT. 1. Calme, détendu, frais et dispos, reposé. 2. Enthousiaste, plein d'entrain, ragaillardi, réjoui, remonté, requinqué *(fam.)*, revigoré. 3. Neuf, rafraîchi, renouvelé, réparé, retapé.

FATIGUER ✦ SYN. ▷ *V. tr.* 1. Briser, *épuiser*, éreinter, exténuer, harasser, surmener, tuer, vider *(fam.)*. 2. Abattre, accabler, assommer, dégoûter, démoraliser, ennuyer, excéder, *lasser*. 3. Énerver, harceler, *importuner*. ▷ *V. pr.* 4. S'échiner, s'époumoner, *s'épuiser*, s'éreinter, s'esquinter *(fam.)*, s'évertuer, se tuer à. **5.** Se dégoûter, *se lasser.* ◆ ANT. **1.** Calmer, détendre, reposer. **2.** Amuser, distraire, intéresser, réconforter, soulager. **3.** Aider, ficher la paix *(fam.)*, laisser tranquille. **4.** Abandonner, renoncer, se reposer. **5.** S'enthousiasmer, s'intéresser.

FATRAS ◆ SYN. **1.** Amas, bric-à-brac, capharnaüm, confusion, *désordre*, entassement, fouillis, méli-mélo, monceau, pêle-mêle, ramassis. **2.** *(Paroles, écrits)* Charabia, *galimatias*, salmigondis. ◆ ANT. **1.** Arrangement, harmonie, ordre, rangement. **2.** Clarté, cohérence, précision.

FATUITÉ ◆ SYN. Arrogance, contentement de soi, fierté *(péj.)*, gloriole, infatuation, jactance, orgueil, outrecuidance, prétention, suffisance, *vanité*. ◆ ANT. Humilité, modestie, réserve, simplicité.

FAUCHÉ ◇ v. **Pauvre**

FAUCHER ◆ SYN. **1.** Abattre, coucher, *couper*, moissonner, raser. **2.** Anéantir, détruire, foudroyer, *tuer*. **3.** *(Pers.)* Jeter à terre, plaquer, *renverser*. **4.** *(Fam.)* Chiper *(fam.)*, dérober, piquer *(fam.)*, prendre, *voler*. ◆ ANT. **1.** Cultiver, ensemencer, planter, semer. **2.** Épargner, sauver. **3.** Redresser, relever. **4.** Rendre, restituer.

FAUFILER ◆ SYN. ▷ *V. tr.* **1.** Bâtir, *coudre* (provisoirement). ▷ *V. pr.* **2.** Se couler, se glisser, s'immiscer, s'insinuer, *s'introduire.* ◆ ANT. **1.** Débâtir, découdre, défaufiler. **2.** S'extirper, sortir.

FAUSSAIRE ◆ SYN. Contrefacteur, falsificateur, faux-monnayeur, *imitateur*, plagiaire. ◆ ANT. Créateur, inventeur.

FAUSSER ◆ SYN. **1.** *(Vérité)* Altérer, défigurer, dénaturer, falsifier, travestir. **2.** *(Jugement)* Déformer, pervertir. **3.** *(Instrument)* Courber, *plier*, tordre. **4.** *(Fausser compagnie)* Abandonner, filer à l'anglaise, *quitter*. ◆ ANT. **1.** Démasquer, rétablir. **2.** Développer, former. **3.** Défausser, corriger, redresser. **4.** Affronter, apparaître, surgir.

FAUSSETÉ ◆ SYN. **1.** Contresens, *erreur*, inexactitude, non-sens, paralogisme, sophisme. **2.** Affectation, déloyauté, dissimulation, duplicité, faux-semblant, four-

berie, *hypocrisie*, inauthenticité, mauvaise foi. ◆ ANT. **1.** Exactitude, justesse, logique, vérité. **2.** Authenticité, bonne foi, franchise, loyauté, sincérité.

FAUTE ◆ SYN. **1.** Crime, délit, écart, égarement, inconduite, *infraction*, manquement, méfait. **2.** *(Relig.)* Coulpe, peccadille, *péché*, vice. **3.** Défaut, défectuosité, *erreur*, fausseté, imperfection, impropriété, incorrection, inexactitude, irrégularité, négligence, omission. **4.** *Bévue*, gaffe, maladresse, méprise, sottise. **5.** Culpabilité, imputabilité, *responsabilité*. **6.** *(Typogr.)* Bourdon, *coquille*. ◆ ANT. **1.** Bienfait, mérite, perfection, respect. **2.** Pureté, vertu. **3.** Correction, exactitude, propriété, sans faute. **4.** Adresse, maîtrise, savoirfaire. **5.** Innocence, non-culpabilité.

FAUTIF ◆ SYN. ▷ *Nom* **1.** *Coupable*, responsable. ▷ *Adj.* **2.** Défectueux, erroné, faux, impropre, *incorrect*, inexact, mauvais, vicieux. ◆ ANT. **1.** Innocent. **2.** Adéquat, bon, correct, exact, juste, vrai.

FAUVE ◆ SYN. ▷ *Nom* **1.** *(Grande taille)* Félin, félidés. **2.** *Bête féroce*, bête sauvage. ▷ *Adj.* **3.** Roussâtre.

FAUX ◆ SYN. ▷ *Adj.* **1.** *Erroné*, fautif, incorrect, inexact. **2.** Apocryphe, controuvé, fabriqué, fantaisiste, fictif, forgé, imaginaire, inauthentique, inexistant, *inventé*, mensonger. **3.** *Artificiel*, emprunté, factice, imité, postiche, simulé. **4.** Contrefait, *falsifié*, travesti, truqué, usurpé. **5.** Affecté, étudié, feint, *mensonger*, trompeur. **6.** Apparent, *prétendu*, pseudo-, soi-disant, supposé. **7.** Fallacieux, *illusoire*, injustifié, non fondé, vain. **8.** *Discordant*, dissonant. **9.** *(Pers.)* Déloyal, fourbe, *hypocrite*, perfide, pharisien, sournois. ▷ *Nom* **10.** Faux-semblant, illusion, *mensonge*, trompe-l'œil. **11.** Contrefaçon, *falsification*, pastiche. **12.** Simili, synthétique, *toc*. ◆ ANT. **1.** Correct, exact. **2.** Authentique, avéré, certain, cité *(texte)*, historique, véridique, vrai. **3.** Naturel, réel. **4.** Original, pur, véritable. **5.** Dépouillé, simple, sincère, spontané. **6.** Confirmé, véritable. **7.** Fondé, justifié, utile. **8.** Concordant, harmonieux. **9.** Droit, franc, honnête, loyal. **10.** Franchise, simplicité, sincérité, vérité. **11.** Authenticité, originalité, pureté. **12.** Naturel, réalité.

FAUX-FUYANT ◊ v. **Échappatoire**

FAUX-SEMBLANT ✦ SYN. Affectation, apparence (trompeuse), façade, fausseté, illusion, masque, mensonge, semblant, *simulacre*, trompe-l'œil, tromperie, vernis. ✦ ANT. Authenticité, franchise, naturel, sincérité, vérité.

FAVEUR ✦ SYN. **1.** Aide, avantage, bénéfice, bienfait, bienveillance, cadeau, complaisance, distinction, *don*, grâce, gratification, privilège, récompense, service. **2.** *(Péj.)* Clientélisme, combine, copinage, *favoritisme*, népotisme, partialité, passe-droit, patronage *(québ.)*, piston *(fam.)*, pot-de-vin, protection. **3.** Adulation, *considération*, cote, crédit, popularité, réputation, vogue. ✦ ANT. **1.** Défaveur, désavantage, malheur, préjudice, punition, tort. **2.** Équité, impartialité, intégrité, justice, neutralité, objectivité, rigueur. **3.** Décote, déconsidération, déshonneur, discrédit, disgrâce, impopularité, oubli.

FAVORABLE ✦ SYN. **1.** *(Pers.)* Accommodant, avenant, bienveillant, clément, complaisant, consentant, encourageant, indulgent, obligeant, *sympathique*. **2.** *(Projet, cause)* Adepte, défenseur, *partisan*. **3.** *(Ch.)* Avantageux, beau, bénéfique, bon, convenable, faste, flatteur, heureux, opportun, profitable, *propice*. ✦ ANT. **1.** Antipathique, déplaisant, désobligeant, malveillant, opposé. **2.** Adversaire, ennemi, opposant. **3.** Contraire, défavorable, dommageable, fatal, hostile, mauvais, néfaste, nuisible.

FAVORI ✦ SYN. **1.** Bien-aimé, chéri, choisi, chouchou *(fam.)*, coqueluche *(fam.)*, élu, *préféré*, privilégié, protégé. **2.** *(Épreuve, pari)* Gagnant (probable). ✦ ANT. **1.** Bouc émissaire, brebis galeuse, délaissé, détesté, exclu, haï, maudit, rejeté. **2.** Perdant (probable).

FAVORISER ✦ SYN. **1.** *Appuyer*, encourager, pistonner *(fam.)*, pousser, parrainer, patronner, promouvoir, protéger, recom-

mander, seconder, soutenir. **2.** *(Ch.)* Aider à, concourir à, contribuer à, *faciliter*, permettre, servir à. **3.** *(Dons)* Avantager, doter, douer, *gratifier*, privilégier. ✦ ANT. **1.** Décourager, défavoriser, desservir, évincer, s'opposer. **2.** Contrarier, desservir, empêcher, entraver, faire obstacle à, gêner, nuire. **3.** Désavantager, handicaper, pénaliser, priver.

FAVORITISME ◊ v. **Faveur**

FÉBRILE ◊ v. **Fiévreux**

FÉBRILITÉ ◊ v. **Fièvre**

FÉCOND ✦ SYN. **1.** Fertile, généreux, plantureux, *productif*, prolifique, riche. **2.** Abondant, fructueux, gras, inépuisable, *riche*. **3.** *(Esprit, imagination)* Créateur, créatif, débordant, fertile *(fig.)*, imaginatif, inépuisable, intarissable, *inventif*, prolifique. ✦ ANT. **1.** Aride, improductif, inculte, infécond, infertile, ingrat, pauvre, stérile. **2.** Dénué, dépourvu, maigre, pauvre, rare. **3.** Banal, conventionnel, léthargique, tari, ressassé.

FÉCONDATION ✦ SYN. Conception, engendrement, ensemencement, génération, insémination, maternité, procréation, *reproduction*. ✦ ANT. Contraception, infertilité, stérilisation, stérilité.

FÉCONDITÉ ◊ v. **Fertilité**

FÉDÉRATION ✦ SYN. **1.** Alliance, bloc, front (commun), *groupement*, ligue, organisation, parti, regroupement, syndicat. **2.** *(Polit.)* Association, confédération, *union*. ✦ ANT. **1.** Dissociation, division, faction. **2.** Autonomie, indépendance, souveraineté.

FÉERIE ✦ SYN. **1.** Fantasmagorie, fantastique *(n.)*, magie, *merveilleux (n.)*, surnaturel *(n.)*. **2.** Beauté, charme, délice, *enchantement*, merveille, ravissement. **3.** *(Féerie de)* Concert, harmonie, *symphonie*. ✦ ANT. **1.** Monde réel, réalité. **2.** Banalité, désenchantement, laideur. **3.** Cacophonie, discordance, disharmonie.

FÉERIQUE ✦ SYN. **1.** Fabuleux, fantasmagorique, fantastique, magique, *merveilleux*, surnaturel. **2.** *Enchanteur*, idyllique, magnifique, mirifique, paradisiaque, ravissant. ✦ ANT. 1. Réel. 2. Infernal, laid, insupportable.

FEINDRE ✦ SYN. *(Sentiment)* Affecter, cacher, déguiser, *dissimuler*, jouer, faire mine de, faire semblant de, imiter, mentir, prétexter, simuler, tromper. ✦ ANT. Dévoiler, éprouver, montrer, ressentir, révéler.

FEINT ◇ v. **Factice**

FEINTE ✦ SYN. 1. Artifice, comédie, déguisement, *dissimulation*, hypocrisie, manège, mensonge, ruse, simulation, subterfuge, tromperie. 2. *(Sports)* **Attrape**, piège. ✦ ANT. 1. Droiture, franchise, loyauté, sincérité, spontanéité, véracité.

FÉLICITATIONS ✦ SYN. Applaudissements, bravos, *compliments*, congratulations, éloges, louanges. ✦ ANT. Admonestations, blâmes, condoléances, critiques, reproches.

FÉLICITÉ ✦ SYN. 1. Allégresse, *béatitude*, bien-être, bonheur, ciel, éden, enchantement, euphorie, extase, nirvana, paradis, ravissement. 2. *Contentement*, délectation, délice, joie, jouissance, plaisir, satisfaction, volupté. ✦ ANT. 1. Calamité, enfer, infélicité, infortune, malédiction, malheur. 2. Affliction, déplaisir, douleur, frustration, insatisfaction, mécontentement, tristesse.

FÉLICITER ✦ SYN. ▷ *V. tr.* 1. Applaudir, approuver, *complimenter*, congratuler, louanger, louer. ▷ *V. pr.* 2. S'applaudir, *se louer*, se réjouir. 3. S'enorgueillir, *se flatter*, se glorifier, se vanter. ✦ ANT. 1. Blâmer, corriger, critiquer, punir, réprimander reprocher. 2. S'attrister, déplorer, regretter. 3. Se reprocher.

FÉMININ ✦ SYN. 1. *(Animal)* Femelle. 2. Efféminé. 3. *(Revendication)* Féministe. ✦ ANT. 1. Mâle. 2. Macho *(fam.)*, viril. 3. Antiféministe.

FEMME ✦ SYN. 1. *Dame*, demoiselle, femelle *(péj.)*, fille, fille d'Ève, jeune fille, madame, mademoiselle. 2. Amie (de cœur), compagne de vie, *conjointe*, douce (tendre) moitié, épouse. ✦ ANT. 1. Fils d'Adam, gars *(fam.)*, homme, mâle, monsieur. 2. Ami

(de cœur), compagnon de vie, conjoint, époux, mari.

FENDRE ✦ SYN. ▷ *V. tr.* 1. Cliver, couper, disjoindre, *diviser*, gercer, séparer, trancher. 2. Déchirer, écarter, se frayer (un chemin), pénétrer (à travers), sillonner, *traverser*. 3. *(Cœur)* *Affliger*, attrister, crever (le cœur), désoler. ▷ *V. pr.* 4. Se craqueler, se crevasser, se disjoindre, éclater, s'entrouvrir, se fêler, se fendiller, se fissurer, se gercer, se lézarder, *s'ouvrir*. ✦ ANT. 1. Assembler, joindre, lier, réunir, souder. 2. Bloquer, empêcher, éviter, reculer, revenir. 3. Rasséréner, réjouir. 4. Se cicatriser, se refermer, se souder.

FENÊTRE ✦ SYN. Baie, bow-window, châssis *(québ.)*, croisée, hublot, jour, lucarne, lunette, œil-de-bœuf, oriel, *ouverture*, porte-fenêtre, tabatière, vasistas.

FENTE ✦ SYN. 1. Brèche, brisure, cassure, cavité, chantepleure, craquelure, creux, crevasse, faille, fêlure, *fissure*, lézarde. 2. Gélivure, gerce, *gerçure*. 3. *Coupure*, cran, déchirure, échancrure, encoche, entaille, raie, rainure, sillon, striure. 4. Espace, interstice, intervalle, jour, meurtrière, *ouverture*, trou, vide.

FERME ✦ SYN. ▷ *Adj.* 1. *(Ch.)* Compact, *consistant*, coriace, dur, fixe, résistant, robuste, solide, stable. 2. *(Maniement)* Serré, *sûr*, vigoureux. 3. *(Mesure)* Draconien, *énergique*, radical. 4. *(Règlement)* Définitif, *final*, immuable, irrémédiable, irrévocable. 5. *(Caractère)* Ancré, assuré, autoritaire, catégorique, constant, coriace, courageux, décidé, *déterminé*, inébranlable, inflexible, intrépide, résolu, stoïque, tenace, viril. ▷ *Adv.* 6. Beaucoup, durement, fermement, fortement, *intensément*, vigoureusement. ✦ ANT. 1. Élastique, flasque, fragile, frêle, inconsistant, instable, mou, vacillant. 2. Défaillant, lâche, tremblant. 3. Faible, timide. 4. Provisoire, temporaire. 5. Chancelant, défaillant, flexible, frileux, hésitant, inconstant, pusillanime. 6. Doucement, peu, timidement.

FERMÉ ✦ SYN. 1. *(Accès)* **Clos**, condamné. 2. *(Récipient)* Étanche, *hermétique*. 3. *(Club,* *milieu)* Élitiste, *sélect*, snob. **4.** Énigmatique, hermétique *(fig.)*, impassible, impénétrable, inexpressif, introverti, *renfermé*, replié (sur soi). **5.** *(Fermé à)* Borné, buté, étranger, hostile, *insensible*, rebelle, réfractaire, sourd. ✦ **ANT.** **1.** Accessible, ouvert. **2.** Ouvert, perméable. **3.** Accessible, public. **4.** Communicatif, démonstratif, expansif, expressif, extraverti, exubérant, liant. **5.** Accueillant, compréhensif, large (d'esprit), ouvert à, réceptif, sensible.

FERMENTATION ✦ **SYN.** **1.** Ébullition, échauffement, *transformation*. **2.** *Agitation*, bouillonnement, effervescence, fièvre. ✦ **ANT.** **1.** Conservation. **2.** Apaisement, calme, léthargie, neutralisation.

FERMER ✦ **SYN.** **1.** *(Porte)* Barrer *(québ.)*, cadenasser, *verrouiller*. **2.** *(Accès)* Barrer, barricader, bloquer, boucher, clore, condamner, interdire, murer, obstruer. **3.** *(Surface)* Clôturer, enceindre, enclore, enfermer, entourer. **4.** *(Enveloppe)* Cacheter, plier, sceller. **5.** *(Courant)* Arrêter, *couper*, éteindre. **6.** *(Activités, commerce)* Cesser, interrompre, suspendre. **7.** *(Paupières, yeux)* Abaisser, *baisser*. **8.** *(Étendue)* Borner, fixer, *terminer*. ✦ **ANT.** **1.** Déverrouiller, entrebâiller, entrouvrir, ouvrir. **2.** Accéder, autoriser, débarrer, débloquer, déboucher, dégager, libérer. **3.** Élargir, étendre. **4.** Décacheter, déplier, desceller. **5.** Allumer, brancher, rétablir. **6.** Inaugurer, reprendre, rouvrir. **7.** Dessiller, écarquiller, lever, ribouler *(fam.)*. **8.** Commencer, entreprendre.

FERMETÉ ✦ **SYN.** **1.** *Consistance*, dureté, fixité, résistance, robustesse, solidité, stabilité. **2.** *(Maniement)* *Sûreté*, vigueur. **3.** Assurance, certitude, constance, courage, cran *(fam.)*, décision, *détermination*, endurance, énergie, force, hardiesse, impassibilité, opiniâtreté, résolution, sang-froid, ténacité, virilité, volonté. **4.** *Autorité*, inflexibilité, poigne. ✦ **ANT.** **1.** Flaccidité, fragilité, inconsistance, instabilité, mollesse. **2.** Défaillance, faiblesse, tremblement. **3.** Avachissement, hésitation, incertitude,

inconstance, indécision, irrésolution, pusillanimité, timidité. **4.** Abdication, dépendance, flexibilité, souplesse.

FERMETURE ✦ **SYN.** **1.** *(Porte)* Barre, cadenas, clé, loquet, serrure, *verrou*, verrouillage. **2.** *(Accès)* *Barrage*, barricade, barrière, condamnation, grille, interdiction (de passage), obstruction. **3.** *Clôture*, enceinte, enclos, entourage, palissade. **4.** *(Enveloppe)* *Cachetage*, pli, scellé. **5.** *(Courant)* *Arrêt*, panne. **6.** *(Activités, commerce)* *Cessation*, interruption, suspension. ✦ **ANT.** **1.** Déverrouillage, entrebâillement, ouverture. **2.** Accès, autorisation, brèche, déblocage, dégagement, fente. **3.** Élargissement, étendue. **4.** Dépliage, descellement. **5.** Branchement, rétablissement. **6.** Début, inauguration, réouverture, reprise.

FERMIER ◇ v. Agriculteur

FÉROCE ✦ **SYN.** **1.** *(Animal)* Dangereux, fauve, sanguinaire, *sauvage*. **2.** *(Pers., acte)* Atroce, barbare, bestial, brutal, *cruel*, dur, furieux, impitoyable, implacable, inhumain, méchant, sadique, sanguinaire, tyrannique, violent. **3.** *(Désir)* *Farouche*, tenace, terrible, véhément. ✦ **ANT.** **1.** Apprivoisé, dompté, inoffensif. **2.** Bon, doux, humain, indulgent, tendre. **3.** Calme, contenu, patient, retenu.

FÉROCITÉ ✦ **SYN.** **1.** *(Animal)* Cruauté. **2.** *(Pers., acte)* Atrocité, barbarie, *brutalité*, dureté, inhumanité, méchanceté, sauvagerie, tyrannie, violence. ✦ **ANT.** **1.** Douceur. **2.** Bonté, civilisation, humanité, indulgence, tendresse.

FERRÉ ◇ v. Instruit

FERS ✦ **SYN.** **1.** *Chaînes*, liens, menottes. **2.** *Captivité*, carcan, esclavage, joug. ✦ **ANT.** **2.** Affranchissement, libération, liberté.

FERTILE ✦ **SYN.** **1.** Abondant, *fécond*, fructueux, généreux, plantureux, productif, prolifique, riche. **2.** *(Esprit, imagination)* Créateur, créatif, débordant, fécond *(fig.)*, imaginatif, inépuisable, intarissable, *inventif*, prolifique. **3.** *(Pers.)* *Ingénieux*, rusé, subtil. ✦ **ANT.** **1.** Aride, improductif, inculte, infécond, infertile, infructueux, ingrat, pauvre, rare, stérile. **2.** Banal, conventionnel, léthargique, tari, ressassé. **3.** Dénué, dépourvu, maladroit.

FERTILITÉ ◆ SYN. **1.** Abondance, *fécondité*, générosité, productivité, prolificité, rendement, richesse. **2.** *Créativité*, fécondité *(fig.)*, imagination, inventivité, verve. ◆ ANT. **1.** Aridité, infécondité, infertilité, pauvreté, sécheresse, stérilité. **2.** Banalité, léthargie, médiocrité, torpeur.

FÉRU ◇ V. Friand

FERVENT ◆ SYN. ▷ *Adj.* **1.** Adorateur, croyant, dévot, fidèle, *pieux*, pratiquant, religieux. **2.** *Ardent*, brûlant, chaud, enthousiaste, féru de, friand de, passionné, zélé. ▷ *Nom* **3.** Admirateur, amateur, amoureux, *fanatique*, mordu *(fam.)*, partisan. ◆ ANT. **1.** Impie, incroyant, infidèle, irréligieux, sceptique, tiède. **2.** Détaché, froid, indifférent, lassé, tiède. **3.** Adversaire, contempteur, critique, dénigreur, ennemi, sceptique.

FERVEUR ◆ SYN. **1.** Culte, dévotion, *piété*. **2.** Amour, *ardeur*, chaleur, effusion, enthousiasme, exaltation, feu, flamme, passion, zèle. ◆ ANT. **1.** Impiété, infidélité. **2.** Antipathie, froideur, indifférence, insensibilité, tiédeur.

FESSER ◆ SYN. **1.** Battre, *frapper*, fustiger, taper. **2.** Châtier, condamner, corriger, *punir*. ◆ ANT. **1.** Cajoler, caresser, choyer. **2.** Récompenser.

FESTIN ◆ SYN. Agapes, *banquet*, bombance, bonne bouffe *(fam.)*, bonne chère, fête, gueuleton *(fam.)*, libations, régal, repas, ripaille *(fam.)*.

FÊTARD ◆ SYN. Bambocheur *(fam.)*, couche-tard, jouisseur, *noceur*, viveur. ◆ ANT. Ascète, couche-tôt.

FÊTE ◆ SYN. **1.** Anniversaire, *célébration*, cérémonie, commémoration, solennité. **2.** *Congé*, événement, festivités, jubilé, manifestation. **3.** Amusement, assemblée, bal, boum *(fam.)*, carnaval, danse, divertissement, festival, fiesta *(fam.)*, foire, gala, inauguration, jeu, kermesse, *réception*, réjouissances, réunion, soirée. **4.** Agapes,

bombance, bombe *(fam.)*, bonne chère, libations, noce, *plaisir*, vie.

FÊTER ◆ SYN. **1.** Accueillir, *célébrer*, commémorer, glorifier, honorer, solenniser. **2.** Arroser *(fam.)*, *festoyer*, nocer, se régaler, se réjouir, trinquer. ◆ ANT. **1.** Affliger, attrister, oublier. **2.** Peiner, travailler.

FÉTICHE ◇ V. Porte-bonheur

FÉTICHISME ◆ SYN. **1.** Animisme, culte *(objets, idoles)*, *idolâtrie*, totémisme. **2.** *(Pers., ch.)* Admiration, *adoration*, attachement, vénération. **3.** Crédulité, magie, *superstition*. ◆ ANT. **1.** Déisme, théisme. **2.** Indifférence, mépris. **3.** Incrédulité, réalisme, scepticisme.

FÉTIDE ◆ SYN. *(Odeur)* Dégoûtant, écœurant, empesté, infect, malodorant, *nauséabond*, pestilentiel, pourri, puant, putride, repoussant, répugnant. ◆ ANT. Aromatique, embaumé, odoriférant, parfumé, suave.

FEU ◆ SYN. **1.** Brasier, embrasement, flambée *(courte durée)*, flammes, *incendie*, sinistre. **2.** *Combustion*, crémation, ignition, incandescence, incinération, torréfaction. **3.** Bougie, chandelle, éclat, flambeau, flamme, fanal, lampe, lanterne, lueur, *lumière*, phare, projecteur, scintillement, veilleuse. **4.** Âtre, cheminée, *foyer*. **5.** Éclair, *foudre*, tonnerre. **6.** Signal, *signalisation*. **7.** *Allumette*, briquet. **8.** Artillerie, bombardement, décharge, détonation, fusillade, pilonnage, *tir*. **9.** Animation, *ardeur*, chaleur, conviction, enthousiasme, entrain, entraînement, exaltation, ferveur, fougue, vivacité. **10.** *Amour*, passion. **11.** *Colère*, courroux, emportement, véhémence. ◆ ANT. **9.** Apathie, flegme, indolence, nonchalance. **10.** Froideur, indifférence. **11.** Calme, douceur, maîtrise.

FEUILLE ◆ SYN. **1.** Fane, *feuillage*, pétale, végétation, verdure. **2.** Carton, copie, document, encart, feuillet, folio, formulaire, *page*, papier, placard. **3.** Imprimé, *journal*, périodique. **4.** Lame, *plaque*.

FEUILLETER ◆ SYN. Compulser, *parcourir*, survoler.

FEUILLET (PUBLICITAIRE) ◇ v. **Prospectus**

FEUILLU ✦ SYN. **1.** Abondant, dense, épais, fourni, garni, *touffu*. **2.** *(Arbres feuillus)* Arbres à feuilles caduques. ✦ ANT. **1.** Dégarni, dénudé, dépouillé, effeuillé. **2.** Arbres résineux.

FEUTRE ◇ v. **Marqueur**

FIABLE ✦ SYN. **1.** *(Ch.)* Bon, durable, efficace, éprouvé, solide, *sûr*. **2.** *(Mémoire)* Certain, exact, *fidèle*, précis. **3.** *(Pers.)* Consciencieux, *crédible*, digne de confiance, honnête, sérieux. ✦ ANT. **1.** Défectueux, fragile, inefficace, précaire. **2.** Défaillant, incertain, inexact, infidèle. **3.** Désinvolte, malhonnête, négligent, trompeur, véreux.

FIANCÉ ✦ SYN. **1.** *Futur* (époux), prétendu, promis. **2.** *(Fiancée)* *Future* (épouse), prétendue, promise.

FIASCO ◇ v. **Échec**

FICELER ✦ SYN. **1.** *Attacher*, brider *(rôti, volaille)*, corder, lier, serrer. **2.** *(Fam., péj.)* *Accoutrer*, affubler, arranger, attifer, fagoter, harnacher. ✦ ANT. **1.** Défaire, déficeler, délier, desserrer. **2.** Bichonner *(fam.)*, endimancher, parer, pomponner.

FICELLE ◇ v. **Truc**

FICHER ✦ SYN. ▷ V. tr. **1.** Clouer, *enfoncer*, fixer, planter. **2.** Intercaler, *introduire*, mêler, mettre. **3.** *(Ficher dehors, fam.)* *Chasser*, congédier, expulser. **4.** *(Ficher par terre, fam.)* Renverser. ▷ V. pr. **5.** *(Fam.)* S'en balancer *(fam.)*, se désintéresser, se foutre *(fam.)*, *se moquer de*, négliger, railler. ✦ ANT. **1.** Arracher, déclouer, déplanter. **2.** Extraire, ôter, retirer. **3.** Accueillir, recevoir, réintégrer. **4.** Ramasser. **5.** Compatir, s'intéresser à, prendre au sérieux.

FICHU ✦ SYN. ▷ Nom **1.** Carré, *châle*, écharpe, foulard, mantille, pointe. ▷ Adj., fam. **2.** Condamné, cuit *(fam.)*, fini, foutu *(fam.)*, kaput *(fam.)*, mort, *perdu*. **3.** *Détestable*, fâcheux, maudit, mauvais, sale, satané. **4.** *(Fichu de)* Apte à, *capable de*, habile à, propre à, susceptible de. ✦ ANT. **2.** Arrangé, correct, sauf. **3.** Agréable, bon, plaisant. **4.** Impuissant à, inapte à, incapable de, maladroit.

FICTIF ✦ SYN. **1.** Allégorique, fabuleux, imaginaire, *inventé*, irréel, romanesque. **2.** Déguisé, factice, emprunté, *faux*, feint, postiche. **3.** *(Écon.)* *Conventionnel*, extrinsèque, nominal, supposé. ✦ ANT. **1.** Historique, réel. **2.** Authentique, vrai. **3.** Effectif, exact, intrinsèque.

FICTION ✦ SYN. **1.** Allégorie, apologue, conte, fable, *invention*, œuvre imaginaire, parabole, roman, science-fiction. **2.** Chimère, *illusion*, imagination. **3.** *(Écon.)* *Convention*, supposition. ✦ ANT. **1.** Conformité, réalité, vraisemblance. **2.** Existence, fait réel. **3.** Exactitude, vérité.

FIDÈLE ✦ SYN. ▷ Adj. **1.** Dévoué, honnête, *loyal*, probe, sincère. **2.** Adorateur, croyant, dévot, fervent, *pieux*, pratiquant, religieux. **3.** Assidu, attaché, *constant*, persévérant, ponctuel, régulier. **4.** *(Récit, reproduction)* *Conforme*, exact, objectif, véridique. **5.** *(Résultat)* Bon, éprouvé, *sûr*, vrai. **6.** *(Mémoire)* Certain, *fiable*, précis. ▷ Nom **7.** *Croyant*, ouailles, paroissien. **8.** Adepte, *disciple*, partisan. **9.** *(Lieu)* Familier, *habitué*, pilier *(fam.)*. ✦ ANT. **1.** Déloyal, malhonnête, perfide, traître. **2.** Impie, incroyant, infidèle, irréligieux, sceptique, tiède. **3.** Adultère, frivole, inconstant, infidèle, insouciant, irrégulier, négligent, volage. **4.** Faux, fictif, imaginaire, inexact, partial. **5.** Erroné, mauvais. **6.** Défaillant, incertain. **7.** Incroyant, mécréant, païen. **8.** Adversaire, opposant. **9.** Nouveau venu, visiteur.

FIDÉLITÉ ✦ SYN. **1.** Dévouement, honnêteté, *loyauté*, probité, sincérité. **2.** Assiduité, attachement, *constance*, persévérance, régularité. **3.** *Allégeance*, loyalisme, obédience, obéissance, soumission. **4.** *(Récit, reproduction)* *Conformité*, correction, exactitude, objectivité, véracité, véridicité, vérité. **5.** *(Résultat)* Assurance, *fiabilité*. ✦ ANT. **1.** Déloyauté, malhonnêteté, perfidie, traîtrise. **2.** Abandon, adultère, inconstance, infidélité, irrégularité, tromperie. **3.** Désobéissance, insoumission, trahison. **4.** Fausseté, inexactitude, partialité. **5.** Erreur, incertitude.

FIEFFÉ ♦ SYN. *(Péj.)* **Accompli**, achevé, complet, consommé, damné *(fam.)*, fameux, fichu *(fam.)*, franc, incorrigible, invétéré, maudit *(fam.)*, parfait, pur, sacré *(fam.)*, satané *(fam.)*, véritable. ♦ ANT. Amendable, corrigible.

FIEL ♦ SYN. 1. Bile. 2. Acrimonie, aigreur, **amertume**, animosité, antipathie, haine, malveillance, méchanceté, rancœur, venin *(fig.)*. ♦ ANT. 2. Amabilité, bienveillance, bonté, douceur, miel.

FIELLEUX ◇ v. **Venimeux**

FIER ♦ SYN. 1. Altier, arrogant, condescendant, dédaigneux, distant, fat, **hautain**, insolent, méprisant, orgueilleux, outrecuidant, prétentieux, rogue, satisfait *(péj.)*, suffisant, superbe *(péj.)*, vaniteux. 2. **Digne**, majestueux, noble, respectable. 3. *(Fier de)* **Content**, heureux, satisfait. 4. *(Intensité)* **Grand**, sacré *(fam.)*. ♦ ANT. 1. Abordable, affable, doux, humble, modeste, retenu, simple, sociable, timide. 2. Indigne, honteux, méprisable, veule. 3. Déçu, dépité, insatisfait, mécontent. 4. Minime, petit.

FIER (SE) ♦ SYN. 1. S'abandonner, s'appuyer sur, avoir confiance en, **compter sur**, croire, faire confiance à, s'en rapporter à, s'en remettre à, se reposer sur. 2. *(Ch.)* Miser sur *(fam.)*, spéculer sur, **tabler sur**. ♦ ANT. 1. Se défier, douter de, se méfier, suspecter. 2. Se garder de, se préserver de.

FIER-À-BRAS ♦ SYN. 1. Bravache, **fanfaron**, faraud, matamore. 2. *(Québ., plus souvent péj.)* Armoire à glace, **bagarreur**, homme fort, lutteur, malabar *(fam.)*, sbire, taupin *(québ.)*. ♦ ANT. 1. Peureux, timide, veule. 2. Non-violent.

FIERTÉ ♦ SYN. 1. Arrogance, condescendance, dédain, fatuité, **hauteur**, morgue, orgueil *(péj.)*, outrecuidance, prétention, suffisance, superbe *(n., péj.)*, vanité. 2. **Amour-propre**, cœur, dignité, estime de soi, indépendance, noblesse, orgueil, quant-à-soi. 3. **Contentement**, gloire, satisfaction. ♦ ANT. 1. Affabilité, douceur, humilité, modestie, simplicité, sociabilité. 2. Avilis-

sement, dépendance, déshonneur, honte, mépris de soi. 3. Déception, dépit, insatisfaction, mécontentement.

FIÈVRE ♦ SYN. 1. **Hyperthermie**, température (élevée). 2. **Agitation**, animation, ardeur, bouillonnement, chaleur, effervescence, émotion, excitation, fébrilité, feu, folie, fougue, frénésie. 3. Désir, envie, fringale, **passion**, rage. ♦ ANT. 1. Hypothermie, température normale. 2. Calme, froideur, impassibilité, indifférence. 3. Aversion, dédain, dégoût.

FIÉVREUX ♦ SYN. 1. Bouillant, brûlant, **chaud**, fébrile *(méd.)*. 2. **Agité**, ardent, bouillonnant, effervescent, excité, enflammé, fébrile *(fig.)*, frénétique, passionné. 3. **Inquiet**, nerveux, tourmenté, troublé. ♦ ANT. 1. Normal, tiède. 2. Calme, impassible, rassis, reposé. 3. Patient, rassuré, serein.

FIGÉ ♦ SYN. 1. *(Attitude, visage)* Contraint, glacé *(fig.)*, **immobile**, paralysé, pétrifié, raide, raidi, statufié, transi. 2. *(Habitudes)* Conventionnel, immuable, **sclérosé**, stéréotypé. ♦ ANT. 1. Animé, souriant, vif, vivant. 2. Évolué, nouveau, personnel.

FIGER ♦ SYN. ▷ V. tr. 1. Cailler, coaguler, condenser, congeler, durcir, **épaissir**, geler, glacer, solidifier. 2. Clouer sur place, geler *(fig.)*, glacer *(fig.)*, **immobiliser**, méduser, paralyser, pétrifier, river, saisir, statufier, stupéfier, transir. ▷ V. pr. 3. S'ankyloser, s'atrophier, se fossiliser, se momifier, se scléroser, **stagner**. ♦ ANT. 1. Amollir, clarifier, éclaircir, dégeler, fondre, liquéfier. 2. Agiter, animer, rassurer. 3. Agir, s'animer, bouger, évoluer.

FIGNOLAGE ♦ SYN. Arrangement, enjolivement, finition, léchage, parachèvement, **peaufinage**, polissage, raffinement, soin. ♦ ANT. Bâclage, ébauche, esquisse, négligence.

FIGNOLER ◇ v. **Peaufiner**

FIGURANT ♦ SYN. Bouche-trou *(fam.)*, comparse, potiche *(fam.)*, **rôle secondaire**, second couteau *(fig.)*, utilité *(fig.)*. ♦ ANT. Premier rôle, protagoniste, tête d'affiche.

FIGURE ♦ SYN. 1. Face, faciès, frimousse *(fam.)*, gueule *(fam.)*, minois, tête, traits (du visage), *visage*. 2. Air, allure, apparence, attitude, contenance, expression, maintien, manière, mine, *physionomie*, traits. 3. Croquis, dessin, emblème, estampe, graphique, gravure, *illustration*, illustré, planche, représentation, schéma, silhouette, tableau, tracé, vignette. 4. *(Pers.)* Effigie, figurine, *portrait*, statue. 5. Caractère, grand nom, personnage, *personnalité*, type. 6. *(Langage, style)* Allégorie, image, ornement, *symbole*, trope.

FIGURÉ ◆ SYN. 1. *Dessiné*, illustré, représenté. 2. *(Sens)* **Métaphorique**, symbolique. 3. *(Langage, style)* Coloré, expressif, *imagé*, riche, vivant. ◆ ANT. 2. Concret, propre. 3. Incolore, inexpressif, insipide, pauvre, plat, terne.

FIGURER ◆ SYN. ▷ *V. tr.* 1. *Dessiner*, modeler, peindre, reproduire, sculpter, tracer. 2. Incarner, représenter, signifier, *symboliser*, traduire. ▷ *V. intr.* 3. Être mentionné, *paraître*, participer à, se trouver. 4. *(Cinéma, théâtre)* Faire partie de, *jouer un rôle* (de figurant). ▷ *V. pr.* 5. Concevoir, *s'imaginer*, se représenter, voir, visualiser. 6. S'attendre, *croire*, escompter, espérer, penser.

FILANDREUX ◆ SYN. 1. Coriace, dur, *fibreux*, filamenteux. 2. Ampoulé, compliqué, *confus*, délayé, embarrassé, embrouillé, empâté, enchevêtré, fumeux, indigeste, interminable, nébuleux, obscur. ◆ ANT. 1. Tendre. 2. Bref, clair, concis, explicite, limpide, précis.

FIL ◇ V. **Déroulement**

FILE ◆ SYN. 1. Caravane, colonne, convoi, cortège, *défilé*, procession. 2. Chapelet, cordon, enfilade, haie, ligne, queue, rang, rangée, *suite*.

FILER ◆ SYN. ▷ *V. tr.* 1. *Tisser*, tordre. 2. *Dérouler*, dévider. 3. *Donner*, refiler. 4. Épier, pister, suivre, *surveiller*. ▷ *V. intr.* 5. *(Temps)* **Couler**, se dérouler, s'écouler, glisser. 6. Aller très vite, courir, *foncer*, se hâter, passer, traverser. 7. S'en aller, décamper, déguerpir, s'échapper, s'esquiver, *fuir*, partir, se retirer, sortir. 8. *(Ch.)* **Disparaître**, fondre. ◆ ANT. 1. Dénouer, effilocher. 2. Enrouler. 3. Garder. 4. Échap-

per (à la surveillance). 5. Arrêter, interrompre, suspendre. 6. Ralentir, reculer. 7. Demeurer, entrer, se présenter, rester. 8. S'accumuler, augmenter, conserver.

FILET ◆ SYN. 1. *(Cheveux)* Réseau, résille, *réticule*. 2. *(Pêche)* Épervier, *nasse*, verveux. 3. *Entrelacement*, lacis. 4. Embuscade, guet-apens, panneau *(fam.)*, *piège*, souricière. 5. Brin, doigt, goutte, larme, nuage, soupçon, *peu*.

FILIATION ◆ SYN. 1. Alliance, arbre généalogique, ascendance, consanguinité, descendance, extraction, famille, généalogie, génération, lien (de parenté), lignage, ligne, lignée, origine, *parenté*. 2. Association, enchaînement, liaison, *lien*, rapport, succession, suite. 3. *(Mots)* **Étymologie**, origine.

FILIÈRE ◆ SYN. 1. Étireuse. 2. Degré, échelle, échelon, *hiérarchie*, rang, succession, suite. 3. Canal, circuit, organisation, *réseau*.

FILLE ◆ SYN. 1. *Descendante*, enfant, héritière, rejeton *(fam.)*. 2. Bambine, gamine, *fillette*, môme *(fam.)*, petite. 3. Adolescente, demoiselle, *jeune fille*, mademoiselle. 4. *Célibataire*, vieille fille *(péj.)*. ◆ ANT. 1. Parents. 2-3. Adulte, femme (d'âge mûr), majeure. 4. Conjointe, mariée.

FILM ◆ SYN. 1. Bande, cliché, *pellicule*. 2. Cinéma, documentaire, *production*, téléfilm, vidéo. 3. *(Événements)* **Déroulement**, fil, scénario, succession, suite. 4. *Couche*, enduit, feuil, patine, plaque, revêtement, vernis.

FILMER ◆ SYN. *Enregistrer*, photographier, tourner.

FILOU ◆ SYN. 1. Aigrefin, bandit, escroc, fripon, pirate, requin, tricheur, *voleur*. 2. *(Enfant)* Chenapan, *coquin*, espiègle, galopin, garnement, gredin, malin, petit diable, polisson, rusé, sacripant *(fam.)*, vaurien, voyou. ◆ ANT. 1. Personne honnête. 2. Enfant sage.

FILS ◆ SYN. 1. *Descendant*, enfant, fiston *(fam.)*, garçon, gars *(fam.)*, héritier, rejeton *(fam.)*. 2. *(Fils spirituel)* Continuateur, dauphin, disciple, héritier *(fig.)*, *successeur*. 3. *(Pays* *natal)* **Citoyen**, enfant de la patrie. **4.** *(Ch.)* Conséquence, effet, produit, **résultat.** ◆ ANT. **1.** Fille, mère, parents, père. **2.** Initiateur, inspirateur, maître, modèle.

FILTRER ◆ SYN. ▷ *V. tr.* **1.** Clarifier, décanter, **épurer**, purifier. **2.** **Tamiser**, trier. **3.** *(Lumière, son)* Adoucir, amortir, **atténuer.** **4.** *(Pers.)* Contrôler, passer au crible, surveiller, **vérifier.** ▷ *V. intr.* **5. Couler**, passer, pénétrer, transsuder, traverser. **6.** *(Nouvelle)* Circuler, **s'ébruiter**, se répandre, transpirer. ◆ ANT. **1.** Corrompre, épaissir, troubler, vicier. **2.** Rejeter. **3.** Amplifier, augmenter. **4.** Échapper à la vigilance, laisser passer. **5.** Déborder, s'échapper. **6.** Se confiner, se limiter, rester secret.

FIN ◆ SYN. ▷ *Adj.* **1.** Délicat, impalpable, léger, menu, microscopique, **mince**, petit, ténu. **2.** Élancé, élégant, gracile, grêle, **svelte. 3.** Aigu, effilé, **pointu. 4.** Affiné, excellent, précieux, **pur**, raffiné, supérieur. **5.** Délié, pénétrant, **perspicace**, piquant, sagace, spirituel, subtil. **6. Adroit**, avisé, connaisseur, habile. **7.** Astucieux, finaud, futé, malin, retors, **rusé. 8.** *(Québ.)* Aimable, **gentil**, mignon, plaisant. ▷ *Nom* **9.** Bout, clôture, **extrémité**, limite, terminaison. **10.** Date butoir, date de péremption *(aliment)*, **échéance**, heure de tombée *(journal)*, terme. **11.** Anéantissement, cessation, chute, consommation, crépuscule, déclin, destruction, **disparition**, expiration, extinction, néant, ruine. **12.** Agonie, décès, **mort**, trépas. **13. Aboutissement**, achèvement, issue, résultat, solution. **14. Conclusion**, dénouement, épilogue, finale, péroraison. **15. But**, intention, motif, objectif, objet, raison, visées. **16.** Destination, finalité, intentionnalité, orientation, projet, **sens**, tendance. **17.** Eschatologie, **fin du monde**, jugement dernier. ▷ *Adv.* **18.** *(Devant un adj.)* **Complètement**, tout à fait. ◆ ANT. **1.** Épais, gros, palpable. **2.** Inélégant, lourd, massif. **3.** Arrondi, émoussé, épointé. **4.** Banal, commun, inférieur, ordinaire. **5.** Balourd, grossier, sot, stupide, vulgaire. **6.** Inexpérimenté, maladroit, malhabile. **7.** Naïf, niais, nigaud. **8.** Déplaisant, dur,

méchant. **9.** Commencement, point de départ. **10.** Début, engagement, entrée (en vigueur). **11.** Apparition, aurore, avènement, création, croissance, essor, progrès. **12.** Naissance, renaissance, vie. **13.** Amorce, ébauche, esquisse, source. **14.** Exorde, introduction, préambule, préface, prélude, prologue. **15.** Condition de départ, prémices, principe. **16.** Éloignement, origine, rappel. **17.** Cosmogonie, genèse, origine du monde. **18.** Partiellement, pas du tout, presque.

FINAL ◆ SYN. **1. Dernier**, extrême, suprême, terminal, ultime. **2.** Décisif, **définitif**, ferme, irrévocable, sans appel. ◆ ANT. **1.** Initial, originel, premier. **2.** Provisoire, résiliable, révocable, temporaire.

FINALITÉ ◇ v. **Fin**

FINANCE ◆ SYN. **1.** Affaires, argent, banque, bourse, **capital**, capitalisme, commerce. **2.** *(Pl.)* Budget, caisse, comptabilité, crédits, deniers publics, dépenses, économie, **fonds publics**, gestion (financière), recettes, trésor, trésorerie.

FINANCER ◆ SYN. Avancer de l'argent, commanditer, entretenir, fournir, payer, **soutenir** (financièrement), subventionner. ◆ ANT. Priver de, refuser, retirer (son soutien).

FINANCIER ◆ SYN. ▷ *Nom* **1.** Agent de change, banquier, boursier, **capitaliste**, coulissier, gestionnaire, manieur d'argent, régisseur, spéculateur. **2.** Bailleur de fonds, **commanditaire**, mécène, parraineur, sponsor. ▷ *Adj.* **3.** Bancaire, budgétaire, **économique**, matériel, monétaire, pécuniaire.

FINASSER ◆ SYN. Biaiser, éluder, éviter, louvoyer, manœuvrer, patiner *(québ., fam.)*, **ruser**, tergiverser. ◆ ANT. Affronter, aller droit au but, dire franchement (sans détour).

FINASSERIE ◆ SYN. *Péj.* **1.** Artifice, astuce, manège, manœuvre, roublardise, **ruse**, stratagème. **2.** Arguties, chicane, dispute, distinguo, ergotage, **finesse**, nuance, subtilité. ◆ ANT. **1.** Droiture, franchise, loyauté. **2.** Appui, simplicité, soutien.

FINAUD ◆ SYN. Astucieux, fin, *futé*, habile, madré, malin, matois, retors, roublard, roué, rusé. ◆ ANT. Dupe, maladroit, malhabile, niais.

FINESSE ◆ SYN. 1. Délicatesse, légèreté, *minceur*, petitesse, ténuité. 2. Acuité, clairvoyance, justesse, pénétration, *perspicacité*, précision, raffinement, sagacité, souplesse d'esprit, subtilité, tact. 3. Beauté, douceur, *élégance*, grâce, gracilité, sveltesse. 4. Arguties, chicane, dispute, distinguo, ergotage, *finasserie*, nuance, subtilité. ◆ ANT. 1. Épaisseur, grosseur. 2. Aveuglement, balourdise, grossièreté, ineptie, maladresse, sottise, stupidité. 3. Inélégance, laideur, lourdeur. 4. Franchise, simplicité, soutien.

FINI ◆ SYN. ▷ *Adj.* 1. Accompli, *achevé*, classé, consommé, terminé. 2. Livré, *parfait*, poli, soigné. 3. Disparu, évanoui, perdu, *révolu*. 4. Borné, *limité*. 5. (Pers.) Condamné, diminué, discrédité, fatigué, fichu (fam.), foutu (fam.), mort, *usé*. ▷ *Nom* 6. Perfection, raffinement, *soin*. ◆ ANT. 1. Ébauché, esquissé. 2. Bâclé, grossier, imparfait. 3. Réapparu, retrouvé. 4. Illimité, infini. 5. Guérissable, ragaillardi, sauvé.

FINIR ◆ SYN. 1. Accomplir, *achever*, couronner, terminer. 2. Fignoler (fam.), lécher, parachever, parfaire, *peaufiner*, polir. 3. (Quantité de nourriture) Consommer, *vider*. 4. Arrêter, *cesser*, clore, discontinuer, interrompre, mettre fin. 5. S'arrêter, arriver à échéance, *prendre fin*, se terminer. 6. Expirer, *mourir*, périr. 7. (En finir avec) *Aboutir*, conclure, liquider (fam.), régler, résoudre, venir à bout. ◆ ANT. 1. Amorcer, ébaucher, esquisser. 2. Bâcler, négliger. 3. Emplir, entamer. 4. Continuer, poursuivre. 5. Commencer, débuter, engager. 6. Éclore, naître. 7. Entreprendre, essayer, tenter.

FIOLE ◆ SYN. 1. Ampoule, bouteille, burette, *flacon*, flasque (n.). 2. (Fam.) Face, figure, *tête*, visage.

FIRMAMENT ◇ v. **Ciel**

FIRME ◆ SYN. Bureau, commerce, com-

pagnie, *entreprise*, établissement, exploitation, industrie, maison, société.

FISSURE ◆ SYN. 1. Brèche, brisure, cassure, coupure, craquelure, crevasse, déchirure, faille, fêlure, *fente*, fuite, gerçure (peau, écorce), lézarde, rayure, scissure, sillon. 2. *Discorde*, faille (fig.), rupture. ◆ ANT. 1. Colmatage, fermeture, soudure. 2. Accord, concorde, réconciliation.

FISSURER ◇ v. **Fendre**

FIXATION ◆ SYN. 1. Accrochage, amarrage, ancrage, arrimage, attache, consolidation, scellement, *stabilisation*. 2. (Pers.) Enracinement, établissement, *implantation*, sédentarisation. 3. Définition, délimitation, *détermination*, limitation, réglementation. 4. (Psychan.) Attachement (excessif), idée fixe, *obsession*, régression. ◆ ANT. 1. Décrochage, démarrage, descellement, déséquilibre, détachement. 2. Départ, déracinement, exil, nomadisme. 3. Confusion, imprécision, indétermination. 4. Affranchissement, épanouissement, libération.

FIXE ◆ SYN. 1. Immobile, permanent, sédentaire, solide, *stable*. 2. Constant, continu, *immuable*, invariable, persistant, stationnaire. 3. Certain, défini, *définitif*, déterminé, ferme, réglé, sûr. 4. (Revenu) Assuré, *régulier*. ◆ ANT. 1. Changeant, instable, nomade. 2. Mobile, passager, temporaire, variable. 3. Incertain, indéterminé. 4. À commission, irrégulier.

FIXÉ ◆ SYN. 1. (Choix, opinion) Assuré, convaincu, *décidé*, résolu, sûr. 2. (Condition, règle) Arrêté, *convenu*, décidé, déterminé, entendu, établi, réglé. ◆ ANT. 1. Indécis, irrésolu, perplexe. 2. Douteux, imprécis, indéterminé, vague.

FIXER ◆ SYN. ▷ *V. tr.* 1. Accrocher, affermir, amarrer, ancrer, assujettir, attacher, consolider, ficher, immobiliser, *maintenir*, planter, retenir, river, stabiliser, visser. 2. Enraciner, *sédentariser*. 3. Considérer, contempler, dévisager, examiner, inspecter, observer, *regarder*, reluquer (fam.), scruter, toiser (péj.), zieuter (fam.). 4. (Langue, usage) Arrêter, coder, *entériner*, stabiliser. **5.** Assigner, circonscrire, définir, délimiter, *déterminer*, formuler, indiquer, limiter, poser, préciser, régler. ▷ *V. pr.* **6.** *S'établir*, s'implanter, s'installer. ♦ **ANT.** **1.** Arracher, décrocher, démarrer, déséquilibrer, détacher, ébranler, transplanter. **2.** Déplacer, déporter, déraciner. **3.** Détourner, distraire, lasser. **4.** Proscrire, rejeter. **5.** Changer, déréglementer, dérégler, modifier. **6.** Déménager, s'exiler, quitter.

FLACON ◇ v. **Bouteille**

FLAFLAS ♦ **SYN.** *(Fam.)* Bluff, chichis, chiqué, épate, esbroufe, *étalage*, façons, ostentation. ♦ **ANT.** Discrétion, modestie, simplicité.

FLAGELLER ♦ **SYN.** **1.** Cingler, cravacher, fouailler, *fouetter*, fustiger. **2.** Attaquer, *blâmer*, critiquer, fustiger *(fig.)*, malmener, stigmatiser. ♦ **ANT.** **1.** Caresser, choyer. **2.** Féliciter, flatter, louanger, sympathiser.

FLAGEOLER ◇ v. **Tituber**

FLAGORNER ♦ **SYN.** *(Péj.)* Aduler, amadouer, courtiser, encenser, *flatter*, lécher *(fam.)*. ♦ **ANT.** Dédaigner, éviter, ignorer, mépriser, repousser, trahir.

FLAGORNERIE ◇ v. **Flatterie**

FLAGORNEUR ♦ **SYN.** *(Péj.)* Adulateur, cajoleur, caudataire, complimenteur, courtisan, encenseur, *flatteur*, laquais, lèche-bottes *(fam.)*, lèche-cul *(fam.)*, lécheur, louangeur, obséquieux, servile, thuriféraire, valet. ♦ **ANT.** Caustique, dénigreur, médisant, méprisant, mordant, satirique.

FLAGRANT ♦ **SYN.** Certain, criant, éclatant, *évident*, frappant, incontestable, indéniable, manifeste, patent, sur le fait, visible. ♦ **ANT.** Caché, dissimulé, douteux, équivoque, furtif, incertain, latent.

FLAIR ♦ **SYN.** **1.** Odorat. **2.** Clairvoyance, discernement, instinct, intuition, nez (fin), *perspicacité*, pif *(fam.)*, prévision, prévoyance, sagacité. ♦ **ANT.** **2.** Aveuglement, imprévision, stupidité.

FLAIRER ♦ **SYN.** **1.** Éventer, halener, humer, respirer, renifler, *sentir*, subodorer. **2.** Deviner, se douter, entrevoir, *pressentir*, prévoir, repérer, soupçonner,

subodorer *(fig.)*. ♦ **ANT.** **1.** Exhaler, expirer. **2.** S'aveugler, se tromper.

FLAMBEAU ♦ **SYN.** **1.** Candélabre, *chandelier*, torchère. **2.** Brandon, *torche*. **3.** *(Fig.)* **Guide**, lumière, phare.

FLAMBÉE ♦ **SYN.** **1.** *(Sentiment violent)* Accès, bouffée, débordement, déchaînement, emportement, *explosion*, tempête. **2.** *(Prix)* Enchérissement, *hausse* (soudaine, montée, poussée. ♦ **ANT.** **1.** Accalmie, embellie, retenue. **2.** Baisse, chute, dégringolade.

FLAMBER ♦ **SYN.** **1.** *Brûler*, se consumer, être la proie des flammes, flamboyer. **2.** Brasiller, briller, *étinceler*, flamboyer *(fig.)*, pétiller, scintiller. **3.** *Dépenser*, dilapider, ruiner. **4.** *(Prix)* Augmenter, *grimper*, monter. ♦ **ANT.** **1.** S'éteindre, s'étouffer. **2.** S'effacer, s'éteindre, pâlir. **3.** S'enrichir, épargner. **4.** Baisser, chuter, dégringoler.

FLAMBOYANT ♦ **SYN.** **1.** Ardent, brillant, brûlant, éclatant, *étincelant*, lumineux, pétillant, phosphorescent, rutilant, vif. **2.** *(Gothique flamboyant, style)* Gothique tardif (XVᵉ siècle). **3.** Beau, brillant *(avenir)*, éblouissant, magnifique, remarquable, *splendide*. ♦ **ANT.** **1.** Blafard, blême, décoloré, éteint, obscur, pâle, sombre, terne. **2.** Renaissance, Roman. **3.** Banal, médiocre, peu reluisant, terne.

FLAMME ♦ **SYN.** **1.** Chaleur, *feu*, flammèche, langue de feu. **2.** Brillant, clarté, *éclat*, lueur, lumière. **3.** Animation, *ardeur*, désir, éloquence, enthousiasme, fièvre, fougue, passion, zèle. **4.** *Banderole*, bannière, drapeau, oriflamme. **5.** Estampille, *marque* (postale), oblitération. **6.** *(Pl.)* Brasier, embrasement, *incendie*. ♦ **ANT.** **1.** Extinction, froid. **2.** Assombrissement, obscurité, ténèbres. **3.** Apathie, désintérêt, flegme, froideur, indifférence, indolence, inertie, tiédeur.

FLAMMÈCHE ◇ v. **Étincelle**

FLANCHER ♦ **SYN.** *Fam.* **1.** Baisser les bras, capituler, *céder*, craquer, s'effondrer, faiblir, fléchir, lâcher, mollir, plier, reculer, renoncer, succomber. **2.** *Défaillir*, manquer (de force). **3.** *(Mémoire)* Chanceler, *oublier*, vaciller. ♦ **ANT.** **1.** Combattre, persévérer,

résister, surmonter, tenir bon, vaincre.
2. Résister, se rétablir. **3.** Rappeler, retenir.

FLÂNER ✦ SYN. 1. S'attarder, baguenauder, se balader, déambuler, errer, marcher (sans but), *se promener*, rôder, vadrouiller *(fam.)*, vagabonder, vaguer. **2.** S'amuser (à des riens), fainéanter, flemmarder *(fam.)*, lambiner, lanterner, musarder, muser, niaiser *(québ., fam.)*, paresser, perdre son temps (à des riens), traînailler, traînasser, *traîner*. ✦ **ANT. 1.** Courir, se dépêcher, filer, se hâter. **2.** S'activer, s'animer, s'efforcer, peiner, travailler, trimer, vaquer (à ses occupations).

FLÂNEUR ✦ SYN. 1. Badaud, *promeneur*, vagabond, vadrouilleur *(fam.)*. **2.** Fainéant, inactif, indolent, lambin, musard, *oisif*, paresseux, traînard. ✦ **ANT. 2.** Actif, affairé, occupé, travailleur.

FLANQUER ✦ SYN. 1. *(Construction)* Appuyer, défendre, entourer, garnir, installer, *protéger*. **2.** *(Pers.) Accompagner*, côtoyer, escorter, se trouver près. ▷ *Fam.* **3.** *(Coup, gifle)* Administrer *(fam.)*, allonger, appliquer *(fam.)*, décocher, *donner*, envoyer, ficher *(fam.)*, infliger, lancer, porter. **4.** *(Flanquer dehors, à la porte)* Congédier, *renvoyer*. ✦ **ANT. 1.** Dégarnir, enlever, ôter, retirer. **2.** Abandonner, éloigner, précéder, succéder. **3.** Recevoir, subir. **4.** Embaucher, engager.

FLASQUE ✦ SYN. ▷ *Adj.* **1.** Avachi *(vêtement, tissu)*, déformé, flottant, inconsistant, mollasse, *mou*. **2.** Amorphe, anémique, atone, faible, inerte, *lâche*. ▷ *Nom* **3.** *Flacon* (plat), fiole. ✦ **ANT. 1.** Coriace, dur, raide, rigide, serré, tendu. **2.** Énergique, ferme, hardi, nerveux, tenace, vaillant, vigoureux.

FLATTER ✦ SYN. ▷ *V. tr.* **1.** *(Animal)* Caresser. **2.** *(Sens)* Charmer, chatouiller, délecter, exciter, *plaire à*, toucher. **3.** *(Apparence)* Avantager, *embellir*, enjoliver, idéaliser. **4.** *(Défauts, manies) Encourager*, favoriser. **5.** *(Péj.)* Aduler, complimenter, courtiser, encenser, *flagorner*, lécher *(fam.)*, louer, vanter. ▷ *V. pr.* **6.** S'enorgueillir, faire grand cas de, se féliciter, se glorifier, s'honorer, se piquer, se prévaloir, se targuer, *se vanter*. **7.** Escompter, espérer, se faire fort de,

se persuader, *prétendre*. ✦ **ANT. 1.** Battre. **2.** Dégoûter, déplaire, détester, écœurer. **3.** Déparer, enlaidir. **4.** Combattre, décourager. **5.** Blâmer, critiquer, mépriser, repousser, reprocher, trahir. **6.** Faire peu de cas de, minimiser. **7.** Craindre, douter, renoncer.

FLATTERIE ✦ SYN. Adulation, bassesse, calcul, complaisance, compliment, coups d'encensoir, courbettes, courtisanerie, *flagornerie*, louange, obséquiosité, servilité. ✦ **ANT.** Blâme, critique, dignité, reproche, sincérité.

FLATTEUR ✦ SYN. ▷ *Nom* **1.** Adulateur, bénisseur, caudataire, complimenteur, courtisan, encenseur, enjôleur, *flagorneur*, laquais, lèche-bottes *(fam.)*, obséquieux, thuriféraire, valet. ▷ *Adj.* **2.** Admiratif, agréable, avantageux, élogieux, *favorable*, louangeur, obligeant. ✦ **ANT. 1.** Calomniateur, critiqueur, dénigreur. **2.** Choquant, défavorable, déplaisant, désagréable, désobligeant, méprisant, préjudiciable.

FLÉAU ✦ SYN. 1. *Calamité*, cataclysme, catastrophe, désastre, épidémie, malédiction, malheur, sinistre. **2.** *(Fléau social) Plaie*, tare, travers, vice. ✦ **ANT. 1.** Bénédiction, bienfait, chance, faveur, grâce. **2.** Mérite, qualité, valeur, vertu.

FLÉCHIR ✦ SYN. 1. Arquer, courber, incliner, incurver, infléchir, pencher, *plier*, ployer. **2.** Défaillir, céder, *faiblir*, flancher *(fam.)*, mollir. **3.** *(Prix, valeur) Baisser*, diminuer. **4.** Adoucir, amadouer, attendrir, calmer, désarmer, *ébranler*, émouvoir, gagner, toucher. ✦ **ANT. 1.** Dresser, redresser. **2.** Dominer, maintenir, résister, tenir. **3.** Augmenter, monter. **4.** Durcir, endurcir.

FLEGMATIQUE ✦ SYN. 1. Calme, détaché, froid, *impassible*, imperturbable, indifférent, maître de soi, patient, placide, posé, stoïque, tranquille. **2.** *(Méd. ancienne)* Apathique, lent, *lymphatique*. ✦ **ANT. 1.** Ardent, émotif, emporté, enthousiaste, exalté, excité, fougueux, impatient, impétueux, passionné. **2.** Actif, nerveux.

FLEGME ✦ SYN. Calme, détachement, froideur, *impassibilité*, imperturbabilité, indifférence, maîtrise de soi, patience, philosophie, placidité, sang-froid, stoïcisme. ✦ ANT. Ardeur, emportement, enthousiasme, exaltation, excitation, fougue, impatience, impétuosité, nervosité, passion.

FLÉTRIR ✦ SYN. ▷ *V. tr.* **1.** Altérer, décolorer, défraîchir, *faner*, rider, sécher, ternir. **2.** *Avilir*, déshonorer, diffamer, stigmatiser. ▷ *V. pr.* **3.** Se défraîchir, s'étioler, *se faner*, se ternir. **4.** S'abîmer, décliner, *dépérir*, vieillir. ✦ ANT. **1.** Éclore, épanouir, fleurir. **2.** Exalter, glorifier, honorer, réhabiliter. **3.** S'épanouir. **4.** Embellir, rajeunir, renaître, revivre.

FLÉTRISSURE ✦ SYN. **1.** *Défloraison*, dessèchement, étiolement. **2.** Déclin, *dépérissement*, vieillissement. **3.** *Avilissement*, déshonneur, infamie, opprobre, souillure, tache, tare. ✦ ANT. **1.** Éclosion, épanouissement, floraison, fraîcheur. **2.** Beauté, éclat, jeunesse. **3.** Considération, gloire, honneur, réhabilitation.

FLEUR ✦ SYN. **1.** Beauté, candeur, charme, *éclat*, fraîcheur, innocence, pureté. **2.** *Ornement*, parure. **3.** Avantage, cadeau, *faveur*. **4.** Crème *(fam.)*, *élite*, gratin *(fam.)*, nec plus ultra *(ch.)*. **5.** *(Pl.)* *Compliments*, éloges, félicitations, louanges. ✦ ANT. **1.** Hypocrisie, laideur, médiocrité. **2.** Horreur, monstruosité. **3.** Défaveur, empêchement. **4.** Déchet, lie, rebut. **5.** Critiques, reproches.

FLEURER ✦ SYN. *Embaumer*, exhaler, parfumer, sentir bon. ✦ ANT. Empester, infecter, puer.

FLEURI ✦ SYN. **1.** *(Teint)* Coloré, épanoui, florissant, *frais*, pur, vermeil, vif. **2.** *(Style)* Affecté, pompeux, *précieux*. **3.** Agrémenté, embelli, *orné*, paré. ✦ ANT. **1.** Blafard, blême, hâve, livide. **2.** Dépouillé, naturel, sobre. **3.** Déparé, dépouillé, enlaidi.

FLEURIR ✦ SYN. **1.** Bourgeonner, éclore, *s'épanouir*, s'ouvrir. **2.** *Croître*, se développer. **3.** Briller, dominer, s'étendre, être en vogue, faire florès, *prospérer*, triompher. **4.** Agrémenter, embellir, enjoliver, *orner*, parer. ✦ ANT. **1.** Défleurir, se défraîchir, se faner, se flétrir. **2.** Décliner, dépé-

rir. **3.** Disparaître, honnir, régresser, remplacer. **4.** Déparer, dépouiller, enlaidir.

FLEUVE ✦ SYN. **1.** Abondance, débordement, déluge, *flot*, flux, mer, multitude, quantité, rivière, torrent. **2.** *(En appos.)* *Interminable*, long, sans fin. ✦ ANT. **1.** Insuffisance, manque, rareté. **2.** Bref, court, limité.

FLEXIBLE ✦ SYN. **1.** Élastique, malléable, plastique, *pliable*, souple. **2.** *Docile*, influençable, malléable *(fig.)*, maniable *(fig.)*, obéissant, soumis. **3.** Accommodant, compréhensif, *conciliant*, liant, souple *(fig.)*, tolérant, traitable. **4.** *(Horaire)* Adaptable, aménagé, *variable*. ✦ ANT. **1.** Inflexible, raide. **2.** Autoritaire, indépendant, indocile, insoumis, opiniâtre, rigide, têtu. **3.** Agressif, cassant, dur, inflexible *(fig.)*, intolérant, intraitable, intransigeant. **4.** Fixe, immuable, régulier.

FLEXION ✦ SYN. **1.** Courbure, *fléchissement*, inclination, inflexion. **2.** *(Ling.)* Changement, modification, *variation* ✦ ANT. **1.** Extension, redressement. **2.** Constance, uniformité.

FLIRT ✦ SYN. *Amourette*, aventure, badinage, béguin *(fam.)*, caprice, fantaisie, idylle, liaison, passade, toquade *(fam.)*.

FLIRTER ✦ SYN. **1.** *Courtiser*, fréquenter, sortir avec *(fam.)*. **2.** Approcher, prendre des libertés avec, *se rapprocher*. ✦ ANT. **1.** Chasser, éconduire. **2.** S'éloigner, prendre ses distances.

FLORAISON ✦ SYN. **1.** Éclosion, effloraison, efflorescence, *épanouissement*. **2.** Printemps. **3.** *(Talents)* Abondance, constellation, luxuriance, myriade, *pléiade*, pléthore. ✦ ANT. **1.** Défloraison, dessèchement, étiolement, flétrissement. **2.** Automne. **3.** Manque, pénurie, rareté.

FLORE ◇ V. **Végétation**

FLORÈS ✦ SYN. *(Faire florès)* Briller, être à la mode, être en vogue, exceller, faire fureur, fleurir *(fig.)*, *réussir*, triompher. ✦ ANT. Échouer, faire fiasco, manquer, rater.

FLOT ✦ SYN. **1.** *Courant*, flux, houle, lame, marée, mer, onde, vague. **2.** *Abon-*

dance, affluence, afflux, cascade, débordement, déluge, fleuve, flux, foule, masse, mer, multitude, pluie, quantité, rivière, torrent.

FLOTTANT ✦ SYN. 1. *(Vêtement) Ample*, bouffant, flou, large, vague, vaporeux. 2. *(Cheveux, drapeau)* Au vent, *dénoué*, épars, ondoyant. 3. *(Valeur, monnaie)* Changeant, *fluctuant*, variable. 4. *Hésitant*, incertain, inconstant, indécis, irrésolu. 5. *(Esprit)* Absent, distrait, *errant*, vagabond, vague. ✦ ANT. 1. Ajusté, moulant, serré. 2. Enroulé, noué, plié. 3. Assuré, fixe. 4. Catégorique, certain, constant, convaincu, résolu. 5. Attentif, concentré, présent.

FLOTTE ✦ SYN. 1. Armada, équipages, escadre, escadrille, flottille, *forces navales*. 2. *Forces aériennes*, forces aéronavales.

FLOTTER ✦ SYN. 1. Affleurer, émerger, nager, *surnager*, voguer. 2. *(Cheveux, drapeau)* Agiter, claquer, ondoyer, *onduler*, remuer. 3. *(Air)* Planer, *voler*, voltiger. 4. *(Valeur, monnaie)* Changer, *fluctuer*, varier. 5. Balancer, *hésiter*, osciller, tergiverser, vaciller. 6. *(Esprit) Errer*, vagabonder. 7. *(Vêtement)* Bouffer. 8. *(Fam.)* Pleuvoir (abondamment). ✦ ANT. 1. Couler, disparaître, s'enfoncer, s'engloutir, immerger, sombrer, submerger. 2. S'enrouler, nouer, plier. 3. S'abaisser, descendre, se poser. 4. Se fixer, se stabiliser. 5. Se décider, se prononcer. 6. Se concentrer. 7. Ajuster.

FLOU ✦ SYN. ▷ *Adj.* 1. Brouillé, brumeux, effacé, estompé, fondu, indistinct, indéterminé, léger, trouble, *vague*, vaporeux. 2. *Confus*, embrouillé, équivoque, imprécis, incertain, indéfini, nébuleux, obscur. 3. *(Vêtement)* Flottant, *lâche*, non ajusté. ▷ *Nom* 4. À-peu-près, approximation, clair-obscur, brouillard, confusion, *imprécision*, incertitude, indécision, indétermination, vague. ✦ ANT. 1. Distinct, évident, lourd, massif, perceptible. 2. Clair, défini, net, précis. 3. Ajusté, moulant, serré. 4. Clarté, certitude, limpidité, netteté, précision.

FLUCTUATION ✦ SYN. ▷ *Sing. ou pl.* 1. Balancement, *flottement*, instabilité, mouvement, oscillation, va-et-vient. ▷ *Pl.* surtout 2. *Changements*, hésitation, incertitude, indécision, irrésolution, versatilité. 3. Écarts, différences, *variations*. ✦ ANT. 1. Immobilité, stabilité, sûreté. 2. Certitude, constance, continuité, régularité, uniformité. 3. Conformité, rapprochements, similitudes.

FLUCTUER ✦ SYN. Changer, flotter, se modifier, *varier*. ✦ ANT. Concorder, se maintenir, persister, se stabiliser, s'uniformiser.

FLUET ✦ SYN. Délicat, élancé, faible, frêle, gracile, grêle, léger, maigre, menu, *mince*, ténu. ✦ ANT. Corpulent, dodu, épais, gras, gros, massif, replet, robuste, trapu, vigoureux.

FLUIDE ✦ SYN. ▷ *Adj.* 1. Aqueux, clair, *coulant*, inconsistant, insinuant, limpide, mobile, pénétrant. 2. *Fluctuant*, fuyant, indécis, insaisissable. 3. *(Circulation) Normal*, régulier, sans encombre. 4. *(Style) Aisé*, coulant *(fig.)*, facile, naturel. ▷ *Nom* 5. Liquide. 6. *(Présence occulte)* Courant, émanation, *énergie*, flux, force, influence, influx, onde, radiation. ✦ ANT. 1. Compact, consistant, épais, ferme, résistant, sec, solide, vaporeux. 2. Clair, compréhensible, saisissable. 3. Encombré, engorgé, irrégulier. 4. Compassé, compliqué, recherché. 5. Solide, vapeur.

FLUX ✦ SYN. 1. *Écoulement*, émission, évacuation, flot, marée montante. 2. *Abondance*, afflux, débordement, déluge, profusion. 3. Changement, *fluctuation*, va-et-vient. ✦ ANT. 1. Recul, reflux *(marée descendante)*, retrait, stagnation. 2. Manque, rareté. 3. Continuité, stabilité.

FŒTUS ◇ v. Embryon

FOI ✦ SYN. 1. Confession, conviction, credo, *croyance*, dogme, évangile, mystique, religion, spiritualité. 2. Droiture, engagement, *fidélité*, franchise, loyauté, parole, promesse, serment, sincérité. 3. Assurance, *confiance*, crédit, espérance.

♦ ANT. 1. Athéisme, incrédulité, incroyance, irréligion, matérialisme, paganisme. 2. Déloyauté, infidélité, manquement, reniement, trahison. 3. Désespérance, doute, méfiance, scepticisme.

FOIRE ♦ SYN. 1. Bazar, braderie, halle, *marché*, marché aux puces, souk. 2. Concours, démonstration, étalage, exhibition, *exposition*, montre, présentation, salon. 3. *(Foire annuelle)* *Fête* (patronale), kermesse. 4. *(Fam.)* Bordel, *désordre*, foutoir.

FOISON (À) ◇ V. **Abondamment**

FOISONNEMENT ♦ SYN. *Abondance*, exubérance, fourmillement, luxuriance *(plantes)*, opulence, multiplication, pléthore, profusion, prolifération, pullulement, surabondance. ♦ ANT. Disparition, manque, pauvreté, rareté.

FOISONNER ♦ SYN. *Abonder*, fourmiller, grouiller, se multiplier, proliférer, pulluler, regorger, surabonder. ♦ ANT. Disparaître, manquer, se raréfier.

FOLÂTRE ♦ SYN. Allègre, amusant, badin, *enjoué*, espiègle, évaporé, folichon, gai, guilleret, joueur, joyeux, léger, plaisant. ♦ ANT. Austère, grave, posé, sérieux, solennel, triste.

FOLÂTRER ♦ SYN. 1. S'amuser, s'ébattre, s'égayer, *jouer*, plaisanter. 2. Caracoler, cabrioler, gambader, danser, *sauter*, virevolter. 3. Badiner, batifoler, *conter fleurette*, marivauder, papillonner.

FOLIE ♦ SYN. 1. *Aliénation mentale*, délire, démence, déséquilibre mental, idiotie, imbécillité, incohérence, névrose, psychose. 2. *Déraison*, inconscience, insanité, irrationalité. 3. Aberration, absurdité, aveuglement, bêtise, bizarrerie, divagation, *égarement*, extravagance, lubie, manie, mégalomanie, sottise. ♦ ANT. 1. Équilibre, santé mentale. 2. Bon sens, conscience, raison, rationalité. 3. Clairvoyance, finesse, intelligence, jugement, modération, sagesse.

FOMENTATEUR, FOMENTEUR ◇ V. **Instigateur**

FOMENTER ♦ SYN. 1. Allumer, attiser, causer, entretenir, envenimer, exciter,

soulever, *susciter*. 2. *(Complot)* Comploter, conspirer, fricoter *(fam.)*, *machiner*, manigancer, ourdir, tramer. ♦ ANT. 1. Apaiser, calmer, éteindre, étouffer, maîtriser, mater, pacifier. 2. Déjouer, dénoncer, éventer, mettre en plein jour, révéler.

FONCÉ ♦ SYN. 1. *(Couleur)* Profond, *sombre*. 2. *(Peau, teint)* *Basané*, bistre, bistré, brun, mat, noir, noirâtre, noiraud. ♦ ANT. 1. Clair, pâle. 2. Blanc, clair, pâle.

FONCER ♦ SYN. 1. *Assombrir*, obscurcir, rembrunir. 2. *(Foncer sur)* Assaillir, *attaquer*, charger, fondre sur, se jeter sur, marcher sur, se ruer sur, tomber sur. 3. Courir, s'élancer, *filer*, se hâter, se lancer, se précipiter, se ruer. ♦ ANT. 1. Éclaircir, pâlir. 2. Battre en retraite, contourner, s'éloigner, éviter, fuir. 3. Ralentir, reculer, traîner.

FONCEUR ◇ V. **Gagneur**

FONCTION ♦ SYN. 1. Activité, carrière, charge, devoir, dignité, *emploi*, métier, ministère, mission, obligation, occupation, office, place, poste, profession, service, situation, tâche, travail. 2. Action, fonctionnalité, *rôle*, utilité. 3. *(Être fonction de)* Dépendre de. 4. *(Faire fonction de)* Faire office de, *servir de*, tenir lieu de. 5. *(En fonction de)* Compte tenu de, par rapport à, relativement à, *selon*.

FONCTIONNAIRE ♦ SYN. 1. Administrateur, agent, *employé de l'État*. 2. *(Fam.)* Budgétivore, *bureaucrate*, gratte-papier, rond-de-cuir. 3. *(Haut fonctionnaire)* Énarque, *grand commis de l'État*, technocrate *(péj.)*.

FONCTIONNEMENT ♦ SYN. 1. Action, efficacité, force (de travail), jeu, manœuvre, *marche*, mécanisme, mouvement, organisation, pouvoir, travail, usage. 2. *Activité*, bonne marche, déroulement, développement, processus.

FONCTIONNER ♦ SYN. 1. Aller, avancer, évoluer, jouer, manœuvrer, *marcher*, mouvoir, tourner, travailler. 2. *(Faire fonctionner)* Actionner, manœuvrer. ♦ ANT. 1. S'arrêter, cesser, se détraquer, s'immobiliser, tomber en panne. 2. Arrêter, stopper.

FOND ♦ SYN. 1. *(Contenant)* Bas, *base*, cul, culot, fondement. 2. Abîme, abysse, bas-fond, creux, haut-fond *(eaux)*, **profondeur**. **3.** ***Bout***, extrémité. **4.** Dedans, ***intérieur***. **5.** Arrière, ***arrière-plan***, champ, perspective, renfoncement, second plan, toile (de fond). **6.** Arrière-fond, ***essence***, for intérieur, réalité profonde, secret, tréfonds. **7.** *(Œuvre)* ***Contenu***, idée, matière, nœud, source, substance, sujet, thème. **8.** *(Ling.)* Origine, ***substrat***. ◆ ANT. **1.** Dessus, haut. **2.** Surface. **3.** Entrée, seuil. **4.** Dehors, extérieur. **5.** Avant, avant-plan, premier plan. **6.** Air, apparence, façade, semblant. **7.** Forme. **8.** Enrichissement, néologie.

FONDAMENTAL ◆ SYN. **1.** Capital, cardinal, central, crucial, décisif, déterminant, ***essentiel***, important, majeur, nécessaire, premier, primordial, principal, vital. **2.** Basal, basique, ***élémentaire***. **3.** ***Absolu***, constitutif, foncier, inhérent, intrinsèque, radical, substantiel. **4.** *(Recherche)* Abstrait, pur, ***théorique***. ◆ ANT. **1.** Accessoire, complémentaire, marginal, mineur, négligeable, secondaire, subsidiaire. **2.** Avancé, évolué. **3.** Accidentel, contingent, extrinsèque, relatif. **4.** Appliqué, empirique, expérimental.

FONDATEUR ◆ SYN. Auteur, bâtisseur, centre de, ***créateur***, initiateur, père, pionnier, promoteur.

FONDATION ◆ SYN. **1.** *(Pl. surtout)* Assiette, assise, ***base***, fondements, infrastructure, solage *(québ.)*, soubassement. **2.** Constitution, ***création***, édification, établissement, formation, instauration, institution. **3.** *(Dr.)* ***Donation***, legs. ◆ ANT. **1.** Comble, faîte, pinacle, sommet, structure, toit. **2.** Abolition, destruction, dissolution.

FONDEMENT ◆ SYN. **1.** Cause, ***justification***, mobile, motif, pourquoi, raison (d'être). **2.** Origine, point de départ, prémisses, ***principe*** (de base), source. **3.** *(Contenant)* Bas, base, cul, culot, ***fond***. ▷ *Pl. surtout.* **4.** *(Fig.)* Assises, ***bases***, rudiments. **5.** *(Édifice)* ***Fondations***, soubassement. ◆ ANT. **1.** Non-fondement. **2.** Aboutissement, achèvement, développement. **3.** Dessus, haut. **4.** Approfondissement, enrichissement.

FONDER ◆ SYN. ▷ *V. tr.* **1.** Appuyer, asseoir, ***baser***, établir, faire reposer, poser. **2.** Bâtir, constituer, construire, ***créer***, ériger, former, instaurer, instituer, organiser, ouvrir. **3.** ***Justifier***, légitimer, motiver. ▷ *V. pr.* **4.** S'appuyer sur, ***se baser sur***, reposer sur. ◆ ANT. **1.** S'écrouler, s'effondrer, renverser. **2.** Abolir, anéantir, défaire, détruire, fermer, ruiner, saper. **3.** Démentir, infirmer. **4.** Écarter, être sans fondement, exclure.

FONDRE ◆ SYN. ▷ *V. tr.* **1.** Délayer, se désagréger, diluer, dissoudre, ***liquéfier***, solubiliser. **2.** Amalgamer, combiner, ***fusionner***, incorporer, mêler, réunir, unir. ▷ *V. intr.* **3.** ***Dégeler***, se dissoudre, se liquéfier. **4.** Diminuer, ***disparaître***, se dissiper, s'envoler, s'évanouir. **5.** *(Fam.)* Dépérir, ***maigrir***. **6.** *(Fondre sur)* S'abattre sur, assaillir, attaquer, charger, ***foncer sur***, se jeter sur, se ruer sur, tomber sur. ▷ *V. pr.* **7.** ***Se confondre***, se mêler, se rejoindre, s'unir. ◆ ANT. **1.** Cailler, coaguler, condenser, congeler, figer, solidifier. **2.** Désunir, détacher, disjoindre, diviser, séparer. **3.** Durcir, geler. **4.** Augmenter, réapparaître, revenir. **5.** Engraisser, se rétablir. **6.** S'éloigner, éviter, fuir. **7.** Se démarquer, se détacher, se distinguer.

FONDS ◆ SYN. **1.** Bien-fonds, boutique, champ, commerce, établissement, exploitation, magasin, maison, ***propriété***, sol, terrain. **2.** Argent, avance, caisse, ***capitaux***, espèces, pécule, somme. **3.** Biens, legs, ***œuvres***.

FONTAINE ◇ v. **Source**

FONTE ◇ v. **Dégel**

FORÇAT ◆ SYN. **1.** Bagnard, galérien, ***prisonnier*** *(travaux forcés)*. **2.** *(Forçats de la faim, du travail)* Besogneux, crève-la-faim *(fam.)*, damnés de la terre, démunis, miséreux, ***pauvres***. ◆ ANT. **1.** Évadé, libéré, libre. **2.** Nantis, riches.

FORCE ◆ SYN. **1.** Résistance, ***robustesse***, solidité, vigueur. **2.** Caractère, constance, courage, cran *(fam.)*, ***détermination***, énergie, fermeté, nerf, virilité, volonté. **3.** Action, activité, efficacité, ***influence***, intensité, poigne, pouvoir, puissance.

4. Ardeur, chaleur, éloquence, *fougue*, véhémence, violence. **5.** Coercition, *contrainte*, oppression, pression, violence. **6.** *(Force des choses)* Autorité, *nécessité*, obligation. **7.** Calibre, degré, *niveau*, taille, trempe, valeur. ◆ ANT. **1.** Anémie, débilité, défaillance, faiblesse, fragilité. **2.** Apathie, inertie, irrésolution, mollesse, veulerie. **3.** Impuissance, inefficacité, inutilité. **4.** Froideur, placidité, retenue, tiédeur. **5.** Douceur, liberté, persuasion. **6.** Éventualité, possibilité, probabilité.

FORCÉ ◆ SYN. **1.** Certain, fatal, immanquable, inéluctable, *inévitable*, involontaire, logique, nécessaire, obligatoire. **2.** Condamné, *contraint*, obligé. **3.** *Affecté*, artificiel, embarrassé, factice, outré. **4.** Exagéré, *invraisemblable*, recherché. ◆ ANT. **1.** Accidentel, éventuel, évitable. **2.** Facultatif, libre, volontaire. **3.** Naturel, sincère, spontané. **4.** Plausible, simple, vraisemblable.

FORCENÉ ◆ SYN. **1.** Emporté, furibond, *furieux*. **2.** *Acharné*, ardent, démesuré, endiablé, fanatique, passionné. **3.** Désespéré, énergumène, enragé, excité, *fou*, maniaque, possédé. ◆ ANT. **1.** Calme, serein, tranquille. **2.** Discipliné, maître de soi, posé, réfléchi. **3.** Paisible, raisonné, sage, sain d'esprit, sensé.

FORCER ◆ SYN. ▷ *V. tr.* **1.** Arracher, *briser*, crocheter, défoncer, enfoncer, fracturer, ouvrir, pénétrer, rompre. **2.** *(Lieu)* Assiéger, *s'emparer*, emporter, prendre. **3.** *(Admiration)* S'attirer, entraîner, gagner, *obtenir*. **4.** Assujettir, astreindre, condamner, contraindre, *obliger*, réduire à, soumettre. **5.** *Accélérer*, accentuer, hâter, précipiter. **6.** Augmenter, dépasser (la mesure), *exagérer*, outrer. ▷ *V. pr.* **7.** Se contraindre, s'efforcer, s'imposer, *s'obliger*. ◆ ANT. **1.** Fermer, réparer. **2.** Évacuer, lever le siège, rendre, restituer. **3.** S'aliéner, perdre. **4.** Faciliter, permettre, tolérer. **5.** Modérer, ralentir. **6.** Baisser, diminuer, respecter. **7.** Se dispenser, s'épargner.

FORÊT ◆ SYN. **1.** *Bois*, brousse, futaie, jungle, taillis *(petits arbres)*. **2.** *(Objets verticaux)* Multitude, *quantité*. **3.** *(Philos.)* Dédale, écheveau, *labyrinthe*, lacis, méandres.

FORFAIT ◆ SYN. **1.** *Crime* (énorme), délit, faute. **2.** Abonnement, contrat, convention, *marché*, prix convenu. **3.** *(Déclarer forfait)* *Abandonner*, jeter l'éponge, se retirer. ◆ ANT. **1.** Peccadille. **2.** Imposition, régie, réglementation. **3.** Affronter, combattre, défendre (son titre), se mesurer à.

FORFAITURE ◆ SYN. **1.** *Déloyauté*, félonie, trahison. **2.** *(Fonction publique)* Concussion, exaction, *faute* (grave), malversation, prévarication. ◆ ANT. **1.** Fidélité, loyauté. **2.** Honnêteté, intégrité, probité.

FORFANTERIE ◆ SYN. Charlatanisme, crânerie, *fanfaronnade*, hâblerie, vantardise. ◆ ANT. Modestie, naturel, retenue.

FORGÉ ◇ V. **Faux**

FORGER ◆ SYN. **1.** *(Métal)* *Battre*, bigorner, cingler, corroyer, écrouir, façonner. **2.** Fabriquer, imaginer, *inventer*.

FORMALISER (SE) ◆ SYN. Se fâcher, s'indigner, s'offenser, s'offusquer, se piquer, prendre la mouche, se révolter, *se scandaliser*, se vexer. ◆ ANT. Accepter, admettre, tolérer.

FORMALISTE ◆ SYN. **1.** *Cérémonieux*, façonnier, formel, protocolaire. **2.** Étroit, méticuleux, minutieux, pointilleux, rigoriste, ritualiste, *scrupuleux*, vétilleux. ◆ ANT. **1.** Naturel, simple. **2.** Éclairé, large d'esprit, laxiste.

FORMALITÉ ◆ SYN. ▷ *Pl. surtout* **1.** Cérémonial, *cérémonies*, chichis *(fam.)*, convenances, étiquette, façons, flaflas *(fam.)*, formes, manières, protocole. **2.** Démarches (administratives), lois, *procédure*, règles. **3.** Chinoiseries, paperasserie, *tracasseries* (administratives). ▷ *Sing.* **4.** Banalité, détail, *facilité*, partie de plaisir *(fam.)*. ◆ ANT. **1.** Insouciance, laisser-aller, naturel, spontanéité. **2.** Déréglementation, liberté. **3.** Facilité, simplicité. **4.** Difficulté, épreuve.

FORMAT ◆ SYN. Calibre, *dimension*, grandeur, mesure, taille.

FORMATEUR ◆ SYN. ▷ *Nom* **1.** Animateur, éducateur, *enseignant*, instructeur, pédagogue, professeur. ▷ *Adj.* 2. Éducatif, épanouissant, *instructif*, pédagogique. ✦ ANT. 1. Élève, étudiant, stagiaire. 2. Abêtissant, déformateur, pernicieux.

FORMATION ✦ SYN. 1. Composition, constitution, *création*, élaboration, fondation, genèse, organisation, origine, production. 2. Ensemble, équipe, *groupe*, orchestre, parti. 3. *(Milit.)* Détachement, troupe, *unité*. 4. *(Combat)* **Alignement**, disposition, escadrille, flotte, position (de combat), rangs. 5. Apprentissage, culture, développement, *éducation*, évolution, instruction, préparation. 6. Acquis, *expérience*, métier, qualification, savoir. ✦ ANT. 1. Abolition, destruction, dissolution, effondrement, suppression. 2. Équipier, membre, solo. 3. Soldat. 4. Débandade, déroute, désordre, repli, retraite. 5. Abêtissement, censure, désinformation, ignorance, négligence. 6. Inexpérience.

FORME ✦ SYN. 1. Apparence, aspect, configuration, conformation, *contour*, dehors, extérieur, façade, face, faciès, figure, physionomie, profil, silhouette, traits, visage. 2. Arrangement, composition, constitution, coupe, disposition, façon, gabarit, *modèle*, moule, patron, structure. 3. Allure, dessin, galbe, ligne, modelé, *profil*, relief, silhouette, tour, tournure, tracé. 4. État, manière, modalité, sorte, type, *variété*. 5. *Expression*, facture, langage, style. 6. *Organisation*, régime, statut. 7. *(Pl.)* Conformité, convenances, *formalités*, formules, protocole, règles, savoir-vivre, usages. ✦ ANT. 1. Essence, fond, intérieur. 2. Matière, objet, substance 3. Corps, personne, sujet. 4. Uniformité. 5. Contenu, signification. 6. Anarchie, désordre, désorganisation. 7. Anticonformisme, liberté, licence.

FORMEL ✦ SYN. 1. Absolu, assuré, authentique, certain, clair, déclaré, *explicite*, évident, incontestable, indéniable, indiscutable, indubitable, net, officiel, précis, rigoureux, sûr. 2. Autoritaire, *catégorique*, impérieux, péremptoire, tranchant. 3. *Conventionnel*, formaliste, protocolaire.

4. De principe, désincarné, platonique, *théorique*. 5. *(Beauté)* Esthétique, *plastique*. ✦ ANT. 1. Ambigu, conditionnel, douteux, équivoque, imaginaire, implicite, incertain, inventé, obscur, officieux, relatif, sous-entendu, tacite. 2. Hésitant, indécis, perplexe. 3. Informel, libre, spontané. 4. Concret, efficace. 5. Baroque, excentrique, inesthétique.

FORMER ✦ SYN. ▷ *V. tr.* 1. *Créer*, fabriquer, façonner, faire, modeler, produire, sculpter. 2. Établir, fonder, instituer, *organiser*. 3. Composer, *constituer*, contenir. 4. Dessiner, *présenter*. 5. *Concevoir*, élaborer, imaginer, projeter. 6. Accoutumer, cultiver, développer, discipliner, dresser, éduquer, élever, enseigner, entraîner, habituer, *instruire*. ▷ *V. pr.* 7. Apparaître, se constituer, *se créer*, se développer, naître. 8. Apprendre, *s'instruire*. ✦ ANT. 1. Défaire, déformer, dénaturer, détruire, pervertir. 2. Abolir, supprimer. 3. Exclure, manquer. 4. Disparaître, s'estomper. 5. Exécuter, renoncer. 6. Abrutir, négliger, oublier. 7. Décliner, dépérir, se dissoudre, s'étioler, mourir. 8. S'abrutir, désapprendre.

FORMIDABLE ✦ SYN. 1. Considérable, *énorme*, faramineux, gigantesque, imposant. 2. *Admirable*, éblouissant, épatant, étonnant, extraordinaire, fabuleux, fantastique, fumant *(fam.)*, génial, magistral, merveilleux, remarquable, renversant, sensationnel, splendide, stupéfiant, super *(fam.)*, terrible *(fam.)*. ✦ ANT. 1. Faible, infime, minuscule, petit. 2. Banal, commun, honteux, lamentable, médiocre, négligeable, normal, nul, ordinaire, pitoyable.

FORMULAIRE ✦ SYN. 1. Codex, recueil, *répertoire*. 2. Feuille, *formule*, questionnaire.

FORMULE ✦ SYN. 1. Composition, énoncé, formulaire, intitulé, libellé, propos, termes, *texte*. 2. *(Pl.)* Cérémonial, conventions, *convenances*, étiquette, formalités, formes, normes, protocole, règles (de politesse). 3. Façon, manière (de procéder), *méthode*, modalité, mode, plan, procédé, recette, règle (à suivre), système, tour, truc *(fam.)*. **4.** *(Difficulté, problème)* Moyen, remède, **solution**. **5.** Aphorisme, cliché *(péj.)*, devise, **expression**, locution, mantra, mot d'ordre, phrase, précepte, proverbe, sentence, slogan, tournure.

FORT ♦ SYN. ▷ *Adj.* **1.** Athlétique, baraqué *(fam.)*, costaud, gaillard, herculéen, musclé, **robuste**, trapu, vigoureux. **2.** **Corpulent**, gras, gros, imposant, large, massif, obèse, opulent, plantureux. **3.** Important, influent, **puissant**, redoutable. **4.** Adroit, bolé *(québ., fam.)*, bon, calé *(fam.)*, capable, champion, compétent, connaisseur, **doué**, expert, ferré, fortiche *(fam.)*, habile, imbattable, savant. **5.** Coriace, courageux, endurci, **énergique**, ferme, tenace, viril. **6.** Dur, inusable, **résistant**, solide. **7.** **Abondant**, serré, touffu. **8.** Grand, grave, **intense**, lourd, vif, violent. **9.** Assourdissant, **bruyant**, éclatant, retentissant, sonore, tonitruant. **10.** Âcre, **épicé**, pénétrant, piquant, relevé. **11.** Agissant, **efficace**. **12.** Invincible, irrépressible, **irrésistible**. **13.** **Exagéré**, extraordinaire, incroyable, inouï, invraisemblable. ▷ *Adv.* **14.** Abondamment, beaucoup, bien, **extrêmement**, souverainement, très. **15.** Fortement, **intensément**, profondément. **16.** Brutalement, durement, énergiquement, fermement, **vigoureusement**, violemment, vivement. **17.** À haute voix, **à tue-tête**. ▷ *Nom* **18.** Citadelle, défense, **forteresse**, fortifications, fortin, place forte. **19.** Bosse *(fam.)*, compétence, domaine, **force**, point fort, spécialité, talent. ♦ ANT. **1.** Débile, faible, frêle. **2.** Chétif, fluet, maigre, malingre, mince. **3.** Impuissant, insignifiant, nul, sans envergure. **4.** Ignorant, incapable, incompétent, maladroit, malhabile, médiocre, piètre. **5.** Lâche, mauviette *(fam.)*, peureux, timide, veule. **6.** Flexible, fragile, mou, souple, usable. **7.** Clairsemé, épars, rare. **8.** Affaibli, doux, léger, menu, petit. **9.** Agréable, assourdi, feutré, inaudible, sourd. **10.** Fade, insipide. **11.** Anodin, inefficace. **12.** Contrôlable, maîtrisable. **13.** Banal, crédible, ordinaire, plausible, vraisemblable. **14.** Légèrement, modérément, peu.

15. Faiblement, superficiellement. **16.** Délicatement, mollement, timidement. **17.** À voix basse, doucement. **18.** Brèche, ouverture. **19.** Faiblesse, incompétence, point faible, talon d'Achille.

FORTERESSE ♦ SYN. **1.** Château fort, citadelle, **fortifications**, place forte, ville fortifiée. **2.** *(Fig.)* Défense, mur, **protection**, rempart. ♦ ANT. **1.** Ville ouverte. **2.** Brèche, faiblesse, vulnérabilité.

FORTIFIANT ♦ SYN. Analeptique, cordial, excitant, réconfortant, reconstituant, remontant, **revigorant**, roboratif *(adj. seulement)*, stimulant, tonique. ♦ ANT. Affaiblissant, amollissant, anémiant, débilitant.

FORTIFICATION ♦ SYN. ▷ *Sing.* **1.** Défense, **protection**, sauvegarde, soutien. ▷ *Pl. surtout* **2.** Bastion, blockhaus, casemate, château fort, citadelle, enceinte, fort, **forteresse**, fortin, place forte, rempart, redoute, retranchements, tour.

FORTIFIER ♦ SYN. ▷ *V. tr.* **1.** Affermir, consolider, développer, étayer, **renforcer**, rétablir, soutenir. **2.** Aguerrir, conforter, encourager, **endurcir**, réconforter, revigorer, stimuler, tremper. **3.** Armer, défendre, **protéger**. ▷ *V. pr.* **4.** S'abriter, **se protéger**, se retrancher. ♦ ANT. **1.** Affaiblir, anémier, consumer, débiliter, réduire, ruiner. **2.** Abattre, amollir, décourager, démoraliser, épuiser, miner. **3.** Assaillir, attaquer. **4.** Affronter, s'exposer.

FORTUIT ♦ SYN. **Accidentel**, brusque, casuel, contingent, imprévu, inattendu, incertain, inespéré, inopiné, occasionnel. ♦ ANT. Accoutumé, attendu, certain, espéré, nécessaire, obligatoire, prévisible.

FORTUNE ♦ SYN. **1.** Aléas, avenir, aventure, coup de dés, chance, **destin**, destinée, étoile, hasard, fatalité, lot, nécessité, prédestination, sort, vie. **2.** *(Bonne fortune)* Atout, aubaine, baraka *(fam.)*, bonheur, bonne étoile, coup de chance, heureux hasard, providence, **veine**. **3.** Argent, avoir, biens, capital, domaine, patrimoine, ressources, **richesse**, trésor. **4.** Abondance, aisance, **prospérité**, réussite, succès. ♦ ANT. **1.** Libre arbitre, volonté. **2.** Adversité, déveine, fatalité, gêne, guigne *(fam.)*, infortune, malchance, malédiction, malheur, mauvais œil, mésaventure, tuile *(fam.)*. **3.** Dénuement, indigence, misère, pauvreté. **4.** Échec, faillite, insuccès, revers, ruine.

FORTUNÉ ♦ SYN. **1.** Aisé, cossu, florissant, huppé, opulent, prospère, *riche*. **2.** *Chanceux*, favorisé, heureux, prédestiné, veinard *(fam.)*. ♦ ANT. **1.** Indigent, misérable, pauvre. **2.** Infortuné, malchanceux, malheureux.

FORUM ♦ SYN. **1.** Agora, *place* (publique), prétoire, tribune. **2.** Carrefour, *colloque*, conférence, congrès, séminaire, symposium, table ronde.

FOSSE ♦ SYN. **1.** *Cavité*, excavation, fossé. **2.** Charnier, *tombe*. **3.** Abysse *(mer)*, *dépression*, géosynclinal, gouffre. **4.** *Cachot*, oubliette.

FOSSÉ ♦ SYN. **1.** Canal, cavité, douve, excavation, fosse, rigole, ruisseau, saut-de-loup, sillon, *tranchée*, trou. **2.** *(Fig.)* Abîme, barrière, cassure, coupure, différence, distance, écart, hiatus, mur, obstacle, *séparation*.

FOU ♦ SYN. **1.** *Aliéné*, cinglé *(fam.)*, dément, dérangé, désaxé, déséquilibré, détraqué, forcené, halluciné, hystérique, idiot, imbécile, interné, malade mental, névrosé, psychopathe, troublé. **2.** Bête, déraisonnable, écervelé, étourdi, *insensé*, irrationnel, loufoque, sot, stupide. **3.** *(Fam.)* Braque, cinglé, dingue, *fêlé*, maboul, marteau, sonné, timbré, toqué. **4.** Aberrant, absurde, anormal, bizarre, débridé, démentiel, démesuré, excessif, *extravagant*, farfelu, maniaque. **5.** Bleu *(fig.)*, exacerbé, exaspéré, *furieux*. **6.** *Enjoué*, folâtre, gai, pétulant, vif. **7.** Amoureux, engoué, entiché, épris, fanatique, mordu *(fam.)*, *passionné*. **8.** *Énorme*, extraordinaire, immense, prodigieux. **9.** Astronomique, *exorbitant*, prohibitif. ♦ ANT. **1.** Équilibré, sain d'esprit. **2-3.** Conscient, intelligent, judicieux, perspicace, raisonnable, rationnel, réfléchi, sagace, sensé. **4.** Banal, commun, mesuré, modéré, normal, ordinaire.

5. Calme, maîtrisé, paisible. **6.** Abattu, apathique, triste. **7.** Dégoûté, froid, indifférent, las. **8.** Insignifiant, mince, minime, petit. **9.** Abordable, équitable, modique.

FOUDRE ♦ SYN. **1.** Éclair, feu, fulguration, *tonnerre*. **2.** *(Pl.)* Anathème, colère, *condamnation*, courroux, excommunication, reproches. ♦ ANT. **2.** Approbation, bénédiction, bonnes grâces, félicitations, louanges, réhabilitation.

FOUDROYANT ♦ SYN. **1.** Brusque, brutal, explosif, fulgurant, immédiat, inattendu, instantané, prompt, *soudain*, subit, violent. **2.** *(Maladie)* Épouvantable, grave, mortel, terrassant, *terrible*, véhément. **3.** *(Succès)* Éblouissant, *fulgurant*, prodigieux, rapide. ♦ ANT. **1.** Attendu, prévu. **2.** Bénin, faible, inoffensif, rassurant. **3.** Graduel, lent, progressif.

FOUDROYER ♦ SYN. **1.** Abattre, anéantir, écraser, électrocuter, faucher, *frapper*, renverser, terrasser, tuer. **2.** Accabler, *atterrer*, confondre, consterner, navrer, sidérer, stupéfier. ♦ ANT. **1.** Guérir, ranimer, se rétablir. **2.** Consoler, rassurer, réconforter, se relever, se remettre.

FOUET ♦ SYN. **1.** Baguette, bâton, chambrière, *cravache*, knout, martinet, sangle, verge. **2.** Châtiment, *flagellation*, punition. **3.** *Batteur*, malaxeur, mélangeur, moulinette, robot mécanique. **4.** *(Reliure)* Cordelette.

FOUETTER ♦ SYN. **1.** Battre, cingler, cravacher, *flageller*, fouailler, frapper, fustiger. **2.** Aiguillonner, allumer, attiser, aviver, enflammer, éperonner, exciter, piquer, *stimuler*. ♦ ANT. **1.** Cajoler, câliner, caresser, choyer, dorloter. **2.** Calmer, empêcher, refréner, réprimer, refroidir.

FOUGUE ♦ SYN. *Ardeur*, chaleur, effervescence, élan, emballement, emportement, enthousiasme, entrain, exubérance, feu, force, frénésie, impétuosité, passion, pétulance, véhémence, verve, violence, virulence, vivacité. ♦ ANT. Calme, douceur, flegme, froideur, mesure, modération, placidité, réserve, retenue, sérénité, tranquillité.

FOUGUEUX ✦ SYN. *Ardent*, bouillant, chaleureux, chaud, emporté, endiablé, enflammé, enthousiaste, explosif, exubérant, frénétique, fringant, impulsif, impétueux, passionné, pétulant, véhément, vif, violent. ✦ ANT. Calme, doux, flegmatique, froid, mesuré, placide, retenu, serein, tranquille.

FOUILLE ✦ SYN. 1. *Creusement*, excavation. 2. *(Police)* Examen, *inspection*, perquisition, rafle, ratissage, visite. 3. *(Pl.)* Archéologie, *exploration*, mise au jour, recherche, site archéologique.

FOUILLER ✦ SYN. 1. *Creuser*, fouir, retourner. 2. *Chercher*, farfouiller *(fam.)*, fouiner *(fam.)*, fourgonner, fourrager, fureter, tripoter *(fig.)*. 3. Examiner, explorer, *inspecter*, perquisitionner, visiter. 4. *Approfondir*, étudier, scruter, sonder.

FOUILLIS ◇ v. **Désordre**

FOUINEUR ✦ SYN. Curieux, fureteur, *indiscret*. ✦ ANT. Discret, indifférent.

FOULE ✦ SYN. 1. Affluence, cortège, défilé, gens, monde, *multitude*, troupe. 2. Assemblée, assistance, auditoire, public, *rassemblement*, réunion, spectateurs. 3. Masse, *peuple*, populace *(péj.)*, populo *(fam.)*. 4. *(Une foule de)* Armada, armée, collection, flopée *(fam.)*, *grand nombre*, quantité. ✦ ANT. 1-2. Individu, personne, solitude. 3. Élite, gratin *(fam.)*. 4. Petit nombre, poignée.

FOULER ✦ SYN. ▷ V. tr. 1. Comprimer, écraser, *presser*, serrer, tasser. 2. *(Sol)* Marcher sur, *poser le pied*. 3. *(Fouler aux pieds)* Bafouer, braver, malmener, *mépriser*, piétiner, transgresser. ▷ V. pr. 4. Se blesser, *se démettre*, se luxer, se tordre. ✦ ANT. 1. Amollir, assouplir, desserrer, effleurer, étendre. 2. Quitter. 3. Obéir, se plier, respecter, se soumettre, suivre. 4. Redresser, réduire *(méd.)*, replacer, se rétablir.

FOUR ✦ SYN. 1. Chaufour, fournaise, *fourneau*, fournil. 2. Gâteau, pâtisserie, *petit-four*. 3. *(Spectacle)* Bide *(fam.)*, désastre, échec, fiasco, flop *(fam.)*, insuccès, revers. ✦ ANT. 3. Réussite, succès, triomphe.

FOURBE ✦ SYN. Déloyal, dissimulateur, fallacieux, faux, *hypocrite*, imposteur, insidieux, insincère, machiavélique, malhonnête, méchant, menteur, perfide, roué, rusé, sournois, tortueux, traître, trompeur. ✦ ANT. Candide, droit, franc, honnête, intègre, loyal, probe, sincère.

FOURBERIE ✦ SYN. 1. Déloyauté, dissimulation, duplicité, fausseté, *hypocrisie*, injustice, insincérité, machiavélisme, malhonnêteté, mauvaise foi, méchanceté, mensonge, perfidie, rouerie, ruse, sournoiserie, traîtrise, tromperie. 2. Arnaque, charlatanerie, charlatanisme, duperie, escroquerie, falsification, *fraude*, imposture, mystification, supercherie, vol. ✦ ANT. 1-2. Bonne foi, candeur, droiture, franchise, honnêteté, intégrité, loyauté, probité, sincérité, vérité.

FOURBU ✦ SYN. Brisé, claqué *(fam.)*, crevé *(fam.)*, échiné, *épuisé*, éreinté, esquinté *(fam.)*, exténué, fatigué, harassé, K.-O. *(fig.)*, las, moulu, recru, rendu, rompu, vidé. ✦ ANT. Calmé, délassé, dispos, frais, ragaillardi, reposé.

FOURCHE ◇ v. **Carrefour**

FOURMILIÈRE ✦ SYN. *(Fig., pers.)* Activité, affluence, affairement, animation, *mouvement*, multitude, ruche. ✦ ANT. Inactivité, solitude, tranquillité.

FOURMILLER ✦ SYN. 1. *Grouiller*, pulluler, remuer. 2. *Abonder*, déborder, foisonner, regorger. 3. *Démanger*, picoter. ✦ ANT. 1. Arrêter, immobiliser. 2. Diminuer, manquer, se raréfier. 3. Soulager.

FOURNI ✦ SYN. 1. Approvisionné, garni, muni, nanti, *pourvu*, rempli. 2. Abondant, dru, *épais*, touffu. 3. Chevelu. ✦ ANT. 1. Dégarni, démuni, dépouillé, dépourvu, pauvre, vide. 2. Clairsemé, épars, rare. 3. Chauve.

FOURNIR ✦ SYN. 1. Alimenter, approvisionner, armer, donner, doter, équiper, garnir, livrer, meubler, munir, nantir, outiller, *pourvoir*, procurer, ravitailler, servir. 2. *(Effort) Accomplir*, dépenser, faire. 3. *(Preuve)* Alléguer, apporter, exposer, offrir, *présenter*, produire. ✦ ANT. 1. Dégarnir, démunir, dénuder, dépouiller, enlever, priver, retirer, supprimer. 2. Épargner, exempter, ménager. 3. Cacher, dissimuler, refuser, taire.

FOURNISSEUR ◆ SYN. *Approvisionneur*, commerçant, détaillant, marchand, pourvoyeur, ravitailleur, vendeur. ◆ ANT. Acheteur, client.

FOURNITURE ◆ SYN. 1. Alimentation, *approvisionnement*, livraison, marchandise, provision, stock. 2. *(Pl.)* Accessoires, articles, équipement, *matériel*, outillage.

FOURRAGER ◇ v. **Fouiller**

FOURREAU ◆ SYN. 1. Enveloppe, *étui*, gaine. 2. Robe (moulante).

FOURRER ◆ SYN. ▷ *V. tr.* 1. Enrober, envelopper, *garnir*. 2. *Enfoncer*, enfouir, enfourner *(fam.)*, glisser, insérer, introduire, mettre, plonger. 3. *(Fam.)* Caser, déposer, loger, *mettre* (sans soin), placer, ranger. ▷ *V. pr., fam.* 4. Se glisser, *se mettre*, se placer. 5. *S'empêtrer*, se jeter, tomber. ◆ ANT. 1. Dégarnir, extraire. 2. Enlever, ôter, retirer, sortir. 3. Prendre, trouver. 4. Sortir. 5. Se dépêtrer, se sortir de, se tirer d'affaire.

FOURRURE ◆ SYN. 1. *Peau*, pelleterie 2. *Pelage*, poil, toison.

FOURVOYER (SE) ◆ SYN. Se commettre, s'égarer, errer, faire fausse route, se perdre, *se tromper*. ◆ ANT. S'amender, éclairer, guider, mettre dans la voie, se retrouver.

FOYER ◆ SYN. 1. *Âtre*, cheminée, feu. 2. *(Lumière)* Focal, rayon, *source*. 3. Bercail, chez-soi, *demeure*, domicile, famille, home, logis, maison, ménage, nid *(fam.)*, pénates, résidence, toit. 4. *Centre*, origine, point central, point de départ, siège.

FRACAS ◆ SYN. 1. *Bris*, choc, éclat, rupture. 2. Bruit (violent), détonation, explosion, *vacarme*.

FRACASSANT ◇ v. **Retentissant**

FRACASSER ◆ SYN. *Briser*, casser, rompre. ◆ ANT. Réparer, rétablir, réunir.

FRACTION ◆ SYN. 1. Division, part, *partie*, pourcentage, section, segment. 2. *Fragment*, morceau, parcelle, portion, tronçon. ◆ ANT. 1-2. Ensemble, entièreté, intégralité, totalité, tout, unité.

FRACTURE ◆ SYN. 1. Blessure, bris, *cassure*, fêlure, rupture. 2. *(Géol.)* Coupure, *faille*, fissure. 3. *(Fig.)* Clivage, *séparation*. ◆ ANT. 1. Guérison, plâtre, réduction *(méd.)*, réparation. 2. Fermeture, réunion. 3. Association, concertation.

FRAGILE ◆ SYN. ▷ *Ch.* 1. Cassable, cassant, *frêle*. 2. Chancelant, défaillant, éphémère, inconsistant, inconstant, instable, périssable, *précaire*. 3. *(Argumentation)* *Attaquable*, critiquable, douteux, incertain. ▷ *Pers.* 4. Anémique, *chétif*, débile, délicat, faible, malingre. 5. Réceptif *(biol.)*, sensible, *vulnérable*. ◆ ANT. 1. Incassable, résistant, solide. 2. Constant, durable, fiable, immuable, impérissable. 3. Assuré, certain, inattaquable, sûr. 4. Costaud, fort, robuste, vigoureux. 5. Blindé *(fam.)*, immunisé, invulnérable, résistant.

FRAGMENT ◆ SYN. ▷ *Sing.* 1. Fraction, parcelle, part, *partie*, portion. ▷ *Pl.* 2. Bouts, bribes, brisures, débris, éclats, lambeaux, miettes, *morceaux*, tesson. 3. *Extraits*, morceaux choisis, passage. ◆ ANT. 1-2. Bloc, ensemble, intégralité, totalité, tout, unité. 3. Œuvre, texte intégral.

FRAGMENTAIRE ◆ SYN. Imparfait, inachevé, incomplet, insuffisant, morcelé, parcellaire, *partiel*, relatif, sectoriel. ◆ ANT. Absolu, complet, entier, exhaustif, global, intégral, suffisant, total.

FRAI ◆ SYN. 1. Génération, ponte, *reproduction*. 2. Alevin, fretin.

FRAÎCHEMENT ◆ SYN. 1. Depuis peu, dernièrement, frais, nouvellement, *récemment*. 2. Cavalièrement, *froidement*, sèchement. ◆ ANT. 1. Anciennement, autrefois, jadis. 2. Aimablement, chaleureusement, chaudement.

FRAÎCHEUR ◆ SYN. 1. Fraîche, *frais*, froid, froideur, humidité. 2. Arrivée, neuf, nouveau, *nouveauté*. 3. *Éclat*, lustre, vivacité. 4. Beauté, charme, délicatesse, douceur, *grâce*, légèreté. 5. Innocence, jeunesse, naïveté, naturel, *pureté*, spontanéité. ◆ ANT. 1. Chaleur, sécheresse, tiédeur. 2. Altération, ancienneté, caducité, pourriture, usure. 3. Fadeur, grisaille, monotonie. **4.** Âcreté, laideur, lenteur, lourdeur. **5.** Affectation, calcul, corruption, déchéance, dépérissement, vieillesse.

FRAIS ✦ SYN. ▷ *Adj.* **1.** *Frisquet*, froid. **2.** Arrivé, dernier, neuf, *nouveau*, récent. **3.** *(Souvenir)* *Présent*, vivant. **4.** *(Teint)* Brillant, éclatant, épanoui, fleuri, *florissant*, jeune, pur, rose, vermeil, vif. **5.** *Détendu*, dispos, en forme, reposé, sain, vigoureux. ▷ *Adv.* **6.** Fraîchement, *nouvellement*, récemment. ▷ *Nom sing.* **7.** Fraîche, *fraîcheur*, froid, froideur, humidité. ▷ *Nom pl.* **8.** Coût, débours, déboursés, *dépense*. **9.** *Charges*, commission, droit, intérêt, note, prélèvement, taxe. ✦ ANT. **1.** Brûlant, chaud, desséchant, tiède. **2.** Altéré, ancien, avarié, caduc, désuet, pourri, usé. **3.** Enfoui, lointain, oublié. **4.** Blême, fané, flétri, livide, terne. **5.** Épuisé, fatigué, rompu. **6.** Anciennement. **7.** Chaleur, sécheresse, tiédeur. **8.** Économie, épargne. **9.** Exemption, gratuité.

FRANC ✦ SYN. **1.** Cordial, *droit*, honnête, loyal, ouvert, sincère, spontané, vrai. **2.** Carré, catégorique, *direct*, net, précis. **3.** *(Couleur)* Clair, *pur*, simple, tranché. **4.** *(Péj.)* Achevé, fieffé, parfait, sacré, *véritable*. **5.** *(Franc de)* Affranchi de, *exempt de*, exonéré de, libéré de. ✦ ANT. **1.** Calculateur, déloyal, dissimulé, faux, hypocrite, malhonnête, menteur, retors. **2.** Détourné, équivoque, indécis, louche. **3.** Embrouillé, nuancé, opaque, trouble. **4.** Prétendu. **5.** Assujetti, taxé.

FRANCHIR ✦ SYN. **1.** Enjamber, escalader, gravir, *sauter* (par-dessus). **2.** *(Limites)* Dépasser, *passer*, outrepasser. **3.** *(Espace)* Couvrir, *parcourir*, traverser. **4.** *(Difficulté)* Surmonter, triompher de, *vaincre*. ✦ ANT. **1.** Achopper, buter, heurter, tomber. **2.** Respecter, rester en deçà. **3.** Se confiner, revenir. **4.** Échouer, subir.

FRANCHISE ✦ SYN. **1.** Dispense, *exemption*, exonération, liberté, privilège. **2.** *Droiture*, honnêteté, loyauté, ouverture, simplicité, sincérité, spontanéité, vérité. **3.** *Franc-parler*, liberté (d'expression). ✦ ANT. **1.** Assujettissement, obligation. **2.** Calcul, dissimulation, fausseté,

faux-semblant, hypocrisie, malhonnêteté, mensonge. **3.** Faux-fuyant, indécision.

FRAPPANT ✦ SYN. **1.** Émouvant, étonnant, hallucinant, *impressionnant*, marquant, percutant, saisissant, surprenant. **2.** Criant, éclatant, évident, flagrant, *indiscutable*, patent. ✦ ANT. **1.** Commun, courant, coutumier, faible, insignifiant, ordinaire. **2.** Caché, discutable, douteux, latent, nébuleux, voilé.

FRAPPER ✦ SYN. **1.** *Battre*, brutaliser, cingler, cogner, fesser, fouetter, fustiger, gifler, maltraiter, marteler, rosser, rudoyer, tabasser *(fam.)*, taper sur. **2.** Buter contre, cogner, emboutir, *heurter*, percuter, rentrer dans, tomber sur. **3.** Accabler, affecter, *affliger*, atteindre, éprouver, toucher. **4.** Étonner, *impressionner*, marquer, saisir, surprendre. **5.** Condamner, châtier, corriger, *punir*. **6.** *(Boisson)* Glacer, *refroidir*. ✦ ANT. **1.** Caresser, choyer, défendre, protéger. **2.** Contourner, éviter. **3.** Épargner, ménager, rassurer, réjouir. **4.** Laisser froid, laisser indifférent. **5.** Libérer, permettre. **5.** Réchauffer, tiédir.

FRASQUES ✦ SYN. *(Pl. surtout)* Caprice, dévergondage, *écarts de conduite*, échappée, équipée, errements, erreurs, escapade, excès, extravagances, fautes, folies, fredaines, incartade, inconduite, irrégularité, manquement, relâchement. ✦ ANT. Bonne conduite, contenance, modération, réserve, retenue.

FRATERNEL ✦ SYN. **1.** Affectueux, *amical*, chaleureux, convivial, cordial, sympathique. **2.** Altruiste, bienveillant, charitable, compatissant, généreux, humain, indulgent, secourable, sensible, *solidaire*. ✦ ANT. **1.** Antipathique, froid, hostile, inamical, solitaire. **2.** Cruel, égoïste, indifférent, individualiste, inhumain, insensible, je-m'en-fichiste, je-m'en-foutiste.

FRATERNISER ✦ SYN. S'accorder, s'entendre, pactiser, *se solidariser*, sympathiser, s'unir. ✦ ANT. Se battre, se brouiller, se détester, se disputer, se ficher *(fam.)*, se haïr, indifférer.

FRATERNITÉ ♦ SYN. **1.** Accord, *amitié*, amour, bonne entente, camaraderie, communion, concorde, confraternité, harmonie, sympathie, union. **2.** Altruisme, bénévolat, charité, coopération, entraide, philanthropie, *solidarité*. **3.** Amicale, *association*, club, collège, confrérie, école, réunion. **4.** *(Relig.)* **Communauté**, compagnie, congrégation, ordre. ♦ ANT. **1.** Antipathie, conflit, désunion, guerre, haine, hostilité, inimitié, solitude. **2.** Cruauté, égoïsme, indifférence, individualisme, inhumanité, je-m'en-fichisme, je-m'enfoutisme.

FRAUDE ♦ SYN. **1.** Arnaque, charlatanerie, charlatanisme, contrefaçon, duperie, escroquerie, falsification, fourberie, imposture, mystification, ruse, supercherie, tricherie, *tromperie*, vol. **2.** Abus de confiance, banqueroute, concussion, contrebande, corruption, déprédation, détournement de fonds, escroquerie, exaction, extorsion, malversation, *manœuvres frauduleuses*, pot-de-vin, prévarication, racket, rançonnement, trafic d'influence. ♦ ANT. **1-2.** Droiture, franchise, honnêteté, intégrité, loyauté, probité, scrupule, vérité.

FRAUDER ♦ SYN. Abuser, arnaquer *(fam.)*, escamoter, escroquer, falsifier, filouter *(fam.)*, frustrer, resquiller, tricher, tromper, *voler*.

FRAUDEUR ♦ SYN. Aigrefin, arnaqueur *(fam.)*, contrebandier, escroc, faux-monnayeur, filou, pirate, requin, resquilleur, tricheur, *voleur*.

FRAUDULEUX ◇ V. **Illicite**

FRAYER ♦ SYN. ▷ V. tr. **1.** *(Chemin)* **Ouvrir**, pratiquer, préparer, tracer. ▷ V. intr. **2.** Aleviner, féconder *(œufs)*, *se reproduire*. **3.** *(Fam.)* S'acoquiner *(péj.)*, copiner, côtoyer, coudoyer, *fréquenter*. ♦ ANT. **1.** Bloquer, entraver, obstruer. **3.** Abandonner, délaisser, s'éloigner, quitter.

FRAYEUR ♦ SYN. Affolement, angoisse, anxiété, appréhension, crainte, *effroi*, épouvante, frousse *(fam.)*, horreur, panique, peur, saisissement, sueurs froides,

terreur, transes. ♦ ANT. Aplomb, assurance, calme, courage, intrépidité, sang-froid, sérénité.

FREDAINES ◇ V. **Frasques**

FREDONNER ◇ V. **Chanter**

FREIN ◇ V. **Obstacle**

FREINER ♦ SYN. **1.** Arrêter, bloquer, immobiliser, *ralentir*, retenir, serrer, stopper. **2.** Contenir, contrarier, diminuer, empêcher, endiguer, enrayer, entraver, gêner, juguler, *modérer*, neutraliser, refréner, tempérer. ♦ ANT. **1.** Accélérer, débloquer, presser, remettre en marche. **2.** Aiguillonner, encourager, entraîner, exciter, stimuler.

FRÊLE ♦ SYN. **1.** Anémique, *chétif*, débile, délicat, faible, fluet, fragile, malingre. **2.** Fin, gracile, *léger*, mince, ténu. ♦ ANT. **1.** Costaud, fort, résistant, robuste, vigoureux. **2.** Épais, gros, lourd, puissant.

FRÉMIR ♦ SYN. **1.** *Bruire*, chuchoter, froufrouter, gazouiller, murmurer, vibrer. **2.** *(Froid, émotion)* **Frissonner**, grelotter, trembler, tressaillir. **3.** Bouillonner, *cuire* (lentement). ♦ ANT. **1.** Faire silence, se taire. **2.** Calmer, rassurer, réchauffer, réconforter. **3.** Figer, saisir.

FRÉMISSEMENT ♦ SYN. **1.** *Bruissement*, murmure, vibration. **2.** Émotion, frisson, *frissonnement*, sensibilité, tremblement, tressaillement. ♦ ANT. **1.** Silence. **2.** Calme, flegme, impassibilité, insensibilité, maîtrise (de soi), placidité, sérénité.

FRÉNÉSIE ♦ SYN. **1.** *Agitation*, délire, égarement, fièvre, folie, surexcitation, transe. **2.** *Ardeur*, aveuglement, débordement, déchaînement, effervescence, emportement, enthousiasme, fougue, fureur, furie, passion, violence. ♦ ANT. **1.** Apathie, hébétude, prostration. **2.** Calme, douceur, flegme, lenteur, modération, raison, réserve, retenue, sagesse, tranquillité.

FRÉNÉTIQUE ♦ SYN. **1.** *Ardent*, déchaîné, délirant, effervescent, enthousiaste, fébrile, fougueux, passionné, violent. **2.** *(Rythme)* **Effréné**, endiablé, éperdu, infernal, fou, trépidant. ♦ ANT. **1.** Contenu, mesuré, retenu. **2.** Lent, modéré.

FRÉQUENT ◆ SYN. 1. Banal, *commun*, courant, coutumier, habituel, ordinaire, répandu, usuel. 2. Continuel, nombreux, récurrent, réitéré, *répété*. ◆ ANT. 1. Accidentel, exceptionnel, extraordinaire, inaccoutumé, inédit, inusité. 2. Clairsemé, espacé, rare, singulier, sporadique, unique.

FRÉQUENTATION ◆ SYN. ▷ *Sing.* 1. *(Lieu)* *Habitudes*, présence (assidue), visite (régulière). 2. *(Pers.)* Commerce, compagnie, côtoiement, familiarité, *rencontre* (habituelle), société. 3. *(Œuvres littéraires)* Connaissance, expérience, habitude, *pratique*, usage. ▷ *Pl.* 4. Accointances *(péj.)*, amis, connaissances, liens, rapports, *relations*. 5. Assiduités, *cour*, rencontres (amoureuses), séduction, sorties. ◆ ANT. 1. Absence, visite (occasionnelle, rare). 2. Abandon, délaissement. 3. Ignorance, méconnaissance. 4. Misanthropie, oubli, rejet, solitude. 5. Rupture, séparation.

FRÉQUENTÉ ◇ v. **Animé**

FRÉQUENTER ◆ SYN. 1. *Aller souvent*, courir, hanter. 2. *(Pers.)* S'acoquiner *(péj.)*, côtoyer, frayer *(péj.)*, *rencontrer*, visiter, voir, voisiner. 3. *(Œuvres littéraires)* Lire (régulièrement). 4. *Courtiser*, flirter, sortir avec *(fam.)*. ◆ ANT. 1. S'absenter, s'éloigner. 2. Abandonner, délaisser, éviter, fuir, ignorer, quitter, rejeter. 3. Négliger, oublier. 4. Rompre, se séparer.

FRÈRE ◆ SYN. 1. *(Fam.)* Frangin, *frérot*. 2. Ami, *camarade*, compagnon, confrère, copain, pote *(fam.)*. 3. Prochain, *semblable*.

FRET ◆ SYN. 1. Affrètement, *louage*, nolis. 2. Cargaison, charge, *chargement*, marchandise.

FRÉTER ◆ SYN. 1. Affréter, *louer*, noliser. 2. *Charger*, équiper.

FRÉTILLANT ◆ SYN. *Alerte*, enjoué, éveillé, fringant, guilleret, nerveux, remuant, sémillant, vif. ◆ ANT. Amorphe, engourdi, indolent, renfrogné, triste.

FRÉTILLER ◆ SYN. *S'agiter*, bouger, gigoter *(fam.)*, remuer, se trémousser. ◆ ANT. Se calmer, s'immobiliser, se renfrogner.

FRETIN ◆ SYN. 1. Crapet *(québ.)*, *petit poisson*, poissonnaille. 2. Déchet, quan-

tité négligeable, rebut, *rien*. ◆ ANT. 1. Belle prise, trophée. 2. Fortune, richesse, trésor, valeur.

FRIAND ◆ SYN. 1. Appétissant, délectable, délicat, délicieux, *exquis*, savoureux. 2. *(Friand de)* Amant, amateur, amoureux, avide, engoué, entiché de, épris de, fanatique, féru de, *fervent de*, fou de, gourmand de, mordu de *(fam.)*, passionné. ◆ ANT. 1. Amer, dégoûtant, détestable, fade, insipide, mauvais. 2. Dédaigneux, ignorant, indifférent, lassé de.

FRIANDISE ◇ v. **Bonbon**

FRICASSÉE ◆ SYN. 1. Blanquette, fricot *(péj.)*, gibelotte, *ragoût*, salmis. 2. Amalgame, *mélange*, méli-mélo, salmigondis.

FRICASSER ◆ SYN. 1. *Cuire* (en ragoût), fricoter *(fam.)*. 2. *(Argent)* Dépenser, dissiper, *gaspiller*. ◆ ANT. 2. Conserver, épargner.

FRICOTER ◆ SYN. *Fam.* 1. Fricasser. 2. Accommoder, apprêter, concocter, *cuisiner*, mijoter, mitonner, préparer. 3. *(Péj.)* Fabriquer, fomenter, *machiner*, magouiller *(fam.)*, manigancer, mijoter *(fig.)*, trafiquer *(fam.)*, tramer, tripoter *(fam.)*.

FRICTION ◆ SYN. 1. *(Partie du corps)* *Massage*, onction, pression, tapotement. 2. *(Objets)* Contact, crissement, *frottement*, résistance. 3. Accrochage, brouille, désaccord, froid, frottement *(fig.)*, *heurt*, mésentente, mésintelligence, tirage *(fam.)*, tiraillements, tension. ◆ ANT. 3. Accord, chaleur, détente, entente, harmonie, partage, réconciliation.

FRICTIONNER ◆ SYN. *(Partie du corps)* Bouchonner, *frotter*, lotionner, masser, oindre, parfumer, tapoter.

FRILEUX ◆ SYN. 1. *Frissonnant*, grelottant, tremblant. 2. *Craintif*, douillet, hésitant, indécis, pleutre, poule mouillée *(fam.)*, prudent, pusillanime, timide, timoré. ◆ ANT. 1. Dégourdi, réchauffé. 2. Courageux, énergique, entreprenant, ferme, hardi, vaillant, vigoureux.

FRIMAS ◆ SYN. Brouillard, brume, froid, froidure, gelée, *givre*, grésil, verglas.

FRIME ◆ SYN. *(Fam.)* Blague, bluff, comédie, esbroufe, fanfaronnade, feinte, mensonge, mystification, simulacre, simulation, trompe-l'œil, **tromperie**. ♦ ANT. Franchise, sérieux, sincérité, vérité.

FRINGALE ♦ SYN. **1.** *(Nourriture)* Appétit, boulimie, **faim**, voracité. **2.** *(Ch.)* Besoin, désir, **envie**, fièvre, soif. ♦ ANT. **1.** Anorexie, inappétence. **2.** Dégoût, répulsion, retenue.

FRINGANT ♦ SYN. **1.** Ardent, **fougueux**, remuant, vif, vigoureux. **2.** Alerte, coquet, déluré, élégant, éveillé, guilleret, pétulant, **pimpant**, primesautier, sémillant. ♦ ANT. **1.** Abattu, amorphe, faible. **2.** Engourdi, grossier, inactif, indolent, inélégant, lent, lourdaud, renfrogné, vulgaire.

FRIPE ♦ SYN. ▷ *Pl.* **1.** *(Mauvais, vieux vêtements)* Chiffons, fringues, frusques, guenilles, **haillons**, hardes, nippes, oripeaux. ▷ *Sing.* **2.** *(Vêtements d'occasion)* Friperie. ♦ ANT. **1.** Costume d'apparat, grande tenue, grande toilette, habits du dimanche, tenue de cérémonie.

FRIPER ♦ SYN. **1.** Chiffonner, défraîchir, **froisser**, gâter, plisser. **2.** *(Visage)* Flétrir, marquer, ravager, **rider**. ♦ ANT. **1.** Déchiffonner, défriper, défroisser, déplisser, presser, repasser. **2.** Embellir, farder, maquiller, rajeunir.

FRIPIER ◇ V. **Chiffonnier**

FRIPON ♦ SYN. ▷ *Nom* **1.** Brigand, escroc, **filou**, gredin, vaurien, voleur. ▷ *Adj.* **2.** Coquin, déluré, égrillard, **espiègle**, éveillé, malicieux, polisson, volage. ♦ ANT. **1.** Personne honnête. **2.** Candide, probe, pudique, réservé, sage.

FRIPOUILLE ♦ SYN. **Canaille**, crapule, escroc, voyou.

FRISÉ ◇ V. **Crépu**

FRISER ♦ SYN. **1.** **Boucler**, calamistrer, crêper, frisotter, moutonner, onduler. **2.** Approcher de très près, avoisiner, confiner à, côtoyer, coudoyer, effleurer, **frôler**, passer au ras de (très près de), raser, toucher (légèrement, presque). ♦ ANT. **1.** Aplatir, déboucler, décrêper, défriser, lisser. **2.** S'éloigner.

FRISQUET ◇ V. **Frais**

FRISSON ♦ SYN. **1.** Crispation, frissonnement, grelottement, spasme, **tremblement**. **2.** Frémissement, haut-le-corps, saisissement, sursaut, **tressaillement**. **3.** Angoisse, **effroi**, peur. **4.** **Bruissement**, friselis, froissement, frou-frou, vibration. ♦ ANT. **1.** Chaleur. **2.** Assurance, calme, sérénité. **3.** Sécurité, sérénité, sûreté. **4.** Silence.

FRISSONNER ♦ SYN. **1.** Geler, grelotter, **trembler**. **2.** *(Émotion)* Frémir, palpiter, **tressaillir**, vibrer. ♦ ANT. **1.** Avoir chaud, suer. **2.** Calmer, rassurer, réconforter.

FRIVOLE ♦ SYN. **1.** *(Ch.)* Badin, **futile**, insignifiant, léger, vain, vide. **2.** *(Pers.)* Désinvolte, étourdi, évaporé, inconséquent, **insouciant**, mondain, puéril, superficiel. **3.** *(Amour)* Adultère, inconstant, **infidèle**, volage. ♦ ANT. **1.** Grave, important, sérieux. **2.** Austère, digne, méditatif, profond, réfléchi, sage, sévère. **3.** Assidu, constant, fidèle.

FRIVOLITÉ ♦ SYN. **1.** Désinvolture, enfantillage, insouciance, **légèreté**, puérilité. **2.** *(Amour)* Inconstance, **infidélité**. **3.** *(Pl. surtout)* Bagatelles, **futilités**, insignifiances. ♦ ANT. **1.** Austérité, gravité, profondeur, sagesse, sérieux. **2.** Constance, fidélité. **3.** Choses importantes.

FROID ♦ SYN. ▷ *Adj.* **1.** Frais, frisquet, **gelé**, glacé, glacial, hivernal, polaire, rigoureux, rude, sibérien. **2.** Calme, flegmatique, **impassible**, imperturbable, indifférent, insensible, marmoréen. **3.** Austère, **distant**, grave, réfrigérant, réservé, sérieux, sévère. **4.** Antipathique, cassant, dur, **hostile**, inamical, sec. **5.** *(Art)* Figé, ennuyeux, **inexpressif**, monotone, terne. ▷ *Nom* **6.** Aquilon, bise, fraîcheur, frimas, froidure, **gel**, glace, hiver, refroidissement. **7.** Antipathie, bouderie, **fâcherie**, froideur, mésentente, mésintelligence, refroidissement *(fig.)*. ♦ ANT. **1.** Brûlant, chaud, torride. **2.** Ardent, compatissant, émotif, impressionnable, sensible. **3.** Affectueux, aimable, cordial, enjoué, expansif. **4.** Amical, chaleureux, convivial, sympathique. **5.** Animé, émouvant, expressif, vivant. 6. Brise, canicule, chaleur, été, réchauffement, zéphyr. 7. Ardeur, complicité, cordialité, entente, réconciliation, sympathie.

FROISSER ✦ SYN. ▷ *V. tr.* 1. Chiffonner, *friper*, plisser. 2. Abîmer, aplatir, écraser, *endommager*, fouler, piétiner. 3. Blesser, choquer, cingler *(fig.)*, déplaire à, désobliger, fâcher, heurter, indisposer, offenser, offusquer, piquer, *vexer.* ▷ *V. pr.* 4. Se fâcher, se formaliser, s'offusquer, *se vexer.* ✦ ANT. 1. Déchiffonner, défriper, défroisser, déplisser, presser, repasser. 2. Entretenir, prendre soin de. 3. Contenter, flatter, ménager, obliger, plaire à, réjouir, satisfaire. 4. Se réjouir, se satisfaire.

FRÔLER ✦ SYN. 1. Caresser, *effleurer*, lécher *(fig.)*, toucher (légèrement). 2. Approcher de très près, avoisiner, confiner à, côtoyer, coudoyer, effleurer, *friser*, passer au ras de (très près de), raser, toucher (légèrement, presque). ✦ ANT. 1. Éviter. 2. S'éloigner.

FRONDEUR ✦ SYN. 1. Contestataire, critique, esprit fort, indiscipliné, indocile, *insoumis*, perturbateur, rebelle, récalcitrant, réfractaire, séditieux. 2. Effronté, *impertinent*, irrespectueux, moqueur, persifleur, railleur. ✦ ANT. 1. Docile, soumis. 2. Flatteur, louangeur, respectueux.

FRONT ✦ SYN. 1. Face, figure, *tête*, visage. 2. Façade, *fronton*. 3. Aplomb, *audace*, effronterie, hardiesse, impudence, toupet *(fam.)*. 4. *(Milit.)* Champ d'honneur, guerre, *ligne* (avant). 5. Bloc, cartel, coalition, *groupement*, ligue, dos, union. ✦ ANT. 1. Bas. 2. Arrière, derrière, dos, flanc. 3. Lâcheté, peur, timidité. 4. Ligne arrière.

FRONTIÈRE ✦ SYN. 1. Borne, confins, extrémité, fin, ligne, *limite*, lisière. 2. *Délimitation*, démarcation, séparation. 3. *(En appos.) Frontalier*, limitrophe, voisin. ✦ ANT. 1. Centre, extérieur, intérieur, milieu. 2. Dépassement, extension, invasion. 3. Outre frontière.

FROTTEMENT ◇ V. Friction

FROTTER ✦ SYN. 1. Astiquer, briquer, fourbir, lisser, lustrer, *polir*. 2. Décrasser,

essuyer, nettoyer, récurer. 3. Décaper, *gratter*, poncer, racler. 4. Bouchonner, *frictionner*, masser. ▷ *V. pr.* 5. *(Se frotter à)* Affronter, *défier*, provoquer. ✦ ANT. 1. Délustrer, dépolir, ternir. 2. Encrasser, salir. 3. Enduire, recouvrir. 4. Blesser, meurtrir. 5. S'esquiver, éviter, fuir.

FROUFROU ✦ SYN. *Bruissement*, frémissement, friselis, froissement, frôlement.

FRUCTIFIER ✦ SYN. 1. *(Récolte)* Donner, fournir, porter (des fruits), *produire*. 2. *(Argent)* Donner *(fig.)*, produire (un bénéfice), profiter, *rapporter*, rendre *(rentabilité)*. 3. *(Fig.)* Croître, se développer, grandir, progresser, *prospérer*. ✦ ANT. 1. Dessécher, détruire. 2. Coûter, perdre, ruiner. 3. Décroître, dépérir, péricliter, stagner, végéter.

FRUCTUEUX ✦ SYN. 1. Abondant, *fécond*, fertile, généreux, plantureux, productif, riche. 2. Avantageux, bénéficiaire, fécond *(fig.)*, lucratif, payant, productif, *profitable*, rémunérateur, rentable, salutaire, utile. ✦ ANT. 1. Aride, improductif, inculte, infécond, infertile, infructueux, ingrat, pauvre, stérile. 2. Contre-productif, déficitaire, désavantageux, futile, inefficace, infécond *(fig.)*, ruineux, stérile, vain.

FRUGALITÉ ✦ SYN. 1. *(Repas)* Simplicité, *sobriété*. 2. Abstinence, *modération*, pondération, retenue, tempérance. ✦ ANT. 1. Abondance, excès, prodigalité. 2. Abus, dépense, gaspillage, goinfrerie, intempérance, voracité.

FRUIT ✦ SYN. 1. Agrume, akène, baie, grain, *graine*. 2. Enfant. 3. *(Pl., dr.)* Rapport, *revenu*, usufruit. 4. Avantage, bénéfice, gain, *profit*, récompense. 5. Conséquence, effet, produit, *résultat*. 6. *Production*, produit, récolte, rendement.

FRUSTE ✦ SYN. 1. *Altéré*, rouillé, usé. 2. Brut, grossier, *rude*. 3. *(Art)* Primitif, *rudimentaire*. 4. Balourd, inculte, indélicat, lourdaud, maladroit, mal dégrossi, malpoli, ostrogoth, rustaud, *rustre*, simple. ✦ ANT. 1. À fleur de coin *(monnaie)*, net, restauré. 2. Affiné, lisse, poli. 3. Avancé, évolué. **4.** Cultivé, délicat, distingué, éduqué, élégant, raffiné, spirituel.

FRUSTRANT ◇ v. **Insatisfaisant**

FRUSTRER ✦ SYN. **1.** Déposséder, dépouiller, déshériter, *léser*, priver, spolier. **2.** *Décevoir*, désappointer, tromper. **3.** *Contrarier*, fâcher, humilier, mécontenter. ✦ ANT. **1.** Avantager, bénéficier, favoriser. **2.** Combler, enchanter, répondre à l'attente, satisfaire. **3.** Contenter, gratifier, réjouir.

FUGACE ◇ v. **Éphémère**

FUGITIF ✦ SYN. ▷ *Nom* **1.** Déserteur, échappé, évadé, *fuyard*. ▷ *Adj.* **2.** Évanescent, fugace, furtif, fuyant, instable, mobile, *mouvant*, variable. **3.** Bref, court, *éphémère*, momentané, passager, périssable, précaire, provisoire, temporaire. ✦ ANT. **2.** Fixe, ostensible, stable, visible. **3.** Continu, durable, permanent, tenace.

FUGUE ✦ SYN. **1.** Absence, échappée, éclipse, *escapade*, fuite, sortie. **2.** *(Enfant mineur)* Abandon, départ, *disparition*. ✦ ANT. **1.** Apparition, rentrée. **2.** Retour (au bercail).

FUIR ✦ SYN. ▷ *V. intr.* **1.** Cavaler *(fam.)*, courir, décamper, déguerpir, détaler, s'éloigner, *s'enfuir*, s'évader, filer, partir, se sauver. **2.** *(Responsabilités)* Se défiler *(fam.)*, *se dérober*, éluder, s'esquiver, se récuser. **3.** *(Temps)* Se dissiper, s'envoler, s'évanouir, *passer*. **4.** *(Liquide)* Couler, s'échapper, goutter, *perdre*. ▷ *V. tr.* **5.** *(Lieu)* Abandonner, s'éloigner, s'exiler, *quitter*. **6.** *(Danger)* Esquiver, *éviter*, se garder de, se soustraire à. ✦ ANT. **1.** Approcher, demeurer, emprisonner, enfermer, rester, séjourner. **2.** Accepter, assumer, faire face à. **3.** Durer, persister. **4.** Boucher, colmater, fermer. **5.** Arriver, s'établir, s'installer. **6.** Affronter, aller au-devant, braver.

FUITE ✦ SYN. **1.** Absence, *disparition*, volatilisation. **2.** Échappée, *escapade*, fugue, sortie. **3.** Cavale *(fam.)*, *évasion*. **4.** *(Armée)* Défection, *désertion*. **5.** Départ, émigration, exil, *exode*. **6.** Abandon, débâcle, *débandade*, déroute, disper-

sion, panique, retraite, sauve-qui-peut. **7.** Dérobade, *échappatoire*, excuse, faux-fuyant, subterfuge, tergiversations. **8.** *(Eau, gaz)* Déperdition, écoulement, *perte*. **9.** Divulgation, ébruitement, *indiscrétion*. ✦ ANT. **1.** Apparition, présence. **2.** Rentrée, retour. **3.** Capture, emprisonnement. **4.** Conscription, ralliement. **5.** Arrivée, entrée, immigration, venue. **6.** Engagement, victoire. **7.** Bonne foi, franchise, sincérité. **8.** Colmatage, conservation. **9.** Discrétion, mutisme.

FULGURANT ✦ SYN. **1.** Aveuglant, *éblouissant*, éclatant, étincelant, resplendissant, rutilant. **2.** Brusque, brutal, foudroyant, immédiat, rapide, *soudain*, subit. ✦ ANT. **1.** Éteint, pâle, sombre, tamisé, terne. **2.** Graduel, lent, tardif.

FULMINER ✦ SYN. Crier, se déchaîner, éclater, *s'emporter*, enrager, exploser *(fig.)*, fumer *(fam.)*, hurler, s'indigner, invectiver, s'irriter, pester, rager, tempêter, tonner, vitupérer. ✦ ANT. Se calmer, se contenir, se maîtriser, tolérer.

FUMÉE ✦ SYN. **1.** Boucane *(québ.)*, émanation, *exhalaison*, fumerolle, gaz, nuage, vapeur. **2.** Chimère, frivolité, futilité, *illusion*, vanité.

FUMER ✦ SYN. **1.** *Boucaner*, saurer, sécher. **2.** *(Fam.)* Bouillir de colère, écumer, *enrager*, fulminer, pester, rager, râler *(fam.)*. ✦ SYN. **2.** Adoucir, apaiser, calmer.

FUMISTE ✦ SYN. **1.** Dilettante, fantaisiste, *farceur*, plaisantin. **2.** Imposteur, *mystificateur*, trompeur.

FUMISTERIE ✦ SYN. Attrape, blague, canular, farce, frime *(fam.)*, imposture, *mystification*, plaisanterie, tour, tromperie.

FUNÈBRE ✦ SYN. **1.** *Funéraire*, mortuaire. **2.** *Lugubre*, macabre, noir, sépulcral, sinistre, sombre, triste. ✦ ANT. **2.** Agréable, distrayant, plaisant, réjouissant.

FUNÉRAILLES ✦ SYN. Crémation, ensevelissement, enterrement, incinération, inhumation, *obsèques*, sépulture, service funèbre.

FUNESTE ♦ SYN. 1. Fatal, meurtrier, *mortel*. 2. Catastrophique, déplorable, désastreux, douloureux, lamentable, *malheureux*, néfaste, nuisible, pénible, regrettable, sinistre, sombre, triste. ♦ ANT. 1. Bénin, inoffensif, léger. 2. Avantageux, bénéfique, bon, favorable, heureux, profitable, propice, salutaire, utile.

FURETER ♦ SYN. 1. *Chercher*, explorer, farfouiller, fouiller, fouiner *(fam.)*, rechercher, scruter, tripoter *(fig.)*. 2. *(Internet)* *Naviguer*, surfer.

FUREUR ♦ SYN. 1. Agitation, colère, déchaînement, emportement, *furie*, rage, violence. 2. Acharnement, ardeur, délire, exaltation, folie, *frénésie*, impétuosité, passion. ♦ ANT. 1. Calme, douceur, flegme, sérénité. 2. Modération, retenue.

FURIEUX ♦ SYN. ▷ *Adj.* 1. Bleu *(fig.)*, déchaîné, emporté, exacerbé, fou, fulminant, furax *(fam.)*, *furibond*, irrité, outré. 2. Acharné, véhément, *violent*. ▷ *Nom* 3. Énergumène, enragé, fanatique, *forcené*. ♦ ANT. 1. Calme, réfléchi, résigné, sage, sensé, serein, tranquille. 2. Doux, paisible, pondéré. 3. Non-violent.

FURTIF ♦ SYN. 1. *Discret*, dissimulé, fugace, fugitif, rapide, subreptice. 2. *(Avion, navire)* Indétectable, *invisible*. ♦ ANT. 1. Clair, direct, insistant, manifeste, ostensible, visible. 2. Détectable, repérable, visible.

FURTIVEMENT ♦ SYN. *Discrètement*, secrètement, subrepticement. ♦ ANT. Au vu et au su, ostensiblement, ouvertement.

FUSER ♦ SYN. 1. *(Bougie)* Couler, *fondre*, se liquéfier. 2. Éclater, s'élever, gicler, *jaillir*, rejaillir, se répandre, surgir. ♦ ANT. 1. Durcir, figer, se solidifier. 2. S'éteindre, se résorber, tomber.

FUSION ♦ SYN. 1. Coulée, fonte, *liquéfaction*. 2. Communion, groupement, interpénétration, *mélange* (intime), regroupement, symbiose, union. 3. *(Sociétés)* Absorption, annexion, assimilation, concentration, fusionnement, incorporation, *intégration*, réunion. ♦ ANT. 1. Coagulation, concrétion, congélation, solidification.

2. Division, scission, séparation. 3. Autonomie, décentralisation, indépendance.

FUSIONNER ♦ SYN. ▷ *V. tr.* 1. Confondre, fondre, grouper, joindre, mélanger, mêler, *réunir*, unifier, unir. ▷ *V. intr.* 2. Se fondre. ♦ ANT. 1. Désunir, disjoindre, diviser, séparer. 2. Se séparer.

FUSTIGER ♦ SYN. 1. *(Bâton, fouet)* Battre, cingler, cravacher, fesser, flageller, fouetter, frapper. 2. *Blâmer*, châtier, condamner, critiquer, houspiller, réprimander, stigmatiser. ♦ ANT. 1. Caresser, choyer. 2. Complimenter, défendre, louer, récompenser.

FUTÉ ♦ SYN. Adroit, astucieux, débrouillard, dégourdi, éveillé, fin, finaud, habile, madré, malicieux, malin, matois, perspicace, roublard, roué, *rusé*. ♦ ANT. Balourd, benêt, bête, dadais *(fam.)*, engourdi, godiche *(fam.)*, maladroit, nigaud.

FUTILE ♦ SYN. 1. Banal, creux, *frivole*, insignifiant, inutile, négligeable, oiseux, puéril, stérile, vain, vide. 2. *(Pers.)* Léger, mondain, *superficiel*. ♦ ANT. 1. Essentiel, grave, important, nécessaire, sérieux, utile. 2. Profond, sage.

FUTILITÉ ♦ SYN. 1. Enfantillage, *frivolité*, inanité, insignifiance, inutilité, puérilité, superficialité, vanité, vide. 2. *(Pl. surtout)* Balivernes, bêtises, conneries *(fam.)*, fadaises, foutaises, niaiseries, *stupidités*, vétilles. ♦ ANT. 1. Gravité, importance, sérieux, utilité. 2. Finesse, intelligence, trait d'esprit.

FUTUR ♦ SYN. ▷ *Adj.* 1. *Postérieur*, prochain, ultérieur. ▷ *Nom* 2. *Avenir*, destin, destinée, devenir, lendemain. 3. *Au-delà*, éternité. 4. *Fiancé*, prétendu, promis. ♦ ANT. 1. Actuel, antécédent, antérieur, moderne, révolu. 2. Actualité, passé, présent, temps modernes, veille. 3. Monde, vie (sur terre). 4. Prétendant, soupirant.

FUYARD ♦ SYN. 1. Échappé, évadé, *fugitif*. 2. *(Combat)* Capitulard, froussard, *lâcheur*, vaincu. 3. *(Armée)* *Déserteur*, transfuge. ♦ ANT. 2. Brave, héros, résistant, vainqueur. 3. Brave, combattant, partisan.

G

GABARIT ✦ SYN. 1. *Dimension*, forme. 2. *Modèle*, patron, type. 3. Acabit *(péj.)*, espèce, genre, *importance*, stature, taille.

GABEGIE ◊ V. **Gaspillage**

GÂCHAGE ✦ SYN. 1. *Bâclage*, bousillage *(fam.)*, sabotage. 2. Gâchis, galvaudage, *gaspillage*, perte. ✦ ANT. 1. Fignolage, léchage, peaufinage. 2. Gain, économie.

GÂCHER ✦ SYN. 1. Abîmer, *bâcler*, bousiller *(fam.)*, cochonner *(fam.)*, expédier, massacrer, saboter, sabrer *(fig.)*, saloper *(fam.)*, torcher *(fam.)*, torchonner *(fam.)*. 2. *(Chances, talent)* Dissiper, galvauder, gaspiller, *gâter*, manquer, miner, perdre, rater, ruiner. 3. Compromettre, contrarier, *déranger*, empoisonner, troubler. ✦ ANT. 1. Fignoler *(fam.)*, lécher, parfaire, peaufiner. 2. Garder, exploiter, profiter. 3. Aider, contribuer à, faire un succès de, favoriser.

GÂCHIS ✦ SYN. 1. *Amas*, boue, débris, ordures, saletés. 2. Anarchie, chaos, confusion, *désordre*, embrouillamini, mélimélo, pagaille *(fam.)*. 3. Gabegie, gâchage, galvaudage, *gaspillage*, perte. ✦ ANT. 2. Agencement, arrangement, disposition, ordre. 3. Économie, gain, surveillance.

GADGET ✦ SYN. 1. *(Souvent péj.)* Babiole, bidule *(fam.)*, futilité, *innovation*, invention, truc *(fam.)*. 2. Astuce, *expédient*, moyen, procédé. ✦ ANT. 1. Utilité. 2. Efficacité, solution.

GADOUE ✦ SYN. 1. Détritus, *engrais*, fange, fumier, immondices, ordures, vidange. 2. *Boue*, bouillasse *(fam.)*, bourbe. 3. *Neige fondante*, névasse, raspoutitsa, sloche *(québ., fam.)*, soupe *(fam.)*.

GAFFE ✦ SYN. 1. Bâton, grappin, *harpon*, perche. 2. Balourdise, bavure, bêtise, bévue, boulette *(fam.)*, bourde, connerie *(fam.)*, erreur, faute, gaucherie, impair, *maladresse*, méprise, perle *(fig.)*, sottise. ✦ ANT. 2. Adresse, beau coup, délicatesse, exploit, finesse, maîtrise, savoir-faire, subtilité.

GAFFEUR ◊ V. **Maladroit**

GAGE ✦ SYN. 1. Arrhes, aval, caution, cautionnement, couverture, dépôt, *garantie*, nantissement, privilège, sûreté. 2. Assurance, marque, *preuve*, promesse, témoignage. 3. *(Pl.)* Appointements, émoluments, paie (paye), rétribution, *salaire*, traitement.

GAGER ✦ SYN. 1. *Affirmer*, assurer, être d'avis, prédire, prétendre, supposer. 2. *(Emprunt, titres)* Cautionner, *garantir*. 3. *(Enjeu quelconque)* Engager, parier, *risquer*. 4. *(Québ.)* Jouer, *miser*, parier. ✦ ANT. 1. Confirmer, démentir. 2. Dégager, exempter. 3. Échouer, réussir. 4. Gagner, perdre.

GAGEURE ✦ SYN. 1. Aventure, danger, *défi*, péril, risque. 2. *(Québ.)* Enjeu, mise, *pari* *(argent)*. ✦ ANT. 1. Assurance, précaution, succès, sûreté. 2. Gain, perte.

GAGNANT ✦ SYN. ▷ *Adj.* 1. Triomphant, vainqueur, *victorieux*. 2. *(Probable)* Favori. ▷ *Nom* 3. Champion, détenteur (du titre), lauréat *(prix)*, tenant (du titre), triomphateur, *vainqueur*. 4. *(Québ.)* Battant, *gagneur*. ✦ ANT. 1. Battu, défait, vaincu. 2. Exclu, perdant (probable). 3. Concurrent, perdant. 4. Lâcheur, pleutre.

GAGNE-PAIN ✦ SYN. 1. Emploi, métier, *travail*. 2. Nourriture, soutien, *subsistance*.

GAGNER ✦ SYN. 1. Acquérir, empocher, *encaisser*, obtenir, palper *(fam.)*, rafler *(fam.)*, ramasser, rapporter, toucher. 2. Battre, l'emporter, remporter la victoire, triompher, *vaincre*. **3.** *Bénéficier*, mériter, moissonner, prendre, récolter, recueillir, tirer profit. **4.** S'améliorer, augmenter, croître, *progresser*. **5.** Amadouer, s'attacher, *s'attirer*, capter, captiver, se concilier, convaincre, persuader, rallier, séduire, subjuguer. **6.** Aborder, *atteindre*, se diriger vers, parvenir, rejoindre. **7.** Se communiquer, empiéter, *s'étendre*, se propager, se répandre. **8.** Conquérir, *s'emparer de*, envahir, submerger. ◆ **ANT. 1.** Déposséder, priver de. **2.** Battre en retraite, échouer, perdre, reculer. **3.** Abandonner, céder, dépouiller, enlever. **4.** S'affaiblir, déchoir, diminuer. **5.** S'aliéner, déplaire, dissuader, effaroucher, éloigner. **6.** S'éloigner, quitter, revenir. **7.** Se disperser, limiter, restreindre. **8.** Chasser, combattre, dissiper.

GAGNEUR ◆ SYN. Actif, audacieux, batailleur, battant, combatif, courageux, dynamique, entreprenant, *fonceur*, gagnant *(québ.)*, lutteur, militant. ◆ ANT. Lâcheur, pleutre, poltron, timoré, veule.

GAI ◆ SYN. ▷ *Adj*. **1.** Allègre, animé, content, *enjoué*, folâtre, gaillard, guilleret, hilare, jovial, joyeux, réjoui, riant, ricaneur *(québ.)*, rieur, sémillant, souriant, vif. **2.** *Amusant*, comique, divertissant, drôle, folichon *(fam.)*. **3.** Agréable, encourageant, heureux, plaisant, *réjouissant*. **4.** Éméché, gris, *ivre*, pompette *(fam.)*. ▷ *Nom* **5.** Homosexuel. ◆ ANT. **1.** Abattu, affligé, désolé, maussade, mélancolique, morose, navré, peiné, triste. **2.** Déprimant, ennuyeux, monotone, sérieux, sombre. **3.** Attristant, déplaisant, désagréable, malheureux, regrettable. **4.** Abstinent, dégrisé, sobre. **5.** Hétérosexuel.

GAIETÉ ◆ SYN. **1.** Allégresse, animation, badinage, belle (bonne) humeur, *enjouement*, entrain, exultation, hilarité, joie, jovialité, jubilation, liesse, satisfaction, vivacité. **2.** Esprit, *humour*, ironie, piquant, sel. ◆ ANT. **1.** Abattement, accablement, affliction, amertume, chagrin, douleur, ennui, hypocondrie, mélancolie, peine, sérieux, tristesse. **2.** Fadeur, platitude, trivialité.

GAILLARD ◆ SYN. ▷ *Adj*. **1.** Alerte, allègre, décidé, frais, *fringant*, vaillant, vert, vif, vigoureux. **2.** Enjoué, *gai*, jovial, joyeux. **3.** Corsé, cru, égrillard, épicé, graveleux, *grivois*, léger, leste, libre, licencieux. ▷ *Nom* **4.** Colosse, *costaud*, homme fort. **5.** *(Fam.)* Boute-en-train, drôle de gars, *gai luron* (joyeux luron), joyeux drille. ◆ ANT. **1.** Chétif, débile, épuisé, fatigué, malingre, timide. **2.** Chagrin, maussade, sérieux, triste. **3.** Décent, pudique, réservé, respectueux. **4.** Faible, fluet, maigre. **5.** Rabat-joie, trouble-fête.

GAIN ◆ SYN. **1.** Réussite, succès, triomphe, *victoire*. **2.** Acquêt, acquisition, avantage, *bénéfice*, boni, commission, dividende, émoluments, fruit, gratification, honoraires, intérêt, lucre *(péj.)*, produit, profit, rapport, récolte, rémunération, rendement, rétribution, revenu, salaire. **3.** *(Temps)* Économie. **4.** *(Pouvoir)* *Accroissement*, augmentation, renforcement. ◆ ANT. **1.** Défaite, échec, insuccès, revers. **2.** Déficit, dépense, désavantage, dilapidation, dommage, frais, perte, ruine. **3.** Retard. **4.** Affaiblissement, diminution, limitation.

GALA ◆ SYN. **1.** *Cérémonie*, réception. **2.** Banquet, festin, *fête*, réjouissances.

GALANT ◆ SYN. ▷ *Adj*. **1.** Affable, agréable, aimable, attentionné, avenant, chevaleresque, *courtois*, délicat, empressé, entreprenant, hardi, obligeant, poli, prévenant. **2.** Érotique, *libertin*, sensuel, voluptueux. **3.** Chic *(tenue)*, coquet, distingué, *élégant*, fin, gracieux, raffiné, soigné. ▷ *Nom* **4.** Amant, *amoureux*, cavalier *(québ.)*, chevalier servant, prétendant, soupirant. **5.** Brummell, *dandy*, muscadin. ◆ ANT. **1.** Déplaisant, désagréable, discourtois, froid, grossier, impoli, incivil, incorrect, indélicat, rude, timide. **2.** Décent, prude, pudique, réservé. **3.** Accoutré, commun, épais, inélégant, lourdaud, rustaud, rustre, vulgaire. **4.** Rival. **5.** Goujat, malotru, mufle.

GALANTERIE ◆ SYN. **1.** Amabilité, civilité, *courtoisie*, déférence, délicatesse, empressement, gentillesse, politesse, prévenance, respect. **2.** Atours, charme, coquetterie, *cour*, flirt, marivaudage, séduction. ◆ **ANT. 1.** Brutalité, dureté, grossièreté, impolitesse, incivilité, insolence, muflerie, rudesse, rusticité. **2.** Froideur, indifférence, mépris.

GALBE ◆ **SYN.** *(Corps humain)* **Contour** (harmonieux), courbe, courbure, forme, ligne, profil, silhouette.

GALERIE ◆ **SYN. 1.** *(Lieu couvert)* Balcon *(théâtre)*, **promenade**, véranda. **2.** *(Québ.)* **Balcon**, encorbellement. **3.** Corridor, *couloir*, portique, vestibule. **4.** Magasin *(œuvres d'art)*, **musée**, salle d'exposition. **5.** Assistance, auditoire, monde, public, **spectateurs**. **6.** *(Autom.)* Porte-bagages. **7.** *(Sous terre)* Abri, boyau *(mine)*, catacombes, **passage**, tunnel.

GALIMATIAS ◆ **SYN.** Amphigouri, baragouin, **charabia**, embrouillamini, fatras, logographe, pathos, sabir, salmigondis. ◆ **ANT.** Clarté, cohérence, précision, purisme, simplicité.

GALOPIN ◇ v. **Vaurien**

GALVANISER ◆ **SYN. 1.** Électriser. **2.** Argenter, chromer, dorer, *métalliser*, nickeler, zinguer. **3.** Animer, électriser *(fig.)*, *enflammer*, entraîner, exalter, exciter, fanatiser. ◆ **ANT. 3.** Abattre, affaiblir, aveulir, décourager, déprimer, refréner, refroidir.

GALVAUDER ◆ **SYN. 1.** *(Don, réputation, talent)* Avilir, compromettre, dégrader, déprécier, déshonorer, *gâcher*, gaspiller, perdre. **2.** *(Mot)* **Mal employer**, utiliser à tort et à travers. ◆ **ANT. 1.** Apprécier, exalter, honorer, respecter, valoriser. **2.** Utiliser à bon escient.

GAMBADE ◆ **SYN.** Bond, cabriole, culbute, entrechat, galipette, *saut*.

GAMBADER ◆ **SYN.** Bondir, cabrioler, danser, s'ébattre, folâtrer, *sauter*, sautiller.

GAMIN ◆ **SYN.** ▷ *Nom* **1.** *Enfant*, fille, garçon ▷ *Adj.* **2.** Coquin, *espiègle*, mutin, polisson, taquin. ◆ **ANT. 1.** Adulte. **2.** Engourdi, sage, sérieux.

GAMINERIE ◇ v. **Enfantillage**

GAMME ◇ v. **Éventail**

GANG ◆ **SYN. 1.** *Association de malfaiteurs*, bande organisée, mafia, ramassis. **2.** *(Québ., fam.)* **Bande**, bon nombre, équipe, groupe, troupe.

GANGRENER ◆ **SYN.** ▷ *V. tr.* **1.** *(Fig.)* **Corrompre**, dégrader, dépraver, empoisonner, infecter, ronger, vicier. ▷ *V. pr.* **2.** Se décomposer, s'infecter, *pourrir*, se putréfier. ◆ **ANT. 1.** Assainir, enrayer, purifier. **2.** Guérir, se rétablir.

GANGSTER ◇ v. **Bandit**

GANGSTÉRISME ◇ v. **Criminalité**

GARAGE ◆ **SYN. 1.** *Abri*, dépôt *(autobus)*, hangar *(avions)*, remise. **2.** Poste d'essence, **station-service**. **3.** Parking, **stationnement**.

GARANT ◆ **SYN. 1.** *(Pers.)* Caution, endosseur, répondant, **responsable**. **2.** *(Ch.)* Assurance, **gage**, garantie, sûreté.

GARANTIE ◆ **SYN. 1.** Arrhes, aval, *caution*, cautionnement, couverture, dépôt, engagement, gage, hypothèque, nantissement, obligation, responsabilité, signature. **2.** Assurance, conservation, fiabilité, précaution, *protection*, sûreté. ◆ **ANT. 1.** Aléas, hasard, risque. **2.** Avarie, défectuosité, destruction, détérioration, dommage, négligence.

GARANTIR ◆ **SYN. 1.** Avaliser, *cautionner*, couvrir, endosser, répondre de. **2.** Affirmer, *assurer*, attester, certifier, confirmer, promettre. **3.** Abriter, défendre, prémunir, préserver, *protéger*. ◆ **ANT. 1.** Compromettre, exposer. **2.** Nier, renier. **3.** Détériorer, détruire, endommager.

GARÇON ◆ **SYN. 1.** Descendant, enfant, *fils*, héritier, rejeton *(fam.)*. **2.** Bambin, *gamin*, garçonnet, môme *(fam.)*, petit. **3.** Adolescent, gars *(fam.)*, **jeune homme**. **4.** *Célibataire*, vieux garçon *(fam.)*. **5.** Barman, *serveur*. ◆ **ANT. 1.** Parents. **2-3.** Adulte, homme (d'âge mur), majeur. **4.** Conjoint, marié.

GARDE ◆ **SYN.** ▷ *Masc.* **1.** Conservateur, dépositaire, gardien, geôlier, gorille *(péj.)*, sentinelle, **surveillant**, veilleur, vigie, vigile. ▷ *Fém.* **2.** Conservation, défense, faction, guet, protection, sauvegarde, *surveillance*, veille. 3. *Accompagnement*, cortège, escorte.

GARDE-CORPS, GARDE-FOU ◇ v. **Parapet**

GARDER ♦ SYN. 1. Amasser, *conserver*, entasser, entreposer, maintenir, ranger, stocker, tenir. 2. *Économiser*, épargner, thésauriser 3. S'occuper de, prendre soin de, *surveiller*, veiller sur. 4. *(Danger)* Garantir, prémunir, préserver, *protéger*, sauvegarder. 5. Détenir, *enfermer*, retenir, séquestrer. 6. Observer, pratiquer, *respecter*. ▷ *V. pr.* 7. Se défier, *se méfier*, prendre garde à. 8. *S'abstenir de*, éviter de, se préserver de. ♦ ANT. 1. Se défaire de, écouler, vendre. 2. Dépenser, dilapider, donner, gaspiller. 3. Abandonner, délaisser, négliger, oublier. 4. Compromettre, exposer, subir. 5. Délivrer, évacuer, libérer. 6. Divulguer, enfreindre, renier. 7. Compter sur, s'en remettre à. 8. Se permettre de, tenter de, succomber.

GARDIEN ♦ SYN. 1. Berger, cerbère *(sports)*, concierge, conservateur, consignataire, dépositaire, garde, geôlier, portier, sentinelle, *surveillant*. 2. Défenseur, garant, *protecteur*, tuteur. 3. *(Enfants) Éducateur*, gouvernante, précepteur.

GARE ♦ SYN. Aérogare, arrêt, halte, *station*, terminal *(arrivée, départ)*, terminus *(dernière station)*.

GARER ♦ SYN. ▷ *V. tr.* 1. Abriter, mettre à l'abri, ranger, *remiser*, rentrer. 2. Mettre à l'écart, parquer, stationner, *ranger*. ▷ *V. pr.* 3. Se parquer, *stationner*. 4. *(Coup, accident) Éviter*, se préserver, se protéger. ♦ ANT. 1. Sortir. 2-3. Circuler, s'engager, rouler. 4. S'exposer, subir.

GARNIR ♦ SYN. 1. Approvisionner, doter, équiper, fournir, meubler, munir, outiller, *pourvoir*. 2. *(Espace)* Combler, couvrir, occuper, *remplir*. 3. Agrémenter, décorer, enrichir, *orner*, tapisser. 4. Armer, blinder, capitonner, cuirasser, doubler, rembourrer, *renforcer*. ♦ ANT. 1. Dégarnir, démunir, dénuder, dépouiller, enlever, priver. 2. Dépeupler, vider. 3. Déparer, enlaidir. 4. Affaiblir, endommager, user.

GARNITURE ♦ SYN. 1. Accessoire, agrément, bordure, embellissement, encadrement, falbalas, fanfreluches, *ornement*, parure. 2. *(Cuis.) Accompagnement*, légumes. 3. *(Mar.)* Armement, assortiment, *gréement*. 4. Enveloppe, *protection*, renfort.

GARS ♦ SYN. *Fam.* 1. Fils, *garçon*, jeune homme, mâle *(fam.)*. 2. Mec *(fam.)*, *type*.

GASPILLAGE ♦ SYN. 1. Coulage, dépense, déprédation, *dilapidation*, dissipation, gabegie. 2. Excès, surabondance, *surconsommation*. 3. *(Forces, talent, temps) Gâchage*, gâchis, galvaudage, perte. ♦ ANT. 1. Conservation, économie, épargne, surveillance. 2. Contrôle, mesure, modération, préservation. 3. Acquis, gain, surcroît.

GASPILLER ♦ SYN. 1. Croquer *(fam.)*, dépenser, *dilapider*, dissiper, engloutir, flamber, fricasser *(fig.)*. 2. *(Forces, talent, temps) Gâcher*, galvauder, perdre. ♦ ANT. 1. Conserver, contrôler, économiser, épargner, ménager, surveiller. 2. Acquérir, gagner, jouir de, profiter.

GASPILLEUR ◇ v. **Dépensier**

GASTRONOME ◇ v. **Gourmand**

GÂTER ♦ SYN. ▷ *V. tr.* 1. Altérer, abîmer, avarier, corrompre, décomposer, dégrader, *détériorer*, pourrir, putréfier. 2. *(Chances de réussite)* Bousiller *(fam.)*, compromettre, déranger, empoisonner, *gâcher*, manquer, perdre, rater, ruiner, saboter. 3. Défigurer, déparer, *enlaidir*. 4. Chouchouter *(fam.)*, *choyer*, combler, couver, dorloter, materner, pouponner. 5. Dominer, *surprotéger*. ▷ *V. pr.* 6. *(Nourriture)* S'abîmer, se décomposer, moisir, *pourrir*. 7. *(Temps)* S'assombrir, se brouiller, *se couvrir*. 8. *(Situation)* S'aggraver, se dégrader, se détériorer, *empirer*, s'envenimer, tourner mal. ♦ ANT. 1. Assainir, conserver, entretenir, garder intact, préserver, purifier. 2. Contribuer à, exploiter, faire un succès de, favoriser, profiter. 3. Améliorer, embellir, enjoliver, enrichir. 4. Brutaliser, maltraiter. 5. Émanciper, laisser libre. 6. Se bonifier, se conserver. 7. Se découvrir, se dégager, s'éclaircir. 8. S'améliorer, progresser, se rétablir.

GÂTERIE ♦ SYN. **1.** Attention, cajolerie, égards, indulgence, prévenance, sollicitude, *soin*. **2.** *(Pl.)* Cadeaux, *douceurs*, friandises, gourmandises, surprises. ♦ ANT. **1.** Abandon, brutalité, négligence, rudesse.

GAUCHE ♦ SYN. ▷ *Adj.* **1.** *Bâbord*, senestre. **2.** Dévié, gauchi, *oblique*, tordu. **3.** Balourd, empêtré, empoté, godiche *(fam.)*, gourd, gourde *(fam.)*, inhabile, lourdaud, *maladroit*, malhabile, pataud. **4.** Contraint, *embarrassé*, emprunté, gêné, mal à l'aise, timide. ▷ *Nom fém.* **5.** *(À gauche, de gauche)* Anarchiste, communiste, gauchiste, *progressiste*, réformiste, révolutionnaire, social-démocrate, socialiste, travailliste. ♦ ANT. **1.** Dextre, (côté) droit, tribord. **2.** Droit, plan, rectiligne. **3.** Adroit, agile, habile, souple, vif. **4.** À l'aise, décontracté, naturel, spontané. **5.** Conservateur, de droite, droitiste, fasciste, passéiste, réactionnaire, rétrograde, traditionaliste.

GAUCHERIE ♦ SYN. Balourdise, bévue, bourde, embarras, gaffe, gêne, impair, inhabileté, lourdeur, *maladresse*, timidité. ♦ ANT. Adresse, agilité, aisance, dextérité, diplomatie, finesse, grâce, habileté, ingéniosité, savoir-faire, souplesse.

GAULOIS ♦ SYN. ▷ *Nom* **1.** *Celte*, Français (de souche). ▷ *Adj.* **2.** Égrillard, franc, gai, gaillard, gras, *grivois*, hardi, leste, libre, licencieux, paillard, rabelaisien.

GAULOISERIE ◊ v. Grivoiserie

GAUSSER (SE) ◊ v. Moquer (se)

GAVER ♦ SYN. ▷ *V. tr.* **1.** Engraisser. **2.** Bourrer *(fam.)*, emplir, *gorger*, rassasier. **3.** *(Compliments)* Combler, couvrir de. ▷ *V. pr.* **4.** Dévorer, *s'empiffrer*, engloutir. ♦ ANT. **1-2.** Affamer, priver de, sous-alimenter. **3.** Honnir, vilipender. **4.** Grignoter, jeûner, picorer.

GAZ ♦ SYN. **1.** *Émanation*, exhalaison, fumée, fumerolle *(volcan)*, vapeur. **2.** *(Intestins)* Flatulence, flatuosité, *pet*, prout *(fam.)*, vent, vesse.

GAZE ♦ SYN. **1.** Mousseline. **2.** *Pansement*, taffetas, tampon.

GAZON ♦ SYN. Boulingrin, herbe, *pelouse*, pré, verdure, vert *(golf)*.

GAZOUILLEMENT ◊ v. Babil

GAZOUILLER ◊ v. Babiller

GÉANT ♦ SYN. ▷ *Nom* **1.** *Colosse*, cyclope, goliath, hercule, mastodonte, ogre, titan. **2.** Champion, génie, *héros*, surhomme, titan *(fig.)*. ▷ *Adj.* **3.** Colossal, cyclopéen, démesuré, énorme, *gigantesque*, grand, immense, monumental, titanesque. **4.** *(Fam.)* Fabuleux, *formidable*, génial, super. ♦ ANT. **1.** Avorton *(péj.)*, gnome, lilliputien, nabot *(péj.)*, nain, pygmée. **2.** Nullité, zéro. **3.** Infime, minuscule, petit. **4.** Bas, mesquin, minable, riquiqui *(fam.)*.

GÉHENNE ◊ v. Enfer

GEINDRE ◊ v. Gémir

GEL ♦ SYN. **1.** *Congélation*, gelée, givre, glace, glaciation, réfrigération, refroidissement, surgélation. **2.** *Brillantine*, gomina. **3.** *Arrêt*, blocage, interruption, suspension. ♦ ANT. **1.** Décongélation, dégel, fonte, réchauffement. **3.** Flambée, hausse, prolifération, reprise.

GELÉE ♦ SYN. **1.** Frimas, froid, *gel*, givre, glace, refroidissement, rosée *(gelée blanche)*, verglas. **2.** *(Forme consistante)* **Confiture**, gélatine, marmelade. ♦ ANT. **1.** Dégel, fonte, réchauffement.

GELER ♦ SYN. ▷ *V. tr.* **1.** *Congeler*, frigorifier, glacer, réfrigérer, refroidir, solidifier, surgeler. **2.** Engourdir, frigorifier *(fam.)*, glacer, mordre, pénétrer, saisir, transpercer, *transir*. **3.** Figer, gêner, glacer *(fig.)*, jeter un froid, *mettre mal à l'aise*, paralyser, pétrifier. **4.** *Arrêter*, bloquer, fixer, interrompre, suspendre. ▷ *V. intr.* **5.** *Se congeler*, se figer, se prendre. **6.** Claquer des dents, frissonner, *grelotter*, transir, trembler. **7.** *(Réponse, solution)* *S'éloigner*, se tromper. ♦ ANT. **1.** Bouillir, décongeler, dégeler, fondre, liquéfier, réchauffer. **2.** Couvrir, dégourdir, réchauffer. **3.** Détendre, enhardir, mettre à l'aise, rassurer. **4.** Accroître, augmenter, poursuivre, reprendre. **5.** Se briser, se casser, se défaire. **6.** Se couvrir, se réchauffer, suer, transpirer. **7.** S'approcher, brûler.

GÉMIR ♦ SYN. **1.** Crier, geindre, larmoyer *(péj.)*, se lamenter, murmurer, *se* *plaindre*, pleurer. **2.** Peiner, *souffrir*, subir, supporter. ✦ ANT. **1.** Exulter, jubiler, rire. **2.** Bénéficier de, jouir, se libérer.

GÉMISSEMENT ◇ v. **Plainte**

GÊNANT ✦ SYN. **1.** Embarrassant, *encombrant*, incommode, inconfortable, malcommode. **2.** *Déplaisant*, dérangeant, désagréable, emmerdant *(fam.)*, ennuyeux, fâcheux, importun, incommodant, inconfortable *(fig.)*, lourd, pénible, pesant. ✦ ANT. **1.** Commode, confortable, dégagé, libre, pratique, rangé. **2.** Agréable, détendu, discret, plaisant, rassurant, réjouissant, sympathique.

GENDARME ◇ v. **Policier**

GÊNE ✦ SYN. **1.** Difficulté, étouffement, faiblesse, mal, *malaise*, oppression. **2.** Chaînes, charge, contrainte, dérangement, désagrément, *embarras*, embêtement, ennui, entrave, incommodité, inconvénient, indisposition, obstacle, sujétion. **3.** *Confusion*, désarroi, honte, trouble. **4.** *(Québ.)* Appréhension, crainte, hésitation, peur, *timidité*. **5.** Besoin, dénuement, *indigence*, misère, pauvreté, pénurie, privation. ✦ ANT. **1.** Capacité, facilité, force, respiration. **2.** Aise, commodité, liberté. **3.** Bonheur, confiance, maîtrise (de soi), sérénité. **4.** Aplomb, assurance, audace, décision, hardiesse. **5.** Abondance, aisance, bien-être, fortune, opulence, richesse.

GÉNÉALOGIE ✦ SYN. **1.** Arbre généalogique, ascendance, descendance, extraction, famille, *filiation*, lignée, origine, pedigree *(animaux)*, race, racines, souche, théogonie *(dieux)*. **2.** *(Espèces vivantes)* *Évolution*, phylogenèse. **3.** *(Événements)* Chronologie, déroulement, *historique*.

GÊNER ✦ SYN. **1.** Étouffer, oppresser, paralyser, *serrer*. **2.** Bloquer, empêcher, *encombrer*, entraver, nuire, obstruer. **3.** Contrarier, déplaire, déranger, embêter, importuner, *incommoder*, indisposer. **4.** *Embarrasser*, geler, glacer, inhiber, intimider, paralyser, tourmenter, troubler. ✦ ANT. **1.** Desserrer, détacher, respirer, soulager. **2.** Débarrasser, dégager, libérer.

3. Aider, épauler, faciliter, plaire, servir. **4.** Enhardir, mettre à l'aise, rassurer.

GÉNÉRAL ✦ SYN. ▷ *Nom* **1.** Commandant en chef. **2.** *(Ordre religieux)* Supérieur. ▷ *Adj.* **3.** Commun, constant, courant, *dominant*, habituel, ordinaire, répandu, usuel. **4.** Collectif, commun, entier, *global*, public, total, unanime, universel. **5.** Extensif, générique, *large*. **6.** Abstrait, imprécis, indéfini, *sommaire*, superficiel, vague. ✦ ANT. **3.** Exceptionnel, inhabituel, inusité, rare. **4.** Individuel, isolé, local, particulier, partiel, privé, singulier, spécial. **5.** Étroit, restrictif, spécifique. **6.** Défini, distinct, précis, restreint.

GÉNÉRALISER ✦ SYN. **1.** Diffuser, étendre, répandre, *universaliser*. **2.** Démocratiser, *populariser*, vulgariser. **3.** Conclure, *extrapoler*, induire, inférer, systématiser. ✦ ANT. **1.** Confiner, excepter, localiser, particulariser, singulariser. **2.** Interdire, limiter, restreindre. **3.** Poser les prémisses.

GÉNÉRALITÉ ✦ SYN. **1.** Exhaustivité, *globalité*, intégralité, universalité. **2.** *(La généralité des)* *La majorité des*, la plupart, le plus grand nombre des. **3.** *(Pl.)* Banalités, clichés, évidences, idées générales, *lieux communs*, notions vagues. ✦ ANT. **1.** Particularité, singularité, spécificité. **2.** L'exception, une minorité de, un petit nombre de. **3.** Approfondissement, détails, développement, précisions.

GÉNÉRATION ✦ SYN. **1.** Conception, engendrement, fécondation, maternité, multiplication, procréation, propagation, *reproduction*. **2.** *(Œuvre)* Création, développement, *genèse*, gestation, production. **3.** Descendance, enfants, filiation, généalogie, lignée, postérité, *progéniture*, rejetons *(fam.)*. **4.** *(Environ trente ans)* Âge, époque, ère, *période*.

GÉNÉREUX ✦ SYN. **1.** Altruiste, bienveillant, bon, *charitable*, fraternel, gentil, humain, large, libéral, magnanime, munificent, obligeant, prodigue, secourable. **2.** Beau, chevaleresque, *élevé*, grand, noble. **3.** *Abondant*, copieux, fécond, fertile, fructueux, plantureux, productif, prolifique, riche. **4.** *(Formes du corps)* Fort, gros, *opulent*, plantureux, plein, rebondi. ◆ **ANT. 1.** Avare, avaricieux, cruel, cupide, égoïste, intéressé, ladre, regardant à. **2.** Bas, ignoble, mesquin, petit, vil. **3.** Aride, improductif, infécond, infertile, ingrat, pauvre, rare, sec, stérile. **4.** Maigre, mince, plat.

GÉNÉROSITÉ ◆ **SYN. 1.** Altruisme, bienfaisance, bienveillance, bonté, *charité*, clémence, cœur, désintéressement, dévouement, gentillesse, grandeur d'âme, humanité, magnanimité, munificence, noblesse, prodigalité. **2.** *(Pl.)* Bienfaits, cadeaux, *dons*, largesses, libéralités. **3.** *(Formes du corps)* Grosseur, *opulence*, rondeur, rotondité *(fam.)*. ◆ **ANT. 1.** Avarice, bassesse, cupidité, égoïsme, lâcheté, mesquinerie, petitesse. **2.** Gratitude, ingratitude. **3.** Maigreur, minceur.

GENÈSE ◆ **SYN. 1.** *(Monde, Univers)* Apparition, commencement, cosmogonie, *création*, début, fondation, formation, naissance, origine. **2.** *(Œuvre)* Accouchement, amorce, balbutiements, *composition*, conception, développement, ébauche, éclosion, élaboration, embryon, esquisse, gestation, imagination, invention, manuscrit, mise en œuvre, production, réalisation. ◆ **ANT. 1.** Apocalypse, destruction, fin du monde. **2.** Achèvement, dernière touche, point final.

GÊNEUR ◇ v. **Importun**

GÉNIAL ◆ **SYN. 1.** *(Idée)* Astucieux, brillant, ingénieux, *inspiré*, lumineux. **2.** Beau, éblouissant, exceptionnel, extraordinaire, fantastique, *formidable*, magnifique, prodigieux, remarquable, sensationnel, sublime, super *(fam.)*. ◆ **ANT. 1.** Banal, inepte, insignifiant, nul, stupide. **2.** Commun, faible, laid, médiocre, minable, moyen, ordinaire, piètre, raté, trivial.

GÉNIE ◆ **SYN. 1.** Ange, elfe, *esprit*, esprit follet, farfadet, fée, feu-follet *(québ.)*, gnome, korrigan, lutin, sylphe, troll. **2.** Bosse *(fam.)*, capacité, disposition, don, faculté, force, inclination, intelligence, penchant, science, *talent*, valeur. **3.** Géant,

grand esprit, grand nom, *maître*, phénomène, prodige, savant, surdoué, surhomme, titan, virtuose. **4.** *(Peuple)* Âme, cachet, caractère, *originalité*. ◆ **ANT. 2.** Ignorance, inaptitude, incapacité. **3.** Nullité, zéro. **4.** Banalité, conformisme, médiocrité.

GÉNOCIDE ◇ v. **Massacre**

GENRE ◆ **SYN. 1.** *Catégorie*, classe, classification, embranchement, espèce, famille, ordre, race, sorte, type, variété. **2.** Acabit *(péj.)*, farine *(fam.)*, gabarit, *importance*, stature. **3.** Air, allure, attitude, caractère, comportement, façons, goûts, manières, mode de vie, *style*, tenue. **4.** *Affectation*, chiqué, composition, faux-semblant, pose, préciosité, prétention.

GENS ◆ **SYN.** Êtres, habitants, hommes et femmes, individus, monde, *personnes*, public.

GENTIL ◆ **SYN.** ▷ *Adj.* **1.** *Aimable*, amène, attentionné, avenant, bienveillant, bon, courtois, déférent, délicat, doux, généreux, obligeant, prévenant, serviable. **2.** Agréable, beau, *charmant*, chic, gracieux, joli, mignon, plaisant, ravissant. **3.** *(Enfant)* Fin *(québ.)*, obéissant, *sage*, tranquille. **4.** *(Somme d'argent, fam.)* Appréciable, considérable, coquet, *important*, intéressant, joli, rondelet, substantiel. ▷ *Nom pl.* **5.** *(Relig.)* Idolâtres, infidèles, mécréants, *païens*. ◆ **ANT. 1.** Désobligeant, discourtois, dur, égoïste, méchant, odieux. **2.** Déplaisant, désagréable, disgracieux, dur, ennuyeux, insolent, insupportable, laid. **3.** Désobéissant, espiègle, haïssable *(québ., fam.)*, indiscipliné, malcommode *(québ., fam.)*, tannant *(québ., fam.)*, turbulent. **4.** Mince, négligeable, ridicule. **5.** Chrétiens, croyants, fidèles, juifs.

GENTILLESSE ◆ **SYN. 1.** *Amabilité*, aménité, bienveillance, bonne grâce, bonté, charme, complaisance, courtoisie, délicatesse, déférence, délicatesse, douceur, galanterie, générosité, indulgence, obligeance. **2.** *(Pl.)* Attentions, bontés, délicatesses, *égards*, prévenances, soins. ◆ **ANT. 1.** Désobligeance, discourtoisie, égoïsme, grossièreté, impolitesse, insolence, rudesse. 2. Dureté, méchanceté.

GÉNUFLEXION ✦ SYN. 1. *Agenouillement*, fléchissement, prosternation, prosternement, prostration. 2. Adulation, *flatterie*, obséquiosité, servilité. ✦ ANT. 2. Arrogance, dédain, hauteur, mépris.

GEÔLE ◇ v. Prison

GEÔLIER ✦ SYN. *(Prison)* Cerbère, garde, garde-chiourme *(péj.)*, *gardien*, guichetier, porte-clefs, surveillant. ✦ ANT. Captif, détenu, prisonnier.

GÉOMÉTRIQUE ✦ SYN. *Exact*, mathématique, méthodique, précis, régulier, rigoureux. ✦ ANT. Approximatif, confus, erroné, imprécis, inexact, vague.

GÉRANT ✦ SYN. Administrateur, agent, directeur, dirigeant, fondé de pouvoir, gestionnaire, *mandataire*, patron, régisseur, syndic, tenancier.

GERCÉ ✦ SYN. *(Peau, sol)* Craquelé, crevassé, desséché, *fendillé*, fendu, lézardé. ✦ ANT. Doux, humide, lisse, poli, uni.

GÉRER ✦ SYN. 1. *Administrer*, conduire, diriger, gouverner, mener, régenter *(péj.)*, régir. 2. *(Problème, crise)* Affronter, *maîtriser*, résoudre. 3. *(Temps)* *Organiser*, planifier, prévoir. ✦ ANT. 1. Cogérer, conseiller, déléguer, partager. 2. Éluder, laisser aller, perdre le contrôle. 3. Improviser, négliger, oublier, reporter.

GERME ✦ SYN. 1. Embryon, fœtus, *œuf*, sperme. 2. Grain, *graine*, kyste, semence, spore. 3. Bactérie, *microbe*, virus. 4. Cause, commencement, départ, fondement, *origine*, principe, racine, rudiment, source. 5. *(Germe de discorde)* Brandon, *élément*, ferment, levain. ✦ ANT. 1. Bébé, petit, rejeton. 2. Plante, plantule, pousse. 4. Conclusion, conséquence, fin, résultat, suite, terme.

GERMER ✦ SYN. 1. S'implanter, *pousser*. 2. *(Idée)* Apparaître, se développer, éclore, *se former*, naître. ✦ ANT. 1. Sécher, tomber. 2. Disparaître, mourir, oublier, renoncer à.

GESTATION ✦ SYN. 1. *(Femelle vivipare)* Gravidité. 2. *(Femme)* Gravidité, *grossesse*, maternité. 3. *(Œuvre)* Accouchement, conception,

création, élaboration, enfantement, génération, *genèse*, naissance, production, réalisation. ✦ ANT. 1. Mise bas, parturition. 2. Accouchement, enfantement, naissance, parturition. 3. Achèvement, dernière touche.

GESTE ✦ SYN. ▷ *Masc.* 1. Allure, *attitude*, comportement, conduite, contenance, contorsion, démarche, démonstration, expression, manière, manifestation, posture, tenue. 2. *Signal*, signe. 3. *Acte*, action, exploit, fait. 4. *(Faits et gestes)* Actes, actions, agissements *(péj.)*, allées et venues, *conduite* (entière), déplacements. ▷ *Fém.* 5. *Épopée*, exploits, poèmes épiques *(chanson de geste)*.

GESTION ✦ SYN. *Administration*, conduite, direction, économat, gérance, intendance, maniement, organisation, régie. ✦ ANT. Cogestion, conseils, partage.

GIBET ✦ SYN. Croix, échafaud, *potence*.

GICLER ✦ SYN. 1. Éclabousser, fuser, *jaillir*, se projeter, rejaillir, se répandre. 2. *(Lumière)* Apparaître, briller, éclater, *surgir*. ✦ ANT. 1. Arrêter, contenir, juguler, retenir. 2. Disparaître, s'éteindre.

GIFLE ✦ SYN. 1. Baffe *(fam.)*, *claque*, mornifle *(fam.)*, soufflet, taloche *(fam.)*, tape. 2. Affront, camouflet, *humiliation*, offense, outrage, rebuffade, vexation. ✦ ANT. 1. Cajolerie, caresse. 2. Compliment, félicitations, louange.

GIFLER ✦ SYN. 1. Battre, *claquer*, souffleter. 2. *(Vent)* *Cingler*, fouetter. 3. *Humilier*, offenser, outrager, vexer. ✦ ANT. 1. Cajoler, caresser. 2. Rafraîchir, réchauffer. 3. Complimenter, féliciter, louer.

GIGANTESQUE ✦ SYN. 1. *Colossal*, cyclopéen, démesuré, éléphantesque, géant, grand, herculéen, immense, monstrueux, monumental, titanesque. 2. Considérable, *énorme*, étonnant, excessif, extraordinaire, fantastique, faramineux, formidable, incommensurable, phénoménal, prodigieux, surhumain. ✦ ANT. 1. Lilliputien, minuscule, moyen, nain, petit, ténu. 2. Banal, commun, minime, normal, négligeable, ordinaire.

GIGOTER ◇ v. Trémousser (se)
GIROUETTE ◇ v. Marionnette
GISEMENT ◆ SYN. 1. *(Minerai)* **Couche**, dépôt, filon, fonds, gîte, masse, veine. 2. *(Pétrole)* Bassin, **nappe**, puits, source. 3. **Mine** (de renseignements), richesse, source inépuisable, trésor. 4. *(Communic.)* Auditoire, **clientèle**, lectorat, population, public.

GÎTE ◆ SYN. 1. *(Temporaire)* Abri, coucher, demeure, habitation, **hébergement**, logement, logis, maison, refuge. 2. *(Animal)* Abri, antre, bauge, cachette, caverne, forme, grotte, liteau, niche, nid, ressui, **repaire**, retraite, tanière, terrier, trou. 3. Gisement.

GIVRE ◇ v. Gelée
GLABRE ◇ v. Nu
GLACE ◆ SYN. 1. Frasil *(québ.)*, **gelée**, givre, glaçon, verglas. 2. Banquise, **glacier**, iceberg. 3. Déflecteur, **miroir**, psyché, rétroviseur, trumeau. 4. Carreau, pare-brise, **vitre**, vitrine. 5. Barbotine *(québ.)*, crème glacée, esquimau, fruit givré, granité, parfait, **rafraîchissement**, sorbet. 6. **Glaçage**, nappage, sucre glace. 7. *(Pierre précieuse)* Éclat, **givrure**.

GLACER ◆ SYN. 1. Congeler, **geler**, solidifier. 2. Engourdir, frigorifier *(fam.)*, geler, mordre, pénétrer, saisir, transpercer, **transir**. 3. Frapper *(boisson)*, **refroidir**, réfrigérer. 4. Cirer, **lustrer**, polir, vernir. 5. Clouer sur place, **figer**, immobiliser, paralyser, pétrifier, surprendre. 6. Geler *(fig.)*, inhiber, **intimider**, mettre mal à l'aise. ◆ ANT. 1. Dégeler, fondre, liquéfier. 2. Couvrir, dégourdir, réchauffer. 3. Chauffer, tiédir. 4. Délustrer, dépolir, ternir. 5. S'animer, bouger. 6. Enhardir, mettre à l'aise, rassurer, réconforter.

GLACIAL ◆ SYN. 1. Froid, nordique, **polaire**, sibérien. 2. Antipathique, distant, dur, glaçant, hautain, **hostile**, imperturbable, inamical, insensible, réfrigérant, sec, tendu. ◆ ANT. 1. Ardent, brûlant, chaud, saharien, torride, tropical. 2. Accueillant, amical, chaleureux, convivial, cordial, détendu, enthousiaste, sensible, sympathique, tendre.

GLAIVE ◆ SYN. 1. *Épée*, cimeterre, sabre, yatagan. 2. *(Fig.)* Justice.

GLANER ◆ SYN. 1. Cueillir, **ramasser**, recueillir. 2. Butiner, grappiller, puiser, **récolter** (çà et là). ◆ ANT. 1. Jeter, rejeter. 2. Disperser, répandre.

GLAPIR ◆ SYN. 1. Aboyer, **crier**, japper. 2. *(Pers.)* Clabauder, **hurler**, vociférer.

GLAS ◆ SYN. 1. **Bourdon** *(cloche)*, tintement. 2. **Agonie**, chute, déclin, enterrement, fin, mort.

GLAUQUE ◆ SYN. 1. Olivâtre, **verdâtre**. 2. **Lugubre**, malsain, pénible, sinistre, sordide. ◆ ANT. 2. Distrayant, heureux, plaisant, réjouissant, sain.

GLÈBE ◆ SYN. Champ, sol (cultivé), **terre**, terroir.

GLISSADE ◆ SYN. 1. Glisse *(sports)*, **glissement**, mouvement (de glisse). 2. *(Québ.)* Descente, **glissoire**. 3. *(Pers.)* **Chute**, culbute. 4. *(Véhicule)* **Dérapage**, patinage. 5. *(Valeur)* **Baisse**, dépréciation, dévaluation.

GLISSEMENT ◆ SYN. 1. Affaissement, chute, **éboulement**. 2. Dérapage, **glissade**, patinage. 3. Changement, direction, **évolution**, modification, orientation, passage, tendance, variation. 4. **Bruissement**, bruit, froissement, frottement, froufrou, mouvement. ◆ ANT. 1. Consolidation, raffermissement (de glisse). 2. Redressement. 3. Immobilité, revirement, stabilité.

GLISSER ◆ SYN. ▷ *V. intr.* 1. Se déplacer, **filer**. 2. Chasser, **déraper**, patiner, riper. 3. S'affaler, s'étendre, **tomber**. 4. **Échapper**, lâcher, tomber. 5. Se diriger, **évoluer**, passer à, tendre vers. 6. **S'abandonner**, déchoir, se laisser aller, sombrer, succomber. 7. *(Glisser sur)* **Effleurer**, parcourir, survoler. ▷ *V. tr.* 8. Engager, insérer, **introduire**. ▷ *V. pr.* 9. Se couler, **entrer**, se faufiler, s'insinuer, s'introduire, se mettre. ◆ ANT. 1. Arrêter, freiner. 2. Corriger, redresser. 3. Se relever. 4. Attraper, retenir, saisir. 5. Conserver, dévier, maintenir. 6. Résister, tenir bon. 7. Approfondir, insister. 8. Enlever, retirer. 9. Filer, sortir.

GLOBAL ◇ v. Total
GLOBALITÉ ◇ v. Totalité

GLOBE ◆ SYN. **1.** Boule, *sphère*. **2.** *(Globe terrestre)* **Mappemonde**, planisphère. **3.** Monde entier, *planète Terre*. **4.** *(Luminaire)* Verrine.

GLOIRE ◆ SYN. **1.** Célébrité, éclat, éloge, grandeur, hommage, *honneur*, illustration, immortalité, lauriers, louange, lustre, mérite, notoriété, popularité, prestige, pinacle, rayonnement, renom, *renommée*, réputation, splendeur, témoignage. **2.** *(Relig.)* Béatitude, *sainteté*. **3.** *Auréole*, couronne, halo, nimbe. ◆ ANT. **1.** Abjection, avilissement, déchéance, dégradation, déshonneur, flétrissure, honte, humiliation, ignominie, infamie, opprobre, oubli, turpitude. **2.** Damnation.

GLORIEUX ◆ SYN. **1.** Célèbre, éclatant, éminent, fameux, grand, *honorable*, illustre, immortel, inoubliable, insigne, magnifique, mémorable, populaire, prestigieux, remarquable, renommé, réputé. **2.** Bienheureux, élu, *saint*. ◆ ANT. **1.** Avilissant, déshonorant, de triste mémoire, flétrissant, honteux, humiliant, ignoble, ignominieux, ignoré, infamant, infâme, méprisé, obscur, oublié. **2.** Damné.

GLORIFIER ◆ SYN. ▷ V. tr. **1.** Auréoler, célébrer, chanter, déifier, encenser, exalter, fêter, *honorer*, immortaliser, louanger, magnifier, porter au pinacle, prôner, sacraliser, sanctifier, vanter. **2.** *(Dieu)* Bénir, exalter, louer, remercier. ▷ V. pr. **3.** S'enorgueillir, se féliciter, se flatter, s'honorer, se piquer, se prévaloir, se targuer, se vanter. ◆ ANT. **1.** Abaisser, anathémiser, avilir, déshonorer, diffamer, discréditer, flétrir, honnir, humilier, oublier, rabaisser, salir. **2.** Blasphémer, maudire, profaner. **3.** S'abaisser, s'avilir, faire peu de cas de, s'humilier.

GLORIOLE ◆ SYN. Fatuité, orgueil, ostentation, prétention, suffisance, *vanité*. ◆ ANT. Humilité, modestie, simplicité.

GLOSE ◆ SYN. **1.** *Commentaire*, critique, exégèse, explication, interprétation, note explicative, observation, réflexion, remarque. **2.** *(Pl. surtout)* Bavardages, commérages, *commentaires* (malveillants), médisances.

GLOSER ◆ SYN. **1.** Annoter, *commenter*, expliquer, interpréter, paraphraser, traduire. **2.** Bavarder, *discourir*, discuter, épiloguer, ergoter, palabrer. **3.** *Critiquer* (à tort et à travers), médire. ◆ ANT. **2.** Abréger, couper court à, embrouiller, mêler. **3.** Approuver, défendre.

GLOSSAIRE ◆ SYN. Dictionnaire, *lexique*, recueil.

GLOUTON ◆ SYN. Avide, bâfreur, *goinfre*, goulu, gourmand, insatiable, vorace. ◆ ANT. Frugal, gourmet, sobre, tempérant.

GLUANT ◆ SYN. **1.** Collant. **2.** Poisseux, sirupeux, *visqueux*. ◆ ANT. **1.** Sec. **2.** Fluide, limpide.

GNOME ◆ SYN. Esprit, *génie*, lutin, nabot *(péj.)*, nain. ◆ ANT. Colosse, géant, ogre.

GOBELET ◆ SYN. Chope, *godet*, quart, timbale, verre.

GOBER ◆ SYN. **1.** Absorber, *avaler* (sans mâcher). **2.** *(Animaux)* Attraper, *happer*, saisir. **3.** *(Fam.)* **Croire** (naïvement), donner dans, marcher *(fam.)*, mordre à l'hameçon, prendre pour argent comptant. ◆ ANT. **1.** Grignoter, mâcher, mastiquer. **2.** Lâcher, laisser. **3.** Critiquer, douter, se méfier.

GOGUENARD ◇ V. **Moqueur**

GOINFRE ◇ V. **Glouton**

GOLFE ◆ SYN. *Baie*, crique, échancrure, estuaire *(embouchure)*, fjord. ◆ ANT. Cap, péninsule, pointe, presqu'île.

GONDOLER ◆ SYN. ▷ V. intr. **1.** *(Ch.)* Bomber, courber, se déformer, se déjeter, gauchir, *gonfler*, travailler. ▷ V. pr. **2.** *(Fam.)* Se bidonner, se marrer, *se tordre de rire*. ◆ ANT. **1.** Aplanir, aplatir, égaliser, redresser. **2.** S'emmerder *(fam.)*, s'ennuyer.

GONFLEMENT ◇ V. **Enflure**

GONFLER ◆ SYN. ▷ V. tr. **1.** Arrondir, ballonner, bomber, bouffer, bouffir, boursoufler, cloquer, dilater, élargir, *enfler*, grossir, souffler, tuméfier. **2.** Déborder, emplir, gorger, *remplir*. ▷ V. intr. **3.** *(Puissance)* Accroître, *augmenter*, décupler, multiplier. **4.** *Exagérer*, majorer, surestimer. **5.** Fermenter, *lever*, monter. **6.** *(Ch.)* S'élargir, *gondoler*, travailler. ▷ V. pr. **7.** *(Se gonfler d'orgueil)* S'enorgueillir, se flatter, se glorifier, se vanter. ♦ ANT. 1. Comprimer, contracter, dégonfler, désenfler, rétrécir. 2. Évacuer, vider. 3. Affaiblir, diminuer, réduire. 4. Atténuer, minimiser, sousestimer. 5. S'aplatir, s'écraser. 6. Aplanir, égaliser, redresser. 7. S'abaisser, s'avilir, s'humilier.

GORGE ♦ SYN. 1. Gosier, *pharynx*. 2. *Buste*, poitrine, seins. 3. Canyon, col, couloir, *défilé*, fjord, passage, portes. 4. *(Bois, marbre)* Cannelure, *rainure*, striure.

GORGÉE ◇ V. **Trait**

GORGER ◇ V. **Gaver**

GOUAILLEUR ♦ SYN. Facétieux, goguenard, ironique, *moqueur*, narquois, railleur. ♦ ANT. Louangeur, sérieux.

GOUFFRE ♦ SYN. 1. *Abîme*, abysse, cavité, entrailles *(fig.)*, fosse, précipice, profondeurs, trou, vide. 2. Danger, malheur, menace, *péril*. 3. *(Gouffre financier)* Désastre, dilapidation, éléphant blanc *(québ.)*, engloutissement, *ruine*. 4. Barrière, différence, distance, écart, *fossé*, mur, obstacle, séparation. ♦ ANT. 1. Cime, hauteur, faîte, sommet. 2. Bonheur, calme, sérénité. 3. Économie, fortune, prospérité. 4. Harmonie, rapprochement, symbiose.

GOUJAT ◇ V. **Mufle**

GOULU ◇ V. **Glouton**

GOURD ♦ SYN. 1. Ankylosé, *engourdi*, gelé, insensible, perclus, raidi, transi. 2. Embarrassé, empoté, gauche, godiche *(fam.)*, gourde *(fam.)*, lourdaud, *maladroit*, niais. ♦ ANT. 1. Dégelé, dégourdi, sensible, souple. 2. Adroit, à l'aise, alerte, intelligent, vif (d'esprit).

GOURDE ♦ SYN. 1. Bidon, *bouteille*, calebasse, flacon. 2. *(Fam.)* Bête, cruche *(fam.)*, empoté, gauche, godiche *(fam.)*, gourd, maladroit, *niais*, stupide. ♦ ANT. 2. Adroit, fin, intelligent, vif (d'esprit).

GOURDIN ♦ SYN. Bâton, *massue*, matraque, rondin, trique.

GOURMAND ♦ SYN. 1. Amateur, bec fin *(fam.)*, connaisseur, dégustateur, fine bouche *(fam.)*, fine gueule *(fam.)*, gastronome, *gourmet*. 2. *Glouton*, goinfre. 3. Ambitieux, assoiffé, avide, désireux, féru de,

friand de, insatiable, passionné. 4. *(Argent)* *Cupide*, rapace, vorace. ♦ ANT. 1. Glouton, goinfre, goujat. 2. Gastronome, gourmet. 3. Comblé, détaché, indifférent. 4. Généreux, prodigue.

GOURMANDER ◇ V. **Gronder**

GOURMANDISE ♦ SYN. 1. Appétit, avidité, *gloutonnerie*, goinfrerie, voracité. 2. *(Pl.)* Chatteries, douceurs, *friandises*, gâteries. ♦ ANT. 1. Frugalité, sobriété, tempérance.

GOURMÉ ◇ V. **Guindé**

GOURMET ◇ V. **Gourmand**

GOUROU ♦ SYN. 1. Guide spirituel, *maître spirituel*, starets. 2. Chef, entraîneur (d'hommes), leader, *maître à penser*, manitou *(fam.)*, mentor. ♦ ANT. 1. Disciple, fidèle. 2. Adepte, adulateur, épigone, partisan, suiveur.

GOÛT ♦ SYN. 1. Sapidité, *saveur*. 2. Appétit, désir, *envie*, faim, soif. 3. Amour, aptitude, attachement, attirance, attrait, disposition, faible (pour), inclination, intérêt, *penchant*, prédilection, préférence, talent. 4. Bon ton, délicatesse, discernement, élégance, *finesse*, grâce. 5. Genre, manière, *mode*, style. 6. Agrément, aise, convenance, gré, guise, *plaisir*, satisfaction, volonté. ♦ ANT. 1. Agueusie, fadeur, insipidité. 2. Dégoût, désabusement, désintérêt, inhibition, insatisfaction. 3. Antipathie, aversion, dédain, inaptitude, indisposition, horreur, répugnance, répulsion. 4. Grossièreté, mauvais goût, vulgarité. 5. Banalité, conformisme. 6. Contrariété, désagrément, déplaisir, inconvenance, malaise.

GOÛTER ♦ SYN. ▷ *Verbe* 1. *Déguster*, savourer, siroter. 2. Éprouver, *essayer*, expérimenter. 3. Affectionner, aimer, *apprécier*, estimer, priser. 4. Se délecter, jouir, se plaire à, *raffoler*, se régaler. ▷ *Nom* 5. Casse-croûte, *collation*. ♦ ANT. 1. Dédaigner, dégoûter. 2. Refuser, rejeter, repousser. 3. Déprécier, mépriser, mésestimer. 4. Abhorrer, détester, se lasser. 5. Festin, repas.

GOUTTE ◇ V. **Peu**

GOUTTIÈRE ◆ SYN. **1.** *Chéneau*, dalle *(québ.)*, larmier. **2.** *(Os fracturé)* **Attelle**, éclisse.

GOUVERNAIL ◆ SYN. **1.** *(Bateau)* **Barre**, roue, timon. **2.** *(Avion)* Empennage, **gouverne**, palonnier, pilote automatique. **3.** *(Fig.)* Commandement, conduite, *direction*, tête.

GOUVERNEMENT ◆ SYN. **1.** Administration, affaires de l'État, autorité, commandement, conduite, constitution, *direction*, État, force publique, gestion, juridiction, législation, pouvoir, puissance. **2.** Cabinet, conseil des ministres, dirigeants, exécutif, *gouvernants*, ministères, ministres, parti au pouvoir. **3.** *Mandat*, régime, règne. **4.** *(Péj.)* **Domination**, emprise, férule, houlette, influence, tutelle. ◆ ANT. **1.** Anarchie, désordre. **2.** Opposition, parti(s) d'opposition. **3.** Incertitude, instabilité. **4.** Émancipation, liberté.

GOUVERNER ◆ SYN. **1.** Manier, **manœuvrer**, piloter. **2.** Administrer, commander, conduire, *diriger*, gérer, mener, prévoir, régir, régner. **3.** *(Péj.)* Assujettir, commander, dominer, opprimer, *régenter*, tyranniser. **4.** *(Émotions)* Contenir, freiner, **maîtriser**, refréner. ◆ ANT. **1.** Céder, confier. **2.** Obéir, s'opposer. **3.** Se rebeller, se soumettre. **4.** S'abandonner, se déchaîner.

GRABUGE ◆ SYN. **1.** Bagarre, bataille, bruit, désordre, dispute, *querelle*, vilain *(n.)*. **2.** Casse *(fam.)*, *dégât*, dommage, vandalisme. ◆ ANT. **1.** Calme, entente, harmonie, paix. **2.** Réparation.

GRÂCE ◆ SYN. **1.** Agrément, aisance, attrait, beauté, charme, *élégance*, facilité, finesse, goût, gracilité, sveltesse. **2.** Affabilité, amabilité, aménité, *bienveillance*, bonté, douceur, gentillesse. **3.** Aide, avantage, bénédiction, bienfait, *faveur*, gratification, protection, secours, service. **4.** Don, éloquence, imagination, *inspiration*, talent, verve. **5.** Absolution, acquittement, amnistie, clémence, indulgence, libération, miséricorde, *pardon*, remise (de peine), rémission, sursis. **6.** Gratitude, hommage, louange, reconnaissance, *remerciement*. ◆ ANT. **1.** Balourdise, iné-

légance, laideur, maladresse, mauvais goût, vulgarité. **2.** Dureté, malveillance, méchanceté. **3.** Défaveur, désavantage, disgrâce, méfait, préjudice, tort. **4.** Défaut, inaptitude, médiocrité, platitude. **5.** Bannissement, châtiment, condamnation, exécution, peine, sentence. **6.** Ingratitude, injure, offense, oubli, outrage.

GRACIEUSETÉ ◆ SYN. **1.** Don gracieux, *gratification*. **2.** *(Gracieuseté de)* Amabilité de, *hommage de*. ◆ ANT. **1.** Frais, obligation.

GRACIEUX ◆ SYN. **1.** Attrayant, beau, charmant, délicat, *élégant*, gentil, joli, mignon, plaisant. **2.** Accort, affable, agréable, *aimable*, avenant, courtois, distingué, poli, raffiné. **3.** *(Corps, geste)* Élégant, harmonieux, *svelte*. **4.** Bénévole, désintéressé, généreux, *gratuit*. **5.** *(À titre gracieux)* Bénévolement, généreusement, *gratuitement*. ◆ ANT. **1.** Déplaisant, inélégant, laid, maladroit. **2.** Désagréable, détestable, discourtois, grossier, impoli, malgracieux, rustre, trivial, vulgaire. **3.** Disgracieux, inharmonieux. **4.** Intéressé, lucratif, obligé, payant. **5.** À grands frais, contre rétribution.

GRACILE ◆ SYN. *Délicat*, élancé, fin, fluet, frêle, grêle, menu, mince, svelte. ◆ ANT. Costaud, épais, gras, gros, massif, robuste, trapu.

GRACILITÉ ◆ SYN. Délicatesse, finesse, *minceur*, sveltesse. ◆ ANT. Épaisseur, grosseur, robustesse.

GRADATION ◆ SYN. **1.** Accroissement, augmentation, *progression*, succession. **2.** *Degré*, échelon, grade, palier. ◆ ANT. **1.** Baisse, décroissance, ralentissement, rupture. **2.** Saut, saute.

GRADE ◆ SYN. **1.** Classe, *degré*, échelon, rang, titre. **2.** Dignité, diplôme, galon, honneur, *insigne*.

GRADIN ◇ v. **Banc**

GRADUEL ◇ v. **Progressif**

GRAFFITEUR ◆ SYN. Bombeur, *tagueur*.

GRAIN ◆ SYN. **1.** *(Comestible)* **Graine**, semence. **2.** Amande, *noyau*, pépin. **3.** *(Ch.)* Corpuscule, *fragment*, granule, morceau, parcelle, partie. **4.** *(Surface)* **Aspérité**, grené. **5.** *(Mar.)* Averse, grêle, neige, ondée, pluie, *précipitations*, rafale. **6.** *(Petite quantité)* Atome, *brin*, once, pointe, un peu.

GRAINE ♦ SYN. **1.** Amande, *noyau*, pépin. **2.** Grain (comestible). **3.** *(Collectif)* Semence. **4.** *(Graine de, péj.)* **Engeance**, espèce, race.

GRAISSER ♦ SYN. **1.** Huiler, *lubrifier*, oindre. **2.** *Salir*, tacher. **3.** *(Graisser la patte, fam.)* Acheter, arroser *(fam.)*, corrompre, *soudoyer*, suborner. ♦ ANT. **1.** Dégraisser. **2.** Essuyer, nettoyer. **3.** Agir honnêtement.

GRAMME ◇ V. **Peu**

GRAND ♦ SYN. ▷ *Adj.* **1.** Élancé, élevé, géant, grandet, *haut*, long. **2.** Ample, étendu, gros, immense, *large*, spacieux, vaste. **3.** *Intense*, terrible, vif, violent. **4.** Appréciable, astronomique, colossal, considérable, démesuré, énorme, fort, gigantesque, *immense*, imposant, incommensurable, monumental, nombreux, profond. **5.** Capital, essentiel, *important*, marquant, notable, principal. **6.** Auguste, beau, excellent, fameux, génial, glorieux, *grandiose*, illustre, magnifique, remarquable, somptueux, supérieur. **7.** Courageux, fier, *généreux*, magnanime. **8.** Emphatique, *exagéré*, grandiloquent, pompeux, solennel. ▷ *Nom* **9.** Colosse, *géant*, hercule. **10.** *Adulte*, majeur, mûr. **11.** *Célébrité*, étoile, figure marquante, gloire, héros, idole, jet-set, maître, personnage, personnalité, vedette. **12.** Aristocratie, dignitaire, *élite*, gotha, gratin *(fam.)*, haute gomme *(québ.)*, magnat *(péj.)*, noble, riche. **13.** Grande puissance, *superpuissance*. ♦ ANT. **1.** Court, petit, trapu. **2.** Étroit, exigu, mince, réduit. **3.** Faible, léger, modéré. **4.** Infime, limité, minime, minuscule, restreint, ténu. **5.** Accessoire, dérisoire, insignifiant, négligeable. **6.** Banal, décevant, inférieur, médiocre, moyen, nul, piètre. **7.** Égoïste, mesquin, pleutre, pusillanime. **8.** Humble, modeste, naturel, simple, sobre. **9.** Avorton *(péj.)*, lilliputien, nain. **10.** Enfant, immature, mineur. **11.** Commun des mortels, Monsieur Tout-le-Monde. **12.** Menu fretin, peuple, plèbe, populace *(péj.)*. **13.** Pays satellite.

GRANDEMENT ♦ SYN. **1.** Abondamment, amplement, beaucoup, considérablement, *énormément*, fortement, largement, suffisamment. **2.** Généreusement, *noblement*. ♦ ANT. **1.** À peine, faiblement, insuffisamment, légèrement, modérément, moyennement, peu. **2.** Bassement, mesquinement, parcimonieusement.

GRANDEUR ♦ SYN. **1.** Amplitude, *dimension*, format, grosseur, hauteur, largeur, longueur, mesure, proportion, stature, taille. **2.** Ampleur, *étendue*, immensité, vastitude. **3.** Énormité, gravité, *intensité*. **4.** Envergure, gabarit, *importance*, valeur. **5.** Élévation, force, fortune, gloire, influence, majesté, pouvoir, prospérité, *puissance*. **6.** Beauté, *dignité*, distinction, excellence, générosité, magnanimité, mérite, noblesse, supériorité, sublimité, valeur. ♦ ANT. **1.** Étroitesse, exiguïté, minceur, petitesse. **2.** Diminution, raccourcissement, rétrécissement. **3.** Bénignité, insignifiance, légèreté. **4.** Médiocrité, nullité. **5.** Déchéance, déclin, faiblesse, impuissance, pauvreté, ruine. **6.** Avilissement, bassesse, égoïsme, indignité, infériorité, médiocrité, mesquinerie, vilenie.

GRANDILOQUENCE ◇ V. **Emphase**
GRANDILOQUENT ◇ V. **Emphatique**

GRANDIOSE ♦ SYN. Auguste, beau, digne, éblouissant, élevé, grand, imposant, *impressionnant*, magistral, magnifique, majestueux, monumental, noble, olympien, prestigieux, solennel, sublime. ♦ ANT. Banal, commun, insignifiant, laid, médiocre, mesquin, négligeable, nul, ordinaire, petit, piètre.

GRANDIR ♦ SYN. ▷ *V. intr.* **1.** S'allonger, *croître*, se développer, s'élever, s'épanouir, pousser, profiter *(fam.)*. **2.** S'accentuer, s'amplifier, *augmenter*, s'étendre, s'intensifier. **3.** S'aggraver, *empirer*, s'envenimer. ▷ *V. tr.* **4.** *Agrandir*, exagérer, grossir, hausser. **5.** *Élever*, ennoblir, exalter. ▷ *V. pr.* **6.** *(Importance, taille)* S'agrandir, *s'élever*, se hausser. ♦ ANT. **1.** Décliner, décroître, diminuer, s'étioler, se faner, raccourcir, rapetisser, sécher. **2.** S'atténuer, s'estomper, se restreindre. **3.** S'améliorer, se rétablir. **4.** Abaisser, amoindrir, réduire. **5.** Avilir, déprécier, rabaisser. **6.** Se diminuer, se rapetisser.

GRAPHIQUE ♦ SYN. Courbe, dessin, *diagramme*, figure, représentation, tableau, tracé.

GRAPPILLER ◊ v. Glaner

GRAS ♦ SYN. ▷ *Adj.* **1.** Adipeux, bouffi, charnu, corpulent, dodu, enveloppé, épais, grassouillet, *gros*, obèse, pansu, potelé, rebondi, replet, rond, rondelet, ventru. **2.** Crémeux, *onctueux*. **3.** Collant, glissant, gluant, *graisseux*, poisseux. **4.** *(Sol)* Abondant, *fertile*, plantureux, riche. **5.** Cru, graveleux, *grivois*, licencieux, obscène. ▷ *Nom* **6.** *Graisse*, lipides. ♦ ANT. **1.** Chétif, décharné, efflanqué, émacié, étique, fluet, gracile, grêle, maigre, menu, mince. **2.** Grumeleux, rugueux. **3.** Limpide, sec. **4.** Aride, infertile, pauvre. **5.** Décent, pudique. **6.** Glucides, maigre.

GRATIFIANT ♦ SYN. Enrichissant, intéressant, profitable, *valorisant*. ♦ ANT. Dévalorisant, ennuyeux, frustrant, minable.

GRATIFICATION ♦ SYN. **1.** Avantage, boni, bonification, cadeau, commission, *don*, étrennes, faveur, générosité, gracieuseté, guelte, largesse, libéralité, pourboire, présent, prime, récompense, ristourne. **2.** *(Péj.)* Arrosage, dessous-de-table, *pot-de-vin*. **3.** *(Psychol.)* Estime de soi, fierté, satisfaction de soi, *valorisation*. ♦ ANT. **1.** Amende, pénalisation, retenue. **3.** Dévalorisation, frustration, insatisfaction, mépris de soi.

GRATIFIER ♦ SYN. **1.** *Accorder*, allouer, attribuer, avantager, distribuer, donner, doter, douer, favoriser, honorer, nantir, octroyer, récompenser. **2.** Grandir, rehausser, *valoriser*. **3.** *(Péj.)* *Affliger*, flanquer *(fam.)*, imputer (injustement), subir. ♦ ANT. **1.** Pénaliser, priver, refuser, retirer. **2.** Dévaloriser, diminuer, miner, rabaisser. **3.** Disculper, innocenter, réhabiliter.

GRATIS ◊ v. Gratuitement

GRATITUDE ◊ v. Reconnaissance

GRATTE-CIEL ◊ v. Immeuble

GRATTER ♦ SYN. **1.** Effacer, enlever, entamer, *frotter*, racler. **2.** *(Sol)* Fouiller, labourer (superficiellement), *remuer*. **3.** *(Peau)* *Démanger*, gratouiller *(fam.)*, irriter, picoter, piquer. **4.** *(Blessure, souvenir)* Entretenir, *ranimer*, raviver. **5.** *(Fam.)* *Économiser*, grappiller, tirer profit. ♦ ANT. **1.** Enduire, recouvrir. **2.** Enfouir, remplir, semer. **3.** Soulager. **4.** Chasser, oublier, refermer. **5.** Dépenser, dilapider, gaspiller.

GRATUIT ♦ SYN. **1.** *Gratis*, (entrée) libre. **2.** Bénévole, *désintéressé*, gracieux. **3.** Absurde, *arbitraire*, fantaisiste, hasardeux, hypothétique, immotivé, injustifié, irrationnel. ♦ ANT. **1.** Payant. **2.** Cupide, intéressé, obligé. **3.** Fondé, justifié, motivé, rationnel, réfléchi, sensé.

GRATUITEMENT ♦ SYN. **1.** À l'œil, à titre gracieux, aux frais de la princesse, gracieusement, *gratis*, pour rien, sans bourse délier, sans payer. **2.** *Bénévolement*, sans se faire payer, sans rétribution. **3.** *Arbitrairement*, sans motif, sans raison. ♦ ANT. **1.** À grands frais, en payant. **2.** Contre rétribution, cupidement. **3.** Rationnellement, sensément.

GRAVATS ◊ v. Décombres

GRAVE ♦ SYN. **1.** *Bas*, caverneux, creux, profond, sépulcral, sourd. **2.** *Austère*, digne, imposant, majestueux, solennel. **3.** *(Visage)* Défait, sévère, sombre, *triste*. **4.** Alarmant, critique, cruel, dangereux, dramatique, inquiétant, pénible, redoutable, *sérieux*, tragique. ♦ ANT. **1.** Aigu, clair, perçant. **2.** Comique, enjoué, ridicule. **3.** Radieux, réjoui, souriant. **4.** Anodin, bénin, inoffensif, rassurant, superficiel.

GRAVELEUX ♦ SYN. **1.** *Caillouteux*, pierreux, rocailleux. **2.** Cru, gras, *grivois*, immoral, indécent, licencieux, obscène. ♦ ANT. **1.** Uni, lisse. **2.** Décent, pudique, scrupuleux.

GRAVEMENT ♦ SYN. **1.** Dangereusement, grièvement, *sérieusement*. **2.** Dignement, noblement, posément, *solennelle-*

ment. ✦ ANT. **1.** Faiblement, légèrement. **2.** Drôlement, étourdiment, familièrement.

GRAVER ✦ SYN. **1.** Buriner, guillocher, sculpter, *tracer*. **2.** Empreindre, estamper, *imprimer*, incruster, lithographier, nieller. **3.** *(Disque)* Enregistrer. **4.** *(Cœur, mémoire)* Demeurer, *fixer*, implanter, marquer.

GRAVIR ✦ SYN. **1.** Ascensionner, escalader, *grimper*, se hisser, monter. **2.** *(Échelons)* Avancer, *franchir*, progresser. ✦ ANT. **1.** Descendre, dévaler, tomber. **2.** Rétrograder.

GRAVITÉ ✦ SYN. **1.** *Attraction*, gravitation, pesanteur. **2.** *(Faute, situation)* Ampleur, importance, portée, *sérieux*. **3.** *Austérité*, componction, dignité, majesté, raideur, réserve, solennité. ✦ ANT. **1.** Apesanteur. **2.** Bénignité, futilité, légèreté. **3.** Badinage, étourderie, familiarité, frivolité, irréflexion, plaisanterie.

GRÉ ✦ SYN. *(De bon gré)* Avec plaisir, bénévolement, de bon cœur, de bonne grâce, librement, *volontairement*, volontiers. ✦ ANT. De force, de mauvaise grâce, forcément, involontairement.

GREFFER ✦ SYN. **1.** *(Plante)* Enter. **2.** *(Organe)* Transplanter. **3.** *Ajouter*, insérer, introduire. ✦ ANT. **1.** Couper. **2.** Rejeter. **3.** Retrancher.

GRÊLE ✦ SYN. ▷ *Nom* **1.** Grêlon, *grésil*. ▷ *Adj.* **2.** Délié, élancé, filiforme, *fin*, frêle, fluet, gracile, long, maigre, menu, mince, ténu. **3.** *(Voix)* Aigu, *faible*. ✦ ANT. **1.** Neige, pluie. **2.** Ample, épais, gras, gros, volumineux. **3.** Fort, grave.

GRELOTTER ✦ SYN. **1.** Claquer des dents, *frissonner*, geler, transir, trembler, trembloter. **2.** *(Grelots)* Sonner, *tinter*. ✦ ANT. **1.** Avoir chaud, se réchauffer, suer, transpirer.

GRENADE ◇ V. **Bombe**
GRENIER ◇ V. **Comble**
GRÈVE ✦ SYN. **1.** Bord, côte, plage, *rivage*. **2.** Arrêt de travail, *débrayage*, lock-out, piquetage *(québ.)*, piquet de grève. ✦ ANT. **1.** Large. **2.** Réouverture (de l'entreprise), retour (au travail).

GREVER ✦ SYN. Accabler, alourdir, charger, écraser, hypothéquer, imposer, obérer, *surcharger*, taxer ✦ ANT. Affranchir, alléger, décharger, dégrever, détaxer, exempter, exonérer, libérer, soulager.

GRIEF ✦ SYN. *(Pl. surtout)* Accusation, blâme, doléances, *plainte*, récrimination, reproche, réquisitoire *(dr.)*. ✦ ANT. Approbation, entente, règlement, satisfaction.

GRIFFE ✦ SYN. **1.** *(Animaux)* Ergot, *ongle*, serre. **2.** *(Fig.)* Cachet, empreinte, main, *marque*, patte, signature, style, touche.

GRIFFER ✦ SYN. Déchirer, écorcher, *égratigner*, érafler, excorier. ✦ ANT. Cajoler, câliner, caresser, effleurer, flatter.

GRIFFONNAGE ◇ V. **Barbouillage**
GRIFFONNER ◇ V. **Barbouiller**
GRIGNOTER ✦ SYN. ▷ *V. intr.* **1.** Chipoter, manger du bout des dents, *manger un peu*, picorer. ▷ *V. tr.* **2.** Gruger *(québ.)*, manger lentement, mordiller, *ronger*. **3.** *(Capital)* Détruire (peu à peu), diminuer, ébrécher, écorner, *entamer*, gruger *(québ., fig.)*. ✦ ANT. **1-2.** Avaler, dévorer, engloutir. **3.** Augmenter, conserver, épargner.

GRILLAGE ✦ SYN. **1.** Barreaux, barres, barrière, claie, claire-voie, clôture, moucharabieh, treillage, *treillis*. **2.** *(Cacao, café, tabac)* Dessiccation, *torréfaction*.

GRILLER ✦ SYN. **1.** *(Sur le gril)* Chauffer, *cuire*, rôtir. **2.** Dessécher, *torréfier*. **3.** *(Cigarette)* Fumer. **4.** *(Feu rouge)* *Brûler*, franchir, passer. **5.** *(Pers.)* Déprécier, diminuer, *discréditer*, rabaisser. **6.** Fermer, *grillager*. ✦ ANT. **1.** Bouillir, mijoter. **2.** Humidifier, tremper. **3.** Écraser, éteindre. **4.** Arrêter, stopper. **5.** Apprécier, grandir, vanter. **6.** Ajourer, ouvrir.

GRIMACE ✦ SYN. **1.** Contorsion, cul-de-poule, lippe, *moue*, rictus, tic. **2.** Caricature, dissimulation, façade, *feinte*, masque, paravent, simulacre. **3.** *(Pl.)* Façons, mimiques, minauderies, salamalecs, *simagrées*, singeries. ✦ ANT. **2.** Franchise, sincérité. **3.** Naturel, simplicité.

GRIMER ◇ V. **Farder**
GRIMPER ✦ SYN. **1.** Escalader, *gravir*, monter. **2.** *(Véhicule, fam.)* Embarquer *(fam.)*,

prendre place, sauter dans. **3.** *(Hiérarchie)*
Accéder, *s'élever*, se hisser, parvenir. ♦ ANT.
1. Débouler, dégringoler, descendre, dévaler, tomber. **2.** Débarquer *(fam.)*, sortir de.
3. Déchoir, rétrograder.

GRINÇANT ♦ SYN. **1.** Criard, *discordant*,
dissonant, faux, inharmonieux. **2.** Acerbe,
acrimonieux, *aigre*, caustique, sarcastique.
♦ ANT. **1.** Harmonieux, mélodieux. **2.** Aimable, complaisant, conciliant, enjoué.

GRINCER ♦ SYN. **1.** *Crisser*, frotter.
2. Couiner, *crier*.

GRINCHEUX ◇ V. **Acariâtre**

GRIPPE ♦ SYN. Coryza, courbatures,
fièvre, influenza, rhume.

GRIS ♦ SYN. **1.** *(Cheveux)* Argenté, grison-
nant, *poivre et sel*. **2.** *(Tâche)* Ennuyeux,
morne, terne. **3.** *(Temps)* Couvert, maussade,
monotone, *nuageux*, triste. **4.** Éméché,
gai, *ivre*, pompette *(fam.)*. ♦ ANT. **1.** Blanc.
2. Agréable, intéressant, stimulant. **3.** Bleu,
dégagé, ensoleillé, radieux, splendide.
4. Abstinent, dégrisé, sobre.

GRISAILLE ◇ V. **Monotonie**

GRISANT ◇ V. **Enivrant**

GRISER ♦ SYN. ▷ *V. intr.* **1.** *Enivrer*, entêter, étourdir, monter à la tête, soûler.
▷ *V. tr.* **2.** Charmer, enthousiasmer, *exalter*,
exciter, transporter. ▷ *V. pr.* **3.** S'enivrer.
4. Se délecter, *s'exalter*, se repaître. ♦ ANT.
1. Dégriser, désenivrer, dessoûler. **2.** Abattre, désillusionner, rebuter, refroidir. **3.** Se
dégriser. **4.** Se dégoûter, se lasser.

GRISERIE ◇ V. **Ivresse**

GRIVOIS ♦ SYN. Cochon *(fam.)*, coquin,
corsé, croustillant, cru, égrillard, épicé,
gaillard, gaulois, gras, graveleux, léger,
leste, libertin, libre, *licencieux*, osé, paillard, poivré, polisson, rabelaisien, salace,
salé, vert. ♦ ANT. Chaste, convenable,
décent, pudique, scrupuleux.

GRIVOISERIE ♦ SYN. **1.** Gauloiserie,
licence, paillardise. **2.** Bagatelle, débauche, gaudriole, *libertinage*. ♦ ANT. **1.** Austérité, modération, sérieux. **2.** Décence,
pudeur, réserve, vie rangée.

GROGNE ◇ V. **Mécontentement**

GROGNEMENT ♦ SYN. **1.** *(Cochon)* **Grom-
mellement**, grondement. **2.** *(Pers.)* **Bougonnement**, marmonnement, ronchonnement.

GROGNER ♦ SYN. **1.** *(Cochon)* **Grommeler**,
gronder. **2.** *(Pers.)* **Bougonner**, grommeler
(fig.), marmonner, maronner, maugréer,
murmurer, pester, protester, râler *(fam.)*,
ronchonner, rouspéter *(fam.)*. ♦ ANT.
2. S'égayer, féliciter, se satisfaire, vanter.

GROGNON ♦ SYN. Acariâtre, boudeur,
bougon, grincheux, grondeur, hargneux,
maussade, mécontent, pleurnicheur,
ronchonneur, rouspéteur. ♦ ANT. Affable,
aimable, charmant, content, gai, satisfait.

GRONDER ♦ SYN. ▷ *V. intr.* **1.** *(Animal)* Grogner. **2.** *(Bruit sourd)* **Tonner**, vrombir. **3.** *(Danger, menace)* Approcher, *menacer*, planer,
présager. **4.** *(Pers.)* **Bougonner**, grogner *(fig.)*,
grommeler, murmurer, ronchonner. ▷ *V. tr.*
5. Admonester, chicaner *(québ.)*, disputer,
enguirlander *(fam.)*, gourmander, houspiller, morigéner, quereller, rabrouer,
remontrer, reprendre, *réprimander*,
semoncer, sermonner, tancer. ♦ ANT.
2. Cesser, se taire. **3.** Se dissiper, s'éloigner.
4. S'égayer, féliciter, se satisfaire. **5.** Complimenter, encourager, louer, récompen-
ser, remercier.

GROS ♦ SYN. **1.** *Énorme*, épais, large,
volumineux. **2.** Abondant, *considérable*,
essentiel, excessif, grand, immense, important, principal. **3.** Fort, grave, *intense*,
profond. **4.** Adipeux, bedonnant, boulot,
charnu, *corpulent*, généreux, gras, imposant, lourd, massif, obèse, opulent, plantureux, ventru. **5.** *Arrondi*, ballonné, bouffi,
enflé, gonflé, grossi, joufflu. **6.** *(Pers.)* Important, *influent*, puissant, riche. **7.** Brut,
grossier, simpliste, vulgaire. **8.** Caricatural, *exagéré*, invraisemblable. ♦ ANT.
1. Étroit, mince, minuscule, petit. **2.** Anodin, bénin, futile, insignifiant, secondaire.
3. Aigu, faible, léger. **4.** Chétif, élancé, fluet,
maigre, menu, mince, svelte. **5.** Aplati,
dégonflé, désenflé, écrasé, émacié. **6.** Anonyme, effacé, faible, pauvre. **7.** Délicat,

distingué, raffiné, sophistiqué. **8.** Réaliste, vrai, vraisemblable.

GROSSESSE ◊ V. **Gestation**

GROSSEUR ✦ SYN. **1.** *Corpulence*, embonpoint, obésité, opulence, rondeur, rotondité *(fam.).* **2.** Calibre, circonférence, diamètre, dimension, épaisseur, largeur, taille, *volume.* **3.** Abcès, ballonnement, bosse, boule, *enflure*, excroissance, gonflement, tumeur. ✦ ANT. **1.** Maigreur, minceur, petitesse, sveltesse.

GROSSIER ✦ SYN. **1.** Approximatif, brut, commun, élémentaire, imparfait, imprécis, informe, ordinaire, *rudimentaire*, simpliste, sommaire. **2.** Épais, *gros*, lourd. **3.** Balourd, barbare, *fruste*, inculte, indélicat, inélégant, lourdaud, maladroit, ostrogoth, rude, rustre. **4.** Bas, *bestial*, brutal, lubrique. **5.** Choquant, cru, discourtois, effronté, impertinent, impoli, inconvenant, incorrect, insolent, insultant, malséant, obscène, ordurier, trivial, *vulgaire*. ✦ ANT. **1.** Achevé, approfondi, fignolé *(fam.)*, fini, parfait, précis. **2.** Délié, fin, mince. **3.** Adroit, civilisé, cultivé, délicat, distingué, éduqué, élégant, élevé, raffiné, spirituel, subtil. **4.** Digne, doux, humain, tendre. **5.** Affable, aimable, avenant, civil, convenable, courtois, digne, poli, réservé, respectueux.

GROSSIÈRETÉ ✦ SYN. **1.** Défectuosité, *imperfection*, malfaçon. **2.** Balourdise, barbarie, brutalité, inculture, indélicatesse, inélégance, lourdeur, *rudesse*, rusticité. **3.** Goujaterie, *impolitesse*, incorrection, insolence, muflerie. **4.** Bassesse, inconvenance, indécence, mauvais goût, obscénité, trivialité, *vulgarité*. **5.** *(Pl. surtout)* Cochonneries *(fam.)*, écarts de langage, *gros mots*, horreurs, injures, insultes, obscénités, ordures, saletés. ✦ ANT. **1.** Perfection, qualité, valeur. **2.** Délicatesse, élégance, finesse, raffinement. **3.** Amabilité, bonnes manières, civilité, politesse. **4.** Bienséance, convenance, correction, distinction, goût. **5.** Bons mots, mots d'esprit, subtilités.

GROSSIR ✦ SYN. ▷ *V. intr.* **1.** *Agrandir*, croître, se développer, se dilater, enfler, gonfler, se tuméfier. **2.** Élargir *(fam.)*, s'empâter, *engraisser*, épaissir, forcir, prendre du poids. **3.** S'amplifier, *s'étendre*, se répandre. ▷ *V. tr.* **4.** Accroître, *s'ajouter*, augmenter, se joindre à, renforcer. **5.** Amplifier, dramatiser, *exagérer*. ✦ ANT. **1.** Se contracter, décroître, dégonfler, désenfler. **2.** Amincir, faiblir, maigrir, rapetisser. **3.** Se dissiper, se résorber. **4.** Affaiblir, déserter, diminuer. **5.** Amoindrir, minimiser.

GROTESQUE ✦ SYN. Absurde, bizarre, bouffon, burlesque, caricatural, comique, extravagant, farfelu, guignol, outré, ridicule, *risible*, ubuesque. ✦ ANT. Commun, convenable, digne, distingué, émouvant, normal, ordinaire, sérieux.

GROTTE ✦ SYN. **1.** *Caverne*, cavité, crypte *(église)*, rocaille. **2.** Abri, antre, gîte, refuge, *repaire*, retraite, tanière.

GROUILLER ✦ SYN. ▷ *V. intr.* **1.** Abonder, bouger, *fourmiller*, pulluler, remuer. ▷ *V. pr.* **2.** *(Fam.)* Se dépêcher, se hâter, se remuer. ✦ ANT. **1.** Déserter, manquer, se raréfier. **2.** Flâner, lambiner, traîner.

GROUPE ✦ SYN. **1.** Assemblée, association, cellule, cercle, collectif, collection, collège, communauté, compagnie, confrérie, ensemble, équipe, groupement, pléiade, *réunion*, section. **2.** *(Milit.)* Armée, attroupement, bataillon, brigade, escadron, escouade, peloton, quarteron, régiment, section, troupe. **3.** Clan, ethnie, *famille*, tribu. **4.** *Collectivité*, nation, peuple, société. **5.** Mouvement, *organisation*, parti politique, patronat, syndicat. **6.** *(Animaux)* Banc, *bande*, colonie, essaim, horde, meute, troupeau. **7.** *(Ch.)* Amas, *assemblage*, assortiment, constellation, fournée, grappe, noyau, paquet, tas. **8.** *Catégorie*, classe, espèce, ordre. **9.** *(Ling.)* Expression, *locution*, phrase, syntagme.

GROUPER ✦ SYN. **1.** Agglomérer, *assembler*, associer, attrouper, coaliser, collectionner, concentrer, condenser, masser, rapprocher, rassembler, réunir. **2.** Assortir, *classer*, classifier, disposer, distribuer, ranger, répartir, sérier, trier. ◆ ANT. 1. Disperser, disséminer, éloigner, éparpiller, étendre. 2. Disjoindre, diviser, fractionner, séparer.

GROUPIE ◇ v. **Admirateur**

GRUGER ◆ SYN. 1. *Dépouiller*, duper, escroquer, spolier, voler. ▷ *Québ*. 2. Grignoter, manger lentement, mordiller, *ronger*. 3. *(Capital)* Diminuer, ébrécher, écorner, *entamer*, grignoter *(fig.)*. ◆ ANT. 1. Rendre, restituer. 2. Avaler, dévorer, engloutir. 3. Augmenter, conserver, épargner.

GUENILLE ◆ SYN. 1. Chiffons, défroque, fripes, fringues, *haillons*, hardes, lambeaux, loques, nippes, oripeaux. 2. *(Québ.)* Chiffon, lavette, *torchon*.

GUÊPIER ◆ SYN. *(Fig.)* Danger, *piège*.

GUÉRIR ◆ SYN. ▷ *V. tr.* 1. Délivrer, rétablir, *sauver*. 2. Adoucir, apaiser, calmer, corriger, *débarrasser*, ôter, pallier, remédier. ▷ *V. intr.* 3. Réchapper, se remettre, renaître, ressusciter, *se rétablir*. 4. *Se cicatriser*, se fermer. ◆ ANT. 1. Attraper, succomber. 2. Aggraver, envenimer. 3. Rechuter. 4. Aviver, rouvrir.

GUÉRISON ◆ SYN. Amélioration, apaisement, cessation, cicatrisation, convalescence, *rétablissement*, soulagement. ◆ ANT. Aggravation, dégradation, crise, détérioration, rechute.

GUERRE ◆ SYN. Affrontement, attaque, bataille, belligérance, boucherie *(fig.)*, campagne, *combat*, conflagration, conflit, émeute, escarmouche, expédition, guérilla, hostilités, incendie *(fig.)*, insurrection, lutte, mobilisation, révolution, troubles. ◆ ANT. Accalmie, armistice, calme, cessez-le-feu, concorde, démobilisation, désarmement, détente, entente, harmonie, paix, tranquillité, trêve.

GUERRIER ◆ SYN. ▷ *Nom* 1. Belligérant, combattant, militaire, *soldat*. ▷ *Adj.* 2. Belliciste, *belliqueux*, martial, militariste. ◆ ANT. 1. Civil, déserteur. 2. Non violent, pacifique, pacifiste.

GUERROYER ◇ v. **Combattre**

GUET-APENS ◆ SYN. Attaque, attentat, chausse-trappe, embûche, embuscade, *piège*, traquenard.

GUETTER ◆ SYN. 1. Attendre, épier, être à l'affût, être aux aguets, observer, *surveiller*. 2. Gronder, *menacer*, planer, se préparer, présager. ◆ ANT. 1. Échapper (à la surveillance, à la vue). 2. Écarter, éloigner.

GUETTEUR ◇ v. **Sentinelle**

GUEULE ◆ SYN. 1. *(Animaux)* Bec, *bouche*. 2. *(Pers., fam.)* Bec, *bouche*, clapet, margoulette, trappe. 3. *(Pers., fam.)* Face, *figure*, tête, visage. 4. *Allure*, aspect, caractère, forme, prestance. 5. Cavité, entrée, orifice, *ouverture*.

GUEULER ◇ v. **Crier**

GUEUX ◆ SYN. Clochard, défavorisé, mendiant, misérable, *miséreux*, nécessiteux, pauvre, vagabond, va-nu-pieds. ◆ ANT. Cossu, fortuné, richard *(fam.)*, riche.

GUIDE ◆ SYN. 1. *Accompagnateur*, cicérone, cornac, éclaireur, moniteur, pilote, sherpa. 2. Berger, chef, conducteur, *conseiller*, directeur (spirituel), flambeau, gourou, inspirateur, leader, lumière, meneur, mentor, modèle, phare. 3. *Aide-mémoire*, catalogue, dépliant, guide-âne, mémento, plan, vade-mecum. 4. *(Pl.)* Bride, *rênes*.

GUIDER ◆ SYN. 1. Accompagner, *conduire*, piloter. 2. *Diriger*, mener, orienter, radioguider, téléguider. 3. *Conseiller*, déterminer, éclairer, éduquer, encadrer. ◆ ANT. 1. Laisser, suivre. 2. Dépayser, égarer. 3. Aveugler, berner, tromper.

GUIGNOL ◆ SYN. 1. *Marionnette* (sans fils). 2. Théâtre de marionnettes. 3. *(Péj.)* Bouffon, charlot, gugusse, pantin, *pitre*, polichinelle, zouave *(fam.)*. 4. *(Du guignol)* *Farce grotesque*, ridicule consommé.

GUILLERET ◆ SYN. 1. Allègre, éveillé, folâtre, frétillant, *fringant*, gai, réjoui, vif. 2. Léger, *leste*, libre, osé. ◆ ANT. 1. Amorphe, apathique, morne, navré, taciturne, triste. 2. Grave, réservé, sérieux.

GUIMBARDE ◆ SYN. 1. Bagnole, bazou *(québ.)*, *tacot*. 2. *(Québ., acad.)* *Bombarde*, ruine-babines *(fam.)*.

GUINDÉ ◆ SYN. 1. Affecté, ampoulé, apprêté, boursouflé, cérémonieux, emphatique, étudié, gourmé, maniéré, mignard, **pompeux**, solennel. **2.** Coincé *(fam.)*, compassé, constipé *(fam.)*, **contraint**, empesé, engoncé. ✦ **ANT. 1.** Humble, modeste, naturel, simple. **2.** À l'aise, décontracté, spontané.

GYMNASE ✦ SYN. *Centre sportif*, palestre, stade.

GYMNASTIQUE ✦ SYN. **1.** Acrobatie, athlétisme, culture physique, éducation, *entraînement*, mouvements, sport. **2.** *(Fig.)* *Exercice*, travail.

H

HABILE ♦ SYN. **1.** *Adroit*, apte, bon, capable, compétent, connaisseur, doué, émérite, érudit, exercé, expérimenté, expert, ferré, industrieux, propre à, rompu à, talentueux, versé, virtuose. **2.** Ingénieux, *intelligent*, inventif, perspicace, sagace, subtil. **3.** Astucieux, avisé, diplomate, *fin*, finaud, futé, rusé. **4.** *(Péj.)* Artificieux, cauteleux, madré, malin, matois, renard, retors, *roublard*, roué. **5.** *Débrouillard*, dégourdi, déluré, démerdard *(fam.)*. ♦ ANT. **1.** Apprenti, gauche, ignorant, incapable, incompétent, inexpérimenté, inhabile, maladroit, malhabile, mauvais, novice, nul, piètre. **2.** Bête, borné, inepte, inintelligent, niais, nigaud, stupide. **3.** Balourd, gaffeur, grossier, malavisé. **4.** Benêt, candide, direct, dupe, franc, honnête, naïf, simple, sincère. **5.** Empêtré, empoté, engourdi, gourd.

HABILEMENT ♦ SYN. **1.** *Adroitement*, bien, expertement, ingénieusement, intelligemment, savamment, soigneusement. **2.** *Astucieusement*, diplomatiquement, élégamment, finement, subtilement. ♦ ANT. **1.** Gauchement, lourdement, maladroitement. **2.** Bêtement, grossièrement, naïvement, sottement, stupidement.

HABILETÉ ♦ SYN. **1.** *Adresse*, aptitude, art, autorité, bonheur, brio, capacité, compétence, dextérité, expérience, facilité, industrie, maestria, maîtrise, savoir-faire, souplesse, talent, technique, tour de main, virtuosité. **2.** Ingéniosité, *intelligence*, perspicacité, sagacité, subtilité. **3.** Diplomatie, doigté, entregent, *finesse*, ruse, tact. **4.** Artifice, astuce, ficelle, finasserie, *roublardise*, rouerie, truc, truquage. **5.** *Débrouillardise*, débrouille, système D.

♦ ANT. **1.** Apprentissage, gaucherie, ignorance, impéritie, inaptitude, incapacité, inexpérience, inhabileté, maladresse, nullité. **2.** Bêtise, inintelligence, stupidité. **3.** Balourdise, bévue, brusquerie, gaffe, impair, inconvenance. **4.** Candeur, franchise, honnêteté, naïveté, simplicité, sincérité. **5.** Embarras, impuissance, pétrin *(fam.)*.

HABILITÉ ♦ SYN. Aptitude, *autorisation*, capacité, droit, faculté. ♦ ANT. Inaptitude, incapacité, inhabilité, interdiction.

HABILITER ♦ SYN. Accorder, agréer, *autoriser*, mandater, permettre, qualifier. ♦ ANT. Défendre, empêcher, interdire.

HABILLEMENT ♦ SYN. **1.** Ajustement, atours, équipage, équipement *(milit.)*, look, mise, parure, *tenue*, toilette. **2.** *(Péj.)* Accoutrement, affublement, défroque, hardes, harnachement. **3.** *Déguisement*, travestissement. **4.** Complet, costume, ensemble, effets, garde-robe, habits, livrée, tailleur, trousseau, uniforme, *vêtements*. **5.** *(Industrie)* Confection, couture, prêt-à-porter.

HABILLER ♦ SYN. ▷ V. tr. **1.** Couvrir (d'un vêtement), équiper, *vêtir*. **2.** *(Péj.)* Accoutrer, affubler, attifer, ficeler, harnacher. **3.** Aller, *convenir*, seoir. **4.** *Couvrir*, draper, entourer, envelopper, protéger, recouvrir. **5.** Agrémenter, diaprer, enjoliver, orner, *parer*. **6.** Cacher, *camoufler*, farder, maquiller, masquer, travestir, voiler. ▷ V. pr. **7.** Se couvrir, endosser, mettre, porter, revêtir, *se vêtir*. **8.** Acheter (des vêtements), s'équiper, se fringuer *(fam.)*, se nipper *(fam.)*, se pourvoir, *se procurer*. **9.** *S'apprêter*, faire sa toilette, se préparer. **10.** *S'endimancher*, se mettre sur son trente et un, se parer, se pomponner, se tirer à quatre épingles. **11.** Se costumer, *se déguiser*, se travestir. ✦ **ANT. 1.** Déshabiller, dévêtir. **2.** Parer. **3.** Détonner, messeoir. **4.** Découvrir, dénuder, dépouiller, mettre à nu. **5.** Déparer, désavantager, enlaidir. **6.** Dévoiler, mettre au jour, montrer, révéler. **7.** Se déshabiller, se dévêtir, enlever, ôter. **8.** Confectionner, faire (soi-même). **9.** Se débrailler, se négliger. **10.** Se mettre à l'aise. **11.** S'afficher, se montrer.

HABIT ✦ **SYN.** ▷ *Sing.* **1.** *(Vêtement caractéristique)* Costume, mise, *tenue*, uniforme. **2.** *(Masc., de cérémonie)* Jaquette, queue, queue-de-pie, *smoking.* ▷ *Pl.* **3.** Habillement, *vêtements*. **4.** *Apparence*, aspect, dehors.

HABITANT ✦ **SYN.** ▷ *Sing. ou pl.* **1.** Aborigène, autochtone, indigène, *natif*, naturel, résidant. **2.** Banlieusard, campagnard, citadin, *citoyen*, paysan, villageois. **3.** Hôte, *occupant*. **4.** *(Québ., fam.)* *Cultivateur*, fermier. **5.** *(Québ., péj.)* Fruste, maladroit, rustaud, *rustre*. ▷ *Pl. surtout* **6.** Âmes, gens, hommes et femmes, humains, individus, personnes, peuple, *population*, sujets. **7.** Animaux, *faune*. ✦ **ANT. 1-2.** Étranger, immigrant, résident. **3.** Invité, squatteur. **4.** Citadin, gens de ville. **5.** Civilisé, raffiné.

HABITAT ✦ **SYN. 1.** *(Faune, flore)* Biotope, écosystème, environnement, *milieu de vie*, niche écologique. **2.** *(Homme)* Conditions d'habitation, logement, *organisation*, peuplement.

HABITATION ✦ **SYN. 1.** Cohabitation, communauté, *occupation*. **2.** Appartement, chambre, chez-soi, demeure, domicile, établissement, gîte, home, immeuble, *logement*, logis, maison, nid *(fam.)*, propriété, résidence, toit, tour.

HABITER ✦ **SYN. 1.** *Demeurer*, s'établir, être domicilié, loger, nicher *(fam.)*, occuper, peupler, résider, rester *(québ.)*, séjourner, vivre. **2.** *(Fig.)* Animer, *hanter*, obnubiler, peupler *(fig.)*, posséder. ✦ **ANT. 1.** S'en aller, déménager. **2.** Chasser, évacuer.

HABITUDE ✦ **SYN. 1.** Accoutumance, attitude, automatisme, comportement, disposition, façon, manie, *manière* (d'agir), marotte, penchant, pli, routine, tic. **2.** Coutume, mode, mœurs, règle, rite, *tradition*, usage, us et coutumes. **3.** Connaissance, entraînement, *expérience*, familiarité, fréquentation, habileté, pratique. **4.** Acclimatation, accoutumance, *adaptation*. **5.** *(Pl., lieu)* *Fréquentation*, présence (assidue), visite (régulière). ✦ **ANT. 1.** Accident, anomalie, désuétude, exception, nouveauté, occasion, rareté. **2.** Changement, nouveauté, révolution. **3.** Inexpérience, maladresse, méconnaissance. **4.** Inadaptation. **5.** Absence, visite (occasionnelle, rare).

HABITUÉ ✦ **SYN. 1.** *(Lieu)* *Client*, familier, fidèle, pilier *(fam.)*. **2.** *(Activité)* Abonné *(fam.)*, *adepte*.

HABITUEL ✦ **SYN.** Attendu, chronique, classique, commun, consacré, courant, *coutumier*, familier, fréquent, machinal, normal, ordinaire, quotidien, répétitif, rituel, routinier, traditionnel, usité, usuel. ✦ **ANT.** Accidentel, anormal, désuet, étonnant, étrange, exceptionnel, extraordinaire, inaccoutumé, inhabituel, inouï, insolite, inusité, occasionnel, passager, rare, singulier, unique.

HABITUER ✦ **SYN.** ▷ *V. tr.* **1.** *Accoutumer*, apprendre à, dresser *(animal)*, éduquer, endurcir, entraîner, exercer, familiariser, former, initier, styler. ▷ *V. pr.* **2.** S'acclimater, s'accommoder, *s'accoutumer*, s'adapter, s'aguerrir, s'endurcir, se faire à, se familiariser, se plier à. **3.** S'entraîner, *s'exercer*, se préparer. ✦ **ANT. 1.** Déformer, désaccoutumer, déshabituer, désorienter, rouiller. **2.** S'amollir, dépayser, se désaccoutumer, se désadapter, modifier. **3.** S'engourdir, négliger, se rouiller.

HÂBLERIE ◇ v. Fanfaronnade

HÂBLEUR ✦ **SYN.** Baratineur, bavard, beau parleur, bluffeur, bonimenteur, crâneur *(fam.)*, enjôleur, *fanfaron*, gascon, imposteur, menteur, vantard. ✦ **ANT.** Franc, humble, naturel, sincère, vrai.

HACHE ✦ **SYN.** Cognée, doleau, doloire, *hachette*, herminette, merlin, tomahawk *(hache de guerre)*.

HACHER ✦ **SYN. 1.** *Déchiqueter*, découper (maladroitement), écharper, lacérer, mettre en pièces. **2.** *(Se faire hacher)* Détruire, ***exterminer***, faucher, massacrer, tuer. **3.** Couper, entrecouper, ***interrompre***. **4.** *(Dessin)* **Hachurer**, marquer, rayer. ♦ ANT. **2.** Épargner, réchapper. **3.** Poursuivre, reprendre. **4.** Laisser (en blanc), ombrer.

HAGARD ♦ SYN. *Effaré*, égaré, épouvanté, exorbité *(œil)*, farouche, fou, halluciné, inquiétant, sauvage, terrifié, troublé. ♦ ANT. Calme, posé, rassuré, réfléchi, serein.

HAIE ♦ SYN. **1.** Arbustes, ***bordure***, brisevent, charmille, clôture. **2.** *(Steeple-chase)* Claies, ***obstacles***. **3.** *(Personnes)* Chapelet, cordon, *file*, ligne, rang, suite.

HAILLONS ♦ SYN. Chiffons, défroque, fringues, fripes, frusques, guenilles, hardes, *lambeaux*, loques, nippes. ♦ ANT. Atours, falbalas, fanfreluches, parure, toilette.

HAINE ♦ SYN. **1.** *(Pers.)* Animosité, antipathie, détestation, exécration, fanatisme, fiel, hargne, *hostilité*, inimitié, intolérance, malignité, rancœur, rancune, ressentiment. **2.** *(Ch.)* Abomination, aversion, *dégoût*, écœurement, horreur, nausée, phobie, répugnance, répulsion. **3.** *(Pl.)* Antagonismes, dissensions, querelles, *rivalités*. ♦ ANT. **1.** Affection, amitié, amour, attachement, attrait, bienveillance, charité, concorde, cordialité, entente, fraternité, harmonie, indulgence, passion, sympathie, tendresse. **2.** Appétit, attirance, attrait, charme, désir, envie, goût, plaisir. **3.** Collaboration, conciliation, coopération, entraide, réconciliation.

HAINEUX ♦ SYN. **1.** Antipathique, agressif, désobligeant, *hostile*, malfaisant, malveillant, mauvais, méchant, rancunier, vindicatif. **2.** Empoisonné, *fielleux*, hargneux, médisant, perfide, venimeux. ♦ ANT. **1.** Affectueux, bienfaisant, bienveillant, bon, cordial, doux, obligeant, sympathique, tendre. **2.** Complaisant, conciliant, élogieux, honnête, indulgent, inoffensif.

HAÏR ♦ SYN. ▷ V. tr. **1.** *Détester*, en vouloir, exécrer, fuir, honnir, maudire, mépriser,

ne pouvoir sentir, prendre en grippe. **2.** *Abhorrer*, abominer, avoir en horreur, répugner à. ▷ V. pr. **3.** *Se détester*, se mépriser. ♦ ANT. **1.** Admirer, adorer, aduler, affectionner, aimer, bénir, chérir, sympathiser. **2.** Désirer, goûter, priser, raffoler de. **3.** S'aimer, s'entendre.

HAÏSSABLE ♦ SYN. **1.** *(Pers.)* Antipathique, *détestable*, exécrable, imbuvable *(fam.)*, insociable, insupportable, maudit, méprisable, odieux. **2.** *(Québ., fam., enfant)* *Espiègle*, malin, petit diable, remuant. **3.** *(Temps)* *Abominable*, affreux, horrible, maussade, mauvais, sale. ♦ ANT. **1.** Adorable, affable, aimable, attirant, charmant, sociable, sympathique. **2.** Sage, tranquille. **3.** Agréable, beau, doux, radieux.

HÂLÉ ◇ V. Basané

HALEINE ♦ SYN. Exhalation, expiration, *respiration*, souffle, soupir.

HALETANT ♦ SYN. **1.** À bout de souffle, *essoufflé*, étouffé, oppressé, pantelant, poussif, précipité, suffoqué. **2.** Ardent, avide, désireux, excité, *impatient*. ♦ ANT. **1.** Alerte, dispos, frais, ralenti. **2.** Désintéressé, indifférent, las, patient.

HALÈTEMENT ♦ SYN. Anhélation, *essoufflement*, étouffement, oppression, suffocation.

HALETER ♦ SYN. Anhéler, *s'essouffler*, étouffer, oppresser, panteler, perdre haleine, souffler, suffoquer. ♦ ANT. Reprendre son souffle.

HALL ♦ SYN. Antichambre, *entrée*, narthex *(église)*, porche, salle d'entrée, vestibule.

HALLUCINANT ♦ SYN. **1.** Étonnant, extraordinaire, impressionnant, remarquable, *saisissant*, stupéfiant. **2.** *(Ressemblance)* Ahurissant, à s'y méprendre, *confondant*, frappant, mêlant *(québ.)*, trompeur, troublant. ♦ ANT. **1.** Banal, commun, courant, insignifiant, ordinaire. **2.** Appréciable, marqué, notable, sensible, visible.

HALLUCINATION ♦ SYN. **1.** Aliénation, cauchemar, chimère, *délire*, fantasme, folie, illusion, mirage, rêve, vision, voix. **2.** *Berlue*, confusion, erreur, leurre, méprise, trompe-l'œil. ♦ ANT. 1. Bon sens, logique, raisonnement, réalité, vérité. 2. Certitude, clairvoyance, lucidité, réalisme.

HALLUCINÉ ♦ SYN. 1. Aliéné, délirant, dément, détraqué, effaré, égaré, *fou*, hagard. 2. Bizarre, excentrique, extravagant, farfelu, *illuminé*, insensé, visionnaire. ♦ ANT. 1. Calme, équilibré, sain d'esprit. 2. Intelligent, raisonnable, sage, sensé, sérieux.

HALO ♦ SYN. 1. *(Lune, source de lumière)* **Anneau**, arc, cercle. 2. *(Pers.)* Aura, *auréole*, couronne, nimbe.

HALTE ♦ SYN. 1. *Arrêt*, holà, stop. 2. *Escale*, étape, gîte, relais, station. 3. Accalmie, interruption, *pause*, relâche, répit, repos. ♦ ANT. 1. Circulation, marche, mouvement. 2. Périple, voyage. 3. Continuation, poursuite, progression, reprise.

HAMEAU ◇ V. **Village**

HANDICAP ♦ SYN. 1. Anomalie, *déficience*, déficit, infirmité, invalidité, paralysie, tare. 2. *Désavantage*, détriment, inconvénient. ♦ ANT. 1. Normalité. 2. Avantage, bienfait, faveur.

HANDICAPÉ ♦ SYN. *Déficient*, inadapté, infirme, invalide, paralysé. ♦ ANT. Actif, adapté, capable, valide.

HANDICAPER ♦ SYN. Défavoriser, *désavantager*, déshériter *(fig.)*, desservir, gêner. ♦ ANT. Avantager, douer, favoriser.

HANGAR ♦ SYN. Abri, appentis, bâtiment, dépendance, dock, entrepôt, grange, *remise*, resserre.

HANTER ♦ SYN. 1. Aller souvent, courir, *fréquenter*. 2. Assaillir, habiter, harceler, obnubiler, obséder, peupler, posséder, pourchasser, poursuivre, préoccuper, tracasser, *tourmenter*. ♦ ANT. 1. S'absenter, s'éloigner, fuir. 2. Chasser, exorciser, oublier.

HANTISE ♦ SYN. Angoisse, appréhension, cauchemar, idée fixe, manie, *obsession*, peur, phobie, vision. ♦ ANT. Assurance, calme, libération, sérénité.

HAPPER ♦ SYN. 1. Accrocher, agripper, *attraper*, s'emparer de, empoigner, grip-

per, prendre, saisir. 2. *(Animaux)* Avaler, *gober*. ♦ ANT. 1-2. Abandonner, jeter, lâcher, laisser, laisser échapper.

HARANGUE ♦ SYN. 1. Discours (solennel), exhortation, prêche, prêchi-prêcha *(péj.)*, *sermon*, tirade. 2. *(Péj.)* **Remontrances**, réprimandes, reproches, semonce. ♦ ANT. 2. Compliments, éloges, félicitations.

HARANGUER ◇ V. **Réprimander**

HARASSANT ◇ V. **Éreintant**

HARASSÉ ♦ SYN. Abattu, brisé, échiné, *épuisé*, éreinté, excédé, exténué, fatigué, fourbu, las, moulu, recru, rendu, rompu. ♦ ANT. Alerte, dispos, fort, frais, gaillard, reposé, vif, vigoureux.

HARASSER ◇ V. **Épuiser**

HARCELER ♦ SYN. 1. Agacer, aiguillonner, assaillir, assiéger, attaquer, fatiguer, importuner, inquiéter, pourchasser, *poursuivre*, presser, provoquer, talonner, taquiner, tirailler, tourmenter. 2. Habiter, *hanter*, obséder, posséder, préoccuper, tracasser. ♦ ANT. 1. Aider, apaiser, calmer, laisser, protéger, rassurer, secourir, soulager. 2. Chasser, exorciser, oublier.

HARDES ◇ V. **Haillons**

HARDI ♦ SYN. 1. Assuré, audacieux, aventureux, *brave*, courageux, décidé, déterminé, énergique, entreprenant, ferme, fier, impavide, intrépide. 2. Casse-cou, hasardeux, périlleux, risqué, risque-tout, *téméraire*. 3. Inédit, nouveau, *original*. 4. Cavalier, culotté *(fam.)*, *effronté*, impudent, impudique, insolent, leste, osé, provocant. ♦ ANT. 1. Craintif, frileux, froussard, hésitant, inquiet, irrésolu, lâche, peureux, pusillanime, timide, timoré. 2. Circonspect, prudent, réfléchi. 3. Banal, conformiste, imité. 4. Convenable, décent, pudique, réservé, scrupuleux.

HARDIESSE ♦ SYN. 1. Assurance, audace, *bravoure*, cœur, courage, détermination, énergie, fermeté, intrépidité, vaillance, vigueur. 2. Innovation, nouveauté, *originalité*. 3. Aplomb, culot *(fam.)*, *effronterie*, impudence, inconvenance, indécence, insolence, témérité, toupet *(fam.)*. 4. *(Pl. surtout)* **Audaces**, écarts, excès, libertés, licences, outrances. ✦ **ANT.** **1.** Crainte, doute, hésitation, incertitude, indécision, inquiétude, lâcheté, peur, pusillanimité, timidité. **2.** Banalité, conformisme, imitation. **3.** Convenance, décence, modestie, réserve, retenue, scrupule. **4.** Égards, ménagements, précautions.

HARGNE ✦ **SYN.** **1.** Acrimonie, agressivité, aigreur, colère, fiel, grogne, haine, hostilité, malveillance, *méchanceté*, violence. **2.** *Acharnement*, férocité, rage, ténacité. ✦ **ANT.** **1.** Amabilité, bienveillance, bonté, cordialité, gaieté, indulgence, obligeance, sérénité, sociabilité. **2.** Douceur, persuasion, tendresse.

HARGNEUX ✦ **SYN.** **1.** Acariâtre, agressif, aigre, coléreux, grincheux, haineux, hostile, insociable, malveillant, *méchant*, mécontent, querelleur, rageur, revêche, ronchonneur, teigneux. **2.** *(Propos)* Empoisonné, *fielleux*, médisant, perfide, venimeux. ✦ **ANT.** **1.** Aimable, bienveillant, bon, conciliant, content, doux, gai, pacifique, paisible, satisfait, sociable, souriant, tendre. **2.** Complaisant, élogieux, honnête, indulgent, inoffensif.

HARMONIE ✦ **SYN.** **1.** Accompagnement, *accord*, arrangement, cadence, combinaison, consonance, euphonie, mélodie, modulation, mouvement, musique, nombre, rythme, sonorité. **2.** Chœur, *concert*, fanfare, orchestre, orphéon, philharmonie. **3.** Balancement, beauté, douceur, élégance, ensemble, *équilibre*, eurythmie, proportion, régularité, symétrie. **4.** Communauté, communion, compatibilité, *concordance*, conformité, homogénéité, ordre, organisation, rapport, ressemblance, symbiose, unisson, unité. **5.** Amitié, *concorde*, entente, paix, sympathie, union. ✦ **ANT.** **1.** Brouhaha, cacophonie, charivari, dissonance. **2.** Solo. **3.** Chaos, déséquilibre, discordance, dissymétrie, inharmonie, laideur. **4.** Antagonisme, désaccord, désordre, incompatibilité, opposition. **5.** Antipathie, désunion, discorde, dissension, dissentiment, mésentente, mésintelligence.

HARMONIEUX ✦ **SYN.** **1.** Cadencé, *mélodieux*, musical, nombreux, rythmé. **2.** Agréable, assorti, beau, cohérent, consistant, délicat, doux, élégant, *équilibré*, esthétique, harmonique, juste, organisé, proportionné, régulier, suave, symétrique. ✦ **ANT.** **1.** Bruyant, cacophonique, criard, dissonant, inharmonique. **2.** Désagréable, déséquilibré, désorganisé, discordant, disgracieux, disparate, disproportionné, dissymétrique, faux, heurté, incohérent, inconsistant, inharmonieux, irrégulier, laid.

HARMONISER ✦ **SYN.** ▷ *V. tr.* **1.** *Accorder*, arranger, orchestrer. **2.** Adapter, agencer, ajuster, allier, apprêter, approprier, assortir, combiner, concilier, coordonner, *équilibrer*, organiser, unifier. ▷ *V. pr.* **3.** *S'accorder*, aller ensemble, s'assortir, concorder, correspondre, se marier. ✦ **ANT.** **1.** Détonner, dissoner. **2.** Déséquilibrer, désordonner, désorganiser, embrouiller, mêler. **3.** Contraster, se désaccorder, diverger, s'opposer.

HARPON ✦ **SYN.** Crampon, croc, *crochet*, dard, digon, foène, gaffe, grappin.

HARPONNER ✦ **SYN.** **1.** *Accrocher*, attraper, cramponner, darder, percer, prendre, saisir. **2.** *(Fam.)* *Arrêter*, pincer. ✦ **ANT.** **1.** Décrocher, déprendre. **2.** Libérer, relâcher.

HASARD ✦ **SYN.** **1.** Chance, *destin*, fatalité, fortune, sort. **2.** *(Heureux hasard)* Aubaine, baraka *(fam.)*, bonheur, bonne étoile, bonne fortune, *coup de chance*, veine. **3.** *(Hasard malheureux)* Déveine, guigne *(fam.)*, infortune, *malchance*. **4.** Accident, cas fortuit, circonstance, coïncidence, conjoncture, coup de dés, éventualité, impondérable, *imprévu*, occurrence, occasion, possibilité, probabilité, rencontre (fortuite). **5.** *(Pl.)* Aléas, *incertitudes*, risques, vicissitudes. ✦ **ANT.** **1.** Libre arbitre, volonté. **2.** Malchance. **3.** Chance. **4.** Calcul, certitude, impossibilité, nécessité, prévision, prophétie. **5.** Assurance, précautions, sûreté.

HASARDER ✦ **SYN.** ▷ *V. tr.* **1.** Aventurer, commettre, compromettre, exposer, jouer,

risquer. **2.** Avancer, émettre, essayer, expérimenter, oser, *tenter*. ▷ *V. pr.* **3.** S'avancer, s'aventurer, s'engager, s'exposer à, *se risquer*. ♦ **ANT.** **1.** Assurer, envisager, éviter, prévoir. **2.** Se conformer, renoncer. **3.** S'abstenir, se désister, se garder de.

HASARDEUX ♦ **SYN.** Aléatoire, audacieux, aventuré, aventureux, dangereux, fou, hardi, hasardé, imprudent, incertain, osé, périlleux, problématique, *risqué*, téméraire. ♦ **ANT.** Attendu, certain, pensé, prévu, prudent, réfléchi, sûr.

HÂTE ♦ **SYN.** Activité, agitation, célérité, diligence, *empressement*, impatience, précipitation, promptitude, rapidité, vitesse. ♦ **ANT.** Atermoiements, calme, lenteur, patience, persévérance.

HÂTER ♦ **SYN.** ▷ *V. tr.* **1.** *Accélérer*, activer, avancer, bousculer, brusquer, forcer, précipiter, presser. ▷ *V. pr.* **2.** Accourir, affluer, courir, se dépêcher, *s'empresser*, faire diligence, filer, foncer, se précipiter, se presser, se ruer. ♦ **ANT.** **1.** Ajourner, atermoyer, attendre, différer, procrastiner, ralentir, remettre, retarder, surseoir, tarder, tâtonner, temporiser, tergiverser, traîner. **2.** S'arrêter, s'attarder, flâner.

HÂTIF ♦ **SYN.** **1.** Anticipé, *précoce*, prématuré. **2.** À la va-vite, bâclé, *expéditif*, précipité, pressé, rapide, sommaire. ♦ **ANT.** **1.** Retardé, tardif. **2.** Attentif, exact, juste, minutieux, scrupuleux, soigné.

HAUSSE ♦ **SYN.** Accroissement, *augmentation*, bond, boom, élévation, essor, flambée, inflation, majoration, montée, progression, redressement, relèvement, renchérissement, revalorisation, spirale, valorisation. ♦ **ANT.** Baisse, décroissance, décroissement, déflation, dépréciation, dépression, dévalorisation, dévaluation, diminution, effondrement, récession.

HAUSSER ♦ **SYN.** **1.** Exhausser, *surélever*. **2.** Dresser, hisser, lever, *monter*, porter haut, redresser, remonter. **3.** *Amplifier*, enfler *(voix)*, intensifier. **4.** Accroître, *augmenter*, élever, majorer, rehausser, relever, renchérir, revaloriser, valoriser.

5. Ennoblir, exalter, *grandir*. ▷ *V. pr.* **6.** Accéder, atteindre, *s'élever*, se hisser, parvenir. ♦ **ANT.** **1.** Abaisser, rabaisser. **2.** Abattre, baisser, descendre, pencher, renverser. **3.** Modérer, réduire. **4.** Décroître, dévaloriser, diminuer, s'effondrer. **5.** Avilir, déprécier. **6.** Déchoir, rétrograder.

HAUT ♦ **SYN.** ▷ *Nom* **1.** *Altitude*, cime, comble, élévation, faîte, hauteur, sommet. ▷ *Adj.* **2.** Dressé, élancé, *élevé*, grand, levé. **3.** Culminant, *dominant*, supérieur. **4.** Aigu, éclatant, *fort*, intense, perçant, retentissant, sonore, tonitruant, vif. **5.** Éminent, *important*, puissant, suprême. **6.** *Cher*, coûteux, exagéré, excessif, extrême. **7.** Beau, digne, édifiant, héroïque, noble, *remarquable*, sublime. **8.** *(Lieu, date)* Ancien, *éloigné*, reculé, vieux. ♦ **ANT.** **1.** Abîme, bas, base, fond, pied, socle. **2.** Abaissé, baissé, petit. **3.** Inférieur. **4.** Étouffé, faible, grave, imperceptible, léger. **5.** Humble, modeste, secondaire, subalterne. **6.** Abordable, minime, modéré, modique. **7.** Abject, ignoble, mesquin, trivial, vil, vilain. **8.** Bas, neuf, proche, récent.

HAUTAIN ♦ **SYN.** Altier, arrogant, condescendant, dédaigneux, distant, fier, glacial, impérieux, méprisant, *orgueilleux*, prétentieux, snob, superbe *(péj.)*. ♦ **ANT.** Affable, chaleureux, cordial, humble, modeste, obséquieux, simple, sociable.

HAUTEMENT ♦ **SYN.** **1.** Franchement, nettement, *ouvertement*. **2.** Fort, *fortement*, supérieurement, très. ♦ **ANT.** **1.** Discrètement, faiblement, timidement. **2.** Insuffisamment, médiocrement, moyennement, peu.

HAUTEUR ♦ **SYN.** **1.** Altitude, dimension, *grandeur*, haut, stature, taille. **2.** Colline, élévation, *éminence*, mont, monticule. **3.** Dignité, gabarit, *importance*, niveau, noblesse, rang, sublimité, supériorité. **4.** Arrogance, condescendance, dédain, fierté, mépris, morgue, *orgueil*, prétention, snobisme, superbe *(n., péj.)*. ♦ **ANT.** **1.** Bas, petitesse. **2.** Abîme, enfoncement, fond, pied, plaine. **3.** Bassesse, indignité, infériorité, médiocrité, vilenie. **4.** Affabilité, bonhomie, chaleur, cordialité, humilité, modestie, simplicité.

HAUT FONCTIONNAIRE ◇ v. **Fonctionnaire**

HAUT-LE-CŒUR ◇ v. **Écœurement**

HAUT-LE-CORPS ◇ v. **Tressaillement**

HÂVE ♦ SYN. **1.** Amaigri, anémique, décharné, émacié, *maigre*, squelettique. **2.** Blafard, *blême*, exsangue, livide, pâle. ♦ ANT. **1.** Gras, grassouillet, replet, rondelet. **2.** Coloré, frais, rougeaud, rubicond, vermeil.

HAVRE ♦ SYN. **1.** Bassin, *port*, rade. **2.** *(Fig.)* Abri, oasis, *refuge*.

HÉBERGER ♦ SYN. **1.** *(Logis)* Abriter, *loger*. **2.** *(Pays)* *Accueillir*, recevoir. ♦ ANT. **1.** Chasser, déloger. **2.** Exiler, expulser.

HÉBÉTÉ ♦ SYN. Abasourdi, abêti, abruti, ahuri, effondré, interdit, sidéré, *stupéfié*, stupide, troublé. ♦ ANT. Conscient, dégourdi, éveillé, lucide, ragaillardi, rasséréné, ravivé, stimulé.

HÉBÉTUDE ♦ SYN. Abrutissement, ahurissement, apathie, engourdissement, hébétement, *stupeur*, torpeur. ♦ ANT. Conscience, énergie, entrain, éveil, lucidité, sérénité, vigueur, vivacité.

HÉCATOMBE ♦ SYN. **1.** *(Animaux)* Immolation, *sacrifice*. **2.** *(Pers.)* Boucherie *(fig.)*, carnage, extermination, *massacre*, tuerie.

HÉGÉMONIE ◇ v. **Domination**

HÉLER ♦ SYN. *Appeler* (de loin), interpeller.

HÉMATOME ◇ v. **Contusion**

HÉMORRAGIE ♦ SYN. **1.** Écoulement, effusion, épanchement, *saignement*. **2.** *(Capitaux, vies humaines)* Exode, fuite, *perte*. ♦ ANT. **1.** Arrêt, interruption. **2.** Apport, gain, investissement.

HERBE ♦ SYN. **1.** *Gazon*, pelouse, verdure. **2.** *Herbage*, foin, pâturage, pâture, prairie, pré, savane. **3.** *Aromate*, assaisonnement. **4.** Graminées. **5.** *(Fam.)* Haschisch, *marijuana*. **6.** *(En herbe)* *Apprenti*, futur, novice. ♦ ANT. **6.** Chevronné, expert.

HERCULE ◇ v. **Colosse**

HERCULÉEN ♦ SYN. *Colossal*, cyclopéen, démesuré, énorme, fort, gigantesque, prodigieux, surhumain, titanesque. ♦ ANT. Faible, lilliputien, minuscule, moyen, nain, normal, petit.

HÉRÉDITAIRE ♦ SYN. **1.** Ancestral, atavique, congénital, *génétique*, inné. **2.** *(Dr.)* Successible, *transmissible*. **3.** Ancré, légendaire, traditionnel. ♦ ANT. **1.** Acquis. **2.** Intransmissible. **3.** Disparu, oublié, perdu.

HÉRÉDITÉ ♦ SYN. **1.** Atavisme, génotype, innéité, *transmission*. **2.** Antécédents, *ascendance*, famille, héritage (génétique), parenté, patrimoine (génétique), ressemblance, sang. **3.** *Héritage*, succession. ♦ ANT. **1.** Absence, acquis, manque. **2.** Différence, individualité, personnalité. **3.** Déshérence.

HÉRÉSIE ♦ SYN. **1.** Apostasie, erreur, fausseté, *hétérodoxie*, réforme, schisme, séparation. **2.** *Impiété*, incroyance, infidélité. **3.** Déviationnisme, *dissidence*, insoumission, révolte. **4.** Faute de goût, *inconvenance*, indélicatesse, inélégance, sacrilège *(fig.)*. ♦ ANT. **1.** Dogmatisme, intégrisme, orthodoxie. **2.** Croyance, ferveur, fidélité, piété. **3.** Conformisme, conservatisme, doctrine (officielle), ligne (de parti), traditionalisme. **4.** Bienséance, convenance.

HÉRÉTIQUE ♦ SYN. **1.** Apostat, hérésiarque, *hétérodoxe*, relaps, renégat, schismatique, scissionniste. **2.** *Impie*, incroyant, infidèle. **3.** Déviationniste, *dissident*, insoumis, révolté. ♦ ANT. **1.** Dogmatique, intégriste, orthodoxe. **2.** Chrétien, croyant, fervent, fidèle. **3.** Conformiste, conservateur, doctrinaire, traditionaliste.

HÉRISSÉ ♦ SYN. **1.** *Dressé*, ébouriffé, échevelé, hirsute, pointu, raide, rebroussé, relevé. **2.** *(Bot.)* Chargé, couvert, *épineux*, hispide, plein, rempli. **3.** Difficile, *hargneux*, revêche, rude, susceptible. ♦ ANT. **1.** Aplati, arrondi, frisé, lisse, mou, plat. **2.** Dépourvu, exempt, inerme. **3.** Aimable, amène, doux, facile, patient.

HÉRISSER ♦ SYN. ▷ *V. tr.* **1.** *Dresser*, horripiler, rebrousser, relever. **2.** Armer, entourer, garnir, *munir*, remplir. **3.** Embarrasser, exagérer, *surcharger*, truffer. **4.** Agacer, horripiler *(fig.)*, indisposer, *irriter*. ▷ V. *pr.* **5.** *(Poils)* Se dresser. **6.** Se crisper, *se fâcher*, s'irriter, se raidir. ♦ ANT. **1.** Aplatir, friser, lisser. **2.** Dégarnir, démunir. **3.** Débarrasser, enlever, simplifier. **4.** Charmer, plaire. **5.** S'aplatir. **6.** S'apaiser, se calmer, se détendre.

HÉRITAGE ♦ SYN. **1.** Bien, hérédité, hoirie, legs, *patrimoine*, propriété, succession. **2.** *(Héritage génétique)* Atavisme, *hérédité*, patrimoine (génétique). **3.** *(Héritage culturel)* Culture (ancestrale), enseignement, passé, *tradition*, transmission. ♦ ANT. **1.** Déshérence. **2.** Individualité, personnalité. **3.** Apport, nouveau, rupture.

HÉRITER ♦ SYN. **1.** Acquérir, échoir, *recevoir*, recueillir. **2.** *(Poste, fonction)* Relayer, remplacer, *succéder*. ♦ ANT. **2.** Déshériter, léguer, transmettre. **2.** Céder, confier.

HÉRITIER ♦ SYN. **1.** Acquéreur, ayant cause, bénéficiaire, enfant, fille, fils, légataire, *successeur*. **2.** *(Fig.)* *Continuateur*, dauphin, disciple, fils spirituel, successeur. ♦ ANT. **1.** Auteur, testateur. **2.** Devancier, initiateur, inspirateur, maître, précurseur, prédécesseur.

HERMÉTISME ◇ V. **Incompréhension**

HERMÉTIQUE ♦ SYN. **1.** Clos, *étanche*, fermé. **2.** Caché, ésotérique, *impénétrable*, inaccessible, incompréhensible, inexplicable, insaisissable, insondable, obscur, sibyllin. **3.** *Énigmatique*, inexpressif, mystérieux, secret. **4.** Fermé à, *insensible à*, réfractaire à. ♦ ANT. **1.** Béant, ouvert, perméable. **2.** Accessible, clair, compréhensible, évident, facile, lumineux, pénétrable, saisissable, simple. **3.** Communicatif, démonstratif, éloquent, expressif. **4.** Ouvert à, réceptif, sensible à.

HÉROÏQUE ♦ SYN. **1.** *Épique*, homérique, illustre, légendaire, mémorable. **2.** *Brave*, courageux, fort, hardi, impavide, intrépide, noble, preux, stoïque, vaillant, valeureux. ♦ ANT. **1.** Banal, commun, prosaïque, trivial. **2.** Bravache, froussard,

lâche, peureux, poltron, pusillanime, veule, vil.

HÉROÏSME ♦ SYN. **1.** *Bravoure*, courage, hardiesse, intrépidité, stoïcisme, vaillance. **2.** Abnégation, cœur, *dévouement*, empressement, sacrifice. **3.** *Grandeur*, noblesse, vertu. ♦ ANT. **1.** Lâcheté, pusillanimité, veulerie. **2.** Égoïsme, indifférence, insensibilité. **3.** Bassesse, mesquinerie, vilenie.

HÉROS ♦ SYN. **1.** *Demi-dieu*, démiurge. **2.** Brave, champion, géant, génie, glorieux, grand personnage, idole, *modèle*, surhomme, titan. **3.** Personnage principal, *protagoniste*. ♦ ANT. **1.** Être humain, mortels. **2.** Nullité, zéro. **3.** Figurant, personnage secondaire.

HÉSITANT ♦ SYN. **1.** Défaillant, frileux, incertain, *indécis*, irrésolu, perplexe, réticent, velléitaire. **2.** Branlant, *chancelant*, chevrotant *(voix)*, faible, tremblant, tremblotant. **3.** Confus, douteux, flottant, flou, *fluctuant*, imprécis, indéterminé, suspendu, vague. ♦ ANT. **1.** Catégorique, certain, convaincu, courageux, décidé, inflexible, résolu, tenace. **2.** Alerte, assuré, ferme, fixe, fort, solide, vigoureux. **3.** Clair, constant, déterminé, fixé, net, précis, sûr.

HÉSITATION ♦ SYN. Arrêt, atermoiements, attentisme, doute, embarras, fauxfuyants, flottement, incertitude, *indécision*, indétermination, irrésolution, lenteur, perplexité, résistance, réticence, scrupules, tâtonnements, tergiversations, vacillement. ♦ ANT. Aplomb, assurance, audace, décision, détermination, empressement, fermeté, franc-parler, résolution, ténacité, volonté.

HÉSITER ♦ SYN. **1.** Atermoyer, *attendre*, branler *(québ., fam.)*, se demander, s'interroger, reculer, reporter, retarder, tâtonner, temporiser, tergiverser, tortiller *(fam.)*. **2.** *Balancer*, chanceler, flotter, osciller, vaciller. **3.** Ânonner, balbutier, bégayer, *bredouiller*, chercher ses mots. ♦ ANT. **1.** Agir, choisir, décider, opter, se prononcer.

2. S'affermir, s'ancrer, se fixer. **3.** Articuler, exprimer clairement, prononcer clairement.

HÉTÉROCLITE ♦ SYN. 1. Composite, différent, *disparate*, dissemblable, divers, hétérogène. **2.** Bigarré, *mélangé*, mêlé, multiple, varié. **3.** Anormal, biscornu, *bizarre*, étrange, singulier. ♦ **ANT. 1.** Analogue, homogène, identique, même, pareil, semblable, similaire. **2.** Harmonieux, uni, uniforme, unique. **3.** Normal, ordinaire, simple.

HÉTÉRODOXE ♦ SYN. 1. *Hérétique*, schismatique, scissionniste. **2.** Anticonformiste, *dissident*, indépendant, marginal, non-conformiste, opposé. ♦ **ANT. 1.** Dogmatique, intégriste, orthodoxe. **2.** Conformiste, conservateur, doctrinaire, traditionaliste.

HÉTÉRODOXIE ◇ v. Hérésie
HÉTÉROGÈNE ◇ v. Hétéroclite
HÉTÉROGÉNÉITÉ ◇ v. Disparité

HEURE ♦ SYN. Actualité, circonstance, époque, ère, instant, moment, occasion, *temps*.

HEUREUSEMENT ♦ SYN. 1. Agréablement, avantageusement, bien, *favorablement*. **2.** Dieu merci, grâce à Dieu, grâce au ciel, miraculeusement, *par bonheur*, providentiellement. **3.** Adroitement, avec bonheur, *brillamment*, justement. ♦ **ANT. 1.** Mal, malencontreusement, tristement. **2.** Comble de malchance, hélas, malheureusement, par malheur. **3.** Banalement, gauchement, platement.

HEUREUX ♦ SYN. 1. Béat, bienheureux, charmé, comblé, *content*, enchanté, euphorique, gai, joyeux, radieux, ravi, rayonnant, satisfait, triomphant. **2.** Chanceux, *favorisé*, florissant, fortuné, prospère, veinard *(fam.)*. **3.** Avantageux, beau, bénéfique, bon, faste, favorable, opportun, *propice*. **4.** *(Esthétique)* Approprié, bien trouvé, brillant, harmonieux, juste, original, *réussi*. ♦ **ANT. 1.** Accablé, affligé, attristé, déçu, éprouvé, fâché, insatisfait, malheureux, mécontent, penaud, triste. **2.** Défavorisé, indigent, infortuné, malchanceux.

3. Affligeant, amer, déplorable, désastreux, désolant, douloureux, fâcheux, fatal, funeste, importun, inopportun, malencontreux, malvenu, néfaste, pénible. **4.** Banal, inapproprié, insignifiant, médiocre, raté, terne.

HEURT ♦ SYN. 1. Accrochage, à-coup, cahot, carambolage, *choc*, collision, coup, impact, percussion, saccade, secousse, soubresaut, tamponnement, télescopage. **2.** Accrochage *(fig.)*, antagonisme, collision *(fig.)*, conflit, dispute, *friction*, froissement, mésentente, opposition, querelle, tension. **3.** *(Esthétique)* **Contraste** (violent), hachure, heurté. ♦ **ANT. 1.** Évitement, manœuvre. **2.** Conciliation, détente, paix, réconciliation. **3.** Dégradé, fondu, harmonie, liaison.

HEURTER ♦ SYN. ▷ *V. tr.* **1.** Accrocher, caramboler, *cogner*, emboutir, frapper, percuter, rencontrer, tamponner, télescoper. **2.** *(Pers.)* Bousculer, brusquer, *renverser*. **3.** Atteindre, blesser, bouleverser, choquer, cingler *(fig.)*, contrarier, déplaire, froisser, mécontenter, offenser, *offusquer*, scandaliser, vexer. ▷ *V. pr.* **4.** *(Se heurter à, contre un obstacle)* Achopper, buter contre, *se cogner*, donner dans, trébucher contre (sur). **5.** *(Se heurter à une difficulté)* Buter sur, *trébucher sur*. **6.** S'entrechoquer. **7.** *S'affronter*, s'opposer. ♦ **ANT. 1-2.** Éviter, frôler. **3.** Charmer, consoler, contenter, ménager, plaire. **4.** Contourner, franchir, prendre garde à. **5.** Surmonter, vaincre. **6.** Se frôler. **7.** Pactiser, se réconcilier.

HIC ♦ SYN. *(Fam.)* Difficulté principale, écueil, nœud, *obstacle majeur*, os *(fam.)*, pépin *(fam.)*, pierre d'achoppement, point crucial. ♦ **ANT.** Broutille, futilité, rien.

HIDEUX ♦ SYN. 1. Affreux, atroce, horrible, *laid*, monstrueux, repoussant. **2.** Abject, *ignoble*, odieux, répugnant, vilain. ♦ **ANT. 1.** Attirant, beau, charmant, ravissant, superbe. **2.** Digne, élevé, noble, remarquable.

HIER ♦ SYN. 1. Jour précédent, *veille*. **2.** Dernièrement, naguère, *récemment*. ♦ **ANT. 1.** Demain, jour suivant, lendemain.

2. Anciennement, bientôt, prochainement.

HIÉRARCHIE ◆ SYN. **1.** Autorité, degré, échelon, fonction, grade, ordre, *organisation*, rang, subordination. **2.** Classement, classification, *échelle*, éventail, gamme, série, système. ◆ ANT. **1.** Anarchie, désordre, désorganisation, insubordination. **2.** Égalité, nivellement.

HILARANT ◇ v. Drôle

HILARITÉ ◇ v. Rire

HIRSUTE ◆ SYN. *(Barbe, cheveux)* Broussailleux, ébouriffé, échevelé, en bataille, hérissé, inculte, *négligé*, touffu, velu. ◆ ANT. Brossé, coiffé, peigné.

HISSER ◆ SYN. ▷ *V. tr.* **1.** Arborer, *élever*, guinder *(mât)*, hausser, lever. ▷ *V. pr.* **2.** *Grimper*, monter. **3.** *S'élever*, se hausser, parvenir. ◆ ANT. **1.** Abaisser, abattre. **2.** Descendre, tomber. **3.** Déchoir, rétrograder.

HISTOIRE ◆ SYN. ▷ *Sing. ou pl.* **1.** Chronologie, date, ère, *événements*, faits marquants, passé, période. **2.** *(Petite histoire)* *Anecdotes*, épisodes, petits faits, vie quotidienne. **3.** Annales, archives, autobiographie, bible, biographie, chroniques, fastes, hagiographie, mémoires, *récit*, relation, souvenirs, vie. **4.** *(Animaux, plantes)* Analyse, *description*, étude, observation. **5.** *Conte*, épopée, fable, geste, légende, mythe, odyssée, roman, saga. **6.** *Affaire*, aventure, incident, question. **7.** Blague, bon mot, farce, *plaisanterie*. **8.** *(Fig., péj.)* Air, chanson, couplet, disque, musique, refrain, *rengaine*, sérénade, scie. **9.** Action, déroulement, *intrigue*, scénario, trame. ▷ *Pl. surtout* **10.** Balivernes, bobards, fadaises, frime, *mensonges*, salades *(fam.)*. **11.** Complications, difficultés, embarras, *ennuis*.

HISTORIEN ◆ SYN. Annaliste, *auteur*, biographe, chroniqueur, chronologiste, hagiographe, historiographe, logographe, mémorialiste.

HISTORIQUE ◆ SYN. ▷ *Adj.* **1.** Authentique, certain, réel, véritable, *vrai*. **2.** Célèbre, connu, fameux, illustre, *marquant*, mémorable, remarquable. ▷ *Nom* **3.** Chronologie, description, *exposé*. ◆ ANT.

1. Faux, fictif, imaginaire, inventé, mythique. **2.** Anodin, inconnu, insignifiant, méconnu, oublié.

HOCHER ◆ SYN. **1.** *(Tête)* Bouger, branler, dodeliner, mouvoir, remuer, *secouer*. **2.** *(Haut en bas)* *Acquiescer*, approuver, confirmer. **3.** *(Droite à gauche)* Désapprouver, *nier*, refuser. ◆ ANT. **1.** Fixer. **2-3.** Feindre, masquer, se renfrogner, rester de glace.

HOCHET ◆ SYN. **1.** Jouet. **2.** Amusette, babiole, bagatelle, consolation, distraction, *futilité*, illusion. ◆ ANT. **2.** Nécessité, sérieux, utilité, vérité.

HOLOCAUSTE ◆ SYN. **1.** *Immolation*, sacrifice, victime. **2.** Extermination, *génocide*, massacre, tuerie. **3.** *(Majusc., peuple juif)* Shoah.

HOMÉLIE ◇ v. Sermon

HOMÉRIQUE ◆ SYN. **1.** *Épique*, héroïque, légendaire, mémorable. **2.** *(Rire)* *Bruyant*, inextinguible, olympien. ◆ ANT. **1.** Banal, trivial. **2.** Bref, étouffé, silencieux.

HOMICIDE ◆ SYN. ▷ *Nom* **1.** Assassinat, crime, exécution, *meurtre*. **2.** Assassin, criminel, *meurtrier*, tueur. ▷ *Adj.* **3.** *Meurtrier*, mortel. ◆ ANT. **1-2.** Proie *(fam.)*, victime. **3.** Innocent, inoffensif.

HOMMAGE ◆ SYN. **1.** Admiration, culte, dévouement, fidélité, gloire, grâce, *honneur*, respect, soumission, vénération. **2.** Dédicace, *don*, expression, gratitude, offrande, témoignage. **3.** *(Pl.)* Civilités, compliments, courbettes *(péj.)*, courtoisie, déférence, devoirs, égards, félicitations, *politesses*, respects, salutations. ◆ ANT. **1.** Affront, blâme, dédain, diffamation, irrespect, irrévérence, offense, sacrilège. **2.** Ingratitude, négligence, oubli. **3.** Brusquerie, grossièretés, impolitesses, incivilités, insultes.

HOMME ◆ SYN. **1.** Anthropoïde, *créature* (douée de raison), hominidé, hominien, homo sapiens. **2.** Espèce humaine, *humanité*, société. **3.** Être humain, *individu*, mortels, personne, quidam, type *(fam.)*. **4.** Garçon, gars *(fam.)*, mâle *(fam.)*, *monsieur*. **5.** *Amoureux*, compagnon (de vie), mari, mec *(fam.)*. **6.** Frère, *prochain*, semblable.

◆ ANT. 1-2. Animal, règne animal. 3. Dieu, immortels. 4. Dame, femelle *(fam.)*, femme, fille, madame. 5. Ami, collègue, connaissance. 6. Ennemi, loup, rival.

HOMOGÈNE ◆ SYN. 1. Analogue, identique, même, pareil, *semblable*, similaire. 2. Cohérent, harmonieux, régulier, uni, *uniforme*. ◆ ANT. 1. Composite, différent, disparate, dissemblable, divers, hétérogène, hybride. 2. Bigarré, mélangé, panaché, varié.

HOMOGÉNÉITÉ ◇ V. **Unité**

HOMOLOGATION ◆ SYN. Acceptation, approbation, attestation, confirmation, entérinement, enregistrement, ratification, reconnaissance (officielle), *validation*. ◆ ANT. Annulation, désapprobation, invalidation, rétractation.

HOMOLOGUE ◆ SYN. Analogue, comparable, concordant, conforme, correspondant, *équivalent*, identique, pareil, semblable, similaire. ◆ ANT. Différent, dissemblable, distinct.

HOMOLOGUER ◆ SYN. Approuver, autoriser, confirmer, enregistrer, entériner, ratifier, reconnaître (officiellement), sanctionner, *valider*. ◆ ANT. Abroger, annuler, condamner, désapprouver, invalider, révoquer.

HOMOSEXUEL ◆ SYN. 1. *Gai*, homophile, inverti, pédéraste, travesti. 2. *(Homosexuelle)* Gaie, *lesbienne*, sapho, travestie, tribade. ◆ ANT. 1. Hétérosexuel, homophobe. 2. Hétérosexuelle.

HONNÊTE ◆ SYN. 1. *(Pers.)* Brave, droit, fidèle, franc, inattaquable, incorruptible, *intègre*, irréprochable, juste, loyal, probe, scrupuleux, vertueux. 2. Avouable, beau, bienséant, bon, consciencieux, décent, digne, estimable, honorable, *louable*, moral. 3. Acceptable, convenable, correct, moyen, passable, *satisfaisant*, suffisant. ◆ ANT. 1. Corrompu, débauché, déloyal, hypocrite, infidèle, lâche, malhonnête, traître, vénal, véreux. 2. Condamnable, déshonnête, immoral, inavouable, inconvenant, incorrect, indécent, malséant, mauvais, obscène. 3. Inacceptable, infé-

rieur, insatisfaisant, insuffisant, médiocre, nul.

HONNÊTETÉ ◆ SYN. Bonne foi, conscience, correction, délicatesse, dignité, droiture, fidélité, franchise, incorruptibilité, *intégrité*, justice, loyauté, moralité, probité, scrupule, sincérité, vertu. ◆ ANT. Corruption, déloyauté, dépravation, déprédation, hypocrisie, immoralité, improbité, infidélité, lâcheté, malhonnêteté, mauvaise foi, mensonge, traîtrise, vénalité.

HONNEUR ◆ SYN. 1. Considération, dignité, éloge, estime, fierté, gloire, mérite, réputation, *respect*. 2. Admiration, culte, louange, *vénération*. 3. *Faveur*, grâce, prérogative, privilège. 4. *(Pl.)* Apothéose, couronnement, dignités, *distinctions*, égards, grandeurs, hommages, ovation, pinacle, titres, triomphe. ◆ ANT. 1. Avilissement, déshonneur, discrédit, flétrissure, honte, ignominie, infamie, mésestime, opprobre. 2. Blasphème, haine, mépris, outrage. 3. Défaveur, préjudice, tort. 4. Déchéance, destitution, disgrâce, humiliation, réprobation.

HONNIR ◆ SYN. Abhorrer, avilir, bannir, blâmer, conspuer, flétrir, lapider *(fig.)*, *mépriser*, rejeter, vilipender, vomir *(fig.)*. ◆ ANT. Acclamer, approuver, encenser, glorifier, honorer, louer, vénérer.

HONORABLE ◆ SYN. 1. *(Pers.)* Digne, *estimable*, probe, respectable, vénérable. 2. Beau, bon, honnête, *louable*. 3. Acceptable, *convenable*, correct, moyen, satisfaisant, suffisant. ◆ ANT. 1. Déchu, déshonoré. 2. Avilissant, déshonorant, honteux, infamant. 3. Inacceptable, insatisfaisant, insuffisant.

HONORAIRES ◆ SYN. *(Profession libérale)* Appointements, *émoluments*, rémunération, rétribution, traitement, vacations.

HONORER ◆ SYN. ▷ V. tr. 1. Adorer, célébrer, déifier, encenser, estimer, exalter, glorifier, magnifier, *respecter*, révérer, saluer, sanctifier, vénérer. 2. *(Amitié)* Accorder, donner, *gratifier*. 3. Enrichir, ravir, *valoriser*. ▷ V. pr. 4. S'enorgueillir, se flatter, *se glorifier*, se piquer, se prévaloir, se targuer, se vanter. ✦ ANT. 1. Abaisser, anathémiser, avilir, blasphémer, calomnier, déshonorer, diffamer, flétrir, mépriser, offenser, outrager, rabaisser, vilipender. 2. Priver, refuser. 3. Attrister, désoler, dévaloriser. 4. Se discréditer, faire peu de cas de.

HONTE ✦ SYN. 1. Abjection, avilissement, bassesse, dégradation, *déshonneur*, flétrissure, humiliation, ignominie, indignité, infamie, laideur, opprobre, turpitude, vilenie. 2. *Regret*, remords, repentir. 3. Confusion, embarras, *gêne*, pudeur, réserve, retenue, scrupule, timidité, vergogne. 4. Choc, émotion, étonnement, *scandale*. ✦ ANT. 1. Estime, fierté, gloire, honneur. 2. Consolation, impénitence. 3. Audace, effronterie, étalage, faste, impudence. 4. Approbation, indifférence.

HONTEUX ✦ SYN. 1. *(Ch.)* Abject, avilissant, bas, dégoûtant, dégradant, *déshonorant*, ignoble, ignominieux, immoral, inavouable, infamant, infâme, méprisable, scandaleux, vil. 2. *(Pers.)* Confus, consterné, craintif, déconfit, dépité, embarrassé, *gêné*, penaud, réservé, timide. ✦ ANT. 1. Avouable, bon, digne, édifiant, fameux, glorieux, honorable, insigne, louable, magnanime, méritant, respectable. 2. Audacieux, effronté, fier, impertinent, impudent, orgueilleux.

HOOLIGAN ◇ v. Vandale

HÔPITAL ✦ SYN. *Centre hospitalier*, clinique, dispensaire, hôtel-Dieu, infirmerie, maison de santé, maternité, préventorium, sanatorium.

HORAIRE ✦ SYN. Calendrier, échéancier, menu *(fam.)*, ordre du jour *(réunion)*, planification, planning, *programme*.

HORDE ✦ SYN. 1. *(Nomades)* *Tribu*, troupe. 2. *(Pers., sans discipline)* *Bande*, cohorte, cohue, foule, groupe, meute. 3. *(Animaux sauvages)* Meute, *troupeau*.

HORIZON ✦ SYN. 1. Distance, étendue, loin, lointain, paysage, *vue*. 2. *(Pl. surtout)* Avenir, champs d'action, débouchés, *perspectives*.

HORIZONTAL ✦ SYN. 1. *Plan*, plat. 2. De même niveau, *égal*. 3. Allongé, *couché*, étalé. ✦ ANT. 1. Droit, vertical. 2. Inégal, inférieur, supérieur. 3. Debout, dressé, levé.

HORLOGE ✦ SYN. 1. *Cadran*, cartel, chronomètre, comtoise, coucou, pendule, radio-réveil, régulateur (d'horloger), réveil, réveille-matin, sablier. 2. Machine, *mécanisme*.

HORMIS ◇ v. Excepté

HORREUR ✦ SYN. ▷ *Sing.* 1. *Effroi*, épouvante, peur, répulsion, saisissement. 2. Abomination, aversion, dégoût, détestation, exécration, haine, phobie, *répugnance*. 3. Abjection, crime, cruauté, *infamie*, laideur, noirceur. ▷ *Pl.* 4. Affres, *atrocités*, crimes, monstruosités. 5. *Calomnies*, insultes, vilenies. 6. Cochonneries *(fam.)*, grossièretés, *obscénités*. ✦ ANT. 1. Assurance, courage, quiétude, sécurité. 2. Attrait, charme, enchantement, fascination. 3. Beauté, bienfait, noblesse, secours. 4. Bonté, douceur, humanité. 5. Compliments, louanges. 6. Bienséance, convenance, distinction.

HORRIBLE ✦ SYN. 1. Abominable, *affreux*, atroce, détestable, effrayant, effroyable, épouvantable, exécrable, hideux, infâme, infect, laid, mauvais, monstrueux, répugnant, révoltant. 2. Excessif, extraordinaire, extrême, indescriptible, *intolérable*, terrible. ✦ ANT. 1. Agréable, attrayant, beau, charmant, doux, joli, merveilleux, noble. 2. Modéré, moyen, normal, ordinaire, tolérable.

HORRIPILER ✦ SYN. Agacer, énerver, *exaspérer*, excéder, hérisser, impatienter, importuner, indisposer, irriter, mettre hors de soi. ✦ ANT. Adoucir, apaiser, calmer, charmer, plaire, rasséréner, tranquilliser.

HORS-D'ŒUVRE ✦ SYN. *Amuse-bouche*, amuse-gueule, antipasti, canapé, mezze, tapas, zakouski.

HOSPITALIER ✦ SYN. 1. *Accueillant*, affable, bienveillant, charitable, convivial, cordial, empressé, généreux, ouvert, recevant *(québ.)*. 2. *(Milieu, terrain)* *Abordable*,

accessible, agréable, familier, plaisant.
◆ ANT. 1. Froid, glacial, hostile, inhospitalier, malveillant. 2. Farouche, ingrat, rude, sauvage.

HOSPITALITÉ ◆ SYN. 1. Abri, asile, hébergement, logement, protection, *refuge*. 2. *Accueil*, affabilité, convivialité, réception. ◆ ANT. 1. Abandon, solitude. 2. Expulsion, hostilité, renvoi.

HOSTILE ◆ SYN. 1. Adverse, antagonique, antagoniste, contraire, défavorable, *ennemi*, opposé, rival. 2. Agressif, antipathique, désobligeant, froid, glacé, *inamical*, malveillant. 3. *(Milieu, terrain)* Farouche, ingrat, *inhospitalier*, rude, sauvage. ◆ ANT. 1. Allié, ami, favorable, partisan. 2. Accueillant, amical, chaleureux, convivial, cordial, doux, invitant, sympathique. 3. Accessible, agréable, familier, hospitalier, plaisant.

HOSTILITÉ ◆ SYN. 1. Agressivité, animosité, antipathie, aversion, désaccord, haine, *inimitié*, malveillance, opposition, ostracisme, ressentiment, tension. 2. *(Pl.)* Combat, conflit, *guerre*, lutte armée, opérations militaires. ◆ ANT. 1. Amitié, appui, bienveillance, cordialité, détente, douceur, entente, fraternité, sympathie. 2. Armistice, cessez-le-feu, trêve.

HÔTE ◆ SYN. 1. *(Hôte, hôtesse: qui reçoit)* Amphitryon, *maître de maison*, maîtresse de maison. 2. *(Un, une hôte: qui est reçu)* Commensal, convive, *invité*. 3. Client *(hôtel)*, locataire, occupant, pensionnaire, *visiteur*.

HÔTEL ◆ SYN. 1. Auberge, *hôtellerie*, motel, palace, pension. 2. Édifice, *établissement* (public), immeuble.

HOULE ◆ SYN. 1. Flot, onde, *ondulation*, ressac, roulis, tangage, vagues. 2. *Agitation*, circulation, mouvement, remous, remuement. ◆ ANT. 1. Calme, immobilité. 2. Paix, tranquillité.

HOULEUX ◆ SYN. 1. *Agité*, déchaîné, démonté. 2. *Mouvementé*, orageux, troublé, tumultueux. ◆ ANT. 1. Calme, immobile. 2. Discipliné, ordonné, paisible, serein, tranquille.

HOURRA ◇ V. **Acclamation**

HOUSPILLER ◇ V. **Réprimander**

HOUSSE ◆ SYN. *Enveloppe*, étui, gaine.

HUÉES ◆ SYN. Bruits, *chahut*, charivari, cris, sifflets, tollé. ◆ ANT. Acclamations, applaudissements, bravos, hourras, ovation, vivats.

HUER ◆ SYN. ▷ *V. tr.* 1. *Chahuter*, conspuer, désapprouver, siffler. ▷ *V. intr.* 2. *(Chouette, hibou)* Hululer. ◆ ANT. 1. Acclamer, applaudir, approuver, ovationner, saluer.

HUILER ◆ SYN. 1. Frotter, graisser, *lubrifier*, oindre. 2. Assaisonner, *badigeonner*. ◆ ANT. 1. Assécher, dégraisser.

HUMAIN ◆ SYN. ▷ *Nom* 1. Femme, gens, homme, *humanité*, personne. ▷ *Adj.* 2. Bienfaisant, bienveillant, bon, charitable, clément, compatissant, compréhensif, doux, *généreux*, humanitaire, indulgent, philanthrope, secourable, sensible. 3. *(Défaut)* Compréhensible, *excusable*. ◆ ANT. 1. Dieu, divinité. 2. Barbare, brutal, cruel, dur, égoïste, impitoyable, inhumain, insensible, insociable, méchant, rude, violent. 3. Inexcusable.

HUMANISER ◆ SYN. Adoucir, apprivoiser, *civiliser*, éduquer, policer, polir *(fig.)*, raffiner. ◆ ANT. Abêtir, abrutir, crétiniser, déshumaniser.

HUMANITAIRE ◆ SYN. 1. Altruiste, charitable, fraternel, généreux, *humain*, philanthrope, philanthropique, solidaire. 2. *(Péj.)* Humanitariste, *utopiste*. ◆ ANT. 1. Cruel, égoïste, inhumain, misanthrope. 2. Réaliste.

HUMANITÉ ◆ SYN. 1. Civilisation, êtres humains, *genre humain*. 2. Bienfaisance, bienveillance, bonté, charité, clémence, compassion, douceur, *générosité*, indulgence, philanthropie, sensibilité, solidarité. ◆ ANT. 1. Divinités. 2. Barbarie, brutalité, cruauté, dureté, égoïsme, inhumanité, méchanceté, rudesse, tyrannie, violence.

HUMBLE ◆ SYN. 1. Effacé, *modeste*, simple. 2. *(Origine)* Obscur, *pauvre*, petit. 3. Embarrassé, *timide*. 4. Obséquieux, servile, *soumis*. ◆ ANT. 1. Fier, orgueilleux.

2. Célèbre, grand, riche. **3.** Assuré, hardi. **4.** Insoumis, libre, noble.

HUMECTER ♦ SYN. ▷ *V. tr.* **1.** Asperger, arroser, hydrater, humidifier, imbiber, imprégner, *mouiller*, tremper. ▷ *V. pr.* **2.** *(Yeux)* *S'embuer*, se voiler. ♦ ANT. **1.** Assécher, éponger, essorer, essuyer, sécher. **2.** Sécher, tarir.

HUMER ♦ SYN. Aspirer, flairer, inhaler, inspirer, renifler, respirer, *sentir*, subodorer. ♦ ANT. Dégager, exhaler, expectorer, expirer, rejeter.

HUMEUR ♦ SYN. **1.** Attitude, *caractère*, naturel, tempérament. **2.** *Disposition*, envie, état d'âme, état d'esprit, goût, penchant, tendance. **3.** Caprice, fantaisie, *impulsion*. ♦ ANT. **3.** Raison, volonté.

HUMIDE ♦ SYN. **1.** Détrempé, embrumé, embué, humecté, *mouillé*, trempé. **2.** *(Peau)* En sueur, *moite*. ♦ ANT. **1.** Aride, asséché. **2.** Sec.

HUMILIANT ♦ SYN. *Abaissant*, avilissant, blessant, dégradant, déshonorant, honteux, insultant, mortifiant, offensant, vexant. ♦ ANT. Exaltant, flatteur, glorieux, noble, valorisant.

HUMILIATION ♦ SYN. **1.** *Abaissement*, avilissement, confusion, dégradation, déshonneur, honte, infériorité, mortification. **2.** *Affront*, avanie, blessure, camouflet, gifle, opprobre, outrage, rebuffade, vexation. ♦ ANT. **1.** Amour-propre, exaltation, fierté, gloire, honneur, orgueil. **2.** Compliments, félicitations, hommage, louange.

HUMILIER ♦ SYN. ▷ *V. tr.* **1.** *Abaisser*, accabler, avilir, confondre, dégrader, déshonorer, écraser, mater, mortifier, offenser, rabaisser, ravaler, vexer. ▷ *V. pr.* **2.** *S'abaisser*, s'agenouiller, s'aplatir *(fam.)*, s'avilir, courber l'échine, fléchir, plier, ployer le genou, se prosterner, ramper. ♦ ANT. **1.** Exalter, féliciter, glorifier, honorer, louer, vanter. **2.** Se dresser contre, s'élever contre, se faire valoir, se glorifier, se vanter.

HUMILITÉ ♦ SYN. **1.** Componction, *modestie*, simplicité. **2.** Embarras, *timidité*. **3.** Obséquiosité, servilité, *soumission*.

♦ ANT. **1.** Amour-propre, fierté, orgueil. **2.** Assurance, hardiesse. **3.** Insoumission, liberté, noblesse.

HUMORISTE ♦ SYN. Amuseur, caricaturiste, *comique*, fantaisiste, imitateur, monologuiste *(québ.)*.

HUMORISTIQUE ♦ SYN. Amusant, *comique*, drôle, ironique, spirituel. ♦ ANT. Ennuyeux, fade, sérieux, triste.

HUMOUR ♦ SYN. **1.** *Esprit*, fantaisie, gaieté, ironie, plaisanterie, rigolade *(fam.)*, rire, sel, trait d'esprit, verve. **2.** *(Situation)* Bizarrerie, cocasserie, drôlerie, *comique* *(n.)*, piquant. ♦ ANT. **1-2.** Banalité, ennui, ineptie, platitude, sérieux.

HURLEMENT ◊ v. Cri

HURLER ◊ v. Crier

HURLUBERLU ♦ SYN. Bizarre, écervelé, étourdi, extravagant, *farfelu*, loufoque. ♦ ANT. Posé, réfléchi, sage, sérieux.

HUTTE ◊ v. Cabane

HYGIÈNE ♦ SYN. Assainissement, désinfection, diététique, prophylaxie, propreté, régime, salubrité, *santé*, soin.

HYMNE ♦ SYN. **1.** *(Masc.)* *Chant*, choral, poème. **2.** *(Fém.)* *Cantique*, psaume.

HYPERBOLE ♦ SYN. Emphase, *exagération*, outrance. ♦ ANT. Litote, mesure.

HYPOCRISIE ♦ SYN. **1.** Affectation, déloyauté, dissimulation, duplicité, fausseté, *fourberie*, mauvaise foi, perfidie, rouerie. **2.** Bigoterie, bondieuserie, pharisaïsme, *tartuferie*. **3.** Comédie, feinte, mensonge, pantalonnade, simagrées, simulation, *tromperie*. ♦ ANT. **1.** Candeur, droiture, franchise, loyauté, sincérité, véracité. **2.** Dévotion, piété, pudeur, vertu. **3.** Authenticité, naturel, simplicité, spontanéité, vérité.

HYPOCRITE ♦ SYN. ▷ *Nom* **1.** Comédien, dissimulateur, *fourbe*, imposteur. **2.** Bigot, cagot, pharisien, sainte nitouche, *tartufe*. ▷ *Adj.* **3.** Artificieux, cauteleux, déloyal, dissimulé, double, menteur, retors, roué, *sournois*. **4.** *Affecté*, fallacieux, faux, mielleux, patelin. ♦ ANT. **1.** Personne franche, loyale. **2.** Dévoué, pieux, pudique, vertueux. **3.** Cordial, franc, loyal, ouvert, sincère. **4.** Authentique, naturel, simple, spontané, vrai.

HYPOTHÈQUE ◆ SYN. **1.** Gage, *garantie*, privilège. **2.** *Dette*, emprunt. **3.** *(Relations)* Accroc, difficulté, empêchement, *obstacle*. ◆ ANT. **2.** Acquittement, remboursement. **3.** Accomplissement, levée (de l'hypothèque).

HYPOTHÉQUÉ ◆ SYN. **1.** *Garanti*, grevé. **2.** Engagé, *lié*. **3.** *Compromis*, dans l'embarras, mal en point. ◆ ANT. **1.** Dégrevé, quitte. **2.** Dégagé, libéré. **3.** À l'aise, assuré.

HYPOTHÈSE ◆ SYN. **1.** Axiome, convention, *postulat*. **2.** Conjecture, éventualité, possibilité, présomption, probabilité, *supposition*, supputation, système, théorie. ◆ ANT. **1.** Conclusion. **2.** Certitude, évidence, preuve, réalité.

HYPOTHÉTIQUE ◆ SYN. Aléatoire, casuel, conditionnel, conjectural, contingent, douteux, éventuel, imaginé, *incertain*, possible, présumé, problématique, supposé. ◆ ANT. Absolu, catégorique, certain, effectif, évident, formel, inconditionnel, indubitable, manifeste, sûr.

HYSTÉRIE ◇ v. Délire

HYSTÉRIQUE ◇ v. Délirant

I

ICI ◆ SYN. **1.** À cet endroit, céans, *dans ce lieu*. **2.** Actuellement, en ce moment, *maintenant*. ◆ ANT. **1.** Ailleurs, là, là-bas. **2.** À l'avenir, anciennement, autrefois, demain, jadis.

IDÉAL ◆ SYN. ▷ *Adj.* **1.** Abstrait, imaginaire, *théorique*. **2.** Absolu, accompli, idyllique, merveilleux, optimal, paradisiaque, *parfait*, pur, rêvé, romantique, souverain, sublime, suprême, utopique. ▷ *Nom* **3.** Canon, image d'Épinal, *modèle*, moulin à vent *(péj.)*, parangon *(pers.)*, rêve, utopie. **4.** Ambition, *aspiration*, attente, but, désir, espoir, projet, quête, souhait, visées, vœu, vues. ◆ ANT. **1.** Matériel, réel. **2.** Imparfait, inférieur, médiocre, ordinaire, prosaïque, relatif, terre-à-terre. **3.** Banalité, objectivité, prosaïsme, réalité. **4.** Déception, insouciance, je-m'en-fichisme, je-m'en-foutisme, pessimisme.

IDÉALISER ◆ SYN. Diviniser, *embellir*, ennoblir, enjoliver, esthétiser, exalter, flatter, magnifier, mettre sur un piédestal, poétiser, porter au pinacle, sublimer. ◆ ANT. Avilir, déboulonner, déprécier, diminuer, enlaidir, rabaisser, traîner dans la boue.

IDÉALISME ◆ SYN. Donquichottisme, illusion, optimisme, rêve, *utopie*. ◆ ANT. Pessimisme, pragmatisme, réalisme.

IDÉALISTE ◆ SYN. ▷ *Adj.* **1.** Chimérique, imaginaire, irréaliste, optimiste, platonique, romantique, rose, *utopique*. ▷ *Nom* **2.** *(Souvent péj.)* Don Quichotte, idéologue, illuminé, méditatif, penseur, poète, rêveur, songe-creux, *utopiste*, visionnaire. ◆ ANT. **1.** Concret, matérialiste, pessimiste, pratique, réaliste, terre-à-terre. **2.** Pragmatique, réaliste.

IDÉE ◆ SYN. ▷ *Sing. ou pl.* **1.** *(Plan mental)* Abstraction, archétype, concept, connaissance, image, notion, opinion, pensée, perspective, réflexion, *représentation*, symbole, vue. **2.** *(Plan physique)* Aperçu, avant-goût, échantillon, esquisse, *exemple*. **3.** Dessein, donnée, ébauche, esquisse, plan, projet, sujet, *thème*. **4.** Créativité, imagination, *inspiration*, inventivité. **5.** Apparence, *chimère*, fantaisie, fantôme, invention, rêve, rêverie, vision. ▷ *Pl.* **6.** Conception, doctrine, idéologie, philosophie, système, *théorie*, thèse. **7.** Croyances, impressions, jugements, *opinions*, pensées, point de vue, position, sentiments. ◆ ANT. **1.** Concret, matière, objet, réalité. **2.** Exactitude, vérité. **3.** Exécution, réalisation. **4.** Banalité, insignifiance, léthargie. **5.** Certitude, existence, fait, réalisme. **6.** Application, empirisme, expérience, expérimentation, pragmatisme, pratique. **7.** Neutralité, objectivité.

IDENTIFIER ◆ SYN. ▷ *V. tr.* **1.** *Assimiler*, confondre, relier. **2.** Déterminer, nommer, *reconnaître*. ▷ *V. pr.* **3.** Se confondre, se mettre à la place, se mettre dans la peau, *se reconnaître*, ressembler à. ◆ ANT. **1.** Différencier, distinguer, séparer. **2.** Confondre, ignorer, mêler. **3.** Se démarquer, se distinguer.

IDENTIQUE ◆ SYN. **1.** *Pareil*, semblable, similaire, uniforme. **2.** Fixe, *inchangé*, invariable, le même, stable. **3.** Égal, *équivalent*, synonyme. **4.** *(Pers.)* Alter ego, âme sœur, clone, *double*, doublure, jumeau *(fig.)*, sosie. ◆ ANT. **1.** Autre, différent, dissemblable, distinct. **2.** Changé, instable, variable. **3.** Antonyme, contraire, opposé. **4.** Un, unique.

IDENTITÉ ◆ SYN. **1.** Ressemblance, *similitude*, uniformité. **2.** Accord, coïncidence, *communauté*, lien, parenté. **3.** Consubstantialité *(relig.)*, indivisibilité, *unité*. **4.** Caractère (propre), *individualité*, moi, personnalité, personne. **5.** *Nom*, patronyme, prénom. ◆ ANT. **1.** Différence, dissemblance. **2.** Divergence, incompatibilité, opposition. **3.** Divisibilité, dualité, trinité *(relig.)*. **4.** Altérité, autre, autrui. **5.** Anonymat, inconnu, sans nom.

IDÉOLOGIE ◆ SYN. **1.** Croyance, école de pensée, idées, manière de penser, mentalité, philosophie, *système*, vision du monde. **2.** *(Péj.)* Discussions (stériles), divagations, *élucubrations*, fumée, futilités, idées creuses, idées folles, spéculation, vaticination. ◆ ANT. **1.** Courte vue, incohérence, irrationalité, sectarisme, subjectivité, superstition. **2.** Clarté, cohérence, limpidité, précision, rationalité, réalisme, sérieux.

IDIOME ◆ SYN. **1.** Langue. **2.** *Dialecte*, parler, parlure *(québ.)*, patois. **3.** Expression propre, idiotisme, *locution idiomatique*, particularité.

IDIOT ◆ SYN. **1.** *Arriéré*, dérangé, déséquilibré, innocent, simple d'esprit. **2.** Bête, crétin, demeuré, imbécile, inintelligent, niais, sot, *stupide*, taré *(fam.)*. **3.** Aberrant, *absurde*, illogique, incohérent, inepte, insensé, ridicule, saugrenu. **4.** Bravache, *fanfaron*, malin, mariolle, matamore. ◆ ANT. **1.** Équilibré, lucide, sain d'esprit. **2.** Fin, futé, intelligent, perspicace, sage, spirituel. **3.** Cohérent, judicieux, logique, sage, sensé, sérieux. **4.** Craintif, humble, réservé, timide, timoré.

IDIOTIE ◇ v. Stupidité

IDIOTISME ◇ v. Idiome

IDOLÂTRE ◆ SYN. **1.** Animiste, *fétichiste*, iconolâtre, païen. **2.** Admiratif, adorateur, *fanatique*, fervent, fou, passionné. ◆ ANT. **1.** Chrétien, déiste, iconoclaste. **2.** Dénigreur, modéré, sceptique, tiède.

IDOLÂTRER ◇ v. Adorer

IDOLÂTRIE ◆ SYN. **1.** Animisme, *fétichisme*, iconolâtrie, paganisme, totémisme.

2. Admiration, adoration, *culte*, fanatisme, ferveur, folie, passion. ◆ ANT. **1.** Christianisme, déisme. **2.** Dénigrement, haine, horreur, indifférence, mépris.

IDOLE ◆ SYN. **1.** Dieu, divinité, *fétiche*, image, objet de culte, représentation, statue, statuette, totem, veau d'or. **2.** Amulette, fétiche, grigri, *porte-bonheur*. **3.** *Célébrité*, coqueluche *(fam.)*, étoile, héros, modèle, vedette. ◆ ANT. **1.** Âme, esprit. **2.** Malédiction, oiseau de malheur, portemalheur. **3.** Parfait inconnu.

IDYLLE ◆ SYN. **1.** Bucolique, églogue, pastorale, *poème* (champêtre). **2.** *Amourette*, aventure, béguin *(fam.)*, caprice, coup de foudre, fantaisie, flirt, liaison, passade, toquade *(fam.)*. **3.** *(Relations)* Beau fixe, concorde, *entente*, harmonie, paix, tranquillité ◆ ANT. **1.** Épopée. **2.** Amour stable, fidélité, longue vie ensemble. **3.** Brouille, discorde, mésentente, orage.

IDYLLIQUE ◆ SYN. **1.** *Bucolique*, champêtre, paisible, pastoral, rustique, simple, tranquille. **2.** Céleste, enchanteur, féerique, idéal, merveilleux, *paradisiaque*, parfait. ◆ ANT. **1.** Agité, compliqué, tourmenté. **2.** Infernal, insupportable.

IGNARE ◇ v. Ignorant

IGNOBLE ◆ SYN. **1.** *Abject*, avilissant, bas, crapuleux, déshonorant, honteux, ignominieux, immonde, inavouable, indigne, infâme, innommable, inqualifiable, lâche, odieux, ordurier, sordide, turpide, vil. **2.** *Affreux*, dégoûtant, déplaisant, grossier, hideux, horrible, immonde, infect, laid, répugnant, sale. ◆ ANT. **1.** Distingué, éminent, grand, noble, poli, relevé, remarquable, supérieur. **2.** Agréable, attirant, attrayant, beau, propre, pur, splendide.

IGNOMINIE ◆ SYN. **1.** Abjection, bassesse, dégradation, déshonneur, flétrissure, honte, horreur, *infamie*, laideur, turpitude, vilenie. **2.** Affront, injure, insulte, opprobre, *outrage*. ◆ ANT. **1.** Considération, dignité, distinction, gloire, grandeur, honneur, noblesse, respect. **2.** Compliment, félicitations, politesse, réparation.

IGNOMINIEUX ♦ SYN. Abject, avilissant, bas, flétrissant, honteux, ignoble, indigne, infamant, *infâme*, méprisable, odieux, vil. ♦ ANT. Digne, distingué, édifiant, élevé, estimable, glorieux, honorable, méritant, noble, respectable.

IGNORANCE ♦ SYN. 1. Analphabétisme, illettrisme, inculture, *méconnaissance*. 2. Impéritie, impuissance, incapacité, *incompétence*, inexpérience, inhabileté, insuffisance, lacunes, naïveté, nullité. 3. Abrutissement, ânerie, *bêtise*, crétinisme, sottise, stupidité. 4. Étroitesse d'esprit, intolérance, *obscurantisme*. ♦ ANT. 1. Alphabétisme, connaissance, culture, érudition, instruction, savoir, science. 2. Capacité, compétence, expérience, habileté, puissance. 3. Curiosité, finesse, intelligence, subtilité. 4. Liberté, lumières, ouverture d'esprit.

IGNORANT ♦ SYN. 1. Analphabète, béotien, *ignare*, illettré, inculte. 2. Incapable, *incompétent*, inexpérimenté, ingénu, inhabile, novice. 3. Abruti, bête, *crétin*, stupide. ♦ ANT. 1. Averti, connaisseur, cultivé, docte, éclairé, érudit, ferré, fort en, instruit, lettré, renseigné, savant, versé. 2. Capable, compétent, doué, expérimenté, habile. 3. Fin, intelligent, subtil.

IGNORER ♦ SYN. 1. *Méconnaître*, ne pas savoir. 2. *Bouder*, éviter, fuir, négliger. 3. Dédaigner, se désintéresser de, discréditer, faire fi de, *mépriser*, se moquer de, prendre de haut, se rire de. ♦ ANT. 1. Connaître, savoir. 2. Reconnaître, rencontrer, renouer avec, voir. 3. Apprécier, considérer, estimer, honorer, s'intéresser à, louer, respecter, tenir compte de, vanter.

ILLÉGITIME ♦ SYN. 1. Coupable, *illégal*, illicite, immoral, irrégulier. 2. *(Crainte)* Déraisonnable, exagéré, infondé, *injustifié*. 3. *(Enfant)* Adultérin, bâtard *(fam.)*, *naturel*. ♦ ANT. 1. Autorisé, légal, légitime, licite, moral, permis, régulier. 2. Fondé, justifié, raisonnable, véritable. 3. Adopté, reconnu.

ILLETTRÉ ◊ V. **Analphabète**

ILLICITE ♦ SYN. 1. Coupable, *défendu*, délictuel, délictueux *(dr.)*, frauduleux, illégal, illégitime, interdit, irrégulier, prohibé. 2. *(Activité, commerce)* Caché, *clandestin*, interlope, occulte, pirate, souterrain. ♦ ANT. 1. Autorisé, légal, licite, permis, régulier. 2. Au grand jour, officiel, public.

ILLICO ◊ V. **Immédiatement**

ILLIMITÉ ♦ SYN. 1. Considérable, démesuré, gigantesque, grand, immense, incalculable, incommensurable, *infini*, sans bornes. 2. *(Durée)* *Indéfini*, indéterminé. 3. *(Pouvoir)* Absolu, arbitraire, *discrétionnaire*. ♦ ANT. 1. Borné, contenu, fini, limité, mesuré. 2. Défini, déterminé. 3. Étroit, restreint, strict.

ILLISIBLE ♦ SYN. 1. Incompréhensible, *indéchiffrable*, inintelligible. 2. Ennuyeux, indigeste, inintéressant, *insupportable*. ♦ ANT. 1. Compréhensible, déchiffrable, lisible. 2. Agréable, captivant, digeste, intéressant.

ILLOGIQUE ♦ SYN. Aberrant, absurde, alogique, déraisonnable, extravagant, faux, *incohérent*, inconséquent, inconsistant, insensé, irrationnel, paradoxal, stupide. ♦ ANT. Cohérent, conséquent, consistant, judicieux, juste, logique, raisonnable, réfléchi, sensé, sérieux, vrai.

ILLOGISME ◊ V. **Non-sens**

ILLUMINATION ♦ SYN. 1. *Éclairage*, éclat, lumière, rayonnement. 2. Découverte, éclair, flash, idée soudaine, *inspiration*, trait de génie, trouvaille. 3. *(Relig.)* Apparition, *révélation*. ♦ ANT. 1. Noirceur *(québ.)*, obscurité. 2. Banalité, insignifiance, léthargie, torpeur. 3. Ignorance, ténèbres.

ILLUMINÉ ♦ SYN. 1. *Éclairé*, embrasé. 2. Inspiré, *mystique*, visionnaire. 3. Chimérique, exalté, extravagant, fanatique, farfelu, fou, *halluciné*, insensé, rêveur. ♦ ANT. 1. Éteint, sombre. 2. Profane, prosaïque. 3. Posé, raisonnable, réfléchi, sage, sensé, sérieux.

ILLUMINER ♦ SYN. 1. Éclairer. 2. Allumer, *briller*, embraser, enflammer, ensoleiller, rayonner, resplendir. 3. Égayer, enchanter, ensoleiller *(fig.)*, *réjouir*, remplir (de joie). ✦ ANT. **1.** Obscurcir. **2.** Assombrir, embrouiller, estomper, ombrager, ternir, voiler. **3.** Attrister, déplaire, ennuyer.

ILLUSION ✦ SYN. **1.** Aberration, apparence (erronée, trompeuse), erreur, faux-semblant, *leurre*, mensonge, semblant, simulacre, trompe-l'œil, tromperie. **2.** Apparence (irréelle), château en Espagne, *chimère*, fantasme, fantasmagorie, fantôme, fiction, hallucination, idéalisme, imagination, mirage, rêve, rêverie, songe, utopie, vision. **3.** Illusionnisme, *magie*, tour, prestidigitation. ✦ ANT. **1.** Certitude, existence, fait, objectivité, réalité, réel, vérité. **2.** Clairvoyance, déception, désillusion, lucidité, pragmatisme, réalisme. **3.** Astuce, explication, truc (utilisé).

ILLUSIONNER ✦ SYN. ▷ *V. tr.* **1.** *Éblouir*, épater, séduire, tromper. ▷ *V. pr.* **2.** S'abuser, se bercer (d'illusions), *se leurrer*, se tromper. ✦ ANT. **1.** Décevoir, désabuser, désillusionner, détromper. **2.** Dessiller les yeux, se détromper, éclairer.

ILLUSOIRE ✦ SYN. Apparent, *chimérique*, fallacieux, faux, fictif, imaginaire, irréalisable, irréaliste, irréel, trompeur, utopique, vain. ✦ ANT. Effectif, fondé, réalisable, réaliste, réel, sûr, vrai.

ILLUSTRATEUR ✦ SYN. **1.** Bédéiste, caricaturiste, *dessinateur*, graveur, infographiste. **2.** Designer, modéliste, *styliste*.

ILLUSTRATION ✦ SYN. **1.** Dessin, enluminure, figure, gravure, *image*, infographie, photographie, reproduction, vignette. **2.** Commentaire, éclaircissement, exemple, *explication*. **3.** *(Pers.)* *Célébrité*, gloire, sommité. ✦ ANT. **1.** Légende. **2.** Confusion, obscurcissement. **3.** Inconnu, nullité.

ILLUSTRE ✦ SYN. **1.** *(Pers.)* *Célèbre*, connu, fameux, glorieux, mémorable, renommé, réputé. **2.** *(Action)* Admirable, éclatant, noble, *remarquable*. ✦ ANT. **1.** Ignoré, inconnu, méconnu, obscur, oublié. **2.** Banal, commun, dégradant, vil.

ILLUSTRÉ ◇ V. **Journal**

ILLUSTRER ✦ SYN. ▷ *V. tr.* **1.** *(Livre)* *Orner*. **2.** Éclaircir, éclairer, enrichir, exemplifier,

expliquer, mettre en lumière, montrer. ▷ *V. pr.* **3.** Briller, *se distinguer*, exceller, se signaler. ✦ ANT. **1.** Enlaidir. **2.** Appauvrir, embrouiller, obscurcir. **3.** Ignorer, oublier.

IMAGE ✦ SYN. **1.** Caricature, croquis, dessin, effigie, épreuve (photographique), estampe, figuration, *figure*, gravure, héliogravure, icône, illustration, peinture, photo, planche, portrait, représentation, reproduction, vignette. **2.** Apparence, *aspect*, manifestation, visage. **3.** Imitation, miroir, *modèle*, reflet, réplique, ressemblance. **4.** Emblème, expression, incarnation, *symbole*. **5.** Allégorie, cliché *(péj.)*, *comparaison*, métaphore. **6.** Idée, perception, réminiscence, souvenir, *vision* (intérieure). **7.** Chimère, fantôme, *illusion*, spectre.

IMAGINABLE ◇ V. **Concevable**

IMAGINAIRE ✦ SYN. **1.** *Fabuleux*, fantastique, légendaire, mythique. **2.** Chimérique, controuvé, fantaisiste, faux, feint, fictif, illusoire, inexistant, inventé, *irréel*, rêvé, romanesque, utopique, visionnaire. ✦ ANT. **1.** Historique. **2.** Authentique, avéré, certain, effectif, exact, existant, fondé, formel, indubitable, manifeste, notoire, palpable, réel, véritable, vrai.

IMAGINATIF ◇ V. **Inventif**

IMAGINATION ✦ SYN. **1.** Esprit, évasion, *fantaisie*, folle du logis, idée, pensée, rêverie. **2.** Affabulation, création, créativité, fertilité *(fig.)*, improvisation, *inspiration*, inventivité. **3.** Chimère, fable, fabulation, fantasme, illusion, mensonge, *rêve*, songe, vision. ✦ ANT. **1.** Raison. **2.** Léthargie, tarissement, torpeur. **3.** Évidence, exactitude, existence, présence, réalité, véracité, vérité.

IMAGINER ✦ SYN. ▷ *V. tr.* **1.** Évoquer, fantasmer, *rêver*, songer, voir. **2.** Anticiper, conjecturer, deviner, envisager, juger, penser, *supposer*. **3.** Concevoir, créer, *inventer*, trouver. ▷ *V. pr.* **4.** *(Image de soi)* Se projeter, se représenter (soi-même), *se voir*. **4.** Concevoir, se faire une idée, se figurer, se représenter, *visualiser*, voir. **5.** *Croire* (à tort), estimer, se faire des

idées, penser, présumer, supposer. ◆ ANT.
1. Cacher, étouffer, refouler. 2. Errer, se
méprendre, se tromper. 3. Imiter, plagier.
4-5. S'abuser, s'aveugler, déformer (la réalité). 6. Se désillusionner, se détromper.

IMBATTABLE ◆ SYN. 1. Champion,
invincible. 2. *(Prix, qualité)* **Hors pair**, incomparable, inégalable, inimitable, irrésistible, record. ◆ ANT. 1. Battu, vaincu. 2. Comparable, courant, égalable, médiocre,
ordinaire, piètre, usuel.

IMBÉCILE ◆ SYN. 1. *Arriéré*, attardé,
débile, simple d'esprit. 2. Abruti, âne, bête,
bouché, crétin, idiot, inintelligent, niais,
sot, *stupide*, taré. ◆ ANT. 1. Doué, lucide,
sain d'esprit. 2. Fin, intelligent, pénétrant,
perspicace, sagace, sensé, spirituel.

IMBÉCILLITÉ ◇ V. **Stupidité**

IMBERBE ◇ V. **Nu**

IMBIBÉ ◇ V. **Ivre**

IMBIBER ◆ SYN. Abreuver, détremper,
humecter, imprégner, mouiller, pénétrer,
tremper. ◆ ANT. Assécher, dessécher, éponger, essuyer, sécher.

IMBROGLIO ◇ V. **Confusion**

IMBU DE ◆ SYN. 1. *(Idées, principes, sentiments)*
Abreuvé, gorgé, imprégné, nourri, péné-
tré, pétri, *plein*, rempli. 2. *(Imbu de soi-même)*
Infatué, orgueilleux, satisfait, suffisant,
vaniteux. ◆ ANT. 1. Dépourvu de, privé de.
2. Humble, modeste.

IMBUVABLE ◆ SYN. 1. Exécrable, *infect*,
mauvais. 2. *(Fam., pers.)* Antipathique, déplaisant, détestable, ennuyeux, exécrable,
haïssable, *insupportable*, odieux. ◆ ANT.
1. Buvable, délicieux, potable. 2. Agréable,
aimable, charmant, intéressant, sympathique.

IMITATEUR ◆ SYN. 1. Caricaturiste,
humoriste, *mime*, mimique, pantomime,
parodiste. 2. Contrefacteur, copieur, copiste, démarqueur, fabricateur, faussaire,
mystificateur, pasticheur, *plagiaire*.
3. *(Œuvre, mouvement littéraire)* Disciple, épigone,
singe *(fam.)*, *suiveur*. 4. *(Appareil)* Simulateur.
◆ ANT. 1. Modèle, original. 2. Créateur,
découvreur, inventeur. 3. Auteur, initia-

teur, inspirateur, novateur, révolutionnaire. 4. Fonctionnement réel.

IMITATION ◆ SYN. 1. Caricature, charge,
mime, mimétisme, mimique, pantomime,
parodie. 2. Calque, contrefaçon, copie,
démarquage, emprunt, faux, pastiche,
plagiat, répétition, reproduction, ressemblance, simulacre, simili, toc. 3. *Servilité*,
singerie, suivisme. 4. Émulation *(inform.)*,
simulation. ◆ ANT. 1. Modèle, original.
2. Authenticité, création, invention, originalité. 3. Audace, innovation. 4. Réalité.

IMITER ◆ SYN. 1. Caricaturer, copier,
mimer, parodier, répéter, *reproduire*.
2. Calquer, contrefaire, démarquer, emprunter, falsifier, s'inspirer, pasticher,
piller, *plagier*. 3. Adapter, adopter, ressembler à, singer, *suivre*. 4. Émuler *(inform.)*,
figurer, reconstituer, recréer, représenter,
simuler. ◆ ANT. 1. Créer, découvrir, inventer. 2. Respecter. 3. Innover, révolutionner.
4. Être conforme, manquer de réalisme.

IMMACULÉ ◆ SYN. 1. Chaste, impeccable, innocent, *pur*, virginal. 2. Blanc,
blanchi, net, *propre*. ◆ ANT. 1. Avili, entaché, impur, souillé. 2. Maculé, malpropre,
sale, sali, taché.

IMMANGEABLE ◆ SYN. 1. Dégoûtant,
infect, *mauvais*. 2. Impropre à, incomestible, *inconsommable*, périmé, vénéneux.
◆ ANT. 1. Appétissant, bon, délicieux, mangeable. 2. Consommable, comestible, frais,
propre à.

IMMANQUABLE ◆ SYN. Certain, fatal,
fatidique, forcé, inéluctable, *inévitable*,
infaillible, logique, nécessaire, obligatoire, sûr. ◆ ANT. Accidentel, aléatoire,
douteux, évitable, fortuit, imprévu, incertain, vague.

IMMATÉRIEL ◆ SYN. 1. *Incorporel*, pur,
spirituel. 2. *Éternel*, intemporel. 3. *Aérien*,
ailé, délicat, éthéré, irréel, léger, vaporeux. ◆ ANT. 1. Charnel, corporel, matériel.
2. Éphémère, temporel. 3. Concret, réel,
terre-à-terre.

IMMÉDIAT ◆ SYN. 1. *Direct*, sans intermédiaire. 2. *Instantané*, prompt, subit.

3. Imminent, *prochain*. ◆ ANT. **1.** Indirect, médiat. **2.** Lent, retardé, tardif. **3.** Distant, éloigné.

IMMÉDIATEMENT ◆ SYN. **1.** *Directement*, sans intermédiaire. **2.** Aussitôt, illico, *instantanément*, sans délai, sur-le-champ, sur l'heure, tout de suite. ◆ ANT. **1.** Indirectement. **2.** Plus tard, tardivement.

IMMÉMORIAL ◆ SYN. Ancestral, ancien, antique, éloigné, lointain, passé, reculé, révolu, *séculaire*, vieux. ◆ ANT. Actuel, contemporain, jeune, proche, rapproché, récent.

IMMENSE ◆ SYN. **1.** *Illimité*, infini, sans bornes. **2.** Ample, considérable, étendu, grand, incommensurable, indéfini, spacieux, *vaste*. **3.** Colossal, démesuré, *énorme*, géant, gigantesque, gros, profond. ◆ ANT. **1.** Borné, fini, limité. **2.** Étroit, exigu, petit, restreint, ténu. **3.** Infime, menu, microscopique, minime, minuscule.

IMMENSITÉ ◆ SYN. **1.** Abîme (insondable), *infini*, infinitude. **2.** Ampleur, étendue, grandeur, *vastitude*. **3.** *Énormité*, grosseur, importance, profondeur. ◆ ANT. **1.** Finitude. **2.** Étroitesse, exiguïté, petitesse. **3.** Insignifiance, modicité.

IMMERGER ◇ v. **Plonger**

IMMEUBLE ◆ SYN. **1.** *(Plusieurs étages)* Bâtiment, building, construction, *édifice*, gratte-ciel, habitation, hôtel, maison de rapport, palais, propriété, résidence, tour (d'habitation). **2.** Bien-fonds, *propriété foncière*. ◆ ANT. **1.** Maison (familiale). **2.** Meubles, mobilier.

IMMIGRANT, IMMIGRÉ ◇ v. **Émigré**

IMMIGRATION ◆ SYN. Arrivée, *entrée*, venue. ◆ ANT. Départ, émigration, exode.

IMMINENCE ◇ v. **Approche**

IMMINENT ◆ SYN. **1.** Immédiat, instant, *prochain*, proche. **2.** *(Danger)* Menaçant. ◆ ANT. **1.** Éloigné, lointain. **2.** Écarté.

IMMISCER (S') ◇ v. **Ingérer**

IMMIXTION ◇ v. **Ingérence**

IMMOBILE ◆ SYN. **1.** *Fixe*, stable, stationnaire. **2.** Cloué, *figé*, paralysé, pétrifié, rivé. **3.** Calme, dormant, *stagnant*.

4. Inactif, inanimé, indolent, *inerte*, passif. **5.** *Immuable*, inchangé, invariable, statique. ◆ ANT. **1.** Instable, mobile. **2.** Ambulant, remuant. **3.** Agité, coulant, mouvementé, tumultueux. **4.** Actif, animé, vigoureux, vivant. **5.** Changeant, dynamique, progressif, variable.

IMMOBILISER ◆ SYN. ▷ *V. tr.* **1.** Assujettir, attacher, bloquer, caler, clouer, coincer, *fixer*, planter, river, visser. **2.** Clouer sur place, *figer*, méduser, paralyser, pétrifier. **3.** *(Capitaux)* **Geler**, retenir. **4.** Arrêter, empêcher, *freiner*, stopper. **5.** *(Pers.)* **Maîtriser**, neutraliser. ▷ *V. pr.* **6.** *S'arrêter*, stationner, stopper. ◆ ANT. **1.** Actionner, arracher, débloquer, déclouer, déplanter, détacher, dévisser. **2.** Agiter, bouger, remuer. **3.** Dégager, libérer. **4.** Accélérer, animer, entraîner, pousser. **5.** Libérer, relâcher. **6.** Avancer, circuler, démarrer, se mouvoir.

IMMOBILISME ◆ SYN. **1.** Ankylose, arrêt, asphyxie, blocage, enlisement, inertie, marasme, paralysie, piétinement, sclérose, *stagnation*. **2.** Conformisme, *conservatisme*, passéisme, traditionalisme. ◆ ANT. **1.** Avancement, changement, déblocage, détermination, élan, essor, évolution, progrès. **2.** Anticonformisme, avant-gardisme, modernisme, progressisme.

IMMOBILITÉ ◆ SYN. **1.** Ankylose, *fixité*, inertie, paralysie, sclérose, stagnation. **2.** Arrêt, *inactivité*, repos. **3.** Calme, *impassibilité*, sang-froid. **4.** *Immuabilité*, invariabilité, stabilité, statisme, statu quo. ◆ ANT. **1.** Action, agitation, circulation, fluctuation, mobilité, mouvement. **2.** Activité, énergie, vivacité. **3.** Ardeur, chaleur, émotion. **4.** Changement, dynamisme, évolution, instabilité, progrès, variabilité.

IMMODÉRATION ◇ v. **Excès**

IMMODÉRÉ ◆ SYN. Abusif, démesuré, déréglé, effréné, exagéré, *excessif*, intempérant, outré. ◆ ANT. Contenu, maîtrisé, mesuré, modéré, pondéré, raisonné, sage, tempéré.

IMMODESTE ◆ SYN. **1.** Choquant, déplacé, grivois, impudent, *impudique*, inconvenant, indécent. 2. Fat, *prétentieux*, suffisant, vaniteux. ◆ ANT. 1. Bienséant, convenable, décent, modeste, pudique, retenu. 2. Humble, modeste, timide, réservé.

IMMOLATION ◆ SYN. 1. *(Divinité)* Holocauste, offrande, *sacrifice*, victime. 2. Extermination, massacre, *mise à mort*, suicide. 3. Abnégation, *renoncement*. ◆ ANT. 1. Miséricorde, pardon. 2. Amnistie, grâce, survie. 3. Attachement, intérêt.

IMMOLER ◆ SYN. ▷ *V. tr.* 1. *(Divinité)* Offrir, *sacrifier*, tuer. 2. Exterminer, massacrer, *mettre à mort*. 3. Délaisser, *renoncer*. ▷ *V. pr.* 4. *Se sacrifier*, se suicider. ◆ ANT. 1. Agréer, plaire. 2. Épargner, gracier, sauver. 3. Garder. 4. Se ménager, penser à soi.

IMMONDE ◆ SYN. 1. *(Relig.)* Impudique, *impur*, souillé, vicieux. 2. Abject, bas, crapuleux, honteux, horrible, *ignoble*, infâme, inqualifiable, lâche, méprisable, odieux, révoltant, sordide. 3. Dégoûtant, *écœurant*, fétide, hideux, infect, laid, malpropre, puant, répugnant, sale. ◆ ANT. 1. Chaste, pur, vertueux, virginal. 2. Édifiant, grand, illustre, louable, noble, remarquable. 3. Agréable, attrayant, beau, impeccable, net, odorant, parfumé, propre, séduisant.

IMMONDICES ◆ SYN. Balayures, *déchets*, excréments, impuretés, ordures, résidus, saletés.

IMMORAL ◆ SYN. 1. Amoral, *corrompu*, crapuleux, cynique, débauché, dépravé, déréglé, dissolu, graveleux, grivois, honteux, impur, indécent, licencieux, malhonnête, malsain, obscène, ordurier, pervers, pornographique, scabreux, vicieux. 2. Choquant, honteux, inconvenant, indigne, offensant, révoltant, *scandaleux*. ◆ ANT. 1. Bienséant, décent, honnête, moral, pur, vertueux. 2. Convenable, digne, édifiant, louable, recommandable.

IMMORALITÉ ◇ v. Corruption
IMMORTALISER ◇ v. Éterniser
IMMORTALITÉ ◆ SYN. 1. *Autre vie*, survie, survivance (de l'âme), vie future.

2. Continuité, *éternité*, intemporalité, pérennité, perpétuité. 3. Auréole, gloire, mémorial *(statue)*, *postérité*, renommée. ◆ ANT. 1. Mortalité, présent, vie (sur terre). 2. Brièveté, fin, fugacité, mort, passage, temporalité. 3. Anonymat, déboulonnement *(statue)*, déchéance, obscurité, oubli.

IMMORTEL ◆ SYN. ▷ *Adj.* 1. Durable, *éternel*, impérissable, indéfectible, indestructible, perpétuel. 2. Classique, célèbre, glorieux, illustre, *inoubliable*, légendaire, mémorable, proverbial, renommé, (toujours) vivant. ▷ *Nom pl.* 3. Dieu, *divinités*. 4. *(Majusc.)* *Académiciens*, Académie française. ◆ ANT. 1. Bref, éphémère, mortel, passager, périssable, provisoire, temporaire, temporel. 2. Ignoré, inconnu, lointain, méconnu, mort et enterré, obscur, oublié, perdu. 3. Humains, mortels.

IMMUABLE ◆ SYN. 1. Constant, définitif, durable, fixe, inaltérable, inchangé, intemporel, *invariable*. 2. Absolu, catégorique, ferme, inébranlable, *inflexible*, résolu. ◆ ANT. 1. Altérable, changeant, inconstant, mouvant, temporel, variable. 2. Hésitant, flexible, influençable, pusillanime, versatile.

IMMUNISER ◆ SYN. 1. Inoculer, mithridatiser *(poison)*, *vacciner*. 2. Aguerrir, armer, blinder *(fam.)*, garantir, prémunir, préserver, *protéger*. ◆ ANT. 1. Contaminer, empoisonner, infecter. 2. Endurer, éprouver, exposer, subir.

IMMUNITÉ ◆ SYN. 1. Décharge, dégrèvement, *dispense*, exemption, exonération, franchise, privilège. 2. *(Parlementaire, diplomatique)* *Inviolabilité*, irresponsabilité, liberté, prérogative, protection. 3. *(Infection)* Accoutumance, défense, *résistance*, tolérance. ◆ ANT. 1. Assujettissement, charge, contrainte, dépendance, obligation. 2. Infraction, outrage, violation. 3. Allergie, anaphylaxie, contamination, intolérance.

IMPACT ◆ SYN. 1. *Choc*, collision, coup, heurt. 2. Conséquence, contrecoup, effet, implication, incidence, influence, portée, *répercussion*, retentissement, retombées, séquelles, suites. ♦ ANT. 1. Effleurement, froissement, frôlement. 2. Cause, origine, source.

IMPAIR ♦ SYN. ▷ Adj. 1. (Nombre) Indivisible. 2. (Bot.) Simple, *unique*. ▷ Nom 3. Balourdise, bavure, bêtise, bévue, bourde, erreur, faute, *gaffe*, maladresse, méprise, sottise. ♦ ANT. 1. Divisible. 2. Double. 3. Adresse, bon coup, exploit, finesse, subtilité.

IMPALPABLE ♦ SYN. 1. Immatériel, *imperceptible*, inconsistant, insaisissable, insensible, intangible. 2. Délié, fin, microscopique, minuscule, *ténu*. ♦ ANT. 1. Consistant, matériel, palpable, saisissable, sensible, tangible. 2. Compact, dense, épais, gros, touffu.

IMPARDONNABLE ◇ v. Inexcusable

IMPARFAIT ♦ SYN. 1. Approximatif, ébauché, élémentaire, embryonnaire, grossier, imprécis, inachevé, *incomplet*, insuffisant, partiel, rudimentaire, sommaire. 2. *Défectueux*, déficient, inégal, lacunaire, manqué, mauvais, médiocre, négligé, raté. ♦ ANT. 1. Accompli, achevé, complet, entier, fini, formé, ouvré, précis, terminé. 2. Excellent, idéal, impeccable, parfait, réussi.

IMPARTIAL ♦ SYN. Désintéressé, droit, égal, *équitable*, honnête, impassible, intègre, juste, loyal, neutre, objectif. ♦ ANT. Abusif, chauvin, déloyal, inique, injuste, intéressé, malhonnête, partial, partisan, prévenu, subjectif.

IMPARTIALITÉ ◇ v. Objectivité

IMPARTIR ◇ v. Allouer

IMPASSE ♦ SYN. 1. *Cul-de-sac*, fermeture, voie sans issue. 2. (Situation) Achoppement, arrêt, avortement, bourbier, conflit, crise, *difficulté*, échec, inertie, marasme, obstacle, péril, pétrin (fam.), problème, rupture, stagnation, tension. ♦ ANT. 1. Avenue, débouché, issue, ouverture. 2. Apaisement, avancement, paix, porte de sortie, progrès, remède, reprise, réussite, solution.

IMPASSIBILITÉ ◇ v. Flegme

IMPASSIBLE ♦ SYN. Apathique, calme, dur, ferme, fermé, flegmatique, froid, hermétique, impavide, impénétrable, *imperturbable*, indifférent, inébranlable, inexpressif, insensible, philosophe, placide, résigné, stoïque. ♦ ANT. Agité, anxieux, changeant, chatouilleux, émotif, emporté, ému, excité, expressif, fougueux, impatient, impressionnable, irritable, sensible, sentimental, susceptible.

IMPATIENCE ♦ SYN. 1. Agacement, agitation, brusquerie, colère, crispation, emportement, énervement, *exaspération*, frustration, indocilité, irritation, rage, susceptibilité. 2. Anxiété, ardeur, avidité, désir, *empressement*, fébrilité, fièvre, fougue, hâte, impétuosité, inquiétude, précipitation. ♦ ANT. 1. Attente, calme, docilité, flegme, impassibilité, patience, persévérance, résignation, sang-froid. 2. Apathie, indolence, inertie, lassitude, lenteur, nonchalance.

IMPATIENT ♦ SYN. 1. Agacé, agité, brusque, coléreux, crispé, emporté, énervé, *exaspéré*, excité, frustré, irascible, irrité, nerveux, rageur, surexcité, susceptible. 2. Anxieux, ardent, avide, désireux, *empressé*, fébrile, fougueux, haletant, impétueux, prompt à, vif. ♦ ANT. 1. Calme, docile, flegmatique, impassible, patient, persévérant, résigné. 2. Apathique, indolent, las, lent, nonchalant.

IMPATIENTER ♦ SYN. ▷ V. tr. 1. Agacer, énerver, *exaspérer*, fatiguer, harceler, hérisser, horripiler, importuner, irriter, lasser. ▷ V. pr. 2. Bouillir, s'emporter, *s'énerver*, se fâcher, se formaliser, s'indigner, s'irriter, trépigner (d'impatience). ♦ ANT. 1. Attendre, endurer, excuser, patienter, persévérer, supporter, tolérer. 2. S'adoucir, se calmer, se résigner.

IMPECCABLE ◇ v. Irréprochable

IMPÉNÉTRABLE ♦ SYN. 1. Dense, inabordable, inaccessible, *infranchissable*. 2. Clos, fermé, étanche, *hermétique*, imperméable. 3. Abstrus, caché, énigmatique, incompréhensible, *inexplicable*, inintelligible, insaisissable, insondable, mystérieux, obscur, profond, secret, sibyllin, ténébreux, voilé. 4. *Impassible*, imperturbable, inexpressif. ♦ **ANT.** **1.** Abordable, accessible, clairsemé, franchissable, pénétrable. **2.** Béant, ouvert, perméable. **3.** Clair, compréhensible, déchiffrable, explicable, explicite, intelligible, limpide, transparent. **4.** Éloquent, expressif, sensible.

IMPÉNITENT ◇ v. Incorrigible

IMPENSABLE ◇ v. Incroyable

IMPÉRATIF ♦ **SYN.** ▷ *Adj.* **1.** Absolu, affirmatif, *autoritaire*, cassant, catégorique, péremptoire, tranchant. **2.** Impérieux, important, nécessaire, *pressant*, urgent. ▷ *Nom.* **3.** Contrainte, devoir, *exigence*, loi, nécessité, obligation, ordre, précepte, prescription, règle. ♦ **ANT.** **1.** Bonasse, docile, faible, hésitant, indécis, influençable, timide. **2.** Facultatif, futile, inutile, superflu. **3.** Affranchissement, indiscipline, laisser-aller, liberté.

IMPERCEPTIBLE ♦ **SYN.** **1.** Impalpable, inaudible, indécelable, indiscernable, inintelligible, *insaisissable*, insensible, intangible, invisible. **2.** Atomique, faible, *infime*, insignifiant, léger, microscopique, minime, minuscule, petit, ténu. ♦ **ANT.** **1.** Audible, décelable, discernable, distinct, évident, intelligible, manifeste, palpable, perceptible, saisissable, sensible, tangible, visible. **2.** Considérable, important, significatif.

IMPERFECTION ♦ **SYN.** **1.** *Défaut*, faiblesse, faute, lacune, manquement, médiocrité, négligence, péché mignon, ridicule, tare, travers, vice. **2.** Anomalie, *défectuosité*, faille, grossièreté, inachèvement, incorrection, malfaçon. ♦ **ANT.** **1.** Attribut, excellence, mérite, perfection, qualité, talent, vertu. **2.** Achèvement, amélioration, correction, soin.

IMPÉRIEUX ♦ **SYN.** **1.** *(Pers.)* *Autoritaire*, dédaigneux, dictatorial, dogmatique, dominateur, omnipotent, tyrannique. **2.** *(Ton)* Absolu, cassant, *catégorique*, formel, impératif, péremptoire, tranchant. **3.** Incoercible, irrésistible, *obligatoire*, pressant, sérieux, urgent. ♦ **ANT.** **1.** Faible, humble, influençable, modeste, obéissant, soumis, tempéré, timide. **2.** Équivo-

que, évasif, hésitant, indécis, perplexe. **3.** Coercible, facultatif, libre, secondaire.

IMPÉRITIE ♦ **SYN.** Ignorance, inaptitude, incapacité, *incompétence*, inexpérience, inhabileté, insuffisance, maladresse. ♦ **ANT.** Adresse, aptitude, compétence, dextérité, expérience, habileté, savoir, savoir-faire, science.

IMPERMÉABLE ◇ v. Étanche

IMPERSONNEL ♦ **SYN.** **1.** Anonyme, *dépersonnalisé*, détaché, distant, froid, indifférent, insensible, insouciant. **2.** *(Jugement)* Objectif. ♦ **ANT.** **1.** Attentionné, chaleureux, cordial, courtois, individualisé, personnalisé. **2.** Subjectif.

IMPERTINENT ♦ **SYN.** Audacieux, cavalier, déplacé, désinvolte, *effronté*, fat, frondeur, grossier, impoli, impudent, inconvenant, incorrect, insolent, irrespectueux, irrévérencieux. ♦ **ANT.** Bienséant, civil, complaisant, convenable, correct, courtois, déférent, obséquieux, poli, respectueux.

IMPERTURBABLE ◇ v. Impassible

IMPÉTUEUX ♦ **SYN.** **1.** *(Ch.)* *Déchaîné*, endiablé, fort, furieux, houleux, intense, torrentiel, torrentueux, vertigineux, violent. **2.** *(Pers.)* Ardent, bouillant, effréné, emporté, explosif, *fougueux*, impulsif, pétulant, prompt, véhément, vif, violent. ♦ **ANT.** **1.** Calme, contenu, doux, faible, léger, maîtrisé, modéré, ralenti. **2.** Amorphe, flegmatique, impassible, indolent, passif, placide, posé, réfléchi, sensé, tranquille.

IMPIE ♦ **SYN.** ▷ *Adj.* **1.** Blasphémateur, blasphématoire, impénitent, irréligieux, *sacrilège*. ▷ *Nom* **2.** Athée, *incroyant*, infidèle, mécréant, païen. ♦ **ANT.** **1.** Pieux, religieux, respectueux, sacré, saint. **2.** Croyant, dévot, fidèle.

IMPIÉTÉ ♦ **SYN.** **1.** Agnosticisme, *athéisme*, incroyance, irréligion. **2.** Blasphème, profanation, *sacrilège*, scandale. ♦ **ANT.** **1.** Croyance, dévotion, foi, piété, religion. **2.** Adoration, respect, vénération.

IMPITOYABLE ♦ **SYN.** **1.** Cruel, dur, endurci, *féroce*, implacable, inexorable, inflexible, inhumain, sanguinaire. **2.** Accablant, insensible, intraitable, sans-cœur *(fam.)*, **sévère.** ◆ ANT. **1.** Bon, charitable, clément, doux, émotif, humain, miséricordieux, souple, tendre. **2.** Bienveillant, compréhensif, indulgent, sensible.

IMPLACABLE ◆ SYN. **1.** Acharné, barbare, cruel, dur, **farouche,** inapaisable, inflexible. **2.** Impitoyable, **insensible,** rigoureux, sévère, terrible. **3.** *(Sort)* **Fatal,** inéluctable, inexorable, infaillible, irrésistible. ◆ ANT. **1.** Accommodant, aimable, clément, complaisant, conciliant, débonnaire, doux, flexible, sociable, traitable. **2.** Indulgent, sensible. **3.** Évitable, favorable, propice.

IMPLANTER ◆ SYN. ▷ *V. tr.* **1.** *(Coutume, usage)* Ancrer, **enraciner,** établir, fixer. **2.** *(Ch.)* **Installer,** loger, placer. **3.** Greffer, **introduire,** transplanter. ▷ *V. pr.* **4.** *S'enraciner,* s'établir, se fixer, s'installer. ◆ ANT. **1.** Abandonner, délaisser, se départir, oublier, perdre. **2.** Déloger, déménager, déplacer. **3.** Arracher, extirper, rejeter. **4.** Émigrer, s'exiler, partir.

IMPLICATION ◆ SYN. **1.** *(Délit)* Association, complicité, compromission, engagement, participation, **responsabilité. 2.** **Conséquence,** effet, incidence, résultat. ◆ ANT. **1.** Disculpation, innocence, irresponsabilité. **2.** Cause, origine, source.

IMPLICITE ◆ SYN. Allusif, elliptique, indirect, inexprimé, informulé, non-dit, présupposé, **sous-entendu,** suggéré, supposé, tacite. ◆ ANT. Direct, énoncé, explicite, exprimé, formulé, manifeste, voulu.

IMPLIQUER ◆ SYN. ▷ *V. tr.* **1.** *(Péj.)* Associer, **compromettre,** engager, mêler, mouiller *(fam.)*. **2.** Comporter, comprendre, contenir, entraîner, inclure, nécessiter, renfermer, signifier, **supposer,** vouloir dire. ▷ *V. pr.* **3.** Se donner à fond, *s'investir,* participer activement. ◆ ANT. **1.** Dégager, disculper, libérer. **2.** Excepter, exclure. **3.** Délaisser, se désister, renoncer.

IMPLORATION ◇ v. **Supplication**

IMPLORER ◆ SYN. **1.** Adjurer, conjurer, invoquer, prier, **supplier. 2.** Demander,

réclamer, **solliciter.** ◆ ANT. **1.** Accorder, céder à, consentir, dédaigner, repousser. **2.** Accepter, acquiescer à, agréer, refuser.

IMPOLI ◆ SYN. **Discourtois,** effronté, goujat, grossier, impertinent, incivil, inconvenant, incorrect, insolent, irrespectueux, irrévérencieux, malappris, mal élevé, malpoli, mufle, rustaud. ◆ ANT. Affable, aimable, bien élevé, cérémonieux, civil, correct, courtois, déférent, distingué, galant, obséquieux, poli, respectueux, révérencieux.

IMPOLITESSE ◆ SYN. Brusquerie, **discourtoisie,** effronterie, goujaterie, grossièreté, impertinence, incivilité, inconvenance, incorrection, indélicatesse, inélégance, insolence, irrespect, irrévérence, muflerie, rusticité, sans-gêne, vulgarité. ◆ ANT. Affabilité, bienséance, civilité, correction, courtoisie, déférence, délicatesse, distinction, élégance, galanterie, politesse, respect, révérence, savoir-vivre.

IMPORTANCE ◆ SYN. **1.** Dimension, étendue, **grandeur,** gravité, intérêt, poids, portée, prix, taille, valeur. **2.** Croissance, développement, **essor,** extension. **3.** Ascendant, autorité, considération, crédit, **influence,** poids *(fig.)*, pouvoir, prestige, puissance. **4.** Acabit *(péj.)*, calibre, classe, **envergure,** étoffe, gabarit, stature. **5.** *(Péj.)* Arrogance, crânerie, fatuité, présomption, prétention, suffisance, **vanité.** ◆ ANT. **1.** Banalité, futilité, légèreté. **2.** Décroissance, diminution, réduction. **3.** Discrédit, impuissance, insignifiance, nullité. **4.** Médiocrité, petitesse. **5.** Affabilité, humilité, modestie.

IMPORTANT ◆ SYN. **1.** *(Contribution, rôle)* Capital, clé, crucial, décisif, dominant, essentiel, fondamental, indispensable, inestimable, insigne, **majeur,** marquant, mémorable, notoire, primordial, principal, remarquable, signalé, utile, valable. **2.** *(Fait)* Digne de mention, grave, **intéressant,** notable, sérieux, significatif. **3.** *(Action)* **Impérieux,** nécessaire, pressant, urgent. **4.** *(Quantité)* Appréciable, **considérable,**

coquet *(fam.)*, élevé, gentil *(fam.)*, intéressant, joli *(fam.)*, rondelet *(fam.)*, substantiel. **5.** *(Pers.)* Autorisé, grand, haut, **influent**, puissant. **6.** *(Péj.)* Arrogant, avantageux, fat, infatué, orgueilleux, prétentieux, suffisant, **vaniteux**. ◆ ANT. **1.** Accessoire, anodin, contestable, de second plan, marginal, mineur, secondaire, vain. **2.** Banal, bénin, futile, inintéressant. **3.** Facultatif, libre. **4.** Infime, négligeable, petit, ridicule. **5.** Dérisoire, faible, insignifiant, nul. **6.** Affable, humble, modeste.

IMPORTATION ◆ SYN. Arrivage, entrée, **introduction**. ◆ ANT. Envoi, expédition, exportation.

IMPORTUN ◆ SYN. ▷ *Nom* **1.** Casse-pieds *(fam.)*, emmerdeur *(fam.)*, **gêneur**, indésirable, intrus, raseur *(fam.)*. ▷ *Adj.* **2.** Agaçant, déplaisant, embarrassant, **embêtant**, encombrant, énervant, ennuyeux, envahissant, excédant, fatigant, insupportable. **3.** Choquant, déplacé, fâcheux, hors de propos, inconvenant, indiscret, **inopportun**, mal à propos, mal choisi, malencontreux, malvenu. ◆ ANT. **1.** Bonne compagnie, hôte, invité, le bienvenu. **2.** Agréable, charmant, courtois, intéressant, plaisant. **3.** À propos, bienvenu, convenable, favorable, judicieux, opportun, propice, utile.

IMPORTUNER ◆ SYN. **1.** *(Pers.)* Agacer, assommer, contrarier, **embêter**, empoisonner *(fam.)*, ennuyer, excéder, fatiguer, gêner, harceler, impatienter, obséder, tracasser. **2.** *(Ch.)* Déplaire, déranger, **incommoder**, indisposer, peser. ◆ ANT. **1.** Aider, amuser, charmer, distraire, divertir, égayer, récréer, réjouir. **2.** Plaire, servir.

IMPOSANT ◆ SYN. **1.** *(Pers.)* Auguste, digne, grand, grave, impérial, magistral, **majestueux**, noble, olympien, respectable, solennel. **2.** *(Qualité)* Extraordinaire, formidable, **grandiose**, somptueux, superbe. **3.** *(Quantité)* Colossal, considérable, élevé, énorme, **impressionnant**, monumental. **4.** **Corpulent**, fort, large, massif, plantureux. ◆ ANT. **1.** Bas, grossier, méprisable, mesquin, vil. **2.** Banal, commun, laid, ordi-

naire, trivial, vulgaire. **3.** Faible, infime, insignifiant, négligeable, ridicule. **4.** Chétif, maigre, mince, petit.

IMPOSER ◆ SYN. ▷ *V. tr.* **1.** Charger, frapper, grever, **taxer**. **2.** Astreindre, commander, contraindre, dicter, édicter, enjoindre, **exiger**, forcer, infliger, obliger, prescrire. ▷ *V. tr. ind.* **3.** *(En imposer à)* Éblouir, forcer le respect, **impressionner**, intimider, provoquer le respect, subjuguer. ▷ *V. pr.* **4.** **Prédominer**, prévaloir, primer. **5.** Se faire admettre, se faire apprécier, **se faire reconnaître**. **6.** Se contraindre, **s'obliger à**. ◆ ANT. **1.** Dégrever, détaxer, exempter. **2.** Dispenser, libérer, permettre, se plier, se soumettre. **3.** Laisser froid (indifférent), mépriser. **4.** Égaler, passer après. **5.** Déprécier, exclure, ignorer, laisser indifférent. **6.** Se libérer, se permettre.

IMPOSSIBILITÉ ◆ SYN. **1.** **Impuissance**, inaptitude, incapacité, infaisabilité. **2.** **Empêchement**, force majeure, obstacle. **3.** **Absurdité**, chimère, invraisemblance, irréalité, rêve, utopie. ◆ ANT. **1.** Aptitude, capacité, faisabilité, possibilité, pouvoir. **2.** Moyens, ressources, secours. **3.** Éventualité, probabilité, réalité, vraisemblance.

IMPOSSIBLE ◆ SYN. **1.** Impraticable, inabordable, inaccessible, inapplicable, inexécutable, infaisable, insoluble, **irréalisable**. **2.** **Absurde**, chimérique, extravagant, invraisemblable, irréaliste, irréel, utopique. **3.** *(Situation)* Difficile, **insupportable**, intolérable, invivable. **4.** *(Pers.)* **Insociable**, misanthrope, ours *(fig.)*. ◆ ANT. **1.** Abordable, accessible, aisé, exécutable, facile, faisable, possible, praticable, réalisable, résoluble, soluble. **2.** Éventuel, probable, réaliste, réel. **3.** Acceptable, supportable, tolérable, vivable. **4.** Accommodant, sociable.

IMPOSTEUR ◆ SYN. **1.** Charlatan, hâbleur, fumiste, menteur, mystificateur, **trompeur**. **2.** Fourbe, **hypocrite**, simulateur, tartufe. **3.** *(Identité, titre)* **Usurpateur**.

IMPOSTURE ◆ SYN. **1.** Canular, charlatanerie, charlatanisme, fraude, fumisterie, leurre, mensonge, mystification, super-cherie, *tromperie*. **2.** Fourberie, *hypocri-sie*, tartuferie. **3.** *(Identité, titre)* Appropria-tion, *usurpation*, vol. ♦ ANT. **1.** Droiture, honnêteté, probité, vérité. **2.** Franchise, sincérité. **3.** Dénonciation, protection (d'identité).

IMPÔT ♦ SYN. Charge, contribution, droit, fisc, imposition, perception, *prélè-vement*, redevance, retenue, surtaxe, taxe, tribut.♦ ANT. Abattement, décharge, déduc-tion, dégrèvement, détaxe, exemption, exonération, remboursement, remise.

IMPOTENT♦SYN. Alité, estropié, graba-taire, infirme, *invalide*, paralysé, perclus. ♦ ANT. Ambulatoire, ingambe, valide.

IMPRATICABLE ♦ SYN. **1.** Difficile, impossible, inapplicable, *irréalisable*, malaisé. **2.** *(Chemin)* Dangereux, encom-bré, *inaccessible*, infranchissable. ♦ ANT. **1.** Aisé, applicable, facile, possible, réali-sable. **2.** Accessible, carrossable, franchis-sable, praticable.

IMPRÉCATION ♦ SYN. **1.** *(Souhait)* Ana-thème, *malédiction*, malheur, mauvais sort. **2.** *(Pl. surtout)* Blasphèmes, insultes, *jurons*, sacres *(québ.)*. ♦ ANT. **1.** Bénédiction, bonheur, faveur, grâce. **2.** Éloges, louan-ges.

IMPRÉCIS ♦ SYN. **1.** Ambigu, confus, flou, imperceptible, *incertain*, indécis, indéfini, indéterminé, indistinct, obscur, trouble, vague, vaporeux. **2.** *Approxima-tif*, inexact, proche. **3.** *(Travail)* Grossier, imparfait, inachevé, *incomplet*, insuffi-sant, sommaire. ♦ ANT. **1.** Assuré, catégori-que, certain, clair, déterminé, distinct, limité, perceptible, précis. **2.** Exact, net. **3.** Achevé, complet, entier, fini, intégral, suffisant, terminé.

IMPRÉCISION ♦ SYN. **1.** Clair-obscur, confusion, flou, *incertitude*, indécision, indétermination, vague. **2.** À-peu-près, *approximation*, inexactitude, infidélité. ♦ ANT. **1.** Clarté, certitude, netteté, préci-sion. **2.** Exactitude, justesse, netteté.

IMPRÉGNER ♦ SYN. ▷ *V. tr.* **1.** Humecter,

imbiber, tremper. **2.** *(Lumière)* Baigner, entourer, *inonder*. **3.** Envahir, être imbu de, imprimer, inculquer, influencer, mar-quer, *pénétrer*, remplir. ▷ *V. pr.* **4.** Absorber, boire, *s'imbiber*. **5.** Acquérir, *apprendre*, assimiler, se pénétrer. ♦ ANT. **1.** Assécher, tarir. **2.** Priver. **3.** Contrer, débarrasser, se départir, extirper, rejeter. **4.** S'assécher, éponger, étancher. **5.** S'abrutir, désap-prendre, ignorer, oublier.

IMPRENABLE ◇ v. Inexpugnable

IMPRÉSARIO ◇ v. **Manager**

IMPRESSION ♦ SYN. **1.** Édition, publica-tion, *reproduction*, tirage. **2.** Action, *effet*, empreinte, influence, marque, trace. **3.** Émoi, *émotion*, saisissement, sensation, sentiment. **4.** Idée, instinct, intuition, opinion, pensée, *perception*, réflexion, souvenir. **5.** Allure, apparence, aspect, expression, figure, illusion, *image*, sem-blant, trait, visage.

IMPRESSIONNABLE ♦ SYN. Délicat, émotif, fragile, *sensible*, vulnérable. ♦ ANT. Blindé *(fam.)*, endurci, fort, insensible, invulnérable.

IMPRESSIONNANT ♦ SYN. **1.** Boule-versant, brillant, convaincant, éloquent, *émouvant*, étonnant, frappant, grandiose, hallucinant, imposant, palpitant, saisis-sant, spectaculaire. **2.** *Considérable*, élevé, énorme, grand, monumental. ♦ ANT. **1.** Banal, commun, insignifiant, médiocre, nul, ordinaire, piètre, trivial. **2.** Faible, infime, négligeable, ridicule.

IMPRESSIONNER ♦ SYN. **1.** Affecter, bouleverser, ébranler, *émouvoir*, en impo-ser à, étonner, frapper, influencer, saisir, subjuguer, toucher. **2.** Déconcerter, effa-roucher, gêner, *intimider*, troubler. ♦ ANT. **1.** Se ficher *(fam.)*, laisser froid, se moquer. **2.** Encourager, enhardir, rassurer.

IMPRÉVISIBLE ♦ SYN. **1.** Imprédictible. **2.** Accidentel, fortuit, impondérable, *incer-tain*. **3.** Déconcertant, déroutant, imprévu, *inattendu*. ♦ ANT. **1.** Prévisible. **2.** Certain, inéluctable, nécessaire. **3.** Attendu, prévu.

IMPRÉVOYANCE ◇ v. Insouciance

IMPRÉVOYANT ◇ v. **Insouciant**

IMPRÉVU ✦ SYN. ▷ *Adj.* **1.** Accidentel, brusque, déconcertant, déroutant, exceptionnel, extraordinaire, fortuit, impondérable, imprévisible, impromptu, *inattendu*, inespéré, inopiné, insoupçonné, soudain, spécial, subit. ▷ *Nom* **2.** Aléas, aventure, hasard, nouveauté, péripétie, rebondissement, *surprise*. **3.** Accroc, avatars, contretemps, désagrément, empêchement, *incident*, mésaventure, tribulations. ✦ ANT. **1.** Attendu, banal, désiré, deviné, espéré, intentionnel, ordinaire, prémédité, pressenti, prévisible, prévu, prophétisé. **2.** Ennui, monotonie, routine, train-train. **3.** Chance, charme, découverte, enchantement, plaisir.

IMPRIMER ✦ SYN. **1.** Appliquer, apposer, estamper, estampiller, imposer, lithographier, *reproduire*. **2.** Éditer, *mettre sous presse*, publier, tirer. **3.** *(Fig.)* Communiquer, empreindre, fixer, graver, *imprégner*, inculquer, inspirer, insuffler, marquer, transmettre. ✦ ANT. **1.** Créer, inventer, préparer. **2.** Pilonner, retirer (du marché). **3.** Effacer, extirper, supprimer.

IMPROBABLE ◇ v. **Douteux**

IMPRODUCTIF ◇ v. **Stérile**

IMPROPRE ✦ SYN. **1.** *(Mot, langage)* Abusif, fautif, inadéquat, inapproprié, *incorrect*, inexact. **2.** *(Travail)* **Inapte**, incapable. **3.** *(Eau)* **Brouillé**, contaminé, trouble. **4.** *(Aliment)* Immangeable, incomestible, *inconsommable*, périmé. ✦ ANT. **1.** Adéquat, approprié, châtié *(langage)*, correct, précis, propre. **2.** Apte, capable. **3.** Limpide, potable. **4.** Consommable, convenable, frais, mangeable, propre à.

IMPROPRIÉTÉ ◇ v. **Incorrection**

IMPROVISATION ◇ v. **Imagination**

IMPROVISER ✦ SYN. *(Sur-le-champ)* Composer, concevoir, créer, imaginer, *inventer*, trouver. ✦ ANT. Planifier, préparer, prévoir.

IMPROVISTE (À L') ✦ SYN. À brûle-pourpoint, au dépourvu, au pied levé, de but en blanc, impromptu, inopinément, par surprise, sans crier gare, *soudainement*, subitement, tout à coup. ✦ ANT.

Délibérément, graduellement, intentionnellement, lentement, peu à peu, progressivement.

IMPRUDENCE ✦ SYN. Bévue, étourderie, *imprévoyance*, inattention, irréflexion, légèreté, maladresse, négligence, oubli, témérité. ✦ ANT. Attention, circonspection, précaution, prévoyance, prudence, rappel, sagesse, sérieux, vigilance.

IMPRUDENT ✦ SYN. **1.** *(Pers.)* Aventureux, casse-cou, écervelé, étourdi, *imprévoyant*, irréfléchi, kamikaze *(fig.)*, léger, malavisé, présomptueux, risque-tout, téméraire. **2.** *(Ch.)* Dangereux, hasardeux, osé, périlleux, *risqué*. ✦ ANT. **1.** Attentif, averti, avisé, circonspect, défiant, prévoyant, prudent, réfléchi, sage, sérieux, vigilant. **2.** Assuré, inoffensif, sûr.

IMPUDENCE ✦ SYN. Aplomb, audace, culot *(fam.)*, cynisme, *effronterie*, front, grossièreté, hardiesse, impudeur, insolence. ✦ ANT. Amabilité, discrétion, modestie, politesse, pudeur, réserve, retenue, urbanité.

IMPUDENT ✦ SYN. **1.** *(Pers.)* Audacieux, cynique, *effronté*, éhonté, grossier, hardi, impertinent, insolent, outrecuidant. **2.** *(Ch.)* Choquant, *inconvenant*, indécent, licencieux. ✦ ANT. **1.** Délicat, discret, honteux, humble, modeste, réservé, retenu, timide. **2.** Bienséant, convenable, décent, digne, pudique.

IMPUDEUR ◇ v. **Indécence**

IMPUDIQUE ◇ v. **Indécent**

IMPUISSANCE ✦ SYN. **1.** Affaissement, ankylose, engourdissement, faiblesse, impossibilité, *incapacité*, incompétence, insuffisance, invalidité, paralysie, torpeur. **2.** Anaphrodisie, *anorgasmie*, frigidité. ✦ ANT. **1.** Aptitude, capacité, compétence, domination, efficacité, énergie, force, influence, maîtrise, possibilité, pouvoir, puissance. **2.** Orgasme.

IMPUISSANT ✦ SYN. **1.** Aboulique, ankylosé, désarmé, engourdi, faible, impotent, inapte, *incapable*, invalide, paralysé. **2.** Démuni, dépourvu, désarmé, fragile, sans défense, *vulnérable*. **3.** Débile, *inefficace*, inopérant, vain. ✦ ANT. 1. Apte, capable, compétent, dégourdi, fort, puissant, robuste, valide, vigoureux, volontaire. 2. Aguerri, armé, endurci, irréductible, muni, redoutable. 3. Efficace, fructueux, opérant, utile.

IMPULSIF ✦ SYN. 1. Bouillant, emporté, *fougueux*, impétueux, vif, violent. 2. Étourdi, inconsidéré, inconséquent, *irréfléchi*. 3. Ardent, fringant, naturel, primesautier, sémillant, *spontané*. ✦ ANT. 1. Calme, contenu, maîtrisé. 2. Raisonné, réfléchi, sage. 3. Calculé, calculateur, mûri, recherché.

IMPULSION ✦ SYN. 1. Force, mouvement, *poussée*. 2. Animation, direction, *élan*, entraînement, essor, instigation, stimulation. 3. Aspiration, désir, goût, instinct, penchant, propension, *tendance*. 4. *(Péj.)* Idée fixe, *obsession*. ✦ ANT. 1. Obstacle, ralentissement. 2. Arrêt, découragement, faiblesse, frein, léthargie. 3. Aversion, répugnance, répulsion. 4. Inhibition, refoulement.

IMPUR ✦ SYN. 1. Altéré, contaminé, corrompu, insalubre, malpropre, malsain, *pollué*, sale, souillé, turbide *(eau)*, vicié. 2. Immonde, immoral, impudique, *indécent*, lascif, obscène, vicieux. ✦ ANT. 1. Assaini, clair, décontaminé, dépollué, intact, propre, pur, purifié, sain, salubre. 2. Chaste, décent, moral, pudique, vertueux.

IMPURETÉ ✦ SYN. 1. Altération, contamination, corruption, immondices, pollution, *saleté*, scorie, souillure, turbidité *(eau)*. 2. Immoralité, impudicité, *indécence*, lubricité, luxure, obscénité, péché, vice. ✦ ANT. 1. Assainissement, décontamination, dépollution, hygiène, propreté, salubrité. 2. Chasteté, décence, pudicité, pureté.

IMPUTABILITÉ ◇ v. **Responsabilité**

IMPUTATION ✦ SYN. 1. *Accusation*, allégation, blâme, calomnie, charge, diffamation, incrimination, inculpation, reproche. 2. *(Fin.)* *Affectation*, application, attribution. ✦ ANT. 1. Défense, disculpation, dédouane-

ment, excuse, innocence, justification, réhabilitation. 2. Exclusion, retrait.

IMPUTER ✦ SYN. 1. *Accuser*, attribuer, blâmer, charger de, incriminer, reprocher, taxer de. 2. *Affecter*, appliquer, porter (au compte de). ✦ ANT. 1. Blanchir, dédouaner, disculper, excuser, innocenter, justifier, laver, réhabiliter. 2. Exclure, retirer.

INABORDABLE ✦ SYN. 1. *(Pers., ch.)* Inaccessible. 2. Cher, coûteux, élevé, *exagéré*, exorbitant. ✦ ANT. 1. Accessible. 2. Abordable, modique, raisonnable.

INACCEPTABLE ◇ v. **Inadmissible**

INACCESSIBLE ✦ SYN. 1. *(Lieu)* Impénétrable, impraticable, *inabordable*, inatteignable, infranchissable. 2. *(Objectif)* Chimérique, impossible, infaisable, *irréalisable*, irréaliste, utopique. 3. *(Langage)* Hermétique, incompréhensible, inintelligible, obscur, sibyllin. 4. *(Pers.)* Fermé, froid, *impassible*, inexpressif, insensible. ✦ ANT. 1. Abordable, accessible, atteignable, franchissable, pénétrable, praticable. 2. Faisable, raisonnable, réalisable, réaliste. 3. Clair, compréhensible, intelligible, simple. 4. Chaleureux, expressif, ouvert, sensible.

INACCOUTUMÉ ◇ v. **Inhabituel**

INACHEVÉ ◇ v. **Incomplet**

INACTIF ✦ SYN. ▷ *Adj.* 1. Désœuvré, immobile, *inoccupé*, oisif. 2. Apathique, endormi, engourdi, fainéant, *indolent*, léthargique, mou, passif, paresseux. 3. *(Remède)* *Inefficace*, inopérant. ▷ *Nom* 4. Sans métier. ✦ ANT. 1. Actif, affairé, entreprenant, occupé. 2. Alerte, dégourdi, laborieux, travailleur. 3. Agissant, efficace. 4. Professionnel, travailleur.

INACTION ✦ SYN. 1. Désœuvrement, immobilité, inactivité, inertie, *inoccupation*, oisiveté. 2. Apathie, fainéantise, farniente, *indolence*, léthargie, stagnation, torpeur. ✦ ANT. 1. Action, activité, occupation. 2. Ardeur, énergie, exercice, labeur, travail.

INADAPTÉ ✦ SYN. 1. Impropre, *inadéquat*, inapproprié. 2. Difficile (à manier),

incommode, inconfortable, non fonctionnel. **3.** Déficient, handicapé, *mésadapté*
(québ.). **4.** Antisocial, *asocial*, exclu, marginal. ✦ **ANT. 1.** Adéquat, approprié, propre à.
2. Adapté, commode, confortable, ergonomique, fonctionnel, maniable, pratique.
3. Adapté, réadapté, réinséré (socialement).
4. Sociable.

INADMISSIBLE ✦ **SYN. 1.** *(Preuve)* Irrecevable. **2.** *(Conduite, opinion)* **Inacceptable,**
indéfendable, inexcusable, injustifiable,
insoutenable, insupportable, intolérable.
✦ **ANT. 1.** Admissible, recevable. **2.** Acceptable, défendable, excusable, justifiable,
soutenable, supportable, tolérable.

INADVERTANCE ◇ V. **Inattention**

INALTÉRABLE ✦ **SYN. 1.** Durable, imputrescible, incorruptible, inoxydable,
inusable. **2.** *(Tissu)* **Bon teint,** grand teint.
3. *Immuable,* invariable, permanent, perpétuel. **4.** Constant, éternel, *inébranlable.*
✦ **ANT. 1.** Altérable, changeant, fragile, périssable. **2.** Décoloré, déteint. **3.** Éphémère,
instable, passager, variable. **4.** Faible,
inconstant, influençable.

INALTÉRÉ ◇ V. **Intact**

INAMICAL ◇ V. **Hostile**

INANIMÉ ✦ **SYN. 1.** Évanoui, immobile,
inconscient, *inerte,* mort, sans connaissance. **2.** Froid, *inexpressif,* insensible,
morne. ✦ **ANT. 1.** Animé, conscient, vivant.
2. Expressif, sensible, vif.

INANITÉ ◇ V. **Inutilité**

INANITION ✦ **SYN.** Disette, épuisement,
faiblesse, *faim,* famine. ✦ **ANT.** Abondance,
force, réplétion, satisfaction, vigueur.

INAPAISABLE ◇ V. **Insatiable**

INAPAISÉ ◇ V. **Insatisfait**

INAPPÉTENCE ✦ **SYN. 1.** Anorexie,
défaut, *manque,* perte. **2.** Dégoût, désintérêt, *indifférence,* répulsion. ✦ **ANT. 1.** Appétit, faim, fringale. **2.** Avidité, besoin, désir,
goût, passion, penchant.

INAPPRÉCIABLE ◇ V. **Inestimable**

INAPPRIVOISABLE ◇ V. **Indomptable**

INAPPROPRIÉ ◇ V. **Impropre**

INAPTE ◇ V. **Incapable**

INAPTITUDE ◇ V. **Incapacité**

INASSOUVI ◇ V. **Insatisfait**

INATTAQUABLE ✦ **SYN. 1.** *(Position)* **Imprenable,** inexpugnable. **2.** *(Ch.)* Inaltérable.
3. *(Argument)* Certain, *incontestable,* indiscutable, irrécusable, irréfutable, irréfragable. **4.** Impeccable, incorruptible, *irréprochable,* parfait. **5.** Armé, blindé *(fam.),*
intouchable, protégé. ✦ **ANT. 1.** Attaquable,
fragile, prenable. **2.** Altérable. **3.** Contestable, critiquable, discutable, douteux,
incertain, récusable. **4.** Condamnable, corruptible, fautif, imparfait, vénal. **5.** Désarmé, faible, vulnérable.

INATTENDU ◇ V. **Imprévu**

INATTENTIF ✦ **SYN. 1.** Absent, déconcentré, dissipé, *distrait,* écervelé, étourdi,
imprévoyant, imprudent, inappliqué,
insouciant, lunatique *(québ.),* négligent,
oublieux, rêveur. **2.** Égoïste, *indifférent,*
insensible, sans égards. ✦ **ANT. 1.** Appliqué,
attentif, concentré, présent, prévoyant,
prudent, réfléchi, sérieux, soigneux, soucieux, vigilant. **2.** Attentionné, compatissant, prévenant, sensible.

INATTENTION ✦ **SYN.** Dissipation, *distraction,* étourderie, faute, imprévoyance,
imprudence, inadvertance, inapplication,
inconséquence, insouciance, irréflexion,
lapsus, légèreté, mégarde, négligence,
omission, oubli. ✦ **ANT.** Application, attention, circonspection, concentration, prévoyance, prudence, réflexion, sérieux,
soin, souci, vigilance.

INAUDIBLE ✦ **SYN. 1.** Étouffé, *imperceptible,* indistinct, inintelligible, voilé.
2. Déplaisant, désagréable, exécrable, *inécoutable,* inharmonieux, insupportable,
mauvais. ✦ **ANT. 1.** Distinct, intelligible,
perceptible, sonore. **2.** Agréable, écouta-
ble, harmonieux, mélodieux, plaisant.

INAUGURATEUR ◇ V. **Initiateur**

INAUGURATION ✦ **SYN. 1.** *(Ch.)* Baptême,
consécration, dédicace, ouverture, première, primeur, vernissage. **2.** *Commencement,* début, instauration, mise en
vigueur. ✦ **ANT. 1.** Abandon, désaffection,

fermeture, suppression. 2. Abolition, continuation, fin, poursuite.

INAUGURER ◆ SYN. 1. *(Ch.)* Baptiser, *consacrer*, dédier, ouvrir. 2. *Commencer*, entreprendre, instaurer, instituer, mettre en pratique, mettre en vigueur. ◆ ANT. 1. Abandonner, fermer. 2. Abolir, continuer, mettre fin à, poursuivre.

INAUTHENTIQUE ◇ v. Faux

INAVOUABLE ◆ SYN. 1. Abject, bas, blâmable, condamnable, coupable, dégradant, déshonorant, *honteux*, ignoble, indigne, infamant, infâme, innommable, inqualifiable, méprisable, pendable, punissable, répréhensible, scandaleux, vil. 2. *(Bénéfices)* *Caché*, dissimulé, secret, soustrait. ◆ ANT. 1. Avouable, digne, édifiant, fier, glorieux, honorable, innocent, insigne, irréprochable, louable, méritant, respectable. 2. Avoué, connu, déclaré, révélé.

INCALCULABLE ◆ SYN. Considérable, énorme, extraordinaire, *illimité*, immense, imprévisible, inappréciable, incommensurable, indéfini, inestimable, infini, innombrable. ◆ ANT. Appréciable, calculable, commensurable, déterminé, faible, limité, minime, négligeable, ordinaire, prévisible, restreint.

INCANDESCENT ◆ SYN. 1. *(Ch.)* Ardent, *brûlant*, chauffé (à blanc), embrasé, igné, lumineux, rouge vif. 2. *(Imagination)* Actif, alerte, bouillonnant, échauffé, effervescent, enflammé, *fébrile*, vif. ◆ ANT. 1. Éteint, froid. 2. Engourdi, léthargique, rassis.

INCANTATION ◇ v. Enchantement

INCAPABLE ◆ SYN. 1. Impuissant, *inapte*. 2. Bon à rien, empêtré, engourdi, ignorant, *incompétent*, inhabile, maladroit, malhabile, nul, raté, zéro. ◆ ANT. 1. Apte, capable. 2. Adroit, averti, compétent, connaisseur, débrouillard, doué, futé, habile, talentueux.

INCAPACITÉ ◆ SYN. 1. Impossibilité, impuissance, *inaptitude*. 2. Ignorance, impéritie, *incompétence*, inhabileté, insuffisance. 3. Handicap, *invalidité*. ◆ ANT.

1. Aptitude, capacité, possibilité, puissance. 2. Autorité, compétence, habileté, pouvoir, savoir, science, talent. 3. Santé, validité.

INCARCÉRATION ◇ v. Prison

INCARCÉRER ◇ v. Emprisonner

INCARNATION ◇ v. Personnification

INCARNER ◇ v. Personnifier

INCARTADE ◆ SYN. Caprice, *écart* (de conduite), erreur, extravagance, faute, folie, frasques, fredaine, inconduite, peccadille. ◆ ANT. Bonne conduite, discipline, mesure, raison, retenue, sérieux.

INCASSABLE ◆ SYN. Indestructible, infrangible, résistant, *solide*. ◆ ANT. Cassable, cassant, destructible, fragile, frêle.

INCENDIE ◆ SYN. 1. Brasier, conflagration, embrasement, *feu*, flammes, sinistre. 2. Bouleversement, conflit (majeur), conflagration *(fig.)*, *guerre*, révolution. ◆ ANT. 1. Extinction, maîtrise. 2. Armistice, calme, paix, trêve.

INCENDIÉ ◆ SYN. *Brûlé*, consumé, détruit, embrasé, enflammé, rasé. ◆ ANT. Éteint, maîtrisé, reconstruit.

INCENDIER ◆ SYN. 1. Allumer, brûler, consumer, embraser, enflammer, *mettre le feu*. 2. Aviver, échauffer, exalter, *exciter*. ◆ ANT. 1. Éteindre, maîtriser. 2. Apaiser, calmer, refroidir.

INCERTAIN ◆ SYN. 1. Aléatoire, aventureux, conditionnel, conjectural, contingent, *douteux*, éventuel, hasardé, hasardeux, hypothétique, improbable, problématique, risqué. 2. Changeant, fragile, inconstant, instable, *précaire*, variable. 3. Ambigu, confus, équivoque, *imprécis*, indéfini, indéfinissable, indéterminé, louche, nébuleux, obscur, vague, vaporeux. 4. *(Pers.)* Branlant, chancelant, embarrassé, faible, flottant, hésitant, *indécis*, irrésolu, ondoyant, oscillant, perplexe, vacillant, velléitaire. ◆ ANT. 1. Assuré, avéré, certain, confirmé, incontestable, indubitable, probable, prouvé, sûr. 2. Constant, fixe, immuable, invariable, permanent, solide, stable. 3. Clair, défini,

déterminé, évident, explicite, net, précis.
4. Décidé, ferme, hardi, résolu, volontaire.

INCERTITUDE ♦ syn. **1.** Aléas, aventure, contingence, éventualité, *hasard*, imprévu, risque, tribulations, vicissitudes. **2.** Fragilité, inconstance, instabilité, *précarité*, variabilité. **3.** Ambiguïté, brouillard *(fig.)*, brume *(fig.)*, confusion, embrouillement, équivoque, flou, *imprécision*, nuages, obscurité. **4.** *(Pers.)* Anxiété, doute, embarras, flottement, hésitation, *indécision*, indétermination, inquiétude, irrésolution, perplexité, scrupule, tâtonnements, tergiversations, timidité, vacillation, versatilité. ♦ ANT. **1.** Assurance, certitude, sécurité, sûreté. **2.** Constance, fixité, invariabilité, permanence, solidité, stabilité. **3.** Clarté, netteté, précision, vérité. **4.** Confiance, constance, décision, détermination, fermeté, hardiesse, opiniâtreté, résolution, ténacité, volonté.

INCESSANT ♦ syn. Continu, *continuel*, éternel, ininterrompu, permanent, perpétuel, sempiternel *(péj.)*. ♦ ANT. Discontinu, intermittent, interrompu, momentané, rare.

INCIDENCE ◇ v. **Impact**

INCIDENT ♦ syn. **1.** *(Roman, histoire)* Aventure, épisode, *événement*, imprévu, péripétie. **2.** Accident, accroc, affaire, anicroche, avatars, aventure (désagréable), cas, contretemps, *difficulté*, encombre, histoire, mésaventure, problème. **3.** *(Débat, discussion)* Chicane, dispute, interruption, *querelle*, scandale. ♦ ANT. **1.** Déroulement, progression, trame. **2.** Agrément, charme, plaisir. **3.** Discrétion, poursuite (du débat).

INCINÉRATION ♦ syn. *Crémation*, destruction (par le feu).

INCISER ♦ syn. *Couper*, débrider *(méd.)*, entailler, entamer, fendre, ouvrir, scarifier. ♦ ANT. Cicatriser, coudre, fermer, guérir, rattacher, suturer.

INCISIF ♦ syn. **1.** Acéré, *coupant*, tranchant. **2.** Acerbe, aigu, caustique, corrosif, *mordant*, piquant, sarcastique. ♦ ANT.

1. Émoussé. **2.** Complaisant, doux, flatteur, indulgent, morne, plat, terne.

INCISION ♦ syn. Boutonnière *(méd.)*, *coupure*, entaille, fente, scarification, taillade.

INCITER ♦ syn. Aiguillonner, animer, appeler, disposer, encourager, engager, entraîner, exciter, exhorter, incliner, influencer, inspirer, inviter, motiver, persuader, *pousser à*, provoquer, stimuler, susciter. ♦ ANT. Amortir, apaiser, calmer, déconseiller, décourager, détourner, dissuader, empêcher, retenir.

INCIVIL ◇ v. **Impoli**

INCIVILITÉ ◇ v. **Impolitesse**

INCLÉMENCE ◇ v. **Dureté**

INCLÉMENT ◇ v. **Dur**

INCLINAISON ♦ syn. Déclivité, obliquité, penchant, *pente*, rampant *(archit.)*, rampe. ♦ ANT. Aplomb, horizontalité, rectitude, verticalité.

INCLINATION ♦ syn. **1.** Appétit, attirance, attrait, désir, disposition, envie, faible *(n.)*, goût, instinct, penchant, propension, *tendance*. **2.** *Affection*, amour, attachement, sympathie. **3.** *(Corps, tête)* Courbette *(péj.)*, flexion, inflexion, prosternation, révérence, *salut*. ♦ ANT. **1.** Aversion, dégoût, détestation, horreur, répugnance. **2.** Antipathie, dédain, hostilité. **3.** Redressement.

INCLINER ♦ syn. ▷ *V. tr.* **1.** Abaisser, baisser, courber, descendre, fléchir, *pencher*, plier, ployer. **2.** Conditionner, conseiller, convier, entraîner, inciter, influencer, porter à, *pousser à*, prédisposer. ▷ *V. intr.* **3.** Croire, être enclin à, être porté à, être tenté de, *tendre à* (vers). ▷ *V. pr.* **4.** Se baisser, se courber, *se pencher*, se prosterner, saluer. **5.** Abandonner, capituler, *céder*, concéder, courber l'échine, s'écraser *(fam.)*, obéir, se soumettre. ♦ ANT. **1.** Redresser, relever. **2.** Décourager, dissuader, éloigner. **3.** Être réfractaire à, se refuser à. **4.** Se relever. **5.** Affronter, lutter, s'opposer, résister.

INCLURE ♦ syn. **1.** Ajouter, incorporer, *insérer*, intégrer, intercaler, introduire, joindre. 2. Comporter, comprendre, compter, *contenir*, enfermer, englober, impliquer, renfermer. ◆ ANT. 1. Écarter, éliminer, enlever, ôter, retrancher, séparer. 2. Excepter, exclure.

INCLUS ◆ SYN. *Compris*, contenu, inséré, joint, y compris. ◆ ANT. En plus, en sus, excepté, exclu, retranché.

INCOERCIBLE ◇ V. Irrésistible

INCOGNITO ◆ SYN. ▷ *Adv.* 1. *Anonymement*, discrètement, en cachette, officieusement, secrètement. ▷ *Nom* 2. *Anonymat*, obscurité, ombre, privé. ▷ *Adj.* 3. *(Demeurer incognito)* Anonyme, inaperçu, *inconnu*. ◆ ANT. 1. Au grand jour, au vu et au su, officiellement, ouvertement, publiquement. 2. Notoriété, renommée, vie publique. 3. Connu, vu.

INCOHÉRENCE ◆ SYN. Absurdité, confusion, contradiction, *désordre*, discordance, extravagance, illogisme, inconséquence, non-sens, paradoxe. ◆ ANT. Clarté, cohérence, concordance, fondement, liaison, logique, ordre, suite.

INCOHÉRENT ◆ SYN. Abracadabrant, absurde, confus, décousu, *désordonné*, emmêlé, extravagant, illogique, incompréhensible, inconséquent, inconsistant, irrationnel, paradoxal. ◆ ANT. Clair, cohérent, compréhensible, concordant, conséquent, consistant, intelligent, logique, méthodique, ordonné, précis, rationnel, suivi.

INCOLORE ◆ SYN. 1. *Blanc*, clair, pâle. 2. *(Fig.)* Fade, insipide, plat, *terne*. ◆ ANT. 1. Coloré, teinté. 2. Brillant, captivant, expressif, imagé.

INCOMBER ◆ SYN. *Appartenir*, charger, échoir, imposer, peser, retomber sur, revenir à. ◆ ANT. Décharger, dispenser, épargner, exclure.

INCOMESTIBLE ◇ V. Immangeable

INCOMMENSURABLE ◆ SYN. *Démesuré*, énorme, gigantesque, grand, illimité, immense, indéfini, infini, innombrable. ◆ ANT. Commensurable, limité, mesurable, minime, négligeable, petit, restreint.

INCOMMODANT ◆ SYN. *(Bruit, fumée, odeur)* Déplaisant, dérangeant, *désagréable*, gênant, lourd, pénible, pesant. ◆ ANT. Agréable, doux, léger, plaisant.

INCOMMODE ◆ SYN. 1. *Embarrassant*, encombrant, gênant, inconfortable, malcommode. 2. *(Outil)* *Difficile* (à manier), inadapté, non fonctionnel. ◆ ANT. 1. Commode, confortable, dégagé, pratique. 2. Adapté, facile, fonctionnel, maniable.

INCOMMODÉ ◇ V. Indisposé

INCOMMODER ◆ SYN. Déranger, ennuyer, fatiguer, gêner, importuner, *indisposer*, mettre mal à l'aise. ◆ ANT. Calmer, mettre à l'aise, reposer, soulager.

INCOMPARABLE ◆ SYN. Accompli, admirable, hors pair, imbattable, *inégalable*, parfait, remarquable, sans pareil, supérieur, unique. ◆ ANT. Comparable, inférieur, médiocre.

INCOMPATIBILITÉ ◆ SYN. Antagonisme, antipathie, contradiction, désaccord, disconvenance, divergence, *opposition*. ◆ ANT. Accord, coexistence, compatibilité, complémentarité, cumul, harmonie, simultanéité.

INCOMPÉTENCE ◇ V. Incapacité

INCOMPÉTENT ◇ V. Incapable

INCOMPLET ◆ SYN. 1. Fragmentaire, imparfait, *inachevé*, insuffisant, lacunaire, partiel, relatif, sommaire 2. *(Collection)* Dépareillé. ◆ ANT. 1. Absolu, accompli, achevé, complet, exhaustif, parfait. 2. Assorti, entier.

INCOMPRÉHENSIBILITÉ ◇ V. Incompréhension

INCOMPRÉHENSIBLE ◆ SYN. 1. *Impénétrable*, inconcevable, inexplicable, insondable, mystérieux. 2. Abstrus, amphigourique, confus, embrouillé, énigmatique, ésotérique, hermétique, inaccessible, incohérent, indéchiffrable, *inintelligible*, nébuleux, obscur, opaque, sibyllin, ténébreux. 3. *(Attitude, caractère)* Anormal, bizarre, curieux, énigmatique, étonnant, *étrange*, inquiétant. ◆ ANT. 1. Compréhensible, concevable, explicable, pénétrable, révélé. 2. Accessible, clair, cohérent, déchiffrable, élémentaire, évident, facile, intelligible, limpide, simple. **3.** Habituel, normal, rassurant.

INCOMPRÉHENSION ♦ SYN. **1.** Ignorance, illogisme, inconscience, *inintelligence*, irrationalité, lourdeur d'esprit, méconnaissance, superficialité. **2.** Confusion, difficulté, hermétisme, inaccessibilité, illisibilité, impénétrabilité, incohérence, incompréhensibilité, *inintelligibilité*, nébulosité, obscurité, opacité. **3.** Brouille, désaccord, dissension, dissentiment, *mésentente*, mésintelligence **4.** Chauvinisme, étroitesse d'esprit, imperméabilité, inhumanité, injustice, *insensibilité*, intolérance, préjugé. ♦ ANT. **1.** Compréhension, connaissance, conscience, entendement, jugement, logique, perspicacité, raison, rationalité. **2.** Accessibilité, clarté, cohérence, facilité, intelligibilité, lisibilité, limpidité, simplicité, transparence. **3.** Accord, entente, harmonie, réconciliation, union. **4.** Compassion, humanité, indulgence, justice, largeur d'esprit, tolérance.

INCONCEVABLE ♦ SYN. **1.** Contradictoire, *impensable*, impossible. **2.** Bizarre, étonnant, étrange, extraordinaire, extravagant, *incompréhensible*, incroyable, inimaginable, inouï, invraisemblable, phénoménal, stupéfiant. **3.** *Inacceptable*, inadmissible. ♦ ANT. **1.** Concevable, pensable, possible. **2.** Banal, commun, compréhensible, croyable, imaginable, juste, logique, naturel, ordinaire. **3.** Acceptable, admissible.

INCONCILIABLE ♦ SYN. **1.** Antinomique, contradictoire, contraire, discordant, exclusif, *incompatible*, inaccordable, opposé. **2.** *(Pers.)* Désuni, *irréconciliable*. ♦ ANT. **1.** Compatible, complémentaire, conciliable, concordant, inclusif. **2.** Réconciliable, réuni.

INCONDITIONNEL ♦ SYN. ▷ *Adj.* **1.** *Absolu*, aveugle *(péj.)*, complet, entier, sans condition, sans réserve, total. ▷ *Nom* **2.** Adepte, allié, *admirateur*, fan, fanatique, groupie, partisan. ♦ ANT. **1.** Avisé,

conditionnel, modéré, réfléchi, relatif. **2.** Dénigreur, opposant, rival.

INCONFORTABLE ◇ v. Gênant

INCONNU ♦ SYN. ▷ *Adj.* **1.** Absent, caché, *ignoré*, indéterminé, insoupçonné, mystérieux, occulte, secret, voilé. **2.** Imprévu, inattendu, inédit, inexpérimenté, inexploré, inouï, neuf, *nouveau*, rare. **3.** *Anonyme*, effacé, ignoré, incognito, obscur. ▷ *Nom* **4.** *Étranger*, individu, nouveau venu, quidam, tiers. **5.** Étrange, fantastique, futur, *invisible*, irréel, mystère. ♦ ANT. **1.** Connu, déterminé, dévoilé, présent, public, révélé. **2.** Banal, commun, courant, expérimenté, exploré, familier, usuel. **3.** Connu, public, renommé. **4.** Ami, connaissance, parents, proches. **5.** Concret, présent, réalité, réel, visible.

INCONSCIENT ♦ SYN. **1.** Comateux, évanoui, *inanimé*, léthargique. **2.** Ignorant, insensible, irréfléchi, *irresponsable*, insouciant, maboul *(fam.)*. **3.** Automatique, *instinctif*, machinal, spontané. **4.** *(Psychol.)* Infraliminal, refoulé, *subconscient*, subliminal. ♦ ANT. **1.** Conscient, lucide. **2.** Équilibré, réfléchi, responsable, sensé. **3.** Intentionnel, volontaire, voulu. **4.** Exprimé, formulé, rationalisé.

INCONSÉQUENT ♦ SYN. **1.** Absurde, contradictoire, *illogique*, incohérent, inconsistant, paradoxal. **2.** Écervelé, étourdi, imprudent, inconsidéré, *irréfléchi*, léger, malavisé. ♦ ANT. **1.** Cohérent, conséquent, consistant, logique. **2.** Avisé, considéré, pesé, prudent, réfléchi, sage, sensé, sérieux.

INCONSIDÉRÉ ♦ SYN. **1.** *Importun*, inconvenant, indiscret, intempestif, maladroit, malvenu. **2.** Écervelé, étourdi, imprudent, inconséquent, *irréfléchi*, léger, malavisé. ♦ ANT. **1.** Convenable, discret, mesuré, opportun. **2.** Avisé, circonspect, prudent, réfléchi, sage, sensé, sérieux.

INCONSISTANT ♦ SYN. **1.** Coulant, flasque, fluide, malléable, mollasse, *mou*. **2.** Amorphe, *changeant*, frivole, illogique, incohérent, inconséquent, indécis, influençable, mouvant, versatile, veule. **3.** *(Idées,* *espoirs)* Faible, *fragile*, mince. **4.** *(Personnage)* Falot, *inintéressant*, insignifiant, superficiel, terne. ✦ ANT. **1.** Consistant, dur, épais, rigide. **2.** Cohérent, conséquent, déterminé, énergique, ferme, fidèle, immuable, imperturbable, logique, stable, volontaire. **3.** Ancré, durable, profond. **4.** Imposant, intéressant, remarquable, subtil.

INCONSOLABLE ◇ v. **Désespéré**

INCONSOMMABLE ◇ v. **Immangeable**

INCONSTANT ✦ SYN. **1.** Capricieux, *changeant*, fugitif, girouette *(fam.)*, inconsistant, instable, mouvant, ondoyant, papillonnant, vacillant, versatile. **2.** Frivole, *infidèle*, léger, volage. **3.** *(Ch.)* Flottant, *fluctuant*, incertain, variable. ✦ ANT. **1.** Consistant, constant, entêté, ferme, inébranlable, persévérant, résistant, résolu, stable. **2.** Attaché, fidèle, loyal, sérieux. **3.** Fixe, invariable, prévisible.

INCONTESTABLE ✦ SYN. **1.** Assuré, attesté, avéré, certain, démontré, établi, *évident*, flagrant, formel, frappant, manifeste, prouvé, reconnu, sûr. **2.** Inattaquable, indéniable, *indiscutable*, indubitable, irrécusable, irréfutable. ✦ ANT. **1.** Ambigu, douteux, équivoque, erroné, faux, hypothétique, incertain, vague. **2.** Attaquable, contestable, discutable, niable, récusable, réfutable.

INCONTESTÉ ✦ SYN. Admis, attesté, avéré, incontestable, indiscutable, *indiscuté*, reconnu (comme tel). ✦ ANT. Contestable, contesté, discutable, discuté, douteux, incertain, remis en cause, sujet à caution.

INCONTOURNABLE ✦ SYN. ▷ *Adj.* **1.** Inéluctable, *inévitable*, nécessaire. **2.** *(Ouvrage)* Capital, essentiel, *indispensable*, majeur. ▷ *Nom* **3.** Chef-d'œuvre, classique, *œuvre majeure*. ✦ ANT. **1.** Accessoire, évitable, facultatif, libre. **2.** Insignifiant, mineur, ordinaire. **3.** Œuvre mineure.

INCONTRÔLABLE ✦ SYN. **1.** Indémontrable, *invérifiable*. **2.** Impérieux, incoercible, irrépressible, insurmontable, *irrésistible*, viscéral. ✦ ANT. **1.** Contrôlable,

vérifiable. **2.** Coercible, maîtrisable, réfléchi, répressible.

INCONVENANCE ✦ SYN. **1.** Audace, cynisme, désinvolture, discourtoisie, effronterie, impertinence, impolitesse, incongruité, incorrection, sans-façon, *sans-gêne*. **2.** Grossièreté, *indécence*, obscénité. ✦ ANT. **1.** Bienséance, convenance, courtoisie, égards, politesse, respect. **2.** Décence, moralité, pudeur.

INCONVENANT ✦ SYN. **1.** Cavalier, choquant, cynique, *déplacé*, déshonnête, discourtois, effronté, impertinent, impoli, incongru, incorrect, indiscret, indu, inopportun, malséant, malvenu. **2.** Cru, grossier, immoral, *indécent*, licencieux, obscène. ✦ ANT. **1.** À propos, bienséant, bienvenu, convenable, convenant, correct, courtois, décent, discret, honnête, justifié, opportun, plaisant, poli, respectueux. **2.** Décent, pudique, retenu.

INCONVÉNIENT ✦ SYN. **1.** Défaut, désagrément, *désavantage*, difficulté, écueil, empêchement, ennui, frais, incommodité, obstacle. **2.** Conséquence, danger, *risque*, séquelles. ✦ ANT. **1.** Agrément, avantage, bienfait, commodité, faveur, privilège, qualité, utilité. **2.** Assurance, précaution, sûreté.

INCORPORATION ✦ SYN. **1.** Amalgame, *mélange*, mixtion. **2.** *(Population)* Assimilation, *intégration*. **3.** *(Territoire)* **Annexion**, rattachement, réunion. **4.** *(Armée)* Appel, enrôlement, mobilisation, *recrutement*. **5.** *(Propriété)* **Accession**, acquisition, adjonction. ✦ ANT. **1.** Isolement, séparation. **2.** Discrimination, exclusion. **3.** Désunion, détachement, division. **4.** Démobilisation, désertion. **5.** Cession, rétrocession.

INCORPORER ✦ SYN. **1.** Amalgamer, *mélanger*, mêler. **2.** *(Population)* Assimiler, *intégrer*. **3.** *(Territoire)* **Annexer**, rattacher, réunir. **4.** *(Société)* Agréer, *associer*, joindre. **5.** *(Statut de société, québ.)* **Constituer**, créer, fonder. **6.** *(Texte)* Ajouter, enchâsser, *insérer*, introduire. **7.** *(Armée)* Appeler, enrôler, mobiliser, *recruter*. ✦ ANT. **1.** Isoler, séparer. **2.** Discriminer, exclure. **3.** Désunir, détacher, diviser. **4.** Disjoindre, dissocier. **5.** Abolir, destituer. **6.** Enlever, retrancher. **7.** Démobiliser, réformer, renvoyer.

INCORRECT ◆ SYN. **1.** *(Langage)* Abusif, *fautif*, faux, impropre, inexact. **2.** *Défectueux*, déréglé, irrégulier, mauvais. **3.** Débraillé *(tenue)*, déloyal, déplacé, discourtois, grossier, *impoli*, inconvenant, indélicat, indiscret, irrespectueux. ◆ ANT. **1.** Correct, exact, juste, propre. **2.** Bon, réglé, régulier. **3.** Convenable, courtois, décent, délicat, discret, impeccable, loyal, poli, respectueux.

INCORRECTION ◆ SYN. **1.** *(Langage)* Barbarisme, contresens, *faute*, impropriété, lapsus, pataquès, pléonasme (fautif), perle *(fig.)*, solécisme. **2.** Discourtoisie, grossièreté, *impolitesse*, inconvenance, indélicatesse, indiscrétion, irrespect. ◆ ANT. **1.** Correction, exactitude, justesse, propriété. **2.** Convenance, courtoisie, décence, discrétion, politesse, respect.

INCORRIGIBLE ◆ SYN. Endurci, *impénitent*, incurable, indécrottable *(fam.)*, invétéré, irrécupérable, récidiviste. ◆ ANT. Amendable, corrigible, pénitent, récupérable, réhabilitable, repenti.

INCORRUPTIBLE ◆ SYN. **1.** Impérissable, imputrescible, *inaltérable*, inattaquable. **2.** Austère, honnête, *intègre*, irréprochable, juste, loyal, probe, vertueux. ◆ ANT. **1.** Altérable, corruptible, périssable, putrescible. **2.** Corrompu, déloyal, dépravé, fautif, malhonnête, pervers, vénal, véreux.

INCRÉDULE ◆ SYN. **1.** Agnostique, athée, impie, *incroyant*, irréligieux, libre penseur. **2.** Défiant, douteur, dubitatif, perplexe, *sceptique*, soupçonneux. ◆ ANT. **1.** Croyant, dévot, fervent, religieux. **2.** Candide, confiant, crédule, ingénu, naïf.

INCRIMINANT ◇ v. Accablant

INCRIMINER ◆ SYN. Accabler, *accuser*, attaquer, blâmer, imputer, mettre en cause, soupçonner, suspecter. ◆ ANT. Défendre, excuser, justifier, réhabiliter.

INCROYABLE ◆ SYN. **1.** Impensable, *inconcevable*, inimaginable, invraisem-

blable. **2.** Effarant, effroyable, étonnant, extraordinaire, fantastique, faramineux, inouï, phénoménal, prodigieux, renversant, *stupéfiant*. ◆ ANT. **1.** Concevable, crédible, croyable, imaginable, pensable, vraisemblable. **2.** Anodin, banal, commun, courant, insignifiant, médiocre, ordinaire.

INCROYANCE ◆ SYN. Agnosticisme, *athéisme*, doute, impiété, incrédulité, irréligion, scepticisme. ◆ ANT. Certitude, croyance, dévotion, foi, religion.

INCROYANT ◆ SYN. Agnostique, *athée*, impie, incrédule, indifférent, irréligieux, libre penseur, mécréant, païen, sceptique. ◆ ANT. Apôtre, croyant, dévot, fervent, fidèle, mystique, pieux, pratiquant, religieux.

INCULPER ◆ SYN. *(Dr.)* *Accuser*, déposer contre, mettre en examen, poursuivre. ◆ ANT. Absoudre, défendre, disculper, innocenter, libérer.

INCULQUER ◆ SYN. Apprendre, assimiler, *enseigner*, graver, implanter, imprégner, imprimer (dans l'esprit), pénétrer de. ◆ ANT. Enlever, extirper, ôter, oublier.

INCULTE ◆ SYN. **1.** Abandonné, *aride*, désert, désertique, en friche, en jachère, infertile, stérile. **2.** *(Cheveux, poils)* Désordonné, ébouriffé, échevelé, en bataille, hérissé, hirsute, *négligé*. **3.** Barbare, béotien, fruste, grossier, *ignorant*, mal dégrossi, ostrogoth, primitif, rustre. ◆ ANT. **1.** Cultivable, défriché, fécond, fertile, productif. **2.** Coiffé, peigné, soigné. **3.** Civilisé, cultivé, instruit, raffiné, savant.

INCURABLE ◆ SYN. **1.** Chronique, condamné, désespéré, fichu *(fam.)*, fini, *inguérissable*, irrémédiable, irrémissible, insoignable, perdu. **2.** *(Pers.)* Incorrigible. ◆ ANT. **1.** Convalescent, curable, guérissable, remédiable, rémissible, rémittent, soignable. **2.** Corrigible.

INCURIE ◆ SYN. **1.** Abandon, apathie, indifférence, insouciance, laisser-aller, mollesse, *négligence*, relâchement. **2.** *Désorganisation*, laisser-faire. ◆ ANT. **1.** Ambition, application, attention, concentration, préoccupation, soin, souci. 2. Autorité, organisation.

INCURSION ◆ SYN. 1. Attaque, chevauchée, coup de main, course, débarquement, descente, envahissement, invasion, *irruption*, pointe, raid, razzia. 2. Ingérence, *intrusion*. 3. Crochet, *détour*, visite éclair. ◆ ANT. 1. Défense, repli, retraite. 2. Abstention, autonomie. 3. Plan, tracé, voyage.

INDÉCENCE ◆ SYN. 1. Débauche, grivoiserie, grossièreté, immodestie, immoralité, impudeur, impudicité, impureté, inconvenance, incorrection, licence, *obscénité*, pornographie. 2. Culot *(fam.)*, *effronterie*, impudence, insolence. ◆ ANT. 1. Bienséance, chasteté, convenance, décence, modestie, moralité, pudeur, pudicité, pureté. 2. Amabilité, discrétion, politesse, réserve.

INDÉCENT ◆ SYN. 1. Déshonnête, graveleux, grivois, grossier, immodeste, immoral, impudique, impur, inconvenant, licencieux, malséant, *obscène*, ordurier, pornographique, scabreux. 2. *(Iron.)* Démesuré, enviable, extraordinaire, impudent, inimaginable, *inouï*, insolent. ◆ ANT. 1. Bienséant, chaste, convenable, correct, décent, honnête, modeste, moral, pudique, pur. 2. Banal, commun, ordinaire.

INDÉCHIFFRABLE ◆ SYN. 1. Illisible. 2. Embrouillé, énigmatique, hermétique, impénétrable, *incompréhensible*, inexplicable, inintelligible, obscur. ◆ ANT. 1. Déchiffrable, lisible. 2. Clair, distinct, explicable, facile, intelligible, net, simple.

INDÉCIS ◆ SYN. 1. Changeant, dilatoire, douteux, flottant, incertain, *indéterminé*. 2. Ambigu, confus, *imprécis*, indéfini, indistinct, nébuleux, vague. 3. *(Pers.)* Désorienté, embarrassé, faible, frileux, *hésitant*, irrésolu, ondoyant, perplexe, timoré, vacillant, velléitaire. ◆ ANT. 1. Arrêté, déterminé, prononcé. 2. Clair, défini, distinct, net, précis. 3. Décidé, énergique, ferme, hardi, inébranlable, résolu, tenace.

INDÉCISION ◇ v. Incertitude
INDÉFECTIBLE ◇ v. Indestructible
INDÉFENDABLE ◇ v. Inadmissible

INDÉFINI ◆ SYN. 1. *Illimité*, infini. 2. Continuel, éternel, *perpétuel*. 3. Flou, général, *imprécis*, incertain, indécis, indéterminé, vague. ◆ ANT. 1. Fini, limité. 2. Éphémère, passager, temporaire. 3. Borné, clair, défini, déterminé, distinct, précis, restreint, strict.

INDÉFINISSABLE ◆ SYN. 1. Inclassable, *indéterminable*, rare, unique. 2. Indescriptible, *indicible*, ineffable, inexprimable, intraduisible. 3. *(Attrait, charme)* Bizarre, étrange, extraordinaire, *inexplicable*, mystérieux, singulier. ◆ ANT. 1. Classable, courant, définissable, usuel. 2. Clair, descriptible, exprimable, précis, traduisible. 3. Banal, commun, explicable, insignifiant, trivial.

INDÉLÉBILE ◆ SYN. 1. Ineffaçable. 2. Définitif, durable, éternel, impérissable, inaltérable, *indestructible*, inoubliable, perpétuel, persistant, vivace. ◆ ANT. 1. Délébile, effaçable. 2. Altérable, court, destructible, éphémère, fragile, fugitif, oubliable, passager, périssable.

INDEMNE ◆ SYN. 1. Bien portant, rescapé, *sain et sauf*, sauf, sauvé. 2. *(Ch.)* Entier, inaltéré, *intact*. 3. *(Honneur, réputation)* Intact, sans tache, *sauf*. ◆ ANT. 1. Accidenté, atteint, blessé, naufragé, sinistré. 2. Altéré, endommagé, partiel. 3. Entaché, sali, terni.

INDEMNITÉ ◆ SYN. 1. *Compensation*, dédommagement, dommages-intérêts, réparation. 2. *Allocation*, défraiement, prestation, prime. ◆ ANT. 1. Atteinte, dommage, préjudice, tort. 2. Dépenses, frais, (perte de) salaire.

INDÉNIABLE ◇ v. Incontestable

INDÉPENDANCE ◆ SYN. 1. Affranchissement, *autonomie*, émancipation, libération, liberté. 2. Anticonformisme, dissidence, individualisme, indocilité, insoumission, marginalité, *non-conformisme*, rébellion. 3. *(Polit.)* Décolonisation, sécession, séparation, *souveraineté*. 4. *(Pouvoirs)* Compétence, *distinction*, division, juridiction *(dr.)*. ◆ ANT. 1. Assujettissement, contrainte, dépendance, emprise, esclavage, joug, subordination, sujétion. **2.** Banalité, conformisme, docilité, soumission. **3.** Annexion, colonisation, confédération, domination, fédération, union. **4.** Cumul, empiètement, interdépendance, partage.

INDÉPENDANT ◆ SYN. **1.** Affranchi, *autonome*, émancipé, insoumis, libre. **2.** Anticonformiste, dissident, hétérodoxe, individualiste, indocile, marginal, *non-conformiste*, rebelle. **3.** *(Polit.)* Décolonisé, séparé, *souverain*. **4.** Non aligné. ◆ ANT. **1.** Assujetti, contraint, dépendant, subordonné. **2.** Conformiste, docile, orthodoxe, soumis. **3.** Colonisé, dominé, fédéré, uni. **4.** Satellite.

INDÉPENDANTISME ◆ SYN. **1.** *(Territoire)* Sécessionnisme, *séparatisme*, souverainisme *(québ.).* **2.** *(Pouvoir politique)* *Autonomisme*, décentralisation, nationalisme. ◆ ANT. **1-2.** Centralisation, fédéralisme, union, unionisme.

INDÉRACINABLE ◆ SYN. Ancré, chronique, enfoui, enraciné, indestructible, inextirpable, *tenace*. ◆ ANT. Changeant, destructible, faible, fragile, superficiel.

INDESCRIPTIBLE ◇ v. **Indéfinissable**

INDÉSIRABLE ◆ SYN. ▷ *Adj.* **1.** De trop, étranger, *exclu*, refusé, rejeté. **2.** *(Effet)* Inattendu, néfaste, *non voulu*, nuisible. ▷ *Nom* **3.** Importun, indiscret, *intrus*. **4.** Persona non grata. ◆ ANT. **1.** Accepté, accueilli, intégré, invité. **2.** Attendu, désiré, souhaité, voulu. **3.** Hôte, invité, le bienvenu. **4.** Persona grata.

INDESTRUCTIBLE ◆ SYN. **1.** Durable, *impérissable*, inaltérable, indélébile. **2.** *(Liens)* Indéfectible, indéracinable, indissoluble, *perpétuel*. ◆ ANT. **1.** Altérable, destructible, effaçable, fragile, périssable. **2.** Délié, désuni, dissous, éphémère, rompu.

INDÉTERMINABLE ◇ v. **Indéfinissable**

INDÉTERMINATION ◇ v. **Incertitude**

INDÉTERMINÉ ◇ v. **Incertain**

INDEX ◆ SYN. **1.** Catalogue, *classement*, fichier, indice *(méd.)*, lexique, liste, registre, répertoire, table alphabétique. **2.** *(Église*

catholique) **Censure**, interdiction. ◆ ANT. **2.** Imprimatur.

INDICATEUR ◆ SYN. ▷ *Nom* **1.** *Délateur*, dénonciateur, espion, informateur, mouchard *(fam.).* **2.** Avertisseur, compteur, feu, guide *(brochure)*, *indice*, jauge, signal, signe. ▷ *Adj.* **3.** Informatif. ◆ ANT. **1.** Allié, complice, fidèle.

INDICATION ◆ SYN. **1.** *Mention*, précision. **2.** Annonce, indice, marque, *signe*. **3.** *(Pl. surtout)* Avis, directives, marche à suivre, *renseignements*. **4.** *(Médicament)* *Prescription*, recommandation. ◆ ANT. **3.** Contre-indication.

INDICE ◆ SYN. **1.** Empreinte, indication, manifestation, marque, piste, *signe*, soupçon, symptôme *(maladie)*, trace, vestige. **2.** *(Dr.)* Hypothèse, présomption, (début de) *preuve*, supposition. **3.** Échelle, pourcentage, *taux*.

INDICIBLE ◆ SYN. **1.** *(Langage)* *Indéfinissable*, indescriptible, ineffable, inexprimable, intraduisible. **2.** *(Charme, attrait)* Extraordinaire, *inouï*. ◆ ANT. **1.** Définissable, descriptible, exprimable, précis, traduisible. **2.** Commun, ordinaire.

INDIFFÉRENCE ◆ SYN. **1.** Apathie, dédain, désabusement, désaffection, désintérêt, désinvolture, ennui, fatalisme, flegme, impassibilité, inattention, indolence, *insensibilité*, insouciance, lassitude, négligence, passivité. **2.** *Détachement*, éloignement, froideur, mépris, réserve, sécheresse, tiédeur. **3.** Incroyance, *irréligion*, scepticisme. **4.** Abstention, *neutralité*, non-engagement. ◆ ANT. **1.** Curiosité, dévouement, emballement, entrain, exaltation, ferveur, fougue, impétuosité, intérêt, optimisme, sensibilité, soin, zèle. **2.** Admiration, affection, amour, ardeur, attachement, chaleur, compassion, douceur, passion, tendresse. **3.** Certitude, croyance, foi, religion. **4.** Appui, engagement, participation.

INDIFFÉRENT ◆ SYN. **1.** Apathique, blasé, dédaigneux, désabusé, désintéressé, désinvolte, égoïste, étranger, fataliste, flegmatique, impassible, imperturbable, inattentif, *insensible*, insouciant, las, passif, résigné. **2.** *Détaché*, froid, fuyant, méprisant, sec, tiède. **3.** Incroyant, *irréligieux*, sceptique. **4.** *Égal*, futile, sans importance, vain. ◆ ANT. **1.** Actif, attentif, curieux, déterminé, dévoué, émotif, empressé, enthousiaste, exalté, fervent, impétueux, impressionnable, inquiet, intéressé, optimiste, sensible, soucieux, zélé. **2.** Affectueux, aimant, amoureux, ardent, attaché, doux, passionné, tendre. **3.** Croyant, religieux. **4.** Important, intéressant, sérieux.

INDIGENCE ◆ SYN. **1.** Besoin, dénuement, détresse, disette, gêne, mendicité, misère, nécessité, *pauvreté*, privation. **2.** *(Intellectuelle, morale)* Faiblesse, insignifiance, insuffisance, *manque*, médiocrité, platitude, vide. ◆ ANT. **1.** Abondance, aisance, biens, fortune, luxe, opulence, prospérité, richesse. **2.** Excellence, fécondité, originalité, profusion, talent.

INDIGÈNE ◆ SYN. ▷ *Nom* **1.** Aborigène, *autochtone*, natif, naturel, originaire. ▷ *Adj.* **2.** Local. ◆ ANT. **1.** Allochtone, allogène, étranger. **2.** Exotique.

INDIGENT ◆ SYN. **1.** Besogneux, malheureux, mendiant, misérable, miséreux, nécessiteux, *pauvre*. **2.** Dépourvu, *manquant*, rare. ◆ ANT. **1.** Fortuné, heureux, prospère, riche. **2.** Abondant, luxuriant, opulent.

INDIGESTE ◆ SYN. **1.** *(Aliment)* *Inassimilable*, lourd. **2.** *(Ouvrage)* Confus, embrouillé, illisible, pesant (d'esprit), *surchargé*. ◆ ANT. **1.** Assimilable, digeste, léger. **2.** Agréable, clair, dégagé, intéressant, léger, lisible, subtil.

INDIGNATION ◆ SYN. **1.** Colère, haro, hauts cris, insurrection, mécontentement, opposition, résistance, *révolte*, soulèvement, tollé. **2.** Choc, émotion, étonnement, honte, opprobre, *scandale*. ◆ ANT. **1.** Approbation, concert d'éloges, joie, satisfaction. **2.** Apathie, indifférence.

INDIGNE ◆ SYN. **1.** *(Pers.)* *Abject*, coupable, cruel, dénaturé, inhumain, méchant, méprisable, vil. **2.** *(Ch.)* Abominable, avilissant, bas, déshonorant, écœurant, exécrable, ignoble, innommable, inqualifiable, odieux, *révoltant*, scandaleux, trivial. ◆ ANT. **1.** Digne, estimable, honorable, méritant, noble. **2.** Admirable, édifiant, louable, méritoire, respectable.

INDIGNER ◆ SYN. ▷ *V. tr.* **1.** Choquer, écœurer, exaspérer, fâcher, irriter, outrer, *révolter*, scandaliser. ▷ *V. pr.* **2.** S'emporter, se fâcher, fulminer, s'irriter, maudire, *s'offenser*, s'offusquer, protester, se récrier, se révolter, se scandaliser, vitupérer. ◆ ANT. **1.** Édifier, enthousiasmer, plaire, réjouir. **2.** Applaudir, approuver, se réjouir, vanter (les mérites).

INDIGNITÉ ◆ SYN. **1.** Abaissement, abjection, avilissement, déchéance, *déshonneur*. **2.** Bassesse, compromission, honte, *ignominie*, infamie, lâcheté, turpitude, vilenie. ◆ ANT. **1.** Dignité, honneur. **2.** Bravoure, fierté, gloire, grandeur, mérite, noblesse.

INDIQUER ◆ SYN. **1.** Désigner, dire, donner, *montrer*, signaler. **2.** Apprendre, conseiller, enseigner, fournir, *proposer*, recommander, suggérer. **3.** *(Heure, date)* Assigner, déterminer, *fixer*. **4.** Accuser, annoncer, attester, déceler, démontrer, dénoter, manifester, prouver, refléter, *révéler*, signifier, témoigner, traduire, trahir. **5.** Dessiner (sommairement), ébaucher, *esquisser*, tracer. ◆ ANT. **1.** Cacher, dissimuler, taire. **2.** S'abstenir, déconseiller, dissuader. **3.** Changer, modifier. **4.** Celer, enfermer, receler, voiler. **5.** Achever, préciser, situer.

INDIRECT ◆ SYN. **1.** Courbe, dévié, gauche, gauchi, *oblique*. **2.** *Allusif*, captieux, détourné, doucereux, elliptique, évasif, furtif, insinuant, patelin, sinueux, tortueux. **3.** Différé, intermédiaire, *médiat*. ◆ ANT. **1.** Direct, droit. **2.** Absolu, exact, explicite, formel, franc, rigoureux, sans ambages, sans détour. **3.** Immédiat, instantané.

INDISCERNABLE ◆ SYN. **1.** *Identique*, pareil, semblable. **2.** Imperceptible, indistinct, infime, *insaisissable*, insensible, ténu. ◆ ANT. **1.** Différent, distinct, opposé.

2. Distinct, important, manifeste, perceptible, saisissable, sensible.

INDISCIPLINE ✦ SYN. *Désobéissance*, désordre, dissipation, fronde, indocilité, insoumission, insubordination, rébellion, résistance, révolte, sédition. ✦ ANT. Attention, discipline, docilité, obéissance, ordre, soumission, subordination.

INDISCIPLINÉ ✦ SYN. **1.** *Désobéissant*, dissipé, frondeur, indocile, insoumis, insubordonné, malcommode *(québ., fam.)*. **2.** *(Cheveux)* Raide, *rebelle*. ✦ ANT. **1.** Attentif, discipliné, docile, soumis. **2.** Ondoyant, souple.

INDISCRET ✦ SYN. ▷ *Adj.* **1.** Déplacé, embarrassant, fâcheux, immodéré, importun, imprudent, inconsidéré, *inconvenant*, intempestif, malavisé. **2.** *Bavard*, cancanier, perroquet *(fam.)*, rapporteur. ▷ *Nom* **3.** Badaud, curieux, écornifleur *(québ.)*, écouteur, fouineur, fureteur, *gêneur*, inquisiteur, intrus. ✦ ANT. **1.** Avisé, circonspect, délicat, opportun, poli, prudent, réservé, sage. **2.** Discret, respectueux. **3.** Confident, hôte, invité, le bienvenu.

INDISCRÉTION ✦ SYN. **1.** *Curiosité*, indélicatesse, ingérence, intrusion. **2.** Divulgation, ébruitement, fuite, manquement (à sa parole), *révélation*. **3.** *(Pl. surtout)* Bavardages, cancans, commérages, *racontars*. ✦ ANT. **1.** Délicatesse, discrétion, réserve, retenue. **2.** Loyauté, parole (tenue), promesse, respect, silence. **3.** Mise au point, rectification, vérité.

INDISCUTABLE ◇ V. Incontestable
INDISCUTÉ ◇ V. Incontesté

INDISPENSABLE ✦ SYN. **1.** *Obligatoire*, obligé, requis. **2.** Crucial, essentiel, *nécessaire*, primordial, utile, vital. **3.** *(Ouvrage)* Capital, *incontournable*, majeur. **4.** *(Pers.)* Exceptionnel, *irremplaçable*, unique. ✦ ANT. **1.** Facultatif, libre, volontaire. **2.** Accessoire, inutile, négligeable, superflu, vain. **3.** Médiocre, mineur. **4.** Ordinaire, quelconque, remplaçable.

INDISPOSÉ ✦ SYN. Fatigué, *incommodé*, malade, patraque *(fam.)*, souffrant. ✦ ANT. Bien portant, frais et dispos, reposé.

INDISPOSER ✦ SYN. **1.** Déranger, gêner, *incommoder*. **2.** Agacer, aigrir, *déplaire*, désobliger, énerver, fâcher, froisser, hérisser, importuner, mécontenter, se mettre à dos, vexer. ✦ ANT. **1.** Mettre à l'aise, soulager. **2.** S'allier, contenter, louer, obliger, plaire, satisfaire.

INDISSOCIABLE ◇ V. Inséparable
INDISSOLUBLE ◇ V. Indestructible

INDIVIDU ✦ SYN. **1.** *Échantillon*, exemplaire, spécimen, unité. **2.** *Être humain*, femme, homme. **3.** Animal, *être vivant*, plante. **4.** Ego, *identité*, individualité, moi, personnalité, personne (en elle-même). **5.** Bonhomme *(fam.)*, gars *(fam.)*, inconnu, mec *(fam.)*, personne (quelconque), quelqu'un, quidam, *type*. **6.** *(Drôle d'individu)* *Énergumène*, personnage, phénomène. ✦ ANT. **1.** Collectivité, collection, corps, ensemble, foule, masse. **2.** Peuple, population, société. **3.** Être inanimé, objet. **4.** Altérité, autre, autrui. **5.** Connaissance, personne connue.

INDIVIDUALISME ✦ SYN. **1.** Égocentrisme, *égoïsme*, narcissisme, solipsisme. **2.** Anticonformisme, authenticité, *autonomie*, indépendance, liberté, non-conformisme, originalité. **3.** Capitalisme, *libéralisme*, libre concurrence, libre-échange, libre entreprise. **4.** *Anarchisme*, nihilisme. ✦ ANT. **1.** Altruisme, désintéressement, générosité. **2.** Conformisme, dépendance, inauthenticité. **3.** Collectivisme, communisme, dirigisme, étatisme, socialisme. **4.** Capitalisme, communisme.

INDIVIDUEL ✦ SYN. **1.** Autonome, caractéristique, distinct, particulier, personnel, privé, *propre*, singulier, spécifique, subjectif. **2.** *(Quantité)* Divisé, isolé, *séparé*, seul, simple, unique. ✦ ANT. **1.** Collectif, commun, général, générique, objectif, public, social. **2.** Ensemble, groupé, réuni.

INDIVISIBLE ✦ SYN. **1.** *(Math., par deux)* Impair. **2.** Impartageable, indissociable, indivis *(dr.)*, insécable, *inséparable*, unique. ✦ ANT. **1.** Divisible. **2.** Commun, dissociable, partageable, sécable, séparable.

INDOCILE ✦ SYN. *Désobéissant*, dissipé, entêté, frondeur, impatient, indépendant,

indiscipliné, insoumis, insubordonné, malcommode *(québ., fam.)*, rebelle, récalcitrant,
réfractaire, têtu. ♦ **ANT.** Discipliné, docile,
doux, obéissant, patient, soumis, souple,
tranquille.

INDOLENCE ◊ v. **Nonchalance**

INDOLENT ♦ **SYN.** **1.** Amorphe, apathique, avachi, endormi, fainéant, inactif,
insouciant, mou, *nonchalant*, oisif, paresseux, passif. **2.** *(Geste, regard)* Alangui, *languissant*, morne. ♦ **ANT.** **1.** Actif, alerte,
diligent, emporté, énergique, entreprenant, fougueux, impétueux, zélé. **2.** Animé,
ardent, vif.

INDOMPTABLE ♦ **SYN.** **1.** *(Animal)* **Inapprivoisable**, farouche, féroce, indocile,
sauvage. **2.** *(Volonté)* Inébranlable, *inflexible*,
invincible, irréductible. **3.** *(Caractère)* **Courageux**, énergique, fier, intrépide, vaillant.
♦ **ANT.** **1.** Apprivoisable, docile, domestica-
ble, domptable, inoffensif. **2.** Chancelant,
faible, maniable, mou. **3.** Froussard, lâche,
peureux, pusillanime.

INDU ♦ **SYN.** **1.** Inapproprié, *inconvenant*, inopportun, malvenu. **2.** Abusif,
inéquitable, illégitime, immérité, infondé,
injuste, *injustifié*. ♦ **ANT.** **1.** Approprié, convenable, opportun. **2.** Équitable, fondé,
juste, justifié, mérité.

INDUBITABLE ◊ v. **Incontestable**

INDUIRE ♦ **SYN.** **1.** *(Du particulier au général)*
Conclure, déduire, extrapoler, générali-
ser, inférer. **2.** *Inciter*, porter, pousser.
♦ **ANT.** **1.** Poser les prémisses. **2.** Empêcher,
éviter, prévenir.

INDULGENCE ♦ **SYN.** **1.** Bénignité, bienveillance, bonté, charité, *clémence*, compassion, compréhension, débonnaireté,
générosité, humanité, mansuétude, miséricorde, patience. **2.** Justice, largeur d'esprit, *tolérance*. **3.** *(Relig.)* Absolution, faveur,
jubilé, *pardon*, rémission. ♦ **ANT.** **1.** Âpreté,
cruauté, dureté, férocité, impatience,
inclémence, insensibilité, rigueur, sévérité. **2.** Étroitesse d'esprit, injustice, intolérance. **3.** Contrition, faute, péché,
repentir.

INDULGENT ♦ **SYN.** **1.** Accommodant,
bienveillant, *clément*, complaisant, compréhensif, coulant *(fam.)*, débonnaire, généreux, miséricordieux, patient. **2.** *(Jugement)*
Facile, favorable, large, ouvert, *tolérant*.
♦ **ANT.** **1.** Âpre, cruel, dur, féroce, impatient, impitoyable, implacable, inclément,
inexorable, inflexible, rigoureux, sévère,
strict. **2.** Défavorable, étroit, intolérant.

INDÛMENT ♦ **SYN.** Abusivement, à tort,
illégitimement, injustement, irrégulièrement. ♦ **ANT.** À bon droit, à juste titre,
dûment, justement, légitimement, régulièrement.

INDUSTRIE ♦ **SYN.** **1.** Adresse, art, dextérité, habileté, *ingéniosité*, intelligence,
invention, savoir-faire. **2.** Automatisation,
exploitation, *fabrication*, machinisme,
mécanisation, production, transformation.
3. Entreprise, établissement, fabrique,
manufacture, *usine*. ♦ **ANT.** **1.** Incapacité,
inhabileté, maladresse. **2.** Artisanat, conception, création, distribution, invention,
vente. **3.** Boutique, commerce, magasin.

INDUSTRIEL ♦ **SYN.** ▷ *Nom* **1.** Entrepreneur, *fabricant*, manufacturier, producteur, usinier. ▷ *Adj.* **2.** *Manufacturier*,
usinier. **3.** Développé. ♦ **ANT.** **1.** Artisan,
concepteur, créateur, distributeur, inventeur, vendeur. **2.** Agricole, commercial.
3. Résidentiel.

INDUSTRIEUX ♦ **SYN.** Adroit, astucieux, capable, expert, fin, habile, *ingénieux*, inventif. ♦ **ANT.** Gauche, incapable,
inhabile, maladroit, malhabile.

INÉBRANLABLE ♦ **SYN.** **1.** Fixe, immobile, robuste, *solide*. **2.** Constant, courageux, déterminé, ferme, immuable,
impassible, impavide, *inflexible*, persistant, stoïque, tenace. ♦ **ANT.** **1.** Branlant,
fragile. **2.** Accommodant, changeant, faible, inconstant, influençable.

INÉCOUTABLE ◊ v. **Inaudible**

INÉDIT ♦ **SYN.** **1.** Non édité. **2.** Inconnu,
inusité, neuf, *nouveau*, original, sans
précédent. ♦ **ANT.** **1.** Édité, imprimé, publié.
2. Banal, connu, éculé, rebattu, usé, vieux.

INEFFABLE ◆ SYN. 1. Indéfinissable, indescriptible, *indicible*, inexprimable. 2. Extraordinaire, *sublime*. 3. Comique, *drôle*, impayable *(fam.)*, inénarrable. ◆ ANT. 1. Descriptible, exprimable. 2. Banal, trivial. 3. Ennuyeux, lassant, sérieux.

INEFFAÇABLE ◆ SYN. 1. Indélébile. 2. *(Souvenir)* Éternel, immortel, impérissable, inaltérable, indestructible, *inoubliable*, mémorable, vivace. ◆ ANT. 1. Délébile, effaçable. 2. Oubliable, oublié, perdu, périssable, quelconque.

INEFFICACE ◆ SYN. 1. *(Remède)* **Inactif**, inopérant, mauvais. 2. Anodin, improductif, *impuissant*, infructueux, inutile, stérile, vain. 3. *(Pers.)* Engourdi, incapable, *incompétent.* ◆ ANT. 1. Actif, agissant, bienfaisant. 2. Bon pour, efficace, efficient, excellent, fructueux, infaillible, salutaire, utile. 3. Compétent, fiable, sûr.

INÉGAL ◆ SYN. 1. Abrupt, accidenté, *bosselé*, cahoteux, montueux, mouvementé, raboteux, rugueux. 2. *(Mouvement)* Discontinu, inconstant, *irrégulier*, sporadique. 3. *(Quantité)* Déséquilibré, différent, disparate, disproportionné, divers, *varié*. 4. *(Partage)* **Inéquitable**, injuste. 5. *(Caractère)* Bizarre, capricieux, changeant, fantasque, fluctuant, imprévisible, *instable*, variable. 6. *(Qualité)* Boiteux, défectueux, *imparfait*. ◆ ANT. 1. Égal, lisse, plat, uni. 2. Constant, continu, régulier, uniforme. 3. Équilibré, équivalent, identique, même, proportionné, semblable. 4. Équitable, juste. 5. Banal, commun, inchangé, invariable, (toujours) pareil, prévisible, soutenu, stable. 6. Impeccable, parfait, réussi.

INÉGALABLE ◇ V. **Incomparable**

INÉGALÉ ◆ SYN. 1. *(Pers.)* Champion, *invincible*. 2. *(Ch.)* Record, *sans égal*, sans pareil. ◆ ANT. 1. Battu, détrôné, vaincu. 2. Atteint, éclipsé, égalé.

INÉGALITÉ ◆ SYN. 1. Accident, anfractuosité, aspérité, *bosse*, bossellement, cahot, creux, dénivellation, irrégularité, rugosité, saillie. 2. Asymétrie, déséquilibre, différence, disparité, disproportion,

dissemblance, distance, écart, intervalle, *variation*. 3. *(Sociale)* Iniquité, *injustice*. 4. *(Pl. surtout)* **Changements**, sautes (d'humeur). ◆ ANT. 1. Égalité, régularité, uniformité. 2. Équilibre, identité, proportion, ressemblance, similitude, symétrie. 3. Équité, justice. 4. Équanimité, impassibilité, sang-froid.

INÉLÉGANT ◆ SYN. 1. Disgracieux, *inharmonieux*, malgracieux. 2. Cavalier, déplacé, discourtois, grossier, incorrect, *indélicat*, lourd.◆ ANT. 1. Élégant, gracieux, harmonieux. 2. Chic, courtois, délicat, distingué, poli, raffiné.

INÉLUCTABLE ◆ SYN. Certain, *fatal*, fatidique, forcé, immanquable, implacable, incontournable, inévitable, inexorable, insurmontable, irrésistible, nécessaire, obligatoire, sûr. ◆ ANT. Accidentel, aléatoire, douteux, évitable, incertain, occasionnel, surmontable.

INÉNARRABLE ◆ SYN. 1. Inexprimable, *inracontable*. 2. Bizarre, comique, drôle, *ineffable*. ◆ ANT. 1. Exprimable, racontable. 2. Ennuyeux, normal, sérieux.

INEPTE ◆ SYN. Absurde, bête, idiot, insensé, niais, sot, *stupide*. ◆ ANT. Fin, intelligent, perspicace, raisonnable, sage, sensé, subtil.

INEPTIE ◆ SYN. Absurdité, bêtise, idiotie, insanité, sottise, *stupidité*. ◆ ANT. Finesse, intelligence, perspicacité, sagacité, sagesse, subtilité.

INÉPUISABLE ◆ SYN. 1. Abondant, généreux, *intarissable*. 2. *(Esprit, imagination)* Créateur, créatif, débordant, fécond, *fertile*, intarissable *(fig.)*, productif, prolifique, riche. 3. *Illimité*, indéfini, inexhaustible, infini. ◆ ANT. 1. Épuisable, tarissable. 2. Improductif, infécond, infertile, léthargique, pauvre, stérile, tari. 3. Limité, restreint.

INÉQUITABLE ◇ V. **Injuste**

INERTE ◆ SYN. 1. *(Matière)* **Immobile**, inactif. 2. *Inanimé*, inconscient. 3. Amorphe, apathique, atone, indifférent, indolent, mou, nonchalant, *passif*. ◆ ANT.

1. Actif, mobile. 2. Animé, conscient, éveillé. 3. Alerte, dynamique, empressé, énergique, enthousiaste, remuant, vif.

INERTIE ♦ **SYN.** 1. *(Matière)* Résistance. 2. *(Organe)* Atonie, **paralysie**. 3. Apathie, inaction, inactivité, indifférence, indolence, nonchalance, paresse, **passivité**, somnolence, torpeur. 4. *(Autorité)* Abstention, **immobilisme**, stagnation. ♦ **ANT.** 1. Mouvement, réaction. 2. Mobilité, motilité, vitalité. 3. Action, activité, ardeur, énergie, enthousiasme, entrain, fougue, vigueur. 4. Détermination, résolution, vigilance.

INESPÉRÉ ♦ **SYN.** 1. Fortuit, **imprévu**, inattendu, inopiné, insoupçonné, subit. 2. Extraordinaire, remarquable, renversant, saisissant, **surprenant**. ♦ **ANT.** 1. Attendu, déplorable, désespéré, désiré, espéré, prévu, voulu. 2. Décevant, naturel, normal, ordinaire.

INESTIMABLE ♦ **SYN.** 1. *Inappréciable*, incalculable, recherché. 2. *(Bienfait)* Important, **précieux**, rare, unique. ♦ **ANT.** 1. Accessible, appréciable, estimable. 2. Banal, commun, négligeable, ordinaire.

INÉVITABLE ♦ **SYN.** 1. Certain, fatal, fatidique, forcé, immanquable, imparable, incontournable, **inéluctable**, inexorable, logique, nécessaire, obligatoire, obligé, sûr. 2. *(Avec un possessif, devant le nom)* Éternel, habituel, indissociable, **inséparable**, sempiternel, traditionnel. ♦ **ANT.** 1. Accidentel, aléatoire, douteux, évitable, fortuit, imprévu, incertain, possible. 2. Inhabituel, occasionnel, rare.

INEXACT ♦ **SYN.** 1. Erroné, fautif, **faux**, incorrect. 2. *(Version)* Déformé, dénaturé, **imparfait**, imprécis, infidèle. 3. *(Pers.)* Négligent, **retardataire**. ♦ **ANT.** 1. Correct, exact, juste, vrai. 2. Authentique, conforme, fidèle, précis, véridique. 3. Assidu, ponctuel.

INEXACTITUDE ♦ **SYN.** 1. Contre-sens, **erreur**, fausseté, faute, incorrection, nonsens. 2. *(Version)* **Imperfection**, imprécision, inauthenticité, infidélité, non-conformité. 3. *(Pers.)* Négligence, **retard**. ♦ **ANT.** 1. Exactitude, justesse, vérité. 2. Authenticité, conformité, fidélité, précision, véracité. 3. Assiduité, ponctualité.

INEXCUSABLE ♦ **SYN.** *Impardonnable*, inacceptable, inadmissible, injustifiable, irrémissible. ♦ **ANT.** Excusable, justifiable, pardonnable, rémissible.

INEXISTANT ♦ **SYN.** 1. Chimérique, fantaisiste, fictif, imaginaire, **irréel**. 2. Absent, insignifiant, négligeable, **nul**. 3. Apocryphe, controuvé, fabriqué, faux, forgé, inauthentique, **inventé**, mensonger. ♦ **ANT.** 1. Existant, réel. 2. Effectif, important, présent, significatif. 3. Authentique, avéré, cité, établi, sûr, véridique, vrai.

INEXISTENCE ♦ **SYN.** 1. Absence, **néant**, vide. 2. Faiblesse, futilité, **nullité**, vacuité. ♦ **ANT.** 1. Existence, plénitude, présence. 2. Importance, utilité, valeur.

INEXORABLE ♦ **SYN.** 1. Cruel, dur, féroce, **impitoyable**, implacable, inflexible, insensible, intraitable, intransigeant, sévère, sourd à. 2. *(Loi)* Draconien, rigoureux, **sévère**, strict. 3. *(Sort)* **Fatal**, fatidique, immanquable, implacable, inéluctable, inévitable. ♦ **ANT.** 1. Accommodant, attentif, bon, clément, compatissant, généreux, indulgent, miséricordieux, sensible, souple, traitable. 2. Laxiste, permissif, tolérant. 3. Accidentel, aléatoire, évitable.

INEXPÉRIENCE ♦ **SYN.** Ignorance, impéritie, ingénuité, **inhabileté**, maladresse, méconnaissance, naïveté. ♦ **ANT.** Connaissance, expérience, habileté, maîtrise, métier, pratique, savoir-faire.

INEXPÉRIMENTÉ ♦ **SYN.** 1. Apprenti, blanc-bec *(fam.)*, commençant, débutant, frais émoulu, ignorant, inexercé, inexpert, inhabile, jeune, maladroit, malhabile, naïf, neuf, nouveau, **novice**, profane. 2. *(Ch.)* **Inemployé**, inutilisé, neuf, nouveau, récent. ♦ **ANT.** 1. Adroit, aguerri, as, capable, compétent, connaisseur, expérimenté, expert, habile, qualifié, vieux de la vieille. 2. Employé, utilisé, vétuste.

INEXPLICABLE ♦ **SYN.** Bizarre, énigmatique, étrange, impénétrable, incompréhensible, inconcevable, indéchiffrable, indéfinissable, *mystérieux*, obscur. ✦ ANT. Clair, compréhensible, évident, explicable, facile, révélé, simple.

INEXPLORÉ ✦ SYN. Ignoré, *inconnu*, intact, nouveau, sauvage, vierge. ✦ ANT. Civilisé, connu, exploré, foulé, parcouru, visité.

INEXPRESSIF ✦ SYN. 1. *(Style) Ennuyeux*, fade, indéfinissable, insignifiant, insipide, plat, vide. 2. *(Regard, visage)* Atone, éteint, *figé*, morne, terne. ✦ ANT. 1. Coloré, éloquent, expressif, savoureux. 2. Animé, démonstratif, éclatant, radieux, vif.

INEXPRIMABLE ✦ SYN. 1. Incommunicable, indéfinissable, indescriptible, *indicible*, ineffable, inénarrable, inexplicable, intraduisible. 2. Considérable, énorme, extraordinaire, incommensurable, incroyable, infini, *inouï*. ✦ ANT. 1. Communicable, explicable, exprimable. 2. Banal, commun, infime, négligeable, ordinaire.

INEXPUGNABLE ✦ SYN. Fort, *imprenable*, invincible, inviolable, invulnérable, solide, sûr. ✦ ANT. Fragile, prenable, vulnérable.

IN EXTENSO ✦ SYN. ▷ *Adv.* 1. Complètement, en entier, entièrement, exhaustivement, *intégralement*, totalement. ▷ *Adj.* 2. Complet, entier, *intégral*, total. ✦ ANT. 1. Partiellement, sommairement. 2. Partiel, sommaire.

INEXTINGUIBLE ✦ SYN. 1. Inapaisable, inassouvissable, *insatiable*. 2. *(Rire)* Effréné, fou, *incontrôlé*. ✦ ANT. 1. Apaisé, assouvi, extinguible. 2. Contenu, étouffé, maîtrisé.

INEXTRICABLE ✦ SYN. 1. Indébrouillable. 2. Confus, désordonné, embrouillé, emmêlé, *enchevêtré*, entortillé, indéchiffrable, mêlé, obscur. 3. Complexe, dédaléen, empêtré, *labyrinthique*. ✦ ANT. 1. Débrouillé. 2. Clarifié, démêlé, éclairci, net, ordonné. 3. Dépêtré, facile, simple.

INFAILLIBLE ✦ SYN. 1. *(Remède) Efficace*, excellent, radical, salutaire, sûr. 2. *(Décision, pers.)* Absolu, *parfait*, souverain, vrai. 3. *(Résultat)* Assuré, certain, immanquable,

inévitable. ✦ ANT. 1. Incertain, inefficace, inopérant, mauvais. 2. Erroné, faillible, fautif, imparfait. 3. Aléatoire, douteux, évitable, fortuit.

INFAISABLE ◇ v. Irréalisable

INFÂME ✦ SYN. 1. Abject, atroce, avilissant, bas, dégradant, détestable, honteux, horrible, *ignoble*, indigne, méprisable, odieux. 2. Dégoûtant, immonde, *infect*, malpropre, répugnant, sale, sordide. ✦ ANT. 1. Digne, estimable, glorieux, honorable, insigne, noble, respectable. 2. Agréable, attirant, odorant, propre, salubre.

INFAMIE ✦ SYN. 1. Abjection, avilissement, bassesse, déshonneur, flétrissure, honte, *ignominie*, laideur, turpitude, vilenie. 2. Affront, calomnie, *injure*, insulte, offense, outrage. 3. Abomination, *atrocité*, crime, horreur, inhumanité, injustice, monstruosité. ✦ ANT. 1. Délicatesse, dignité, estime, gloire, honneur, noblesse, respect. 2. Compliments, éloges, réparation. 3. Bienfait, bonté, humanité, justice.

INFANTILE ✦ SYN. 1. Enfantin. 2. Frivole, immature, *puéril*. ✦ ANT. 1. Adulte. 2. Mûr, sénile, sérieux.

INFATIGABLE ✦ SYN. Actif, agissant, dur, endurant, endurci, increvable *(fam.)*, indomptable, inlassable, patient, persévérant, *résistant*, robuste, tenace, vigoureux, zélé. ✦ ANT. Abattu, crevé *(fam.)*, épuisé, éreinté, faible, fatigable, flâneur, impatient, mou, nonchalant, paresseux.

INFATUATION ✦ SYN. Fatuité, jactance, narcissisme, orgueil, outrecuidance, prétention, suffisance, *vanité*. ✦ ANT. Humilité, modestie, réserve, retenue, simplicité, timidité.

INFATUÉ ✦ SYN. Fat, gonflé, imbu (de soi-même), orgueilleux, outrecuidant, plein (de soi-même), prétentieux, satisfait (de soi-même), suffisant, vain, *vaniteux*. ✦ ANT. Humble, modeste, réservé, timide.

INFÉCOND ✦ SYN. 1. Stérile. 2. Aride, inculte, *infertile*, ingrat, maigre, pauvre. 3. *(Esprit) Improductif*, léthargique. ✦ ANT. 1. Fécond, prolifique. 2. Abondant, fertile, fructueux, plantureux, riche. **3.** Créatif, inventif, productif.

INFECT ✦ SYN. **1.** Empesté, fétide, malodorant, *nauséabond*, pestilentiel, pourri, puant, putride. **2.** Dégoûtant, écœurant, immonde, insalubre, *malpropre*, repoussant, répugnant, sale, sordide. **3.** *(Nourriture)* Exécrable, immangeable, imbuvable, *mauvais*. **4.** Abject, dégueulasse *(fam.)*, ignoble, *infâme*, méchant, odieux ✦ ANT. **1.** Aromatique, embaumé, odoriférant, parfumé, suave. **2.** Agréable, attirant, impeccable, net, propre. **3.** Buvable, délicieux, mangeable. **4.** Bienveillant, bon, digne, noble, respectable.

INFECTER ✦ SYN. **1.** *(Maladie)* Contaminer, *contaminer*, répandre, transmettre. **2.** *(Plaie)* **Empoisonner**, envenimer, souiller. **3.** *(Ch.)* **Empester**, empuantir, polluer, vicier. **4.** *(Esprit)* **Corrompre**, envahir, gâter, pervertir. ✦ ANT. **1.** Aseptiser, décontaminer, éradiquer, immuniser, isoler, stériliser, vacciner. **2.** Désinfecter, régénérer. **3.** Aérer, assainir, dépolluer, embaumer, filtrer, purifier. **4.** Châtier, corriger, épurer.

INFECTION ✦ SYN. **1.** *(Maladie)* Contagion, *contamination*, épidémie, septicémie, transmission. **2.** *(Plaie)* Corruption, *empoisonnement*, gangrène, putréfaction. **3.** Fétidité, pestilence, pollution, *puanteur*. ✦ ANT. **1.** Antisepsie, asepsie, décontamination, éradication, immunisation, isolement, stérilisation, vaccination. **2.** Antitétanique, désinfection. **3.** Arôme, assainissement, dépollution, purification.

INFÉODÉ ✦ SYN. Affilié, allié, associé, attaché, incorporé, rattaché, *soumis*. ✦ ANT. Affranchi, distinct, indépendant, séparé, seul.

INFÉRER ✦ SYN. Arguer, *conclure*, déduire, dégager, induire, raisonner, tirer (une conclusion). ✦ ANT. Poser les prémisses.

INFÉRIEUR ✦ SYN. ▷ *Adj.* **1.** *(Niveau)* **Bas**, profond. **2.** *(Quantité)* Abrégé, *moindre*, plus petit, réduit. **3.** *(Valeur)* **Médiocre**, mineur,

piètre. **4.** *(Condition sociale)* Humble, *modeste*, pauvre. **5.** *Dépendant*, second (rôle), soumis, subordonné, tributaire. ▷ *Nom* **6.** Dirigé, gouverné, *subalterne*, sujet. **7.** *(Péj.)* Automate, chose, *esclave*, fantoche, jouet, laquais, marionnette, pantin, serf, sous-fifre *(fam.)*, valet, vassal. ✦ ANT. **1.** Culminant, haut, supérieur. **2.** Augmenté, élargi, plus grand. **3.** Excellent, extraordinaire, meilleur. **4.** Aisé, élevé, riche. **5.** Autonome, indépendant, libre, premier (rôle). **6.** Chef, directeur, dirigeant, maître, patron, supérieur. **7.** Affranchi, personne libre.

INFÉRIORITÉ ✦ SYN. **1.** Défaut, *désavantage*, dessous, faiblesse, handicap, manque. **2.** Assujettissement, *dépendance*, domination, emprise, esclavage, joug, oppression, servitude, soumission, subordination, sujétion. ✦ ANT. **1.** Avantage, dessus, excellence, force, qualité, supériorité. **2.** Affranchissement, autonomie, autorité, émancipation, indépendance, libération, liberté, pouvoir, puissance.

INFERNAL ✦ SYN. **1.** Démoniaque, *diabolique*, machiavélique, méphistophélique, satanique. **2.** *(Atmosphère)* Affreux, bruyant, *épouvantable*, impossible, intenable, intolérable, invivable, irrespirable, terrible. **3.** *(Pers.)* Antipathique, détestable, exécrable, *haïssable*, insupportable, mauvais, méchant. **4.** *(Rythme)* Effréné, *endiablé*, exagéré, fou, frénétique, immodéré. ✦ ANT. **1.** Angélique, bienheureux, céleste, divin. **2.** Agréable, calme, détendu, endurable, paisible, plaisant, reposant, supportable, tolérable. **3.** Adorable, bon, charmant, gentil, sage, sympathique, tranquille. **4.** Contenu, modéré, ralenti, retenu, tempéré.

INFERTILE ◇ V. **Infécond**

INFESTER ✦ SYN. **1.** *(Espèces nuisibles)* Abonder, *envahir*, pulluler. **2.** Attaquer, détruire, dévaster, *ravager*. ✦ ANT. **1.** Débarrasser, dégager, exterminer. **2.** Défendre, protéger.

INFIDÈLE ✦ SYN. ▷ *Adj.* **1.** *Déloyal*, malhonnête, menteur, parjure, perfide, traître, trompeur. **2.** *Adultère*, frivole, inconstant, volage. **3.** *(Version)* Déformé, dénaturé, faux, imparfait, inauthentique, *inexact*, mensonger. **4.** *(Mémoire)* Chancelant, *défaillant*, hésitant, incertain, vacillant. ▷ Nom **5.** *(Relig.)* Gentil, hérétique, impie, incroyant, mécréant, *païen*. ◆ ANT. **1.** Droit, franc, honnête, loyal, probe, respectueux (de sa parole), sincère, vrai. **2.** Assidu, constant, fidèle. **3.** Authentique, avéré, conforme, exact, véridique. **4.** Assuré, fiable, sûr. **5.** Croyant, dévot, fidèle, pieux.

INFIDÉLITÉ ◆ SYN. **1.** Abandon, *déloyauté*, inconstance, lâchage *(fam.)*, malhonnêteté, manquement (à sa parole), mensonge, parjure, perfidie, trahison, tromperie. **2.** *Adultère*, amourette, aventure, badinage, flirt, idylle. **3.** *(Version)* Erreur, fausseté, imperfection, inauthenticité, *inexactitude*. ◆ ANT. **1.** Droiture, franchise, honnêteté, loyauté, probité, respect (de sa parole), sincérité, vérité. **2.** Assiduité, constance, fidélité. **3.** Authenticité, exactitude, véracité.

INFILTRATION ◇ v. Pénétration
INFILTRER (S') ◇ v. Pénétrer
INFIME ◆ SYN. **1.** Incalculable, infinitésimal, insignifiant, microscopique, *minime*, minuscule, négligeable, ridicule. **2.** *(Détail)* *Imperceptible*, indécelable, indiscernable, mince, petit, ténu. ◆ ANT. **1.** Calculable, colossal, considérable, élevé, énorme, gigantesque, immense, important, incommensurable. **2.** Décelable, discernable, évident, gros, perceptible, visible.

INFINI ◆ SYN. ▷ Adj. **1.** *Éternel*, immortel, perpétuel. **2.** *(Péj.)* *Interminable*, lassant, sempiternel. **3.** Colossal, démesuré, énorme, extrême, *illimité*, immense, incalculable, incommensurable, indéfini, infiniment grand, innombrable. ▷ Nom **4.** Absolu, Dieu, *perfection*, plénitude. **5.** Azur, ciel, espace, éther, *immensité*, infinitude, vastitude. ◆ ANT. **1.** Éphémère, fini, mortel, temporel. **2.** Bref, court, intéressant. **3.** Borné, commun, déterminé,

infiniment petit, limité, microscopique, minime, minuscule, petit, ténu. **4.** Imperfection, néant, nullité, vide. **5.** Finitude, petitesse.

INFINIMENT ◆ SYN. Beaucoup, énormément, *extrêmement*, immensément, très. ◆ ANT. Médiocrement, modérément, peu.

INFINITÉ ◇ v. Multitude
INFINITÉSIMAL ◇ v. Infime

INFIRME ◆ SYN. Estropié, *handicapé*, impotent, invalide, malade, mutilé, paralysé, perclus. ◆ ANT. En santé, valide, vigoureux.

INFIRMER ◆ SYN. **1.** Affaiblir, amoindrir, battre en brèche, *démentir*, détruire, diminuer, ruiner. **2.** *(Dr.)* Abolir, *annuler*, casser, renverser. ◆ ANT. **1.** Affermir, assurer, attester, confirmer, corroborer, décréter, prouver, renforcer. **2.** Approuver, entériner, ratifier.

INFIRMITÉ ◆ SYN. **1.** *Handicap*, impotence, incapacité, invalidité, mutilation, paralysie. **2.** *Anomalie*, déformation, difformité, dystrophie, irrégularité, malformation, tare. ◆ ANT. **1.** Capacité, force, intégrité, robustesse, santé, vigueur. **2.** Conformité, normalité, régularité.

INFLAMMATION ◆ SYN. Brûlure, chaleur, démangeaison, échauffement, enflure, érubescence, érythème, *irritation*, œdème, rougeur, rubéfaction, tuméfaction.

INFLÉCHIR ◆ SYN. ▷ V. tr. **1.** Baisser, *courber*, incliner, plier, ployer, recourber. **2.** Détourner, *dévier*, écarter. **3.** Influencer, modifier, *réorienter*. ▷ V. pr. **4.** *Se courber*, s'incurver. **5.** *S'orienter*, tendre vers. ◆ ANT. **1.** Dresser, redresser. **2.** Remettre dans la voie. **3.** Consolider, maintenir. **4.** Se redresser. **5.** S'écarter, s'éloigner.

INFLEXIBILITÉ ◇ v. Rigidité
INFLEXIBLE ◆ SYN. **1.** Dur, *rigide*. **2.** Ferme, impitoyable, implacable, indomptable, inébranlable, inexorable, intraitable, intransigeant, *rigoureux*, sévère. ◆ ANT. **1.** Flexible, souple. **2.** Accommodant,

clément, conciliant, docile, indulgent, influençable, laxiste, malléable, maniable, permissif, traitable.

INFLEXION ✦ SYN. **1.** Courbure, *fléchissement*, flexion, inclinaison. **2.** Courbe, détour, *déviation*, méandres, lacet, sinuosité. **3.** Accent, *changement*, intonation, modulation, ton. ✦ ANT. **1.** Raideur, redressement. **2.** Cap sur, ligne droite. **3.** Constance, monotonie, régularité.

INFLIGER ✦ SYN. **1.** *(Peine, sentence)* Appliquer, *donner*, prononcer contre. **2.** *(Correction, sévices)* Administrer *(fam.)*, *faire subir*, flanquer *(fam.)*. **3.** *(Présence)* Accabler, *imposer*. ✦ ANT. **1.** Dispenser, épargner, libérer. **2.** Éprouver, essuyer, protéger, subir. **3.** Réjouir, tolérer.

INFLUENÇABLE ✦ SYN. Docile, ébranlable, entraînable, faible, flexible, malléable, maniable, *manipulable*, mou, moutonnier, perméable. ✦ ANT. Entêté, indépendant, indocile, inébranlable, inflexible, récalcitrant, réfractaire.

INFLUENCE ✦ SYN. **1.** Action, *effet*, empreinte, force, impact, impression, incidence. **2.** Ascendant, autorité, domination, empire, emprise, hégémonie, mainmise, manipulation *(péj.)*, *pouvoir*, prépondérance, puissance. **3.** Attrait, charme, fascination, *magnétisme*, magie, séduction. **4.** Crédit, importance, poids, *prestige*. **5.** *Apport*, contribution, inspiration, part, rayonnement, richesse, rôle. **6.** *Appui*, faveur, incitation, intercession, persuasion, pression, recommandation, soutien. ✦ ANT. **1.** Inefficacité, insensibilité. **2.** Affranchissement, résistance. **3.** Indifférence, mépris, répulsion. **4.** Discrédit, impuissance, insignifiance. **5.** Insuffisance, médiocrité, nullité, pauvreté. **6.** Dissuasion, empêchement, entrave, liberté (d'action), obstacle, refus.

INFLUENCER ✦ SYN. **1.** *Agir sur*, déteindre sur, imprégner, imprimer, inculquer, infléchir, influer sur, marquer, pénétrer, peser sur. **2.** Conditionner, conseiller, convaincre, *entraîner*, inciter à, manipuler

(péj.), pousser à, suggestionner *(péj.)*. **3.** Ébranler, fasciner, *impressionner*, toucher. ✦ ANT. **1.** Effacer, extirper, rejeter. **2.** Déconditionner, dissuader, empêcher, nuire. **3.** Indifférer, mépriser.

INFLUENT ✦ SYN. Autorisé, fort, grand, haut, important, omnipotent, *puissant*. ✦ ANT. Faible, impuissant, insignifiant, médiocre, nul, petit.

INFLUER ◇ V. **Influencer**

INFORMATION ✦ SYN. **1.** Donnée, événement, fait, indication, précision, *renseignement*, révélation. **2.** Annonce, avertissement, avis, *communication*, communiqué, documentation, faire-part, interview, journal, média, message, note, notification, nouvelle, presse, primeur, reportage, transmission, tuyau *(fam.)*. **3.** Enquête, *étude*, examen, instruction *(dr.)*, investigation, recherche, sondage. **4.** *(Pl. surtout)* Actualités, bulletin de nouvelles, flash, journal parlé, journal télévisé, *nouvelles*.

INFORMATIQUE ✦ SYN. **1.** Bureautique, cybernétique, domotique, éditique, monétique, productique, téléinformatique, *traitement* (de données, de l'information). **2.** Micro-ordinateur, *ordinateur*, portable.

INFORME ✦ SYN. **1.** *Ébauché*, grossier, imparfait, primitif, rudimentaire. **2.** *Disgracieux*, inélégant, inesthétique, inharmonieux, irrégulier, laid, lourd. ✦ ANT. **1.** Accompli, achevé, complet, formé, parfait. **2.** Beau, élégant, esthétique, gracieux, harmonieux, régulier.

INFORMÉ ✦ SYN. Au courant, averti, avisé, documenté, initié, instruit de, mis au courant, mis au fait, mis au parfum *(fam.)*, *renseigné*. ✦ ANT. Ignorant, profane, tenu à l'écart.

INFORMER ✦ SYN. ▷ V. tr. **1.** Annoncer, apprendre, avertir, aviser, communiquer, déclarer, diffuser, divulguer, éclairer, faire connaître, faire part de, faire savoir, instruire de, mettre au courant, mettre au fait, mettre au parfum *(fam.)*, notifier, prévenir, publier, *renseigner*, tenir au courant. ▷ *V. intr.* **2.** *(Dr.)* Accuser, *instruire*, signifier. ▷ *V. pr.* **3.** Se documenter sur, s'enquérir, enquêter, interroger sur, *se renseigner*, voir si. ◆ ANT. **1.** Cacher, censurer, désinformer, garder secret, taire, voiler. **2.** Disculper, innocenter. **3.** Ignorer, négliger, omettre.

INFORTUNE ◆ SYN. **1.** Adversité, coup du sort, détresse, déveine, fatalité, malchance, malédiction, *malheur*, mauvais œil, mauvais sort, revers. **2.** *(Financière, morale)* Déboires, déchéance, disgrâce, misère, pauvreté, *ruine*. ◆ ANT. **1.** Bénédiction, bienfait, bonheur, chance, félicité, (bonne) fortune, veine. **2.** Gloire, prospérité, richesse, succès.

INFORTUNÉ ◆ SYN. Défavorisé (par le sort), indigent, malchanceux, *malheureux*, misérable, miséreux. ◆ ANT. Béni des dieux, chanceux, favorisé, fortuné, heureux, privilégié, prospère.

INFRACTION ◆ SYN. **1.** Dérogation, désobéissance, entorse, faute, manquement, transgression, *violation*. **2.** Contravention, crime, *délit*. ◆ ANT. **1-2.** Obéissance, observation, respect.

INFRANCHISSABLE ◆ SYN. **1.** *(Obstacle, lieu)* Impénétrable, inabordable, *inaccessible*. **2.** *(Distance)* *Démesuré*, illimité, infini. **3.** *(Difficulté)* *Insurmontable*, invincible, irréductible. ◆ ANT. **1.** Abordable, accessible, franchissable, pénétrable. **2.** Limité, normal. **3.** Aisé, facile, surmontable.

INFRANGIBLE ◇ v. Incassable

INFRUCTUEUX ◆ SYN. **1.** Improductif, infécond, ingrat, *stérile*. **2.** Inefficace, inutile, *vain*. ◆ ANT. **1.** Fécond, fertile, fructueux, productif. **2.** Efficace, profitable, utile.

INFUS ◆ SYN. **1.** *Infusé*, répandu. **2.** *Inné*, naturel. **3.** *(Science infuse)* Connaissance (prétendue), *prétention*. ◆ ANT. **1.** Extirpé, extrait. **2.** Acquis, appris. **3.** Modestie.

INFUSER ◆ SYN. **1.** Macérer, *tremper*. **2.** *(Idées)* Communiquer, introduire, pénétrer, transfuser, *transmettre*. ◆ ANT. **1.** Extirper, extraire. **2.** Conserver, garder, retenir.

INFUSION ◆ SYN. **1.** Décoction, macération, *tisane*. **2.** *(Idées)* Communication, introduction, pénétration, *transmission*.

INGAMBE ◆ SYN. *Alerte*, dispos, gaillard, léger, preste, souple, vif. ◆ ANT. Alité, estropié, grabataire, impotent, invalide.

INGÉNIER (S') ◆ SYN. S'appliquer, chercher, s'efforcer, s'empresser, s'escrimer, essayer, *s'évertuer*, tâcher, tenter. ◆ ANT. Abandonner, cesser, se désintéresser, éviter, renoncer.

INGÉNIEUX ◆ SYN. **1.** *(Pers.)* Adroit, *astucieux*, capable, délié, doué, entendu à, expert, fin, futé, habile, industrieux, intelligent, malin, raffiné, subtil. **2.** Génial, imaginatif, inspiré, *inventif*, lumineux, original. ◆ ANT. **1.** Bête, gauche, incapable, inexpert, inintelligent, lourdaud, maladroit, malhabile. **2.** Banal, facile, médiocre, terre-à-terre, trivial.

INGÉNIOSITÉ ◆ SYN. **1.** Adresse, *astuce*, dextérité, esprit, finesse, habileté, industrie, intelligence, raffinement, sagacité, savoir-faire, subtilité, talent. **2.** Génie, imagination, inspiration, invention, *inventivité*, originalité. ◆ ANT. **1.** Bêtise, gaucherie, incapacité, inhabileté, inintelligence, maladresse. **2.** Banalité, facilité, médiocrité, trivialité.

INGÉNU ◆ SYN. Angélique, *candide*, crédule, franc, inexpérimenté, innocent, naïf, pur, simple, sincère. ◆ ANT. Averti, expérimenté, faux, hypocrite, madré, malicieux, malin, méchant, roué.

INGÉNUITÉ ◆ SYN. *Candeur*, crédulité, franchise, ignorance, inexpérience, innocence, naïveté, pureté, simplicité, sincérité. ◆ ANT. Expérience, fausseté, hypocrisie, méchanceté, rouerie.

INGÉRENCE ◆ SYN. Immixtion, intervention, *intrusion*. ◆ ANT. Abstention, neutralité, non-ingérence, non-intervention, retrait.

INGÉRER ◆ SYN. ▷ *V. tr.* **1.** Absorber, *avaler*, déglutir, ingurgiter, manger. ▷ *V. pr.* **2.** S'entremettre, entrer, se faufiler, *s'immiscer*, intervenir, s'introduire, se mêler de, mettre son nez dans *(fam.)*. ◆ ANT.

1. Régurgiter, vomir. **2.** S'abstenir, éviter, se garder, s'interdire, se retirer.

INGRAT ♦ SYN. **1.** Dénaturé, *égoïste*, insensible, oublieux, sans-cœur *(fam.)*. **2.** *(Sol)* **Aride**, improductif, stérile. **3.** *(Milieu)* Farouche, hostile, *inhospitalier*, sauvage. **4.** *(Tâche, vie)* Ardu, difficile, *pénible*, rude. **5.** *(Âge)* Déplaisant, *désagréable*, désobligeant, impoli, insupportable. **6.** *(Physique)* Disgracié (par la nature), disgracieux, *laid*, moche *(fam.)*, rebutant. ♦ ANT. **1.** Dévoué, reconnaissant, sensible, soucieux de, zélé. **2.** Fécond, fertile, productif. **3.** Accessible, enchanteur, hospitalier. **4.** Aisé, facile, intéressant. **5.** Affable, agréable, gentil, plaisant, poli. **6.** Beau, charmant, favorisé (par la nature), gracieux, séduisant.

INGRATITUDE ♦ SYN. *Égoïsme*, incompréhension, insensibilité, méconnaissance, oubli. ♦ ANT. Altruisme, gratitude, prévenance, reconnaissance, sensibilité.

INGRÉDIENT ♦ SYN. **1.** *Composant*, composante, constituant, élément constitutif. **2.** *Aliment*, assaisonnement. **3.** *(Pl. surtout)* **Formule**, préparation, recette.

INGUÉRISSABLE ♦ SYN. **1.** Condamné, *incurable*, insoignable, irrémédiable, irrémissible, perdu. **2.** Endurci, impénitent, *incorrigible*, invétéré, irrécupérable. ♦ ANT. **1.** Curable, guérissable, remédiable, rémissible, soignable. **2.** Amendable, corrigible, récupérable, réhabilitable.

INGURGITER ♦ SYN. **1.** Absorber, avaler, boire, dévorer, enfourner *(fam.)*, *engloutir*, engouffrer, ingérer, lamper *(fam.)*, manger, vider. **2.** *(Fig.)* **Apprendre** (de force), bourrer, gaver, imposer. ♦ ANT. **1.** Régurgiter. **2.** Assimiler, comprendre, digérer, expliquer.

INHABILE ♦ SYN. **1.** *(Dr.)* Inapte, *incapable*, inhabilité. **2.** Empoté, gauche, gourd, ignorant, incompétent, inexpérimenté, inexpert, lourd, *maladroit*, malhabile, naïf, novice, pataud. ♦ ANT. **1.** Apte, capable, habilité. **2.** Adroit, débrouillard, dégourdi, diplomate, expérimenté, expert, habile, ingénieux, inventif, rusé.

INHABITÉ ♦ SYN. **1.** *Désert*, sauvage, solitaire. **2.** *Abandonné*, délaissé, dépeu-

plé, déserté, désolé, négligé. **3.** *Inoccupé*, libre, vacant, vide. ♦ ANT. **1.** Colonisé, habité. **2.** Animé, entretenu, fréquenté, peuplé. **3.** Occupé, pris, rempli.

INHABITUEL ♦ SYN. Accidentel, anormal, étrange, exceptionnel, extraordinaire, *inaccoutumé*, insolite, inusité, occasionnel, paradoxal, rare, singulier. ♦ ANT. Commun, courant, coutumier, habituel, normal, ordinaire, usuel.

INHALER ♦ SYN. Absorber, *aspirer*, inspirer, respirer. ♦ ANT. Dégager, exhaler, expirer, souffler.

INHÉRENT ♦ SYN. Appartenant, associé, attaché, *essentiel*, immanent, inné, inséparable, intrinsèque, joint, lié, nécessaire. ♦ ANT. Accessoire, accidentel, désuni, disjoint, extrinsèque, fortuit, inutile, séparé, superflu.

INHIBÉ ◇ v. **Complexé**

INHIBER ♦ SYN. **1.** Arrêter, bloquer, enrayer, *freiner*, paralyser. **2.** *(Émotions)* Défendre, empêcher, prohiber, *refouler*, réprimer. **3.** Figer, geler, gêner, glacer, *intimider*, mettre mal à l'aise, pétrifier. ♦ ANT. **1.** Exciter, favoriser, permettre, stimuler. **2.** Défouler, désinhiber, extérioriser, libérer. **3.** Encourager, enhardir, mettre à l'aise, rassurer.

INHIBITION ◇ v. **Refoulement**

INHOSPITALIER ♦ SYN. **1.** *(Milieu)* Farouche, inabordable, inaccessible, ingrat, *sauvage*. **2.** Froid, glacial, hostile, *inamical*. ♦ ANT. **1.** Accessible, enchanteur, hospitalier. **2.** Accueillant, amical, chaleureux, convivial, cordial.

INHUMAIN ♦ SYN. **1.** Atroce, *barbare*, bestial, brutal, cruel, dénaturé, dur, féroce, impitoyable, insensible, méchant, monstrueux, sanguinaire, sans-cœur *(fam.)*, terrible. **2.** *(Souffrance, travail)* Affreux, *insupportable*, intolérable, pénible. ♦ ANT. **1.** Affable, bon, charitable, doux, généreux, humain, indulgent, secourable, sensible. **2.** Agréable, endurable, supportable, tolérable.

INHUMANITÉ ◇ v. **Barbarie**
INHUMATION ◇ v. **Enterrement**

INHUMER ◊ v. Enterrer

INIMAGINABLE ◊ v. Incroyable

INIMITABLE ✦ SYN. Accompli, achevé, exceptionnel, imbattable, impayable *(fam.)*, *incomparable*, ineffable, inégalable, nonpareil, original, parfait, sans pareil, unique. ✦ ANT. Banal, comparable, copié, déjà vu, égalable, imitable, imité, médiocre, ordinaire, ressassé.

INIMITIÉ ✦ SYN. Animosité, antipathie, aversion, haine, *hostilité*, mésentente, rancune, ressentiment. ✦ ANT. Amitié, amour, attachement, cordialité, entente, fraternité, indulgence, sympathie.

ININTELLIGENCE ✦ SYN. 1. Bêtise, idiotie, imbécillité, *stupidité*. 2. Ignorance, *incompréhension*, lourdeur d'esprit, méconnaissance. ✦ ANT. 1. Finesse, intelligence, subtilité. 2. Clairvoyance, compréhension, lucidité, vivacité.

ININTELLIGENT ✦ SYN. Abruti, bête, borné, bouché, crétin, idiot, imbécile, niais, obtus, sot, *stupide*. ✦ ANT. Brillant, clairvoyant, doué, éveillé, fin, futé, intelligent, pénétrant, sagace, subtil.

ININTELLIGIBILITÉ ◊ v. Incompréhension

ININTELLIGIBLE ✦ SYN. 1. Abstrus, amphigourique, compliqué, confus, difficile, embrouillé, hermétique, impénétrable, inaccessible, *incompréhensible*, inconcevable, indéchiffrable, nébuleux, obscur, opaque, sibyllin, ténébreux. 2. *(Voix)* Imperceptible, *inaudible*, indistinct. ✦ ANT. 1. Accessible, clair, compréhensible, concevable, déchiffrable, facile, intelligible, limpide, lumineux, net, pénétrable, précis, simple, transparent. 2. Audible, distinct, perceptible.

ININTERROMPU ✦ SYN. 1. Consécutif, constant, *continu*, continuel, incessant, permanent, perpétuel, persistant, régulier, soutenu. 2. *(Péj.)* Infini, *interminable*, lassant, sempiternel. ✦ ANT. 1. Coupé, discontinu, interrompu, régulier, rompu. 2. Bref, court, intéressant.

INIQUE ◊ v. Injuste

INIQUITÉ ◊ v. Injustice

INITIAL ✦ SYN. Commençant, débutant, originaire, originel, *premier*, primitif. ✦ ANT. Dernier, final, terminal.

INITIATEUR ✦ SYN. 1. Éducateur, enseignant, *maître*, mentor, modèle. 2. Auteur, centre de, créateur, devancier, fondateur, inaugurateur, innovateur, inspirateur, instaurateur, instigateur, introducteur, inventeur, novateur, pionnier, *précurseur*, promoteur, prophète. 3. *(Péj.)* Agitateur, excitateur, fauteur de troubles, fomentateur, incitateur, instigateur *(péj.)*, *provocateur*, trublion. ✦ ANT. 1. Débutant, disciple, élève, initié, néophyte. 2. Archaïsant, continuateur, épigone, imitateur, suiveur. 3. Conciliateur, pacificateur.

INITIATION ✦ SYN. 1. *Admission*, affiliation, entrée, introduction, investiture, réception. 2. Apprentissage, cléricature, commencement, début, éducation, entraînement, formation, *instruction*, premières armes, préparation. 3. *(Adolescence)* Épreuve, étape, *rite de passage*, transition. 4. *(Nouveau venu)* Bizutage, *brimade*, épreuve (vexatoire). ✦ ANT. 1. Départ, destitution, exclusion, retraite. 2. Connaissances, expérience, métier, savoir. 3. Âge mûr, maturité.

INITIATIVE ✦ SYN. Action, autorité, débrouillardise, décision, dynamisme, entreprise, *intervention*, mesure, organisation, proposition. ✦ ANT. Abstention, indécision, indifférence, laisser-faire, négligence, neutralité, passivité.

INITIÉ ◊ v. Néophyte

INITIER ✦ SYN. ▷ V. tr. 1. *Admettre*, affilier, faire entrer, introduire, recevoir. 2. Apprendre, conduire, éclairer, éduquer, enseigner, entraîner, former, *instruire*, mettre au courant, mettre au fait, montrer, révéler. 3. Débrouiller, dégourdir, dégrossir, délurer, *déniaiser*, dessaler *(fam.)*. ▷ V. pr. 4. Acquérir, commencer à, *s'instruire*. ✦ ANT. 1. Abandonner, destituer, exclure. 2. Connaître, désapprendre, ignorer, oublier, savoir. 3. Abrutir, cacher,

crétiniser, interdire, tenir dans l'ignorance. 4. Approfondir, délaisser, se désintéresser, parfaire.

INJECTER ♦ SYN. 1. Administrer, infiltrer, infuser, inoculer, insuffler, *introduire*.
2. *(Capitaux)* Ajouter, *apporter*, réinvestir.
♦ ANT. 1. Extirper, extraire, ponctionner,
prélever. 2. Épargner, retirer, retrancher.

INJONCTION ♦ SYN. Commandement,
intimation, mise en demeure, *ordre*, prescription, sommation, oukase *(péj.)*, ultimatum. ♦ ANT. Acceptation, obéissance,
soumission.

INJURE ♦ SYN. 1. Affront, attaque,
atteinte, avanie, diffamation, *offense*,
outrage. 2. *(Pl. surtout)* Bêtises *(québ.)*, calomnies, gros mots, grossièretés, infamies,
insolences, *insultes*, invectives, jurons,
vilenies. ♦ ANT. 1. Bienfait, défense, faveur,
réparation, respect. 2. Compliments, éloges, hommages, politesses.

INJURIER ♦ SYN. Aboyer *(fam.)*, apostropher, attaquer, blesser, cracher des injures
(fam.), cracher sur *(fam.)*, chanter pouilles,
engueuler *(fam.)*, *insulter*, invectiver, maudire, offenser, outrager, proférer des
injures, tempêter. ♦ ANT. Bénir, complimenter, défendre, encenser, exalter, féliciter, flatter, glorifier, louanger, vanter.

INJURIEUX ♦ SYN. Blessant, calomnieux, diffamant, flétrissant, grossier,
humiliant, insolent, *insultant*, mortifiant,
offensant, outrageant. ♦ ANT. Agréable,
aimable, charmant, délicat, élogieux, flatteur, glorieux, louable, poli, respectueux.

INJUSTE ♦ SYN. 1. *(Pers.)* Déloyal, *inique*,
malhonnête, mauvais, méchant, odieux,
partial, tyrannique. 2. *(Ch.)* *Abusif*, arbitraire, attentatoire, calomnieux, faux,
illégal, illégitime, immérité, indu, inéquitable, injustifié, irrégulier, léonin, oppressif, vexatoire. ♦ ANT. 1. Bon, consciencieux,
droit, impartial, intègre, juste, loyal, probe.
2. Correct, équitable, fondé, justifié, légal,
légitime, régulier, vrai.

INJUSTICE ♦ SYN. 1. Abus, arbitraire,
déloyauté, favoritisme, illégalité, *iniquité*,
irrégularité, oppression, partialité, passe-

droit, persécution. 2. Atteinte, dommage,
infamie, *préjudice*, scélératesse, tort.
3. *(Sociale)* Déséquilibre, disparité, *inégalité*.
♦ ANT. 1. Bien, droiture, équité, impartialité, justice, légalité, probité, régularité.
2. Bienfait, défense, réparation, secours.
3. Égalité, équilibre, partage.

INJUSTIFIABLE ◇ V. Inadmissible

INJUSTIFIÉ ♦ SYN. 1. Gratuit, immotivé,
indu, *infondé*, non fondé. 2. Immérité,
inéquitable, *injuste*. 3. *Inadmissible*, injustifiable. ♦ ANT. 1. Fondé, justifié, motivé.
2. Équitable, juste, mérité. 3. Admissible,
justifiable.

INLASSABLE ◇ V. Infatigable

INNÉ ♦ SYN. 1. Atavique, *congénital*,
héréditaire. 2. Foncier, infus, instinctif,
naturel. 3. *Inhérent*, intrinsèque. ♦ ANT.
1. Acquis, adventice, appris. 2. Cultivé,
développé. 3. Accessoire, extrinsèque.

INNOCENCE ♦ SYN. 1. Chasteté, *pureté*.
2. Bonté, *candeur*, fraîcheur, franchise,
ingénuité, sincérité. 3. Crédulité, *naïveté*,
simplicité. 4. Non-culpabilité. 5. *Bienfait*,
innocuité. ♦ ANT. 1. Débauche, impureté.
2. Expérience, fourberie, hypocrisie, méchanceté. 3. Astuce, finesse, malice, rouerie. 4. Culpabilité. 5. Nocivité, toxicité.

INNOCENT ♦ SYN. ▷ *Adj.* 1. Chaste,
décent, pudique, *pur*, virginal. 2. Angélique, bon, *candide*, franc, ingénu, sincère.
3. Crédule, *naïf*, niais, simple, simplet.
4. *(Geste)* Anodin, bénin, *inoffensif*, insignifiant, irrépréhensible. 5. Blanc (comme
neige), blanchi, irresponsable, *non coupable*. ▷ *Nom* 6. *Idiot*, simple d'esprit. ♦ ANT.
1. Dépravé, impur, pervers, vicieux.
2. Averti, expérimenté, fourbe, hypocrite,
méchant. 3. Déluré, futé, intelligent,
malin, rusé. 4. Condamnable, grave, nuisible, répréhensible, sérieux. 5. Coupable,
fautif, responsable. 6. Personne normale
(saine d'esprit).

INNOCENTER ♦ SYN. Absoudre, acquitter, blanchir, *disculper*, excuser, justifier,
laver, pardonner. ♦ ANT. Accuser, blâmer,
condamner, dénoncer, incriminer, inculper, noircir, ternir.

INNOMBRABLE ♦ SYN. 1. Considérable, *incalculable*, infini, nombreux. 2. Diversifié, *multiforme*, multiple. ♦ ANT. 1. Clairsemé, insignifiant, rare, restreint, unique. 2. Uni, uniforme.

INNOMMABLE ◊ V. **Inqualifiable**

INNOVATEUR ♦ SYN. ▷ Nom 1. Créateur, découvreur, initiateur, *inventeur*, novateur, précurseur. ▷ Adj. 2. Audacieux, avant-gardiste, hardi, inédit, neuf, *nouveau*, original, révolutionnaire. ♦ ANT. 1. Épigone, imitateur, suiveur. 2. Banal, conformiste, conservateur, déjà vu, éculé, ressassé, rétrograde, timide.

INNOVATION ♦ SYN. 1. Changement, création, découverte, gadget (péj.), *invention*. 2. Audace, avant-gardisme, hardiesse, inconnu, inédit, nouveau, *nouveauté*, originalité, révolution. ♦ ANT. 1. Copie, imitation, pastiche, reproduction. 2. Banalité, conformisme, conservatisme, routine, timidité, tradition.

INNOVER ♦ SYN. Changer, créer, *inventer*, révolutionner, trouver. ♦ ANT. Conserver, copier, imiter, maintenir, reproduire.

INOCCUPÉ ♦ SYN. 1. (Lieu) Disponible, inhabité, libre, *vacant*, vide. 2. (Terrain) Vague. 3. Désœuvré, inactif, *oisif*. ♦ ANT. 1. Envahi, habité, occupé, plein, pris. 2. Cultivé, utilisé. 3. Actif, affairé, surchargé.

INOCULER ♦ SYN. 1. *Immuniser*, introduire, vacciner. 2. (Idées, goûts, préjugés) Communiquer, infuser, *transmettre*. ♦ ANT. 1. Contaminer, infecter. 2. Conserver, se débarrasser.

INOFFENSIF ♦ SYN. 1. (Geste) Anodin, bénin, *innocent*, insignifiant, irrépréhensible. 2. (Pers.) Aimable, bon, *doux*, humain, pacifique, sociable. 3. (Animal) *Docile*, dompté, dressé. 4. (Médicament, traitement) Assuré, fiable, sans danger, *sûr*. ♦ ANT. 1. Condamnable, grave, nuisible, répréhensible, sérieux. 2. Dur, entêté, inhumain, intraitable, méchant. 3. Agressif, farouche, féroce, sauvage. 4. Dangereux, néfaste, risqué.

INONDATION ♦ SYN. 1. *Débordement*, déluge, submersion. 2. Afflux, déferle-ment, envahissement, *invasion*, irruption, multitude. ♦ ANT. 1. Assèchement, dessèchement, drainage, refoulement. 2. Désertion, rareté.

INONDER ♦ SYN. 1. *Déborder*, engloutir, immerger, noyer, submerger. 2. Arroser, baigner, mouiller, *se répandre*, ruisseler sur, tremper. 3. Affluer, déferler, *envahir*, pénétrer, remplir. ♦ ANT. 1. Assécher, dessécher, drainer, sécher. 2. Égoutter, éponger, essuyer. 3. Évacuer, refluer.

INOPÉRANT ♦ SYN. Impuissant, *inefficace*, vain. ♦ ANT. Efficace, opérant, salutaire.

INOPINÉ ♦ SYN. Brusque, fortuit, *imprévu*, inattendu, inespéré, soudain, subit, surprenant. ♦ ANT. Attendu, graduel, prévisible, prévu, progressif.

INOPINÉMENT ◊ V. **Improviste (à l')**

INOPPORTUN ♦ SYN. Déplacé, fâcheux, hors de propos, importun, inconvenant, indu, intempestif, mal à propos, *mal choisi*, malencontreux, malséant, malvenu. ♦ ANT. À propos, bienséant, bienvenu, bon, convenable, favorable, opportun, propice.

INOUBLIABLE ♦ SYN. 1. Célèbre, classique, fameux, glorieux, grandiose, grave, historique, illustre, immortalisé, immortel, insigne, légendaire, marqué, *mémorable*, notoire, renommé, retentissant. 2. Durable, éternel, impérissable, indélébile, *ineffaçable*, persistant, vif, vivace. ♦ ANT. 1. Ignoré, méconnu, mortel, obscur, oubliable, oublié, quelconque. 2. Délébile, effaçable, éphémère, fugace, fugitif, mort et enterré, périssable.

INOUÏ ♦ SYN. 1. Inconnu, *nouveau*, rare. 2. Effarant, effroyable, énorme, étonnant, étrange, *extraordinaire*, formidable, fort, incroyable, indicible, inexprimable, inimaginable, invraisemblable, phénoménal, prodigieux, renversant, stupéfiant. 3. (Bonheur, succès) Démesuré, fou, *insolent*. ♦ ANT. 1. Connu, familier, usuel. 2. Commun, courant, fréquent, insignifiant, médiocre, ordinaire, vraisemblable. 3. Effacé, modeste.

INQUALIFIABLE ♦ syn. Abominable, abject, dégoûtant, honteux, *ignoble*, immonde, inavouable, inconcevable, inconvenant, indigne, innommable, odieux, trivial. ♦ ant. Admirable, convenable, digne, édifiant, élevé, fier, honnête, honorable, juste, méritoire.

INQUIET ♦ syn. 1. Alarmé, *angoissé*, anxieux, craintif, embarrassé, perplexe, préoccupé, soucieux, tourmenté, tracassé, troublé. 2. Agité, exaspéré, fiévreux, *impatient*, irrité, nerveux. ♦ ant. 1. Calme, confiant, heureux, insouciant, paisible, rasséréné, rassuré, serein, tranquille. 2. Adouci, apaisé, patient, résigné, soulagé.

INQUIÉTANT ♦ syn. 1. Affolant, alarmant, *angoissant*, effrayant, grave, mauvais, menaçant, préoccupant, redoutable, sombre. 2. *(Visage, mine)* Lugubre, méchant, patibulaire, *sinistre*. 3. *(Milieu)* Douteux, étrange, louche, *suspect*, trouble. ♦ ant. 1. Apaisant, calmant, consolant, lénifiant, rassurant, réconfortant, reposant. 2. Affable, bon, invitant, réjouissant. 3. Fiable, franc, normal, sûr.

INQUIÉTER ♦ syn. ▷ *V. tr.* 1. Affoler, alarmer, *angoisser*, effrayer, émotionner, épouvanter, harceler, mettre en peine, paniquer, tourmenter, tracasser, troubler. ▷ *V. pr.* 2. S'alarmer, s'émouvoir, s'en faire, se faire du mauvais sang, se mettre en peine, *se soucier*, se tourmenter, se tracasser. 3. S'enquérir de, prendre soin de, *se préoccuper*. ♦ ant. 1. Apaiser, calmer, rasséréner, rassurer, tranquilliser. 2. Se détendre, se distraire, se reposer. 3. Se désintéresser, négliger, oublier.

INQUIÉTUDE ♦ syn. 1. Affolement, alarme, *angoisse*, anxiété, appréhension, crainte, effroi, embarras, émoi, ennui, épouvante, impatience, malaise, peine, peur, souci, tourment, trac, tracas, transes. 2. Intérêt, *préoccupation*, soin, sollicitude. ♦ ant. 1. Apaisement, calme, confiance, espoir, patience, placidité, quiétude, repos, sérénité, tranquillité. 2. Incurie, indifférence, négligence, oubli.

INQUISITEUR ♦ syn. Désobligeant, fureteur, *indiscret*, inquisitorial, interrogateur, investigateur, scrutateur, soupçonneux, vexatoire. ♦ ant. Affable, bienveillant, discret, indulgent, invitant, obligeant, rassurant, réconfortant.

INSAISISSABLE ♦ syn. 1. *(Bien, salaire)* Inaliénable. 2. Fuyant, fugitif, impalpable, *imperceptible*, indécelable, indiscernable, indistinct, insensible, intangible, invisible. 3. Caché, *énigmatique*, fermé, hermétique, inaccessible, impénétrable, incompréhensible, insondable, mystérieux, obscur, secret, sibyllin. ♦ ant. 1. Aliénable, saisissable. 2. Discernable, distinct, manifeste, perceptible, présent, sensible, tangible, visible. 3. Accessible, compréhensible, direct, franc, lumineux, ouvert.

INSALUBRE ♦ syn. 1. Impur, *infect*, malpropre, polluant, sale. 2. *(Climat)* Défavorable, *malsain*, nuisible. ♦ ant. 1. Assaini, hygiénique, propre, pur, salubre. 2. Agréable, favorable, sain.

INSANITÉ ♦ syn. 1. Démence, déraison, extravagance, *folie*, non-sens. 2. *(Pl. surtout)* Absurdités, bêtises, *inepties*, monstruosités, sottises, stupidités. ♦ ant. 1. Bon sens, raison. 2. Finesse, intelligence, sagesse.

INSATIABLE ♦ syn. 1. *(Faim, soif)* Dévorant, inapaisable, *inassouvissable*, vorace. 2. *(Ambition, désir)* Avide, cupide, inextinguible, *insatisfait*, rapace. ♦ ant. 1. Assouvi, gavé, rassasié, repu. 2. Comblé, satisfait.

INSATISFACTION ♦ syn. 1. Frustration, *inassouvissement*, insatiabilité. 2. Contrariété, déception, déplaisir, désenchantement, ennui, grogne, irritation, *mécontentement*. ♦ ant. 1. Assouvissement, satiété, satisfaction. 2. Contentement, enchantement, joie, plaisir, ravissement.

INSATISFAISANT ♦ syn. *Décevant*, frustrant, insuffisant, médiocre, piètre. ♦ ant. Encourageant, excellent, gratifiant, satisfaisant.

INSATISFAIT ♦ syn. 1. Frustré, inapaisé, *inassouvi*. 2. Contrarié, déçu, dépité, désappointé, ennuyé, fâché, *mécontent*.

3. *(Ambition, désir)* Avide, cupide, inextinguible, **insatiable**, rapace. ✦ ANT. **1.** Apaisé,
assouvi, satisfait. **2.** Comblé, content,
enchanté, fier, ravi, réjoui. **3.** Comblé,
satisfait.

INSCRIPTION ✦ SYN. **1.** Affiche, devise,
emblème, enseigne, épigraphe, épitaphe,
exergue, ex-libris, graffiti, **indication**,
légende. **2.** Citation, écriture, enregistrement, immatriculation, liste, **mention**,
registre, transcription. **3.** **Adhésion**, admission, conscription *(armée)*, entrée.

INSCRIRE ✦ SYN. ▷ *V. tr.* **1.** Afficher, consigner, copier, coucher, écrire, enregistrer,
enrôler *(armée)*, graver, immatriculer, **indiquer**, marquer, mentionner, noter, rele-
ver, transcrire. ▷ *V. pr.* **2.** **Adhérer**, s'affilier,
entrer dans, se joindre à. **3.** Faire partie,
s'insérer, s'intégrer, se placer, se rattacher, se situer, trouver sa place. ✦ ANT.
1. Annuler, biffer, effacer, radier, raturer,
rayer, supprimer. **2.** Démissionner, se
désaffilier, expulser, se retirer. **3.** Se détacher, s'écarter, s'éloigner.

INSÉCURITÉ ✦ SYN. **1.** Alarme, appréhension, crainte, **danger**, émoi, inquiétude, menace, péril, risque. **2.** **Abandon**,
délaissement, détresse, isolement, misère.
3. *(Financière)* Déboires, dénuement, échec,
ennuis, fragilité, incertitude, perte, **précarité**, ruine. **4.** *(Climat social)* Agitation, bouleversement, conflit, désordre, émeute,
instabilité, perturbation, troubles. ✦ ANT.
1. Assurance, confiance, intervention,
quiétude, sécurité, sûreté, tranquillité.
2. Aide, appui, bien-être, protection,
réconfort, secours. **3.** Certitude, gain,
prospérité, rétablissement, réussite.
4. Accalmie, paix, stabilité, trêve.

INSENSÉ ✦ SYN. **1.** Dément, déraisonnable, **fou**, insane. **2.** Aberrant, **absurde**,
excessif, extravagant, farfelu, idiot,
imbécile, immodéré, impossible, inepte,
irréfléchi, loufoque, malavisé, ridicule.
3. Étonnant, **extraordinaire**, génial,
incroyable. ✦ ANT. **1.** Raisonnable, sensé.
2. Avisé, équilibré, fin, intelligent, judi-

cieux, lucide, modéré, posé, possible,
réfléchi, sage. **3.** Banal, commun, médiocre, ordinaire.

INSENSIBILISER ✦ SYN. **1.** *Anesthésier*,
chloroformer, endormir, éthériser. **2.** *(Localement)* **Engourdir**, geler *(québ., fam.)*. **3.** Aguerrir, **endurcir**. ✦ ANT. **1.** Raviver, réveiller,
sensibiliser. **2.** Dégeler *(québ., fam.)*, dégourdir. **3.** Attendrir, émouvoir.

INSENSIBILITÉ ✦ SYN. **1.** Analgésie,
anesthésie, chloroformisation, engourdissement, éthérisation. **2.** Accoutumance,
immunisation, tolérance. **3.** Apathie,
calme, désintérêt, détachement, flegme,
impassibilité, insouciance, léthargie,
nonchalance, passivité, somnolence,
torpeur. **4.** Dureté, égoïsme, froideur,
imperméabilité, incompréhension,
indifférence, mépris, sécheresse, tiédeur.
✦ ANT. **1.** Dégourdissement, réveil, sensibilité. **2.** Allergie, intolérance. **3.** Activité,
attention, enthousiasme, entrain, fer-
veur, fougue, intérêt, soin. **4.** Admiration,
affection, amour, ardeur, compassion,
compréhension, dévouement, passion,
tendresse.

INSENSIBLE ✦ SYN. **1.** *Anesthésié*, endormi, engourdi. **2.** Apathique, blasé,
calme, détaché, flegmatique, **impassible**,
insouciant, léthargique, nonchalant, passif, somnolent. **3.** Cruel, dur, égoïste, endurci, étranger à, fermé à, froid, glacial,
imperméable, impitoyable, **indifférent**,
inhumain, réfractaire à, sans-cœur *(fam.)*,
sec, sourd à. **4.** Impalpable, **imperceptible**,
indistinct, infime, insaisissable, insignifiant, intangible, léger, mince, négligeable, petit, ténu. ✦ ANT. **1.** Dégourdi, réveillé,
sensible. **2.** Actif, attentif, enthousiaste,
fervent, fougueux, soigneux. **3.** Ardent,
bon, chaleureux, compatissant, doux,
émotif, ému, enflammé, généreux, humain, hypersensible, impressionnable,
ouvert à, tendre. **4.** Appréciable, considérable, distinct, important, notable, palpable, perceptible, saisissable, significatif,
tangible, visible.

INSÉPARABLE ◆ SYN. ▷ *Adj.* **1.** Attaché, *indissociable*, indivisible, inhérent, insécable, joint, lié, uni. **2.** *(Relig.)* Coexistant, consubstantiel, **unique**. **3.** *(Avec un possessif, devant le nom)* **Éternel**, habituel, inévitable, sempiternel, traditionnel. ▷ *Nom* **4.** *Ami* (de toujours), compagnon, compère. ◆ ANT. **1.** Désuni, disjoint, dissociable, extrinsèque, sécable, séparable. **2.** Différent, distinct. **3.** Inhabituel, occasionnel, rare. **4.** Ennemi (de toujours), rival.

INSÉRER ◆ SYN. ▷ *V. tr.* **1.** Emboîter, encadrer, encarter, encastrer, enchâsser, enter, greffer, implanter, *inclure*, incorporer, incruster, intégrer, intercaler, interfolier, sertir. **2.** Ajouter, engager, entrelarder de, faire entrer, glisser, *introduire*, mettre dans. ▷ *V. pr.* **3.** S'assimiler, s'implanter, *s'intégrer*. **4.** Se dérouler, *s'inscrire*, se placer, se rattacher, se situer, trouver sa place. ◆ ANT. **1.** Arracher, enlever, exclure, ôter, séparer, supprimer. **2.** Dégager, extirper, extraire, retirer, sortir. **3.** Se dissocier, se séparer. **4.** Se détacher, s'écarter, s'éloigner.

INSERTION ◇ V. **Intégration**

INSIDIEUX ◆ SYN. **1.** Captieux, fallacieux, fourbe, hypocrite, perfide, spécieux, *trompeur*, vicieux. **2.** *(Maladie)* Dangereux, dévastateur, grave, imprévu, invisible, malin, *sournois*. ◆ ANT. **1.** Droit, franc, honnête, loyal, ouvert, sincère, vrai. **2.** Bénin, inoffensif, manifeste, prévisible.

INSIGNE ◆ SYN. ▷ *Nom* **1.** *(Fonction, grade, honneur)* Banane *(fam.)*, couronne, croix, décoration, distinction (honorifique), emblème, étoile, galon, livrée, macaron, *marque* (distinctive), médaille, plaque (commémorative), ruban. **2.** Autocollant, badge, cocarde, drapeau, écharpe, écusson, épinglette, logo, macaron, porte-nom *(québ.)*, rosette, *signe* (distinctif), symbole, vignette. ▷ *Adj.* **3.** *(Devant le nom)* Digne, éclatant, *éminent*, extraordinaire, fameux, glorieux, illustre, important, remarquable, signalé. **4.** *(Après le nom)* Très grand. ◆ ANT. **3.** Banal, ignoré, insignifiant, médiocre, modeste, obscur, ordinaire, nul.

INSIGNIFIANCE ◆ SYN. **1.** *(Pers.)* Fadeur, faiblesse, inconsistance, *médiocrité*, pauvreté (intellectuelle), petitesse. **2.** *(Ch.)* Banalité, dérision, fadaises, frivolité, *futilité*, inanité, insuffisance, légèreté, modicité, néant, nullité, platitude, puérilité, vacuité, vanité, vide. ◆ ANT. **1.** Éclat, dignité, excellence, grandeur, prestige, puissance, richesse (intellectuelle), sagesse, talent. **2.** Gravité, importance, intérêt, plénitude, poids, sérieux, utilité, valeur.

INSIGNIFIANT ◆ SYN. **1.** *(Pers.)* Effacé, faible, falot, inconsistant, *médiocre*, pauvre, quelconque, terne. **2.** *(Œuvre)* Banal, fade, insipide, mauvais, *nul*, piètre, plat. **3.** *(Détail, quantité)* Accessoire, anodin, dérisoire, infime, menu, mince, minime, misérable, *négligeable*, petit, ridicule. **4.** *(Paroles)* Creux *(fam.)*, frivole, *futile*, léger, vain, vide. ◆ ANT. **1.** Admirable, brillant, digne, éminent, prestigieux, puissant, renommé, riche, talentueux. **2.** Bon, extraordinaire, génial, sublime. **3.** Considérable, énorme, frappant, remarquable, significatif. **4.** Grave, important, intéressant, sérieux, signifiant, utile, valable.

INSINUANT ◇ V. **Indirect**

INSINUATION ◆ SYN. **1.** *Allusion*, non-dit, sous-entendu. **2.** Accusation, attaque, *calomnie*. ◆ ANT. **1.** Affirmation, franchise, franc-parler. **2.** Apologie, défense, éloge, preuve.

INSINUER ◆ SYN. ▷ *V. tr.* **1.** *(Péj.)* Donner à entendre, laisser entendre, laisser supposer, prétendre, souffler (à l'oreille), *sous-entendre*, suggérer. ▷ *V. pr.* **2.** Se couler entre, se faufiler, *se glisser*, s'infiltrer, s'introduire, pénétrer. ◆ ANT. **1.** Dire franchement (tout haut), établir, prouver. **2.** S'en aller, chasser, sortir.

INSIPIDE ◆ SYN. **1.** Insapide. **2.** Désagréable, douceâtre, *fade*. **3.** Assommant, *ennuyeux*, fastidieux, inexpressif, insignifiant, lassant, monotone, morne, plat, terne, trivial. ◆ ANT. **1.** Appétissant, sapide, savoureux. **2.** Assaisonné, délicieux, piquant, relevé, succulent. **3.** Captivant, divertissant, drôle, expressif, exquis, intéressant, suave, vivant.

INSISTANCE ◆ SYN. 1. Acharnement, constance, fermeté, obstination, opiniâtreté, *persévérance*. 2. Accent, accentuation, appui, leitmotiv, régularité, *répétition*. 3. *(Regard)* Curiosité, indélicatesse, *indiscrétion*. ◆ ANT. 1. Abandon, désistement, inconstance, indécision, mollesse, renoncement. 2. Diminution, intermittence, irrégularité, nouveauté. 3. Délicatesse, discrétion, fugacité.

INSISTANT ◆ SYN. 1. *(Ton)* Accentué, *appuyé*, fort, grossier, lourd. 2. *(Pers.)* Implorant, *pressant*, suppliant. ◆ ANT. 1. Badin, discret, léger, subtil. 2. Calme, indifférent, patient.

INSISTER ◆ SYN. 1. S'acharner, continuer, s'obstiner, *persévérer*. 2. Accentuer, s'appesantir, *appuyer sur*, enfoncer le clou, s'étendre sur, mettre l'accent sur, mettre les points sur les i, répéter, souligner. 3. Implorer, *presser*, prier, supplier. ◆ ANT. 1. Abandonner, abdiquer, renoncer. 2. Abréger, effleurer, esquisser, faire allusion, interrompre, oublier. 3. Ficher la paix *(fam.)*, laisser tranquille.

INSOCIABLE ◆ SYN. Acariâtre, bourru, désagréable, désobligeant, farouche, hargneux, impossible, insupportable, *misanthrope*, ours *(fig.)*, sauvage, solitaire. ◆ ANT. Accommodant, aimable, humain, liant, obligeant, philanthrope, prévenant, serviable, sociable.

INSOLENCE ◆ SYN. 1. *Arrogance*, assurance, cynisme, hauteur, morgue, orgueil, outrecuidance, suffisance. 2. Bravade, effronterie, *impertinence*, impolitesse, irrespect. 3. *(Pl. surtout)* Affront, grossièretés, injures, *insultes*, offense. ◆ ANT. 1. Affabilité, modestie, simplicité, timidité. 2. Courtoisie, déférence, égards, politesse, respect. 3. Éloges, louanges.

INSOLENT ◆ SYN. 1. *Arrogant*, cynique, hautain, orgueilleux, outrecuidant, rogue, suffisant. 2. Cavalier, déplacé, désagréable, effronté, grossier, *impertinent*, impoli, impudent, inconvenant, injurieux, insul-

tant. 3. *(Iron.)* Extraordinaire, indécent, inimaginable, *inouï*. ◆ ANT. 1. Affable, humble, modeste, simple, timide. 2. Agréable, charmant, correct, courtois, déférent, prévenant, poli. 3. Commun, ordinaire.

INSOLITE ◆ SYN. 1. Anormal, bizarre, étonnant, étrange, exceptionnel, extraordinaire, inaccoutumé, *inhabituel*, nouveau, rare. 2. *(Personne, tenue)* Excentrique, *extravagant*, fantasque. ◆ ANT. 1. Accoutumé, commun, courant, familier, habituel, normal, ordinaire, usuel. 2. Banal, conforme, conventionnel.

INSOLUBLE ◇ V. **Impossible**

INSOLVABLE ◆ SYN. Démuni, endetté, failli, pauvre, ruiné, *surendetté*. ◆ ANT. Prospère, solvable.

INSONDABLE ◆ SYN. 1. Abyssal, *profond*. 2. Énigmatique, impénétrable, *incompréhensible*. 3. *(Péj.)* Énorme, *immense*, infini. ◆ ANT. 1. Élevé, éminent. 2. Clair, compréhensible, limpide. 3. Infime, minime.

INSOUCIANCE ◆ SYN. 1. Désintérêt, détachement, *indifférence*, oubli, témérité. 2. Étourderie, *frivolité*, imprévoyance, imprudence, inattention, indolence, je-m'en-fichisme, je-m'en-foutisme, légèreté, négligence, nonchalance. ◆ ANT. 1. Curiosité, intérêt, méfiance, préoccupation, souci. 2. Attention, prévoyance, prudence, sagesse, sérieux, soin.

INSOUCIANT ◆ SYN. 1. Détaché, indifférent, insoucieux, *oublieux*, sans crainte, sans-souci, téméraire. 2. Étourdi, *frivole*, imprévoyant, imprudent, inattentif, indolent, je-m'en-fichiste, je-m'en-foutiste, léger, négligent, nonchalant. ◆ ANT. 1. Curieux, inquiet, intéressé, méfiant, préoccupé, soucieux. 2. Actif, attentif, attentionné, prévoyant, prudent, réfléchi, sage, sérieux, soigneux.

INSOUMIS ◆ SYN. ▷ *Nom* 1. Contestataire, déserteur, dissident, insurgé, mutin, objecteur de conscience, *rebelle*, réfractaire, résistant, révolté, séditieux. ▷ *Adj.* 2. Désobéissant, difficile, entêté, frondeur, indépendant, *indiscipliné*, indocile, insubordonné, récalcitrant, rétif, têtu.

✦ **ANT. 1.** Collaborateur, conformiste, fidèle, soumis. **2.** Docile, doux, facile, obéissant, sage, souple, tranquille.

INSOUMISSION ◇ **V. Rébellion**

INSOUPÇONNABLE ◇ **V. Irréprochable**

INSOUPÇONNÉ ◇ **V. Inconnu**

INSOUTENABLE ✦ **SYN. 1.** *Inadmissible*, indéfendable, injustifiable. **2.** *Atroce*, inhumain, insupportable, intolérable, pénible. ✦ **ANT. 1.** Admissible, défendable, évident, justifiable. **2.** Endurable, humain, supportable, tolérable.

INSPECTER ✦ **SYN. 1.** Contrôler, passer en revue, *surveiller*, vérifier, visiter. **2.** *Examiner*, explorer, fouiller, ratisser, scruter, sonder. ✦ **ANT. 1.** Fermer les yeux, laisser échapper, passer outre. **2.** Effleurer, expédier, négliger, survoler.

INSPECTEUR ✦ **SYN. 1.** Contrôleur, examinateur, réviseur, surveillant, *vérificateur*, visiteur. **2.** Détective (privé), *enquêteur*, limier, policier enquêteur.

INSPIRATEUR ✦ **SYN. 1.** *Conseiller*, éminence grise, guide, maître, maître à penser, mentor, modèle. **2.** *(Inspiratrice)* Égérie, *muse*. **3.** *Initiateur*, innovateur, instigateur, précurseur, promoteur. **4.** Agent, cause, *moteur*, motif, source.

INSPIRATION ✦ **SYN. 1.** Absorption, *aspiration*, inhalation, respiration. **2.** Éclair, enthousiasme, esprit, ferveur, grâce, idée, illumination, intuition, muse, *souffle*, vision. **3.** *Créativité*, fertilité *(fig.)*, imagination, inventivité, originalité, veine, verve. **4.** *Conseil*, impulsion, influence, initiative, instigation, motivation, persuasion, suggestion. ✦ **ANT. 1.** Expiration. **2.** Abattement, déréliction, léthargie, paralysie, ténèbres, torpeur. **3.** Aridité, banalité, léthargie, imitation, médiocrité, prosaïsme, torpeur, trivialité. **4.** Dissuasion, empêchement, entrave, obstacle, résistance.

INSPIRÉ ✦ **SYN.** ▷ *Adj.* **1.** Extraordinaire, génial, prophétique, *visionnaire*. **2.** Adroit, avisé. ▷ *Nom* **3.** Illuminé, *mystique*. ✦ **ANT.**

1. Banal, terre-à-terre, trivial. **2.** Inconsidéré, malavisé. **3.** Profane.

INSPIRER ✦ **SYN.** ▷ *V. tr.* **1.** Absorber, *aspirer*, humer, inhaler, respirer. **2.** *(Activité, conduite)* Animer, aviver, commander, conduire, conseiller, déterminer, dicter, diriger, inculquer, *insuffler*, motiver, suggérer. **3.** *(Sentiment)* Communiquer, imprimer, provoquer, *susciter*, transmettre. **4.** *(Fam.)* Convenir, *plaire*, tenter. ▷ *V. pr.* **5.** *Emprunter*, imiter, puiser, se servir. ✦ **ANT. 1.** Expirer. **2.** Dissuader, écarter, éloigner, empêcher, entraver, priver de. **3.** Éprouver, réagir, ressentir, subir. **4.** Déplaire, ennuyer. **5.** Créer, imaginer, innover, inventer.

INSTABLE ✦ **SYN. 1.** Bancal, boiteux, *branlant*, chancelant, fragile, vacillant. **2.** Errant, *nomade*, vagabond. **3.** Capricieux, changeant, inconsistant, *inconstant*, indécis, versatile. **4.** Flottant, fluctuant, imprévisible, incertain, *précaire*, variable. ✦ **ANT. 1.** Fixe, solide, stable. **2.** Sédentaire, stationnaire. **3.** Consistant, constant, déterminé, ferme, persévérant. **4.** Certain, invariable, permanent, prévisible.

INSTALLATION ✦ **SYN. 1.** Intronisation, investiture, *nomination*, passation des pouvoirs. **2.** Arrivée, emménagement, entrée, *établissement*, mise en place, prise de possession. **3.** Aménagement, ameublement, *arrangement*, disposition. **4.** *(Pl. surtout)* Dispositifs, *équipement*, infrastructures. ✦ **ANT. 1.** Abdication, congédiement, démission, déposition, destitution, renvoi. **2.** Déménagement, départ, évacuation, préparatifs. **3.** Désordre, désorganisation.

INSTALLER ✦ **SYN.** ▷ *V. tr.* **1.** Introniser, investir, *nommer*. **2.** Baser, caser, établir, fixer, *loger*, poster. **3.** Accommoder, *aménager*, arranger, disposer, dresser, équiper, placer, poser. ▷ *V. pr.* **4.** Camper, emménager, s'enraciner, *s'établir*, se fixer, s'implanter, se loger. **5.** S'asseoir, se caler *(fauteuil)*, s'étendre, se prélasser, *prendre ses aises*. ✦ **ANT. 1.** Congédier, destituer, remercier, renvoyer. **2.** Changer de place, transférer. **3.** Défaire, démonter, déplacer, enlever, transporter, vider. **4.** S'en aller, déménager, quitter. **5.** Se dresser, se tenir droit.

INSTANCE ◆ **SYN.** ▷ *Sing.* **1.** Cour, *juridiction*, tribunal. ▷ *Pl.* **2.** Autorité, *pouvoir décisionnel*. **3.** Demandes, pressions, prières, *requêtes*, sollicitations. ▷ *Loc.* **4.** *(En instance de)* En cours de, *sur le point de*.

INSTANT ◆ **SYN.** ▷ *Nom* **1.** Minute, *moment*, seconde. ▷ *Adj.* **2.** *(Danger)* Immédiat, *imminent*, prochain, proche. **3.** *(Demande)* Insistant, *pressant*, pressé, urgent. ◆ **ANT. 1.** Éternité, long moment. **2.** Éloigné, lointain. **3.** Lent, long, patient.

INSTANTANÉ ◆ **SYN.** Bref, brusque, *immédiat*, prompt, rapide, soudain, subit. ◆ **ANT.** Durable, lent, long, ralenti, retardé, tardif.

INSTAURATEUR ◇ v. **Initiateur**

INSTAURATION ◆ **SYN.** Constitution, création, *établissement*, fondation, inauguration, institution. ◆ **ANT.** Abolition, destruction, disparition, renversement, suppression.

INSTAURER ◆ **SYN.** Constituer, créer, *établir*, fonder, inaugurer, instituer, mettre en place. ◆ **ANT.** Abolir, anéantir, détruire, renverser, supprimer.

INSTIGATEUR ◆ **SYN. 1.** Dirigeant, *initiateur*, inspirateur, promoteur. **2.** *Agitateur*, conspirateur, excitateur, fauteur de troubles, fomentateur, fomenteur, incitateur, meneur, provocateur, trublion. **3.** Agent, cause, *moteur*.

INSTIGATION ◆ **SYN.** Conseil, encouragement, impulsion, *incitation*, influence, inspiration, poussée, suggestion, suscitation.

INSTINCT ◆ **SYN. 1.** Appétence, appétit, désir, disposition, habitude, *impulsion*, inclination, libido *(sexualité)*, penchant, poussée, pulsion, tendance. **2.** Flair, inspiration, *intuition*, pif *(fam.)*, prémonition, pressentiment, sentiment. **3.** Aptitude, art, bosse *(fam.)*, *don*, sens, talent. ◆ **ANT. 1.** Conscience, intelligence, jugement, raison. **2.** Déduc-

tion, raisonnement. **3.** Défaut, faiblesse, lacune.

INSTINCTIF ◆ **SYN. 1.** Inné, instinctuel, *naturel*, pulsionnel. **2.** Automatique, *inconscient*, involontaire, irréfléchi, machinal, réflexe, spontané. **3.** Animal, impérieux, impulsif, incoercible, incontrôlé, irraisonné, irrépressible, profond, violent, *viscéral*. ◆ **ANT. 1.** Acquis, appris, rationnel. **2.** Conscient, réfléchi, volontaire. **3.** Contrôlé, modéré, raisonné, répressible.

INSTITUER ◆ **SYN.** ▷ *V. tr.* **1.** *(Fonction, poste)* Attribuer, *nommer*, pourvoir. **2.** Commencer, constituer, créer, ériger, *établir*, fonder, former, instaurer, mettre en vigueur, organiser, promouvoir. ▷ *V. pr.* **3.** Se créer, s'établir, *se nouer*. ◆ **ANT. 1.** Abolir, destituer, remplacer. **2.** Abroger, achever, anéantir, détruire, poursuivre, renverser, supprimer. **3.** Se dénouer, se renforcer, se terminer.

INSTITUT ◆ **SYN. 1.** *(Arts et lettres)* Académie, aréopage, cénacle, cercle, club, école, *société*. **2.** *(Relig.)* Communauté, congrégation, *institution*, ordre. **3.** *(Méd., sc.)* *Centre*, centre de recherche, laboratoire. **4.** Association, *fondation*, organisme. **5.** Collège, conservatoire, école, *établissement* (scolaire), faculté, université.

INSTITUTEUR ◇ v. **Enseignant**

INSTITUTION ◆ **SYN. 1.** Constitution, création, édification, établissement, *fondation*, instauration. **2.** Association, *établissement* (public, privé), groupement, institut, personne morale, société. **3.** *(Dr.)* Désignation, *nomination*. **4.** *(Fam.)* Coutume, *habitude*, mode, pratique, tradition, usage. **5.** *(Fam.)* Personnage marquant, *sommité*. **6.** *(Pl.)* Constitution, coutumes, lois, *régime*, règles, structures (sociales, politiques, etc.).

INSTRUCTEUR ◆ **SYN. 1.** Coach, *entraîneur*, moniteur. **2.** Animateur, *éducateur*, formateur, professeur. **3.** Conseiller technique.

INSTRUCTIF ◆ **SYN. 1.** Culturel, *éducatif*, enrichissant, formateur, pédagogique, profitable. **2.** *Édifiant*, exemplaire, moral, sain. ♦ **ANT. 1.** Abrutissant, déformateur, dommageable, inepte, insignifiant, nul, pauvre. **2.** Choquant, immoral, malsain, pernicieux, vulgaire.

INSTRUCTION ♦ **SYN. 1.** Apprentissage, édification, éducation, *enseignement*, étude, formation, initiation, pédagogie. **2.** Bagage *(fig.)*, compétence, connaissances, culture, érudition, lettres, *savoir*, science. **3.** *(Dr.)* *Enquête*, examen, information, interrogation, procédure, recherches. **4.** *(Pl. surtout)* Avertissements, consignes, *directives*, explications, indications, mode d'emploi, ordres, prescriptions. ♦ **ANT. 1.** Abrutissement, déformation, oubli. **2.** Ignorance, incompétence, inculture. **3.** Inculpation, non-lieu.

INSTRUIRE ♦ **SYN.** ▷ *V. tr.* **1.** Apprendre, dresser, éclairer, édifier, éduquer, élever, *enseigner*, former, inculquer, initier, préparer. **2.** Avertir, aviser, faire part de, *informer*, montrer, prévenir, renseigner, révéler. **3.** *(Dr.)* Mettre en état de, *procéder à*. ▷ *V. pr.* **4.** Apprendre, *se cultiver*, enrichir (ses connaissances), étudier, parfaire (ses connaissances). **5.** *S'informer*, se renseigner. ♦ **ANT. 1.** Abrutir, aveugler, déformer, désapprendre, oublier. **2.** Cacher, taire. **3.** Abandonner, renoncer. **4.** S'abrutir, se désintéresser de.

INSTRUIT ♦ **SYN.** Calé *(fam.)*, compétent, *cultivé*, docte, éclairé, érudit, expérimenté, ferré, fort en, informé, lettré, renseigné, sage, savant, versé dans. ♦ **ANT.** Ignare, ignorant, illettré, incompétent, inculte, inexpérimenté.

INSTRUMENT ♦ **SYN. 1.** Accessoire, appareil, engin, *objet de travail*, outil, ustensile. **2.** Agent, âme damnée *(péj.)*, bras *(fig.)*, *exécutant*, moyen, organe *(fig.)*. **3.** *Organe* (de commande).

INSUBORDINATION ◇ v. **Indiscipline**
INSUBORDONNÉ ◇ v. **Indiscipliné**
INSUCCÈS ♦ **SYN.** Avortement *(fig.)*, bide *(fam.)*, chute, défaite, désastre, *échec*, faillite, fiasco, flop *(fam.)*, four *(fig.)*, perte, revers, veste *(fam.)*. ♦ **ANT.** Avantage, chance, exploit, réussite, succès, triomphe, victoire.

INSUFFISANCE ♦ **SYN. 1.** Carence, défaut, déficit, *manque*, pénurie, privation, rareté. **2.** *(Pers.)* Faiblesse, ignorance, impéritie, *inaptitude*, incapacité, incompétence, infériorité, médiocrité. **3.** *(Organe)* *Anomalie*, déséquilibre, dysfonction, tare, trouble. **4.** *(Pl.)* *Déficiences*, imperfections, lacunes, manquements. ♦ **ANT. 1.** Abondance, affluence, excédent, excès, suffisance, surplus. **2.** Aptitude, capacité, compétence, force, supériorité, talent. **3.** Équilibre, fonctionnement, normalité. **4.** Dons, potentiel, richesses, vertus.

INSUFFISANT ♦ **SYN. 1.** *(Quantité)* Faible, mince, minime, négligeable, petit, rare. **2.** *(Qualité, résultat)* Décevant, *insatisfaisant*, maigre, médiocre, pauvre, piètre. **3.** Déficient, imparfait, inachevé, *incomplet*, lacunaire, partiel, sommaire. **4.** *(Pers.)* *Inapte*, incompétent, inférieur. ♦ **ANT. 1.** Abondant, excessif, grand, nombreux, suffisant. **2.** Encourageant, excellent, gratifiant, satisfaisant. **3.** Achevé, complet, entier, fini, impeccable. **4.** Capable, supérieur, talentueux.

INSUFFLER ◇ v. **Inspirer**
INSULTANT ◇ v. **Injurieux**
INSULTE ◇ v. **Injure**
INSULTER ◇ v. **Injurier**
INSUPPORTABLE ♦ **SYN. 1.** *(Douleur)* Affreux, aigu, *atroce*, cruel, inhumain, insoutenable, insupportable, intolérable, terrible. **2.** *(Situation, atmosphère)* Bruyant, *infernal*, intenable, invivable, irrespirable, pénible. **3.** *(Pers., caractère)* Antipathique, ennuyeux, épouvantable, exaspérant, exécrable, *haïssable*, imbuvable *(fam.)*, impossible, mauvais, méchant, odieux. **4.** *(Enfant)* haïssable *(québ., fam.)*, indiscipliné, indomptable, malcommode *(québ., fam.)*, tannant *(québ., fam.)*, *turbulent*. ♦ **ANT. 1.** Faible, endurable, humain, supportable, tolérable. **2.** Agréable, calme, détendu, paisible, respirable, vivable. **3.** Aimable, bon,

charmant, intéressant, sympathique. **4.** Discipliné, docile, gentil, sage, tranquille.

INSURGÉ ◇ v. **Révolté**

INSURGER (S') ◇ v. **Révolter**

INSURMONTABLE ✦ SYN. **1.** *(Difficulté, obstacle)* Infranchissable, *invincible*, irréductible. **2.** *(Fatalité)* **Inéluctable**, inévitable, inexorable, irrésistible. **3.** *(Sentiment)* Impérieux, incoercible, incontrôlable, indomptable, instinctif, irrépressible, *viscéral*. ✦ ANT. **1.** Aisé, facile, franchissable, possible, surmontable. **2.** Accidentel, évitable. **3.** Contrôlable, dominé, maîtrisable, raisonné, refoulé, répressible.

INSURRECTION ✦ SYN. **1.** Agitation, désordre, émeute, fronde, insoumission, levée de boucliers, mutinerie, rébellion, résistance, révolte, révolution, *sédition*, soulèvement, subversion, troubles. **2.** Colère, *indignation*. ✦ ANT. **1.** Apaisement, calme, contre-révolution, pacification, soumission, tranquillité, trêve. **2.** Approbation, joie.

INSURRECTIONNEL ✦ SYN. Factieux, insoumis, perturbateur, rebelle, révolté, révolutionnaire, *séditieux*, subversif. ✦ ANT. Collaborateur, contre-révolutionnaire, pacificateur, réactionnaire, soumis.

INTACT ✦ SYN. **1.** Complet, entier, frais, *inaltéré*, indemne, inentamé, intouché, intégral, inutilisé. **2.** *(Pers.)* Chaste, *pur*, vierge. **3.** *(Honneur, réputation)* Inaltéré *(fig.)*, indemne, sans tache, *sauf*. ✦ ANT. **1.** Altéré, détérioré, ébréché, endommagé, entamé, incomplet, partiel, utilisé. **2.** Impur. **3.** Avili, entaché, sali, terni.

INTANGIBLE ✦ SYN. **1.** Immatériel, *impalpable*, imperceptible, insensible. **2.** Intouchable, *inviolable*, respectable, sacré, sacro-saint *(péj.)*. ✦ ANT. **1.** Matériel, palpable, perceptible, sensible, tangible. **2.** Méprisable, profané, violé.

INTARISSABLE ✦ SYN. **1.** Abondant, continu, *inépuisable*, ininterrompu. **2.** *(Imagination)* Créateur, créatif, débordant, fécond, *fertile*, inépuisable *(fig.)*, productif, prolifique, riche. ✦ ANT. **1.** Épuisable, limité, pauvre, tarissable. **2.** Improductif, infé-

cond, infertile, léthargique, pauvre, stérile, tari.

INTÉGRAL ✦ SYN. Absolu, complet, *entier*, in extenso, intact, total. ✦ ANT. Abrégé, expurgé, incomplet, partiel, sommaire.

INTÉGRATION ✦ SYN. **1.** Absorption, concentration, *fusion*, incorporation, regroupement, réunion, unification. **2.** *(Pers.)* Adaptation, assimilation, inclusion, *insertion*, socialisation. **3.** *Coordination*, (bon) fonctionnement, harmonisation, organisation. ✦ ANT. **1.** Désunion, dissociation, division, scission, séparation. **2.** Discrimination, exclusion, ghettoïsation, inadaptation, marginalisation, ostracisme. **3.** Désorganisation, dysfonctionnement, incoordination, inharmonie.

INTÈGRE ✦ SYN. **1.** *Honnête*, impeccable, inattaquable, incorruptible, insoupçonnable, irréprochable, loyal, probe, pur, vertueux. **2.** Équitable, impartial, *juste*. ✦ ANT. **1.** Corrompu, déloyal, dépravé, déprédateur, malhonnête, prévaricateur, vénal, véreux, vicieux, vulnérable. **2.** Inéquitable, inique, injuste, partial.

INTÉGRER ✦ SYN. ▷ V. tr. **1.** Associer, entrer dans, *inclure*, incorporer, joindre. ▷ V. pr. **2.** S'adapter, s'assimiler, *s'insérer*, socialiser. ✦ ANT. **1.** Détacher, dissocier, exclure, quitter. **2.** Discriminer, s'isoler, se marginaliser.

INTÉGRISME ✦ SYN. *(Relig.)* Conservatisme, fanatisme, *fondamentalisme*, intolérance, orthodoxie, traditionalisme. ✦ ANT. Progressisme, réformisme, tolérance.

INTÉGRITÉ ✦ SYN. **1.** Ensemble, intégralité, plénitude, *totalité*. **2.** Honnêteté, incorruptibilité, *probité*. ✦ ANT. **1.** Division, partie, section. **2.** Corruption, malhonnêteté, vénalité.

INTELLECTUEL ✦ SYN. ▷ Adj. **1.** Cérébral, *mental*, moral, psychique, spirituel. **2.** Abstrait, conceptuel, idéologique, *théorique*. ▷ Nom **3.** Cerveau, clerc, érudit, *lettré*, mandarin, penseur, philosophe, savant. **4.** *(Pl.)* Élite (intellectuelle), *intelligentsia*, intellos *(fam.)*. ✦ ANT. **1.** Affectif, corporel, manuel, matériel. **2.** Concret, expérimental, pratique. **3.** Béotien, ignorant, illettré. **4.** Masse, plèbe, populace *(péj.)*.

INTELLIGENCE ♦ SYN. **1.** Abstraction, âme, cerveau, conception, entendement, esprit, intellect, matière grise *(fam.)*, pensée, *raison*, tête. **2.** Capacité, clairvoyance, conscience, discernement, finesse, industrie, ingéniosité, *lucidité*, lumière, pénétration, perspicacité, profondeur, réflexion, sagacité, sagesse, vivacité. **3.** Cognition, *compréhension*, intellection, perception. **4.** Accord (tacite), collusion *(péj.)*, *complicité*, connivence, entente. **5.** *Grand esprit*, maître à penser, penseur. **6.** *(Pl., face à un ennemi)* *Complicités* (secrètes), correspondances, fréquentations, liens, rapports, relations. ♦ ANT. **1.** Corps, instinct, matière. **2.** Aveuglement, bêtise, déraison, ignorance imbécillité, inconscience, ineptie, insanité, irréflexion, lourdeur d'esprit, stupidité, superficialité. **3.** Confusion, incompréhension, inintelligence, insensibilité. **4.** Bisbille, mésentente, mésintelligence, zizanie. **5.** Disciple, épigone, suiveur. **6.** Distance, méconnaissance.

INTELLIGENT ♦ SYN. **1.** Pensant, *raisonnable*, rationnel. **2.** Alerte, astucieux, capable, clairvoyant, conscient, débrouillard, doué, éclairé, entendu à, éveillé, fin, finaud, fort, futé, habile, industrieux, ingénieux, inventif, judicieux, *lucide*, ouvert, pénétrant, perspicace, profond, sagace, sensé, subtil, vif. ♦ ANT. **1.** Irraisonnable, irrationnel. **2.** Abruti, benêt, bête, borné, engourdi, idiot, imbécile, inconscient, inepte, inhabile, inintelligent, insensé, irréfléchi, lourd d'esprit, niais, nigaud, obtus, sot, stupide, superficiel.

INTELLIGIBLE ♦ SYN. **1.** Accessible, clair, *compréhensible*, concevable, déchiffrable, évident, facile, limpide, lumineux, net, pénétrable, précis, simple, transparent. **2.** *(Voix)* *Audible*, distinct, perceptible. ♦ ANT. **1.** Abstrus, amphigourique, compliqué, confus, difficile, embrouillé, incompréhensible, inconcevable, indéchiffrable,

inintelligible, nébuleux, obscur. **2.** Imperceptible, inaudible, indistinct.

INTEMPÉRANCE ♦ SYN. Abus, débauche, dérèglement, *excès*, gloutonnerie, gourmandise, immodération, ivrognerie, luxure, vice. ♦ ANT. Frugalité, mesure, modération, retenue, sobriété, tempérance.

INTEMPÉRANT ♦ SYN. Abusif, buveur, débauché, *excessif*, gourmand, immodéré, ivrogne, luxurieux. ♦ ANT. Abstinent, frugal, mesuré, modéré, sobre, tempérant.

INTEMPÉRIE ♦ SYN. **1.** Changement (brusque), *dérèglement*, irrégularité, perturbation. **2.** *(Pl.)* Inclémence, mauvais temps, *rigueurs*. ♦ ANT. **1.** Beau fixe, calme, régularité. **2.** Beau temps, clémence, douceur.

INTEMPESTIF ♦ SYN. **1.** Désagréable, fâcheux, inattendu, inopportun, *malencontreux*. **2.** Déplacé, importun, *inconvenant*, indiscret, mal à propos, malvenu. ♦ ANT. **1.** Agréable, heureux, opportun, propice, souhaitable. **2.** À propos, bienvenu, convenable, discret, utile.

INTENABLE ♦ SYN. **1.** *(Position, situation)* Désagréable, gênant, impossible, incommode, inconfortable, indéfendable, *insoutenable*, intolérable, invivable. **2.** *(Atmosphère)* *Infernal*, irrespirable, terrible. **3.** *(Pers.)* Détestable, *insupportable*, pénible. ♦ ANT. **1.** Agréable, commode, confortable, défendable, endurable, soutenable, supportable, tenable, tolérable, vivable. **2.** Calme, détendu, respirable, vivable. **3.** Adorable, charmant, sympathique.

INTENSE ♦ SYN. Considérable, excessif, extrême, *fort*, grand, grave, profond, puissant, terrible, véhément, vif, violent. ♦ ANT. Bas, faible, léger, mesuré, moyen, petit, superficiel.

INTENSIFICATION ♦ SYN. **1.** Accroissement, amplification, *augmentation*, renforcement. **2.** Accentuation, *aggravation*, escalade, exacerbation, flambée, paroxysme, recrudescence, véhémence, violence. ♦ ANT. **1.** Affaiblissement, décroissance, diminution, réduction. 2. Adoucissement, amélioration, apaisement, désescalade, paix, soulagement.

INTENSIFIER ◇ v. **Augmenter**

INTENSITÉ ✦ SYN. Acuité, amplitude, *force*, grandeur, profondeur, puissance. ✦ ANT. Affaiblissement, baisse, déperdition, diminution, faiblesse, légèreté, superficialité.

INTENTER ✦ SYN. *(Dr.)* Actionner, agir, attaquer, ester, *poursuivre*. ✦ ANT. Abandonner, débouter, renoncer, retirer.

INTENTION ✦ SYN. 1. Arrière-pensée, calcul, conception, dessein, disposition, idée, mobile, motif, pensée, *plan*, préméditation, projet, propos, raison. 2. Ambition, *désir*, idéal, prétention, rêve, souhait, velléité, vœu. 3. *Décision*, détermination, résolution, volonté, vouloir. 4. *But*, fin, finalité, objectif, visées. ✦ ANT. 1. Arbitraire, gratuité, hasard, improvisation, insouciance, irréflexion, spontanéité. 2. Abandon, désenchantement, indifférence, pessimisme. 3. Doute, hésitation, indécision, perplexité. 4. Déception, échec, résultat, réussite, satisfaction.

INTENTIONNEL ✦ SYN. Arrêté, conscient, *délibéré*, prémédité, réfléchi, volontaire, voulu. ✦ ANT. Automatique, imprévu, inconscient, involontaire, irréfléchi, réflexe, spontané.

INTERCALER ✦ SYN. Ajouter, encarter, glisser, *insérer*, interpoler, interposer, introduire, joindre. ✦ ANT. Éliminer, enlever, exclure, extrapoler, ôter, retrancher, supprimer.

INTERCÉDER ✦ SYN. Aider, *défendre*, s'entremettre, s'interposer, intervenir, parler pour, plaider. ✦ ANT. Se défiler *(fam.)*, nuire, rester neutre, se retirer.

INTERCEPTER ✦ SYN. 1. Attraper, capter, *s'emparer de*, enlever, prendre, saisir. 2. *Arrêter*, barrer (la voie), boucher, cacher, couper, éclipser *(lumière)*, empêcher, endiguer, entraver, interrompre, obstruer. ✦ ANT. 1. Envoyer, laisser échapper, lancer, livrer, remettre, rendre. 2. Dégager, laisser passer, permettre, poursuivre, reprendre.

INTERDÉPENDANCE ◇ v. **Corrélation**

INTERDICTION ✦ SYN. 1. Boycott, boycottage, condamnation, *défense*, embargo, empêchement, fermeture, opposition, prohibition, proscription, retrait. 2. Bâillon, censure, *contrôle*, mise à l'index, musellement. 3. Opposition, refus, *veto*. 4. *Interdit*, tabou. 5. *Bannissement*, excommunication, exil, renvoi, suspension. ✦ ANT. 1. Autorisation, concession, consentement, laissez-passer, libre circulation, ouverture, permis. 2. Approbation, imprimatur, liberté, libre expression, tolérance. 3. Accord, assentiment. 4. Licence, permission. 5. Absolution, rapatriement, rappel, réintégration, sauf-conduit.

INTERDIRE ✦ SYN. 1. Boycotter, condamner, consigner, *défendre*, exclure, fermer, prohiber, proscrire. 2. Bâillonner, *censurer*, mettre à l'index, museler. 3. *Mettre son veto*, s'opposer, refuser. 4. *Bannir*, chasser, excommunier, renvoyer, suspendre. 5. Confondre, déconcerter, décontenancer, démonter, *étonner*, interloquer, stupéfier, troubler. ▷ *V. pr.* 6. *S'abstenir de*, s'empêcher de, éviter, se garder de, se refuser de. ✦ ANT. 1. Accepter, autoriser, commander, concéder, conseiller, ouvrir, permettre, tolérer. 2. Approuver, recommander. 3. Accorder, voter en faveur. 4. Absoudre, rapatrier, rappeler, réintégrer. 5. Calmer, enhardir, rassurer. 6. Consentir à, se permettre de, succomber.

INTERDIT ✦ SYN. ▷ *Adj.* 1. Condamné, *défendu*, exclu, illégal, illicite, prohibé, tabou. 2. Bâillonné, *censuré*, mis à l'index, muselé. 3. *Banni*, excommunié, exilé, suspendu. 4. Ahuri, coi, confondu, confus, déconcerté, déconfit, décontenancé, embarrassé, *étonné*, interloqué, muet, pantois, renversé, stupéfait, surpris. ▷ *Nom* 5. Anathème, boycott *(produit)*, défense, exclusion, *interdiction*. 6. *(Pl. surtout)* Conventions, *tabous*, traditions. ✦ ANT. 1. Accordé, autorisé, consenti, légal, licite, permis, toléré. 2. Approuvé, recommandé. 3. Absous, rapatrié, rappelé, réintégré.

4. Calmé, enhardi, rassuré. **5.** Accord, approbation, consentement, permission, réintégration.

INTÉRESSANT ♦ SYN. **1.** *(Sujet)* **Capti-vant**, exaltant, fascinant, palpitant, passionnant, prenant, remarquable. **2.** *(Détail)* Amusant, **curieux**, piquant, pittoresque. **3.** *(Pers.)* Agréable, **attachant**, charmant, plaisant, sympathique. **4.** *(Affaire)* Avantageux, lucratif, **profitable**, rentable. **5.** *(Prix)* Abordable, accessible, économique, modique, **raisonnable**. **6.** *(Somme d'argent)* Coquet *(fam.)*, élevé, **important**, joli *(fam.)*, rondelet *(fam.)*, substantiel.♦ ANT. **1.** Banal, ennuyeux, fastidieux, inintéressant, lassant, rebutant. **2.** Anodin, insignifiant. **3.** Antipathique, déplaisant, désagréable, détestable. **4.** Coûteux, désavantageux, onéreux, ruineux. **5.** Déraisonnable, élevé, excessif, exagéré, inabordable. **6.** Insignifiant, négligeable, ridicule.

INTÉRESSÉ ♦ SYN. **1.** Concerné. **2.** Avide, **cupide**, rapace, vénal. **3.** Calculateur, calculé, **égoïste**, intrigant, opportuniste, partial, profiteur. ♦ ANT. **1.** Exclu. **2.** Détaché, généreux, indifférent. **3.** Désintéressé, dévoué, gratuit, impartial.

INTÉRESSER ♦ SYN. ▷ *V. tr.* **1.** S'appliquer, **concerner**, se rapporter à, regarder, toucher. **2.** Accrocher *(fam.)*, **captiver**, passionner, plaire, séduire. **3.** **Associer**, faire participer, faire prendre intérêt. ▷ *V. pr.* **4.** Aimer, cultiver, **se plaire à**, pratiquer. **5.** *(Pers.)* Penser à, **se préoccuper de**, se soucier de, suivre de près. ♦ ANT. **1.** Exclure, indifférer. **2.** Dégoûter, déplaire, désintéresser, ennuyer, rebuter. **3.** Se dissocier, embêter. **4.** Se désintéresser, se lasser. **5.** Se ficher *(fam.)*, se moquer de, négliger, oublier.

INTÉRÊT ♦ SYN. **1.** Annuité, arrérages, avantage, bénéfice, compte, dividende, gain, loyer, profit, rapport, rendement, rente, **revenu**. **2.** Pourcentage, **taux**. **3.** Attention, bienveillance, **curiosité**, sollicitude, sympathie. **4.** **Importance**, utilité. **5.** **Goût**, passion, penchant. ♦ ANT.

3. Antipathie, désintérêt, ennui, indifférence. **4.** Insignifiance, inutilité. **5.** Aversion, dégoût.

INTÉRIEUR ♦ SYN. ▷ *Adj.* **1.** Central, **interne**, intestin, intrinsèque. **2.** **Domestique**, familial, individuel, national. **3.** **Intime**, privé, profond, psychique, secret, spirituel. ▷ Nom **4.** Centre, contenu, **dedans**, entrailles. **5.** **Chez-soi**, foyer, maison. **6.** Cœur, fin fond, for intérieur, **intimité**, jardin secret, profondeur, recoin, repli, sanctuaire, sein, tréfonds. ♦ ANT. **1.** Extérieur, externe, extrinsèque, périphérique. **2.** Ambiant, civil, civique, international. **3.** Connu, corporel, physique, public, superficiel. **4.** Bord, contour, dehors, extérieur, périphérie. **5.** Ailleurs, étranger, lointain. **6.** Apparence, aspect, façade.

INTÉRIM ♦ SYN. **1.** Intervalle. **2.** **Remplacement**, suppléance. ♦ ANT. **2.** Continuité, permanence.

INTÉRIMAIRE ♦ SYN. ▷ *Adj.* **1.** Passager, provisoire, **temporaire**, transitoire. ▷ Nom **2.** **Remplaçant**, suppléant. ♦ ANT. **1.** Durable, permanent, régulier. **2.** Titulaire.

INTERLOPE ♦ SYN. **1.** Clandestin, **contrebandier**, frauduleux. **2.** Douteux, équivoque, **louche**, suspect. ♦ ANT. **1.** Au grand jour, licite, permis. **2.** Fiable, franc, honnête, loyal.

INTERLOQUER ◇ V. **Interdire**

INTERMÈDE ♦ SYN. **1.** **Divertissement**, intermezzo. **2.** Arrêt, détente, entracte, interlude, interruption, intervalle, **pause**, répit, repos, suspension.

INTERMÉDIAIRE ♦ SYN. ▷ *Adj.* **1.** Médian, mitoyen, **moyen**. **2.** Provisoire, **transitoire**. ▷ Nom **3.** Canal, **entremise**, médiation, moyen, truchement, voie. **4.** Entremetteur, fondé de pouvoir, homme de paille *(péj.)*, intercesseur, interprète, mandataire, médiateur, médium, négociateur, **porte-parole**, prête-nom, procureur. **5.** *(Commerce)* Agent, chargé d'affaires, commerçant, commissionnaire, courtier, **représentant**, voyageur. ♦ ANT. **1.** Extrême, opposé. **2.** Permanent, stable. **3.** Affrontement, face-à-face. **4.** Commettant, contractant, mandant, partie, plaidant. **5.** Consommateur, producteur.

INTERMINABLE ♦ SYN. **1.** À n'en plus finir, éternel, incessant, infini, ininterrompu, *long*, sans fin. **2.** Filandreux, *lassant*, sempiternel. ♦ ANT. **1.** Bref, court, limité. **2.** Abrégé, concis, éloquent, intéressant.

INTERMITTENT ♦ SYN. **1.** *Discontinu*, épisodique, inégal, irrégulier, momentané, passager, saccadé. **2.** *(Méd.)* Erratique, *rémittent.* ♦ ANT. **1.** Consécutif, continu, continuel, ininterrompu, permanent, régulier. **2.** Chronique, incurable.

INTERNATIONAL ♦ SYN. Général, global, *mondial*, planétaire, universel. ♦ ANT. Individuel, local, national, régional.

INTERNER ♦ SYN. *Emprisonner*, enfermer *(hôpital psychiatrique).* ♦ ANT. Libérer, réintégrer (dans la société).

INTERNET ♦ SYN. Cyberespace, Net *(abrév.)*, réseau des réseaux, réseau télématique mondial, *Toile*, Web.

INTERPELLER ♦ SYN. **1.** Apostropher *(péj.)*, *appeler*, avertir, héler. **2.** *(Droit pénal)* Interroger, *questionner* (sur son identité), sommer. **3.** *(Psychol.)* Concerner, *intéresser*, toucher. ♦ ANT. **1.** Acquiescer, refuser, répliquer. **2.** Se nommer, répondre. **3.** Indifférer, laisser froid.

INTERPOSER ♦ SYN. ▷ *V. tr.* **1.** *Intercaler*, mettre, placer, poser. ▷ *V. pr.* **2.** S'entremettre, intercéder, *intervenir*. ♦ ANT. **1.** Enlever, retrancher. **2.** S'abstenir, rester neutre.

INTERPOSITION ♦ SYN. Intercession, *intervention*, médiation. ♦ ANT. Abstention, désistement, neutralité.

INTERPRÉTATION ♦ SYN. **1.** Commentaire, exégèse, explication, glose, lecture, *signification*, traduction, version. **2.** *(Personnage, œuvre) Exécution*, jeu.

INTERPRÈTE ♦ SYN. **1.** *Commentateur*, exégète, traducteur. **2.** *Intermédiaire*, porte-parole, truchement. **3.** Acteur, *artiste*, chanteur, comédien, musicien.

INTERPRÉTER ♦ SYN. **1.** Commenter, *expliquer*, gloser, rendre, traduire. **2.** *Comprendre*, déchiffrer, deviner, lire (pensées, sentiments), saisir. **3.** *(Personnage, œuvre) Exécuter*, incarner, jouer, personnifier. ♦ ANT. **1.** Embrouiller, mêler, se méprendre, trahir.

INTERROGATION ♦ SYN. **1.** Colle *(fam.)*, demande, *question*. **2.** *(École)* Devoir, épreuve, *examen*, questionnaire. ♦ ANT. **1.** Boutade, réplique, réponse. **2.** Résultat, solution.

INTERROGER ♦ SYN. **1.** Demander, *poser une question*. **2.** Cuisiner *(fam.)*, presser de questions, *questionner*. **3.** S'enquérir, s'informer, interviewer, *se renseigner*. **4.** Consulter, *sonder*, tâter le pouls. **5.** *(Cœur, mémoire) Chercher*, fouiller. **6.** *(Ch.) Examiner*, scruter. ♦ ANT. **1-3.** Répliquer, répondre, rétorquer, riposter. **4.** Donner son avis, s'exprimer. **5.** Oublier, se rappeler. **6.** Trouver (explication, réponse).

INTERROMPRE ♦ SYN. **1.** *Arrêter*, briser, cesser, couper, discontinuer, entrecouper, hacher, intercepter, rompre, suspendre, trancher. **2.** *Déranger*, importuner, troubler. ▷ *V. pr.* **3.** *S'arrêter* (de faire, de parler), prendre fin, se terminer. ♦ ANT. **1.** Achever, amorcer, continuer, dérouler, finir, poursuivre, progresser, recommencer, reprendre, rétablir. **2.** Laisser en repos. **3.** Continuer (de faire, de parler).

INTERRUPTION ♦ SYN. **1.** *Arrêt*, cessation, discontinuation, discontinuité, suspension. **2.** Entracte, halte, intermède, intervalle, *pause*, relâche, rémission, répit. **3.** *(Courant)* Coupure, *panne*, rupture. **4.** *(Grossesse)* Avortement. ♦ ANT. **1.** Achèvement, continuation, déroulement, progression, reprise. **2.** Poursuite. **3.** Rétablissement. **4.** Accouchement.

INTERSECTION ♦ SYN. **1.** Coupement, *croisement*, rencontre. **2.** Bifurcation, bretelle, *carrefour*, coin (de rue), croisée des chemins, échangeur, embranchement, étoile, fourche, jonction, nœud (routier), point de jonction, rond-point.

INTERSTICE ♦ SYN. Espace, *fente*, intervalle, vide.

INTERVALLE ♦ SYN. 1. Battement, entracte, intermède, interruption, *moment*, pause, période, temps d'arrêt. 2. Distance, éloignement, *espace*, fente, interligne, interstice. 3. Abîme, différence, *écart*, fossé, inégalité, marge. ♦ ANT. 1. Continuité, suite. 2. Étroitesse, proximité. 3. Égalité, équilibre, rapprochement.

INTERVENIR ♦ SYN. 1. Arriver, *se produire*, survenir. 2. S'engager, se mêler à, *participer*, prendre part à. 3. S'entremettre, s'immiscer, *s'ingérer*, s'interposer, se mêler de. 4. Aider, *intercéder*, secourir. 5. *(Méd.)* Opérer. ♦ ANT. 1. Commencer, entreprendre. 2. S'abstenir, se retirer. 3. Se défiler *(fam.)*, rester neutre. 4. Abandonner, nuire.

INTERVENTION ♦ SYN. 1. Acte, action, engagement, influence, *participation*, rôle. 2. Arbitrage, entremise, *médiation*. 3. Immixtion, incursion, *ingérence*, interposition, intrusion. 4. Aide, appui, bons offices, *intercession*, ministère, service, secours. 5. Intervention chirurgicale, *opération*. ♦ ANT. 1. Abstention, isolement, retrait. 2. Affrontement, face-à-face. 3. Indifférence, neutralité, non-ingérence, non-intervention. 4. Empêchement, entrave, opposition.

INTERVERTIR ◇ v. Inverser

INTERVIEW ◇ v. Entrevue

INTERVIEWER ♦ SYN. Entretenir, *interroger*, questionner.

INTESTINS ◇ v. Entrailles

INTIMATION ♦ SYN. *(Dr.)* Appel, *assignation*, citation, convocation, injonction, mise en demeure, sommation, ultimatum.

INTIME ♦ SYN. ▷ *Adj.* 1. Essentiel, intérieur, *profond*, secret. 2. *Confidentiel*, personnel, privé. 3. *(Sing., lien, union)* Chaleureux, étroit, inséparable, lié, *uni*. 4. *(Pl., rapports, relations)* Sexuels. ▷ *Nom* 5. Ami, *confident*, conseiller, familier. ♦ ANT. 1. Apparent, extérieur, superficiel, visible. 2. Avoué,

connu, public. 3. Distant, froid, impersonnel. 4. Platoniques. 5. Étranger, inconnu, premier venu.

INTIMER ♦ SYN. 1. *(Dr.)* Appeler, *assigner*, citer (à comparaître), signifier, sommer. 2. Commander, enjoindre, notifier, *ordonner*. ♦ ANT. 1. Abroger, annuler, débouter, invalider. 2. Faire fi de, obéir, répliquer.

INTIMIDATION ◇ v. **Menace**

INTIMIDER ♦ SYN. 1. Apeurer, effrayer, *menacer*, terroriser. 2. Décontenancer, donner le trac, effaroucher, *gêner*, geler, glacer, inhiber, mettre mal à l'aise, paralyser, troubler. 3. *En imposer*, forcer le respect, impressionner, subjuguer. ♦ ANT. 1. Aider, apaiser, protéger, tranquilliser. 2. Encourager, enhardir, mettre à l'aise, rassurer. 3. Laisser froid (indifférent), mépriser.

INTIMITÉ ♦ SYN. 1. Cœur, dedans, *for intérieur*, intérieur, jardin secret, tréfonds. 2. Chez-soi, solitude, *vie privée*. 3. Amitié, camaraderie, convivialité, *familiarité*, liaison (étroite), union. ♦ ANT. 1. Apparence, extérieur, façade. 2. Étranger, société, vie publique. 3. Adversité, antipathie, détachement.

INTITULER ♦ SYN. ▷ *V. tr.* 1. Appeler, dénommer, *désigner*, nommer, titrer. ▷ *V. pr.* 2. S'appeler, avoir pour titre, *se désigner*.

INTOLÉRABLE ♦ SYN. 1. Accablant, atroce, désagréable, douloureux, exaspérant, excédant, excessif, extrême, horrible, inhumain, *insupportable*. 2. Inacceptable, *inadmissible*, injuste, révoltant. ♦ ANT. 1. Agréable, charmant, endurable, plaisant, réjouissant, supportable. 2. Acceptable, admissible, équitable, satisfaisant.

INTOLÉRANCE ♦ SYN. 1. Chauvinisme, dogmatisme, étroitesse d'esprit, *fanatisme*, haine, intransigeance, parti pris, sectarisme. 2. *(Relig.)* Fondamentalisme, *intégrisme*. 3. *(Méd.)* *Allergie*, sensibilité. ♦ ANT. 1. Compréhension, indulgence, largeur d'esprit, ouverture d'esprit, tolérance. **2.** Progressisme, réformisme. **3.** Accoutumance, immunité, insensibilité.

INTOLÉRANT♦**SYN. 1.** Chauvin, dogmatique, étroit d'esprit, exclusif, extrémiste, *fanatique*, partisan (aveugle), sectaire, systématique. **2.** *(Relig.)* Fondamentaliste, *intégriste*. **3.** *(Médicaments)* **Allergique**, réfractaire, sensible. ♦**ANT. 1.** Large d'esprit, ouvert, tolérant. **2.** Progressiste. **3.** Immunisé, insensible.

INTONATION♦**SYN. 1.** *Accent*, inflexion, intensité, modulation, prononciation, ton, tonalité. **2.** Cantique, chant, *psalmodie*.

INTOXICATION ♦ **SYN. 1.** Asphyxie, *empoisonnement*, toxicomanie. **2.** *Conditionnement*, désinformation, endoctrinement, matraquage (publicitaire), propagande. ♦**ANT. 1.** Désintoxication, sevrage. **2.** Déconditionnement, déprogrammation, information.

INTOXIQUER♦**SYN. 1.** Asphyxie, *empoisonner*. **2.** Abrutir, *conditionner*, corrompre, désinformer, endoctriner, influencer, laver le cerveau, matraquer *(fig.)*, suggestionner. ♦**ANT. 1.** Désintoxiquer, sevrer *(toxicomanie)*. **2.** Critiquer, déconditionner, déprogrammer, dissuader, informer, renseigner.

INTRADUISIBLE ◇ v. **Indéfinissable**

INTRAITABLE ♦ **SYN. 1.** Dur, entêté, entier, exigeant, impitoyable, indomptable, inébranlable, inexorable, inflexible, *intransigeant*, irréductible, obstiné, sévère. **2.** *Acariâtre*, désagréable, difficile, impossible, revêche. ♦ **ANT. 1.** Accommodant, arrangeant, conciliant, doux, inoffensif, maniable, souple, traitable. **2.** Agréable, aimable, charmant, facile, gentil, sociable.

INTRANSIGEANT♦**SYN. 1.** Autoritaire, dur, farouche, inflexible, *intraitable*, irréductible. **2.** *Dogmatique*, intolérant, rigoriste, sectaire, systématique. ♦ **ANT. 1.** Accommodant, conciliant, indulgent, malléable, souple. **2.** Large d'esprit, ouvert, tolérant.

INTRÉPIDE ♦ **SYN. 1.** Audacieux, brave, courageux, *hardi*, impavide, vaillant, valeureux. **2.** Déterminé, ferme, imperturbable, inébranlable, *résolu*. ♦ **ANT. 1.** Craintif, froussard, lâche, peureux, pleutre, poltron. **2.** Chancelant, faible, hésitant, timide.

INTRIGANT ♦ **SYN.** Affairiste, ambitieux, *arriviste*, calculateur, carriériste, faiseur, opportuniste, roué. ♦ **ANT.** Désintéressé, franc, honnête, modeste.

INTRIGUE ♦ **SYN. 1.** Action, canevas, histoire, nœud, péripétie, scénario, *trame*. **2.** Affaire (amoureuse), aventure, flirt, *liaison*. **3.** *(Pl. surtout)* Agissements, brigue, cabale, combines *(fam.)*, complot, conspiration, grenouillage *(fam.)*, machinations, magouille *(fam.)*, manège, *manigances*, manipulation, manœuvres, menées, rouerie, stratagème, tractations, tripotage *(fam.)*. ♦ **ANT. 3.** Désintéressement, dévouement, droiture, franchise, loyauté, sincérité, zèle.

INTRIGUER♦**SYN.** ▷ V. tr. **1.** Exciter, intéresser, mettre la puce à l'oreille, *piquer la curiosité*. ▷ V. intr. **2.** Briguer, cabaler, combiner, comploter, conspirer, grenouiller *(fam.)*, machiner, magouiller *(fam.)*, *manigancer*, manœuvrer, ourdir, trafiquer *(fam.)*, tramer. ♦ **ANT. 1.** Choquer, désintéresser, ennuyer. **2.** Contrecarrer, déjouer, dénoncer, éventer, mettre en plein jour, révéler.

INTRINSÈQUE♦**SYN.** Constitutif, essentiel, fondamental, immanent, inhérent, inné, *intérieur*, propre. ♦ **ANT.** Accidentel, apparent, conventionnel, extérieur, extrinsèque, fictif.

INTRODUCTION ♦ **SYN. 1.** *(Pers.)* Accès, admission, entrée, *présentation*. **2.** *(Produit, mode)* Adoption, apparition, arrivée, *implantation*, importation, venue. **3.** Apprentissage, *initiation*, notions (préliminaires), préliminaires, préparation. **4.** Avant-propos, avertissement, avis, commencement, entrée en matière, exorde, exposition, ouverture, préambule, *préface*, prélude, prolégomènes, prologue.

5. Infiltration, intromission, *pénétration*.
♦ ANT. **1.** Départ, expulsion, renvoi, sortie.
2. Abandon, disparition, exportation, rejet. **3.** Approfondissement, bagage *(fig.)*, connaissances, développement. **4.** Conclusion, dénouement, épilogue, fin, péroraison. **5.** Évacuation, extraction, retrait.

INTRODUIRE ♦ SYN. ▷ *V. tr.* **1.** *(Pers.)* Conduire, parrainer, *présenter*. **2.** *(Produit, mode)* Adopter, *implanter*, importer, lancer. **3.** *(Ch.)* Enfoncer, engager, glisser, *insérer*, insinuer, intercaler, mettre dans. **4.** *(Dictionnaire)* Ajouter, enrichir, *inclure*, incorporer. **5.** *(Marchandise illégale)* **Faire entrer**, répandre, transporter. **6.** *(Inform., données)* Enregistrer, entrer, *saisir*. ▷ *V. pr.* **7.** Entrer, se faufiler, *se glisser*, pénétrer. **8.** S'immiscer, s'interposer, *s'ingérer*, se mêler de. **9.** *(Milieu, réseau)* Espionner, *s'infiltrer*, noyauter. ♦ ANT. **1.** Chasser, expulser, renvoyer. **2.** Abandonner, délaisser, exporter. **3.** Dégager, extraire, retirer. **4.** Exclure, proscrire, rejeter. **5.** Confisquer, saisir. **6.** Effacer, supprimer. **7.** Déguerpir, filer, sortir. **8.** S'abstenir, rester neutre, se retirer. **9.** Chasser, dénoncer, exfiltrer.

INTRONISATION ◇ v. **Couronnement**
INTRONISER ◇ v. **Couronner**

INTROUVABLE ♦ SYN. **1.** Caché, égaré, *invisible*, perdu. **2.** Précieux, *rare*, unique. ♦ ANT. **1.** Retrouvé, visible. **2.** Banal, commun, répandu.

INTRUS ♦ SYN. *Importun*, indésirable, indiscret. ♦ ANT. Attendu, désiré, hôte, invité.

INTRUSION ◇ v. **Ingérence**
INTUITION ♦ SYN. **1.** Divination, flair, impression, instinct, pif *(fam.)*, prémonition, *pressentiment*, sentiment. **2.** Éclair, idée, illumination, *inspiration*. ♦ ANT. **1.** Déduction, raisonnement. **2.** Léthargie, ténèbres, torpeur.

INUSITÉ ♦ SYN. **1.** *(Mot)* Inemployé, *inutilisé*, rare. **2.** Anormal, exceptionnel, extraordinaire, inaccoutumé, *inhabituel*, insolite, nouveau, singulier. ♦ ANT. **1.** Employé, fréquent, usité, usuel, utilisé.

2. Accoutumé, commun, courant, habituel, ordinaire, traditionnel.

INUTILE ♦ SYN. **1.** Encombrant, inutilisé, *superflu*. **2.** Enflé, *exagéré*, excessif, redondant, superfétatoire, verbeux. **3.** Frivole, *futile*, insignifiant, négligeable, oiseux, vide. **4.** Improductif, *inefficace*, infécond, infructueux, inopérant, stérile, vain. ♦ ANT. **1.** Commode, pratique, utile, utilisable. **2.** Nécessaire, obligé, rigoureux, sobre, suffisant. **3.** Capital, essentiel, important, indispensable, précieux, sérieux. **4.** Agissant, efficace, fécond, fructueux, productif, profitable, salutaire.

INUTILISABLE ♦ SYN. **1.** Défectueux, déglingué *(fam.)*, endommagé, hors d'usage, *irrécupérable*, irréparable, perdu, usé, vétuste. **2.** *(Procédé)* Inefficace, inemployable, inopérant. **3.** *(Renseignement, ressources)* Inexploitable. ♦ ANT. **1.** Rafistolé *(fam.)*, recyclable, réparable, réutilisable, utilisable. **2.** Commode, efficace, employable, pratique. **3.** Exploitable.

INUTILISÉ ♦ SYN. **1.** *(Mot)* Inusité, rare. **2.** *(Objet)* Inemployé, *intact*, flambant neuf, neuf. **3.** *(Terre, ressources)* Inculte, *inexploité*, vierge. ♦ ANT. **1.** Fréquent, usuel. **2.** Employé, usé, utilisé. **3.** Cultivé, développé, exploité.

INUTILITÉ ♦ SYN. **1.** Inanité, insignifiance, nullité, superfluité, vacuité, *vanité*. **2.** Enfantillage, fadaise, frivolité, *futilité*, puérilité, superficialité. **3.** *Inefficacité*, stérilité. ♦ ANT. **1.** Importance, prix, utilité, valeur. **2.** Maturité, sérieux. **3.** Efficacité, efficience.

INVALIDE ♦ SYN. **1.** Handicapé, *impotent*, infirme, paralysé. **2.** *Blessé*, estropié, mutilé. **3.** *(Dr.)* Non réglementaire, *nul*, périmé. ♦ ANT. **1.** En santé, fort, valide, vigoureux. **2.** Indemne, ingambe, sain et sauf. **3.** Réglementaire, valide.

INVALIDER ♦ SYN. **1.** Abolir, abroger, *annuler*, casser, révoquer. **2.** *(Pers.)* Blesser, *handicaper*, mutiler. ♦ ANT. **1.** Approuver, autoriser, confirmer, consacrer, corroborer, sanctionner, valider. **2.** Épargner, sauver.

INVALIDITÉ ◇ v. **Nullité**

INVARIABLE ✦ **SYN.** **1.** *Fixe*, immobile, immuable, stable, stationnaire. **2.** Constant, *continu*, éternel, permanent. **3.** Égal, *identique*, inaltérable, inchangé, intact, pareil. **4.** *(Pers.)* Catégorique, déterminé, ferme, *inébranlable*, inflexible. ✦ **ANT.** **1.** Changeant, fluctuant, mobile, variable. **2.** Discontinu, inconstant, passager, temporaire. **3.** Altérable, changé, différent, nouveau. **4.** Flexible, hésitant, pusillanime, souple, versatile.

INVASION ✦ **SYN.** **1.** Attaque, conquête, entrée, envahissement, incursion, irruption, *occupation*, pénétration. **2.** Afflux, débordement, diffusion, inondation, prolifération, *propagation*. **3.** *(Pers.)* Affluence, foule, multitude, *ruée*. ✦ **ANT.** **1.** Débandade, défense, déroute, évacuation, expulsion, repli, retraite, sortie. **2.** Anéantissement, confinement, élimination, endiguement, éradication. **3.** Désertion, dispersion, fuite.

INVECTIVE ◇ v. **Injure**

INVECTIVER ◇ v. **Injurier**

INVENTAIRE ✦ **SYN.** Bilan, catalogue, *dénombrement*, détail, évaluation, liste, nomenclature, recensement, relevé, répertoire, revue, statistique, table, tableau.

INVENTÉ ◇ v. **Inexistant**

INVENTER ✦ **SYN.** **1.** Concevoir, *créer*, découvrir, imaginer, improviser, innover, trouver. **2.** Arranger, broder, controuver, exagérer, fabriquer, *forger*. **3.** Prétendre, *supposer*. ✦ **ANT.** **1.** Chercher, copier, imiter, plagier, répéter, reproduire. **2.** Dire vrai. **3.** Affirmer, prouver.

INVENTEUR ✦ **SYN.** **1.** Auteur, concepteur, créateur, *découvreur*, fabricateur *(péj.)*, fondateur, génie, grand esprit, innovateur, mère, père, pionnier, précurseur, promoteur, savant, sommité. **2.** *(Grand inventeur)* *Bienfaiteur* (de l'humanité). ✦ **ANT.** **1.** Imitateur, plagiaire.

INVENTIF ✦ **SYN.** **1.** Créateur, *créatif*, fécond, fertile, imaginatif, novateur, prolifique. **2.** Astucieux, capable, dégourdi, habile, industrieux, *ingénieux*. ✦ **ANT.**

1. Conventionnel, infécond, infertile, léthargique, stérile. **2.** Engourdi, gauche, incapable, inhabile.

INVENTION ✦ **SYN.** **1.** Création, *découverte*, gadget *(péj.)*, innovation, nouveauté, trouvaille. **2.** Affabulation, *créativité*, fertilité *(fig.)*, illumination, imagination, ingéniosité, inspiration, inventivité, originalité, souffle, veine, verve. **3.** Conte, fable, fantaisie, *fiction*, récit, roman. **4.** Astuce, combinaison, expédient, *moyen*, ressource. **5.** Artifice, duperie, fabrication, fabulation, mensonge, *mystification*, mythe, tromperie. ✦ **ANT.** **1.** Copie, imitation, plagiat, recherche, reproduction. **2.** Aridité, banalité, médiocrité, léthargie, torpeur. **3.** Réalité, véracité, vraisemblable. **4.** Défaut, manque, pénurie. **5.** Authenticité, franchise, vérité.

INVERSE ✦ **SYN.** ▷ *Adj.* **1.** *Contraire*, différent, opposé. **2.** Renversé. ▷ *Nom* **3.** *Antithèse*, contrepartie, contrepied, envers. ✦ **ANT.** **1.** Analogue, équivalent, même, pareil. **2.** Droit. **3.** Endroit, synonyme.

INVERSER ✦ **SYN.** *(Ordre, position)* Déplacer, *intervertir*, invertir, renverser, retourner, transposer. ✦ **ANT.** Redresser, remettre, replacer, rétablir.

INVERSION ✦ **SYN.** **1.** *(Ordre, position)* Changement, déplacement, dérangement, *interversion*, renversement, retournement, transposition. **2.** *(Ling.)* Anastrophe, chiasme, contrepèterie, *jeu* (de langage), verlan. **3.** Homosexualité. ✦ **ANT.** **1.** Redressement, replacement, rétablissement. **2.** Ordre, symétrie. **3.** Hétérosexualité.

INVESTIGATEUR ✦ **SYN.** ▷ *Nom* **1.** Chercheur, *enquêteur*. ▷ *Adj.* **2.** Attentif, *curieux*, désireux, scrutateur. ✦ **ANT.** **2.** Désintéressé, inattentif, indifférent.

INVESTIGATION ✦ **SYN.** **1.** *(Journalistique, policière)* **Enquête**, examen, information, instruction *(dr.)*, renseignement. **2.** *(Scientifique)* Analyse, étude, *recherche*, sondage.

INVESTIR ✦ **SYN.** **1.** *(Autorité, pouvoir)* Charger, *conférer*, doter, introniser, nommer, pourvoir, revêtir. **2.** *Assiéger*, bloquer, cerner, encercler. **3.** *(Argent)* Employer, engager, *placer*. **4.** *(Biens)* Acheter, *acqué-rir*. ▷ *v. pr.* **5.** Donner de soi-même, *s'enga-ger*, s'impliquer, mettre son énergie, participer. ◆ **ANT. 1.** Abolir, destituer, détrôner, enlever, relever, renvoyer. **2.** Lever le siège. **3.** Annuler, retirer. **4.** Se départir, vendre. **5.** Se désister, renoncer, se retirer.

INVÉTÉRÉ ◆ **SYN.** Ancré, chronique, endurci, enraciné, fieffé, fortifié, impénitent, implanté, *incorrigible*, vieux. ◆ **ANT.** Amendable, curable, guérissable, passager.

INVINCIBLE ◆ **SYN. 1.** Champion, *imbattable*. **2.** *(Place forte)* Imprenable, *inexpugnable*, inviolable, invulnérable, solide. **3.** *Courageux*, indomptable, intrépide, tenace, vaillant. **4.** Catégorique, certain, inattaquable, indiscutable, *irréfutable*, logique, péremptoire. **5.** Impérieux, incontrôlable, *irrépressible*, irrésistible, puissant. ◆ **ANT. 1.** Battu, vaincu. **2.** Fragile, prenable, vulnérable. **3.** Chancelant, domptable, faible, lâche, pleutre. **4.** Discutable, faux, illogique, réfutable. **5.** Contrôlable, maîtrisable, refoulé, répressible.

INVIOLABLE ◆ **SYN. 1.** Intangible, intouchable, *sacré*, sacro-saint *(péj.)*. **2.** Imprenable, *invincible*, invulnérable, solide. ◆ **ANT. 1.** Méprisable, profané, violé. **2.** Fragile, prenable, vulnérable.

INVISIBLE ◆ **SYN. 1.** Immatériel, *imperceptible*, infinitésimal, microscopique. **2.** *Absent*, disparu, perdu. **3.** *Caché*, dérobé, dissimulé, latent, mystérieux, occulte, secret. **4.** *(Avion, navire)* *Furtif*, indétectable. ◆ **ANT. 1.** Grand, infini, matériel, perceptible, visible. **2.** Présent, réapparu, retrouvé. **3.** Apparent, clair, évident, franc, manifeste, ostensible, public. **4.** Détectable, repérable.

INVITANT ◆ **SYN. 1.** *Encourageant*, engageant, prometteur. **2.** Affriolant, alléchant, attirant, désirable, séduisant, *tentant*. **3.** *(Pays)* Hôte. ◆ **ANT. 1.** Décevant, irréalisable, trompeur. **2.** Dégoûtant, laid, rebutant, repoussant. **3.** Invité.

INVITATION ◆ **SYN. 1.** *Convocation*, faire-part. **2.** *Appel*, avertissement, demande, exhortation, prière. **3.** Attrait, *incitation*, sollicitation, tentation. ◆ **ANT. 1.** Exclusion, expulsion. **2.** Refus, rejet, renvoi. **3.** Aversion, dédain, indifférence.

INVITER ◆ **SYN. 1.** Appeler, *convier*, prier de, recevoir. **2.** Conseiller, encourager, entraîner, exciter, exhorter, *inciter*, presser, prier de, proposer, solliciter. **3.** *(Ch.)* Attirer, porter à, *pousser à*, provoquer, stimuler. ◆ **ANT. 1.** Chasser, éconduire, exclure, refuser, renvoyer. **2.** Déconseiller, décourager, dissuader. **3.** Dégoûter, déplaire, empêcher, rebuter.

INVOCATION ◆ **SYN. 1.** Adjuration, appel, demande, imploration, litanies, *prière*, supplication. **2.** *(Saint)* Consécration, dédicace, patronage, *protection*.

INVOLONTAIRE ◆ **SYN. 1.** Accidentel, automatique, convulsif, inconscient, instinctif, irréfléchi, *machinal*, mécanique, réflexe, spontané. **2.** Contraint, *forcé*, obligé. ◆ **ANT. 1.** Arrêté, conscient, consenti, considéré, intentionnel, mûri, prémédité, réfléchi, volontaire, voulu. **2.** Facultatif, libre.

INVOQUER ◆ **SYN. 1.** Adjurer, appeler, conjurer, *prier*, supplier. **2.** Demander, implorer, *réclamer*. **3.** Alléguer, arguer, attester, avancer, citer, en appeler à, évoquer, prétexter, *recourir à*, utiliser. ◆ **ANT. 1.** Dédaigner, entendre. **2.** Accorder, refuser. **3.** Contester, infirmer, réfuter.

INVRAISEMBLABLE ◆ **SYN. 1.** Chimérique, impensable, impossible, improbable, inconcevable, *incroyable*, inimaginable, insoutenable, paradoxal. **2.** Abracadabrant, bizarre, ébouriffant *(fam.)*, *étonnant*, extraordinaire, extravagant, fabuleux, fantastique, renversant, rocambolesque, stupéfiant. ◆ **ANT. 1.** Croyable, faisable, imaginable, plausible, possible, probable, réalisable, vraisemblable. **2.** Banal, commun, normal, ordinaire, raisonnable.

INVRAISEMBLANCE ◆ **SYN.** Aberration, énormité, extravagance, *impossibilité*, improbabilité, incongruité, incrédibilité, irréalité. ◆ ANT. Crédibilité, plausibilité, probabilité, réalité, vraisemblance.

INVULNÉRABLE ◆ SYN. 1. Blindé *(fam.)*, cuirassé, dur, fort, *insensible*. 2. *(Place forte)* Imprenable, inexpugnable, *invincible*, inviolable, solide. 3. *(Haut placé)* Inattaquable, indéboulonnable *(fam.)*, intouchable, *protégé*, puissant. ◆ ANT. 1. Blessé, meurtri, sensible, touché, vulnérable. 2. Prenable, vaincu. 3. Dépourvu, désarmé, faible.

IRASCIBLE ◆ SYN. Acariâtre, atrabilaire, bilieux, brusque, chatouilleux, coléreux, colérique, difficile, emporté, *irritable*, nerveux, ombrageux, susceptible, vif, violent. ◆ ANT. Aimable, calme, doux, flegmatique, inoffensif, obligeant, paisible, patient, résigné, sociable.

IRISÉ ◇ v. Nacré

IRONIE ◆ SYN. Brocard, dérision, esprit, flèche, humour, *moquerie*, persiflage, plaisanterie, pointe, raillerie, sarcasme. ◆ ANT. Amabilité, complaisance, délicatesse, gentillesse, indulgence, obligeance, réserve, sérieux.

IRONIQUE ◆ SYN. Blagueur, caustique, goguenard, gouailleur, humoristique, *moqueur*, narquois, persifleur, railleur, sarcastique. ◆ ANT. Aimable, complaisant, délicat, gentil, indulgent, obligeant, réservé, sérieux.

IRRAISONNÉ ◆ SYN. Animal, impérieux, impulsif, incoercible, incontrôlable, *incontrôlé*, insurmontable, instinctif, irréfléchi, irrépressible, profond, violent, viscéral. ◆ ANT. Contrôlé, modéré, raisonné, répressible.

IRRATIONNEL ◆ SYN. Aberrant, absurde, anormal, bête, *déraisonnable*, fou, gratuit, illogique, incohérent, inconséquent, insensé, irréfléchi, stupide. ◆ ANT. Conséquent, équilibré, fondé, intelligent, judicieux, logique, normal, raisonnable, rationnel, réfléchi, sensé.

IRRÉALISABLE ◆ SYN. Chimérique, illusoire, *impossible*, impraticable, inexécutable, infaisable, insoluble, irréaliste,

utopique. ◆ ANT. Exécutable, faisable, possible, praticable, réalisable, réaliste.

IRRÉALISTE ◆ SYN. Chimérique, *idéaliste*, illusoire, rêveur, utopique, utopiste. ◆ ANT. Pragmatique, pratique, réaliste, réel, sûr, vrai.

IRRÉCONCILIABLE ◆ SYN. 1. Brouillé (à mort), *désuni*, inconciliable, rancunier, vindicatif. 2. *(Haine)* Impitoyable, implacable, *inexpiable*. ◆ ANT. 1. Oublieux, réconciliable, réuni. 2. Expiable, pardonnable.

IRRÉCUPÉRABLE ◆ SYN. 1. Endommagé, fichu *(fam.)*, fini, hors d'usage, inarrangeable, *inutilisable*, irréparable, perdu, usé, vétuste. 2. Déchu, impénitent, *incorrigible*. 3. *(Erreur)* Irrattrapable. ◆ ANT. 1. Récupérable, recyclable, réparable, réutilisable, utilisable. 2. Amendable, corrigible, réintégré. 3. Rectifiable, rattrapable.

IRRÉDUCTIBLE ◆ SYN. 1. Imbattable, infranchissable, insurmontable, *invincible*. 2. Inflexible, *intraitable*, intransigeant. ◆ ANT. 1. Franchissable, surmontable, vaincu. 2. Conciliant, flexible, souple.

IRRÉEL ◆ SYN. 1. Abstrait, chimérique, fabuleux, fantastique, fictif, *imaginaire*, inexistant, mythique. 2. Éthéré, idéal, *illusoire*, utopique. ◆ ANT. 1. Certain, effectif, évident, existant, historique, réel, véritable, visible. 2. Concret, matériel, pratique.

IRRÉFLÉCHI ◆ SYN. 1. Déraisonnable, *écervelé*, étourdi, évaporé, imprudent, inconsidéré, insouciant, irrationnel, irresponsable, léger, malavisé. 2. Automatique, impulsif, inconscient, instinctif, *involontaire*, irraisonné, irrépressible, machinal, spontané. ◆ ANT. 1. Avisé, pondéré, prudent, raisonnable, rationnel, réfléchi, responsable, sage, sérieux. 2. Calculé, conscient, maîtrisé, raisonné, répressible, volontaire.

IRRÉFUTABLE ◆ SYN. Catégorique, certain, clair, exact, formel, incontestable, indiscutable, irrécusable, irréfragable, *logique*, péremptoire, positif, probant, sûr, tranchant. ◆ ANT. Boiteux *(fam.)*, contestable, critiquable, discutable, douteux, faux, illogique, réfutable.

IRRÉGULARITÉ ♦ SYN. 1. *Anomalie*, asymétrie, caprice, défaut, défectuosité, désordre, écart, erreur, exception, imperfection, imprécision, faute, inconstance, inégalité, instabilité, manquement, perturbation. 2. Illégalité, *injustice*, passedroit. ♦ ANT. 1. Assiduité, conformité, constance, continuité, égalité, harmonie, justesse, ordre, précision, régularité, stabilité, symétrie, uniformité. 2. Équité, justice, légalité.

IRRÉGULIER ♦ SYN. 1. Accidentel, *anormal*, asymétrique, baroque, biscornu, bizarre, capricieux, changeant, convulsif, décousu, dérangé, déréglé, désordonné, discontinu, épisodique, hétéroclite, inconstant, inégal, instable, intermittent, saccadé, sporadique, variable. 2. Arbitraire, illégal, illicite, incorrect, *injuste*. ♦ ANT. 1. Assidu, conforme, constant, continu, égal, harmonieux, invariable, mesuré, méthodique, normal, ordonné, permanent, régulier, rythmé, stable, symétrique, uniforme. 2. Correct, juste, légal, licite, régulier.

IRRÉMÉDIABLE ♦ SYN. *(Maladie, malheur)* Définitif, *fatal*, funeste, incurable, inguérissable, irrémissible, irréparable, irréversible, néfaste. ♦ ANT. Curable, guérissable, remédiable, rémissible, réparable, salutaire, temporaire.

IRRÉMISSIBLE ♦ SYN. 1. Impardonnable, *inexcusable*. 2. *(Maladie)* **Incurable**, irrémédiable. ♦ ANT. 1. Excusable, pardonnable. 2. Curable, remédiable.

IRREMPLAÇABLE ◇ V. **Indispensable**

IRRÉPARABLE ♦ SYN. 1. Fichu *(fam.)*, *inarrangeable*, inutilisable, irrécupérable. 2. Définitif, *irrémédiable*, irréversible. ♦ ANT. 1. Arrangeable, réparable. 2. Remédiable, temporaire.

IRRÉPROCHABLE ♦ SYN. Accompli, exemplaire, honnête, idéal, *impeccable*, inattaquable, insoupçonnable, irrépréhensible, juste, parfait. ♦ ANT. Blâmable, condamnable, fautif, imparfait, injuste,

malhonnête, répréhensible, reprochable, retors, vénal.

IRRÉSISTIBLE ♦ SYN. 1. *(Force, sentiment)* Impérieux, incoercible, incontrôlable, indomptable, insurmontable, *invincible*, irrépressible, profond, puissant, tenace, tyrannique, violent, viscéral. 2. *(Preuve)* Concluant, *implacable*, irréfutable, logique. 3. Attirant, charmant, désirable, envoûtant, invitant, *séduisant*. ♦ ANT. 1. Coercible, contrôlable, domptable, maîtrisable, répressible, surmontable. 2. Faux, illogique, réfutable. 3. Dégoûtant, laid, moche *(fam.)*, rebutant, repoussant.

IRRÉSOLU ♦ SYN. Embarrassé, faible, flottant, hésitant, incertain, inconsistant, *indécis*, indéterminé, perplexe, suspendu, versatile. ♦ ANT. Catégorique, consistant, convenu, décidé, déterminé, énergique, ferme, hardi, intrépide, résolu, volontaire.

IRRÉSOLUTION ♦ SYN. Atermoiement, doute, embarras, faiblesse, faux-fuyant, flottement, hésitation, incertitude, *indécision*, indétermination, perplexité, scrupule, tergiversations, vacillation. ♦ ANT. Aplomb, certitude, décision, dessein, détermination, énergie, fermeté, hardiesse, intrépidité, résolution, volonté.

IRRESPECTUEUX ♦ SYN. 1. Cavalier, frondeur, grossier, impertinent, impoli, insolent, *irrévérencieux*, irrévérent, vulgaire. 2. Injurieux. ♦ ANT. 1. Bien élevé, courtois, déférent, délicat, obséquieux, poli, respectueux. 2. Élogieux.

IRRESPIRABLE ♦ SYN. 1. Asphyxiant, délétère, étouffant, malsain, méphitique, nocif, *suffocant*. 2. Infernal, *insupportable*, intenable, invivable, pénible. ♦ ANT. 1. Pur, respirable, sain, salubre. 2. Agréable, calme, détendu, vivable.

IRRESPONSABLE ♦ SYN. Écervelé, étourdi, imprévoyant, inconscient, *insouciant*, irréfléchi, léger, malavisé. ♦ ANT. Avisé, prévoyant, réfléchi, responsable, sage, sérieux.

IRRÉVÉRENCE ♦ SYN. 1. Grossièreté, impertinence, impolitesse, inconvenance,

insolent, *irrespect*, mépris, profanation.
2. Injure. ♦ ANT. 1. Bienséance, considération, courtoisie, déférence, délicatesse, obligeance, respect, révérence, vénération. 2. Éloge.
IRRÉVÉRENCIEUX ◇ v. **Irrespectueux**
IRRÉVOCABLE ♦ SYN. Arrêté, décidé, *définitif*, ferme, final, formel, irréversible, péremptoire, sans appel. ♦ ANT. Amendable, annulable, modifiable, provisoire, résiliable, révocable.
IRRIGUER ♦ SYN. *Arroser*, baigner, canaliser. ♦ ANT. Assécher, drainer, tarir.
IRRITABLE ♦ SYN. 1. Excitable. 2. Acariâtre, chatouilleux, emporté, *irascible*, susceptible. ♦ ANT. 1. Inexcitable. 2. Aimable, calme, flegmatique, obligeant, patient.
IRRITANT ♦ SYN. 1. Agaçant, blessant, crispant, déplaisant, désagréable, énervant, *enrageant*, exaspérant, horripilant, impatientant, insupportable, provocant, provocateur, révoltant. 2. Âcre, brûlant, *échauffant*, excitant, piquant, suffocant. ♦ ANT. 1. Agréable, apaisant, détendu, plaisant, réjouissant, reposant, satisfaisant, supportable. 2. Adoucissant, balsamique, calmant, émollient, lénifiant.
IRRITATION ♦ SYN. 1. Agacement, *colère*, contrariété, énervement, exaspération, humeur, impatience, nervosité. 2. Brûlure, démangeaison, *inflammation*, excitation, surexcitation. ♦ ANT. 1. Agrément, apaisement, calme, détente, repos, tranquillité. 2. Baume, calmant, soulagement.
IRRITÉ ♦ SYN. 1. Agacé, contrarié, courroucé, énervé, enragé, exaspéré, fâché, *furieux*, furibond, impatient, mécontent, nerveux, outré. 2. Enflammé. ♦ ANT. 1. Adouci, calme, content, détendu, paisible, patient, rasséréné, tranquillisé. 2. Soulagé.
IRRITER ♦ SYN. ▷ *V. tr.* 1. Agacer, aigrir, contrarier, courroucer, crisper, énerver, exacerber, exaspérer, exciter, *fâcher*, hérisser, horripiler, impatienter, indigner, provoquer, ulcérer. 2. Brûler, échauffer, *enflammer*, envenimer, rubéfier. ▷ *V. pr.* 3. Bouillir, se cabrer, éclater, écumer, s'em-

porter, enrager, exploser, *se fâcher*, fulminer, se monter, pester, rager, tempêter. ♦ ANT. 1. Apaiser, calmer, détendre, rasséréner, reposer, tranquilliser. 2. Affaiblir, diminuer, soulager. 3. Se calmer, se décontracter, se relaxer.
IRRUPTION ◇ v. **Invasion**
ISOLÉ ♦ SYN. 1. Détaché, *séparé*. 2. Désert, écarté, *éloigné*, perdu, reculé, retiré. 3. Claustré, cloîtré, délaissé, esseulé, reclus, *seul*, solitaire. 4. *Individuel*, singulier, unique. ♦ ANT. 1. Attaché, joint, uni. 2. Fréquenté, habité, proche, voisin. 3. Accompagné, entouré, groupé, réuni, uni. 4. Collectif, combiné, commun, conjoint, jumelé.
ISOLEMENT ♦ SYN. 1. Abandon, confinement, délaissement, éloignement, exil, séparation, *solitude*. 2. Claustration, *enfermement*, emprisonnement, internement, quarantaine, réclusion, séquestration. 3. *(Pays)* Autarcie, *isolationnisme*. 4. Discrimination, *exclusion*, ghettoïsation, ostracisme, rejet, ségrégation. ♦ ANT. 1. Association, compagnie, groupement, relations, réunion, société. 2. Libération, liberté. 3. Alliance, rapprochement. 4. Accueil, acceptation, inclusion, insertion, intégration.
ISOLER ♦ SYN. ▷ *V. tr.* 1. Détacher, disjoindre, écarter, éloigner, *séparer*. 2. *(Pers.)* Confiner, emmurer, emprisonner, *enfermer*, interner, mettre à l'écart. 3. *Abstraire*, dégager, discerner, distinguer. ▷ *V. pr.* 4. Se barricader, se claustrer, se confiner, *s'enfermer*, se réfugier, se retirer, se terrer. ♦ ANT. 1. Attacher, joindre, lier, rapprocher. 2. Libérer, réinsérer, réintégrer, relâcher. 3. Confondre, mélanger, mêler. 4. Apparaître, se montrer, sortir (de sa tanière).
ISSU ♦ SYN. 1. Descendant, engendré, natif, né, *originaire*, provenant, sorti, venu. 2. Dérivant, *résultant*, venant.
ISSUE ♦ SYN. 1. Débouché, dégagement, orifice, *ouverture*, passage, porte, sortie. 2. Échappatoire, expédient, moyen, *possibilité*, solution. 3. *Aboutissement*,

dénouement, fin, résultat, terme. ✦ ANT.
1. Accès, entrée. 2. Impossibilité, manque.
3. Commencement, début, départ, origine,
source.

ITINÉRAIRE ✦ SYN. 1. Chemin, circuit,
direction, *parcours*, route, tracé, trajet.
2. *(Intellectuel)* **Cheminement**, démarche,
évolution, progression. 3. *(Professionnel)* Carrière, curriculum vitæ, *expérience*.

ITINÉRANT ◇ v. **Sans-abri**

IVRE ✦ SYN. 1. Aviné, éméché, *enivré*,
gai, gris, imbibé *(fam.)*, paf *(fam.)*, paqueté
(québ., fam.), pompette *(fam.)*, rond *(fam.)*, *soûl*.
2. Étourdi, euphorique, *exalté*, excité, fou
de, grisé, transporté. ✦ ANT. 1. Dégrisé,

désenivré, dessoûlé, sobre. 2. Abattu,
calmé, dégoûté, lassé, refroidi.

IVRESSE ✦ SYN. 1. *Alcoolisme*, beuverie,
boisson, cuite *(fam.)*, ébriété, intempérance,
ivrognerie, soûlerie, soûlographie *(fam.)*.
2. *(Fig.)* Délire, enchantement, enivrement,
étourdissement, euphorie, *exaltation*,
excitation, extase, griserie, joie, ravissement, transport, vertige, volupté. ✦ ANT.
1. Abstinence, sobriété, tempérance.
2. Apathie, désenchantement, torpeur.

IVROGNE ✦ SYN. *Alcoolique*, biberon
(fam.), buveur, dipsomane, intempérant,
pochard *(fam.)*, poivrot *(fam.)*, soûlon *(québ.,
fam.)*. ✦ ANT. Abstinent, sobre, tempérant.

J

JACASSER ♦ SYN. 1. *(Oiseaux)* Crier, jaboter, pépier, **piailler**. 2. *(Plusieurs personnes)* **Bavarder**, cancaner, caqueter, jaser.

JACHÈRE ◇ V. **Assolement**

JACTANCE ♦ SYN. 1. Arrogance, autosatisfaction, emphase, **fatuité**, orgueil, outrecuidance, présomption, prétention, suffisance, vanité. 2. Bravade, **fanfaronnade**, rodomontade, vantardise. ♦ ANT. 1. Bonhomie, humilité, modestie, naturel, simplicité. 2. Crainte, réserve, timidité.

JADIS ♦ SYN. Anciennement, **autrefois**, dans le passé, dans le temps, il y a longtemps, par le passé. ♦ ANT. Actuellement, aujourd'hui, dorénavant, maintenant, naguère, récemment.

JAILLIR ♦ SYN. 1. S'élancer, s'élever, émerger, saillir, **sortir**, sourdre. 2. S'échapper, éclabousser, fuser, gicler, rejaillir, *se* **répandre**. 3. Apparaître, briller *(lumière)*, se dégager, éclater, se manifester, **surgir**. ♦ ANT. 1. S'enfoncer, s'infiltrer, pénétrer, plonger. 2. Arrêter, contenir, juguler, retenir. 3. Cacher, disparaître, éteindre, étouffer.

JAILLISSEMENT ♦ SYN. 1. Crachement, élan, émission, **éruption**, geyser, jet, projection, sortie. 2. *(Énergie, force)* Bouffée, débordement, explosion, **surgissement**. ♦ ANT. 1. Enfoncement, infiltration, pénétration. 2. Arrêt, étouffement, refoulement, répression.

JALON ♦ SYN. ▷ *Sing. ou pl.* 1. Balise, bâton, borne, indice, limite, marque, piquet, référence, **repère**, signe, taquet, témoin. ▷ *Pl.* 2. Commencement, premières démarches, premières étapes, premiers échelons, **préparatifs**. ♦ ANT. 1. Brouillard, inconnu,

mystère, nuit, ténèbres, voile. 2. Achèvement, exécution, fin, réalisation, terme.

JALONNER ♦ SYN. 1. Baliser, borner, délimiter, piqueter, **repérer**. 2. Échelonner, illustrer, **marquer**, ponctuer, signaler. ♦ ANT. 1. Déborder, élargir. 2. Cacher, effacer, oublier.

JALOUSIE ♦ SYN. 1. Défiance, dépit, émulation, **envie**, haine, inquiétude, ombrage, rivalité. 2. Contrevent, moucharabieh, persienne, store, **volet**. ♦ ANT. 1. Assurance, confiance, contentement, détachement, indifférence, liberté, sang-froid.

JALOUX ♦ SYN. 1. Attaché à, désireux, **soucieux de**, vigilant. 2. Craintif, défiant, **envieux**, ombrageux, soupçonneux. 3. Abusif, captatif, **exclusif**, intolérant, possessif. ♦ ANT. 1. Détaché, indifférent, insouciant. 2. Confiant, persuadé, rassuré, satisfait. 3. Désintéressé, oblatif, ouvert, tolérant.

JAMAIS (À, POUR) ♦ SYN. Définitivement, éternellement, irrévocablement, **pour toujours**, sans retour. ♦ ANT. À l'occasion, éventuellement, exceptionnellement, parfois.

JAMBE ♦ SYN. 1. *Membre inférieur*, patte *(fam.)*. 2. *(Pl., fam.)* Échasses *(grandes jambes)*, gambettes *(belles jambes)*, guibolles, poteaux, **quilles**. 3. *(Animal)* Patte. ♦ ANT. 1. Membre supérieur.

JANSÉNISTE ♦ SYN. *Austère*, puritain, rigoriste, rigoureux, sévère. ♦ ANT. Bon vivant, épicurien, laxiste, permissif, sensuel.

JAPPEMENT ◇ V. **Aboiement**

JAPPER ◇ V. **Aboyer**

JARDIN ♦ SYN. 1. Clos, **enclos**, fruitier, parc, parterre, potager *(légumes)*, square, verger, zoo. **2.** *(Jardin d'enfants)* **Garderie**, maternelle.

JARDINAGE ✦ syn. Arboriculture, *horticulture*, maraîchage.

JARDINIÈRE ✦ syn. **1.** *Bac*, caisse, jarre, vasque. **2.** Macédoine *(légumes)*. **3.** Insecte (des jardins).

JARGON ✦ syn. **1.** *(Langage incompréhensible)* Babélisme, baragouin, **charabia**, galimatias, logogriphe, sabir. **2.** *(Langage particulier)* **Argot**, langue verte *(malfaiteurs)*, patois, verlan.

JASER ✦ syn. **1.** Babiller, **bavarder**, causer, parler. **2.** Bavasser *(fam.)*, cancaner, commérer, déblatérer, **médire**. **3.** *(Oiseaux)* Gazouiller, jaboter, **jacasser**, pépier, piailler. ✦ ANT. **1.** Se taire. **2.** Approuver, être circonspect, vanter.

JASEUR ◇ v. **Bavard**

JAUGER ✦ syn. ▷ *V. tr.* **1.** Apprécier, calculer, déterminer, estimer, **évaluer**, juger, mesurer, peser, soupeser, supputer, toiser. ▷ *V. intr.* **2.** *(Volume)* **Contenir**, cuber, tenir *(navire)*. ▷ *V. pr.* **3.** Se considérer (mutuellement), *se mesurer*, se toiser *(péj.)*.

JAUNE ✦ syn. ▷ *Adj.* **1.** Ambré, blond, citron, cuivré, **doré**, fauve, flavescent, isabelle, jaunâtre, jaunet, kaki, miel, ocré, ocreux, orangé, paille, safran, safrané. **2.** *(Teint)* Bilieux, cireux, **terreux**. **3.** *(Journal, québ.)* À sensation. ▷ *Nom* **4.** *(Fam.)* **Briseur de grève**, renard.

JAVELOT ✦ syn. Angon, framée, haste, javeline, *lance*, pilum, projectile, sagaie, trait.

JÉRÉMIADES ✦ syn. Doléances, geignements, gémissements, **lamentations**, litanie (de plaintes), plaintes, pleurnicheries *(péj.)*. ✦ ANT. Acclamations, applaudissements, bravos, cris de joie, enthousiasme, hourras, louanges.

JET ✦ syn. **1.** Élan, lancement, **lancer**, projection, tir, trajectoire. **2.** Écoulement, émission, éruption, flux, giclée, **jaillissement**, ruissellement, sortie. **3.** *(Bot.)* **Pousse**, rejet, rejeton. **4.** *(Lumière)* Bande, **faisceau**, pinceau, rai, rayon, trait. **5.** *(Premier jet)* **Ébauche**, esquisse, essai.

JETER ✦ syn. ▷ *V. tr.* **1.** Balancer *(fam.)*, envoyer, *lancer*, projeter, propulser. **2.** Abandonner, *se débarrasser*, se défaire, déposer, larguer *(fam.)*. **3.** Parsemer, **répandre**, semer, verser. **4.** *(Paroles)* Crier, **émettre**, proclamer, proférer. **5.** Plonger, **précipiter**, sombrer. ▷ *V. pr.* **6.** Bondir, s'élancer, s'engager, foncer, *se lancer*, se précipiter, se ruer, sauter. **7.** *(Se jeter sur)* Assaillir, **attaquer**, charger, foncer sur, fondre sur, se ruer sur, tomber sur. **8.** Affluer, **déboucher**, se décharger, se déverser. ✦ ANT. **1.** Attraper, recevoir, renvoyer, saisir. **2.** Conserver, garder, ramasser. **3.** Contenir, obstruer, retenir. **4.** Atténuer, taire. **5.** Émerger, sortir. **6.** S'éloigner, fuir, ralentir, reculer. **7.** Battre en retraite, s'éloigner. **8.** Bifurquer, dévier, refluer.

JEU ✦ syn. **1.** *Amusement*, distraction, divertissement, ébats, ébattement, loisir, passe-temps, plaisir, récréation. **2.** *Jouet*, joujou. **3.** Équipement, instruments, **matériel**. **4.** Compétition, concours, **épreuve**, sport. **5.** Action, déroulement, **partie**. **6.** *(Argent)* **Hasard**, risque. **7.** *(Arts)* Exécution, **interprétation**. **8.** *(Corps)* Expression, gestuelle, mimique, **mouvement**, physionomie. **9.** Badinage, bagatelle, mot d'esprit, **plaisanterie**, taquinerie. **10.** *(Appareil, organe)* **Fonctionnement**, mécanisme, physiologie. **11.** Assemblage, assortiment, collection, **ensemble**, série, trousseau. **12.** Défaut (de serrage), **mou**. **13.** Espace, **marge de manœuvre**.

JEUNE ✦ syn. ▷ *Nom* **1.** *Adolescent*, éphèbe *(beau)*, impubère, jeune fille, jeune homme, jouvenceau, mineur, puceau. **2.** *Enfant*, fille, fillette, gamin, garçon, gars *(fam.)*. **3.** *(Pl.)* Jeunes gens, **jeunesse**. **4.** *(Animal)* Petit. ▷ *Adj.* **5.** Jeunet, jeunot, moderne, neuf, **nouveau**, récent, vert. **6.** Alerte, **frais**, fringant, juvénile, rose, vif. **7.** *Inexpérimenté*, malhabile, naïf, novice, profane. **8.** *Idéaliste*, intransigeant, rêveur. ✦ ANT. **1-2.** Adulte, femme, homme, majeur, mûr, pubère, vieillard, vieux. **3.** Aînés, personnes âgées, vieilles gens, vieillesse. **4.** Adulte. **5.** Âgé, ancien, dépassé, désuet, lointain, suranné, vieillot. **6.** Caduc, décrépit, défraîchi, sénile. **7.** Expérimenté, habile, réfléchi, sagace, sage. **8.** Croulant *(fam.)*, indulgent, réaliste, résigné.

JEÛNE ♦ SYN. **1.** *Abstinence*, diète *(méd.)*. **2.** *(Relig.)* **Carême**, ramadan *(islam).* **3.** Abstention, mortification, *privation*, restriction. ♦ ANT. **1.** Alimentation, gourmandise, intempérance. **2.** Carnaval, festivités, Mardi gras. **3.** Abondance, bombance, festin, régal, ripaille.

JEUNESSE ♦ SYN. **1.** *Adolescence*, âge bête, âge ingrat, minorité, nubilité, puberté. **2.** *Jeunes*, jeunes gens. **3.** Bel âge, belles années, fleur de l'âge, *jeune âge*, jeunes années, printemps (de la vie), verte jeunesse, vingt ans. **4.** *(Ch.)* **Commencement**, début, départ, premières années. **5.** Modernité, *nouveauté*. **6.** Beauté, *fraîcheur*, juvénilité, verdeur, vigueur. **7.** *Inexpérience*, maladresse, naïveté. **8.** *Idéalisme*, illusion, rêve. **9.** *(Pl., arts, polit.)* Association, *mouvement*, organisation. ♦ ANT. **1.** Âge adulte, âge mur, majorité, maturité. **2.** Aînés, personnes âgées, vieillards, vieux. **3.** Âge avancé, automne (de la vie), quatrième âge (75 ans), retraite, troisième âge (60 ans). **4.** Développement, essor, évolution, expansion. **5.** Ancienneté, désuétude, usure, vétusté. **6.** Caducité, dépérissement, sénescence, sénilité. **7.** Expérience, habileté, sagacité, sagesse. **8.** Indulgence, pragmatisme, réalisme.

JOB ◇ v. Métier

JOIE ♦ SYN. **1.** Allégresse, béatitude, enchantement, euphorie, *exaltation*, exultation, félicité, ivresse *(fig.)*, jubilation, liesse, ravissement. **2.** Bonne humeur, enjouement, enthousiasme, entrain, fête, *gaieté*, jovialité, pétulance, réjouissance, rire, sourire. **3.** Avantage, bonheur, contentement, fierté, *plaisir*, satisfaction, triomphe. **4.** *(Pl.)* Agréments, bienfaits, délices, douceurs, félicités, jouissances, (menus) *plaisirs*, satisfactions. ♦ ANT. **1.** Abattement, angoisse, désenchantement, désespoir, désolation, malheur, mélancolie, tourment. **2.** Apathie, chagrin, deuil, dou-

leur, mauvaise humeur, peine, renfrognement, souffrance, tristesse. **3.** Défaite, dépit, déplaisir, désavantage, honte, insatisfaction, mécontentement. **4.** Contrariétés, désagréments, ennuis, épreuves, revers.

JOINDRE ♦ SYN. ▷ V. tr. **1.** Aboucher, abouter, accoler, accoupler, adjoindre, ajouter, ajuster, allier, annexer, appliquer, approcher, articuler, *assembler*, attacher, brancher, combiner, connecter, coordonner, coudre, emboîter, embrancher, empatter, enchevaucher, enlier, entrelacer, épisser, fusionner, grouper, jumeler, juxtaposer, lier, marier, mêler, nouer, raccorder, rapporter, rapprocher, rassembler, relier, renouer, réunir, sceller, serrer, souder. **2.** Associer, conjuguer, liguer, rallier, unifier, *unir*. **3.** Ajouter, glisser, inclure, *insérer*, intégrer, intercaler. **4.** Aborder, approcher, *atteindre*, communiquer avec, contacter, parler, rencontrer, voir. ▷ V. intr. **5.** *(Objets en contact)* S'ajuster, se serrer, se *toucher*. ▷ V. pr. **6.** S'allier, s'associer, *s'unir*. **7.** Adhérer, s'engager, *participer*. **8.** Confluer, converger, se croiser, se rejoindre, *se rencontrer*. ♦ ANT. **1.** Couper, dégager, délier, dépecer, désaccoupler, désagréger, détacher, disjoindre, écarter, éloigner, espacer, fractionner, isoler, séparer. **2.** Brouiller, désunir, diviser, opposer. **3.** Enlever, exclure, extraire, ôter, retrancher, supprimer. **4.** S'absenter, s'éloigner, quitter, rompre. **5.** Bâiller, se desserrer, jouer (avoir du jeu). **6.** Se disputer, se dissocier, s'opposer. **7.** Quitter, se tenir à l'écart, se tenir coi. **8.** Bifurquer, dévier, se diviser, s'éloigner.

JOINT ♦ SYN. **1.** Délit *(géol.)*, espace, *fente*, ouverture. **2.** *Articulation*, jointure, jonction, rencontre. **3.** *(Étanchéité)* Caoutchouc, *garniture*, rondelle. **4.** *(Fam.)* **Cigarette** (de marijuana, de haschisch), pétard.

JOINTURE ♦ SYN. **1.** *Articulation*, attache, nœud. **2.** Assemblage, joint, *jonction*.

JOLI ♦ SYN. **1.** Accort, agréable, *beau*, charmant, chic, délicat, délicieux, enjolivé, exquis, gentil, gentillet, gracieux,

harmonieux, mignon, pimpant, ravissant.
2. *(Somme d'argent, fam.)* Avantageux, considérable, coquet, gentil, **important**, intéressant, rondelet, substantiel. **3.** *(Mot, histoire)* Amusant, piquant, **plaisant. 4.** *(Iron.)* Mauvais, sale, *vilain.* ◆ ANT. **1.** Désagréable, disgracieux, enlaidi, immonde, laid, moche *(fam.)*, repoussant, répugnant. **2.** Insignifiant, négligeable, ridicule. **3.** De mauvais goût, déplaisant, stupide. **4.** Beau, charmant, propre.

JONC ◆ SYN. **1.** Alliance, anneau, *bague.* **2.** *Bracelet*, chaînette, gourmette. **3.** Badine, bâton, *canne.* **4.** *(Fam.)* **Argent**, foin *(québ.)*, fric, pognon.

JONCHER ◆ SYN. Couvrir, *parsemer*, recouvrir, répandre. ◆ ANT. Débarrasser, enlever, ramasser.

JONCTION ◆ SYN. **1.** Abouchement, anastomose *(méd.)*, articulation, assemblage, branchement, commissure, connexion, contact, interface *(inform.)*, joint, jointure, *liaison*, raccordement, réunion, soudure, suture. **2.** Carrefour, confluence, confluent, convergence, croisée des chemins, croisement, embranchement, intersection, point de jonction, *rencontre.* ◆ ANT. **1.** Coupure, débranchement, décollement, déconnexion, disjonction, division, écartement, espacement, rupture, séparation. **2.** Bifurcation, déviation, dispersion, divergence, éloignement.

JONGLEUR ◇ v. **Saltimbanque**

JOUER ◆ SYN. ▷ *V. intr.* **1.** *S'amuser*, batifoler, se divertir, s'ébattre, s'ébrouer, faire joujou *(fam.)*, folâtrer, se récréer, rire. **2.** Badiner, blaguer, *plaisanter*, rire. **3.** *(Sports)* **Disputer** (un match), rencontrer (un adversaire). **4.** *(Mots, chiffres)* **Jongler avec**, manier (adroitement). **5.** Compter sur, *spéculer sur*, tabler sur, tirer profit de. **6.** Avoir du jeu, bâiller, *se mouvoir.* **7.** Agir, entrer en ligne de compte, influer sur, *intervenir*, peser sur. ▷ *V. tr.* **8.** S'adonner à, se livrer à, *pratiquer.* **9.** *(Argent)* Gager *(québ.)*, miser, *parier.* **10.** Aventurer, compromettre, exposer, hasarder, *risquer.* **11.** *(Personnage, œuvre)* Camper, exécuter *(mus.)*,

incarner, *interpréter*, rendre. **12.** *(Spectacle)* Monter, **représenter. 13.** Affecter, feindre, *simuler.* **14.** Abuser, berner, duper, ridiculiser, trahir, *tromper.* ▷ *V. pr.* **15.** *Se moquer*, se rire de. **16.** *(Difficulté)* Résoudre, surmonter, *vaincre.* ◆ ANT. **1.** Étudier, travailler. **2.** Parler sérieusement, pleurer. **3.** Annuler, reporter. **4.** S'abuser, errer. **5.** Se fourvoyer, perdre. **6.** Joindre, serrer. **7.** Avantager, désavantager, indifférer. **8.** Abandonner, délaisser. **9.** S'abstenir, gagner, perdre. **10.** Prémunir, préserver, protéger. **11.** Déformer, dénaturer, fausser, pervertir. **12.** Démonter. **13.** Éprouver, être vraiment, ressentir. **14.** Aider, appuyer, louanger. **15.** Se soucier de, sympathiser avec. **16.** Attraper, piéger.

JOUET ◆ SYN. **1.** Bébelle *(québ., fam.)*, hochet, *jeu*, joujou *(fam.)*. **2.** *(Pers.)* Automate, chose, *esclave*, fantoche, laquais, marionnette, pantin, serf, valet. **3.** Bouc émissaire, cible, plastron, proie, risée, souffre-douleur, tête de Turc, *victime.*

JOUEUR ◆ SYN. ▷ *Nom* **1.** Coéquipier, *équipier*, partenaire. **2.** Flambeur *(fam.)*, gageur *(québ.)*, *parieur*, turfiste *(chevaux)*. **3.** *(Mus.)* Instrumentiste. ▷ *Adj.* **4.** *Enjoué*, folâtre, gai, joyeux. ◆ ANT. **4.** Bourru, rabat-joie, sérieux, triste.

JOUFFLU ◆ SYN. Arrondi, *bouffi*, boursouflé, gonflé, mafflu, poupard, poupin, rebondi. ◆ ANT. Amaigri, creux, émacié, maigre, renfoncé.

JOUG ◆ SYN. **1.** *(Bœuf)* **Attelage**, bât. **2.** Assujettissement, carcan, chaînes, collier, *contrainte*, dépendance, domination, esclavage, fers, oppression, servitude, sujétion, tyrannie. ◆ ANT. **2.** Affranchissement, autonomie, émancipation, indépendance, libération, liberté.

JOUIR ◆ SYN. **1.** *Apprécier*, déguster, goûter, profiter de, savourer. **2.** Avoir, bénéficier de, disposer de, *posséder.* **3.** Avoir un orgasme, bander *(fam.)*, s'éclater *(fam.)*, s'envoyer en l'air *(fam.)*, *éprouver du plaisir*, prendre son pied *(fam.)*. **4.** Exulter, jubiler, *se réjouir.* **5.** *(Iron.)* Faire mal, *souffrir.* ◆ ANT. **1.** Dédaigner, pâtir, se priver, renoncer, souffrir. **2.** Démunir, déposséder, manquer de, perdre, priver de. **3.** Débander *(fam.)*, indifférer, refroidir. **4.** Affliger, attrister, désoler. **5.** Faire du bien, faire plaisir.

JOUISSANCE ◆ SYN. **1.** Bien-être, délectation, délice, douceur, félicité, joie, plaisir, ravissement, régal, *satisfaction*, volupté. **2.** *Orgasme*, spasme (de plaisir). **3.** Possession, propriété, *usage*, usufruit *(dr.)*. ◆ ANT. **1.** Dégoût, désenchantement, douleur, ennui, frustration, insatisfaction, tourment. **2.** Anorgasmie. **3.** Dépossession, perte, privation.

JOUISSEUR ◆ SYN. Bambocheur *(fam.)*, bon vivant, coureur, débauché, épicurien, fêtard, hédoniste, libertin, *noceur*, sybarite, viveur, voluptueux. ◆ ANT. Ascète, austère, dévot, puritain, rigide, sérieux, sévère, sobre, vertueux.

JOUR ◆ SYN. **1.** Aube, aurore, lever, *matin*. **2.** Clarté, *lumière*, rayons (du soleil). **3.** Après-midi, *matinée*. **4.** *(Durée de 24 h)* Journée. **5.** Aujourd'hui, combien, combientième, date, *quantième*. **6.** Clairevoie, fenêtre, fente, fissure, intervalle, *ouverture*. **7.** Époque, fois, moment, période, *temps*. **8.** Angle, apparence, *aspect*, éclairage, vue. **9.** Apparition, *naissance*, vie. **10.** *(Pl.)* Durée, *existence*, période. ◆ ANT. **1.** Coucher, soir. **2.** Brunante *(québ.)*, crépuscule, nuit, obscurité, ombre, pénombre, ténèbres. **3.** Soirée. **4.** Lendemain, veille. **5.** Demain, hier. **6.** Étanchéité, fermeture, joint, obstruction, opacité. **7.** Ailleurs, autre temps. **8.** Aveuglement, courte vue. **9.** Disparition, mort. **10.** Cessation, fin.

JOURNAL ◆ SYN. **1.** Bulletin, feuille, gazette, hebdomadaire, illustré, magazine, organe, périodique, presse, *publication* (périodique), quotidien, revue. **2.** *(Péj.)* Canard, *feuille de chou*, journal jaune *(québ.)*, torchon. **3.** *(Personnel)* Blogue, cahier, *mémoires*, récit, relation. **4.** *(Radio, télévision)* *Actualités*, bulletin d'information, nouvelles. **5.** *(Pl.)* *Médias*, presse.

JOURNALIER ◆ SYN. ▷ *Nom* **1.** Col bleu *(québ.)*, manœuvre, ouvrier, *travailleur*

manuel. **2.** Salarié. **3.** Engagé *(québ.)*, *ouvrier agricole.* ▷ *Adj.* **4.** Diurnal *(relig.)*, *quotidien*, régulier. ◆ ANT. **1.** Col blanc *(québ.)*, homme ou femme de métier, travailleur spécialisé. **2.** Cadre, patron, professionnel. **3.** Agriculteur, fermier. **4.** Hebdomadaire, irrégulier, occasionnel.

JOURNALISTE ◆ SYN. **1.** Billettiste, chroniqueur, commentateur, correspondant, courriériste, critique, échotier, éditorialiste, envoyé spécial, informateur, interviewer, nouvelliste, *rédacteur*, reporter. **2.** *(Péj.)* Bobardier, folliculaire, journaleux, *pisse-copie*.

JOURNÉE ◆ SYN. **1.** Jour (de 24 h). **2.** Chemin, *distance* (parcourue). **3.** Durée, période, *temps* (de travail).

JOUTE ◆ SYN. **1.** *(À cheval)* Combat. **2.** *(Oratoire)* Concours, *débat*, duel, rencontre, tournoi. **3.** Dispute, lutte, *rivalité*. **4.** *(Québ.)* Épreuve sportive, match, *partie*, rencontre (sportive).

JOUTER ◆ SYN. **1.** *(À cheval)* Combattre. **2.** Disputer, lutter, *rivaliser*. ◆ ANT. **1.** Désarçonner, renverser. **2.** Confondre, déconcerter, jeter le gant.

JOUTEUR ◆ SYN. **1.** Combattant. **2.** Adversaire, débatteur *(discussion)*, lutteur, *rival*. ◆ ANT. **1.** Opposant. **2.** Allié, associé, partenaire.

JOUVENCEAU ◇ v. **Jeune**

JOVIAL ◆ SYN. Aimable, badin, communicatif, *enjoué*, gai, gai luron, gaillard, joyeux, plein d'entrain, rieur. ◆ ANT. Abattu, bourru, chagrin, maussade, rabat-joie, renfrogné, taciturne, triste.

JOVIALITÉ ◇ v. **Enjouement**

JOYAU ◆ SYN. **1.** *Bijou*, décoration, ornement, parure, trésor. **2.** *(Arts, archit.)* Bijou, chef-d'œuvre, *merveille*, prodige, rareté, réussite. ◆ ANT. **1.** Pacotille, quincaillerie *(fam.)*, toc *(fam.)*. **2.** Banalité, échec, horreur, laideur, monstruosité.

JOYEUX ◆ SYN. **1.** Agréable, amusant, boute-en-train, content, de bonne humeur, enjoué, folâtre, gai, *heureux*, hilare, joueur, jovial, riant, rieur. **2.** Allègre, épanoui, jubilant, pimpant, *radieux*,

ravi, rayonnant, réjoui, souriant. ✦ ANT.
1. Abattu, accablé, bourru, de mauvaise
humeur, fâché, malheureux, mécontent,
renfrogné, taciturne, triste. 2. Austère,
figé, funèbre, lugubre, mélancolique,
morne, morose, sombre, ténébreux.

JUBILATION ✦ SYN. Allégresse, euphorie, expansivité, exubérance, *exultation*,
fête, gaieté, joie, liesse, réjouissance,
transport, triomphe. ✦ ANT. Accablement,
affliction, chagrin, déplaisir, désenchantement, désolation, douleur, mélancolie,
tourment, tristesse.

JUBILER ✦ SYN. *Exulter*, jouir, pavoiser,
se réjouir, triompher. ✦ ANT. S'affliger,
s'attrister, se désoler.

JUCHER ◇ V. **Percher**

JUDAS ✦ SYN. 1. Déloyal, fourbe, hypocrite, infidèle, *traître*. 2. Fente, guichet,
ouverture. ✦ ANT. 1. Droit, fidèle, franc,
loyal, sincère.

JUDICIEUX ✦ SYN. 1. Bon, convenable,
droit, éclairé, équilibré, posé, raisonnable,
rationnel, réfléchi, sage, *sensé*, sérieux.
2. Clairvoyant, conséquent, exact, fin,
ingénieux, inspiré, intelligent, juste, logique, pénétrant, *pertinent*, sagace. ✦ ANT.
1. Absurde, déraisonnable, déséquilibré,
extravagant, fou, insensé, irrationnel,
irréfléchi. 2. Aveugle, boiteux, erroné,
illogique, inapproprié, inconséquent,
inepte, inexact, naïf, stupide, superficiel.

JUGE ✦ SYN. 1. Magistrat. 2. Juré. 3. Appréciateur, *arbitre*, conciliateur, médiateur,
ombudsman, protecteur du citoyen *(québ.)*.
4. Censeur, commentateur, *critique*, exégète. 5. Estimateur, *expert*, maître, vérificateur.

JUGEMENT ✦ SYN. 1. *(Dr.)* Arrêt, *décision*,
justice, ordonnance, sentence, verdict.
2. *Appréciation*, attitude *(fig.)*, avis, critique, idée, impression, opinion, pensée,
point de vue, position, sens, sentiment,
vote, vues. 3. Bon sens, clairvoyance,
cohérence, *discernement*, entendement,
finesse, intelligence, jugeote *(fam.)*, justesse, logique, perspicacité, raison, raisonnement, sens commun. ✦ ANT. 1. Injustice,

partialité. 2-3. Aberration, aveuglement,
déraison, fausseté, illogisme, incohérence, non-sens, préjugé, stupidité.

JUGER ✦ SYN. 1. Arbitrer, conclure, *décider*, prononcer, régler, statuer, trancher.
2. Apprécier, critiquer, discerner, estimer,
évaluer, examiner, jauger, peser, soupeser. 3. Considérer comme, croire, envisager, imaginer, *penser*, regarder, trouver.
✦ ANT. 1. Préjuger. 2. Mésestimer, opiner,
pencher, sous-évaluer, surévaluer. 3. Dire
vrai, errer, se tromper.

JUGULER ✦ SYN. 1. *Arrêter*, circonscrire,
contenir, contrôler, détruire, dompter,
endiguer, enrayer, étouffer, freiner, interrompre, mater, maîtriser, neutraliser, réprimer, retenir, stopper. 2. *Asservir*, dominer,
subjuguer. ✦ ANT. 1. Se développer, s'étendre, progresser. 2. Affranchir, libérer.

JUMELER ✦ SYN. 1. Renforcer. 2. Adapter, *ajuster* (ensemble), coupler, régler.
3. *Accoupler*, apparier, associer, géminer,
joindre, réunir. ✦ ANT. 1. Affaiblir. 2. Décaler, découpler, dérégler. 3. Éloigner, isoler,
séparer.

JURER ✦ SYN. ▷ V. tr. 1. Affirmer, assurer,
certifier, déclarer, s'engager, *promettre*.
▷ V. intr. 2. Faire serment, *prêter serment*.
3. *Blasphémer*, sacrer *(québ.)*. 4. *(Pers.)* Crier,
écumer, *pester*, tempêter. 5. *(Ch.)* Contraster, *détonner*, hurler, trancher. ▷ V. pr. 6. Se
promettre de. ✦ ANT. 1. Contester, démentir, désavouer, nier, réfuter, renier, trahir.
2. Abjurer, renoncer. 3. Bénir, honorer.
4. Accepter, s'allier, sympathiser. 5. S'accorder, cadrer, s'harmoniser, se marier.
6. Se résigner.

JURIDICTION ✦ SYN. 1. Autorité, compétence, instance, *pouvoir décisionnel*,
ressort. 2. Chambre, conseil, cour, judica-
ture, *tribunal*.

JURON ✦ SYN. 1. *Blasphème*, imprécation, jurement, sacre *(québ.)*. 2. Gros mot,
grossièreté, insulte. ✦ ANT. 1. Bénédiction,
louange, prière. 2. Câlinerie, mot doux,
susurrement.

JUSTE ✦ SYN. ▷ Adj. 1. Consciencieux,
droit, *équitable*, honnête, impartial, intè-

gre, loyal. **2.** Fondé, *justifié*, légitime, mérité, motivé, raisonnable. **3.** Adéquat, approprié, bon, conforme, convenable, correct, *exact*, heureux, précis, propre, réel, rigoureux, strict, véridique, véritable, vrai. **4.** Collant, court, étriqué, *étroit*, petit, serré. **5.** Insatisfaisant, *insuffisant*. **6.** Authentique, judicieux, logique, *pertinent*, rationnel, sensé, vrai. ▷ *Adv.* **7.** Convenablement, exactement, *précisément*, tout à fait. **8.** Pétant *(fam.)*, *pile*, sonnant, tapant. **9.** Au dernier moment, *de justesse*. **10.** Chichement, difficilement, *serré*. **11.** À peine, rien que, *seulement*, tout au plus. ▷ *Nom* **12.** *(Relig., morale)* **Modèle** (de piété, d'intégrité), parangon, philosophe, sage. ◆ **ANT. 1.** Abusif, arbitraire, déloyal, hors la loi, inique, injuste, partial. **2.** Déraisonnable, illégitime, immérité, incorrect, injustifié, mauvais. **3.** Déplacé, erroné, faux, imprécis, impropre, inadéquat, inexact, malheureux. **4.** Ajusté, ample, bouffant, flottant, grand, lâche, large, seyant. **5.** Satisfaisant, suffisant. **6.** Absurde, boiteux, erroné, illogique, inapproprié, inepte, insensé, irrationnel, stupide. **7.** Erronément, faussement, inexactement, partiellement. **8.** À peu près, approximativement, aux alentours de, environ. **9.** En avance, en retard. **10.** À l'aise, confortablement, sans souci. **11.** Amplement, beaucoup plus, parfaitement, trop. **12.** Débauché, étourdi, impie, mondain.

JUSTESSE ◆ **SYN.** ▷ *Nom* **1.** Acuité *(perception)*, adéquation, authenticité, conformité, correction, *exactitude*, fidélité, précision, propriété, rigueur, sûreté, vérité. **2.** Bienfondé, finesse, jugement, logique, *pertinence*, raison, rectitude, validité, véracité. ▷ *Loc., de justesse* **3.** À l'arraché, *de peu*, de près, d'un cheveu. **4.** Au dernier moment, *juste*. ◆ **ANT. 1.** Approximation, défaut, erreur, faiblesse, fausseté, imprécision, impropriété, inauthenticité, incorrection, inexactitude. **2.** Absurdité, arbitraire, illogisme, irrationalité, mensonge, superficialité. **3.** Amplement, de beaucoup, de loin. **4.** À l'heure, à temps, en retard.

JUSTICE ◆ **SYN. 1.** Bien-fondé, droiture, *équité*, impartialité, intégrité, probité, vérité. **2.** Code, droit, légalité, *loi*, morale, ordre (social), règlement. **3.** Cour, juridiction, *pouvoir judiciaire*, tribunal. ◆ **ANT. 1.** Arbitraire, déni (de justice), iniquité, injustice, irrégularité, mensonge, partialité. **2.** Anarchie, crime, délit, illégalité, immoralité, infraction. **3.** Pouvoir exécutif.

JUSTICIER ◆ **SYN. 1.** Défenseur de la veuve et de l'orphelin, don Quichotte, *redresseur de torts*, Robin des Bois. **2.** *(Péj.)* Escadron de la mort, police parallèle, *vengeur*.

JUSTIFIABLE ◆ **SYN. 1.** *(Conduite)* **Défendable**, excusable, pardonnable. **2.** *(Argument)* **Explicable**, fondé, motivé, soutenable. ◆ **ANT. 1.** Impardonnable, indéfendable, inexcusable, injustifiable, rémissible. **2.** Absurde, inexplicable, insoutenable, non fondé.

JUSTIFICATION ◆ **SYN. 1.** Alibi, décharge, *défense*, disculpation, excuse. **2.** Argument, compte, confirmation, démonstration, éclaircissement, *explication*, fondement, motif, preuve, raison. **3.** *Apologie*, éloge, légitimation, plaidoyer. ◆ **ANT. 1.** Accusation, blâme, culpabilité, faute, imputation, inculpation. **2.** Contradiction, démenti, dénégation, faux témoignage, mensonge, non-fondement. **3.** Condamnation, critique, opposition, réquisitoire.

JUSTIFIÉ ◇ v. **Juste**

JUSTIFIER ◆ **SYN. 1.** Absoudre, acquitter, blanchir, couvrir, décharger, défendre, disculper, excuser, *innocenter*, laver. **2.** Autoriser, *légitimer*, permettre. **3.** Confirmer, démontrer, *expliquer*, fonder, motiver, prouver, vérifier. ◆ **ANT. 1.** Accuser, blâmer, condamner, incriminer, noircir. **2.** Interdire, proscrire. **3.** Contredire, démentir, infirmer, mentir.

JUXTAPOSER ◆ **SYN.** *Accoler*, adjoindre, annexer, apposer, assembler, associer, rapprocher. ◆ **ANT.** Disjoindre, dissocier, éloigner, isoler, séparer.

K

KAKI ◆ SYN. *Brun*, fauve, flavescent, jaune, marron, ocre.

KAMIKAZE ◆ SYN. ▷ *Nom* **1.** Avion-suicide, *commando-suicide*. **2.** *Casse-cou*, casse-gueule *(fam.)*, risque-tout, trompe-la-mort. ▷ *Adj.* **3.** Autodestructeur, aventureux, dangereux, hasardeux, périlleux, *risqué*, suicide, suicidaire, téméraire. ◆ ANT. **3.** Assuré, sans danger, sécuritaire, sûr.

KERMESSE ◆ SYN. **1.** Ducasse, *fête*, foire, réjouissance. **2.** Vente de charité.

KIDNAPPER ◆ SYN. *Enlever*, faire disparaître, ravir, séquestrer. ◆ ANT. Libérer, relâcher.

KIDNAPPEUR ◇ v. Ravisseur

KIDNAPPING ◆ SYN. *Enlèvement*, prise d'otage, rapt, séquestration, violence. ◆ ANT. Délivrance, libération.

KIOSQUE ◆ SYN. **1.** *(Jardin, parc)* Belvédère, gloriette, *pavillon*, pergola, tonnelle. **2.** *(Voie publique)* **Abri**, abribus, aubette *(belg.)*, édicule. **3.** *(Kiosque d'exposition)* Stand.

KITSCH ◆ SYN. *De mauvais goût*, démodé, quétaine *(québ.)*, rétro, ringard *(fam.)*.

◆ ANT. Bon chic bon genre (BCBG), de bon goût, dernier cri, moderne.

KLAXON ◆ SYN. *Avertisseur*, corne de brume *(navire)*.

KNOCK-OUT (K.-O.) ◆ SYN. ▷ *Nom* **1.** Mise hors de combat. ▷ *Adj.* **2.** *Assommé*, évanoui, groggy *(fam.)*, hors de combat, inconscient, sonné *(fam.)*. **3.** *(Fam.)* Anéanti, à plat, brisé, exténué, *fourbu*, lessivé *(fam.)*, tué. ◆ ANT. **1.** Match nul, victoire. **2.** Conscient, debout, éveillé. **3.** Frais et dispos, ragaillardi, reposé.

KRACH ◆ SYN. **1.** *(Bourse)* Chute, *effondrement* (des cours). **2.** Banqueroute *(péj.)*, catastrophe, crise, débâcle financière, déconfiture, dépression, *faillite*, ruine. ◆ ANT. **1.** Boom, redressement, relance, reprise. **2.** Essor, hausse, prospérité, regain, reprise.

KYRIELLE ◆ SYN. **1.** *(Mots, paroles)* Chapelet, litanie, série, succession, *suite* (interminable). **2.** *(Ch., pers.)* Cortège, défilé, file, flopée *(fam.)*, foule, grand nombre, masse, *multitude*, myriade, quantité, ribambelle, tapée *(fam.)*, trâlée *(québ., fam.)*.

L

LABEL ◇ v. Marque

LABEUR ◆ SYN. Activité, *besogne*, collier *(fig.)*, corvée, fardeau, obligation, occupation, ouvrage, peine, tâche, travail. ◆ ANT. Agrément, détente, distraction, fainéantise, inaction, loisir, nonchalance, oisiveté, paresse, repos.

LABORATOIRE ◆ SYN. 1. Atelier, *local*, officine *(pharmacie)*, salle. 2. *Essai*, expérience, test. 3. *Centre de recherche*, entreprise pharmaceutique, institut.

LABORIEUX ◆ SYN. 1. *(Travail)* Ardu, complexe, difficile, dur, fatigant, malaisé, *pénible*, rude. 2. *(Style)* Embarrassé, embrouillé, empêtré, *lourd*, obscur. 3. *(Pers.)* Actif, appliqué, assidu, bûcheur, diligent, piocheur *(fam.)*, studieux, *travailleur*. ◆ ANT. 1. Agréable, aisé, facile, reposant, simple. 2. Alerte, clair, naturel, spontané. 3. Distrait, fainéant, inactif, indolent, inoccupé, insouciant, nonchalant, oisif, paresseux.

LABOUR ◆ SYN. 1. *Ameublissement*, bêchage, billonnage, binage, défonçage, façon, façonnage, hersage, hivernage, labourage, parage, retroussage, scarification. 2. *Guéret*, jachère. 3. Dérayure, raie, *sillon*. ◆ ANT. 1-2. Culture, ensemencement, friche.

LABOURER ◆ SYN. 1. *Ameublir*, bêcher, défoncer, écroûter, effondrer, fouiller, gratter, herser, piocher, remuer, retourner, scarifier, serfouir. 2. Déchirer, *écorcher*, égratigner. 3. *(Visage)* Creuser, raviner, *rider*, sillonner. ◆ ANT. 1. Cultiver, ensemencer, laisser en friche. 2. Coudre, suturer. 3. Farder, maquiller.

LABYRINTHE ◆ SYN. 1. *Dédale*, détours, entrelacement, lacis, maquis, méandres, sinuosités. 2. Complexité, complication, confusion, désordre, écheveau, enchevêtrement, multiplicité. ◆ ANT. 1. Issue, sortie. 2. Clarification, clarté, netteté, ordre, simplicité, suite.

LAC ◆ SYN. 1. Chott, loch, *nappe d'eau* (intérieure), sebkha. 2. *(Stagnant)* *Étang*, mare. 3. *(Salé)* Lagune, marais, *mer* (fermée). 4. *(Artificiel)* *Bassin*, pièce d'eau, réservoir. 5. *(Liquide répandu)* Étendue, flaque, *mare*.

LACER ◆ SYN. 1. *Attacher*, lier, nouer, serrer. 2. *(Filet)* Mailler. ◆ ANT. 1. Défaire, délacer, délier, dénouer, desserrer, détacher. 2. Démailler.

LACET ◆ SYN. 1. Cordage *(voile)*, *cordon*. 2. *(Route)* Détour, méandre, tournant, *virage*, zigzag. 3. Collet, lacs, nœud coulant, *piège*, rets.

LÂCHAGE ◆ SYN. *(Fam.)* *Abandon*, abdication, capitulation, décrochage *(québ.)*, défection, délaissement, démission, dérobade, désertion, désistement, fuite, largage *(fam.)*, plaquage *(fam.)*, recul, renoncement, renonciation, résignation, retraite, trahison. ◆ ANT. Aide, appui, fidélité, protection, raccrochage *(québ.)*, secours, soutien.

LÂCHE ◆ SYN. 1. Déraidi, *desserré*, détendu, flasque, libre, mou, relâché. 2. *(Vêtement)* Ample, *flottant*, flou, vague, vaporeux. 3. *(Rythme)* Languissant, *lent*, traînant. 4. *(Pers.)* Capitulard, couard, craintif, dégonflé *(fam.)*, faible, froussard, fuyard, lâcheur, lavette *(fam.)* mauviette *(fam.)*, peureux, pleutre, *poltron*, pusillanime, trouillard *(fam.)*, veule. 5. *(Acte)* Bas, déloyal, ignoble, indigne, infâme, méprisable, traître, *vil*. ◆ ANT. 1. Comprimé, étroit, raide, serré, tendu. 2. Ajusté, étriqué, moulant. 3. Alerte, enlevant, trépidant. 4. Ardent, audacieux, brave, courageux, énergique, fonceur, hardi, héroïque, intrépide, tenace, vaillant, valeureux. **5.** Admirable, digne, généreux, honorable, loyal, noble.

LÂCHER ♦ SYN. ▷ V. tr. **1.** Débander, *desserrer*, détendre, relâcher. **2.** Laisser aller, *laisser échapper*, laisser tomber. **3.** *(Amarres, voiles)* Déferler, détacher, jeter, *larguer*. **4.** Abandonner, *délaisser*, laisser, renoncer. **5.** Droper *(fam.)*, éconduire, envoyer paître, laisser choir *(fam.)*, planter là, plaquer *(fam.)*, *quitter*. **6.** *(Propos inattendus)* Dire, émettre, *exprimer*, proférer, prononcer. **7.** *(Animal)* Lancer (à la poursuite). **8.** *(Sports)* Devancer, *distancer*, larguer, semer. ▷ V. intr. **9.** *Se casser*, céder, rompre. ♦ ANT. **1.** Bander, raidir, serrer, tendre. **2.** Agripper, attraper, retenir, saisir, tenir. **3.** Attacher, hisser, lever. **4.** Conserver, garder, maintenir, reprendre. **5.** Fréquenter, inviter, se réconcilier, revoir. **6.** Murmurer, réprimer, taire. **7.** Retenir. **8.** Se rapprocher, suivre (de près), talonner. **9.** Fonctionner, résister.

LÂCHETÉ ♦ SYN. **1.** Couardise, crainte, faiblesse, mollesse, paresse, peur, pleutrerie, *poltronnerie*, pusillanimité, veulerie. **2.** Bassesse, compromission, déloyauté, ignominie, indignité, infamie, trahison, *vilenie*. ♦ ANT. **1.** Ardeur, audace, bravoure, cœur, courage, cran *(fam.)*, énergie, force, hardiesse, héroïsme, intrépidité, vaillance. **2.** Dignité, générosité, humanité, loyauté, noblesse.

LÂCHEUR ♦ SYN. **1.** Capitulard, couard, craintif, froussard, fuyard, *lâche*, peureux, pleutre, poltron, pusillanime, trouillard *(fam.)*, perdant, vaincu. **2.** Apostat, déserteur, renégat, *traître*. ♦ ANT. **1.** Battant, brave, combatif, courageux, fonceur, gagneur, hardi, héroïque, intrépide, vaillant, valeureux. **2.** Fidèle, partisan.

LACIS ♦ SYN. **1.** *Entrelacement*, plexus, réseau. **2.** Labyrinthe.

LACONIQUE ♦ SYN. Bref, *concis*, court, dense, dépouillé, ramassé, serré, sobre, succinct. **2.** *(Style)* Elliptique, *lapidaire*, télé-

graphique. ♦ ANT. **1-2.** Diffus, long, prolixe, redondant, verbeux.

LACONISME ♦ SYN. Brièveté, *concision*, densité, dépouillement, sobriété. ♦ ANT. Longueur, prolixité, redondance, verbosité.

LACS ◇ V. Lacet

LACUNAIRE ◇ V. Incomplet

LACUNE ♦ SYN. **1.** Espace, trou, *vide*. **2.** Absence, carence, défaillance, défaut, déficience, discontinuité, faille, hiatus, ignorance, imperfection, insuffisance, interruption, *manque*, omission, oubli, privation, suppression. ♦ ANT. **1.** Plein. **2.** Achèvement, complément, connaissance, continuité, enchaînement, perfectionnement, présence, rappel, richesse, suite.

LADRE, LADRERIE ◇ V. Avare, avarice

LAÏC ♦ SYN. ▷ Nom **1.** Frère convers, *frère servant*, lai. ▷ Adj. **2.** *Civil*, profane, séculier, temporel. **3.** *(École, État)* Neutre, *non confessionnel*. ♦ ANT. **1.** Clerc, prêtre. **2.** Ecclésiastique, religieux, sacré. **3.** Confessionnel.

LAID ♦ SYN. **1.** Abominable, *affreux*, atroce, dégoûtant, déplaisant, désagréable, disgracié, disgracieux, enlaidi, hideux, horrible, inélégant, inesthétique, informe, moche *(fam.)*, monstrueux, repoussant, répugnant. **2.** *De mauvais goût*, quétaine *(québ., fam.)*, ridicule, tocard *(fam.)*. **3.** Bas, déshonnête, honteux, ignoble, malhonnête, *méprisable*, vil. **4.** Impoli, *inconvenant*, malpropre, malséant, sale, vilain. ♦ ANT. **1.** Agréable, attirant, beau, charmant, élégant, embelli, esthétique, galbé, gracieux, joli, magnifique, normal, séduisant. **2.** Chic, de bon goût, superbe. **3.** Bon, digne, honnête, louable, noble. **4.** Bienséant, convenable, poli, propre.

LAIDEUR ♦ SYN. **1.** Difformité, *disgrâce*, hideur, inélégance, inharmonie, laid *(n.)*, mocheté *(fam.)*. **2.** *(Œuvre)* Horreur, monstruosité. **3.** *(Morale)* Abjection, atrocité, bassesse, honte, ignominie, infamie, turpitude, *vilenie*. ♦ ANT. **1.** Beau *(n.)*, beauté, élégance, grâce, harmonie. 2. Merveille, splendeur. 3. Dignité, gloire, honnêteté, honneur, noblesse, probité, vertu.

LAINAGE ◆ SYN. 1. Étoffe, *laine*, tissu. 2. Chandail, gilet, pull-over, robe, *tricot*, vêtement (de laine).

LAINE ◆ SYN. 1. *(Mouton, chameau)* Toison. 2. Étoffe, *lainage*, tricot. 3. Duvet végétal. 4. *(Déchet de laine)* Bourre.

LAISSE ◆ SYN. 1. *(Un animal)* Attache, *lien*. 2. *(Plusieurs animaux)* Accouple *(fém.)*, *couple* *(fém.)*. 3. Batture *(québ.)*, *estran*. 4. *(Pl., sanglier)* Excréments, fiente, laissées.

LAISSER ◆ SYN. 1. Accorder, consentir, *permettre*, souffrir, tolérer. 2. *(État, lieu)* Garder, *maintenir*, mettre, tenir. 3. Aliéner, céder, confier, déposer, donner, léguer, livrer, *remettre*, renoncer à, réserver, sacrifier, transmettre. 4. Égarer, négliger, omettre, *oublier*, perdre. 5. *(Pers.)* Abandonner, délaisser, lâcher, laisser choir *(fam.)*, larguer *(fam.)*, planter là, plaquer *(fam.)*, *quitter*. ◆ ANT. 1. Défendre, empêcher, refuser. 2. Changer, déplacer, modifier. 3. Conserver, s'emparer de, enlever, ôter, prendre, retirer. 4. Emporter, garder, retrouver. 5. Fréquenter, inviter, revoir.

LAISSER-ALLER ◆ SYN. 1. Abandon, aisance, *désinvolture*, légèreté, liberté, naturel. 2. Désordre, désorganisation, incurie, indiscipline, indolence, insouciance, *laisser-faire*, négligence, nonchalance. 3. *(Mœurs)* Inconvenance, laxisme, permissivité, *relâchement*. 4. *Débraillé*, négligé. ◆ ANT. 1. Affectation, contrainte, maladresse, retenue. 2. Application, attention, discipline, ordre, organisation, planification, rigueur, sérieux, soin. 3. Bienséance, convenance, correction, décence, réserve, rigidité. 4. Maintien, tenue.

LAISSER-FAIRE ◆ SYN. 1. Non-intervention. 2. Abandon, désorganisation, *incurie*, indifférence, insouciance, laisser-aller, mollesse, négligence, relâchement. ◆ ANT. 1. Intervention. 2. Ambition, application, attention, autorité, concentration, organisation, préoccupation, soin, souci.

LAISSEZ-PASSER ◆ SYN. 1. Autorisation, billet de faveur, carte d'abonnement, droit, passavant *(comm.)*, *permis*, permission. 2. *(Voyage)* Passeport, sauf-conduit, visa. 3. *(File d'attente)* Coupe-file.

LAITEUX ◆ SYN. *Blanc*, blanchâtre, lacté, lactescent, opalin. ◆ ANT. Jauni, noir, noirci, terni.

LAÏUS ◆ SYN. *Fam.* 1. Allocution, *discours*, improvisation, speech *(fam.)*, topo. 2. Baratin, *bavardage*, blabla *(fam.)*, parlote *(fam.)*.

LAMBEAU ◆ SYN. ▷ *Sing.* 1. *Chiffon*, étoffe (déchirée). ▷ *Pl.* 2. *(Vêtements)* Chiffons, guenilles, *haillons*, hardes, loques. 3. *(Ch.)* Bribes, débris, fragments, *morceaux*, parcelles, parties, pièces, sections, segments.

LAMBIN ◆ SYN. Indolent, lent, long à, mou, musard, nonchalant, *traînard*. ◆ ANT. Empressé, énergique, expéditif, rapide, vif.

LAMBINER ◆ SYN. S'attarder, flâner, lanterner, musarder, traînasser *(fam.)*, *traîner*. ◆ ANT. Accourir, se dépêcher, se hâter, se presser.

LAME ◆ SYN. 1. Feuille, feuillet, *lamelle*, paillette, plaque. 2. *(Couteau, épée)* Fil, taille, *tranchant*. 3. Flot, onde (déferlante), ondulation, *vague*.

LAMENTABLE ◆ SYN. 1. Attristant, *déplorable*, désespérant, désolant, douloureux, malheureux, navrant, pénible, triste. 2. *(Résultat)* Décevant, mauvais, médiocre, *minable*, nul. 3. *(État)* *Misérable*, miteux, pauvre, piteux, pitoyable. ◆ ANT. 1. Agréable, aimable, consolant, joyeux, réconfortant, réjouissant. 2. Bon, encourageant, excellent, meilleur, remarquable. 3. Aisé, avantageux, confortable, enviable, profitable, rassurant.

LAMENTATION ◆ SYN. 1. Cri, désolation, gémissement, *plainte*, pleurnicherie, pleurs, regret, sanglot. 2. *(Pl.)* Doléances, *jérémiades*, récriminations. ◆ ANT. 1. Agrément, bonheur, contentement, joie, satisfaction. 2. Cris de joie, hommages, louanges.

LAMENTER (SE) ◇ v. **Plaindre**
LAMPE ♦ SYN. **1.** *Ampoule*, lanterne, tube, veilleuse. **2.** *(Fam.)* Lumière.
LAMPÉE ◇ v. **Trait**
LANCE ♦ SYN. **1.** Dard, hallebarde, *javelot*, pertuisane, pique, projectile, trait. **2.** *(Eau)* Gicleur, jet, *tuyau* (d'arrosage, à incendie).
LANCÉE ◇ v. **Élan**
LANCEMENT ♦ SYN. **1.** Catapultage, *envoi*, jet, lancer, projection, propulsion, tir. **2.** Mise en circulation, *parution*, publication, sortie. **3.** *Promotion*, publicité.
LANCER ♦ SYN. ▷ V. tr. **1.** Balancer *(fam.)*, bombarder, catapulter, darder, décocher, *envoyer*, jeter, lâcher, larguer, projeter, propulser. **2.** Commencer, déclencher, démarrer, *entreprendre*. **3.** *(Pers.)* Introduire, mettre en vedette, mettre sur la sellette, patronner, *recommander*. **4.** *(Produit)* **Promouvoir**, publier, répandre, sortir. **5.** Dire, *émettre*, exprimer, pousser, proférer. ▷ V. pr. **6.** Bondir, foncer, *s'élancer*, se jeter, se précipiter, se ruer. **7.** S'aventurer, s'embarquer, *s'engager*, entrer dans, se hasarder. **8.** *Se faire connaître*, se mettre en vedette. ♦ ANT. **1.** Arrêter, attraper, ramener, rapporter, retenir, saisir. **2.** Échouer, prendre son essor, prospérer. **3.** Critiquer, dénigrer, honnir. **4.** Boycotter, censurer, interdire, pilonner *(livre)*, retirer. **5.** Contenir, renoncer à, réprimer, taire. **6.** Fuir, ralentir, reculer. **7.** Se désister, réussir. **8.** Ignorer, oublier.
LANCINANT ♦ SYN. **1.** *(Douleur)* Aigu, *douloureux*, intense, profond, sensible, térébrant, vif, violent. **2.** *(Regret, souvenir)* Amer, cruel, cuisant, déchirant, pénible, *tourmenté*. **3.** *(Rythme, musique)* Continuel, entêtant, harcelant, *obsédant*, tracassant. **4.** *(Pers.)* Fatigant, *lassant*. ♦ ANT. **1.** Agréable, bénin, faible, insensible, léger, superficiel. **2.** Apaisant, heureux, joyeux, plaisant, réjouissant. **3.** Enjoué, fugace, reposant. **4.** Captivant, fascinant.
LANGAGE ♦ SYN. **1.** Discours, élocution, langue (orale), *parole*, verbe. **2.** *Code*, écriture, signes, système. **3.** Idiome, lan-

gue. **4.** Dialecte, idiome, parler, parlure *(québ.)*, *patois*. **5.** Emploi, expression, lexique, locution, terminologie, usage, *vocabulaire*. **6.** *Contenu*, sens, signification, teneur. **7.** *(Fig.)* Image, manifestation, *représentation*, symbole.
LANGOUREUX ♦ SYN. Affecté, alangui, amoureux, caressant, doucereux, languissant, *tendre*, transi. ♦ ANT. Allègre, fougueux, impétueux, transporté, vif.
LANGUE ♦ SYN. **1.** Code, idiome, *langage*. **2.** Dialecte, idiome, parler, parlure *(québ.)*, *patois*. **3.** Accent, élocution, *parole*, phonème, prononciation, son, ton, voix. **4.** Alphabet, *écriture*, grammaire, mot, orthographe, phrase, syntaxe. **5.** Dictionnaire, lexique, terminologie, usage, *vocabulaire*. **6.** Figure, image, procédé, rédaction, *style*, tour, tournure.
LANGUEUR ♦ SYN. **1.** Abattement, accablement, *affaiblissement*, alanguissement, anémie, atonie, dépérissement, dépression, épuisement, faiblesse, prostration. **2.** Apathie, inactivité, *indolence*, mollesse, nonchalance, paresse, somnolence, torpeur. **3.** Ennui, *mélancolie*, morbidesse, spleen, tristesse, vague à l'âme. ♦ ANT. **1.** Allégresse, énergie, force, joie (de vivre), santé, vigueur, vitalité. **2.** Activité, animation, ardeur, audace, courage, détermination, enthousiasme, hardiesse. **3.** Enchantement, exaltation, ivresse, passion, ravissement.
LANGUIR ♦ SYN. **1.** *S'affaiblir*, s'en aller, s'anémier, baisser, décliner, dépérir, diminuer, s'étioler. **2.** S'ennuyer, moisir, *se morfondre*, sécher, végéter. **3.** Désirer, *se mourir*, soupirer. **4.** *Faire attendre*, lanterner, poireauter. **5.** S'étirer, piétiner, stagner, *traîner* (en longueur). ♦ ANT. **1.** S'améliorer, ragaillardir, renaître, requinquer *(fam.)*, se rétablir, revigorer. **2.** S'animer, se distraire, s'intéresser à, s'occuper. **3.** Combler, ravir, satisfaire. **4.** Se dépêcher, se hâter. **5.** S'accélérer, se précipiter.
LANGUISSANT ♦ SYN. **1.** Abattu, amorphe, anémié, défaillant, *faible*, indolent, mou, nonchalant. **2.** Alangui, langoureux,

languide, *transi* (d'amour). 3. Ennuyant, fade, lâche, lent, morne, terne, *traînant*. ◆ ANT. 1. Actif, alerte, énergique, pimpant, vigoureux. 2. Audacieux, entreprenant, fougueux. 3. Animé, captivant, enlevant, entraînant, intéressant, vif, vivant.

LANIÈRE ◆ SYN. Attache, *courroie*, sangle. 2. Bande, bandeau, *bandelette*, ruban.

LANTERNE ◆ SYN. 1. *(Boîtier)* Falot, fanal, *lampe*, lampe-tempête, lampion, lumignon, réverbère, veilleuse. 2. *Campanile*, dôme (vitré), tourelle (ajourée). 3. *(Pl., autom.)* Feux de position.

LAPALISSADE ◇ v. **Évidence**

LAPIDAIRE ◇ v. **Laconique**

LAPIDER ◆ SYN. 1. Caillasser *(fam.)*, *tuer* (en lançant des pierres). 2. Bafouer, conspuer, *vilipender*. ◆ ANT. 2. Acclamer, honorer.

LAPSUS ◆ SYN. Acte manqué, contrepèterie, cuir *(fam.)*, erreur, faute, *inadvertance*, pataquès, perle *(fig.)*.

LAQUAIS ◇ v. **Valet**

LARCIN ◆ SYN. *(Objets de peu de valeur)* Cambriolage, chapardage, maraude, rapine, *vol*.

LARDER ◆ SYN. 1. *(Viande)* Entrelarder, garnir, percer, *piquer*. 2. *(Pers.)* Blesser, *transpercer*. 3. *(Texte)* Bourrer *(fam.)*, émailler, entrecouper, *entremêler*, farcir, parsemer, semer, truffer. ◆ ANT. 1. Dépecer, désosser, vider. 2. Effleurer, égratigner. 3. Concentrer, grouper.

LARGE ◆ SYN. ▷ *Adj.* 1. Ample, déployé, dilaté, élargi, épanoui, étalé, *étendu*, évasé, grand, gros, ouvert, spacieux, vaste. 2. Ample, bouffant, *flottant*, flou, lâche, vague, vaporeux. 3. *Considérable*, énorme, fort, important, imposant, volumineux. 4. Compréhensif, humain, indulgent, libéral, *ouvert* (d'esprit), souple, tolérant. 5. Élastique, latitudinaire, *laxiste*, permissif. 6. Dépensier, généreux, *prodigue*. 7. Désintéressé, *généreux*, munificent, prodigue. ▷ *Nom* 8. Largeur. 9. Haute mer. ◆ ANT. 1. Confiné, contracté, court, effilé,

étroit, fermé, long, maigre, mince, petit, resserré, tendu. 2. Ajusté, étriqué, moulant, serré. 3. Dérisoire, insignifiant, négligeable. 4. Borné, chauvin, cruel, inflexible, inhumain, intolérant. 5. Formaliste, pointilleux, rigoureux, sévère, strict. 6. Économe, indigent, pauvre, restreint. 7. Avare, chiche, égoïste, pingre. 8. Longueur. 9. Côte, rivage.

LARGESSE ◆ SYN. 1. *Générosité*, libéralité, magnificence, munificence, prodigalité. 2. *(Pl.)* Cadeaux, *dons*, offrandes, présents. ◆ ANT. 1. Avarice, égoïsme, mesquinerie, petitesse. 2. Privations, restrictions.

LARGEUR ◆ SYN. 1. Calibre, carrure, diamètre, dimension, empan, *étendue*, évasure, format, grandeur, grosseur, laize, large *(n.)*, lé. 2. Ampleur, déploiement, *envergure*, expansion, extension, portée. 3. Compréhension, indulgence, *ouverture* (d'esprit), souplesse, tolérance. ◆ ANT. 1. Épaisseur, hauteur, longueur. 2. Diminution, étroitesse, petitesse, rétrécissement. 3. Chauvinisme, étroitesse (d'esprit), inflexibilité, inhumanité, intolérance.

LARGUER ◆ SYN. 1. *(Amarres, voiles)* Déferler, détacher, *lâcher*. 2. *(D'un avion)* Jeter, *laisser tomber*, lancer. 3. *(Fam.)* Abandonner, se débarrasser, *délaisser*, laisser, renoncer. 4. *(Fam.)* Congédier, droper *(fam.)*, plaquer *(fam.)*, *renvoyer*. 5. *(Sports)* Devancer, *distancer*, lâcher, semer. ◆ ANT. 1. Attacher, hisser, lever. 2. Embarquer, monter (à bord), transporter. 3. Conserver, garder, maintenir. 4. Embaucher, engager, inviter, revoir. 5. Se rapprocher, suivre (de près), talonner.

LARME ◆ SYN. ▷ *Pl. surtout* 1. *Pleurs*, sanglots. 2. Affliction, chagrin, deuil, *douleur*, émotion. 3. *Regrets*, remords, repentir. ▷ *Sing.* 4. *(Boisson alcoolisée)* Doigt, *goutte*, un peu, un rien, soupçon. ◆ ANT. 1. Rires, sécheresse. 2. Joie, réjouissance. 3. Contentement, plaisir, satisfaction.

LARMOYANT ◆ SYN. 1. Désolé, en larmes, *éploré*, gémissant, plaintif, triste. 2. *(Péj.)* Geignard, pleurard, pleureur, *pleurnicheur*. ◆ ANT. 1. Content, heureux, joyeux, rasséréné, réjoui, satisfait. 2. Enjoué, gai, rieur, souriant.

LARMOYER ◆ SYN. 1. *(Écoulement)* Pleurer. 2. *(Péj.)* Se lamenter, se plaindre, *pleurnicher*. ◆ ANT. 1. Cesser, sécher. 2. S'égayer, se réjouir, rire.

LARVE ◆ SYN. 1. Fantôme, lémure, mort-vivant, *spectre*. 2. *(Insectes, amphibiens, poissons)* Forme embryonnaire. 3. *(Pers.)* Aboulique, indolent, lâche, mollasson *(fam.)*, mollusque, *mou*, veule. ◆ ANT. 1. Vivant. 2. État adulte. 3. Coriace, déterminé, énergique, ferme, volontaire.

LARVÉ ◇ v. **Latent**

LAS ◆ SYN. ▷ *Adj.* 1. Épuisé, éreinté, faible, *fatigué*, fourbu, inapte, indolent, rompu, surmené. 2. Blasé, dégoûté, désabusé, désenchanté, *ennuyé*, lassé, revenu (de tout). 3. *Excédé*, harassé, impatient, irrité. ▷ *Interj.* 4. Hélas. ◆ ANT. 1. Alerte, apte, énergique, frais et dispos, infatigable, reposé. 2. Animé, encouragé, enjoué, enthousiasmé, stimulé. 3. Calme, détendu, patient.

LASCIF ◆ SYN. 1. Caressant, charnel, chaud, érotique, libertin, *sensuel*, voluptueux. 2. Cochon *(fam.)*, concupiscent, débauché, immodeste, immoral, impudique, impur, indécent, libidineux, licencieux, *lubrique*, luxurieux, obscène, pornographique, salace, scandaleux. ◆ ANT. 1. Austère, distant, froid, indifférent, platonique. 2. Convenable, décent, moral, pudique, pur, vertueux.

LASCIVITÉ ◆ SYN. 1. Érotisme, *sensualité*, volupté. 2. Concupiscence, débauche, lubricité, *luxure*. ◆ ANT. 1. Austérité, indifférence, froideur. 2. Décence, moralité, vertu.

LASSANT ◇ v. **Ennuyeux**

LASSER ◆ SYN. ▷ *V. tr.* 1. Épuiser, éreinter, *fatiguer*, surmener. 2. Accabler, assommer, blaser, décourager, dégoûter, désabuser, *ennuyer*, rebuter. 3. *Excéder*, harasser, impatienter, irriter, venir à bout de. ▷ *V. pr.* 4. Abandonner, se désintéresser de, *se fatiguer*. ◆ ANT. 1. Alléger, délasser,

détendre, reposer. 2. Animer, distraire, égayer, encourager, enflammer, enthousiasmer, passionner, réjouir, stimuler. 3. Charmer, plaire, réconforter, soulager. 4. S'amuser, s'intéresser à, poursuivre.

LASSITUDE ◆ SYN. 1. Abattement, épuisement, *fatigue*, langueur. 2. Découragement, dégoût, désespérance, écœurement, *ennui*, mélancolie, ras-le-bol, spleen. ◆ ANT. 1. Bien-être, entrain, repos. 2. Courage, espoir, enthousiasme, joie (de vivre).

LATENT ◆ SYN. 1. Caché, dissimulé, invisible, masqué, obscur, *secret*, voilé. 2. Dormant, en attente, en germe, imprécis, inexprimé, *larvé*, sourd, vague. ◆ ANT. 1. Dévoilé, manifeste, patent, visible. 2. Déclaré, éclatant, éclos, évident.

LATITUDE ◆ SYN. 1. Parallèle *(géogr.)*. 2. *(Pl. surtout)* Cieux, climats, contrées, *régions*. 3. Facilité, faculté, *liberté*, loisir, marge, pouvoir, possibilité. ◆ ANT. 1. Longitude, méridien. 3. Défense, difficulté, empêchement.

LAURÉAT ◆ SYN. *(Concours)* Couronné, *gagnant*, premier, triomphateur, vainqueur.

LAURIER ◆ SYN. 1. Couronne. 2. *(Pl.)* Célébrité, *gloire*, succès, triomphe. ◆ ANT. 2. Abjection, déshonneur, infamie, oubli.

LAVAGE ◆ SYN. 1. Décrassage, dégraissage, détachage, lessivage, *nettoyage*, savonnage. 2. *(Linge)* Blanchissage, *lessive*. 3. *(Corps)* Ablutions, bain, débarbouillage, douche, lotion, soin, *toilette*. 4. *(Animal de compagnie)* Toilettage. 5. *(Organe interne)* Irrigation, *lavement*. ◆ ANT. 1-4. Crasse, graisse, malpropreté, saleté, salissure, souillure, tache. 5. Engorgement, obstruction.

LAVER ◆ SYN. ▷ *V. tr.* 1. Décrasser, dégraisser, détacher, déterger, *nettoyer*, purifier, savonner. 2. *(Linge)* Blanchir, *lessiver*. 3. *(Corps)* *Baigner*, débarbouiller, doucher, lotionner. 4. *(Animal de compagnie)* Toiletter. 5. *(Organe interne)* *Injecter*, irriguer. 6. *(Couleur)* Délaver. 7. *(Accusation)* Disculper, *innocenter*, réhabiliter. 8. *(Honneur, réputation)* Réparer, *venger*. 9. *(Argent)* *Blanchir* *(fig.)*, faire disparaître. 10. Se baigner, se brosser (dents), se doucher, *faire sa toilette*, se nettoyer. ♦ ANT. 1-4. Barbouiller, encrasser, graisser, maculer, salir, souiller, tacher. 5. Engorger, obstruer. 6. Foncer. 7. Accuser, imputer, soupçonner. 8. Diffamer, offenser. 9. Divulguer, révéler. 10. S'encrasser, se salir.

LAVETTE ♦ SYN. 1. Chiffon, guenille (québ.), *torchon*. 2. (Fam.) Amorphe, apathique, avachi, dégonflé (fam.), faible, flasque, indolent, *lâche*, mauviette (fam.), mou, nonchalant, peureux, poltron, veule. ♦ ANT. 2. Actif, alerte, brave, constant, courageux, digne, dur, énergique, ferme, fort.

LAVEUR ♦ SYN. 1. (Planchers, vitres) Nettoyeur. 2. (Vaisselle) *Plongeur*, rinceur.

LAVEUSE ♦ SYN. (Québ.) Lave-linge, *machine à laver.*

LEADER ♦ SYN. 1. Cerveau, *chef*, chef de file, dirigeant, meneur, porte-parole, responsable, tête (dirigeante). 2. Locomotive (fig.), *personnalité* (en vue). 3. (Sports) Champion, *meneur*, premier. 4. (Entreprise) Numéro un.

LEADERSHIP ♦ SYN. 1. (Fonction) Autorité, commandement, *direction*, tête. 2. (Qualité) Influence, initiative, pouvoir, *prestige*. 3. Domination, *hégémonie*, position dominante, prépondérance, suprématie.

LÉCHER ♦ SYN. 1. *Passer la langue*, se pourlécher, sucer. 2. (Fig.) Caresser, *effleurer*, frôler. 3. (Fam.) Cirer les bottes, flagorner, *flatter*. 4. (Soin excessif) Fignoler (fam.), finir, *peaufiner*, peigner, polir. ♦ ANT. 2. Éloigner. 3. Comploter, critiquer, insulter. 4. Bâcler, expédier.

LÈCHE-VITRINES ◊ V. **Magasinage**

LEÇON ♦ SYN. 1. Classe, conférence, cours, cours particulier, démonstration, *enseignement*. 2. Apprentissage, étude, lecture, répétition, *révision*. 3. Avertissement, *conseil*, exhortation, maxime, morale, précepte, règle (de conduite). 4. (Péj.) Diktat, *endoctrinement*, sermon. 5. Admonestation, correction, punition, *réprimande*. 6. (Fable, récit) Conclusion, instruction, *morale*.

LECTEUR ♦ SYN. 1. Amateur, (grand) *liseur*. 2. (Journaux) *Abonné*, lectorat. 3. (Enseignement) *Assistant*, professeur adjoint. 4. (Manuscrit) Appréciateur, comité de lecture, commentateur, *critique*. 5. Appareil, dispositif, *enregistreur*.

LECTURE ♦ SYN. 1. Connaissance, *déchiffrage*, décodage, décryptage. 2. (Pl.) *Livres*, ouvrages. 3. Compréhension, *interprétation*, traduction, version. 4. (Projet de loi) *Délibération*, dépôt, vote. 5. (Dr.) *Prononcé*, sentence. 6. (Sons, images) *Enregistrement*, reproduction.

LÉGAL ♦ SYN. (Face à la loi) Autorisé, conforme, constitutionnel, décrété, édicté, juridique, légalisé, licite, permis, promulgué, publié, *réglementaire*, régulier, requis, valide, voté. ♦ ANT. Anticonstitutionnel, arbitraire, clandestin, conventionnel, défendu, illégal, illicite, insuffisant, interdit, invalide, irrégulier, non conforme, prohibé, proscrit.

LÉGALISER ♦ SYN. 1. Attester, authentifier, authentiquer, certifier, *confirmer*, entériner, homologuer, sanctionner, valider. 2. *Autoriser*, décriminaliser, dépénaliser, permettre, régulariser. ♦ ANT. 1. Abroger, annuler, contester, révoquer. 2. Criminaliser, interdire, pénaliser, proscrire, punir.

LÉGALITÉ ♦ SYN. Authenticité, *conformité*, constitutionnalité, correction, justesse, justice, normalité, régularité, validité. ♦ ANT. Accroc, anormalité, clandestinité, délit, illégalité, incorrection, infraction, iniquité, injustice, irrégularité, non-conformité.

LÉGAT ♦ SYN. (Relig.) Ambassadeur, délégué, *nonce* (apostolique), prélat, prononce.

LÉGENDAIRE ♦ SYN. 1. Fabuleux, fictif, imaginaire, *mythique*. 2. Classique, *célèbre*, fameux, illustre, immortel, proverbial, remarquable, renommé, réputé. 3. (Défaut) Avéré, connu, manifeste, *notoire*, public. ♦ ANT. 1. Authentique, historique, réel, véritable, vrai. 2. Ignoré, méconnu, obscur, oublié. **3.** Caché, couvert, discret, douteux, faux.

LÉGENDE ♦ SYN. **1.** Conte, épopée, fable, fiction, histoire (fabuleuse), *mythe*, récit (populaire), saga. **2.** Folklore, *mythologie*, tradition. **3.** Cartouche, encadrement, *explication*, indication, inscription. ♦ ANT. **1.** Histoire (réelle), réalité, vérité.

LÉGER ♦ SYN. **1.** *Allégé*, déchargé, délesté. **2.** Déplaçable, *mobile*, portable. **3.** Diététique, digestible, frugal, maigre, pauvre, *sobre*. **4.** Délicat, doux, faible, *fin*, grêle, impalpable, imperceptible, infime, insensible, menu, mince, petit, ténu. **5.** Aérien, ailé, éthéré, immatériel, *vague*, vaporeux. **6.** Agile, alerte, élancé, élégant, *gracieux*, gracile, souple, svelte, vif. **7.** Déraisonnable, écervelé, étourdi, *frivole*, futile, imprévoyant, imprudent, inconséquent, inconstant, insouciant, irréfléchi, oublieux, puéril, versatile, volage. **8.** Incomplet, insuffisant, *superficiel*. **9.** *(Propos, mœurs, tenue)* Grivois, leste, libre, licencieux, *osé*. **10.** Badin, dégagé, désinvolte, *enjoué*, folâtre. **11.** *(Texte, musique)* Abordable, *accessible*, compréhensible, populaire. ♦ ANT. **1.** Chargé, lourd, pesant. **2.** Encombrant, fixe. **3.** Copieux, gras, indigeste, riche. **4.** Considérable, dense, épais, fort, grand, gros, perceptible, sensible, tangible, violent. **5.** Concret, distinct, matériel, terre-à-terre. **6.** Balourd, disgracieux, lent, massif. **7.** Assidu, attentif, circonspect, constant, fidèle, mûr, posé, prudent, raisonnable, réfléchi, sage, soigneux, soucieux, stable. **8.** Approfondi, développé, suffisant. **9.** Chaste, pudique, réservé, retenu. **10.** Grave, profond, sérieux, sévère. **11.** Difficile, hermétique, incompréhensible.

LÉGÈRETÉ ♦ SYN. **1.** Agilité, aisance, délicatesse, dextérité, douceur, facilité, *finesse*, grâce, souplesse. **2.** Désinvolture, étourderie, *frivolité*, futilité, imprévoyance, imprudence, inconséquence, inconstance, infidélité, insouciance, irréflexion, puérilité, versatilité. **3.** Débauche, impudeur, liberté, *licence*. ♦ ANT. **1.** Balourdise, lourdeur, maladresse, pesanteur,

rudesse. **2.** Assiduité, circonspection, constance, fidélité, gravité, maturité, profondeur, sagesse, sérieux, soin. **3.** Pudeur, retenue.

LÉGION ♦ SYN. ▷ *Nom* **1.** *(Romains)* Corps d'armée. **2.** Corps de gendarmerie. **3.** *(Légion étrangère)* Régiment (de volontaires). **4.** Cohorte, foule, grand nombre, *multitude*, ribambelle. ▷ *Adj. invar.* **5.** Nombreux.

LÉGISTE ♦ SYN. Conseiller juridique, homme de loi, jurisconsulte, *juriste*.

LÉGITIME ♦ SYN. **1.** Attesté, conforme, consacré, *fondé*, justifié. **2.** *(Union, enfant)* Officiel, *reconnu*. **3.** Équitable, *juste*, mérité. **4.** Admissible, compréhensible, défendable, justifiable, licite, motivé, naturel, *normal*, permis, raisonnable. ♦ ANT. **1.** Illégitime, injustifié, non fondé. **2.** Bâtard, naturel. **3.** Immérité, inéquitable, inique, injuste. **4.** Anormal, arbitraire, défendu, déraisonnable, illicite, immotivé, inadmissible, indéfendable, injustifiable, interdit, tabou.

LÉGITIMER ♦ SYN. **1.** Autoriser, confirmer, régulariser, *reconnaître*. **2.** Excuser, fonder, *justifier*, permettre. ♦ ANT. **1.** Délégitimer, désavouer. **2.** Accuser, blâmer, condamner, interdire, prohiber.

LÉGITIMITÉ ♦ SYN. **1.** Bien-fondé, *conformité*, équité, justice. **2.** Bon sens, convenance, correction, *justesse*, logique, normalité, pertinence, raison. ♦ ANT. **1.** Illégitimité, iniquité, injustice, non-fondement. **2.** Absurdité, anormalité, fausseté, illogisme, inconvenance, incorrection, non-sens.

LEGS ♦ SYN. **1.** Aliénation, don, *donation*, héritage, libéralité *(dr.)*, succession, testament. **2.** Fondation, *fonds*. **3.** *Biens*, collections, objets, œuvres.

LÉGUER ♦ SYN. **1.** *(Héritage)* Céder, *donner*, laisser. **2.** *(Fig.)* Communiquer, *transmettre*. ♦ ANT. **1.** Déshériter, hériter, percevoir. **2.** Oublier, recevoir.

LEITMOTIV ♦ SYN. *Motif*, refrain, répétition, reprise, thème.

LÉNIFIANT ♦ SYN. **1.** *Adoucissant*, amollissant, apaisant, balsamique, calmant, émollient, lénitif. **2.** *(Propos)* Berceur, ***rassurant***, réconfortant, sécurisant, tranquillisant. ♦ ANT. **1.** Excitant, irritant, tonique, stimulant. **2.** Affolant, alarmant, inquiétant, terrifiant.

LENT ♦ SYN. **1.** *(État)* Interminable, ***long à***, retardé, stagnant, tardif, traînant. **2.** *(Rythme)* Calme, doux, ***modéré***, patient, posé, ralenti, tranquille. **3.** *(Pers.)* Alangui, apathique, balourd, empoté, flâneur, inactif, ***indolent***, lambin, mou, musard, nonchalant, paresseux, traînard, traîneur. **4.** *(Esprit)* Abruti, engourdi, épais, ***inintelligent***, lourdaud, obtus, pesant. ♦ ANT. **1.** Expéditif, hâtif, instantané, rapide, vite. **2.** Accéléré, brusque, effréné, enlevant, impatient, soudain, subit. **3.** Actif, diligent, dispos, empressé, énergique, éveillé, prompt à, vif. **4.** Alerte, fin, intelligent, pénétrant, rusé, subtil.

LENTEUR ♦ SYN. **1.** *(Pers.)* Alanguissement, apathie, balourdise, inaction, inactivité, ***indolence***, nonchalance, paresse. **2.** *(Esprit)* Abrutissement, engourdissement, épaisseur, ***inintelligence***, lourdeur, pesanteur, torpeur. **3.** *(Rythme)* Calme, douceur, ***modération***, patience, ralentissement. **4.** *(Pl.)* Atermoiements, délais, indécision, ***longueurs***, retards, tergiversations. ♦ ANT. **1.** Activité, agilité, célérité, diligence, empressement, énergie, frénésie, hâte, promptitude, rapidité, vivacité. **2.** Finesse, intelligence, ruse, subtilité. **3.** Accélération, brusquerie, impatience, soudaineté. **4.** Avancement, décision, progression.

LESBIENNE ◇ V. **Homosexuel**

LÉSER ♦ SYN. **1.** *(Méd.)* Attaquer, atteindre, ***blesser***, endommager *(organe, tissu)*, toucher. **2.** ***Désavantager***, flouer, frustrer. **3.** Nuire à, ***offenser***, préjudicier, vexer. ♦ ANT. **1.** Épargner, éviter, guérir, sauver. **2.** Avantager, combler, favoriser. **3.** Aider, défendre, plaire, réparer.

LÉSINER ♦ SYN. *(Péj.)* Chicaner, chipoter, économiser, ***épargner***, marchander, regarder à, rogner sur. ♦ ANT. Débourser, dépenser, dilapider, donner, prodiguer.

LÉSION ♦ SYN. **1.** Accident, affection, ***blessure***, bosse, brûlure, complication, contusion, dégénérescence, ecchymose, engelure, hématome, inflammation, maladie, meurtrissure, nécrose, plaie, trauma, trouble, ulcération. **2.** Dommage *(dr.)*, ***préjudice***, tort.

LESSIVAGE ◇ V. **Lavage**

LESSIVE ♦ SYN. **1.** Détachant, détergent, ***détersif***, javellisant *(québ.)*, nettoyant, poudre à laver, produit lessiviel, savon. **2.** *(Linge)* Blanchissage, ***lavage***, nettoyage. **3.** Linge (lavé, à laver).

LESSIVÉ ◇ V. **Éreinté**

LESSIVER ♦ SYN. **1.** *(Linge)* Blanchir. **2.** *(Ch.)* Décrasser, dégraisser, détacher, déterger, laver, ***nettoyer***, savonner. ▷ *Fam.* **3.** *(Jeu)* ***Dépouiller***, laver *(québ., fam.)*, rincer, ruiner. **4.** ***Épuiser***, éreinter, exténuer, fatiguer, surmener. ♦ ANT. **1-2.** Salir, souiller, tacher. **3.** S'enrichir, gagner. **4.** Détendre, ragaillardir, reposer.

LESTE ♦ SYN. **1.** Agile, ***alerte***, allègre, dégagé, dispos, léger, prompt, rapide, souple, vif. **2.** Cavalier, désinvolte, impoli, inconvenant, ***irrespectueux***. **3.** Coquin, cru, égrillard, épicé, gaillard, gaulois, grivois, hardi, libre, ***licencieux***, osé, scabreux, vert. ♦ ANT. **1.** Alourdi, balourd, empoté, engourdi, lent, lourd, maladroit, pesant. **2.** Digne, grave, poli, respectueux. **3.** Chaste, décent, pudique, réservé, timide.

LESTER ♦ SYN. **1.** Alourdir, ***charger***, remplir. **2.** *(Fam.)* Munir, pourvoir, ***remplir***. ♦ ANT. **1.** Alléger, décharger, délester. **2.** Vider.

LÉTHARGIE ♦ SYN. **1.** Assoupissement, catalepsie, coma, hypnose, inconscience, paralysie, ***sommeil***. **2.** Abattement, apathie, atonie, engourdissement, improductivité, ***inaction***, incapacité, morosité, nonchalance, prostration, stagnation, torpeur. ♦ ANT. **1.** Conscience, réveil, vie, vigueur, vitalité, vivacité. **2.** Activité, capacité, créativité, énergie, imagination, inspiration, progrès, renaissance, verve.

LÉTHARGIQUE ♦ SYN. **1.** *Endormi*, inconscient, insensible, paralysé. **2.** Apathique, engourdi, improductif, incapable, *inactif*, nonchalant, prostré. ♦ ANT. **1.** Conscient, éveillé, vigoureux. **2.** Actif, capable, créatif, énergique, imaginatif, inspiré.

LETTRE ♦ SYN. **1.** *Caractère*, sigle. **2.** Billet, carte, communication, correspondance, courrier, dépêche, *écrit*, épître, message, missive, mot, pli, pneu, poulet *(fam.)*. **3.** *(Pl.)* **Humanités**, littérature.

LETTRÉ ♦ SYN. **1.** *Cultivé*, docte, érudit, humaniste, instruit, savant. **2.** *Intellectuel*, mandarin *(souvent péj.)*. ♦ ANT. **1.** Ignare, ignorant, illettré, inculte.

LEURRE ♦ SYN. **1.** *Appât*, piège. **2.** Duperie, hameçon *(fig.)*, illusion, imposture, mystification, piperie, *tromperie*. ♦ ANT. **2.** Certitude, désillusion, réalité, vérité.

LEURRER ♦ SYN. ▷ *V. tr.* **1.** Abuser, attraper, berner, bluffer, duper, embobiner *(fam.)*, endormir, enjôler, exploiter, flatter, mystifier, *tromper*. ▷ *V. pr.* **2.** S'abuser, *s'illusionner*, se méprendre. ♦ ANT. **1.** Désabuser, dessiller les yeux, détromper, éclairer, instruire, ouvrir les yeux, renseigner. **2.** Se détromper, voir clair.

LEVAIN ♦ SYN. **1.** Levure. **2.** *(Fig.)* Agent, ferment, *germe*.

LEVANT ♦ SYN. **1.** *Est*, orient. **2.** Aurore, *lever* (du soleil). ♦ ANT. **1.** Couchant, occident, ouest, ponant. **2.** Coucher (du soleil), crépuscule.

LEVER ♦ SYN. ▷ *V. tr.* **1.** Élever, *hausser*, hisser, monter, remonter, soulever. **2.** *Dresser*, redresser, relever. **3.** *(Séance)* *Arrêter*, clore, clôturer, mettre fin. **4.** *(Interdit, difficulté)* Écarter, faire disparaître, ôter, retirer, retrancher, *supprimer*. **5.** *(Troupes)* Appeler, enrôler, *mobiliser*, recruter. **6.** *Percevoir*, prélever, recueillir. ▷ *V. intr.* **7.** Se dresser, *pousser*, sortir (de terre). **8.** *Fermenter*, gonfler. ▷ *V. pr.* **9.** *Se dresser*, se mettre debout, sauter du lit, sortir (du lit, de table). **10.** *(Astre, jour)* *Apparaître*, arriver, commencer, luire. **11.** *(Vent)* Fraîchir, *souffler*. ▷ *Nom* **12.** *Réveil*, saut du lit. **13.** Aube, aurore, *levant*. ♦ ANT. **1.** Abaisser, baisser, descendre, poser. **2.** Incliner, pencher. **3.** Attaquer, commencer, entreprendre, poursuivre. **4.** Faire subir, imposer, se présenter. **5.** Démobiliser, libérer, réformer, renvoyer. **6.** Payer, verser. **7.** Planter, semer. **8.** S'aplatir, dégonfler. **9.** S'asseoir, se coucher, s'étendre, se mettre (au lit, à table). **10.** Disparaître, s'éclipser, prendre fin, terminer sa course. **11.** S'adoucir, tomber. **12.** Couchage, coucher, dodo *(fam.)*. **13.** Couchant, crépuscule, tombée (du jour).

LEVIER ♦ SYN. **1.** Cabestan, *cric*, treuil, vérin. **2.** Bras, *commande*, manette, pédale. **3.** Agent, appui, force, impulsion, inspiration, moteur, motif, motivation, *moyen d'action*, ressort, source.

LÈVRE ♦ SYN. ▷ *Pl.* **1.** Babines *(fam.)*, badigoinces *(fam.)*, *bouche*. **2.** *Bords*, replis (charnus). ▷ *Sing.* **3.** Lippe.

LEXIQUE ♦ SYN. **1.** *(Spécialité, technique)* Dictionnaire, *glossaire*, répertoire, thésaurus. **2.** Idiolecte, *vocabulaire*.

LÉZARDE ◇ v. Fissure

LÉZARDER ♦ SYN. Craqueler, crevasser, disjoindre, fêler, fendiller, fendre, *fissurer*, gercer. ♦ ANT. Cicatriser, joindre, souder.

LIAISON ♦ SYN. **1.** Alliage, assemblage, *incorporation*, mélange. **2.** Association, *cohérence*, cohésion, concordance, continuité, enchaînement, lien (logique), suite, transition. **3.** Analogie, connexion, corrélation, *correspondance*, dépendance, filiation, interaction, rapport, rapprochement, relation. **4.** Accointances *(péj.)*, accord, affinité, alliance, attache, engagement, *fréquentation*, lien (personnel), union. **5.** *Aventure*, flirt, passade. **6.** *Communication*, contact, échange, intermédiaire, transmission. ♦ ANT. **1.** Division, retranchement. **2.** Confusion, discontinuité, discordance, dissociation, illogisme, incohérence, scission. **3.** Différence, divergence, éloignement, indépendance, opposition. **4.** Désaccord, désunion, détachement, dissentiment, séparation. **5.** Fidélité, passion, sérieux. **6.** Interruption, isolement, rupture.

LIANT ✦ **SYN.** Accommodant, accueillant, affable, avenant, convivial, cordial, doux, facile, *sociable*, souple, sympathique. ✦ **ANT.** Antipathique, asocial, bourru, cassant, distant, farouche, misanthrope, ours *(fig.)*, sec, solitaire.

LIASSE ✦ **SYN. 1.** *(Papier, dollars)* Amas, *paquet*, tas. **2.** Quantité.

LIBELLE ✦ **SYN.** Attaque, diatribe, *écrit diffamatoire*, factum, pamphlet, pasquin, placard, satire, tract. ✦ **ANT.** Apologie, compliments, dithyrambe *(souvent péj.)*, éloges, louanges, panégyrique, plaidoyer.

LIBELLER ✦ **SYN. 1.** *(Acte, contrat)* Dresser, écrire, *rédiger*. **2.** *(Chèque, mandat)* Désigner, destiner, *mandater*. **3.** Exposer, exprimer, *formuler*, préciser, spécifier.

LIBELLISTE ◇ V. **Pamphlétaire**

LIBÉRAL ✦ **SYN. 1.** Désintéressé, *généreux*, large (d'esprit), munificent, prodigue. **2.** *(Régime, idées)* Démocratique, évolué, indépendant, *libre*, ouvert, respectueux, tolérant. ✦ **ANT. 1.** Avare, intéressé, égoïste, mesquin, parcimonieux. **2.** Autoritaire, dictatorial, dirigiste, intolérant, totalitaire.

LIBÉRALISME ✦ **SYN. 1.** *(Écon.)* Capitalisme (privé), individualisme, *libre concurrence*, libre-échange, libre entreprise, propriété privée. **2.** *(Polit.)* Démocratie, indépendance, *liberté*, ouverture, respect (des libertés), tolérance. ✦ **ANT. 1.** Collectivisme, communisme, étatisme, interventionnisme, monopole (d'État), socialisme. **2.** Autoritarisme, arbitraire, censure, dirigisme, intolérance, totalitarisme.

LIBÉRALITÉ ✦ **SYN. 1.** Charité, *générosité*, largesse, magnificence, munificence, prodigalité, profusion. **2.** *(Dr.)* Don, donation, *legs*. **3.** *(Pl.)* Aumônes, bienfaits, cadeaux, *gratifications*.

LIBÉRATEUR ✦ **SYN.** ▷ Nom **1.** Bienfaiteur, défenseur, *émancipateur*, messie, sauveur. ▷ Adj. **2.** Bienfaisant, cathartique, décapant, *salutaire*. ✦ **ANT. 1.** Asservisseur,

despote, oppresseur, tyran. **2.** Abrutissant, aliénant, inhibiteur, oppressif.

LIBÉRATION ✦ **SYN. 1.** Délivrance, élargissement, *mise en liberté*, relaxe *(dr.)*, sortie de. **2.** Acquittement, amnistie, *grâce*. **3.** *Démobilisation*, renvoi. **4.** *Acquittement*, décharge, dégrèvement. **5.** Affranchissement, autonomie, *émancipation*, liberté. **6.** Décolonisation, *indépendance*, souveraineté. **7.** *(Territoire)* Dégagement, *évacuation*. **8.** Abréaction, catharsis, déblocage, *défoulement*. ✦ **ANT. 1.** Détention, emprisonnement, enfermement, incarcération, internement. **2.** Bannissement, condamnation, peine, sentence. **3.** Enrôlement, mobilisation. **4.** Dette, obligation. **5.** Assujettissement, dépendance, servitude. **6.** Colonisation, conquête, joug. **7.** Invasion, occupation. **8.** Blocage, inhibition, refoulement.

LIBÉRER ✦ **SYN.** ▷ V. tr. **1.** Délivrer, élargir, *relâcher*, relaxer. **2.** Acquitter, amnistier, *gracier*. **3.** *Démobiliser*, renvoyer. **4.** Délier, démuseler, désenchaîner, *détacher*. **5.** *(Voie)* Débarrasser, *débloquer*, dépêtrer, désengorger. **6.** *(Lieu, territoire)* Bouter *(fam.)*, dégager, *évacuer*. **7.** *Acquitter*, dégrever, dispenser, exempter, exonérer, payer. **8.** *(Conscience)* Décharger, *soulager*. **9.** *Défouler*, extérioriser. **10.** Affranchir, décoloniser, désaliéner, *émanciper*. **11.** ▷ V. pr. S'affranchir, se défaire de, *s'émanciper*, rompre (les liens), secouer le joug, se soustraire à. ✦ **ANT. 1.** Arrêter, capturer, coffrer, détenir, écrouer, emprisonner, enfermer, interner. **2.** Bannir, condamner, punir. **3.** Enrôler, mobiliser. **4.** Attacher, enchaîner, lier, ligoter, menotter, museler. **5.** Barrer, bloquer, embarrasser, empêtrer, engorger, entraver, gêner, obstruer. **6.** Conquérir, envahir, occuper. **7.** Accabler, endetter, grever, imposer, obliger. **8.** Culpabiliser, tourmenter. **9.** Inhiber, intérioriser. **10.** Aliéner, asservir, assujettir, astreindre, coloniser, opprimer. **11.** S'assujettir, s'astreindre, se soumettre, vivre sous le joug.

LIBERTAIRE ◆ SYN. *Anarchiste*, antiautoritaire, antibourgeois, anticonformiste, extrémiste, nihiliste. ◆ ANT. Bourgeois, conformiste, conservateur, libéral, modéré, réformiste.

LIBERTÉ ◆ SYN. 1. Délivrance, *élargissement*, relaxation, sortie de, sursis. 2. Affranchissement, autonomie, *émancipation*, indépendance, libération, souveraineté *(pays)*. 3. Autorisation, champ libre, choix, crédit, *droit*, facilité, faculté, latitude, licence, loisir, permission, pouvoir. 4. Indéterminisme, *libre arbitre*, volonté. 5. *Aisance*, légèreté, souplesse, vivacité. 6. Audace, *franchise*, franc-parler, hardiesse. 7. *(Pl.)* Droits, *familiarités*, licences, privautés. ◆ ANT. 1. Captivité, détention, emprisonnement, incarcération, internement. 2. Asservissement, assujettissement, dépendance, oppression, servitude. 3. Contrainte, défense, impossibilité, interdiction, obligation, responsabilité. 4. Déterminisme, jouet du destin, fatalité. 5. Balourdise, empêtrement, lourdeur, raideur. 6. Circonlocutions, détours, timidité. 7. Bienséance, convenance, déférence, retenue.

LIBERTIN ◆ SYN. 1. Bambocheur, corrompu, coureur, *débauché*, dévergondé, dissolu, jouisseur, noceur, viveur, voluptueux. 2. *(Propos)* Coquin, grivois, leste, libre, *licencieux*, osé. ◆ ANT. 1. Ascète, austère, rangé, sage, vertueux. 2. Chaste, décent, pudique.

LIBERTINAGE ◇ v. **Débauche**

LIBRE ◆ SYN. 1. Délivré, *libéré*, sorti de. 2. Délié, dénoué, desserré, *détaché*, flottant. 3. Affranchi, autonome, *émancipé*, indépendant, souverain *(pays)*. 4. Déchargé, *exempté*, exonéré. 5. *Facultatif*, loisible, volontaire. 6. À l'aise, décontracté, *franc*, spontané. 7. Aisé, cavalier, déboutonné *(fam.)*, désinvolte, facile, *familier*. 8. Cru, égrillard, graveleux, grivois, hardi, inconvenant, léger, leste, *licencieux*, osé. 9. Accessible, autorisé, gratuit *(entrée)*, *permis*. 10. Dégagé *(voie)*, *disponible*, inoccupé, vacant, vide. 11. *(Vers)* Irrégulier. ◆ ANT.

1. Détenu, enfermé, prisonnier. 2. Attaché, lié, noué, serré. 3. Asservi, dépendant, esclave, opprimé, soumis. 4. Imposé, obligé. 5. Déterminé, fixé, imposé. 6. Contraint, méfiant, surveillé. 7. Cérémonieux, compassé, sérieux, timide. 8. Chaste, décent, pudique, réservé. 9. Défendu, interdit, payant *(entrée)*. 10. Entravé *(voie)*, occupé, plein, pourvu, rempli. 11. Classique, régulier.

LIBRE PENSEUR ◆ SYN. 1. Agnostique, athée, incrédule, incroyant, *irréligieux*, sceptique. 2. Anticonformiste, *esprit fort*, indépendant, radical, rationnel. ◆ ANT. 1. Crédule, croyant, religieux. 2. Dogmatique, esprit faible, influençable, irrationnel, velléitaire.

LICENCE ◆ SYN. 1. Autorisation, brevet, *permis*. 2. Droit, faculté, latitude, *liberté* (d'action), libre arbitre, loisir. 3. *(Poétique)* Dérogation, *permission*. 4. Dérèglement, désordre, écarts (de conduite), *excès*, laxisme, permissivité. 5. *Débauche*, dévergondage, indécence, luxure. 6. Diplôme, *grade universitaire* (2ᵉ cycle). ◆ ANT. 1. Défense, entrave, interdiction. 2. Déterminisme, impossibilité, interdiction, obligation. 3. Classicisme, correction. 4. Austérité, modération, retenue, sévérité, vie rangée. 5. Décence, pudeur, réserve.

LICENCIEMENT ◇ v. **Renvoi**

LICENCIER ◆ SYN. *Congédier*, débaucher, démettre, destituer, limoger, réformer *(armée)*, remercier, renvoyer, sabrer *(fig.)*, virer *(fam.)*. ◆ ANT. Embaucher, engager, enrôler, recruter, réintégrer.

LICENCIEUX ◆ SYN. Coquin, corsé, égrillard, épicé, équivoque, érotique, graveleux, grivois, immoral, impudique, indécent, *leste*, libre, obscène, osé, scabreux. ◆ ANT. Chaste, convenable, décent, digne, édifiant, moral, noble, pudique.

LICITE ◆ SYN. Admis, autorisé, admis, légal, légitime, *permis*, réglementaire, régulier. ◆ ANT. Défendu, frauduleux, illégal, illicite, interdit, irrégulier, prohibé.

LIEN ◆ SYN. 1. *Attache*, bande, corde, cordon, courroie, élastique, ficelle, lanière, ligature, ruban, sangle, tendeur. **2.** Bât, billot, bride, chaîne, collier, *entrave*, fers, garrot, joug, laisse, licou, menottes. **3.** Association, cohérence, continuité, *enchaînement*, suite. **4.** Analogie, connexion, *corrélation*, rapprochement. **5.** Affinité, alliance, attachement, intermédiaire, *liaison*, nœud, parenté, rapport, relation, sympathie, union. **6.** Assujettissement, *dépendance*, emprise, servitude. ♦ ANT. **1.** Coupure, dénouement, détachement, rupture. **2.** Délivrance, liberté, mouvement. **3.** Discontinuité, dissociation, incohérence, scission. **4.** Différence, divergence, éloignement, opposition. **5.** Antipathie, brouille, désunion, dissentiment, séparation, solitude. **6.** Affranchissement, émancipation, indépendance, libération.

LIER ♦ SYN. **1.** *Attacher*, enchaîner, ficeler, fixer, garrotter, ligaturer, ligoter, nouer, retenir, serrer. **2.** *(Ingrédients)* Cimenter, conglomérer, épaissir, *mélanger*. **3.** Accoler, agencer, associer, coordonner, grouper, *relier*. **4.** *(Pers.)* Joindre, rapprocher, rattacher, réunir, *unir*. **5.** Astreindre, faire dépendre, *imposer*, obliger. ♦ ANT. **1.** Couper, défaire, déficeler, délier, délivrer, dénouer, désenchaîner, détacher, rompre. **2.** Diluer, éclaircir, isoler. **3.** Dissocier, diviser, partager, séparer. **4.** Désunir, disjoindre, éloigner, isoler. **5.** Dispenser, exclure, exempter.

LIESSE ◇ v. Joie

LIEU ♦ SYN. ▷ *Sing. ou pl.* **1.** Domaine, emplacement, *endroit*, localité, passage, place, point, position, poste, séjour, secteur, site, situation, sphère, zone. **2.** *(Événement)* Cadre, échiquier, *scène*, siège, terrain, théâtre. **3.** *Occasion*, prétexte, raison, sujet. ▷ *Pl.* **4.** Appartement, local, logement, *maison*, pièce, propriété. **5.** *(Lieux proches)* Abords, *alentours*, coin (de pays), entourage, environs, parages, proximité, voisinage. **6.** *(Lieux divers)* Cieux, climats, contrées, latitudes, pays, *régions*.

LIEU COMMUN ◇ v. Cliché

LIEUTENANT ♦ SYN. **1.** Officier. **2.** *Adjoint*, associé, bras droit, collaborateur,

second. **3.** *(Péj.)* Acolyte, complice, exécutant, exécuteur (des basses œuvres), *homme de main*, sbire.

LIGATURE ♦ SYN. **1.** Attache, fil, lien, *nœud*. **2.** *(Méd.)* Hémostase.

LIGNE ♦ SYN. **1.** Barre, linéament, raie, rayure, strie, tiret, *trait*. **2.** Frontière, *intersection*, limite. **3.** Contour, délinéament, dessin, forme, galbe, profil, silhouette, *tracé*. **4.** *Direction*, orientation, sens. **5.** Itinéraire, liaison, parcours, *trajet*, voie. **6.** Alignement, chapelet, cordon, défilé, enfilade, file, haie, rangée, série, *suite*. **7.** *(Produits)* Collection, *éventail*, gamme. **8.** *(Milit.)* Base, fortifications, *position*, retranchement. **9.** Avant, feu, *front*. **10.** Ascendance, descendance, *filiation*, lignage, lignée. **11.** Câble, corde, cordeau, cordon, ficelle, *fil*, nylon.

LIGNÉE ♦ SYN. Ascendance, descendance, dynastie, extraction, famille, *filiation*, généalogie, lignage, ligne, maison *(noblesse)*, postérité, race, racines, sang, souche, suite.

LIGOTER ◇ v. Lier

LIGUE ♦ SYN. **1.** *(États)* *Alliance*, coalition, confédération, fédération, union. **2.** *(Personnes)* Association, cabale *(péj.)*, clan, confrérie, faction, front, groupement, *mouvement*, organisation, organisme, parti, société.

LIGUER ♦ SYN. ▷ *V. tr.* **1.** *Allier*, associer, coaliser, fédérer, grouper, réunir. **2.** Ameuter, attrouper, *mobiliser*, rallier, rassembler, solidariser. ▷ *V. pr.* **3.** *S'allier*, s'associer, se concerter, se joindre, se solidariser, s'unir. ♦ ANT. **1.** Brouiller, désunir, diviser. **2.** Démobiliser, désolidariser, disperser. **3.** Se dissocier, se diviser, s'isoler, s'opposer, rivaliser, se séparer.

LIMER ♦ SYN. **1.** Dégrossir, frotter, *polir*. **2.** Élimer, râper, *user*. **3.** Châtier, corriger, fignoler *(fam.)*, *parfaire*, retoucher, revoir. ♦ ANT. **3.** Bâcler, gâcher, saboter.

LIMIER ◇ v. Inspecteur

LIMITATION ♦ SYN. **1.** Compression, contingentement, numerus clausus, quota, rationnement, *restriction*. **2.** Contrôle, détermination, *fixation*, planification, réglementation. ◆ ANT. 1. Abondance, extension, généralisation, prolifération, surabondance, surnombre, surplus. 2. Abus, démesure, déréglementation, excès.

LIMITE ◆ SYN. 1. Bord, borne, bout, confins, *démarcation*, extrémité, fin, fin fond, frontière, ligne, lisière, orée. 2. Barrière, contingent, degré, frein, *mesure*, quota, seuil, valeur. 3. *(Pl.)* Capacités, *possibilités*. 4. *(En appos.)* Avancé, dernier, extrême, *maximal*, maximum, ultime. ◆ ANT. 1. Commencement, début, élargissement, extension. 2. Dépassement, excès. 3. Déficiences, faiblesses. 4. Initial, minimal, minimum, modéré, moyen, premier.

LIMITÉ ◆ SYN. 1. Borné, *circonscrit*, délimité, étroit, fini, localisé, ponctuel, précis. 2. Contingenté, contrôlé, déterminé, fixé, réduit, *restreint*. 3. *(Pers.)* *Déficient*, dépourvu, handicapé. ◆ ANT. 1. Élargi, étendu, général, illimité, immense, infini, total, vaste. 2. Abondant, important, nombreux. 3. Apte, doué, pourvu.

LIMITER ◆ SYN. ▷ V. tr. 1. Borner, circonscrire, délimiter, *démarquer*, fermer, terminer. 2. Comprimer, contingenter, contrôler, déterminer, fixer, rationner, réduire, *restreindre*. 3. Cantonner, confiner, reléguer à, *renfermer* (dans des limites). 4. *(Vue)* Arrêter, barrer, *bloquer*, boucher, entraver. ▷ V. pr. 5. Se borner à, se confiner à, se contenter de, *se restreindre à*, s'en tenir à. 6. *Se réduire à*, se résumer à. ◆ ANT. 1. Commencer, élargir, étendre, généraliser. 2. Augmenter, dépasser, excéder, proliférer. 3. Empiéter, sortir de. 4. Dégager, donner sur, ouvrir. 5. Se permettre, se risquer à. 6. S'élargir, s'étendre.

LIMITROPHE ◇ v. **Voisin**

LIMOGEAGE, LIMOGER ◇ v. **Destitution, destituer**

LIMON ◇ v. **Dépôt**

LIMPIDE ◆ SYN. 1. *(Eau, air)* Clair, cristallin, éthéré, pur, *transparent*. 2. *(Regard)* Beau, éclatant, *franc*, serein, vif. 3. Accessible, compréhensible, évident, facile, fluide *(fig.)*, *intelligible*, net, précis, simple.

◆ ANT. 1. Brouillé, brumeux, impur, nébuleux, opaque, trouble, turbide. 2. Louche, secret, sombre, ténébreux. 3. Compliqué, confus, embrouillé, filandreux, hermétique, inintelligible, lourd, obscur.

LIMPIDITÉ ◆ SYN. 1. *(Eau, air)* Clarté, pureté, *transparence*. 2. Accessibilité, facilité, fluidité, *intelligibilité*, netteté, précision, simplicité. ◆ ANT. 1. Impureté, nébulosité, obscurité, ombre, opacité, turbidité. 2. Confusion, embrouillement, hermétisme, inaccessibilité, inintelligibilité, lourdeur.

LINCEUL ◆ SYN. Drap, linge, poêle, *suaire*, toile, voile.

LINGE ◆ SYN. 1. Chiffon, guenille *(québ.)*, lavette, *pièce de tissu* 2. *Article textile*, drap, essuie-mains, layette, literie, nappe, napperon, serviette, trousseau, vêtements. 3. *(Linge de corps, hommes ou femmes)* Sous-vêtements. 4. *(Plaie)* *Bande* (de tissu), compresse, gaze.

LINGERIE ◆ SYN. 1. *(Femmes)* Bonneterie. 2. *(Femmes)* Dessous, linge de corps, *sous-vêtements*. 3. Armoire à linge, *local de rangement*, placard.

LIQUÉFIER ◆ SYN. Dégeler, délayer, dissoudre, *fondre*. ◆ ANT. Coaguler, congeler, épaissir, solidifier.

LIQUIDATION ◆ SYN. 1. Règlement. 2. *(Succession)* Donation, *partage*. 3. Braderie, écoulement, réalisation, solde, *vente* (au rabais). 4. Banqueroute *(péj.)*, *faillite*, insolvabilité, vente (forcée). 5. Élimination, exécution, *meurtre*, suppression. ◆ ANT. 1. Dépense, dette. 2. Biens, possession. 3. Achat, acquisition, stock. 4. Prospérité, richesse, solvabilité. 5. Aide, soutien, protection.

LIQUIDE ◆ SYN. ▷ Adj. 1. Aqueux, clair, coulant, dilué, *fluide*, hydrique, limpide. 2. *(Argent)* Disponible, mobilisable. ▷ Nom 3. Eau, fluide (condensé), *solution*. 4. *Argent* (comptant), billets, espèces, liquidités, monnaie, numéraire. 5. *(Fam.)* Boisson (alcoolisée). ◆ ANT. 1. Anhydre, caillé, dur, épais, gazeux, grumeleux, solide. 2. Engagé, non disponible. 3. Gaz, solide. **4.** Carte de crédit, carte de débit, chèque, placement.

LIQUIDER ✦ **SYN.** **1.** Acquitter, payer, *régler*, rembourser. **2.** Brader, écouler, réaliser, solder, *vendre* (au rabais). **3.** *(Affaire, différend)* Se dépêtrer, en finir avec, *terminer*, vider. **4.** *(Fam.)* Se débarrasser de, éliminer, exécuter, supprimer, *tuer*. ✦ **ANT.** **1.** Accroître, contracter. **2.** Accumuler, acheter, acquérir, stocker. **3.** S'embarquer, s'empêtrer, s'engager. **4.** Épargner, protéger, sauver.

LIRE ✦ **SYN.** **1.** Comprendre, débrouiller, déchiffrer, *décoder*, décrypter, reconnaître, saisir. **2.** Ânonner *(péj.)*, dire, énoncer, épeler, *prononcer*, réciter. **3.** Consulter, dépouiller, feuilleter, *parcourir*, survoler. **4.** *(Pensée, sentiment)* Découvrir, *deviner*, discerner, interpréter.

LISEUR ◇ v. Lecteur

LISIBLE ✦ **SYN.** **1.** Compréhensible, *déchiffrable*, intelligible. **2.** *(Fig.)* Évident, manifeste, perceptible, *visible*. ✦ **ANT.** **1.** Illisible, incompréhensible, indéchiffrable, inintelligible. **2.** Caché, imperceptible, invisible, secret.

LISIÈRE ✦ **SYN.** **1.** *(Étoffe)* Bande, *bordure*, laize, liséré, ourlet. **2.** Bord, *limite*, orée. **3.** *(Arbres, arbustes)* File, haie, *rangée*.

LISSE ✦ **SYN.** **1.** Égal, *uni*. **2.** Glacé, laqué, *lustré*, poli, verni. **3.** *(Peau)* *Doux*, satiné, velouté. **4.** *(Cheveux)* Non frisé, *plat*. **5.** *(Eau)* *Calme*, tranquille. ✦ **ANT.** **1.** Bosselé, inégal. **2.** Âpre, mat, rude, rugueux. **3.** Flétri, plissé, ridé. **4.** Crépu, frisé, hérissé. **5.** Agité, houleux.

LISSER ✦ **SYN.** **1.** Calandrer, glacer, *lustrer*, moirer, polir. **2.** *(Vêtement)* Défroisser, déplisser, *repasser*. **3.** *(Cheveux)* Aplatir, défriser, démêler, *peigner*. ✦ **ANT.** **1.** Craqueler, fendiller. **2.** Froisser, plisser. **3.** Ébouriffer, friser, hérisser.

LISTE ✦ **SYN.** **1.** Bordereau, catalogue, état, index, inventaire, mémento, menu, nomenclature, palmarès, registre, relevé, répertoire, rôle, *suite*, tableau. **2.** Dénombrement, *recensement*, recension. **3.** Énumération, nombre, rang, *série*.

LIT ✦ **SYN.** **1.** Berceau, *couche*, couchette, grabat, plumard *(fam.)*. **2.** *Canapé*, divan, sofa. **3.** Litière, *matelas*, natte, paillasse, tapis. **4.** Couchis, *dépôt*, strate. **5.** *Canal* (naturel), chenal, creux. **6.** Mariage, *union* (conjugale).

LITANIE ✦ **SYN.** ▷ *Pl.* **1.** Chant, invocation, *prière*. ▷ *Sing.* **2.** *(De plaintes, de reproches)* Énumération, kyrielle, liste, *répétition* (ennuyeuse), série, suite.

LITIÈRE ✦ **SYN.** **1.** Brancard, *chaise à porteurs*, civière, palanquin. **2.** *(Étable, écurie)* Fourrage, *paille*. **3.** *(Chats)* Gravier.

LITIGE ✦ **SYN.** **1.** *Contestation*, différend, dispute. **2.** Affaire, cas, cause, *procès*. **3.** *(Pl.)* Contentieux. ✦ **ANT.** **1.** Accord, entente, règlement.

LITIGIEUX ✦ **SYN.** Contentieux, contestable, *contesté*, discutable, douteux, incertain, problématique, récusable, sujet à caution. ✦ **ANT.** Certain, clair, évident, facile, incontestable, incontesté, indiscutable, irrécusable, sûr.

LITTÉRAL ✦ **SYN.** **1.** *(Traduction, transcription)* Conforme, exact, fidèle, mot à mot, *textuel*. **2.** *(Sens)* Premier, *propre*, strict. **3.** *(Fait)* *Objectif*, réel, véridique. ✦ **ANT.** **1.** Abrégé, adapté, déformé, différent, inexact, infidèle. **2.** Allégorique, figuré, second, symbolique. **3.** Erroné, mensonger, subjectif.

LITTÉRATEUR ✦ **SYN.** Auteur, *écrivain* (de métier), femme de lettres, homme de lettres.

LITTÉRATURE ✦ **SYN.** **1.** *Art d'écrire*, lettres, poésie, prose, roman, théâtre. **2.** *Œuvres écrites*, productions écrites. **3.** *(Sujet précis)* Bibliographie, corpus, *ouvrages*.

LITTORAL ✦ **SYN.** ▷ *Nom* **1.** Bord (de mer), bordure, *côte*, plage, rivage. ▷ *Adj.* **2.** Côtier. ✦ **ANT.** **1.** Centre, haute mer, intérieur (des terres), large. **2.** Central, éloigné, intérieur.

LITURGIE ✦ **SYN.** Célébration, cérémonial, cérémonies, *culte*, office religieux, service divin, service religieux.

LITURGIQUE ✦ **SYN.** Divin, hiératique, religieux, *sacré*, solennel. ✦ **ANT.** Profane, séculier, temporel.

LIVIDE ◆ SYN. 1. Bleu, *bleuâtre*, noir, plombé. 2. Blafard, blanc, *blême*, cadavérique, exsangue, hâve, pâle, terne, terreux ◆ ANT. 2. Animé, coloré, fleuri, florissant, frais, vermeil, vif, vivant.

LIVING-ROOM ◇ V. **Salon**

LIVRAISON ◆ SYN. 1. Arrivage, *délivrance*, envoi, expédition, port, remise. 2. *(Revue)* **Numéro**, parution. ◆ ANT. 1. Réception, renvoi, retour. 2. Année (de parution).

LIVRE ◆ SYN. 1. Album, atlas, bouquin *(fam.)*, écrit, keepsake (livre-cadeau), livrel *(inform.)*, manuel, œuvre, *ouvrage*, pamphlet, production, publication, volume. 2. *Partie*, tome, volume. 3. Brochure, *livret*, opuscule, plaquette. 4. Cahier, carnet, catalogue, journal, *registre*, répertoire.

LIVREL ◆ SYN. *(Inform.)* Livre bibliothèque, livre électronique, *livre numérique*.

LIVRER ◆ SYN. ▷ V. tr. 1. Déférer, laisser, *remettre*. 2. *(Action destructrice)* Abandonner, donner (en proie), *soumettre*. 3. Dénoncer, *trahir*, vendre. 4. Communiquer, *confier*, dévoiler, révéler. 5. *Délivrer*, envoyer, expédier, porter. 6. *(Combat)* Commencer, *engager*. ▷ V. pr. 7. Se rendre, *se soumettre*. 8. *Se confier*, s'épancher, s'ouvrir. 9. *S'abandonner*, céder, succomber. 10. S'adonner, s'appliquer, s'atteler, *se consacrer*, s'exercer, s'occuper, vaquer. ◆ ANT. 1. Délivrer, libérer. 2. Arracher, défendre, soustraire. 3. Aider, servir, soutenir. 4. Cacher, dérober, détenir, garder (pour soi). 5. Recevoir, réexpédier, renvoyer, retourner. 6. Arrêter, cesser. 7. S'évader, s'opposer. 8. Se renfermer, se replier, se taire. 9. Chasser, éconduire, résister. 10. S'abstenir, se désintéresser, négliger, renoncer.

LIVRESQUE ◇ V. **Scolaire**

LIVRET ◆ SYN. 1. *Brochure*, opuscule, plaquette. 2. Calepin, *carnet*, catalogue, libretto *(mus.)*, registre.

LIVREUR ◇ V. **Porteur**

LOCAL ◆ SYN. 1. *Pièce*, salle. 2. *Atelier*, cabinet, laboratoire. 3. Entrepôt, *espace* (réservé), réserve. 4. *(Pl.)* Bâtiment.

LOCALISATION ◆ SYN. 1. Endroit, lieu, *point*, position, siège, site, situation. 2. Découverte, détection, détermination, *reconnaissance*, repérage. 3. Confinement, *délimitation*, endiguement, entrave. 4. *(Inform.)* Adaptation, modification. ◆ ANT. 2. Erreur, méprise, oubli, perte. 3. Extension, généralisation, propagation. 4. Conservation, inadaptation.

LOCALISER ◆ SYN. 1. *(Ch.)* Découvrir, définir, détecter, déterminer, loger *(fam., pers.)*, placer, *reconnaître*, repérer, situer, trouver. 2. Cerner, circonscrire, confiner, *délimiter*, limiter. 3. *(Entreprise)* Établir, fixer, implanter. ◆ ANT. 1. Chercher, ignorer, se méprendre. 2. Étendre, envahir, propager. 3. Délocaliser *(étranger)*, déplacer, relocaliser.

LOCALITÉ ◆ SYN. 1. Coin, endroit, *lieu*, place. 2. Agglomération, banlieue, bourg, bourgade, chef-lieu, paroisse, village, (petite) *ville*.

LOCATAIRE ◆ SYN. Hôte, occupant, *preneur*. ◆ ANT. Bailleur, locateur, propriétaire.

LOCATION ◆ SYN. 1. *Bail*, loyer. 2. *(Biens)* Louage. 3. *(Ferme)* Affermage, amodiation, *fermage*. 4. Réservation.

LOCOMOTIVE ◆ SYN. 1. Automotrice, engin, *locomotrice*, machine, motrice. 2. *(Fig.)* Élément clé, *élément moteur*, impulsion, moteur. 3. *Leader*, personnalité (en vue).

LOCUTION ◆ SYN. *Expression*, forme, formule, groupe de mots, idiome, idiotisme, tour, tournure, trope.

LOGE ◆ SYN. 1. *Cabane*, hutte. 2. *(Archit.)* Galerie, loggia. 3. *Conciergerie*, logement, rez-de-chaussée. 4. *(Salle de spectacle)* Avant-scène, baignoire, compartiment. 5. *(Artistes)* Chambre, *coulisses*, pièce. 6. *(Francs-maçons)* Association, atelier, groupe, local. 7. *(Animaux)* Box, cage, cloison, *stalle*. 8. *(Typogr.)* Cassetin.

LOGEMENT ◆ SYN. 1. Abri, gîte, *hébergement*, toit. 2. *Appartement*, chambre, duplex, garçonnière, loft, piaule *(fam.)*, pied-à-terre, studio, triplex. **3.** HLM *(logement social)*, **immeuble résidentiel**, tour (d'habitation). **4.** Demeure, **domicile**, habitation, logis, maison, résidence, séjour.

LOGER ✦ SYN. ▷ *V. intr.* **1.** Crécher *(fam.)*, demeurer, **habiter**, nicher *(fam.)*, résider, rester *(québ.)*, vivre. **2.** Coucher, descendre *(hôtel)*, gîter, passer la nuit, **séjourner**. **3.** *(Fig.)* Cohabiter, **se situer**, se trouver (ensemble). ▷ *V. tr.* **4.** Abriter, héberger, **installer**. **5.** Accueillir, **contenir**, entretenir, recevoir, tenir. **6.** *(Ch.)* Faire pénétrer, introduire, mettre, **placer**. ▷ *V. pr.* **7.** S'installer. **8.** *(Balle)* Se tirer. ✦ ANT. **1.** Déménager, partir. **2.** S'en aller, quitter. **3.** Se dissocier, s'exclure. **4.** Chasser, déloger, expulser, renvoyer. **5.** Exclure, manquer (de place). **6.** Dégager, extraire, sortir. **7.** S'en aller.

LOGEUR ✦ SYN. Aubergiste, hôte, **hôtelier**. ✦ ANT. Client, pensionnaire.

LOGIQUE ✦ SYN. ▷ *Nom* **1.** Bon sens, jugement, raison, **raisonnement**, rationalité, sens commun. **2.** **Cohérence**, consistance, dialectique, enchaînement, exactitude, fondement, justesse, méthode, suite (dans les idées). **3.** Conséquence (inévitable), fatalité, **nécessité**. ▷ *Adj.* **4.** Cartésien, normal, raisonnable, **rationnel**, sensé. **5.** **Cohérent**, conséquent, consistant, déductif, discursif, exact, fondé, judicieux, juste, méthodique, serré, suivi, vrai. **6.** Fatal, forcé, immanquable, inéluctable, inévitable, naturel, **nécessaire**. ✦ ANT. **1.** Aberration, absurdité, déraison, illogisme, irrationalité, non-sens, stupidité. **2.** Confusion, contradiction, désordre, erreur, fausseté, incohérence, inconséquence, inconsistance, inexactitude. **3.** Contingence, éventualité, possibilité. **4.** Aberrant, absurde, anormal, déraisonnable, extravagant, fou, illogique, insensé, irrationnel, stupide. **5.** Alogique, confus, contradictoire, décousu, erroné, faux, incohérent, inconséquent, inconsistant, inexact. **6.** Contingent, éventuel, évitable, fortuit.

LOGIS ◇ v. **Maison**

LOI ✦ SYN. **1.** **Droit**, justice, législation. **2.** Arrêt, arrêté, charte, **code**, constitution, convention, coutume, décret, disposition, édit, ordonnance, ordre, prescription, règle, règlement, statut. **3.** *(Relig.)* Canon, commandement, décalogue, **dogme**. **4.** **Devoir**, éthique, norme, obligation, précepte, principe, responsabilité. **5.** **Formule**, hypothèse, théorie. **6.** Autorité, **domination**, empire, pouvoir, puissance, tutelle. **7.** Condition (essentielle), **nécessité**. ✦ ANT. **1.** Anarchie, anomie, désordre, injustice. **2.** Délit, désobéissance, dispense, grâce, infraction, liberté. **3.** Doute, incroyance, scepticisme. **4.** Dérogation, irresponsabilité, licence, manquement. **5.** Vérité. **6.** Affranchissement, émancipation, libération. **7.** Contingence, éventualité.

LOIN ✦ SYN. **1.** À distance, à l'écart, aux antipodes, distant, **éloigné**, espacé, lointain. **2.** **Hors d'atteinte**, hors de portée, hors de vue. **3.** *(Esprit)* **Absent**, à cent lieues, ailleurs. **4.** Ancien, dépassé, **passé**, vieux. **5.** *(Plus loin)* Après, au-delà, ci-après, ci-dessous, en avant, infra, **plus avant**, plus bas. ✦ ANT. **1.** À côté, à proximité, proche, rapproché, voisin. **2.** À deux pas, ci-contre, près, tout près, visible. **3.** Entier, ici, présent. **4.** Actuel, frais, jeune, récent. **5.** Ci-dessus, derrière, en arrière, en deçà, plus haut, supra.

LOINTAIN ✦ SYN. ▷ *Adj.* **1.** Distant, **éloigné**, espacé, loin. **2.** **Ancien**, passé, reculé, révolu, vieux. **3.** *(Cause, lien)* **Indirect**, vague. ▷ *Nom* **4.** **Arrière-plan**, fond, horizon. ✦ ANT. **1.** Proche, rapproché, voisin. **2.** Actuel, imminent, prochain, récent. **3.** Direct, précis. **4.** Avant-plan, devant.

LOISIBLE ✦ SYN. Autorisé, libre à, **permis**, possible, toléré. ✦ ANT. Défendu, impossible, interdit.

LOISIR ✦ SYN. **1.** Liberté, **permission**, possibilité. **2.** **Disponibilité**, temps. **3.** *(Pl.)* Activités, culture, délassement, **détente**, distractions, divertissements, hobby, jeux, occupations, passe-temps, repos, sports, temps libres, tourisme, vacances, violon d'Ingres. ✦ ANT. 1. Défense, interdiction, impossibilité. 2. Indisponibilité, manque (de temps). 3. Boulot *(fam.)*, labeur, métier, travail.

LONG ✦ SYN. ▷ *Adj.* 1. Allongé, *élancé*, étendu, grand, mince, oblong. 2. *Interminable*, longuet *(fam.)*, sans fin. 3. *Ancien*, lointain, révolu, vieux. 4. Lambin, *lent*, tardif. 5. *(Pl.)* *Abondants*, intenses, nombreux. ▷ *Adv.* 6. Beaucoup. ✦ ANT. 1. Court, épais, large, petit. 2. Bref, concis, instantané. 3. Actuel, frais, jeune, récent. 4. Empressé, leste, rapide. 5. Faibles, légers, passagers, rares. 6. Peu.

LONGER ✦ SYN. Border, confiner à, *côtoyer*, parcourir, passer près de, raser, suivre. ✦ ANT. Dévier, s'écarter, s'éloigner, pénétrer.

LONGTEMPS ✦ SYN. 1. Beaucoup, *longuement*. 2. *(Il y a longtemps)* *Autrefois*, il y a belle lurette, il y a des lustres, jadis. 3. *(Depuis longtemps)* De longue date, de longue main, *de toujours*. ✦ ANT. 1. Brièvement, peu. 2. Bientôt, naguère, récemment. 3. D'aujourd'hui, de fraîche date, d'hier.

LONGUEUR ✦ SYN. ▷ *Sing.* 1. Dimension, distance, *étendue*, grandeur, taille. 2. Durée. ▷ *Pl.* 3. Délais, *lenteurs*, retards. 4. *Redondances*, superfluité, verbiage. ✦ ANT. 1. Hauteur, largeur, profondeur. 2. Brièveté. 3. Diligence, progression. 4. Concision, utilité.

LOQUACE ✦ SYN. 1. Causant *(fam.)*, *causeur*, communicatif, parlant. 2. Bavard, prolixe, verbeux, *volubile*. ✦ ANT. 1. Concentré, défiant, discret, secret, taciturne. 2. Coi, muet, silencieux.

LOQUACITÉ ✦ SYN. Bagou, bavardage, éloquence (appuyée), faconde, prolixité, verbosité, verve, *volubilité*. ✦ ANT. Mutisme, retenue, silence.

LOQUE ✦ SYN. ▷ *Pl.* 1. Chiffons, défroque, fripes, guenilles, *haillons*, hardes, lambeaux, nippes, oripeaux. ▷ *Sing.* 2. Abattu, aboulique, *effondré*. 3. *(Loque humaine)* Déchet (de la société), *épave*, paumé *(fam.)*. ✦ ANT. 1. Atours, parure. 2. Énergique, enthou-

siaste, heureux. 3. Crème (de la société), gratin *(fam.)*, riche.

LOQUETEUX ◇ v. **Dépenaillé**

LORGNER ✦ SYN. 1. Examiner, fixer, *observer* (du coin de l'œil), regarder (à la dérobée). 2. *(Pers.)* *Dévisager*, dévorer des yeux, reluquer *(fam.)*, regarder (avec intérêt), zieuter *(fam.)*. 3. Avoir des vues sur, *convoiter*, désirer, envier, guigner *(fam.)*, loucher sur, prétendre à, soupirer après, viser. ✦ ANT. 1. Détourner (le regard), ignorer. 2. Éviter, fuir. 3. Dédaigner, refuser, renoncer.

LORGNETTE ◇ v. **Lunette**

LOT ✦ SYN. 1. Contingent, *part*, partie, portion, ration. 2. Lopin, *lotissement*, terrain. 3. *Héritage*, succession. 4. Assortiment, collection, éventail, gamme, panoplie, quantité, *stock*. 5. *(Pers.)* Ensemble, *groupe*, nombre. 6. Acquisition, cagnotte, *gain*, jackpot, pactole. 7. Apanage, destin, *sort*.

LOTERIE ✦ SYN. Bingo, *jeu de hasard*, loto, sweepstake, tirage, tombola.

LOUABLE ✦ SYN. Appréciable, bien, bon, digne, édifiant, *estimable*, honnête, honorable, méritoire, respectable. ✦ ANT. Blâmable, condamnable, coupable, indigne, répréhensible, vil.

LOUANGE ✦ SYN. 1. Apologie, dithyrambe *(souvent péj.)*, *éloge*, exaltation, glorification, panégyrique. 2. Adulation, courbettes, flagornerie, *flatterie*. 3. Gloire, honneur, *mérite*, pinacle. 4. *(Pl.)* Applaudissements, *compliments*, encensements, félicitations, fleurs. ✦ ANT. 1. Affront, blâme, condamnation, libelle, mépris, offense, outrage, reproche. 2. Critique, dignité, sincérité. 3. Démérite, déshonneur. 4. Calomnies, injures, insultes, moqueries, quolibets, risée.

LOUANGER ◇ v. **Louer**

LOUANGEUR ✦ SYN. Admiratif, dithyrambique *(souvent péj.)*, *élogieux*, flagorneur *(péj.)*, flatteur, glorificateur, laudatif. ✦ ANT. Caustique, dénigreur, médisant, satirique.

LOUCHE ♦ SYN. **1.** Bigle *(strabisme)*, de travers, *oblique*, torve. **2.** Ambigu, douteux, équivoque, étrange, incertain, inquiétant, interlope, pas très catholique *(fam.)*, **suspect**, trouble, véreux. ♦ ANT. **1.** Direct, droit. **2.** Clair, fiable, franc, honnête, normal, rassurant, sûr.

LOUCHER ◇ V. **Lorgner**

LOUER ♦ SYN. **1.** Affermer, arrenter, *donner à loyer*, réserver, retenir. **2.** Acclamer, admirer, applaudir, approuver, célébrer, chanter, complimenter, congratuler, encenser, exalter, *féliciter*, flatter, glorifier, honorer, louanger, magnifier, recommander, vanter. **3.** *(Dieu)* Bénir, *glorifier*, remercier, rendre grâce à. ▷ V. pr. **4.** S'applaudir, *se féliciter*, se réjouir. ♦ ANT. **1.** Annuler, résilier. **2.** Abaisser, avilir, blâmer, censurer, critiquer, dénigrer, déprécier, désapprouver, humilier, injurier, offenser, réprimander, sermonner, vilipender. **3.** Blasphémer, maudire. **4.** Se plaindre, se reprocher.

LOUFOQUE ♦ SYN. **1.** Braque, dingue *(fam.)*, excentrique, extravagant, farfelu, *fou*, hurluberlu, insensé. **2.** Biscornu, bizarre, cocasse, *saugrenu*. **3.** *Burlesque*, comique, drôle. ♦ ANT. **1.** Normal, ordinaire, raisonnable, sensé. **2.** Banal, commun, insignifiant. **3.** Dramatique, tragique, triste.

LOURD ♦ SYN. **1.** Chargé, *pesant*. **2.** Compact, *dense*, épais. **3.** Indigeste. **4.** Corpulent, gras, gros, *imposant*, massif, mastoc *(fam.)*, trapu. **5.** *(Responsabilité)* Grand, grave, *important*. **6.** *(Tâche)* Accablant, difficile, dur, écrasant, *pénible*, rude. **7.** *(Coup, bruit)* Fort, terrible, *violent*. **8.** Balourd, fruste, *grossier*, inélégant, lourdaud, rustaud. **9.** *(Esprit, style)* Embarrassé, empoté, gauche, *maladroit*. **10.** *(Signification)* Plein, *rempli*. **11.** *(Air, ciel)* Couvert, humide, menaçant, *nuageux*. **12.** *(Sommeil)* Calme, de plomb, intense, *profond*. ♦ ANT. **1.** Allégé, léger. **2.** Clairsemé, mince. **3.** Digestible. **4.** Effilé, élancé, maigre, menu, svelte. **5.** Insignifiant, négligeable, nul. **6.** Agréable, aisé, facile, supportable. **7.** Atténué, doux, fai-

ble. **8.** Délicat, distingué, élégant, raffiné, subtil. **9.** Adroit, alerte, dégourdi, habile, souple, vif. **10.** Exempt, vide. **11.** Clair, dégagé, éclairci, sec. **12.** Agité, troublé.

LOURDEUR ♦ SYN. **1.** *Pesanteur*, poids. **2.** Abattement, appesantissement, embarras, *malaise*. **3.** Gaucherie, lenteur, *maladresse*, paresse (d'esprit). **4.** *Grossièreté*, inélégance, rudesse, rusticité. **5.** Grandeur, gravité, *importance*. ♦ ANT. **1.** Légèreté. **2.** Aisance, allégement, bien-être. **3.** Adresse, dextérité, souplesse, vivacité. **4.** Distinction, élégance, raffinement.

LOUVOYER ♦ SYN. **1.** Zigzaguer. **2.** Biaiser, éluder, finasser, manœuvrer, patiner *(québ.)*, ruser, *tergiverser*, tourner autour du pot. ♦ ANT. **1.** Aller droit. **2.** Affronter, aller droit au but, dire franchement (sans détour).

LOYAL ♦ SYN. Correct, dévoué, droit, *fidèle*, franc, honnête, ouvert, probe, régulier, sincère, vrai. ♦ ANT. Déloyal, faux, fourbe, hypocrite, infidèle, malhonnête, menteur, perfide, traître, véreux.

LOYAUTÉ ♦ SYN. Dévouement, droiture, fair-play, *fidélité*, franchise, honnêteté, loyalisme, probité, sincérité, vérité. ♦ ANT. Déloyauté, fourberie, infidélité, malhonnêteté, mensonge, traîtrise, vénalité.

LOYER ♦ SYN. **1.** Bail, *location*. **2.** Coût, *prix* (de location). **3.** Échéance, *terme*.

LUBIE ◇ V. **Caprice**

LUBRICITÉ ◇ V. **Luxure**

LUBRIFIER ◇ V. **Graisser**

LUBRIQUE ◇ V. **Lascif**

LUCARNE ♦ SYN. **1.** Faîtière, *fenêtre*, jour, œil-de-bœuf, tabatière. **2.** *(Mur)* Grille, *ouverture*.

LUCIDE ♦ SYN. **1.** *Lumineux*, translucide. **2.** *Conscient*, sensé. **3.** Clair, *clairvoyant*, éclairé, fin, intelligent, net, pénétrant, perspicace, sagace. ♦ ANT. **1.** Opaque, sombre. **2.** Dément, fou, inconscient. **3.** Aveugle, borné, bouché, crédule, imbécile, lourd, naïf, niais, obtus.

LUCIDITÉ ♦ SYN. **1.** Connaissance, *conscience*, raison. **2.** Acuité, *clairvoyance*, clarté, finesse, intelligence, netteté, pénétration, perspicacité, sagacité. ♦ ANT. 1. Démence, folie, inconscience. 2. Aveuglement, crédulité, ignorance, illusion, imbécillité, lenteur (d'esprit), naïveté.

LUCRATIF ♦ SYN. Avantageux, bon, fructueux, intéressant, juteux *(fam.)*, payant, *profitable*, rémunérateur, rentable. ♦ ANT. Coûteux, déficitaire, désavantageux, gratuit, infructueux, ruineux.

LUCRE ♦ SYN. 1. *(Péj.)* Argent, *gain* (plus ou moins licite), profit. 2. *Appât du gain*, cupidité. ♦ ANT. 1. Gain honnête. 2. Désintéressement, générosité.

LUEUR ♦ SYN. 1. *Clarté*, jour, lumière (faible), nitescence. 2. *(Regard, esprit)* Éclair, *éclat*, étincelle, flamme, rayon, reflet. 3. *(Souvenir)* Réminiscences, *traces*. 4. *(Pl.) Connaissances*, lumières. ♦ ANT. 1. Obscurité, ombre. 2. Fadeur, froideur, impassibilité, insensibilité. 3. Oubli, trou de mémoire. 4. Ignorance.

LUGUBRE ♦ SYN. 1. *Funèbre*, funeste, macabre, sépulcral, sinistre. 2. *(Air, ton, mine)* Chagrin, ennuyeux, glauque, morne, morose, mortel, sombre, ténébreux, *triste*. 3. *(Visage, mine) Inquiétant*, méchant, patibulaire, sinistre. ♦ ANT. 1. Joyeux, réjouissant. 2. Agréable, distrayant, enjoué, gai, plaisant, rieur, souriant. 3. Affable, bon, rassurant.

LUIRE ♦ SYN. 1. *Briller*, éclairer, irradier, rayonner. 2. Chatoyer, étinceler, flamboyer, miroiter, *reluire*, resplendir, rutiler, scintiller. 3. *Apparaître*, éclater, se manifester, poindre, surgir. ♦ ANT. 1-2. S'éteindre, pâlir, se ternir. 3. Disparaître, s'effacer, s'estomper.

LUISANT ♦ SYN. 1. *Brillant*, chatoyant, clair, étincelant, lumineux, moiré, radieux, rayonnant, reluisant, scintillant. 2. Glacé, laqué, lisse, *lustré*, poli, satiné, verni, vernissé. ♦ ANT. 1. Assombri, blafard, éteint, pâle, obscur, sombre, terni, voilé. 2. Délustré, dépoli, mat, terne.

LUMIÈRE ♦ SYN. 1. *Clarté*, éclair, éclat, étincelle, feu, flamme, jour, lueur, lumi-

nosité, nitescence, rayon, splendeur. 2. Ampoule, bougie, chandelle, *éclairage*, éclairement, électricité, illumination, lampe. 3. *Éclaircissement*, explication, renseignement. 4. Autorité, cerveau, flambeau, grand esprit, phare, *sommité*. 5. *(Pl.) Connaissances*, raison, rationalité, savoir, science. ♦ ANT. 1. Noirceur *(québ.)*, obscurité, ombre, ténèbres. 3. Aveuglement, énigme, mystère, secret. 4. Foutriquet *(fam.)*, nul, nullité, zéro. 5. Censure, ignorance, inquisition, obscurantisme.

LUMINEUX ♦ SYN. 1. Ardent, brillant, éclatant, *étincelant*, flamboyant, fulgurant, luminescent, phosphorescent. 2. Clair, éclairé, ensoleillé, illuminé, *radieux*, rayonnant, resplendissant. 3. *Évident*, frappant, limpide, manifeste, simple, vrai. 4. *Génial*, ingénieux, lucide, perspicace, pénétrant, profond, sagace. ♦ ANT. 1. Éteint, noir, obscur, sombre. 2. Morne, opaque, sombre, terne. 3. Confus, embrouillé, énigmatique, hermétique. 4. Banal, commun, inepte, ordinaire, ridicule, superficiel.

LUMINOSITÉ ♦ SYN. 1. Brillance, brillant, éclairage, *éclat*, jour, lumière, splendeur. 2. Clarté, compréhensibilité, facilité, *intelligibilité*, limpidité, netteté, pénétration, perspicacité, transparence, vision, vivacité d'esprit. ♦ ANT. 1. Nébulosité, noirceur *(québ.)*, obscurité. 2. Confusion, hermétisme, incompréhensibilité, inintelligibilité, lourdeur d'esprit, obscurité, opacité, superficialité.

LUNATIQUE ♦ SYN. 1. Bizarre, capricieux, changeant, extravagant, *fantasque*, tordu, versatile. 2. *(Québ.)* Absent, *distrait*, inappliqué, inattentif, oublieux, rêveur, songeur. ♦ ANT. 1. Égal, posé, raisonnable. 2. Appliqué, attentif, concentré, présent.

LUNETTE ♦ SYN. 1. Besicles, binocle, face-à-main, lorgnon, pince-nez, *verres*. 2. Jumelles, *longue-vue*, lorgnette *(spectacle)*, télescope.

LUSTRE ♦ SYN. 1. *Luminaire*, plafonnier, suspension. 2. Apprêt, brillant, catissage, *enduit*, laque, luisant, poli, vernis.

3. Éclat, *gloire*, prestige, relief, réputation. ◆ **ANT. 3.** Déshonneur, flétrissure, honte, infamie, tache.

LUSTRÉ ◆ **SYN.** Brillant, cati, chatoyant, glacé, laqué, lisse, *luisant*, moiré, poli, satiné, verni, vernissé. ◆ **ANT.** Décati, délustré, déteint, terni.

LUTIN ◆ **SYN.** *Esprit follet*, feu-follet *(québ.)*, farfadet, génie, gnome, korrigan, nain, troll.

LUTTE ◆ **SYN. 1.** Catch, *combat*, dan, jiu-jitsu, judo, karaté, sumo. **2.** Affrontement, attaque, bagarre, bataille, *conflit*, guerre, hostilités, mêlée. **3.** Antagonisme, compétition, concurrence, course, dispute, duel, match, opposition, *rivalité*, tournoi. **4.** Contestation, controverse, *débat*, démêlé, différend, discussion. **5.** *(Cause sociale) Campagne*, effort.

LUTTER ◆ **SYN.** S'affronter, attaquer, batailler, se battre, *combattre*, se défendre, disputer, s'efforcer, s'escrimer, s'évertuer, ferrailler, jouter, se mesurer avec, militer, s'opposer, résister, rivaliser. ◆ **ANT.** Abandonner, baisser les bras, capituler, céder, fléchir, jeter l'éponge, lâcher, reculer, se rendre, renoncer, se résigner.

LUTTEUR ◆ **SYN. 1.** *Catcheur*, hercule *(foire)*, judoka, karatéka, sumo. **2.** *Batailleur*, battant, fonceur, gagnant *(québ.)*, gagneur, militant. ◆ **ANT. 2.** Lâcheur, perdant, pleutre.

LUXATION ◇ v. **Entorse**

LUXE ◆ **SYN. 1.** Apparat, éclat, *faste*, magnificence, opulence, pompe, richesse, somptuosité, splendeur, tralala *(fam.)*. **2.** *Abondance*, excès, pléthore, profusion, superflu, superfluité, surabondance. ◆ **ANT. 1.** Besoin, dénuement, gêne, indigence,

misère, pauvreté, privation, simplicité. **2.** Manque, nécessaire *(n.)*, nécessité, pénurie.

LUXER ◇ v. **Démettre**

LUXUEUX ◆ **SYN.** Cossu, *fastueux*, magnifique, opulent, princier, riche, seigneurial, somptueux, splendide. ◆ **ANT.** Humble, modeste, pauvre, rustique, simple.

LUXURE ◆ **SYN.** *Débauche*, dépravation, dévergondage, impudicité, impureté, incontinence, lascivité, libertinage, licence, lubricité, orgie, paillardise, stupre, vice. ◆ **ANT.** Austérité, chasteté, continence, discipline, macération, mortification, pénitence, pureté.

LUXURIANT ◆ **SYN. 1.** *Abondant*, dense, exubérant, foisonnant, opulent, riche, surabondant, touffu. **2.** *(Imagination)* Débordant, *exubérant*, fécond, fertile. ◆ **ANT. 1.** Chiche, clairsemé, maigre, pauvre, rare. **2.** Contenu, limité, stérile.

LYCÉE ◆ **SYN.** Cégep *(québ.)*, collège, *établissement scolaire (second degré)*, gymnase *(Suisse)*, institution.

LYNCHER ◆ **SYN.** Abattre, battre, descendre *(fam.)*, écharper, *exécuter*, massacrer, tuer. ◆ **ANT.** Défendre, délivrer, épargner, gracier, sauver.

LYRIQUE ◆ **SYN. 1.** Ardent, chaleureux, *émotif*, enthousiaste, exalté, passionné, poétique, romantique, sensible. **2.** Chanté (avec musique). ◆ **ANT. 1.** Cérébral, froid, insensible, prosaïque, terre-à-terre, trivial, vulgaire.

LYRISME ◆ **SYN.** Ardeur, chaleur, *émotion*, enthousiasme, exaltation, passion, poésie, romantisme, sensibilité. ◆ **ANT.** Froideur, insensibilité, prosaïsme, trivialité, vulgarité.

M

MACABRE ♦ SYN. 1. *Funèbre*, lugubre, sépulcral, sinistre, sombre. 2. *(Humour)* Noir. ♦ ANT. 1. Agréable, heureux, plaisant, réjouissant. 2. Léger.

MACADAM ♦ SYN. 1. *Asphalte*, bitume, goudron. 2. *Chaussée*, route, rue.

MACADAMISER ♦ SYN. *Asphalter*, bitumer, empierrer, goudronner, recouvrir, revêtir.

MACÉDOINE ♦ SYN. 1. *(Mets)* Jardinière *(légumes)*, *mélange*, salade *(fruits)*. 2. *(Péj.)* **Méli-mélo**, mixture, mosaïque, salmigondis.

MACÉRER ♦ SYN. 1. Châtier, *mortifier*. 2. Infuser, mariner, *tremper*. ♦ ANT. 1. Caresser, dorloter. 2. Extirper, extraire.

MÂCHER ♦ SYN. 1. *(Aliment)* Broyer, déchiqueter, écraser, *mastiquer*, triturer. 2. *(Substance non comestible)* Chiquer, *mâchonner*, mâchouiller *(fam.)*. 3. *Faciliter*, préparer (pour autrui). 4. Remâcher, *ressasser*, ruminer. ♦ ANT. 1. Avaler, dévorer, ingurgiter. 2. Cracher, rejeter. 3. Compliquer, laisser agir. 4. Chasser, oublier.

MACHIAVÉLIQUE ♦ SYN. Astucieux, calculateur, démoniaque, diabolique, dissimulé, fourbe, méchant, *perfide*, retors, rusé. ♦ ANT. Candide, droit, loyal, franc, sincère, naïf.

MACHINAL ♦ SYN. Automatique, convulsif, habituel, inconscient, instinctif, involontaire, irréfléchi, *mécanique*, réflexe. ♦ ANT. Calculé, conscient, délibéré, étudié, raisonné, réfléchi, volontaire.

MACHINATION ♦ SYN. *(Péj.)* Agissements, artifice, brigue, cabale, combinaison, combine *(fam.)*, *complot*, conspiration, fricotage *(fam.)*, grenouillage *(fam.)*, intrigues, jeu, magouille *(fam.)*, manège, manigance, manipulation, manœuvres, menées, micmac *(fam.)*, plan, rouerie, ruse, tractations, tripotage *(fam.)*. ♦ ANT. Dévouement, fidélité, franc jeu, loyauté, probité.

MACHINE ♦ SYN. 1. Appareil, assemblage, dispositif, engin, instrument, *mécanisme*, métier, outil, véhicule. 2. *(Pl.)* Machinerie. 3. Automate, *robot*. 4. *(Théâtre, cinéma)* **Artifice**, décors, deus ex machina, illusion, moyen, truc, trucage. 5. Automatisation, machinisme, *mécanisation*.

MACHINER ♦ SYN. *(Péj.)* Brasser, combiner, comploter, conspirer, fomenter, fricoter *(fam.)*, grenouiller *(fam.)* intriguer, magouiller *(fam.)*, manigancer, manœuvrer, méditer *(fig.)*, mijoter *(fam.)*, monter, organiser, ourdir, préparer, ruminer, tisser, *tramer*. ♦ ANT. Contrecarrer, déjouer, dénoncer, éventer, mettre en plein jour, révéler.

MACHISME ◇ V. Sexisme

MÂCHOIRE ♦ SYN. 1. Mandibule, margoulette *(fam.)*, *maxillaire*. 2. *(Pl.)* Frein, mors, *tenailles*.

MAÇONNER ♦ SYN. 1. Bâtir, *cimenter*, construire, réparer, revêtir. 2. *Boucher*, fermer, murer, obstruer, sceller. ♦ ANT. 1. Abattre, défaire, démolir, détruire. 2. Déboucher, ouvrir.

MACROSCOPIQUE ♦ SYN. Visible (à l'œil nu). ♦ ANT. Invisible (à l'œil nu), microscopique.

MACULER ♦ SYN. Barbouiller, encrasser, noircir *(encre)*, salir, souiller, *tacher*. ♦ ANT. Blanchir, essuyer, frotter, nettoyer.

MADAME ♦ SYN. 1. *(Titre)* Dame. 2. *Femme*, fille. 3. Maîtresse de maison. 4. *(Fam. : la, une madame)* **Certaine dame**, certaine femme, inconnue. ♦ ANT. 1. Monsieur. 2. Garçon, homme. 3. Domestique. 4. Inconnu, individu, type.

MADEMOISELLE ♦ SYN. 1. *Célibataire*, vieille fille *(fam.)*. 2. Adolescente, *jeune fille*. ♦ ANT. 1. Mariée, vieux garçon *(fam.)*. 2. Adolescent, adulte, jeune homme.

MADRÉ ♦ SYN. Artificieux, fin, finaud, futé, *malin*, matois, retors, rusé. ♦ ANT. Benêt, bête, franc, niais, nigaud, sincère.

MAESTRIA ◇ V. **Maîtrise**

MAFFLU ♦ SYN. Arrondi, bouffi, boursouflé, gonflé, *joufflu*, plein, rebondi, rond. ♦ ANT. Cave, creux, enfoncé, maigre.

MAFIA ♦ SYN. *Association de malfaiteurs*, bande organisée, camarilla *(polit.)*, clan, clique, coterie, crime organisé, gang, milieu *(fig.)*, monde interlope, pègre, syndicat du crime.

MAGASIN ♦ SYN. 1. Bazar, boutique, *commerce*, débit, échoppe, établissement, étal, fonds de commerce. 2. Arsenal *(milit.)*, chai *(vin)*, dépôt, dock, *entrepôt*, hangar, manutention, réserve, resserre, silo, stock. 3. *(Fam., caméra)* Boîte. 4. *(Grand magasin)* Grande surface, hypermarché, *supermarché*.

MAGASINAGE ♦ SYN. *(Québ.)* Achats, courses, emplettes, lèche-vitrines, *shopping*.

MAGASINER ♦ SYN. Québ. 1. Faire des achats, faire des courses, faire des emplettes, *faire du shopping*. 2. Courir les magasins, faire du lèche-vitrines, marchander, *se renseigner* (sur le prix).

MAGAZINE ♦ SYN. 1. Annales, bulletin, cahier, hebdomadaire, illustré, journal (périodique), mensuel, périodique, *revue*. 2. *(Radio, télévision)* Émission (périodique).

MAGE ◇ V. **Devin**

MAGICIEN ♦ SYN. 1. Alchimiste, charmeur, devin, *enchanteur*, envoûteur, mage, nécromancien, sorcier, thaumaturge *(miracles)*. 2. Escamoteur, *illusionniste*, prestidigitateur. 3. *(Couleur, style, verbe)* Artiste, génie, maître, *prodige*.

MAGIE ♦ SYN. 1. Alchimie, cabale, diablerie, divination, *enchantement*, ensorcellement, envoûtement, ésotérisme, incantation, maléfice, occultisme, sorcellerie,

sort, sortilège. 2. Escamotage, *illusionnisme*, prestidigitation, tour de passe-passe. 3. Fantasmagorie, fantastique *(n.)*, féerie, *merveilleux (n.)*, mystère, prodige, surnaturel. 4. Attrait, beauté, charisme, charme, *fascination*, influence, magnétisme, prestige, puissance, séduction.

MAGIQUE ♦ SYN. 1. Cabalistique, ésotérique, fantasmagorique, fantastique, féerique, *merveilleux*, mystérieux, occulte, surnaturel. 2. *Enchanteur*, ensorcelant, envoûtant, extraordinaire, fascinant, magnétique. 3. *(Pensée) Irrationnel*, superstitieux. ♦ ANT. 1. Naturel, réel, visible. 2. Banal, commun, ennuyeux, ordinaire. 3. Rationnel, réfléchi.

MAGISTRAL ♦ SYN. 1. Doctoral, dogmatique, impérieux, imposant, pédant, péremptoire, *solennel*. 2. *(Qualité)* Accompli, achevé, beau, excellent, grandiose, magnifique, maîtrisé, *parfait*, remarquable, souverain, sublime, supérieur. 3. *(Fam.) Considérable*, énorme, formidable, grand, maudit, sacré. ♦ ANT. 1. Familier, humble, intime, modeste, privé. 2. Amateur, banal, imparfait, inférieur, médiocre, ordinaire, trivial. 3. Insignifiant, négligeable, petit.

MAGISTRAT ♦ SYN. 1. *(Administration) Fonctionnaire public*, officier civil, maire, ministre, préfet. 2. *(Justice)* Juge, *ministère public*, procureur, substitut.

MAGNANIMITÉ ♦ SYN. Bienveillance, bonté, *clémence*, cœur, générosité, grandeur d'âme, noblesse. ♦ ANT. Bassesse, cruauté, égoïsme, inclémence, mesquinerie, sévérité, vilenie.

MAGNAT ♦ SYN. *(Finance, industrie, péj.)* Baron, chef, maître (de ce monde), potentat, puissant, *roi*, seigneur. ♦ ANT. Faible, petit, plèbe.

MAGNÉTIQUE ◇ V. **Envoûtant**

MAGNÉTISER ♦ SYN. 1. Aimanter. 2. Fasciner, *hypnotiser*. 3. Captiver, charmer, éblouir, électriser, enthousiasmer, *envoûter*, obnubiler, séduire. ♦ ANT. 1. Démagnétiser, désaimanter. 2. Éloigner, éveiller. 3. Dégoûter, désenchanter, ennuyer, repousser.

MAGNÉTISME ◇ V. **Charisme**

MAGNIFICENCE ◆ SYN. **1.** Apparat, éclat, faste, grandeur, lustre, luxe, majesté, merveille, pompe, richesse, solennité, *somptuosité*, splendeur. **2.** *Générosité*, largesse, munificence, prodigalité. ◆ ANT. **1.** Modestie, pauvreté, rusticité, simplicité, sobriété. **2.** Égoïsme, mesquinerie, parcimonie.

MAGNIFIER ◆ SYN. **1.** Célébrer, encenser, *exalter*, honorer, louanger, louer, vanter. **2.** Amplifier, élever, embellir, enjoliver, exagérer, ennoblir, grandir, *idéaliser*. ◆ ANT. **1.** Avilir, dénigrer, déprécier, oublier, mépriser, rabaisser, ravaler. **2.** Amoindrir, diminuer, enlaidir, minimiser, rapetisser.

MAGNIFIQUE ◆ SYN. **1.** *(Ch.)* Admirable, beau, épatant, féerique, grandiose, merveilleux, *splendide*, superbe. **2.** Brillant, éclatant, fastueux, luxueux, princier, riche, royal, seigneurial, *somptueux*. **3.** *(Idée, invention, résultat)* Formidable, génial, impressionnant, prodigieux, *remarquable*. **4.** *(Pers.)* Fier, *glorieux*, noble. ◆ ANT. **1.** Affreux, détestable, effroyable, horrible, laid. **2.** Modeste, pauvre, rustique, simple, sobre. **3.** Lamentable, médiocre, nul, pitoyable. **4.** Méprisable, mesquin, vil.

MAGOT ◆ SYN. **1.** *(Fam.)* Bas de laine, cachette, *économies*, épargnes, réserve, trésor (caché). **2.** Macaque. **3.** Figurine (chinoise).

MAGOUILLE ◇ V. **Machination**

MAGOUILLER ◇ V. **Machiner**

MAIGRE ◆ SYN. **1.** Amaigri, amenuisé, chétif, *décharné*, défait, émacié, étique, famélique, hâve, maigrelet, rachitique, squelettique. **2.** Creusé, creux, effilé, efflanqué, étroit, filiforme, fin, fluet, grêle, *mince*, tiré. **3.** *Aride*, pauvre, stérile. **4.** Clair, *clairsemé*, épars, rare. **5.** *(Aliment, repas)* Allégé, diététique, faible (en gras), frugal, *léger*, sobre. **6.** *(Résultat, importance)* Déficient, insignifiant, insuffisant, *médiocre*, négligeable, petit, piètre, ridicule. ◆ ANT. **1.** Adipeux, charnu, corpulent, dodu, gras, gros, obèse, potelé, replet, rondelet. **2.** Épais, joufflu, large, mafflu, rebondi,

saillant, trapu. **3.** Engraissé, fertile, riche. **4.** Dense, dru, fourni, touffu. **5.** Abondant, copieux, riche (en gras). **6.** Excellent, grand, important, notable, remarquable, satisfaisant, significatif, suffisant.

MAIGREUR ◆ SYN. **1.** *Amaigrissement*, anémie, athrepsie *(nourrisson)*, atrophie, cachexie, dépérissement, dessèchement, émaciation, marasme *(dénutrition)*. **2.** *(Quantité)* Faiblesse, insignifiance, médiocrité, minceur, modicité, pauvreté, *petitesse*. ◆ ANT. **1.** Corpulence, embonpoint, graisse, rondeur. **2.** Abondance, ampleur, grandeur, importance, richesse.

MAIGRIR ◆ SYN. ▷ V. intr. **1.** *S'amincir*, décoller *(fam.)*, dépérir, se dessécher, fondre, mincir, perdre du poids. ▷ V. tr. **2.** Amaigrir, *amincir*, atrophier, émacier. ◆ ANT. **1.** S'empâter, engraisser, prendre du poids. **2.** Grossir, profiter *(fam.)*.

MAILLOT ◆ SYN. **1.** Débardeur, polo, *tee-shirt*. **2.** *(De bain)* Bikini, *costume*, deux-pièces, nageur *(une pièce)*, slip.

MAIN-D'ŒUVRE ◆ SYN. Effectif, employés, ouvriers, personnel, salariat, *salariés*, travailleurs. ◆ ANT. Cadres, dirigeants, employeurs, patronat, patrons.

MAIN-FORTE ◆ SYN. Aide, appui, *assistance*, concours, coup de main, renfort, secours, service, soutien. ◆ ANT. Abandon, délaissement, entrave, obstacle, préjudice.

MAINMISE ◆ SYN. **1.** Confiscation, *saisie*. **2.** Accaparement, *prise de possession*, rafle. **3.** Domination, empire, *emprise*, influence. ◆ ANT. **1.** Donation, remise. **2.** Reddition, reprise, restitution. **3.** Autonomie, indépendance, liberté.

MAINTENANCE ◆ SYN. Contrôle, entretien (préventif), dépannage, service après-vente, *vérification*. ◆ ANT. Abandon, défectuosité, détérioration, négligence, panne.

MAINTENANT ◆ SYN. **1.** À ce moment-ci, à cette heure, *actuellement*, à présent, aujourd'hui, au moment présent, de nos jours, de notre temps, en ce moment, présentement *(québ.)*. **2.** Dès aujourd'hui,

désormais, dorénavant, d'ores et déjà,
tout de suite. ♦ ANT. 1. Alors, anciennement, autrefois, jadis, naguère. 2. À l'avenir, en aucun temps.

MAINTENIR ♦ SYN. ▷ *V. tr.* 1. *Conserver*,
contenir, défendre, entretenir, garder,
préserver, sauvegarder, tenir. 2. *Continuer*, étendre, poursuivre, prolonger.
3. Affirmer, assurer, *certifier*, confirmer,
garantir, réaffirmer, réitérer, répéter,
soutenir. 4. Appuyer, assujettir, attacher,
contenir, *fixer*, immobiliser, retenir. ▷ *V. pr.*
5. *Durer*, rester, subsister, survivre, se
tenir. ♦ ANT. 1. Abandonner, abolir, céder,
détériorer, laisser aller, remplacer, supprimer. 2. Cesser, interrompre, mettre
fin. 3. Hésiter, nier, se raviser, renoncer.
4. Déplacer, détacher, lâcher. 5. Changer,
disparaître, prendre fin.

MAINTIEN ♦ SYN. 1. Confirmation,
conservation, continuité, préservation,
sauvegarde. 2. Air, allure, apparence,
attitude, comportement, contenance,
démarche, façon, mine, port, pose, posture, présentation, prestance, *tenue*.
♦ ANT. 1. Abandon, abolition, cessation,
changement, détérioration, suppression.
2. Débraillé, laisser-aller, négligé.

MAISON ♦ SYN. 1. Bâtiment (d'habitation), bâtisse, chalet, château, construction, duplex, édifice, *habitation*, hôtel,
immeuble résidentiel, maisonnette, palais,
pavillon, triplex, villa. 2. *(Rudimentaire, pauvre)*
Cabane, chaumière, hutte, masure, taudis
(péj.). 3. Abri, appartement, bercail, chez-
soi, couvert, demeure, *domicile*, foyer,
gîte, home, intérieur, loge, logement,
logis, nid *(fam.)*, pénates, pied-à-terre,
résidence, séjour, studio, toit. 4. *Famille*,
ménage, maisonnée. 5. Centre, complexe,
établissement, station. 6. Boîte *(fam.)*, boutique *(fam.)*, bureau, commerce, *entreprise*,
firme. 7. *(Noblesse)* Descendance, *lignée*,
sang.

MAÎTRE ♦ SYN. ▷ *Nom* 1. Détenteur, possesseur, *propriétaire*. 2. Chef, directeur,
dirigeant, gouvernant, patron, souverain.

3. Despote, *dominateur*, tyran. 4. *(Maîtres
du monde)* Grands, magnats *(péj.)*, *puissants*.
5. Éducateur, *enseignant*, instituteur, pédagogue, précepteur, professeur, répétiteur,
tuteur. 6. Chef de travaux, *surveillant*.
7. Amphitryon, *hôte*. 8. Exemple, gourou,
guide (spirituel), *modèle*. 9. As, connaisseur, étoile, *expert*, génie, virtuose.
10. Érudit, grand esprit, *savant*, sommité.
▷ *Adj.* 11. Adroit, chevronné, *compétent*,
expérimenté, qualifié, rompu à, talentueux, versé. 12. Autonome, indépendant,
libre de. ♦ ANT. 1. Domestique, subalterne.
2. Électeur, employé, peuple, plèbe *(péj.)*,
sujet. 3. Chose, esclave, fantoche, inférieur, laquais, serviteur, valet. 4. Faibles,
petit monde, petits. 5. Élève, étudiant.
6. Exécutant, ouvrier, travailleur. 7. Convive, visiteur. 8. Disciple, épigone, suiveur.
9. Amateur, apprenti, novice. 10. Abruti,
ignorant. 11. Incompétent, inexpérimenté,
maladroit, nul. 12. Contraint, dépendant,
obligé de.

MAÎTRESSE ♦ SYN. ▷ *Nom* 1. Directrice,
gérante, *propriétaire*. 2. *(École primaire)* Ensei-
gnante, *institutrice*. 3. *Amante*, amie,
amie hors mariage (adultère), belle, bien-
aimée, concubine, dulcinée. ▷ *Adj.* 4. *(En
appos.)* Essentielle, importante, majeure,
première, *principale*. ♦ ANT. 1. Domestique, servante, subalterne. 2. Écolière,
élève. 3. Épouse. 4. Accessoire, mineure,
secondaire.

MAÎTRISE ♦ SYN. 1. Autorité, *domination*, hégémonie, pouvoir, prépondérance,
souveraineté, suprématie. 2. *(De soi)* Calme,
contrôle, empire, possession (de ses
moyens), retenue, sang-froid. 3. Adresse,
aisance, brillant *(n.)*, brio, doigté, habileté,
maestria, panache, perfection, *virtuosité*.
4. Grade universitaire (fin 2e cycle). 5. *(Cathédrale, église)* Chœur, chorale, *manécanterie*.
♦ ANT. 1. Dépendance, esclavage, joug,
servitude, sujétion. 2. Abandon (de soi),
désarroi, désordre, émotion, épanchement, peur, trouble. 3. Amateurisme,
maladresse, médiocrité.

MAÎTRISER ♦ **SYN.** ▷ *V. tr.* **1.** *Asservir*, assujettir, soumettre. **2.** Contenir, contrôler, *dominer*, dompter, gouverner, refouler, réprimer, retenir, surmonter, vaincre. **3.** *(Contrainte physique)* **Arrêter**, immobiliser, neutraliser. **4.** Discipliner, enchaîner, endiguer, *enrayer*, juguler. **5.** *(Art, langue)* **Connaître**, posséder, savoir. ▷ *V. pr.* **6.** Se contenir, se contrôler, *se dominer*, garder son sang-froid, prendre sur soi. ♦ **ANT.** **1.** Capituler, obéir, se soumettre. **2.** Céder, s'incliner, perdre la maîtrise, succomber. **3.** Délivrer, relâcher. **4.** Déchaîner, déclencher, envahir, faire rage. **5.** Ignorer, méconnaître. **6.** S'abandonner, s'émouvoir, s'emporter, s'épancher, se laisser aller, perdre son sang-froid.

MAJESTÉ ♦ **SYN.** **1.** *(Pers.)* Dignité, excellence, gloire, *grandeur*, gravité, noblesse, prestance, prestige, solennité, souveraineté. **2.** *(Ch.)* Beauté, éclat, faste, magnificence, pompe, somptuosité, *splendeur*. **3.** *(Titre)* **Altesse**, Altesse Royale. ♦ **ANT.** **1.** Bassesse, humilité, médiocrité, vulgarité. **2.** Modestie, simplicité, sobriété.

MAJESTUEUX ♦ **SYN.** **1.** *(Pers.)* Auguste, digne, fier, grand, grave, *imposant*, noble, olympien, royal, solennel, souverain. **2.** *(Ch.)* Beau, colossal, *grandiose*, magistral, magnifique, monumental, somptueux, splendide. ♦ **ANT.** **1.** Bas, grossier, humble, médiocre, vulgaire. **2.** Banal, commun, petit, simple.

MAJEUR ♦ ▷ *Adj.* **SYN.** **1.** *Adulte* (18 ans), grand, mûr, responsable. **2.** Capital, essentiel, fondamental, *primordial*, supérieur. **3.** *(Obstacle, problème)* Considérable, de taille, grave, *important*, sérieux. **4.** *(La majeure partie)* **La majorité**, la plupart, le plus grand nombre. ▷ *Nom* **5.** *(Doigt)* Médius. ♦ **ANT.** **1.** Dépendant, jeune, mineur, petit. **2.** Accessoire, décoratif, marginal, moindre, négligeable, secondaire. **3.** Banal, bénin, léger, minime. **4.** La minorité, le petit nombre, peu de.

MAJORATION ◇ v. **Hausse**

MAJORER ♦ **SYN.** **1.** Augmenter, élever,

hausser, réajuster, relever, renchérir, revaloriser. **2.** *Exagérer*, gonfler, surestimer, surfaire. ♦ **ANT.** **1.** Baisser, diminuer, minorer, rabattre, réduire. **2.** Déprécier, dévaluer, minimiser, sous-estimer.

MAJORITÉ ♦ **SYN.** **1.** *Âge adulte* (18 ans), maturité. **2.** *(La majorité)* La généralité, la majeure partie, la plupart, le commun, *le plus grand nombre*. **3.** *(Suffrages)* La moitié plus un (51 %). **4.** *(Polit.)* Gouvernement, *parti au pouvoir*. ♦ **ANT.** **1.** Enfance, minorité. **2.** La minorité, le petit nombre, peu de. **3.** Moins de la moitié (49 %). **4.** Opposition.

MAJUSCULE ♦ **SYN.** **1.** *(Lettre)* Capitale. **2.** *(Typogr.)* Lettre ornementale, *lettrine*. ♦ **ANT.** **1.** Bas de casse *(typogr.)*, minuscule.

MAL ♦ **SYN.** ▷ *Nom* **1.** *Dommage*, perte, préjudice, tort. **2.** *Calamité*, fléau, plaie. **3.** Adversité, contrariété, déboires, échec, *épreuve*, infortune, malchance, malheur, revers. **4.** Affliction, chagrin, désolation, *douleur*, martyre, souffrance, supplice, torture, tourment. **5.** Affection, blessure, bobo *(fam.)*, défaillance, faiblesse, *maladie*, malaise, trouble. **6.** *Difficulté*, effort, misère *(québ.)*, peine. **7.** *Défaut*, imperfection, mauvais côté, péché, tare, vice. **8.** Abomination, crime, cruauté, immoralité, *méchanceté*, perversion, perversité. ▷ *Adv.* **9.** Dangereusement, *défavorablement*, gravement, malencontreusement, sérieusement. **10.** Anormalement, de travers, *imparfaitement*, incorrectement, insuffisamment, maladroitement, médiocrement. **11.** *Difficilement*, malaisément, péniblement. ♦ **ANT.** **1.** Avantage, bienfait, faveur, récompense. **2.** Bénédiction, secours. **3.** Bonheur, chance, fortune, prospérité, succès. **4.** Allégresse, joie, plaisir, réconfort, sérénité, soulagement. **5.** Énergie, force, guérison, rétablissement, santé, vigueur. **6.** Agrément, aisance, facilité. **7.** Bon côté, mérite, perfection, qualité, richesse. **8.** Bien, bonté, innocence, moralité, pureté, vertu. **9.** Avantageusement, bien, favorablement, légèrement. **10.** Adroi-

tement, amplement, correctement, normalement, parfaitement, suffisamment.
11. Agréablement, aisément, facilement.

MALABAR ◇ v. **Fier-à-bras**

MALADE ♦ **SYN.** ▷ *Adj.* **1.** Abattu, alité, atteint, chancelant, chétif, défaillant, déprimé, fiévreux, incommodé, *indisposé*, maladif, malingre, mal en point, mal en train *(québ.)*, mal fichu *(fam.)*, patraque *(fam.)*, souffrant, valétudinaire. **2.** *(Fam.)* Anormal, dérangé, dingue *(fam.)*, **fou**, troublé. **3.** *(Ch.)* Altéré, *déréglé*, détérioré, fatigué, gâté *(dent)*, périclitant, précaire, végétant. **4.** *(Fam.)* Contrarié, déçu, désappointé, ennuyé, **fâché.** ▷ *Nom* **5.** Client, consultant, handicapé, infirme, invalide, **patient. 6.** *(Malade mental)* Aliéné, désaxé, détraqué, interné. ♦ **ANT. 1.** Bien portant, convalescent, debout, dispos, guéri, rétabli, robuste, sain, serein. **2.** Normal, sain d'esprit. **3.** Florissant, prospère, réparé, solide. **4.** Apaisé, réjoui, satisfait. **5.** Médecin, personnel soignant.

MALADIE ♦ **SYN. 1.** Affection, crise, défaillance, dépression, faiblesse, fièvre, *indisposition*, infection, infirmité, mal, malaise, syndrome, traumatisme, trouble. **2.** *Contagion*, contamination, épidémie. **3.** Idée fixe, folie, *manie*, obsession. **4.** *(Fam.)* Contrariété, déception, désappointement, *fâcherie.* ♦ **ANT. 1.** Bien-être, convalescence, force, guérison, médecine, rémission, rétablissement, robustesse, santé, sérénité, soins, traitement, thérapie. **2.** Prévention, quarantaine, vaccination. **3.** Maîtrise de soi, modération, raison. **4.** Apaisement, joie, satisfaction.

MALADIF ♦ **SYN. 1.** Anémique, cacochyme, chétif, débile, délicat, égrotant, faible, *fragile*, frêle, grabataire, infirme, malingre, pâle, rabougri, rachitique, souffreteux, valétudinaire. **2.** Anormal, *exagéré*, excessif, irrépressible, malsain, maniaque, morbide, obsessif, pathologique. ♦ **ANT. 1.** Allègre, fort, gaillard, résistant, robuste, sain, solide, vigoureux. **2.** Maîtrisable, mesuré, normal, raisonnable, réfléchi.

MALADRESSE ♦ **SYN. 1.** Gaucherie, impéritie, incapacité, inexpérience, *inhabileté*, lourdeur. **2.** *Balourdise*, bêtise, bévue, boulette *(fam.)*, bourde, erreur, gaffe, impair, indélicatesse, méprise. ♦ **ANT. 1.** Adresse, aisance, dextérité, expérience, habileté, maîtrise, prestesse, savoir-faire. **2.** Attention, application, délicatesse, diplomatie, doigté, finesse, subtilité, tact.

MALADROIT ♦ **SYN. 1.** *(Pers.)* Dadais *(fam.)*, empoté, gauche, godiche *(fam.)*, gourd, gourde *(fam.)*, incapable, inexpérimenté, inhabile, lent, *malhabile*, pataud. **2.** *Balourd*, gaffeur, indélicat, lourdaud. **3.** *(Action, parole)* Grossier, inconsidéré, lourd, *malavisé*, malheureux. ♦ **ANT. 1.** Adroit, capable, dégourdi, expérimenté, habile, preste. **2.** Délicat, diplomate, fin, subtil. **3.** Aisé, approprié, avisé, circonspect, réfléchi.

MALAISE ♦ **SYN. 1.** Défaillance, dérangement, douleur, embarras, étourdissement, évanouissement, faiblesse, gêne, incommodité, indigestion, indisposition, mal, maladie, nausée, pesanteur, souffrance, *trouble*, vertige. **2.** Angoisse, contrariété, déplaisir, ennui, *inquiétude*, mal-être, souci, tourment, tracas, tristesse. **3.** Crise, grogne, insatisfaction, *mécontentement*, révolte. ♦ **ANT. 1.** Aise, robustesse, santé, vigueur. **2.** Assurance, bien-être, calme, placidité, plaisir, quiétude, sérénité, tranquillité. **3.** Calme, paix, satisfaction.

MALAISÉ ♦ **SYN. 1.** Ardu, délicat, *difficile*, dur, embarrassant, épineux, pénible, rude. **2.** *(Chemin)* *Abrupt*, escarpé, impraticable, inabordable, inaccessible. ♦ **ANT. 1.** Aisé, commode, facile, plaisant, simple. **2.** Abordable, accessible, aplani, carrossable, praticable.

MALAPPRIS ◇ v. **Impoli**

MALAVISÉ ♦ **SYN.** Bête, écervelé, étourdi, imprudent, inconsidéré, indiscret, insensé, *irréfléchi*, irresponsable, maladroit, sot. ♦ **ANT.** Adroit, averti, avisé, circonspect, discret, fin, prudent, réfléchi, responsable, sensé.

MALAXER ◆ SYN. 1. Brasser, manier, masser, mélanger, *pétrir*, remuer, triturer. 2. Amollir, assouplir, façonner, *former*. ◆ ANT. 1. Couler, épandre, étendre. 2. Défaire, déformer, étirer.

MALCHANCE ◆ SYN. Adversité, déveine, fatalité, guigne *(fam.)*, *infortune*, insuccès, malédiction, malheur, mauvais œil, mauvais sort, mésaventure, poisse *(fam.)*, revers, tuile *(fam.)*. ◆ ANT. Atout, aubaine, baraka *(fam.)*, bonheur, bonne étoile, chance, fortune, heureux hasard, réussite, succès, veine.

MALCOMMODE ◆ SYN. 1. Embarrassant, encombrant, gênant, inadapté, *incommode*, inconfortable, non fonctionnel. ▷ *Québ., fam.* 2. Acariâtre, bourru, déplaisant, *désagréable*, désobligeant, difficile, grincheux, hargneux, intraitable, irascible, renfrogné, revêche, ronchonneur. 3. *(Enfant)* Agité, *désobéissant*, dissipé, espiègle, haïssable *(québ., fam.)*, indiscipliné, indocile, insupportable, tannant *(québ., fam.)*. ◆ ANT. 1. Commode, confortable, dégagé, fonctionnel, pratique. 2. Abordable, accommodant, agréable, aimable, bienveillant, conciliant, facile, liant, obligeant, plaisant, souple, traitable. 3. Discipliné, docile, gentil, obéissant, sage, tranquille.

MÂLE ◆ SYN. ▷ *Nom* 1. *Géniteur*, homme *(espèce humaine)*, reproducteur. 2. *(Péj.)* *Macho*, phallocrate. ▷ *Adj.* 3. Masculin. 4. Courageux, énergique, fort, hardi, martial, vigoureux, *viril*. ◆ ANT. 1. Femelle, femme. 2. Galant. 3. Féminin. 4. Efféminé, faible, mou.

MALÉDICTION ◆ SYN. 1. Anathème, *condamnation*, exécration, imprécation, réprobation. 2. Calamité, catastrophe, fatalité, fléau, infortune, malchance, *malheur*, mauvais œil, mauvais sort. ◆ ANT. 1. Bénédiction, charme, faveur, grâce. 2. Bienfait, bonheur, bonne étoile, chance.

MALÉFICE ◆ SYN. Ensorcellement, envoûtement, magie, (mauvais) sort, *sortilège*. ◆ ANT. Amulette, conjuration, exorcisme, grigri, porte-bonheur.

MALENCONTREUX ◆ SYN. Déplacé, déplorable, désagréable, ennuyeux, fâcheux, *inopportun*, intempestif, mal à propos, malheureux, malvenu, regrettable. ◆ ANT. Agréable, à propos, favorable, heureux, judicieux, opportun, propice, souhaitable.

MALENTENDU ◆ SYN. 1. Confusion, équivoque, erreur, imbroglio, maldonne, *méprise*, quiproquo. 2. Brouille, *désaccord*, différend, dispute, heurt, mésentente, mésintelligence, opposition. ◆ ANT. 1. Clarté, éclaircissement, explication. 2. Accord, entente, réconciliation.

MALFAISANCE ◇ v. Méfait

MALFAISANT ◆ SYN. 1. Cruel, diabolique, haineux, inhumain, malin, malveillant, mauvais, *méchant*, pervers, sadique, sinistre, vicieux, vipère *(fig.)*. 2. *(Effet)* Dangereux, délétère, malsain, néfaste, nocif, *nuisible*, pernicieux, préjudiciable, venimeux *(fig.)*. 3. *(Pouvoir)* Maléfique. ◆ ANT. 1. Bienveillant, bon, charitable, humain, indulgent. 2. Avantageux, bienfaisant, précieux, sain, salutaire. 3. Bénéfique.

MALFAITEUR ◆ SYN. 1. Assassin, *bandit*, brigand, cambrioleur, criminel, délinquant, escroc, gangster, gredin, hors-la-loi, mafieux, malfrat, scélérat, truand, voleur. 2. *(Association de malfaiteurs)* Bande, gang, *mafia*, pègre.

MALFORMATION ◇ v. Difformité

MALHABILE ◇ v. Maladroit

MALHEUR ◆ SYN. 1. Accident, adversité, avatars, calamité, catastrophe, coup du sort, désastre, disgrâce, échec, épreuve, fatalité, fléau, *infortune*, mal, malchance, malédiction, misère, perte, revers, ruine, sinistre, traverse, tribulations. 2. Affliction, chagrin, détresse, deuil, douleur, *peine*. 3. *(Fam.)* Éclat, esclandre, scandale. 4. *(Iron.)* Succès, tabac *(fam.)*, triomphe. ◆ ANT. 1. Bienfait, bénédiction, bonheur, chance, fortune, grâce, réussite, succès, triomphe, veine. 2. Allégresse, béatitude, félicité, joie, satisfaction. 3. Discrétion, maîtrise de soi, retenue. 4. Bide, désastre, échec.

MALHEUREUX ♦ SYN. ▷ Nom 1. Démuni, indigent, *miséreux*, pauvre. ▷ Adj. 2. Accablé, affligé, chagriné, contrit, désolé, éprouvé, frappé, navré, *peiné*, triste. 3. *Infortuné*, malchanceux, misérable, piteux, pitoyable. 4. Affligeant, calamiteux, cruel, déplorable, désagréable, désastreux, désolant, difficile, dur, fâcheux, fatal, funeste, lamentable, navrant, néfaste, noir, *pénible*, préjudiciable, regrettable. 5. Inopportun, maladroit, *malencontreux*. 6. (Qualité, valeur) Dérisoire, *insignifiant*, maigre, négligeable, piètre, ridicule. ♦ ANT. 1. Nanti, richard (fam.), riche. 2. Bienheureux, comblé, content, heureux, joyeux. 3. Chanceux, favorisé, veinard (fam.). 4. Agréable, aisé, avantageux, facile, favorable, fructueux, habile, réjouissant, réussi, souhaitable. 5. Adroit, opportun, propice. 6. Considérable, grand, important, imposant.

MALHONNÊTE ♦ SYN. 1. *Déloyal*, infidèle, traître. 2. Corrompu, indélicat, injuste, malpropre (fig.), *tricheur*, véreux, voleur. 3. Déshonnête, grossier, *impoli*, inconvenant, indécent, indigne. ♦ ANT. 1. Fidèle, loyal, sûr. 2. Délicat, droit, franc, honnête, intègre, juste, probe. 3. Civil, convenable, décent, digne, honorable, poli.

MALICE ♦ SYN. 1. Astuce, fourberie, malignité, malveillance, *méchanceté*, perfidie, ruse. 2. Espièglerie, esprit, facétie, *moquerie*, plaisanterie, raillerie, taquinerie. ♦ ANT. 1. Bénignité, bienveillance, bonté, douceur, humanité, sincérité. 2. Candeur, naïveté, sérieux.

MALICIEUX ♦ SYN. 1. Astucieux, mauvais, *méchant*, rusé. 2. Coquin, espiègle, farceur, finaud, ironique, malin, *moqueur*, narquois, piquant, railleur, spirituel, taquin. ♦ ANT. 1. Bon, déférent, dévoué, doux, franc, ouvert. 2. Candide, naïf, sérieux.

MALIN ♦ SYN. 1. Malfaisant, malveillant, mauvais, *méchant*. 2. Astucieux, débrouillard, dégourdi, déluré, espiègle, éveillé, fin finaud (québ.), *futé*, habile, ingénieux, intelligent, madré, malicieux, ma-

tois, rusé, spirituel, taquin. 3. Dangereux, maléfique, *néfaste*, nocif, pernicieux. 4. (Méd.) Cancéreux. ♦ ANT. 1. Bienfaisant, bienveillant, bon, doux. 2. Benêt, dupe, empoté, engourdi, maladroit, naïf, nigaud, sot. 3. Bénéfique, favorable, inoffensif, propice, salutaire. 4. Bénin.

MALINGRE ◇ V. Maladif

MALLE ♦ SYN. Bagage, cantine (milit.), caisse, *coffre* (effets, auto), marmotte.

MALLÉABLE ♦ SYN. 1. Ductile, extensible, *flexible*, mou, plastique, pliable. 2. Docile, *influençable*, maniable, manipulable, obéissant, souple. ♦ ANT. 1. Cassant, dur, rigide, solide. 2. Difficile, entêté, inflexible, récalcitrant, rétif, têtu.

MALLETTE ♦ SYN. Attaché-case, baise-en-ville (fam.), fourre-tout, (petite) *valise*.

MALMENER ◇ V. Maltraiter

MALNUTRITION ◇ V. Faim

MALOTRU ◇ V. Mufle

MALPOLI ◇ V. Impoli

MALPROPRE ♦ SYN. 1. Crasseux, crotté, dégoûtant, dégueulasse (fam.), maculé, répugnant, *sale*, souillé. 2. Infect, *insalubre*, malsain, pollué, sordide. 3. *Négligé*, pouilleux, souillon (fam.). 4. Grossier, immoral, impur, inconvenant, indécent, *obscène*, ordurier. 5. *Malhonnête*, salaud (fam.), saligaud (fam.). ♦ ANT. 1. Attrayant, blanchi, décrassé, immaculé, lavé, net, nettoyé, propre, reluisant. 2. Agréable, hygiénique, sain, salubre. 3. Chic, élégant, soigné. 4. Convenant, décent, édifiant, moral. 5. Désintéressé, digne, honnête, loyal.

MALSAIN ♦ SYN. 1. Contaminé, impur, insalubre, *néfaste*, nuisible, pestilentiel, pollué, pourri. 2. (Teint) Blafard, blême, glauque, livide, *maladif*. 3. *Dangereux*, louche, mal famé, sordide. 4. Anormal, exagéré, excessif, maniaque, *morbide*, obsessif, pathologique. 5. *Immoral*, malfaisant, pernicieux, pervers. ♦ ANT. 1. Antiseptique, assaini, bienfaisant, hygiénique, pur, sain, salubre, tonique. 2. Épanoui, florissant, frais, radieux, vif. 3. Fiable, fréquentable, sûr. 4. Bon, modéré, normal, raisonnable. **5.** Édifiant, moral, recommandable.

MALSÉANT ◆ SYN. Choquant, déplacé, grossier, impoli, incongru, *inconvenant*, incorrect, indécent, inopportun, malsonnant. ◆ ANT. Bienséant, convenable, correct, décent, opportun, poli.

MALTRAITER ◆ SYN. **1.** Battre, brutaliser, frapper, *malmener*, martyriser, molester, rudoyer, secouer, tabasser *(fam.)*, taper sur, tyranniser, violenter. **2.** *(En paroles)* Arranger *(fam.)*, *critiquer*, éreinter, houspiller, vilipender. **3.** *(Langue)* Déformer, *écorcher*, prononcer de travers. ◆ ANT. **1.** Cajoler, caresser, choyer, gâter, soigner. **2.** Épargner, louer, vanter. **3.** Châtier, prononcer correctement.

MALVEILLANCE ◆ SYN. **1.** Agressivité, animosité, antipathie, désobligeance, fiel, haine, hargne, *hostilité*, malice, malignité, méchanceté, opposition, rancune, ressentiment. **2.** Destruction, empêchement, nuisance, *sabotage*. ◆ ANT. **1.** Amitié, amour, bienveillance, bonté, complaisance, indulgence, obligeance, pardon, prévenance, sollicitude, sympathie. **2.** Aide, appui, collaboration, secours, soutien.

MALVEILLANT ◆ SYN. **1.** Haineux, malfaisant, malin, mauvais, *méchant*, rancunier. **2.** *(Propos)* Acide, agressif, aigre, désobligeant, fielleux, *hostile*, malintentionné, perfide, venimeux *(fig.)*. ◆ ANT. **1.** Bienveillant, bon, indulgent. **2.** Affectueux, amical, complaisant, cordial, doux, louangeur, mielleux, obligeant, prévenant, sympathique.

MALVENU ◇ v. Inopportun

MALVERSATION ◆ SYN. Concussion, corruption, déprédation, détournement de fonds, *exaction*, escroquerie, extorsion, forfaiture, péculat, prévarication, rapine, trafic d'influence. ◆ ANT. Droiture, honnêteté, intégrité, loyauté, probité.

MANAGER (MANAGEUR) ◆ SYN. **1.** *(Athlète)* Entraîneur. **2.** *(Artiste)* Agent (artistique), *imprésario*.

MANCHOT ◆ SYN. **1.** *Estropié*, infirme. **2.** Maladroit. **3.** *Inactif*, lambin, paresseux.

◆ ANT. **2.** Adroit. **3.** Actif, empressé, travailleur.

MANDARIN ◆ SYN. **1.** *(Souvent péj.)* Intellectuel, *lettré* (influent). **2.** *(Péj.)* Chef, patron, pontife, *potentat*.

MANDAT ◆ SYN. **1.** Ambassade, charge, comité, commission, délégation, députation, fonction, mission, pouvoir, procuration, *représentation*. **2.** Mandature. **3.** *(Écrit)* Injonction, *ordre*. **4.** *Effet* (de commerce), titre.

MANDATAIRE ◆ SYN. **1.** Agent, commissionnaire, délégué, démarcheur, envoyé, gérant, intermédiaire, prête-nom, *représentant*. **2.** Avocat, *défenseur*. **3.** *Liquidateur*, syndic.

MANDATER ◇ v. Dépêcher

MANÈGE ◆ SYN. **1.** *(Chevaux)* Centre d'équitation, dressage, *exercice*. **2.** *(Manège de chevaux de bois)* Carrousel *(québ.)*. ▷ *Péj.* **3.** Agissements, intrigues, *machination*, manœuvres, menées, rouerie. **4.** Astuce, feinte, jeu, *ruse*, stratégie, tactique. ◆ ANT. **3.** Dévouement, franchise, loyauté. **4.** Clairvoyance, découverte, mise au jour.

MANETTE ◆ SYN. Clé, *levier*, poignée.

MANGEABLE ◆ SYN. **1.** Bon, *comestible*, consommable. **2.** *Acceptable*, passable. ◆ ANT. **1.** Immangeable, impropre à, inconsommable, mauvais, vénéneux. **2.** Appétissant, savoureux.

MANGEOIRE ◆ SYN. *(Animaux)* *Auge*, auget, crèche, musette *(cheval)*, râtelier, trémie.

MANGER ◆ SYN. ▷ *Verbe* **1.** *Absorber*, avaler, bouffer *(fam.)*, casser la croûte *(fam.)*, consommer, déguster, dévorer, s'empiffrer *(fam.)*, engloutir, engouffrer, se gaver, grignoter, ingérer, ingurgiter. **2.** S'alimenter, *se nourrir*, se restaurer, se sustenter *(plais.)*. **3.** Collationner, déjeuner, dîner, *prendre un repas*, souper. **4.** Attaquer, corroder, entamer, éroder, *ronger*. **5.** Dépenser, *dilapider*, dissiper, gaspiller, ruiner. ▷ *Nom* **6.** Aliments, mets, *nourriture*, repas. ◆ ANT. **1.** Digérer, éliminer, régurgiter, vomir. **2.** S'abstenir, jeûner, se priver de. **3.** Sauter un repas. **4.** Galvaniser, protéger. **5.** Économiser, faire fructifier, investir, ménager.

MANIABLE ♦ SYN. 1. Commode, dirigeable, *manœuvrable (bateau, véhicule)*, pratique. **2.** Docile, doux, facile, flexible, influençable, malléable, manipulable, obéissant, *souple*, traitable. **♦ ANT. 1.** Encombrant, inadapté, inadéquat, incommode. **2.** Difficile, exigeant, indocile, intraitable, rébarbatif, récalcitrant, rétif.

MANIAQUE ♦ SYN. ▷ *Adj.* **1.** Excessif, malsain, monomaniaque, *obsessif*, pathologique. **2.** Exigeant, méticuleux, minutieux, perfectionniste, *pointilleux*, scrupuleux, tatillon, vétilleux. ▷ *Nom* **3.** Monomane, *obsédé*. **4.** Désaxé, déséquilibré, détraqué, *fou*. **♦ ANT. 1.** Équilibré, maître de soi, normal, raisonnable, sain. **2.** Désordonné, laxiste, négligent. **3-4.** Personne normale.

MANIE ♦ SYN. 1. Fixation, hantise, idée fixe, maladie, monomanie, *obsession*. **2.** Bizarrerie, caprice, dada *(fam.)*, démangeaison, fantaisie, folie, fureur, goût (excessif), lubie, *marotte*, passion, rage, tic, toquade *(fam.)*, turlutaine. **3.** Accoutumance, *habitude*, penchant, pli, routine. **4.** Défaut, *mauvaise habitude*, mauvais penchant, mauvais pli, travers, vice. **♦ ANT. 1.** Affranchissement, épanouissement, libération. **2.** Abandon, dégoût, désintérêt, répulsion. **3.** Changement, nouveauté. **4.** Atout, qualité.

MANIEMENT ♦ SYN. 1. Emploi, *manipulation*, manœuvre, usage, utilisation. **2.** Administration, conduite, direction, *gestion*, gouvernement.

MANIER ♦ SYN. ▷ *V. tr.* **1.** Employer, *manipuler*, manœuvrer, se servir de, user de, utiliser. **2.** *(Matière)* Façonner, *modeler*, pétrir. **3.** Administrer, conduire, diriger, *gérer*, gouverner, mener. ▷ *V. pr.* **4.** *(Fam.)* Se dépêcher, se grouiller *(fam.)*, se hâter, se presser, se remuer. **♦ ANT. 1.** Mésuser de, se priver de. **2.** Défaire, déformer. **3.** Obéir, suivre. **4.** S'attarder, lambiner, traîner.

MANIÈRE ♦ SYN. ▷ *Sing. surtout* **1.** Espèce, *forme*, genre, sorte, style, type. **2.** Façon, méthode, mode, *moyen*, procédé, recette,

technique, tour. **3.** *(D'une personne)* Coutume, *habitude*, usage. ▷ *Pl.* **4.** *(Face à autrui)* Air, allure, apparence, attitude, *comportement*, conduite, mœurs, procédés, urbanité, usages. **5.** *(Péj.)* Cérémonies, chichis *(fam.)*, embarras, façons, histoires, minauderies, *simagrées*.

MANIÉRÉ ♦ SYN. 1. *Affecté*, apprêté, compassé, guindé, mignard, pincé, poseur, prétentieux. **2.** *(Style, langage)* Étudié, *précieux*, recherché, tarabiscoté. **♦ ANT. 1.** Aisé, désinvolte, modeste, naturel, sans façon, simple. **2.** Original, spontané.

MANIÉRISME ◇ v. **Préciosité**

MANIFESTANT ◇ v. **Contestataire**

MANIFESTATION ♦ SYN. 1. Démonstration, *expression*, extériorisation, marque, signe, témoignage. **2.** *Apparition*, arrivée, émergence, venue. **3.** *(Méd.)* Phénomène, signe, *symptôme*. **4.** *(Sociale, culturelle)* *Événement*, exposition, festival, foire, salon. **5.** Défilé, *marche*, meeting, protestation, rassemblement, réunion. **6.** *(Violente)* Agitation, désordre, émeute, révolte, *troubles*.

MANIFESTE ♦ SYN. ▷ *Adj.* **1.** Avéré, certain, clair, criant, *évident*, flagrant, formel, incontestable, indiscutable, indubitable, notoire, ostensible, patent, public, visible. ▷ *Nom* **2.** *(Écrit)* Adresse, annonce, avis, credo, déclaration, exposé, *proclamation*, profession de foi, programme. **♦ ANT. 1.** Caché, contestable, discutable, douteux, embrouillé, implicite, incertain, latent, obscur, sous-entendu, vague.

MANIFESTER ♦ SYN. ▷ *V. tr.* **1.** Afficher, affirmer, annoncer, déclarer, déployer, divulguer, exhiber, *exprimer*, extérioriser, proclamer. **2.** Dévoiler, *indiquer*, laisser voir, montrer, respirer *(fig.)*, révéler, signaler, traduire, trahir, transpirer *(fig.)*. ▷ *V. intr.* **3.** Contester, défiler, *marcher*, protester. ▷ *V. pr.* **4.** Apparaître, se faire connaître, *se montrer*, se présenter, se révéler. **5.** Apparaître (subitement), se déclarer, se déclencher, éclater, se faire jour, naître, poindre, *surgir*, survenir, transparaître. **6.** S'exprimer, prendre la forme de, *se traduire par* (en). **♦ ANT. 1.** Cacher, contenir, intérioriser, taire. **2.** Masquer, voiler. **3.** Contre-manifester, se disperser. **4.** Se cacher, s'éclipser, tomber dans l'oubli. **5.** Disparaître, s'atténuer, cesser, s'estomper. **6.** Exclure, se limiter à, se réduire à.

MANIGANCE ◇ v. **Machination**

MANIGANCER ◇ v. **Machiner**

MANIPULABLE ✦ SYN. Entraînable, *influençable*, malléable, maniable. ✦ ANT. Indépendant, inflexible, récalcitrant.

MANIPULATION ✦ SYN. **1.** Emploi, expérimentation, *maniement*, manutention, usage. **2.** *(Chiropraxie)* Étirement, massage, opération, *pression* (des mains), traitement. **3.** *(Laboratoire)* Expérience. **4.** *(Bourse)* Agiotage, *spéculation*. **5.** *(Foules)* **Conditionnement**, désinformation, endoctrinement, intoxication, matraquage, propagande. **6.** *(Pers.)* Domination, emprise (occulte), *influence*, mainmise. **7.** *(Pl.)* Magouille *(fam.)*, intrigues, *manœuvres*, patronage *(québ.)*, tripotage *(fam.)*. ✦ ANT. **5.** Critique, déprogrammation, désintoxication, information, libre expression. **6.** Affranchissement, dénonciation, lucidité, mise au jour. **7.** Assainissement, moralité.

MANIPULER ✦ SYN. **1.** *(Instruments scientifiques)* Manier (avec précaution). **2.** *(Substances)* Malaxer, *mélanger*, mêler, transformer *(génét.)*. **3.** *(Colis)* **Prendre** (délicatement), transporter. **4.** *(Chiffres, données)* Modifier, *trafiquer*, tripoter *(fam.)*. **5.** *(Péj.)* Conditionner, contrôler, *influencer*, intoxiquer, manœuvrer, mener à sa guise, suggestionner.

MANŒUVRABLE ◇ v. **Maniable**

MANŒUVRE ✦ SYN. ▷ *Nom fém.* **1.** *(Appareil, véhicule)* **Commande**, conduite, fonctionnement, gouverne, maniement, pilotage. **2.** *(Méd.)* Changement de position, *manipulation*, opération, traitement. **3.** *(Milit.)* Démonstration, déploiement, évolution, exercice, *mouvement*, revue. **4.** *(Pl.)* Agissements, artifice, combinaison, fricotage *(fam.)*, intrigues, machination, magouille *(fam.)*, manège, manipulations, menées, ruse, tractations, tripotage *(fam.)*. ▷ *Nom masc.* **5.** Journalier, *ouvrier non spécia-*

lisé, travailleur, travailleur non qualifié. ✦ ANT. **4.** Franchise, honnêteté, moralité. **5.** Ouvrier spécialisé, travailleur qualifié.

MANŒUVRER ✦ SYN. ▷ *V. tr.* **1.** *(Appareil, machine)* **Commander**, conduire, diriger, gouverner, manier, mener, mouvoir, piloter. **2.** *(Pers., péj.)* Contrôler, *influencer*, manipuler, mener à sa guise. ▷ *V. intr.* **3.** Évoluer, faire avancer, *faire fonctionner*, naviguer. **4.** *(Milit.)* S'exercer, marcher, *se mouvoir*. **5.** Biaiser, comploter, intriguer, finasser, louvoyer, *ruser*.

MANQUANT ◇ v. **Absent**

MANQUE ✦ SYN. ▷ *Sing.* **1.** Absence, carence, défaillance, déficience, déficit, disette, indigence, *insuffisance*, pauvreté, pénurie, privation, rareté. ▷ *Pl. surtout* **2.** Défaillances, *défauts*, faiblesses, fautes, imperfections, lacunes. **3.** *Omissions*, oublis, trous, vides. ✦ ANT. **1.** Abondance, excédent, excès, foison, luxuriance, présence, profusion, provision, richesse, suffisance, surabondance, surplus. **2.** Qualités, richesses, talents. **3.** Plénitude, totalité.

MANQUÉ ✦ SYN. **1.** *(Ch.)* Gâché, perdu, *raté*. **2.** Amateur, dilettante, *occasionnel*. **3.** *(Garçon manqué)* **Faux**, frustré, insatisfait, mal dans sa peau. ✦ ANT. **1.** Comblé, rempli, réussi, saisi *(occasion)*. **2.** De métier, professionnel. **3.** Bien dans sa peau, épanoui, vrai.

MANQUEMENT ✦ SYN. **1.** Contrevenance, délit, dérogation, désobéissance, écart, entorse, *faute*, infraction, inobservation, irrégularité, péché, transgression, violation. **2.** Distraction, négligence, omission, *oubli*. ✦ ANT. **1.** Obéissance, observance, observation, respect, soumission. **2.** Attention, sérieux, vigilance.

MANQUER ✦ SYN. ▷ *V. intr.* **1.** Disparaître, *être absent*. **2.** Faire défaut. **3.** *Défaillir*, flancher *(fam.)*. **4.** Échouer. ▷ *V. tr. ind.* **5.** *(De qqch.)* Être dénué de, *être dépourvu* de, être privé de. **6.** *(À qqch.)* Se dédire, se dérober, *déroger*, se soustraire. **7.** *(De faire qqch.)* **Négliger**, omettre, oublier. **8.** *(Semi-auxiliaire)* Être tout près de, *faillir*. ▷ *V. tr.* **9.** Gâcher, laisser échapper, louper *(fam.)*, perdre,

rater. 10. *S'absenter*, sécher *(fam.)*. ♦ ANT. **1.** Apparaître, être présent. **2.** Abonder, regorger. **3.** Résister, tenir bon. **4.** Réussir. **5.** Avoir, détenir, posséder. **6.** S'acquitter, remplir, respecter, tenir (ses engagements). **7.** Exécuter, se rappeler, réaliser. **8.** Éviter. **9.** Atteindre, attraper, obtenir, saisir (l'occasion). **10.** Assister, se présenter.

MANSUÉTUDE ♦ SYN. Bénignité, bienveillance, bonté, calme, clémence, compassion, douceur, *indulgence*, miséricorde, pitié. ♦ ANT. Cruauté, dureté, intransigeance, malveillance, rigueur, sévérité.

MANTEAU ♦ SYN. **1.** *(Avec manches)* Caban *(marine)*, canadienne, capot *(québ.)*, capote *(milit.)*, ciré *(pluie)*, imperméable, *paletot*, pardessus, parka, pelisse, redingote. **2.** *(Sans manches)* Burnous, *cape*, chape, mante, mantelet, pèlerine, poncho. **3.** *(Chien)* Dos, *mantelure*. **4.** *(Sous le manteau)* **Clandestinement**, secrètement. ♦ ANT. **4.** Au grand jour, ouvertement.

MANUEL ♦ SYN. ▷ *Adj.* **1.** *(Travail)* Artisanal. **2.** *(Travailleur)* **Non qualifié**, non spécialisé. ▷ *Nom* **3.** Abrégé, aide-mémoire, cours, épitomé *(histoire)*, guide, livre (scolaire), mémento, *ouvrage* (didactique), précis, référentiel, résumé, rudiments, traité ♦ ANT. **1.** Industriel. **2.** Qualifié, spécialisé.

MANUFACTURE ♦ SYN. Atelier, établissement industriel, fabrique, *usine*.

MANUFACTURÉ ♦ SYN. **1.** Confectionné, *fabriqué*. **2.** Façonné, ouvré, *transformé*. ♦ ANT. **1.** Distribué, vendu. **2.** Brut, grossier.

MANUFACTURIER ♦ SYN. ▷ *Nom* **1.** Constructeur, entrepreneur, *fabricant*, industriel. ▷ *Adj.* **2.** *Industriel*, usinier. ♦ ANT. **1.** Distributeur, vendeur. **2.** Commercial.

MANUTENTION ♦ SYN. **1.** *(Marchandises)* Déplacement, *manipulation*, transport. **2.** *Entrepôt*, magasin.

MAQUETTE ♦ SYN. **1.** Ébauche, *esquisse*, étude, projet. **2.** *(Affiche)* Original. **3.** Miniature, *modèle réduit*, reproduction (à échelle réduite). **4.** *(Typogr.)* Mise en pages.

MAQUILLER ♦ SYN. ▷ *V. tr.* **1.** *(Visage)* Embellir, farder, *grimer*, modifier. **2.** Altérer,

camoufler, déguiser, dénaturer, falsifier, *fausser*, masquer, travestir, truquer. ▷ *V. pr.* **3.** Se farder, *se grimer*. ♦ ANT. **1.** Démaquiller. **2.** Montrer, respecter, restituer, rétablir. **3.** Se démaquiller.

MAQUIS ♦ SYN. **1.** Brande, *friche*, garrigue, gâtine, lande. **2.** *Complication*, dédale, embrouillamini, enchevêtrement, labyrinthe, lacis, méandres. **3.** Clandestinité, guérilla, lutte armée, opposition, *résistance*. ♦ ANT. **2.** Clarification, clarté, facilité, issue, ordre. **3.** Collaboration, soumission, sujétion.

MARAIS ♦ SYN. **1.** Bayou, étang, fagne, *marécage*, marigot, savane *(québ.)*, tourbière. **2.** *(Desséché)* Palus.

MARASME ♦ SYN. **1.** Affaiblissement, cachexie, *dénutrition*, maigreur. **2.** Accablement, *apathie*, langueur, morosité, torpeur. **3.** *(Polit., écon.)* Crise, dépression, faillite, impasse, misère, ralentissement, récession, *stagnation*. ♦ ANT. **1.** Embonpoint, robustesse. **2.** Ardeur, entrain, vitalité. **3.** Abondance, opulence, progrès, prospérité, reprise, richesse.

MARAUDAGE ♦ SYN. **1.** *(Fruits, légumes)* Maraude, *vol*. **2.** Chapardage, *larcin*, rapine. **3.** *(Québ.)* Recrutement (syndical).

MARAUDEUR ♦ SYN. *(Fruits, légumes)* Chapardeur, pillard, *voleur*.

MARBRÉ ♦ SYN. Jaspé, marqué, rayé, strié, tigré, *veiné*, vergeté, zébré. ♦ ANT. Uni, uniforme.

MARCHAND ♦ SYN. **1.** Boutiquier, *commerçant*, débitant, détaillant, fournisseur, grossiste, négociant, trafiquant *(péj.)*, vendeur. **2.** *(Ambulant)* Camelot, *colporteur*, vendeur itinérant. ♦ ANT. **1-2.** Acheteur, acquéreur, client, clientèle.

MARCHANDER ♦ SYN. **1.** *(Prix)* Débattre, discuter, *négocier* (à rabais). **2.** Chicaner, chipoter, *lésiner*, tirer profit de. ♦ ANT. **1.** Conclure, convenir. **2.** Accorder (sans condition), prodiguer.

MARCHANDISAGE ♦ SYN. **1.** *(Technique de vente)* Agencement, *conditionnement*, étalage, exposition, présentation. **2.** *Commercialisation*, distribution, étude de marché, marchéage, marketing, mercatique, mise en marché, promotion.

MARCHANDISE ♦ SYN. 1. Article, denrées *(non comestible)*, **produit**. 2. *(Péj.)* Camelote *(fam.)*, **pacotille**, saloperie *(fam.)*. 3. **Cargaison**, fret.

MARCHE ♦ SYN. 1. **Degré**, échelon, marchepied. 2. Allure, cadence, démarche, enjambée, erre, foulée, **mouvement**, pas, rythme, tempo, train, vitesse. 3. Balade, course, déambulation, excursion, footing, jogging, **promenade**, randonnée, sortie, tour, virée *(fam.)*. 4. Allées et venues, aller et retour, **déplacement**, locomotion. 5. Chemin, distance, espace, itinéraire, parcours, périple, route, tracé, trajectoire, **trajet**. 6. *(Armée, foule)* Avance, **défilé**, manifestation, procession. 7. Acheminement, avancement, cheminement, cours, déroulement, développement, direction, étendue, **évolution**, progrès, progression, succession. 8. **Fonctionnement**, mécanisme, processus, roulement. 9. *(Marche à suivre)* Conduite, **méthode**, moyen, procédé, voie. 10. *(Techn.)* Commande, levier, **pédale**. 11. Musique (militaire, funèbre). ♦ ANT. 1. Contremarche. 2. Arrêt, immobilité. 3. Halte, pause, rentrée, repos, retour. 4. Établissement, logement. 5. Éloignement, rapprochement. 6. Débandade, déroute, dispersion, retraite. 7. Confinement, entrave, frein, obstacle, régression, stagnation. 8. Blocage, bris, dérèglement, dysfonctionnement, enrayement. 9. Confusion, imprécision.

MARCHÉ ♦ SYN. 1. Accord, affaire, contrat, **convention**, entente, pacte. 2. *(À ciel ouvert)* Bazar, braderie, **foire**, halle, souk. 3. *(Couvert)* Centre commercial, commerce, grand magasin, **magasin**. 4. Achats, approvisionnement, commissions, courses, **provisions**, ravitaillement. 5. *(Fin.)* Bourse. 6. Cartel, **monopole**, oligopole, trust. 7. **Clientèle**, consommateurs. 8. **Débouché**, écoulement, offre et demande, vente. 9. *(Mise en marché)* Commercialisation, distribution, **marchandisage**, marketing.

MARCHER ♦ SYN. 1. Aller à pied, arpenter, **avancer**, cheminer, circuler, se déplacer, se diriger, faire route, se rendre. 2. *(Sans but)* Se balader, **déambuler**, errer, flâner, se promener, vadrouiller *(fam.)*, vagabonder. 3. Fouler, **mettre le pied**, poser le pied. 4. Écraser, fouler aux pieds, **passer sur**, piétiner. 5. **Défiler**, manifester. 6. *(Milit.)* Évoluer, faire mouvement, **manœuvrer**. 7. *(Mécanisme)* **Fonctionner**, rouler, tourner rond. 8. Aller rondement, baigner dans l'huile *(fam.)*, progresser, **prospérer**. 9. **Accepter**, acquiescer, adhérer à, consentir, donner son accord, participer. 10. *(Fam.)* **Croire naïvement**, se faire avoir, gober, mordre à l'hameçon, tomber dans le panneau. 11. *(Faire marcher qqn)* Abuser, berner, charrier *(fam.)*, duper, faire croire, monter un bateau *(fam.)*, **tromper**. ♦ ANT. 1. S'arrêter, faire halte, stopper. 2. Se diriger vers, mettre le cap sur. 3. Dégager, enlever, lever. 4. Contourner, éviter. 5. Se disperser. 6. Battre en retraite, se replier. 7. Bloquer, se briser, se déglinguer *(fam.)*, se dérégler, s'enrayer. 8. Aller cahin-caha, échouer, régresser, stagner. 9. Se désister, s'opposer, refuser. 10. Déjouer, se méfier. 11. Aider, avertir, prévenir.

MARE ♦ SYN. 1. Canardière, **étang**, grenouillère. 2. Pièce d'eau. 3. *(Liquide répandu)* Étendue, **flaque**, lac.

MARÉCAGE ◊ V. **Marais**

MARÉE ♦ SYN. 1. *(Montante, haute)* **Flux**, haute mer, pleine mer. 2. *(Descendante, basse)* Basse mer, jusant, perdant, **reflux**. 3. *(Faible)* Morte-eau. 4. *(Forte)* Vive-eau. 5. *(Ch., pers.)* Abondance, affluence, afflux, assaut, déluge, envahissement, fleuve, foule, **masse**, multitude, série, torrent, vague.

MARGE ♦ SYN. 1. Bord, **bordure**, espace blanc *(page)*. 2. *(Erreur)* Différence, **écart**. 3. **Délai**, intervalle. 4. Frange, **limite**, réserve, volant *(de sécurité)*. 5. Disponibilité, facilité, **latitude**, liberté, possibilité.

MARGINAL ♦ SYN. ▷ Adj. 1. Accessoire, adventice, de second plan, mineur, négligeable, **secondaire**. ▷ Nom 2. **Anticonfor-**

miste, asocial, beatnik, bohème, dissident, non-conformiste, zonard. ◆ ANT. **1.** Capital, de premier plan, essentiel, important, majeur, primordial, principal. **2.** Bienpensant, conformiste, traditionaliste.

MARI ◆ SYN. **1.** Compagnon (de vie), *conjoint*, époux. **2.** *(Fam.) Homme*, jules, mec. ◆ ANT. **1.** Compagne (de vie), conjointe, épouse, femme. **2.** Douce (tendre) moitié *(fam.)*.

MARIAGE ◆ SYN. **1.** Alliance, conjungo *(plais.)*, épousailles, hymen, hyménée, noce, *union* (légitime). **2.** *(État)* Couple, *ménage*, vie conjugale **3.** *(Ch.)* Accord, appariement, association, assortiment, *combinaison*, harmonisation, (heureux) mélange, rapprochement. **4.** *(Entreprises)* Fusion, regroupement, *réunion*. **5.** *(Mariage d'oiseaux, québ.)* Vol, *volée*, volier *(québ.)*. ◆ ANT. **1-2.** Célibat, divorce, répudiation, rupture, séparation, union de fait, union libre. **3.** Contraste, discordance, dissociation, éloignement, opposition. **4.** Division, isolement, scission.

MARIER ◆ SYN. ▷ *V. tr.* **1.** Unir. **2.** *(Québ., belg.)* Épouser. **3.** Accorder, allier, apparier, assembler, associer, assortir, *combiner*, entrelacer, harmoniser, joindre, mélanger, réunir. ▷ *V. pr.* **4.** Se caser *(fam.)*, convoler, *épouser*, s'épouser, s'unir. **5.** S'accorder, *se combiner*, s'harmoniser, se mêler. ◆ ANT. **1.** Désunir. **2.** Divorcer. **3.** Contraster, dissocier, faire ressortir, opposer, séparer. **4.** Divorcer, répudier, rompre, se séparer. **5.** Détonner, se dissocier, se heurter, jurer, s'opposer.

MARIN ◆ SYN. ▷ *Nom* **1.** Batelier *(péniche)*, loup de mer, marin d'eau douce *(péj.)*, marinier, *navigateur*. **2.** Homme d'équipage, *matelot*. **3.** *Apprenti* (matelot), moussaillon *(fam.)*, mousse, novice. ▷ *Adj.* **4.** Maritime *(près de la mer)*. **5.** *(Mille marin)* Mille nautique.

MARIONNETTE ◆ SYN. **1.** Fantoche, guignol, *pantin*, polichinelle, pupazzo. **2.** *(Fig.)* Automate, chose, *esclave*, jouet, laquais, serf, valet. **3.** *Girouette*, inconstant, influençable, versatile. ◆ ANT. **2.** Autonome, égal, pair. **3.** Décidé, ferme.

MARITIME ◆ SYN. **1.** *(Près de la mer)* Marin. **2.** *(Navigation)* Naval. ◆ ANT. **1.** Continental, terrestre.

MARIVAUDAGE, MARIVAUDER ◇ V. **Badinage, badiner**

MARKETING ◇ V. **Marchandisage**

MARMAILLE ◆ SYN. *(Fam.)* Couvée, *marmots*, nichée, progéniture, rejetons.

MARMITE ◆ SYN. **1.** Autocuiseur, braisière, *cocotte*, daubière, faitout. **2.** *(Autoclave)* Autocuiseur.

MARMONNER ◆ SYN. **1.** *(Confusément)* Bredouiller, mâchonner, marmotter, *murmurer*. **2.** *(Avec hostilité)* Bougonner, grogner, *grommeler*, maugréer, ronchonner. ◆ ANT. **1.** Articuler, prononcer clairement. **2.** Approuver, chuchoter (tendrement), susurrer (des mots doux).

MARMOT ◆ SYN. **1.** *(Fam.)* Bambin, *enfant*, galopin, gamin, gosse, mioche, môme. **2.** *(Pl.)* Marmaille.

MAROTTE ◆ SYN. **1.** Sceptre. **2.** *(Modiste, coiffeur)* Tête de femme. **3.** Caprice, dada *(fam.)*, folie, *goût* (excessif), lubie, passion, rage. **4.** Habitude, idée fixe, *manie*, tic.

MARQUANT ◇ V. **Mémorable**

MARQUE ◆ SYN. **1.** Coche, empreinte, encoche, entaille, signe, *trait*. **2.** Cachet, contrôle, estampille, étiquette, label, monogramme, poinçon, *sceau*, timbre. **3.** Chiffre, code (numérique, à barres), matricule, nombre, *numéro*. **4.** Appellation, croix *(illettré)*, dénomination, griffe, nom, *signature*. **5.** Appel de note, astérisque, mémento, référence, *renvoi*, signet. **6.** Balise, borne, chevron, jalon, ligne, limite, *repère*. **7.** Impression, ornière, pas, piste, reste, *trace*, vestige. **8.** Blessure, bleu, *cicatrice*, ecchymose, éraflure, flétrissure, nævus, stigmate, vergeture, tache de naissance *(envie)*, tache de vin. **9.** Saleté, salissure, *tache*. **10.** Emblème, *logo*, symbole, vignette. **11.** Dignité, distinction, galon, *insigne*, qualité. **12.** *(Course à pied)* Butoir, *cale*. **13.** *(Jeux, sports)* Décompte, points, *score*, total. **14.** Attestation, attribut, caractère, critère, *indication*, preuve, symptôme, témoignage, témoin. **15.** *(Ling.)*

Caractéristique, forme particulière, *indice*, particularité. 16. *(De marque)* **Apprécié**, connu, important, prestigieux, renommé, supérieur.

MARQUÉ ◆ SYN. 1. *Empreint*, estampillé. 2. *Accentué*, accusé, fort, net, prononcé, souligné. 3. Imprégné, *influencé*. 4. Blessé, chagriné, déchiré, *meurtri*, peiné. ◆ ANT. 1. Effacé, supprimé. 2. Atténué, faible, insensible, vague. 3. Indépendant, indifférent. 4. Comblé, épargné, réjoui.

MARQUER ◆ SYN. 1. Cocher, coter, empreindre, estamper, estampiller, étiqueter, graver, imprimer, inscrire, matriculer, noter, numéroter, poinçonner, pointer, repérer, *signaler*, souligner, timbrer. 2. Baliser, borner, *délimiter*, tracer. 3. Échelonner, illustrer, *jalonner*, ponctuer. 4. *Accentuer*, scander. 5. Attester, dénoter, exprimer, *indiquer*, manifester, montrer, prouver, révéler, témoigner. 6. Imprégner, *influencer*. 7. *(Jeux, sports)* Réussir. ◆ ANT. 1. Biffer, effacer, enlever, raturer, rayer, supprimer. 2. Déplacer, élargir, étendre. 3. Interrompre, oublier, rompre. 4. Atténuer, briser (le rythme). 5. Cacher, dissimuler, taire. 6. S'affirmer, se démarquer. 7. Rater.

MARQUEUR ◆ SYN. 1. *Crayon-feutre*, feutre, stylo-feutre, surligneur. 2. *(Sports)* Buteur.

MARRON ◆ SYN. ▷ Nom 1. *(Fruit)* Châtaigne. 2. *(Adj. invar.)* **Brun**, rouge-brun, havane.

MARTELER ◆ SYN. 1. Battre, façonner, *frapper*. 2. Canonner, *pilonner*. 3. Obséder, *tourmenter*. 4. *Accentuer*, articuler, marquer, ponctuer, prononcer (avec insistance), répéter, scander. ◆ ANT. 3. Oublier, rassurer. 4. Atténuer, bredouiller, interrompre, rompre.

MARTIAL ◆ SYN. 1. Belliqueux, guerrier, *militaire*. 2. *(Air)* Courageux, *décidé*, ferme, hardi. ◆ ANT. 1. Pacifique, pacifiste. 2. Peureux, timide, veule.

MARTYR ◆ SYN. 1. *(Égl.)* Fidèle, *persécuté*, saint, supplicié. 2. *(Cause)* Héros, *sacrifié*. 3. Bouc émissaire, proie, souffre-douleur,

tête de Turc, *victime*. 4. *(En appos.)* Asservi, maltraité, opprimé. ◆ ANT. 1. Apostat. 2. Renégat, traître. 3. Agresseur, bourreau. 4. Affranchi, choyé, libéré.

MARTYRE ◆ SYN. 1. *(Relig.)* Baptême du sang, *mort*, sévices, supplice, torture. 2. *(Physique, moral)* Calvaire, chagrin, déchirement, douleur, enfer, mal, peine, *souffrance*, tourments. ◆ ANT. 1. Béatitude, résurrection, salut, vie éternelle. 2. Délivrance, joie, ravissement, soulagement.

MARTYRISER ◆ SYN. 1. *(Relig.)* Persécuter. 2. Crucifier, supplicier, *torturer*. 3. Brutaliser, *maltraiter*. ◆ ANT. 1. Sauver. 2. Délivrer, épargner, ravir, réjouir, soulager. 3. Combler, choyer.

MASCARADE ◆ SYN. 1. Bal masqué, carnaval, défilé (de masques), *déguisement*. 2. *(Péj.)* Accoutrement, affublement, attifement, déguisement, équipage, fagotage, tenue (ridicule). 3. Hypocrisie, mise en scène, parade, semblant, *simulacre*. ◆ ANT. 2. Chic, élégance, raffinement, recherche. 3. Authenticité, sincérité, vérité.

MASCOTTE ◇ v. Porte-bonheur

MASCULIN ◆ SYN. 1. *(Animal)* Mâle. 2. Macho *(fam.)*, *viril*. 3. *(Péj.)* Garçonnier, hommasse. 4. *(Femme masculine)* Virago. ◆ ANT. 1. Femelle, féminin. 2. Efféminé.

MASQUE ◆ SYN. 1. Cagoule, chienlit, *déguisement*, domino, loup, travesti. 2. *Apparence*, aspect, couvert, dehors (trompeur), extérieur, façade, faux-semblant, semblant, voile. 3. Air, *expression*, faciès, mine, physionomie, visage. 4. Appareil protecteur.

MASQUER ◆ SYN. 1. *Déguiser*, travestir. 2. *Cacher*, camoufler, couvrir, dissimuler, enrober, envelopper, farder, maquiller *(fig.)*, occulter, recouvrir, travestir *(fig.)*, voiler. 3. *Dérober* (à la vue), faire écran. 4. *(Goût, odeur)* Chasser, dénaturer, *empêcher*, étouffer. ◆ ANT. 1. Démasquer. 2. Afficher, confondre, découvrir, dévoiler, exhiber, montrer, révéler. 3. Dégager, laisser voir. 4. Permettre, rehausser, relever.

MASSACRE ◆ SYN. 1. Assassinat, bain de sang, boucherie *(fig.)*, carnage, hécatombe, immolation, *tuerie*. **2.** *(Peuple, ethnie)* Anéantissement, épuration ethnique, extermination, *génocide*, holocauste, nettoyage ethnique, pogrom, Shoah. **3.** *(Environnement, paysage)* **Destruction**, dévastation, ravage. **4.** Dégât, désordre, *dommage*, gâchis, saccage. **5.** *(Œuvre)* **Défiguration**, déformation, falsification. **6.** *(Sports, fam.)* Anéantissement, écrasement, *victoire*. ♦ ANT. **1-2.** Défense, protection. **3.** Conservation, préservation, sauvegarde. **4.** Ordre, rangement, réparation. **5.** Authenticité, respect, vérité. **6.** Défaite, (cuisant) échec, revers.

MASSACRER ♦ SYN. **1.** Assassiner, décimer, égorger, exterminer, immoler, *tuer*. **2.** Amocher *(fam.)*, *blesser*, écharper, esquinter *(fam.)*, mettre à mal, mutiler. **3.** *(Environnement, paysage)* Anéantir, *détruire*, dévaster. **4.** Abîmer, bousiller *(fam.)*, briser, détériorer, *endommager*, gâcher, gâter, mutiler, saboter, saccager. **5.** *(Œuvre)* **Défigurer**, déformer, fausser. **6.** *(Sports, fam.)* Anéantir, battre à plate couture, écraser, humilier, *vaincre*. ♦ ANT. **1-2.** Défendre, épargner, protéger, sauver. **3.** Conserver, préserver, sauvegarder. **4.** Prendre soin de, réparer. **5.** Respecter. **6.** Perdre (lamentablement).

MASSAGE ◇ v. Friction

MASSE ♦ SYN. **1.** Amas, bloc, monceau, *tas*. **2.** *Aggloméré*, agrégat, conglomérat, magma. **3.** Pesanteur, *poids*. **4.** Densité, *volume*. **5.** *(Masse de)* Beaucoup de, flopée de *(fam.)*, foule de, grand nombre de, gros de, majorité de, multitude de, *quantité de*, tapée de *(fam.)*, tas de. **6.** Ensemble, somme, *totalité*, tout. **7.** Foule, groupe, *rassemblement*, réunion. **8.** Base, grand public, majorité silencieuse, *peuple*, populace *(péj.)*. **9.** *(Masses populaires)* **Couches populaires**, ouvriers, travailleurs. **10.** Bigorne, *maillet*, marteau. **11.** *(Masse d'armes)* Casse-tête, *massue*, plommée. ♦ ANT. **1-2.** Bribes, brin, grain, morceau, parcelle. **3-4.** Dimension, taille. **5.** Minorité de, petit nombre de, peu de, poignée de. **6.** Fraction, partie, portion, pourcentage. **7.** Cellule, individu, unité. **8.** Aristocratie, décideurs, dirigeants,

élite, gratin *(fam.)*, haute société, instances. **9.** Bourgeois, capitalistes, employeurs, patrons.

MASSER ♦ SYN. **1.** Attrouper, concentrer, disposer, entasser, grouper, rallier, *rassembler*, réunir. **2.** *(Corps)* **Frictionner**, frotter, pétrir, presser, tapoter. ♦ ANT. **1.** Disperser, disséminer, éparpiller, rompre (les rangs). **2.** Écorcher, érafler.

MASSIF ♦ SYN. ▷ *Adj.* **1.** *Compact*, dense, plein. **2.** Corpulent, épais, *gros*, imposant, lourd, mastoc *(péj.)*, pesant, trapu. **3.** *(Trait)* Brut, *grossier*. **4.** *(Quantité)* Considérable, fort, *intense*, généralisé. ▷ *Nom* **5.** Arbrisseaux, bois, *bosquet*. **6.** Corbeille, jardin, parc, *parterre*. **7.** Ensemble montagneux. **8.** *(Maçonnerie)* **Butée**, contrefort, culée *(pont)*, soubassement. ♦ ANT. **1.** Creux, espacé, vide. **2.** Élancé, grêle, léger, maigre, mince, svelte. **3.** Fin, raffiné. **4.** Faible, modéré, réduit, restreint.

MASTIQUER ◇ v. Mâcher

MASURE ◇ v. Taudis

MAT ♦ SYN. ▷ *Adj.* **1.** Amati, *dépoli*, fade, terne. **2.** *(Verre)* Opaque. **3.** *(Peau, teint)* Basané, bis, bistre, brun, *foncé*, noir, noiraud, noirâtre. **4.** *(Bruit)* Amorti, étouffé, faible, *sourd*. ♦ ANT. **1.** Brillant, éclatant, luisant, poli. **2.** Transparent. **3.** Blanc, clair, pâle. **4.** Fort, sonore.

MATCH ♦ SYN. **1.** *(Sports)* Combat *(boxe, lutte)*, *compétition*, joute *(québ.)*, partie, rencontre, tournoi. **2.** Concurrence, course, duel, opposition, *rivalité*.

MATER ♦ SYN. **1.** Discipliner, dompter, *dresser*, mettre au pas, rendre docile, soumettre, visser *(fam.)*. **2.** Enrayer, étouffer, juguler, *réprimer*, subjuguer, vaincre. **3.** *(Passion, sentiment)* Calmer, contenir, dominer, *maîtriser*, refréner. **4.** *(Corps)* Châtier, macérer, *mortifier*. **5.** *(Échecs)* **Faire mat**, gagner. **6.** Amatir, *dépolir*, matir, ternir. **7.** *(Fam.)* Lorgner, observer, *regarder* (sans être vu), reluquer *(fam.)*, zieuter *(fam.)*. ♦ ANT. **1.** Désobéir, regimber, résister. **2.** Ameuter, combattre, fomenter, provoquer, se rebeller. **3.** Céder, se défouler, s'emporter, succomber. **4.** Caresser, dorloter. **5.** Être pris, perdre. **6.** Brunir, polir. **7.** Détourner (le regard), ignorer.

MATÉRIALISER ✦ SYN. ▷ *V. tr.* **1.** Actualiser, *concrétiser*, donner forme, réaliser. **2.** Évoquer, exprimer, représenter, *symboliser*. ▷ *V. pr.* **3.** *Se concrétiser*, prendre forme, se réaliser, voir le jour. ✦ ANT. **1.** Abstraire, concevoir, idéaliser, imaginer. **2.** Cacher, celer. **3.** Avorter, échouer, reporter.

MATÉRIALISTE ✦ SYN. ▷ *Nom* **1.** Agnostique, atomiste, marxiste, mécaniste, *positiviste*, réaliste, relativiste. ▷ *Adj.* **2.** *(Biens, plaisirs)* Attaché, avide, cupide, jouisseur, prosaïque, sensuel, *terre-à-terre*. ✦ ANT. **1.** Croyant, idéaliste, spiritualiste, utopiste. **2.** Ascétique, détaché, élevé, noble, spirituel.

MATÉRIAU ✦ SYN. ▷ *Sing.* **1.** Matière (première). **2.** Base, *élément*, fond. ▷ *Pl.* **3.** *(Construction)* Matières (utilisées). **4.** Corpus, documents, données, faits, idées, *renseignements*.

MATÉRIEL ✦ SYN. ▷ *Adj.* **1.** *Concret*, manifeste, naturel, palpable, physique, sensible, tangible, temporel, terrestre. **2.** *Charnel*, corporel, sexuel. **3.** Attaché, jouisseur, *matérialiste*, prosaïque, sensuel, terre-à-terre. **4.** *(Pl., biens, besoins)* De subsistance, financiers, *pratiques*. **5.** *(Temps)* Disponible, nécessaire, *suffisant*. ▷ *Nom* **6.** *Composition*, matériau, matière, substance. **7.** *(Travail, service)* Affaires, bagages, barda *(fam.)*, *équipement*, fournitures, instruments, machines, objets, outillage. **8.** *(Milit.)* Armes, *attirail*, fourbi *(fam.)*. **9.** Corpus, documents, *données*, matériaux. ✦ ANT. **1.** Abstrait, céleste, éthéré, immatériel, impalpable, intangible, intemporel, invisible, surnaturel. **2.** Incorporel, spirituel. **3.** Ascétique, austère, détaché, élevé, noble. **4.** Affectif, moral, sentimental. **5.** Insuffisant, manquant.

MATERNER ✦ SYN. **1.** Cajoler, câliner, chouchouter *(fam.)*, choyer, couver, *dorloter*, gâter, pouponner, soigner (tendrement). **2.** *(Péj.)* Couver, dominer, gâter, *surprotéger*. ✦ ANT. **1.** Abandonner,

brutaliser, maltraiter, négliger, rudoyer. **2.** Émanciper, laisser libre.

MATERNITÉ ✦ SYN. **1.** Lien maternel. **2.** Conception, engendrement, fécondation, génération, *procréation*, reproduction. **3.** *Gestation*, grossesse (à terme). **4.** *Accouchement*, couches, délivrance, enfantement, naissance, parturition, travail. **5.** *(Méd.)* Gynécologie, néonatalogie, *obstétrique*. ✦ ANT. **1.** Lien paternel, paternité. **2.** Infertilité, stérilité. **3-4.** Avortement, fausse-couche.

MATHÉMATIQUE ✦ SYN. ▷ *Adj.* **1.** *Exact*, géométrique, précis, rigoureux, scientifique. **2.** *(Fam.)* Absolu, automatique, *certain*, inévitable, logique, nécessaire, obligé, sûr. ▷ *Nom, sing. ou pl.* **3.** *Arithmétique*, calcul, probabilité. ✦ ANT. **1.** Approximatif, imprécis, inexact, non scientifique, variable. **2.** Aléatoire, éventuel, illogique, incertain, problématique.

MATIÈRE ✦ SYN. **1.** Atome, *corps*, élément, substance. **2.** *Composition*, matériau, matériel. **3.** Champ, discipline, *domaine*, spécialité, sphère. **4.** Contenu, fond, objet, point, question, *sujet*, thème. **5.** Cause, *motif*, occasion, prétexte, raison. ✦ ANT. **1.** Âme, esprit, forme.

MATIN ✦ SYN. **1.** Aube, aurore, barre du jour *(québ.)*, début du jour, levant, *lever du jour* (du soleil), point du jour, potron-minet *(fam.)*. **2.** *(Pers.)* Lever, *réveil*, saut du lit. **3.** Avant-midi *(québ.)*, *matinée*. **4.** *(Matin de la vie)* *Commencement*, début, jeunesse, premiers jours, printemps de la vie. ✦ ANT. **1.** Brunante *(québ.)*, couchant, coucher du jour, crépuscule, fin du jour, nuit, soir, soirée, tombée du jour. **2.** Coucher, dodo *(fam.)*. **3.** Après-midi. **4.** Automne de la vie, déclin, fin, vieillesse, vieux jours.

MATINÉE ✦ SYN. **1.** Avant-midi *(québ.)*, *matin*. **2.** *(Spectacle, vie mondaine)* Après-midi. ✦ ANT. **1.** Après-midi. **2.** Soir, soirée.

MATOIS ◇ V. Madré

MATRAQUAGE ✦ SYN. **1.** Brutalité, *coups* (de matraque). **2.** *(Publicitaire)* Battage, bourrage de crâne, conditionnement, endoctrinement, *intoxication*, manipula-

tion, mensonge, propagande, publicité
(tapageuse). ✦ ANT. 1. Civilité, respect.
2. Déprogrammation, désintoxication,
information, vérité.

MATRAQUE ◇ v. **Gourdin**
MATRAQUER ◇ v. **Intoxiquer**
MATRICULE ✦ SYN. 1. Liste, *registre*,
rôle. 2. Immatriculation, *numéro d'inscription.*
MATURITÉ ✦ SYN. 1. *Maturation*, mûrissement. 2. Âge adulte, *âge mûr*, force de
l'âge, majorité. 3. Accomplissement, achèvement, développement (entier), éclat,
épanouissement, plénitude, réalisation.
4. Assurance, autonomie, circonspection,
expérience, jugement, *sagesse*. ✦ ANT.
1. Éclosion, immaturité. 2. Adolescence,
enfance, minorité. 3. Déclin, déperdition,
dépérissement, fin, vacuité, vide. 4. Dépendance, inexpérience, infantilisme, insouciance, puérilité, superficialité.
MAUDIRE ✦ SYN. 1. Anathémiser, condamner, *damner*, rejeter, réprouver, vouer
au malheur. 2. Abhorrer, abominer, cracher sur *(fam.)*, détester, s'emporter contre,
exécrer, haïr, mépriser, pester contre,
tempêter contre. ✦ ANT. 1. Accueillir, adorer, bénir, glorifier, louer, pardonner,
servir. 2. Aimer, approuver, chérir, exalter,
vanter.
MAUDIT ✦ SYN. 1. Anathématisé, condamné, *damné*, déchu, rejeté, repoussé,
réprouvé. 2. Détestable, *exécrable*, fâcheux, haïssable, malheureux, mauvais,
méprisable. 3. *(Fam.)* Fichu, foutu, sacré,
sale, *satané*. ✦ ANT. 1. Accueilli, adoré,
adulé, béni, glorifié, loué, pardonné.
2. Admirable, agréable, aimable, aimé,
bienheureux, bon, cher, chéri, enviable,
exalté, vanté.
MAUGRÉER ✦ SYN. *(À mi-voix)* *Bougonner*,
grogner, grommeler, jurer (après, contre),
marmonner, murmurer, pester, se plaindre, protester, râler *(fam.)*, ronchonner,
rouspéter *(fam.)*. ✦ ANT. Accepter, approuver, crier (sa joie), jubiler, vanter.
MAUSOLÉE ◇ v. **Monument**

MAUSSADE ✦ SYN. 1. Acariâtre, acrimonieux, aigri, boudeur, bourru, désagréable, *grognon*, hargneux, mauvais,
mécontent, rechigné, renfrogné, revêche.
2. Chagrin, désabusé, fataliste, *mélancolique*, morose, pessimiste, taciturne.
3. *(Temps)* Ennuyeux, gris, *monotone*, pourri
(fig.), sombre, terne, triste. ✦ ANT. 1. Aimable, avenant, charmant, content, cordial,
engageant, jovial, satisfait. 2. Enjoué,
enthousiaste, gai, heureux, optimiste,
souriant. 3. Agréable, beau, bleu, radieux,
splendide.
MAUVAIS ✦ SYN. 1. *(Ch.)* Défectueux,
erroné, fautif, faux, imparfait, *incorrect*,
inexact, inopportun, manqué, raté. 2. *(Physique)* Anémique, chancelant, chétif, défaillant, déficient, *faible*, maigre, maladif,
mal en point, malingre. 3. *(Résultat)* Décevant, déplorable, insatisfaisant, insuffisant, lamentable, *médiocre*, minable, nul,
piètre. 4. *(Pers.)* Inapte, incapable, *incompétent*, maladroit. 5. *(Situation, temps)* Abominable, *affreux*, catastrophique, désastreux,
épouvantable, fichu *(fam.)*, horrible, sale.
6. *(Effet)* Dangereux, défavorable, désavantageux, dommageable, fatal, funeste,
menaçant, néfaste, nocif, *nuisible*, pernicieux, sinistre. 7. *(Goût, odeur, aspect)* *Dégoût-
tant*, délétère, fétide, immangeable,
infect, insalubre, insupportable, malsain.
8. *(Événement)* *Déplaisant*, désagréable, difficile, fâcheux, malheureux, misérable,
pénible. 9. *(Air, humeur)* Bourru, détestable,
exécrable, massacrant, *maussade*, mécontent, revêche. 10. *(Caractère, comportement)*
Cruel, déshonnête, dur, indigne, injuste,
malfaisant, malin, malveillant, *méchant*,
odieux, perfide, vilain. 11. *(Mœurs)* *Corrompu*, immoral, pervers, vicieux, vil.
✦ ANT. 1. Bien (fait), bon, correct, exact,
opportun, parfait, réussi, vrai. 2. Fort,
robuste, solide, vigoureux. 3. Encourageant, excellent, inattendu, inespéré,
louable, remarquable, satisfaisant, suffisant. 4. Adroit, apte, compétent, doué,
expert, habile. 5. Beau, merveilleux,

radieux, splendide. 6. Avantageux, bénéfique, bienfaisant, faste, favorable, inoffensif, propice, rassurant, salutaire. 7. Attirant, frais, propre, sain, salubre, savoureux. 8. Agréable, facile, heureux, plaisant, réjouissant. 9. Aimable, avenant, charmant, content, cordial, ravi, souriant. 10. Bienveillant, délicat, doux, généreux, honnête, juste, sensible, tendre. 11. Probe, pur, vertueux.

MAUVIETTE ◆ SYN. 1. *(Péj.)* **Chétif**, faible, gringalet, maladif. 2. *(Fam.)* **Lâche**, pleurnicheur, pleutre, poltron, veule. ◆ ANT. 1. Costaud, fort, robuste. 2. Audacieux, brave, courageux, endurci.

MAXIMALISER, MAXIMISER ◇ V. **Optimiser**

MAXIME ◆ SYN. 1. *(Conduite)* Axiome, dogme, leçon, morale, précepte, principe, proposition, *règle*, vérité. 2. Adage, aphorisme, apophtegme, citation, devise, dicton, dit, épigraphe, *formule* (lapidaire), mot, parole, pensée, proverbe, réflexion, sentence. ◆ ANT. 1. Écart, égarement, erreur, fausseté. 2. Banalité, ineptie, lapalissade, truisme.

MAXIMUM ◆ SYN. ▷ *Nom* 1. Apogée, comble, *limite supérieure*, paroxysme, période *(n. masc.)*, optimum, pinacle, plafond, point culminant, pointe, sommet, summum, zénith. 2. *Beaucoup*, plus grand nombre. ▷ *Adj.* 3. *Maximal*, optimal, supérieur, suprême. ◆ ANT. 1. Bas, nadir, minimum, plancher, seuil. 2. Peu, plus petit nombre. 3. Inférieur, infime, minimal.

MÉANDRE ◆ SYN. ▷ *Sing.* 1. *(Route)* Coude, lacet, *zigzag.* ▷ *Pl.* 2. Contours, courbes, détours, inflexions, *sinuosités*. 3. *(Pensée, récit)* Complexité, complication, dédale, labyrinthe, lacis, *réseau*, subtilités. 4. *(Polit.)* Biais, faux-fuyants, *ruses*. ◆ ANT. 1-2. Ligne droite. 3. Clarté, simplicité. 4. Droiture, franchise, rectitude.

MÉCANIQUE ◆ SYN. ▷ *Adj.* 1. Automatique, inconscient, instinctif, involontaire, irréfléchi, *machinal*, réflexe, spontané. 2. Ennuyant, monotone, *répétitif*, routinier. ▷ *Nom* 3. Appareil, *assemblage*,

machine. 4. *Fonctionnement*, mécanisme, mouvement. ◆ ANT. 1. Conscient, réfléchi, volontaire. 2. Différent, intéressant, varié.

MÉCANISER ◆ SYN. 1. Équiper, *industrialiser*, motoriser. 2. *Automatiser*, robotiser.

MÉCANISME ◆ SYN. 1. Agencement, appareil, *assemblage*, combinaison, dispositif, machine, mécanique. 2. Déroulement, développement, évolution, *fonctionnement*, marche, mouvement, processus. 3. *(Philos.)* Atomisme, *matérialisme*. ◆ ANT. 3. Idéalisme, utopisme.

MÉCÈNE ◆ SYN. *Bienfaiteur*, protecteur, soutien.

MÉCHANCETÉ ◆ SYN. 1. Acharnement, cruauté, dureté, hargne, inhumanité, malice, malignité, *malveillance*, perversité, sadisme. 2. Fourberie, indignité, machiavélisme, *perfidie*, scélératesse, traîtrise. 3. Bassesse, coup bas, crasse *(fig.)*, entourloupette *(fam.)*, rosserie, saleté *(fig.)*, sale tour, saloperie *(fam.)*, tour de cochon *(fam.)*, vacherie *(fam.)*, *vilain tour*, vilenie. ◆ ANT. 1. Bienveillance, bonté, clémence, délicatesse, douceur, humanité, obligeance. 2. Franchise, honnêteté, loyauté, noblesse, probité, sincérité. 3. Bienfait, faveur, gentillesse, politesse.

MÉCHANT ◆ SYN. 1. Agressif, cruel, diabolique, dur, inhumain, malfaisant, malin, malintentionné, *malveillant*, odieux, perfide, pervers, sans-cœur *(fam.)*, sardonique *(rire)*, vache *(fam.)*. 2. *(Valeur)* Insignifiant, médiocre, *minable*, misérable, nul, petit, piètre. 3. *(Affaire)* Déplaisant, *désagréable*, embarrassant, fâcheux, malheureux, sale. 4. *(Comportement, propos)* Acerbe, acrimonieux, blessant, calomnieux, fielleux, *haineux*, hargneux, hostile, mauvais, médisant, offensant, venimeux, vexant, virulent. 5. *(Enfant)* Indiscipliné, insupportable, *turbulent*, vilain. 6. *(Animal)* *Dangereux*, féroce. 7. *(Fam.)* Extraordinaire, fameux, *remarquable*. ▷ *Nom* 8. Bandit, criminel, filou, *scélérat*, voleur. ◆ ANT. 1. Bienveillant, bon, clément, débonnaire, doux, généreux, gentil, humain, obligeant, reconnaissant.

2. Excellent, remarquable. 3. Agréable, avantageux, favorable, heureux, plaisant. 4. Complaisant, conciliant, élogieux, flatteur, indulgent, tendre. 5. Discipliné, sage, tranquille. 6. Docile, inoffensif. 7. Banal, commun, ordinaire. 8. Bonne personne, personne honnête.

MÉCOMPTE ◆ **SYN.** 1. Erreur, *imprévision*, inexactitude. 2. Contrariété, *déception*, décompte, désappointement, désillusion, revers. ◆ **ANT.** 1. Exactitude, prévision. 2. Consolation, contentement, espoir, joie, réussite, satisfaction.

MÉCONNAISSABLE ◆ **SYN.** Changé, *différent*, métamorphosé, modifié, nouveau, transformé. ◆ **ANT.** Identique, inchangé, intact, même, pareil, reconnaissable.

MÉCONNAISSANCE ◆ **SYN.** *Ignorance*, inexpérience, incompréhension. ◆ **ANT.** Compréhension, connaissance, expérience.

MÉCONNAÎTRE ◆ **SYN.** 1. *Désavouer*, refuser. 2. *Ignorer*, négliger, oublier. 3. Déprécier, méjuger, *mésestimer*, sous-estimer. ◆ **ANT.** 1. Admettre, reconnaître. 2. Comprendre, connaître, considérer. 3. Apprécier, estimer, surestimer.

MÉCONTENT ◆ **SYN.** 1. Blessé, choqué, contrarié, déçu, dépité, ennuyé, fâché, froissé, *insatisfait*, irrité, offensé, offusqué, vexé. 2. Boudeur, *maussade*, morose, rechigné, renfrogné, triste. ◆ **ANT.** 1. Comblé, content, enchanté, heureux, ravi, satisfait, triomphant. 2. Enjoué, enthousiaste, jovial, joyeux, souriant.

MÉCONTENTEMENT ◆ **SYN.** 1. Contrariété, déception, dépit, déplaisir, désagrément, désappointement, ennui, frustration, *insatisfaction*, irritation. 2. *(Groupe de personnes)* Colère, *grogne*, hargne, malaise, révolte, tollé. ◆ **ANT.** 1. Contentement, joie, plaisir, satisfaction. 2. Approbation, faveur (populaire), gain de cause, rétablissement.

MÉCONTENTER ◆ **SYN.** Contrarier, décevoir, dépiter, désappointer, *déplaire*, ennuyer, fâcher, frustrer, irriter, offenser,

vexer. ◆ **ANT.** Combler, contenter, plaire, réjouir, satisfaire.

MÉCRÉANT ◇ v. **Incroyant**

MÉDAILLE ◆ **SYN.** 1. Pièce de métal. 2. *Décoration*, distinction, insigne, prix, récompense. 3. *(Au cou)* Amulette, chaînette, grigri, médaillon, *porte-bonheur*, scapulaire, talisman.

MÉDECIN ◆ **SYN.** 1. Chirurgien, clinicien, *docteur*, généraliste, omnipraticien, praticien, spécialiste, thérapeute, vétérinaire *(animaux)*. 2. *(Péj.)* *Charlatan*, médicastre.

MÉDECINE ◆ **SYN.** 1. Cure, soins, thérapie, *traitement*. 2. *Médicament*, remède. 3. *(Péj.)* Drogue, mixture, *potion*, poudre de perlimpinpin.

MÉDIA ◆ **SYN.** ▷ *Sing.* 1. Moyen de communication, *moyen de diffusion*, moyen d'information. ▷ *Pl.* 2. *Journaux* (écrits, électroniques), presse, radio, télévision. 3. *(Nouveaux)* Bureautique, *informatique*.

MÉDIAT ◆ **SYN.** *Indirect*, intermédiaire. ◆ **ANT.** Direct, immédiat.

MÉDIATEUR ◆ **SYN.** 1. Arbitre, *conciliateur*, intercesseur, intermédiaire, juge, modérateur, négociateur, pacificateur, réconciliateur, truchement. 2. Ombudsman, *protecteur du citoyen (québ.).* 3. *(Sc.)* Transmetteur. ◆ **ANT.** 1-2. Partie, plaidant, plaignant. 3. Récepteur.

MÉDIATION ◆ **SYN.** 1. Arbitrage, *conciliation*, entremise, intercession, intermédiaire, intervention. 2. *(Diplomatie)* *Bons offices*, office. ◆ **ANT.** 1-2. Désaccord, différend, dispute, litige, mésentente, querelle.

MÉDICAMENT ◇ v. **Remède**

MÉDICATION ◆ **SYN.** Cure, thérapeutique, *traitement*.

MÉDIOCRE ◆ **SYN.** 1. Bas, décevant, déplorable, faible, imparfait, inférieur, insatisfaisant, *insuffisant*, lamentable, maigre, mauvais, mesquin, minable, mince, minime, modeste, modique, négligeable, pauvre, petit, piètre, pitoyable. 2. *Banal*, commun, étriqué, fade, inintéressant, insignifiant, ordinaire, quelconque, trivial, vulgaire. **3.** *(Pers.)* Inapte, incapable, *incompétent*, malhabile. ✦ ANT. **1.** Admirable, bon, brillant, considérable, étonnant, excellent, grand, important, incomparable, parfait, précieux, rare, riche, supérieur. **2.** Captivant, distingué, éminent, fameux, intéressant, magistral, prodigieux, sublime. **3.** Apte, capable, compétent, doué, habile, talentueux.

MÉDIOCRITÉ ✦ SYN. **1.** Faiblesse, *insuffisance*, maigreur, mesquinerie, minceur, modicité, pauvreté, petitesse. **2.** *Banalité*, fadeur, imperfection, infériorité, insignifiance, nullité, platitude, trivialité, vulgarité. ✦ ANT. **1.** Grandeur, importance, richesse, valeur. **2.** Brio, éclat, excellence, génie, merveille, panache, perfection, prodige, supériorité, talent, verve.

MÉDIRE ✦ SYN. **1.** Attaquer, critiquer, débiner *(fam.)*, déblatérer contre, décrier, *dénigrer*, diffamer, discréditer, salir (la réputation), taper sur *(fam.)*. **2.** Bavasser *(fam.)*, bavarder, *cancaner*, clabauder, colporter (des ragots), commérer, jaser, potiner. ✦ ANT. **1.** Défendre, disculper, excuser, féliciter, louanger, réhabiliter, rétablir. **2.** Garder (pour soi), taire.

MÉDISANCE ✦ SYN. **1.** *Dénigrement*, détractation, diffamation, discrédit, méchanceté, salissage *(québ.)*, vilenie. **2.** *(Pl. surtout)* Bavardages, *cancans*, commérages, commentaires (malveillants), potins, racontars, ragots. ✦ ANT. **1.** Apologie, compliments, éloge, louange, réhabilitation. **2.** Discrétion, retenue, silence.

MÉDITATIF ✦ SYN. ▷ *Adj.* **1.** Contemplateur, *contemplatif*. **2.** Absorbé, concentré, *pensif*, recueilli, réfléchi, songeur. ▷ *Nom* **3.** *Idéaliste*, penseur, rêveur, utopiste. ✦ ANT. **1.** Actif. **2.** Étourdi, frivole, léger. **3.** Pratique, réaliste, terre-à-terre.

MÉDITATION ✦ SYN. **1.** Application, approfondissement, attention, cogitation *(fam.)*, *concentration*, contention, étude, pensée, recherche, réflexion. **2.** Contemplation, oraison, prière, *recueillement*. ✦ ANT. **1.** Distraction, étourderie, inap-

plication, inattention, légèreté, paresse (intellectuelle). **2.** Dissipation, divertissement, évasion.

MÉDITER ✦ SYN. ▷ *V. tr.* **1.** *Approfondir*, réfléchir à. **2.** Combiner, échafauder, imaginer, mûrir, préméditer, *projeter*, se proposer, ruminer. **3.** *(Péj.)* *Machiner*, manigancer, mijoter *(fam.)*, ourdir, tramer. ▷ *V. intr.* **4.** Se recueillir. **5.** *Penser*, rêver, songer. ✦ ANT. **1.** Négliger, oublier. **2.** Improviser, renoncer. **3.** Contrecarrer, déjouer, éventer, mettre en plein jour, révéler. **4.** Se distraire. **5.** S'amuser, se divertir, s'étourdir.

MÉDIUM ✦ SYN. **1.** *(Mus.)* Milieu, *registre*. **2.** *(Spiritisme)* Intermédiaire.

MÉDUSÉ ◇ V. **Stupéfait**

MÉDUSER ◇ V. **Stupéfier**

MEETING ✦ SYN. *(Intérêt collectif)* Assemblée, manifestation, ralliement, *rassemblement*, réunion.

MÉFAIT ✦ SYN. **1.** Faute, malfaisance, *mauvais coup*, mauvaise action, tour pendable. **2.** Déprédation, pillage, saccage, *vandalisme*. **3.** *(Pl. surtout)* Dégâts, dommages, effets négatifs (nocifs), *ravages*. ✦ ANT. **1.** Bienfaisance, bonne action, service. **2.** Aide, protection, secours. **3.** Avantages, bienfaits, effets positifs (salutaires).

MÉFIANCE ✦ SYN. **1.** Appréhension, crainte, *défiance*, doute, incrédulité, soupçon, suspicion. **2.** Circonspection, prévention, *prudence*, scepticisme. ✦ ANT. **1.** Abandon, assurance, confiance, crédulité, foi, sécurité. **2.** Imprévoyance, imprudence, naïveté.

MÉFIANT ✦ SYN. **1.** Appréhensif, circonspect, *défiant*, dubitatif, incrédule, ombrageux, sceptique, soupçonneux, suspicieux. **2.** Craintif, *farouche*, timoré. ✦ ANT. **1.** Confiant, crédule, franc, ouvert, serein, sûr. **2.** Audacieux, fonceur, sociable.

MÉFIER (SE) ✦ SYN. **1.** Craindre, *se défier de*, douter de, être (se tenir) sur ses gardes, se garder de, soupçonner. **2.** *(Danger)* *Faire attention à*, prendre garde à. ✦ ANT. **1.** S'abandonner, avoir confiance, se confier à, s'en rapporter à, s'en remettre à, se fier à. **2.** Se blesser, heurter.

MÉGÈRE ◇ V. **Acariâtre**

MEILLEUR ♦ SYN. ▷ *Adj.* **1.** Excellent, mieux, optimal, préférable, *premier*, supérieur. ▷ *Nom* **2.** Essentiel, *quintessence*. **3.** *(Société)* Crème *(fam.)*, *élite*, fine fleur, gotha, gratin *(fam.)*. ♦ ANT. **1.** Dernier, inférieur, pire, pis. **2.** Accessoire, superflu. **3.** Lie, plèbe.

MÉJUGER ◇ V. **Méconnaître**

MÉLANCOLIE ♦ SYN. **1.** *Abattement*, amertume, cafard, chagrin, désabusement, ennui, langueur, morosité, nostalgie, pessimisme, spleen, tristesse, vague à l'âme. **2.** *(Méd.)* *Dépression*, neurasthénie, tædium vitæ. ♦ ANT. **1.** Allégresse, émerveillement, enthousiasme, gaieté, joie, jubilation, optimisme, transports. **2.** Bonheur, sérénité.

MÉLANCOLIQUE ♦ SYN. **1.** *Abattu*, bilieux, cafardeux, chagrin, désabusé, morne, morose, nostalgique, pessimiste, sombre, ténébreux, triste. **2.** *Dépressif*, déprimé, neurasthénique. ♦ ANT. **1.** Allègre, émerveillé, enthousiaste, gai, joyeux, optimiste, réjoui. **2.** Heureux, serein.

MÉLANGE ♦ SYN. **1.** Alliage, alliance, amalgame, assemblage, association, *combinaison*, composé, coupage *(alcool)*, fusion, mixtion, mosaïque, réunion, union. **2.** *Confusion*, enchevêtrement, fatras, fouillis, imbroglio, méli-mélo, salmigondis. **3.** *(Ethnies)* Brassage, croisement, melting-pot, *métissage*. **4.** *(Doctrines, théories)* Syncrétisme. **5.** *(Liquides, boissons)* *Cocktail*, mixture *(péj.)*, panaché, préparation. **6.** *(Fruits, légumes)* Macédoine, mesclun, *salade*. **7.** *(Viande et légumes)* Ragoût. **8.** *(Chansons)* Pot-pourri. **9.** *(Pl.)* *Recueil* (articles, textes), miscellanées, variétés. ♦ ANT. **1.** Dissociation, division, élément, sélection, séparation, tri, triage, unité. **2.** Clarification, clarté, logique, netteté, ordre, précision. **3.** Discrimination, exclusion, ostracisme, racisme. **4.** Éclectisme.

MÉLANGÉ ♦ SYN. **1.** *(Ch.)* Impur, *mixte*. **2.** Bigarré, composite, disparate, divers, diversifié, *hétéroclite*, hybride, mêlé, multiple, panaché, varié. **3.** *(Sentiments)* Complexes, *contradictoires*, déchirés, partagés. ♦ ANT. **1.** Pur, unique. **2.** Homogène, pareil, semblable, uniforme. **3.** Clairs, sûrs, univoques.

MÉLANGER ♦ SYN. **1.** Agglomérer, allier, amalgamer, associer, combiner, fusionner, incorporer, marier *(fig.)*, *mêler*, mixtionner, panacher, réunir, unir. **2.** Brouiller, confondre, embrouiller, *emmêler*. **3.** *(Cartes)* Battre. ♦ ANT. **1.** Choisir, dissocier, diviser, épurer, isoler, sélectionner, séparer, trier. **2.** Clarifier, débrouiller, démêler. **3.** Distribuer.

MÊLÉ ♦ SYN. **1.** Bigarré, composite, disparate, hétéroclite, mâtiné, *mélangé*, varié. **2.** *(Animaux)* Bâtard, croisé, *hybride*, mâtiné. **3.** *(Québ., pers.)* *Confus*, embrouillé, empêtré, perdu (dans ses papiers, ses idées). ♦ ANT. **1.** Homogène, uniforme. **2.** Pur. **3.** Clairvoyant, dépêtré, sûr de soi.

MÊLÉE ♦ SYN. **1.** Affrontement, arène, bagarre, bataille, *combat*, conflit, échauffourée, foire d'empoigne, lutte, querelle, rixe. **2.** *(Ch., pers.)* Bousculade, cohue, *confusion*, désordre, pagaille *(fam.)*. ♦ ANT. **1.** Calme, dispersion, paix, retrait, tranquillité. **2.** Attente, file, ordre, rang.

MÊLER ♦ SYN. ▷ *V. tr.* **1.** Amalgamer, combiner, fusionner, incorporer, *mélanger*. **2.** Brouiller, *emmêler*, enchevêtrer, entrelacer, entremêler. **3.** *(Qualités opposées)* Allier, conjuguer, joindre, marier, réunir, unir. **4.** *(Péj.)* Associer, compromettre, *impliquer*. **5.** *(Cartes)* Battre. ▷ *V. pr.* **6.** Se confondre, se fondre, fusionner, se *mélanger*, s'unir. **7.** S'associer, entrer dans, se *joindre*, participer. **8.** *S'occuper de*, se préoccuper de. **9.** S'entremettre, s'immiscer, *s'ingérer*, intervenir. **10.** *S'aviser de*, envisager, songer à. ♦ ANT. **1.** Dissocier, diviser, isoler, séparer, trier. **2.** Débrouiller, démêler, distinguer, ranger. **3.** Empêcher, exclure. **4.** Dégager, disculper, libérer. **5.** Distribuer. **6.** Se diviser, s'isoler, se séparer. **7.** S'abstenir, se dissocier, se retirer. **8.** N'avoir cure, se désintéresser. **9.** Éviter, se garder de. **10.** S'empêcher, s'interdire, renoncer.

MÉLI-MÉLO ♦ SYN. 1. Capharnaüm, chaos, **confusion**, désordre, embrouillamini, fatras, fouillis, mélange, salmigondis. 2. Macédoine, **salade composée**. ♦ ANT. 1. Clarté, harmonie, ordre, organisation, rangement.

MÉLODIE ♦ SYN. 1. **Air**, musique, pièce musicale. 2. Blues, cantilène, chanson, **chant**, fado, lied, mélopée (péj.), pièce vocale. 3. (Voix) Intonation.

MÉLODIEUX ♦ SYN. Agréable, charmant, doux, **harmonieux**, musical, suave. ♦ ANT. Cacophonique, criard, désagréable, discordant, dissonant, faux.

MÉLODRAME ♦ SYN. 1. Drame, **tragicomédie**. 2. (Péj.) **Exagération**, outrance, sensiblerie. ♦ ANT. 1. Tragédie. 2. Modération, sincérité, vérité.

MEMBRANE ♦ SYN. (Anat., biol.) Cloison, couche, **enveloppe**, feuillet, gaine, muqueuse, pellicule, tissu, tunique.

MEMBRE ♦ SYN. 1. Adepte, **adhérent**, affilié, associé, clubiste, sociétaire. 2. (Supérieur) Avant-bras, **bras**, main. 3. (Inférieur) Cuisse, **jambe**, pied. 4. (Animaux) **Patte**, pied. 5. (Corps, ensemble) Fragment, **partie**. 6. (Archit.) Ornement, **moulure**.

MÊME ♦ SYN. ▷ Adj. 1. Égal, **identique**, pareil, semblable, similaire, tel. 2. Commun. 3. Absolu, **exact**, propre, strict. 4. En personne, **incarné**. ▷ Adv. 5. Aussi, **de plus**, en outre, en plus, voire. 6. **Exactement**, précisément. ♦ ANT. 1. Autre, contraire, différent, distinct, inégal. 2. Particulier. 3. Faux, impropre, inexact, relatif. 4. Opposé. 5. En dépit de, malgré, néanmoins. 6. Environ, peut-être.

MÉMENTO ♦ SYN. 1. (Messe) **Commémoration**, prière (pour les morts). 2. **Agenda**, carnet, liste, mémorandum, notes, pensebête. 3. (Ouvrage) Abrégé, **aide-mémoire**, guide, guide-âne, précis, référentiel, résumé, sommaire, vade-mecum.

MÉMOIRE ♦ SYN. ▷ Nom fém. 1. Évocation, rappel, réminiscence, reviviscence, souvenance, **souvenir**. 2. Anniversaire, célébration, **commémoration**, mémento

(morts). 3. Gloire, **renommée**, réputation. 4. **Mémorisation**, par cœur. ▷ Nom masc. 5. Écrit, exposé, factum, **requête**. 6. Analyse, dissertation, étude, **thèse**. 7. (Pl.) Annales, autobiographie, chroniques, commentaires, histoire, journal, mémorial, **récit** (personnel), relations, souvenirs, témoignage, vie. ♦ ANT. 1-2. Amnésie, défaillance, oubli, trou de mémoire. 3. Ombre, oubli. 4. Compréhension, intelligence.

MÉMORABLE ♦ SYN. Classique, célèbre, fameux, glorieux, historique, illustre, important, ineffaçable, **inoubliable**, légendaire, marquant, remarquable. ♦ ANT. Banal, de triste mémoire (péj.), insignifiant, méconnu, ordinaire, oubliable, oublié, quelconque.

MÉMORANDUM ◇ V. Mémento

MÉMORISER ♦ SYN. 1. Apprendre, assimiler, emmagasiner, engranger (fig.), enregistrer (fig.), fixer, garder en mémoire, **retenir**, se rappeler, se souvenir. 2. (Inform.) **Enregistrer**, numériser, saisir, sauvegarder, stocker. ♦ ANT. 1. Désapprendre, oublier. 2. Effacer, supprimer.

MENAÇANT ♦ SYN. 1. (Geste, regard, parole) Agressif, comminatoire (dr.), **dangereux**, inquiétant, intimidant, provocant, provocateur, redoutable. 2. (Ciel, temps) Incertain, lourd, noir, nuageux, **sombre**. 3. **Imminent**, prochain. ♦ ANT. 1. Apaisant, encourageant, engageant, inoffensif, rassurant. 2. Calme, clair, ensoleillé, radieux. 3. Écarté, éloigné.

MENACE ♦ SYN. 1. Avertissement, chantage, coercition, extorsion, **intimidation**, pression, provocation, taxage (québ.), terrorisme. 2. **Bluff**, bravade, défi, rodomontade. 3. **Danger**, épée de Damoclès, péril, risque, spectre. ♦ ANT. 1. Assurance, protection, secours, sécurité. 2. Sérieux. 3. Calme, éloignement, tranquillité.

MENACER ♦ SYN. 1. Avertir, braver, défier, **intimider**, provoquer. 2. Inquiéter, **mettre en danger**, mettre en péril. 3. Gronder, guetter, planer, **se préparer**, présager. 4. Risquer de. ♦ ANT. 1. Protéger, secourir. **2.** Rassurer, sécuriser. **3.** Écarter, éloigner. **4.** Assurer.

MÉNAGE ♦ SYN. **1.** *(Pers.)* Couple, *famille*, foyer, maisonnée, mariage. **2.** *(Ch.)* **Biens**, intérieur, maison, meubles, mobilier. **3.** Barda *(québ.)*, *entretien*, nettoyage, rangement.

MÉNAGEMENT ♦ SYN. **1.** Circonspection, considération, douceur, mesure, modération, prudence, *réserve*. **2.** *(Pl. surtout)* Attentions, délicatesses, égards, *précautions*, soins. ♦ ANT. **1-2.** Brusquerie, brutalité, cruauté, dureté, grossièreté.

MÉNAGER ♦ SYN. ▷ V. tr. **1.** *(Argent, forces)* Accumuler, conserver, *économiser*, épargner. **2.** *Bien traiter*, respecter, soigner, veiller à. **3.** *(Mots)* Atténuer, mesurer, *modérer*. **4.** Amener, arranger, *faciliter*. **5.** Préparer, procurer, *réserver*. ▷ V. pr. **6.** S'assurer. **7.** Prendre soin de soi. ▷ Adj. **8.** *(Pers.)* Avare de, *économe de*, soigneux de, soucieux de. **9.** *(Ch.)* **Domestique**, familial, intérieur. ♦ ANT. **1.** Dépenser, épuiser, gaspiller, prodiguer. **2.** Brusquer, malmener, maltraiter. **3.** Abuser, exagérer. **4.** Empêcher, entraver. **5.** Priver de. **6.** Négliger. **7.** Ruiner (sa santé). **8.** Dépensier, insouciant, prodigue. **9.** Extérieur, public.

MÉNAGERIE ◇ v. **Zoo**

MENDIANT ♦ SYN. Chemineau, clochard, *gueux*, indigent, miséreux, nécessiteux, pauvre. ♦ ANT. Mécène, richard *(fam.)*, riche.

MENDIER ♦ SYN. **1.** *(Aumône, charité)* **Demander**, quêter, solliciter (humblement). **2.** *(Péj.)* Implorer, *quémander*, solliciter (avec insistance). ♦ ANT. **1.** Accorder, donner. **2.** Céder (aux suppliques).

MENÉES ◇ v. **Machination**

MENER ♦ SYN. **1.** Amener, *conduire*, emmener, transporter. **2.** *Entraîner*, inciter, pousser à. **3.** *(Appareil, véhicule)* **Commander**, diriger, gouverner, guider, manier, manœuvrer, orienter, piloter. **4.** Administrer, diriger, *gérer*, gouverner, régenter *(péj.)*, régir, régner. **5.** *(Sports)* **Dominer**, être en tête. **6.** *(Voie)* **Aboutir**, aller, déboucher.

♦ ANT. **1.** Ramener, rapporter. **2.** Décourager, dissuader. **3.** Dériver, désorienter, égarer. **4.** Obéir, suivre. **5.** Perdre, talonner. **6.** Commencer, prendre sa source.

MÉNESTREL ◇ v. **Troubadour**

MENEUR ♦ SYN. **1.** *(Mouvement populaire)* Cerveau, chef, dirigeant, entraîneur, guide, instigateur, *leader*, organisateur, tête (dirigeante). **2.** *Agitateur*, conspirateur, provocateur. **3.** *(Jeu, spectacle)* Animateur. **4.** *(Sports)* Champion, *premier*. **5.** *(Mines)* Conducteur, *transporteur*.

MENOTTE ♦ SYN. **1.** Main d'enfant. **2.** *(Pl.)* Attaches, *bracelets* (métalliques), chaînes, entraves, liens, poucettes.

MENSONGE ♦ SYN. **1.** Contrevérité, *fausseté*, menterie *(québ.)*. **2.** Bluff, charlatanerie, duperie, duplicité, fabulation, fumisterie, hypocrisie, imposture, mystification, mythomanie, supercherie, *tromperie*. **3.** Affectation, artifice, déguisement, faux-semblant, *illusion*, leurre, mirage, simulacre. **4.** Conte, fable, fiction, histoire, *invention*. **5.** Blague, *bobard*, boniment, canard *(fig.)*, canular, craque *(fam.)*, histoire, rumeur, salade *(fam.)*. **6.** Bourrage de crâne, conditionnement, *désinformation*, intoxication, manipulation, matraquage, propagande. **7.** Bluff, bravade, hâblerie, rodomontade, *vantardise*. ♦ ANT. **1.** Exactitude, vérité. **2.** Authenticité, franchise, sincérité. **3.** Désillusion, dévoilement, divulgation. **4.** Réalité, véracité. **5.** Fait, nouvelle. **6.** Conscience, déprogrammation, information, lucidité. **7.** Humilité, naturel, simplicité.

MENSONGER ♦ SYN. **1.** Controuvé, *faux*, inauthentique, inexact, infidèle. **2.** Calomnieux, captieux, fallacieux, fourbe, hypocrite, menteur, spécieux, *trompeur*. ♦ ANT. **1.** Authentique, exact, fidèle, véridique, vrai. **2.** Droit, fondé, franc, loyal, réel, sincère, sûr.

MENTAL ♦ SYN. ▷ Adj. **1.** En esprit, *en pensée*, en soi. **2.** Cérébral, *intellectuel*, psychique, psychologique, spirituel. ▷ Nom **3.** État d'esprit, *moral*. ♦ ANT. **1.** Dit, écrit, parlé. **2.** Affectif, corporel, physique, physiologique, somatique. **3.** Corps, physique *(n.)*.

MENTALITÉ ♦ **SYN. 1.** *(Collectivité)* Croyances, état d'esprit, habitudes d'esprit, idées, *idéologie*, manière de penser. **2.** Attitude, caractère, comportement, constitution, disposition, esprit, humeur, *psychologie*. **3.** Morale, *moralité*.

MENTERIE ◇ V. **Mensonge**

MENTEUR ♦ **SYN.** ▷ *Nom* **1.** Charlatan, comédien, *fabulateur*, fumiste, hâbleur, hypocrite, imposteur, mystificateur, mythomane, simulateur, trompeur, vantard. ▷ *Adj.* **2.** Fallacieux, faux, *mensonger*. ♦ **ANT. 1.** Personne franche, honnête, sincère. **2.** Authentique, vrai.

MENTION ♦ **SYN. 1.** Citation, *indication*, inscription. **2.** Énonciation *(dr.)*, *note*, précision, renseignement, stipulation. **3.** Allusion, *évocation*, rappel, souvenir. **4.** *(Diplôme)* **Appréciation**, évaluation, jugement, notation. **5.** *(Concours)* Accessit, distinction, nomination, *récompense*.

MENTIONNER ♦ **SYN. 1.** Citer, consigner, faire état de, indiquer, inscrire, *nommer*, parler de, porter à l'attention de, préciser, relater, signaler, stipuler. **2.** Dire (en passant), *évoquer*, faire allusion. ♦ **ANT. 1.** Effacer, omettre, oublier. **2.** S'attarder, s'étendre, insister.

MENTIR ♦ **SYN. 1.** Dire des mensonges, *fabuler*, inventer, raconter des histoires. **2.** Abuser, berner, bluffer, calomnier, dissimuler, duper, faire accroire, faire marcher, feindre, flouer, leurrer, monter un bateau, mystifier, *tromper*. **3.** S'enferrer, *nier*, se parjurer, taire. ♦ **ANT. 1.** Dire vrai (la vérité). **2.** Dénoncer, désabuser, détromper, voir clair. **3.** Avouer, divulguer, révéler.

MENTOR ◇ V. **Conseiller**

MENU ♦ **SYN.** ▷ *Adj.* **1.** Fin, grêle, léger, *mince*, subtil, ténu. **2.** Imperceptible, minuscule, négligeable, *petit*. **3.** Chétif, *fluet*, fragile, frêle. **4.** Délié, *élancé*, gracile, souple, svelte. ▷ *Nom* **5.** Carte, *liste des plats*, liste de prix. **6.** Alimentation,

nourriture, ordinaire *(n.)*, *repas*. **7.** *(Fam.)* Horaire, *ordre du jour*, programme. ♦ **ANT. 1.** Épais, lourd, massif, pesant. **2.** Énorme, grand, gros, important, volumineux. **3.** Fort, robuste, vigoureux. **4.** Corpulent, costaud, gras, trapu.

MENUISIER ♦ **SYN.** Artisan, charpentier, *ébéniste*.

MÉPHISTOPHÉLIQUE ♦ **SYN.** Démoniaque, *diabolique*, infernal, pervers, satanique. ♦ **ANT.** Angélique, bon, céleste, divin, séraphique.

MÉPHITIQUE ♦ **SYN.** Asphyxiant, corrompu, dangereux, délétère, empesté, empoisonné, fétide, infect, irrespirable, malsain, nauséabond, nocif, pestilentiel, puant, *toxique*. ♦ **ANT.** Assaini, atoxique, embaumé, frais, pur, respirable, sain, salubre.

MÉPRENDRE (SE) ♦ **SYN. 1.** *(Identité)* S'abuser, confondre, errer, *se tromper*. **2.** *(Valeur)* Méconnaître, *méjuger*, mésestimer. ♦ **ANT. 1.** Distinguer, identifier, reconnaître. **2.** Apprécier, estimer.

MÉPRIS ♦ **SYN. 1.** Aversion, déconsidération, *dédain*, dégoût, dépréciation, discrédit, indifférence, irrespect, mésestime. **2.** *Arrogance*, condescendance, hauteur, morgue, snobisme. **3.** *(Danger)* **Bravoure**, hardiesse, témérité. ♦ **ANT. 1.** Admiration, appréciation, compassion, considération, déférence, estime, intérêt, respect, vénération. **2.** Humilité, modestie, simplicité. **3.** Appréhension, crainte, peur.

MÉPRISABLE ♦ **SYN.** Abject, bas, dégoûtant, détestable, honteux, ignoble, ignominieux, indigne, *infâme*, lâche, misérable, odieux, vil. ♦ **ANT.** Admirable, auguste, digne, édifiant, estimable, honorable, important, louable, noble, respectable, vénérable.

MÉPRISANT ♦ **SYN.** Altier, *arrogant*, contempteur, condescendant, dédaigneux, dénigreur, fier *(péj.)*, hautain, orgueilleux, rogue, snob, supérieur. ♦ **ANT.** Admiratif, complaisant, déférent, humble, modeste, respectueux.

MÉPRISE ♦ SYN. 1. Confusion, équivoque, erreur, faute, inadvertance, inattention, *malentendu*, mégarde, quiproquo. 2. *Bévue*, bourde, gaffe, impair, maladresse. ♦ ANT. 1. Application, attention, avertissement, exactitude, justesse, soin. 2. Adresse, délicatesse, finesse, subtilité.

MÉPRISER ♦ SYN. 1. *Dédaigner*, dénigrer, déprécier, se désintéresser de, discréditer, faire fi de, honnir, ignorer, se moquer de, prendre de haut, se rire de. 2. *(Conventions, honneurs) Bafouer*, braver, cracher sur *(fam.)*, fouler aux pieds, malmener, piétiner, transgresser. 3. *(Danger, mort) Braver*, défier, narguer. ♦ ANT. 1. Admirer, apprécier, considérer, encenser, estimer, exalter, honorer, s'intéresser à, louer, respecter, tenir compte de, vanter. 2. Convoiter, obéir, rechercher. 3. Appréhender, craindre.

MER ♦ SYN. 1. Bassin océanique, flots, large, *océan*. 2. Station balnéaire. 3. *Abondance*, afflux, débordement, déluge, fleuve, flux, foule, masse, multitude, quantité, rivière, torrent.

MERCANTILE ◇ v. Cupide

MERCANTILISME ♦ SYN. Abus, appât du gain, *cupidité*, exploitation, usure, vénalité. ♦ ANT. Désintéressement, équité, honnêteté.

MERCATIQUE ◇ v. Marchandisage

MERCENAIRE ♦ SYN. ▷ *Nom* 1. Soldat appointé *(armée étrangère)*. ▷ *Adj.* 2. *Cupide*, intéressé, vénal. ♦ ANT. 2. Désintéressé, généreux.

MERCI ♦ SYN. 1. Grâce, gratitude, *remerciement*. 2. *(Formule de refus) Non*, très peu pour moi. 3. *(À la merci)* Assujetti, *dépendant*, soumis, subordonné. ♦ ANT. 1. Ingratitude, refus. 2. Avec plaisir, il n'y a pas de quoi, je vous en prie, oui. 3. Indépendant, libéré, libre.

MÈRE ♦ SYN. 1. Maman. 2. *(Communauté religieuse)* Supérieure. 3. *(Fam.) Madame*, vieille dame. 4. Génitrice, *origine*, source. 5. Pays d'élection, *pays d'origine*. ♦ ANT. 1. Papa, père. 2. Religieuse, sœur. 3. Pépère, vieux.

MÉRITANT ♦ SYN. Digne, *estimé*, honorable, noble, vertueux. ♦ ANT. Indigne, infâme, vil.

MÉRITE ♦ SYN. 1. Dignité, générosité, grandeur d'âme, noblesse, *vertu*. 2. Capacité, prix, qualité, richesse, talent, *valeur*. 3. Éloge, gloire, honneur, *louange*. 4. *Avantage*, bienfait, faveur, utilité. 5. *Décoration*, récompense. ♦ ANT. 1. Bassesse, égoïsme, faiblesse, faute, indignité, tort. 2. Incapacité, médiocrité, nullité, pauvreté. 3. Blâme, démérite, honte, réprobation. 4. Désavantage, inconvénient, inutilité. 5. Peine, punition.

MÉRITER ♦ SYN. 1. Donner droit à, *être digne de*, être en droit de, justifier. 2. Acquérir, attirer, attribuer, gagner, *obtenir*, procurer. 3. S'attirer, *encourir*, être passible de, s'exposer à, prêter le flanc à, risquer de. 4. Demander, donner lieu à, *exiger*, réclamer, requérir, valoir, valoir la peine. 5. *(De la patrie)* Avoir droit à la reconnaissance. ♦ ANT. 1. Démériter, être indigne de, réprouver. 2. Éloigner, enlever, perdre. 3. Garantir, prémunir, préserver. 4. Défendre, empêcher, exclure, interdire. 5. Perdre l'estime de.

MÉRITOIRE ♦ SYN. 1. *(Geste)* Bon, digne, estimable, *louable*, vertueux. 2. *(Effort) Appréciable*, important, notable, remarquable. ♦ ANT. 1. Blâmable, coupable, indigne, mauvais. 2. Faible, insignifiant, négligeable.

MERVEILLE ♦ SYN. 1. Exploit, miracle, phénomène, *prodige*. 2. Beauté, bijou, joyau, *chef-d'œuvre*, rareté, trésor. 3. Délice, *enchantement*, féerie, ravissement. ♦ ANT. 1. Banalité, médiocrité, trivialité. 2. Horreur, laideur, monstruosité. 3. Dégoût, déplaisir, désenchantement, répulsion.

MERVEILLEUX ♦ SYN. ▷ *Adj.* 1. Fabuleux, fantastique, fantasmagorique, *féerique*, magique, miraculeux, prodigieux, surnaturel. 2. Admirable, beau, céleste, éblouissant, enchanteur, excellent, *extraordinaire*, génial, idéal, idyllique, magnifique, mirifique, paradisiaque, ravissant, remarquable, splendide, superbe. ▷ *Nom*

3. Fantastique, *féerie*, magie, miracle, prodige, surnaturel. ♦ ANT. 1. Banal, commun, naturel, normal, ordinaire, réel. 2. Ennuyeux, exécrable, horrible, immonde, insignifiant, laid, terne. 3. Réalité, réel, vrai.

MÉSAVENTURE ♦ SYN. Accident, avatars, déboires, déconvenue, déveine, infortune, *malchance*, malheur, revers, tribulations, tuile *(fam.)*. ♦ ANT. Bonheur, chance, fortune, réussite, succès, veine.

MÉSENTENTE ♦ SYN. 1. Bouderie, brouille, *désaccord*, désunion, différend, discorde, dispute, dissension, dissentiment, divergence, fâcherie, incompatibilité, incompréhension, malentendu, mésintelligence, nuage *(fig.)*, pomme de discorde, rupture, zizanie. 2. Accrochage, déchirements, *friction*, froid, frottement, heurt, refroidissement, tirage *(fam.)*, tiraillements, tension. ♦ ANT. 1. Accord, alliance, compréhension, complicité, entente, harmonie, intelligence, paix, réconciliation, union. 2. Accolade, chaleur, détente, douceur, tendresse.

MÉSESTIMER ◇ v. Méconnaître

MÉSINTELLIGENCE ◇ v. Mésentente

MESQUIN ♦ SYN. 1. *(Esprit)* Borné, étriqué, étroit, *médiocre*, petit. 2. *Bas*, indigne, méprisable, sordide, vil. 3. Avare, avaricieux, *chiche*, ladre, parcimonieux, pingre, regardant à. ♦ ANT. 1. Grand, large d'esprit, libéral, ouvert, tolérant. 2. Bon, digne, honnête, loyal, noble. 3. Généreux, prodigue.

MESQUINERIE ♦ SYN. 1. Étroitesse d'esprit, *médiocrité*, petitesse. 2. *Bassesse*, indignité, vilenie. 3. *Avarice*, ladrerie, lésine, parcimonie. ♦ ANT. 1. Grandeur, largeur d'esprit, ouverture, tolérance. 2. Bonté, dignité, loyauté. 3. Générosité, prodigalité.

MESSAGE ♦ SYN. 1. Annonce, avis, billet, commission, *communication*, communiqué, courriel *(québ.)*, dépêche, information, lettre, missive, mot, pli, réclame (publicitaire), télécopie, texto. 2. Adresse, allo-

cution, déclaration, *discours*. 3. Leçon, *morale*, thèse.

MESSAGER ♦ SYN. 1. Chasseur, commissionnaire, *courrier*, coursier, envoyé, exprès, facteur, groom, porteur. 2. *(Mission)* Ambassadeur, chargé de mission, délégué, émissaire, *envoyé*, mandataire, plénipotentiaire, représentant. 3. *Annonciateur*, avant-coureur, avant-courrier, héraut, précurseur, prélude, présage, prophète.

MESSE ♦ SYN. Célébration, cérémonie, culte, *office divin*, saint sacrifice, service (funèbre).

MESSIE ♦ SYN. 1. *(Majuscule)* *Christ*, envoyé (de Dieu), Rédempteur, Sauveur. 2. *(Minuscule)* Bienfaiteur, *libérateur*, protecteur, sauveur.

MESURE ♦ SYN. 1. Calcul, détermination, *évaluation*, mesurage, métrologie. 2. *Calibre*, étalon, jauge. 3. *Dimension*, grandeur, largeur, longueur, mensuration *(corps humain)*, profondeur, taille. 4. *Dose*, quantité (déterminée), ration. 5. Borne, *limite*. 6. Cadence, mouvement, *rythme*, tempo. 7. Acte, *disposition*, moyen. 8. Circonspection, équilibre, ménagement, *modération*, pondération, précaution, retenue, sagesse. ♦ ANT. 8. Abus, démesure, exagération, excès, outrance.

MESURÉ ♦ SYN. 1. Calculé, calibré, déterminé, étalonné, *évalué*, jaugé. 2. Cadencé, réglé, régulier, *rythmé*. 3. *(Ton)* Compassé, lent. 4. Calme, circonspect, équilibré, *modéré*, pondéré, posé, prudent, rassis, réfléchi, sage. ♦ ANT. 1. Sous-évalué, surévalué. 2. Brisé, déréglé, irrégulier. 3. Aisé, rapide. 4. Démesuré, déséquilibré, emporté, exagéré, excessif, imprudent, irréfléchi, osé, risqué, téméraire.

MESURER ♦ SYN. ▷ V. tr. 1. Arpenter, calculer, calibrer, cuber, déterminer, doser, étalonner, *évaluer*, jauger, métrer, niveler, peser, rader, sonder, toiser. 2. Apprécier, comparer, estimer, *juger*, soupeser. 3. *Compter*, départir, distribuer, donner. 4. Atténuer, limiter, ménager, *modérer*, proportionner, régler. ▷ V. intr. 5. Atteindre, avoir, **contenir**, faire. ▷ V. pr. **6.** S'affronter, **se battre**, lutter s'opposer. **7.** Se considérer (mutuellement), **se jauger**, se toiser (péj.). ◆ ANT. **1.** Sous-évaluer, surévaluer. **2.** Déprécier, méjuger, mésestimer, surestimer. **3.** Enlever, retirer, retrancher. **4.** Abuser, accentuer, exagérer. **5.** Dépasser, excéder, manquer. **6.** Se défendre, éviter, fuir. **7.** Détourner (le regard), s'éloigner.

MÉTAMORPHOSE ◆ SYN. **1.** (Divinité) Avatar, forme, **incarnation. 2.** (Métal) Conversion, **transmutation. 3.** Changement, évolution, modification, mue, mutation, renouvellement, révolution, **transformation.** ◆ ANT. **1.** Âme, esprit. **2.** Conservation, inaltérabilité. **3.** Constance, fixité, immuabilité, invariabilité, stabilité.

MÉTAPHORE ◆ SYN. Allégorie, analogie, comparaison, figure, **image**, symbole. ◆ ANT. Fait, réalité.

MÉTHODE ◆ SYN. **1.** Approche, démarche, disposition, façon, formule, manière, **marche à suivre**, mode, ordre, procédé, processus, recette, voie. **2.** Art, principe, **règle**, système, technique, théorie **3.** Analyse, démonstration, **logique**, rationalité, synthèse. ◆ ANT. **1.** Confusion, désordre, errements, hasard, improvisation, tâtonnements. **2.** Empirisme, expérimentation. **3.** Illogisme, incohérence, irrationalité.

MÉTHODIQUE ◆ SYN. **1.** Calculé, **exact**, mesuré, réglé. **2.** Ordonné, organisé, rangé, **systématique. 3.** Appliqué, **méticuleux**, scrupuleux, soigneux. **4.** Cartésien, **logique**, rationnel, réfléchi. ◆ ANT. **1.** Déréglé, imprécis, inexact. **2.** Confus, désordonné, désorganisé, empirique, expérimental. **3.** Bâclé, brouillon, négligent. **4.** Illogique, incohérent, irrationnel, irréfléchi.

MÉTICULEUX ◆ SYN. Appliqué, attentif, consciencieux, exigeant, maniaque, méthodique, **minutieux**, pointilleux, précis, scrupuleux, sérieux, sévère, soigneux. ◆ ANT. Brouillon, désordonné, inappliqué, inattentif, insouciant, laxiste, négligent.

MÉTIER ◆ SYN. **1.** Boulot (fam.), carrière, emploi, état, gagne-pain, job (fam.), occupation, place, profession, situation, spécia-

lité, **travail. 2.** Fonction, responsabilité, **rôle**, tâche. **3.** Art, **expérience**, habileté, maîtrise, pratique, savoir-faire, tour de main, technique. **4.** (Péj.) Artifice, fabrication, formule, **recette**, truc (fam.). **5.** **Association**, compagnie, confrérie, corps, guilde, syndicat. **6.** (Textile) Bâti, jenny, **machine**.

MÉTROPOLE ◆ SYN. **1.** **Capitale** (nationale), centre administratif, ville principale. **2.** **Centre urbain**, ville importante. **3.** (Polit., écon., cult.) Lieu principal, **siège. 4.** État, **mère patrie.** ◆ ANT. **1.** Agglomération, ville. **2.** Localité, village. **3.** Colonie, protectorat.

METS ◆ SYN. **1.** **Aliment**, nourriture. **2.** **Plat**, spécialité.

METTABLE ◆ SYN. (Vêtement) Passable, portable, **présentable**, sortable, utilisable. ◆ ANT. Défraîchi, immettable, importable, inutilisable, usé.

METTRE ◆ SYN. ▷ V. tr. **1.** Appliquer, apposer, déposer, disposer, dresser, étaler, étendre, **poser. 2.** Caser, classer, fixer, installer, loger, **placer**, ranger. **3.** Ajouter, engager, inclure, **insérer**, introduire, plonger. **4.** **Affecter**, attribuer, préposer à. **5.** Chausser, endosser, enfiler, **habiller**, passer, porter, revêtir, vêtir. **6.** **Causer**, créer, provoquer, semer. **7.** Allumer, faire démarrer, **faire fonctionner**. ▷ V. pr. **8.** S'installer, **se placer. 9.** S'atteler à, **commencer à**, entreprendre. **10.** Changer, **devenir.** ◆ ANT. **1.** Éliminer, enlever, ôter, retirer. **2.** Déloger, déplacer, déranger. **3.** Dégager, extraire, retrancher, sortir, soustraire. **4.** Démettre, destituer. **5.** Déchausser, défaire, déshabiller, dévêtir, quitter. **6.** Empêcher, entraver. **7.** Arrêter, éteindre. **8.** Abandonner, quitter. **9.** Cesser, renoncer à. **10.** Se maintenir, rester.

MEUBLE ◆ SYN. ▷ Nom **1.** (Ensemble des meubles) Ameublement, **mobilier.** ▷ Adj. **2.** (Sol) Ameubli, arable, friable, **labourable. 3.** (Bien meuble) Mobile, remuable, **transportable.** ◆ ANT. **1.** Immeuble. **2.** Aride, dur, inculte. **3.** Fixe, immeuble, immobile.

MEUBLER ◆ SYN. **1.** (Logement) **Équiper**, fournir, garnir, installer, orner, pourvoir.

2. *(Son temps)* **Occuper**, peupler, remplir. ◆ **ANT. 1.** Dégarnir, démeubler, déparer. **2.** Perdre (son temps).

MEUGLER ◇ v. **Mugir**

MEULE ◆ **SYN. 1.** *Broyeur*, concasseur. **2.** *Affiloir*, aléseuse. **3.** *(Foin, fumier)* Gerbier, meulon, *tas*.

MEURTRE ◆ **SYN. 1.** Assassinat, *crime*, exécution, élimination, homicide, liquidation, suppression. **2.** *(Grand nombre de personnes)* Bain de sang, boucherie, carnage, extermination, génocide, hécatombe, holocauste, massacre, pogrom, *tuerie*.

MEURTRIER ◆ **SYN.** ▷ *Nom* **1.** *Assassin*, boucher, bourreau, criminel, homicide, massacreur, monstre sanguinaire, tueur, tueur à gages, tueur en série, vampire *(fig.)*. ▷ *Adj.* **2.** *(Plusieurs personnes)* Cruel, destructeur, *exterminateur*, sanglant, sanguinaire. **3.** *(Blessure, coup, dose)* Fatal, funeste, létal, *mortel*, mortifère. **4.** *(Arme, intention)* Homicide. **5.** *(Route)* Dangereux. ◆ **ANT. 1.** Proie, victime. **2-3.** Bénin, léger, inoffensif. **4.** Innocent. **5.** Sûr.

MEURTRIR ◆ **SYN. 1.** *Contusionner*, écraser, fouler, froisser, marquer, pocher *(œil)*. **2.** *(Fruit, légume)* Cotir, endommager, *tacher*, taler. **3.** Blesser, déchirer, *peiner*. ◆ **ANT. 1.** Cicatriser, guérir. **2.** Briller, luire. **3.** Plaire, réjouir, soulager.

MEURTRISSURE ◆ **SYN. 1.** Blessure, bleu, bosse, *contusion*, coup, lésion, marque, pinçon. **2.** *(Fruit, légume)* Cotissure, *tache*, talure. **3.** *(Fig.)* Chagrin, douleur, *peine*, plaie, trace. ◆ **ANT. 1.** Cicatrice, guérison. **2.** Bon état. **3.** Baume, consolation, joie, réconfort, soulagement.

MEUTE ◆ **SYN. 1.** *(Chiens, loups)* Troupe. **2.** *(Pers.)* **Bande**, horde, ramassis *(péj.)*. **3.** Troupe de louveteaux.

MIASMES ◇ v. **Puanteur**

MICROBE ◆ **SYN. 1.** Bacille, bactérie, *germe*, vibrion, virus. **2.** *(Fam., péj.)* Avorton, gringalet, *petit*.

MICROSCOPIQUE ◆ **SYN. 1.** Invisible (à l'œil nu). **2.** Impalpable, imperceptible, infime, infinitésimal, *minuscule*. ◆ **ANT. 1.** Macroscopique, visible (à l'œil nu).

2. Colossal, énorme, géant, palpable, perceptible.

MIELLEUX ◆ **SYN. 1.** Douceâtre, *doucereux*, emmiellé, melliflu, onctueux, sucré. **2.** Affecté, cauteleux, flatteur, *hypocrite*, papelard, patelin, sournois. ◆ **ANT. 1.** Acide, aigre, âpre, brutal, cassant, dur. **2.** Direct, franc, honnête, ouvert, sincère.

MIETTE ◆ **SYN.** ▷ *Sing.* **1.** *(Aliment)* Morceau, *parcelle*. **2.** *(Ch.)* **Fragment**, pièce. **3.** Brin, petite quantité, *un peu*. ▷ *Pl.* **4.** *(Table)* Reliefs, résidus, *restes*. **5.** Bribes, brisures, *débris*, éclats, fragments, morceaux, tesson *(bouteille)*.

MIÈVRE ◆ **SYN.** Affecté, doucereux, fade, *gentil*, gentillet, guindé, maniéré, puéril. ◆ **ANT.** Brusque, désinvolte, naturel, piquant, savoureux, spontané, vif, vigoureux.

MIÈVRERIE ◆ **SYN.** Affectation, afféterie, fadeur, *gentillesse*, manières, minauderie, recherche. ◆ **ANT.** Brusquerie, désinvolture, naturel, piquant, saveur, spontanéité, vigueur, vivacité.

MIGNARDISE ◆ **SYN. 1.** Délicatesse, gentillesse, *grâce*. **2.** *Affectation*, afféterie. **3.** *(Pl.)* Chichis *(fam.)*, manières, *minauderies*. ◆ **ANT. 1.** Grossièreté, laideur, lourdeur. **2.** Naturel, simplicité. **3.** Brusquerie, rudesse.

MIGNON ◆ **SYN. 1.** Admirable, adorable, beau, charmant, coquet, délicat, *gracieux*, joli, mignard. **2.** Agréable, *aimable*, complaisant, doux, gentil, plaisant. ◆ **ANT. 1.** Disgracieux, grossier, laid, répugnant, rustaud. **2.** Déplaisant, désagréable, détestable, dur, exécrable.

MIGRAINE ◆ **SYN.** Céphalée, hémicrânie, *mal de tête*.

MIGRANT ◇ v. **Émigré**

MIGRATION ◆ **SYN. 1.** *(Pers.)* **Émigration**, exode, immigration, transplantation. **2.** *Déplacement*, montaison *(saumons)*, transhumance *(troupeaux)*. **3.** *(Âmes)* Transmigration.

MIJOTER ◆ **SYN. 1.** Faire cuire lentement. **2.** *(Mets)* Concocter *(fam.)*, mitonner, *préparer*. **3.** *(Fam., péj.)* Concocter *(fam.)*, fricoter *(fam.)*, machiner, manigancer, mûrir, *tramer.* ♦ ANT. 3. Découvrir, déjouer, mettre en plein jour.

MILICE ♦ SYN. 1. Armée *(belg.)*, garde nationale, *police auxiliaire*, troupe auxiliaire. 2.*(Illégale)* Escadron de la mort, formation paramilitaire, *police parallèle*.

MILIEU ♦ SYN. 1. Axe, *centre*, cœur, foyer, giron, intérieur, noyau, sein. 2. Midi, mi-distance, mitan, *moitié*. 3. *Entre-deux*, intermédiaire, moyen terme. 4. *(Juste milieu)* Égalité, équilibre, mesure, modération, *moyenne*, norme (acceptable), pondération. 5.*(Naturel)* Biosphère, biotope, écosystème, *environnement*, habitat, lieu. 6. *(Humain)* Classe sociale, condition sociale, couche sociale, famille, *groupe social*, nation, patrie, pays, population, société, sphère. 7. Ambiance, atmosphère, cadre, climat, décor, élément, *entourage*, parages. 8. Mafia, monde interlope, *pègre*. 9. *(Particulier, restreint)* Association, clan, gang *(québ., fam.)*, *groupe*, initiés, métier, monde, profession. ♦ ANT. 1. Bord, bout, contour, côté, extérieur, extrémité, limite, pourtour. 2. Commencement, fin. 3. Extrême, opposé. 4. Démesure, déséquilibre, exagération, excès. 5. Animal, être humain, être vivant, individu, organisme. 6. Âme, citoyen, habitant, membre, personne. 7. Étranger, monde extérieur. 8. Honnêtes gens. 9. Commun des mortels, non-initiés, société (globale).

MILITAIRE ♦ SYN. ▷ *Adj.* 1. Guerrier, *martial*, soldatesque. 2. Agressif, belliciste, *belliqueux*, militariste. 3. *(Intérêt)* Géostratégique, *stratégique*, tactique. ▷ *Nom* 4. Combattant, guerrier, homme de troupe, officier, *soldat*. ♦ ANT. 1. Civil. 2. Pacifique, pacifiste. 3. Économique, politique. 4. Civil, pékin *(fam., milit.)*.

MILITANT ♦ SYN. ▷ *Nom* 1. Adepte, membre actif, *partisan*, sympathisant. 2. Batailleur, *battant*, fonceur. 3. *(Pl. surtout)* Base (d'un parti). ▷ *Adj.* 4. *Actif*, combatif. ♦ ANT. 1. Adversaire, opposant, rival. 2. Lâcheur, pleutre. 3. Apparatchiks, instances. 4. Indifférent, mou, passif.

MILITARISTE ◇ v. Militaire

MILITER ♦ SYN. 1. *(Cause)* Adhérer, appuyer, batailler, combattre, *défendre*, lutter, participer, prendre parti pour, soutenir. 2. *(Ch.)* Agir, justifier, *plaider*. ♦ ANT. 1. Abandonner, s'opposer, renoncer. 2. Empêcher, entraver.

MIME ♦ SYN. 1. Gestuelle, *imitation*, mimique, pantomime. 2. *Acteur muet*, bouffon, clown, histrion. 3. Humoriste, *imitateur*.

MIMER ♦ SYN. 1. Gesticuler, *imiter*, reproduire. 2. Caricaturer, contrefaire, copier, jouer, *parodier*, pasticher, singer *(péj.)*.

MIMÉTISME ♦ SYN. 1. *(Animaux)* *Camouflage*, dissimulation, effacement. 2. *(Volontaire ou machinal)* *Imitation*, moutonnerie, reproduction. ♦ ANT. 1. Visibilité. 2. Authenticité, originalité, personnalité.

MIMIQUE ♦ SYN. 1. Imitation, *mime*. 2. Contorsion, geste, gesticulation, *gestuelle*, grimace, jeu (corporel), manières, signe, singerie *(péj.)*.

MINABLE ♦ SYN. ▷ *Adj.* 1. *(Situation)* Étriqué, lamentable, malheureux, *misérable*, miteux, pauvre, piteux, pitoyable. 2. *(Valeur)* Décevant, dérisoire, insignifiant, *médiocre*, négligeable, piètre. 3. *(Comportement)* Bas, indigne, mauvais, méchant, méprisable, *mesquin*, sordide, vil. ▷ *Nom* 4. Bon à rien, minus *(fam.)*, *moins que rien*, paumé *(fam.)*, raté, tocard *(fam.)*, zéro. ♦ ANT. 1. Aisé, enviable, heureux, réjouissant, riche. 2. Encourageant, excellent, remarquable, réussi. 3. Admirable, bon, charitable, digne, noble. 4. Élite, gratin *(fam.)*, personnage, personnalité.

MINAUDERIE ♦ SYN. 1. *Affectation*, afféterie. 2. *(Pl. surtout)* Agaceries, avances, chichis *(fam.)*, façons, mamours *(fam.)*, *mignardises*, mines, simagrées. ♦ ANT. 1. Naturel, simplicité. 2. Bourrade, brusquerie, franchise, rudesse.

MINCE ♦ SYN. 1. Fin. 2. Délié, effilé, *étroit*, filiforme, ténu. 3. Délicat, *élancé*, fluet, gracile, léger, svelte. 4. Efflanqué, grêle, *maigre*. **5.** Infime, insignifiant, médiocre, *négligeable*, petit, piètre. **6.** *(Argument)* Court, *faible*, insuffisant. ✦ ANT. **1.** Épais. **2.** Ample, large. **3.** Corpulent, imposant, lourd, massif, trapu. **4.** Costaud, fort, gros, robuste. **5.** Considérable, grand, important. **6.** Développé, satisfaisant, suffisant.

MINCEUR ✦ SYN. **1.** Délicatesse, *finesse*, ténuité. **2.** Élégance, fragilité, gracilité, *sveltesse*. **3.** Faiblesse, insuffisance, médiocrité, maigreur, modicité, pauvreté, *petitesse*. ✦ ANT. **1.** Épaisseur, grosseur. **2.** Inélégance, lourdeur, robustesse. **3.** Grandeur, étendue, importance, richesse.

MINE ✦ SYN. **1.** Allure, *apparence*, aspect, dehors, extérieur, maintien, prestance, tenue. **2.** Air, figure, minois, physionomie, tête, *visage*. **3.** *(Pl.)* Affectation, chichis *(fam.)*, façons, manières, *minauderies*, simagrées. **4.** Carrière, galerie, *minière*, souterrain. **5.** Filon, fonds, *gisement*. **6.** *(Fig.)* Source inépuisable. **7.** Engin explosif.

MINER ✦ SYN. **1.** Affouiller, corroder, creuser, dégrader, entamer, éroder, manger *(fig.)*, *ronger*, user. **2.** *(Peine, maladie)* Abattre, *affaiblir*, brûler, consumer, épuiser, user *(fig.)*. **3.** *(Régime, société)* Attaquer, désintégrer, *détruire*, ruiner, saper. **4.** Démolir, détruire, *faire sauter*, saper. ✦ ANT. **1.** Combler, consolider, étayer. **2.** Améliorer, fortifier, raviver, réconforter, remonter. **3.** Défendre, édifier, établir, fonder. **4.** Construire.

MINEUR ✦ SYN. ▷ *Nom* **1.** Dépendant, *jeune* (moins de 18 ans). ▷ *Adj.* **2.** Accessoire, décoratif, inférieur, marginal, moindre, négligeable, *secondaire*. **3.** *(Problème, souci)* Banal, bénin, léger, *minime*. ✦ ANT. **1.** Adulte, majeur (18 ans). **2.** Capital, essentiel, important, primordial, principal, supérieur. **3.** Considérable, de taille, grave, sérieux.

MINIATURE ✦ SYN. **1.** *Enluminure*, lettre ornementale. **2.** Maquette, *modèle réduit*.

MINIME ✦ SYN. **1.** *Infime*, minuscule, petit. **2.** *Dérisoire*, faible, insignifiant,

médiocre, mince, négligeable, piètre, ridicule. ✦ ANT. **1.** Considérable, énorme, grand. **2.** Appréciable, élevé, important, significatif.

MINIMISER ✦ SYN. **1.** Abaisser, déprécier, diminuer, minorer, *réduire*, sous-estimer, sous-évaluer. **2.** Calmer, *dédramatiser*, dépassionner. ✦ ANT. **1.** Amplifier, exagérer, magnifier, maximaliser, maximiser, surestimer, surévaluer. **2.** Aggraver, dramatiser, enflammer.

MINIMUM ✦ SYN. ▷ *Nom* **1.** *Limite inférieure*, moindre, moins, plancher, seuil. ▷ *Adj.* **2.** Minimal. ✦ ANT. **1.** Limite supérieure, maximum, plafond. **2.** Maximal.

MINISTÈRE ✦ SYN. **1.** Charge, emploi, *fonction*, portefeuille, poste. **2.** *(Relig.)* Apostolat, mission, pastorat, *sacerdoce*. **3.** Concours, coopération, *entremise*, intervention, office, truchement. **4.** Département. **5.** *(Ensemble)* Gouvernement.

MINISTRE ✦ SYN. **1.** Ecclésiastique, pasteur, *prêtre*. **2.** Instrument, *serviteur*. **3.** *Agent diplomatique*, chargé d'affaires, chargé de mission, émissaire. **4.** Agent supérieur, *chef*, homme ou femme d'État, secrétaire d'État. **5.** *(Premier ministre)* Chancelier *(Autriche, Allemagne)*, *chef du gouvernement*. **6.** *(Ensemble)* *Cabinet*, conseil des ministres, gouvernement.

MINOIS ✦ SYN. Bouille *(fam.)*, figure, frimousse *(fam.)*, mine, tête, traits, *visage*.

MINORITÉ ✦ SYN. **1.** Adolescence (moins de 18 ans), *enfance*. **2.** Frange, partie, *petit nombre*, poignée. **3.** *(Suffrages)* Moins de la moitié (49 %). **4.** Groupe ethnique, *groupe minoritaire*. ✦ ANT. **1.** Âge adulte, majorité, maturité. **2.** Ensemble, la plupart, plus grand nombre. **3.** La moitié plus un (51 %). **4.** Groupe majoritaire.

MINUSCULE ✦ SYN. Exigu, infime, lilliputien, microscopique, *minime*, nain, petit. ✦ ANT. Énorme, géant, grand, immense, majuscule.

MINUTE ✦ SYN. ▷ *Nom* **1.** *Instant*, moment. **2.** *(Acte, jugement)* Original. **3.** *(En appos.)* Rapide. ▷ *Interj.* **4.** *(Fam.)* *Doucement*, un instant.

MINUTIE ♦ SYN. **1.** *(Pl. surtout)* Babioles, bagatelles, futilités, insignifiances, *menus détails*, niaiseries, vétilles. **2.** *Application*, attention, conscience, exactitude, méticulosité, précision, scrupule, soin. ♦ ANT. **1.** Importance, valeur. **2.** Distraction, imprécision, inapplication, inattention, négligence.

MINUTIEUX ♦ SYN. **1.** Appliqué, *consciencieux*, difficile, exact, exigeant, formaliste, maniaque, méticuleux, pointilleux, scrupuleux, tatillon, vétilleux. **2.** *(Ch.)* Attentif, *détaillé*, méthodique, sérieux, soigné, soigneux. ♦ ANT. **1.** Brouillon, désinvolte, insouciant, négligent. **2.** Bâclé, désordonné, expéditif, grossier, rapide, superficiel.

MIRACLE ♦ SYN. **1.** Merveille, mystère, phénomène, *prodige*, signe (divin). **2.** *Apparition*, découverte, révélation, salut. **3.** Imprévu, inattendu, *inespéré*, surprise. **4.** *Exploit*, réussite. **5.** Beauté, bijou, joyau, *chef-d'œuvre*, trésor. **6.** *(En appos.)* Efficace, magique, *miraculeux*. ♦ ANT. **1.** Banalité, illusion, imposture, médiocrité. **2.** Brouillard, confusion, perdition, recherche. **3.** Désespoir, fatalité. **4.** Échec, fiasco. **5.** Horreur, laideur, monstruosité. **6.** Inefficace, trompeur.

MIRACULEUX ♦ SYN. **1.** Divin, incompréhensible, inexplicable, *surnaturel*. **2.** Étonnant, extraordinaire, merveilleux, phénoménal, *prodigieux*, surprenant. **3.** *(Remède, solution)* Efficace, magique, *miracle*. ♦ ANT. **1.** Compréhensible, explicable, humain, normal. **2.** Banal, coutumier, ordinaire, quelconque. **3.** Illusoire, inefficace, trompeur.

MIRAGE ♦ SYN. **1.** Illusion, image, *vision*. **2.** Apparence, berlue *(fam.)*, *chimère*, mensonge, rêve, trompe-l'œil. **3.** *Attrait*, séduction. ♦ ANT. **1.** Existence, réalité. **2.** Exactitude, fondement, vérité. **3.** Rejet, répulsion.

MIRER ♦ SYN. ▷ *V. tr.* **1.** Pointer, regarder, *viser*. **2.** *(Vin)* Examiner (à contre-jour). **3.** *Refléter*, réfléchir, renvoyer. ▷ *V. pr.* **4.** S'admirer, *se contempler*, se regarder.

5. Se réfléchir, *se refléter*. ♦ ANT. **1.** Atteindre, rater. **3.** Brouiller, effacer, estomper, troubler. **4.** Se déplaire, se mépriser. **5.** Se brouiller, se troubler.

MIRIFIQUE ♦ SYN. Beau, épatant, étonnant, extraordinaire, fabuleux, fantastique, féerique, magnifique, *merveilleux*, mirobolant, phénoménal, prodigieux, surprenant. ♦ ANT. Banal, bas, insignifiant, laid, médiocre, ordinaire, simple.

MIROBOLANT ♦ SYN. **1.** Extraordinaire, *incroyable*, magnifique, merveilleux, mirifique. **2.** *(Gain)* Astronomique, colossal, *énorme*, phénoménal. **3.** *(Péj.)* Illusoire, trompeur. ♦ ANT. **1.** Coutumier, ordinaire, possible, réel, vrai. **2.** Maigre, mince, minime, ridicule. **3.** Réalisable, réaliste.

MIROIR ♦ SYN. **1.** *Glace*, psyché, réflecteur, rétroviseur. **2.** Image, *reflet*, représentation.

MIROITANT ♦ SYN. Brillant, chatoyant, étincelant, rutilant, *scintillant*. ♦ ANT. Assombri, mat, opaque, pâle, sombre, terne.

MIROITER ♦ SYN. **1.** Briller, chatoyer, étinceler, rutiler, *scintiller*. **2.** *(Faire miroiter)* Appâter, faire entrevoir, inciter, *promettre*, séduire, tromper. ♦ ANT. **1.** Assombrir, embrumer, obscurcir, pâlir, ternir. **2.** Décevoir, déconseiller, décourager, détromper, renoncer.

MISANTHROPE ♦ SYN. ▷ *Adj.* **1.** Asocial, atrabilaire, bourru, farouche, *insociable*, ombrageux, sauvage, sombre, triste. ▷ *Nom* **2.** Ours *(fig.)*, *solitaire*. ♦ ANT. **1.** Affable, aimable, confiant, humain, jovial, obligeant, optimiste, serviable, sociable. **2.** Mondain, philanthrope.

MISE ♦ SYN. **1.** *(Jeu)* Cagnotte, cave, *enjeu*, poule. **2.** Apport, contribution, investissement, part, participation, *placement*. **3.** Ajustement, habillement, *tenue*, toilette.

MISER ♦ SYN. **1.** Déposer (enjeu), gager *(québ.)*, jouer, *parier*, risquer. **2.** *(Fam.)* *Compter sur*, faire fond sur, se fier à, tabler sur. ♦ ANT. **1.** Gagner, perdre, retirer. **2.** Craindre, se méfier, renoncer.

MISÉRABLE ✦ SYN. ▷ *Adj.* **1.** Déplorable, lamentable, *malheureux*, pitoyable. **2.** Besogneux, *indigent*, loqueteux, miteux, paumé *(fam.)*, piteux. **3.** Difficile, funeste, pénible, regrettable, *triste*. **4.** *(Quantité)* Bas, insignifiant, maigre, *minime*. **5.** Malhonnête, méchant, *méprisable*, mesquin, minable, piètre, scélérat. ▷ *Nom* **6.** Démuni, gueux, hère, miséreux, *pauvre*, pauvre diable, traîne-misère, va-nu-pieds. ✦ ANT. **1.** Enviable, favorable, heureux, souhaité. **2.** À l'aise, chic, opulent, prospère. **3.** Agréable, aisé, facile, réjouissant. **4.** Élevé, important, substantiel. **5.** Admirable, bon, généreux, louable, noble. **6.** Fortuné, nanti, richard *(fam.)*, riche.

MISÈRE ✦ SYN. ▷ *Sing.* **1.** Besoin, dèche *(fam.)*, dénuement, détresse, indigence, infortune, malheur, mendicité, *pauvreté*, pénurie. **2.** Bassesse, *faiblesse*, impuissance. **3.** Babiole, *bagatelle*, broutille, insignifiance, rien, vétille. **4.** *(Québ.)* *Difficulté*, mal, peine. ▷ *Pl.* **5.** Chagrins, déplaisirs, ennuis, incommodités, *malheurs*, peines, revers, tourments, tracas. **6.** Harcèlement, malices, *méchancetés*, reproches, taquineries. **7.** Abominations, crimes, horreurs, laideurs, mesquineries, saletés, *vilenies*. ✦ ANT. **1.** Abondance, bien-être, faste, luxe, magnificence, opulence, prospérité, richesse. **2.** Force, grandeur, puissance. **3.** Cherté, fortune, prix, valeur. **4.** Aisance, facilité, plaisir. **5.** Agréments, bonheurs, félicités, joies, plaisirs, succès. **6.** Assiduités, bontés, délicatesses, éloges, gentillesses. **7.** Bonté, dévouement, générosité, grandeur d'âme, humanité, indulgence.

MISÉREUX ◇ V. **Indigent**

MISÉRICORDE ✦ SYN. **1.** Apitoiement, bonté, charité, commisération, *compassion*, pitié, sensibilité, sympathie. **2.** Absolution, clémence, grâce, indulgence, mansuétude, *pardon*. ✦ ANT. **1.** Agressivité, cruauté, dureté, implacabilité, indifférence, insensibilité, rudesse, sévérité. **2.** Accusation, blâme, inclémence, reproche, vengeance.

MISÉRICORDIEUX ✦ SYN. Bon, charitable, clément, *compatissant*, débonnaire, généreux, sensible, tendre. ✦ ANT. Cruel, dur, endurci, impitoyable, implacable, inclément, inexorable, insensible, rigoureux, sévère, strict.

MISSEL ✦ SYN. Antiphonaire *(chants)*, *livre de messe*, paroissien.

MISSION ✦ SYN. **1.** Ambassade, charge, commission, délégation, députation, *mandat*. **2.** *(Relig.)* Apostolat, évangélisation, ministère, organisation (religieuse), sacerdoce. **3.** *(Scientifique)* Expédition, *exploration*, prospection, voyage. **4.** *(Pers.)* Attribution, devoir, occupation, rôle, tâche, *vocation*. **5.** *(Ch.)* *But*, destination, fin, fonction, objectif, visées.

MISSIONNAIRE ✦ SYN. **1.** Apôtre, catéchiste, *évangélisateur*, prédicateur, propagandiste, propagateur, zélateur. **2.** *(Esprit)* Altruiste, dévoué, généreux, prosélyte, zélé. ✦ ANT. **1-2.** Antagoniste, dénigreur, égoïste, indifférent.

MISSIVE ◇ V. **Lettre**

MITEUX ✦ SYN. **1.** *(État)* Insalubre *(logement)*, lamentable, loqueteux *(vêtements)*, minable, *misérable*, piteux, pitoyable. **2.** *(Pers.)* *Fauché*, gueux, misérable, miséreux, paumé *(fam.)*, pauvre. ✦ ANT. **1.** Charmant, chic, coquet, cossu, luxueux, propre, riche. **2.** Fortuné, nanti, richard *(fam.)*, riche.

MITIGÉ ✦ SYN. **1.** Adouci, *atténué*, relâché, tempéré. **2.** Incertain, *nuancé*, partagé, perplexe. ✦ ANT. **1.** Aggravé, empiré, exagéré. **2.** Catégorique, certain, ferme, unanime.

MITONNER ✦ SYN. ▷ *V. intr.* **1.** Bouillir, *mijoter*. ▷ *V. tr.* **2.** *(Mets)* Accommoder, *apprêter*, concocter *(fam.)*, confectionner. **3.** *(Affaire, travail)* Calculer, mûrir, préméditer, *préparer* (avec soin). **4.** *Cajoler*, chouchouter *(fam.)*, dorloter, être aux petits soins pour. ▷ *V. pr.* **5.** Se faire plaisir, prendre soin de soi, *se soigner*. ✦ ANT. **1.** Refroidir. **2.** Gâcher. **3.** Bâcler, expédier, improviser, négliger. **4.** Brusquer, malmener, maltraiter, rudoyer. **5.** Se mortifier.

MITOYEN ◆ SYN. 1. *Commun*, connexe, contigu. 2. Intermédiaire, médian, *moyen*, voisin. ◆ ANT. 1. Distinct, particulier, privé, séparé. 2. Contraire, éloigné, extrême, opposé.

MIXTE ◆ SYN. 1. *Combiné*, composé. 2. Amalgamé, composite, fusionné, mélangé, *mêlé*, panaché. 3. *Différent*, hétérogène, varié. ◆ ANT. 1. Distinct, mêlé. 2. Divisé, partagé, séparé. 3. Homogène, semblable, uniforme.

MIXTION ◆ SYN. 1. *(Pharm.)* Combinaison, composition, incorporation, *mélange*, mixture, préparation. 2. Médicament.

MIXTURE ◆ SYN. 1. *(Pharm.)* Mixtion, *préparation*. 2. *(Péj.)* Cocktail, macédoine, médecine, *mélange* (bizarre), méli-mélo, potion, salade *(fam.)*, salmigondis.

MOBILE ◆ SYN. ▷ *Adj.* 1. *Amovible*, portable, portatif, volant. 2. *Ambulant*, nomade. 3. *(Regard, visage)* Animé, expressif, *vif*. 4. *(Apparence)* Changeant, chatoyant, fugitif, *mouvant*, variable. 5. *(Esprit)* Capricieux, flottant, inconstant, indécis, instable, ondoyant, *versatile*. ▷ *Nom* 6. Cause, impulsion, moteur, *motif*, raison. ◆ ANT. 1. Ancré, fixe, fixé, immobile, inamovible. 2. Sédentaire, stationnaire. 3. Figé, impassible, inexpressif. 4. Immuable, inchangé, invariable, uniforme. 5. Catégorique, constant, direct, égal, persévérant, stable, tenace. 6. Conséquence, résultat.

MOBILIER ◇ V. Meuble

MOBILISATION ◆ SYN. 1. *(Armée)* Appel, conscription, *enrôlement*, recrutement. 2. *(Cause commune)* Campagne, combat, effort, lutte, rassemblement, *regroupement*. ◆ ANT. 1. Démobilisation, désertion, réforme. 2. Impuissance, isolement, solitude.

MOBILISER ◆ SYN. ▷ *V. tr.* 1. *(Milit.)* Appeler, embrigader, enrégimenter, enrôler, lever, rappeler, *recruter*. 2. *(Groupe)* Alerter, ameuter, liguer, rallier, *rassembler*, réunir. 3. *(Énergies, facultés)* Concentrer, *faire appel à*, mettre en jeu. 4. *(Pers.)* *Réquisitionner*, utiliser d'office. ▷ *V. pr.* 5. Agir de concert, *se rassembler*, se regrouper, se

réunir. ◆ ANT. 1. Démobiliser, déserter, réformer, renvoyer. 2. Se désister, manquer à l'appel, se dissocier. 3. Disperser, épuiser, paralyser. 4. Dégager, libérer. 5. Se disperser, se diviser, se séparer.

MOBILITÉ ◆ SYN. 1. Motilité, motricité, *mouvement*. 2. *(Main-d'œuvre, population)* Changement, *déplacement*, exode, migration, nomadisme. 3. Activité, agilité, promptitude, souplesse, *vivacité*. 4. Caprice, fluctuation, inconstance, instabilité, légèreté, variabilité, *versatilité*. ◆ ANT. 1. Handicap, immobilité, paralysie. 2. Maintien, permanence, sédentarité. 3. Fixité, immuabilité, inertie. 4. Aplomb, constance, fidélité, invariabilité, sérieux, stabilité.

MOCHE ◆ SYN. *Fam.* 1. Défavorisé (par la nature), disgracieux, inélégant, inesthétique, *laid*, repoussant. 2. *(Qualité)* Inférieur, mauvais, *médiocre*, pauvre, piètre. 3. Méchant, *méprisable*, mesquin. 4. Décevant, *désolant*, malheureux, regrettable, triste. ◆ ANT. 1. Beau, charmant, élégant, favorisé (par la nature), gracieux, joli, sexy *(fam.)*. 2. Bon, enrichissant, excellent, supérieur. 3. Aimable, généreux, louable. 4. Agréable, bien, chic, heureux, réjouissant.

MODALITÉ ◆ SYN. 1. *(Acte, contrat)* Clause, *condition*, disposition, terme. 2. *(Action, application)* Circonstance, façon, forme, *formule*, manière, mode, particularité.

MODE ◆ SYN. ▷ *Nom fém.* 1. Convention, coutume, façon, fantaisie, habitude, *manière*, mœurs, pratique, usage. 2. Engouement, épidémie *(fig.)*, fureur, *goût du jour*, style, tendance, ton, vogue. 3. Tenue vestimentaire. 4. *(Industrie)* Confection, *couture*, prêt-à-porter. 5. *(À la mode)* À la page, *au goût du jour*, bon chic bon genre *(péj.)*, branché *(fam.)*, d'actualité, dans le vent, de bon ton *(péj.)*, dernier cri, en vogue, moderne, nouveau, populaire. ▷ *Nom masc.* 6. Façon, *forme*, formule, genre, manière, méthode, modalité, procédé. ◆ ANT. 5. Démodé, dépassé, passé de mode, rétrograde, ringard *(fam.)*, vieillot, vieux.

MODÈLE ◆ SYN. ▷ *Nom* 1. Archétype, canon, critère, *exemple*, idéal, norme, paradigme *(gramm.)*, principe, référence, règle, standard, type. **2.** Échantillon, étalon, **prototype**, spécimen. **3.** Canevas, carton, **esquisse**, étude, maquette, matrice, miniature, pattern, schéma. **4. Forme**, gabarit, moule, patron. **5.** Motif, **original**, sujet. **6.** Académie, **nu**. **7.** Cover-girl, **mannequin**. **8.** Héros, **idole**, parangon. **9.** Guide, flambeau, **inspirateur**, mentor, phare. ▷ *Adj.* **10.** Accompli, bon, édifiant, **exemplaire**, parfait. **11.** *(Ch.)* Pilote. ◆ ANT. **10.** Imparfait, mauvais, répréhensible, scandaleux.

MODELER ◆ SYN. ▷ *V. tr.* **1. Façonner**, former, forger, manier, mouler, pétrir, sculpter. **2.** Accorder, adapter, conformer, **régler sur**. ▷ *V. pr.* **3.** Se conformer, s'inspirer, se mouler, **se régler sur**, suivre. ◆ ANT. **1.** Défaire, déformer. **2.** Différencier, diverger, opposer. **3.** Se démarquer, se distinguer, s'opposer.

MODÉRATEUR ◆ SYN. **1.** *Conciliateur*, médiateur, pacificateur, réconciliateur. **2.** *(Mécanisme)* Compensateur, ralentisseur, **régulateur**. **3. Limitatif**, prohibitif, restrictif. ◆ ANT. **1.** Agitateur, fomentateur, instigateur. **2.** Accélérateur, perturbateur. **3.** Abusif, laxiste, permissif.

MODÉRATION ◆ SYN. **1.** Circonspection, convenance, discrétion, équilibre, mesure, **pondération**, raison, réserve, retenue, sagesse. **2.** Douceur, égards, **ménagement**, précaution. **3.** Frugalité, **sobriété**, tempérance. **4.** *(Prix, valeur)* Abaissement, **diminution**, réduction. **5.** *(Peine, règle)* Adoucissement, allégement, atténuation. ◆ ANT. **1.** Démesure, dérèglement, emportement, exagération, folie, immodération, inconvenance, outrance, violence. **2.** Brusquerie, brutalité, dureté. **3.** Abus, excès, gourmandise, intempérance. **4.** Augmentation, hausse. **5.** Implacabilité, rigueur, sévérité.

MODÉRÉ ◆ SYN. **1.** Calme, circonspect, doux, équilibré, mesuré, **pondéré**, raisonnable, rassis, réfléchi, réservé, sage, sérieux. **2.** Frugal, **sobre**, tempérant. **3.** *(Quantité, valeur)* Abordable, bas, faible, **modique**,

moyen. **4.** *(Temps)* Clément, doux, **tempéré**. **5.** *(Polit.)* **Centriste**. ◆ ANT. **1.** Démesuré, déraisonnable, déréglé, écervelé, effréné, emporté, immodéré, véhément, violent. **2.** Excessif, gourmand, intempérant. **3.** Élevé, exagéré, exorbitant, inabordable. **4.** Extrême, inclément, rigoureux. **5.** Extrémiste, radical.

MODÉRER ◆ SYN. ▷ *V. tr.* **1.** *(Sentiment violent)* Adoucir, apaiser, attiédir, **calmer**, contenir, dominer, maîtriser, refréner, refroidir, réprimer, retenir, tempérer. **2.** *(Propos)* Atténuer, ménager, **mesurer**, nuancer, pondérer. **3.** *(Quantité, valeur)* Affaiblir, amortir, **diminuer**, freiner, limiter, ralentir, réduire, restreindre. ▷ *V. pr.* **4. Se calmer**, se contenir. **5.** Changer de ton, **déchanter**, mettre de l'eau dans son vin, se rendre à l'évidence. ◆ ANT. **1.** Aiguillonner, aviver, exacerber, exciter, outrer. **2.** Abuser, exagérer. **3.** Accélérer, accentuer, amplifier, augmenter, hausser, intensifier. **4.** S'emporter, s'exciter. **5.** S'enthousiasmer, hausser le ton, s'illusionner, s'indigner.

MODERNE ◆ SYN. **1.** Actuel, **contemporain**, présent. **2.** Frais, dernier, neuf, **nouveau**, récent. **3. À la mode**, à la page, branché *(fam.)*, dans le vent, en vogue. ◆ ANT. **1.** Ancien, antique, passé. **2.** Classique, traditionnel, vieux. **3.** Démodé, dépassé, désuet, rétrograde, vieillot.

MODERNISER ◆ SYN. **1.** Actualiser, **adapter**, rajeunir, réformer, renouveler, transformer. **2.** *(Bâtiment)* **Rénover**, réparer, restaurer. **3.** *(Dictionnaire, ouvrage)* Améliorer, enrichir, **mettre à jour**, réviser. ◆ ANT. **1.** S'atrophier, se démoder, stagner, vieillir. **2.** Décrépir, dépérir. **3.** Devenir obsolète, tomber en désuétude.

MODESTE ◆ SYN. **1.** Discret, effacé, **humble**, réservé, timide. **2.** Dépouillé, **simple**, sobre. **3.** Faible, **limité**, maigre, médiocre, modique, restreint. **4.** *(Condition)* Obscur, **pauvre**, petit. **5.** Chaste, **décent**, pudique, retenu, sage. ◆ ANT. **1.** Audacieux, fier, hautain, impudent, orgueilleux, vaniteux. **2.** Cossu, fastueux, luxueux, somptueux. **3.** Élevé, exorbitant, faramineux, important. **4.** Célèbre, grand, riche. **5.** Immodeste, impudique, indécent, osé.

MODESTIE ✦ **SYN. 1.** Effacement, *humilité*, réserve, retenue, simplicité, timidité. **2.** *Décence*, pudeur, sagesse, vertu. **3.** Franchise, *honnêteté*, sincérité. ✦ **ANT. 1.** Audace, fatuité, fierté, impudence, orgueil, vanité. **2.** Immodestie, impudeur, indécence. **3.** Affectation, fausse modestie, hypocrisie, malhonnêteté.

MODIFICATION ✦ **SYN. 1.** Altération, *changement*, évolution, métamorphose, mue, mutation, transformation, variation. **2.** Correction, mise à jour, rectification, refonte, réforme, *remaniement*, révision. **3.** *Amendement*, dérogation, restriction. **4.** *(En mieux)* **Amélioration**, enrichissement, nouveauté, renouvellement. **5.** *(En pire)* **Aggravation**, appauvrissement, dégradation, détérioration. ✦ **ANT. 1.** Immuabilité, invariabilité, permanence, stabilité, stagnation. **2-3.** Conservation, maintien. **4.** Aggravation. **5.** Amélioration.

MODIFIER ✦ **SYN.** ▷ *V. tr.* **1.** Altérer, *changer*, métamorphoser, renouveler, révolutionner, transformer. **2.** Amender, corriger, rectifier, redéfinir, réformer, *remanier*, retoucher, réviser. ▷ *V. pr.* **3.** *Évoluer*, se transformer, varier. ✦ **ANT. 1.** Conserver, maintenir, stabiliser. **2.** Fixer, garder, laisser, perpétuer. **3.** S'arrêter, persister, régresser.

MODIQUE ✦ **SYN. 1.** Bas, dérisoire, faible, maigre, médiocre, *minime*, modeste, petit. **2.** *Abordable*, accessible, raisonnable. ✦ **ANT. 1.** Élevé, énorme, fort, grand, important, imposant. **2.** Cher, déraisonnable, exorbitant, inabordable, inaccessible.

MODULER ✦ **SYN. 1.** *(Air, son)* **Articuler** (par modulations), chanter, chantonner, émettre, siffler, siffloter. **2.** Accorder, *adapter*, ajuster, régler. ✦ **ANT. 2.** Dérégler, désaccorder.

MOELLE ◇ V. **Quintessence**

MOELLEUX ✦ **SYN. 1.** *(Toucher)* Confortable, *douillet*, élastique, mollet, mou, soyeux. **2.** *(Goût, aspect)* Agréable, crémeux,

doux, *onctueux*, savoureux, tendre, velouté. **3.** *(Oreille)* **Caressant**, harmonieux. **4.** *Gracieux*, souple. ✦ **ANT. 1.** Dur, inconfortable, résistant, rude, rugueux. **2.** Acide, amer, âpre, désagréable. **3.** Criard, dissonant. **4.** Disgracieux, raide.

MŒURS ✦ **SYN.** Conduite, *coutumes*, habitudes, mentalité, mode de vie, morale, pratique, principes, usages, us et coutumes.

MOINE ✦ **SYN. 1.** Anachorète, *ermite*. **2.** *(Communauté)* Bonze *(bouddhisme)*, cénobite, convers, frère, père, *religieux*.

MOINEAU ✦ **SYN. 1.** Oiseau commun. **2.** *(Drôle de moineau, fam.)* **Énergumène**, individu, oiseau *(fam.)*, personnage, phénomène, type. **3.** *(Québ.)* Volant *(badminton)*.

MOIRÉ ✦ **SYN.** *Chatoyant*, diapré, luisant, lustré, ondé, ondoyant, varié, versicolore. ✦ **ANT.** Égal, mat, uni, unicolore, uniforme.

MOISIR ✦ **SYN. 1.** S'altérer, chancir, se détériorer, se gâter, *pourrir*. **2.** *(Pers.)* **Attendre**, patienter, poireauter *(fam.)*. **3.** Croupir, languir, se morfondre, stagner, *végéter*, vivoter. ✦ **ANT. 1.** Se conserver, rester intact. **2.** Hâter, précipiter, presser. **3.** Avancer, évoluer, progresser.

MOISSON ✦ **SYN. 1.** Coupe, cueillette, fenaison, *récolte*. **2.** *(Fig.)* **Abondance**, accumulation, masse, profusion, quantité. ✦ **ANT. 1.** Ensemencement, semailles. **2.** Pénurie, perte, rareté.

MOISSONNER ✦ **SYN. 1.** Couper, cueillir, faucher, *récolter*. **2.** *(Récompenses, renseignements)* Accumuler, *amasser*, gagner, recueillir. **3.** Détruire, faucher des vies, *tuer*. ✦ **ANT. 1.** Ensemencer, semer. **2.** Disperser, oublier, manquer, perdre. **3.** Épargner, sauver.

MOITE ✦ **SYN.** En sueur, *humide*, mouillé, suant. ✦ **ANT.** Desséché, sec.

MOITEUR ✦ **SYN.** *Humidité*, sueur, transpiration. ✦ **ANT.** Sécheresse.

MOITIÉ ✦ **SYN. 1.** Demi, *demie*. **2.** La plupart, une bonne partie, *une partie*. **3.** *(À moitié)* À demi, en partie, *partiellement*. **4.** *(À la moitié)* À mi-, *au milieu de*. **5.** *(Chère moitié, douce moitié, fam.)* Chérie, *conjointe*,

épouse, femme. ✦ ANT. 1. Entier, un, unité.
2. Totalité. 3. Complètement, entièrement.
4. À la fin, au bout. 5. Chéri, homme, mec
(fam.).

MÔLE ✦ SYN. 1. Brise-lames, *digue*,
jetée, musoir. 2. Embarcadère, *quai*.

MOLÉCULE ✦ SYN. *Atome*, corpuscule,
élément, particule.

MOLESTER ✦ SYN. *(En public)* Bousculer,
brutaliser, importuner, lyncher, malmener, maltraiter, *rudoyer*. ✦ ANT. Accueillir
(triomphalement), applaudir, épargner,
louer, ménager, secourir.

MOLLASSE, MOLLASSON ◇ V. **Mou**

MOLLESSE ✦ SYN. 1. *(Ch.)* Douceur,
moelleux (n.), onctuosité, velouté. 2. *(Formes)* Délicatesse, finesse, grâce, légèreté,
morbidesse *(peint.)*, *souplesse*. 3. Apathie,
avachissement, indolence, langueur, nonchalance, *paresse*, somnolence. 4. Complaisance, facilité, laisser-aller, laxisme,
permissivité, *relâchement*. 5. Faiblesse,
indécision, irrésolution, *lâcheté*, veulerie.
✦ ANT. 1. Âpreté, dureté, rigidité, rugosité.
2. Inélégance, lourdeur, raideur. 3. Activité, ardeur, dynamisme, énergie, vigueur,
vivacité. 4. Discipline, effort, rigueur,
sévérité. 5. Courage, détermination, fermeté, résolution, ténacité, volonté.

MOLLET ✦ SYN. *(Toucher)* Douillet, *doux*,
duveté, moelleux, mou, tendre, velouté.
✦ ANT. Âpre, dur, rude, rugueux.

MOLLIR ✦ SYN. ▷ V. tr. 1. *Amollir*, détendre (cordage). ▷ V. intr. 2. *(Corps)* Chanceler,
défaillir, *faiblir*, fléchir, plier. 3. S'abandonner, *céder*, se dégonfler *(fam.)*, flancher
(fam.), hésiter. 4. *(Vent)* Baisser, *diminuer*,
tomber. ✦ ANT. 1. Durcir, raidir. 2. S'affermir, se raidir. 3. S'entêter, foncer, persister, résister, tenir. 4. Augmenter, s'élever,
souffler.

MOLLO ◇ V. **Mou**

MOLLUSQUE ◇ V. **Mou**

MOLOSSE ✦ SYN. Cerbère, *chien de
garde*, dogue, mâtin.

MOMENT ✦ SYN. 1. Heure, *instant*, intervalle, minute, seconde. 2. Date, *époque*,

étape, jour, phase, saison. 3. Cas, circonstance, *occasion*, temps.

MOMENTANÉ ✦ SYN. Bref, brusque,
court, discontinu, éphémère, intermittent,
passager, précaire, provisoire, temporaire.
✦ ANT. Continu, continuel, durable, incessant, permanent, perpétuel, prolongé,
stable.

MOMIFIER ✦ SYN. ▷ V. tr. 1. Dessécher,
embaumer. ▷ V. pr. 2. *S'atrophier*, se dessécher, devenir inerte, se fossiliser, se
scléroser. ✦ ANT. 1. Corrompre, putréfier.
2. Agir, se ranimer, se réveiller.

MONACAL ✦ SYN. 1. Cénobitique, claustral, conventuel, *monastique*. 2. *Ascétique*,
austère, solitaire. ✦ ANT. 1. Érémitique
(ermite), séculier. 2. Frivole, futile, mondain.

MONARCHIE ✦ SYN. 1. Dynastie, *royauté*, souveraineté. 2. Couronne, *royaume*.
✦ ANT. 1. Aristocratie, démocratie, oligarchie, république. 2. Sujets.

MONARQUE ✦ SYN. Autocrate *(péj.)*,
empereur, potentat, prince, roi, *souverain*. ✦ ANT. Dépendant, subordonné,
sujet.

MONASTÈRE ✦ SYN. 1. Abbaye, chartreuse, cloître, commanderie, *couvent*,
ermitage, laure *(orthodoxe)*, moutier, prieuré,
trappe. 2. *(Bouddhisme)* Bonzerie, lamaserie.
3. *(Inde)* Ashram.

MONCEAU ✦ SYN. Accumulation, amas,
amoncellement, empilement, entassement, masse, montagne, pile, tas. ✦ ANT.
Dispersion, éparpillement.

MONDAIN ✦ SYN. ▷ Adj. 1. *Profane*, terrestre. 2. *Frivole*, futile, superficiel, vain.
▷ Nom 3. *Homme ou femme du monde*, membre du jet-set. ✦ ANT. 1. Religieux, sacré.
2. Grave, important, sérieux. 3. Monde
ordinaire, peuple.

MONDANITÉ ✦ SYN. ▷ Sing. 1. *Frivolité*,
futilité, vanité. ▷ Pl. 2. Divertissements du
monde, *vie mondaine*. 3. Chichis *(fam.)*, flaflas *(fam.)*, *politesses* (conventionnelles),
simagrées. 4. *(Journal)* *Échos*, nouvelles mondaines. ✦ ANT. 1. Austérité, gravité, sérieux.

MONDE ♦ SYN. 1. Cosmos, création, nature, *univers*. 2. Globe, planète Terre, *Terre* (entière). 3. Genre humain, *humanité*, société. 4. Foule, *gens*, individus, personnes, peuple, population, public. 5. Entourage, *milieu*, sphère. 6. Aristocratie, *haute société*, jet-set. 7. *Époque*, ère, régime. 8. *(Relig.)* Siècle, vie profane, *vie séculière*. 9. *Abîme*, écart, fossé, séparation.

MONDIAL ♦ SYN. International, planétaire, *universel*. ♦ ANT. Local, national, régional, territorial.

MONDIALISATION ♦ SYN. 1. Internationalisation, planétarisation, *universalisation*. 2. *(Conflit) Extension*, généralisation. ♦ ANT. 1. Individualisation, particularisation. 2. Confinement, localisation.

MONITEUR ♦ SYN. 1. *(Sports)* Coach, *entraîneur*. 2. Éducateur, *instructeur*. 3. *(Inform.)* Écran de visualisation. ♦ ANT. 1. Athlète, équipier, joueur. 2. Apprenti, élève.

MONNAIE ♦ SYN. 1. Argent, espèces, numéraire, *pièce*. 2. *Billet*, papier-monnaie. 3. Change, cours, *devise*, étalon. 4. *Appoint*, différence.

MONOGRAPHIE ♦ SYN. Biographie, description, *étude* (exhaustive).

MONOLOGUE ♦ SYN. 1. Aparté *(théâtre)*, *soliloque*. 2. Déclaration, *discours*, récitation, tirade. 3. Scène fantaisiste. ♦ ANT. 1. Conversation, dialogue. 2. Échange, entretien, répartie, réplique.

MONOPOLE ♦ SYN. 1. Accaparement, alliance, cartel, centralisation, *concentration*, consortium, duopole, holding, oligopole, régie *(État)*, trust. 2. Apanage, *exclusivité*, privilège. ♦ ANT. 1. Compétition, concurrence, décentralisation, restriction. 2. Distribution, partage.

MONOPOLISATION, MONOPOLISER ◊ V. **Accaparement, accaparer**

MONOTONE ♦ SYN. 1. *(Ton)* Continu, monocorde, répétitif, traînant, *uniforme*. 2. Endormant, *ennuyeux*, fade, impersonnel, lassant, plat, soporifique. 3. Banal, gris, maussade, morne, quotidien, routinier,

terne, *triste*. ♦ ANT. 1. Convaincant, éloquent, entraînant, nuancé, varié. 2. Captivant, changeant, divertissant, intéressant, original, passionnant. 3. Agréable, divertissant, nouveau, plaisant, réjouissant, rose.

MONOTONIE ♦ SYN. 1. Répétitivité, routine, train-train, *uniformité*. 2. *Ennui*, fadeur, grisaille, lassitude, platitude, tristesse. ♦ ANT. 1. Changement, diversité, variété. 2. Agrément, intérêt, joie, piquant, plaisir.

MONSIEUR ♦ SYN. 1. *(Titre)* Homme. 2. Individu, *type*. 3. Personnage éminent. ♦ ANT. 1. Madame. 2. Dame. 3. Inconnu, quidam.

MONSTRE ♦ SYN. ▷ Nom 1. *Chimère*, dragon. 2. *Personne anormale*, phénomène. 3. *Laid*, moche *(fam.)*. 4. Méchant, pervers, sadique, *vilain*. 5. *(Enfant, fam.)* Chenapan, coquin, démon, diable, *espiègle*, garnement, peste. ▷ Adj. 6. Bœuf *(fam.)*, colossal, *énorme*, fantastique, gigantesque, phénoménal, prodigieux. ♦ ANT. 2. Personne normale. 3. Beau, joli. 4. Affable, bon, honnête. 5. Ange, enfant sage. 6. D'estime, ordinaire, quelconque.

MONSTRUEUX ♦ SYN. 1. *Anormal*, bizarre, difforme, laid, phénoménal, tératologique. 2. Colossal, démesuré, éléphantesque, *énorme*, excessif, faramineux, gigantesque, herculéen, immense, surhumain, titanesque. 3. Abominable, affreux, *atroce*, cruel, dénaturé, effrayant, épouvantable, horrible, inhumain, répugnant, révoltant. ♦ ANT. 1. Beau, normal, quelconque. 2. Infime, menu, minuscule, moyen, ordinaire, petit. 3. Agréable, bon, charmant, doux, grand, humain, noble, tendre.

MONSTRUOSITÉ ♦ SYN. 1. *Anomalie*, bizarrerie, difformité, laideur, malformation. 2. *Atrocité*, cruauté, horreur, inhumanité. 3. *(Pl.) Aberrations*, abominations, absurdités, bêtises, erreurs, incongruités, infamies, inepties, insanités, sottises. ♦ ANT. 1. Beauté, charme, normalité. 2. Bonté, grandeur, humanité, noblesse.

3. Bon sens, convenance, raison, sagesse, vérité.

MONT ♦ SYN. 1. Butte, colline, *élévation* (faible), éminence, hauteur, monticule. 2. Montagne. ♦ ANT. 1. Abîme, bas, enfoncement, fond, pied. 2. Plaine.

MONTAGE ♦ SYN. Ajustage, arrangement, *assemblage*, disposition, installation, monture *(bijouterie)*. ♦ ANT. Démontage, désassemblage, dislocation.

MONTAGNE ♦ SYN. 1. Contreforts *(appui)*, cordillère *(chaîne)*, *élévation* (forte), éminence, hauteur, massif, mont, morne, pic, puy, rocher, sierra. 2. Accumulation, amas, *amoncellement*, entassement, masse, monceau, pile, tas. ♦ ANT. 1. Plaine, vallée. 2. Morceau, parcelle.

MONTAGNEUX ♦ SYN. Abrupt, *accidenté*, à pic, inégal, montueux, mouvementé, rocheux. ♦ ANT. Aplati, égal, nivelé, plat, uni, uniforme.

MONTANT ♦ SYN. ▷ *Adj.* 1. Ascendant. ▷ *Nom* 2. Jambage, piédroit *(archit.)*, *portant*. 3. Bouquet *(vin)*, goût, piquant, *saveur*. 4. Chiffre, coût, prix, *total*. ♦ ANT. 1. Avalant *(cours d'eau)*, descendant, jusant *(marée)*. 2. Traverse. 3. Fadeur, insipidité.

MONTÉE ♦ SYN. 1. Ascension, *escalade*, grimpe, grimpée, trekking, varappe. 2. Crue, débordement, *élévation*, gonflement. 3. Lévitation. 4. *Côte*, déclivité, inclinaison, pente, raidillon, rampe. 5. Amplification, augmentation, crescendo, croissance, extension, *hausse*, intensification, progression, spirale. ♦ ANT. 1. Descente, glissade, glisse. 2. Abaissement, décrue, retrait. 4. Palier, plateau. 5. Baisse, chute, confinement, decrescendo, diminution, réduction, régression.

MONTER ♦ SYN. ▷ *V. intr.* 1. Aller, *s'élever*, grimper, se hisser. 2. S'embarquer, *prendre place* (à bord). 3. Décoller, *s'envoler*, voler. 4. S'amplifier, *augmenter*, croître, enchérir. 5. Avancer, *progresser*. ▷ *V. tr.* 6. Atteindre, se chiffrer à, *totaliser*. 7. Escalader, franchir, *gravir*. 8. Élever, hausser, hisser, *lever*, relever. 9. Ajuster, *assembler*, disposer, dresser, installer,

sertir. 10. Équiper, fournir, *munir*, pourvoir. 11. Constituer, établir, *fonder*, mettre sur pied. 12. Élaborer, *organiser*, préparer. 13. Combiner, machiner, ourdir, *tramer*. 14. *(Animaux)* S'accoupler, couvrir, saillir, servir. ▷ *V. pr.* 15. *(Contre qqn)* S'emporter, *se fâcher*, s'irriter. 16. S'élever à. ♦ ANT. 1. S'abaisser, descendre, refouler, revenir. 2. Débarquer. 3. Atterrir, se poser. 4. Baisser, décroître, diminuer. 5. Décliner, reculer, régresser. 6. Réduire, soustraire. 7. Dévaler, glisser. 8. Abaisser, rabattre. 9. Défaire, démolir, démonter. 10. Démunir, priver de. 11. Abolir, dissoudre. 12. Empêcher, entraver, improviser. 13. Contrecarrer, déjouer, éventer, mettre en plein jour, révéler. 14. Éloigner, séparer. 15. Se calmer, pardonner, se réconcilier. 16. Se réduire à.

MONTGOLFIÈRE ◇ V. Dirigeable

MONTICULE ♦ SYN. 1. *Butte*, colline, coteau, élévation, éminence, hauteur, tertre. 2. Cairn, talus *(matériaux)*, *tas*, tertre, tumulus *(sépulture)*.

MONTRABLE ♦ SYN. *(Tenue, pers.)* *Présentable*, sortable. ♦ ANT. Débraillé, négligé.

MONTRE ♦ SYN. 1. Devanture, *étalage*, éventaire, exhibition, exposition, vitrine. 2. Chronomètre, *montre-bracelet*, tocante *(fam.)*. 3. *(Péj.)* Affectation, apparat, démonstration, déploiement, épate *(fam.)*, étalage *(fig.)*, exhibition *(fig.)*, *ostentation*, parade. ♦ ANT. 3. Effacement, humilité, modestie, simplicité

MONTRER ♦ SYN. ▷ *V. tr.* 1. Afficher, arborer, déployer, étaler, exhiber, exposer, offrir, *présenter*, produire. 2. Désigner, *indiquer*, pointer, signaler, souligner. 3. Découvrir, dégager, *dévoiler*, laisser voir. 4. *Décrire*, dépeindre, évoquer, représenter. 5. *Démontrer*, établir, prouver. 6. Apprendre, *enseigner*, expliquer, instruire. 7. Dénoter, *exprimer*, manifester, marquer, révéler, témoigner, trahir. ▷ *V. pr.* 8. Apparaître, paraître, *se présenter*, surgir. 9. *(Souvent péj.)* S'afficher, *s'exhiber*, parader, se pavaner, se produire. 10. S'avérer, être, *se révéler*. ♦ ANT. 1. Cacher, celer, couvrir, dérober (à la vue), soustraire.

2. Détourner, distraire, effacer. **3.** Déguiser, masquer, vêtir, voiler. **4.** Censurer, déformer, dénaturer. **5.** Démentir, infirmer, récuser. **6.** Désapprendre, oublier. **7.** Dissimuler, taire. **8.** Déguerpir, disparaître, s'éclipser. **9.** Se cacher, se faire discret. **10.** Faillir, manquer de.

MONTURE ♦ SYN. **1.** Cheval. **2.** *(Fam.)* *Motocyclette*, vélo. **3.** Assemblage, châsse, encadrement, garniture, montage *(bijou)*, *support*.

MONUMENT ♦ SYN. **1.** Bâtiment, cathédrale, construction, *édifice*, palais. **2.** Cénotaphe, mausolée, mégalithe, monolithe, sépulcre, statue, *stèle*, tombeau, tumulus. **3.** Arc, colonne, *mémorial*, sculpture. **4.** Chef-d'œuvre, classique, merveille, *œuvre imposante*.

MONUMENTAL ♦ SYN. **1.** Grandiose, *imposant*, majestueux, merveilleux. **2.** Colossal, démesuré, *énorme*, extraordinaire, gigantesque, immense, prodigieux. ♦ ANT. **1.** Banal, insignifiant, laid, médiocre, nul. **2.** Infime, minime, minuscule, ordinaire, petit.

MOQUER (SE) ♦ SYN. **1.** Bafouer, se divertir de, se gausser, ironiser, se jouer de, narguer, persifler, plaisanter, *railler*, ricaner, ridiculiser, rire de. **2.** Blaguer, *plaisanter*. **3.** Contrefaire, *imiter*, parodier, singer *(péj.)*. **4.** Braver, dédaigner, se désintéresser de, faire fi de, se ficher *(fam.)*, *mépriser*, ne pas faire cas de. **5.** Berner, *duper*, leurrer, rouler *(fam.)*. ♦ ANT. **1.** Admirer, applaudir, approuver, flatter, louer, obliger, sympathiser, vanter. **2.** Parler sérieusement. **4.** S'intéresser à, se préoccuper de, respecter, se soucier de. **5.** Aider, encourager, instruire.

MOQUERIE ♦ SYN. **1.** Attaque, cynisme, dédain, dérision, flèche, ironie, lazzi, mépris, persiflage, pointe, quolibets, *raillerie*, ricanement, risée, sarcasme, satire. **2.** Blague, espièglerie, *humour*, malice, plaisanterie, rigolade *(fam.)*, taquinerie, trait d'esprit. ♦ ANT. **1.** Admiration, bienveillance, charité, considération,

éloge, respect, sollicitude. **2.** Gravité, sérieux.

MOQUEUR ♦ SYN. **1.** Acéré, caustique, cynique, frondeur, goguenard, gouailleur, impertinent, ironique, mordant, persifleur, *railleur*, ricaneur, sarcastique, sardonique *(rire)*, satirique. **2.** *Blagueur*, espiègle, facétieux, farceur, malicieux, narquois, plaisantin, pince-sans-rire, piquant, taquin. ♦ ANT. **1.** Admiratif, bienveillant, flatteur, louangeur, mielleux, poli, respectueux. **2.** Grave, sérieux.

MORAL ♦ SYN. ▷ *Adj.* **1.** Bien, bienséant, convenable, correct, décent, édifiant, éthique, exemplaire, *honnête*, juste, probe, rangé, sage, vertueux. **2.** Intellectuel, mental, *psychique*, psychologique, spirituel. ▷ *Nom* **3.** Âme, caractère, disposition, esprit, *état d'esprit*, humeur, mental *(n.)*. ♦ ANT. **1.** Amoral, choquant, dépravé, déshonnête, grivois, honteux, immoral, inconvenant, indécent, injuste, mal, obscène, offensant, pornographique. **2.** Corporel, matériel, physique. **3.** Corps, physique *(n.)*.

MORALE ♦ SYN. **1.** Bien, bon, *conduite*, déontologie, devoirs, doctrine, éthique, mœurs, préceptes, règles, valeurs. **2.** Manière de penser, *mentalité*. **3.** Harangue, prêchi-prêcha *(péj.)*, *réprimande*, reproche, semonce, sermon. **4.** Conclusion, enseignement, *leçon*, maxime, message, moralité, thèse. ♦ ANT. **1.** Dérogation, écart, immoralisme, immoralité, laxisme, mal. **2.** Critique, subjectivité. **3.** Approbation, éloge.

MORALISATEUR ♦ SYN. **1.** *Édifiant*, moralisant, moraliste, vertueux. **2.** *(Péj.)* Raseur *(fam.)*, *sermonneur*. ♦ ANT. **1.** Choquant, immoral, immoraliste, laxiste, leste, offensant. **2.** Compréhensif, encourageant.

MORALISER ♦ SYN. Admonester, catéchiser, chapitrer, corriger, haranguer, prêcher, *réprimander*, semoncer, sermonner, tancer. ♦ ANT. Corrompre, dépraver, pervertir.

MORALITÉ ✦ **SYN.** **1.** *Bonnes mœurs*, comportement, conduite, conscience, honnêteté, mentalité, mérite, morale, sens moral, valeur, vertu. **2.** Conclusion, enseignement, *leçon*, morale ✦ **ANT.** **1.** Amoralité, bassesse, débauche, immoralité, laxisme, perversion, vice.

MORBIDE ✦ **SYN.** **1.** *(Méd.)* **Maladif**, pathologique. **2.** Anormal, dépravé, excessif, *malsain*, obsessif, pervers. ✦ **ANT.** **1.** Robuste, vigoureux. **2.** Maîtrisable, mesuré, normal, raisonnable, sain.

MORCEAU ✦ **SYN.** **1.** Bouchée, bout, grain, languette, lichette *(fam.)*, miette, *portion*, quignon, rondelle, tranche. **2.** Bribes, fraction, *fragment*, lambeau, parcelle, part, partie, quartier, segment, tronçon. **3.** *(Pl. surtout)* Anthologie, compilation, *extraits*, florilège, passages, textes choisis. **4.** *(Arts)* Œuvre, pièce. ✦ **ANT.** **1.** Aliment, mets, plat. **2.** Bloc, ensemble, masse, totalité, tout. **3-4.** Intégrale, œuvre complète.

MORCELER ✦ **SYN.** **1.** Briser, casser, dépecer, désagréger, disloquer, diviser, émietter, *fractionner*, fragmenter, segmenter. **2.** *(Territoire)* Balkaniser, *démembrer*, lotir *(terrain)*, partager, sectionner, séparer. **3.** *(Forces)* **Disperser**, éparpiller. ✦ **ANT.** **1.** Agglomérer, agréger, assembler, fusionner, rassembler, unir. **2.** Associer, remembrer, réunir. **3.** Concentrer, regrouper.

MORCELLEMENT ✦ **SYN.** **1.** Désagrégation, division, éclatement, émiettement, *fractionnement*, fragmentation, segmentation. **2.** *(Territoire)* Balkanisation, *démembrement*, partage, partition, sectionnement, séparation. **3.** *(Forces)* **Dispersion**, éparpillement. ✦ **ANT.** **1.** Agglomération, fusion, réunion, union. **2.** Remembrement, réunification. **3.** Concentration, regroupement.

MORDANT ✦ **SYN.** ▷ *Adj.* **1.** *(Ton)* Acerbe, acéré, acide, âcre, acrimonieux, aigre, blessant, caustique, corrosif, *incisif*, ironique, moqueur, narquois, piquant, satirique. **2.** *(Froid)* Âpre, cuisant, pénétrant, *vif*. ▷ *Nom* **3.** Allant, dynamisme, énergie, fou-

gue, punch *(fam.)*, *vivacité*. ✦ **ANT.** **1.** Accommodant, affable, agréable, bienveillant, flatteur, indulgent, obligeant. **2.** Agréable, doux, rafraîchissant. **3.** Apathie, fadeur, langueur, lourdeur, mièvrerie, tiédeur.

MORDICUS ✦ **SYN.** *(Fam.)* Énergiquement, fermement, *obstinément*, opiniâtrement, sans démordre. ✦ **ANT.** Faiblement, mollement.

MORDRE ✦ **SYN.** **1.** Broyer, croquer, déchiqueter, déchirer, mâchonner, mordiller, piquer *(insecte, serpent)*, *saisir*, serrer. **2.** *Attaquer*, corroder, détruire, entamer, manger *(fig.)*, ronger, user. **3.** *(Froid)* Pénétrer, *pincer*. **4.** *(Fam.)* *Se faire avoir*, gober, marcher *(fam.)*, tomber dans le panneau, tomber dans le piège. **5.** Déborder, dépasser, *empiéter*. ✦ **ANT.** **1.** Desserrer, relâcher. **2.** Conserver, préserver, protéger. **3.** Caresser, rafraîchir. **4.** Appâter, attirer, duper, leurrer, piéger. **5.** Rester en deçà.

MORDU ✦ **SYN.** *Fam.* **1.** *(Pers.)* *Amoureux*, entiché de, épris de, féru de, toqué de *(fam.)*. **2.** Amateur, enragé, *fanatique*, fervent, fou de, partisan, passionné de. ✦ **ANT.** **1.** Détaché, indifférent. **2.** Critique, dénigreur, opposant.

MORFONDRE (SE) ✦ **SYN.** Se désespérer, s'ennuyer, s'impatienter, *languir*, se mourir. ✦ **ANT.** S'amuser, se détendre, se distraire, s'occuper à, se réjouir.

MORFONDU ✦ **SYN.** Attristé, déçu, *dépité*, ennuyé, fâché. ✦ **ANT.** Comblé, rasséréné, réjoui.

MORGUE ✦ **SYN.** Arrogance, dédain, fatuité, hauteur, infatuation, insolence, *orgueil*, prétention, suffisance. ✦ **ANT.** Aménité, déférence, humilité, modestie, naturel, politesse, respect, simplicité.

MORIBOND ✦ **SYN.** Agonisant, à l'article de la mort, expirant, languissant, *mourant*. ✦ **ANT.** Alerte, vigoureux, vivant.

MORIGÉNER ✦ **SYN.** Admonester, chapitrer, gourmander, gronder, *réprimander*, sermonner, tancer. ✦ **ANT.** Encourager, féliciter, louanger.

MORNE ✦ **SYN.** **1.** *Abattu*, accablé, chagrin, languissant, mélancolique, morose,

silencieux, sombre, taciturne, triste.
2. Atone, décoloré, éteint, inexpressif, *terne*. **3.** Ennuyeux, gris, maussade, *monotone*, plat, vide. ♦ **ANT. 1.** Allègre, ardent, content, ensoleillé, gai, joyeux, satisfait, souriant. **2.** Animé, coloré, épanoui, expressif, rayonnant, vif. **3.** Agréable, intéressant, plaisant, réjouissant.

MOROSE ♦ **SYN.** Abattu, chagrin, dépressif, maussade, mélancolique, morne, renfrogné, sombre, taciturne, *triste*. ♦ **ANT.** Allègre, animé, content, gai, jovial, joyeux, ravi, souriant.

MOROSITÉ ♦ **SYN. 1.** Abattement, amertume, chagrin, ennui, grisaille, maussaderie, mélancolie, *tristesse*. **2.** Léthargie, marasme, *stagnation*. ♦ **ANT. 1.** Ardeur, entrain, joie, vigueur, vitalité. **2.** Créativité, dynamisme, évolution.

MORT ♦ **SYN.** ▷ *Nom fém.* **1.** *Décès*, deuil, disparition, extinction, fin, perte, trépas. **2.** *Anéantissement*, destruction, enterrement, néant, ruine. **3.** Désolation, *tristesse*. ▷ *Nom masc.* **4.** *Cadavre*, corps, dépouille, macchabée *(fam.)*, restes. **5.** Bien-aimé, *défunt*, disparu, regretté. **6.** Malheureux, *victime*. **7.** Esprit, fantôme, mort-vivant, *revenant*, spectre, zombie. ▷ *Adj.* **8.** *Décédé*, défunt, feu, inanimé, trépassé. **9.** Claqué *(fam.)*, crevé *(fam.)*, *épuisé*. **10.** *(Membre)* Engourdi, paralysé. **11.** *(Sentiment)* Détaché, indifférent, *insensible*. **12.** *(Langue)* Passé, *révolu*. **13.** Désert, *inhabité*. **14.** *(Bois, feuilles)* Sec. ♦ **ANT. 1.** Existence, naissance, résurrection, vie. **2.** Commencement, éclosion, renouveau, renaissance, survivance. **3.** Consolation, joie. **4.** Âme, esprit, vivant *(n.)*. **5.** Mémoire, souvenir. **6.** Rescapé, survivant. **7.** Vivant *(n.)*. **8.** Animé, palpitant, vif, vivant. **9.** Frais et dispos, reposé. **10.** Dégourdi, mobile. **11.** Attaché, sensible. **12.** Courant, usuel. **13.** Habité, peuplé. **14.** Vert.

MORTEL ♦ **SYN.** ▷ *Adj.* **1.** Destructeur, *fatal*, foudroyant, funeste, létal *(dose)*, meurtrier, mortifère. **2.** Éphémère, passager, *périssable*, temporel. **3.** Ennuyeux,

lugubre, *pénible*, sinistre. ▷ *Nom, pl. surtout* **4.** Êtres humains. ♦ **ANT. 1.** Bénin, inoffensif, léger. **2.** Durable, éternel, immortel, impérissable, intemporel. **3.** Bienfaisant, intéressant, réjouissant, vivifiant. **4.** Dieu, dieux, divinités, immortels.

MORTIFICATION ♦ **SYN. 1.** Abstinence, ascèse, ascétisme, austérité, macération, *pénitence*, privation, souffrance **2.** Affront, avanie, camouflet, *humiliation*, vexation. ♦ **ANT. 1.** Facilité, hédonisme, jouissance, plaisir. **2.** Consolation, éloge, plaisir, récompense, satisfaction.

MORTIFIER ♦ **SYN.** ▷ *V. tr.* **1.** Affliger, *châtier*, flageller, macérer, mater, réprimer. **2.** Abaisser, blesser, froisser, *humilier*, offenser, vexer. ▷ *V. pr.* **3.** S'imposer des austérités. ♦ **ANT. 1.** Cajoler, caresser, dorloter. **2.** Consoler, encourager, réconforter, satisfaire. **3.** Se mitonner, prendre soin de soi.

MORTUAIRE ◇ V. **Funèbre**

MOSAÏQUE ♦ **SYN. 1.** Habit d'Arlequin, *marqueterie*. **2.** *(Tissu)* Catalogne *(québ.)*, *courtepointe*, patchwork. **3.** Assemblage, combinaison, *mélange*, pot-pourri.

MOT ♦ **SYN. 1.** Lexème, *terme*, vocable. **2.** Appellation, dénomination, expression, *locution*, syntagme. **3.** *Billet*, écrit, lettre. **4.** Dicton, maxime, *parole*, pensée, phrase, sentence. **5.** Boutade, plaisanterie, saillie, *trait* (d'esprit).

MOTEUR ♦ **SYN. 1.** *Appareil*, engin, machine. **2.** *Agent*, âme, animateur, artisan, directeur, instigateur, promoteur. **3.** *Cause*, impulsion, mobile, motif. **4.** *Moyen* (d'action), nerf, ressort.

MOTIF ♦ **SYN. 1.** But, fin, intention, *mobile*. **2.** Cause, explication, fondement, *justification*, occasion, origine, pourquoi, prétexte, principe, raison. **3.** Leitmotiv, matière, *sujet*, thème. **4.** Dessin, *ornement*, thème décoratif.

MOTION ♦ **SYN. 1.** Mouvement. **2.** *(Assemblée)* Énoncé, *proposition*.

MOTIVÉ ♦ **SYN. 1.** Fondé, *justifié*. **2.** *(Pers.)* *Dynamique*, enthousiaste, passionné.

♦ ANT. 1. Immotivé, infondé, injustifié. 2. Démotivé, indifférent, indolent.

MOTIVER ♦ SYN. 1. Causer, expliquer, fonder, *justifier*. 2. Animer, encourager, *inciter*, inspirer, pousser à, stimuler. ♦ ANT. 1. Démentir, infirmer, mentir. 2. Décourager, démotiver, dissuader.

MOU ♦ SYN. ▷ *Adj.* 1. Amolli, assoupli, détendu, élastique, *flexible*, malléable, pâteux, plastique, souple, spongieux, tendre. 2. Confortable, douillet, doux, duveteux, *moelleux*, mollet, soyeux. 3. *Flasque*, flottant, inconsistant, mollasse. 4. Amorti, assourdi, *sourd*. 5. *Chancelant*, flageolant, vacillant. 6. Amorphe, apathique, avachi, endormi, *indolent*, inerte, lambin, languissant, lent, nonchalant, traînard. 7. *Bonasse*, complaisant *(péj.)*, débonnaire, laxiste, permissif. 8. Hésitant, *lâche*, pusillanime, velléitaire, veule. ▷ *Nom* 9. *Faible*, larve *(fam.)*, mollasson, mollusque *(fam.)*, nouille *(fam.)*. 10. Défaut (de serrage), *jeu*. ▷ *Adv.* 11. *Doucement*, mollo *(fam.)*. ♦ ANT. 1. Coriace, dur, résistant, rigide, solide. 2. Âpre, inconfortable, rugueux. 3. Consistant, ferme, moulant. 4. Amplifié, assourdissant, bruyant, fort. 5. Droit, raide, tendu. 6. Agissant, alerte, dynamique, énergique, vif. 7. Autoritaire, intransigeant, rigoureux, sévère. 8-9. Courageux, décidé, déterminé, opiniâtre, résolu, tenace, volontaire. 10. Serrage, tension. 11. Brusquement, rudement.

MOUCHARD ♦ SYN. *Fam.* 1. Délateur, espion, *indicateur*, informateur, mouton *(codétenu)*. 2. Cafard *(fam.)*, dénonciateur, porte-panier *(québ., fam.)*, *rapporteur*, sycophante. 3. *(Appareil)* Boîte noire *(avion)*, contrôleur, *enregistreur*, manomètre.

MOUCHARDER ♦ SYN. *(Fam.)* Cafarder *(fam.)*, *dénoncer*, divulguer, donner, espionner, renseigner, signaler, surveiller, trahir, vendre. ♦ ANT. Appuyer, rester fidèle, soutenir.

MOUCHER ♦ SYN. *(Fig., fam.)* Clouer le bec, dire son fait, mettre à sa place, rabattre le caquet, rembarrer, *réprimander*, semoncer. ♦ ANT. Flatter, louer, tolérer.

MOUCHETÉ ♦ SYN. Bigarré, chiné *(tissu)*, marqueté, *tacheté*, tigré. ♦ ANT. Égal, uni, unicolore, uniforme.

MOUDRE ♦ SYN. *Broyer*, écraser, pulvériser, triturer.

MOUE ♦ SYN. Bouderie, *grimace*, lippe.

MOUILLER ♦ SYN. ▷ *V. intr.* 1. Ancrer, donner fond, jeter l'ancre, stopper. 2. *(Québ., fam.)* Pleuvoir. ▷ *V. tr.* 3. Arroser, asperger, baigner, embuer, humecter, imbiber, immerger, inonder, irriguer, *tremper*. 4. *(Fam.)* Doucher, *rincer*, saucer. 5. *(Liquide, sauce)* Couper, *diluer*. ▷ *V. pr.* 6. S'imbiber, se tremper. 7. Agir, *se compromettre*, prendre des risques, se prononcer. ♦ ANT. 1. Désancrer, lever l'ancre. 2. Faire beau. 3-4. Assécher, dessécher, éponger, essuyer, sécher, tarir. 5. Concentrer, épaissir. 6. S'éponger, s'essuyer. 7. Se défiler *(fam.)*, s'esquiver, se taire.

MOULANT ◇ v. **Collant**

MOULE ♦ SYN. 1. Empreinte *(typogr.)*, *forme*, matrice, patron. 2. *Modèle*, pattern, type.

MOULER ♦ SYN. 1. Couler, façonner, fondre, *former*, reproduire. 2. S'adapter, s'ajuster, s'appliquer, se calquer, *épouser*, serrer. 3. *(Caractère, comportement)* Conformer, *modeler*, régler sur, singer *(péj.)*. ♦ ANT. 1. Défaire, déformer. 2. Agrandir, desserrer, élargir, étendre, flotter. 3. Affirmer, se démarquer, distinguer, opposer.

MOULU ♦ SYN. 1. Pulvérisé. 2. Brisé, courbatu, *éreinté*, esquinté, fatigué, fourbu, las, rompu, surmené. ♦ ANT. 1. En grains. 2. Alerte, délassé, dispos, ragaillardi, reposé.

MOURANT ♦ SYN. 1. Agonisant, expirant, *moribond*. 2. *(Regard)* *Langoureux*, languissant. 3. *Affaibli*, éteint, évanescent. ▷ *Fam.* 4. Bidonnant *(fam.)*, crevant *(fam.)*, désopilant, *drôle*, marrant *(fam.)*, tordant *(fam.)*. 5. Assommant, endormant, *ennuyeux*, lassant, tuant *(fam.)*. ♦ ANT. 1. Naissant, survivant, vivant. 2. Ardent, fougueux. 3. Vif, vigoureux. 4. Lugubre, sérieux, sombre, triste. 5. Captivant, intéressant, prenant, touchant.

MOURIR ♦ SYN. 1. Agoniser, crever *(fam.)*, **décéder**, disparaître, s'éteindre, expirer, finir, partir, perdre la vie, périr, rendre l'âme, quitter, sombrer, succomber, tomber *(combat)*, trépasser, se tuer. 2. S'en aller, s'effacer, s'envoler, s'estomper, s'évanouir, *passer*, se terminer. 3. *(Fig.)* Dépérir, languir, se morfondre, **souffrir**. 4. *(Biens matériels, vie terrestre)* **Renoncer à**, se séparer de. ♦ ANT. 1. Éclore, exister, naître, ressusciter, survivre, vivre. 2. Commencer, durer, persister. 3. S'animer, s'égayer, se réjouir. 4. S'attacher, jouir.

MOUSSE ♦ SYN. ▷ *Nom fém.* 1. Broue *(québ., fam.)*, bulles, **écume**, faux col *(bière)*. 2. *(Fam.)* Bière. 3. **Lichen**, usnée. 4. Crème, **dessert**, entremets, flan. ▷ *Nom masc.* 5. **Apprenti matelot**, moussaillon *(fam.)*, novice.

MOUSSEUX ♦ SYN. 1. Champagnisé, crémeux, **écumeux**. 2. *(Vin)* Pétillant.

MOUTON ♦ SYN. 1. Agneau, bélier, brebis, **ovin**. 2. Codétenu, **délateur**, indicateur, informateur, mouchard *(fam.)*. 3. Imitateur, **suiveur**. 4. **Chaton**, flocon (de poussière). 5. *(Construction)* Bélier, hie, **masse**, sonnette. 6. **Nuage moutonné**, nuage pommelé. ▷ *Pl. surtout* 7. **Écume**, vaguelettes.

MOUTONNER ♦ SYN. 1. **Écumer**, mousser. 2. Boucler, calamistrer, friser, frisotter, **onduler**. 3. *(Nuages)* Se pommeler.

MOUTONNIER ♦ SYN. Grégaire, imitateur, mouton, **suiveur**. ♦ ANT. Autonome, créateur, novateur, original.

MOUVANT ♦ SYN. 1. **Changeant**, flottant, fluctuant, fluide, fugitif, instable, mobile, ondoyant, ondulant. 2. *(Pensée)* Confus, **inconsistant**, vague. ♦ ANT. 1. Dur, fixe, immobile, solide, stable. 2. Clair, consistant, ferme.

MOUVEMENT ♦ SYN. 1. Activité, allure, cours, course, **déplacement**, élan, impulsion, mobilité, motilité, motion, poussée, remuement, trajectoire, transmission. 2. **Action**, geste, réaction, réflexe. 3. Mesure, rapidité, **rythme**, tempo, temps, vitesse. 4. **Circulation**, trafic. 5. Avance, **évolution**, marche, progrès, progression. 6. Inclination, inspiration, **passion**, penchant, sentiment, tendance. 7. **Ardeur**, effervescence, émoi, emportement, enthousiasme, exaltation, fougue, ivresse, transport, vie, vivacité. 8. **Agitation**, bouleversement, remous, troubles, turbulence. 9. **Changement**, fluctuation, modification, oscillation, variation. 10. **Afflux**, arrivée, migration. 11. **Groupement**, jeunesses, organisation, parti. 12. Doctrine, école, **idéologie**. ♦ ANT. 1. Arrêt, immobilité, inaction, inactivité, inertie, paralysie, stabilité. 2. Détente, pause, repos. 3. Lenteur, modération, ralentissement. 4. Bouchon, embouteillage. 5. Déclin, piétinement, recul, stagnation. 6. Détachement, inhibition, refoulement. 7. Abattement, apathie, indolence, langueur, léthargie, torpeur, tranquillité. 8. Calme, paix, tranquillité. 9. Constance, invariabilité, permanence. 10. Enracinement, implantation.

MOUVEMENTÉ ♦ SYN. 1. **Accidenté**, inégal, tourmenté *(fig.)*, vallonné, varié. 2. **Agité**, animé, houleux, orageux, torrentueux, tourmenté, tumultueux. 3. *(Récit)* Enlevant, palpitant, vif, **vivant**. ♦ ANT. 1. Égal, plat. 2. Calme, paisible, rangé, sans histoire. 3. Ennuyeux, lassant, lent, terne.

MOUVOIR ♦ SYN. ▷ *V. tr.* 1. **Actionner**, animer, faire fonctionner. 2. Agiter, **remuer**. 3. Exciter, faire agir, inciter, **motiver**, pousser à, stimuler. ▷ *V. pr.* 4. Aller, bouger, **se déplacer**, marcher, se remuer. 5. Évoluer, **vivre**. ♦ ANT. 1. Arrêter, freiner, stopper. 2. Immobiliser, paralyser. 3. Apaiser, démotiver, empêcher, retenir. 4. S'arrêter, s'asseoir, se fixer, s'immobiliser. 5. Délaisser, quitter.

MOYEN ♦ SYN. ▷ *Adj.* 1. **Intermédiaire**, médian, mitoyen. 2. *(Grandeur)* Commun, courant, modéré, normal, **ordinaire**. 3. *(Résultat)* Acceptable, correct, honnête, honorable, **passable**, quelconque, raisonnable, suffisant. ▷ *Nom* 4. Expédient, façon, formule, manière, **méthode**, mode (d'action), plan, procédé, recette, tour, truc *(fam.)*. 5. Canal, **entremise**, instrument, intermédiaire, truchement, voie. 6. Appel, emploi, outil, *recours*, ressource, usage, utilisation. **7.** *(Pl.)* **Capacités**, dons, facultés, forces, limites, possibilités, pouvoir, ressources (pécuniaires). ◆ ANT. **1.** Extrême, opposé. **2.** Anormal, démesuré, excessif, extraordinaire, imposant, supérieur. **3.** Excellent, exceptionnel, remarquable. **4.** But, fin. **5.** Empêchement, entrave. **6.** Manque, inutilisation, non-usage. **7.** Impuissance, incapacité, pauvreté, pénurie.

MOYENNE ◆ SYN. **1.** *Normale*, norme. **2.** Compensation, égalité, équilibre, *juste milieu*, mesure, pondération. ◆ ANT. **1.** Anormalité, déviance. **2.** Aggravation, démesure, déséquilibre, exagération, extrême *(n.)*, inégalité.

MUE ◆ SYN. **1.** Changement, métamorphose, modification, mutation, *transformation*. **2.** *(Voix)* Altération, *muance*, variation. **3.** *(Animal)* **Dépouille**, exuvie. ◆ ANT. **1.** Conservation, permanence. **2.** Inaltérabilité, ressemblance. **3.** Carapace, peau.

MUER ◇ V. **Transformer**

MUET ◆ SYN. **1.** Aphone. **2.** Coi, discret, *silencieux*, taciturne. **3.** Abasourdi, baba *(fam.)*, bouche bée, interdit, interloqué, pantois, *stupéfait*. **4.** Caché, *inexprimé*, secret, tu *(taire)*. **5.** *(Ling.)* Caduc. **6.** *(Son)* Bas, étouffé, *sourd*, voilé. ◆ ANT. **1.** Chantant, parlant. **2.** Bavard, exubérant, loquace. **3.** Calmé, rassuré. **4.** Apparent, dit, exprimé, manifeste. **5.** Aspiré, prononcé. **6.** Éclatant, sonore.

MUFLE ◆ SYN. **1.** *Museau*, truffe *(chien, chat)*. **2.** *(Fam.)* Butor, goujat, *grossier*, malotru, pignouf, rustre. ◆ ANT. **2.** Courtois, délicat, galant, maniéré.

MUFLERIE ◇ V. **Grossièreté**

MUGIR ◆ SYN. **1.** *(Bovidés)* **Beugler**, meugler. **2.** Crier, hurler, *retentir*, rugir, sonner.

MULTICOLORE ◆ SYN. **1.** Polychrome. **2.** Bariolé, chamarré, coloré, nuancé, panaché, *varié*, versicolore. ◆ ANT. **1.** Monochrome. **2.** Uni, unicolore.

MULTIFORME ◆ SYN. **1.** Polymorphe, varié. **2.** *Changeant*, dissemblable, protéiforme. ◆ ANT. **1.** Uniforme, unique. **2.** Identique, même, semblable.

MULTIPLE ◆ SYN. **1.** Complexe, *diversifié*. **2.** *(Pl.)* Divers, fréquents, maints, nombreux, répétés, variés. ◆ ANT. **1.** Particulier, simple. **2.** Rare, seul, singulier, un, unique.

MULTIPLICATION ◆ SYN. **1.** *Accroissement*, augmentation, décuplement, extension, foisonnement, prolifération, propagation, pullulement. **2.** Génération, mitose, *reproduction*. ◆ ANT. **1.** Diminution, division, raréfaction, scission. **2.** Mort, nécrose.

MULTIPLICITÉ ◆ SYN. Abondance, complexité, grand nombre, *pluralité*, quantité. ◆ ANT. Rareté, simplicité, unicité, unité.

MULTIPLIER ◆ SYN. ▷ V. tr. **1.** *Accroître*, augmenter, centupler, décupler, doubler, propager, répéter, reproduire, tripler. ▷ V. pr. **2.** *S'accroître*, croître, se développer, foisonner, proliférer, se propager, pulluler. **3.** Engendrer, procréer, *se reproduire*. ◆ ANT. **1.** Amoindrir, diminuer, diviser, soustraire. **2.** Décimer, détruire, exterminer, limiter, restreindre. **3.** Se dépeupler, mourir, se nécroser.

MULTITUDE ◆ SYN. **1.** *(Ch.)* Abondance, armée, essaim, flopée *(fam.)*, infinité, légion, nuée, *quantité*, tas. **2.** Affluence, *foule*, rassemblement, troupe. **3.** Commun des hommes, commun des mortels, *majorité*, plus grand nombre. **4.** *(Péj.)* Masse, *peuple*, plèbe, populace. ◆ ANT. **1.** Pénurie, petit nombre, rareté. **2.** Personne, quelques personnes, une poignée de. **3.** Individu, minorité, petit nombre. **4.** Aristocratie, élite, gratin *(fam.)*.

MUNICIPALITÉ ◆ SYN. **1.** Conseil municipal, *corps municipal*, édilité. **2.** *Hôtel de ville*, mairie. **3.** *(Territoire)* Arrondissements, commune, *ville*.

MUNIFICENCE ◆ SYN. *Générosité*, largesse, libéralité, prodigalité. ◆ ANT. Avarice, égoïsme, étroitesse, mesquinerie.

MUNIFICENT ◇ V. **Généreux**

MUNIR ♦ SYN. ▷ *V. tr.* **1.** *(Armée)* **Approvisionner**, ravitailler. **2.** Assurer, doter, équiper, fournir, garnir, nantir, outiller, **pourvoir**, procurer. ▷ *V. pr.* **3.** Prendre, *se procurer*. **4.** *S'armer*, se fortifier. ♦ ANT. **1.** Désapprovisionner, rationner. **2.** Dégarnir, démunir, déposséder, dépouiller, priver de, spolier. **3.** Oublier, perdre. **4.** S'affaiblir, manquer de.

MUNITIONS ♦ SYN. Armements, armes, *arsenal*, explosifs, projectiles.

MUR ♦ SYN. **1.** Barrière, cloison, clôture, division, enceinte, muret, palissade, parapet, paroi, *séparation*. **2.** Muraille, *rempart*. **3.** Empêchement, entrave, *obstacle*.

MÛR ♦ SYN. **1.** Avancé, blet, *développé*, formé, mature. **2.** *(Tissu)* Élimé, râpé, *usé*, vieux. **3.** Apte, expérimenté, préparé, *prêt*. **4.** *Adulte*, fait, majeur et vacciné *(fam.)*, responsable. **5.** Posé, raisonnable, *réfléchi*, sage. **6.** *(Réflexion)* **Approfondi**, mûri, pesé. ♦ ANT. **1.** Naissant, prématuré. **2.** Neuf. **3.** Inapte, inexpérimenté, mal préparé. **4.** Enfant, enfantin, irresponsable, jeune, puéril. **5.** Déraisonnable, étourdi, irréfléchi. **6.** Improvisé, précipité, superficiel.

MURAILLE ♦ SYN. **1.** *(Étendue, élevée)* **Mur**, paroi. **2.** Défense, *fortification*, rempart. **3.** Obstacle infranchissable.

MURER ♦ SYN. ▷ *V. tr.* **1.** Aveugler, boucher, cacher, clore, condamner, dérober, enclore, entourer, *fermer*. **2.** Emmurer, *enfermer*, isoler. ▷ *V. pr.* **3.** Se cacher, *se cloîtrer*, s'enfermer. **4.** Se renfermer, *se replier* (sur soi-même). ♦ ANT. **1.** Déboucher, démurer, enfoncer, percer, trouer. **2.** Libérer, sortir de. **3.** Apparaître, se montrer. **4.** S'épancher, s'extérioriser.

MÛRIR ♦ SYN. ▷ *V. intr.* **1.** Août er, croître, *se développer*, se former, grandir. **2.** *S'assagir*, se ranger. **3.** *(Vin)* S'améliorer, *se bonifier*, vieillir. ▷ *V. tr.* **4.** Rendre mûr. **5.** *Approfondir*, concocter *(fam.)*, étudier, méditer, mijoter *(fam.)*, peser, préparer, réfléchir. ♦ ANT. **1.** Éclore, naître, périr, pourrir. **2.** Se dévergonder, se dissiper. **3.** Se gâter. **4.** Dépérir, sécher. **5.** Effleurer, improviser, survoler.

MURMURE ♦ SYN. **1.** Babil, bourdonnement, bruissement, *bruit* (sourd), chuchotement, gazouillement, gazouillis, marmonnement, marmottement, ronron, souffle, soupir, susurrement. **2.** *(Pl.)* Gémissements, grognements, *plaintes*, protestations. ♦ ANT. **1.** Brouhaha, clameur, éclat, grondement, hurlement, vacarme. **2.** Applaudissements, approbation, ovation.

MURMURER ♦ SYN. ▷ *V. intr.* **1.** Bourdonner, bruire, gazouiller, *marmotter*, ronronner. **2.** Bougonner, geindre, gémir, grogner, grommeler, gronder, maugréer, *se plaindre*, protester, râler *(fam.)*, ronchonner. ▷ *V. tr.* **3.** *Chuchoter*, dire, glisser, marmonner, susurrer. ♦ ANT. **1.** Crier, hurler, vociférer. **2.** Approuver, crier (sa joie), jubiler. **3.** Élever la voix, prononcer clairement.

MUSARDER ♦ SYN. Baguenauder, *flâner*, lambiner, lanterner, muser, paresser, traîner. ♦ ANT. Agir, faire diligence, s'occuper, peiner, travailler, trimer.

MUSCLÉ ♦ SYN. **1.** *Fort*, musculeux, puissant. **2.** Énergique, nerveux, *robuste*, solide, vigoureux, viril. **3.** *(Intervention, mesure)* Autoritaire, *brutal*, violent. **4.** *(Épreuve, problème)* Ardu, *difficile*. ♦ ANT. **1.** Faible, flasque, mou. **2.** Chétif, débile, frêle, lâche, timoré. **3.** Conciliant, flexible, souple. **4.** Facile.

MUSE ♦ SYN. **1.** Enthousiasme, imagination, *inspiration*. **2.** Luth, lyre, *poésie* (lyrique). **3.** *(Femme)* Inspiratrice.

MUSÉE ♦ SYN. **1.** Cabinet, *conservatoire*, galerie, muséum, pinacothèque, salon. **2.** *Collection*, réunion. **3.** *(Fam.)* Rancart.

MUSELER ♦ SYN. **1.** Attacher, brider, dompter, enchaîner, *retenir*. **2.** Bâillonner, *censurer*, étouffer, faire taire, garrotter, interdire. **3.** Contenir, refouler, refréner, *réprimer*. ♦ ANT. **1.** Délier, démuseler, détacher, libérer. **2.** Approuver, écouter, permettre. **3.** Défouler, exprimer.

MUSICAL ♦ SYN. **1.** Chantant, doux, *harmonieux*, mélodieux, rythmé, symphonique. **2.** *(Oreille musicale)* Musicienne.

♦ ANT. 1. Discordant, dissonant, faux, inharmonieux, inharmonique, incohérent.

MUSICIEN ♦ SYN. 1. Compositeur, instrumentiste, interprète, *joueur de*, soliste. 2. Cantatrice, *chanteur*.

MUTATION ♦ SYN. 1. Changement, conversion, métamorphose, modification, mue, *transformation*, transmutation, variation. 2. *(Poste)* Déplacement. 3. *(Politique, sociale)* Bouleversement, *révolution*. 4. *(Dr.)* Succession, *transfert* (de propriété). ♦ ANT. 1. Conservation, permanence, stabilité. 2. Maintien. 3. Coutume, tradition. 4. Déshérence.

MUTILATION ♦ SYN. 1. Ablation, *amputation*, blessure. 2. *Castration*, émasculation. 3. *Excision*, infibulation. 4. *(Ch.)* *Dégradation*, détérioration, dommage. 5. *(Texte) Altération*, coupure.

MUTILER ♦ SYN. 1. *Amputer*, blesser, écharper, enlever, estropier. 2. *Châtrer*, émasculer. 3. Exciser. 4. Abîmer, *dégrader*, détériorer, endommager, massacrer *(fig.)*. 5. *(Texte) Altérer*, couper, diminuer, retrancher. 6. *(Vérité)* Déformer, *tronquer*. ♦ ANT. 1-3. Conserver. 4. Améliorer, réparer, restaurer. 5. Garder, respecter. 6. Restituer, rétablir.

MUTIN ♦ SYN. ▷ *Nom* 1. Agitateur, émeutier, factieux, insoumis, *insurgé*, perturbateur, rebelle, révolté, séditieux. ▷ *Adj.* 2. Badin, gai, *taquin*. 3. *Espiègle*, éveillé, gamin, vif. ♦ ANT. 1. Collaborateur, fidèle, soumis. 2. Grave, sérieux. 3. Endormi, engourdi, niais.

MUTINER (SE) ◇ v. Révolter

MUTINERIE ♦ SYN. Émeute, *insurrection*, rébellion, révolte, révolution, sédition, soulèvement. ♦ ANT. Calme, discipline, docilité, soumission.

MUTISME ♦ SYN. 1. *Aphasie*, mutité. 2. Discrétion, réticence, *silence*. ♦ ANT. 1. Parole. 2. Bavardage, divulgation, indiscrétion.

MUTUALITÉ ◇ v. Réciprocité

MUTUEL ♦ SYN. Commun, corrélatif, partagé, *réciproque*. ♦ ANT. Distinct, indépendant, individuel, isolé, séparé.

MYRIADE ◇ v. Quantité

MYSTÈRE ♦ SYN. 1. Dogme, *révélation*, vérité de foi. 2. Arcanes, coulisses, dessous, *secrets*. 3. *Énigme*, incertitude, nuage, ombre, obscurité. 4. *Cachotteries*, discrétion, prudence, silence. 5. *Ésotérisme*, magie, occultisme. ♦ ANT. 1. Incroyance, scepticisme. 2. Clarté, évidence. 3. Connaissance, divulgation, lumière. 4. Banalité, normalité, réalité.

MYSTÉRIEUX ♦ SYN. 1. Caché, cachottier, difficile, énigmatique, *étrange*, impénétrable, incompréhensible, inconnu, inexplicable, inexpliqué, insolite, insondable, invisible, obscur, occulte, secret, sibyllin, ténébreux, voilé. 2. Cabalistique, *ésotérique*, magique, occulte, paranormal, surnaturel. ♦ ANT. 1. Clair, compréhensible, connu, divulgué, évident, explicite, expliqué, facile, formel, lumineux, ouvert, pénétrable, public, révélé, simple. 2. Banal, naturel, normal, ordinaire, réel.

MYSTICISME ♦ SYN. 1. Mystique *(n. f.)*. 2. Anagogie, communion (à Dieu), contemplation, dévotion, élévation (de l'âme), *extase*, foi, illumination, illuminisme, inspiration (divine), oraison, prière, ravissement, sainteté, transe, union (à Dieu), vision. ♦ ANT. 1. Incroyance, scepticisme. 2. Abattement, abandon, déréliction, torpeur.

MYSTIFICATEUR ♦ SYN. Charlatan, farceur, faussaire, fumiste, *imposteur*, menteur, plagiaire, tricheur, trompeur. ♦ ANT. Créateur, démystificateur.

MYSTIFICATION ♦ SYN. 1. Attrape, bateau *(fam.)*, blague, *canular*, duperie, facétie, farce, fausse nouvelle, frime *(fam.)*, fumisterie, imposture, mensonge, niche, plaisanterie, supercherie, tour, tromperie. 2. Charlatanisme, escroquerie, falsification, fourberie, *fraude*, usurpation, vol. 3. Fabulation, invention, *mythe*. ♦ ANT. 1. Démystification, sérieux, vérité. 2. Authenticité, franchise, honnêteté, sincérité. 3. Existence, réalité.

MYSTIFIER ♦ SYN. Abuser, attraper, berner, charrier *(fam.)*, duper, enjôler,

jouer, leurrer, rouler *(fam.)*, **tromper**. ♦ ANT.
Démystifier, détromper, ouvrir les yeux.

MYSTIQUE ♦ SYN. ▷ *Adj.* **1.** Allégorique,
sacré, **surnaturel**, transcendant. **2.** Caché,
profond, **secret**. ▷ *Nom masc.* **3.** Croyant, **illuminé**, inspiré, pieux. ▷ *Nom fém.* **4.** Connaissance, croyance, dévotion, foi, intuition,
mysticisme, religion, spiritualité. ♦ ANT.
1. Immanent, mondain, naturel, profane,
rationaliste. **2.** Clair, évident. **3.** Damné,
impie. **4.** Incroyance, scepticisme.

MYTHE ♦ SYN. **1.** *Fable*, légende, mythologie. **2.** *Allégorie*, idée, utopie. **3.** Chimère,
fabulation, fiction, imagination, **invention**, mensonge, mystification. ♦ ANT. **1.** Histoire. **2.** Existence, fait, réalité. **3.** Authenticité, certitude, existence, vérité.

MYTHIQUE ♦ SYN. **1.** *Fabuleux*, imaginaire, légendaire, mythologique. **2.** Chimérique, inexistant, **inventé**, irréel. ♦ ANT.
1. Historique, réel. **2.** Authentique, véridique, vrai.

N

NABOT ◇ v. Nain

NACELLE ◆ SYN. 1. *Barque*, chaloupe, embarcation, esquif. 2. *(Aérostat)* Coque, *panier*. 3. *(Laboratoire)* Cristallisoir, *récipient*, tube.

NACRÉ ◆ SYN. Chromatisé, *irisé*, luisant. ◆ ANT. Blafard, décoloré, mat, terne.

NADIR ◆ SYN. Bas, *point le plus bas*. ◆ ANT. Point culminant, zénith.

NAGE ◆ SYN. 1. Natation. 2. *(En nage) En sueur*, inondé de sueur. ◆ ANT. 2. Asséché, sec.

NAGER ◆ SYN. 1. *(Mar.)* Ramer. 2. *Se baigner*, flotter, glisser, surnager. 3. Baigner, immerger, *plonger*, tremper, se trouver dans. 4. Agir, se débattre, se débrouiller, *se démener*, manœuvrer. 5. *S'enliser*, être embarrassé, patauger, perdre pied. ◆ ANT. 2. Couler, se noyer, sombrer. 3. Émerger, sortir de, submerger. 4. Capituler, succomber. 5. Se dépêtrer, se tirer d'affaire.

NAGUÈRE ◇ v. Récemment

NAÏF ◆ SYN. 1. *Candide*, confiant, franc, ingénu, naturel, pur, simple, sincère, spontané. 2. Bête, *crédule*, gobe-mouche *(fam.)*, gogo *(fam.)*, inexpérimenté, innocent, jobard, niais, nigaud, poire *(fam.)*, puéril, sot. ◆ ANT. 1. Affecté, arrogant, calculateur, cauteleux, hautain, hypocrite, méfiant, sournois. 2. Astucieux, critique, déluré, expérimenté, fin, habile, incrédule, intelligent, malin, perspicace, réfléchi, roué, rusé, sceptique, spirituel, subtil.

NAIN ◆ SYN. ▷ Nom 1. Lilliputien, *personne de petite taille*, pygmée. 2. *(Péj.)* Avorton, demi-portion, gringalet, microbe, *nabot*, tom-pouce. 3. *(Légendes)* Farfadet, gnome, korrigan, *lutin*, troll. ▷ *Adj.* 4. Courtaud, (très) *petit*, riquiqui *(péj.)*.

◆ ANT. 1-2. Colosse, géant, mastodonte. 3. Ogre. 4. Géant, gigantesque, (très) grand.

NAISSANCE ◆ SYN. 1. Accouchement, enfantement, nativité *(relig.)*, *venue au monde*, vie. 2. Condition, extraction, famille, filiation, lignée, *origine*. 3. Apparition, aube,. avènement, berceau, *commencement*, création, début, départ, éclosion, genèse, seuil, source. ◆ ANT. 1. Décès, mort. 3. Achèvement, conclusion, déclin, disparition, fin, limite, terme, tombée.

NAÎTRE ◆ SYN. 1. *Venir au monde*, voir le jour. 2. S'éveiller à, *s'ouvrir à*. 3. Apparaître, *commencer*, croître, se développer, éclore, se former, germer, se lever, paraître, percer, poindre, sourdre, surgir, survenir. 4. Descendre de, être issu de, naître de, *provenir de*, résulter de, sortir de, venir de. ◆ ANT. 1. Expirer, mourir. 2. Se fermer à, mourir à. 3. Achever, s'en aller, conclure, décliner, disparaître, finir, se terminer. 4. Causer, engendrer, provoquer, susciter.

NAÏVETÉ ◆ SYN. 1. Bonhomie, bonne foi, *candeur*, confiance, fraîcheur, ingénuité, naturel, pureté, simplicité, spontanéité. 2. Bêtise, *crédulité*, inexpérience, innocence, jobarderie, niaiserie. ◆ ANT. 1. Affectation, arrogance, duplicité, hypocrisie, méfiance. 2. Astuce, expérience, finesse, incrédulité, intelligence, perspicacité, subtilité.

NANTI ◇ v. Riche

NANTIR ◇ v. Munir

NAPPE ◆ SYN. 1. Linge. 2. *Étendue*, surface.

NARCISSIQUE ◇ v. Égoïste

NARCISSISME ◇ v. Égoïsme

NARCOTIQUE ♦ SYN. Anesthésique, assoupissant, barbiturique, calmant, drogue, hypnotique, somnifère, soporifique, *stupéfiant.* ♦ ANT. Excitant, stimulant.

NARGUER ♦ SYN. Affronter, braver, *défier*, mépriser, se moquer, persifler, provoquer. ♦ ANT. Appréhender, craindre, respecter, révérer.

NARINE ♦ SYN. **1.** Évent *(cétacés)*, naseau *(mammifères)*, *orifice nasal*, trou de nez *(fam.)*. **2.** *(Pl.)* Nez.

NARQUOIS ♦ SYN. Caustique, goguenard, gouailleur, *ironique*, malicieux, moqueur, persifleur, railleur, taquin. ♦ ANT. Charmant, complimenteur, flatteur, louangeur, obligeant, respectueux.

NARRATEUR ♦ SYN. Conteur, descripteur, diseur, écrivain, historien, *raconteur.*

NARRATION ♦ SYN. **1.** Description, exposé, exposition, histoire, *récit*, relation. **2.** Composition, devoir, *rédaction.*

NARRER ◇ v. Raconter

NASSE ♦ SYN. Casier *(crustacés)*, épervier, filet, *panier*, piège, tambour, verveux.

NATIF ♦ SYN. ▷ *Adj.* **1.** Issu de, *né*, originaire, venu de. **2.** *Inné*, naturel, originel, personnel. ▷ *Nom* **3.** *Aborigène*, autochtone, (premier) habitant, indigène, naturel. ♦ ANT. **1.** Allogène, étranger, exotique. **2.** Acquis. **3.** Étranger, immigré, nouvel arrivant.

NATION ♦ SYN. Cité, collectivité, communauté, État, ethnie, nationalité, patrie, pays, *peuple*, population, race. ♦ ANT. Citoyen, habitant, individu.

NATIONALISER ♦ SYN. Collectiviser, *étatiser.* ♦ ANT. Dénationaliser, privatiser.

NATIONALISME ♦ SYN. **1.** Loyalisme, *patriotisme.* **2.** *Chauvinisme*, fanatisme, intolérance, xénophobie. **3.** *Autonomisme*, décentralisation, indépendantisme, séparatisme. ♦ ANT. **1.** Cosmopolitisme, internationalisme. **2.** Ouverture, tolérance, xénophilie. **3.** Centralisation, fédéralisme.

NATIONALITÉ ♦ SYN. Appartenance, *citoyenneté*, existence, origine, patrie, pays. ♦ ANT. Apatride, sans-papiers.

NATTE ♦ SYN. **1.** *(Cheveux)* Cadenette, dreadlocks, macaron, torsade, *tresse.* **2.** *Couchette*, tapis.

NATTER ♦ SYN. Entrecroiser, entrelacer, tordre, *tresser.* ♦ ANT. Défaire, délacer, délier, dénatter, dénouer.

NATURALISER ♦ SYN. **1.** *(Pers.)* Adopter, *assimiler*, incorporer, intégrer. **2.** *(Espèce animale, végétale)* *Acclimater*, adapter, implanter, introduire. **3.** *(Animaux)* Conserver, *empailler.* ♦ ANT. **1.** Bannir, exclure, exiler, rejeter. **2.** Déraciner, éliminer, exterminer, extirper, extraire.

NATURALISME ♦ SYN. Positivisme, *réalisme*, vérisme. ♦ ANT. Formalisme, idéalisme, romantisme.

NATURALISTE ♦ SYN. **1.** Biologiste, botaniste, géologue, minéralogiste, *spécialiste (sciences naturelles)*, zoologiste. **2.** *Empailleur*, taxidermiste. **3.** Positiviste, *réaliste*, vériste. ♦ ANT. **3.** Formaliste, idéaliste, romantique.

NATURE ♦ SYN. **1.** Création, monde, *réalité*, univers. **2.** Entité, *essence*, existence, quiddité, quintessence. **3.** Catégorie, espèce, *genre*, qualité. **4.** Apparence, caractère, complexion, condition physique, constitution, disposition, état physique, humeur, idiosyncrasie, inclination, instinct, naturel, penchant, personnalité, *tempérament*, tendance. **5.** Campagne, *paysage.* **6.** *Environnement*, habitat, milieu. ♦ ANT. **1.** Inconnu, irréel, surnaturel. **2.** Inexistence, néant, vide. **3.** Anonyme, indifférencié. **4.** Civilisation, culture, indéterminisme, liberté, réflexion. **5.** Milieu urbain, ville. **6.** Étranger, extérieur.

NATUREL ♦ SYN. ▷ *Nom* **1.** Complexion, constitution, nature, *tempérament.* **2.** Abandon, *aisance*, facilité, grâce (naturelle). **3.** *Aborigène*, autochtone, (premier) habitant, indigène, natif. ▷ *Adj.* **4.** Commun, *normal*, ordinaire, réel. **5.** *Authentique*, brut, pur, vrai. **6.** Congénial, *inné*, instinctif. **7.** *(Réflexe)* Automatique, conditionné, inconscient, *involontaire*, machinal, non réfléchi. **8.** *(Besoin)* Charnel, corporel, humain, matériel, physiologique, *physique*, sexuel. **9.** *(Enfant)* Bâtard, *illégitime*. **10.** Compréhensible, *logique*, raisonnable, rationnel. **11.** Aisé, facile, fluide, franc, primesautier, simple, sincère, spontané, *vrai*. **♦ ANT. 1.** Apprentissage, culture, éducation. **2.** Affectation, effort. **3.** Étranger, immigré, nouvel arrivant. **4.** Anormal, étonnant, extraordinaire, irréel, paranormal, surnaturel. **5.** Artificiel, fabriqué, faux, frelaté, imité. **6.** Acquis, appris, développé. **7.** Conscient, délibéré, libre, réfléchi, volontaire. **8.** Immatériel, spirituel. **9.** Légitime. **10.** Absurde, chimérique, irrationnel. **11.** Affecté, calculateur, contraint, difficile, emprunté, faux, recherché, suspect.

NAUFRAGE ♦ SYN. 1. *Échouement*, engloutissement, fortune de mer, perdition *(corps et biens)*, perte, sinistre, submersion. **2.** Désastre, destruction, échec, effondrement, faillite, fiasco, insuccès, *ruine*. **♦ ANT. 1.** Renflouement, sauvetage. **2.** Réussite, succès, triomphe, victoire.

NAUSÉABOND ♦ SYN. 1. Dégoûtant, écœurant, empesté, fétide, infect, malodorant, méphitique, nauséeux, pestilentiel, *puant*, putride. **2.** Abject, dégueulasse *(fam.)*, rebutant, *répugnant*. **♦ ANT. 1.** Agréable, appétissant, aromatisé, embaumé, exquis, parfumé. **2.** Attirant, attrayant, charmant, invitant.

NAUSÉE ♦ SYN. 1. *Écœurement*, envie de vomir, haut-le-cœur, inappétence, mal de cœur (de mer, d'estomac), malaise. **2.** Aversion, dégoût, éloignement, exécration, haine, horreur, répugnance, *répulsion*. **♦ ANT. 1.** Appétence, appétit, désir, goût, satisfaction. **2.** Attirance, attrait, charme, séduction, sympathie.

NAUTIQUE ♦ SYN. 1. Marin, *maritime*, naval. **2.** *(Activité, sport)* Aquatique. **♦ ANT. 1.** Aéronautique, aéronaval, terrestre.

NAVET ♦ SYN. 1. *Rave*, rutabaga. ▷ *Fam.* **2.** Mauvais film. **3.** Barbouillage, croûte *(fam.)*, gribouillage, *mauvais tableau*. **♦ ANT. 2-3.** Chef-d'œuvre, merveille, prodige.

NAVIGATEUR ♦ SYN. 1. *Marin*, pilote. **2.** *(Avion)* Équipier, *personnel navigant*.

3. *(Autom.)* Copilote. **4.** *(Hist.)* Découvreur, *explorateur*. **5.** *(Inform.)* Fureteur.

NAVIGATION ♦ SYN. 1. Batellerie, bornage, cabotage, long cours, *manœuvre*, marine, pilotage. **2.** *(Bateaux, avions)* *Circulation*, trafic.

NAVIGUER ♦ SYN. 1. Bourlinguer *(contre le vent)*, caboter, cingler, croiser, fendre les flots, filer, sillonner les mers, *voguer*. **2.** *(Fam.)* Bourlinguer, parcourir le vaste monde, rouler sa bosse, voir du pays, *voyager*. **3.** *(Inform.)* Explorer, fureter, *surfer*.

NAVIRE ♦ SYN. *(Fort tonnage)* *Bateau*, bâtiment, cargo, long-courrier, nef, paquebot, vaisseau.

NAVRANT ♦ SYN. Affligeant, *attristant*, consternant, contrariant, déchirant, déplorable, désespérant, désolant, douloureux, ennuyeux, fâcheux, funeste, lamentable, malheureux, pénible, pitoyable, regrettable, triste. **♦ ANT.** Agréable, amusant, consolant, encourageant, heureux, réconfortant, réjouissant.

NAVRER ♦ SYN. Affliger, *attrister*, chagriner, consterner, contrarier, contrister, désoler, fâcher, fendre le cœur, peiner. **♦ ANT.** Amuser, consoler, égayer, encourager, ravir, réconforter, réjouir.

NÉANMOINS ♦ SYN. *Cependant*, mais, malgré cela, pourtant, toutefois.

NÉANT ♦ SYN. 1. Non-être, rien, *vide*. **2.** *Anéantissement*, destruction, disparition, fin, mort. **3.** Fatuité, fragilité, fumée *(fig.)*, futilité, inanité, *vacuité*, vanité, vent. **♦ ANT. 1.** Être, existence, tout. **2.** Apparition, création, naissance. **3.** Pérennité, plénitude, sens, sérieux, utilité, valeur.

NÉBULEUX ♦ SYN. 1. Brumeux, couvert, embrumé, *nuageux*, obscurci, vaporeux, voilé. **2.** *Confus*, embrouillé, filandreux, flou, fumeux, incertain, indécis, obscur, trouble, vague. **♦ ANT. 1.** Beau, clair, dégagé, ensoleillé. **2.** Formel, limpide, net, précis, transparent.

NÉCESSAIRE ♦ SYN. ▷ *Adj.* **1.** *(Philos.)* *Absolu*, inconditionné, premier. **2.** *Essentiel*, fondamental, important, indispensable, primordial, utile. **3.** Fatal, forcé, immanquable, inéluctable, inévitable, logique, *obligatoire*, obligé, requis, rigoureux, urgent. ▷ *Nom* **4.** Ensemble, *trousse*. ◆ ANT. **1.** Contingent. **2.** Futile, inutile, négligeable, oiseux, superflu. **3.** Accidentel, dilatoire, éventuel, évitable, facultatif, fortuit, libre, optionnel.

NÉCESSITÉ ◆ SYN. **1.** *(Philos.)* Exigence. **2.** Besoin, contrainte, devoir, impératif *(n.)*, *obligation*. **3.** Destin, *déterminisme*, fatalité, logique (implacable). **4.** Dénuement, détresse, *indigence*, pauvreté. **5.** *(Pl.)* Besoins impérieux, *exigences*. ◆ ANT. **1.** Contingence. **2.** Dispense, faculté, liberté. **3.** Éventualité, possibilité. **4.** Aisance, luxe, opulence, richesse. **5.** Futilités, superflu.

NÉCESSITER ◆ SYN. Appeler, commander, demander, déterminer, entraîner, *exiger*, impliquer, obliger, réclamer, requérir, vouloir. ◆ ANT. Dispenser, laisser libre, permettre.

NÉCESSITEUX ◆ SYN. Besogneux, crève-la-faim, démuni, *indigent*, mendiant, meurt-de-faim, miséreux, pauvre. ◆ ANT. Aisé, cossu, fortuné, nanti, riche, riche comme Crésus.

NÉFASTE ◆ SYN. Dangereux, défavorable, délétère, désastreux, dommageable, fatal, funeste, indésirable, irrémédiable, maléfique, malfaisant, malheureux, malsain, mauvais, mortel, nocif, *nuisible*, perfide, pernicieux. ◆ ANT. Avantageux, bénéfique, bienfaisant, bon, faste, favorable, heureux, précieux, propice, sain, salutaire, utile.

NÉGATIF ◆ SYN. **1.** Insignifiant, négligeable, *nul*. **2.** Agressif, *critique*, destructeur, intransigeant, réprobateur. ◆ ANT. **1.** Affirmatif, certain, évident, formel, manifeste, positif. **2.** Constructif, juste, mesuré, objectif, ouvert.

NÉGATION ◆ SYN. Annulation, condamnation, contradiction, contraire, désapprobation, nihilisme, opposition, *refus*, réfutation, rejet. ◆ ANT. Acceptation, affirmation, approbation, assentiment, confirmation, consentement, existence, preuve, reconnaissance.

NÉGLIGÉ ◆ SYN. ▷ *Adj.* **1.** *(Tenue)* *Débraillé*, dépenaillé *(fam.)*, malpropre, relâché, sale. **2.** *(Travail)* *Bâclé*, cochonné *(fam.)*, mal fait, mal foutu *(fam.)*. **3.** *(Cheveux, poils)* Désordonné, ébouriffé, échevelé, en bataille, hérissé, *hirsute*, inculte. **4.** *(Pers.)* Abandonné, *délaissé*, oublié. **5.** *(Lieu)* Abandonné, à l'abandon, inhabité, *mal tenu*. ▷ *Nom* **6.** Débraillé, *laisser-aller*. **7.** *(Vêtement féminin)* *Déshabillé*, peignoir, saut-de-lit. ◆ ANT. **1.** Bien mis, bien vêtu, chic, élégant, propre. **2.** Appliqué, fignolé *(fam.)*, soigné, soigneux. **3.** Coiffé, peigné, soigné. **4.** Câliné, choyé. **5.** Bien tenu, entretenu, habité. **6.** Maintien, soin, tenue.

NÉGLIGEABLE ◆ SYN. *Dérisoire*, futile, infime, insignifiant, inutile, médiocre, mince, minime, nul, petit, piètre, vain. ◆ ANT. Appréciable, captivant, essentiel, grandiose, important, imposant, intéressant, notable, remarquable, utile.

NÉGLIGENCE ◆ SYN. **1.** Carence, distraction, étourderie, inattention, incurie, *insouciance*, laisser-aller, nonchalance, omission, oubli, paresse, relâchement. **2.** *Désintérêt*, désinvolture, indifférence. ◆ ANT. **1.** Application, assiduité, attention, conscience, diligence, exactitude, minutie, soin, zèle. **2.** Considération, empressement, intérêt.

NÉGLIGENT ◆ SYN. Distrait, étourdi, inappliqué, inattentif, *insouciant*, nonchalant, oublieux, paresseux, traînard. ◆ ANT. Appliqué, assidu, attentif, consciencieux, diligent, méticuleux, soigneux, vif.

NÉGLIGER ◆ SYN. ▷ *V. tr.* **1.** *Se désintéresser de*, se ficher de *(fam.)*, laisser aller. **2.** *Dédaigner*, écarter, faire fi de, ignorer, méconnaître, ne pas tenir compte de, passer outre. **3.** Manquer, omettre, *oublier*. **4.** *(Pers.)* Abandonner, *délaisser*, laisser. ▷ *V. pr.* **5.** Se laisser aller, *se relâcher*. ◆ ANT. **1.** S'appliquer, soigner, se soucier. **2.** Apprécier, écouter, observer, suivre. **3.** Penser à. **4.** Câliner, choyer, entretenir, s'occuper de, se préoccuper. **5.** Prendre soin de soi.

NÉGOCE ♦ SYN. *Commerce*, import-export, trafic *(péj.)*.

NÉGOCIANT ♦ SYN. *Commerçant*, importateur, marchand, trafiquant *(péj.)*. ♦ ANT. Détaillant.

NÉGOCIATEUR ♦ SYN. Agent, ambassadeur, arbitre, chargé d'affaires, chargé de mission, conciliateur, délégué, diplomate, émissaire, envoyé, *intermédiaire*, médiateur, représentant, truchement.

NÉGOCIATION ♦ SYN. Conversation, démarches, dialogue, discussion, échange de vues, entretien, marchandage, *pourparlers*, tractations.

NÉGOCIER ♦ SYN. ▷ *V. tr.* **1.** Argumenter, débattre, délibérer, *discuter*, échanger, marchander *(prix)*, parlementer. **2.** *(Valeur mobilière, titre)* *Céder*, vendre. ▷ *V. intr.* **3.** Mener une négociation, *traiter avec*. **4.** Établir (un accord), *régler*. ▷ *V. pr.* **5.** *(Fin.)* S'échanger. ♦ ANT. **1.** Achopper, conclure, s'entendre. **2.** Acheter, acquérir. **3.** Se disputer, guerroyer, poursuivre (les hostilités). **4.** Échouer. **5.** Conserver.

NÉOPHYTE ♦ SYN. ▷ *Nom* **1.** Catéchumène, (nouveau) *converti*, initié. **2.** Adepte, *novice*, partisan, prosélyte. ▷ *Adj.* **3.** *Débutant*, inexpérimenté. ♦ ANT. **1.** Non-initié, profane. **2.** Antagoniste, détracteur. **3.** Chevronné, expérimenté, rompu à.

NÉPOTISME ◇ v. **Faveur**

NERF ♦ SYN. **1.** *Ligament*, tendon. **2.** *(Pl.)* Système nerveux. **3.** *(Fam.)* Efficacité, énergie, force, *vigueur*. **4.** *(Livre)* Nervure. ♦ ANT. **3.** Faiblesse, inefficacité, mollesse.

NERVEUX ♦ SYN. **1.** Énergique, vif, *vigoureux*. **2.** *Agité*, crispé, émotif, énervé, excité, fébrile, impatient, irritable, névrosé, soucieux, stressé, tendu, tourmenté. **3.** *(Viande)* *Coriace*, fibreux, filandreux, tendineux. **4.** *(Style)* *Concis*, ramassé, vif. **5.** *(Rire, toux)* *Convulsif*, involontaire, spasmodique. ♦ ANT. **1.** Indolent, languissant, mou, nonchalant. **2.** Calme, détendu, flegmatique, froid, paisible, posé, rassis, serein, tranquille. **3.** Tendre. **4.** Lourd, prolixe, verbeux. **5.** Intentionnel, voulu.

NERVOSITÉ ♦ SYN. **1.** Agacement, *agitation*, effervescence, énervement, exaspération, excitation, fébrilité, irritation, surexcitation. **2.** *Hystérie*, névrose. ♦ ANT. **1.** Apaisement, calme, douceur, flegme, patience, pondération. **2.** Équilibre (nerveux).

NET ♦ SYN. **1.** Blanc, immaculé, impeccable, poli, *propre*, transparent. **2.** Lavé, *nettoyé*. **3.** Catégorique, *clair*, distinct, exact, explicite, formel, franc, intelligible, limpide, lucide, lumineux, marqué, précis, pur, tranché. ♦ ANT. **1.** Malpropre, sale, souillé, terni. **2.** Sali, taché. **3.** Ambigu, confus, douteux, embrouillé, équivoque, flou, imprécis, impur, indécis, indistinct, nébuleux, obscur, ténébreux, vague.

NETTEMENT ♦ SYN. Carrément, *clairement*, distinctement, explicitement, expressément, formellement, fortement, franchement, rondement, sans ambages, sans ambiguïté, sans détour. ♦ ANT. Ambigument, confusément, indistinctement, obscurément, vaguement.

NETTETÉ ♦ SYN. *Clarté*, exactitude, franchise, intelligibilité, justesse, limpidité, luminosité, précision, pureté, rigueur, transparence, visibilité. ♦ ANT. Ambiguïté, confusion, équivoque, flou, imprécision, incertitude, obscurité, vague.

NETTOYAGE ♦ SYN. **1.** Astiquage, balayage, blanchissage, brossage, cirage, débarbouillage, décrassage, dépoussiérage, détachage, époussetage, essuyage, fourbissage, *lavage*, lessivage, lessive, ménage, rangement, ratissage, ravalement, récurage, savonnage, toilettage *(animal)*, vidange. **2.** *(Fig.)* Coup de balai, *licenciement*, renvoi *(indésirables)*. ♦ ANT. **1.** Barbouillage, encrassement, ordures, poussière, saleté, salissure, tache. **2.** Indiscipline, insubordination, malversation, sabotage, troubles.

NETTOYANT ♦ SYN. Détachant, détergent, *détersif*, lessiviel.

NETTOYER ♦ SYN. **1.** Astiquer, balayer, blanchir, brosser, cirer, curer, débarbouiller, débarrasser, décrasser, décrotter, dégraisser, détacher, déterger, épousseter, essuyer, faire le ménage, frotter, **laver**, lessiver, purifier, ratisser, ravaler, savonner, toiletter *(animal)*. **2. Débarrasser**, désencombrer, ranger, rincer *(récipient)*, vider. **3.** *(Fam.)* **Dilapider**, ruiner. **4.** *(Fam.)* Crever, **épuiser**, éreinter. **5.** *(Fig.)* **Chasser**, éliminer, expulser, tuer. ◆ ANT. **1.** Barbouiller, encrasser, maculer, salir, souiller, tacher, ternir. **2.** Amonceler, déposer *(récipient)*, embarrasser, encombrer, entasser, gêner. **3.** S'enrichir, hériter. **4.** Se détendre, se reposer. **5.** Attaquer, comploter, nuire, saboter.

NETTOYEUR ◆ SYN. ▷ *France* **1.** Cireur *(parquets)*, **laveur**. ▷ *Québec* **2. Blanchisserie**, buanderie, laverie, lavoir, pressing, teinturerie. **3. Blanchisseur**, buandier.

NEUF ◆ SYN. ▷ *Adj.* **1.** Intact, inutilisé, **nouveau**, récent. **2.** À la mode, à la page, dernier, frais, jeune, **moderne**. **3.** Avantgardiste, inédit, novateur, **original**, personnel, rare. **4.** *(Pers.)* Inexpérimenté, inhabile, néophyte, **novice**, profane. ▷ *Nom* **5. Changement**, innovation, nouveau, nouveauté. ◆ ANT. **1.** Âgé, ancien, antique, désuet, lointain, primitif, suranné, usagé, usé, vieux. **2.** Classique, rétrograde, ringard *(fam.)*, traditionnel, vieillot. **3.** Banal, conformiste, conservateur, imité, impersonnel, ordinaire. **4.** De métier, expérimenté, expert, habile. **5.** Continuité, monotonie, routine, train-train.

NEURASTHÉNIE ◇ v. Mélancolie
NEURASTHÉNIQUE ◇ v. Mélancolique

NEUTRALISER ◆ SYN. ▷ *V. tr.* **1.** Annihiler, **annuler**, compenser, contrebalancer, équilibrer, pondérer. **2. Arrêter**, contrecarrer, désamorcer, endiguer, enrayer, freiner, juguler, paralyser. **3.** *(Pers.)* **Immobiliser**, maîtriser. ▷ *V. pr.* **4. S'annuler**, se compenser, s'équilibrer, s'exclure. ◆ ANT. **1.** Contrarier, contraster, déséquilibrer, influencer, opposer. **2.** Activer, aggraver, animer, encourager, envenimer, éveiller. **3.** Libérer, relâcher. **4.** Se compléter, s'influencer.

NEUTRALITÉ ◆ SYN. **1. Abstention**, laisser-faire, neutralisme, non-engagement, non-ingérence, non-intervention. **2.** Désintéressement, équité, **impartialité**, objectivité. **3.** *(Sc.)* **Équilibre**, indifférence. ◆ ANT. **1.** Action, alliance, engagement, ingérence, intervention, interventionnisme, participation. **2.** Partialité, parti pris, subjectivité. **3.** Déséquilibre, réaction.

NEUTRE ◆ SYN. **1.** Non belligérant, **non engagé**. **2.** Désintéressé, équitable, **impartial**, objectif. **3.** *(Style)* Anonyme, détaché, froid, **impersonnel**, quelconque, terne. **4.** *(Couleur)* Discret, effacé, **pâle**, sobre. **5. Laïque**, non confessionnel. ◆ ANT. **1.** Allié, belligérant, engagé. **2.** Inéquitable, intéressé, partial, partisan, subjectif. **3.** Coloré, expressif, original, passionné, personnel, vivant. **4.** Criard, éclatant, riche, vif, voyant. **5.** Confessionnel.

NÉVROSÉ ◆ SYN. Anormal, caractériel, **déséquilibré**, fou, névropathe. ◆ ANT. Équilibré, normal, sain d'esprit.

NEZ ◆ SYN. **1. Appendice nasal**, museau *(animaux)*, narines, pif *(fam.)*. **2.** Clairvoyance, **flair**, perspicacité, prévoyance, sagacité. **3.** *(Fam., vin)* **Dégustateur**, goûteur. ◆ ANT. **2.** Aveuglement, balourdise, maladresse, naïveté, stupidité.

NIAIS ◆ SYN. **1.** Béat, benêt, bête, imbécile, innocent, naïf, niaiseux *(québ.)*, **nigaud**, sans-dessein *(québ.)*, simple, simplet, sot, stupide. **2.** *(Fam.)* Andouille, bébête, **bêta**, cabochon *(québ.)*, cave *(québ.)*, cloche, con, connard, cruche, dadais, godiche, gourde. ◆ ANT. **1-2.** Astucieux, éveillé, fin, finaud, futé, habile, intelligent, malin, rusé, spirituel, subtil, vif.

NIAISERIE ◆ SYN. ▷ *Sing.* **1. Bêtise**, crédulité, naïveté, sottise. ▷ *Pl. surtout* **2.** Âneries, débilités, idioties, platitudes, **sottises**, stupidités. **3.** Balivernes, fadaises, **futilités**, riens. ◆ ANT. **1.** Finesse, intelligence, malice, ruse. **2.** Esprit, saveur, subtilité. **3.** Gravité, profondeur, sérieux.

NICHE ◆ SYN. **1.** Cavité, **enfoncement**. **2. Alcôve**, réduit. **3.** *(Chien)* Abri. **4.** *(Niche*

écologique) Biotope, *habitat*, milieu de vie.
5. *Attrape*, blague, canular, espièglerie, facétie, farce, gaminerie, mystification, plaisanterie, taquinerie, tour

NICHER ◆ SYN. ▷ *V. intr.* **1.** Airer *(aigle)*, couver, *nidifier*. **2.** *(Fam.)* Crécher, demeurer, s'établir, habiter, *loger*, percher *(fam.)*, résider, séjourner. ▷ *V. tr.* **3.** *(Fam.)* Caser, mettre, *placer*. ▷ *V. pr.* **4.** S'abriter, se blottir, *se cacher*, s'installer. ◆ ANT. **1.** Quitter, tomber (du nid). **2.** Déménager, partir. **3.** Enlever, retirer. **4.** Débusquer, faire sortir de, se montrer.

NID ◆ SYN. **1.** *(Oiseaux)* Aire *(aigle)*, couvée, *nichée*. **2.** *(Insectes, rongeurs)* **Abri**, fourmilière, gîte, guêpier, termitière. **3.** *(Brigands)* Antre, cachette, planque *(fam.)*, refuge, *repaire*, retraite. **4.** *(Fam.)* Chez-soi, *cocon*, foyer, intérieur, intimité, maison.

NIER ◆ SYN. **1.** Contester, contredire, démentir, dénier, désavouer, disconvenir, s'inscrire en faux, réfuter, *rejeter*, renier, rétracter. **2.** Occulter, *refuser*, se soustraire à. ◆ ANT. **1.** Affirmer, assurer, attester, avouer, certifier, confirmer, corroborer, garantir, justifier, maintenir, ratifier, reconnaître, sanctionner, soutenir. **2.** Accepter, admettre, affronter.

NIGAUD ◇ v. **Niais**

NIHILISME ◆ SYN. **1.** *(Philos.)* Criticisme, positivisme, pragmatisme, pyrrhonisme, relativisme, *scepticisme*. **2.** *Anarchisme*, individualisme, liberté (absolue). **3.** Désabusement, *désenchantement*, pessimisme. ◆ ANT. **1.** Déterminisme, dogmatisme, idéalisme, vérité. **2.** Autoritarisme, collectivisme, libéralisme, réformisme. **3.** Enthousiasme, optimisme, utopie.

NIHILISTE ◆ SYN. **1.** Positiviste, pragmatique, *sceptique*. **2.** *Anarchiste*, antiautoritaire, libertaire. **3.** Désabusé, *désenchanté*, pessimiste. ◆ ANT. **1.** Déterministe, dogmatique, idéaliste. **2.** Autoritaire, despotique, libéral, réformiste. **3.** Enthousiaste, optimiste, utopiste.

NIMBE ◆ SYN. *Auréole*, cercle, couronne de gloire, halo.

NIRVANA ◆ SYN. **1.** Accomplissement, béatitude, détachement, félicité, immatérialité, infinitude, insensibilité, *sérénité*. **2.** *Au-delà*, éden, paradis. ◆ ANT. **1.** Angoisse, attachement, douleur, finitude, imperfection, inquiétude, matérialité, tourment. **2.** Vie terrestre.

NIVEAU ◆ SYN. **1.** *Degré*, échelon, grade, phase, stade. **2.** Élévation, étage, *hauteur*. **3.** Horizontalité, *plan*. **4.** Classe, position, *rang*, standing. **5.** Calibre, *force*, portée, taille, valeur. **6.** *Diapason*, longueur d'onde. **7.** *(Instrument)* Nivelette, *nivelle*.

NIVELER ◆ SYN. **1.** *Aplanir*, araser, unir. **2.** *Égaliser*, uniformiser. **3.** *(Exigences)* Égaler. ◆ ANT. **1.** Bosseler, saillir. **2.** Différencier. **3.** Abaisser, élever.

NOBLE ◆ SYN. ▷ *Adj.* **1.** Aristocratique. **2.** Auguste, beau, courageux, *généreux*, honorable, magnanime, magnifique, sublime, supérieur. **3.** Digne, élevé, éminent, *grand*, haut, imposant, majestueux, olympien. **4.** *Distingué*, élégant, raffiné, relevé, soutenu. ▷ *Nom* **5.** *Aristocrate*, chevalier, gentilhomme, hobereau, lord, patricien, seigneur. ◆ ANT. **1.** Démocratique, plébéien, populaire, prolétarien. **2.** Abject, bas, ignoble, infâme, lâche, laid, méprisable, mesquin, vil. **3.** Banal, commun, insignifiant, médiocre, ordinaire, petit. **4.** Familier, grossier, grotesque, trivial, vulgaire. **5.** Bourgeois, prolétaire, roturier, serf, sujet.

NOBLESSE ◆ SYN. **1.** *Aristocratie*, gentry *(Angleterre)*. **2.** Beauté, courage, fierté, *générosité*, honorabilité, magnanimité, sublimité, supériorité. **3.** Dignité, élévation, *grandeur*, majesté. **4.** Classe, *distinction*, élégance, panache, prestance, raffinement. ◆ ANT. **1.** Bourgeoisie, peuple, plèbe, roture. **2.** Abjection, bassesse, ignominie, infamie, lâcheté, laideur, mesquinerie, vilenie. **3.** Banalité, insignifiance, médiocrité, petitesse. **4.** Familiarité, grossièreté, vulgarité.

NOCE ◆ SYN. ▷ *Pl.* **1.** Mariage. **2.** Anniversaire de mariage. ▷ *Sing.* **3.** Cérémonie, *cortège*, invités. **4.** Agapes, festin, *fête*, réjouissances, repas. **5.** *(Fam.)* Bombe, bringue, débauche, *excès*, java, libations, nouba, ripaille.

NOCEUR ◇ v. **Jouisseur**

NOCIF ◇ v. **Nuisible**

NOCTAMBULE ◇ v. **Couche-tard**

NŒUD ◆ SYN. **1.** Attache, *boucle*, collet, lacet, rosette. **2.** *(Serpent)* *Anneau*, repli. **3.** Loupe *(arbre)*, nodosité, *nodule*, protubérance, saillie. **4.** *(Fig.)* Attachement, chaîne, lien, *union*. **5.** *(Problème)* *Centre*, cœur, fond, hic *(fam.)*, point central (chaud, névralgique, principal, sensible). **6.** *(Récit)* Intrigue, *péripétie*. **7.** *(Chemin, route)* Croisement, *intersection*, rencontre. ◆ ANT. **3.** Cavité, creux, égalité, entaille, plat. **4.** Désunion, détachement, rupture, séparation. **5.** Remède, solution. **6.** Climax, conclusion, dénouement. **7.** Distance, éloignement.

NOIR ◆ SYN. ▷ *Adj.* **1.** *(Peau, teint)* Basané, bis, bistre, brun, *foncé*, mat, noirâtre, noiraud. **2.** Assombri, couvert, nuageux, obscur, ombragé, opaque, *sombre*, ténébreux. **3.** *Sale*, sali, taché. **4.** Funèbre, funeste, macabre, mélancolique, pessimiste, *triste*. **5.** Caché, *clandestin*, illégal, interlope. ▷ *Nom* **6.** Africain, Afro-Américain, nègre *(péj.)*, *personne de couleur*. **7.** Noirceur *(québ.)*, nuit, *obscurité*, ombre, ténèbres. **8.** Khôl, *mascara*. ◆ ANT. **1.** Blanc, clair, pâle. **2.** Clair, ensoleillé, illuminé, lumineux. **3.** Net, propre. **4.** Enthousiaste, gai, optimiste, rieur. **5.** Au grand jour, licite, permis. **6.** Blanc, métis, mulâtre. **7.** Clarté, jour, lumière.

NOIRCEUR ◆ SYN. **1.** Noir. **2.** *(Québ.)* Nuit, *obscurité*, ombre, ténèbres. **3.** Horreur, indignité, *méchanceté*, perfidie. **4.** Mélancolie, pessimisme, *tristesse*. ◆ ANT. **1.** Blancheur. **2.** Clarté, jour, lumière, pâleur. **3.** Beauté, bonté, loyauté, probité. **4.** Enthousiasme, gaieté, optimisme.

NOIRCIR ◆ SYN. ▷ *V. intr.* **1.** *S'assombrir*, se brouiller, se couvrir, s'ennuager, s'obscurcir, se voiler. ▷ *V. tr.* **2.** Barbouiller, caviarder, charbonner, enfumer, mâchurer, maculer, *salir*. **3.** Estomper, hachurer,

ombrer. **4.** *Assombrir*, foncer, obscurcir. **5.** Calomnier, *dénigrer*, diffamer, entacher, flétrir, ternir. ◆ ANT. **1.** Se dégager, s'éclaircir. **2.** Blanchir, laver, nettoyer. **3.** Colorer. **4.** Éclaircir, pâlir. **5.** Blanchir *(fig.)*, défendre, disculper, honorer, louer, rehausser, vanter.

NOM ◆ SYN. **1.** Patronyme, *prénom*. **2.** Alias, pseudo *(fam.)*, *pseudonyme*, sobriquet, surnom. **3.** *Appellation*, dénomination, désignation, mot, qualification, terme, titre, vocable, substantif. **4.** *Célébrité*, figure, personnalité, sommité. **5.** Renom, *renommée*, réputation. **6.** Griffe, label, marque, *signature*. **7.** *(Habitants)* Gentilé. **8.** *(Lieux)* Odonyme, *toponyme*.

NOMADE ◆ SYN. ▷ *Nom* **1.** Bédouin, bohémien, forain, romanichel, *sans domicile fixe*. **2.** Itinérant *(québ.)*, sans-abri, sans-logis, *vagabond*. ▷ *Adj.* **3.** *Ambulant*, errant, instable, itinérant, mobile. **4.** Migrateur. ◆ ANT. **1.** Résidant, sédentaire. **2.** Locataire, propriétaire. **3.** Casanier, établi, installé. **4.** Fixe.

NOMBRE ◆ SYN. **1.** *Chiffre*, numéro. **2.** Effectif, masse, multitude, population, *quantité*. **3.** Fois, *fréquence*. **4.** *(Poésie)* Cadence, harmonie, *rythme*.

NOMBRER ◆ SYN. Calculer, *compter*, dénombrer, énumérer, évaluer, supputer.

NOMBREUX ◆ SYN. **1.** *Abondant*, considérable, dense, fort, grand, important, infini, innombrable, vaste. **2.** *(Pl.)* *Beaucoup*, fréquents, maints, multiples, plusieurs, récurrents, répétés. ◆ ANT. **1.** Clairsemé, épars, petit, rare, seul, singulier, unique. **2.** Peu, quelques, rares.

NOMENCLATURE ◆ SYN. **1.** Terminologie. **2.** Annuaire, catalogue, collection, inventaire, *liste*, recueil, répertoire. **3.** *(Dictionnaire)* Articles, *entrées*.

NOMINAL ◇ v. **Fictif**

NOMINATION ◆ SYN. **1.** Affectation, assignation, attribution, *désignation*, établissement, installation, institution, intronisation, parachutage *(péj.)*, titularisation. **2.** Avancement, élévation, *promotion*.

3. Adoption, choix, cooptation, *élection*, sélection. **4.** *(Concours)* Accessit, distinction, *mention*, récompense. ♦ ANT. **1.** Congédiement, destitution, licenciement, renvoi. **2.** Disgrâce, limogeage, rétrogradation. **3.** Opposition, rejet, veto. **4.** Élimination.

NOMMER ♦ SYN. ▷ *V. tr.* **1.** *Appeler*, baptiser, dénommer, prénommer, surnommer. **2.** *(Ch.)* *Désigner*, intituler, qualifier. **3.** Citer, énoncer, énumérer, indiquer, *mentionner*. **4.** *Affecter*, assigner, attribuer, introniser, promouvoir à, parachuter *(péj.)*, placer. **5.** *Choisir*, déléguer, députer, élire, mandater. **6.** *(Dr.)* Commettre, constituer, déclarer, établir, *instituer*, investir, reconnaître pour, titulariser. ▷ *V. pr.* **7.** S'appeler.

NON ♦ SYN. ▷ *Adv.* **1.** Aucunement, nenni, *nullement*, pas du tout, point. **2.** Négativement. ▷ *Nom* **3.** Opposition, *refus*, rejet. ♦ ANT. **1.** Assurément, certainement, certes, d'accord, entendu, O. K., oui, si, volontiers. **2.** Affirmativement. **3.** Acceptation, acquiescement, approbation.

NONCHALANCE ♦ SYN. **1.** Apathie, détachement, fainéantise, indifférence, *indolence*, insouciance, mollesse, négligence, nonchaloir, paresse, tiédeur. **2.** Abandon, alanguissement, *langueur*, lenteur. ♦ ANT. **1.** Activité, animation, détermination, diligence, empressement, énergie, enthousiasme, intérêt, souci, vigueur, zèle. **2.** Ardeur, fougue, impétuosité, vivacité.

NONCHALANT ♦ SYN. **1.** Amorphe, apathique, endormi, fainéant, inactif, *indolent*, insouciant, lambin, mou, négligent, paresseux. **2.** Alangui, langoureux, *languissant*, lent. ♦ ANT. **1.** Actif, agissant, animé, déterminé, diligent, empressé, énergique, enthousiaste, ferme, soucieux, vigoureux, zélé. **2.** Ardent, fougueux, impétueux, vif.

NON-CONFORMISTE ♦ SYN. Anticonformiste, dissident, hétérodoxe, *indépendant*, individualiste, innovateur, marginal, original. ♦ ANT. Conformiste, orthodoxe, traditionaliste.

NONOBSTANT ♦ SYN. *(Prép.)* En dépit de, *malgré*, sans égard à.

NON-SENS ♦ SYN. Aberration, absurdité, contradiction, contresens, erreur, faute, *illogisme*, incohérence, inconséquence, irrationalité, paradoxe, paralogisme. ♦ ANT. Bon sens, cohérence, exactitude, logique, sens.

NORD ♦ SYN. ▷ *Nom* **1.** Septentrion. ▷ *Adj.* **2.** Arctique, *boréal*, hyperboréen, nordique, septentrional. ♦ ANT. **1.** Midi, sud. **2.** Antarctique, austral, méridional.

NORMAL ♦ SYN. **1.** Commun, courant, fréquent, *habituel*, naturel, ordinaire, quotidien, régulier. **2.** Abordable, *correct*, honnête. **3.** Compréhensible, juste, légitime, logique, *raisonnable*. ♦ ANT. **1.** Anormal, bizarre, étrange, exceptionnel, extraordinaire, inhabituel, insolite, irrégulier, occasionnel, particulier, spécial. **2.** Abusif, exagéré, inabordable, incorrect, malhonnête. **3.** Arbitraire, déraisonnable, incompréhensible, injuste.

NORMALE ◇ v. Norme

NORMALISER ♦ SYN. **1.** Codifier, conformer, harmoniser, rationaliser, *standardiser*, unifier, uniformiser. **2.** *(Relations, échanges)* Fixer, *régulariser*, rétablir, stabiliser. ♦ ANT. **1.** Compliquer, différencier, excepter, particulariser, singulariser. **2.** Bouleverser, interrompre, modifier, perturber.

NORME ♦ SYN. **1.** Canon, idéal, ligne, loi, principe, *règle*. **2.** Code, convention, *coutume*, protocole, us et coutumes. **3.** Critère, étalon, modèle, référence, *standard*. **4.** *Moyenne*, normale *(n.)*. **5.** *(Ling.)* Bon usage, paradigme, *usage général*. ♦ ANT. **1.** Dérogation, infraction. **2.** Accroc, manquement. **3.** Différence, disparité, écart. **4.** Anormalité, déviance. **5.** Exception, faute, particularité.

NOSTALGIE ♦ SYN. **1.** Mal du pays. **2.** Ennui, insatisfaction, *mélancolie*, regret, rêve, spleen, tristesse. ♦ ANT. **1.** Retour au pays. **2.** Contentement, gaieté, joie, plaisir, réalisme, satisfaction.

NOSTALGIQUE ♦ SYN. Insatisfait, *mélancolique*, rêveur, triste. ♦ ANT. Comblé, gai, réaliste, satisfait.

NOTABLE ♦ SYN. ▷ *Adj.* 1. *Appréciable*, grand, important, remarquable, sensible. ▷ *Nom* 2. Notabilité, personnalité, personnalité de marque (V.I.P.), *personne en vue*. 3. *(Polit.)* Cacique, hiérarque, *personne influente*. ♦ ANT. 1. Faible, insensible, insignifiant, négligeable, petit. 2-3. Gens ordinaires.

NOTAMMENT ♦ SYN. Comme, entre autres, nommément, par exemple, *particulièrement*, singulièrement, spécialement, tel (que). ♦ ANT. À l'exception de, à l'exclusion de, au contraire, non pas, sauf.

NOTATION ♦ SYN. 1. Chiffre, *code*, lettre, signe, symbole, système. 2. Écriture, inscription, sténographie, *transcription*. 3. Chorégraphie, *dessin*, représentation. 4. Appréciation, cote, évaluation, mention, *note*, résultat. 5. *(Pl.)* Considérations, observations, pensées, *réflexions*, remarques.

NOTE ♦ SYN. ▷ *Sing.* 1. *Annotation*, apostille, commentaire, constatation, éclaircissement, explication, glose, mention, nota bene, notule, observation, référence, réflexion, remarque, renvoi, scolie. 2. Avis, *communication*, communiqué, mémorandum, notice. 3. Addition, *compte*, douloureuse *(fam.)*, facture, mémoire, rappel. 4. Appréciation, cote, évaluation, *notation*, résultat. 5. Signe musical, *son musical*, touche de clavier. 6. *(Fig.)* Empreinte, main, marque, patte *(fam.)*, *touche*. ▷ *Pl.* 7. *Compte rendu*, feuille, papier, transcription. 8. Agenda, bloc-notes, calepin, *carnet*, livret, mémento, registre. 9. Aperçu, considérations, observations, pensées, propos, *réflexions*.

NOTER ♦ SYN. 1. Annoter, consigner, copier, écrire, enregistrer, gloser, indiquer, *inscrire*, marquer, relever, transcrire. 2. Apercevoir, *constater*, observer, remarquer, se rendre compte. 3. Faire attention, *prendre garde*, prêter atten-

tion. 4. Apprécier, coter, *évaluer*. ♦ ANT. 1. Biffer, effacer. 2. Aveugler, ignorer. 3. Négliger, omettre, passer outre.

NOTICE ♦ SYN. 1. *(Livre)* Avant-propos, liminaire, préface, *présentation*. 2. Abrégé, avertissement, avis, communiqué, explication, *indication*, note, résumé, sommaire. 3. Mode d'emploi.

NOTIFIER ♦ SYN. 1. Annoncer, apprendre, avertir, *aviser*, communiquer, faire part de, informer, intimer, prévenir, rendre compte, signifier. 2. *(Dr.)* Intimer, *signifier*. ♦ ANT. 1. Ignorer, surprendre. 2. Négliger, ne pas tenir compte.

NOTION ♦ SYN. 1. A priori, *connaissance*, conscience, idée, vernis *(péj.)*. 2. Abstraction, *concept*, pensée, représentation, théorie. 3. *(Pl.)* Abc, b.a.-ba, bases, éléments, fondements, introduction, précis, principes, *rudiments*. ♦ ANT. 1. Ignorance, inexpérience, obscurité. 2. Expérimentation, objet, matière, pratique. 3. Approfondissement, enrichissement, somme, thèse, traité.

NOTOIRE ♦ SYN. 1. Attesté, avéré, clair, *connu*, établi, évident, manifeste, public, su, visible. 2. *(Pers.)* *Célèbre*, reconnu comme tel, renommé, réputé. 3. *(Criminel)* De triste mémoire, *tristement célèbre*. ♦ ANT. 1. Caché, contesté, douteux, faux, ignoré, inconnu, intime, privé. 2. Anonyme, méconnu, obscur, oublié, quelconque. 3. Bien-aimé, cher.

NOTORIÉTÉ ♦ SYN. 1. Certitude, *connaissance*, évidence, fait établi. 2. *(Dr.)* Preuve, témoignage, *véracité*. 3. *Célébrité*, popularité, renom, renommée, réputation. ♦ ANT. 1. Ignorance. 2. Accusation, allégation, fausseté. 3. Obscurité, oubli.

NOUER ♦ SYN. 1. *Attacher*, lacer, lier, réunir, unir. 2. Envelopper, fermer, ficeler, fixer, *serrer*. 3. *(Relations)* Créer, engager, *établir*, former. 4. Élaborer, *organiser*, structurer. 5. Intriguer, ourdir, tisser, *tramer*. 6. Contracter, durcir, *raidir*. ♦ ANT. 1. Délacer, délier, dénouer, désunir, détacher. 2. Déballer, déficeler, desserrer, développer. 3. Briser, rompre. 4. Défaire,

désorganiser, détruire. **5.** Déjouer, révéler.
6. Assouplir, déraidir, détendre.

NOURRI ◆ syn. **1.** *Alimenté*, soigné.
2. *(Feu, tir)* Abondant, continué, *dense*,
entretenu, renforcé. ◆ ant. **1.** Affamé,
délaissé. **2.** Clairsemé, faible, occasionnel,
sporadique.

NOURRIR ◆ syn. ▷ *V. tr.* **1.** *Alimenter*,
allaiter, assouvir, fortifier, gaver, rassasier, ravitailler, restaurer. **2.** Entretenir,
pourvoir, prendre soin de, soutenir, subvenir. **3.** Caresser, cultiver, développer,
espérer, former, *préparer*. ▷ **4.** Ajouter,
enrichir, étoffer. *V. pr.* **5.** Absorber, *s'alimenter*, consommer, manger, se sustenter
(plais.), vivre de. **6.** *S'abreuver*, se complaire,
se repaître. ◆ ant. **1.** Affaiblir, affamer,
anémier, priver, rationner, sevrer. **2.** Abandonner, délaisser, maltraiter. **3.** Céder, se
décourager, renoncer. **4.** Appauvrir, réduire.
5. Jeûner, se priver de. **6.** Chasser, se dégoûter, se lasser.

NOURRISSANT ◆ syn. Calorifique,
consistant, fortifiant, *nutritif*, rassasiant,
réconfortant, reconstituant, riche, substantiel, vivifiant. ◆ ant. Affaiblissant,
anémiant, débilitant, insuffisant, léger,
pauvre.

NOURRISSON ◇ v. **Bébé**

NOURRITURE ◆ syn. **1.** *Aliment*, boire,
comestibles, denrées, manger. **2.** *(Fam.)*
Bectance, *bouffe*, boustifaille, croûte,
mangeaille. **3.** Cuisine, menu, *mets*,
pitance *(péj.)*, plat, portion, préparation,
ration, repas. **4.** *Alimentation*, approvisionnement, épicerie, marché, provisions,
subsistance, vivres. **5.** Diététique, *nutrition*. **6.** *(Animaux)* Becquée, curée, engrais,
foin, fourrage, pâtée, *pâture*.

NOUVEAU ◆ syn. ▷ *Adj.* **1.** Dernier,
frais, jeune, moderne, *neuf*, récent, vert.
2. Différent, inaccoutumé, inédit, *inhabituel*, inouï, insolite. **3.** Audacieux, avant-
gardiste, hardi, novateur, *original*, révolutionnaire. **4.** Commençant, *naissant*.
5. *Autre*, deuxième, second. **6.** Étranger,
inconnu, inexploré, lointain, sauvage,
vierge. ▷ *Nom* **7.** Bleu *(fam.)*, débutant,

inexpérimenté, néophyte, *novice*, recrue.
8. Changement, *innovation*, modernisme,
nouveauté, progrès. ◆ ant. **1.** Ancien,
antique, archaïque, lointain, mûr, traditionnel, usé, vieux. **2.** Commun, courant,
habituel, routinier, semblable, usuel.
3. Conservateur, démodé, éculé, révolu,
ringard *(fam.)*, terne, vieillot. **4.** Déclinant,
finissant, mourant. **5.** Même, premier.
6. Connu, familier, peuplé. **7.** As, connaisseur, expert. **8.** Classicisme, conservatisme,
coutume, habitude, routine, tradition.

NOUVEAU-NÉ ◇ v. **Bébé**

NOUVEAUTÉ ◆ syn. **1.** Actualité, fraîcheur, jeunesse, *neuf (n.)*, nouveau, modernité, primeur. **2.** Changement, *innovation*,
modernisme, progrès, renaissance, renouveau. **3.** Audace, avant-gardisme, créativité, hardiesse, inédit, inventivité, *originalité*. **4.** *Parution*, publication, sortie.
5. Découverte, gadget *(péj.)*, *invention*, trouvaille. ◆ ant. **1.** Ancienneté, antiquité,
archaïsme, désuétude, obsolescence.
2. Classicisme, coutume, habitude, tradition. **3.** Banalité, cliché, conservatisme,
imitation, lieu commun, platitude, redite.
4. Classique. **5.** Copie, imitation.

NOUVELLE ◆ syn. ▷ *Sing.* **1.** Annonce,
événement, fait, *information*, primeur,
renseignement. **2.** *(Péj.)* Bobard, bruit,
canard *(fig.)*, écho, *rumeur*. **3.** Anecdote,
conte, historiette, *récit*. ▷ *Pl.* **4.** Actualités,
informations, journal (parlé, télévisé).
5. Signe de vie.

NOVATEUR ◆ syn. ▷ *Nom* **1.** Créateur,
initiateur, innovateur, *inventeur*, précurseur, réformateur, rénovateur. ▷ *Adj.*
2. Audacieux, avant-gardiste, créatif,
hardi, innovant, inventif, nouveau, *original*, révolutionnaire. ◆ ant. **1.** Conservateur, continuateur, épigone, imitateur,
suiveur. **2.** Conformiste, passéiste, rétrograde, ringard *(fam.)*.

NOVICE ◆ syn. ▷ *Nom* **1.** Apprenti, blanc-
bec *(fam.)*, commençant, *débutant*, néophyte, nouveau, recrue. ▷ *Adj.* **2.** *Candide*,
ignorant, ingénu, jeune, naïf. **3.** *Inexpérimenté*, inhabile, maladroit, neuf, profane.

◆ ANT. 1. As, connaisseur, expert. 2. Averti, avisé, futé, rusé. 3. Chevronné, expérimenté, habile.

NOYAUTAGE ◆ SYN. Entrisme, espionnage, *infiltration*, introduction, passage, pénétration. ◆ ANT. Dénonciation, exfiltration, expulsion, mise au jour.

NOYER ◆ SYN. ▷ *V. tr.* 1. Asphyxier, *immerger*, tuer. 2. Engloutir, inonder, *submerger*. 3. *Délayer*, diluer, embrouiller, estomper. 4. Couvrir, *étouffer*, taire. 5. *(Noyer dans le sang)* Juguler, mater, *réprimer*. ▷ *V. pr.* 6. S'asphyxier, disparaître, *périr*, sombrer. 7. S'égarer, s'empêtrer, *se perdre*. ◆ ANT. 1. Émerger, sauver, secourir. 2. Émerger, flotter, nager, surnager. 3. Accentuer, montrer, nuancer, préciser. 4. Écouter, entendre, laisser s'exprimer. 5. Encourager, exciter, libérer. 6. Remonter, sortir (indemne). 7. Clarifier, se dépêtrer, expliquer.

NU ◆ SYN. ▷ *Adj.* 1. À poil *(fam.)*, dans le plus simple appareil, découvert, dénudé, dépouillé, déshabillé, *dévêtu*, dévoilé. 2. *Démuni*, dépourvu, indigent, pauvre. 3. Austère, simple, *sobre*. 4. *Cru*, franc, pur. 5. Chiche, *clairsemé*, maigre, rare. 6. *(Visage)* Glabre, lisse, *imberbe*. 7. *(Tête)* Chauve, dégarni. ▷ *Nom* 8. *(Beaux-arts)* Académie, modèle, *nudité*. ◆ ANT. 1. Couvert, emmitouflé, enveloppé, habillé, vêtu, voilé. 2. Muni, nanti, riche. 3. Déguisé, emprunté, factice. 4. Caché, dissimulé, tu *(taire)*. 5. Abondant, luxuriant, touffu. 6. Barbu, poilu, velu. 7. Chevelu, fourni.

NUAGE ◆ SYN. 1. Brouillard, brume, moutons, nébulosité, *nuée*. 2. Émanation, exhalaison, fumée, *vapeur*. 3. *Brouille*, contrariété, ennui, mésentente, mésintelligence, pomme de discorde, souci, trouble. 4. Goutte, *soupçon*, un peu. 5. *(Insectes)* Essaim, grande quantité, multitude, nuée. 6. *(Oiseaux)* Vol, volée. 7. *(Pl.)* Ambiguïté, confusion, énigme, incertitude, mystère, *obscurité*, ombre, secret, vague. ◆ ANT. 1. Azur, clarté, lumière, pureté. 2. Étouffement, extinction, infiltration. 3. Bonheur, entente, quiétude, réconciliation, sérénité. 4. Beaucoup. 5-6. Petit nombre. 7. Certitude, clarté, évidence, limpidité, lucidité.

NUAGEUX ◆ SYN. 1. Assombri, bouché, chargé, brumeux, *couvert*, ennuagé, gris, lourd, nébuleux, obscurci, sombre, vaporeux. 2. *Confus*, embrouillé, flou, obscur, trouble, vague. ◆ ANT. 1. Azuré, bleu, clair, dégagé, ensoleillé, radieux, splendide. 2. Limpide, net, précis, transparent.

NUANCE ◆ SYN. ▷ *Sing.* 1. Carnation *(visage)*, coloration, couleur, degré, demi-teinte, pigment, teint, teinte, ton, *tonalité*. 2. Accent, inflexion, *intonation*. 3. Différence, distinction, divergence, *écart*. 4. Addition, *ajout*, ombre, pointe, soupçon, touche, trait, un peu. ▷ *Pl.* 5. Assortiment, diversité, gamme, *variété*. 6. Adresse, délicatesse, finesse, *subtilité*. ◆ ANT. 1. Contraste, éclat, opposition. 2. Acuité, crescendo, decrescendo, forte, fortissimo, piano, volume. 3. Confusion, mélange, ressemblance, similitude. 4. Discrétion, indifférence, retenue, silence. 5. Homogénéité, uniformité, unité. 6. Balourdise, banalité, lourdeur, maladresse, stupidités.

NUANCER ◆ SYN. 1. Assortir, bigarrer, colorer, diversifier, graduer, mesurer, moduler, *varier*. 2. Adoucir, *atténuer*, modérer, pondérer. 3. Approfondir, *éclaircir*, expliciter, expliquer, exprimer, formuler. ◆ ANT. 1. Contraster, opposer, trancher, uniformiser. 2. Accentuer, amplifier, exagérer. 3. Confondre, effleurer, embrouiller, mêler, noyer.

NUCLÉAIRE ◆ SYN. 1. *Atomique*, thermonucléaire. 2. *(Arme)* Non conventionnel. 3. *(Famille nucléaire)* Cellule familiale, noyau familial. ◆ ANT. 1. Conventionnel. 3. Collectivité, milieu, société.

NUDISTE ◆ SYN. *Naturiste*, nuvite *(péj.)*.

NUDITÉ ◆ SYN. 1. *Naturisme*, nudisme. 2. *Dépouillement*, simplicité, sobriété. 3. *Impudence*, insolence. 4. *(Beaux-arts)* Académie, modèle, *nu*. ◆ ANT. 2. Décoration, ornement, parure. 3. Pudeur, retenue.

NUE ◆ SYN. 1. *Nuages*, nuée. 2. *(Pl.)* Ciel, haut, idéal, pinacle, *sommet*. ◆ ANT. 2. Bas, réalité, terre.

NUÉE ◆ SYN. 1. *Nuages*, nue. 2. *(Volcan)* Cendres, *émanation*, fumée, gaz, vapeur. 3. Abondance, essaim *(insectes)*, foule, infinité, *multitude*, myriade, quantité, vol *(oiseaux)*. ◆ ANT. 3. Petit nombre, poignée, rareté.

NUIRE ◆ SYN. 1. Compromettre, desservir, discréditer, faire du tort, *léser*, préjudicier. 2. *Contrarier*, défavoriser, désavantager, embarrasser, gêner. 3. Bloquer, encombrer, *entraver*, obstruer. 4. *(Santé)* Abîmer, détruire, *endommager*, ruiner. ◆ ANT. 1. Aider, assister, collaborer, empêcher, maîtriser, protéger, seconder, servir. 2. Avantager, encourager, faciliter, favoriser, permettre. 3. Dégager, passer. 4. Améliorer, fortifier, revigorer.

NUISIBLE ◆ SYN. 1. Contraire, corrupteur, *défavorable*, désavantageux, funeste, hostile, malfaisant, mauvais, néfaste, perfide, pernicieux, préjudiciable. 2. *(Ch.)* Corrosif, *dangereux*, délétère, dommageable, empoisonnant, insalubre, malsain, nocif, toxique. ◆ ANT. 1. Ami, anodin, avantageux, bienfaisant, bon, édifiant, favorable, profitable, propice, salutaire, utile. 2. Inoffensif, sain, salubre, vivifiant.

NUIT ◆ SYN. 1. Crépuscule, *soir*. 2. Noir, noirceur *(québ.)*, *obscurité*, ombre, ténèbres. 3. Coucher, *nuitée*. 4. Confusion, ignorance, *incompréhension*, inconnu, mystère. ◆ ANT. 1. Aube, jour, matin. 2. Clarté, lumière. 3. Journée. 4. Compréhension, connaissance, explication, solution.

NUL ◆ SYN. ▷ *Adj.* 1. *Aucun*, pas un, zéro. 2. Aboli, annulé, caduc, désuet, infirmé, *invalidé*, périmé. 3. Absent, *inexistant*, négatif, négligeable. 4. Affreux, décevant, insatisfaisant, *médiocre*, minable, pauvre, pitoyable, raté. 5. Futile, *inefficace*, inutile, vain. 6. Bête, crétin, faible en, ignorant, *incapable*, incompétent, poche *(québ., fam.)*, taré *(fam.)*. ▷ *Pronom* 7. Personne. ▷ *Nom* 8. *(Pers.)* Bon à rien, cancre, nullard *(fam.)*, *nullité*, propre à rien, zéro. ◆ ANT. 1. Plusieurs, quelques. 2. Approuvé, bon, certi-

fié, valable, valide. 3. Existant, important, positif, réel. 4. Admirable, brillant, enviable, excellent, remarquable, réussi, satisfaisant. 5. Efficace, salutaire, sérieux, utile. 6. Capable, compétent, doué, fort en thème, instruit, intelligent. 7. Plusieurs, quelques-uns. 8. Bolé *(québ., fam.)*, connaisseur, crack *(fam.)*, érudit, expert, génie, savant, sommité.

NULLITÉ ◆ SYN. 1. Caducité, *invalidité*. 2. *(Dr.)* *Défaut*, vice. 3. Futilité, *inefficacité*, non-valeur, vanité. 4. Faiblesse, ignorance, *incapacité*, incompétence, lacunes. 5. *(Pers.)* Cancre, *nul*, nullard *(fam.)*, zéro. ◆ ANT. 1. Validité. 2. Exactitude. 3. Efficacité, importance, sérieux, valeur. 4. Capacité, compétence, connaissances, intelligence. 5. Connaisseur, expert, savant, sommité.

NUMÉRIQUE ◆ SYN. 1. Chiffré, évalué, quantifié, *quantitatif*. 2. *(Enregistrement)* *Audionumérique*, numérisé. ◆ ANT. 1. Qualitatif. 2. Analogique.

NUMÉRISER ◆ SYN. Enregistrer, mémoriser, reproduire, *scanner*.

NUMÉRISEUR ◆ SYN. 1. *(Inform.)* Scanner, *scanneur* *(terme francisé)*. 2. *(Méd.)* *Scanographe*, tomodensitomètre.

NUMÉRO ◆ SYN. 1. Adresse, chiffre, *code*, cote, folio *(livre)*, marque numérique, matricule, nombre, rang. 2. *(Fam.)* *Énergumène*, individu, personnage, phénomène, type. 3. *(Revue)* Exemplaire, *livraison*. 4. Attraction, divertissement, présentation, séance, *spectacle*, tour.

NUMÉROTER ◆ SYN. Chiffrer, *coder*, coter, folioter *(livre)*, immatriculer, marquer, matriculer, paginer.

NUTRITIF ◇ V. Nourrissant

NUTRITION ◆ SYN. 1. *Alimentation*, assimilation, digestion, métabolisme. 2. Diététique, *régime alimentaire*. ◆ ANT. 1. Carence, dénutrition, dystrophie, inanition, malnutrition. 2. Abus, excès, négligence.

NUTRITIONNISTE ◇ V. Diététicien

O

OASIS ♦ SYN. 1. Point d'eau. 2. *(Fig., lieu de paix)* Abri, éden, havre, îlot, port, *refuge*, retraite, solitude, thébaïde. ♦ ANT. Adversité, agitation, brouhaha, foule, hostilité, tumulte.

OBÉDIENCE ♦ SYN. 1. Dépendance, domination, *obéissance*, soumission, subordination 2. Alignement, allégeance, alliance, appartenance, fidélité, *inféodation*, mouvance, satellisation. ♦ ANT. 1. Autonomie, désobéissance, indépendance, insubordination. 2. Désalignement, dissidence, infidélité, neutralité, non-alignement, opposition.

OBÉIR ♦ SYN. 1. Accomplir, acquiescer à, se conformer, déférer à, écouter, exécuter, *observer*, respecter, satisfaire à, suivre. 2. Céder, fléchir, s'incliner, obtempérer, se plier à, *se soumettre*, subir, tomber sous le joug. 3. S'aligner sur, s'allier à, *s'inféoder*. ♦ ANT. 1. Commander, contrevenir, désobéir, diriger, enfreindre, ordonner, transgresser, violer. 2. S'insurger, s'opposer, se rebeller, refuser, regimber, résister, secouer le joug. 3. Se démarquer, se désaligner, se dissocier, rester neutre.

OBÉISSANCE ♦ SYN. 1. Discipline, docilité, observance, *observation*, respect, sagesse. 2. Allégeance, dépendance, esclavage, joug, obédience, servitude, *soumission*, subordination, sujétion. ♦ ANT. 1. Commandement, délit, désobéissance, indiscipline, indocilité, infraction, ordre, transgression, violation. 2. Indépendance, insoumission, insubordination, insurrection, rébellion, refus, résistance, révolte, révolution.

OBÉISSANT ♦ SYN. 1. Attaché, discipliné, docile, doux, facile, flexible, gentil, malléable, maniable, sage, serviable, *soumis*, souple, tranquille. 2. *(Animal)* Dompté, dressé, fidèle, maté. ♦ ANT. 1. Désobéissant, difficile, entêté, espiègle, indiscipliné, indocile, inflexible, insoumis, insubordonné, intraitable, malcommode *(québ., fam.)*, obstiné, rebelle, réfractaire, rétif, têtu, turbulent. 2. Farouche, indompté, sauvage.

OBÉRER ♦ SYN. *(Admin.)* Accabler, charger, *endetter*, grever, surcharger. ♦ ANT. Acquitter, alléger, décharger, dégrever, soulager.

OBÈSE ♦ SYN. 1. Adipeux, boulot, corpulent, énorme, *gras*, grassouillet, gros, patapouf *(fam.)*, potelé, replet, rond, rondelet. 2. Bedonnant, bombé, pansu, rebondi, ventripotent, *ventru*. ♦ ANT. 1. Décharné, efflanqué, émacié, étique, fluet, frêle, maigre, malingre, menu, mince, squelettique. 2. Creux, plat, rentré.

OBÉSITÉ ♦ SYN. Adiposité, corpulence, *embonpoint*, empâtement, épaississement, grosseur, rondeur, rotondité *(fam.)*, surpoids. ♦ ANT. Amaigrissement, émaciation, étisie *(méd.)*, maigreur.

OBJECTER ♦ SYN. 1. Contester, contredire, critiquer, opposer, réfuter, *répliquer*, répondre, rétorquer, riposter. 2. Alléguer, arguer, faire remarquer, *invoquer*, prétendre, prétexter. ♦ ANT. 1. Accepter, accueillir, acquiescer, admettre, agréer, approuver, concéder, consentir. 2. Démentir, démolir, infirmer.

OBJECTIF ♦ SYN. ▷ *Adj.* 1. Positif, *réel*, scientifique, vrai. 2. Désintéressé, détaché, équitable, honnête, *impartial*, impersonnel, juste, neutre. ▷ *Nom* 3. Appareil photo, *lentille*, oculaire. 4. *Cible*, mire, point, visée. **5.** Ambition, *but*, dessein, fin, finalité, intention, motif, objet, raison, visées, vues. ✦ ANT. **1.** Arbitraire, erroné, fictif, subjectif. **2.** Affectif, inéquitable, injuste, intéressé, malhonnête, partial, personnel, prévenu, tendancieux.

OBJECTION ✦ SYN. **1.** Contestation, contradiction, critique, discussion, opposition, protestation, question, réfutation, remarque, *réplique*, réponse. **2.** Argument (défavorable), difficulté, *empêchement*, entrave, inconvénient, obstacle, principe. ✦ ANT. **1.** Acceptation, acquiescement, approbation, consentement. **2.** Accord, appui, argument (favorable), secours, soutien.

OBJECTIVITÉ ✦ SYN. **1.** Authenticité, exactitude, existence, fidélité, justesse, *réalité*, vérité. **2.** Désintéressement, détachement, droiture, équité, honnêteté, *impartialité*, impersonnalité, justice, neutralité. ✦ ANT. **1.** Arbitraire, erreur, fiction, inexistence, irréalité, subjectivité. **2.** Affectivité, iniquité, injustice, intérêt, malhonnêteté, partialité, parti pris, partisannerie *(québ.)*, penchant, préjugé.

OBJET ✦ SYN. **1.** Affaire, article, bidule *(fam.)*, *chose*, engin *(fam.)*, instrument, machin *(fam.)*, outil, truc *(fam.)*, ustensile. **2.** Corps, élément, *matière*, substance. **3.** Contenu, fond, sujet, *thème*. **4.** Ambition, *but*, dessein, fin, finalité, intention, motif, objectif, raison, visées, vues. ✦ ANT. **1.** Animal, être humain, personne, sujet. **2.** Âme, esprit, essence, forme. **3.** Façon, manière, style.

OBJURGATION ✦ SYN. **1.** Adjuration, demande, exhortation, *prière*, représentation. **2.** *(Pl. surtout)* Admonestations, blâmes, critiques, *réprimandes*, reproches, semonces. ✦ ANT. **1.** Refus, satisfaction. **2.** Apologie, approbation, compliments, éloges, encouragements.

OBLIGATION ✦ SYN. ▷ *Sing.* **1.** Astreinte, coercition, contrainte, exigence, impératif *(n.)*, *nécessité*, urgence. **2.** *Dette*, emprunt. **3.** Action, bon, certificat, *titre*, valeur. ▷ *Pl.* **4.** Engagement, parole, promesse,

serment. **5.** Charges, devoirs, *responsabilités*. **6.** *Assujettissement*, corvée, fardeau, servitude. ✦ ANT. **1.** Autonomie, dispense, faculté, grâce, indépendance, liberté. **2.** Acquittement, remboursement. **3.** Argent, liquidités, monnaie. **4.** Abjuration, désaveu, reniement. **5.** Besoins, droits, irresponsabilité, manquement. **6.** Amusement, émancipation, libération.

OBLIGATOIRE ✦ SYN. **1.** Absolu, déontique, de rigueur, essentiel, exigé, impérieux, imposé, indispensable, *nécessaire*, obligé, requis. **2.** Certain, écrit, évident, fatal, forcé, immanquable, incontournable, inéluctable, *inévitable*, inexorable, sûr. ✦ ANT. **1.** Facultatif, inutile, libre, superflu, volontaire. **2.** Aléatoire, évitable, fortuit, incertain, possible, problématique.

OBLIGÉ ✦ SYN. ▷ *Adj.* **1.** Obligatoire. **2.** *Contraint*, engagé, lié, tenu. **3.** Gré, reconnaissant, *redevable*. ▷ *Nom* **4.** *Débiteur*, emprunteur. ✦ ANT. **1.** Facultatif. **2.** Dégagé, libre. **3.** Dispensé, exempté. **4.** Caution, créancier.

OBLIGEANCE ✦ SYN. Affabilité, *amabilité*, bienveillance, bonté, complaisance, délicatesse, devoir de, gentillesse, politesse, prévenance, serviabilité, soin de. ✦ ANT. Aversion, désinvolture, désobligeance, égoïsme, hostilité, impolitesse, indélicatesse, indifférence, malveillance, mesquinerie, négligence.

OBLIGEANT ✦ SYN. Affable, *aimable*, attentionné, bienveillant, bon, complaisant, délicat, dévoué, empressé, officieux, gentil, poli, prévenant, secourable, serviable. ✦ ANT. Désinvolte, désobligeant, détestable, égoïste, froid, haïssable, impoli, indifférent, lent, malveillant, mesquin, négligent, odieux.

OBLIGER ✦ SYN. ▷ *V. tr.* **1.** Assujettir, astreindre, condamner, contraindre, *exiger*, forcer, imposer, nécessiter, réduire à, soumettre à. **2.** *Aider*, faire plaisir, rendre service, secourir. ▷ *V. pr.* **3.** *S'engager*, se lier, promettre. **4.** *Se contraindre*, s'imposer de. ✦ ANT. **1.** Affranchir, dégager, délier, dispenser, épargner, exempter, libérer.

2. Blesser, contrarier, déplaire, désobliger, froisser, nuire. 3. Se défiler *(fam.)*, se délier, manquer à, renier. 4. Se libérer, se permettre.

OBLIQUE ♦ SYN. 1. De biais, dévié, gauche, gauchi, incliné, **indirect**, infléchi. 2. *(Regard)* **Détourné**, furtif, hypocrite, louche, menaçant, torve. ♦ ANT. 1. Direct, droit, perpendiculaire, rectiligne, vertical. 2. Affable, franc, sans ambages, sans détour, sincère.

OBLITÉRER ♦ SYN. 1. Cacheter. 2. Annuler, détruire, **effacer**, supprimer. 3. *(Méd.)* Engorger, **obstruer**. ♦ ANT. 1. Décacheter. 2. Conserver, préserver, sauvegarder. 3. Désengorger, désobstruer.

OBNUBILER ♦ SYN. 1. Brouiller, envelopper, mêler, **obscurcir**, voiler. 2. Habiter, hanter, **obséder**, tourmenter, tracasser. 3. Captiver, charmer, ensorceler, envoûter, **fasciner**, hypnotiser, magnétiser, séduire. ♦ ANT. 1. Démêler, éclaircir, exprimer, montrer, révéler. 2. Chasser, délivrer, libérer, tranquilliser. 3. Dégoûter, déplaire, répugner.

OBOLE ◇ v. **Offrande**

OBSCÈNE ♦ SYN. 1. Cochon *(fam.)*, cru, dégoûtant, déshonnête, graveleux, grivois, grossier, immoral, impudique, impur, inconvenant, **indécent**, licencieux, malpropre, ordurier, pornographique, sale, scabreux, trivial, vulgaire. 2. *(Fig.)* Impudent, **insolent**, révoltant. ♦ ANT. 1. Chaste, convenable, décent, délicat, édifiant, innocent, moral, pudique, pur. 2. Acceptable, normal, satisfaisant.

OBSCÉNITÉ ♦ SYN. 1. Grossièreté, immoralité, impudeur, impudicité, inconvenance, **indécence**, licence, trivialité, vulgarité. 2. *(Pl.)* Cochonneries *(fam.)*, grivoiseries, gros mots, grossièretés, horreurs, ordures, **saletés**, saloperies *(fam.)*. ♦ ANT. 1-2. Bienséance, chasteté, convenance, décence, modestie, moralité, pudeur, retenue, tenue.

OBSCUR ♦ SYN. 1. Assombri, foncé, noir, obscurci, ombreux, opaque, **sombre**, ténébreux. 2. Chargé, couvert, embrumé, épais, nébuleux, **nuageux**. 3. Abscons, abstrus, complexe, **difficile**, hermétique, incompréhensible, jargonneux *(fam.)*, sibyllin. 4. Caché, énigmatique, ésotérique, impénétrable, inexplicable, insondable, **mystérieux**, occulte, paranormal, secret. 5. Brumeux, compliqué, **confus**, embrouillé, équivoque, flou, fumeux, imprécis, incohérent, indécis, indistinct, vague, vaseux. 6. *(Pers.)* Anonyme, effacé, ignoré, **inconnu**. 7. *(Condition)* Humble, **modeste**, pauvre. ♦ ANT. 1. Brillant, clair, éclairé, éclatant, étincelant, lumineux, scintillant, vif. 2. Azuré, dégagé, éclairci, ensoleillé, radieux, rayonnant, splendide. 3. Compréhensible, facile, intelligible, simple. 4. Divulgué, exotérique, explicable, normal, révélé. 5. Cohérent, distinct, évident, explicite, formel, limpide, manifeste, précis. 6. Célèbre, connu, éminent, illustre, renommé, réputé. 7. Aisé, enviable, riche.

OBSCURANTISME ◇ v. **Ignorance**

OBSCURCIR ♦ SYN. ▷ V. tr. 1. Affaiblir, **assombrir**, éclipser, enténébrer, éteindre, foncer, noircir. 2. Brouiller, **cacher**, envelopper, obnubiler, ombrer, voiler. 3. Compliquer, emberlificoter *(fam.)*, embrouiller, **mêler**. ▷ V. pr. 4. S'assombrir, se couvrir, s'embrumer, s'ennuager, noircir, se voiler. ♦ ANT. 1. Briller, éclairer, étinceler, illuminer, scintiller. 2. Découvrir, dégager, dévoiler, exprimer, montrer. 3. Débrouiller, démêler, éclaircir, expliquer. 4. Se dégager, s'éclaircir, s'estomper.

OBSCURITÉ ♦ SYN. 1. **Noir**, noirceur *(québ.)*, nuit, ombre, opacité, ténèbres. 2. Ambiguïté, brouillard, **confusion**, doute, ignorance, imprécision, incertitude, mystère, nuages, vague. 3. Difficulté, hermétisme, **incompréhension**, inintelligibilité, nébulosité. 4. **Anonymat**, incognito, ombre *(fig.)*. ♦ ANT. 1. Clarté, jour, lumière, translucidité, transparence. 2. Certitude, connaissance, évidence, limpidité, lucidité, netteté, ordre, précision. 3. Compréhension, facilité, intelligibilité, simplicité. 4. Célébrité, gloire, renom, réputation.

OBSÉDANT ◇ v. Lancinant
OBSÉDÉ ✦ SYN. ▷ *Nom.* **1.** Érotomane, fou, malade, *maniaque*, monomane, obsessionnel. **2.** *Fanatique*, fervent, mordu *(fam.)*, passionné. ✦ ANT. **1.** Équilibré, normal, sain (d'esprit). **2.** Dégoûté, indifférent, las.

OBSÉDER ✦ SYN. **1.** Habiter, hanter, obnubiler, posséder, pourchasser, poursuivre, préoccuper, *tourmenter*, tracasser, travailler, turlupiner *(fam.)*. **2.** Accabler, agacer, assiéger, assommer, cramponner *(fam.)*, énerver, ennuyer, fatiguer, harceler, *importuner*. ✦ ANT. **1.** Calmer, chasser, délivrer, oublier, rassurer, soulager. **2.** Amuser, détendre, divertir, réjouir.

OBSÈQUES ✦ SYN. Cérémonie et convoi funèbres, enterrement, *funérailles*, inhumation, sépulture.

OBSÉQUIEUX ✦ SYN. Adulateur, courtisan, flagorneur, *flatteur*, plat, rampant, servile, soumis. ✦ ANT. Cassant, fier, hautain, impoli, méprisant, sincère.

OBSÉQUIOSITÉ ◇ v. Flatterie

OBSERVABLE ✦ SYN. **1.** Apparent, extérieur, manifeste, perceptible, *visible*. **2.** *(Méd.)* *Clinique*, symptomatique. ✦ ANT. **1.** Caché, imperceptible, inobservable, intérieur, invisible. **2.** Asymptomatique, porteur.

OBSERVANCE ✦ SYN. **1.** Accomplissement, discipline, exécution, obéissance, *observation*, pratique. **2.** Loi, rite, *règle*. **3.** Ordre religieux. ✦ ANT. **1.** Dérogation, désobéissance, indiscipline, inobservance, manquement.

OBSERVATEUR ✦ SYN. ▷ *Nom* **1.** Analyste, *chercheur*. **2.** Assistant, auditeur, *spectateur*, témoin. **3.** Agent, *chargé de mission*, mandataire, représentant. ▷ *Adj.* **4.** *Attentif*, critique, curieux, inquisiteur, investigateur, scrutateur. ✦ ANT. **1.** Expérimentateur, praticien. **2.** Participant. **3.** Commettant, mandant. **4.** Distrait, furtif, inattentif, indifférent.

OBSERVATION ✦ SYN. **1.** Accomplissement, exécution, obéissance, *observance*, pratique, respect. **2.** Analyse, attention,

étude, *examen*, investigation. **3.** Contrôle, filature, garde, *surveillance*, veille, vigie, vigilance. **4.** Annotation, appréciation, commentaire, compte rendu, considération, constatation, critique, description, note, objection, pensée, réflexion, *remarque*, spéculation. **5.** Avertissement, remontrance, *réprimande*, reproche. ✦ ANT. **1.** Dérogation, désobéissance, infraction, inobservation, manquement, transgression, violation. **2.** Expérimentation, inattention, survol. **3.** Distraction, élargissement, négligence. **4.** Aveuglement, ignorance, incompréhension, obscurité. **5.** Compliments, éloges.

OBSERVER ✦ SYN. **1.** Accomplir, s'acquitter, adopter, se conformer, exécuter, *obéir*, obtempérer, se plier à, pratiquer, remplir, respecter, satisfaire à, se soumettre à, suivre. **2.** Analyser, considérer, contempler, envisager, étudier, *examiner*, regarder, scruter. **3.** Dévisager, *fixer*, lorgner, reluquer *(fam.)*, toiser *(péj.)*, zieuter *(fam.)*. **4.** Épier, espionner, filer, guetter, pister, *surveiller*. **5.** Constater, noter, relever, *remarquer*, signaler. ✦ ANT. **1.** Contrevenir, déroger, désobéir, enfreindre, pécher contre, transgresser, violer. **2.** Omettre, oublier, survoler. **3.** Détourner, éloigner, fuir. **4.** Échapper (à la surveillance), laisser aller, négliger, relâcher. **5.** Aveugler, ignorer, obnubiler.

OBSESSIF ✦ SYN. Anormal, exagéré, excessif, *maladif*, malsain, maniaque, monomane, monomaniaque, morbide, obsessionnel, pathologique. ✦ ANT. Maîtrisable, mesuré, normal, raisonnable, réfléchi, sain.

OBSESSION ✦ SYN. Cauchemar, complexe, crainte, fantasme, fixation, *hantise*, idée fixe, inquiétude, manie, phobie, préoccupation, psychose, tourment, tracas. ✦ ANT. Affranchissement, assurance, calme, distraction, joie, libération, sérénité.

OBSESSIONNEL ◇ v. Obsédé
OBSOLÈTE ◇ v. Démodé
OBSTACLE ✦ SYN. **1.** *Barrage*, barricade, barrière, écran, rideau, steeple-chase.

2. Accroc, achoppement, contretemps, difficulté, écueil, embarras, *empêchement*, encombre, entrave, frein, gêne, hic *(fam.)*, mur, objection, obstruction, opposition, pierre d'achoppement, problème, résistance. ✦ ANT. **1.** Brèche, ouverture. **2.** Aide, appui, contribution, facilité, liberté, renfort, secours, solution.

OBSTÉTRICIEN ✦ SYN. *Accoucheur*, gynécologue, maïeuticien, sage-femme.

OBSTINATION ✦ SYN. Acharnement, assiduité, constance, détermination, entêtement, fermeté, insistance, opiniâtreté, persévérance, persistance, résolution, *ténacité*, volonté. ✦ ANT. Capitulation, docilité, hésitation, inconstance, instabilité, mollesse, versatilité.

OBSTINÉ ✦ SYN. **1.** Acharné, assidu, constant, coriace, déterminé, ferme, opiniâtre, persévérant, résolu, *tenace*, volontaire. **2.** *(Péj.)* Buté, cabochard *(fam.)*, entêté, tête de mule *(fam.)*, tête de pioche *(fam.)*, tête dure *(fam.)*, *têtu*, volontaire. ✦ ANT. **1.** Docile, hésitant, inconstant, instable, mou, versatile. **2.** Compréhensif, conciliant, débonnaire, souple.

OBSTINER (S') ✦ SYN. S'acharner, se buter, *s'entêter*, insister, ne pas en démordre, persévérer, persister. ✦ ANT. S'assouplir, capituler, céder, en démordre, fléchir, lâcher prise, renoncer.

OBSTRUCTION ✦ SYN. **1.** *(Méd.)* **Engorgement**, iléus, oblitération, occlusion. **2.** *(Polit.)* Entrave, obstacle, *opposition*, paralysie, refus, résistance, retard, veto. **3.** *(Sports)* **Barrage**, empêchement, gêne, manœuvre (illicite). ✦ ANT. **1.** Dégorgement, désobstruction, écoulement, ouverture. **2.** Alliance, appui, coopération, vote. **3.** Coup franc, libre cours, passage.

OBSTRUER ✦ SYN. **1.** *(Méd.)* **Engorger**, oblitérer. **2.** Arrêter, *barrer*, bloquer, boucher, embarrasser, embouteiller, encombrer, fermer, gêner, paralyser. **3.** *(Vue)* Aveugler, boucher (la vue), *cacher*, faire écran. ✦ ANT. **1.** Désengorger, désobstruer. **2.** Déblayer, dégager, désencombrer, faciliter, laisser

passer, libérer, ouvrir. **3.** Laisser passer, laisser voir.

OBTEMPÉRER ◇ V. **Obéir**

OBTENIR ✦ SYN. **1.** Acquérir, avoir, conquérir, décrocher *(fam.)*, gagner, impétrer *(dr.)*, se procurer, *recevoir*, recueillir, remporter. **2.** Arracher, *enlever*, extorquer, soutirer. **3.** *Atteindre*, parvenir à, réussir, trouver. ✦ ANT. **1.** Accorder, donner, perdre, rater, recaler, refuser. **2.** Concéder, remettre, rendre. **3.** Échouer, s'éloigner, essayer, tenter de.

OBTUS ✦ SYN. Bête, *borné*, bouché *(fig.)*, épais, étroit d'esprit, lourd. ✦ ANT. Compréhensif, fin, intelligent, ouvert, pénétrant, vif.

OBUS ◇ V. **Projectile**

OBVIER ✦ SYN. Arrêter, empêcher, *éviter*, pallier, parer à, prévenir, remédier à. ✦ ANT. Aggraver, causer, permettre.

OCCASION ✦ SYN. ▷ *Nom* **1.** *Aubaine*, chance, opportunité. **2.** *Éventualité*, hasard, possibilité. **3.** Cas, *circonstance*, événement, heure, moment, occurrence, temps. **4.** Cause, *motif*, prétexte, raison, sujet. ▷ *Loc., d'occasion* **5.** *(Voiture)* De seconde main. **6.** *(Métier)* Amateur, *dilettante*. **7.** *(Relation)* Accidentel, *occasionnel*. ✦ ANT. **1.** Inopportunité, malchance. **2.** Impossibilité, nécessité. **5.** De première main. **6.** Professionnel, spécialiste. **7.** Assidu, régulier.

OCCASIONNEL ✦ SYN. Accidentel, casuel, contingent, d'occasion, *exceptionnel*, extraordinaire, inaccoutumé, inhabituel, inopiné, irrégulier. ✦ ANT. Assidu, certain, constant, habituel, nécessaire, normal, ordinaire, régulier.

OCCASIONNER ✦ SYN. Amener, attirer, *causer*, coûter, créer, déterminer, engendrer, entraîner, produire, provoquer, soulever, susciter, valoir. ✦ ANT. Empêcher, épargner, éviter.

OCCIDENT, OCCIDENTAL ◇ V. **Ouest**

OCCULTE ✦ SYN. **1.** Cabalistique, *ésotérique*, hermétique, inconnu, invisible, magique, mystérieux, paranormal, secret, surnaturel. **2.** Anonyme, caché, *clandestin*, interlope, parallèle, sourd, souterrain, subreptice. ✦ ANT. 1. Connu, divulgué, exotérique, naturel, normal, révélé, visible. 2. Au grand jour, dévoilé, officiel, ouvert, public, reconnu.

OCCULTER ✦ SYN. 1. *(Lumière)* **Éclipser**, intercepter, obscurcir, voiler. 2. *Cacher*, dissimuler, étouffer, masquer, nier, refouler, taire. ✦ ANT. 1. Briller, éclairer, illuminer. 2. Admettre, diffuser, divulguer, répandre, révéler.

OCCULTISME ✦ SYN. Cabale, divination, *ésotérisme*, hermétisme, illuminisme, magie, mystère, parapsychologie, sciences occultes, sorcellerie, spiritisme, théosophie.

OCCUPATION ✦ SYN. 1. Activité, affaire, besogne, charge, devoir, emploi, fonction, labeur, métier, ouvrage, passe-temps, profession, service, situation, *travail*. 2. *(Pl.) Activités*, tâches, train-train. 3. *Habitation*, squat *(anglic., péj.)*. 4. Acquisition, appropriation, *possession*. 5. Assujettissement, colonisation, conquête, enlèvement, envahissement, *invasion*, prise de possession, siège. ✦ ANT. 1. Chômage, congé, inactivité, oisiveté, retraite, sinécure, vacances. 2. Détente, repos. 3. Déménagement, expulsion. 4. Abandon, cession, expropriation. 5. Décolonisation, évacuation, libération, retrait.

OCCUPER ✦ SYN. ▷ *V. tr.* 1. S'approprier, assujettir, coloniser, *s'emparer de*, enlever, envahir, prendre, saisir. 2. Demeurer, *habiter*, loger, peupler, résider, squatter *(péj.)*, vivre. 3. *(Espace) Couvrir*, embrasser, englober, s'étendre sur. 4. *(Temps)* Absorber, accaparer, consacrer, *employer*, meubler. 5. *(Enfants)* Amuser, captiver, *distraire*, divertir, intéresser. 6. *(Poste)* Détenir, exercer, *remplir*, tenir. ▷ *V. pr.* 7. S'affairer à, s'atteler à, s'employer à, *travailler*, vaquer à. 8. S'intéresser à, *se mêler de*, penser à, se préoccuper de. 9. Se charger de, entourer, prendre soin de, se soucier de, *veiller sur*. ✦ ANT. 1. Affranchir, chasser, décoloniser, évacuer, libérer. 2. Déménager, partir, quitter. 3. Confiner à, réduire à. 4. Déga-

ger, libérer. 5. Ennuyer, lasser. 6. Laisser, quitter. 7. Se détendre, se reposer. 8. Se désintéresser de, se lasser. 9. Abandonner, délaisser, négliger.

OCCURRENCE ✦ SYN. 1. Cas, circonstance, moment, *occasion*. 2. *(Ling.) Apparition*, forme, fréquence, nombre, présence, variété. ✦ ANT. 2. Absence, rareté.

OCÉAN ✦ SYN. 1. Flots, *mer*. 2. *Abondance*, déluge, grande quantité.

OCTROI ✦ SYN. 1. *Attribution*, concession, faveur, gratification. 2. *Contribution*, douane, droit d'entrée.

OCTROYER ✦ SYN. ▷ *V. tr.* 1. *Accorder*, allouer, attribuer, autoriser, concéder, consentir, distribuer, donner, doter, gratifier, impartir, verser. ▷ *V. pr.* 2. *S'accorder*, se donner, s'offrir, se permettre. 3. *S'adjuger*, *s'approprier*, s'attribuer, s'arroger, s'emparer, usurper. ✦ ANT. 1. Refuser, retirer. 2. S'empêcher, s'interdire, se refuser. 2. Céder, rendre, renoncer, restituer.

ODEUR ✦ SYN. 1. Effluves, *émanation*, exhalaison. 2. *(Agréable)* Arôme, bouquet, fragrance, fumet, parfum, *senteur*. 3. *(Désagréable)* Fétidité, miasmes, *puanteur*, relents, remugle.

ODIEUX ✦ SYN. 1. Abject, abominable, atroce, bas, crapuleux, dégoûtant, dégueulasse *(fam.)*, honteux, *ignoble*, immonde, indigne, infâme, inqualifiable, répugnant, révoltant, sordide, vil. 2. Antipathique, désagréable, détestable, exécrable, haïssable, imbuvable *(fam.)*, insupportable, mauvais, *méchant*. ✦ ANT. 1. Digne, distingué, édifiant, élevé, honorable, louable, noble, remarquable. 2. Adorable, agréable, aimable, bon, charmant, doux, gentil, supportable, sympathique.

ODORANT ✦ SYN. *Aromatique*, balsamique, embaumé, odoriférant, parfumé, suave. ✦ ANT. Fade, fétide, infect, inodore, insipide, malodorant, nauséabond, pestilentiel, puant.

ODORAT ✦ SYN. Flair, nez, *olfaction*. ✦ ANT. Anosmie.

ŒIL ✦ SYN. 1. *Globe oculaire*, orbite, prunelle, pupille. 2. Regard, vision, *vue*.

3. Chas, judas, œillet, *ouverture*, trou. **4.** *Bourgeon*, bouton, œilleton, pousse. **5.** *(Cyclone)* Centre.

ŒUF ◆ SYN. **1.** *Embryon*, germe, ovule. **2.** Coco *(fam.)*, *coque*, coquille. **3.** Origine.

ŒUVRE ◆ SYN. **1.** Activité, entreprise, produit, résultat, tâche, *travail*. **2.** *Création*, composition, écrit, livre, ouvrage, pièce, production, tableau. **3.** *(Pl.) Actes*, actions.

OFFENSANT ◆ SYN. Blessant, choquant, froissant, humiliant, injurieux, insolent, *insultant*, mortifiant, offensant, outrageant, vexant. ◆ ANT. Agréable, charmant, élogieux, flatteur, louangeur, poli, respectueux, vengeur.

OFFENSE ◆ SYN. **1.** Affront, attaque, attentat, atteinte, avanie, blessure, injure, insolence, *insulte*, outrage, vexation. **2.** *(Relig.)* Désobéissance, faute, *péché*. ◆ ANT. **1.** Bienfait, compliments, éloges, flatteries *(péj.)*, hommages, politesses, réparation, respect, vengeance. **2.** Louange, obéissance, pardon.

OFFENSER ◆ SYN. ▷ *V. tr.* **1.** Atteindre, bafouer, blesser, choquer, cingler *(fig.)*, froisser, humilier, injurier, *insulter*, manquer à, mortifier, offusquer, outrager, outrer, vexer. **2.** Désobéir, *pécher*. ▷ *V. pr.* **3.** Se fâcher, se formaliser, se froisser, s'indigner, *s'offusquer*, se scandaliser. ◆ ANT. **1.** Charmer, complimenter, défendre, féliciter, flatter, louer, plaire à, protéger, réparer, respecter. **2.** Bénir, expier, obéir, pardonner. **3.** Applaudir, se plaire, se réjouir.

OFFENSIF ◆ SYN. *Agressif*, batailleur, brutal, combatif, violent. ◆ ANT. Défensif, doux, inoffensif.

OFFENSIVE ◆ SYN. Agression, assaut, *attaque*, charge, combat. ◆ ANT. Contre-attaque, contre-offensive, défense, défensive, résistance, retraite.

OFFICE ◆ SYN. **1.** Charge, devoir, emploi, *fonction*, métier, rôle. **2.** Agence, bureau, *organisme*, service. **3.** *(Édition)* Dépôt en librairie. **4.** *Célébration*, cérémonie, culte,

messe, ordo, prière, salut. **5.** *(Bons offices)* Conciliation, intercession, *médiation*.

OFFICIEL ◆ SYN. ▷ *Adj.* **1.** *Administratif*, étatique, gouvernemental, national, public. **2.** Annoncé, authentique, *autorisé*, certain, certifié, confirmé, consacré, déclaré, formel, légal, sûr. **3.** *Connu*, établi, notoire, reconnu, solennel. **4.** *(Péj.)* Conventionnel, donné, *prétendu*, supposé. ▷ *Nom* **5.** *Autorité*, dignitaire, notable. **6.** *(Sports)* *Arbitre*, juge, organisateur. ◆ ANT. **1.** Individuel, particulier, privé. **2.** Apocryphe, faux, illégal, incertain, informel, non autorisé, officieux. **3.** Anonyme, ignoré, inconnu, intime. **4.** Réel, véridique, véritable. **5.** Inconnu, individu, quidam. **6.** Athlète, participant.

OFFICIEUX ◆ SYN. **1.** Anonyme, *informel*, non confirmé, non officiel, privé, sérieux. **2.** Obligeant, prévenant, *serviable*. ◆ ANT. **1.** Certain, confirmé, établi, officiel, public, sûr. **2.** Dur, franc, sévère.

OFFRANDE ◆ SYN. **1.** *(Relig.)* Holocauste, hommage, libation, oblation, *sacrifice*. **2.** Aumône, cadeau, charité, contribution, *don*, obole, présent.

OFFRE ◆ SYN. **1.** Avance, démarche, ouverture, *proposition*. **2.** *Prix*, soumission, vente. **3.** *(Produits, services)* *Marché*, quantité. ◆ ANT. **1.** Acceptation, blocage, refus. **2.** Entente, surenchère. **3.** Demande, pénurie.

OFFRIR ◆ SYN. ▷ *V. tr.* **1.** *Donner*, gratifier, présenter. **2.** Exposer, montrer, *proposer*, soumettre. **3.** *(Relig.)* Consacrer, immoler, *sacrifier*, vouer. **4.** Dédier. **5.** *Comporter*, contenir, procurer. ▷ *V. pr.* **6.** Se dévouer, *se proposer*. **7.** *S'accorder*, s'octroyer, se payer, se permettre. **8.** S'abandonner, *se donner*. **9.** Se montrer, *se présenter*, se produire, se rencontrer. ◆ ANT. **1.** Demander, recevoir, solliciter. **2.** Accepter, conclure, dédaigner, refuser, rejeter. **3.** Épargner, sauver. **4.** Exclure. **5.** Enlever, priver de. **6.** Abandonner, se retirer. **7.** S'interdire, se refuser. **8.** Chasser, éconduire. **9.** S'en aller, disparaître, s'estomper, laisser échapper, saisir.

OFFUSQUER ◆ SYN. ▷ V. tr. **1.** Blesser, choquer, cingler *(fig.)*, contrarier, déplaire, ennuyer, fâcher, froisser, heurter, indisposer, mécontenter, mortifier, *offenser*, outrer, vexer. ▷ V. pr. **2.** Se fâcher, se formaliser, se froisser, s'indigner, *s'offenser*. ◆ ANT. **1.** Charmer, complimenter, plaire, réjouir, respecter. **2.** Se plaire, se réjouir.

OGRE ◆ SYN. **1.** Anthropophage, bonhomme Sept-Heures *(québ.)*, croquemitaine, épouvantail, *géant* (maléfique). **2.** *(Fam.)* Bâfreur, *glouton*, goinfre. ◆ ANT. **1.** Elfe, génie, gnome, lilliputien, lutin, nain. **2.** Frugal, gourmet, sobre.

OIGNON ◆ SYN. **1.** Cal, callosité, *cor*, corne, durillon. **2.** *(Plante)* Bulbe.

OINDRE ◆ SYN. **1.** Enduire, frictionner, graisser, *huiler*, imprégner, lubrifier. **2.** *(Relig.)* Bénir, *consacrer*, sacrer.

OISEAU ◆ SYN. **1.** Oiselet, oisillon, volaille, *volatile*. **2.** *(Pl.)* Gibier à plumes, *sauvagine*. **3.** *(Drôle d'oiseau, fam.)* *Énergumène*, individu, moineau *(fam.)*, personnage, phénomène, type.

OISEUX ◆ SYN. Creux, dérisoire, futile, insignifiant, inutile, léger, stérile, superflu, *vain*, vide. ◆ ANT. Grave, important, intéressant, nécessaire, pertinent, profond, sérieux, utile.

OISIF ◆ SYN. **1.** Chômeur, désœuvré, *inactif*, inoccupé. **2.** *Fainéant*, flâneur, indolent, musard *(fam.)*, paresseux, traînard. ◆ ANT. **1.** Actif, affairé, occupé, travailleur. **2.** Appliqué, bûcheur *(fam.)*, diligent, laborieux, studieux.

OISIVETÉ ◆ SYN. **1.** Chômage, désœuvrement, inaction, *inactivité*, inoccupation, loisir. **2.** *Fainéantise*, farniente, flânerie, indolence, paresse. ◆ ANT. **1.** Activité, besogne, étude, labeur, métier, occupation, travail. **2.** Ardeur, diligence, énergie.

OLYMPIEN ◆ SYN. **1.** Auguste, fier, imposant, *majestueux*, noble. **2.** Assuré, *imperturbable*, serein. ◆ ANT. **1.** Bas, grossier, insignifiant, simple, vulgaire. **2.** Agité, anxieux, troublé.

OMBRAGE ◆ SYN. **1.** Feuillage, *ombre*. **2.** *Défiance*, inquiétude, jalousie, soupçon.

◆ ANT. **1.** Lumière, soleil. **2.** Assurance, confiance, sérénité, tranquillité.

OMBRAGEUX ◆ SYN. **1.** *Défiant*, difficile, inquiet, jaloux, méfiant, soupçonneux, susceptible. **2.** *(Animal)* Craintif, *farouche*, peureux. ◆ ANT. **1.** Confiant, cordial, crédule, facile, généreux, large d'idée, magnanime, serein. **2.** Brave, fougueux.

OMBRE ◆ SYN. **1.** Feuillage, *ombrage*. **2.** Noir, noirceur *(québ.)*, nuit, *obscurité*, opacité, ténèbres. **3.** Anonymat, effacement, *oubli*. **4.** Brouillard, confusion, *incertitude*, mystère, nuages, secret. **5.** Apparence, *contour*, forme, image, reflet, silhouette. **6.** *(Pl.)* Apparences, chimères, *semblants*, simulacres, songes. **7.** Semblant, soupçon, *trace*. **8.** Difficulté, *inconvénient*, nuage, point noir, problème. **9.** Âme, esprit, *fantôme*, mânes, revenant, spectre. ◆ ANT. **1.** Lumière, soleil. **2.** Clarté, éclairage, éclat, jour, transparence. **3.** Célébrité, fierté, gloire, reconnaissance. **4.** Certitude, compréhension, connaissance, lucidité. **5.** Corps, matière, objet. **6.** Existence, réalité, vérité. **7.** Abondance. **8.** Règlement, solution. **9.** Vivant.

OMBRÉ ◆ SYN. Couvert, estompé, *foncé*, grisé, hachuré, voilé. ◆ ANT. Blanc, clair, lumineux, net.

OMBREUX ◆ SYN. Enténébré, ombragé, *sombre*, ténébreux. ◆ ANT. Clair, éclairé, ensoleillé, lumineux.

OMBUDSMAN ◇ V. **Médiateur**

OMETTRE ◆ SYN. **1.** Faire abstraction de, laisser de côté, manquer de, *négliger*, oublier, passer, sauter. **2.** Passer sous silence, *taire*. ◆ ANT. **1.** Accomplir, citer, considérer, consigner, mentionner, noter, relever, tenir compte de. **2.** Avouer, déclarer, divulguer.

OMISSION ◆ SYN. **1.** *Absence*, bourdon *(typogr.)*, distraction, faute, inattention, lacune, manque, négligence, oubli, prétérition *(rhét.)*. **2.** Restriction (mentale), *silence*, soustraction *(dr.)*. ◆ ANT. **1.** Accomplissement, action, attention, exécution, mention, présence, rappel. **2.** Aveu, déclaration, franchise.

OMNIPOTENCE ◆ SYN. **1.** Domination, hégémonie, pouvoir absolu, prééminence, suprématie, *toute-puissance*. **2.** *Absolutisme*, arbitraire, autocratie, despotisme, dictature, totalitarisme, tyrannie. ◆ ANT. **1.** Faiblesse, impuissance. **2.** Soumission, subordination, sujétion.

OMNIPOTENT ◆ SYN. Absolu, arbitraire, autocratique, despotique, dictatorial, dominateur, impérialiste, impérieux, totalitaire, *tout-puissant*, tyrannique. ◆ ANT. Faible, impuissant, soumis.

OMNIPRÉSENCE ◆ SYN. Ubiquité. ◆ ANT. Absence.

OMNISCIENT ◇ v. **Universel**

ONCE ◇ v. **Peu**

ONCTION ◆ SYN. **1.** Friction. **2.** *(Relig.)* Bénédiction, *consécration*, sacre. **3.** Componction, *dévotion*, douceur, ferveur, piété. ◆ ANT. **3.** Brutalité, dureté, indifférence, irrévérence, sécheresse.

ONCTUEUX ◆ SYN. **1.** Gras, *huileux*, savonneux. **2.** Crémeux, doux, *moelleux*, velouté. **3.** *Dévot*, fervent, pieux, touchant. **4.** Doucereux, *mielleux*, patelin, sucré. ◆ ANT. **1.** Sec. **2.** Dur, rude, rugueux. **3.** Indifférent, irrévérencieux, tiède. **4.** Agressif, brutal, sincère.

ONDE ◆ SYN. ▷ *Sing.* **1.** *Eau*, flots. ▷ *Pl.* **2.** *(Cheveux)* Cran, *ondulations*, permanente. **3.** *Cercles*, rides, ronds. **4.** Sons, *vibrations*. **5.** *Diffusion*, radio, radiodiffusion, télédiffusion. **6.** *(Fig.)* Mouvement, *propagation*, vagues.

ONDÉE ◆ SYN. *Averse*, giboulée, grain, pluie. ◆ ANT. Beau fixe, éclaircie.

ON-DIT ◇ v. **Racontars**

ONDOYANT ◆ SYN. **1.** Chatoyant, dansant, flexible, léger, moiré, *mouvant*, ondé, ondulant, ondulatoire, onduleux, sinueux, serpentin, souple. **2.** Capricieux, changeant, fantaisiste, flexueux, *inconstant*, mobile, variable, versatile. ◆ ANT. **1.** Fixe, immobile, plat, uniforme. **2.** Constant, ferme, invariable, stable.

ONDULATION ◆ SYN. ▷ *Sing.* **1.** Agitation, balancement, flottement, fluctuation, frisson, mouvement, onde, *ondoiement*, oscillation, remous, vagues. ▷ *Pl.* **2.** Contours, méandres, plis, replis, *sinuosités*. **3.** Cran, frisure, ondes, *permanente*, vagues *(fig.)*. ◆ ANT. **1.** Calme, immobilité, stagnation. **2.** Ligne droite, pente, raideur. **3.** Défrisage.

ONDULER ◆ SYN. ▷ *V. intr.* **1.** Se dérouler, flotter, *ondoyer*. **2.** *Serpenter*, sinuer, zigzaguer. **3.** *(Corps, hanches)* *Balancer*, osciller, remuer, rouler. ▷ *V. tr.* **4.** Boucler, calamistrer, *friser*, frisotter, moutonner. ◆ ANT. **1.** S'aplatir. **2.** Se resserrer. **3.** S'immobiliser, se raidir. **4.** Aplatir, ébouriffer, défriser.

ONDULEUX ◆ SYN. Accidenté, courbe, flexueux, inégal, ondoyant, ondulant, ondulé, serpentin, *sinueux*, tortueux. ◆ ANT. Aplati, droit, égal, nivelé, plat, raide, uni.

ONÉREUX ◆ SYN. **1.** Cher, *coûteux*, dispendieux, écrasant, lourd. **2.** *(À titre onéreux)* En payant *(dr.)*. ◆ ANT. **1.** Abordable, avantageux, bon marché, économique, modique. **2.** À titre gracieux.

ONGUENT ◆ SYN. Balsamique, baume, cérat, crème, embrocation, liniment, pâte, *pommade*.

OPACITÉ ◆ SYN. **1.** Densité, épaisseur, *impénétrabilité*, obscurité, profondeur. **2.** Difficulté, hermétisme, *incompréhension*, inintelligibilité, nébulosité. ◆ ANT. **1.** Clarté, légèreté, lumière, translucidité, transparence. **2.** Compréhension, facilité, intelligibilité, limpidité, simplicité.

OPAQUE ◆ SYN. **1.** Dense, épais, *impénétrable*, obscur, profond, sombre, ténébreux. **2.** Abscons, abstrus, hermétique, *incompréhensible*, nébuleux, sibyllin. ◆ ANT. **1.** Clair, cristallin, diaphane, hyalin, léger, limpide, lumineux, translucide, transparent. **2.** Compréhensible, facile, intelligible, limpide, simple.

OPÉRATEUR ◆ SYN. **1.** Cadreur, caméraman, machiniste, *manipulateur*, standardiste. **2.** Agent de change, *courtier*, démarcheur.

OPÉRATION ◆ SYN. **1.** Accomplissement, acte, action, entreprise, *exécution*, manipulation, traitement, travail. **2.** *(Math.)*

Calcul. **3.** Intervention chirurgicale. **4.** *(Milit.)* Bataille, campagne, expédition, **manœuvres. 5.** *(Fin.)* **Affaire**, spéculation, transaction.

OPÉRER ♦ SYN. ▷ *V. tr.* **1.** Accomplir, effectuer, **exécuter**, faire, pratiquer, produire, réaliser. **2.** Charcuter *(fam.)*, **intervenir**, pratiquer une intervention chirurgicale. ▷ *V. intr.* **3.** Donner des résultats, **faire effet**, réussir. **4.** Agir, s'y prendre, **procéder.** ▷ *V. pr.* **5.** Avoir lieu, se faire, **se produire**, se réaliser.

OPINER ◇ V. **Acquiescer**

OPINIÂTRE ♦ SYN. **1.** Acharné, assidu, constant, coriace, déterminé, entier, ferme, obstiné, persévérant, résolu, **tenace**, volontaire. **2.** Âpre, **farouche**, furieux, impitoyable, implacable, irréductible, véhément. **3.** *(Toux)* Continu, **persistant.** ♦ ANT. **1.** Faible, hésitant, inconstant, instable, lâche, malléable, mou, versatile, veule. **2.** Calme, docile, doux, paisible, tolérant. **3.** Passager.

OPINIÂTRETÉ ◇ V. **Ténacité**

OPINION ♦ SYN. **1.** Appréciation, attitude *(fig.)*, avis, conviction, critique, croyance, idée, impression, jugement, **pensée**, point de vue, position, sens, sentiment, tendance, vues. **2.** Suffrage, voix, **vote. 3.** *(Pl.)* Credo, convictions, croyances, **doctrine**, idées, idéologie, parti, système, théorie, thèse.

OPPORTUN ♦ SYN. Approprié, à propos, bienséant, bienvenu, bon, **convenable**, de circonstance, favorable, indiqué, judicieux, pertinent, propice, séant, utile. ♦ ANT. Défavorable, déplacé, déplorable, fâcheux, hors de propos, importun, inapproprié, inconvenant, inopportun, intempestif, mal à propos, malvenu, néfaste, nuisible.

OPPORTUNISTE ♦ SYN. Arriviste, attentiste, carriériste, égoïste, **intéressé**, intrigant, malin, roué. ♦ ANT. Désintéressé, dévoué, franc, loyal, naïf, philanthrope, sincère, zélé.

OPPORTUNITÉ ♦ SYN. **1.** À-propos, bien-fondé, convenance, **pertinence**, utilité.

2. Circonstance, *occasion*, ouverture, possibilité. ♦ ANT. **1.** Disconvenance, inopportunité, inutilité. **2.** Contretemps, impossibilité, obstacle.

OPPOSANT ♦ SYN. ▷ *Adj.* **1.** Antagoniste, **opposé**, rival. ▷ *Nom* **2. Adversaire**, contestataire, contradicteur, détracteur, dissident, ennemi, rebelle. **3.** Membre de l'opposition. **4.** *(Pl.)* Opposition. ♦ ANT. **1.** Approbateur, consentant. **2.** Allié, ami, défenseur, partisan, protecteur, soutien. **3.** Gouvernant. **4.** Gouvernants, gouvernement.

OPPOSÉ ♦ SYN. ▷ *Adj.* **1.** Adverse, antagoniste, antinomique, antithétique, antonyme, **contraire**, inverse, symétrique. **2.** Discordant, **divergent**, incompatible, inconciliable. **3.** Défavorable, dissident, **ennemi**, hostile, opposant, rebelle, rival. ▷ *Nom* **4. Antipode**, antithèse, contrepartie, contrepied, extrême, inverse, pôle. ♦ ANT. **1.** Adéquat, analogue, approchant, conforme, contigu, correspondant, identique, même, proche, semblable, similaire, synonyme, voisin. **2.** Compatible, conciliable, concordant, convergent. **3.** Allié, ami, favorable, loyal, partisan. **4.** Entre-deux, intermédiaire, milieu.

OPPOSER ♦ SYN. ▷ *V. tr.* **1.** Alléguer, contredire, invoquer, **objecter**, prétexter, réfuter, répliquer, répondre, rétorquer, riposter. **2.** Confronter, dissocier, **mettre en face**, mettre en parallèle, mettre en regard. **3.** Armer, braquer, **diviser**, dresser contre, élever contre, exciter. **4. Comparer**, confronter, mettre en contraste. ▷ *V. pr.* **5. S'affronter**, se faire face (front), se heurter, se mesurer. **6.** Braver, contester, se dresser, s'insurger, **lutter contre**, se rebeller, repousser, résister, tenir tête. **7.** Contrarier, contrecarrer, contrer, défendre, **empêcher**, endiguer, entraver, faire obstacle, gêner, interdire, paralyser. **8. Contraster**, différer, diverger, se heurter. ♦ ANT. **1.** Abonder, accéder, accorder, acquiescer, agréer, approuver, opiner. **2.** Assimiler, confondre. **3.** Allier, concilier, coopérer, rapprocher, réconcilier, réunir. **4.** Associer, assortir, joindre, marier, unir.

5. Battre en retraite, fuir, reculer. **6.** Abdiquer, capituler, céder, fléchir, se rendre, se soumettre. **7.** Activer, aider, favoriser, permettre. **8.** Concorder, se marier, se répondre, se ressembler.

OPPOSITION ♦ SYN. 1. Antinomie, antithèse, antonymie, contradiction, *contraste*, différence, discordance, disparité, dissemblance, dissonance, divergence, incompatibilité, incohérence. **2.** Antagonisme, antipathie, choc, collision, combat, *conflit*, désaccord, désunion, discorde, dispute, dissension, dissentiment, division, divorce, heurt, hostilité, malentendu, mésentente, mésintelligence, rivalité. **3.** Contestation, désapprobation, désobéissance, dissidence, objection, obstruction, réaction, rébellion, *refus*, rejet, résistance, révolte, veto. **4.** Barrière, défense, difficulté, digue, *empêchement*, entrave, frein, obstacle. **5.** Contre-culture, contre-pouvoir, minorité (parlementaire), *opposants*. **6.** Alternative, *dilemme*, option. **♦ ANT. 1.** Analogie, cohérence, compatibilité, conformité, conjonction, convergence, correspondance, identité, rapport, ressemblance, similitude, uniformité. **2.** Accord, alliance, cohésion, conciliation, entente, harmonie, loyauté, obéissance, réconciliation, sympathie, unité. **3.** Acceptation, adhésion, aide, approbation, appui, concours, coopération, obéissance, soumission, soutien, vote (favorable). **4.** Consentement, facilité, permission. **5.** Autorités, culture dominante, dirigeants, gouvernants, gouvernement, majorité (parlementaire), pouvoir. **6.** Choix multiples, liberté.

OPPRESSER ♦ SYN. 1. Asphyxier, comprimer, *étouffer*, étrangler, gêner, opprimer, suffoquer. **2.** *Accabler*, angoisser, étreindre, tourmenter. **♦ ANT. 1.** Dilater, respirer, ventiler. **2.** Apaiser, libérer, rasséréner, soulager.

OPPRESSEUR ♦ SYN. ▷ Nom 1. Asservisseur, autocrate, bourreau, despote, dictateur, dominateur, persécuteur, potentat, *tyran*. ▷ Adj. **2.** Autocratique, despotique, dictatorial, oppressif, répressif, totalitaire,

tyrannique. **♦ ANT. 1.** Défenseur, émancipateur, libérateur, opprimé, protecteur, sauveur. **2.** Démocratique, libéral.

OPPRESSIF ♦ SYN. 1. Abusif, arbitraire, attentatoire, coercitif, contraignant, illégitime, *injuste*, opprimant, vexatoire. **2.** Oppresseur. **♦ ANT. 1.** Juste, légitime, permissif, tolérant. **2.** Libérateur.

OPPRESSION ♦ SYN. 1. Asphyxie, compression, *étouffement*, étranglement, gêne (respiratoire), suffocation. **2.** Asservissement, contrainte, dépendance, despotisme, dictature, domination, esclavage, joug, sujétion, *tyrannie*. **3.** Accablement, *angoisse*, crispation, étreinte, malaise, pesanteur, tourment. **♦ ANT. 1.** Aise, dilatation, respiration, ventilation. **2.** Affranchissement, démocratisation, émancipation, libération. **3.** Apaisement, calme, quiétude, sérénité, soulagement.

OPPRIMÉ ♦ SYN. Damné de la terre, esclave, exploité, faible, humilié, pauvre, *persécuté*, tyrannisé, victime. **♦ ANT.** Despote, dictateur, oppresseur, tyran.

OPPRIMER ♦ SYN. 1. Accabler, asservir, assujettir, astreindre, dominer, écraser, humilier, persécuter, soumettre, *tyranniser*, violenter. **2.** Bâillonner, *censurer*, interdire, réprimer. **3.** Comprimer, *étouffer*, oppresser. **♦ ANT. 1.** Affranchir, aider, défendre, émanciper, libérer, protéger. **2.** Critiquer, dénoncer, s'exprimer (librement), permettre. **3.** Dilater, respirer, ventiler.

OPPROBRE ♦ SYN. Abjection, affront, avilissement, *déshonneur*, flétrissure, honte, humiliation, ignominie, scandale, souillure, turpitude. **♦ ANT.** Considération, dignité, gloire, honneur, renom, réputation, vénération.

OPTER ♦ SYN. Adopter, *choisir*, se décider, jeter son dévolu, préférer, se prononcer. **♦ ANT.** S'abstenir, dédaigner, hésiter, obliger, refuser, se taire.

OPTIMAL ◇ v. Maximum

OPTIMISER (OPTIMALISER) ♦ SYN. Améliorer, augmenter, *maximaliser*, maximiser, perfectionner, rationaliser.

♦ ANT. Aggraver, diminuer, minimiser, perdre, réduire.

OPTIMISME ♦ SYN. 1. Assurance, attente, *confiance*, enthousiasme, espoir, euphorie, joie de vivre, persévérance, satisfaction. 2. *Idéalisme*, rêve, utopie. ♦ ANT. 1. Crainte, déception, défaitisme, désespoir, fatalisme, mélancolie, pessimisme, résignation. 2. Pragmatisme, prosaïsme, réalisme.

OPTIMISTE ♦ SYN. 1. Assuré, *confiant*, enjoué, enthousiaste, gai, heureux, persévérant, satisfait. 2. Agréable, apaisant, encourageant, *rassurant*, réconfortant, rose. 3. *Idéaliste*, rêveur, utopiste. ♦ ANT. 1. Craintif, défaitiste, défiant, désabusé, désespéré, fataliste, mélancolique, pessimiste, résigné. 2. Alarmiste, décourageant, inquiétant, noir, sombre. 3. Pragmatique, prosaïque, réaliste.

OPTIMUM ◊ v. **Maximum**

OPTION ♦ SYN. 1. *(Plusieurs éléments)* Adoption, *choix*, prédilection, préférence, sélection. 2. *(Deux éléments)* **Alternative**, dilemme, opposition. 3. *(Contrat)* Engagement, *promesse*. 4. *(En option)* **En supplément**, optionnel. ♦ ANT. 1. Abstention, hésitation, neutralité, obligation, refus, silence. 2. Choix multiples, liberté. 3. Renonciation, résiliation. 4. De série, standard.

OPTIONNEL ♦ SYN. 1. Au choix, *facultatif*, libre, volontaire. 2. En option, *en supplément*. ♦ ANT. 1. Exigé, forcé, obligatoire, requis. 2. De série, standard.

OPTIQUE ♦ SYN. Angle, aspect, conception, côté, éclairage, facette, façon de penser, idée, jour, manière de voir, perspective, *point de vue*.

OPULENCE ♦ SYN. 1. Abondance, aisance, faste, fortune, luxe, prospérité, *richesse*, somptuosité. 2. *(Formes du corps)* Générosité, grosseur, rondeur, rotondité *(fam.)*. ♦ ANT. 1. Besoin, indigence, misère, pauvreté. 2. Maigreur, minceur.

OPULENT ♦ SYN. 1. À l'aise, cossu, fortuné, huppé, nanti, pourvu, prospère, *riche*, richissime. 2. Aisé, *fastueux*, luxueux, princier, somptueux. 3. *Abondant*, exubérant,

foisonnant, luxuriant. 4. *(Formes du corps)* Fort, *généreux*, gros, plantureux, plein, rebondi. ♦ ANT. 1. Dépourvu, misérable, miséreux, pauvre. 2. Dépouillé, humble, modeste, simple, sobre. 3. Insuffisant, rare. 4. Maigre, mince, plat.

OPUSCULE ◊ v. **Livret**

ORACLE ♦ SYN. 1. Augure, divination, prédiction, *prophétie*, vaticination. 2. Augure *(pers.)*, *devin*, prophète, vaticinateur. 3. *(Fig.)* Autorité, *sommité*.

ORAGE ♦ SYN. 1. Bourrasque, rafale, *tempête*, tourmente. 2. Ouragan. 3. Agitation, bouillonnement, colère, dispute, emportement, menace, *trouble*. ♦ ANT. 1-2. Accalmie, beau fixe, beau temps, calme, éclaircie, embellie. 3. Paix, quiétude, sérénité, tranquillité.

ORAGEUX ♦ SYN. Agité, houleux, mouvementé, troublé, *tumultueux*. ♦ ANT. Calme, détendu, serein.

ORAISON ♦ SYN. 1. Méditation, orémus, *prière*. 2. *(Oraison funèbre)* **Éloge funèbre**, panégyrique.

ORAL ♦ SYN. 1. *Parlé*, verbal. 2. *(Méd.)* Buccal. ♦ ANT. 1. Écrit, graphique. 2. Anal, intraveineux.

ORATEUR ♦ SYN. 1. Communicateur, *conférencier*, prédicateur, rhéteur, tribun. 2. *Débatteur*, intervenant.

ORBITE ♦ SYN. 1. *Cavité*, creux, ouverture. 2. Orbe, *trajectoire*. 3. *Sphère*, zone d'influence.

ORCHESTRE ♦ SYN. 1. Concert, *ensemble*, fanfare, formation, groupe, harmonie, orphéon. 2. Fosse. 3. Parterre (près de la scène).

ORCHESTRER ♦ SYN. 1. Arranger, composer, *harmoniser*, instrumenter. 2. Coordonner, *organiser*, préparer.

ORDINAIRE ♦ SYN. ▷ *Adj.* 1. Accoutumé, courant, coutumier, familier, fréquent, général, *habituel*, normal, quotidien, régulier, usité *(ling.)*, usuel. 2. *Banal*, commun, moyen, quelconque, trivial. 3. Standard. ▷ *Nom* 4. Habitude. 5. *Alimentation*, bouffe *(fam.)*, menu. ♦ ANT. 1. Anormal, bizarre, exceptionnel, extraordinaire, inaccoutumé, inouï, insolite, irrégulier, original, rare. **2.** Distingué, important, raffiné, remarquable, supérieur. **3.** De luxe. **4.** Exception.

ORDONNANCE ♦ SYN. **1.** Agencement, architecture, arrangement, *disposition*, distribution, groupement, harmonie, ordonnancement, ordre, organisation, plan, proportion, symétrie. **2.** Acte, bulle, constitution, décision *(dr.)*, décret, édit, jugement, loi, *ordre* (écrit), règlement. **3.** *(Méd.)* Prescription (écrite).

ORDONNÉ ♦ SYN. **1.** Net, propre, *rangé*. **2.** Cohérent, consistant, logique, *méthodique*, organisé, structuré. **3.** Appliqué, *soigneux*. ♦ ANT. **1.** Désordonné, malpropre. **2.** Chaotique, désorganisé, illogique, incohérent, inconsistant. **3.** Insouciant, négligent.

ORDONNER ♦ SYN. **1.** Agencer, arranger, classer, coordonner, disposer, distribuer, grouper, harmoniser, *organiser*, placer, ranger. **2.** *(Relig.)* Conférer (les ordres), *consacrer*. **3.** Adjurer, *commander*, contraindre, dicter, enjoindre, imposer, intimer, mander, obliger, prescrire, prier, requérir de, sommer. **4.** *(Dr.)* *Décider*, décréter, statuer. **5.** *(Méd.)* Prescrire. ♦ ANT. **1.** Brouiller, compliquer, confondre, déranger, désorganiser, gâcher, mêler, troubler. **2.** Abjurer, défroquer. **3.** Exécuter, obéir, observer, obtempérer. **4.** Accepter, annuler, casser. **5.** Suivre (le traitement).

ORDRE ♦ SYN. **1.** Arrangement, classement, disposition, distribution, harmonie, méthode, ordonnance, *organisation*, structure. **2.** Alternance, cycle, enchaînement, filiation, gradation, rythme, *suite*. **3.** *Catégorie*, classe, condition, degré, espèce, famille, genre, groupe, nature, niveau, rang, sorte. **4.** Autorité, *hiérarchie*, subordination. **5.** Discipline, *norme*, règle. **6.** Calme, *paix*, sécurité, stabilité, tranquillité. **7.** *Association*, communauté, compagnie, corporation, corps. **8.** *(Pl.)* *Prêtrise*, religion, sacerdoce. **9.** Commande *(comm.)*, *commandement*, consigne, décret, directive, injonction, instructions,

mandat *(fin.)*, prescription. ♦ ANT. **1.** Anarchie, chaos, confusion, dérèglement, désordre, désorganisation. **2.** Bouleversement, changement, perturbation. **3.** Amalgame, mélange. **4.** Contestation, insubordination, renversement. **5.** Défense, délit, infraction, interdiction. **6.** Émeute, instabilité, révolution, troubles. **7.** Bannissement, dissidence, dissociation. **8.** Abjuration, apostasie. **9.** Annulation, cassation, obéissance, observance, opposition.

ORDURE ♦ SYN. ▷ *Sing.* **1.** Boue, crasse, fange, gâchis, *saleté*. **2.** *Débauche*, immoralité, souillure. **3.** *(Fam., pers.)* Crapule, fumier, *salaud*, salope. ▷ *Pl.* **4.** Balayures, débris, déchets, détritus, excréments *(animaux)*, immondices, *rebuts*. **5.** Cochonneries *(fam.)*, grossièretés, méchancetés, *obscénités*, saletés, saloperies *(fam.)*, vilenies.

ORDURIER ♦ SYN. Grivois, grossier, honteux, ignoble, méchant, *obscène*, sale, scatologique, vil. ♦ ANT. Affable, châtié, décent, délicat, digne, distingué, poli, propre, pudique.

ORÉE ◇ V. Lisière

ORGANE ♦ SYN. **1.** *Partie du corps*, sens. **2.** Institution, *organisme*. **3.** Accessoire, *instrument* (de commande). **4.** Agent, bras *(fig.)*, entremise, interprète, instrument, moyen, journal, *porte-parole*, représentant, véhicule, voie, voix (autorisée). **5.** *(Chanteur)* Voix. **6.** *(Pl., fam.)* Parties (génitales), sexe, *testicules*.

ORGANISATEUR ♦ SYN. **1.** Animateur, centre de, cerveau, chef, cheville ouvrière, dirigeant, meneur, officiel *(sport)*, pivot, promoteur, *responsable*, tête (dirigeante), voyagiste. **2.** Coordinateur, *coordonnateur*, ordonnateur.

ORGANISATION ♦ SYN. **1.** *Agencement*, aménagement, arrangement, contexture, disposition, fonctionnement, mécanisme, ordonnance, ordonnancement, ordre, régime, structure. **2.** *Coordination*, direction, gestion, logistique, planning, préparation, rationalisation. **3.** Assemblée, *association*, ensemble, entreprise, groupement, mouvement, organisme, parti, société, syndicat. ♦ ANT. 1. Anarchie, chaos, confusion, désordre, désorganisation, déstructuration, inorganisation. 2. Imprévoyance, improvisation, irresponsabilité. 3. Employé, individu, membre, participant.

ORGANISÉ ♦ SYN. 1. Organique, *vivant*. 2. *Méthodique*, ordonné, planifié, prévu, programmé, réglé, systématique. 3. Rassemblé, réuni, *structuré*. 4. *(Crime organisé)* Association de malfaiteurs, mafia, *pègre*, syndicat du crime. ♦ ANT. 1. Inerte, inorganique. 2. Anarchique, désordonné, désorganisé, imprévu, improvisé, inorganisé. 3. Aboli, démembré, dissous.

ORGANISER ♦ SYN. ▷ V. tr. 1. *Agencer*, aménager, arranger, classer, coordonner, disposer, ordonner, structurer. 2. Bâtir, concerter, constituer, coordonner, diriger, élaborer, encadrer, former, gérer, instituer, machiner *(péj.)*, *mettre sur pied*, monter, orchestrer, planifier, préparer, présider à, prévoir, programmer, régler. ▷ V. pr. 3. Se concerter, se constituer, *se former*, se réunir. ♦ ANT. 1. Déranger, désorganiser, déstructurer, détruire. 2. Entraver, gêner, incommoder, nuire. 3. Se dissocier, se dissoudre, rivaliser.

ORGANISME ♦ SYN. 1. Corps humain, *être vivant*. 2. Collectivité, communauté, *ensemble*, groupement, société. 3. Agence, association, bureau, institution, office, organe, *organisation*, service.

ORGIE ♦ SYN. 1. *Bacchanales*, saturnales. 2. Beuverie, *débauche*, désordre, licence, soûlerie. 3. Abus, *excès*, profusion, surabondance. ♦ ANT. 1. Austérité, chasteté, modération, ordre. 3. Mesure, sobriété.

ORGUEIL ♦ SYN. 1. Arrogance, autosatisfaction, complaisance *(péj.)*, contentement de soi, dédain, *fatuité*, gloriole, hauteur, infatuation, insolence, jactance, morgue, narcissisme, ostentation, outrecuidance, présomption, prétention, rodomontade, suffisance, superbe *(n., péj.)*, vanité. 2. Amour-propre, cœur, dignité, estime de soi, *fierté*, quant-à-soi. ♦ ANT. 1. Affabilité, candeur, discrétion, humi-

lité, ingénuité, modestie, naturel, pudeur, réserve, retenue, simplicité, timidité, vérité. 2. Avilissement, bassesse, dépit, honte, indignité, mépris de soi.

ORGUEILLEUX ♦ SYN. 1. Altier, arrogant, complaisant *(péj.)*, crâneur *(fam.)*, dédaigneux, faraud, *fat*, hautain, imbu de (soi-même), important, infatué, insolent, m'as-tu-vu *(fam.)*, méprisant, outrecuidant, paon, parvenu, pédant, poseur, présomptueux, prétentieux, puant *(fam.)*, suffisant, superbe *(péj.)*, vaniteux. 2. Digne, *fier*. ♦ ANT. 1. Affable, candide, effacé, humble, ingénu, modeste, naïf, naturel, réservé, simple, timide. 2. Dépité, honteux.

ORIENT, ORIENTAL ◇ V. Est

ORIENTATION ♦ SYN. 1. *Direction*, exposition, position, situation. 2. *(Action)* Chemin, cheminement, cours, *évolution*, mouvement, sens, tournure. 3. *(Idées)* Ligne, option, *tendance*, voie.

ORIENTER ♦ SYN. ▷ V. tr. 1. Disposer, *exposer*, placer, tourner vers. 2. Aiguiller, axer, brancher *(fam.)*, centrer, conduire, *diriger*, guider, indiquer. 3. *(Opinion)* Entraîner, inciter à, *influencer*. ▷ V. pr. 4. *Se diriger*, se tourner vers. 5. Se reconnaître, *se repérer*, se retrouver. ♦ ANT. 1. Déplacer, désorienter, tourner le dos à. 2. Déporter, dérouter, détourner, dévier, égarer, éloigner, fourvoyer. 3. Informer, renseigner. 4. Bifurquer, s'éloigner de, se réorienter. 5. S'égarer, se perdre.

ORIFICE ♦ SYN. 1. *(Anat., bot.)* Cloaque, émonctoire, méat, pore, stomate. 2. Bouche, brèche, entrée, gueule, *ouverture*, trou.

ORIFLAMME ♦ SYN. *Bannière* (d'apparat), drapeau, étendard, gonfalon, ornement.

ORIGINAIRE ♦ SYN. 1. Issu de, *natif de*, né à, sorti de, venu de. 2. Initial, originel, *premier*, primitif. ♦ ANT. 1. Étranger. 2. Dernier, postérieur, second, subséquent, ultérieur.

ORIGINAL ♦ SYN. ▷ Adj. 1. Authentique. 2. Différent, hardi, hors du commun, inédit, neuf, *nouveau*, particulier, personnel, rare, remarquable, unique. 3. Avant-gardiste, marginal, *non-conformiste*. 4. Atypique, *bizarre*, coloré, curieux, étonnant, étrange, fantasque, pittoresque, singulier, spécial. 5. *(Édition)* **Premier**, princeps. ▷ *Nom* 6. **Manuscrit**, minute *(dr.)*, prototype. 7. Bohème, *excentrique*, fantaisiste, numéro *(fam.)*, oiseau rare, olibrius *(fam.)*, phénomène, type. ◆ ANT. 1. Faux, inauthentique. 2. Artificiel, banal, commun, contrefait, copié, habituel, imité, impersonnel, insignifiant, ordinaire, plagié, reproduit, traditionnel. 3. Conformiste, conservateur, ringard *(fam.)*, traditionaliste, vieux jeu. 4. Ennuyeux, fade, insignifiant, normal, plat, quelconque, simple, terne. 5. Dernier, nouveau, second, ultérieur. 6. Adaptation, copie, double, imitation, reproduction, traduction. 7. Personne quelconque, quidam.

ORIGINALITÉ ◆ SYN. 1. Cachet, caractère, fantaisie, fraîcheur, hardiesse, individualité, *nouveauté*, particularité, personnalité. 2. Bizarrerie, curiosité, étrangeté, *excentricité*, singularité. ◆ ANT. 1. Banalité, cliché, conformisme, facilité, fadeur, imitation, impersonnalité, répétition, traditionalisme. 2. Normalité, simplicité.

ORIGINE ◆ SYN. 1. Apparition, commencement, création, *début*, départ, formation, genèse, naissance. 2. Base, cause, facteur, fondement, germe, principe, *racine*, source. 3. *Ascendance*, extraction, famille, filiation, parenté, pedigree *(animal)*, racines. 4. Dérivation, *étymologie*. 5. *Point de départ*, provenance. 6. Condition, *milieu* (social), rang. 7. *Époque*, période. ◆ ANT. 1. Apocalypse, destruction, fin, mort. 2. Achèvement, conclusion, dénouement, extrémité, terme. 3. Descendance, succession. 4. Néologie. 5. Destination, point d'arrivée.

ORIGINEL ◆ SYN. 1. Initial, originaire, *premier*, primitif. 2. *Inné*, natif, naturel, personnel. ◆ ANT. 1. Dernier, final, second, terminal. 2. Acquis, artificiel, étranger.

ORNEMENT ◆ SYN. 1. Accessoire, agrément, applique, babiole, bagatelle, bibelot, bordure, colifichet, décoration, encadrement, *enjolivement*, enjolivure, fantaisie, fioriture, garniture, motif, ornementation. 2. Atours, bijou, chamarrures, falbalas, fanfreluches, *parure*, vêtement. 3. *(Pl., relig.)* Insignes, *vêtements* (sacerdotaux). 4. Cul-de-lampe, *enluminure*, fleuron, lettrine, miniature, vignette. 5. *(Fig.)* Gloire, honneur. ◆ ANT. 5. Déshonneur, honte.

ORNEMENTAL ◇ V. **Décoratif**

ORNER ◆ SYN. 1. Agrémenter, broder, chamarrer, colorer, décorer, égayer, émailler, embellir, *enjoliver*, enluminer, festonner, fleurir, illustrer, ornementer, ouvrager, parer, pavoiser, peindre, sculpter. 2. Enrichir, étoffer, garnir, habiller, *rehausser*. ◆ ANT. 1. Abîmer, défigurer, déformer, dénuder, déparer, dépouiller, détériorer, enlaidir, simplifier. 2. Appauvrir, dégarnir, dévaluer, enlever.

ORNIÈRE ◆ SYN. 1. Fondrière, *trace*, trou. 2. *(Fig.)* **Chemin** (tout tracé), habitude, pente, voie.

ORTHODOXE ◇ V. **Conformiste**

ORTHODOXIE ◆ SYN. 1. *Conformité*, dogmes, vérités. 2. *Conformisme*, conservatisme, doctrine (officielle), intégrisme, ligne (de parti), suivisme, traditionalisme. ◆ ANT. 1. Hérésie, hétérodoxie. 2. Déviation, déviationnisme, dissidence, marginalité, non-conformisme, révisionnisme.

OS ◆ SYN. ▷ *Pl.* 1. Carcasse *(animal)*, *ossements*, squelette. ▷ *Sing.* 2. *(Fam.)* Cactus, *difficulté*, hic, problème.

OSCILLATION ◆ SYN. 1. *Balancement*, bercement, branle, dodelinement, nutation, roulis, secousse, tangage, tremblement, vacillation, va-et-vient. 2. Vibration. 3. Changement, fluctuation, *variation*. 4. *Hésitation*, incertitude, revirement. ◆ ANT. 1. Équilibre, fixité, immobilité, stabilité. 2. Arrêt, silence. 3. Constance, invariabilité. 4. Conviction, fermeté, solidité.

OSCILLER ◆ SYN. 1. S'agiter, *se balancer*, baller, ballotter, branler, bringuebaler, chanceler, dodeliner, flotter, onduler, rouler, tanguer, vaciller. 2. Flageoler, *tituber*. 3. Changer, fluctuer, *varier*. 4. Balancer, *hésiter.* ♦ ANT. **1.** Arrêter, fixer, immobiliser, stabiliser. **2.** Marcher droit. **3.** Se stabiliser. **4.** Se décider, oser, prendre position.

OSÉ ♦ SYN. **1.** Audacieux, aventureux, dangereux, hasardeux, imprudent, périlleux, *risqué*, téméraire. **2.** Empressé, *entreprenant*, hardi. **3.** Coquin, corsé, *grivois*, leste, libre, licencieux, obscène, salace, salé, scabreux, vert. ♦ ANT. **1.** Assuré, prudent, réfléchi, sage, sûr. **2.** Craintif, réservé, timide. **3.** Convenable, décent, pudique.

OSER ♦ SYN. **1.** S'aventurer, avoir le courage de, entreprendre, *risquer*, tenter. **2.** Avoir le culot de *(fam.)*, s'aviser de, *se permettre de*. **3.** Aimer à, *vouloir*. ♦ ANT. **1.** Avoir peur de, chanceler, hésiter, reculer. **2.** S'empêcher de, s'interdire de. **3.** Appréhender, craindre.

OSSATURE ◇ V. **Squelette**

OSSEMENTS ♦ SYN. **1.** Carcasse *(animal)*, cendres, os, *restes*, squelette. **2.** Charnier, *ossuaire.*

OSSEUX ♦ SYN. Décharné, émacié, étique, *maigre*, sec, squelettique. ♦ ANT. Adipeux, bouffi, charnu, dodu.

OSTENSIBLE ♦ SYN. *Apparent*, manifeste, ostentatoire, ouvert, patent, visible. ♦ ANT. Caché, discret, furtif, imperceptible, invisible, secret.

OSTENTATION ♦ SYN. Affectation, apparat, démonstration, épate *(fam.)*, *étalage*, faste, gloriole, montre, orgueil, parade, vanité. ♦ ANT. Anonymat, discrétion, effacement, humilité, modestie, naturel, retenue, simplicité.

OSTRACISME ♦ SYN. **1.** *Bannissement*, déportation, exil, expatriation, proscription. **2.** Éviction, *exclusion*, expulsion, hostilité, interdit, isolement, quarantaine, rejet, ségrégation, séparation. ♦ ANT. **1.** Rapatriement, rappel. **2.** Acceptation, admission, cordialité, inclusion, réhabilitation, réintégration.

OSTROGOTH ♦ SYN. **1.** Barbare, bourru, *grossier*, ignorant, inconvenant, inculte, malappris, rustre, sauvage. **2.** Bizarre, excentrique, *extravagant*. ♦ ANT. **1.** Correct, courtois, cultivé, galant, gracieux,

poli, raffiné. **2.** Normal, ordinaire, quelconque.

OTAGE ♦ SYN. **1.** Caution, gage, *garant*, garantie, répondant. **2.** Prisonnier, *séquestré*. ♦ ANT. **2.** Kidnappeur, preneur d'otage, ravisseur.

ÔTER ♦ SYN. ▷ V. tr. **1.** Arracher, débarrasser, découvrir, dégager, déplacer, déplanter, déraciner, *enlever*, extirper, extraire, quitter, retirer, tirer. **2.** Couper, décompter, déduire, défalquer, diminuer, élaguer, émonder, prélever, retenir, *retrancher*, rogner, soustraire. **3.** Confisquer, démunir, déposséder, dépouiller, *prendre*, priver de, ravir, voler. **4.** Abolir, annuler, effacer, éliminer, rayer, *supprimer*. ▷ V. pr. **5.** *(Fam.)* *S'écarter*, s'éloigner, s'enlever *(fam.)*, se pousser *(fam.)*, se ranger, se retirer, se tasser *(québ., fam.)*. ♦ ANT. **1.** Ajouter, couvrir, enfiler, fixer, garder, implanter, laisser, mettre, placer, planter, poser. **2.** Accroître, amplifier, augmenter, grossir, majorer. **3.** Donner, remettre, rendre, restituer. **4.** Confirmer, établir, insérer, installer, maintenir. **5.** S'approcher, encombrer, gêner, importuner.

OUAILLES ◇ V. **Paroissien**

OUATE ♦ SYN. **1.** *Bourre*, capiton. **2.** *(Hyg.)* Coton. **3.** *(Fig.)* Cocon, confort, nid, *protection*, sécurité. ♦ ANT. **3.** Indigence, insécurité.

OUBLI ♦ SYN. **1.** Absence, amnésie, *défaillance*, lacune, trou de mémoire. **2.** Abandon, égarement, *manquement*. **3.** *Distraction*, étourderie, inadvertance, inattention, incurie, insouciance, négligence, omission. **4.** Désintérêt, détachement, *indifférence*, mépris. **5.** *(Oubli de soi)* Abnégation, altruisme, désintéressement, *dévouement*, humilité. **6.** Pardon. **7.** *Anonymat*, obscurité, ombre. ♦ ANT. **1.** Évocation, mémoire, rappel, réminiscence, souvenance, souvenir. **2.** Observance, respect. **3.** Application, attention, prévoyance, soin. **4.** Attachement, considération, souci. **5.** Égoïsme, intérêt, orgueil. **6.** Ressentiment. **7.** Célébrité, gloire, reconnaissance, renommée.

OUBLIER ♦ SYN. ▷ *V. tr.* **1.** Désapprendre, *perdre le souvenir*. **2.** *Ignorer*, méconnaître. **3.** Manquer de, négliger, *omettre*. **4.** Égarer, *laisser*, perdre. **5.** Escamoter, passer, *sauter*. **6.** Se débarrasser de, éclipser, *effacer*. **7.** *Abandonner*, délaisser, se désintéresser de, se détacher de, laisser tomber. **8.** Faire abstraction de, fermer les yeux, *pardonner*, passer l'éponge. ▷ *V. pr.* **9.** *Se distraire*, s'étourdir, s'évader, rêver. **10.** *Se dévouer*, se sacrifier. **11.** Déroger, s'égarer, *manquer à*. ♦ ANT. **1.** Apprendre, évoquer, se rappeler, se remémorer, repasser, se souvenir. **2.** Célébrer, commémorer, reconnaître. **3.** Penser à, prêter attention. **4.** Aller chercher, retrouver. **5.** S'attarder, noter, retenir. **6.** Accabler, endurer, subir. **7.** S'occuper de, se préoccuper de, se soucier de. **8.** Accuser, blâmer, se venger. **9.** Se concentrer, se renfermer. **10.** Se ménager, penser à soi. **11.** Rappeler (à l'ordre), respecter.

OUBLIEUX ♦ SYN. **1.** *Distrait*, étourdi, inattentif, insouciant, léger, lunatique *(québ.)*, négligent. **2.** Égoïste, indifférent, *ingrat*. ♦ ANT. **1.** Attentif, prévoyant, réfléchi, sérieux, soigneux. **2.** Généreux, reconnaissant, sensible.

OUEST ♦ SYN. **1.** Couchant, *occident*, ponant. **2.** *(En appos.)* Occidental. ♦ ANT. **1.** Est, levant, orient. **2.** Oriental.

OUI ♦ SYN. ▷ *Adv.* **1.** Absolument, *assurément*, bien, bien entendu, bien sûr, bon, certainement, certes, d'accord, entendu, évidemment, O. K., ouais *(fam.)*, parfaitement, si, sûrement, volontiers. ▷ *Nom* **2.** Acceptation, accord, agrément, acquiescement, *approbation*, consentement, permission. ♦ ANT. **1.** Aucunement, jamais, nenni, non, non pas, nullement, pas du tout, point. **2.** Désaccord, désapprobation, interdiction, opposition, refus, rejet.

OUÏ-DIRE ◇ v. **Rumeur**

OUÏE ♦ SYN. ▷ *Sing.* **1.** *Audition*, oreille. ▷ *Pl.* **2.** Branchies. **3.** *(Violon)* Esse.

OUÏR ◇ v. **Écouter**

OUKASE ◇ v. **Diktat**

OURAGAN ♦ SYN. **1.** Cyclone, *tempête*,

tornade, tourbillon, trombe, typhon. **2.** Orage. **3.** Trouble, *tumulte*. ♦ ANT. **1-2.** Accalmie, anticyclone, beau fixe, beau temps, bonace, calme, éclaircie, embellie. **3.** Apaisement, tranquillité.

OURDIR ◇ v. **Tramer**

OURS ♦ SYN. **1.** Ermite, misanthrope, reclus, sauvage, *solitaire*. **2.** Asocial, bourru, farouche, hargneux, impossible, *insociable*, renfrogné, revêche, taciturne. ♦ ANT. **1.** Mondain, philanthrope. **2.** Affable, avenant, causant, communicatif, liant, sociable.

OUTIL ♦ SYN. **1.** Accessoire, appareil, engin, *instrument*, machine, ustensile. **2.** *(Pl.)* Matériel, *outillage*. **3.** Aide, *moyen*, recours, ressource.

OUTILLAGE ♦ SYN. Appareillage, appareils, *équipement*, outils, matériel.

OUTILLER ♦ SYN. *Équiper*, munir, pourvoir. ♦ ANT. Démunir, manquer, priver de.

OUTRAGE ♦ SYN. **1.** Affront, attaque, avanie, coup, humiliation, injure, insulte, invective, *offense*. **2.** *Atteinte*, attentat (aux mœurs), délit, dommage, flétrissure, tort, violation. **3.** Dépérissement, *flétrissement*, usure, vieillissement. **4.** Blasphème, *profanation*, sacrilège, scandale, viol *(fig.)*. ♦ ANT. **1.** Compliments, congratulations, éloges, félicitations, gentillesses, politesses. **2.** Avantage, bienfait, réparation. **3.** Rajeunissement, renaissance. **4.** Bénédiction, vénération.

OUTRAGEANT ◇ v. **Offensant**

OUTRAGER ◇ v. **Offenser**

OUTRANCE ♦ SYN. Démesure, exagération, *excès*. ♦ ANT. Mesure, modération, retenue.

OUTRANCIER ◇ v. **Excessif**

OUTRÉ ♦ SYN. **1.** Abusif, affecté, démesuré, effréné, exagéré, *excessif*, extrême, forcé, immodéré, outrancier. **2.** Choqué, furieux, indigné, irrité, offusqué, révolté, *scandalisé*, vexé. ♦ ANT. **1.** Mesuré, modéré, naturel, normal, pondéré, sincère. **2.** Apaisé, content, enthousiaste, rassuré, satisfait.

OUTRECUIDANCE ♦ SYN. **1.** Fatuité, fierté *(péj.)*, jactance, orgueil, présomption,

prétention, *vanité*. 2. *Arrogance*, effronterie, impertinence. ♦ ANT. 1. Humilité,
modestie, réserve, simplicité. 2. Affabilité, délicatesse, politesse.

OUTREPASSER ♦ SYN. Abuser, déborder, dépasser les bornes, empiéter,
enfreindre, *excéder*, franchir les limites,
passer les bornes, transgresser. ♦ ANT.
Borner, limiter, respecter, rester en deçà,
restreindre, tempérer.

OUVERT ♦ SYN. 1. Béant. 2. *Accessible*,
franchissable, libre. 3. *Découvert*, sans
protection. 4. *Entamé*, fendu, incisé, percé,
troué. 5. Autorisé, *commencé*, inauguré,
permis. 6. Avenant, communicatif, cordial,
démonstratif, expansif, franc, sincère.
7. Compréhensif, perméable, *réceptif*,
sensible. 8. Déclaré, déclenché, *manifeste*,
public. 9. *Éveillé*, intelligent, pénétrant,
vif. 10. *Évolué*, large (d'esprit), libéral, tolérant. ♦ ANT. 1. Clos, fermé. 2. Inaccessible,
infranchissable, inutilisable. 3. Abrité,
couvert, fortifié, protégé. 4. Cicatrisé,
refermé. 5. Interdit, fini, terminé. 6. Faux,
froid, hypocrite, renfermé, secret, taciturne, timide. 7. Égoïste, indifférent, insensible, réfractaire, sourd. 8. Caché, intime,
larvé, latent. 9. Borné, buté, stupide.
10. Autoritaire, chauvin, étroit (d'esprit),
intolérant.

OUVERTURE ♦ SYN. 1. *Accès*, entrée,
issue, passage. 2. Baie, embrasure, fenêtre,
fente, jour, œil, porte. 3. Bouche, brèche,
cratère, gueule, orifice, *trou*. 4. *Commencement*, début, inauguration, prélude.
5. (Polit.) *Alliance*, coalition, rapprochement.
6. Moyen, porte de sortie, *possibilité*, voie
d'accès. 7. (Pl.) Avances, offres, *propositions*.
♦ ANT. 1-3. Barrage, fermeture, obstacle,
obstruction. 4. Conclusion, dénouement,
fin, finale (mus.), prologue. 5. Désaccord,
dissension, éloignement. 6. Cul-de-sac,
impasse, impossibilité. 7. Acceptation,
contre-propositions, rejet.

OUVRAGE ♦ SYN. 1. Besogne, corvée,
entreprise, labeur, occupation, tâche,
travail. 2. Bouquin (fam.), composition,
écrit, *livre*, manuel, œuvre, production,

produit, texte, traité, volume. ♦ ANT.
1. Chômage, divertissement, inactivité,
oisiveté, récréation, repos.

OUVRAGÉ ♦ SYN. Brodé, façonné, forgé,
orné, ouvré, sculpté, travaillé. ♦ ANT. Brut,
commun, grossier, rudimentaire, sommaire.

OUVREUR ♦ SYN. *Placeur*, placier (québ.).

OUVRIER ♦ SYN. ▷ Nom 1. Aide, apprenti,
col bleu (québ.), employé, façonnier, journalier, manœuvre, prolétaire, salarié,
travailleur (manuel). 2. Artisan, *artiste*,
créateur. ▷ Adj. 3. *Laborieux*, prolétarien.
♦ ANT. 1. Bourgeois, cadre, employeur,
intellectuel, patron. 2. Exécutant, tâcheron. 3. Patronal.

OUVRIR ♦ SYN. ▷ V. tr. 1. Débarrer (québ.),
déverrouiller. 2. *Déballer*, dépaqueter, développer. 3. *Décacheter*, desceller. 4. *Déboucher*, décapsuler. 5. Déplier, déployer,
dérouler, écarter, *étaler*, étendre, tendre.
6. Dessiller, *écarquiller*. 7. *Couper*, déchirer, inciser, lacérer, taillader. 8. Déblayer,
dégager, frayer. 9. Attaquer, *commencer*,
inaugurer. 10. Découvrir, éclairer, *éveiller*.
11. *Épancher*, exprimer, montrer, révéler.
12. Créer, *fonder*. ▷ V. intr. 13. *Donner accès à*,
donner vue sur. ▷ V. pr. 14. Se déplier, *éclore*,
s'épanouir, fleurir. 15. *Apparaître*, s'offrir,
se présenter. 16. S'abandonner, se confier,
s'épancher. 17. Apprendre, *s'éveiller à*, s'initier à, naître à, se sensibiliser. ♦ ANT. 1. Barrer (québ.), fermer, verrouiller. 2. Emballer,
empaqueter, envelopper. 3. Cacheter,
sceller. 4. Boucher, refermer. 5. Enrouler,
plier, ployer, ranger, tirer. 6. Clore, occlure.
7. Cicatriser, suturer. 8. Encombrer, obstruer, remblayer. 9. Achever, terminer.
10. Abrutir, censurer, interdire. 11. Cacher,
dissimuler, taire. 12. Abolir, dissoudre.
13. Cacher la vue, murer. 14. Dépérir,
s'étioler, flétrir, se replier. 15. Disparaître,
s'éloigner, s'estomper. 16. S'effaroucher,
se méfier, se renfermer. 17. S'abrutir, se
borner à, se fermer à.

OVATION ◇ v. Acclamation
OVATIONNER ◇ v. Acclamer
OXYGÉNER (S') ◇ v. Aérer

P

PACAGE ♦ SYN. Embouche, herbage, pâtis, *pâturage*, pâture.

PACIFICATEUR ♦ SYN. Arbitre, *conciliateur*, médiateur, modérateur, réconciliateur. ♦ ANT. Agitateur, fomentateur, instigateur.

PACIFIER ♦ SYN. 1. Rétablir l'ordre. 2. *Apaiser*, calmer, tranquilliser. ♦ ANT. 1. Se rebeller, troubler la paix. 2. Ameuter, attiser, exciter, soulever.

PACIFIQUE ◇ v. Paisible

PACIFISTE ♦ SYN. *Antimilitariste*, colombe, neutraliste, non-violent, objecteur de conscience. ♦ ANT. Belliciste, faucon, militariste.

PACOTILLE ♦ SYN. Camelote *(fam.)*, *clinquant*, quincaillerie *(fam.)*, toc *(fam.)*, verroterie. ♦ ANT. Joyau, richesse, trésor, valeur.

PACTE ♦ SYN. Accord, alliance, arrangement, contrat, convention, engagement, *entente*, marché, traité. ♦ ANT. Désaccord, désunion, discorde, dissension, division, mésentente, rupture.

PACTISER ♦ SYN. 1. S'associer, contracter, convenir, *s'entendre*, négocier, traiter. 2. Composer avec, faire des concessions, *transiger*. ♦ ANT. 1. Disconvenir, se dissocier, s'entêter, s'opposer, repousser, rompre. 2. Combattre, résister.

PAGAILLE ◇ v. Désordre

PAGE ♦ SYN. 1. *Feuille*, feuillet. 2. *(Œuvre)* Extrait, *passage*. 3. *Épisode*, événement, fait, tranche de vie. 4. *(À la page)* **À la mode**, au courant, branché *(fam.)*, dans le vent. ♦ ANT. 1. Cahier, livre. 2. Œuvre. 3. Histoire, vie. 4. Démodé, dépassé, ringard *(fam.)*.

PAGINER ♦ SYN. Folioter, *numéroter*.

PAIE ◇ v. Rémunération

PAIEMENT ♦ SYN. 1. *Acquittement*, déboursement, règlement, remboursement. 2. Mensualité, *versement*. 3. *Récompense*, rétribution, salaire. ♦ ANT. 1. Endettement. 3. Punition, sanction.

PAÏEN ♦ SYN. 1. Idolâtre, *infidèle*. 2. Athée, *impie*, incroyant, irréligieux, mécréant. ♦ ANT. 1. Fidèle. 2. Croyant, dévot, pieux, religieux.

PAILLARD ◇ v. Grivois

PAILLARDISE ◇ v. Grivoiserie

PAILLASSE ♦ SYN. Futon, grabat, *matelas*.

PAILLASSON ♦ SYN. *Carpet*te, essuie-pieds, tapis, tapis-brosse.

PAILLE ♦ SYN. 1. Chaume, *foin*, fourrage. 2. Dèche, *misère*. ♦ ANT. 2. Opulence, richesse.

PAILLETÉ ♦ SYN. 1. *Orné*, parsemé. 2. *Brillant*, constellé, scintillant. ♦ ANT. 1. Dénué, dépourvu. 2. Sombre, terne.

PAILLETTE ♦ SYN. Écaille, *lamelle*, paillon, parcelle d'or.

PAIN ♦ SYN. Nourriture, pitance *(péj.)*, *subsistance*.

PAIR ♦ SYN. ▷ *Adj.* 1. *(Math.)* Divisible par deux. 2. *(Hors de pair, hors pair)* **Exceptionnel**, incomparable, inégalable, sans égal, supérieur. ▷ *Nom* 3. *(Fin.)* Cours, parité, *taux*, valeur nominale. 4. *(Pl.)* **Collègues**, condisciples, congénères *(péj.)*, égaux, semblables. ♦ ANT. 1. Impair. 2. Commun, inégal, inférieur, moyen, ordinaire. 3. Disparité, écart. 4. Patrons, subalternes, supérieurs.

PAIRE ♦ SYN. **Couple**, duo, pariade *(oiseaux)*, tandem.

PAISIBLE ♦ SYN. 1. *Calme*, débonnaire, doux, inoffensif, pacifique, placide, posé, quiet, serein, tranquille. **2.** *(Lieu)* Reposant, ***silencieux***. **3.** *(Vie)* Bucolique, champêtre, ***idyllique***, pastoral, rustique, simple. ◆ ANT. **1.** Agressif, batailleur, belliqueux, bruyant, coléreux, difficile, emporté, guerrier, inquiet, ombrageux, querelleur, révolté, tourmenté. **2.** Animé, bruyant. **3.** Agité, compliqué, infernal, tourmenté.

PAÎTRE ◆ SYN. **1.** ***Brouter***, pacager, pâturer. **2.** *(Envoyer paître, fam.)* Envoyer promener. ◆ ANT. **2.** Inviter.

PAIX ◆ SYN. **1.** Accord, conciliation, concorde, ***entente***, fraternité, harmonie, ordre, pacification, union. **2.** Apaisement, béatitude, bonheur, ***calme***, quiétude, repos, sérénité, silence, tranquillité. ◆ ANT. **1.** Conflit, désaccord, désordre, discorde, dissension, guerre, lutte, mésentente, révolution, troubles. **2.** Agitation, alarme, animation, bruit, inquiétude, souci, tumulte.

PALABRER ◆ SYN. ***Discourir***, discutailler, discuter longuement, ergoter, gloser, pérorer. ◆ ANT. Couper court à, en venir au fait, régler.

PALABRES ◆ SYN. Bavardage, ***discussions oiseuses***, parlote *(fam.)*, verbiage.

PALAIS ◆ SYN. **1.** Castel, ***château***, édifice, hôtel, monument, palace, sérail. **2.** *(De justice)* Tribunal. ◆ ANT. **1.** Baraque, bicoque, bouge, chaumière, galetas, masure, réduit, taudis.

PALE ◆ SYN. Ailette, ***aube***, palette.

PÂLE ◆ SYN. **1.** Blafard, blanc, blanchâtre, ***blême***, cadavérique, décoloré, étiolé, exsangue, hâve, livide, pâlichon *(fam.)*, pâlot, terreux. **2.** ***Clair***, délavé, doux, faible, pastel. **3.** ***Médiocre***, pauvre, piètre, terne. ◆ ANT. **1.** Basané, bistre, bronzé, coloré, congestionné, hâlé, rougeaud, rubicond, sanguin, tanné. **2.** Brillant, éclatant, foncé, vif, voyant. **3.** Excellent, parfait, réussi.

PALETOT ◆ SYN. ***Manteau***, pardessus.

PALETTE ◆ SYN. **1.** Ailette, aube, ***pale***. **2.** Batte, ***battoir***. **3.** Assortiment, choix, collection, ***ensemble***, éventail, gamme, panoplie, série.

PÂLEUR ◆ SYN. **1.** ***Blancheur***, lividité, matité. **2.** *(Style)* Banalité, ***fadeur***, insignifiance, pauvreté, platitude. ◆ ANT. **1.** Éclat, érubescence *(visage)*, hâle, rougeur. **2.** Mordant, originalité, profondeur, richesse, vivacité.

PALIER ◆ SYN. **1.** ***Étage***, plateforme. **2.** Degré, échelon, ***étape***, phase, point, stade, temps.

PALINODIES ◆ SYN. Désaveu, retournement, rétractation, ***revirement***, volteface. ◆ ANT. Affirmation, confirmation, constance.

PÂLIR ◆ SYN. **1.** Blanchir, ***blêmir***, verdir *(de peur)*. **2.** S'affaiblir, ***s'atténuer***, se décolorer, diminuer, s'effacer, s'estomper, se faner, jaunir, passer, ternir. ◆ ANT. **1.** Brunir, se colorer, s'empourprer, rougir. **2.** Briller, étinceler, flamboyer, luire, rutiler, scintiller.

PALISSADE ◆ SYN. Barrière, charmille *(verdure)*, ***clôture***, enclos, mur, palis.

PALISSADER ◆ SYN. ***Clôturer***, enceindre, enclore, entourer, fermer, masquer, protéger. ◆ ANT. Dégager, ouvrir, trouer.

PALLIATIF ◆ SYN. ▷ *Adj.* **1.** Adoucissant, ***atténuant***, calmant. ▷ *Nom* **2.** ***Expédient***, exutoire, remède (temporaire), soulagement. ◆ ANT. **1.** Aggravant, incurable. **2.** Aggravation, exacerbation.

PALLIER ◆ SYN. **1.** Cacher, couvrir, déguiser, ***dissimuler***, voiler. **2.** Atténuer, obvier à, ***parer à***, remédier à, tempérer. ◆ ANT. **1.** Découvrir, dévoiler, divulguer, révéler, souligner. **2.** Accentuer, aggraver, exacerber.

PALME ◆ SYN. Décoration, gloire, honneur, récompense, triomphe, ***victoire***. ◆ ANT. Défaite, dégradation, déshonneur, honte, punition.

PALPABLE ◆ SYN. **1.** ***Concret***, matériel, perceptible, réel, sensible, tangible, visible. **2.** Apparent, certain, ***clair***, évident, manifeste. ◆ ANT. **1.** Immatériel, impalpable, imperceptible, insensible, intangible, invisible, irréel, spirituel. **2.** Aléatoire, caché, douteux, incertain.

PALPER ♦ SYN. 1. Examiner, manier, masser, sentir, *tâter*, toucher. 2. *(Fam.)* Empocher, *encaisser*, gagner, percevoir, recevoir, toucher (de l'argent).

PALPITANT ♦ SYN. 1. Haletant, suffocant, *tremblant*. 2. *(Cadavre)* Chaud, *pantelant*. 3. Captivant, *émouvant*, excitant, passionnant, poignant, prenant, saisissant, vibrant. ♦ ANT. 1. Frais, dispos. 2. Froid, refroidi. 3. Endormant, ennuyeux, mortel *(fig.)*, plat.

PALPITATION ♦ SYN. 1. *Battement*, pulsation. 2. Contraction, *frémissement*, tressaillement.

PALPITER ♦ SYN. 1. Battre. 2. Éprouver, *frémir*, ressentir, tressaillir. 3. *Scintiller*, vibrer. ♦ ANT. 1. S'arrêter. 2. Apaiser, calmer, rassurer, refroidir. 3. S'effacer, pâlir.

PÂMER (SE) ♦ SYN. 1. Défaillir, *s'évanouir*. 2. Admirer, *s'émerveiller*, s'enthousiasmer, s'extasier, tomber en pâmoison. ♦ ANT. 1. Revenir à soi. 2. Décevoir, déchanter, décrier, dénigrer, désenchanter.

PÂMOISON ♦ SYN. 1. Défaillance, *évanouissement*. 2. Admiration, *émerveillement*, enthousiasme, extase, ravissement. ♦ ANT. 1. Revenir à soi. 2. Aversion, déception, désenchantement, répulsion.

PAMPHLET ♦ SYN. Attaque, brûlot, catilinaire, *diatribe*, factum, libelle, mazarinade, philippique, réquisitoire, satire. ♦ ANT. Apologie, défense, éloge, panégyrique, plaidoyer.

PAMPHLÉTAIRE ♦ SYN. Critique, libelliste, *polémiste*, satiriste. ♦ ANT. Apologiste, défenseur, encenseur, panégyriste, thuriféraire.

PAN ♦ SYN. Côté, face, *morceau*, partie, section.

PANACHE ♦ SYN. 1. Aigrette, *houppe*, huppe, plumet. 2. *(Québ.)* Andouiller, *bois*, merrain, ramure. 3. Allure, bravoure, *brio*, classe, distinction, fougue, prestance, virtuosité. ♦ ANT. 3. Balourdise, dégaine *(fam.)*, gaucherie, maladresse, médiocrité, timidité.

PANACÉE ♦ SYN. 1. Remède universel. 2. Antidote, dérivatif, exutoire, remède *(fig.)*, *solution*, soulagement. ♦ ANT. 1. Maladie. 2. Problème (grave, insoluble).

PANACHÉ ♦ SYN. 1. *Empanaché*, orné. 2. Bariolé, disparate, *mélangé*, multicolore, varié. ♦ ANT. 2. Homogène, unicolore, uniforme.

PANCARTE ♦ SYN. *Affiche*, écriteau, enseigne, panneau, placard.

PANÉGYRIQUE ♦ SYN. Apologie, défense, dithyrambe *(souvent péj.)*, *éloge*, louange, plaidoyer. ♦ ANT. Blâme, calomnie, critique, dénigrement, diatribe, pamphlet, réquisitoire.

PANEL ♦ SYN. 1. Échantillon. 2. *Débat*, forum, table ronde.

PANIER ♦ SYN. Bourriche, cabas, *corbeille*, hotte, manne, nasse *(pêche)*, paneton, panière.

PANIQUE ♦ SYN. 1. *Affolement*, angoisse, effroi, épouvante, frayeur, peur, terreur. 2. Déroute, débandade, désordre, *fuite*, sauve-qui-peut. ♦ ANT. 1. Assurance, calme, flegme, impassibilité, placidité, quiétude, sang-froid, sérénité, tranquillité. 2. Avancée, résistance, victoire.

PANIQUER ◊ V. **Affoler**

PANNE ♦ SYN. Accident, accroc, *arrêt*, coupure, dérangement, dérèglement, détraquement, interruption. ♦ ANT. Fonctionnement, marche, rétablissement, usage.

PANNEAU ♦ SYN. 1. Écriteau, *pancarte*, panonceau, placard, plaque, tableau. 2. *(Fig.)* Piège.

PANOPLIE ♦ SYN. 1. Arsenal, *collection d'armes*. 2. *(Fig.)* Arsenal, assortiment, attirail, batterie, *collection*, échantillonnage, ensemble, éventail, gamme, jeu, ligne, lot, palette, série, suite, tas.

PANORAMA ♦ SYN. 1. Paysage, perspective, point de vue, site, spectacle, tableau, *vue*. 2. Étude d'ensemble.

PANSE ♦ SYN. 1. *(Zool.)* *Estomac*, rumen. 2. *(Fam.)* *Bedaine*, bedon, gros ventre.

PANSEMENT ♦ SYN. *Bandage*, bande, charpie, écharpe, compresse, coton, gaze, linge, ouate, plâtrage, sparadrap.

PANSER ♦ **SYN. 1.** *(Animaux domestiques)* Brosser, étriller, *toiletter*. **2.** Bander, *soigner*, traiter. **3.** Adoucir, *calmer*, soulager. ♦ **ANT. 1.** Maltraiter, négliger. **2.** Blesser, endolorir. **3.** Aviver, meurtrir.

PANSU ♦ **SYN. 1.** *Bedonnant*, gros, ventripotent, ventru. **2.** Renflé. ♦ **ANT. 1.** Décharné, émacié, maigre. **2.** Creux, rentré.

PANTALON ♦ **SYN.** Blue-jean(s), *culotte*, froc *(fam.)*, jean(s).

PANTELANT ♦ **SYN. 1.** Essoufflé, *haletant*, suffocant. **2.** *(Cadavre)* Chaud, *palpitant*. ♦ **ANT. 1.** Dispos, frais. **2.** Froid, refroidi.

PANTIN ♦ **SYN. 1.** Automate, bouffon, fantoche, figurine, girouette, guignol, mannequin, *marionnette*, polichinelle. **2.** *(Pers.)* Chose, *esclave*, jouet, laquais, serf, valet.

PANTOIS ♦ **SYN.** Ahuri, déconcerté, ébahi, estomaqué, interdit, interloqué, sidéré, *stupéfait*. ♦ **ANT.** Détaché, froid, impassible, imperturbable, indifférent, insensible.

PANTOUFLARD ◇ v. **Casanier**

PANTOUFLE ♦ **SYN.** Babouche, charentaise, *chausson*, mule, savate.

PAPE ♦ **SYN. 1.** *Saint-Père*, souverain pontife. **2.** *Autorité*, chef, gourou, pontife *(péj.)*. ♦ **ANT. 2.** Disciple, épigone, mouton, suiveur.

PAPIER ♦ **SYN. 1.** *Document*, note, paperasse *(péj.)*. **2.** *(Fin.)* Devise, effet, *titre*, valeur. **3.** Article, billet, copie, écrit, *texte*. **4.** *(Pl.)* Pièces d'identité.

PAPILLON ♦ **SYN. 1.** Lépidoptère. **2.** Avis, encart, *feuillet*. **3.** *(Papillon adhésif)* **Feuillet autoadhésif**, post-it. **4.** *(Fam.)* Contravention.

PAPILLONNER ♦ **SYN. 1.** *S'agiter*, se débattre, papilloter, voler. **2.** *Changer*, s'éparpiller, folâtrer, virevolter, voltiger. ♦ **ANT. 1.** S'immobiliser, se poser. **2.** S'attarder, se concentrer, se fixer.

PAPILLOTANT ♦ **SYN. 1.** Éblouissant, miroitant, *scintillant*. **2.** *Agité*, clignant, clignotant, instable. ♦ **ANT. 1.** Éteint, faible. **2.** Fixe, stable.

PAPOTAGE ♦ **SYN.** *(Fam.)* **Bavardage**, cancans, commérage, parlote *(fam.)*, placotage *(québ., fam.)*, ragots, verbiage. ♦ **ANT.** Circonspection, discrétion, mutisme, réticence, silence.

PAPOTER ◇ v. **Bavarder**

PAQUEBOT ♦ **SYN.** *Bateau* *(passagers)*, navire *(marchandises)*, transatlantique.

PAQUET ♦ **SYN. 1.** *Bagage*, balle, ballot, balluchon, paquetage. **2.** Colis. **3.** Boîte, *emballage*, sac, sachet. **4.** *(Ch.)* Liasse, masse, *quantité*, tas. ♦ **ANT. 4.** À peine, guère, peu.

PARABOLE ♦ **SYN.** *Allégorie*, apologue, comparaison, fable, histoire, image, récit (allégorique), symbole.

PARACHEVER ♦ **SYN. 1.** Accomplir, achever, boucler, *compléter*, couronner, finaliser, finir, mettre la dernière main à, terminer. **2.** Ciseler, fignoler *(fam.)*, lécher, limer, *parfaire*, peaufiner, peigner, perfectionner, polir, soigner. ♦ **ANT. 1.** Amorcer, commencer, ébaucher, entamer, esquisser, lancer. **2.** Bâcler, cochonner *(fam.)*, expédier, gâcher, liquider, saboter, saloper *(fam.)*, torchonner *(fam.)*.

PARACHUTER ◇ v. **Promouvoir**

PARADE ♦ **SYN. 1.** *(Milit.)* Carrousel, cérémonie, cortège, *défilé*, manœuvre, revue. **2.** Défilés *(pers., chars)*, fête, *spectacle*. **3.** Affectation, démonstration, déploiement, épate *(fam.)*, esbroufe *(fam.)*, *étalage*, exhibition, montre, ostentation. **4.** *(Animaux)* **Accouplement**, pariade *(oiseaux)*, prélude, rituel. ♦ **ANT. 3.** Discrétion, mesure, modestie, réserve, retenue, sobriété.

PARADER ♦ **SYN. 1.** Croiser *(mar.)*, *défiler*, manœuvrer *(milit.)*. **2.** *(Péj.)* S'afficher, crâner *(fam.)*, s'étaler, s'exhiber, se montrer, *se pavaner*, plastronner, poser. ♦ **ANT. 2.** Se cacher, se dissimuler, s'éclipser, se faire discret.

PARADIGME ♦ **SYN. 1.** *(Gramm.)* Exemple, *modèle de déclinaison*, mot-type. **2.** *(Didact.)* **Modèle théorique**, norme, référence.

PARADIS ♦ **SYN. 1.** *(Paradis terrestre)* Au-delà, ciel, cieux, *Éden*, jardin d'Éden, jardin de délices. **2.** Bonheur parfait, éden,

eldorado, lieu de délices, nirvana, oasis, pays de cocagne. **3.** *(Théâtre)* **Galerie** (supérieure), poulailler *(fam.)*. ◆ ANT. **1.** Enfer, érèbe, géhenne. **2.** Galère, malheur, misère, supplice, tourment. **3.** Parterre.

PARADISIAQUE ◆ SYN. Céleste, délicieux, divin, enchanteur, féerique, idéal, idyllique, **merveilleux**, parfait. ◆ ANT. Désagréable, diabolique, épouvantable, infernal, insupportable, intolérable.

PARADOXAL ◆ SYN. **1.** Antinomique, antithétique, **contradictoire**, illogique, incohérent, inconséquent. **2.** Aberrant, absurde, **bizarre**, curieux, étrange, inattendu, inhabituel, inconcevable, invraisemblable, singulier. ◆ ANT. **1.** Cohérent, identique, logique, sensé. **2.** Commun, habituel, normal, régulier, usuel.

PARADOXE ◆ SYN. **1.** Antinomie, antithèse, **contradiction**, incohérence, inconséquence, illogisme, non-sens, paralogisme, sophisme. **2.** Aberration, absurdité, **bizarrerie**, étrangeté, invraisemblance, singularité. ◆ ANT. **1.** Bon sens, cohérence, identité, logique. **2.** Normalité, régularité.

PARAGES ◆ SYN. Abords, **alentours**, approches, coin, contrée, endroit, environs, proximité, région, voisinage. ◆ ANT. Confins, lointain.

PARAGRAPHE ◆ SYN. **Alinéa**, article *(loi)*, couplet *(chanson)*, division, partie, section, strophe *(versif.)*, subdivision, verset *(Bible)*.

PARAÎTRE ◆ SYN. **1.** Avoir l'air, passer pour, **sembler**, simuler. **2.** Apparaître, arriver, se dessiner, émerger, **se manifester**, se montrer, poindre, pointer, se profiler, se présenter, surgir, survenir. **3.** Éclore, **naître**, percer. **4.** Comparaître, **se produire en public**. **5.** **Être édité** (imprimé, publié), sortir. **6.** Briller, **se faire remarquer**, poser. ◆ ANT. **1.** Être. **2.** Disparaître, se dissiper, s'éclipser, s'éloigner, s'enfuir, s'estomper, partir. **3.** S'éteindre, mourir, péricliter. **4.** S'absenter. **5.** Épuiser, pilonner, retirer (du marché). **6.** Se cacher, s'effacer, se retirer.

PARALLÈLE ◆ SYN. ▷ *Adj.* **1.** *(Fig.)* Comparable, correspondant, **semblable**, similaire, symétrique. **2.** Concomitant, **simultané**. **3.** **Clandestin**, illégal, illicite, noir, occulte, souterrain. **4.** *(Police)* Paramilitaire. ▷ *Nom masc.* **5.** **Comparaison**, confrontation, rapprochement, similitude. **6.** *(Géogr.)* Latitude. ◆ ANT. **1.** Différent, disparate, dissemblable, dissymétrique, divergent. **2.** Alternatif, successif. **3.** Légal, licite, officiel, régulier. **4.** Militaire, officiel. **5.** Différence, disparité. **6.** Longitude, méridien.

PARALYSER ◆ SYN. **1.** **Ankyloser**, engourdir, insensibiliser. **2.** *(Ch.)* Arrêter, asphyxier, bloquer, empêcher, entraver, gêner, **immobiliser**, neutraliser. **3.** *(Pers.)* Clouer sur place, **figer**, geler, glacer, inhiber, intimider, pétrifier, transir, stupéfier. ◆ ANT. **1.** Bouger, dégourdir, mouvoir, sensibiliser. **2.** Activer, animer, débloquer, dégager, faciliter, promouvoir. **3.** Aiguillonner, enhardir, enthousiasmer, exciter, piquer, rassurer, stimuler.

PARALYSIE ◆ SYN. **1.** **Ankylose**, hémiplégie, paraplégie, parésie, tétraplégie. **2.** **Arrêt**, asphyxie, blocage, entrave, étouffement, étranglement, immobilisme, impuissance, obstruction, sclérose, stagnation. ◆ ANT. **1.** Activité, fonctionnement, mouvement, usage. **2.** Animation, déblocage, dégagement, dynamisme, élan, libération, marche, vie.

PARAMÈTRE ◆ SYN. Critère, donnée, **élément**, facteur, variable.

PARAMILITAIRE (FORMATION) ◇ V. **Milice**

PARAPET ◆ SYN. **1.** Balustrade, banquette (de sûreté), bastingage *(bateau)*, garde-corps, **garde-fou**, main courante, mur, muret, rambarde, rampe. **2.** *(Fortifications)* Glacis, rempart, **talus**, terre-plein.

PARAPHER ◇ v. **Signer**

PARAPHRASE ◆ SYN. **1.** Amplification, commentaire, **développement**, éclaircissement, explication, glose, interprétation, traduction. **2.** *(Ling.)* Périphrase. **3.** *(Mus.)* Fantaisie. ◆ ANT. **1.** Abrégé, condensé, esquisse, résumé, schéma. **2.** Mot.

PARAPHRASER ✦ SYN. Amplifier, commenter, délayer, *développer*, éclaircir, étendre, expliquer, gloser. ✦ ANT. Abréger, condenser, écourter, réduire, résumer, resserrer.

PARAPLUIE ✦ SYN. *(Fig.)* Couverture, échappatoire, prétexte, *protection*. ✦ ANT. Imputation, responsabilisation.

PARASITE ✦ SYN. ▷ Nom **1.** Écornifleur, *pique-assiette*. **2.** Bactérie, champignon, *vermine*. **3.** *(Pl.)* *Brouillage*, bruit, friture *(fam.)*, grésillement, perturbation. ▷ Adj. **4.** *Encombrant*, étranger, gênant, importun, inutile, nuisible, superflu, vain. ✦ ANT. **1.** Commensal, invité. **3.** Clarté. **4.** Bienvenu, indépendant, indispensable, opportun, nécessaire, utile.

PARAVENT ✦ SYN. *(Fig.)* Abri, camouflage, *couverture*, dissimulation, prétexte. ✦ ANT. Réalité, vérité.

PARC ✦ SYN. **1.** Jardin public. **2.** *(Zoologique)* Jardin d'acclimatation, *jardin zoologique*, ménagerie, zoo. **3.** Bergerie, *enclos*, pâtis, pâturage. **4.** Réserve, *territoire*, zone. **5.** Garage, parcage, parc-auto, parking, *stationnement*. **6.** *(Appareils)* Ensemble, nombre, *quantité*.

PARCELLE ✦ SYN. **1.** *Fraction*, fragment, morceau, part, particule, partie, portion. **2.** Atome, bribes, brin, goutte, grain, miette, once, soupçon, *un peu*. **3.** Lot. ✦ ANT. **1-2.** Bloc, ensemble, intégralité, masse, totalité, tout. **3.** Terrain.

PARCHEMIN ✦ SYN. **1.** *Document*, vélin *(papier)*. **2.** Brevet, *diplôme*, titre.

PARCIMONIEUX ✦ SYN. **1.** *(Pers.)* Avare, chiche, *économe*, pingre, regardant à. **2.** *(Ch.)* Insuffisant, *maigre*, mesquin. ✦ ANT. **1.** Dépensier, généreux, magnanime, prodigue. **2.** Abondant, copieux, large.

PARCOURIR ✦ SYN. **1.** Arpenter, couvrir, explorer, faire, *franchir*, sillonner, suivre, traverser, visiter. **2.** Feuilleter, glisser sur, regarder, *survoler*. ✦ ANT. **1.** Se confiner, se limiter. **2.** Approfondir, étudier.

PARCOURS ✦ SYN. **1.** *Chemin*, circuit, course, distance, itinéraire, marche, promenade, randonnée, route, trajet. **2.** Carrière, *cheminement*, cours, curriculum vitæ, itinéraire, trajectoire.

PARDESSUS ◇ V. Paletot

PARDON ✦ SYN. **1.** *Absolution*, acquittement, amnistie, grâce, indulgence, miséricorde, oubli, rédemption, remise, rémission. **2.** Excuse. ✦ ANT. **1.** Blâme, condamnation, critique, punition, rancune, représailles, ressentiment, vengeance. **2.** Reproche.

PARDONNER ✦ SYN. **1.** *Absoudre*, acquitter, amnistier, délier, disculper, gracier, oublier, remettre. **2.** Admettre, excuser, souffrir, supporter, *tolérer*. **3.** *Épargner*, ménager. ✦ ANT. **1.** Accuser, blâmer, censurer, condamner, frapper, punir, reprocher. **2.** Rejeter, réprimer. **3.** Accabler, malmener.

PAREIL ✦ SYN. ▷ Adj. **1.** Adéquat, analogue, comparable, égal, équivalent, *identique*, même, semblable, similaire, synonyme, tel, uniforme. **2.** *(Sans pareil)* Excellent, *exceptionnel*, extraordinaire, hors pair, incomparable, inégalable, remarquable, sans égal, supérieur. ▷ Nom **3.** *(Pl. surtout)* Congénères *(péj.)*, pairs, *semblables*. ✦ ANT. **1.** Antonyme, autre, contraire, différent, dissemblable, distinct, divergent, inégal. **2.** Banal, commun, fréquent, moyen, ordinaire, répandu, standard. **3.** Étrangers, inconnus.

PAREILLEMENT ✦ SYN. À l'avenant, aussi, de même, *également*, identiquement, mêmement, semblablement. ✦ ANT. Au contraire, autrement, contrairement, différemment.

PAREMENT ✦ SYN. **1.** Broderie, décoration, garniture, *ornement*. **2.** Rabat, retroussis, *revers*. **3.** Revêtement.

PARENT ✦ SYN. ▷ Nom **1.** *(Pl.)* *Géniteurs*, père et mère, procréateurs. **2.** Aïeux, *ancêtres*, ascendants. **3.** Miens, *proches*, siens. ▷ Adj. **4.** Collatéral, *consanguin*, germain, utérin. **5.** Analogue, apparenté, *proche de*, semblable. ✦ ANT. **1.** Enfants, fils et fille, progéniture, rejetons *(fam.)*. **2.** Descendants, postérité. **3-4.** Étranger, inconnu. **5.** Contraire, différent, divergent, éloigné.

PARENTÉ ♦ SYN. **1.** Ascendance, *consanguinité*, cousinage, filiation, hérédité, lignage, origine, sang. **2.** *Famille*, parentèle. **3.** Affinité, analogie, rapport, *ressemblance*. ♦ ANT. **3.** Différence, disparité, dissemblance, divergence, écart, éloignement, fossé.

PARENTHÈSE ♦ SYN. *Digression*, incise.

PARER ♦ SYN. ▷ V. tr. **1.** Agrémenter, apprêter, arranger, bichonner *(fam.)*, *décorer*, embellir, endimancher, enjoliver, orner, pomponner. **2.** *Attribuer*, auréoler. **3.** Détourner, esquiver, *éviter*. ▷ V. intr. **4.** Faire face à, obvier, pourvoir, *se prémunir*, se protéger, remédier à. ▷ V. pr. **5.** S'apprêter, s'arranger, se bichonner *(fam.)* s'endimancher, faire sa toilette, s'habiller, se mettre sur son trente et un, *se pomponner*, se préparer, se tirer à quatre épingles. ♦ ANT. **1.** Défigurer, dégrader, déparer, enlaidir, gâter. **2.** Déprécier, rabaisser. **3.** Encaisser, essuyer, recevoir. **4.** Attaquer, empêcher, menacer. **5.** S'accoutrer, se débrailler, se négliger.

PARESSE ♦ SYN. Apathie, atonie, désœuvrement, engourdissement, fainéantise, flemme *(fam.)*, *indolence*, inertie, langueur, lenteur, léthargie, mollesse, négligence, nonchalance, oisiveté. ♦ ANT. Action, activité, application, diligence, dynamisme, effort, empressement, énergie, labeur, rapidité, travail, vivacité.

PARESSER ♦ SYN. *Fainéanter*, flâner, se la couler douce, musarder, niaiser *(québ., fam.)*, se prélasser, se tourner les pouces, traînasser, traîner. ♦ ANT. S'activer, s'appliquer, bûcher *(fam.)*, se fatiguer, peiner, suer, travailler, trimer.

PARESSEUSEMENT ♦ SYN. *Indolemment*, languissamment, mollement, nonchalamment. ♦ ANT. Activement, diligemment, dynamiquement, énergiquement, vigoureusement.

PARESSEUX ♦ SYN. ▷ Nom **1.** Cancre, *fainéant*, feignant, sans-cœur *(québ., fam.)*, tire-au-flanc *(fam.)*. ▷ Adj. **2.** *(Pers.)* Apathique, désœuvré, endormi, *indolent*, inerte, mou, nonchalant. **3.** *(Ch.)* Atone, engourdi,

inactif, *lent*. ♦ ANT. **1.** Travailleur. **2.** Alerte, bûcheur *(fam.)*, diligent, dynamique, énergique, laborieux, vif. **3.** Actif, efficace.

PARFAIRE ♦ SYN. Achever, améliorer, ciseler, compléter, fignoler *(fam.)*, lécher, *parachever*, peaufiner, perfectionner, polir, soigner. ♦ ANT. Bâcler, expédier, liquider, négliger.

PARFAIT ♦ SYN. **1.** Divin, *excellent*, exquis, idéal, impeccable, incomparable, infaillible, irréprochable, magistral, merveilleux, sublime, supérieur. **2.** Absolu, accompli, achevé, complet, consommé, *total*. **3.** *(Pers.)* Admirable, *exemplaire*, irréprochable, modèle. **4.** *(Péj.)* Fieffé, pur, sacré. ♦ ANT. **1.** Défectueux, déplorable, exécrable, imparfait, inférieur, laid, mauvais, médiocre, moyen, passable. **2.** Approximatif, élémentaire, inachevé, incomplet, insuffisant, limité, partiel, relatif, sommaire. **3.** Contestable, critiquable, discutable, répréhensible.

PARFAITEMENT ♦ SYN. **1.** Admirablement, *excellemment*, impeccablement, merveilleusement, superbement. **2.** Absolument, complètement, entièrement, extrêmement, pleinement, *totalement*, tout à fait. **3.** Absolument, assurément, bien sûr, certainement, *oui*, sûrement. ♦ ANT. **1.** Approximativement, imparfaitement, mal, médiocrement, moyennement. **2.** Insuffisamment, modérément, partiellement, relativement. **3.** Aucunement, non, nullement, pas du tout.

PARFOIS ♦ SYN. Des fois *(fam.)*, de temps à autre, de temps en temps, *quelquefois*, tantôt... tantôt. ♦ ANT. Constamment, jamais, toujours.

PARFUM ♦ SYN. **1.** Aromate, arôme, bouquet, effluve, essence, exhalaison, fragrance, fumet, *odeur*, senteur, vapeur. **2.** Saveur, *goût*. **3.** *(Au parfum, fam.)* Au courant, *informé*. ♦ ANT. **1.** Fétidité, miasmes, pestilence, puanteur, relents. **2.** Fadeur, insipidité. **3.** Ignorant, tenu à l'écart.

PARFUMER ♦ SYN. **1.** *Embaumer*, sentir bon. **2.** *Aromatiser*, assaisonner. ♦ ANT. **1.** Empester, empuantir, vicier. **2.** Affadir.

PARI ◆ SYN. 1. *(Enjeu quelconque)* **Défi**, épreuve, gageure, risque. 2. *(Argent)* Gageure *(québ.)*, jeu, **mise**. 3. **Affirmation**, prédiction, prévision, pronostic, supposition. ◆ ANT. 1. Échec, réussite. 2. Gain, perte. 3. Confirmation, démenti.

PARIA ◆ SYN. 1. *(Inde)* Intouchable. 2. **Exclu**, marginal, maudit, méprisable, méprisé, misérable, réprouvé. ◆ ANT. 1. Membre d'une caste. 2. Accepté, accueilli, adopté, estimé, intégré.

PARIER ◆ SYN. 1. *(Enjeu quelconque)* Engager, gager, mettre à l'épreuve, **risquer**. 2. *(Argent)* Caver, gager *(québ.)*, jouer, **miser**, ponter. 3. **Affirmer**, annoncer, assurer, mettre sa main au feu, prédire, supposer. ◆ ANT. 1. Échouer, réussir. 2. Gagner, perdre. 3. Confirmer, démentir.

PARIEUR ◇ v. Joueur

PARITÉ ◆ SYN. **Égalité**, équivalence, identité, ressemblance, similitude. ◆ ANT. Contraste, différence, disparité, disproportion, dissemblance.

PARJURE ◆ SYN. ▷ Nom 1. Faux serment, infidélité, **trahison**, traîtrise. ▷ Adj. 2. Déloyal, félon, infidèle, **traître**. ◆ ANT. 1. Engagement, fidélité, foi, vérité. 2. Fidèle, loyal, sûr.

PARKING ◇ v. Parc

PARLANT ◆ SYN. 1. Bavard, causant *(fam.)*, **loquace**. 2. Convaincant, démonstratif, éloquent, probant, **significatif**. 3. **Expressif**, suggestif, vivant. ◆ ANT. 1. Aphone, discret, muet, secret, silencieux, taciturne. 2. Douteux, incertain, problématique, suspect. 3. Figé, inexpressif, terne.

PARLEMENT ◆ SYN. **Assemblée**, chambre, congrès, représentation nationale.

PARLEMENTAIRE ◆ SYN. ▷ Nom 1. Député, élu, **représentant**, sénateur. ▷ Adj. 2. Constitutionnel, démocratique, **représentatif**.

PARLEMENTER ◆ SYN. 1. Argumenter, débattre, **discuter**, négocier, traiter. 2. Discutailler, **palabrer**. ◆ ANT. 1. Adopter, conclure, voter. 2. Couper court à, trancher.

PARLER ◆ SYN. ▷ Verbe 1. S'adresser à, bavarder, causer, communiquer, conférer, converser, deviser, dialoguer, dire, discourir, discuter, **énoncer**, s'entretenir, s'exprimer, jaser. 2. **Débattre**, échanger, négocier. 3. Défendre, intercéder, **intervenir**, plaider. 4. **Déclamer**, exhorter, haranguer. 5. Aborder, **mentionner**, signaler, traiter de. 6. **Avouer**, se mettre à table *(fam.)*, témoigner, vider son sac *(fam.)*. 7. Baragouiner *(péj.)*, **employer** (une langue), pratiquer, utiliser. ▷ Nom 8. Emploi, **usage**. 9. Dialecte, idiome, langage, **langue**, parlure *(québ.)*, patois. 10. Accent, diction, élocution, expression, parlure *(québ.)*, **parole**, prononciation, son. ◆ ANT. 1. Être muet, garder le silence, la boucler *(fam.)*, rester coi, se taire. 2. Conclure, s'entendre. 3. S'abstenir, se désister, rester neutre. 4. Marmonner, murmurer. 5. Négliger, omettre. 6. Cacher, taire. 7. Ignorer.

PARLEUR ◆ SYN. 1. *(Péj.)* Bavard, causeur, discoureur, harangueur, jaseur, péroreur, **phraseur**. 2. *(Beau parleur)* **Baratineur**, bonimenteur, enjôleur, hâbleur, séducteur. ◆ ANT. 1. Discret, muet, secret, silencieux, taciturne, taiseux *(belg.)*. 2. Franc, honnête, sincère.

PARLOTE ◆ SYN. *(Fam.)* Babillage, **bavardage**, caquetage, causette *(fam.)*, conversation (oiseuse), jacasserie, loquacité, papotage *(fam.)*, palabres, verbiage. ◆ ANT. Circonspection, discrétion, retenue.

PARMI ◆ SYN. À côté de, *au milieu d*e, au nombre de, au sein de, avec, chez, dans, entre, près de. ◆ ANT. Autour de, en dehors de, hors de, loin de.

PARODIE ◆ SYN. 1. Caricature, charge, contrefaçon, **imitation**, pastiche. 2. Semblant, **simulacre**, travestissement. ◆ ANT. 1. Copie conforme, reproduction exacte, respect, texte original. 2. Réalité, vérité.

PARODIER ◆ SYN. Caricaturer, charger, contrefaire, copier, **imiter**, pasticher, singer *(fam.)*, travestir. ◆ ANT. Calquer, copier, reproduire, respecter, restituer.

PAROI ◆ SYN. 1. Cloison, mur, muraille, **séparation**. 2. *(Cavité, récipient)* Face latérale. ◆ ANT. 1. Débouché, ouverture, passage. 2. Intérieur.

PAROISSIEN ♦ SYN. 1. Brebis, *fidèle*, ouailles. 2. Livre de messe, *missel*. 3. *(Péj.)* Coco, *individu*, personnage, type.

PAROLE ♦ SYN. 1. Discours, élocution, éloquence, *langage*, langue, parler. 2. Déclaration, dires, énoncé, expression, formule, maxime, mot, *propos*, sentence. 3. Phonation, *voix*. 4. Assurance, engagement, foi, *promesse*, serment. 5. *(Pl.)* Texte *(chanson)*. 6. *(Relig.)* *Écriture*, logos, verbe. ♦ ANT. 1. Mutisme, silence. 2. Acte, écrit. 3. Aphonie, extinction. 4. Déloyauté, félonie, manquement, trahison, traîtrise. 5. Musique.

PAROXYSME ♦ SYN. 1. Apogée, cime, comble, faîte, *maximum*, pinacle, sommet, summum, zénith. 2. Accès, *crise*, exacerbation, poussée *(fig.)*, redoublement. ♦ ANT. 1. Creux, minimum, plancher. 2. Apaisement, calme, diminution.

PARQUER ♦ SYN. 1. Compresser, confiner, empiler, enfermer, entasser, serrer, *tasser*. 2. *Garer*, ranger, stationner. ♦ ANT. 1. Disperser, éloigner, libérer. 2. Dégager, sortir.

PARQUET ♦ SYN. 1. Plancher. 2. *(Bourse)* Corbeille. 3. Justice, ministère public, *tribunal*.

PARRAIN ♦ SYN. 1. Caution, *commanditaire*, parraineur. 2. *(Mafia)* Chef.

PARRAINAGE ◇ v. **Patronage**

PARRAINER ◇ v. **Patronner**

PARSEMER ♦ SYN. 1. *Disperser*, disséminer, éparpiller, étendre, jeter, joncher, répandre, semer. 2. Consteller, *couvrir*, émailler, garnir, orner, pailleter, recouvrir, saupoudrer, truffer. ♦ ANT. 1. Amasser, assembler, concentrer, grouper, joindre, rassembler, réunir. 2. Découvrir, dégarnir, démunir, manquer de, perdre, vider.

PART ♦ SYN. 1. Division, fraction, fragment, *partie*. 2. Lot, lotissement, morceau, *partage*, portion, ration, tranche. 3. Contingent, montant, *quota*, quotité, somme. 4. Apport, concours, *contribution*, écot, participation, quote-part. 5. *(Fin.)* Action, titre, valeur. ♦ ANT. 1. Ensemble, intégralité, totalité, tout.

PARTAGE ♦ SYN. 1. Découpage, démembrement, dichotomie, *division*, fractionnement, fragmentation, morcellement, sectionnement. 2. *Distribution*, part, redistribution, répartition. 3. *(Dr.)* Donation, liquidation, succession. 4. Délimitation, frontière, *limite*. ♦ ANT. 1. Assemblement, indivision, réunion, unification, union. 2. Accumulation, privation, thésaurisation. 3. Achat, acquisition, possession. 4. Dépassement, extension.

PARTAGÉ ♦ SYN. 1. Commun, mutuel, *réciproque*. 2. *Divisé*, écartelé, indécis, perplexe, tiraillé. ♦ ANT. 1. Contraire, isolé, opposé. 2. Catégorique, certain, convaincu, décidé, ferme.

PARTAGER ♦ SYN. 1. Couper, démembrer, *diviser*, fractionner, fragmenter, morceler, scinder, sectionner, séparer, subdiviser. 2. Attribuer, dispenser, *distribuer*, lotir, répartir. 3. S'associer à, embrasser, épouser, *participer à*, se solidariser. 4. Compatir, *sympathiser*. ♦ ANT. 1. Concentrer, rassembler, regrouper, réunir, unifier, unir. 2. Accaparer, amasser, conserver, entasser, garder, rationner. 3. Se désolidariser, se dissocier, s'isoler. 4. Indifférer.

PARTENAIRE ♦ SYN. 1. *Allié*, associé, coéquipier, collaborateur, collègue, compagnon. 2. Cavalier, *danseur*. ♦ ANT. 1. Adversaire, compétiteur, concurrent, rival.

PARTERRE ♦ SYN. 1. Jardin, massif, parc, *plate-bande*, terrain aménagé *(québ.)*. 2. *(Théâtre)* Rez-de-chaussée. 3. Auditoire, *public*, spectateurs. ♦ ANT. 2. Balcon, galerie, paradis *(fam.)*.

PARTI ♦ SYN. ▷ *Nom* 1. *Bord*, camp, clan, faction. 2. *Cause*, idée, idéologie, opinion. 3. Cartel, coalition, formation, front, *groupe*, ligue, mouvement, rassemblement, union. 4. Choix, *décision*, détermination, engagement, position, résolution, solution. 5. *Avantage*, bénéfice, intérêt, profit, utilité. 6. Personne à marier. ▷ *Adj.* 7. *Absent*, disparu. 8. *(Fam.)* Éméché, gai, *gris*, ivre. ♦ ANT. 4. Désengagement, dissidence, indécision, neutralité. **5.** Désavantage, détriment, préjudice. **7.** Présent, resté, revenu. **8.** Dégrisé, lucide, sobre.

PARTIAL ◆ **SYN.** Arbitraire, déloyal, influencé, inique, injuste, *partisan*, prévenu, sectaire, subjectif, tendancieux. ◆ **ANT.** Droit, équitable, honnête, impartial, intègre, juste, neutre, objectif.

PARTIALITÉ ◆ **SYN.** Abus, arbitraire, aveuglement, favoritisme, injustice, *parti pris*, partisannerie *(québ.)*, préférence, préjugé, prévention, subjectivité. ◆ **ANT.** Droiture, équité, impartialité, justice, objectivité.

PARTICIPANT ◆ **SYN. 1.** Adhérent, cotisant, *membre*. **2.** Candidat, compétiteur, concouriste, *concurrent*. **3.** Intervenant.

PARTICIPATION ◆ **SYN. 1.** Aide, appui, *collaboration*, concours, coopération, vote *(élection)*. **2.** Apport, contingent, *contribution*, part, quote-part. **3.** Actionnariat, *cogestion*, intéressement. **4.** *(Délit)* Collusion, *complicité*, connivence, implication. ◆ **ANT. 1.** Abstention, désistement, neutralité, non-engagement, opposition. **2.** Exemption, retrait. **3.** Accaparement, exclusion. **4.** Disculpation, innocence.

PARTICIPER ◆ **SYN. 1.** Aider, appuyer, assister à, collaborer, concourir à, encourager, figurer, intervenir, se joindre à, se mêler de, *prendre part à*, soutenir, voter *(élection)*. **2.** Apporter, *contribuer à*, fournir. **3.** S'associer à, compatir, *partager*, se solidariser, sympathiser. **4.** *(Délit)* Impliquer, mêler à, *tremper*. **5.** *(Participer de)* Appartenir à, procéder de, relever de, *tenir de*. ◆ **ANT. 1.** S'abstenir, délaisser, se désister, se dissocier, s'éloigner de, entraver, nuire à, rester neutre. **2.** Garder, refuser. **3.** Se désolidariser, indifférer. **4.** Disculper, innocenter. **5.** Exclure, isoler.

PARTICULARISER ◆ **SYN.** Caractériser, différencier, *distinguer*, fixer, individualiser, singulariser. ◆ **ANT.** Banaliser, confondre, englober, généraliser.

PARTICULARITÉ ◆ **SYN. 1.** Attribut, caractère, *caractéristique*, différence, modalité, propre *(n.)*, propriété, qualité,

spécialité, spécificité, trait (caractéristique). **2.** Individualité, *originalité*, personnalité, singularité. **3.** *(Gramm.)* Anomalie, *exception*. **4.** *(Ling.)* **Idiome**, patois. ◆ **ANT. 1.** Généralité, quantité, universalité. **2.** Banalité, médiocrité, platitude. **3.** Norme, règle.

PARTICULE ◆ **SYN. 1.** Atome, brin, corpuscule, éclat, fragment, grain, miette, molécule, *parcelle*, pépite, poussière. **2.** *(Particule nobiliaire)* Préposition « de ». ◆ **ANT. 1.** Amas, amoncellement, bloc, concentration, filon, masse, monceau, pile, tas, totalité.

PARTICULIER ◆ **SYN.** ▷ *Adj.* **1.** Individuel, intime, *personnel*, privé, propre, séparé, subjectif. **2.** Caractéristique, distinct, distinctif, singulier, *spécifique*, typique, unique. **3.** *Extraordinaire*, hors du commun, original, remarquable. **4.** *(Péj.)* **Anormal**, isolé, spécial. **5.** Détaillé, *précis*. ▷ *Nom* **6.** Citoyen, individu, *personne privée*. ◆ **ANT. 1.** Collectif, commun, général, objectif, public, universel. **2.** Courant, fréquent, habituel, indifférencié, nombreux, usuel. **3.** Banal, conventionnel, impersonnel, médiocre, ordinaire, quelconque. **4.** Normal, répandu. **5.** Imprécis, vague. **6.** Célébrité, personne publique.

PARTICULIÈREMENT ◆ **SYN. 1.** En particulier, notamment, *principalement*, singulièrement, spécialement, surtout. **2.** Exceptionnellement, *remarquablement*. **3.** Intimement, *personnellement*. ◆ **ANT. 1.** Communément, en général, généralement. **2.** Banalement, moyennement. **3.** De nom, de vue.

PARTIE ◆ **SYN. 1.** Bribes, composant, division, *élément*, fraction, fragment, morceau, parcelle, part, portion, tranche, tronçon. **2.** *(Œuvre)* Acte, article, chant, chapitre, extrait, fragments, livre, morceaux, mouvement *(symphonie)*, passage, pièces choisies, point, scène, *section*, tome, volume. **3.** *(Mus.)* Rôle, *partition*. **4.** *Branche*, division, rameau, ramification, subdivision. **5.** Domaine, métier, profession, *spécialité*. **6.** Coin, *endroit*, quartier, région. **7.** *(Dr.)* **Contractant**, plaidant, plaignant. **8.** Combat, compétition, divertissement, épreuve sportive, *jeu*, joute *(québ.)*, lutte, manche, rencontre, set. **9.** Excursion, *fête*, partouze *(fam.)*, surprise-partie. ♦ ANT. **1.** Ensemble, totalité, tout. **2.** Œuvre intégrale. **3.** Composition.

PARTIEL ♦ SYN. Divisé, fragmentaire, inachevé, *incomplet*, limité, parcellaire, relatif, sectoriel. ♦ ANT. Absolu, achevé, complet, entier, exhaustif, final, général, global, intégral, total.

PARTIELLEMENT ♦ SYN. À demi, à moitié, *en partie*, imparfaitement, incomplètement. ♦ ANT. Absolument, complètement, entièrement, intégralement, totalement.

PARTI PRIS ♦ SYN. A priori, partialité, *préjugé*, prévention, subjectivité. ♦ ANT. Équité, impartialité, neutralité, objectivité.

PARTIR ♦ SYN. **1.** S'absenter, s'en aller, décamper, déguerpir, délaisser, déserter, disparaître, s'éloigner, s'enfuir, s'esquiver, évacuer, fausser compagnie, filer, plier bagage, prendre ses cliques et ses claques *(fam.)*, *quitter*, se retirer, se sauver, sortir. **2.** *(Transport)* Appareiller, décoller, *démarrer*, lever l'ancre. **3.** Exploser, fuser, *jaillir*, sauter, tirer. **4.** Découler, émaner, procéder de, *provenir*, venir de. **5.** *S'effacer*, s'enlever. **6.** *Commencer*, débuter, engager. **7.** S'éteindre, *mourir*. ♦ ANT. **1.** Aborder, approcher, arriver, demeurer, entrer, envahir, s'établir, s'installer, investir, se maintenir, se présenter, rester, revenir. **2.** Accoster, amarrer, arrêter, atterrir, mouiller, se poser, stationner, stopper. **3.** Amorcer, charger, cibler, contenir. **4.** Aller vers, se diriger, vers. **5.** S'incruster. **6.** S'achever, finir, se terminer. **7.** Durer, survivre, vivre.

PARTISAN ♦ SYN. ▷ *Nom* **1.** *Adepte*, adhérent, affilié, aficionado, allié, ami, associé, attaché, dévoué, disciple, fervent, fidèle, inconditionnel, militant, recrue, supporter, suppôt *(péj.)*. **2.** *Défenseur*, propagandiste, prosélyte, zélateur. **3.** Franc-tireur,

guérillero, maquisard, *résistant*. ▷ *Adj.* **4.** *Favorable*, sympathique à. **5.** Orienté, *partial*, sectaire, tendancieux. ♦ ANT. **1.** Adversaire, antagoniste, ennemi, opposant, rival. **2.** Contradicteur, dénonciateur, détracteur. **3.** Collaborateur, fasciste. **4.** Défavorable, hostile, opposé. **5.** Équilibré, impartial, juste, neutre, objectif, ouvert.

PARTITION ♦ SYN. **1.** *Division*, partage, sectionnement, séparation. **2.** *(Mus.)* Notation, *partie*. ♦ ANT. **1.** Fusion, intégration, regroupement, réunion, unification, union. **2.** Composition, ensemble.

PARTURITION ♦ SYN. *Accouchement*, enfantement, gésine, maternité, mise bas *(femelle vivipare)*. ♦ ANT. Gravidité, gestation, grossesse *(femme)*.

PARURE ♦ SYN. **1.** Atours, bijou, chamarrures, chiffons *(fam.)*, falbalas, fanfreluches, mise, *ornement*, parement, tenue, toilette, vêtement. **2.** *Décoration*, embellissement, enjolivure, garniture, ornementation.

PARUTION ◇ V. **Publication**

PARVENIR ♦ SYN. **1.** Accéder à, aller jusqu'à, arriver à, *atteindre*, gagner, se rendre, toucher. **2.** *(Poste, rang)* *Accéder à*, s'élever à. **3.** *(But)* Aboutir, accomplir, *réussir*. ♦ ANT. **1.** Acheminer, s'éloigner, envoyer. **2.** Limoger, rabaisser. **3.** Échouer, rater.

PARVENU ♦ SYN. *(Péj.)* Arrivé, arriviste, *nouveau riche*. ♦ ANT. Humble, méritant, modeste.

PARVIS ♦ SYN. Agora, esplanade, *place*.

PAS ♦ SYN. **1.** Allure, démarche, *marche*, train, vitesse. **2.** *Enjambée*, foulée, longueur. **3.** Empreinte, piste, *trace*. **4.** Degré, *étape*, jalon, progrès. **5.** Palier, *seuil*. **6.** *Difficulté*, obstacle. **7.** Préséance. **8.** Détroit, *passage*.

PASSABLE ♦ SYN. Acceptable, admissible, convenable, correct, honnête, *moyen*, potable *(fam.)*, quelconque, raisonnable, satisfaisant, suffisant, supportable, tolérable. ♦ ANT. Achevé, excellent, exceptionnel, parfait, remarquable, supérieur.

PASSADE ◇ v. **Toquade**

PASSAGE ♦ SYN. **1.** Franchissement, *traversée*, voyage. **2.** Allée(s) et venue(s), *circulation*, trafic *(véhicules)*, va-et-vient. **3.** *Accès*, allée, boyau *(mine)*, brèche, chemin, couloir, dégagement, galerie, issue, ouverture, percée, ruelle, sortie, trouée, voie. **4.** Canal, chenal, col, détroit, goulet, pas, *passe*. **5.** Canyon, *col*, corridor, défilé, gorge. **6.** Changement, *transition*. **7.** *(Spectacle, télévision)* Apparition, *bref séjour*, présence, tournée. **8.** *(Œuvre)* Citation, endroit, *extrait*, fragments, morceaux, page. ♦ ANT. **1.** Arrivée, bout, terme. **2.** Arrêt, calme, interruption. **3.** Barricade, barrière, blocage, clôture, cul-de-sac, entrave, fermeture, impasse, obstacle. **4.** Barrage, digue, retenue. **5.** Mur, paroi. **6.** Continuité, permanence. **7.** Absence, adieux, annulation. **8.** Œuvre intégrale, texte intégral.

PASSAGER ♦ SYN. ▷ Nom **1.** Excursionniste *(croisière)*, touriste, *voyageur*. ▷ Adj. **2.** Court, discontinu, éphémère, épisodique, fugitif, intermittent, momentané, provisoire, *temporaire*, temporel, transitoire. **3.** Fréquenté, *passant*. ♦ ANT. **1.** Capitaine, conducteur, équipage. **2.** Constant, continu, continuel, durable, éternel, habituel, permanent, perpétuel, persistant. **3.** Désert, tranquille.

PASSANT ♦ SYN. ▷ Nom **1.** Badaud, flâneur, *piéton*, promeneur. ▷ Adj. **2.** Achalandé *(québ.)*, animé, *fréquenté*, passager. ♦ ANT. **2.** Désert, retiré, tranquille.

PASSÉ ♦ SYN. ▷ Nom **1.** Ancien temps, antériorité, antiquité, *histoire* (ancienne), mémoire, souvenir, tradition. **2.** Autrefois, *hier*, jadis. **3.** *Antécédents*, histoire personnelle, vie (passée). ▷ Adj. **4.** Antécédent, *dernier*, précédent. **5.** Ancestral, *ancien*, antique, d'antan. **6.** *Antérieur*, rétroactif, rétrospectif. **7.** Accompli, défunt, *écoulé*, expiré, révolu, vieux. **8.** Décoloré, *défraîchi*, éteint, fané, flétri, terni. ♦ ANT. **1.** Actualité, avenir, futur, postérité, présent. **2.** Aujourd'hui, maintenant, récemment. **3.** Vie présente. **4.** Premier, prochain, suivant. **5.** Actuel, moderne, récent.

6. Postérieur, posthume, prospectif, ultérieur. **7.** Jeune, naissant, neuf, nouveau. **8.** Éclatant, frais, vif.

PASSE-DROIT ♦ SYN. Avantage, faveur, illégalité, injustice, irrégularité, partialité, prérogative, *privilège*. ♦ ANT. Équité, impartialité, légalité, régularité.

PASSE-PASSE (TOUR DE) ♦ SYN. **1.** Attrape, escamotage, ficelle, *illusion*, magie, prestidigitation, truc *(fam.)*. **2.** Fourberie, *tromperie*. ♦ ANT. **1.** Démystification, explication. **2.** Dénonciation, vérité.

PASSEPORT ♦ SYN. Autorisation, laissez-passer, *papiers*, pièce d'identité, sauf-conduit, visa.

PASSER ♦ SYN. ▷ V. intr. **1.** Aller et venir, circuler, défiler, se déplacer, *marcher*, se rendre. **2.** Aller, se présenter, venir, *visiter*. **3.** Descendre *(fam.)*, *être digéré*. **4.** *(Temps)* Courir, s'écouler, s'enfuir, s'envoler, *filer*, fuir. **5.** Cesser, *disparaître*, s'estomper, se résorber. **6.** *Changer*, se faner, se flétrir, pâlir, ternir. **7.** Avoir l'air de, *paraître*. **8.** Être accepté, être reçu, *réussir*. ▷ V. tr. **9.** Contourner, dépasser, devancer, doubler, enjamber, escalader, *franchir*, traverser. **10.** *Appliquer*, étaler, étendre. **11.** Endosser, enfiler, *mettre*, revêtir. **12.** Donner, *remettre*, transmettre. **13.** Clarifier, couler, cribler, *filtrer*, tamiser. **14.** *(Temps)* Consumer, employer, *occuper*, perdre, tuer. **15.** Négliger, *omettre*, oublier, sauter, taire. **16.** Accepter, concéder, excuser, pardonner, *permettre*, supporter, tolérer. **17.** Subir *(examen)*. **18.** *Dépasser*, excéder, outrepasser. **19.** *(Dr.)* *Conclure*, dresser, faire, libeller. ▷ V. pr. **20.** Advenir, arriver, avoir lieu, *se dérouler*, s'écouler, s'enchaîner, s'étendre, se produire, survenir. **21.** Cesser, *finir*. **22.** S'abstenir, se dispenser, s'interdire, *se priver de*, renoncer à. ♦ ANT. **1.** S'arrêter, demeurer, s'immobiliser, s'installer, rester, stationner. **2.** Partir, quitter. **3.** Rester sur l'estomac. **4.** Durer, s'éterniser. **5.** Apparaître, se développer, s'étendre. **6.** Se maintenir, persister, renaître, tenir. **7.** Être. **8.** Échouer, recaler, refuser.

9. Aboutir, achopper, buter, parvenir, tomber. **10.** Effacer, enlever, gratter, polir. **11.** Enlever, ôter, retirer. **12.** Conserver, garder, réserver. **13.** Corrompre, déborder, s'échapper, épaissir. **14.** Cesser, interrompre. **15.** Mentionner, noter, rappeler, signaler. **16.** Défendre, interdire, refuser. **17.** Préparer. **18.** Diminuer, réduire, respecter. **19.** Annuler, décommander. **20.** Se limiter, prendre fin, se restreindre à, stagner. **21.** Continuer, se perpétuer. **22.** S'accorder, s'autoriser, s'octroyer, se permettre.

PASSERELLE ♦ SYN. **1.** Escalier mobile, planche, *plan incliné.* **2.** Ponceau, *pont.* **3.** *(Fig.)* Communication, *moyen d'accès,* passage, voie.

PASSE-TEMPS ♦ SYN. Amusement, délassement, distraction, *divertissement,* hobby, jeu, loisir, violon d'Ingres. ♦ ANT. Labeur, obligations, ouvrage, travail.

PASSEUR ♦ SYN. **1.** Batelier. **2.** Contrebandier, *trafiquant.*

PASSIBLE ♦ SYN. Assujetti à, *redevable de,* susceptible de. ♦ ANT. Exempté, libéré.

PASSIF ♦ SYN. **1.** Apathique, fataliste, *inactif,* indifférent, inerte, neutre, résigné. **2.** Non violent, *pacifique.* ♦ ANT. **1.** Actif, agissant, déterminé, diligent, énergique, engagé, entreprenant, intéressé. **2.** Agressif, violent.

PASSION ♦ SYN. **1.** Ardeur, chaleur, élan, emballement, *émotion,* emportement, enthousiasme, exaltation, feu, fièvre, fougue, frénésie, lyrisme, pathétique *(n.),* transports, véhémence. **2.** *Adoration,* adulation, culte, vénération. **3.** *Amour,* attachement, béguin *(fam.),* coup de foudre, flamme, sensualité. **4.** Avidité, envie, faible *(n.),* *goût,* inclination, penchant, rage. **5.** *(Pl. surtout)* Aveuglement, débordements, déraison, excès, *fanatisme,* partialité, préjugés. **6.** *(Relig.)* Chemin de la croix, *souffrances,* supplice. ♦ ANT. **1.** Calme, distance, flegme, impassibilité, indifférence, mesure, modération, pondération, prosaïsme, raison, retenue, sang-froid. **2.** Déception, désillusion, mépris. **3.** Anti-

pathie, détachement, froideur, haine, rancune, ressentiment. **4.** Aversion, dégoût, horreur, phobie, répulsion. **5.** Impartialité, lucidité, maîtrise (de soi), réflexion, scepticisme, tolérance. **6.** Résurrection.

PASSIONNANT ♦ SYN. Attachant, captivant, électrisant, émouvant, empoignant, enivrant, exaltant, *excitant,* fascinant, impressionnant, intéressant, palpitant, pathétique, prenant, saisissant. ♦ ANT. Assommant, banal, endormant, ennuyeux, fastidieux, froid, insignifiant, lassant, mortel *(fig.).*

PASSIONNÉ ♦ SYN. **1.** *(Pers.)* Amant, *amoureux,* avide, chaleureux, emballé, embrasé, emporté, enfiévré, enivré, enthousiaste, épris, exalté, fanatique, féru, fou, mordu *(fam.),* transporté. **2.** *(Ch.) Ardent,* brûlant, effréné, endiablé, enflammé, fébrile, fervent, forcené, frénétique, furieux, inspiré, partial, véhément, vif, violent. ♦ ANT. **1.** Apathique, calme, détaché, discret, flegmatique, indolent, lucide, modéré, pondéré, raisonnable, rangé, réservé, sage, sceptique. **2.** Contenu, froid, impartial, inerte, léger, mesuré, morne, terne, tiède.

PASSIONNÉMENT ♦ SYN. À la folie, *ardemment,* énormément, éperdument, extrêmement, follement, intensément, violemment ♦ ANT. Faiblement, froidement, modérément, moyennement, raisonnablement, sagement, sobrement, tièdement.

PASSIONNER ♦ SYN. ▷ V. tr. **1.** *Captiver,* charmer, enchanter, enfiévrer, enflammer, enthousiasmer, envoûter, exalter, fasciner, galvaniser, griser, ravir. ▷ V. pr. **2.** Adorer, aduler, aimer, s'emballer pour *(fam.),* s'enflammer pour, *s'enthousiasmer pour,* s'enticher de, s'éprendre de, être fou de, raffoler de. ♦ ANT. **1.** Assommer, dépassionner, désoler, emmerder *(fam.),* empoisonner *(fam.),* ennuyer, fatiguer, lasser. **2.** Abhorrer, déchanter, se désintéresser de, détester, se détourner de, éviter, fuir, haïr, honnir, indifférer, mépriser, refroidir.

PASSIVEMENT ◆ SYN. *Apathiquement*, indolemment, mollement, nonchalamment. ◆ ANT. Activement, ardemment, chaudement, énergiquement, intensément, passionnément, vivement.

PASSIVITÉ ◆ SYN. *Apathie*, fatalisme, inaction, indolence, inertie, mollesse, nonchalance, résignation. ◆ ANT. Activité, décision, dynamisme, énergie, initiative, optimisme, volonté.

PASTEUR ◆ SYN. 1. Berger, chevrier, gardeur, *gardien*, pastoureau, pâtre. 2. Chef, *conducteur*. 3. *Ministre du culte* (protestantisme), prêtre.

PASTICHE ◆ SYN. À la manière de, contrefaçon, copie, démarquage, faux, *imitation*, parodie, plagiat, reproduction. ◆ ANT. Création, invention, modèle, original, production, prototype.

PASTORAL ◆ SYN. 1. Agreste, bucolique, champêtre, *idyllique*, paisible, simple, rural, rustique. 2. *(Relig.) Ministériel*, sacerdotal.

PATAUD ◆ SYN. Balourd, empoté, *gauche*, lent, lourd, lourdaud, maladroit. ◆ ANT. Adroit, agile, aisé, fin, habile, rapide, souple, vif.

PATAUGER ◆ SYN. 1. *Barboter*, patouiller (fam.). 2. (Fig.) S'embourber, *s'empêtrer*, s'enliser, se noyer, se perdre, piétiner, vasouiller (fam.). ◆ ANT. 1. Se dégager, s'éloigner, éviter. 2. Se dépêtrer, être à l'aise, expliquer (clairement), se libérer, se maîtriser, se retrouver.

PÂTE ◆ SYN. 1. Abaisse. 2. Nouilles. 3. *(Fromage)* Crème molle, *croûte*. 4. (Péj.) Bouillie.

PATELIN ◆ SYN. ▷ Nom 1. Bled (fam.), bourg, bourgade, hameau, *localité*, paroisse (québ.), trou (fam.), village. ▷ Adj. 2. Doucereux, faux, flatteur, hypocrite, insinuant, *mielleux*, onctueux. ◆ ANT. 1. Métropole, ville. 2. Brutal, cassant, franc, loyal, sincère, tranchant.

PATENT ◆ SYN. Certain, criant, *évident*, flagrant, frappant, incontestable, indéniable, manifeste, notoire, ostensible, visible. ◆ ANT. Caché, confus, dissimulé, douteux, latent, secret, sourd, souterrain.

PATERNEL ◆ SYN. ▷ Adj. 1. *Du père*, patriarcal. 2. *Bon*, débonnaire, indulgent, miséricordieux. ▷ Nom 3. *(Le paternel, fam.) Le père*, le vieux. ◆ ANT. 1. Filial, maternel, matriarcal. 2. Austère, dur, rigoureux, sévère.

PATERNITÉ ◆ SYN. Conception, création, genèse, *idée*, invention, originalité.

PÂTEUX ◆ SYN. 1. *Épais*, farineux, mou. 2. *(Bouche, parole) Embarrassé*, empâté, lourd. ◆ ANT. 1. Fluide, léger, limpide. 2. Clair, net.

PATHÉTIQUE ◆ SYN. ▷ Adj. 1. Bouleversant, déchirant, dramatique, éloquent, *émouvant*, palpitant, passionnant, poignant, touchant, vibrant. ▷ Nom 2. *Émotion*, passion, pathos (péj.). ◆ ANT. 1. Amusant, comique, désopilant, drôle, froid, gai, impassible, réconfortant, réjouissant. 2. Flegme, froideur, impassibilité, insensibilité.

PATHOLOGIQUE ◆ SYN. *Anormal*, maladif, morbide, obsessif. ◆ ANT. Équilibré, normal, sain.

PATHOS ◆ SYN. *Affectation*, boursouflure, emphase, galimatias, pathétique (n.). ◆ ANT. Clarté, convenance, naturel, retenue, simplicité.

PATIEMMENT ◆ SYN. *Calmement*, inlassablement, tranquillement. ◆ ANT. Brusquement, impatiemment, soudainement.

PATIENCE ◆ SYN. 1. Constance, obstination, persévérance, *ténacité*. 2. Bienveillance, douceur, *indulgence*, tolérance. 3. Calme, *endurance*, flegme, impassibilité, longanimité, placidité, résignation. ◆ ANT. 1. Impatience, inconstance, lassitude, versatilité. 2. Brusquerie, dureté, intolérance, rigueur, rudesse, sévérité. 3. Colère, exaspération, irritation, révolte.

PATIENT ◆ SYN. ▷ Adj. 1. Constant, inlassable, obstiné, persévérant, *tenace*. 2. Bienveillant, débonnaire, doux, *indulgent*, tolérant. 3. Calme, *endurant*, flegmatique, impassible, longanime, placide, résigné. ▷ Nom 4. Client, consultant, *malade*. ◆ ANT. 1. Capricieux, impatient, inconstant, lâcheur. 2. Dur, intolérant, sévère. 3. Coléreux, irritable, révolté. **4.** Médecin, personnel soignant.

PATIENTER ◆ SYN. *Attendre*, poireauter *(fam.)*. ◆ ANT. S'impatienter, perdre patience.

PATINE ◆ SYN. **1.** *Oxydation*, vert-degris. **2.** Usure. **3.** Coloration, *vernis*.

PATINER ◆ SYN. **1.** Chasser, déraper, *glisser*, riper. **2.** *Piétiner*, stagner, traîner. **3.** *(Québ.)* Biaiser, éluder, finasser, *louvoyer*, tergiverser, tourner autour du pot. ◆ ANT. **1.** Adhérer, coller, tenir. **2.** Avancer, évoluer, progresser. **3.** Affronter, agir, aller droit au but, dire franchement (sans détour).

PÂTIR ◆ SYN. **1.** *Languir*, péricliter, stagner. **2.** Endurer, éprouver, *souffrir*, subir, supporter. ◆ ANT. **1.** Progresser, prospérer. **2.** Bénéficier, jouir, profiter.

PÂTISSERIE ◆ SYN. *Gâteau*, viennoiserie.

PATOIS ◆ SYN. **1.** Dialecte, idiome, *langue vernaculaire*, parler, parlure *(québ.)*. **2.** Argot, baragouin, charabia, *jargon*, langage spécialisé, sabir, verlan, volapük. ◆ ANT. **1.** Langue véhiculaire. **2.** Langue courante.

PATOUILLER ◇ v. **Patauger**

PATRAQUE ◆ SYN. *(Fam.)* Anémié, égrotant, faible, fatigué, incommodé, indisposé, *malade*, mal fichu *(fam.)*, souffrant. ◆ ANT. Alerte, dispos, en bon état, en santé, frais, solide.

PÂTRE ◇ v. **Pasteur**

PATRIARCAL ◆ SYN. **1.** Ancestral, *ancien*, antique, familial. **2.** *(Autorité)* Mâle, masculin, *paternel*. ◆ ANT. **1.** Contemporain, moderne, nouveau, récent. **2.** Matriarcal.

PATRIARCHE ◆ SYN. **1.** Ancêtre, *ancien*, sage, vieillard. **2.** *(Relig.)* Chef. ◆ ANT. **1.** Blanc-bec *(fam.)*, jeune homme, mondain.

PATRIE ◆ SYN. **1.** État, nation, *pays*. **2.** Berceau, *foyer*, lieu de naissance, sol natal. **3.** Contrée, *lieu* (par excellence), milieu.

PATRIMOINE ◆ SYN. Biens, capital, fortune, héritage, legs, *richesse*, succession, trésor.

PATRIMONIAL ◆ SYN. Familial, *héréditaire*. ◆ ANT. Acheté, acquis, étranger.

PATRIOTE ◆ SYN. **1.** Défenseur (de la patrie), dévoué, *loyal*, patriotique. **2.** Nationaliste. **3.** *(Péj.)* *Chauvin*, patriotard, xénophobe. **4.** *(Québ., hist.)* Insurgé, *rebelle*. ◆ ANT. **1.** Antipatriote, antipatriotique, déloyal, traître. **2.** Cosmopolite, internationaliste. **3.** Accueillant, ouvert.

PATRIOTISME ◆ SYN. **1.** Civisme, défense (de la patrie), dévouement, *loyalisme*. **2.** Nationalisme. **3.** *Chauvinisme*, xénophobie. ◆ ANT. **1.** Antipatriotisme, incivisme, trahison. **2.** Cosmopolitisme, internationalisme. **3.** Accueil, ouverture.

PATRON ◆ SYN. **1.** Boss *(fam.)*, directeur, dirigeant, *employeur*, entrepreneur, maître, manager, président, président-directeur général (p.-d.g.). **2.** Maître (maîtresse) de maison. **3.** *Chef*, bourgeois *(fam.)*, tenancier. **4.** Protecteur, *saint*, titulaire. **5.** Carton, dessin, forme, *modèle*. ◆ ANT. **1.** Apprenti, employé, journalier, ouvrier, salarié, subalterne. **2.** Bonne, domestique. **3.** Commis, garçon, serveur. **4.** Protégé.

PATRONAGE ◆ SYN. **1.** Aide, auspices, caution, égide, *parrainage*, protection, recommandation, sauvegarde, soutien, vocable *(relig.)*. **2.** Œuvre de bienfaisance. **3.** *(Québ.)* *Favoritisme*, népotisme.

PATRONNER ◆ SYN. Aider, appuyer, cautionner, commanditer, encourager, épauler, financer, *parrainer*, promouvoir, protéger, recommander, soutenir. ◆ ANT. Abandonner, décourager, déconseiller, délaisser, refuser, retirer.

PATROUILLE ◆ SYN. **1.** Guet, ronde, *surveillance*. **2.** Commando, *détachement*, mission (de reconnaissance).

PATTE ◆ SYN. **1.** *(Animaux)* Membre. **2.** *(Humains, fam.)* *Jambe*, main, pied.

PÂTURAGE ◇ v. **Pacage**

PÂTURE ◆ SYN. **1.** *(Animaux)* Aliment, becquée, manger, *nourriture*, pâtée. **2.** *Pacage*, pâturage.

PAUPÉRISME ◆ SYN. Appauvrissement, dénuement, indigence, *misère*. ◆ ANT.

Abondance, aisance, fortune, opulence, richesse.

PAUSE ♦ SYN. **1.** Accalmie, *arrêt*, délassement, détente, halte, interruption, relâche, rémission, répit, suspension, temps d'arrêt. **2.** *(Sports, spectacle)* Entracte, intermède, *intervalle*, mi-temps. **3.** *(Voix, mus.)* Silence. ♦ ANT. **1.** Continuation, marche, mouvement, poursuite, progression, prolongement, reprise, travail. **2.** Jeu, match, partie, spectacle. **3.** Musique, parole.

PAUVRE ♦ SYN. ▷ *Nom* **1.** Besogneux, forçat de la faim, *indigent*, malheureux, meurt-de-faim, misérable, miséreux, nécessiteux, prolétaire. ▷ *Adj.* **2.** *(Pers.)* Appauvri, *démuni*, désargenté *(fam.)*, fauché *(fam.)*, impécunieux, ruiné, sans-le-sou. **3.** *(Pays)* Sous-développé. **4.** *Insuffisant*, maigre, médiocre, mince. **5.** *Humble*, modeste, petit. **6.** Aride, *infertile*, ingrat, stérile. **7.** *(État, aspect)* Calamiteux, *déplorable*, lamentable, minable, piteux, pitoyable. **8.** Défavorisé, infortuné, *malheureux*. ♦ ANT. **1.** Capitaliste, crésus, millionnaire, nabab, richard *(fam.)*. **2.** Aisé, cossu, fortuné, opulent, prospère, riche. **3.** Développé. **4.** Abondant, appréciable, généreux, important, substantiel, suffisant. **5.** Élevé, grand, imposant. **6.** Fécond, fertile, gras, productif. **7.** Bon, florissant, luxuriant. **8.** Favorisé, heureux, privilégié.

PAUVRETÉ ♦ SYN. **1.** *(Pers.)* Besoin, dèche *(fam.)*, dénuement, gêne, indigence, mendicité, misère, mouise *(fam.)*, nécessité, paupérisme, privation, ruine. **2.** *(Ch.)* Aridité, *infertilité*, stérilité. **3.** Déficience, faiblesse, *insuffisance*, médiocrité, vide. **4.** Banalité, *platitude*, stupidité. ♦ ANT. **1.** Abondance, aisance, aise, bien-être, fortune, luxe, opulence, prospérité, richesse. **2.** Fécondité, fertilité, luxuriance. **3.** Efficacité, excellence, maîtrise, qualité. **4.** Intelligence, profondeur, subtilité.

PAVAGE ♦ SYN. Cailloutage, carrelage, dallage, pavé, *pavement*, rudération *(cailloux)*.

PAVANER (SE) ♦ SYN. S'afficher, s'étaler, s'exhiber, faire la roue, se montrer,

parader, plastronner, poser, se rengorger. ♦ ANT. Se cacher, s'éclipser, s'effacer, se faire discret.

PAVÉ ♦ SYN. **1.** *Bloc*, bois, brique, carreau, dalle, granit, pierre. **2.** Carrelage, dallage, mosaïque, *pavage*, pavement, revêtement. **3.** *(Fam.)* Rue, voie publique. **4.** *(Péj.)* Brique *(québ.)*, *gros livre*.

PAVER ♦ SYN. **1.** Carreler, *couvrir*, daller, revêtir. **2.** *Joncher*, recouvrir. ♦ ANT. **1.** Décarreler, découvrir, dépaver. **2.** Dégarnir.

PAVILLON ♦ SYN. **1.** Tente. **2.** Abri, belvédère, gloriette, *kiosque*, rotonde, tonnelle. **3.** Chalet, cottage, *maisonnette*, villa. **4.** *(Mar.)* Bannière, couleurs, *drapeau*, enseigne, étendard. **5.** Oreille externe.

PAVOISER ♦ SYN. **1.** Décorer, *orner*, parer. **2.** Exulter, jubiler, *se réjouir*, triompher. ♦ ANT. **1.** Dégrader, déparer, enlaidir. **2.** Décevoir, désoler, regretter.

PAYANT ♦ SYN. **1.** Avantageux, fructueux, lucratif, productif, *profitable*, rémunérateur, rentable. **2.** Non gratuit. ♦ ANT. **1.** Déficitaire, désavantageux, improductif, infructueux, ruineux. **2.** Gratuit, libre.

PAYE ◇ V. **Rémunération**

PAYER ♦ SYN. ▷ *V. tr.* **1.** Acquitter, *débourser*, décaisser, dédommager, défrayer, indemniser, liquider, régler, rembourser, remettre, verser. **2.** *Rémunérer*, rétribuer, salarier. **3.** *Avancer*, cotiser, financer, souscrire. **4.** Acheter, arroser *(fam.)*, *corrompre*, graisser la patte *(fam.)*, soudoyer, stipendier, suborner. **5.** Donner, *offrir*, procurer, récompenser. **6.** Compenser, *expier*, racheter, réparer. ▷ *V. intr.* **7.** Profiter, *rapporter*. ▷ *V. pr.* **8.** *S'accorder*, s'octroyer, s'offrir, se permettre. ♦ ANT. **1.** Débiter, déduire, devoir, empocher, emprunter, vendre. **2.** Encaisser, gagner, percevoir, recevoir, toucher. **3.** Conserver, garder. **4.** Convaincre, édifier. **5.** Refuser, retirer. **6.** Pécher, punir. **7.** Perdre, ruiner. **8.** S'abstenir de, se priver de, se refuser, renoncer à.

PAYS ♦ SYN. **1.** État, *nation*, patrie. **2.** Coin, contrée, *endroit*, lieu, région, territoire, zone. **3.** Cru, **terroir**. **4.** *(Fig.)* **Domaine**, royaume, univers. **5.** Citoyens, gens, habitants, **peuple**. **6.** *(Pays divers)* Cieux, climats, **contrées**, latitudes, lieux, régions. ♦ **ANT. 1.** Colonie, dépendance, possession, protectorat. **2.** Étranger, extérieur. **3.** Exotique, exotisme.

PAYSAGE ♦ **SYN. 1.** Décor, **panorama**, perspective, site, vue. **2.** *(Peint.)* Dessin, **tableau**. **3.** *(Fig.)* Climat, contexte, **situation**.

PAYSAN ♦ **SYN.** ▷ *Nom* **1.** Agriculteur, **campagnard**, cultivateur, fermier, laboureur. **2.** *(Péj.)* Habitant *(québ.)*, **rustre**. ▷ *Adj.* **3.** Agricole, **rural**, rustique, terrien. ♦ **ANT. 1.** Bourgeois, citadin. **2.** Civil, raffiné. **3.** Urbain.

PEAU ♦ **SYN. 1.** Couenne, cuir, **épiderme**. **2.** Écorce, pellicule, **pelure**.

PEAUFINAGE ◇ v. **Fignolage**

PEAUFINER ♦ **SYN.** Astiquer, ciseler, fignoler *(fam.)*, limer, parachever, **parfaire**, peigner, perfectionner, polir, raffiner, retoucher, soigner. ♦ **ANT.** Bâcler, expédier, liquider, négliger, torchonner *(fam.)*.

PÉCHÉ ♦ **SYN. 1.** Chute, **faute**, manquement, offense, transgression. **2.** Abjection, égarement, erreur, **mal**, méchanceté, perdition, vice. ♦ **ANT. 1.** Contrition, expiation, grâce, pardon, punition, regret, respect. **2.** Bien, bonté, droit chemin, état de grâce, innocence, salut, vertu.

PÉCHER ♦ **SYN. 1.** Chuter, faillir, **fauter**, tomber. **2.** *(Pécher contre)* **Contrevenir à**, déroger à, désobéir, manquer à, transgresser, violer. ♦ **ANT. 1.** Expier, pardonner, punir, regretter. **2.** Honorer, obéir à, observer, se plier à, respecter, se soumettre à.

PÊCHER ♦ **SYN. 1.** Attraper, **prendre**, taquiner (le poisson). **2.** Chercher, découvrir, dégoter *(fam.)*, dénicher, imaginer, **trouver**. ♦ **ANT. 1.** Laisser échapper, perdre. **2.** Cacher, dissimuler, enfouir.

PÉCHEUR ♦ **SYN.** Coupable, délinquant, **fautif**, offenseur. ♦ **ANT.** Innocent, juste, pur, vertueux.

PÉCUNIAIRE ◇ v. **Financier**

PÉDAGOGIE ♦ **SYN. 1.** Art d'enseigner, didactique *(n.)*, formation, instruction, méthode d'enseignement, **science de l'éducation**. **2.** Compétence, **sens pédagogique**, talent.

PÉDAGOGIQUE ♦ **SYN. 1.** **Didactique**, éducationnel, scolaire. **2.** **Éducatif**, formateur, instructif. ♦ **ANT. 2.** Abrutissant, déformateur.

PÉDAGOGUE ♦ **SYN. 1.** Didacticien. **2.** **Éducateur**, enseignant, instituteur, maître, précepteur, professeur, tuteur. **3.** **Bon éducateur**, bon enseignant. **4.** *(Péj.)* Magister, **pédant**. ♦ **ANT. 2.** Disciple, élève. **3.** Incompétent, mauvais éducateur.

PÉDANT ♦ **SYN.** ▷ *Nom* **1.** Bas-bleu, cuistre, **fat**, paon, pontife, poseur, snob. **2.** *(Péj.)* Magister, **pédagogue**. ▷ *Adj.* **3.** **Affecté**, docte, doctoral, dogmatique, emphatique, pédantesque, pontifiant, poseur, prétentieux, professoral, solennel, suffisant. ♦ **ANT. 3.** Affable, franc, humble, modeste, naturel, simple, sobre, spontané.

PÈGRE ◇ v. **Mafia**

PEIGNER ♦ **SYN. 1.** Arranger, brosser, **coiffer**, démêler, discipliner, lisser, ordonner. **2.** **Carder**, dénouer, sérancer. **3.** *(Passif surtout)* Fignoler *(fam.)*, **lécher**, peaufiner, soigner (à l'excès). ♦ **ANT. 1.** Décoiffer, défaire, dépeigner, ébouriffer, écheveler. **2.** Enchevêtrer, mêler. **3.** Bâcler, expédier, torchonner *(fam.)*.

PEINDRE ♦ **SYN.** ▷ *V. tr.* **1.** Badigeonner, barbouiller *(péj.)*, barioler, **colorer**, colorier, couvrir, enduire, laquer, peinturer *(québ.)*, peinturlurer *(péj.)*, ravaler, recouvrir, ripoliner, vernir. **2.** *(Beaux-arts)* Brosser, croquer, décorer, **figurer**, orner, portraiturer, représenter, reproduire. **3.** **Décrire**, dépeindre, exprimer, montrer, tracer, traduire. ▷ *V. pr.* **4.** **Apparaître**, se lire, se manifester, se montrer, se refléter, transparaître. ♦ **ANT. 1.** Jaunir, salir, ternir. **2.** Ébaucher, esquisser, profiler, tracer. **3.** Déformer, dénaturer, trahir. **4.** Se dérober (à la vue), se dissimuler.

PEINE ♦ **SYN. 1.** Châtiment, condamnation, pénalité, **punition**, sanction. **2.** *(Relig.)* Dam, damnation, enfer, **pénitence**, purgatoire. **3.** Affliction, **chagrin**, détresse, douleur, épreuve, malheur, regret, remords, souffrance, tourment, tribulations, tristesse. **4.** Difficulté, effort, embarras, *mal*. **5.** *Besogne*, corvée, labeur, travail. ♦ ANT. **1.** Absolution, acquittement, compensation, consolation, indulgence, pardon, récompense, remise. **2.** Bénédiction, ciel, félicité. **3.** Bonheur, contentement, gaieté, joie, paix, plaisir, satisfaction, sérénité. **4.** Aisance, facilité. **5.** Agrément, détente, repos.

PEINER ♦ SYN. ▷ *V. tr.* **1.** Affecter, affliger, attrister, *chagriner*, déplaire, désobliger, désoler, fâcher, meurtrir, navrer. ▷ *V. intr.* **2.** S'appliquer, bûcher *(fam.)*, besogner, *s'efforcer*, s'évertuer, se fatiguer, suer, travailler, trimer. ♦ ANT. **1.** Amuser, consoler, divertir, égayer, réjouir, soulager. **2.** S'amuser, se détendre, paresser, se relaxer, se prélasser, se reposer.

PEINTRE ♦ SYN. **1.** Animalier, *artiste*, coloriste, pastelliste, paysagiste, portraitiste. **2.** *(Péj.)* *Barbouilleur*, gribouilleur.

PEINTURE ♦ SYN. **1.** Aquarelle, croûte *(péj.)*, fresque, *tableau*, toile. **2.** *(Péj.)* *Barbouillage*, gribouillage. **3.** *Description*, exposé, photographie, récit, représentation. **4.** *Couche*, couleur, enduit.

PEINTURER ♦ SYN. **1.** *(Péj.)* *Barbouiller*, barioler, peinturlurer. **2.** *(Québ.)* Colorer, couvrir, enduire, *peindre*.

PELAGE ♦ SYN. *(Mammifères)* Fourrure, laine, livrée, manteau, mantelure, *poil*, robe, toison.

PÊLE-MÊLE ♦ SYN. ▷ *Adv.* **1.** Çà et là, confusément, *en désordre*, en vrac, sens dessus dessous. ▷ *Nom* **2.** Capharnaüm, chaos, *désordre*, embrouillamini, fatras, fouillis, mélange, méli-mélo. ♦ ANT. **1.** À sa place, en ordre. **2.** Classement, ordre, organisation, rangement.

PÈLERIN ♦ SYN. **1.** *Dévot*, fidèle, hadji *(Mecque)*. **2.** Excursionniste, touriste, *visiteur*, voyageur. ♦ ANT. **2.** Casanier, sédentaire.

PÈLERINAGE ♦ SYN. **1.** Culte, *dévotion*, hommage. **2.** Sanctuaire. **3.** Rituel, *voyage*.

PELLICULE ♦ SYN. **1.** Couche, épaisseur, *enveloppe*, feuille, lamelle, membrane, parcelle, peau. **2.** Bande, film, *négatif*.

PELOTE ♦ SYN. *Balle*, boule, coussinet, sphère.

PELOTON ♦ SYN. *Groupe* (compact), noyau, troupe *(milit.)*. ♦ ANT. Dispersion, dissémination, isolement.

PELOTONNER (SE) ♦ SYN. Se blottir, se ramasser, se recroqueviller, *se replier*, se tapir. ♦ ANT. S'allonger, s'étendre, s'étirer.

PELOUSE ◇ V. **Gazon**

PELURE ♦ SYN. **1.** Écorce, *enveloppe*, épluchure, peau. **2.** *(Fam.)* *Habit*, manteau, vêtement. **3.** *(Papier pelure)* *Fin*, translucide. ♦ ANT. **1.** Centre, chair, intérieur, noyau. **3.** Épais, opaque.

PÉNALITÉ ♦ SYN. Amende, peine, pénalisation *(sports)*, *punition*, sanction.

PÉNATES ♦ SYN. *Fig.* **1.** Chez-soi, demeure, domicile, foyer, habitation, *maison*. **2.** *Affaires*, effets (personnels). ♦ ANT. **1.** Ailleurs, étranger.

PENAUD ♦ SYN. Confus, contrit, déconcerté, déconfit, défait, dépité, désemparé, embarrassé, *gêné*, honteux, humilié, interdit, pantois, piteux, repentant. ♦ ANT. Décidé, faraud, ferme, fier, fringant, hardi, rassuré, résolu, triomphant.

PENCHANT ♦ SYN. **1.** Flanc, inclinaison, *pente*, versant. **2.** Appétit, aptitude, attrait, désir, disposition, faible *(n.)*, goût, impulsion, *inclination*, instinct, pli, prédisposition, propension, tendance. **3.** Affection, amour, attirance, passion, *sympathie*. ♦ ANT. **1.** Plat *(n.)*, verticalité. **2.** Aversion, dégoût, inaptitude, phobie, répugnance, répulsion. **3.** Antipathie, haine, hostilité, mépris.

PENCHER ♦ SYN. ▷ *V. tr.* **1.** Abaisser, baisser, coucher, courber, fléchir, *incliner*, renverser. ▷ *V. intr.* **2.** Chanceler, descendre, *obliquer*, perdre l'équilibre. **3.** Adopter, *préférer*, prendre parti, se prononcer pour. ▷ *V. pr.* **4.** Se baisser, *s'incliner*. **5.** Étudier, *examiner*. ♦ ANT. **1.** Élever, ériger, lever, redresser. **2.** Équilibrer, remonter, stabiliser. **3.** Hésiter, rester neutre. **4.** Se redresser, se relever. **5.** Effleurer, survoler.

PENDANT ✦ **SYN.** ▷ *Adj.* **1.** Ballant, ***tombant***. **2.** *(Dr.)* En cours, en instance, ***en suspens***. ▷ *Nom* **3.** ***Contrepartie*** (exacte), correspondant, double, réciproque, réplique, semblable. **4.** Boucle d'oreille, girandole, ***pendeloque***. ▷ *Prép.* **5.** Au cours de, au milieu de, dans, ***durant***, en. **6.** *(Pendant que)* ***Alors que***, cependant que, lorsque, quand, tandis que. ✦ **ANT. 1.** Dressé, droit, levé. **2.** Jugé, réglé, résolu. **3.** Antipode, contraire, opposé. **5.** Après, auparavant, avant, plus tard. **6.** Après que, avant que.

PENDARD ◇ v. **Coquin**

PENDENTIF ◇ v. **Collier**

PENDERIE ◇ v. **Placard**

PENDRE ✦ **SYN.** ▷ *V. tr.* **1.** Accrocher, attacher, fixer, ***suspendre***. **2.** Exécuter (par strangulation). ▷ *V. intr.* **3.** Pendiller, retomber, ***tomber***, traîner. ✦ **ANT. 1.** Décrocher, dépendre, détacher, enlever. **3.** Dégager, dresser, lever, prendre.

PENDULE ✦ **SYN.** ▷ *Masc.* **1.** ***Balancier***, régulateur. ▷ *Fém.* **2.** Carillon, cartel, coucou, ***horloge***, pendulette, réveil.

PÉNÉTRABLE ✦ **SYN. 1.** Perméable. **2.** Abordable, accessible, ***compréhensible***, intelligible, saisissable. ✦ **ANT. 1.** Étanche, impénétrable, imperméable. **2.** Difficile, inaccessible, incompréhensible, inintelligible, insondable.

PÉNÉTRANT ✦ **SYN. 1.** Acéré. **2.** ***Incisif***, mordant, perçant, piquant. **3.** *(Sensation)* Fort. **4.** Aigu, clairvoyant, lucide, ***perspicace***, profond, sagace, subtil, vif. ✦ **ANT. 1.** Émoussé. **2.** Agréable, doux, moyen, supportable. **3.** Faible. **4.** Borné, étroit, lourd, obtus, superficiel.

PÉNÉTRATION ✦ **SYN. 1.** Incursion, ***intrusion***, invasion, percée. **2.** Introduction, ***intromission***. **3.** ***Absorption***, imbibition, imprégnation, infiltration. **4.** ***Accouplement***, coït, copulation. **5.** Entrisme, ***noyautage***, infiltration. **6.** Acuité, clairvoyance, compréhension, connaissance, finesse, intelligence, lucidité, ***perspica-***

cité, profondeur, sagacité, subtilité. ✦ **ANT. 1.** Évacuation, expulsion, recul, repli, retraite. **2.** Retrait, sortie. **3.** Assèchement, élimination, extraction, rejet. **5.** Dénonciation, exfiltration, expulsion **6.** Aveuglement, bêtise, courte vue, incompréhension, ineptie, lourdeur d'esprit, superficialité.

PÉNÉTRÉ ✦ **SYN. 1.** *(Sentiment, sujet)* Convaincu, ***imprégné***, plein, rempli. **2.** *(Péj.)* ***Imbu de***, infatué, pétri de. ✦ **ANT. 1.** Incertain, irrésolu, oublieux. **2.** Dépourvu de, humble.

PÉNÉTRER ✦ **SYN.** ▷ *V. intr.* **1.** S'enfoncer, s'engager, ***entrer***, envahir, se glisser, s'infiltrer, s'insinuer, s'introduire. ▷ *V. tr.* **2.** *(Ligne ennemie)* Franchir, percer, ***traverser***. **3.** ***Imbiber***, imprégner, tremper. **4.** Engourdir, frigorifier *(fam.)*, ***geler***, glacer, mordre, saisir, transir, transpercer. **5.** Implanter, ***inculquer***. **6.** ***Approfondir***, comprendre, découvrir, deviner, embrasser *(fig.)*, mettre au jour, percer, percevoir, saisir, scruter, sonder. ▷ *V. pr.* **7.** Se convaincre, ***s'imprégner***. **8.** *Se combiner*, s'interpénétrer, se joindre, se mêler. ✦ **ANT. 1.** S'en aller, s'éloigner, partir, refouler, se retirer, sortir. **2.** Battre en retraite, reculer. **3.** Imperméabiliser, protéger. **4.** Couvrir, dégeler, dégourdir, réchauffer. **5.** Oublier, perdre. **6.** Chercher à comprendre, effleurer, ignorer, survoler. **7.** Douter. **8.** Se dissocier, se séparer.

PÉNIBLE ✦ **SYN. 1.** Accablant, ardu, asservissant, assujettissant, astreignant, contraignant, ***difficile***, dur, éprouvant, épuisant, éreintant, fatigant, harassant, ingrat, laborieux, tuant *(fam.)*. **2.** Affligeant, amer, attristant, consternant, cruel, cuisant, déplorable, désolant, ***douloureux***, ennuyeux, funeste, grave, lamentable, malheureux, mauvais, navrant, triste. **3.** *(Pers.)* Déplaisant, désagréable, ***insupportable***, intolérable, invivable, terrible. **4.** *(Sujet)* Brûlant, compliqué, délicat, difficile, embarrassant, ***épineux***, malaisé, périlleux, scabreux. ✦ **ANT. 1.** Aisé, doux, facile, reposant, simple. **2.** Amusant, attrayant, bon, encourageant, excitant, intéressant, joyeux, réconfortant, stimulant. **3.** Accommodant, agréable, charmant, plaisant, sociable. **4.** Abordable, anodin, convenable, facile, opportun, simple.

PÉNIBLEMENT ♦ SYN. **1.** À grand-peine, *difficilement*, durement, laborieusement, malaisément. **2.** Cruellement, *douloureusement*, profondément. **3.** *À peine,* tout juste. ♦ ANT. **1.** Aisément, facilement. **2.** Agréablement, légèrement. **3.** Amplement, suffisamment.

PÉNICHE ♦ SYN. *Barge*, chaland.

PÉNINSULE ♦ SYN. Avancée, langue, pointe, *presqu'île*.

PÉNITENCE ♦ SYN. **1.** Châtiment, peine, pensum, *punition*, sanction. **2.** *Ascétisme*, austérité, discipline, jeûne, macération, mortification, privation. **3.** *(Relig.)* Confession, contrition, expiation, *regret*, repentir, résipiscence, satisfaction. ♦ ANT. **1.** Désobéissance, infraction, récompense. **2.** Dissolution, endurcissement, impénitence, libertinage, sensualité. **3.** Absolution, grâce, pardon, rémission.

PÉNITENCIER ◊ V. **Prison**

PÉNITENT ♦ SYN. ▷ *Nom* **1.** Ascète. ▷ *Adj.* **2.** *Contrit*, repentant. ♦ ANT. **1.** Jouisseur, libertin, sybarite. **2.** Impénitent, invétéré.

PÉNOMBRE ♦ SYN. Clair-obscur, *demi-jour.* ♦ ANT. Clarté, jour, lumière.

PENSABLE ♦ SYN. *Concevable*, croyable, envisageable, imaginable, possible, réaliste, vraisemblable. ♦ ANT. Impensable, impossible, inconcevable, inimaginable, invraisemblable, irréaliste.

PENSÉE ♦ SYN. ▷ *Sing.* **1.** Conception, entendement, *esprit*, intelligence, jugement, raison, raisonnement. **2.** *Doctrine*, idéologie, philosophie, système, théorie. **3.** *Avis*, conviction, idée, impression, opinion, point de vue, position, sentiment, vues. **4.** Dessein, *intention*, projet. **5.** *Image*, imagination, souvenir. **6.** Adage, aphorisme, apophtegme, axiome, dicton, *maxime*, mot, parole, proverbe, réflexion, sentence. ▷ *Pl.* **7.** Méditations, réflexions,

rêveries. **8.** Considérations, notations, *notes*, observations, remarques.

PENSER ♦ SYN. ▷ *V. intr.* **1.** Se concentrer, méditer, se recueillir, *réfléchir*, ruminer, songer, spéculer. **2.** Concevoir, *considérer*, délibérer, peser, raisonner, voir. **3.** *Évoquer*, imaginer, se rappeler, revoir, se souvenir. ▷ *V. tr.* **4.** Admettre, *croire*, estimer, imaginer, juger, présumer, soupçonner, supposer. **5.** *Approfondir*, examiner, mûrir. **6.** Compter, *envisager*, projeter de, se préoccuper de, se proposer de, songer à. ♦ ANT. **1.** Agir, se distraire. **2.** Déraisonner, divaguer, errer. **3.** Chasser, oublier. **4.** Méconnaître, méjuger, mésestimer. **5.** Effleurer, expédier. **6.** Délaisser, négliger, renoncer.

PENSEUR ♦ SYN. **1.** Intellectuel, *philosophe*, théoricien. **2.** *(Souvent péj.)* Idéaliste, idéologue, illuminé, méditatif, poète, rêveur, songe-creux, *utopiste*, visionnaire. ♦ ANT. **1.** Praticien, technicien. **2.** Pragmatique, réaliste, terre-à-terre.

PENSIF ♦ SYN. Absorbé, contemplatif, méditatif, recueilli, préoccupé, recueilli, rêveur, *songeur*, soucieux. ♦ ANT. Enjoué, étourdi, frivole, insouciant, léger.

PENSION ♦ SYN. **1.** *Allocation*, annuité, bourse, dotation, rente, retraite, revenu. **2.** Institution, internat, *pensionnat*. **3.** Chambre *(hôtel, maison)*.

PENSIONNAIRE ♦ SYN. **1.** Pensionné. **2.** Chambreur *(québ.)*, *locataire*. **3.** Élève, *interne*.

PENSIONNAT ◊ V. **Pension**

PENSUM ♦ SYN. **1.** *(École)* Pénitence, *punition*, travail supplémentaire. **2.** *Corvée*, labeur, tâche. ♦ ANT. **1.** Prix, récompense. **2.** Jeu, plaisir.

PENTE ♦ SYN. **1.** Déclivité, *inclinaison*, penchant. **2.** *Côte*, descente, escarpement, flanc, montée, pan, raidillon, rampe, talus, versant. **3.** Inclination, *penchant*, propension, tendance. ♦ ANT. **1.** Aplomb. **2.** Plat *(n.)*, plateau. **3.** Aversion, phobie.

PÉNURIE ♦ SYN. **1.** Carence, crise, défaut, disette, épuisement, insuffisance, *manque*, rareté. **2.** *Besoin*, gêne, indigence, pauvreté, privation. ♦ ANT. **1.** Abondance, multitude, pléthore, profusion, surabondance, surplus. **2.** Aisance, confort, richesse.

PÉPIER ♦ SYN. Babiller, chanter, crier, *gazouiller*, jacasser, jaser, piailler. ♦ ANT. Se taire.

PÉPINIÈRE ♦ SYN. *(Fig.)* Réserve, réservoir, terreau, *vivier*.

PERÇANT ♦ SYN. **1.** Aigre, piquant, saisissant, *vif*. **2.** Aigu, bruyant, criard, déchirant, éclatant, *strident*. **3.** *(Esprit, regard)* Brillant, clairvoyant, lucide, *pénétrant*, perspicace. ♦ ANT. **1.** Agréable, doux, moyen, supportable. **2.** Amorti, étouffé, harmonieux, sourd. **3.** Aveugle, éteint, faible, limité, obtus.

PERCÉE ♦ SYN. **1.** Brèche, chemin, clairière, déchirure, dégagement, éclaircie, *ouverture*, trouée. **2.** Avance, enfoncement, irruption, *pénétration*. **3.** Avancée, avancement, développement, perfectionnement, *réussite*, succès. ♦ ANT. **1.** Clôture, fermeture, obscurité. **2.** Recul, repli, retraite. **3.** Échec, insuccès, revers.

PERCEPTEUR ♦ SYN. **1.** Collecteur. **2.** *Récepteur*, sensitif. ♦ ANT. **1.** Client, payeur. **2.** Distributeur, émetteur.

PERCEPTIBLE ♦ SYN. **1.** Apparent, audible, discernable, palpable, *saisissable*, sensible, visible. **2.** Encaissable, *percevable*, recouvrable. **3.** Clair, *compréhensible*, évident, intelligible. ♦ ANT. **1.** Caché, dissimulé, impalpable, imperceptible, insensible, invisible **2.** Irrécouvrable. **3.** Incompréhensible, inintelligible, obscur.

PERCEPTION ♦ SYN. **1.** Impression, intuition, prise de connaissance, *représentation*, sens, sensation, vue. **2.** Collecte, encaissement, levée de compte, *recouvrement*, rentrée. ♦ ANT. **1.** Inconscience, insensibilité. **2.** Débours, dépense, paiement, sortie.

PERCER ♦ SYN. ▷ *V. tr.* **1.** Creuser, crever, cribler, déchirer, enfoncer, forer, ouvrir, *perforer*, sonder, tarauder, transpercer, traverser, trouer, vriller. **2.** Comprendre,

déceler, *déchiffrer*, découvrir, pénétrer, saisir. ▷ *V. intr.* **3.** Apparaître, paraître, poindre, *pointer*, sortir, surgir. **4.** Émerger, filtrer, *se manifester*, transparaître, transpirer. **5.** Se distinguer, se hausser, *réussir*. ♦ ANT. **1.** Boucher, clore, fermer, murer, obstruer. **2.** Aveugler, cacher, celer, couvrir. **3.** S'assombrir, se couvrir, disparaître, s'enfoncer. **4.** Dissimuler, garder secret, taire. **5.** Échouer, rester inconnu, vivre dans l'ombre de.

PERCEVOIR ♦ SYN. **1.** Apercevoir, appréhender, découvrir, deviner, *discerner*, distinguer, embrasser *(fig.)*, entendre, entrevoir, éprouver, remarquer, saisir, sentir, voir. **2.** Empocher, encaisser, lever, palper *(fam.)*, *recevoir*, recouvrer, recueillir, retirer, toucher. ♦ ANT. **1.** Aveugler, ignorer, insensibiliser, méconnaître. **2.** Débourser, décaisser, donner, payer, remettre, verser.

PERCHE ♦ SYN. **1.** *Bâton*, gaffe, gaule, girafe *(fig.)*. **2.** *(Fam.)* Girafe, échalas, *grand*. ♦ ANT. **2.** Avorton *(péj.)*, gringalet *(péj.)*, nain.

PERCHER ♦ SYN. ▷ *V. pr.* **1.** Se brancher, grimper, *se jucher*, monter. ▷ *V. intr.* **2.** *(Fam.)* Crécher, demeurer, loger, nicher *(fam.)*, *résider*, se trouver. ♦ ANT. **1.** Descendre, tomber.

PERCLUS ♦ SYN. Ankylosé, engourdi, gourd, impotent, inerte, infirme, invalide, *paralysé*, paralytique. ♦ ANT. Actif, agité, alerte, bien portant, dégourdi, ingambe, sain, souple, valide, vif, vigoureux.

PERCOLATEUR ♦ SYN. *Cafetière*, filtre.

PERCUSSION ♦ SYN. **1.** Choc, collision, *coup*, heurt, impact, impulsion. **2.** Batterie. **3.** *(Méd.)* Auscultation, *exploration*.

PERCUTER ♦ SYN. **1.** Emboutir, *heurter*, rentrer dans, tamponner, télescoper. **2.** *(Méd.)* Ausculter, *explorer*. ♦ ANT. **1.** Éviter, parer.

PERDANT ♦ SYN. Battu, *défait*, vaincu. ♦ ANT. Gagnant, vainqueur, victorieux.

PERDITION ♦ SYN. **1.** *Danger*, détresse, péril. **2.** Déclin, perte, *ruine*. **3.** *(Relig.)* Avilissement, corruption, *péché*, perte (de son âme), perversion, ruine morale. ♦ ANT.

1. Conservation, sauvegarde, sécurité.
2. Essor, prospérité, réussite. 3. Droit chemin, état de grâce, salut.

PERDRE ♦ SYN. ▷ V. tr. 1. Aliéner, *égarer*, être privé de, oublier. 2. Se dépouiller de. 3. Détruire, dissiper, gâcher, galvauder, *gaspiller*. 4. *Dérouter*, désorienter. 5. *Échouer*, être vaincu, reculer. 6. Déconsidérer, décrier, *discréditer*, léser, ruiner. 7. *Corrompre*, damner, dépraver, dévoyer, pervertir. ▷ V. pr. 8. S'écarter *(québ., fam.)*, faire fausse route, se fourvoyer, *s'égarer*, perdre son chemin. 9. S'abîmer (en mer), *disparaître*, s'enfoncer, s'engloutir, s'engouffrer, se jeter, sombrer. 10. S'abîmer, s'avarier, *se gâter*, pourrir. 11. *S'embrouiller*, s'empêtrer, se fourvoyer, se noyer *(fig.)*. 12. *Se corrompre*, se damner, se débaucher. ♦ ANT. 1. Acquérir, obtenir, recouvrer, récupérer, retrouver, trouver. 2. Conserver, garder. 3. Économiser, ménager, préserver. 4. Guider, orienter. 5. Conquérir, dominer, gagner, l'emporter, remporter, réussir, vaincre. 6. Faire valoir, louer, vanter. 7. Aider, préserver, protéger, réhabiliter, sauver. 8. Se diriger, s'orienter. 9. Réapparaître, refaire surface. 10. Se conserver, se préserver. 11. Clarifier, se débrouiller, se dépêtrer, s'expliquer. 12. S'améliorer, se perfectionner, se repentir.

PERDU ♦ SYN. 1. *(Lieu)* Désert, écarté, *éloigné*, isolé, lointain, reculé, retiré. 2. Abîmé, endommagé, gâté, *inutilisable*, irrécupérable. 3. Disparu, *égaré*, envolé, introuvable, invisible. 4. *(Animal)* **Errant**, vagabond. 5. *(Pers.)* **Condamné**, désespéré, fichu *(fam.)*, foutu *(fam.)*, incurable, inguérissable. 6. Dépaysé, *dérouté*, désemparé, désorienté, paumé *(fam.)*. 7. Cuit *(fam.)*, flambé *(fam.)*, **ruiné**. 8. Absorbé, **plongé** (dans ses pensées). 9. **Corrompu**, débauché, dévoyé. ♦ ANT. 1. Habité, rapproché. 2. Encore bon, récupérable, utilisable. 3. Retrouvé. 4. Domestique, en laisse. 5. Curable, guérissable, rétabli, sauvé. 6. Confiant, enhardi, rassuré. 7. Fortuné, nanti. 8. Actif, affairé. 9. Pur, vertueux.

PÈRE ♦ SYN. 1. Géniteur, *papa*, paternel *(fam.)*, vieux *(fam.)*. 2. *(Pl.)* **Aïeux**, ancêtres, ascendants. 3. Auteur, *créateur*, fondateur, instigateur, inventeur. 4. Docteur de l'Église, *religieux*. ♦ ANT. 1. Génitrice, maman, mère. 2. Descendants, générations futures.

PÉRÉGRINATIONS ◇ v. **Voyage**

PÉREMPTION ♦ SYN. 1. *(Dr.)* Anéantissement, annulation, *cessation*. 2. *(Date de péremption)* **Date d'utilisation**, date limite. ♦ ANT. 1. Continuation, maintien, procédure. 2. Période de consommation, période d'utilisation.

PÉREMPTOIRE ♦ SYN. 1. Absolu, convaincant, *décisif*, irréfutable, irrévocable. 2. *(Pers.)* **Autoritaire**, cassant, catégorique, formel, impérieux, impératif, tranchant. ♦ ANT. 1. Contestable, discutable, douteux, réfutable, relatif. 2. Hésitant, incertain, indécis, irrésolu, perplexe.

PÉRENNITÉ ♦ SYN. 1. *Éternité*, immortalité, pérennité, perpétuité. 2. Continuité, durée, fixité, immuabilité, invariabilité, permanence, *persistance*, stabilité. ♦ ANT. 1. Fin, mort, passage, temporalité, terme. 2. Brièveté, changement, fugacité, instabilité, métamorphose, précarité.

PERFECTIBLE ♦ SYN. *Améliorable*, amendable, corrigible. ♦ ANT. Imperfectible, incorrigible.

PERFECTION ♦ SYN. 1. Absolu, achèvement, beauté, couronnement, *excellence*, idéal, nec plus ultra, parachèvement, sublimité, summum. 2. Qualité (remarquable), sagesse, sainteté, *vertu*. 3. *(Fig.)* Bijou, merveille, *perle*. ♦ ANT. 1. Abjection, défaut, défectuosité, difformité, faute, imperfection, médiocrité, nullité. 2. Tare, vice. 3. Nul, nullité, zéro.

PERFECTIONNEMENT ♦ SYN. Achèvement, *amélioration*, avancée, avancement, finition, optimisation, progrès. ♦ ANT. Bâclage, corruption, dégradation, détérioration, gâchage, recul, retard, sabotage.

PERFECTIONNER ♦ SYN. ▷ V. tr. 1. Affiner, *améliorer*, amender, bonifier, châtier, corriger, embellir, épurer, fignoler *(fam.)*, finir, optimiser, parachever, parfaire, peaufiner, polir, raffiner, retoucher. ▷ *V. pr.* **2.** *S'améliorer*, avancer, évoluer, progresser. ◆ **ANT. 1.** Abîmer, avilir, bâcler, corrompre, dégrader, détériorer, endommager, enlaidir, gâcher, gâter, ruiner, saboter. **2.** Décliner, reculer, régresser, rétrograder.

PERFECTIONNISTE ◆ **SYN.** Appliqué, consciencieux, *exigeant*, fignoleur *(fam.)*, maniaque, polisseur, soigneux, scrupuleux, zélé. ◆ **ANT.** Désinvolte, gâcheur, inappliqué, insouciant, insoucieux, négligent.

PERFIDE ◆ **SYN. 1.** *Déloyal*, félon, fourbe, hypocrite, infidèle, rusé, sournois, scélérat, traître. **2.** Captieux, empoisonné, fallacieux, faux, fielleux, hargneux, insidieux, machiavélique, *méchant*, spécieux, trompeur, venimeux. **3.** *(Menace invisible)* Dangereux, funeste, mauvais, néfaste, nuisible, *pernicieux*. ◆ **ANT. 1.** Droit, fidèle, franc, loyal. **2.** Authentique, bon, cordial, honnête, sincère, vrai. **3.** Anodin, bienfaisant, inoffensif, salutaire.

PERFIDIE ◆ **SYN.** *Déloyauté*, fausseté, félonie, fourberie, infidélité, machiavélisme, malignité, méchanceté, scélératesse, trahison, traîtrise, tromperie. ◆ **ANT.** Bonté, droiture, fidélité, franchise, loyauté, probité, sincérité, vérité.

PERFORER ◇ *v.* **Percer**

PERFORMANCE ◆ **SYN. 1.** Exploit, *prouesse*, record, succès, tour de force. **2.** Efficacité, rendement, *résultat*, score. ◆ **ANT. 1.** Contre-performance, échec, insuccès. **2.** Inefficacité, médiocrité, nullité.

PERFORMANT ◆ **SYN.** Compétitif, *efficace*, opérant. ◆ **ANT.** Improductif, incompétent, inefficace, inopérant, nul.

PÉRICLITER ◆ **SYN.** Baisser, déchoir, *décliner*, décroître, se dégrader, dépérir, se détériorer, diminuer, empirer, s'enfoncer, pâtir, sombrer, tomber. ◆ **ANT.** Accroître, s'améliorer, augmenter, croître, progresser, prospérer, réussir.

PÉRIL ◆ **SYN.** *Danger*, difficulté, écueil, hasard, menace, risque. ◆ **ANT.** Assurance, garantie, protection, sécurité, sûreté, tranquillité.

PÉRILLEUX ◆ **SYN. 1.** Alarmant, cassecou, critique, *dangereux*, difficile, hasardeux, menaçant, risqué. **2.** Audacieux, brûlant, *délicat*, épineux, hardi, inopportun, osé, scabreux. ◆ **ANT. 1.** Éprouvé, facile, fiable, solide, sûr. **2.** Bon, convenable, correct, décent, opportun.

PÉRIMÉ ◆ **SYN. 1.** *Annulé*, échu, expiré, invalide, nul. **2.** Ancien, arriéré, attardé, caduc, démodé, *dépassé*, désuet, inactuel, obsolète, poussiéreux *(fig.)*, préhistorique *(fig.)*, ringard *(fam.)*. ◆ **ANT. 1.** Bon, légal, réglementaire, utilisable, valable, valide. **2.** Actuel, à la mode, branché *(fam.)*, courant, moderne, neuf, récent, usuel.

PÉRIODE ◆ **SYN. 1.** Durée, moment, *temps*. **2.** Étape, intervalle, *phase*, stade. **3.** Âge, cycle, *époque*, ère. **4.** *(Peint.)* Manière.

PÉRIODIQUE ◆ **SYN.** ▷ *Nom* **1.** *Journal*, magazine, publication, revue. ▷ *Adj.* **2.** Alternatif, cyclique, fixe, fréquent, habituel, *régulier*. ◆ **ANT. 2.** Capricieux, changeant, discontinu, espacé, intermittent, irrégulier, sporadique, variable.

PÉRIPÉTIE ◆ **SYN. 1.** Changement, coup de théâtre, *épisode*, événement, imprévu, incident, rebondissement. **2.** Intrigue, *nœud*, trame.

PÉRIPHÉRIE ◆ **SYN. 1.** Bord, bordure, circonférence, contour, périmètre, pourtour, *tour*. **2.** *Banlieue*, ceinture, couronne, environs, faubourg, zone. ◆ **ANT. 1.** Centre, milieu. **2.** Centre-ville, ville.

PÉRIPLE ◇ *v.* **Voyage**

PÉRIR ◆ **SYN. 1.** *(Pers.)* Décéder, *mourir*, succomber. **2.** *(Ch.)* S'anéantir, crouler, disparaître, s'écrouler, s'éteindre, *finir*, sombrer. ◆ **ANT. 1.** Vivre. **2.** Se conserver, durer, se maintenir, subsister, tenir.

PÉRISSABLE ◆ **SYN. 1.** Court, *éphémère*, fragile, fugace, mortel, passager, précaire, temporel. **2.** *Altérable*, biodégradable, corruptible, putrescible. **3.** *Jetable*, polluant (pour l'environnement). ♦ ANT. **1.** Durable, éternel, immortel, impérissable, intemporel, permanent, perpétuel. **2.** Imputrescible, inaltérable, incorruptible. **3.** Rechargeable, recyclable, réutilisable.

PERLE ♦ SYN. **1.** Bijou, *boule de nacre*, grain. **2.** Goutte. **3.** *(Pers.)* Merveille, *perfection*. **4.** Bêtise, boulette *(fam.)*, bourde, *erreur* (grossière), incorrection, lapsus, méprise. ♦ ANT. **3.** Minable, nul, nullité, zéro. **4.** Application, attention, correction, exactitude, subtilité.

PERMANENCE ♦ SYN. **1.** Constance, *continuité*, durabilité, durée, fermeté, fixité, identité, immuabilité, inaltérabilité, invariabilité, maintien, pérennité, perpétuation, persistance, régularité, stabilité. **2.** Bureau, *local*, salle, service. ♦ ANT. **1.** Changement, discontinuité, évolution, fragilité, inconstance, instabilité, intermittence, interruption, modification, précarité, variabilité.

PERMANENT ♦ SYN. ▷ *Adj.* **1.** Chronique, constant, *continu*, durable, endémique, fixe, inaltérable, incessant, perpétuel, persistant, stable. ▷ *Nom* **2.** *Employé*, membre rémunéré *(parti, syndicat)*, salarié. ♦ ANT. **1.** Changeant, court, discontinu, éphémère, évanescent, fugace, fugitif, intermittent, momentané, passager, précaire, provisoire, sporadique, temporaire, transitoire. **2.** Bénévole, pigiste, surnuméraire.

PERMANENTE ◇ v. **Ondulation**

PERMÉABLE ♦ SYN. **1.** Absorbant, *pénétrable*, poreux. **2.** *Translucide*, transparent. **3.** Accessible, *ouvert*, réceptif, sensible. ♦ ANT. **1.** Étanche, impénétrable, imperméable. **2.** Opaque. **3.** Fermé, inaccessible, insensible, réfractaire, sourd.

PERMETTRE ♦ SYN. ▷ *V. tr.* **1.** Accorder, accréditer, admettre, approuver, *autoriser*, concéder, justifier, laisser passer, légitimer, souffrir, tolérer. **2.** Aider à, concourir à, contribuer à, *faciliter*, favoriser. **3.** *Accepter*, agréer, consentir, vouloir. ▷ *V. pr.* **4.** *S'accorder*, s'autoriser, s'avi-

ser, se donner, s'octroyer, oser, se risquer à. ♦ ANT. **1.** Défendre, empêcher, entraver, interdire, s'opposer, prohiber, proscrire. **2.** Nuire. **3.** Contraindre, forcer, refuser. **4.** S'abstenir, s'empêcher, s'interdire, se refuser, se retenir.

PERMIS ♦ SYN. ▷ *Nom* **1.** *Autorisation*, droit, laissez-passer, licence, passavant *(comm.)*, sauf-conduit. ▷ *Adj.* **2.** Accrédité, admis, *autorisé*, légal, légitime, licite, loisible, possible, réglementaire, régulier, toléré. ♦ ANT. **1.** Défense, interdiction, prohibition, refus. **2.** Défendu, illégal, illicite, impossible, interdit, irrégulier, prohibé.

PERMISSIF ♦ SYN. Accommodant, coulant *(fam.)*, facile, indulgent, *laxiste*, libéral, ouvert, tolérant. ♦ ANT. Autoritaire, difficile, dur, exigeant, inflexible, intransigeant, sévère, strict.

PERMISSION ♦ SYN. **1.** Acceptation, accord, acquiescement, agrément, approbation, *autorisation*, concession, consentement, dispense, droit, liberté, licence, oui *(n.)*, permis, tolérance. **2.** *(Milit.)* Congé. ♦ ANT. **1.** Défense, empêchement, interdiction, non *(n.)*, opposition, prohibition, refus, veto.

PERMUTER ♦ SYN. ▷ *V. intr.* **1.** *Changer de place* (de poste), échanger. ▷ *V. tr.* **2.** *Intervertir*, transposer. ♦ ANT. **1.** Conserver, rester en place. **2.** Laisser, remettre.

PERNICIEUX ♦ SYN. **1.** Dangereux, dommageable, fatal, funeste, grave, *mauvais*, nocif, nuisible, perfide, préjudiciable. **2.** Diabolique, *malfaisant*, malsain, sinistre, subversif. ♦ ANT. **1.** Avantageux, bénéfique, bon, favorable, propice, sain, salutaire. **2.** Anodin, bienfaisant, édifiant, exemplaire, honnête, sain.

PÉRORAISON ♦ SYN. *Conclusion*, épilogue, fin. ♦ ANT. Commencement, exorde, prologue.

PÉRORER ♦ SYN. *(Péj.)* Débiter, discourir, palabrer, *pontifier*.

PERPENDICULAIRE ♦ SYN. **1.** Orthogonal, *transversal*. **2.** D'aplomb, debout, droit, *vertical*. ♦ ANT. **1.** Parallèle. **2.** Couché, horizontal, oblique.

PERPÉTRER ♦ **SYN.** *(Acte criminel)* Accomplir, **commettre**, consommer, exécuter. ♦ **ANT.** S'abstenir, empêcher, entraver, éviter.

PERPÉTUATION ◊ v. **Perpétuité**

PERPÉTUEL ♦ **SYN. 1.** *Éternel*, immortel, immuable, impérissable, inaltérable, indéfini, indélébile, infini. **2.** Constant, continu, continuel, durable, incessant, ininterrompu, **permanent. 3.** *(Pl.)* Continuels, fréquents, habituels, *répétés*, sempiternels. ♦ **ANT. 1.** Altérable, destructible, effaçable, éphémère, mortel, périssable, temporel. **2.** Court, discontinu, fugace, intermittent, momentané, passager, provisoire, temporaire. **3.** Épisodiques, rares, sporadiques.

PERPÉTUELLEMENT ♦ **SYN.** Constamment, **continuellement**, éternellement, indéfiniment, invariablement, sans cesse, systématiquement, toujours. ♦ **ANT.** Exceptionnellement, jamais, occasionnellement, parfois, peu souvent, provisoirement, rarement, sporadiquement, temporairement.

PERPÉTUER ♦ **SYN.** ▷ *V. tr.* **1.** Conserver, continuer, entretenir, éterniser, immortaliser, **maintenir**, pérenniser, rappeler, transmettre. ▷ *V. pr.* **2.** Se conserver, continuer, durer, se maintenir, *se reproduire*, rester, survivre. ♦ **ANT. 1.** Abolir, arrêter, cesser, changer, effacer, éteindre, interrompre, oublier. **2.** Achever, disparaître, s'effacer, s'estomper, s'éteindre, finir, passer, périr.

PERPÉTUITÉ ♦ **SYN. 1.** Éternité, *immortalité*, pérennité. **2.** Continuité, durabilité, durée, maintien, permanence, *perpétuation*, persistance, transmission, survie. **3.** *(À perpétuité)* À jamais, **pour toujours.** ♦ **ANT. 1.** Fin, mort, temporalité, terme. **2.** Brièveté, disparition, extinction, fragilité, oubli, précarité. **3.** Brièvement, temporairement.

PERPLEXE ♦ **SYN.** Embarrassé, ennuyé, fluctuant, hésitant, incertain, *indécis*, inquiet, irrésolu, réticent, soucieux, tour-

menté. ♦ **ANT.** Assuré, certain, convaincu, décidé, déterminé, fixé, résolu, sûr.

PERPLEXITÉ ♦ **SYN.** Doute, embarras, hésitation, incertitude, *indécision*, indétermination, irrésolution, réticence, souci. ♦ **ANT.** Assurance, certitude, conviction, décision, détermination, résolution.

PERQUISITION ♦ **SYN. 1.** Descente, enquête, fouille, *recherche*, reconnaissance, visite domiciliaire. **2.** Inquisition, *investigation*.

PERRUQUE ◊ v. **Postiche**

PERSÉCUTER ♦ **SYN. 1.** Martyriser, *opprimer*, torturer, tyranniser. **2.** S'acharner contre, harceler, *importuner*, molester, poursuivre, presser, pressurer, tourmenter. ♦ **ANT. 1.** Aider, défendre, favoriser, libérer, protéger, sauvegarder, soutenir. **2.** Chasser, éconduire, laisser en paix.

PERSÉCUTEUR ♦ **SYN.** ▷ *Nom* **1.** Bourreau, despote, *oppresseur*, tyran. ▷ *Adj.* **2.** *(Psychol.)* Agressif, *persécutant*. ♦ **ANT. 1.** Défenseur, protecteur, victime. **2.** Autodestructeur, persécuté.

PERSÉCUTION ♦ **SYN. 1.** *Maltraitance*, martyr, supplice, torture. **2.** Domination, harcèlement, *oppression*, tyrannie. ♦ **ANT. 1.** Bonté, défense, égards, humanité, protection, respect. **2.** Affranchissement, libération.

PERSÉVÉRANCE ♦ **SYN.** Acharnement, assiduité, constance, courage, endurance, entêtement, fermeté, fidélité, insistance, obstination, opiniâtreté, patience, persistance, *ténacité*, volonté. ♦ **ANT.** Abandon, caprice, capitulation, changement, désistement, fantaisie, inconstance, indécision, renoncement, versatilité.

PERSÉVÉRANT ♦ **SYN.** Acharné, assidu, constant, coriace, courageux, endurant, ferme, fidèle, obstiné, opiniâtre, patient, persistant, *tenace*. ♦ **ANT.** Capricieux, changeant, faible, fantaisiste, incertain, inconstant, indécis, infidèle, irrésolu, vacillant, versatile.

PERSÉVÉRER ♦ **SYN.** S'accrocher, s'acharner, **continuer**, demeurer, s'entêter, insister, s'obstiner, s'opiniâtrer, patienter, persister, poursuivre, tenir bon, tenir ferme. ✦ ANT. Abandonner, abdiquer, capituler, céder, cesser, se désister, flancher *(fam.)*, fléchir, lâcher, renoncer.

PERSIFLAGE ✦ SYN. Dérision, ironie, *moquerie*, raillerie, sarcasme, satire. ✦ ANT. Admiration, considération, déférence, égards, hommage, louange, respect.

PERSISTANCE ✦ SYN. 1. Constance, continuité, durabilité, *durée*, permanence, perpétuation, perpétuité. 2. Acharnement, fermeté, opiniâtreté, *persévérance*, suite dans les idées, ténacité. ✦ ANT. 1. Brièveté, changement, fugacité, métamorphose. 2. Abandon, capitulation, indécision, renoncement, versatilité.

PERSISTANT ✦ SYN. 1. Ancré, chronique, constant, continu, *durable*, endémique, fixe, incessant, ininterrompu, permanent, soutenu, stable, vivace. 2. Acharné, coriace, ferme, opiniâtre, *persévérant*, tenace. ✦ ANT. 1. Éphémère, évanescent, fugace, instable, passager, provisoire, rapide, superficiel. 2. Capricieux, changeant, faible, irrésolu, versatile.

PERSISTER ✦ SYN. 1. *(Ch.)* Continuer, *demeurer*, durer, se maintenir, rester, se soutenir, subsister, tenir. 2. *(Pers.)* S'acharner, s'entêter, insister, s'obstiner, s'opiniâtrer, *persévérer*, poursuivre. ✦ ANT. 1. S'arrêter, cesser, disparaître, s'estomper, s'évanouir, faiblir. 2. Abandonner, céder, fléchir, renoncer.

PERSONNAGE ✦ SYN. 1. Autorité, célébrité, *figure*, notabilité, notable, sommité, vedette. 2. *(Théâtre)* Rôle. 3. *(Littér.)* Héros, *protagoniste*. 4. Comportement, individualité, *personnalité*. 5. *(Drôle de personnage)* Énergumène, individu, phénomène, type. ✦ ANT. 1. Inconnu, quidam. 4. Impersonnalité. 5. Personne quelconque, quidam.

PERSONNALITÉ ✦ SYN. 1. Comportement, constitution, *individualité*, moi, nature, personne, tempérament. 2. Caractère, *originalité*, relief. 3. Célébrité, figure, notabilité, notable, *personnage*,

sommité, vedette. ✦ ANT. 1. Généralité, impersonnalité. 2. Anonymat, banalité. 3. Inconnu, quidam.

PERSONNE ✦ SYN. 1. Âme, *être humain*, femme, homme, sujet. 2. Citoyen, *individu*, particulier, type. 3. *Individualité*, originalité, personnalité. 4. *(Pl.)* Gens.

PERSONNEL ✦ SYN. ▷ *Adj.* 1. Confidentiel, exclusif, individuel, intime, nominatif, *particulier*, privé, propre, spécial, subjectif. 2. Individualisé, *original*, typique. 3. Égoïste. ▷ *Nom* 4. Domesticité, *effectif*, main-d'œuvre, ouvriers, ressources humaines. ✦ ANT. 1. Collectif, commun, général, objectif, public, universel. 2. Banal, convenu, emprunté, impersonnel. 3. Altruiste. 4. Chef, direction, patronat.

PERSONNELLEMENT ✦ SYN. *En personne*, individuellement, intimement. ✦ ANT. Collectivement, en commun, ensemble.

PERSONNIFICATION ✦ SYN. 1. Incarnation. 2. Allégorie, figuration, *représentation*, symbole, type.

PERSONNIFIER ✦ SYN. 1. Incarner. 2. Évoquer, *représenter*, symboliser.

PERSPECTIVE ✦ SYN. 1. Coup d'œil, échappée, panorama, paysage, point de vue, site, spectacle, tableau, *vue*. 2. Angle, *aspect*, côté, éclairage, facette, jour, optique, point de vue *(fig.)*. 3. Espérance, *éventualité*, expectative, horizon, hypothèse, idée, possibilité.

PERSPICACE ✦ SYN. Averti, clairvoyant, *fin*, futé, intelligent, malin *(fam.)*, pénétrant, perçant, sagace, subtil. ✦ ANT. Aveugle, borné, inepte, lourdaud, myope, obtus.

PERSPICACITÉ ✦ SYN. Acuité, clairvoyance, discernement, *finesse*, flair, habileté, intelligence, lucidité, pénétration, sagacité, subtilité. ✦ ANT. Aveuglement, cécité, imbécillité, ineptie, naïveté, sottise, stupidité.

PERSUADER ✦ SYN. Amener à, conditionner, *convaincre*, décider à, déterminer à, endoctriner, entraîner à, gagner, influencer, séduire, toucher. ✦ ANT. Déconditionner, déconseiller, décourager, détourner, dissuader, indifférer.

PERSUASIF ✦ SYN. *Convaincant*, éloquent, entraînant, séduisant. ✦ ANT. Dissuasif, insignifiant, terne.

PERSUASION ✦ SYN. 1. Attrait, *conviction*, éloquence, séduction, suggestion. 2. Assurance, *confiance*, croyance. ✦ ANT. 1. Dissuasion, force, menace, répulsion. 2. Doute, incertitude, méfiance, perplexité.

PERTE ✦ SYN. 1. *(Dépossession)* Appauvrissement, coulage, déchet, déficit, dégât, détriment, dilapidation, dommage, extinction, fuite, gabegie, gâchage, gaspillage, naufrage, perdition, préjudice, *privation*, ruine, sinistre. 2. *(Désavantage)* Chute, déchéance, défaite, *déperdition*, diminution, échec, insuccès, manque, tare. 3. *(Disparition)* Deuil, éloignement, malheur, mort, *séparation*. ✦ ANT. 1. Aubaine, bénéfice, butin, conservation, excédent, gain, profit, recouvrement, relèvement. 2. Accroissement, avantage, conquête, progrès, réussite, succès. 3. Bonheur, réapparition, retrouvailles, réunion, vie.

PERTINENCE ✦ SYN. *À-propos*, bien-fondé, convenance, justesse. ✦ ANT. Disconvenance, impropriété, inadéquation, ineptie.

PERTINENT ✦ SYN. 1. *Approprié*, congru, convenable, justifié. 2. Compétent, *judicieux*, juste. ✦ ANT. 1. Déplacé, impertinent, inadéquat, inapproprié, incongru, inconvenant, injustifié. 2. Absurde, incompétent, inepte, stupide.

PERTURBATEUR ◇ v. Séditieux

PERTURBATION ✦ SYN. 1. Dérangement, *dérèglement*, déséquilibre, désordre, détraquement, dysfonctionnement, irrégularité, trouble. 2. *Agitation*, bouleversement, chambardement *(fam.)*, chaos, convulsions, crise, désarroi, désorganisation, insécurité, remue-ménage, renversement, soulèvement, troubles. 3. Choc, commotion, émoi, *ébranlement*, saisissement, secousse, stress, traumatisme. 4. Intempé-

rie, *tempête*, tourmente. 5. Bruit, grésillement, *parasites*. ✦ ANT. 1. Fonctionnement, normalité, régularité, rétablissement, retour à la normale. 2. Calme, concorde, harmonie, ordre, organisation, paix, sécurité, stabilité, tranquillité. 3. Assurance, équanimité, quiétude, sérénité. 4. Accalmie, bonace, embellie. 5. Clarté.

PERVERS ✦ SYN. 1. Corrompu, crapuleux, débauché, dénaturé, dépravé, lâche, malfaisant, *méchant*, vicieux. 2. *Diabolique*, machiavélique. 3. *(Méd.)* *Détourné*, non désiré, secondaire. ✦ ANT. 1. Austère, bon, continent, digne, honnête, intègre, noble, normal, sage, sain, vertueux. 2. Franc, loyal. 3. Direct, principal, souhaité.

PERVERSION ✦ SYN. 1. Altération, avilissement, corruption, débauche, dégradation, dépravation, *dérèglement*, égarement. 2. *Anomalie*, détraquement, déviation. ✦ ANT. 1. Amélioration, correction, honnêteté, honneur, intégrité, perfection, probité, vertu. 2. Conformité, habitude, normalité.

PERVERSITÉ ✦ SYN. 1. Corruption, dépravation, malignité, *méchanceté*, perfidie, vice. 2. *Cruauté*, sadisme. ✦ ANT. 1. Bienveillance, bonté, perfectionnement, pureté, vertu. 2. Humanité, indulgence.

PERVERTIR ✦ SYN. 1. *Corrompre*, débaucher, dépraver, dévoyer, empoisonner, gâter, perdre, séduire. 2. Altérer, changer, *déformer*, dégénérer, dénaturer, détériorer, détraquer, fausser, pourrir, troubler, vicier. ✦ ANT. 1. Convertir, édifier, élever, purifier, sauver. 2. Améliorer, amender, bonifier, corriger, épurer, parfaire.

PESAMMENT ✦ SYN. Gauchement, *lourdement*, maladroitement, péniblement. ✦ ANT. Adroitement, agilement, finement, légèrement, vivement.

PESANT ✦ SYN. 1. Alourdi, appesanti, gros, indigeste, *lourd*, massif, surchargé. 2. Abruti, engourdi, épais, *lent*, lourdaud. 3. Abrutissant, accablant, assujettissant, astreignant, contraignant, désagréable, douloureux, *pénible*. 4. Assommant, encombrant, ennuyeux, gênant, *importun*.

◆ **ANT. 1.** Aérien, dégagé, délicat, digeste, fin, léger. **2.** Alerte, dégourdi, éveillé, vif. **3.** Agréable, aisé, plaisant, réconfortant, réjouissant, reposant. **4.** À propos, bienvenu, charmant, opportun, utile.

PESANTEUR ◆ SYN. **1.** Attraction, gravitation, gravité, masse, *poids*. **2.** Engourdissement, *malaise*. **3.** Inertie, lenteur, *lourdeur*. ◆ **ANT. 1.** Apesanteur, légèreté. **2.** Bien-être, euphorie. **3.** Efficacité, promptitude, rapidité, vivacité.

PESER ◆ SYN. ▷ *V. tr.* **1.** Contrebalancer, déterminer, équilibrer, jauger, *soupeser*, tarer *(emballage)*. **2.** Apprécier, approfondir, calculer, comparer, considérer, estimer, *évaluer*, examiner, jauger, juger, mesurer. ▷ *V. intr.* **3.** *Alourdir*, appuyer, écraser, pousser, presser. **4.** *Accabler*, appesantir, incomber à, opprimer, retomber sur. **5.** Compter, *influencer*, influer sur. **6.** Coûter, dégoûter, embêter, ennuyer, faire peine, fatiguer, *importuner*, obséder. ◆ **ANT. 1.** Augmenter, réduire. **2.** Sous-évaluer, surévaluer. **3.** Alléger, décharger, délester. **4.** Épargner, réconforter, soulager. **5.** Contrer, empêcher. **6.** Enchanter, plaire, ravir, séduire.

PESSIMISME ◆ SYN. Alarmisme, catastrophisme, *défaitisme*, désespoir, inquiétude, scepticisme. ◆ **ANT.** Assurance, confiance, espoir, foi, optimisme.

PESSIMISTE ◆ SYN. **1.** Atrabilaire, bilieux, hypocondriaque, *inquiet*, maussade, mélancolique, misanthrope. **2.** Alarmiste, *défaitiste*, sceptique. **3.** *(Vision)* Sinistre, *sombre*. ◆ **ANT. 1.** Enjoué, gai, serein. **2.** Confiant, optimiste. **3.** Idéaliste, rassurant.

PESTE ◆ SYN. **1.** Épidémie. **2.** *Infestation*, invasion. **3.** *(Fam.)* Casse-pieds, chipie, *empoisonneur*, furie, gale, méchant, plaie, poison, teigne, vipère. ◆ **ANT. 2.** Éradication, extermination. **3.** Ange, merveille, modèle, perle.

PESTER ◆ SYN. S'emporter, fulminer, grogner, jurer, maugréer, *protester*, râler *(fam.)*, rouspéter *(fam.)*, tempêter, tonner, vitupérer. ◆ **ANT.** Accepter, accueillir, féliciter, se réjouir, se satisfaire.

PESTILENTIEL ◆ SYN. **1.** Délétère, écœurant, fétide, infect, malodorant, méphitique, nauséabond, *puant*. **2.** *Contagieux*, épidémique, malsain, nuisible. ◆ **ANT. 1.** Odorant, odoriférant, parfumé, suave. **2.** Assaini, hygiénique, pur, sain, salubre.

PÉTARD ◆ SYN. **1.** *Explosif*, pièce pyrotechnique. ▷ *Fam.* **2.** *Bruit*, tapage. **3.** Bombe, esclandre, scandale, *sensation*. **4.** Joint. **5.** Pistolet.

PÉTILLANT ◆ SYN. **1.** *Gazeux*, mousseux *(vin)*. **2.** *(Regard)* Brillant, éclatant, étincelant, radieux, *resplendissant*, scintillant. **3.** Animé, éveillé, fougueux, frétillant, *fringant*, pétulant, pimpant, sémillant, vif. **4.** Amusant, drôle, intelligent, malicieux, piquant, plein d'esprit, *spirituel*, vif (d'esprit). ◆ **ANT. 1.** Fade, plat *(eau)*. **2.** Éteint, morne, sombre, terne, vague. **3.** Amorphe, endormi, engourdi, indolent, renfrogné. **4.** Bête, ennuyeux, lourd (d'esprit), plat, sérieux.

PÉTILLER ◆ SYN. **1.** Craquer, *crépiter*, grésiller, péter *(fam.)*. **2.** Briller, chatoyer, éclater, *étinceler*, flamboyer, jaillir, rayonner, resplendir, scintiller. ◆ **ANT. 2.** S'assombrir, blêmir, s'éteindre, s'obscurcir, pâlir, ternir.

PETIT ◆ SYN. ▷ *Nom* **1.** Bambin, bébé, *enfant*, gamin, jeune. **2.** *(Pl., animaux)* Couvée, *portée*, progéniture. **3.** *(Pl., fig.)* Couches populaires, *défavorisés*, pauvres. ▷ *Adj.* **4.** Bas, *court*, courtaud, nain, rabougri. **5.** Étroit, *exigu*, réduit. **6.** Fin, impalpable, imperceptible, infime, invisible, menu, microscopique, mince, *minime*, minuscule, ténu. **7.** Chétif, délicat, dérisoire, *faible*, maigre, modique, précaire. **8.** *Bref*, rudimentaire, sommaire, succinct. **9.** Humble, insignifiant, médiocre, *mineur*, modeste, négligeable, secondaire. **10.** *Bas*, borné, étriqué, mesquin, piètre, vil. ◆ **ANT. 1.** Adulte, grand. **3.** Nantis, puissants, riches. **4.** Élevé, haut, long. **5.** Grand, spacieux, vaste, volumineux. **6.** Ample, colossal, démesuré, énorme, géant, gigantesque, gros, immense, infini, ostensible. **7.** Abondant, copieux, fort, robuste. **8.** Détaillé, développé, long. **9.** Célèbre, considérable, important, imposant, puissant. **10.** Digne, généreux, magnanime, noble, ouvert.

PETITESSE ◆ SYN. **1.** *Exiguïté*, modicité. **2.** *Bassesse*, défaut, étroitesse, faiblesse, médiocrité, mesquinerie. **3.** Insignifiance. ◆ ANT. **1.** Ampleur, envergure, grandeur, grosseur. **2.** Générosité, largesse, libéralité, noblesse, prouesse. **3.** Importance.

PÉTITION ◆ SYN. **1.** *(Dr.)* Réclamation, *requête*. **2.** *(Collective)* Appel, *demande*, instance, plainte, protestation, revendication, sollicitation, supplique.

PÉTRI ◆ SYN. **1.** Façonné, *formé*, modelé. **2.** *(Fig.)* Gorgé, imbu, imprégné, pénétré, *plein*, rempli. ◆ ANT. **1.** Défait, déformé. **2.** Dénué, dépourvu, exempt.

PÉTRIFIER ◆ SYN. **1.** *Fossiliser*, incruster, lapidifier. **2.** Clouer sur place, ébahir, effrayer, épouvanter, étonner, *figer*, fixer, geler, glacer, immobiliser, intimider, méduser, paralyser, river, statufier, stupéfier, terrifier, transir. ◆ ANT. **1.** Désincruster, gratter. **2.** Agiter, animer, enhardir, rassurer, réconforter.

PÉTRIN ◆ SYN. **1.** *Huche*, maie. **2.** *(Fam.)* Bourbier, cul-de-sac, difficulté, embarras, embêtement, ennui, *impasse*, mésaventure. ◆ ANT. **2.** Agrément, chance, facilité, issue, solution.

PÉTRIR ◆ SYN. **1.** Brasser, malaxer, presser, *remuer*, travailler. **2.** Façonner, former, manier, manipuler, *modeler*. ◆ ANT. **1.** Déposer, durcir, figer. **2.** Défaire, déformer, étendre.

PÉTULANCE ◆ SYN. Ardeur, brio, chaleur, *entrain*, exubérance, fougue, impétuosité, promptitude, turbulence, vitalité, vivacité. ◆ ANT. Apathie, froideur, inactivité, indifférence, indolence, mollesse, nonchalance, réserve.

PEU ◆ SYN. **1.** À peine, chichement, *faiblement*, insuffisamment, mal, modiquement. **2.** Guère, *rarement*. **3.** *(Un peu, un petit peu)* Atome, brin, bribes, chouïa *(fam.)*, doigt, filet, goutte, grain, gramme, larme, lueur, mie, miette, nuage, ombre, once,

parcelle, pincée, pointe, semblant, soupçon, tantinet, teinte, touche, trace, *un rien*, zeste. ◆ ANT. **1.** Beaucoup, bien, correctement, suffisamment. **2.** Souvent. **3.** Abondance, foison, masse, quantité.

PEUPLADE ◆ SYN. Groupe, groupement, horde, *tribu*.

PEUPLE ◆ SYN. **1.** Ethnie, *nation*, pays, population, race, société. **2.** Foule, gens, *masse*, multitude, (grand) public. **3.** *(Péj.)* Plèbe, populace, populo *(fam.)*, prolétariat, racaille. ◆ ANT. **1.** Individu, groupuscule. **2.** Poignée de. **3.** Aristocratie, élite, gotha, gratin *(fam.)*, noblesse, puissants.

PEUPLEMENT ◆ SYN. **1.** Colonisation, *établissement*, immigration, implantation. **2.** Plantation. **3.** Démographie, *population*. ◆ ANT. **1.** Décolonisation, dépeuplement, exode. **2.** Déforestation, transplantation.

PEUPLER ◆ SYN. **1.** *Habiter*, occuper (un lieu). **2.** Planter. **3.** *(Temps)* Meubler, *occuper*, remplir. **4.** *(Esprit)* Animer, emplir, envahir, habiter *(fig.)*, *hanter*. ◆ ANT. **1.** Dépeupler, déserter, évacuer. **2.** Arracher, déboiser. **3.** Perdre (son temps). **4.** Chasser, repousser.

PEUR ◆ SYN. **1.** Couardise, *lâcheté*, poltronnerie, pusillanimité. **2.** Affolement, alarme, effroi, épouvante, *frayeur*, frisson, frousse *(fam.)*, panique, saisissement, terreur, transes, trouille *(fam.)*. **3.** Angoisse, anxiété, appréhension, *crainte*, hantise, inquiétude, trac. **4.** Aversion, *phobie*, répulsion. ◆ ANT. **1.** Bravoure, cœur, courage, hardiesse, héroïsme, intrépidité, vaillance. **2.** Assurance, audace, calme, flegme, sang-froid, sécurité. **3.** Confiance, placidité, quiétude, sérénité. **4.** Attirance, attrait, fascination, goût, sympathie.

PEUREUX ◆ SYN. **1.** Couard, dégonflé *(fam.)*, froussard, *lâche*, pleutre, poltron, pusillanime, trouillard *(fam.)*. **2.** Angoissé, *craintif*, inquiet, timoré. ◆ ANT. **1.** Audacieux, brave, courageux, déterminé, effronté, fort, hardi, héroïque, résolu, vaillant. **2.** Calme, confiant, placide, serein.

PEUT-ÊTRE ♦ SYN. Possiblement, *probablement*, sans doute. ♦ ANT. Assurément, certainement, forcément.

PHARE ♦ SYN. 1. Lanterne, *projecteur*. 2. *(Fig.)* Flambeau, *guide*, lumière, modèle.

PHARISIEN ♦ SYN. Fourbe, *hypocrite*, orgueilleux, pharisaïque, sournois. ♦ ANT. Droit, franc, humble, loyal, sincère.

PHASE ♦ SYN. 1. *(Astron.)* Apparence, *aspect*. 2. Changement, degré, échelon, *étape*, forme, palier, période, point, stade, succession, temps, transition.

PHÉNOMÉNAL ◊ V. Extraordinaire

PHÉNOMÈNE ♦ SYN. 1. Apparence, expérience, *manifestation*. 2. Événement, *fait*. 3. *Merveille*, miracle, prodige. 4. *(Fig., pers.)* Énergumène, excentrique, *original*. 5. *Monstre*, personne difforme. ♦ ANT. 3. Banalité, trivialité. 4. Personne quelconque, quidam. 5. Personne normale.

PHILANTHROPE ♦ SYN. ▷ Nom 1. *Bienfaiteur*, donateur, humanitariste. ▷ Adj. 2. *Altruiste*, bienfaisant, bon, charitable, compatissant, désintéressé, généreux, humanitaire, large, libéral. ♦ ANT. 1. Misanthrope. 2. Avare, cupide, égoïste, inhumain, intéressé, sordide.

PHILANTHROPIE ◊ V. Altruisme

PHILOSOPHE ♦ SYN. ▷ Nom 1. Intellectuel, *penseur*, sage, savant. ▷ Adj. 2. Philosophique. 3. Calme, détaché, ferme, impassible, posé, *réfléchi*, résigné, sage, satisfait, serein, sérieux, stoïque. ♦ ANT. 3. Agité, badin, étourdi, inquiet, irréfléchi, tourmenté.

PHILOSOPHER ♦ SYN. Argumenter, discuter, étudier, méditer, penser, raisonner, *réfléchir*, spéculer. ♦ ANT. S'amuser, badiner, se distraire.

PHILOSOPHIE ♦ SYN. 1. Doctrine, idéologie, *pensée*, système, théorie. 2. *Attitude*, conception, conduite, règle. 3. Calme, détachement, équanimité, flegme, impassibilité, raison, résignation, *sagesse*, sérénité, stoïcisme. ♦ ANT. 3. Agitation, angoisse, appréhension, préoccupation, révolte, tourment, tracas.

PHILTRE ◊ V. Élixir

PHOBIE ♦ SYN. 1. *(Psychol.)* Névrose, *obsession*. 2. Aversion, crainte, dégoût, exécration, haine, hantise, horreur, peur, *répulsion*. ♦ ANT. 1. Libération. 2. Attirance, attrait, fascination, goût, inclination, sympathie.

PHOSPHORESCENT ♦ SYN. 1. *Fluorescent*, luisant, luminescent. 2. Brillant, étincelant, *lumineux*. ♦ ANT. 1-2. Invisible, obscur, opaque, sombre.

PHOTOGRAPHIE ♦ SYN. 1. *Cliché*, daguerréotype, diapositive, épreuve, image (photographique), instantané, photo, portrait *(pers.)*, tirage. 2. *Description*, image, peinture, portrait, représentation, reproduction.

PHRASE ♦ SYN. 1. *Énoncé*, expression, formule, période *(mus.)*, proposition *(gramm.)*, sentence, style. 2. *(Pl.)* Mots, *propos*. ♦ ANT. 1. Discours, mot, texte. 2. Mutisme, silence.

PHRASEUR ♦ SYN. *(Péj.)* Baratineur, *bavard*, déclamateur, (beau) parleur, rhéteur. ♦ ANT. Discret, muet, réticent, silencieux.

PHYSIONOMIE ♦ SYN. 1. Air, expression, face, faciès, figure, mine, traits, *visage*. 2. *(Pers.)* Allure, physique. 3. *(Ch.)* Apparence, *aspect*, caractère.

PHYSIQUE ♦ SYN. ▷ Adj. 1. *Matériel*, naturel, réel. 2. *Corporel*, organique, physiologique, somatique. 3. *Charnel*, sexuel. ▷ Nom masc. 4. Anatomie, *corps*. 5. *(Pers.)* Air, allure, apparence, *aspect* (général), physionomie. ♦ ANT. 1. Immatériel, irréel. 2. Intellectuel, mental, moral, psychique, psychologique, spirituel. 3. Sentimental, spirituel. 4. Âme, esprit. 5. Intériorité, personne.

PIAFFER ◊ V. Piétiner

PIAILLER ♦ SYN. 1. *(Oiseaux)* Cacarder, *pépier*, piauler. 2. Crier. 3. Criailler, *protester*, râler *(fam.)*. ♦ ANT. 2. Murmurer, susurrer. 3. Acquiescer, se taire.

PIANOTER ♦ SYN. 1. *(Péj.)* Jouer du piano. 2. *(Clavier)* Pitonner *(québ.)*, *tapoter*.

PIC ♦ SYN. 1. Pivert. 2. Picot, *pioche*, piolet, rivelaine. 3. Aiguille, *cime*, dent, mont, piton, sommet. **4.** *(Didact.)* Crête, *maximum.* ♦ **ANT. 3.** Base, pied. **4.** Minimum.

PICORER ♦ **SYN. 1.** *Becqueter*, picoter. **2.** Grignoter. ♦ **ANT. 2.** Avaler.

PICOTEMENT ♦ **SYN.** Brûlure, chatouillement, démangeaison, fourmillement, irritation, *piqûre.* ♦ **ANT.** Baume, soulagement.

PICOTER ♦ **SYN. 1.** Brûler, chatouiller, démanger, fourmiller, irriter, *piquer.* **2.** Picorer. ♦ **ANT. 1.** Calmer, soulager.

PIÈCE ♦ **SYN. 1.** Division, élément, fragment, *morceau*, partie, unité. **2.** *Monnaie*, piécette. **3.** *Jeton*, pion. **4.** Acte, certificat, diplôme, document, *papier*, titre. **5.** Chambre, cloison, *compartiment*, salle à manger, salon, séjour, studio. **6.** *(Litt.)* Comédie, drame, *œuvre*, poème, tragédie. ♦ **ANT. 1.** Ensemble, entier, tout. **2.** Billet, coupure. **5.** Appartement, maison.

PIED ♦ **SYN.** Assise, *bas*, base. **2.** Cep, *plant*, tige. **3.** *(Versif.)* Syllabe. ♦ **ANT. 1.** Cime, faîte, haut, sommet, tête.

PIED-À-TERRE ♦ **SYN.** Appartement, *garçonnière*, logement provisoire, relais, studio.

PIÉDESTAL ♦ **SYN. 1.** *Base*, piédouche, socle, support. **2.** Admiration, dignité, gloire, honneur, *idéal.* ♦ **ANT. 1.** Haut, sommet, tête. **2.** Avilissement, bassesse, déchéance, honte, humiliation, mépris.

PIÈGE ♦ **SYN. 1.** *Appât*, appeau, chaussetrappe, collet, filet, hameçon, lacet, leurre, nasse, ratière, souricière, trappe, trébuchet. **2.** Artifice, astuce, attrape, attrape-nigaud, feinte, hameçon *(fig.)*, leurre *(fig.)*, panneau *(fig.)*, *ruse*, stratagème, subterfuge. **3.** Embuscade, guêpier, guetapens, *machination*, traquenard. **4.** *(Pl. surtout)* Complications, dangers, difficultés, écueils, *embûches.* ♦ **ANT. 2.** Candeur, franchise, naïveté. **3.** Assurance, attention, protection, secours, surveillance. **4.** Découvertes, joies, maîtrise, plaisirs, vigilance.

PIERRE ♦ **SYN. 1.** Caillasse *(fam.)*, *caillou*, galet, gravier, pavé, pierraille, roc, roche,

rocher, silex. **2.** Mégalithe, monolithe, *monument*, stèle. **3.** *(Précieuse)* Bijou, *diamant*, gemme, joyau, ornement, pierreries. **4.** *(Méd.)* *Calcul*, lithiase.

PIERREUX ♦ **SYN.** *Caillouteux*, graveleux, rocailleux, rocheux. ♦ **ANT.** Boueux, fangeux, ferreux, sablonneux.

PIÉTÉ ♦ **SYN. 1.** Bondieuserie *(péj.)*, culte, *dévotion*, ferveur. **2.** Affection, amour, attachement, *respect.* ♦ **ANT. 1.** Impiété, irréligion. **2.** Irrespect, irrévérence.

PIÉTINEMENT ♦ **SYN. 1.** Piaffement, sautillement (sur place), *trépignement.* **2.** Bruit de pas. **3.** *Immobilisme*, inertie, paralysie, sclérose, stagnation. ♦ **ANT. 1.** Course, marche, pas. **3.** Avancement, mouvement, progrès, progression.

PIÉTINER ♦ **SYN.** ▷ *V. intr.* **1.** Piaffer, taper des pieds, *trépigner.* **2.** Faire du surplace, languir, marquer le pas, patauger, patiner, *stagner*, traîner en longueur, végéter. ▷ *V. tr.* **3.** *Écraser*, fouler aux pieds, marcher sur. **4.** *(Conventions)* Bafouer, braver, fouler aux pieds *(fig.)*, malmener, *mépriser*, transgresser. ♦ **ANT. 1.** Se calmer, se contenir. **2.** Avancer, évoluer, progresser. **3.** Contourner, éviter. **4.** Obéir, se plier, respecter, se soumettre.

PIÈTRE ♦ **SYN.** Chétif, dérisoire, faible, insignifiant, lamentable, *médiocre*, minable, mince, misérable, miteux, nul, pauvre, petit, piteux, pitoyable, triste. ♦ **ANT.** Considérable, encourageant, excellent, fort, généreux, grand, important, respectable, riche, robuste, valable.

PIEU ♦ **SYN.** Échalas, épieu, pilotis, *piquet*, poteau.

PIEUX ♦ **SYN. 1.** Croyant, *dévot*, édifiant, fervent, fidèle, pratiquant, religieux. **2.** Respectueux. ♦ **ANT. 1.** Blasphématoire, impie, incroyant, infidèle, irréligieux, païen, tiède. **2.** Infidèle, irrespectueux, méprisant.

PILE ♦ **SYN.** ▷ *Nom* **1.** Accumulation, amas, *amoncellement*, empilage, empilement, entassement, masse, monceau, montagne, tas. **2.** *Accumulateur*, générateur. **3.** *(Monnaie, médaille)* Envers, *revers.* ▷ *Adv.* **4.** Juste, pétant *(fam.)*, **précis**, sonnant, tapant. **5.** À **temps**, juste à temps. **6.** À pic, à point nommé, à propos, au bon moment, bien, **opportunément**. **7. Brusquement**, net, sec. ◆ ANT. **1.** Dispersion, dissémination, éparpillement. **3.** Avers, face. **4.** Approximativement, environ, vers. **5.** En retard, trop tard. **6.** Au mauvais moment, inopportunément, mal, malencontreusement. **7.** Doucement, lentement.

PILER ◆ SYN. Broyer, concasser, **écraser**, pulvériser, triturer.

PILIER ◆ SYN. **1.** Ante, colonne, piédroit, pilastre, **poteau**, pylône. **2.** *(Fig.)* Appui, étai, **soutien**, support. **3.** *(Pers.)* Adepte, **défenseur**, partisan. **4.** *(Fam.)* Client, familier, fidèle, **habitué**. ◆ ANT. **1.** Base, socle, sommet, toit, voûte. **2.** Entrave, obstacle. **3.** Détracteur, ennemi, opposant. **4.** Visiteur.

PILLAGE ◆ SYN. **1.** Brigandage, dégât, déprédation, dévastation, mise à sac, piraterie, rapine, ravage, razzia, sac, saccage, vandalisme, **vol**. **2.** Concussion, **détournement**, malversation. **3.** Appropriation, copie, démarquage, emprunt, piratage, **plagiat**. ◆ ANT. **1.** Protection, respect, restitution, sauvegarde. **2.** Franchise, loyauté, probité. **3.** Citation, création.

PILLARD ◆ SYN. **1.** Brigand, écumeur, maraudeur, pilleur, pirate, saccageur, **voleur**. **2.** Plagiaire.

PILLER ◆ SYN. **1.** Dépouiller, dérober, dévaliser, dévaster, écumer, faire main basse sur, marauder, mettre à sac, prendre, ravager, razzier, saccager, vandaliser, **voler**. **2.** S'approprier, **détourner**, soustraire. **3.** Copier, démarquer, imiter, pirater, **plagier**. ◆ ANT. **1-2.** Rendre, respecter, restituer. **3.** Citer, créer, inventer.

PILOTE ◆ SYN. **1.** *(Navire)* Barreur, bateleur, **homme de barre**, lamaneur, marinier, nautonier, navigateur, nocher, skipper, timonier. **2.** Aviateur. **3.** *(Autom.)* **Conducteur**, navigateur (copilote). **4.** Cicérone, **guide**. **5.** *(En appos.)* Expérimental, **modèle**, type.

PILOTER ◆ SYN. **1. Conduire**, diriger, gouverner, mener. **2.** *(Fig.)* **Guider**, orienter.

◆ ANT. **1.** Déporter, détourner, égarer, éloigner, perdre. **2.** Fourvoyer, tromper.

PILULE ◆ SYN. Cachet, capsule, **comprimé**, dragée, gélule, linguette, pastille.

PIMBÊCHE ◆ SYN. **Chipie**, mijaurée, pécore, péronnelle, prétentieuse. ◆ ANT. Femme avenante, simple, sympathique.

PIMENT ◇ V. **Piquant**

PIMENTÉ ◆ SYN. **1. Épicé**, piquant, relevé. **2.** *(Fig.)* **Agrémenté**, assaisonné, embelli, rehaussé. ◆ ANT. **1.** Affadi, doux. **2.** Dénué, dépouillé, ennuyeux, terne.

PIMPANT ◆ SYN. **1.** Chic, coquet, **élégant**, gracieux, joli, soigné. **2.** Animé, éveillé, frais, **fringant**, pétillant, pétulant, sémillant, vif. ◆ ANT. **1.** Commun, grossier, inélégant, laid, vulgaire. **2.** Éteint, falot, morne, morose, plat, terne.

PINACLE ◆ SYN. **1.** *(Archit.)* Couronnement, **faîte**, pyramide. **2.** Apogée, gloire, honneur, louange, nues *(fig.)*, sommet, **summum**, zénith. ◆ ANT. **1.** Base, fondations. **2.** Avilissement, bas-fonds, déchéance, honte, réprobation.

PINCE ◆ SYN. **1.** Pincette, **tenailles**. **2.** Fronce, **pli**.

PINCÉ ◆ SYN. **1.** Coincé, contraint, **guindé**, prétentieux. **2.** *(Ch.)* Mince, **serré**. ◆ ANT. **1.** Avenant, dégagé, engageant, libre, simple. **2.** Large, ouvert.

PINCÉE ◇ V. **Peu**

PINCER ◆ SYN. **1.** Coincer, presser, rapprocher, **serrer**. **2.** *(Froid, vent)* Mordre, **piquer**. **3.** *(Fam.)* Appréhender, arrêter, **attraper**, prendre, surprendre. ◆ ANT. **1.** Décoincer, dégager, desserrer, ouvrir. **2.** Caresser, réchauffer. **3.** Délivrer, élargir, libérer, relâcher, relaxer.

PINGRE ◇ V. **Avare**

PIOCHE ◆ SYN. **1.** Binette, gratte, **houe**, pic. **2.** *(Tête de pioche, fam.)* Obstiné, **têtu**. ◆ ANT. **2.** Conciliant, souple.

PIOCHER ◆ SYN. **1. Creuser**, fouir, remuer, retourner. **2.** *(Fam.)* Bûcher, étudier, potasser *(fam.)*, préparer (assidûment), **travailler**. ◆ ANT. **1.** Arracher, extraire. **2.** Fainéanter, paresser.

PION ✦ SYN. 1. *(Jeu)* Pièce. 2. *(Fam.)* Surveillant.

PIONNIER ✦ SYN. 1. Colon, *défricheur*. 2. Bâtisseur, créateur, *fondateur*, innovateur, précurseur, promoteur, protagoniste.

PIPER ✦ SYN. 1. *(Oiseaux)* **Attirer**, leurrer. 2. *Tricher*, tromper. 3. *(Ne pas piper)* Ne pas souffler mot, rester coi, *se taire*. ✦ ANT. 1. Chasser, éloigner. 2. Avouer, reconnaître. 3. Parler, protester, rétorquer.

PIQUANT ✦ SYN. ▷ *Adj.* 1. Acéré, aigu, perforant, *pointu*. 2. Fort, *pimenté*, relevé. 3. *(Froid, vent)* Pénétrant, *vif*. 4. Aigre, caustique, douloureux, malicieux, moqueur, *mordant*, satirique. 5. Agréable, *amusant*, coloré, croustillant, excitant, inattendu, intéressant, pittoresque, truculent. ▷ *Nom* 6. *Épine*, pointe. 7. *(Fig.)* **Agrément**, amusement, piment, saveur, truculence. ✦ ANT. 1. Arrondi, contondant, émoussé, épointé, mousse. 2. Affadi, doux. 3. Caressant, rafraîchissant. 4. Affable, badin, bienveillant, indulgent. 5. Contrariant, désagréable, fade, morne, pénible, plat, terne, triste. 7. Ennui, fadeur, platitude, tristesse.

PIQUE ✦ SYN. 1. Hallebarde, *lance*. 2. *Méchanceté*, pointe. ✦ ANT. 2. Gentillesse, mot doux.

PIQUER ✦ SYN. ▷ *V. tr.* 1. Aiguillonner, darder, enfoncer, larder, *percer*. 2. *(Méd.)* Immuniser, injecter, *vacciner*. 3. Attaquer, mordre, ronger, *trouer*. 4. *Attacher*, capitonner, coudre, épingler, fixer. 5. Moucheter, parsemer, *piqueter*, pointiller, tacheter. 6. *(Mus.)* Détacher. 7. Brûler, chatouiller, cuire, *démanger*, fourmiller, picoter, pincer. 8. Agacer, blesser, froisser, *irriter*, vexer. 9. Attiser, éveiller, *exciter*, intéresser, intriguer, stimuler. 10. *(Fam.)* Chiper *(fam.)*, dérober, faucher *(fam.)*, *voler*. ▷ *V. intr.* 11. S'abattre, descendre (brusquement), plonger, *tomber*. ▷ *V. pr.* 12. Se fâcher, se formaliser, *s'offenser*. 13. Se flatter, se glorifier, prétendre, *se prévaloir*, se targuer, se vanter. ✦ ANT. 1. Extraire, retirer. 2. Contaminer, contracter, infecter. 3. Laisser intact. 4. Découdre, détacher, enlever.

6. Tenir (la note). 7. Apaiser, soulager. 8. Cajoler, flatter, vanter. 9. Calmer, désintéresser, ennuyer, lasser. 10. Remettre, rendre. 11. S'envoler, monter (en flèche), se relever. 12. Applaudir, se plaire, se réjouir. 13. Se discréditer, faire peu de cas de.

PIQÛRE ✦ SYN. 1. *Injection*, ponction, vaccination. 2. *Blessure*, irritation, morsure, picotement. 3. Couture, maille, *point*. 4. *(Ver)* Trace, trou, *vermoulure*. 5. Marque, rousseur, saleté, salissure, *tache* (roussâtre).

PIRATE ✦ SYN. 1. Boucanier, *corsaire*, écumeur, flibustier, forban. 2. *Bandit*, escroc, filou, requin, voleur. 3. *(Pirate informatique)* **Braqueur informatique**, cyberpirate, hacker *(anglic.)*, pilleur, plagiaire. 4. *(En appos.)* *Clandestin*, illicite. ✦ ANT. 3. Créateur, inventeur. 4. Licite, public.

PIRATER ✦ SYN. *(Œuvre)* Démarquer, *piller*, plagier. ✦ ANT. Payer (les redevances), respecter.

PIRE ✦ SYN. Aggravé, *empiré*, inférieur, pis, plus mal, plus mauvais. ✦ ANT. Amélioré, amendé, meilleur, mieux, préférable, supérieur.

PIROUETTE ✦ SYN. 1. Cabriole, *demi-tour*, galipette *(fam.)*, virevolte. 2. *Dérobade*, échappatoire, plaisanterie, retournement, revirement, volte-face.

PISCINE ✦ SYN. Baignoire, bains, *bassin*, réservoir, thermes.

PISSER ✦ SYN. *Fam.* 1. Faire pipi, *uriner*. 2. S'écouler, *fuir*. ✦ ANT. 1. Se retenir. 2. Colmater, contenir.

PISSOTIÈRE ✦ SYN. *(Fam.)* Pissoir, *urinoir* (public), vespasienne.

PISTE ✦ SYN. 1. Empreinte, foulée, marque, pas, *trace*. 2. Aire, bande de terrain, chemin, emplacement, parcours, passage, sentier, terrain, *trajet*, voie. 3. *(Techn.)* Bande sonore. 4. Direction, *indication*, indice, recherche.

PISTOLET ✦ SYN. 1. Pétard *(fam.)*, *revolver*. 2. Pulvérisateur. 3. *(Drôle de pistolet, fam.)* *Énergumène*, individu, personnage, phénomène, type.

PISTONNER ♦ SYN. *(Fam.)* **Appuyer**, donner un coup de pouce, épauler, favoriser, parrainer, patronner, protéger, recommander, soutenir. ♦ ANT. Désapprouver, nuire, s'opposer, retirer (son appui).

PITANCE ♦ SYN. 1. *(Péj.)* **Nourriture**, ration. 2. *(Fam.)* Subsistance. 3. *(Animaux)* Pâtée.

PITEUX ♦ SYN. 1. Confus, **contrit**, malheureux, penaud, triste. 2. *(Ch.)* Chétif, déplorable, lamentable, **mauvais**, minable, misérable, miteux, pauvre, piètre, pitoyable. ♦ ANT. 1. Content, heureux, satisfait. 2. Admirable, bon, excellent, remarquable, satisfaisant.

PITIÉ ♦ SYN. 1. Apitoiement, attendrissement, bonté, commisération, compassion, compréhension, mansuétude, **miséricorde**, sensibilité, sympathie. 2. *(Péj.)* Condescendance, dédain, **mépris**. ♦ ANT. 1. Antipathie, cruauté, dureté, froideur, indifférence, inhumanité, insensibilité. 2. Admiration, humilité.

PITONNER ♦ SYN. *Québ., fam.* 1. **Pianoter**, tapoter. 2. Zapper.

PITOYABLE ♦ SYN. 1. Attendrissant, déplorable, douloureux, épouvantable, funeste, malheureux, **misérable**, navrant, pauvre, triste. 2. Calamiteux, désastreux, lamentable, mauvais, **médiocre**, méprisable, minable, piètre, piteux. ♦ ANT. 1. Attrayant, charmant, encourageant, enviable, heureux, rassurant. 2. Bon, excellent, remarquable.

PITRE ♦ SYN. 1. **Bouffon**, clown, comique, mime, paillasse, saltimbanque. 2. *(Souvent péj.)* Facétieux, farceur, **guignol**, plaisantin, zouave *(fam.)*.

PITRERIE ◇ V. **Bouffonnerie**

PITTORESQUE ♦ SYN. Amusant, beau, captivant, charmant, coloré, enchanteur, expressif, imagé, **intéressant**, original, piquant, truculent. ♦ ANT. Banal, commun, ennuyeux, gris, inintéressant, monotone, morne, quelconque, terne.

PIVOT ♦ SYN. 1. **Axe**, racine *(bot.)*, support, tourillon. 2. Animateur, base, **centre**, cheville ouvrière, instigateur, organisateur, responsable.

PIVOTER ♦ SYN. Pirouetter, toupiner, **tourner** (autour, sur soi), tournoyer, virer, virevolter, vriller. ♦ ANT. Se fixer, s'immobiliser, se stabiliser.

PLACARD ♦ SYN. 1. Cagibi, garde-robe *(québ.)*, lingerie, **penderie**. 2. *(Québ.)* Armoire. 3. Affiche, annonce, avis, écriteau, épreuve *(typogr.)*, feuille, **pancarte**.

PLACE ♦ SYN. 1. Emplacement, endroit, espace, **lieu**, site, terrain. 2. *(Place forte)* **Citadelle**, forteresse. 3. Agora, esplanade, parvis, piazza, placette, rond-point, **square**. 4. Chaise, fauteuil, **siège**, strapontin. 5. Disposition, ordre, **position**. 6. Charge, dignité, **emploi**, fonction, métier, poste, situation. 7. Classement, **rang**.

PLACEMENT ♦ SYN. 1. **Investissement**, mise de fonds. 2. *(Méd.)* Internement.

PLACER ♦ SYN. 1. Arranger, classer, disposer, fixer, installer, mettre, **poser**, ranger. 2. Localiser, **situer**. 3. **Assigner**, caser, établir, poster, procurer. 4. **Confier**, interner, mettre en institution. 5. Déposer, **investir**. 6. *(Mot)* Dire, glisser, **introduire**. ♦ ANT. 1. Déplacer, déranger, enlever, prendre, transférer, transporter. 2. Distancer, éloigner. 3. Démettre, renvoyer. 4. Garder, s'occuper de. 5. Accumuler, retirer. 6. Couper (la parole), empêcher, faire taire.

PLACIDE ♦ SYN. Calme, doux, flegmatique, **impassible**, imperturbable, paisible, patient, quiet, zen *(fam.)*, serein, tranquille. ♦ ANT. Anxieux, coléreux, emporté, excité, fougueux, impatient, irritable, nerveux, violent.

PLAFOND ♦ SYN. 1. Caisson, **partie supérieure**, soffite, solive, travée, voûte. 2. Limite supérieure, **maximum**, niveau, seuil. ♦ ANT. 1. Plancher. 2. Limite inférieure, minimum, plancher *(fig.)*.

PLAGE ♦ SYN. 1. Côte, **grève**, rivage, rive (sableuse). 2. **Espace**, plateforme, surface. 3. Laps de temps, **tranche horaire**. 4. *(Prix)* **Écart**, variation.

PLAGIAIRE ♦ SYN. Contrefacteur, **copieur**, écumeur, imitateur, mystificateur, pasticheur, pilleur, pirate, tricheur. ♦ ANT. Auteur, créateur, inventeur.

PLAGIAT ◆ SYN. Compilation *(péj.)*, *copiage*, démarquage, emprunt, imitation, larcin, pillage, piratage. ◆ ANT. Création, invention.

PLAGIER ◆ SYN. Calquer, compiler *(péj.)*, contrefaire, *copier*, démarquer, imiter, piller, pirater, voler. ◆ ANT. Créer, innover, inventer.

PLAIDER ◆ SYN. 1. *Défendre*, soutenir. 2. Appuyer, argumenter, faire valoir, *justifier*, parler en faveur de. 3. Favoriser, jouer en sa faveur, *militer*. ◆ ANT. 1. Accabler, accuser. 2. Désapprouver, objecter, récuser, réprouver. 3. Défavoriser, empêcher, entraver, nuire.

PLAIDOYER ◆ SYN. 1. *Défense*, discours, plaidoirie. 2. Apologie, *éloge*, justification, panégyrique. ◆ ANT. 1. Accusation, réquisitoire. 2. Blâme, pamphlet, réprobation, reproche.

PLAIE ◆ SYN. 1. Abcès, *blessure*, brûlure, coupure, déchirure, écorchure, entaille, incision, lésion, morsure, taillade. 2. Affliction, déchirement, douleur, mal, meurtrissure, *peine*. 3. *Calamité*, dommage, fléau, malheur. 4. *(Plaie sociale)* *Fléau social*, mal, tare, vice. 5. Ennui, souci, *tracas*. 6. *(Fam.)* Casse-pieds, *peste*. ◆ ANT. 1. Baume, guérison, soulagement. 2. Allégresse, félicité, joie, ravissement, réjouissance, soulagement. 3. Bénédiction, bienfait, bonheur. 4. Force, mérite, qualité, vertu. 5. Charme, plaisir, sérénité, tranquillité. 6. Bonne compagnie, invité.

PLAIGNANT ◆ SYN. Appelant, *demandeur*, poursuivant, requérant. ◆ ANT. Défendeur (en appel), intimé.

PLAINDRE ◆ SYN. ▷ V. tr. 1. S'apitoyer sur, s'attendrir sur, *compatir avec*. ▷ V. pr. 2. Brailler *(québ.)*, geindre, gémir, *se lamenter*, larmoyer *(péj.)*, pleurer. 3. *(Péj.)* Criailler, grommeler, *maugréer*, murmurer, râler *(fam.)*, rouspéter *(fam.)*. 4. Protester, réclamer, *récriminer*. 5. *Déplorer*, regretter. ◆ ANT. 1. S'endurcir, laisser indifférent. 2. Se réjouir, rire, sourire. 3. Accepter, crier (sa joie), jubiler. 4. Se contenter, se satisfaire. 5. Apprécier, se féliciter.

PLAINE ◆ SYN. Bassin, campagne, *champ*, étendue, pampa, pénéplaine, steppe, surface, toundra, vallée. ◆ ANT. Colline, élévation, mont, montagne, pente.

PLAINTE ◆ SYN. 1. Cri, geignement, *gémissement*, hurlement, lamentation, pleurs, soupirs. 2. *(Péj.)* Criailleries, *jérémiades*, pleurnicheries. 3. Blâme, doléances, griefs, pétition, réclamation, récrimination, *reproche*, revendication. 4. Chanson triste, *complainte*, goualante *(fam.)*. 5. *(Dr.)* Accusation, *dénonciation*, griefs (d'accusation), poursuite, réquisitoire. ◆ ANT. 1. Joie, plaisir, réjouissance, rires, soulagement, sourires. 2. Acclamation, jubilation, liesse. 3. Acceptation, approbation, félicitations, gain de cause, satisfaction. 4. Ballade, chanson gaie. 5. Abandon, annulation, plaidoirie.

PLAINTIF ◆ SYN. 1. Dolent, *gémissant*, langoureux, triste. 2. *(Péj.)* Geignard *(fam.)*, larmoyant, pleurard *(fam.)*, pleurnichard *(fam.)*, *pleurnicheur*. ◆ ANT. 1-2. Animé, déridé, égayé, enjoué, gai, jovial, joyeux, réjoui, souriant.

PLAIRE ◆ SYN. ▷ V. intr. 1. *(Pers.)* Agréer, attirer, captiver, *charmer*, contenter, faire plaisir, fasciner, flatter, gagner, revenir *(fam.)*, satisfaire, séduire. 2. *(Ch.)* *Convenir*, enchanter, ravir, réjouir, réussir, sourire. 3. *(Impersonnel)* Chanter *(fam.)*, désirer, tenter, *vouloir*. ▷ V. pr. 4. S'apprécier. 5. *Aimer*, s'amuser, se complaire, se délecter, goûter, s'intéresser à, prendre plaisir à. ◆ ANT. 1. Chagriner, contrarier, dégoûter, déplaire, ennuyer, froisser, indisposer, irriter, ne pas blairer *(fam.)*, offusquer, peiner, répugner. 2. Décevoir, frustrer, mécontenter. 3. Détester, horripiler, refuser. 4. Se détester. 5. S'embêter, s'ennuyer, haïr, se lasser, se morfondre.

PLAISANT ◆ SYN. 1. *Agréable*, aimable, attrayant, captivant, charmant, engageant, gai, gentil, gracieux, sympathique. 2. *Amusant*, bon, comique, divertissant, drolatique, drôle, réjouissant, rigolo *(fam.)*. ◆ ANT. 1. Antipathique, déplaisant, désagréable, fâcheux, grave, importun.

2. Assommant, ennuyeux, lassant, monotone, plat, sévère, soporifique.

PLAISANTER ◆ SYN. ▷ *V. intr.* **1.** S'amuser, badiner, batifoler, *blaguer*, se gausser, jouer, rire. ▷ *V. tr.* **2.** Charrier *(fam.)*, chiner, *se moquer*, railler, taquiner. ◆ ANT. **1.** S'attrister, s'ennuyer, se plaindre. **2.** Flatter, louer, vanter.

PLAISANTERIE ◆ SYN. **1.** Badinage, badinerie, *blague*, bobard, bouffonnerie, boutade, calembour, calembredaine, drôlerie, facétie, farce, gaieté, galéjade, humour, jeu de mots, joyeuseté, malice, moquerie, pitrerie, quolibets, raillerie, rigolade *(fam.)*, taquinerie, trait d'esprit. **2.** Attrape, blague, *canular*, espièglerie, facétie, farce, fumisterie, mystification, niche, tour. **3.** Bagatelle, bricole, *facilité*, rien. **4.** Bêtise, *invraisemblance*, ridicule. ◆ ANT. **1.** Ennui, gravité, platitude, sérieux. **2.** Démystification, vérité. **3.** Difficulté, problème. **4.** Réalité, vérité.

PLAISANTIN ◆ SYN. ▷ *Nom* **1.** Amuseur, blagueur, comique, *farceur*, pince-sans-rire. **2.** *(Péj.)* Guignol, loustic, *mauvais plaisant*, petit comique, petit rigolo, pitre. **3.** Amateur, dilettante, *fantaisiste*, fumiste, touche-à-tout. ▷ *Adj.* **4.** *Badin*, coquin, espiègle, facétieux, léger, moqueur, taquin.

PLAISIR ◆ SYN. **1.** *Agrément*, bien-être, bonheur, contentement, délectation, euphorie, joie, satisfaction. **2.** *Jouissance*, orgasme, volupté. **3.** *(Pl.)* Amusement, délices, distraction, *divertissement*, ébats, félicité, gaieté, jeu, passe-temps, récréation, réjouissances. **4.** Bienfait, bons offices, *faveur*, grâce, service. ◆ ANT. **1.** Affliction, amertume, chagrin, contrariété, déplaisir, désagrément, désolation, douleur, épreuve, mélancolie, peine, souci, souffrance, tristesse. **2.** Austérité, continence, frigidité. **3.** Besogne, corvée, ennui, labeur, monotonie, routine. **4.** Défaveur, préjudice, tort.

PLAN ◆ SYN. ▷ *Adj.* **1.** Droit, égal, *plat*, uni. ▷ *Nom* **2.** Droite, hauteur, niveau, perspective, *surface*. **3.** *(Cin.)* Cadrage. **4.** *Aspect*, côté, degré, domaine. **5.** *Importance*, ordre. **6.** Cadre, canevas, carte, charpente, corrigé, coupe, croquis, *dessin*, diagramme, disposition, ébauche, épure, esquisse, levé, maquette, modèle, ordre, organisation, schéma, schème, squelette. **7.** *Planification*, planning, programme. **8.** But, combinaison, dessein, entreprise, idée, moyen, *projet*. ◆ ANT. **1.** Courbe, gauchi, inégal, irrégulier, ondulé.

PLANCHE ◆ SYN. **1.** Douve, feuille, *feuillet*, latte, panneau, planchette, plaque *(impr.)*, rayon, tablette. **2.** *(Livre)* Estampe, gravure, *illustration*. **3.** *(Pl.)* Scène, théâtre.

PLANER ◆ SYN. **1.** Flotter, se soutenir, *voler*. **2.** *(Difficultés)* Se détacher, *dominer*, survoler. **3.** Gronder, *menacer*, présager. **4.** *Être indifférent*, rêver. ◆ ANT. **1.** S'abaisser, descendre. **2.** Affecter, envahir, subir. **3.** Éloigner, rassurer. **4.** Se concentrer, porter attention.

PLANÉTAIRE ◆ SYN. Global, international, *mondial*, universel. ◆ ANT. Local, national, régional, territorial.

PLANT ◆ SYN. **1.** Végétal. **2.** Cep, cépage, pied, *pousse*, semis, tige. **3.** *(Techn.)* Pépinière, *plantation*.

PLANTATION ◆ SYN. **1.** Boisement, *peuplement*, reboisement, repiquage, transplantation. **2.** Enfoncement. **3.** *(Décors)* Disposition, *installation*. **4.** Champ, *culture*, exploitation, jardin, pépinière, plant *(techn.)*, potager, terrain, verger, vigne. ◆ ANT. **1.** Arrachage, déboisement, déforestation, récolte. **2.** Extraction, sortie. **3.** Démontage, déplacement.

PLANTE ◆ SYN. **1.** Arbre, arbuste, herbe, *végétal*. **2.** *(Collectif)* Flore, *végétation*. **3.** *(Plantes médicinales)* Simples *(n.)*.

PLANTER ◆ SYN. ▷ *V. tr.* **1.** Boiser, cultiver, ensemencer, peupler, repiquer, *semer*, transplanter. **2.** Enfoncer, ficher, fixer, implanter, *introduire*, mettre. **3.** Arborer, dresser, élever, *installer*, monter, poser. **4.** Abandonner, laisser, laisser choir *(fam.)*, plaquer *(fam.)*, *quitter*. ▷ *V. pr.* **5.** *S'arrêter*, se dresser, se poster. **6.** *(Fam.)* Échouer, se

fourvoyer, se gourer, se tromper. ♦ ANT.
1. Arracher, déplanter, déraciner, déterrer, extirper. 2. Enlever, extraire, sortir. 3. Coucher, défaire, démonter, descendre, retirer. 4. Accepter, accueillir, endurer, réintégrer. 5. Circuler, se déplacer, s'enlever, se mouvoir. 6. S'amender, arriver à, réussir.

PLANTUREUX ♦ SYN. 1. Abondant, *copieux*, généreux. 2. Charnu, corpulent, dodu, généreux, gras, *gros*, imposant, opulent. 3. Fécond, *fertile*, riche. ♦ ANT. 1. Chiche, frugal, léger, pauvre, sobre. 2. Chétif, maigre, petit, plat. 3. Aride, infécond, infertile, sec, stérile.

PLAQUE ♦ SYN. 1. *Feuille*, lame, panneau, planche *(impr.)*, tableau, tablette. 2. Écriteau, épigraphe, *inscription*, panonceau, plaquette.

PLAQUER ♦ SYN. 1. *Appliquer*, coller, couvrir, étamer, joindre, recouvrir. 2. S'aplatir. 3. *(Fam.)* Abandonner, lâcher, laisser choir *(fam.)*, laisser tomber, larguer *(fam.)*, planter, *quitter*, rompre avec. 4. *(Football, rugby)* Faire tomber. ♦ ANT. 1. Arracher, décoller, enlever. 2. Se dresser, se hérisser. 3. Accueillir, garder, inviter, réintégrer, retenir. 4. Laisser s'échapper.

PLASTIQUE ♦ SYN. ▷ *Nom fém.* 1. Beauté (des formes), *forme*, modelage, modelé, sculpture. ▷ *Adj.* 2. Flexible, *malléable*, mou, souple. 3. Esthétique, formel, *sculptural*. 4. *(Chirurgie)* Esthétique. ▷ *Nom masc.* 5. Matière synthétique. ♦ ANT. 1. Difformité, laideur. 2. Dur, rigide, tendu. 3. Baroque, excentrique, inesthétique.

PLASTRONNER ◇ V. **Parader**

PLAT ♦ SYN. ▷ *Adj.* 1. Aplani, aplati, *égal*, horizontal, mince, nivelé, plan, ras, uni. 2. Académique, banal, *ennuyeux*, fade, grossier, insipide, médiocre, monotone, pauvre, petit, terne. 3. Bas, obséquieux, rampant, *servile*, vil, vulgaire. ▷ *Nom* 4. Pièce, plateau, *récipient*, vaisselle. 5. Mets. ♦ ANT. 1. Accidenté, bombé, épais, hérissé, inégal, montagneux, ondulé, raboteux. 2. Amusant, fin, important, intelligent, intéressant, nouveau, original, piquant, pittoresque, spirituel, subtil. 3. Arrogant, digne, fier, hautain.

PLATEAU ♦ SYN. 1. Assortiment, *plat*. 2. Causse, haute plaine, haute terre, haut-fond, *plateforme*. 3. Planches, *scène*, studio *(cinéma, télévision)*, tréteaux.

PLATEFORME ♦ SYN. 1. Appontement. 2. Échafaud, estrade, ring, *terrasse*, terre-plein, tribune. 3. *(Milit.)* Banquette, barbette. 4. *(Géogr.)* Plateau. 5. *(Polit.)* Base, idées principales, *programme*.

PLATITUDE ♦ SYN. 1. *Banalité*, cliché, facilité, fadaise, généralité, lieu commun, niaiserie, poncif, redite. 2. Fadeur, faiblesse, impersonnalité, insignifiance, insipidité, *médiocrité*, monotonie, pâleur, pauvreté, prévisibilité, prosaïsme. ♦ ANT. 1. Curiosité, découverte, nouveauté, originalité, trouvaille. 2. Éclat, excellence, fantaisie, fraîcheur, hardiesse, imprévu, personnalité, pittoresque, profondeur, richesse, saveur.

PLATONIQUE ♦ SYN. 1. Chaste, *éthéré*, idéal, pur. 2. Formel, *théorique*. ♦ ANT. 1. Charnel, physique, sensuel. 2. Concret, efficace.

PLAUSIBLE ♦ SYN. Acceptable, admissible, concevable, crédible, croyable, possible, *probable*, valable, vraisemblable. ♦ ANT. Inacceptable, inadmissible, impossible, improbable, inconcevable, invraisemblable.

PLÈBE ◇ V. **Peuple**

PLÉBISCITE ♦ SYN. *Consultation populaire*, référendum, vote de confiance *(chef d'État)*.

PLÉIADE ♦ SYN. *(Personnages éminents)* Aréopage, *constellation*, floraison, foule, grand nombre, multitude, myriade.

PLEIN ♦ SYN. 1. Bondé *(pers.)*, bourré, comble, complet, garni, occupé, ras, *rempli*. 2. Compact, dense, *massif*. 3. *Dodu*, généreux, gras, gros, opulent, potelé, rebondi, replet, rond. 4. Bourré *(fam.)*, *gavé*, ivre, repu, soûl. 5. Absolu, complet, *entier*, plénier, total. 6. *Abondant*, débordant, foisonnant, gorgé, inondé, regorgeant, saturé. 7. *(Pers.)* Imbu, *imprégné*, nourri, pénétré, pétri. **8.** *(Plein de soi-même)* **Infatué**, satisfait, orgueilleux, suffisant, vaniteux. ◆ **ANT. 1.** Déblayé, dégagé, dégarni, dépeuplé, désert, évacué, inoccupé, libre, vide. **2.** Ajouré, creux, évidé. **3.** Maigre, malingre, sec, squelettique. **4.** Affamé, assoiffé, inassouvi, sobre. **5.** Incomplet, partiel. **6.** Dénué de, dépourvu, exempt de, insuffisant. **7.** Ignorant de, oublieux. **8.** Dépourvu de, humble, insatisfait, modeste.

PLEINEMENT ◆ **SYN.** À fond, absolument, *entièrement*, intégralement, parfaitement, totalement, tout à fait. ◆ **ANT.** Incomplètement, insuffisamment, partiellement.

PLÉNIER ◆ **SYN.** *(Assemblée)* Complet, entier, *général*, plein, total. ◆ **ANT.** Incomplet, particulier, partiel.

PLÉNIPOTENTIAIRE ◆ **SYN.** *Ambassadeur*, envoyé, mandataire, représentant.

PLÉNITUDE ◆ **SYN. 1.** Ampleur, *épanouissement*, maturité, profondeur. **2.** Ensemble, globalité, *intégralité*, totalité, tout. **3.** *Abondance*, profusion. ◆ **ANT. 1.** Immaturité, lacunes, manque, vide. **2.** Fraction, partie. **3.** Pénurie, rareté.

PLÉONASME ◆ **SYN.** *(Didact.)* Périssologie, *redondance*, répétition, tautologie.

PLÉTHORE ◆ **SYN.** Abondance, affluence, excès, exubérance, floraison, foisonnement, luxe, luxuriance, profusion, prolifération, *surabondance*, superfluité. ◆ **ANT.** Absence, carence, défaut, disette, manque, pauvreté, pénurie, rareté.

PLEURER ◆ **SYN.** ▷ *V. intr.* **1.** Brailler *(québ.)*, *sangloter*. **2.** *(Péj.)* Chialer *(fam.)*, larmoyer, se plaindre, *pleurnicher*. **3.** *(Physiol.)* **Couler**, larmoyer. **4.** S'affliger de, s'apitoyer sur, gémir, se lamenter, *plaindre*. **5.** *Implorer*, supplier. ▷ *V. tr.* **6.** Déplorer, *regretter*. **7.** Répandre, *verser*. ◆ **ANT. 1-2.** S'amuser, badiner, s'esclaffer, rire, sourire. **3.** Cesser, sécher. **4.** Se féliciter, se réjouir, rester indifférent. **5.** Accueillir, repousser. **6.** Désirer, souhaiter. **7.** Contenir, retenir.

PLEURNICHEUR ◆ **SYN.** *Fam.* **1.** Criard, *grognon*, maussade. **2.** Braillard *(québ.)*, gei-

gnard, larmoyant, mauviette *(fam.)*, plaintif, pleurard, *pleurnichard*. ◆ **ANT. 1.** Aimable, calme, joyeux, serein. **2.** Animé, content, endurci, enjoué, réjoui, satisfait.

PLEURS ◆ **SYN. 1.** Braillements *(québ.)*, *larmes*, sanglots, soupirs. **2.** Gémissements, lamentations, *plaintes*, pleurnicheries *(péj.)*. ◆ **ANT. 1.** Éclats de rire, rires, sourires. **2.** Contentement, gaieté, joie, satisfaction.

PLEUTRE ◇ v. **Lâche**

PLEUVOIR ◆ **SYN. 1.** *(Eau)* Bruiner, dracher *(belg.)*, mouiller *(québ.)*, pleuvasser, pleuviner, pleuvoter, *tomber*. **2.** *(Coups)* S'abattre. **3.** *(Sang)* Couler. **4.** *Abonder*, affluer, arriver, pulluler. ◆ **ANT. 4.** Manquer, se raréfier.

PLI ◆ **SYN. 1.** Fronce, marque, ondulation, ourlet, plissé, plissement, *pliure*, rempli, repli, retroussis, sinuosité. **2.** Ride. **3.** Billet, lettre, *message*, missive, mot. **4.** Accoutumance, *habitude*, manie, penchant.

PLIABLE ◆ **SYN.** Flexible, malléable, *souple*. ◆ **ANT.** Inflexible, raide.

PLIANT ◆ **SYN.** Convertible, escamotable, *repliable*.

PLIER ◆ **SYN.** ▷ *V. tr.* **1.** Corner, enrouler, fermer, rabattre, *replier*. **2.** Arquer, *courber*, fausser, fléchir, incliner, incurver, infléchir, ployer, recourber. **3.** Accoutumer, assujettir, *astreindre*, dompter, exercer, façonner, soumettre. ▷ *V. intr.* **4.** S'affaisser, *se courber*, fléchir, pencher. **5.** *Céder*, faiblir, flancher *(fam.)*, mollir, reculer, se soumettre. ▷ *V. pr.* **6.** S'accommoder, s'adapter, *se conformer*, s'habituer, s'incliner, obéir, se prêter à, se rendre, se résigner. ◆ **ANT. 1.** Déplier, dérouler, développer, ouvrir. **2.** Allonger, aplanir, défausser, déployer, dresser, étendre, lever, redresser, remonter. **3.** Désobéir, regimber, résister. **4.** Se redresser, se relever, tenir. **5.** S'endurcir, s'obstiner, persévérer, persister, tenir tête. **6.** Combattre, lutter, refuser, se révolter.

PLISSER ◆ **SYN. 1.** *Froncer*, godronner, onduler, rider. **2.** Chiffonner, friper, *frois-*

ser. ♦ **ANT. 1.** Défroncer, déplisser, égaliser. **2.** Aplanir, déchiffonner, défriper, défroisser, repasser.

PLOMB ♦ **SYN. 1.** Fusible. **2.** Balle, chevrotine, *projectile.* **3.** Sceau.

PLONGER ♦ **SYN.** ▷ *V. tr.* **1.** Baigner, enfoncer, entrer, *immerger,* introduire, noyer, tremper. **2.** Enfermer, enfouir, jeter, *mettre.* **3.** *(Embarras, obscurité)* Précipiter. ▷ *V. intr.* **4.** *Descendre,* disparaître, s'enfoncer, fondre sur, piquer, tomber. ▷ *V. pr.* **5.** S'abîmer, *s'absorber,* se perdre. ♦ **ANT. 1.** Émerger, sortir. **2.** Enlever, retirer. **3.** Tirer. **4.** Apparaître, jaillir, se montrer, remonter, surgir. **5.** Se détendre, se divertir, se libérer.

PLONGEUR ♦ **SYN. 1.** Aquanaute, *homme-grenouille,* océanaute, scaphandrier. **2.** *(Vaisselle) Laveur,* rinceur. **3.** *(Oiseau)* Huard *(québ.),* morillon, *plongeon.*

PLOYER ◊ v. **Plier**

PLUIE ♦ **SYN. 1.** *Averse,* bruine, crachin, flotte *(fam.),* giboulée, grain, ondée. **2.** Cataracte, *déluge,* trombe. **3.** *(Fig.) Abondance,* avalanche, débordement, multitude, nuée, quantité. ♦ **ANT. 1-2.** Sécheresse. **3.** Disette, pénurie, rareté.

PLUME ♦ **SYN.** ▷ *Sing.* **1.** *(Oiseaux) Penne,* plumette, plumule, rémige. **2.** *Aigrette,* casoar, panache, plumet, touffe. **3.** Écriture, *style.* ▷ *Pl.* **4.** Duvet, *pennage,* plumage. **5.** *(Fam.) Lit,* plumard.

PLUMER ♦ **SYN. 1.** *Déplumer,* dépouiller. **2.** Escroquer, exploiter, pigeonner *(fam.),* spolier, *voler.* ♦ **ANT. 1.** Remplumer. **2.** Donner, munir, pourvoir, se remplumer *(fam.),* restituer.

PLUPART (LA) ♦ **SYN. 1.** La généralité, *la majorité,* le plus grand nombre. **2.** *(La plupart du temps)* D'ordinaire, *généralement,* habituellement, ordinairement. ♦ **ANT. 1.** La minorité, peu. **2.** Exceptionnellement, occasionnellement, parfois, rarement.

PLURALITÉ ♦ **SYN. 1.** *Diversité,* multiplicité, variété. **2.** Majorité. ♦ **ANT. 1.** Singularité, unicité, unité. **2.** Minorité.

PLUS ♦ **SYN.** ▷ *Adv.* **1.** *Davantage,* encore. ▷ *Nom* **2.** Amélioration, avantage, bonification, *gain,* supplément. ♦ **ANT. 1.** Moins.

2. Amoindrissement, baisse, détérioration, perte.

PLUTÔT ♦ **SYN. 1.** *Assez,* passablement, préférablement, relativement. **2.** *(Fam.)* Très. **3.** De préférence. ♦ **ANT. 1.** Absolument, carrément, entièrement, parfaitement. **2.** Peu. **3.** Indifféremment, indistinctement.

POCHARD ◊ v. **Ivrogne**

POCHE ♦ **SYN. 1.** Filet, *gousset,* pochette, sac. **2.** *(Anat.)* Bourse, cavité, enflure, gonflement, jabot, *saillie.* **3.** *(Polit., écon.)* Domaine, *secteur.* **4.** *(Pl.)* Cernes.

POÉSIE ♦ **SYN. 1.** Poème. **2.** Harmonie, *poétique (n.),* prosodie, rythme, versification. **3.** Beauté, *émotion* (esthétique), romantisme, sensibilité. **4.** Imagination, *inspiration,* lyrisme, muse, souffle, veine. ♦ **ANT. 1.** Prose. **3.** Banalité, insensibilité, médiocrité, prosaïsme. **4.** Léthargie, paralysie, torpeur.

POÈTE ♦ **SYN. 1.** Aède, *auteur,* barde, chantre, écrivain, ménestrel, rimeur, troubadour, versificateur. **2.** *(Souvent péj.)* Idéaliste, *rêveur,* utopiste, visionnaire. ♦ **ANT. 1.** Prosateur. **2.** Pragmatique, prosaïque, réaliste.

POÉTISER ◊ v. **Idéaliser**

POÉTIQUE ♦ **SYN.** Beau, *émouvant,* idéal, imagé, lyrique, noble, rêveur, romantique, sublime. ♦ **ANT.** Antipoétique, pragmatique, prosaïque, réaliste, terre-à-terre, trivial, vulgaire.

POIDS ♦ **SYN. 1.** Densité, lourdeur, *pesanteur.* **2.** Charge, faix, fardeau, *masse.* **3.** Coefficient, étalon, *mesure.* **4.** *(Sur la conscience)* Embarras, fardeau *(fig.),* gêne, remords, *responsabilité,* souci. **5.** Autorité, considération, force, *importance,* influence, portée, prestige, puissance, valeur. ♦ **ANT. 1.** Apesanteur, légèreté. **4.** Libération, soulagement. **5.** Faiblesse, futilité, inefficacité, insignifiance.

POIGNANT ♦ **SYN.** Bouleversant, déchirant, douloureux, dramatique, *émouvant,* palpitant, pathétique, prenant, touchant, vibrant. ♦ **ANT.** Agréable, amusant, ennuyeux, froid, gai, joyeux, léger, réconfortant.

POIGNE ◆ SYN. Autorité, énergie, *fermeté*, force, résolution. ◆ ANT. Faiblesse, hésitation, laxisme, mollesse.

POIGNÉE ◆ SYN. 1. Clenche, levier, *manette*. 2. *(Ch.)* Petite quantité (dans la main). 3. *(Pers.)* Petit *nombre*, peu de, quarteron *(péj.)*.

POILU ◇ v. Velu

POINDRE ◆ SYN. Affleurer, apparaître, éclore, émerger, se faire jour, se lever, se manifester, naître, paraître, percer, *pointer*, pousser, se profiler, sortir, sourdre, surgir. ◆ ANT. Disparaître, se dissiper, s'effacer, s'estomper, partir.

POINT ◆ SYN. ▷ *Nom* 1. Côté, emplacement, *endroit*, foyer, lieu, place, position, repère, site. 2. Instant, *moment*. 3. Bilan, état, *situation*. 4. Degré, échelon, *étape*, palier, phase, période, stade, temps. 5. *Maille*, piqûre. 6. *Marque*, note, résultat, score, signe, unité. 7. Article, disposition, division, *partie*. 8. Matière, nœud, question, rubrique, *sujet*, thème. 9. *Aspect*, caractère, face, manière, opinion, optique, perspective. ▷ *Adv.* 10. Nullement, *pas*, pas du tout.

POINT D'EAU ◆ SYN. Oasis, *puits*, réservoir, source.

POINT DE VUE ◆ SYN. 1. Panorama, *perspective*, spectacle, vue. 2. Angle, aspect, côté, éclairage, facette, jour, *optique*. 3. Approche, attitude, avis, conception, façon de penser, impression, jugement, idée, manière de voir, *opinion*, pensée, position, sens, sentiment.

POINTE ◆ SYN. 1. Bec, bout, *extrémité*. 2. Avancée, *cap*, promontoire. 3. *Cime*, faîte, pic, piton, sommet. 4. Aiguille, cuspide, *épine*, piquant. 5. Clou, *pique*, poinçon. 6. *Avant-garde*, pilote, premier rang. 7. Finish, maximum, *sprint*. 8. *Affluence*, intensité. 9. Flèche *(fig.)*, moquerie, pique *(fig.)*, plaisanterie, *raillerie*. 10. Grain, once, petite dose, *soupçon*, un peu.

POINTER ◆ SYN. ▷ *V. tr.* 1. Cocher, contrôler, enregistrer, *marquer*, noter, relever, signaler. 2. Braquer, *diriger*, orienter, viser. 3. *(Arme)* Enfoncer, *piquer*, tuer. 4. Dresser

(en pointe). ▷ *V. intr.* 5. Apparaître, s'élancer, s'élever, faire saillie, jaillir, se manifester, paraître, se profiler, *poindre*, sortir, surgir. ▷ *V. pr.* 6. *(Fam.) S'amener*, arriver. ◆ ANT. 1. Effacer, omettre, rayer. 2. Écarter, éloigner. 3. Retirer, sortir. 4. Baisser. 5. Disparaître, s'éclipser, s'effacer, s'enfoncer, sombrer, tomber. 6. Déguerpir, partir.

POINTILLER ◇ v. Tacheter

POINTILLEUX ◆ SYN. 1. Chatouilleux, exigeant, formaliste, irascible, maniaque, pointu, sourcilleux, susceptible, *tatillon*, vétilleux. 2. Appliqué, attentif, *méticuleux*, minutieux. ◆ ANT. 1. Accommodant, arrangeant, complaisant, conciliant, coulant *(fam.)*, facile, obligeant, serviable, souple. 2. Inappliqué, inattentif, insouciant, négligent.

POINTU ◆ SYN. 1. Acéré, acuminé *(feuille)*, *aigu*, effilé, fin, mince, perçant, piquant. 2. *Pointilleux*, sec, susceptible. 3. *(Voix)* Aigu, désagréable, *élevé*. 4. *(Accent)* En cul-de-poule *(fam.)*. 5. *(Technologie)* Avancé, high-tech, précis, *spécialisé*, spécifique, technique. ◆ ANT. 1. Arrondi, émoussé, épointé. 2. Conciliant, doux, souple. 3. Agréable, grave. 4. Courant, habituel. 5. Élémentaire, général, rudimentaire, simple, simpliste.

POINTURE ◆ SYN. 1. Dimension, forme, grandeur, *taille*. 2. *(Grosse pointure, fam.)* Connaisseur, expert, surdoué, *talent*. ◆ ANT. 2. Minus habens *(fam.)*, nul.

POIREAUTER ◇ v. Attendre

POISON ◆ SYN. 1. Toxine, *toxique*, venin. 2. *(Fam.)* Casse-pieds, chipie, démon, empoisonneur, *peste*, vipère. ◆ ANT. 1. Antidote, contrepoison. 2. Ange, modèle, perle.

POISSARD ◇ v. Populacier

POISSE ◇ v. Malchance

POISSER ◆ SYN. 1. *Enduire*, engluer. 2. Salir. 3. *(Fam.)* Arrêter, attraper, *prendre*. ◆ ANT. 1. Décoller, désengluer. 2. Laver. 3. Échapper à, fuir.

POISSEUX ◆ SYN. 1. Agglutinant, *collant*, gluant, graisseux, gras, visqueux. 2. Sali. ◆ ANT. 1. Décollé, désenglué, lisse, sec. 2. Propre.

POITRINE ✦ **SYN.** Buste, caisse *(fam.)*, cœur, coffre *(fam.)*, gorge *(femme)*, poitrail *(fam.)*, poumons, seins, thorax, **torse**.

POIVRÉ ✦ **SYN.** **1.** Assaisonné, épicé, **relevé**. **2.** Cochon *(fam.)*, coquin, corsé, cru, grivois, grossier, **licencieux**, osé, salace, salé. ✦ **ANT.** **1.** Fade. **2.** Décent, propre, réservé.

POIVROT ◇ V. **Ivrogne**

PÔLE ✦ **SYN.** **1.** Bout, **extrémité**. **2.** **Centre** (d'intérêt), cœur, noyau. **3.** *(Électr.)* **Borne**, électrode.

POLÉMIQUE ✦ **SYN.** **Controverse**, débat, dispute, discussion, querelle. ✦ **ANT.** Accord, consensus, entente, unanimité.

POLÉMISTE ◇ V. **Pamphlétaire**

POLI ✦ **SYN.** ▷ *Adj.* **1.** Astiqué, brillant, clair, éclatant, **lisse**, luisant, net, verni. **2.** Aimable, amène, bienséant, civil, convenable, correct, **courtois**, déférent, éduqué, (bien) élevé, galant, prévenant, respectueux. ▷ *Nom* **3.** Brillant, brunissure *(techn.)*, éclat, luisant, **lustre**. ✦ **ANT.** **1.** Dépoli, mat, obscur, pâle, rugueux, sombre, terne, terni. **2.** Abruti, arrogant, discourtois, grossier, impoli, incivil, inconvenant, incorrect, malappris, mal élevé, malotru, malpoli, rustaud, rustre. **3.** Matité, pâleur.

POLICE ✦ **SYN.** **1.** Gendarmerie, milice (auxiliaire, militaire), **sûreté**. **2.** Flicaille *(fam.)*, **policiers**. **3.** Discipline, **service d'ordre**. **4.** *(Dr.)* Contrat d'assurance. **5.** *(Typogr.)* Caractère, **fonte**. **6.** *(Police parallèle)* Escadron de la mort, formation paramilitaire, **milice**.

POLICÉ ✦ **SYN.** Civilisé, **éduqué**, raffiné. ✦ **ANT.** Barbare, sauvage.

POLICIER ✦ **SYN.** **1.** Agent de la paix, **agent de police**, agent secret, barbouze *(espionnage)*, brigadier, commissaire de justice, constable, détective (privé), enquêteur, flic *(fam.)*, gendarme, îlotier *(quartier)*, limier, officier de justice, poulet *(fam.)*, sbire, sergent de ville. **2.** *(Collectif)* Gendarmerie, milice, **police**, sûreté. **3.** *(Roman policier)* **Polar** *(fam.)*, roman noir.

POLIMENT ✦ **SYN.** Aimablement, **civilement**, courtoisement, galamment, gra-

cieusement, respectueusement. ✦ **ANT.** Brutalement, cavalièrement, grossièrement, impoliment, impudemment, incorrectement, irrespectueusement.

POLIR ✦ **SYN.** **1.** **Adoucir**, doucir, limer, planer, poncer, sabler. **2.** Astiquer, fourbir, frotter, **lustrer**. **3.** **Affiner**, civiliser, cultiver, décrasser *(fam.)*, décrotter *(fam.)*, dégrossir, éduquer, épurer (les mœurs), humaniser, policer. **4.** Châtier, ciseler, corriger, fignoler *(fam.)*, finir, lécher, limer, parachever, **parfaire**, peaufiner, perfectionner, soigner. ✦ **ANT.** **1-2.** Délustrer, dépolir, encrasser, salir, ternir. **3.** Abrutir, corrompre, crétiniser, déshumaniser, pervertir. **4.** Bâcler, expédier, torchonner *(fam.)*.

POLISSON ✦ **SYN.** ▷ *Nom* **1.** **Chenapan**, galopin, gamin, garnement, vaurien. ▷ *Adj.* **2.** Grossier, **impoli**, mal élevé, malpoli, rustre. **3.** Coquin, désobéissant, **espiègle**. **4.** *(Ch.)* Canaille, égrillard, fripon, graveleux, grivois, **licencieux**, osé, paillard. ✦ **ANT.** **1.** Enfant sage. **2.** Bien élevé, civil, courtois, poli. **3.** Rangé, sage. **4.** Bégueule *(péj.)*, chaste, convenable, décent, prude *(péj.)*, pudique.

POLITESSE ✦ **SYN.** **1.** Affabilité, amabilité, bienséance, **civilité**, courtoisie, déférence, éducation, égards, galanterie, savoir-vivre, urbanité. **2.** *(Pl.)* Cérémonies, **civilités**, convenances, formalités, manières, salamalecs *(péj.)*, salutations, usages. ✦ **ANT.** **1.** Effronterie, grossièreté, impertinence, impolitesse, incivilité, inconvenance, insolence, irrévérence, vulgarité. **2.** Dérogation, manquement, naturel, scandale, simplicité.

POLITIQUE ✦ **SYN.** ▷ *Nom fém.* **1.** **Affaires de l'État**, affaires publiques, constitution, direction, gouvernement, organisation. **2.** Énoncé général, **ligne de conduite**, orientation, principes. **3.** Adresse, calcul, **diplomatie**, doigté, entregent, habileté, stratégie, tactique. ▷ *Nom masc.* **4.** Député, dirigeant, élu, gouvernant, homme (femme) d'État, parlementaire, **politicien**. ▷ *Adj.* **5.** Adroit, avisé, diplomate, fin, **habile**, machiavélique *(péj.)*, prudent, rusé, sage, souple. **6.** *(Prisonnier)* D'opinion. ◆ ANT. **1.** Anarchie, chaos, désordre, désorganisation. **2.** Impéritie. **3.** Arbitraire, autoritarisme, imprévoyance, inhabileté, lourdeur, maladresse. **4.** Citoyen, peuple. **5.** Autoritaire, brusque, cassant, impolitique, inopportun, lourdaud, maladroit, malavisé. **6.** De droit commun.

POLLUER ◆ SYN. **1.** Altérer, *contaminer*, corrompre, empester, empoisonner, gâter, infecter, salir, souiller, vicier. **2.** *(Environnement)* **Dégrader**, détériorer, détruire, gaspiller, jeter, surconsommer. ◆ ANT. **1.** Améliorer, assainir, désinfecter, embaumer, épurer, purifier. **2.** Conserver, économiser, préserver, protéger, recycler, respecter, sauvegarder.

POLLUTION ◆ SYN. **1.** Altération, *contamination*, infection, souillure. **2.** *(Environnement)* **Dégradation**, destruction, détérioration, gaspillage, surconsommation. ◆ ANT. **1.** Amélioration, assainissement, épuration. **2.** Conservation, économie, protection, recyclage, respect, sauvegarde.

POLTRON ◇ v. Lâche

POLTRONNERIE ◇ v. Lâcheté

POMMADE ◇ v. Onguent

POMPE ◆ SYN. ▷ *Sing.* **1.** Apparat, cérémonie, éclat, étalage, faste, grandeur, luxe, magnificence, ostentation, *solennité*, somptuosité, splendeur. **2.** Affectation, *emphase*, vanité. ▷ *Pl.* **3.** *(Fam.)* Tractions *(exercices)*. **4.** *(Fam.)* **Chaussures**, godasses. **5.** *(Relig.)* Tentations, *vanités* (du monde), vices. ◆ ANT. **1.** Modestie, simplicité, sobriété. **2.** Humilité, naturel, spontanéité. **5.** Austérité, réclusion, vertus.

POMPER ◆ SYN. **1.** *(Fluide)* Absorber, *aspirer*, puiser. **2.** *(Insecte)* Sucer. **3.** *(Talent)* Attirer, soutirer. ▷ *Fam.* **4.** Assommer, claquer, crever, *épuiser*. **5.** Consommer (exagérément). ◆ ANT. **1.** Emplir, verser. **3.** Chasser, éloigner. **4.** Ragaillardir, requinquer *(fam.)*, revigorer.

POMPETTE ◇ v. Ivre

POMPEUSEMENT ◆ SYN. **1.** *Cérémonieusement*, en grande pompe, majestueu-

sement, royalement, solennellement. **2.** *Emphatiquement*, prétentieusement, sentencieusement. ◆ ANT. **1-2.** Humblement, naturellement, simplement, sobrement.

POMPEUX ◆ SYN. Affecté, ampoulé, déclamatoire, *emphatique*, enflé, guindé, pontifiant, ronflant, sentencieux, solennel. ◆ ANT. Désinvolte, humble, léger, modeste, naturel, simple, sobre, spontané.

POMPONNER (SE) ◆ SYN. Se bichonner *(fam.)*, s'endimancher, *se parer*, se mettre sur son trente et un, se tirer à quatre épingles. ◆ ANT. S'accoutrer, s'affubler, s'attifer, se débrailler, se négliger.

PONCER ◇ v. Polir

PONCIF ◆ SYN. Banalité, *cliché*, lieu commun, platitude, redite, stéréotype. ◆ ANT. Création, invention, originalité, trouvaille.

PONCTION ◇ v. Prélèvement

PONCTUALITÉ ◆ SYN. Assiduité, *exactitude*, fidélité, régularité, scrupule. ◆ ANT. Délai, inexactitude, infidélité, insouciance, négligence, retard.

PONCTUEL ◆ SYN. **1.** À l'heure, assidu, *exact*, fidèle, réglé, régulier. **2.** Circonscrit, *limité*, précis. **3.** *(Action, intervention)* Occasionnel, *sporadique*. ◆ ANT. **1.** Déréglé, en retard, irrégulier, négligent, retardataire. **2.** Étendu, général, global. **3.** Constant, fréquent.

PONCTUER ◆ SYN. **1.** Baliser, *diviser*, jalonner, séparer. **2.** Accentuer, *marquer*, rythmer, scander, souligner. ◆ ANT. **1.** Associer, inclure, réunir. **2.** Atténuer, éluder, étirer, expédier, modérer.

PONDÉRATION ◆ SYN. **1.** Balancement, *équilibre*, harmonie, proportion, symétrie. **2.** Calme, circonspection, mesure, *modération*, prudence, retenue, sérénité. ◆ ANT. **1.** Déséquilibre, disproportion, dissymétrie. **2.** Démesure, étourderie, exagération, excès, immodération, impulsivité, irréflexion, outrance, précipitation.

PONDÉRÉ ◆ SYN. **1.** Calme, philosophe, *posé*, raisonné, rassis, rationnel, réfléchi, sage, sensé, sérieux. 2. Égal, équilibré, mesuré, *modéré*, nuancé, sobre, tempéré. ♦ ANT. 1. Bouillant, emporté, étourdi, impulsif, irrationnel, irréfléchi. 2. Démesuré, déséquilibré, exagéré, excessif, immodéré.

PONT ♦ SYN. 1. *Passerelle*, ponceau, ponton, viaduc. 2. *Intermédiaire*, liaison, transition. ♦ ANT. 2. Rupture, séparation.

PONTIFE ♦ SYN. 1. Évêque, grand prêtre, pape, *prélat*. 2. *(Péj.)* Bonze, chef, gourou, mandarin, *potentat*. 3. *(Fam.) Pédant*, poseur.

PONTIFIANT ♦ SYN. Déclamatoire, doctoral, empesé, emphatique, pédant, pédantesque, *prétentieux*, professoral, sentencieux, solennel. ♦ ANT. Humble, modeste, naturel, simple.

PONTIFIER ♦ SYN. Discourir, disserter, palabrer, se pavaner, pérorer, *poser*, présider, se rengorger, trôner. ♦ ANT. Se faire discret, se montrer humble.

POPULACE ♦ SYN. *(Péj.)* Bas peuple, foule, masse, multitude, peuple, *plèbe*, populo *(fam.)*, racaille, roture, vulgaire *(n.)*. ♦ ANT. Aristocratie, élite, gotha, gratin *(fam.)*, noblesse, puissants.

POPULACIER ♦ SYN. *(Péj.)* Bas, commun, grossier, poissard, trivial, *vulgaire*. ♦ ANT. Délicat, distingué, fin, noble, poli, raffiné, sublime.

POPULAIRE ♦ SYN. 1. Démocratique. 2. Socialiste. 3. Commun, *plébéien*, vulgaire. 4. *Folklorique*, traditionnel. 5. Aimé, estimé, *prisé*. 6. Célèbre, *connu*, illustre, proverbial, renommé, réputé. 7. À la mode, en vogue, nouveau, *répandu*. 8. *(Couche, masse)* Laborieux, prolétarien, *travailleur*. 9. Humble, *modeste*, simple. ♦ ANT. 1. Antidémocratique, dictatorial. 2. Libéral, social-démocrate. 3. Érudit, littéraire, savant. 4. Classique, moderne. 5. Abhorré, honni, impopulaire, méprisé. 6. Inconnu, méconnu, obscur. 7. Abandonné, ancien, démodé. 8. Bourgeois, capitaliste. 9. Élevé, nanti, riche.

POPULARISER ♦ SYN. *Démocratiser*, diffuser, généraliser, massifier, propager,

répandre, véhiculer, vulgariser. ♦ ANT. Confiner, interdire, limiter, restreindre.

POPULARITÉ ♦ SYN. Célébrité, considération, cote, crédit, estime, faveur, gloire, *notoriété*, renom, renommée, réputation, sympathie, vogue. ♦ ANT. Anonymat, décote, défaveur, discrédit, éclipse, impopularité, oubli.

POPULATION ♦ SYN. Collectivité, habitants, *peuple*, public, société.

POPULEUX ♦ SYN. Dense, grouillant, *peuplé*, surpeuplé. ♦ ANT. Dépeuplé, désert, inhabité, sauvage, solitaire.

PORC ♦ SYN. 1. *Cochon*, goret, pourceau, verrat. 2. *(Fam.)* Débauché, dépravé, glouton, *grossier*, sale, saligaud, vicieux. ♦ ANT. 2. Délicat, propre, sobre, tempérant.

PORE ♦ SYN. 1. *Orifice* (cutané), stomate (bot.). 2. *(Géol.)* Interstice.

POREUX ♦ SYN. Percé, *perméable*, spongieux. ♦ ANT. Étanche, imperméable.

PORNOGRAPHIQUE ◇ V. **Obscène**

PORT ♦ SYN. 1. *Abri*, bassin, escale, rade. 2. Asile, *havre*, refuge. 3. *Affranchissement*, taxe, transport. 4. Air, allure, apparence, aspect, attitude, comportement, contenance, démarche, *maintien*, panache, présentation, prestance, tenue.

PORTABLE ♦ SYN. 1. *(Appareil)* Déplaçable, portatif, *transportable*. 2. *(Vêtement) Mettable*, présentable, sortable. ♦ ANT. 1. Fixe. 2. Défraîchi, immettable, importable.

PORTATIF ♦ SYN. Léger, mobile, *portable*. ♦ ANT. Fixe, lourd, pesant.

PORTE ♦ SYN. 1. Accès, entrée, guichet, huis, issue, *ouverture*, portail, portière, portillon, sortie. 2. *(Pl., géogr.)* Défilé, *gorge*. 3. *(Porte de sortie)* Échappatoire, issue, *solution*. ♦ ANT. 1. Cloison, mur, muraille. 3. Cul-de-sac, impasse.

PORTÉ ◇ V. **Enclin à**

PORTE-BONHEUR ♦ SYN. 1. Amulette, *fétiche*, grigri, idole, médaille, relique, scapulaire, statue, statuette, talisman, totem. 2. Mascotte. ♦ ANT. 1. Porte-malheur.

PORTÉE ♦ SYN. 1. *(Mammifères)* Nichée *(fig.)*, parturition, petits, *progéniture*. 2. *(Mus.)*

Notation. **3.** *Atteinte*, proximité. **4.** Aptitude, *capacité*, étendue, force, hauteur, niveau. **5.** Conséquence, effet, efficacité, gravité, *impact*, importance, poids, valeur. **♦ ANT. 3.** Distance, éloignement. **4-5.** Faiblesse, inefficacité, insignifiance, nullité.

PORTEFEUILLE ♦ SYN. 1. Ministère. **2.** Bourse, *porte-billets*, porte-cartes, porte-monnaie. **3.** Effets de commerce, fonds, titres, *valeurs mobilières*.

PORTE-PAROLE ♦ SYN. 1. Interprète, *représentant*, truchement. **2.** *(Ch.)* Journal, *organe*.

PORTER ♦ SYN. ▷ V. tr. 1. *Apporter*, emporter, livrer, transmettre, transporter. **2.** Charger, coltiner, lever, soulever, soutenir, *supporter*, tenir, trimballer. **3.** Arborer, avoir, mettre, *revêtir*. **4.** *(Âge)* Laisser voir, *paraître*. **5.** Engendrer, *produire*, rapporter. **6.** Coucher, *inscrire*, mentionner. **7.** Appliquer *(fam.)*, asséner, *donner*, flanquer *(fam.)*, frapper, infliger. **8.** *Contenir*, receler. **9.** Conduire, *diriger*, orienter, promener *(fig.)*. **10.** Attester, *exprimer*, témoigner. **11.** Amener, entraîner, *inciter*, inviter, pousser. **▷ V. intr. 12.** Atteindre le but, *avoir de l'effet*, avoir une portée, toucher le but. **13.** S'appuyer sur, *reposer sur*, tenir. **14.** Avoir pour objet, concerner, *traiter de.* **▷ V. pr. 15.** Courir, se diriger vers, *s'élancer*, se lancer. **16.** Se laisser aller à, *se livrer à*. **17.** *(Candidature)* Se présenter comme. **18.** *(Santé)* **Aller**, se sentir. **♦ ANT. 1.** Accepter, rapporter, remporter. **2.** Abaisser, décharger, délester, déposer, lâcher, poser, reposer. **3.** Enlever, ôter, retirer. **4.** Avoir (réellement), cacher. **5.** Détruire, exterminer, perdre. **6.** Effacer, rayer. **7.** Épargner, éviter, recevoir, subir. **8.** Dévoiler, extérioriser. **9.** Détourner, distraire, éloigner. **10.** Refuser, renoncer. **11.** Dissuader, empêcher, interdire. **12.** Entraver, nuire, rater, retenir. **13.** S'affaisser, s'écrouler. **14.** Excepter, exclure. **15.** Se contenir, se refréner, se retenir. **16.** Se maîtriser, se ressaisir. **17.** Décliner, se désister.

PORTEUR ♦ SYN. 1. Commissionnaire, courrier, coursier, estafette, facteur, *livreur*, messager. **2.** Camelot *(québ.)*, livreur de journaux *(québ.)*, *porteur de journaux*. **3.** Bagagiste, *chargeur*, débardeur, déchargeur, déménageur, manutentionnaire, portefaix, sherpa. **4.** *(Fin.)* Bénéficiaire, *détenteur*, titulaire.

PORTIER ♦ SYN. Concierge, *gardien*, guichetier.

PORTION ♦ SYN. 1. Dose, *part*, ration, tranche. **2.** Bout, division, fraction, fragment, lopin, morceau, parcelle, *partie*, pièce, quartier, section, segment, tronçon. **♦ ANT. 1-2.** Ensemble, entier, totalité, tout.

PORTIQUE ♦ SYN. 1. Antichambre *(québ.)*, *entrée*, narthex, porche. **2.** *Colonnade*, galerie, péristyle. **3.** *(Gymnastique)* Barre horizontale, *poutre*.

PORTRAIT ♦ SYN. 1. *(Pers., visage)* Image, peinture, photographie, *représentation*. **2.** *(Réalité)* Description, situation, tableau. **3.** Effigie, réplique, *ressemblance*. **4.** *(Fam.)* Face, *figure*, gueule.

POSE ♦ SYN. 1. Application, *installation*, mise en place. **2.** *Attitude*, position, posture. **3.** *Affectation*, prétention, recherche, snobisme. **♦ ANT. 1.** Dépose. **3.** Humilité, modestie, naturel, simplicité.

POSÉ ♦ SYN. Calme, circonspect, doux, flegmatique, grave, mesuré, mûr, philosophe, pondéré, prudent, rassis, *réfléchi*, sage, sérieux. **♦ ANT.** Brusque, écervelé, emporté, étourdi, fougueux, frivole, imprudent, inconséquent, irréfléchi, léger.

POSER ♦ SYN. ▷ V. tr. 1. Appliquer, apposer, appuyer, asseoir, camper, établir, fixer, installer, *mettre*, placer, planter, poster. **2.** Admettre, *affirmer*, énoncer, établir, soulever. **3.** Donner de l'importance, *mettre en valeur*, mettre en vue. **▷ V. intr. 4.** Crâner *(fam.)*, faire la roue, *se pavaner*, plastronner, pontifier, se rengorger. **▷ V. pr. 5.** S'arrêter, *atterrir*. **6.** Se jucher, *se percher*. **7.** S'affirmer, *s'ériger en*, se présenter comme, prétendre. **♦ ANT. 1.** Déposer, enlever, lever, ôter. **2.** Contester, infirmer, objecter. **3.** Déprécier, éclipser. **4.** S'effacer, se faire discret, se montrer humble. **5.** Décoller, s'envoler. **6.** Prendre son vol (sa volée). **7.** Nier, renoncer.

POSEUR ♦ SYN. ▷ *Nom* **1.** Fat, pédant, **prétentieux**, snob, vaniteux. ▷ *Adj.* **2.** Affecté, artificiel, compassé, **maniéré.** ♦ ANT. **1.** Effacé, humble, modeste. **2.** Naturel, simple, spontané.

POSITIF ♦ SYN. **1.** Matériel, objectif, **réel. 2.** Assuré, authentique, **certain**, évident, incontestable, indubitable, solide, sûr, vrai. **3.** *(Pers.)* Concret, **pragmatique.** **4.** *(Ch.)* Constructif, effectif, pratique, **utile.** **5.** **Affirmatif**, favorable. ♦ ANT. **1.** Abstrait, idéal, irréel, spéculatif. **2.** Aléatoire, contestable, douteux, faux, incertain. **3.** Intuitif, mystique, rêveur. **4.** Destructeur, inutile, stérile, vain. **5.** Défavorable, négatif.

POSITION ♦ SYN. **1.** Disposition, emplacement, localisation, orientation, **place**, point, situation. **2.** **Attitude**, pose, posture, station. **3.** **État**, condition, niveau de vie, rang. **4.** Attitude *(fig.)*, conception, **opinion**, point de vue, vues.

POSSÉDÉ ♦ SYN. ▷ *Nom* **1.** **Démoniaque**, énergumène. ▷ *Adj.* **2.** **Dominé**, ensorcelé, envoûté. **3.** **Furieux**, insensé. ♦ ANT. **2.** Exorcisé. **3.** Calme, posé, rassis, réfléchi.

POSSÉDER ♦ SYN. ▷ *V. tr.* **1.** **Avoir**, détenir, disposer de, être pourvu de, jouir de, occuper. **2.** Abonder en, **contenir**, renfermer. **3.** Connaître, **maîtriser**, savoir. **4.** Dominer, ensorceler, envoûter, habiter, **hanter**, harceler, obséder, pourchasser, poursuivre, subjuguer. **5.** *(Fam.)* Duper, rouler *(fam.)*, **tromper**. **6.** Baiser *(fam.)*, faire l'amour, **prendre**. ▷ *V. pr.* **7.** Se contenir, se dominer, **se maîtriser**. ♦ ANT. **1.** Déposséder, être dépourvu de. **2.** Manquer de, priver de. **3.** Apprendre, ignorer, s'initier. **4.** Chasser, exorciser, oublier. **5.** Prévenir. **6.** Éconduire, se refuser. **7.** S'emporter, se laisser aller, ne plus se sentir *(fam.)*, perdre la tête.

POSSESSEUR ♦ SYN. **1.** *(Bien)* Acquéreur, **propriétaire**, usufruitier *(dr.)*. **2.** *(Titre)* Détenteur. **3.** *(Secret, vérité)* **Dépositaire**, gardien. **4.** Dominateur, **maître.** ♦ ANT. **1.** Locataire. **2.** Candidat.

POSSESSION ♦ SYN. **1.** Appartenance, détention, jouissance, **propriété**, usage, usufruit *(dr.)*. **2.** Avoir, **bien**, domaine, propriété. **3.** **Colonie**, établissement, territoire. **4.** Connaissance, **maîtrise. 5.** **Envoûtement**, sort. ♦ ANT. **1.** Dépossession, location, privation. **3.** Mère patrie. **4.** Ignorance. **5.** Exorcisme.

POSSIBILITÉ ♦ SYN. **1.** Cas, chance, espoir, **éventualité**, occasion, potentialité, virtualité. **2.** Capacité, faculté, latitude, loisir, **pouvoir**, puissance. **3.** *(Pl.)* Forces, limites, **moyens**, ressources. ♦ ANT. **1.** Impossibilité, nécessité. **2.** Impuissance, incapacité, obligation. **3.** Faiblesses, lacunes, manques.

POSSIBLE ♦ SYN. **1.** Abordable, accessible, exécutable, facile, faisable, praticable, **réalisable. 2.** Acceptable, admissible, **concevable**, croyable, envisageable, imaginable, pensable, plausible, probable, réaliste, vraisemblable. **3.** Contingent, en puissance, **éventuel**, potentiel, virtuel. **4.** Autorisé, libre à, loisible, **permis.** ♦ ANT. **1.** Impossible, inabordable, inaccessible, impraticable, inapplicable, inexécutable, infaisable, irréalisable. **2.** Impensable, improbable, inconcevable, invraisemblable, irréaliste. **3.** Actuel, effectif, réel. **4.** Défendu, interdit.

POSSIBLEMENT ♦ SYN. *Éventuellement*, peut-être, sans doute, vraisemblablement. ♦ ANT. Assurément, certainement, forcément, nécessairement.

POSTE ♦ SYN. ▷ *Fém.* **1.** Courrier. ▷ *Masc.* **2.** Affectation, attribution, charge, **emploi**, fonction, office, place, situation, travail. **3.** *(Comptab.)* Imputation, **opération** (comptable), subdivision, titre. **4.** Caserne, emplacement, **lieu**, place, quartier, station. **5.** Corps de garde. **6.** Appareil, radio, **récepteur**, télévision. **7.** **Cabine**, cockpit, habitacle. **8.** **Distributeur**, pompe.

POSTER ♦ SYN. **1.** Adresser, **envoyer**, expédier. **2.** *(Soldats, policiers)* Établir, installer, **placer.** ♦ ANT. **1.** Recevoir. **2.** Abandonner, déserter, quitter.

POSTÉRIEUR ◆ SYN. ▷ *Adj.* **1.** Consécutif, futur, prochain, subséquent, suivant, *ultérieur*. **2.** *Arrière*, derrière. ▷ *Nom* **3.** *(Fam.)* *Derrière*, fesses, séant, siège. ◆ ANT. **1.** Antécédent, antérieur, contemporain, passé, précédent, récent. **2.** Avant, devant.

POSTÉRITÉ ◆ SYN. **1.** *Descendance*, descendants, enfants, lignée. **2.** *Avenir*, futur, générations futures, siècles futurs. **3.** *Immortalité*, mémoire (collective). ◆ ANT. **1.** Ancêtres, ascendance, ascendants, parents. **2.** Générations précédentes, passé. **3.** Disparition, oubli.

POSTICHE ◆ SYN. ▷ *Adj.* **1.** Ajouté, *artificiel*, factice, faux, rapporté. **2.** *Inventé*, simulé. ▷ *Nom masc.* **3.** Moumoute *(fam.)*, *perruque*. ◆ ANT. **1.** Naturel, vrai. **2.** Original, réel.

POST-IT ◆ SYN. Feuillet autoadhésif, *papillon*, papillon autoadhésif.

POSTULANT ◇ V. **Candidat**

POSTULAT ◆ SYN. Axiome, *base*, convention, fondement, hypothèse, prémisses, principe. ◆ ANT. Conséquence, corollaire, suite.

POSTULER ◆ SYN. ▷ *V. tr.* **1.** *(Emploi)* Demander, *solliciter*. **2.** *(Log.)* Établir, poser, *supposer*. **3.** *Présupposer*, requérir. ▷ *V. intr.* **4.** *(Dr.)* Occuper (pour quelqu'un), *représenter*. ◆ ANT. **1.** Obtenir, refuser. **2.** Confirmer, infirmer, objecter. **3.** Exclure, interdire. **4.** Se défendre soi-même.

POSTURE ◆ SYN. **1.** *(Corps)* Attitude, contenance, maintien, pose, *position*, station, tenue. **2.** *(Pers.)* Condition, état, *situation*.

POTABLE ◆ SYN. **1.** Buvable. **2.** *(Fam.)* Acceptable, convenable, *passable*, recevable, suffisant, valable. ◆ ANT. **1.** Imbuvable. **2.** Inacceptable, insuffisant, irrecevable, mauvais, médiocre.

POTAGE ◆ SYN. *Bouillon*, consommé, crème, soupe.

POTAGER ◇ V. **Jardin**

POT-AU-FEU ◆ SYN. ▷ *Nom* **1.** *Bouilli*, potée. ▷ *Adj.* **2.** *(Fam.)* *Casanier*, pantouflard, popote *(fam.)*. ◆ ANT. **2.** Aventurier, nomade, voyageur.

POT-DE-VIN ◆ SYN. Arrosage *(fam.)*, bakchich, commission (secrète), dessous-de-table, enveloppe, faveur, *gratification*, pourboire, prévarication, ristourne. ◆ ANT. Intégrité, probité.

POTEAU ◆ SYN. **1.** Colonne, *pilier*. **2.** Pièce de bois (verticale). **3.** *Pieu*, piquet. **4.** *(Sports)* *Buts*, montants. **5.** *Pilori*, potence. **6.** *(Fam.)* *Ami fidèle*, pote *(fam.)*.

POTELÉ ◆ SYN. Charnu, dodu, gras, *grassouillet*, rebondi, replet. ◆ ANT. Creux, décharné, maigre, maigrelet.

POTENTAT ◆ SYN. **1.** Monarque, roi, *souverain* (absolu). **2.** Autocrate, despote, dictateur, oppresseur, *tyran*. **3.** *(Péj.)* *Magnat*, mandarin, pontife. ◆ ANT. **2.** Démocrate, libérateur.

POTIN ◆ SYN. **1.** *(Pl. surtout)* Bavardages, cancans, commérages, *médisances*, on-dit, ouï-dire, potinage *(québ.)*, qu'en-dira-t-on, racontars, ragots, rumeurs. **2.** *(Fam.)* Boucan, *bruit*, tapage, vacarme. ◆ ANT. **1.** Discrétion, retenue. **2.** Paix, silence.

POTINER ◇ V. **Médire**

POUBELLE ◆ SYN. **1.** *Corbeille* (à papier), panier. **2.** *(Fig.)* Dépotoir.

POUDRERIE ◆ SYN. *(Québ.)* *Blizzard*, bordée de neige *(québ.)*, rafales, tempête de neige, tourbillons de neige.

POUFFER ◆ SYN. Éclater, s'esclaffer, *rire*. ◆ ANT. Gémir, pleurer.

POUILLEUX ◆ SYN. ▷ *Nom* **1.** Clochard, gueux, *misérable*, pauvre, va-nu-pieds. ▷ *Adj.* **2.** Minable, miteux, sale, *sordide*. ◆ ANT. **1.** Nanti, riche. **2.** Chic, net, propre.

POUPONNER ◇ V. **Materner**

POURCENTAGE ◇ V. **Taux**

POURCHASSER ◆ SYN. **1.** Chasser, courir après, *poursuivre*, traquer. **2.** *(Fig.)* *Hanter*, rappeler (à la mémoire). ◆ ANT. **1.** Abandonner, éviter, fuir, perdre la trace. **2.** Oublier.

POURPARLERS ◇ V. **Négociation**

POURRI ◆ SYN. **1.** Altéré, avarié *(aliment)*, croupi *(eau)*, décomposé, dégradé, détérioré, gangrené, gâté, infect, malsain, moisi, purulent, *putréfié*, putrescent,

putride, vicié. **2.** *(Pers.)* **Corrompu**, malhonnête, ripou *(fam.)*, vénal, véreux. **3.** Épouvantable, insupportable, *mauvais*, nul,
raté. **4.** *(Temps)* Déprimant, humide, *maus-*
sade, pluvieux. **5.** *(Fam.)* Beaucoup de, plein
de, *rempli de* ◆ ANT. **1.** Bien conservé, bon,
entier, frais, intact, odorant, propre, sain,
salubre. **2.** Incorruptible, intègre. **3.** Excellent, parfait, remarquable, supérieur.
4. Beau, ensoleillé, frais, radieux. **5.** Dénué
de, exempt de, privé de.

POURRISSEMENT ◆ SYN. *(Situation)*
Dégradation, *détérioration*, stagnation.
◆ ANT. Amélioration, évolution, progrès.

POURRITURE ◆ SYN. **1.** Altération,
biodégradation, charogne, corruption,
décomposition, gangrène, infection,
putréfaction, putrescence, putridité.
2. *(Mœurs)* **Corruption** *(fig.)*, dégénérescence,
dégradation, dépravation, gangrène *(fig.)*,
vénalité, vice. **3.** *(Injure)* Charogne, fumier,
ordure, pourri. ◆ ANT. **1.** Assainissement,
conservation, désinfection, épuration,
fraîcheur, salubrité. **2.** Intégrité, probité,
pureté.

POURSUITE ◆ SYN. **1.** *Battue*, chasse,
chasse à l'homme, traque. **2.** *(Dr.)* *Accusa-*
tion, action, assignation, demande, instance, plainte, procédure, procès. **3.** *Conti-*
nuation, prolongement, reprise. **4.** *(Idéal,*
objectif) Effort, quête, *recherche*. ◆ ANT.
1. Capture, fuite. **2.** Désistement, non-lieu.
3. Arrêt, cessation, fin, trêve. **4.** Désillusion, lassitude, renoncement.

POURSUIVRE ◆ SYN. ▷ *V. tr.* **1.** *Chasser*,
courir après, foncer sur, pourchasser, serrer de près, talonner, traquer. **2.** *(Dr.)* *Accu-*
ser, actionner, agir, attaquer, engager des
procédures, inculper, intenter une action.
3. Harceler, *importuner*, presser, relancer,
tourmenter. **4.** *Continuer*, mener, persévérer, pousser. **5.** *(Idéal, objectif)* Chercher,
s'efforcer de, *rechercher*, viser. **6.** *(Ch.)*
Hanter, *obséder*. ▷ *V. pr.* **7.** *Se continuer*,
durer, se prolonger. ◆ ANT. **1.** Abandonner,
éviter, fuir. **2.** Se désister. **3.** Lâcher, laisser.
4. Arrêter, capituler, cesser, interrompre.

5. Se lasser, renoncer. **6.** Se débarrasser,
oublier. **7.** S'arrêter, s'interrompre.

POURTANT ◆ SYN. *Cependant*, mais,
néanmoins, toutefois.

POURTOUR ◆ SYN. Bord, ceinture, cercle, circonférence, circuit, contour, périmètre, périphérie, *tour*. ◆ ANT. Centre,
milieu.

POURVOI ◆ SYN. *(Dr.)* *Appel*, pétition,
recours, requête, supplique. ◆ ANT. Rece-
vabilité, rejet.

POURVOIR ◆ SYN. ▷ *V. intr.* **1.** *Assurer*,
entretenir, parer à, subvenir. ▷ *V. tr.* **2.** Alimenter, approvisionner, armer, donner à,
doter, équiper, fournir, garnir, *munir*,
nantir, procurer, ravitailler, suppléer.
3. *Doter*, douer, gratifier. ▷ *V. pr.* **4.** S'approvisionner, *se munir*. ◆ ANT. **1.** Abandonner,
délaisser, négliger, omettre. **2.** Dégarnir,
démunir, déposséder, enlever, rationner.
3. Défavoriser, pénaliser, priver de. **4.** Se
départir, manquer de.

POURVOYEUR ◆ SYN. **1.** Approvisionneur, *fournisseur*, prestataire (de services), ravitailleur. **2.** *(Péj.)* *Revendeur*, trafiquant. ◆ ANT. **1.** Acheteur, client, prestataire
(qui reçoit).

POUSSE ◆ SYN. **1.** *Croissance*, poussée.
2. *Bourgeon*, bouton, branche, brin, drageon, germe, recrû, rejet, rejeton, scion,
surgeon, talle, tige, turion. ◆ ANT. **1.** Chute,
perte.

POUSSÉ ◆ SYN. *Approfondi*, avancé,
détaillé, fouillé, profond, riche. ◆ ANT. Bâclé, général, incomplet, sommaire, superficiel.

POUSSÉE ◆ SYN. **1.** Force, mouvement,
pression, propulsion. **2.** *(Archit.)* *Charge*,
pesée, poids. **3.** Bourrade, *bousculade*,
ruée. **4.** *(Milit.)* Assaut, *attaque*, offensive.
5. *Croissance*, pousse. **6.** *(Méd.)* *Accès*, crise,
ictus, paroxysme. **7.** Élan, *impulsion*, pulsion. **8.** Augmentation, flambée, *hausse*.
◆ ANT. **1.** Retour, traction. **2.** Contrepoids,
équilibre. **3.** Recul. **4.** Défensive, repli,
retraite. **5.** Chute, perte. **6.** Apaisement,
calme. **7.** Inhibition, refoulement. **8.** Baisse,
dégringolade, diminution.

POUSSER ♦ SYN. ▷ *V. tr.* **1.** Balayer, bousculer, bouter, chasser, culbuter, *déplacer*, éloigner, enfoncer, heurter, refouler, rejeter, repousser, souffler. **2.** Aider, conduire, engager, entraîner, exciter, exhorter, favoriser, *inciter*, incliner, inviter, pistonner *(fam.)*, porter à, provoquer, solliciter, stimuler. **3.** Continuer, faire avancer, *poursuivre*, prolonger. **4.** *(Son, cri)* **Émettre**, exhaler, proférer. ▷ *V. intr.* **5.** *Accélérer*, faire effort. **6.** *Croître*, se développer, éclore, grandir, naître, percer, poindre, pointer, sortir, venir. **7.** S'accroître, *augmenter*, pulluler. **8.** *(Fam.)* Charrier *(fam.)*, *exagérer*. ▷ *V. pr.* **9.** *Se bousculer*, jouer des coudes. **10.** *(Fam.)* *S'écarter*, s'enlever *(fam.)*, se ranger, se retirer. **11.** *(Québ., fam.)* Déguerpir, déserter, disparaître, *s'enfuir*, partir, se sauver. ♦ ANT. **1.** Amener, hâler, immobiliser, tirer. **2.** Détourner, dissuader, éloigner, empêcher, gêner, incommoder, léser, nuire. **3.** Arrêter, freiner, interrompre. **4.** Contenir, réprimer, taire. **5.** Ralentir, retenir. **6.** Déchoir, décroître, dépérir, disparaître, mourir. **7.** Décliner, diminuer, se raréfier. **8.** Atténuer, modérer. **9.** Attendre, patienter. **10.** Gêner, importuner. **11.** Rester, revenir.

POUSSIÈRE ♦ SYN. **1.** Balayures, corpuscules, moutons *(meubles)*, particules, pollen, *poudre*, poussier *(charbon)*. **2.** *(Pers.)* **Cendres**, restes. **3.** *(Pl., fam.)* Broutilles, presque rien, une bagatelle, un rien.

POUSSIÉREUX ♦ SYN. **1.** *Empoussiéré*, poudreux, sale. **2.** Anachronique, ancien, arriéré, caduc, *démodé*, dépassé, désuet, inactuel, obsolète, périmé, rétrograde, suranné, usé, vétuste, vieilli, vieillot, vieux, vieux jeu. ♦ ANT. **1.** Dépoussiéré, propre. **2.** Actuel, avancé, frais, jeune, moderne, nouveau, récent.

POUTRE ♦ SYN. Chevron, lambourde, *madrier*, poutrelle, solive, soliveau, travée.

POUVOIR ♦ SYN. ▷ *Nom* **1.** *Capacité*, compétence, don, droit, faculté, latitude, liberté, permission, possibilité, propriété, puissance, virtualité. **2.** *Autorisation*, délé-

gation, juridiction, mandat, mission, procuration. **3.** *Autorité*, commandement, État, gouvernement, souveraineté. **4.** *(Pl.)* ***Attributions***, fonctions, rôle, responsabilités. **5.** Ascendant, crédit, domination, empire, emprise, *influence*, mainmise. **6.** *Efficacité*, force, vertu. ♦ ANT. **1.** Impossibilité, impuissance, incapacité, incompétence.

PRAGMATIQUE ♦ SYN. **1.** Empirique. **2.** Concret, efficace, positif, prosaïque, *pratique*, réaliste, terre-à-terre. ♦ ANT. **1.** Théorique. **2.** Conceptuel, idéaliste, irréaliste, rêveur, spéculatif, utopique.

PRAIRIE ♦ SYN. **1.** Herbage, pâturage, *pré*. **2.** Savane, *steppe*. ♦ ANT. **2.** Hauteur, mont, montagne.

PRATICABLE ♦ SYN. **1.** Applicable, faisable, *possible*, pratique, réalisable, utilisable. **2.** Abordable, *accessible*, carrossable. ♦ ANT. **1.** Difficile, impossible, impraticable, inapplicable, infaisable, inutilisable, irréalisable, malaisé. **2.** Abrupt, inabordable, inaccessible.

PRATICIEN ♦ SYN. **1.** Exécutant *(arts)*, *technicien*. **2.** Chirurgien, clinicien, docteur, généraliste, *médecin*, omnipraticien. ♦ ANT. **1.** Artiste, chercheur, théoricien.

PRATIQUANT ♦ SYN. Croyant, dévot, fervent, fidèle, *pieux*, religieux. ♦ ANT. Incroyant, indifférent, irréligieux, tiède.

PRATIQUE ♦ SYN. ▷ *Nom fém.* **1.** Action, application, connaissance, exécution, expérience, expérimentation, *exercice*, réalisation, savoir-faire, technique. **2.** Agissements *(péj.)*, *conduite*, coutume, habitude, méthode, mœurs, procédé, routine, tradition, usage, vogue. **3.** Assiduité, culte, *observance*. **4.** Clientèle. ▷ *Adj.* **5.** Concret, empirique, expérimental, positif, *pragmatique*, réaliste. **6.** Exécutable, facile, *faisable*, possible, praticable. **7.** Adapté, *commode*, efficace, ergonomique, fonctionnel, ingénieux, maniable, manœuvrable, utile, utilitaire. ♦ ANT. **1.** Inexpérience, spéculation, théorie. **3.** Inobservance. **5.** Abstrait, contemplatif, idéaliste, sentimental, spéculatif, théorique. **6.** Difficile, impossible, infaisable. **7.** Encombrant, inadapté, incommode, inefficace, inutile, non fonctionnel.

PRATIQUER ◆ SYN. 1. Accomplir, appliquer, *observer*. 2. S'adonner à, *exercer*, se livrer à. 3. Connaître, *employer*, savoir, utiliser. 4. *Exécuter*, faire, opérer. 5. Frayer, ménager, *ouvrir*, percer. 6. *(Auteur, œuvre)* Fréquenter, *lire*. ◆ ANT. 1. S'abstenir, déroger. 2. Abandonner, cesser. 3. Ignorer, s'initier à. 4. Négliger, omettre. 5. Boucher, fermer. 6. Se lasser.

PRÉ ◇ v. Prairie

PRÉALABLE ◆ SYN. ▷ *Adj.* 1. Antérieur, exploratoire, *préliminaire*, préparatoire. ▷ *Nom* 2. *Condition*, exigence. ◆ ANT. 1. Clos, final, postérieur, subséquent, terminal. 2. Choix, option.

PRÉALABLEMENT ◆ SYN. Auparavant, au préalable, avant, *d'abord*, dans un premier temps, en premier, en premier lieu, premièrement. ◆ ANT. Après, ensuite, subséquemment, ultérieurement.

PRÉAMBULE ◆ SYN. 1. Avant-propos, début, entrée en matière, exorde, exposition, *introduction*, préface, préliminaires, prologue. 2. *(Fig.)* Prélude, *présage*, prodrome, signe avant-coureur. ◆ ANT. 1. Conclusion, épilogue, fin, péroraison. 2. Confirmation, réalisation.

PRÉCAIRE ◆ SYN. Aléatoire, chancelant, court, éphémère, fragile, *incertain*, instable, momentané, passager, périssable, transitoire. ◆ ANT. Assuré, durable, ferme, long, permanent, solide, stable.

PRÉCAUTION ◆ SYN. 1. Disposition, garantie, mesure, préparatifs, *prévoyance*, protection, prudence 2. Attention, circonspection, délicatesse, *diplomatie*, ménagement, prévenance, réserve. ◆ ANT. 1. Étourderie, imprévoyance, improvisation, imprudence, insouciance, négligence. 2. Brusquerie, indélicatesse, intransigeance, maladresse, témérité.

PRÉCÉDEMMENT ◆ SYN. *Antérieurement*, auparavant, avant, d'abord. ◆ ANT. Après, par la suite, postérieurement.

PRÉCÉDENT ◆ SYN. ▷ *Adj.* 1. *Antécédent*, antérieur, dernier, passé. 2. *(Sans précédent)*

Extraordinaire, jamais vu, *unique*. ▷ *Nom* 3. *Antécédent (n.)*, cas semblable, exemple, référence, usage. ◆ ANT. 1. Postérieur, subséquent, suivant, ultérieur. 2. Commun, fréquent, ordinaire. 3. Cas unique, exception, rareté.

PRÉCÉDER ◆ SYN. 1. *(Temps)* Arriver avant, exister, *se produire avant*, venir avant. 2. *(Espace)* Dépasser, *devancer*, distancer, marcher devant, mener. ◆ ANT. 1. Coïncider, retarder, succéder, suivre, tarder, venir après. 2. Accompagner, poursuivre, remplacer, suivre de près, talonner, traîner.

PRÉCEPTE ◆ SYN. Commandement, dogme, enseignement, formule, impératif *(n.)*, instruction, leçon, loi, maxime, prescription, principe, *règle*.

PRÉCEPTEUR ◆ SYN. 1. *(À domicile) Éducateur*, pédagogue, professeur. 2. Conseiller, *guide*.

PRÊCHE ◇ v. Sermon

PRÊCHER ◆ SYN. 1. *(Relig.)* Annoncer, catéchiser, enseigner, *évangéliser*, instruire. 2. Conseiller, exhorter, préconiser, prôner, *recommander*. 3. *(Péj.)* Endoctriner, moraliser, *sermonner*. ◆ ANT. 2. Combattre, déconseiller, dénoncer, s'opposer. 3. Féliciter, louanger.

PRÊCHEUR ◆ SYN. 1. Prédicateur. 2. *(Péj.)* Moralisateur, radoteur *(fam.)*, raseur *(fam.)*, *sermonneur*.

PRÊCHI-PRÊCHA ◇ v. Sermon

PRÉCIEUX ◆ SYN. 1. Avantageux, cher, estimable, important, inappréciable, *inestimable*, parfait, rare, riche, unique, utile, valable. 2. Affecté, fleuri *(fig.)*, *maniéré*, raffiné, recherché. ◆ ANT. 1. Banal, commun, inutile, ordinaire, pauvre, vil. 2. Dépouillé, naturel, simple, spontané.

PRÉCIOSITÉ ◆ SYN. Affectation, afféterie, apprêt, élégance, *maniérisme*, raffinement, recherche. ◆ ANT. Désinvolture, naturel, simplicité, sobriété, spontanéité.

PRÉCIPICE ◆ SYN. 1. *Abîme*, cavité, gouffre, ravin. 2. Danger, *désastre*, malheur, ruine. ◆ ANT. 1. Élévation, sommet. 2. Bonheur, fortune, sécurité, succès.

PRÉCIPITATION ◆ SYN. 1. Accélération, célérité, diligence, *empressement*, fougue, impétuosité, promptitude, rapidité, soudaineté, vitesse, vivacité. 2. Bousculade, brusquerie, hâte, *impatience*, irréflexion, pagaille *(fam.)*, ruée. ◆ ANT. 1. Atermoiement, douceur, indolence, lenteur, modération, retenue. 2. Attente, calme, discipline, ordre, patience.

PRÉCIPITER ◆ SYN. ▷ *V. tr.* 1. *Entraîner*, envoyer, jeter, plonger, pousser. 2. Accélérer, activer, avancer, bousculer, brusquer, forcer, hâter, *presser*. ▷ *V. pr.* 3. *Se jeter*, se lancer, piquer une tête, tomber. 4. Accourir, bondir, courir, foncer, *s'élancer*, se jeter, se lancer, se ruer, sauter, voler. 5. Se dépêcher, *s'empresser*, se hâter. ◆ ANT. 1. Hisser, sortir de, tirer de. 2. Attendre, atermoyer, différer, ralentir, remettre, retarder. 3. Émerger, jaillir, remonter. 4. S'éloigner, reculer. 5. S'attarder, ralentir, traîner.

PRÉCIS ◆ SYN. ▷ *Adj.* 1. Absolu, catégorique, clair, déterminé, distinct, explicite, fixé, formel, *net*. 2. Certain, *exact*, ponctuel, rigoureux. 3. Concis, *court*, laconique, serré. 4. *(Heure)* *Juste*, pétant *(fam.)*, pile, sonnant, tapant. ▷ *Nom* 5. Abrégé, bref historique, condensé, *résumé*, sommaire. 6. *(Manuel)* *Abrégé*, aide-mémoire, éléments, mémento, référentiel. ◆ ANT. 1. Ambigu, confus, douteux, équivoque, flou, imprécis, indéterminé, indistinct, obscur, vague. 2. Approchant, approximatif, incertain, indécis, inexact. 3. Diffus, étiré, prolixe, redondant. 4. Approximativement. 5. Enquête, rapport (détaillé). 6. Somme, traité.

PRÉCISÉMENT ◆ SYN. 1. Clairement, distinctement, *exactement*, fidèlement, justement, littéralement, rigoureusement, scrupuleusement. 2. À proprement parler, véritablement, *vraiment*. 3. *Au moment indiqué*, juste, justement, pile, tout juste. ◆ ANT. 1. Approximativement, confusément, indistinctement, inexactement, vaguement. 2. Aucunement, nul-

lement. 3. À contretemps, inopinément, mal à propos.

PRÉCISER ◆ SYN. ▷ *V. tr.* 1. Clarifier, *détailler*, expliciter. 2. Circonscrire, définir, déterminer, *établir*, fixer. 3. Énoncer, indiquer, souligner, *spécifier*, stipuler. ▷ *V. pr.* 4. *Se confirmer*, se dessiner, se rapprocher. ◆ ANT. 1. Compliquer, embrouiller, mêler. 2. Changer, modifier. 3. Éluder, escamoter, généraliser. 4. Décroître, s'éloigner, s'estomper, faiblir.

PRÉCISION ◆ SYN. 1. Clarté, concision, détermination, exactitude, justesse, *netteté*, régularité, rigueur. 2. Adresse, *dextérité*, doigté, sûreté. 3. *(Pl. surtout)* *Détails*, développements, données, explications, faits. ◆ ANT. 1. Ambiguïté, approximation, confusion, hésitation, imprécision, incertitude, inexactitude, vague *(n. masc.)*. 2. Gaucherie, maladresse, risque. 3. Généralités, imprécisions, rumeurs.

PRÉCOCE ◆ SYN. 1. Anticipé, avant terme, *hâtif*, prématuré. 2. *Avancé*, dégourdi, éveillé. ◆ ANT. 1. À terme, retardé, tardif. 2. Arriéré, attardé, benêt.

PRÉCONISER ◆ SYN. Conseiller, prêcher, prescrire, prôner, *recommander*. ◆ ANT. Critiquer, dénigrer, dénoncer.

PRÉCURSEUR ◆ SYN. ▷ *Nom* 1. *(Relig.)* Envoyé (de Dieu), *messager*. 2. Ancêtre, découvreur, défricheur, devancier, initiateur, *innovateur*, inspirateur, maître, pionnier, prédécesseur, prophète, visionnaire. ▷ *Adj.* 3. *Annonciateur*, avant-coureur, prémonitoire. ◆ ANT. 1. Messie. 2. Continuateur, disciple, épigone, héritier, successeur. 3. Avéré, confirmé.

PRÉDÉCESSEUR ◆ SYN. 1. *(Fonction, charge)* Devancier, *personne précédente*. 2. *(Œuvre)* Devancier, initiateur, inspirateur, maître, *précurseur*. 3. *(Pl. surtout)* *Ancêtres*, devanciers, précurseurs. ◆ ANT. 1. Nouveau, successeur, suivant. 2. Continuateur, disciple, épigone, héritier, successeur. 3. Contemporains, successeurs.

PRÉDESTINER ◆ SYN. 1. *(Relig.)* Appeler. 2. Décider (d'avance), *destiner*, disposer, fixer, marquer, réserver, vouer. ♦ ANT. 1. Damner. 2. Exclure, interdire, soustraire à.

PRÉDICATION ◇ v. **Sermon**

PRÉDICTION ♦ SYN. 1. Augure, divination, oracle, *prophétie*, vaticination. 2. Annonce, destin, horoscope, pronostic, *prévision*. ♦ ANT. 1-2. Confirmation, infirmation, réalisation.

PRÉDILECTION ♦ SYN. Faible *(n.)*, goût (marqué), inclination, penchant, *préférence*. ♦ ANT. Aversion, dédain, dégoût, exclusion, rejet, répugnance, répulsion.

PRÉDIRE ♦ SYN. 1. Annoncer, dévoiler, *prophétiser*, vaticiner. 2. Augurer, deviner, lire, *présager*, prévoir, pronostiquer. ♦ ANT. 1-2. Confirmer, infirmer, se produire, se réaliser.

PRÉDISPOSÉ ◇ v. **Enclin**

PRÉDISPOSER ♦ SYN. Amener, conditionner, *incliner*, influencer, porter à, pousser à, préparer. ♦ ANT. Décourager, dissuader, éloigner, indisposer, surprendre.

PRÉDISPOSITION ♦ SYN. 1. *Aptitude*, dispositions, inclination, instinct (naturel), penchant, propension, tendance (naturelle), talent, vocation. 2. *(Méd.)* Disposition, *susceptibilité*, tendance (innée). ♦ ANT. 1. Aversion, inaptitude, lacune. 2. Immunité, résistance.

PRÉDOMINANCE ♦ SYN. Avantage, *domination*, prééminence, prépondérance, primauté, règne, supériorité, suprématie. ♦ ANT. Désavantage, infériorité, subordination.

PRÉDOMINANT ♦ SYN. Capital, *dominant*, majeur, prééminent, premier, prépondérant, primordial, principal, supérieur. ♦ ANT. Accessoire, inférieur, marginal, mineur, secondaire.

PRÉDOMINER ♦ SYN. *Dominer*, s'imposer, l'emporter, prévaloir, primer, régner, triompher. ♦ ANT. Égaler, s'incliner, passer après.

PRÉÉMINENCE ♦ SYN. Autorité, avantage, dessus, hégémonie, prédominance, préférence, prépondérance, primauté, règne, *supériorité*, suprématie. ♦ ANT.

Désavantage, dessous, détriment, infériorité.

PRÉFACE ♦ SYN. Avant-propos, avertissement, avis, introduction, liminaire, notice, préambule, *présentation*, prolégomènes, prologue. ♦ ANT. Épilogue, postface.

PRÉFÉRABLE ♦ SYN. *Meilleur*, mieux, supérieur. ♦ ANT. Inférieur, mauvais, pire, secondaire.

PRÉFÉRÉ ♦ SYN. ▷ *Adj.* 1. Attitré, chéri, choisi, choyé, de prédilection, *privilégié*. ▷ *Nom* 2. Chouchou *(fam.)*, coqueluche *(fam.)*, *favori*. ♦ ANT. 1. Détesté, haï, rejeté, sacrifié. 2. Brebis galeuse, souffre-douleur, victime.

PRÉFÉRENCE ♦ SYN. 1. *(Pers.)* Affection, attirance, égards, faible *(n.)*, inclination, ménagements, penchant, *prédilection*, sympathie. 2. *(Ch.)* *Avantage*, faveur, partialité, prééminence, privilège. 3. Adoption, *choix*, élection, sélection. ♦ ANT. 1. Antipathie, aversion, brusquerie, exclusion, répulsion, ressentiment. 2. Défaveur, désavantage, détriment, partialité, préjudice. 3. Abstention, refus, rejet.

PRÉFÉRER ♦ SYN. Adopter, aimer mieux, chérir, *choisir*, élire, estimer le plus, incliner pour, opter, pencher pour. ♦ ANT. Abhorrer, dénigrer, déprécier, détester, éliminer, exclure, haïr, rejeter.

PRÉHISTORIQUE ♦ SYN. *(Fig.)* Anachronique, antédiluvien, arriéré, *démodé*, dépassé, désuet, suranné, vieillot. ♦ ANT. Actuel, avant-gardiste, contemporain, moderne, nouveau, récent.

PRÉJUDICE ♦ SYN. Atteinte, dam, désavantage, détriment, dommage, injustice, lésion, mal, *tort*. ♦ ANT. Aide, assistance, avantage, bénéfice, bien, bienfait, secours, service.

PRÉJUDICIABLE ♦ SYN. Attentatoire, contraire, défavorable, dommageable, nocif, *nuisible*, pernicieux. ♦ ANT. Avantageux, bienfaisant, bon, favorable, profitable, salutaire, utile.

PRÉJUGÉ ♦ SYN. A priori, idée toute faite, partialité, *parti pris*, préconception,

prénotion, prévention, subjectivité. ♦ ANT.
Impartialité, objectivité, réflexion.

PRÉLASSER (SE) ♦ SYN. *S'abandonner*,
se détendre, s'installer (confortablement),
se la couler douce, paresser, prendre ses
aises, se relaxer, se reposer, se vautrer.
♦ ANT. S'activer, se dépenser, se fatiguer,
peiner, se tourmenter, travailler, trimer.

PRÉLAT ♦ SYN. *(Égl.)* Archevêque, cardinal, évêque, *haut dignitaire*, monseigneur, pontife.

PRÉLÈVEMENT ♦ SYN. 1. Piqûre, ponc-
tion, *prise*. 2. *(Tissu, organe)* Biopsie. 3. Imposition, levée, *retenue*. ♦ ANT. 3. Débours,
remboursement.

PRÉLEVER ♦ SYN. 1. Enlever, extraire,
ôter, percevoir, *prendre*, retenir, retirer,
soustraire. 2. Exiger, *imposer*. ♦ ANT.
1. Ajouter, compléter, donner. 2. Dégrever,
dispenser.

PRÉLIMINAIRE ♦ SYN. ▷ *Nom pl.* 1. Arrangements, discussions, négociations, *préparatifs*. 2. *Commencement*, entrée en
matière, introduction, préambule, prélude, prologue. ▷ *Adj.* 3. Préalable, *préparatoire*. ♦ ANT. 1. Armistice, conclusion, traité
(de paix). 2. Accomplissement, acte, développement, fin. 3. Clos, final, terminal.

PRÉLUDE ♦ SYN. 1. *(Mus.)* *Introduction*,
ouverture. 2. *Annonce*, avant-goût, commencement, préambule, préfiguration,
préliminaires, présage, prodrome, prologue. ♦ ANT. 1. Coda, finale *(masc.)*. 2. Conclusion, épilogue, fin, réalisation.

PRÉLUDER ♦ SYN. 1. *Essayer* (sa voix),
s'exercer, improviser, se préparer. 2. *Commencer par*, jouer en premier. 3. *Annoncer*, préfigurer, présager. ♦ ANT. 1. Exécuter, jouer. 2. Achever, conclure, terminer.
3. Se produire, se réaliser.

PRÉMATURÉ ♦ SYN. 1. *Anticipé*, hâtif.
2. Avancé, *précoce*. 3. Avant terme. ♦ ANT.
1. Mûr, propice, tardif. 2. Attardé, lent.
3. À terme.

PRÉMÉDITÉ ♦ SYN. Calculé, concerté,
étudié, intentionnel, mûri, *préparé*, pro-
jeté, réfléchi. ♦ ANT. Automatique, inconscient, involontaire, irréfléchi, spontané.

PRÉMÉDITER ♦ SYN. Calculer, combiner, concerter, mijoter *(fam.)*, mûrir, *préparer*, projeter, tramer. ♦ ANT. Accomplir,
exécuter, improviser, renoncer.

PRÉMICES ♦ SYN. *Commencement*,
début, genèse, origine, principe. ♦ ANT.
1. Achèvement, fin, mort, terme.

PREMIER ♦ SYN. ▷ *Adj.* 1. Initial, liminaire, original, *originel*, primaire, prime,
princeps *(éd.)*, prochain, un. 2. Ancien,
antérieur, *primitif*. 3. Capital, dominant,
essentiel, fondamental, indispensable,
nécessaire, *primordial*, principal, vital.
4. En tête, *meilleur*, supérieur. ▷ *Nom*
5. Aïeul, *ancêtre*, devancier, doyen.
6. *Aîné*, premier-né. 7. Auteur, créateur,
fondateur, initiateur, inventeur, *pionnier*.
8. *Champion*, gagnant, lauréat, médaillé
(olympique), tenant du titre, vainqueur.
9. *Héros*, protagoniste. ♦ ANT. 1. Dernier,
deuxième, final, second, secondaire, terminal, ultime. 2. Actuel, moderne, récent,
ultérieur. 3. Accessoire, insignifiant, marginal, mineur, négligeable. 4. À la queue,
dernier, pire. 5. Contemporain, successeur.
6. Benjamin, cadet, dernier-né, puîné.
7. Épigone, successeur, suiveur. 8. Perdant.
9. Figurant, personnage secondaire.

PREMIÈREMENT ♦ SYN. Au préalable,
avant tout, d'abord, *en premier lieu*, préalablement, primo, tout d'abord. ♦ ANT.
Après, en dernier lieu, enfin, ensuite,
finalement, secundo.

PRÉMISSES ♦ SYN. 1. Affirmation,
axiome, fondement, postulat. 2. Amorce,
commencement, démonstration, exposé.
♦ ANT. 1. Conséquence, corollaire, résultat,
suite. 2. Conclusion, fin.

PRÉMONITION ◇ v. **Pressentiment**

PRÉMUNIR ♦ SYN. ▷ *V. tr.* 1. Aguerrir,
armer, avertir, garantir, garder, immuniser, *mettre en garde*, préserver, protéger,
vacciner. ▷ *V. pr.* 2. S'armer, s'assurer, *se
garantir*, se munir, se précautionner,
prendre ses précautions, se protéger.
♦ ANT. 1. Affecter, endurer, éprouver,
négliger de, subir. 2. S'aventurer, s'exposer, se hasarder.

PRENDRE ◆ SYN. ▷ *V. tr.* **1.** Agripper, attraper, empoigner, étreindre, ramasser, *saisir*, serrer, tenir, toucher à. **2.** *(Pour soi)* Accaparer, accepter, accueillir, acheter, adopter, *s'approprier*, s'attribuer, capter, emmener, emporter, mettre, prélever, se procurer, recevoir, recueillir, faire usage de, user, utiliser. **3.** Appréhender, *arrêter*, capturer, épingler *(fam.)*, mettre la main au collet. **4.** Arracher, confisquer, conquérir, dépouiller, *s'emparer de*, enlever, envahir, occuper, ôter, piquer *(fam.)*, ravir, se saisir de, voler. **5.** Absorber, avaler, boire, *consommer*, manger. **6.** S'adjoindre, *s'associer*, embaucher, employer, engager. **7.** Baiser *(fam.)*, *posséder*. **8.** *Embarquer*, emprunter, s'engager dans, monter dans. **9.** Coûter, demander, *exiger*, réclamer. **10.** *Considérer comme*, regarder comme, tenir pour. **11.** Contracter. **12.** Comprendre, considérer, *interpréter*, traduire. ▷ *V. intr.* **13.** Congeler, durcir, épaissir, *figer*. **14.** Marcher, *réussir*. ▷ *V. pr.* **15.** Se saisir, *se tenir*. **16.** Commencer à, *se mettre à*. **17.** S'accrocher. **18.** *(S'y prendre)* Procéder. **19.** *(S'en prendre à)* *Attaquer*, incriminer, prendre à partie. ◆ ANT. **1.** Desserrer, éloigner, jeter, lâcher, laisser échapper, lancer. **2.** Abandonner, céder, se départir de, donner, laisser, léguer, livrer, offrir, perdre, répudier, vendre. **3.** Libérer, relâcher. **4.** Évacuer, fuir, remettre, rendre, restituer, se retirer. **5.** S'abstenir, jeûner. **6.** Renvoyer, se séparer de. **7.** Éconduire, repousser. **8.** Débarquer, descendre, quitter, sortir. **9.** Dispenser, donner, exempter. **10.** Déconsidérer, méjuger, mésestimer. **11.** Annuler. **12.** Confondre, errer, se méprendre. **13.** Amollir, clarifier, dégeler, diluer, liquéfier. **14.** Échouer, foirer *(fam.)*, rater. **15.** Se dégager, retirer. **16.** Cesser, oublier. **17.** Se déprendre. **18.** Se tromper. **19.** Se défendre, riposter.

PRENEUR ◆ SYN. **1.** *(Dr.)* Locataire. **2.** *Acheteur*, acquéreur, client. **3.** *(Otages)* Ravisseur. ◆ ANT. **1.** Bailleur. **2.** Négociant, vendeur.

PRÉOCCUPATION ◆ SYN. **1.** Angoisse, difficulté, ennui, inquiétude, obsession, souci, tourment, tracas. **2.** Attention, désir, *pensée*, soin. ◆ ANT. **1.** Assurance, confiance, divertissement, éloignement, évasion, quiétude, sérénité. **2.** Indifférence, insouciance, négligence, oubli.

PRÉOCCUPER ◆ SYN. ▷ *V. tr.* **1.** Absorber, hanter, harceler, inquiéter, obséder, tourmenter, *tracasser*, travailler. ▷ *V. pr.* **2.** S'embarrasser de, s'inquiéter de, s'intéresser à, s'occuper de, penser à, songer à, *se soucier de*. ◆ ANT. **1.** Amuser, calmer, consoler, divertir, rasséréner, rassurer, tranquilliser. **2.** Se désintéresser de, se ficher *(fam.)*, se moquer de, n'avoir cure de, oublier.

PRÉPARATIFS ◆ SYN. **1.** Apprêts, arrangements, *dispositions*, élaboration, jalons, mesures, organisation, précautions, préparation. **2.** Préambule, prélude, *préliminaires*. ◆ ANT. **1.** Imprévoyance, improvisation, négligence, oubli. **2.** Accomplissement, fin.

PRÉPARATION ◆ SYN. **1.** *(Cuis.)* Composition, confection. **2.** Mets, *plat*, repas. **3.** Apprêts, arrangements, mise en train, organisation, plan, *préparatifs*. **4.** *(Peint.)* *Ébauche*, esquisse. **5.** Apprentissage, entraînement, *formation*, initiation, stage. **6.** Avertissement, préambule, *précaution*. ◆ ANT. **3.** Accomplissement, exécution, pratique, réalisation. **4.** Œuvre, tableau. **5.** Expérience, métier. **6.** Imprévoyance, insouciance, surprise.

PRÉPARATOIRE ◆ SYN. Exploratoire, préalable, *préliminaire*. ◆ ANT. Clos, final, postérieur, terminal.

PRÉPARER ◆ SYN. ▷ *V. tr.* **1.** Accommoder, aménager, *apprêter*, arranger, composer, concocter *(fam.)*, confectionner, disposer, dresser, façonner, mettre, mijoter, mitonner. **2.** Amorcer, défricher, dégrossir, ébaucher, *faciliter*, frayer, ouvrir, simplifier. **3.** Échafauder, élaborer, étudier, *organiser*, prévoir, programmer. **4.** *Avertir*, ménager, prévenir. **5.** *(Péj.)* Combiner, concerter, machiner, méditer, monter, mûrir, *ourdir*, préméditer, tramer. **6.** Destiner, *réserver*. **7.** Entraîner, *former*, instruire. **8.** *Annoncer*, présager, provoquer. ▷ *V. pr.* **9.** *S'apprêter à*, se disposer à, préluder à. **10.** *(Danger)*

Être imminent, gronder, guetter, **menacer**, planer, présager. ✦ ANT. 1. Décomposer, défaire, enlever, gâcher. 2. Compliquer, empêcher, nuire. 3. Improviser, négliger. 4. Brusquer, inquiéter, surprendre. 5. Déjouer, dénoncer, éventer, mettre en plein jour, révéler. 6. Épargner, exempter. 7. Abrutir, endoctriner. 8. Se produire, se réaliser. 9. Achever, terminer. 10. Arriver, éclater.

PRÉPONDÉRANCE ✦ SYN. Autorité, *domination*, hégémonie, influence, maîtrise, prééminence, primauté, supériorité. ✦ ANT. Assujettissement, dépendance, infériorité, subordination.

PRÉPONDÉRANT ✦ SYN. *Dominant*, prédominant, prééminent, premier, principal, supérieur ✦ ANT. Accessoire, assujetti, inférieur, second, secondaire, subalterne, subordonné.

PRÉPOSÉ ✦ SYN. Agent, *chargé*, commis, délégué, employé, représentant, responsable.

PRÉROGATIVE ✦ SYN. 1. Apanage, attribut, attribution, *avantage*, exclusivité, faveur, honneur, pouvoir, préséance, privilège. 2. *Don*, faculté.

PRÈS ✦ SYN. ▷ *Adv.* 1. *À côté*, à deux pas, à proximité, proche. ▷ *Loc. prép., près de* 2. *À côté de*, à deux pas de, à proximité de, autour de, aux abords de, non loin de, proche de. 3. En voie de, *sur le point de*. 4. Bientôt, *environ*, presque. ✦ ANT. 1. Loin. 2-3. Loin de. 4. Juste, pile, précis, tapant.

PRÉSAGE ✦ SYN. 1. *Augure*, auspices. 2. *Annonce*, avertissement, préambule, prélude, prodrome, signe avant-coureur, symptôme.

PRÉSAGER ✦ SYN. 1. *(Ch.) Annoncer*, augurer, avertir, indiquer, préluder. 2. *(Pers.)* Conjecturer, flairer, prédire, préfigurer, pressentir, présumer, *prévoir*, pronostiquer, prophétiser.

PRÉSCIENCE ✦ SYN. Anticipation, faculté, *intuition*, prémonition, pressentiment, prévision.

PRESCRIPTION ✦ SYN. 1. Commandement, impératif *(n.)*, instruction, *ordre*,

précepte, règle, règlement. 2. *(Méd.)* Avis, conseil, disposition, indication, *ordonnance*, recommandation. 3. *(Dr.)* Acquisition, *péremption*. ✦ ANT. 1-2. Dérogation, manquement, obéissance, respect. 3. Engagement, obligation.

PRESCRIRE ✦ SYN. 1. Commander, décréter, demander, dicter, disposer, enjoindre, exiger, fixer, imposer, *ordonner*, réclamer, vouloir. 2. *(Méd.) Conseiller*, préconiser, recommander. ✦ ANT. 1. Obéir, observer, subir. 2. Déconseiller, dissuader.

PRÉSENCE ✦ SYN. 1. *Existence*, fait, réalité. 2. Action, *influence*, prestige, rayonnement, rôle. 3. Caractère, dynamisme, *personnalité*, tempérament. 4. Compagnie, *entourage*, environnement, fréquentation, milieu, proches. ✦ ANT. 1. Absence, inexistence. 2. Carence, lacune, manque. 3. Fadeur, faiblesse, indolence. 4. Isolement, solitude.

PRÉSENT ✦ SYN. ▷ *Adj.* 1. *Assistant*, spectateur, témoin. 2. *Actuel*, contemporain, courant, immédiat, moderne. ▷ *Nom* 3. Actualité, *temps actuel*. 4. *Cadeau*, don, étrennes, oblation, offrande. ✦ ANT. 1. Absent. 2. Ancien, futur, passé. 3. Avenir, (temps) passé.

PRÉSENTABLE ✦ SYN. 1. *(Aspect physique, tenue)* Acceptable, *convenable*, correct, décent, digne, montrable, propre, soigné, sortable. 2. *(Vêtement)* Mettable, *portable*, sortable. ✦ ANT. 1. Déplacé, inacceptable, inconvenant, incorrect, malpropre, malséant. 2. Défraîchi, immettable, importable.

PRÉSENTATION ✦ SYN. 1. Allure, apparence, *maintien*, tenue. 2. *(Produit) Conditionnement*, emballage. 3. Défilé, exhibition, *exposition*, foire, lancement, manifestation, production, représentation, salon, spectacle. 4. Développement, *exposé*. 5. Avant-propos, avertissement, avis, introduction, notice, préambule, *préface*, prologue. 6. *(Pers.)* Accès, admission, entrée, *introduction*.

PRÉSENTATEUR ◇ V. Annonceur

PRÉSENTEMENT ◇ v. **Actuellement**

PRÉSENTER ✦ SYN. ▷ *V. tr.* **1.** Faire connaître, *introduire*. **2.** Arranger, disposer, étaler, exhiber, exposer, *montrer*, offrir, servir, tendre. **3.** *Proposer*, soumettre. **4.** Développer, expliquer, *exprimer*, formuler. ▷ *V. pr.* **5.** *(Pers.)* Assister, comparaître, se faire connaître, figurer, *se montrer*, paraître, se proposer. **6.** *(Ch.)* **Apparaître**, se dessiner, se former, se produire, survenir, venir. ✦ ANT. **1.** Congédier, ignorer, remercier. **2.** Cacher, éliminer, enlever, rayer, retenir, retirer, retrancher. **3.** Admettre, rejeter. **4.** Balbutier, bredouiller, se confondre en. **5.** S'absenter, se dérober, se désister, s'esquiver, filer. **6.** Disparaître, s'éclipser, s'effacer, s'estomper.

PRÉSERVATIF ✦ SYN. **1.** *(Homme)* Capote *(fam.)*, *condom*. **2.** *(Femme)* **Diaphragme**, pessaire, stérilet.

PRÉSERVATION ✦ SYN. **1.** Défense, garantie, *protection*. **2.** *Conservation*, maintien, sauvegarde. ✦ ANT. **1.** Abandon, destruction, dommage. **2.** Dégradation, détérioration, pollution.

PRÉSERVER ✦ SYN. **1.** Abriter, assurer, défendre, épargner, immuniser, prémunir, *protéger*, sauver. **2.** *Conserver*, garder, maintenir, sauvegarder. **3.** *(Droits)* Assurer, *garantir*, respecter. ✦ ANT. **1.** Contaminer, délaisser, déserter, détruire, exposer, nuire. **2.** Dégrader, détériorer, polluer. **3.** Brimer, porter atteinte à, priver de.

PRÉSIDER ✦ SYN. **1.** Animer, commander, conduire, *diriger*, mener, officier *(liturg.)*. **2.** *Organiser*, régler, surveiller, veiller à, voir à. ✦ ANT. **1.** Assister, servir. **2.** Laisser aller, négliger.

PRÉSOMPTION ✦ SYN. **1.** Conjecture, *hypothèse*, supposition. **2.** *(Dr.)* Accusation, *charge*, indice, preuve, soupçon. **3.** Arrogance, audace, fatuité, jactance, orgueil, outrecuidance, *prétention*, suffisance, témérité, vanité. ✦ ANT. **1.** Certitude, évidence. **2.** Alibi, culpabilité. **3.** Humilité, modestie, réserve, timidité.

PRÉSOMPTUEUX ◇ v. **Prétentieux**

PRESQUE ✦ SYN. À peu de chose près, à peu près, approximativement, environ, peu s'en faut, quasi, *quasiment*. ✦ ANT. Absolument, complètement, tout à fait.

PRESSANT ✦ SYN. **1.** Ardent, chaleureux, chaud, impératif, *insistant*, instant *(adj.)*, suppliant. **2.** Contraignant, impérieux, pressé, *urgent*. ✦ ANT. **1.** Calme, indifférent, patient. **2.** Facultatif, lent, retardé.

PRESSÉ ✦ SYN. **1.** Agité, empressé, *impatient*, nerveux. **2.** Impérieux, important, pressant, *urgent*. ✦ ANT. **1.** Calme, lent, patient, posé. **2.** Dilatoire, lent, négligeable, retardé.

PRESSENTIMENT ✦ SYN. **1.** Anticipation, divination, flair, idée, impression, instinct, intuition, précognition *(parapsychol.)*, *prémonition*, prescience, prévision, sentiment. **2.** Appréhension, *avertissement*, crainte, soupçon. ✦ ANT. **1.** Imprévision, mécompte. **2.** Assurance, certitude, confiance.

PRESSENTIR ✦ SYN. **1.** Deviner, se douter de, *prévoir*, sentir. **2.** *(Ch.)* Annoncer, augurer, *présager*. **3.** Déceler, entrevoir, *flairer (fig.)*, soupçonner, subodorer *(fig.)*. **4.** *(Pers.)* Approcher, interroger, *sonder*. ✦ ANT. **1.** S'aveugler, ignorer, méconnaître, se méprendre. **2.** Se produire, se réaliser. **3.** Confirmer, savoir. **4.** Exclure, rejeter.

PRESSER ✦ SYN. ▷ *V. tr.* **1.** Broyer, *comprimer*, contracter, écraser, entasser, étreindre, extraire, fouler, oppresser, pressurer, resserrer, serrer, tasser. **2.** Appliquer, *appuyer*, peser. **3.** *Contraindre*, influer sur, obliger à. **4.** *(Pers.)* Aiguillonner, assaillir, assiéger, bombarder *(fig.)*, bousculer, brusquer, courir après, harceler, poursuivre, *tourmenter*. **5.** Encourager, engager, *exhorter*, inciter à, insister auprès de, inviter, pousser à, prier, provoquer, solliciter. **6.** Accélérer, *activer*, avancer, hâter, précipiter. ▷ *V. intr.* **7.** *Être urgent*, urger *(fam.)*. ▷ *V. pr.* **8.** Se blottir. **9.** S'assembler, *s'entasser*, se masser. **10.** Courir, se dépêcher, s'empresser, se grouiller *(fam.)*, *se hâter*, se manier *(fam.)*. ✦ ANT. **1.** Décomprimer,

desserrer, dilater, disperser, écarter.
2. Effleurer, lâcher, retirer. 3. Exempter, libérer. 4. Attendre, calmer, éloigner, repousser, retenir. 5. Décourager, dissuader. 6. Freiner, modérer, ralentir, repousser, retarder. 7. Pouvoir attendre. 8. S'éloigner. 9. Se disperser. 10. S'attarder, lambiner, perdre son temps, traîner.

PRESSION ✦ SYN. 1. Compression, étreinte, force, impulsion, *serrement*. 2. Pesée, *poussée*. 3. Coercition, contrainte, empire, *influence*, obligation, sollicitation. ✦ ANT. 1. Décompression, desserrement, détente, relaxation. 2. Contrepoids, traction. 3. Aisance, indépendance, libération, liberté, résistance.

PRESSURER ✦ SYN. 1. Écraser, *presser*. 2. *Accabler*, égorger, épuiser, étrangler, exploiter, fatiguer, maltraiter, opprimer, saigner. ✦ ANT. 1. Extraire, tirer. 2. Aider, décharger, défendre, libérer, relever, soulager, soutenir.

PRESTANCE ◇ v. Port

PRESTATAIRE ✦ SYN. 1. Allocataire, *bénéficiaire*. 2. Pourvoyeur (de services).

PRESTATION ✦ SYN. 1. *Aide*, allocation, contribution, fourniture *(milit.)*, indemnité. 2. Performance. ✦ ANT. 1. Bénéfice, rendement, revenu. 2. Contre-performance.

PRESTE ✦ SYN. Adroit, *agile*, alerte, allègre, leste, prompt, rapide, souple, vif, vite. ✦ ANT. Engourdi, gauche, lent, lourd, maladroit.

PRESTIDIGITATEUR ✦ SYN. 1. Escamoteur, *illusionniste*, manipulateur. 2. Magicien.

PRESTIGE ✦ SYN. 1. *Ascendant*, autorité, crédit, empire, gloire, importance, influence, poids, puissance, rayonnement, réputation. 2. *Attrait*, auréole *(fig.)*, charisme, charme, envoûtement, fascination, séduction. ✦ ANT. 1. Déchéance, discrédit, médiocrité, nullité, obscurité. 2. Aversion, dégoût, répulsion.

PRESTIGIEUX ✦ SYN. 1. Célèbre, de marque, éminent, *fameux*, glorieux, illustre, marquant, renommé, réputé. 2. Admirable, brillant, éblouissant, étonnant,

extraordinaire, *grandiose*, héroïque, magnifique, prodigieux, remarquable. ✦ ANT. 1. Ignoré, méconnu, obscur. 2. Banal, commun, insignifiant, médiocre, ordinaire, piètre, usuel.

PRÉSUMÉ ◇ v. **Supposé**

PRÉSUMER ✦ SYN. 1. Augurer, conjecturer, présager, soupçonner, *supposer*. 2. Croire, *estimer*, penser. ✦ ANT. 1. Affirmer, assurer, certifier, prouver. 2. Douter, mésestimer.

PRÊT ✦ SYN. ▷ *Adj.* 1. Décidé à, *disposé à*, enclin à, mûr pour, paré, préparé, résolu à, sur le point de. ▷ *Nom* 2. Avance, *crédit*, emprunt, subside, subvention. ✦ ANT. 1. Attendu, en attente, en train de, hésitant, incertain, indécis, retardé. 2. Avoir, capital, liquidités.

PRÉTENDANT ✦ SYN. 1. *Aspirant*, candidat, postulant. 2. Amoureux, galant, *soupirant*. ✦ ANT. 1. Élu.

PRÉTENDRE ✦ SYN. ▷ *V. tr. dir.* 1. Affirmer, alléguer, arguer, avancer, déclarer, insinuer *(péj.)*, *soutenir*. 2. Escompter, espérer, se faire fort de, se flatter, se persuader, se piquer, se prévaloir, se targuer, *se vanter*. ▷ *V. tr. ind.* 3. Demander (impérativement), *exiger*, réclamer, revendiquer, tenir à. 4. Ambitionner, *aspirer à*, désirer, rechercher, souhaiter, tendre à, viser, vouloir. ▷ *V. pr.* 5. Se déclarer, *se dire*, s'ériger en, s'imaginer, se poser en, se présenter comme. ✦ ANT. 1. Assurer, certifier, garantir, prouver. 2. Se discréditer, échouer. 3. Abdiquer, se désister, renoncer. 4. Craindre, douter, se résigner. 5. Être réellement, prouver.

PRÉTENDU ✦ SYN. Apparent, dit, faux, présumé, pseudo-, soi-disant, *supposé*. ✦ ANT. Authentique, avéré, certain, réel, sûr, vrai.

PRÊTE-NOM ✦ SYN. 1. *Intermédiaire*, mandataire, représentant. 2. *(Péj.)* *Complice*, homme de paille.

PRÉTENTIEUX ✦ SYN. 1. Arrogant, crâneur *(fam.)*, cuistre, faraud, fat, fier *(péj.)*, hautain, immodeste, important *(péj.)*, infatué, orgueilleux, outrecuidant, pimbêche, présomptueux, superbe *(péj.)*, suffisant, supérieur *(péj.)*, *vaniteux*. **2.** *Affecté*, guindé, maniéré, pédant, pincé, pontifiant, poseur, snob. ◆ ANT. **1.** Affable, effacé, humble, modeste, timide. **2.** Aisé, dépouillé, naturel, simple, spontané.

PRÉTENTION ◆ SYN. **1.** Exigence, réclamation, requête, *revendication*. **2.** *Ambition*, aspiration, désir, velléité, visées. **3.** Arrogance, fatuité, gloriole, jactance, orgueil, outrecuidance, présomption, snobisme, suffisance, superbe *(n., péj.)*, supériorité *(péj.)*, *vanité*. ◆ ANT. **3.** Humilité, modestie, simplicité.

PRÊTER ◆ SYN. ▷ *V. tr. dir.* **1.** Accorder, avancer, fournir, *mettre à la disposition de*, procurer. **2.** *Attribuer*, imputer, supposer. ▷ *V. tr. ind.* **3.** Donner lieu à, *donner matière à*. ▷ *V. intr.* **4.** *(Tissu)* *S'étirer*, s'étendre. ▷ *V. pr.* **5.** S'accommoder, *consentir*, se plier à, supporter. ◆ ANT. **1.** Emprunter, rembourser, remettre. **2.** Assurer, certifier, prouver. **3.** Contrer, empêcher. **4.** Mouler, serrer. **5.** Se rebiffer, regimber, résister.

PRÊTEUR ◆ SYN. Bailleur (de fonds), banquier, *créancier*, usurier *(péj.)*. ◆ ANT. Débiteur, emprunteur, obligé, preneur.

PRÉTEXTE ◆ SYN. **1.** Alibi, allégation, couverture, échappatoire, *excuse*, fauxfuyant, faux motif, parapluie, paravent, raison, subterfuge. **2.** *Justification*, occasion, point de départ. ◆ ANT. **1.** Fait, fond de l'affaire, motif véritable, réalité, vérité. **2.** Dessein, intention (véritable), point d'arrivée.

PRÉTEXTER ◆ SYN. **1.** Alléguer, arguer, s'autoriser, *invoquer*, objecter, opposer, prétendre. **2.** Affecter, faire croire, *feindre*, simuler. ◆ ANT. **1.** Assurer, certifier, prouver. **2.** Dévoiler, révéler.

PRÊTRE ◆ SYN. Abbé, aumônier, chanoine, curé, *ecclésiastique*, membre du clergé, ministre du culte, pasteur, vicaire. ◆ ANT. Laïc, ouailles, paroissien.

PRÊTRISE ▷ V. **Sacerdoce**

PREUVE ◆ SYN. **1.** Argument, charge *(dr.)*, *confirmation*, critère, démonstration, évidence, fondement, justification, raison,

vérification. **2.** Gage, garantie, indice, manifestation, *marque*, signe, témoignage. ◆ ANT. **1.** Allégation, doute, incertitude, soupçon.

PRÉVALOIR ◆ SYN. ▷ *V. intr.* **1.** *Dominer*, l'emporter, prédominer, primer, régner, triompher. ▷ *V. pr.* **2.** Alléguer, *faire valoir*, tirer avantage de. **3.** S'enorgueillir, faire grand cas de, *se flatter*, se glorifier, se piquer, se targuer, tirer vanité de, se vanter. ◆ ANT. **1.** Égaler, s'incliner, passer après. **2.** Se priver de, renoncer à. **3.** Faire peu de cas de, se suffire.

PRÉVARICATION ◆ SYN. Déloyauté, déprédation, *forfaiture*, infidélité, malversation, trahison. ◆ ANT. Dévouement, fidélité, honnêteté, loyauté.

PRÉVENANCE ◆ SYN. **1.** Bienveillance, *obligeance*. **2.** *(Pl.)* Amabilités, attentions, bontés, délicatesses, *égards*, gentillesses, petits soins. ◆ ANT. **1.** Brusquerie, désobligeance, malveillance. **2.** Avanies, grossièretés, impolitesses, indélicatesses, négligences.

PRÉVENANT ◆ SYN. **1.** Aimable, attentif, *attentionné*, bienveillant, complaisant, délicat, déférent, gentil, empressé, obligeant, officieux, secourable, serviable. **2.** *(Ch.)* Agréable, *avenant*. ◆ ANT. **1.** Arrogant, brusque, déplaisant, désobligeant, égoïste, grossier, impoli, indifférent, malveillant. **2.** Désagréable, rebutant.

PRÉVENIR ◆ SYN. **1.** Aller au-devant de, anticiper, *devancer*, précéder. **2.** Mettre en garde. **3.** Alerter, avertir, *aviser*, faire savoir, informer. **4.** Détourner, écarter, empêcher, *éviter*, obvier à, parer à, prémunir contre. ◆ ANT. **1.** Retarder, tarder. **2.** Sévir. **3.** Cacher, taire. **4.** S'exposer à, produire, provoquer.

PRÉVENTION ◆ SYN. **1.** Antipathie, défiance, hostilité, *méfiance*, partialité, parti pris, préjugé. **2.** *Emprisonnement*, incarcération. **3.** Dissuasion, mise en garde, *précaution*, prophylaxie. ◆ ANT. **1.** Confiance, impartialité, sympathie. **2.** Élargissement, libération. **3.** Imprévoyance, imprudence, risque.

PRÉVENU ♦ SYN. Accusé, *inculpé*, suspect. ♦ ANT. Coupable, disculpé, innocenté.

PRÉVISION ♦ SYN. ▷ *Sing.* 1. Anticipation, *connaissance de l'avenir*, divination, flair, intuition, pari, précognition, prédiction, prémonition, présage, prescience, pressentiment, projection, prophétie, prospective, supposition. ▷ *Pl. surtout* 2. Calculs, conjectures, estimations, probabilités, *pronostics*, sondages, statistiques, supputations. 3. *Attentes*, espérances. ♦ ANT. 1. Imprévision, mécompte. 2. Écart, marge d'erreur. 3. Fatalité, sort.

PRÉVOIR ♦ SYN. 1. *Anticiper*, s'attendre à, augurer, calculer, conjecturer, deviner, entrevoir, flairer, prédire, présager, pressentir, présumer, pronostiquer, prophétiser. 2. *Envisager*, penser à. 3. Apprêter, arranger, organiser, *préparer*, programmer. ♦ ANT. 1. S'aventurer, ignorer, méconnaître. 2. Excepter, oublier. 3. Improviser.

PRÉVOYANCE ♦ SYN. Circonspection, clairvoyance, précaution, *prudence*, sagesse, vigilance. ♦ ANT. Étourderie, imprévoyance, imprudence, insouciance, laisser-aller, négligence.

PRÉVOYANT ♦ SYN. Avisé, circonspect, clairvoyant, précautionneux, *prudent*, réfléchi, sage, vigilant. ♦ ANT. Étourdi, imprévoyant, imprudent, insouciant, irréfléchi, négligent.

PRIER ♦ SYN. 1. Adorer, *invoquer*. 2. Appeler, demander, implorer, insister, presser, *solliciter*, supplier. 3. Convier, *inviter*. ♦ ANT. 1. Blasphémer, jurer, sacrer *(québ., fam.)*. 2. Accorder, agréer, dédaigner, refuser. 3. Répondre à.

PRIÈRE ♦ SYN. 1. Adoration, déprécation, dévotion, élévation, intercession, *invocation*, litanies, neuvaine, obsécration, oraison, orémus, patenôtre. 2. Adjuration, demande, imploration, instance, requête, *supplication*, supplique. 3. *Invitation*, sollicitation. ♦ ANT. 1. Blasphème, juron, profanation, sacre *(québ.)*, sacrilège. 2. Acceptation, refus. 3. Réponse.

PRIMAIRE ♦ SYN. 1. Premier (degré). 2. *(Couleur)* Fondamental. 3. *(Géol.)* Paléo-

zoïque. 4. *(Écon.)* Producteur (de matières premières). 5. Borné, *simpliste*, sommaire. ♦ ANT. 1. Second (degré), secondaire. 2. Complémentaire. 3. Mésozoïque. 4. Secondaire (de transformation), tertiaire (de services). 5. Complexe, profond, subtil.

PRIMAUTÉ ◇ V. Prééminence

PRIME ♦ SYN. ▷ *Nom* 1. Avantage, boni, bonus, *gratification*, rémunération (supplémentaire), supplément. 2. *(Assurance)* Somme à payer. 3. Aide, *encouragement*, récompense, subvention. 4. *Cadeau*, remise, ristourne. ▷ *Adj.* 5. Premier. ♦ ANT. 1. Paie (paye) régulière, salaire. 2. Dédommagement, indemnité. 3. Amende. 4. Augmentation, punition. 5. Avancé, second.

PRIMER ♦ SYN. 1. *Couronner*, récompenser. 2. *Dominer*, s'imposer, l'emporter, prédominer, prévaloir, régner, triompher. ♦ ANT. 1. Condamner, pénaliser, sanctionner. 2. Égaler, s'incliner, passer après.

PRIMESAUTIER ♦ SYN. Ardent, fringant, impulsif, naturel, sémillant, *spontané*, vif. ♦ ANT. Calculateur, prudent, réfléchi, sage.

PRIMEUR ♦ SYN. 1. *(Journal.)* *Exclusivité*, nouvelle (importante), scoop *(anglic.)*. 2. Fraîcheur, innovation, *nouveauté*. ♦ ANT. 1. Secret de Polichinelle. 2. Fadeur, vétusté.

PRIMITIF ♦ SYN. 1. Initial, originaire, *originel*, premier, primordial. 2. Ancien, *archaïque*, sauvage. 3. Brut, élémentaire, fruste, grossier, inculte, *rudimentaire*, simple. ♦ ANT. 1. Actuel, contemporain, dernier, final, récent, second. 2. Avancé, civilisé, moderne. 3. Cultivé, évolué, perfectionné, raffiné.

PRIMORDIAL ♦ SYN. 1. Originel, *premier*, primitif. 2. Capital, *essentiel*, fondamental, indispensable, nécessaire, principal, vital. ♦ ANT. 1. Dernier, récent, second. 2. Accessoire, insignifiant, mineur, négligeable, secondaire.

PRINCE ♦ SYN. 1. *Altesse*, empereur, grand-duc, monarque, roi, seigneur, souverain. 2. *Dauphin*, infant. 3. *(Égl.)* Monseigneur, *prélat*. 4. *(Fig.)* Célébrité, gloire,

grand de ce monde, **sommité. 5.** *(Contes)*
Grand seigneur, *personnage princier.*

PRINCESSE ♦ SYN. **1.** *Altesse*, grande-
duchesse, impératrice, souveraine. **2.** In-
fante. **3.** *(Péj.)* Capricieuse, *prétentieuse.*
♦ ANT. **3.** Raisonnable, simple.

PRINCIER ♦ SYN. **1.** Fastueux, luxueux,
magnifique, opulent, royal, seigneu-
rial, *somptueux*, splendide. **2.** *(Air princier)*
De grand seigneur, *digne*, noble. ♦ ANT.
1. Modeste, pauvre, simple. **2.** Bas, grossier, vulgaire.

PRINCIPAL ♦ SYN. ▷ *Adj.* **1.** Capital, cardinal, central, décisif, dominant, essentiel,
fondamental, grand, important, meilleur,
prédominant, primordial. ▷ *Nom* **2.** *(Fin.)*
Capital. ♦ ANT. **1.** Accessoire, complémentaire, contingent, dépendant, secondaire,
subordonné. **2.** Intérêts.

PRINCIPALEMENT ♦ SYN. Avant tout,
essentiellement, particulièrement, surtout. ♦ ANT. Accessoirement, incidemment, secondairement, subsidiairement.

PRINCIPE ♦ SYN. ▷ *Sing.* **1.** Agent, auteur,
cause, commencement, créateur, début,
ferment, *fondement*, idée, origine, point
de départ, raison, source. **2.** *(Log.)* Axiome,
base, donnée, hypothèse, *postulat*, prémisses. **3.** *(Sc.)* Énoncé, formule, *loi fonda-
mentale*, proposition, théorie, vérité fon-
damentale. ▷ *Pl.* **4.** *(Sc.)* Abc, connaissances,
éléments, rudiments. **5.** *(Morale)* Lois, maxi-
mes, modèles, normes, *préceptes*, règles.
♦ ANT. **1.** Achèvement, couronnement, conclusion, effet, fin, résultat. **2.** Conséquence, corollaire, suite. **3.** Erreur, fausseté. **4.** Approfondissement, érudition,
savoir. **5.** Écarts, égarements, errements,
inconduite.

PRINTANIER ♦ SYN. **1.** *(Didact.)* Vernal.
2. Fleuri, *frais*, gai, jeune, léger, neuf, nouveau. ♦ ANT. **1.** Automnal. **2.** Éteint, flétri,
suranné, usé, vieillot, vieux.

PRINTEMPS ♦ SYN. **1.** Déblocage, dégel,
regain, régénération, renaissance, *renou-
veau*, réveil. **2.** *(Pl., fig.)* Années. ♦ ANT. **1.** Blocage, engourdissement, gel, immobilisme,
inertie, stagnation.

PRIORITÉ ♦ SYN. **1.** Antériorité, *préséance.* **2.** Primauté. **3.** *Droit de passer*,
permission. **4.** *(En priorité)* *D'abord*, en premier lieu. ♦ ANT. **1.** Postérité. **2.** Infériorité.
3. Attente, interdiction. **4.** Après, en second
lieu, ensuite.

PRISE ♦ SYN. **1.** *Préhension*, serrement.
2. Butin, *capture*, conquête, enlèvement,
occupation, proie. **3.** Coagulation, durcissement, gel, *solidification.* **4.** Emprise,
influence. ♦ ANT. **1.** Abandon, desserrement. **2.** Libération, restitution. **3.** Amollissement, liquéfaction, vaporisation.
4. Émancipation, résistance.

PRISER ♦ SYN. **1.** *(Tabac)* *Aspirer* (par le
nez), prendre. **2.** Aimer, *apprécier*, estimer. ♦ ANT. **1.** Chiquer *(bouche).* **2.** Déprécier,
dépriser, mépriser, mésestimer.

PRISON ♦ SYN. **1.** Bagne, cachot, cage
(fam.), cellule, centre de détention, geôle,
pénitencier, taule *(fam.)*, violon *(fam.).* **2.** Captivité, détention, *emprisonnement*, incarcération, prévention, réclusion. ♦ ANT.
1. Liberté. **2.** Évasion, libération, mise en
liberté, sortie de.

PRISONNIER ♦ SYN. ▷ *Nom* **1.** Bagnard,
captif, condamné, *détenu*, forçat, otage.
▷ *Adj.* **2.** Captif, *détenu*, incarcéré, interné,
séquestré. **3.** *Enfermé*, reclus. **4.** Asservi,
esclave. ♦ ANT. **2.** Délié, délivré, évadé,
libéré, libre. **3.** Dégagé, sorti de. **4.** Affranchi, émancipé.

PRIVATION ♦ SYN. ▷ *Sing.* **1.** Absence,
défaut, insuffisance, *manque*, perte, vide.
2. *Interdiction*, restriction, suppression.
▷ *Pl.* **3.** Abstinence, jeûne, renoncement,
sacrifices. **4.** Dépouillement, gêne, indigence, *pauvreté.* ♦ ANT. **1.** Abondance,
excès, foison, profusion, suffisance.
2. Droit, jouissance, permission. **3.** Joies,
nécessités, plaisirs (de la vie). **4.** Opulence,
richesse.

PRIVAUTÉS ♦ SYN. Caresses, *familiarités*, libertés, licences, sans-façon, sans-
gêne. ♦ ANT. Civilités, discrétion, réserve,
respect, retenue.

PRIVÉ ♦ SYN. **1.** Dénué, *dépourvu.* **2.** Individuel, intime, particulier, *personnel*,

réservé. **3.** *(Information, source)* Anonyme, non confirmé, *officieux*. ◆ ANT. **1.** Muni, nanti, pourvu. **2.** Collectif, commun, étatique, général, public. **3.** Confirmé, officiel.

PRIVÉMENT ◆ SYN. En particulier, en privé, en secret, *intimement*, particulièrement, personnellement. ◆ ANT. Ostensiblement, ouvertement, publiquement.

PRIVER ◆ SYN. ▷ *V. tr.* **1.** Déposséder, dépouiller, destituer, *enlever*, frustrer, ôter, retirer, sevrer, spolier. ▷ *V. pr.* **2.** S'abstenir, s'empêcher de, se passer de, se refuser, *renoncer à*. ◆ ANT. **1.** Accorder, donner, fournir, gratifier, munir, pourvoir, respecter, satisfaire. **2.** S'accorder, jouir de, se permettre.

PRIVILÈGE ◆ SYN. **1.** Apanage, attribution, *avantage*, concession, droit (exclusif), exclusivité, exemption, immunité, monopole, passe-droit, pouvoir, préférence, prérogative. **2.** Apanage (naturel), bénéfice, *don*, faculté, faveur, grâce. ◆ ANT. **1.** Désavantage, handicap, inconvénient, infériorité, injustice, obstacle, préjudice. **2.** Absence, défaut, manque.

PRIVILÉGIÉ ◆ SYN. Avantagé, chanceux, choisi, élu, favori, *favorisé*, fortuné, gâté, préféré, riche. ◆ ANT. Défavorisé, désavantagé, handicapé, infortuné, malchanceux, malheureux, pauvre.

PRIX ◆ SYN. **1.** Change, cote, cours, coût, estimation, *évaluation*, marché, montant, somme, tarif, taux, total, valeur. **2.** *Importance*, mérite, qualité. **3.** Conséquence (inéluctable), *rançon*, sanction, tribut. **4.** Coupe, médaille, *récompense*. **5.** *(Pers.)* Lauréat. **6.** Épreuve (sportive).

PROBABILITÉ ◆ SYN. **1.** Apparence, crédibilité, plausibilité, *vraisemblance*. **2.** *(Sing. ou pl.)* Chance *(favorable)*, éventualité, *possibilité*, risque *(défavorable)*. **3.** Calcul, combinaison, fréquence, martingale *(jeu de hasard)*, *statistiques*. **4.** *(Pl. surtout)* Conjectures, présomptions, prévisions, *suppositions*, supputations. ◆ ANT. **1.** Improbabilité, invraisemblance. **2.** Impossibilité. **3.** Hasard, impondérable. **4.** Écart, marge d'erreur.

PROBABLE ◆ SYN. Plausible, *possible*, vraisemblable. ◆ ANT. Impossible, improbable, invraisemblable.

PROBABLEMENT ◆ SYN. Peut-être, sans doute, *vraisemblablement* ◆ ANT. Assurément, fatalement, forcément, obligatoirement.

PROBANT ◆ SYN. Concluant, *convaincant*, décisif, éloquent, péremptoire. ◆ ANT. Discutable, douteux, incertain, secret.

PROBE ◆ SYN. Droit, fidèle, honnête, incorruptible, *intègre*, loyal. ◆ ANT. Corruptible, déloyal, dépravé, fourbe, malhonnête, vénal.

PROBITÉ ◆ SYN. Droiture, fidélité, honnêteté, impartialité, incorruptibilité, *intégrité*, justice, loyauté, rectitude. ◆ ANT. Déloyauté, fourberie, improbité, infidélité, malhonnêteté, partialité.

PROBLÉMATIQUE ◆ SYN. **1.** Aléatoire, conjectural, *douteux*, équivoque, hasardeux, hypothétique, incertain, suspect. **2.** *Difficile*, litigieux, malaisé. ◆ ANT. **1.** Certain, évident, formel, incontestable, indubitable, manifeste, probant, sûr. **2.** Aisé, facile.

PROBLÈME ◆ SYN. **1.** Colle *(fam.)*, interrogation, *question*. **2.** Casse-tête *(fam.)*, *difficulté*, embarras, ennui, hic *(fam.)*, obstacle, os *(fam.)*. **3.** Cas, *énigme*. **4.** *(Pl.)* Conflits, difficultés, *troubles*, vagues. ◆ ANT. **1.** Réponse. **2.** Résultat, solution. **3.** Clé, lumière. **4.** Intervention, remède, traitement.

PROCÉDÉ ◆ SYN. **1.** Formule, manière, *méthode*, moyen, processus, système, technique. **2.** *(Pl.)* Agissements *(péj.)*, *comportement*, conduite, façons, manières. **3.** *(Péj.)* Artifice, ficelle, recette, secret, truc *(fam.)*.

PROCÉDER ◆ SYN. **1.** *Agir*, opérer, s'y prendre. **2.** *(Procéder à)* Effectuer, *exécuter*, faire. **3.** *(Procéder de)* Découler, dépendre, dériver, émaner, participer, *provenir*, tenir, venir.

PROCÉDURE ◆ SYN. **1.** Façon, marche, mécanisme, méthode, mode, moyen, *procédé*, processus, stratégie, tactique, technique. **2.** *(Dr.)* Démarches, **formalités**, pratique, procès, règles. ◆ ANT. **1.** Arrêt, suspension. **2.** Défaut, entorse, vice (de procédure).

PROCÈS ◆ SYN. **1.** Action, plainte, **poursuite**. **2.** Affaire, cause, débats, instance, instruction, **procédure**. **3.** Conflit, contestation, différend, **litige**. **4.** *(Fig.)* Accusation, attaque, **condamnation**, critique. ◆ ANT. **1.** Désistement, retrait. **2.** Abandon, annulation, suspension. **3.** Entente, règlement. **4.** Acceptation, approbation, éloge.

PROCESSION ◆ SYN. **1.** *(Relig.)* Cérémonie, **cortège**, défilé, marche. **2.** File, queue, succession, **suite**, théorie.

PROCESSUS ◆ SYN. **1.** Déroulement, développement, dynamique *(n.)*, **évolution**, progrès, progression. **2.** Fonctionnement, marche, mécanisme, méthode, procédé, **procédure**, suite. ◆ ANT. **1.** Fixité, immobilisme, régression, stagnation. **2.** Arrêt, suspension.

PROCÈS-VERBAL ◆ SYN. **1.** Compte rendu, **rapport**, recès *(diplom.)*. **2.** Amende, constat, **contravention**.

PROCHAIN ◆ SYN. ▷ *Adj.* **1.** Imminent, proche, rapproché, **suivant**. **2.** *(Didact.)* Direct, **immédiat**. ▷ *Nom* **3.** **Autrui**, frère *(fig.)*, semblable, voisin. ◆ ANT. **1.** Dernier, lointain, passé. **2.** Indirect, médiat. **3.** Soi-même.

PROCHE ◆ SYN. ▷ *Adj.* **1.** Adjacent, attenant, **avoisinant**, contigu, environnant, juxtaposé, limitrophe, voisin. **2.** Immédiat, **imminent**, instant. **3.** Approchant, semblable, **similaire**. **4.** **Approximatif**, arrondi, imprécis, inexact. ▷ *Nom* **5.** Ami, confident, **intime**. **6.** *(Pl.)* Entourage, parentèle, **parents**, siens. ◆ ANT. **1.** Distant, éloigné, espacé. **2.** Écarté, lointain, reculé. **3.** Différent, distinct. **4.** Exact, précis. **5.** Connaissance, étranger, inconnu. **6.** Étrangers, inconnus.

PROCLAMATION ◆ SYN. **1.** **Annonce**, bans, déclaration, décret, divulgation, édit, promulgation, publication (solennelle), rescrit. **2.** Appel, **manifeste**, profession de foi, programme.

PROCLAMER ◆ SYN. **1.** **Déclarer** (solennellement), promulguer, publier. **2.** Affirmer, **annoncer**, claironner, clamer, crier, déclarer, dévoiler, divulguer, manifester, professer, révéler. ◆ ANT. **2.** Cacher, dissimuler, masquer, taire, voiler.

PROCRÉATION ◇ v. **Génération**

PROCRÉER ◆ SYN. Créer, enfanter, **engendrer**, produire *(animaux)*, se reproduire.

PROCURATION ◆ SYN. **Mandat**, pouvoir.

PROCURER ◆ SYN. ▷ *V. tr.* **1.** Assurer, donner, doter, **fournir**, gratifier, munir, nantir, pourvoir. **2.** *(Ch.)* Apporter, **causer**, conférer, mériter, occasionner, offrir, valoir. ▷ *V. pr.* **3.** **Acquérir**, se doter, se munir, obtenir, quérir, trouver. ◆ ANT. **1.** Enlever, priver de, refuser. **2.** Épargner, éviter. **3.** Manquer de, se priver.

PRODIGALITÉ ◆ SYN. **1.** Bonté, **générosité**, largesse, libéralité. **2.** *(Fig.)* Excès, profusion, **surabondance**. **3.** *(Pl.)* Dépenses excessives. ◆ ANT. **1.** Avarice, économie, égoïsme, mesquinerie, parcimonie. **2.** Dénuement, rareté. **3.** Bas de laine *(fig.)*, épargne.

PRODIGE ◆ SYN. **1.** Magie, **miracle**. **2.** Chef-d'œuvre, exploit, **merveille**, prouesse. **3.** *(Pers.)* **Génie**, magicien *(fig.)*, phénomène *(fig.)*, surdoué, surhomme, virtuose.

PRODIGIEUX ◆ SYN. **1.** Épatant, étonnant, **extraordinaire**, fabuleux, fantastique, génial, incroyable, inouï, merveilleux, miraculeux, mirobolant *(fam.)*, prestigieux, remarquable, stupéfiant, surprenant. **2.** Colossal, **considérable**, énorme, herculéen, faramineux, gigantesque, immense, incommensurable, monstrueux, phénoménal, monumental, surhumain, titanesque. ◆ ANT. **1.** Banal, commun, coutumier, insignifiant, médiocre, ordinaire, quelconque, trivial. **2.** Infime, lilliputien, mince, minime, minuscule, petit.

PRODIGUE ◆ SYN. **1.** Dépensier, dilapidateur, dissipateur, **gaspilleur**, panier percé *(fam.)*. **2.** Désintéressé, **généreux**, large, libéral. ◆ ANT. **1.** Avare, chiche, économe, pingre. 2. Calculateur, égoïste, mesquin, parcimonieux.

PRODIGUER ✦ SYN. ▷ *V. tr.* **1.** Consumer, *dépenser*, dilapider, dissiper, gaspiller. **2.** *Accorder*, déployer, distribuer, donner (à profusion), répandre. ▷ *V. pr.* **3.** *Se dépenser*, se dévouer. **4.** Chercher à paraître, se faire remarquer, *se montrer*. ✦ ANT. **1.** Accumuler, économiser, épargner, ménager, mesurer, réserver. **2.** Garder, refuser. **3.** Se ménager. **4.** S'effacer, se retirer.

PRODROME ✦ SYN. **1.** Annonce, *préambule*, prélude, présage, signe avant-coureur. **2.** *(Pl., méd.)* Symptômes.

PRODUCTEUR ✦ SYN. ▷ *Nom* **1.** *Auteur*, créateur, initiateur, inventeur. **2.** Agriculteur, artisan, entrepreneur, *fabricant*, industriel, manufacturier. ✦ ANT. **2.** Consommateur, détaillant, distributeur, intermédiaire.

PRODUCTIF ✦ SYN. **1.** Bon, fécond, fertile, *fructueux*, généreux, prolifique, riche. **2.** *(Esprit, imagination) Créateur*, créatif, débordant, fécond *(fig.)*, imaginatif, inépuisable, intarissable, inventif. **3.** Lucratif, payant, *profitable*, rentable. ✦ ANT. **1.** Aride, improductif, infécond, infertile, infructueux, pauvre, stérile. **2.** Banal, conventionnel, léthargique, ressassé, stérile, tari. **3.** Contre-productif, déficitaire, ruineux.

PRODUCTION ✦ SYN. **1.** *(Dr.)* Exhibition, *présentation*. **2.** Agriculture, confection, *fabrication*, industrie, montage. **3.** *(Ch.)* Dégagement, émanation, *formation*. **4.** Fruit *(fig.)*, produit, rendement, *résultat*. **5.** *(Idées)* Apparition, conception, création, éclosion, enfantement, formation, *génération*, genèse, gestation, réalisation. **6.** Écrit, émission, film, *œuvre*, ouvrage, pièce, programme, spectacle.

PRODUCTIVITÉ ✦ SYN. **1.** Efficacité, efficience, *rendement*, rentabilité. **2.** Abondance, *fécondité*, fertilité, générosité, prolificité, richesse. ✦ ANT. **1.** Improductivité, inefficacité. **2.** Aridité, infécondité, infertilité, pauvreté, sécheresse, stérilité.

PRODUIRE ✦ SYN. ▷ *V. tr.* **1.** *(Dr.)* Déposer, exhiber, fournir, *présenter*. **2.** Amener, apporter, *causer*, déclencher, engendrer, entraîner, occasionner, provoquer, susciter. **3.** Confectionner, *fabriquer*, façonner, faire, manufacturer, obtenir, sortir, usiner. **4.** *Donner*, être fécond, fournir, fructifier, porter (des fruits). **5.** *(Animaux)* Donner naissance, *procréer*. **6.** Composer, *créer*, écrire, élaborer, former, réaliser. **7.** Donner *(fig.)*, fructifier *(fig.)*, profiter, *rapporter*, rendre. ▷ *V. pr.* **8.** *(Pers.)* Donner un spectacle, jouer, *paraître* (en spectacle). **9.** *(Ch.)* Advenir, s'accomplir, *arriver*, se déclencher, se dérouler, se faire, intervenir, s'opérer, se passer, se réaliser, se succéder, survenir, venir. ✦ ANT. **1.** Cacher, occulter. **2.** Procéder de, venir de. **3.** Acheter, consommer, distribuer. **4.** Dessécher, détruire. **5.** Stériliser. **6.** Démarquer, imiter, plagier. **7.** Coûter, perdre, ruiner.

PRODUIT ✦ SYN. **1.** Bénéfice, chiffre d'affaires, *gain*, profit, rapport, recettes, revenu. **2.** Fruit, *production*, récolte, rendement. **3.** Aliments, articles, biens, denrées, *marchandises*. **4.** *(Chim.)* Mélange, *substance*. **5.** *(Arithm., chim.)* Résultat. **6.** Conséquence, *effet*, résultat.

PROÉMINENT ✦ SYN. Apparent, bombé, gros, *saillant*. ✦ ANT. Creux, petit, rentré, uni.

PROFANATEUR ◇ v. Sacrilège

PROFANATION ✦ SYN. **1.** *(Relig.)* Blasphème, impiété, outrage, *sacrilège*, scandale, vandalisme, viol *(fig.)*, violation. **2.** *(Valeurs sacrées)* Altération, *avilissement*, corruption, dégradation, irrespect, prostitution. ✦ ANT. **1.** Adoration, dévotion, piété, vénération. **2.** Respect, protection, sauvegarde.

PROFANE ✦ SYN. **1.** Civil, laïc, mondain, *séculier*, temporel. **2.** *Amateur*, béotien, étranger à, ignorant, incompétent, non initié, novice, philistin. ✦ ANT. **1.** Religieux, sacré. **2.** Averti, connaisseur, initié.

PROFÉRER ✦ SYN. **1.** Articuler, dire, émettre, *prononcer*. **2.** *(Injures)* Cracher *(fam.)*, *crier*, jeter à la tête, vomir *(fig.)*.

PROFESSER ◆ SYN. 1. Afficher, avouer, *déclarer*, proclamer, reconnaître. 2. Enseigner. ◆ ANT. 1. Contester, désavouer, nier, renier, répudier. 2. Apprendre, étudier.

PROFESSEUR ◆ SYN. 1. Éducateur, *enseignant*, instructeur *(art, technique)*, pédagogue. 2. Maître. ◆ ANT. 1. Élève, étudiant. 2. Disciple.

PROFESSION ◆ SYN. 1. Déclaration, *proclamation*. 2. Art, carrière, charge, emploi, état, fonction, métier, ministère, *occupation*, situation, spécialité. 3. *(État relig.)* Consécration, *engagement*, oblation.

PROFESSIONNEL ◆ SYN. ▷ *Adj.* 1. Expérimenté, *qualifié*. 2. *Spécialisé*, technique. ▷ *Nom* 3. Spécialiste. ◆ ANT. 1. Inexpérimenté, non qualifié. 2. Général. 3. Amateur, dilettante, non-professionnel.

PROFESSORAL ◇ v. Pédant

PROFIL ◆ SYN. 1. *Contour*, galbe, ligne, linéaments. 2. Aspect, *silhouette*. 3. Esquisse psychologique. 4. Portrait-robot.

PROFILER ◆ SYN. ▷ *V. tr.* 1. Exécuter, représenter, *tracer*. 2. Montrer, *présenter*. ▷ *V. pr.* 3. Se découper, *se dessiner*, se détacher, se projeter. 4. Apparaître, se faire jour, se manifester, paraître, percer, *poindre*, pointer, transparaître.

PROFIT ◆ SYN. Aubaine, avantage, bénéfice, bien, enrichissement, fruit *(fig.)*, *gain*, gâteau *(fam.)*, intérêt, lucre *(péj.)*, plus-value, produit, revenu, utilité. ◆ ANT. Appauvrissement, déficit, détriment, désavantage, diminution, dommage, moins-value, perte, préjudice.

PROFITABLE ◆ SYN. 1. Efficace, efficient, *fructueux*, intéressant, lucratif, payant, productif, rentable. 2. *Avantageux*, bénéfique, bienfaisant, bon, salutaire, utile. 3. *Enrichissant*, formateur, instructif, substantiel. ◆ ANT. 1. Contreproductif, improductif, inefficace, infructueux, ruineux. 2. Désavantageux, funeste, inutile, mauvais, néfaste, vain. 3. Abrutissant, crétinisant, vide.

PROFITER ◆ SYN. 1. Bénéficier, jouir de, saisir (l'occasion), tirer parti, tirer profit, *utiliser*. 2. Abuser de, *exploiter*,

sous-payer. 3. S'améliorer, gagner, *progresser*. 4. *(Fam.) Se développer*, se fortifier, grandir, grossir. 5. Donner, fructifier, produire, *rapporter*, rendre. 6. Être utile, *servir*. ◆ ANT. 1. Gâcher, manquer, négliger, perdre, rater. 2. Bien payer, respecter. 3. Décroître, diminuer. 4. S'affaiblir, maigrir. 5. Coûter, perdre, ruiner. 6. Nuire.

PROFITEUR ◇ v. Exploiteur

PROFOND ◆ SYN. 1. *Bas*, inférieur. 2. *Creux*, encaissé, enfoncé. 3. Épais, noir, *obscur*, sombre. 4. Grave, gros, *sérieux*. 5. *(Voix, son)* Caverneux, *grave*, sépulcral. 6. *(Pers.)* Intelligent, *pénétrant*, perspicace, sagace, savant. 7. Éloigné, *lointain*, reculé. 8. Complexe, *difficile*. 9. Foncier, impénétrable, intérieur, *intime*, mystérieux, secret, viscéral. 10. Absolu, ardent, complet, *extrême*, fort, grand, immense, intense, vif. ◆ ANT. 1. Élevé, haut, supérieur. 2. Avancé, saillant. 3. Clair, lumineux. 4. Léger, mineur, petit. 5. Aigu, perçant. 6. Borné, ignorant, superficiel. 7. Immédiat, proche, voisin. 8. Banal, facile. 9. Apparent, extérieur, visible. 10. Contenu, faible, minime, tiède.

PROFONDEUR ◆ SYN. 1. Épaisseur (verticale). 2. Creux, enfoncement, *fond*, renfoncement. 3. *(Pl.) Abîme*, abysse, entrailles *(fig.)*, gouffre. 4. Acuité, ampleur, densité, *force*, intensité, pénétration, perspicacité, plénitude, puissance, richesse. 5. Cœur, *intimité*, jardin secret, moi, tréfonds. ◆ ANT. 1. Superficie. 2. Protubérance, saillie. 3. Surface. 4. Fadeur, faiblesse, insuffisance, médiocrité, pauvreté, vacuité. 5. Apparence, façade.

PROFUSION ◆ SYN. *Abondance*, affluence, débauche *(fig.)*, débordement, excès, exubérance, flot, foison, luxe, luxuriance, orgie *(fig.)*, pléthore, prodigalité, surabondance, superfluité, trop-plein. ◆ ANT. Dénuement, économie, insuffisance, mesure, minutie, parcimonie, rareté.

PROGÉNITURE ◆ SYN. 1. *Descendance*, enfants, famille, lignée, petits, rejetons *(fam.)*. 2. *(Fam.) Marmaille*, petite famille, smala, tribu. 3. *(Mammifères)* Petits, *portée*.

◆ **ANT. 1.** Aïeux, ancêtres, ascendance, mère, parents, père. **3.** Mère, parent femelle, parent mâle, père.

PROGRAMME ◆ **SYN. 1.** Affiche, annonce, *ordre du jour*, prospectus. **2.** Intentions, objectifs, plan, plate-forme, *projets*. **3.** Calendrier, *horaire*, planning. **4.** *(Radio, télév.)* Émissions.

PROGRÈS ◆ **SYN. 1.** Acheminement, ascension, avance, avancée, cheminement, marche, montée, mouvement, *progression*. **2.** Amélioration, amendement, augmentation, avancement, bond, croissance, *développement*, essor, évolution, perfectionnement. **3.** *Civilisation*, marche en avant, modernisme. ◆ **ANT. 1.** Arrêt, immobilité, recul. **2.** Aggravation, déclin, décroissance, dégradation, détérioration, faillite, marasme, paralysie, pourrissement, récession, stagnation. **3.** Barbarie, décadence, régression.

PROGRESSER ◆ **SYN. 1.** Aller, *avancer*, cheminer, marcher. **2.** *(Méd.)* S'aggraver, empirer, *s'étendre*, évoluer. **3.** *S'améliorer*, se développer, se perfectionner. ◆ **ANT. 1.** Arrêter, s'immobiliser, reculer. **2.** Disparaître, se résorber. **3.** Empirer, régresser.

PROGRESSIF ◆ **SYN. 1.** Ascendant, *croissant*. **2.** Gradué, *graduel*. ◆ **ANT. 1.** Décroissant, dégressif, régressif. **2.** Brusque, soudain.

PROGRESSION ◇ v. **Progrès**

PROGRESSISTE ◇ v. **Gauche**

PROGRESSIVEMENT ◆ **SYN.** Doucement, *graduellement*, petit à petit, peu à peu. ◆ **ANT.** Brusquement, brutalement, soudainement, subitement, tout à coup.

PROHIBER ◆ **SYN.** Condamner, défendre, empêcher, exclure, *interdire*, proscrire. ◆ **ANT.** Autoriser, permettre, tolérer.

PROHIBITIF ◇ v. **Cher**

PROIE ◆ **SYN. 1.** *(Milit.)* Butin, *capture*, dépouilles, prise. **2.** Pâture, *victime*.

PROJECTILE ◆ **SYN.** Balle, bombe, boulet, cartouche, dard, flèche, fusée, grenade, javelot, lance, mitraille, *munitions*, obus, pierre, plomb, roquette, torpille.

PROJECTION ◆ **SYN. 1.** *Jet*, pulvérisation. **2.** Catapultage, éjection, *lancement*. **3.** Anticipation, *prévision*. **4.** *(Psychol.)* Identification (chez autrui), *transfert*.

PROJET ◆ **SYN. 1.** Canevas, *dessin*, ébauche, esquisse, étude, maquette, schéma. **2.** But, dessein, idée, *intention*, plan, programme, vues. ◆ **ANT. 1-2.** Exécution, réalisation.

PROJETER ◆ **SYN. 1.** Catapulter, cracher, éjecter, envoyer, jeter, *lancer*, propulser, rejeter, vomir *(fig.)*. **2.** Combiner, concerter, concevoir, décider, *envisager*, imaginer, préméditer, préparer, programmer, se proposer, tramer. **3.** *(Psychol.)* Attribuer à (autrui), reporter, *transférer*. **4.** *Exposer*, faire apparaître, manifester, passer *(film, émission)*. ◆ **ANT. 1.** Atteindre, recevoir. **2.** Accomplir, effectuer, exécuter, faire, réaliser. **3.** Identifier (en soi), intérioriser. **4.** Effacer.

PROLÉTAIRE ◆ **SYN.** *Ouvrier*, paysan (non propriétaire), plébéien, travailleur (manuel). ◆ **ANT.** Aristocrate, bourgeois, capitaliste, patron, propriétaire.

PROLÉTARIAT ◆ **SYN.** *Peuple*, plèbe, populace *(péj.)*, prolétaires. ◆ **ANT.** Aristocratie, bourgeoisie, capital.

PROLIFÉRER ◇ v. **Foisonner**

PROLIFIQUE ◆ **SYN. 1.** *Fécond*, fertile, productif. **2.** *(Esprit, imagination)* *Créateur*, créatif, débordant, imaginatif, inépuisable, intarissable, inventif, riche. ◆ **ANT. 1.** Improductif, infertile, stérile. **2.** Banal, conventionnel, léthargique, ressassé, tari.

PROLIXE ◆ **SYN. 1.** *(Péj.)* Bavard, diffus, *long*, loquace, verbeux, volubile. **2.** Abondant, copieux, *expansif*, exubérant. ◆ **ANT. 1.** Bref, concis, court, laconique, succinct. **2.** Contenu, froid, lapidaire, mesuré.

PROLOGUE ◆ **SYN. 1.** Avant-propos, début, entrée, exorde, *introduction*, préambule, préface. **2.** Annonce, préliminaires, *prélude*. ◆ **ANT. 1.** Appendice, conclusion, dénouement, épilogue, fin, péroraison. **2.** Confirmation, réalisation.

PROLONGATION ◆ **SYN. 1.** *(Temps)* Allongement, augmentation, *continuation*,

poursuite, prolongement, prorogation.
2. Délai, période supplémentaire *(sports)*, sursis. ◆ ANT. 1-2. Arrêt, cessation, fin.

PROLONGEMENT ◆ SYN. 1. *(Espace)* Agrandissement, allonge, allongement, appendice, **extension**, rallonge. **2.** *(Temps)* **Continuation**, poursuite, prolongation, reprise. **3.** *(Pl.)* Conséquences, développements, rebondissements, répercussions, séquelles, **suites.** ◆ ANT. **1.** Contraction, raccourcissement, rétrécissement. **2.** Arrêt, cessation, fin, interruption, pause. **3.** Causes, fondements, origine.

PROLONGER ◆ SYN. ▷ *V. tr.* **1.** *(Temps)* Allonger, **poursuivre**, proroger, reconduire. **2.** *(Espace)* Agrandir, allonger, **étendre**, rallonger. ▷ *V. pr.* **3.** *(Temps)* Continuer, durer, s'éterniser, se maintenir, se perpétuer, **persister**, se poursuivre, traîner. **4.** *(Espace)* **S'étendre**, s'étirer. ◆ ANT. **1.** Abréger, cesser, écourter, interrompre, suspendre. **2.** Couper, diminuer, raccourcir, rétrécir. **3.** S'arrêter, s'interrompre. **4.** Se confiner.

PROMENADE ◆ SYN. **1.** Balade, course, excursion, marche, périple, **randonnée**, sortie, tour, tournée, traversée, vadrouille *(fam.)*, virée *(fam.)*. **2. Allée**, cours, mail, parc.

PROMENER ◆ SYN. ▷ *V. tr.* **1.** Balader, **conduire**, mener, porter, transporter. ▷ *V. pr.* **2. Se balader**, cheminer, circuler, déambuler, errer, flâner, marcher, rôder, traîner, vadrouiller *(fam.)*, voyager. ◆ ANT. **1.** Déposer, laisser. **2.** S'arrêter, s'immobiliser, rentrer, rester, stationner.

PROMENEUR ◆ SYN. Badaud, flâneur, **marcheur**, passant, piéton, randonneur.

PROMESSE ◆ SYN. **1.** Assurance, **engagement**, obligation, parole, serment, vœu. **2.** *(Dr.)* Contrat, **convention**, engagement. **3. Annonce**, augure, signe. ◆ ANT. **1.** Affranchissement, désaveu, désengagement, reniement. **2.** Bris, rupture.

PROMETTEUR ◇ V. **Encourageant**

PROMETTRE ◆ SYN. ▷ *V. tr.* **1. S'engager**, jurer, s'obliger, vouer. **2.** Affirmer, **assurer**, certifier, garantir, jurer. ▷ *V. intr.* **3. Annoncer**, augurer, prédire. ▷ *V. pr.* **4.** Attendre,

escompter, **espérer**, se jurer de. ◆ ANT. **1.** S'affranchir, se dégager, se délier, se déporter, refuser. **2.** Contester, démentir, manquer à, nier, revenir sur. **3.** Se produire, se réaliser. **4.** Décevoir, trahir.

PROMIS ◇ V. **Fiancé**

PROMISCUITÉ ◆ SYN. **Confusion**, mélange, mitoyenneté, voisinage (désagréable). ◆ ANT. Éloignement, intimité, séparation.

PROMOTEUR ◆ SYN. Animateur, auteur, créateur, initiateur, **inspirateur**, instigateur, organisateur, pionnier, protagoniste.

PROMOTION ◆ SYN. **1.** Accession, **avancement**, élévation, nomination. **2.** Année, **classe**. **3. Marchandisage**, stimulation (des ventes). ◆ ANT. **1.** Déchéance, dégradation, destitution, limogeage, rétrogradation.

PROMOUVOIR ◆ SYN. **1.** Bombarder *(fam.)*, catapulter *(fam.)*, **élever à**, hisser à, nommer à, parachuter *(fam.)*, porter à, propulser *(fam.)*. **2.** Accélérer, activer, animer, encourager, **favoriser**, pousser, soutenir, susciter. **3.** *(Produit)* Lancer, **publier**. ◆ ANT. **1.** Abaisser, déchoir, destituer, limoger, rétrograder. **2.** Amoindrir, décourager, défavoriser, diminuer, entraver, ralentir. **3.** Pilonner *(livre)*, retirer.

PROMPT ◆ SYN. **1.** Brusque, foudroyant, fulgurant, immédiat, instantané, **rapide**, soudain. **2. Bref**, court. **3.** Actif, **diligent**, empressé, expéditif, impatient de. **4.** Agile, alerte, leste, preste, **vif. 5.** Ardent, bouillant, coléreux, **emporté**, fougueux, impétueux, pétulant. ◆ ANT. **1.** Lent, long, retardataire. **2.** Interminable. **3.** Apathique, indolent, négligent, nonchalant. **4.** Engourdi, lourd, pesant. **5.** Calme, doux, flegmatique, patient, posé.

PROMPTITUDE ◆ SYN. **1.** Célérité, **rapidité**, vélocité, vitesse. **2.** Activité, **diligence**, empressement, hâte, précipitation. **3.** Agilité, prestesse, **vivacité. 4.** Fougue, **impétuosité**, pétulance. ◆ ANT. **1.** Lenteur, retard. **2.** Apathie, indolence, négligence, paresse. **3.** Lourdeur, nonchalance. **4.** Calme, mollesse, patience, réserve.

PROMULGUER ♦ SYN. Décréter, divulguer, édicter, proclamer, **publier**. ♦ ANT. Abolir, abroger, supprimer.

PRÔNER ♦ SYN. Célébrer, conseiller, glorifier, louer, prêcher, **préconiser**, proclamer, recommander, vanter. ♦ ANT. Censurer, combattre, déprécier, discréditer, ignorer, mépriser, réprouver.

PRONONCÉ ♦ SYN. 1. *(Dr.)* Déclaré, dit, **rendu**. 2. Accentué, accusé, fort, **marqué**, perceptible. ♦ ANT. 2. Effacé, faible, imperceptible, indécis, pâle.

PRONONCER ♦ SYN. ▷ *V. tr.* 1. Accentuer, appuyer, **articuler**, détacher, marteler, ponctuer, scander. 2. Débiter, déclamer, **dire**, émettre, énoncer, exprimer, formuler, proférer, réciter. 3. *(Dr.)* Déclarer, décréter, infliger, **rendre**. ▷ *V. intr.* 4. *(Dr.)* **Juger**, rendre un jugement. ▷ *V. pr.* 5. Choisir, *se décider*, se déterminer, opter, voter. 6. Décider, se déclarer, juger, **statuer**, trancher. ♦ ANT. 1. Bafouiller, balbutier, s'empêtrer, oublier. 2. Écouter, entendre. 3. Contester, décrier. 4. Délibérer, réfléchir. 5. S'abstenir, hésiter. 6. Différer, éluder, reporter, retarder.

PRONONCIATION ♦ SYN. Accent, articulation, **diction**, élocution.

PRONOSTIC ♦ SYN. 1. *(Méd.)* Jugement. 2. Conjecture, pari, prédiction, présage, **prévision**, supposition. ♦ ANT. 1. Diagnostic. 2. Certitude, réalité.

PROPAGANDE ♦ SYN. 1. Apostolat, catéchisation, **évangélisation**, propagation de la foi, prosélytisme. 2. Bourrage de crâne, désinformation, embrigadement, **endoctrinement**, intoxication, lavage de cerveau, matraquage (publicitaire). ♦ ANT. 2. Déprogrammation, dissuasion, information.

PROPAGATION ♦ SYN. 1. Contagion, développement, dissémination, **expansion**, extension, invasion, progrès. 2. Circulation, **diffusion**, rayonnement, transmission, vulgarisation. 3. **Multiplication**, reproduction. 4. *(Relig.)* **Apostolat**, évangélisation, propagande. ♦ ANT. 1. Concentration, confinement, résorption. 2. Réception.

3. Anéantissement, destruction. 4. Crédulité, foi, scepticisme.

PROPAGER ♦ SYN. ▷ *V. tr.* 1. Multiplier. 2. Colporter *(péj.)*, **diffuser**, divulguer, ébruiter, enseigner, répandre, transmettre, véhiculer. ▷ *V. pr.* 3. Augmenter, circuler, courir, se communiquer, se développer, s'étendre, gagner, irradier, proliférer, rayonner, *se répandre*. ♦ ANT. 1. Décimer. 2. Censurer, confiner, limiter, restreindre, taire. 3. Se confiner, diminuer, disparaître, éradiquer, exterminer.

PROPENSION ♦ SYN. Disposition, goût, inclination, penchant, pente, prédisposition, **tendance**. ♦ ANT. Antipathie, aversion, haine, horreur, répugnance, répulsion.

PROPHÈTE ♦ SYN. 1. Augure, **devin**, oracle, vaticinateur, visionnaire, voyant. 2. Annonciateur, devancier, initiateur, messager, **précurseur**.

PROPHÉTIE ◇ V. Prédiction

PROPHÉTIQUE ♦ SYN. Annonciateur, avant-coureur, **prémonitoire**.

PROPHÉTISER ♦ SYN. 1. **Prédire**, vaticiner. 2. Conjecturer, deviner, **prévoir**, pronostiquer.

PROPHYLACTIQUE ♦ SYN. Antiseptique, aseptique, assainissant, hygiénique, immunisant, **préventif**. ♦ ANT. Anaphylactique, infectieux, microbien, venimeux.

PROPICE ♦ SYN. Ami, beau, bienfaisant, bienvenu, bon, convenable, **favorable**, opportun, propre à, salutaire, utile. ♦ ANT. Adverse, contraire, dangereux, défavorable, funeste, impropre, inopportun, inutile, néfaste, pernicieux.

PROPORTION ♦ SYN. 1. Comparaison, **équilibre**, harmonie, mesure, pourcentage, rapport, symétrie. 2. *(Pl.)* **Dimensions**, étendue, importance, intensité. 3. **Analogie**, convenance, correspondance. ♦ ANT. 1. Déséquilibre, discordance, disproportion. 3. Divergence, opposition.

PROPORTIONNÉ ♦ SYN. 1. Assorti, convenable, **mesuré**. 2. *(Pers.)* Bien balancé *(fam.)*, bien bâti *(fam.)*, bien fait, **harmonieux**, régulier. ♦ ANT. 1. Disparate, disproportionné. 2. Difforme, irrégulier, mal fait.

PROPOS ♦ SYN. 1. But, dessein, *intention*, résolution. 2. Matière, objet, *sujet*. 3. *(Pl. surtout)* Conversation, dires, discours, entretien, mots, *paroles*.

PROPOSER ♦ SYN. ▷ *V. tr.* 1. Inviter, offrir, présenter, *soumettre*, suggérer. ▷ *V. pr.* 2. *S'offrir*, se présenter. 3. *Compter*, envisager, projeter de. ♦ ANT. 1. Éviter, négliger, refuser, retirer. 2. S'abstenir, se récuser. 3. Agir, faire.

PROPOSITION ♦ SYN. 1. Avances, motion, *offre*, ouvertures. 2. Affirmation, *énoncé*, expression, jugement, théorème.

PROPRE ♦ SYN. ▷ *Adj.* 1. Distinctif, exclusif, particulier, spécial, *spécifique*. 2. Individuel, *personnel*, privé, subjectif. 3. Adéquat, *approprié*, convenable, exact, juste. 4. *Littéral*, textuel, véritable. 5. *(Propre à)* Apte à, bon à, capable de, de nature à, fait pour, *susceptible de*. 6. Blanc, blanchi, frais, immaculé, lavé, *net*, nettoyé, pur, savonné, soigné. 7. Honnête, impeccable, *intègre*, moral. ▷ *Nom* 8. Apanage, attribut, caractère, exclusivité, *particularité*, qualité. ♦ ANT. 1. Commun, courant, général, ordinaire, répandu. 2. Collectif, objectif, public. 3. Inadéquat, inapproprié, inexact. 4. Figuré, traduit. 5. Impropre à, inapte à. 6. Crasseux, infect, maculé, malpropre, poussiéreux, sale, sali, souillé. 7. Corrompu, immoral, malhonnête. 8. Généralité, quantité, universalité.

PROPRETÉ ♦ SYN. 1. Clarté, *netteté*. 2. *Hygiène*, salubrité, soin, toilette. 3. Ménage, *nettoyage*. ♦ ANT. 1. Crasse, malpropreté, saleté. 2. Abandon, insalubrité, négligence. 3. Désordre, encrassement.

PROPRIÉTAIRE ♦ SYN. Acquéreur, actionnaire, détenteur, possédant, *possesseur*, titulaire. ♦ ANT. Locataire.

PROPRIÉTÉ ♦ SYN. 1. Appropriation, jouissance, *possession*, usage, usufruit *(dr.)*. 2. Avoir, bien-fonds, *biens*, domaine, héritage, immeuble, maison, patrimoine, terre. 3. Attribut, caractère, efficacité, faculté, particularité, pouvoir, propre *(n.)*, *qualité*, vertu. 4. Correction, exactitude,

justesse, précision. 5. Brevet, *copyright*, droit d'auteur. ♦ ANT. 1. Dépossession, privation. 4. Imprécision, impropriété, incorrection, inexactitude.

PROPULSER ♦ SYN. 1. Catapulter, éjecter, envoyer, jeter, lancer, *projeter*. 2. *(Fam.)* Bombarder, catapulter *(fig.)*, parachuter, *promouvoir*. ♦ ANT. 1. Atteindre, ramener. 2. Destituer, limoger, rétrograder.

PROROGATION ♦ SYN. Ajournement, allongement, délai, *prolongation*, remise, renvoi, sursis, suspension. ♦ ANT. Abolition, dissolution, fin.

PROROGER ♦ SYN. Ajourner, allonger, *prolonger*, remettre, retarder, suspendre. ♦ ANT. Abolir, abréger, dissoudre, écourter, supprimer.

PROSAÏQUE ♦ SYN. Banal, *commun*, matériel, plat, terre-à-terre, vulgaire. ♦ ANT. Élevé, éthéré, idéal, lyrique, noble, poétique, remarquable.

PROSCRIPTION ♦ SYN. 1. *Bannissement*, déportation, exil, expatriation, expulsion, ostracisme, relégation. 2. Censure, condamnation, défense, *interdiction*, mise à l'index, prohibition. ♦ ANT. 1. Rapatriement, rappel, retour. 2. Approbation, autorisation, permission.

PROSCRIRE ♦ SYN. 1. *Bannir*, chasser, déporter, exiler, expatrier, expulser, ostraciser, reléguer. 2. Censurer, condamner, défendre, *interdire*, mettre à l'index, prohiber. 3. Écarter, éliminer, *exclure*, rejeter, repousser. ♦ ANT. 1. Rapatrier, rappeler. 2. Admettre, approuver, autoriser, permettre, tolérer. 3. Accueillir, inclure, intégrer.

PROSCRIT ♦ SYN. *Banni*, exilé, expatrié, expulsé, relégué. ♦ ANT. Acclamé, accueilli, rapatrié, réintégré.

PROSÉLYTE ♦ SYN. 1. Catéchumène, *converti*, initié, néophyte. 2. Apôtre, défenseur, *propagandiste*. 3. *Adepte*, disciple, fidèle, partisan. ♦ ANT. 1. Apostat, hérésiarque, impie, infidèle, profane. 2. Contempteur, dénigreur, détracteur. 3. Adversaire, opposant, rival.

PROSPECTUS ◆ SYN. Annonce, brochure, dépliant, *feuillet* (publicitaire), tract.

PROSPÈRE ◆ SYN. 1. Beau, *faste*, favorable, heureux. 2. Florissant, fortuné, opulent, *riche*. ◆ ANT. 1. Malheureux, mauvais, néfaste. 2. Infortuné, pauvre, végétatif.

PROSPÉRER ◆ SYN. 1. Avancer, *croître*, se développer, s'étendre, fleurir, fructifier, marcher. 2. *S'enrichir*, réussir. ◆ ANT. 1. Décroître, dépérir, péricliter, stagner, végéter. 2. S'appauvrir, échouer, se ruiner.

PROSPÉRITÉ ◆ SYN. 1. *(Pers.)* Aisance, bien-être, bonheur, chance, félicité, fortune, opulence, *richesse*, santé, succès. 2. *(Écon.)* Abondance, activité, développement, *essor*, expansion. ◆ ANT. 1. Adversité, besoin, détresse, infortune, insuccès, malheur, pauvreté, revers, ruine. 2. Crise, échec, effondrement, faillite, marasme, stagnation.

PROSTERNER (SE) ◆ SYN. 1. S'agenouiller, se courber, *s'incliner*, rendre hommage à, saluer. 2. S'abaisser, s'agenouiller *(fig.)*, s'avilir, *s'humilier*, ramper, se soumettre. ◆ ANT. 1. Se redresser, se relever. 2. Se dresser contre, s'élever contre, se faire valoir, se glorifier, se vanter.

PROSTITUER ◆ SYN. ▷ *V. tr.* 1. *Corrompre*, débaucher. 2. Dégrader, *déshonorer*, salir. ▷ *V. pr.* 3. Se donner. 4. S'abaisser, *s'avilir*. ◆ ANT. 1. Convertir, édifier. 2. Élever, ennoblir, perfectionner. 3. Se refuser. 4. Se grandir, se revaloriser.

PROSTITUTION ◆ SYN. 1. *Commerce charnel*, débauche, proxénétisme, racolage, tapin *(fam.)*, trottoir *(fam.)*. 2. Corruption, *dégradation*, vice. ◆ ANT. 2. Idéal, noblesse, pureté, vertu.

PROSTRATION ◆ SYN. 1. Prosternation. 2. *Abattement*, accablement, affaissement, anéantissement, dépression, effondrement, épuisement. ◆ ANT. 1. Redressement. 2. Euphorie, excitation, exultation, vitalité.

PROTAGONISTE ◆ SYN. 1. *(Cinéma, roman, théâtre)* Acteur principal, *héros*, personnage principal, rôle principal. 2. *(Conflit)* Interlocuteur, *intervenant*, personnage central. 3. *(Projet)* Animateur, inspirateur, instigateur, leader, meneur, *promoteur*. ◆ ANT. 1. Figurant, personnage secondaire. 2. Observateur, témoin. 3. Suiveur.

PROTECTEUR ◆ SYN. ▷ *Nom* 1. Aide, appui, bienfaiteur, champion, chevalier, *défenseur*, gardien, mécène, patron, providence, soutien, support, tuteur. ▷ *Adj.* 2. Tutélaire. 3. *(Péj.)* *Condescendant*, dédaigneux. ◆ ANT. 1. Agresseur, autocrate, despote, dictateur, ennemi, malfaiteur, oppresseur, persécuteur, tyran. 2. Protégé. 3. Admiratif, respectueux.

PROTECTION ◆ SYN. 1. Aide, assistance, *défense*, garantie, garde, secours, sûreté, tutelle. 2. *Abri*, asile, bastion, bouclier, fortification, refuge, rempart, retranchement. 3. Conservation, préservation, *sauvegarde*. 4. *(Méd.)* *Immunisation*, immunité, prophylaxie, vaccination. 5. *(Relig.)* *Auspices*, égide, invocation, patronage. 6. Appui, caution, encouragement, parrainage, recommandation, *soutien*. 7. *(Péj.)* *Favoritisme*, népotisme, patronage *(québ.)*. ◆ ANT. 1. Agression, attaque, hostilité, oppression, persécution, tyrannie. 2. Exposition, menace, péril. 3. Dégradation, déprédation, détérioration, pollution. 4. Contagion, contamination, infection. 5. Abandon, déréliction, malédiction. 6. Empêchement, opposition, refus. 7. Équité, intégrité.

PROTÉGER ◆ SYN. ▷ *V. tr.* 1. Abriter, aider, assister, assurer (la sécurité), convoyer, *défendre*, escorter, garantir, garder, secourir, sécuriser. 2. Conserver, préserver, *sauvegarder*, veiller sur. 3. *Immuniser*, prémunir, vacciner. 4. Appuyer, encourager, épauler, favoriser, patronner, pistonner *(fam., péj.)*, recommander, *soutenir*. ▷ *V. pr.* 5. S'abriter, s'assurer, se défendre, se garantir, *se prémunir*, prendre ses précautions. 6. S'abriter derrière, se cacher derrière, *se couvrir*, ouvrir le parapluie. ◆ ANT. 1. Assaillir, asservir, attaquer, menacer, persécuter, tyranniser. 2. Dégrader, détériorer, dévaster, polluer.

3. Affecter, exposer, subir. **4.** Contrarier, entraver, nuire, refuser. **5.** S'aventurer, s'exposer, se hasarder. **6.** Assumer, endosser, se responsabiliser.

PROTESTATION ✦ **SYN. 1.** *(Bons sentiments)* **Assurance**, déclaration, démonstration, témoignage. **2.** Clabauderie *(péj.)*, **contestation**, contrepied, désapprobation, murmure, objection, plainte, refus, réprobation, tollé. ✦ **ANT. 1.** Méfiance, mutisme, refus. **2.** Acceptation, acquiescement, adhésion, admission, approbation, concession, consentement, résignation, soumission.

PROTESTER ✦ **SYN. 1.** *(Bonne foi, sincérité)* Affirmer, **assurer**, attester, clamer, jurer, proclamer. **2.** Clabauder *(péj.)*, se cabrer, **contester**, s'élever contre, s'indigner, manifester, murmurer, pester, se plaindre de, se rebeller, se rebiffer, réclamer, récriminer, regimber, rouspéter *(fam.)*, ruer dans les brancards. ✦ **ANT. 1.** Contredire, démentir. **2.** Accepter, accueillir, acquiescer, admettre, agréer, approuver, appuyer, concéder, consentir, se satisfaire.

PROTOCOLE ✦ **SYN. 1.** *Accord*, convention, traité. **2.** Bienséance, cérémonial, conventions, décorum, **étiquette**, formes, rite, rituel. **3.** Conditions, méthode, **règles**.

PROTOTYPE ✦ **SYN.** Archétype, étalon, modèle, norme, **original**, référence. ✦ **ANT.** Copie, double, exemplaire, réplique, reproduction.

PROUESSE ✦ **SYN. 1.** Bravoure, **courage**, héroïsme, vaillance. **2.** **Exploit**, haut fait, performance, prodige, tour de force. ✦ **ANT. 1.** Bassesse, lâcheté, poltronnerie, veulerie, vilenie. **2.** Banalité, contre-performance, échec, revers.

PROUVER ✦ **SYN. 1.** **Démontrer**, établir, justifier. **2.** **Attester**, confirmer, corroborer, dénoter, illustrer, indiquer, marquer, montrer, révéler, témoigner. ✦ **ANT. 1.** Objecter, réfuter. **2.** Démentir, infirmer, nier, récuser.

PROVENANCE ◇ v. **Origine**

PROVENIR ✦ **SYN. 1.** Émaner, partir de, sortir de, **venir de**. **2.** **Découler**, dépendre, dériver, descendre, naître de, procéder

de, résulter, tenir, tirer (son origine). ✦ **ANT. 1.** Adresser, diriger, envoyer. **2.** Causer, engendrer, entraîner, former, générer, produire, susciter.

PROVERBE ◇ v. **Sentence**

PROVERBIAL ✦ **SYN. 1.** Classique, célèbre, **connu**, fameux, légendaire, populaire, réputé, traditionnel, universel. **2.** **Exemplaire**, remarquable, typique. ✦ **ANT. 1.** Inconnu, oublié. **2.** Médiocre, négligeable.

PROVIDENCE ✦ **SYN. 1.** **Ciel**, Créateur, Dieu. **2.** Aide, appui, protecteur, **secours**. ✦ **ANT. 1.** Créature. **2.** Ennemi, oppresseur.

PROVIDENTIEL ✦ **SYN. 1.** **Céleste**, divin. **2.** Bon, heureux, inattendu, **inespéré**, merveilleux, opportun, salutaire. ✦ **ANT. 1.** Humain, terrestre. **2.** Dangereux, défavorable, ennuyeux, fâcheux, inopportun, malencontreux, néfaste.

PROVISION ✦ **SYN.** ▷ *Sing.* **1.** Alimentation, approvisionnement, apport, dépôt, fourniture *(matériel, vivres)*, ravitaillement, **réserve**, stock. **2.** *(Dr.)* Acompte, arrhes, à-valoir, avance, **couverture**, dépôt. ▷ *Pl.* **3.** Denrées, fournitures, nourriture, produits essentiels, **subsistance**, victuailles, vivres. **4.** Commissions, courses, **marché**. ✦ **ANT. 1.** Manque, pénurie, rareté. **2.** Découvert, déficit. **3.** Privation, rationnement.

PROVISOIRE ✦ **SYN.** Court, éphémère, momentané, passager, **temporaire**, transitoire. ✦ **ANT.** Continu, définitif, durable, permanent, persistant, stable.

PROVOCANT ✦ **SYN. 1.** *Agressif*, batailleur, belliqueux, irritant, menaçant, provocateur, pugnace, querelleur. **2.** Affolant, affriolant, agaçant, aguichant, **excitant**, hardi, racoleur, sexy *(fam.)*, suggestif. ✦ **ANT. 1.** Affable, doux, inoffensif, pacifique. **2.** Décent, pudique, réservé.

PROVOCATEUR ✦ **SYN.** ▷ *Nom* **1.** Agitateur, émeutier, excitateur, incitateur, instigateur, fauteur de troubles, **fomentateur**, perturbateur, trublion. **2.** **Agresseur**, assaillant, attaquant, offenseur, oppresseur, persécuteur. ▷ *Adj.* **3.** *Agressif*, irritant, menaçant, provocant. ✦ **ANT. 1.** Conciliateur, pacificateur. **2.** Aide, défenseur, gardien, protecteur. **3.** Inoffensif, pacifique.

PROVOCATION ◆ SYN. **1.** Espièglerie, malice, moquerie, raillerie, **taquinerie**. **2.** Excitation, exhortation, **fomentation**, instigation. **3.** Bravade, **défi**, intimidation, menace. ◆ ANT. **1.** Cajolerie, égards, prévenance. **2.** Apaisement, contrôle, maîtrise. **3.** Accommodement, arrangement, conciliation, pacification.

PROVOQUER ◆ SYN. **1.** Attaquer, braver, **défier**, se frotter à, menacer, mettre au défi, narguer. **2.** Amener, attirer, **causer**, coûter, créer, déclencher, déterminer, engendrer, entraîner, faire naître, occasionner, opérer, procurer, produire, valoir. **3.** Agir, aiguillonner, attiser, déchaîner, décider à, encourager, enflammer, exciter, inciter à, inviter à, porter à, pousser à, **soulever**, susciter. **4.** **Harceler**, irriter, presser, solliciter, tourmenter. **5.** Affrioler, agacer, aguicher, allumer (fam.), émoustiller, **exciter**. ◆ ANT. **1.** Craindre, fuir, respecter. **2.** Découler, dépendre, empêcher, prévenir. **3.** Apaiser, décourager, dissuader, étouffer, freiner, modérer, ralentir, refroidir. **4.** Ficher la paix (fam.), laisser tranquille. **5.** Dégoûter, déplaire, éconduire, éloigner, repousser.

PROXÉNÈTE ◇ V. Souteneur

PROXIMITÉ ◆ SYN. **1.** Contiguïté, **voisinage**. **2.** (Temps) Approche, arrivée, **imminence**, venue. ◆ ANT. **1.** Distance, écart, lointain. **2.** Départ, éloignement.

PRUDE ◆ SYN. (Péj.) Affecté, bégueule, collet monté, pudibond, pudique, **puritain**, rigoriste, sainte nitouche, scrupuleux. ◆ ANT. Dévergondé, grivois, impudique, laxiste, libertin.

PRUDENCE ◆ SYN. Circonspection, défiance, discrétion, ménagement, mesure, **précaution**, prévoyance, réflexion, réserve, sagesse, vigilance. ◆ ANT. Audace, hardiesse, imprévoyance, imprudence, insouciance, irréflexion, risque, témérité.

PRUDENT ◆ SYN. **1.** (Pers.) Averti, **circonspect**, défiant, discret, frileux, mesuré, précautionneux, prévoyant, réfléchi, réservé,

sage, vigilant. **2.** (Acte) **Avisé**, bon, sage, sensé. ◆ ANT. **1.** Audacieux, aventureux, étourdi, fou, imprévoyant, imprudent, insouciant, irréfléchi, léger, présomptueux, téméraire. **2.** Malavisé, risqué, sot.

PSEUDONYME ◇ V. Surnom

PSYCHIQUE ◆ SYN. Cérébral, intellectuel, intérieur, **mental**, moral, psychologique, spirituel. ◆ ANT. Corporel, organique, physiologique, physique, somatique.

PSYCHOLOGIE ◆ SYN. **1.** Doigté, **finesse**, intuition, perspicacité, tact. **2.** Caractère, mentalité, nature, **personnalité**, tempérament. ◆ ANT. **1.** Brusquerie, indélicatesse, lourdeur, maladresse, raideur, rudesse.

PSYCHOLOGIQUE ◆ SYN. **Mental**, moral, psychique. ◆ ANT. Physiologique, physique.

PUANT ◆ SYN. **1.** Empesté, empuanti, fétide, infect, malodorant, méphitique, **nauséabond**, pestilentiel, putride. **2.** (Pers.) Impudent, **odieux**, prétentieux, répugnant, vaniteux. ◆ ANT. **1.** Aromatique, embaumé, odoriférant, parfumé. **2.** Estimable, honorable, méritoire.

PUANTEUR ◆ SYN. Fétidité, infection, miasmes, **pestilence**, remugle, relents. ◆ ANT. Arôme, bouquet, fragrance, parfum.

PUBLIC ◆ SYN. ▷ Adj. **1.** Collectif, commun, communal, **général**, gouvernemental, national, politique, universel. **2.** (Lieu) Accessible, communautaire, fréquenté, libre, **ouvert**, populaire. **3.** Affiché, annoncé, célèbre, colporté (péj.), **connu**, dévoilé, divulgué, ébruité, évident, manifeste, notoire, officiel, ostensible, propagé, publié, renommé, répandu, révélé. ▷ Nom **4.** Foule, **gens**, masse, multitude, peuple. **5.** Assemblée, assistance, **auditoire**, salle, spectateurs. ◆ ANT. **1.** Individuel, particulier, personnel, privé. **2.** Clandestin, fermé, inaccessible, interdit, réservé, solitaire. **3.** Caché, confidentiel, dissimulé, furtif, ignoré, inconnu, inédit, intime, mystérieux, occulte, secret. **4.** Cénacle, cercle, chapelle, club, coterie (péj.), élite.

PUBLICATION ✦ SYN. 1. *(Dr.)* Annonce, bans, divulgation, **proclamation**, promulgation. 2. Édition, impression, lancement, *parution*, sortie. 3. Brochure, *écrit*, ouvrage, périodique.

PUBLICITÉ ✦ SYN. 1. Affichage, annonce, exposition, lancement, propagande, *réclame*, slogan. 2. *Diffusion*, retentissement. 3. *(Tapageuse)* Battage (médiatique, publicitaire), bruit, intoxication, *matraquage*, ramdam *(fam.)*, tam-tam *(fig.)*, tapage.

PUBLIER ✦ SYN. 1. Afficher, *annoncer*, avertir, colporter *(péj.)*, communiquer, crier, déclarer, dévoiler, divulguer, édicter, exposer, exprimer, manifester, proclamer, promulguer, propager, répandre, révéler, vulgariser. 2. *Éditer*, imprimer, lancer, sortir. ✦ ANT. 1. Cacher, censurer, conserver, dissimuler, masquer, soustraire, taire. 2. Détruire, pilonner.

PUBLIQUEMENT ✦ SYN. En public, *officiellement*, ostensiblement, ouvertement. ✦ ANT. Confidentiellement, en privé, secrètement.

PUDEUR ✦ SYN. 1. Chasteté, décence, honte, *modestie*, pruderie *(péj.)*, pudibonderie *(péj.)*, pudicité. 2. *Délicatesse*, discrétion, réserve, retenue. ✦ ANT. 1. Dévergondage, impudeur, impudicité, impureté, indécence, libertinage, obscénité. 2. Audace, cynisme, insolence.

PUDIBOND ◇ V. **Prude**

PUDIQUE ✦ SYN. 1. Chaste, décent, *modeste*, prude *(péj.)*, pudibond *(péj.)*, sage. 2. *Discret*, réservé. ✦ ANT. 1. Immodeste, impudique, indécent, obscène. 2. Audacieux, cynique, insolent.

PUER ◇ V. **Empester**

PUÉRIL ✦ SYN. 1. Enfantin, *infantile*. 2. Frivole, futile, *immature*, naïf, niais, vain. ✦ ANT. 1-2. Adulte, avisé, mûr, sérieux.

PUÉRILITÉ ✦ SYN. 1. Badinerie, baliverne, *enfantillage*, futilité. 2. *Immaturité*, infantilisme. ✦ ANT. 1-2. Maturité, sérieux.

PUISER ✦ SYN. 1. Capter, pomper, *prendre*, tirer. 2. *Emprunter*, extraire, glaner, récolter.

PUISSANCE ✦ SYN. 1. *Capacité*, faculté, possibilité, potentiel, pouvoir, virtualité. 2. *Autorité*, empire, omnipotence, règne, souveraineté, toute-puissance. 3. Ascendant, crédit, domination, emprise, *influence*, prestige, séduction. 4. Dynamisme, efficacité, énergie, *force*, intensité, robustesse. 5. *(Grande puissance)* Colosse, géant, *pays puissant*, supergrand, superpuissance. ✦ ANT. 1. Impossibilité, inaptitude, incapacité. 2. Dépendance, subordination, sujétion. 3. Aversion, discrédit, résistance. 4. Faiblesse, impuissance, inefficacité, inertie. 5. Pays satellite, petit pays.

PUISSANT ✦ SYN. ▷ Adj. 1. *(Ch.)* Actif, agissant, *efficace*, énergique, opérant. 2. *(Pers.)* Capable, considérable, fort, grand, haut, *important*, influent, marquant, omnipotent, prépondérant, redoutable, riche, souverain, tout-puissant. 3. *Intense*, profond, vif, vigoureux, violent. ▷ Nom 4. *(Pl. surtout)* *Grands* (de ce monde), magnats *(péj.)*, maîtres (du monde). ✦ ANT. 1. Anodin, inefficace, inopérant. 2. Impuissant, incapable, insignifiant, médiocre, ordinaire, pauvre, petit, vain. 3. Doux, faible, léger, superficiel.

PUITS ✦ SYN. 1. Cavité, citerne, fontaine, *réservoir*, source, trou. 2. Excavation, *gisement*. 3. Point d'eau.

PULLULER ✦ SYN. 1. Croître, *se multiplier*, pousser, se reproduire. 2. *Fourmiller*, grouiller. 3. Abonder, foisonner, proliférer, regorger, *surabonder*. ✦ ANT. 1. Se dépeupler, disparaître. 2. Être déserté, se vider. 3. Manquer, se raréfier, se tarir.

PULSATION ✦ SYN. 1. *Battement*, pouls. 2. Onde. 3. *Cadence*, mesure, mouvement, rythme.

PULVÉRISATEUR ◇ V. **Aérosol**

PULVÉRISER ✦ SYN. 1. Broyer, écraser, égruger, *émietter*, moudre, piler, triturer. 2. Vaporiser. 3. Anéantir, désintégrer, *détruire*, foudroyer. ✦ ANT. 1. Agglomérer, assembler, grouper, joindre, réunir. 3. Conserver, défendre, maintenir, protéger.

PUNIR ✦ SYN. 1. Châtier, *condamner*, consigner, corriger, fesser, frapper, sévir.

2. Flétrir, réprimer, *sanctionner*. ◆ ANT.
1. Épargner, féliciter, louanger, récompenser. 2. Couronner, encourager.

PUNITION ◆ SYN. 1. *Châtiment*, condamnation, consigne, correction, expiation,
leçon, peine, pénalité, répression, sanction. 2. *(Sports) Pénalisation*, pénalité. ◆ ANT.
1. Cadeau, compensation, don, éloge, félicitations, louange, présent, récompense.

PUR ◆ SYN. 1. *(Ch.)* Affiné, assaini, blanc,
clair, cristallin, épuré, filtré, fin, immac-
culé, *impeccable*, inaltéré, limpide, naturel, net, parfait, propre, purifié, raffiné,
tamisé, transparent. 2. *(Esprit)* Absolu, *complet*, entier, franc, idéal, immatériel, simple. 3. *(Sc.)* Abstrait, exact, fondamental,
théorique. 4. *(Moral)* Angélique, candide,
délicat, désintéressé, droit, éthéré, immatériel, intact, *intègre*, irréprochable.
5. Chaste, continent, platonique, pudique,
vertueux, vierge, virginal. 6. *(Teint)* Coloré,
épanoui, fleuri, *frais*, florissant, rose,
vermeil, vif. 7. *(Langage) Châtié*, correct,
épuré, soigné. ◆ ANT. 1. Altéré, artificiel,
contaminé, frelaté, gâté, infecté, malpropre, mélangé, sale, souillé, taché, terni,
trouble, vicié. 2. Complexe, composite,
imparfait, incomplet, matériel. 3. Appliqué, expérimental. 4. Indélicat, intéressé,
grossier, retors, vulgaire. 5. Charnel, impudique, impur, pervers, vicieux. 6. Blafard,
blême, hâve, livide, pâle, terne. 7. Fautif,
incorrect, mauvais.

PURETÉ ◆ SYN. 1. Blancheur, clarté, fraîcheur, limpidité, *netteté*, propreté, transparence. 2. Candeur, droiture, franchise,
ingénuité, *innocence*. 3. Chasteté, continence, pudeur, *vertu*, virginité. 4. Correction, élégance, *perfection*. ◆ ANT. 1. Malpropreté, mélange, saleté, scorie, tache,

turbidité. 2. Corruption, hypocrisie, immoralité, rouerie. 3. Impureté, libertinage,
luxure, stupre, vice. 4. Imperfection, incorrection.

PURGATIF ◆ SYN. Drastique, évacuant,
laxatif. ◆ ANT. Astringent.

PURGER ◆ SYN. 1. Éliminer, *évacuer*,
relâcher. 2. *Débarrasser*, épurer, purifier.
◆ ANT. 1. Resserrer. 2. Infecter, salir.

PURIFICATION ◆ SYN. 1. *Assainissement*, épuration, nettoyage. 2. *Affinage*,
raffinage. 3. *(Relig.)* Ablutions. 4. *(Purification ethnique)* Extermination, *génocide*,
massacre (de populations), nettoyage
ethnique. ◆ ANT. 1. Contamination, pollution. 2. Alourdissement, épaississement.
4. Défense, protection, respect.

PURIFIER ◆ SYN. 1. *Assainir*, clarifier,
désinfecter, épurer, filtrer, laver, nettoyer,
purger. 2. *Affiner*, raffiner. 3. *(Langue)* Châtier, *corriger*, soigner. ◆ ANT. 1. Contaminer, corrompre, infecter, salir, souiller.
2. Alourdir, épaissir. 3. Négliger.

PURISME ◆ SYN. Affectation, correction
exagérée, pureté, *rigorisme*. ◆ ANT. Incorrection, laxisme, libéralisme, naturel.

PURITAIN ◆ SYN. 1. *Austère*, intransigeant, rigide, rigoriste, sévère. 2. Prude,
pudibond, sainte nitouche. ◆ ANT. 1. Épicurien, hédoniste, laxiste, permissif.
2. Débauché, jouisseur, libertin, sensuel.

PUSILLANIME ◆ SYN. Couard, *craintif*,
faible, frileux, froussard *(fam.)*, lâche, peureux, pleutre, poltron, timide, timoré,
trembleur. ◆ ANT. Audacieux, brave, courageux, énergique, entreprenant, ferme,
généreux, vaillant.

PUTRÉFACTION ◇ v. Pourriture
PUTRIDE ◇ v. Pourri
PYROMANE ◆ SYN. Incendiaire.

Q

QUAI ◆ SYN. **1.** *Appontement*, débarcadère, embarcadère, wharf. **2.** *(Pl. surtout)* Bassin, *docks*, entrepôts, hangars, magasins. **3.** *(Gare)* Passage, *plateforme*, voie (publique). **4.** *(Québ.)* Ponton.

QUALIFICATIF ◆ SYN. **1.** *Adjectif*, appellation, attribut, caractéristique, désignation, épithète, qualité, qualification. **2.** Sobriquet, *surnom*.

QUALIFICATION ◆ SYN. **1.** *Appellation*, caractérisation, dénomination, désignation, épithète, nom, qualificatif, qualité, titre, vocable. **2.** Concours, éliminatoire, *épreuve*. **3.** *(Qualification professionnelle)* *Aptitudes*, compétences, connaissances, expérience, formation (spécialisée), métier, qualités, titres. ◆ ANT. **2.** Classement, disqualification, élimination. **3.** Inaptitude, incompétence, inexpérience.

QUALIFIÉ ◆ SYN. **1.** Apte, autorisé, capable, *compétent*, diplômé. **2.** *(Ouvrier, travailleur)* *Professionnel*, spécialisé, technique. **3.** *(Épreuve sportive)* Admis, *classé*. ◆ ANT. **1.** Inapte, incompétent, non qualifié. **2.** Manuel, non spécialisé. **3.** Déclassé, disqualifié, éliminé.

QUALIFIER ◆ SYN. ▷ *V. tr.* **1.** *Autoriser*, donner qualité à, habiliter à. **2.** *Appeler*, caractériser, dénommer, désigner, nommer, surnommer, tenir pour, taxer *(péj.)*, traiter de *(péj.)*. ▷ *V. pr.* **3.** *Se classer*, être admis. ◆ ANT. **1.** Empêcher, interdire, refuser. **2.** S'abstenir, cacher, taire. **3.** Échouer, être disqualifié, être éliminé.

QUALITÉ ◆ SYN. **1.** *(Ch.)* *Attribut*, caractère, nature, propriété, valeur. **2.** *(Pers.)* Aptitude, bons côtés, capacité, don, *mérite*, qualification, supériorité, talent,

vertu. **3.** Condition, état, *fonction*, qualification, rang, situation, titre. **4.** *(De qualité)* Chic, de choix, de marque, de premier choix, de valeur, *excellent*, haut de gamme, supérieur. **5.** *(En qualité de)* Comme, *à titre de*, en tant que. ◆ ANT. **1.** Nombre, quantité. **2.** Défaut, faiblesse, imperfection, inaptitude, infériorité, mauvais côté, tare. **4.** Bas de gamme, commun, courant, inférieur, médiocre, piètre.

QUANT-À-SOI ◆ SYN. **1.** Discrétion, distance, pudeur, *réserve*, retenue, retrait, sagesse. **2.** Amour-propre, dignité, estime de soi, *fierté*, honnêteté (face à soi), indépendance, noblesse ◆ ANT. **1.** Confidence, désinvolture, épanchement, familiarité, impudence, indiscrétion. **2.** Avilissement, dépendance, humiliation, hypocrisie, mépris de soi, orgueil, vanité.

QUANTIFIER ◆ SYN. Attribuer, calculer, chiffrer, déterminer, établir, *évaluer*. ◆ ANT. Sous-évaluer, surévaluer.

QUANTITÉ ◆ SYN. **1.** *Nombre*, pluralité, unité. **2.** Capacité, charge, contenance, dose, durée, étendue, grandeur, masse, *mesure*, poids, somme, valeur, vitesse, volume. **3.** *(Une quantité)* Abondance, avalanche, flot, foule, *grand nombre*, kyrielle, masse, multitude, myriade, tapée *(fam.)*, tas, trâlée *(québ., fam.)*. **4.** *(Quantité de)* *Beaucoup de*, nombre de. **5.** *(En quantité)* Beaucoup, *en abondance*, en masse *(fam.)*. ◆ ANT. **1.** Qualité, valeur. **3.** Petit nombre, poignée. **4.** Peu de. **5.** Peu, très peu.

QUARANTAINE ◆ SYN. **1.** Enfermement, *isolement*, réclusion. **2.** Exclusion, interdit, mise à l'index, *ostracisme*, proscription. ◆ ANT. **1.** Contacts, rapports, société. **2.** Cordialité, inclusion, réintégration.

QUARTIER ✦ SYN. **1.** *Morceau*, partie, pièce, portion, tranche. **2.** *(Lune)* **Croissant**, phase. **3.** Arrondissement, coin, district, faubourg, région, *secteur*, voisinage. **4.** *(Pl.)* Campement, *cantonnement*, caserne. **5.** *(Quartier général)* Poste de commandement *(armée).*

QUASIMENT ✦ SYN. À peu de chose près, à peu près, en quelque sorte, pour ainsi dire, pratiquement, *presque*, quasi, sensiblement. ✦ ANT. Complètement, entièrement, exactement, tout à fait, vraiment.

QUELCONQUE ✦ SYN. *(Après le nom)* Anodin, anonyme, banal, commun, effacé, fade, impersonnel, insignifiant, médiocre, moyen, *ordinaire*, trivial, vulgaire. ✦ ANT. Brillant, excellent, exceptionnel, extraordinaire, fameux, hors du commun, original, rare, remarquable.

QUELQUEFOIS ◇ V. **Parfois**

QUÉMANDER ◇ V. **Quêter**

QUÉMANDEUR ◇ V. **Solliciteur**

QU'EN-DIRA-T-ON ◇ V. **Racontars**

QUERELLE ✦ SYN. **1.** Algarade, altercation, chicane, démêlé, désaccord, différend, *dispute*, dissension, empoignade, friction, grabuge, prise de bec. **2.** Éclat, esclandre, scandale, *scène*, sortie. **3.** *(Intellectuelle)* Débat, contestation, *lutte* (d'idées). **4.** *(Groupes, pays)* *Accrochage*, bagarre, conflit, escarmouche, guerre larvée, rivalités. ✦ ANT. **1.** Accord, compréhension, concorde, entente, paix. **2.** Discrétion, intimité, réserve. **3.** Conformisme, consensus, uniformité. **4.** Guerre ouverte, hostilités.

QUERELLER ✦ SYN. ▷ *V. tr.* **1.** Blâmer, chanter pouilles, chercher noise, chicaner *(fam.)*, gourmander, gronder, houspiller, *réprimander*, tancer. ▷ *V. pr.* **2.** Se chamailler *(fam.)*, se chicaner *(fam.)*, *se disputer*, s'engueuler *(fam.)*. ✦ ANT. **1.** Amadouer, flatter, louanger, pardonner. **2.** Se dire des mots doux, s'entendre, faire la paix, se réconcilier.

QUERELLEUR ✦ SYN. *Agressif*, batailleur, belliqueux, chamailleur *(fam.)*, chicaneur, hargneux, irascible, provocateur, pugnace, tracassier. ✦ ANT. Accommodant, aimable, conciliant, doux, médiateur, pacificateur, sociable.

QUESTION ✦ SYN. **1.** Colle *(fam.)*, demande, *interrogation*. **2.** Affaire, difficulté, énigme, point litigieux, *problème*. **3.** Cause, motif, *raison*. **4.** Matière, point, *sujet* (d'étude). ✦ ANT. **1.** Affirmation, négation, réponse. **2.** Clé, lumière, règlement, solution.

QUESTIONNAIRE ◇ V. **Formulaire**

QUÊTE ✦ SYN. **1.** *Collecte*, demande, guignolée *(québ.)*, sollicitation. **2.** Chasse *(fig.)*, poursuite, *recherche*. **3.** Ambition, appel, désir, *idéal*, passion, rêve. ✦ ANT. **1.** Don, offrande. **2.** Abandon, réussite. **3.** Bonheur, désillusion.

QUÊTER ✦ SYN. **1.** Faire la quête. **2.** *(Fig.)* Implorer, mendier, *quémander*, solliciter (avec insistance), supplier. ✦ ANT. **1.** Donner. **2.** Accorder, céder (aux supplications), refuser.

QUEUE ✦ SYN. **1.** Bout, *extrémité*, fin, prolongement. **2.** *(Bot.)* *Pédoncule*, pétiole, tige. **3.** *(Vêtement)* Basques, *pan*, traîne. **4.** Chevelure *(comète)*, sillage, *traînée*. **5.** Arrière, dernier rang, *file*, ligne. **6.** *(Casserole, poêle)* Manche. **7.** *(Lettre)* Hampe. ✦ ANT. **1.** Avant, début, tête.

QUIDAM ◇ V. **Individu**

QUIET ✦ SYN. *Calme*, paisible, placide, serein, tranquille. ✦ ANT. Inquiet, nerveux, tourmenté.

QUIÉTUDE ✦ SYN. **1.** Accalmie, apaisement, *calme*, paix, repos, tranquillité. **2.** Ataraxie *(philos.)*, béatitude, bien-être, détachement, équanimité, flegme, impassibilité, placidité, sagesse, *sérénité*, stoïcisme. **3.** Assurance, confiance, *sécurité*. ✦ ANT. **1.** Agitation, brouhaha, dérangement, tumulte, vacarme. **2.** Angoisse, anxiété, crise, émoi, inquiétude, passion, souci, tourment, trouble. **3.** Danger, insécurité, peur.

QUINTE ◇ V. **Accès**

QUINTESSENCE ✦ SYN. **1.** *(Alchim.)* **Principe essentiel**, qualité pure. **2.** *Essence*, essentiel, meilleur, moelle, nec plus ultra, raffinement, substance, substantifique moelle, suc.

QUINTEUX ♦ SYN. **1.** Acariâtre, bizarre, *capricieux*, changeant, fantasque. **2.** *(Cheval)* Rétif. ♦ ANT. **1.** Constant, mesuré, persévérant, pondéré, stable. **2.** Docile.

QUIPROQUO ♦ SYN. Confusion, équivoque, erreur, malentendu, *méprise*. ♦ ANT. Clarification, éclaircissement, identification, reconnaissance.

QUITTANCE ♦ SYN. Acquit, décharge, libération, quitus, *reçu*, récépissé. ♦ ANT. Compte, dette, devoir, engagement, obligation, passif.

QUITTE ♦ SYN. Acquitté, débarrassé, délivré, dispensé, exempt, exonéré, *libéré*, libre. ♦ ANT. Débiteur, engagé, lié, obligé.

QUITTER ♦ SYN. ▷ *V. tr.* **1.** *(Activité, emploi)* *Abandonner*, abdiquer, décrocher *(québ.)*, délaisser, démissionner, se désister, lâcher, laisser, renoncer, résigner. **2.** *(Lieu)* S'absenter, *s'en aller*, déménager, déserter, s'échapper, s'éclipser, s'éloigner, émigrer, évacuer, s'exiler, s'expatrier, faire ses adieux, fausser compagnie, filer, fuir, partir, plier bagage, prendre congé de, prendre ses cliques et ses claques *(fam.)*, sortir de. **3.** *(Pers.)* Se détourner de, divorcer avec (de), laisser choir *(fam.)*, laisser en plan, plaquer *(fam.)*, *rompre avec*, se séparer de. **4.** *(Monde)* Mourir. **5.** *(Vêtement)* Se débarrasser de, *enlever*, ôter, retirer. ▷ *V. pr.* **6.** Divorcer, *se séparer*. ♦ ANT. **1.** Avoir, conserver, garder, obtenir, réintégrer, reprendre. **2.** Approcher, arriver,

demeurer, emménager, entrer, s'établir, s'installer, se montrer, se présenter, revenir, saluer, venir. **3.** Épouser, fréquenter, renouer avec, revoir, sortir avec *(fam.)*. **4.** Naître. **5.** Enfiler, mettre, revêtir. **6.** Se fréquenter, se marier, se revoir.

QUOIQUE ♦ SYN. *Bien que*, encore que, malgré que.

QUOLIBETS ♦ SYN. Brocards, lazzis, *moqueries*, plaisanteries, pointes, railleries. ♦ ANT. Acclamations, compliments, éloges, félicitations, vivats.

QUOTA ♦ SYN. **1.** Contingent, *limitation*, limite, pourcentage, taux. **2.** *(Vente)* Chiffre minimum, limite minimale, *seuil*. **3.** *(Sondage)* Échantillon représentatif. ♦ ANT. **1.** Libre marché, prolifération, surabondance. **2.** Limite maximale, plafond.

QUOTE-PART ♦ SYN. Apport, contingent, *contribution*, cotisation, écot, part, quotité.

QUOTIDIEN ♦ SYN. ▷ *Adj.* **1.** Accoutumé, coutumier, habituel, *journalier*, ordinaire, normal, régulier. **2.** Banal, monotone, répétitif, *routinier*. ▷ *Nom* **3.** Routine, train-train, *vie quotidienne*. **4.** Journal. ♦ ANT. **1.** Exceptionnel, inaccoutumé, inhabituel, irrégulier, occasionnel. **2.** Extraordinaire, intéressant, varié. **3.** Imprévu, variété. **4.** Hebdomadaire, magazine, mensuel.

QUOTIENT ♦ SYN. **1.** *(Math.)* Résultat (d'une division). **2.** Coefficient, proportion, *rapport*, ratio.

QUOTITÉ ♦ SYN. Lot, montant, *part*, portion, quantité, quota, quote-part.

R

RABÂCHAGE ◇ v. **Radotage**

RABÂCHER ◇ v. **Radoter**

RABAIS ◆ SYN. Abattement, baisse, bonification, bonus, bradage, dégrèvement, diminution, escompte, *réduction*, remise, ristourne, solde. ◆ ANT. Augmentation, élévation, hausse, majoration, redoublement.

RABAISSER ◆ SYN. ▷ *V. tr.* **1.** Baisser, *rabattre*. **2.** Abaisser, amoindrir, avilir, décrier, dégrader, dénigrer, *déprécier*, dévaloriser, dévaluer, diminuer, humilier, rapetisser, ravaler. ▷ *V. pr.* **3.** S'avilir, se déprécier, se dévaloriser, *s'humilier*, se sous-estimer. ◆ ANT. **1.** Rehausser, relever. **2.** Apprécier, exalter, honorer, valoriser, vanter. **3.** S'enorgueillir, se surestimer, se vanter.

RABAT-JOIE ◆ SYN. Emmerdeur *(fam.)*, empêcheur de tourner en rond, éteignoir, grincheux, grognon, ronchonneur, *trouble-fête*. ◆ ANT. Amuseur, boute-en-train, gai luron, joyeux drille.

RABATTRE ◆ SYN. ▷ *V. tr.* **1.** Décompter, *déduire*, défalquer, diminuer, retrancher, soustraire. **2.** Abaisser, aplatir, baisser, coucher, faire retomber, *refermer*, replier. **3.** *Diriger*, orienter, ramener. ▷ *V. pr.* **4.** *Se résigner à*, se tourner vers. ◆ ANT. **1.** Ajouter, augmenter, hausser, majorer. **2.** Déplier, ouvrir, redresser, rehausser, relever, remonter, soulever. **3.** Chasser, éloigner. **4.** Choisir, préférer.

RÂBLÉ ◆ SYN. Baraqué *(fam.)*, costaud, musclé, ramassé, robuste, *trapu*, vigoureux. ◆ ANT. Délicat, élancé, frêle, gracile, mince.

RABOTER ◆ SYN. **1.** *Aplanir*, dégauchir, égaliser, niveler, planer, varloper. **2.** Frotter, racler. ◆ ANT. **1.** Abîmer, bosseler, déformer. **2.** Polir, poncer.

RABOTEUX ◆ SYN. **1.** Accidenté, âpre, bosselé, cahoteux, *inégal*, irrégulier, noueux, rêche, rugueux. **2.** *(Style)* Abrupt, difficile, dur, heurté, rocailleux *(fig.)*, *rude*, saccadé. ◆ ANT. **1.** Doux, égal, lisse, poli, uni. **2.** Aisé, coulant, élégant, harmonieux.

RABOUGRI ◆ SYN. Chétif, contracté, malingre, menu, rachitique, racorni, *ratatiné*, recroquevillé. ◆ ANT. Développé, élancé, fort, robuste, sain, vigoureux.

RABOUTER ◆ SYN. Abouter, ajointer, assembler, coudre, enter, épisser, *joindre*, raccorder, rattacher, réunir. ◆ ANT. Découdre, défaire, délier, désunir, détacher, séparer.

RABROUER ◆ SYN. Brusquer, gronder, envoyer au diable *(fam.)*, envoyer promener *(fam.)*, rebuter, remettre à sa place, *repousser*, rudoyer. ◆ ANT. Accepter, câliner, choyer, dorloter, féliciter.

RACAILLE ◆ SYN. Bas-fonds, engeance, lie, plèbe, *populace*, rebut. ◆ ANT. Aristocratie, bourgeoisie, crème *(fam.)*, gratin *(fam.)*, élite, intelligentsia, noblesse.

RACCOMMODER ◆ SYN. ▷ *V. tr.* **1.** Rafistoler *(fam.)*, rapetasser *(fam.)*, rapiécer, ravauder, *recoudre*, remailler, réparer, repriser, retaper, stopper. **2.** *(Fam.)* Accorder, arranger, concilier, rabibocher *(fam.)*, rapprocher, *réconcilier*, réunir. ▷ *V. pr.* **3.** Se rapprocher, *se réconcilier*, renouer avec. ◆ ANT. **1.** Abîmer, déchirer, défaire, détériorer. **2.** Brouiller, désunir, séparer. **3.** Se brouiller, rompre avec, se séparer.

RACCORD ◆ SYN. Assemblage, *joint*, jonction, liaison, ligature, rapprochement, rattachement, réunion, soudure, suture, transition. ◆ ANT. Brisure, coupure, déchirure, disjonction, écartement, séparation.

RACCOURCIR ◆ SYN. 1. Couper, *diminuer*, écimer, élaguer, émonder, étriquer, rapetisser, retrancher, rétrécir, rogner, tailler. 2. *Abréger*, condenser, écourter, ramasser, réduire, résumer. ◆ ANT. 1. Allonger, augmenter, déployer, étendre, prolonger, rallonger. 2. Développer, étirer, étoffer.

RACCOURCISSEMENT ◆ SYN. Abrègement, amoindrissement, *diminution*, rapetissement. ◆ ANT. Allongement, agrandissement, rallongement.

RACCROCHER ◆ SYN. ▷ *V. tr.* 1. Accrocher, *remettre*, replacer, reprendre, suspendre. 2. Accoster, *arrêter*, racoler *(péj.).* 3. Associer, *relier*. ▷ *V. pr.* 4. S'agripper, *se cramponner*, se retenir. 5. *Se rapporter*, se rattacher, se relier. ◆ ANT. 1. Arracher, décrocher, dépendre, déplacer, prendre, saisir. 2. Éviter, fuir, laisser passer. 3. Isoler, séparer. 4. Céder, lâcher prise. 5. Se distinguer, s'écarter.

RACE ◆ SYN. 1. Ascendance, clan, descendance, dynastie, extraction, *famille*, filiation, lignée, origine, postérité, sang, souche. 2. Catégorie, engeance *(péj.)*, *espèce*, sorte. 3. *(Zool.)* Sous-espèce. 4. Communauté, *ethnie*, nation, peuplade, peuple, société, tribu.

RACHAT ◆ SYN. 1. Achat, acquittement, recouvrement, règlement, *remboursement*, réméré *(dr.)*, reprise. 2. *Délivrance*, expiation, libération, pardon, rédemption, salut. ◆ ANT. 1. Abandon, revente. 2. Faute, péché, perdition.

RACHETER ◆ SYN. ▷ *V. tr.* 1. Acheter, affranchir, se libérer, récupérer, se rédimer, *rembourser*. 2. *(Relig.)* Effacer, *expier*, réparer (sa faute), sauver. 3. *Compenser*, dédommager, réparer. ▷ *V. pr.* 4. Se réhabiliter. ◆ ANT. 1. Rétrocéder, revendre. 2. Se damner, pécher, se perdre. 3. Accentuer, aggraver. 4. Récidiver, sombrer.

RACHITIQUE ◆ SYN. 1. *(Méd.)* Noué. 2. Anémique, *chétif*, débile, maigre, malingre,

rabougri. ◆ ANT. 1. Développé. 2. Épanoui, fort, robuste, sain, vigoureux.

RACINE ◆ SYN. 1. *(Bot.)* Bulbe, coiffe, collet, fibrille, griffe, pivot, *radicelle*, radicule, rhizome, souche, tubercule. 2. *(Sc.)* Base, cause, commencement, étymologie, germe, naissance, *origine*, principe, radical *(mot)*, source. 3. *(Pl.)* *Attaches*, liens. ◆ ANT. 1. Faîte, sommet, tête, tige. 2. Effet, fin, résultat, terme, terminaison *(mot)*. 3. Déracinement, détachement.

RACISME ◆ SYN. Apartheid, *discrimination*, exclusion, intolérance, ségrégation, ségrégationnisme, xénophobie. ◆ ANT. Inclusion, intégration, ouverture, tolérance, universalisme.

RACLÉE ◆ SYN. *Fam.* 1. *Correction*, dégelée, dérouillée, fessée, frottée, rossée, volée. 2. *Défaite* (complète), (cuisant) échec, revers. ◆ ANT. 1. Félicitations, gratification, récompense. 2. Succès, triomphe, victoire.

RACLER ◆ SYN. 1. Curer, cureter, enlever, *frotter*, gratter, nettoyer, raboter, râper, râteler, ratisser, ruginer. 2. *(Mus.)* Déformer, *écorcher*. ◆ ANT. 1. Couvrir, encrasser, enduire, recouvrir, salir. 2. Bien jouer, bien rendre.

RACOLER ◆ SYN. *Péj.* 1. Embrigader, *engager*, enrégimenter, enrôler, recruter. 2. Aborder, accoster, *attirer*, draguer *(fam.)*, raccrocher, solliciter. ◆ ANT. 1. Détourner, dissuader, libérer. 2. Éconduire, repousser.

RACOLEUR ◇ V. Accrocheur

RACONTARS ◆ SYN. *(Pl. surtout)* Bavardages, cancans, commérages, contes, indiscrétions, *médisances*, on-dit, ouï-dire, potins, qu'en-dira-t-on, ragots, rumeurs. ◆ ANT. Circonspection, délicatesse, discrétion, mutisme, réserve, retenue, silence.

RACONTER ◆ SYN. 1. Conter, décrire, dépeindre, détailler, dire, exposer, narrer, *rapporter*, réciter, relater, retracer. 2. Chanter *(fam.)*, *débiter*, dire (à la légère), rabâcher. ◆ ANT. 1. Cacher, déformer, dénaturer, omettre, taire, voiler. 2. Dire vrai, parler sérieusement.

RACONTEUR ◇ V. Conteur

RACORNI ✦ SYN. Coriace, *desséché*, durci, rabougri, ratatiné. ✦ ANT. Épanoui, ouvert, souple, tendre, vivant.

RADIATION ✦ SYN. 1. Annulation, correction, expulsion, retrait, *suppression*. 2. Émanation, émission, irradiation, onde, oscillation, radioactivité, *rayonnement*. ✦ ANT. 1. Admission, enregistrement, inscription. 2. Extinction, inertie.

RADICAL ✦ SYN. ▷ *Adj.* 1. Absolu, complet, définitif, entier, foncier, *fondamental*. 2. *(Mesure)* Draconien, *énergique*, extrême. 3. *(Remède)* **Efficace**, excellent, infaillible, parfait, puissant, salutaire, sûr, souverain. ▷ *Nom* 4. *(Polit.)* Activiste, contestataire, enragé, *extrémiste*, maximaliste, ultra. 5. *(Ling.)* Étymologie, *racine* (d'un mot). ✦ ANT. 1. Incertain, incomplet, partiel, superficiel, vague. 2. Doux, mou, timide. 3. Impuissant, incertain, inefficace, inopérant. 4. Centriste, minimaliste, modéré. 5. Terminaison.

RADIER ◇ V. Rayer

RADIEUX ✦ SYN. 1. Beau, brillant, éclatant, ensoleillé, *lumineux*, rayonnant, resplendissant. 2. *(Pers.)* Épanoui, *heureux*, joyeux, ravi, réjoui, resplendissant *(fig.)*, triomphant. ✦ ANT. 1. Couvert, éteint, obscur, pâle, sombre, ténébreux, terne. 2. Assombri, déconfit, maussade, morne, morose, piteux, triste.

RADOTAGE ✦ SYN. 1. Chanson, prêchi-prêcha, *rabâchage*, redite, refrain, rengaine, répétition, scie. 2. Déraison, *divagation*, extravagance, gâtisme. ✦ ANT. 1. Fraîcheur, innovation, nouveauté. 2. Bon sens, lucidité, mesure, raison.

RADOTER ✦ SYN. 1. Chanter *(fam.)*, conter, *rabâcher*, rebattre les oreilles, redire, répéter, ressasser, revenir sur, seriner. 2. Dérailler, déraisonner, *divaguer*. ✦ ANT. 1. Créer, inventer, renouveler. 1. Se contenir, raisonner, réfléchir.

RAFALE ✦ SYN. 1. *Bourrasque*, coup de chien, coup de vent, tempête, tornade, tourbillon, trombe. 2. *Décharge*, fusillade, giclée *(fam.)*, salve, tir, volée. ✦ ANT. 1. Brise, calme, zéphyr. 2. Arrêt, pause.

RAFFERMIR ✦ SYN. Affermir, cimenter, *consolider*, durcir, fortifier, renforcer, tonifier. ✦ ANT. Affaiblir, démolir, ébranler, fléchir, ramollir.

RAFFINÉ ✦ SYN. 1. Affiné, *épuré*, pur. 2. *Délicat*, exquis, fin, subtil. 3. Aristocratique, chic, *distingué*, élégant, gracieux, précieux, recherché, sophistiqué. ✦ ANT. 1. Brut, grossier. 2. Fade, grotesque, ordinaire. 3. Balourd, fruste, modeste, simple, sobre, vulgaire.

RAFFINER ✦ SYN. 1. Distiller, dépurer, *épurer*, purger, purifier. 2. Affiner, *améliorer*, fignoler *(fam.)*, peaufiner, perfectionner, policer, soigner, subtiliser. ✦ ANT. 1. Altérer, contaminer, entacher, souiller. 2. Alourdir, bâcler, simplifier.

RAFFOLER ✦ SYN. *Adorer*, aduler, aimer, chérir, se complaire, se délecter, goûter, se passionner. ✦ ANT. Abhorrer, détester, fuir, haïr, maudire, réprouver.

RAFISTOLER ◇ V. Raccommoder

RAFLE ✦ SYN. *Arrestation* (massive), coup de filet, descente (policière).

RAFLER ✦ SYN. *Fam.* 1. *Accaparer*, s'approprier, s'emparer de, emporter, enlever, prendre, ratiboiser *(fam.)*, ravir, saisir, voler. 2. *(Prix, médailles)* **Gagner**, obtenir, ramasser, récolter, remporter. ✦ ANT. 1. Céder, laisser, remettre, rendre, restituer. 2. Partager, perdre.

RAFRAÎCHIR ✦ SYN. ▷ *V. tr.* 1. Refroidir. 2. Rajeunir, refaire, *renouveler*, rénover, réparer, restaurer, retaper. 3. *(Éclat, teint)* Aviver, *raviver*, rehausser, renforcer. 4. *(Cheveux)* **Couper**, tailler. ▷ *V. pr.* 5. *Fraîchir*, se refroidir (un peu). 6. Boire, *se désaltérer*. 7. *Faire un brin de toilette*, se recoiffer, se refaire une beauté *(fam.)*. ✦ ANT. 1. Adoucir, réchauffer, tiédir. 2. Abîmer, défaire, gâter, user. 3. Décolorer, défraîchir, pâlir, ternir. 4. Allonger, pousser. 5. S'adoucir, se réchauffer. 6. Avoir soif, se déshydrater. 7. Se négliger.

RAFRAÎCHISSEMENT ✦ SYN. 1. Refroidissement. 2. *Boisson* (non alcoolisée), consommation. 3. *(Pl.)* *Boissons fraîches*, fruits rafraîchis, glaces. ◆ ANT. 1. Adoucissement, réchauffement.

RAGAILLARDIR ◇ v. **Revigorer**

RAGE ◆ SYN. 1. Agitation, agressivité, colère, dépit, frénésie, *fureur*, furie, vigueur, violence. 2. Besoin, désir, envie, fièvre, gout (excessif), fringale, manie, *passion*, volonté. 3. *(Dents)* Douleur, *mal.* ◆ ANT. 1. Bonté, calme, douceur, gentillesse, mesure, modération, paix, sérénité. 2. Aversion, dégoût, indifférence. 3. Insensibilité, soulagement.

RAGER ◇ v. **Enrager**

RAGEUR ◆ SYN. Acrimonieux, *coléreux*, courroucé, enragé, fulminant, furibond, furieux, hargneux, irritable, maussade, mécontent, violent. ◆ ANT. Bon, calme, doux, flegmatique, gai, modéré, paisible, patient, pondéré, serein.

RAGOTS ◇ v. **Racontars**

RAGOÛTANT ◆ SYN. Alléchant, *appétissant*, attirant, attrayant, tentant. ◆ ANT. Dégoûtant, écœurant, nauséabond, rebutant.

RAID ◆ SYN. 1. Attaque, commando, coup de main, descente, expédition, *incursion*, opération, razzia, représailles. 2. Aventure, *rallye*. ◆ ANT. 1. Défense, repli, retraite.

RAIDE ◆ SYN. 1. Ankylosé, contracté, crispé, droit, dur, engourdi, ferme, *rigide*, tendu. 2. Abrupt, difficile, *escarpé*. 3. Affecté, compassé, empesé, gourmé, *guindé*, solennel. 4. *Brusque*, brutal, cassant, inflexible, opiniâtre, tranchant. ◆ ANT. 1. Élastique, flexible, malléable, mobile, mou, souple. 2. Doux. 3. Accessible, aisé, coulant, naturel, simple. 4. Bienveillant, clément, compréhensif, conciliant, indulgent, sensible.

RAIDIR ◆ SYN. ▷ *V. tr.* 1. Bander, contracter, crisper, *durcir*, engourdir, tendre. ▷ *V. pr.* 2. *(Fig.)* Se braquer, se buter, se cabrer, se dresser contre, s'endurcir, s'obstiner, s'opiniâtrer, s'opposer, regimber, *résister*. ◆ ANT. 1. Amollir, débander, décontracter, dégourdir, détendre, relâcher. 2. Abandonner, s'attendrir, capituler, fléchir, mollir, se soumettre.

RAIE ◆ SYN. Bande, barre, entaille, hachure, ligne, rainure, rayure, ride, sillon, strie, tiret, *trait*, vergeture, zébrure.

RAILLER ◆ SYN. Bafouer, blaguer, brocarder, charrier *(fam.)*, ironiser, se moquer, persifler, plaisanter, *ridiculiser*, satiriser. ◆ ANT. Admirer, célébrer, louer, vanter.

RAILLERIE ◇ v. **Moquerie**

RAILLEUR ◇ v. **Moqueur**

RAINURE ◆ SYN. Adent, cannelure, coulisse, creux, crevasse, encoche, *entaille*, faille, fente, feuillure, glissière, gorge, jable, raie, rayure, sillon, strie, striure.

RAISON ◆ SYN. 1. Cerveau, compréhension, conception, connaissance, *entendement*, esprit, intelligence, pensée. 2. Bon sens, discernement, *jugement*, jugeote *(fam.)*, lucidité, pondération, sagesse, sens commun, tête *(fig.)*. 3. Allégation, argument, but, cause, excuse, *explication*, fin, fondement, justification, mobile, motif, objet, origine, prétexte, preuve, principe, source, sujet. ◆ ANT. 1. Cœur, foi, instinct, intuition, sentiment. 2. Aveuglement, déraison, égarement, folie, stupidité. 3. Conséquence, effet, gratuité.

RAISONNABLE ◆ SYN. 1. Doué de raison, intelligent, pensant, *rationnel*. 2. Conséquent, équilibré, philosophe, pondéré, posé, rassis, *réfléchi*, responsable, sage, sensé, sérieux. 3. Fondé, *judicieux*, juste, légitime, logique, naturel, normal. 4. Abordable, acceptable, *convenable*, honnête, modéré, modeste, moyen, passable, potable *(fam.)*, satisfaisant, suffisant. ◆ ANT. 1. Dénué de raison, inintelligent, irraisonnable. 2. Aveugle, déraisonnable, fou, insensé, irréfléchi, irresponsable, stupide. 3. Aberrant, absurde, anormal, arbitraire, illégitime, illogique, injuste. 4. Exagéré, excessif, exorbitant, inabordable, inacceptable, malhonnête.

RAISONNEMENT ◆ SYN. Abstraction, argumentation, arguties *(péj.)*, déduction, démonstration, dialectique, échafaudage, enchaînement, explication, induction, *logique*, méthode, preuve, principe, raison, ratiocination *(péj.)*, réflexion, spéculation, syllogisme, synthèse. ✦ ANT. Illogisme, impulsion, instinct, intuition, sentiment.

RAISONNER ✦ SYN. ▷ V. intr. 1. Argumenter, cogiter, déduire, induire, *penser*, philosopher, réfléchir, spéculer. 2. Alléguer, *discuter*, disputer, ergoter *(péj.)*, répliquer, répondre, rétorquer. ▷ V. tr. 3. Calculer, éprouver, *examiner*. 4. *(Pers.)* Assagir, calmer, *modérer*, tempérer. ▷ V. pr. 5. Se contenir, se dominer, *écouter sa raison*, maîtriser ses sentiments, se modérer. ✦ ANT. 1. Dérailler, déraisonner, divaguer, radoter. 2. Avaler, gober *(fam.)*, se soumettre, se taire. 3. Contourner, détourner, écarter. 4. Exciter, stimuler. 5. S'abandonner à, s'emporter, se laisser dominer par, succomber.

RAISONNEUR ✦ SYN. 1. Dialecticien, logicien, *penseur*, rhétoricien. 2. *(Péj.)* Argumentateur, chicanier, discuteur, *ergoteur*, ratiocineur, rhéteur. ✦ ANT. 1. Écervelé, étourdi, hurluberlu. 2. Profond, sérieux.

RAJEUNIR ✦ SYN. ▷ V. intr. 1. *Redevenir jeune*, renaître, reverdir. ▷ V. tr. 2. Actualiser, moderniser, *rafraîchir*, ranimer, raviver, renouveler, rénover, revigorer, revivifier. ✦ ANT. 1. Décliner, dépérir, vieillir. 2. Défraîchir, se démoder.

RALENTIR ✦ SYN. ▷ V. tr. 1. Circonscrire, contenir, diminuer, endiguer, freiner, modérer, *réduire*, refréner, retarder. ▷ V. intr. 2. *Décélérer*, freiner. ✦ ANT. 1. Activer, hâter, précipiter, presser. 2. Accélérer, circuler (normalement).

RALENTISSEMENT ✦ SYN. 1. *Décélération*, freinage. 2. Affaiblissement, amenuisement, baisse, déclin, décroissance, *diminution*, essoufflement, récession, recul, réduction. ✦ ANT. 1. Accélération, circulation (normale). 2. Accroissement, augmentation, boom, croissance, hausse, regain, relance, reprise.

RALENTISSEUR ✦ SYN. Bosse de ralentissement, casse-vitesse *(belg.)*, *dos-d'âne*, gendarme couché *(fam.)*.

RÂLER ◇ v. **Maugréer**

RALLIEMENT ✦ SYN. 1. Assemblée, attroupement, congrès, groupement,

manifestation, meeting, *rassemblement*, regroupement, réunion. 2. Adhésion, *conversion*. ✦ ANT. 1. Débâcle, débandade, déroute, dispersion, division, scission. 2. Démission, dissidence, retrait.

RALLIER ✦ SYN. ▷ V. tr. 1. Assembler, rameuter, *rassembler*, regrouper, réunir. 2. Convertir, convaincre, *gagner* (à sa cause), ramener. 3. Regagner, réintégrer, *rejoindre*, rentrer, retourner, revenir. ▷ V. pr. 4. *Adhérer*, se ranger. ✦ ANT. 1. Désunir, disperser, disséminer, diviser, isoler, séparer. 2. Dénigrer, dissuader, s'opposer. 3. Abandonner, déserter, quitter. 4. Démissionner, se retirer.

RALLONGE ✦ SYN. 1. Agrandissement, ajout, allonge, *allongement*, extension, prolongement. 2. *(Fam.)* Augmentation, extra, *supplément*. 3. Prolongateur électrique. ✦ ANT. 1. Diminution, raccourcissement, rapetissement, réduction. 2. Entente, prix convenu.

RAMASSAGE ✦ SYN. Collectage, *collecte*, cueillaison, cueillette, enlèvement, glanage, grappillage, récolte.

RAMASSÉ ✦ SYN. 1. *Blotti*, lové, pelotonné, recroquevillé, resserré, tapi. 2. Courtaud, massif, mastoc *(fam.)*, robuste, *trapu*. 3. *Concis*, dense, succinct. ✦ ANT. 1. Allongé, étendu, étiré. 2. Élancé, mince, svelte. 3. Diffus, prolixe, redondant.

RAMASSER ✦ SYN. ▷ V. tr. 1. Accumuler, amasser, assembler, collectionner, entasser, *rassembler*, réunir. 2. Collecter, enlever, glaner, grappiller, *prendre*, récolter, recueillir, relever. 3. Empocher, *gagner*, rafler *(fam.)*. 4. Abréger, condenser, raccourcir, réduire, *resserrer*. 5. *(Fam.)* Appréhender, *arrêter*, attraper, capturer, embarquer *(fam.)*. ▷ V. pr. 6. *Se blottir*, se lover, se pelotonner, se recroqueviller, se replier. ✦ ANT. 1. Disperser, disséminer, éparpiller, répandre. 2. Jeter, remettre. 3. Partager. 4. Allonger, délayer, étaler. 5. Échapper à, libérer. 6. S'étendre, s'étirer.

RAMASSIS ✦ SYN. Péj. 1. Amas, assemblage, attirail, bric-à-brac, collection, *fatras*, ramas, tas. 2. *(Pers.)* Bande, canaille, clique, gang, écume, horde, lie, meute, **racaille**, réunion. ◆ ANT. **1.** Bijoux, perles, trésor. **2.** Aréopage, élite.

RAME ◆ SYN. **1.** Aviron, godille, **pagaie.** **2.** **Convoi**, file, train. **3.** **Perche**, tuteur.

RAMEAU ◆ SYN. **Branche**, brindille, ramille, ramure, scion.

RAMENER ◆ SYN. ▷ V. tr. **1.** Amener, mener, prendre, **raccompagner**, reconduire. **2.** Diriger, rabattre, **rapporter**, remettre, rendre, tirer. **3.** Guérir, ranimer, restaurer, **rétablir. 4.** Concentrer, diminuer, **réduire**, simplifier. ▷ V. pr. **5.** Se réduire à. **6.** S'amener, rappliquer (fam.), **revenir.** ◆ ANT. **1.** Écarter, éloigner. **2.** Relever, remporter, retourner, retrousser. **3.** Aggraver, empirer, tuer. **4.** Diluer, étendre, répandre. **5.** S'étendre à. **6.** Partir (pour de bon), quitter.

RAMER ◆ SYN. **1.** Avironner (québ.), canoter, godiller, nager (mar.), **pagayer. 2.** (Fam.) Forcer, **peiner**, travailler, trimer. ◆ ANT. **2.** Se détendre, se reposer.

RAMEUR ◆ SYN. **Batelier**, canoteur, canotier, gondolier, pagayeur, piroguier, skiffeur.

RAMIFICATION ◆ SYN. **1.** Arborisation, **branche**, rameau. **2.** Branche, division, embranchement, partie, prolongement, section, **subdivision.** ◆ ANT. **1.** Arbre, tronc. **2.** Centre, tout.

RAMIFIER ◇ V. **Subdiviser**

RAMOLLIR ◇ V. **Amollir**

RAMPANT ◆ SYN. ▷ Adj. **1.** À-plat-ventriste (québ.), bas, obséquieux, plat, **servile**, soumis. **2.** Insidieux, lent, progressif, **sournois.** ▷ Nom **3.** (Archit.) Déclivité, **inclinaison**, pente, rampe, versant. ◆ ANT. **1.** Altier, fier, hautain, indépendant. **2.** Accéléré, franc, ouvert. **3.** Aplomb, verticalité.

RAMPE ◆ SYN. **1.** Côte, déclivité, descente, inclinaison, montée, **pente**, raidillon, talus, versant. **2.** **Balustrade**, barrière, bastingage (bateau), garde-corps, garde-fou, main courante, parapet, rambarde. **3.** (Lumières, projecteurs) Alignement, **rang**, rangée.

RAMPER ◆ SYN. **1.** Se couler, s'étaler, se glisser, **se traîner. 2.** (Fig., péj.) **S'abaisser**, s'agenouiller, s'aplatir, se coucher devant,

s'humilier, se mettre à plat ventre, se prosterner, se soumettre. ◆ ANT. **1.** Se dresser, s'élever. **2.** Braver, contester, se faire valoir.

RAMURE ◆ SYN. **1.** **Branchage**, branches, feuillage, feuillée, frondaison, rameaux, ramée. **2.** (Cervidés) Andouiller, **bois**, cor, époi, merrain, panache (québ.).

RANCŒUR ◇ V. **Ressentiment**

RANÇON ◆ SYN. **1.** Montant, **prix**, somme. **2.** Aléas, conséquence (inéluctable), contrepartie, coût, désavantage, **inconvénient**, prix à payer, revers (de la médaille), sanction, tribut. ◆ ANT. **1.** Gratuité. **2.** Avantage, bénéfice.

RANÇONNEMENT ◆ SYN. Chantage, contrainte, escroquerie, exaction, **extorsion**, fraude, intimidation, racket, taxage (québ.), vol.

RANÇONNER ◆ SYN. **1.** Écorcher, escroquer, estamper (fam.), **exploiter**, faire payer trop cher, profiter de, rouler (fam.), saigner, vendre trop cher. **2.** **Extorquer**, intimider, racketter, soutirer, taxer (fig.), voler. ◆ ANT. **1.** Payer le juste prix, respecter. **2.** Rendre, remettre.

RANÇONNEUR ◇ V. **Ravisseur**

RANCUNE ◇ V. **Ressentiment**

RANCUNIER ◇ V. **Vindicatif**

RANDONNÉE ◆ SYN. Balade, circuit, course, excursion, **promenade**, tour, tournée, virée (fam.), voyage. ◆ ANT. Arrêt, halte, stationnement.

RANG ◆ SYN. **1.** Alignement, chaîne, **file**, haie, ligne, liste, rampe, rangée, série, suite. **2.** Caste, catégorie, classe, classement, condition, degré, dignité, échelon, étage, grade, **niveau**, ordre, place, position, situation, titre. **3.** (Québ., rural) **Lots** (en rangée), territoire.

RANGÉ ◆ SYN. **1.** Aligné, réglé, régulier, **ordonné. 2.** Sage, sérieux, **tranquille.** ◆ ANT. **1.** Anarchique, désordonné, désorganisé, irrégulier. **2.** Aventurier, bohème, débauché, dissolu.

RANGER ◆ SYN. ▷ V. tr. **1.** **Aligner**, mettre en rangs. **2.** Arranger, caser, classer, disposer, entreposer, grouper, **ordonner**, placer, remiser, serrer *(québ.)*. **3.** *Garer*, parquer, stationner. ▷ *V. pr.* **4.** S'aligner, se disposer, se mettre en rangs, *se placer*. **5.** Céder le passage, *s'écarter*, s'enlever *(fam.)*, se garer *(véhicule)*, se retirer, se tasser *(québ., fam.)*. **6.** Adhérer, *se conformer*, se rallier. **7.** S'amender, *s'assagir*, s'établir, mûrir, se tranquilliser. ♦ **ANT. 1.** Défaire, rompre. **2.** Déplacer, déranger, dérégler, désordonner, désorganiser, mélanger. **3.** S'engager, sortir. **4.** S'entasser, se mélanger. **5.** Bloquer le passage, gêner, nuire. **6.** Déserter, s'opposer, résister. **7.** Se dévergonder, se dissiper, faire les quatre cents coups.

RANIMER ♦ **SYN. 1.** Réanimer. **2.** *(Flamme)* Attiser, *rallumer*. **3.** Guérir, raffermir, ragaillardir, rajeunir, ravigoter *(fam.)*, remonter, ressusciter, rétablir, revigorer, *vivifier*. **4.** *(Moral, sentiment)* Attiser *(fig.)*, aviver, *encourager*, exalter, exciter, raviver, réchauffer, réconforter, relever, réveiller, stimuler. ♦ **ANT. 1.** Perdre conscience. **2.** Étouffer, éteindre. **3.** Affaiblir, alanguir, anémier, assoupir, atrophier, débiliter, dépérir, endormir, engourdir. **4.** Abattre, décourager, freiner, modérer, ralentir.

RAPACE ♦ **SYN.** ▷ *Adj.* **1.** Âpre au gain, avide, cupide, insatiable, intéressé, *vorace*. ▷ *Nom* **2.** Exploiteur, *profiteur*, requin, vautour. ♦ **ANT. 1.** Charitable, généreux, prodigue. **2.** Exploité, proie, victime.

RAPACITÉ ♦ **SYN.** Ambition, âpreté, avidité, convoitise, cruauté, cupidité, goinfrerie, *voracité*. ♦ **ANT.** Désintéressement, détachement, générosité, indifférence, largesse, prodigalité.

RAPETASSER ◇ v. **Raccommoder**

RAPETISSER ♦ **SYN.** ▷ *V. tr.* **1.** Amenuiser, amincir, *diminuer*, écourter, raccourcir, réduire, restreindre, rétrécir. **2.** Abaisser, amoindrir, avilir, dénigrer, déprécier, dévaloriser, minimiser (l'importance), *rabaisser*, ravaler. ▷ *V. intr.* **3.** Se rabougrir, raccourcir, se ratatiner, *rétrécir*. ♦ **ANT. 1.** Agrandir, allonger, amplifier, augmenter, élargir, étendre, grandir. **2.** Apprécier, exalter, magnifier, rehausser, valoriser. **3.** Allonger.

RAPIDE ♦ **SYN.** ▷ *Adj.* **1.** Abrupt, escarpé, incliné, *raide*. **2.** *(Mouvement)* Agile, alerte, leste, preste, véloce, *vite*. **3.** *(Esprit)* Brillant, diligent, empressé, éveillé, expéditif, prompt, intelligent, *vif*. **4.** *(Temps)* Bref, *brusque*, furtif, hâtif, instantané, précipité, pressé, sommaire, soudain. ▷ *Nom* **5.** *(Souvent pl.)* *Courant agité*, saut. **6.** Train rapide. ♦ **ANT. 1.** Doux, plat, uni. **2.** Lent, paresseux, traînard. **3.** Balourd, bête, crétin, endormi, engourdi. **4.** Attendu, détaillé, long, minutieux, tardif.

RAPIDITÉ ♦ **SYN. 1.** Agilité, célérité, prestesse, vélocité, *vitesse*. **2.** Diligence, empressement, éveil, promptitude, *vivacité*, volubilité. **3.** *Brusquerie*, brutalité, hâte, précipitation, précocité, soudaineté. ♦ **ANT. 1.** Lenteur, nonchalance, paresse. **2.** Lourdeur, retard, somnolence. **3.** Attente, longueur, tergiversations.

RAPIÉCER ◇ v. **Raccommoder**

RAPINE ♦ **SYN.** Brigandage, concussion, déprédation, enlèvement, exaction, larcin, malversation, maraude, pillage, *vol*. ♦ **ANT.** Honnêteté, légalité, probité.

RAPPEL ♦ **SYN. 1.** Conscription, *mobilisation*, retour. **2.** *(Théâtre)* Acclamations, *applaudissements*, bis. **3.** Appel, arrière-goût *(péj.)*, commémoration, *évocation*, mémoire, mention, relance, réminiscence, répétition, souvenir. ♦ **ANT. 1.** Démobilisation, renvoi. **2.** Huées, sifflets. **3.** Oubli.

RAPPELER ♦ **SYN.** ▷ *V. tr.* **1.** Appeler, *faire revenir*, mobiliser, rallier. **2.** Acclamer, *applaudir*, bisser. **3.** Commémorer, connoter, *évoquer*, mentionner, remémorer, retracer, réveiller, revoir, revivre. **4.** S'apparenter à, faire penser à, *ressembler*. **5.** Redire, relancer, *répéter*. ▷ *V. pr.* **6.** Se remémorer, *se souvenir*. ♦ **ANT. 1.** Disperser, renvoyer. **2.** Huer, siffler. **3.** Négliger, oublier. **4.** Contraster, différer. **5-6.** Oublier.

RAPPLIQUER ◇ v. **Revenir**

RAPPORT ♦ **SYN. 1.** *Bénéfice*, fruit, gain, produit, profit, rendement, rente, revenu. **2.** Analyse, compte rendu, *exposé*, récit, témoignage. **3.** Accord, affinité, analogie, comparaison, compatibilité, conformité, corrélation, correspondance, filiation, **lien**, parenté, rapprochement, relation, ressemblance, trait. **4.** *(Pl.)* Accointances *(péj.)*, connaissances, contacts, fréquentations, liens, **relations**. **5.** Angle, **aspect**, côté, point de vue. **6.** Coefficient, échelle, fraction, indice, mesure, proportion, **quotient**, ratio. ✦ ANT. **1.** Perte. **3.** Différence, disproportion, incompatibilité. **4.** Isolement, rupture, séparation.

RAPPORTER ✦ SYN. ▷ *V. tr.* **1.** Ramener, remettre, **rendre**, restituer. **2.** Donner, fructifier, gagner, payer, produire, **profiter**, rendre *(rentabilité)*. **3.** Citer, consigner, dire, **raconter**, rappeler, redire, relater, retracer. **4.** *(Péj.)* **Colporter**, divulguer, moucharder *(fam.)*, répandre, révéler. **5.** Attribuer, rapprocher, **rattacher**, situer. **6.** *(Dr.)* Abroger, **annuler**. ▷ *V. pr.* **7.** Appartenir à, avoir rapport à, concerner, correspondre, **se rattacher à**. **8.** Déférer à, se fier à, se référer à, **s'en remettre à**. ✦ ANT. **1.** Emporter, enlever, receler, retenir. **2.** Coûter, perdre, ruiner. **3.** Cacher, dissimuler, omettre, taire, voiler. **4.** Garder (pour soi). **5.** Détacher, dissocier, opposer. **6.** Confirmer, proroger. **7.** Se détacher de, différer de. **8.** Se garder de, s'éloigner de, se méfier de.

RAPPORTEUR ◇ v. **Mouchard**

RAPPROCHEMENT ✦ SYN. **1.** Assemblage, joint, **raccord**, réunion. **2.** Analogie, **comparaison**, lien, parallèle, rapport, recoupement. **3.** Accommodement, accord, **réconciliation**. ✦ ANT. **1.** Écart, éloignement. **2.** Contraste, différence, opposition. **3.** Désaccord, rupture, séparation.

RAPPROCHER ✦ SYN. ▷ *V. tr.* **1.** **Approcher**, attirer, avancer, resserrer. **2.** Accoler, assimiler, comparer, grouper, **joindre**, lier, réunir. ▷ *V. pr.* **3.** S'approcher. **4.** Flirter avec, **se lier**, se réconcilier, renouer avec. **5.** Se comparer, **se ressembler**. ✦ ANT. **1.** Écarter, éloigner, espacer. **2.** Désunir, différencier, opposer. **3.** S'éloigner. **4.** Se brouiller, rompre avec, se séparer. **5.** Diverger.

RAPT ✦ SYN. Détournement (de mineur), **enlèvement**, kidnapping, prise d'otage, séquestration, violence. ✦ ANT. Affranchissement, délivrance, libération.

RARE ✦ SYN. **1.** Accidentel, anormal, curieux, exceptionnel, inaccoutumé, **inhabituel**, inouï, insolite, introuvable, inusité, original, précieux, rarissime, recherché, singulier, unique. **2.** Étonnant, étrange, exquis, extraordinaire, insigne, **remarquable**, surprenant. **3.** Clair, **clairsemé**, épars. ✦ ANT. **1.** Abondant, courant, fréquent, général, habituel, nombreux, normal, pléthorique. **2.** Banal, insignifiant, médiocre, ordinaire. **3.** Dense, foisonnant, luxuriant, touffu.

RARÉFACTION ✦ SYN. Amoindrissement, **diminution**, épuisement, manque, privation, tarissement. ✦ ANT. Abondance, accumulation, concentration, condensation.

RARÉFIER ✦ SYN. ▷ *V. tr.* **1.** **Diminuer**, s'éclaircir, réduire, rendre rare. ▷ *V. pr.* **2.** **Décliner**, devenir rare, disparaître. ✦ ANT. **1.** Accroître, accumuler, augmenter. **2.** Abonder, croître.

RARETÉ ✦ SYN. **1.** Carence, défaut, disette, insuffisance, manque, **pénurie**. **2.** Curiosité, denrée rare, **exception**, phénomène. ✦ ANT. **1.** Abondance, avalanche, densité, excès, foisonnement, pléthore, profusion. **2.** Banalité, fréquence, insignifiance, monnaie courante.

RASER ✦ SYN. **1.** Couper la barbe. **2.** **Dégarnir**, dépouiller, tondre. **3.** Abattre, anéantir, démolir, **détruire**, dévaster, faucher. **4.** Caresser, **effleurer**, friser, frôler, toucher (légèrement, presque). **5.** Côtoyer, **longer**, passer près de, serrer de près, suivre. **6.** *(Fam.)* Barber *(fam.)*, embêter, **ennuyer**, faire suer *(fam.)*, lasser.

RASEUR ✦ SYN. *(Fam.)* Agaçant, assommant, **ennuyeux**, fâcheux, fatigant, importun. ✦ ANT. Aimable, avenant, discret, intéressant.

RASSASIÉ ✦ SYN. Assouvi, bourré *(fam.)*, contenté, gavé, plein, **repu**, satisfait, saturé, tout son soûl. ♦ ANT. Affamé, assoiffé, avide, frustré, inassouvi, insatiable, sevré.

RASSEMBLEMENT ♦ SYN. 1. *(Pers.)* Affluence, agglomération, assemblée, assistance, attroupement, cohue *(péj.)*, **concentration**, foule, groupement, manifestation, meeting, multitude, ralliement, regroupement, réunion, troupe. 2. Alliance, association, bloc, fédération, front commun, ligue, mouvement, parti, **union**. 3. *(Ch.)* Accumulation, amas, **assemblage**, collection. ♦ ANT. 1. Dispersion, dissémination, éparpillement. 2. Désunion, division, scission. 3. Distribution, répartition, tri.

RASSEMBLER ♦ SYN. 1. *(Pers.)* Agglomérer, assembler, attrouper, **concentrer**, liguer, masser, rallier, regrouper, réunir. 2. *(Ch.)* Accumuler, amasser, collectionner, colliger, joindre, **recueillir**. ♦ ANT. 1. Disperser, disséminer, diviser, éparpiller, fragmenter, isoler, séparer. 2. Distribuer, parsemer, répartir, trier.

RASSÉRÉNER ♦ SYN. ▷ *V. tr.* 1. Apaiser, calmer, rassurer, **tranquilliser**. ▷ *V. pr.* 2. S'apaiser, *se calmer*, se rassurer. ♦ ANT. 1. Agiter, troubler. 2. S'affoler, s'énerver, s'inquiéter.

RASSIS ♦ SYN. 1. *Durci*, sec, vieux. 2. Calme, équilibré, pondéré, *posé*, réfléchi, sérieux. ♦ ANT. 1. Frais, tendre. 2. Extrémiste, fougueux, impulsif, violent.

RASSURANT ♦ SYN. Apaisant, calmant, consolant, lénifiant, optimiste, réconfortant, sécurisant, **tranquillisant**. ♦ ANT. Affolant, alarmant, alarmiste, effrayant, inquiétant, menaçant, pessimiste, troublant.

RASSURER ♦ SYN. Apaiser, calmer, consoler, rasséréner, réconforter, sécuriser, **tranquilliser**. ♦ ANT. Affoler, alarmer, ébranler, effrayer, inquiéter, intimider, menacer, paniquer, troubler.

RATATINÉ ♦ SYN. 1. Contracté, déformé, desséché, flétri, noué, plissé, **rabougri**, racorni, ramassé, rapetissé, replié, tassé. 2. Brisé, *démoli*, massacré *(fam.)*. ♦ ANT.

1. Décontracté, élancé, épanoui, sain. 2. En bon état, neuf.

RATER ♦ SYN. Échouer, gâcher, louper *(fam.)*, *manquer*, perdre. ♦ ANT. Aboutir, arriver, conquérir, obtenir, réussir.

RATIFICATION ♦ SYN. Adoption, **approbation**, autorisation, confirmation, homologation, sanction. ♦ ANT. Abrogation, annulation, dénonciation, désapprobation, rétractation.

RATIFIER ♦ SYN. *Approuver*, autoriser, confirmer, consacrer, entériner, homologuer, sanctionner, signer. ♦ ANT. Abroger, annuler, dénoncer, désapprouver, désavouer, refuser, rejeter.

RATIO ◇ V. Rapport

RATIOCINER ◇ V. Ergoter

RATION ♦ SYN. Dose, fragment, lot, morceau, part, pitance *(péj.)*, **portion**, quantité, quartier, tranche.

RATIONALISATION ♦ SYN. 1. Normalisation, **organisation**, planning, stakhanovisme, standardisation, structuration, taylorisation. 2. *(Psychan.)* Explication, **justification**. ♦ ANT. 1. Anarchie, désorganisation, improvisation. 2. Désir (inconscient).

RATIONNEL ♦ SYN. 1. Cartésien, cohérent, conséquent, déductif, **logique**, rigoureux, scientifique, systématique. 2. Équilibré, mesuré, philosophe, pondéré, posé, raisonnable, raisonné, rassis, **réfléchi**, responsable, sage, sensé, sérieux. 3. Droit, éclairé, fondé, intelligent, **judicieux**, juste, naturel, normal. ♦ ANT. 1. Antilogique, arbitraire, confus, illogique, incohérent, inconséquent, irrationnel. 2. Déraisonnable, émotif, extravagant, farfelu, fou, insensé, irraisonné, irréfléchi, irresponsable, stupide. 3. Aberrant, anormal, aveugle, boiteux, inintelligent, injuste, non fondé.

RATIONNEMENT ♦ SYN. Austérité, contingentement, économie, **limitation**, restriction. ♦ ANT. Abondance, dépense, prolifération, provision, surplus.

RATIONNER ♦ SYN. Contingenter, **limiter**, mesurer, restreindre. ♦ ANT. Dépenser, dilapider, gaspiller.

RATTACHER ♦ SYN. ▷ *V. tr.* **1.** Adjoindre, annexer, associer, attacher, brancher, incorporer, joindre, relier, renouer, *réunir*, subordonner. ▷ *V. pr.* **2.** Appartenir à, dépendre de, se raccrocher à, *se rapporter à*, ressortir à. ♦ ANT. **1.** Dénouer, détacher, écarter, éloigner, séparer. **2.** Se détacher de, se dissocier de, s'opposer à.

RATTRAPER ♦ SYN. ▷ *V. tr.* **1.** Attraper (de nouveau), recouvrer, récupérer, regagner, *reprendre*, ressaisir, retenir, retrouver. **2.** Atteindre, parvenir, *rejoindre*. **3.** *(Erreur)* Effacer, racheter, *réparer*. ▷ *V. pr.* **4.** Se raccrocher, *se retenir*. **5.** S'amender, se corriger, se racheter, *se reprendre*, se ressaisir. ♦ ANT. **1.** Laisser échapper, perdre. **2.** S'éloigner, perdre de vue. **3.** Faillir. **4.** Céder, lâcher. **5.** Échouer, récidiver.

RATURE ♦ SYN. Annulation, barre, *biffure*, correction, gommage, ligne, raie, rayure, rectification, trait.

RATURER ♦ SYN. Abolir, annuler, barrer, *biffer*, corriger, effacer, rayer, retrancher. ♦ ANT. Ajouter, compléter, conserver, surcharger.

RAUQUE ♦ SYN. *(Voix)* Âpre, cassé, *enroué*, éraillé, guttural, râpeux, rocailleux, rude, sourd, voilé. ♦ ANT. Agréable, clair, cristallin, doux, mélodieux, suave.

RAVAGE ♦ SYN. **1.** Altération, atteinte, avarie, casse *(fam.)*, dégât, désolation, désordre, destruction, détérioration, *dévastation*, dommage, grabuge, massacre *(fig.)*, méfait, pillage, ruine, saccage, sinistre. **2.** *(Québ.)* Territoire hivernal *(cervidés)*. ♦ ANT. **1.** Amélioration, aménagement, bienfait, construction, réparation.

RAVAGER ♦ SYN. Anéantir, bouleverser, désoler, détruire, *dévaster*, endommager, gâter, perturber, piller, ruiner, saccager. ♦ ANT. Améliorer, construire, épargner, ménager, réparer, respecter, rétablir.

RAVALER ♦ SYN. ▷ *V. tr.* **1.** Avaler de nouveau. **2.** *(Fig.)* Garder pour soi, refouler, *retenir*, retirer (ses paroles), taire. **3.** Achever, crépir, nettoyer, refaire, *réparer*, restaurer. **4.** Émonder, *tailler*. **5.** *Avilir*, déprécier, diminuer, rabaisser. ▷ *V. pr.*

6. S'abaisser, *s'avilir*, déchoir. ♦ ANT. **1.** Cracher, régurgiter. **2.** Se défouler, s'emporter, s'exprimer, insulter. **3.** Abîmer, endommager. **4.** Ajouter, greffer. **5.** Élever, exalter, hausser. **6.** S'améliorer, s'épanouir, se hausser.

RAVAUDAGE ♦ SYN. *Raccommodage*, rafistolage *(fam.)*, rapiéçage, reprise, stoppage. ♦ ANT. Déchiquetage, destruction.

RAVAUDER ◇ v. Raccommoder

RAVI ♦ SYN. Charmé, comblé, content, *enchanté*, enthousiaste, épanoui, fier, heureux, joyeux, radieux, rayonnant, satisfait. ♦ ANT. Assombri, attristé, chagrin, déçu, désappointé, navré, sombre, triste.

RAVIGOTER ◇ v. Ranimer

RAVIR ♦ SYN. **1.** Arracher, emmener, s'emparer de, emporter, *enlever*, kidnapper, ôter, prendre, usurper, voler. **2.** Captiver, charmer, emballer *(fam.)*, *enchanter*, enivrer, enthousiasmer, plaire, transporter. ♦ ANT. **1.** Donner, libérer, ramener, rapporter, remettre, rendre, restituer. **2.** Affliger, attrister, chagriner, décevoir, déplaire, désappointer, ennuyer, mécontenter.

RAVISER (SE) ◇ v. Dédire (se)

RAVISSANT ♦ SYN. Admirable, agréable, beau, captivant, *charmant*, délicieux, enchanteur, exaltant, exquis, fascinant, féerique, joli, magnifique, séduisant, superbe. ♦ ANT. Décevant, déplaisant, désagréable, désolant, effroyable, ennuyeux, fâcheux, insupportable, laid, odieux, rebutant.

RAVISSEMENT ♦ SYN. Admiration, bonheur, contentement, délectation, délice, éblouissement, émerveillement, *enchantement*, enthousiasme, exaltation, excitation, extase, félicité, griserie *(fig.)*, ivresse *(fig.)*, joie, jouissance, pâmoison, plaisir, régal, transport, volupté. ♦ ANT. Affliction, chagrin, déception, dégoût, déplaisir, désenchantement, désillusion, ennui, insatisfaction, répugnance, tourment.

RAVISSEUR ♦ SYN. *Kidnappeur*, preneur d'otage(s), rançonneur. ♦ ANT. Libérateur, protecteur, sauveur.

RAVITAILLEMENT ◇ v. **Provision**
RAVITAILLER ◇ v. **Pourvoir**
RAVIVER ♦ SYN. 1. Aviver, *rafraîchir*.
2. Attiser, exciter, rallumer, *ranimer*,
réveiller, revigorer, revivifier, stimuler.
♦ ANT. 1. Défraîchir, pâlir, ternir. 2. Affaiblir, amoindrir, anéantir, apaiser, atténuer,
détruire, endormir, éteindre, étouffer,
oublier.

RAYER ♦ SYN. 1. Hachurer, rainurer,
rider, sillonner, *strier*, zébrer. 2. Abîmer,
couper, *égratigner*, érafler. 3. *(Mot)* Annuler,
barrer, biffer, raturer. 4. *(Liste)* Bannir *(pers.)*,
effacer, enlever, exclure, *radier*, retrancher. 5. *(Rayer de la carte)* **Anéantir**, détruire.
♦ ANT. 2. Polir, réparer. 3. Ajouter, écrire.
4. Immatriculer, inclure, inscrire, nommer,
réintégrer. 5. Épargner, réchapper.

RAYON ♦ SYN. 1. Faisceau, jet, ligne,
radiation, rai, segment, sillon, *trait*. 2. Compartiment, comptoir, degré, étagère, étalage, planche, rayonnage, stand, *tablette*.
3. Apparence, *lueur*, signe. 4. *(Magasin)* Division, *section*. 5. *(Fam.)* Branche, compétence,
domaine, ressort. 6. *(Ruche)* Gâteau de cire.

RAYONNANT ♦ SYN. 1. Brillant, clair,
lumineux, radieux. 2. Éclatant, épanoui,
heureux, pétillant, ravi, *resplendissant*,
triomphant. ♦ ANT. 1. Éteint, obscur, sombre. 2. Abattu, assombri, maussade, piteux,
terne, triste.

RAYONNEMENT ♦ SYN. 1. Clarté, diffusion, irradiation, *lumière*, propagation,
radiation, reflet, réflexion. 2. Éclat, épanouissement, force, joie, *splendeur*, vivacité. 3. Gloire, influence, lustre, *prestige*,
renommée. ♦ ANT. 1. Extinction, obscurcissement. 2. Langueur, morosité, pâleur,
tristesse. 3. Discrédit, opprobre.

RAYONNER ♦ SYN. 1. Briller, éclater,
irradier, *luire*, pétiller, resplendir. 2. Se
développer, se diffuser, se manifester, *se
propager*, se répandre. ♦ ANT. 1. S'assombrir, s'éteindre, pâlir. 2. Décliner, se limiter, stagner.

RAYURE ♦ SYN. *Bande*, cannelure, échancrure, égratignure, entaille, éraflure,
gorge, griffure, hachure, ligne, raie, rai-

nure, sillon, strie, striure, trace, trait,
zébrure.

RÉACTION ♦ SYN. 1. Contrecoup, défense, effet, interaction, réflexe, répercussion, *réponse*, résistance, retour, riposte.
2. *(Polit.)* **Conservatisme**, contre-révolution,
droite, fascisme, traditionalisme. ♦ ANT.
1. Action, attaque, initiative, stimulus.
2. Gauche, progressisme, réformisme,
révolution, socialisme.

RÉACTIONNAIRE ♦ SYN. *Conservateur*,
de droite, droitiste, fasciste, passéiste,
rétrograde, traditionaliste. ♦ ANT. Anarchiste, de gauche, gauchiste, progressiste,
réformiste, révolutionnaire, socialiste.

RÉAGIR ♦ SYN. 1. Se répercuter, *répondre*. 2. Combattre, se défendre, se dresser,
s'insurger, lutter, s'opposer, se rebeller,
résister. 3. Reprendre le dessus, se reprendre, se ressaisir, *se secouer*. ♦ ANT. 1. Agir,
provoquer, stimuler. 2. Abandonner, capituler, se soumettre.

RÉALISATEUR ♦ SYN. *(Télécommunications)*
Cinéaste, documentariste, *metteur en
scène*, vidéaste.

RÉALISATION ♦ SYN. 1. Accomplissement, application, concrétisation, *exécution*, matérialisation. 2. Création, émission,
invention, *œuvre*, ouvrage, production.
♦ ANT. 1. Avortement, échec. 2. Ébauche,
projet.

RÉALISER ♦ SYN. ▷ V. tr. 1. *Accomplir*,
achever, actualiser, concrétiser, créer,
effectuer, exécuter, faire, matérialiser,
opérer, produire, remplir. 2. *Comprendre*,
découvrir, saisir, voir. 3. Brader, *liquider*,
transformer, vendre. ▷ V. pr. 4. Arriver, *se
concrétiser*, s'effectuer, s'opérer, se produire. 5. *S'accomplir*, se développer, s'épanouir. ♦ ANT. 1. Défaire, détruire, échouer,
manquer, rater, supprimer. 2. Ignorer,
méconnaître. 3. Acheter, conserver.
4. Avorter, échouer. 5. Déchoir, régresser,
stagner.

RÉALISME ♦ SYN. 1. Matérialisme, *naturalisme*, objectivisme, positivisme.
2. Cynisme, opportunisme, *pragmatisme*,
prosaïsme, utilitarisme. 3. Brutalité, cru-

dité, liberté, rudesse, *verdeur*, vérité (crue). ♦ ANT. 1. Idéalisme, immatérialisme, irréalisme, romantisme, subjectivisme, surréalisme, symbolisme. 2. Angélisme, utopisme. 3. Délicatesse, modération, retenue.

RÉALITÉ ♦ SYN. 1. Authenticité, certitude, exactitude, *existence*, fidélité, justesse, matérialité, objectivité, vérité. 2. Chose, être, fait, *matière*, monde, nature, objet, réel, vie. ♦ ANT. 1. Abstraction, apparence, erreur, fausseté, immatérialité, irréalité, néant, subjectivité. 2. Chimère, fiction, illusion, imagination, invention, rêve, songe.

RÉBARBATIF ♦ SYN. 1. Bourru, désagréable, dur, farouche, rebutant, renfrogné, repoussant, *revêche*, rude. 2. *Aride*, ennuyeux, fastidieux, ingrat, inintéressant, pénible. ♦ ANT. 1. Affable, agréable, aimable, engageant. 2. Attrayant, captivant, intéressant, séduisant.

REBATTU ♦ SYN. Banal, commun, connu, *éculé*, réchauffé *(fig.)*, ressassé, trivial, usé, vulgaire. ♦ ANT. Inédit, inusité, neuf, nouveau, original, rare.

REBELLE ♦ SYN. ▷ Nom 1. Contestataire, dissident, factieux, guérillero, *insurgé*, maquisard, mutin, opposant, révolté, révolutionnaire. ▷ Adj. 2. Désobéissant, frondeur, indiscipliné, *indocile*, insoumis, insubordonné, insurrectionnel, séditieux. 3. Fermé, hostile, imperméable, insensible, opposé, récalcitrant, *réfractaire*, résistant, rétif, sourd. 4. *(Maladie)* Coriace, opiniâtre, tenace. 5. *(Cheveux)* **Indiscipliné**, raide. ♦ ANT. 1. Sujet fidèle, sujet loyal. 2. Discipliné, docile, fidèle, loyal, obéissant, sage, soumis. 3. Favorable, ouvert, perméable, réceptif, sensible. 4. Bénin, guérissable, soignable, traitable. 5. Ondoyant, souple.

REBELLER (SE) ◇ v. **Révolter**

RÉBELLION ◇ v. **Révolte**

REBIFFER (SE) ◇ v. **Regimber**

REBUFFADE ♦ SYN. Affront, camouflet, gifle, mépris, nasarde, *refus*, vexation. ♦ ANT. Acceptation, avances, gentillesse.

REBUT ♦ SYN. 1. Débris, *déchet*, détritus, immondices, ordures, rancart, résidus, restes. 2. *(Fig.)* Écume, lie, *racaille*. ♦ ANT. 1. Commodité, valeur. 2. Crème *(fam.)*, élite, fleur, gratin *(fam.)*.

REBUTANT ♦ SYN. Aride, décourageant, dégoûtant, désagréable, ennuyeux, ingrat, pénible, *rébarbatif*, repoussant, répugnant. ♦ ANT. Agréable, attrayant, charmant, encourageant, intéressant, passionnant, séduisant, tentant.

REBUTER ♦ SYN. 1. Choquer, contrarier, décourager, *dégoûter*, déplaire, déprimer, ennuyer, fatiguer, harasser, lasser, refroidir, répugner. 2. Rabrouer, rejeter, *repousser*. ♦ ANT. 1. Aiguillonner, animer, attirer, charmer, encourager, exciter, intéresser, plaire, stimuler. 2. Accepter, recevoir.

RÉCALCITRANT ♦ SYN. 1. Désobéissant, entêté, frondeur, *indocile*, insoumis, réfractaire, regimbeur, résistant, rétif, têtu. 2. Factieux, mutin, *rebelle*, séditieux. ♦ ANT. 1. Docile, obéissant, soumis, souple. 2. Conformiste, fidèle.

RECALER ◇ v. **Refuser**

RÉCAPITULATION ♦ SYN. Abrégé, rappel, répétition, *reprise*, résumé, revue, sommaire, synthèse. ♦ ANT. Commencement, développement, initiation.

RÉCAPITULER ♦ SYN. Passer en revue, redire, repasser, répéter, *reprendre*, résumer, réviser, revoir, synthétiser. ♦ ANT. Aborder, approfondir, détailler, développer.

RECELER ♦ SYN. 1. *Cacher*, détenir, dissimuler, garder, soustraire. 2. Comporter, *contenir*, renfermer. ♦ ANT. 1. Déceler, livrer, remettre. 2. Dépouiller, dessaisir, priver de.

RÉCEMMENT ♦ SYN. *Dernièrement*, fraîchement, naguère, nouvellement. ♦ ANT. Anciennement, autrefois, jadis.

RECENSEMENT ♦ SYN. Compte, *dénombrement*, inventaire, liste. ♦ ANT. Dispersion, éparpillement, mélange.

RECENSION ♦ SYN. 1. Comparaison, confrontation, *vérification*. 2. Analyse, compte rendu, *critique*, examen (détaillé).

RÉCENT ♦ syn. Actuel, dernier, frais, inédit, jeune, moderne, neuf, *nouveau*. ♦ ant. Ancien, archaïque, désuet, éloigné, lointain, primitif, suranné, vieux.

RÉCEPTIF ♦ syn. 1. Accessible, *ouvert*, perméable, sensible à, tolérant. 2. Excitable, *réactif*, sensible, sensitif, sensoriel. 3. *(Biol.)* Fragile, *vulnérable*. ♦ ant. 1. Fermé, indifférent, insensible, intolérant. 2. Anesthésié, désensibilisé. 3. Immunisé, réfractaire, résistant, robuste.

RÉCEPTION ♦ syn. 1. *Acceptation*, connaissement, prise, reçu. 2. Abord, accès, *accueil*, approche, hospitalité, traitement. 3. *Admission*, initiation, intronisation, investiture, nomination. 4. Cérémonie, cocktail, *fête*, gala, réunion, soirée, thé, veillée. ♦ ant. 1. Émission, envoi, expédition, livraison. 2. Bannissement, hostilité. 3. Congédiement, démission, départ.

RÉCESSION ♦ syn. *Crise*, déclin, décroissance, dépression, ralentissement, recul, régression, stagnation, tassement. ♦ ant. Croissance, boom, essor, expansion, progrès, prospérité, regain, relance, reprise.

RECETTE ♦ syn. 1. Bénéfice, boni, encaissement, gain, produit, profit, recouvrement, rentrée, *revenu*. 2. Formule, manière, *méthode*, moyen, procédé, secret, système, truc *(fam.)*. ♦ ant. 1. Débours, dépense, perte. 2. Improvisation, tâtonnement.

RECEVABLE ♦ syn. *Acceptable*, admissible, potable *(fam.)*, valable. ♦ ant. Inacceptable, inadmissible, irrecevable.

RECEVOIR ♦ syn. 1. *Accepter*, acquérir, avoir, empocher, emprunter, encaisser, gagner, hériter, obtenir, palper *(fam.)*, percevoir, réceptionner, recouvrer, recueillir, toucher. 2. Attraper, encaisser, écoper, éprouver, essuyer, prendre, *subir*, trinquer *(fam.)*. 3. *Accueillir*, héberger, introduire, inviter, traiter. 4. *Admettre*, adopter, agréer, initier, reconnaître. ♦ ant. 1. Débourser, donner, envoyer, expédier, léguer, offrir, payer, réclamer, transmettre. 2. Attaquer, épargner, éviter, infliger,

riposter. 3. Éconduire, expulser, maltraiter. 4. Congédier, recaler, réformer *(armée)*, refuser.

RÉCHAUFFÉ ◇ v. Rebattu

RÉCHAUFFER ♦ syn. 1. Attiédir, *chauffer*, tiédir. 2. *Ranimer*, raviver, réconforter, revigorer. ♦ ant. 1. Rafraîchir, refroidir. 2. Affaiblir, amortir, attrister.

RÊCHE ♦ syn. 1. Âpre, dur, raboteux, râpeux, rude, *rugueux*. 2. Acariâtre, difficile, grincheux, rétif, *revêche*. ♦ ant. 1. Doux, lisse, moelleux, soyeux, sucré. 2. Agréable, avenant, facile, souple.

RECHERCHE ♦ syn. 1. Battue, chasse, *enquête*, exploration, fouille, inquisition, investigation, perquisition, poursuite, prospection, quête, sondage. 2. Analyse, approfondissement, effort, étude, examen, expérience, observation, spéculation, tâtonnements, *travail*. 3. Chic, distinction, finesse, *raffinement*, soin, tenue. 4. Affectation, afféterie, apprêt, maniérisme, pose, *préciosité*, sophistication. ♦ ant. 1. Abandon, renoncement. 2. Inertie, paresse, repos, survol. 3. Accoutrement, laisser aller, négligence, vulgarité. 4. Naturel, simplicité, sobriété.

RECHERCHÉ ♦ syn. 1. Aimé, couru, précieux, *prisé*, rare. 2. Élaboré, étudié, *raffiné*, soigné, subtil, travaillé. 3. Affecté, alambiqué, apprêté, compassé, contourné, maniéré, *précieux*, sophistiqué, tarabiscoté. ♦ ant. 1. Banal, commun, inintéressant. 2. Fruste, négligé, simple. 3. Humble, modeste, naturel, sobre, spontané.

RECHERCHER ♦ syn. 1. Chercher, *enquêter*, explorer, fouiller, perquisitionner, poursuivre, prospecter, scruter, sonder. 2. *Approfondir*, étudier, examiner. 3. Ambitionner, briguer, *convoiter*, désirer, solliciter, viser. ♦ ant. 1. Abandonner, délaisser, fuir, renoncer. 2. Effleurer, survoler. 3. Dédaigner, se désister, mépriser, refuser.

RECHIGNER ♦ syn. Bouder, grogner, râler *(fam.)*, *renâcler*, rouspéter *(fam.)*, tiquer *(fam.)*. ♦ ant. S'enthousiasmer, se réjouir, rire, se satisfaire, sourire.

RÉCIPIENT ♦ syn. Auge *(animaux)*, bac, bidon, bocal, boîte, casserole, cendrier, citerne, *contenant*, cuve, flacon, plat, pot, réceptacle, réservoir, seau, ustensile, vase.

RÉCIPROCITÉ ♦ syn. Bilatéralité, corrélation, interdépendance, *mutualité*, solidarité. ♦ ant. Indépendance, opposition, unilatéralité, univocité.

RÉCIPROQUE ♦ syn. ▷ *Adj.* 1. Commun, conjoint, *mutuel*, partagé. 2. *Bilatéral*, symétrique, synallagmatique *(dr.)*. ▷ *Nom fém.* 3. Contrepartie (exacte), équivalent, *pareille*. ♦ ant. 1. Distinct, respectif, séparé. 2. Multilatéral, unilatéral, univoque. 3. Non-réciprocité, univocité.

RÉCIT ♦ syn. 1. *(Faits réels)* Anecdote, chronique, compte rendu, exposé, *histoire*, historique, journal, mémoires, narration, rapport, relation, tableau. 2. *(Faits imaginaires)* Conte, fable, légende, mythe, nouvelle, roman.

RÉCITER ♦ syn. Ânonner *(péj.)*, débiter, *déclamer*, dire, lire, prononcer, psalmodier *(relig.)*.

RÉCLAMANT ◇ v. Requérant

RÉCLAMATION ♦ syn. Action, appel, clameur, *demande*, doléances, exigence, pétition, plainte, prétention, protestation, récriminations, requête, revendication, vœu. ♦ ant. Acceptation, entente, offre, refus, rejet, réponse.

RÉCLAME ♦ syn. Affiche, annonce, bande-annonce, battage (médiatique, publicitaire), éloge, propagande, *publicité*. ♦ ant. Neutralité, objectivité.

RÉCLAMER ♦ syn. ▷ *V. tr.* 1. *Demander*, exiger, implorer, invoquer, prétendre à, revendiquer, solliciter. 2. Appeler, commander, *nécessiter*, requérir. ▷ *V. intr.* 3. Gémir, se plaindre, *protester*, récriminer, regimber. ▷ *V. pr.* 4. S'appuyer sur, s'associer à, *invoquer*, se prévaloir de. ♦ ant. 1. Céder, donner, livrer, offrir, prendre, recevoir. 2. Dispenser, exempter. 3. Acquiescer, se résigner, se satisfaire de, se soumettre. 4. Se priver de, renoncer à.

RECLUS ♦ syn. Cloîtré, *enfermé*, isolé,

renfermé, retiré, solitaire. ♦ ant. Mondain, ouvert, sociable, voyageur.

RÉCLUSION ♦ syn. 1. Captivité, *détention*, emprisonnement, incarcération, internement, séquestration. 2. Claustration, confinement, éloignement, exil, isolement, retraite, séparation, *solitude*. ♦ ant. 1. Élargissement, libération, liberté, relaxe. 2. Communauté, compagnie, société.

RÉCOLTE ♦ syn. 1. Arrachage, collecte, *cueillette*, fenaison, moisson, ramassage, vendange. 2. Butin, fruit, gain, *produit*, rendement, résultat. ♦ ant. 1. Emblavure, ensemencement, semailles, semence. 2. Destruction, perte.

RÉCOLTER ♦ syn. 1. *Cueillir*, moissonner, ramasser, vendanger. 2. Encaisser, gagner, obtenir, rafler *(fam.)*, recevoir, *recueillir*. ♦ ant. 1. Planter, semer. 2. Distribuer, donner, perdre, répandre.

RECOMMANDABLE ♦ syn. Convenable, correct, décent, désirable, *estimable*, fréquentable, honnête, honorable, méritant, respectable. ♦ ant. Condamnable, détestable, grossier, inconvenant, indésirable, méprisable, rustre.

RECOMMANDATION ♦ syn. 1. Apostille, *appui*, caution, parrainage, patronage, piston *(fam.)*, références, soutien. 2. Avertissement, avis, commandement, *conseil*, exhortation, ordre. ♦ ant. 1. Hostilité, opposition, refus. 2. Dissuasion, empêchement.

RECOMMANDER ♦ syn. ▷ *V. tr.* 1. Apostiller, *appuyer*, épauler, favoriser, parrainer, patronner, pistonner *(fam.)*. 2. Avertir, commander, *conseiller*, exhorter, prêcher, préconiser, prier, prôner, suggérer. ▷ *V. pr.* 3. S'appuyer sur, invoquer, *se réclamer de*. 4. *Demander à*, implorer, réclamer à. ♦ ant. 1. Dénigrer, nuire, s'opposer. 2. Déconseiller, dissuader. 3. Se priver de, renoncer à. 4. Accorder, obtenir, refuser.

RECOMMENCEMENT ♦ syn. Réapparition, récidive, réitération, renouvellement, répétition, *reprise*, retour. ♦ ant. Cessation, fin.

RECOMMENCER ♦ syn. ▷ *V. tr.* 1. Bisser *(théâtre)*, *refaire*, réitérer, se remettre à,

renouveler, répéter, reprendre. ▷ *V. intr.*
2. Réapparaître, récidiver, redémarrer, renaître, rentamer, repartir, *se reproduire*, revenir. ◆ ANT. **1.** Cesser, finir. **2.** S'en aller, s'arrêter, disparaître.

RÉCOMPENSE ◆ SYN. **1.** Avantage, bénéfice, boni, cadeau, compensation, dédommagement, *don*, faveur, fruit *(fig.)*, gratification, indemnité, paiement, pourboire, prime, rémunération, rétribution, salaire. **2.** Accessit, citation, coupe, couronne, croix, *décoration*, diplôme, distinction (honorifique), insigne, lauriers, médaille, mention, nomination, palme, prix, satisfecit, trophée. ◆ ANT. **1.** Blâme, châtiment, correction, expiation, peine, punition, reproche, sanction. **2.** Avilissement, dégradation, déshonneur, opprobre.

RÉCOMPENSER ◆ SYN. **1.** Compenser, dédommager, *gratifier*, indemniser, payer, remercier, rémunérer, rétribuer. **2.** Citer, couronner, décorer, *primer*, reconnaître. ◆ ANT. **1.** Blâmer, châtier, corriger, punir. **2.** Dégrader, désavouer, déshonorer, destituer.

RÉCONCILIATEUR ◇ v. **Médiateur**

RÉCONCILIATION ◆ SYN. **1.** *(Relig.)* Absolution, *pardon*, purification, réintégration. **2.** Paix, rabibochage *(fam.)*, raccommodement *(fam.)*, *rapprochement*, renouement, retrouvailles. ◆ ANT. **1.** Excommunication, péché, profanation. **2.** Brouille, conflit, désunion, discorde, divorce, mésentente, rupture, séparation.

RÉCONCILIER ◆ SYN. ▷ *V. tr.* **1.** Accorder, concilier, rabibocher *(fam.)*, raccommoder *(fam.)*, *rapprocher*, réunir. ▷ *V. pr.* **2.** Se pardonner, passer l'éponge, se rajuster, se rapprocher, *renouer avec*. ◆ ANT. **1.** Brouiller, désunir, diviser, opposer, séparer. **2.** Se brouiller, se fâcher, rompre avec, se séparer.

RECONDUIRE ◆ SYN. **1.** Accompagner, escorter, *raccompagner*, ramener. **2.** *(Dr.)* Continuer, proroger, *renouveler*. **3.** Chasser, congédier, éconduire, *expulser*. ◆ ANT. **1.** Accueillir, recevoir. **2.** Abolir, abroger. **3.** Inviter, réintégrer.

RÉCONFORT ◆ SYN. Aide, apaisement, appui, baume, consolation, encouragement, espoir, secours, soulagement, *soutien*. ◆ ANT. Abattement, découragement, douleur, inquiétude, solitude, souci.

RÉCONFORTANT ◆ SYN. **1.** Cordial, excitant, fortifiant, reconstituant, *remontant*, roboratif, stimulant, tonique. **2.** Adoucissant, *apaisant*, calmant, consolant, consolateur, encourageant, lénifiant, rassurant. ◆ ANT. **1.** Affaiblissant, débilitant. **2.** Accablant, alarmant, angoissant, attristant, décourageant, effarant, inquiétant, menaçant, navrant, troublant.

RÉCONFORTER ◆ SYN. Aider, *apaiser*, calmer, consoler, encourager, ragaillardir, ranimer, rassurer, raviver, relever, requinquer *(fam.)*, restaurer, rétablir, retaper *(fam.)*, revigorer, sécuriser, soutenir, stimuler, sustenter. ◆ ANT. Abattre, accabler, affaiblir, affliger, débiliter, décourager, démoraliser, déprimer, désespérer, navrer, souffrir.

RECONNAISSANCE ◆ SYN. **1.** Découverte, examen, *exploration*, inspection, investigation, observation, prospection, recherche, sondage, vérification. **2.** Acceptation, *admission*, aveu, confession. **3.** *Confirmation*, homologation, identification, légitimation, ratification, validation. **4.** Bénédiction, grâce, *gratitude*, gré, merci, obligation, remerciement. **5.** *Renommée*, succès, témoignage. ◆ ANT. **1.** Approximation, ignorance, méconnaissance, tâtonnements. **2.** Annulation, dénégation, désaveu, négation, omission, refus, rejet. **3.** Annulation, démenti, invalidation, rejet. **4-5.** Ingratitude, oubli.

RECONNAISSANT ◆ SYN. Dévoué, *obligé*, redevable. ◆ ANT. Ingrat, oublieux.

RECONNAÎTRE ◆ SYN. ▷ *V. tr.* **1.** Découvrir, examiner, *explorer*, parcourir, prospecter, ratisser, sonder. **2.** *Constater*, déceler, diagnostiquer, discerner, distinguer, percevoir, se rappeler, se souvenir. **3.** Accepter, accorder, *admettre*, attribuer, avouer, concéder, confesser, convenir, déclarer, légitimer, prêter. ▷ *V. pr.* **4.** S'identifier, *se retrouver*, se voir. **5.** S'orienter, *se repérer.* ◆ ANT. **1.** Évoquer, ignorer, négliger. **2.** Confondre, douter, oublier. **3.** Contester, dénier, désavouer, refuser, rejeter. **4.** S'embrouiller, se méconnaître, se perdre de vue. **5.** S'égarer, se perdre.

RECONNU ◆ SYN. **1.** *Admis*, authentique, avéré, établi, incontesté, indéniable, indiscuté, irréfutable, notoire, public, véridique. **2.** Célèbre, fameux, *renommé*, réputé. ◆ ANT. **1.** Apocryphe, caché, clandestin, douteux, inauthentique, secret, suspect. **2.** Anonyme, inconnu, méconnu, obscur.

RECONSTITUER ◆ SYN. Rebâtir, recomposer, recréer, réédifier, refaire, réorganiser, reproduire, restituer, *rétablir.* ◆ ANT. Abolir, briser, détruire.

RECONSTRUIRE ◆ SYN. *Rebâtir*, réédifier, refaire, relever. ◆ ANT. Abandonner, délaisser, restaurer.

RECOPIER ◆ SYN. Reporter, reproduire, *transcrire.* ◆ ANT. Annuler, effacer.

RECORD ◆ SYN. **1.** *Exploit*, performance, prouesse, succès. **2.** Apogée, *maximum*, sommet, zénith. **3.** *(En appos.)* Inégalé, *jamais atteint.* ◆ ANT. **1.** Contre-performance, défaite, échec, insuccès. **2.** Bas, minimum. **3.** Battu, égalé.

RECOURIR ◆ SYN. **1.** *(Athlète) Courir de nouveau*, reprendre les courses. **2.** S'adresser à, avoir recours à, consulter, *demander à*, faire appel à, passer par. **3.** Employer, se référer à, se servir de, *user de.* **4.** *(Dr.)* Faire appel (contre quelqu'un). ◆ ANT. **1.** Cesser de. **2.** Se passer de, se satisfaire de, se suffire. **3.** Négliger de, se priver de. **4.** Renoncer.

RECOURS ◆ SYN. **1.** *(Dr.)* Action, *appel*, demande, pourvoi, requête. **2.** Aide, appui, moyen, outil, remède, *ressource*, secours, soutien. **3.** Appel, emploi, *usage*, utilisation. ◆ ANT. **1.** Abandon, arrêt, désistement, retrait. **2.** Manque, privation.

RECOUVRER ◆ SYN. **1.** Rattraper, ravoir, reconquérir, *récupérer*, regagner, reprendre, retrouver. **2.** *Encaisser*, percevoir,

recevoir, toucher. ◆ ANT. **1.** Déposséder, perdre. **2.** Payer, verser.

RÉCRÉATIF ◇ v. **Divertissant**

RÉCRÉATION ◆ SYN. Agrément, amusement, délassement, *détente*, distraction, divertissement, intermède, jeu, loisir, passe-temps, pause, plaisir, réjouissance, relâche, relaxation. ◆ ANT. Activité, corvée, désagrément, devoir, ennui, étude, tâche, tension, travail.

RÉCRÉER ◆ SYN. Amuser, *délasser*, distraire, divertir, égayer, réjouir. ◆ ANT. Embêter, ennuyer, fatiguer, lasser.

RÉCRIER (SE) ◆ SYN. ▷ *V. pr.* **1.** S'écrier, *s'exclamer*. **2.** Se dresser, s'élever, s'indigner, *s'offusquer*, protester. ◆ ANT. **1.** Se calmer, se taire. **2.** Accepter, se plaire, se satisfaire, souscrire.

RÉCRIMINATIONS ◆ SYN. *(Pl. surtout)* Blâmes, critiques, doléances, jérémiades *(péj.)*, *plaintes*, protestations, réclamations, reproches, revendications. ◆ ANT. Approbation, consentement, éloges, résignation, silence.

RÉCRIMINER ◆ SYN. Blâmer, critiquer, *se plaindre*, protester. ◆ ANT. Approuver, appuyer, se réjouir, se résigner.

RECRUDESCENCE ◆ SYN. **1.** *(Méd.) Aggravation*, exacerbation, progression, rechute. **2.** Accroissement, augmentation, intensification, réapparition, redoublement, *regain*, relance, renforcement, renouvellement, reprise, retour. ◆ ANT. **1.** Amélioration, rémission. **2.** Affaiblissement, baisse, diminution, disparition, effondrement, recul, régression.

RECRUE ◆ SYN. **1.** *(Milit.)* Appelé, bleu *(fam.)*, conscrit, *soldat*. **2.** Apprenti, *débutant*, néophyte, nouveau, novice. ◆ ANT. **1.** Civil, réformé. **2.** Ancien, retraité, vétéran, vieux.

RECRUTEMENT ◇ v. **Engagement**

RECRUTER ◆ SYN. **1.** *(Milit.)* Appeler, enrégimenter, *enrôler*, mobiliser. **2.** Embaucher, employer, *engager*, incorporer à, racoler *(péj.)*. ◆ ANT. **1.** Démobiliser, déserter, dispenser, réformer. **2.** Congédier, licencier, mettre à la porte, remercier, renvoyer.

RECTIFICATION ♦ SYN. 1. Amendement, changement, *correction*, mise au point, modification, remaniement, retouche, révision. 2. Note, *rectificatif.*

RECTIFIER ♦ SYN. Amender, changer, *corriger*, modifier, rajuster, redresser, réformer, retoucher, réviser, revoir. ♦ ANT. Altérer, conserver, déformer.

RECTITUDE ♦ SYN. 1. *Droiture*, conformité, exactitude, honnêteté, justesse, justice, logique, rigueur. 2. *(Rectitude politique)* Bon ton, *convenance*, correction, euphémisme, formules (officielles), règles. ♦ ANT. 1. Duplicité, erreur, fausseté, inexactitude, laxisme, malhonnêteté, mensonge, relâchement. 2. Désinvolture, franc-parler, inconvenance, incorrection, liberté, licence, préjugés.

RECTO ♦ SYN. Endroit. ♦ ANT. Derrière, dos, envers, revers, verso.

REÇU ♦ SYN. Acquit, décharge, *quittance*, récépissé, reconnaissance. ♦ ANT. Charge, compte, dette, obligation.

RECUEIL ♦ SYN. Ana, annales, anthologie, assemblage, catalogue, choix, chrestomathie, code, collectif, collection, compilation, corpus, digeste, florilège, manuel, mélanges, morceaux choisis, ouvrage, registre, répertoire, *réunion*, sottisier, spicilège.

RECUEILLEMENT ♦ SYN. 1. Adoration, *contemplation*, ferveur, méditation, oraison, piété, prière, récollection. 2. Application, componction, concentration, *réflexion.* ♦ ANT. 1. Blasphème, imprécation, juron, profanation. 2. Dissipation, distraction, divertissement, étourderie, inattention, irréflexion.

RECUEILLIR ♦ SYN. ▷ *V. tr.* 1. Amasser, butiner, collecter, colliger, compiler, glaner, moissonner, noter, rassembler, *récolter*, relever, réunir. 2. Acquérir, hériter, obtenir, percevoir, *recevoir*, toucher. 3. Abriter, *accueillir*, héberger. ▷ *V. pr.* 4. Prier. 5. S'absorber, *se concentrer*, méditer. ♦ ANT. 1. Distribuer, ensemencer,

éparpiller, gaspiller. 2. Dilapider, donner, léguer, perdre. 3. Expulser, repousser. 4. Blasphémer, maudire. 5. Se dissiper, se distraire, s'épancher, s'étourdir.

RECUL ♦ SYN. 1. Dérobade, *reculade*, reculement, reflux, rétrogression, repli, retraite. 2. Baisse, diminution, ralentissement, *régression.* 3. Détachement, distance, distanciation, *éloignement.* ♦ ANT. 1. Approche, avance, invasion, percée, progrès, progression. 2. Augmentation, boom, hausse. 3. Attachement, engagement, participation, rapprochement.

RECULÉ ♦ SYN. 1. *(Lieu)* Distant, écarté, *éloigné*, inaccessible, isolé, lointain, perdu, profond, relégué, retiré. 2. *(Temps)* Ancestral, *ancien*, antique, haut, immémorial, passé, révolu, vieux. ♦ ANT. 1. Adjacent, contigu, limitrophe, proche, voisin. 2. Actuel, bas, contemporain, moderne, nouveau, récent.

RÉCUPÉRER ♦ SYN. 1. Ravoir, *recouvrer*, reprendre, ressaisir, retrouver. 2. Ramasser, *recueillir*, recycler, réinsérer, réutiliser. 3. *(Polit.)* Assimiler, *détourner*, dévier. ♦ ANT. 1. Abandonner, laisser, perdre. 2. Détruire, jeter. 3. Rejeter, résister.

RÉCURRENT ♦ SYN. Récursif, renouvelé, *répétitif.* ♦ ANT. Passager, provisoire, rare, unique.

RÉCUSER ♦ SYN. ▷ *V. tr.* 1. Contester, dénier, *refuser*, rejeter, repousser. ▷ *V. pr.* 2. S'abstenir, se défiler *(fam.)*, se dérober, *se désister*, s'exclure, reculer, se soustraire à. ♦ ANT. 1. Accepter, agréer, approuver, entériner. 2. Affronter, s'engager, intervenir, participer.

RECYCLER ♦ SYN. ▷ *V. tr.* 1. *Récupérer*, réemployer, réintroduire, réutiliser. 2. Réadapter, *réorienter.* ▷ *V. pr.* 3. Se qualifier, réétudier, se renouveler, *se réorienter.* ♦ ANT. 1. Gaspiller, jeter. 2. Conserver, maintenir. 3. Se borner, s'encroûter, stagner.

RÉDACTEUR ♦ SYN. *Auteur (texte)*, journaliste.

RÉDACTION ♦ SYN. 1. Écriture, établissement, formule, *libellé.* 2. *Composition*, dissertation, narration, récit. **3.** Journal, *journalistes*.

REDDITION ◇ v. **Capitulation**

RÉDEMPTION ✦ SYN. Délivrance, expiation, libération, *rachat*, salut. ✦ ANT. Damnation, malédiction, perdition.

REDEVANCE ✦ SYN. **1.** *Charge*, dette, engagement, obligation, rente. **2.** Contribution, droit, impôt, *taxe*. ✦ ANT. **1.** Acquittement, affranchissement, paiement, quittance. **2.** Exemption, exonération.

RÉDIGER ✦ SYN. Composer, dresser, *écrire*, élaborer, libeller.

REDIRE ✦ SYN. ▷ *V. tr.* **1.** Réitérer, *répéter*, reprendre, revenir sur. **2.** Chanter *(fam.)*, *rabâcher*, radoter, rebattre les oreilles, ressasser, seriner. **3.** Divulguer, raconter, *rapporter*, révéler. **4.** *Récapituler*, repasser, résumer, revoir. ▷ *V. intr.* **5.** Blâmer, *critiquer*. ✦ ANT. **1-2.** Créer, forger, imaginer, inventer. **3.** Cacher, dissimuler, taire. **4.** Aborder, approfondir, développer. **5.** Admettre, approuver.

REDITE ✦ SYN. **1.** Rabâchage, radotage, redondance, rengaine, *répétition*. **2.** *Cliché*, lieu commun, poncif. ✦ ANT. **1-2.** Créativité, innovation, originalité.

REDONDANCE ✦ SYN. Amplification, emphase, enflure, excès, longueurs, pléonasme, prolixité, redite, répétition, superfétation, *superfluité*, surabondance, tautologie, verbiage. ✦ ANT. Concision, laconisme, simplicité, sobriété.

REDONDANT ✦ SYN. Ampoulé, emphatique, enflé, prolixe, répétitif, superfétatoire, *superflu*, verbeux. ✦ ANT. Concis, laconique, simple, sobre.

REDONNER ✦ SYN. Remettre, *rendre*, restituer, rétrocéder. ✦ ANT. Conserver, enlever, reprendre, retirer.

REDOUBLER ✦ SYN. **1.** Accroître, *augmenter*, décupler, doubler, intensifier, multiplier. **2.** *(Classe) Recommencer*, reprendre. ✦ ANT. **1.** Cesser, diminuer. **2.** Réussir, terminer.

REDOUTABLE ✦ SYN. *Dangereux*, effrayant, fort, inquiétant, menaçant, puis-

sant, terrible, terrifiant. ✦ ANT. Affable, débonnaire, doux, faible, inoffensif, pusillanime, rassurant.

REDOUTER ✦ SYN. Appréhender, avoir peur, *craindre*, s'effrayer, trembler. ✦ ANT. Affronter, braver, espérer.

REDRESSEMENT ✦ SYN. Amélioration, *correction*, rectification, relèvement, réparation, restauration, rétablissement. ✦ ANT. Affaissement, chute, déclin, dommage, effondrement, erreur.

REDRESSER ✦ SYN. ▷ *V. tr.* **1.** Défausser, dégauchir, détordre, *rectifier*. **2.** Dresser, lever, rehausser, *relever*, remonter. **3.** Amender, *corriger*, rajuster, rectifier. **4.** Laver, punir, réparer, *venger*. ▷ *V. pr.* **5.** Se cabrer, *se dresser*, se relever. ✦ ANT. **1.** Courber, déformer, fausser, plier, recourber, tordre. **2.** Incliner, renverser. **3.** Altérer, conserver, déformer. **4.** Absoudre, oublier, pardonner, tolérer. **5.** Fléchir, ployer, tomber.

RÉDUCTION ✦ SYN. **1.** Abrègement, amenuisement, atténuation, compression, dégraissage *(fam.)*, *diminution*, restriction, rétrécissement, schématisation, simplification. **2.** Abaissement, abattement, allégement, *baisse*, dégrèvement, rabais, remise, ristourne, solde. **3.** Diminutif, maquette, *miniature*. **4.** *(Méd.)* Remboîtement. ✦ ANT. **1.** Accroissement, allongement, amplification, augmentation. **2.** Hausse, majoration. **3.** Agrandissement. **4.** Déboîtement, fracture, luxation.

RÉDUIRE ✦ SYN. ▷ *V. tr.* **1.** Abréger, amenuiser, amoindrir, atténuer, circonscrire, comprimer, concentrer, *diminuer*, écourter, limiter, minimiser, raccourcir, ralentir, rapetisser, rationner, restreindre, simplifier. **2.** Abaisser, abattre, alléger, *baisser*, dégrever, remettre, solder. **3.** Anéantir, annihiler, briser, broyer, *décomposer en*, détruire, dissoudre, pulvériser, transformer en. **4.** Acculer, assujettir, astreindre, condamner, *contraindre*, forcer, obliger, pousser à. **5.** *(Méd.) Remboîter*, remettre en place. ▷ *V. pr.* **6.** Se borner à, se confiner à, *se* *limiter à*, se résumer à. **7.** *Se décomposer en*, se transformer en. ✦ **ANT. 1.** Accroître, agrandir, ajouter, amplifier, augmenter, développer, élargir, étendre, exagérer. **2.** Élever, hausser, majorer. **3.** Assembler, constituer, former, joindre, réunir. **4.** Libérer, permettre. **5.** Déboîter, fracturer, luxer. **6.** Se développer, s'élargir, s'étendre. **7.** Se constituer, se former.

RÉEL ✦ **SYN.** ▷ *Adj.* **1.** Actuel, admis, authentique, certain, *concret*, démontré, effectif, évident, exact, existant, fondé, historique, incontesté, indubitable, juste, matériel, objectif, palpable, patent, positif, sérieux, solide, tangible, véritable, visible, vrai. ▷ *Nom* **2.** Réalité. ✦ **ANT. 1.** Abstrait, apparent, artificiel, chimérique, erroné, factice, faux, fictif, idéal, imaginaire, incertain, inexact, inexistant, irréel, mensonger, négatif, nul, possible, simulé, subjectif, virtuel. **2.** Irréalité.

REFAIRE ✦ **SYN.** ▷ *V. tr.* **1.** *Recommencer*, recomposer, reconstituer, recréer, refondre, reformer, remanier, répéter, reprendre. **2.** Rafraîchir, rajuster, reconstruire, renouveler, *rénover*, réparer, restaurer, rétablir. **3.** *(Fam.)* Attraper, duper, *tromper*. ▷ *V. pr.* **4.** Récupérer, *se rétablir*. **5.** Se transformer. ✦ **ANT. 1.** Abandonner, délaisser, écarter. **2.** Défaire, détruire, endommager. **3.** Amadouer, avantager, servir. **4.** S'affaiblir, dépérir. **5.** Rester soi-même.

RÉFÉRENCE ✦ **SYN. 1.** Annotation, apostille, consultation, indication, note, *renvoi*, repère, source. **2.** Autorité, exemple, *modèle*. **3.** *(Pl.)* Attestations, certificat, *recommandations*, témoignages.

RÉFÉRER ✦ **SYN.** ▷ *V. tr. ind.* **1.** *(Admin.)* En appeler à, faire rapport, *soumettre à*. **2.** *(Ling.)* Désigner, *faire référence à*, renvoyer à. ▷ *V. pr.* **3.** *S'appuyer sur*, consulter, s'en rapporter à, s'en remettre à, recourir à.

RÉFLÉCHI ✦ **SYN. 1.** *(Phys.)* Renvoyé, retourné. **2.** *(Acte)* Calculé, délibéré, éclairé, judicieux, mûri, pesé, pondéré, *posé*, raisonné. **3.** *(Pers.)* Avisé, circonspect, concentré, méditatif, mûr, philosophe, prévoyant, *prudent*, raisonnable, rationnel, respon-sable, sage, sensé, sérieux. ✦ **ANT. 1.** Défléchi, diffracté. **2.** Inconséquent, inconsidéré, instinctif, involontaire, irréfléchi, machinal, précipité, spontané. **3.** Étourdi, évaporé, frivole, imprévoyant, imprudent, impulsif, inconséquent, irrationnel, irresponsable, léger, naïf, primesautier.

RÉFLÉCHIR ✦ **SYN.** ▷ *V. tr.* **1.** *(Lumière, image, son)* Faire écho, mirer, miroiter, refléter, rendre, *renvoyer*, répercuter, répéter, réverbérer. ▷ *V. intr.* **2.** Calculer, cogiter, se concentrer, délibérer, gamberger *(fam.)*, méditer, *penser*, raisonner, songer, spéculer. ▷ *V. tr. ind.* **3.** Analyser, approfondir, considérer, étudier, *examiner*, mûrir, peser. ▷ *V. pr.* **4.** Se mirer, *se refléter*. ✦ **ANT. 1.** Atténuer, brouiller, effacer, étouffer, estomper. **2.** S'amuser, se distraire, se divertir. **3.** Effleurer, survoler. **4.** Se brouiller, disparaître, s'effacer, s'estomper.

REFLET ✦ **SYN. 1.** Brillance, chatoiement, éclat, lueur, *lumière*, miroitement, moire, rayon, réflexion, réverbération, rutilance, scintillement. **2.** Écho, image, imitation, miroir, réplique, *représentation*, reproduction. ✦ **ANT. 1.** Obscurité, opacité, pâleur. **2.** Caricature, déformation, fausse image, grossissement.

REFLÉTER ✦ **SYN.** ▷ *V. tr.* **1.** *(Image)* Mirer, miroiter, *réfléchir*, renvoyer, répercuter, répéter, réverbérer. **2.** Exprimer, *indiquer*, représenter, reproduire, traduire. ▷ *V. pr.* **3.** Se mirer, *se réfléchir*. **4.** *(Intentions, sentiments)* Apparaître, se lire, se peindre, se manifester, se montrer, *transparaître*. ✦ **ANT. 1.** Brouiller, effacer, estomper. **2.** Déformer, dénaturer, dissimuler, trahir. **3.** Se brouiller, disparaître, s'effacer, s'estomper. **4.** Se dérober (à la vue), se dissimuler.

RÉFLEXE ✦ **SYN.** ▷ *Nom* **1.** *Automatisme*, réaction (immédiate), réponse. **2.** Présence d'esprit, *répartie*, réplique, riposte. ▷ *Adj.* **3.** *Automatique*, inconscient, instinctif, involontaire, machinal, mécanique, spontané. ✦ **ANT. 1.** Immobilité, stimulation, stimulus. **2.** Impassibilité, mutisme. **3.** Conscient, réfléchi, volontaire.

RÉFLEXION ✦ SYN. **1.** *(Lumière, son, chaleur)* Diffusion, écho, **rayonnement**, reflet, réverbération. **2.** Attention, circonspection, concentration, délibération, discernement, intelligence, introspection, méditation, **pensée**, prudence, questionnement, raisonnement, recueillement. **3.** Cogitation, conception, élucubration *(péj.)*, **idée**, idéologie, impression, opinion, pensée, spéculation. **4.** *(Souvent pl.)* Considérations, critiques, notations, notes, observations, **remarques**. **5.** Adage, axiome, **maxime**, mot, parole, pensée, sentence. ✦ ANT. **1.** Disparition, extinction. **2.** Dissipation, distraction, étourderie, imprudence, inattention, irréflexion, légèreté, mésintelligence, négligence.

REFLUX ✦ SYN. **1.** Descente, jusant, perdant, **recul**, refoulement, retrait. **2.** *(Milit.)* Fuite, repli, **retraite**. ✦ ANT. **1.** Afflux, écoulement, flux. **2.** Attaque, avance, engagement.

REFONDRE ✦ SYN. **Refaire**, remanier, reprendre, réviser, transformer. ✦ ANT. Conserver, maintenir, préserver.

RÉFORME ✦ SYN. **1.** Amélioration, amendement, **changement**, correction, modernisation, perfectionnement, progrès, renouveau, renouvellement, révision. **2.** Anglicanisme, baptisme, calvinisme, luthéranisme, méthodisme, presbytérianisme, **protestantisme**, réformation. **3.** *(Milit.)* **Dispense**, refus (d'enrôler). ✦ ANT. **1.** Abolition, conservation, conservatisme, traditionalisme. **2.** Catholicisme, papisme. **3.** Conscription, enrôlement, mobilisation.

RÉFORMER ✦ SYN. ▷ V. tr. **1.** Améliorer, amender, **changer**, corriger, moderniser, modifier, renouveler, rénover, réviser. **2.** *(Milit.)* **Dispenser**, refuser (d'enrôler). ▷ V. pr. **3.** *S'amender*, se corriger. ✦ ANT. **1.** Abolir, aggraver, conserver, détériorer, empirer, gâter. **2.** Appeler, enrôler, mobiliser. **3.** Récidiver, retomber.

RÉFORMISTE ◇ v. **Gauche**

REFOULÉ ◇ v. **Complexé**

REFOULEMENT ✦ SYN. **1.** Recul, *reflux*, retrait. **2.** Bannissement, éloignement,

expulsion. **3.** Autocensure, barrage, *blocage*, inhibition, interdit, refus, résistance. ✦ ANT. **1.** Afflux, écoulement. **2.** Approche, avance, pénétration. **3.** Assouvissement, déblocage, défoulement, désinhibition, expression, extériorisation.

REFOULER ✦ SYN. **1.** Faire reculer, *refluer*, se retirer. **2.** Bannir, chasser, déporter, expulser, *repousser*. **3.** Comprimer, contenir, étouffer, inhiber, refréner, rentrer, *réprimer*, retenir. ✦ ANT. **1.** Affluer, circuler. **2.** Approcher, avancer, entrer, pénétrer. **3.** Assouvir, défouler, désinhiber, épancher, exprimer, extérioriser, laisser aller, satisfaire.

RÉFRACTAIRE ✦ SYN. **1.** Frondeur, indocile, insoumis, *rebelle*, récalcitrant, résistant. **2.** Étranger, fermé, hermétique, hostile, imperméable, inaccessible, indifférent, *insensible*, sourd. **3.** *(Matériau)* Infusible (à hautes températures). ✦ ANT. **1.** Docile, malléable, soumis. **2.** Accessible, compréhensif, ouvert, perméable, réceptif, sensible. **3.** Fusible.

RÉFRACTER ◇ v. **Dévier**

REFRAIN ✦ SYN. **1.** Antienne, *chanson*, chant, leitmotiv, reprise, ritournelle, turlute *(québ.)*. **2.** *(Fig., péj.)* Rabâchage, radotage, redite, *rengaine*, répétition.

REFRÉNER ◇ v. **Réprimer**

RÉFRIGÉRANT ✦ SYN. **1.** Cryogène, frigorifique, *refroidisseur*. **2.** Froid, glacial, hostile, *inamical*, sec. ✦ ANT. **1.** Calorifique, réchauffant. **2.** Chaleureux, charmant, enthousiaste, onctueux.

REFROIDIR ✦ SYN. **1.** Congeler, frapper *(vin)*, frigorifier, geler, glacer, *rafraîchir*, réfrigérer. **2.** Calmer, *décourager*, démoraliser, démotiver, freiner, modérer, ralentir, rebuter. **3.** *(Fam.)* Assassiner, *tuer*. ✦ ANT. **1.** Chauffer, réchauffer. **2.** Encourager, enflammer, enthousiasmer, exalter, exciter, motiver, stimuler. **3.** Épargner.

REFROIDISSEMENT ✦ SYN. **1.** *Congélation*, gel, glaciation, réfrigération, surgélation. **2.** Chaud et froid, coup de froid, grippe, indisposition, *rhume*. **3.** Affaiblissement, antipathie, éloignement, froid *(n.)*, *mésentente*, tension. ◆ ANT. 1. Décongélation, dégel, échauffement, réchauffement. 3. Affermissement, cordialité, entente, rapprochement, réconciliation, sympathie.

REFUGE ◆ SYN. 1. *Abri*, asile, cachette, ermitage, gîte, havre, oasis, planque *(fam.)*, port, repaire, retraite, tanière. 2. Havre (de paix), *lieu de paix*, lieu sûr, oasis (de paix), solitude, thébaïde, tour d'ivoire. 3. Appui, protection, recours, ressource, secours, sécurité, *soutien*. 4. Lieu protégé, réserve *(flore, faune)*, *sanctuaire*. ◆ ANT. 1. Déplacement, errance, migration, voyage. 2-3. Adversité, hostilité, insécurité, menace, tumulte.

RÉFUGIÉ ◆ SYN. Émigré, étranger, *exilé*, expatrié, sans-papiers. ◆ ANT. Autochtone, citoyen, natif, naturalisé, rapatrié.

RÉFUGIER (SE) ◆ SYN. 1. S'abriter, se blottir, se cacher, *se retirer*, se tapir, se terrer. 2. Émigrer, s'enfuir, *s'exiler*, s'expatrier, fuir, partir. ◆ ANT. 1. Affronter, apparaître, errer, se montrer, se mouvoir. 2. Demeurer, s'établir, s'installer, rester, revenir.

REFUS ◆ SYN. 1. *(Examen)* Ajournement, blackboulage *(fam.)*, *élimination*. 2. Boycott, contestation, déni, désapprobation, désobéissance, fin de non-recevoir, interdiction, négation, objection, opposition, protestation, rébellion, rebuffade, regimbement, *rejet*, résistance, veto. 3. Autocensure, *refoulement*. ◆ ANT. 1. Acceptation, admission. 2. Accord, acquiescement, adhésion, adoption, agrément, approbation, autorisation, consentement, obéissance, permission, ralliement. 3. Assouvissement, défoulement.

REFUSER ◆ SYN. ▷ *V. tr.* 1. *(Examen)* Ajourner, blackbouler *(fam.)*, *éliminer*, recaler, sabrer *(fig.)*. 2. Boycotter, contester, débouter, décliner, dédaigner, dénier, désobéir, interdire, objecter, protester, se rebeller, regimber, *rejeter*, repousser, résister. ▷ *V. pr.* 3. S'abstenir, se garder de, *s'interdire*, se priver de. ◆ ANT. 1. Accepter, admettre. 2. Accorder, accueillir, acquiescer, adhé-

rer, agréer, endosser, permettre, reconnaître, recevoir. 3. S'accorder, s'autoriser, se permettre.

RÉFUTER ◆ SYN. Combattre, confondre, *contredire*, critiquer, démentir, démolir, dénier, détruire, infirmer, nier, récuser, rejeter, rétorquer. ◆ ANT. Approuver, appuyer, confirmer, corroborer, endosser, soutenir.

REGAGNER ◆ SYN. 1. Rattraper, ravoir, reconquérir, recouvrer, récupérer, *reprendre*, retrouver. 2. Rallier, réintégrer, rejoindre, rentrer, retourner, *revenir*. ◆ ANT. 1. Déposséder, perdre. 2. Abandonner, déserter, quitter.

REGAIN ◆ SYN. 1. Dégel, printemps, *recrudescence*, régénérescence, relance, renouveau, reprise, retour, second souffle, réveil. 2. *(Herbe)* Repousse. ◆ ANT. 1. Baisse, chute, déclin, essoufflement, marasme, régression. 2. Coupe.

RÉGAL ◆ SYN. 1. Délice (pur, vrai), *festin*. 2. Bonheur, délectation, enchantement, félicité, jouissance, plaisir (des sens), satisfaction, *ravissement*. ◆ ANT. 1. Mets infect. 2. Désagrément, désenchantement, dégoût, déplaisir, insatisfaction, répugnance.

RÉGALER ◆ SYN. ▷ V. tr. 1. Combler, *contenter*, gratifier, offrir, réjouir, soigner, traiter. ▷ V. pr. 2. Déguster, *se délecter*, festoyer, goûter, profiter de, raffoler, se réjouir, se repaître, savourer. ◆ ANT. 1. Dégoûter, déplaire, insulter, maltraiter, mécontenter. 2. Se dégoûter de, détester, se lasser, se priver de.

REGARD ◆ SYN. 1. Clin d'œil, coup d'œil, expression, *œil*, œillade, perception, vision, vue, yeux. 2. Attention, considération, contrôle, examen, *observation*, surveillance. 3. *Ouverture*, soupirail, trou d'homme. ◆ ANT. 1. Cécité, obstruction, voile. 2. Détour, distraction, inattention. 3. Fermeture, obturation.

REGARDANT ◇ V. **Avare**

REGARDER ◆ SYN. 1. Admirer, contempler, dévisager, épier, fixer, guigner *(fam.)*, inspecter, lorgner, loucher, observer, reluquer *(fam.)*, remarquer, scruter, toiser *(péj.)*, **voir**, zieuter *(fam.)*. **2.** Considérer, consulter, envisager, *examiner*, juger, parcourir, rechercher, survoler. **3.** *Concerner*, intéresser, toucher. **4.** Chipoter, *lésiner*. ♦ **ANT. 1.** Détourner, fuir. **2.** Dédaigner, se détourner de, ignorer, oublier. **3.** Choquer, heurter, indifférer. **4.** Dépenser, gaspiller.

RÉGÉNÉRATION ♦ **SYN.** Réactivation, reconstitution, recrudescence, regain, *renaissance*, renouvellement, reprise, résurrection, rétablissement, réveil. ♦ **ANT.** Corruption, décadence, déchéance, décrépitude, dégénérescence, détérioration.

RÉGENTER ♦ **SYN.** *(Péj.)* Commander, diriger, *dominer*, gouverner, opprimer, régir, régner, tyranniser. ♦ **ANT.** Céder, concéder, partager.

RÉGIE ♦ **SYN. 1.** Administration publique. **2.** *Direction*, gérance, gestion. ♦ **ANT. 1.** Entreprise privée. **2.** Main-d'œuvre, personnel.

REGIMBER ♦ **SYN.** Se cabrer, s'insurger, protester, se rebiffer, récriminer, refuser, *résister*, se révolter, ruer dans les brancards. ♦ **ANT.** Céder, consentir, obéir, se soumettre.

RÉGIME ♦ **SYN. 1.** *(Polit.)* Administration, constitution, direction, gouvernement, institution, organisation, *système*. **2.** Dispositions, *réglementation*, règles. **3.** *Alimentation* (saine), contrôle, diététique. **4.** Cure, *diète*, jeûne, privation. **5.** *(Sc.)* Débit, évolution, *fonctionnement*, marche, vitesse. **6.** *(Fruits)* Assemblage, *grappe*. ♦ **ANT. 1.** Anarchie, désordre. **2.** Déréglementation, privatisation. **3.** Excès, intempérance, laisser-aller, malbouffe. **4.** Anorexie, boulimie, fringale. **5.** Dérèglement, trouble.

RÉGIMENT ♦ **SYN. 1.** *(Milit.)* Corps, *troupe*, unité. **2.** Armada, *foule*, légion, masse, multitude, nuée, ribambelle, troupeau.

RÉGION ♦ **SYN. 1.** Arrondissement, canton, circonscription, comté, district, division, pays, province, *unité* (administrative). **2.** Aire, contrée, espace, étendue (de pays, de territoire), *territoire*, zone. **3.** Champ,

domaine, orbite, secteur, *sphère*. **4.** *(Corps)* Partie, *endroit*, zone. **5.** *(Diverses régions)* Cieux, climats, *contrées*, latitudes, pays.

RÉGIONAL ♦ **SYN. 1.** Cantonal, communal, *local*, municipal, national, provincial. **2.** *(Ling.)* Dialectal. ♦ **ANT. 1.** Général, global, international, mondial, universel. **2.** Standard.

RÉGIR ♦ **SYN. 1.** Administrer, commander, *diriger*, gérer, gouverner, régenter *(péj.)*. **2.** *(Conduite, sentiments)* Déterminer, *dicter*, orienter, régler. ♦ **ANT. 1.** Obéir, s'opposer, se soumettre. **2.** S'écarter, s'éloigner, enfreindre.

REGISTRE ♦ **SYN. 1.** Agenda, album, archives, cadastre, cahier, calepin, carnet, compte rendu, écritures, journal, *livre*, matrice, matricule, recueil, répertoire, rôle. **2.** *(Mus.)* Échelle, *étendue* (de la voix), tessiture. **3.** Caractère, *ton*, tonalité.

RÈGLE ♦ **SYN. 1.** *Planchette*, réglet, réglette, tige. **2.** Canon, code, convention, coutume, ligne, loi, *norme*, précepte, prescription, principe, protocole, statut, usage. **3.** Démarche, *formule*, méthode, opération, procédé. **4.** *(Pl.)* *Menstruations*, menstrues. ♦ **ANT. 2.** Exception, exemption, liberté. **3.** Improvisation, intuition, tâtonnements. **4.** Aménorrhée, irrégularité, ménopause.

RÈGLEMENT ♦ **SYN. 1.** *(Dr.)* Acte, arrêté, décision, *décret*, ordonnance. **2.** Code, consigne, prescription, règle, *réglementation*, statut. **3.** Accord, arrangement, conclusion, *entente*, issue, terminaison. **4.** Acquittement, liquidation, *paiement*. ♦ **ANT. 1.** Abrogation, annulation. **2.** Déréglementation, exemption, liberté. **3.** Impasse, mésentente, recul. **4.** Crédit, endettement, report.

RÉGLEMENTAIRE ♦ **SYN. 1.** *Décisionnel*, exécutif, exécutoire. **2.** Autorisé, conforme, *légal*, licite, permis, régulier, valide. ♦ **ANT. 1.** Consultatif. **2.** Illégal, illicite, interdit, invalide, irrégulier.

RÉGLER ♦ **SYN.** ▷ *V. tr.* **1.** Adapter, *ajuster*, aligner, conformer, modeler, mouler, normaliser, régulariser, réguler. **2.** Arrêter,

commander, décider, décréter, **déterminer**, dicter, disposer, établir, fixer, imposer,
ordonner, régir, réglementer. **3.** Arranger,
conclure, **résoudre**, terminer, trancher,
vider. **4.** **Acquitter**, liquider, payer. ▷ V. pr.
5. Se conformer, **se modeler sur**, suivre.
♦ ANT. **1.** Déranger, dérégler, détraquer, différencier. **2.** Échapper à, excepter, exclure.
3. Différer, échouer, remettre, reporter.
4. Accroître, emprunter, prolonger. **5.** S'affirmer, se distinguer, s'écarter de.

RÈGNE ♦ SYN. **1.** **Époque**, ère, exercice,
gouvernement, pouvoir, temps. **2.** **Domination**, empire, emprise, hégémonie,
influence, prédominance, primauté.
3. Classification, **division**, répartition.
♦ ANT. **1.** Chute, fin. **2.** Effacement, faiblesse, impuissance.

RÉGNER ♦ SYN. **1.** Diriger, **gouverner**,
mener, régenter (péj.), trôner. **2.** Exister,
dominer, durer, **prédominer**, prévaloir,
primer, triompher. ♦ ANT. **1.** Abdiquer, détrôner, tomber. **2.** Disparaître, s'effacer.

REGORGER ♦ SYN. **1.** **Déborder**, se
déverser, refluer, se répandre. **2.** Abonder,
déborder de, foisonner, fourmiller, pulluler, proliférer, **surabonder**. ♦ ANT. **1.** Contenir, refouler, se retirer. **2.** Manquer, se
raréfier, se vider.

RÉGRESSION ♦ SYN. **1.** Diminution,
recul, retour (à un stade antérieur), rétrogradation. **2.** (Écon.) Baisse, déclin, décroissance, ralentissement, **récession**. ♦ ANT.
1. Augmentation, avance, progrès, progression. **2.** Croissance, regain, relance,
reprise.

REGRET ♦ SYN. **1.** **Chagrin**, désespoir,
douleur, larmes, nostalgie, peine. **2.** Contrition, excuse, **remords**, repentir, résipiscence. **3.** Déception, **déplaisir**, mécontentement. ♦ ANT. **1.** Allégresse, consolation,
espoir, joie. **2.** Désir, souhait, vengeance.
3. Contentement, plaisir, satisfaction.

REGRETTABLE ♦ SYN. Déplorable, désagréable, disgracieux, ennuyeux, **fâcheux**,
malencontreux, malheureux, répréhensible. ♦ ANT. Acceptable, désirable, heureux,
honorable, opportun, souhaitable.

REGRETTER ♦ SYN. **1.** Déplorer, **pleurer**.
2. Condamner, se désoler, s'excuser, se
repentir, **se reprocher**. ♦ ANT. **1.** Désavouer,
honnir, oublier. **2.** Approuver, se féliciter,
récidiver, recommencer, se réjouir.

REGROUPEMENT ◇ v. **Rassemblement**

REGROUPER ♦ SYN. Assembler, concentrer, grouper, masser, rallier, **rassembler**,
réunir. ♦ ANT. Disperser, disséminer, diviser, éparpiller, refouler, séparer.

RÉGULARISER ♦ SYN. **1.** (État, situation)
Autoriser, confirmer, conformer, **légaliser**, légitimer, reconnaître. **2.** (Relations,
échanges) Fixer, **normaliser**, rétablir, stabiliser. **3.** (Fonctionnement) Ordonner, organiser,
régler, réguler. ♦ ANT. **1.** Délégitimer, désavouer, interdire, pénaliser. **2.** Bouleverser,
interrompre, modifier, perturber. **3.** Dérégler, désorganiser, détraquer, perturber.

RÉGULARITÉ ♦ SYN. **1.** Assiduité, **constance**, exactitude, fidélité, ponctualité,
précision. **2.** Égalité, équilibre, **harmonie**,
symétrie, unité. **3.** Cadence, **continuité**,
rythme, uniformité. **4.** Conformité, justesse, **légalité**, normalité, validité. ♦ ANT.
1. Imprécision, inconstance, inexactitude,
infidélité, instabilité, intermittence,
irrégularité. **2.** Asymétrie, déséquilibre,
discordance, disproportion, inégalité.
3. Changement, discontinuité, variabilité.
4. Anormalité, fraude, illégalité, manquement.

RÉGULIER ♦ SYN. **1.** Assidu, **constant**,
continu, exact, fidèle, fixe, habituel,
ponctuel, quotidien, réglé, rythmé, stable, uniforme, usuel. **2.** Égal, équilibré,
harmonieux, homogène, ordonné, proportionnel, symétrique. **3.** Conforme, correct, honnête, **légal**, licite, loyal, moral,
normal, permis, réglementaire. **4.** **Monacal**, monastique, religieux. **5.** (Milit.) **Actif**,
officiel. ♦ ANT. **1.** Accidentel, exceptionnel,
inconstant, inexact, inhabituel, insolite,
instable, intermittent, inusité, irrégulier,
occasionnel. **2.** Asymétrique, bizarre,
désordonné, disparate, disproportionné,
hétérogène, inégal, singulier. **3.** Anormal,

déloyal, illégal, illicite, immoral, interdit.
4. Séculier. **5.** Supplétif.

RÉHABILITATION ♦ SYN. **1.** *Dédouanement*, défense, disculpation, justification.
2. Réadaptation, *réinsertion*, réintégration, resocialisation. **3.** Réfection, *rénovation*, restauration. ♦ ANT. **1.** Accusation, diffamation, discrédit, flétrissure. **2.** Bannissement, captivité, exclusion, rejet. **3.** Dégradation, démolition, destruction, détérioration.

RÉHABILITER ♦ SYN. ▷ V. tr. **1.** Absoudre, blanchir, décharger, disculper, *innocenter*, laver, pardonner, réintégrer, rétablir *(réputation).* **2.** *Rénover*, restaurer. ▷ V. pr. **3.** Se racheter. ♦ ANT. **1.** Accuser, diffamer, exclure, flétrir, ternir *(réputation).* **2.** Démolir, détruire. **3.** Récidiver, sombrer.

REHAUSSER ♦ SYN. **1.** *Élever*, hausser, monter. **2.** Accentuer, agrémenter, aviver, embellir, ennoblir, exalter *(fig.),* garnir, orner, *relever*, revaloriser, souligner. ♦ ANT. **1.** Baisser, descendre, rabattre. **2.** Atténuer, avilir, dégrader, déprécier, enlaidir, rabaisser, ternir.

RÉINTÉGRER ♦ SYN. **1.** Réhabiliter, réinsérer, *rétablir.* **2.** Regagner, reprendre, *retrouver*, revenir. ♦ ANT. **1.** Bannir, exclure. **2.** Déserter, fuir, laisser, quitter.

RÉITÉRER ◇ V. Répéter

REJAILLIR ♦ SYN. **1.** Éclabousser, gicler, *jaillir.* **2.** Se reporter sur, *retomber sur.* ♦ ANT. **1.** Refluer, refouler. **2.** Épargner, éviter, exempter.

REJET ♦ SYN. **1.** Élimination, évacuation, *excrétion.* **2.** Bannissement, éviction, *exclusion*, expulsion, intolérance, ostracisme, purge, renvoi. **3.** Abandon, arrêt, contestation, négation, opposition, rebuffade, *refus*, renvoi, report, veto. **4.** Bourgeon, drageon, jet, *pousse.* **5.** *(Versif.)* Enjambement. ♦ ANT. **1.** Assimilation, digestion, ingestion. **2.** Accueil, admission, inclusion, intégration, tolérance. **3.** Acceptation, adoption, agrément, approbation, poursuite. **4.** Graine, semence.

REJETER ♦ SYN. **1.** Cracher, éliminer, évacuer, *excréter*, expulser, rendre, res-

tituer, vomir. **2.** Éjecter, *lancer*, projeter, relancer, renvoyer. **3.** Bannir, chasser, éloigner, évincer, *exclure*, ostraciser, proscrire, renvoyer, répudier. **4.** Abandonner, se défaire de, *jeter*, reléguer. **5.** Contester, décliner, dédaigner, démentir, écarter, nier, récuser, réfuter, *refuser*, repousser. ♦ ANT. **1.** Absorber, assimiler, digérer, ingérer. **2.** Atteindre, recevoir. **3.** Accueillir, admettre, inclure, intégrer. **4.** Conserver, récupérer, recycler. **5.** Accepter, adopter, agréer, approuver, concéder, entériner, recommander.

REJETON ♦ SYN. **1.** Branche, bouture, cépée, drageon, jet, *pousse*, rejet, scion, surgeon, talle. **2.** *(Fam.)* *Descendant*, enfant. ♦ ANT. **1.** Tige, tronc. **2.** Parents.

REJOINDRE ♦ SYN. ▷ V. tr. **1.** *Rallier*, regagner, réintégrer, retourner, revenir. **2.** Atteindre, déboucher, *rattraper*, retrouver. ▷ V. pr. **3.** *Coïncider*, concorder, se recouper, se rencontrer. **4.** *Confluer*, converger, se joindre, s'unir. ♦ ANT. **1.** Déserter, quitter. **2.** Distancer, perdre. **3.** Se contredire, diverger, s'opposer. **4.** Bifurquer, dévier, se diviser, s'éloigner.

RÉJOUIR ♦ SYN. ▷ V. tr. **1.** Amuser, dérider, divertir, *égayer.* **2.** Charmer, contenter, emballer *(fam.),* enchanter, enthousiasmer, *plaire*, ravir. ▷ V. pr. **3.** Applaudir, *se délecter*, se féliciter, jouir, jubiler, pavoiser, savourer, triompher. **4.** S'amuser, se dérider, *se divertir.* ♦ ANT. **1.** Agacer, contrarier, ennuyer. **2.** Affliger, attrister, chagriner, désoler, mécontenter, peiner. **3.** Déplorer, regretter. **4.** S'embêter, s'ennuyer, se morfondre.

RÉJOUISSANCE ♦ SYN. **1.** Amusement, distraction, divertissement, *joie*, jubilation, liesse. **2.** *(Pl.)* Agapes, carnaval, *festivités*, fête. ♦ ANT. **1-2.** Affliction, chagrin, deuil, funérailles, peine, tristesse.

RÉJOUISSANT ◇ V. Amusant

RELÂCHE ♦ SYN. **1.** Accalmie, arrêt, cessation, congé, détente, halte, intermittence, *interruption*, pause, récréation, relaxation, répit, repos, suspension, trêve. **2.** *(Mar.)* *Escale*, port (de relâche). ♦ ANT.

1. Activité, assiduité, continuité, effort, fatigue, reprise, travail. 2. Navigation, voyage.

RELÂCHÉ ♦ SYN. 1. *Détendu*, distendu, flasque, lâche, mou. 2. Débauché, dévergondé, *dissipé*, dissolu, facile, laxiste, libéré, libre, négligé. ♦ ANT. 1. Contracté, raide, tendu. 2. Austère, rigide, rigoureux, sage, sévère, soigné, strict, tranquille.

RELÂCHEMENT ♦ SYN. 1. Décontraction, décrispation, détente, distension, *relaxation*, repos. 2. Abandon, affaiblissement, amollissement, avachissement, dévergondage, *laisser-aller*, laisser-faire, laxisme, négligence, ralentissement. ♦ ANT. 1. Contraction, raideur, tension. 2. Accélération, ardeur, austérité, discipline, effort, rigueur, sagesse.

RELÂCHER ♦ SYN. ▷ *V. tr.* 1. Décontracter, décrisper, desserrer, détendre, *relaxer*. 2. Adoucir, amollir, *assouplir*, atténuer, tempérer. 3. Élargir, *libérer*, relaxer, remettre en liberté. ▷ *V. intr.* 4. *(Mar.)* Accoster, *s'arrêter*, faire escale, faire relâche. ▷ *V. pr.* 5. S'amollir, faiblir, fléchir, mollir, *se laisser aller*, négliger *(travail)*, se négliger *(tenue)*. ♦ ANT. 1. Comprimer, contracter, raidir, resserrer, serrer, tendre. 2. Accentuer, durcir, renforcer. 3. Détenir, emprisonner, retenir (prisonnier), séquestrer. 4. Naviguer, voguer. 5. Se discipliner, se ressaisir, soigner (sa tenue), travailler (avec soin).

RELAIS ♦ SYN. Arrêt, escale, *étape*, halte, poste, transfert. ♦ ANT. Départ, périple, voyage.

RELATER ♦ SYN. Citer, consigner, conter, décrire, dire, exposer, mentionner, narrer, raconter, *rapporter*, retracer. ♦ ANT. Cacher, déformer, omettre, taire.

RELATIF ♦ SYN. 1. Connexe, corrélatif, correspondant, *dépendant*, proportionnel, relié, subordonné. 2. Approximatif, *imparfait*, incomplet, limité, moyen, partiel, subjectif. ♦ ANT. 1. Contraire, indépendant, opposé. 2. Absolu, idéal, objectif, parfait.

RELATION ♦ SYN. ▷ *Sing. ou pl.* 1. Chronique, compte rendu, journal, mémoire, narration, procès-verbal, *récit*, témoignage. 2. Analogie, association, corrélation, interaction, interrelation, liaison, lien, *rapport*, rapprochement. 3. Ami, collègue, *connaissance*. ▷ *Pl.* 4. Accointances *(péj.)*, amis, commerce, communication, compagnie, connaissances, contacts, correspondance, échanges, fréquentations, *rapports*. 5. Rapports sexuels. ♦ ANT. 1. Conte, nouvelle, roman, science-fiction. 2. Dissociation, distance, indépendance. 3. Étranger, inconnu. 4. Détachement, distance, rupture, séparation, solitude.

RELAXANT ◇ v. Reposant

RELAXATION ♦ SYN. 1. *(Muscles)* Décontraction, *relâchement*. 2. Délassement, *détente*, repos. 3. Élargissement, *libération*, relaxe *(dr.)*. ♦ ANT. 1. Contraction, raideur, tension. 2. Épuisement, stress, surmenage. 3. Arrestation, détention.

RELAXER ♦ SYN. ▷ *V. tr.* 1. *(Muscles)* Décontracter, *relâcher*. 2. Calmer, délasser, *détendre*, reposer. 3. Élargir, *libérer*, relâcher, remettre en liberté. ▷ *V. pr.* 4. Décompresser, se décontracter, *se détendre*, se reposer. ♦ ANT. 1. Contracter, raidir, tendre. 2. Épuiser, exciter, surmener, stresser. 3. Écrouer, détenir, emprisonner. 4. S'épuiser, se surmener.

RELAYER ♦ SYN. ▷ *V. tr.* 1. Changer, relever, *remplacer*, substituer, succéder. 2. Diffuser, *retransmettre*. ▷ *V. pr.* 3. Alterner, *se remplacer*. ♦ ANT. 1. Continuer, garder, maintenir, poursuivre. 2. Émettre, interrompre, rompre. 3. Conserver, rester (à son poste).

RELÉGUER ♦ SYN. 1. Bannir, déporter, *éloigner*, envoyer, exiler, expulser, proscrire, refouler. 2. Cantonner, *confiner*, enfermer, limiter, restreindre. 3. *(Ch.)* Abandonner, rejeter, *remiser*. ♦ ANT. 1. Accueillir, libérer, rapatrier, rappeler. 2. Dépasser (la limite), empiéter, sortir de. 3. Conserver, garder.

RELENT ♦ SYN. 1. *(Souvent pl.)* Fétidité, miasmes, odeur (désagréable), *puanteur*, pestilence. 2. *(Fig.)* Résidu, reste, soupçon, *trace*, vestige. ♦ ANT. 1. Arôme, bouquet, fumet, parfum. **2.** Absence, démenti, présence (manifeste), preuve.

RELEVÉ ♦ SYN. ▷ *Adj.* **1.** *Élevé*, haussé, troussé, retroussé. **2.** Assaisonné, corsé, *épicé*, fort, pimenté, piquant. **3.** Choisi, digne, *noble*, sélect, sublime, supérieur, transcendant. ▷ *Nom* **4.** Bordereau, compte, dépouillement, *état*, facture, liste, sommaire. ♦ ANT. **1.** Baissé, plat, rabaissé, rabattu. **2.** Doux, fade, insipide. **3.** Commun, disgracieux, ignoble, indigne, vil, vulgaire.

RELÈVE ♦ SYN. Changement, intérim, remplaçants, *remplacement*, recrues, substitution. ♦ ANT. Ancienneté, anciens, permanence, permanents, vétérans.

RELÈVEMENT ♦ SYN. **1.** *Redressement*, rétablissement. **2.** Augmentation, *hausse*, majoration. **3.** Compte rendu, *relevé*. ♦ ANT. **1.** Abaissement, aplatissement, avilissement, rabaissement, renversement. **2.** Baisse, chute, diminution, effondrement, réduction.

RELEVER ♦ SYN. ▷ *V. tr.* **1.** Ranimer, reconstruire, *redresser*, rehausser, remonter, rétablir, soulever. **2.** *Retrousser*, trousser. **3.** *Consigner*, constater, inscrire, noter. **4.** Accroître, *augmenter*, majorer. **5.** Relayer, *remplacer*. **6.** Délier, *libérer*, révoquer. **7.** Assaisonner, *se rétablir*. **9.** Appartenir, *concerner*, dépendre de, ressortir à. ▷ *V. pr.* **10.** Se lever, se ramasser *(fam.)*, *se redresser*. ♦ ANT. **1.** Abattre, détruire, rabaisser, rabattre, renverser. **2.** Baisser. **3.** Effacer, raturer. **4.** Diminuer, réduire. **5.** Garder, maintenir. **6.** Détenir, lier, réintégrer. **7.** Adoucir, affadir. **8.** S'affaiblir, décliner. **9.** Se détacher, se distinguer, s'opposer. **10.** S'affaisser, se coucher, se renverser, tomber.

RELIEF ♦ SYN. **1.** Aspérité, bosse, proéminence, protubérance, *saillie*. **2.** Caractère, *éclat*, marque. **3.** *(Pl.)* Miettes, *restes* (de table). ♦ ANT. **1.** Cavité, creux, plateau, ravin, enfoncement. **2.** Banalité, effacement, insignifiance.

RELIER ♦ SYN. Agrafer, assembler, associer, attacher, coudre, *joindre*, lier, rapprocher, rattacher, réunir. ♦ ANT. Découdre, défaire, dégrafer, délier, dénouer, détacher, disjoindre, éloigner, séparer.

RELIGIEUX ♦ SYN. ▷ *Adj.* **1.** Clérical, confessionnel, *ecclésial*, ecclésiastique, séculier. **2.** Claustral, conventuel, *monacal*, monastique. **3.** *Liturgique*, sacré, saint, spirituel. **4.** Bigot *(péj.)*, *croyant*, dévot, mystique, pieux, pratiquant. **5.** *Attentif*, respectueux. ▷ *Nom* **6.** Abbé, archevêque, cardinal, curé, évêque, lama, ministre du culte, monseigneur, pasteur, *prêtre*, rabbin, vicaire. **7.** Abbesse, frère, mère, *moine*, nonne, révérend, sœur. ♦ ANT. **1.** Civil, laïque, neutre. **2.** Mondain, séculier. **3.** Profane, temporel. **4.** Agnostique, athée, impie, incroyant, infidèle, irréligieux, rationaliste. **5.** Inattentif, irrévérencieux. **6-7.** Civil, laïc.

RELIGION ♦ SYN. **1.** Credo, croyance, culte, déisme, dévotion, doctrine, dogme, *foi*, gnose, mysticisme, sacré *(n.)*, spiritualité, spirituel *(n.)*, théisme. **2.** *Confession*, Église, ordre, secte. ♦ ANT. **1.** Athéisme, hérésie, impiété, incroyance, irréligion, rationalisme.

RELIQUAT ♦ SYN. **1.** Résidu, restant, *reste*, solde. **2.** *(Méd.)* Complications, *séquelles*. ♦ ANT. **1.** Somme, totalité, tout. **2.** Amélioration, guérison.

RELIQUE ♦ SYN. **1.** *(Relig.)* *Fragment*, objet, ossements, restes. **2.** Fétiche, portebonheur, souvenir, témoin, *vestige*. ♦ ANT. **1.** Intégralité, plénitude, tout. **2.** Babiole, bagatelle, futilité.

RELUIRE ♦ SYN. *Briller*, chatoyer, éblouir, éclairer, éclater, étinceler, flamboyer, illuminer, luire, miroiter, rayonner, resplendir, rutiler, scintiller. ♦ ANT. S'assombrir, s'éteindre, s'obscurcir, pâlir, se ternir.

RELUISANT ♦ SYN. *Brillant*, chatoyant, éblouissant, éclatant, étincelant, flamboyant, luisant, poli, rayonnant, resplendissant, rutilant, scintillant. ♦ ANT. Dépoli, embu, mat, pâle, sali, souillé, terni.

RELUQUER ♦ SYN. *(Fam.)* Convoiter, guigner *(fam.)*, **lorgner**, regarder, viser, zieuter *(fam.)*. ♦ ANT. Dédaigner, mépriser, rejeter.

REMÂCHER ♦ SYN. Mâcher, rabâcher, répéter, **ressasser**, ruminer. ♦ ANT. Croire, espérer, oublier.

REMANIEMENT ♦ SYN. Changement, correction, **modification**, rectification, refonte, réorganisation, retouche, révision. ♦ ANT. Conservation, maintien, statu quo.

REMANIER ♦ SYN. Arranger, changer, corriger, **modifier**, rectifier, refaire, refondre, réorganiser, retoucher, revoir. ♦ ANT. Conserver, maintenir, préserver, stabiliser.

REMARQUABLE ♦ SYN. Admirable, brillant, considérable, distingué, émérite, éminent, épatant, excellent, exceptionnel, **extraordinaire**, formidable, glorieux, insigne, marquant, mémorable, notable, particulier, rare, saillant, singulier, unique. ♦ ANT. Banal, commun, imparfait, inférieur, insignifiant, lamentable, médiocre, minable, négligeable, nul, ordinaire, pitoyable, simple, vulgaire.

REMARQUE ♦ SYN. 1. Annotation, commentaire, considération, constatation, notation, **note**, observation, pensée, réflexion. 2. Allusion, blâme, **critique**, objection, observation (critique), reproche, réprimande. ♦ ANT. 1. Abstention, mutisme, silence. 2. Compliments, éloges, félicitations.

REMARQUER ♦ SYN. 1. Apercevoir, **constater**, découvrir, noter, observer, relever, voir. 2. Discerner, **distinguer**. ♦ ANT. 1. Ignorer, omettre, oublier. 2. Confondre, mêler.

REMBLAI ◇ V. **Talus**

REMBLAYER ♦ SYN. Boucher, **combler**, hausser. ♦ ANT. Creuser, déblayer, extraire.

REMBOURRER ♦ SYN. Bourrer, capitonner, garnir, matelasser, **remplir**. ♦ ANT. Déchirer, dégarnir, endommager, vider.

REMBOURSEMENT ♦ SYN. 1. Acquittement, amortissement, étalement, **paiement**, rachat, remise. 2. **Compensation**, dédommagement, dommages-intérêts, indemnité, réparation, restitution. ♦ ANT. 1. Débours, déboursement, emprunt, endettement. 2. Atteinte, dommage, préjudice, tort.

REMBOURSER ♦ SYN. Acquitter, amortir, dédommager, défrayer, indemniser, liquider, **payer**, remettre, rendre, restituer. ♦ ANT. Avancer, débourser, emprunter, encaisser, prêter.

REMBRUNIR (SE) ♦ SYN. S'assombrir, **s'attrister**, se chagriner. ♦ ANT. S'égayer, s'épanouir, se réjouir.

REMÈDE ♦ SYN. 1. Antidote, calmant, cataplasme, contrepoison, drogue, élixir, **médicament**, médication, panacée, potion, poudre de perlimpinpin *(péj.)*, préparation, traitement. 2. Apaisement, baume, consolation, correctif, **expédient**, moyen, palliatif, recours, ressource, soulagement. 3. Réponse, résultat, **solution**. 4. *(Moral)* Dérivatif, distraction, **exutoire**, panacée, passe-temps, soupape. ♦ ANT. 1. Mal, maladie, poison. 2. Aggravation, complication, détérioration, exacerbation, impuissance. 3. Difficulté, énigme, problème. 4. Besoin (impérieux), ennui, routine, stress, travail.

REMÉDIER ♦ SYN. 1. Arranger, corriger, guérir, obvier à, **pallier**, parer à, préserver, réparer, suppléer à. 2. Calmer, **soulager**. ♦ ANT. 1. Aggraver, compliquer, contourner, détériorer, empirer. 2. Augmenter, aviver.

REMÉMORER ♦ SYN. ▷ V. tr. 1. Commémorer, évoquer, **rappeler**, repasser, retracer, revoir. ▷ V. pr. 2. **Se rappeler**, se souvenir. ♦ ANT. 1. Effacer, enfouir, oublier, passer, taire. 2. Oublier.

REMERCIEMENT ◇ V. **Reconnaissance**

REMERCIER ♦ SYN. 1. Bénir, dire merci, louer, rendre grâce à, **savoir gré**. 2. Dédommager, **être reconnaissant**, payer de retour, rendre la pareille, récompenser, renvoyer l'ascenseur. 3. Chasser, **congédier**, destituer, limoger, renvoyer, révoquer. ♦ ANT. 1. Blâmer, maudire, réprimander. **2.** Être ingrat, oublier. **3.** Accepter, employer, engager, réintégrer.

REMETTRE ✦ **SYN.** ▷ *V. tr.* **1.** Ajouter, mettre, ramener, rapporter, rendre, réparer, *replacer*, restaurer, restituer, rétablir, retourner, réunir. **2.** Confier, consigner, délivrer, donner, *laisser*, livrer. **3.** Ajourner, différer, *reporter*, retarder, surseoir. **4.** *Absoudre*, annuler, libérer, pardonner. ▷ *V. pr.* **5.** *Recommencer à*, reprendre. **6.** Guérir, récupérer, se relever, *se rétablir*. **7.** S'abandonner à, *se confier*, déférer à, se fier à, s'en rapporter à. ✦ **ANT. 1.** Abîmer, confisquer, conserver, déplacer, emporter, enlever, prendre. **2.** Garder, reprendre, retirer. **3.** Devancer, hâter, poursuivre, précipiter. **4.** Accuser, condamner, pécher. **5.** Cesser. **6.** Décliner, dépérir, se languir. **7.** Se défier, se méfier.

RÉMINISCENCE ✦ **SYN.** Arrière-goût *(péj.)*, *évocation*, rappel, résurgence, retour, souvenance, souvenir, trace. ✦ **ANT.** Bannissement, omission, oubli, silence.

REMISE ✦ **SYN. 1.** *Abri*, appentis, cabane, cabanon, débarras, garage, hangar, resserre. **2.** Replacement, *rétablissement*. **3.** Bonification, cadeau, commission, déduction, diminution, escompte, prime, rabais, réduction, *ristourne*. **4.** *Attribution*, délivrance, dépôt, distribution, don, livraison, octroi. **5.** Ajournement, délai, report, *renvoi*, sursis. **6.** Absolution, amnistie, grâce, *pardon*, rémission. ✦ **ANT. 1.** Découverte, plein champ. **2.** Arrêt, déplacement, désorganisation. **3.** Addition, majoration, supplément, surenchère. **4.** Rappel, reprise, retour, retrait. **5.** Accélération, devancement, poursuite. **6.** Accusation, condamnation, refus, rigueur.

REMISER ✦ **SYN.** Entreposer, garer *(véhicule)*, placer, *ranger*, reléguer *(péj.)*, rentrer, serrer *(québ., fam.)*. ✦ **ANT.** Dégager, déplacer, reprendre, sortir de.

RÉMISSION ✦ **SYN. 1.** Absolution, acquittement, amnistie, grâce, indulgence, miséricorde, *pardon*, remise. **2.** Accalmie, apaisement, *atténuation*, calme, intermission, interruption, pause, rémittence

(méd.), répit. ✦ **ANT. 1.** Condamnation, récidive, rigueur, sévérité. **2.** Aggravation, crise, rechute, recrudescence.

REMONTANT ◇ **V. Fortifiant**

REMONTE-PENTE ✦ **SYN.** Fil, funiculaire, remontée, téléférique, télésiège, *téléski*, tire-fesses *(fam.)*.

REMONTER ✦ **SYN.** ▷ *V. tr.* **1.** *Gravir* (de nouveau), parcourir. **2.** Exhausser, hausser, hisser, redresser, *relever*. **3.** Ajuster, refaire, *réparer*, rétablir. **4.** Raffermir, ranimer, *raviver*, réconforter, revigorer, soutenir, stimuler. ▷ *V. intr.* **5.** *S'accroître*, augmenter. **6.** *Dater de*, provenir de, tirer son origine de, venir de. ✦ **ANT. 1.** Descendre, dévaler. **2.** Abaisser, baisser, enfoncer, rabattre. **3.** Défaire, démonter, disloquer. **4.** Abattre, affaiblir, décourager, dégonfler *(fam.)*, déprimer. **5.** Diminuer, rechuter. **6.** Mener à, se terminer.

REMONTRANCES ✦ **SYN.** *(Pl. surtout)* Admonestations, algarade, avertissement, blâme, critique, harangue, observation, représentations, réprimandes, *reproches*, savon *(fam.)*, semonce. ✦ **ANT.** Compliments, éloges, félicitations, louanges, remerciements.

REMORDS ✦ **SYN.** Attrition, chagrin, componction, contrition, honte, larmes, peine, *regret*, repentir. ✦ **ANT.** Bonheur, contentement, fierté, paix, quiétude, satisfaction, tranquillité.

REMORQUE ✦ **SYN. 1.** Halage, remorquage, tirage, *traction*. **2.** Baladeuse, caravane, *roulotte*, semi-remorque.

REMORQUER ✦ **SYN.** Dépanner, haler, tirer, *touer*, tracter, traîner. ✦ **ANT.** Pousser.

REMORQUEUR ✦ **SYN.** *Dépanneuse*, haleur, toueur.

REMOUS ✦ **SYN. 1.** Bouillonnement, sillage *(bateau)*, *tourbillon*, tourbillonnement, tournoiement, turbulence. **2.** Convulsions, crise, effervescence, remueménage, rébellion, révolte, soulèvement, *troubles*. **3.** *(Foule)* Agitation, déplacement, houle, mouvement. ✦ **ANT. 1.** Calme, immobilité. **2-3.** Accalmie, paix.

REMPART ♦ SYN. **1.** Bastion, enceinte, escarpe, fortification, mur, **muraille**, parapet, talus, terre-plein. **2.** Bouclier, cuirasse, **défense**, protection. ♦ ANT. **1.** Brèche, ouverture, trou. **2.** Attaque, offensive.

REMPLAÇANT ♦ SYN. **1.** Adjoint, intérimaire, représentant, substitut, **suppléant**. **2.** Dauphin, **successeur**. **3.** *(Théâtre, cinéma)* Doublure. ♦ ANT. **1.** Titulaire. **2.** Prédécesseur.

REMPLACER ♦ SYN. ▷ *V. tr.* **1.** *Changer*, renouveler, substituer. **2.** Doubler, relayer, relever, représenter, *succéder*, supplanter, suppléer. ▷ *V. pr.* **3.** *Alterner*, se relayer. ♦ ANT. **1.** Conserver, maintenir. **2.** Partager, précéder, servir, se retirer. **3.** Conserver, rester (à son poste).

REMPLI ♦ SYN. **1.** Bondé, comble, complet, débordant, empli, garni, peuplé, **plein**. **2.** Bourré *(fam.)*, comblé, *gavé*, gorgé, rassasié, repu, saturé. **3.** Accompli, *respecté*, tenu. **4.** *(Péj.)* Enflé, farci, gonflé, **imbu**, infatué, pénétré, pétri. ♦ ANT. **1.** Creux, dégarni, dépeuplé, exempt, libre, vacant, vide. **2.** Affamé, avide, insatisfait. **3.** Enfreint, ignoré, rompu. **4.** Effacé, humble, modeste, réservé, simple.

REMPLIR ♦ SYN. **1.** Bourrer, charger, **combler**, couvrir, emplir, farcir, garnir, gaver, lester, meubler, occuper, peupler, saturer, truffer. **2.** *(Fig.)* Animer, enflammer, enfler, enivrer, **gonfler**. **3.** *Accomplir*, s'acquitter, exécuter, exercer, réaliser, satisfaire à, tenir. ♦ ANT. **1.** Assécher, débarrasser, délester, évacuer, nettoyer, tarir, vider. **2.** Abasourdir, atterrer, attrister, déprimer. **3.** Cesser, faillir, manquer à, négliger, omettre.

REMPLUMER (SE) ♦ SYN. *Fam.* **1.** S'enrichir, *récupérer*, se relever. **2.** *Engraisser*, grossir. ♦ ANT. **1.** Se déplumer *(fam.)*, se ruiner. **2.** Maigrir, se ratatiner.

REMPORTER ♦ SYN. **1.** Emporter, rapporter, *reprendre*. **2.** Arracher, décrocher *(fam.)*, enlever, *gagner*, obtenir, rafler *(fam.)*, récolter, vaincre. ♦ ANT. **1.** Laisser, remettre. **2.** Céder, perdre, rater.

REMUANT ♦ SYN. **1.** *Actif*, animé, dynamique, éveillé, fringant, mobile, pétulant, sémillant, vif, vivant. **2.** *(Enfant)* *Agité*, dissipé, espiègle, excité, insupportable, petit diable, tannant *(québ., fam.)*, tapageur, turbulent. ♦ ANT. **1.** Amorphe, apathique, avachi, calme, endormi, indolent, lymphatique, nonchalant, ramolli, passif. **2.** Calme, gentil, sage, tranquille.

REMUE-MÉNAGE ♦ SYN. Activité, affairement, agitation, animation, *branle-bas*, changement, chambardement *(fam.)*, remous, tohu-bohu, tumulte. ♦ ANT. Calme, inaction, indolence, nonchalance, repos, somnolence.

REMUER ♦ SYN. ▷ *V. tr.* **1.** Déplacer, déranger, faire bouger, *mouvoir*. **2.** Battre, brasser, *malaxer*, mélanger, pétrir. **3.** *Agiter*, secouer. **4.** *(Terre)* Creuser, fouiller, *labourer*, piocher, retourner. **5.** Attendrir, bouleverser, *émouvoir*, retourner *(fig.)*, secouer *(fig.)*, toucher, troubler. ▷ *V. intr.* **6.** Balancer, *bouger*, branler, broncher, dodeliner, frémir, frétiller, frissonner, gesticuler, gigoter *(fam.)*, onduler, secouer. ▷ *V. pr.* **7.** *S'agiter*, se démener, se dépenser, s'évertuer, se grouiller *(fam.)*, se manier *(fam.)*, se mouvoir. ♦ ANT. **1.** Fixer, immobiliser. **2.** Extraire, retirer. **3.** Retenir. **4.** Cultiver, laisser en friche. **5.** Endormir, ennuyer, indifférer. **6.** S'immobiliser, se raidir. **7.** S'apaiser, s'arrêter, se détendre, traîner.

RÉMUNÉRATION ♦ SYN. Appointements, cachet, commission, émoluments, gages, gain, honoraires, indemnité, paie (paye), pourboire, récompense, redevance, *rétribution*, revenu, salaire, solde, traitement, vacation.

RÉMUNÉRER ♦ SYN. Appointer, dédommager, indemniser, payer, récompenser, *rétribuer*, salarier. ♦ ANT. Enlever, reprendre, retenir, saisir.

RENÂCLER ◇ V. Rechigner

RENAISSANCE ♦ SYN. **1.** Avatar, métamorphose, métempsycose, palingénésie *(philos.)*, régénération, *réincarnation*, résurrection, transformation. **2.** Progrès, réapparition, recrudescence, *renouveau*, retour, réveil. ♦ ANT. 1. Décomposition, disparition, fin, mort. 2. Agonie, chute, déclin, léthargie, stagnation, torpeur.

RENAÎTRE ◇ V. Revivre

RENCHÉRIR ♦ SYN. 1. Augmenter, majorer, *rehausser*, relancer, relever. 2. Amplifier, bluffer, charger, dépasser, dramatiser, enchérir, en remettre, exagérer, grossir, hâbler, pousser, *rajouter*. ♦ ANT. 1. Abaisser, descendre, diminuer. 2. Amoindrir, enlever, minimiser, modérer, réduire, restreindre, simplifier.

RENCONTRE ♦ SYN. 1. *Coïncidence*, concours, conjonction, conjoncture, convergence, hasard, occasion, occurrence. 2. Carrefour, confluence, *croisement*, jonction. 3. Confrontation (de témoins), contact, conversation, discussion, entretien, entrevue, face-à-face, relation, rendez-vous, retrouvailles, *réunion*, tête-à-tête. 4. *Affrontement*, bataille, combat, duel, échauffourée, engagement. 5. *Compétition*, épreuve, match. 6. *Choc*, collision, heurt, tamponnement, télescopage. ♦ ANT. 1. Déterminisme, fatalité, nécessité, obligation, prévision. 2. Division, éloignement. 3. Distance, isolement, séparation, solitude. 4. Communion, détente, entente, paix.

RENCONTRER ♦ SYN. ▷ V. tr. 1. Apercevoir, connaître, côtoyer, *croiser*, trouver, voir. 2. Atteindre, contacter, joindre, *se trouver* (en présence de), visiter. 3. Accrocher, *heurter*. ▷ V. pr. 4. S'entretenir, se retrouver, *se réunir*. 5. Confluer, converger, *se croiser*, se joindre. 6. *Exister*, s'observer, se présenter, se trouver, se voir. ♦ ANT. 1. Éviter, fuir, manquer. 2. Éconduire, se laisser, renvoyer. 3. Contourner, éviter. 4. S'éloigner, se séparer. 5. Dévier, se diviser, s'écarter. 6. Disparaître, manquer.

RENDEMENT ♦ SYN. Bénéfice, effet, efficacité, efficience, fruit, gain, performance, *productivité*, produit, profit, rapport, récolte, rentabilité, résultat, revenu. ♦ ANT. Déficit, diminution, handicap, improductivité, inefficacité, perte.

RENDRE ♦ SYN. ▷ V. tr. 1. Rapporter, *redonner*, remettre, renvoyer, restituer, retourner, rétrocéder. 2. Régurgiter, *rejeter*, vomir. 3. *Exprimer*, imiter, recréer, refléter, représenter, reproduire, traduire. 4. *(Son)* Faire écho, réfléchir, *renvoyer*, répercuter, répéter, réverbérer. ▷ V. intr. 5. Donner, fructifier, produire, profiter, *rapporter*. ▷ V. pr. 6. *Aller*, arriver, atteindre, se déplacer, faire route, gagner, venir. 7. Abandonner, capituler, *céder*, s'incliner, se résigner, se soumettre. ♦ ANT. 1. Confisquer, conserver, emprunter, prendre, retenir. 2. Absorber, digérer, ingurgiter. 3. Fausser, déformer, trahir. 4. Amortir, brouiller, étouffer. 5. Coûter, perdre, ruiner. 6. Rester, revenir. 7. Attaquer, résister, riposter.

RENÉGAT ♦ SYN. 1. *(Relig.) Apostat*, hérétique, infidèle, judas, schismatique. 2. Déserteur, félon, lâcheur, *traître*, transfuge. ♦ ANT. 1. Converti, croyant, fidèle. 2. Allié, membre, partisan, prosélyte.

RÊNES ♦ SYN. 1. *Bride*, bridon, courroie, guides, lanière, licou. 2. Conduite, *direction*, gestion. ♦ ANT. 1. Débridement. 2. Abandon, relâchement.

RENFERMÉ ♦ SYN. Cachottier, discret, dissimulé, *fermé*, introverti, replié (sur soi), secret, sombre, taciturne. ♦ ANT. Communicatif, démonstratif, expansif, extroverti, ouvert, sociable.

RENFERMER ♦ SYN. 1. Cacher, chambrer, cloîtrer, coffrer *(fam.)*, confiner, consigner, détenir, emprisonner, *enfermer*, séquestrer. 2. Comporter, comprendre, *contenir*, inclure, receler. ▷ V. pr. 3. Se concentrer, s'enfermer, se recueillir, *se replier* (sur soi). ♦ ANT. 1. Exposer, libérer, montrer, sortir, ouvrir. 2. Éluder, escamoter, exclure. 3. Communiquer, s'épancher, s'extérioriser, s'ouvrir.

RENFLÉ ♦ SYN. Ballonné, *bombé*, bouffant, bouffi, boursouflé, enflé, épais, gibbeux, gondolé, gonflé, pansu, rebondi, rond. ♦ ANT. Aplati, creux, dégonflé, désenflé, mince, plat, rentré.

RENFORCEMENT ◇ V. Consolidation

RENFORCER ♦ SYN. 1. Affermir, appuyer, asseoir, *consolider*, étayer, fortifier, solidifier. 2. *(Opinion)* *Confirmer*, conforter, corroborer. 3. Accentuer, amplifier, *augmenter*, intensifier. ♦ ANT. 1. Adoucir, affaiblir, atténuer, ébranler, miner, ramollir, saper. 2. Démentir, infirmer. 3. Amortir, baisser, diminuer.

RENFORT ♦ SYN. 1. Consolidation, épaulement, *renforcement*, soutènement. 2. Aide, appui, assistance, main-forte, rescousse, *secours*, soutien, supplément. ♦ ANT. 1. Faiblesse, fragilité, usure. 2. Abandon, délaissement, manque, pénurie, péril.

RENFROGNÉ ◇ V. **Revêche**

RENGAINE SYN. *Péj.* ♦ 1. Chanson ressassée. 2. *(Fig.)* Air, chanson, couplet, disque, histoire, musique, topo, rabâchage, radotage, *redite*, refrain, répétition, ritournelle, scie, sérénade. ♦ ANT. 1. Chanson nouvelle. 2. Création, nouveauté, originalité.

RENIER ♦ SYN. Abandonner, abjurer, apostasier, démentir, *désavouer*, déserter, méconnaître, nier, rejeter, renoncer, répudier, se rétracter, trahir. ♦ ANT. Affermir, appuyer, assumer, défendre, embrasser, professer, reconnaître.

RENIFLER ♦ SYN. ▷ *V. tr.* 1. Aspirer, flairer, humer, priser *(tabac)*, respirer, *sentir*. ▷ *V. intr.* 2. Aspirer (bruyamment), s'ébrouer *(cheval)*, *renâcler*. ♦ ANT. 1. Exhaler, expirer.

RENOMMÉ ♦ SYN. *Célèbre*, connu, éminent, estimé, fameux, illustre, réputé. ♦ ANT. Ignoré, inconnu, obscur.

RENOMMÉE ♦ SYN. *Célébrité*, considération, faveur, gloire, estime, mémoire, nom, notoriété, popularité, prestige, reconnaissance, renom, réputation, vogue. ♦ ANT. Anonymat, discrédit, éclipse, impopularité, infamie, obscurité, ombre, oubli.

RENONCEMENT ♦ SYN. 1. Abnégation, abstinence, altruisme, dépouillement, désintéressement, *détachement*, oubli (de soi), privation, résignation, sacrifice. 2. Abandon, désistement, *renonciation*. ♦ ANT. 1. Attachement, avidité, convoitise,

cupidité, égoïsme, intérêt, possession. 2. Acceptation, conservation.

RENONCER ♦ SYN. 1. *Abandonner*, cesser, délaisser, se départir, se dépouiller, se désister, se dessaisir, se détacher, en démordre, lâcher prise, se priver, se retirer. 2. Abdiquer, abjurer, apostasier, *renier*. ♦ ANT. 1. S'accrocher, accumuler, s'attacher, s'attribuer, conserver, se contenter, convoiter, s'enrichir, ne pas en démordre, s'obstiner, persévérer, réclamer, revendiquer. 2. Appuyer, se convertir, défendre, reconnaître.

RENONCIATION ♦ SYN. 1. *(Avantage)* *Abandon*, cession, don, désistement, renoncement. 2. *(Poste)* Abandon, abdication, capitulation, *démission*, désistement, retrait. 3. *(Croyance, opinion)* *Abjuration*, apostasie, désaveu, reniement. ♦ ANT. 1. Acceptation, conservation. 2. Accession, maintien, réintégration. 3. Conversion, engagement, fidélité.

RENOUER ♦ SYN. 1. Nouer, *rattacher*. 2. Continuer, poursuivre, *reprendre*. 3. *(Renouer avec)* Se raccommoder *(fam.)*, se rapprocher, *se réconcilier*, rétablir (les liens), revoir. ♦ ANT. 1. Délier, dénouer. 2. Interrompre, rompre. 2. Se brouiller, perdre de vue, rompre avec, se séparer.

RENOUVEAU ♦ SYN. 1. Dégel, printemps, *réveil* (de la nature). 2. Regain, *renaissance*, renouvellement, reprise, résurrection. ♦ ANT. 1. Arrière-saison, gel, torpeur. 2. Déclin, léthargie, monotonie, stagnation.

RENOUVELER ♦ SYN. ▷ *V. tr.* 1. Bouleverser, chambarder *(fam.)*, chambouler *(fam.)*, changer, corriger, métamorphoser, modifier, rectifier, refondre, *réformer*, remanier, rénover, révolutionner, transformer. 2. *Moderniser*, rafraîchir, rajeunir, ranimer, raviver, régénérer, remplacer, revigorer. 3. Confirmer, recommencer, *refaire*, réitérer, répéter. 4. *(Dr.)* Prolonger, *reconduire*. ▷ *V. pr.* 5. *Innover*, réinventer, se transformer. 6. Recommencer, *renaître*, se reproduire. ♦ ANT. 1. Conserver, maintenir, préserver. **2.** Abandonner, défaire, déformer, démolir, restituer, rétablir. **3.** Commencer, faire, renoncer. **4.** Abroger, annuler, résilier. **5.** Rabâcher, se complaire, se démoder, se racornir, se répéter, vieillir. **6.** Apparaître, arriver, disparaître, naître.

RENOUVELLEMENT ✦ **SYN. 1.** Bouleversement, chambardement *(fam.)*, changement, innovation, métamorphose, modification, refonte, *réforme*, remaniement, révolution, transformation. **2.** *Modernisation*, rafraîchissement, rajeunissement, recommencement, régénération, remplacement, renaissance, renouveau. **3.** *(Dr.)* Prorogation, *reconduction*. **4.** *(Relig.)* Confirmation. ✦ **ANT. 1.** Conservation, maintien, préservation, statu quo. **2.** Abandon, abolition, report, restitution, rétablissement. **3.** Abrogation, annulation, résiliation.

RÉNOVATION ✦ **SYN.** Amélioration, embellissement, modernisation, rajeunissement, régénération, réhabilitation *(fig.)*, renouvellement, réparation, *restauration*, transformation. ✦ **ANT.** Abandon, abolition, décadence, déclin, dégénérescence, dégradation, destruction, détérioration, enlaidissement.

RÉNOVER ✦ **SYN. 1.** Améliorer, embellir, enjoliver, moderniser, parer, rafraîchir, rajeunir, réhabiliter *(fig.)*, renouveler, réparer, *restaurer*, retaper, transformer. **2.** *(Fig.)* Dépoussiérer, *réformer*, renouveler. ✦ **ANT. 1.** Abandonner, délaisser, déparer, détériorer, détruire, enlaidir. **2.** Empoussiérer, s'encroûter, stagner.

RENSEIGNEMENT ✦ **SYN. 1.** Avis, communication, confidence, document, donnée, éclaircissement, exclusivité, indication, indice, *information*, lumière, nouvelle, précision, révélation, tuyau *(fam.)*. **2.** *Espionnage*, protection, sécurité. ✦ **ANT. 1.** Canular, duperie, mensonge, mystification, propagande, rumeur, tromperie. **2.** Complot, subversion, trahison.

RENSEIGNER ✦ **SYN.** ▷ *V. tr.* **1.** Avertir, documenter, éclairer, édifier, *informer*, initier, instruire, moucharder *(péj.)*, révé-

ler. ▷ *V. pr.* **2.** Se documenter, s'enquérir, *s'informer*, s'instruire. ✦ **ANT. 1.** Confondre, désinformer, dissimuler, duper, mentir, mystifier, taire, tromper, voiler. **2.** S'abrutir, gober *(fam.)*.

RENTABILITÉ ◇ **V. Rendement**

RENTABLE ◇ **V. Profitable**

RENTE ✦ **SYN.** Allocation, annuité, arrérages, intérêt, pension, produit, rapport, retraite, *revenu*, viager. ✦ **ANT.** Charge, créance, dette, perte.

RENTIER ✦ **SYN.** Pensionné, *retraité*. ✦ **ANT.** Salarié, travailleur.

RENTRÉE ✦ **SYN. 1.** Réintégration, reprise, *retour*. **2.** Entreposage, *remisage*, stockage. **3.** Encaissement, perception, *recette*, recouvrement. ✦ **ANT. 1.** Arrêt, interruption, sortie, vacances. **2.** Livraison, transport. **3.** Déboursé, dépense, perte.

RENTRER ✦ **SYN.** ▷ *V. intr.* **1.** Rallier, regagner, réintégrer, retourner, *revenir*. **2.** Attaquer, *foncer sur*, se jeter sur. **3.** Contenir, *entrer*, trouver (sa place). ▷ *V. tr.* **4.** Abriter, insérer, introduire, *remiser*. **5.** Cacher, dissimuler, *enfoncer*. **6.** Étouffer, refouler, *réprimer*, retenir. ✦ **ANT. 1.** Partir, quitter, sortir. **2.** Éviter, reculer. **3.** Agrandir, élargir. **4.** Dégager, sortir. **5.** Dépasser, laisser voir. **6.** Se défouler, exprimer, libérer.

RENVERSANT ◇ **V. Stupéfiant**

RENVERSÉ ✦ **SYN. 1.** Capoté, chaviré, inversé, répandu, *retourné*, tombé. **2.** Bouleversé, consterné, déconcerté, *stupéfait*, troublé. ✦ **ANT. 1.** Debout, droit, redressé. **2.** Calmé, rassuré.

RENVERSEMENT ✦ **SYN. 1.** Bascule, chavirement, culbute, *interversion*, retournement, revirement, transposition. **2.** Anéantissement, chute, dégringolade, démantèlement, *destruction*, éboulement, écroulement, effondrement, ruine. **3.** Changement, bouleversement, chambardement *(fam.)*, chamboulement *(fam.)*, désordre, perturbation, *révolution*. ✦ **ANT. 1.** Redressement, relèvement, rétablissement. **2.** Construction, conservation, édification, établissement. **3.** Continuité, maintien, stabilité, statu quo, tradition.

RENVERSER ◆ SYN. ▷ V. tr. **1.** *Intervertir*, inverser, retourner, transposer. **2.** Abattre, coucher, culbuter, désarçonner, faucher, *jeter à terre*, mettre à terre, terrasser. **3.** Anéantir, démanteler, *détruire*, démolir, ruiner, saper. **4.** Déverser, étendre, *répandre*. **5.** Déboulonner, détrôner, évincer, remplacer, *supplanter*, vaincre. **6.** Bouleverser, consterner, déconcerter, *stupéfier*, troubler. ▷ V. pr. **7.** Basculer, *chavirer*, culbuter, tomber à la renverse, verser. ◆ ANT. **1.** Redresser, remettre, rétablir. **2.** Relever. **3.** Construire, conserver, édifier, élever, ériger, établir, maintenir. **4.** Ramasser. **5.** Garder, introniser, maintenir. **6.** Calmer, rassurer. **7.** Se redresser, se relever.

RENVOI ◆ SYN. **1.** Congé, *congédiement*, débauchage, déposition (*souverain*), destitution, exclusion, expulsion, licenciement, limogeage, mise à pied, nettoyage (*fam.*), radiation, révocation. **2.** Ajournement, délai, prorogation, remise, *report*, sursis. **3.** Écho, *répercussion*. **4.** Éructation, *rot*. **5.** Annotation, appel de note, apostille, astérisque, marque, *référence*, signe. ◆ ANT. **1.** Admission, adoption, embauche, engagement, maintien, rappel. **2.** Continuité, poursuite. **3.** Envoi, source.

RENVOYER ◆ SYN. **1.** Réexpédier, refuser, relancer, remettre, rendre, *retourner*. **2.** (*Pers.*) Chasser, *congédier*, débaucher, démobiliser, démettre, destituer, disgracier, éconduire, exclure, expulser, licencier, limoger, mettre à pied, remercier, répudier, révoquer, sabrer (*fig.*), virer (*fam.*). **3.** Ajourner, différer, *reporter*, retarder. **4.** (*Image, son*) Réfléchir, refléter, rendre, *répercuter*, répéter, réverbérer. **5.** *Adresser à*, diriger vers. **6.** Désigner, faire référence à, *référer à*. **7.** (*Québ., fam.*) Vomir. ◆ ANT. **1.** Accepter, prendre, recevoir, retenir. **2.** Appeler, embaucher, employer, engager, intégrer, mobiliser, rappeler, recruter. **3.** Anticiper, exécuter, hâter. **4.** Amortir, atténuer, brouiller, effacer, estomper, étouffer. **7.** Avaler.

RÉORGANISER ◆ SYN. Arranger, *réaménager*, rebâtir, reconstruire, remanier, restructurer. ◆ ANT. Désorganiser, dissoudre, liquider, stabiliser.

REPAIRE ◆ SYN. **1.** (*Animal*) Antre, bauge, caverne, forme, *gîte*, grotte, liteau, niche, nid, ressui, retraite, tanière, terrier, trou. **2.** (*Malfaiteur*) Abri, asile, cache, *cachette*, planque (*fam.*), refuge.

REPAÎTRE ◆ SYN. ▷ V. tr. **1.** Assouvir, contenter, nourrir, *rassasier*. ▷ V. pr. **2.** S'assouvir, manger, se nourrir, *se rassasier*. **3.** Déguster, se délecter, prendre plaisir à, *se régaler*, savourer. **3.** (*Illusions*) Caresser, *entretenir*, poursuivre. ◆ ANT. **1.** Affamer, frustrer, priver de. **2.** Jeûner, se priver de, se rationner. **3.** Se dégoûter de, se lasser. **3.** Abandonner, cesser, renoncer.

RÉPANDRE ◆ SYN. ▷ V. tr. **1.** Arroser, couvrir, déverser, diffuser, disperser, disséminer, épandre, éparpiller, étaler, *étendre*, jeter, joncher, parsemer, renverser, semer, verser. **2.** Colporter (*péj.*), divulguer, ébruiter, généraliser, lancer, populariser, *propager*, publier, tambouriner (*fig.*), vulgariser. ▷ V. pr. **3.** Couler, courir, déborder, dégorger, dégouliner, *se déverser*, s'échapper, éclabousser, s'écouler, s'exhaler, fuir, gicler, jaillir, ruisseler. **4.** Abonder, *envahir*, pulluler, remplir. **5.** (*Nouvelle, rumeur*) Circuler, courir, s'ébruiter, *s'étendre*, filtrer, se propager, transpirer. **6.** Se diffuser, irradier, *rayonner*. ◆ ANT. **1.** Amasser, contenir, garder, ramasser, recueillir, retenir. **2.** Cacher, censurer, limiter, réprimer, restreindre, taire. **3.** Contenir, juguler, refouler, retenir. **4.** Diminuer, disparaître, évacuer. **5.** S'arrêter, se confiner, se limiter. **6.** S'éteindre, pâlir.

RÉPANDU ◆ SYN. **1.** Diffus, *épars*, étendu, profus. **2.** Commun, connu, *courant*, dominant, fréquent, notoire, populaire, usuel. ◆ ANT. **1.** Amassé, concentré, ramassé, rassemblé. **2.** Exceptionnel, marginal, méconnu, minoritaire, rare.

RÉPARATION ◆ SYN. **1.** Amélioration, radoub, rafistolage (*fam.*), réfection, replâtrage, reprise, **restauration**. 2. Compensation, **dédommagement**, excuse, expiation, indemnisation, redressement, restitution. ♦ ANT. 1. Bris, dégât, dommage, sinistre. 2. Atteinte, déshonneur, faute, insulte, offense, préjudice, tort.

RÉPARER ♦ SYN. 1. Améliorer, arranger, bricoler, consolider, rabibocher *(fam.)*, rafistoler *(fam.)*, rafraîchir, rajuster, raccommoder, rapiécer, refaire, relever, remanier, rénover, repriser, reprendre, **restaurer**, rétablir, retaper. 2. Compenser, corriger, **dédommager**, effacer, expier, racheter, redresser, réhabiliter, remédier, venger. ♦ ANT. 1. Abîmer, détériorer, détruire, endommager, ruiner. 2. Aggraver, blesser, envenimer, gâter, pervertir.

REPARTIE (RÉPARTIE) ♦ SYN. À-propos, bon mot, boutade, drôlerie, présence d'esprit, réflexe, **réplique**, réponse, riposte, saillie, trait d'esprit. ♦ ANT. Balourdise, impassibilité, mutisme.

REPARTIR (RÉPARTIR) ♦ SYN. **Répliquer**, répondre, rétorquer, riposter. ♦ ANT. Interpeller, interroger, se taire.

RÉPARTIR ♦ SYN. 1. Allotir, assigner, attribuer, dispenser, **distribuer**, diviser, impartir, partager, séparer. 2. Classer, disposer, échelonner, **étaler**, ventiler. ♦ ANT. 1. Accaparer, centraliser, monopoliser, regrouper, unifier. 2. Concentrer, masser, réunir.

RÉPARTITION ♦ SYN. 1. Allotissement, assiette, attribution, **distribution**, partage, péréquation, ration. 2. Agencement, aménagement, classification, disposition, échelonnement, espacement, **étalement**, ordonnancement, rangement, ventilation. ♦ ANT. 1. Appropriation, centralisation, monopolisation, unification, unitarisme. 2. Confusion, dérèglement, désorganisation.

REPAS ♦ SYN. Agapes, banquet, bouffe *(fam.)*, brunch, buffet, casse-croûte, cène *(relig.)*, collation, déjeuner, dîner, dînette, en-cas, festin, gala, goûter, lunch, **menu**, ordinaire *(n.)*, pique-nique, pitance *(péj.)*, plat, popote *(fam.)*, réfection, réveillon,

ripaille *(fam.)*, souper. ♦ ANT. Abstinence, diète, jeûne, privation, régime.

REPASSER ♦ SYN. ▷ *V. intr.* 1. Retourner, **revenir**. ▷ *V. tr.* 2. Passer, **remettre**. 3. Affiler, **affûter**, aiguiser. 4. Défriper, **défroisser**, déplisser, lisser, presser. 5. Apprendre, potasser *(fam.)*, relire, remémorer, répéter, **réviser**, revoir. ♦ ANT. 1. S'éloigner, partir. 2. Arrêter, mettre. 3. Ébrécher, émousser, épointer. 4. Chiffonner, friper, froisser, plisser. 5. Approfondir, oublier.

REPÊCHER ♦ SYN. 1. Pêcher, reprendre, **retirer**. 2. Aider, dépanner, sauver, **secourir**, soutenir. ♦ ANT. 1. Rejeter, repousser. 2. Éliminer, empêcher, nuire.

REPENTANT ♦ SYN. **Contrit**, marri, pénitent. ♦ ANT. Impénitent, incorrigible, récidiviste.

REPENTIR ♦ SYN. ▷ *Nom* 1. Attrition, componction, confession, contrition, larmes, **regret**, remords, repentance, résipiscence. ▷ *V. pr.* 2. **Regretter**, se reprocher, s'en vouloir. ♦ ANT. 1. Impénitence, insensibilité, récidive. 2. S'endurcir, s'obstiner, récidiver.

RÉPERCUSSION ♦ SYN. 1. Écho, réflexion, **renvoi**, résonance, retentissement, réverbération. 2. Choc, conséquence, **contrecoup**, effet, impact, incidence, prolongement, retentissement *(fig.)*, retombées, ricochet, suites. ♦ ANT. 1. Amortissement, brouillage, étouffement, extinction, silence. 2. Cause, fondement, motif, origine.

RÉPERCUTER ♦ SYN. ▷ *V. tr.* 1. *(Son, image)* Réfléchir, refléter, rendre, **renvoyer**, répéter, réverbérer. ▷ *V. pr.* 2. *(Son, image)* Se refléter, se propager, retentir, **se transmettre**. 3. *(Fig.)* Agir sur, **influer sur**, peser sur, retomber sur. ♦ ANT. 1. Amortir, atténuer, brouiller, estomper, étouffer. 2. S'amortir, disparaître, s'étouffer, s'estomper. 3. Contrer, neutraliser.

REPÈRE ♦ SYN. Amer *(mar.)*, balise, empreinte, indice, jalon, **marque**, piste, preuve, référence, signe, signet, témoin, trace. ♦ ANT. Brouillard, inconnu, mystère, nuit, ténèbres, voile.

REPÉRER ♦ SYN. ▷ *V. tr.* **1.** Baliser, borner, délimiter, fixer, indiquer, jalonner, *marquer*, signaler. **2.** Apercevoir, découvrir, dégoter *(fam.)*, dénicher, dépister, détecter, deviner, flairer, reconnaître, remarquer, situer, *trouver*. ▷ *V. pr.* **3.** *Se guider*, s'orienter, se reconnaître, se retrouver, se situer. ♦ ANT. **1.** Brouiller, confondre, masquer, mêler, voiler. **2.** Égarer, oublier, perdre. **3.** S'égarer, errer, se perdre, tâtonner.

RÉPERTOIRE ♦ SYN. Catalogue, classement, fichier, fonds, index, inventaire, *liste*, nomenclature, œuvres, recueil, registre, relevé, rôle, table, tableau, vademecum.

RÉPERTORIER ♦ SYN. Cataloguer, classer, classifier, dénombrer, inscrire, inventorier, *lister*. ♦ ANT. Déclasser, éparpiller, extraire, mêler.

RÉPÉTER ♦ SYN. **1.** *Redire*, réitérer, reprendre, revenir sur. **2.** *(Péj.)* Chanter *(fam.)*, *rabâcher*, radoter, rebattre les oreilles, remâcher, ressasser, ruminer, seriner. **3.** Divulguer, moucharder *(péj., fam.)*, raconter, *rapporter*, révéler. **4.** Recommencer, refaire, renouveler, *reproduire*. **5.** Apprendre, potasser *(fam.)*, *récapituler*, repasser, revoir. **6.** *Rappeler*, relancer. **7.** *(Son, image)* Réfléchir, refléter, rendre, *renvoyer*, répercuter, réverbérer. ♦ ANT. **1-2.** Créer, forger, imaginer, inventer. **3.** Cacher, dissimuler, taire. **4.** Cesser, commencer, faire, innover. **5.** Aborder, approfondir, développer. **6.** Oublier. **7.** Amortir, atténuer, brouiller, estomper, étouffer.

RÉPÉTITIF ♦ SYN. Itératif, mécanique, monotone, quotidien, récurrent, récursif, redondant, répété, rituel, *routinier*. ♦ ANT. Amusant, créatif, exceptionnel, imaginatif, imprévisible, innovateur, original, unique.

RÉPÉTITION ♦ SYN. **1.** Écho, fréquence, insistance, itération, leitmotiv, récidive, recommencement, redoublement, réitération, renouvellement, *reprise*, retour. **2.** *(Péj.)* Cliché, pléonasme, prêchi-prêcha, rabâchage, radotage, *redite*, redondance, rengaine, routine, scie *(fig.)*, superfluité,

tautologie. **3.** Cours, entraînement, essai, exercice, leçon, préparation, récapitulation, *révision*. **4.** Copie, imitation, réplique, *reproduction*. ♦ ANT. **1-2.** Création, découverte, originalité, première *(n.)*, primeur, trouvaille. **3.** Insouciance, négligence, nonchalance, relâchement. **4.** Modèle, original.

RÉPIT ♦ SYN. **1.** Accalmie, guérison, latence, *rémission*, rémittence *(méd.)*. **2.** Arrêt, congé, délai, détente, *pause*, relâche, repos, sursis, trêve. ♦ ANT. **1.** Complications, rechute, recrudescence. **2.** Activité, effort, reprise, surmenage, travail.

REPLACER ♦ SYN. ▷ *V. tr.* **1.** Ranger, *remettre* (en place, à sa place), reposer. **2.** *(Pers.)* *Mettre* (à une nouvelle place), recaser *(fam.)*. **3.** Situer (dans son contexte). ▷ *V. pr.* **4.** Revenir à la normale. **5.** Se reporter à, se situer. ♦ ANT. **1.** Déplacer, déposer, déranger, encombrer. **2.** Conserver, garder, rester (à sa place). **3.** Confondre, éloigner. **4.** Changer, se modifier. **5.** S'égarer, s'éloigner.

REPLET ♦ SYN. Corpulent, courtaud, dodu, épais, *gras*, grassouillet, gros, obèse, pansu, rebondi, rondelet, ventru. ♦ ANT. Délicat, élancé, fluet, grêle, maigre, maigrichon *(fam.)*, mince, squelettique.

RÉPLÉTION ◇ V. **Satiété**

REPLI ♦ SYN. **1.** Accident, arête, éminence, ondulation, *plissement*, sinuosité. **2.** Bourrelet, commissure, fronce, *ourlet*, rebord, rempli, revers, ride. **3.** Cachette, *coin*, profondeur, recoin, tréfonds. **4.** *Recul*, reflux, retrait, retraite. ♦ ANT. **1.** Plaine, plan, régularité, uniformité. **2.** Cavité, creux, entaille. **3.** Centre, jour, lumière, ouverture. **4.** Attaque, avance, flux, progression.

REPLIER ♦ SYN. ▷ *V. tr.* **1.** Plier, ramener, *retrousser*. ▷ *V. pr.* **2.** Se blottir, se pelotonner, *se recroqueviller*, se tortiller. **3.** Battre en retraite, *reculer*, se retirer, rétrograder. **4.** S'abstraire, se recueillir, *se renfermer*. ♦ ANT. **1.** Déplier, déployer, étendre, redresser, relever. **2.** S'allonger, s'étendre, s'étirer. 3. Avancer, lutter, progresser. 4. S'épancher, s'extérioriser, s'ouvrir.

RÉPLIQUE ✦ SYN. 1. Boutade, contestation, contre-attaque, discussion, objection, protestation, réaction, répartie, *réponse*, riposte. 2. *Copie*, double, doublure, duplicata, fac-similé, image, imitation, jumeau *(fig.)*, portrait, reflet, répétition, reproduction, sosie. ✦ ANT. 1. Attaque, demande, offensive, question. 2. Archétype, modèle, original, prototype, référence.

RÉPLIQUER ✦ SYN. Contester, contre-attaquer, se défendre, discuter, objecter, protester, réagir, répartir, *répondre*, rétorquer, riposter. ✦ ANT. Attaquer, demander, interroger.

RÉPONDANT ✦ SYN. Accréditeur, caution, endosseur, *garant*, parrain, responsable. ✦ ANT. Débiteur, emprunteur, quémandeur, requérant, solliciteur.

RÉPONDRE ✦ SYN. 1. Dire, objecter, protester, raisonner, réagir, récriminer, réfuter, répartir, *répliquer*, rouspéter *(fam.)*, rétorquer, riposter. 2. S'accorder, aller avec, cadrer, concorder, convenir, *correspondre*, remplir, rendre, satisfaire. 3. Affirmer, assumer, assurer, cautionner, couvrir, endosser, *garantir*. ✦ ANT. 1. Attaquer, défier, demander, éluder, interroger, offenser, questionner. 2. Contrecarrer, contrevenir, décevoir, s'écarter, s'opposer. 3. Désavouer, se désolidariser, se récuser, renoncer.

RÉPONSE ✦ SYN. 1. Boutade, contre-attaque, objection, réaction, réflexe, réfutation, répartie, *réplique*, riposte, saillie. 2. Clé, *explication*, justification, remède, solution, verdict. ✦ ANT. 1. Action, attaque, demande, interrogation, question, stimulation, stimulus. 2. Dérobade, difficulté, énigme, expédient, mystère, palliatif, problème.

REPORT ✦ SYN. 1. Ajournement, atermoiement, délai, prorogation, remise, *renvoi*. 2. Recopiage, *transcription*. ✦ ANT. 1. Accélération, devancement, exécution, poursuite.

REPORTAGE ✦ SYN. Article, *compte rendu*, documentaire, dossier, nouvelle, témoignage. ✦ ANT. Censure, charge, désinformation, propagande.

REPORTER ◊ V. Journaliste

REPORTER ✦ SYN. ▷ V. tr. 1. Déplacer, ramener, renvoyer, *transporter*. 2. Ajourner, décaler, *différer*, remettre, repousser, retarder, suspendre, surseoir. ▷ V. pr. 3. *Se référer à*, revenir à. 4. Appliquer, diriger sur, *transférer*. ✦ ANT. 1. Immobiliser, limiter, rester. 2. Devancer, hâter, poursuivre, procéder, tenir. 3. S'éloigner de, éluder. 4. Accepter, assumer, garder (pour soi).

REPOS ✦ SYN. 1. Arrêt, campo *(fam.)*, congé, halte, *interruption*, pause, relâche, répit, trêve, vacances. 2. Convalescence, délassement, *détente*, distraction, farniente, loisir, récréation, relaxation, sieste. 3. *Immobilité*, inaction, inertie, mort, sommeil, somnolence, torpeur. 4. *Calme*, paix, quiétude, retraite, solitude, silence, tranquillité. ✦ ANT. 1. Effort, labeur, reprise, travail. 2. Anxiété, ennui, inquiétude, malaise, stress. 3. Agitation, insomnie, mobilité, mouvement, transe, trouble. 4. Alerte, brouhaha, bruit, désordre, tapage, tumulte.

REPOSANT ✦ SYN. 1. *Apaisant*, calmant, délassant, distrayant, relaxant. 2. Calme, *paisible*, silencieux, tranquille. ✦ ANT. 1. Assommant, énervant, épuisant, exténuant, harassant. 2. Agité, animé, bruyant, tapageur, tumultueux.

REPOSER ✦ SYN. ▷ V. tr. 1. *Appuyer*, déposer, mettre. 2. Délasser, *détendre*, relaxer. 3. *Remettre*, répéter, replacer. ▷ V. intr. 4. *S'appuyer sur*, se baser sur, dépendre de, se fonder sur. 5. *Dormir*, gésir, se trouver. ▷ V. pr. 6. Se délasser, *se détendre*, récupérer, se relaxer, souffler. 7. *Compter sur*, se décharger sur, se fier à, s'en remettre à. ✦ ANT. 1. Enlever, retirer, soulever. 2. Fatiguer, lasser, stresser. 3. Déplacer, écarter, jeter. 4. Être sans fondement, excepter, exclure. 5. Vivre. 6. S'activer, se surmener, travailler, trimer. **7.** Se garder de, se méfier, se préserver de.

REPOUSSANT ◆ SYN. **1.** *Dégoûtant*, écœurant, fétide, infect, nauséabond, sale. **2.** Abject, affreux, antipathique, désagréable, hideux, laid, monstrueux, odieux, *répugnant*. ◆ ANT. **1.** Affriolant, alléchant, appétissant, beau, joli, net, parfumé, propre. **2.** Agréable, attrayant, captivant, charmant, gracieux, noble, séduisant.

REPOUSSER ◆ SYN. **1.** Bannir, chasser, culbuter, écarter, éconduire, *éloigner*, évincer, rabattre, rabrouer, refouler, renvoyer, répudier. **2.** Décliner, refuser, réfuter, *rejeter*. **3.** *Différer*, remettre, reporter. ◆ ANT. **1.** Accueillir, appeler, attirer, inviter, rapprocher, séduire. **2.** Accepter, agréer, céder, concéder. **3.** Avancer, devancer, hâter, précipiter.

RÉPRÉHENSIBLE ◆ SYN. Blâmable, *condamnable*, coupable, critiquable, déplorable, punissable, reprochable. ◆ ANT. Excusable, innocent, irrépréhensible, irréprochable, louable, recommandable.

REPRENDRE ◆ SYN. ▷ *V. tr.* **1.** Rattraper, recouvrer, *récupérer*, regagner, remporter, ressaisir, retirer, retrouver. **2.** Corriger, rectifier, refaire, refondre, *remanier*, retoucher. **3.** Continuer, *poursuivre*, recommencer, se remettre à, renouer, rétablir. **4.** Récapituler, redire, *répéter*, résumer, revoir. **5.** Blâmer, censurer, corriger, désapprouver, *réprimander*, tancer. ▷ *V. intr.* **6.** *Renaître*, repousser, revivre. ▷ *V. pr.* **7.** *Se corriger*, se rattraper, se raviser, se rétracter. **8.** Réagir, *se ressaisir*, se secouer. ◆ ANT. **1.** Laisser, perdre, quitter, redonner. **2.** Conserver, maintenir, préserver. **3.** Abandonner, reporter. **4.** Aborder, approfondir, développer. **5.** Approuver, louanger, louer, récompenser, remercier. **6.** Dégénérer, dépérir, mourir. **7.** Persister, récidiver, renchérir. **8.** Capituler, céder, se décourager.

REPRÉSAILLES ◆ SYN. Châtiment, punition, réparation, rétorsion, revanche, *riposte*, sanction, vendetta, vengeance,

vindicte. ◆ ANT. Affront, agression, attaque, bienfait, clémence, dommages, pardon, récompense.

REPRÉSENTANT ◆ SYN. **1.** Agent, commis, correspondant, courtier, délégué, démarcheur, émissaire, envoyé, intermédiaire, *mandataire*, messager, porte-parole, prête-nom, remplaçant, substitut. **2.** Avocat, avoué, *défenseur*, procureur. **3.** Ambassadeur, chargé d'affaires, commissaire, consul, *député*, diplomate, légat, ministre, nonce, parlementaire, persona grata, plénipotentiaire, résident. **4.** Archétype, échantillon, *modèle*, type. ◆ ANT. **1.** Commettant, employeur, mandant, patron, titulaire. **2.** Client. **3.** Électeur, peuple. **4.** Contraire, opposé.

REPRÉSENTATIF ◆ SYN. **1.** Emblématique, évocateur, *symbolique*. **2.** Démocratique, *élu*. **3.** Caractéristique, *typique*. ◆ ANT. **1.** Déformant, opposé, trompeur. **2.** Coopté, nommé. **3.** Antinomique, différent.

REPRÉSENTATION ◆ SYN. **1.** Allégorie, description, dessin, effigie, emblème, figuration, figure, graphique, illustration, image, incarnation, peinture, personnification, plan, portrait, reflet, reproduction, schéma, *symbole*. **2.** Numéro, pièce (de théâtre), projection, séance, *spectacle*. **3.** Conception, évocation, imagination, *perception*, vision. **4.** Élection, *mandat*, suffrage. **5.** *Délégation*, mission, pouvoir, procuration. **6.** Admonestation, observation, *remontrances*, reproche.

REPRÉSENTER ◆ SYN. ▷ *V. tr.* **1.** Désigner, dessiner, évoquer, exhiber, exprimer, figurer, imaginer, imiter, peindre, rappeler, refléter, reproduire, *symboliser*. **2.** *Décrire*, dépeindre, tracer. **3.** Donner, incarner, interpréter, *jouer*, mettre en scène, mimer, personnifier. **4.** Agir au nom de, *remplacer*. **5.** *Correspondre*, égaler, équivaloir, revenir à. ▷ *V. pr.* **6.** Concevoir, se figurer, *s'imaginer*. **7.** *Se présenter*, rappliquer *(fam.)*, revenir. ◆ ANT. **1.** Cacher, dissimuler, effacer, occulter. **2.** Censurer, effacer, taire. **3.** Déformer, dénaturer, trahir. **4.** Agir seul. **5.** Diverger, s'éloigner, s'opposer. **6.** Observer, réaliser, vivre. **7.** Démissionner, se désister, se retirer.

RÉPRESSIF ♦ SYN. Autoritaire, coercitif, correctif, dictatorial, limitatif, prohibitif, *punitif*, oppressif, restrictif, tyrannique. ♦ ANT. Compréhensif, conciliant, libéral, ouvert, permissif, tolérant.

RÉPRESSION ♦ SYN. Châtiment, coercition, contrainte, oppression, *punition*, sanction. ♦ ANT. Compréhension, conciliation, ouverture, permission, tolérance.

RÉPRIMANDE ♦ SYN. Accusation, admonestation, avertissement, blâme, correction, critique, désapprobation, diatribe, foudres, griefs, harangue, mercuriale, objurgation, observation, plainte, récrimination, remontrances, *reproche*, savon *(fam.)*, semonce, sérénade *(fig.)*. ♦ ANT. Approbation, compliments, éloges, excuse, félicitations, louange.

RÉPRIMANDER ♦ SYN. Admonester, avertir, blâmer, chapitrer, chicaner *(québ.)*, engueuler *(fam.)*, enguirlander *(fam.)*, fustiger, gourmander, gronder, haranguer, houspiller, morigéner, prêcher, reprendre, *reprocher*, savonner *(fam.)*, semoncer, sermonner, tancer. ♦ ANT. Approuver, complimenter, encourager, féliciter, louer, remercier.

RÉPRIMER ♦ SYN. **1.** Arrêter, brider, comprimer, *contenir*, contraindre, empêcher, étouffer, modérer, museler, refouler, refréner, retenir. **2.** Châtier, mater, *punir*, noyer dans le sang *(révolte)*, sanctionner, sévir. ♦ ANT. **1.** Aiguillonner, consentir, déchaîner, défouler, exprimer, libérer. **2.** Aider, encourager, favoriser, tolérer.

REPRIS DE JUSTICE ♦ SYN. Cheval de retour *(fam.)*, *condamné*, récidiviste.

REPRISE ♦ SYN. **1.** Raccommodage, rafistolage *(fam.)*, rapiéçage, ravaudage, *réparation*, stoppage. **2.** Continuation, *poursuite*, récidive, recommencement, rentrée, réouverture, retour. **3.** *(Écon.)* Recrudescence, rebond, redémarrage, *regain*, relance, renouveau. **4.** *(Mus., chant)* Antienne, leitmotiv, refrain, *répétition*, ritournelle. **5.** *(Sports)*

Période, *round*. **6.** Différé, *rediffusion*, retransmission. ♦ ANT. **1.** Déchirement, destruction, détérioration, endommagement. **2.** Abandon, arrêt, cessation, discontinuation, fermeture, interruption, pause. **3.** Baisse, déclin, diminution, ralentissement, récession. **4.** Pièce musicale. **5.** Match. **6.** Diffusion (en direct), transmission (instantanée).

REPRISER ◊ v. Raccommoder

RÉPROBATION ♦ SYN. **1.** *(Relig.)* Anathème, *damnation*, malédiction. **2.** *Blâme*, condamnation, désapprobation, mécontentement, réprimande, reproche, tollé. ♦ ANT. **1.** Bénédiction, grâce, pardon, salut. **2.** Apologie, approbation, compliment, éloge, remerciement.

REPROCHE ◊ v. Réprimande

REPROCHER ♦ SYN. ▷ V. tr. **1.** Accuser, *blâmer*, condamner, critiquer, désapprouver, imputer, réprimander, réprouver, tancer. ▷ V. pr. **2.** S'imputer, regretter, se tenir responsable, *s'en vouloir*,. ♦ ANT. **1.** Applaudir, encourager, entériner, excuser, louanger. **2.** Accuser, s'excuser, se féliciter, s'obstiner.

REPRODUCTION ♦ SYN. **1.** Conception, fécondation, *génération*, multiplication, peuplement, procréation, propagation. **2.** *Accouplement*, appareillement, coït, croisement, monte, saillie, semence, sexe. **3.** Calque, cliché, *copie*, double, duplicata, duplication, fac-similé, image, imitation, maquette, miniature, photocopie, polycopie, publication, reflet, répétition, réplique, représentation, télécopie. ♦ ANT. **1.** Infertilité, stérilité. **2.** Abstinence, chasteté, séparation, virginité. **3.** Création, nouveauté, original, primeur, réel.

REPRODUIRE ♦ SYN. ▷ V. tr. **1.** *Dupliquer*, éditer, enregistrer, imprimer, multiplier, numériser, photocopier, polycopier. **2.** Calquer, dessiner, imiter, mimer, peindre, photographier, refaire, refléter, rendre, *représenter*. **3.** *(Péj.)* Contrefaire, copier, pasticher, pirater, *plagier*. ▷ V. pr. **4.** *Engendrer*, se multiplier, se perpétuer, proliférer, se propager, pulluler. **5.** Recommencer, *se répéter.* ✦ ANT. **1.** Caractériser, particulariser, singulariser. **2.** Dénaturer, déformer, fausser. **3.** Concevoir, créer, imaginer, innover, inventer, respecter. **4.** Se décimer, se dépeupler, s'éteindre, se raréfier. **5.** S'arrêter, cesser, se tarir.

RÉPROUVER ✦ SYN. **1.** *(Relig.)* Anathématiser, *damner*, maudire. **2.** *Blâmer*, condamner, critiquer, désapprouver, désavouer, rejeter, repousser, reprocher. ✦ ANT. **1.** Absoudre, bénir, pardonner, sauver. **2.** Accepter, agréer, approuver, excuser, féliciter, louanger, récompenser, remercier.

REPU ✦ SYN. Assouvi, bourré *(fam.)*, gavé, plein *(fam.)*, *rassasié*, saturé, soûl. ✦ ANT. Affamé, avide, inassouvi, insatiable, sevré.

RÉPUDIER ✦ SYN. **1.** Abandonner, bannir, *rejeter*, renier, renoncer, repousser. **2.** *(Épouse)* Chasser, *renvoyer.* ✦ ANT. **1.** Accepter, accueillir, adhérer, admettre, adopter, embrasser. **2.** Épouser.

RÉPUGNANCE ✦ SYN. Antipathie, *aversion*, dédain, dégoût, écœurement, exécration, haine, haut-le-cœur, horreur, nausée, répulsion. ✦ ANT. Attirance, attrait, charme, désir, envie, goût, plaisir, propension, sympathie.

RÉPUGNANT ✦ SYN. **1.** Affreux, crasseux, *dégoûtant*, écœurant, fétide, hideux, infect, laid, nauséabond, rebutant, repoussant, sale. **2.** *Abject*, crapuleux, détestable, exécrable, ignoble, immonde, infâme, méprisable, sordide. ✦ ANT. **1.** Alléchant, attirant, beau, charmant, désirable, parfumé, propre, ragoûtant, séduisant, savoureux. **2.** Admirable, digne, édifiant, exemplaire, honorable, louable, noble, plaisant, respectable.

RÉPUGNER ✦ SYN. **1.** *Dégoûter*, déplaire, écœurer, faire horreur, lever le cœur, rebuter. **2.** *(Répugner à)* Abhorrer, abominer, avoir en horreur, *détester*, haïr. ✦ ANT. **1.** Attirer, charmer, enchanter, plaire, séduire, tenter. **2.** Adorer, aimer, désirer, priser, souhaiter, vouloir.

RÉPULSION ◇ V. Répugnance
RÉPUTATION ◇ V. Renommée

RÉPUTÉ ◇ V. Renommé

REQUÉRANT ✦ SYN. *(Dr.)* Appelant, *demandeur*, plaignant, réclamant. ✦ ANT. Défendeur, intimé.

REQUÉRIR ✦ SYN. **1.** Appeler, demander, exiger, mander, prier, *réclamer*, revendiquer, solliciter, sommer. **2.** *Nécessiter*, obliger. ✦ ANT. **1.** Décliner, négliger, refuser, renoncer. **2.** Dispenser, exempter.

REQUÊTE ✦ SYN. Appel, *demande*, démarche, instance, invitation, pétition, placet, pourvoi, prière, recours, réclamation, revendication, sollicitation, supplique, vœu. ✦ ANT. Acceptation, refus, réponse.

REQUIN ✦ SYN. **1.** Squale. **2.** Bandit, escroc, *profiteur*, rapace, sangsue, vautour, voleur. ✦ ANT. **2.** Exploité, proie, victime.

RÉQUISITOIRE ✦ SYN. **1.** *(Dr.)* *Accusation*, chefs d'accusation, griefs d'accusation, plainte, poursuite. **2.** Attaque, *diatribe*, pamphlet, satire. ✦ ANT. **1.** Défense, plaidoyer, plaidoirie. **2.** Apologie, dithyrambe *(souvent péj.)*, éloge, panégyrique.

RESCAPÉ ✦ SYN. Indemne, miraculé, réchappé, sain et sauf, sauf, sauvé, *survivant*. ✦ ANT. Disparu, mort, sinistré, victime.

RESCINDER ◇ V. Annuler
RESCOUSSE ◇ V. Secours

RÉSEAU ✦ SYN. **1.** Connexion, enchevêtrement, ensemble, *entrecroisement*, entrelacement, entrelacs, filet, labyrinthe, lacis, liaison. **2.** Circuit, filière, *organisation*, voie. ✦ ANT. **1.** Partie, section, segment, unité. **2.** Cellule, membre.

RÉSERVE ✦ SYN. **1.** Accumulation, amas, approvisionnement, avoirs, disponibilités, économies, épargne, *provision*, ravitaillement, richesses, stock, viatique, victuailles, vivres. **2.** Boutique, dépôt, *entrepôt*, établissement, magasin, resserre, silo. **3.** Parc, pourvoirie *(québ.)*, sanctuaire *(flore, faune)*, *territoire* (protégé), zone. **4.** Exception, exclusion, *restriction*. **5.** Circonspection, contrainte, discrétion, modération, modestie, prudence, pudeur, quant-à-soi, *retenue*, réticence. ✦ ANT.

1. Disette, pauvreté, pénurie, rareté. **4.** Acceptation, inclusion, latitude, liberté. **5.** Aisance, audace, exagération, excès, familiarité, hardiesse, imprudence, impudence, indiscrétion, laisser-aller.

RÉSERVÉ ♦ SYN. **1.** Dévolu, *exclusif*, gardé, personnel, privé, retenu. **2.** Circonspect, *discret*, distant, effacé, modeste, pondéré, pudique, sage, secret. ♦ ANT. **1.** Accessible, commun, libre, ouvert, public. **2.** Audacieux, effronté, enthousiaste, expansif, familier, fat, immodeste, impudent, impudique, indiscret.

RÉSERVER ♦ SYN. **1.** Conserver, économiser, épargner, *garder*, mettre de côté. **2.** Louer, *retenir*. **3.** Affecter, attribuer, *destiner*, ménager, préparer, prévoir, vouer à. ♦ ANT. **1.** Dépenser, dilapider, disposer, donner. **2.** Annuler, résilier. **3.** Dispenser, exempter.

RÉSERVOIR ♦ SYN. **1.** Château d'eau, *citerne*, cuve, récipient. **2.** Aquarium, barrage, *bassin*, étang, lac (artificiel), pièce d'eau, piscine, point d'eau, vivier.

RÉSIDENCE ◇ V. **Demeure**

RÉSIDER ♦ SYN. **1.** Demeurer, *habiter*, loger, nicher *(fam.)*, occuper, rester *(québ.)*, séjourner, squatter *(péj.)*, vivre. **2.** Consister en, être, exister, *se situer*, se trouver. ♦ ANT. **1.** Déménager, déserter, émigrer, partir, quitter. **2.** Être absent, manquer.

RÉSIDU ♦ SYN. Boue, cendre, débris, déchets, dépôt, détritus, lie, limaille, ordures, rebuts, *restes*, scorie, sédiment. ♦ ANT. Intégralité, pureté, totalité.

RÉSIGNATION ♦ SYN. **1.** Abandon, abdication, acceptation, apathie, démission, docilité, fatalisme, obéissance, passivité, renoncement, renonciation, sacrifice, *soumission*. **2.** Calme, détachement, flegme, *impassibilité*, patience, philosophie, stoïcisme. ♦ ANT. **1.** Animation, effort, énergie, lutte, optimisme, protestation, refus, révolte. **2.** Agitation, anxiété, appréhension, impatience, inquiétude, tourment.

RÉSIGNÉ ♦ SYN. **1.** Apathique, docile, fataliste, obéissant, passif, *soumis*. **2.** Calme, détaché, flegmatique, *impassible*, patient, philosophe, stoïque. ♦ ANT. **1.** Combatif, énergique, entêté, factieux, indigné, insoumis, optimiste, rebelle, rétif, révolté. **2.** Agité, angoissé, anxieux, inquiet, impatient, tourmenté.

RÉSIGNER ♦ SYN. ▷ V. tr. **1.** *Abandonner*, abdiquer, se démettre, démissionner, se désister, quitter, renoncer. ▷ V. pr. **2.** Accepter, s'accommoder, céder, consentir, s'incliner, se plier, se résoudre, *se soumettre*. ♦ ANT. **1.** S'accrocher, s'agripper, persister, rester. **2.** S'insurger, lutter, s'opposer, protester, se révolter.

RÉSILIATION ◇ V. **Annulation**

RÉSILIER ◇ V. **Annuler**

RÉSILLE ◇ V. **Filet**

RÉSINE ♦ SYN. **1.** Ambre, arcanson, baume, cire, colophane, galipot, gemme, *gomme*, laque, vernis. **2.** Bakélite, nylon, *plastique*, polymère, vinyle.

RÉSIPISCENCE ◇ V. **Regret**

RÉSISTANCE ♦ SYN. **1.** Consistance, durabilité, dureté, fermeté, force, persistance, *solidité*. **2.** *(Pers.)* Constance, détermination, *endurance*, invulnérabilité, opiniâtreté, persévérance, robustesse, ténacité, vigueur. **3.** Défense, désobéissance, difficulté, frein, obstacle, obstruction, *opposition*, réaction, rébellion, refus, sédition. ♦ ANT. **1.** Caducité, flaccidité, fragilité, inconsistance, précarité. **2.** Apathie, faiblesse, inconstance, indécision, mollesse, versatilité, veulerie, vulnérabilité. **3.** Abandon, abdication, attaque, capitulation, collaboration, fuite, soumission.

RÉSISTANT ♦ SYN. ▷ Adj. **1.** Consistant, coriace, dur, durable, ferme, fort, impérissable, indestructible, inusable, persistant, *solide*, vivace *(plante)*. **2.** Constant, décidé, *endurant*, endurci, inébranlable, opiniâtre, persévérant, robuste, tenace, vigoureux. **3.** Désobéissant, *insoumis*, rebelle, récalcitrant, séditieux. ▷ Nom **4.** Guérillero, maquisard, partisan, *patriote*. ♦ ANT. **1.** Fragile, inconsistant, périssable, précaire. **2.** Apathique, faible, inconstant, indécis, influençable, mou, versatile, veule, vulnérable. **3.** Conciliant, docile, soumis. **4.** Collaborateur, fasciste.

RÉSISTER ✦ SYN. **1.** Durer, *endurer*, se maintenir, persister, souffrir, supporter, survivre. **2.** Affronter, se cabrer, combattre, se débattre, se défendre, se dresser, lutter, *s'opposer*, persévérer, se rebeller, se rebiffer, se raidir, regimber, repousser, se révolter, tenir tête. ✦ ANT. **1.** S'amollir, crouler, se décomposer, faiblir, fléchir, ployer, succomber. **2.** Capituler, céder, collaborer, fuir, jeter l'éponge, se soumettre.

RÉSOLU ✦ SYN. Assuré, catégorique, courageux, décidé, *déterminé*, énergique, ferme, hardi, intrépide, opiniâtre, prêt à. ✦ ANT. Faible, indécis, irrésolu, lâche, lent, mou, perplexe, peureux.

RÉSOLUTION ✦ SYN. **1.** Diminution, *disparition*, dissolution, guérison, résorption, transformation. **2.** *(Contrat)* Annulation, rescision, *résiliation*, révocation, rupture. **3.** *(Image) Définition*, linéature. **4.** Analyse, *décomposition*, dissection, examen. **5.** Réponse, résultat, *solution*. **6.** Dessein, intention, vœu, *volonté*. **7.** Motion, *proposition*, vote. **8.** Audace, courage, *décision*, détermination, énergie, fermeté, hardiesse, opiniâtreté, poigne, résistance. ✦ ANT. **1.** Aggravation, augmentation, formation, persistance, réapparition. **2.** Maintien, reconduction, renouvellement. **3.** Flou, imprécision. **4.** Reconstitution, résumé, synthèse. **5.** Difficulté, énigme, problème. **6.** Doute, perplexité. **7.** Adoption, loi, rejet. **8.** Atermoiements, doute, faiblesse, hésitation, indécision, irrésolution, veulerie.

RÉSONANCE ✦ SYN. **1.** Écho, renvoi, *répercussion*, retentissement, réverbération, sonorité. **2.** Connotation, *conséquence*, effet, répercussion *(fig.)*, sens, signification. ✦ ANT. **1.** Amortissement, étouffement, extinction, réduction, silence. **2.** Incompréhension, insensibilité.

RÉSONNER ✦ SYN. Rebondir, *retentir*, sonner, tinter, vibrer. ✦ ANT. S'atténuer,

se dissiper, s'éteindre, s'étouffer, s'évanouir.

RÉSORBER ✦ SYN. ▷ V. tr. **1.** Absorber, *anéantir*, détruire, effacer, éliminer, éponger, guérir, résoudre *(méd.)*, supprimer. ▷ V. pr. **2.** *Disparaître*, s'estomper, s'éteindre. ✦ ANT. **1.** Aggraver, amplifier, envenimer, exacerber. **2.** Augmenter, décupler, exploser.

RÉSOUDRE ✦ SYN. ▷ V. tr. **1.** Annuler *(dr.)*, décomposer, désagréger, dissoudre, *faire disparaître*, résorber *(méd.)*, transformer. **2.** Dénouer, deviner, élucider, percer, régler, solutionner, trancher, *trouver*, vider. **3.** Choisir, convenir, *décider*, décréter, statuer. ▷ V. pr. **4.** Consentir, se décider, se déterminer, *se résigner*. **5.** Consister en, se ramener à, *se résumer à*. ✦ ANT. **1.** Aggraver, conserver, reconduire. **2.** Chercher, errer, se tromper. **3.** Se demander, s'interroger, soupeser, tergiverser. **4.** S'opposer, se rebiffer, regimber. **5.** S'amplifier, se compliquer.

RESPECT ✦ SYN. **1.** Considération, courtoisie, déférence, égard, *estime*, honneur, politesse, révérence, vénération. **2.** *(De soi) Amour-propre*, dignité, fierté, orgueil. **3.** *(Règlements)* Acceptation, conformité, obéissance, *observance*, soumission. **4.** *(Pl.)* Civilités, *hommages*, salutations. ✦ ANT. **1.** Arrogance, déshonneur, désinvolture, haine, insolence, irrévérence, mépris. **2.** Abaissement, avilissement, humiliation. **3.** Contestation, contravention, désobéissance, infraction. **4.** Insultes, moqueries, offenses.

RESPECTABLE ✦ SYN. **1.** Auguste, digne, *estimable*, honorable, sacré, vénérable. **2.** *(Quantité, qualité)* Appréciable, considérable, grand, *important*, imposant, notable, sérieux, substantiel. ✦ ANT. **1.** Bas, dédaignable, méprisable, vil. **2.** Dérisoire, infime, insignifiant, modique, négligeable, ridicule.

RESPECTER ✦ SYN. **1.** *(Pers.)* Considérer, *estimer*, honorer, révérer, vénérer. **2.** *(Environnement) Conserver*, maintenir, protéger, sauvegarder. **3.** *(Règlements)* Se conformer, obéir, *observer*, suivre. **4.** *(Coutumes)* **Accepter**, admettre, tolérer. ◆ ANT. **1.** Attaquer, déshonorer, insulter, mépriser, offenser, outrager, profaner. **2.** Détruire, endommager, polluer. **3.** Contourner, déroger, désobéir, enfreindre, violer. **4.** Mépriser, refuser.

RESPECTIF ◆ SYN. *Individuel*, particulier, personnel, propre. ◆ ANT. Collectif, commun, général, global.

RESPECTUEUX ◆ SYN. **1.** *(Pers.)* Attentionné, courtois, *déférent*, humble, poli, prévenant, révérencieux. **2.** *(Environnement)* Conscient, préoccupé, *soucieux*. **3.** *(Coutumes)* Compréhensif, ouvert, *tolérant*. **4.** *(Distance)* Grand, important, *suffisant*. ◆ ANT. **1.** Dédaigneux, effronté, grossier, impoli, insolent, irrespectueux, irrévérencieux, méprisant, outrageant. **2.** Indifférent, insouciant, négligent. **3.** Borné, intolérant, méprisant. **4.** Insuffisant, minime.

RESPIRATION ◆ SYN. **1.** Aspiration, exhalation, expiration, haleine, inhalation, inspiration, perspiration *(peau)*, *souffle*, ventilation. **2.** *(Mus.)* Phrasé. ◆ ANT. **1.** Apnée, asphyxie, dyspnée *(rétention)*, étouffement, étranglement, halètement, suffocation.

RESPIRER ◆ SYN. ▷ *V. intr.* **1.** Aspirer, exhaler, expirer, inhaler, inspirer, *souffler*, soupirer, vivre. **2.** Se détendre, *se reposer*, revivre. ▷ *V. tr.* **3.** Absorber, aspirer, *humer*, inhaler, renifler, sentir. **4.** *(Impression agréable)* Dégager, *exprimer*, manifester, marquer, montrer, témoigner. **5.** *(Impression désagréable)* *Exhaler*, suer, suinter, transpirer. ◆ ANT. **1.** S'asphyxier, s'étouffer, s'étrangler, haleter, panteler, perdre haleine, suffoquer. **2.** S'affoler, s'inquiéter, se tourmenter. **3.** Dégager, exhaler, expirer. **4.** Cacher, receler. **5.** Chasser, dissiper.

RESPLENDIR ◆ SYN. *Briller*, chatoyer, étinceler, flamboyer, s'illuminer, luire, miroiter, rayonner, reluire, rutiler, scintiller. ◆ ANT. S'assombrir, s'éteindre, s'obscurcir, pâlir, se ternir.

RESPLENDISSANT ◆ SYN. **1.** Brillant, *éblouissant*, éclatant, étincelant, radieux,

rutilant, scintillant. **2.** *(Pers.)* Épanoui, *heureux*, joyeux, ravi, réjoui, radieux *(fig.)*. ◆ ANT. **1.** Éteint, obscur, pâle, sombre, terne. **2.** Assombri, maussade, morne, morose, triste.

RESPONSABILITÉ ◆ SYN. **1.** Attributions, autorité, *compétence*, droit, juridiction *(dr.)*, pouvoir, ressort, soin. **2.** Charge, devoir, engagement, exigence, *obligation*. **3.** Culpabilité, *faute*, implication, imputabilité. ◆ ANT. **1.** Abus, empiètement, exclusion, inaptitude, incompétence. **2.** Inconscience, irresponsabilité, laxisme, négligence. **3.** Innocence, non-culpabilité, peine, réparation.

RESPONSABLE ◆ SYN. ▷ *Adj.* **1.** Auteur, contrevenant, *coupable*, fautif, instigateur, promoteur. **2.** Comptable, *garant*, répondant. **3.** *Autorisé*, chargé de, habilité à, mandaté. **4.** Dépendant, préoccupé, *solidaire*. **5.** Pondéré, raisonnable, *réfléchi*, sensé, sérieux. ▷ *Nom* **6.** *Agent*, cause (principale), motif, raison. **7.** Autorité, chef, *dirigeant*, patron. ◆ ANT. **1.** Innocent, non coupable. **2.** Inapte. **3.** Incompétent, non autorisé. **4.** Indifférent, insouciant. **5.** Inepte, insensé, irréfléchi, irresponsable. **6.** Allégation, cause (secondaire), prétexte. **7.** Adjoint, assistant, employé, subalterne, subordonné.

RESSAISIR ◆ SYN. ▷ *V. tr.* **1.** Raccrocher, rattraper, *reprendre*. ▷ *V. pr.* **2.** *Se maîtriser*, prendre sur soi, se rattraper, réagir, se remettre, se reprendre, reprendre le dessus, se secouer. ◆ ANT. **1.** Abandonner, égarer, laisser échapper, perdre. **2.** Chanceler, s'égarer, paniquer, perdre contenance, sombrer.

RESSASSÉ ◇ v. **Rebattu**
RESSASSER ◇ v. **Répéter**
RESSEMBLANCE ◆ SYN. **1.** Accord, affinité, analogie, comparaison, concordance, conformité, correspondance, gémellité, identité, liaison, lien, parenté, parité, rapport, rapprochement, relation, *similitude*, symétrie, traits (communs). **2.** Apparence, *image*, imitation, portrait, réplique, représentation, reproduction, sosie. ◆ ANT.

1. Contraste, différence, disparité, dissemblance, dissimilitude, opposition, variété.
2. Modèle, original, prototype, référence.

RESSEMBLANT ◇ v. **Voisin**

RESSEMBLER ✦ SYN. ▷ V. tr. ind. **1.** *S'apparenter*, correspondre à, évoquer, faire penser à, rappeler, se rapprocher de, tenir de. ▷ V. pr. **2.** Être le portrait de, *se confondre*, imiter, se répéter. ✦ ANT. **1.** Contraster, différer, diverger, s'opposer. **2.** Se distinguer, se singulariser.

RESSENTIMENT ✦ SYN. Aigreur, amertume, animosité, colère, dépit, haine, hostilité, rancœur, *rancune*, vengeance, vindicte. ✦ ANT. Amitié, amour, attachement, indulgence, oubli, pardon.

RESSENTIR ✦ SYN. **1.** *Éprouver*, goûter, sentir. **2.** Connaître, endurer, souffrir, *subir*. ✦ ANT. **1.** Ignorer. **2.** Bénéficier, combattre, jouir.

RESSERRER ✦ SYN. ▷ V. tr. **1.** Abréger, amoindrir, comprimer, condenser, contracter, *diminuer*, étrangler, étreindre, refermer, restreindre, résumer, rétrécir, serrer, tasser. **2.** *Raffermir*, rapprocher, renforcer. ▷ V. pr. **3.** Se rapprocher, *se refermer*, se tasser. ✦ ANT. **1.** Desserrer, dilater, diluer, élargir, étendre, relâcher. **2.** Défaire, délier, dénouer. **3.** S'élargir, s'éloigner, s'ouvrir, se relâcher.

RESSORT ✦ SYN. **1.** Amortisseur, déclic, *suspension.* **2.** Cause (agissante), énergie, *force*, mécanisme, moteur. **3.** Attributions, champ, *compétence*, domaine, juridiction (dr.), rayon (fam.), responsabilité, sphère. ✦ ANT. **1.** Raideur, rigidité. **2.** Atonie, inertie. **3.** Exclusion, inaptitude, incompétence.

RESSORTIR ✦ SYN. ▷ V. tr. **1.** *Reprendre*, réutiliser, sortir. **2.** Déterrer (fig.), exhumer (fig.), ranimer, rappeler, *ressusciter*, tirer (de l'oubli). **3.** (Impers.) Découler, se déduire, se dégager, *résulter.* ▷ V. tr. ind. **4.** Appartenir, concerner, dépendre, se rattacher, *relever.* ▷ V. intr. **5.** Apparaître, briller, *contraster*, se dégager, se détacher, mettre en évidence, se révéler, saillir, souligner, trancher. ✦ ANT. **1.** Ranger, remiser, rentrer. **2.** Cacher, enfouir, oublier, perdre. **3.** Cau-

ser, engendrer, provoquer. **4.** Exclure, retrancher. **5.** S'atténuer, se confondre, disparaître, s'effacer, s'estomper.

RESSOURCE ✦ SYN. ▷ Sing. **1.** Arme, atout, expédient, moyen, possibilité, *recours*, refuge, remède, ressort, secours. ▷ Pl. **2.** Argent, capital, finances, *fonds*, fortune, richesses. **3.** Biens, facultés, *moyens*, outils, possibilités. ✦ ANT. **1.** Besoin, carence, dénuement, faiblesse, malheur, nécessité. **2.** Faillite, misère, pauvreté, pénurie, ruine. **3.** Défaut, inaptitude, incapacité, manque, privation.

RESSUSCITER ✦ SYN. ▷ V. intr. **1.** Guérir, se ranimer, réapparaître, se relever, se remettre, renaître, ressurgir, se rétablir, revenir, *revivre.* ▷ V. tr. **2.** Déterrer (fig.), exhumer (fig.), ramener, *ranimer*, rappeler, renouveler, ressortir, rétablir, réveiller, tirer de l'oubli. ✦ ANT. **1.** S'affaiblir, décliner, dépérir, disparaître, s'étioler, péricliter. **2.** Abandonner, ensevelir, enterrer, oublier.

RESTAURANT ✦ SYN. Auberge, bouiboui (fam.), brasserie, buffet, cabaret, café, cafétéria, cantine, casse-croûte (québ.), estaminet, gargote (fam.), grillade, grill-room, guinguette, hostellerie, hôtellerie, libre-service, mess, pizzeria, popote (fam.), réfectoire, relais, *restauration*, restoroute, rôtisserie, taverne, trattoria.

RESTAURATEUR ✦ SYN. **1.** Aubergiste, chef, exploitant, gargotier (fam.), *hôte*, hôtelier, patron, rôtisseur, traiteur. **2.** *Réparateur*, rhabilleur (techn.). ✦ ANT. **1.** Client, consommateur, invité. **2.** Démolisseur, destructeur.

RESTAURATION ✦ SYN. **1.** Amélioration, embellissement, reconstruction, réfection, régénération (méd.), *rénovation*, réparation, rétablissement. **2.** Hôtellerie, repas, *restaurant.* ✦ ANT. **1.** Abolition, défiguration, dégradation, démolition, destitution, détérioration, enlaidissement.

RESTAURER ✦ SYN. ▷ V. tr. **1.** *Ramener*, rétablir. **2.** (Pouvoir) Remettre, *reporter.* **3.** Améliorer, reconstituer, refaire, *rénover*, réparer, retaper. **4.** Alimenter, *nourrir*, rassasier, revigorer. ▷ *V. pr.* **5.** *Se remettre*, reprendre des forces, se rétablir, se sustenter *(plais.).* ♦ **ANT. 1.** Affaiblir, aggraver. **2.** Destituer, renverser. **3.** Défigurer, dégrader, déparer, détruire, enlaidir. **4.** Affaiblir, affamer, repousser. **5.** S'affaiblir, dépérir.

RESTE ♦ **SYN.** ▷ *Sing.* **1.** Complément, demeurant, différence, excédent, excès, reliquat, *résidu*, restant, solde, soulte *(dr.)*, suite, surplus. ▷ *Pl.* **2.** Cendres *(incendie)*, déblai, *débris*, décharge, déchets, décombres, dépôt, épave, fragments, gravats, ruines, scories, traces, vestiges. **3.** *(Nourriture)* Miettes, *reliefs*, rogatons *(fam.).* **4.** Cadavre, *cendres*, dépouille, ossements, poussière, reliques, souvenir. **5.** *(Tissu, film)* Chutes, recoupes, *retailles*. **6.** *(Objets divers)* Cisaille, copeaux, épluchures, *rognures*. ♦ **ANT. 1.** Entièreté, manque, somme, totalité, tout. **2.** Intégralité, neuf, nouveauté. **3.** Repas. **4.** Être vivant.

RESTER ♦ **SYN. 1.** *Demeurer*, être, se tenir, se trouver. **2.** S'arrêter, gîter, loger, *séjourner*. **3.** S'attarder, croupir, *s'éterniser*, moisir *(péj.)*, traîner. **4.** *Durer*, se maintenir, se perpétuer, persévérer, persister, subsister. **5.** *(Québ.)* Demeurer, être domicilié, habiter, loger, *résider*, vivre. ♦ **ANT. 1.** S'absenter, s'en aller, partir, quitter. **2.** Poursuivre sa route. **3.** Agir, bouger, changer. **4.** Disparaître, se dissiper, s'effacer, s'estomper, passer. **5.** Déménager.

RESTITUER ♦ **SYN. 1.** Redonner, rembourser, remettre, *rendre*, retourner, rétrocéder. **2.** Reconstituer, recréer, réparer, reproduire, *rétablir*. **3.** *(Chaleur)* Dégager, *libérer*. **4.** *(Québ., fam.)* Vomir. ♦ **ANT. 1.** Confisquer, dépouiller, dérober, s'emparer de, emprunter, garder, prendre, retenir, voler. **2.** Altérer, anéantir, effacer, supprimer. **3.** Absorber, accumuler. **4.** Avaler.

RESTITUTION ♦ **SYN. 1.** Remboursement, remise, retour, *rétrocession*. **2.** Reconstitution, *réparation*, rétablissement. ♦ **ANT. 1.** Conservation, emprunt, prise, recel. **2.** Altération, maquillage, transformation.

RESTREINDRE ♦ **SYN.** Borner, cantonner, circonscrire, comprimer, confiner, contenir, contingenter, délimiter, diminuer, *limiter*, modérer, rationner, réduire, resserrer. ♦ **ANT.** Accroître, agrandir, amplifier, augmenter, développer, élargir, étendre, exagérer, généraliser, propager.

RESTRICTIF ♦ **SYN.** Étroit, *limitatif*, prohibitif, strict. ♦ **ANT.** Extensif, illimité, large, permissif.

RESTRICTION ♦ **SYN. 1.** Compression, diminution, *limitation*, réduction. **2.** Condition, critique, *réserve*, réticence. **3.** *(Pl.)* Austérité, privation, rationnement, *réductions*. ♦ **ANT. 1.** Accroissement, agrandissement, élargissement, exagération, extension. **2.** Liberté, licence, permission. **3.** Abondance, croissance, dépenses.

RÉSULTAT ♦ **SYN. 1.** Aboutissement, achèvement, conclusion, couronnement, dénouement, *fin*, issue, réalisation, terminaison. **2.** *Conséquence*, contrecoup, effet, résultante, séquelles, suite. **3.** *Bilan*, fruit, production, produit, solde, somme, récolte, rendement. **4.** *Marque* (finale), note, score. **5.** *Réponse*, solution. ♦ **ANT. 1.** Amorce, début, départ, ébauche, esquisse. **2.** Agent, cause, facteur, fondement, origine, principe, source.

RÉSULTER ♦ **SYN.** Advenir, *découler*, se dégager, dépendre, dériver, s'ensuivre, être consécutif à, naître de, de, procéder de, provenir, ressortir. ♦ **ANT.** Causer, engendrer, occasionner, provoquer, susciter.

RÉSUMÉ ◇ v. **Abrégé**
RÉSUMER ◇ v. **Abréger**
RÉSURRECTION ◇ v. **Renaissance**

RÉTABLIR ♦ **SYN.** ▷ *V. tr.* **1.** Arranger, raccommoder, *ramener*, reconstituer, refaire, relever, remettre, renouveler, réparer, reprendre, restaurer, restituer, revitaliser. **2.** Réhabiliter *(réputation)*, *réintégrer*, remettre (en poste). **3.** *Guérir*, ranimer, retaper *(fam.).* ▷ *V. pr.* **4.** S'améliorer, guérir, se refaire, se relever, *se remettre*, se remplumer *(fam.)*, revenir. ♦ **ANT. 1.** Abattre, annuler, détruire, endommager, interrompre, renverser. **2.** Congédier, destituer, flétrir (*réputation*). **3.** Aggraver, détériorer. **4.** S'affaiblir, dépérir, péricliter.

RÉTABLISSEMENT ♦ SYN. **1.** *Remise* (en fonction), restauration, retour. **2.** Amélioration, *convalescence*, guérison, recouvrement, relèvement. **3.** Correctif, *rectification*, redressement. ♦ ANT. **1.** Abolition, interruption, retrait. **2.** Aggravation, dépérissement, épuisement, langueur. **3.** Défaut, erreur, négligence.

RETAPER ♦ SYN. **1.** *(Literie)* Défroisser. **2.** Arranger, raccommoder, rafistoler *(fam.)*, rafraîchir, rénover, *réparer*, restaurer. **3.** *(Fam.)* Réconforter, remonter, requinquer *(fam.)*, *rétablir*, revigorer. ♦ ANT. **1.** Froisser. **2.** Abîmer, déglinguer *(fam.)*, démolir, user. **3.** Abattre, affaiblir, décourager, épuiser, esquinter *(fam.)*.

RETARD ♦ SYN. **1.** Ajournement, atermoiement, *décalage*, délai, prolongation. **2.** Lenteur, *piétinement*, ralentissement. **3.** *Arriération* (mentale), débilité. **4.** Sous-développement. ♦ ANT. **1.** Anticipation, assiduité, devancement, empressement, hâte, ponctualité. **2.** Accélération, précipitation, progression, rapidité. **3.** Précocité (d'esprit). **4.** Développement, modernité.

RETARDATAIRE ♦ SYN. **1.** Lambin, lent, tortue *(fam.)*, *traînard*. **2.** Ancien, attardé, démodé, *dépassé*, désuet, obsolète. ♦ ANT. **1.** Assidu, ponctuel, régulier. **2.** Avancé, moderne, neuf.

RETARDER ♦ SYN. ▷ V. tr. **1.** Ajourner, atermoyer, décaler, *différer*, hésiter, prolonger, proroger, reculer, remettre, reporter, repousser, surseoir, temporiser. **2.** *Attarder*, ralentir, retenir. ▷ V. intr. **3.** *S'attarder*, traîner. ♦ ANT. **1.** Accélérer, activer, avancer, hâter, poursuivre, précipiter. **2.** Libérer, presser, talonner. **3.** Se dépêcher, devancer, se précipiter.

RETENIR ♦ SYN. ▷ V. tr. **1.** Accaparer, capter, *conserver*, détenir, garder, maintenir, réserver. **2.** Confisquer, déduire, précompter, *prélever*, rabattre, retrancher, saisir. **3.** Accrocher, arrêter, attacher, brider, clouer, coincer, comprimer, consigner, *contenir*, contraindre, empêcher,

emprisonner, enchaîner, étreindre, fixer, immobiliser, modérer, ralentir, réprimer, retarder. **4.** Mémoriser, *se rappeler*, se souvenir. ▷ V. pr. **5.** *S'accrocher*, s'appuyer, se cramponner. **6.** Se contenir, s'empêcher, *réprimer*, résister. ♦ ANT. **1.** Abandonner, céder, donner, remettre, rendre, restituer. **2.** Additionner, augmenter, rajouter. **3.** Affranchir, délier, détacher, libérer, pousser. **4.** Flancher *(fam.)*, oublier, vaciller. **5.** Chuter, se dégager, se détacher. **6.** Se défouler, s'exprimer, se relâcher.

RETENTIR ♦ SYN. Éclater, rebondir, renvoyer, se répercuter, *résonner*, tinter, tonner, vibrer. ♦ ANT. S'amortir, s'assourdir, s'étouffer.

RETENTISSANT ♦ SYN. **1.** Assourdissant, *bruyant*, éclatant, fracassant, résonnant, sonore, tonitruant, vibrant. **2.** Célèbre, éminent, fracassant, glorieux, illustre, *sensationnel*, spectaculaire. ♦ ANT. **1.** Assourdi, étouffé, silencieux, sourd. **2.** Ignoré, inconnu, insignifiant, médiocre, minime, modeste.

RETENTISSEMENT ♦ SYN. **1.** Bruit, écho, éclat, répercussion, *résonance*, réverbération. **2.** Conséquence, contrecoup, diffusion, *effet*, impact, publicité, rebondissement, répercussion *(fig.)*, retombées, sensation, succès. ♦ ANT. **1.** Amortissement, assourdissement, silence. **2.** Censure, désintéressement, échec, indifférence.

RETENUE ♦ SYN. **1.** Confiscation, *conservation*, consignation, garde, maintien. **2.** Acompte, à-valoir, précompte, *prélèvement*. **3.** Barrage, *bassin*, réservoir. **4.** Colle *(fam.)*, consigne, *punition*. **5.** Circonspection, contrainte, décence, délicatesse, dignité, discrétion, mesure, modération, modestie, pudeur, quant-à-soi, *réserve*, respect, sagesse, sobriété, tenue. ♦ ANT. **1.** Cession, restitution, retour. **2.** Arriéré *(n.)*, exemption, retard. **3.** Courant, cours. **4.** Mention, récompense. **5.** Aisance, audace, désinvolture, effusion, excès, familiarité, impudence, incontinence, indiscrétion, laisser-aller, licence.

RÉTICENCE ✦ SYN. Hésitation, *réserve*, restriction, scrupule. ✦ ANT. Aplomb, assurance, franchise, sincérité.

RÉTICENT ◇ V. **Hésitant**

RÉTIF ✦ SYN. **1.** *(Cheval)* **Quinteux**, ramingue. **2.** Difficile, entêté, indocile, *rebelle*, récalcitrant, rêche, résistant, revêche, têtu. ✦ ANT. **1.** Docile, dompté. **2.** Discipliné, doux, facile, maniable, soumis.

RETIRÉ ✦ SYN. **1.** Désert, écarté, éloigné, *isolé*, perdu, reculé, secret, solitaire. **2.** Reclus, *retraité*. ✦ ANT. **1.** Animé, central, fréquenté, proche, public, rapproché, voisin. **2.** Actif, engagé.

RETIRER ✦ SYN. ▷ *V. tr.* **1.** Arracher, dégager, dépouiller, déraciner, déterrer, enlever, extraire, ôter, prendre, ramener, repêcher, *reprendre*, sortir, tirer. **2.** Abolir, annuler, *renoncer à*, se rétracter, supprimer. **3.** Bénéficier, gagner, hériter, percevoir, prélever, *recueillir*, soutirer *(péj.)*, toucher. ▷ *V. pr.* **4.** *S'en aller*, s'éloigner, s'isoler, s'ôter *(fam.)*, partir, quitter, se réfugier. **5.** Reculer, *refluer*, retraiter. **6.** Abandonner, s'arrêter, démissionner, *se désister*. ✦ ANT. **1.** Ajouter, apporter, déposer, donner, mettre, remettre. **2.** Insister, persister, ramener, répéter. **3.** Dilapider, gaspiller, perdre. **4.** S'avancer, demeurer, rester. **5.** Affluer, avancer, monter. **6.** Continuer, s'engager, persévérer.

RETOMBÉE ✦ SYN. **1.** Affaissement, *chute*, descente. **2.** *(Pl.)* Conséquences, contrecoups, écho, effets, impacts, prolongements, *répercussions*, séquelles, retentissements, suites. ✦ ANT. **1.** Ascension, élévation, montée, remontée. **2.** Cause, facteur, source.

RETOMBER ✦ SYN. **1.** Diminuer, s'incliner, se pencher, *pendre*, se rabattre, redescendre, tomber. **2.** Rechuter, récidiver, recommencer, *revenir*. **3.** Aboutir, échoir à, incomber, peser, rebondir, *rejaillir*, revenir à. ✦ ANT. **1.** Augmenter, s'élever, monter, se redresser, se relever, remonter. **2.** S'améliorer, évoluer, se renouveler, se transformer. **3.** Épargner, exclure, éviter.

RÉTORQUER ✦ SYN. Objecter, réfuter, répartir, *répliquer*, répondre, riposter. ✦ ANT. Approuver, confirmer, se défiler *(fam.)*, se taire.

RETORS ✦ SYN. Artificieux, astucieux, cauteleux, chafouin, fin, finaud, habile, hypocrite, machiavélique, madré, *malin*, matois, roué, rusé, sinueux, tordu, tortueux. ✦ ANT. Candide, carré *(fam.)*, direct, droit, franc, honnête, ingénu, maladroit, simple, sincère, vrai.

RÉTORSION ◇ V. **Vengeance**

RETOUCHE ✦ SYN. Amélioration, *correction*, fignolage *(fam.)*, finition, glacis, léchage, modification, peaufinage, polissage, rectification, reprise, révision. ✦ ANT. Altération, avilissement, déformation, maintien, protection, sauvegarde.

RETOUCHER ✦ SYN. Améliorer, arranger, *corriger*, fignoler *(fam.)*, finir, lécher, modifier, parachever, parfaire, peaufiner, polir, rectifier, remanier, repiquer *(photo)*, reprendre, réviser, revoir. ✦ ANT. Altérer, avilir, conserver, dénaturer, fausser, massacrer, mutiler, sauvegarder.

RETOUR ✦ SYN. **1.** Réexpédition, remise, *renvoi*, restitution. **2.** Annonce, réapparition, *recommencement*, regain, renaissance, renouveau, rentrée, réveil. **3.** Contrecoup, changement, conversion, inversion, recul, régression, *retournement*, renversement, rétroaction, rétrospection, rétrospective, revers, revirement, ricochet, volte-face. ✦ ANT. **1.** Emprunt, envoi, expédition. **2.** Aller, départ, disparition, éloignement. **3.** Action, avance, avancement, évolution, gain, progrès, projection, prospective.

RETOURNEMENT ✦ SYN. **1.** Cabriole, changement (brusque), palinodies, pirouette, renversement, retour, *revirement*, volte-face. **2.** Déplacement, interversion, inversion, permutation, renversement, *transposition*.

RETOURNER ✦ SYN. ▷ *V. tr.* **1.** Réexpédier, refuser, remettre, rendre, *renvoyer*, restituer. **2.** Inverser, *renverser*, tourner.

3. *(Terre)* Creuser, fouiller, *labourer*, piocher, remuer, retourner. **4.** Agiter, bouleverser, chavirer *(fig.)*, ébranler, *émouvoir*, inquiéter, remuer *(fig.)*, saisir, secouer, traumatiser, troubler. ▷ *V. intr.* **5.** Faire demi-tour, rebrousser chemin, regagner, réintégrer, rejoindre, rentrer, repasser, *revenir*. ▷ *V. pr.* **6.** Capoter, chavirer, culbuter, *se renverser*, se tourner (à l'envers). **7.** *Se détourner*, se tourner. ◆ ANT. **1.** Accepter, recevoir. **2.** Remettre, rétablir. **3.** Cultiver, laisser en friche. **4.** Calmer, indifférer, laisser froid, rassurer. **5.** Avancer, s'éloigner, partir, quitter. **6.** Se redresser. **7.** Faire face à.

RETRACER ◆ SYN. **1.** Redessiner, *refaire*, tracer. **2.** Conter, décrire, dépeindre, évoquer, exposer, narrer, *raconter*, rappeler, relater, remémorer, représenter. ◆ ANT. **1.** Effacer, rayer, supprimer. **2.** Déformer, dénaturer, omettre, oublier.

RÉTRACTATION ◆ SYN. Abjuration *(relig.)*, annulation *(dr.)*, dédit, *désaveu*, palinodies, reniement, volte-face. ◆ ANT. Affirmation, aveu, confirmation, maintien.

RÉTRACTER ◆ SYN. ▷ *V. tr.* **1.** *Contracter*, rentrer, replier, rétrécir. **2.** Abandonner, abjurer *(relig.)*, annuler *(dr.)*, démentir, *désavouer*, nier, renier, retirer. ▷ *V. pr.* **3.** *Se contracter*, se recroqueviller, se resserrer, se retirer. **4.** *Se dédire*, se raviser, revenir sur sa parole. ◆ ANT. **1.** Allonger, dilater, étirer, sortir. **2.** Affirmer, avouer, confirmer, reconnaître, redire, répéter. **3.** Se déplier, s'étirer, se déployer. **4.** Maintenir, renchérir, soutenir, tenir sa parole, réitérer.

RETRAIT ◆ SYN. **1.** Effacement, éloignement, évacuation, *recul*, reflux *(marée)*, repli, rétraction, retraite. **2.** *Abandon*, abdication, capitulation, démission, départ, désistement, renonciation. **3.** *Annulation*, confiscation, suppression. ◆ ANT. **1.** Afflux, avance, flux *(marée)*, invasion, montée, progression, sortie. **2.** Conservation, maintien, poursuite. **3.** Attribution, dépôt.

RETRAITE ◆ SYN. **1.** Abandon, débâcle, débandade, décrochage, déroute, évacuation, fuite, *recul*, reculade, reflux, repli, retrait. **2.** Abri, asile, ermitage, gîte, havre

(de paix), oasis (de paix), *refuge*, thébaïde, tour d'ivoire. **3.** Éloignement, isolement, réclusion, récollection *(relig.)*, *repos*, solitude. **4.** Pension, *rente*, revenu. ◆ ANT. **1.** Action, activité, emploi, intégration, travail. **2.** Assaut, attaque, avance, invasion, lutte, progression. **3-4.** Activité, agitation, animation, brouhaha, mondanités.

RETRAITÉ ◇ v. **Rentier**

RETRANCHER ◆ SYN. ▷ *V. tr.* **1.** Abréger, amputer, biffer, couper, décompter, déduire, défalquer, éliminer, émonder, enlever, exclure, *ôter*, rabattre, retenir, retirer, rogner, soustraire, supprimer. ▷ *V. pr.* **2.** S'abriter, se cacher, se défendre, se protéger, *se réfugier*. ◆ ANT. **1.** Additionner, ajouter, augmenter, greffer, incorporer, insérer, mettre, réintégrer, remettre. **2.** Attaquer, se dévoiler, s'exposer, se manifester.

RÉTRÉCIR ◆ SYN. ▷ *V. tr.* **1.** *Contracter*, diminuer, étrangler, étrécir, limiter, resserrer. ▷ *V. intr.* **2.** Raccourcir, *rapetisser*. ◆ ANT. **1.** Amplifier, développer, dilater, élargir, étendre, gonfler. **2.** Allonger, s'étirer, grandir.

RETREMPER ◆ SYN. **1.** Remettre, *replonger*, tremper. **2.** Endurcir, fortifier, *raffermir*, remonter, revigorer, vivifier. ◆ ANT. **1.** Assécher, étendre, extirper. **2.** Débiliter, déprimer, épuiser.

RÉTRIBUER ◇ v. **Rémunérer**

RÉTRIBUTION ◇ v. **Rémunération**

RÉTROACTIF ◆ SYN. Antérieur, passé, *rétrospectif*. ◆ ANT. Postérieur, prospectif, ultérieur.

RÉTROGRADE ◆ SYN. *Arriéré*, conformiste, conservateur, immobiliste, intégriste, réactionnaire, régressif, retardataire, ringard *(fam.)*, traditionaliste. ◆ ANT. Avancé, avant-gardiste, non-conformiste, novateur, progressif, progressiste, révolutionnaire.

RÉTROGRADATION ◆ SYN. **1.** *Recul*, régression, retour (à un stade antérieur). **2.** *Déclassement*, sanction. ◆ ANT. **1.** Avance, avancement, progrès. **2.** Promotion, récompense.

RÉTROGRADER ♦ SYN. ▷ V. tr. **1.** (Fonction) Déclasser. ▷ V. intr. **2.** Faire marche arrière, *reculer*, remonter, revenir. **3.** Baisser, déchoir, se déclasser, descendre, se ravaler, *régresser*. ♦ ANT. **1.** Promouvoir, récompenser. **2.** Avancer, monter. **3.** S'améliorer, s'élever, se hausser, progresser.

RETROUSSER ♦ SYN. Rebiquer *(fam.)*, recoquiller, *relever*, remonter, replier, soulever. ♦ ANT. Baisser, déplier, descendre, rabattre.

RETROUVER ♦ SYN. ▷ V. tr. **1.** Découvrir, reconquérir, *recouvrer*, récupérer, regagner, reprendre, ressaisir. **2.** Atteindre, attraper, gagner, joindre, rallier, rattraper, reconnaître, rejoindre, rencontrer, *revoir*, voir. ▷ V. pr. **3.** Se rencontrer, *se revoir*. **4.** *S'orienter*, se reconnaître, se repérer. **5.** *Aboutir*, être, se situer, se trouver. ♦ ANT. **1.** Égarer, oublier, perdre. **2.** S'éloigner, fuir, quitter, rater. **3.** Se perdre de vue. **4.** S'égarer, se perdre. **5.** S'éloigner.

RÉUNION ♦ SYN. ▷ Ch. **1.** Accumulation, adjonction, agglomération, agrégation, amalgame, amas, annexion, assemblage, bouquet, chapelet, collection, combinaison, concentration, confusion, conjonction, convergence, couple, *ensemble*, faisceau, gerbe, incorporation, jonction, masse, mélange, paire, rapprochement, rassemblement, rattachement, recueil, salade *(fam.)*, synthèse, tas, totalité, tout, troupeau, union. ▷ Pers. **2.** Aréopage, assemblée, assise, assistance, auditoire, carrefour, caucus *(québ.)*, cénacle, colloque, comité, commission, concile, conciliabule, conférence, congrès, conseil, consistoire, débat, états généraux, groupe, groupement, meeting, regroupement, *rencontre*, retrouvailles, séance, séminaire, symposium, synode, table ronde. **3.** *Association*, compagnie, confédération, congrégation, fédération, parti, société, syndicat. **4.** Accord, *alliance*, fusion, liaison, mariage. **5.** Colonie, *communauté*, peuple. **6.** *(Péj.)* Clan, *clique*, complot, coterie, junte, ramassis. ♦ ANT. **1.** Désintégration, désunion, dispersion, dissociation, division, élément,

éparpillement, fractionnement, partie, unité. **2.** Délégué, participant, représentant, spectateur. **3.** Membre, sociétaire. **4.** Divorce, séparation. **5.** Citoyen, individu.

RÉUNIR ♦ SYN. ▷ V. tr. **1.** Accumuler, additionner, agencer, agglomérer, agglutiner, amasser, agréger, amalgamer, annexer, *assembler*, attacher, classer, combiner, compiler, concilier, confondre, englober, entasser, fondre, incorporer, joindre, lier, mélanger, mêler, raccorder, rattacher, rejoindre, relier, unir. **2.** *Accoupler*, appareiller, apparier. **3.** *(Pers.)* *Associer*, coaliser, grouper, raccorder, rapprocher, rassembler, réconcilier, regrouper. ▷ V. pr. **4.** S'assembler, se rassembler, *se rencontrer*, se retrouver. ♦ ANT. **1.** Couper, désagréger, désunir, détacher, disjoindre, disperser, disséminer, dissocier, diviser, éparpiller, fractionner, fragmenter, parsemer, partager, soustraire. **2.** Découpler, déparier, désaccoupler. **3.** Brouiller, désaccorder, éloigner, séparer. **4.** Se disperser, se quitter, se séparer.

RÉUSSIR ♦ SYN. ▷ V. tr. **1.** *Accomplir*, achever, boucler, exécuter, parvenir, terminer. ▷ V. intr. **2.** Aboutir, s'accomplir, arriver, briller, s'épanouir, faire florès, gagner, marcher *(fam.)*, percer, prospérer, *triompher*, vaincre. ♦ ANT. **1.** Abandonner, commencer, échouer, rater. **2.** S'appauvrir, déchoir, perdre, régresser, sombrer, tomber.

RÉUSSITE ♦ SYN. **1.** Bonheur, chance, gain, exploit, gloire, record, *succès*, triomphe, veine, victoire. **2.** *(Jeu de cartes)* Patience. ♦ ANT. **1.** Défaite, désastre, échec, infortune, insuccès, malchance, malheur.

REVALORISATION ♦ SYN. Accroissement, augmentation, bond, hausse, majoration, regain, *relèvement*, remontée, reprise, valorisation. ♦ ANT. Déclin, déflation, dépréciation, dévalorisation, dévaluation.

REVALORISER ♦ SYN. Accroître, apprécier, augmenter, élever, enchérir, hausser, majorer, monter, réévaluer, rehausser,

relever, renchérir, surenchérir, valoriser.
◆ ANT. Abaisser, déprécier, descendre, dévaloriser, dévaluer, diminuer.

REVANCHE ◆ SYN. 1. Châtiment, loi du talion, punition, représailles, ressentiment, rétorsion, riposte, vendetta, *vengeance*, vindicte. 2. *Compensation*, consolation, contrepartie, dédommagement, réparation. 3. *Retour* (en force), triomphe, vogue. ◆ ANT. 1. Absolution, grâce, oubli, paix, pardon, rapprochement. 2. Dommage, offense, préjudice, tort. 3. Défaite, disparition, oubli.

RÊVE ◆ SYN. 1. Cauchemar, image, *songe*. 2. Ambition, chimère, désir, espérance, évasion, fantasme, hallucination, idéal, *illusion*, imagination, mirage, rêvasserie, rêverie, songerie, utopie. ◆ ANT. 1. Éveil, réveil, veille. 2. Accomplissement, désabusement, désillusion, pragmatisme, réalisation, réalisme, réalité, réel.

RÊVÉ ◆ SYN. *Idéal*, meilleur, parfait, souhaité. ◆ ANT. Exécrable, imparfait, médiocre, minable.

REVÊCHE ◆ SYN. Acariâtre, antipathique, bourru, difficile, dur, grincheux, hargneux, intraitable, maussade, ours *(fig.)*, *rébarbatif*, rêche, renfrogné, rogue, rude. ◆ ANT. Agréable, avenant, doux, facile, joyeux, ouvert, poli, sympathique.

RÉVEIL ◆ SYN. 1. *Éveil*, lever. 2. Montre, *réveille-matin*, sonnerie. 3. *Désillusion*, fin. 4. Regain, *renaissance*, résurrection, retour. ◆ ANT. 1. Coucher, sommeil. 3. Illusion, rêve. 4. Chute, départ, disparition, engourdissement.

RÉVEILLER ◆ SYN. ▷ *V. tr.* 1. Éveiller. 2. Aviver, dérouiller, exalter, exciter, galvaniser, provoquer, *ranimer*, rappeler, raviver, ressusciter, revivifier, soulever, stimuler. ▷ *V. pr.* 3. *S'éveiller*, se lever. 4. Réagir, se remuer, se ressaisir, *se secouer*. 5. Se ranimer, *renaître*. ◆ ANT. 1. Assoupir, endormir. 2. Apaiser, attiédir, engourdir, éteindre, étouffer, modérer, oublier, rassurer. 3. Se coucher, s'endormir, sommeiller. 4. S'engourdir, s'illusionner, rêvasser. 5. S'éteindre, mourir.

RÉVEILLON ◇ v. **Repas**

RÉVÉLATEUR ◆ SYN. 1. Caractéristique, déterminant, distinctif, éloquent, indicatif, parlant, particulier, saillant, *significatif*, spécifique, symptomatique, typique. 2. Accablant, *accusateur*, concluant, convaincant, incriminant. ◆ ANT. 1. Anodin, contraire, imprécis, incertain, indéfini, indistinct, insignifiant, nébuleux. 2. Disculpatoire, discutable, douteux, non fondé, trompeur.

RÉVÉLATION ◆ SYN. 1. Divination, illumination, initiation *(ésotérisme)*, mystère *(relig.)*, *vision*. 2. Aveu, confession, confidence, déclaration, dévoilement, dire, *divulgation*, indiscrétion, information, nouvelle. 3. *Découverte*, nouveauté, talent *(pers.)*. ◆ ANT. 1. Ignorance, obscurité, ténèbres. 2. Discrétion, duperie, mutisme, secret, silence, tromperie. 3. Banalité, déception, nullité.

RÉVÉLER ◆ SYN. ▷ *V. tr.* 1. Annoncer, apprendre, avouer, communiquer, confesser, dévoiler, dire, *divulguer*, informer, raconter, rapporter, redire. 2. Afficher, *démontrer*, dénoter, exprimer, illustrer, indiquer, manifester, montrer, prouver, signifier, témoigner, trahir. ▷ *V. pr.* 3. Apparaître, *s'avérer*, se dessiner, se manifester, se montrer, ressortir, surgir. ◆ ANT. 1. Conserver, ignorer, infirmer, omettre, taire. 2. Cacher, contredire, masquer, voiler. 3. S'en aller, disparaître, s'effacer.

REVENANT ◆ SYN. Apparition, double, ectoplasme, *esprit*, fantôme, larve, lémure, mort, ombre, spectre, vision, zombie. ◆ ANT. Vivant.

REVENDEUR ◆ SYN. 1. Antiquaire, bouquiniste, *brocanteur*, chiffonnier, chineur, fripier. 2. Détaillant. 3. Scalper, *trafiquant* (de drogue).

REVENDICATION ◇ v. **Réclamation**
REVENDIQUER ◇ v. **Réclamer**
REVENIR ◆ SYN. 1. Se rabattre, se ramener, rappliquer *(fam.)*, rebrousser chemin, reculer, refluer, regagner, réintégrer, rejoindre, rentrer, *repasser*, retourner. 2. Réapparaître, renaître, *reparaître*,

reprendre vie, ressusciter, ressurgir, revivre. **3.** Appartenir, échoir, *incomber*, retomber sur. **4.** Équivaloir, *correspondre*, égaler, représenter, valoir. **5.** *(Revenir sur un sujet)* Recommencer, redire, *reprendre*, répéter. **6.** *(Revenir sur sa parole)* Se dédire, se raviser, se rétracter. ♦ **ANT. 1.** Quitter, partir, poursuivre son chemin, sortir. **2.** Disparaître, s'évanouir, prendre fin. **3.** Échapper à, enlever. **4.** S'éloigner, s'opposer. **5.** Aborder, développer, poursuivre. **6.** Affirmer, soutenir, tenir sa parole.

REVENU ♦ **SYN.** Allocation, avantage, bénéfice, casuel *(n.)*, dividende, dotation, fruit, *gain*, intérêt, loyer, pension, prébende, produit, profit, rapport, recette, redevance, rente, retraite, rentrée, salaire, traitement, usufruit *(dr.)*. ♦ **ANT.** Achat, déboursé, dépense, investissement, perte.

RÊVER ♦ **SYN.** ▷ *V. tr.* **1.** Ambitionner, aspirer, convoiter, désirer, rechercher, *souhaiter*, vouloir. **2.** Fantasmer, forger, *imaginer*, inventer, penser, projeter, spéculer. ▷ *V. intr.* **3.** Avoir la tête ailleurs, être dans la lune, s'évader, planer, rêvasser, *songer*. **4.** Délirer, déraisonner, *divaguer*, s'illusionner. ♦ **ANT. 1.** Se décourager, se désintéresser, renoncer. **2.** Accomplir, agir, concrétiser, réaliser. **3.** S'appliquer, avoir les pieds sur terre, revenir sur terre. **4.** Se raisonner, réfléchir.

RÉVERBÈRE ♦ **SYN.** Bec de gaz, *lampadaire*, lanterne.

RÉVERBÉRER ♦ **SYN.** *(Lumière, image, son)* Réfléchir, refléter, rendre, *renvoyer*, répercuter, répéter. ♦ **ANT.** Amortir, atténuer, estomper, étouffer.

RÉVÉRENCE ♦ **SYN. 1.** Considération, courtoisie, déférence, égard, estime, *respect*, vénération. **2.** Courbette *(péj.)*, hommage, inclination, prosternation, salamalecs *(péj.)*, salut, *salutation*. ♦ **ANT. 1.** Inconvenance, irrespect, irrévérence, mépris. **2.** Bras d'honneur, gifle, insulte, moquerie, quolibets.

RÉVÉRENCIEUX ♦ **SYN.** Cérémonieux, courtois, déférent, humble, obséquieux, poli, *respectueux*. ♦ **ANT.** Dédaigneux,

familier, grossier, impoli, irrespectueux, irrévérencieux.

RÉVÉRER ♦ **SYN.** Adorer, déifier, glorifier, honorer, magnifier, respecter, sanctifier, *vénérer*. ♦ **ANT.** Abaisser, détester, flétrir, fouler aux pieds, mépriser, offenser, ridiculiser.

RÊVERIE ♦ **SYN. 1.** Imagination, *méditation*, pensée, réflexion, rêve, songerie. **2.** Chimère, divagation, *illusion*. ♦ **ANT. 1.** Action, attention, concentration. **2.** Réalité, réel.

REVERS ♦ **SYN. 1.** Derrière, dos, *envers*, pile, verso. **2.** Doublure, *parement*, parementure, repli, retroussis. **3.** Accident, coup du sort, déboires, déception, défaite, déroute, *échec*, épreuve, infortune, insuccès, malchance, malheur, mécompte, traverse, tribulations, vicissitudes. ♦ **ANT. 1.** Avers, endroit, face, recto. **2.** Extérieur. **3.** Chance, fortune, réussite, succès, victoire.

REVÊTIR ♦ **SYN. 1.** Endosser, enfiler, *habiller*, mettre, passer, porter, vêtir. **2.** Couvrir, enduire, garnir, orner, parer, protéger, *recouvrir*, tapisser. **3.** Accorder, *investir*, pourvoir. **4.** Avoir, prendre l'aspect de, *signifier*. ♦ **ANT. 1.** Dénuder, dépouiller, dévêtir, enlever, ôter, retirer. **2.** Arracher, découvrir, détruire, enlever. **3.** Déposséder, enlever. **4.** Cacher, receler.

RÊVEUR ♦ **SYN.** ▷ *Adj.* **1.** Absorbé, absent, contemplateur, contemplatif, distrait, lunatique *(québ.)*, méditatif, *pensif*, rêvasseur, songeur, soucieux. **2.** Chimérique, idéaliste, imaginaire, irréaliste, optimiste, platonique, romanesque, romantique, rose, *utopique*. ▷ *Nom* **3.** *(Souvent péj.)* Idéaliste, idéologue, illuminé, penseur, poète, songe-creux, *utopiste*, visionnaire. ♦ **ANT. 1.** Les pieds sur terre, présent. **2.** Concret, matérialiste, pratique, réaliste, terre-à-terre. **3.** Pragmatique, réaliste.

REVIGORER ♦ **SYN.** Fortifier, *ragaillardir*, ranimer, ravigoter *(fam.)*, raviver, réconforter, remonter, requinquer *(fam.)*, restaurer, retaper *(fam.)*, revitaliser, soutenir, stimuler, tonifier, vivifier. ♦ **ANT.**

Abattre, affaiblir, débiliter, déprimer, épuiser, miner.

REVIREMENT ♦ SYN. 1. Changement (de direction), *détournement*, renversement. 2. Cabriole, palinodies, pirouette, *retournement*, rétractation, virevolte, volte-face.

RÉVISER ♦ SYN. 1. Améliorer, changer, *corriger*, examiner, modifier, parfaire, rectifier, réformer, revoir, vérifier. 2. Étudier, récapituler, *repasser*, répéter. ♦ ANT. 1. Bousiller *(fam.)*, gâcher, négliger. 2. Se distraire, paresser.

RÉVISION ♦ SYN. 1. Amélioration, amendement, changement, *correction*, examen, fignolage *(fam.)*, mise à jour, modification, parachèvement, peaufinage, rectification, remaniement, vérification. 2. Étude, lecture, *répétition*. ♦ ANT. 1. Bâclage, gâchis, négligence. 2. Dissipation, oisiveté, paresse.

REVITALISER ◇ v. **Revigorer**

REVIVRE ♦ SYN. ▷ V. tr. 1. *Éprouver*, ressentir, subir. ▷ V. intr. 2. Réapparaître, recommencer, refleurir, *renaître*, repousser, se reproduire, ressusciter, revenir. ♦ ANT. 1. Épargner. 2. Agoniser, dépérir, disparaître, s'éteindre, expirer, mourir.

RÉVOCATION ♦ SYN. 1. *(Ch.)* Abolition, abrogation, *annulation*, contrordre, dédit *(dr.)*. 2. *(Pers.)* Congédiement, déposition *(souverain)*, destitution, exclusion, licenciement, *renvoi*, suspension. ♦ ANT. 1. Application, engagement, exécution, maintien, ordre. 2. Désignation, intronisation, nomination.

REVOIR ♦ SYN. 1. Regarder, *retrouver*, voir. 2. Améliorer, corriger, examiner, limer, polir, récapituler, reconsidérer, rectifier, repasser, reprendre, retoucher, *réviser*. 3. *Se rappeler*, se représenter, revivre, se souvenir. ♦ ANT. 1. Égarer, éliminer, perdre. 2. Bâcler, négliger. 3. Oublier.

RÉVOLTANT ♦ SYN. Abject, affreux, *choquant*, criant, dégoûtant, éhonté, honteux, indigne, odieux, offensant, scandaleux. ♦ ANT. Convenable, correct, décent,

digne, édifiant, honorable, réjouissant, respectueux.

RÉVOLTE ♦ SYN. 1. Agitation, barricades, effervescence, émeute, guérilla, jacquerie, insurrection, mutinerie, remous, *rébellion*, révolution, sédition, soulèvement, troubles, tumulte. 2. Contestation, désobéissance, dissidence, fronde, indiscipline, *insoumission*, insubordination, opposition, protestation, résistance. 3. Colère, haro, hauts cris, *indignation*, mécontentement, tollé. ♦ ANT. 1. Accord, entente, ordre, paix. 2. Acceptation, discipline, docilité, fidélité, loyauté, obéissance, soumission, subordination, union. 3. Approbation, concert d'éloges, joie, satisfaction.

RÉVOLTÉ ♦ SYN. 1. Activiste, agitateur, contestataire, dissident, émeutier, factieux, insoumis, insurgé, mutin, perturbateur, *rebelle*, réfractaire, résistant, révolutionnaire, séditieux, subversif. 2. *Indigné*, outré, scandalisé. ♦ ANT. 1. Collaborateur, dominé, résigné, soumis. 2. Indifférent, réjoui, satisfait.

RÉVOLTER ♦ SYN. ▷ V. tr. 1. *Choquer*, dégoûter, écœurer, fâcher, indigner, outrer, scandaliser. ▷ V. pr. 2. *S'insurger*, se mutiner, se rebeller, se soulever. 3. Se cabrer, contester, désobéir, se fâcher, s'indigner, s'opposer, *protester*, se rebiffer, regimber, ruer dans les brancards. ♦ ANT. 1. Plaire, rassurer, réjouir, satisfaire. 2. Collaborer, se résigner, se soumettre. 3. Accepter, s'apaiser, se conformer, obéir, se ranger.

RÉVOLU ♦ SYN. 1. Accompli, *achevé*, écoulé, fini, complet, sonné *(fam.)*. 2. Ancien, disparu, *passé*, périmé. ♦ ANT. 1. Inachevé, incomplet. 2. Actuel, nouveau, présent, vivant.

RÉVOLUTION ♦ SYN. 1. Courbe, cycle, *rotation*, tour. 2. *Bouleversement*, cataclysme, chambardement *(fam.)*, changement, mutation, renversement. 3. Agitation, désordre, ébullition, effervescence, fronde, *insurrection*, rébellion, révolte, sédition, subversion, tourmente, tumulte, troubles. ♦ ANT. 1. Immobilité, statisme.

2. Conservation, continuité, statu quo, tradition. **3.** Calme, concorde, contre-révolution, ordre, paix, réaction, soumission.

RÉVOLUTIONNAIRE ♦ SYN. ▷ Nom 1. Activiste, agitateur, insurgé, perturbateur, *rebelle*, révolté, séditieux. **2.** Anarchiste, communiste, gauchiste, progressiste, *socialiste*. ▷ *Adj.* **3.** Audacieux, avant-gardiste, inédit, innovateur, *nouveau*, novateur, original, radical. ♦ **ANT. 1.** Conservateur, contre-révolutionnaire, fasciste, réactionnaire, traditionaliste. **2.** Centriste, droitiste, libéral, réformiste, social-démocrate. **3.** Banal, classique, démodé, dépassé, périmé, traditionnel.

RÉVOLUTIONNER ♦ SYN. 1. *Bouleverser*, chambarder *(fam.)*, chambouler *(fam.)*, changer, modifier, métamorphoser, réinventer, renouveler, renverser, transformer. **2.** Agiter, bouleverser, *émouvoir*, retourner, secouer, troubler. ♦ **ANT. 1.** Conserver, maintenir, garder, préserver. **2.** Apaiser, calmer, indifférer, rassurer.

RÉVOQUER ♦ SYN. 1. Casser, congédier, débarquer *(fam.)*, dégommer *(fam.)*, déposer, *destituer*, détrôner, limoger, relever, renvoyer, suspendre. **2.** *(Décision)* *Abolir*, abroger, annuler *(dr.)*. ♦ **ANT. 1.** Introniser, investir, nommer, récompenser, réhabiliter, réintégrer. **2.** Adopter, proroger, ratifier.

REVUE ♦ SYN. 1. Analyse, bilan, dénombrement, état, examen, *inspection*, recensement, révision, vérification. **2.** *(Milit.)* Défilé, *parade*, prise d'armes. **3.** Pièce, représentation, *spectacle*. **4.** Annales, bulletin, cahier, *magazine*, périodique, publication.

RHÉTORIQUE ◇ v. Éloquence

RIANT ♦ SYN. 1. *Enjoué*, gai, jovial, réjoui, ricaneur *(québ.)*, souriant. **2.** Agréable, charmant, engageant, gracieux, *plaisant*. ♦ **ANT. 1.** Abrupt, austère, bourru, renfrogné, triste. **2.** Affligeant, désagréable, désolant, disgracieux, morne.

RIBAMBELLE ♦ SYN. Cortège, défilé, enfilade, file, flopée *(fam.)*, kyrielle, my-

riade, quantité, succession, *suite*, tapée *(fam.)*, trâlée *(québ., fam.)*.

RICANEMENT ♦ SYN. *(Péj.)* *Moquerie*, raillerie, rictus, rire, sarcasme, sourire. ♦ **ANT.** Éloge, félicitations, louange, sérieux.

RICANER ◇ v. Moquer (se)

RICANEUR ♦ SYN. 1. *Moqueur*, railleur, persifleur, sarcastique. **2.** *(Québ.)* Enjoué, gai, riant, *rieur*. ♦ **ANT. 1.** Élogieux, flatteur, louangeur. **2.** Grave, renfrogné, sérieux, triste.

RICHE ♦ SYN. ▷ Adj. 1. Aisé, argenté *(fam.)*, cossu, cousu d'or, *fortuné*, huppé, nanti, opulent, pourvu, privilégié, prospère, richissime. **2.** Fastueux, luxueux, plantureux, *somptueux*, splendide. **3.** Abondant, copieux, fécond, *fertile*, généreux, luxuriant, productif, prolifique. **4.** *Consistant*, gras, nourrissant. ▷ Nom **5.** Bourgeois, capitaliste, gros *(fam.)*, milliardaire, millionnaire, nabab, parvenu, *possédant*, richard *(fam.)*, rupin *(fam.)*. ♦ **ANT. 1.** Défavorisé, démuni, dépourvu, famélique, misérable, pauvre. **2.** Austère, dépouillé, modeste, nu, simple. **3.** Aride, improductif, infertile, stérile. **4.** Inconsistant, maigre. **5.** Crève-la-faim *(fam.)*, déshérité, indigent, loqueteux, miséreux, nécessiteux, prolétaire, sans-le-sou, va-nu-pieds.

RICHESSE ♦ SYN. 1. Argent, avoir, bien, capital, finance, fonds, *fortune*, or. **2.** *Abondance*, aisance, apparat, confort, faste, importance, luxe, magnificence, opulence, prospérité, somptuosité. **3.** Fécondité, *fertilité*, générosité, luxuriance. **4.** Ampleur, densité, plénitude, *profondeur*, puissance. **5.** *(Pl.)* Biens, moyens, *ressources*, trésor. ♦ **ANT. 1.** Besoin, dénuement, gêne, indigence, misère, pauvreté. **2.** Austérité, dépouillement, modestie, simplicité. **3.** Aridité, sécheresse, stérilité. **4.** Fadeur, faiblesse, médiocrité, vacuité. **5.** Absence, manque, pénurie, rareté.

RICOCHET ♦ SYN. 1. Bond, rebond, *saut*. **2.** Conséquence, contrecoup, éclaboussure, effet, rebondissement, *retour*, suite.

♦ ANT. 1. Immobilité, inertie. 2. Cause, départ, origine.

RICTUS ♦ SYN. Contorsion, contraction, crispation, *grimace*, rire (forcé). ♦ ANT. Calme, impassibilité, stoïcisme.

RIDE ♦ SYN. 1. Creux, ligne, patte d'oie, pli, plissement, raie, *sillon*, strie. 2. *Onde*, ondulation.

RIDÉ ♦ SYN. Crispé, flétri, fripé, froissé, froncé, ondulé, parcheminé, plié, *plissé*, ratatiné *(fam.)*, ravagé, raviné, vieilli. ♦ ANT. Déridé, égal, frais, jeune, lisse, plan, uni.

RIDEAU ♦ SYN. 1. Baldaquin, brise-bise, draperie, store, *tenture*, toile, voilage, voile. 2. *Écran*, ligne, obstacle.

RIDICULE ♦ SYN. ▷ *Adj.* 1. Burlesque, caricatural, cocasse, comique, drôle, grotesque, loufoque, maniéré, précieux, *risible*. 2. Dérisoire, *infime*, insignifiant, minime, minuscule. 3. Absurde, déraisonnable, idiot, *insensé*, saugrenu, sot. ▷ *Nom* 4. Défaut, faiblesse, imperfection, *travers*. ♦ ANT. 1. Admirable, austère, digne, grave, imposant, sérieux, sévère, tragique. 2. Astronomique, gros, important, substantiel. 3. Brillant, intelligent, rationnel, réfléchi, sensé. 4. Force, qualité, vertu.

RIDICULISER ♦ SYN. Affubler, s'amuser, bafouer, brocarder, caricaturer, chansonner, charger, contrefaire, dégrader, diminuer, se moquer, parodier, persifler, *railler*, rire, satiriser. ♦ ANT. Acclamer, applaudir, complimenter, déifier, encourager, féliciter, louer, magnifier, vanter.

RIEN ♦ SYN. ▷ *Nom* 1. Absence, désert, inanité, *néant*, nullité, vide, zéro. 2. Bagatelle, baliverne, broutille, *vétille*. 3. *(Pl.)* Bêtises, enfantillages, futilités, *niaiseries*. 4. Brin, doigt, goutte, larme, miette, nuage, parcelle, pincée, poignée, pointe, soupçon, tantinet, trace, *un peu*, zeste. ♦ ANT. 1. Plénitude, tout. 2. Motif sérieux, raison valable. 3. Choses importantes, objets de valeur. 4. Abondance, profusion.

RIEUR ♦ SYN. Badin, boute-en-train, *enjoué*, gai, hilare, joyeux, réjoui, riant, ricaneur *(québ.)*, rigolard *(fam.)*, rigolo *(fam.)*, Roger Bontemps. ♦ ANT. Bourru, chagrin,

éteignoir, grave, grognon, mélancolique, rabat-joie, sérieux, triste.

RIGIDE ♦ SYN. 1. Droit, dur, ferme, inflexible, *raide*, solide. 2. *(Pers.)* Austère, empesé, engoncé, ferme, grave, guindé, légaliste, puritain, rigoriste, rigoureux, sec, *sévère*, spartiate, strict. ♦ ANT. 1. Élastique, flasque, flexible, malléable, mou, souple. 2. Accommodant, clément, conciliant, dissolu, indulgent, jouisseur, laxiste, naturel, ouvert, permissif, rieur, tolérant.

RIGIDITÉ ♦ SYN. 1. Consistance, dureté, fermeté, *raideur*, résistance, solidité. 2. *(Pers.)* Ascétisme, austérité, gravité, inflexibilité, intolérance, intransigeance, puritanisme, rigorisme, rigueur, rudesse, sécheresse, *sévérité*. ♦ ANT. 1. Élasticité, flaccidité, flexibilité, souplesse. 2. Chaleur, compréhension, douceur, générosité, indulgence, laxisme, ouverture, plaisir, tolérance.

RIGOLADE ♦ SYN. *(Fam.)* Amusement, blague, divertissement, facétie, farce, hilarité, humour, moquerie, plaisanterie, *rire* (n.). ♦ ANT. Concentration, difficulté, effort, ennui, réflexion, sérieux, travail.

RIGOLER ♦ SYN. *(Fam.)* S'amuser, badiner, se bidonner *(fam.)*, se divertir, se marrer *(fam.)*, se moquer, plaisanter, *rire*. ♦ ANT. S'attrister, se concentrer, déprimer, s'ennuyer, réfléchir, travailler.

RIGOLO ♦ SYN. 1. *(Fam.)* Amusant, *comique*, désopilant, drôle, marrant *(fam.)*, plaisant, risible, tordant. 2. *(Petit rigolo, péj.)* Facétieux, farceur, guignol, loustic, *mauvais plaisant*, petit comique, pitre. ♦ ANT. 1. Déprimant, dramatique, grave, pénible, sérieux, tragique, triste. 2. Vraiment drôle.

RIGORISME ◇ V. **Rigidité**

RIGOUREUX ♦ SYN. 1. *(Climat)* Âpre, cruel, *dur*, excessif, froid, glacial, inclément, rude. 2. Austère, dur, inflexible, raide, *rigide*, rigoriste, sévère, spartiate. 3. Certain, exact, géométrique, implacable, incontestable, juste, mathématique, méticuleux, ponctuel, *précis*, serré, strict. ♦ ANT. 1. Agréable, clément, doux, tempéré, tiède. 2. Amusant, bienveillant, désinvolte, flexible, indulgent, souple. 3. Approximatif, bâclé, contestable, critiquable, faux, imprécis, incertain, incomplet, inexact, pauvre.

RIGUEUR ◆ SYN. 1. *(Climat)* Âpreté, cruauté, *dureté*, froid, inclémence, rudesse. 2. Austérité, exigence, fermeté, force, gravité, inflexibilité, jansénisme, *rigidité*, rigorisme, sévérité. 3. Exactitude, logique, netteté, *précision*, rectitude. ◆ ANT. 1. Clémence, douceur. 2. Désinvolture, faiblesse, humanité, humour, indulgence, tendresse. 3. Approximation, imprécision, incertitude, négligence, liberté.

RIME ◆ SYN. Assonance, *consonance*, euphonie, harmonie, homophonie, ressemblance, répétition, terminaison. ◆ ANT. Cacophonie, discordance, dissonance, opposition.

RIMER ◆ SYN. 1. Rimailler *(péj.)*, *versifier*. 2. Correspondre, *signifier*.

RIMEUR ◇ V. **Poète**

RINCER ◆ SYN. 1. *Laver*, lessiver, nettoyer. ▷ *Fam.* 2. Doucher, *mouiller*, saucer, tremper. 3. Dépouiller, *ruiner*. ◆ ANT. 1. Encrasser, graisser, maculer, tacher. 2. Essuyer, sécher. 3. Enrichir, rétablir.

RIPAILLE ◇ V. **Festin**

RIPOSTE ◆ SYN. 1. Réaction, repartie, *réplique*, réponse. 2. Contre-attaque, représailles, rétorsion, revanche, *vengeance*. ◆ ANT. 1. Charge, offense, provocation, raillerie. 2. Agression, attaque, paix, pardon.

RIPOSTER ◇ V. **Répliquer**

RIRE ◆ SYN. ▷ *Verbe* 1. *S'amuser*, badiner, se dérider, se désopiler, se divertir, s'égayer, s'esclaffer, glousser *(fam.)*, se marrer *(fam.)*, plaisanter, pouffer, rigoler *(fam.)*, sourire, se tordre *(fam.)*. 2. Ironiser, *se moquer*, railler, ricaner, ridiculiser. ▷ *Nom* 3. *Hilarité*, ricanement *(péj.)*, rictus *(péj.)*, rigolade *(fam.)*, risette, sourire. 4. Enjouement, gaieté, ironie, *humour*, moquerie, risée *(péj.)*, sarcasme *(péj.)*. ◆ ANT. 1. S'attrister, s'emmerder *(fam.)*, s'ennuyer, se fâcher, pleurer, se raidir, se stresser.

2. Aduler, idéaliser, respecter. 3. Larmes, peine, pleurs, sanglots, sérieux. 4. Ennui, gravité, monotonie, sérieux.

RISÉE ◇ V. **Moquerie**

RISIBLE ◆ SYN. Amusant, cocasse, *comique*, drôle, grotesque, impayable *(fam.)*, plaisant, ridicule, rigolo *(fam.)*. ◆ ANT. Attristant, dramatique, grave, sérieux, triste.

RISQUE ◆ SYN. 1. Aventure, *danger*, défi, écueil, embûche, éventualité, hasard, inconvénient, péril, possibilité. 2. Gageure, jeu, *pari*. 3. *(Dr.)* Accident, dommage, *préjudice*, sinistre. ◆ ANT. 1. Certitude, peur, précaution, prudence, sécurité, sûreté. 2. Gain, perte. 3. Assurance, garantie, protection.

RISQUÉ ◆ SYN. 1. Audacieux, aventureux, casse-cou, casse-gueule *(fam.)*, *dangereux*, hardi, hasardeux, kamikaze *(fig.)*, périlleux, risque-tout, téméraire. 2. *(Propos)* Licencieux, obscène, *osé*, scabreux. ◆ ANT. 1. Assuré, garanti, inoffensif, sûr. 2. Convenable, décent, pudique.

RISQUER ◆ SYN. ▷ V. tr. 1. *Compromettre*, exposer, menacer. 2. Aventurer, engager, gager, hasarder, jouer, *oser*, parier, tenter. 3. Faillir, *manquer de*, pouvoir. 4. S'attirer, *encourir*, s'exposer à, mériter, prêter le flanc à. ▷ V. pr. 5. S'aventurer, entreprendre, *se hasarder*. ◆ ANT. 1. Assurer, protéger. 2. Calculer, gagner, perdre, se retirer. 3. Éviter. 4. Garantir, prémunir, préserver. 5. Se garantir, se prémunir, se préserver.

RISTOURNE ◆ SYN. 1. Escompte, rabais, *réduction*. 2. Bonification, *commission*, remise, retour, revenu. ◆ ANT. 1. Augmentation, hausse. 2. Intérêt, pénalité, perte, prélèvement, saisie.

RITE ◆ SYN. 1. Cérémonial, cérémonie, culte, liturgie, protocole, *rituel*. 2. Convention, *coutume*, habitude, pratique, règle, routine *(péj.)*, tradition, usage.

RITOURNELLE ◆ SYN. 1. *Air à couplets répétés*, refrain, reprise. 2. *(Fig., péj.)* Rabâchage, radotage, redite, refrain, *rengaine*, répétition, scie, sérénade. ◆ ANT. 2. Création, nouveauté, originalité.

RITUEL ♦ SYN. ▷ *Adj.* **1.** Cultuel, liturgique, *religieux*, sacré. **2.** Consacré, conventionnel, *coutumier*, habituel, invariable, obligatoire, protocolaire, précis, réglé, régulier, répété, routinier, traditionnel, usuel. ▷ Nom **3.** Cérémonial, cérémonie, protocole, règle, *rite*, routine *(péj.)*, tradition, usage. ♦ ANT. **1.** Civil, profane. **2.** Exceptionnel, inaccoutumé, inhabituel, irrégulier, nouveau, unique.

RIVAGE ♦ SYN. Batture *(québ.)*, *berge*, bord, côte, estran, grève, littoral, plage, rive *(lac, rivière)*. ♦ ANT. Continent, intérieur, large, terres.

RIVAL ♦ SYN. **1.** *Adversaire*, antagoniste, combattant, compétiteur, concurrent, émule, ennemi, jouteur, opposant, opposé **2.** *Égal*, émule, équivalent. ♦ ANT. **1.** Acolyte, allié, ami, associé, camarade, coéquipier, compagnon, partenaire. **2.** Inférieur, supérieur.

RIVALISER ♦ SYN. Combattre, *concurrencer*, défier, disputer, faire assaut de, jouter, lutter, se mesurer à. ♦ ANT. Appuyer, s'associer, coopérer, partager, sympathiser.

RIVALITÉ ♦ SYN. **1.** Affrontement, antagonisme, combat, *concurrence*, conflit, discorde, dispute, émulation, jalousie, lutte, opposition. **2.** *Compétition*, concours, joute, tournoi. ♦ ANT. **1.** Alliance, amitié, association, camaraderie, collaboration, communion, complicité, confiance, coopération, harmonie, partenariat, symbiose.

RIVE ◇ v. Rivage

RIVER ♦ SYN. **1.** Aplatir, rabattre, rassembler, *riveter*. **2.** Attacher, clouer, *fixer*, immobiliser. ♦ ANT. **1.** Délier, extraire, relever, sortir. **2.** Détacher, libérer, mouvoir.

RIVIÈRE ♦ SYN. **1.** Affluent, arroyo, aven, canal, confluent, *cours d'eau*, émissaire, gave, marigot, oued, ravine, ruisseau, torrent, tributaire. **2.** Abondance, déluge, *flot*, flux, mer, torrent. ♦ ANT. **1.** Étang, flaque, mare, mer, océan. **2.** Filet, goutte, larme.

RIXE ♦ SYN. Accrochage, affrontement, *bagarre*, bataille, chicane, combat, dispute, échauffourée, foire d'empoigne, lutte, mêlée, pugilat, querelle. ♦ ANT. Accord, association, entente, paix, rapprochement, réconciliation.

ROBE ♦ SYN. **1.** Aube, cafetan, chiton, déshabillé, djellaba, fourreau, froc, gandoura, haïk, peignoir, péplum, rochet, sari, simarre, soutane, toge, tunique, *vêtement*. **2.** *Enveloppe* *(bot.)*, pelage *(animaux)*. **3.** *(Vin)* Couleur.

ROBINET ♦ SYN. Champlure *(québ.)*, chantepleure, obturateur, *prise d'eau*, purgeur, reniflard, tuyau, valve, vanne.

ROBOT ◇ v. Automate

ROBUSTE ♦ SYN. Baraqué *(fam.)*, costaud, *fort*, inébranlable, infatigable, musclé, puissant, râblé, résistant, solide, valide, vigoureux, viril, vivace. ♦ ANT. Anémique, chancelant, chétif, débile, délicat, faible, fluet, fragile, frêle, maladif, malingre.

ROCAILLEUX ♦ SYN. **1.** *Caillouteux*, graveleux, pierreux, rocheux. **2.** *(Voix)* Âpre, cassé, *enroué*, éraillé, guttural, râpeux, rauque, rude, sourd, voilé. **3.** *(Style)* Abrupt, cahoté, difficile, haché, *heurté*, inégal, raboteux *(fig.)*, rompu, saccadé. ♦ ANT. **1.** Argileux, sablonneux, terreux, uni. **2.** Agréable, clair, cristallin, doux, mélodieux, suave. **3.** Aisé, coulant, égal, élégant, harmonieux, régulier.

ROCAMBOLESQUE ♦ SYN. Abracadabrant, baroque, biscornu, bizarre, exagéré, extravagant, fantasque, farfelu, funambulesque, incroyable, inimaginable, *invraisemblable*, saugrenu. ♦ ANT. Banal, normal, ordinaire, réaliste, vrai, vraisemblable.

ROCHER ♦ SYN. **1.** Caillasse *(fam.)*, caillou, galet, pierraille, *pierre*, roche. **2.** Bloc, boulder, éminence, falaise, massif, monolithe, montagne, *roc*. **3.** Brisant, *écueil*, étoc, récif.

ROCHEUX ◇ v. Rocailleux

ROCOCO ♦ SYN. **1.** Baroque, *rocaille*. **2.** Démodé, désuet, kitsch, lourd, quétaine *(québ.)*, ridicule, *surchargé*, tarabiscoté. ♦ ANT. **1.** Classique. **2.** Dépouillé, léger, simple, sobre.

RODER ♦ SYN. 1. Adapter, *ajuster*, mettre au point, user. 2. Expérimenter, *habituer*. ♦ ANT. 1. Briser, endommager. 2. Apprendre, initier.

RÔDER ♦ SYN. 1. Se balader, déambuler, *errer*, flâner, traîner, vagabonder. 2. *(Péj.)* Épier, être à l'affût, fureter, marauder, *surveiller*. ♦ ANT. 1. S'arrêter, se fixer. 2. Assaillir, s'introduire.

RÔDEUR ♦ SYN. 1. *Errant*, flâneur, vagabond. 2. Chemineau, *malfaiteur*, maraudeur. ♦ ANT. 1. Actif, occupé. 2. Badaud, curieux, passant.

RODOMONTADE ♦ SYN. Bravade, crânerie, exagération, *fanfaronnade*, forfanterie, hâblerie, vantardise. ♦ ANT. Dérobade, excuse, explication, franchise, humilité, pusillanimité, regret.

ROGNER ♦ SYN. 1. *Couper*, diminuer, échancrer, écourter, enlever, massicoter *(papier)*, raccourcir, retrancher. 2. *(Rogner sur)* Couper dans, *économiser*, lésiner, prélever, regarder à, retrancher sur. ♦ ANT. 1. Agrandir, ajouter, allonger. 2. Augmenter, bonifier, prodiguer.

ROGNURE ◇ V. Déchet

ROGUE ♦ SYN. Abrupt, âpre, *arrogant*, dédaigneux, déplaisant, froid, hargneux, hautain, méprisant, raide, revêche, rude. ♦ ANT. Aimable, badin, câlin, caressant, chaleureux, doux, humble, modeste, obligeant, plaisant, poli.

ROI ♦ SYN. 1. Altesse, monarque, prince, majesté, négus, roitelet, schah, sire, *souverain*, sultan. 2. *(Fig.)* Baron, *chef*, magnat *(péj.)*, maître, puissant *(n.)*, seigneur. 3. *(Fam.)* Le plus grand de. ♦ ANT. 1. Dépendant, sujet, valet.

RÔLE ♦ SYN. 1. Catalogue, liste, matricule, *registre*, répertoire, tableau. 2. Distribution, figuration, *personnage*. 3. Attribution, charge, devoir, emploi, *fonction*, responsabilité. 4. Action, *influence*, participation.

ROMAN ♦ SYN. 1. *(Litt.)* Chronique, épopée, feuilleton, fiction, histoire, narration, *récit*, saga. 2. *(Péj.)* Bobard, canular, chimère, fable, *fabulation*, fumisterie,

invention, mensonge, supercherie. ♦ ANT. 2. Réalité, vérité.

ROMANCE ◇ V. Chanson

ROMANESQUE ♦ SYN. 1. *(Ch.)* Chimérique, épique, extraordinaire, fabuleux, fantastique, *merveilleux*. 2. *(Pers.)* Aventureux, chevaleresque, exalté, passionné, *rêveur*, sentimental. ♦ ANT. 1. Banal, commun, ennuyeux, ordinaire, plat, terre-à-terre. 2. Brutal, calculateur, froid, prosaïque, rationnel, réservé, rude.

ROMANICHEL ◇ V. Bohémien

ROMANTIQUE ♦ SYN. 1. Fleur bleue, passionné, rêveur, romanesque, sensible, *sentimental*. 2. *(Art)* Lyrique, poétique. ♦ ANT. 1. Cérébral, glacial, grossier, mesquin, pragmatique, terre-à-terre. 2. Épique, réaliste.

ROMPRE ♦ SYN. ▷ *V. tr.* 1. Arracher, *briser*, broyer, casser, couper, déchirer, détruire, fendre, fracasser, fracturer, morceler. 2. *Annuler*, défaire, dissoudre, interrompre, résilier. 3. Exercer, familiariser, former, *habituer*. ▷ *V. intr.* 4. Se casser, *céder*, se couper, se séparer. 5. Se brouiller, se quitter, *se séparer*. ♦ ANT. 1. Attacher, nouer, réduire *(méd.)*, réparer, soigner, souder. 2. Contracter, entretenir, poursuivre, ratifier, rétablir. 3. Déshabituer, ignorer. 4. Résister, tenir. 5. Se réconcilier, renouer, reprendre.

ROMPU ♦ SYN. 1. *(Pers.)* Crevé *(fam.)*, échiné, *exténué*, fatigué, fourbu, harassé, las, moulu, recru, rendu, vidé. 2. Entraîné, expérimenté, formé, *habitué*. 3. *(Ch.)* Brisé, broyé, cassé, défoncé, éclaté, fracassé, morcelé. ♦ ANT. 1. Détendu, dispos, frais, reposé, vigoureux. 2. Apprenti, ignorant, inexpérimenté. 3. Arrangé, raccommodé, rafistolé *(fam.)*, réparé.

RONCHONNER ◇ V. Grogner

ROND ♦ SYN. ▷ *Adj.* 1. *Circulaire*, cylindrique, globulaire, orbiculaire, sphérique, sphéroïdal. 2. *(Chiffre)* Complet, *entier*. 3. Arrondi, bombé, convexe, courbe, *courbé*, voûté. 4. Boulot, charnu, dodu, enveloppé, *gras*, gros, joufflu, mafflu, potelé, pulpeux, rebondi, replet, rondelet. 5. *Direct*, franc. **6.** *(Fam.')* Bourré, gai, *ivre*. ▷ *Nom* **7.** Anneau, boule, cerceau, *cercle*, cerne, circonférence, courbe, disque, globe, rondelle, rotonde, sphère. **8.** *(Fam.)* Argent, fric, *sou*. ♦ ANT. **1.** Anguleux, carré, pointu, rectangulaire. **2.** Fractionnaire. **3.** Aplati, droit, plat, rectiligne, vertical. **4.** Décharné, efflanqué, étique, fluet, maigre, mince. **5.** Hypocrite, retors. **6.** Abstème, sobre, tempérant. **7.** Cube, dé, polyèdre.

ROND-DE-CUIR ♦ SYN. *(Péj.)* Bureaucrate, col blanc, *employé de bureau*, fonctionnaire, gratte-papier. ♦ ANT. Col bleu, ouvrier, travailleur manuel.

RONDE ♦ SYN. ▷ *Nom* **1.** Examen, garde, guet, inspection, patrouille, reconnaissance, surveillance, tour, *tournée*, visite. **2.** *Cercle*, danse.

RONDELET ♦ SYN. **1.** Charnu, gras, *grassouillet*, gros, potelé, rondouillard *(fam.)*. **2.** *(Montant, fam.)* Appréciable, considérable, coquet, élevé, gentil, *important*, intéressant, joli, substantiel. ♦ ANT. **1.** Famélique, grêle, maigre, maigrelet, maigrichon *(fam.)*, maigriot. **2.** Infime, négligeable, modique.

RONDELLE ♦ SYN. *Disque*, palet, tranche.

RONDEMENT ♦ SYN. **1.** Carrément, directement, *franchement*, loyalement, sans ambages, sans détour, simplement. **2.** Lestement, *promptement*, rapidement, vite, vivement. ♦ ANT. **1.** Hypocritement, obliquement, obscurément, onctueusement. **2.** Lentement, nonchalamment.

RONDEUR ♦ SYN. **1.** Cambrure, convexité, courbure, *rotondité*, sphéricité. **2.** Embonpoint, grosseur, *opulence*, rotondité *(fam.)*. **3.** Bonhomie, droiture, *franchise*, loyauté, simplicité, sincérité. **4.** *(Pl., chez la femme) Avantages* (physiques), charmes, sex-appeal. ♦ ANT. **1.** Carrure, droiture, platitude. **2.** Maigreur, minceur. **3.** Astuce, duplicité, hypocrisie.

ROND-POINT ◇ V. **Carrefour**

RONFLANT ♦ SYN. **1.** Bruyant, *sonore*. **2.** Ampoulé, creux, emphatique, enflé, exagéré, grandiloquent, pompeux, *prétentieux*. ♦ ANT. **1.** Feutré, silencieux.

2. Dépouillé, lapidaire, limpide, naturel, profond, simple.

RONFLEMENT ♦ SYN. *Bourdonnement*, grondement, ronron, ronronnement, vrombissement.

RONGER ♦ SYN. **1.** *Grignoter*, gruger *(québ.)*, manger, mordiller, mordre, piquer *(insectes)*. **2.** Affouiller, altérer, attaquer, brûler, corroder, dégrader, désagréger, détruire, éroder, *miner*, ruiner, saper, user. **3.** Consumer, dévorer, *tourmenter*. ♦ ANT. **1.** Avaler, gober, engloutir. **2.** Conserver, consolider, protéger. **3.** Apaiser, consoler, encourager.

RONRON ♦ SYN. **1.** *Bourdonnement*, bruit, ronflement, ronronnement. **2.** *(Fam.)* Monotonie, *routine*, train-train.

ROSSE ♦ SYN. ▷ *Nom* **1.** *(Fam.) Canasson*, haridelle, mazette, rossinante. ▷ *Adj.* **2.** Dur, impitoyable, injuste, malveillant, méchant, *sévère*, vache *(fam.)*. ♦ ANT. **1.** Étalon, poulain. **2.** Bienveillant, doux, gentil, juste, tolérant.

ROSSER ◇ V. **Battre**

ROSSERIE ◇ V. **Méchanceté**

ROT ◇ V. **Renvoi**

ROTATIF ♦ SYN. Circulaire, giratoire, orbiculaire, pivotant, rotatoire, *tournant*. ♦ ANT. Fixe, immobile, linéaire, stationnaire, statique.

ROTATION ♦ SYN. **1.** Cercle, circonvolution, circumduction, giration, mouvement, orbe, orbite, pirouette, pivotement, précession, révolution, *tour*, tourbillonnement, tournoiement, transformation *(géom.)*, virevolte. **2.** Alternance, assolement *(agric.)*, permutation, *roulement*. ♦ ANT. **1.** Immobilité, linéarité, stabilité, statisme. **2.** Conservation, continuation, continuité, maintien, permanence, perpétuation.

RÔTIR ♦ SYN. **1.** *Cuire*, griller, rissoler, sauter. **2.** *(Fig.)* Brûler, *chauffer*, cuire, étouffer, torréfier. ♦ ANT. **2.** Rafraîchir, refroidir.

RÔTISSERIE ◇ V. **Restaurant**

ROTONDITÉ ◇ V. **Rondeur**

ROTURIER ✦ SYN. ▷ *Nom* **1.** Bourgeois, *manant*, paysan, plébéien, serf, vilain. ▷ *Adj.* **2.** Grossier, ordinaire, populacier, populaire, simple, trivial, *vulgaire*. ✦ ANT. **1.** Aristocrate, clerc, gentilhomme, noble, patricien. **2.** Aristocratique, distingué, élégant, raffiné.

ROUBLARD ✦ SYN. Astucieux, cauteleux, finaud, futé, habile, madré, malin, matois, renard, retors, roué, *rusé*. ✦ ANT. Candide, droit, idiot, maladroit, naïf, simple, sincère.

ROUBLARDISE ◇ V. Ruse

ROUE ✦ SYN. Cercle, *disque*, gouvernail, poulie, roulette, volant.

ROUÉ ✦ SYN. **1.** *(Roué de coups)* Battu, malmené, rossé. **2.** Astucieux, cauteleux, combinard, finaud, fourbe, futé, habile, madré, *malicieux*, malin, matois, retors, roublard, rusé. ✦ ANT. **1.** Choyé, dorloté, protégé. **2.** Bon, droit, honnête, ingénu, malhabile, naïf, probe, vertueux.

ROUER ◇ V. Battre

ROUGE ✦ SYN. **1.** *(Couleur)* Amarante, bordeaux, brique, capucine, carmin, coquelicot, corail, cramoisi, cuivré, écarlate, fraise, garance, grenat, incarnat, nacarat, ponceau, pourpre, purpurin, rosé, rougeâtre, roux, rubis, rutilant, sang, tomate, *vermeil*, vermillon, vineux, zinzolin. **2.** *(Teint, visage)* Coloré, congestionné, couperosé, cramoisi, écarlate, empourpré, *enflammé*, érubescent, flamboyant, incandescent, pourpré, rougeâtre, rougeaud, rougeoyant, rouget, rougi, rubescent, rubicond, sanguin. **3.** Confus, *ému*, honteux, timide. **4.** Communiste, gauchiste, *révolutionnaire*, soviétique. **5.** *(Canada)* Libéral. ✦ ANT. **2.** Blafard, blanc, blême, cadavérique, décoloré, exsangue, hâve, incolore, livide, pâle, terreux, vert. **3.** Impassible, insensible, interdit, stupéfait. **4.** Droitiste, libéral, réformiste, social-démocrate. **5.** Bleu, conservateur.

ROUGEUR ✦ SYN. *(Coloration)* Couperose, énanthème, érubescence, *éruption*, érythème, exanthème, feu, inflammation, irritation, rubéfaction.

ROUGIR ✦ SYN. ▷ *V. tr.* **1.** Colorer, *empourprer*, ensanglanter, rendre rouge, vermillonner. ▷ *V. intr.* **2.** Devenir rouge, s'émouvoir, *s'empourprer*, s'ensanglanter, mûrir, rougeoyer. ✦ ANT. **1.** Blanchir, blêmir, décolorer, pâlir. **2.** Blêmir, bleuir, se détendre, jaunir, se ratatiner.

ROUILLÉ ✦ SYN. **1.** Altéré, érugineux, *oxydé*, rubigineux, taché, vert-de-grisé. **2.** *Ankylosé*, émoussé, engourdi, éraillé, étiolé, grinçant, paralysé, sclérosé. ✦ ANT. **1.** Dérouillé, galvanisé, intact, pur. **2.** Alerte, dégourdi, fort, habile, rajeuni, souple, vif.

ROULAGE ✦ SYN. **1.** Circulation, *roulement*. **2.** Camionnage, charroi, *transport*, voiturage. **3.** *(Agric.)* Ameublement, *émottage*. ✦ ANT. **1.** Congestion, embouteillage. **2.** Entreposage, remisage, stockage. **3.** Culture, ensemencement.

ROULANT ✦ SYN. **1.** Ambulant, itinérant, mécanique, *mobile*. **2.** Continu, *ininterrompu*, nourri. **3.** *(Fam.)* Amusant, comique, drôle, *tordant*. ✦ ANT. **1.** Fixe, immobile. **2.** Discontinu, intermittent. **3.** Grave, sérieux, tragique.

ROULEAU ✦ SYN. **1.** Bande, bigoudi, bobine, *cylindre*. **2.** Lame, *vague*. **3.** *(Techn.)* Boucharde, *brise-mottes*, croskill.

ROULER ✦ SYN. ▷ *V. tr.* **1.** Charrier, *déplacer*, emporter, entraîner, pousser, transporter. **2.** Balancer, *méditer*, ressasser, retourner, tourner. **3.** *(Agric.)* Aplanir, aplatir, émotter, rabattre. **4.** Enrober, *enrouler*, envelopper. **5.** *(Fam.)* Duper, escroquer, tromper, voler. ▷ *V. intr.* **6.** Avancer, *circuler*, couler, déchoir, dégringoler, dévaler, glisser, se mouvoir, pédaler. **7.** Bourlinguer, *errer*, traîner, voyager. **8.** *(Mar.)* Se balancer, osciller, tanguer. ▷ *V. pr.* **9.** S'enrouler, s'envelopper, se lover, se vautrer. ✦ ANT. **1.** Attacher, déposer, fixer, immobiliser. **2.** Exécuter, réaliser. **3.** Cultiver, planter, semer. **4.** Déployer, dérouler, étaler. **5.** Aider, respecter. **6.** S'arrêter, se fixer, reculer, remonter. **7.** Demeurer, s'éterniser, s'incruster. **8.** Se maintenir, se stabiliser. **9.** S'allonger, se dérouler, s'étendre, s'étirer.

ROULETTE ✦ SYN. 1. Bille, cylindre, *disque*, fraise *(dent.)*, galet, molette, roue. 2. Jeu de hasard.

ROULIS ✦ SYN. *Balancement*, ballottement, oscillation, roulement, secousse. ✦ ANT. Calme, immobilité, régularité, stabilité.

ROULOTTE ✦ SYN. Autocaravane, caravane, *remorque*.

ROUSPÉTER ✦ SYN. *Fam.* Grogner, maugréer, pester, se plaindre, *protester*, rager, râler *(fam.)*, répliquer, tiquer *(fam.)*. ✦ ANT. Agréer, s'amuser, se contenter, se réjouir, rire.

ROUSPÉTEUR ◇ V. **Grognon**

ROUSSIR ✦ SYN. *Brûler*, cramer, griller, rôtir, rougir. ✦ ANT. Humecter, mouiller, pâlir, refroidir.

ROUTE ✦ SYN. 1. Artère, autoroute, chaussée, chemin, corniche, lacet, passage, rue, *voie*. 2. Direction, distance, *itinéraire*, marche, parcours, trajet, voyage.

ROUTINE ✦ SYN. 1. *Habitude*, monotonie, ornière, poncif, quotidien, rengaine, répétition, rite, rituel, ronron *(fam.)*, train-train, usage. 2. Conservatisme, *traditionalisme*. ✦ ANT. 1. Aventure, changement, initiative, innovation. 2. Bouleversement, chambardement *(fam.)*.

ROUTINIER ◇ V. **Répétitif**

ROUX ✦ SYN. 1. Auburn, fauve, *orangé*, poil de carotte *(péj.)*, queue-de-vache *(péj.)*, rouge, rouquin, roussâtre. 2. *(Cheval)* Alezan, *bai*.

ROYAL ✦ SYN. 1. *Monarchique*, princier, régalien, souverain. 2. Digne, généreux, grandiose, imposant, magnifique, *majestueux*, noble, parfait, riche, somptueux, splendide, superbe. ✦ ANT. 1. Plébéien, populaire, roturier. 2. Grossier, laid, modeste, pauvre, simple, terne, vulgaire.

ROYALISTE ✦ SYN. Légitimiste, loyaliste, *monarchiste*, orléaniste. ✦ ANT. Démocrate, jacobin, républicain.

ROYAUME ✦ SYN. 1. Califat, duché, émirat, grand-duché, *monarchie*, principauté, sultanat. 2. Couronne, *empire*,

pays, règne, territoire. ✦ ANT. 1. Démocratie, république.

ROYAUTÉ ✦ SYN. Autorité royale, couronne, monarchie, *souveraineté*, sceptre, trône.

RUBAN ✦ SYN. 1. *(Tissu)* Attache, bandelette, bavolet, bouffette, brassard, catogan, chevron, chou, cocarde, coque, cordon, cordonnet, crêpe, faveur, frange, galon, ganse, gros-grain, liséré, *ornement*, padou, passement, volant. 2. Décoration, *insigne*, rosette. 3. Adhésif, *bande*, chatterton, mètre, pellicule, scotch.

RUBICOND ✦ SYN. Cramoisi, *rouge*, rougeaud, vermeil. ✦ ANT. Blafard, blême, hâve, livide, pâle.

RUBRIQUE ✦ SYN. 1. Article, *chronique*. 2. *Catégorie*, chapitre, matière, section, sujet, thème, titre.

RUDE ✦ SYN. 1. *(Toucher)* Âpre, hérissé, inégal, raboteux, râpeux, rêche, revêche, *rugueux*. 2. *(Voix)* Cassé, enroué, éraillé, *rauque*. 3. Abrupt, ardu, désagréable, difficile, *dur*, éprouvant, lourd, pénible, rigoureux. 4. *(Pers.)* Bourru, *brusque*, brutal, cassant, farouche, fruste, grossier, impoli, raide, rébarbatif, redoutable, sévère, vulgaire. 5. *(Fam.)* Considérable, fameux, fieffé, *remarquable*, sacré, solide. ✦ ANT. 1. Doux, lisse, poli, soyeux. 2. Clair, cristallin, harmonieux. 3. Agréable, amusant, clément, doux, facile, léger. 4. Aimable, attentif, délicat, gentil, policé, raffiné, sociable, souple, souriant. 5. Faible, léger, petit.

RUDESSE ✦ SYN. 1. Âpreté, aspérité, callosité, *rugosité*. 2. *Brusquerie*, brutalité, cruauté, dureté, grossièreté, impolitesse, indélicatesse, insensibilité, raideur, rigidité, sécheresse, sévérité. ✦ ANT. 1. Délicatesse, douceur, finesse, poli. 2. Affabilité, amabilité, bonhomie, humanité, raffinement, sensibilité, subtilité, tolérance.

RUDIMENT ✦ SYN. 1. Commencement, *ébauche*, embryon, essai, germe, linéament, principe. 2. *(Pl.)* Abc, abrégé, b.a.-ba, bases, bribes, premiers éléments, essence, essentiel, fondements, *notions de base*, principes, sommaire, vernis *(péj.)*. ♦ ANT. 1. Achèvement, complément, fin, supplément. 2. Approfondissement, enrichissement, somme, traité.

RUDIMENTAIRE ♦ SYN. Brut, élémentaire, embryonnaire, grossier, imparfait, imprécis, insuffisant, larvaire, primitif, simple, *sommaire*. ♦ ANT. Achevé, approfondi, complet, détaillé, développé, fouillé, perfectionné.

RUDOYER ♦ SYN. Brimer, brusquer, brutaliser, gronder, houspiller, malmener, *maltraiter*, molester, rabrouer, secouer, tancer. ♦ ANT. Cajoler, câliner, caresser, choyer, dorloter, féliciter, flatter, récompenser, soigner.

RUE ♦ SYN. 1. Allée, artère, avenue, boulevard, chaussée, chemin, côte, cours, croissant, cul-de-sac, impasse, mail, passage, pavé, place, promenade, quai, rang, route, ruelle, traboule, venelle, *voie*. 2. Citoyens, foule, habitants, passants, *peuple*, populace *(péj.)*.

RUÉE ♦ SYN. Afflux, bousculade, cohue, course, déferlement, hâte, impatience, invasion, poussée, *précipitation*. ♦ ANT. Attente, calme, discipline, ordre, patience.

RUER ♦ SYN. ▷ *V. intr.* 1. *(Ruer dans les brancards)* Protester, se rebiffer, *regimber*, se révolter. ▷ *V. pr.* 2. Bondir, se bousculer, courir, déferler, *s'élancer*, foncer, se hâter, se jeter, se lancer, se précipiter, voler vers. 3. *(Se ruer sur)* Assaillir, *attaquer*, charger, foncer sur, fondre sur, se jeter sur, tomber sur. ♦ ANT. 1. Obéir, se soumettre. 2. Attendre, patienter. 3. Battre en retraite, fuir.

RUGIR ♦ SYN. *Crier*, gueuler *(fam.)*, hurler, mugir, tonitruer, vociférer. ♦ ANT. Chuchoter, dialoguer, discuter, murmurer, parler.

RUGOSITÉ ◇ v. Rudesse
RUGUEUX ◇ v. Rude
RUINE ♦ SYN. 1. Décomposition, décrépitude, dégradation, *délabrement*, dépérissement, détérioration, vétusté. 2. Abîme, anéantissement, banqueroute *(péj.)*, chute, décadence, déchéance, déconfiture, dégrin-

golade, déliquescence, déroute, destruction, disparition, dissolution, échec, écroulement, *effondrement*, faillite, fin, marasme, naufrage, perte, renversement. 3. Dégât, désastre, *désolation*, dévastation, malheur, misère, mort, ravage. 4. *(Pers.)* Déchet, *épave* (humaine), loque, ombre. 5. *(Pl.)* Cendres, déblais, *débris*, décombres, restes, traces, vestiges. ♦ ANT. 1. Amélioration, embellissement, établissement, reconstruction, relèvement, renforcement. 2. Expansion, fortune, profit, progrès, prospérité, redressement, renaissance, réussite, succès. 3. Bien-être, bienfait, bonheur, confort, harmonie, richesse, vie.

RUINER ♦ SYN. ▷ *V. tr.* 1. Abattre, altérer, anéantir, balayer, consumer, démolir, détériorer, *détruire*, dévaster, dévorer, dissoudre, ébranler, esquinter *(fam.)*, étioler, gâcher, gâter, miner, ravager, renverser, ronger, saboter, saccager, saper, user, vider. 2. *(Pers.)* *Dépouiller*, écraser, égorger, étrangler, gruger, lessiver *(fam.)*, plumer *(fam.)*, rincer *(fam.)*, saigner, tuer. ▷ *V. pr.* 3. *S'appauvrir*, dépenser, se détruire, s'enfoncer, péricliter. ♦ ANT. 1. Affermir, augmenter, conserver, construire, développer, édifier, fonder, fortifier, relever, rétablir, sauvegarder. 2. Aider, enrichir, soutenir. 3. S'enrichir, prospérer, se remplumer *(fam.)*, se relever.

RUINEUX ♦ SYN. Cher, coûteux, *dispendieux*, exorbitant, funeste, néfaste, onéreux, prohibitif. ♦ ANT. Abordable, bénéfique, économique, lucratif.

RUISSEAU ♦ SYN. 1. Coulée *(québ.)*, *cours d'eau*, ru, ruisselet, torrent. 2. Caniveau, douve, fossé, *rigole*. 3. Dèche *(fam.)*, fange, infamie, *misère*. ♦ ANT. 3. Paradis, septième ciel.

RUISSELER ◇ v. Couler
RUISSELLEMENT ◇ v. Écoulement
RUMEUR ♦ SYN. 1. Bourdonnement, brouhaha, *bruit*, éclat, grondement, tumulte. 2. Bobard, bruit *(fig.)*, canard *(fig.)*, écho, indiscrétion, *nouvelle* (incertaine), on-dit, opinion (publique), ouï-dire, potin,

racontars, ragots. ✦ ANT. 2. Confidentialité, démenti, discrétion, secret, silence, vérité.

RUMINER ✦ SYN. 1. Mâcher, régurgiter, *remâcher*. 2. Méditer, préparer, réfléchir, repasser, repenser, répéter, *ressasser*, retourner, songer. ✦ ANT. 1. Dévorer, gober, ingurgiter. 2. Effleurer, improviser, oublier, survoler.

RUPTURE ✦ SYN. 1. Arrachement, *bris*, brisement, brisure, cassage, cassure, déchirure *(méd.)*, destruction, écart, éclatement, fracture. 2. Annulation, arrêt, *cessation*, dénonciation, fin, interruption, résiliation, révocation, suspension. 3. Brouille, désaccord, *désunion*, discorde, dispute, dissension, dissentiment, dissidence, heurt, mésentente, mésintelligence. 4. Divorce, dissolution, schisme, scission, *séparation*. ✦ ANT. 1. Équilibre, fermeté, résistance, solidité. 2. Approvisionnement, poursuite, prorogation, reconduction, report. 3. Accord, complicité, convergence, entente, rapprochement, réconciliation, réunion. 4. Adhésion, alliance, association, coalition, mariage, union.

RURAL ✦ SYN. Agreste, agricole, bucolique, *campagnard*, champêtre, pastoral, paysan, rustique. ✦ ANT. Citadin, développé, urbain, urbanisé.

RUSE ✦ SYN. Adresse, artifice, *astuce*, attrape-nigaud, cautèle, chausse-trappe, détour, diplomatie, duperie, embûche, faux-fuyant, feinte, ficelle *(fam.)*, finasserie, finesse, fourberie, fraude, habileté, ingéniosité, intrigue, jeu, leurre, machiavélisme, machination, malice, manège, manœuvre, méandre, perfidie, piège, roublardise, rouerie, stratagème, subterfuge, subtilité, tactique, tour (dans son sac), trame, tromperie, truc *(fam.)*. ✦ ANT. Candeur, droiture, équité, franchise, honnêteté, loyauté, maladresse, naïveté, rectitude, simplicité, sincérité.

RUSÉ ✦ SYN. Adroit, artificieux, *astucieux*, cauteleux, chafouin, diplomate, fin,

finaud, fine mouche, fourbe, futé, habile, machiavélique, madré, malicieux, malin, matois, perfide, renard, retors, roublard, roué, subtil, trompeur. ✦ ANT. Bienveillant, candide, cordial, correct, direct, droit, dupe, franc, honnête, innocent, loyal, maladroit, naïf, simple, sincère.

RUSER ◇ v. Finasser

RUSTAUD ✦ SYN. Balourd, fruste, grossier, lourd, rustique, *rustre*, sauvage. ✦ ANT. Courtois, délicat, distingué, fin, poli, raffiné.

RUSTIQUE ✦ SYN. 1. Agreste, campagnard, champêtre, pastoral, paysan, *rural*. 2. *(Style)* Artisanal, brut, naturel, *simple*, traditionnel. 3. *(Agric.)* **Résistant**, tenace, vivace. 4. Abrupt, balourd, fruste, inculte, lourd, rude, *rustaud*, rustre, sauvage. ✦ ANT. 1. Citadin, urbain. 2. Baroque, moderne, recherché, rococo. 3. Faible, fragile, inadapté. 4. Aristocratique, cultivé, délicat, maniéré, précieux.

RUSTRE ✦ SYN. Brute, butor, fruste, goujat, *grossier*, impoli, malappris, malotru, mufle, ostrogoth, rustaud. ✦ ANT. Courtois, cultivé, maniéré, poli, policé, raffiné.

RUTILANT ✦ SYN. 1. Ardent, brasillant, brillant, éclatant, étincelant, *flamboyant*, fulgurant. 2. Écarlate, *rouge*. ✦ ANT. 1. Blafard, blême, fané, mat, pâle, sombre, terne.

RYTHME ✦ SYN. 1. Accord, allure, assonance, *cadence*, équilibre, eurythmie, harmonie, mesure, mouvement, tempo, temps, vitesse. 2. *Alternance*, retour, succession, va-et-vient. ✦ ANT. 1. Arythmie, cacophonie, contraste, désaccord, déséquilibre, discordance, dissonance, interruption, irrégularité.

RYTHMÉ ✦ SYN. Alternatif, mesuré, *régulier*. ✦ ANT. Arythmique, irrégulier.

RYTHMER ✦ SYN. Accorder, *cadencer*, harmoniser, mesurer, ponctuer, scander. ✦ ANT. Désaccorder, détonner, interrompre, perturber.

S

SABBAT ✦ SYN. 1. *(Jud.) Repos*, samedi. 2. Agitation, bacchanale, bruit, *chahut*, charivari, danse frénétique, désordre, sérénade *(fig.)*, tapage, tohu-bohu, tumulte, vacarme. ✦ ANT. 1. Activité, travail. 2. Ordre, paix, recueillement, repos, tranquillité.

SABIR ◇ v. Jargon

SABLE ✦ SYN. ▷ Nom 1. Arène, falun, gravier, gravillon, grès, jard, *limon*, lise, paillette, sablon, silicium, tangue. 2. Alluvion, désert, dune, erg, grève, sablière, *sablonnière*. ▷ Adj. 3. Beige.

SABLER ✦ SYN. 1. Ensabler. 2. Décaper, dépolir, *poncer*. 3. Boire (du champagne). ✦ ANT. 1. Désensabler. 2. Recouvrir, repeindre, revêtir.

SABORDER ✦ SYN. 1. *(Navire) Couler*, enfoncer, engloutir, faire sombrer. 2. Bousiller *(fam.)*, *détruire*, mettre fin à. ✦ ANT. 1. Renflouer, réparer. 2. Développer, poursuivre, promouvoir.

SABOT ✦ SYN. 1. Brodequin, chaussure, *galoche*, socque. 2. *(Zool.)* Corne, *ongle*. 3. Frein, *garniture*, protection.

SABOTAGE ✦ SYN. Bâclage, bousillage *(fam.)*, dégradation, destruction, *détérioration*, empêchement, entrave, gâchage, malveillance, massacre *(fig.)*, nuisance, torpillage. ✦ ANT. Collaboration, entretien, réfection, soin.

SABOTER ✦ SYN. 1. *(Travail)* Bâcler, expédier, *gâcher*, torchonner *(fam.)*. 2. Abîmer, bousiller *(fam.)*, dégrader, *détériorer*, détruire, endommager, gâter, massacrer *(fig.)*. 3. Compromettre, contrarier, *empêcher*, entraver, nuire, torpiller. ✦ ANT. 1. Fignoler *(fam.)*, parfaire, peaufiner, perfectionner. 2. Entretenir, préserver, protéger, réparer. 3. Appuyer, faciliter, favoriser, soutenir.

SABRER ✦ SYN. 1. Amputer, biffer, dégraisser *(fam.)*, écourter, raccourcir, *réduire*, supprimer, tronquer. 2. *Bâcler*, expédier, gâcher, torchonner *(fam.)*. 3. *(Se faire sabrer, fam.)* Chasser, congédier, *refuser*, renvoyer, sacquer *(fam.)*. 4. *(Champagne)* Déboucher, *ouvrir*. ✦ ANT. 1. Allonger, augmenter, étendre, étirer, gonfler, grossir. 2. Parfaire, peaufiner, polir. 3. Admettre, embaucher, engager.

SAC ✦ SYN. 1. Aumônière, bagage, besace, bissac, bourse, carnassière, carnier, cartable, cartouchière, enveloppe, escarcelle, fauconnière, fourre-tout, gibecière, havresac, hotte, musette, panetière, *poche*, récipient, réticule, sabretache, sac à main, sachet, sacoche, serviette *(école)*. 2. *(Méd.)* Saccule, *vésicule*, vessie. 3. Déprédation, *pillage*, rapine, saccage. ✦ ANT. 3. Aide, coopération, renfort, service.

SACCADE ✦ SYN. À-coup, bond, cahot, heurt, saut, *secousse*, soubresaut, trépidation, tressautement. ✦ ANT. Continuité, monotonie, régularité, uniformité.

SACCADÉ ✦ SYN. Brusque, cahoté, capricant *(didact.)*, convulsif, discontinu, entrecoupé, haché, heurté, hoquetant, inégal, intermittent, interrompu, *irrégulier*, raboteux, rocailleux, rompu, sautillant, spasmodique, trépidant. ✦ ANT. Calme, continu, coulant, égal, incessant, ininterrompu, régulier, roulant, uniforme.

SACCAGE ✦ SYN. Bouleversement, brigandage, dégât, déprédation, destruction, dévastation, dommage, exaction, grabuge, massacre *(fig.)*, pillage, profanation, rapine, *ravage*, razzia, ruine, sac, vandalisme. ✦ ANT. Construction, édification, élaboration, respect, restauration, sauvegarde.

SACCAGER ◇ v. **Ravager**

SACERDOCE ✦ SYN. 1. Cléricature, *ministère*, ordre, pastorat, prêtrise, soutane *(fam.)*. 2. Apostolat, appel, charge, dignité, *mission*, vocation. ✦ ANT. 1. Laïcité.

SACOCHE ◇ v. **Sac**

SACRALISER ✦ SYN. Célébrer, déifier, *diviniser*, glorifier, honorer, révérer, sanctifier. ✦ ANT. Abaisser, avilir, maudire, profaner, souiller.

SACRAMENTEL ✦ SYN. Consacré, religieux, *rituel*, solennel. ✦ ANT. Inhabituel, profane, simple.

SACRE ✦ SYN. 1. *Consécration*, couronnement, intronisation, onction. 2. *(Québ.)* Blasphème, juron. ✦ ANT. 1. Abdication, apostasie, destitution, excommunication. 2. Invocation, prière.

SACRÉ ✦ SYN. 1. Béni, consacré, divin, hiératique, liturgique, religieux, *saint*, surnaturel. 2. Absolu, immuable, inaliénable, *intangible*, intouchable, inviolable, obligatoire, sacro-saint *(péj.)*. 3. Auguste, digne, estimable, honorable, respectable, *vénérable*. 4. *(Fam.)* Fameux, *fieffé*, maudit *(fam.)*. ✦ ANT. 1. Impie, naturel, profane, sacrilège. 2. Accessoire, aliénable, changeant, discutable, insignifiant, inutile, relatif, variable. 3. Bas, dédaignable, méprisable, vil.

SACRIFICE ✦ SYN. 1. *(Relig.)* Eucharistie, hécatombe, holocauste, hostie, *immolation*, libation, messe, oblation, offrande, propitiation, taurobole. 2. Abnégation, désintéressement, dévouement, don de soi, mortification, privation, *renoncement*, résignation. 3. Abandon, braderie, délaissement, *liquidation*. ✦ ANT. 1. Blasphème, impénitence, impiété, outrage, sacrilège. 2. Égoïsme, hédonisme, individualisme, intérêt, jouissance. 3. Conservation, gain, profit.

SACRIFIER ✦ SYN. ▷ *V. tr.* 1. *(Relig.)* Égorger, *immoler*, offrir, tuer. 2. Abandonner, se défaire de, délaisser, donner, *renoncer à*. 3. Céder à, se conformer à, *obéir à*, obtempérer, suivre. ▷ *V. pr.* 4. Se dévouer, *se donner*, s'oublier, se saigner. 5. S'immoler,

mourir, payer de sa personne. ✦ ANT. 1. Défendre, épargner, préserver. 2. Acquérir, conserver, tirer profit de. 3. Désobéir, résister, se révolter, transgresser. 4-5. Se ménager, penser à soi.

SACRILÈGE ✦ SYN. ▷ *Nom* 1. *(Pers.)* Blasphémateur, iconoclaste, profanateur, vandale. 2. *(Action)* Attentat, *blasphème*, crime, hérésie, impiété, irrévérence, outrage, péché, profanation, scandale, violation. ▷ *Adj.* 3. *Blasphématoire*, hérétique, impie, irréligieux, irrespectueux. ✦ ANT. 1. Adorateur, dévot. 2. Adoration, dévotion, ferveur, piété, respect, vénération. 3. Pieux, religieux, respectueux, sacré, saint.

SACRIPANT ◇ v. **Vaurien**

SACRO-SAINT ✦ SYN. *(Péj.)* Intouchable, inviolable, sacré, *tabou*. ✦ ANT. Changeable, contestable, critiquable, licite.

SADIQUE ✦ SYN. Aberrant, barbare, bestial, *cruel*, féroce, inhumain, malfaisant, méchant, pervers, perverti, sanguinaire, sauvage, vicieux. ✦ ANT. Bienveillant, clément, civilisé, décent, doux, généreux, humain, indulgent, juste, masochiste.

SAGA ✦ SYN. 1. *Légende*, mythe. 2. Aventure, *épopée*, histoire, roman-fleuve. ✦ ANT. 1. Réalité, vie. 2. Anecdote, historiette, nouvelle.

SAGACE ✦ SYN. Avisé, clairvoyant, fin, intelligent, lucide, pénétrant, *perspicace*, pertinent, subtil, vif. ✦ ANT. Aveugle, borné, lent, médiocre, insignifiant, obtus, simplet, stupide.

SAGACITÉ ◇ v. **Perspicacité**

SAGAIE ◇ v. **Javelot**

SAGE ✦ SYN. ▷ *Adj.* 1. Averti, avisé, circonspect, éclairé, équilibré, judicieux, juste, mesuré, modéré, modeste, philosophe, pondéré, prévoyant, prudent, raisonnable, réfléchi, *sensé*, sérieux. 2. Chaste, décent, *pudique*, pur. 3. Calme, docile, gentil, obéissant, rangé, réservé, *tranquille*. ▷ *Nom* 4. Conseiller, juste, modèle, parangon, *philosophe*, savant. 5. Personne sensée. ✦ ANT. 1. Exagéré, extravagant, fantasque, fou, immodéré, imprévoyant, imprudent, injuste, insensé, irréfléchi, téméraire.

2. Dévergondé, impudique, impur, indécent, vicieux. **3.** Agité, désobéissant, dissipé, espiègle, haïssable *(québ., fam.)*, malcommode *(québ., fam.)*, insupportable, tannant *(québ., fam.)*, turbulent. **4.** Débauché, écervelé, ignorant, immature, mondain. **5.** Fou.

SAGESSE ◆ **SYN.** **1.** *Bon sens*, circonspection, clairvoyance, connaissance, discernement, équilibre, jugement, maturité, mesure, modération, perspicacité, philosophie, prévoyance, profondeur, prudence, raison, sapience, sens commun, vérité. **2.** Chasteté, décence, moralité, *pudeur*, pureté. **3.** Perfection, sainteté, *vertu*. **4.** Calme, docilité, obéissance, *tranquillité*. ◆ **ANT.** **1.** Absurdité, bêtise, déraison, erreur, étourderie, extravagance, folie, ignorance, immaturité, imprévoyance, imprudence, inconséquence, superfluité. **2.** Dévergondage, immoralité, impureté, indécence. **3.** Imperfection, péché, vice. **4.** Agitation, désobéissance, dissipation, espièglerie, indocilité, turbulence.

SAIGNANT ◆ **SYN.** **1.** *Ensanglanté*, sanglant, sanguinolent. **2.** *(Viande)* *Peu cuit*, rouge. **3.** Douloureux, récent, *vif*. ◆ **ANT.** **1.** Asséché, sec. **2.** Bien cuit. **3.** Ancien, apaisé.

SAIGNÉE ◆ **SYN.** **1.** Écoulement, effusion, émission, évacuation, *hémorragie*, perte (de sang), saignement. **2.** Extraction, *prise de sang*. **3.** Émigration, exode, guerre, *pertes* (humaines). **4.** Canal, *rigole*, tranchée. ◆ **ANT.** **1.** Coagulation, garrottage, hémostase. **2.** Perfusion, transfusion. **3.** Apport, gain, immigration, vies sauves.

SAIGNEMENT ◇ v. **Hémorragie**

SAIGNER ◆ **SYN.** ▷ *V. tr.* **1.** *(Animal)* Égorger, tuer, *vider de son sang*. **2.** Extraire, *tirer du sang*. **3.** Affaiblir, *dépouiller*, égorger *(fig.)*, épuiser, étrangler, exploiter, exténuer, pressurer, ruiner. ▷ *V. intr.* **4.** Perdre du sang. **5.** Languir, *souffrir*. ▷ *V. pr.* **6.** Se dépenser, s'épuiser, *se sacrifier*. ◆ **ANT.** **1.** Épargner. **2.** Perfuser, transfuser. **3.** Aider, combler, enrichir, soutenir. **4.** Recevoir du

sang. **5.** Exulter, jubiler. **6.** Calculer, lésiner, tirer profit de.

SAILLANT ◆ **SYN.** **1.** Avancé, bombé, exorbité, globuleux, *proéminent*, protubérant. **2.** Évident, frappant, *marquant*, notable, remarquable, significatif. ◆ **ANT.** **1.** Creux, enfoncé, rentrant. **2.** Banal, insignifiant, négligeable, ordinaire, quelconque.

SAILLIE ◆ **SYN.** **1.** Angle, appendice, arête, aspérité, avancée, balèvre, bec, bosse, bourrelet, corne, côte, coude, crête, dent, *éminence*, éperon, ergot, gibbosité, moulure, nervure, pointe, proéminence, protubérance, redent, relief, renflement, ressaut, surplomb, tubercule. **2.** *(Archit.)* Auvent, *avancée*, balcon, chapiteau, console, corniche, encorbellement, entablement. **3.** *(Animaux)* *Accouplement*, monte. **4.** Blague, boutade, calembour, galéjade, plaisanterie, *trait d'esprit*. ◆ **ANT.** **1.** Alignement, brèche, cavité, creux, enfoncement, ligne, plat, surface. **2.** Façade, mur, ouverture. **3.** Éloignement, séparation. **4.** Ineptie, platitude, stupidité.

SAILLIR ◆ **SYN.** **1.** Avancer, déborder, *dépasser*, se détacher, se profiler, surplomber. **2.** *(Animaux)* *S'accoupler*, couvrir, monter, servir. ◆ **ANT.** **1.** S'aligner, se creuser, s'effacer, rentrer. **2.** Éloigner, séparer.

SAIN ◆ **SYN.** **1.** Alerte, bien portant, dispos, florissant, fort, frais, ingambe, robuste, solide, *valide*, vigoureux. **2.** Bon, hygiénique, naturel, profitable, propre, pur, *salubre*, salutaire, sanitaire, tonique, vivifiant. **3.** Correct, droit, éclairé, épanoui, *équilibré*, mesuré, pondéré, réfléchi, sage, sensé. ◆ **ANT.** **1.** Blême, faible, frêle, impotent, infirme, invalide, malade, maladif, usé. **2.** Contaminé, délétère, gâté, impur, insalubre, malpropre, malsain, nuisible, pollué, pourri, toxique, vicié. **3.** Aliéné, dangereux, dépravé, désaxé, déséquilibré, détraqué, excessif, fou, insensé, morbide, obsessif, pervers.

SAINT ◆ **SYN.** **1.** Auguste, béat, béatifié, bienheureux, *canonisé*, élu, exemplaire,

glorieux, sanctifié, vénérable, vertueux.
2. *(Ch.)* Béni, bénit, consacré, *sacré*. ✦ ANT.
1. Damné, démon, impie, maudit, pécheur,
vil. **2.** Profane.

SAINTETÉ ◇ v. **Béatitude**

SAISIE ✦ SYN. **1.** Appropriation, *confiscation*, embargo, expropriation, gel, mainmise, privation, séquestre, suppression.
2. Arrestation, *capture*, conquête, invasion, prise, rafle. **3.** *(Inform.)* **Enregistrement**, entrée. ✦ ANT. **1.** Aliénation, donation, entrave, jouissance, opposition, rachat, remise, reprise, restitution. **2.** Abandon, délivrance, libération, perte. **3.** Effacement, suppression.

SAISIR ✦ SYN. ▷ *V. tr.* **1. Confisquer**, exproprier, réquisitionner, séquestrer. **2.** Accrocher, agripper, attraper, s'emparer, empoigner, happer, intercepter, **prendre**, tenir.
3. Agrafer *(fam.)*, appréhender, arrêter, **capturer**, harponner *(fam.)*, pincer *(fam.)*, surprendre. **4.** Apercevoir, comprendre, embrasser *(fig.)*, entendre, **percevoir**, piger *(fam.)*, réaliser, voir. **5.** Émouvoir, figer, frapper, **impressionner**, pénétrer. **6.** Engourdir, frigorifier *(fam.)*, geler, glacer, mordre, pénétrer, saisir, transpercer, **transir**. **7.** *(Inform.)*
Copier, **enregistrer**, entrer, introduire.
▷ *V. pr.* **8.** S'approprier, conquérir, **s'emparer de**, usurper. ✦ ANT. **1.** Rendre, restituer, retourner. **2.** Lâcher, laisser, laisser échapper, manquer, rater. **3.** Délivrer, élargir, fuir, libérer, relâcher. **4.** Confondre, ignorer, méconnaître, méjuger. **5.** Calmer, indifférer, rasséréner. **6.** Couvrir, dégeler, dégourdir, réchauffer. **7.** Effacer, supprimer. **8.** Abandonner, se dessaisir, rendre.

SAISISSANT ✦ SYN. **1.** Bouleversant, émouvant, étonnant, frappant, hallucinant, **impressionnant**, palpitant, poignant, remarquable, spectaculaire, surprenant, touchant, troublant, vibrant. **2.** Cinglant, mordant, **pénétrant**, vif. ✦ ANT. **1.** Banal, commun, ennuyeux, plat, terne. **2.** Supportable, tenable, tolérable.

SAISON ✦ SYN. Cycle, **époque**, ère, moment, période, temps.

SALADE ✦ SYN. **1.** Batavia, chicorée, endive, **laitue**. **2.** Jardinière, macédoine, **mélange**, mesclun. **3.** *(Fam.)* **Confusion**, désordre, enchevêtrement. **4.** *(Pl. surtout, fam.)* Bobards, boniments, histoires, **mensonges**.

SALAIRE ◇ v. **Rémunération**

SALAMALECS ✦ SYN. *(Péj.)* Courbettes, hommages, politesses, révérences, ronds de jambe, **salutations**. ✦ ANT. Grossièretés, impolitesses, injures, pieds de nez.

SALARIÉ ◇ v. **Employé**

SALARIER ◇ v. **Rémunérer**

SALAUD ✦ SYN. *Fam.* **1.** Dégueulasse *(fam.)*, écœurant *(québ.)*, fumier, goujat, malhonnête, malpropre (moralement), méchant, ordure *(fam.)*, saligaud *(fam.)*, salopard *(fam.)*, **vilain**. **2.** *(Québ.)* Cochon *(fam.)*, dégoûtant, **malpropre**, sale, souillon. ✦ ANT. **1.** Ange, perle, trésor. **2.** Propre, soigné.

SALE ✦ SYN. **1.** Crasseux, crotté, dégoûtant, immonde, impur, **malpropre**, négligé, pouilleux, poussiéreux, répugnant, salaud *(québ., fam.)*, souillé, taché, terni. **2.** Désagréable, détestable, **mauvais**. **3.** Obscène, **ordurier**, salace. ✦ ANT. **1.** Astiqué, blanchi, coquet, élégant, frais, immaculé, impeccable, pur, soigné. **2.** Admirable, agréable, beau. **3.** Digne, édifiant.

SALÉ ✦ SYN. **1.** Salant, **salin**, saumâtre, saur. **2.** *(Facture, note)* **Élevé**, exagéré, fort.
3. Cochon *(fam.)*, coquin, corsé, cru, **grivois**, licencieux, osé, pimenté *(fig.)*, poivré *(fig.)*, salace. ✦ ANT. **1.** Acide, doux. **2.** Acceptable, normal, raisonnable. **3.** Chaste, décent, pudique.

SALETÉ ✦ SYN. **1.** Boue, crasse, crotte, dépôt, gâchis, gadoue, immondices, impureté, macule, **malpropreté**, ordure, poussière, rebut, salissure, saloperie *(fam.)*, souillure, tache. **2.** Bassesse, coup bas, crasse *(fig.)*, laideur, **méchanceté**, saloperie *(fam.)*, tour de cochon *(fam.)*, vacherie *(fam.)*, vilenie.
3. *(Pl. surtout)* Cochonneries *(fam.)*, grossièretés, injures, **obscénités**, saloperies *(fam.)*, vulgarités. ✦ ANT. **1.** Éclat, lustre, neuf, propreté, pureté. **2.** Amabilité, beauté, bonté,

charité, faveur. **3.** Civilités, compliments, hommages, gentillesses.

SALIR ✦ SYN. **1.** Abîmer, altérer, barbouiller, cochonner *(fam.)*, contaminer, crotter, éclabousser, encrasser, gâter, graisser, infecter, maculer, noircir, poisser, polluer, souiller, *tacher*. **2.** Abaisser, avilir, calomnier, dénigrer, déshonorer, diffamer, *entacher*, flétrir, profaner, prostituer, ternir. ✦ ANT. **1.** Aseptiser, assainir, blanchir, curer, débarbouiller, décrasser, décrotter, dépolluer, désinfecter, détacher, laver, nettoyer, purifier, récurer **2.** Blanchir *(fig.)*, célébrer, élever, exalter, flatter, honorer, réhabiliter, respecter, vénérer.

SALIVE ✦ SYN. *Bave*, crachat, écume, postillon.

SALLE ✦ SYN. **1.** Antichambre, cabinet, chambre, cuisine, enceinte, entrée, galerie, hall, local, *pièce*, salon, séjour. **2.** Assemblée, assistance, *auditoire*, foule, public, spectateurs.

SALMIGONDIS ◇ v. **Mélange**

SALON ✦ SYN. **1.** Boudoir, fumoir, living-room, salle, *salle de séjour*, vivoir *(québ.)*. **2.** Société mondaine. **3.** Boutique, *établissement*, local. **4.** *Exposition*, foire, manifestation.

SALOPERIE ✦ SYN. *Fam.* **1.** Impureté, ordure, *saleté*. **2.** Camelote *(fam.)*, *pacotille*. **3.** Bassesse, coup bas, *méchanceté*, saleté *(fig.)*, vilenie. **4.** *(Pl. surtout)* Grossièretés, *obscénités*, saletés *(fig.)*, vulgarités. ✦ ANT. **1.** Propreté, pureté. **2.** Objet de valeur, trésor. **3.** Amabilité, bonté, charité, faveur. **4.** Civilités, compliments, hommages.

SALTIMBANQUE ✦ SYN. **1.** Bateleur, *jongleur*. **2.** Acrobate, *funambule*, trapéziste. **3.** Banquiste, bonimenteur, *forain*.

SALUBRE ◇ v. **Sain**

SALUBRITÉ ◇ v. **Hygiène**

SALUER ✦ SYN. **1.** Se courber, envoyer la main, s'incliner, *présenter ses hommages*, se prosterner, tirer son chapeau. **2.** *Acclamer*, accueillir, applaudir, ovationner, proclamer. **3.** *Honorer*, rendre hommage à, respecter, révérer, vénérer. ✦ ANT. **1.** Évi-

ter, fuir, ignorer. **2.** Conspuer, huer, insulter, siffler, vilipender. **3.** Bafouer, déprécier, diffamer, salir.

SALUT ✦ SYN. **1.** Baisemain, civilités, coup de chapeau, courbette *(péj.)*, hommage, génuflexion, inclination, poignée de main, prosternation, révérence, salamalecs *(péj.)*, *salutation*, signe. **2.** *Acclamation*, accueil, adieu, au revoir, bienvenue, bonjour, bonsoir, exclamation. **3.** Délivrance, libération, rétablissement, *sauvegarde*, sauvetage, secours. **4.** *(Relig.)* Bonheur, félicité, paix, rachat, *rédemption*, repos. ✦ ANT. **1.** Bras d'honneur, brusquerie, gifle, soufflet, tape. **2.** Huées, injures, mépris, quolibets, sifflets. **3.** Adversité, captivité, danger, menace, péril. **4.** Damnation, enfer, malheur, misère, péché, perdition.

SALUTAIRE ✦ SYN. Avantageux, *bénéfique*, bienfaisant, bon, efficace, profitable, propice, sain, salubre, salvateur, utile. ✦ ANT. Désastreux, dommageable, fâcheux, funeste, malsain, mauvais, néfaste, nuisible, pernicieux, préjudiciable.

SALUTATION ◇ v. **Salut**

SALVE ✦ SYN. **1.** Bordée, canonnade, coups de feu, *décharge* (simultanée), fusillade, mitraillage, rafale, volée. **2.** *(Acclamations)* Tempête, *tonnerre*.

SANATORIUM ✦ SYN. Aérium, hôpital, *maison de santé*, préventorium.

SANCTIFIER ✦ SYN. **1.** Béatifier, canoniser, *consacrer*. **2.** *Célébrer*, honorer, révérer, sacraliser. ✦ ANT. **1.** Damner, excommunier. **2.** Honnir, maudire, profaner, souiller.

SANCTION ✦ SYN. **1.** Acquiescement, adoption, *approbation*, autorisation, aval, confirmation, consécration, ratification. **2.** Amende, châtiment, condamnation, peine, pénalité, pensum, *punition*, représailles, répression, rétrogradation, rétorsion. **3.** Conséquence (inéluctable), contrepartie, désavantage, *inconvénient*, prix à payer, rançon, tribut. ✦ ANT. **1.** Démenti, dénégation, désapprobation, désaveu, refus, rejet, retrait, veto. **2.** Absolution, amnistie, compensation, grâce, miséricorde, pardon, récompense. **3.** Avantage, bienfait.

SANCTUAIRE ✦ SYN. **1.** *Chœur*, lieu saint, saint des saints. **2.** *Église*, pèlerinage, temple. **3.** Lieu protégé, *refuge*, réserve *(flore, faune)*. **4.** Cœur, fin fond, for intérieur, *intimité*, tréfonds. ✦ ANT. **1.** Nef, parvis. **2.** Édifice public. **3.** Danger, menace, péril. **4.** Apparence, extérieur, façade.

SANDALE ✦ SYN. Babouche *(québ., fam.)*, chaussure (légère), gougoune *(québ., fam.)*, samara, spartiate, *tong*.

SANG ✦ SYN. **1.** Hémoglobine, liquide, *plasma*. **2.** Ascendance, consanguinité, descendance, *hérédité*, lignage, lignée, famille, parenté, race, souche.

SANG-FROID ✦ SYN. Aplomb, assurance, calme, cran *(fam.)*, culot *(fam.)*, fermeté, flegme, froideur, impassibilité, imperturbabilité, *maîtrise*, patience, placidité, sérénité, stoïcisme. ✦ ANT. Angoisse, anxiété, délire, effroi, émotion, emportement, exaltation, excitation, frayeur, fureur, nervosité, panique.

SANGLANT ✦ SYN. **1.** *Ensanglanté*, saignant, sanguinolent. **2.** Cruel, *meurtrier*, sanguinaire, violent. **3.** Blessant, cinglant, dur, injurieux, insultant, *offensant*, outrageant, vexant. ✦ ANT. **1.** Net, propre, pur. **2.** Anodin, bénin, inoffensif, léger. **3.** Bienveillant, doux, élogieux, tendre.

SANGLE ◇ v. **Courroie**

SANGLOT ✦ SYN. **1.** Hoquet, larme, pleurs, sanglotement, soupir, *spasme*. **2.** *Gémissement*, lamentation, larmoiements *(péj.)*, plainte. ✦ ANT. **1.** Sourire, rire, retenue. **2.** Amusement, plaisir, réjouissance.

SANGSUE ✦ SYN. **1.** *Exploiteur*, profiteur, requin. **2.** *(Fam.)* **Collant**, crampon, importun, sans-gêne. ✦ ANT. **1.** Altruiste, généreux, prodigue. **2.** Charmant, discret, poli.

SANGUIN ✦ SYN. **1.** Hématique **2.** Coloré, rouge, *rougeaud*, rubicond. **3.** Atrabilaire, *coléreux*, colérique, emporté, impulsif.

✦ ANT. **2.** Blafard, blême, pâle. **3.** Calme, pondéré, stable.

SANGUINAIRE ✦ SYN. Barbare, bestial, cannibale, *cruel*, féroce, impitoyable, inhumain, meurtrier, sadique, sanglant, sauvage, violent. ✦ ANT. Affable, altruiste, avenant, bon, doux, généreux, humain, inoffensif, tendre.

SANS-ABRI ✦ SYN. Exclu, itinérant *(québ.)*, marginal, réfugié, sans domicile fixe, *sans-logis*, sinistré. ✦ ANT. Locataire, propriétaire, résidant.

SANS-CŒUR ✦ SYN. *Fam.* **1.** Dur, endurci, impitoyable, ingrat, inhumain, *insensible*, méchant. **2.** *(Québ.)* Fainéant, *paresseux*, propre à rien. ✦ ANT. **1.** Bon, compatissant, dévoué, empathique, humain, reconnaissant, sensible. **2.** Alerte, diligent, énergique.

SANS-EMPLOI ◇ v. **Chômeur**

SANS-FAÇON ✦ SYN. **1.** Bonhomie, candeur, franchise, *simplicité*. **2.** *(Péj.)* Culot *(fam.)*, *désinvolture*, familiarité, inconvenance, insolence, sans-gêne. ✦ ANT. **1.** Affectation, afféterie, prétention, recherche. **2.** Convenance, gêne, politesse, retenue.

SANS-GÊNE ✦ SYN. Arrogance, effronterie, familiarité, impertinence, impolitesse, *inconvenance*, indécence. ✦ ANT. Affabilité, civilité, courtoisie, galanterie, savoir-vivre.

SANS-LOGIS ◇ v. **Sans-abri**
SANS-PAPIERS ◇ v. **Réfugié**
SANS-TRAVAIL ◇ v. **Chômeur**

SANTÉ ✦ SYN. **1.** Condition, constitution, *état*, forme, nature. **2.** Équilibre, harmonie, validité, vigueur, *vitalité*. **3.** *Hygiène*, salubrité. **4.** *(Services)* Médecine, *soins*, traitements. ✦ ANT. **2.** Affection, dérèglement, faiblesse, fragilité, mal, maladie, trouble. **3.** Insalubrité, malpropreté.

SAPER ✦ SYN. **1.** Démolir, *détruire*, faire sauter, miner. **2.** Affouiller, corroder, creuser, dégrader, entamer, éroder, manger *(fig.)*, *ronger*, user. **3.** *(Moral, valeurs)* Affaiblir, attaquer, désintégrer, détruire, ébranler, miner, *ruiner*. ✦ ANT. **1.** Consolider, construire, étayer. **2.** Conserver, protéger. **3.** Défendre, édifier, établir, fonder.

SAPIDITÉ ◇ v. **Saveur**

SARABANDE ✦ SYN. **1.** Air, *danse*, farandole. **2.** Sérénade, *tapage*, vacarme.

SARCASME ✦ SYN. Cynisme, dérision, ironie, méchanceté, moquerie, persiflage, quolibets,. *raillerie*, ricanement, risée, satire. ✦ ANT. Adulation, compliment, éloge, flatterie, indulgence, louange.

SARCASTIQUE ✦ SYN. Acerbe, acéré, amer, caustique, cynique, incisif, ironique, malicieux, méchant, moqueur, mordant, persifleur, *railleur*, sardonique *(rire)*, satirique, virulent. ✦ ANT. Admiratif, affable, aimable, bienveillant, charmant, complaisant, courtois, élogieux, indulgent, respectueux, sympathique.

SARCLER ✦ SYN. Arracher, biner, déraciner, *désherber*, échardonner, enlever, essarter, extirper, nettoyer. ✦ ANT. Emblaver, parsemer, planter, répandre, repiquer, semer.

SARCOME ◇ v. **Tumeur**

SARCOPHAGE ◇ v. **Cercueil**

SARDONIQUE ✦ SYN. *(Rire)* Acerbe, amer, cynique, démoniaque, *diabolique*, ironique, méchant, moqueur, persifleur, *railleur*, sarcastique, satanique. ✦ ANT. Affable, bienveillant, communicatif, complaisant, doux, indulgent.

SARI ◇ v. **Robe**

SARMENT ✦ SYN. *Branche*, rameau, tige. ✦ ANT. Racine, radicelle.

SARRAU ◇ v. **Blouse**

SAS ✦ SYN. **1.** Blutoir, claie, crible, *tamis*. **2.** Chambre, compartiment, *passage*.

SATANIQUE ✦ SYN. Démoniaque, *diabolique*, infernal, luciférien, méchant, méphistophélique, pervers. ✦ ANT. Angélique, candide, céleste, divin, pur.

SATELLITE ✦ SYN. **1.** Astre, *lune*. **2.** *Corps artificiel*, engin spatial, laboratoire, orbiteur, sonde, spoutnik, station. **3.** *(Pays)* *Dépendant*, faible, petit, subordonné. ✦ ANT. **1.** Planète. **3.** Autonome, grand, indépendant, puissant.

SATIÉTÉ ✦ SYN. **1.** Assouvissement, rassasiement, réplétion, *satisfaction*. **2.** Dégoût, écœurement, lassitude, nausée, *saturation*. ✦ ANT. **1.** Appétit, insatiabilité, insatisfaction, soif. **2.** Besoin, désir, envie, frustration, privation.

SATINÉ ✦ SYN. Brillant, doux, fin, glacé, *lustré*, soyeux. ✦ ANT. Grossier, mat, pâle, rude, rugueux, terne.

SATIRE ✦ SYN. **1.** Charge, critique, *diatribe*, épigramme, libelle, pamphlet, philippique, réquisitoire. **2.** Caricature, dérision, moquerie, parodie, plaisanterie, *raillerie*. ✦ ANT. **1.** Apologie, dithyrambe *(souvent péj.)*, éloge, hymne, panégyrique, plaidoyer. **2.** Célébration, encensement, flagornerie, glorification.

SATIRIQUE ✦ SYN. *Caricatural*, caustique, incisif, malin, moqueur, mordant, pamphlétaire, parodique, persifleur, piquant, railleur, sarcastique. ✦ ANT. Apologétique, approbateur, caudataire, dithyrambique *(souvent péj.)*, élogieux, encenseur, flagorneur, flatteur, louangeur.

SATIRISTE ◇ v. **Pamphlétaire**

SATISFACTION ✦ SYN. **1.** Apaisement, *assouvissement*, contentement, étanchement, exaucement, rassasiement, satiété, soulagement. **2.** *Bien-être*, bonheur, euphorie, jouissance, orgasme, plaisir, régal, volupté. **3.** Compensation, consolation, gain de cause, pénitence, raison, *réparation*. ✦ ANT. **1.** Appétit, appétence, boulimie, carence, faim, inanition, insatiabilité, insatisfaction, privation, soif. **2.** Affliction, déplaisir, douleur, frustration, mécontentement. **3.** Dommage, offense, outrage, perte, préjudice, tort.

SATISFAIRE ✦ SYN. ▷ *V. tr.* **1.** Apaiser, assouvir, calmer, *combler*, étancher, rassasier, régaler, soulager, soûler. **2.** Agréer, arranger, complaire, *contenter*, convenir, plaire, sourire, suffire. **3.** Accomplir, écouter, entendre, *exaucer*, réaliser. **4.** S'acquitter de, obéir à, observer, pourvoir à, *remplir*, répondre à, se soumettre à, suffire à. ▷ *V. pr.* **5.** S'accommoder, s'arranger, *se contenter*. **6.** *(Besoin naturel)* Se soulager *(fam.)*. ◆ **ANT. 1.** Affamer, assoiffer, priver de. **2.** Déplaire, exacerber, frustrer, mécontenter. **3.** Contrarier, dédaigner, ignorer, refuser. **4.** Contrevenir, déroger, manquer à. **5.** Exiger, se plaindre, récriminer. **6.** Réprimer, se retenir.

SATISFAISANT ◆ **SYN.** *Acceptable*, convenable, correct, décent, honnête, honorable, moyen, passable, potable *(fam.)*, raisonnable, suffisant. ◆ **ANT.** Catastrophique, déplorable, déshonorant, inacceptable, indécent, insatisfaisant, insuffisant, lamentable, scandaleux.

SATISFAIT ◆ **SYN. 1.** Apaisé, assouvi, *comblé*, rassasié, replet, repu. **2.** Béat, *content*, fier, heureux, rasséréné, rassuré, ravi, soulagé. **3.** *(Péj.)* Arrogant, fat, fier, *suffisant*, vaniteux. ◆ **ANT. 1.** Affamé, assoiffé, avide, inassouvi, insatiable, insatisfait. **2.** Désolé, fâché, frustré, inquiet, mécontent. **3.** Humble, modeste, soumis.

SATURÉ ◆ **SYN. 1.** Encombré, gavé, gorgé, *plein*, rempli. **2.** Assouvi, blasé, dégoûté, écœuré, fatigué, *lassé*, repu, tanné *(québ.)*. ◆ **ANT. 1.** Désert, libre, vide. **2.** Avide, friand, gourmand, insatiable.

SATURNALES ◇ v. Orgie

SATYRE ◆ **SYN. 1.** *(Mythol.)* *Chèvre-pied*, faune, silène. **2.** *Débauché*, dépravé, exhibitionniste, vicieux, voyeur. ◆ **ANT. 2.** Puritain, rigoriste, sage, vertueux.

SAUF ◆ **SYN.** ▷ *Adj.* **1.** *Indemne*, rescapé, sain (et sauf), sauvé, survivant, vivant. **2.** *(Honneur)* Inaltéré, indemne *(fig.)*, *intact*, sans tache. ▷ *Prép.* **3.** À l'exclusion de, *excepté*, hormis, hors. ◆ **ANT. 1.** Disparu, naufragé, noyé, mort, perdu, sinistré. **2.** Entaché, sali, terni. **3.** Compris, inclus.

SAUF-CONDUIT ◆ **SYN.** Autorisation, coupe-file, *laissez-passer*, passavant, passe, passeport, permis, visa. ◆ **ANT.** Arrestation, interdiction, interdit, perquisition, saisie, séquestration.

SAUGRENU ◆ **SYN.** Abracadabrant, absurde, biscornu, bizarre, burlesque, *étrange*, excentrique, extravagant, farfelu, inattendu, insolite, loufoque, ridicule,

rocambolesque, singulier. ◆ **ANT.** Acceptable, convenable, logique, naturel, normal, ordinaire, raisonnable, sérieux, vraisemblable.

SAUMÂTRE ◆ **SYN. 1.** Salé. **2.** Amer, *désagréable*, douteux, fâcheux. ◆ **ANT. 1.** Doux. **2.** Drôle, intelligent, subtil.

SAUPOUDRER ◆ **SYN. 1.** Orner, parsemer, *poudrer*, recouvrir. **2.** *Disperser*, disséminer, semer. ◆ **ANT. 1.** Dégarnir, dépouiller. **2.** Concentrer, grouper, réunir.

SAUT ◆ **SYN. 1.** *Bond*, bondissement, cabriole, culbute, élancement, élévation, enjambée, entrechat, galipette *(fam.)*, gambade, ruade, sautillement, voltige. **2.** Cahot, ricochet, soubresaut, *sursaut*, tressaillement, tressautement. **3.** Cascade, *chute*, plongeon, rapides. **4.** Arrêt, omission, *passage*, suspension. **5.** Visite éclair. ◆ **ANT. 1.** Immobilité, surplace. **4.** Continuité, poursuite. **5.** Séjour.

SAUTE ◆ **SYN. 1.** *Changement*, modification, variation, virement. **2.** *(Humeur)* Accès, *caprice*, emportement, folie, inconstance, lubie. ◆ **ANT. 1.** Continuité, permanence, régularité, stabilité. **2.** Calme, constance, maîtrise, raison.

SAUTER ◆ **SYN.** ▷ *V. intr.* **1.** *Bondir*, cabrioler, cahoter, s'ébattre, s'élancer, folâtrer, gambader, se jeter, se lancer, se précipiter, sautiller, sursauter, tressaillir, tressauter. **2.** *(Sur quelqu'un)* *Agresser*, assaillir, attaquer, se jeter sur, se ruer sur. **3.** Détoner, éclater, *exploser*, voler en éclats. ▷ *V. tr.* **4.** Enjamber, *franchir*, passer (par-dessus), traverser. **5.** Escamoter, négliger, *omettre*, oublier, passer. ◆ **ANT. 1.** S'arrêter, se figer, s'immobiliser. **2.** Défendre, protéger. **3.** Amortir, étouffer. **4.** Glisser, tomber. **4.** Mentionner, rappeler, signaler.

SAUTILLANT ◆ **SYN. 1.** *Bondissant*, capricant. **2.** *(Style)* Discontinu, haché, heurté, *saccadé*. **3.** *(Pers.)* Capricieux, changeant, mobile, *versatile*. ◆ **ANT. 1.** Immobile. **2.** Continu, égal, posé, régulier. **3.** Continu, coulant, ininterrompu.

SAUVAGE ◆ **SYN. 1.** *(Animal)* Farouche, fauve, féroce, inapprivoisé, *indompté*.

2. *(Végétal)* Naturel. **3.** *(Lieu)* Abandonné, désert, inexploré, *inhabité*, inhospitalier, retiré. **4.** Asocial, craintif, *farouche*, insociable, misanthrope, ours *(fig.)*. **5.** *(Péj.)* Barbare, bestial, *brutal*, brute, cruel, fruste, grossier, inculte, inhumain, ostrogoth, primitif, rude, sanguinaire, violent. **6.** *(Action)* Anarchique, désorganisé, incontrôlé, *spontané*. ◆ ANT. **1.** Apprivoisé, domestique, dompté, familier. **2.** Cultivé. **3.** Civilisé, fréquenté, habité, hospitalier, peuplé. **4.** Audacieux, avenant, ouvert, sociable. **5.** Aimable, charmant, civilisé, cultivé, délicat, distingué, évolué, généreux, humain, policé, raffiné, serviable. **6.** Contrôlé, organisé, structuré.

SAUVAGERIE ◇ v. **Brutalité**

SAUVEGARDE ◆ SYN. **1.** Auspices, défense, égide, garantie, *protection*, salut, secours, soutien, tutelle. **2.** *(Fig.)* **Abri**, appui, bastion, bouclier, refuge, rempart. **3.** *(Environnement)* *Conservation*, dépollution, maintien, préservation. **4.** *(Inform.)* Copie, *mémorisation*, mise en mémoire. ◆ ANT. **1.** Abandon, délaissement. **2.** Danger, menace, péril. **3.** Dégradation, destruction, pollution. **4.** Suppression.

SAUVEGARDER ◆ SYN. **1.** Défendre, garder, maintenir, *protéger*, sauver. **2.** *Conserver*, dépolluer, préserver. **3.** *(Inform.)* Copier, enregistrer, mettre en mémoire, *mémoriser*. ◆ ANT. **1.** Abandonner, délaisser, menacer, sacrifier, saper. **2.** Détruire, polluer. **3.** Effacer, supprimer.

SAUVE-QUI-PEUT ◆ SYN. Affolement, débandade, déroute, désarroi, effroi, escampette, fuite, *panique*, peur, terreur. ◆ ANT. Bravoure, calme, contrôle, courage, discipline, hardiesse, ordre, placidité, sang-froid, sérénité.

SAUVER ◆ SYN. ▷ *V. tr.* **1.** Conserver, défendre, épargner, garder, guérir, *préserver*, protéger, réchapper, rescaper, sauvegarder, tirer de. **2.** Affranchir, *délivrer*, libérer, racheter *(relig.)*. ▷ *V. pr.* **3.** *(Relig.)* *Se racheter*, se rédimer. **4.** Décamper, déguerpir, déserter, détaler, disparaître, s'échapper, *s'enfuir*, s'envoler *(fam.)*, s'évader, filer,

fuir, partir. ◆ ANT. **1.** Abandonner, aliéner, céder, détruire, éliminer, perdre, vendre. **2.** Damner, livrer, remettre, trahir. **3.** Se damner, se perdre. **4.** Accourir, affronter, attaquer, braver, défier, demeurer, s'exposer, se montrer, provoquer, rester.

SAUVETAGE ◆ SYN. Aide, salut, secourisme, *secours*. ◆ ANT. Abandon, détresse.

SAUVETEUR ◆ SYN. Aide, sauveur, *secouriste*. ◆ ANT. Agresseur, ennemi, fuyard.

SAUVEUR ◆ SYN. **1.** Bienfaiteur, défenseur, *libérateur*, protecteur, sauveteur. **2.** *(Relig.)* Christ, Messie, *Rédempteur*. ◆ ANT. **1.** Asservisseur, ennemi, fossoyeur, persécuteur, traître, tyran. **2.** Gourou *(péj.)*, mystificateur.

SAVANE ◇ v. **Marais**

SAVANT ◆ SYN. ▷ *Nom* **1.** *Chercheur*, connaisseur, découvreur, docteur, érudit, expert, humaniste, lettré, philosophe, sage, scientifique, sommité, spécialiste. ▷ *Adj.* **2.** Averti, avisé, calé *(fam.)*, cultivé, docte, éclairé, *érudit*, informé, instruit, intellectuel, lettré, versé dans. **3.** Adroit, compétent, dressé *(animal)*, *habile*. **4.** *(Ch.)* Ardu, compliqué, *difficile*, inaccessible, recherché. ◆ ANT. **1.** Amateur, apprenti, étudiant, novice, profane. **2.** Béotien, borné, buse, cancre, ignare, ignorant, illettré, inculte, nul, obtus. **3.** Incompétent, indompté, maladroit, malhabile. **4.** Accessible, aisé, facile, simple, superficiel.

SAVATE ◆ SYN. **1.** Galoche *(québ., fam.)*, *vieille chaussure*, vieille pantoufle. **2.** *(Fam.)* Balourd, lourdaud, *maladroit*. **3.** *(Sports)* Coup de pied. **4.** *(Techn.)* Appui, *support*. ◆ ANT. **2.** Adroit, dégourdi, leste.

SAVEUR ◆ SYN. **1.** *Goût*, impression, propriété, qualité, sapidité, sensation, sensibilité. **2.** Agrément, bouquet *(vin)*, *charme*, délicatesse, douceur, fumet, piment, piquant, sel, suavité, succulence, truculence. ◆ ANT. **1.** Agueusie *(didact.)*, fadeur, insensibilité, insipidité. **2.** Aversion, dégoût, désagrément, écœurement, haut-le-cœur, répugnance, répulsion.

SAVOIR ◆ SYN. ▷ *Nom* **1.** Acquis, bagage, cognition, compétence, *connaissances*, culture, érudition, expérience, gnose, habileté, instruction, lettres, lumières, omniscience, sagesse, sapience, science. ▷ *Verbe* **2.** Apprendre, **connaître**, maîtriser, posséder. **3.** (*Et infinitif*) Être capable de, être en mesure de, **pouvoir**. ✦ ANT. **1.** Ignorance, imbécillité, inaptitude, incompétence, inculture, inexpérience, inhabileté, méconnaissance. **2.** Ignorer, méconnaître, oublier. **3.** Être incapable de.

SAVOIR-FAIRE ✦ SYN. Adresse, art, brio, capacité, **compétence**, dextérité, doigté, expérience, expertise, génie, habileté, maîtrise, métier, professionnalisme, science, talent, technique, tour de main, virtuosité. ✦ ANT. Amateurisme, bêtise, faiblesse, gaucherie, ignorance, impéritie, incapacité, incompétence, inexpérience, inhabileté, inhabilité, lourdeur, maladresse, nullité.

SAVOIR-VIVRE ✦ SYN. *Bienséance*, civilité, civisme, convenance, courtoisie, décence, décorum, délicatesse, doigté, éducation, égards, élégance, entregent, politesse, tact, urbanité. ✦ ANT. Désinvolture, effronterie, goujaterie, grossièreté, impolitesse, incivilité, inconvenance, indécence, indélicatesse, inélégance, obscénité, sans-gêne, trivialité, vulgarité.

SAVON ✦ SYN. **1.** Détachant, détergent, détersif, lessive, **nettoyant**, savonnette, shampoing. **2.** (*Fam.*) **Réprimande**, reproche, semonce. ✦ ANT. **1.** Crasse, impureté, saleté, souillure, tache. **2.** Compliment, éloge, félicitations.

SAVONNAGE ◇ V. **Lavage**

SAVONNER ✦ SYN. **1.** Blanchir, laver, lessiver, **nettoyer**. **2.** (*Fam.*) Engueuler (*fam.*), gourmander, morigéner, **réprimander**, tancer. ✦ ANT. **1.** Barbouiller, encrasser (*fam.*), maculer, salir, souiller, tacher. **2.** Complimenter, féliciter, louer, vanter.

SAVOURER ✦ SYN. **1.** *Déguster*, goûter, siroter, tâter de (*fam.*). **2.** Apprécier, *se délecter*, se gargariser (*fam.*), jouir, se régaler, se repaître. ✦ ANT. **1.** Dévorer, engloutir, engouffrer, lamper (*fam.*). **2.** Abhorrer, se dégoûter, exécrer, haïr, répugner, vomir (*fig.*).

SAVOUREUX ✦ SYN. **1.** Agréable, appétissant, bon, délectable, délicat, délicieux, excellent, exquis, fameux, gastronomique, moelleux, onctueux, sapide, suave, **succulent**, velouté. **2.** *Amusant*, coloré, croustillant, intéressant, palpitant, piquant, pittoresque, plaisant, touchant, truculent. ✦ ANT. **1.** Affreux, amer, âpre, désagréable, écœurant, exécrable, fade, immangeable, infect, insipide, mauvais, répugnant. **2.** Banal, choquant, déplaisant, ennuyeux, inintéressant, insignifiant, morne, terne, trivial.

SAYNÈTE ◇ V. **Comédie**

SBIRE ✦ SYN. (*Péj.*) Fier-à-bras, **homme de main**, lieutenant, nervi, spadassin, tueur.

SCABREUX ✦ SYN. **1.** Corsé, cru, dégoûtant, inconvenant, **indécent**, licencieux, obscène, osé, répugnant, scatologique, sordide, vulgaire. **2.** Ardu, dangereux, délicat, difficile, embarrassant, **épineux**, laborieux, malaisé, périlleux, problématique, risqué. ✦ SYN. **1.** Bienséant, chaste, convenable, correct, décent, digne, édifiant, moral, pudique. **2.** Abordable, acceptable, aisé, anodin, commode, facile, inoffensif, simple.

SCALP ◇ V. **Trophée**

SCALPEL ◇ V. **Couteau**

SCANDALE ✦ SYN. **1.** Choc, émotion, étonnement, *indignation*, opprobre. **2.** Déshonneur, exaction, fraude, honte, ignominie, *inconduite*, indignité, infamie, malversation, offense. **3.** Bruit, désordre, éclat, esclandre, pétard (*fam.*), querelle, rixe, scène, sortie, tam-tam (*fig.*), **tapage**. **4.** Acte immoral, **grave affaire**. **5.** Blasphème, impiété, profanation, **sacrilège**. ✦ ANT. **1.** Admiration, apathie, approbation, froideur, sympathie. **2.** Bienfait, décence, dévouement, dignité, droiture, équité, honnêteté, honneur. **3.** Discrétion, mutisme, retenue, silence, sobriété. **4.** Incident, vétille. **5.** Dévotion, piété, respect, vénération.

SCANDALEUX ✦ **SYN.** Choquant, déplorable, éhonté, épouvantable, *honteux*, ignoble, inconvenant, indécent, indigne, odieux, répugnant, révoltant. ✦ **ANT.** Bienséant, convenable, correct, décent, digne, édifiant, équitable, honnête, honorable, moral, noble.

SCANDALISER ✦ **SYN.** ▷ *V. tr.* **1.** Blesser, choquer, effaroucher, estomaquer, heurter, horrifier, *indigner*, offenser, offusquer, outrer, révolter, stupéfier. ▷ *V. pr.* **2.** Se formaliser, se froisser, *s'indigner*, se révolter, se vexer. ✦ **ANT. 1.** Charmer, édifier, émerveiller, plaire, rassurer, ravir, réjouir. **2.** Apprécier, s'émerveiller, s'enthousiasmer, se régaler, se réjouir.

SCANDER ✦ **SYN.** Accentuer, appuyer, cadencer, insister, marquer, marteler, *ponctuer*, prononcer (avec insistance), rythmer, souligner. ✦ **ANT.** Atténuer, briser (le rythme), éterniser, étirer, expédier, modérer, traîner.

SCANNER ◇ v. **Numériser**

SCANNEUR (SCANNER) ◇ v. **Numériseur**

SCAPHANDRIER ◇ v. **Plongeur**

SCAPULAIRE ◇ v. **Porte-bonheur**

SCARIFICATION ✦ **SYN. 1.** *(Méd.)* *Incision*, moucheture. **2.** *(Arbor.)* Entaille. ✦ **ANT. 1-2.** Cicatrisation.

SCATOLOGIQUE ✦ **SYN.** Bas, gras, grossier, licencieux, obscène, ordurier, pipicaca *(fam.)*, sale, *scabreux*. ✦ **ANT.** Raffiné, recherché, relevé, spirituel, subtil.

SCEAU ✦ **SYN. 1.** *Cachet*, coin, estampille, oblitérateur, plomb, poinçon, scellés, tampon, timbre. **2.** Empreinte, griffe, label, *marque* (distinctive), seing, signature, signe.

SCÉLÉRAT ✦ **SYN.** ▷ *Nom* **1.** Bandit, coquin, criminel, filou, fripon, homicide, larron, *malfaiteur*, méchant, misérable, traître, vaurien, voleur. ▷ *Adj.* **2.** Ignoble, infâme, malhonnête, *perfide*. ✦ **ANT. 1.** Ange, exemple, gentilhomme, incorruptible, juste, modèle, parangon, perle, philanthrope. **2.** Droit, honnête, intègre, loyal, noble.

SCÉLÉRATESSE ◇ v. **Perfidie**

SCELLER ✦ **SYN. 1.** *Cacheter*, estampiller, marquer, plomber. **2.** Boucher, *fermer*. **3.** Cimenter, *fixer*, murer, plâtrer, souder. **4.** Affermir, authentifier, *confirmer*, consolider, sanctionner. ✦ **ANT. 1.** Décacheter, déplomber, desceller. **2.** Déboucher, ouvrir. **3.** Arracher, décoller, défaire, dégager, détacher. **4.** Affaiblir, briser, désavouer, renier, rompre.

SCÉNARIO ✦ **SYN. 1.** Action, argument, *canevas*, charpente, déroulement, épisode, histoire, intrigue, récit, trame. **2.** *(Cin.)* Découpage, *script*, séquences, synopsis. **3.** Déroulement, plan (préétabli), *processus*.

SCÈNE ✦ **SYN. 1.** Estrade, planches, *plateau*, tréteaux. **2.** *(Domaine artistique)* Art dramatique, cinéma, *spectacle*, théâtre. **3.** *(En général)* Domaine, environnement, *milieu*, monde, sphère, univers. **4.** Décor, emplacement, *lieu*, paysage. **5.** *Épisode*, événement, extrait, image *(cin.)*, passage, péripétie, plan *(cin.)*, séquence, sketch, tableau. **6.** Algarade, altercation, colère, dispute, éclat, *esclandre*, querelle, scandale, sortie, tapage. ✦ **ANT. 1.** Galerie, salle. **5.** Œuvre, réalisation. **6.** Accolade, embrassade, entente, étreinte, paix, rapprochement.

SCEPTICISME ✦ **SYN. 1.** *(Philos.)* Criticisme, nihilisme, positivisme, *pyrrhonisme*, relativisme. **2.** Défiance, *doute*, incertitude, incrédulité, méfiance, soupçon, suspicion. **3.** *(Relig.)* Agnosticisme, athéisme, *incroyance*, irréligion. ✦ **ANT. 1.** Déterminisme, dogmatisme, idéalisme, vérité. **2.** Assurance, certitude, conviction, crédulité, croyance, foi, persuasion. **3.** Déisme, gnose, mysticisme, panthéisme, religion, théisme.

SCEPTIQUE ◇ v. **Incrédule**

SCEPTRE ✦ **SYN. 1.** *Bâton* (de commandement), marotte *(fou)*. **2.** Autorité royale, *royauté*, souveraineté. **3.** Prééminence, *supériorité*. ✦ **ANT. 3.** Infériorité, sujétion.

SCHÉMA ✦ **SYN. 1.** *Dessin*, diagramme, figure, image, plan, représentation. **2.** Abrégé, aperçu, canevas, ébauche, échantillon, esquisse, *résumé*, sommaire, squelette, synopsis. ♦ ANT. 1-2. Achèvement, détail, exécution, finition, œuvre, réalisation.

SCHÉMATIQUE ♦ SYN. Court, imprécis, inachevé, incomplet, rudimentaire, *simplifié*, sommaire, succinct, synthétique. ♦ ANT. Achevé, complet, détaillé, développé, long, nuancé, précis.

SCHÉMATISATION ◇ V. Simplification

SCHÉMATISER ◇ V. Simplifier

SCHÈME ♦ SYN. 1. Armature, cadre, forme, *structure*. 2. Concept, idée, image, pensée, perception, *processus* (mental), représentation.

SCHISMATIQUE ◇ V. Dissident

SCHISME ♦ SYN. Dissidence, divergence, division, hérésie *(relig.)*, rupture, *scission*, séparation. ♦ ANT. Communion, convergence, orthodoxie *(relig.)*, rassemblement, réconciliation, réunification, réunion.

SCHIZOPHRÉNIE ♦ SYN. *(Psychiatrie)* Ambivalence, autisme, introversion, *psychose*, repli, schizoïdie, schizose. ♦ ANT. Adaptation, équilibre, extraversion, exubérance, ouverture.

SCIE ♦ SYN. 1. *Égoïne*, sciotte, tronçonneuse. 2. *(Fig., péj.)* Redite, refrain, *rengaine*. 3. *(Fam.)* Emmerdeur, *raseur*.

SCIENCE ♦ SYN. 1. Connaissances, culture, *savoir*. 2. Art, compétence, expérience, habileté, *savoir-faire*, technique. 3. Empirisme, *étude*, expérimentation, expertise, observation, recherche, rigueur. 4. Branche, discipline, domaine, *spécialité*. ♦ ANT. 1. Ignorance, inculture. 2. Amateurisme, approximation, incompétence, inexpérience, inhabileté, méconnaissance. 3. Instinct, intuition, irrationalité, préjugé, sentiment.

SCIENCE-FICTION ♦ SYN. *(Litt.)* *Anticipation*, futurisme. ♦ ANT. Documentaire, réalisme.

SCIENTIFIQUE ♦ SYN. ▷ Nom 1. Chercheur, expert, *savant*, spécialiste. ▷ Adj. 2. Empirique, impartial, méthodique, objectif, rationnel, *rigoureux*, systématique. ♦ ANT. 1. Amateur, apprenti, élève, étudiant, généraliste, profane. 2. Approximatif, irrationnel, orienté, partial, subjectif, superficiel.

SCIER ♦ SYN. 1. *Couper*, débiter, découper, diviser, fendre, refendre, tronçonner. ▷ Fam. 2. *Ennuyer*, exaspérer, fatiguer. 3. Estomaquer, *étonner*, sidérer, surprendre. ♦ ANT. 1. Corder *(québ.)*, empiler. 2. Captiver, charmer, plaire. 3. Calmer, indifférer, rassurer.

SCINDER ♦ SYN. *Diviser*, fractionner, sectionner, séparer. ♦ ANT. Former, rassembler, regrouper, réunir.

SCINTILLANT ◇ V. Étincelant

SCINTILLER ♦ SYN. 1. *Clignoter*, osciller, vaciller. 2. Briller, *étinceler*, pétiller. ♦ ANT. 1. S'arrêter, disparaître. 2. S'assombrir, s'éteindre, pâlir.

SCION ◇ V. Pousse

SCISSION ♦ SYN. Désaccord, dissidence, dissociation, *division*, éclatement, fractionnement, morcellement, partage, partition, rupture, schisme, sécession, séparation. ♦ ANT. Accord, adhésion, association, coalition, cohésion, conservation, fédération, fusion, ralliement, réintégration, renforcement, statu quo, unité.

SCISSIONNISTE ◇ V. Dissident

SCIURE ◇ V. Bran de scie

SCLÉROSE ♦ SYN. 1. *(Méd.)* *Durcissement*, induration. 2. *(Fig.)* Encroûtement, immobilisme, indolence, *inertie*, paralysie, stagnation, vieillissement. ♦ ANT. 1. Reconstitution, régénération. 2. Ardeur, dynamisme, effervescence, entrain, rajeunissement, renouvellement, spontanéité, vitalité.

SCOLAIRE ♦ SYN. 1. *(Ouvrage)* Didactique, éducatif, *pédagogique*. 2. Académique, artificiel, compassé, *conventionnel*, factice, impersonnel, livresque. ♦ ANT. 2. Inventif, neuf, original, personnel, spontané, vécu, vrai.

SCORE ♦ SYN. Décompte, *marque*, note, pointage *(québ.)*, résultat.

SCORIE ♦ SYN. 1. *(Métall.)* Cendrée, *mâchefer*. 2. *(Pl., géol.)* Lave. 3. Déchet, *résidu*.

SCOTCH ◇ v. **Ruban**

SCRAPBOOK ♦ SYN. *Album personnalisé*, album-souvenir.

SCRIBE ♦ SYN. 1. Clerc, *copiste*, greffier, logographe, rédacteur, scripteur. 2. *(Péj.)* Bureaucrate, *gratte-papier*, plumitif, scribouillard. ♦ ANT. 1-2. Auteur, créateur, écrivain.

SCRIPT ◇ v. **Scénario**

SCRIPTURAL ♦ SYN. *Écrit*, graphique. ♦ ANT. Oral, verbal.

SCRUPULE ♦ SYN. 1. Appréhension, doute, embarras, gêne, *hésitation*, honte, incertitude, inquiétude, pudeur, remords. 2. Conscience, délicatesse, exactitude, exigence, honnêteté, loyauté, minutie, probité, rigueur, *soin*, souci. ♦ ANT. 1. Amoralité, certitude, cynisme, décision, désinvolture, fermeté, impudeur. 2. Incurie, laxisme, malhonnêteté, négligence, nonchalance, paresse, relâchement.

SCRUPULEUX ♦ SYN. 1. *Consciencieux*, correct, délicat, étroit, honnête, juste, probe, prude *(péj.)*, pudibond *(péj.)*, pudique, strict. 2. Attentif, exact, exigeant, maniaque, méticuleux, minutieux, perfectionniste, pointilleux, ponctuel, précis, *soigneux*, soucieux. ♦ ANT. 1. Amoral, cynique, immoral, impudent, indécent, indélicat, injuste, large, laxiste, licencieux, malhonnête. 2. Approximatif, bâclé, expéditif, imprécis, inattentif, inexact, insouciant, insoucieux, négligent, paresseux, rapide.

SCRUTATEUR ♦ SYN. ▷ *Nom* 1. *(Élection)* Examinateur, inspecteur, observateur, officier, surveillant, *vérificateur*. ▷ *Adj.* 2. Attentif, curieux, indiscret, *inquisiteur*, soupçonneux. ♦ ANT. 1. Électeur, votant. 2. Discret, distrait, furtif, inattentif, vague.

SCRUTER ♦ SYN. 1. Analyser, approfondir, chercher, creuser, décortiquer, éplucher, étudier, *examiner*, explorer, fouiller, inspecter, interroger, questionner, sonder. 2. Considérer, contempler, dévisager *(pers.)*, *fixer*, observer, regarder. ♦ ANT. 1. Effleurer, éluder, escamoter, ignorer, négliger, omettre, survoler. 2. Détourner, éloigner, fuir.

SCRUTIN ♦ SYN. Choix, consultation, élection, plébiscite, référendum, sélection, suffrage, voix, *vote*.

SCULPTER ♦ SYN. Buriner, ciseler, configurer, *façonner*, figurer, former, graver, modeler, orner, tailler.

SCULPTEUR ♦ SYN. Animalier, artiste, bustier, ciseleur, imagier, modeleur, ornemaniste, *plasticien*, statuaire.

SCULPTURAL ♦ SYN. 1. Architectural, *plastique*. 2. Bien fait, esthétique, *galbé*, harmonieux. ♦ ANT. 2. Difforme, inesthétique, informe, inharmonieux, laid.

SCULPTURE ♦ SYN. 1. Bas-relief, *décoration*, glyptique, gravure, haut-relief, moulure, ornement, ronde-bosse, statuaire. 2. Buste, figurine, monument, œuvre, pièce, représentation, *statue*, statuette, tête, torse.

SÉANCE ♦ SYN. 1. *(Dr.)* Assise, audience, débats, délibérations, rencontre, *réunion*, session, vacation *(dr.)*. 2. *Période*, phase, temps. 3. Exécution, pièce, projection, représentation, *spectacle*.

SÉANT ♦ SYN. ▷ *Nom* 1. *Derrière*, fesses, postérieur *(fam.)*, siège. 2. *(Sur son séant)* *Assis*, dressé. ▷ *Adj.* 3. Acceptable, bienséant, *convenable*, décent. ♦ ANT. 2. Couché, étendu. 3. Inacceptable, inconvenant, indécent, malséant, messéant.

SEAU ♦ SYN. Chaudière *(québ.)*, *récipient*, seille, seillon, vache *(camping)*.

SEC ♦ SYN. 1. Aride, asséché, déshydraté, *desséché*, pauvre, rassis, séché, stérile, tari. 2. *Décharné*, maigre, maigrichon *(fam.)*, squelettique. 3. Bref, *brusque*, rapide, vif. 4. Austère, autoritaire, cassant, désobligeant, *dur*, froid, glacial, indifférent, insensible, raide, rude, tranchant. ♦ ANT. 1. Aqueux, fertile, frais, humide, moite, mouillé, pluvieux, trempé, uligineux, vert. 2. Charnu, dodu, gras, grassouillet. 3. Délicat, doux, lent. 4. Aimable, chaleureux, courtois, doux, jovial, mielleux, obligeant, onctueux.

SÉCESSION ♦ SYN. 1. Autonomie, indépendance, libération, rupture, scission, *séparation*, souveraineté. 2. *Dissidence*, rébellion, révolte. ♦ ANT. 1. Association, dépendance, fédération, union. 2. Alliance, soumission, subordination.

SÉCHER ♦ SYN. ▷ *V. tr.* 1. Assécher, déshydrater, *dessécher*, drainer, éponger, essorer, essuyer, étancher, faner, flétrir, racornir, tarir, vider. 2. *(Fam., école)* S'absenter, *manquer.* ▷ *V. intr.* 3. S'assécher, *se dessécher.* 4. Dépérir, *languir*, se morfondre, souffrir. ▷ *V. pr.* 5. S'éponger, *s'essuyer.* ♦ ANT. 1. Arroser, détremper, humecter, humidifier, hydrater, imbiber, inonder, mouiller, rafraîchir, remplir, tremper. 2. Assister, se présenter. 3. Se détremper, se mouiller. 4. S'épanouir, espérer, prospérer, se réjouir. 5. S'asperger, se tremper.

SÉCHERESSE ♦ SYN. 1. *Aridité*, dessiccation, maigreur, pauvreté, siccité, stérilité, tarissement. 2. Austérité, brusquerie, *dureté*, froideur, insensibilité, rudesse, sévérité. ♦ ANT. 1. Abondance, fécondité, fertilité, fraîcheur, humidité, hydratation, luxuriance, moiteur. 2. Affabilité, bonté, compassion, cordialité, douceur, ferveur, indulgence, sensibilité.

SÉCHOIR ♦ SYN. 1. *(Lieu) Sécherie*, touraille. 2. *(Dispositif)* Corde à linge, *étendoir*, tendoir. 3. *(Appareil)* Casque, sèche-cheveux, sèche-linge, sèche-mains, *sécheur*, sécheuse. ♦ ANT. 3. Humidificateur, saturateur.

SECOND ♦ SYN. ▷ *Adj.* 1. *(Ordre)* Cadet, *deuxième*, suivant. 2. *(Rôle, valeur) Inférieur*, mineur, secondaire. 3. *(État)* Anormal, *autre*, différent, étranger, inconscient. ▷ *Nom* 4. *Adjoint*, aide, allié, alter ego, appui, assesseur, assistant, auxiliaire, bras droit, collaborateur, lieutenant, subalterne. ♦ ANT. 1. Aîné, originel, premier, primitif. 2. Important, majeur, prime, primordial, principal, supérieur. 3. Conscient, habituel, identique, normal. 4. Capitaine, chef, commandant, contremaître, directeur, employeur, leader, patron.

SECONDAIRE ♦ SYN. 1. Deuxième, *intermédiaire*, mésozoïque *(géol.)*, second, subséquent, suivant. 2. *(Écon.)* De trans-

formation, industriel, *manufacturier*. 3. *(Valeur) Accessoire*, adventice, contingent, incident, inférieur, insignifiant, marginal, mineur, négligeable, subalterne, subordonné, subsidiaire. ♦ ANT. 1. Originel, premier, primaire, primitif. 2. Primaire (producteur), tertiaire (de services). 3. Capital, considérable, dominant, essentiel, fondamental, important, majeur, primordial, principal, supérieur.

SECONDER ◇ v. Aider

SECOUER ♦ SYN. ▷ *V. tr.* 1. *Agiter*, balancer, ballotter, branler, bringuebaler, cahoter, dodeliner, hocher *(tête)*, remuer. 2. Affecter, *bouleverser*, chavirer, commotionner, ébranler, émouvoir, perturber, remuer *(fig.)*, retourner *(fig.)*, traumatiser. 3. Bousculer, *brusquer*, houspiller, malmener, molester, morigéner, réprimander. ▷ *V. pr.* 4. S'activer, s'animer, se dégourdir, s'ébrouer, *réagir*, se ressaisir, se réveiller. ♦ ANT. 1. Ancrer, attacher, fixer, immobiliser, relever *(tête)*, river, stabiliser. 2. Apaiser, calmer, rassurer, réconforter. 3. Cajoler, caresser, encourager, féliciter, flatter, louanger. 4. Abdiquer, capituler, céder, s'empêtrer, s'engourdir, flancher *(fam.)*, lâcher.

SECOURABLE ♦ SYN. Altruiste, attentionné, bon, charitable, empressé, fraternel, généreux, humain, obligeant, prévenant, *serviable*. ♦ ANT. Désobligeant, égoïste, hostile, individualiste, inhumain, intéressé, méchant, mesquin, rude.

SECOURIR ♦ SYN. 1. *Aider*, appuyer, défendre, protéger, servir, soulager, soutenir. 2. Assister, *porter secours*, sauver. ♦ ANT. 1. Abandonner, délaisser, desservir, gêner, nuire. 2. S'abstenir, fuir, négliger.

SECOURISME ◇ v. Sauvetage

SECOURISTE ◇ v. Sauveteur

SECOURS ♦ SYN. 1. *Aide*, appoint, appui, assistance, concours, coup de main, entraide, hospitalité, main-forte, mutualité, protection, providence, réconfort, renfort, rescousse, salut, sauvetage, secourisme, service, soins, soutien. 2. Allocation, aumône, bienfaisance, charité, *contribution*, don, obole, ressource, subside, subvention. ◆ ANT. 1. Abandon, agression, délaissement, déréliction, désertion, entrave, fuite, hostilité, intimidation, obstacle. 2. Extorsion, prélèvement, rançon, vol.

SECOUSSE ◆ SYN. 1. À-coup, agitation, ballottement, bond, cabriole, cahot, cahotement, *choc*, contraction, convulsion, coup, ébranlement, heurt, oscillation, saccade, saut, soubresaut, sursaut, tremblement, trépidation, tressautement. 2. Bouleversement, commotion, *émotion*, remous, spasme, traumatisme, tressaillement. ◆ ANT. 1. Accalmie, adoucissement, atténuation, pause, repos, stabilité, tranquillité, uniformité. 2. Apaisement, baume, consolation, réconfort, soulagement.

SECRET ◆ SYN. ▷ *Adj.* 1. Anonyme, *caché*, clandestin, confidentiel, dissimulé, inconnu, interlope, intime, invisible, occulte, parallèle, sourd, souterrain, ténébreux, voilé. 2. Abscons, *énigmatique*, ésotérique, hermétique, impénétrable, insondable, latent, mystérieux, obscur, sibyllin, ténébreux. 3. *(Pers.)* Cachottier, *discret*, renfermé, réservé. ▷ *Nom* 4. Confession, *confidence*. 5. Discrétion, mutisme, réserve, *silence*. 6. *Intimité*, profondeur, tréfonds. 7. Arcanes, arrière-pensée, cachotteries, coulisses, dessous, énigme, *mystère*, voile. 8. Clé, formule, méthode, moyen, procédé, *recette*, solution, truc *(fam.)*. ◆ ANT. 1. Accessible, apparent, connu, explicite, flagrant, notoire, officiel, ostensible, ouvert, public, répandu, su, transparent, visible. 2. Clair, compréhensible, évident, explicable, intelligible, limpide. 3. Bavard, extraverti, indiscret. 4. Annonce, proclamation. 5. Bavardage, indiscrétion, prolixité. 6. Apparence, dehors, surface. 7. Aveu, clarté, confirmation, découverte, divulgation, lumière, manifestation, révélation. 8. Énigme, mystère, mystification.

SECRÉTAIRE ◆ SYN. 1. Copiste, dactylo, *employé de bureau*, rédacteur. 2. *Administrateur*, fonctionnaire, ministre. 3. Bonheur-du-jour, *bureau*, scriban. 4. Serpen-

taire *(oiseau)*. ◆ ANT. 1. Employeur, patron. 2. Chef, directeur, premier ministre, président.

SECRÉTARIAT ◆ SYN. *Administration*, bureau, chancellerie, services.

SECRÈTEMENT ◆ SYN. 1. À la dérobée, clandestinement, confidentiellement, *discrètement*, en cachette, en catimini, en douce, en sourdine, en sous-main, en tapinois, furtivement, incognito, officieusement, sans tambour ni trompette, sous cape, sous le manteau, subrepticement. 2. À part soi, dans le secret du cœur, dans son for intérieur, in petto, *intérieurement*, intimement. ◆ ANT. 1. À découvert, au grand jour, franchement, manifestement, officiellement, ostensiblement, ouvertement, publiquement. 2. Apparemment, en surface, extérieurement, superficiellement.

SÉCRÉTER ◆ SYN. Distiller, excréter, exsuder, *produire*, suinter. ◆ ANT. Absorber, infiltrer.

SECTAIRE ◆ SYN. Borné, *chauvin*, doctrinaire, dogmatique, étroit d'esprit, exclusif, extrémiste, fanatique, intolérant, intransigeant, systématique. ◆ ANT. Éclectique, large, libéral, modéré, ouvert, souple, tolérant.

SECTARISME ◇ V. **Chauvinisme**

SECTE ◆ SYN. 1. Communauté, commune, Église, *religion*. 2. *(Péj.)* Bande, chapelle, *clan*, clique *(fam.)*, coterie, faction, parti, société secrète.

SECTEUR ◆ SYN. 1. Coin, endroit, lieu, *zone*. 2. *(Admin.)* Arrondissement, district, *division*, quartier, section, subdivision. 3. Branche, champ, catégorie, *domaine*, partie.

SECTION ◆ SYN. 1. *Coupe* (techn.), coupure, intersection *(géom.)*, profil, vue. 2. *(Organisation)* Cellule, *division*, élément, groupe. 3. *Partie*, portion, rayon, segment, subdivision, tranche, tronçon. 4. *(Milit.)* Unité, *troupe*. ◆ ANT. 1. Intégralité, parallélisme *(géom.)*, surface. 2. Centre, direction, ensemble, instances. 3. Totalité, tout. 4. Armée.

SECTIONNEMENT ◇ v. **Division**

SECTIONNER ✦ SYN. 1. Découper, *diviser*, fractionner, morceler, partager, scinder, segmenter, séparer, subdiviser. 2. *Couper*, trancher, tronçonner. ✦ ANT. 1. Adjoindre, ajouter, fusionner, joindre, regrouper, réunir, unir. 2. Coudre, greffer, lier, souder, suturer.

SÉCULAIRE ✦ SYN. 1. Centenaire. 2. Ancestral, *ancien*, antique, immémorial, lointain, reculé, vieux. ✦ ANT. 2. Actuel, frais, jeune, moderne, neuf, nouveau, récent.

SÉCULIER ✦ SYN. 1. Civil, laïc, *laïque*, profane, temporel. 2. Curé, *prêtre*. ✦ ANT. 1. Confessionnel, ecclésiastique, religieux. 2. Moine, régulier.

SÉCURISANT ◇ v. **Rassurant**

SÉCURISER ✦ SYN. 1. Apaiser, calmer, consoler, *rassurer*, réconforter, tranquilliser. 2. Défendre, *protéger*. ✦ ANT. 1. Affoler, alarmer, ébranler, effrayer, inquiéter, intimider, paniquer, troubler. 2. Menacer, pirater, voler.

SÉCURITÉ ✦ SYN. 1. Abri, assurance, calme, *confiance*, confort, quiétude, repos, sérénité, sûreté, tranquillité. 2. Ordre, police, *protection*. ✦ ANT. 1. Agitation, anxiété, défiance, détresse, inquiétude, insécurité. 2. Danger, désordre, menace, péril.

SÉDATIF ✦ SYN. Analgésique, anesthésique, antispasmodique, balsamique, *calmant*, hypnotique, lénifiant, narcotique, tranquillisant. ✦ ANT. Excitant, irritant, stimulant.

SÉDENTAIRE ✦ SYN. 1. *Fixe*, immobile, inactif, stationnaire. 2. *Casanier*, pantouflard *(fam.)*, pot-au-feu *(fam.)*. ✦ ANT. 1. Actif, ambulant, errant, itinérant, mobile, nomade, vagabond. 2. Aventurier, globetrotter, voyageur.

SÉDIMENT ✦ SYN. Alluvion, boue, calcaire, concrétion, couche, *dépôt*, formation, lie, limon, précipité, résidu, roche.

SÉDITIEUX ✦ SYN. Activiste, agitateur, comploteur, conjuré, contestataire, émeu-

tier, factieux, frondeur, insoumis, *insurgé*, insurrectionnel, mutin, perturbateur, provocateur, rebelle, révolté, révolutionnaire, subversif, traître. ✦ ANT. Conservateur, fidèle, loyal, modéré, neutre, pacifique, pacifiste, soumis, thuriféraire.

SÉDITION ✦ SYN. Agitation, émeute, fronde, indiscipline, *insurrection*, mutinerie, pronunciamiento, putsch, rébellion, révolte, révolution, soulèvement, subversion, troubles. ✦ ANT. Calme, discipline, loyauté, obéissance, ordre, paix, reddition, soumission, soutien, sujétion.

SÉDUCTEUR ✦ SYN. 1. *(Homme)* Aguicheur, bourreau des cœurs, chanteur de pomme *(québ.)*, charmeur, conquérant, coureur de jupons, don Juan, dragueur *(fam.)*, *enjôleur*, lovelace, play-boy, suborneur, tombeur *(fam.)*. 2. *(Femme)* Aguicheuse, allumeuse *(fam.)*, beauté fatale, charmeuse, *enjôleuse*, femme fatale, sirène, tentatrice, vamp. 3. Attirant, enchanteur, *ensorceleur*, séduisant, tentateur. 4. *Baratineur*, bavard, beau parleur, bonimenteur, hâbleur, trompeur. ✦ ANT. 1-2. Laid, laideron *(femme)*, moche *(fam.)*, timide. 3. Affreux, dégoûtant, hideux, repoussant, répugnant. 4. Franc, honnête, loyal, sincère.

SÉDUCTION ✦ SYN. 1. Agrément, appât, attrait, avantages (physiques), beauté, *charme*, sex-appeal, tentation. 2. Attirance, conquête, enchantement, ensorcellement, *envoûtement*, fascination, ravissement. 3. Ascendant, *charisme*, crédit, éclat, emprise, influence, force, magie, magnétisme, prestige, puissance. ✦ ANT. 1. Dégoût, rejet, répulsion. 2. Aversion, désenchantement, ennui, indifférence. 3. Discrédit, fadeur, faiblesse, médiocrité.

SÉDUIRE ✦ SYN. 1. Affrioler, aguicher, allécher, appâter, *attirer*, tenter. 2. Attacher, captiver, *charmer*, conquérir, éblouir, enchanter, ensorceler, envoûter, fasciner, gagner, hypnotiser, plaire, ravir, subjuguer. 3. Amadouer, baratiner, circonvenir, embobiner *(fam.)*, endormir, *enjôler*, entortiller, entraîner. ♦ ANT. 1. Chasser, éconduire, repousser. 2. Dégoûter, déplaire, désenchanter, ennuyer, horrifier, rebuter. 3. Effaroucher, éloigner.

SÉDUISANT ♦ SYN. 1. *(Pers.)* Agréable, aguichant, aimable, attirant, beau, *charmant*, désirable, séducteur, sexy *(fam.)*. 2. *(Ch.)* Affriolant, alléchant, *attrayant*, captivant, enchanteur, engageant, enivrant, intéressant, invitant, ravissant, tentant. ♦ ANT. 1. Abject, choquant, déplaisant, désagréable, grossier, laid, moche *(fam.)*, répugnant. 2. Fade, ennuyant, grotesque, idiot, inintéressant, rebutant.

SEGMENT ♦ SYN. 1. Partie, *portion*, section. 2. *(Techn.)* **Anneau**, bague, croissant. ♦ ANT. 1. Ensemble, tout.

SEGMENTATION ◊ v. Division

SEGMENTER ◊ v. Sectionner

SÉGRÉGATION ♦ SYN. 1. *Discrimination*, distinction, exclusion, ghettoïsation, intolérance, isolement, ostracisme, préjugés, rejet, séparation. 2. Apartheid, *racisme*. 3. Machisme, *sexisme*. 4. Âgisme. ♦ ANT. 1. Fraternité, inclusion, ouverture, tolérance. 2. Déségrégation, intégration. 3-4. Acceptation, égalité, reconnaissance *(droits)*.

SEIGNEUR ♦ SYN. 1. *(Féodalité)* Châtelain, chevalier, hobereau, maître, propriétaire, sire, staroste, *suzerain*. 2. *(Distinction)* Aristocrate, gentilhomme, *noble*. 3. Dieu, prince, roi, *souverain*. 4. *(Fig.)* Baron, chef, magnat, *maître* (du monde). ♦ ANT. 1. Censitaire *(québ.)*, colon *(québ.)*, écuyer, feudataire, serf, vassal. 2. Bourgeois, roturier. 3. Créature, sujet. 4. Faible, petit.

SEIGNEURIAL ◊ v. Princier

SEIN ♦ SYN. 1. Buste, gorge, *poitrine*. 2. *(Pl., fam.)* Lolos, *mamelles*, nichons, tétons. 3. Entrailles, flanc, giron, *utérus*, ventre. 4. Centre, cœur, *milieu*, profondeurs.

SEING ◊ v. Signature

SÉISME ♦ SYN. 1. Secousse sismique, secousse tellurique, *tremblement de terre*. 2. *Bouleversement*, cataclysme, catastrophe, commotion. ♦ ANT. 1. Calme, immobilité. 2. Harmonie, ordre, paix, stabilité.

SÉJOUR ♦ SYN. 1. *(Temps)* Arrêt, halte, *passage*, repos, stage, villégiature. 2. *(Lieu)* Demeure, domicile, habitation, *résidence*. 3. Living-room, *salle de séjour*, vivoir *(québ.)*.

SÉJOURNER ♦ SYN. 1. *(Un certain temps)* S'arrêter, s'attarder, camper, *demeurer*, descendre, habiter, rester, stationner *(troupes)*. 2. *(Eau, neige)* **Croupir**, stagner. ♦ ANT. 1. Fuir, partir, quitter. 2. Circuler, s'écouler, fondre.

SEL ♦ SYN. 1. *(De table)* Chlorure de sodium. 2. Agrément, *charme*, piment, piquant, saveur. 3. Esprit, *finesse*, gaieté, humour, subtilité, truculence. ♦ ANT. 2. Ennui, fadeur, insipidité, monotonie. 3. Ineptie, lourdeur, stupidité.

SÉLECT ♦ SYN. 1. *Chic*, choisi, distingué, élégant, prestigieux. 2. Clos, élitiste, fermé, *snob*. ♦ ANT. 1. Affreux, minable, pouilleux, sale, sordide. 2. Accessible, ouvert, public.

SÉLECTION ♦ SYN. 1. *Choix*, critérium *(sports)*, écrémage, élection, élimination, repêchage, tri, triage. 2. Assortiment, *collection*, éventail. 3. *(Litt.)* Anthologie, compilation, florilège, morceaux choisis, recueil. ♦ ANT. 1. Abstention, indécision, neutralité. 2. Exemplaire, spécimen. 3. Œuvre complète, intégrale.

SÉLECTIONNER ◊ v. Choisir

SELLE ♦ SYN. 1. Sellette, *siège*. 2. *(Boucherie)* Croupe. 3. *(Arts)* Escabeau, *trépied*. 4. *(Pl.)* Caca *(fam.)*, crotte *(fam.)*, *excréments*, fèces, matières fécales.

SEMAILLES ♦ SYN. 1. Emblavage, *ensemencement*, semis. 2. *Graines*, grains, semences. ♦ ANT. 1. Fenaison, moisson, récolte. 2. Céréales, légumes.

SEMBLABLE ♦ SYN. ▷ *Adj.* 1. *Analogue*, approchant, approximatif, commun, comparable, conforme, équipollent, équivalent, homogène, homologue, identique, jumeau, même, parallèle, pareil, ressemblant, similaire, symétrique, synonyme, tel, tout comme, voisin. ▷ *Nom* 2. *(Pers.)* Alter ego, autrui, congénère *(péj.)*, égal, être humain, frère, pair, parent, pendant, *prochain*, proches, sosie, tiers. ♦ ANT. 1. Antonyme, autre, contraire, différent, disparate, dissemblable, distinct, divergent, éloigné, hétérogène, opposé. 2. Étranger, inconnu.

SEMBLANT ♦ SYN. 1. Affectation, apparence (trompeuse), dehors, façade, fauxsemblant, manière, masque, illusion, *simulacre*, trompe-l'œil, vernis 2. *(Quantité)* Ombre, *soupçon*, trace. ♦ ANT. 1. Authenticité, réalité, véracité. 2. Abondance, présence.

SEMBLER ♦ SYN. Apparaître, avoir l'air, donner à croire (à penser), donner l'impression de, *paraître*. ♦ ANT. S'avérer, se confirmer, être.

SEMENCE ♦ SYN. 1. Grain, *graine*, pollen, sperme, spore. 2. *(Fig.)* Ferment, *germe*. ♦ ANT. 1. Éclosion, naissance, récolte. 2. Événement, résultat.

SEMER ♦ SYN. 1. Cultiver, emblaver, *ensemencer*, épandre, jeter, planter. 2. Diffuser, disséminer, parsemer, *propager*, répandre. 3. Causer, engendrer, provoquer, *susciter*. 4. Dépasser, devancer, *distancer*, prendre de vitesse. ♦ ANT. 1. Cueillir, moissonner, récolter. 2. Amasser, concentrer, entasser, regrouper. 3. Chasser, combattre, éloigner, empêcher. 4. Poursuivre, rattraper, rejoindre, talonner.

SEMESTRE ♦ SYN. 1. *Demi-année*, session. 2. Pension, *rente*. ♦ ANT. 1. Année, scolarité. 2. Annuité.

SEMI- ♦ SYN. *Demi-*, hémi-, mi-, moitié, partiellement, presque, quasi. ♦ ANT. Complètement, entièrement, pleinement, totalement.

SÉMILLANT ♦ SYN. Allègre, alerte, enjoué, éveillé, frétillant, fringant, gai, pétillant, pétulant, pimpant, primesautier, remuant, *vif*. ♦ ANT. Apathique, endormi, engourdi, ennuyeux, indolent, lent, renfrogné, sombre, triste.

SÉMINAIRE ♦ SYN. 1. *(Relig.)* *École religieuse*, établissement, institut. 2. Carrefour, colloque, congrès, cours, forum,

groupe de travail, réunion, symposium, table ronde. ♦ ANT. 1. École laïque.

SEMIS ♦ SYN. 1. Ensemencement, *semailles*. 2. Culture, *plant*, plantation. 3. *Motif*, ornement. ♦ ANT. 1. Moisson, récolte. 2. Champ, forêt. 3. Nudité.

SEMONCE ♦ SYN. 1. Avertissement, ordre, *sommation*. 2. Admonestation, harangue, remontrances, *réprimande*, reproche. ♦ ANT. 1. Libération, liberté. 2. Éloge, louange, récompense.

SEMONCER ◇ v. Réprimander

SEMPITERNEL ♦ SYN. 1. *(Péj.)* Continuel, éternel, *incessant*, infini, interminable, lassant, perpétuel. 2. *(Avec un possessif, devant le nom)* Habituel, indissociable, *inséparable*, inévitable, rituel, traditionnel. ♦ ANT. 1. Bref, captivant, court, intéressant, passager, temporaire. 2. Inhabituel, occasionnel, rare.

SÉNAT ♦ SYN. Assemblée, *chambre*, conseil, curie.

SÉNILE ♦ SYN. Affaibli, âgé, caduc, décrépit, déliquescent, gaga *(fam.)*, gâteux *(péj.)*, ramolli *(fam.)*, *sénescent*, usé, vieilli, vieux. ♦ ANT. Enfantin, fort, fringant, gaillard, infantile, jeune, juvénile, sain, vert, vigoureux.

SÉNILITÉ ♦ SYN. Affaiblissement, caducité, décrépitude, dépérissement, gâtisme *(péj.)*, gérontisme, régression, *sénescence*, sénilisme, usure, vieillesse, vieillissement. ♦ ANT. Force, infantilisme, jeunesse, juvénilité, verdeur, vigueur.

SENS ♦ SYN. 1. *(Faculté)* Goût, odorat, ouïe, *perception*, sensation, toucher, vue. 2. *(Bon sens)* Compréhension, discernement, jugement, *raison*, sagesse. 3. *Avis*, opinion, point de vue, sentiment. 4. Acception, aspect, dimension, portée, *signification*, signifié, valeur. 5. Aptitude, disposition, faculté, génie, *instinct*. 6. *Direction*, orientation, position. 7. *(Pl.)* Chair, concupiscence, libido, *sensualité*, sexualité, volupté. ♦ ANT. 1. Agnosie, anosmie, cécité, insensibilité, surdité. 2. Absurdité, aveuglement, déraison, incompréhension, inconscience, stupidité. **3.** Certitude, vérité. **4.** Contresens, impropriété, nonsens. **5.** Dénuement, inaptitude, incompétence, indigence, ineptie. **6.** Confusion, désorientation, éloignement. **7.** Esprit, intellect, spiritualité.

SENSATION ◆ **SYN. 1.** Affect, affection, esthésie, impression, *perception*, sensibilité. **2.** Émoi, *émotion*, excitation, sentiment. ◆ **ANT. 1.** Agnosie, apathie, indolence, insensibilité. **2.** Ataraxie, flegme, impassibilité, indifférence, quiétude, sang-froid.

SENSATIONNEL ◆ **SYN.** Énorme, épatant, étonnant, exceptionnel, extraordinaire, fantastique, *formidable*, fumant *(fam.)*, incroyable, inédit, prodigieux, remarquable, spectaculaire, super *(fam.)*, terrible *(fam.)*. ◆ **ANT.** Banal, commun, insignifiant, lamentable, médiocre, navrant, ordinaire, piètre, pitoyable, quelconque.

SENSÉ ◆ **SYN.** Éclairé, fin, judicieux, *raisonnable*, rationnel, sage. ◆ **ANT.** Absurde, déraisonnable, extravagant, fou, insensé, irrationnel.

SENSIBILITÉ ◆ **SYN. 1.** Excitabilité, réactivité, *réceptivité*, sensation, susceptibilité. **2.** *Affectivité*, cœur, émotion, émotivité, fibre, impressionnabilité, passion, romantisme, sentiment, sentimentalité. **3.** *Compassion*, humanité, pitié, sensiblerie *(péj.)*, sentimentalisme, sympathie, tendresse. ◆ **ANT. 1.** Immunité, insensibilité, résistance. **2.** Cerveau, esprit, intellect, intelligence, pensée, pragmatisme, raison, rationalité, volonté. **3.** Cruauté, dureté, froideur, imperturbabilité, inhumanité, sécheresse, sévérité.

SENSIBLE ◆ **SYN. 1.** Excitable, réactif, *réceptif*, sensitif, sensoriel. **2.** Appréciable, clair, concret, contingent, évident, important, matériel, notable, palpable, *perceptible*, tangible, visible. **3.** Chatouilleux, délicat, douillet, *émotif*, fragile, impressionnable, nerveux, romantique, sentimental, susceptible, vulnérable. **4.** *Compatissant*, compréhensif, généreux, humain, ouvert, perméable, réceptif, ten-

dre. ◆ **ANT. 1.** Immunisé, inanimé, insensible, réfractaire, résistant. **2.** Immatériel, impalpable, imperceptible, insaisissable, insignifiant, intangible, invisible, nul. **3.** Calculateur, endurci, fort, logique, posé, pragmatique, raisonnable, rationnel, réaliste, solide. **4.** Aride, cruel, desséché, dur, fermé, froid, imperméable, indifférent, réfractaire, sans-cœur *(fam.)*, sourd à.

SENSUALITÉ ◆ **SYN. 1.** Appétit, *désir*, envie, érotisme, libido, passion, penchant, tempérament. **2.** Concupiscence, jouissance, lascivité, lubricité, luxure, sexe, *sexualité*, volupté. ◆ **ANT. 1.** Désintérêt, frustration, inappétence, inhibition. **2.** Austérité, chasteté, continence, frigidité, froideur.

SENSUEL ◆ **SYN. 1.** Animal, *charnel*, érotique, physique, sexuel. **2.** *Concupiscent*, épicurien, jouisseur, lascif, lubrique, sybarite, torride *(fig.)*, voluptueux. ◆ **ANT. 1.** Cérébral, intellectuel, spirituel. **2.** Ascétique, austère, chaste, frigide, froid, prude, stoïcien.

SENTENCE ◆ **SYN. 1.** Arrêt, condamnation, décision, décret, *jugement*, verdict. **2.** Adage, aphorisme, apophtegme, axiome, citation, devise, dicton, dit, formule, *maxime*, morale, mot, parole, pensée, proverbe, réflexion. ◆ **ANT. 1.** Acquittement, pardon, remise, rémission, report. **2.** Banalité, ineptie, lapalissade, platitude, truisme.

SENTENCIEUX ◆ **SYN.** *(Péj.)* Affecté, cérémonieux, dogmatique, emphatique, grave, maniéré, moralisateur, *pompeux*, pompier *(fam.)*, pontifiant, révérencieux, solennel. ◆ **ANT.** Amical, cordial, familier, humble, léger, modeste, naturel, neutre, plaisant, primesautier, simple, spontané.

SENTEUR ◆ **SYN.** Arôme, bouquet *(vin)*, fragrance, fumet, odeur (agréable), *parfum*. ◆ **ANT.** Fétidité, miasmes, puanteur, relents, remugle.

SENTI ◆ **SYN. 1.** Authentique, ému, éprouvé, sensible, *sincère*, vrai. **2.** *(Bien senti)* Convaincu, *éloquent*, judicieux, marqué, percutant, persuasif. ◆ **ANT. 1.** Affecté,

artificiel, emprunté, factice, faux, simulé.
2. Ennuyeux, fade, insignifiant, terne.

SENTIER ♦ SYN. Cavée, *chemin*, laie, layon, lé, passage, piste, raccourci, raidillon, sente, tortille.

SENTIMENT ♦ SYN. 1. Avant-goût, connaissance, conscience, *impression*, intuition, perception, sensation. 2. Disposition, inclination, *instinct*, penchant, sens. 3. *Avis*, idée, opinion. 4. Affectivité, *émotion*, passion, sensibilité, sentimentalité. ♦ ANT. 1. Ignorance, inconscience, méconnaissance. 2. Allergie, inaptitude, incapacité, incompatibilité. 3. Certitude, vérité. 4. Calcul, froideur, insensibilité, raison, rationalité, réflexion.

SENTIMENTAL ♦ SYN. 1. Affectif, *amoureux*. 2. *Émotif*, instinctif, irrationnel. 3. Rêveur, romanesque, romantique, *sensible*, tendre. ♦ ANT. 1. Intellectuel, spirituel. 2. Cérébral, rationnel, réfléchi. 3. Dur, froid, insensible, pragmatique, réaliste.

SENTIMENTALISME ♦ SYN. Émotivité, irréalisme, mièvrerie *(péj.)*, sensibilité, *sensiblerie*, sentimentalité. ♦ ANT. Cruauté, cynisme, gravité, insensibilité, rationalité, réalisme, vulgarité.

SENTINE ◇ V. **Soue**

SENTINELLE ♦ SYN. Factionnaire, *garde*, gardien, guet, guetteur, planton, surveillant, vedette, veilleur, vigie.

SENTIR ♦ SYN. ▷ *V. tr.* 1. Palper, *percevoir*. 2. *(Odeur)* Flairer, *humer*, renifler, respirer, subodorer. 3. Deviner, discerner, *pressentir*. 4. Apprécier, *goûter*. 5. Éprouver, *ressentir*. ▷ *V. intr.* 6. Dégager, *exhaler*, produire, répandre. 7. *Empester*, puer. ♦ ANT. 1. Insensibiliser. 2. Chasser, expulser. 3. S'illusionner, se tromper. 4. Déprécier, mésestimer. 5. Se blinder, se protéger, refouler. 6. Contenir, renfermer. 7. Embaumer, parfumer, purifier.

SEOIR ♦ SYN. Aller, *convenir*. ♦ ANT. Détonner, messeoir.

SÉPARATION ♦ SYN. 1. Abstraction, brisure, coupure, décollement, découpage, démembrement, désagrégation, détachement, dichotomie, différence,

différenciation, disjonction, dislocation, dispersion, distinction, *division*, fragmentation, morcellement, rupture, sectionnement, tri, triage. 2. Abandon, brouille, départ, désunion, divorce, éloignement, exil, *rupture*. 3. Abîme, barrière, borne, *cloison*, démarcation, écran, fossé, frontière, limite, mur, obstacle. 4. Autonomie, dissidence, *indépendance*, schisme, scission, sécession, séparatisme. 5. Discrimination, *exclusion*, isolement, ostracisme, quarantaine, ségrégation. ♦ ANT. 1. Agglomération, assemblage, concentration, contact, fusion, jonction, mélange, raccordement, rassemblement, rattachement, ressemblance, réunion. 2. Entente, mariage, réconciliation, retour, retrouvailles, réunion. 3. Continuité, harmonie, ouverture, rapprochement, unité. 4. Accord, association, coalition, dépendance, domination, fédéralisme, statu quo, union. 5. Déségrégation, égalité, inclusion, intégration.

SÉPARATISME ◇ V. **Indépendantisme**

SÉPARER ♦ SYN. ▷ *V. tr.* 1. Abstraire, analyser, briser, couper, découper, démembrer, détacher, différencier, discerner, disjoindre, dissocier, distinguer, *diviser*, écarter, fragmenter, isoler, morceler, partager, scinder, trier. 2. Brouiller, *désunir*, éloigner. 3. Borner, *cloisonner*, délimiter, démarquer. ▷ *V. pr.* 4. Divorcer, se quitter, *rompre*. 5. *Se détacher*, se diviser, se scinder. ♦ ANT. 1. Ajouter, assembler, associer, attacher, concentrer, confondre, englober, fusionner, harmoniser, intégrer, joindre, lier, mélanger, raccorder, rassembler, réunir, souder, unifier. 2. Rapprocher, réconcilier. 3. Élargir, empiéter, étendre. 4. Se raccorder, se rapprocher, renouer, reprendre. 5. S'associer, demeurer, intégrer, réintégrer, s'unir.

SEPTENTRIONAL ♦ SYN. Arctique, boréal, hyperboréen, nord, *nordique*, polaire. ♦ ANT. Antarctique, austral, méridional, sud.

SEPTIQUE ♦ SYN. Contaminant, contaminé, infectant, *infecté*, pathogène. ♦ ANT.

Antiseptique, aseptique, décontaminant, décontaminé, désinfectant, désinfecté, prophylactique.

SÉPULCRAL ◆ SYN. **1.** Froid, funèbre, *lugubre*, macabre, sinistre, sombre, triste. **2.** *(Voix)* Bas, *caverneux*, d'outre tombe, grave, profond, sourd. ◆ ANT. **1.** Animé, chaleureux, joyeux, vivant. **2.** Aigu, clair, éclatant, haut, perçant.

SÉPULCRE ◊ V. **Tombeau**

SÉPULTURE ◆ SYN. **1.** Ensevelissement, enterrement, *inhumation*, obsèques. **2.** *(Lieu)* Fosse, *tombe*, tombeau. ◆ ANT. **1.** Déterrement, exhumation.

SÉQUELLES ◆ SYN. **1.** *(Méd.)* **Complications**, incapacité, reliquats, suites. **2.** Conséquences, contrecoups, *effets*, prolongements, retombées. ◆ ANT. **1.** Amélioration, guérison, progrès, récupération, rétablissement, santé. **2.** Causes, fondements, origines, racines.

SÉQUENCE ◆ SYN. **1.** Enchaînement, ordre, série, succession, *suite*. **2.** *(Cin.)* Extrait, images, plan, *scène*. ◆ ANT. **1.** Désordre, désorganisation, discontinuité, rupture. **2.** Film, œuvre.

SÉQUESTRATION ◆ SYN. **1.** Claustration, détention, *emprisonnement*, enfermement, internement, isolement, réclusion. **2.** *Enlèvement*, kidnapping, prise d'otage, rapt. ◆ ANT. **1.** Affranchissement, libération, liberté. **2.** Libération *(otage)*.

SÉQUESTRE ◆ SYN. *(Dr.)* Dépôt, mainmise, *saisie*. ◆ ANT. Cession, legs, transmission.

SÉQUESTRER ◆ SYN. ▷ V. tr. **1.** Confisquer, *saisir*. **2.** Claquemurer, claustrer, cloîtrer, *emprisonner*, enfermer, interner, isoler. **3.** Détenir, *enlever*, garder (retenir) en captivité, kidnapper, prendre en otage. ◆ ANT. **1.** Céder, remettre. **2.** Laisser sortir, libérer. **3.** Libérer *(otage)*.

SÉRAIL ◊ V. **Palais**

SÉRAPHIN ◆ SYN. **1.** Ange. **2.** *(Québ.)* *Avare*, avaricieux, harpagon, radin *(fam.)*. ◆ ANT. **1.** Démon. **2.** Dépensier, généreux, prodigue.

SEREIN ◆ SYN. ▷ Adj. **1.** *(Météorol.)* Beau, *clair*, dégagé, pur, radieux. **2.** Calme, confiant, flegmatique, heureux, imperturbable, philosophe, paisible, placide, rasséréné, quiet, stoïque, *tranquille*. **3.** *Impartial*, indépendant, objectif. ▷ Nom **4.** *(Québ.)* Fraîcheur, humidité, *rosée du soir*, vapeur. ◆ ANT. **1.** Nuageux, obscurci, orageux, sombre. **2.** Agité, anxieux, emporté, fougueux, inquiet, malheureux, triste, troublé. **3.** Intéressé, partial, passionné. **4.** Rosée du matin.

SÉRÉNADE ◆ SYN. **1.** Aubade, chant, *concert*, récital. **2.** Cacophonie, chahut, sabbat *(fig.)*, *tapage*, tintamarre. **3.** *(Fig., péj.)* Air, couplet, chanson, histoire, redite, *rengaine*. **4.** *(Fig., péj.)* **Dispute**, engueulade, réprimande.

SÉRÉNITÉ ◆ SYN. **1.** Calme, confiance, égalité d'âme, équanimité, imperturbabilité, paix, philosophie, placidité, quiétude, stoïcisme, *tranquillité*. **2.** Équilibre, *impartialité*, objectivité. ◆ ANT. **1.** Agitation, angoisse, anxiété, appréhension, émotion, énervement, inquiétude, trouble. **2.** Déséquilibre, partialité, subjectivité.

SERF ◆ SYN. **1.** Censitaire *(québ.)*, colon *(québ.)*, *paysan* (assujetti), roturier. **2.** *Esclave*, servile. **3.** Chose, fantoche, inférieur, jouet, laquais, marionnette, pantin, *valet*. ◆ ANT. **1.** Noble, propriétaire, seigneur. **2.** Libre, maître, vilain (paysan libre). **3.** Égal, supérieur.

SÉRIE ◆ SYN. **1.** Continuité, enchaînement, séquence, succession, *suite*, vague. **2.** Alignement, cascade, chaîne, chapelet, cortège, défilé, file, kyrielle, ligne, *liste*, multitude, ribambelle. **3.** Assortiment, catalogue, collection, *ensemble*, éventail, gamme, jeu, lot, panoplie, trousseau. **4.** *Catégorie*, classe, degré, division, échelle, échelon, hiérarchie, niveau, rang. **5.** *Feuilleton télévisé*, téléroman, soap-opéra. ◆ ANT. **1.** Désordre, discontinuité, rupture.

SÉRIER ◆ SYN. Assortir, cataloguer, classer, classifier, différencier, distinguer, diviser, grouper, hiérarchiser, *ordonner*, placer, ranger, répartir, séparer. ◆ ANT. Brouiller, déclasser, déranger, désassortir, embrouiller, enchevêtrer, mêler.

SÉRIEUX ◆ SYN. ▷ *Adj.* 1. Appliqué, *consciencieux*, rigoureux, soigneux. 2. Calme, digne, philosophe, pondéré, posé, *raisonnable*, rangé, rassis, réfléchi, réservé, sage. 3. *Austère*, froid, grave, sévère, solennel. 4. Fiable, sincère, *sûr*. 5. *(Quantité, valeur)* **Important**, majeur, solide, substantiel, valable, vrai. 6. *(État, situation)* Critique, *dangereux*, dramatique, grave, inquiétant, préoccupant. ▷ *Nom* 7. *Austérité*, componction, dignité, gravité, réserve. 8. *Importance*, solidité, valeur. ◆ ANT. 1. Distrait, inattentif, négligent, paresseux. 2. Désinvolte, écervelé, emporté, étourdi, fantaisiste, frivole, inconséquent, irréfléchi, léger, puéril. 3. Amusant, badin, chaleureux, enjoué, gai, simple. 4. Fourbe, inconsistant, malhonnête. 5. Faux, futile, mineur, négligeable. 6. Bénin, inoffensif, normal, rassurant, satisfaisant, stable. 7. Badinage, enjouement, étourderie, frivolité, plaisanterie. 8. Futilité, nullité.

SERIN ◆ SYN. 1. *Canari*, passereau. 2. *(Fam.)* *Niais*, nigaud, sot. ◆ ANT. 2. Brillant, futé, malin.

SERINER ◇ v. Radoter

SERMENT ◆ SYN. 1. Affirmation, engagement, fidélité, jurement, parole, *promesse*, résolution, vœux *(relig.)*. 2. *(Prestation de serment)* Assermentation *(québ.)*. ◆ ANT. 1-2. Abjuration *(relig.)*, dédit, désaveu, infidélité, manquement, parjure, reniement, rétractation, trahison.

SERMON ◆ SYN. 1. *(Relig.)* Discours, *homélie*, prêche, prédication, prône. 2. *(Péj.)* Exhortation, harangue, leçon, morale, prêchi-prêcha, remontrances, *réprimande*, reproche, semonce. ◆ ANT. 2. Compliment, éloge, félicitations, louange.

SERMONNER ◇ v. Réprimander

SERPENTER ◆ SYN. Onduler, *sinuer*, zigzaguer. ◆ ANT. Se resserrer.

SERPENTIN ◆ SYN. ▷ *Adj.* 1. Courbe, flexueux, ondoyant, onduleux, *sinueux*,

tortueux. 2. Marbré, *tacheté*, rubané, veiné. ▷ *Nom* 3. *Tube* (spiralé), tuyau. 4. Rouleau. ◆ ANT. 1. Direct, droit, égal, raide. 2. Uni, unicolore, uniforme.

SERPILLIÈRE ◆ SYN. Chiffon, toile, *torchon*, vadrouille *(québ.)*, wassingue.

SERRE ◆ SYN. 1. Abri, *forcerie*, jardin. 2. *(Pl. surtout, animaux)* Ongles, *griffes*.

SERRÉ ◆ SYN. 1. *(Vêtement)* **Ajusté**, boudiné, collant, court, étriqué, étroit, moulant, juste. 2. Compact, dense, dru, entassé, pressé, rapproché, resserré, *tassé*, touffu. 3. *(Style)* Concis, condensé, court, *précis*, rigoureux. 4. Acharné, circonspect, prudent, *vigilant*. 5. À court de, dénué, fauché *(fam.)*, *gêné* *(fig.)*, infortuné, miséreux, pauvre. ◆ ANT. 1. Ample, bouffant, flottant, flou, grand, large, vague, vaporeux. 2. Aéré, allongé, clairsemé, dispersé, élargi, épars, étendu, étiré, lâche. 3. Bavard, confus, imprécis, lourd, redondant, verbeux. 4. Imprudent, inconsistant, relâché, versatile. 5. Aisé, fortuné, nanti, prospère, riche.

SERRER ◆ SYN. ▷ *V. tr.* 1. *(Québ.)* Caser, placer, *ranger*, remiser. 2. Embrasser, enlacer, *étreindre*, presser. 3. Comprimer, contraindre, écraser, *étouffer*, oppresser. 4. *Attacher*, boucler, lacer, nouer. 5. Boudiner, brider, compresser, *entourer* (de près), épouser, gainer, galber, gêner, mouler, sangler. 6. *Contracter*, crisper, pincer. 7. Bloquer, caler, coincer, empoigner, *saisir* (fermement). 8. *Rapprocher*, resserrer. 9. Confiner, empiler, entasser, parquer, *tasser*. 10. Poursuivre, suivre, *talonner*. 11. S'approcher, effleurer, frôler, *longer*, raser. ▷ *V. pr.* 12. Se blottir, se coller, se pelotonner, *se rapprocher*, se tasser. ◆ ANT. 1. Déplacer, reprendre, sortir de. 2. Écarter, éloigner. 3. Dégager, libérer. 4. Délacer, délier, dénouer, détacher. 5. Desserrer, relâcher. 6. Disjoindre, écarter, ouvrir. 7. Lâcher, laisser. 8. Espacer. 9. Disperser, disséminer. 10. Devancer, semer. 11-12. S'écarter, s'éloigner.

SERRURE ◆ SYN. Cadenas, *fermeture*, gâche, loquet, taquet, targette, verrou.

♦ ANT. Accès, brèche, entrée, ouverture, passage.

SERTIR ♦ SYN. **1.** *(Bijou)* Chatonner, emboîter, encadrer, encastrer, **enchâsser**, incruster, insérer, monter. **2.** *(Techn.)* **Assujettir**, fixer. ♦ ANT. **1.** Déboîter, démonter, dessertir, enlever. **2.** Ouvrir, sortir.

SÉRUM ♦ SYN. Injection, penthotal *(jur.)*, plasma, **soluté**, vaccin.

SERVAGE ♦ SYN. Asservissement, dépendance, esclavage, ilotisme, servilité, *servitude*, sujétion. ♦ ANT. Affranchissement, délivrance, indépendance, libération.

SERVANTE ♦ SYN. **1.** Bonne, cameriste, chambrière, **domestique**, femme de chambre, ménagère, serveuse, soubrette *(fam.)*. **2.** Crédence, **desserte**, dressoir, étagère, lampe, support, table. **3.** *(Techn.)* Appui, **support**.

SERVEUR ♦ SYN. **1.** *(Homme)* Barman, **garçon**, steward *(avion)*. **2.** *(Femme)* **Barmaid**, hôtesse *(avion)*. **3.** *(Sports)* Donneur, **servant**.

SERVIABLE ♦ SYN. Aimable, attentionné, bon, brave, charitable, complaisant, déférent, empressé, galant, **obligeant**, officieux, prévenant, secourable. ♦ ANT. Altier, déplaisant, désobligeant, distant, égoïste, froid, indifférent, méprisant, mesquin, rude.

SERVICE ♦ SYN. **1.** Activité, charge, devoir, emploi, exécution, exercice, fonction, obligation, mission, tâche, **travail**. **2.** *(Organisme)* Agence, bureau, département, **division**, secteur, section. **3. Plats**, repas. **4. Assortiment**, collection, ensemble. **5.** *(Relig.)* Célébration, cérémonie, culte, messe, **office**. **6.** Diffusion, **distribution**, expédition. **7. Aide**, appui, assistance, bienfait, charité, commission, coup de main, faveur, main-forte, obligeance, secours, soin, soutien. **8.** *(De services)* Tertiaire (secteur). ♦ ANT. **1.** Arrêt, cessation, congé, inactivité, repos, vacances. **7.** Abandon, délaissement, entrave, nuisance, obstacle, obstruction, préjudice. **8.** Primaire (de production), secondaire (manufacturier).

SERVIETTE ♦ SYN. **1.** Débarbouillette *(québ.)*, drap de bain, essuie-mains, essuie-

tout, **linge**, serviette-éponge. **2.** Attaché-case, cartable, mallette, **porte-documents**, sac (d'école).

SERVILE ♦ SYN. À-plat-ventriste *(québ.)*, avilissant, bas, complaisant, esclave, flagorneur, honteux, humiliant, indigne, infamant, mortifiant, obséquieux, rampant, **soumis**, vil. ♦ ANT. Digne, fier, hautain, honorable, imaginatif, indépendant, libre, noble, original.

SERVILITÉ ♦ SYN. **1.** À-plat-ventrisme *(québ.)*, bassesse, complaisance, compromission, courbettes, esclavage, flagornerie, flatterie, génuflexion, humilité, obséquiosité, platitude, prosternation, servitude, **soumission**. **2.** Imitation maladroite, manque d'originalité, **singerie**, suivisme. ♦ ANT. **1.** Autonomie, courage, dignité, fierté, hardiesse, hauteur, honorabilité, indépendance, liberté, orgueil, suffisance, vaillance. **2.** Audace, créativité, imagination, originalité.

SERVIR ♦ SYN. ▷ V. tr. **1.** Aider, allouer, apporter, appuyer, donner, distribuer, favoriser, fournir, mettre, passer, **pourvoir**, présenter, remettre, seconder, secourir, soutenir. **2.** Se dévouer, honorer, obéir, **se soumettre**. **3.** Agir, concourir à, contribuer à, équivaloir, opérer, relayer, **remplacer**, représenter, se substituer, suppléer. **4.** *(Zool.)* Couvrir, monter, **saillir**. ▷ V. pr. **5.** Employer, profiter, **utiliser**. **6. S'approvisionner**, se fournir, prendre, se saisir de. ♦ ANT. **1.** Affamer, désavantager, désobliger, desservir, éconduire, empêcher, enlever, gêner, léser, nuire. **2.** Affronter, commander, désobéir, se révolter. **3.** S'abstenir, contrecarrer, se dérober, entraver, s'opposer. **4.** Éloigner, séparer. **5.** Abandonner, délaisser, renoncer. **6.** Céder, rapporter, remettre, retourner.

SERVITEUR ♦ SYN. **1. Domestique**, laquais, larbin *(péj.)*, majordome, valet. **2. Employé**, préposé. ♦ ANT. **1.** Maître, propriétaire, seigneur. **2.** Employeur, patron.

SERVITUDE ♦ SYN. **1.** Asservissement, chaînes, collier, dépendance, **esclavage**, ilotisme, joug, liens, oppression, servage, soumission, sujétion. **2.** *Contrainte*, lien, limite, obligation. **3.** *(Dr.)* *Charge*, limitation, restriction. **♦ ANT. 1.** Autonomie, émancipation, indépendance, libération, liberté. **2.** Irresponsabilité, latitude, liberté, licence, loisir. **3.** Dispense, permission, tolérance.

SESSION ♦ SYN. 1. Assise, audience, congrès, débats, *délibérations*, réunion, séance, symposium, vacation *(dr.)*. **2.** *(Éduc.)* *Semestre*, trimestre. **3.** *Période*, phase, temps. **♦ ANT. 1-2.** Arrêt, congé, pause, relâche, vacances.

SEUIL ♦ SYN. 1. *(Porte)* *Bas*, pied, sol. **2.** Bord, *entrée*, pas, passage. **3.** Début, *commencement*. **4.** Limite minimale, *minimum*, niveau, point (critique), quota (de vente). **♦ ANT. 1.** Haut, sommet. **2.** Dedans, fond, intérieur. **3.** Fin, terme. **4.** Limite maximale, maximum, plafond.

SEUL ♦ SYN. 1. Singulier, un, *unique*. **2.** Abandonné, délaissé, esseulé, *isolé*, séparé, solitaire. **3.** Sans aide. **♦ ANT. 1.** Autre, plusieurs. **2.** Accompagné, adopté, associé, entouré, lié, uni. **3.** Avec quelqu'un, ensemble.

SEULEMENT ◊ v. Uniquement

SÈVE ♦ SYN. *(Fig.)* Énergie, force, vigueur, *vitalité*. **♦ ANT.** Débilité, faiblesse, impuissance.

SÉVÈRE ♦ SYN. 1. Autoritaire, *dur*, exigeant, impitoyable, intransigeant, rigide, spartiate. **2.** *Austère*, bourru, brusque, brutal, froid, grave, sérieux. **3.** *(Mesure)* Draconien, *rigoureux*, strict. **4.** *(Style)* Aride, *dépouillé*, simple, sobre. **♦ ANT. 1.** Aisé, commode, complaisant, compréhensif, doux, faible, indulgent, souple. **2.** Agréable, badin, chaleureux, enjoué, jovial. **3.** Boiteux, léger, timide. **4.** Baroque, chargé, lourd, tarabiscoté.

SÉVÉRITÉ ♦ SYN. 1. *Dureté*, exigence, intransigeance, rigidité, rigorisme, rudesse. **2.** *Austérité*, brutalité, froideur, gravité, raideur, sérieux. **3.** Autorité, fermeté, *rigueur*. **4.** Aridité, *dépouillement*, simplicité, sobriété. **♦ ANT. 1.** Clémence, compré-

hension, douceur, faiblesse, indulgence, souplesse. **2.** Charme, cordialité, grâce, humour, légèreté. **3.** Laxisme, mollesse, timidité, tolérance. **4.** Exagération, excès, lourdeur, outrance.

SÉVICES ♦ SYN. Agression, brutalité, coups, cruauté, exactions, maltraitance, *violence*. **♦ ANT.** Attention, bienfaits, douceurs, faveurs, soins, sollicitude.

SÉVIR ♦ SYN. 1. Châtier, *punir*, réprimer, sanctionner. **2.** S'abattre, affliger, *frapper*, se manifester. **♦ ANT. 1.** Absoudre, excuser, gracier, pardonner. **2.** S'amenuiser, s'apaiser, disparaître, s'éteindre.

SEVRER ♦ SYN. 1. *Cesser*, interrompre. **2.** Désaccoutumer, désintoxiquer, frustrer, *priver de*. **♦ ANT. 1.** Allaiter, nourrir. **2.** Accoutumer, droguer, intoxiquer, satisfaire.

SEXE ♦ SYN. 1. Attribut, caractère, féminité, *genre*, masculinité, nature, qualité. **2.** Accouplement, bagatelle *(fam.)*, chose *(fig.)*, ébats, érotisme, reproduction, sensualité, *sexualité*. **3.** Organes *(fam.)*, *organes génitaux*, parties sexuelles.

SEXISME ♦ SYN. *Discrimination*, machisme, misandrie, misogynie, phallocentrisme, phallocratie. **♦ ANT.** Acceptation, égalité, reconnaissance *(droits)*.

SEXUALITÉ ♦ SYN. 1. Accouplement, *génitalité*, reproduction. **2.** Érotisme, instinct, *libido*, sensualité, sexe.

SEXUEL ♦ SYN. 1. Génital. **2.** *Charnel*, érotique, intime, physique. **♦ ANT. 2.** Platonique, spirituel.

SHOPPING ◊ v. Magasinage

SIBÉRIEN ♦ SYN. Boréal, extrême, froid, *glacial*, rigoureux, rude. **♦ ANT.** Chaud, clément, doux, tempéré, torride, tropical.

SIBYLLIN ♦ SYN. Abscons, ambigu, cabalistique, énigmatique, équivoque, ésotérique, hermétique, impénétrable, inaccessible, incompréhensible, indéchiffrable, insaisissable, mystérieux, *obscur*, secret, ténébreux, voilé. **♦ ANT.** Catégorique, clair, direct, évident, explicite, franc, formel, net, précis.

SIDÉRAL ♦ SYN. *Astral*, astronomique, céleste, cosmique, cosmographique, stellaire. ♦ ANT. Terrestre.

SIDÉRER ♦ SYN. Abasourdir, ahurir, consterner, couper le souffle, ébahir, éberluer, époustoufler, estomaquer, étonner, interloquer, méduser, renverser, suffoquer, *stupéfier*. ♦ ANT. Apaiser, calmer, rasséréner, rassurer, réjouir.

SIÈCLE ♦ SYN. 1. Âge, *époque*, ère, période, temps. 2. *(Fam.)* Des lustres, un bail, *un long moment*. 3. *(Pl.)* L'éternité, une très longue période. 4. *(Relig.)* Monde, vie profane, vie séculière. ♦ ANT. 2. Un bref moment. 3. Une brève période. 4. Vie religieuse.

SIÈGE ♦ SYN. 1. *Banc*, banquette, bergère, canapé, chaise, divan, escabeau, fauteuil, place, pliant, pouf, selle, sofa, stalle, strapontin, tabouret, télésiège, trépied, trône. 2. *(Polit.)* Mandat, *place*, poste. 3. *(Relig.)* Charge, *dignité*, titre. 4. *Derrière*, fesses, postérieur *(fam.)*, séant. 5. Assise, domicile, endroit, *lieu*, permanence, résidence. 6. *Fondement*, origine, point. 7. *(Milit.)* Assaut, attaque, *blocus*, encerclement, investissement. 8. *(État) Exception*, urgence. ♦ ANT. 7. Défense, délivrance, levée, libération. 8. Droits, libertés.

SIÉGER ♦ SYN. 1. *(Polit.)* Débattre, *délibérer*, discuter. 2. *S'asseoir*, trôner. 3. *Appartenir à*, participer à. 4. Résider, *se situer*, se trouver. ♦ ANT. 1. Proroger, suspendre. 2. Se lever, se retirer. 3. Abdiquer, démissionner. 4. Déserter, quitter.

SIERRA ◇ v. **Chaîne**

SIESTE ♦ SYN. Méridienne, pause, *repos*, roupillon *(fam.)*, somme. ♦ ANT. Occupation, tâche, travail.

SIFFLANT ♦ SYN. Aigu, *chuintant*, perçant, sibilant *(méd.)*, strident. ♦ ANT. Étouffé, feutré, grave, sourd.

SIFFLEMENT ♦ SYN. 1. Bruit, *chuintement*, crissement. 2. *(Animaux)* Chant, *cri*, hululement, stridulation. 3. *(Méd.)* Acouphène.

SIFFLER ♦ SYN. ▷ *V. intr.* 1. *Chuinter*, crisser, souffler. 2. *(Animaux)* Chanter, *crier*,

hululer, striduler. ▷ *V. tr.* 3. *Appeler*, avertir, héler, hucher, signaler, sonner. 4. Conspuer, désapprouver, *huer*. 5. *Moduler*, siffloter.

SIGLE ◇ v. **Abréviation**

SIGNAL ♦ SYN. 1. *Annonce*, avertissement, avis, indication, information, notification, renseignement, signalisation, signe. 2. Appel, cri, *geste*, mouvement. 3. Balise, *clignotant*, feux de position, feux de signalisation. 4. Alarme, *avertisseur*, sirène, sonnerie, tocsin.

SIGNALEMENT ♦ SYN. Description, identification, *portrait-robot*, profil.

SIGNALER ♦ SYN. ▷ *V. tr.* 1. *Annoncer*, avertir, baliser, faire remarquer, indiquer, informer, marquer, mentionner, montrer, noter, signaliser *(route)*, soulever, souligner. 2. *Dénoncer*, désigner, moucharder *(fam.)*. ▷ *V. pr.* 3. Briller, se démarquer, *se distinguer*, émerger, s'illustrer, se particulariser, se singulariser. ♦ ANT. 1. Négliger de, omettre. 2. Garder (secret), taire. 3. se conformer, imiter, ressembler, rester dans l'ombre, singer.

SIGNATURE ♦ SYN. 1. Autographe, blanc-seing, contreseing, croix *(illettré)*, émargement, endossement, griffe, marque, *nom*, paraphe, seing, souscription. 2. *(Fig.) Cachet*, empreinte, griffe, main, marque (distinctive), patte, plume, sceau, style, touche. 3. *Engagement*, garantie, responsabilité. ♦ ANT. 1. Anonymat. 2. Impersonnalité. 3. Désengagement, irresponsabilité, manquement.

SIGNE ♦ SYN. 1. Empreinte, indication, *indice*, marque, signal, stigmate, symptôme. 2. *Annonce*, augure, promesse. 3. Expression, *geste*, manifestation, mouvement. 4. Attribut, caractère, caractéristique, *trait*. 5. Emblème, figure, icône, *image*, insigne, symbole.

SIGNER ♦ SYN. 1. Autographier, contresigner, émarger, endosser, marquer, *parapher*. 2. Approuver, *attester*, authentifier, certifier, ratifier, sanctionner. ♦ ANT. 1. Biffer, effacer. 2. Contester, désavouer, refuser, renier.

SIGNET ◆ SYN. Carton, liseuse, marque, **repère**, ruban.

SIGNIFICATIF ◆ SYN. Caractéristique, clair, éloquent, expressif, formel, manifeste, notoire, précis, **révélateur**, signifiant, symptomatique, typique. ◆ ANT. Confus, énigmatique, évasif, incompréhensible, indéterminé, inexpressif, insignifiant, obscur.

SIGNIFICATION ◆ SYN. 1. Acception, définition, **sens**, valeur. 2. *(Dr.)* Avis, **notification**. ◆ ANT. 1. Absurdité, ineptie, nonsens. 2. Contestation, opposition.

SIGNIFIER ◆ SYN. 1. Dénoter, désigner, **exprimer**, figurer, impliquer, indiquer, manifester, montrer, représenter, révéler, symboliser, traduire, vouloir dire. 2. Annoncer, apprendre, **communiquer**, déclarer, faire part de, informer, transmettre. 3. *(Dr.)* Assigner, aviser, intimer, **notifier**, sommer ◆ ANT. 1. Cacher, receler, voiler. 2. Dissimuler, éluder, esquiver, taire. 3. Contester, refuser.

SILENCE ◆ SYN. ▷ *Nom* 1. Mutisme. 2. **Calme**, paix, quiétude, repos, tranquillité 3. Arrêt, blanc *(n.)*, interruption, **pause**, temps d'arrêt. 4. Black-out *(fig.)*, discrétion, mystère, omission, réticence, **secret**. 5. *(Loi du silence)* Omerta. ▷ *Interj.* 6. **Chut!**, la ferme! *(fam.)*, motus!, la paix! ◆ ANT. 1. Parole, son, voix. 2. Agitation, bruit, clameur, cohue, tapage, vacarme 3. Bavardage, conversation. 4. Aveu, confession, fuite, indiscrétion, révélation. 5. Dénonciation.

SILENCIEUX ◆ SYN. 1. Coi, **muet**. 2. Discret, renfermé, réservé, secret, **taciturne**. 3. *(Lieu, atmosphère)* **Calme**, feutré, ouaté, paisible, reposant, tranquille. 4. Insonore. ◆ ANT. 1. Loquace, parlant, volubile. 2. Communicatif, expansif, exubérant, tapageur, turbulent. 3. Animé, assourdissant, bruyant, infernal. 4. Sonore.

SILHOUETTE ◆ SYN. 1. Allure, aspect, contour, **forme**, galbe, ligne, port, profil. 2. Croquis, **dessin**, ombre, tracé.

SILLAGE ◆ SYN. 1. *(Mar.)* Houache, remous, sillon, **trace**, traînée. 2. *(Fig.)* Chemin, **exemple**, foulée, voie.

SILLON ◆ SYN. 1. Entaille, fente, raie, rainure, rayon, rayure, rigole, **tranchée**. 2. **Ligne**, ride, scissure *(anat.)*, strie, zébrure. 3. *(Mar.)* Sillage, **trace**, traînée. 4. *(Techn.)* Microsillon, **piste**.

SILLONNER ◆ SYN. 1. **Creuser**, labourer, marquer, rayer. 2. Arpenter, fendre les flots, naviguer, **parcourir**, traverser. ◆ ANT. 1. Aplanir, combler, remplir. 2. Accoster, s'arrêter, se fixer.

SIMAGRÉES ◆ SYN. Affectation, cérémonies, chichis *(fam.)*, contorsions, façons, grimaces, **manières**, mimiques, minauderies, pitreries, salamalecs, singeries. ◆ ANT. Franchise, naturel, politesses, simplicité.

SIMILAIRE ◇ v. **Semblable**

SIMILI ◆ SYN. Clinquant, faux, **imitation**, pseudo-, reproduction, synthétique, toc. ◆ ANT. Authenticité, authentique, invention, original, naturel, réalité, vrai.

SIMILITUDE ◇ v. **Ressemblance**

SIMPLE ◆ SYN. 1. **Droit**, franc, direct, honnête. 2. **Humble**, modeste, naturel, ordinaire. 3. *(Péj.)* **Candide**, crédule, ingénu, naïf, niais, primitif, simplet, sot. 4. *(Ch.)* Élémentaire, indécomposable, indivisible, irréductible, pur, seul, un, **unique**. 5. Aisé, commode, compréhensible, **facile**, limpide. 6. **Dépouillé**, familier, frugal, rudimentaire, rustique, sobre. 7. *(Péj.)* Court, insuffisant, pauvre, simpliste, **sommaire**. ◆ ANT. 1. Fourbe, hypocrite, malhonnête, menteur. 2. Affecté, cérémonieux, compassé, guindé, prétentieux, snob. 3. Déluré, évolué, futé, incrédule, intelligent, réaliste, sage, spirituel. 4. Combiné, complexe, composé, décomposable, divisible, double, multiple. 5. Compliqué, confus, corsé, difficile, embrouillé. 6. Ampoulé, chargé, cossu, fastueux, luxueux, recherché. 7. Ample, développé, profond, riche, subtil.

SIMPLICITÉ ◆ SYN. 1. **Droiture**, franchise, honnêteté, sincérité. 2. Bonhomie, **humilité**, modestie, naturel. 3. **Candeur**, crédulité, ingénuité, innocence, naïveté. 4. *(Ch.)* **Indivisibilité**, irréductibilité, unicité. 5. Aisance, clarté, commodité, *facilité*, limpidité, netteté. 6. Austérité, *dépouillement*, sévérité, sobriété. ♦ ANT. 1. Duplicité, hypocrisie, mensonge, tromperie. 2. Affectation, fatuité, ostentation, prétention, snobisme, suffisance, vanité. 3. Astuce, finesse, habileté, malice, réalisme. 4. Complexité, divisibilité, multiplicité 5. Complication, confusion, difficulté, embrouillamini. 6. Emphase, faste, luxe, raffinement, recherche.

SIMPLIFICATION ♦ SYN. Abrégé, *réduction*, schématisation, vulgarisation. ♦ ANT. Approfondissement, complication, développement.

SIMPLIFIER ♦ SYN. 1. Aplanir, déblayer, défricher, *faciliter*, préparer. 2. Abréger, *réduire*, schématiser, vulgariser. ♦ ANT. 1. Compliquer, embrouiller. 2. Approfondir, détailler, développer, enrichir.

SIMPLISTE ♦ SYN. Court, étroit, grossier, insuffisant, rapide, simplificateur, *sommaire*, superficiel. ♦ ANT. Approfondi, complexe, détaillé, développé, long, minutieux, rigoureux.

SIMULACRE ♦ SYN. Apparence (trompeuse), caricature, chimère, faux-semblant, fantôme, illusion, imitation, ombre, parodie, *semblant*. ♦ ANT. Authenticité, fidélité, réalité, véracité.

SIMULATION ♦ SYN. 1. Affectation, chiqué *(fam.)*, comédie, *feinte*, frime *(fam.)*, hypocrisie, tromperie. 2. *(Techn.)* Émulation, imitation, modélisation, représentation, *reproduction*. ♦ ANT. 1. Naturel, sincérité, vérité. 2. Réalité, réel.

SIMULER ♦ SYN. 1. Affecter, contrefaire, faire semblant, *feindre*, jouer, prétexter, singer. 2. Émuler, imiter, modéliser, reconstituer, recréer, représenter, *reproduire*. ♦ ANT. 1. Éprouver, montrer, prouver, ressentir, révéler, vivre. 2. Concrétiser, réaliser.

SIMULTANÉ ♦ SYN. Coexistant, coïncident, commun, *concomitant*, concordant, correspondant, synchrone, synchronique, synchronisé. ♦ ANT. Alternatif, asynchrone, consécutif, décalé, diachronique,

discordant, échelonné, espacé, séquentiel, successif.

SIMULTANÉITÉ ♦ SYN. Coexistence, coïncidence, *concomitance*, concordance, contemporanéité, correspondance, rencontre, synchronie, synchronisation, synchronisme. ♦ ANT. Alternance, décalage, diachronie, discordance, échelonnement, espacement, rotation, séquence, succession.

SINCÈRE ♦ SYN. 1. Droit, entier, *franc*, honnête, loyal. 2. Authentique, cordial, éprouvé, senti, spontané, *véritable*, vrai. ♦ ANT. 1. Déloyal, hypocrite, malhonnête, menteur. 2. Affecté, artificiel, calculé, emprunté, factice, faux, simulé.

SINCÉRITÉ ♦ SYN. 1. Bonne foi, droiture, *franchise*, loyauté. 2. Authenticité, exactitude, *véracité*, vérité. ♦ ANT. 1. Déloyauté, hypocrisie, malhonnêteté, mensonge. 2. Affectation, artifice, comédie, dissimulation, fausseté.

SINÉCURE ♦ SYN. Fromage *(fam.)*, planque *(fam.)*, repos, *travail* (facile). ♦ ANT. Besogne, corvée, labeur, peine.

SINGE ◇ V. **Imitateur**

SINGER ♦ SYN. 1. Caricaturer, contrefaire, copier, *imiter*, mimer. 2. Affecter, feindre, *simuler*. ♦ ANT. 1. S'affirmer, se démarquer, se différencier, se distinguer. 2. Éprouver, ressentir, vivre.

SINGERIE ♦ SYN. 1. *(Pl. surtout)* Clowneries, façons, grimaces, imitation, mimiques, minauderies, parodie, *pitreries*, salamalecs, simagrées. 2. Imitation maladroite, *servilité*, suivisme. ♦ ANT. 1. Authenticité, sérieux, sincérité, vérité. 2. Créativité, originalité.

SINGULARISER ♦ SYN. ▷ V. tr. 1. Caractériser, *démarquer*, distinguer, individualiser, particulariser. ▷ V. pr. 2. Se distinguer, se démarquer, émerger, s'illustrer, se particulariser, *se signaler*. ♦ ANT. 1. Amalgamer, confondre, effacer, fondre. 2. Imiter, ressembler, singer, suivre.

SINGULARITÉ ♦ SYN. 1. Caractère, individualité, originalité, *particularité*, propre *(n.)*, propriété, rareté, unicité. 2. Anomalie, *bizarrerie*, étrangeté, excentricité, exception, extravagance, paradoxe. ◆ ANT. 1. Conformité, fréquence, généralité, médiocrité, multiplicité, uniformité. 2. Cohérence, normalité, prévisibilité.

SINGULIER ◆ SYN. ▷ *Adj.* 1. Individuel, isolé, particulier, séparé, *unique*. 2. Différent, distinct, *exceptionnel*, extraordinaire, original, rare, spécial. 3. Anormal, *bizarre*, curieux, étonnant, étrange, excentrique, inhabituel, paradoxal, saugrenu, surprenant. ▷ *Nom* 4. *(Gramm.)* Unité. ◆ ANT. 1. Collectif, commun, général. 2. Banal, commun, courant, ordinaire. 3. Cohérent, habituel, normal, prévisible. 4. Pluriel.

SINISTRE ◆ SYN. ▷ *Adj.* 1. *(Pers.)* Lamentable, malfaisant, mauvais, *méchant*, patibulaire, redoutable, sombre *(fig.)*, terrible. 2. Dangereux, effrayant, funeste, *inquiétant*, menaçant, terrifiant. 3. Ennuyeux, funèbre, glauque, grave, lugubre, macabre, mortel, noir, sépulcral, sombre, tragique, *triste*. ▷ *Nom* 4. Accident, bouleversement, calamité, *catastrophe*, désastre, drame, fléau, malheur, tragédie. 5. *(Pl.)* Dégâts, *dommages*, pertes, ravages. ◆ ANT. 1. Accueillant, bon, charmant, doux, innocent, inoffensif, obligeant, souriant. 2. Favorable, heureux, rassurant. 3. Animé, attirant, clair, enchanteur, joyeux, plaisant, réjouissant, sympathique, vivant. 4. Bienfait, bonheur, faveur, fortune, joie, paix, succès, veine. 5. Compensation, dédommagement.

SINISTRÉ ◆ SYN. Éprouvé, infortuné, inondé *(n.)*, malheureux, *victime*. ◆ ANT. Fortuné, rescapé, veinard *(fam.)*.

SINUER ◇ V. **Serpenter**

SINUEUX ◆ SYN. 1. Anfractueux, courbe, flexueux, irrégulier, ondoyant, *ondulé*, onduleux, serpentin, tortueux. 2. Alambiqué, astucieux, contourné, détourné, entortillé, indirect, oblique, retors, *tordu*, tortueux *(fig.)*. ◆ ANT. 1. Droit, rectiligne, régulier, uniforme. 2. Clair, direct, franc, naturel, spontané.

SINUOSITÉ ◆ SYN. Anfractuosité, circonvolution, contour, coude, courbe, courbure, détour, inflexion, lacet, méandre, *ondulation*, zigzag. ◆ ANT. Droite, ligne droite, régularité, uniformité.

SIPHONNER ◆ SYN. Dépouiller, épuiser, transvaser, transvider, *vider*. ◆ ANT. Alimenter, combler, emplir, remplir, saturer.

SIRÈNE ◆ SYN. 1. *(Mythol.)* Femme-poisson. 2. Charmeuse, *séductrice*. 3. *(Appareil)* *Alarme*, corne, sifflet, signal, sonnerie.

SIROTER ◆ SYN. *(Fam.)* Boire lentement, *déguster*, goûter, savourer. ◆ ANT. Boire rapidement, caler *(québ., fam.)*, lamper *(fam.)*.

SIRUPEUX ◆ SYN. 1. Collant, épais, gluant, pâteux, *visqueux*. 2. Douceâtre, doucereux, mielleux, *mièvre*. ◆ ANT. 1. Clair, cristallin, limpide, translucide. 2. Beau, relevé, sublime, touchant.

SIS ◇ V. **Situé**

SITE ◆ SYN. 1. *Emplacement*, endroit, lieu, position, situation, zone. 2. Décor, panorama, *paysage*.

SITUATION ◆ SYN. 1. Disposition, *emplacement*, exposition, localisation, orientation, position, site. 2. Condition, *état*, rang, statut. 3. Circonstances, climat, conjoncture, *contexte*, environnement, portrait, tableau. 4. *Emploi*, fonction, place, poste, travail. 5. *(Théâtre)* *Événement* (important), passage, scène. 6. *(Comptab.)* *Bilan*, capitaux propres.

SITUÉ ◆ SYN. Campé, exposé, orienté, *placé*, posté, sis.

SITUER ◆ SYN. ▷ *V. tr.* 1. Asseoir, camper, disposer, ériger, établir, fixer, installer, localiser, *placer*, poster. 2. Circonscrire, *classer*, ranger, reconnaître, repérer, replacer. ▷ *V. pr.* 3. S'inscrire, *se trouver*. 4. Avoir lieu, *se dérouler*. ◆ ANT. 1. Déménager, déplacer, mouvoir, transporter. 2. Confondre, égarer, mêler, oublier. 3. Se déplacer, se mouvoir. 4. Changer, se précipiter.

SLOCHE ◇ V. **Gadoue**

SLOGAN ◆ SYN. Devise, *formule*, mot, mot d'ordre.

SMOG ◇ V. **Brouillard**

SNACK-BAR ◇ v. **Casse-croûte**
SNOB ✦ SYN. 1. *Affecté*, arrogant, cabotin, condescendant, hautain, maniéré, m'as-tu-vu, méprisant, pédant, poseur, prétentieux. 2. Élitiste, fermé, *sélect*. ✦ ANT. 1. Authentique, humble, modeste, simple. 2. Ouvert, public.

SNOBISME ✦ SYN. *Affectation*, condescendance, dédain, hauteur, mépris, pose, prétention. ✦ ANT. Authenticité, familiarité, humilité, modestie, naturel, simplicité.

SOBRE ✦ SYN. 1. Abstème, abstinent, frugal, *tempérant*. 2. Austère, circonspect, contenu, discret, économe, *mesuré*, modéré, pondéré, réservé, retenu. 3. *(Ch.)* Classique, concis, *dépouillé*, rigoureux, simple, strict. ✦ ANT. 1. Alcoolique, gourmand, intempérant. 2. Débordant, excessif, extravagant, exubérant, immodéré, indiscret, insatiable, prolixe. 3. Ampoulé, baroque, bavard, emphatique, prolixe.

SOBRIÉTÉ ✦ SYN. 1. Abstinence, frugalité, *tempérance*. 2. Austérité, circonspection, discrétion, économie, *mesure*, modération, pondération, réserve, retenue. 3. Classicisme, concision, *dépouillement*, laconisme, rigueur, simplicité. ✦ ANT. 1. Alcoolisme, gloutonnerie, gourmandise, intempérance, ivresse. 2. Abus, débauche, débordements, démesure, excentricité, excès, extravagance, exubérance, immodération. 3. Affectation, boursouflure, emphase, prolixité, surcharge.

SOBRIQUET ✦ SYN. Diminutif, qualificatif, *surnom*. ✦ ANT. Nom, prénom.

SOCIABLE ✦ SYN. Accommodant, accort, affable, agréable, aimable, amical, civil, civilisé, *convivial*, engageant, facile, familier, liant, ouvert, serviable, traitable. ✦ ANT. Agressif, asocial, bourru, farouche, grossier, impoli, individualiste, insociable, misanthrope, ours *(fig.)*, renfermé, sauvage, secret, solitaire, taciturne.

SOCIAL ✦ SYN. *Collectif*, commun, communautaire, général, grégaire, interpersonnel, public, sociétal. ✦ ANT. Antisocial, individuel, intime, particulier, personnel, privé, solitaire.

SOCIALISME ✦ SYN. Bolchevisme, *collectivisme*, communisme, coopératisme, dirigisme, égalitarisme, étatisme, gauchisme, marxisme, progressisme, social-démocratie, travaillisme. ✦ ANT. Capitalisme, concurrence, conservatisme, corporatisme, droitisme, individualisme, libéralisme, libre entreprise.

SOCIÉTAIRE ✦ SYN. Actionnaire, adhérent, *associé*, membre, partenaire.

SOCIÉTÉ ✦ SYN. 1. Clan, classe, collectivité, *communauté*, ensemble, ethnie, famille, groupe, milieu, monde, nation, peuplade, peuple, public, tribu. 2. Académie, *association*, cercle, club, commune, compagnie, confrérie, congrégation, coopérative, corporation, Église, groupement, institut, ligue, organisation, organisme, parti, religion, secte, syndicat. 3. Commerce, *entreprise*, établissement, firme, institution, maison. 4. Compagnie, *fréquentation*, rapports, relations. ✦ ANT. 1. Individu, personne. 2. Disciple, membre. 3. Employé, employeur, sociétaire. 4. Isolement, solitude.

SOCLE ✦ SYN. Acrotère, appui, assise, bas, *base*, gaine *(vase)*, piédestal, piédouche, plateforme *(géol.)*, soubassement, stylobate, support. ✦ ANT. Cime, faîte, haut, sommet, tête, toit.

SOFA ✦ SYN. Canapé, *divan*, méridienne, ottomane, récamier, turquoise.

SOI-DISANT ✦ SYN. Censé, hypothétique, présumé, *prétendu*, putatif *(dr.)*, supposé. ✦ ANT. Authentique, certain, réel, véritable, vrai.

SOIF ✦ SYN. 1. *Besoin d'eau*, déshydratation, dessèchement, dessiccation, dipsomanie *(méd.)*, pépie *(fam.)*. 2. Appétit, *avidité*, besoin, désir, envie, fièvre, goût, impatience, recherche, passion. ✦ ANT. 1. Boire, étanchement, hydratation, rafraîchissement. 2. Apaisement, assouvissement, rassasiement, réplétion, satiété, satisfaction.

SOIGNER ◆ SYN. **1.** Bichonner *(fam.)*, câliner, chouchouter *(fam.)*, choyer, couver, dorloter, *entretenir*, mitonner, nourrir, traiter *(méd.)*. **2.** Châtier, ciseler, épurer, fignoler *(fam.)*, fouiller, lécher, limer, *peaufiner*, peigner, raffiner, travailler (avec soin). ◆ ANT. **1.** Abandonner, blesser, brimer, malmener, maltraiter, négliger, rudoyer. **2.** Bâcler, gâcher, négliger, torcher *(fam.)*, torchonner *(fam.)*.

SOIGNEUX ◆ SYN. *Appliqué*, attentif, consciencieux, diligent, exact, méthodique, méticuleux, minutieux, ordonné, précis, préoccupé, propre, rangé, sérieux, soigné, soucieux, tatillon. ◆ ANT. Bâclé, crasseux, débraillé, désordonné, grossier, imprécis, inappliqué, inattentif, indifférent, insouciant, malpropre, négligé, rapide, torchonné *(fam.)*.

SOIN ◆ SYN. ▷ *Sing.* **1.** *Application*, attention, conscience, exactitude, minutie, précaution, rigueur, scrupule, sérieux, vigilance, zèle. **2.** Charge, conduite, devoir, mission, *occupation*, responsabilité, travail. ▷ *Pl.* **3.** Assiduités, *attentions*, égards, gentillesses, prévenances, services, sollicitude, vigilance. **4.** Cure, secours, sustentation, thérapie, *traitement*. ◆ ANT. **1.** Abandon, inconscience, incurie, indifférence, insouciance, laisser-aller, légèreté, mépris, négligence, nonchalance. **2.** Congé, dégagement, libération, renvoi, retrait. **3.** Abus, brimades, sévices, torts. **4.** Blessure, défaillance, maladie, malaise.

SOIR ◆ SYN. **1.** Brunante *(québ.)*, couchant, crépuscule, déclin, *fin du jour*, nuit, soirée, tombée du jour. **2.** Bout, extrémité, *fin*. **3.** *Soirée*, veillée. ◆ ANT. **1.** Aube, aurore, jour, levant, matin, point du jour, réveil. **2.** Commencement, début, départ. **3.** Matinée.

SOIRÉE ◆ SYN. **1.** Soir, *veillée*. **2.** Bal, dîner, fête, *réception*, rencontre, réunion, salon, séance (spectacle). ◆ ANT. **1.** Matinée. **2.** Brunch, déjeuner.

SOL ◆ SYN. **1.** Champ, croûte terrestre, humus, terrain, *terre*, terroir. **2.** Carreau, parquet, *plancher*, surface. **3.** Espace, éten-

due, *territoire*. **4.** Patrie, *pays*. ◆ ANT. **1.** Air, ciel, sous-sol. **2.** Plafond, toit.

SOLDAT ◆ SYN. **1.** Appelé, bleu *(fam.)*, combattant, conquérant, conscrit, engagé, guerrier, légionnaire, mercenaire, *militaire*, pioupiou *(fam.)*, recrue, soudard *(péj.)*, spadassin *(péj.)*, vétéran, volontaire. **2.** Champion, *défenseur*, serviteur. ◆ ANT. **1.** Civil, déserteur, insoumis, réfractaire. **2.** Adversaire, ennemi.

SOLDE ◆ SYN. ▷ *Fém.* **1.** Émoluments, paie (paye), rémunération, rétribution, *salaire*, traitement. ▷ *Masc.* **2.** *Différence*, reliquat, restant, reste. **3.** Aubaine *(québ.)*, braderie, écoulement, liquidation, *réduction*, vente au rabais. **4.** *(Pl.)* Articles en rabais.

SOLDER ◆ SYN. ▷ *V. tr.* **1.** *(Comptab.)* *Arrêter*, clore. **2.** Acquitter, payer, *régler*. **3.** Bazarder *(fam.)*, brader, écouler, liquider, *réduire*. ▷ *V. pr.* **4.** *(Péj.)* Aboutir, *se terminer*, se traduire par. ◆ ANT. **1.** Ouvrir. **2.** Échelonner, endetter, prolonger. **3.** Conserver, hausser, stabiliser. **4.** Augurer, présager, promettre.

SOLÉCISME ◆ SYN. *(Syntaxe)* Erreur, *faute*, incorrection. ◆ ANT. Correction.

SOLENNEL ◆ SYN. **1.** Authentique, *officiel*, public. **2.** Cérémoniel, digne, *grandiose*, grave, imposant, magistral, majestueux. **3.** Affecté, *cérémonieux*, doctoral, emphatique, grandiloquent, pédant, pompeux, pontifiant, sentencieux. ◆ ANT. **1.** Intime, privé. **2.** Dépouillé, humble, modeste, sobre. **3.** Décontracté, chaleureux, naturel, simple, spontané.

SOLENNITÉ ◆ SYN. **1.** Apparat, cérémonial, cérémonie, componction, dignité, *grandeur*, gravité, majesté, pompe, sérieux. **2.** *Affectation*, démesure, emphase, enflure, grandiloquence, prétention. ◆ ANT. **1.** Dépouillement, humilité, modestie, sobriété. **2.** Chaleur, naturel, simplicité, spontanéité.

SOLIDAIRE ◆ SYN. **1.** *(Dr.)* Engagé, garant, lié, *obligé*, responsable. **2.** Associé, fraternel, joint, sympathique, *uni*. **3.** *(Ch.)* *Dépendant*, interdépendant, relié. ◆ ANT. **1.** Délié, désengagé, libre. **2.** Antipathique, désuni, divisé, indifférent, opposé. **3.** Autonome, indépendant, séparé.

SOLIDARISER (SE) ◆ **SYN.** Adhérer, s'allier, s'associer, s'entraider, s'épauler, fraterniser, se grouper, se liguer, partager, se serrer les coudes, *se soutenir*, s'unir. ◆ **ANT.** Se désolidariser, se désunir, se dissocier, s'isoler, rivaliser.

SOLIDARITÉ ◆ **SYN. 1.** *(Dr.)* Engagement, garantie, lien, *obligation*, responsabilité. **2.** Amitié, appui, assistance, camaraderie, cohésion, coopération, *entraide*, esprit de corps, fraternité, partage, sollicitude, sympathie, union, unité. **3.** *(Ch.)* **Dépendance**, interdépendance, interrelation, réciprocité. ◆ **ANT. 1.** Défaut, désengagement, évitement, irresponsabilité. **2.** Antipathie, désunion, dissension, division, égoïsme, indifférence, individualisme, inimitié, opposition, zizanie. **3.** Autonomie, indépendance.

SOLIDE ◆ **SYN.** ▷ *Nom* **1.** *Corps*, matière, objet. ▷ *Adj.* **2.** *Consistant*, dense. **3.** Dur, durable, fiable, fixe, incassable, inusable, *résistant*, stable. **4.** Assuré, certain, ferme, indéfectible, inébranlable, irréfutable, réel, sérieux, sincère, *sûr*, vrai. **5.** Costaud, énergique, *fort*, gaillard, increvable *(fam.)*, puissant, râblé, robuste, tenace, vigoureux. ◆ **ANT. 1.** Fluide, gaz, liquide. **2.** Éthéré, fluide, gazeux, liquide. **3.** Cassable, flexible, fragile, friable, malléable, lâche, mou, pliant, souple, tendre. **4.** Bancal, boiteux, chancelant, frivole, incertain, précaire, vulnérable. **5.** Chétif, délicat, faible, fluet, frêle, malingre, menu, valétudinaire.

SOLIDIFIER ◆ **SYN. 1.** Cailler, coaguler, concréter, condenser, congeler, cristalliser, *durcir*, figer, geler, gélifier. **2.** Consolider, fortifier, raffermir, *renforcer*. ◆ **ANT. 1.** Fluidifier, fondre, liquéfier, ramollir, vaporiser. **2.** Abattre, affaiblir, ébranler, raser.

SOLIDITÉ ◆ **SYN. 1.** Aplomb, assiette, assise, équilibre, *stabilité* **2.** Consistance, durabilité, endurance, fiabilité, force, *résistance*, rigidité, robustesse, vigueur. **3.** Assurance, autorité, constance, *fer-*

meté, rectitude, sérieux, sûreté. ◆ **ANT. 1.** Déséquilibre, instabilité, précarité. **2.** Caducité, faiblesse, fragilité, inconsistance, vulnérabilité. **3.** Futilité, frivolité, inanité, inconstance, vanité.

SOLILOQUE ◇ v. **Monologue**

SOLITAIRE ◆ **SYN.** ▷ *Adj.* **1.** Abandonné, dépeuplé, désert, désolé, écarté, inaccessible, inhabité, *isolé*, retiré, sauvage. **2.** *(Pers.)* Esseulé, isolé, reclus, renfermé, *seul*. ▷ *Nom* **3.** *(Relig.)* Anachorète, ascète, *ermite*. **4.** Asocial, *insociable*, misanthrope, ours *(fig.)*, sauvage. ◆ **ANT. 1.** Accessible, animé, bondé, fréquenté, passant, peuplé. **2.** Accompagné, sociable, social, ouvert. **3.** Cénobite, moine. **4.** Mondain, philanthrope.

SOLITUDE ◆ **SYN. 1.** Abandon, délaissement, éloignement, exil, *isolement*, réclusion, retraite, séparation. **2.** Abri, ermitage, havre (de paix), lieu de paix, oasis (de paix), port, *refuge*, thébaïde, tour d'ivoire. **3.** *Repos*, retraite (tranquille), tranquillité. ◆ **ANT. 1.** Communauté, compagnie, foule, monde, multitude, société. **2-3.** Agitation, animation, cohue, mondanités.

SOLLICITATION ◆ **SYN. 1.** Appel, excitation, imploration, *incitation*, insistance, invitation, pression, prière, provocation, racolage *(péj.)*, supplication, tentation. **2.** *Demande*, démarche, instance, invocation, pétition, requête. **3.** *Colportage*, démarchage. ◆ **ANT. 1.** Opposition, résistance. **2.** Refus, rejet, renvoi.

SOLLICITER ◆ **SYN. 1.** Appeler, assaillir, attirer, gêner, implorer, importuner, *inciter*, insister, inviter, mendier, presser, prier, provoquer, quémander, quêter, racoler *(péj.)*, stimuler, supplier, tenter, tracasser. **2.** Briguer, convoiter, *demander*, postuler, prétendre, rechercher, réclamer, requérir, viser. ◆ **ANT. 1.** Dédaigner, désavouer, éloigner, repousser, résister. **2.** Abandonner, capituler, céder, décliner, éviter, fuir, refuser, rejeter, renvoyer.

SOLLICITEUR ◆ **SYN. 1.** Colporteur, démarcheur, gêneur, importun, mendiant, *quémandeur*, quêteur, vendeur. **2.** Aspirant, candidat, *demandeur*, postulant,

prétendant, réclamant, revendicateur.
3. *(Polit.)* Ministre de la Sécurité publique, *ministre de l'Intérieur*. ◆ ANT. **1.** Acheteur, bienfaiteur, client, consommateur, donateur. **2.** Abdicataire, démissionnaire, renonciateur.

SOLLICITUDE ◆ SYN. Affection, assistance, *attention*, bienveillance, commisération, compassion, dévouement, égards, gentillesse, humanité, intérêt, prévenances, serviabilité, soins, souci, vigilance. ◆ ANT. Abandon, brusquerie, cruauté, désinvolture, désobligeance, dureté, froideur, haine, hostilité, indifférence, inhumanité, malveillance, méchanceté, mépris.

SOLUBLE ◆ SYN. **1.** *Dissoluble*, hydrosoluble. **2.** Résoluble. ◆ ANT. **1.** Indissoluble. **2.** Insoluble.

SOLUTION ◆ SYN. **1.** Dissolution. **2.** Liquide, *mélange*, soluté, solvant. **3.** Clé, moyen, remède, réponse, *résolution*, résultat. **4.** Aboutissement, achèvement, conclusion, *dénouement*, fin, issue, terme, terminaison. ◆ ANT. **1.** Cristallisation. **2.** Séparation. **3.** Difficulté, énigme, mystère, problème, question. **4.** Apparition, avènement, commencement, début, départ, éclosion, éruption, formation.

SOMATIQUE ◆ SYN. Biologique, organique, *physiologique*, physique. ◆ ANT. Affectif, mental, psychique, psychologique.

SOMBRE ◆ SYN. **1.** Assombri, foncé, noir, noirâtre, *obscur*, opaque, ténébreux. **2.** *(Temps)* Brumeux, couvert, gris, lourd, maussade, menaçant, *nuageux*, orageux, voilé. **3.** Funèbre, funeste, *inquiétant*, macabre, sépulcral, sinistre, tragique. **4.** *(Pers.)* Amer, atrabilaire, attristé, bilieux, mélancolique, morne, morose, pessimiste, sinistre, taciturne, ténébreux, *triste*. ◆ ANT. **1.** Blanc, brillant, clair, diaphane, éblouissant, éclairé, éclatant, illuminé, luisant, pâle. **2.** Beau, clair, dégagé, ensoleillé, merveilleux, radieux, splendide. **3.** Agréable, heureux, plaisant, rassurant, réjouissant. **4.** Aimable, drôle, enjoué, gai, heureux,

hilare, jovial, joyeux, optimiste, souriant, rieur, volubile.

SOMBRER ◆ SYN. **1.** S'abîmer, caler *(québ.)*, chavirer, *couler*, disparaître, s'enfoncer, s'engloutir, faire naufrage, s'immerger, se noyer, se perdre, périr, se saborder. **2.** *S'abandonner*, s'absorber, s'enfoncer, se plonger, tomber. ◆ ANT. **1.** Émerger, flotter, rejaillir, ressurgir, sortir, surnager. **2.** Se relever, se reprendre, résister, se ressaisir.

SOMMAIRE ◆ SYN. ▷ *Nom* **1.** Abrégé, condensé, précis, *résumé*, schéma. ▷ *Adj.* **2.** *Bref*, concis, court, élémentaire, laconique, lapidaire, limité, rudimentaire, schématique, simple, succinct. **3.** *Expéditif*, rapide, superficiel. ◆ ANT. **1.** Développement, exposé, somme, traité. **2.** Abondant, complexe, détaillé, développé, fastidieux, imposant, interminable, long, prolixe, substantiel, verbeux, volumineux. **3.** Approfondi, attentif, minutieux.

SOMMATION ◆ SYN. **1.** *(Dr.)* Assignation, avertissement, citation, commandement, injonction, intimation, mise en demeure, *ordre*, ultimatum. **2.** Addition, calcul, somme. ◆ ANT. **1.** Exonération, libération, retrait. **2.** Différence, soustraction.

SOMME ◆ SYN. ▷ *Nom fém.* **1.** *Addition*, calcul, réunion, sommation. **2.** Ensemble, masse, montant, *quantité*, total, totalité. **3.** *(Didact., exposé détaillé)* Compendium, *encyclopédie*, synthèse, traité. ▷ *Nom masc.* **4.** Repos, *sieste*. ◆ ANT. **1.** Différence, soustraction. **2.** Fraction, part, partie, portion. **3.** Abrégé, extrait. **4.** Occupation, travail.

SOMMEIL ◆ SYN. **1.** Dodo *(fam.)*, endormissement, *inconscience*, ralentissement, sieste, somme. **2.** Assoupissement, demi-sommeil, *somnolence*, torpeur. **3.** *(Méd.)* Anesthésie, atonie, coma, hypnose, *léthargie*, narcolepsie, narcose, somnambulisme, trypanosomiase. **4.** *Engourdissement*, hibernation. **5.** Calme, inactivité, *inertie*, mort, repos, suspension. ◆ ANT. **1.** Activité, conscience, éveil, tension, veille. **2.** Application, attention, concen-

tration, réaction, réflexion, réveil, vigie,
vigilance. **3.** Hyperactivité, hypertonie,
insomnie, sensibilité, vitalité. **4.** Renaissance, réveil. **5.** Action, activité, agitation,
animation, énergie, travail.

SOMMEILLER ✦ SYN. **1.** S'assoupir,
dormir, s'endormir, reposer, roupiller
(fam.), somnoler. **2.** *Se cacher*, exister. ✦ ANT.
1. S'animer, s'éveiller, se réveiller, veiller.
2. Se manifester, surgir.

SOMMER ✦ SYN. **1.** *(Dr.)* Assigner, avertir,
citer, commander, contraindre, demander,
enjoindre, forcer, interpeller, intimer,
mettre en demeure, *ordonner*, prier,
requérir, signifier. **2.** *(Math.)* *Additionner*,
calculer. ✦ ANT. **1.** Écouter, libérer, retirer,
supplier. **2.** Retrancher, soustraire.

SOMMET ✦ SYN. **1.** Aiguille, cime, crête,
dent, extrémité, *faîte*, front, haut, montagne, pic, pointe, tête. **2.** Comble, grenier,
pignon, *pinacle*, plafond, toit. **3.** Achèvement, acmé, *apogée*, apothéose, couronnement, maximum, paroxysme, sublime
(n.), summum, triomphe, zénith. **4.** *Confé-*
rence, rencontre, réunion. ✦ ANT. **1.** Appui,
bas, base, col, pied, socle. **2.** Assise, fondations, soubassement. **3.** Abaissement,
chute, déchéance, déclin, départ, minimum, nadir, périgée.

SOMMITÉ ✦ SYN. **1.** *(Plante)* *Extrémité*,
pointe. **2.** *Autorité*, célébrité, expert, flambeau, figure marquante, lumière, maître,
personnage éminent, personnalité, phare,
savant, spécialiste, ténor. ✦ ANT. **1.** Profondeur, racine. **2.** Amateur, débutant,
inconnu, néophyte, profane.

SOMNIFÈRE ✦ SYN. Anesthésique, dor-
mitif, hypnotique, narcotique, *soporifi-*
que. ✦ ANT. Excitant, stimulant, tonique.

SOMNOLENCE ◇ v. **Sommeil**

SOMNOLENT ✦ SYN. **1.** Assoupi, dor-
meur, endormi, engourdi, *ensommeillé*,
inactif. **2.** Inconnu, *latent*, secret. ✦ ANT.
1. Actif, attentif, conscient, dispos, empressé, éveillé, réveillé, vif, vivant. **2.** Apparent, extérieur, manifeste.

SOMNOLER ◇ v. **Sommeiller**

SOMPTUAIRE ✦ SYN. Abusif, *excessif*,
outrancier. ✦ ANT. Modéré, nécessaire,
normal.

SOMPTUEUX ✦ SYN. Beau, cossu, éclatant, fastueux, *luxueux*, magnifique, opulent, princier, riche, royal, seigneurial,
splendide, superbe. ✦ ANT. Frugal, humble,
laid, médiocre, minable, misérable,
miteux, modeste, pauvre, piteux, rustique,
simple, sobre.

SOMPTUOSITÉ ✦ SYN. Apparat, beauté,
éclat, faste, *luxe*, magnificence, majesté,
grandeur, opulence, pompe, richesse,
splendeur. ✦ ANT. Frugalité, humilité,
médiocrité, mesure, misère, modération,
modestie, pauvreté, simplicité, sobriété.

SON ✦ SYN. **1.** Acoustique, audition,
bruit, écho, onde, vibration. **2.** Langage,
parole, phonème, voix. **3.** Gamme, *musi-*
que, note, timbre, ton, tonalité. ✦ ANT.
1. Silence. **2.** Aphasie, aphonie, mutisme,
mutité.

SONDAGE ✦ SYN. **1.** *Exploration*, forage,
prospection, reconnaissance. **2.** *(Méd.)*
Cathétérisme, *intubation*, tubage. **3.** *(Mar.)*
Bathymétrie. **4.** Consultation, *enquête*,
étude, information, investigation, recherche.

SONDER ✦ SYN. **1.** Ausculter, examiner,
explorer, forer, fouiller, inspecter, mesurer, prospecter. **2.** Analyser, apprécier,
chercher, s'enquérir, enquêter, étudier,
évaluer, interroger, pénétrer, peser,
pressentir, *scruter*, tâter (le pouls, le terrain). ✦ ANT. **1.** Hâter, se presser, survoler.
2. Délaisser, se désintéresser de, écarter,
effleurer, ignorer, négliger, omettre.

SONGE ✦ SYN. **1.** Cauchemar, image,
onirisme *(psychol.)*, *rêve*, vision. **2.** Chimère,
fantasme, fiction, *illusion*, imagination,
utopie. ✦ ANT. **1.** Concret, éveil, matérialité, matière, réalité, réel, veille. **2.** Raison,
réalisme, vie.

SONGER ✦ SYN. **1.** Rêvasser, *rêver*. **2.** S'aviser, considérer, envisager, évoquer, *penser*,
projeter, réfléchir. ✦ ANT. **1.** S'appliquer, se
concentrer. **2.** Concrétiser, réaliser.

SONGERIE ◇ v. **Rêverie**

SONGEUR ✦ SYN. **1.** Absent, distrait, *rêvasseur*. **2.** Absorbé, jongleur *(québ.)*, méditatif, *pensif*, préoccupé, soucieux. ✦ ANT. **1.** Attentif, concentré, présent, vigilant. **2.** Décontracté, indifférent, insouciant, serein.

SONNAILLE ◇ v. **Cloche**

SONNANT ✦ SYN. **1.** Bruyant, *éclatant*. **2.** *(Heure)* Battant, exact, juste, pétant *(fam.)*, *pile*, précis, tapant. ✦ ANT. **1.** Silencieux, sourd. **2.** Approximativement, environ.

SONNÉ ✦ SYN. **1.** *Annoncé*, signalé. **2.** Compté, écoulé, *passé*, révolu. ▷ *(Fam.)* **3.** Assommé, *étourdi*, groggy *(fam.)*. **4.** *Cinglé*, fou, tapé *(fam.)*. ✦ ANT. **1.** Remis, retardé. **2.** Prétendu, supposé. **3.** Conscient, indemne, solide. **4.** Lucide, sensé.

SONNER ✦ SYN. ▷ *V. intr.* **1.** Bourdonner, carillonner, corner, frapper, *résonner*, retentir, siffler, sonnailler, tinter, vibrer. ▷ *V. tr.* **2.** *(Mus.)* Claironner, *jouer*. **3.** *Annoncer*, indiquer, signaler. **4.** *Appeler*, demander. **5.** *(Fam.) Assommer*, ébranler, étourdir. ✦ ANT. **1-2.** Amortir, assourdir, bruire, couvrir, étouffer, taire. **3.** S'arrêter, cesser. **4.** Évincer, repousser. **5.** Apaiser, choyer, épargner, rassurer.

SONNERIE ✦ SYN. **1.** Appel, carillon, glas, signal, son, *timbre*, tintement, tocsin. **2.** Alarme, avertisseur, bouton, poussoir, *sonnette*.

SONNETTE ✦ SYN. **1.** *Clochette*, sonnaille. **2.** Avertisseur, *sonnerie*.

SONORE ✦ SYN. **1.** Acoustique *(techn.)*. **2.** Bruyant, carillonnant, *éclatant*, étourdissant, fort, résonnant, retentissant, tonitruant, tonnant, vibrant. ✦ ANT. **2.** Amorti, étouffé, faible, insonore, mat, muet, silencieux, sourd.

SOPHISME ✦ SYN. Aberration, absurdité, artifice, fausseté, incohérence, nonsens, paradoxe, paralogisme, *raisonnement faux*, subterfuge, tromperie. ✦ ANT. Cohérence, logique, vérité.

SOPHISTIQUÉ ✦ SYN. **1.** Alambiqué, artificiel, étudié, *recherché*, tarabiscoté. **2.** *(Ch.)* Complexe, développé, évolué, *per-*

fectionné. ✦ ANT. **1.** Commun, modeste, naturel, simple, sobre. **2.** Élémentaire, primitif, rudimentaire, simpliste.

SOPORIFIQUE ◇ v. **Somnifère**

SORCELLERIE ✦ SYN. Enchantement, *ensorcellement*, envoûtement, incantation, magie, maléfice, occultisme, satanisme, sortilège, vaudou. ✦ ANT. Conjuration, exorcisme, rationalisme, scepticisme.

SORCIER ✦ SYN. **1.** Chaman, devin, enchanteur, *ensorceleur*, envoûteur, guérisseur, magicien, prêtre. **2.** Adroit, futé, habile, *malin*. **3.** Compliqué, *difficile*. ✦ ANT. **1.** Exorciste, rationaliste, sceptique, scientifique. **2.** Maladroit, niais, sot. **3.** Facile, simple.

SORDIDE ◇ v. **Répugnant**

SORNETTES ✦ SYN. Bagatelles, *balivernes*, bêtises, billevesées, calembredaines, chansons, chimères, fadaises, fariboles, frivolités, futilités, histoires, sottises. ✦ ANT. Esprit, finesse, intelligence, sérieux, vérité.

SORT ✦ SYN. **1.** Charme, ensorcellement, *maléfice*, sortilège. **2.** Apanage, *condition*, état, lot, situation. **3.** Avenir, chance, *destin*, destinée, fatalité, fortune, hasard, providence.

SORTABLE ✦ SYN. **1.** *(Aspect physique, tenue)* Acceptable, *convenable*, correct, décent, digne, montrable, présentable, propre, soigné. **2.** *(Vêtement)* Mettable, *portable*, présentable. **3.** *(Pers.)* Bien élevé, poli, présentable (en public), sage, tranquille. ✦ ANT. **1.** Déplacé, inacceptable, inconvenant, incorrect, malpropre, malséant. **2.** Défraîchi, immettable, importable. **3.** Impoli, insortable, mal élevé, turbulent.

SORTE ✦ SYN. **1.** Caractère, *catégorie*, classe, division, famille, forme, groupe, ordre, style, variété. **2.** Acabit *(péj.)*, *espèce*, genre, nature, type. **3.** *(Une sorte de) Une espèce de*, une façon de, une manière de.

SORTIE ✦ SYN. **1.** Absence, *départ*, disparition, échappée, escapade, évacuation, évasion, exode, fugue, fuite. **2.** Débouché, *issue*, porte. **3.** Attaque, mission, *raid*. **4.** *Balade*, excursion, promenade, tour,

virée *(fam.)*. **5.** Expédition, **exportation**.
6. Diffusion, lancement, **parution**, publication. **7.** *(Inform.)* Émission, impression, *transfert*, transmission. **8.** Dégagement, échappement, écoulement, *émergence*, éruption, jaillissement, surgissement.
9. *(Pl. surtout)* Débours, déboursés, *dépenses*.
10. *Échappatoire*, expédient, subterfuge.
11. Algarade, esclandre, invective, scandale, *scène*, semonce. ♦ **ANT. 1.** Arrivée, rentrée, retour, venue. **2.** Abord, accès, entrée. **3.** Défense, repli, retraite. **4.** Rentrée, retour, sédentarité. **5.** Importation, introduction. **6.** Destruction, épuisement, pilon *(livres)*. **7.** Entrée, saisie, traitement. **8.** Engorgement, entrave, obstruction, refoulement. **9.** Crédits, recettes, rentrées. **10.** Droiture, franchise. **11.** Courtoisie, félicitations, flatterie, retenue.

SORTILÈGE ◇ v. **Maléfice**

SORTIR ♦ **SYN.** ▷ *V. intr.* **1.** S'absenter, aller dehors, se balader, décamper, déguerpir, s'échapper, s'éclipser, s'esquiver, évacuer, fuir, partir, *quitter*, se retirer. **2.** Apparaître, déborder, se dégager, dépasser, éclore, *émerger*, s'exhaler, jaillir, lever, percer, poindre, saillir, sourdre, surgir. **3.** Être édité, *paraître*. **4.** Émaner de, être issu de, naître de, *provenir de*, résulter, venir de. ▷ *V. tr.* **5.** Accompagner, conduire, *emmener*, mener. **6.** Bannir, *chasser*, éconduire, expulser. **7.** Dégager, déloger, *enlever*, extirper, extraire, ôter, tirer de. **8.** Éditer, faire paraître, *lancer*, mettre sur le marché, publier. **9.** *(Fam.)* Débiter, dire, *raconter*. ▷ *V. pr.* **10.** Se dépêtrer, *se tirer de*. ♦ **ANT. 1.** Accéder, arriver, demeurer, s'enfermer, entrer, s'introduire, pénétrer, rentrer, rester, revenir. **2.** Croupir, disparaître, s'enfoncer, s'engorger, s'éteindre, refluer, refouler, se replier, stagner. **3.** Être épuisé. **4.** Causer, engendrer, former, susciter. **5.** Garder, ramener, retenir. **6.** Accueillir, convier, inviter. **7.** Conserver, enfiler, enfoncer, enfouir, engager, introduire, mettre. **8.** Détruire, épuiser, pilonner *(livres)*, retirer (du marché). **9.** Taire. **10.** S'empêtrer, s'enliser.

SOSIE ♦ **SYN.** Clone, copie, *double*, image, jumeau *(fig.)*, pendant, portrait, réplique, ressemblant, semblable. ♦ **ANT.** Antithèse, autre, contraire, opposé, original.

SOT ◇ v. **Stupide**

SOTTISE ◇ v. **Stupidité**

SOTTISIER ♦ **SYN.** *Bêtisier*, perles *(fig.)*, recueil.

SOU ♦ **SYN. 1.** Cent *(québ.)*, denier, *pièce de monnaie*. **2.** *(Fig.)* **Grain**, gramme, once, parcelle. **3.** *(Pl.)* **Argent**, monnaie.

SOUBASSEMENT ♦ **SYN. 1.** Assiette, assise, base, *fondations*, fondements, infrastructure, solage *(québ.)*. **2.** Plinthe *(fenêtre, mur)*, piédestal, *socle*. ♦ **ANT. 1.** Comble, faîte, pinacle, sommet, structure, toit. **2.** Haut, sommet, tête.

SOUBRESAUT ♦ **SYN. 1.** À-coup, cahot, saccade, *secousse*, trépidation, tressautement. **2.** Agitation, convulsion, émotion, frisson, haut-le-corps, sursaut, *tressaillement*, trouble. ♦ **ANT. 1.** Accalmie, adoucissement, atténuation, pause, repos, stabilité, tranquillité. **2.** Apaisement, baume, quiétude, réconfort, soulagement.

SOUCHE ♦ **SYN. 1.** Cep, chicot, pied, résidu, tige, *tronc*. **2.** Ascendance, extraction, lignée, *origine*, provenance, racines, source. **3.** Étymologie. **4.** *(Carnet)* Extrémité, *talon*. ♦ **ANT. 1.** Arbre, plante. **2.** Descendance, postérité, suite. **3.** Emprunt, néologie. **4.** Feuille, volant.

SOUCI ♦ **SYN. 1.** Angoisse, anxiété, appréhension, bile, chagrin, contrariété, crainte, désagrément, embarras, embêtement, ennui, *inquiétude*, peine, tintouin *(fam.)*, tourment, tracas, tribulations. **2.** Attention, intérêt, obsession, *préoccupation*, scrupule, soin. ♦ **ANT. 1.** Agrément, bien-être, bonheur, insouciance, joie, paix, plaisir, quiétude, repos, satisfaction, sérénité, tranquillité. **2.** Désintérêt, désinvolture, indifférence, insouciance, négligence.

SOUCIER (SE) ♦ **SYN. 1.** S'attacher à, s'intéresser à, s'inquiéter de, s'occuper de, penser à, prendre soin de, *se préoccuper de*, suivre de près, veiller sur. **2.** S'alarmer, s'embarrasser de, s'en faire, se faire

du mauvais sang, se faire du souci, s'inquiéter, *se tourmenter*, se tracasser. ✦ ANT.
1. Délaisser, se désintéresser de, se ficher *(fam.)*, se moquer de, négliger, oublier. 2. Se calmer, se rasséréner, se rassurer, se réjouir, se tranquilliser.

SOUCIEUX ✦ SYN. 1. Absorbé, angoissé, anxieux, bilieux, chagrin, contrarié, craintif, embarrassé, embêté, ennuyé, *inquiet*, pensif, perplexe, songeur, tourmenté, tracassé, troublé. 2. Affairé, attentif, consciencieux, jaloux de, *préoccupé*, scrupuleux, soigneux. ✦ ANT. 1. Bienheureux, calme, content, détendu, quiet, rasséréné, réjoui, reposé, satisfait, serein, tranquille. 2. Désintéressé, désinvolte, indifférent, insouciant, négligent.

SOUDAIN ✦ SYN. ▷ *Adj.* 1. Brusque, brutal, foudroyant, fulgurant, immédiat, imprévu, inattendu, inopiné, instantané, prompt, rapide, *subit*. ▷ *Adv.* 2. À brûle-pourpoint, à l'improviste, à l'instant, aussitôt, brusquement, immédiatement, inopinément, instantanément, soudainement, *subitement*, subito *(fam.)*, tout à coup. ✦ ANT. 1. Attendu, graduel, latent, lent, mûri, prévisible, prévu, ralenti, retardé, tardif. 2. Graduellement, lentement, petit à petit, peu à peu, progressivement, tardivement.

SOUDAINETÉ ✦ SYN. Brusquerie, brutalité, immédiateté, imprévisibilité, instantanéité, précipitation, promptitude, *rapidité*. ✦ ANT. Atermoiement, lenteur, retard.

SOUDER ✦ SYN. Aciérer, agréger, assembler, braser, coller, fusionner, greffer, *joindre*, réunir, river, unir. ✦ ANT. Décoller, dessouder, désunir, disjoindre, diviser, isoler, rompre, séparer.

SOUDOYER ✦ SYN. *Acheter*, arroser *(fam.)*, corrompre, graisser la patte *(fam.)*, stipendier, suborner. ✦ ANT. Convaincre, édifier, persuader.

SOUE ✦ SYN. 1. Porcherie. 2. *(Québ., fam.)* Bauge, bouge, cloaque, fange, *maison mal-propre*, sentine, taudis. ✦ ANT. 2. Château, palace, palais.

SOUFFLE ✦ SYN. 1. Air, bouffée, bruit *(méd.)*, exhalation, expiration, haleine, *respiration*, soupir. 2. Courant d'air, effluves, émanation, exhalaison, poussée, rafale, *vent*. 3. Âme, élan, esprit, imagination, *inspiration*, puissance (d'évocation). 4. Aplomb, *endurance*, énergie, vigueur. ✦ ANT. 1. Anhélation, asphyxie, essoufflement, étouffement, inhalation, inspiration, suffocation. 2. Disparition, dissipation. 3. Léthargie, panne (d'inspiration), torpeur. 4. Anémie, défaillance, faiblesse, fatigue.

SOUFFLER ✦ SYN. ▷ *V. intr.* 1. Exhaler, *expirer*, respirer. 2. *S'essouffler*, haleter. 3. Agiter, *déplacer l'air*. 4. *(Mus.)* *Jouer*, sonner. 5. S'arrêter, récupérer, *se reposer*. ▷ *V. tr.* 6. Gonfler, *insuffler*. 7. *(Fam.)* Dérober, *enlever*, piquer, ravir, soulever *(fam.)*, voler. 8. Détruire, *emporter*, faire disparaître. 9. Chuchoter, *dire*, glisser (à l'oreille), inspirer, murmurer, suggérer. 10. *(Fam.)* Ahurir, ébahir, *surprendre*. ✦ ANT. 1. S'asphyxier, aspirer, s'étouffer, inspirer, suffoquer. 2. Reprendre haleine. 3. Se calmer, se dissiper. 4. Arrêter, cesser. 5. S'exténuer, se surmener. 6. Comprimer, dégonfler. 7. Remettre, rendre, retourner. 8. Épargner. 9. Dire tout haut (clairement). 10. Calmer, indifférer, refroidir.

SOUFFLET ✦ SYN. 1. Camouflet, claque, *gifle*, mornifle *(fam.)*, taloche *(fam.)*, tape. 2. *Affront*, insulte, outrage. ✦ ANT. 1. Accolade, caresse, embrassade, salutation. 2. Compliment, hommage, respect.

SOUFFRANCE ✦ SYN. 1. Crise, douleur (physique), élancement, fièvre, indisposition, *mal*, malaise. 2. Affliction, chagrin, deuil, déchirement, déchirure, désolation, détresse, douleur (morale) épreuve, larmes, malheur, *peine*, tourment, tristesse. 3. *(Très forte, physique ou morale)* Affres, calice *(fig.)*, calvaire *(fig.)*, croix *(fig.)*, enfer, géhenne, *martyre*, supplice, torture,. ✦ ANT. 1. Bien-être, euphorie *(méd.)*, rétablissement, soulagement. 2. Allégresse, béatitude, bonheur, joie, plaisir, réconfort, sympathie. 3. Délivrance, libération.

SOUFFRANT ◆ SYN. Affligé, alité, dolent, faible, fiévreux, *indisposé*, malade, mal en point, mal en train *(québ.)*, mal fichu *(fam.)*, souffreteux. ◆ ANT. Alerte, allègre, bien portant, dispos, en forme, fringant, gaillard, guéri, sain, rétabli, vigoureux.

SOUFFRE-DOULEUR ◆ SYN. Bouc émissaire, *tête de Turc*, victime. ◆ ANT. Bourreau, idole.

SOUFFRETEUX ◆ SYN. Anémique, asthénique, cacochyme, chétif, débile, délicat, égrotant, fragile, *maladif*, malingre, souffrant, valétudinaire. ◆ ANT. Éclatant, énergique, épanoui, florissant, fort, rayonnant, resplendissant, sain, solide, vigoureux.

SOUFFRIR ◆ SYN. ▷ *V. tr.* **1.** *Endurer*, éprouver, ressentir, sentir, subir, supporter. **2.** Accepter, admettre, permettre, *tolérer*. ▷ *V. intr.* **3.** Avoir mal, être victime de, *languir*, mourir, pâtir, peiner, saigner *(fig.)*, sécher *(fam.)*. ▷ *V. pr.* **4.** *S'accepter*, se supporter. ◆ ANT. **1.** Calmer, soulager. **2.** Empêcher, interdire, opposer. **3.** Apprécier, bénéficier de, goûter de, jouir de, profiter de. **4.** Se détester, se haïr.

SOUHAIT ◆ SYN. Aspiration, attente, demande, desiderata, *désir*, envie, espérance, espoir, vœu, volonté. ◆ ANT. Affront, amertume, chagrin, crainte, déception, injure, insulte, réalisation, réalité, refus, regret.

SOUHAITABLE ◆ SYN. *Désirable*, enviable, opportun, préférable, recherché. ◆ ANT. Inapproprié, indésirable, inopportun, inutile, superflu.

SOUHAITER ◆ SYN. Ambitionner, aspirer, convoiter, *désirer*, espérer, lorgner, rechercher, rêver, soupirer après, viser, vouloir. ◆ ANT. Abandonner, appréhender, craindre, désespérer, s'opposer, regretter, renoncer, répugner.

SOUILLER ◆ SYN. **1.** Altérer, contaminer, corrompre, éclabousser, infecter, maculer, polluer, *salir*, tacher. **2.** Avilir, déshonorer, *entacher*, flétrir, profaner, ternir, violer. ◆ ANT. **1.** Assainir, aseptiser, dépolluer, désinfecter, détacher, laver,

nettoyer, purifier. **2.** Bénir, célébrer, élever, exalter, honorer, préserver, respecter, sanctifier, vénérer.

SOUILLON ◇ v. **Salaud**

SOUILLURE ◆ SYN. **1.** Bavure, contamination, corruption, crasse, éclaboussure, encrassement, immondices, impureté, malpropreté, ordure, pâté, pollution, *saleté*, salissure, tache, vomissure. **2.** Avilissement, déshonneur, faute, *flétrissure*, péché, tare. ◆ ANT. **1.** Beauté, désinfection, éclat, fraîcheur, lustre, propreté, pureté. **2.** Décence, élévation, gloire, grâce, grandeur, honneur.

SOUK ◇ v. **Bazar**

SOÛL ◆ SYN. **1.** Assouvi, étourdi, *gavé*, gorgé, grisé, rassasié, repu, saturé. **2.** Gai, gris, éméché, *ivre*, plein *(fam.)*, pompette *(fam.)*, rond. ◆ ANT. **1.** Avide, friand, insatiable. **2.** À jeun, assoiffé, dégrisé, désenivré, dessoûlé, sobre.

SOULAGEMENT ◆ SYN. **1.** Adoucissement, allégement, amoindrissement, *apaisement*, baume, calme, délivrance, détente, diminution, palliatif, remède, repos. **2.** Aide, consolation, *réconfort*, secours, soutien. **3.** *(Fig.)* Antidote, *dérivatif*, exutoire, palliatif, panacée, remède (moral), soupape. ◆ ANT. **1.** Accablement, affliction, aggravation, alourdissement, complications, détérioration, douleur, ennui, exacerbation, exaspération, excitation, souffrance. **2.** Abandon, déréliction, inquiétude, peine, solitude, tourment. **3.** Besoin (impérieux), ennui, monotonie, travail, stress.

SOULAGER ◆ SYN. ▷ *V. tr.* **1.** Adoucir, alléger, amoindrir, *apaiser*, atténuer, calmer, débarrasser de, décharger de, dégrever, délester, délivrer de, exonérer, libérer de, ôter, tempérer. **2.** Aider, consoler, *réconforter*, secourir, soutenir. ▷ *V. pr.* **3.** Se consoler, *se libérer de*, se réconforter. **4.** *(Fam.)* Se satisfaire, *uriner*. ◆ ANT. **1.** Accabler, affliger, aggraver, alourdir, blesser, charger, donner, écraser, épuiser, exacerber, exaspérer, exciter, fatiguer, gêner, grever, oppresser, opprimer, surcharger.

2. Abandonner, contrarier, empêcher, ennuyer, nuire. 3. Se contenir, refouler, réprimer. 4. Se retenir.

SOÛLER ◇ v. **Enivrer**

SOÛLERIE ◆ SYN. *Beuverie*, bombance, cuite *(fam.)*, ivresse, ivrognerie, orgie, soûlographie *(fam.)*. ◆ ANT. Abstinence, sobriété, tempérance.

SOULÈVEMENT ◆ SYN. 1. Affleurement, *élévation*, exhaussement, redressement, relèvement. 2. Agitation, effervescence, émeute, *insurrection*, mutinerie, remous, rébellion, révolte, troubles. ◆ ANT. 1. Abaissement, affaissement, dépression. 2. Accalmie, apaisement, calme, conciliation, concorde, entente, pacification, répression, soumission, trêve.

SOULEVER ◆ SYN. ▷ v. tr. 1. Dresser, élever, hausser, hisser, *lever*, redresser, relever, retrousser. 2. Agiter, ameuter, animer, déchaîner, déclencher, électriser, exalter, exciter, occasionner, *provoquer*, susciter, transporter. 3. *(Objection)* Amener, apporter, évoquer, *poser*. 4. *(Fam.)* Piquer, prendre, *ravir*, souffler *(fam.)*, voler. ▷ v. pr. 5. Se dresser, *se lever*, surgir. 6. *S'insurger*, se rebeller, se révolter. ◆ ANT. 1. Abaisser, affaisser, aplanir, baisser, descendre, rabattre, refermer. 2. Apaiser, calmer, concilier, contenir, étouffer, mater, pacifier, refréner, réprimer, tranquilliser. 3. Écarter, escamoter, éviter. 4. Redonner, remettre, rendre. 5. S'abaisser, s'enfoncer, se rabattre, redescendre. 6. S'accommoder, se plier à, se soumettre.

SOULIER ◆ SYN. Basket, *chaussure*, croquenot *(fam.)*, escarpin, espadrille, galoche *(québ., fam.)*, godasse *(fam.)*, godillot *(fam.)*, grolle *(fam.)*, pompe *(fam.)*, sabot, savate *(péj.)*.

SOULIGNAGE ◆ SYN. Souligné, soulignement, *trait*. ◆ ANT. Biffage, effacement.

SOULIGNER ◆ SYN. 1. Accentuer, appuyer, faire remarquer, faire ressortir, mettre en évidence, mettre en relief, mettre l'accent sur, *insister sur*, marquer. 2. Désigner, montrer, noter, préciser, relever, *signaler*. 3. Rythmer, ponctuer, *scan-*

der. ◆ ANT. 1. Amoindrir, atténuer, biffer, effacer, éluder, gommer. 2. Négliger, omettre, rejeter. 3. Allonger, étirer, traîner.

SOUMETTRE ◆ SYN. ▷ v. tr. 1. *Asservir*, conquérir, dominer, dompter, maîtriser, mater, opprimer, plier, subjuguer, subordonner. 2. Assujettir, *astreindre*, condamner, contraindre, forcer, obliger, réduire à. 3. Exposer, montrer, présenter, *proposer*, soumissionner. ▷ v. pr. 4. Se conformer, *obéir*, obtempérer, se plier à, se résigner, respecter, subir, suivre. 5. Abandonner, *capituler*, céder, courber l'échine, s'écraser *(fam.)*, s'incliner, se livrer, se rendre. ◆ ANT. 1. Affranchir, débarrasser de, délivrer, émanciper, libérer, sauver. 2. Dispenser, exempter, exonérer. 3. Annuler, rejeter, retirer. 4. Désobéir, enfreindre, se soustraire, transgresser. 5. Se dresser, se rebiffer, résister, se révolter, se soulever.

SOUMIS ◆ SYN. 1. *(Peuple)* *Asservi*, assujetti, conquis, dominé. 2. *(Pers.)* Déférent, discipliné, docile, doux, fidèle, humble, *obéissant*, respectueux. 3. À-plat-ventriste *(québ.)*, bas, complaisant, esclave, flagorneur, obséquieux, rampant, *servile*. ◆ ANT. 1. Autonome, conquérant, dominateur, rebelle, révolté. 2. Autoritaire, désobéissant, entêté, espiègle, indiscipliné, indocile, infidèle, irrespectueux, récalcitrant, rétif. 3. Digne, fier, indépendant, libre, noble.

SOUMISSION ◆ SYN. 1. *Asservissement*, assujettissement, chaînes *(fig.)*, contrainte, dépendance, emprise, esclavage, joug, obédience, servilité, servitude, sujétion, tutelle, vassalité. 2. Acquiescement, allégeance, conformité, déférence, discipline, docilité, fidélité, humilité, *obéissance*, résignation, respect, subordination. 3. *(Dr.)* Offre, *proposition*. ◆ ANT. 1. Autonomie, domination, émancipation, indépendance, liberté, révolte. 2. Commandement, désobéissance, entêtement, fierté, indiscipline, indocilité, infidélité, insoumission, irrespect. 3. Appel d'offres.

SOUPAPE ◆ SYN. 1. Clapet, obturateur, *valve*. 2. Défoulement, dérivatif, déver-

soir, diversion, *exutoire*, soulagement.
♦ ANT. 2. Inquiétude, oppression, refoulement, stress, tension.

SOUPÇON ♦ SYN. 1. Conjecture, crainte,
défiance, *doute*, méfiance, pressentiment,
suspicion. 2. Brin, chouïa *(fam.)*, goutte,
larme, nuage, pointe, *un peu*, zeste.
3. Ombre, *semblant*, trace. ♦ ANT. 1. Certitude, confiance, constatation, conviction,
foi, persuasion, preuve, réalité, vérité.
2. Abondance, profusion. 3. Présence.

SOUPÇONNER ♦ SYN. 1. Accuser, faire
peser des soupçons sur, incriminer, mettre en cause, *suspecter*. 2. Douter de, se
défier, *se méfier*, mettre en doute. 3. Conjecturer, deviner, se douter de, entrevoir,
flairer, imaginer, *pressentir*, présumer,
subodorer, supposer. ♦ ANT. 1. Défendre,
disculper, innocenter. 2. Avoir confiance,
croire, se fier à, s'en remettre à. 3. Constater, corroborer, démontrer, établir,
prouver, vérifier.

SOUPÇONNEUX ♦ SYN. Défiant, méfiant, jaloux, ombrageux, *suspicieux*. ♦ ANT.
Aveugle, candide, confiant, crédule, naïf,
sûr.

SOUPE ♦ SYN. 1. Bouillon, garbure, la-
vasse *(péj.)*, *potage*, repas. 2. *(Fam.)* Gadoue.

SOUPENTE ♦ SYN. Cagibi, combles, galetas, grenier, mansarde, *réduit*.

SOUPER ◊ v. **Repas**

SOUPESER ♦ SYN. *Évaluer*, jauger, juger,
peser, supputer. ♦ ANT. Méconnaître, méjuger, mésestimer.

SOUPIR ♦ SYN. 1. Aspiration, expiration,
haleine, *respiration*, souffle. 2. Geignement, *gémissement*, lamentation, plainte.
♦ ANT. 1. Asphyxie, étouffement, halètement. 2. Rire, sourire.

SOUPIRANT ♦ SYN. *Amoureux*, galant,
prétendant, sigisbée. ♦ ANT. Ennemi, rival.

SOUPIRER ♦ SYN. 1. *Respirer*, souffler.
2. *Gémir*, murmurer, se plaindre. 3. *(Soupirer
après)* Aspirer à, convoiter, *désirer*, lorgner,
prétendre à, souhaiter, viser. 4. *(Soupirer
pour)* Aimer, être amoureux, languir pour.
♦ ANT. 1. Haleter, suffoquer. 2. Ricaner,

rire. 3. Dédaigner, renoncer. 4. Éconduire,
mépriser.

SOUPLE ♦ SYN. 1. *(Ch.)* Compressible,
ductile, élastique, extensible, *flexible*,
lâche, malléable, pliable, rénitent *(méd.)*.
2. *(Corps)* Adroit, *agile*, aisé, décontracté,
dégagé, félin, léger, leste, preste, svelte.
3. *(Pers.)* Accommodant, compréhensif, *conciliant*, coulant *(fam.)*, diplomate, docile,
facile, flexible *(fig.)*, liant, malléable *(fig.)*,
maniable *(fig.)*, ouvert, tolérant, traitable.
♦ ANT. 1. Cassant, coriace, dur, ferme,
incompressible, inflexible, raide, résistant.
2. Contracté, crispé, gauche, lent, lourd.
3. Autoritaire, buté, étroit, indépendant,
indocile, inflexible *(fig.)*, intolérant, rigide,
rigoureux, strict, têtu.

SOUPLESSE ♦ SYN. 1. *(Ch.)* Compressibilité, ductilité, élasticité, *flexibilité*, malléabilité, maniabilité, plasticité, rénitence
(méd.). 2. *(Corps)* *Agilité*, aisance, décontraction, élégance, gracilité, légèreté,
prestesse, sveltesse. 3. *(Pers.)* *Adaptabilité*,
adresse, compréhension, diplomatie,
docilité, finesse, liberté, ouverture (d'esprit), tolérance. ♦ ANT. 1. Dureté, fermeté,
incompressibilité, raideur, résistance.
2. Contraction, crispation, inélégance,
lourdeur. 3. Autoritarisme, entêtement,
étroitesse, inadaptation, indépendance,
indocilité, inflexibilité, intolérance, rigidité, rigueur, sévérité.

SOUQUER ♦ SYN. ▷ V. tr. 1. Nouer, raidir,
serrer. ▷ V. intr. 2. Peiner, *ramer*, tirer. ♦ ANT.
1. Dénouer, desserrer. 2. Céder, lâcher.

SOURCE ♦ SYN. 1. Fontaine, geyser,
griffon, *point d'eau*, puits, résurgence.
2. Cause, commencement, départ, étymologie, ferment, foyer *(lumière)*, germe,
origine, principe. 3. *(Pl. surtout)* *Références*,
renvois. ♦ ANT. 1. Aridité, sécheresse.
2. Aboutissement, conséquence, embouchure, fin, résultat.

SOURCIER ♦ SYN. Hydroscope, radies-
thésiste, *rhabdomancien*.

SOURCILLER ♦ SYN. *Broncher*, s'émouvoir, réagir, tiquer *(fam.)*.

SOURCILLEUX ♦ SYN. Chatouilleux, exigeant, irritable, *pointilleux*, prompt, sensible, sévère. ♦ ANT. Désinvolte, frivole, indolent, insouciant, nonchalant, souple.

SOURD ♦ SYN. **1.** *Dur d'oreille*, malentendant, sourdingue *(péj.)*. **2.** Fermé, imperméable, indifférent, inexorable, *insensible*, réfractaire. **3.** Amorti, *assourdi*, caverneux, cotonneux, creux, étouffé, faible, mat, voilé. **4.** Diffus, imprécis, indistinct, insaisissable, *vague*. **5.** Caché, clandestin, larvé, latent, occulte, *secret*, souterrain, ténébreux. ♦ ANT. **2.** Ouvert, perméable, réceptif, sensible. **3.** Aigu, éclatant, retentissant, sonore. **4.** Clair, distinct, localisé, net, précis. **5.** Apparent, déclaré, manifeste, officiel, ouvert, patent.

SOURDINE ♦ SYN. **1.** *(Mus.)* **Amortisseur**, étouffoir. **2.** Arrêt, diminution, *frein*, limite. **3.** *(En sourdine)* **Discrètement**, doucement, sans bruit, sans éclat, secrètement. ♦ ANT. **2.** Accroissement, amplification, augmentation, bruit, éclat, exubérance. **3.** Bruyamment, ouvertement.

SOURDRE ◇ V. **Surgir**

SOURIANT ♦ SYN. Accueillant, agréable, enjoué, épanoui, *gai*, jovial, plaisant, réjoui, riant, rieur. ♦ ANT. Austère, bourru, déplaisant, désagréable, grave, maussade, renfrogné, sérieux, sombre, ténébreux, triste.

SOURICIÈRE ◇ V. **Piège**

SOURIRE ♦ SYN. ▷ *Nom* **1.** Ricanement *(péj.)*, rictus *(péj.)*, *rire*, ris, risette. ▷ *V. intr.* **2.** Ricaner *(péj.)*, rigoler *(fam.)*, *rire*. **3.** Convenir, enchanter, *plaire*, satisfaire. **4.** Avantager, *favoriser*, gratifier. ♦ ANT. **1.** Hoquet, larme, pleurs, soupir. **2.** Grimacer, grogner, pleurer, râler *(fam.)*. **3.** Déplaire, ennuyer, mécontenter, rebuter. **4.** Défavoriser, désavantager, nuire.

SOURIS ♦ SYN. **1.** Muridés, *petit rongeur*, souriceau. **2.** *(Fam.)* **Amie**, blonde *(québ.)*, nana *(fam.)*. **3.** *(Inform.)* **Curseur**, guide, indicateur.

SOURNOIS ♦ SYN. Cachottier, cauteleux, chafouin, dissimulé, faux, fourbe, *hypocrite*, insidieux, mensonger, mielleux, perfide, rampant, rusé, secret, traître, trompeur. ♦ ANT. Candide, droit, franc, honnête, loyal, manifeste, ouvert, sincère.

SOURNOISERIE ♦ SYN. Cachotterie, cautèle, dissimulation, duplicité, feinte, fourberie, *hypocrisie*, mensonge, perfidie, ruse, secret, traîtrise, tromperie. ♦ ANT. Authenticité, bonne foi, candeur, franchise, honnêteté, loyauté, ouverture, sincérité.

SOUS-ALIMENTATION ◇ V. **Faim**

SOUSCRIPTION ♦ SYN. **1.** *Engagement*, signature. **2.** *Contribution*, cotisation, don, part, participation, soutien, versement. ♦ ANT. **1.** Annulation, désengagement. **2.** Abstention, refus.

SOUSCRIRE ♦ SYN. **1.** *S'engager*, signer. **2.** *Contribuer*, cotiser, fournir, payer, verser. **3.** Accéder, accepter, acquiescer, adhérer, approuver, *consentir*. ♦ ANT. **1.** Annuler, se désengager. **2.** S'abstenir, refuser, se retirer. **3.** Condamner, dénoncer, désapprouver, rejeter, repousser, réprouver.

SOUS-ENTENDRE ♦ SYN. Donner à entendre, *évoquer*, faire allusion à, faire penser à, insinuer *(péj.)*, laisser entendre, laisser supposer. ♦ ANT. Dire franchement, exprimer clairement.

SOUS-ENTENDU ♦ SYN. ▷ *Nom* **1.** Allégorie, allusion, arrière-pensée, *insinuation*, restriction, réticence. ▷ *Adj.* **2.** Allusif, détourné, elliptique, *implicite*, indirect, inexprimé, informulé, insinuant, non-dit, suggéré, tacite, voilé. ♦ ANT. **1.** Argument, éclaircissement, explication, explicitation, motif, pensée, raison. **2.** Direct, énoncé, explicite, formel, formulé, manifeste, sans détour.

SOUS-ESTIMER ♦ SYN. Déprécier, méconnaître, mésestimer, minimiser, *sous-évaluer*. ♦ ANT. Apprécier, reconnaître, surestimer, surfaire, surévaluer.

SOUS-FIFRE ◇ V. **Subalterne**

SOUS-JACENT ♦ SYN. **1.** Au-dessous, *inférieur*, subjacent. **2.** Caché, connexe, *implicite*, latent, profond, secret. ♦ ANT.

1. Au-dessus, premier, supérieur. 2. Évident, explicite, formel, manifeste, superficiel.

SOUS-ORDRE ◇ V. **Subalterne**

SOUSTRAIRE ♦ SYN. ▷ *V. tr.* 1. Déduire, enlever, ôter, rabattre, retirer, *retrancher*. 2. Dérober, détourner, *voler*. 3. Arracher à, dispenser, épargner, éviter, exempter, libérer, protéger, *sauver*. ▷ *V. pr.* 4. *S'affranchir*, se défiler *(fam.)*, se dérober, échapper à, éluder, esquiver, éviter, fuir, manquer à, se récuser. ♦ ANT. 1. Additionner, ajouter, augmenter, sommer. 2. Donner, rendre, restituer. 3. Endurer, éprouver, subir. 4. Accepter, affronter, se plier à, se résigner, respecter, se soumettre.

SOUTENABLE ♦ SYN. 1. *Défendable*, plausible, possible. 2. Acceptable, *supportable*, tolérable. ♦ ANT. 1. Impossible, inconcevable, indéfendable. 2. Inacceptable, insupportable, intolérable.

SOUTÈNEMENT ♦ SYN. Appui, épaulement, étai, renfort, *soutien*, support.

SOUTENEUR ♦ SYN. Entremetteur, maquereau *(fam.)*, *proxénète*.

SOUTENIR ♦ SYN. ▷ *V. tr.* 1. Appuyer, arc-bouter, buter, consolider, étançonner, étayer, maintenir, porter, résister, *supporter*, tenir. 2. Aider, *appuyer*, assister, cautionner, encourager, épauler, favoriser, seconder. 3. *Commanditer*, financer, parrainer, patronner, sponsoriser, subventionner. 4. Fortifier, nourrir, *réconforter*, remonter, revigorer, sustenter. 5. Affirmer, argumenter, assurer, attester, certifier, *défendre*, plaider, prétendre, promouvoir. ▷ *V. pr.* 6. *Se tenir debout*, se tenir droit. 7. Se conserver, durer, *se maintenir*, subsister, surnager. 8. Se concevoir, *se défendre*. 9. S'encourager, *s'entraider*, s'épauler, se solidariser. ♦ ANT. 1. Basculer, céder, chanceler, détruire, saper, vaciller. 2. Abandonner, décourager, délaisser, empêcher, nuire. 3. Concurrencer, priver de, retirer (son soutien). 4. Abattre, accabler, affaiblir, affamer, affliger, démoraliser, déprimer. 5. Combattre, se dédire,

renier, répudier, se rétracter. 6. Flageoler, tituber. 7. Déchoir, dépérir, s'effondrer, péricliter. 8. Infirmer, réfuter. 9. Se décourager, se nuire, rivaliser.

SOUTENU ♦ SYN. 1. *(Langage, style)* Élevé, littéraire, noble, *recherché*, relevé, soigné. 2. Assidu, *constant*, continu, ininterrompu, persistant, régulier. 3. *(Couleur)* *Accentué*, dense, profond, prononcé. ♦ ANT. 1. Argotique, familier, populaire, relâché, vulgaire. 2. Discontinu, inconstant, intermittent, irrégulier, passager. 3. Fade, pâle, terne.

SOUTERRAIN ♦ SYN. ▷ *Nom* 1. Antre, basse-fosse, catacombe, cave, caveau, caverne, crypte, excavation, galerie, grotte, oubliette, *sous-sol*, terrier, tunnel. ▷ *Adj.* 2. *(Faune, flore) Endogé*, hypogé. 3. *Caché*, clandestin, illicite, interlope, obscur, secret, sombre, sourd, subreptice, ténébreux. ♦ ANT. 1. Air, dehors, lumière, rez-de-chaussée, surface. 2. Épigé. 3. Apparent, avoué, connu, licite, limpide, officiel, ouvert, visible.

SOUTIEN ♦ SYN. 1. Adossement, arc-boutant, armature, base, charpente, colonne, épaulement, étai, étançon, levier, pilier, pivot, sommier, soupente, soutènement, *support*, tréteau, tuteur, voûte. 2. *Aide*, appoint, appui, assistance, aval, caution, collaboration, concours, coopération, défense, égide, encouragement, intervention, main-forte, patronage, protection, recommandation, réconfort, ressource, secours, service, subvention. 3. Champion, *défenseur*, mécène, partisan, protecteur, second, souscripteur, tenant. 4. *(Éduc.) Rattrapage*, remise à niveau. ♦ ANT. 2. Embarras, entrave, hostilité, nuisance, obstacle, opposition, refus. 3. Adversaire, ennemi, opposant, rival. 4. Lacunes, retard.

SOUTIRER ♦ SYN. 1. Clarifier, extirper, purifier, *transvaser*, vider. 2. Arracher, escroquer, *extorquer*, rançonner. ♦ ANT. 1. Ajouter, combler, épaissir, remplir, souiller. 2. Donner, échanger, rendre, troquer.

SOUVENIR ◆ SYN. ▷ *Nom sing.* **1.** Célébration, commémoration, évocation, *mémoire*, pensée, rappel, ressouvenance, souvenance. **2.** Arrière-goût *(péj.)*, idée, image, *réminiscence*, reviviscence. **3.** *Bibelot*, cadeau, photo. ▷ *Pl. surtout* **4.** Reliques, restes, témoignage, *témoin*, traces, vestiges. **5.** Autobiographie, confessions, journal, *mémoires*, mémorial, vie. ▷ *V. pr.* **6.** *Se rappeler*, se remémorer, se ressouvenir, revoir. ◆ ANT. **1-2.** Amnésie, défaillance, disparition, oubli, trou de mémoire. **6.** Anticiper, effacer, oublier, prévoir.

SOUVERAIN ◆ SYN. ▷ *Nom* **1.** Empereur, monarque, potentat, prince, *roi*, suzerain. **2.** Dominateur, *maître*. ▷ *Adj.* **3.** Absolu, indépendant, supérieur, *suprême*. **4.** *Efficace*, infaillible, parfait, radical, sûr. ◆ ANT. **1.** Serviteur, sujet. **2.** Faible, impuissant. **3.** Dépendant, inférieur, limité, partiel. **4.** Incertain, inefficace, inopérant, nul, vain.

SOUVERAINETÉ ◆ SYN. **1.** Autorité royale, couronne, monarchie, *royauté*, sceptre, trône. **2.** Autorité, domination, empire, pouvoir, puissance, supériorité, *suprématie*. **3.** *(État)* Autonomie, *indépendance*, libération, liberté. ◆ ANT. **1.** Assujettissement, sujétion. **2.** Faiblesse, infériorité, subordination. **3.** Dépendance, tutelle.

SOYEUX ◆ SYN. **1.** *Doux*, duveteux, fin, lisse, moelleux, velouté, velouteux. **2.** *Brillant*, chatoyant, lustré, satiné. ◆ ANT. **1.** Âpre, brut, râpeux, rêche, rude, rugueux. **2.** Mat, pâle, terne.

SPACIEUX ◆ SYN. Ample, étendu, grand, large, *vaste*. ◆ ANT. Étroit, exigu, limité, petit, réduit, resserré.

SPADASSIN ◇ V. **Sbire**

SPARTIATE ◆ SYN. ▷ *Adj.* **1.** Ascétique, austère, rigide, *sévère*. ▷ *Nom fém.* **2.** Sandale. ◆ ANT. **1.** Indiscipliné, insouciant, négligé.

SPASME ◆ SYN. **1.** Contraction, crampe, *crispation*, convulsion, resserrement, rictus, serrement, tension. **2.** *(De plaisir)* Jouissance, *orgasme*. ◆ ANT. **1.** Décontrac-

tion, détente, dilatation, extension, relâchement. **2.** Douleur, souffrance.

SPASMODIQUE ◆ SYN. **1.** *(Méd.)* **Convulsif**, tétanique. **2.** Involontaire, *nerveux*. ◆ ANT. **1.** Antispasmodique *(méd.)*, spasmolytique *(méd.)*. **2.** Décontracté, détendu.

SPATIAL ◆ SYN. *Cosmique*, intergalactique, interplanétaire, intersidéral, interstellaire. ◆ ANT. Temporel, terrestre.

SPATIONAUTE ◇ V. **Astronaute**

SPÉCIAL ◆ SYN. **1.** Caractéristique, distinct, exclusif, *particulier*, propre, spécialisé, spécifique, singulier, sui generis. **2.** *Exceptionnel*, extraordinaire, irrégulier. **3.** Bizarre, déviant, différent, *excentrique*, original. ◆ ANT. **1.** Collectif, commun, général, générique, universel. **2.** Habituel, ordinaire, régulier. **3.** Banal, courant, normal, ordinaire.

SPÉCIALISTE ◆ SYN. **1.** As, connaisseur, consultant, *expert*, maître, savant, scientifique, technicien. **2.** Médecin spécialisé. ◆ ANT. **1.** Amateur, apprenti, néophyte, profane. **2.** Généraliste, omnipraticien.

SPÉCIALITÉ ◆ SYN. **1.** Branche, champ, discipline, *domaine*, partie, secteur, sphère. **2.** Art, génie, *particularité*, singularité. **3.** Invention, *mets* (typique), plat. **4.** *(Pharm.)* Médicament, *préparation* (industrielle).

SPÉCIEUX ◆ SYN. Artificieux, captieux, fallacieux, faux, mensonger, séduisant, *trompeur*. ◆ ANT. Droit, franc, honnête, réel, sérieux, sincère, vrai.

SPÉCIFICATION ◆ SYN. Définition, directive, indication, *précision*, renseignement. ◆ ANT. Exclusion, flou, imprécision, vague, vide.

SPÉCIFIER ◆ SYN. Définir, détailler, déterminer, énoncer, énumérer, fixer, indiquer, mentionner, *préciser*, stipuler. ◆ ANT. Éluder, escamoter, exclure, généraliser, omettre.

SPÉCIFIQUE ◆ SYN. Approprié, caractéristique, distinctif, particulier, précis, *propre*, spécial, typique. ◆ ANT. Commun, équivoque, général, générique, imprécis, impropre.

SPÉCIMEN ♦ SYN. **1.** *Échantillon*, exemple, individu, modèle, représentant, type. **2.** *Exemplaire*, fascicule, feuillet. **3.** *(Drôle de spécimen, fam.)* *Énergumène*, individu, personnage, phénomène, type. ♦ ANT. **1.** Ensemble, espèce, tout. **2.** Œuvre, produit. **3.** Quidam.

SPECTACLE ♦ SYN. **1.** Aspect, féerie, panorama, tableau, vision, *vue*. **2.** Attraction, divertissement, étalage, exhibition, pièce, présentation, *représentation*, revue, séance. **3.** Cinéma, danse, music-hall, *scène*, télévision, théâtre, variétés.

SPECTACULAIRE ♦ SYN. Éclatant, extraordinaire, fabuleux, fracassant, frappant, *impressionnant*, monstre, prodigieux, remarquable, retentissant, saisissant, sensationnel. ♦ ANT. Banal, commun, décevant, faible, infime, médiocre, moyen, négligeable, obscur, ordinaire, plat, terne.

SPECTATEUR ♦ SYN. **1.** *(Événement)* Curieux, observateur, *témoin*. **2.** *(Représentation)* *Assistant*, auditeur, téléspectateur. **3.** *(Collectif)* Auditoire, galerie, parterre, *public*, salle. ♦ ANT. **1.** Artisan, participant, protagoniste, victime. **2.** Acteur, artiste, comédien, exécutant, figurant, interprète. **3.** Distribution.

SPECTRE ♦ SYN. **1.** Apparition, ectoplasme, esprit, *fantôme*, mort, ombre, revenant, vision. **2.** Crainte, danger, épouvantail, éventualité, *menace*. **3.** *(Phys.)* Décomposition, radiation, rayonnement, répartition, réseau, succession, variation. ♦ ANT. **1.** Vivant. **2.** Impossibilité, irréalité, sécurité. **3.** Concentration, limitation.

SPÉCULATEUR ♦ SYN. Agioteur, *boursicoteur*, calculateur, traficoteur *(péj.)*.

SPÉCULATION ♦ SYN. **1.** Abstraction, conception, considération, étude, recherche, réflexion, *théorie*. **2.** Agiotage, *boursicotage*, calcul, jeu, traficotage *(péj.)*. ♦ ANT. **1.** Application, pratique.

SPÉCULER ♦ SYN. **1.** Abstraire, conceptualiser, considérer, étudier, examiner, méditer, *réfléchir*, théoriser. **2.** *Boursicoter*, calculer, jouer sur, miser sur, parier sur, placer, traficoter *(péj.)*. **3.** *(Ch.)* S'appuyer sur, *compter sur*, se fier à, tabler sur. ♦ ANT. **1.** Appliquer, concrétiser, réaliser. **2-3.** Se garder de, se méfier, se préserver de.

SPERME ♦ SYN. Laitance *(zool.)*, liquide séminal, *semence*.

SPHÈRE ♦ SYN. **1.** Armillaire *(astron.)*, balle, bille, boule, *globe*, mappemonde. **2.** Champ, cercle, *domaine*, étendue, milieu, orbite, région, spécialité, univers, zone.

SPHÉRIQUE ◇ v. **Rond**

SPICILÈGE ◇ v. **Recueil**

SPIRALE ♦ SYN. **1.** *Circonvolution*, courbe, enroulement, hélice, tourbillon, volute. **2.** *(Fig.)* Flambée, *hausse*, montée. ♦ ANT. **2.** Chute, dégringolade, diminution.

SPIRITISME ◇ v. **Occultisme**

SPIRITUALITÉ ♦ SYN. **1.** Esprit, *immatérialité*, incorporalité, intellect. **2.** *Croyance*, foi, morale, mystique, religion, sacré, spirituel, surnaturel. ♦ ANT. **1.** Chair, corps, matérialité, matière, physique. **2.** Athéisme, incroyance, irréligion, profane, rationalité, temporel.

SPIRITUEL ♦ SYN. **1.** *Immatériel*, incorporel. **2.** Cérébral, intellectuel, mental, *psychique*, psychologique. **3.** Divin, intérieur, moral, mystique, *religieux*, sacré, surnaturel. **4.** Amusant, attique, brillant, comique, *drôle*, fin, humoristique, intelligent, malicieux, pétillant, piquant, plaisant, plein d'esprit, subtil, vif. ♦ ANT. **1.** Charnel, corporel, matériel. **2.** Affectif, concret, physique, physiologique, somatique. **3.** Laïc, mondain, naturel, profane, rationnel, temporel, terrestre. **4.** Benêt, bête, ennuyeux, fade, grossier, lourd, plat, sérieux, stupide.

SPIRITUEUX ◇ v. **Boisson**

SPLEEN ♦ SYN. Cafard, dépression, ennui, hypocondrie, *mélancolie*, neurasthénie, pessimisme, tristesse, vague à l'âme. ♦ ANT. Allégresse, bien-être, bonheur, enchantement, euphorie, extase, félicité, gaieté, joie, optimisme, plaisir, ravissement.

SPLENDEUR ♦ SYN. 1. *Éclat*, lumière.
2. Apparat, faste, gloire, lustre, luxe, magnificence, majesté, prospérité, richesse, solennité, *somptuosité*. 3. Beauté, bijou, chef-d'œuvre, *merveille*. ♦ ANT. 1. Obscurité, ténèbres. 2. Austérité, misère, pauvreté, simplicité, sobriété. 3. Horreur, laideur, monstruosité.

SPLENDIDE ♦ SYN. 1. Beau, clair, *éclatant*, magnifique, merveilleux, radieux, ravissant, rayonnant, superbe. 2. Étincelant, fastueux, glorieux, majestueux, princier, riche, royal, *somptueux*. ♦ ANT. 1. Affreux, blafard, gris, maussade, morne, nuageux, sombre. 2. Banal, horrible, laid, médiocre, misérable, pauvre, simple, sobre, terne.

SPOLIER ◇ V. Déposséder

SPONGIEUX ♦ SYN. 1. Moelleux, *mou*, spongiforme. 2. Détrempé, humide, *imbibé*, mouillé, perméable, poreux. ♦ ANT. 1. Dur, rude. 2. Aride, desséché, racorni, sec.

SPONTANÉ ♦ SYN. 1. Automatique, impulsif, inconscient, instinctif, irréfléchi, libre, mécanique, *naturel*. 2. *(Pers.)* Communicatif, cordial, direct, expansif, franc, ouvert, primesautier, *sincère*. ♦ ANT. 1. Calculé, conscient, contraint, délibéré, imposé, obligé, organisé, provoqué, réfléchi, volontaire. 2. Affecté, apprêté, calculateur, étudié, froid, hypocrite, lent, retors, rusé, sournois, tortueux.

SPONTANÉITÉ ♦ SYN. Cordialité, droiture, franchise, naturel, simplicité, *sincérité*. ♦ ANT. Calcul, dissimulation, froideur, hypocrisie, retenue, ruse, sournoiserie.

SPORADIQUE ♦ SYN. 1. Épisodique, irrégulier, *occasionnel*, ponctuel. 2. *(Méd.)* Circonscrit, *isolé*, limité, restreint. 3. *(Sc. nat.)* Dispersé, *épars*. ♦ ANT. 1. Constant, permanent, régulier. 2. Chronique, endémique, épidémique. 3. Concentré, regroupé.

SPORE ◇ V. Semence

SPORT ♦ SYN. 1. *Activité physique*, amusement, divertissement, exercice, jeu. 2. *Compétition*, épreuve (sportive). ♦ ANT.

1. Inactivité, sédentarité. 2. Boulot *(fam.)*, travail.

SPORTIF ♦ SYN. ▷ *Nom* 1. Amateur, athlète, champion, *joueur*, professionnel. ▷ *Adj.* 2. *(Esprit)* Franc, *loyal*, régulier. ♦ ANT. 2. Bas, déloyal, revanchard.

SQUARE ♦ SYN. *Jardin* (public), parc, place.

SQUELETTE ♦ SYN. 1. Carcasse *(animal)*, os, *ossature*, ossements. 2. Armature, *charpente*, structure. 3. Architecture, canevas, *plan*, schéma, trame. ♦ ANT. 1. Chair, corps, substance. 2. Construction, ensemble. 3. Œuvre, réalisation.

SQUELETTIQUE ♦ SYN. 1. Amaigri, cachectique *(méd.)*, *décharné*, émacié, étique, famélique, maigre, maigrichon *(fam.)*, osseux. 2. *(Ch.)* Court, mince, réduit, *schématique*, succinct. ♦ ANT. 1. Charnu, dodu, enveloppé, gras, obèse, pansu, pulpeux. 2. Abondant, dense, détaillé, développé, long.

STABILISER ♦ SYN. Affermir, *consolider*, équilibrer, étayer, fixer, solidifier, soutenir. ♦ ANT. Affaiblir, ébranler, déséquilibrer, déstabiliser, miner, saper, vaciller.

STABILITÉ ♦ SYN. 1. *Constance*, continuité, durabilité, fermeté, fixité, immobilité, immuabilité, indissolubilité, pérennité, permanence, persistance, solidité, ténacité. 2. Aplomb, assiette, assise, *équilibre*. ♦ ANT. 1. Altération, bouleversement, changement, faiblesse, fluctuation, fragilité, inconstance, instabilité, précarité, rupture, vacillement, versatilité, vulnérabilité. 2. Déséquilibre, effondrement, instabilité.

STABLE ♦ SYN. 1. *Constant*, continu, durable, ferme, fidèle, fixe, immobile, immuable, inaltérable, permanent, persistant, sédentaire, solide, stationnaire, tenace. 2. Affermi, ancré, assis, *équilibré*. ♦ ANT. 1. Altérable, branlant, changeant, faible, fluctuant, fragile, inconstant, infidèle, instable, mobile, mouvant, précaire, temporaire, variable, vulnérable. 2. Déséquilibré, effondré, perturbé.

STADE ◆ SYN. **1.** Degré, échelon, épisode, *étape*, niveau, palier, période, phase, point, temps. **2.** *Enceinte*, piste, terrain. ◆ ANT. **1.** Aboutissement, achèvement, conclusion, dénouement, épilogue, fin. **2.** Gradins, estrade, podium, tribune.

STAGE ◆ SYN. Apprentissage, *formation*, perfectionnement, période, séance, séjour.

STAGNANT ◆ SYN. **1.** *Croupissant*, dormant, immobile, marécageux, mort. **2.** Inactif, inerte, *statique*. ◆ ANT. **1.** Agité, coulant, courant, fluide. **2.** Actif, changeant, croissant, progressif.

STAGNATION ◆ SYN. **1.** *Croupissement*, pourrissement. **2.** Ankylose, atrophie, enlisement, *immobilité*, inactivité, inertie, marasme *(écon.)*, morosité, paralysie, piétinement, stase *(méd.)*, statisme. ◆ ANT. **1.** Agitation, bouillonnement, écoulement, fluidité. **2.** Activité, assainissement, croissance, développement, emballement, explosion, fébrilité, fluctuation, progression, reprise.

STAGNER ◆ SYN. **1.** Se corrompre, *croupir*, pourrir. **2.** S'ankyloser, *s'arrêter*, s'encroûter, s'enliser, se figer, languir, moisir, paralyser, piétiner, végéter, vivoter. ◆ ANT. **1.** S'agiter, bouillonner, couler, s'écouler. **2.** S'activer, croître, s'ébrouer, éclore, s'épanouir, évoluer, exploser, grandir, progresser, se secouer.

STANDARD ◆ SYN. ▷ *Nom* **1.** Critère, étalon, modèle, *norme*, référence. **2.** *(Communic.)* *Central*, connexion. ▷ *Adj.* **3.** Conforme, correct, courant, normal, *normalisé*, normatif *(ling.)*, régulier. **4.** Commun, habituel, *ordinaire*, usuel. ◆ ANT. **1.** Différence, disparité, distinction. **2.** Émetteur, récepteur. **3.** Déviant, fautif, incorrect, irrégulier, relâché, vernaculaire. **4.** Original, particulier, personnel, singulier.

STANDARDISER ◆ SYN. Aplanir, fusionner, harmoniser, niveler, *normaliser*, unifier, uniformiser. ◆ ANT. Différencier, distinguer, particulariser, singulariser.

STAR ◇ V. **Étoile**

STARETS ◆ SYN. Ascète, *ermite*, gourou, guide spirituel, moine.

STASE ◆ SYN. *(Méd.)* Arrêt, *congestion*, ralentissement, stagnation. ◆ ANT. Circulation, décongestion, écoulement, fluidité.

STATION ◆ SYN. **1.** Abri, arrêt, escale, étape, gare, *halte*, pause, séjour *(lieu)*. **2.** Attitude, pose, position, *posture*, tenue. **3.** Centrale (électrique), centre, chaîne (de diffusion), complexe, établissement, *installation*, observatoire, poste. ◆ ANT. **1.** Avance, marche, périple, route, voyage.

STATIONNAIRE ◆ SYN. ▷ *Adj.* **1.** Fixe, *immobile*, stable. **2.** Étale, figé, *inchangé*, invariable, statique. ▷ *Nom* **3.** *(Mar.)* Bâtiment de surveillance, *garde*. ◆ ANT. **1.** Mobile. **2.** Changeant, évolutif, progressif, variable.

STATIONNER ◆ SYN. ▷ *V. tr.* **1.** *(Québ.)* *Garer*, parquer, ranger. ▷ *V. intr.* **2.** *S'arrêter*, faire halte, faire une station, se fixer, s'immobiliser, rester, séjourner *(troupes)*, stopper. ◆ ANT. **1.** Dégager, sortir. **2.** Circuler, se déplacer, se mouvoir, partir, quitter, rouler.

STATISTIQUE ◆ SYN. **1.** Analyse, classification, *dénombrement*, évaluation, mesure, recensement. **2.** *(Pl.)* Chiffres, *données*.

STATUE ◆ SYN. Atlante, bronze, buste, cariatide, figure, figurine, gisant, idole, image, monument, orant, *sculpture*, statuette.

STATUER ◆ SYN. Arrêter, *décider*, établir, fixer, juger, ordonner, se prononcer, régler, résoudre, trancher. ◆ ANT. Différer, éluder, remettre, reporter, retarder.

STATURE ◆ SYN. **1.** Carrure, charpente, dimension, grandeur, hauteur, mesure, port, *taille*. **2.** Classe, *envergure*, étoffe, gabarit, importance, prestance, valeur.

STATUT ◆ SYN. **1.** Capacité, condition, disposition, état, position, *situation*. **2.** *(Pl.)* Constitution, lois, principes, *règles*.

STÈLE ◆ SYN. Cippe, colonne, *monument*, pierre.

STEPPE ♦ SYN. Pampa, *plaine*, prairie, toundra, veld.

STÉRÉOTYPE ♦ SYN. Banalité, cliché, généralisation, *lieu commun*, parti pris, préjugé. ♦ ANT. Objectivité, réalité, vérité.

STÉRÉOTYPÉ ♦ SYN. Banal, commun, conventionnel, *figé*, rabâché, usuel. ♦ ANT. Exceptionnel, inusité, neuf, nouveau, original, rare, unique.

STÉRILE ♦ SYN. 1. *Infécond*, infertile. 2. *Aride*, désertique, improductif, inculte, infructueux, ingrat, maigre, pauvre, sec. 3. Futile, inefficace, infructueux *(fig.)*, *inutile*, oiseux, vain. 4. *(Méd.) Aseptique*, aseptisé, désinfecté, stérilisé. ♦ ANT. 1. Fécond, fertile, prolifique. 2. Abondant, fructueux, généreux, luxuriant, productif, riche. 3. Essentiel, fructueux *(fig.)*, nécessaire, profitable, rentable, utile. 4. Contaminé, infecté.

STÉRILET ◇ v. **Contraceptif**

STÉRILISER ♦ SYN. 1. Castrer, chaponner *(coq)*, châtrer, *couper*, émasculer, enlever, hongrer *(cheval)*, hystérectomiser, ligaturer, opérer *(animaux)*, ovariectomiser, réséquer, vasectomiser. 2. *Aseptiser*, désinfecter, étuver, pasteuriser. ♦ ANT. 1. Féconder, inséminer. 2. Contaminer, infecter.

STÉRILITÉ ♦ SYN. 1. *(Méd.)* Agénésie, anovulation, aspermie, azoospermie, *infécondité*, infertilité. 2. *Aridité*, pauvreté, sécheresse. 3. Frivolité, futilité, *inutilité*, vacuité. 4. *Asepsie*, propreté ♦ ANT. 1. Conception, fécondité, fertilité, prolificité, reproduction. 2. Fertilité, productivité, richesse. 3. Importance, nécessité, urgence, utilité. 4. Contamination, saleté.

STIGMATE ◇ v. **Marque**

STIGMATISER ◇ v. **Blâmer**

STIMULANT ♦ SYN. ▷ *Nom* 1. Analeptique, cordial, dopant, énergisant, *excitant*, fortifiant, incitant, psychoanaleptique, psychotonique, réconfortant, remontant, tonique. 2. Aiguillon, appui, *encouragement*, incitation, soutien. ▷ *Adj.* 3. Dynamisant, *revigorant*, tonifiant, vivifiant. 4. *Encourageant*, exaltant, incitatif, intéressant, invitant, mobilisateur, motivant, prometteur. ♦ ANT.

1. Anesthésique, calmant, neuroleptique, psycholeptique, sédatif, somnifère, tranquillisant. 2. Contrariété, empêchement, rebuffade, réprimande. 3. Amollissant, débilitant, soporifique. 4. Décourageant, démobilisateur, déprimant, ennuyeux, lassant, rebutant.

STIMULATION ◇ v. **Excitation**

STIMULER ♦ SYN. 1. Accélérer, *activer*, aiguiser, doper, fortifier, réconforter, remonter, revigorer, soutenir, tonifier, vivifier. 2. Aiguillonner, animer, encourager, enflammer, enhardir, éperonner, éveiller, *exciter*, exhorter, fouetter, inciter, mobiliser, motiver, pousser. ♦ ANT. 1. Amortir, apaiser, assoupir, calmer, endormir, engourdir. 2. Abattre, décourager, démobiliser, déprimer, empêcher, freiner, lasser, ralentir, refroidir.

STIPENDIER ◇ v. **Soudoyer**

STIPULATION ♦ SYN. *(Dr.) Clause*, condition, convention, disposition, mention, modalité, précision.

STIPULER ♦ SYN. Énoncer, exprimer, formuler, indiquer, mentionner, *préciser*, spécifier. ♦ ANT. Biffer, enlever, exclure, omettre, radier.

STOCK ♦ SYN. Approvisionnement, dépôt, lot, marchandises, produits, provision, *réserve*. ♦ ANT. Écoulement, épuisement, manque.

STOCKAGE ♦ SYN. Emmagasinage, *entreposage*, remisage, rentrée. ♦ ANT. Déstockage, écoulement, épuisement, livraison.

STOCKER ♦ SYN. 1. Emmagasiner, engranger, *entreposer*. 2. *(Inform.)* Enregistrer, *mémoriser*, numériser. ♦ ANT. 1. Débiter, écouler, épuiser, liquider. 2. Effacer, supprimer.

STOÏQUE ♦ SYN. Calme, *courageux*, endurci, ferme, flegmatique, héroïque, impassible, impavide, imperturbable, indifférent, inébranlable, insensible, philosophe, serein. ♦ ANT. Agité, chancelant, faible, hystérique, inquiet, lâche, mou, nerveux, pusillanime, sensible, vulnérable.

STOPPER ♦ SYN. ▷ *V. intr.* 1. Amarrer *(bateau)*, *s'arrêter*, s'immobiliser. ▷ *V. tr.* 2. *Ar-*

rêter, bloquer *(sports)*, contenir, empêcher, endiguer, enrayer, étouffer, mettre un frein à, juguler. **3.** *Raccommoder*, recoudre, réparer. ◆ **ANT.** **1.** Circuler, démarrer, naviguer *(bateau)*. **2.** Accélérer, continuer, déclencher, poursuivre. **3.** Abîmer, déchirer, défaire.

STRANGULATION ◇ v. **Étranglement**

STRATAGÈME ◇ v. **Ruse**

STRATE ◇ v. **Couche**

STRATÉGIE ◆ **SYN.** Conduite, coordination, marche à suivre, méthode, *plan d'action*, planification, procédé, tactique. ◆ **ANT.** Cafouillage *(fam.)*, désorganisation, impéritie, improvisation.

STRATÉGIQUE ◆ **SYN.** **1.** Géostratégique, *militaire*, tactique. **2.** Clé, *déterminant*, important, majeur, primordial. ◆ **ANT.** **1.** Économique, politique. **2.** Mineur, négligeable, secondaire.

STRESS ◆ **SYN.** **1.** *(Méd.)* Adaptation, *défense*, réaction, réponse. **2.** *Agression*, choc, émotion, infection, perturbation, traumatisme, trouble. **3.** Angoisse, inquiétude, nervosité, pression, surmenage, *tension*. ◆ **ANT.** **1.** Attaque, stimulus. **2.** Guérison, rémission, rétablissement. **3.** Détente, quiétude, relaxation, repos, sérénité.

STRICT ◆ **SYN.** **1.** *(Pers.)* Autoritaire, austère, dur, exigeant, inflexible, rigide, *sévère*, spartiate. **2.** Astreignant, contraignant, draconien, *étroit*, exact, précis, rigoureux. **3.** Classique, dépouillé, *sobre*. ◆ **ANT.** **1.** Aimable, empressé, gentil, indulgent, souple. **2.** Approximatif, flou, large, libre, vague. **3.** Insolite, négligé, relâché.

STRIDENT ◆ **SYN.** Aigu, criard, éclatant, *perçant*, sifflant, stridulant. ◆ **ANT.** Assourdi, caverneux, étouffé, grave, sourd.

STRIDULER ◆ **SYN.** *(Cigale)* Chanter, chuinter, crier, *siffler*.

STRIE ◇ v. **Rainure**

STRUCTURE ◆ **SYN.** **1.** Architecture, *armature*, charpente, ossature, squelette. **2.** Agencement, arrangement, configuration, constitution, contexture, disposition, forme, ordonnance, ordre, *organisation*,

système. ◆ **ANT.** **1.** Construction, œuvre, réalisation. **2.** Anarchie, désordre, désorganisation, déstructuration.

STUDIEUX ◆ **SYN.** *Appliqué*, assidu, chercheur, consciencieux, travailleur, zélé. ◆ **ANT.** Dissipé, fainéant, indolent, négligent, nonchalant, oisif, paresseux.

STUDIO ◆ **SYN.** **1.** *(Arts)* Atelier, local. **2.** Appartement, *garçonnière*, studette *(fam.)*. **3.** Salle de spectacle.

STUPÉFACTION ◇ v. **Étonnement**

STUPÉFAIT ◆ **SYN.** Abasourdi, ahuri, baba *(fam.)*, coi, consterné, ébahi, éberlué, époustouflé, estomaqué, *étonné*, hébété, interdit, interloqué, médusé, muet, pantois, pétrifié, renversé, sidéré, stupéfié, stupide, surpris. ◆ **ANT.** Impassible, impavide, imperturbable, indifférent, rassuré, stoïque, serein.

STUPÉFIANT ◆ **SYN.** ▷ *Adj.* **1.** Abasourdissant, ahurissant, confondant, consternant, déconcertant, effarant, époustouflant, *étonnant*, extraordinaire, faramineux, incroyable, inouï, prodigieux, renversant, saisissant, sensationnel, sidérant, suffocant, surprenant. ▷ *Nom* **2.** *Drogue*, narcotique. ◆ **ANT.** **1.** Anodin, banal, commun, courant, insignifiant, médiocre, normal, ordinaire, quelconque.

STUPÉFIÉ ◇ v. **Stupéfait**

STUPÉFIER ◆ **SYN.** Abasourdir, accabler, atterrer, clouer sur place, confondre, consterner, couper le souffle, déconcerter, ébahir, éberluer, époustoufler, estomaquer, étonner, figer, jeter à terre, laisser pantois, méduser, paralyser, pétrifier, scandaliser, scier *(fam.)*, sidérer, souffler *(fam.)*, *surprendre*, suffoquer, terrasser. ◆ **ANT.** Calmer, rassurer, réconforter, soulager.

STUPEUR ◆ **SYN.** **1.** *(Méd.)* Abattement, abrutissement, anéantissement, engourdissement, hébétude, immobilité, inertie, *insensibilité*, léthargie, torpeur. **2.** Consternation, effroi, épouvante, étonnement, horreur, peur, *stupéfaction*. ◆ **ANT.** **1.** Agitation, exaltation, excitation, fébrilité, hyperactivité, hypersensibilité, surexcitation. 2. Calme, impassibilité, indifférence, sang-froid, sérénité, stoïcisme.

STUPIDE ◆ SYN. 1. Abruti, âne, balourd, bête, borné, con *(fam.)*, crétin, dadais *(fam.)*, engourdi, étourdi, *idiot*, imbécile, inintelligent, niais, niaiseux *(québ.)*, nigaud, sans-allure *(québ.)*, sans-dessein *(québ.)*, simple, sot, taré *(fam.)*. 2. Confondu, confus, déconcerté, déconfit, décontenancé, défait, démonté, dérouté, désarçonné, désemparé, ébahi, étonné, hébété, *interdit*, pantois, penaud, stupéfait, surpris, troublé. 3. *Absurde*, fou, illogique, incongru, inconséquent, inepte, insensé, irrationnel, loufoque, saugrenu. ◆ ANT. 1. Avisé, brillant, clairvoyant, éclairé, entendu, fin, futé, intelligent, inventif, judicieux, perspicace, sagace, sensé, spirituel, subtil. 2. Enchanté, impassible, imperturbable, indifférent, ravi, réjoui, serein, stoïque. 3. Cohérent, judicieux, logique, normal, pertinent, raisonnable, rationnel, sage, sérieux.

STUPIDITÉ ◆ SYN. 1. Balourdise, béotisme, bêtise, crétinisme, *idiotie*, imbécillité, inintelligence, lourdeur, niaiserie. 2. Aberration, *absurdité*, ânerie, bévue, connerie *(fam.)*, crétinerie, gaffe, ineptie, sottise. ◆ ANT. 1. Adresse, esprit, finesse, intelligence, lucidité, perspicacité, sagacité, subtilité. 2. Cohérence, logique, rationalité, sagesse, sérieux.

STUPRE ◇ v. **Luxure**

STYLE ◆ SYN. 1. Écriture, discours, élocution, *expression*, figure, langage, langue, phraséologie, procédé, registre, tour, tournure. 2. Art, caractère, façon, facture, forme, genre, goût, griffe, main, manière, *originalité*, particularité, plume, signature, ton, touche. 3. Allure, look, maintien, *mode*, tenue. 4. Beauté, efficacité, *élégance*, prestance.

STYLÉ ◆ SYN. Dressé, éduqué, *formé*. ◆ ANT. Indiscipliné, insouciant, négligent.

STYLISER ◆ SYN. 1. Esquisser, schématiser, *simplifier*. 2. Agencer, *disposer*, harmoniser, organiser. ◆ ANT. 1. Amplifier,

déformer, exagérer. 2. Désorganiser, détruire, enlaidir.

STYLISTE ◆ SYN. *Designer*, dessinateur, modéliste, stylicien.

SUAIRE ◇ v. **Linceul**

SUANT ◆ SYN. 1. Humide, *moite*, mouillé. 2. *(Fam.)* Ennuyeux, fatigant, lassant, pénible. ◆ ANT. 1. Asséché, sec. 2. Agréable, intéressant, plaisant, sympathique.

SUAVE ◆ SYN. Agréable, bon, délicat, délicieux, *doux*, exquis, fin, fragrant *(parfum)*, gracieux, harmonieux, mélodieux. ◆ ANT. Acide, âcre, amer, criard, désagréable, discordant, fâcheux, fétide, revêche, rude.

SUAVITÉ ◆ SYN. Candeur, délicatesse, *douceur*, finesse, grâce, harmonie. ◆ ANT. Âpreté, discordance, dureté, inélégance, inharmonie, raideur.

SUBALTERNE ◆ SYN. ▷ *Adj.* 1. Dépendant, inférieur, mineur, *secondaire*. ▷ *Nom* 2. Adjoint, employé, lieutenant, *second*, sous-chef, sous-fifre *(fam.)*, sous-ordre, subordonné, sujet. ◆ ANT. 1. Dominant, principal, supérieur. 2. Chef, commandant, directeur, dirigeant, employeur, gouvernant, maître, patron, souverain.

SUBCONSCIENT ◆ SYN. ▷ *Adj.* 1. Miconscient, *subliminal*. ▷ *Nom* 2. Inconscient. ◆ ANT. 1. Conscient, perceptible. 2. Conscience, raison.

SUBDIVISER ◆ SYN. Désunir, *diviser*, fractionner, morceler, partager, ramifier, répartir, sectionner, séparer. ◆ ANT. Fusionner, grouper, rassembler, unifier, unir.

SUBDIVISION ◆ SYN. 1. Fractionnement, morcellement, partage, *séparation*. 2. Branche, case, cellule, compartiment, division, embranchement, paragraphe, partie, *ramification*, section, sous-catégorie, sous-classe. ◆ ANT. 1. Amalgame, fusion, regroupement, réunion. 2. Ensemble, espèce, tout.

SUBIR ◆ SYN. Accepter, écoper, encaisser, endurer, éprouver, essuyer, expérimenter, recevoir, se résigner, ressentir, sentir, souffrir, se soumettre, soutenir, *supporter*, tolérer. ◆ ANT. Imposer, infliger, ordonner, prescrire, provoquer, réagir, refuser, repousser, résister.

SUBIT ◇ v. **Soudain**

SUBJACENT ◇ v. **Sous-jacent**

SUBJECTIF ✦ SYN. 1. Individuel, particulier, *personnel*, propre. 2. Arbitraire, orienté, *partial*, prévenu, tendancieux. ✦ ANT. 1. Impersonnel, objectif. 2. Impartial, rigoureux, scientifique.

SUBJECTIVITÉ ◇ v. **Partialité**

SUBJUGUER ✦ SYN. 1. Captiver, *charmer*, enchanter, envoûter, fasciner, gagner, séduire. 2. En imposer, forcer le respect, *impressionner*, intimider. 3. Asservir, assujettir, conquérir, mater, *soumettre*. ✦ ANT. 1. Blesser, déplaire, froisser, offusquer, rebuter, scandaliser, vexer. 2. Laisser indifférent, mépriser. 3. Affranchir, émanciper, libérer, sauver.

SUBLIMATION ✦ SYN. 1. *(Phys.)* Distillation, *épuration*, gazéification, vaporisation, volatilisation. 2. Élévation, exaltation, *purification*. 3. *(Psychan.)* Dérivation, détournement, transformation, *transposition*. ✦ ANT. 1. Cristallisation, liquéfaction, solidification. 2. Abaissement, débauche, dépravation. 3. Acceptation, intégration, reconnaissance.

SUBLIME ✦ SYN. ▷ *Adj.* 1. Admirable, divin, *élevé*, éminent, excellent, exceptionnel, extraordinaire, génial, grandiose, merveilleux, noble, parfait, supérieur, suprême, surhumain, transcendant. ▷ *Nom* 2. Absolu, beauté, grandeur, idéal, *perfection*, pureté, sublimité, summum. ✦ ANT. 1. Abominable, avili, bas, dégradant, grossier, grotesque, inférieur, laid, mauvais, méprisable, minable, nul, pitoyable, vil, vulgaire. 2. Imperfection, impureté, laideur, médiocrité, petitesse, vulgarité.

SUBLIMINAL ◇ v. **Subconscient**

SUBLIMITÉ ✦ SYN. Beauté, *élévation*, génie, grâce, grandeur, hauteur, noblesse, perfection, pureté, sublime *(n.)*, supériorité, transcendance. ✦ ANT. Banalité, bassesse, imperfection, impureté, infériorité, laideur, médiocrité, petitesse, platitude, vilenie.

SUBMERGER ✦ SYN. 1. *Engloutir*, inonder, noyer, plonger. 2. *(Fig.)* Déborder, envahir, gagner, *remplir*. ✦ ANT. 1. Émerger, flotter, jaillir, sortir de. 2. Débarrasser de, soulager.

SUBODORER ◇ v. **Flairer**

SUBORDINATION ✦ SYN. 1. Assujettissement, *dépendance*, soumission, sujétion, tutelle. 2. Autorité, degré, *hiérarchie*, ordre, organisation, rang. ✦ ANT. 1. Commandement, domination, indépendance, insubordination. 2. Anarchie, désordre, désorganisation.

SUBORDONNÉ ✦ SYN. ▷ *Nom* 1. Adjoint, employé, *subalterne*, sujet. ▷ *Adj.* 2. *Dépendant*, inférieur, soumis. ✦ ANT. 1. Chef, employeur, maître, patron, souverain. 2. Autonome, indépendant, insoumis, insubordonné, supérieur.

SUBORDONNER ◇ v. **Soumettre**

SUBORNER ✦ SYN. 1. *Corrompre*, soudoyer. 2. Abuser, *séduire*. ✦ ANT. 1. Convaincre, persuader. 2. Effaroucher, vexer.

SUBREPTICE ✦ SYN. Caché, clandestin, furtif, illicite, *sournois*, souterrain. ✦ ANT. Au grand jour, franc, licite, manifeste, ostensible, permis.

SUBROGER ◇ v. **Substituer**

SUBSÉQUENT ◇ v. **Suivant**

SUBSIDE ◇ v. **Subvention**

SUBSIDIAIRE ✦ SYN. Accessoire, additionnel, auxiliaire, *complémentaire*, contingent, secondaire, supplémentaire. ✦ ANT. Dominant, essentiel, fondamental, premier, principal.

SUBSISTANCE ✦ SYN. 1. Conservation, entretien, existence, maintien, soutien, *survie*. 2. Alimentation, *approvisionnement*, besoins matériels, fourniture *(matériel, vivres)*, nourriture, produits essentiels, provisions, ravitaillement, victuailles, vivres. ✦ ANT. 1. Abandon, dépérissement, indigence, misère. 2. Disette, manque, pénurie, rareté, rationnement.

SUBSISTER ✦ SYN. Se conserver, continuer, durer, s'entretenir, être, exister, se maintenir, persister, réchapper, rester, surnager, *survivre*, tenir, vivoter, vivre.

✦ ANT. S'altérer, décliner, dépérir, disparaître, mourir, périr.

SUBSTANCE ✦ SYN. 1. Corps, élément, *matière*. 2. Contenu, *essence*, essentiel, être, fond, fondement, nature, objet, quintessence, substantifique moelle, substrat, suc, sujet. 3. *(Fig.)* Aliment, consistance, *nourriture*, richesse. ✦ ANT. 1. Esprit, immatériel, spirituel. 2. Accessoire, accident, apparence, attribut, forme, immatérialité, néant, vide. 3. Inconsistance, nullité, pauvreté.

SUBSTANTIEL ✦ SYN. 1. Capital, essentiel, *fondamental*. 2. Abondant, consistant, copieux, *nourrissant*, nutritif, riche, solide. 3. Appréciable, considérable, énorme, *important*, majeur, notable, respectable, rondelet *(fam.)*, sérieux. 4. *Enrichissant*, formateur, instructif, profitable, profond. ✦ ANT. 1. Accessoire, accidentel, secondaire. 2. Frugal, léger, maigre, pauvre, sobre. 3. Mince, mineur, minime, minuscule, négligeable, petit, ridicule. 4. Abêtissant, insignifiant, nul, superficiel.

SUBSTANTIF ◇ v. **Nom**

SUBSTITUER ✦ SYN. ▷ *V. tr.* 1. Relever, *remplacer*, représenter, subroger. 2. *(Peine) Commuer*, diminuer. ▷ *V. pr.* 3. S'identifier à, *jouer le rôle de*, prendre la place de. ✦ ANT. 1. Conserver, continuer, garder, maintenir. 2. Aggraver, augmenter. 3. Céder la place, se démarquer.

SUBSTITUT ✦ SYN. 1. Adjoint, intérimaire, remplaçant, représentant, *suppléant*. 2. Compensation, ersatz, remplacement, *succédané*. 3. Figure, signe, *symbole*. ✦ ANT. 1. Titulaire. 2. Modèle, original. 3. Présence, réalité.

SUBSTITUTION ✦ SYN. Changement, commutation, compensation, échange, permutation *(sc.)*, *remplacement*, transfert. ✦ ANT. Conservation, constance, continuation, continuité, permanence, persistance, stabilité.

SUBSTRAT ✦ SYN. 1. Base, essence, *fondement*, infrastructure, substance, support. 2. *(Ling.)* Fonds, *langue ancienne*, lan-

gue morte. ✦ ANT. 1. Apparence, expression, forme, manifestation, surface, superstructure. 2. Langue vivante, superstrat.

SUBTERFUGE ◇ v. **Ruse**

SUBTIL ✦ SYN. 1. Adroit, avisé, clairvoyant, délicat, délié, *fin*, habile, ingénieux, intelligent, nuancé, pénétrant, perspicace, raffiné, sagace. 2. Complexe, élaboré, profond, *recherché*, savant, sophistiqué. 3. Fugitif, imperceptible, indiscernable, léger, menu, *mince*, ténu. ✦ ANT. 1. Balourd, borné, épais, fruste, gauche, grossier, inhabile, lourd, maladroit, malhabile, naïf, plat, simple. 2. Élémentaire, facile, simple, simpliste, sommaire, superficiel. 3. Clair, évident, manifeste, perceptible.

SUBTILISER ✦ SYN. ▷ *V. tr.* 1. *Dérober*, chiper *(fam.)*, escamoter, ravir, voler. ▷ *V. intr.* 2. Affiner, *raffiner*. 3. Chinoiser *(fam.)*, *compliquer*, couper les cheveux en quatre, sophistiquer. ✦ ANT. 1. Remettre, rendre, restituer. 2. Alourdir, enlaidir. 3. Abréger, clarifier, simplifier.

SUBTILITÉ ✦ SYN. 1. Adresse, délicatesse, *finesse*, habileté, ingéniosité, intelligence, lucidité, nuance, pénétration, perspicacité, profondeur, raffinement, ruse, sagacité. 2. Abstraction, arguties, artifice, casuistique, chinoiserie *(fam.)*, *complication*, difficulté, distinguo, entortillage, préciosité. ✦ ANT. 1. Balourdise, bêtise, épaisseur, étroitesse, indélicatesse, lourdeur, maladresse, naïveté, platitude. 2. Clarté, concision, intelligibilité, limpidité, netteté, simplicité, sobriété.

SUBVENIR ✦ SYN. Aider, assister, assurer, combler, *pourvoir*, satisfaire, secourir, soulager, soutenir, subventionner, suppléer. ✦ ANT. Affamer, exploiter, frustrer, négliger, nuire, priver de.

SUBVENTION ✦ SYN. Aide, allocation, argent, contribution, don, encouragement, octroi, prêt, secours, somme, soutien, *subside*. ✦ ANT. Opposition, refus.

SUBVENTIONNER ✦ SYN. Aider, allouer, commanditer, contribuer, donner, encourager, financer, parrainer, secourir, *soutenir*.

◆ **ANT.** Priver de, refuser, retirer (son soutien).

SUBVERSIF ◆ **SYN.** 1. Dangereux, **destructeur**, dommageable, néfaste, pernicieux. 2. Factieux, insoumis, perturbateur, rebelle, révolutionnaire, **séditieux**. ◆ **ANT.** 1. Édifiant, profitable, sain. 2. Conservateur, modéré, pacificateur, pacifique, soumis.

SUBVERSION ◇ v. Sédition

SUBVERTIR ◆ **SYN.** Bouleverser, bousculer, désorganiser, ébranler, **perturber**, renverser, troubler. ◆ **ANT.** Affermir, appuyer, conserver, défendre, maintenir, soutenir, stabiliser.

SUC ◆ **SYN.** 1. Chyle, jus, **sève**. 2. Essence, nourriture, quintessence, **substance**, substantifique moelle. ◆ **ANT.** 2. Néant, nullité, vide.

SUCCÉDANÉ ◇ v. Substitut

SUCCÉDER ◆ **SYN.** ▷ V. intr. 1. (Poste, fonction) Hériter, **relayer**, remplacer. 2. (Ch.) Alterner, arriver, **suivre**, venir après. ▷ V. pr. 3. Défiler, se dérouler, s'enchaîner, se produire, **se suivre**. ◆ **ANT.** 1. Céder, confier, transmettre. 2. Devancer, distancer, précéder. 3. Se chevaucher, se croiser, empiéter, s'interrompre.

SUCCÈS ◆ **SYN.** 1. Avantage, bonheur, fortune, gain, issue heureuse, prospérité, **réussite**. 2. Célébrité, consécration, **gloire**, lauriers, reconnaissance, renommée, triomphe. 3. Conquête, **exploit**, performance, prouesse, record, victoire. 4. (Arts) **Best-seller**, boum (fig.), malheur (iron.), tabac (fam.), triomphe, tube (fam.). 5. (Pl.) Conquêtes (amoureuses). ◆ **ANT.** 1. Déboires, échec, fiasco, infortune, insuccès, malheur, mécompte, revers (de fortune), ruine. 2. Anonymat, ombre, obscurité, oubli. 3. Contre-performance, déception, déconfiture, défaite, revers. 4. Bide (fam.), catastrophe, désastre, four (fam.), navet (fam.).

SUCCESSEUR ◆ **SYN.** 1. Ayant cause, bénéficiaire, enfant, fille, fils, **héritier**, hoir. 2. (Charge, fonction) Dauphin (prince), **rem-**plaçant, substitut. 3. (Œuvre) Continuateur, dauphin (fig.), **disciple**, épigone (souvent péj.), fils spirituel, héritier (fig.). ◆ **ANT.** 1. Mère, père, testateur. 2. Devancier, prédécesseur, roi. 3. Initiateur, inspirateur, maître, novateur, pionnier, précurseur.

SUCCESSIF ◆ **SYN.** 1. Consécutif, postérieur, **suivant**, ultérieur. 2. Constant, **continu**, ininterrompu, régulier, répété. ◆ **ANT.** 1. Antécédent, antérieur, nouveau, précédent, simultané. 2. Discontinu, épars, intermittent, irrégulier, isolé.

SUCCESSION ◆ **SYN.** 1. Relève, **remplacement**, renouvellement, transmission (du pouvoir). 2. (Dr.) Biens, **héritage**, legs, patrimoine, propriété, testament. 3. Alternance, chronologie, cours, course, déroulement, enchaînement, fil, ordre, rangée, **suite**. 4. (Pers.) Cortège, défilé, file, **procession**. 5. (Quantité) Cascade, chapelet, enfilade, kyrielle, ribambelle, **série**. ◆ **ANT.** 1. Accès, accession, conservation, maintien. 2. Dépossession, dépouillement, déshéritement. 3. Discontinuité, intermittence, interruption, simultanéité. 4. Bousculade, cohue, dispersion. 5. Chaos, désordre, éparpillement.

SUCCINCT ◆ **SYN.** 1. Bref, compendieux, concis, condensé, **court**, elliptique, laconique, lapidaire, ramassé, serré, télégraphique. 2. Abrégé, résumé, **schématique**, sommaire. 3. (Repas) Frugal, **maigre**, modeste. ◆ **ANT.** 1. Bavard, diffus, étendu, interminable, long, prolixe, redondant, touffu, verbeux. 2. Complet, détaillé, entier. 3. Abondant, copieux, substantiel.

SUCCOMBER ◆ **SYN.** 1. S'abandonner, **céder**, flancher (fam.), se laisser aller, se livrer à. 2. Capituler, craquer, **s'effondrer**, fléchir, s'incliner. 3. (Envie, besoin) Craquer (fam.), **faillir**, se laisser séduire, se laisser tenter, pécher. 4. **Mourir**, périr. ◆ **ANT.** 1. Persévérer, résister, tenir bon. 2. Se redresser, se relever, surmonter, vaincre. 3. S'amender, se repentir. 4. Se rétablir, survivre.

SUCCULENCE ◇ v. Saveur

SUCCULENT ◇ v. Savoureux

SUCCURSALE ✦ syn. Agence, annexe, bureau, comptoir (colonial), dépendance, dépôt, établissement, *filiale*, magasin. ✦ ant. Métropole, société mère.

SUCER ✦ syn. Absorber, *aspirer*, boire, pomper, suçoter, téter. ✦ ant. Dégorger, engloutir, lamper *(fam.)*, régurgiter, rejeter.

SUCETTE ✦ syn. 1. *Bonbon*, suçon *(québ.)*. 2. Tétine.

SUÇON ✦ syn. 1. Bleu, contusion, *ecchymose*. 2. *(Québ.)* Sucette.

SUCRÉ ✦ syn. 1. *(Ch.)* Agréable, délicat, *doux*, miellé, sirupeux. 2. *(Pers.)* Doucereux, hypocrite, *mielleux*, onctueux. ✦ ant. 1. Aigre, amer, salé, sec. 2. Droit, franc, naturel.

SUCRERIE ✦ syn. 1. Fabrique de sucre, *raffinerie*. 2. *(Québ.)* Cabane à sucre, *érablière*. 3. *(Pl. surtout)* Bonbons, confiseries, douceurs, *friandises*.

SUD ✦ syn. ▷ *Nom* 1. Midi. ▷ *Adj.* 2. Antarctique, *austral*, méridional. ✦ ant. 1. Nord, septentrion. 2. Arctique, boréal, nordique, septentrional.

SUDATION ◇ v. Sueur

SUER ✦ syn. ▷ *V. intr.* 1. Être (tout) en eau, être en nage, *transpirer*. 2. Besogner, bûcher *(fam.)*, se crever *(fam.)*, s'échiner, s'épuiser, s'éreinter, s'esquinter *(fam.)*, s'exténuer, se fatiguer, *peiner*, travailler, trimer. 3. *(Fam.)* Barber, casser les pieds, emmerder, *ennuyer*, faire suer *(fam.)*, fatiguer, raser *(fam.)*. 4. Couler, dégouliner, dégoutter, exsuder, perler, ruisseler, *suinter*, transsuder. ▷ *V. tr.* 5. *(Impression désagréable)* Dégager, *exhaler*, respirer. ✦ ant. 1. Frissonner, grelotter. 2. Se délasser, se détendre, se divertir, se prélasser, se reposer. 3. Charmer, plaire, séduire. 4. Absorber, conserver, retenir. 5. Chasser, dissiper.

SUEUR ✦ syn. 1. Écume *(animal)*, moiteur, perspiration, sudation, suée *(fam.)*, suint *(mouton)*, *transpiration*. 2. Effort, labeur, peine, *travail*. 3. *(En sueur)* En eau, *en nage*. 4. *(Sueurs froides)* Angoisse, épouvante, *frayeur*, frissons, froid dans le dos,

peur. ✦ ant. 1. Absorption, assèchement, épongeage. 2. Détente, divertissement, repos. 3. Asséché, sec. 4. Assurance, calme, sécurité, sérénité, soupir, soulagement.

SUFFIRE ✦ syn. Agréer, arranger, baster, contenter, donner satisfaction, faire l'affaire, plaire, répondre à, *satisfaire*. ✦ ant. Déplaire, frustrer, mécontenter, priver de.

SUFFISANCE ✦ syn. 1. Abondance, comble, content *(n.)*, *satiété*. 2. *(Pers.)* Arrogance, autosatisfaction, fatuité, infatuation, jactance, orgueil, outrecuidance, présomption, prétention, superbe *(n., péj.)*, *vanité*. ✦ ant. 1. Insuffisance, pénurie. 2. Déférence, délicatesse, humilité, modestie, réserve, simplicité, timidité.

SUFFISANT ✦ syn. 1. *(Ch.)* Congru, convenable, correct, honnête, honorable, passable, raisonnable, *satisfaisant*. 2. *(Pers.)* Altier, arrogant, fat, infatué, orgueilleux, outrecuidant, poseur, présomptueux, prétentieux, satisfait (de soi-même), superbe *(péj.)*, supérieur, *vaniteux*. ✦ ant. 1. Déraisonnable, incomplet, incongru, insatisfaisant, insuffisant. 2. Déférent, effacé, humble, modeste, réservé, simple, timide.

SUFFOCANT ✦ syn. 1. Accablant, asphyxiant, écrasant, *étouffant*, irrespirable, irritant, méphitique, oppressant, torride. 2. Ahurissant, époustouflant, renversant, sidérant, *stupéfiant*. ✦ ant. 1. Rafraîchissant, respirable, sain, supportable, tolérable. 2. Banal, commun, courant, ordinaire.

SUFFOQUER ✦ syn. ▷ *V. tr.* 1. Asphyxier, *étouffer*, étrangler, oppresser. 2. Ahurir, couper le souffle, estomaquer, étonner, renverser, sidérer, *stupéfier*, surprendre. ▷ *V. intr.* 3. *S'étouffer*, s'essouffler, s'étrangler, haleter, panteler. ✦ ant. 1. Respirer (normalement), ventiler *(méd.)*. 2. Calmer, rassurer, réconforter. 3. Reprendre son souffle.

SUFFRAGE ✦ syn. 1. Élection, opinion (populaire), scrutin, voix, *vote*. 2. Adhésion, *approbation*, avis, concours, opinion (favorable). ✦ ANT. 1. Abstention. 2. Désapprobation, opposition.

SUGGÉRER ✦ SYN. 1. *Évoquer*, insinuer *(péj.)*, inspirer, instiller, sous-entendre. 2. *Conseiller*, exhorter, proposer, recommander. 3. *(Réponse) Dicter*, souffler. ✦ ANT. 1. Dire franchement, exprimer clairement. 2. Déconseiller, décourager, dissuader. 3. Garder.

SUGGESTIF ✦ SYN. 1. *Évocateur*, expressif, inspirant, parlant. 2. Aguichant, alléchant, émoustillant, érotique, excitant, *provocant*, sensuel. ✦ ANT. 1. Fade, inexpressif, insipide, plat, terne. 2. Décent, moche *(fam.)*, pudique, rebutant, réservé.

SUGGESTION ✦ SYN. 1. Avis, *conseil*, proposition, recommandation. 2. *(Psychol.)* Ascendant, emprise, *influence*, inspiration, instigation. ✦ ANT. 1. Blâme, interdiction, opposition, reproche. 2. Autonomie, clairvoyance, connaissance, conscience.

SUGGESTIONNER ◇ V. **Manipuler**

SUICIDAIRE ✦ SYN. 1. *Dépressif*, désabusé, désespéré, mélancolique, neurasthénique, pessimiste, sombre, suicidant. 2. *Autodestructeur*, casse-cou, cassegueule *(fam.)*, dangereux, fatal, fou, kamikaze, mortel, risqué, téméraire. ✦ ANT. 1. Enthousiaste, heureux, joyeux, optimiste, serein. 2. Avantageux, opportun, profitable, providentiel, salutaire.

SUICIDE ✦ SYN. 1. *Autodestruction*, hara-kiri, kamikaze. 2. Folie, imprudence, *témérité*. ✦ ANT. 1. Ressaisissement, survie, vie. 2. Prudence, sagesse.

SUICIDER (SE) ✦ SYN. S'autodétruire, se brûler (faire sauter) la cervelle, se donner la mort, se faire hara-kiri, se flinguer *(fam.)*, mettre fin à ses jours, se supprimer, *se tuer*.

SUINTEMENT ✦ SYN. Écoulement, égouttement, *exsudation*, suage *(bois)*, transsudation. ✦ ANT. Assèchement, infiltration, séchage *(bois)*, siccité.

SUINTER ✦ SYN. 1. Dégoutter, distiller, s'écouler, *exsuder*, filtrer, perler, suer *(ch.)*, sécréter, transpirer *(ch.)*, transsuder. 2. *(Impression désagréable)* Dégager, *exhaler*,

respirer, suer *(fig.)*. ✦ ANT. 1. Absorber, s'assécher, éponger, s'infiltrer, pénétrer, sécher. 2. Chasser, dissiper.

SUITE ✦ SYN. 1. Appareil, cortège, cour, équipage, *escorte*, garde, gens, maison, personnel, train. 2. Constance, continuité, cours, déroulement, *développement*, enchaînement, évolution, fil, marche, poursuite, progression. 3. Chaîne, chapelet, cordon, défilé, enfilade, file, haie, ligne, procession, queue, rangée, ribambelle, séquence, série, *succession*. 4. Aboutissement, conséquence, contrecoup, développement, effet, impact, lendemain, prolongement, *répercussion*, résultat, retombées, séquelles. 5. *(Hôtel)* Appartement. ✦ ANT. 1. Dignitaire, maître, propriétaire, roi, seigneur. 2. Arrêt, discontinuité, intermittence, interruption, rupture. 3. Chaos, dédale, désordre, éparpillement. 4. Cause, fondement, germe, origine.

SUIVANT ✦ SYN. ▷ *Adj.* 1. Postérieur, prochain, *subséquent*, ultérieur. 2. *Ci-après*, ci-dessous. ▷ *Prép.* 3. Conformément à, d'après, *selon*. ▷ *Nom* 4. Acolyte, *aide*, dame d'honneur, escorte, porteur, thuriféraire *(relig.)*. ✦ ANT. 1. Antécédent, antérieur, préalable, précédent, précurseur. 2. Ci-dessus, ci-devant. 3. Contrairement à, nonobstant. 4. Célébrant, dignitaire.

SUIVEUR ✦ SYN. 1. Observateur *(course)*, poursuiteur *(cyclisme)*, *poursuivant*. 2. *(Péj.)* Conformiste, *disciple*, épigone, imitateur, mouton *(fam.)*, singe *(fam.)*, suiveux *(québ., fam.)*, suiviste. ✦ ANT. 1. Tête. 2. Contestataire, dissident, indépendant, leader, maître, promoteur.

SUIVI ✦ SYN. ▷ *Adj.* 1. Assidu, constant, continu, persistant, prolongé, *régulier*, soutenu. 2. *Cohérent*, consistant, logique, ordonné. ▷ *Nom* 3. Contrôle, examen, inspection, supervision, *surveillance*. ✦ ANT. 1. Discontinu, éphémère, inconstant, inégal, instable, irrégulier. 2. Décousu, illogique, incohérent, inconsistant. 3. Imprévoyance, négligence, oubli.

SUIVISME ✦ SYN. *Conformisme*, imitation, obéissance, orthodoxie, panurgisme, servilité, singerie. ◆ ANT. Contestation, dissidence, innovation, leadership, originalité.

SUIVRE ◆ SYN. ▷ V. tr. **1.** *Accompagner*, escorter, serrer, talonner. **2.** Épier, espionner, filer, pister, *poursuivre*, surveiller. **3.** Border, côtoyer, *emprunter*, longer, parcourir, prendre. **4.** Remplacer, se substituer à, *succéder*. **5.** Conserver, *garder*, maintenir. **6.** Découler, *s'ensuivre*. **7.** Adhérer, se conformer, embrasser, imiter, obéir, *observer*, se plier à, respecter, se soumettre. **8.** *Assister à*, écouter, entendre, examiner, scruter. **9.** *Comprendre*, saisir, voir. ▷ V. pr. **10.** Défiler, se dérouler, s'enchaîner, *se succéder*. ◆ ANT. **1.** Dépasser, devancer, précéder, supplanter. **2.** Rattraper, rejoindre. **3.** Dévier, s'écarter, s'éloigner, retourner, revenir. **4.** Annoncer, précéder, présager. **5.** Bannir, délaisser, écarter. **6.** Causer, susciter. **7.** Abjurer, contester, se démarquer de, désobéir, enfreindre, s'opposer à, renier. **8.** Abandonner, se désintéresser de, négliger. **9.** Se confondre, s'embrouiller, se perdre. **10.** Cesser, s'interrompre.

SUJET ◆ SYN. ▷ Adj. **1.** Disposé, *enclin*, exposé, porté, prédisposé, susceptible de. ▷ Nom **2.** *Dépendant*, gouverné, inférieur. **3.** Citoyen, naturalisé, *ressortissant*. **4.** Être, individu, *personne*. **5.** Article, chapitre, idée, matière, objet, point, problème, propos, *question*, thème. **6.** Cause, occasion, prétexte, *raison*. **7.** *(Gramm.)* *Agent*, auteur. **8.** Cobaye, malade, *patient*. **9.** *(Peint.)* Modèle, *motif*. ◆ ANT. **1.** Hostile, insensible, rebelle, réfractaire. **2.** Autonome, gouvernant, roi, souverain. **3.** Apatride, réfugié, sans-papiers. **4.** Chose, matière, objet. **5.** Forme, genre, style, ton. **6.** Effet, résultat. **7.** Attribut, complément. **9.** Paysage, nature morte.

SUJÉTION ◇ v. **Soumission**

SUMMUM ◆ SYN. Achèvement, acmé, *apogée*, apothéose, comble, couronnement, faîte, maximum, paroxysme, période, point culminant, sommet, sublime *(n.)*, summum, triomphe, zénith. ◆ ANT.

Abaissement, chute, déchéance, déclin, minimum, nadir, périgée.

SUPER ◆ SYN. *(Fam.)* Épatant, extra *(fam.)*, extraordinaire, fabuleux, fantastique, *formidable*, géant *(fam.)*, génial, merveilleux, sensationnel. ◆ ANT. Affreux, ennuyant, horrible, ordinaire, minable, navrant.

SUPERBE ◆ SYN. ▷ Adj. **1.** Admirable, divin, excellent, imposant, *magnifique*, majestueux, parfait, ravissant, remarquable, somptueux, splendide, sublime. **2.** Fier, *orgueilleux*, suffisant, supérieur *(péj.)*, vaniteux. ▷ Nom fém. **3.** Fierté, *orgueil*, suffisance, supériorité *(péj.)*, vanité. ◆ ANT. **1.** Affreux, banal, effroyable, laid, morne, ordinaire, terne, vilain. **2.** Humble, modeste, simple. **3.** Humilité, modestie, simplicité.

SUPERCHERIE ◇ v. **Fraude**

SUPERFICIE ◆ SYN. **1.** Aire, espace, *étendue*, plan, surface. **2.** *Apparence*, dehors, façade, surface *(fig.)*. ◆ ANT. **1.** Volume. **2.** Fond, profondeur, substance.

SUPERFICIEL ◆ SYN. **1.** Apparent, *extérieur*, externe. **2.** *(Blessure)* *Bénin*, léger. **3.** Approximatif, grossier, imprécis, rudimentaire, simpliste, *sommaire*. **4.** Apparent, de façade, *faux*, illusoire, trompeur, vide. **5.** *(Pers.)* *Frivole*, futile, léger, mondain, vain. ◆ ANT. **1.** Intérieur, interne, profond. **2.** Grave, sérieux. **3.** Approfondi, complet, exhaustif, pénétrant, savant, subtil. **4.** Effectif, réel, sincère, véritable, vrai. **5.** Intense, profond, sage.

SUPERFLU ◆ SYN. **1.** En excédent, en surnombre, en trop, pléthorique, *surabondant*. **2.** Accessoire, artificiel, *inutile*, oiseux, redondant, répétitif, superfétatoire, vain. ◆ ANT. **1.** Indispensable, nécessaire, précieux, rare, vital. **2.** Capital, essentiel, important, simple, sobre, utile.

SUPERFLUITÉ ◆ SYN. **1.** Excédent, excès, luxe, luxuriance, pléthore, profusion, *surabondance*, surnombre, trop-plein. **2.** Futilité, *inutilité*, redondance, répétition, superfétation, vanité. ◆ ANT. **1.** Besoin, nécessité, rareté. **2.** Simplicité, sobriété, utilité.

SUPÉRIEUR ♦ SYN. ▷ *Adj.* **1.** Dominant, *élevé*, haut. **2.** Accompli, émérite, *éminent*, excellent, exceptionnel, haut de gamme, incomparable, inégalé, insigne, meilleur, prédominant, prééminent, prépondérant, remarquable, suprême, surfin, transcendant, unique. **3.** Arrogant, *condescendant*, dédaigneux, fier, hautain, prétentieux, suffisant, superbe *(péj.)*. ▷ *Nom* **4.** *Chef*, commandant, directeur, dirigeant, doyen, général, maître, patron, prieur *(couvent)*. ♦ ANT. **1.** Bas, inférieur, profond. **2.** Bas de gamme, médiocre, mineur, moindre, ordinaire, petit, secondaire, vulgaire. **3.** Déférent, humble, modeste, simple. **4.** Employé, inférieur, subalterne, subordonné, sujet.

SUPÉRIORITÉ ♦ SYN. **1.** Avantage, domination, hégémonie, prééminence, prépondérance, préséance, prévalence, primauté, *suprématie*. **2.** Ascendant, distinction, élévation, éminence, *excellence*, génie, grandeur, mérite, noblesse, sublimité, transcendance. **3.** Arrogance, condescendance, dédain, fierté, hauteur, prétention, *suffisance*, superbe *(n., péj.)*. ♦ ANT. **1.** Dépendance, désavantage, faiblesse, handicap, infériorité. **2.** Bassesse, grossièreté, indignité, insignifiance, médiocrité, petitesse, vulgarité. **3.** Amabilité, courtoisie, déférence, humilité, modestie, simplicité.

SUPERLATIF ♦ SYN. Emphase, exagération, *hyperbole*. ♦ ANT. Euphémisme, litote.

SUPERMARCHÉ ◇ V. **Magasin**

SUPERPOSER ♦ SYN. ▷ *V. tr.* **1.** *Accumuler*, amonceler, empiler, entasser, poser dessus. **2.** *Chevaucher*, faire coïncider. ▷ *V. pr.* **3.** *S'accumuler*, s'ajouter. ♦ ANT. **1.** Disperser, étaler, étendre. **2.** Se démarquer, différer. **3.** Se disperser, s'éparpiller.

SUPERPOSITION ♦ SYN. **1.** *(Action)* Accumulation, amoncellement, empilage, empilement, entassement, stratification. **2.** *(État)* *Chevauchement*, coïncidence. ♦ ANT. **1.** Dispersion, étalement. **2.** Démarcation, différence.

SUPERSTITION ♦ SYN. **1.** *(Comportement)* *Crédulité*, dévotion, fétichisme, idolâtrie, illuminisme, irrationalité, naïveté. **2.** *Croyance*, illusion, légende, mythe, préjugé. **3.** Défaut, *manie*, obsession, scrupule. ♦ ANT. **1.** Incrédulité, positivisme, rationalisme, réalisme, scepticisme. **2.** Fait, matérialité, réalité, vérité. **3.** Aisance, liberté.

SUPERVISER ♦ SYN. Chapeauter, coiffer, contrôler, diriger, encadrer, réviser, *surveiller*, vérifier. ♦ ANT. Laisser aller, laisser faire, négliger.

SUPERVISION ♦ SYN. Contrôle, révision, suivi, *surveillance*, vérification. ♦ ANT. Laisser-aller, laisser-faire, négligence.

SUPPLANTER ♦ SYN. **1.** Dégommer *(fam.)*, déposséder (de son titre), détrôner, éclipser, éliminer, *évincer*, remplacer, renverser, se substituer à, succéder à. **2.** Déclasser, dominer, l'emporter sur, *surpasser*, triompher, vaincre. ♦ ANT. **1.** Conserver (la faveur), favoriser, maintenir. **2.** Atteindre, égaler, talonner.

SUPPLÉANCE ♦ SYN. Intérim, *remplacement*. ♦ ANT. Continuité, permanence.

SUPPLÉANT ◇ V. **Remplaçant**

SUPPLÉER ♦ SYN. Ajouter, combler, compenser, pallier, remédier, *remplacer*. ♦ ANT. S'accommoder, s'adapter, conserver, se contenter de, se satisfaire de.

SUPPLÉMENT ♦ SYN. **1.** Accessoire, à-côté, addenda, addition, *ajout*, annexe, appendice, appoint, boni, complément, extra, rallonge *(fam.)*, surcroît, surplus. **2.** *(Effectifs, matériel)* Aide, appui, *renfort*. ♦ ANT. **1.** Déduction, diminution, rabais, réduction, retrait, soustraction. **2.** Manque, pénurie, péril.

SUPPLÉMENTAIRE ♦ SYN. Accessoire, *additionnel*, adventice, annexé, auxiliaire, complémentaire, subsidiaire, supplétif, surérogatoire. ♦ ANT. Essentiel, normal, ordinaire, régulier.

SUPPLICATION ♦ SYN. Adjuration, conjuration, déprécation, *imploration*, invocation, objurgation, obsécration, prière.

◆ ANT. Acceptation, pardon, récompense, refus.

SUPPLICE ◆ SYN. 1. *Châtiment*, exécution, martyre, peine, punition, sévices, torture. 2. Affliction, calvaire, douleur, enfer, gêne, *souffrance*, tourment. ◆ ANT. 1. Faveur, grâce, pardon, récompense. 2. Délice, jouissance, plaisir.

SUPPLIER ◆ SYN. Adjurer, conjurer, *implorer*, prier. ◆ ANT. Accepter, accorder, récompenser.

SUPPLIQUE ◆ SYN. Appel, demande, instance, prière, *requête*, sollicitation, vœu. ◆ ANT. Acceptation, don, faveur.

SUPPORT ◆ SYN. 1. Appui, base, chantignole, chevalet, chèvre, colonne, piédestal, pilier, poutre, pylône, socle, soutènement, *soutien*, subjectile *(dessin)*, substrat, trépied. 2. *(Communic.)* Dispositif, *instrument*, médium, moyen, véhicule.

SUPPORTABLE ◆ SYN. Acceptable, endurable, excusable, passable, tenable, *tolérable*. ◆ ANT. Atroce, impossible, insupportable, intenable, intolérable, lourd.

SUPPORTER ◆ SYN. 1. Appuyer, porter, *soutenir*, tenir. 2. Assumer, encaisser, *endurer*, éprouver, souffrir, subir, tolérer. 3. *Accepter*, admettre, permettre, tolérer. ◆ ANT. 1. Affaiblir, gêner, miner, nuire. 2. Combattre, lutter, réagir, se rebeller, refuser, réprimer. 3. Exclure, interdire.

SUPPOSÉ ◆ SYN. 1. Apparent, censé, hypothétique, incertain, *présumé*, prétendu, probable, putatif, soi-disant. 2. Apocryphe, *douteux*, faux, imaginaire. ◆ ANT. 1. Absolu, assuré, certain, exact, réel, vrai. 2. Authentique, avéré, confirmé, fondé.

SUPPOSER ◆ SYN. 1. Admettre, conjecturer, croire, imaginer, penser, poser, *présumer*. 2. Comporter, demander, dénoter, exiger, *impliquer*, réclamer. ◆ ANT. 1. Affirmer, assurer, attester, certifier, confirmer, prouver. 2. Excepter, exclure, interdire.

SUPPOSITION ◆ SYN. 1. Conjecture, *hypothèse*, présomption, soupçon. 2. Calcul, estimation, évaluation, prévision, probabilité, pronostic, *supputation*. ◆ ANT. 1. Certitude, confirmation, évidence, fait,

preuve. 2. Écart, erreur, sous-évaluation, surévaluation.

SUPPÔT ◆ SYN. *(Péj.)* Acolyte, adepte, agent, compère, *complice*, partisan, serviteur, soutien. ◆ ANT. Adversaire, ennemi, opposant, pourfendeur.

SUPPRESSION ◆ SYN. 1. Abandon, *abolition*, abrogation, annulation, résiliation, révocation. 2. Anéantissement, cessation, *destruction*, disparition, élimination, éradication, extinction. 3. Ablation *(méd.)*, coupure, diminution, effacement, privation, réduction, restriction, *retrait*, retranchement. 4. Débauchage, *licenciement*, radiation. 5. *Assassinat*, exécution, liquidation, meurtre. ◆ ANT. 1. Confirmation, prolongation, prorogation, ratification. 2. Conservation, maintien, sauvegarde. 3. Addition, ajout, augmentation, greffe *(méd.)*. 4. Admission, embauche, offre d'emploi. 5. Aide, protection, secours, soutien.

SUPPRIMER ◆ SYN. ▷ V. tr. 1. *Abolir*, abroger, annuler, casser, lever. 2. Anéantir, annihiler, *détruire*, éliminer, éradiquer. 3. Amputer, couper, effacer, enlever, *retirer*, retrancher. 4. *Assassiner*, exécuter, éliminer, liquider, tuer. ▷ V. pr. 5. *Se suicider*, se tuer. ◆ ANT. 1. Confirmer, prolonger, ratifier. 2. Conserver, maintenir, sauvegarder. 3. Adjoindre, ajouter, augmenter, greffer. 4. Défendre, épargner, protéger, secourir, soutenir.

SUPPUTATION ◆ SYN. Appréciation, calcul, estimation, *évaluation*, examen, mesure, prévision, supposition. ◆ ANT. Écart, erreur, sous-évaluation, surévaluation.

SUPPUTER ◆ SYN. Apprécier, calculer, estimer, *évaluer*, examiner, jauger, mesurer, peser, toiser. ◆ ANT. Errer, mésestimer, sous-évaluer, surévaluer.

SUPRASENSIBLE ◆ SYN. Abstrait, immatériel, imperceptible, insensible, *surnaturel*. ◆ ANT. Concret, matériel, naturel, perceptible, sensible.

SUPRÉMATIE ◆ SYN. Ascendant, domination, hégémonie, maîtrise, omnipotence, prédominance, prééminence, prépondérance, primauté, souveraineté, **supériorité**, toute-puissance. ◆ **ANT.** Dépendance, faiblesse, inféodation, infériorité, satellisation, soumission.

SUPRÊME ◆ **SYN.** **1.** Absolu, omnipotent, prééminent, souverain, supérieur, **tout-puissant**. **2.** Achevé, consommé, divin, extraordinaire, fabuleux, génial, idéal, parfait, magistral, prodigieux, **sublime**, surhumain, transcendant. **3.** Dernier, désespéré, extrême, final, terminal, **ultime**. ◆ **ANT.** **1.** Dépendant, inférieur, limité. **2.** Banal, imparfait, inachevé, mauvais, médiocre, minable, mineur, ordinaire, quelconque, trivial. **3.** Initial, premier, primaire, prime.

SUR ◆ **SYN.** Acide, **aigre**, aigrelet, suret. ◆ **ANT.** Doux, suave, sucré.

SÛR ◆ **SYN.** **1.** Assuré, certain, confiant, **convaincu**. **2.** **Fiable**, fidèle, vrai. **3.** *(Lieu)* Abrité, caché, gardé, **protégé**, tranquille. **4.** Établi, ferme, garanti, indéfectible, **solide**, stable. **5.** Avéré, authentique, clair, évident, exact, indubitable, manifeste, **vrai**. **6.** Fatal, **immanquable**, inéluctable, inévitable, infaillible, obligatoire. ◆ **ANT.** **1.** Défiant, incertain, méfiant, sceptique. **2.** Frivole, hypocrite, infidèle. **3.** Dangereux, hasardeux, périlleux, risqué. **4.** Fragile, hésitant, instable, précaire. **5.** Confus, contestable, douteux, faux, illusoire, inexact, problématique, supposé, vague. **6.** Aléatoire, éventuel, hasardeux, hypothétique, possible.

SURABONDANCE ◆ **SYN.** Débauche, débordement, excès, exubérance, foisonnement, luxuriance, orgie *(fig.)*, pléthore, prodigalité, **profusion**, redondance, superfluité, surcharge, surproduction, trop-plein. ◆ **ANT.** Dénuement, disette, indigence, insuffisance, misère, nécessité, pauvreté, pénurie, rareté.

SURABONDANT ◆ **SYN.** Débordant, excessif, exubérant, **foisonnant**, luxuriant, pléthorique, superflu. ◆ **ANT.** Infime, limité, maigre, manquant, mince, minime, pauvre, rare, restreint.

SURABONDER ◆ **SYN.** Abonder, déborder, **foisonner**, grouiller, fourmiller, pulluler, regorger. ◆ **ANT.** Décroître, diminuer, s'épuiser, manquer, se raréfier, se tarir.

SURANNÉ ◆ **SYN.** Ancien, antique, archaïque, arriéré, attardé, caduc, démodé, dépassé, **désuet**, périmé, poussiéreux *(fig.)*, préhistorique *(fig.)*, rétrograde, ringard *(fam.)*, usé, vétuste, vieilli, vieillot. ◆ **ANT.** Actuel, avancé, avant-gardiste, contemporain, frais, jeune, moderne, neuf, nouveau, récent.

SURCHARGE ◆ **SYN.** **1.** Alourdissement, **excédent**, excès, pléthore, surabondance, surcroît, superfluité, surplus. **2.** *(Texte)* Ajout, correction, **retouche**. ◆ **ANT.** **1.** Allégement, dégrèvement, diminution, mesure, rareté, réduction, sobriété, soulagement. **2.** Achèvement, fin.

SURCHARGER ◆ **SYN.** **1.** **Alourdir**, charger, embarrasser, embouteiller, encombrer. **2.** **Accabler**, écraser, grever, obérer. ◆ **ANT.** **1.** Alléger, décharger, dégager, libérer, soulager. **2.** Débarrasser, dégrever, délivrer, soulager.

SURCLASSER ◆ **SYN.** Devancer, dominer, éclipser, **surpasser**. ◆ **ANT.** Atteindre, égaler, équivaloir, talonner.

SURCROÎT ◇ v. **Surplus**

SURDOUÉ ◇ v. **Prodige**

SURÉLEVER ◇ v. **Exhausser**

SURENCHÈRE ◆ **SYN.** **1.** Élévation, escalade, hausse, **renchérissement**, suroffre. **2.** Bluff, **exagération**. ◆ **ANT.** **1.** Baisse, dégringolade, diminution, restriction. **2.** Réalisme, retenue.

SURESTIMER ◆ **SYN.** Exagérer, enfler, gonfler, grossir, majorer, **surévaluer**, surfaire. ◆ **ANT.** Déprécier, dépriser, mésestimer, minorer, minimiser, sous-estimer, sous-évaluer.

SURET ◆ **SYN.** Acidulé, **aigrelet**, amer, sur. ◆ **ANT.** Agréable, délicat, douceâtre, doucereux.

SÛRETÉ ◆ **SYN.** **1.** Fiabilité, **quiétude**, tranquillité. **2.** Ordre, protection, **sécurité**. **3.** Adresse, dextérité, efficacité, **fermeté**, justesse, précision, rigueur. 4. Caution, gage, **garantie**, précaution. 5. *(Pers.)* Assurance, **confiance**. ✦ ANT. 1. Dangerosité, péril, risque. 2. Anarchie, désordre, insécurité. 3. Faiblesse, gaucherie, imprécision, inefficacité, maladresse, mollesse. 4. Dégrèvement, dispense, exonération, franchise. 5. Crainte, timidité.

SURÉVALUER ◇ v. **Surestimer**

SUREXCITATION ✦ SYN. Agitation, bouleversement, énervement, exaltation, nervosité, **surtension**. ✦ ANT. Apaisement, calme, impassibilité, placidité, quiétude, sang-froid, sérénité.

SUREXCITER ✦ SYN. Agiter, bouleverser, électriser, émouvoir, énerver, enfiévrer, enflammer, exalter, exciter, stimuler, **survolter**. ✦ ANT. Adoucir, apaiser, calmer, décontracter, détendre, relâcher, reposer.

SURFACE ◇ v. **Superficie**

SURFAIRE ◇ v. **Surestimer**

SURFER ✦ SYN. 1. *(Internet)* Explorer, fureter, **naviguer**. 2. *(Sports)* Descendre, **glisser**.

SURFEUR ✦ SYN. 1. *(Internet)* Cybersurfeur, **internaute**, navigateur. 2. *(Sports)* Glisseur, **planchiste**, véliplanchiste.

SURFIN ✦ SYN. Excellent, extra, extra-fin, haut de gamme, superfin, **supérieur**. ✦ ANT. Bas de gamme, inférieur, mauvais, médiocre.

SURGELER ◇ v. **Congeler**

SURGIR ✦ SYN. 1. **Apparaître**, s'élancer, s'élever, émerger, jaillir, naître, poindre, saillir, sortir, sourdre, survenir. 2. **Se manifester**, se montrer, se présenter. ✦ ANT. 1. Disparaître, s'éloigner, s'enfoncer, rentrer. 2. S'absenter, s'éclipser.

SURGISSEMENT ◇ v. **Apparition**

SURHOMME ✦ SYN. Colosse, demi-dieu, **géant**, génie, héros, modèle, prodige, titan. ✦ ANT. Minable, minus *(fam.)*, sous-homme.

SURHUMAIN ✦ SYN. 1. Exceptionnel, **extraordinaire**, phénoménal, prodigieux, sublime, surnaturel. 2. *(Force, taille)* Colossal, herculéen, **gigantesque**, titanesque. 3. *(Effort, tâche)* **Démesuré**, difficile, énorme, excessif, monstrueux, monumental, titanesque. ✦ ANT. 1. Habituel, humain, naturel, ordinaire. 2. Faible, minime, minuscule, petit. 3. Facile, infime, normal, ordinaire, simple.

SURIR ◇ v. **Aigrir**

SURMENAGE ✦ SYN. Abattement, accablement, affaissement, **épuisement**, exténuation, fatigue, stress, tension. ✦ ANT. Décontraction, délassement, détente, farniente, repos, relaxation.

SURMENER ✦ SYN. Accabler, **épuiser**, éreinter, excéder, exténuer, fatiguer, forcer *(animal)*. ✦ ANT. Délasser, détendre, épargner, ménager, relaxer, reposer.

SURMOI ✦ SYN. *(Psychan.)* Censure, contrôle, défense, interdit, **morale**. ✦ ANT. Ça, instincts, pulsions.

SURMONTER ✦ SYN. 1. Coiffer, couronner, dominer, **surplomber**. 2. Contenir, contrôler, dominer, dompter, maîtriser, mater, triompher de, **vaincre**. 3. *(Difficulté)* Franchir. ✦ ANT. 1. Porter, soutenir, supporter. 2. Abandonner, céder, faiblir, fléchir, lâcher, plier. 3. Échouer.

SURNAGER ✦ SYN. 1. **Flotter**, se soutenir. 2. Se maintenir, persister, **subsister**, survivre. ✦ ANT. 1. Couler, s'enfoncer, se noyer, sombrer. 2. Disparaître, s'évanouir, mourir, périr.

SURNATUREL ✦ SYN. 1. Céleste, divin, immatériel, religieux, sacré, spirituel, **transcendant**. 2. Invisible, **mystérieux**, occulte, paranormal, suprasensible, surréel. 3. Extraordinaire, fabuleux, fantasmagorique, fantastique, féerique, **magique**, merveilleux, miraculeux, prodigieux, surhumain. ✦ ANT. 1. Corporel, immanent, matériel, naturel, physique, profane. 2. Connu, normal, réel, sensible, visible. 3. Commun, humain, logique, ordinaire, rationnel, scientifique.

SURNOM ✦ SYN. Nom d'emprunt (d'artiste, de guerre, de plume), pseudo *(fam.)*, **pseudonyme**, qualificatif, sobriquet. ✦ ANT. Nom, patronyme, prénom, titre.

SURNOMBRE ◇ v. **Surplus**

SURNOMMMER ◇ v. Qualifier
SURNUMÉRAIRE ◆ SYN. *Excédentaire*, occasionnel. ◆ ANT. Permanent, régulier.
SURPASSER ◆ SYN. ▷ *V. tr.* **1.** Battre, *dépasser*, devancer, distancer, dominer, éclipser, écraser, enfoncer *(fig.)*, l'emporter sur, supplanter, surclasser, transcender, vaincre. ▷ *V. pr.* **2.** *Se dépasser*, se transcender. ◆ ANT. **1.** Atteindre, égaler, être inférieur à. **2.** Décevoir.
SURPLOMBER ◆ SYN. ▷ *V. intr.* **1.** S'avancer, pencher *(mur)*, ressortir, *saillir*. ▷ *V. tr.* **2.** Coiffer, couronner, dépasser, dominer, *surmonter*. ◆ ANT. **1.** S'enfoncer, rentrer. **2.** S'aligner, border, longer.
SURPLUS ◆ SYN. *Excédent*, excès, gain, profit, reste, supplément, surcharge, surcroît, surnombre, surproduction, trop-plein. ◆ ANT. Défaut, déficit, disette, insuffisance, manque, pénurie, perte.
SURPRENANT ◆ SYN. **1.** Anormal, bizarre, curieux, déconcertant, *étonnant*, étrange, imprévu, inattendu, inconcevable, incroyable, inopiné, invraisemblable, nouveau, rare. **2.** Épatant, hallucinant, merveilleux, prodigieux, *remarquable*, renversant, saisissant, stupéfiant. ◆ ANT. **1.** Anodin, commun, fréquent, naturel, normal, ordinaire, prévisible, régulier. **2.** Dérisoire, médiocre, négligeable, piètre, quelconque.
SURPRENDRE ◆ SYN. **1.** Attraper, intercepter, pincer *(fam.)*, prendre, *saisir*. **2.** Apercevoir, déceler, *découvrir*. **3.** Confondre, consterner, couper le souffle, décoiffer *(fig.)*, déconcerter, ébahir, estomaquer, *étonner*, renverser, souffler *(fam.)*, stupéfier. ◆ ANT. **1.** Laisser échapper, relâcher. **2.** Ignorer, méconnaître. **3.** Avertir, informer, prévenir.
SURPRIS ◇ v. Stupéfait
SURPRISE ◆ SYN. **1.** Ahurissement, ébahissement, *étonnement*, imprévisibilité, saisissement, stupéfaction, stupeur. **2.** *Cadeau*, plaisir, souvenir. ◆ ANT. **1.** Attente, avertissement, prévisibilité.
SURPRISE-PARTIE ◇ v. Danse
SURPROTÉGER ◇ v. Materner

SURSAUT ◆ SYN. **1.** Émotion, frisson, haut-le-corps, réaction, *soubresaut*, tressaillement, trouble. **2.** Accroissement, *regain*, renouveau. ◆ ANT. **1.** Apaisement, baume, quiétude, réconfort, soulagement. **2.** Affaiblissement, déclin, léthargie.
SURSAUTER ◆ SYN. Bondir, réagir, *tressaillir*, tressauter. ◆ ANT. Calmer, figer, paralyser, pétrifier.
SURSEOIR ◇ v. Retarder
SURSIS ◇ v. Délai
SURVEILLANCE ◆ SYN. **1.** Attention, *contrôle*, éveil, garde, inspection, observation, monitorage *(méd.)*, suivi, supervision, veille, vérification, vigilance. **2.** Faction, *guet*, patrouille, sentinelle, vigie. **3.** *Espionnage*, filature.
SURVEILLANT ◆ SYN. Argus, commissaire *(sports)*, contrôleur, *garde*, garde-chiourme *(péj.)*, gardien, inspecteur, maître nageur, observateur, pion *(péj.)*, répétiteur *(scol.)*, superviseur, vérificateur, vigie.
SURVEILLER ◆ SYN. **1.** *Contrôler*, examiner, inspecter, superviser, vérifier. **2.** Chaperonner, *garder*, observer, veiller. **3.** Avoir à l'œil, avoir l'œil sur, *épier*, espionner, filer, guetter, moucharder *(fam.)*, suivre.
SURVENIR ◆ SYN. Advenir, apparaître, *arriver*, se déclarer, intervenir, se manifester, se présenter, se produire, sourdre, surgir. ◆ ANT. Disparaître, s'éclipser, s'éloigner, s'enfuir, s'esquiver, partir, se retirer.
SURVIVANCE ◆ SYN. **1.** Conservation, continuation, maintien, permanence, *persistance*, reliquat, souvenir, subsistance, suite. **2.** *Immortalité*, survie. ◆ ANT. **1.** Abandon, cessation, discontinuation, disparition, extinction. **2.** Mort, mortalité.
SURVIVANT ◆ SYN. **1.** Descendant, héritier, *vivant*. **2.** Réchappé, *rescapé*. ◆ ANT. **1.** Défunt, disparu, mort. **2.** Infortuné, victime.
SURVIVRE ◇ v. Subsister
SURVOLER ◆ SYN. **1.** Planer, *voler au-dessus*. **2.** *Effleurer*, feuilleter, glisser sur, parcourir, regarder. ◆ ANT. **1.** Atterrir, raser

(le sol). 2. Analyser, approfondir, s'arrêter, éplucher, étudier, explorer.

SURVOLTER ◇ v. **Surexciter**

SUSCEPTIBILITÉ ♦ SYN. 1. Excitabilité, hypersensibilité, irascibilité, *irritabilité*. 2. *(Méd.)* **Prédisposition**, réceptivité. ♦ ANT. 1. Affabilité, flegme, impassibilité, indifférence, insensibilité. 2. Immunité.

SUSCEPTIBLE ♦ SYN. 1. *Apte à*, capable de, sujet à. 2. *(Pers.)* Chatouilleux, délicat, impatient, irascible, *irritable*, ombrageux, pointilleux, sourcilleux, prompt, sensible. ♦ ANT. 1. Inapte à, incapable de, réfractaire à. 2. Affable, calme, débonnaire, doux, flegmatique, impassible, insensible, patient, stoïque.

SUSCITER ♦ SYN. Amener, attirer, causer, créer, déchaîner, engendrer, entraîner, éveiller, exciter, fomenter, occasionner, produire, provoquer, *soulever*. ♦ ANT. Apaiser, détourner, diminuer, écarter, éloigner, éluder, empêcher, épargner, étouffer, éviter, freiner, mater, réprimer.

SUSCRIPTION ♦ SYN. *Adresse*, inscription.

SUSDIT ♦ SYN. *(Dr.)* Susdénommé, *susmentionné*, susnommé. ♦ ANT. Signataire, soussigné.

SUSPECT ♦ SYN. ▷ *Adj.* 1. *Douteux*, équivoque, étrange, inquiétant, interlope, louche, mal famé, pas très catholique *(fam.)*, trouble, véreux. ▷ *Nom* 2. Accusé, *prévenu*. ♦ ANT. 1. Clair, droit, fiable, honnête, normal, rassurant, sûr. 2. Coupable, innocent.

SUSPECTER ◇ v. **Soupçonner**

SUSPENDRE ♦ SYN. ▷ *V. tr.* 1. *Accrocher*, appendre, fixer. 2. Abolir, arrêter, cesser, *interrompre*. 3. Ajourner, différer, proroger, remettre, *reporter*, retarder, surseoir. 4. Démettre, *destituer*, mettre à pied. ▷ *V. pr.* 5. *S'accrocher*, s'agripper, se cramponner. ♦ ANT. 1. Décrocher, dépendre. 2. Continuer, poursuivre, prolonger, reprendre. 3. Accélérer, hâter, terminer. 4. Embaucher, engager, nommer. 5. Lâcher prise, laisser.

SUSPENSE ♦ SYN. 1. *(Relig.)* **Interdiction**, privation. 2. Angoisse, anxiété, *attente*, énervement, incertitude, inquiétude,

peur, surprise, suspens. ♦ ANT. 1. Exercice, jouissance, service. 2. Ennui, lenteur, monotonie, platitude, prévisibilité.

SUSPENSION ♦ SYN. 1. Luminaire, *lustre*, plafonnier. 2. Abandon, abolition, arrêt, cessation, *interruption*. 3. Ajournement, délai, moratoire *(dr.)*, prorogation, remise, report, *sursis*, trêve. 4. *Interdiction*, peine, privation. 5. *Destitution*, disgrâce, révocation. 6. *(Techn.)* **Appui**, équilibre, support. ♦ ANT. 2. Continuation, poursuite, prolongation, reprise. 3. Accélération, achèvement, fin, précipitation. 4. Faveur, récompense. 5. Avancement, honneur, promotion. 6. Déséquilibre, secousse, vibration.

SUSPICIEUX ◇ v. **Soupçonneux**

SUSPICION ◇ v. **Défiance**

SUSTENTATION ♦ SYN. 1. *Alimentation*, entretien, nourriture, soins *(méd.)*. 2. *(Techn.)* **Équilibre**, portance. ♦ ANT. 1. Dépérissement, faiblesse, inanition. 2. Déséquilibre, instabilité.

SUSTENTER ♦ SYN. ▷ *V. tr.* 1. *Alimenter*, approvisionner, entretenir, fortifier, nourrir, pourvoir, soigner, soutenir. ▷ *V. pr.* 2. *(Plais.)* Manger, se nourrir, *reprendre des forces*, se restaurer. ♦ ANT. 1. Affamer, affaiblir, délaisser, négliger, priver de. 2. S'affaiblir, dépérir.

SUSURREMENT ◇ v. **Murmure**

SUSURRER ◇ v. **Murmurer**

SUTURE ♦ SYN. 1. *(Méd.)* **Couture**, liaison, raccord, réunion. 2. *(Sc.)* Articulation, *joint*, jonction, rencontre. ♦ ANT. 1. Coupure, déchirure, incision, séparation. 2. Désarticulation, disjonction, espace.

SUTURER ◇ v. **Coudre**

SUZERAIN ◇ v. **Seigneur**

SVASTIKA ♦ SYN. *Croix gammée*, emblème, symbole.

SVELTE ♦ SYN. Dégagé, délié, effilé, élancé, élégant, filiforme, *fin*, gracile, gracieux, léger, mince, souple. ♦ ANT. Boulot, corpulent, dodu, épais, gras, grassouillet, large, lourd, massif, rebondi, trapu.

SVELTESSE ♦ SYN. Élégance, *finesse*, grâce, gracilité, légèreté, minceur, souplesse. ◆ ANT. Corpulence, inélégance, lourdeur, raideur.

SYBARITE ◆ SYN. Épicurien, *jouisseur*, sensuel, voluptueux. ◆ ANT. Ascète, austère, tempérant, vertueux.

SYBARITISME ◆ SYN. Indolence, *luxure*, mollesse, sensualité, volupté. ◆ ANT. Ascétisme, austérité, tempérance, vertu.

SYLLABUS ◆ SYN. *(Relig.)* Énoncé, liste, *somme*.

SYLLOGISME ◆ SYN. 1. *(Philos.)* Déduction, démonstration, *raisonnement*. 2. *(Péj.)* Aberration, *abstraction*. ◆ ANT. 1. Égarement, illogisme, incohérence. 2. Réalité, vérité.

SYLPHE ◆ SYN. *(Mythol.)* Elfe, esprit, *génie*. ◆ ANT. Homme, humain.

SYLPHIDE ◆ SYN. 1. *(Mythol.)* Esprit, *génie féminin*. 2. Beauté, *femme de rêve*, nymphe. ◆ ANT. 1. Femme, humaine. 2. Laideron, sorcière.

SYLVAIN ◆ SYN. *(Mythol.)* Chèvre-pied, divinité, *faune*. ◆ ANT. Homme, humain.

SYLVESTRE ◆ SYN. Arboricole, *forestier*, sylvicole.

SYLVICULTURE ◆ SYN. Arboriculture, *foresterie*.

SYMBIOSE ◆ SYN. 1. *(Biol.)* *Association*, commensalisme, mutualisme. 2. *Communion*, fusion, harmonie. ◆ ANT. 1. Opposition, parasitisme. 2. Contraste, désunion, discordance.

SYMBOLE ◆ SYN. 1. Attribut, emblème, figuration, figure, insigne, marque, *représentation*, signe. 2. *Allégorie*, évocation, image, métaphore, parabole. 3. *(Pers.)* Incarnation, *personnification*.

SYMBOLIQUE ◆ SYN. ▷ *Adj.* 1. Allégorique, emblématique, évocateur, expressif, figuratif, figuré, imagé, métaphorique, *représentatif*, significatif. ▷ *Nom* 2. Expression, imagerie, *représentation*, symbolisme. ◆ ANT. 1. Effectif, littéral, objectif, réel. 2. Réalité, vie.

SYMBOLISER ◆ SYN. Évoquer, exprimer, figurer, personnifier, *représenter*, signifier. ◆ ANT. Dénaturer, pervertir, stigmatiser.

SYMÉTRIE ◆ SYN. Concordance, conformité, correspondance, *équilibre*, harmonie, ordonnance, ordre, pendant, proportion, régularité, similitude, uniformité. ◆ ANT. Asymétrie, déséquilibre, désordre, discordance, disproportion, dissemblance, dissymétrie, irrégularité.

SYMÉTRIQUE ◆ SYN. Concordant, conforme, correspondant, *équilibré*, harmonieux, ordonné, proportionné, régulier, semblable, uniforme. ◆ ANT. Asymétrique, déséquilibré, désordonné, discordant, disproportionné, dissemblable, irrégulier.

SYMPATHIE ◆ SYN. 1. Accord, affection, affinité, amitié, compatibilité, connivence, cordialité, entente, *estime*. 2. Attirance, *inclination*, penchant. 3. Bienveillance, *compassion*, compréhension, empathie, mansuétude, solidarité. 4. Condoléances. ◆ ANT. 1. Animosité, antipathie, haine, hostilité, défiance, désaccord, inimitié, mépris, mésestime, opposition. 2. Aversion, répugnance, répulsion 3. Apathie, détachement, égocentrisme, indifférence, malveillance, solitude.

SYMPATHIQUE ◆ SYN. 1. Accort, affable, *agréable*, aimable, amical, bienveillant, chaleureux, charmant, chouette *(fam.)*, convivial, cordial, plaisant. 2. *Favorable à*, ouvert à. ◆ ANT. 1. Antipathique, défiant, déplaisant, désagréable, froid, hostile, inamical, malveillant, sévère. 2. Fermé à, opposé à.

SYMPATHISANT ◆ SYN. *Adepte*, allié, ami, apparenté, appui, défenseur, fidèle, proche, soutien, tenant. ◆ ANT. Adversaire, ennemi, infidèle, opposant, renégat, traître.

SYMPATHISER ◆ SYN. 1. S'accorder, se comprendre, *s'entendre*, faire bon ménage, fraterniser. 2. *(Sentiment, opinion)* S'associer à, compatir, s'identifier à, *partager*, participer à. ◆ ANT. 1. Se détester, se disputer, rivaliser. 2. Être en désaccord, indifférer.

SYMPHONIE ◆ SYN. *(Fig.)* Chœur, concert, féerie, *harmonie*. ◆ ANT. Cacophonie, désordre, discordance, disharmonie.

SYMPTOMATIQUE ◆ SYN. 1. *(Méd.)* *Clinique*, observable. 2. *Caractéristique*, éloquent, expressif, indicatif, révélateur, significatif, typique. ◆ ANT. 1. Asymptomatique, inobservable. 2. Atypique, énigmatique, étiologique, étrange, incompréhensible, inexplicable.

SYMPTÔME ◆ SYN. Alerte, annonce, avertissement, indice, manifestation, marque, présage, prodromes *(méd.)*, *signe*, syndrome *(méd.)*. ◆ ANT. Cause, étiologie, fondement, motif.

SYNCHRONE ◇ V. **Simultané**

SYNCHRONISME ◇ V. **Simultanéité**

SYNDIC ◆ SYN. Conseiller, délégué, mandataire, *représentant*.

SYNDICAT ◆ SYN. *Association*, groupement, organisation.

SYNDIQUER ◆ SYN. *Associer*, grouper, organiser. ◆ ANT. Briser, dissocier, dissoudre.

SYNONYME ◆ SYN. *Équivalent*, semblable. ◆ ANT. Antonyme, contraire, opposé.

SYNTHÈSE ◆ SYN. 1. Association, combinaison, constitution, déduction, généralisation, reconstitution, *réunion*. 2. Abrégé, aperçu, *résumé*, schéma, sommaire.

3. *(Exposé détaillé)* Compendium, *somme*, traité. ◆ ANT. 1. Analyse, dissociation, dissolution, division, élément, opposition. 2. Amplification, développement. 3. Aperçu, extrait.

SYSTÉMATIQUE ◆ SYN. 1. Approfondi, constant, détaillé, logique, *méthodique*, ordonné, organisé, rationnel, réglé, rigoureux, soutenu, structuré, systématisé. 2. *(Péj.)* *Doctrinaire*, dogmatique, intolérant, sectaire. ◆ ANT. 1. Aléatoire, approximatif, arbitraire, confus, décousu, désordonné, désorganisé, incohérent, inconséquent, irrationnel, sommaire. 2. Ouvert, souple, tolérant.

SYSTÈME ◆ SYN. 1. Conception, doctrine, idéologie, pensée, *théorie*. 2. Assemblage, ensemble, institution, *organisation*, régime, structure, superstructure. 3. Appareil, arrangement, dispositif, *mécanisme*. 4. Façon, formule, manière (de procéder), *méthode*, modalité, mode, plan, procédé, processus, recette, règle (à suivre), tour, truc *(fam.)*. ◆ ANT. 1. Confusion, dédale, désordre, salmigondis. 2. Anarchie, chaos, désorganisation, déstructuration.

T

TABAC ◆ SYN. ▷ *Adj.* **1.** Brun roux. ▷ *Nom* **2.** Bureau de tabac, *magasin de tabac*, tabagie *(québ.)*. ▷ *Fam.* **3.** Affaire, *chose*, histoire. **4.** Correction, dégelée, *raclée*, tabassée, volée. **5.** Malheur *(fig.)*, succès, *triomphe*. ◆ ANT. **4.** Accolade, embrassade, soins. **5.** Bide *(fam.)*, échec.

TABAGIE ◆ SYN. **1.** *(Péj.)* Fumoir, *lieu enfumé*. **2.** *(Québ.)* Magasin de tabac.

TABAGISME ◆ SYN. Nicotinisme, *tabacomanie*.

TABASSER ◆ SYN. *(Fam.)* Battre, corriger, frapper, *passer à tabac*, rosser, rouer de coups. ◆ ANT. Cajoler, choyer, défendre, embrasser, soigner.

TABATIÈRE ◆ SYN. **1.** *Boîte*, coffret. **2.** Châssis, fenêtre, *lucarne*.

TABELLION ◆ SYN. Clerc, greffier, *notaire* *(péj.)*, secrétaire.

TABERNACLE ◆ SYN. Abri, armoire *(cathol.)*, *sanctuaire*, temple, tente *(jud.)*.

TABLATURE ◆ SYN. *(Mus.)* Figuration, *notation*.

TABLE ◆ SYN. **1.** Bureau, desserte, établi, étal, guéridon, *meuble plat*, pupitre, surface plane. **2.** Chère, cuisine, menu, *nourriture*, repas. **3.** Convives, invités, *tablée*. **4.** Catalogue, index, inventaire, liste, répertoire, sommaire, *tableau*. **5.** *(Table ronde)* Carrefour, *conférence*, congrès, débat, rencontre, réunion, séminaire, symposium.

TABLEAU ◆ SYN. **1.** Cadre, croûte *(péj.)*, œuvre, *peinture*, prédelle *(relig.)*, retable *(relig.)*, tableautin, toile. **2.** Image, *scène*, spectacle, vue. **3.** *Description*, portrait, récit. **4.** *Liste*, répertoire, table. **5.** Babillard *(québ.)*, cadre, *panneau*.

TABLER ◆ SYN. S'appuyer sur, *compter sur*, croire, escompter, espérer, faire fond sur, se fier à, miser sur *(fam.)*, spéculer sur *(ch.)*. ◆ ANT. Écarter, se garder de, se méfier, se préserver de, rejeter, repousser.

TABLE RONDE ◇ v. **Table**

TABLETTE ◆ SYN. **1.** Étagère, *planchette*, rayon, rayonnage, tirette. **2.** *(Chocolat, gomme à mâcher)* Plaque.

TABLIER ◆ SYN. **1.** *(Pont)* Plancher, *plateforme*. **2.** *Blouse de protection*, poitrinière, sarrau, surtout. **3.** *(Techn.)* *Cloison*, écran, rideau.

TABOU ◆ SYN. ▷ *Adj.* **1.** Défendu, *interdit*, prohibé. **2.** Intouchable, *sacré*, sacro-saint *(péj.)*. ▷ *Nom* **3.** *Interdiction*, interdit. ◆ ANT. **1.** Accepté, libre, permis. **2.** Contestable, critiquable, litigieux. **3.** Liberté, permission.

TABOURET ◆ SYN. **1.** *Escabeau*, siège. **2.** Repose-pied.

TACHE ◆ SYN. **1.** *(Méd.)* Albugo, *altération*, bleu, ecchymose, envie, éphélide, lentigo, macule, nævus, pétéchie, purpura, taie. **2.** Maille, *marque*, moucheture, ocelle, tacheture, tavelure, tiqueture, touche *(peint.)*. **3.** Bavochure, bavure, éclaboussure, empreinte, maculage, marque, pâté, piqûre, saleté, *salissure*, souillure. **4.** Défaut, déshonneur, imperfection, impureté, péché, *tare*, vice. ◆ ANT. **1-2.** Régularité, uniformité, unité. **3.** Netteté, propreté. **4.** Honneur, innocence, perfection, pureté, qualité, vertu.

TÂCHE ◆ SYN. **1.** Activité, besogne, corvée, fonction, labeur, occupation, ouvrage, peine, pensum, *travail*. **2.** Devoir, *mission*, obligation, rôle. ◆ ANT. **1.** Amusement, divertissement, loisir, plaisir. 2. Choix, liberté, option.

TACHER ◇ v. **Salir**

TÂCHER DE ◆ SYN. S'appliquer à, chercher à, *s'efforcer de*, essayer de, s'évertuer à, tenter de, travailler à. ◆ ANT. Abandonner, négliger, omettre, oublier, renoncer.

TÂCHERON ◆ SYN. 1. *(Techn.)* Sous-entrepreneur, *sous-traitant*. 2. *(Péj.)* **Exécutant**, exécuteur. ◆ ANT. 1. Entrepreneur, titulaire. 2. Dirigeant, responsable.

TACHETÉ ◆ SYN. Bariolé, bigarré, grivelé, léopardé, marbré, marqué, marqueté, *moucheté*, picoté *(québ., fam.)*, piqué, piqueté, pommelé, rayé, serpentin *(techn.)*, taché, tavelé, tigré, tiqueté, tisonné, truité, zébré. ◆ ANT. Égal, uni, unicolore, uniforme.

TACHETER ◆ SYN. Marquer, marqueter, *moucheter*, piquer, piqueter, pointiller, tacher, taveler. ◆ ANT. Unifier, uniformiser.

TACITE ◇ v. **Implicite**

TACITURNE ◆ SYN. 1. Coi, muet, ours *(fig.)*, renfermé, *silencieux*, taiseux *(belg.)*. 2. Chagrin, maussade, morne, *morose*, sombre, triste. ◆ ANT. 1. Bavard, communicatif, expansif, exubérant, volubile. 2. Aimé, gai, joyeux, rieur, souriant.

TACOT ◇ v. **Voiture**

TACT ◆ SYN. 1. Contact, sensibilité, *toucher*. 2. **Délicatesse**, diplomatie, discrétion, doigté, finesse, jugement, politesse, sagacité, savoir-vivre. ◆ ANT. 1. Insensibilité. 2. Désinvolture, gaucherie, grossièreté, impertinence, impolitesse, impudence, indélicatesse, maladresse.

TACTIQUE ◆ SYN. ▷ Nom 1. *(Milit.)* Conduite, exécution, *méthode*, procédé. 2. Plan, politique, *stratégie*. ▷ Adj. 3. Stratégique.

TAIE ◆ SYN. 1. *Enveloppe*, gaine, housse. 2. *(Méd.)* Opacité, *tache* *(cornée)*.

TAILLADE ◇ v. **Entaille**

TAILLADER ◇ v. **Entailler**

TAILLE ◆ SYN. 1. *Coupe*, découpage, élagage, émondage, émondement, étêtage, ravalement, taillage. 2. Repousse, *taillis*. 3. *(Épée)* Fil, *tranchant*. 4. *(Grav.)* Coupure,

entaille, incision. 5. *(Hist.)* Charge, *impôt*. 6. *(Pers.)* Grandeur, hauteur, *stature*. 7. *(Ch.)* Calibre, *dimension*, envergure, format, gabarit, importance. 8. Cambrure, *ceinture*.

TAILLER ◆ SYN. ▷ V. tr. 1. *Affiler*, affûter, aiguiser. 2. Chantourner, ciseler, *couper*, découper, épanneler *(sculpt.)*, équarrir, polir, sculpter, travailler. 3. Cisailler, ébrancher, élaguer, *émonder*, étêter, ravaler. 4. *Confectionner*, créer, façonner. ▷ V. intr. 5. *Entailler*, inciser. ▷ V. pr. 6. *S'attribuer*, se constituer, obtenir. 7. *(Fam.)* *S'enfuir*, se sauver, se tirer *(fam.)*. ◆ ANT. 1. Ébrécher, émousser, user. 6. Céder, concéder, donner. 7. Attendre, demeurer, rester.

TAILLIS ◇ v. **Buisson**

TAIRE ◆ SYN. ▷ V. tr. 1. *Cacher*, celer, déguiser, dissimuler, enfouir, étouffer, masquer, receler, voiler. ▷ V. pr. 2. *(Pers.)* Cesser de parler, *garder le silence*, la boucler *(fam.)*, la fermer *(fam.)*, ne pas piper mot, ne pas souffler mot, passer sous silence, tenir sa langue *(fam.)*. 3. *(Ch.)* *S'arrêter*, se calmer, cesser, s'éteindre. ◆ ANT. 1. Confesser, dévoiler, dire, divulguer, ébruiter, exprimer, montrer, publier, révéler. 2. Bavarder, jacasser, s'ouvrir la trappe *(fam.)*, parler. 3. Continuer, persister, se poursuivre, reprendre.

TALENT ◆ SYN. 1. Adresse, *aptitude*, art, bosse *(fam.)*, brio, capacité, compétence, dextérité, dispositions, don, éclat, étoffe, expertise, faculté, habileté, ingéniosité, maestria, maîtrise, métier, prédisposition, savoir-faire, technique, virtuosité. 2. Expert, génie, *prodige*, surdoué, virtuose. 3. *(Grèce antique)* Mesure, *monnaie*, poids. ◆ ANT. 1. Amateurisme, ignorance, inaptitude, incapacité, incompétence, inexpérience, inhabileté, lacunes, maladresse. 2. Amateur, nul, nullité.

TALENTUEUX ◆ SYN. Adroit, capable, compétent, connaisseur, *doué*, expert, fort, génial, habile, qualifié. ◆ ANT. Amateur, incapable, incompétent, inexpérimenté, inhabile, maladroit, médiocre, minable, nul.

TALISMAN ◇ v. **Porte-bonheur**

TALLE ◆ SYN. 1. Pousse, *rameau*, rejeton, tige. 2. *(Québ.)* Boqueteau, *bouquet*, touffe.

TALOCHE ◇ v. **Gifle**

TALONNER ◆ SYN. 1. Pourchasser, *poursuivre*, presser, serrer, suivre (de près). 2. *Harceler*, importuner, tourmenter. 3. *(Cheval) Éperonner*, presser du talon. 4. *(Rugby)* Frapper du talon. ◆ ANT. 1. Dépasser, devancer, distancer, semer. 2. Laisser en paix.

TALUS ◆ SYN. ▷ *Nom* 1. Ados, bordure, contrescarpe, côté, escarpe, glacis, inclinaison, parapet, *pente*, remblai. ▷ *Adj.* 2. *(Pied) Bot*, difforme, replié. ◆ ANT. 1. Déblai, excavation, fossé. 2. Droit, normal.

TAMBOUR ◆ SYN. 1. *(Mus.)* Bongo, *caisse*, darbouka, tambourin, tam-tam, timbale. 2. Batteur, tambourinaire, *tambourineur*. 3. *(Techn.)* Anneau, *cylindre*. 4. Entrée (à double porte), *porte-tambour*, tourniquet. 5. *(Québ.)* Abri d'entrée. 6. *(Pêche)* Nasse, *verveux*.

TAMBOURINEMENT ◆ SYN. Battement, frappement, *roulement* (de tambour), tambourinage, tapotement.

TAMBOURINER ◆ SYN. 1. *Battre*, frapper, jouer (du tambour), tapoter. 2. *(Nouvelle)* Annoncer, crier, *répandre*.

TAMIS ◆ SYN. Blutoir, chinois, claie, crible, cribleuse, filtre, grille, *passoire*, sas, tamiseur, treillis, trieuse, van.

TAMISER ◆ SYN. 1. Bluter, cribler, filtrer, purifier, *sasser*, trier, vanner. 2. *Adoucir*, atténuer, filtrer, voiler. ◆ ANT. 1. Allier, amalgamer, incorporer, mélanger, mêler. 2. Accroître, amplifier, répandre.

TAMPON ◆ SYN. 1. Bonde, bondon, *bouchon*, couvercle, tape. 2. *Cheville*, goujon. 3. Chiffon, gaze, ouate, tapon, *tissu*. 4. Cachet, estampille, oblitération, *timbre*. 5. *Amortisseur*, pare-chocs.

TAMPONNER ◆ SYN. 1. *(Techn.) Boucher*, fermer, remplir. 2. *(Liquide)* Appliquer, *étendre*, répandre. 3. Éponger, essuyer, *étancher*, nettoyer. 4. Emboutir, *heurter*,

télescoper. 5. Cacheter, estampiller, oblitérer, *timbrer*. ◆ ANT. 1. Déboucher, dégager, ouvrir. 2. Contenir, retenir. 3. Salir, souiller, tacher. 4. Contourner, éviter. 5. Décacheter, ouvrir.

TAM-TAM ◆ SYN. 1. Gong, *tambour*. 2. Battage (publicitaire), bruit, publicité tapageuse, ramdam *(fam.)*, scandale, *tapage*. ◆ ANT. 2. Discrétion, prudence, silence.

TANCER ◇ v. **Réprimander**

TANDEM ◆ SYN. *Couple*, duo, paire. ◆ ANT. Individu, solo, unité.

TANGAGE ◇ v. **Oscillation**

TANGIBLE ◆ SYN. 1. *Palpable*, perceptible, sensible. 2. Certain, clair, concret, *évident*, manifeste, matériel, réel, visible. ◆ ANT. 1. Impalpable, imperceptible, intangible. 2. Approximatif, douteux, incertain, invisible.

TANGUER ◆ SYN. Se balancer, *osciller*, remuer, rouler. ◆ ANT. Se fixer, s'immobiliser, se stabiliser.

TANIÈRE ◇ v. **Repaire**

TANK ◆ SYN. 1. *Citerne*, réservoir. 2. *Blindé*, char d'assaut.

TANNANT ◆ SYN. Fam. 1. Achalant *(québ.)*, agaçant, barbant *(fam.)*, désagréable, ennuyeux, *fatigant*, importun, lassant. 2. *(Québ. fam., enfant)* Agité, *espiègle*, insupportable, petit diable, remuant, turbulent. ◆ ANT. 1. Affable, agréable, avenant, charmant, plaisant, sympathique. 2. Calme, gentil, sage, tranquille.

TANNER ◆ SYN. 1. *(Peaux)* Mégir, mégisser, *préparer*. 2. Bronzer, brunir, *hâler*. 3. *(Fam.)* Agacer, casser les pieds, ennuyer, *fatiguer*, importuner, lasser. ◆ ANT. 2. Blanchir, pâlir. 3. Amuser, charmer, désennuyer, distraire, égayer, plaire.

TAPAGE ◆ SYN. 1. Bordel *(fam.)*, boucan *(fam.)*, brouhaha, bruit, chahut, charivari, désordre, fracas, hourvari, pétard *(fam.)*, raffut, ramdam *(fam.)*, remue-ménage, sabbat *(fig.)*, sarabande *(fig.)*, sérénade *(fig.)*, tintamarre, tintouin *(fam.)*, tohu-bohu, tumulte *(québ., fam.)*, tumulte, *vacarme*. 2. Battage, *éclat*, esclandre, retentissement, scandale, scène, sortie, tam-tam *(fig.)*. ◆ ANT. **1.** Calme, paix, repos, silence, tranquillité. **2.** Discrétion, prudence, réserve, sobriété.

TAPAGEUR ◆ SYN. **1.** Agité, *bruyant*, turbulent. **2.** Clinquant, *criard*, outrancier, provocant, tape-à-l'œil, voyant. ◆ ANT. **1.** Calme, reposant, silencieux. **2.** Austère, discret, modeste, pudique, sobre.

TAPANT ◆ SYN. Exact, juste, pétant *(fam.)*, pile, *précis*, sonnant. ◆ ANT. Après, passé, vers.

TAPE ◆ SYN. **1.** *(Mar.)* **Bouchon**, couvercle, tampon. **2.** Calotte *(fam.)*, claque, *coup*, fessée, gifle, horion, soufflet, taloche *(fam.)*, tapette, tarte *(fam.)*. ◆ ANT. **2.** Baiser, cajolerie, câlin, caresse.

TAPÉ ◆ SYN. **1.** *(Fruit)* **Blet**, gâté, pourri, taché, talé. ▷ *Fam.* **2.** *(Pers.)* Fané, flétri, *usé*, vieilli. **3.** Cinglé, *fou*, sonné *(fam.)*. ◆ ANT. **1.** Frais, vert. **2.** Dispos, jeune, rajeuni. **3.** Posé, sensé, sérieux.

TAPÉE ◇ v. **Ribambelle**

TAPER ◆ SYN. ▷ *V. tr.* **1.** Battre, claquer, cogner, donner des coups, fesser, *frapper*, gifler, souffleter. **2.** *Dactylographier*, saisir. ▷ *V. intr.* **3.** *(Fam.)* Casser du sucre sur, critiquer, *médire*. ▷ *V. pr.* **4.** Se frapper. **5.** *(Fam.)* S'enfiler, s'envoyer, *se farcir*. ◆ ANT. **1.** Câliner, caresser, choyer. **2.** Imprimer, sortir. **3.** Défendre, disculper, faire l'éloge de. **4.** Se cajoler, s'embrasser. **5.** Délaisser, se passer de, renoncer.

TAPINOIS (EN) ◆ SYN. À la dérobée, en cachette, *en catimini*, en sourdine, furtivement, hypocritement, secrètement, sournoisement, subrepticement. ◆ ANT. À découvert, directement, franchement, ouvertement, simplement.

TAPIR (SE) ◆ SYN. S'abriter, se blottir, *se cacher*, se clapir, se dissimuler, s'embusquer, s'enfermer, se pelotonner, se réfugier, se retirer, se terrer. ◆ ANT. Apparaître, bondir, se dévoiler, se montrer, paraître, sortir, sourdre, surgir.

TAPIS ◆ SYN. **1.** Carpette, chemin *(couloir, escalier)*, descente de lit, *moquette*. **2.** Natte, paillasson, *revêtement* (de sol), tatami. **3.** *Couche*, surface.

TAPISSER ◆ SYN. Décorer, garnir, orner, *recouvrir*, revêtir. ◆ ANT. Découvrir, dégarnir, dénuder, dépouiller.

TAPISSERIE ◆ SYN. **1.** Cantonnière, draperie, *tenture*. **2.** Broderie, *ouvrage en tissu*, panneau. **3.** *Papier peint*, tissu mural.

TAPOTER ◆ SYN. **1.** *Tambouriner*, taper (légèrement). **2.** Pianoter.

TAQUIN ◆ SYN. Badin, blagueur, coquin, enjoué, espiègle, farceur, gamin, malicieux, *moqueur*, mutin, narquois, plaisantin, railleur. ◆ ANT. Austère, grave, sérieux.

TAQUINER ◆ SYN. **1.** *Agacer*, asticoter *(fam.)*, blaguer, chiner *(fam.)*, faire enrager, se moquer, plaisanter. **2.** Chicoter *(québ.)*, *inquiéter*, préoccuper, tracasser. ◆ ANT. **1.** Amadouer, flatter, louanger. **2.** Apaiser, indifférer, ravir, réjouir.

TAQUINERIE ◆ SYN. Agacerie, blague, espièglerie, farce, malice, *moquerie*, niche, plaisanterie. ◆ ANT. Austérité, gravité, sérieux.

TARABISCOTÉ ◆ SYN. **1.** Baroque, rococo, *surchargé*. **2.** Affecté, *alambiqué*, apprêté, compliqué, contourné, maniéré, recherché, sophistiqué, tourmenté. ◆ ANT. **1.** Austère, humble, sobre. **2.** Intelligible, limpide, naturel, simple.

TARABUSTER ◆ SYN. **1.** *(Pers.)* Asticoter *(fam.)*, *harceler*, houspiller, importuner, tarauder, tourmenter, turlupiner *(fam.)*. **2.** *(Ch.)* Agacer, bousculer, *contrarier*, ennuyer, fatiguer, harasser, tracasser. ◆ ANT. **1.** Charmer, complimenter, flatter, louanger. **2.** Enchanter, plaire, ravir, réjouir, séduire.

TARDER ◆ SYN. **1.** S'attarder, s'éterniser, retarder, temporiser, tergiverser, *traîner*. **2.** *(Impers.)* Avoir hâte de, *être pressé de*. ◆ ANT. **1.** Accélérer, s'activer, se dépêcher, se hâter, se précipiter, se presser. **2.** Attendre, patienter.

TARDIF ◆ SYN. En retard, *sur le tard*. ◆ ANT. Hâtif, précoce.

TARE ◆ SYN. **1.** *(Physique, intellectuelle)* Anomalie, *déficience*, déficit, désavantage, dysfonction, handicap, maladie, malformation, trouble. **2.** Défaillance, *défaut*, défectuosité, faiblesse, faille, imperfection, incorrection, insuffisance, lacune, malfaçon, manque, point faible. **3.** *Faute*, mal, péché, ridicule, tort, travers, vice. **4.** Avilissement, démérite, déshonneur, discrédit, *flétrissure*, souillure, tache. **5.** *(Sociale)* *Fléau*, plaie. ◆ ANT. **1.** Normalité, santé, vigueur. **2.** Correction, exactitude, force, perfection, point fort, précision. **3.** Attribut, bien, qualité, vertu. **4.** Considération, gloire, honneur, mérite, valeur. **5.** Bénédiction, bienfait.

TARÉ ◆ SYN. **1.** Abîmé, altéré, avarié, *défectueux*, détérioré, gâté, pourri. **2.** Avili, corrompu, *dégénéré*, dépravé, immoral, perverti, vicieux. **3.** *(Fam.)* Bête, crétin, *débile*, demeuré, idiot, imbécile, inintelligent, nul, sot, stupide. ◆ ANT. **1.** Frais, neuf, parfait, sain. **2.** Honnête, moral, probe, propre, pur, sain, vertueux. **3.** Dégourdi, doué, éveillé, futé, intelligent, lucide, perspicace.

TARGUER (SE) ◆ SYN. **1.** S'enorgueillir, faire grand cas de, se flatter, se glorifier, se piquer, se prévaloir, *se vanter*. **2.** Ambitionner, espérer, croire, se faire fort de, penser, se persuader, *prétendre*. ◆ ANT. **1.** Faire peu de cas de, s'humilier, minimiser. **2.** Craindre, douter, renoncer.

TARIF ◆ SYN. Barème, coût, montant, *prix*, tarification, taux. ◆ ANT. Exonération, franchise, gratuité.

TARIR ◆ SYN. ▷ *V. tr.* **1.** Assécher, dessécher, *épuiser*, sécher, vider. ▷ *V. intr.* **2.** S'arrêter, s'assécher, cesser, disparaître, *s'épuiser*, sécher. **3.** *(Ne pas tarir)* *N'en plus finir*, poursuivre. ◆ ANT. **1.** Activer, alimenter, combler, gorger, remplir, saturer. **2.** Continuer, couler, rejaillir, se remplir, renaître, se répandre, reprendre. **3.** S'arrêter, être à court de.

TARTE ◆ SYN. ▷ *Nom* **1.** Barquette, *pâtisserie*, tartelette. **2.** *(Fam.)* Coup de poing, *gifle*. ▷ *Adj.* **3.** *(Fam.)* Laid, moche, *ridicule*, sot, tartignolle. ◆ ANT. **2.** Cajolerie, caresse. **3.** Beau, élégant, intelligent, magnifique.

TARTINE ◆ SYN. **1.** Beurrée *(québ.)*, *tranche de pain*. **2.** *(Grillée)* Rôtie, toast. **3.** *(Fam.)* Discours-fleuve, laïus, *tirade*. ◆ ANT. **3.** Abrégé, mot, sommaire.

TARTRE ◆ SYN. Croûte, *dépôt*, plaque dentaire, résidu.

TARTUFE ◇ V. **Hypocrite**

TARTUFERIE ◇ V. **Hypocrisie**

TAS ◆ SYN. **1.** Accumulation, *amas*, amoncellement, bloc, empilement, entassement, masse, meule *(foin)*, monceau, montagne, pile, terril *(mine)*. **2.** Flopée *(fam.)*, foule, kyrielle, multitude, paquet, *quantité*, ramassis *(péj.)*, tapée *(fam.)*. ◆ ANT. **1.** Dispersion, dissémination, éparpillement. **2.** Brin, chouia *(fam.)*, peu, poignée.

TASSER ◆ SYN. ▷ *V. tr.* **1.** Compacter, comprimer, damer, presser, *resserrer*, serrer. **2.** *(Pers.)* Compresser, confiner, *entasser*, masser, parquer. ▷ *V. pr.* **3.** S'affaisser, *se resserrer*, se serrer. **4.** *(Fam.)* S'améliorer, s'aplanir, *s'arranger*, s'atténuer, se replacer. **5.** *(Québ., fam.)* Céder le passage, s'écarter, *se ranger*, reculer. ◆ ANT. **1.** Disséminer, éparpiller, espacer, étendre, répandre. **2.** Disperser, éloigner. **3.** S'allonger, s'étendre, s'étirer. **4.** Se détériorer, s'envenimer, se gâter. **5.** Bloquer le passage, gêner, nuire.

TÂTER ◆ SYN. ▷ *V. tr.* **1.** Manier, palper, tâtonner, *toucher*, tripoter *(péj.)*. **2.** *(Fig.)* Ausculter, *sonder*, vérifier. **3.** *(Fam.)* Éprouver, *essayer*, expérimenter, goûter à. ▷ *V. pr.* **4.** S'étudier, hésiter, s'interroger, *réfléchir*. ◆ ANT. **1.** Prendre, saisir, serrer. **2.** Ignorer, méconnaître. **3.** Se dégoûter de, se lasser. **4.** Se décider, se prononcer, trancher.

TATILLON ◇ V. **Pointilleux**

TÂTONNEMENT ◆ SYN. **1.** Palpation, *toucher* (n.). **2.** Atermoiement, essai, *hésitation*, réticence, tergiversations. **3.** *(Pl.)* *Balbutiements*, premiers pas. ◆ ANT. **1.** Prise, saisie. **2.** Assurance, décision, empressement, fermeté, résolution. **3.** Expérience, maturité.

TÂTONNER ◆ SYN. **1.** Palper, *tâter*, toucher. **2.** Chercher, essayer, expérimenter,

hésiter, tester. ✦ ANT. 1. S'emparer, saisir.
2. Décider, déterminer, résoudre, trancher.

TÂTONS (À) ✦ SYN. *À l'aveuglette*, au hasard, sans méthode. ✦ ANT. Clairement, méthodiquement, sûrement.

TATOUAGE ✦ SYN. 1. Impression, *marquage*, traçage. 2. Dessin, *marque*, signe, trace.

TATOUER ✦ SYN. Dessiner, imprimer, *marquer*, orner, tracer. ✦ ANT. Effacer, enlever.

TAUDIS ✦ SYN. Baraque, bicoque, *bouge*, cabane, cahute, cambuse, galetas, gourbi, masure, réduit, soue *(québ., fam.)*, turne. ✦ ANT. Château, hôtel, manoir, palace, palais.

TAULE ✦ SYN. *Fam.* 1. Cachot, cellule, geôle, *prison*. 2. Chambre, chambre d'hôtel, *logement*, piaule *(fam.)*. 3. Boîte, *compagnie*, entreprise.

TAUPIN ✦ SYN. *(Québ., fam.)* Colosse, costaud, fier-à-bras, géant, homme fort, *malabar*. ✦ ANT. Freluquet, gringalet, nabot.

TAUTOLOGIE ✦ SYN. 1. *Évidence*, lapalissade, pléonasme, redondance, truisme. 2. *(Log.)* Vérité. ✦ ANT. 1. Bon sens, logique. 2. Fausseté.

TAUX ✦ SYN. 1. Cours, coût, *montant*, pair, prix, tarif, valeur. 2. *Pourcentage*, proportion, quota.

TAVELÉ ◇ v. **Tacheté**

TAVELER ◇ v. **Tacheter**

TAVELURE ◇ v. **Tache**

TAVERNE ✦ SYN. 1. Bar, bistro, brasserie, buvette, cabaret, café, *débit de boissons*, estaminet, gargote *(péj.)*, guinguette, pub. 2. *Café-restaurant*, hostellerie.

TAXAGE ◇ v. **Extorsion**

TAXE ◇ v. **Impôt**

TAXER ✦ SYN. 1. Charger, grever, *imposer*, prélever, tarifer. 2. *(Taxer de, péj.)* Accuser, appeler, imputer, qualifier, *traiter*. 3. *(Fam.)* *Extorquer*, piquer, rançonner, soutirer, voler. ✦ ANT. 1. Dégrever, détaxer, exempter. 2. Disculper, dissocier, excepter. 3. Donner, remettre, rendre, restituer.

TAXIDERMIE ✦ SYN. Empaillage, *naturalisation*.

TAXIDERMISTE ✦ SYN. Empailleur, *naturaliste*.

TAXINOMIE ✦ SYN. *(Sc.)* Classement, *classification*, regroupement, taxonomie.

TCHADOR ◇ v. **Voile**

TECHNICIEN ✦ SYN. Praticien, professionnel, *spécialiste*, technocrate *(péj.)*. ✦ ANT. Chercheur, généraliste, théoricien.

TECHNIQUE ✦ SYN. ▷ *Adj.* 1. Professionnel, scientifique, *spécialisé*. 2. Fonctionnel, matériel, *pratique*. ▷ *Nom* 3. Art, façon de faire, méthode, métier, pratique, *procédé*. 4. Adresse, habileté, maîtrise, *savoir-faire*, talent, tour de main. 5. *(Pl.)* Technologie. ✦ ANT. 1. Général. 2. Conceptuel, théorique. 3. Doctrine, théorie. 4. Faiblesse, ignorance, inhabileté, maladresse.

TECHNOCRATE ◇ v. **Fonctionnaire**

TECHNOLOGIE ✦ SYN. Machines, méthodes, outils, procédés, *techniques*.

TÉGUMENT ✦ SYN. *Enveloppe* *(bot.)*, membrane, tissu *(anat.)*.

TEINDRE ✦ SYN. *Colorer*, teinter. ✦ ANT. Décolorer, déteindre.

TEINT ✦ SYN. ▷ *Nom* 1. Apparence, carnation *(visage)*, coloration, *couleur*, mine. ▷ *Adj.* 2. *Coloré*, teinté. ✦ ANT. 2. Décoloré, déteint, terni.

TEINTE ✦ SYN. 1. Coloris, *couleur*, nuance, teint, ton, tonalité. 2. Apparence, dose, pointe, soupçon, touche, *trace*, un peu. ✦ ANT. 2. Abondance, excès, quantité.

TEINTER ✦ SYN. *Colorer*, couvrir, imprégner, nuancer, teindre. ✦ ANT. Décolorer, déteindre, ternir.

TEINTURE ✦ SYN. 1. Coloration. 2. *Colorant*, couleur. 3. Bribes, connaissance superficielle, rudiments, *vernis (péj.)*. ✦ ANT. 1. Décoloration. 2. Décolorant. 3. Connaissance approfondie, savoir, science.

TÉLÉCOMMANDER ✦ SYN. Diriger, manipuler, *téléguider*. ✦ ANT. Annuler, neutraliser.

TÉLÉGRAPHIQUE ✦ SYN. *(Style)* Abrégé, bref, *concis*, court, elliptique, laconique, lapidaire. ✦ ANT. Ampoulé, enflé, lourd, prolixe, redondant, verbeux.

TÉLÉPHONER ◆ syn. *Appeler*, donner (passer) un coup de fil. ◆ ant. Recevoir un appel, répondre.

TÉLESCOPER ◆ syn. ▷ *V. tr.* **1.** Emboutir, enfoncer, heurter, *tamponner*. ▷ *V. pr.* **2.** S'emboutir, se heurter, *se tamponner*. **3.** Se chevaucher, se confondre, *se juxtaposer*, se mêler. ◆ ant. **1.** Contourner, effleurer, éviter, frôler. **2.** S'éloigner, s'éviter. **3.** Se distancer, se distinguer, s'opposer, se séparer.

TÉLÉSIÈGE, TÉLÉSKI ◇ v. **Remonte-pente**

TELLURIQUE ◇ v. **Terrestre**

TÉMÉRAIRE ◆ syn. **1.** *(Pers.)* *Audacieux*, aventureux, casse-cou, entreprenant, hardi, imprudent, kamikaze *(fig.)*, présomptueux, risque-tout. **2.** *(Ch.)* Aventuré, dangereux, *hasardeux*, inconsidéré, irréfléchi, osé, périlleux, risqué, suicidaire. ◆ ant. **1.** Circonspect, craintif, frileux, lâche, peureux, prudent, timoré. **2.** Attendu, inoffensif, prévu, réfléchi, sans danger, sûr.

TÉMÉRITÉ ◆ syn. *Audace*, bravoure, courage, cran *(fam.)*, front, hardiesse, imprudence, intrépidité, irréflexion, présomption. ◆ ant. Circonspection, crainte, lâcheté, mesure, précaution, prévoyance, prudence, réflexion, retenue, sagesse.

TÉMOIGNAGE ◆ syn. **1.** Affirmation, *attestation*, aveu, constatation, déclaration, déposition *(dr.)*, rapport, récit, version. **2.** Démonstration, gage, gratitude, hommage, manifestation, *marque*, preuve, protestation, reconnaissance, signe. **3.** Relique, reste, *souvenir*, témoin, trace, vestige. ◆ ant. **1.** Démenti, déni, objection, on-dit, opposition, rumeur, supposition. **2.** Indifférence, ingratitude, oubli. **3.** Disparition, effacement, oubli.

TÉMOIGNER ◆ syn. **1.** Affirmer, *attester*, certifier, confirmer, déclarer, déposer *(dr.)*, proclamer, rapporter, soutenir. **2.** Dénoter, *exprimer*, manifester, marquer, montrer, prouver, révéler. ◆ ant. **1.** Contredire, démentir, dénier, nier, objecter, récuser. **2.** Cacher, dissimuler, receler, sous-entendre, taire, voiler.

TÉMOIN ◆ syn. **1.** Assistant, auditeur, observateur, *spectateur*. **2.** *(Dr.)* *Caution*, déposant, garant. **3.** Adepte, apôtre, *disciple*, partisan. **4.** Expression, *marque*, preuve, signe, souvenir, témoignage, vestige. **5.** *Modèle*, référence, spécimen. **6.** *(Biol.)* Point de comparaison, *repère*. **7.** *(Course à relais)* Bâtonnet. **8.** *(Arpentage)* **Piquet**, taquet. **9.** Signe, *voyant*. ◆ ant. **1.** Absent, accusé, acteur, participant, victime. **2.** Contractant, partie, protagoniste. **3.** Adversaire, ennemi, opposant. **4.** Enfouissement, oubli, perte. **5.** Ensemble, tout. **6.** Cobaye, index, sujet d'expérience.

TEMPÉRAMENT ◆ syn. **1.** *Caractère*, complexion, constitution, disposition, humeur, idiosyncrasie *(méd.)*, inclination, nature, naturel, penchant, personnalité, tendance, trempe. **2.** Appétit sexuel, libido, *sensualité*. **3.** *(À tempérament)* *À crédit*, à terme. ◆ ant. **1.** Grandeur, physionomie, physique, stature, taille. **2.** Frigidité, froideur, pruderie. **3.** Au comptant.

TEMPÉRANCE ◆ syn. **1.** Frugalité, mesure, *modération*, pondération, sagesse, sobriété. **2.** *(De tempérance)* Antialcoolique. ◆ ant. **1.** Alcoolisme, excès, gloutonnerie, goinfrerie, gourmandise, immodération, intempérance, ivrognerie.

TEMPÉRATURE ◆ syn. **1.** Degré, état, *mesure*, situation. **2.** *Fièvre*, hyperthermie. ◆ ant. **2.** Hypothermie, refroidissement.

TEMPÉRÉ ◆ syn. **1.** *(Géogr.)* *Doux*, moyen, tiède. **2.** *Mesuré*, modéré, raisonnable, sage, sobre. ◆ ant. **1.** Chaud, excessif, extrême, froid, torride. **2.** Ardent, démesuré, emporté, immodéré, passionné, violent.

TEMPÉRER ◆ syn. **1.** Adoucir, atténuer, calmer, *modérer*, nuancer, pondérer, soulager. **2.** *(Pers.)* Assagir, raisonner. **3.** *(Discipline)* Amollir, *assouplir*, relâcher. ◆ ant. **1.** Accentuer, accroître, exciter, raviver, stimuler. **2.** Déchaîner, exacerber. **3.** Durcir, renforcer.

TEMPÊTE ◆ syn. **1.** Bourrasque, coup de chien, cyclone, orage, ouragan, *perturbation*, poudrerie *(québ.)*, rafale, tourmente, trombe, typhon. **2.** *Agitation*, colère, déchaînement, déferlement, désordre, explosion, mécontentement, révolte, trouble, tumulte. **3.** *(Applaudissements)* **Salve**, tonnerre. ◆ ANT. **1.** Accalmie, bonace *(mar.)*, calme, éclaircie, embellie, tranquillité. **2.** Approbation, appui, bonheur, contentement, paix, repos, satisfaction, soutien, tranquillité.

TEMPÊTER ◆ SYN. Crier, *fulminer*, gueuler *(fam.)*, hurler, invectiver, jurer, maudire, pester, sacrer *(québ.)*, tonitruer, tonner, vociférer. ◆ ANT. Bénir, célébrer, encenser, glorifier, honorer, louanger, louer.

TEMPÉTUEUX ◆ SYN. Agité, houleux, orageux, mouvementé, tourmenté, troublé, *tumultueux*. ◆ ANT. Calme, doux, paisible, reposant, serein, tranquille.

TEMPLE ◆ SYN. **1.** *Église*, fanum *(Antiq.)*, mosquée, pagode, panthéon, synagogue. **2.** *(Lieu sacré)* **Sanctuaire**, tabernacle. **3.** *(Non relig.)* Édifice, **maison**.

TEMPO ◆ SYN. *(Mus.)* Allure, *mouvement*, rythme, vitesse d'exécution.

TEMPORAIRE ◆ SYN. Bref, court, discontinu, éphémère, fugace, fugitif, intérimaire, momentané, passager, précaire, *provisoire*, temporel, transitoire. ◆ ANT. Constant, continu, définitif, durable, éternel, fixe, illimité, invariable, permanent, perpétuel, stable.

TEMPOREL ◆ SYN. **1.** *(Relig.)* Éphémère, mortel, passager, périssable, temporaire, *transitoire*. **2.** Civil, laïc, *matériel*, profane, séculier, terrestre. **3.** Relatif au temps. ◆ ANT. **1.** Éternel, immortel, impérissable, intemporel, permanent. **2.** Divin, ecclésiastique, religieux, spirituel, surnaturel. **3.** Spatial.

TEMPORISER ◆ SYN. Atermoyer, attendre, se défiler *(fam.)*, différer, hésiter, procrastiner, remettre, renvoyer, reporter, retarder, surseoir, tarder, *tergiverser*, traîner. ◆ ANT. Accélérer, s'activer, agir, se décider, se dépêcher, expédier, se hâter, se précipiter, se presser.

TEMPS ◆ SYN. **1.** Continuité, *durée*, succession, suite, temporalité. **2.** Heure, *instant*, minute, moment, seconde. **3.** Âge, cycle, date, époque, ère, heure, jour, mois, *période*, saison, siècle. **4.** Arrêt, halte, interruption, *pause*, répit, sursis. **5.** Échelon, épisode, étape, palier, *phase*, période, point, stade. **6.** *(Gramm.)* **Forme du verbe**, futur, passé, présent. **7.** *Conditions météorologiques*, état de l'atmosphère. ◆ ANT. **1.** Éternité, infini, infinité, perpétuité.

TENABLE ◇ V. **Supportable**

TENACE ◆ SYN. **1.** Adhérent, dur, fort, *résistant*, solide. **2.** Constant, continu, durable, *persistant*, vivace. **3.** *(Pers.)* Acharné, coriace, décidé, ferme, *obstiné*, opiniâtre, patient, persévérant, résolu, volontaire. ◆ ANT. **1.** Délicat, éphémère, évanescent, fragile, frêle, fugace. **2.** Discontinu, faible, inconstant, inégal, irrégulier, passager. **3.** Capricieux, changeant, inconstant, instable, lâche, mou, paresseux, versatile.

TÉNACITÉ ◆ SYN. **1.** Force, persistance, *résistance*, solidité. **2.** Acharnement, constance, détermination, entêtement, fermeté, *obstination*, opiniâtreté, persévérance, volonté. ◆ ANT. **1.** Délicatesse, faiblesse, fragilité, fugacité, irrégularité. **2.** Apathie, caprice, défaitisme, inconstance, instabilité, mollesse, paresse, versatilité.

TENAILLEMENT ◆ SYN. **1.** *Pincement*, serrement. **2.** Douleur, souffrance, supplice, torture, *tourment*. ◆ ANT. **1.** Desserrement, relâchement. **2.** Chatouillement, jouissance, plaisir, titillation *(fam.)*, velours.

TENAILLER ◆ SYN. **1.** *Pincer*, serrer. **2.** Étreindre, oppresser, ronger, torturer, *tourmenter*. ◆ ANT. **1.** Desserrer, relâcher. **2.** Apaiser, consoler, détendre, soulager.

TENAILLES ◆ SYN. *Pinces*, serres, tricoises.

TENANCIER ◆ SYN. **1.** *Fermier*, métayer. **2.** *(Bar, hôtel)* **Administrateur**, directeur, gérant, patron. ◆ ANT. **1.** Ouvrier, paysan. **2.** Employé, serveur.

TENANT ◆ SYN. **1.** *(Sports)* Champion, *détenteur*, possesseur. **2.** *Adepte*, défenseur, partisan. ◆ ANT. 1. Candidat, perdant, vaincu. 2. Adversaire, ennemi, opposant.

TENDANCE ◆ SYN. 1. Attirance, disposition, inclination, orientation, penchant, prédisposition, *propension*, pulsion *(psychan.)*. 2. Affiliation, *courant*, école, idéologie, mouvance. 3. *Direction*, évolution, mouvement, sens, tournure, vogue. ◆ ANT. 1. Allergie, aversion, dégoût, refoulement *(psychan.)*, répugnance, répulsion. 2. Éclectisme, neutralité, non-engagement. 3. Retournement, revirement.

TENDANCIEUX ◆ SYN. Orienté, *partial*, prévenu, subjectif. ◆ ANT. Impartial, objectif, rigoureux.

TENDRE ◆ SYN. 1. Amolli, doux, frais, friable, malléable, moelleux, *mou*, ramolli, souple. 2. *(Couleur)* Atténué, clair, doux, *pâle*, pastel. 3. *(Sentiment) Affectueux*, aimant, amoureux, bon, caressant, câlin, délicat, doux, émotif, humain, langoureux, romantique, sensible, sentimental. ◆ ANT. 1. Coriace, défraîchi, desséché, dur, durci, racorni, rassis, résistant, sec. 2. Éclatant, foncé, vif, voyant. 3. Agressif, cruel, froid, fruste, impitoyable, inflexible, inhumain, insensible, irascible, rigide, sévère, terre-à-terre, vindicatif.

TENDRE ◆ SYN. ▷ V. tr. 1. Bander, contracter, étirer, *raidir*. 2. Allonger, *déployer*, dérouler, disposer, dresser, étendre, ouvrir, tirer. 3. Avancer, offrir, *présenter*. ▷ V. intr. 4. Aspirer à, s'efforcer de, s'orienter vers, rechercher, travailler à, *viser à*. 5. *Concourir*, conduire, contribuer, converger, mener. 6. Paraître, *sembler*. ◆ ANT. 1. Débander, décontracter, détendre, relâcher. 2. Enlever, enrouler, fermer, plier, replier. 3. Refermer, retirer. 4. Abandonner, s'éloigner, renoncer. 5. Bifurquer, détourner, diverger, empêcher. 6. Être, se réaliser.

TENDRESSE ◆ SYN. 1. *Affection*, amitié, amour, attachement, douceur, humanité, sensibilité, sympathie. 2. *(Pl.)* Amabilités, *attentions*, cajoleries, caresses, égards, gentillesses. ◆ ANT. 1. Antipathie, cruauté, dureté, froideur, indifférence, insensibi-

lité, méchanceté, mépris, rudesse, sévérité. 2. Brusqueries, insultes, méchancetés, sévices.

TENDRETÉ ◆ SYN. *(Substance) Délicatesse*, douceur, fraîcheur. ◆ ANT. Dureté, fermeté, racornissement.

TENDU ◆ SYN. 1. Contracté, dressé, étiré, *raidi*. 2. *(Relation, atmosphère)* Ardu, conflictuel, dangereux, *difficile*, explosif. 3. *(Pers.)* Crispé, *nerveux*, préoccupé, stressé. ◆ ANT. 1. Ballant, flasque, lâche, mou, replié, souple. 2. Agréable, facile, harmonieux, rassurant, serein. 3. Calme, décontracté, détendu, joyeux.

TÉNÈBRES ◆ SYN. 1. Noir, noirceur *(québ.)*, nuit, *obscurité*, ombre, opacité, profondeurs. 2. *(Relig.)* Enfer. 3. *Ignorance*, incertitude. ◆ ANT. 1. Clarté, jour, lumière, soleil, translucidité, transparence. 2. Paradis. 3. Certitude, connaissance.

TÉNÉBREUX ◆ SYN. 1. Noir, *obscur*, ombreux, opaque, profond, sombre. 2. Difficile, embrouillé, énigmatique, hermétique, impénétrable, incompréhensible, *mystérieux*, obscur, secret, sibyllin. 3. *Caché*, clandestin, dangereux, sourd, souterrain, subreptice. 4. *(Pers.)* Lugubre, *mélancolique*, sombre *(fig.)*, triste. ◆ ANT. 1. Brillant, clair, diaphane, éclairé, ensoleillé, lumineux, translucide, transparent. 2. Accessible, compréhensible, évident, explicite, facile, limpide, manifeste, transparent. 3. Apparent, avoué, connu, ouvert, rassurant, visible. 4. Enjoué, gai, joyeux.

TENEUR ◆ SYN. 1. Composition, *contenu* (exact), libellé, texte (littéral). 2. *(Sc.)* Concentration, degré, *proportion*, titrage, titre. ◆ ANT. 1. Erreur, inexactitude, omission.

TENIR ◆ SYN. ▷ V. tr. 1. Avoir, conserver, contenir, détenir, fixer, garder, maintenir, maîtriser, posséder, prendre, retenir, *saisir*. 2. *Considérer*, croire, estimer. 3. *(Rôle)* Assumer, exercer, occuper, *remplir*. 4. Conduire, *diriger*, entretenir, gérer. 5. Dire, exprimer, *prononcer*. 6. Désirer, *vouloir*. 7. *Dépendre*, provenir de, résulter de. ▷ V. intr. 8. S'attacher, se fixer, *se maintenir*.

9. Continuer, durer, lutter, *résister*, sub-sister. ▷ *V. pr.* **10.** S'accrocher, s'agripper, s'appuyer, se cramponner, *se retenir*. **11.** Demeurer, être, rester, *se trouver*. **12.** *Avoir lieu*, se dérouler. **13.** Se défendre, être cohérent, *se soutenir*. ✦ ANT. **1.** Abandonner, délaisser, lâcher, laisser échapper, libérer, perdre, repousser. **2.** Exclure, rejeter. **3.** Abdiquer, renoncer. **4.** Céder, se départir. **5.** Renier, retirer. **6.** Dédaigner, détester. **7.** Se dissocier, être indépendant. **8.** Se décrocher, se détacher, tomber. **9.** Capituler, flancher *(fam.)*, succomber. **10.** Glisser, lâcher prise, perdre appui, tomber. **11.** S'en aller, partir, quitter. **12.** Être annulé, être suspendu. **13.** Se contredire, être incohérent.

TÉNOR ✦ SYN. **1.** *(Homme)* Voix aiguë. **2.** Bonze *(fam.)*, célébrité, leader, personnalité, *sommité*, vedette. ✦ ANT. **1.** Basse. **2.** Citoyen, foutriquet *(péj.)*, inconnu, loustic *(fam.)*, quidam, tartempion *(fam.)*.

TENSION ✦ SYN. **1.** *Contraction*, étirement, raideur, raidissement. **2.** *(Sc.)* *Pression*, résistance. **3.** *(Électr.)* Différence de potentiel, *voltage*. **4.** Application, attention, *concentration*, contention. **5.** Conflit, crise, désaccord, *discorde*, froid *(n.)*, friction, heurt, hostilité, mésentente, refroidissement, tirage *(fam.)*, tiraillements. **6.** Crispation, *nervosité*, stress, surmenage. ✦ ANT. **1.** Assouplissement, distension, laxité, relâchement. **2.** Hypertension, hypotension, normalité. **3.** Basse tension, haute tension, panne, rupture. **4.** Détente, dispersion, distraction **5.** Amitié, concorde, cordialité, détente *(fig.)*, entente, harmonie, paix, rapprochement, réconciliation, symbiose. **6.** Calme, détente, relaxation, repos.

TENTACULAIRE ✦ SYN. Envahissant, *étendu*, ramifié, vaste. ✦ ANT. Concentré, petit, refermé, restreint.

TENTANT ✦ SYN. Affriolant, *alléchant*, appétissant, attirant, attrayant, engageant, excitant, intéressant, invitant, ragoûtant, séduisant. ✦ ANT. Décevant, dégoûtant,

désespérant, rebutant, repoussant, répugnant, ridicule.

TENTATEUR ✦ SYN. **1.** Aguicheur, provocateur, *séducteur*. **2.** *(Relig.)* *Démon*, diable. ✦ ANT. **1.** Éteignoir, laideron, repoussoir. **2.** Ange (gardien), Dieu.

TENTATION ✦ SYN. **1.** Appât, attirance, attrait, charme, convoitise, *désir*, envie. **2.** Incitation, invitation, *séduction*, sollicitation. ✦ ANT. **1.** Aversion, dédain, dégoût, indifférence, répulsion. **2.** Abnégation, détachement, renoncement, sacrifice.

TENTATIVE ✦ SYN. Acte, démarche, effort, entreprise, *essai*, expérience, geste, recherche, tâtonnement, velléité. ✦ ANT. Échec, renoncement, réussite.

TENTE ✦ SYN. *Abri* (de toile), chapiteau, tabernacle *(jud.)*, tipi, wigwam, yourte.

TENTER ✦ SYN. **1.** Aguicher, allécher, attirer, exciter, *séduire*, solliciter. **2.** Chercher, s'efforcer de, entreprendre, *essayer*, expérimenter, hasarder, oser, risquer, tâtonner. ✦ ANT. **1.** Dégoûter, éloigner, rebuter, repousser, répugner, succomber. **2.** Abandonner, décrocher *(fam.)*, échouer, hésiter, renoncer, réussir.

TENTURE ✦ SYN. Décoration, draperie, *ornement*, rideau, tapisserie.

TENU ✦ SYN. **1.** Astreint, *contraint*, forcé, obligé. **2.** *Entretenu*, ordonné, rangé, soigné. ✦ ANT. **1.** Exempt, libre. **2.** Délabré, désordonné, malpropre.

TÉNU ✦ SYN. **1.** Délicat, filiforme, fin, fragile, grêle, léger, menu, *mince*. **2.** Impalpable, *imperceptible*, infime, insignifiant, microscopique, minuscule, négligeable, petit. **3.** Fugitif, indiscernable, nuancé, *subtil*. ✦ ANT. **1.** Ample, dense, épais, fort, gros, solide. **2.** Considérable, grand, important, palpable, perceptible, significatif. **3.** Clair, discernable, grossier, manifeste.

TENUE ✦ SYN. **1.** *(Réunion)* *Déroulement*, durée. **2.** Conduite, direction, entretien, *gestion*, ordre, organisation. **3.** Allure, apparence, attitude, comportement, contenance, discipline, *maintien*, manières, port, pose, posture, présentation, soin.

4. Costume, habillement, habit, *mise*, toilette, vêtement. ✦ ANT. 1. Annulation, fin. 2. Anarchie, délabrement, désordre, désorganisation, impéritie, incurie, négligence. 3. Impudeur, inconduite, indécence, indiscipline, laisser-aller, malpropreté. 4. Débraillé *(n.)*, négligé *(n.)*.

TÉNUITÉ ✦ SYN. Délicatesse, finesse, *minceur*, raffinement, subtilité. ✦ ANT. Épaisseur, grosseur, grossièreté, simplicité.

TENURE ✦ SYN. 1. *(Féodalité)* *Concession*, fief, terre. 2. *(Lien)* *Dépendance*, mouvance. ✦ ANT. 1. Franc-alleu, possession, propriété. 2. Franchise, indépendance.

TÉRÉBRANT ✦ SYN. 1. *(Zool.)* *Perforant*, perforateur, taraudant, taraudeur. 2. *(Méd.)* Douloureux, *pénétrant*, profond. 3. *(Désir)* Aigu, brûlant, *poignant*, saisissant. ✦ ANT. 2. Externe, insensible, superficiel. 3. Diffus, latent, sourd.

TERGIVERSATIONS ✦ SYN. Atermoiements, attente, dérobade, détour, échappatoire, faux-fuyant, finasserie, fuite, *hésitation*, incertitude, indécision, irrésolution, lenteur, louvoiement, tâtonnement, temporisation. ✦ ANT. Action, assurance, audace, décision, empressement, fermeté, rapidité, résolution.

TERGIVERSER ✦ SYN. 1. Atermoyer, balancer, branler *(québ., fam.)*, délibérer, douter, ergoter, flotter, *hésiter*, osciller, procrastiner, réfléchir longuement, temporiser, tortiller *(fam.)*. 2. Biaiser, éluder, finasser, *louvoyer*, manœuvrer, patiner *(québ., fam.)*, ruser, tourner autour du pot. ✦ ANT. 1. Agir, choisir, se décider, se hâter, se prononcer, trancher. 2. Affronter, aller droit au but, dire franchement (sans détour).

TERME ✦ SYN. ▷ *Sing.* 1. Aboutissement, achèvement, bout, but, conclusion, dénouement, extrémité, *fin*, issue, limite, terminaison. 2. Délai, *échéance*, expiration. 3. *(À terme)* À crédit, *à tempérament*. 4. Expression, formule, *mot*, parole, vocable. ▷ *Pl.* 5. *(Contrat)* Contenu, énoncé, libellé, *stipulations*. 6. *(Sc.)* Composantes, *éléments*,

parties. 7. *(Bons, mauvais)* Rapports, *relations*. ✦ ANT. 1. Bord, commencement, départ, introduction, naissance, orée, source. 2. Contrat, début, engagement. 3. Au comptant.

TERMINAISON ✦ SYN. 1. *Bout*, extrémité, fin. 2. Aboutissement, achèvement, *conclusion*, dénouement, fin, issue, règlement, résultat, solution, terme. 3. *(Gramm.)* *Désinence*, finale, suffixe. 4. *(Versif.)* Assonance, consonance, *rime*. ✦ ANT. 1. Début, naissance, racine. 2. Amorce, commencement, début, ébauche, esquisse. 3. Préfixe, radical, racine. 4. Dissonance, vers libre.

TERMINAL ✦ SYN. ▷ *Adj.* 1. Dernier, extrême, *final*, suprême, ultime. ▷ *Nom* 2. *(Transport)* Aérogare, *gare*, point d'arrivée, point de départ, tête de ligne. 3. *(Inform.)* Console, *périphérique*. ✦ ANT. 1. Initial, premier, primaire.

TERMINER ✦ SYN. ▷ *V. tr.* 1. Accomplir, achever, clore, clôturer, conclure, consommer, couronner, dénouer, fermer, *finir*, liquider, régler. ▷ *V. pr.* 2. Aboutir, s'achever, *cesser*, expirer, prendre fin, se solder par. ✦ ANT. 1. Amorcer, commencer, engager, entamer, entreprendre, inaugurer, ouvrir. 2. S'amorcer, débuter, démarrer.

TERMINOLOGIE ✦ SYN. 1. *(Sc.)* Glossaire, jargon du métier, lexique, *vocabulaire* (technique). 2. Dictionnaire, *langue*, lexicographie, lexicologie.

TERNE ✦ SYN. 1. Blafard, blême, décoloré, délavé, déteint, effacé, éteint, *fade*, fané, flétri, livide, mat, mort, neutre, pâle. 2. Déprimant, *ennuyeux*, froid, gris, monotone, morne, plat. 3. *(Pers.)* Banal, *falot*, incolore, inconsistant, insignifiant, insipide, ordinaire. ✦ ANT. 1. Brillant, coloré, éclatant, étincelant, frais, luisant, radieux, rayonnant, vif. 2. Amusant, animé, divertissant, intéressant, joyeux, palpitant, passionnant, savoureux. 3. Drôle, extraordinaire, génial, intelligent, supérieur.

TERNIR ✦ SYN. 1. Amatir, décolorer, *défraîchir*, dépolir, effacer, faner, flétrir, mater, matir, obscurcir. 2. Éclabousser, entacher, noircir, *salir*, souiller. ✦ ANT.

1. Aviver, éclaircir, polir, rafraîchir, redorer. 2. Blanchir, célébrer, exalter, honorer, laver, réhabiliter, rehausser.

TERRAIN ♦ SYN. 1. Champ, espace (de terre), lopin, lot, *sol*, terroir. 2. *(Géol.)* Couche, *formation*. 3. *Emplacement*, endroit, espace, lieu d'action, milieu, piste. 4. Conditions, *état*, situation.

TERRARIUM ♦ SYN. Ménagerie, *vivarium*.

TERRASSE ♦ SYN. 1. *(Géogr.)* Palier, plateau, *replat*, sangle *(alpin.)*, terre-plein, vire. 2. Balcon, belvédère, esplanade, patio *(québ.)*, *plateforme*, promenade, toit plat. 3. *(Café)* Partie du trottoir. 4. *(Archit., sculpt.)* Socle plat, *surface plate*. ♦ ANT. 1. Escarpement, paroi, pente, versant.

TERRASSEMENT ♦ SYN. *Aménagement*, creusage, déblai, déblaiement, nivelage, remblai, remblayage.

TERRASSER ♦ SYN. 1. *Abattre*, culbuter, écraser, jeter à terre, maîtriser, renverser, vaincre. 2. Accabler, anéantir, *atterrer*, briser, consterner, effondrer, stupéfier. 3. Faucher, *foudroyer*, frapper, tuer. ♦ ANT. 1. Redresser, relever, résister. 2. Conforter, consoler, rassurer. 3. Épargner, réchapper, rétablir, sauver.

TERRE ♦ SYN. 1. Parquet, plancher, *sol*. 2. Argile, boue, glaise, glèbe, *humus*, remblai, sol, tchernoziom, terramare, terreau, tumulus. 3. Campagne, champs, terroir, *vie agricole*. 4. Bien, *bien-fonds*, domaine, exploitation agricole, ferme, propriété, terrain. 5. Contrée, espace, étendue, lieu, pays, région, *territoire*, zone. 6. *Continent*, île. 7. Globe, *monde*, planète. ♦ ANT. 1. Air, ciel, plafond. 2. Eau. 3. Urbanité, ville. 6. Eaux, mer. 7. Au-delà, cosmos, galaxie, univers.

TERRER (SE) ♦ SYN. 1. *(Animal)* Se blottir, s'enfouir, *se tapir*. 2. *(Pers.)* S'abriter, *se cacher*, s'isoler, se réfugier. ♦ ANT. 1-2. Décamper, se découvrir, déguerpir, se montrer, se promener, sortir.

TERRESTRE ♦ SYN. 1. *Relatif à la terre*, tellurique. 2. Charnel, matériel, physique, profane, *temporel*. ♦ ANT. 1. Aérien, aqua-

tique, marin, maritime. 2. Céleste, divin, religieux, spirituel, supraterrestre, surnaturel.

TERREUR ♦ SYN. 1. Affolement, angoisse, crainte, effroi, épouvante, *frayeur*, panique, peur. 2. *Terrorisme*, violence. 3. Dur *(n.)*, *individu dangereux*. ♦ ANT. 1. Bonheur, confiance, espoir, joie, plaisir, quiétude, sécurité, sérénité. 2. Démocratie, paix. 3. Doux *(n.)*, personne inoffensive.

TERREUX ♦ SYN. 1. Âcre, dur, *propre à la terre*. 2. *Boueux*, mêlé de terre, sale, souillé. 3. *Blafard*, blême, cadavérique, cireux, exsangue, livide, pâle, terne, vitreux. ♦ ANT. 1. Délicat, doux, suave. 2. Net, propre, pur. 3. Clair, coloré, éclatant, frais, radieux, rayonnant, resplendissant, rougeaud, rubicond.

TERRIBLE ♦ SYN. 1. Effarant, effrayant, *effroyable*, épouvantable, horrible, paniquant, terrifiant. 2. Affreux, atroce, catastrophique, désagréable, désastreux, *funeste*, malheureux, tragique. 3. Énorme, excessif, féroce, fort, *immense*, intense, violent. 4. *(Fam.)* Admirable, épatant, étourdissant, exceptionnel, extraordinaire, fantastique, formidable, merveilleux, *remarquable*, sensationnel, super *(fam.)*. 5. *(Pers.)* Brutal, cruel, *dur*, impitoyable. 6. *(Enfant terrible)* Désobligeant, espiègle, *turbulent*. ♦ ANT. 1. Anodin, inoffensif, insignifiant, rassurant. 2. Agréable, bénéfique, bienfaisant, bienheureux, heureux, plaisant. 3. Doux, faible, léger, mince, petit. 4. Banal, insipide, médiocre, ordinaire, plat. 5. Débonnaire, gentil, vulnérable. 6. Calme, obligeant, sage.

TERRIEN ♦ SYN. ▷ *Adj.* 1. Foncier. 2. Agricole, campagnard, *rural*. ▷ *Nom* 3. Agriculteur, cultivateur *(québ.)*, *paysan*. 4. *(Majusc.)* *Habitant de la Terre*, humain. 5. Gens de la terre, *habitants des terres*. ♦ ANT. 1. Immobilier. 2. Citadin, urbain. 3. Bourgeois, citadin, noble, prolétaire. 4. Extraterrestre, Martien. 5. Gens de mer, marins.

TERRIER ♦ SYN. 1. *(Animal)* Abri (creusé), galerie, gîte, renardière, *repaire*, retraite, tanière, taupinière, trou. **2.** Chien de chasse.

TERRIFIANT ◇ v. **Terrible**

TERRIFIER ◇ v. **Terroriser**

TERRIL ✦ SYN. *(Mine)* Amas, amoncellement, *crassier*, monticule, résidu, tas.

TERRITOIRE ✦ SYN. **1.** *Espace*, étendue de terre, sol, zone. **2.** Colonie, *dépendance*, possession, protectorat, province, réserve. ✦ ANT. **2.** État souverain, pays.

TERROIR ✦ SYN. **1.** Sol, *terrain*, terre. **2.** *Campagne*, région rurale. ✦ ANT. **2.** Région urbaine, ville.

TERRORISER ✦ SYN. Affoler, apeurer, effarer, effrayer, épouvanter, intimider, paniquer, pétrifier, *terrifier*. ✦ ANT. Apaiser, calmer, consoler, protéger, rassurer, soulager, soutenir, tranquilliser.

TERRORISME ✦ SYN. Brutalité, force, intimidation, intolérance, menace, *terreur*, violence. ✦ ANT. Apaisement, concorde, démocratie, humanisme, pacifisme, respect, tolérance.

TERTIAIRE ✦ SYN. **1.** *(Géol., ère)* Cénozoïque, *néozoïque*. **2.** *(Écon., secteur)* De services. ✦ ANT. **1.** Anthropozoïque, mésozoïque, paléozoïque. **2.** Primaire (producteur), secondaire (de transformation).

TERTRE ✦ SYN. *Butte*, élévation, éminence, monticule, tumulus (funéraire). ✦ ANT. Cavité, creux, fosse, trou.

TESSITURE ✦ SYN. *(Mus.)* *Étendue*, registre.

TESSON ✦ SYN. *(Verre, poterie)* *Débris*, fragments, restes.

TEST ✦ SYN. **1.** Concours, contrôle, *épreuve*, examen. **2.** *(Sc.)* Analyse, essai, évaluation, expérience, *mesure*, vérification. **3.** *(Zool.)* Carapace, coque, coquille, cuirasse, *enveloppe*, tégument.

TESTAMENT ✦ SYN. **1.** *Bible*, livre biblique. **2.** *Dernières volontés*, legs. **3.** *Dernière œuvre*, héritage.

TESTER ✦ SYN. **1.** *(Pers.)* *Évaluer*, juger. **2.** *(Ch.)* Éprouver, *essayer*, expérimenter, vérifier.

TESTICULES ✦ SYN. *(Pl. surtout)* Bijoux de famille *(fam.)*, bourses, burettes *(fam.)*,

couilles *(fam.)*, gonades mâles, gosses *(québ., fam.)*, roubignolles *(fam.)*, *scrotum*.

TÊTE ✦ SYN. **1.** Boule *(fam.)*, caboche *(fam.)*, caillou *(fam.)*, ciboulot *(fam.)*, *crâne*, encéphale, fiole *(fam.)*, occiput. **2.** Binette *(fam.)*, bouille *(fam.)*, face, faciès, figure, fraise *(fam.)*, frimousse *(fam.)*, gueule *(fam.)*, tronche *(fam.)*, *visage*. **3.** Cerveau, cervelle, *esprit*, jugement, raison. **4.** Chef, directeur, *direction*, dirigeant, leader. **5.** Chapeau, chevet, cime, *extrémité*, sommet. **6.** Avant, commencement, *début*, devant, premier. ✦ ANT. **1.** Pied. **2.** Âme, caractère. **3.** Instincts, physique, sensibilité, sentiment. **4.** Employé, subalterne. **5.** Base, pied, socle. **6.** Arrière, conclusion, fin, queue.

TÊTE-À-QUEUE ✦ SYN. *(Véhicule)* *Demi-tour*, virevolte, volte-face.

TÊTE-À-TÊTE ✦ SYN. Conciliabule, conversation, dialogue, *entretien*, entrevue, rencontre, rendez-vous. ✦ ANT. Assemblée, réunion.

TÉTER ✦ SYN. **1.** Boire, *sucer*, suçoter. **2.** *(Québ., fam.)* *Quémander*, quêter, solliciter. ✦ ANT. **1.** Cracher, lamper *(fam.)*, régurgiter. **2.** Donner, prêter, remettre.

TÊTU ✦ SYN. *Péj.* Acharné, buté *(péj.)*, cabochard *(fam.)*, *entêté*, obstiné, tête de mule *(fam.)*, tête de pioche *(fam.)*, tête dure *(fam.)*, volontaire. **2.** Désobéissant, indocile, *insoumis*, récalcitrant, réfractaire, rétif. ✦ ANT. **1.** Accommodant, conciliant, indolent, lâche, malléable, mollasse, souple, veule. **2.** Docile, facile, obéissant, soumis.

TEXTE ✦ SYN. **1.** Discours, document, écrit, *énoncé*, imprimé, libellé, livret, manuscrit, mots, œuvre, paroles *(chanson)*, scénario, teneur. **2.** Citation, extrait, fragment, *morceau*, page, passage. ✦ ANT. **1.** Blanc, hors-texte, marge, musique, note, vignette. **2.** Intégrale, œuvre complète, texte intégral.

TEXTO ✦ SYN. Correspondance, message SMS, *message texte*, télémessage.

TEXTUEL ✦ SYN. Authentique, exact, *littéral*, mot à mot. ✦ ANT. Approximatif, censuré, déformé, inexact, modifié, travesti.

TEXTURE ◆ SYN. **1.** *(Matière)* Arrangement, *constitution*, contexture, disposition, structure. **2.** *(Œuvre, récit)* Agencement, organisation, *trame*. ◆ ANT. **1.** Apparence, aspect, forme. **2.** Écriture, langage, style.

THÉÂTRAL ◆ SYN. **1.** Comique, *dramatique*, scénique. **2.** Affecté, ampoulé, artificiel, *emphatique*, exagéré, forcé, spectaculaire. ◆ ANT. **1.** Poétique, romanesque. **2.** Discret, naturel, réservé, retenu, simple, sobre.

THÉÂTRE ◆ SYN. **1.** Amphithéâtre, *salle de spectacles*. **2.** *Art dramatique*, comédie, drame, tragédie. **3.** *(Événement)* Cadre, emplacement, lieu, place, *scène*.

THÉBAÏDE ◆ SYN. Ermitage, oasis (de paix), *refuge*, retraite, solitude. ◆ ANT. Action, agitation, mondanités, société.

THÉISME ◆ SYN. Croyance, *déisme*, foi. ◆ ANT. Agnosticisme, athéisme, incroyance.

THÈME ◆ SYN. **1.** Idée, matière, leitmotiv, motif *(mus.)*, propos, *sujet*. **2.** Traduction. ◆ ANT. **1.** Forme, style. **2.** Version.

THÉOCRATIQUE ◆ SYN. *(Pouvoir)* Ecclésiastique, *religieux*. ◆ ANT. Civil, laïc.

THÉORICIEN ◆ SYN. *Chercheur*, concepteur, penseur, savant. ◆ ANT. Praticien, technicien.

THÉORIE ◆ SYN. **1.** Abstraction, *conception*, doctrine, élucubrations *(péj.)*, idéologie, principes, spéculation, système (de pensée), thèse. **2.** *(Pers.)* Cortège, *défilé*, procession. **3.** *(Ch.)* Succession, *suite*. ◆ ANT. **1.** Art, expérience, métier, pratique, technique.

THÉORIQUE ◆ SYN. **1.** Abstrait, *conceptuel*, doctrinal, exact, fondamental, idéal, intellectuel, pur, spéculatif, systématique. **2.** Apparent, de principe, désincarné *(péj.)*, *formel*, platonique, virtuel. ◆ ANT. **1.** Clinique, empirique, expérimental, pratique. **2.** Concret, existant, expérimenté, matériel, réel, vécu.

THÉRAPEUTE ◆ SYN. **1.** Docteur, *médecin*, soignant, toubib *(fam.)*. **2.** Psychanalyste,

psychiatre, psychologue, *psychothérapeute*.

THÉRAPEUTIQUE ◆ SYN. ▷ *Adj.* **1.** *Curatif*, médical, médicamenteux, médicinal, pharmaceutique. ▷ *Nom* **2.** Chirurgie, cure, homéopathie, médecine, médication, pharmacie, remède, soins, thérapie, *traitement*.

THÉRAPIE ◆ SYN. **1.** Traitement, *thérapeutique*. **2.** Psychanalyse, *psychothérapie*.

THÉSAURISER ◆ SYN. Accumuler, amasser, *capitaliser*, économiser, emmagasiner, entasser, épargner, mettre de côté. ◆ ANT. Acheter, consommer, dépenser, dilapider, gaspiller, prodiguer.

THÉSAURUS ◆ SYN. Lexique, *répertoire*.

THÈSE ◆ SYN. **1.** Doctrine, idéologie, opinion, proposition, *théorie*, traité. **2.** *(Université)* Mémoire, *recherche*. **3.** *(À thèse)* Enseignement, leçon, *morale*, moralité. **4.** *(Philos.)* Première phase de la dialectique. ◆ ANT. **4.** Antithèse (2e phase), synthèse (3e phase).

THORAX ◆ SYN. Buste, caisse *(fam.)*, poitrine, sternum, *torse*. ◆ ANT. Arrière, dos.

THURIFÉRAIRE ◆ SYN. **1.** *(Liturg.)* Encenseur. **2.** Adulateur, courtisan, flagorneur, flatteur, laudateur, *louangeur*. ◆ ANT. **1.** Célébrant. **2.** Adversaire, critique, ennemi, opposant, persifleur, pourfendeur.

TIC ◆ SYN. **1.** Geste nerveux, *réflexe*. **2.** Habitude, *manie*, répétition.

TICKET ◇ V. Billet

TIÈDE ◆ SYN. **1.** Attiédi, *doux*, modéré, tempéré, tiédasse *(péj.)*. **2.** Apathique, discret, indifférent, *mou*, nonchalant, réservé. ◆ ANT. **1.** Bouillant, brûlant, frais, froid. **2.** Ardent, chaleureux, convaincu, enflammé, enthousiaste, fanatique, fervent, passionné, profond.

TIÉDEUR ◆ SYN. **1.** Attiédissement, *douceur*. **2.** Apathie, discrétion, indifférence, *mollesse*, nonchalance, réserve. ◆ ANT. **1.** Fraîcheur, froid. **2.** Ardeur, chaleur, conviction, enthousiasme, fanatisme, ferveur, flamme, passion, profondeur.

TIÉDIR ♦ SYN. 1. *Adoucir*, attiédir, tempérer. 2. *Atténuer*, diminuer, modérer. ♦ ANT. 1. Rafraîchir, réchauffer, refroidir. 2. Accroître, augmenter, rehausser.

TIERS ♦ SYN. ▷ *Adj.* 1. Troisième. ▷ *Nom* 2. Troisième partie. 3. Étranger, inconnu, *troisième personne*. ♦ ANT. 3. Membre, participant, partie.

TIGE ♦ SYN. 1. *(Bot.) Axe*, chaume, rhizome, sarment, stipe, tronc, tubercule. 2. Badine, *baguette*, barre, bâton, bielle, branche, broche, gaule, tringle, tuyau, verge.

TIGRÉ ◇ v. **Tacheté**

TIMBRE ♦ SYN. 1. Cloche, clochette, *sonnerie*, sonnette. 2. Son, *sonorité*, voix. 3. *Cachet*, empreinte, estampille, marque, sceau, tampon, timbre-poste, vignette.

TIMBRÉ ♦ SYN. 1. *Affranchi*, cacheté, oblitéré. 2. *(Fam.) Cinglé*, dérangé, dingue *(fam.)*, fou. ♦ ANT. 1. Décacheté, ouvert. 2. Équilibré, raisonnable, sain d'esprit.

TIMBRER ♦ SYN. *Affranchir*, cacheter, estampiller, marquer, tamponner. ♦ ANT. Décacheter, effacer, ouvrir.

TIMIDE ♦ SYN. 1. *Craintif*, embarrassé, frileux, gauche, gêné *(québ.)*, hésitant, humble, indécis, intimidé, modeste, peureux, pusillanime, timoré. 2. Coincé *(fam.)*, *complexé*, transi. ♦ ANT. 1. Assuré, audacieux, courageux, culotté *(fam.)*, décidé, déterminé, effronté, énergique, ferme, hardi. 2. Dégourdi, déluré, entreprenant.

TIMIDITÉ ♦ SYN. Appréhension, confusion, *crainte*, effacement, embarras, gaucherie, gêne *(québ.)*, hésitation, honte, humilité, indécision, inhibition, modestie, peur, pusillanimité. ♦ ANT. Aplomb, assurance, audace, courage, cran *(fam.)*, culot *(fam.)*, décision, effronterie, hardiesse, outrecuidance, sans-gêne, témérité, toupet *(fam.)*.

TINTAMARRE ◇ v. **Tapage**

TINTER ♦ SYN. Bourdonner, carillonner, résonner, *sonner*, tintinnabuler.

TINTOUIN ♦ SYN. *Fam.* 1. *Tapage*, vacarme. 2. Embarras, souci, *tracas*. ♦ ANT.

1. Quiétude, silence. 2. Bonheur, joie, plaisir.

TIQUER ♦ SYN. *(Fam., péj.)* Broncher, manifester, réagir, *rechigner*, rouspéter *(fam.)*, sourciller, sursauter. ♦ ANT. Accepter, rester coi, rester impassible, tolérer.

TIR ♦ SYN. 1. Envoi, jet, lancement, *lancer*. 2. Direction, *trajectoire*. 3. Coup, *décharge*, feu, rafale, salve.

TIRADE ♦ SYN. 1. *(Théâtre)* Couplet, déclamation, monologue, passage, *récitation*. 2. *(Souvent péj.)* Discours, *envolée*, exposé, laïus *(fam.)*, tartine *(fam.)*. ♦ ANT. 1. Arrêt, dialogue, pause, phrase. 2. Conversation, discussion, échange.

TIRAGE ♦ SYN. 1. Halage, remorquage, touage, *traction*. 2. *(Techn.)* Allongement, *étirage*, tréfilage. 3. *(Air)* Aspiration, *attraction*. 4. *Impression*, imprimerie. 5. Édition, *nombre d'exemplaires*. 6. Désignation, *hasard*, loterie. 7. Épreuve, gravure, *reproduction*. 8. *(Écon.) Émission*, production. 9. *(Fam.)* Difficultés, frictions, heurts, *tiraillements*, tensions ♦ ANT. 1. Poussée, propulsion. 2. Compression, contraction, rétrécissement. 3. Blocage, étouffement, retour. 8. Annulation, retrait. 9. Accord, détente, entente, harmonie, réconciliation.

TIRAILLEMENT ♦ SYN. 1. Ballottement, déchirement, *écartèlement*. 2. *(Pl. surtout)* Conflits, désaccords, difficultés, frictions, heurts, *tensions*. 3. *Crampe*, spasme. ♦ ANT. 1. Assurance, certitude, confiance. 2. Accord, détente *(fig.)*, entente, harmonie, symbiose. 3. Détente, soulagement.

TIRAILLER ♦ SYN. ▷ *V. tr.* 1. Amener vers soi, secouer, *tirer*. 2. Ballotter, déchirer, *écarteler*, tourmenter. 3. Harceler, houspiller, *importuner*. ▷ *V. intr.* 4. Faire feu, *tirer* (en tous sens). ▷ *V. pr.* 5. *(Québ., fam.)* Se battre, se chamailler, *se disputer*. ♦ ANT. 1. Pousser, repousser. 2. Convaincre, rassurer, réconforter. 3. Charmer, plaire. 4. S'arrêter, cibler. 5. S'accorder, s'amuser, s'entendre.

TIRÉE ◇ v. **Trotte**

TIRER ♦ SYN. ▷ *V. tr.* **1.** Entraîner, haler, remorquer, touer, tracter, *traîner*. **2.** Allonger, distendre, étendre, *étirer*, raidir, tendre. **3.** *Déplacer*, mouvoir. **4.** *Dessiner*, graver, tracer. **5.** Éditer, *imprimer*, publier, reproduire. **6.** Canarder *(fam.)*, envoyer, lancer, *projeter*, tirailler. **7.** Enlever, *extraire*, ôter, prélever, prendre, recueillir, retirer, sortir. ▷ *V. intr.* **8.** *Aspirer*, pomper. **9.** Se diriger, *se rapprocher*, virer. ▷ *V. pr.* **10.** *(Fam.)* S'en aller, s'échapper, *s'enfuir*, se sauver. **11.** *Se dépêtrer*, en réchapper, se sortir de. ♦ ANT. **1.** Pousser, propulser. **2.** Contracter, détendre, relâcher. **3.** Replacer, repousser. **4.** Caricaturer, déformer. **5.** Épuiser. **6.** Attraper, recevoir. **7.** Ajouter, insérer, introduire, pénétrer. **8.** Expulser, souffler. **9.** S'écarter, s'éloigner. **10.** Demeurer, rester. **11.** S'embourber, s'empêtrer, s'enliser.

TISANE ♦ SYN. **1.** Décoction, *infusion*, macération, solution. **2.** *(Fam.)* Correction, *raclée*, tabac, volée.

TISONNER ♦ SYN. Activer, animer, *attiser*, fourgonner, raviver, remuer. ♦ ANT. Amortir, éteindre, étouffer.

TISONNIER ♦ SYN. Fourgon, *pique-feu*, ringard.

TISSER ♦ SYN. **1.** Brocher, confectionner, entrelacer, fabriquer, filer, *tramer*, tresser. **2.** *(Intrigue)* Concevoir, concocter *(fam.)*, ficeler, monter, nouer, orchestrer, *ourdir*, préparer, tramer *(fig.)*. ♦ ANT. **1.** Défaire, défaufiler, défiler, effiler, effilocher. **2.** Déficeler, déjouer, démonter, dénouer, dévoiler.

TISSU ♦ SYN. **1.** Coton, cotonnade, drap, *étoffe*, fibranne, lainage, laine, nylon, rayonne, soie, soierie, toile, tricot, tulle. **2.** Chaîne, enchaînement, enchevêtrement, mélange, réseau, *suite*. **3.** *(Biol.)* Ensemble de cellules. **4.** *(Sociol.)* Ensemble homogène, *structure* (sociale).

TITAN ◇ v. **Surhomme**

TITANESQUE ♦ SYN. **1.** Colossal, cyclopéen, démesuré, énorme, géant, *gigantesque*, herculéen, immense, monstrueux, monumental, prodigieux, surhumain, titanique. **2.** *(Effort, tâche)* Difficile, *excessif*,

exorbitant. ♦ ANT. **1.** Faible, mince, minime, minuscule, modeste, petit. **2.** Facile, ordinaire, simple.

TITILLER ♦ SYN. *Fam.* **1.** Allécher, caresser, *chatouiller*, exciter. **2.** Agacer, chicoter *(québ., fam.)*, démanger, *tracasser*. ♦ ANT. **1.** Rebuter, répugner. **2.** Calmer, rassurer, soulager.

TITRE ♦ SYN. **1.** *(Œuvre)* Appellation, dénomination, désignation, *nom*. **2.** En-tête, *manchette*, rubrique. **3.** Dignité, *distinction*, honneur, qualification, qualité, rang. **4.** *Charge*, état, fonction, grade. **5.** *(Sports)* *Championnat*, première place. **6.** Action, billet, bon, *certificat*, coupon, effet, papier, part, valeur. **7.** Concentration, degré, proportion, taux, *teneur*.

TITUBER ♦ SYN. *Chanceler*, flageoler, osciller, trébucher, vaciller. ♦ ANT. Se dresser, marcher droit, se redresser.

TITULAIRE ♦ SYN. **1.** *Agrégé*, permanent. **2.** Détenteur, *possesseur*, propriétaire. ♦ ANT. **1.** Auxiliaire, suppléant. **2.** Candidat, postulant.

TOC ♦ SYN. *(Fam.)* Camelote, faux, *imitation*, pacotille, simili, verroterie. ♦ ANT. Bijou, objet précieux, valeur, vrai.

TOCADE ◇ v. **Toquade**

TOCSIN ♦ SYN. Alarme, appel, signal, *sonnerie*.

TOGE ♦ SYN. *Robe*, vêtement d'apparat.

TOHU-BOHU ♦ SYN. **1.** Chaos, confusion, *désordre*, remue-ménage, méli-mélo. **2.** Brouhaha, bruit, charivari, *tapage*, tintamarre, tumulte. ♦ ANT. **1.** Harmonie, ordre, rangement. **2.** Calme, paix, silence.

TOILE ♦ SYN. **1.** Linge, *tissu*. **2.** Bâche, banne, capot, couverture, *enveloppe*, housse, prélart, taud *(mar.)*. **3.** *Filet*, piège, réseau. **4.** *(Mar.)* Voiles, *voilure*. **5.** Peinture, *tableau*. **6.** *(Inform.)* *Internet*, Web.

TOILETTE ♦ SYN. **1.** *Ablutions*, soins de propreté, toilettage *(animaux)*. **2.** Ajustement, costume, habillement, habits, mise, parure, robe, *tenue*, vêtement. **3.** Coiffeuse, *meuble-lavabo*, poudreuse. **4.** *(Pl.)* *Cabinets d'aisances*, chiottes *(fam.)*, latrines, pissotière *(fam.)*, sanitaires, urinoirs, vespasiennes, water-closets, waters. **5.** *(Ch.)* Astiquage, lavage, *nettoyage*.

TOISER ♦ **SYN.** ▷ *V. tr.* **1.** Estimer, évaluer, *jauger*, mesurer, supputer. **2.** *(Péj.)* Considérer, défier du regard, dévisager, examiner, fixer, observer, *regarder de haut*. ▷ *V. pr.* **3.** *(Péj.)* Se considérer (mutuellement), se défier du regard, *se jauger*, se mesurer. ♦ **ANT. 1.** Déprécier, mésestimer, sous-évaluer, surévaluer. **2.** Détourner (le regard), éviter, fuir. **3.** Se détourner, se soustraire (au regard).

TOISON ♦ **SYN. 1.** *(Animaux)* Lainage, *pelage*. **2.** *(Humains)* **Chevelure**, crinière, tignasse *(fam.)*.

TOIT ♦ **SYN. 1.** *Couverture*, terrasse, toiture. **2.** Paroi supérieure *(véhicule)*, *plafond (mine)*. **3.** Abri, demeure, domicile, gîte, habitation, home, logement, *logis*, maison, nid *(fam.)*, résidence. ♦ **ANT. 1.** Fondations, sol. **2.** Plancher.

TOLÉRABLE ♦ **SYN.** Acceptable, admissible, endurable, excusable, passable, *supportable*. ♦ **ANT.** Inacceptable, inadmissible, inexcusable, insupportable, intolérable.

TOLÉRANCE ♦ **SYN. 1.** Compréhension, indulgence, libéralisme, *ouverture*, permissivité, respect. **2.** Droit, *liberté*. **3.** *(Méd.)* Accoutumance, adaptation, immunité, *résistance*. ♦ **ANT. 1.** Chauvinisme, despotisme, dogmatisme, étroitesse, incompréhension, intolérance, intransigeance. **2.** Interdit, obligation. **3.** Allergie, infection, intoxication.

TOLÉRANT ♦ **SYN.** Compréhensif, débonnaire, doux, facile, humain, indulgent, large d'esprit, libéral, *ouvert*, patient, permissif, respectueux. ♦ **ANT.** Borné, chauvin, despotique, dogmatique, étroit, exclusif, fanatique, inhumain, intolérant, intransigeant, mesquin.

TOLÉRER ♦ **SYN. 1.** Accepter, autoriser, *permettre*. **2.** Comprendre, excuser, justifier, *pardonner*. **3.** Endurer, souffrir, subir, *supporter*. ♦ **ANT. 1.** Défendre, interdire, prohiber, proscrire, réprimer. **2.** Blâ-

mer, condamner, désavouer, réprouver. **3.** Refuser, rejeter.

TOLLÉ ♦ **SYN.** Blâme, chahut, clameur, cris, haro, huées, indignation, mécontentement, *protestation*, réprobation, révolte, sifflets. ♦ **ANT.** Applaudissements, approbation, éloge, louange, ovation, reconnaissance, satisfaction.

TOMBE ♦ **SYN. 1.** *(Lieu)* **Fosse**, sépulture. **2.** Monument funéraire, pierre tombale, *tombeau*. **3.** *Mort*, repos éternel, trépas. ♦ **ANT. 3.** Berceau, naissance.

TOMBEAU ♦ **SYN. 1.** Caveau, cénotaphe, crypte, hypogée, mastaba, mausolée, *monument funéraire*, sépulcre, sépulture, stèle, tombe, tumulus. **2.** *Lieu sinistre*, lieu sombre. **3.** *(Litt.)* Éloge funèbre. **4.** Destruction, fin, *mort*. ♦ **ANT. 4.** Début, éclosion, naissance.

TOMBER ♦ **SYN. 1.** S'abattre, s'affaisser, s'affaler, s'allonger, s'aplatir, basculer, *choir*, chuter, débouler *(fam.)*, dégringoler, s'écrouler, s'effondrer, glisser, sombrer. **2.** *(Combat)* Être tué, *mourir*, succomber. **3.** S'apaiser, baisser, *décliner*, descendre, diminuer, disparaître, s'effacer, s'estomper. **4.** Pendouiller *(fam.)*, *pendre*, retomber. **5.** Arriver, se présenter, *survenir*, venir. **6.** *(Tomber sur)* **Attaquer**, charger, foncer sur, fondre sur, se jeter sur, se ruer sur, sauter sur. ♦ **ANT. 1.** Se dresser, se relever. **2.** Épargner, réchapper. **3.** Augmenter, croître, s'élever, monter, renaître. **4.** Relever, remonter. **5.** S'en aller, s'éloigner, partir. **6.** Battre en retraite, fuir, reculer, se replier.

TOMBEUR ◇ v. **Séducteur**
TOMBOLA ◇ v. **Loterie**

TOME ♦ **SYN.** Division, livre, partie, *volume*. ♦ **ANT.** Collection, œuvre complète.

TON ♦ **SYN. 1.** *(Voix)* Accent, expression, hauteur, inflexion, intensité, *intonation*, modulation, son, sonorité, timbre, tonalité. **2.** *(Œuvre)* Écriture, facture, forme, manière, plume, procédé, *style*. **3.** Attitude, comportement, *manière d'être*. **4.** *(Mus.)* Intervalle. **5.** *(Couleur)* **Intensité**, nuance, teinte.

TONDRE ♦ SYN. 1. Couper (court, à ras), *raser*. 2. *Dépouiller*, plumer *(fam.)*, spolier, voler. ♦ ANT. 1. Coiffer, lisser, peigner. 2. Combler, gaver, gratifier, récompenser.

TONIFIER ♦ SYN. Affermir, *fortifier*, raffermir, remonter, revigorer, stimuler, vivifier. ♦ ANT. Affaiblir, anémier, débiliter, étioler, miner.

TONIQUE ♦ SYN. *Fortifiant*, réconfortant, reconstituant, remontant, stimulant, tonifiant, vivifiant. ♦ ANT. Amortissant, atone *(méd.)*, calmant, débilitant, sédatif, tranquillisant.

TONITRUANT ♦ SYN. Assourdissant, bruyant, claironnant, éclatant, étourdissant, fort, fracassant, résonnant, *retentissant*, sonore, tonnant, vibrant. ♦ ANT. Amorti, bas, doux, étouffé, faible, inaudible, sourd.

TONITRUER ♦ SYN. *Crier*, gueuler *(fam.)*, hurler, tempêter, tonner, vociférer. ♦ ANT. Chuchoter, murmurer, susurrer.

TONNEAU ♦ SYN. 1. Baril, *barrique*, caque, feuillette, fût, futaille, muid, quartaut, queue, tonne, tonnelet. 2. *(Avion)* Acrobatie, *tour*, virevolte. 3. *(Autom.)* Accident, *renversement*. 4. *(Mar.)* Unité de volume.

TONNELLE ♦ SYN. Berceau de verdure, *charmille*, gloriette, pavillon de verdure, pergola.

TONNER ♦ SYN. 1. *Gronder*, rouler. 2. Crier, *fulminer*, hurler, invectiver, pester, tempêter, tonitruer, vitupérer. ♦ ANT. 2. Chuchoter, murmurer, susurrer.

TONNERRE ♦ SYN. 1. Coup, décharge (électrique), *grondement*, roulement. 2. Décharge, déflagration, détonation, *fracas*, pétarade, salve, tempête, vacarme. 3. Éclair, *foudre*. 4. *(Du tonnerre)* Extraordinaire, *formidable*, super *(fam.)*. ♦ ANT. 4. Médiocre, ordinaire, quelconque.

TONUS ♦ SYN. 1. *(Muscle)* Contraction, *tension*, tonicité. 2. Dynamisme, *énergie*, ressort, vigueur, vitalité. ♦ ANT. 1. Atonie, hypotension, hypotonie, paralysie. 2. Inertie, langueur, léthargie, somnolence, torpeur.

TOPIQUE ♦ SYN. 1. *(Méd.)* *Circonscrit*, limité, localisé. 2. Approprié, caractéristique, *spécifique*, typique. ♦ ANT. 1. Étendu, général. 2. Impropre, inadéquat, inapproprié, incorrect.

TOPO ♦ SYN. 1. Allocution, discours, *exposé*, laïus *(fam.)*. 2. Article, *reportage*. 3. *(Péj.)* Chanson, refrain, *rengaine*.

TOPOGRAPHIE ♦ SYN. 1. *(Techn.)* Cartographie, géodésie, hydrographie, nivellement, planimétrie, *représentation graphique*, triangulation. 2. *(Lieu)* Configuration, *relief*.

TOQUADE ♦ SYN. *Fam.* 1. Caprice, coup de tête, emballement, engouement, entichement, *fantaisie*, folie, foucade, lubie, manie, marotte, passade *(ch.)*. 2. *Amourette*, aventure, béguin *(fam.)*, flirt, passade *(pers.)*. ♦ ANT. 1. Antipathie, aversion, dégoût, haut-le-cœur, répugnance, répulsion. 2. Brouille, rupture.

TOQUE ♦ SYN. *Bonnet*, calot, calotte, coiffure, toquet.

TOQUÉ ♦ SYN. *Fam.* 1. Bizarre, capoté *(québ.)*, *cinglé*, dérangé, déséquilibré, détraqué, extravagant, farfelu, fêlé, fou, sonné, timbré. 2. *Amoureux fou de*, épris de, féru de, fou de, mordu de *(fam.)*. ♦ ANT. 1. Équilibré, fin, habile, ingénieux, intelligent, raisonnable, sage, sensé, sérieux. 2. Éconduit, repoussé.

TOQUER (SE) ♦ SYN. *(Fam.)* S'amouracher, s'emballer *(fam.)*, s'engouer, s'enticher, *s'éprendre*. ♦ ANT. Se détacher, se lasser, prendre en grippe.

TORCHE ♦ ANT. 1. *(Techn.)* *Torsade de paille*, tresse d'osier. 2. *Rouleau de fil*, torque. 3. Brandon, *flambeau*, torchère *(gaz, pétrole)*. 4. *(Électrique)* Lampe de poche.

TORCHER ♦ SYN. *Fam.* 1. Débarbouiller, *essuyer*, laver, nettoyer. 2. *Bâcler*, gâcher, torchonner *(fam.)*. ♦ ANT. 1. Barbouiller, crotter, encrasser, salir. 2. Fignoler *(fam.)*, peaufiner, soigner.

TORCHÈRE ♦ SYN. 1. *Applique*, candélabre, flambeau, girandole, lampe, luminaire. 2. *(Gaz, pétrole)* Flamme, *torche*.

TORCHON ♦ SYN. **1.** Chiffon, guenille *(québ.)*, lavette, serpillière *(belg.)*, **toile à laver**, wassingue. ▷ *Fam.* **2.** *Écrit peu soigné*, travail bâclé. **3.** Canard, **feuille de chou**, mauvais journal. ♦ ANT. **2.** Bijou, perle. **3.** Journal sérieux.

TORCHONNER ◇ v. Torcher

TORDANT ♦ SYN. *(Fam.)* À mourir de rire, bidonnant *(fam.)*, comique, désopilant, **drôle**, hilarant, impayable *(fam.)*, marrant *(fam.)*, mourant *(fam.)*, pissant *(fam.)*, poilant *(fam.)*, rigolo *(fam.)*, roulant *(fam.)*, très drôle. ♦ ANT. Dramatique, ennuyeux, grave, imbuvable *(fam.)*, insupportable, pénible, plat, sérieux, tragique.

TORD-BOYAUX ◇ v. Boisson

TORDRE ♦ SYN. ▷ *V. tr.* **1.** Bistourner, boudiner, cordeler, corder, cordonner, enrouler, **tourner**, tortiller. **2.** Courber, **déformer**, distordre, fausser, fouler, gauchir, plier. ▷ *V. pr.* **3.** Se contorsionner, se convulsionner, se crisper, se replier, **se tortiller**. **4.** *Se déformer*, se distordre, se fouler, se plier. **5.** *(Fam.)* Se bidonner, **se marrer**, rigoler. ♦ ANT. **1.** Allonger, dérouler, détortiller, étaler, étendre, étirer. **2.** Défausser, corriger, redresser, réduire *(méd.)*, replacer. **3.** S'allonger, se détendre, se relaxer, se reposer. **4.** Se redresser, se remettre, se replacer. **5.** S'embêter, s'emmerder *(fam.)*, s'ennuyer.

TORDU ♦ SYN. **1.** Cagneux, croche *(québ.)*, crochu, **déformé**, difforme, recourbé, tors, tortu. **2.** Bizarre, **extravagant**, fantasque, fou, lunatique. **3.** Compliqué, malicieux, malveillant, matois, retors, **tortueux**. ♦ ANT. **1.** Détors, droit, normal, raide, régulier. **2.** Conformiste, raisonnable, rangé, sage. **3.** Bienveillant, candide, direct, franc, simple, spontané.

TORNADE ♦ SYN. Bourrasque, cyclone, ouragan, tourbillon, tourmente, **trombe**, typhon. ♦ ANT. Brise, zéphyr.

TORPEUR ♦ SYN. **1.** Assoupissement, **engourdissement**, léthargie, somnolence. **2.** *Abattement*, accablement, apathie, dépression, écrasement, hébétude, inaction, inertie, nonchalance, prostration. ♦ ANT.

1. Action, activité, réaction, réveil, sursaut. **2.** Ardeur, dynamisme, énergie, enthousiasme, entrain, espoir, excitation, force, vigueur.

TORPIDE ♦ SYN. **1.** Assoupi, engourdi, **somnolent**. **2.** *(Méd.)* **Stable**, stationnaire. ♦ ANT. **1.** Actif, agité, éveillé, tendu. **2.** Dégénératif, évolutif.

TORPILLER ♦ SYN. **1.** *Attaquer*, démolir, détruire. **2.** *(Fig.)* Empêcher, entraver, nuire, **saboter**. ♦ ANT. **1.** Défendre, protéger, soutenir. **2.** Appuyer, contribuer, faciliter.

TORRÉFIER ♦ SYN. **1.** Brûler, calciner, dessécher, **griller**. **2.** *(Fig.)* Brûler, chauffer, cuire, **rôtir**. ♦ ANT. **2.** Rafraîchir, refroidir.

TORRENT ♦ SYN. **1.** Coulée *(québ.)*, **gave**, ruisseau. **2.** Abondance, débordement, déferlement, déluge, **flot**, flux, fleuve, mer, rivière. ♦ ANT. **1.** Étang, mare. **2.** Brin, filet, larme, soupçon.

TORRENTIEL ♦ SYN. **1.** Agité, déchaîné, **impétueux**, mouvementé, torrentueux, violent. **2.** Abondant, **diluvien**, fort. ♦ ANT. **1.** Calme, lent, paisible. **2.** Faible, fin, léger.

TORRIDE ♦ SYN. **1.** Accablant, **brûlant**, caniculaire, chaud, étouffant, saharien, suffocant, tropical. **2.** *(Fig.)* Ardent, **sensuel**, voluptueux. ♦ ANT. **1.** Agréable, doux, frais, frisquet, froid, glacial, sibérien, supportable, tempéré. **2.** Frigide, insensible, timide.

TORSE ♦ SYN. **1.** *Buste*, poitrine, sternum, thorax. **2.** Sculpture.

TORSION ♦ SYN. **1.** Enroulement, tordage, **tortillage**. **2.** Courbure, **déformation**, distorsion. **3.** Contorsion, contraction, convulsion, **crispation**, spasme. ♦ ANT. **1.** Allongement, étirement. **2.** Correction, redressement. **3.** Décontraction, détente, relâchement.

TORT ♦ SYN. **1.** *Défaut*, erreur, faiblesse, faute, manquement, péché, tare, travers, vice. **2.** Atteinte, **dommage**, injustice, mal, offense, outrage, préjudice. ♦ ANT. **1.** Mérite, qualité, vertu. **2.** Bien, bienfait, compensation, dédommagement, réparation, secours, soutien.

TORTILLER ◆ SYN. ▷ *V. tr.* **1.** Enrouler, *tordre.* ▷ *V. intr.* **2.** Balancer, se dandiner, remuer, *rouler.* **3.** Atermoyer, hésiter, *tergiverser.* ▷ *V. pr.* **4.** S'agiter, se démener, *se remuer*, se tordre. ◆ ANT. **1.** Aplatir, déployer, étendre. **2.** Cambrer, redresser, resserrer. **3.** Agir, se décider, procéder. **4.** S'allonger, se cambrer, se détendre, s'étirer, se redresser.

TORTIONNAIRE ◆ SYN. Agresseur, boucher, *bourreau*, sadique, tueur. ◆ ANT. Ami, bienfaiteur, protecteur, sauveur.

TORTUEUX ◆ SYN. **1.** Flexueux, méandreux, serpentin, *sinueux*, tortu. **2.** Contourné, déloyal, détourné, dissimulé, faux, fourbe, hypocrite, perfide, retors, rusé, sinueux *(fig.)*, *sournois*, tordu. ◆ ANT. **1.** Direct, droit, rectiligne. **2.** Franc, honnête, loyal, net, ouvert, sincère, spontané, vrai.

TORTURE ◆ SYN. **1.** Martyre, sévices, *supplice*, violence. **2.** Calvaire, *douleur*, enfer, peine, souffrance, tourment. ◆ ANT. **1.** Faveurs, gentillesses, politesses, respect, soins. **2.** Béatitude, bonheur, extase, joie, plaisir.

TORTURER ◆ SYN. **1.** Blesser, brutaliser, martyriser, persécuter, *supplicier*, terroriser, violenter. **2.** Assaillir, harceler, obséder, tenailler, *tourmenter*. **3.** *(Texte)* Défigurer, *déformer*, dénaturer, fausser. ◆ ANT. **1.** Défendre, flatter, honorer, protéger, respecter, soigner. **2.** Apaiser, détendre, rassurer, soulager. **3.** Améliorer, conserver, reproduire, respecter.

TORVE ◆ SYN. *(Regard)* Dur, mauvais, méchant, *menaçant*, oblique. ◆ ANT. Affable, affectueux, bon, direct, doux, franc, obligeant.

TOTAL ◆ SYN. ▷ *Adj.* **1.** Absolu, complet, *entier*, général, global, illimité, intégral, parfait, plein. ▷ *Nom* **2.** Montant, quantité, résultat, *somme*, totalité, tout. ◆ ANT. **1.** Fragmentaire, incomplet, limité, partiel. **2.** Échantillon, fraction, fragment, parcelle, part, partie, portion, segment.

TOTALISER ◆ SYN. **1.** *Additionner*, compter, sommer. **2.** Accumuler, amasser, attein-

dre, *obtenir*, réunir, rassembler. **3.** *Se chiffrer à*, compter (au total), s'élever à, se monter à. ◆ ANT. **1.** Diviser, soustraire. **2-3.** Déduire, perdre, retrancher.

TOTALITAIRE ◆ SYN. **1.** Absolu, autoritaire, despotique, *dictatorial*, omnipotent, oppresseur, tyrannique. **2.** *(Régime politique)* Communiste, fasciste, *unipartiste*. ◆ ANT. **1-2.** Démocratique, libéral, libre, multipartiste, multipartite, pluraliste.

TOTALITARISME ◆ SYN. **1.** Absolutisme, autoritarisme, despotisme, *dictature*, omnipotence, oppression, tyrannie. **2.** *(Régime politique)* Communisme, fascisme, *unipartisme*. ◆ ANT. **1-2.** Démocratie, libéralisme, liberté, multipartisme, pluralisme.

TOTALITÉ ◆ SYN. Ensemble, *entièreté*, généralité, globalité, intégralité, masse, plénitude, total, tout, unanimité, universalité. ◆ ANT. Division, échantillon, fraction, minorité, parcelle, partie, portion, section, segment.

TOTEM ◆ SYN. *Animal emblématique*, emblème, fétiche, idole, porte-bonheur, symbole.

TOUAGE ◆ SYN. *(Mar.)* Halage, *remorquage*, tirage, toue, traction. ◆ ANT. Poussée, propulsion.

TOUCHANT ◆ SYN. Attachant, attendrissant, bouleversant, désarmant, *émouvant*, empoignant, pathétique, poignant, prenant, saisissant, vibrant. ◆ ANT. Comique, ennuyeux, froid, gai, indifférent, réjouissant, vibrant.

TOUCHE ◆ SYN. **1.** *Contact*, coup, toucher. **2.** Cachet, coup de pinceau, empreinte, expression, facture, griffe, main, manière, marque, note (personnelle), patte, plume, *style*, ton. **3.** Brin, nuance, *pointe*, soupçon, teinte, trace, un peu. **4.** *(Fam.)* *Allure*, aspect, contenance, dégaine *(fam.)*, genre, tenue, tournure. **5.** *(Sports)* *Ligne latérale*, limite. **6.** Bouton, commande, *levier*, piton *(québ.)*, tablette, touchette *(mus.)*.

TOUCHER ◆ SYN. ▷ *Verbe* **1.** Caresser, chatouiller, effleurer, manier, *palper*, tâter, tâtonner, tripoter *(péj.)*. **2.** *Atteindre*, blesser, frapper, heurter, joindre. **3.** Approcher, *avoisiner*, confiner, côtoyer, coudoyer. **4.** Empocher, encaisser, gagner, palper *(fam.)*, percevoir, *recevoir*. **5.** Affecter, attendrir, *émouvoir*, éprouver, impressionner, troubler. **6.** *Concerner*, intéresser, regarder, viser. **7.** *Prendre*, se saisir de, se servir de, utiliser. **8.** *Aborder*, attaquer, entamer, se mêler de, s'en prendre à. ▷ *Nom* **9.** Attouchement, *contact*, palpation, sens, sensation, tact, touche. **10.** *(Mus.)* Doigté, *jeu*, habileté, sensibilité. ◆ ANT. **1.** Délaisser, lâcher, laisser. **2.** Contourner, éviter, fuir. **3.** Se distancer, s'éloigner. **4.** Débourser, donner, perdre, rembourser. **5.** Égayer, ennuyer, indifférer, réjouir, révolter. **6.** Épargner, exclure, ménager. **7.** Abandonner, s'abstenir, se priver, renoncer. **8.** Détourner, éluder, laisser intact. **9.** Éloignement, évitement, retrait. **10.** Inhabileté, insensibilité.

TOUER ◆ SYN. *(Navire)* Haler, *remorquer*, tirer, traîner. ◆ ANT. Pousser, propulser.

TOUFFE ◆ SYN. Aigrette, botte, bouquet, épi, *faisceau*, flocon, houppe, houppette, huppe, mèche, pompon, toupet, toupillon.

TOUFFEUR ◆ SYN. *Canicule*, chaleur. ◆ ANT. Fraîcheur, froidure.

TOUFFU ◆ SYN. **1.** Abondant, *dense*, dru, épais, feuillu, fourni, luxuriant. **2.** *(Texte)* Chargé, compliqué, dense, lourd, *surchargé*. ◆ ANT. **1.** Clairsemé, chenu, dégarni, dépouillé, effeuillé, épars, espacé, rare, rarissime. **2.** Clair, concis, limpide, simple.

TOUPET ◆ SYN. **1.** Houppe, *touffe de cheveux*. **2.** *(Fam.)* Aplomb, audace, confiance, *culot* *(fam.)*, effronterie, front, hardiesse, impertinence, impudence. ◆ ANT. **2.** Couardise, délicatesse, discrétion, méfiance, politesse, pusillanimité, timidité.

TOUR ◆ SYN. ▷ *Masc.* **1.** Bordure, circonférence, *contour*, périphérie, pourtour. **2.** Balade, circuit, course, croisière, déplacement, excursion, parcours, périple, *promenade*, randonnée, ronde, sortie, tournée, virée *(fam.)*, voyage. **3.** Giration, révolution, *rotation*, spire, torsion. **4.** Cir-

convolution, coude, détour, *méandre*, sinuosité. **5.** Acrobatie, cabriole, *pirouette*, saut, tonneau, virevolte, volte *(équit.)*. **6.** Astuce, attrape, clownerie, duperie, entourloupette, illusion, jonglerie, leurre, passe-passe, piège, prestidigitation, *ruse*, stratagème, tromperie, truc *(fam.)*. **7.** *(Tour de main)* Adresse, dextérité, *habileté*, savoir-faire, technique. **8.** Blague, canular, facétie, farce, mystification, niche, *plaisanterie*. **9.** Allure, aspect, évolution, façon, forme, manière, marche, style, *tournure*. **10.** Place, *priorité*, rang, rôle, succession, suite. **11.** Aléseuse, fraiseuse, *machine-outil*, touret. ▷ *Fém.* **12.** Beffroi, campanile, clocher, donjon, flèche, minaret, mirador, *tourelle*. **13.** *Construction en hauteur*, gratte-ciel, immeuble à étages. ◆ ANT. **1.** Centre, intérieur, milieu, surface. **2.** Escale, halte, pause, rentrée, retour. **3.** Arrêt, immobilité, station. **4.** Droite. **5.** Affaissement, chute. **6.** Démystification, dévoilement. **7.** Gaucherie, inaptitude, maladresse. **8.** Gravité, sérieux. **9.** Invariabilité, stagnation. **10.** Passe-droit.

TOURBILLON ◆ SYN. **1.** *(Air)* *Cyclone*, tornade, trombe, typhon. **2.** *(Eau)* Maelström, remous, spirale, *tournoiement*, vortex. **3.** Agitation, bouillonnement, *effervescence*, mouvement, turbulence. ◆ ANT. **1.** Accalmie, brise, souffle. **2.** Bonace *(mar.)*, eaux calmes. **3.** Paix, sérénité, tranquillité.

TOURBILLONNER ◆ SYN. **1.** Tourner, *tournoyer*. **2.** *S'agiter*, bouillonner. ◆ ANT. **2.** S'arrêter, se calmer.

TOURISME ◆ SYN. Aventure, déplacement, exploration, visite, *voyage*. ◆ ANT. Immobilité, sédentarité.

TOURISTE ◆ SYN. Aventurier, explorateur, visiteur, *voyageur*. ◆ ANT. Habitant, résidant, sédentaire.

TOURMENT ◆ SYN. **1.** Affres, bourrèlement, calvaire, chagrin, déchirement, douleur, enfer, martyre, peine, *souffrance*, supplice, torture. **2.** Agitation, angoisse, anxiété, ennui, inquiétude, *souci*, tracas, tracassin *(fam.)*, trouble. ◆ ANT. **1.** Bonheur, délice, joie, plaisir. **2.** Aise, amusement, calme, consolation, contentement, paix, satisfaction.

TOURMENTE ♦ SYN. **1.** Bourrasque, orage, ouragan, *tempête*, typhon. **2.** *Agitation*, émeute, rébellion, révolte, soulèvement, révolution, tumulte, troubles. ♦ ANT. **1.** Accalmie, apaisement, bonace *(mar.)*. **2.** Ordre, paix, stabilité, trêve.

TOURMENTÉ ♦ SYN. **1.** *Angoissé*, anxieux, bourrelé (de remords), inquiet, perplexe, soucieux, troublé. **2.** *Agité*, démonté *(mer)*, houleux, mouvementé, tempétueux, tumultueux. **3.** Accidenté, découpé, déformé, *irrégulier*. **4.** *(Style)* Alambiqué, chargé, compliqué, contourné, *recherché*, tarabiscoté. ♦ ANT. **1.** Décontracté, flegmatique, froid, impassible, serein, stoïque. **2.** Calme, paisible, tranquille. **3.** Égal, plat, régulier, uni. **4.** Naturel, simple, sobre.

TOURMENTER ♦ SYN. ▷ *V. tr.* **1.** S'acharner contre, agacer, assaillir, asticoter *(fam.)*, ennuyer, excéder, harceler, houspiller, *importuner*, persécuter, poursuivre, provoquer, talonner, taquiner, tarabuster, turlupiner *(fam.)*. **2.** Affliger, agiter, *angoisser*, chagriner, chiffonner *(fam.)*, dévorer, hanter, inquiéter, miner, obséder, préoccuper, ronger, tenailler, torturer, tracasser, travailler, troubler. ▷ *V. pr.* **3.** S'en faire, se faire de la bile, se faire du mauvais sang, s'inquiéter, *se soucier*, se tracasser. ♦ ANT. **1.** Aider, amuser, combler, défendre, divertir, flatter, louer, secourir, soutenir. **2.** Apaiser, consoler, rasséréner, rassurer, ravir, réconforter, réjouir, soulager. **3.** Avoir l'esprit en paix, se rassurer, se réjouir.

TOURNAILLER ♦ SYN. Errer, *tourner en rond*, tournicoter *(fam.)*, tourniquer. ♦ ANT. S'arrêter, se fixer, se river.

TOURNANT ♦ SYN. ▷ *Adj.* **1.** Circulaire, giratoire, *pivotant*, rotatif, rotatoire. ▷ *Nom* **2.** Angle, coin, *coude*, courbe, détour, lacet, méandre, sinuosité, virage, zigzag. **3.** Moment clé, reconversion, *réorientation*. ♦ ANT. **1.** Droit, fixe. **2.** Droite. **3.** Continuité, statu quo.

TOURNÉ ♦ SYN. **1.** Aigri, *altéré*, caillé, fermenté, gâté, suri. **2.** Fabriqué, *façonné*, fait, roulé *(fam.)*. **3.** *(Compliment, phrase)* Dit, *exprimé*, formulé. ♦ ANT. **1.** Bon, sain, valide. **2.** Défait, déformé, défraîchi. **3.** Inexprimé, marmonné, tu (taire).

TOURNÉE ♦ SYN. **1.** Campagne, excursion, périple, promenade, ronde, *tour*, virée *(fam.)*, visite, voyage. ▷ *Fam.* **2.** *Raclée*, tisane, torgnole, volée. **3.** *Consommations gratuites*, traite *(québ.)*. ♦ ANT. **1.** Pause, relâche. **2.** Accolade, cajolerie, câlinerie, embrassade.

TOURNER ♦ SYN. ▷ *V. tr.* **1.** Agencer, arranger, *façonner*, faire. **2.** Actionner, agiter, manier, mouvoir, *remuer*, retourner. **3.** Braquer, diriger, *orienter*. **4.** *Contourner*, doubler, éluder, escamoter, esquiver, éviter. **5.** Filmer. ▷ *V. intr.* **6.** Changer de direction, obliquer, *virer*. **7.** Se déplacer, *graviter*, se mouvoir. **8.** Pirouetter, pivoter, toupiner, tourbillonner, tournailler, *tournoyer*, virer, virevolter, volter *(équit.)*, vriller. **9.** Aller, *se dérouler*, évoluer, fonctionner, marcher, rouler. **10.** *Dégénérer*, s'envenimer, se transformer. **11.** Aigrir, *s'altérer*, cailler, se gâter, surir. ♦ ANT. **1.** Bâcler, défaire, déformer. **2.** Arrêter, laisser. **3.** Détourner, éloigner. **4.** Affronter, défier, faire face à. **5.** Cadrer. **6.** Tenir son cap. **7.** S'arrêter, s'immobiliser. **8.** Avancer, choir, se fixer, tomber. **9.** Se briser, cesser, s'interrompre. **10.** S'améliorer, demeurer, rester. **11.** Se bonifier, se conserver, se garder.

TOURNIS ◇ v. **Vertige**

TOURNOI ♦ SYN. **1.** *(Hist.)* Combat, *joute*. **2.** *Compétition*, concours, épreuve.

TOURNOYER ◇ v. **Tourner**

TOURNURE ♦ SYN. **1.** Construction, expression, façon, *forme*, manière, tour. **2.** Air, allure, apparence, *aspect*. **3.** *Cours*, direction, évolution, marche, orientation, tendance.

TOUSSER ♦ SYN. **1.** Se racler la gorge, toussailler, *toussoter*. **2.** *(Moteur)* Avoir des ratés. ♦ ANT. **2.** Rouler, tourner.

TOUT ♦ SYN. ▷ *Adj.* **1.** Complet, *entier*, intégral, plein. **2.** *Seul*, unique. ▷ *Nom* **3.** Collection, *ensemble*, généralité, globalité, intégralité, total, totalité. **4.** *(Grand tout)* Ciel, cosmos, création, espace, galaxie, immensité, macrocosme, monde, *univers*. **5.** *Essentiel*, important, principal. ♦ ÁNT. **1.** Fragmentaire, incomplet, partiel. **2.** Autre, divers. **3.** Division, élément, fraction, lot, morceau, parcelle, part, partie, pièce, portion. **4.** Microcosme. **5.** Accessoire, détail, supplément.

TOUTE-PUISSANCE ♦ SYN. Absolutisme, autorité, domination, hégémonie, *omnipotence*, pouvoir (absolu), suprématie. ♦ ANT. Faiblesse, impuissance, soumission, subordination, sujétion.

TOUT-PUISSANT ♦ SYN. ▷ *Adj.* **1.** Absolu, fort, *omnipotent*, suprême. ▷ *Nom* **2.** Chef, dirigeant, grand, *maître*. **3.** *(Le Tout-Puissant)* Dieu. ♦ ANT. **1.** Faible, fragile, impuissant, infime, limité. **2.** Commun des mortels, peuple. **3.** Humains.

TOUT-VENANT ♦ SYN. **1.** *(Mines)* Brut, *vrac*. **2.** Désordre, foule (indistincte), masse, *mélange*, réunion (hétéroclite), tout le monde. ♦ ANT. **1.** Produit fini, tri. **2.** Classe, couche, hiérarchie, ordre, rang, sélection.

TOUX ♦ SYN. **1.** Toussotement. **2.** *Enrouement*, rhume.

TOXICITÉ ♦ SYN. Dangerosité, malignité, *nocivité*. ♦ ANT. Bénignité, bienfaisance.

TOXICOMANE ♦ SYN. Accro *(fam.)*, camé *(fam.)*, cocaïnomane, dépendant, *drogué*, éthéromane, héroïnomane, intoxiqué, junkie *(fam.)*, morphinomane, opiomane. ♦ ANT. Abstinent, désintoxiqué.

TOXICOMANIE ♦ SYN. Accoutumance, appétence, dépendance, *intoxication*. ♦ ANT. Désaccoutumance, désintoxication, sevrage.

TOXIQUE ♦ SYN. ▷ *Adj.* **1.** Asphyxiant *(gaz)*, dangereux, délétère, intoxicant, malsain, méphitique *(odeur)*, *nocif*, nuisible, poison, vénéneux, venimeux *(animal)*, vireux. ▷ *Nom* **2.** *Poison*, toxine, venin. ♦ ANT. **1.** Atoxi-

que, bénin, curatif, inoffensif, sain, salubre, salutaire. **2.** Antidote, médicament, sérum.

TRAC ♦ SYN. *Angoisse*, appréhension, crainte, frousse *(fam.)*, inquiétude, nervosité, peur, trouille *(fam.)*. ♦ ANT. Aisance, assurance, calme, confiance, désinvolture, hardiesse, quiétude, témérité.

TRACAS ♦ SYN. Dérangement, difficulté, ennui, inquiétude, préoccupation, *souci*, tintouin *(fam.)*, tourment, tracasserie. ♦ ANT. Agrément, bien-être, bonheur, joie, paix, plaisir, quiétude, sérénité, soulagement.

TRACASSER ♦ SYN. ▷ *V. tr.* **1.** Chicoter *(québ., fam.)*, chiffonner *(fam.)*, ennuyer, hanter, *inquiéter*, obséder, préoccuper, ronger, tarabuster, tarauder, titiller *(fam.)*, torturer, tourmenter, travailler, turlupiner *(fam.)*. ▷ *V. pr.* **2.** S'en faire, se faire du souci, *s'inquiéter*, se soucier, se tourmenter. ♦ ANT. **1.** Apaiser, consoler, distraire, oublier, rasséréner, rassurer, réconforter, réjouir, soulager. **2.** Avoir l'esprit en paix, se calmer, se distraire, se rassurer, se réjouir.

TRACASSERIES ♦ SYN. Brimades, chicanes, complications, *difficultés*, embêtements, ennuis, lenteurs (administratives), mesquineries, querelles, tracas, vexations. ♦ ANT. Accords, arrangements, attentions, bienfaits, délicatesses, diligence, prévenances, soins.

TRACASSIER ♦ SYN. Brouillon, chicaneur, *chicanier*, ergoteur, mesquin, procédurier, querelleur, tatillon, vétilleux. ♦ ANT. Accommodant, aimable, attentionné, délicat, gentil, prévenant, souple.

TRACE ♦ SYN. **1.** Brisées, empreinte, foulée, ornières, pas, passée, *piste*, sillage, sillon, traînée. **2.** Ecchymose, cicatrice, indice, *marque*, signe, tache, tatouage. **3.** Relent, relique, réminiscence, reste, souvenir, stigmate, *vestige*. **4.** Apparence, filet, goutte, larme, ombre, parcelle, semblant, soupçon, teinte, *un peu*. ♦ ANT. **1-2.** Disparition, effacement. **3.** Néant, oubli, rien. **4.** Flot, mer, profusion, tas.

TRACÉ ◆ SYN. 1. Contour, dessin, ébauche, esquisse, graphique, *plan*. 2. Bornage, *délimitation*, jalonnement. 3. Chemin, itinéraire, *ligne*, parcours, trajet.

TRACER ◆ SYN. 1. Circonscrire, décrire, *dessiner*, ébaucher, écrire, esquisser, inscrire, marquer, représenter, tirer. 2. Baliser, borner, bornoyer, *délimiter*, jalonner, piqueter. ◆ ANT. 1. Effacer, rayer, supprimer. 2. Empiéter, envahir, étendre.

TRACT ◆ SYN. Affiche, brochure, *feuille de propagande*, feuillet, prospectus.

TRACTATIONS ◆ SYN. *(Péj.)* Combines *(fam.)*, compromissions, fricotage *(fam.)*, intrigues, machinations, magouille *(fam.)*, manigances, manœuvres, *marchandage*, négociations secrètes, tripotage *(fam.)*. ◆ ANT. Compromis, discussions honnêtes, franches négociations.

TRACTER ◇ v. Tirer

TRACTION ◆ SYN. 1. Remorquage, *tirage*, trait *(animal)*. 2. Déplacement, *locomotion*, mouvement. 3. *(Gymn.)* Pompes *(fam.)*, relèvement, soulèvement. ◆ ANT. 1. Poussée, propulsion.

TRADITION ◆ SYN. 1. Culture (ancestrale), enseignement, *héritage*, passé, transmission. 2. Connaissances, *coutumes*, croyances, culture, doctrines, habitudes, pratiques, rites, usages, us et coutumes. 3. Folklore, *légende*, mythe. ◆ ANT. 1-2. Apport, changement, innovation, mode, nouveauté, rupture, transformation. 3. Actualité, histoire (présente), modernité.

TRADITIONALISME ◆ SYN. Académisme, classicisme, *conformisme*, conservatisme, droitisme, intégrisme, orthodoxie, passéisme, réaction. ◆ ANT. Anticonformisme, avant-gardisme, futurisme, modernisme, réformisme.

TRADITIONNEL ◆ SYN. 1. Académique, classique, *conformiste*, conservateur, conventionnel, orthodoxe. 2. Folklorique, *légendaire*, mythique. 3. Coutumier, *habituel*, rituel, usuel. ◆ ANT. 1. Anticonformiste, avant-gardiste, innovateur, non-conformiste, nouveau, novateur, ori-

ginal. 2. Actuel, contemporain, moderne. 3. Exceptionnel, inédit, inhabituel, rare, unique.

TRADUIRE ◆ SYN. 1. *(Dr.)* Appeler, assigner, *citer*, convoquer, déférer. 2. Adapter, déchiffrer, décoder, décrypter, interpréter, *rendre*, transposer. 3. Dénoter, *exprimer*, figurer, refléter, représenter, montrer, révéler, signifier, trahir. ◆ ANT. 1. Gracier, libérer. 2. Altérer, déformer, dénaturer, fausser, modifier, obscurcir, pervertir, trahir. 3. Cacher, masquer, voiler.

TRAFIC ◆ SYN. 1. *(Péj.)* *Commerce illicite*, contrebande, échange, fricotage *(fam.)*, traite. 2. *(Véhicules)* Circulation, débit, *mouvement*. 3. *(Trafic d'influence)* Concussion, *corruption*, exaction, malversation, pot-de-vin, prévarication. ◆ ANT. 3. Droiture, honnêteté, intégrité, probité.

TRAFIQUANT ◆ SYN. 1. Bootlegger, *contrebandier*, fricoteur *(fam.)*. 2. *(Drogue)* Passeur, pourvoyeur, *revendeur*.

TRAFIQUER ◆ SYN. Péj. 1. *Commercer*, échanger, fricoter *(fam.)*, traficoter *(fam.)*. 2. Contrefaire, dénaturer, *falsifier*, frelater, manipuler *(chiffres, données)*, maquiller, modifier, transformer. 3. *(Fam.)* Comploter, fabriquer, machiner, *manigancer*, ourdir, tramer. ◆ ANT. 2. Conserver, garder, préserver. 3. Divulguer, révéler (ses intentions).

TRAGÉDIE ◆ SYN. 1. Œuvre dramatique. 2. Calamité, *catastrophe*, désastre, drame, malheur, sinistre. ◆ ANT. 1. Comédie, farce. 2. Avantage, bienfait, bonheur.

TRAGIQUE ◆ SYN. 1. *(Genre)* Dramatique. 2. Effroyable, funeste, *grave*, malheureux, pathétique, sombre, terrible, triste. ◆ ANT. 1. Burlesque, comique. 2. Anodin, bénéfique, heureux, salutaire.

TRAHIR ◆ SYN. 1. *Abandonner*, dénoncer, déserter, lâcher, livrer, renier, tromper, vendre. 2. Dévoiler, *divulguer*, moucharder *(fam.)*, vendre la mèche, violer un secret. 3. Accuser, déceler, dénoter, indiquer, manifester, marquer, *montrer*, révéler, signaler, trahir. 4. Déformer, dénaturer, *fausser*. ◆ ANT. 1. Aider, appuyer, défendre, rester fidèle, seconder, servir, soutenir.

2. Garder (secret), taire. **3.** Cacher, celer, dissimuler, masquer, voiler. **4.** Respecter, traduire (fidèlement).

TRAHISON ♦ SYN. **1.** *Abandon*, défection, délation, dénonciation, désertion, mouchardage *(fam.)*, reniement. **2.** Bassesse, *déloyauté*, félonie, forfaiture, fourberie, infidélité, parjure, perfidie, traîtrise, tromperie. ♦ ANT. **1.** Aide, appui, défense, protection, sauvegarde, secours, soutien. **2.** Fidélité, honnêteté, loyauté, probité, sincérité.

TRAIN ♦ SYN. **1.** Convoi, file, *rame*. **2.** *Chemin de fer*, rail, transport ferroviaire. **3.** Cortège, défilé, ensemble, file, série, *suite*. **4.** *Allure*, cours, démarche, déroulement, enchaînement, marche, mouvement, progression, rythme, vitesse. **5.** *(Fam.)* *Derrière*, popotin. **6.** *(Québ.)* Mulsion, *soins des animaux*, traite. **7.** *(Québ. fam.)* Bruit, *tapage*, tumulte, vacarme.

TRAÎNARD ♦ SYN. Flâneur, *lambin*, paresseux, retardataire, traîneur. ♦ ANT. Alerte, expéditif, ponctuel, pressé, rapide, soigneux, vif.

TRAÎNASSER ♦ SYN. Errer, flâner, glander *(fam.)*, *lambiner*, musarder, muser, paresser, traînailler, traîner, vagabonder, vadrouiller *(fam.)*. ♦ ANT. Accélérer, activer, dépêcher, hâter, précipiter, presser.

TRAÎNÉE ♦ SYN. **1.** Chevelure *(comète)*, coulisse *(québ.)*, coulure, sillage, *trace*. **2.** *(Pêche)* Cordeau, cordée, *ligne de fond*, palangre. **3.** *(Fam.)* *Prostituée*, roulure.

TRAÎNER ♦ SYN. ▷ V. tr. **1.** Haler, remorquer, *tirer*, touer, tracter. **2.** *Emmener*, emporter, entraîner, transporter, trimballer *(fam.)*. **3.** *(Douleur)* Endurer, *supporter*. **4.** Éterniser, *prolonger*. ▷ V. intr. **5.** *Pendre*, se rabattre, retomber. **6.** *S'étaler*, s'étendre, gésir, reposer, subsister, se trouver. **7.** *S'éterniser*, perdurer, se prolonger, tarder. **8.** S'attarder, errer, flâner, *lambiner*, lanterner, traînailler, traînasser, vadrouiller *(fam.)*, vagabonder. ♦ ANT. **1.** Pousser. **2.** Abandonner, chasser, délaisser. **3.** Combattre, soigner. **4.** Finir, terminer. **5.** Rele-

ver, remonter, soulever. **6.** Disparaître, s'estomper. **7.** S'arrêter, cesser. **8.** Avancer, se hâter, se presser.

TRAIN-TRAIN ♦ SYN. Habitude, monotonie, quotidien, ronron *(fam.)*, *routine*. ♦ ANT. Bouleversement, changement, imprévu.

TRAIT ♦ SYN. **1.** *(Arme)* *Jet*, lancement, tir. **2.** Flèche, javelot, lance, *projectile*. **3.** Pointe, raillerie, *sarcasme*. **4.** *(Trait d'esprit)* Blague, boutade, calembour, galéjade, *mot d'esprit*, plaisanterie, saillie. **5.** *(Animal)* Remorquage, *traction*. **6.** *(Attelage)* Corde, courroie, lanière, *longe*. **7.** Barre, *ligne*, soulignage, tiret. **8.** *Coup*, gorgée, jet, lampée *(fam.)*. **9.** Caractère, *caractéristique*, marque, signe. **10.** *(Pl.)* Expression, *lignes du visage*, mine, physionomie.

TRAITABLE ♦ SYN. Accommodant, commode, *conciliant*, facile, maniable, souple. ♦ ANT. Difficile, dur, malcommode *(québ., fam.)*, inflexible, intraitable, intransigeant.

TRAITE ♦ SYN. **1.** *Commerce*, négoce, trafic, transport, troc. **2.** Billet, effet de commerce, *lettre de change*. **3.** Chemin, distance, espace, *parcours*, route, trajet, trotte *(fam.)*. **4.** *(Vaches)* *Mulsion*, train *(québ.)*. **5.** *(Québ.)* Tournée.

TRAITÉ ♦ SYN. **1.** *(Didact.)* Cours, discours, essai, étude, *exposé* (détaillé), manuel, ouvrage, somme. **2.** Accord, contrat, *convention*, engagement, entente, pacte, protocole. ♦ ANT. **1.** Aperçu, précis, sommaire. **2.** Désengagement, refus, retrait.

TRAITEMENT ♦ SYN. **1.** *Accueil*, comportement (à l'égard de quelqu'un), réception. **2.** Façon, *manière de procéder*, procédé. **3.** Cure, médication, remède, soins, *thérapeutique*, thérapie. **4.** Conditionnement, exploitation, manipulation, opération, *transformation*, usinage, utilisation. **5.** Analyse, étude, *examen*. **6.** *(Traitement de données)* Informatique. **7.** Appointements, cachet, émoluments, gages, honoraires, paie (paye), *rémunération*, rétribution, salaire.

TRAITER ♦ SYN. ▷ V. tr. **1.** Agir, se comporter, *se conduire envers*. **2.** Accueillir, convier, *recevoir*. 3. Suivre, *soigner*. 4. *(Péj.)* Appeler, qualifier de, *taxer de*. 5. Exploiter, manipuler, *transformer*, usiner. 6. Aborder, analyser, développer, discuter, étudier, *examiner*. ▷ *V. tr. ind.* 7. Discuter, échanger, établir un accord, *négocier*, parlementer, régler. ✦ ANT. 1. Blesser, maltraiter. 2. Éconduire, évincer, expulser. 3. Négliger, oublier. 4. Respecter. 5. Conserver, découvrir, explorer. 6. Escamoter, survoler. 7. Se disputer, guerroyer.

TRAÎTRE ✦ SYN. ▷ *Adj.* 1. *Déloyal*, faux, fourbe, infidèle, trompeur, vendu. 2. *Dangereux*, imprévu, insidieux, sournois. ▷ *Nom* 3. Délateur, déserteur, espion, félon, judas, lâcheur, parjure, *renégat*, scélérat, transfuge, vendu. ✦ ANT. 1. Droit, fiable, fidèle, honnête, loyal, probe, sincère, sûr. 2. Anodin, inoffensif, prévisible. 3. Ami, confident, défenseur, fidèle, partisan, protecteur, soutien.

TRAÎTRISE ◇ v. Trahison

TRAJECTOIRE ✦ SYN. 1. Courbe, ligne, *orbite*, parabole. 2. Chemin, circuit, course, déplacement, itinéraire, mouvement, parcours, *trajet*. 3. *(Fig.)* Carrière, *cheminement*, expérience, vécu.

TRAJET ✦ SYN. Chemin, circuit, course, distance, espace, itinéraire, marche, *parcours*, route, tour, tracé, traite, trajectoire, traversée, voyage. ✦ ANT. Arrivée, bout, départ, fin, terme.

TRAME ✦ SYN. 1. Contexture, entrelacement, *maillage*, quadrillage, réticule *(optique)*. 2. Base, fond, organisation, réseau, *structure*, texture. 3. *(Récit)* Canevas, *intrigue*, scénario.

TRAMER ✦ SYN. ▷ *V. tr.* 1. Entrelacer, nouer, *tisser*. 2. *(Complot, intrigue)* Combiner, concocter *(fam.)*, élaborer, fricoter *(fam.)*, machiner, manigancer, méditer, mijoter *(fam.)*, mûrir, organiser, *ourdir*, préméditer, préparer, tisser *(fig.)*. ✦ ANT. 1. Défaire, délier, dénouer. 2. Contrecarrer, déjouer, dénoncer, dévoiler, éventer, mettre en plein jour, prévenir, signaler.

TRANCHANT ✦ SYN. ▷ *Adj* 1. Acéré, affilé, affûté, aigu, aiguisé, *coupant*. 2. Absolu,

affirmatif, autoritaire, brusque, *cassant*, catégorique, impératif, impérieux, incisif, intransigeant, péremptoire, prompt, rude, sec, tranché. ▷ *Nom* 3. Côté *(main)*, découpoir *(techn.)*, feuilletis *(diamant)*, *fil*, taille. ✦ ANT. 1. Contondant, ébréché, émoussé, épointé, usé. 2. Amène, avenant, conciliant, débonnaire, doucereux, doux, embarrassé, hésitant, humble, incertain, mielleux, nuancé, perplexe, timide. 3. Dos, estoc, paume, plat, pointe.

TRANCHE ✦ SYN. 1. *(Nourriture)* Bifteck, darne, émincé, escalope, lamelle, morceau, part, *portion*, quartier, rond, rondelle, rôtie, rouelle, steak, tartine, toast. 2. *(Ch.)* Fraction, *partie*, subdivision. 3. *Bord*, côté, coupe, tour. ✦ ANT. 2. Ensemble, entièreté, totalité, tout. 3. Dessus, dos, face, surface.

TRANCHÉ ✦ SYN. 1. *Coupé*, divisé, sectionné. 2. Clair, contrasté, distinct, franc, marqué, *net*, séparé. 3. Absolu, carré, *catégorique*, déterminé, précis. ✦ ANT. 1. Complet, entier, intact. 2. Comparable, indistinct, pareil, rapproché, semblable, voisin. 3. Confus, équivoque, flou, incertain, indécis, nébuleux, nuancé, vague.

TRANCHÉE ✦ SYN. 1. Canal, cavité, creux, *excavation*, sillon. 2. *(Milit.)* Boyau, *fossé*, parallèle, sape, tranchée-abri. 3. *(Tranchées utérines)* *Contractions*, crampes, douleurs. ✦ ANT. 1. Butte, déblai, monticule, tertre.

TRANCHER ✦ SYN. ▷ *V. tr.* 1. *Couper*, débiter, découper, diviser, fendre, sectionner, séparer, tronçonner. 2. Régler, *résoudre*, vider. ▷ *V. intr.* 3. Conclure, *décider*, se prononcer, statuer. 4. *Contraster*, se détacher, détonner, se distinguer, jurer *(fig.)*, ressortir. ✦ ANT. 1. Assembler, attacher, coller, fusionner, joindre, raccorder, relier, rassembler, réunir, souder, unir. 2. Compliquer, contourner, reporter. 3. Atermoyer, hésiter, tergiverser. 4. S'atténuer, se confondre, s'effacer, se rapprocher, se ressembler.

TRANQUILLE ✦ SYN. 1. *(Lieu)* *Calme*, paisible, reposant, silencieux. 2. Doux, flegmatique, imperturbable, *placide*, posé, quiet, rassis, serein. 3. Apaisé, confiant, *rassuré*, réconforté, soulagé. 4. *(Enfant)* Discipliné, docile, facile, gentil, obéissant, *sage*, soumis. ◆ ANT. **1.** Agité, animé, bruyant, houleux, tumultueux. **2.** Capricieux, emporté, excité, fougueux, irritable, nerveux. **3.** Affolé, inquiet, tourmenté, troublé. **4.** Désobéissant, dissipé, espiègle, remuant, tannant *(québ., fam.)*, tapageur, turbulent.

TRANQUILLISANT ◆ ANT. ▷ *Adj.* **1.** Apaisant, *calmant*, lénifiant, rassurant, réconfortant, relaxant. ▷ *Nom* **2.** Antidépresseur, antispasmodique, anxiolytique, *neuroleptique*, psycholeptique, sédatif. ◆ ANT. **1.** Assourdissant, excitant, inquiétant, stimulant, tonique, troublant. **2.** Énergisant, psychoanaleptique, psychostimulant, psychotonique, stimulant.

TRANQUILLISER ◆ SYN. Apaiser, *calmer*, consoler, rasséréner, rassurer, réconforter, sécuriser. ◆ ANT. Affoler, alarmer, angoisser, effrayer, inquiéter, paniquer, troubler.

TRANQUILLITÉ ◆ SYN. **1.** *Calme*, immobilité, paix, placidité, quiétude, repos, sécurité, sérénité, silence. **2.** *(Enfant)* Docilité, obéissance, *sagesse*. ◆ ANT. **1.** Agitation, anxiété, bruit, danger, effroi, fureur, guerre, inquiétude, tapage, tempête, tourment, trouble. **2.** Désobéissance, espièglerie, indocilité.

TRANSACTION ◆ SYN. **1.** Arrangement, contrat, convention, entente, *marché*. **2.** Achat, *échange*, opération boursière, opération commerciale, vente. ◆ ANT. **1.** Contestation, mésentente, poursuite. **2.** Accumulation, stockage.

TRANSBORDER ◆ SYN. *Transférer*, transporter. ◆ ANT. Garder, retenir.

TRANSCENDANT ◆ SYN. D'exception, élevé, éminent, exceptionnel, sublime, *supérieur*, suprême, surnaturel. ◆ ANT. Banal, commun, immanent, inférieur, médiocre, ordinaire.

TRANSCENDER ◆ SYN. Dépasser, *surpasser*. ◆ ANT. Égaler, être inférieur à.

TRANSCRIPTION ◆ SYN. **1.** *Copie*, enregistrement, recopiage, relevé, report, saisie *(inform.)*. **2.** *Notation*, reproduction,

translittération *(ling.)*, transposition. **3.** *(Mus.)* *Adaptation*, arrangement. ◆ ANT. **1.** Original.

TRANSCRIRE ◆ SYN. *Copier*, enregistrer, noter, recopier, reporter, reproduire, saisir *(inform.)*, translittérer *(ling.)*. ◆ ANT. Composer, effacer, inventer, rédiger.

TRANSE ◆ SYN. **1.** Agitation, crise, délire, énervement, *excitation*, frénésie, surexcitation. **2.** Émotion, enthousiasme, exaltation, *extase*, inspiration, ravissement, transport. **3.** Anagogie, contemplation, élévation (de l'âme), *mysticisme*, vision. **4.** *(Spiritisme)* *Hypnose*, semi-conscience. **5.** *(Pl.)* Affres, *angoisse*, appréhension, crainte, effroi, épouvante, frayeur, inquiétude, peur. ◆ ANT. **1.** Calme, maîtrise (de soi), relaxation, repos. **2.** Abattement, apathie, désabusement, torpeur. **3.** Abandon, déréliction. **4.** Conscience, éveil. **5.** Assurance, confiance, flegme, sang-froid, sérénité, stoïcisme.

TRANSFÉRER ◆ SYN. **1.** Délocaliser, déménager, *déplacer*, transbahuter *(fam.)*, transborder, transporter, transvaser, virer. **2.** *(Dr.)* Aliéner, céder, léguer, *transmettre*. **3.** *(Psychol.)* Associer, projeter, reporter, *substituer*. ◆ ANT. **1.** Conserver, emménager, fixer, garder, immobiliser, laisser, localiser, maintenir, placer, retenir. **2.** Hériter, recevoir. **3.** Distinguer, identifier (en soi), intérioriser.

TRANSFERT ◆ SYN. **1.** Délocalisation, déménagement, *déplacement*, transfèrement, translation, transport, virement. **2.** *(Dr.)* Aliénation, cession, donation, legs, translation, *transmission*. **3.** *(Écon.)* *Redistribution*, répartition. **4.** *(Inform.)* Téléchargement. **5.** *(Populations)* Déportation, *transplantation*. **6.** *(Psychol.)* Association, projection, report, *substitution*. ◆ ANT. **1.** Conservation, emménagement, fixation, immobilisation, localisation, maintien, stabilisation. **2.** Héritage, succession. **3.** Collecte, perception. **4.** Traitement. **5.** Arrivée, implantation. **6.** Identification (en soi), intériorisation, introjection.

TRANSFIGURATION ♦ SYN. Amélioration, embellissement, glorification *(relig.)*, *métamorphose*, transformation. ♦ ANT. Avilissement, défiguration, déformation, enlaidissement, gâchis, massacre.

TRANSFIGURER ♦ SYN. Améliorer, embellir, enjoliver, glorifier *(relig.)*, *métamorphoser*, transformer. ♦ ANT. Abîmer, avilir, défigurer, déformer, enlaidir, gâcher, massacrer.

TRANSFORMATION ♦ SYN. 1. *Changement*, développement, évolution, modification, mue, variation. 2. *Conversion*, métamorphose, mutation, passage, traitement, transmutation. 3. *Amélioration*, aménagement, embellissement, modernisation, renouvellement, rénovation, transfiguration. 4. *Bouleversement*, chambardement *(fam.)*, révolution. ♦ ANT. 1. Fixité, maintien, permanence, stabilité. 2. Conservation, préservation, protection, sauvegarde. 3. Défiguration, dépérissement, désuétude, détérioration, enlaidissement. 4. Stagnation, statu quo, tradition.

TRANSFORMER ♦ SYN. ▷ *V. tr.* 1. Changer, *modifier*. 2. *Convertir*, métamorphoser, traiter, transmuer. 3. *Améliorer*, arranger, embellir, moderniser, renouveler, rénover, transfigurer. 4. *Bouleverser*, chambarder *(fam.)*, révolutionner. ▷ *V. pr.* 5. Se développer, devenir, *évoluer*, se modifier, muer, tourner à. ♦ ANT. 1. Fixer, garder, maintenir, stabiliser. 2. Conserver, préserver, protéger, sauvegarder. 3. Abîmer, défigurer, dépérir, détériorer, enlaidir, gâcher. 4. Stagner. 5. Demeurer, rester.

TRANSFUGE ◇ v. **Déserteur**

TRANSGRESSER ♦ SYN. 1. Contrevenir à, déroger à, désobéir à, *enfreindre*, outrepasser, pécher contre, violer. 2. *(Conventions, règles établies)* Bafouer, braver, fouler aux pieds, malmener, *mépriser*, piétiner. ♦ ANT. 1-2. Accepter, approuver, obéir, observer, respecter, se soumettre.

TRANSI ♦ SYN. 1. Engourdi, figé, frissonnant, *gelé*, glacé, gourd, grelottant, tremblant. 2. Alangui, figé *(fig.)*, langou-

reux, languissant, *paralysé*, pétrifié, saisi, timide. ♦ ANT. 1. Brûlant, dégelé, réchauffé, suant. 2. Ardent, audacieux, entreprenant, vif.

TRANSIGER ♦ SYN. 1. S'accommoder, s'arranger, *composer avec*, convenir, s'entendre, faire des concessions, pactiser. 2. Capituler, *céder*, concéder, s'incliner, plier. ♦ ANT. 1. Disconvenir, se dissocier, s'entêter, s'opposer, repousser, rompre. 2. Combattre, résister, vaincre.

TRANSIR ♦ SYN. ▷ *V. tr.* 1. Engourdir, *geler*, glacer, pénétrer, saisir, transpercer. 2. *(Émotion)* Figer, glacer *(fig.)*, *paralyser*, pétrifier, saisir. ▷ *V. intr.* 3. Claquer des dents, frissonner, *grelotter*, trembler. ♦ ANT. 1. Dégourdir, dégeler, réchauffer. 2. Détendre, enhardir, rassurer. 3. Se couvrir, se réchauffer, suer, transpirer.

TRANSITION ♦ SYN. Charnière, étape, intermédiaire, lien, *passage*, pont. ♦ ANT. Conclusion, fin, issue, permanence, résultat.

TRANSITOIRE ♦ SYN. 1. Court, éphémère, fugace, fugitif, momentané, *passager*, périssable, précaire, temporel. 2. Intérimaire, *provisoire*, temporaire. ♦ ANT. 1. Constant, durable, éternel, impérissable, long, solide, stable. 2. Permanent, régulier.

TRANSLUCIDE ♦ SYN. Diaphane, pellucide, *transparent*. ♦ ANT. Obscur, opaque.

TRANSMETTRE ♦ SYN. 1. *(Dr.)* Céder, *léguer*, transférer. 2. Confier, *déléguer*, remettre. 3. Acheminer, *communiquer*, diffuser, passer, véhiculer. 4. *(Techn.)* Conduire, répercuter, *transporter*. 5. *(Maladie)* Contaminer, donner, infecter, *propager*, répandre. ♦ ANT. 1. Acquérir, hériter, recevoir. 2. Accaparer, centraliser, contrôler. 3. Censurer, dissimuler, filtrer, garder, retenir. 4. Arrêter, bloquer, interrompre. 5. Attraper, contracter, éliminer, éradiquer.

TRANSMISSION ♦ SYN. 1. *Cession*, donation, transfert. 2. Délégation, dévolution, *passation*. 3. *Communication*, diffusion, émission, retransmission. **4.** Conduction, répercussion, *transport*. **5.** Contamination, contagion, dissémination, épidémie, infection, *propagation*. **6.** *Héritage*, patrimoine, succession. **7.** Atavisme, *hérédité*, tradition. ◆ **ANT. 1.** Acquisition, conservation, réception. **2.** Accaparement, contrôle, monopolisation. **3.** Censure, détournement, filtrage. **4.** Arrêt, interruption, panne. **5.** Élimination, éradication. **6.** Déshérence. **7.** Acquis, apport, individualité, personnalité.

TRANSMUER ◆ **SYN.** Changer, convertir, *transformer*, transmuter. ◆ **ANT.** Conserver, maintenir, préserver.

TRANSMUTATION ◆ **SYN.** Altération, changement, conversion, convertissage *(métall.)*, convertissement, mutation, *transformation*.

TRANSNATIONAL ◆ **SYN.** International, *multinational*, plurinational. ◆ **ANT.** Étatique, gouvernemental, national.

TRANSPARENCE ◆ **SYN. 1.** Clarté, diaphanéité, *limpidité*, pureté, translucidité. **2.** Candeur, ingénuité, *sincérité*, vérité. **3.** Droiture, *intégrité*, moralité. **4.** Compréhensibilité, facilité, *intelligibilité*, netteté, simplicité. ◆ **ANT. 1.** Impureté, obscurité, opacité, saleté. **2.** Duplicité, fausseté, hypocrisie, mensonge. **3.** Corruption, immoralité, improbité, malhonnêteté. **4.** Complexité, confusion, difficulté, hermétisme, inintelligibilité.

TRANSPARENT ◆ **SYN. 1.** Clair, cristallin, diaphane, hyalin *(minéral.)*, *limpide*, pur, translucide, vitré *(anat.)*. **2.** Délicat, fin, léger, *vaporeux*. **3.** Candide, ingénu, *sincère*, vrai. **4.** Droit, *intègre*, moral, probe. **5.** Compréhensible, évident, facile, *intelligible*, net, simple. ◆ **ANT. 1.** Impur, obscur, opaque, sale, sombre, trouble. **2.** Épais, lourd, voilé. **3.** Faux, hypocrite, menteur, scélérat. **4.** Corrompu, immoral, malhonnête, véreux. **5.** Confus, difficile, embrouillé, hermétique, incompréhensible, inintelligible, touffu.

TRANSPERCER ◆ **SYN. 1.** Cribler, embrocher, empaler, percer, *perforer*, piquer,

trouer. **2.** Atteindre, *pénétrer*, traverser. ◆ **ANT. 2.** Effleurer, épargner, protéger.

TRANSPIRATION ◆ **SYN. 1.** Diaphorèse *(méd.)*, moiteur, *sudation*, sueur. **2.** *(Fam.)* Effort, sueur *(fig.)*, *travail*. ◆ **ANT. 1.** Chair de poule *(fam.)*, frisson, frissonnement, sécheresse. **2.** Oisiveté, paresse.

TRANSPIRER ◆ **SYN. 1.** *Suer (pers., ch.)*, suinter *(ch.)*. **2.** *Circuler*, s'ébruiter, filtrer, percer, se répandre, transparaître. **3.** *(Fam.)* Bosser, bûcher, *travailler* (dur). **4.** *(Impression agréable)* Dégager, exprimer, *manifester*, montrer, respirer. **5.** *(Impression désagréable)* *Exhaler*, suer, suinter. ◆ **ANT. 1.** Assécher, sécher. **2.** Censurer, étouffer, taire. **3.** Fainéanter, musarder, paresser. **4.** Cacher, receler. **5.** Chasser, dissiper.

TRANSPLANTATION ◆ **SYN. 1.** Dépotage, dépotement, plantation, reboisement, repiquage, *replantation*. **2.** *(Méd.)* Greffe, implantation *(embryon)*. **3.** *Déplacement*, migration, transfert. ◆ **ANT. 1.** Abattage, coupe, déboisement, destruction. **2.** Ablation, extraction. **3.** Enracinement, établissement, installation.

TRANSPLANTER ◆ **SYN. 1.** Dépoter, planter, reboiser, repiquer, *replanter*. **2.** *(Méd.)* Greffer, implanter *(embryon)*. **3.** *Déplacer*, migrer, transférer, transporter. ◆ **ANT. 1.** Abattre, brûler, couper, déboiser, détruire. **2.** Enlever, extraire. **3.** Enraciner, établir, installer.

TRANSPORT ◆ **SYN. 1.** *(Dr.)* Abandon, aliénation, *cession*. **2.** Acheminement, circulation, communications, courrier, déménagement, *déplacement*, expédition, factage, fret, messagerie, passage, port, portage, poste, roulage, transbordement, transfert, transit, transmission, transplantation, voyage. **3.** Autobus, autocar, automobile, avion, avionnerie, bateau, camion, camionnage, chemin de fer, *locomotion*, marche, métro, navigation, navire, train, voiturage. **4.** *Canalisation*, conduite, gazoduc, oléoduc. **5.** *(Pl. surtout)* Accès, ardeur, effusion, élan, émotion, *emportement*, enthousiasme, exaltation, excitation, extase, ivresse, ravissement, transe. ✦ ANT. 1. Acquisition, rétrocession. 2. Arrêt, blocus, emmagasinage, entreposage, immobilisation, immobilité, interruption, obstruction, panne, stockage. 5. Affaissement, apathie, baisse, chute, froideur, impassibilité, indifférence.

TRANSPORTER ✦ SYN. 1. (Dr.) Abandonner, *céder*, transmettre. 2. Amener, apporter, camionner, charrier, charroyer, colporter, conduire, débarder (techn.), déménager, *déplacer*, emporter, mener, passer, porter, traîner, transborder, transférer, transmettre, transplanter, trimballer (fam.), véhiculer, voiturer. 3. Adapter, insérer, introduire, traduire, *transposer*. 4. Électriser, emballer (fam.), *emporter*, enivrer, enthousiasmer, entraîner, exalter, exciter, ravir, réjouir, soulever. ✦ ANT. 1. Acquérir, conserver, entasser. 2. Ancrer, emmagasiner, entreposer, fixer, immobiliser, stocker. 3. Déformer, fausser, pervertir, travestir. 4. Affliger, attrister, contrarier, contrister, déprimer, désenchanter, ennuyer, fâcher, refroidir.

TRANSPOSER ✦ SYN. 1. Alterner, déplacer, *intervertir*, inverser, permuter, renverser, retourner. 2. Actualiser, *adapter*, reporter, transporter, traduire, transférer. ✦ ANT. 1. Remettre, rétablir. 2. Défigurer, dénaturer, fausser.

TRANSPOSITION ✦ SYN. 1. Déplacement, *interversion*, inversion, permutation, renversement, retournement. 2. Actualisation, *adaptation*, arrangement (mus.), traduction, transfert. 3. (Ling.) Anagramme, contrepet, contrepèterie, *métathèse*. ✦ ANT. 1. Composition, structuration. 3. Altération, déformation, sabotage.

TRANSSUDATION ✦ SYN. Exsudation, filtrage, passage, pénétration, *suintement*. ✦ ANT. Dessèchement, dessiccation, rétention.

TRANSSUDER ✦ SYN. Exsuder, filtrer, passer, pénétrer, *suinter*, traverser. ✦ ANT. S'assécher, se dessécher, s'évaporer.

TRANSVASER ✦ SYN. Dépoter, déverser, soutirer, transférer, *transvider*, ver-

ser. ✦ ANT. Conserver, contenir, garder, recouvrir, tasser.

TRANSVERSAL ✦ SYN. *En travers*, horizontal, perpendiculaire, transverse (anat.). ✦ ANT. Longitudinal, parallèle.

TRAPPE ✦ SYN. 1. Accès, *ouverture*, trou. 2. Chausse-trappe, *piège*, souricière, ratière. 3. (Québ.) *Piégeage*, trappage. 4. Maison (couvent, monastère) de trappistes, *ordre des trappistes*.

TRAPU ✦ SYN. Courtaud, épais, fort, lourd, *massif*, râblé, ramassé, robuste. ✦ ANT. Délicat, élancé, fluet, frêle, gracile, léger, svelte.

TRAQUE ◇ V. **Battue**

TRAQUENARD ✦ SYN. 1. Guet-apens, *piège*, ruse, traquet, trébuchet. 2. (Pl.) *Difficultés*, embûches. ✦ ANT. 1. Attention, vigilance. 2. Aise, facilité, maîtrise.

TRAQUER ✦ SYN. Cerner, entourer, harceler, pourchasser, *poursuivre*, presser, rabattre (gibier), talonner. ✦ ANT. Atteindre, capturer, échapper à, libérer.

TRAUMATISER ✦ SYN. 1. Blesser, choquer, commotionner, *léser*. 2. Bouleverser, ébranler, *perturber*, secouer, troubler. ✦ ANT. 1. Épargner, guérir, réchapper. 2. Apaiser, calmer, rassurer.

TRAUMATISME ✦ SYN. 1. (Méd.) Blessure, *choc*, coup, commotion, lésion, trauma, trouble. 2. (Psychol.) Bouleversement, choc (émotionnel), *perturbation*, secousse, trouble. ✦ ANT. 1. Guérison, rétablissement. 2. Calme, équanimité, quiétude.

TRAVAIL ✦ SYN. 1. Action, *activité*, affaire, élaboration, entreprise, labeur, occupation, œuvre, opération, ouvrage, production. 2. Art, exécution, *façon*, facture. 3. Attention, *effort*, énergie, peine, soin. 4. *Construction*, réfection, réparation. 5. Besogne, boulot (fam.), corvée, *emploi*, fonction, gagne-pain, job (fam.), métier, planque (fam.), profession, sinécure, spécialité, tâche. 6. Atelier, boîte (fam.), boutique (fam.), *bureau*, chantier, usine. 7. *Main-d'œuvre*, ouvriers, salariés, travailleurs. 8. Énergie, fonctionnement, *force*, puissance, rendement. **9.** Devoir, écrit, **étude**, exercice, leçon, recherche. **10.** *Accouchement*, contractions. ◆ ANT. **1.** Désœuvrement, inaction, inactivité, inoccupation, oisiveté, paresse. **2.** Défaut, malfaçon. **3.** Inattention, négligence. **4.** Démolition, destruction. **5.** Chômage, débrayage, détente, grève, loisir, pause, repos, vacances. **6.** Chez-soi, maison. **7.** Capital, patronat. **8.** Inefficacité, inertie. **9.** Récréation. **10.** Délivrance, naissance.

TRAVAILLER ◆ SYN. ▷ *V. tr.* **1.** Cultiver, **élaborer**, fabriquer, façonner, manœuvrer, ouvrager, ouvrer, pétrir, préparer. **2.** S'appliquer à, collaborer à, *s'efforcer de*, s'évertuer à, œuvrer à, tâcher de, tendre à. **3.** Aiguiser, ciseler, fignoler *(fam.)*, peigner, **perfectionner**, soigner. **4.** Agiter, exciter, fatiguer, gêner, inquiéter, *préoccuper*, ronger, tourmenter, tracasser, troubler. ▷ *V. intr.* **5.** Abattre *(besogne, travail)*, s'activer, s'affairer, *agir*, besogner, bosser *(fam.)*, bûcher *(fam.)*, s'exercer à, s'occuper, peiner, potasser *(fam.)*, travailloter *(péj.)*, trimer, turbiner *(fam.)*. **6.** Apprendre, composer, écrire, *étudier*, piocher *(fam.)*, plancher *(fam.)*. **7.** *Se déformer*, se déjeter, gauchir, gondoler, se modifier. ◆ ANT. **1.** Défaire, démolir, détruire. **2.** S'abstenir, négliger, renoncer. **3.** Bâcler, expédier, gâcher, saboter, torchonner *(fam.)*. **4.** Apaiser, consoler, indifférer, rassurer, soulager. **5.** Chômer, se détendre, flâner, paresser, se relaxer, se reposer, végéter. **6.** S'amuser, se divertir, se récréer. **7.** Résister, rester intact, tenir.

TRAVAILLEUR ◆ SYN. ▷ *Adj.* **1.** Actif, appliqué, bûcheur *(fam.)*, **consciencieux**, diligent, laborieux, piocheur *(fam.)*, soigneux, studieux, travaillant *(québ.)*. ▷ *Nom* **2.** Artisan, col blanc, col bleu, employé, journalier, manœuvre, marin, ouvrier, *personne active*, prolétaire, salarié. ◆ ANT. **1.** Désœuvré, fainéant, flâneur, inactif, inappliqué, indolent, musard, négligent, nonchalant, oisif, paresseux. **2.** Bourgeois, cadre, chômeur, dirigeant, patron, propriétaire, rentier, retraité.

TRAVAILLISME ◆ SYN. Réformisme, *social-démocratie*, socialisme. ◆ ANT. Communisme, conservatisme, monarchisme.

TRAVERS ◆ SYN. **1.** Biais, *côté*, flanc. **2.** *(Souvent pl.)* Défaut, **faiblesse**, imperfection, lacune, péché mignon, point faible, talon d'Achille, tare, vice. ◆ ANT. **1.** Arrière, devant. **2.** Aptitude, force, mérite, point fort, qualité, talent, valeur, vertu.

TRAVERSÉE ◆ SYN. **1.** *Trajet*, voyage. **2.** Franchissement, *passage*. ◆ ANT. **1.** Arrêt, escale, port. **2.** Barrage, détour.

TRAVERSER ◆ SYN. **1.** *Passer à travers*, pénétrer, percer, transpercer. **2.** *Franchir*, enjamber, parcourir, sillonner. **3.** Couper, *croiser*. ◆ ANT. **1.** Boucher, effleurer, obstruer. **2.** Contourner, éviter, fuir. **3.** Border, longer.

TRAVESTIR ◆ SYN. ▷ *V. tr.* **1.** Costumer, *déguiser*. **2.** Défigurer, *déformer*, dénaturer, falsifier, fausser, maquiller, masquer, transformer. ◆ ANT. **1.** Afficher, montrer. **2.** Améliorer, développer, exalter, perfectionner, raffermir, respecter.

TRÉBUCHER ◆ SYN. **1.** *Chanceler*, flageoler, tituber, vaciller. **2.** *(Contre, sur un obstacle)* *Achopper*, broncher, buter contre, s'enfarger *(québ.)*, se heurter contre (à). **3.** *(Sur une difficulté)* Buter sur, *se heurter à*. ◆ ANT. **1.** Se maintenir, se redresser, se relever, se tenir. **2.** Contourner, éviter. **3.** Résoudre.

TRÉFONDS ◆ SYN. Cœur, fin fond, for intérieur, intérieur, *intimité*, jardin secret, profondeur, sanctuaire, secret, tripes *(fam.)*. ◆ ANT. Apparence, dehors, extérieur, façade, surface.

TREMBLANT ◆ SYN. **1.** *Chancelant*, flageolant, frissonnant, transi, tremblotant, vacillant. **2.** *(Voix)* Chevrotant. **3.** Affolé, alarmé, apeuré, *craintif*, effrayé, frémissant, palpitant, trembleur. ◆ ANT. **1.** Ferme, immobile, stable. **2.** Clair. **3.** Calmé, enhardi, rassuré.

TREMBLEMENT ◆ SYN. **1.** Agitation, convulsion, ébranlement, *frémissement*, frisson, frissonnement, oscillation, secousse, spasme, tremblotement, trémolo, trémulation *(méd.)*, trépidation, tressaillement, vibration. **2.** *(Voix)* Chevrotement. **3.** Angoisse, appréhension, *crainte*, frayeur, peur. ✦ **ANT. 1.** Apaisement, calme, détente, fermeté, immobilité, quiétude, repos. **2.** Clarté. **3.** Assurance, confiance, courage, espoir.

TREMBLER ✦ **SYN. 1.** S'agiter, flageoler, *frémir*, frissonner, grelotter, osciller, remuer, trembloter, trémuler, trépider, tressaillir, vibrer. **2.** *(Voix)* Chevroter. **3.** S'affoler, s'alarmer, appréhender, *craindre*, s'effrayer, redouter. ✦ **ANT. 1.** S'apaiser, s'arrêter, se calmer, se détendre, s'immobiliser, se reposer. **2.** Parler clairement. **3.** Se consoler, espérer, se rassurer, se réjouir, souhaiter.

TRÉMOLO ✦ **SYN.** *Tremblement (voix)*, tremblotement, vibration *(mus.)*.

TRÉMOUSSER (SE) ✦ **SYN.** S'agiter, bouger, se dandiner, frétiller, gambiller, gigoter *(fam.)*, remuer, *se tortiller*. ✦ **ANT.** Se calmer, se cambrer, s'immobiliser, se redresser, se tranquilliser.

TREMPE ✦ **SYN. 1.** *(Métall.)* Affermissement, durcissement, *immersion*, refroidissement. **2.** Dureté, *fermeté*, résistance, stabilité. **3.** Calibre, caractère, énergie, *force*, qualité, tempérament, valeur, vigueur. **4.** *(Fam.)* *Raclée*, volée. ✦ **ANT. 1.** Amollissement, chauffage, détrempe. **2.** Fragilité, instabilité, mollesse. **3.** Fadeur, faiblesse, inconsistance, insignifiance, médiocrité. **4.** Accolade, gentillesse.

TREMPER ✦ **SYN.** ▷ *V. tr.* **1.** Asperger, baigner, doucher, détremper, enduire, humecter, imbiber, immerger, imprégner, *mouiller*, plonger, saucer *(fam.)*. **2.** Aguerrir, *endurcir*, fortifier, raffermir, retremper. ▷ *V. intr.* **3.** Macérer, *mariner*, rester plongé. **4.** *(Péj.)* Fricoter *(fam.)*, se mêler, *participer*. ✦ **ANT. 1.** Assécher, éponger, essuyer, retirer, sécher, sortir. **2.** Adoucir, affaiblir, attendrir, ramollir. **3.** Extraire, retirer. **4.** S'éloigner, se garder de.

TRÉPAS ◇ v. **Mort**
TRÉPASSER ◇ v. **Mourir**

TRÉPIDANT ✦ **SYN.** Actif, agité, *animé*, enlevant, entraînant, mouvementé, vif. ✦ **ANT.** Calme, langoureux, lent, ralenti, solitaire, tranquille.

TRÉPIDATION ✦ **SYN. 1.** Mouvement, oscillation, saccade, secousse, *vibration*. **2.** *Tremblement*, trémulation *(méd.)*. **3.** Affairement, agitation, *animation*. ✦ **ANT. 1.** Calme, silence. **2.** Décontraction, détente. **3.** Paix, quiétude, tranquillité.

TRÉPIDER ◇ v. **Vibrer**
TRÉPIGNER ◇ v. **Piétiner**

TRÉSOR ✦ **SYN. 1.** Argent, *bien précieux*, fortune, magot *(fam.)*, pactole, ressources, richesses. **2.** *Caisse de l'État*, finances publiques, fisc, fonds publics, trésorerie. **3.** Accumulation, amoncellement, collection, *mine*. **4.** *(Fam.)* *Amour*, ange, perle. **5.** Chef-d'œuvre, *merveille*, richesses *(arts, culture)*. ✦ **ANT. 1.** Bagatelle, bricole, broutille, camelote *(fam.)*, colifichet, crotte de bique *(fam.)*, misère, pacotille, rien. **2.** Avoirs privés, biens personnels. **3.** Disette, manque, miettes, parcelles, parcimonie. **4.** Monstre, peste, plaie.

TRESSAILLEMENT ✦ **SYN. 1.** Crispation, haut-le-corps, secousse, soubresaut, *sursaut*, tressautement. **2.** Émoi, *frémissement*, frisson, frissonnement, tremblement. ✦ **ANT. 1.** Calme, décontraction, détente. **2.** Apathie, flegme, indolence, inertie, insensibilité.

TRESSAILLIR ✦ **SYN. 1.** Bondir, se crisper, *sursauter*, tressauter. **2.** S'émouvoir, *frémir*, frissonner, palpiter, trembler, vibrer. ✦ **ANT. 1.** Se calmer, se décontracter, se détendre. **2.** Laisser indifférent.

TRESSER ✦ **SYN.** Arranger, assembler, cordonner, entortiller, entrelacer, *natter*, nouer, tordre, tortiller. ✦ **ANT.** Décorder, défaire, délacer, délier, dénatter, dénouer, désentortiller, détacher, détordre, détortiller.

TRÊVE ✦ **SYN. 1.** Armistice, cessation, *cessez-le-feu*, détente, éclaircie, embellie, interruption, suspension (des hostilités). **2.** Arrêt, pause, relâche, *répit*. ✦ **ANT. 1.** Continuation, poursuite, recrudescence, reprise (des hostilités). **2.** Besogne, labeur, peine, retour (au travail), travail.

TRIAGE ◆ SYN. Calibrage, choix, classement, criblage, répartition, *sélection*, séparation, tri. ◆ ANT. Amalgame, confusion, désordre, désorganisation, dispersion, éparpillement, mélange, tout-venant, vrac.

TRIBAL ◆ SYN. Clanique, *ethnique*, interethnique. ◆ ANT. National.

TRIBU ◆ SYN. **1.** Bande, clan, *ethnie*, groupe, peuplade, phratrie *(sociol.)*, société. **2.** *(Fam.)* Famille, gang *(québ.)*, progéniture, *smala*.

TRIBULATIONS ◆ SYN. Avatars, aventures, complications, contrariétés, contretemps, difficultés, ennuis, épreuves, imprévus, *mésaventures*, péripéties, problèmes, revers, soucis, tourments, vicissitudes. ◆ ANT. Agréments, bonheurs, délices, joies, plaisirs, succès.

TRIBUNAL ◆ SYN. **1.** Chambre, *palais de justice*, prétoire. **2.** Corps de magistrats, *juridiction*, parquet. **3.** Conseil, *cour de justice*. **4.** *Jugement*, justice.

TRIBUNE ◆ SYN. **1.** Ambon, balcon, *galerie*, gradins, jubé. **2.** Chaire, *estrade*, rostres *(Antiq.)*. **3.** Débat (public), *forum*, rubrique.

TRIBUT ◆ SYN. **1.** Charge, *contribution*, impôt, redevance, taxe. **2.** Aléas, conséquence (inéluctable), contrepartie, coût, désavantage, *inconvénient*, prix à payer, revers (de la médaille), sanction. ◆ ANT. **1.** Décharge, exemption. **2.** Avantage, bénéfice.

TRIBUTAIRE ◆ SYN. **1.** Assujetti, *dépendant*, lié, soumis. **2.** *(Géogr.)* Affluent. ◆ ANT. **1.** Affranchi, autarcique, autonome, indépendant, libre. **2.** Confluent.

TRICHER ◆ SYN. **1.** Duper, *frauder*, mentir, trahir, tromper. **2.** Cacher, *dissimuler*, truquer. **3.** *Copier*, plagier. ◆ ANT. **1.** S'amender, avouer, regretter, se repentir. **2.** Déjouer, montrer, révéler. **3.** Créer, faire soi-même.

TRICHERIE ◆ SYN. **1.** Duperie, *fraude*, mensonge, trahison, triche *(fam.)*, tromperie. **2.** *Dissimulation*, maquillage, supercherie, truquage. **3.** *Copiage*, plagiat. ◆ ANT. **1.** Aveu, bonne foi, franchise, loyauté, réparation, repentir, respect. **2.** Limpidité, transparence, vérité. **3.** Création, invention.

TRICOT ◆ SYN. **1.** Jersey, *maille*, stretch. **2.** Tricotage. **3.** Cardigan, chandail, *gilet*, pull-over, sweater.

TRIER ◆ SYN. Calibrer, choisir, classer, cribler, démêler, répartir, *sélectionner*, séparer. ◆ ANT. Amalgamer, confondre, désorganiser, disperser, éparpiller, mélanger, mêler, trifouiller *(fam.)*.

TRIMBALLER ◇ V. **Traîner**

TRIMER ◆ SYN. Besogner, bosser *(fam.)*, bûcher *(fam.)*, peiner, *travailler fort*. ◆ ANT. Se la couler douce *(fam.)*, paresser, se payer du bon temps, se relaxer.

TRINQUER ◆ SYN. **1.** *Boire*, picoler *(fam.)*. **2.** Célébrer, fêter, *porter un toast*. **3.** *(Ch.)* Se choquer, *se heurter*. **4.** *(Fam.)* Écoper, encaisser, recevoir, subir. ◆ ANT. **1.** S'abstenir, se priver. **2.** Oublier. **3.** S'éloigner, s'espacer. **4.** Donner, imposer, infliger.

TRIOMPHAL ◆ SYN. **1.** Glorieux, officiel, solennel. **2.** *Éclatant*, fameux, fracassant, grandiose, remarquable, retentissant. **3.** Chaleureux, délirant, *enthousiaste*, euphorique, frénétique. ◆ ANT. **1.** Anonyme, discret, réservé. **2.** Décevant, faible, humble, mince, modeste, ordinaire, sobre, terne. **3.** Distant, froid, glacial, hostile, inamical.

TRIOMPHALISME ◆ SYN. Assurance, *autosatisfaction*, confiance (exagérée), optimisme, suffisance. ◆ ANT. Appréhension, déception, humilité, modestie, pessimisme, prudence.

TRIOMPHANT ◆ SYN. **1.** Gagnant, vainqueur, *victorieux*. **2.** Content, éclatant, heureux, jubilant, *radieux*, rayonnant, satisfait. ◆ ANT. **1.** Battu, perdant, vaincu. **2.** Abattu, déconfit, déçu, défait, dépité, insatisfait, sombre, triste.

TRIOMPHATEUR ◆ SYN. Champion *(sports)*, gagnant, *vainqueur*. ◆ ANT. Perdant, vaincu.

TRIOMPHE ♦ syn. 1. Victoire. 2. Apothéose, chef-d'œuvre *(arts)*, consécration, couronnement, réussite, **succès**, tabac *(fam.)*. 3. Acclamation, approbation, hommage, **honneur**, ovation. 4. Allégresse, enthousiasme, exaltation, euphorie, joie, **jubilation**, liesse, satisfaction. ♦ ant. 1. Défaite, déroute. 2. Bide *(fam.)*, chute, déclin, échec, flop *(fam.)*, insuccès. 3. Déshonneur, humiliation, indignité, réprobation. 4. Accablement, déception, tristesse.

TRIOMPHER ♦ syn. ▷ V. tr. ind. 1. Anéantir, battre, conquérir, défaire, dominer, écraser, renverser, supplanter, surclasser, **vaincre**. 2. Dompter, franchir, maîtriser, **surmonter**, venir à bout de. ▷ V. intr. 3. Dominer, **gagner**, l'emporter, s'imposer, prédominer, prévaloir, primer, régner. 4. Briller, se distinguer, **exceller**, s'illustrer, réussir. 5. S'applaudir, s'emballer *(fam.)*, s'enthousiasmer, exulter, se féliciter, **jubiler**, pavoiser, se réjouir. ♦ ant. 1. Battre en retraite, capituler, céder, fuir, s'incliner, se rendre, succomber, tomber. 2. Échouer, rater. 3. S'avouer vaincu, baisser les bras, jeter l'éponge, perdre. 4. Décevoir, déchoir, s'humilier. 5. S'affliger, s'attrister, désespérer, se désoler.

TRIPES ♦ syn. 1. *(Animal)* Abats, **boyaux**, viscères (comestibles). ▷ Fam. 2. *(Homme)* Abdomen, entrailles, **intestins**, ventre, viscères. 3. Audace, cœur au ventre, **courage**, cran *(fam.)*, hardiesse, témérité, vaillance. 4. Émotions, sensibilité, **sentiments**, tréfonds (de soi). ♦ ant. 3. Couardise, lâcheté, poltronnerie, veulerie. 4. Impassibilité, insensibilité, raison, tête.

TRIPOTER ♦ syn. ▷ V. tr. 1. *(Péj.)* Manier, manipuler, palper, **tâter** (sans délicatesse), toucher, triturer. 2. *(Fam.)* **Caresser** (sensuellement), peloter *(fam.)*. ▷ V. intr. 3. *(Fam.)* Fricoter, grenouiller *(fam.)*, machiner, magouiller *(fam.)*, **manigancer**, spéculer, trafiquer *(fam.)*, tripatouiller *(fam.)*. 4. **Fouiller**, fouiner *(fam.)*, fureter.

TRIQUE ◇ v. Gourdin

TRISTE ♦ syn. 1. *(Pers.)* Abattu, accablé, affecté, affligé, amer, attristé, chagrin, chagriné, découragé, désenchanté, désespéré, désolé, éploré, malheureux, maussade, mélancolique, morne, morose, navré, neurasthénique, noir, peiné, sombre, taciturne, tristounet *(fam.)*. 2. Accablant, affligeant, affreux, attristant, déchirant, décourageant, désespérant, désolant, douloureux, grave, malheureux, mauvais, navrant, **pénible**, regrettable, sombre, tragique. 3. Austère, froid, funèbre, **lugubre**, sinistre. 4. *(Péj., pers.)* Lamentable, médiocre, **odieux**, vilain. ♦ ant. 1. Allègre, amusant, badin, content, enchanté, enjoué, exubérant, facétieux, gai, guilleret, heureux, jovial, joyeux, rieur, souriant. 2. Amusant, bon, comique, désopilant, divertissant, drôle, égayant, encourageant, hilarant, réconfortant, réjouissant. 3. Chaleureux, chaud, ensoleillé, invitant. 4. Admirable, bon, éminent, honnête.

TRISTESSE ♦ syn. 1. Abattement, accablement, affliction, amertume, cafard, **chagrin**, découragement, dépression, désespoir, désolation, deuil, douleur, épreuve, lassitude, malheur, mélancolie, morosité, mort, neurasthénie, nostalgie, peine, souffrance, spleen. 2. Ennui, grisaille, **monotonie**, platitude. ♦ ant. 1. Agrément, allégresse, béatitude, bien-être, bonheur, charme, contentement, délice, emballement, engouement, entrain, euphorie, extase, gaieté, hilarité, joie, jovialité, liesse, plaisir, ravissement, rayonnement, réjouissance. 2. Beauté, éclat, enchantement, splendeur.

TRITURER ♦ syn. 1. **Broyer**, écraser, égruger, mâcher, malaxer, mastiquer, moudre, pétrir, piler, pulvériser. 2. Tâter, tordre, **tripoter**. 3. *(Opinion)* **Déformer**, manipuler.

TRIVIAL ♦ syn. 1. **Banal**, commun, courant, facile, insignifiant, ordinaire, plat, quelconque. 2. Bas, choquant, grossier, malséant, obscène, ordurier, sale, **vulgaire**. ♦ ant. 1. Exceptionnel, important, inusité, original, précieux, rare, singulier 2. Bienséant, distingué, édifiant, élégant, élevé, noble, raffiné, sublime, subtil.

TROC ♦ SYN. Commerce, *échange* (de biens).

TROLL ◇ V. **Lutin**

TROMBE ◇ V. **Tornade**

TROMPE ♦ SYN. 1. Cor, corne, cornet, *instrument à vent*, trompette, tube. 2. *(Zool.)* **Appendice**, suçoir. 3. *(Anat.)* Canal, *conduit*. 4. *(Archit.)* Appui, *support*.

TROMPER ♦ SYN. ▷ *V. tr.* 1. Abuser, attraper, berner, *duper*, escroquer, feindre, flouer, gruger, leurrer, mentir, mystifier, trahir, tricher, voler. 2. *Déjouer*, distraire, endormir. 3. *Décevoir*, désappointer, frustrer. ▷ *V. pr.* 4. S'abuser, *errer*, faillir, se fourvoyer, se gourer *(fam.)*, s'illusionner, se leurrer, se méprendre. ♦ ANT. 1. Aider, assister, avertir, désabuser, désillusionner, détromper, instruire, renseigner, servir. 2. Contrôler, observer, surveiller. 3. Combler, plaire, réjouir. 4. Admettre, s'amender, connaître, se corriger, se rappeler, reconnaître, retrouver, réussir.

TROMPERIE ♦ SYN. 1. Artifice, bluff, bobard, duperie, feinte, fourberie, frime *(fam.)*, fumisterie, illusion, imposture, leurre, maquillage, *mensonge*, mystification, sophisme, subterfuge, trahison, tricherie, trompe-l'œil, truquage. 2. Arnaque, escroquerie, falsification, *fraude*, supercherie. 3. Adultère, amourette, aventure, déloyauté, inconstance, *infidélité*, liaison, passade. ♦ ANT. 1. Démonstration, désillusion, franchise, preuve, sincérité, soutien, transparence, vérité. 2. Authenticité, droiture, honnêteté, probité, scrupule. 3. Assiduité, constance, fidélité, loyauté.

TROMPETER ♦ SYN. 1. Corner. 2. *(Aigle)* Glatir. 3. *Claironner*, clamer, crier sur les toits, divulguer, répandre. ♦ ANT. 3. Garder secret, interdire, taire.

TROMPEUR ♦ SYN. ▷ *Adj.* 1. Artificieux, captieux, déloyal, fallacieux, *faux*, feint, fourbe, hypocrite, illusoire, insidieux, mensonger, perfide, spécieux, traître. 2. *(Ressemblance)* Ahurissant, à s'y méprendre, *confondant*, déconcertant, déroutant, frappant, hallucinant, mêlant *(québ.)*, saisis-

sant, stupéfiant, troublant. ▷ *Nom.* 3. Charlatan, fumiste, hâbleur, imposteur, *menteur*, mystificateur. ♦ ANT. 1. Authentique, candide, droit, franc, honnête, loyal, naïf, naturel, ouvert, probe, simple, sincère, solide, véridique, vrai. 2. Appréciable, marqué, notable, sensible, visible. 3. Personne franche, honnête, sincère.

TRONÇON ♦ SYN. Fraction, fragment, morceau, part, *partie*, portion, section. ♦ ANT. Bloc, ensemble, entité, totalité, tout, tronc.

TRONÇONNER ♦ SYN. Couper, *débiter*, diviser, scier, sectionner, trancher.

TRÔNE ♦ SYN. 1. *(Pape, souverain)* Siège. 2. Couronne, monarchie, *royauté*, souveraineté. 3. *(Fam.)* Siège des cabinets d'aisances.

TRONQUER ♦ SYN. 1. *Amputer*, couper, diminuer, écourter, raccourcir, réduire, retrancher, supprimer. 2. *(Texte)* Altérer, *déformer*, estropier, mutiler, sabrer. ♦ ANT. 1. Ajouter, allonger, augmenter, conserver, développer, préserver. 2. Respecter.

TROPHÉE ♦ SYN. 1. *(Victoire milit.)* Butin, capture, dépouilles, *prise*, scalp. 2. *(Succès)* Coupe, marque, médaille, récompense, *signe*, souvenir, statuette, témoignage.

TROPICAL ♦ SYN. 1. *(Géogr.)* Équatorial. 2. Brûlant, caniculaire, chaud, *torride*. 3. *Exotique*, lointain. ♦ ANT. 1. Austral, méridional, nordique. 2. Froid, glacial, tempéré. 3. Autochtone, indigène.

TROP-PLEIN ♦ SYN. 1. *Excédent*, surplus. 2. Débordement, excès, profusion, superfluité, *surabondance*. 3. Dégorgeoir, *déversoir*, puisard. ♦ ANT. 1. Fond, lit, plein. 2. Absence, manque, pénurie. 3. Accumulation, inondation.

TROQUER ♦ SYN. 1. Commercer, *échanger* (des biens). 2. *Changer*, remplacer, substituer. ♦ ANT. 1. Accumuler, emmagasiner. 2. Conserver, garder.

TROTTE ♦ SYN. *(Fam.)* *Long chemin*, longue distance, tirée *(fam.)*, traite.

TROTTER ♦ SYN. 1. Aller au trot. 2. Aller, circuler, *marcher*, trottiner. 3. Hanter, obséder, poursuivre, *préoccuper*. ♦ ANT.

1. Galoper, traîner. 2. Flâner, paresser, se relaxer, traînailler. 3. Chasser, disparaître, oublier.

TROU ✦ SYN. 1. Anfractuosité, *cavité*, creux, crevasse, enfoncement, excavation, faille, fente, fosse. 2. Abri, cachette, *tanière*, terrier. 3. *(Fam.)* Cachot *(québ.)*, *prison*. 4. *(Fam.)* **Bled** *(péj.)*, coin, patelin. 5. Brèche, déchirure *(vêtement)*, orifice, *ouverture*, percée, perforation, trouée, vide. 6. Lacune, *manque*, omission, vide. 7. *(Trou de mémoire)* Défaillance, *oubli*. ✦ ANT. 1. Bosse, butte, monticule, saillie, tertre. 2. Champ, large. 3. Libération, liberté. 4. Capitale, centre, cœur. 5. Cloison, couture, fermeture, mur, plein. 6. Collection, ensemble, tout. 7. Réminiscences, souvenir.

TROUBADOUR ✦ SYN. Barde, chansonnier, chanteur (ambulant), *ménestrel*, poète, rhapsode, trouvère.

TROUBLANT ✦ SYN. 1. Bouleversant, *déconcertant*, déroutant, embarrassant, étrange, inquiétant, saisissant, surprenant. 2. *(Ressemblance)* Ahurissant, à s'y méprendre, *confondant*, hallucinant, mêlant *(québ.)*, trompeur. 3. Affriolant, aguichant, capiteux, *excitant*, provocant, séduisant, sexy *(fam.)*, suggestif. ✦ ANT. 1. Apaisant, banal, futile, insignifiant, rassérénant, rassurant, réconfortant, reposant, tranquillisant, vague. 2. Appréciable, marqué, notable, sensible, visible. 3. Décent, laid, moche *(fam.)*, pudique, rebutant, sobre.

TROUBLE ✦ SYN. ▷ *Adj.* 1. *(Eau)* Boueux, *brouillé*, impropre, sale, turbide, vaseux. 2. Embrouillé, *flou*, nébuleux, vague, vaporeux. 3. Ambigu, équivoque, inavouable, *louche*, obscur, suspect. ▷ *Nom* 4. Agitation, confusion, *désordre*, dissension, perturbation, remue-ménage, tumulte, zizanie. 5. Affolement, désarroi, *embarras*, émoi, émotion, fièvre, inquiétude. 6. Anomalie, commotion, dérèglement, *dysfonction*, problème, traumatisme. 7. *(Pl. surtout)* Bouleversement, contestation, convulsions, émeute, insurrection, manifestation, *rébellion*, remous, révolte, soulèvement. ✦ ANT. 1. Cristallin, limpide, potable, propre, pur, transparent. 2. Clair, net, précis. 3. Avouable, franc, honnête, louable, sûr. 4. Calme, équilibre, harmonie, ordre, paix, silence. 5. Assurance, bien-être, bonheur, placidité, réconfort, sang-froid, sérénité. 6. Fonctionnement, normalité, santé. 7. Approbation, appui, concorde, entente, obéissance, reddition, soutien, trêve.

TROUBLÉ ✦ SYN. 1. *(Eau)* Brouillé, turbide. 2. *Agité*, fertile en émotions, mouvementé. 3. Bouleversé, *ému*, perturbé. 4. Confus, *dérangé*, égaré, fou, inconscient. ✦ ANT. 1. Clair, limpide. 2. Calme, routinier, stable. 3. Froid, impassible, indifférent. 4. Équilibré, lucide, sain d'esprit.

TROUBLE-FÊTE ◇ v. **Rabat-joie**

TROUBLER ✦ SYN. 1. *(Eau)* Brouiller. 2. Embrouiller, *obscurcir*, voiler. 3. Bouleverser, déranger, dérégler, désorganiser, déstabiliser, ébranler, *perturber*. 4. Abasourdir, affoler, agiter, ahurir, atteindre, confondre, déconcerter, décontenancer, démonter, dérouter, désarçonner, désorienter, déstabiliser, effarer, *émouvoir*, impressionner, inquiéter, intimider, remuer, saisir, secouer, toucher. 5. *Embarrasser*, gêner, intriguer, préoccuper, tracasser, turlupiner *(fam.)*. 6. Charmer, conquérir le cœur, *séduire*. 7. *Égarer*, enivrer, griser. ✦ ANT. 1. Clarifier, purifier. 2. Dégager, éclaircir. 3. Arranger, organiser, préserver, renforcer, respecter, sauvegarder, soutenir. 4. Amuser, calmer, consoler, distraire, divertir, égayer, rasséréner, rassurer, ravir, réjouir, stabiliser, tranquilliser. 5. Oublier, réconforter, soulager. 6. Éconduire, fendre le cœur, repousser. 7. Contenir, maîtriser, rétablir.

TROUÉE ✦ SYN. 1. Brèche, échancrure, *ouverture*, passage, percée, trou. 2. *(Nuages)* Déchirure, échappée, *éclaircie*. ✦ ANT. 1. Barrage, cloison, masse, massif, mur, obturation, renfort. 2. Assombrissement, obscurcissement.

TROUER ✦ SYN. 1. Creuser, cribler, forer, *percer*, perforer, tarauder, transpercer, traverser, vriller. 2. *(Nuages)* Déchirer, *éclaircir*. ✦ ANT. 1. Boucher, calfeutrer, colmater, combler, coudre, fermer, obstruer, remplir, sceller. **2.** Assombrir, ennuager.

TROUPE ◆ SYN. **1.** *(Milit.)* Bataillon, brigade, colonne, commando, compagnie, corps, détachement, escadron, escouade, patrouille, régiment, section, *unité*. **2.** *(Pl.)* Armée, *forces armées*, militaires, soldats. **3.** *(Sing.)* Ensemble des soldats. **4.** *(Pers.)* Bande, cohorte, cortège, essaim, *groupe*, groupement, horde *(péj.)*, nuée, rassemblement, réunion, troupeau *(péj.)*. **5.** *(Animaux)* Harde, harpail, horde, meute, *troupeau*. **6.** Acteurs, artistes, comédiens, *compagnie* (théâtrale).

TROUPEAU ◆ SYN. **1.** *Animaux*, bestiaux, bétail, cheptel, harde, harpail, horde *(animaux sauvages)*, troupe. **2.** *(Péj., pers.)* Foule, masse, *multitude*, troupe (passive).

TROUSSE ◆ SYN. *(Objets, outils)* Boîte, étui, *nécessaire*, poche, pochette.

TROUSSEAU ◆ SYN. **1.** Assemblage, *ensemble*, porte-clés. **2.** Linge, *vêtements*.

TROUSSER ◆ SYN. **1.** Relever, remonter, *replier*, retrousser. **2.** *(Cuis.)* Brider, *ficeler*, lier. **3.** *Exécuter* (habilement), façonner, tourner. ◆ ANT. **1.** Abaisser, déplier, descendre, rabaisser. **2.** Débrider, délier, écarteler. **3.** Bâcler, gâcher, torchonner *(fam.)*.

TROUVAILLE ◆ SYN. **1.** *Découverte*, surprise. **2.** Création, idée originale, *invention*, nouveauté. ◆ ANT. **1.** Misère, vieillerie. **2.** Banalité, cliché, lieu commun, platitude, redite.

TROUVER ◆ SYN. ▷ *V. tr.* **1.** *Découvrir*, dégoter *(fam.)*, dénicher, mettre la main sur, tomber sur. **2.** Apercevoir, déceler, dépister, *détecter*, déterrer, localiser, remarquer, repérer, voir. **3.** Atteindre, contacter, *joindre*, rencontrer. **4.** Déchiffrer, deviner, *éclaircir*, élucider, faire la lumière sur, résoudre, tirer au clair. **5.** Concevoir, créer, imaginer, *inventer*. **6.** *Considérer*, estimer, juger, penser, tenir pour. ▷ *V. pr.* **7.** Être, exister, figurer, paraître, résider, *se situer*. **8.** *(Pers.)* Demeurer, *rester*, se tenir. **9.** Se considérer, se croire, s'estimer, se penser, *se sentir*. ◆ ANT. **1-2.** Chercher,

égarer, oublier, rechercher. **3.** S'enquérir, perdre de vue. **4.** Compliquer, embrouiller, enchevêtrer, obscurcir. **5.** Copier, imiter, répéter, reproduire. **6.** Méconnaître, méjuger. **7.** Être absent, être éloigné. **8.** S'absenter, s'en aller, s'éloigner. **9.** Errer, se méconnaître.

TROUVÈRE ◇ V. **Troubadour**

TRUAND ◇ V. **Malfaiteur**

TRUBLION ◇ V. **Agitateur**

TRUC ◆ SYN. *Fam.* **1.** Artifice, *astuce*, combine, ficelle, métier, moyen, procédé, recette, ruse, secret, stratagème, subterfuge, tour, truquage. **2.** Bidule, *chose*, engin, gadget, machin, patente *(québ.)*, trucmuche, zinzin.

TRUCAGE ◇ V. **Truquage**

TRUCHEMENT ◆ SYN. **1.** Intermédiaire, interprète, *porte-parole*, représentant. **2.** *(Par le truchement de)* Au moyen de, par la voie de, *par l'entremise de*, par l'intermédiaire de.

TRUCULENT ◆ SYN. **1.** Coloré, haut en couleur, *pittoresque*, savoureux. **2.** *Débridé*, drôle, égrillard, exubérant, libre, licencieux, rabelaisien. ◆ ANT. **1.** Effacé, fade, pâle, plat, terne. **2.** Contenu, précieux, sage, sérieux, sobre.

TRUFFÉ ◆ SYN. Bourré, chargé, farci, garni, plein, *rempli*. ◆ ANT. Dégarni, dénué, dépourvu, vide.

TRUISME ◆ SYN. Banalité, cliché, *évidence*, lapalissade, platitude, tautologie, vérité (d'évidence), vérité de La Palice. ◆ ANT. Bon sens, démonstration, logique, preuve.

TRUQUAGE ◆ SYN. **1.** Altération, contrefaçon, dénaturation, *falsification*, fraude, maquillage, tromperie. **2.** Effets spéciaux *(cin.)*, *illusion*, truc *(fam.)*. ◆ ANT. **1.** Authenticité, intégrité, respect, transparence. **2.** Réalisme, vraisemblance, vérité.

TRUQUER ◆ SYN. ▷ *V. tr.* **1.** Altérer, contrefaire, *falsifier*, fausser, frauder, maquiller, piper, trafiquer. ▷ *V. intr.* **2.** Feindre, *tricher*, tromper. ◆ ANT. **1.** Authentifier, respecter, restituer, rétablir. **2.** S'amender, se corriger.

TSAR ✦ SYN. *(Russie)* **Empereur**, souverain.

TUANT ✦ SYN. *Fam.* **1.** Crevant *(fam.)*, *épuisant*, éreintant, exténuant, fatigant, harassant, pénible. **2.** *(Pers.)* Assommant, *énervant*, ennuyeux, importun, insupportable. ✦ ANT. **1.** Amusant, divertissant, facile, reposant. **2.** Agréable, avenant, charmant, gentil, plaisant, sage, tranquille.

TUBE ✦ SYN. **1.** Canal, conduit, conduite, *cylindre*, éprouvette, tubulure, tuyau. **2.** *(Méd.)* **Canule**, drain, sonde. **3.** *Contenant*, emballage. **4.** *(Fam.)* Chanson à succès. ✦ ANT. **4.** Bide *(fam.)*.

TUER ✦ SYN. ▷ *V. tr.* **1.** Abattre, achever, assassiner, buter *(fam.)*, décapiter, descendre *(fam.)*, égorger, éliminer, étrangler, exécuter, exterminer, faucher, foudroyer, fusiller, guillotiner, immoler, lapider, liquider *(fam.)*, lyncher, massacrer, *mettre à mort*, nettoyer, noyer, occire, pendre, poignarder, refroidir *(fam.)*, sacrifier, saigner *(animal)*, supprimer, trucider *(fam.)*, zigouiller *(fam.)*. **2.** Causer la mort, donner la mort (involontairement), *emporter*, foudroyer. **3.** Anéantir, *détruire*, étouffer, ruiner, saper. **4.** Accabler, assommer, *épuiser*, éreinter, exténuer, fatiguer, user. ▷ *V. pr.* **5.** S'entre-tuer, *mourir*, se suicider. **6.** Se détruire, se sacrifier, *s'user*. **7.** S'épuiser, *s'évertuer à*. ✦ ANT. **1.** Aider, épargner, gracier, ranimer, relever, remettre, sauver, secourir, soigner. **2.** Éviter, réchapper. **3.** Attiser, aviver, ragaillardir, rallumer, vivifier. **4.** Apaiser, calmer, détendre, plaire, reposer. **5.** Se réchapper, survivre, vivre. **6.** Se raffermir, se ragaillardir, se renforcer. **6.** Abandonner, renoncer.

TUERIE ✦ SYN. **1.** Bain de sang, boucherie *(fig.)*, carnage, extermination, génocide, hécatombe, holocauste, *massacre*, meurtre, pogrom. **2.** *(Lieu, animaux)* **Abattoir**, boucherie.

TUEUR ✦ SYN. **1.** Assassin, boucher, bourreau, criminel, homicide, *meurtrier*, tortionnaire, tueur en série, vampire *(fig.)*. **2.** *(Population)* **Criminel de guerre**, exterminateur, génocidaire, massacreur. **3.** *(Tueur à*

gages) Escarpe, homme de main, nervi, *sbire*, sicaire, spadassin.

TUILE ✦ SYN. **1.** Carreau, dalle, pavé, *plaque*. **2.** *(Cuis.)* Biscuit, *petit-four*. **3.** *(Fam.)* Accident, contrariété, contretemps, désagrément, embarras, ennui, guigne *(fam.)*, *malchance*, mésaventure, obstacle, pépin *(fam.)*. ✦ ANT. **3.** Baraka *(fam.)*, bonheur, cadeau, chance, faveur.

TUMÉFACTION ✦ SYN. Bosse, boursouflure, *enflure*, gonflement, hématome, intumescence, œdème, tumescence, tumeur, turgescence. ✦ ANT. Dégonflement, diminution, détumescence.

TUMÉFIER (SE) ◇ V. **Enfler**

TUMEUR ✦ SYN. **1.** Bosse, éminence, *enflure*, excroissance, gonflement, protubérance, saillie, tuméfaction, tumescence. **2.** *(Bénigne)* Adénome, *fibrome*, lipome, molluscum, nævus, papillome, polype, verrue. **3.** *(Maligne)* **Cancer**, carcinome, épithéliome, métastase, sarcome.

TUMULTE ✦ SYN. **1.** Brouhaha, chahut, cohue, confusion, *désordre*, tapage, tintamarre, tohu-bohu, train *(québ., fam.)*, vacarme. **2.** *Agitation*, bouillonnement, effervescence, fébrilité, fureur, trouble, turbulence. ✦ ANT. **1.** Calme, harmonie, ordre, paix, quiétude, silence, tranquillité. **2.** Affaiblissement, attiédissement, déclin, froideur, repos, sérénité, tiédeur.

TUMULTUEUX ✦ SYN. *Agité*, bouillonnant, bruyant, chaotique, désordonné, étourdissant, houleux, mouvementé, orageux, tapageur, turbulent, violent. ✦ ANT. Calme, doux, harmonieux, ordonné, paisible, quiet, sage, serein, silencieux, tranquille.

TUNIQUE ✦ SYN. **1.** *(Antiq.)* **Chiton**, cotte, dalmatique, péplum. **2.** *(Relig.)* Aube, *chasuble*, dalmatique. **3.** Boubou, cafetan, gandoura, kimono, *robe*. **4.** *(Milit.)* Redingote, vareuse, *veste*. **5.** Chemise, *corsage*. **6.** *(Anat., biol.)* **Enveloppe**, membrane.

TUNNEL ✦ SYN. **1.** Corridor, *galerie*, passage, percée, souterrain. **2.** Difficultés, épreuves, *période sombre*. ✦ ANT. **2.** Espoir, lumière.

TURBULENCE ◆ SYN. **1.** Agitation, instabilité, *secousse*, tourbillon, vibration. **2.** Animation, bruit, chahut, désordre, *dissipation*, pétulance, tapage, trouble, tumulte. ◆ ANT. **1.** Accalmie, pause, stabilité. **2.** Calme, détente, discipline, ordre, paix, repos, silence, tranquillité.

TURBULENT ◆ SYN. Agité, bruyant, chahuteur, diable, *dissipé*, espiègle, impétueux, malcommode *(québ., fam.)*, remuant, tannant *(québ., fam.)*, tapageur, tumultueux. ◆ ANT. Calme, coi, discipliné, docile, obéissant, paisible, posé, réservé, sage, serein, silencieux, tranquille.

TURLUPINER ◇ V. **Tourmenter**

TURLUTER ◆ SYN. *(Québ.)* Chantonner, *fredonner*, gazouiller.

TURPITUDE ◆ SYN. *Bassesse*, compromission, déshonneur, honte, horreur, ignominie, indignité, infamie, lâcheté, laideur, saleté, vilenie. ◆ ANT. Beauté, bonté, générosité, gentillesse, honnêteté, honneur, humanité, noblesse.

TUTÉLAIRE ◆ SYN. **1.** *(Divinité)* Patronal, *protecteur*. **2.** *(Dr.)* Garant, *responsable*. ◆ ANT. **1.** Défavorable, hostile. **2.** Dépendant, mineur, pupillaire.

TUTELLE ◆ SYN. **1.** *(Dr.)* Autorité, *charge*, curatelle *(dr.)*, garde, patronage, protection, soutien. **2.** Administration, *contrôle*, examen, surveillance, vérification, vigilance. **3.** Assujettissement, contrainte, *dépendance*. ◆ ANT. **1.** Aliénation, incapacité, interdiction, minorité, pupillarité. **2.** Administré, subalterne. **3.** Autonomie, indépendance, liberté.

TUTEUR ◆ SYN. **1.** *(Dr.)* *Administrateur*, curateur, défenseur, gardien, protecteur, responsable, soutien. **2.** Appui, armature, échalas, étai, friquet, perche, rame, *tige*. ◆ ANT. **1.** Aliéné, incapable, interdit, mineur, pupille.

TUYAU ◆ SYN. **1.** Boyau, buse, canal, canalisation, *conduit*, conduite, tube. **2.** *Godron*, pli. **3.** *(Fam.)* Indication, information, *renseignement*.

TYPE ◆ SYN. **1.** *(Techn.)* Caractère, *empreinte*. **2.** Canon, critère, échantillon,

étalon, exemple, gabarit, idéal, image, *modèle*, norme, prototype, référence, spécimen, standard. **3.** Catégorie, *classe*, espèce, famille, genre, groupe, nature, ordre, sorte, variété. **4.** Archétype, caractère, figure, incarnation, personnification, représentant, *symbole*. **5.** Bonhomme *(fam.)*, bougre *(fam.)*, diable *(fam.)*, gaillard *(fam.)*, garçon, gars *(fam.)*, homme, *individu*, loustic *(fam.)*, mec *(fam.)*. **6.** *(Drôle de type)* *Énergumène*, personnage, phénomène. ◆ ANT. **2.** Anomalie, bizarrerie, curiosité, exception. **3.** Ensemble, totalité, tout. **4.** Contraire, envers, opposé.

TYPIQUE ◆ SYN. *Caractéristique*, distinctif, emblématique, exemplaire, original, particulier, propre, représentatif, révélateur, significatif, spécifique, symptomatique. ◆ ANT. Anormal, atypique, contraire, étranger, incompatible, opposé.

TYRAN ◆ SYN. Autocrate, *despote*, dictateur, oppresseur, persécuteur, potentat, tyranneau. ◆ ANT. Bienfaiteur, démocrate, libérateur, protecteur, sauveur.

TYRANNIE ◆ SYN. **1.** Absolutisme, arbitraire, autocratie, autoritarisme, despotisme, *dictature*, omnipotence, totalitarisme. **2.** Contrainte, domination, joug, *oppression*, persécution. ◆ ANT. **1.** Démocratie, libéralisme, liberté. **2.** Affranchissement, bonté, clémence, douceur, émancipation, humanisme, justice, libération.

TYRANNIQUE ◆ SYN. **1.** Absolu, autocratique, autoritaire, despotique, *dictatorial*, dominateur, omnipotent, totalitaire. **2.** Abusif, arbitraire, féroce, impitoyable, injuste, *oppressif*, violent. ◆ ANT. **1.** Démocratique, libéral, libre. **2.** Bon, clément, compréhensif, émancipateur, humain, indulgent, juste, libérateur, sensible.

TYRANNISER ◆ SYN. **1.** Asservir, assujettir, contraindre, dominer, écraser, enchaîner, gouverner, humilier, obliger, *opprimer*, régenter, soumettre, subjuguer. **2.** Agresser, brutaliser, maltraiter, martyriser, *persécuter*, rudoyer, violenter. ◆ ANT. **1.** Affranchir, émanciper, libérer. **2.** Aider, protéger, secourir.

U

UBIQUITÉ ◊ v. **Omniprésence**

UBUESQUE ✦ syn. Absurde, bizarre, bouffon, burlesque, caricatural, cruel, cynique, extravagant, farfelu, fou, *grotesque*, guignol, insensé, ridicule, risible, ubuesque. ✦ ant. Émouvant, humain, normal, raisonnable, réaliste, sensé, sérieux.

UKASE (OUKASE) ◊ v. **Diktat**

ULCÈRE ✦ syn. Aphte, blessure, brûlure, chancre, *lésion*, plaie, ulcération. ✦ ant. Cicatrice, cicatrisation, guérison.

ULCÉRÉ ✦ syn. 1. Blessé, exulcéré, *lésé*. 2. Affligé, aigri, chagriné, froissé, *irrité*, meurtri, peiné, vexé. ✦ ant. 1. Cicatrisé, guéri. 2. Adouci, apaisé, consolé, ravi, réjoui, remonté, soulagé.

ULTÉRIEUR ✦ syn. Consécutif, futur, *postérieur*, subséquent, successeur, suivant. ✦ ant. Antécédent, antérieur, passé, précédent, précurseur.

ULTÉRIEUREMENT ✦ syn. Après, ensuite, par la suite, plus tard, *postérieurement*. ✦ ant. Antérieurement, autrefois, avant, jadis, précédemment, premièrement.

ULTIMATUM ✦ syn. Avertissement, commandement, injonction, mise en demeure, ordre, oukase, *sommation*. ✦ ant. Accommodement, accord, arrangement, entente.

ULTIME ✦ syn. *Dernier*, extrême, final, suprême, terminal. ✦ ant. Initial, premier, primaire.

ULTRA ✦ syn. *Extrémiste*, fanatique, jusqu'au-boutiste, maximaliste, radical. ✦ ant. Centriste, minimaliste, modéré, pondéré.

UN ✦ syn. 1. Distinct, exclusif, isolé, *premier*, rare, seul, simple, unique.
2. *Indivis*, uni. ✦ ant. 1. Commun, divers, fréquent, multiple, nombreux, plusieurs, répandu, répété, varié. 2. Divisé, séparé.

UNANIME ✦ syn. Absolu, collectif, *commun*, complet, entier, général, total, universel. ✦ ant. Contradictoire, divisé, partagé.

UNANIMEMENT ✦ syn. Absolument, *à l'unanimité*, à l'unisson, collectivement, de concert, d'un commun accord, en chœur, par tous, sans exception. ✦ ant. Partiellement, séparément.

UNANIMITÉ ✦ syn. 1. Accord, *consensus*, consentement. 2. Ensemble, *totalité*. ✦ ant. 1. Désaccord, dissension, division, scission. 2. Minorité, partie.

UNI ✦ syn. 1. Attaché, confondu, *joint*, lié, relié, réuni. 2. Commun, inséparable, marié, *solidaire*, soudé. 3. Cohérent, *homogène*, pareil, simple, uniforme. 4. *Égal*, lisse, nivelé, plan, plat, poli, ras. 5. Calme, monotone, sans histoire, *tranquille*. 6. Monochrome, *unicolore*. ✦ ant. 1. Délié, détaché, disjoint, distinct, divisé. 2. Désuni, divorcé, hostile, isolé, séparé. 3. Contraire, différent, disparate, hétérogène, incohérent, mêlé. 4. Abrupt, accidenté, inégal, ondulé, raboteux, rêche, rude, rugueux. 5. Agité, captivant, mouvementé, varié. 6. Chiné, nuancé, polychrome.

UNICITÉ ◊ v. **Singularité**

UNIFORME ✦ syn. ▷ Adj. 1. Continu, *homogène*, identique, invariable, même, pareil, régulier, semblable, simple, standardisé. 2. Droit, égal, lisse, plat, *uni*. 3. Ennuyeux, gris, *monotone*. ▷ Nom 4. *(Militaire, officiel)* Costume, *habit*, tenue, vêtement. ✦ ant. 1. Changeant, différent, discontinu, dissemblable, distinct, divers, irrégulier, nuancé, varié. **2.** Inégal, raboteux, rugueux. **3.** Radieux, splendide, variable. **4.** Habit civil.

UNIFORMISER ◇ v. **Standardiser**

UNIFORMITÉ ✦ SYN. **1.** Égalité, *homogénéité*, identité, régularité, ressemblance. **2.** Grisaille, *monotonie*, platitude. ✦ ANT. **1.** Changement, différence, inégalité, irrégularité. **2.** Contraste, diversité, variété.

UNION ✦ SYN. **1.** Assemblage, cohérence, fusion, jonction, rapprochement, *réunion*, unité. **2.** Accouplement. **3.** Alliance, *association*, bloc, confédération, fédération, groupe, groupement, ligue, parti, rassemblement. **4.** *Accord*, amitié, attachement, camaraderie, cohésion, communion, concorde, fraternité, harmonie, intelligence, intimité, liaison, mariage, solidarité, sympathie. ✦ ANT. **1.** Décomposition, défusion *(québ.)*, désunion, dispersion, dissolution, division, éloignement, opposition. **3.** Balkanisation, démembrement, fracture, indépendance, schisme, scission. **4.** Antipathie, brouille, désaccord, discorde, dissension, divorce, hostilité, mésentente, mésintelligence, rupture, séparation.

UNIQUE ✦ SYN. **1.** Exclusif, isolé, *seul*, singulier, un. **2.** Exceptionnel, extraordinaire, inclassable, incomparable, inconnu, incroyable, irremplaçable, *original*, précieux, rare, remarquable, supérieur, transcendant. **3.** *(Fam.)* Curieux, *extravagant*, impayable *(fam.)*, inouï. ✦ ANT. **1.** Différent, divers, multiple, nombreux. **2.** Banal, commun, connu, coutumier, fréquent, habituel, ordinaire, répandu, usuel. **3.** Normal, pareil, quelconque.

UNIQUEMENT ✦ SYN. Exclusivement, purement, rien que, *seulement*, simplement, strictement. ✦ ANT. Non pas, pas seulement.

UNIR ✦ SYN. ▷ *V. tr.* **1.** Accoler, agglomérer, agglutiner, agréger, amalgamer, annexer, *assembler*, assortir, combiner, confondre, fondre, fusionner, grouper, joindre, lier, mêler, relier, souder, unifier. **2.** Accoupler. **3.** Accorder, allier, *associer*,

coaliser, fédérer, liguer, marier, rapprocher, réunir. ▷ *V. pr.* **4.** Adhérer, se coaliser, se marier, *se regrouper*, se solidariser. ✦ ANT. **1.** Disjoindre, disperser, diversifier, diviser, isoler, opposer. **3.** Démembrer, désunir, dissocier, éloigner, séparer. **4.** Se brouiller, se désolidariser, se dissocier, divorcer, rivaliser, rompre, se séparer.

UNISSON (À L') ✦ SYN. À l'unanimité, de concert, en accord, *en chœur*, en harmonie, ensemble, simultanément, unanimement. ✦ ANT. Alternativement, chacun de son côté, séparément, seul, successivement.

UNITÉ ✦ SYN. **1.** Identité, individualité, particularité, simplicité, *singularité*, unicité. **2.** Cohérence, cohésion, concordance, conformité, ensemble, équilibre, *harmonie*, homogénéité, régularité, uniformité. **3.** *(Pers.)* Accord, cohésion, communauté, communion, esprit de corps, fraternité, *solidarité*, union. **4.** Composant, *élément*, pièce. **5.** Fraction, mesure, nombre, *quantité*. **6.** *(Milit.)* Bataillon, brigade, commando, compagnie, formation, groupe, régiment, *section*. ✦ ANT. **1.** Complexité, diversité, dualité, pluralité. **2.** Désordre, déséquilibre, disparité, dispersion, division, hétérogénéité, irrégularité, séparation **3.** Désaccord, désunion, dissension, égoïsme, individualisme, rupture. **4-5.** Ensemble, totalité, tout. **6.** Armée.

UNIVERS ✦ SYN. **1.** Ciel, cosmos, création, espace, grand tout, immensité, macrocosme, *monde*, nature, Terre, tout. **2.** Champ, *domaine*, milieu, orbite, région, sphère, zone. **3.** *Ensemble*, système.

UNIVERSALISER ◇ v. **Généraliser**

UNIVERSEL ✦ SYN. **1.** Commun, étendu, *général*, unanime. **2.** Cosmopolite, international, *mondial*, œcuménique, planétaire. **3.** Céleste, *cosmique*, infini. **4.** *(Savoir)* Absolu, complet, encyclopédique, *entier*, omniscient, total. ✦ ANT. **1.** Individuel, isolé, particulier, personnel, singulier. **2.** Local, national, régional. **3.** Fini, terrestre. **4.** Fragmentaire, incomplet, limité, partiel, réduit, restreint.

UNIVERSELLEMENT ♦ SYN. Internationalement, *mondialement*, unanimement. ♦ ANT. Individuellement, localement, particulièrement, partiellement, spécifiquement.

UNIVERSITAIRE ♦ SYN. **1.** Chargé de cours, chercheur, mandarin *(péj.)*, *professeur*. **2.** *(Québ.)* Étudiant.

UNIVERSITÉ ♦ SYN. Académie, *alma mater*, campus, faculté.

URBAIN ♦ SYN. **1.** *Citadin*, municipal. **2.** Affable, civil, courtois, *poli*. ♦ ANT. **1.** Agreste, campagnard, champêtre, paysan, rural, rustique, villageois. **2.** Discourtois, grossier, impoli, incivil.

URBANITÉ ♦ SYN. Affabilité, aménité, bienséance, civilité, civisme, courtoisie, éducation, *politesse*, respect, savoir-vivre. ♦ ANT. Grossièreté, impolitesse, incivilité, inconvenance, rudesse, sauvagerie.

URGENCE ♦ SYN. Besoin impérieux, gravité, importance, *nécessité*, obligation, rapidité. ♦ ANT. Bénignité, délai, faculté, lenteur.

URGENT ♦ SYN. Imminent, impératif, impérieux, important, instant *(adj.)*, nécessaire, *pressant*, pressé, rapide. ♦ ANT. Dilatoire, facultatif, lent, reporté.

URINER ◇ V. **Pisser**

URINOIR ♦ SYN. Édicule, pissoir, pissotière *(fam.)*, toilettes (pour hommes), *vespasienne*.

URNE ♦ SYN. **1.** Amphore, potiche, réceptacle, récipient, *vase*. **2.** Boîte de scrutin. **3.** *(Pl.)* *Élection*, vote.

USAGE ♦ SYN. **1.** Affectation, application, consommation, dépense, destination, emploi, recours, service, *utilisation*, utilité. **2.** Convention, *coutume*, habitude, manière, mode, mœurs, règle, rite, rituel, routine *(péj.)*, tradition, us et coutumes. **3.** *Activité*, exercice, fonction, fonctionnement, pratique. **4.** Bienséance, bonnes manières, civilité, civisme, conventions, *convenances*, éducation, étiquette, politesse, protocole, rites, savoir-vivre. **5.** *(Dr.)* *Jouissance*, possession, propriété, usufruit *(dr.)*. ♦ ANT. **1.** Inutilisation, inutilité,

non-usage. **2.** Abandon, changement, désuétude. **3.** Difficulté, dysfonctionnement, trouble. **4.** Impolitesse, incivilité, inconvenance, manquement, négligence. **5.** Privation.

USAGER ♦ SYN. **1.** Client, *utilisateur*. **2.** *(Dr.)* Titulaire. **3.** *(Ling.)* Locuteur. ♦ ANT. **1.** Fournisseur.

USÉ ♦ SYN. **1.** *Altéré*, caduc, décrépit, déformé, défraîchi, dégradé, délabré, éculé, élimé, émoussé, éraillé, fruste, râpé, usagé, vétuste, vieux. **2.** À bout de forces, affaibli, décati *(fam.)*, décrépit *(fig.)*, diminué, *épuisé*, éteint, fatigué, fichu *(fam.)*, fini, flétri, foutu *(fam.)*, vieilli. **3.** *Banal*, commun, éculé *(fig.)*, rebattu, réchauffé *(fig.)*, ressassé. **4.** Démodé, dépassé, *désuet*, obsolète, périmé, poussiéreux *(fig.)*, ringard *(fam.)*, suranné, vieillot, vieux jeu. ♦ ANT. **1.** Amélioré, rafraîchi, renouvelé, rénové, réparé, restauré. **2.** Avivé, ragaillardi, rajeuni, ranimé, ravivé, revigoré. **3.** Neuf, nouveau, original. **4.** À la mode, d'avant-garde, moderne, récent.

USER ♦ SYN. ▷ V. tr. **1.** Consommer, dépenser, disposer, *employer*, prendre, recourir à, se servir de, utiliser. **2.** Abîmer, *altérer*, corroder, détériorer, effriter, élimer, entamer, épointer, éroder, flétrir, froisser, limer, râper, ronger, ruiner. **3.** Affaiblir, amoindrir, consumer, diminuer, émousser, *épuiser*, esquinter *(fam.)*, gâter, miner. ▷ V. pr. **4.** S'abîmer, *se détériorer*. **5.** S'affaiblir, dépérir, *s'épuiser*, se fatiguer. ♦ ANT. **1.** Abandonner, abuser, laisser, mésuser. **2.** Améliorer, rafraîchir, renouveler, rénover, réparer, restaurer. **3.** Aviver, fortifier, ragaillardir, rajeunir, remonter, requinquer *(fam.)*, revigorer, vivifier. **4.** S'améliorer, se conserver. **5.** Se ménager, se reposer.

USINE ♦ SYN. Atelier, centrale (électrique), entreprise industrielle, établissement, fabrique, *industrie*, manufacture, raffinerie. ♦ ANT. Boutique, commerce, magasin.

USTENSILE ♦ SYN. ▷ Sing. ou pl. **1.** *(Usage domestique)* *Accessoire*, appareil, engin *(fam.)*, pièce, récipient, truc *(fam.)*. **2.** *Batterie de cuisine*, service de couverts, vaisselle.

USUEL ✦ SYN. Commun, consacré, *courant*, employé, familier, fréquent, habituel, ordinaire, usité, utilisé. ✦ ANT. Ancien, archaïque, caduc, désuet, exceptionnel, inusité, obsolète, rare.

USURE ✦ SYN. **1.** Altération, attrition, corrosion, dégradation, *détérioration*, éraillement, érosion, patine, rouille. **2.** Affaiblissement, amoindrissement, dépérissement, épuisement, *fatigue*, lassitude. **3.** *Avarice*, exploitation, mercantilisme. ✦ ANT. **1.** Conservation, entretien, lustre, protection, soin. **2.** Force, fraîcheur, jeunesse, vigueur. **3.** Générosité, honnêteté, probité.

USURPATEUR ◇ v. **Imposteur**

USURPATION ✦ SYN. **1.** Abus de pouvoir, *accaparement*, appropriation, empiètement, injustice, illégalité. **2.** *(Identité, titre)* *Imposture*, vol. ✦ ANT. **1.** Distribution, partage, répartition. **2.** Dénonciation, protection (d'identité).

USURPER ✦ SYN. ▷ V. tr. **1.** *Accaparer*, s'approprier, s'arroger, s'attribuer, s'emparer de, s'octroyer, prendre, saisir, spolier, voler. ▷ V. intr. **2.** *Empiéter sur*, envahir, outrepasser. ✦ ANT. **1.** Abandonner, céder, remettre, rendre, restituer. **2.** Protéger, respecter.

UTILE ✦ SYN. *Avantageux*, bénéfique, bon, commode, convenable, expédient *(adj.)*, favorable, indispensable, nécessaire, opportun, précieux, profitable, rémunérateur, salutaire. ✦ ANT. Dommageable, inefficace, inutile, nuisible, nul, parasite, préjudiciable, stérile, superflu.

UTILISABLE ✦ SYN. Bon, disponible, *employable*, praticable. ✦ ANT. Impraticable, inemployable, inutilisable, manquant.

UTILISATEUR ◇ v. **Usager**

UTILISATION ◇ v. **Emploi**

UTILISER ✦ SYN. **1.** Avoir recours à, employer, manier, pratiquer, recourir à, *se servir de*, user de. **2.** Exploiter, tirer parti de, *tirer profit de*. **3.** *(Énergie)* *Consommer*, dépenser. ✦ ANT. **1-2.** Abandonner, se priver de, mésuser. **3.** Économiser.

UTILITAIRE ✦ SYN. **1.** Commun, fonctionnel, *pratique*, réaliste, utilitariste. **2.** Égoïste, *intéressé*, mesquin. **3.** *(Véhicule utilitaire)* Véhicule de transport. ✦ ANT. **1.** Idéaliste, inutile, théorique. **2.** Désintéressé, généreux, gratuit. **3.** Voiture de tourisme.

UTILITÉ ✦ SYN. **1.** Avantage, bienfait, commodité, convenance, efficacité, *fonction*, intérêt, mérite, profit, usage, valeur. **2.** Comparse, bouche-trou *(fam.)*, faire-valoir, *figurant*, second couteau *(fig.)*. ✦ ANT. **1.** Futilité, inanité, inefficacité, inutilité, vanité. **2.** Premier rôle, protagoniste, tête d'affiche.

UTOPIE ✦ SYN. **1.** Abstraction, création de l'esprit, *idéal (n.)*, idéalisme, idéologie, projet, théorie. **2.** Apparence, billevesées, *chimère*, fantaisie, fantasme, fausseté, fiction, illusion, imagination, impossibilité, mirage, mythe, rêve, rêverie, roman, songe. ✦ ANT. **1.** Pragmatisme, prosaïsme, réalisme. **2.** Matérialité, objectivité, possibilité, réalisation, réalité, vérité.

UTOPIQUE ✦ SYN. **1.** Abstrait, *idéal*, théorique. **2.** Apparent, *chimérique*, creux, fantaisiste, faux, illusoire, imaginaire, impossible, insensé, irréalisable, rêvé, romanesque, supposé, vain. ✦ ANT. **1.** Pragmatique, prosaïque, réaliste. **2.** Certain, existant, possible, pratique, raisonnable, réalisable, réel, sûr, véritable, vrai.

UTOPISTE ◇ v. **Rêveur**

V

VACANCE ✦ SYN. ▷ *Sing.* **1.** *Interruption*, suspension, vacation *(dr.)*. **2.** Disponibilité, *poste libre*. ▷ *Pl.* **3.** *Congé*, détente, liberté, pause, relâche, répit, repos. ✦ ANT. **1.** Activité, continuation, reprise. **2.** Embauche, emploi. **3.** Occupation, rentrée, travail.

VACANT ✦ SYN. **1.** Disponible, inhabité, *inoccupé*, libre, vide. **2.** *(Poste)* À pourvoir. **3.** *(Fig.) Absent*, distrait, évasif, vague. ✦ ANT. **1.** Habité, occupé, pris. **2.** Attribué, pourvu. **3.** Attentif, préoccupé, présent, soucieux.

VACARME ✦ SYN. **1.** *(Pers.)* Boucan *(fam.)*, brouhaha, chahut, charivari, cohue, clameur, cris, ramdam *(fam.)*, rumeur, *tapage*, tintamarre, tohu-bohu, train *(québ., fam.)*, tumulte. **2.** *(Ch.)* Bruit, déflagration, détonation, explosion, *fracas*, tonnerre. ✦ ANT. **1.** Calme, murmure, paix, silence, tranquillité. **2.** Amortissement, assourdissement, bruissement, étouffement, froufrou, insonorisation.

VACCINATION ✦ SYN. *Immunisation*, inoculation, piqûre, prémunition, vaccin. ✦ ANT. Contamination, infection.

VACCINER ✦ SYN. **1.** *Immuniser*, inoculer, piquer. **2.** *(Fig.)* Aguerrir, blinder *(fam.)*, endurcir, insensibiliser, prémunir, *préserver*, protéger. ✦ ANT. **1.** Contaminer, contracter, infecter. **2.** Affecter, éprouver, expérimenter, subir, vivre.

VACHE ✦ SYN. ▷ *Nom* **1.** *Génisse*, taure, vachette. ▷ *Adj.* **2.** *(Fam.)* Bête, *méchant*, rossard, salaud, sévère. ✦ ANT. **1.** Taureau. **2.** Bon, chic, gentil, indulgent.

VACHER ✦ SYN. Bouvier, cow-boy, *gardien*, gaucho, manadier, pasteur, pâtre.

VACHERIE ◇ V. Méchanceté

VACILLANT ✦ SYN. **1.** Branlant, *chancelant*, chevrotant, clignotant, défaillant, flageolant, titubant, tremblant, tremblotant. **2.** Faible, hésitant, incertain, *indécis*, instable, irrésolu. ✦ ANT. **1.** Droit, équilibré, ferme, fixe, fort, immobile, puissant, solide, stable, vigoureux. **2.** Assuré, certain, constant, énergique, fiable, inflexible, résolu, sûr.

VACILLER ✦ SYN. **1.** Balancer, branler, *chanceler*, cligner, clignoter, faiblir, flageoler, fléchir, osciller, scintiller, tituber, trembler, trembloter. **2.** *S'affaiblir*, défaillir, hésiter, manquer de, perdre *(mémoire)*. ✦ ANT. **1.** S'affermir, se consolider, s'équilibrer, se stabiliser. **2.** Se déterminer, s'endurcir, se fortifier, persévérer, retrouver.

VACUITÉ ◇ V. Vide

VADE-MECUM ◇ V. Mémento

VADROUILLE ✦ SYN. **1.** *Balai à franges*, faubert *(mar.)*. **2.** *(Québ.)* Serpillière. **3.** *(Fam.)* Balade, errance, flânerie, *promenade*, sortie, vagabondage.

VADROUILLER ◇ V. Promener

VA-ET-VIENT ✦ SYN. **1.** Alternance, balancement, course, *oscillation*. **2.** Allée et venue, *circulation*, déplacement, navette, passage, trafic. **3.** *Activité*, agitation, bruit, foule, mouvement. ✦ ANT. **1.** Fixité, immobilité, stabilité. **2.** Arrêt, escale, halte. **3.** Calme, intimité, repos, solitude.

VAGABOND ✦ SYN. ▷ *Nom* **1.** Clochard, *flâneur*, gueux, itinérant *(québ.)*, oisif, rôdeur, sans-abri, sans domicile fixe (S.D.F.), sans-logis. **2.** *Aventurier*, globe-trotter, voyageur. ▷ *Adj.* **3.** *Errant*, nomade. **4.** *(Humeur)* Bohème, désordonné, dissipé, fantaisiste, flottant, *rêveur*, vague. ✦ ANT. **1.** Résidant, travailleur. **2-3.** Casanier, sédentaire. **4.** Austère, discipliné, rangé, réglé, sérieux.

VAGABONDAGE ♦ SYN. 1. Errance, *flânerie*, itinérance *(québ.)*, oisiveté. **2.** *Aventure*, balade, course, déambulation, nomadisme, promenade, vadrouille *(fam.)*, voyage. **3.** Divagation, fuite, *rêverie*. ♦ **ANT. 1.** Résidence, travail. **2.** Sédentarité. **3.** Attention, concentration.

VAGABONDER ♦ SYN. 1. Aller au hasard, se balader, déambuler, *errer*, flâner, marcher (sans but), se promener, rôder, traînasser, traîner, vadrouiller *(fam.)*. **2.** Aller à l'aventure, bourlinguer *(fam.)*, courir le monde, pérégriner, rouler sa bosse *(fam.)*, voir du pays, *voyager*. **3.** *(Esprit)* Errer, *flotter*, vaguer ♦ **ANT. 1.** S'arrêter, se fixer. **2.** S'établir, s'installer. **3.** Se concentrer.

VAGUE ♦ SYN 1. ▷ *Nom* **1.** Eaux, clapot, clapotis, déferlante, *flots*, houle, lame, mascaret, moutonnement, moutons, onde, ondulation, paquet de mer. **2.** Génération, *mouvement*, tendance. **3.** À-coup, afflux, assaut, *déferlement*, marée, masse, raz de marée, ruée, salve, série. **4.** *(Pl.)* Embarras, difficultés, *problèmes*, remous, troubles. **5.** Clair-obscur, confusion, flou, *imprécision*, indécision, indétermination, vide. **6.** *(Vague à l'âme)* *Mélancolie*, spleen, tristesse. ▷ *Adj.* **7.** Approximatif, confus, évasif, flou, fumeux, général, imperceptible, *imprécis*, incertain, indécis, indéfini, indéfinissable, indistinct, nébuleux, voilé. **8.** Faible, *lointain*, sourd. **9.** *Ample*, bouffant, flottant, flou, lâche, large, vaporeux. **10.** Absent, distrait, flottant, fuyant, vagabond, *rêveur*. **11.** *Insignifiant*, médiocre, obscur, quelconque. **12.** *(Terrain)* En friche, *inculte*, inhabité. ♦ **ANT. 4.** Aise, calme, paix, tranquillité. **5.** Clarté, délimitation, détermination, limpidité, netteté, précision. **6.** Allégresse, enthousiasme, joie. **7.** Clair, concret, défini, distinct, net, perceptible, précis. **8.** Aigu, localisé, manifeste. **9.** Ajusté, étroit, juste, moulant, serré. **10.** Attentif, concentré, présent. **11.** Célèbre, éminent, illustre, remarquable. **12.** Cultivé, habité.

VAGUEMENT ♦ SYN. 1. Approximativement, *confusément*, évasivement, faiblement, indistinctement, obscurément. **2.** *À peine*, légèrement, un peu. ♦ **ANT. 1.** Clairement, nettement, précisément. **2.** Extrêmement, vivement.

VAILLAMMENT ♦ SYN. *Bravement*, courageusement, hardiment, héroïquement, intrépidement, valeureusement. ♦ **ANT.** Craintivement, lâchement, peureusement.

VAILLANCE ♦ SYN. Audace, bravoure, cœur, *courage*, cran *(fam.)*, hardiesse, héroïsme, générosité, intrépidité, prouesse, valeur. ♦ **ANT.** Couardise, crainte, faiblesse, lâcheté, médiocrité, mollesse, peur, poltronnerie, pusillanimité, timidité, veulerie.

VAILLANT ♦ SYN. 1. Audacieux, brave, *courageux*, hardi, héroïque, intrépide, valeureux. **2.** Actif, bosseur *(fam.)*, travaillant *(québ.)*, *travailleur*. **3.** En forme, en santé, solide, *vigoureux*. ♦ **ANT. 1.** Couard, dégonflé *(fam.)*, lâche, pleutre, poltron, trouillard *(fam.)*. **2.** Fainéant, inactif, indolent, oisif, paresseux. **3.** Chancelant, chétif, faiblard, faible, fragile.

VAIN ♦ SYN. 1. Chimérique, creux, dérisoire, fallacieux, faux, frivole, *futile*, illusoire, inconsistant, insignifiant, léger, puéril, vide. **2.** Inefficace, infructueux, *inutile*, stérile, superflu. **3.** Orgueilleux, prétentieux, suffisant, *vaniteux*. ♦ **ANT. 1.** Concret, consistant, effectif, fondé, grave, important, profond, réel, sérieux, vrai. **2.** Efficace, profitable, salutaire, utile, valable. **3.** Humble, modeste, posé.

VAINCRE ♦ SYN. 1. Abattre, anéantir, *battre*, conquérir, défaire, éclipser, écraser, enfoncer *(fig.)*, gagner, l'emporter sur, renverser, surclasser, supplanter, terrasser, triompher de. **2.** *Dominer*, dompter, maîtriser, mater, surmonter. ♦ **ANT. 1.** Abandonner, capituler, céder, s'écrouler, perdre, se rendre, se soumettre. **2.** Accepter, endurer, se résigner, subir, succomber.

VAINCU ♦ SYN. ▷ *Adj.* **1.** Anéanti, *battu*, défait, dominé, écrasé, terrassé. **2.** Capitulard, défaitiste, fuyard, lâche, *résigné*, soumis. ▷ *Nom* **3.** Perdant. ♦ **ANT. 1.** Triomphant, victorieux. **2.** Batailleur, battant, combatif, courageux, résistant. **3.** Gagnant, vainqueur.

VAINQUEUR ♦ **SYN.** ▷ *Nom* **1.** Champion, *gagnant*, héros, lauréat, premier, tenant du titre, triomphateur. **2.** *(Espace, montagne)* Conquérant. ▷ *Adj.* **3.** Triomphant, *victo-rieux*. ♦ **ANT. 1.** Perdant, vaincu. **3.** Battu, défait.

VAISSEAU ♦ **SYN. 1.** Artère, canal, capillaire, conduit, tube *(bot.)*, *veine*. **2.** Bateau, bâtiment, grand voilier, *navire*, nef *(archit.)*. **3.** *(Vaisseau spatial)* Aéronef, engin spatial, ovni, soucoupe volante, *véhicule spatial*.

VAL ◇ v. **Vallée**

VALABLE ♦ **SYN. 1.** *(Dr.)* Légal, réglementaire, régulier, *valide*. **2.** *Acceptable*, admissible, bon, convenable, correct, fondé, passable, plausible, potable *(fam.)*, recevable, sérieux, solide. **3.** *(Interlocuteur)* *Autorisé*, compétent, désigné, habilité à, officiel, qualifié. ♦ **ANT. 1.** Illégal, invalide, irrégulier, nul, périmé. **2.** Contestable, gratuit, inacceptable, inefficace, infondé, irrecevable. **3.** Inapte, incompétent, officieux, volontaire.

VALET ♦ **SYN. 1.** Domestique, laquais, *serviteur*. **2.** *Esclave*, fantoche, flagorneur, inférieur, serf.

VALÉTUDINAIRE ◇ v. **Maladif**

VALEUR ♦ **SYN. 1.** Calibre, capacité, carrure, chic, classe, distinction, envergure, étoffe, excellence, force, grandeur, mérite, moralité, *qualité*, trempe, vaillance. **2.** Appréciation, cote, cours, coût, estimation, évaluation, *prix*. **3.** Efficacité, portée, utilité, *validité*. **4.** Idéal, *norme*, repère. **5.** *(Fin.)* Action, *bien*, billet, bon, emprunt, obligation, part, titre. **6.** Intérêt, sens, *signification*. **7.** Équivalent, *mesure*, proportion ♦ **ANT. 1.** Faiblesse, lâcheté, lacune, médiocrité, nullité, petitesse, vide, zéro. **2.** Dépréciation, non-valeur. **3.** Inefficacité, inutilité, invalidité.

VALEUREUX ◇ v. **Vaillant**

VALIDE ♦ **SYN. 1.** *Bien portant*, en bonne forme, fort, gaillard, robuste, sain, vert

(fig.). **2.** Admis, approuvé, bon, en règle, légal, *réglementaire*, régulier, valable. ♦ **ANT. 1.** Faible, handicapé, impotent, infirme, invalide, malade. **2.** Faux, illégal, irrégulier, nul, périmé.

VALIDER ♦ **SYN.** Authentifier, certifier, composter *(billet)*, confirmer, *entériner*, homologuer, légaliser, ratifier, régulariser, sanctionner. ♦ **ANT.** Annihiler, annuler, contester, invalider, récuser, renvoyer.

VALIDITÉ ♦ **SYN. 1.** Authenticité, conformité, *valeur*. **2.** Bien-fondé, *cohérence*, rigueur, solidité. **3.** *(Information)* Fondement, justesse, *vérité*. ♦ **ANT. 1.** Inauthenticité, invalidité, non-conformité, nullité. **2.** Faiblesse, illogisme, incohérence, lacune. **3.** Fausseté, inexactitude, mensonge.

VALISE ♦ **SYN.** Attaché-case, *bagage*, mallette, sac.

VALLÉE ♦ **SYN. 1.** Combe, gorge, ravin, *val*, vallon. **2.** *(Hydrogr.)* Bassin. ♦ **ANT. 1.** Colline, mont, montagne, plateau.

VALOIR ♦ **SYN.** ▷ *V. intr.* **1.** *Coûter*, faire (une somme), revenir à, se vendre. **2.** Correspondre à, *égaler*, équivaloir à, représenter à. **3.** Être digne de, *mériter*. **4.** S'appliquer à, *concerner*, intéresser, regarder, viser. ▷ *V. tr.* **5.** *Attirer*, causer, procurer.

VALORISATION ♦ **SYN. 1.** Amélioration, bonification, enrichissement, exploitation, *mise en valeur*. **2.** Estime de soi, fierté, *gratification*, satisfaction de soi. ♦ **ANT. 1.** Dégradation, dépréciation, détérioration, dévalorisation, dévaluation. **2.** Autodérision, frustration, honte, mépris de soi.

VALORISER ♦ **SYN. 1.** Faire valoir, *mettre en valeur*, revaloriser. **2.** Grandir, *gratifier*, réhabiliter, rehausser. **3.** Recycler (des déchets industriels). ♦ **ANT. 1.** Amoindrir, déprécier, dévaloriser. **2.** Avilir, dénigrer, diminuer, rabaisser. **3.** Jeter.

VALSE ♦ **SYN.** *(Fig.)* Changements fréquents, *déplacements*, modifications. ♦ **ANT.** Continuité, permanence, stabilité.

VAMPIRE ♦ **SYN. 1.** *Fantôme* (suceur de sang), goule, strige. **2.** *Assassin*, meurtrier, pervers, sadique, tortionnaire. **3.** *Exploiteur*, rapace, requin.

VANDALE ♦ SYN. Barbare, casseur, destructeur, dévastateur, hooligan, iconoclaste, profanateur, ravageur, *saccageur*.

VANDALISER ♦ SYN. Détruire, dévaster, profaner, *saccager*. ♦ ANT. Respecter.

VANDALISME ◇ v. Saccage

VANITÉ ♦ SYN. **1.** Autosatisfaction, complaisance, crânerie, *fatuité*, gloriole, infatuation, jactance, orgueil, ostentation, prétention, suffisance. **2.** Caducité, futilité, inanité, insignifiance, *inutilité*, néant, vide. ♦ ANT. **1.** Humilité, modestie, réserve, simplicité **2.** Importance, sérieux, utilité, valeur.

VANITEUX ♦ SYN. Complaisant, crâneur *(fam.)*, *fat*, imbu de (soi-même), immodeste, infatué, m'as-tu-vu, orgueilleux, prétentieux, satisfait (de soi-même), suffisant, vain. ♦ ANT. Humble, modeste, réservé, sans prétention, simple.

VANTARD ♦ SYN. Bluffeur, crâneur *(fam.)*, *fanfaron*, hâbleur, m'as-tu-vu, matamore, menteur. ♦ ANT. Franc, humble, modeste, réservé, retiré, taciturne, timide.

VANTARDISE ◇ v. Fanfaronnade

VANTER ♦ SYN. ▷ V. tr. **1.** *Célébrer*, encenser, exalter, flatter *(péj.)*, louanger, louer, magnifier, prôner. ▷ V. pr. **2.** Bluffer, crâner *(fam.)*, *se faire valoir*, fanfaronner, plastronner. **3.** S'enorgueillir, faire grand cas de, se féliciter, se flatter, *se glorifier*, s'honorer, se piquer, se prévaloir, se targuer. **4.** Se faire fort de, se persuader, *prétendre*. ♦ ANT. **1.** Abaisser, blâmer, critiquer, décrier, dénigrer, dénoncer, discréditer, rabattre, reprocher. **2.** S'abaisser, s'avilir, se discréditer, s'humilier. **3.** Faire peu de cas de, minimiser. **4.** Douter, renoncer.

VAPEUR ♦ SYN. **1.** Brouillard, *brume*, buée, nuage **2.** *Émanation*, exhalaison, fumée, gaz. **3.** *(Pl.)* Défaillance, *malaise*.

VAPOREUX ♦ SYN. **1.** Brumeux, flou, fumeux, imprécis, incertain, *nébuleux*, trouble, vague, voilé. **2.** *Aérien*, délicat, éthéré, fin, immatériel, léger, transparent, volatil. ♦ ANT. **1.** Clair, éclairci, limpide,

net, précis. **2.** Dense, épais, gros, lourd, opaque, solide.

VAPORISATEUR ◇ V. Aérosol

VAPORISER ◇ V. Pulvériser

VAQUER ♦ SYN. S'adonner à, s'appliquer à, se consacrer à, s'intéresser à, se livrer à, *s'occuper de*, travailler à. ♦ ANT. Abandonner, s'absenter de, s'abstenir de, décrocher de *(fam.)*, lâcher, négliger, omettre, quitter.

VAREUSE ♦ SYN. **1.** *(Toile)* Bleu, *blouse*, sarrau, tablier. **2.** *(Flanelle)* Caban, gilet, *veste*.

VARIABLE ♦ SYN. **1.** *Changeant*, différent, discontinu, divers, flottant, fluctuant, incertain, indécis, inégal, instable, irrégulier, mobile, vacillant, variant, varié. **2.** Bizarre, *capricieux*, fantaisiste, léger, lunatique, versatile. **3.** *(Horaire)* Flexible. ♦ ANT. **1.** Constant, continu, ferme, fixe, identique, immobile, immuable, invariable, précis, régulier, solide, stable, stationnaire. **2.** Fidèle, persévérant, sûr, tenace. **3.** Fixe, rigide.

VARIATION ♦ SYN. **1.** *Changement*, évolution, modification, mue, mutation, transformation. **2.** Amplitude, dispersion, écart, *fluctuation*, inégalité, mouvement, oscillation, saute, variance. ♦ ANT. **1.** Conservation, continuité, permanence, persistance, uniformité, unité. **2.** Constance, stabilité.

VARIÉ ♦ SYN. **1.** Bigarré, composite, disparate, divers, *diversifié*, éclectique, hétéroclite, hétérogène, hybride, mâtiné, mélangé, mêlé, mixte, multiple, nuancé, panaché. **2.** *Accidenté*, inégal, mouvementé, vallonné. **3.** *(Pl.)* *Différents*, dissemblables, distincts, divers, multiples. ♦ ANT. **1.** Continu, homogène, inchangé, monotone, pareil, régulier, routinier, semblable, uniforme, unique. **2.** Égal, plat, uni. **3.** Identiques, mêmes, pareils, semblables, uniques.

VARIER ♦ SYN. ▷ V. tr. **1.** Bigarrer, changer, *diversifier*, modifier, nuancer. ▷ V. intr. **2.** *Changer*, évoluer, fluctuer, se modifier, se transformer. **3.** *Différer*, diverger. ♦ ANT.

1. Fondre, unifier, uniformiser. 2. Conserver, se fixer, se maintenir, se stabiliser. 3. Concorder, se ressembler.

VARIÉTÉ ◆ SYN. 1. Bigarrure, changement, différence, disparité, *diversité*, éclectisme, multiplicité, pluralité, renouvellement. 2. Assortiment, choix, collection, *éventail*, gamme, ligne, palette, panoplie, série. 3. Catégorie, classe, cultivar *(bot.)*, *espèce*, famille, forme, genre, groupe, sorte, type. 4. *(Pl.)* Mélanges *(litt.)*, *music-hall*. ◆ ANT. 1. Constance, monotonie, ressemblance, uniformité, unicité.

VASE ◆ SYN. ▷ *Nom fém.* 1. *Boue*, bourbe, fange, limon, raspoutitsa. ▷ *Nom masc.* 2. Carafe, cruche, jarre, porte-bouquet, pot, potiche, *récipient*, soliflore, urne. 3. *(Ancien)* **Amphore**, canope, coupe, cratère, lécythe. 4. *(Sacré)* Calice, ciboire, *coupe*, patelle, patène, patère.

VASEUX ◆ SYN. 1. *Boueux*, bourbeux, fangeux, limoneux, marécageux. 2. *(Fam.)* Abruti, *endormi*, faible, fatigué, languissant, lourd, mal en point, mal fichu *(fam.)*, mou. 3. Embarrassé, hésitant, imprécis, nébuleux, obscur, trouble, *vague*, vasouillard *(fam.)*. ◆ ANT. 1. Clair, limpide. 2. Alerte, dispos, en forme, éveillé, léger. 3. Catégorique, franc, net, précis.

VASOUILLER ◆ SYN. *(Fam.)* Cafouiller, s'embrouiller, s'empêtrer, *hésiter*, merdoyer, patauger. ◆ ANT. Décider, se désembourber, se résoudre à.

VASQUE ◇ V. **Jardinière**

VASTE ◆ SYN. 1. Ample, énorme, étendu, grand, *immense*, large, spacieux, volumineux. 2. Abondant, appréciable, *considérable*, gros, important, nombreux, riche. ◆ ANT. 1. Étroit, exigu, limité, minuscule, petit, réduit, restreint. 2. Faible, modéré, modeste, négligeable, rare.

VATICINATEUR ◇ V. **Devin**

VATICINER ◆ SYN. 1. Deviner, prédire, présager, *prophétiser*. 2. Délirer.

VAURIEN ◆ SYN. 1. Bandit, *canaille*, crapule, dévoyé, fripon, fripouille, gredin, scélérat, *truand*, voyou. 2. *(Jeune)* Chenapan, coquin, galopin, garnement, polisson, sacripant *(fam.)*, *voyou*.

VAUTOUR ◆ SYN. Avare, chacal, charognard, exploiteur, *profiteur*, prédateur, rapace, requin. ◆ ANT. Généreux, indulgent, prodigue.

VAUTRER (SE) ◆ SYN. 1. S'abattre, *s'affaler*, s'avachir *(fam.)*, se coucher, s'étaler, s'étendre, se laisser choir, se rouler, se traîner. 2. S'abandonner, *se prélasser*, prendre ses aises. 3. *(Péj.)* S'adonner à, *se complaire dans*, se délecter, se livrer à, prendre plaisir à. ◆ ANT. 1. Se dresser, se redresser, se tenir droit. 2. S'activer, s'affairer, travailler, trimer. 3. Abhorrer, se dégoûter de, se lasser de.

VÉCU ◆ SYN. ▷ *Adj.* 1. Authentique, avéré, *réel*, subi, vrai. ▷ *Nom* 2. Cheminement, *expérience de vie*, itinéraire. ◆ ANT. 1. Abstrait, faux, fictif, idéal, imaginaire, inventé, irréel.

VEDETTE ◆ SYN. 1. Artiste, astre, *célébrité*, étoile, gloire, héros, idole, notabilité, personnage, personnalité, prima donna, sommité, star, superstar, tête d'affiche. 2. Factionnaire, garde, *sentinelle*. 3. *(En vedette)* *En évidence*, en valeur, en vue. ◆ ANT. 1. Inconnu, médiocrité, nullard *(fam.)*, nullité, zéro. 3. Dans l'anonymat, dans l'ombre.

VÉGÉTATIF ◆ SYN. *(Fig.)* Désœuvré, *inactif*, oisif. ◆ ANT. Actif, affairé, occupé.

VÉGÉTATION ◆ SYN. Feuillage, *flore*, pousse, verdure.

VÉGÉTER ◆ SYN. Croupir, s'encroûter, s'engourdir, s'étioler, languir, moisir, piétiner, stagner, traîner, *vivoter*. ◆ ANT. S'activer, avancer, progresser, prospérer, réussir.

VÉHÉMENCE ◆ SYN. 1. Ardeur, chaleur, emportement, enthousiasme, feu, flamme, fougue, *impétuosité*, ivresse, passion. 2. Acharnement, brutalité, rudesse, violence, *virulence*. ◆ ANT. 1. Calme, détachement, flegme, froideur, impassibilité, indifférence, sang-froid, tiédeur. 2. Amabilité, douceur, gentillesse, patience, retenue.

VÉHÉMENT ✦ SYN. **1.** Ardent, bondissant, chaleureux, effréné, emporté, enflammé, enthousiaste, exalté, excessif, fougueux, *impétueux*, intense, passionné, vif, vigoureux. **2.** Acharné, âpre, brusque, brutal, cassant, désobligeant, dur, rigoureux, rude, violent, *virulent*. ✦ ANT. **1.** Découragé, déprimé, détaché, faible, froid, impassible, indifférent, langoureux, lent, tiède. **2.** Accommodant, aimable, commode, doux, gentil, obligeant, patient, retenu.

VÉHICULE ✦ SYN. **1.** Engin, *moyen de transport*. **2.** Média, *médium*, moyen, support, transmetteur, vecteur.

VÉHICULER ✦ SYN. **1.** Charroyer, conduire, mener, promener, *transporter*, voiturer. **2.** Colporter *(péj.)*, diffuser, populariser, propager, répandre, *transmettre*. ✦ ANT. **2.** Cacher, étouffer, interdire, limiter, taire.

VEILLE ✦ SYN. **1.** *Éveil*, garde, insomnie, quart, surveillance, veillée *(défunt)*, vigilance. **2.** *Hier*, jour précédent, vigile *(relig.)*. ✦ ANT. **1.** Apathie, hypnotisme, léthargie, prostration, sommeil, torpeur. **2.** Lendemain.

VEILLÉE ✦ SYN. **1.** Après-souper *(québ.)*, réception, réunion, réveillon, *soirée*. **2.** *(Défunt)* Commémoration, prières, *veille*. ✦ ANT. **1.** Matin, matinée.

VEILLER ✦ SYN. ▷ *V. tr.* **1.** *Être de garde*, garder, s'occuper de, protéger, rester auprès de, soigner, surveiller. ▷ *V. intr.* **2.** *Faire attention de*, prendre soin de, songer à, tâcher de. ✦ ANT. **1.** Abandonner, délaisser, dormir, laisser, tromper (la vigilance). **2.** Négliger, omettre de, oublier.

VEILLEUR ✦ SYN. Garde, *gardien*, guetteur, rondier, sentinelle, surveillant, vigie, vigile.

VEINE ✦ SYN. **1.** Canal, *vaisseau*. **2.** *(Bois, feuille)* Nervure. **3.** *(Géol.)* *Filon*, gisement, sillage. **4.** Baraka *(fam.)*, bonheur, *chance*, heureux hasard, réussite. **5.** *Inspiration*, souffle, talent, verve. ✦ ANT. **4.** Déveine, échec, guigne *(fam.)*, malchance. **5.** Léthargie, tarissement, torpeur.

VEINÉ ✦ SYN. Jaspé, *marbré*, rayé, strié, tigré, veineux, vergeté, zébré. ✦ ANT. Uni, unicolore.

VELLÉITAIRE ✦ SYN. Embarrassé, faible, hésitant, incertain, *indécis*, irrésolu, ondoyant, oscillant, versatile, veule. ✦ ANT. Catégorique, certain, convaincu, décidé, ferme, inflexible, résolu, tenace.

VELLÉITÉ ✦ SYN. Aspiration, *désir*, envie, esquisse, fantaisie, idée, intention, prétention, projet, tendance, tentative. ✦ ANT. Décision, détermination, fermeté, réalisation, résolution, ténacité.

VÉLO ✦ SYN. Bécane *(fam.)*, *bicyclette*, petite reine *(fam.)*, tandem, tout-terrain, VTT.

VÉLOCE ✦ SYN. Agile, alerte, preste, prompt, *rapide*, vif, vite. ✦ ANT. Hésitant, lambin, lent.

VÉLOCITÉ ✦ SYN. Agilité, célérité, prestesse, promptitude, *rapidité*, vitesse, vivacité. ✦ ANT. Apathie, indolence, inertie, lenteur, lourdeur.

VELOUTÉ ✦ SYN. **1.** Cotonneux, *doux*, duveté, duveteux, floconneux, laineux, moelleux, ouaté, satiné, soyeux. **2.** Agréable, onctueux, *savoureux*, tendre. ✦ ANT. **1.** Dur, grossier, raboteux, râpeux, rêche, rude, rugueux. **2.** Acide, amer, âpre, désagréable.

VELU ✦ SYN. **1.** *Poilu*, villeux *(bot., zool.)*. **2.** *Barbu*, moustachu. ✦ ANT. **1.** Épilé, lisse, rasé. **2.** Glabre, imberbe.

VÉNAL ✦ SYN. Achetable, corruptible, *cupide*, intéressé, mercantile, mercenaire, taré, vendu, véreux. ✦ ANT. Honnête, incorruptible, intègre, scrupuleux.

VENDEUR ✦ SYN. Agent, colporteur, commerçant, commis, détaillant, exportateur, fournisseur, grossiste, *marchand*, négociant, représentant, trafiquant *(péj.)*, voyageur de commerce. ✦ ANT. Acheteur, acquéreur, chaland, client, importateur, preneur.

VENDRE ✦ SYN. ▷ *V. tr.* **1.** Adjuger, aliéner, bazarder *(fam.)*, brader, brocanter, *céder*, commercer, débiter, se défaire de, détailler, écouler, exporter, fournir, liquider, offrir, réaliser, sacrifier, solder, transférer. 2. Dénoncer, donner, livrer, moucharder *(fam.)*, *trahir*. ▷ *V. pr.* 3. *S'écouler*, s'enlever, s'épuiser. 4. *Se faire valoir*, vanter ses mérites. 5. Délaisser, *se laisser acheter*, renoncer *(à ses idéaux)*. ♦ ANT. 1. Acheter, acquérir, conserver, donner, garder, importer, payer, racheter, retenir. 2. Aider, défendre, protéger, sauver. 3. S'accumuler, stocker. 4. Se dévaloriser, se discréditer. 5. Appuyer, rester fidèle.

VENDU ♦ SYN. 1. Corrompu, pourri, *vénal*, véreux. 2. Déloyal, renégat, *traître*. ♦ ANT. 1. Honnête, incorruptible, intègre, probe. 2. Fidèle, loyal.

VÉNÉNEUX ♦ SYN. 1. Destructeur, nocif, poison, *toxique*, vireux. 2. *(Fig.)* Empoisonné, *mauvais*, néfaste. ♦ ANT. 1. Bon, consommable, guérissant, médicinal, renforcissant, sain. 2. Bienfaisant, salutaire.

VÉNÉRABLE ♦ SYN. 1. *(Âge) Avancé*, canonique. 2. Ancien, auguste, estimable, digne, honorable, *respectable*. 3. *(Relig.)* Élu, *saint* (1ᵉʳ degré). ♦ ANT. 1. Moyen. 2. Bas, dédaignable, méprisable, vil. 3. Bienheureux (2ᵉ degré), saint (3ᵉ degré).

VÉNÉRATION ♦ SYN. 1. *(Divinité) Adoration*, crainte, piété. 2. *Admiration*, affection, culte, dévotion, idolâtrie, passion, respect, révérence. ♦ ANT. 1. Blasphème, profanation. 2. Dédain, irrespect, mépris.

VÉNÉRER ♦ SYN. 1. *(Divinité) Adorer*, craindre. 2. *Admirer*, aduler, aimer, considérer, estimer, honorer, idolâtrer, respecter, révérer. ♦ ANT. 1. Blasphémer, profaner. 2. Dédaigner, délaisser, déprécier, haïr, honnir, mépriser, mésestimer, repousser.

VENGEANCE ♦ SYN. Châtiment, loi du talion, punition, rancune, réparation, *représailles*, ressentiment, rétorsion, revanche, riposte, vendetta. ♦ ANT. Absolution, clémence, conciliation, grâce, indulgence, miséricorde, oubli, pardon, rémission.

VENGER ♦ SYN. ▷ *V. tr.* 1. Laver, redresser, *réparer*. ▷ *V. pr.* 2. Compenser, se dédommager, *se faire justice*. ♦ ANT. 1-2. Absoudre, oublier, pardonner.

VENGEUR ♦ SYN. Inquisiteur, *justicier*, redresseur de torts. ♦ ANT. Défenseur, protecteur.

VÉNIEL ♦ SYN. Anodin, *bénin*, excusable, insignifiant, léger, minime, petit. ♦ ANT. Grave, gros, lourd, mortel.

VENIMEUX ♦ SYN. 1. Envenimé, *toxique*. 2. Acerbe, calomnieux, empoisonné, fielleux, *haineux*, hargneux, malfaisant, malveillant, méchant, médisant, perfide. ♦ ANT. 1. Inoffensif. 2. Bienfaisant, bienveillant, élogieux, honnête, indulgent, louangeur.

VENIR ♦ SYN. 1. Aborder, accourir, *aller*, s'amener *(fam.)*, approcher, avancer, se manifester, se pointer *(fam.)*, se présenter, se rapprocher, se rendre. 2. Apparaître, arriver, *se produire*, survenir. 3. Dater, *découler*, dériver, descendre, émaner, naître, pousser, procéder de, provenir, remonter à, résulter, sortir de, succéder. ♦ ANT. 1. Déguerpir, disparaître, s'enfuir, mourir, partir, quitter, repartir, revenir. 2. Disparaître, s'estomper, s'évanouir. 3. Causer, déclencher, entraîner, produire, provoquer, susciter.

VENT ♦ SYN. 1. Bise, blizzard, bourrasque, brise, cyclone, grain *(mar.)*, mistral, ouragan, rafale, *souffle*, tornade, tourbillon, typhon, zéphyr. 2. Mode, mouvement, tendance, *vogue*. 3. Futilité, vanité, *vide*. 4. Flatulence, flatuosité, *gaz* (intestinaux), pet. ♦ ANT. 1. Accalmie, bonace, calme, embellie, sérénité, tranquillité. 2. Disparition, résorption. 3. Importance, sérieux.

VENTE ♦ SYN. 1. Aliénation, *cession*, commerce, débit, débouché, écoulement, marché. 2. Colportage, *démarchage*, porte-à-porte, télévente. 3. *(Vente au rabais)* Braderie, liquidation, rabais, *solde*. 4. *(Vente aux enchères)* Criée, encan, *enchère*. 5. *(Par un particulier)* Vente-débarras *(québ.)*, *vide-grenier*. ♦ ANT. 1. Achat, acquisition.

VENTILATION ♦ SYN. 1. Aérage, *aération*, oxygénation, respiration *(méd.)*. 2. *(Comptab.)* Répartition.

VENTRE ♦ SYN. 1. *Abdomen*, entrailles, estomac, intestins. 2. Sein, *utérus*. 3. *(Fam.)* *Bedaine*, bedon, bide, bidon, brioche, panse. 4. Bosse, proéminence, *renflement*.

VENTRU ♦ SYN. 1. Bedonnant, dodu, gras, *gros*, obèse, pansu, patapouf *(fam.)*, replet, ventripotent. 2. *Bombé*, renflé. ♦ ANT. 1. Efflanqué, étiré, maigre, malingre. 2. Creux, plat.

VENUE ♦ SYN. 1. Apparition, approche, *arrivée*, avènement. 2. *(Plantes)* *Croissance*, ligne (droite), pousse. ♦ ANT. 1. Départ, disparition, éloignement.

VER ♦ SYN. *Lombric*, ver de terre, vermisseau.

VÉRACITÉ ♦ SYN. 1. Exactitude, fidélité, *franchise*, sincérité, vérité. 2. *Authenticité*, réalité, véridicité. ♦ ANT. 1. Fausseté, hypocrisie, inexactitude, mensonge. 2. Fiction, inauthenticité, irréalité.

VERBAL ◇ v. Oral

VERBE ♦ SYN. 1. Expression, *langage*, langue, parole. 2. *(Théol.)* Christ, Logos, *parole de Dieu*.

VERBEUX ♦ SYN. 1. *(Pers.)* *Bavard*, intarissable, loquace, prolixe, volubile. 2. *(Langage, style)* *Délayé*, diffus, épars, filandreux, redondant. ♦ ANT. 1. Circonspect, discret, renfermé, silencieux, taciturne, taiseux *(belg.)*. 2. Bref, concis, court, laconique, lapidaire, ramassé, succinct.

VERBIAGE ♦ SYN. Babillage, *bavardage*, blabla *(fam.)*, délayage, ergotage, logomachie, logorrhée, palabres, parlote *(fam.)*, prolixité, remplissage, redondance, verbalisme, verbosité. ♦ ANT. Brièveté, concision, densité, discrétion, retenue.

VERDÂTRE ◇ v. Glauque

VERDEUR ♦ SYN. 1. *(Fruit, vin)* *Acidité*, aigreur. 2. Jeunesse, *vigueur*, vitalité, vivacité. 3. *(Langage)* Brutalité, *crudité*, liberté, réalisme, vérité (crue). ♦ ANT. 1. Maturité, suavité. 2. Débilité, faiblesse, sénilité. 3. Délicatesse, douceur, ménagement, retenue.

VERDICT ♦ SYN. 1. *(Dr.)* Déclaration, *jugement*, résolution, sentence. 2. Arbi-

trage, avis, *décision*, diagnostic, opinion, réponse.

VERDIR ♦ SYN. 1. *Pousser*, verdoyer. 2. *(Peur)* Blanchir, *blêmir*, pâlir. ♦ ANT. 1. Flétrir, jaunir, sécher.

VERDURE ♦ SYN. Arbres, feuillage, flore, gazon, herbes, plantes, *végétation*.

VÉREUX ♦ SYN. 1. *Gâté*, piqué (par un ver). 2. Corrompu, douteux, louche, *malhonnête*, perverti, pourri, ripou *(fam.)*, suspect, taré, vénal. ♦ ANT. 1. Intact, sain. 2. Consciencieux, droit, franc, honnête, intègre, loyal, probe.

VERGE ♦ SYN. 1. Baguette, *bâton*, tige, tringle. 2. Membre viril, *pénis*, sexe.

VERGOGNE (SANS) ♦ SYN. Effrontément, *sans honte*, sans pudeur, sans scrupule. ♦ ANT. Délicatement, pudiquement, scrupuleusement.

VÉRIDIQUE ♦ SYN. 1. Exact, fidèle, *franc*, sincère, vérace. 2. *Authentique*, réel, vécu, vrai. ♦ ANT. 1. Faux, hypocrite, inexact, mensonger. 2. Déformé, fictif, imaginaire, inauthentique, irréel.

VÉRIFICATION ♦ SYN. 1. Confirmation, contre-épreuve, *contrôle*, épreuve, essai, examen, expertise, inspection, reconnaissance, révision, revue, test. 2. *(Fin.)* Apurement, *audit*, pointage.

VÉRIFIER ♦ SYN. Apurer *(fin.)*, s'assurer de, collationner, confirmer, considérer, constater, *contrôler*, éprouver, essayer, examiner, expérimenter, expertiser, inspecter, justifier, prouver, repasser, réviser, revoir, tester. ♦ ANT. Contredire, infirmer.

VÉRITABLE ♦ SYN. 1. Authentique, fieffé *(péj.)*, naturel, pur, *vrai*. 2. Exact, historique, *réel*, véridique. ♦ ANT. 1. Artificiel, bidon *(fam.)*, conventionnel, faux, inauthentique. 2. Apparent, imaginaire, inexact, inventé, prétendu, pseudo-, soi-disant.

VÉRITABLEMENT ◇ v. Vraiment

VÉRITÉ ♦ SYN. 1. Évidence, existence, fait, objectivité, *réalité*, vrai *(n.)*. 2. Adéquation, authenticité, conformité, *exactitude*, fidélité, historicité, justesse, véracité, véridicité. 3. Axiome, certitude, conviction, croyance, dogme, loi, maxime, postulat, **précepte**, principe, règle. **4.** *Franchise*, naturel, sincérité, spontanéité. **5.** Bon sens, connaissance, jugement, philosophie, *sagesse*. ◆ **ANT. 1.** Illusion, inexistence, irréalité, subjectivité. **2.** Aberration, anachronisme, erreur, fausseté, fiction, imagination, infidélité, inexactitude, invention. **3.** Contrevérité, mystification, non-sens, sophisme. **4.** Dissimulation, duperie, duplicité, mensonge, ruse, tromperie. **5.** Déraison, extravagance, ignorance, immaturité.

VERMEIL ◆ **SYN. 1.** *Rouge* (vif), rougeaud, rubicond. **2.** *(Teint)* Animé, coloré, épanoui, fleuri, florissant, *frais*, pur, rose, vif. ◆ **ANT. 1.** Pâle, pâlot. **2.** Blafard, blême, cadavérique, hâve, livide, terne, vert, verdâtre.

VERMINE ◆ **SYN. 1.** Parasites. **2.** Bas-fonds, canaille, gale, lie, peste, plèbe, *racaille*. ◆ **ANT. 2.** Crème *(fam.)*, élite, gratin *(fam.)*.

VERNI ◆ **SYN. 1.** Laqué, *vernissé*. **2.** Brillant, éclatant, *luisant*, lustré, rayonnant, reluisant. **3.** *(Fam.)* *Chanceux*, veinard. ◆ **ANT. 1.** Granuleux, rude, rugueux. **2.** Mat, sombre, terne. **3.** Infortuné, malchanceux.

VERNIS ◆ **SYN. 1.** Enduit, *laque*. **2.** Éclat, *lustre*. **3.** *Apparence*, brillant, dehors, façade, faux-semblant, semblant. **4.** *(Péj.)* Bribes, *connaissance superficielle*, rudiments, teinture. ◆ **ANT. 2.** Matité, pâleur. **3.** Authenticité, fond, vérité. **4.** Connaissance approfondie, science.

VERRAT ◇ v. **Porc**

VERRE ◆ **SYN.** ▷ *Sing.* **1.** Carreau, *glace*, vitre *(québ.)*. **2.** Bock, demi, *chope*, gobelet, pot à bière. **3.** *Coupe*, flûte. **4.** *(Fam.)* Boisson, bouteille, canon, *coup*, drink, godet, lampée, pot, rasade. **5.** *Tournée*, traite *(québ.)*. ▷ *Pl.* **6.** Lentilles, *lunettes*.

VERROU ◆ **SYN. 1.** Fermeture, loquet, serrure, *targette*. **2.** *(Pl.)* Prison.

VERROUILLER ◆ **SYN. 1.** Barrer *(québ.)*, cadenasser, *fermer*. **2.** Cloîtrer, *enfermer*, incarcérer. **3.** *(Territoire)* *Contrôler*, encercler,

maîtriser. **4.** *Bloquer*, empêcher, enrayer. ◆ **ANT. 1.** Débarrer *(québ.)*, déverrouiller, ouvrir. **2.** Délivrer, élargir, libérer. **3.** Perdre la maîtrise. **4.** Appuyer, encourager, soutenir.

VERSANT ◆ **SYN. 1.** Adret (sud), côte, côté, *pente*, ubac (nord). **2.** Angle, *aspect*, face.

VERSATILE ◆ **SYN.** Capricieux, changeant, fantaisiste, fantasque, incertain, *inconstant*, inégal, instable, irrégulier, lunatique, vacillant, variable, volage. ◆ **ANT.** Certain, constant, convaincu, égal, entêté, équilibré, ferme, immuable, invariable, obstiné, opiniâtre, persévérant, persistant, posé, raisonnable, régulier, résolu, stable.

VERSATILITÉ ◆ **SYN.** Caprice, changement, fantaisie, fluctuation, hésitation, incertitude, *inconstance*, indécision, indétermination, instabilité, irrésolution, légèreté, mobilité, variabilité, volatilité. ◆ **ANT.** Constance, entêtement, obstination, opiniâtreté, persévérance, régularité, stabilité.

VERSÉ ◇ v. **Compétent**

VERSER ◆ **SYN.** ▷ *V. intr.* **1.** *Basculer*, capoter, chavirer, se coucher, culbuter, se renverser. **2.** Tomber dans. ▷ *V. tr.* **3.** Faire couler, *transvaser*, transvider. **4.** Apporter, offrir, *servir*. **5.** *Déverser*, épandre, répandre. **6.** Ajouter, annexer, *incorporer*. **7.** Dépenser, *prodiguer*. **8.** *(Argent)* Cracher *(fam.)*, débourser, déposer, donner, fournir, *payer*. ◆ **ANT. 1.** Se redresser, se relever, se rétablir. **2.** Éviter. **3.** Extraire, filtrer. **4.** Desservir, rapporter. **5.** Éponger, essuyer. **6.** Enlever, retrancher. **7.** Calculer, ménager. **8.** Encaisser, percevoir, recevoir, toucher.

VERSION ◆ **SYN. 1.** Traduction. **2.** Adaptation, compte rendu, exposé, *interprétation*, mouture, variante **3.** *(Cin.)* Remake. ◆ **ANT. 1.** Thème.

VERSO ◆ **SYN.** Derrière, dos, *envers*, revers. ◆ **ANT.** Endroit, recto.

VERT ◆ **SYN.** ▷ *Adj.* **1.** Glauque, olivâtre, pers, *verdâtre*, verdoyant. **2.** Blafard, *blême*, bleu *(peur)*, livide, pâle. **3.** *Acide*, aigre, aigrelet, âpre, cru, dur, frais, nouveau, sur, suret, verdelet. **4.** *(Pers.)* Alerte, allègre, frais, fringant, gaillard, jeune, sain, vaillant, vif, *vigoureux*. **5.** *(Langage)* Argotique, *cru*, épicé, grivois, leste, libre, licencieux. **6.** *Agricole*, écologique. ▷ *Nom* **7.** Fourrage, *verdure*. **8.** Écologiste. **9.** *(Au vert)* À la campagne. ♦ **ANT. 2.** Animé, coloré, fleuri, florissant, frais, vermeil. **3.** Blet, desséché, doux, mou, mûr, sec, séché. **4.** Âgé, décati *(fam.)*, faible, malade, sénile, vieux. **5.** Châtié, distingué, poli, respectueux, sérieux.

VERTICAL ♦ **SYN.** D'aplomb, debout, dressé, *droit*, montant, perpendiculaire. ♦ **ANT.** Couché, de traverse, horizontal, oblique, penché.

VERTIGE ♦ **SYN. 1.** Déséquilibre, éblouissement, *étourdissement*, tournis *(fam.)*. **2.** *Égarement*, folie, frisson, panique, peur, trac, trouble. **3.** *(Fig.)* Enivrement, étourdissement *(fig.)*, exaltation, excitation, griserie, *ivresse*. ♦ **ANT. 1.** Aplomb, équilibre, stabilité. **2.** Assurance, contrôle, maîtrise. **3.** Aversion, dégoût, désabusement.

VERTIGINEUX ♦ **SYN. 1.** *Élevé*, étourdissant, haut, torrentueux. **2.** Colossal, démesuré, excessif, exorbitant, *extraordinaire*, fantastique, formidable, grand, inouï, prodigieux, renversant. ♦ **ANT. 1.** Bas, lent, modéré, moyen, tempéré, tranquille. **2.** Commun, mesuré, ordinaire, petit, piètre.

VERTU ♦ **SYN. 1.** Bonté, conscience, devoir, dignité, droiture, *honnêteté*, intégrité, loyauté, moralité, probité. **2.** *Chasteté*, décence, modestie, pudeur, pudicité, pureté, virginité. **3.** *Perfection*, sagesse, sainteté. **4.** Mérite, qualité, *valeur*. **5.** Capacité, effet, *efficacité*, énergie, faculté, force, influence, pouvoir, propriété. ♦ **ANT. 1.** Déloyauté, dissolution, fourberie, immoralité, inconduite, indignité, infamie, lâcheté, malhonnêteté, perfidie, perversité. **2.** Débauche, fornication, impureté, libertinage, licence, luxure, souillure, stupre, vice. **3.** Défaut,

imperfection. **4.** Bassesse, médiocrité. **5.** Impuissance, incapacité, inefficacité, lacune, manque.

VERTUEUX ♦ **SYN. 1.** Bon, consciencieux, digne, droit, *honnête*, intègre, juste, loyal, méritant, probe, sage. **2.** Austère, *chaste*, continent, fidèle, modeste, pudique, pur, retenu. **3.** Beau, *édifiant*, exemplaire, méritoire, moral. ♦ **ANT. 1.** Corrompu, criminel, désordonné, dissipé, dissolu, indigne, infâme, malhonnête, mauvais. **2.** Débauché, impudique, impur, léger, libertin, licencieux, vicieux. **3.** Honteux, immoral, laid, pernicieux, scandaleux.

VERVE ♦ **SYN.** Bagou, brio, créativité, éloquence, enthousiasme, esprit, faconde, fantaisie, fertilité *(fig.)*, fougue, humour, imagination, *inspiration*, souffle, veine. ♦ **ANT.** Aridité, ennui, froideur, platitude, stérilité.

VERVEUX ◇ v. **Nasse**

VESPASIENNE ◇ v. **Toilette**

VESTE ♦ **SYN.** Anorak, blazer, *blouson*, boléro, caban, cardigan, gilet, tunique, vareuse, veston.

VESTIBULE ♦ **SYN.** Antichambre, *entrée*, hall.

VESTIGE ♦ **SYN. 1.** *(Pl. surtout)* Débris, décombres, *restes*, ruines. **2.** Empreinte, impression, indice, marque, preuve, relique, signe, souvenir, stigmate, témoin, témoignage, *trace*.

VÊTEMENT ♦ **SYN. 1.** Accoutrement *(péj.)*, affaires, affublement *(péj.)*, ajustement, complet, costume, effets, ensemble, garde-robe, *habillement*, habit, livrée, mise, sape *(fam.)*, tailleur, tenue, toilette, uniforme. **2.** *(Vêtements usés)* Chiffons, défroque, fringues, fripes, frusques, *guenilles*, haillons, hardes, loques, nippes, oripeaux. **3.** Parure.

VÉTÉRAN ♦ **SYN. 1.** *Ancien combattant*, soldat de métier. **2.** *Ancien*, doyen, vieux routier. ♦ **ANT. 1.** Conscrit, recrue. **2.** Apprenti, débutant, jeune, nouveau, novice.

VÉTILLE ♦ **SYN.** Bagatelle, baliverne, bricole, broutille, *détail*, enfantillage, futilité, misère, rien. ♦ ANT. Chose importante, sujet sérieux.

VÉTILLEUX ◇ V. **Pointilleux**

VÊTIR ♦ SYN. ▷ V. tr. **1.** Accoutrer (péj.), affubler (péj.), costumer, fagoter (péj.), fringuer (fam.), **habiller. 2.** Endosser, enfiler, mettre, passer, porter, **revêtir.** ▷ V. pr. **3.** Se couvrir, **s'habiller,** se nipper (fam.), se saper (fam.). ♦ ANT. **1.** Dénuder, dépouiller, déshabiller, dévêtir. **2.** Enlever, ôter, quitter, retirer. **3.** Se découvrir, se déshabiller, se dévêtir.

VETO ♦ SYN. **Opposition,** refus, rejet. ♦ ANT. Acceptation, accord, adoption, assentiment.

VÉTUSTE ◇ V. **Démodé**

VEULE ♦ SYN. Amorphe, apathique, atone, avachi, dégonflé (fam.), faible, flasque, indolent, **lâche,** lavette (fam.), mauviette (fam.), mou, nonchalant, peureux, poltron, vache (fam.). ♦ ANT. Actif, alerte, brave, constant, courageux, digne, dur, énergique, ferme, fort.

VEULERIE ♦ SYN. Apathie, avachissement, faiblesse, indolence, **lâcheté,** mollesse, nonchalance, poltronnerie. ♦ ANT. Courage, détermination, énergie, fermeté, résolution, ténacité, volonté.

VEXANT ♦ SYN. **1.** **Blessant,** cinglant, désagréable, désobligeant, froissant, humiliant, insultant, malveillant, méprisant, mortifiant, offensant, sanglant. **2.** **Contrariant,** fâcheux, irritant, rageant. ♦ ANT. **1.** Aimable, charmant, élogieux, flatteur, louangeur, poli, respectueux. **2.** Agréable, plaisant, réjouissant.

VEXATOIRE ◇ V. **Oppressif**

VEXER ♦ SYN. ▷ V. tr. **1.** **Blesser,** choquer, cingler (fig.), contrarier, déplaire, désobliger, fâcher, froisser, heurter, humilier, indisposer, insulter, mécontenter, mortifier, offenser, offusquer, peiner, piquer, ulcérer. ▷ V. pr. **2.** **Se fâcher,** se formaliser, se froisser, s'indigner, s'offusquer. ♦ ANT. **1.** Attirer, charmer, complimenter, contenter, enchanter, flatter, plaire, ravir, réjouir, satisfaire. **2.** Applaudir, se plaire, se réjouir.

VIABLE ♦ SYN. **1.** Sain, vivace, **vivant. 2.** Durable. ♦ ANT. **1.** Inanimé, mort, non viable. **2.** Précaire.

VIANDE ◇ V. **Chair**

VIBRANT ♦ SYN. **1.** Éclatant, fort, résonnant, **retentissant,** sonore, tonitruant. **2.** Ardent, bouleversant, **émouvant,** palpitant, pathétique, poignant, prenant, sensible, touchant. ♦ ANT. **1.** Étouffé, faible, sourd, voilé. **2.** Ennuyeux, froid, terne, tiède.

VIBRATION ♦ SYN. **Battement,** frémissement, oscillation, tremblement, trémolo (voix), trépidation. ♦ ANT. Fermeté, stabilité.

VIBRER ♦ SYN. **1.** **Trembler,** trépider, vrombir. **2.** Résonner, **retentir,** sonner. **3.** **S'émouvoir,** frémir, palpiter, tressaillir.

VICE ♦ SYN. **1.** Abjection, corruption, débauche, dépravation, dérèglement, dévergondage, **immoralité,** inconduite, libertinage, luxure, mal, péché, perversion. **2.** Anomalie, **défaut,** défectuosité, difformité, faiblesse, imperfection, insuffisance, malfaçon, manie, tare, travers. ♦ ANT. **1.** Austérité, bien, chasteté, édification, innocence, moralité, pureté, sainteté, vertu. **2.** Perfection, qualité.

VICE(-)VERSA ♦ SYN. **Inversement,** réciproquement.

VICIER ♦ SYN. **1.** Contaminer, empester, empoisonner, **polluer,** souiller. **2.** Altérer, corrompre, dégrader, dénaturer, dépraver, dévoyer, gangrener, pervertir. ♦ ANT. **1.** Assainir, filtrer, purifier. **2.** Améliorer, amender, corriger, épurer, redresser.

VICIEUX ♦ SYN. **1.** Cochon (fam.), corrompu, crapuleux, débauché, **dépravé,** déréglé, dévergondé, dissolu, immoral, libertin, libidineux, lubrique, pervers, taré. **2.** Déloyal, hypocrite, irrégulier, malfaisant, **malveillant,** tordu. **3.** Défectueux, fautif, impropre, **incorrect,** mauvais. ♦ ANT. **1.** Austère, chaste, noble, pur, scrupuleux, vertueux. **2.** Droit, franc, honnête, loyal, régulier. **3.** Adéquat, bon, conforme, correct, propre.

VICISSITUDES ✦ SYN. Aléas, fluctuations, hasards, impondérables, imprévus, *incertitudes*, revirements, tribulations, variations.

VICTIME ✦ SYN. 1. *Blessé*, sinistré. 2. *Mort*, tué. 3. Bouc émissaire, cible, jouet *(fig.)*, martyr, *opprimé*, persécuté, proie *(fig.)*, risée, souffre-douleur, sacrifié, supplicié, tête de Turc. 4. Dindon de la farce, *dupe*, pigeon *(fam.)*. ✦ ANT. 1-2. Indemne, rescapé, sain et sauf. 3. Agresseur, assaillant, bourreau, meurtrier, persécuteur. 4. Trompeur.

VICTOIRE ✦ SYN. Avantage, conquête, exploit, gain, réussite, *succès*, triomphe. ✦ ANT. Capitulation, défaite, déroute, échec, insuccès, malchance, perte, revers.

VICTORIEUX ✦ SYN. Conquérant, gagnant, glorieux, lauréat, premier, triomphant, triomphateur, *vainqueur*. ✦ ANT. Battu, défait, déshonoré, écrasé, perdant, terrassé, vaincu.

VIDE ✦ SYN. ▷ *Adj.* 1. Abandonné, débarrassé, dénudé, dépeuplé, dépouillé, désempli, désert, disponible, évacué, inhabité, *inoccupé*, libre, nu, vacant. 2. Creux, futile, inconstant, *insignifiant*, insipide, oiseux, vain. ▷ *Nom* 3. Absence, blanc, cavité, creux, distance, *espace*, fente, interruption, lacune, manque, ouverture, trou. 4. Futilité, inanité, inconsistance, *insignifiance*, inutilité, néant, vacuité, vanité, zéro. 5. *Désert*, solitude. ✦ ANT. 1. Bondé, bourré, comble, complet, empli, entier, habité, meublé, occupé, peuplé, plein, rempli. 2. Consistant, important, riche, sérieux, significatif, utile. 3. Occupation, plein, plénitude, présence, remplissage. 4. Utilité, valeur. 5. Compagnie, société.

VIDER ✦ SYN. ▷ *V. tr.* 1. Abandonner, débarrasser, déblayer, dépouiller, désemplir, dessécher, écoper, enlever, évacuer, nettoyer, *retirer*, tarir, transvaser, transvider, verser, vidanger. 2. *(Fam.)* Chasser, congédier, déloger, expulser, mettre à la porte, *renvoyer*. 3. Achever, clore, finir, liquider, *régler*, résoudre, terminer. 4. *(Fam.)* Épuiser,

fatiguer, lessiver, pomper. ▷ *V. pr.* 5. Dégorger, se déverser, *s'écouler*. ✦ ANT. 1. Accumuler, combler, emplir, envahir, farcir, inonder, remplir. 2. Employer, engager, garder, réintégrer. 3. Aborder, commencer, engager, entamer, entreprendre, lancer, ouvrir. 4. Éveiller, motiver, requinquer *(fam.)*, stimuler. 5. S'emplir, se remplir.

VIE ✦ SYN. 1. Être, *existence*, souffle. 2. *Durée*, jours. 3. Destin, *destinée*, sort. 4. Alimentation, argent, croûte *(fam.)*, nourriture, pitance *(péj.)*, *subsistance*. 5. Activité, *animation*, chaleur, dynamisme, entrain, mouvement, santé, vitalité, vivacité. 6. Autobiographie, biographie, hagiographie, *histoire*, mémoires, monographie. ✦ ANT. 1. Mort, néant. 2. Fin, terme. 5. Apathie, faiblesse, immobilisme, impuissance, inaction, indolence, inertie, nonchalance, prostration, stagnation.

VIEILLESSE ✦ SYN. 1. *Âge* (avancé), ancienneté, caducité, déchéance (physique), déclin, décrépitude, longévité, quatrième âge (75 ans), sénescence, sénilité, troisième âge (60 ans). 2. *(Ch.)* Antiquité, archaïsme, délabrement, fatigue, usure, *vétusté*. 3. Aînés, *personnes âgées*, vieillards. ✦ ANT. 1. Enfance, jeune âge, jeunesse, vigueur. 2. Modernisme, modernité, nouveauté, primeur, renouveau. 3. Jeunes, jeunes gens.

VIEILLI ✦ SYN. 1. *(Ch.)* Antique, archaïque, démodé, *dépassé*, désuet, inactuel, obsolète, périmé, poussiéreux *(fig.)*, préhistorique *(fig.)*, suranné, usé, vieillot. 2. *(Pers.)* Abîmé, chenu, courbé, décrépit, *défraîchi*, fané, flétri, ravagé, ridé. 3. *(Vin, fruit)* Affiné, *mûri*. ✦ ANT. 1. Actuel, moderne, neuf, nouveau, récent, utilisé. 2. Alerte, droit, dynamique, rajeuni, régénéré. 3. Frais, vert.

VIEILLIR ✦ SYN. ▷ *V. intr.* 1. S'affaiblir, *avancer en âge*, baisser, blanchir, se décatir, décliner, dépérir, se faire vieux, se faner, se flétrir, prendre de l'âge, prendre un coup de vieux *(fam.)*, rider. 2. *(Vin, fromage)* S'affiner, s'améliorer, se bonifier, *mûrir*. 3. *Dater*, se démoder, tomber en désuétude. ▷ *V. tr.* **4.** Désavantager. ◆ **ANT.** **1.** Rajeunir, revivre. **2.** Se gâter. **3.** Actualiser, moderniser. **4.** Avantager.

VIEILLISSEMENT ◆ **SYN. 1.** *(Pers.)* Affaiblissement, dégénérescence, dépérissement, flétrissement, *sénescence.* **2.** *(Ch.)* Désuétude, obsolescence, *usure.* **3.** *(Vin, fruit)* Affinage, bonification, *mûrissement.* ◆ **ANT. 1.** Rajeunissement, régénérescence, renaissance, vigueur. **2.** Actualité, modernité, usage. **3.** Croissance, fermentation.

VIERGE ◆ **SYN.** ▷ *Nom* **1.** *Puceau,* pucelle. **2.** Madone, Notre-Dame, *Vierge Marie.* **3.** Vestale. ▷ *Adj.* **4.** Chaste, innocent, intact, *pur,* vertueux, virginal. **5.** Blanc, immaculé, *intact,* inutilisé, net, non écrit, vide. **6.** Inculte, inexploré, inhabité, *neuf,* nouveau. **7.** *(Produit)* **Brut,** naturel. ◆ **ANT. 1.** Dépucelé. **4.** Débauché, impudique, impur, indécent, taré, vicieux. **5.** Écrit, rempli, sali, terni, usé, utilisé. **6.** Ancien, cultivé, développé, exploré, habité, vieux. **7.** Ouvré, raffiné.

VIEUX ◆ **SYN.** ▷ *Adj.* **1.** *Âgé,* caduc, décrépit, fané, flétri, sénile, vieilli. **2.** Ancestral, *ancien,* antique, archaïque, éloigné, immémorial, lointain, primitif, reculé. **3.** Défraîchi, démodé, dépassé, éculé, fatigué, obsolète, passé, révolu, suranné, usagé, *usé,* vétuste, vieillot. **4.** Ancré, enraciné, *invétéré,* tenace. ▷ *Nom* **5.** Aîné, ancien, croulant *(fam.),* patriarche, *personne âgée,* vétéran, vieillard. ◆ **ANT. 1.** Jeune, juvénile, robuste, vert, vigoureux. **2.** Actuel, moderne, proche, récent. **3.** À la mode, frais, inédit, neuf, nouveau, original, rénové. **4.** Éphémère, passager. **5.** Adolescent, enfant, jeune, jouvenceau.

VIF ◆ **SYN. 1.** Vivant. **2.** Actif, agile, *alerte,* allègre, animé, ardent, chaleureux, dégourdi, délié, déluré, dispos, gaillard, ingambe, léger, leste, pétillant, pétulant, preste, prompt, remuant, sémillant, vigoureux. **3.** Bouillant, brusque, coléreux, dur, *emporté,* irascible, irrité, violent. **4.** *(Esprit)* Brillant, *éveillé,* intelligent, ouvert, pénétrant. **5.** *(Ch., sentiment)* Aigu, âpre, brûlant,

cuisant, fort, fougueux, frais, frétillant, fringant, *intense,* marqué, perçant, pur, sensible, soutenu. **6.** *(Style)* Coloré, énergique, incisif, mordant, *nerveux,* piquant. **7.** *(Couleur)* **Éclatant,** franc, voyant. **8.** *(Teint)* Épanoui, fleuri, florissant, *frais,* pur, rose, vermeil. **9.** *(Mus.)* Allegretto, allegro, animato, *rapide,* vivace. ◆ **ANT. 1.** Défunt, mort. **2.** Abruti, amorphe, apathique, effacé, endormi, engourdi, froid, indolent, inerte, lambin, lourd, mou, nonchalant, paresseux, traînard. **3.** Calme, doux, flegmatique, impassible, imperturbable, patient, placide, souple. **4.** Borné, lent, médiocre, obtus. **5.** Amorti, émoussé, faible, tiède. **6.** Fade, lourd, mièvre, pesant, plat. **7.** Doux, estompé, fondu, tamisé. **8.** Blafard, blême, hâve, livide, pâle, terne. **9.** Adagio, lento.

VIGIE ◆ **SYN. 1.** *(Mar.)* Garde *(n. fém.),* guet, observation, *surveillance.* **2.** *(Mar.)* Garde *(n. masc.),* **guetteur,** sentinelle, surveillant, veilleur. **3.** Observatoire, *poste d'observation.*

VIGILANCE ◆ **SYN. 1.** Application, *attention,* circonspection, éveil, observation, précaution, prévoyance, prudence, soin, surveillance. **2.** Attentions, bienveillance, diligence, empressement, présence assidue, prévenances, soins, *sollicitude.* ◆ **ANT. 1.** Distraction, étourderie, imprévoyance, imprudence, inattention, négligence, sommeil. **2.** Abandon, délaissement, manquement, malveillance.

VIGILANT ◆ **SYN.** Alerte, *attentif,* avisé, circonspect, jaloux de, précautionneux, prévoyant, prudent, réfléchi, soucieux de. ◆ **ANT.** Distrait, écervelé, endormi, étourdi, imprévoyant, imprudent, insouciant, irréfléchi, négligent.

VIGNE ◆ **SYN. 1.** *Cépage,* lambrusque, plant, treille. **2.** Clos, *vignoble.*

VIGNERON ◆ **SYN.** Viticulteur.

VIGOUREUSEMENT ◆ **SYN.** *Énergiquement,* fermement, fortement, hardiment, puissamment, résolument, violemment, vivement. ◆ **ANT.** Doucement, faiblement, légèrement, mollement, nonchalamment, timidement.

VIGOUREUX ✦ SYN. 1. Costaud, *fort*, gaillard, nerveux, puissant, résistant, robuste, sain, solide, valide, vert *(fig.)*, viril, vivace. 2. Efficace, *énergique*, ferme, hardi, puissant, tranché, violent, virulent. ✦ ANT. 1. Chétif, débile, faible, frêle, maladif, usé. 2. Abattu, hésitant, incertain, indolent, mièvre, mollasse, mou.

VIGUEUR ✦ SYN. 1. Ardeur, chaleur, dynamisme, *énergie*, fermeté, force, hardiesse, netteté, puissance, robustesse, véhémence, verdeur, virilité, vitalité. 2. *(En vigueur) En application*, en usage. ✦ ANT. 1. Atonie, débilité, délicatesse, douceur, faiblesse, légèreté, mièvrerie, mollesse. 2. En désuétude, périmé.

VIL ✦ SYN. 1. Abject, bas, corrompu, dégradant, grossier, honteux, ignoble, *indigne*, infâme, lâche, laid, méprisable, mesquin, misérable, monstrueux, odieux, répugnant, servile, sordide. 2. *(À vil prix)* À très bas prix. ✦ ANT. 1. Appréciable, beau, bon, digne, estimable, généreux, honnête, honorable, intègre, loyal, noble, respectable, vertueux. 2. Cher, élevé, fort.

VILAIN ✦ SYN. ▷ *Adj.* 1. Affreux, déshonnête, déshonorant, *grossier*, hideux, honteux, horrible, malhonnête, méprisable. 2. Disgracieux, inesthétique, *laid*, moche *(fam.)*. 3. Dangereux, déplaisant, désagréable, détestable, exécrable, *mauvais*, méchant, sale. ▷ *Nom* 4. Bagarre, *grabuge*, scandale. ✦ ANT. 1. Aimable, convenable, digne, distingué, estimable, gentil, honnête, honorable. 2. Attrayant, beau, esthétique, gracieux, joli, plaisant. 3. Agréable, appréciable, beau, bon.

VILENIE ✦ SYN. Abjection, bassesse, déloyauté, déshonneur, honte, ignominie, indignité, *infamie*, lâcheté, laideur, méchanceté, mesquinerie, trahison, traîtrise, turpitude. ✦ ANT. Beauté, bonté, dignité, élévation, générosité, grandeur, loyauté, noblesse.

VILIPENDER ✦ SYN. Attaquer, *bafouer*, calomnier, conspuer, décrier, démolir *(fig.)*, dénoncer, discréditer, écharper *(fig.)*, honnir, lapider *(fig.)*, malmener, salir, traîner dans la boue, vitupérer. ✦ ANT. Acclamer, accueillir, applaudir, célébrer, exalter, honorer, louer, réhabiliter, saluer, vanter.

VILLAGE ✦ SYN. Bled *(fam.)*, *bourg*, bourgade, campagne, faubourg, hameau, localité, paroisse *(québ.)*, patelin, trou *(fam.)*. ✦ ANT. Cité, ville.

VILLE ✦ SYN. 1. Agglomération, capitale, *cité*, conurbation, mégapole, métropole. 2. Hôtel de ville, mairie, *municipalité*. ✦ ANT. 1. Bled *(fam.)*, campagne, canton, contrée, village.

VILLÉGIATURE ✦ SYN. Campagne, *séjour de repos*, vacances.

VIN ✦ SYN. *Cru*, piccolo *(fam.)*, picrate *(fam.)*, pinard *(fam.)*, piquette *(péj.)*, vinasse *(péj.)*.

VINAIGRÉ ✦ SYN. 1. *Acide*, aigre, piquant, sur. 2. *(Vin)* Gâté. ✦ ANT. 1. Doux, sucré. 2. Délicieux.

VINDICATIF ✦ SYN. Acharné, haineux, irréconciliable, *rancunier*, vengeur. ✦ ANT. Conciliant, indulgent, miséricordieux, patient.

VIOL ✦ SYN. 1. *Agression sexuelle*, attentat à la pudeur, violence. 2. Profanation, *violation*.

VIOLATION ✦ SYN. 1. Contravention, dérogation, désobéissance, *infraction*, manquement, outrage, transgression. 2. *(Chose sacrée)* Blasphème, outrage, *profanation*, sacrilège, viol *(fig.)*. ✦ ANT. 1. Obéissance, observation, respect, soumission. 2. Respect, vénération.

VIOLENCE ✦ SYN. 1. *(Pers.)* Agressivité, animosité, *brutalité*, colère, contrainte, dureté, férocité, irascibilité, sauvagerie. 2. Âpreté, ardeur, déchaînement, emportement, énergie, force, fougue, frénésie, fureur, furie, impétuosité, *intensité*, puissance, véhémence, virulence, vivacité. 3. *(Acte)* Attentat, *coups*, exactions, kidnapping, intimidation, sévices, terreur, terrorisme, torture, viol, voie de fait *(dr.)*. ✦ ANT.

1. Aménité, bienveillance, douceur, humanité, indulgence, non-violence, patience, persuasion. 2. Calme, faiblesse, lenteur, modération, mollesse, retenue, sobriété, tiédeur.

VIOLENT ✦ **SYN. 1.** *(Pers.)* *Agressif*, belliqueux, brusque, brutal, coléreux, emporté, féroce, irascible. **2.** *(Sentiment)* Aigu, ardent, excessif, extrême, fort, *intense*, profond, puissant, véhément, vif, virulent. **3.** *(Acte)* Déchaîné, effréné, endiablé, énergique, épouvantable, excessif, farouche, fougueux, *frénétique*, furieux, terrible. ✦ **ANT. 1.** Débonnaire, doux, indulgent, pacifique, patient, résigné, tolérant. **2.** Délicat, faible, lent, modéré, mou, retenu. **3.** Anémique, anodin, bénin, calme, faible, léger, lent.

VIOLENTER ✦ **SYN. 1.** Agresser, *brutaliser*, contraindre, forcer, obliger, tyranniser, violer. **2.** Altérer, *dénaturer*, torturer *(fig.)*. ✦ **ANT. 1.** Aider, défendre, protéger. **2.** Conserver, respecter.

VIOLER ✦ **SYN. 1.** Contrevenir à, déroger à, désobéir à, *enfreindre*, manquer à, transgresser. **2.** *Abuser de*, agresser (sexuellement), violenter. **3.** Outrager, *profaner*, souiller. ✦ **ANT. 1.** Se conformer à, obéir à, observer, se soumettre à. **2.** Choyer, séduire. **3.** Consacrer, honorer, respecter.

VIOLON ✦ **SYN. 1.** Violoniste. **2.** Prison *(fam.).* **3.** *(Violon d'Ingres)* Hobby, *passe-temps*.

VIPÈRE ✦ **SYN.** *(Fig.)* *Malfaisant*, peste, poison.

VIRAGE ✦ **SYN. 1.** Coude, *courbe*, courbure, détour, lacet, tournant. **2.** *Changement*, retournement, revirement, volteface. ✦ **ANT. 1.** Ligne droite. **2.** Continuité, maintien, perpétuation, stabilité.

VIRÉE ✦ **SYN.** *Fam.* **1.** Balade, excursion, marche, *promenade*, randonnée, tour, voyage (rapide). **2.** Tournée.

VIRER ✦ **SYN.** ▷ *V. intr.* **1.** Pirouetter, pivoter, *tourner*, virevolter. ▷ *V. tr.* **2.** Changer, *devenir*. **3.** *(Fam.)* Balancer *(fam.)*, chasser, congédier, débarquer *(fam.)*, expulser, licencier, remercier, *renvoyer*. **4.** *(Fin.)* *Transfé-*

rer, transporter, verser. ✦ **ANT. 1.** Se fixer, s'immobiliser, tenir son cap. **2.** Continuer, rester. **3.** Garder, réintégrer.

VIREUX ◇ v. **Vénéneux**

VIRGINAL ◇ v. **Vierge**

VIRGINITÉ ✦ **SYN. 1.** Candeur, chasteté, *innocence*, pureté, vertu. **2.** Pucelage. ✦ **ANT. 1.** Débauche, impudicité, impureté, souillure, vice. **2.** Dépucelage.

VIRIL ✦ **SYN. 1.** Mâle, *masculin*. **2.** Brave, courageux, énergique, ferme, *fort*, musclé, robuste, vigoureux. ✦ **ANT. 1.** Féminin. **2.** Faible, efféminé, hésitant, lâche, mou, peureux, pusillanime, veule.

VIRILITÉ ✦ **SYN. 1.** Masculinité. **2.** Puissance sexuelle. **2.** Courage, énergie, fermeté, *force*, robustesse, vigueur. ✦ **ANT. 1.** Féminité. **2.** Impuissance sexuelle. **3.** Faiblesse, lâcheté, mollesse, peur, pusillanimité, veulerie.

VIRTUALITÉ ✦ **SYN.** *Possibilité*, potentialité. ✦ **ANT.** Actualité, réalité.

VIRTUEL ✦ **SYN.** En puissance, *possible*, potentiel, théorique. ✦ **ANT.** Actuel, concret, effectif, existant, réel.

VIRTUELLEMENT ✦ **SYN. 1.** En puissance, *potentiellement*, théoriquement. **2.** *Pratiquement*, presque, quasiment, selon toute probabilité. ✦ **ANT. 1.** Actuellement, effectivement, réellement. **2.** Aucunement, étonnamment, loin de, nullement.

VIRTUOSE ◇ v. **Génie**

VIRTUOSITÉ ◇ v. **Maîtrise**

VIRULENCE ✦ **SYN. 1.** Acharnement, animosité, âpreté, causticité, dureté, fougue, impétuosité, intensité, *véhémence*, violence, vivacité. **2.** *(Méd.)* Contagiosité, dangerosité, *nocivité*. ✦ **ANT. 1.** Douceur, indulgence, mesure, modération. **2.** Innocuité.

VIRULENT ✦ **SYN. 1.** Acerbe, acide, âpre, caustique, cinglant, corrosif *(fig.)*, dur, méchant, mordant, sarcastique, *véhément*, violent. **2.** Contagieux, *dangereux*, infectieux. ✦ **ANT. 1.** Apaisant, conciliant, doux, indulgent, lénifiant, mesuré, modéré. **2.** Bénin, inoffensif.

VISAGE ♦ SYN. **1.** Face, faciès, *figure*, tête. **2.** Air, allure, apparence, aspect, bouille *(fam.)*, expression, frimousse *(fam.)*, masque, *mine*, minois, physionomie, traits. **3.** Individu, personnalité, *personne*. **4.** *Caractère*, forme, image.

VISCÉRAL ♦ SYN. **1.** Inconscient, *instinctif*, intime, irraisonné, profond. **2.** Incoercible, *incontrôlable*, indomptable, irrépressible, insurmontable. ♦ ANT. **1.** Conscient, lucide, raisonné, rationnel, réfléchi. **2.** Coercible, contrôlable, maîtrisable, répressible.

VISCÈRES ◊ v. **Entrailles**

VISÉE ♦ SYN. **1.** *(Arme à feu)* **Pointage**, visé. **2.** *(Pl. surtout)* Ambition, aspiration, but, désir, dessein, intention, objectif, prétention, vœu, *vues*. ♦ ANT. **2.** Désintérêt, indifférence.

VISER ♦ SYN. **1.** Ajuster, bornoyer, braquer, mettre en joue, *mirer*, pointer. **2.** *Concerner*, intéresser, regarder, toucher. **3.** Ambitionner, *aspirer à*, briguer, chercher, convoiter, désirer, envier, lorgner, poursuivre, prétendre à, rechercher, souhaiter, soupirer après, tendre à, vouloir. ♦ ANT. **1.** Éloigner. **2.** Excepter, exclure. **3.** S'abstenir de, bouder, décliner, dédaigner, écarter, s'opposer, refuser, renoncer.

VISIBLE ♦ SYN. **1.** Apparent, distinct, manifeste, *observable*, perceptible, sensible. **2.** Certain, *clair*, évident, flagrant, incontestable, net, ostensible, patent, sûr. ♦ ANT. **1.** Caché, couvert, dérobé, imperceptible, indiscernable, invisible. **2.** Douteux, faux, incertain, mystérieux, obscur, secret.

VISIBLEMENT ♦ SYN. Clairement, distinctement, incontestablement, *manifestement*, nettement, ostensiblement, sensiblement. ♦ ANT. Confusément, imperceptiblement, invisiblement, obscurément, secrètement, subtilement.

VISION ♦ SYN. **1.** Perception, *vue*. **2.** *Apparition*, illumination, illuminisme *(mysticisme)*, révélation. **3.** Clairvoyance, compréhension, conception, évocation,

idée, image, impression, intuition, perception, *représentation*. **4.** Chimère, fantasme, fantôme, *hallucination*, illusion, mirage, rêve, rêverie, songe, spectre. ♦ ANT. **1.** Cécité. **3.** Aveuglement, incompréhension. **4.** Réalité.

VISIONNAIRE ♦ SYN. ▷ *Nom* **1.** Phare, précurseur, *prophète*. **2.** Halluciné, *illuminé*, rêveur, songe-creux, utopiste. ▷ *Adj.* **3.** Avant-gardiste, intuitif, *prophétique*, prospectif. **4.** Bizarre, *chimérique*, déraisonnable, extravagant, fou, insensé. ♦ ANT. **2.** Pragmatique, réaliste. **3.** Prosaïque, rétrograde, terre-à-terre, trivial. **4.** Judicieux, raisonnable, rationnel, sensé, sérieux.

VISITE ♦ SYN. **1.** Audience, démarche, entrevue, réception, *rencontre*, tête-à-tête. **2.** *Excursion*, tour, tourisme, tournée, virée *(fam.)*, voyage. **3.** Arraisonnement *(mar.)*, contrôle, descente, expertise, fouille, *inspection*, perquisition, ronde, vérification. **4.** *(Méd.) **Consultation**, contrôle, examen. **5.** Hôte, *visiteur*. **6.** *(Visite éclair)* Crochet, détour, *incursion*.

VISITER ♦ SYN. **1.** *Aller voir*, se rendre auprès de, fréquenter, voisiner. **2.** Faire la tournée de, explorer, *parcourir*, voir. **3.** *Contrôler*, examiner, fouiller, inspecter, perquisitionner, sonder.

VISITEUR ♦ SYN. **1.** Contrôleur, enquêteur, envoyé spécial, examinateur, *inspecteur*. **2.** Estivant, excursionniste, explorateur, *touriste*, vacancier, voyageur. **3.** Hôte.

VISQUEUX ♦ SYN. **1.** Adhérent, collant, épais, *gluant*, gommeux, gras, huileux, poisseux, sirupeux. **2.** Douteux, *répugnant*. ♦ ANT. **1.** Fluide. **2.** Alléchant, désirable.

VISSER ♦ SYN. Assujettir, attacher, *fixer*, immobiliser, joindre, river, serrer. ♦ ANT. Détacher, dévisser, disjoindre, séparer.

VISUEL ♦ SYN. ▷ *Adj.* **1.** Optique. **2.** Graphique. ▷ *Nom* **3.** *(Inform.)* Écran de visualisation.

VITAL ♦ SYN. Capital, crucial, décisif, *essentiel*, fondamental, indispensable, primordial, principal. ✦ ANT. Accessoire, contingent, marginal, secondaire, subsidiaire.

VITALITÉ ✦ SYN. Ardeur, dynamisme, *énergie*, entrain, force, résistance, tonus, vigueur, vivacité. ✦ ANT. Apathie, faiblesse, impuissance, indolence, langueur, léthargie, mollesse, torpeur.

VITE ✦ SYN. ▷ *Adj.* 1. Agile, alerte, preste, *rapide*, véloce. ▷ *Adv.* 2. Aussitôt, bientôt, brusquement, dare-dare *(fam.)*, hâtivement, incontinent, précipitamment, prestement, promptement, *rapidement*, rondement, subito *(fam.)*, tôt, vivement. 3. *(Mus.)* Allegro, prestissimo, *presto*. ✦ ANT. 1. Engourdi, lambin, lent. 2. Doucement, graduellement, lentement, mollement, mollo *(fam.)*, nonchalamment, peu à peu, piano *(fam.)*, posément. 3. Adagio, lento.

VITESSE ✦ SYN. 1. Célérité, *rapidité*, vélocité. 2. Diligence, hâte, précipitation, *promptitude*, vivacité. 3. *Allure*, erre, train. ✦ ANT. 1. Lenteur, lourdeur, ralenti. 2. Apathie, atermoiements, nonchalance, ralentissement, tergiversations.

VITRE ✦ SYN. *Carreau*, fenêtre, glace, lunette, pare-brise, verre *(québ.)*, vitrine.

VITREUX ✦ SYN. Blafard, blême, brumeux, cadavérique, cireux, décoloré, éteint, livide, noyé, pâle, *terne*, terreux, voilé. ✦ ANT. Brillant, clair, coloré, vif, vivace, vivant.

VITUPÉRER ✦ SYN. ▷ *V. tr.* 1. Blâmer, *condamner*, dénoncer, vilipender. ▷ *V. intr.* 2. Déblatérer, déclamer contre, s'emporter, fulminer, s'indigner, pester, *protester*, râler *(fam.)*. ✦ ANT. 1. Approuver, appuyer, féliciter, louer. 2. Applaudir à, se réjouir.

VIVACE ✦ SYN. 1. *Résistant*, robuste, vif, vigoureux, vivant. 2. Ancré, durable, enraciné, ferme, indestructible, persistant, *tenace*. 3. *(Plante)* Pluriannuel. ✦ ANT. 1. Caduc, chétif, faible, frêle, menu, mou. 2. Changeant, éphémère, fragile, furtif, oublié. 3. Annuel.

VIVACITÉ ✦ SYN. 1. Activité, agilité, alacrité, animation, ardeur, brio, célérité, chaleur, dynamisme, éclat, *entrain*, exu-

bérance, force, fraîcheur, gaieté, intensité, pétulance, prestesse, promptitude, rapidité, vigueur, vitalité. 2. *Emportement*, fougue, humeur, mordant, violence. ✦ ANT. 1. Apathie, débilité, faiblesse, indolence, insouciance, langueur, lenteur, lourdeur, mollesse, nonchalance. 2. Calme, flegme, impassibilité, placidité.

VIVANT ✦ SYN. 1. *En vie*, existant, sauf, survivant. 2. *Animé*, organique, organisé. 3. Actif, agissant, *éveillé*, remuant, vif, vivace. 4. Coloré, *expressif*, parlant, pittoresque. 5. Incarné, *ressemblant*, saisissant, tout craché *(fam.)*. ✦ ANT. 1. Décédé, défunt, disparu, mort. 2. Inanimé, inerte, inorganique. 3. Abattu, amorphe, apathique, endormi, engourdi, éteint, indolent, nonchalant, passif. 4. Ennuyeux, fade, inexpressif, morne, plat, terne, uniforme. 5. Contraire, désincarné, différent, distinct.

VIVEMENT ✦ SYN. 1. Activement, prestement, promptement, *rapidement*, rondement, vite. 2. Beaucoup, *fortement*, intensément, profondément, sensiblement. ✦ ANT. 1. Lentement, mollement, nonchalamment, peu à peu, tardivement. 2. Faiblement, légèrement, peu, superficiellement.

VIVEUR ◇ V. Jouisseur

VIVIER ✦ SYN. 1. Alevinier, anguillère, *bassin*, boutique, clayère, étang, réservoir. 2. *(Fig.)* Réserve, réservoir, terreau, *pépinière*.

VIVIFIANT ✦ ANT. 1. Aiguillonnant, excitant, fortifiant, nourrissant, rafraîchissant, ranimant, réconfortant, revigorant, *stimulant*, tonifiant, tonique. 2. Bienfaisant, *encourageant*, exaltant, salutaire. ✦ ANT. 1. Affaiblissant, amollissant, débilitant, écrasant, étouffant. 2. Décourageant, démoralisant, déprimant, mortel.

VIVIFIER ✦ SYN. Animer, fortifier, rafraîchir, ragaillardir, ranimer, ravigoter *(fam.)*, raviver, régénérer, remonter, revigorer, *stimuler*, tonifier. ✦ ANT. Abattre, débiliter, décourager, démoraliser, démotiver, déprimer, empoisonner, tuer.

VIVOIR ♦ SYN. *(Québ.)* Living-room, salle de séjour, *salon*.

VIVRE ♦ SYN. ▷ *V. intr.* **1.** Croître, durer, être, *exister*, palpiter, renaître, respirer, revivre. **2.** Se nourrir, *subsister*, survivre. **3.** *Se consacrer à*, se donner à. **4.** *Agir*, se conduire. **5.** Cohabiter, demeurer, habiter, loger, occuper, *résider*, rester *(québ.)*, séjourner. ▷ *V. tr.* **6.** Couler, *mener*, passer, traverser. **7.** *Connaître*, éprouver, expérimenter, sentir, subir. ♦ ANT. **1.** Cesser, disparaître, mourir. **2.** Décliner, se languir, péricliter. **3.** Délaisser, se désintéresser. **4.** S'égarer, errer. **5.** Déménager, partir, quitter. **6.** Cesser de, prendre fin. **7.** Échapper à, éviter, se préserver de.

VIVRES ♦ SYN. *Aliments*, denrées, nourriture, provisions, subsistance, victuailles.

VOCABLE ♦ SYN. **1.** Appellation, dénomination, désignation, expression, mot, nom, parole, qualification, *terme*. **2.** *(Relig.)* *Patronage*, protection.

VOCABULAIRE ♦ SYN. **1.** Dictionnaire, glossaire, index, lexique, *mots*, nomenclature, répertoire, terminologie. **2.** Jargon *(péj.)*, *langage*, langue. **3.** *(Inform.)* *Code*, signes, symboles.

VOCATION ♦ SYN. **1.** Appel, aptitude, attrait, désir, *disposition*, don, facilité, goût, inclination, penchant, prédisposition, tendance. **2.** Destination, mission, *rôle*, tâche.

VOCIFÉRER ♦ SYN. Clabauder, crier, s'égosiller, s'époumoner, gueuler *(fam.)*, *hurler*, rugir, tempêter, tonitruer. ♦ ANT. Chuchoter, murmurer, susurrer.

VŒU ♦ SYN. **1.** Aspiration, attente, demande, désir, prière, requête, sollicitation, *souhait*, supplique, volonté. **2.** *Engagement*, intention, promesse, résolution. ▷ *Pl.* **3.** *(Relig.)* Serments. **4.** Souhaits (pour autrui). ♦ ANT. **1.** Faveur, réalisation, refus, rejet. **2.** Désaveu, désengagement, reniement, rétractation. **3.** Abjuration, manquement.

VOGUE ♦ SYN. Cote, cours, crédit, engouement, épidémie *(fig.)*, faveur, fureur,

goût du jour, *mode*, popularité, renom, renommée, succès, tendance. ♦ ANT. Décote, désuétude, discrédit, impopularité, obscurité, oubli.

VOGUER ♦ SYN. **1.** Cingler, *naviguer*. **2.** *Ballotter*, errer, flotter.

VOIE ♦ SYN. **1.** Artère, avenue, boulevard, chaussée, *chemin*, corridor, côte, couloir, passage, piste, route, rue, sentier, zone de passage. **2.** *Direction*, indication, itinéraire, ligne, orientation, parcours, trajet. **3.** *(Fig.)* Carrière, *cheminement*, sillage, traces. **4.** Canal, circuit, entremise, façon, filière, intermédiaire, *manière*, milieu, moyen, réseau, truchement. **5.** *(Anat.)* Canal, *conduit*, rameau, vaisseau. **6.** *(Voie de fait)* Brutalité, *coups et blessures*, sévices, violence.

VOILE ♦ SYN. ▷ *Masc.* **1.** Crêpe, *foulard*, haïk, tchador, voilette. **2.** *Écran*, enveloppe, masque, rideau. **3.** *Déformation*, distorsion, gauchissement, obscurcissement, voilement. **4.** *(Liquide)* *Pellicule*, trouble, turbidité. ▷ *Fém.* **5.** Toile, *voilure*. **6.** *Navigation à voile*, voilier.

VOILÉ ♦ SYN. **1.** Caché, *recouvert*. **2.** *Atténué*, discret, estompé, tamisé. **3.** *Enroué*, éraillé, faible, rauque, sourd. **4.** Allusif, *dissimulé*, implicite, sous-entendu. **5.** Incompréhensible, *obscur*, opaque, secret, sibyllin. **6.** Brumeux, couvert, embrumé, gris, *nuageux*, nébuleux, trouble, vaporeux. **7.** Courbé, *déformé*, gauchi. ♦ ANT. **1.** Découvert, dévoilé. **2.** Accentué, éclatant, net, pur, visible, voyant. **3.** Clair, fort, sonore, tonitruant. **4.** Direct, évident, explicite, franc. **5.** Compréhensible, limpide, simple, transparent. **6.** Bleu, dégagé, ensoleillé. **7.** Droit, plan.

VOILER ♦ SYN. ▷ *V. tr.* **1.** Abriter, cacher, camoufler, *couvrir*, déguiser, enrober, envelopper, masquer. **2.** Assombrir, éclipser, embrumer, estomper, noyer, *obscurcir*, ternir. **3.** Affaiblir, *atténuer*, celer, déguiser, diminuer, dissimuler, farder, taire. **4.** *Déformer*, gauchir, tordre. ▷ *V. pr.* **5.** S'assombrir, *se brouiller*, se couvrir,

s'embrumer, s'ennuager, s'obscurcir.
6. *(Yeux)* *S'embuer*, s'humecter. ♦ **ANT. 1.** Découvrir, développer, dévoiler, exhiber, montrer. **2.** Éclaircir, nettoyer. **3.** Accentuer, comprendre, déceler, divulguer, enseigner, expliciter, expliquer, extérioriser, souligner. **4.** Dégauchir, planer, raboter, redresser. **5.** Se découvrir, se dégager, s'éclaircir. **6.** Sécher, tarir.

VOIR ♦ **SYN.** ▷ *V. tr.* **1.** Apercevoir, discerner, distinguer, embrasser, entrevoir, observer, percevoir, *regarder*, remarquer, repérer. **2.** *Assister à*, visionner. **3.** Découvrir, explorer, parcourir, *visiter*. **4.** Contrôler, *inspecter*, inventorier, noter, vérifier. **5.** Contacter, croiser, fréquenter, recevoir, *rencontrer*. **6.** Comprendre, concevoir, constater, embrasser *(fig.)*, *saisir*. **7.** Considérer, *consulter*, étudier, examiner, lire. **8.** Se figurer, *imaginer*, se représenter. ▷ *V. intr.* **9.** Penser à, réfléchir à, songer à, *veiller à*. ▷ *V. pr.* **10.** Se croire, *s'imaginer*, se figurer, se représenter. **11.** *Se fréquenter*, se rencontrer, se réunir. **12.** Se constater, *paraître*, se remarquer, sauter aux yeux.

VOISIN ♦ **SYN.** ▷ *Adj.* **1.** À côté, adjacent, attenant, avoisinant, contigu, environnant, frontalier, juxtaposé, limitrophe, mitoyen, prochain, *proche*, rapproché. **2.** Analogue, *apparenté*, approchant, approximatif, comparable, connexe, ressemblant, semblable. ▷ *Nom* **3.** Autrui, *prochain*. ♦ **ANT. 1.** Distancé, distant, écarté, éloigné, espacé, lointain. **2.** Différent, divergent, opposé. **3.** Soi-même.

VOISINAGE ♦ **SYN. 1.** Abords, alentours, approches, *entourage*, environs, parages, quartier. **2.** Contiguïté, mitoyenneté, *proximité*. ♦ **ANT. 1.** Confins, limites, lointain. **2.** Distance, éloignement.

VOISINER ♦ **SYN. 1.** Fréquenter, *visiter*. **2.** *Avoisiner*, jouxter. ♦ **ANT. 1.** Bouder *(fam.)*, éviter. **2.** Distancer, éloigner, espacer.

VOITURE ♦ **SYN. 1.** Auto, *automobile*, bolide, véhicule. **2.** *(Fam.)* Bagnole, bazou *(québ.)*, *tacot*. **3.** Fourgon *(bagages)*, *wagon*.

VOITURER ◊ v. **Véhiculer**

VOIX ♦ **SYN. 1.** *(Chanteur)* Organe. **2.** Bruit,

chant, cri, *son*. **3.** Parole, *ton*. **4.** *Appel*, avertissement, conseil, impulsion, inspiration. **5.** Avis, jugement, *opinion*, pensée, point de vue, sentiment. **6.** Opinion (populaire), suffrage, *vote*. **7.** *(Gramm.)* Forme.

VOL ♦ **SYN. 1.** *Appropriation*, arnaque *(fam.)*, brigandage, cambriolage, détournement, escroquerie, larcin, maraudage, pillage, rapine. **2.** Bande, nuée, *volée*. **3.** *Envol*, essor, survol, traversée. **4.** *(Temps)* Fuite.

VOLAGE ♦ **SYN.** Capricieux, changeant, frivole, inconstant, *infidèle*, instable, léger, versatile. ♦ **ANT.** Constant, fidèle, sérieux.

VOLANT ♦ **SYN.** ▷ *Adj.* **1.** *Aérien*, navigant. **2.** Mobile. ▷ *Nom* **3.** *Marge* (de sécurité), réserve. **4.** *(Badminton, québ.)* Moineau. **5.** *(Autom.)* *Conduite*, manœuvre. ♦ **ANT. 1.** Rampant *(plais.)*. **2.** Fixe, stationnaire.

VOLATILISER (SE) ◊ v. **Évaporer (s')**

VOLATILITÉ ♦ **SYN.** *Instabilité*, variabilité, versatilité. ♦ **ANT.** Constance, permanence, stabilité.

VOLÉE ♦ **SYN. 1.** Envol, essor, *vol*. **2.** Bande, mariage d'oiseaux *(québ.)*, *nuée*, voilier *(québ.)*, volier *(québ.)*. **3.** *(Pers.)* Essaim, groupe, *multitude*, troupe, troupeau. **4.** Bordée, *décharge*, salve. **5.** *(Fam.)* Bastonnade, *correction*, dégelée *(fam.)*, raclée *(fam.)*.

VOLER ♦ **SYN.** ▷ *V. intr.* **1.** S'élever, s'envoler, flotter, *planer*, survoler, tournoyer, voleter, voltiger. **2.** *Accourir*, bondir, courir, s'élancer, se précipiter, se presser, se ruer. **3.** *Éclater*, s'étaler, se propager. ▷ *V. tr.* **4.** S'approprier, *dérober*, s'emparer de, piquer *(fam.)*, prendre, rafler *(fam.)*, ravir, soustraire, soutirer, subtiliser, usurper. **5.** Cambrioler, délester, *déposséder*, dépouiller, détrousser, dévaliser, escroquer, flouer, frauder, gruger, léser, piller, rouler *(fam.)*, spolier. **6.** S'attribuer, *copier*, plagier. ♦ **ANT. 1.** Atterrir, se poser. **2.** Ralentir, reculer, traîner. **3.** Ramasser, rassembler. **4-5.** Dédommager, indemniser, rapporter, remettre, rendre, restituer. **6.** Créer, inventer.

VOLET ◆ syn. 1. *Contrevent*, jalousie, persienne. 2. *Pan*, partie, subdivision.

VOLEUR ◆ syn. 1. Bandit, brigand, cambrioleur, détrousseur, gangster, malandrin, *malfaiteur*, pickpocket, pillard, receleur. 2. Aigrefin, coquin, crapule, déprédateur, *escroc*, filou, gredin, requin, spoliateur, tripoteur.

VOLIÈRE ◇ v. Cage

VOLONTAIRE ◆ syn. 1. Conscient, délibéré, intentionnel, *voulu*. 2. Assuré, *décidé*, déterminé, ferme, opiniâtre, résolu, tenace. 3. *(Péj.)* Buté, entêté, obstiné, *têtu*. 4. *Bénévole*, engagé *(soldat)*. ◆ ant. 1. Automatique, forcé, inconscient, instinctif, involontaire, machinal, obligatoire, réflexe. 2. Découragé, indolent, irrésolu, mou. 3. Conciliant, flexible, souple. 4. Conscrit, rétribué.

VOLONTAIREMENT ◆ syn. 1. À dessein, consciemment, délibérément, exprès, *intentionnellement*, sciemment. 2. Bénévolement, de plein gré, en toute liberté de choix, facultativement, *librement*, sans obligation. ◆ ant. 1. Inconsciemment, involontairement, machinalement. 2. Impérativement, impérieusement, obligatoirement.

VOLONTÉ ◆ syn. ▷ *Sing.* 1. Dessein, détermination, *intention*, résolution, volition. 2. Attente, désir, requête, *souhait*, vœu. 3. *Caractère*, courage, cran *(fam.)*, décision, énergie, fermeté, force, initiative, opiniâtreté, persévérance, ténacité, volontarisme. ▷ *Pl.* 4. *Caprices*, exigences, fantaisies, humeurs. 5. *(Dernières volontés)* Testament. ◆ ant. 3. Couardise, crainte, découragement, faiblesse, frousse *(fam.)*, hésitation, indolence, lâcheté, mollesse, peur, poltronnerie. 4. Permissivité.

VOLONTIERS ◆ syn. 1. Avec plaisir, bien, *de bon cœur*, de bon gré, de bonne grâce, oui. 2. Couramment, généralement, *habituellement*, ordinairement. 3. *Aisément*, facilement. ◆ ant. 1. À contrecœur, contre son gré, de force, non. 2. Jamais, nullement. 3. Difficilement.

VOLTE-FACE ◆ syn. 1. *Demi-tour*, tête-à-queue *(véhicule)*, virevolte. 2. *(Opinion)* Palinodies, *retournement*, rétractation, revirement.

VOLTIGER ◇ v. Voler

VOLUBILE ◆ syn. Bavard, causant *(fam.)*, causeur, *loquace*, parlant, prolixe, verbeux. ◆ ant. Discret, laconique, secret, silencieux, taciturne.

VOLUBILITÉ ◆ syn. Abondance, bagou, éloquence (appuyée), exubérance, faconde, *loquacité*, prolixité, verbosité. ◆ ant. Concision, laconisme, mutisme, retenue, silence.

VOLUME ◆ syn. 1. Division, *livre*, ouvrage, partie, tome. 2. *Ampleur*, intensité, son *(appareil)*. 3. Calibre, capacité, *contenance*, cubage, débit. 4. Dimension, gabarit, grosseur, *importance*, masse, quantité.

VOLUMINEUX ◆ syn. 1. Abondant, développé, énorme, épais, *gros*, important, imposant. 2. Embarrassant, *encombrant*. ◆ ant. 1. Concis, condensé, court, petit, ramassé, succinct. 2. Menu, minuscule, ténu.

VOLUPTÉ ◆ syn. Délectation, félicité, ivresse, *jouissance*, orgasme, plaisir (des sens), ravissement, régal, sensualité. ◆ ant. Déplaisir, désagrément, douleur, ennui.

VOLUPTUEUX ◆ syn. 1. Épicurien, jouisseur, lascif, *sensuel*, sybarite. 2. Agréable, érotique, *excitant*, jouissif *(fam.)*, luxurieux. ◆ ant. 1. Ascète, chaste, continent, froid, vertueux. 2. Ascétique, désagréable, pudique, réfrigérant.

VOLUTE ◇ v. Courbe

VOMIR ◆ syn. 1. Dégobiller *(fam.)*, dégorger, dégueuler *(fam.)*, dégurgiter, évacuer, *expulser*, gerber *(fam.)*, régurgiter, rejeter, rendre, renvoyer *(québ., fam.)*, restituer *(québ., fam.)*. 2. *(Volcan)* Cracher, émettre, *projeter*. 3. *(Injures)* Balancer *(fam.)*, lancer, *proférer*. 4. Cracher sur *(fam.)*, détester, exécrer, *haïr*, honnir. ◆ ant. 1. Absorber, boire, conserver, garder, ingérer, manger. 2. Contenir, enfermer. 3. Retenir, taire. 4. Adorer, aduler, aimer, chérir, révérer.

VOMISSEMENT ♦ SYN. 1. Expulsion, *régurgitation*. 2. Dégueulis *(fam.)*, *vomi*, vomissure. ♦ ANT. 1. Absorption, ingestion.

VORACE ♦ SYN. 1. Affamé, avide, boulimique, *glouton*, goinfre, goulu, gourmand, insatiable. 2. Âpre au gain, avide, cupide, intéressé, *rapace*. ♦ ANT. 1. Assouvi, frugal, modéré, repu, satisfait, sobre. 2. Charitable, généreux, prodigue.

VORACITÉ ♦ SYN. Appétit, avidité, boulimie, fringale, *gloutonnerie*, goinfrerie, gourmandise, insatiabilité. ♦ ANT. Frugalité, modération, satiété, satisfaction, sobriété.

VOTE ♦ SYN. 1. Opinion (populaire), *suffrage*, urnes, voix. 2. *Consultation*, élection, plébiscite, référendum, scrutin. 3. *(Loi)* Adoption. ♦ ANT. 1. Abstention, boycott. 2. Diktat. 3. Rejet, veto.

VOTER ♦ SYN. ▷ *V. intr.* 1. *Aller aux urnes*, choisir, décider, élire, plébisciter. ▷ *V. tr.* 2. *(Loi)* Adopter. ♦ ANT. 1. S'abstenir, boycotter. 2. Annuler, rejeter.

VOUER ♦ SYN. ▷ *V. tr.* 1. *Consacrer*, dédier, donner, offrir, promettre. 2. Condamner, *destiner*, prédestiner. ▷ *V. pr.* 3. *Se consacrer*, se dévouer.

VOULOIR ♦ SYN. 1. Ambitionner de, aspirer à, espérer, prétendre, rechercher, rêver de, *souhaiter*, tenir à, viser à. 2. Avoir envie de, convoiter, *désirer*, soupirer après. 3. *Demander*, réclamer, revendiquer, solliciter. 4. *Accepter de*, acquiescer à, consentir à, daigner *(souvent péj.)*. 5. Commander, dicter, *ordonner*, prescrire. 6. Exiger, impliquer, *nécessiter*, obliger, requérir. ♦ ANT. 1. Abandonner, désespérer de, renoncer. 2. Chasser, repousser, répudier. 3. Refuser, rejeter. 4. Débouter, décliner, dédaigner. 5. Désobéir, s'opposer. 6. Dispenser, excepter, exclure, permettre.

VOÛTE ♦ SYN. *Arc*, arcade, arche, berceau, bulbe, cerceau, coupole, dais, dôme, rotonde, voussure.

VOÛTÉ ♦ SYN. Arqué, cassé, *courbé*, plié. ♦ ANT. D'aplomb, dressé, droit, redressé.

VOYAGE ♦ SYN. 1. Balade, circuit, course, croisière, *déplacement*, parcours, passage, pérégrinations, périple, promenade, randonnée, route, tour, tourisme, tournée, trajet, virée *(fam.)*. 2. Aventure, excursion, *expédition*, exploration, odyssée. 3. *Allée et venue*, navette, va-et-vient. 4. *(Fig.)* Défonce, *paradis artificiels*, trip *(anglic., fam.)*.

VOYAGER ♦ SYN. Aller et venir, se balader, bourlinguer *(fam.)*, circuler, courir le monde, *se déplacer*, excursionner, pérégriner, se promener, rouler sa bosse *(fam.)*, se transporter, vagabonder, visiter, voir du pays. ♦ ANT. Demeurer, s'établir, se fixer, s'immobiliser, s'installer, rester.

VOYAGEUR ♦ SYN. 1. Bourlingueur *(fam.)*, excursionniste, explorateur, globe-trotter, nomade, passager, pèlerin, *promeneur*, touriste, vacancier, visiteur. 2. *(Commerce)* Représentant. ♦ ANT. 1. Casanier, ermite, sédentaire.

VOYANCE ◇ V. Clairvoyance

VOYANT ♦ SYN. ▷ *Nom* 1. Augure, cartomancien, clairvoyant, *devin*, divinateur, extralucide, médium, visionnaire. 2. Lampe témoin, *signal*, témoin lumineux. ▷ *Adj.* 3. Clair, distinct, *évident*, manifeste, patent, visible. 4. *(Péj.)* Coloré, criant, criard, *éclatant*, tapageur, tape-à-l'œil, vif. ♦ ANT. 3. Caché, obscur, retiré, voilé. 4. Discret, effacé, foncé, neutre, sobre.

VOYOU ♦ SYN. 1. *Canaille*, crapule, filou, fripouille, grossier, malhonnête, truand, vaurien. 2. *(Enfant)* Chenapan, *coquin*, diable, filou, fripon, galopin, garnement, polisson, sacripant *(fam.)*, vaurien. 3. Blouson noir, *délinquant*, hooligan, loubard *(fam.)*, loulou *(fam.)*.

VRAI ♦ SYN. 1. Assuré, authentique, avéré, certain, confirmé, conforme, démontré, effectif, évident, *exact*, existant, fondé, incontestable, juste, objectif, réel, sérieux, sûr, véridique, véritable. 2. Fidèle, franc, loyal, *naturel*, senti, sincère, spontané, vécu. 3. Capital, *essentiel*, principal, unique. 4. *Complet*, pur, total. ♦ ANT. 1. Apparent, artificiel, contrefait, douteux, erroné, fantaisiste, fautif, faux, illusoire, imaginaire, imité, inauthentique, incertain, inexact, inexistant, infirmé, inventé, irréel, mensonger, postiche, subjectif. **2.** Affecté, emprunté, exagéré, factice, feint, forcé, hypocrite. **3.** Accessoire, mineur, second, secondaire. **4.** Pseudo-, semblant, simulacre.

VRAIMENT ♦ **SYN.** *Assurément*, certainement, certes, effectivement, évidemment, formellement, franchement, indiscutablement, parfaitement, réellement, sérieusement, sincèrement, sûrement, très, véritablement. ♦ **ANT.** Aucunement, nullement, peu, peut-être, sans doute.

VRAISEMBLABLE ♦ **SYN.** Admissible, apparent, concevable, crédible, croyable, envisageable, imaginable, plausible, possible, *probable*, soutenable. ♦ **ANT.** Chimérique, douteux, impensable, inadmissible, incertain, inconcevable, incroyable, insoutenable, invraisemblable, irréaliste, paradoxal.

VRAISEMBLABLEMENT ♦ **SYN.** Apparemment, censément, peut-être, possiblement, *probablement*, sans doute. ♦ **ANT.** Assurément, étonnamment, invraisemblablement.

VRAISEMBLANCE ♦ **SYN.** Apparence, crédibilité, plausibilité, possibilité, *probabilité*, viabilité. ♦ **ANT.** Énormité, exagération, impossibilité, improbabilité, invraisemblance.

VROMBIR ♦ **SYN.** *Bourdonner*, gronder, ronfler, ronronner, rugir *(moteur)*, vibrer.

VROMBISSEMENT ♦ **SYN.** *Bourdonnement*, grondement, ronflement, ronronnement, rugissement *(moteur)*.

VUE ♦ **SYN.** ▷ *Sing.* **1.** Œil, regard, *vision*. **2.** Image, scène, *spectacle*, tableau. **3.** Coup d'œil, échappée, horizon, ouverture, panorama, paysage, *perspective*, point de vue. ▷ *Pl. surtout* **4.** Avis, conception, idée, impression, *opinion*, optique, point de vue *(fig.)*, position. **5.** Ambition, but, dessein désir, *intention*, plan, projet, visées.

VULGAIRE ♦ **SYN. 1.** Commun, *courant*, populaire, simple, usuel. **2.** *Banal*, insignifiant, médiocre, ordinaire, quelconque, rebattu. **3.** Bas, effronté, *grossier*, polisson, populacier, trivial. ♦ **ANT. 1.** Difficile, rare, recherché, savant, soutenu. **2.** Extraordinaire, important, majeur, original, remarquable. **3.** Délicat, digne, distingué, fin, noble, poli, raffiné, réservé, sélect.

VULGARISER ♦ **SYN. 1.** Démocratiser, diffuser, étendre, généraliser, *populariser*, propager, publier, répandre, véhiculer. **2.** Clarifier, expliquer, *simplifier*. ♦ **ANT. 1.** Interdire, limiter, restreindre. **2.** Compliquer, emmêler, obscurcir.

VULGARITÉ ♦ **SYN. 1.** *Banalité*, insignifiance, lourdeur, médiocrité, prosaïsme, rudesse. **2.** Bassesse, *grossièreté*, impolitesse, obscénité, trivialité. ♦ **ANT. 1.** Délicatesse, élévation, finesse, noblesse, raffinement. **2.** Bienséance, décence, politesse, respect.

VULNÉRABLE ♦ **SYN. 1.** Faible, *fragile*, frêle, névralgique, réceptif *(biol.)*, sensible. **2.** *Attaquable*, dangereux, incertain, sans défense. ♦ **ANT. 1.** Fort, immunisé, insensible, résistant, robuste, vigoureux. **2.** Blindé *(fam.)*, endurci, inattaquable, invulnérable.

WXYZ

WAGON ♦ SYN. **1.** Fourgon, plateau, plateforme, truck, véhicule, *voiture*. **2.** Benne, lorry, *wagonnet*. **3.** *(Fam.)* Grande quantité, *tonnes*.

WALKMAN ♦ SYN. Baladeur.

WATER-CLOSETS (W.-C.) ♦ SYN. Cabinet d'aisances, cabinets, latrines, lavabos, petit coin *(fam.)*, *toilettes*.

WEB ◇ V. Internet

WEEK-END ♦ SYN. *(Québ.)* Fin de semaine.

WIGWAM ♦ SYN. Hutte, *tente*, village.

XÉNOPHOBE ♦ SYN. *Chauvin*, fanatique, intolérant, raciste. ♦ ANT. Accueillant, ouvert, tolérant, xénophile.

XÉNOPHOBIE ◇ V. Chauvinisme

YACHT ♦ SYN. Bateau de plaisance, *navire de plaisance*, voilier.

YACHTING ♦ SYN. Navigation de plaisance.

ZAPPER ◇ V. Pitonner

ZÈBRE ◇ V. Énergumène

ZÉBRER ♦ SYN. Érafler, hachurer, marbrer, *rayer*, strier, veiner.

ZÉBRURE ◇ V. Rayure

ZÉLATEUR ♦ SYN. Adepte, apôtre, défenseur, diffuseur, disciple, partisan, *propagandiste*.

ZÈLE ♦ SYN. Apostolat, application, ardeur, assiduité, attachement, attention, *dévouement*, diligence, empressement, émulation, enthousiasme, entrain, fanatisme, fayotage *(péj.)*, ferveur, flamme, intrépidité, passion, persévérance, promptitude, prosélytisme, sérieux, soin, vigilance, vivacité. ♦ ANT. Apathie, froideur, inconstance, indifférence, indolence, insouciance, laisser-aller, laxisme, lenteur, mollesse, négligence, nonchalance, relâchement, tiédeur.

ZÉLÉ ♦ SYN. Appliqué, ardent, assidu, attentif, *dévoué*, diligent, empressé, enflammé, enthousiaste, fanatique, fervent, passionné, persévérant, travailleur, vigilant. ♦ ANT. Froid, indifférent, indolent, insouciant, négligent, tiède.

ZEN ♦ SYN. *(Fam.)* Calme, *décontracté*, détendu, flegmatique, impassible, placide, serein, tranquille. ♦ ANT. Agité, agressif, excité, irritable, nerveux, survolté, tendu.

ZÉNITH ♦ SYN. **1.** Haut. **2.** Acmé, *apogée*, cime, comble, faîte, pinacle, point culminant, sommet, summum. ♦ ANT. **1.** Bas, nadir. **2.** Déchéance, déclin, minimum, périgée.

ZEPPELIN ◇ V. Dirigeable

ZÉRO ♦ SYN. ▷ *Adj. numéral* **1.** Aucun, *nul*. ▷ *Nom* **2.** Désert, néant, *rien*, vacuité, vide. **3.** *(Pers.)* Bon à rien, cancre, incapable, incompétent, minable, minus *(fam.)*, nul, nullard *(fam.)*, *nullité*, propre à rien, raté. ♦ ANT. **1.** Plusieurs, quantité, quelques. **2.** Plénitude, totalité, tout. **3.** Connaisseur, expert, lumière, modèle, savant, sommité.

ZESTE ♦ SYN. **1.** *(Citron, orange)* Écorce, *lame*. **2.** Brin, (faible) dose, grain, once, pincée, soupçon, *un peu*.

ZIEUTER ◇ V. Dévisager

ZIGOTO ♦ SYN. *(Drôle de zigoto, fam.)* *Énergumène*, individu, numéro, personnage, phénomène, type, zèbre *(fam.)*.

ZIGZAG ♦ SYN. Lacet, méandre, *sinuosité*, slalom. ♦ ANT. Ligne droite.

ZIGZAGUER ◆ SYN. Louvoyer, *serpenter*, sinuer, slalomer.

ZIZANIE ◆ SYN. Antagonisme, déchirement, désaccord, *discorde*, dissension, mésentente, mésintelligence, querelle, trouble. ◆ ANT. Concorde, entente, harmonie, paix, solidarité, union.

ZOMBIE ◆ SYN. **1.** Esprit, fantôme, mort, mort-vivant, *revenant*. **2.** *(Ordinateur zombie)* Ordinateur infecté.

ZONE ◆ SYN. **1.** Aire, arrondissement, district, division, emplacement, *espace*, périmètre, quartier, région, secteur, site, territoire. **2.** Champ d'activité, cercle, *domaine*, milieu, orbite, sphère, univers.

ZOO ◆ SYN. Jardin d'acclimatation (espèces exotiques), *jardin zoologique*, ménagerie.

ZOUAVE ◆ SYN. *(Fam.)* Clown, guignol, *pitre*.

Ce livre a été imprimé en avril 2010 sur du papier recyclé,
traité sans chlore et contenant
100 % de fibres post-consommation.

Imprimerie Transcontinental
Québec (Canada)